主编 卢仁法

人民出版社

责任编辑:辛春来
封面设计:肖　辉
版式设计:东昌文化

图书在版编目(CIP)数据

中国税法大典/卢仁法 主编. —北京:人民出版社,2011.6
ISBN 978 - 7 - 01 - 009632 - 2

Ⅰ. ①中… Ⅱ. ①卢… Ⅲ. ①税法 - 汇编 - 中国　Ⅳ. ①D922.220.9

中国版本图书馆 CIP 数据核字(2011)第 010606 号

中国税法大典
ZHONGGUO SHUIFA DADIAN

卢仁法　主编

人民出版社 出版发行
(100706　北京朝阳门内大街 166 号)

河北省零五印刷厂印刷　新华书店经销

2011 年 6 月第 1 版　2011 年 6 月河北第 1 次印刷
开本:889 毫米 × 1194 毫米 1/16　印张:82.25
字数:2250 千字　印数:0,001 - 3,000 册

ISBN 978 - 7 - 01 - 009632 - 2　定价:580.00 元

邮购地址 100706　北京朝阳门内大街 166 号
联系电话 (010) 63050262
http ://www. chinataxcode. com

中国税法大典

（第一版）

主　编： 卢仁法

副主编： 王道树　黄　运

编委会成员（以姓氏笔画为序）：

　　　　于　群　王道树　卢仁法　邱清平　张　雄

　　　　孟繁波　赵振芳　赵　岩　黄　运

前　言

税收是国家组织财政收入最主要、最规范的手段，也是实施宏观经济调控、调节国民收入分配的重要杠杆。改革开放以来，我国税收制度和税收政策不断得以丰富完善。特别是经过1994年全面实施税制改革和党的十六届三中全会之后分步实施结构性税制改革，我国逐步建立起一套适应社会主义市场经济发展要求的税收制度体系。

但是，我国现行税制体系仍然相当复杂。主要表现在：首先，这是一套复合税制。既包含了货物劳务税，又包含了所得税，还有相当数量的财产行为税等19个税种。这一点与市场经济国家的现代税制是相同的。其次，现行税制具有一定的过渡性色彩。在我国由传统的计划经济体制向社会主义市场经济体制转轨的过程中，一些旧的税制特征依然存在，一些现代税制理念尚在摸索之中，需要不断地进行调整和完善。再次，现行税制还表现出较明显的阶段性特征。新时期经济和社会发展的新形势，对税制建设提出了很多新的要求，在顺应经济社会的现实需求之中，现行税收制度和税收政策体系也在不断改进中得到了极大的丰富和充实。

面对这样一套复杂的税制体系，要从内容繁多的税法文本中迅速、准确、完整地查到所需税法内容相当困难。因为现行各项税收政策主要还是散见于各类税收法律、行政法规、部门规章和规范性文件之中，查找起来难免费时费力，有时甚至挂一漏万。已有的税收法规汇编基本上仅仅是按时间序列对各个税种的相关法律、行政法规、部门规章和规范性文件进行收录和归集，尚不能集中、系统地反映各个税种税制要素的具体内容，难以全面、清晰地体现税收制度设计和税收政策制定的内在

逻辑。即便是一些税法参考书对分散的税收政策按照税制要素的逻辑进行了一定的归纳，但是内容还不够全面、细致，特别是不能清晰地标明具体税法内容的法律文件出处。这些问题反映了我国当前税收法律法规编撰工作中所存在的明显不足，给读者带来了诸多不便，亟待从读者的实际需要出发，对现行各类税收法律、行政法规、部门规章和规范性文件中的具体内容全面地进行梳理、分解、归纳、整合，从而更加清晰、完整地反映我国现行税制和税收政策的全貌，为广大纳税人、税务工作者、税收研究人员及税务中介人士搭建一个便捷的基础性税法查询平台，提供一本实用的完整性税法工具书。

基于此，我们尝试编写了《中国税法大典》。全书以税制要素为线索，按照税制设计的内在逻辑，对现行税收制度和税收政策进行了系统的整理和归纳，着力体现以下三个主要特点：

一是税法内容力求全面、权威。本版《中国税法大典》主要收录了截至2010年12月31日所有现行有效的税收法律、行政法规、部门规章和规范性文件（部分2011年颁布的重要文件和涉及对以前税收规定予以调整修改的文件也收录了进来），并逐条逐项对每个文件的具体内容分门别类地进行了梳理、归纳。对每一章节均邀请了国家税务总局相关业务司局的同志进行了审核。

二是法律出处确保可查。这是本书区别于其他税法汇编类书籍最主要的特点。全书归纳整理的所有税收制度和税收政策规定，都以脚注的形式标明其法律文件的出处，包括文件的发文单位、名称、文号和时间等，有助于读者及时查找税法原文。

1

同时,对现行一些重要税收政策的演变过程,也在脚注中做了简要说明,极大地方便了读者在较短的时间内了解税法规定的来龙去脉。

三是体例编排注重实用。本书的体例主要以税制要素为线索予以展开,但对一些税制要素尚不能涵盖的政策内容,如企业改组改制的税收处理等,则另立章节专门予以归纳。同时,对各税制要素涉及的具体政策规定,也按照便利、实用的原则,依据适当的线索分类加以整理,如对税收优惠政策,基本按照一般性优惠、行业性优惠、区域性优惠以及特定经济活动税收优惠的方式分别予以梳理和归纳。这种体例结构可以将各类税收制度和税收政策内容较为实用地展现在读者面前。

全书内容共分两个部分:第一部分为导论,主要介绍我国现行税收制度体系和税收管理体制;第二部分为中国税收实体法,这是全书的核心和主体内容,主要围绕现行增值税、消费税、营业税、企业所得税、个人所得税、资源税、城镇土地使用税、房产税、城市维护建设税、土地增值税、车辆购置税、车船税、印花税、耕地占用税、契税、烟叶税共16个税种,将分散于各类税收法律、法规、规章和规范性文件之中的所有政策及相关管理规定全面加以梳理,系统进行归纳。

事非经过不知难。在参加本书编辑的人员中,有国家税务总局退休的老领导,也有刚刚参加税收工作的年轻人。大家怀着对税收事业的无限热忱,本着对读者高度负责的态度,克服种种困难,穷经皓首,锲而不舍,将大量宝贵的精力投入到本书的编写之中。历经六年艰苦执着的努力,今天终于将《中国税法大典》(第一版)奉献给读者朋友。

在本书的编写过程中,曾在中央财经大学就读的王慧、杨丽燕、张蕾、邹巍、苗苗、韦慧娟、张毅尧、吕伟、吴铮、廖奎、周相林、邓立松、何玉娟、边一萍、曲道平、曹贺,曾在财政部财政科学研究所研究生部就读的沈胜利、曹慧敏、吕薇薇、张旖诺、陈师洋,曾在中国人民大学就读的曹洋、吴雅彬,为本书编写做了大量的前期工作;国家税务总局的刘尊涛、孙岩岩、戴诗友、周怀世、郭乡平、张琴、薛明兵、练奇峰、任宇、祁红丽及江西省地方税务局黄荣峰等同志为审核书稿投入了大量的精力。人民出版社李春生副社长和经济编辑室辛春来同志为本书的编辑出版给予了大力支持,并且从编辑角度提供了专业化的修改意见。在此,对他们致以最为真挚的谢意!

如果《中国税法大典》的编辑出版能够为广大纳税人、税收执法人员、税收研究工作者及税务中介人士从事税收实务工作、研究工作和服务工作提供有价值的实用性参考,同时也能为中国税收法律法规编辑工作积累一些探索性的经验,那么,全体编写人员将感到莫大的鼓舞和无比的欣慰!

当然,既然是尝试,其中一定会存在许多需要改进的地方。加之我们的水平和时间有限,书中不足之处在所难免,恳请广大读者批评指正!我们在衷心感谢之余,必将以更加严谨的态度和更为严格的要求做好修订工作,力求再版时使之更加符合读者的要求。

同时,我们还将建立"中国税法大典"网站(http://www.chinataxcode.com),适时对本书内容进行调整更新,以便更好、更快捷地为读者提供税法服务。敬请读者朋友一并予以关注和指正。

编 者

2011年5月

目　　录

13

第1章　中国税收法律体系与税收管理体制概况

1.1　中国税收法律体系概况

1.1.1　中国现行税法体系基本构成

按照税法内容的不同,中国税收法律体系主要由税收实体法和税收程序法组成①。

税收实体法是规定税收法律关系主体的实体权利和义务的法律规范总称。其主要内容是对纳税主体、征税客体、计税依据、税目、税率、减税免税等作出具体规定,并以此作为国家向纳税人行使征税权和纳税人负担纳税义务的依据。税收实体法直接影响到国家与纳税人之间权利义务的分配,是税法的核心部分。

税收程序法是税收实体法的对称,指以国家税收活动中所发生的程序关系为调整对象的税法,是规定国家征税权行使程序和纳税人纳税义务履行程序的法律规范总称。其主要内容包括税收确定程序、税收征收程序、税收检查程序、税务争议解决程序以及税务违法行为的处罚等。税收程序法具体规定了如何实施税法,是税法体系的基本组成部分。

1.1.1.1　中国现行税收实体法基本构成

中国现行税收制度共设有 19 个税种,按照其性质和作用大致可以分为四大类:

(1)货物劳务税。包括增值税、消费税、营业税、车辆购置税 4 个税种。

(2)所得税。包括企业所得税和个人所得税 2 个税种。

(3)财产行为税。包括房产税、车船税、印花税、契税、资源税、城镇土地使用税、耕地占用税、城市维护建设税、土地增值税、烟叶税、固定资产投资方向调节税 11 个税种②。

(4)海关税收。包括关税和船舶吨税 2 个税种。

上述 19 个税种, 每一个都对应一部单行的税收实体法, 其中:《中华人民共和国企业所得税法》和《中华人民共和国个人所得税法》是由全国人民代表大会以国家法律的形式颁布实施, 其他各税种都是经全国人民代表大会授权立法, 由国务院以条例或暂行条例的形式发布实施的。这 19 个税收法律、法规共同组成了中国现行的税收实体法体系。

1.1.1.2　中国现行税收程序法基本构成

《中华人民共和国税收征管法》是构成中国税收程序法的主体。现行的《中华人民共和国税收征管法》于 2001 年 4 月 28 日经第九届全国人民代表大会常务委员会第二十一次会议修订通过,并自 2001 年 5 月 1 日起施行。

除《中华人民共和国税收征管法》外,《中华人民共和国行政诉讼法》、《中华人民共和国行政复议法》和国家税务总局制定的《税务行政复议规

---

① 　根据宪法及香港特别行政区基本法、澳门特别行政区基本法的规定,香港、澳门实行独立的税收制度和税收管理体制。因此,本书的内容不涉及香港、澳门的税收法律制度。

② 　固定资产投资方向调节税目前已暂停征,但尚没有完全取消,因此本书仅在本章将其列出,对其具体政策内容在后面的章节中不再纳入。

则》等,都规定了税务争议的解决程序,也构成了 中国税收程序法的重要组成部分。

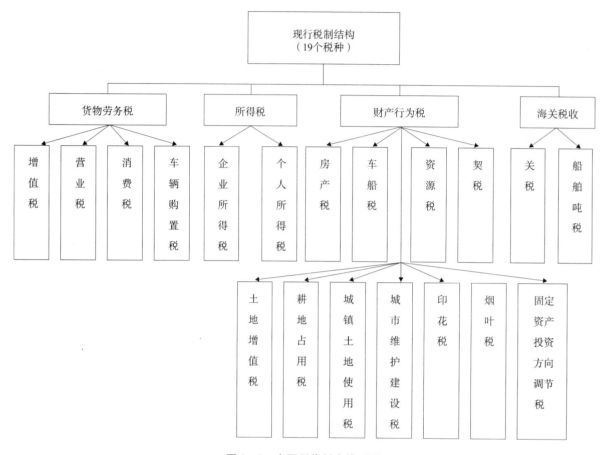

图 1-1 中国税收制度体系图

1.1.2 中国税收立法情况

1.1.2.1 中国税收立法权的划分

根据《中华人民共和国宪法》确定的国家立法体制,能够行使立法权的国家机关有:

(1)中央权力机关,即全国人大及其常委会。

(2)中央行政机关,即国务院及其职能部门。

(3)地方权力机关,即省、自治区、直辖市人民代表大会及其常委会和国务院批准的较大的市的人民代表大会及其常委会。

(4)地方行政机关,即省、自治区、直辖市人民政府和省、自治区政府所在地的市及国务院批准的较大的市的人民政府。

从宪法规定看,宪法在赋予各立法主体以立法权的同时,并未将税收立法权排除在外,但也未对各立法主体在税收立法方面的具体权限范围做明确规定。

根据《中华人民共和国立法法》第 8 条和第 9 条的规定,税收的基本制度只能制定法律,尚未制定法律的,全国人民代表大会及其常务委员会有权作出决定,授权国务院可以根据实际需要,对其中的部分事项先行制定行政法规。根据《中华人民共和国税收征收管理法》第 3 条规定:"税收的开征、停征以及减税、免税、退税、补税,依照法律的规定执行;法律授权国务院规定的,依照国务院制定的行政法规的规定执行。任何机关、单位和个人不得违反法律、行政法规的规定,擅自作出税收开征、停征以及减税、免税、退税、补税和其他同税收法律、行政法规相抵触的决定。"

根据上述法律规定,中国税收立法权在不同立法主体之间的划分可基本概括为:税收的开征、停征、减税、免税、退税、补税等内容属于税收的基本制度,只能由国家权力机关(全国人大及其常委会)颁布法律或国家行政机关(国务院)制定行政法规进行规定;对非税收基本制度,才可以由其他立法主体在不违反税收法律、税收行政法规的前提下加以规范。由此可见,中国的税收立法权高度集中在中央,地方只能在中央制定的税收法律、税收行政法规的框架下,就部分税收要素的确定行使税收政策制定权限,如在税收法律、税收行政法规所确立的幅度税率范围内选择确定适用于本地方的税率;就部分地方税收,在税收法律、税收行政法规授权下,行使特定的减免税权限;就税收的某些征收管理程序制定在本地方范围内实施的办法、细则等税收地方性法规,等等。

1.1.2.2 中国现行税收法律级次

中国现行税法从法律级次上划分大致可分为税收法律、税收法规、税收规章三类:

(1)税收法律

税收法律是由国家最高权力机关全国人民代表大会及其常务委员会制定颁布。中国现行税法中的《中华人民共和国企业所得税法》、《中华人民共和国个人所得税》、《中华人民共和国税收征收管理法》属于由国家最高权力机关制定颁布的税收法律。除宪法外,在税收法律体系中,税收法律具有最高的法律效力,是其他税收法规、规章的法律依据。

此外,根据宪法规定,全国人大及其常委会可以授权国务院制定某些具有法律效力的暂行规定或者条例。1984年全国人大常委会《关于授权国务院改革工商税制和发布有关税收条例(草案)的决定》和1985年全国人大常委会《关于授权国务院在经济体制改革和对外开放方面可以制定暂行的规定或者条例的决定》,是全国人大及其常委会授权国务院进行税收立法的主要依据。国务院经授权立法所制定的税收条例或规定等,具有税收法律的性质和地位,在立法程序上还需报全国人大常委会备案。

(2)税收法规

税收法规分为税收行政法规和税收地方性法规。

税收行政法规是由国家最高行政机关国务院制定的,例如国务院颁布的《中华人民共和国税收征收管理法实施细则》,就属于税收行政法规。作为法律形式的一种,行政法规在中国法律体系中处于低于宪法、法律和高于地方性法规、部门规章的地位。行政法规立法的目的在于保证宪法和法律的顺利实施。

税收地方性法规是由地方人民代表大会及其常委会制定的。税收地方性法规必须严格遵循宪法、税收法律和行政法规,不得与宪法、法律相抵触。

(3)税收规章

税收规章也分为税收部门规章和税收地方性规章。

税收部门规章由国务院税务主管部门制定。这里所指的税务主管部门是财政部和国家税务总局。财政部和国家税务总局制定的规章范围包括:对有关税收法律、法规的具体解释、税收征收管理的具体规定、办法等。如财政部颁布的《中华人民共和国增值税暂行条例实施细则》、国家税务总局颁布的《税务代理试行办法》等都属于税收部门规章。税收部门规章在全国范围内普遍适用,但不得与税收法律、行政法规相抵触。

税收地方性规章由地方政府制定。省、自治区、直辖市以及计划单列市人民政府可以在税收法律、法规明确授权的前提下,制定税收地方性规章。如针对房产税、城镇土地使用税等地方性税种,在相应税收条例的框架内,制定适用于本地区范围内的实施办法。税收地方性规章也不得与税收法律、行政法规相抵触。

此外,在税收法律体系中还有一类税收国际条约。税收国际条约是指两个或两个以上国家(或地区)关于税收方面相互之间的权利和义务的各种协议。如中国政府与外国政府签订的《关于对所得和财产避免双重征税和防止偷漏税的协定》、《关于互免海运、空运企业运输出入税收的协定》等。税收国际条约对缔约国(或地区)各方都具有法律约束力,因此也是税收法律体系的组成部分。

1.2 中国税收管理体制概况

1.2.1 国务院各部门之间税收管理职责划分

中国负责税收管理工作的国务院部门包括国务院关税税则委员会、财政部、国家税务总局、海关总署,分别承担以下税收管理职责:

(1)国务院关税税则委员会。负责审定调整海关关税税率、年度暂定税率、关税配额税率、特别关税(包括反倾销和反补贴)税率和修订进出口税则税目、税号的方案;批准有关国家适用税则优惠税率的方案;审议上报国务院的重大关税政策和对外关税谈判方案;提出制定和修订《中华人民共和国进出口关税条例》的方针、政策和原则,并对其修订草案进行审议。

(2)财政部。负责拟订和执行税收的发展战略、方针政策、中长期规划、改革方案及其他有关政策;提出税收立法计划,与国家税务总局共同审议上报税法和税收条例草案;提出税种增减、税目税率调整、减免税和对中央财政影响较大的临时特案减免税的建议;参加涉外税收和国际关税谈判,签订涉外税收协议、协定草案;制定国际税收协议和协定范本;承办国务院关税税则委员会的日常工作;监督财税方针政策、法律法规的执行情况。

(3)国家税务总局。负责拟定税收法律法规草案,制定实施细则;提出国家税收政策建议并与财政部共同审议上报、制定贯彻落实的措施;参与研究宏观经济政策、中央与地方的税权划分,提出完善分税制的建议;研究税负总水平,提出运用税收手段进行宏观调控的建议;制定并监督执行税收业务的规章制度;指导地方税收征管业务;组织实施税收征收管理体制改革;制定税收征收管理制度;监督检查税收法律法规、方针政策的贯彻执行;组织实施中央税、共享税及国家指定的基金(费)的征收管理;编报税收长远规划和年度税收收入计划;对税收法律法规执行过程中的征管和一般性税政问题进行解释;组织办理税收减免等具体事项;开展税收领域的国际交流与合作;参加涉外税收的国际谈判,草签和执行有关的协议、协定;办理进出口商品的税收及出口退税业务;组织税收宣传和理论研究;组织实施注册税务师的管理;规范税务代理行为。

(4)海关总署。负责监管进出境的运输工具、货物、行李物品、邮递物品和其他物品;征收关税和其他税、费;查缉走私。

1.2.2 税务系统内部机构设置及其管理职责划分

根据中国经济和社会发展及实行分税制财政管理体制的需要,现行税务机构设置是中央政府设立国家税务总局(正部级),省及省以下税务机构分设国家税务局和地方税务局两个系统。

国家税务总局对国家税务局系统实行机构、编制、干部、经费的垂直管理,协同省级人民政府对省级地方税务局实行双重领导。

(1)国家税务局系统包括省、自治区、直辖市国家税务局,地区、地级市、自治州、盟国家税务局,县、县级市、旗国家税务局,征收分局、税务所。征收分局、税务所是县级国家税务局的派出机构,前者一般按照行政区划、经济区划或者行业设置,后者一般按照经济区划或者行政区划设置。

省级国家税务局是国家税务总局直属的正厅(局)级行政机构,是本地区主管国家税收工作的职能部门,负责贯彻执行国家的有关税收法律、法规和规章,并结合本地实际情况制定具体实施办法。局长、副局长均由国家税务总局任命。

(2)地方税务局系统包括省、自治区、直辖市地方税务局,地区、地级市、自治州地方税务局,县、县级市、旗地方税务局,征收分局、税务所。省以下地方税务局实行上级税务机关和同级政府双重领导、以上级税务机关垂直领导为主的管理体制,即地区(市)、县(市)地方税务局的机构设置、干部管理、人员编制和经费开支均由所在省(自治区、直辖市)地方税务局垂直管理。

省级地方税务局是省级人民政府所属的主管本地区地方税收工作的职能部门,一般为正厅(局)级行政机构,实行地方政府和国家税务总局双重领导,以地方政府领导为主的管理体制。

国家税务总局对省级地方税务局的领导,主要体现在税收政策、业务的指导和协调,对国家统一的税收制度、政策的监督,组织经验交流等方面。省级地方税务局的局长人选由地方政府征求国家税务总局意见之后任免。

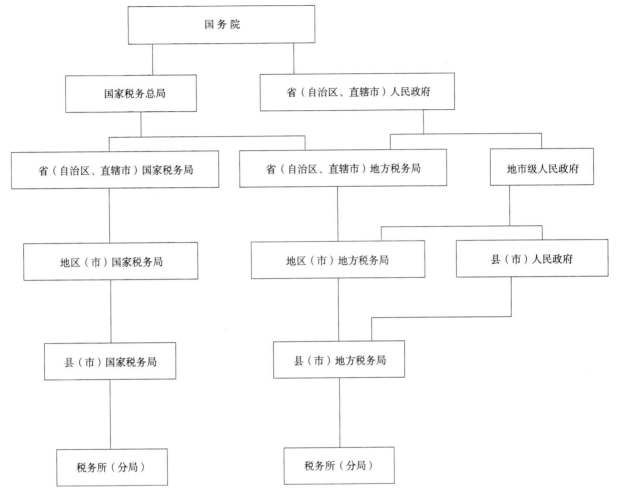

图 1 - 2　中国税务系统组织机构图

1.2.3　中央政府与地方政府之间税收收入划分①

根据国务院关于实行分税制财政管理体制的规定,中国的税收收入分为中央政府固定收入、地方政府固定收入和中央政府与地方政府共享收入。

(1)中央政府固定收入包括:海关代征的进口环节增值税、消费税(含进口环节海关代征部分),车辆购置税②,关税等。

(2)地方政府固定收入包括:房产税,城镇土地使用税,耕地占用税,土地增值税,车船税,契税。

(3)中央政府与地方政府共享收入主要包括:

①增值税(不含进口环节由海关代征的部分):中央分享75%,地方分享25%。

②营业税:铁道部、各银行总行、各保险总公司集中缴纳的部分归中央政府,其余部分归地方政府。

---

① 本部分内容除专门注释外,均出自《国务院关于实行分税制财政管理体制的决定》(国发[1993]85号,1993年12月15日)。

② 《国务院批转财政部、国家计委等部门〈交通和车辆税费改革〉实施方案的通知》(国发[2000]34号,2000年10月22日)。

③企业所得税:属于铁路运输企业(包括广铁集团和大秦铁路公司)、国有邮政企业、中国工商银行股份有限公司、中国农业银行股份有限公司、中国银行股份有限公司、国家开发银行、中国农业发展银行、中国进出口银行、中央汇金投资有限责任公司、中国建设银行股份有限公司、中国建银投资有限责任公司、中国石油天然气股份有限公司、中国石油化工股份有限公司以及海洋石油天然气企业(包括港澳台和外商投资、外国海上石油天然气企业)缴纳的企业所得税(包括滞纳金、罚款收入)为中央收入,其他企业所得税收入由中央与地方按比例分享。2002年中央分享50%,地方分享50%;2003年至今中央分享60%,地方分享40%①。

④个人所得税:个人所得税收入2002年中央分享50%,地方分享50%;2003年至今中央分享60%,地方分享40%②。

⑤资源税:海洋石油企业缴纳的部分归中央政府,其余部分归地方政府。③

⑥城市维护建设税:铁道部、各银行总行、各保险总公司集中缴纳的部分归中央政府,其余部分归地方政府。

⑦印花税:证券交易印花税收入的97%归中央政府,其余3%和其他印花税收入归地方政府④。

1.2.4 税收征收管理范围划分

目前,中国税收征收部门主要是税务和海关,仅有个别税种在个别地方由财政负责征收。

(1)国家税务局系统专门负责征收和管理的税种

增值税、消费税(进口环节增值税、消费税委托海关代征),车辆购置税⑤。

(2)地方税务局系统专门负责征收和管理的税种

城镇土地使用税、土地增值税、房产税、车船税、耕地占用税、烟叶税⑥。

---

① 《国务院关于印发所得税收入分享改革方案的通知》(国发[2001]37号,2001年12月31日)。《财政部 国家税务总局 中国人民银行关于印发〈跨省市总分机构企业所得税分配及预算管理暂行办法〉的通知》(财预[2008]10号,2008年1月15日)。《国家税务总局关于印发〈跨地区经营汇总纳税企业所得税征收管理暂行办法〉的通知》(国税发[2008]28号,2008年3月10日)。此前,《国务院关于实行分税制财政管理体制的决定》(国发[1993]85号,1993年12月15日)规定:中央企业所得税,地方银行和外资银行及非银行金融企业所得税为中央固定收入,地方企业所得税(不含上述地方银行和外资银行及非银行金融企业所得税)为地方固定收入。

② 《国务院关于印发所得税收入分享改革方案的通知》(国发[2001]37号,2001年12月31日)。此前,《国务院关于实行分税制财政管理体制的决定》(国发[1993]85号,1993年12月15日)规定:个人所得税收入为地方固定收入。1999年恢复开征储蓄存款利息所得个人所得税后,《财政部关于对储蓄存款利息所得征收个人所得税有关预算管理问题的通知》(财预字[1999]513号,1999年11月2日)规定:对储蓄存款利息所得征收的个人所得税为中央级预算收入。

③ 根据《国务院关于外商投资企业和外国企业适用增值税、消费税、营业税等税收暂行条例有关问题的通知》(国发[1994]第10号,1994年2月22日)规定,目前对开采海洋石油征收矿区使用费,暂不征收资源税。

④ 《国务院关于调整证券交易印花税中央与地方分享比例的通知》(国发明电[2000]4号,2000年9月29日)。此前,《国务院关于实行分税制财政管理体制的决定》(国发[1993]85号,1993年12月15日)规定:证券交易印花税收入中央和地方各按50%分享;1996年,《国务院关于调整证券交易印花税中央与地方分享比例的通知》(国发[1996]49号,1996年12月16日)规定:从1997年7月1日起,将证券交易印花税分享比例由中央与地方各50%,调整为中央80%,地方20%;随后又调整至中央88%,地方12%;从2000年起,分三年调整到中央97%、地方3%,即:2000年中央91%、地方9%,2001年中央94%、地方6%,从2002年起中央97%、地方3%。

⑤ 《国务院办公厅转发国家税务总局关于组建在各地的直属税务机构和地方税务局实施意见的通知》(国办发[1993]87号,1993年12月9日)。《中华人民共和国车辆购置税暂行条例》(中华人民共和国国务院令第294号,2000年10月22日)。

⑥ 《国务院办公厅关于转发〈国家税务总局关于调整国家税务局、地方税务局税收征管范围的意见〉的通知》(国办发[1996]4号,1996年1月24日)。《中华人民共和国烟叶税暂行条例》(中华人民共和国国务院令第464号,2006年4月28日)。《中华人民共和国车船税暂行条例》(中华人民共和国国务院令第482号,2006年12月29日)。《中华人民共和国城镇土地使用税暂行条例》(中华人民共和国国务院令第483号,2006年12月30日)。《中华人民共和国耕地占用税暂行条例》(中华人民共和国国务院令第511号,2007年12月1日)。此前,《国务院办公厅转发国家税务总局关于组建在各地的直属税务机构和地方税务局实施意见的通知》(国办发[1993]87号,1993年12月9日)规定,对境内外商投资企业和外国企业的各项税收包括城市房地产税、车船使用牌照税均由国家税务局负责征收管理。《中华人民共和国耕地占用税暂行条例》(国发[1987]27号,1987年4月1日)规定,耕地占用税主要由财政部门负责征收管理。

（3）国家税务局系统和地方税务局系统分工负责征收管理的税种

①营业税。铁道部、各银行总行、各保险公司总公司缴纳的营业税由国家税务局系统负责征收，其他营业税收入由地方税务局系统负责征收①。

②企业所得税。1994 年税制改革至今，企业所得税一直由国家税务局系统和地方税务局系统分别征收。各自征收范围在 2002 年实行所得税分享体制以前，主要是按行政隶属关系划分；2002 年实行所得税分享体制后，主要是按新老企业划分；新企业所得税法实施后，从 2009 年起主要是根据企业缴纳增值税或营业税的情况划分。各自征管范围的具体规定详见第 7 章企业所得税部分。

③个人所得税。储蓄存款利息个人所得税由国家税务局系统负责征收（目前已暂免征收）②，其他个人所得税由地方税务局系统征收③。

④资源税。海洋石油企业资源税由国家税务局系统负责征收，其他资源税由地方税务局征收④。

⑤城市维护建设税。铁道部、各银行总行、各保险公司总公司缴纳的城市维护建设税由国家税务局负责征收，其他城市维护建设税由地方税务局征收⑤。

⑥印花税。证券交易印花税由国家税务局系统负责征收，其他印花税由地方税务局征收⑥。

（4）财政或税务部门负责征收管理的税种

主要是契税。契税征收机关为土地、房屋所在地的财政机关或者地方税务机关。具体征收机关由省、自治区、直辖市人民政府确定⑦。

（5）海关负责征收管理的税种

关税和船舶吨税⑧。

进口环节增值税、消费税⑨。

---

①　《国务院办公厅转发国家税务总局关于组建在各地的直属税务机构和地方税务局实施意见的通知》（国办发〔1993〕87 号，1993 年 12 月 9 日）。

②　《国务院关于对储蓄存款利息所得征收个人所得税的实施办法》（中华人民共和国国务院令第 272 号，1999 年 9 月 30 日）。

③　《国家税务总局关于所得税收入分享体制改革后税收征管范围的通知》（国家税务总局，国税发〔2002〕8 号，2002 年 1 月 24 日）。此前，《国务院办公厅转发国家税务总局关于组建在各地的直属税务机构和地方税务局实施意见的通知》（国办发〔1993〕87 号，1993 年 12 月 9 日）规定，外籍人员（华侨、港澳台同胞）缴纳的个人所得税由国家税务局系统负责征收；1996 年，《国务院办公厅关于转发〈国家税务总局关于调整国家税务局、地方税务局税收征管范围的意见〉的通知》（国办发〔1996〕4 号，1996 年 1 月 24 日）规定，涉外个人所得税由地方税务局负责征收管理，也可以委托国家税务局代征。

④　《国务院办公厅转发国家税务总局关于组建在各地的直属税务机构和地方税务局实施意见的通知》（国办发〔1993〕87 号，1993 年 12 月 9 日）。

⑤　《国务院办公厅转发国家税务总局关于组建在各地的直属税务机构和地方税务局实施意见的通知》（国办发〔1993〕87 号，1993 年 12 月 9 日）。

⑥　《国务院办公厅转发国家税务总局关于组建在各地的直属税务机构和地方税务局实施意见的通知》（国办发〔1993〕87 号，1993 年 12 月 9 日）。

⑦　《中华人民共和国契税暂行条例》（中华人民共和国国务院令第 224 号，1997 年 7 月 7 日）。

⑧　《中华人民共和国海关法》（1987 年 1 月 22 日第六届全国人民代表大会常务委员会第十九次会议通过，根据 2000 年 7 月 8 日第九届全国人民代表大会常务委员会第十六次会议《关于修改〈中华人民共和国海关法〉的决定》修正）。《中华人民共和国海关船舶吨税暂行办法》（1952 年 9 月 16 日政务院财政经济委员会批准，1952 年 9 月 29 日海关总署发布）。

⑨　《国务院办公厅转发国家税务总局关于组建在各地的直属税务机构和地方税务局实施意见的通知》（国办发〔1993〕87 号，1993 年 12 月 9 日）。

第 2 章　增值税制度

增值税是对在我国境内销售货物或提供加工、修理修配劳务以及进口货物的单位或个人,就其取得的货物或应税劳务的销售额以及进口货物的金额计算税款,并实行税款抵扣制的一种流转税。从计税原理而言,增值税是对商品生产和流通中各环节的新增价值或商品附加值进行征税,但由于新增价值或商品附加值在商品流通过程中是一个难以准确计算的数据,因而,在增值税的实际操作上采用间接计算办法,即:从事货物销售以及提供应税劳务的纳税人,根据货物或应税劳务销售额,按照规定的税率计算税款,然后从中扣除上一道环节已纳增值税款,其余额即为纳税人应纳的增值税税款。这种计算办法同样体现了对新增价值征税的原则。

现行增值税基本法规,是 1993 年 12 月 13 日国务院颁布并于 2008 年 11 月 5 日国务院第 34 次常务会议修订通过的《中华人民共和国增值税暂行条例》。

2.1　纳税义务人和扣缴义务人

2.1.1　纳税义务人

（1）一般规定

在中华人民共和国境内销售货物或提供加工、修理修配劳务以及进口货物的单位和个人,为增值税纳税义务人(简称纳税人)[1]。其中:"单位"是指企业、行政单位、事业单位、军事单位、社会团体及其他单位;"个人"是指个体工商户和其他个人[2]。

（2）外商投资企业和外国企业适用增值税暂行条例的规定

外商投资企业和外国企业自 1994 年 1 月 1 日起适用国务院发布的增值税暂行条例、消费税暂行条例和营业税暂行条例。外商投资企业和外国企业凡从事货物销售或进口、提供应税劳务的,都不再缴纳工商统一税,改为统一缴纳增值税,为增值税纳税义务人。其中外商投资企业,是指在中华人民共和国境内设立的中外合资经营企业、中外合作经营企业和外资企业;外国企业,是指在中国境内设立机构、场所,从事生产、经营和虽未设立机构、场所,而有来源于中国境内所得的外国公司、企业和其他经济组织[3]。

（3）企业租赁或承包经营的增值税纳税人

企业租赁或承包给其他单位或个人经营的,以承租人或承包人为纳税人[4]。

其中承租人或承包人是指有独立的生产、经营权,在财务上独立核算,并定期向出租者或发包者上缴租金或承包费的企业、单位和个人[5]。

外商投资企业聘任本企业雇员实行目标责任承包,应以外商投资企业为纳税主体,依法计算缴纳流转税。外商投资企业全部或部分由本企业股东、其他企业、本企业雇员或其他个人负责经营,经

---

① 《中华人民共和国增值税暂行条例》(中华人民共和国国务院令第 538 号,2008 年 11 月 10 日)第一条。

② 《中华人民共和国增值税暂行条例实施细则》(财政部　国家税务总局令第 50 号,2008 年 12 月 15 日)第九条。

③ 《全国人民代表大会常务委员会关于外商投资企业和外国企业适用增值税、消费税、营业税等税收暂行条例的决定》(1993 年 12 月 29 日八届全国人大常委会第五次会议通过,中华人民共和国主席令第 18 号公布)。

④ 《中华人民共和国增值税暂行条例实施细则》(财政部　国家税务总局令第 50 号,2008 年 12 月 15 日)第十条。

⑤ 《国家税务总局关于增值税几个业务问题的通知》(国税发[1994]186 号,1994 年 8 月 19 日)。

营中仍以外商投资企业的名义,对外从事各项商务活动,仍应以外商投资企业为纳税主体,计算缴纳流转税。外商投资企业出租全部或部分财产给其他企业或个人生产、经营,承租人单独办理工商登记,领有营业执照,并以承租人的名义对外从事各项商务活动,应以承租人为纳税主体,依法缴纳流转税①。

(4)进口货物的增值税纳税人

①进口货物的收货人或办理报关手续的单位和个人,为进口货物增值税的纳税义务人②。

②对于企业、单位和个人委托代理进口应征增值税的货物,鉴于代理进口货物的海关完税凭证,有的开具给委托方,有的开具给受托方的特殊性,对代理进口货物以海关开具的完税凭证上的纳税人为增值税纳税人。即对报关进口货物,凡是海关的完税凭证开具给委托方的,对代理方不征增值税;凡是海关的完税凭证开具给代理方的,对代理方应按规定增收增值税③。

2.1.2　扣缴义务人

境外的单位或个人在境内销售应税劳务而在境内未设有经营机构的,以境内代理人为扣缴义务人;在境内没有代理人的,以购买者为扣缴义务人④。

2.1.3　增值税小规模纳税人

(1)增值税小规模纳税人认定的一般规定

小规模纳税人的标准为⑤:

①从事货物生产或者提供应税劳务的纳税人,以及以从事货物生产或者提供应税劳务为主,并兼营货物批发或者零售的纳税人,年应征增值税销售额(简称应税销售额)在 50 万元以下(含本数,下同)的。

②上述规定以外的纳税人,年应税销售额在 80 万元以下的。

其中:销售额是指增值税暂行条例实施细则第三十条所指小规模纳税人的销售额;所称以从事货物生产或提供应税劳务为主,是指纳税人的年货物生产或提供应税劳务的销售额占年应税销售额的比重在 50% 以上⑥。

(2)增值税小规模纳税人认定的特别规定⑦

---

① 《国家税务总局关于外商投资企业发包经营出租经营有关税收处理问题的通知》(国税发[1995]45 号)。

② 《国家税务总局 海关总署关于进口货物征收增值税、消费税有关问题的通知》(国税发[1993]155 号,1993 年 12 月 25 日)。

③ 《国家税务总局关于〈增值税问题解答(之一)的通知〉》(国税函发[1995]288 号,1995 年 6 月 2 日)。

④ 《中华人民共和国增值税暂行条例》(国务院令第 538 号,2008 年 11 月 10 日)第十八条。

⑤ 《中华人民共和国增值税暂行条例实施细则》(财政部 国家税务总局令第 50 号,2008 年 12 月 15 日)第二十八条。此前,原细则和《国家税务总局关于印发〈增值税小规模纳税人征收管理办法〉的通知》(国税发[1994]116 号,1994 年 4 月 23 日)规定小规模纳税人标准为:从事货物生产或提供应税劳务的纳税人,以及以从事货物生产或提供应税劳务为主,并兼营货物批发或零售的纳税人,年应征增值税销售额在 100 万元以下的;从事货物批发或零售的纳税人,年应税销售额在 180 万元以下的。《税务部门现行有效 失效 废止规章目录》(国家税务总局令第 23 号,2010 年 11 月 29 日)已对国税发[1994]116 号予以废止。

⑥ 《中华人民共和国增值税暂行条例实施细则》(财政部 国家税务总局令第 50 号,2008 年 12 月 15 日)第二十八条。此前,《国家税务总局关于印发〈增值税若干具体问题的规定〉的通知》(国税发[1993]154 号,1993 年 12 月 28 日)也有类似规定,但《国家税务总局关于发布已失效或废止有关增值税规范性文件清单的通知》(国税发[2009]7 号,2009 年 2 月 2 日)对该文件相关规定予以了废止。

⑦ 《国家税务总局关于印发〈增值税一般纳税人申请认定办法〉的通知》(国税发[1994]59 号,1994 年 3 月 15 日)规定,纳税人总分支机构实行统一核算,其总机构年应税销售额超过小规模企业标准,但分支机构年应税销售额未超过小规模企业标准的,其分支机构可申请办理一般纳税人认定手续。在办理认定手续时,须提供总机构所在地主管税务机关批准其总机构为一般纳税人的证明(总机构申请认定表的影印件)。但后来《国家税务总局关于贯彻国务院有关完善小规模商业企业增值税政策的决定的补充通知》(国税发[1998]124 号,1998 年 8 月 11 日)规定:实行统一核算的机构,如果总机构属于一般纳税人,而分支机构属于小规模商业企业,该分支机构不得认定为一般纳税人。再后来,2009 年《国家税务总局关于发布已失效或废止有关增值税规范性文件清单的通知》(国税发[2009]7 号,2009 年 2 月 2 日)对《国家税务总局关于贯彻国务院有关完善小规模商业企业增值税政策的决定的补充通知》(国税发[1998]124 号,1998 年 8 月 11 日)予以了废止。《增值税一般纳税人资格认定管理办法》(国家税务总局令第 22 号,2010 年 2 月 10 日)对《国家税务总局关于印发〈增值税一般纳税人申请认定办法〉的通知》(国税发[1994]59 号,1994 年 3 月 15 日)也予以了废止。

①年应税销售额超过小规模纳税人标准的其他个人按小规模纳税人纳税;非企业性单位、不经常发生应税行为的企业可选择按小规模纳税人纳税①。

②新华社系统属于非企业性单位,对其销售印刷品可按小规模纳税人的征税办法征收增值税②。

(3)增值税一般纳税人转为小规模纳税人的管理

除国家税务总局另有规定外,纳税人一经认定为一般纳税人后,不得转为小规模纳税人③。

一般纳税人注销或被取消辅导期一般纳税人资格,转为小规模纳税人时,其存货不作进项税额转出处理,其留抵税额也不予以退税④。

2.1.4 一般纳税人

2.1.4.1 一般纳税人的资格认定

(1)年应税销售额超过财政部、国家税务总局规定的小规模纳税人标准的增值税纳税人,除以下不办理一般纳税人资格认定的情形外,应当向主管税务机关申请一般纳税人资格认定⑤:

①个体工商户以外的其他个人;

所称其他个人,是指自然人⑥。

②选择按照小规模纳税人纳税的非企业性单位;

所称非企业性单位,是指行政单位、事业单位、军事单位、社会团体和其他单位⑦。

③选择按照小规模纳税人纳税的不经常发生应税行为的企业。

所称不经常发生应税行为的企业,是指非增值税纳税人;不经常发生应税行为是指其偶然发生增值税应税行为⑧。

所称年应税销售额,是指纳税人在连续不超过

---

① 《中华人民共和国增值税暂行条例实施细则》(财政部 国家税务总局令第 50 号,2008 年 12 月 15 日)第二十九条。原细则和《国家税务总局关于印发〈增值税小规模纳税人征收管理办法〉的通知》(国税发[1994]116 号,1994 年 4 月 23 日)规定此种情形视同小规模纳税人纳税。《国家税务总局关于增值税若干征收问题的通知》(国税发[1994]122 号,1994 年 5 月 27 日)规定,非企业性单位如果经常发生增值税应税行为,并且符合一般纳税人条件,可以认定为一般纳税人。《税务部门现行有效 失效 废止规章目录》(国家税务总局令第 23 号,2010 年 11 月 29 日)已对国税发[1994]116 号予以废止。

② 《国家税务总局关于新闻产品征收流转税问题的通知》(国税发[2001]105 号,2001 年 9 月 13 日)。

③ 《中华人民共和国增值税暂行条例实施细则》(财政部 国家税务总局令第 50 号,2008 年 12 月 15 日)第三十三条。此前,《财政部 国家税务总局关于增值税若干政策的通知》(财税[2005]165 号,2005 年 11 月 28 日)规定:纳税人一经认定为正式一般纳税人,不得再转为小规模纳税人。后来,《财政部 国家税务总局关于公布若干废止和失效的增值税规范性文件目录的通知》(财税[2009]17 号,2009 年 12 月 26 日)对《财政部 国家税务总局关于增值税若干政策的通知》(财税[2005]165 号,2005 年 11 月 28 日)相关规定予以废止。

④ 《财政部 国家税务总局关于增值税若干政策的通知》(财税[2005]165 号,2005 年 11 月 28 日)。该文件还规定:辅导期一般纳税人转为小规模纳税人问题继续按照《国家税务总局关于加强新办商贸企业增值税征收管理有关问题的紧急通知》(国税发明电[2004]37 号)的有关规定执行。但《财政部 国家税务总局关于公布若干废止和失效的增值税规范性文件目录的通知》(财税[2009]17 号,2009 年 12 月 26 日)对此规定予以了废止。

⑤ 《中华人民共和国增值税暂行条例》(中华人民共和国国务院令第 538 号,2008 年 11 月 10 日)第十三条。《增值税一般纳税人资格认定管理办法》(国家税务总局令第 22 号,2010 年 2 月 10 日)。此前,《国家税务总局关于印发〈增值税一般纳税人申请认定办法〉的通知》(国税明电[1993]52 号、国税发[1994]59 号),《国家税务总局关于增值税一般纳税人申请认定办法的补充规定》(国税明电[1993]60 号),《国家税务总局关于印发〈增值税一般纳税人年审办法〉的通知》(国税函[1998]156 号),《国家税务总局关于使用增值税防伪税控系统的增值税一般纳税人资格认定问题的通知》(国税函[2002]326 号)从 2010 年 3 月 20 日起废止。《国家税务总局关于加强增值税专用发票管理有关问题的通知》(国税发[2005]150 号,2005 年 9 月 12 日)曾规定:对符合一般纳税人条件而不申请办理一般纳税人认定手续的纳税人,应按销售额依照增值税税率计算应纳税额,不得抵扣进项税额,也不得使用专用发票。后来,《国家税务总局关于发布已失效或废止有关增值税规范性文件清单的通知》(国税发[2009]7 号,2009 年 2 月 2 日)对《国家税务总局关于加强增值税专用发票管理有关问题的通知》(国税发[2005]150 号,2005 年 9 月 12 日)相关规定予以了废止。

⑥ 《国家税务总局关于明确〈增值税一般纳税人资格认定管理办法〉若干条款处理意见的通知》(国税函[2010]139 号,2010 年 4 月 7 日)。

⑦ 《国家税务总局关于明确〈增值税一般纳税人资格认定管理办法〉若干条款处理意见的通知》(国税函[2010]139 号,2010 年 4 月 7 日)。

⑧ 《国家税务总局关于明确〈增值税一般纳税人资格认定管理办法〉若干条款处理意见的通知》(国税函[2010]139 号,2010 年 4 月 7 日)。

12 个月的经营期内累计应征增值税销售额,包括纳税申报销售额、稽查查补销售额、纳税评估调整销售额、税务机关代开发票销售额和免税销售额。稽查查补销售额和纳税评估调整销售额计入查补税款申报当月的销售额,不计入税款所属期销售额[①]。

所称经营期,是指在纳税人存续期内的连续经营期间,含未取得销售收入的月份[②]。

(2)年应税销售额未超过财政部、国家税务总局规定的小规模纳税人标准以及新开业的纳税人,可以向主管税务机关申请一般纳税人资格认定。对提出申请并且同时符合下列条件的纳税人,主管税务机关应当为其办理一般纳税人资格认定[③]:

①有固定的生产经营场所;

②能够按照国家统一的会计制度规定设置账簿,根据合法、有效凭证核算,能够提供准确税务资料的小规模纳税人。

(3)若干行业专门规定

①2002 年 1 月 1 日起,对从事成品油销售的加油站,无论其年应税销售额是否超过 180 万元,一律按增值税一般纳税人征税[④]。

②凡享受免征增值税的国有粮食购销企业,均按增值税一般纳税人认定,并进行纳税申报、日常检查及有关增值税专用发票的各项管理[⑤]。

③对于加工、销售珠宝玉石的纳税人应按规定办理增值税一般纳税人认定手续。凡认定为一般纳税人的,应依照适用税率征收增值税,不得实行简易征收办法征收增值税[⑥]。

2.1.4.2　一般纳税人的认定管理[⑦]

(1)纳税人应当向其机构所在地主管税务机关申请一般纳税人资格认定。

(2)一般纳税人资格认定的权限,在县(市、区)国家税务局或者同级别的税务分局(以下称认定机关)。

[①] 《增值税一般纳税人资格认定管理办法》(国家税务总局令第 22 号,2010 年 2 月 10 日)。《国家税务总局关于明确〈增值税一般纳税人资格认定管理办法〉若干条款处理意见的通知》(国税函[2010]139 号,2010 年 4 月 7 日)。

[②] 《国家税务总局关于明确〈增值税一般纳税人资格认定管理办法〉若干条款处理意见的通知》(国税函[2010]139 号,2010 年 4 月 7 日)。

[③] 《中华人民共和国增值税暂行条例》(中华人民共和国国务院令第 538 号,2008 年 11 月 10 日)第十三条。《中华人民共和国增值税暂行条例实施细则》(财政部 国家税务总局令第 50 号,2008 年 12 月 15 日)第三十二条。《增值税一般纳税人资格认定管理办法》(国家税务总局令第 22 号,2010 年 2 月 10 日)。此前,《财政部 国家税务总局关于贯彻国务院有关完善小规模商业企业增值税政策的决定的通知》(财税字[1998]113 号,1998 年 6 月 12 日)将原条例和细则以及《国家税务总局关于印发〈增值税一般纳税人申请认定办法〉的通知》(国税发[1994]59 号,1994 年 3 月 15 日)、《国家税务总局关于印发〈增值税小规模纳税人征收管理办法〉的通知》(国税发[1994]116 号,1994 年 4 月 23 日)所规定的小规模纳税人会计核算健全(所称会计核算健全,是指能按会计制度和税务机关的要求准确核算销项税额、进项税额和应纳税额),能够提供准确税务资料,准确核算进项税额的,经主管税务机关批准,也可以视为一般纳税人,调整为商业企业以外的其他企业,即从事货物生产或提供应税劳务的企业、企业性单位,以及以从事货物生产或提供应税劳务为主,并兼营货物批发或零售的企业、企业性单位,年应税销售额在 100 万元以下、30 万元以上的,如果财务核算健全,才可认定为一般纳税人。《财政部 国家税务总局关于加强商业环节增值税征收管理的通知》(财税字[1998]4 号,1998 年 1 月 9 日)则规定,对销售额达不到规定标准的小型商业企业原则上不要以财务核算健全为由认定为一般纳税人,而应小规模纳税人征收。从 2009 年 1 月 1 日起,财税字[1998]4 号和财税字[1998]113 号一并停止执行,并被《财政部关于公布废止和失效的财政规章和规范性文件目录(第十一批)的决定》(财政部令第 62 号,2011 年 2 月 21 日)公布废止。国税发[1994]116 号也被《税务部门现行有效 失效 废止规章目录》(国家税务总局令第 23 号,2010 年 11 月 29 日)予以废止。

[④] 《国家税务总局关于加油站一律按照增值税一般纳税人征税的通知》(国税函[2001]882 号,2001 年 12 月 3 日)。

[⑤] 《国家税务总局关于加强国有粮食购销企业增值税管理有关问题的通知》(国税函[1999]560 号,1999 年 8 月 18 日)。此前,《国家税务总局关于印发〈增值税一般纳税人申请认定办法〉的通知》(国税发[1994]59 号,1994 年 3 月 15 日)规定,全部销售免税货物的企业不办理一般纳税人认定手续。

[⑥] 《国家税务总局关于纳税人加工和销售珠宝玉石征收增值税问题的批复》(国税函[2007]1286 号,2007 年 12 月 23 日)。

[⑦] 本部分内容如无专门注释,均出自《增值税一般纳税人资格认定管理办法》(国家税务总局令第 22 号,2010 年 2 月 10 日)。该办法实施后,此前《国家税务总局关于增值税一般纳税人认定有关问题的通知》(国税函[2008]1079 号,2008 年 12 月 31 日)相应失效,并被《国家税务总局关于公布全文失效废止 部分条款失效废止的税收规范性文件目录的公告》(国家税务总局公告 2011 年第 2 号,2011 年 1 月 4 日)公布废止。

（3）年应税销售额超过财政部、国家税务总局规定的小规模纳税人标准的增值税纳税人，除以上规定不办理一般纳税人资格认定的情形外，应按照下列程序办理一般纳税人资格认定：

①纳税人应当在申报期结束后 40 日（工作日，下同）内向主管税务机关报送《增值税一般纳税人申请认定表》（简称申请表，见国家税务总局令第 22 号《增值税一般纳税人资格认定管理办法》附件 1），申请一般纳税人资格认定。

所称申报期，是指纳税人年应税销售额超过小规模纳税人标准的月份（或季度）的所属申报期①。

②认定机关应当在主管税务机关受理申请之日起 20 日内完成一般纳税人资格认定，并由主管税务机关制作、送达《税务事项通知书》，告知纳税人。

主管税务机关制作的《税务事项通知书》中需明确告知：同意其认定申请；一般纳税人资格确认的时间②。

③纳税人未在规定期限内申请一般纳税人资格认定的，主管税务机关应当在规定期限结束后 20 日内制作并送达《税务事项通知书》，告知纳税人。

主管税务机关制作的《税务事项通知书》中需明确告知：其年应税销售额已超过小规模纳税人标准，应在收到《税务事项通知书》后 10 日内向主管税务机关报送《增值税一般纳税人申请认定表》或《不认定增值税一般纳税人申请表》；逾期未报送的，将按增值税暂行条例实施细则第三十四条规定，按销售额依照增值税税率计算应纳税额，不得抵扣进项税额，也不得使用增值税专用发票。直至纳税人报送上述资料，并经主管税务机关审核批准后方可停止执行③。

纳税人符合上述不办理一般纳税人资格认定条件的，应当在收到《税务事项通知书》后 10 日内向主管税务机关报送《不认定增值税一般纳税人申请表》（见国家税务总局令第 22 号《增值税一般纳税人资格认定管理办法》附件 2），经认定机关批准后不办理一般纳税人资格认定。认定机关应当在主管税务机关受理申请之日起 20 日内批准完毕，并由主管税务机关制作、送达《税务事项通知书》，告知纳税人。

（4）对年应税销售额未超过财政部、国家税务总局规定的小规模纳税人标准以及新开业的纳税人，向主管税务机关提出一般纳税人资格认定申请的，按照下列程序办理一般纳税人资格认定：

①纳税人应当向主管税务机关填报申请表，并提供下列资料：

Ⅰ《税务登记证》副本；

Ⅱ 财务负责人和办税人员的身份证明及其复印件；

Ⅲ 会计人员的从业资格证明或者与中介机构签订的代理记账协议及其复印件；

所称会计人员的从业资格证明，是指财政部门颁发的会计从业资格证书④。

Ⅳ 经营场所产权证明或者租赁协议，或者其他可使用场地证明及其复印件；

Ⅴ 国家税务总局规定的其他有关资料。

②主管税务机关应当当场核对纳税人的申请资料，经核对一致且申请资料齐全、符合填列要求的，当场受理，制作《文书受理回执单》，并将有关资料的原件退还纳税人。

---

① 《国家税务总局关于明确〈增值税一般纳税人资格认定管理办法〉若干条款处理意见的通知》（国税函〔2010〕139 号，2010 年 4 月 7 日）。

② 《国家税务总局关于明确〈增值税一般纳税人资格认定管理办法〉若干条款处理意见的通知》（国税函〔2010〕139 号，2010 年 4 月 7 日）。

③ 《国家税务总局关于明确〈增值税一般纳税人资格认定管理办法〉若干条款处理意见的通知》（国税函〔2010〕139 号，2010 年 4 月 7 日）。

④ 《国家税务总局关于明确〈增值税一般纳税人资格认定管理办法〉若干条款处理意见的通知》（国税函〔2010〕139 号，2010 年 4 月 7 日）。

对申请资料不齐全或者不符合填列要求的,应当当场告知纳税人需要补正的全部内容。

③主管税务机关受理纳税人申请以后,根据需要进行实地查验,并制作查验报告。查验报告由纳税人法定代表人(负责人或者业主)、税务查验人员共同签字(签章)确认。①

实地查验时,应当有两名或者两名以上税务机关工作人员同时到场。

实地查验的范围和方法由各省税务机关确定并报国家税务总局备案。未确定实地查验范围和方法的,应按以上规定的范围和程序进行实地查验,并制作查验报告②。

所称实地查验的范围,是指需要进行实地查验的企业范围及实地查验的内容③。

对新办工业企业增值税一般纳税人的认定,主管税务机关应及时组织对纳税人的实地查验,核实是否拥有必要的厂房、机器设备和生产人员,是否具备一般纳税人财务核算条件。经现场核实,对符合有关条件的,应及时给予认定。不符合条件的不得认定④。

④认定机关应当自主管税务机关受理申请之日起 20 日内完成一般纳税人资格认定,并由主管税务机关制作、送达《税务事项通知书》,告知纳税人。

(5)主管税务机关应当在一般纳税人《税务登记证》副本"资格认定"栏内加盖"增值税一般纳税人"戳记(见国家税务总局令第 22 号《增值税一般纳税人资格认定管理办法》附件 3)。

"增值税一般纳税人"戳记印色为红色,印模由国家税务总局制定。

(6)纳税人自认定机关认定为一般纳税人的次月起(新开业纳税人自主管税务机关受理申请的当月起),按照增值税暂行条例第四条的规定计算应纳税额,并按照规定领购、使用增值税专用发票。

所称新开业纳税人,是指自税务登记日起 30 日内申请一般纳税人资格认定的纳税人⑤。

(7)除国家税务总局另有规定外,纳税人一经认定为一般纳税人后,不得转为小规模纳税人⑥。

(8)主管税务机关可以在一定期限内对下列一般纳税人实行纳税辅导期管理:

①年应税销售额未超过财政部、国家税务总局规定的小规模纳税人标准以及新开业的纳税人中,按照规定新认定为一般纳税人的小型商贸批发企业;

②国家税务总局规定的其他一般纳税人。

---

① 此前,《国家税务总局关于加强新办商贸企业增值税征收管理有关问题的补充通知》(国税发明电[2004]62 号,2004 年 12 月 1 日)规定,对新办工业企业增值税一般纳税人的认定,主管税务机关应及时组织对纳税人的实地查验,核实是否拥有必要的厂房、机器设备和生产人员,是否具备一般纳税人财务核算条件。经现场核实,对符合有关条件的,应及时给予认定。不符合条件的不得认定。《国家税务总局关于印发〈增值税一般纳税人纳税辅导期管理办法〉的通知》(国税发[2010]40 号,2010 年 4 月 7 日),国税发明电[2004]62 号从 2010 年 3 月 20 日起废止。

② 《国家税务总局关于〈增值税一般纳税人资格认定管理办法〉政策衔接有关问题的通知》(国税函[2010]137 号,2010 年 4 月 7 日)。

③ 《国家税务总局关于明确〈增值税一般纳税人资格认定管理办法〉若干条款处理意见的通知》(国税函[2010]139 号,2010 年 4 月 7 日)。

④ 《国家税务总局关于加强新办商贸企业增值税征收管理有关问题的补充通知》(国税发明电[2004]62 号,2004 年 12 月 1 日)。

⑤ 《国家税务总局关于明确〈增值税一般纳税人资格认定管理办法〉若干条款处理意见的通知》(国税函[2010]139 号,2010 年 4 月 7 日)。

⑥ 此前,《国家税务总局关于使用增值税防伪税控系统的增值税一般纳税人资格认定问题的通知》(国税函[2002]326 号,2002 年 4 月 16 日)规定,对已使用增值税防伪税控系统但年应税销售额未达到规定标准的一般纳税人,如会计核算健全,且未有下列情形之一者,不取消其一般纳税人资格:虚开增值税专用发票或者有偷、骗、抗税行为;连续 3 个月未申报或者连续 6 个月纳税申报异常且无正当理由;不按规定保管、使用增值税专用发票、税控装置,造成严重后果。后该文被《增值税一般纳税人资格认定管理办法》(国家税务总局令第 22 号,2010 年 2 月 10 日)公布废止。

2.1.4.3 增值税一般纳税人纳税辅导期管理办法①

根据《增值税一般纳税人资格认定管理办法》(国家税务总局令第22号,简称认定办法)第十三条规定,从2010年3月20日起,对纳税辅导期的增值税一般纳税人(简称辅导期纳税人),适用以下办法进行管理:

(1)实行纳税辅导期管理的增值税一般纳税人范围

①小型商贸批发企业。指注册资金在80万元(含80万元)以下、职工人数在10人(含10人)以下的批发企业。只从事出口贸易,不需要使用增值税专用发票的企业除外。批发企业按照国家统计局颁发的《国民经济行业分类》(GB/T4754-2002)中有关批发业的行业划分方法界定②。

②其他一般纳税人。指具有下列情形之一的一般纳税人:

Ⅰ 增值税偷税数额占应纳税额的10%以上并且偷税数额在10万元以上的;

Ⅱ 骗取出口退税的;

Ⅲ 虚开增值税扣税凭证的;

Ⅳ 国家税务总局规定的其他情形。

(2)纳税辅导期期限

①新认定为一般纳税人的小型商贸批发企业实行纳税辅导期管理的期限为3个月;其他一般纳税人实行纳税辅导期管理的期限为6个月③。

②对新办小型商贸批发企业,主管税务机关应

在认定办法第九条第(四)款规定的《税务事项通知书》内告知纳税人对其实行纳税辅导期管理,纳税辅导期自主管税务机关制作《税务事项通知书》的当月起执行;对其他一般纳税人,主管税务机关应自稽查部门作出《税务稽查处理决定书》后40个工作日内,制作、送达《税务事项通知书》告知纳税人对其实行纳税辅导期管理,纳税辅导期自主管税务机关制作《税务事项通知书》的次月起执行。

③纳税辅导期内,主管税务机关未发现纳税人存在偷税、逃避追缴欠税、骗取出口退税、抗税或其他需要立案查处的税收违法行为的,从期满的次月起不再实行纳税辅导期管理,主管税务机关应制作、送达《税务事项通知书》,告知纳税人;主管税务机关发现辅导期纳税人存在偷税、逃避追缴欠税、骗取出口退税、抗税或其他需要立案查处的税收违法行为的,从期满的次月起按照《增值税一般纳税人纳税辅导期管理办法》(国税发〔2010〕40号)重新实行纳税辅导期管理,主管税务机关应制作、送达《税务事项通知书》,告知纳税人。

(3)纳税辅导期进项税额抵扣及专用发票管理

①辅导期纳税人取得的增值税专用发票抵扣联、海关进口增值税专用缴款书以及运输费用结算单据应当在交叉稽核比对无误后,方可抵扣进项税额。

②主管税务机关对辅导期纳税人实行限量限额发售专用发票。

Ⅰ 实行纳税辅导期管理的小型商贸批发企业,领购专用发票的最高开票限额不得超过十万

---

① 《国家税务总局关于印发〈增值税一般纳税人纳税辅导期管理办法〉的通知》(国税发〔2010〕40号,2010年4月7日)。此前,《国家税务总局关于加强新办商贸企业增值税征收管理有关问题的紧急通知》(国税发明电〔2004〕37号)、《国家税务总局关于辅导期一般纳税人实施"先比对、后扣税"有关管理问题的通知》(国税发明电〔2004〕51号)、《国家税务总局关于加强新办商贸企业增值税征收管理有关问题的补充通知》(国税发明电〔2004〕62号)、《国家税务总局关于辅导期增值税一般纳税人增值税专用发票预缴增值税有关问题的通知》(国税函〔2005〕1097号)同时废止。

② 此前,《国家税务总局关于加强新办商贸企业增值税征收管理有关问题的紧急通知》(国税发明电〔2004〕37号,2004年7月1日)规定,这类企业只能直接进入辅导期,实行辅导期一般纳税人管理。辅导期结束后,经主管税务机关审核同意,可转为正式一般纳税人,按照正常的一般纳税人管理。《国家税务总局关于加强新办商贸企业增值税征收管理有关问题的补充通知》(国税发明电〔2004〕62号,2004年12月1日)规定,对设有固定经营场所和拥有货物实物的新办商贸零售企业以及注册资金在500万元以上、人员在50人以上的新办大中型商贸企业提出一般纳税人资格认定申请的,经主管税务机关案头审核、法定代表人约谈和实地查验,确认符合规定条件的,可直接认定为一般纳税人,不实行辅导期一般纳税人管理。

③ 此前,《国家税务总局关于加强新办商贸企业增值税征收管理有关问题的紧急通知》(国税发明电〔2004〕37号,2004年7月1日)规定,一般纳税人纳税辅导期一般应不少于6小月。

元;其他一般纳税人专用发票最高开票限额应根据企业实际经营情况重新核定①。

Ⅱ　辅导期纳税人专用发票的领购实行按次限量控制,主管税务机关可根据纳税人的经营情况核定每次专用发票的供应数量,但每次发售专用发票数量不得超过 25 份。

Ⅲ　辅导期纳税人领购的专用发票未使用完而再次领购的,主管税务机关发售专用发票的份数不得超过核定的每次领购专用发票份数与未使用完的专用发票份数的差额。

Ⅳ　辅导期纳税人一个月内多次领购专用发票的,应从当月第二次领购专用发票起,按照上一次已领购并开具的专用发票销售额的 3% 预缴增值税,未预缴增值税的,主管税务机关不得向其发售专用发票。

Ⅴ　预缴增值税时,纳税人应提供已领购并开具的专用发票记账联,主管税务机关根据其提供的专用发票记账联计算应预缴的增值税。

Ⅵ　辅导期纳税人按规定预缴的增值税可在本期增值税应纳税额中抵减,抵减后预缴增值税仍有余额的,可抵减下期再次领购专用发票时应当预缴的增值税。

Ⅶ　纳税辅导期结束后,纳税人因增购专用发票发生的预缴增值税有余额的,主管税务机关应在纳税辅导期结束后的第一个月内,一次性退还纳税人。

(4)辅导期纳税人增值税核算

①辅导期纳税人应当在“应交税费”科目下增设“待抵扣进项税额”明细科目,核算尚未交叉稽核比对的专用发票抵扣联、海关进口增值税专用缴款书以及运输费用结算单据(简称增值税抵扣凭证)注明或者计算的进项税额。

②辅导期纳税人取得增值税抵扣凭证后,借记“应交税费——待抵扣进项税额”明细科目,贷记相关科目。交叉稽核比对无误后,借记“应交税费——应交增值税(进项税额)”科目,贷记“应交税费——待抵扣进项税额”科目。经核实不得抵扣的进项税额,红字借记“应交税费——待抵扣进项税额”,红字贷记相关科目。

(5)辅导期稽核比对

主管税务机关定期接收交叉稽核比对结果,通过《稽核结果导出工具》导出发票明细数据及《稽核结果通知书》并告知辅导期纳税人。

辅导期纳税人根据交叉稽核比对结果相符的增值税抵扣凭证本期数据申报抵扣进项税额,未收到交叉稽核比对结果的增值税抵扣凭证留待下期抵扣。

2.2　征税范围

2.2.1　一般规定

现行增值税的征税范围包括②:

(1)在中华人民共和国境内销售的货物;

(2)在中华人民共和国境内提供的加工、修理修配劳务;

(3)进口的货物。

在中华人民共和国境内销售货物,是指所销售的货物的起运地或所在地在境内;在中华人民共和

---

① 此前,《国家税务总局关于加强新办商贸企业增值税征收管理有关问题的紧急通知》(国税发明电[2004]37 号,2004 年 7 月 1 日)规定,进入辅导期的小型商贸企业其增值税防伪税控开票系统最高开票限额不得超过 1 万元;对辅导期内实际销售额在 300 万元以上,并且足额缴纳了税款的,经审核批准,可开具金额在 10 万元以下的专用发票;对于只开具金额在 1 万元以下专用发票的小型商贸企业,如有大宗货物交易,可凭国家公证部门公证的货物交易合同,经主管税务机关审核同意,适量开具金额在 10 万元以下专用发票,以满足该宗交易的需要;商贸企业结束辅导期转为正式一般纳税人后,原则上其增值税防伪税控开票系统最高限额不得超过 1 万元;大中型商贸企业结束辅导期转为正式一般纳税人后,其增值税防伪税控开票系统最高限额由相关税务机关根据企业实际经营情况按照现行规定审核批准。《国家税务总局关于加强新办商贸企业增值税征收管理有关问题的补充通知》(国税发明电[2004]62 号,2004 年 12 月 1 日)规定,辅导期一般纳税人的增值税防伪税控开票系统最高开票限额原则上不得超过一万元,如果开票限额确实不能满足实际经营需要的,主管税务机关可根据纳税人实际经营需要,经审核,按照现行规定审批其增值税防伪税控开票系统最高开票限额和数量。

② 《中华人民共和国增值税暂行条例》(中华人民共和国国务院令第 538 号,2008 年 11 月 10 日)第一条。

国境内提供应税劳务,是指应税劳务发生在境内①。

上述征税范围的具体内容如下:

2.2.1.1 销售货物

销售货物是指有偿转让货物的所有权。其中:"货物"是指有形动产,包括电力、热力和气体在内②。

2.2.1.2 提供加工和修理修配劳务

(1)加工是指受托加工货物,即委托方提供原料及主要材料,受托方按照委托方的要求制造货物并收取加工费的业务;修理修配是指受托对损伤和丧失功能的货物进行修复,使其恢复原状和功能的业务③。

(2)提供加工、修理修配业务是指有偿提供加工、修理修配业务。有偿是指从购买方取得的货币、货物或其他经济利益,但单位或个体工商户聘用的员工为本单位或雇主提供加工、修理修配劳务,不包括在内④。

(3)经销企业从货物的生产企业取得"三包"收入,作为经销企业为用户提供售后修理服务的费用支出,应按修理修配劳务征收增值税⑤。

2.2.1.3 进口货物

进口货物是指申报进入中华人民共和国海关境内的货物。只要是报关进口的应税货物,均属于增值税征税范围,在进口环节缴纳增值税⑥。进口税收的具体规定详见进出口税收部分。

纳税人在关境以内销售免税品,按照以下规定执行:

Ⅰ 经国务院或国务院授权机关批准的从事免税品销售业务的专业公司(名单见国税发[1994]62号《国家税务总局关于进口免税品销售业务征收增值税问题的通知》附件),对其所属免税品商店批发、调拨进口免税的货物,暂不征收增值税⑦。

Ⅱ 上述专业公司、免税品商店批发、调拨或零售非进口免税货物及不属于免税范围的免税品销售单位,均应按规定征收增值税⑧。

2.2.2 特殊规定

2.2.2.1 视同销售行为

单位或个体经营者的下列行为,视同销售货物,征收增值税⑨:

(1)将货物交付其他单位或者个人代销;

(2)销售代销货物;

(3)设有两个以上机构并实行统一核算的纳税人,将货物从一个机构移送其他机构用于销售,但相关机构设在同一县(市)的除外;其中用于销售,是指受货机构发生以下情形之一的经营行为:

①向购货方开具发票;

① 《中华人民共和国增值税暂行条例实施细则》(财政部 国家税务总局令第50号,2008年12月15日)第八条。此外,《国家税务总局关于出境口岸免税店有关增值税政策问题的通知》(国税函[2008]81号,2008年1月24日)规定,"境内"是指在中华人民共和国关境以内。根据《国家税务总局关于公布全文失效废止 部分条款失效废止的税收规范性文件目录的公告》(国家税务总局公告2011年第2号,2011年1月4日),国税函[2008]81号被公布全文失效废止。

② 《中华人民共和国增值税暂行条例实施细则》(财政部 国家税务总局令第50号,2008年12月15日)第二条。此外,《国家税务总局关于印发〈增值税问题解答(之一)〉的通知》(国税函发[1995]288号,1995年6月2日)曾规定:对纳税人倒闭、破产、解散、停业后销售的货物,应按现行税法的规定征税。但后来《国家税务总局关于发布已失效或废止有关增值税规范性文件清单的通知》(国税发[2009]7号,2009年2月2日)对此予以了废止。

③ 《中华人民共和国增值税暂行条例实施细则》(财政部 国家税务总局令第50号,2008年12月15日)第二条。

④ 《中华人民共和国增值税暂行条例实施细则》(财政部 国家税务总局令第50号,2008年12月15日)第三条。

⑤ 《国家税务总局关于印发〈增值税问题解答(之一)〉的通知》(国税函发[1995]288号,1998年6月2日)。

⑥ 《国家税务总局 海关总署关于进口货物征收增值税、消费税有关问题的通知》(国税发[1993]155号,1993年12月25日)。

⑦ 《国家税务总局关于进口免税品销售业务征收增值税问题的通知》(国税发[1994]62号,1994年3月15日)。

⑧ 《国家税务总局关于进口免税品销售业务征收增值税问题的通知》(国税发[1994]62号,1994年3月15日)还规定:批准名单范围内的免税品经营单位及其所属免税品商店零售的进口免税品,按照实现的销售额,暂依6%的征收率征收增值税。此规定后被《国家税务总局关于发布已失效或废止的税收规范性文件目录的通知》(国税发[2006]62号)公布废止。

⑨ 《中华人民共和国增值税暂行条例实施细则》(财政部 国家税务总局令第50号,2008年12月15日)第四条。

②向购货方收取货款。

受货机构的货物移送行为有上述两项情形之一的,应当向所在地税务机关缴纳增值税;未发生上述两项情形的,则应由总机构统一缴纳增值税。如果受货机构只就部分货物向购买方开具发票或收取货款,则应当区别不同情况计算并分别向总机构所在地或分支机构所在地缴纳税款①。

1998 年 9 月 1 日前,企业所属机构发生以上所称销售行为的,如果应纳增值税已由企业统一向企业主管税务机关缴纳,企业所属机构主管税务机关不得再征收此项应纳增值税。如果此项应纳增值税未由企业统一缴纳,企业所属机构也未缴纳,则应由企业所属机构主管税务机关负责征收;属于偷税行为的,应由企业所属机构主管税务机关依照有关法律、法规予以处理。1998 年 9 月 1 日以后,企业所属机构发生销售行为,其应纳增值税则一律由企业所属机构主管税务机关征收②。

(4)将自产、委托加工的货物用于非增值税应税项目;

(5)将自产、委托加工的货物用于集体福利或者个人消费;

(6)将自产、委托加工或购进的货物作为投资,提供给其他单位或个体工商户;

(7)将自产、委托加工或购进的货物分配给股东或投资者;

(8)将自产、委托加工或购进的货物无偿赠送其他单位或者个人。

2.2.2.2　混合销售行为

(1)混合销售行为征税的一般规定

一项销售行为如果既涉及货物又涉及非增值税应税劳务,为混合销售行为。非增值税应税劳务是指属于应缴营业税的交通运输业、建筑业、金融保险业、邮电通信业、文化体育业、娱乐业、服务业税目征收范围的劳务③。

对于从事货物的生产、批发或零售的企业、企业性单位及个体工商户的混合销售行为,视为销售货物,应当缴纳增值税;其他单位和个人的混合销售行为,视为销售非增值税应税劳务,不缴纳增值税。所称从事货物的生产、批发或零售的企业、企业性单位及个体工商户,包括以从事货物的生产、批发或零售为主,并兼营非增值税应税劳务的单位及个体工商户在内④。

对以从事非增值税应税劳务为主,并兼营货物销售的单位和个人,其混合销售行为应视为销售非应税劳务,不征收增值税。但如果其设立单独的机构经营货物销售并单独核算,该单独机构应视为从事货物的生产、批发或零售的企业、企业性单位,其发生的混合销售行为应当征收增值税⑤。

(2)混合销售行为征税的几项特殊规定

①纳税人销售自产货物并同时提供建筑业劳务的行为,应当分别核算货物的销售额和非增值税应税劳务的营业额,并根据其销售货物的销售额计算缴纳增值税,非增值税应税劳务的营业额不缴纳增值税;未分别核算的,由主管税务机关核定其货

---

① 《国家税务总局关于企业所属机构间移送货物征收增值税问题的通知》(国税发[1998]137 号,1998 年 8 月 26 日)。
② 《国家税务总局关于企业所属机构间移送货物征收增值税问题的补充通知》(国税发[1998]718 号,1998 年 12 月 3 日)。
③ 《中华人民共和国增值税暂行条例实施细则》(财政部 国家税务总局令第 50 号,2008 年 12 月 15 日)第五条。
④ 《中华人民共和国增值税暂行条例实施细则》(财政部 国家税务总局令第 50 号,2008 年 12 月 15 日)第五条。此前,《财政部 国家税务总局关于增值税、营业税若干政策规定的通知》(财税字[1994]26 号,1994 年 5 月 5 日)规定,从事货物的生产、批发或零售为主,并兼营非增值税应税劳务的单位及个体工商户具体是指:纳税人的年货物销售额与非增值税应税劳务营业额的合计数中,年货物销售额超过 50%,非增值税应税劳务营业额不到 50%。后来,《财政部 国家税务总局关于公布若干废止和失效的增值税规范性文件目录的通知》(财税[2009]17 号,2009 年 2 月 26 日)对此予以公布废止。
⑤ 《国家税务总局关于增值税若干征收问题的通知》(国税发[1994]122 号,1994 年 5 月 7 日)。

物的销售额①。

②从事运输业务的单位与个人,发生销售货物并负责运输所售货物的混合销售行为,征收增值税②。

③电信单位(电信局及电信局批准的其他从事电信业务的单位)自己销售无线寻呼机、移动电话,并为客户提供有关的电信劳务服务的,属于混合销售,征收营业税;对单纯销售无线寻呼机、移动电话,不提供有关的电信劳务服务的,征收增值税③。

电信公司开展的以业务销售附带赠送实物业务(包括赠送用户小灵通(手机)、电话机、SIM 卡、网络终端或有价物品等实物),属于电信单位提供电信业劳务的同时赠送实物的行为,不征收增值税,其进项税额不得予以抵扣④。

④电梯属于增值税应税货物的范围,但安装运行之后,则与建筑物一道形成不动产。因此,对企业销售电梯(自产或购进的)并负责安装及保养、维修取得的收入,一并征收增值税;对不从事电梯生产、销售,只从事电梯保养和维修的专业公司对安装运行后的电梯进行的保养、维修取得的收入,征收营业税⑤。

如电梯公司在各地设立的分公司仅从事为本企业生产、销售的电梯进行安装和维修业务,不发生销售电梯的经营行为,对电梯安装业务取得的收入在安装地按照 3% 的税率缴纳营业税;对维护、修理和零配件的销售及旧梯改造所取得的收入均按 17% 的税率缴纳增值税⑥。

⑤纳税人销售林木以及销售林木的同时提供林木管护劳务的行为,属于增值税征收范围,应征

---

① 《中华人民共和国增值税暂行条例实施细则》(财政部 国家税务总局令第 50 号,2008 年 12 月 15 日)第六条。《国家税务总局关于纳税人销售自产货物并同时提供建筑业劳务有关税收问题的公告》(国家税务总局公告 2011 年第 23 号,2011 年 3 月 25 日)。此前,《国家税务总局关于纳税人销售自产货物提供增值税劳务并同时提供建筑业劳务征收流转税问题的通知》(国税发[2002]117 号,2002 年 9 月 11 日)规定,自产货物是指:金属结构件,包括活动板房、钢结构房、钢结构产品、金属网架等产品;铝合金门窗;玻璃幕墙;机器设备、电子通讯设备;国家税务总局规定的其他自产货物。纳税人分别缴纳增值税和营业税必须同时具备建设行政部门批准的建筑业施工(安装)资质和签订建设工程施工总包或分包合同中单独注明建筑业劳务价款两个条件,如不同时具备,则对其取得的全部收入征收增值税,不征收营业税。根据国家税务总局公告 2011 年第 23 号,国税发[2002]117 号自 2011 年 5 月 1 日起全文废止。在此之前,该文件上述规定已被《国家税务总局关于公布废止的营业税规范性文件目录的通知》(国税发[2009]29 号)予以废止。此外,在国税发[2002]117 号文件之前,《财政部 国家税务总局〈关于增值税、营业税若干政策规定的通知〉》(财税字[1994]26 号,1994 年 5 月 5 日)和《国家税务总局关于生产销售并连续安装铝合金门窗等业务收入征收增值税问题的批复》(国税函发[1996]447 号,1996 年 7 月 23 日)规定:生产、销售铝合金门窗、玻璃幕墙的企业、企业性单位及个体经营者,其销售铝合金门窗、玻璃幕墙的同时负责安装的,属混合销售行为,对其取得的应税收入照章征收增值税。《国家税务总局关于工业企业制售安装铁塔征税问题的批复》(国税函[1999]505 号,1997 年 7 月 27 日)规定:工业企业生产销售用于通讯、电信的铁塔同时提供建筑安装劳务,属混合销售行为,对其取得的货物及建筑安装劳务收入应当一并征收增值税,不征收营业税。

② 《财政部 国家税务总局〈关于增值税、营业税若干政策规定的通知〉》(财税字[1994]26 号,1994 年 5 月 5 日)。但《国家税务总局关于淮北矿业(集团)煤业有限责任公司收取铁路专用线运费有关流转税问题的批复》(国税函[2008]926 号,2008 年 11 月 18 日)规定,淮北矿业(集团)煤业有限责任公司铁路运输处为煤业公司销售煤炭提供的铁路运输劳务,不属于增值税的混合销售行为,不征收增值税。此外,《国家税务总局关于增值税几个业务问题的通知》(国税发[1994]186 号,1994 年 8 月 19 日)曾规定:自 1994 年 6 月 1 日以后,销售货物并负责运输所售货物的运输单位和个人,凡符合增值税一般纳税人标准的,可认定为一般纳税人。后来,《国家税务总局关于发布已失效或废止有关增值税规范性文件清单的通知》(国税发[2009]7 号,2009 年 2 月 2 日)对该规定予以了废止。

③ 《财政部 国家税务总局〈关于增值税、营业税若干政策规定的通知〉》(财税字[1994]26 号,1994 年 5 月 5 日)。此外,《国家税务总局关于厦门邮电纵横股份有限公司销售传呼机、移动电话征收增值税问题的批复》(国税函发[1997]504 号,1997 年 9 月 5 日)对此政策适用问题进行了个案批复明确。

④ 《国家税务总局关于中国电信集团公司和中国电信股份有限公司所属子公司业务销售附带赠送行为征收流转税问题的通知》(国税函[2007]414 号,2007 年 4 月 6 日)。

⑤ 《国家税务总局关于电梯保养、维修收入征税问题的批复》(国税函发[1998]390 号,1998 年 6 月 29 日)。

⑥ 《国家税务总局关于天津奥的斯电梯有限公司在外埠设立的分公司缴纳流转税问题的批复》(国税函[1997]33 号,1997 年 1 月 16 日)。《国家税务总局国际税务司关于苏州迅达电梯有限公司在外埠设立的分公司缴纳流转税问题的函》(国税际函[1998]6 号,1998 年 10 月 9 日)。

收增值税。纳税人单独提供林木管护劳务行为属于营业税征收范围①。

⑥机场向驻场单位转供自来水、电、天然气属于销售货物行为,其同时收取的转供能源服务费属于价外费用,应一并征收增值税,不征收营业税②。

⑦随汽车销售提供的汽车按揭服务和代办服务业务征收增值税,单独提供按揭、代办服务业务,并不销售汽车的,应征收营业税③。

2.2.2.3　兼营行为

(1)兼营行为征税的一般规定

纳税人兼营非增值税应税项目的,应分别核算货物或应税劳务的销售额和非增值税应税项目的营业额;未分别核算的,由主管税务机关核定货物或应税劳务的销售额④。

纳税人兼营不同税率的货物或者应税劳务的,应当分别核算不同税率货物或者应税劳务的销售额。未分别核算销售额的,从高适用税率⑤。

纳税人兼营免税、减税项目的,应当分别核算免税、减税项目的销售额;未分别核算销售额的,不得免税、减税⑥。

(2)酒店餐饮业兼营行为的征税规定

饮食店、餐馆(厅)、酒店(家)、宾馆、饭店等单位附设门市部、外卖点等对外销售货物的,仍按增值税暂行条例实施细则第七条和营业税暂行条例实施细则第八条关于兼营行为的征税规定征收增值税⑦。

对饮食店、餐馆等饮食行业经营烧卤熟制食品的行为,不论消费者是否在现场消费,均应当征收营业税;而对专门生产或销售食品的工厂、商场等单位销售烧卤熟制食品,应当征收增值税,对专门生产或销售货物(包括烧卤熟制食品在内)的个体经营者及其他个人应当征收增值税⑧。

(3)技术转让方式销售货物的征税规定

对纳税人采取技术转让方式销售货物,其货物部分应照章征收增值税;技术转让收入部分征收营业税。如果货物部分价格明显偏低,按有关规定由主管税务机关核定其计税价格⑨。

2.2.3.4　增值税征收范围的其他规定

(1)货物期货业务

货物期货(包括商品期货和贵金属期货),应当征收增值税⑩。

(2)销售金银业务

银行销售金银的业务,应当征收增值税⑪。

(3)典当业

典当业的死当物品销售业务和寄售业代委托人销售寄售物品的业务,应当征收增值税⑫。

(4)缝纫业务

缝纫业务,应当征收增值税⑬。

---

① 《国家税务总局关于林木销售和管护征收流转税问题的通知》(国税函[2008]212号,2008年2月27日)。

② 《国家税务总局关于四川省机场集团有限公司向驻场单位转供水电气征税问题的批复》(国税函[2009]537号,2009年9月22日)。

③ 《财政部　国家税务总局关于营业税若干政策问题的通知》(财税[2003]16号,2003年1月15日)。

④ 《中华人民共和国增值税暂行条例实施细则》(财政部　国家税务总局令第50号,2008年12月15日)第七条。原细则规定,未分别核算的或不能准确核算的,其非应税劳务应与货物或应税劳务一并征收增值税。

⑤ 《中华人民共和国增值税暂行条例》(中华人民共和国国务院令第538号,2008年11月10日)第三条。此前,原细则规定:纳税人销售不同税率货物或应税劳务,并兼营应属一并征收增值税的非应税劳务的,其非应税劳务应从高适用税率。

⑥ 《中华人民共和国增值税暂行条例》(中华人民共和国国务院令第538号,2008年12月15日)第十六条。

⑦ 《国家税务总局关于饮食业征收流转税问题的通知》(国税发[1996]202号,1996年11月7日)。《国家税务总局关于修改若干增值税规范性文件引用法规规章条款依据的通知》(国税发[2009]10号,2008年2月5日)。

⑧ 《国家税务总局关于烧卤熟制食品征收流转税问题的批复》(国税函[1996]261号,1996年5月20日)。

⑨ 《国家税务总局关于专利技术转让过程中销售设备征收增值税问题的批复》(国税函[1998]361号,1998年6月18日)。

⑩ 《国家税务总局关于印发〈增值税若干具体问题的规定〉的通知》(国税发[1993]154号,1993年12月18日)。

⑪ 《国家税务总局关于印发〈增值税若干具体问题的规定〉的通知》(国税发[1993]154号,1993年12月18日)。

⑫ 《国家税务总局关于印发〈增值税若干具体问题的规定〉的通知》(国税发[1993]154号,1993年12月18日)。

⑬ 《国家税务总局关于印发〈增值税若干具体问题的规定〉的通知》(国税发[1993]154号,1993年12月18日)。

（5）受托印刷业务

印刷企业接受出版单位委托，自行购买纸张，印刷有统一刊号(CN)以及采用国际标准书号编序的图书、报纸和杂志，按货物销售征收增值税①。

（6）条形码胶片研制费收取业务

中国物品编码中心和新闻出版署条码中心向用户收取的"条形码胶片研制费"，是制作和销售条码而取得的收入，属于货物销售行为，根据增值税暂行条例规定，应当缴纳增值税②。

（7）电力过网费或并网费收入

电力公司向发电企业收取的过网费，应当征收增值税，不征收营业税③。

供电企业利用自身输变电设备对并入电网的企业自备电厂生产的电力产品进行电压调节，属于提供加工劳务。对供电企业进行电力调压并按电量向电厂收取的并网服务费，应当征收增值税，不征收营业税④。

（8）建安企业的构件、材料销售业务

基本建设单位和从事建筑安装业务的企业附设工厂、车间生产的水泥预制构件、其他构件或建筑材料，凡用于本单位或本企业的建筑工程的，应在移送使用时征收增值税。但对其在建筑现场制造的预制构件，凡直接用于本单位或本企业建筑工程的，不征收增值税⑤。

（9）集邮商品的生产、调拨、销售业务

集邮商品（包括邮票、小型张、小本票、明信片、首日封、邮折、集邮簿、邮盘、邮票目录、护邮袋，贴片及其他集邮商品）的生产，以及邮政部门以外的其他单位与个人调拨、销售集邮商品，应征收增值税⑥。

邮政部门、集邮公司销售（包括调拨在内）集邮商品，一律征收营业税，不征收增值税⑦。

（10）报刊发行业务

邮政部门以外的其他单位和个人发行报刊征收增值税。邮政部门发行报刊，征收营业税，不征收增值税⑧。

（11）代购货物业务

代购货物行为，凡同时具备以下条件的，不征收增值税；不同时具备以下条件的，无论会计制度规定如何核算，均征收增值税⑨：

①受托方不垫付资金；

②销货方将发票开具给委托方，并由受托方将该项发票转交给委托方；

③受托方按销售方实际收取的销售额和增值税额（如系代理进口货物则为海关代征的增值税额）与委托方结算货款，并另外收取手续费。

（12）融资租赁业务

对经中国人民银行或对外经济贸易合作部（编者注：现商务部，下同）批准经营融资租赁业务的单位所从事的融资租赁业务，无论租赁的货物的所有权是否转让给承租方，均按营业税暂行条例的规定征收营业税，不征收增值税。其他单位从事的融资租赁业务，租赁货物的所有权转让给承租方，征收增值税，不征收营业税；租赁货物的所有权未转让给承租方，征收营业税，不征收增值税。

①《财政部 国家税务总局关于增值税若干政策问题的通知》（财税[2005]165号,2005年11月28日）。
②《国家税务总局关于编码中心条形码制作收入征税问题的批复》（国税函[1997]606号,1997年11月11日）。
③《国家税务总局关于电力公司过网费收入征收增值税问题的批复》（国税函[2004]607号,2004年5月19日）。
④《国家税务总局关于供电企业收取并网服务费征收增值税问题的批复》（国税函[2009]641号,2009年11月19日）。
⑤《国家税务总局关于印发〈增值税若干具体问题的规定〉的通知》（国税发[1993]154号,1993年12月18日）。
⑥《财政部 国家税务总局〈关于增值税、营业税若干政策规定的通知〉》（财税字[1994]26号,1994年5月5日）。此前,《国家税务总局关于印发〈增值税若干具体问题的规定〉的通知》（国税发[1993]154号,1993年12月18日）规定,邮政部门销售集邮邮票、首日封,应当征收增值税。
⑦《国家税务总局关于印发〈增值税税问题解答(之一)〉的通知》（国税函发[1995]288号,1995年6月2日）;《国家税务总局关于营业税若干问题的通知》（国税发[1995]76号,1995年4月26日）。此前,《财政部 国家税务总局〈关于增值税、营业税若干政策规定的通知〉》（财税字[1994]26号,1994年5月5日）规定,集邮商品的调拨均征收增值税。
⑧《财政部 国家税务总局〈关于增值税、营业税若干政策规定的通知〉》（财税字[1994]26号,1994年5月5日）。
⑨《财政部 国家税务总局〈关于增值税、营业税若干政策规定的通知〉》（财税字[1994]26号,1994年5月5日）。

其中:融资租赁是指具有融资性质和所有权转移特点的设备租赁业务。即出租人根据承租人所要求的规格、型号、性能等条件购入设备租赁给承租人,合同期内设备所有权属于出租人,承租人只拥有使用权,合同期满付清租金后,承租人有权按残值购入设备,以拥有设备的所有权①。

融资性售后回租业务中承租方出售资产的行为,不属于增值税征收范围,不征收增值税。融资性售后回租业务是指承租方以融资为目的将资产出售给经批准从事融资租赁业务的企业后,又将该项资产从该融资租赁企业租回的行为。融资性售后回租业务中承租方出售资产时,资产所有权以及与资产所有权有关的全部报酬和风险并未完全转移②。

(13)铁路工附业及铁路局所属单位业务

自1996年6月1日起,对铁路工附业单位向其所在路局内部其他单位提供货物或应税劳务恢复征收增值税。向其所在铁路局以外销售的货物或应税劳务,继续照章征收增值税③。

(14)罚没物品拍卖销售业务

执罚部门和单位查处的属于一般商业部门经营的商品,具备拍卖条件的,由执罚部门或单位商同级财政部门同意后,公开拍卖。其拍卖收入作为罚没收入由执罚部门和单位如数上缴财政,不予征税。对经营单位购入拍卖物品再销售的,应照章征收增值税④。

执罚部门和单位查处的属于一般商业部门经营的商品,不具备拍卖条件的,由执罚部门、财政部门、国家指定销售单位会同有关部门按质论价,并由国家指定销售单位纳入正常销售渠道变价处理。执罚部门按商定价格所取得的变价收入作为罚没收入如数上缴财政,不予征税。国家指定销售单位将罚没物品纳入正常销售渠道销售的,应照章征收增值税⑤。

执罚部门和单位查处的属于专管机关管理或专管企业经营的财物,如金银(不包括金银首饰)、外币、有价证券、非禁止出口文物,应交由专管机关或专营企业收兑或收购。执罚部门和单位按收兑或收购价所取得的收入作为罚没收入如数上缴财政,不予征税。专管机关或专营企业经营上述物品中属于应征增值税的货物,应照章征收增值税⑥。

(15)软件产品受托开发业务

纳税人受托开发软件产品,著作权属于受托方的征收增值税,著作权属于委托方或属于双方共同

---

① 《国家税务总局关于融资租赁业务征收流转税问题的通知》(国税函[2000]514号,2000年7月7日);《国家税务总局关于融资租赁业务征收流转税问题的补充通知》(国税函[2000]909号,2000年11月15日)。此前,《国家税务总局关于增值税若干问题的规定》(国税发[1993]154号,1993年12月18日)规定,融资租赁业务无论租赁的货物的所有权是否转让给承租方,均不征收增值税。

② 《国家税务总局关于融资性售后回租业务中承租方出售资产行为有关税收问题的公告》(国家税务总局公告2010年第13号,2010年9月8日)。该公告自2010年10月1日起施行,此前因与该公告规定不一致而已征的税款予以退税。

③ 《财政部 国家税务总局关于对铁路工附业单位恢复征收增值税问题的通知》(财税[1996]35号,1996年9月24日)。此前,按照《财政部 国家税务总局关于增值税几个税收政策问题的通知》(财税[1994]60号,1994年10月18日)和《财政部 国家税务总局关于增值税若干过渡性优惠政策问题的通知》(财税明电[1995]1号)规定,在1995年底前免征增值税。此外,《国家税务总局关于印发〈增值税问题解答(之一)〉的通知》(国税函发[1995]288号,1995年6月2日)曾规定:铁路局所属单位兴办的多种经营业务,铁路局和其所属单位与其他单位合营、联营、合作经营业务,以及铁路局所属集体企业销售货物、应税劳务,应按规定征收增值税。铁路局及铁路局内部所属单位销售货物或应税劳务,缴纳增值税的纳税地点,按增值税纳税地点的有关规定执行。铁路局及铁路局内部所属单位销售货物或应税劳务,计算增值税应纳税额时,进项税额的范围和抵扣凭证,应按增值税进项税额抵扣的统一规定执行。铁路局内部所属单位相互开具的调拨结算单、普通发票等,不属于增值税税法规定的抵扣凭证,不允许计算进项税额抵扣。后来,《国家税务总局关于发布已失效或废止有关增值税规范性文件清单的通知》(国税发[2009]7号,2009年2月2日)对该文件上述规定予以了废止。

④ 《财政部 国家税务总局〈关于罚没物品征免增值税问题的通知〉》(财税字[1995]69号,1995年9月4日)。

⑤ 《财政部 国家税务总局〈关于罚没物品征免增值税问题的通知〉》(财税字[1995]69号,1995年9月4日)。

⑥ 《财政部 国家税务总局〈关于罚没物品征免增值税问题的通知〉》(财税字[1995]69号,1995年9月4日)。

拥有的不征收增值税①。

（16）公用事业一次性费用收取业务

对从事热力、电力、燃气、自来水等公用事业的增值税纳税人收取的一次性费用，凡与货物的销售数量有直接关系的，征收增值税；凡与货物的销售数量无直接关系的，不征收增值税②。

（17）随著作权、专利技术和非专利技术转让而发生的影像制品母带和软件销售业务

因转让著作所有权而发生的销售电影母片、录像带母带、录音磁带母带的业务，以及因转让专利技术和非专利技术的所有权而发生的销售计算机软件的业务不征收增值税③。

（18）天然水供应开采业务

供应或开采未经加工的天然水（如水库供应农业灌溉用水，工厂自采地下水用于生产），不征收增值税④。

（19）国家管理部门工本费收取业务

对国家管理部门行使其管理职能，发放的执照、牌照和有关证书等取得的工本费收入，不征收增值税⑤。

（20）体育彩票发行收入

对体育彩票的发行收入不征收增值税⑥。

（21）资产重组业务

自2011年3月1日起，纳税人在资产重组过程中，通过合并、分立、出售、置换等方式，将全部或者部分实物资产以及与其相关联的债权、负债和劳动力一并转让给其他单位和个人，不属于增值税的征税范围，其中涉及的货物转让，不征收增值税⑦。

（22）销售磁卡业务

制作销售磁卡产品的全部收入和价外费用包括返还利润，应一并按17%的税率征收增值税，不征营业税⑧。

（23）会员费收入

对增值税纳税人收取的会员费收入不征收增值税⑨。

2.3 税率

我国增值税设置了一档基本税率和一档低税率，此外对出口货物实施零税率。税率的调整，由国务院决定⑩。

---

① 《财政部 国家税务总局关于增值税若干政策问题的通知》（财税[2005]165号，2005年11月28日）。
② 《财政部 国家税务总局关于增值税若干政策问题的通知》（财税[2005]165号，2005年11月28日）。
③ 《国家税务总局关于印发〈增值税若干具体问题的规定〉的通知》（国税发[1993]154号，1993年12月18日）。
④ 《国家税务总局关于印发〈增值税若干具体问题的规定〉的通知》（国税发[1993]154号，1993年12月18日）。
⑤ 《国家税务总局关于印发〈增值税税问题解答（之一）〉的通知》（国税函发[1995]288号，1995年6月2日）。
⑥ 《财政部 国家税务总局关于体育彩票发行收入税收问题的通知》（财税[1996]77号，1996年11月7日）。
⑦ 《国家税务总局关于纳税人资产重组有关增值税问题的公告》（国家税务总局公告2011年第13号，2011年2月18日）。该公告实施以前未作处理的资产重组事项，按照该公告的规定执行。此前，《国家税务总局关于转让企业全部产权不征收增值税问题的批复》（国税函[2002]420号，2002年5月17日）规定：转让企业全部产权是整体转让企业资产、债权、债务及劳动力的行为，其所涉及的应税货物的转让，不属于增值税的征税范围，不征收增值税；《国家税务总局关于纳税人资产重组有关增值税政策问题的批复》（国税函[2009]585号，2009年10月21日）规定：上市公司纳税人在资产重组过程中将所属资产、负债及相关权利和义务转让给控股公司，但保留上市公司资格的行为，不属于整体转让企业产权行为。对其资产重组过程中涉及的应税货物转让等行为，应照章征收增值税。上述控股公司将受让获得的实物资产再投资给其他公司的行为，也应照章征收增值税。自2011年3月1日起，上述国税函[2002]420号、国税函[2009]585号和《国家税务总局关于中国直播卫星有限公司转让全部产权有关增值税问题的通知》（国税函[2010]350号）同时废止。此外，《国家税务总局关于青海省黄河尼那水电站整体资产出售行为征收流转税问题的批复》（国税函[2005]504号，2005年5月13日）对不属于企业整体产权交易行为应照章征收增值税的规定，虽在国家税务总局公告2010年第26号中被公布有效，但根据国家税务总局公告2011年第13号，也应做失效处理；《国家税务总局关于中国石化集团资产经营管理有限公司所属研究院整体注入中国石油化工股份有限公司有关税收问题的通知》（国税函[2010]166，2010年4月29日）虽依据国税函[2002]420号文件规定对2009年中国石化集团资产经营管理有限公司下属北京化工研究院、石油化工科学研究院、石油勘探开发研究院、抚顺石油化工研究院、上海石油化工研究院和青岛安全工程研究院等六家研究院将其资产、债权、债务、人员和业务整体转让给中国石油化工股份有限公司不征增值税，但与与国家税务总局公告2011年第13号不相违背，仍属有效文件。
⑧ 《国家税务总局关于XXX公司磁卡制作销售如何征税问题的批复》（国税函发[1995]62号，1995年1月25日）。
⑨ 《财政部 国家税务总局关于增值税若干政策问题的通知》（财税[2005]165号，2005年11月28日）。
⑩ 《中华人民共和国增值税暂行条例》（中华人民共和国国务院令第538号，2008年11月10日）第二条。

2.3.1　一般规定

2.3.1.1　基本税率

(1)纳税人销售货物或者进口货物、提供加工、修理修配劳务,除下述适用 13% 的税率外,税率均为 17%①。

(2)从 2009 年 1 月 1 日起,金属矿采选产品、非金属矿采选产品税率由 13% 恢复到 17%。金属矿采选产品,包括黑色和有色金属矿采选产品;非金属矿采选产品,包括除金属矿采选产品以外的非金属矿采选产品、煤炭和盐(食用盐除外)②。

原油、人造原油、井矿盐、硅酸锆(系含锆矿石经研磨、提纯等工艺加工生产的灰白粉末状产品)、天然硫磺以及从天然气、原油等含硫物中经脱硫等工艺加工制得的硫磺,均适用 17% 的税率③。

2.3.1.2　低税率

纳税人销售或者进口下列货物的,税率为 13%④:

①粮食等农业产品⑤、食用植物油。

②自来水、暖气、冷气、热水;煤气、石油液化气、天然气、沼气、居民用煤炭制品。

③图书、报纸、杂志。

④饲料、化肥、农药、农机、农膜⑥。

⑤国务院规定的其他货物。

上述项目具体范围包括:

(1)农业产品

农产品,是指种植业、养殖业、林业、牧业、水产业生产的各种植物、动物的初级产品。具体征税范围暂继续按照《财政部国家税务总局关于印发〈农业产品征税范围注释〉的通知》(财税字[1995]52 号)及相关规定执行(见附件五)⑦。

(2)食用植物油⑧

植物油是从植物根、茎、叶、果实、花或胚芽组织中加工提取的油脂。食用植物油仅指:芝麻油、花生油、豆油、菜子油、米糠油、葵花子油、棉籽油、玉米胚油、茶油、胡麻油以及以上述油为原料生产的混合油。棕榈油,也属本货物范围。

薄荷油不包括在食用植物油内,应按 17% 的

_____

①　《中华人民共和国增值税暂行条例》(中华人民共和国国务院令第 538 号,2008 年 11 月 10 日)第二条。

②　《财政部 国家税务总局关于金属矿、非金属矿采选产品增值税税率的通知》(财税[2008]171 号,2008 年 12 月 19 日)。此前,《财政部 国家税务总局关于调整金属矿、非金属矿采选产品增值税税率的通知》(财税字[1994]22 号,1994 年 4 月 27 日),《国家税务总局关于有色金属焙烧矿增值税适用税率问题的通知》(国税函发[1994]621 号,1994 年 11 月 19 日)和《财政部 国家税务总局关于调整工业盐和食用盐增值税税率的通知》(财税[2007]101 号)同时废止。《国家税务总局关于水煤浆产品适用增值税税率的批复》(国税函[2003]1144 号,2003 年 10 月 13 日)规定,自 2003 年 10 月 1 日起,对水煤浆产品可比照煤炭,按 13% 的税率征收增值税,也一并停止执行。

③　《财政部 国家税务总局关于金属矿、非金属矿采选产品增值税税率的通知》(财税[2008]171 号,2008 年 12 月 19 日)。此前,《财政部 国家税务总局关于调整金属矿、非金属矿采选产品增值税税率的通知》(财税字[1994]22 号,1994 年 4 月 27 日),《国家税务总局关于亚麻油等出口货物退税问题的批复》(国税函[2005]974 号,2005 年 10 月 14 日)、《国家税务总局关于明确硫磺适用税率的通知》(国税函[2007]624 号,2007 年 6 月 7 日)也分别规定,原油、人造原油、井矿盐、硅酸锆和经加工制得的硫磺适用税率为 17%。但是,《国家税务总局关于明确硫磺适用税率的通知》(国税函[2007]624 号,2007 年 6 月 7 日)对天然硫磺属于非金属矿适用 13% 税率的规定停止执行。后来,《国家税务总局关于发布已失效或废止有关增值税规范性文件清理的通知》对《国家税务总局关于明确硫磺适用税率的通知》(国税函[2007]624 号,2007 年 6 月 7 日)予以了废止。

④　《中华人民共和国增值税暂行条例》(中华人民共和国国务院令第 538 号,2008 年 11 月 10 日)第二条。

⑤　《中华人民共和国增值税暂行条例》(中华人民共和国国务院令第 538 号,2008 年 11 月 10 日)第二条。《财政部 国家税务总局关于部分货物适用增值税低税率和简易办法征收增值税政策的通知》(财税[2009]9 号,2009 年 1 月 19 日)。此前,《财政部 国家税务总局关于调整农业产品增值税税率和若干项目征免增值税的通知》(财税字[1994]4 号,1994 年 3 月 29 日)规定,从 1994 年 5 月 1 日起,农业产品增值税税率由 17% 调整为 13%。

⑥　现已规定对部分饲料、化肥、农机、农膜等实行免税,详见本章 2.7 税收优惠部分。

⑦　《财政部 国家税务总局关于部分货物适用增值税低税率和简易办法征收增值税政策的通知》(财税[2009]9 号,2009 年 1 月 19 日)。

⑧　《国家税务总局关于印发〈增值税部分货物征税范围注释〉的通知》(国税发[1993]151 号,1993 年 12 月 25 日)。

税率征收增值税①。

亚麻油系亚麻籽经压榨或溶剂提取制成的干性油,不属于《农业产品征税范围注释》所规定的"农业产品",也不包括在食用植物油内,其适用的增值税税率应为17%②。

核桃油、橄榄油按照食用植物油13%的税率征收增值税③。

(3)自来水④

自来水是指自来水公司及工矿企业经抽取、过滤、沉淀、消毒等工序加工后,通过供水系统向用户供应的水。

农业灌溉用水、引水工程输送的水等,不属于本货物的范围。

桶装饮用水不属于自来水,应按照17%的适用税率征收增值税⑤。

(4)暖气、热水⑥

暖气、热水是指利用各种燃料(如煤、石油、其他各种气体或固体、液体燃料)和电能将水加热,使之形成的气体和热水,以及开发自然热能,如开发地热资源或用太阳能生产的暖气、热气、热水。

利用工业余热生产、回收的暖气、热气和热水也属于本货物的范围。

(5)冷气⑦

冷气是指为了调节室内温度,利用制冷设备生产的,并通过供风系统向用户提供的低温气体。

(6)煤气⑧

煤气是指由煤、焦炭、半焦和重油等经干馏或汽化等生产过程所得气体产物的总称。煤气的范围包括:

①焦炉煤气。是指煤在炼焦炉中进行干馏所产生的煤气。

②发生炉煤气。是指用空气(或氧气)和少量的蒸气将煤或焦炭、半焦,在煤气发生炉中进行汽化所产生的煤气、混合煤气、水煤气、单水煤气、双水煤气等。

③液化煤气。是指压缩成液体的煤气。

(7)石油液化气⑨

石油液化气是指由石油加工过程中所产生低分子量的烃类炼厂气经压缩而成的液体。主要成分是丙烷、丁烷、丁烯等。

对由石油伴生气加工压缩而成的石油液化气,也应当按照13%的增值税税率征收增值税⑩。

(8)天然气⑪

天然气是蕴藏在地层内的碳氢化合物可燃气体。主要含有甲烷、丁烷等低分子烷烃和丙烷、丁烷、戊烷及其他重质气态烃类。

天然气包括气田天然气、油田天然气、煤矿天然气和其他天然气。

天然二氧化碳不属于天然气,不应比照天然气征税,仍应按17%的适用税率征收增值税⑫。

(9)沼气⑬

---

① 《国家税务总局关于增值税若干税收政策问题的批复》(国税函[2001]248号,2001年4月5日)。
② 《国家税务总局关于亚麻油等出口货物退税问题的批复》(国税函[2005]974号,2005年10月14日)。
③ 《国家税务总局关于核桃油适用税率问题的批复》(国税函[2009]455号,2009年8月21日)。
④ 《国家税务总局关于印发〈增值税部分货物征税范围注释〉的通知》(国税发[1993]151号,1993年12月25日)。《国家税务总局关于橄榄油适用税率问题的批复》(国税函[2010]144号,2010年4月8日)。
⑤ 《国家税务总局关于桶装饮用水生产企业征收增值税问题的批复》(国税函[2008]953号,2008年11月24日)。
⑥ 《国家税务总局关于印发〈增值税部分货物征税范围注释〉的通知》(国税发[1993]151号,1993年12月25日)。
⑦ 《国家税务总局关于印发〈增值税部分货物征税范围注释〉的通知》(国税发[1993]151号,1993年12月25日)。
⑧ 《国家税务总局关于印发〈增值税部分货物征税范围注释〉的通知》(国税发[1993]151号,1993年12月25日)。
⑨ 《国家税务总局关于印发〈增值税部分货物征税范围注释〉的通知》(国税发[1993]151号,1993年12月25日)。
⑩ 《国家税务总局关于由石油伴生气加工压缩而成的石油液化气适用增值税税率的通知》(国税发[2005]83号,2005年5月18日)。
⑪ 《国家税务总局关于印发〈增值税部分货物征税范围注释〉的通知》(国税发[1993]151号,1993年12月25日)。
⑫ 《国家税务总局关于天然二氧化碳适用增值税税率的批复》(国税函[2003]1324号,2003年12月10日)
⑬ 《国家税务总局关于印发〈增值税部分货物征税范围注释〉的通知》(国税发[1993]151号,1993年12月25日)。

沼气,主要成分为甲烷,由植物残体在与空气隔绝的条件下经自然分解而成,沼气主要作燃料。

本货物的范围包括:天然沼气和人工生产的沼气。

(10)居民用煤炭制品①

居民用煤炭制品是指煤球、煤饼、蜂窝煤和引火炭。

(11)图书、报纸、杂志②

图书、报纸、杂志是采用印刷工艺,按照文字、图画和线条原稿印刷成的纸制品。本货物的范围是:

①图书。是指由国家新闻出版署批准的单位出版、采用国际标准书号编序的书籍以及图片。与中小学课本相配套的教材配套产品(包括各种纸制品或图片),按"图书"税目征税③。

②报纸。是指经国家新闻出版署批准,在各省、自治区、直辖市新闻出版管理部门登记,具有国内统一刊号(CN)的报纸。

③杂志。是指经国家新闻出版署批准,在各省、自治区、直辖市新闻出版管理部门登记,具有国内统一刊号(CN)的刊物。

(12)饲料④

饲料是指用于动物饲养的产品或其加工品。本货物的范围包括:单一饲料、混合饲料、配合饲料、复合预混料、浓缩饲料。

①单一大宗饲料,指以一种动物、植物、微生物或矿物质为来源的产品或其副产品。其范围仅限于糠麸、酒糟、鱼粉、草饲料、饲料级磷酸氢钙及除豆粕以外的菜子粕、棉子粕、向日葵粕、花生粕等粕类产品。

膨化血粉、膨化肉粉、水解羽毛粉不属于现行增值税优惠政策所定义的单一大宗饲料产品⑤。

②混合饲料,指由两种以上单一大宗饲料、粮食、粮食副产品及饲料添加剂按照一定比例配置,其中单一大宗饲料、粮食及粮食副产品的参兑比例不低于95%的饲料。

添加其他成分的膨化血粉、膨化肉粉、水解羽毛粉等饲料产品,不符合现行增值税优惠政策有关混合饲料的定义⑥。

③配合饲料。指根据不同的饲养对象,饲养对象的不同生长发育阶段的营养需要,将多种饲料原料按饲料配方经工业生产后,形成的能满足饲养动物全部营养需要(除水分外)的饲料。

④复合预混料。指能够按照国家有关饲料产品的标准要求量,全面提供动物饲养相应阶段所需微量元素(4种或以上)、维生素(8种或以上),由微量元素、维生素、氨基酸和非营养性添加剂中任何两类或两类以上的组分与载体或稀释剂按一定比例配置的均匀混合物⑦。

⑤浓缩饲料。指由蛋白质、复合预混料及矿物质等按一定比例配制的均匀混合物。

用于动物饲养的粮食、饲料添加剂、饲料添加剂预混料⑧不属于本货物的范围。

(13)化肥⑨

化肥是指化学和机械加工制成的各种化学肥料。化肥的范围包括:

---

① 《国家税务总局关于印发〈增值税部分货物征税范围注释〉的通知》(国税发[1993]151号,1993年12月25日)。

② 《国家税务总局关于印发〈增值税部分货物征税范围注释〉的通知》(国税发[1993]151号,1993年12月25日)。

③ 《国家税务总局关于中小学课本配套产品适用增值税税率的批复》(国税函[2006]770号,2006年8月15日)。

④ 《国家税务总局关于印发〈增值税部分货物征税范围注释〉的通知》(国税发[1993]151号,1993年12月25日),《国家税务总局关于修订"饲料"注释及加强饲料征免增值税管理问题的通知》(国税发[1999]39号,1999年3月8日),《财政部 国家税务总局关于饲料产品免征增值税问题的通知》(财税[2001]121号,2001年7月12日)。

⑤ 《国家税务总局关于部分饲料产品征免增值税政策问题的批复》(国税函[2009]324号,2009年6月15日)。

⑥ 《国家税务总局关于部分饲料产品征免增值税政策问题的批复》(国税函[2009]324号,2009年6月15日)。

⑦ 《财政部 国家税务总局关于饲料产品免征增值税问题的通知》(财税[2001]121号,2001年7月12日)。

⑧ 《国家税务总局关于正大康地(深圳)有限公司生产经营饲料添加剂预混料应否免征增值税问题的批复》(国税函发[1997]424号,1997年7月22日)。

⑨ 《国家税务总局关于印发〈增值税部分货物征税范围注释〉的通知》(国税发[1993]151号,1993年12月25日)。

①化学氮肥。主要品种有尿素和硫酸铵、碳酸氢铵、氯化铵、石灰氮、氨水等①。

②磷肥。主要品种有磷矿粉、过磷酸钙(包括普通过磷酸钙和重过磷酸钙两种)、钙镁磷肥、钢渣磷肥等。

③钾肥。主要品种有硫酸钾、氯化钾等。

④复合肥料。是用化学方法合成或混合配制成含有氮、磷、钾中的两种或两种以上的营养元素的肥料。含有两种的称二元复合肥料,含有三种的称三元复合肥料,也有含三种元素和某些其他元素的叫多元复合肥料。主要产品有硝酸磷肥、磷酸铵、磷酸二氢钾肥、钙镁磷钾肥、磷酸一铵、磷粉二铵、氮磷钾复合肥等。

⑤微量元素肥。是指含有一种或多种植物生长所必需的,但需要量又极少的营养元素的肥料,如硼肥、锰肥、锌肥、铜肥、钼肥等。

⑥其他肥。是指上述列举以外的其他化学肥料。

(14)农药②

农药是指用于农林业防治病虫害、除草及调节植物生产的药剂。农药包括农药原药和农药制剂。如杀虫剂、杀菌剂、除草剂、植物性农药、微生物农药、卫生用药、其他农药原药、制剂等等。

用于人类日常生活的各种类型包装的日用卫生用药(如卫生杀虫剂、驱虫剂、驱蚊剂、蚊香、清毒剂等),不属农药范围,应按17%税率征税。

(15)农膜③

农膜是指用于农业生产的各种地膜、大棚膜。

(16)农机④

农机是指用于农业生产(包括林业、牧业、副业、渔业)的各种机器、机械化和半机械化农具以及小农具。农机的范围为:

拖拉机。是以内燃机为驱动牵引机具,从事作业和运载物资的机械。包括轮拖拉机、履带拖拉机、手扶拖拉机、机耕船。从2002年6月1日起,不带动力的手扶拖拉机也按农机征税⑤。

土壤耕整机械。是对土壤进行耕翻整理的机械。包括机引犁、机引耙、旋耕机、镇压器、联合整地器、合壤器、其他土壤耕整机械。

农田基本建设机械。是指从事农田基本建设的专用机械。包括开沟筑埂机、开沟铺管机、铲抛机、平地机、其他农田基本建设机械。

种植机械。是指将农作物种子或秧苗移植到适于作物生产的苗床机械。包括播作机、水稻插秧机、栽植机、地膜覆盖机、复式播种机、秧苗准备机械。

植物保护和管理机械。是指农作物在生产过程中的管理、施肥、防治病虫害的机械。包括机动喷粉机、喷雾机(器)、弥雾喷粉机、修剪机、中耕除草机、播种中耕机、培土机具、施肥机。

收获机械。是指收获各种农作物的机械。包括粮谷、棉花、薯类、甜菜、甘蔗、茶叶、油料等收获机。

场上作业机械。是指对粮食作物进行脱粒、清选、烘干的机械设备。包括各种脱粒机、清选机、粮谷干燥机、种子精选机。

排灌机械。是指用于农牧业排水、灌溉的各种机械设备。包括喷灌机、半机械化提水机具、打井机。

农副产品加工机械。是指对农副产品进行初

---

① 《国家税务总局关于明确硝酸铵适用增值税税率的通知》(财税[2007]7号,2007年1月10日)规定,硝酸铵自2007年2月1日起,适用增值税税率统一调整为17%。

② 《国家税务总局关于印发〈增值税部分货物征税范围注释〉的通知》(国税发[1993]151号,1993年12月25日)。《国家税务总局关于加强增值税征收管理若干问题的通知》(国税发[1995]192号,1995年10月18日)。

③ 《国家税务总局关于印发〈增值税部分货物征税范围注释〉的通知》(国税发[1993]151号,1993年12月25日)。

④ 《国家税务总局关于印发〈增值税部分货物征税范围注释〉的通知》(国税发[1993]151号,1993年12月25日)。

⑤ 《财政部 国家税务总局关于不带动力的手扶拖拉机和三轮农用运输车增值税政策的通知》(财税[2002]89号,2002年6月6日),《国家税务总局关于不带动力的手扶拖拉机和三轮农用运输车适用13%税率执行时间的批复》(国税函[2003]1118号,2003年10月9日)。此前,《国家税务总局关于增值税若干税收政策问题的批复》(国税函[2001]248号,2001年4月5日)规定,拖拉机底盘属于农机零部件,不属于农机产品,因此,拖拉机底盘应按17%的税率征收增值税。根据《国家税务总局关于公布全文失效废止 部分条款失效废止的税收规范性文件目录的公告》(国家税务总局公告2011年第2号,2011年1月4日),国税函[2001]248号上述规定废止。

加工,加工后的产品仍属农副产品的机械。包括茶叶机械、剥壳机械、棉花加工机械(包括棉花打包机)、食用菌机械(培养木耳、蘑菇等)、小型粮谷机械。以农副产品为原料加工工业产品的机械,不属于本货物的范围。

农业运输机械。是指农业生产过程中所需的各种运输机械。包括人力车(不包括三轮运货车)、畜力车和拖拉机挂车。农用汽车不属于本货物的范围,但从2002年6月1日起,对三轮农用运输车也按农机征税①。

畜牧业机械。是指畜牧业生产中所用的各种机械。包括草原建设机械、牧业收获机械、饲料加工机械、畜禽饲养机械、畜产品采集机械。主要用于畜牧、医疗、科研部门对家畜冷冻精液及疫苗、细胞、微生物等的长期超低温储存和运输的液氮容器,也可用于国防、科研、机械、医疗、电子、冶金、能源等部门,因此,不属于农机的征税范围,应按17%的税率征收增值税②。

渔业机械。是指捕捞、养殖水产品所用的机械。包括捕捞机械、增氧机、饵料机。机动渔船不属于本货物的范围。

林业机械。是指用于林业的种植、育林的机械。包括清理机械、育林机械、林苗栽植机械。森林砍伐机械、集材机械不属于本货物征收范围。

农用水泵。是指主要用于农业生产的水泵,包括农村水井用泵、农田作业面潜水泵、农用轻便离心泵、与喷灌机配套的喷灌自吸泵。其他水泵不属于农机产品征税范围③。

农用柴油机。是指主要配套于农田拖拉机、田间作业机具、农副产品加工机械以及排灌机械,以柴油为燃料,油缸数在3缸以下(含3缸)的往复

式内燃动力机械。4缸以上(含4缸)柴油机不属于农机产品征税范围④。

小农具。包括畜力犁、畜力耙、锄头和镰刀等农具。

农机零部件不属于本货物的征收范围。

(17)音像制品和电子出版物⑤

自2007年1月1日起,音像制品和电子出版物的增值税税率由17%下调至13%。

"音像制品",是指正式出版的录有内容的录音带、录像带、唱片、激光唱盘和激光视盘。

"电子出版物",是指以数字代码方式,使用计算机应用程序,将图文声像等内容信息编辑加工后存储在具有确定的物理形态的磁、光、电等介质上,通过内嵌在计算机、手机、电子阅读设备、电子显示设备、数字音/视频播放设备、电子游戏机、导航仪以及其他具有类似功能的设备上读取使用,具有交互功能,用以表达思想、普及知识和积累文化的大众传播媒体。载体形态和格式主要包括只读光盘(CD只读光盘 CD-ROM、交互式光盘 CD-I、照片光盘 Photo-CD、高密度只读光盘 DVD-ROM、蓝光只读光盘 HD-DVD ROM 和 BD ROM 等)、一次写入式光盘(一次写入 CD 光盘 CD-R、一次写入高密度光盘 DVD-R、一次写入蓝光光盘 HD-DVD/R, BD-R 等)、可擦写光盘(可擦写 CD 光盘 CD-RW、可擦写高密度光盘 DVD-RW、可擦写蓝光光盘 HDDVD-RW 和 BD-RW、磁光盘 MO 等)、软磁盘(FD)、硬磁盘(HD)、集成电路卡(CF 卡、MD 卡、SM 卡、MMC 卡、RS-MMC 卡、MS 卡、SD 卡、XD 卡、T-FLASH 卡、记忆棒等)和各种存储芯片。

(18)国务院规定的其他货物

---

① 《财政部 国家税务总局关于不带动力的手扶拖拉机和三轮农用运输车增值税政策的通知》(财税[2002]89号 2002年6月6日),《国家税务总局关于不带动力的手扶拖拉机和三轮农用运输车适用13%税率执行时间的批复》(国税函[2003]1118号,2003年10月9日)。

② 《国家税务总局关于出口豆腐皮等产品适用征、退税率问题的批复》(国税函[2005]944号,2005年10月18日)。

③ 《财政部 国家税务总局关于增值税几个税收政策问题的通知》(财税[1994]60号,1994年10月18日)。

④ 《财政部 国家税务总局关于增值税几个税收政策问题的通知》(财税[1994]60号,1994年10月18日)。

⑤ 《财政部 国家税务总局关于部分货物适用增值税低税率和简易办法征收增值税政策的通知》(财税[2009]9号,2009年1月19日)。

①食用盐仍适用13%的增值税税率,其具体范围是指符合《食用盐》(GB5461—2000)和《食用盐卫生标准》(GB2721—2003)两项国家标准的食用盐①。

②自2008年7月1日起,二甲醚按13%的增值税税率征收增值税。所称二甲醚,是指化学分子式为CH_3OCH_3,常温常压下为具有轻微醚香味,易燃、无毒、无腐蚀性的气体②。

2.3.1.3 零税率

纳税人出口货物,税率为零,但是国务院另有规定的除外③。

目前国务院规定出口货物不得适用零税率,而应按规定征收增值税的主要有:

(1)出口的原油。

(2)援外出口货物。

(3)国家禁止出口的货物。包括天然牛黄、麝香、铜及铜基合金、白金、糖等④。

出口货物包括两类:一类是报关出境的货物;一类是运往海关管理的保税工厂、保税仓库和保税区的货物。与此相适应,对于从保税工厂、保税仓库和保税区运往境内其他地区的货物,则按进口货物对待。

2.3.2 征收率

2.3.2.1 一般规定

小规模纳税人的征收率为3%。征收率的调整,由国务院决定⑤。

2.3.2.2 适用简易征收的特殊规定

下列情形可按简易办法征收增值税,但不得抵扣进项税额⑥:

(1)一般纳税人生产的下列货物,可选择按简易办法依照6%的征收率计算缴纳增值税,并可自行开具增值税专用发票⑦:

①县级及县级以下小型水力发电单位生产的电力。

小型水力发电单位是指由各类投资主体建设的装机容量为5万千瓦(含)以下的小型水力发电单位。

②建筑用和生产建筑材料所用的砂、土、石料。

---

① 《财政部 国家税务总局关于金属矿、非金属矿采选产品增值税税率的通知》(财税[2008]171号,2008年12月19日)。此前,《财政部 国家税务总局关于调整工业盐和食用盐增值税税率的通知》(财税[2007]101号,2007年7月26日)规定,从自2007年9月1日起,工业盐和食用盐适用增值税率由17%统一调整为13%。

② 《财政部 国家税务总局关于部分货物适用增值税低税率和简易办法征收增值税政策的通知》(财税[2009]9号,2009年1月19日)。此前,《财政部 国家税务总局关于二甲醚增值税适用税率问题的通知》(财税[2008]72号,2008年6月11日)自2009年1月1日起废止。

③ 《中华人民共和国增值税暂行条例》(中华人民共和国国务院令第538号,2008年11月10日)第二条。

④ 《财政部 国家税务总局关于增值税、营业税若干政策规定的通知》(财税字[1994]26号,1994年5月5日)。

⑤ 《中华人民共和国增值税暂行条例》(中华人民共和国国务院令第538号,2008年11月10日)第十二条。此前,原条例规定的征收率为6%,《财政部 国家税务总局〈关于贯彻国务院有关完善小规模商业企业增值税政策的决定的通知〉》(财税字[1998]113号,1998年6月12日)规定,从1998年7月1日起,商业企业小规模纳税人征收率为4%,《国家税务总局关于做好商业个体经营者增值税征收率调整工作的通知》(国税发[1998]104号,1998年6月30日)规定,从1998年7月1日起,商业个体经营者的增值税征收率由6%调减为4%,其他个体经营者的增值税征收率仍为6%。

⑥ 《财政部 国家税务总局关于部分货物适用增值税低税率和简易办法征收增值税政策的通知》(财税[2009]9号,2009年1月19日)。此前,《财政部 国家税务总局关于调整农业产品增值税率和若干项目征免增值税的通知》(财税字[1994]4号,1994年3月29日)、《财政部 国家税务总局关于自来水征收增值税问题的通知》(财税字[1994]14号,1994年4月12日)、《国家税务总局关于县以下小水电电力产品增值税征税问题的批复》(国税函[1998]843号,1998年12月30日)、《国家税务总局关于商品混凝土实行简易办法征收增值税问题的通知》(国税发[2000]37号,2000年2月25日)、《国家税务总局关于自来水行业增值税政策问题的通知》(国税发[2002]56号,2002年5月17日)、《国家税务总局关于明确县以下小型水力发电单位具体标准的批复》(国税函[2006]47号,2006年1月17日)、《国家税务总局关于商品混凝土征收增值税有关问题的通知》(国税函[2007]599号,2007年6月3日)自2009年1月1日起废止。

⑦ 《财政部 国家税务总局关于部分货物适用增值税低税率和简易办法征收增值税政策的通知》(财税[2009]9号,2009年1月19日)、《国家税务总局关于增值税简易征收政策有关管理问题的通知》(国税函[2009]90号,2009年2月25日)。此前,《财政部 国家税务总局关于调整农业产品增值税率和若干项目征免增值税的通知》(财税字[1994]4号,1994年3月29日)规定,一般纳税人生产销售按简易办法计算缴纳增值税的货物,可开具专用发票,并应在专用发票的"单价"、"金额"栏填写不含其本身应纳税额的金额,在"税率"栏填写征收率6%,在"税额"栏填写其本身应纳的税额。此种专用发票可以作为扣税凭证。

③以自己采掘的砂、土、石料或其他矿物连续生产的砖、瓦、石灰。

对增值税一般纳税人生产的粘土实心砖、瓦一律按适用税率征收增值税,不得采取简易办法征收增值税①。

纳税人生产销售的粉煤灰(渣)不属于可按简易办法征收增值税产品的范围②。

④用微生物、微生物代谢产物、动物毒素、人或动物的血液或组织制成的生物制品。

⑤自来水。

对属于一般纳税人的自来水公司销售自来水按简易办法依照6%征收率征收增值税,不得抵扣其购进自来水取得增值税扣税凭证上注明的增值税税款③。

⑥商品混凝土(仅限于以水泥为原料生产的水泥混凝土)。

一般纳税人选择简易办法计算缴纳增值税后,36个月内不得变更。

(2)一般纳税人销售货物属于下列情形之一的,暂按简易办法依照4%征收率计算缴纳增值税,并可自行开具增值税专用发票④:

①寄售商店代销寄售物品(包括居民个人寄售的物品在内)。

②典当业销售死当物品。

③经国务院或国务院授权机关批准的免税商店零售的免税品。

(3)个人以外的纳税人销售自己使用过的物品和销售旧货按下列不同情形实行简易征收⑤:

---

① 《财政部 国家税务总局关于资源综合利用及其他产品增值税政策的通知》(财税[2008]156号,2008年12月9日)。此前,《财政部 国家税务总局关于部分资源综合利用及其他产品增值税政策问题的通知》(财税[2001]198号,2001年12月1日)规定,自2001年12月1日起,对增值税一般纳税人生产的粘土实心砖、瓦一律按适用税率征收增值税,不得采取简易办法征收增值税。但后来《财政部 国家税务总局关于部分资源综合利用及其他产品增值税政策问题的通知》(财税[2001]198号)被《财政部 国家税务总局关于资源综合利用及其他产品增值税政策的通知》(财税[2008]156号)公布废止。

② 《国家税务总局关于粉煤灰(渣)征收增值税问题的批复》(国税函[2007]158号,2007年2月5日)。

③ 此前,《国家税务总局关于自来水行业增值税政策问题的通知》(国税发[2002]56号,2002年5月17日)规定,自2002年6月1日起,对自来水公司销售自来水按6%的征收率征收增值税的同时,对其购进独立核算水厂的自来水取得的增值税专用发票上注明的增值税税款(按6%征收率开具)予以抵扣。自来水公司2002年6月1日之前购进独立核算水厂自来水取得普通发票的,可根据发票金额换算成不含税销售额后依6%的征收率计算进项税额,经所属税务机关核实后予以抵扣。不含税销售额的计算公式:不含税销售额=发票金额÷(1+征收率)。

④ 《财政部 国家税务总局关于部分货物适用增值税低税率和简易办法征收增值税政策的通知》(财税[2009]9号,2009年1月19日)。《国家税务总局关于增值税简易征收政策有关管理问题的通知》(国税函[2009]90号,2009年2月25日)。此前,《国家税务总局关于调整部分按简易办法征收增值税的特定货物销售行为征收率的通知》(国税发[1998]122号,1998年8月11日)自2009年1月1日起废止。

⑤ 《财政部 国家税务总局关于部分货物适用增值税低税率和简易办法征收增值税政策的通知》(财税[2009]9号,2009年1月19日)。此前,《财政部 国家税务总局关于旧货和旧机动车增值税政策的通知》(财税[2002]29号,2002年3月13日)规定,自2002年1月1日起,纳税人销售旧货(包括旧货经营单位销售旧货和纳税人销售自己使用过的应税固定资产),无论其是增值税一般纳税人或小规模纳税人,也无论其是否为批准认定的旧货调剂试点单位,一律按4%的征收率减半征收增值税,不得抵扣进项税额;纳税人销售自己使用过的属于应征消费税的机动车、摩托车、游艇,售价超过原值的,按照4%的征收率减半征收增值税,售价未超过原值的,免征增值税;旧机动车经营单位销售旧机动车、摩托车、游艇,按照4%的征收率减半征收增值税。《财政部 国家税务总局关于增值税、营业税若干政策规定的通知》(财税字[1994]26号,1994年5月5日)规定:单位和个体经营者销售自己使用过的游艇、摩托车和应征消费税的汽车,无论销售者是否属于一般纳税人,一律按简易办法依照6%的征收率计算缴纳增值税,并且不得开具专用发票.销售自己使用过的其他属于货物的固定资产,暂免征收增值税。《国家税务总局关于印发〈增值税问题解答(之一)〉的通知》(国税函发[1995]288号,1995年6月2日)规定:"其他属于货物的固定资产"应同时具备以下几个条件:一是属于企业固定资产目录所列货物;二是企业按固定资产管理,并确已使用过的货物;三是销售价格不超过其原值的货物。《财政部 国家税务总局关于旧货经营增值税问题的通知》(财税字[1998]6号,1998年2月13日)规定,对经内贸部批准认定的旧货调剂试点单位经营旧货,不论采取买断经营方式或寄售经营方式,均暂按6%的征收率计算应纳增值税税额,并减半征收增值税。对未纳入试点的增值税一般纳税人经营旧货,可按6%的征收率征收增值税。《国家税务总局关于调整部分按简易办法征收增值税的特定货物销售行为征收率的通知》(国税发[1998]122号,1998年8月11日)规定,销售旧货(不再划分销售者是否为内贸部批准认定的旧货调剂试点单位)的征收率由6%调减为4%。根据《财政部关于公布废止和失效的财政规章和规范性文件目录(第十一批)的决定》(财政部令第62号,2011年2月21日),财税[2002]29号已被废止。

①一般纳税人销售自己使用过的属于增值税暂行条例第十条规定不得抵扣且未抵扣进项税额的固定资产,按简易办法依4%征收率减半征收增值税①。

一般纳税人销售自己使用过的其他固定资产,应区分不同情形征收增值税②：

Ⅰ 销售自己使用过的2009年1月1日以后购进或者自制的固定资产,按照适用税率征收增值税；

Ⅱ 2008年12月31日以前未纳入扩大增值税抵扣范围试点的纳税人,销售自己使用过的2008年12月31日以前购进或者自制的固定资产,按照4%征收率减半征收增值税；

Ⅲ 2008年12月31日以前已纳入扩大增值税抵扣范围试点的纳税人,销售自己使用过的在本地区扩大增值税抵扣范围试点以前购进或者自制的固定资产,按照4%征收率减半征收增值税；销售自己使用过的在本地区扩大增值税抵扣范围试点以后购进或者自制的固定资产,按照适用税率征收增值税。

所称已使用过的固定资产,是指纳税人根据财务会计制度已经计提折旧的固定资产。

一般纳税人销售自己使用过的固定资产,凡适用按简易办法依4%征收率减半征收增值税政策的,应开具普通发票,不得开具增值税专用发票③。

一般纳税人销售自己使用过的除固定资产以外的物品,应当按照适用税率征收增值税④。

②小规模纳税人(除其他个人外)销售自己使用过的固定资产,减按2%征收率征收增值税⑤。

小规模纳税人销售自己使用过的固定资产,应开具普通发票,不得由税务机关代开增值税专用发票⑥。

小规模纳税人销售自己使用过的除固定资产以外的物品,应按3%的征收率征收增值税⑦。

③纳税人销售旧货,按照简易办法依照4%征收率减半征收增值税⑧。

纳税人销售旧货,应开具普通发票,不得自行开具或者由税务机关代开增值税专用发票⑨。

所称旧货,是指进入二次流通的具有部分使用价值的货物(含旧汽车、旧摩托车和旧游艇),但不包括自己使用过的物品⑩。

④销售额的确定⑪：

Ⅰ 一般纳税人销售自己使用过的物品和旧货,适用按简易办法依4%征收率减半征收增值税政策的,按下列公式确定销售额和应纳税额：

销售额=含税销售额/(1+4%)

应纳税额=销售额×4%/2

Ⅱ 小规模纳税人销售自己使用过的固定资产和旧货,按下列公式确定销售额和应纳税额：

---

① 《财政部 国家税务总局关于部分货物适用增值税低税率和简易办法征收增值税政策的通知》(财税〔2009〕9号,2009年1月19日)。

② 《财政部 国家税务总局关于全国实施增值税转型改革若干问题的通知》(财税〔2008〕170号,2008年12月29日)。

③ 《国家税务总局关于增值税简易征收政策有关管理问题的通知》(国税函〔2009〕90号,2009年2月25日)。

④ 《财政部 国家税务总局关于部分货物适用增值税低税率和简易办法征收增值税政策的通知》(财税〔2009〕9号,2009年1月19日)。

⑤ 《财政部 国家税务总局关于部分货物适用增值税低税率和简易办法征收增值税政策的通知》(财税〔2009〕9号,2009年1月19日)。

⑥ 《国家税务总局关于增值税简易征收政策有关管理问题的通知》(国税函〔2009〕90号,2009年2月25日)。

⑦ 《财政部 国家税务总局关于部分货物适用增值税低税率和简易办法征收增值税政策的通知》(财税〔2009〕9号,2009年1月19日)。

⑧ 《财政部 国家税务总局关于部分货物适用增值税低税率和简易办法征收增值税政策的通知》(财税〔2009〕9号,2009年1月19日)。

⑨ 《国家税务总局关于增值税简易征收政策有关管理问题的通知》(国税函〔2009〕90号,2009年2月25日)。

⑩ 《财政部 国家税务总局关于部分货物适用增值税低税率和简易办法征收增值税政策的通知》(财税〔2009〕9号,2009年1月19日)。

⑪ 《国家税务总局关于增值税简易征收政策有关管理问题的通知》(国税函〔2009〕90号,2009年2月25日)。

销售额 = 含税销售额 / (1+3%)

应纳税额 = 销售额 × 2%

（4）其他简易征收规定

①外国企业来华参加或举办商品展览会、展示会（统称展览会），在展览会结束后，将其展品在补报海关手续后直接在我国境内进行销售；或者举办展销会，展览并同时销售商品的，属于临时发生应税行为，且销售的展品或商品数量有限，对销售展品或商品可按小规模纳税人所适用的 3% 征收率征收增值税①。

②对拍卖行受托拍卖增值税应税货物，向买方收取的全部价款和价外费用，应当按照 4% 的征收率征收增值税。拍卖货物属免税货物范围的，经拍卖行所在地县级主管税务机关批准，可以免征增值税②。

③卫生防疫站调拨生物制品和药械，属于销售货物行为，2009 年之前可按照小规模商业企业 4% 的增值税征收率征收增值税，2009 年之后按 3% 的征收率征收。对卫生防疫站调拨或发放的由政府财政负担的免费防疫苗不征收增值税③。

④2003 年前，经济特区内的单位和个人从事加工、修理修配劳务，或者批发、零售货物给本特区内的单位或个人的，一律暂按 6% 的征收率征收增值税。自 2003 年 1 月 1 日起，关于经济特区的增值税税收优惠政策停止执行，在经济特区范围内生产并销售的货物，恢复按照规范办法征收增值税④。

2.3.3　海洋油气田企业按实物征税的征收率

中外合作开采陆上及海洋石油、天然气，按实物征收增值税，征收率为 5%，并按现行规定征收矿区使用费，暂不征收资源税。在计征增值税时，不抵扣进项税额。原油、天然气出口时不予退税。

中国海洋石油总公司海上自营油田比照上述规定执行⑤。

2.4　销项税额与进项税额

2.4.1　销项税额

纳税人销售货物或应税劳务，按照销售额和条例规定的税率计算并向购买方收取的增值税额，为销项税额。销项税额计算公式为⑥：

销项税额 = 销售额 × 税率

销售额为纳税人销售货物或者应税劳务向购

---

①　《国家税务总局关于外国企业来华参展后销售展品有关税务处理问题的批复》（国税函〔1999〕207 号，1999 年 4 月 26 日）。《国家税务总局关于修改若干增值税规范性文件引用法规规章条款依据的通知》（国税发〔2009〕10 号，2008 年 2 月 5 日）。此前，按 6% 征收。

②　《国家税务总局关于拍卖行取得的拍卖收入征收增值税、营业税有关问题的通知》（国税发〔1999〕40 号，1999 年 3 月 11 日）。

③　《国家税务总局关于卫生防疫站调拨生物制品及药械征收增值税的批复》（国税函〔1999〕191 号，1999 年 4 月 19 日）。《国家税务总局关于修改若干增值税规范性文件引用法规规章条款依据的通知》（国税发〔2009〕10 号，2009 年 2 月 5 日）。此前，按 4% 征收。

④　《关于停止执行经济特区地产地销货物增值税优惠政策的通知》（财税〔2002〕164 号，2002 年 11 月 23 日）。此前颁布的《国家税务总局关于经济特区征免流转税问题的通知》（国税明电〔1993〕078 号，1993 年 12 月 30 日）规定，经济特区生产的产品，在本特区销售的，除消费税应税产品应照章征收消费税外，均一律暂免征收增值税。经济特区内的单位和个人从事加工、修理修配劳务，或者批发、零售货物给本特区内的单位或个人，由于没有进项税额扣除，因此不分一般纳税人和小规模纳税人，一律暂按 6% 的征收率征收增值税，不使用增值税专用发票。

⑤　《全国人民代表大会常务委员会关于外商投资企业和外国企业适用增值税、消费税、营业税等税收暂行条例的决定》（1993 年 12 月 29 日八届全国人大常委会第五次会议通过，中华人民共和国主席令第 18 号公布）。《国务院关于外商投资企业和外国企业使用增值税、消费税、营业税等税收暂行条例有关问题的通知》（国发〔1994〕10 号，1994 年 2 月 22 日）。《国家税务总局关于对外合作开采陆上石油资源征收增值税问题的通知》（国税发〔1998〕219 号，1998 年 12 月 15 日）。此外，《国家税务总局海洋石油税务管理局关于中国海洋石油总公司适用税种问题的通知》（国税油发〔1994〕10 号，1994 年 4 月 26 日）规定，中国海洋石油总公司（含其所属地区公司、专业公司）适用《中华人民共和国增值税暂行条例》。根据《国家税务总局关于公布全文失效废止 部分条款失效废止的税收规范性文件目录的公告》（国家税务总局公告 2011 年第 2 号，2011 年 1 月 4 日），国税油发〔1994〕10 号被公布全文失效废止。

⑥　《中华人民共和国增值税暂行条例》（中华人民共和国国务院令第 538 号，2008 年 11 月 10 日）第五条。

买方收取的全部价款和价外费用,但是不包括收取的销项税额①。

凡征收消费税的货物在计征增值税额时,其应税销售额应包括消费税税金。

2.4.1.1 销售额计算的一般规定

(1)不含税销售额的计算

①一般纳税人销售货物或者应税劳务,采取销售额和销项税额合并定价方法的,按下列公式计算销售额②:

销售额=含税销售额/(1+税率)

对增值税一般纳税人(包括纳税人自己或代其他部门)向购买方收取的价外费用和逾期包装物押金,也应视为含税收入,在征税时换算成不含税收入并入销售额计征增值税③。

②小规模纳税人的销售额不包括其应纳税额。小规模纳税人销售货物或应税劳务采用销售额和应纳税额合并定价方法的,按下列公式计算销售额④:

销售额=含税销售额/(1+征收率)

小规模纳税人因销售货物退回或者折让退还给购买方的销售额,应从发生销售货物退回或者折让当期的销售额中扣减⑤。

(2)外币销售额的换算

销售额以人民币计算。纳税人以人民币以外的货币结算销售额的,应当折合成人民币计算。其销售额的人民币折合率可以选择销售额发生的当天或当月1日的人民币汇率中间价。纳税人应在事先确定采用何种折合率,确定后一年内不得变更⑥。

(3)销项税额计算时间

根据《企业财务会计报告条例》(国务院令287号)规定,企业年度结账日为公立年度每年的12月31日,半年度、季度、月度结账日分别为公立年度每半年、每季、每月的最后一天,凡结账日与该条例规定不符的纳税人,税务机关应责令其限期按照上述规定计算当月销项税额⑦。

2.4.1.2 价外费用的确定

(1)价外费用的一般规定

上述所称价外费用,是指价外向购买方收取的手续费、补贴、基金、集资费、返还利润、奖励费、违约金、滞纳金、延期付款利息、赔偿金、代收款项、代垫款项、包装费、包装物租金、储备费、优质费、运输装卸费以及其他各种性质的价外收费。但下列项目不包括在内⑧:

①受托加工应征消费税的消费品所代收代缴的消费税。

②同时符合以下条件的代垫运费:

Ⅰ 承运部门的运费发票开具给购货方;

Ⅱ 纳税人将该项发票转交给购货方的。

③同时符合以下条件代为收取的政府性基金

① 《中华人民共和国增值税暂行条例》(中华人民共和国国务院令第538号,2008年11月10日)第六条。
② 《中华人民共和国增值税暂行条例实施细则》(财政部 国家税务总局令第50号,2008年12月15日)第十四条。
③ 《国家税务总局关于增值税若干征管问题的通知》(国税发[1996]155号,1996年9月9日)。
④ 《中华人民共和国增值税暂行条例实施细则》(财政部 国家税务总局令第50号,2008年12月15日)第三十条。
⑤ 《中华人民共和国增值税暂行条例实施细则》(财政部 国家税务总局令第50号,2008年12月15日)第三十一条。
⑥ 《中华人民共和国增值税暂行条例》(国务院令第538号,2008年11月10日)第六条;《中华人民共和国增值税暂行条例实施细则》(财政部 国家税务总局令第50号,2008年12月15日)第十五条。此前,《财政部 国家税务总局关于增值税、营业税若干政策规定的通知》(财税字[1994]26号,1994年5月5日)规定,纳税人按外汇结算销售额的,其销售额的人民币折合率为中国人民银行公布的市场汇价。后来,《财政部 国家税务总局关于公布若干废止和失效的增值税规范性文件目录的通知》(财税[2009]17号,2009年2月26日)对此予以了废止。对于纳税人取得不同币种的折算问题,详见本书第8章个人所得税部分"外币形式所得的折算处理"。
⑦ 《国家税务总局关于进一步做好增值税纳税申报"一窗式"管理工作的通知》(国税函[2003]962号,2003年8月19日)。
⑧ 《中华人民共和国增值税暂行条例实施细则》(财政部 国家税务总局令第50号,2008年12月15日)第十二条。此外,《国家税务总局关于燃气公司有关流转税问题的批复》(国税函[2000]616号,2000年8月11日)对销售货物而代有关部门收取的集资费征收增值税问题进行了个案明确。

或者行政事业性收费①：

Ⅰ　由国务院或者财政部批准设立的政府性基金，由国务院或者省级人民政府及其财政、价格主管部门批准设立的行政事业性收费；

Ⅱ　收取时开具省级以上财政部门印制的财政票据；

Ⅲ　所收款项全额上缴财政。

④销售货物的同时代办保险等而向购买方收取的保险费，以及向购买方收取的代购买方缴纳的车辆购置税、车辆牌照费②。

（2）价外费用的若干专门规定

①煤铁路支线维护费。炭生产企业用自备铁路专用线运输煤炭取得的铁路支线维护费是在销售煤炭环节收取的，属于增值税条例规定的价外费用，应按增值税的有关规定征收增值税③。

②原油管理费。在国家规定的原油一、二档出厂价格的基础上按销售原油数量收取的原油管理费，属于价外费用的一部分，应按增值税的有关规定征收增值税④。

③经营保证金。属于经销商因违约而承担的违约金，应当征收增值税；对其已退还的经营保证金，不属于价外费用，不征收增值税⑤。

④发电补贴。燃油电厂从政府财政专户取得的发电补贴不属于规定的价外费用，不计入应税销售额，不征收增值税⑥。

⑤燃气公司和生产、销售货物或提供增值税应税劳务的单位，在销售货物或提供增值税应税劳务时，代有关部门向购买方收取的集资费（包括管道煤气集资款〈初装费〉）、手续费、代收款等，属于增值税价外收费，应征收增值税，不征收营业税⑦。

2.4.1.3　特殊销售行为计税依据的确定

（1）售价明显偏低且无正当理由或无销售额情况下，销售额的确定方法

纳税人销售货物或者应税劳务的价格明显偏低并无正当理由的，或者纳税人发生了视同销售货物的行为而无销售额的，由主管税务机关核定其销售额。其确定顺序及方法如下⑧：

①按纳税人最近时期同类货物的平均销售价格确定。

②按其他纳税人最近时期同类货物的平均销售价格确定。

③用以上两种方法均不能确定其销售额的情况下，可按组成计税价格确定销售额。公式为：

---

① 《中华人民共和国增值税暂行条例实施细则》（财政部　国家税务总局令第 50 号，2008 年 12 月 15 日）第十二条。此前，《财政部　国家税务总局关于增值税若干政策问题的通知》（财税〔2005〕165 号，2005 年 11 月 28 日）也有类似规定，但后被《财政部　国家税务总局关于公布若干废止和失效的增值税规范性文件目录的通知》（财税〔2009〕17 号，2009 年 12 月 26 日）予以废止。此外，《国家税务总局关于各种性质的价外收入都应当征收增值税的批复》（国税函发〔1994〕87 号，1994 年 3 月 28 日）规定：纳税人代中央、地方财政收取的各种价外收入都应并入货物或应税劳务的销售额征收增值税；《财政部　国家税务总局关于城镇公用事业附加应纳入增值税计税销售额征收增值税的通知》（财税字〔1994〕35 号，1994 年 6 月 7 日）对城镇公用事业附加并入销售额征税予以了规定。根据《国家税务总局关于发布已失效或废止有关增值税规范性文件清单的通知》（国税发〔2009〕7 号，2009 年 2 月 2 日）和《财政部　国家税务总局关于公布若干废止和失效的增值税规范性文件目录的通知》（财税〔2009〕17 号，2009 年 12 月 26 日），国税函发〔1994〕87 号和财税字〔1994〕35 号分别被公布废止。

② 《中华人民共和国增值税暂行条例实施细则》（财政部　国家税务总局令第 50 号，2008 年 12 月 15 日）第十二条。此前，《财政部　国家税务总局关于增值税若干政策问题的通知》（财税〔2005〕165 号，2005 年 11 月 28 日）也有类似规定，但后被《财政部　国家税务总局关于公布若干废止和失效的增值税规范性文件目录的通知》（财税〔2009〕17 号，2009 年 12 月 26 日）予以废止。

③ 《国家税务总局关于铁路支线维护费征收增值税问题的通知》（国税函〔1996〕561 号，1996 年 9 月 24 日）。

④ 《国家税务总局关于原油管理费征收增值税问题的通知》（国税发〔1996〕111 号，1996 年 6 月 26 日）。

⑤ 《国家税务总局关于对福建雪津啤酒有限公司收取经营保证金征收增值税问题的批复》（国税函〔2004〕416 号，2004 年 3 月 30 日）。

⑥ 《国家税务总局关于燃油电厂取得发电补贴有关增值税政策的通知》（国税函〔2006〕1235 号，2006 年 12 月 19 日）。

⑦ 《财政部　国家税务总局关于营业税若干政策问题的通知》（财税〔2003〕16 号，2003 年 1 月 15 日）。

⑧ 《中华人民共和国增值税暂行条例》（中华人民共和国国务院令第 538 号，2008 年 11 月 10 日）第七条、《中华人民共和国增值税暂行条例实施细则》（财政部　国家税务总局令第 50 号，2008 年 12 月 15 日）第十六条。原《实施细则》先依次按照纳税人当月同类货物的平均销售价格和纳税人最近时期同类货物的平均销售价格确定。

组成计税价格＝成本×(1+成本利润率)

属于应征消费税的货物,其组成计税价格应加计消费税税额。

公式中的成本是指:销售自产货物的为实际生产成本;销售外购货物的为实际采购成本。

公式中的"成本利润率"为10%。但属于应从价定率征收消费税的货物,其组成计税价格公式中的成本利润率,为《消费税若干具体问题的规定》中规定的成本利润率①。具体如下②:

Ⅰ 成本利润率为10%的应征消费税货物:甲类卷烟10%;粮食白酒。

Ⅱ 成本利润率为8%的应征消费税货物:小轿车。

Ⅲ 成本利润率为6%的应征消费税货物:贵重首饰及珠宝玉石;摩托车;越野车。

Ⅳ 成本利润率为5%的应征消费税货物:乙类卷烟;雪茄烟;烟丝;薯类白酒;其他酒;酒精;化妆品;护肤护发品;鞭炮、焰火;汽车轮胎;小客车。

④纳税人发生增值税暂行条例实施细则第四条规定固定资产视同销售行为,对已使用过的固定资产无法确定销售额的,以固定资产净值为销售额③。

(2)混合销售行为销售额的确定

混合销售行为应当缴纳增值税的,其销售额为货物的销售额与非增值税应税劳务营业额的合计④。

(3)以折扣方式销售货物的销售额的确定

纳税人采取折扣方式销售货物,如果销售额和折扣额在同一张发票上分别注明的,可以按折扣后的销售额征收增值税;如果将折扣额另开发票,不论其在财务上如何处理,均不得从销售额中减除折扣额⑤。

销售额和折扣额在同一张发票上分别注明是指销售额和折扣额在同一张发票上的"金额"栏分别注明的,可按折扣后的销售额征收增值税。未在同一张发票"金额"栏注明折扣额,而仅在发票的"备注"栏注明折扣额的,折扣额不得从销售额中减除⑥。

对出版单位委托发行图书、报刊、杂志等支付给发行单位的经销手续费,在征收增值税时按"折扣销售"的有关规定办理,如果销售额和支付的经销手续费在同一发票上分别注明的,可按减除经销手续费后的销售额征收增值税;如果经销手续费不在同一发票上注明,另外开具发票,不论其在财务上如何处理,均不得从销售额中减除经销手续费⑦。

(4)以旧换新方式销售货物销售额的确定

以旧换新销售,是纳税人在销售过程中,折价收回同类旧货物,并以折价款部分冲减货物价款的一种销售方式。

纳税人采取以旧换新方式销售货物的(金银首饰除外),应按新货物的同期销售价格确定销售额⑧。金银首饰以旧换新业务,可以按销售方实际收取的不含增值税的全部价款征收增值税⑨。

(5)还本销售方式销售货物销售额的确定

还本销售,指销货方将货物出售之后,按约定的时间,一次或分次将购货款部分或全部退还给购货方,退还的货款即为还本支出。

纳税人采取还本销售货物的,不得从销售额中

---

① 《国家税务总局关于印发〈增值税若干具体问题的规定〉的通知》(国税发[1993]154号,1993年12月18日)。
② 《国家税务总局关于印发〈消费税若干具体问题的规定〉的通知》(国税发[1993]156号,1993年12月28日)。
③ 《财政部 国家税务总局关于全国实施增值税转型改革若干问题的通知》(财税[2008]170号,2008年12月29日)。
④ 《中华人民共和国增值税暂行条例实施细则》(财政部 国家税务总局令第50号,2008年12月15日)第十三条。
⑤ 《国家税务总局关于印发〈增值税若干具体问题的规定〉的通知》(国税发[1993]154号,1993年12月18日)。
⑥ 《国家税务总局关于折扣额抵减增值税应税销售额问题通知》(国税函[2010]56号,2010年2月8日)。
⑦ 《国家税务总局关于印发〈增值税问题解答(之一)〉的通知》(国税函发[1995]288号,1995年6月2日)。
⑧ 《国家税务总局关于印发〈增值税若干具体问题的规定〉的通知》(国税发[1993]154号,1993年12月18日)。
⑨ 《财政部 国家税务总局〈关于金银首饰等货物征收增值税问题的通知〉》(财税字[1996]74号,1996年9月14日)。

减除还本支出①。

(6)采取以物易物方式销售额的确定

以物易物是一种较为特殊的购销活动,是指购销双方不是以货币结算,而是以同等价款的货物相互结算,实现货物购销的一种方式。

以物易物双方都应作购销处理。以各自发出的货物核算销售额并计算销项税额,以各自收到的货物核算购货额及进项税额②。

(7)出租出借包装物情况下销售额的确定

纳税人为销售货物而出租出借包装物收取的押金,单独记账核算的,不并入销售额征税。但对因逾期未收回包装物不再退还的押金,应按所包装货物的适用税率征收增值税③。"逾期"以1年为期限,无论包装物周转使用期限长短,超过1年(含1年)以上仍不退还的押金均并入销售额征税④。

从1995年6月1日起,对销售除啤酒、黄酒外的其他酒类产品收取的包装物押金,无论是否返还以及会计上如何核算,均应并入当期销售额征税⑤。

(8)平销行为增值税的处理

平销是指生产企业以商业企业经销价或高于商业企业经销价的价格将货物销售给商业企业,商业企业再以进货成本或低于进货成本的价格进行销售,生产企业则以返还利润等方式弥补商业企业的进销差价损失⑥。

自1997年1月1日起,凡增值税一般纳税人,无论是否有平销行为,因购买货物而从销售方取得的各种形式的返还资金,均应依所购货物的增值税税率计算应冲减的进项税金,并从其取得返还资金当期的进项税金中予以冲减⑦。应冲减的进项税金计算公式如下:

当期应冲减进项税金 = 当期取得的返还资金/(1+所购货物适用增值税税率)×所购货物适用增值税税率⑧

对与总机构实行统一核算的分支机构从总机构取得日常工资、电话费、租金等资金,不应视为因购买货物而取得的返利收入,不应做冲减进项税额处理⑨。

自2004年7月1日起,对商业企业向供货方收取的与商品销售量、销售额无必然联系,且商业企业向供货方提供一定劳务的收入,例如进场费、广告促销费、上架费、展示费、管理费等,不属于平销返利,不冲减当期增值税进项税金,应按营业税的适用税目税率征收营业税。但对商业企业向供

---

① 《国家税务总局关于印发〈增值税若干具体问题的规定〉的通知》(国税发[1993]154号,1993年12月18日)。

② 《国家税务总局关于增值税若干征管问题的通知》(国税发[1996]155号,1996年9月9日)曾规定:商业企业采取以物易物、以货抵债、以物投资方式交易的,收货单位可以凭以物易物、以货抵债、以物投资书面合同以及与之相符的增值税专用发票和运输费用普通发票,确定进项税额,报经税务征收机关批准予以抵扣。但后来《国家税务总局关于发布已失效或废止有关增值税规范性文件清单的通知》(国税发[2009]7号,2009年2月2日)对此予以了废止。

③ 《国家税务总局关于印发〈增值税若干具体问题的规定〉的通知》(国税发[1993]154号,1993年12月18日)。

④ 《国务院关于第三批取消和调整行政审批项目的决定》(国发[2004]16号)和《国家税务总局关于取消包装物押金逾期期限审批后有关问题的通知》(国税函[2004]827号,2004年6月25日)规定超过一年的,就应并入销售额,从2004年7月1日起执行。此前,按《国家税务总局关于印发〈增值税问题解答(之一)〉的通知》(国税函发[1995]288号,1995年6月2日)个别包装物周转使用期限较长的,报经税务征收机关批准后,可适当放宽逾期期限。后来,《国家税务总局关于发布已失效或废止有关增值税规范性文件清单的通知》(国税发[2009]7号,2009年2月2日)对此予以了废止。

⑤ 《国家税务总局关于加强增值税征收管理若干问题的通知》(国税发[1995]192号,1995年10月18日)。

⑥ 《国家税务总局关于平销行为征收增值税问题的通知》(国税发[1997]167号,1997年10月31日)。此外,对正常商业行为下商业企业从生产企业取得的销售佣金,《国家税务总局关于上海汽车销售公司收取的佣金收入征营业税问题的批复》(国税函[1999]55号,1999年1月31日)就此进行了个案规定,明确其不属于平销行为,应按"服务业"征收营业税而不征收增值税。

⑦ 《国家税务总局关于平销行为征收增值税问题的通知》(国税发[1997]167号,1997年10月31日)。

⑧ 《国家税务总局关于商业企业向货物供应方收取的部分费用征收流转税问题的通知》(国税发[2004]136号,2004年10月13日)。此前,《国家税务总局关于平销行为征收增值税问题的通知》(国税发[1997]167号,1997年10月31日)中规定,冲减进项税金的计算公式为:当期应冲减进项税金 = 当期取得的返还资金×所购货物适用的增值税税率。

⑨ 《国家税务总局关于增值税一般纳税人平销行为征收增值税问题的批复》(国税函[2001]247号,2001年4月5日)。

货方收取的与商品销售量、销售额挂钩(如以一定比例、金额、数量计算)的各种返还收入,均应按照平销返利行为的有关规定冲减当期增值税进项税金,不征收营业税。商业企业向供货方收取的各种收入,一律不得开具增值税专用发票①。

(9)销售退回或折让的征税规定

小规模纳税人以外的纳税人(以下称一般纳税人)因销售货物退回或者折让而退还给购买方的增值税额,应从发生销售货物退回或者折让当期的销项税额中扣减②。

一般纳税人销售货物或者应税劳务,开具增值税专用发票后,发生销售货物退回或者折让、开票有误等情形,应按国家税务总局的规定开具红字增值税专用发票。未按规定开具红字增值税专用发票的,增值税额不得从销项税额中扣减③。

(10)经销企业从货物的生产企业取得的"三包"收入征税规定

2.4.2 进项税额

进项税额是指纳税人购进货物或接受应税劳务所支付或负担的增值税税额④。

2.4.2.1 进项税额抵扣一般规定

(1)准予从销项税额中抵扣的进项税额

纳税人的下列增值税进项税额准予从销项税额中抵扣:

①从销售方取得的增值税专用发票上注明的增值税额⑤。

增值税一般纳税人取得2010年1月1日以后开具的增值税专用发票、公路内河货物运输业统一发票和机动车销售统一发票,应在开具之日起180日内到税务机关办理认证,并在认证通过的次月申报期内,向主管税务机关申报抵扣进项税额⑥。

②从海关取得的海关进口增值税专用缴款书上注明的增值税额⑦。

实行海关进口增值税专用缴款书(简称海关缴款书)"先比对后抵扣"管理办法的增值税一般纳税人取得2010年1月1日以后开具的海关缴款书,应在开具之日起180日内向主管税务机关报送《海关完税凭证抵扣清单》(包括纸质资料和电子数据)申请稽核比对⑧。

未实行海关缴款书"先比对后抵扣"管理办法的增值税一般纳税人取得2010年1月1日以后开具的海关缴款书,应在开具之日起180日后的第一个纳税申报期结束以前,向主管税务机关申报抵扣进项税额⑨。

---

① 《国家税务总局关于商业企业向货物供应方收取的部分费用征收流转税问题的通知》(国税发〔2004〕136号,2004年10月13日)。

② 《中华人民共和国增值税暂行条例实施细则》(财政部 国家税务总局令第50号,2008年12月15日)第十一条。

③ 《中华人民共和国增值税暂行条例实施细则》(财政部 国家税务总局令第50号,2008年12月15日)第十一条。

④ 《中华人民共和国增值税暂行条例》(中华人民共和国国务院令第538号,2008年11月10日)第八条。

⑤ 《中华人民共和国增值税暂行条例》(中华人民共和国国务院令第538号,2008年11月10日)第八条。

⑥ 《国家税务总局关于调整增值税扣税凭证抵扣期限有关问题的通知》(国税函〔2009〕617号,2009年11月9日)。此前,《国家税务总局关于增值税一般纳税人取得防伪税控系统开具的增值税专用发票进项税额抵扣问题的通知》(国税发〔2003〕17号,2003年2月14日)规定,增值税一般纳税人申请抵扣的防伪税控系统开具的增值税专用发票,必须自该专用发票开具之日起90日内到税务机关认证,纳税人认证通过的防伪税控专用发票,应在认证通过的当月核算当期进项税额并申报抵扣,否则不予抵扣进项税额;《国家税务总局关于推行机动车销售统一发票税控系统有关工作的紧急通知》(国税发〔2008〕117号,2008年12月15日)规定,自2009年1月1日起,增值税一般纳税人购买机动车取得的税控系统开具的机动车销售统一发票,属于扣税范围的,应自该发票开具之日起90日内到税务机关认证。除此以外,《国家税务总局关于加强增值税征收管理工作的通知》(国税发〔1995〕15号)规定,工业企业购进货物必须在验收入库、商业企业购进货物和一般纳税人购进劳务必须在付款后才能抵扣进项税金。

⑦ 《中华人民共和国增值税暂行条例》(中华人民共和国国务院令第538号,2008年11月10日)第八条。

⑧ 《国家税务总局关于调整增值税扣税凭证抵扣期限有关问题的通知》(国税函〔2009〕617号,2009年11月9日)。

⑨ 《国家税务总局关于调整增值税扣税凭证抵扣期限有关问题的通知》(国税函〔2009〕617号,2009年11月9日)。此前,《国家税务总局关于加强海关进口增值税专用缴款书和废旧物资发票管理有关问题的通知》(国税发〔2004〕128号,2004年1月28日)规定,增值税一般纳税人取得的2004年2月1日以后开具的海关完税凭证,应当在开具之日起90天后的第一个纳税申报期结束以前向主管税务机关申报抵扣,逾期不得抵扣进项税额。

纳税人进口货物,凡已缴纳了进口环节增值税的,不论其是否已经支付货款,其取得的海关完税凭证均可作为增值税进项税额抵扣凭证,在上述规定的期限内申报抵扣进项税额①。

③农产品收购发票或销售发票可抵扣的进项税额。

Ⅰ　农产品收购增值税抵扣政策

购进农产品,除取得增值税专用发票或者海关进口增值税专用缴款书外,按照农产品收购发票或者销售发票上注明的农产品买价和 13% 的扣除率计算的进项税额。进项税额计算公式②:

进项税额=买价×扣除率

所称买价,包括纳税人购进农产品在农产品收购发票或者销售发票上注明的价款和按规定缴纳的烟叶税③。

Ⅱ　农产品收购增值税抵扣管理④

税务机关要加强对农产品增值税抵扣管理,要经常深入企业,全面掌握和了解有关生产企业的生产经营特点、农产品原料的消耗、采购规律以及纳税申报情况,检查农产品收购凭证的开具情况是否正常,查找征管的薄弱环节,积极采取有针对性的管理措施,堵塞漏洞,切实加强管理。

对有条件的地区,税务机关可运用信息化管理手段促进农产品收购凭证的使用管理。

税务机关应当积极引导和鼓励纳税人通过银行或农村信用社等金融机构支付农产品货款,对采用现金方式结算且支付数额较大的,应作为重点评估对象,严格审核,防止发生虚假收购行为,骗取国家税款。

税务机关应对农产品经销和生产加工企业定期开展增值税纳税评估,特别是要加强以农产品为主要原料的生产企业的纳税评估,发现问题的,要及时移交稽查部门处理。

税务机关应根据日常管理掌握的情况,有计划

---

① 《国家税务总局关于增值税一般纳税人取得海关进口增值税专用缴款书抵扣进项税额问题的通知》(国税发〔2004〕148 号,2004 年 11 月 11 日)。

② 《中华人民共和国增值税暂行条例》(中华人民共和国国务院令第 538 号,2008 年 11 月 10 日)第八条。此前,原条例规定,按 10% 的扣除率计算进项税额。《财政部　国家税务总局关于增值税、营业税若干政策规定的通知》(财税字〔1994〕26 号,1994 年 5 月 5 日)规定:增值税一般纳税人向小规模纳税人购买的农业产品,可视为免税农业产品按 10% 的扣除率计算进项税额。此外,《国家税务总局关于棉花进项税抵扣有关问题的通知》(国税发〔1999〕136 号,1999 年 7 月 21 日)、《财政部　国家税务总局关于棉花进项税抵扣有关问题的补充通知》(财税〔2001〕165 号,2001 年 10 月 1 日)、《财政部　国家税务总局关于提高农产品进项税抵扣率的通知》(财税字〔2002〕12 号,2002 年 1 月 9 日)、《财政部　国家税务总局关于增值税一般纳税人向小规模纳税人购进农产品进项税抵扣率问题的通知》(财税〔2002〕105 号,2002 年 7 月 10 日)分别就扣除率提高至 13% 进行了规定。根据《财政部关于公布废止和失效的财政规章和规范性文件目录(第十一批)的决定》(财政部令第 62 号,2011 年 2 月 21 日),财税〔2001〕165 号、财税字〔2002〕12 号、财税〔2002〕105 号均被公布废止。

③ 《中华人民共和国增值税暂行条例实施细则》(财政部　国家税务总局令第 50 号,2008 年 12 月 15 日)第十七条。原细则规定,买价包括纳税人购进免税农业产品支付给农业生产者的价款和按规定代扣代缴的农业特产税。《财政部　国家税务总局关于增值税、营业税若干政策规定的通知》(财税字〔1994〕26 号,1994 年 5 月 5 日)也规定:对农业产品收购单位在收购价格之外按规定缴纳的农业特产税,准予并入农业产品的买价,计算进项税额抵扣。后因除烟叶以外的农业特产税取消,并开征了烟叶税,所以新细则将烟叶税纳入买价之中。《财政部　国家税务总局关于购进烟叶的增值税抵扣政策的通知》(财税〔2006〕140 号 2006 年 10 月 8 日)规定,对烟叶纳税人按规定缴纳的烟叶税,准予并入烟叶产品的买价计算增值税的进项税额,并在计算缴纳增值税时予以抵扣。即购进烟叶准予抵扣的增值税进项税额,按照《中华人民共和国烟叶税暂行条例》及《财政部　国家税务总局印发〈关于烟叶税若干具体问题的规定〉的通知》(财税〔2006〕64 号)规定的烟叶收购金额和烟叶税及法定扣除率计算。烟叶收购金额包括纳税人支付给烟叶销售者的烟叶收购价款和价外补贴,价外补贴统一暂按烟叶收购价款的 10% 计算,即烟叶收购金额=烟叶收购价款×(1+10%)。新细则实施后,《财政部　国家税务总局关于公布若干废止和失效的增值税规范性文件目录的通知》(财税〔2009〕17 号,2009 年 2 月 25 日)将《财政部　国家税务总局关于购进烟叶的增值税抵扣政策的通知》(财税〔2006〕140 号 2006 年 10 月 8 日)公布废止。此外,《国家税务总局关于增值税若干征收问题的通知》(国税发〔1994〕122 号,1994 年 5 月 7 日)规定:购进免税农业产品的买价,不仅限于经主管税务机关批准使用的收购凭证上注明的价款,对一般纳税人购进农业产品取得的普通发票,也可以按普通发票上注明的价款计算进项税额。后来,《国家税务总局关于发布已失效或废止有关增值税规范性文件清单的通知》(国税发〔2009〕7 号,2009 年 2 月 2 日)对该规定予以了废止。

④ 《国家税务总局关于加强农产品增值税抵扣管理有关问题的通知》(国税函〔2005〕545 号,2005 年 5 月 27 日)。

地组织开展对农产品经销和生产加工企业的重点稽查,凡查有偷骗税问题的,应依法严肃查处。

④运输费用结算单据可抵扣的进项税款。

购进或者销售货物以及在生产经营过程中支付运输费用的,按照运输费用结算(普通发票,包括纳税人外购货物支付运输费用而取得的运费结算单据和纳税人销售应税货物而支付运输费用所取得的运费结算单据)单据上注明的运输费用金额和7%的扣除率计算的进项税额。进项税额计算公式①:

进项税额=运输费用金额×扣除率

准予抵扣的货物运费金额是指自开票纳税人和代开票单位为代开票纳税人开具的货票上注明的运费、建设基金和现行规定允许抵扣的其他货物运输费用(包括铁路临管线及铁路专线运输费用),装卸费、保险费和其他杂费不予抵扣。货运发票应当分别注明运费和杂费,对未分别注明,而合并注明为运杂费的不予抵扣②。

Ⅰ 运输费用抵扣的具体政策规定

ⅰ 纳税人在生产经营过程中所支付的运输费用,允许计算抵扣进项税额③。但不包括与不得抵扣进项税款的购进货物相关的运输费用和销售免税货物的运输费用④。

纳税人购进、销售货物所支付的运输费用明显偏高、经过审查不合理的,不予抵扣运输费用⑤。

ⅱ 自2003年11月1日起,运输单位提供运输劳务自行开具的运输发票,运输单位主管地方税务局及省级地方税务局委托的代开发票中介机构为运输单位和个人代开的运输发票准予抵扣。增值税一般纳税人外购货物和销售应税货物所取得的由自开票纳税人或代开票单位为代开票纳税人开具的货物运输业发票准予抵扣进项税额。其他单位代运输单位和个人开具的运输发票一律不得抵扣⑥。

自2003年12月1日起,增值税一般纳税人取得税务机关认定为自开票纳税人的联运单位和物流单位开具的货物运输业发票准予计算抵扣进项税额⑦。

Ⅱ 运输费用抵扣管理

ⅰ 自2003年11月1日起,纳税人取得所有需计算抵扣增值税进项税额的运输发票,应根据相关运输发票逐票填写《增值税运输发票抵扣清

---

① 《中华人民共和国增值税暂行条例》(中华人民共和国国务院令第538号,2008年11月10日)第八条。此前,《财政部 国家税务总局关于调整增值税运输费用扣除率的通知》(财税字[1998]114号,1998年6月12日)规定,从1998年7月1日起,将增值税一般纳税人购进或销售应税货物支付的运输费用的扣除率由10%降低为7%.凡1998年7月1日以后申报抵扣的运输费用进项税额,不论运输发票何时开具,其所注明的运输费用是否已经支付,均按7%的扣除率计算进项税额。根据《财政部关于公布废止和失效的财政规章和规范性文件目录(第十一批)的决定》(财政部令第62号,2011年2月21日),财税字[1998]114号被公布废止。

② 《中华人民共和国增值税暂行条例实施细则》(财政部 国家税务总局令第50号,2008年12月15日)第十八条。《国家税务总局关于加强货物运输业税收征收管理有关问题的通知》(国税发电[2003]55号,2003年12月12日)。《国家税务总局关于货物运输业若干税收问题的通知》(国税发[2004]88号,2004年7月8日)。此前,《国家税务总局关于印发〈增值税问题解答(之一)〉的通知》(国税函发[1995]288号,1995年6月2日)也有类似规定,后来《国家税务总局关于发布已失效或废止有关增值税规范性文件清单的通知》(国税发[2009]7号,2009年2月2日)对该文件相关规定予以了废止。

③ 《财政部 国家税务总局关于增值税若干政策的通知》(财税[2005]165号,2005年11月28日)。

④ 《中华人民共和国增值税暂行条例》(中华人民共和国国务院令第538号,2008年11月10日)第十条。此前,《财政部 国家税务总局关于增值税几个税收政策问题的通知》(财税[1994]60号,1994年10月18日)也规定:增值税一般纳税人购买或销售免税货物所发生的运输费用,不得计算进项税额抵扣。后来,《财政部 国家税务总局关于公布若干废止和失效的增值税规范性文件目录的通知》(财税[2009]17号,2009年12月26日)对《财政部 国家税务总局关于增值税几个税收政策问题的通知》(财税[1994]60号)相关规定予以了废止。

⑤ 《国家税务总局关于加强增值税征收管理若干问题的通知》(国税发[1995]192号,1995年10月18日)。

⑥ 《国家税务总局关于加强货物运输业税收征收管理的通知》(国税发[2003]121号,2003年10月17日)。《国家税务总局关于货物运输业若干税收问题的通知》(国税发[2004]88号,2004年7月8日)。此前,《国家税务总局关于印发〈增值税问题解答(之一)〉的通知》(国税函发[1995]288号,1995年6月2日)和《国家税务总局关于加强增值税征收管理若干问题的通知》(国税发[1995]192号,1995年10月18日)规定,准予抵扣的运费结算单据(普通发票),是指国营铁路、民用航空、公路和水上运输单位开具的货票,以及从事货物运输的非国有运输单位开具的套印全国统一发票监制章的货票,不包括增值税一般纳税人取得的货运定额发票。

⑦ 《国家税务总局关于加强货物运输业税收征收管理有关问题的通知》(国税发明电[2003]55号,2003年12月12日)。

单》,在进行增值税纳税申报时,除按现行规定申报报表资料外,增加报送《增值税运输发票抵扣清单》。纳税人除报送清单纸质资料外,还需同时报送《增值税运输发票抵扣清单》的电子信息。未单独报送《增值税运输发票抵扣清单》纸质资料及电子信息的,其运输发票进项税额不得抵扣。如果纳税人未按规定要求填写《增值税运输发票抵扣清单》或者填写内容不全的,该运输发票不得计算抵扣进项税额。增值税运输发票抵扣清单信息采集软件由国家税务总局统一开发,免费提供给纳税人。纳税人可从国家税务总局网站下载。如果纳税人无使用信息采集软件的条件,可委托中介机构代为采集①。

增值税一般纳税人当期没有货物运输业发票申报抵扣的,可不报送《增值税运输发票抵扣清单》。增值税一般纳税人取得的2003年12月31日以前开具的货物运输业发票,在填报《增值税运输发票抵扣清单》时暂不填写“运输单位主管地方税务局名称”和“运输单位主管税务局代码”栏。取得2004年1月1日后开具的货物运输业发票,必须按照《增值税运输发票抵扣清单》的要求填写全部内容②。

ⅱ 增值税一般纳税人取得的汇总开具的运输发票,凡附有运输企业开具并加盖财务专用章或发票专用章的运输清单,允许计算抵扣进项税额。除附有运输清单的汇总开具的运输发票外,一般纳税人取得的运输发票中发货人、收货人、起运地、到达地、运输方式、货物名称、货物数量、运输单价、运费金额等项目的填写必须齐全,与购货发票上所列的

有关项目必须相符,否则不予抵扣③。

增值税一般纳税人在2004年3月1日以后取得的货物运输业发票,必须按照《增值税运费发票抵扣清单》的要求填写全部内容,对填写内容不全的不得予以抵扣进项税额④。

增值税一般纳税人取得的联运发票应当逐票填写在《增值税运费发票抵扣清单》的“联运”栏次内。增值税一般纳税人取得的内海及近海货物运输发票,可暂填写在《增值税运输发票抵扣清单》内河运输栏内⑤。

ⅲ 从2003年11月1日起,公路、内河货物运输业(简称货物运输业)发票的印制、领购、开具、取得、保管、缴销均由地方税务局管理和监督。凡已委托给其他部门管理的,必须依法收回。

提供货物运输劳务的纳税人必须经主管地方税务局认定方可开具货物运输业发票。凡未经地方税务局认定的纳税人开具的货物运输业发票不得作为记账凭证和增值税抵扣凭证。

纳税人必须于2003年10月31日前向主管地方税务局缴回已经领购的货物运输业发票,经税务机关审核界定为自开票纳税人的再返还其继续使用;未缴回的货物运输业发票不得开具和使用,也不得作为记账凭证和增值税抵扣凭证⑥。

ⅳ 从2003年12月1日起经地方税务局认定的自开票纳税人在申报缴纳营业税时应向主管地方税务局报送《自开票纳税人货物运输发票清单》纸制文件和电子信息。对《自开票纳税人货物运输发票清单》的电子信息采集软件,由国家税务总局统一开发,并免费提供使用。纳税人可从国家税

---

① 《国家税务总局关于印发〈国家税务总局关于加强货物运输业税收管理及运输发票增值税抵扣管理的公告〉的通知》(国税发〔2003〕120号,2003年10月18日)。《国家税务总局关于加强货物运输业税收征收管理的通知》(国税发〔2003〕121号,2003年10月17日)。

② 《国家税务总局关于加强货物运输业税收征收管理有关问题的通知》(国税发明电〔2003〕55号,2003年12月12日)。

③ 《国家税务总局关于加强增值税征收管理若干问题的通知》(国税发〔1995〕192号,1995年10月18日);《财政部 国家税务总局关于增值税若干政策的通知》(财税〔2005〕165号,2005年11月28日)。

④ 《国家税务总局关于货物运输业若干税收问题的通知》(国税发〔2004〕88号,2004年7月8日)。

⑤ 《国家税务总局关于货物运输业若干税收问题的通知》(国税发〔2004〕88号,2004年7月8日)。

⑥ 《国家税务总局关于印发〈国家税务总局关于加强货物运输业税收管理及运输发票增值税抵扣管理的公告〉的通知》(国税发〔2003〕120号,2003年10月18日)。

务总局网站下载①。

ⅴ 从 2003 年 12 月 1 日起,国家税务局将对增值税一般纳税人申请抵扣的所有运输发票与营业税纳税人开具的货物运输业发票进行比对。凡比对不符的,一律不予抵扣。对比对异常情况进行核查,并对违反有关法律法规开具或取得货物运输业发票的单位进行处罚②。

Ⅲ 运输费用抵扣的时限规定

ⅰ 增值税一般纳税人取得 2010 年 1 月 1 日以后开具的公路内河货物运输业统一发票,应在开具之日起 180 日内到税务机关办理认证,并在认证通过的次月申报期内,向主管税务机关申报抵扣进项税额③。

ⅱ 自 2007 年 1 月 1 日起,公路、内河货物运输业发票税控系统在全国全面推行。增值税一般纳税人购进或销售货物,取得的作为增值税扣税凭证的货运发票,必须是通过货运发票税控系统开具的新版货运发票④。

纳税人取得的 2006 年 12 月 31 日以前开具的旧版货运发票可以在自发票开具日 90 天后的第一个纳税申报期结束以前申报抵扣,超过 90 天的不得抵扣。纳税人取得的 2007 年 1 月 1 日以后开具的旧版货运发票一律不得作为增值税进项税额的抵扣凭证⑤。

Ⅳ 不同情形运输费用抵扣的规定

ⅰ 铁路运费进项税额抵扣规定

自 2000 年 1 月 1 日起,增值税一般纳税人购进或销售货物所支付的铁路运输费用,准予抵扣的范围限于铁路运输部门开具的货票上注明的以下项目:运输运营费用(即发到运费和运行运费);铁路建设基金;临管铁路运费及新线运费(包括:大秦煤运费、京秦煤运费、京原煤运费、丰沙大煤运费、京九分流加价、太古岚加价、京九运费、大沙运费、侯月运费、南昆运费、宣杭运费、伊敏运费、通霍运费、塔韩运费、北仑运费)⑥。

对增值税一般纳税人购进或销售货物取得的《中国铁路小件货物快运运单》列明的铁路快运包干费、超重费、到付运费和转运费,可按 7% 的扣除率计算抵扣进项税额⑦。

一般纳税人购进或销售货物通过铁路运输,并取得铁路部门开具的运输发票,如果铁路部门开具的铁路运输发票托运人或收货人名称与其不一致,

---

① 《国家税务总局关于印发〈国家税务总局关于加强货物运输业税收管理及运输发票增值税抵扣管理的公告〉的通知》(国税发[2003]120 号,2003 年 10 月 18 日)。

② 《国家税务总局关于印发〈国家税务总局关于加强货物运输业税收管理及运输发票增值税抵扣管理的公告〉的通知》(国税发[2003]120 号,2003 年 10 月 18 日)。

③ 《国家税务总局关于调整增值税扣税凭证抵扣期限有关问题的通知》(国税函[2009]617 号,2009 年 11 月 9 日)。此前,《国家税务总局关于加强货物运输业税收征收管理的通知》(国税发[2003]121 号,2003 年 10 月 17 日)和《国家税务总局关于印发〈国家税务总局关于加强货物运输业税收管理及运输发票增值税抵扣管理的公告〉的通知》(国税发[2003]120 号,2003 年 10 月 18 日)规定,纳税人取得的 2003 年 10 月 31 日以后开具的运输发票,应当自开票之日起 90 天内向主管国家税务局申报抵扣,超过 90 天的不得以抵扣;《国家税务总局关于加强货物运输业税收征收管理有关问题的通知》(国税发明电[2003]55 号,2003 年 12 月 12 日)和《国家税务总局关于货物运输业若干税收问题的通知》(国税发[2004]88 号,2004 年 7 月 8 日)规定,增值税一般纳税人取得的货物运输业发票,可以在自发票开具日 90 天后的第一个纳税申报期结束以前申报抵扣。更早之前,有关此内容执行的是《国家税务总局关于加强增值税征收管理工作的通知》(国税发[1995]15 号,1995 年 1 月 27 日)规定。

④ 《国家税务总局关于公路、内河货物运输业统一发票增值税抵扣有关问题的公告》(国家税务总局公告[2006]2 号,2006 年 12 月 14 日)。

⑤ 《国家税务总局关于旧版货运发票抵扣增值税进项税额有关问题的通知》(国税函[2006]1187 号 2006 年 12 月 11 日)。《国家税务总局关于公路、内河货物运输业统一发票增值税抵扣有关问题的公告》(国家税务总局公告[2006]2 号 2006 年 12 月 14 日)。

⑥ 《国家税务总局关于铁路运费进项税额抵扣有关问题的通知》(国税发[2000]14 号 2000 年 1 月 19 日)。此前,《国家税务总局关于铁路货运价格调整后运输费用抵扣问题的通知》(国税函[1999]124 号)同时废止。此外,《国家税务总局关于合九铁路运费抵扣进项税额问题的批复》(国税函[2000]1037 号,2000 年 12 月 14 日)对"铁路货物运费"和"代收国铁运费"属于准予抵扣的运费项目进行了个案规定。

⑦ 《国家税务总局关于铁路运费进项税额抵扣有关问题的补充通知》(国税函[2003]970 号,2003 年 8 月 22 日)。

但铁路运输发票托运人栏或备注栏注有该纳税人名称的(手写无效),该运输发票可以作为进项税额抵扣凭证,允许计算抵扣进项税额①。

ⅱ 国际货物运输费用进项税额抵扣规定

增值税一般纳税人取得的国际货物运输代理业发票和国际货物运输发票,不得计算抵扣进项税额②。国际货物运输代理业务是国际货运代理企业作为委托方和承运单位的中介人,受托办理国际货物运输和相关事宜并收取中介报酬的业务,因此,纳税人支付的国际货物运输代理费用,不得作为运输费用抵扣进项税额③。

ⅲ 试点物流企业运输发票抵扣规定④

对国家发改委和国家税务总局联合确认纳入试点名单的物流企业及所属企业中增值税一般纳税人外购货物和销售应税货物所取得的由试点企业开具的货物运输业发票准予抵扣进项税额。准予抵扣的货物运费金额是指试点企业开具的货运发票上注明的运输费用、建设基金;装卸费、保险费和其他杂费不予抵扣。货运发票应当分别注明运费和杂费,对未分别注明,而合并注明为运杂费的不予抵扣。

⑤增值税防伪税控设备的抵扣⑤。

自 2000 年 1 月 1 日起,企业购置增值税防伪税控系统专用设备和通用设备,可凭购货所取得的专用发票所注明的税额从增值税销项税额中抵扣。其中,专用设备包括税控金税卡、税控 IC 卡和读卡器;通用设备包括用于防伪税控系统开具专用发票的计算机和打印机。

增值税一般纳税人购置税控收款机所支付的增值税税额(以购进税控收款机取得的增值税专用发票上注明的增值税税额为准),准予在该企业当期的增值税销项税额中抵扣。

增值税小规模纳税人或营业税纳税人购置税控收款机,经主管税务机关审核批准后,可凭购进税控收款机取得的增值税专用发票,按照发票上注明的增值税税额,抵免当期应纳增值税或营业税税额,或者按照购进税控收款机取得的普通发票上注明的价款,依下列公式计算可抵免税额:

可抵免税额 = 价款 ÷ (1+17%) × 17%

当期应纳税额不足抵免的,未抵免部分可在下期继续抵免。

税控收款机购置费用达到固定资产标准的,应按固定资产管理,其按规定提取的折旧额可在企业计算缴纳所得税前扣除;达不到固定资产标准的,购置费用可在所得税前一次性扣除。

凡 2004 年 12 月 1 日以后(含当日)购置的符合国家标准并按《国家税务总局 财政部 信息产业部 国家质量监督检验检疫总局关于推广应用税控收款机加强税源监控的通知》(国税发〔2004〕44号)的规定,通过选型招标中标的税控收款机适用上述优惠政策。金融税控收款机的有关税收政策暂不适用上述规定。

① 《财政部 国家税务总局关于增值税若干政策的通知》(财税〔2005〕165 号,2005 年 11 月 28 日)。
② 《财政部 国家税务总局关于增值税若干政策的通知》(财税〔2005〕165 号,2005 年 11 月 28 日)。
③ 《国家税务总局关于增值税一般纳税人支付的货物运输代理费用不得抵扣进项税额的批复》(国税函〔2005〕54 号,2005 年 1 月 18 日)。
④ 《国家税务总局关于试点物流企业有关税收政策问题的通知》(国税发〔2005〕第 208 号,2005 年 12 月 29 日)。具体试点企业名单还可参见《国家税务总局关于增加试点物流企业名单的通知》(国税函〔2006〕575 号,2006 年 6 月 14 日),《国家税务总局关于下发试点物流企业名单(第二批)的通知》(国税函〔2007〕146 号,2007 年 1 月 31 日),《国家税务总局关于下发试点物流企业名单(第三批)的通知》(国税函〔2007〕1019 号,2007 年 9 月 28 日),《国家税务总局关于下发试点物流企业名单(第四批)的通知》(国税函〔2008〕907 号,2008 年 11 月 12 日)。
⑤ 《国家税务总局关于推行增值税防伪税控系统若干问题的通知》(国税发〔2000〕183 号,2000 年 11 月 9 日)。《财政部 国家税务总局关于推广税控收款机有关税收政策的通知》(财税〔2004〕167 号,2004 年 11 月 9 日)。

2.4.2.2 进项税款抵扣特殊规定

(1)固定资产抵扣进项税款规定①

①自 2009 年 1 月 1 日起,增值税一般纳税人购进(包括接受捐赠、实物投资,下同)或者自制(包括改扩建、安装,下同)固定资产发生的进项税额(简称固定资产进项税额),可根据增值税暂行条例及其实施细则的有关规定,凭增值税专用发票、海关进口增值税专用缴款书和运输费用结算单据(简称增值税扣税凭证)从销项税额中抵扣,其进项税额应当记入"应交税费——应交增值税(进项税额)"科目。

所称的固定资产,是指使用期限超过 12 个月的机器、机械、运输工具以及其他与生产经营有关的设备、工具、器具等②。

②纳税人允许抵扣的固定资产进项税额,是指纳税人 2009 年 1 月 1 日以后(含 1 月 1 日,下同)实际发生,并取得 2009 年 1 月 1 日以后开具的增值税扣税凭证上注明的或者依据增值税扣税凭证计算的增值税税额。

③东北老工业基地、中部六省老工业基地城市、内蒙古自治区东部地区已纳入扩大增值税抵扣范围试点的纳税人,2009 年 1 月 1 日以后发生的固定资产进项税额,不再采取退税方式,其 2008 年

12 月 31 日以前(含 12 月 31 日,下同)发生的待抵扣固定资产进项税额期末余额,应于 2009 年 1 月份一次性转入"应交税费——应交增值税(进项税额)"科目。

④自 2009 年 1 月 1 日起,进口设备增值税免税政策和外商投资企业在投资总额内采购国产设备增值税退税政策停止执行。

Ⅰ 取消进口设备免税的过渡措施③

ⅰ 自 2009 年 1 月 1 日起,对《国务院关于调整进口设备税收政策的通知》(国发〔1997〕37 号)中国家鼓励发展的国内投资项目和外商投资项目进口的自用设备、外国政府贷款和国际金融组织贷款项目进口设备、加工贸易外商提供的不作价进口设备以及按照合同随上述设备进口的技术及配套件、备件,恢复征收进口环节增值税,在原规定范围内继续免征关税。

来料加工、来件装配和补偿贸易所需进口的设备免征增值税政策在新条例中也被取消。

ⅱ 自 2009 年 1 月 1 日起,对《海关总署关于进一步鼓励外商投资有关进口税收政策的通知》(署税〔1999〕791 号)中规定的外商投资企业和外商投资设立的研究开发中心进行技术改造以及按《中西部地区外商投资优势产业目录》批准的外商

---

① 《财政部 国家税务总局关于全国实施增值税转型改革若干问题的通知》(财税〔2008〕170 号,2008 年 12 月 29 日)。此前,《中华人民共和国增值税暂行条例》(国务院令第 134 号,1993 年 12 月 13 日)第十条规定,固定资产不得抵扣进项税款。自 2009 年 1 月 1 日起,《财政部国家税务总局关于印发〈东北地区扩大增值税抵扣范围若干问题的规定〉的通知》(财税〔2004〕156 号)、《财政部国家税务总局关于印发〈2004 年东北地区扩大增值税抵扣范围暂行办法〉的通知》(财税〔2004〕168 号)、《财政部 国家税务总局关于进一步落实东北地区扩大增值税抵扣范围政策的紧急通知》(财税〔2004〕226 号)、《财政部 国家税务总局关于东北地区军品和高新技术产品生产企业实施扩大增值税抵扣范围有关问题的通知》(财税〔2004〕227 号)、《国家税务总局关于开展扩大增值税抵扣范围企业认定工作的通知》(国税函〔2004〕143 号)、《财政部 国家税务总局关于 2005 年东北地区扩大增值税抵扣范围有关问题的通知》(财税〔2005〕28 号)、《财政部 国家税务总局关于 2005 年东北地区扩大增值税抵扣范围固定资产进项税额退税问题的通知》(财税〔2005〕176 号)、《财政部 国家税务总局关于东北地区军品和高新技术产品生产企业实施扩大增值税抵扣范围有关问题的通知》(财税〔2006〕15 号)、《财政部 国家税务总局关于 2006 年东北地区固定资产进项税额退税问题的通知》(财税〔2006〕156 号)、《财政部 国家税务总局关于印发〈中部地区扩大增值税抵扣范围暂行办法〉的通知》(财税〔2007〕75 号)、《财政部 国家税务总局关于扩大增值税抵扣范围地区 2007 年固定资产抵扣(退税)有关问题的补充通知》(财税〔2007〕128 号)、《国家税务总局关于印发〈扩大增值税抵扣范围暂行管理办法〉的通知》(国税发〔2007〕62 号)、《财政部 国家税务总局关于印发〈内蒙古东部地区扩大增值税抵扣范围暂行办法〉的通知》(财税〔2008〕94 号)、《财政部 国家税务总局关于印发〈汶川地震受灾严重地区扩大增值税抵扣范围暂行办法〉的通知》(财税〔2008〕108 号)、《财政部 国家税务总局关于 2008 年东北中部和蒙东地区扩大增值税抵扣范围固定资产进项税额退税问题的通知》(财税〔2008〕141 号)同时废止。

② 《中华人民共和国增值税暂行条例实施细则》(财政部 国家税务总局令第 50 号,2008 年 12 月 15 日)第二十一条。此前,原细则第十九条规定,单位价值在 2000 元以上,并且使用年限超过两年的不属于生产、经营主要设备的物品也应确认为固定资产。

③ 《财政部 海关总署 国家税务总局公告 2008 年第 43 号》(2008 年 12 月 25 日)。

投资项目进口的自用设备及其配套技术、配件、备件,恢复征收进口环节增值税,在原规定范围内继续免征关税。

ⅲ 自 2009 年 1 月 1 日起,对软件生产企业、集成电路生产企业、城市轨道交通项目以及其他比照《国务院关于调整进口设备税收政策的通知》(国发[1997]37 号)执行的企业和项目,进口设备及其配套技术、配件、备件,一律恢复征收进口环节增值税,在原规定范围内继续免征关税。

ⅳ 对 2008 年 11 月 10 日以前获得《国家鼓励发展的内外资项目确认书》的项目,于 2009 年 6 月 30 日及以前申报进口的设备及其配套技术、配件、备件,按原规定继续执行免征关税和进口环节增值税的政策,2009 年 7 月 1 日及以后申报进口的,一律恢复征收进口环节增值税,符合原免税规定的,继续免征关税。

Ⅱ 取消采购国产设备退税的过渡措施①

外商投资企业在 2009 年 6 月 30 日以前(含本日)购进的国产设备,在增值税专用发票稽核信息核对无误的情况下,可选择按原规定继续执行增值税退税政策,但应当同时符合下列条件:

ⅰ 2008 年 11 月 9 日以前获得《符合国家产业政策的外商投资项目确认书》,并已于 2008 年 12 月 31 日以前在主管税务机关备案;

ⅱ 2009 年 6 月 30 日以前实际购进国产设备并开具增值税专用发票,且已在主管税务机关申报退税;

ⅲ 购进的国产设备已列入《项目采购国产设备清单》。

外商投资企业购进的已享受增值税退税政策国产设备的增值税额,不得再作为进项税额抵扣销项税额。

外商投资企业购进的已享受增值税退税政策的国产设备,由主管税务机关负责监管,监管期为 5 年。监管期以税务机关开具该国产设备的《收入退还书》上的日期为起始日期开始计算。在监管期内,外商投资企业须将已退税设备有关存放区域、固定资产核算账册凭证编码的资料及设备的数码照片报主管税务机关备查,如果企业性质变更为内资企业,或者发生转让、赠送等设备所有权转让情形,或者发生出租、再投资等情形的,应当向主管退税机关补缴已退税款;主管税务机关要定期检查该国产设备的运营情况,如发生政策规定应补税情形的要依法予以补税。应补税款按以下公式计算:

应补税款＝国产设备净值×适用税率

国产设备净值是指企业按照财务会计制度计提折旧后计算的设备净值。

Ⅲ 对研发机构采购设备的过渡措施②

自 2009 年 7 月 1 日至 2010 年 12 月 31 日,对外资研发中心进口科技开发用品免征进口税收,对内外资研发机构采购国产设备全额退还增值税。具体以增值税专用发票上的开票时间为准。适用上述政策的内外资研发机构的条件、范围及外资研发机构资格审核办法详见进出口税收部分的相关内容。

所述设备,是指《财政部　海关总署　国家税务

---

① 《国家税务总局　国家发展和改革委员会关于外商投资项目采购国产设备退税有关政策的通知》(国税发[2008]121 号,2008 年 12 月 16 日)。《财政部　国家税务总局关于停止外商投资企业购买国产设备退税政策的通知》(财税[2008]176 号,2008 年 12 月 25 日)。此前,《国家税务总局关于印发〈外商投资企业采购国产设备退税管理试行办法〉的通知》(国税发[1999]171 号)、《财政部国家税务总局关于出口货物退(免)税若干具体问题的通知》(财税[2004]116 号)第一条、《财政部国家税务总局关于调整外商投资项目购买国产设备退税政策范围的通知》(财税[2006]61 号)、《国家税务总局国家发展和改革委员会关于印发〈外商投资项目采购国产设备退税管理试行办法〉的通知》(国税发[2006]111 号)、《国家税务总局关于外商投资企业以包工包料方式委托承建企业购买国产设备退税问题的通知》(国税函[2007]637 号)废止。据此,《国家税务总局关于都江堰拉法基水泥有限公司采购国产设备退税问题的批复》(国税函[2004]943 号,2004 年 8 月 2 日)也应停止执行。根据《国家税务总局关于公布全文失效废止 部分条款失效废止的税收规范性文件目录的公告》(国家税务总局公告 2011 年第 2 号,2011 年 1 月 4 日),国税发[2008]121 号现已失效废止。

② 《财政部　海关总署　国家税务总局关于研发机构采购设备税收政策的通知》(财税[2009]115 号,2009 年 10 月 10 日)。《国家税务总局关于印发〈研发机构采购国产设备退税管理办法〉的通知》(国税发[2010]9 号,2010 年 1 月 17 日)。

总局关于研发机构采购设备税收政策的通知》（财税〔2009〕115号）附件所列的为科学研究、教学和科技开发提供必要条件的实验设备、装置和器械。

进口科技开发用品具体管理办法见进口税收部分。采购国产设备退税按如下办法进行管理：

ⅰ 主管研发机构退税的国家税务局负责研发机构采购国产设备退税的认定、审核审批及监管工作。

ⅱ 享受采购国产设备退税的研发机构，应在申请办理退税前持以下资料向主管退税税务机关申请办理采购国产设备的退税认定手续：

企业法人营业执照副本或组织机构代码证（原件及复印件）；

税务登记证副本（原件及复印件）；

退税账户证明；

税务机关要求提供的其他资料。

《国家税务总局关于印发〈研发机构采购国产设备退税管理办法〉的通知》（国税发〔2010〕9号）下发前已办理出口退税认定手续的，不再办理采购国产设备的退税认定手续。

ⅲ 研发机构发生解散、破产、撤销以及其他依法应终止采购国产设备退税事项的，应持相关证件、资料向其主管退税税务机关办理注销认定手续。已办理采购国产设备退税认定的研发机构，其认定内容发生变化的，须自有关管理机关批准变更之日起30日内，持相关证件、资料向其主管退税税务机关办理变更认定手续。

ⅳ 属于增值税一般纳税人的研发机构购进国产设备取得的增值税专用发票，应在规定的认证期限内办理认证手续。2009年12月31日前开具的增值税专用发票，其认证期限为90日；2010年1月1日后开具的增值税专用发票，其认证期限为180日。未认证或认证未通过的一律不得申报退税。

ⅴ 研发机构应自购买国产设备取得的增值税专用发票开票之日起180日内，向其主管退税税务机关报送《研发机构采购国产设备退税申报审核审批表》（见国税发〔2010〕9号《国家税务总局关

于印发〈研发机构采购国产设备退税管理办法〉的通知》附件）及电子数据申请退税，同时附送以下资料：

采购国产设备合同；

增值税专用发票（抵扣联）；

付款凭证；

税务机关要求提供的其他资料。

不属于独立法人的公司内设部门或分公司的外资研发中心采购国产设备，由总公司向其主管退税税务机关申请退税。

ⅵ 对属于增值税一般纳税人的研发机构的退税申请，主管退税税务机关须在增值税专用发票稽核信息核对无误的情况下，办理退税。对非增值税一般纳税人研发机构的退税申请，主管退税税务机关须进行发函调查，在确认发票真实、发票所列设备已按照规定申报纳税后，方可办理退税。

ⅶ 采购国产设备的应退税额，按照增值税专用发票上注明的税额确定。凡企业未全额支付所购设备货款的，按照已付款比例和增值税专用发票上注明的税额确定应退税款；未付款部分的相应税款，待企业实际支付货款后再予退税。

ⅷ 主管退税税务机关对已办理退税的增值税专用发票应加盖"已申报退税"章，留存或退还企业并按规定保存，企业不得再作为进项税额抵扣凭证。

ⅸ 主管退税税务机关应对研发机构采购国产设备退税情况建立台账（纸质或电子）进行管理。

ⅹ 研发机构已退税的国产设备，由主管退税税务机关进行监管，监管期为5年。监管期内发生设备所有权转移行为或移作他用等行为的，研发机构须按以下计算公式，向主管退税税务机关补缴已退税款：

应补税款＝增值税专用发票上注明的金额×（设备折余价值÷设备原值）×适用增值税税率

设备折余价值＝设备原值－累计已提折旧

设备原值和已提折旧按企业会计核算数据计算。

研发机构以假冒采购国产设备退税资格、既申

报抵扣又申报退税、虚构采购国产设备业务、提供虚假退税申报资料等手段骗取国产设备退税款的，按照现行有关法律、法规处理。

（2）进口货物增值税抵扣规定

海关代征进口环节增值税开具的增值税专用缴款书上标明有两个单位名称，既有代理进口单位名称，又有委托进口单位名称的，只准予其中取得专用缴款书原件的一个单位抵扣税款。申报抵扣税款的委托进口单位，必须提供相应的海关代征增值税专用缴款书原件、委托代理合同及付款凭证，否则，不予抵扣进项税额①。

纳税人进口货物取得的合法海关进口增值税专用缴款书，是计算增值税进项税额的唯一依据，其进口货物向境外实际支付的货款低于进口报关价格的差额以及从境外供应商取得的退还或返还的资金，不作进项税额转出处理②。

（3）混合销售所涉及的非增值应税劳务所含进项税额抵扣规定

应当缴纳增值税的混合销售行为，其所涉及的非增值税应税劳务所用购进货物的进项税额，符合增值税暂行条例第八条规定的，准予从销项税额中抵扣③。

（4）个别货物进口环节与国内环节以及国内地区间增值税税率执行不一致进项税额抵扣规定④

对在进口环节与国内环节，以及国内地区间个别货物（如初级农产品、矿产品等）增值税适用税率执行不一致的，纳税人应按其取得的增值税专用发票和海关进口完税凭证上注明的增值税额抵扣进项税额。

主管税务机关发现同一货物进口环节与国内环节以及地区间增值税税率执行不一致的，应当将有关情况逐级上报至共同的上一级税务机关，由上一级税务机关予以明确。

（5）信托融资项目进项税额抵扣规定⑤

项目运营方利用信托资金融资进行项目建设开发，项目运营方在项目建设期内取得的增值税专用发票和其他抵扣凭证，自2010年10月1日起允许其按现行增值税有关规定予以抵扣。此前未抵扣的进项税额允许其抵扣，已抵扣的不作进项税额转出。

项目运营方利用信托资金融资进行项目建设开发是指项目运营方与经批准成立的信托公司合作进行项目建设开发，信托公司负责筹集资金并设立信托计划，项目运营方负责项目建设与运营，项目建设完成后，项目资产归项目运营方所有。

（6）进项留抵税额抵减欠税的规定⑥

对纳税人因销项税额小于进项税额而产生期末留抵税额的，应以期末留抵税额抵减增值税欠税。

增值税一般纳税人拖欠纳税检查应补缴的增值税税款，如果纳税人有进项留抵税额，也应用增值税留抵税额抵减查补税款欠税⑦。

---

① 《国家税务总局关于加强进口环节增值税专用缴款书抵扣税款管理的通知》（国税发[1996]32号，1996年2月14日）。

② 《国家税务总局关于纳税人进口货物增值税进项税额抵扣有关问题的通知》（国税函[2007]350号，2007年3月22日）。《国家税务总局关于修改若干增值税规范性文件引用法规规章条款依据的通知》（国税发[2009]10号，2009年2月5日）。

③ 《中华人民共和国增值税暂行条例实施细则》（财政部 国家税务总局令第50号，2008年12月15日）第二十条。原细则规定，允许抵扣的还包括应纳增值税的兼营非应税劳务所购进货物的进项税额，由于新条例规定对兼营的非应税劳务不征收增值税，因此，其进项税额也不再准予抵扣。

④ 《财政部 国家税务总局关于增值税若干政策的通知》（财税[2005]165号，2005年11月28日）

⑤ 《国家税务总局关于项目运营方利用信托资金融资过程中增值税进项税额抵扣问题的公告》（国家税务总局公告2010年第8号，2010年8月9日）。

⑥ 《国家税务总局关于增值税一般纳税人用进项留抵税额抵减增值税欠税问题的通知》（国税发[2004]112号，2004年8月30日）。《国家税务总局关于增值税进项留抵税额抵减增值税欠税有关处理事项的通知》（国税函[2004]1197号，2004年10月29日）。

⑦ 《国家税务总局关于增值税一般纳税人将增值税进项留抵税额抵减查补税款欠税问题的批复》（国税函[2005]169号，2005年2月24日）。

①税务文书的填开

当纳税人既有增值税留抵税额,又欠缴增值税而需要抵减的,应由县(含)以上税务机关填开《增值税进项留抵税额抵减增值税欠税通知书》(简称《通知书》,式样见附件)一式两份,纳税人、主管税务机关各一份。

②抵减金额的确定

抵减欠缴税款时,应按欠税发生时间逐笔抵扣,先发生的先抵。抵缴的欠税包含呆账税金及欠税滞纳金。确定实际抵减金额时,按填开《通知书》的日期作为截止期,计算欠缴税款的应缴未缴滞纳金金额,应缴未缴滞纳金余额加欠税余额为欠缴总额。若欠缴总额大于期末留抵税额,实际抵减金额应等于期末留抵税额,并按配比方法计算抵减的欠税和滞纳金;若欠缴总额小于期末留抵税额,实际抵减金额应等于欠缴总额。

③纳税人会计处理

纳税人发生用进项留抵税额抵减增值税欠税时,按以下方法进行会计处理:

增值税欠税税额大于期末留抵税额,按期末留抵税额红字借记"应交税费——应交增值税(进项税额)"科目,贷记"应交税费——未交增值税"科目。

若增值税欠税税额小于期末留抵税额,按增值税欠税税额红字借记"应交税费——应交增值税(进项税额)"科目,贷记"应交税费——未交增值税"科目。

④税收会计处理

税收会计根据《通知书》载明的实际抵减金额作抵减业务的账务处理。即先根据实际抵减的2001年5月1日之前发生的欠税以及抵减的应缴未缴滞纳金,借记"待征"类科目,贷记"应征"类科目;再根据实际抵减的增值税欠税和滞纳金,借记"应征税收——增值税"科目,贷记"待征税收——××户——增值税"科目。

(7)一般纳税人注销或转为小规模纳税人时存货的进项税额处理

一般纳税人注销或转为小规模纳税人时,其存货不作进项税额转出处理,其留抵税额也不予以退税①。

2.4.2.3 不得从销项税额中抵扣的进项税额

(1)纳税人购进货物或者应税劳务,取得的增值税扣税凭证不符合法律、行政法规或者国务院税务主管部门有关规定的,其进项税额不得从销项税额中抵扣②。

购进货物或应税劳务支付货款、劳务费用的对象,纳税人购进货物或应税劳务,支付运输费用,所支付款项的单位,必须与开具抵扣凭证的销货单位、提供劳务的单位一致,才能够申报抵扣进项税额,否则不予抵扣③。但特殊情形除外,如:对诺基亚各分公司购买货物从供应商取得的增值税专用发票,由总公司统一支付货款,造成购进货物的实际付款单位与发票上注明的购货单位名称不一致的,不属于该情形,允许其抵扣增值税进项税额④。

---

① 《财政部 国家税务总局关于增值税若干政策的通知》(财税〔2005〕165号,2005年11月28日)。此外,《国家税务总局关于印发〈增值税问题解答(之一)〉的通知》(国税函〔1995〕288号,1995年6月2日)和《国家税务总局关于企业破产、倒闭解散、停业后增值税留抵税额处理问题的批复》(国税函〔1998〕429号,1998年7月16日)均规定:对纳税人倒闭、破产、解散、停业后,期初存货中尚未抵扣的已征税款以及征收后出现的进项税额大于销项税额后不足抵扣部分,税务机关不再退税。根据《国家税务总局关于发布已失效或废止有关增值税规范性文件清单的通知》(国税发〔2009〕7号,2009年2月2日),国税函发〔1995〕288号上述规定被废止,但根据《国家税务总局关于公布现行有效的税收规范性文件目录的公告》(国家税务总局公告2010年第26号),国税函〔1998〕429号仍然有效。

② 《中华人民共和国增值税暂行条例》(中华人民共和国国务院令第538号,2008年11月10日)第九条。原条例规定,纳税人购进货物或者应税劳务,未按照规定取得并保存增值税扣税凭证,或者增值税扣税凭证上未按照规定注明增值税额及其他有关事项的,其进项税额不得从销项税额中抵扣。

③ 《国家税务总局关于加强增值税征收管理若干问题的通知》(国税发〔1995〕192号,1995年10月18日)。

④ 《国家税务总局关于诺基亚公司实行统一结算方式增值税进项税额抵扣问题的批复》(国税函〔2006〕1211号,2006年12月5日)。

自2003年8月1日起,全国停止开具手写版增值税专用发票(税务部门可继续使用手写版专用发票为小规模纳税人代开)。全国所有增值税一般纳税人凡是取得2003年8月1日以后开具的手写版专用发票一律不得作为增值税扣税凭证(税务部门代开的除外)①。

自2005年1月1日起,税务机关代开专用发票统一使用增值税防伪税控代开票系统开具。非防伪税控代开票系统开具的代开专用发票不得作为增值税进项税额抵扣凭证②。

(2)增值税一般纳税人取得2010年1月1日以后开具的增值税专用发票、公路内河货物运输业统一发票、机动车销售统一发票以及海关缴款书,未在规定期限内到税务机关办理认证、申报抵扣或者申请稽核比对的,不得作为合法的增值税扣税凭证,不得计算进项税额抵扣③。

(3)有下列情形之一者,应按销售额依照增值税税率计算应纳税额,不得抵扣进项税额,也不得使用增值税专用发票④:

①一般纳税人会计核算不健全,或者不能够提供准确税务资料的。

②除增值税暂行条例实施细则规定的年应税销售额超过小规模纳税人标准的其他个人、非企业性单位、不经常发生应税行为的企业外,纳税人销售额超过小规模纳税人标准,未申请办理一般纳税人认定手续的。

此处规定所称的不得抵扣进项税额是指纳税人在停止抵扣进项税额期间发生的全部进项税额,包括在停止抵扣期间取得的进项税额、上期留抵税额以及经批准允许抵扣的期初存货已征税款;纳税人经税务机关核准恢复抵扣进项税额资格后,其在停止抵扣进项税额期间发生的全部进项税额不得抵扣⑤。

(4)用于非增值税应税项目、免征增值税项目、集体福利或者个人消费的购进货物或者应税劳务,不得抵扣进项税额⑥。

①所称非增值税应税项目,是指提供非增值税应税劳务、转让无形资产、销售不动产和不动产在建工程。不动产是指不能移动或者移动后会引起性质、形状改变的财产,包括建筑物、构筑物和其他土地附着物。纳税人新建、改建、扩建、修缮、装饰不动产,均属于不动产在建工程⑦。

其中:建筑物,是指供人们在其内生产、生活和其他活动的房屋或者场所,具体为《固定资产分类与代码》(GB/T14885—1994)中代码前两位为"02"的房屋;所称构筑物,是指人们不在其内生产、生活的人工建造物,具体为《固定资产分类与代码》(GB/T14885—1994)中代码前两位为"03"的构筑物;所称其他土地附着物,是指矿产资源及土地上生长的植物。《固定资产分类与代码》

---

① 《国家税务总局关于印发〈国家税务总局关于北京等地增值税一般纳税人停止开具手写版增值税专用发票的公告〉的通知》(国税函[2003]817号,2003年7月9日)。此前,《国家税务总局关于印发〈国家税务总局关于辽宁省增值税一般纳税人停止开具手写版增值税专用发票的公告〉的通知》(国税函[2003]324号,2003年3月24日),《国家税务总局关于印发〈国家税务总局关于新疆维吾尔自治区增值税一般纳税人停止开具手写版增值税专用发票的公告〉的通知》(国税函[2003]508号,2003年5月13日)分别对有关地区停用手写版专用发票进行了公告。《国家税务总局关于印发〈国家税务总局关于推行增值税防伪税控系统的通告〉的通知》(国税发[2000]191号,2000年11月21日)规定,从2003年1月1日起,所有企业必须通过税控系统开具专用发票,同时全国统一废止手写版专用发票;从2003年4月1日起,手写版专用发票一律不得作为增值税的扣税凭证。

② 《国家税务总局关于印发税务机关代开增值税专用发票管理办法(试行)的通知》(国税发[2004]153号,2004年12月22日)。

③ 《国家税务总局关于调整增值税扣税凭证抵扣期限有关问题的通知》(国税函[2009]617号,2009年11月9日)。

④ 《中华人民共和国增值税暂行条例实施细则》(财政部 国家税务总局令第50号,2008年12月15日)第三十四条。

⑤ 《国家税务总局关于增值税一般纳税人恢复抵扣进项税额资格后有关问题的批复》(国税函[2000]584号],2000年8月2日)。

⑥ 《中华人民共和国增值税暂行条例》(中华人民共和国国务院令第538号,2008年11月10日)第十条。

⑦ 《中华人民共和国增值税暂行条例实施细则》(财政部 国家税务总局令第50号,2008年12月15日)第二十三条。此处"不动产在建工程"在原细则第二十条中为"固定资产在建工程"。

(GB/T14885—1994)电子版可在财政部或国家税务总局网站查询①。

以建筑物或者构筑物为载体的附属设备和配套设施，无论在会计处理上是否单独记账与核算，均应作为建筑物或者构筑物的组成部分，其进项税额不得在销项税额中抵扣。附属设备和配套设施是指：给排水、采暖、卫生、通风、照明、通讯、煤气、消防、中央空调、电梯、电气、智能化楼宇设备和配套设施②。

②所称购进货物，不包括既用于增值税应税项目（不含免征增值税项目）也用于非增值税应税项目、免征增值税项目、集体福利或者个人消费的固定资产③。

③所称集体福利或者个人消费，是指企业内部设置的供职工使用的食堂、浴室、理发室、宿舍、幼儿园等福利设施及其设备、物品或者以福利、奖励、津贴等形式发给职工的个人物品。个人消费包括纳税人的交际应酬消费④。

④免税货物恢复征税后，其免税期间外购的货物，一律不得作为当期进项税额抵扣。恢复征税后收到的该项货物免税期间的增值税专用发票，应当从当期进项税额中剔除⑤。

（5）非正常损失的购进货物及相关的应税劳务，不得抵扣进项税额⑥。

（6）非正常损失的在产品、产成品所耗用的购进货物或者应税劳务⑦。

所称非正常损失，是指因管理不善造成被盗、丢失、霉烂变质的损失⑧。

对于企业由于资产评估减值而发生流动资产损失，如果流动资产未丢失或损坏，只是由于市场变化，价值量减少，则不属于增值税暂行条例实施细则中规定的非正常损失，不作进项税额转出处理⑨。

（7）国务院财政、税务主管部门规定的纳税人自用消费品，不得抵扣进项税额⑩。

纳税人自用的应征消费税的摩托车、汽车、游艇，其进项税额不得从销项税额中抵扣⑪。

（8）纳税人已抵扣进项税额的固定资产发生增值税暂行条例第十条（一）至（三）项所列情形的，应在当月按下列公式计算不得抵扣的进项税额⑫：

不得抵扣的进项税额 ＝ 固定资产净值×适用税率

所称固定资产净值，是指纳税人按照财务会计制度计提折旧后计算的固定资产净值。

纳税人购买或销售免税货物或固定资产所发生的运输费用，因本身不准抵扣，所以其运输费用也不得计算进项税额抵扣⑬。

（9）增值税一般纳税人采取邮寄方式销售、购

---

① 《财政部 国家税务总局关于固定资产进项税额抵扣问题的通知》（财税〔2009〕113 号，2009 年 9 月 9 日）。
② 《财政部 国家税务总局关于固定资产进项税额抵扣问题的通知》（财税〔2009〕113 号，2009 年 9 月 9 日）。
③ 《中华人民共和国增值税暂行条例实施细则》（财政部 国家税务总局令第 50 号，2008 年 12 月 15 日）第二十一条。
④ 《中华人民共和国增值税暂行条例实施细则》（财政部 国家税务总局令第 50 号，2008 年 12 月 15 日）第二十二条。
⑤ 《国家税务总局关于增值税若干征管问题的通知》（国税发〔1996〕155 号，1996 年 9 月 9 日）。
⑥ 《中华人民共和国增值税暂行条例》（中华人民共和国国务院令第 538 号，2008 年 11 月 10 日）第十条。原条例中没有包括与购进货物相关的应税劳务。
⑦ 《中华人民共和国增值税暂行条例》（中华人民共和国国务院令第 538 号，2008 年 11 月 10 日）第十条。
⑧ 《中华人民共和国增值税暂行条例实施细则》（财政部 国家税务总局令第 50 号，2008 年 12 月 15 日）第二十四条。原细则将自然灾害损失也作为非正常损失。
⑨ 《国家税务总局关于企业改制中资产评估减值发生的流动资产损失进项税额抵扣问题的批复》（国税函〔2002〕1103 号，2002 年 12 月 20 日）。《国家税务总局关于修改若干增值税规范性文件引用法规规章条款依据的通知》（2008 年 2 月 5 日，国税发〔2009〕10 号）。
⑩ 《中华人民共和国增值税暂行条例》（中华人民共和国国务院令第 538 号，2008 年 11 月 10 日）第十条。
⑪ 《中华人民共和国增值税暂行条例实施细则》（财政部 国家税务总局令第 50 号，2008 年 12 月 15 日）第二十五条。
⑫ 《财政部 国家税务总局关于全国实施增值税转型改革若干问题的通知》（财税〔2008〕170 号，2008 年 12 月 29 日）。
⑬ 《财政部 国家税务总局关于增值税几个税收政策问题的通知》（财税字〔1994〕60 号，1994 年 10 月 18 日）。

买货物所支付的邮寄费,不允许计算进项税额抵扣①。

(10)增值税一般纳税人支付的国际货物运输代理费用,不得作为运输费用抵扣进项税额②。

(11)一般纳税人兼营免税项目或者非增值税应税劳务而无法划分不得抵扣的进项税额的,按下列公式计算不得抵扣的进项税额③:

不得抵扣的进项税额=当月无法划分的全部进项税额×当月免税项目销售额、非增值税应税劳务营业额合计÷当月全部销售额、营业额合计

因纳税人月度之间购销不均衡,按上述公式计算有可能出现不得抵扣的进项税额不实的现象,税务征收机关可采取按年度清算的办法,即:年末按当年的有关数据计算当年不得抵扣的进项税额,对月度计算的数据进行调整④。

(12)按简易办法计算增值税额,不得抵扣进项税额⑤。

(13)出版物广告收入不得抵扣的进项税额。纳税人为制作、印刷广告所用的购进货物,应准确划分不得抵扣的进项税额。对无法准确划分的,自2000年12月1日起,用于广告业务的购进货物的进项税额,应以广告版面占整个出版物版面的比例为划分标准,确定不得抵扣的进项税额。此前按照增值税暂行条例实施细则规定确定不得抵扣进项

税额的,已征收入库的税款不再作纳税调整,凡征税不足的,一律按照以上划分标准计算应补征的税款⑥。

(14)增值税一般纳税人购进人体血液不属于购进免税农产品,也不得比照购进免税农业产品按照买价和13%的扣除率计算抵扣进项税额⑦。

(15)北京飞机维修工程有限公司既承揽国内飞机维修业务,又承揽国外飞机维修业务,对其承揽国外飞机维修业务发生的进项税额可不从国内飞机维修业务的销项税额中抵扣。北京飞机维修工程有限公司应单独核算国内飞机维修业务的销项税额、进项税额和应纳税额,对无法单独核算的进项税额,可按下列公式计算⑧:

国内飞机维修业务进项税额=(当月全部进项税额-当月可准确划分用于应税项目及非应税项目的进项税额)×(当期国内飞机维修业务的销售额÷当期全部销售额、营业额合计)

(16)纳税人发生如下情形,应扣减发生期进项税额:

①已抵扣进项税额的购进货物或者应税劳务,发生条例第十条规定的情形的(免税项目、非增值税应税劳务除外),应当将该项购进货物或者应税劳务的进项税额从当期的进项税额中扣减;无法确定该项进项税额的,按当期实际成本计算应扣减的

---

① 《国家税务总局关于印发〈增值税问题解答(之一)〉的通知》(国税函发[1995]288号,1998年6月2日)。

② 《国家税务总局关于增值税一般纳税人支付的货物运输代理费用不得抵扣进项税额的批复》(国税函[2005]54号,2005年1月18日)。

③ 《中华人民共和国增值税暂行条例实施细则》(财政部 国家税务总局令第50号,2008年12月15日)第二十六条。此前,《财政部 国家税务总局关于增值税若干政策问题的通知》(财税[2005]165号,2005年11月28日)规定,不得抵扣的进项税额=(当月全部进项税额-当年可准确划分用于应税项目、免税项目和非应税项目的进项税额)×当月免税项目销售额、非应税项目营业额合计÷当月全部销售额、营业额合计+当年可准确划分用于免税项目和非应税项目的进项税额。原细则规定,不得抵扣的进项税额=当月全部进项税额×当月免税项目销售额、非应税项目营业额合计÷当月全部销售额、营业额合计。

④ 《国家税务总局关于印发〈增值税问题解答(之一)〉的通知》(国税发[1995]288号,1998年6月2日)。

⑤ 《财政部 国家税务总局关于部分货物适用增值税低税率和简易办法征收增值税政策的通知》(财税[2009]9号,2009年1月19日)。此前,《财政部 国家税务总局关于调整农业产品增值税税率和若干项目征免增值税的通知》(财税字[1994]4号,1994年3月29日)规定,一般纳税人如果生产按简易办法征增值税的货物,如果无法准确划分不得抵扣的进项税额,应按下列公式计算不得抵扣进项税额:不得抵扣进项税额=当月全部进项税额×当月按简易办法计税的货物销售额÷当月全部销售额。

⑥ 《国家税务总局关于出版物广告收入有关增值税问题的通知》(国税发[2000]188号,2000年11月17日)。

⑦ 《国家税务总局关于血液制品增值税政策的批复》(国税函[2004]335号,2004年3月8日)。

⑧ 《国家税务总局关于飞机维修业务增值税问题的批复》(国税函[2008]842号,2008年10月15日)。

进项税额①。

②一般纳税人因购进货物退出或者折让而收回的增值税额,应从发生购进货物退出或者折让当期的进项税额中扣减②。

(17)纳税人采用账外经营手段进行偷税,其取得的账外经营部分防伪税控专用发票,未按规定的时限进行认证,或者未在认证通过的次月按照增值税有关规定核算当期进项税额并申报抵扣的,不得抵扣其账外经营部分的销项税额③。

2.5　应纳税额

2.5.1　一般纳税人应纳税额的计算

一般纳税人销售货物或者提供应税劳务,应纳税额为当期销项税额抵扣当期进项税额后的余额。应纳税额计算公式:

应纳税额=当期销项税额-当期进项税额

当期销项税额小于当期进项税额不足抵扣时,其不足部分可以结转下期继续抵扣④。

对一般纳税人严禁实行定率征收⑤。

2.5.2　小规模纳税人应纳税额计算

小规模纳税人销售货物或者应税劳务,实行按照销售额和征收率计算应纳税额的简易办法,并不得抵扣进项税额。应纳税额计算公式⑥:

应纳税额=销售额×征收率

2.5.3　进口货物增值税应纳税额

纳税人进口货物,按照组成计税价格和增值税暂行条例规定的税率计算应纳税额,不得抵扣任何税额。组成计税价格和应纳税额计算公式⑦:

组成计税价格=关税完税价格+关税+消费税

应纳税额=组成计税价格×税率

2.6　特定行业增值税征税办法

2.6.1　电力企业征税办法

(1)纳税人

生产、销售电力产品的单位和个人为电力产品增值税纳税人⑧。

(2)计税依据

电力产品增值税的计税销售额为纳税人销售电力产品向购买方收取的全部价款和价外费用,但不包括收取的销项税额。价外费用是指纳税人销售电力产品在目录电价或上网电价之外向购买方收取的各种性质的费用⑨。

供电企业收取的电费保证金,凡逾期(超过合同约定时间)未退还的,一律并入价外费用缴纳增值税⑩。

电力公司利用自身电网为发电企业输送电力过程中,需要利用输变电设备进行调压,属于提供加工劳务。根据增值税暂行条例有关规定,电力公司向发电企业收取的过网费,应当征收增值税,不征收营业税⑪。

(3)电力产品的征税办法

①发电企业(电厂、电站、机组,下同)生产销

---

①　《中华人民共和国增值税暂行条例实施细则》(财政部　国家税务总局令第50号,2008年12月15日)第二十七条。对用于免税项目、非增值税应税劳务的进行税转出,请参见细则第二十六条。

②　《中华人民共和国增值税暂行条例实施细则》(财政部　国家税务总局令第50号,2008年12月15日)第十一条。

③　《国家税务总局关于增值税一般纳税人取得的账外经营部分防伪税控增值税专用发票进项税额抵扣问题的批复》(国税函[2005]763号,2005年8月3日)。原文要求认证通过的当月申报抵扣,根据《国家税务总局关于调整增值税扣税凭证抵扣期限有关问题的通知》(国税函[2009]617号,2009年11月9日),本处将其调整为"次月"。

④　《中华人民共和国增值税暂行条例》(中华人民共和国国务院令第538号,2008年11月10日)第四条。

⑤　《国家税务总局关于严禁对增值税一般纳税人实行定率征收增值税问题的通知》(国税发[1998]183号,1998年10月21日)。

⑥　《中华人民共和国增值税暂行条例》(国务院令第538号,2008年11月10日)第十一条。

⑦　《中华人民共和国增值税暂行条例》(国务院令第538号,2008年11月10日)第十四条。

⑧　《电力产品增值税征收管理办法》(国家税务总局令第10号,2004年12月22日)。

⑨　《电力产品增值税征收管理办法》(国家税务总局令第10号,2004年12月22日)。

⑩　《电力产品增值税征收管理办法》(国家税务总局令第10号,2004年12月22日)。

⑪　《国家税务总局关于电力公司过网费收入征收增值税问题的批复》(国税函[2004]607号,2004年5月19日)。

售的电力产品,按照以下规定计算缴纳增值税①:

Ⅰ 独立核算的发电企业生产销售电力产品,按照现行增值税有关规定向其机构所在地主管税务机关申报纳税;具有一般纳税人资格或具备一般纳税人核算条件的非独立核算的发电企业销售电力产品,按照增值税一般纳税人的计算方法计算增值税,并向其机构所在地主管税务机关申报纳税。

Ⅱ 不具有一般纳税人资格且不具有一般纳税人核算条件的非独立核算的发电企业生产销售的电力产品,由发电企业按上网电量,依核定的定额税率计算发电环节的预缴增值税,且不得抵扣进项税额,向发电企业所在地主管税务机关申报纳税。计算公式为:

预征税额 = 上网电量 × 核定的定额税率

②供电企业销售电力产品,实行在供电环节预征、由独立核算的供电企业统一结算的办法缴纳增值税,具体办法为②:

Ⅰ 独立核算的供电企业所属的区级供电企业,凡能够核算销售额的,依核定的预征率计算供电环节的增值税,不得抵扣进项税额,向其所在地主管税务机关申报纳税;不能核算销售额的,由上一级供电企业预缴供电环节的增值税。计算公式为:

预征税额 = 销售额 × 核定的预征率

Ⅱ 供电企业随同电力产品销售取得的各种价外费用一律在预征环节依照电力产品适用的增值税税率征收增值税,不得抵扣进项税额。

③实行预缴方式缴纳增值税的发、供电企业按照隶属关系由独立核算的发、供电企业结算缴纳增值税,具体办法为③:

独立核算的发、供电企业月末依据其全部销售额和进项税额,计算当期增值税应纳税额,并根据发电环节或供电环节预缴增值税税额,计算应补(退)税额,向其所在地主管税务机关申报纳税。计算公式为:

应纳税额 = 销项税额 - 进项税额

应补(退)税额 = 应纳税额 - 发(供)电环节预缴增值税额

独立核算的发、供电企业当期销项税额小于进项税额不足抵扣,或应纳税额小于发、供电环节预缴增值税税额形成多交增值税时,其不足抵扣部分和多交增值税额可结转下期抵扣或抵减下期应纳税额。

④发、供电企业的增值税预征率(含定额税率,下同),应根据发、供电企业上期财务核算和纳税情况、考虑当年变动因素测算核定,具体权限为④:

Ⅰ 跨省、自治区、直辖市的发、供电企业增值税预征率由预缴增值税的发、供电企业所在地和结算增值税的发、供电企业所在地省级国家税务局共同测算,报国家税务总局核定⑤;

Ⅱ 省、自治区、直辖市范围内的发、供电企业增值税预征率由省级国家税务局核定。

Ⅲ 发、供电企业预征率的执行期限由核定预征率的税务机关根据企业生产经营的变化情况确定。

⑤不同投资、核算体制的机组,由于隶属于各

---

① 《电力产品增值税征收管理办法》(国家税务总局令第 10 号,2004 年 12 月 22 日)。
② 《电力产品增值税征收管理办法》(国家税务总局令第 10 号,2004 年 12 月 22 日)。
③ 《电力产品增值税征收管理办法》(国家税务总局令第 10 号,2004 年 12 月 22 日)。
④ 《电力产品增值税征收管理办法》(国家税务总局令第 10 号,2004 年 12 月 22 日)。
⑤ 《国家税务总局关于华北电网有限公司 2008 年度电力产品供电环节增值税预征率的通知》(国税函[2008]887 号,2008 年 11 月 6 日)规定,自 2008 年 1 月 1 日起至 2008 年 12 月 31 日止,华北电网有限公司电力产品供电环节增值税预征率仍按 3% 执行。《国家税务总局关于大唐国际发电股份有限公司电力产品征收增值税有关问题的通知》(国税函[2008]991 号,2008 年 12 月 4 日)规定,对大唐公司所属发电企业 2008 年 11 月税款所属期的电力产品不再预征增值税,在税务总局调整大唐公司发电环节增值税预征率之前,大唐公司 2008 年 12 月及以后月份税款所属期生产的电力产品,暂按现行规定在发电环节预征增值税。此前,《国家税务总局关于华北电网有限公司电力产品供电环节增值税预征率问题的通知》(国税函[2005]61 号)被《国家税务总局关于发布已失效或废止的税收规范性文件目录(第二批)的通知》(国税发[2008]8 号,2008 年 1 月 17 日)公布废止。

自不同的独立核算企业,应按上述规定分别缴纳增值税①。

⑥对其他企事业单位销售的电力产品,按现行增值税有关规定缴纳增值税②。

⑦实行预缴方式缴纳增值税的发、供电企业,销售电力产品取得的未并入上级独立核算发、供电企业统一核算的销售收入,应单独核算并按增值税的有关规定就地申报缴纳增值税③。

⑧实行预缴方式缴纳增值税的发、供电企业生产销售电力产品以外的其他货物和应税劳务,如果能够准确核算销售额的,在发、供电企业所在地依适用税率计算缴纳增值税。不能准确核算销售额的,按其隶属关系由独立核算的发、供电企业统一计算缴纳增值税④。

(4)纳税时间的规定⑤

①发电企业和其他企事业单位销售电力产品的纳税义务发生时间为电力上网并开具确认单据的当天。

②供电企业采取直接收取电费结算方式的,销售对象属于企事业单位,为开具发票的当天;属于居民个人,为开具电费缴纳凭证的当天。

③供电企业采取预收电费结算方式的,为发行电量的当天。

④发、供电企业将电力产品用于非应税项目、集体福利、个人消费,为发出电量的当天。

⑤发、供电企业之间互供电力,为双方核对计数量,开具抄表确认单据的当天。

⑥发、供电企业销售电力产品以外其他货物,其纳税义务发生时间按增值税暂行条例及其实施细则的有关规定执行。

(5)电力企业税收征管

①税务登记

发、供电企业应按现行增值税的有关规定办理税登记,进行增值税纳税申报。实行预缴方式缴纳增值税的发、供电企业应按以下规定办理⑥:

Ⅰ 实行预缴方式缴纳增值税的发、供电企业在办理税务开业、变更、注销登记时,应将税务登记证正本复印件按隶属关系逐级上报其独立核算的发、供电企业所在地主管税务机关留存。

独立核算的发、供电企业也应将税务登记证正本复印件报其所属的采用预缴方式缴纳增值税的发、供电企业所在地主管税务机关留存。

Ⅱ 采用预缴方式缴纳增值税的发、供电企业在申报纳税的同时,应将增值税进项税额和上网电量、电力产品销售额、其他产品销售额、价外费用、预征税领和查补税款分别归集汇总,填写《电力企业增值税销项税额和进项税额传递单》报送主管税务机关签章确认后,按隶属关系逐级汇总上报给独立核算发、供电企业;预征地主管税务机关也必须将确认后的《传递单》于收到当月传递给结算缴纳增值税的独立核算发、供电企业所在地主管税务机关。

Ⅲ 结算缴纳增值税的发、供电企业应按增值税纳税申报的统一规定,汇总计算本企业的全部销项税额、进项税额、应纳税额、应补(退)税额,于本月税款所属期后第二个月征期内向主管税务机关申报纳税。

Ⅳ 实行预缴方式缴纳增值税的发、供电企业所在地主管税务机关应定期对其所属企业纳税情况进行检查。发现申报不实,一律就地按适用税率全额补征税款,并将检查情况及结果发函通知结算缴纳增值税的独立核算发、供电企业所在地主管税务机关。

独立核算发、供电企业所在地主管税务机关收

① 《电力产品增值税征收管理办法》(国家税务总局令第10号,2004年12月22日)。
② 《电力产品增值税征收管理办法》(国家税务总局令第10号,2004年12月22日)。
③ 《电力产品增值税征收管理办法》(国家税务总局令第10号,2004年12月22日)。
④ 《电力产品增值税征收管理办法》(国家税务总局令第10号,2004年12月22日)。
⑤ 《电力产品增值税征收管理办法》(国家税务总局令第10号,2004年12月22日)。
⑥ 《电力产品增值税征收管理办法》(国家税务总局令第10号,2004年12月22日)。

到预征地税务机关的发函后,应督促发、供电企业调整申报表。对在预缴环节查补的增值税,独立核算的发、供电企业在结算缴纳增值税时可以予以抵减。

②发票管理

发、供电企业销售电力产品,应按《中华人民共和国发票管理办法》和增值税专用发票使用管理规定领购、使用和管理发票。

③电力产品增值税的其他征税事项,按税收征收管理法及其实施细则、增值税暂行条例及其实施细则和其他有关规定执行。

2.6.2　油气田企业征税办法

2.6.2.1　一般油气田企业征税规定①

(1)适用范围

在中华人民共和国境内从事原油、天然气生产的企业。包括中国石油天然气集团公司(简称中石油集团)和中国石油化工集团公司(简称中石化集团)重组改制后设立的油气田分(子)公司、存续公司和其他石油天然气生产企业(简称油气田企业),均适用《财政部 国家税务总局关于印发〈油气田企业增值税管理办法〉的通知》(财税[2009]8号)。不包括经国务院批准适用5%征收率缴纳增值税的油气田企业。

存续公司是指中石油集团和中石化集团重组改制后留存的企业。

其他石油天然气生产企业是指中石油集团和中石化集团以外的石油天然气生产企业。

油气田企业持续重组改制继续提供生产性劳务的企业,以及2009年1月1日以后新成立的油气田企业参股、控股的企业,按照《财政部 国家税务总局关于印发〈油气田企业增值税管理办法〉的通知》(财税[2009]8号)缴纳增值税。

油气田企业与其所属非独立核算单位之间以及其所属非独立核算单位之间移送货物或者提供应税劳务,不缴纳增值税。其中应税劳务,是指加工、修理修配劳务和生产性劳务(下同)。

(2)生产性劳务的征税规定

①基本规定

油气田企业为生产原油、天然气提供的生产性劳务应缴纳增值税。

油气田企业提供的生产性劳务,增值税税率为17%。

油气田企业跨省、自治区、直辖市提供生产性劳务,应当在劳务发生地按3%预征率计算缴纳增值税。在劳务发生地预缴的税款可从其应纳增值税中抵减②。

新疆以外地区在新疆未设立分(子)公司的油气田企业,在新疆提供的生产性劳务应按5%的预征率计算缴纳增值税,预缴的税款可在油气田企业的应纳增值税中抵减③。

油气田企业向外省、自治区、直辖市其他油气田企业提供生产性劳务,应当在劳务发生地税务机关办理税务登记或注册税务登记。在劳务发生地

---

① 《财政部 国家税务总局关于印发〈油气田企业增值税管理办法〉的通知》(财税[2009]8号,2009年1月19日)。此前,《财政部 国家税务总局关于油气田企业增值税计算缴纳方法问题的通知》(财税[1994]73号,1994年10月22日)、《财政部 国家税务总局关于印发油气田企业增值税暂行管理办法的通知》(财税字[2000]32号,2000年3月13日)、《国家税务总局关于油气田企业增值税问题的补充通知》(国税发[2000]195号,2000年11月30日)自2009年1月1日起停止执行。

② 此前,《财政部 国家税务总局关于印发油气田企业增值税暂行管理办法的通知》(财税字[2000]32号,2000年3月13日)、《国家税务总局关于油气田企业增值税问题的补充通知》(国税发[2000]195号,2000年11月30日)、《国家税务总局关于中国石油化工集团公司油气田企业提供生产性劳务增值税问题的通知》(国税函[2007]214号,2007年2月14日)规定,按6%的征收率预缴。《国家税务总局关于中国石油化工集团公司油气田企业提供生产性劳务增值税问题的通知》(国税函[2007]214号,2007年2月14日)规定,勘探企业实现的2005年以前年度增值税已在机构所在地全额缴纳,未在劳务发生地缴纳的,劳务发生地税务机关不再征收。但勘探企业必须向劳务发生地税务机关提供由机构所在地主管税务机关出具的已缴纳税款的证明材料。勘探企业实现的增值税(包括2005年以前年度实现的增值税)已在机构所在地全额缴纳,又在劳务发生地按6%预征率缴纳增值税的,对其在劳务发生地缴纳部分,可在其机构所在地以后年度的应纳税额中抵减。

③ 《财政部 国家税务总局关于油气田企业增值税问题的补充通知》(财税[2009]97号,2009年7月9日)。

设立分(子)公司的,应当申请办理增值税一般纳税人认定手续,经劳务发生地税务机关认定为一般纳税人后,按照增值税一般纳税人的计算方法在劳务发生地计算缴纳增值税。其中:子公司是指具有企业法人资格,实行独立核算的企业;分公司是指不具有企业法人资格,但领取了工商营业执照的企业①。

②生产性劳务范围

生产性劳务是指油气田企业为生产原油、天然气,从地质普查、勘探开发到原油天然气销售的一系列生产过程所发生的劳务(具体见附件四《增值税生产性劳务征税范围注释》)。

缴纳增值税的生产性劳务仅限于油气田企业间相互提供属于《增值税生产性劳务征税范围注释》内的劳务。油气田企业与非油气田企业之间相互提供的生产性劳务不缴纳增值税。

油气田企业将承包的生产性劳务分包给其他油气田企业或非油气田企业,应当就其总承包额计算缴纳增值税。非油气田企业将承包的生产性劳务分包给油气田企业或其他非油气田企业,其提供的生产性劳务不缴纳增值税。油气田企业分包非油气田企业的生产性劳务,也不缴纳增值税。

③纳税义务发生时间

油气田企业为生产原油、天然气提供的生产性劳务的纳税义务发生时间为油气田企业收讫劳务收入款或者取得索取劳务收入款项凭据的当天;先开具发票的,为开具发票的当天。

收讫劳务收入款的当天,是指油气田企业应税行为发生过程中或者完成后收取款项的当天;采取预收款方式的,为收到预收款的当天。

取得索取劳务收入款项凭据的当天,是指书面合同确定的付款日期的当天;未签订书面合同或者书面合同未确定付款日期的,为应税行为完成的当天。

(3)进项税款抵扣范围

油气田企业下列项目的进项税额不得从销项税额中抵扣:

①用于非增值税应税项目、免征增值税项目、集体福利或者个人消费的购进货物或者应税劳务。

其中:非增值税应税项目,是指提供非应税劳务、转让无形资产、销售不动产、建造非生产性建筑物及构筑物。

非应税劳务,是指属于应缴营业税的交通运输业、建筑业、金融保险业、邮电通信业、文化体育业、娱乐业、服务业税目征收范围的劳务,但不包括本办法规定的生产性劳务。

用于集体福利或个人消费的购进货物或者应税劳务,包括所属的学校、医院、宾馆、饭店、招待所、托儿所(幼儿园)、疗养院、文化娱乐单位等部门购进的货物或应税劳务。

②非正常损失的购进货物及相关的应税劳务;

③非正常损失的在产品、产成品所耗用的购进货物或者应税劳务。

④国务院财政、税务主管部门规定的纳税人自用消费品。

⑤以上第①项至第④项规定的货物的运输费用和销售免税货物的运输费用。

油气田企业为生产原油、天然气接受其他油气田企业提供的生产性劳务,可凭劳务提供方开具的增值税专用发票注明的增值税额予以抵扣。

(4)税收征管

①纳税申报

油气田企业应统一申报货物及应税劳务应缴纳的增值税。

油气田企业提供的应税劳务和非应税劳务应当分别核算销售额,未分别核算的,由主管税务机关核定应税劳务的销售额。

②发票领购

油气田企业所需发票,经主管税务机关审核批

---

① 《财政部 国家税务总局关于油气田企业增值税问题的补充通知》(财税〔2009〕97号,2009年7月9日)。

准后,可以采取纳税人统一集中领购、发放和管理的方法,也可以由机构内部所属非独立核算单位分别领购。

③税款缴纳

跨省、自治区、直辖市开采石油、天然气的油气田企业,由总机构汇总计算应纳增值税税额,并按照各油气田(井口)石油、天然气产量比例进行分配,各油气田按所分配的应纳增值税额向所在地税务机关缴纳。石油、天然气应纳增值税额的计算办法由总机构所在地省级税务部门商各油气田所在地同级税务部门确定。

在省、自治区、直辖市内的油气田企业,其增值税的计算缴纳方法由各省、自治区、直辖市财政和税务部门确定。

④东方物探公司、中油集团测井公司征管规定

中国石油天然气集团东方地球物理勘探有限责任公司(简称东方物探公司)和中国石油集团测井有限公司(简称中油集团测井公司)属于中国石油天然气集团公司的存续公司,其增值税管理按照以上规定执行。

东方物探公司、中油集团测井公司以独立核算的公司为增值税纳税义务人,由总机构统一计算缴纳增值税。所需发票由公司统一集中领购、开具和管理①。

东方物探公司、中油集团测井公司所属的非独立核算机构以及向其他油气田企业提供生产性劳务的活动场所,应接受机构所在地和劳务发生地税务机关的税务管理②。

东方物探公司、中油集团测井公司单项生产性劳务跨省、自治区、直辖市的,可按照在各省、自治区、直辖市、发生的生产性劳务的工作量计算应分配的税额③。

中国石油天然气集团公司今后重组成立的同类公司,可比照上述规定执行。

2.6.2.2　中外合作油气田征税规定④

(1)合作油(气)田开采的原油、天然气按实物缴纳增值税,征收率为5%。以该油(气)田开采的原油、天然气扣除了石油作业用油(气)量和损耗量之后的原油、天然气产量作为计税依据。在计征增值税时,不抵扣进项税额。原油、天然气出口时不予退税⑤。

(2)由于合作油(气)田开采的原油、天然气实行统一销售,其增值税暂按合作油(气)田每次用于销售的总量计算征税。计征的增值税原油、天然

---

①　《国家税务总局关于中国石油天然气集团公司所属石油工程技术服务公司增值税管理问题的通知》(国税函[2003]1193号,2003年10月27日)。

②　《国家税务总局关于中国石油天然气集团公司所属石油工程技术服务公司增值税管理问题的通知》(国税函[2003]1193号,2003年10月27日)。该文根据《财政部 国家税务总局关于印发油气田企业增值税暂行管理办法的通知》(财税字[2000]32号,2000年3月13日)和《国家税务总局关于油气田企业增值税问题的补充通知》(国税发[2000]195号,2000年11月30日)还规定,东方物探公司和中油集团测井公司所属非独立核算机构应在其机构所在地办理税务登记。在外县(市)提供生产性劳务,累计施工时间不超过180天的,应凭原办理税务登记所在地税务机关开具的《外出经营活动税收管理证明》,到劳务发生地税务机关报验登记,超过180天的,应办理临时税务登记。设立分(子)公司的,应办理增值税一般纳税人认定手续。但根据《财政部 国家税务总局关于印发〈油气田企业增值税管理办法〉的通知》(财税[2009]8号,2009年1月19日),相关税务登记的规定已取消。

③　《国家税务总局关于中国石油天然气集团公司所属石油工程技术服务公司增值税管理问题的通知》(国税函[2003]1193号,2003年10月27日)。该文件原文包括跨计划单列市的情形。此处根据《财政部 国家税务总局关于印发〈油气田企业增值税管理办法〉的通知》(财税[2009]8号,2009年1月19日)删除了计划单列市。此外,国税函[2003]1193号还规定,东方物探公司、中油集团测井公司向其他油气田企业提供生产性劳务的,在劳务发生地按3%的预征率计算缴纳增值税,不得抵扣进项税额,预征的税款可在公司的应纳税额中抵减。根据《国家税务总局关于公布全文失效废止 部分条款失效废止的税收规范性文件目录的公告》(国家税务总局公告2011年第2号,2011年1月4日),国税函[2003]1193号上述规定被废止。

④　本部分内容除特别标注外,均出自《国家税务总局关于中外合作开采石油资源缴纳增值税有关问题的通知》(国税发[1994]114号,1994年4月28日)。

⑤　《国务院关于外商投资企业和外国企业适用增值税、消费税、营业税等税收暂行条例有关问题的通知》(国发[1994]10号,1994年2月22日)以及《国家税务总局关于中外合作开采陆上石油资源征收增值税问题的通知》(国税发[1998]219号,1998年12月15日)。

气实物随同合作油(气)田的原油、天然气一起销售。

(3)增值税的原油、天然气实物,按实际销售额扣除其本身所发生的实际销售费用后入库。原油、天然气销售的定价方法,应事先报经主管税务机关审查。

销售增值税油(气)实物所发生的实际销售费用,是指增值税油(气)实物在销售过程中实际发生的商检费(包括由卖方负担的商检人员的交通费)和销售机构管理费。允许扣除的销售机构管理费,应是符合现行财务制度实际发生并与销售增值税油(气)实际有关的机构管理费,如在实际操作中确实难以划分,也可以按销售收入比例扣除。计算公式如下①:

可扣除的销售机构管理费=油(气)销售机构管理费×[应纳增值税油(气)销售收入÷总收入]×5%

总收入指油(气)销售机构取得的全部油(气)销售收入及本机构取得的其他各种收入的总和。

(4)合作油(气)田的原油、天然气按次纳税,每次销售款划入销售方银行账户之日(最迟不得超过合同法规的付款期限最后一日)起五日内申报纳税(如最后一天为法定节、假日可按法规顺延)。逾期未办理申报纳税的,依据税收征收管理法的有关规定处理。

(5)合作油(气)田销售的原油、天然气按外汇结算销售额的,其销售额的人民币折合率可以选择销售发生的当天或当月1日的国家外汇牌价。选择确定后一年内不得变更。

(6)增值税的申报缴纳事宜,由参与合作的

中国石油公司负责办理。在办理纳税申报时,应同时附送本次原油、天然气的销售价格、销售费用、销售去向等明细资料,并按月或按季向主管税务机关报送合作油(气)出的产量、存量、分配量、销售量以及主管税务机关所需要的其他有关资料。

(7)合作油(气)田销售原油、天然气时,应按法规向购买方开具增值税专用发票。增值税专用发票的具体填开方法是:"价税合计栏"按含税销售额填写;"税额栏"按含税销售额乘以征收率5%计算出的税额填写;"金额栏"按价税合计数额减去税额后的余额填写;"数量栏"按销售总量填写;"单价栏"按实际销售单价填写;"税率栏"不填。"税额栏"中所列税额为购买方的增值税进项扣除额。

2.6.2.3 海上油(气)田征税规定

(1)中国海洋石油总公司海上自营油(气)田比照上述中外合作油气田的征税规定执行②。

(2)纳税人按照客户要求,为钻井作业提供泥浆和工程技术服务的行为,应按提供泥浆工程劳务项目,征收营业税,不征收增值税。其中"泥浆工程",是指《国家税务总局关于合作开采海洋石油提供应税劳务适用营业税税目、税率问题的通知》(国税发[1997]42号)所称为钻井作业提供泥浆和工程技术服务的行为③。

2.6.2.4 西气东输项目征税规定

西气东输项目上游中外合作开采天然气增值税执行13%的统一税率,根据《财政部 国家税务总局关于印发〈油气田企业增值税管理办法〉的通

---

① 《国家税务总局关于中国海洋石油总公司油气增值税销售费用问题的批复》(国税函[1997]512号,1997年9月15日)。
② 《国家税务总局关于中外合作开采石油资源缴纳增值税有关问题的通知》(国税发[1994]114号,1994年4月28日)。此外,《国家税务总局关于海洋石油若干税收政策问题的通知》(国税发[1997]44号,1997年3月27日)规定,外国承包商通过其在华机构向石油公司供应货物或提供劳务,不论发票由境内或境外机构填开,均应视为在中国境内销售货物或提供应税劳务并照章征税。根据《国家税务总局关于公布全文失效废止 部分条款失效废止的税收规范性文件目录的公告》(国家税务总局公告2011年第2号,2011年1月4日),国税发[1997]44号被公布全文失效废止。
③ 《国家税务总局关于纳税人提供泥浆工程劳务征收流转税问题的批复》(国税函[2005]375号,2005年4月27日)。

知》(财税〔2009〕8 号)规定,计算抵扣进项税额①。

西气东输工程建成投产后,中国石油天然气股份有限公司长庆油田分公司(简称长庆油田分公司)和塔里木油田分公司的中国石油天然气股份有限公司西气东输销售分公司(简称西气东输销售分公司)销售天然气时留存在管道内和储气库垫底的天然气,属于长庆油田分公司和塔里木油田分公司库存气,其所有权未发生转移,没有实现销售,同时也不属于增值税暂行条例实施细则所规定的视同销售行为,因此,长庆油田分公司和塔里木油田分公司在移送该部分天然气时不缴纳增值税,可由长庆油田分公司、塔里木油田分公司在管线首站进行计量,经主管国家税务局审核确认后不计入其天然气销售气量②。

西气东输销售分公司所属的管道沿线结算站(点),应按照《增值税专用发票管理办法》的规定使用增值税专用发票③。

2.6.3　加油站征税办法

(1)从 2002 年 1 月 1 日起,对从事成品油销售的加油站(即凡经经贸委批准从事成品油零售业务,并已办理工商、税务登记,有固定经营场所,使用加油机自动计量销售成品油的单位和个体经营者),无论其年应税销售额是否超过 180 万元,一律按增值税一般纳税人征税④。

(2)采取统一配送成品油方式设立的非独立核算的加油站,在同一县市的,由总机构汇总缴纳增值税。在同一省内跨县市经营的,是否汇总缴纳增值税,由省级税务机关确定。跨省经营

的,是否汇总缴纳增值税,由国家税务总局确定。对统一核算,且经税务机关批准汇总缴纳增值税的成品油销售单位跨县市调配成品油的,不征收增值税⑤。

(3)加油站无论以何种结算方式(如收现金、支票、汇票、加油凭证簿、加油卡等)收取售油款,均应征收增值税。加油站销售成品油必须按不同品种分别核算,准确计算应纳税销售额。加油站以收取加油凭证(簿)、加油卡方式销售成品油,不得向用户开具增值税专用发票⑥。

发售加油卡、加油凭证销售成品油的纳税人(简称"预售单位")在售卖加油卡、加油凭证时,应按预收账款方法作相关账务处理,不征收增值税⑦。

预售单位在发售加油卡或加油凭证时开具普通发票,如购油单位要求开具增值税专用发票,待用户凭卡或加油凭证加油后,根据加油卡或加油凭证回笼记录,向购油单位开具增值税专用发票。接受加油卡或加油凭证销售成品油的单位与预售单位结算油款时,接受加油卡或加油凭证销售成品油的单位根据实际结算的油款向预售单位开具增值税专用发票。⑧

(4)加油站应税销售额包括当月成品油应税销售额和其他应税货物及劳务的销售额。其中成品油应税销售额的计算公式为⑨:

成品油应税销售额=(当月全部成品油销售数量-允许扣除的成品油数量)×油品单价

---

① 《财政部 国家税务总局关于西气东输项目有关税收政策的通知》(财税〔2002〕111 号,2002 年 7 月 31 日)规定,根据《财政部 国家税务总局关于印发〈油气田企业增值税暂行管理办法〉的通知》(财税字〔2000〕32 号),计算抵扣进项税额。因自 2009 年 1 月 1 日起,《财政部 国家税务总局关于印发〈油气田企业增值税暂行管理办法〉的通知》(财税字〔2000〕32 号)被《财政部 国家税务总局关于印发〈油气田企业增值税管理办法〉的通知》(财税〔2009〕8 号)所废止,此处据此进行了调整。

② 《国家税务总局关于西气东输工程有关增值税问题的复函》(国税函〔2003〕1213 号,2003 年 11 月 4 日)。

③ 《国家税务总局关于西气东输工程有关增值税问题的复函》(国税函〔2003〕1213 号,2003 年 11 月 4 日)。

④ 《国家税务总局关于加油站一律按照增值税一般纳税人征税的通知》(国税函〔2001〕882 号,2001 年 12 月 03 日);《国家税务总局成品油零售加油站增值税征收管理办法》(国家税务总局令第 2 号,2002 年 4 月 2 日)。

⑤ 《国家税务总局成品油零售加油站增值税征收管理办法》(国家税务总局令第 2 号,2002 年 4 月 2 日)。

⑥ 《国家税务总局成品油零售加油站增值税征收管理办法》(国家税务总局令第 2 号,2002 年 4 月 2 日)。

⑦ 《国家税务总局成品油零售加油站增值税征收管理办法》(国家税务总局令第 2 号,2002 年 4 月 2 日)。

⑧ 《国家税务总局成品油零售加油站增值税征收管理办法》(国家税务总局令第 2 号,2002 年 4 月 2 日)。

⑨ 《国家税务总局成品油零售加油站增值税征收管理办法》(国家税务总局令第 2 号,2002 年 4 月 2 日)。

加油站通过加油机加注成品油属于以下情形的,允许在当月成品油销售数量中扣除①:

①经主管税务机关确定的加油机自有车辆自用油。

②外单位购买的,利用加油站的油库存放的代储油。

加油站发生代储油业务时,应凭委托代储协议及委托方购油发票复印件向主管税务机关申报备案。

③加油站本身倒库油。

加油站发生成品油倒库业务时,须提前向主管税务机关报告说明,由主管税务机关派专人实地审核监控。

④加油站检测用油(回罐油)。

上述允许扣除的成品油数量,加油站月终应根据《加油站月销售油品汇总表》统计的数量向主管税务机关申报。

(5)加油站必须按规定建立《加油站日销售油品台账》(简称台账)登记制度。加油站应按日登记台账,按日或交接班次填写,完整、详细地记录当日或本班次的加油情况,月终汇总登记《加油站月销售油品汇总表》。台账须按月装订成册,按会计原始账证的期限保管,以备主管税务机关检查②。

成品油生产、批发单位所在地税务机关应按月将其销售成品油信息通过金税工程网络传递到购油企业所在地主管税务机关③。

凡未按规定建立台账、不准确登记台账的,主管税务机关将责令其限期改正,逾期仍不改正的,主管税务机关可根据企业的实际经营状况核定其增值税销售额,按适用税率征税,不得抵扣进项

税额④。

对财务核算不健全的加油站,如已全部安装税控加油机,应按照税控加油机所记录的数据确定计税销售额征收增值税。对未全部安装税控加油机(包括未安装)或税控加油机运行不正常的加油站,主管税务机关应要求其严格执行台账制度,并按月报送《成品油购销存数量明细表》。按月对其成品油库存数量进行盘点,定期联合有关执法部门对其进行检查⑤。

主管税务机关应将财务核算不健全的加油站全部纳入增值税纳税评估范围,结合通过金税工程网络所掌握的企业购油信息以及本地区同行业的税负水平等相关信息,按照有关规定进行增值税纳税评估。对纳税评估有异常的,应立即移送稽查部门进行税务稽查。

主管税务机关对财务核算不健全的加油站可以根据所掌握的企业实际经营状况,核定征收增值税,并根据其实际经营情况和专用发票使用管理规定限额限量供应专用发票⑥。

(6)加油站除按月向主管税务机关报送增值税一般纳税人纳税申报办法规定的申报资料外,还应报送以下资料⑦:

①《加油站——月份加油信息明细表》或加油IC卡;

②《加油站月销售油品汇总表》;

③《成品油购销存数量明细表》。

(7)凡不通过已安装税控装置的加油机或税控加油机加油,擅自改变税控装置或破坏铅封,导致机器记录失真或无法记录,造成少缴或不缴

① 《国家税务总局成品油零售加油站增值税征收管理办法》(国家税务总局令第2号,2002年4月2日)。
② 《国家税务总局成品油零售加油站增值税征收管理办法》(国家税务总局令第2号,2002年4月2日)。
③ 《国家税务总局成品油零售加油站增值税征收管理办法》(国家税务总局令第2号,2002年4月2日)。
④ 《国家税务总局关于进一步加强加油站增值税征收管理有关问题的通知》(国税发[2003]142号,2003年11月26日)。
⑤ 《国家税务总局成品油零售加油站增值税征收管理办法》(国家税务总局令第2号,2002年4月2日)。
⑥ 《国家税务总局成品油零售加油站增值税征收管理办法》(国家税务总局令第2号,2002年4月2日)。
⑦ 《国家税务总局成品油零售加油站增值税征收管理办法》(国家税务总局令第2号,2002年4月2日)。

应纳税款的，按税收征收管理法有关规定从重处罚①。

主管税务机关应定期配合技术监督部门对所辖加油站的税控加油机进行检查，对采用技术手段擅自修改加油数量的，除严格按照税收征收管理法有关规定进行处罚外，还应提请经贸委等部门吊销其成品油经营许可证②。

（8）主管税务机关每季度应对所管辖加油站运用稽查卡进行 1 次加油数据读取，并将读出的数据与该加油站的《增值税纳税申报表》、《加油站日销售油品台账》、《加油站月销售油品汇总表》等资料进行核对，同时应对加油站的应扣除油量的确定、成品油购销存等情况进行全面纳税检查，核对有问题且无正当理由的，应立即移交稽查部门进行税务稽查。稽查部门对加油站的纳税情况要按季进行稽查③。

对汇总缴纳增值税的一般纳税人，自 2004 年 1 月 1 日起，其下属零售加油站所在地税务机关应每月运用稽查卡进行一次加油数据读取，并负责将采集的数据传送④。

2.6.4　黄金、铂金、钻石、白银征税办法

2.6.4.1　黄金税收政策

（1）黄金生产和经营单位销售黄金（不包括以下品种：成色为 AU9999、AU9995、AU999、AU995；规格为 50 克、100 克、1 公斤、3 公斤、12.5 公斤的黄金，简称标准黄金）和黄金矿砂（含伴生金），免征增值税⑤；

自 2000 年 6 月 30 日起，停止执行《财政部　国家税务总局　中国人民银行关于人民银行配售黄金征税问题的通知》（财税字［1994］18 号）第四条的有关规定。对按国际市场价格配售的黄金免征增值税，银行不开具增值税专用发票。对出口黄金及出口金饰品的黄金原料部分自 2000 年 6 月 20 日起不再予以出口退税，对此前已经报关出口的仍按原规定办理退税⑥。

（2）黄金交易所会员单位通过黄金交易所销售标准黄金（持有黄金交易所开具的《黄金交易结算凭证》），未发生实物交割的，免征增值税；发生实物交割的，由税务机关按照实际成交价格代开增值税专用发票，并实行增值税即征即退的政策（同时免征城市维护建设税、教育费附加）⑦。

上海期货交易所会员和客户通过上海期货交易所销售标准黄金（持有上海期货交易所开具的《黄金结算专用发票》），发生实物交割但未出库的，免征增值税；发生实物交割并已出库的，由税务机关

---

① 《国家税务总局关于进一步加强加油站增值税征收管理有关问题的通知》（国税发［2003］142 号，2003 年 11 月 26 日）。此前，《财政部　国家税务总局关于加油机安装税控装置有关税收优惠政策的通知》（财税［2002］15 号，2002 年 2 月 5 日）规定，具有增值税一般纳税人资格的加油站外购税控加油机和税控装置，可凭购进税控装置和税控加油机取得的增值税专用发票所注明的增值税税额，计入该企业当期的增值税进项税额予以抵扣。具有增值税一般纳税人资格的加油站，2002 年 3 月 1 日前外购税控加油机及税控装置未取得增值税专用发票的，可凭外购上述货物的普通发票，按照该货物的适用税率计算抵扣进项税额。后由于实施了增值税转型，税控装置可列入固定资产抵扣，因此，《财政部　国家税务总局关于加油机安装税控装置有关税收优惠政策的通知》（财税［2002］15 号，2002 年 2 月 5 日）被《财政部　国家税务总局关于公布若干废止和失效的增值税规范性文件目录的通知》（财税［2009］17 号）公布废止。

② 《国家税务总局关于进一步加强加油站增值税征收管理有关问题的通知》（国税发［2003］142 号，2003 年 11 月 26 日）。

③ 《国家税务总局成品油零售加油站增值税征收管理办法》（国家税务总局令第 2 号，2002 年 4 月 2 日）；《国家税务总局关于进一步加强加油站增值税征收管理有关问题的通知》（国税发［2003］142 号，2003 年 11 月 26 日）。

④ 《国家税务总局关于进一步加强加油站增值税征收管理有关问题的通知》（国税发［2003］142 号，2003 年 11 月 26 日）。

⑤ 《财政部　国家税务总局关于黄金税收政策问题的通知》（财税［2002］142 号，2002 年 9 月 12 日）。此前，《财政部　国家税务总局关于黄金生产环节免征增值税问题的通知》（财税［1994］24 号，1994 年 4 月 27 日）、《财政部　国家税务总局关于人民银行配售黄金征税问题的通知》（财税字［1994］第 18 号，1994 年 5 月 15 日）和《财政部　国家税务总局对〈关于黄金生产环节免征增值税问题的通知〉的补充规定》（财税［1994］46 号，1994 年 7 月 4 日）规定，黄金生产环节免征增值税。

⑥ 《财政部　国家税务总局　中国人民银行关于配售出口黄金有关税收规定的通知》（财税［2000］3 号，2000 年 7 月 28 日）。原规定参见《财政部　国家税务总局　中国人民银行关于人民银行配售黄金征税问题的通知》（财税［1994］18 号，1994 年 5 月 15 日，于 2003 年 1 月 30 日被财政部第 16 号令《财政部关于公布废止和失效的财政规章和规范性文件目录第八批的决定》公布废止）。

⑦ 《财政部、国家税务总局关于黄金税收政策问题的通知》（财税［2002］142 号，2002 年 9 月 12 日）。

按照实际交割价格代开增值税专用发票,并实行增值税即征即退的政策(同时免征城市维护建设税和教育费附加)①。

(3)黄金交易所可享受增值税即征即返的优惠政策(同时免征城市建设维护税、教育费附加)②。

(4)其他黄金进出口税收政策参见进出口税收部分。

2.6.4.2 铂金税收政策③

(1)对进口铂金免征进口环节增值税。

(2)对中博世金科贸有限责任公司通过上海黄金交易所销售的进口铂金,以上海黄金交易所开具的《上海黄金交易所发票》(结算联)为依据,实行增值税即征即退政策。采取按照进口铂金价格计算退税的办法,即征即退的税额计算公式具体如下:

进口铂金平均单价={[(当月进口铂金报关单价×当月进口铂金数量)+上月末库存进口铂金总价值]÷(当月进口铂金数量+上月末库存进口铂金数量)}

金额 = 销售数量×进口铂金平均单价÷(1+17%)

即征即退税额=金额×17%

中博世金科贸有限责任公司进口的铂金没有通过上海黄金交易所销售的,不得享受增值税即征即退政策。

(3)中博世金科贸有限责任公司通过上海黄金交易所销售的进口铂金,由上海黄金交易所主管

税务机关按照实际成交价格代开增值专用发票。增值税专用发票中的单价、金额和税额的计算公式为:

单价=实际成交单价÷(1+17%)

金额=成交数量 × 单价

税额=金额×17%

实际成交单价是指不含黄金交易所收取的手续费的单位价格。

(4)国内铂金生产企业自产自销的铂金也实行增值税即征即退政策。

(5)对铂金制品加工企业和流通企业销售的铂金及其制品仍按现行规定征收增值税。

(6)其他铂金进出口税收政策参见进出口税收部分。

2.6.4.3 钻石税收政策④

从2006年7月1日起,上海钻石交易所和钻石交易适用以下增值税政策:

(1)纳税人自上海钻石交易所销往国内市场的毛坯钻石,免征进口环节增值税;纳税人自上海钻石交易所销往国内市场的成品钻石,进口环节增值税实际税负超过4%的部分由海关实行即征即退。进入国内环节,纳税人凭海关开具的完税凭证注明的增值税额抵扣进项税金。

纳税人自上海钻石交易所销往国内市场的钻石实行进口环节增值税免征和即征即退政策后,销往国内市场的钻石,在出上海钻石交易所时,海关按照现行规定依法实施管理。

(2)出口企业出口的以下钻石产品免征增值

---

① 《财政部国家税务总局关于黄金期货交易有关税收政策的通知》(财税[2008]5号,2008年1月29日)。

② 《国家税务总局关于印发〈黄金交易增值税征收管理办法〉的通知》(国税发明电[2002]47号,2002年10月23日)。

③ 《财政部 国家税务总局关于铂金及其制品税收政策的通知》(财税[2003]86号,2003年4月28日)。

④ 《财政部 海关总署 国家税务总局关于调整钻石及上海钻石交易所有关税收政策的通知》(财税[2006]65号,2006年6月7日)。此前,《财政部 国家税务总局关于钻石及上海钻石交易所有关税收政策的通知》(财税[2001]176号,2001年11月5日)规定:对以一般贸易方式在上海钻石交易所海关报关进口的钻石照章征收进口环节增值税;对直接进入上海钻石交易所的进口钻石在进口环节不征收增值税,上海钻石交易所的钻石出口不退税;在上海钻石交易所内交易的钻石不征收增值税;国内钻石进入上海钻石交易所视同出口,可享受出口退税并按照有关贵重产品出口退税的规定办理退税;对从上海钻石交易所销往国内市场的钻石,按规定征收增值税。《财政部 国家税务总局关于上海钻石交易所有关税收政策的通知》(财税[2000]65号,2000年4月27日)规定,从2000年4月1日起,对交易所内的商家委托设在保税区或出口加工区的钻石加工企业加工的钻石,由海关保税监管;委托国内其他厂家加工复出口的钻石,按加工贸易税收政策执行。根据《财政部关于公布废止和失效的财政规章和规范性文件目录(第十批)的决定》(财政部令第48号,2008年1月31日),财税[2001]176号和财税[2000]65号被公布废止。

税,相应的进项税额不予退税或抵扣,须转入成本。具体产品的范围是:税则序列号为 71021000、71023100、71023900、71042010、71049091、71051010、7l131110、71131911、71131991、71132010、71162000。

(3)对国内钻石开采企业通过上海钻石交易所销售的自产毛坯钻石实行免征增值税政策;不通过上海钻石交易所销售的,照章征收增值税。

(4)对国内加工的成品钻石,通过上海钻石交易所销售的,在国内销售环节免征增值税;不通过上海钻石交易所销售的,在国内销售环节按 17%的税率征收增值税。

对国内加工的成品钻石,进入上海钻石交易所时视同出口,不予退税,自上海钻石交易所再次进入国内市场,其进口环节增值税实际税负超过 4%的部分,由海关实行即征即退。

(5)对以一般贸易方式报关进口的工业用钻,不再集中到上海钻石交易所海关办理报关手续、实行统一管理,照章征收进口关税和进口环节增值税。具体商品范围参见《财政部 海关总署 国家税务总局关于调整钻石及上海钻石交易所有关税收政策的通知》(财税[2006]65 号)。

2.6.4.4　白银税收政策

自 2000 年 1 月 1 日起,对企业生产销售的银精矿含银、其他有色金属精矿含银、冶炼中间产品含银及成品银恢复征收增值税①。

2.6.4.5　黄金交易所增值税征收管理办法②

(1)关于黄金交易的品种

①标准黄金产品

四种成色:AU9999、AU9995、AU999、AU995。

五种规格 50 克、100 克、1 公斤、3 公斤、12.5 公斤。

②非标准黄金产品

除上述四种成色、五种规格以外的黄金产品。

(2)关于黄金交易的征管规定

①按照黄金交易所章程规定注册登记的会员以及按照黄金交易所章程规定登记备案的客户,通过黄金交易所进行的标准黄金产品交易并持有黄金交易所开具的《黄金交易结算发票》(结算联),未发生实物交割的,由卖出方会员单位或客户按实际成交价格由黄金交易所开具普通发票;如发生实物交割的,由黄金交易所主管税务机关代黄金交易所按照实际成交价格向具有增值一般纳税人资格的提货方会员单位或客户开具增值税专用发票(增值税专用发票的发票联、记账联、存根联由黄金交易所留存,抵扣联传递给提货方会员单位)。对提货方会员单位或客户为非增值税一般纳税人的,不得开具增值税专用发票。

"标准黄金实物交割"是指:会员单位或客户将在黄金交易所已成交的黄金从黄金交易所指定的金库提取黄金的行为。

②黄金交易所交易环节发生标准黄金实物交割,应按实际成交价格开具增值税专用发票,实际成交价格为所提取黄金买卖双方按规定报价方式所成交的价格,不包括交易费、仓储费等费用。为准确计算所提货金的实际成交价格,黄金交易场所应按后进先出法原则确定。

③在黄金交易所开业初期,对非黄金生产会员单位或客户(不包括银行系统),应按本单位的黄金实际使用量从黄金交易所的指定金库提取黄金。对没有按本单位黄金实际使用量而从黄金交易所指定金库多提取的黄金,不得再向黄金交易所指定的金库存入黄金进行交易,包括黄金交易所开业之前非黄金生产会员单位或客户(不包括银行系统)

---

① 《国家税务总局关于白银生产环节征收增值税的通知》(国税发[2000]51 号,2000 年 3 月 17 日)。此前,《财政部 国家税务总局关于人民银行配售白银征税问题的通知》(财税字[1994]52 号)、《财政部 国家税务总局关于白银生产环节免征增值税问题的通知》(财税字[1995]13 号,1995 年 1 月 26 日)规定,对白银生产环节免征增值税。《财政部 国家税务总局关于对部分资源综合利用产品免征增值税的通知》(财税字[1995]44 号,1995 年 4 月 28 日)规定,对企业利用废液(渣)生产的黄金、白银,按照现行对黄金、白银生产的税收政策,在 1995 年底以前免征增值税。

② 《国家税务总局关于印发〈黄金交易增值税征收管理办法〉的通知》(国税发明电[2002]47 号,2002 年 10 月 23 日)。

在本单位的库存黄金。

（3）会员单位和客户增值税进项税额的核算

①对会员单位（中国人民银行和黄金生产企业除外）或客户应对在黄金交易所黄金交易的进项税额实行单独核算，对按取得的黄金交易所开具的增值税专用发票上注明的增值税税额（包括相对应的买入量）单独记账。对会员或客户从黄金交易所购入黄金（指发生实物交割）再通过黄金交易所卖出时，应计算通过黄金交易所卖出黄金进项税额的转出额，并从当期进项税额中转出，同时计入成本；对企业当期账面进项税额小于通过下列公式计算出的应转出的进项税额，其差额部分应当立即补征入库。

应转出的进项税额＝单位进项税额×当期黄金卖出量

单位进项税额＝购入黄金的累计进项税额÷累计黄金购入额

②对会员单位（中国人民银行和黄金生产企业除外）或客户通过黄金交易所销售企业原有库存黄金，应按实际成交价格计算相应的进项税额转出额，并从当期进项税额中转出，计入成本。

应转出的进项税额＝销售库存黄金实际成交价格÷（1+17%）×17%。

（4）增值税专用发票中的单价、金额和税额的确定

增值税专用发票中的单价、金额和税额计算公式分别为①：

单价＝实际成交单价÷（1+增值税税率）

金额＝数量×单价

税额＝金额×税率

实际成交单价是指不含黄金交易所所收取的手续费的单位价格。

纳税人不通过黄金交易所销售的标准黄金不享受增值税即征即退政策（也不享受免征城市维

护建设税、教育费附加政策）②。

（5）增值税一般纳税人的认定

①黄金交易所应向所在地的主管税务机关申请办理增值税一般纳税人的认定手续，并申请印制《黄金交易结算发票》。

②会员单位和客户符合增值税一般纳税人认定资格的，可向其所在地的主管税务机关申请办理增值税一般纳税人的认定手续。

③会员和客户在黄金交易所所在地设有分支机构的，并由分支机构进行黄金交易的，对符合增值税一般纳税人资格的分支机构可向黄金变易所的主管税务机关申请办理一般纳税人的认定手续。

（6）对会员单位和客户应按黄金交易所开具的《黄金交易结算发票》作为会计记账凭证进行财务核算；对买入方会员单位和客户取得税务部门代开的增值税专用发票（增值税专用发票的发票联、记账联、存根联由黄金交易所留存，抵扣联传递给提货方会员单位），只作为核算进项税额的凭证，不得作为财务核算的凭证。

（7）会员单位和客户未发生实物交割的，应凭黄金交易所开具的《黄金交易结算发票》（结算联），向会员单位和客户所在地税务机关办理免税手续。

（8）黄金交易所应加强对会员单位和客户的基础管理工作，会员单位的自营黄金交易与代理客户的黄金交易应分别进行核算。

2.6.4.6　上海期货交易所黄金期货交易增值税征收管理办法③

（1）适用范围

适用上海期货交易所黄金期货交易增值税征收管理办法的"黄金"是指标准黄金，即成色与规格同时符合以下标准的金锭、金条及金块等黄金原料：

① 《财政部　国家税务总局关于黄金税收政策问题的通知》（财税［2002］142 号,2002 年 9 月 12 日）。
② 《财政部　国家税务总局关于黄金税收政策问题的通知》（财税［2002］142 号,2002 年 9 月 12 日）。
③ 《国家税务总局关于印发〈上海期货交易所黄金期货交易增值税征收管理办法〉的通知》（国税发［2008］46 号,2008 年 5 月 4 日）。

成色：AU9999，AU9995，AU999，AU995

规格：50 克，100 克，1 公斤，3 公斤，12.5公斤。

非标准黄金，即成色与规格不同时符合以上标准的黄金原料，不适用本办法。

（2）上海期货交易所黄金期货交易增值税征管办法

①上海期货交易所应向主管税务机关申请印制《黄金结算专用发票》（一式三联，分为结算联、发票联和存根联）。

②上海期货交易所会员和客户，通过上海期货交易所进行黄金期货交易并发生实物交割的，按照以下规定办理：

Ⅰ 卖方会员或客户按交割结算价向上海期货交易所开具普通发票，对其免征增值税。上海期货交易所按交割结算价向卖方提供《黄金结算专用发票》结算联，发票联、存根联由交易所留存。

Ⅱ 买方会员或客户未提取黄金出库的，由上海期货交易所按交割结算价开具《黄金结算专用发票》并提供发票联，存根联、结算联由上海期货交易所留存。

Ⅲ 买方会员或客户提取黄金出库的（指期货交易所会员或客户从指定的金库中提取在期货交易所已交割的黄金的行为），应向上海期货交易所主管税务机关出具期货交易交割结算单、标准仓单出库确认单、溢短结算单，由税务机关按实际交割价和提货数量，代上海期货交易所向具有增值税一般纳税人资格的买方会员或客户（提货方）开具增值税专用发票（抵扣联），增值税专用发票的发票联和记账联由上海期货交易所留存，抵扣联传递给提货方会员或客户。

买方会员或客户（提货方）不属于增值税一般纳税人的，不得向其开具增值税专用发票。

③上海期货交易所应对黄金期货交割并提货环节的增值税税款实行单独核算，并享受增值税即征即退政策，同时免征城市维护建设税、教育费附加。

（3）会员和客户增值税进项税额的核算

①上海期货交易所会员或客户（中国人民银行除外）应对在上海期货交易所或黄金交易所办理黄金实物交割提取出库时取得的进项税额实行单独核算，按取得的税务机关代开的增值税专用发票上注明的增值税税额（包括相对应的买入量）单独记账。

对会员或客户从上海期货交易所或黄金交易所购入黄金（指提货出库后）再通过上海期货交易所卖出的，应计算通过上海期货交易所卖出黄金进项税额的转出额，并从当期进项税额中转出，同时计入成本；对当期账面进项税额小于通过下列公式计算出的应转出的进项税额，其差额部分应当立即补征入库。

应转出的进项税额＝单位进项税额×当期黄金卖出量

单位进项税额＝购入黄金的累计进项税额÷累计黄金购入额

②对上海期货交易所会员或客户（中国人民银行除外）通过上海期货交易所销售企业原有库存黄金，应按实际成交价格计算相应进项税额的转出额，并从当期进项税额中转出，计入成本。

应转出的进项税额＝销售库存黄金实际成交价格÷（1＋增值税税率）×增值税税率

③买方会员或客户（提货方）取得增值税专用发票抵扣联后，应按发票上注明的税额从黄金材料成本科目中转入"应交税费——应交增值税（进项税额）"科目，核算进项税额。

（4）增值税专用发票的单价和金额、税额的确定

上海期货交易所买方会员或客户（提货方）提货出库时，主管税务机关代开增值税专用发票上注明的单价，应由实际交割货款和提货数量确定，但不包括手续费、仓储费等其他费用。其中，实际交割货款由交割货款和溢短结算货款组成，交割货款按后进先出法原则确定。具体计算公式如下：

税额＝金额×增值税税率

金额＝数量×单价

单价＝实际交割价÷（1＋增值税税率）

实际交割价 = 实际交割货款 ÷ 提货数量

实际交割货款 = 交割货款 + 溢短结算货款

交割货款 = 标准仓单张数 × 每张仓单标准数量 × 交割结算价

溢短结算货款 = 溢短 × 溢短结算日前一交易日上海期货交易所挂牌交易的最近月份黄金期货合约的结算价

其中，单价小数点后至少保留6位。

(5)会员和客户应将上海期货交易所开具的《黄金结算专用发票》(发票联)作为会计记账凭证进行财务核算；买方会员和客户(提货方)取得税务部门代开的增值税专用发票(抵扣联)，仅作为核算进项税额的凭证。

(6)卖方会员或客户应凭上海期货交易所开具的《黄金结算专用发票》(结算联)，向卖方会员或客户主管税务机关办理免税手续。

(7)上海期货交易所会员应分别核算自营黄金期货交易、代理客户黄金期货交易与黄金实物交割业务的销售额以及增值税销项税额、进项税额、应纳税额。

2.6.4.7　金融机构开展个人实物黄金交易业务增值税征收管理办法①

对金融机构销售实物黄金的行为，应当照章征收增值税。

(1)对于金融机构从事的实物黄金交易业务，实行金融机构各省级分行和直属一级分行所属地市级分行、支行按照规定的预征率预缴增值税，由省级分行和直属一级分行统一清算缴纳的办法。

①发生实物黄金交易行为的分理处、储蓄所等应按月计算实物黄金的销售数量、金额，上报其上级支行。

②各支行、分理处、储蓄所应依法向机构所在地主管国家税务局申请办理税务登记。各支行应按月汇总所属分理处、储蓄所上报的实物黄金销售额和本支行的实物黄金销售额，按照规定的预征率计算增值税预征税额，向主管税务机关申报缴纳增值税。

预征税额 = 销售额 × 预征率

③各省级分行和直属一级分行应向机构所在地主管国家税务局申请办理税务登记，申请认定增值税一般纳税人资格。按月汇总所属地市分行或支行上报的实物黄金销售额和进项税额，按照一般纳税人方法计算增值税应纳税额，根据已预征税额计算应补税额，向主管税务机关申报缴纳。

应纳税额 = 销项税额 − 进项税额

应补税额 = 应纳税额 − 预征税额

当期进项税额大于销项税额的，其留抵税额结转下期抵扣，预征税额大于应纳税额的，在下期增值税应纳税额中抵减。

④从事实物黄金交易业务的各级金融机构取得的进项税额，应当按照现行规定划分不可抵扣的进项税额，作进项税额转出处理。

⑤预征率由各省级分行和直属一级分行所在地省级国家税务局确定。

(2)金融机构所属分行、支行、分理处、储蓄所等销售实物黄金时，应当向购买方开具国家税务总局统一监制的普通发票，不得开具银行自制的金融专业发票，普通发票领购事宜由各分行、支行办理。

2.6.4.8　钻石交易增值税征收管理办法②

(1)上海钻石交易所(简称钻交所)是经国务院批准设立，办理钻石(包括毛坯钻石和成品钻石)进出口手续和对钻石交易实行保税政策的交易场所。

(2)钻交所应根据《中华人民共和国进/出境货物备案清单》(简称备案清单)或《中华人民共和国海关进/出口货物报关单》(简称报关单)及对海关开具的进出钻交所的《钻石交易核准单》(简称

①　《国家税务总局关于金融机构开展个人实物黄金交易业务增值税有关问题的通知》(国税发[2005]178号，2005年11月7日)。

②　《国家税务总局关于印发〈钻石交易增值税征收管理办法〉的通知》(国税发[2006]131号，2006年8月28日)。

核准单)进行编号登记。

(3)按照《上海钻石交易所章程》和《上海钻石交易所交易规则》注册登记的专门经营钻石的所有会员单位应当在规定的时间内,向钻交所所在地的税务机关申请办理税务登记和申请办理增值税一般纳税人资格认定。税务机关对经审核符合条件的,认定为一般纳税人,不纳入辅导期管理。

(4)会员单位通过钻交所进口销往国内市场的毛坯钻石,免征国内环节增值税,并可通过防伪税控"一机多票"系统开具普通发票;会员单位通过钻交所进口销往国内市场的成品钻石,凭海关完税凭证和核准单(须一一对应),通过税务机关或税务机关指定的专业从事税务代理业务的中介机构使用增值税防伪税控主机共享服务系统开具增值税专用发票。如发生退货,需要开具红字增值税专用发票的,除按现行有关规定处理外,还应收回核准单(原件);钻石出口不得开具增值税专用发票。

国内开采或加工的钻石,通过钻交所销售的,在国内销售环节免征增值税,可凭核准单开具普通发票;不通过钻交所销售的,在国内销售环节照章征收增值税,并可按规定开具专用发票。

(5)会员单位通过钻交所进口成品钻石,凭海关完税凭证上注明的代征增值税税额抵扣,并将对应的核准单编号后,按规定向主管税务机关备案登记。

(6)会员单位应根据增值税专用发票、核准单、备案清单或报关单等对成品钻石销售进行编号登记,并按规定报送主管税务机关。登记的主要内容是:进口单位名称、国际代码、商品名称及规格型号、数量及单位、报关单或备案清单号码、进口日期、原产国(地区)、总价、购买方单位名称、税务登记代码、专用发票代码、号码、核准单号等。会员单

位主管税务机关应于每季度终了15日内向购买方的主管税务机关发送其从钻交所购入钻石的发票清单,主要内容是:所属期限、进口单位名称、专用发票代码和号码、商品名称及规格型号、数量及单位等。

(7)从钻交所会员单位购进成品钻石的增值税一般纳税人,在向会员单位索取增值税专用发票抵扣联的同时,必须向其索取核准单(第三联),以备税务机关核查。

(8)从钻交所会员单位购进成品钻石的所有单位(包括加工钻石饰品等单位)应当按规定对钻石交易、库存、委托加工等情况设置明细账簿,按月向其主管税务机关申报钻石购、销、损、存的明细情况。购买方主管税务机关应根据钻交所会员单位主管税务机关发送来的发票清单信息与核准单相关信息按季进行核实,发现异常的,应立即移送稽查部门实施税务稽查。

2.6.5　货物期货征税办法

2.6.5.1　货物期货交易增值税的纳税人[①]

(1)交割时采取由期货交易所开具发票的,以期货交易所为纳税人。期货交易所增值税按次计算,其进项税额为该货物交割时供货会员单位开具的增值税专用发票上注明的销项税额,期货交易所本身发生的各种进项不得抵扣。

(2)交割时采取由供货的会员单位直接将发票开给购货会员单位的,以供货会员单位为纳税人。

2.6.5.2　货物期货交易增值税的计税依据

货物期货交易增值税的计税依据为交割时的不含税价格(不含增值税的实际成交额)[②]。

不含税价格=含税价格÷(1+增值税税率)

2.6.5.3　货物期货交易增值税的纳税环节

货物期货交易增值税的纳税环节为期货的实物交割环节[③]。

---

①　《国家税务总局关于下发〈货物期货征收增值税具体办法〉的通知》(国税发[1994]244号,1994年11月9日)。

②　《国家税务总局关于下发〈货物期货征收增值税具体办法〉的通知》(国税发[1994]244号,1994年11月9日)。

③　《国家税务总局关于下发〈货物期货征收增值税具体办法〉的通知》(国税发[1994]244号,1994年11月9日)。

2.6.5.4 货物期货交易增值税专用发票开具与抵扣规定

增值税一般纳税人在商品交易所通过期货交易购进货物，其通过商品交易所转付货款可视同向销货单位支付货款，对其取得的合法增值税专用发票允许抵扣①。

增值税一般纳税人在商品交易所通过期货交易销售货物的，无论发生升水或贴水，均可按照标准仓单持有凭证所注明货物的数量和交割结算价开具增值税专用发票②。

对于期货交易中仓单注册人注册货物时发生升水的，该仓单注销（即提取货物退出期货流通）时，注册人应当就升水部分款项向注销人开具增值税专用发票，同时计提销项税额，注销人凭取得的专用发票计算抵扣进项税额③。

发生贴水的，该仓单注销时，注册人应当就贴水部分款项向注销人开具负数增值税专用发票，同时冲减销项税额，注销人凭取得的专用发票调减进项税额，不得由仓单注销人向仓单注册人开具增值税专用发票。注册人开具负数专用发票时，应当取得商品交易所出具的《标准仓单注册升贴水单》或《标准仓单注销升贴水单》，按照所注明的升贴水金额向注销人开具，并将升贴水单留存以备主管税务机关检查。④

其中：升水，是指按照规定的期货交易规则，所注册货物的等级、重量、类别、仓库位置等相比基准品、基准仓库为优的，交易所通过升贴水账户支付给货物注册方的一定差价金额。发生升水时，经多次交易后，标准仓单持有人提取货物注销仓单时，

交易所需通过升贴水账户向注销人收取与升水额相等的金额。所称贴水，是指按照规定的期货交易规则，所注册货物的等级、重量、类别、仓库位置等相比基准品、基准仓库为劣的，交易所通过升贴水账户向货物注册方收取的一定差价金额。发生贴水时，经多次交易后，标准仓单持有人提取货物注销仓单时，交易所需通过升贴水账户向注销人支付与贴水额相等的金额⑤。

2.6.5.5 上海期货交易所期货保税交割税收处理⑥

自2010年12月1日起，上海期货交易所的会员和客户通过上海期货交易所交易的期货保税交割标的物，按保税货物暂免征收增值税。非保税货物发生的期货实物交割仍按《国家税务总局关于下发〈货物期货征收增值税具体办法〉的通知》（国税发〔1994〕244号）的规定执行。

期货保税交割是指以海关特殊监管区域或场所内处于保税监管状态的货物为期货实物交割标的物的期货实物交割。

期货保税交割的销售方，在向主管税务机关申报纳税时，应出具当期期货保税交割的书面说明及上海期货交易所交割单、保税仓单等资料。

2.7 税收优惠

2.7.1 起征点规定

纳税人销售额未达到国务院财政、税务主管部门规定的增值税起征点的，免征增值税；达到起征点的，依照增值税暂行条例规定全额计算缴纳增值税⑦。

增值税起征点的适用范围只限于个人。起征

① 《国家税务总局关于增值税一般纳税人期货交易进项税额抵扣问题的通知》（国税发〔2002〕45号，2002年4月29日）。
② 《国家税务总局关于增值税一般纳税人期货交易有关增值税问题的通知》（国税函〔2005〕1060号，2005年11月9日）。
③ 《国家税务总局关于增值税一般纳税人期货交易有关增值税问题的通知》（国税函〔2005〕1060号，2005年11月9日）。
④ 《国家税务总局关于增值税一般纳税人期货交易有关增值税问题的通知》（国税函〔2005〕1060号，2005年11月9日）。
⑤ 《国家税务总局关于增值税一般纳税人期货交易有关增值税问题的通知》（国税函〔2005〕1060号，2005年11月9日）。
⑥ 《财政部 国家税务总局关于上海期货交易所开展期货保税交割业务有关增值税问题的通知》（财税〔2010〕108号，2010年12月2日）。
⑦ 《中华人民共和国增值税暂行条例》（中华人民共和国国务院令第538号，2008年11月10日）第十七条。

点的幅度分别为①：

销售货物的起征点为月销售额 2000—5000 元；

销售应税劳务的起征点为月销售额 1500—3000 元；

按次纳税的起征点为每次（日）销售额 150—200 元。

销售额，是指增值税暂行条例实施细则第三十条第一款所称小规模纳税人不包括应纳税额的销售额②。

省、自治区、直辖市财政厅（局）和国家税务局应在规定的幅度内，根据实际情况确定本地区适用的起征点，并报财政部、国家税务总局备案③。

对销售额未达到起征点的个体工商业户，税务机关不得为其代开专用发票。对销售额未达到 2003 年规定新调整后起征点的个体双定户，其应免予征收而实际已征收的税款，税务机关应在核实无误后按照规定的税款退还程序予以退还④。

2.7.2　农林牧渔业税收优惠政策

2.7.2.1　农产品税收优惠政策

（1）一般农产品税收优惠政策

①基本规定

农业生产者销售的自产农业产品免征增值税⑤。其中：

农业，是指种植业、养殖业、林业、牧业、水产业。

农业生产者，包括从事农业生产的单位和个人。

农业产品，是指初级农产品，具体范围按照《财政部　国家税务总局关于印发〈农业产品征税范围注释〉的通知》（财税〔1995〕52 号）执行⑥。

农业生产者销售的自产农业产品，是指直接从事植物的种植、收割和动物的饲养、捕捞的单位和个人销售的注释所列的自产农业产品。对上述单位和个人销售的外购的农业产品，以及单位和个人外购农业产品生产、加工后销售的仍然属于注释所列的农业产品，不属于免税的范围，应当按照规定税率征收增值税⑦。

②专项规定

Ⅰ　农业生产者用自产的茶青再经筛分、风选、

---

① 《中华人民共和国增值税暂行条例实施细则》（财政部　国家税务总局令第 50 号，2008 年 12 月 15 日）第三十七条。原细则规定，销售货物的起征点为月销售额 600—2000 元，销售应税劳务的起征点为月销售额 200—800 元，按次纳税的起征点为每次（日）销售额 50—80 元。后来《财政部　国家税务总局关于下岗失业人员再就业有关税收政策问题的通知》（财税〔2002〕208 号，2002 年 12 月 27 日）和《财政部　国家税务总局关于下岗失业人员再就业有关税收政策问题的补充通知》（财税〔2003〕12 号，2003 年 2 月 13 日）将起征点调整为目前的水平。《国家税务总局关于进一步明确若干再就业税收政策问题的通知》（国税发〔2003〕119 号，2003 年 10 月 18 日）规定，下岗失业人员从事增值税应税项目的个体经营活动，照章征收增值税。根据《财政部关于公布废止和失效的财政规章和规范性文件目录（第十一批）的决定》（财政部令第 62 号，2011 年 2 月 21 日），财税〔2003〕12 号公布废止；根据《国家税务总局关于公布全文失效废止　部分条款失效废止的税收规范性文件目录的公告》（国家税务总局公告 2011 年第 2 号，2011 年 1 月 4 日），国税发〔2003〕119 号被公布失效废止，但在《财政部　国家税务总局关于支持和促进就业有关税收政策的通知》（财税〔2010〕84 号，2010 年 10 月 22 日）新近颁布的促进就业税收政策，失业人员从事增值税应税项目的个体经营活动，仍没有增值税方面的优惠。

② 《中华人民共和国增值税暂行条例实施细则》（财政部　国家税务总局令第 50 号，2008 年 12 月 15 日）第三十七条。

③ 《中华人民共和国增值税暂行条例实施细则》（财政部　国家税务总局令第 50 号，2008 年 12 月 15 日）第三十七条。

④ 《国家税务总局关于增值税起征点调整后有关问题的批复》（国税函〔2003〕1396 号，2003 年 12 月 29 日）。《国家税务总局关于修改若干增值税规范性文件引用法规规章条款依据的通知》（国税发〔2009〕10 号，2008 年 2 月 5 日）。

⑤ 《中华人民共和国增值税暂行条例》（国务院令第 538 号，2008 年 11 月 10 日）第十五条。此前，《关于对商业企业批发肉、禽、蛋、水产品和蔬菜的业务实行"先征后返"的若干问题的通知》（财税字〔1994〕71 号）、《关于继续对商业企业批发肉、禽、蛋、水产品和蔬菜的业务实行增值税先征后返政策问题的通知》（财税字〔1998〕31 号）、《关于对商业企业批发肉、禽、蛋、水产品和蔬菜的业务如何征收增值税问题的通知》（财预明电字〔1994〕第 3 号）、《关于商业企业批发肉、禽、蛋、水产品和蔬菜增值税先征后退有关预算管理问题的通知》（财预字〔1997〕108 号）规定的商业企业批发上述农产品实行增值税先征后返的政策，被《财政部　国家税务总局关于停止执行商业企业批发肉、禽、蛋、水产品和蔬菜业务增值税先征后返政策的通知》（财税〔2001〕46 号，2001 年 4 月 18 日）公布自 2000 年 1 月 1 日起停止执行。

⑥ 《中华人民共和国增值税暂行条例实施细则》（财政部　国家税务总局令第 50 号，2008 年 12 月 15 日）第三十五条。

⑦ 《财政部　国家税务总局关于印发〈农业产品征税范围注释〉的通知》（财税字〔1995〕52 号，1995 年 6 月 15 日）。

拣剔、碎块、干燥、匀堆等工序精制而成的精制茶,不得按照农业生产者销售的自产农业产品免税的规定执行,应当按照规定的税率征税①。

Ⅱ 对于农民个人按照竹器企业提供样品规格,自产或购买竹、芒、藤、木条等,再通过手工简单编织成竹制或竹芒藤柳混合坯具的,属于自产农业初级产品,应当免征销售环节增值税。收购坯具的竹器企业可以凭开具的农产品收购凭证计算进项税额抵扣②。

Ⅲ 自2010年12月1日起,制种企业在下列生产经营模式下生产销售种子,属于农业生产者销售自产农业产品,免征增值税③:

ⅰ制种企业利用自有土地或承租土地,雇佣农户或雇工进行种子繁育,再经烘干、脱粒、风筛等深加工后销售种子;

ⅱ制种企业提供亲本种子委托农户繁育并从农户手中收回,再经烘干、脱粒、风筛等深加工后销售种子。

(2)粮食和食用植物油税收优惠政策

①承担粮食收储任务的国有粮食购销企业免税规定

国有粮食购销企业必须按顺价原则销售粮食。对承担粮食收储任务的国有粮食购销企业销售的粮食免征增值税。免征增值税的国有粮食购销企业,由县(市)国家税务局会同同级财政、粮食部门审核确定④。

审批享受免税优惠的国有粮食购销企业时,税务机关按规定缴销其《增值税专用发票领购簿》,并收缴其库存未用的增值税专用发票予以注销;兼营其他应税货物,须重新核定其增值税专用发票用量⑤。

②其他粮食企业税收优惠政策

对其他粮食企业经营粮食,除下列项目免征增值税外,一律征收增值税⑥。

Ⅰ 军队用粮

指凭军用粮票和军粮供应证按军供价供应中国人民解放军和中国人民武装警察部队的粮食⑦。

Ⅱ 救灾救济粮

指经县(含)以上人民政府批准,凭救灾救济粮食票(证)按规定的销售价格向需救助的灾民供应的粮食⑧。

退耕还林还草试点工作实行"退耕还林、封山绿化、以粮代赈、个体承包"的方针,对退耕户根据退耕面积由国家无偿提供粮食补助。对粮食部门经营的退耕还林还草补助粮,凡符合国家规定标准的,比照"救灾救济粮"免征增值税⑨。

Ⅲ 水库移民口粮

指经县(含)以上人民政府批准,凭水库移民口粮票(证)按规定的销售价格供应给水库移民的粮食⑩。

③销售食用植物油的税收优惠政策

对政府储备食用植物油的销售继续免征增值税,除此之外销售食用植物油业务一律照章征收增值税⑪。

① 《财政部 国家税务总局关于印发《农业产品征税范围注释》的通知》(财税字[1995]52号,1995年6月15日)。
② 《国家税务总局关于农户手工编织的竹制和竹芒藤柳坯具征收增值税问题的批复》(国税函[2005]56号,2005年1月18日)。
③ 《国家税务总局关于制种行业增值税有关问题的公告》(国家税务总局公告2010年第17号,2010年10月25日)。
④ 《财政部 国家税务总局关于粮食企业增值税征免问题的通知》(财税[1999]198号,1999年6月29日)。
⑤ 《财政部 国家税务总局关于粮食企业增值税征免问题的通知》(财税[1999]198号,1999年6月29日)。
⑥ 《财政部 国家税务总局关于粮食企业增值税征免问题的通知》(财税[1999]198号,1999年6月29日)。
⑦ 《财政部 国家税务总局关于粮食企业增值税征免问题的通知》(财税[1999]198号,1999年6月29日)。
⑧ 《财政部 国家税务总局关于粮食企业增值税征免问题的通知》(财税[1999]198号,1999年6月29日)。
⑨ 《国家税务总局关于退耕还林还草补助粮免征增值税问题的通知》(国税发[2001]131号,2001年11月26日)。
⑩ 《财政部 国家税务总局关于粮食企业增值税征免问题的通知》(财税[1999]198号,1999年6月29日)。
⑪ 《财政部 国家税务总局关于粮食企业增值税征免问题的通知》(财税[1999]198号,1999年6月29日)。

对粮油加工业务,一律照章征收增值税①。

④免税资格管理

承担粮食收储任务的国有粮食购销企业和经营免税项目的其他粮食经营企业,以及有政府储备食用植物油销售业务的企业,均需经主管税务机关审核认定免税资格,未报经主管税务机关审核认定,不得免税。享受免税优惠的企业,应按期进行免税申报,违反者取消其免税资格。粮食部门应向同级国家税务局提供军队用粮、救灾救济粮、水库移民口粮的单位、供应数量等有关资料,经国家税务局审核无误后予以免税②。

⑤免税国有粮食购销企业增值税管理

凡享受免征增值税的国有粮食购销企业,均按增值税一般纳税人认定,并进行纳税申报、日常检查及有关增值税专用发票的各项管理③。

享受免税优惠的国有粮食购销企业可继续使用增值税专用发票。自 1999 年 8 月 1 日起,凡国有粮食购销企业销售粮食,暂一律开具增值税专用发票④。

凡需要向购货方开具增值税专用发票的,应严格按照《国家税务总局关于加强国有粮食购销企业增值税管理有关问题的通知》(国税函[1999]560 号)的有关规定,在 1999 年内纳入增值税防伪税控系统管理,自 2000 年 1 月 1 日起,停止供应手写版增值税专用发票⑤。

国有粮食购销企业开具增值税专用发票时,应当比照非免税货物开具增值税专用发票,企业记账销售额为"价税合计"数⑥。

经税务机关认定为增值税一般纳税人的国有粮食购销企业,自 2000 年 1 月 1 日起,其粮食销售业务必须使用防伪税控系统开具增值税专用发票。对违反本条规定,逾期未使用防伪税控系统,擅自开具增值税专用发票的,按照《中华人民共和国发票管理办法》及其实施细则的有关规定进行处罚⑦。

⑥政府储备食用植物油销售业务增值税管理

购进的免税食用植物油,不得计算抵扣进项税额⑧。自 2002 年 6 月 1 日起,对中国储备粮总公司及各分公司所属的政府储备食用植物油承储企业,按照国家指令计划销售的政府储备食用植物油,可比照国家税务总局《关于国有粮食购销企业开具粮食销售发票有关问题的通知》(国税明电[1999]10 号)及国家税务总局《关于加强国有粮食购销企业增值税管理有关问题的通知》(国税函[1999]560 号)的有关规定执行,允许其开具增值税专用发票并纳入增值税防伪税控系统管理⑨。

(3)边销茶税收优惠政策

自 2009 年 1 月 1 日起至 2010 年 12 月 31 日,对国家定点生产企业销售自产的边销茶及经销企业销售的边销茶免征增值税。上述国家定点生产企业,是指国家经贸委、国家计委、国家民委、财政部、工商总局、质检总局、全国供销合作社 2002 年第 53 号公告和商务部、发展改革委、国家民委、财政部、工商总局、质检总局、全国供销合作总社 2003 年第 47 号公告列名的边销茶定点生产企业。

纳税人销售本通知规定的免税货物,如果已向购买方开具了增值税专用发票,应将专用发票追回后方可申请办理免税。凡专用发票无法追回的,一

① 《财政部 国家税务总局关于粮食企业增值税征免问题的通知》(财税[1999]198 号,1999 年 6 月 29 日)。
② 《财政部 国家税务总局关于粮食企业增值税征免问题的通知》(财税[1999]198 号,1999 年 6 月 29 日)。
③ 《国家税务总局关于加强国有粮食购销企业增值税管理有关问题的通知》(国税函[1999]560 号,1999 年 8 月 18 日)。
④ 《国家税务总局关于国有粮食购销企业开具粮食销售发票有关问题的通知》(国税明电[1999]10 号,1999 年 7 月 19 日)。
⑤ 《国家税务总局关于粮食企业增值税管理问题的补充通知》(国税函[1999]829 号,1999 年 12 月 3 日)。
⑥ 《国家税务总局关于国有粮食购销企业开具粮食销售发票有关问题的通知》(国税明电[1999]10 号,1999 年 7 月 19 日)。
⑦ 《国家税务总局关于加强国有粮食购销企业增值税管理有关问题的通知》(国税函[1999]560 号,1999 年 8 月 18 日)。
⑧ 《财政部 国家税务总局关于粮食企业增值税征免问题的通知》(财税[1999]198 号,1999 年 6 月 29 日)。
⑨ 《国家税务总局关于政府储备食用植物油销售业务开具增值税专用发票问题的通知》(国税函[2002]531 号,2002 年 6 月 10 日)。

律照章征收增值税,不予免税①。

边销茶,是指以黑茶、红茶末、老青茶、绿茶经蒸制、加压、发酵、压制成不同形状,专门销往边疆少数民族地区的紧压茶②。

(4)生猪生产流通税收优惠政策

农业生产者销售自己饲养的生猪免缴增值税,非农业生产者销售生猪应当按照规定征收增值税,税务机关不得以任何理由擅自改变纳税环节让农业生产者缴纳或代缴生猪增值税③。

(5)个体工商户销售农产品税收优惠政策

自2004年1月1日起,对于销售水产品、畜牧产品、蔬菜、果品、粮食等农产品的个体工商户,以及以销售上述农产品为主的个体工商户,其起征点一律确定为月销售额5000元,按次纳税的,起征点一律确定为每次(日)销售额200元④。

其中:农产品的具体范围由各省、自治区、直辖市和计划单列市国家税务局依据《农业产品征税范围注释》(财税字〔1995〕52号)确定,并报总局备案⑤。"以销售农产品为主"是指纳税人月(次)农产品销售额与其他货物销售额的合计数中,农产品销售额超过50%(含50%),其他货物销售额不到50%⑥。

(6)农产品连锁经营税收优惠政策

对纳入试点的农产品连锁经营企业属于增值税一般纳税人的,其购进免税农产品按13%的扣除率计算进项额抵扣。对试点企业从农业生产单位购进农产品的,税务机关鼓励其取得农业生产单位开具的普通发票,作为进项税额抵扣凭证⑦。

2.7.2.2 农业生产资料税收优惠政策

(1)饲料产品税收优惠政策

自2000年6月1日起,饲料产品分为征收增值税和免征增值税两类。进口和国内生产的饲料,一律执行同样的征税或免税政策⑧。

①免税饲料产品范围

自2001年8月1日起,对下列饲料产品免征增值税。2001年8月1日前免税饲料范围及豆粕的征税问题,仍按照《国家税务总局关于修订"饲料"注释及加强饲料征免增值税管理问题的通知》(国税发〔1999〕39号)执行⑨。

Ⅰ 单一大宗饲料

指以一种动物、植物、微生物或矿物质为来源的产品或其副产品。其范围仅限于糠麸、酒糟、鱼粉、草饲料、饲料级磷酸氢钙及除豆粕以外的菜子粕、棉子粕、向日葵粕、花生粕等粕类产品⑩。

从2007年1月1日起,对饲料级磷酸二氢钙

---

① 《财政部 国家税务总局关于民贸企业和边销茶有关增值税政策的通知》(财税〔2009〕141号,2009年12月7日)。此前,《财政部 国家税务总局关于继续对民族贸易企业销售的货物及国家定点企业生产和经销单位经销的边销茶实行增值税优惠政策的通知》(财税〔2006〕103号,2006年8月7日)规定,自2006年1月1日起至2008年12月31日对国家定点企业生产和经销单位经销的专供少数民族饮用的边销茶免征增值税。《财政部 国家税务总局关于继续对国家定点企业生产和经销单位经销的边销茶免征增值税的通知》(财税〔2001〕71号,2001年4月20日)曾规定,2005年12月31日前免税。根据《财政部关于公布废止和失效的财政规章和规范性文件目录(第十一批)的决定》(财政部令第62号,2011年2月21日),财税〔2006〕103号被公布失效。

② 《财政部 国家税务总局关于增值税几个税收政策问题的通知》(财税字〔1994〕60号,1994年10月18日)。

③ 《国家税务总局关于生猪生产流通过程中有关税收问题的通知》(国税发〔1999〕113号,1999年6月9日)。

④ 《国家税务总局关于个体工商户销售农产品有关税收政策问题的通知》(国税发〔2003〕149号,2003年12月23日)。

⑤ 《国家税务总局关于个体工商户销售农产品有关税收政策问题的通知》(国税发〔2003〕149号,2003年12月23日)。

⑥ 《国家税务总局关于个体工商户销售农产品有关税收政策问题的通知》(国税发〔2003〕149号,2003年12月23日)。

⑦ 《商务部 财政部 税务总局关于开展农产品连锁经营试点的通知》(商建发〔2005〕1号,2005年4月4日)。

⑧ 《财政部 国家税务总局关于豆粕等粕类产品征免增值税政策的通知》(财税〔2001〕30号,2001年8月7日)。

⑨ 《财政部 国家税务总局关于饲料产品免征增值税问题的通知》(财税〔2001〕121号,2001年7月12日)。此前,《国家税务总局关于修订"饲料"注释及加强饲料征免增值税管理问题的通知》(国税发〔1999〕39号,1999年3月8日)规定,自1999年1月1日起,原有的饲料生产企业及新办的饲料生产企业,应凭省级饲料质量检测机构出具的饲料产品合格证明及饲料工业管理部门审核意见,向所在地主管税务机关提出免税申请,经省级国家税务局审核批准后,由企业所在地主管税务机关办理免征增值税手续。1999年1月1日前,各地执行的饲料免税范围与该通知不一致的,可按饲料的销售对象确定征免;即:凡销售给饲料生产企业、饲养单位及个体养殖户的饲料,免征增值税,销售给其他单位的一律征税。

⑩ 《财政部 国家税务总局关于饲料产品免征增值税问题的通知》(财税〔2001〕121号,2001年7月12日)。

产品可比照单一大宗饲料免征增值税。纳税人销售饲料级磷酸二氢钙产品,不得开具增值税专用发票;凡开具专用发票的,不得享受免征增值税政策,应照章全额缴纳增值税①。

Ⅱ　混合饲料

指由两种以上单一大宗饲料、粮食、粮食副产品及饲料添加剂按照一定比例配置,其中单一大宗饲料、粮食及粮食副产品的掺兑比例不低于95%的饲料②。

Ⅲ　配合饲料

指根据不同的饲养对象,饲养对象的不同生长发育阶段的营养需要,将多种饲料原料按饲料配方经工业生产后,形成的能满足饲养动物全部营养需要(除水分外)的饲料③。

Ⅳ　合预混料

指能够按照国家有关饲料产品的标准要求量,全面提供动物饲养相应阶段所需微量元素(4 种或以上)、维生素(8 种或以上),由微量元素、维生素、氨基酸和非营养性添加剂中任何两类或两类以上的组分与载体或稀释剂按一定比例配置的均匀混合物④。

Ⅴ　浓缩饲料

指由蛋白质、复合预混料及矿物质等按一定比例配制的均匀混合物⑤。

Ⅵ　矿物质微量元素舔砖

矿物质微量元素舔砖,是以四种以上微量元素、非营养性添加剂和载体为原料,经高压浓缩制成的块状预混物,可供牛、羊等牲畜直接食用,应按照“饲料”免征增值税⑥。

②其他饲料相关产品征免规定

Ⅰ　豆粕

自 2000 年 6 月 1 日起,豆粕属于征收增值税的饲料产品,进口或国内生产豆粕,均按 13%的税率征收增值税。对纳税人 2000 年 6 月 1 日至 9 月 30 日期间销售的国内生产的豆粕以及在此期间定货并进口的豆粕,凭有效凭证,仍免征增值税,已征收入库的增值税给予退还⑦。

其他粕类属于免税饲料产品,免征增值税,已征收入库的税款做退库处理⑧。

Ⅱ　饲用鱼油产品

自 2003 年 1 月 1 日起,对饲用鱼油产品按照现行“单一大宗饲料”的增值税政策规定,免予征收增值税⑨。

Ⅲ　宠物饲料产品

宠物饲料产品不属于免征增值税的饲料,应按照饲料产品 13%的税率征收增值税⑩。

Ⅳ　饲料用赖氨酸产品

---

①　《国家税务总局关于饲料级磷酸二氢钙产品增值税政策问题的通知》(国税函[2007]10 号,2007 年 1 月 8 日)。
②　《财政部　国家税务总局关于饲料产品免征增值税问题的通知》(财税[2001]121 号,2001 年 7 月 12 日)。
③　《财政部　国家税务总局关于饲料产品免征增值税问题的通知》(财税[2001]121 号,2001 年 7 月 12 日)。
④　《财政部　国家税务总局关于饲料产品免征增值税问题的通知》(财税[2001]121 号,2001 年 7 月 12 日)。
⑤　《财政部　国家税务总局关于饲料产品免征增值税问题的通知》(财税[2001]121 号,2001 年 7 月 12 日)。
⑥　《国家税务总局关于矿物质微量元素舔砖免征增值税问题的批复》(国税函[2005]1127 号,2005 年 11 月 30 日)。
⑦　《财政部　国家税务总局关于豆粕等粕类产品征免增值税政策的通知》(财税[2001]30 号,2001 年 8 月 7 日)。此前,《国家税务总局关于修改〈国家税务总局关于修订“饲料”注释及加强饲料征免增值税管理问题的通知〉的通知》(国税发[2000]93 号,2000 年 5 月 22 日)规定,自 2000 年 6 月 1 日起,对豆粕按照单一饲料免征增值税。但该文件不久即被暂缓执行,参见《国家税务总局关于暂缓执行〈国家税务总局关于修改〈国家税务总局关于修订“饲料”注释及加强饲料征免增值税管理问题的通知〉的通知〉的通知》(国税发[2000]132 号,2000 年 7 月 19 日)。随后于 2001 年出台了《财政部　国家税务总局关于饲料产品免征增值税问题的通知》(财税[2001]121 号,2001 年 7 月 12 日)。
⑧　《财政部　国家税务总局关于豆粕等粕类产品征免增值税政策的通知》(财税[2001]30 号,2001 年 8 月 7 日)。《国家税务总局关于粕类产品征免增值税问题的通知》(国税函[2010]75 号,2010 年 2 月 20 日)进一步重申豆粕属于征收增值税的饲料产品,除豆粕以外的其他粕类饲料产品,均免征增值税,并明确自 2010 年 1 月 1 日起,《国家税务总局关于出口甜菜粕准予退税的批复》(国税函[2002]716 号)废止。
⑨　《国家税务总局关于饲用鱼油产品免征增值税的批复》(国税函[2003]1395 号,2003 年 12 月 19 日)。
⑩　《国家税务总局关于宠物饲料征收增值税问题的批复》(国税函[2002]812 号,2002 年 9 月 12 日)。

饲料用赖氨酸属增值税应税货物饲料添加剂范畴,对饲料用赖氨酸不能给予免税照顾,应按规定照章征收增值税①。

③对免税饲料生产企业的管理

饲料生产企业申请免征增值税的饲料除单一大宗饲料、混合饲料以外,配合饲料、复合预混料和浓缩饲料均应由省一级税务机关确定的饲料检测机构进行检测。新办饲料生产企业或原饲料生产企业新开发的饲料产品申请免征增值税应出具检测证明②。

符合免税条件的饲料生产企业,取得有计量认证资质的饲料质量检测机构(名单由省级国家税务局确认)出具的饲料产品合格证明后即可按规定享受免征增值税优惠政策,并将饲料产品合格证明报其所在地主管税务机关备案。饲料生产企业应于每月纳税申报期内将免税收入如实向其所在地主管税务机关申报。主管税务机关应加强对饲料免税企业的监督检查,凡不符合免税条件的要及时纠正,依法征税。对采取弄虚作假手段骗取免税资格的,应依照税收征收管理法及有关税收法律、法规的规定予以处罚③。

(2)其他农业生产资料税收优惠政策

①农膜

从2001年8月1日起,农膜免征增值税④。

②化肥

Ⅰ 从2001年8月1日起,生产销售的除尿素以外的氮肥、除磷酸二铵以外的磷肥、钾肥以及以免税化肥为主要原料的复混肥免征增值税(企业生产复混肥产品所用的免税化肥成本占原料中全部化肥成本的比重高于70%)。"复混肥"是指用化学方法或物理方法加工制成的氮、磷、钾三种养分中至少有两种养分标明量的肥料,包括仅用化学方法制成的复合肥和仅用物理方法制成的混配肥(也称掺合肥)⑤。

氨化硝酸钙也属于氮肥,免征增值税⑥。

Ⅱ 自2004年12月1日起,对化肥生产企业生产销售的钾肥,由免征增值税改为实行先征后返。具体返还由财政部驻各地财政监察专员办事处按照财预字[1994]55号文件的规定办理⑦。

Ⅲ 自2005年7月1日起,对国内企业生产销售的尿素产品增值税由先征后返50%调整为暂免征收增值税⑧。

Ⅳ 自2007年2月1日起,硝酸铵适用的增值

---

① 《国家税务总局关于饲料用赖氨酸征收增值税问题的批复》(国税函[1997]69号,1997年1月31日)。
② 《国家税务总局关于调整饲料生产企业饲料免征增值税审批程序的通知》(国税发[2003]114号,2003年10月10日)。
③ 《国家税务总局关于取消饲料产品免征增值税审批程序后加强后续管理的通知》(国税函[2004]884号,2004年7月7日)。此前,《财政部 国家税务总局关于饲料产品免征增值税问题的通知》(财税[2001]121号,2001年7月12日)规定:饲料生产企业,应凭省级税务机关认可的饲料质量检测机构出具的饲料产品合格证明,向所在地主管税务机关提出免税申请,经省级国家税务局审核批准后,由企业所在地主管税务机关办理免征增值税手续。饲料生产企业饲料产品需检测品种由省级税务机关根据本地区的具体情况确定。
④ 《财政部 国家税务总局关于若干农业生产资料征免增值税政策的通知》(财税[2001]113号,2001年7月20日)。
⑤ 《财政部 国家税务总局关于若干农业生产资料征免增值税政策的通知》(财税[2001]113号,2001年7月20日)。
⑥ 《国家税务总局关于氨化硝酸钙免征增值税问题的批复》(国税函[2009]430号,2009年8月13日)。
⑦ 《财政部 国家税务总局关于钾肥增值税有关问题的通知》(财税[2004]197号,2004年12月14日]。
⑧ 《财政部 国家税务总局关于暂免征收尿素产品增值税的通知》(财税[2005]87号,2005年5月23日)。此前,《财政部 国家税务总局关于继续对尿素产品实行增值税先征后返政策的通知》(财税[2005]9号,2005年1月26日)规定:自2005年1月1日至2005年12月31日,对尿素生产企业生产销售的尿素产品,继续实行先征后返政策。《财政部 国家税务总局关于尿素产品增值税先征后返问题的通知》(财税[2004]33号,2004年1月17日)规定,自2004年1月1日至2004年12月31日,对尿素生产企业生产销售的尿素产品,实行先征后返政策。《财政部 国家税务总局关于若干农业生产资料征免增值税政策的通知》(财税[2001]113号,2001年7月20日)规定,对生产销售的尿素统一征收增值税,并在2001、2002两年内实行增值税先征后退的政策。2001年对征收的税款全额退还,2002年退还50%,自2003年起停止退还政策。对原征收增值税的尿素生产企业生产销售的尿素,实行增值税先征后退政策从2001年1月1日起执行;对原免征增值税的尿素生产企业生产销售的尿素,恢复征收增值税和实行先征后退政策以及对农业生产资料免征增值税政策,自2001年8月1日起执行。

税税率统一调整为 17%,同时不再享受化肥产品免征增值税政策①。

Ⅴ 自 2008 年 6 月 1 日起,纳税人生产销售和批发、零售有机肥产品免征增值税。有机肥产品是指有机肥料、有机—无机复混肥料和生物有机肥。其中:有机肥料,指来源于植物和(或)动物,施于土壤以提供植物营养为主要功能的含碳物料;有机—无机复混肥料,指由有机和无机肥料混合和(或)化合制成的含有一定量有机肥料的复混肥料;生物有机肥,指特定功能微生物与主要以动植物残体(如禽畜粪便、农作物秸秆等)为来源并经无害化处理、腐熟的有机物料复合而成的一类兼具微生物肥料和有机肥效应的肥料②。

有机肥料、有机—无机复混肥料和生物有机肥其产品执行标准为:有机肥料 NY525—2002,有机—无机复混肥料 GB18877—2002,生物有机肥 NY884—2004。其他不符合上述标准的产品,不属于上述有机肥产品,应按照现行规定征收增值税③。

纳税人销售免税的有机肥产品,应按规定开具普通发票,不得开具增值税专用发票④。

纳税人申请免征增值税,应向主管税务机关提供以下资料,凡不能提供的,一律不得免税⑤:

ⅰ 生产有机肥产品的纳税人

由农业部或省、自治区、直辖市农业行政主管部门批准核发的在有效期内的肥料登记证复印件,并出示原件。

由肥料产品质量检验机构一年内出具的有机肥产品质量技术检测合格报告原件。出具报告的

肥料产品质量检验机构须通过相关资质认定。

在省、自治区、直辖市外销售有机肥产品的,还应提供在销售使用地省级农业行政主管部门办理备案的证明原件。

ⅱ 批发、零售有机肥产品的纳税人

生产企业提供的在有效期内的肥料登记证复印件。

生产企业提供的产品质量技术检验合格报告原件。

在省、自治区、直辖市外销售有机肥产品的,还应提供在销售使用地省级农业行政主管部门办理备案的证明复印件。

凡经核实所提供的肥料登记证、产品质量技术检测合格报告、备案证明失效的,应停止其享受免税资格,恢复照章征税。

③批发和零售的种子、种苗、化肥、农药、农机,免征增值税⑥

自 2004 年 1 月 1 日起,对国产农药免征生产环节增值税的政策停止执行⑦。

④农用水泵、农用柴油机

农用水泵、农用柴油机按农机产品依 13% 的税率征收增值税⑧。

农用水泵是指主要用于农业生产的水泵,包括农村水井用泵、农田作业面潜水泵、农用轻便离心泵、与喷灌机配套的喷灌自吸泵。其他水泵不属于农机产品征税范围⑨。

农用柴油机是指主要配套于农田拖拉机、田间作业机具、农副产品加工机械以及排灌机械,以柴

---

① 《国家税务总局关于明确硝酸铵适用增值税税率的通知》(财税[2007]7 号,2007 年 1 月 10 日)。

② 《财政部 国家税务总局关于有机肥产品免征增值税的通知》(财税[2008]56 号,2008 年 4 月 29 日)。

③ 《国家税务总局关于有机肥产品免征增值税问题的批复》(国税函[2008]1020 号,2008 年 12 月 10 日)。

④ 《财政部 国家税务总局关于有机肥产品免征增值税的通知》(财税[2008]56 号,2008 年 4 月 29 日)。

⑤ 《财政部 国家税务总局关于有机肥产品免征增值税的通知》(财税[2008]56 号,2008 年 4 月 29 日)。

⑥ 《财政部 国家税务总局关于若干农业生产资料征免增值税政策的通知》(财税[2001]113 号,2001 年 7 月 20 日)。此文还规定,生产销售列明的农药产品免征增值税,但《财政部 海关总署 国家税务总局关于农药税收政策的通知》(财税[2003]186 号,2003 年 9 月 23 日)规定,农药生产环节免征增值税政策停止执行。

⑦ 《财政部 海关总署 国家税务总局关于农药税收政策的通知》(财税[2003]186 号,2003 年 9 月 23 日)。

⑧ 《财政部 国家税务总局关于增值税几个税收政策问题的通知》(财税字[1994]60 号,1994 年 10 月 18 日)。

⑨ 《财政部 国家税务总局关于增值税几个税收政策问题的通知》(财税字[1994]60 号,1994 年 10 月 18 日)。

油为燃料,油缸数在3缸以下(含3缸)的往复式内燃动力机械。4缸以上(含4缸)柴油机不属于农机产品征税范围①。

⑤不带动力的手扶拖拉机和三轮农用运输车

不带动力的手扶拖拉机(也称:"手扶拖拉机底盘")和三轮农用运输车(指以单缸柴油机为动力装置的三个车轮的农用运输车辆)属于"农机",从2002年6月1日起,应按有关"农机"的增值税政策规定征免增值税②。

⑥滴灌带和滴灌管③

自2007年7月1日起,纳税人生产销售和批发、零售滴灌带和滴灌管产品免征增值税。

滴灌带和滴灌管产品是指农业节水滴灌系统专用的、具有制造过程中加工的孔口或其他出流装置、能够以滴状或连续流状出水的水带和水管产品。滴灌带和滴灌管产品按照国家有关质量技术标准要求进行生产,并与PVC管(主管)、PE管(辅管)、承插管件、过滤器等部件组成为滴灌系统。

享受免税政策的纳税人应按照增值税暂行条例及其实施细则等规定,单独核算滴灌带和滴灌管产品的销售额。未单独核算销售额的,不得免税。纳税人销售免税的滴灌带和滴灌管产品,应一律开具普通发票,不得开具增值税专用发票。

生产滴灌带和滴灌管产品的纳税人申请办理免征增值税时,应向主管税务机关报送由产品质量检验机构出具的质量技术检测合格报告,出具报告的产品质量检验机构须通过省以上质量技术监督

部门的相关资质认定。批发和零售滴灌带和滴灌管产品的纳税人申请办理免征增值税时,应向主管税务机关报送由生产企业提供的质量技术检测合格报告原件或复印件。未取得质量技术检测合格报告的,不得免税。

2.7.2.3 农民专业合作社税收优惠政策④

自2008年7月1日起,对农民专业合作社实行以下增值税优惠政策:

(1)对农民专业合作社销售本社成员生产的农业产品,视同农业生产者销售自产农业产品免征增值税。

(2)增值税一般纳税人从农民专业合作社购进的免税农业产品,可按13%的扣除率计算抵扣增值税进项税额。

(3)对农民专业合作社向本社成员销售的农膜、种子、种苗、化肥、农药、农机,免征增值税。

农民专业合作社,是指依照《中华人民共和国农民专业合作社法》规定设立和登记的农民专业合作社。

2.7.3 制造业税收优惠政策

(1)模具制造业税收优惠政策⑤

自2006年1月1日至2008年12月31日,对《财政部 国家税务总局关于模具产品增值税先征后退政策的通知》(财税〔2006〕152号)附件所列模具企业生产销售的模具产品实行先按规定征收增值税,后按实际缴纳增值税额退还50%的办法。退还的税款专项用于企业的技术改造、环境保护、

---

① 《财政部 国家税务总局关于增值税几个税收政策问题的通知》(财税字〔1994〕60号,1994年10月18日)。

② 《财政部 国家税务总局关于不带动力的手扶拖拉机和三轮农用运输车增值税政策的通知》(财税〔2002〕89号,2002年6月6日)。

③ 《财政部 国家税务总局关于免征滴灌带和滴灌管产品增值税的通知》(财税〔2007〕83号,2007年5月30日)。

④ 《财政部 国家税务总局关于农民专业合作社有关税收政策的通知》(财税〔2008〕81号,2008年6月24日)。

⑤ 《财政部 国家税务总局关于模具产品增值税先征后退政策的通知》(财税〔2006〕152号,2006年12月5日)。此前,《财政部 国家税务总局关于模具产品增值税先征后返问题的通知》(财税〔1997〕115号,1997年10月8日)规定,在1997年底前对列明的国有专业模具生产企业销售模具产品实行先征后返。《财政部 国家税务总局关于继续对模具产品实行增值税先征后返问题的通知》(财税〔1998〕139号,1998年10月7日)规定,在2000年底前对列明的国有专业模具生产企业销售模具产品实行先征后返。《财政部 国家税务总局关于模具产品增值税先征后返问题的通知》(财税〔2001〕132号,2001年8月15日)规定,在2002年底前,对列明的专业模具生产企业销售模具产品实行先征收增值税,后按70%返还的政策。《财政部 国家税务总局关于模具产品增值税先征后返问题的通知》(财税〔2003〕95号,2003年5月27日)规定,在2005年底前,对列明的专业模具生产企业销售模具产品实行先征收增值税,后按70%返还的政策。

节能降耗和模具产品的研究开发。

享受政策的模具产品包括模具、模具标准件和模夹一体化的检具。模具系供金属和非金属材料成形的专用工艺装备;模具标准件系组成模具的最基本的零部件,包括各种模架、推杆推管、各种导向件(导柱、导套、导板、斜楔等)、弹性元件及冲头和标准凹凸模;模夹一体化的检具系用来检查模具制品是否合格的专用检验工具,具有检验模具制品的尺寸和型面的模具特征,包括部分夹紧装置。

具体退税办法由财政部驻各地财政监察专员办事处按《财政部 国家税务总局 中国人民银行关于税制改革后对某些企业实行"先征后退"有关预算管理问题的暂行规定的通知》(财预字〔1994〕55号)的规定办理。

(2)有色金属冶炼及压延加工业税收优惠政策

①铸件产品①

自2006年1月1日至2008年12月31日,对《财政部 国家税务总局关于铸件产品增值税先征后退政策的通知》(财税〔2006〕150号)附件所列的铸造企业生产销售的用于生产机器、机械的商品铸件,实行先按规定征收增值税,后按实际缴纳增值税额退还35%的办法。退还的税款专项用于企业的技术改造、环境保护、节能降耗和铸件产品的研究开发。

享受政策的铸件是指用铸造工艺生产的金属件。铸造是指熔炼金属、制造铸型、并将熔融金属浇入铸型,凝固后获得一定形状和性能铸件的成行

方法。

具体退税办法由财政部驻各地财政监察专员办事处按《财政部 国家税务总局 中国人民银行关于税制改革后对某些企业实行"先征后退"有关预算管理问题的暂行规定的通知》(财预字〔1994〕55号)的规定办理。

②锻件产品②

自2006年1月1日至2008年12月31日,对《财政部 国家税务总局关于锻件产品增值税先征后退政策的通知》(财税〔2006〕151号)附件所列的锻压企业生产销售的用于生产机器、机械的商品锻件,实行先按规定征收增值税,后按实际缴纳增值税额退还35%的办法。退还的税款专项用于企业的技术改造、环境保护、节能降耗和锻件产品的研究开发。

享受政策的锻件是指利用锻造工艺生产的金属件,锻造是指利用金属材料的可塑性,在冷态或热态时借助锻压设备所产生的力使金属材料变形而获得机械零件毛坯所需形状和尺寸,锻件分为大中型自由锻件、模锻件、挤压件、环件、粉末冶金件和封头成形件等。

具体退税办法由财政部驻各地财政监察专员办事处按《财政部 国家税务总局 中国人民银行关于税制改革后对某些企业实行"先征后退"有关预算管理问题的暂行规定的通知》(财预字〔1994〕55号)的规定办理。

③钒钛产品

对攀枝花钢铁(集团)公司及其所属企业生产

---

① 《财政部 国家税务总局关于铸件产品增值税先征后退政策的通知》(财税〔2006〕150号,2006年12月5日)。此前,《财政部 国家税务总局关于对铸锻件产品实行增值税先征后返的通知》(财税〔1994〕92号,1994年12月25日)规定,在1995年底前对铸锻件产品实行先按规定征收增值税,后按实际缴纳增值税额返还50%;《财政部 国家税务总局关于铸锻件产品增值税先征后返的通知》(财税〔1996〕16号,1996年2月16日)规定,在1997年底前对铸锻件产品实行先按规定征收增值税,后按实际缴纳增值税额返还35%;《财政部 国家税务总局关于铸锻件产品增值税先征后返的通知》(财税〔1998〕81号,1998年7月29日)规定,在2000年底前对铸锻件产品实行先按规定征收增值税,后按实际缴纳增值税额返还35%;《财政部 国家税务总局关于铸锻件产品增值税先征后返问题的通知》(财税〔2001〕141号,2001年8月14日)规定,在2002年底前对铸锻件产品实行先按规定征收增值税,后按实际缴纳增值税额返还35%;《财政部 国家税务总局关于铸锻件产品增值税先征后返问题的通知》(财税〔2003〕96号,2003年5月27日)规定,在2005年底前对铸锻件产品实行先按规定征收增值税,后按实际缴纳增值税额返还35%。

② 《财政部 国家税务总局关于锻件产品增值税先征后退政策的通知》(财税〔2006〕151号,2006年12月5日)。此前,《财政部 国家税务总局关于铸锻件产品增值税先征后返问题的通知》(财税字〔1998〕81号,1998年7月29日)和《财政部 国家税务总局关于铸锻件产品增值税先征后返问题的通知》(财税〔2003〕96号,2003年5月27日)先后执行到期。

销售的钒钛产品在"十五"期间继续实行增值税先征后返,返还比例逐年递减20%的政策。即2001年返还100%;2002年返还80%;2003年返还60%;2004年返还40%;2005年返还20%。2006年恢复照章征税,不再返还。具体由财政部四川省财政监察专员办事处按照财预字[1994]55号文件的规定办理①。

（3）航天器材制造业

对中国航天科技集团公司和中国航天机电集团公司及其所属企业和科研单位生产销售的用于发射国外卫星的火箭零部件免征增值税。企业应单独核算享受税收优惠政策的产品和服务的收入与费用,如果费用不能单独核算,应以这些产品和服务收入占全部收入的比例,计算相应的费用②。

享受税收优惠政策的企业名单按照《财政部 国家税务总局关于增补和变更享受发射国外卫星税收优惠政策的企业名单的通知》（财税[2003]85号）执行。

（4）电气机械及器材制造业

①重型燃气轮机③

自2003年1月1日至2005年12月31日,对国内企业生产销售型号为 PG9351FA、PG9351FA+E、M701F 的重型燃气轮机增值税实行零税率,即生产企业在销售上述3个型号重型燃气轮机时免征增值税。同时允许为生产该重型燃气轮机所发生的增值税进项税额,在其他内销货物的销项税额中抵扣。具体执行办法由国家税务总局另行规定。

自2003年1月1日至2005年12月31日,对国内企业生产重型燃气轮机所需进口的关键零部件免征进口关税,照章征收进口环节增值税;对进口原材料照章征收关税和进口环节增值税。

如国家税收制度没有重大调整,则上述税收政策继续执行至2007年底。

自2003年1月1日至2007年12月31日,对中国东方电气集团和哈尔滨动力设备股份有限公司为生产型号为 PG9351FA、PG935lFA+E、M701F 的重型燃气轮机而进口的关键零部件免征关税和进口环节增值税。对其生产销售上述型号的重型燃气轮机免征增值税,其发生的进项税额在其他内销货物的销项税额中抵扣,不足抵扣的予以退还。

②数控机床④

自2006年1月1日至2008年12月31日,对列入《财政部 国家税务总局关于数控机床产品增值税先征后返政策的通知》（财税[2006]149号）附件的数控机床企业生产销售的数控机床产品实

---

① 《财政部 国家税务总局关于继续对攀枝花钢铁（集团）公司钒钛产品实行增值税先征后返政策的通知》（财税[2001]52号,2001年4月9日）。《财政部 国家税务总局关于到期停止重水和钒钛产品的增值税优惠政策的通知》（财税[2006]95号,2006年8月3日）。

② 《财政部 国家税务总局关于发射国外卫星有关税收政策问题的补充通知》（财税[2000]150号,2000年12月26日）。此前,《财政部 国家税务总局关于生产销售用于发射国外卫星的火箭及部件免征增值税所得税问题的通知》（财税字[1998]19号,1998年2月5日）规定,在2000年12月31日以前,对该文件所列企业生产销售用于发射国外卫星的火箭及生产销售用于发射外星火箭的专用发动机、平台、计算机、伺服机构、电池的收入免征增值税、所得税。

③ 《财政部 国家税务总局关于国产重型燃气轮机有关税收政策的通知》（财税[2003]132号,2003年6月12日）。《财政部 海关总署 国家税务总局关于国产重型燃气轮机税收政策的补充通知》财税[2004]124号,2004年9月2日）。《财政部 国家税务总局关于明确国产重型燃气轮机税收政策执行期限的通知》（财税[2008]20号,2008年1月29日）。根据《财政部关于公布废止和失效的财政规章和规范性文件目录（第十一批）的决定》（财政部令第62号,2011年2月21日）,上述文件已被公布失效。

④ 《财政部 国家税务总局关于数控机床产品增值税先征后返政策的通知》（财税[2006]149号,2006年12月5日）。此前,《财政部 国家税务总局关于数控机床产品增值税先征后返问题的通知》（财税[1998]70号）规定,自1997年1月1日起至1998年12月底以前,对部分机床企业生产销售的数控机床产品实行增值税先征后返。《财政部 国家税务总局关于数控机床产品增值税先征后返问题的通知》（财税[2000]47号）规定,自1999年1月1日起至2000年12月底以前,对部分机床企业生产销售的数控机床产品实行增值税先征后返。《财政部 国家税务总局关于数控机床产品增值税先征后返问题的通知》（财税[2001]119号）规定,自2001年1月1日起至2002年12月底以前,对部分机床企业生产销售的数控机床产品实行增值税先征后返。《财政部 国家税务总局关于数控机床产品增值税先征后返问题的通知》（财税[2003]97号,2003年5月27日）规定,自2003年1月1日至2005年12月31日,对部分数控机床企业生产销售的数控机床产品实行增值税先征后返。

行先按规定征收增值税,后按实际缴纳增值税额退还 50% 的办法。退还的税款专项用于企业的技术改造、环境保护、节能降耗和数控机床产品的研究开发。

享受政策的数控机床产品范围包括数控机床、数控系统、功能部件、数控工具。数控机床是指用程序指令控制刀具按给定的工作程序、运动速度和轨迹进行自动加工的机床。数控系统由控制器、伺服驱动器和伺服驱动电机组成,通过程序对相关数据进行运算并对机床加工过程进行控制。功能部件系为数控机床配套的主要装置,包括主轴单元、刀库和刀架系统、回转工作台与分度头、滚珠丝杠和滚动导轨、防护系统、冷却系统等。数控工具是指用于数控机床加工工件的工具,数控机床凭此完成工件的加工。

具体退税办法由财政部驻各地财政监察专员办事处按《财政部 国家税务总局 中国人民银行关于税制改革后对某些企业实行"先征后退"有关预算管理问题的暂行规定的通知》)(财预字[1994]55 号)的规定办理。

2.7.4　再生资源(废旧物资)回收加工业税收优惠政策①

(1)政策规定

①自 2009 年 1 月 1 日起,取消"废旧物资回收经营单位销售其收购的废旧物资免征增值税"和"生产企业增值税一般纳税人购入废旧物资回收经营单位销售的废旧物资,可按废旧物资回收经营单位开具的由税务机关监制的普通发票上注明的金额,按 10% 计算抵扣进项税额"的政策。

②单位和个人销售再生资源,应当依照增值税暂行条例及其实施细则和财政部、国家税务总局的相关规定缴纳增值税。但个人(不含个体工商户)销售自己使用过的废旧物品免征增值税。

③在 2010 年底以前,对符合条件的增值税一般纳税人销售再生资源缴纳的增值税实行先征后退政策。对符合退税条件的纳税人 2009 年销售再生资源实现的增值税,按 70% 的比例退回给纳税人;对其 2010 年销售再生资源实现的增值税,按 50% 的比例退回给纳税人。

以上所称再生资源,是指《再生资源回收管理办法》(商务部令 2007 年第 8 号)第二条所称的再生资源,即在社会生产和生活消费过程中产生的,已经失去原有全部或部分使用价值,经过回收、加工处理,能够使其重新获得使用价值的各种废弃物。操作时可按照 2008 年底以前税务机关批准适用免征增值税政策的再生资源的具体范围执行,但是其中所涉及的加工处理必须符合仅限于清洗、挑选、整理、破碎、切割、拆解、打包等改变再生资源密度、湿度、长度、粗细、软硬等物理性状的简单加工②。

(2)政策管理

①适用退税政策的纳税人范围

适用退税政策的增值税一般纳税人应当同时

---

① 《财政部 国家税务总局关于再生资源增值税政策的通知》(财税[2008]157 号,2008 年 12 月 9 日)。此前,《财政部国家税务总局关于废旧物资回收经营业务有关增值税政策的通知》(财税[2001]78 号)、《国家税务总局关于加强废旧物资回收经营单位和使用废旧物资生产企业增值税征收管理的通知》(国税[2004]60 号)、《国家税务总局关于中国再生资源开发公司废旧物资回收经营业务中有关税收问题的通知》(国税函[2004]736 号)、《国家税务总局关于中国再生资源开发公司废旧物资回收经营业务有关增值税问题的批复》(国税函[2006]1227 号)、《国家税务总局关于加强海关进口增值税专用缴款书和废旧物资发票管理有关问题的通知》(国税函[2004]128 号)关于废旧物资发票管理的规定、《国家税务总局关于加强废旧物资增值税管理有关问题的通知》(国税函[2005]544 号)、《国家税务总局关于废旧物资回收经营企业使用增值税防伪税控一机多票系统开具增值税专用发票有关问题的通知》(国税发[2007]43 号)从 2009 年 1 月 1 日起同时废止。

② 《财政部 国家税务总局关于再生资源增值税政策的通知》(财税[2008]157 号,2008 年 12 月 9 日)。《财政部 国家税务总局关于再生资源增值税退税政策若干问题的通知》(财税[2009]119 号,2009 年 9 月 29 日)。《国家税务总局关于矿采选过程中的低品位矿石是否属于废旧物资的批复》(国税函[2007]1027 号,2007 年 9 月 30 日)曾规定:低品位矿石是矿山开采的产物,仍处于天然状态,不属于废旧物资,应按现行增值税有关规定征收。后来,《国家税务总局关于发布已失效或废止有关增值税规范性文件清单的通知》(国税发[2009]7 号,2009 年 2 月 2 日)对《国家税务总局关于矿采选过程中的低品位矿石是否属于废旧物资的批复》(国税函[2007]1027 号,2007 年 9 月 30 日)予以了废止。

满足以下条件：

Ⅰ 按照《再生资源回收管理办法》（商务部令 2007 年第 8 号）第七条、第八条规定应当向有关部门备案的，已经按照有关规定备案，自备案当月 1 日起享受退税政策①。

Ⅱ 有固定的再生资源仓储、整理、加工场地；

Ⅲ 通过金融机构结算的再生资源销售额占全部再生资源销售额的比重不低于 80%；

其中："通过金融机构结算"，是指纳税人销售再生资源时按照《中国人民银行关于印发〈支付结算办法〉的通知》（银发〔1997〕393 号）规定的票据、信用卡和汇兑、托收承付、委托收款等结算方式进行货币给付及其资金清算。

纳税人销售再生资源发生的应收账款，应在纳税人按照银发〔1997〕393 号文件规定进行资金清算后方可计入通过金融机构结算的再生资源销售额。

纳税人销售再生资源按照银发〔1997〕393 号文件规定取得的预收货款，应在销售实现后方可计入通过金融机构结算的再生资源销售额。

纳税人之间发生的互抵货款，不应计入通过金融机构计算的再生资源销售额。

纳税人通过金融机构结算的再生资源销售额占全部再生资源销售额的比重是否不低于 80% 的要求，应按纳税人退税申请办理时限（按月、按季等）进行核定②。

Ⅳ 自 2007 年 1 月 1 日起，未因违反《中华人民共和国反洗钱法》、《中华人民共和国环境保护法》、《中华人民共和国税收征收管理法》、《中华人

民共和国发票管理办法》或者《再生资源回收管理办法》受到刑事处罚或者县级以上工商、商务、环保、税务、公安机关相应的行政处罚（警告和罚款除外）。

自 2009 年 1 月 1 日起，报废船舶拆解和报废机动车拆解企业，适用再生资源增值税政策及相应的管理规定③。

②享受退税政策的申请

纳税人申请退税时，除按有关规定提交的相关资料外，应提交下列资料：

Ⅰ 按照《再生资源回收管理办法》第七条、第八条规定应当向有关部门备案的，商务主管部门核发的备案登记证明的复印件；

Ⅱ 再生资源仓储、整理、加工场地的土地使用证和房屋产权证或者其租赁合同的复印件；

Ⅲ 通过金融机构结算的再生资源销售额及全部再生资源销售额的有关数据及资料。为保护纳税人的商业秘密，不要求纳税人提交其与客户通过银行交易的详细记录，对于有疑问的，可到纳税人机构所在地等场所进行现场核实；

Ⅳ 自 2007 年 1 月 1 日起，未因违反《中华人民共和国反洗钱法》、《中华人民共和国环境保护法》、《中华人民共和国税收征收管理法》、《中华人民共和国发票管理办法》或者《再生资源回收管理办法》受到刑事处罚或者县级以上工商、商务、环保、税务、公安机关相应的行政处罚（警告和罚款除外）的书面申明。

Ⅴ 纳税人申请退税时提供的 2009 年 10 月 1

---

① 《财政部 国家税务总局关于再生资源增值税政策的通知》（财税〔2008〕157 号，2008 年 12 月 9 日）。《财政部 国家税务总局关于再生资源增值税退税政策若干问题的通知》（财税〔2009〕119 号，2009 年 9 月 29 日）。

② 《财政部 国家税务总局关于再生资源增值税退税政策若干问题的通知》（财税〔2009〕119 号，2009 年 9 月 29 日）。

③ 此前，《财政部 国家税务总局关于报废汽车回收拆解企业有关增值税政策的通知》（财税〔2003〕116 号，2003 年 5 月 14 日）规定，报废汽车回收企业属于废旧物资回收经营单位，自 2003 年 6 月 1 日起，享受废旧物资回收经营业务有关增值税政策。在这之前，《国家税务总局关于报废汽车回收企业增值税政策问题的批复》（国税函〔2002〕16 号）规定，纳税人收购并拆解销售旧机动车，不属于废旧物资回收经营业务免征增值税的范围。《财政部 国家税务总局关于再生资源增值税政策的通知》（财税〔2008〕157 号，2008 年 12 月 9 日）实施后，《财政部 国家税务总局关于报废汽车回收拆解企业有关增值税政策的通知》（财税〔2003〕116 号，2003 年 5 月 14 日）先后被《财政部 国家税务总局关于公布若干废止和失效的增值税规范性文件目录的通知》（财税〔2009〕17 号，2009 年 2 月 26 日）和《财政部关于公布废止和失效的规章和规范性文件目录（第十一批）的决定》（财政部令第 62 号，2011 年 2 月 21 日）公布废止。

日以后开具的再生资源收购凭证、扣税凭证或销售发票,除符合现行发票管理有关规定外,还应注明购进或销售的再生资源的具体种类(从废旧金属、报废电子产品、报废机电设备及其零部件、废造纸原料、废轻化工原料、废塑料、废玻璃和其他再生资源等 8 类之中选择填写),否则不得享受退税①。

③退税业务办理

退税业务由财政部驻当地财政监察专员办事处及负责初审和复审的财政部门按规定办理。

Ⅰ 退税申请办理时限

纳税人一般按季申请退税,申请退税金额较大的,也可以按月申请,具体时限由财政部驻当地财政监察专员办事处确定。

负责初审的财政机关应当在收到退税申请之日起 10 个工作日内,同时向负责复审和终审的财政机关提交初审意见。

负责复审的财政机关应当在收到初审意见之日起 5 个工作日内向负责终审的财政机关提交复审意见。

负责终审的财政机关是财政部驻当地财政监察专员办事处,其应当在收到复审意见之日的 10 个工作日内完成终审并办理妥当有关退税手续。

Ⅱ 负责初审的财政机关对于纳税人第一次申请退税的,应当在上报初审意见前派人到现场审核有关条件的满足情况;有特殊原因不能做到的,应在提交初审意见后 2 个月内派人到现场审核有关条件的满足情况,发现有不满足条件的,及时通知负责复审或者终审的财政机关。

Ⅲ 负责初审、复审的财政机关应当定期(自收到纳税人第一次退税申请之日起至少每 12 个月一次)向同级公安、商务、环保和税务部门及人民银行对纳税人申明的内容进行核实,对经查实的与申明不符的问题要严肃处理。凡问题在初次申请退税之日前发生的,应当追缴纳税人此前骗取的退税款,根据《财政违法行为处罚处分条例》的相关规定进行处罚,并取消其以后申请享受再生资源退税政策的资格;凡问题在初次申请退税之日后发生的,取消其刑事处罚和行政处罚生效之日起申请享受再生资源退税政策的资格。

③发票管理②

增值税一般纳税人购进再生资源,应当凭取得的增值税暂行条例及其实施细则规定的扣税凭证抵扣进项税额,自 2009 年 1 月 1 日起,从事废旧物资回收经营业务的增值税一般纳税人销售废旧物资,不得开具印有"废旧物资"字样的增值税专用发票(简称废旧物资专用发票)。

纳税人取得的 2009 年 1 月 1 日以后开具的废旧物资专用发票,不再作为增值税扣税凭证。

纳税人取得的 2008 年 12 月 31 日以前开具的废旧物资专用发票,应在开具之日起 90 天内办理认证,并在认证通过的当月核算当期增值税进项税额申报抵扣。

自 2009 年 4 月 1 日起,废旧物资专用发票一律不得作为增值税扣税凭证计算抵扣进项税额。

2.7.5　资源综合利用税收优惠政策③

(1)政策规定

---

① 《财政部 国家税务总局关于再生资源增值税退税政策若干问题的通知》(财税[2009]119 号,2009 年 9 月 29 日)。

② 《财政部 国家税务总局关于再生资源增值税政策的通知》(财税[2008]157 号,2008 年 12 月 9 日),《国家税务总局关于废旧物资发票抵扣增值税有关事项的公告》(国家税务总局 2008 年第 1 号公告,2008 年 12 月 31 日)。

③ 本部分除特别标注外,均出自《财政部 国家税务总局关于资源综合利用及其他产品增值税政策的通知》(财税[2008]156 号,2008 年 12 月 9 日)。此前,《财政部 国家税务总局关于对部分资源综合利用产品免征增值税的通知》(财税字[1995]44 号)、《财政部 国家税务总局关于继续对部分资源综合利用产品等实行增值税优惠政策的通知》(财税字[1996]20 号)、《财政部 国家税务总局关于部分资源综合利用及其他产品增值税政策问题的通知》(财税[2001]198 号)、《财政部 国家税务总局关于部分资源综合利用产品增值税政策的补充通知》(财税[2004]25 号)、《国家税务总局关于建材产品征收增值税问题的批复》(国税函[2003]1151 号)、《国家税务总局对利用废渣生产的水泥熟料享受资源综合利用产品增值税政策的批复》(国税函[2003]1164 号)、《国家税务总局关于企业利用废渣生产的水泥中废渣比例计算办法的批复》(国税函[2004]45 号)、《国家税务总局关于明确资源综合利用建材产品和废渣范围的通知》(国税函[2007]446 号)、《国家税务总局关于利用废液(渣)生产白银增值税问题的批复》(国税函[2008]116 号)相应废止。

①自 2009 年 1 月 1 日起,对销售下列自产货物实行免征增值税政策:

Ⅰ 再生水。再生水是指对污水处理厂出水、工业排水(矿井水)、生活污水、垃圾处理厂渗透(滤)液等水源进行回收,经适当处理后达到一定水质标准,并在一定范围内重复利用的水资源。再生水应当符合水利部《再生水水质标准》(SL368—2006)的有关规定。

Ⅱ 以废旧轮胎为全部生产原料生产的胶粉。胶粉应当符合 GB/T19208—2008 规定的性能指标。

Ⅲ 翻新轮胎。翻新轮胎应当符合 GB7037—2007、GB14646—2007 或者 HG/T3979—2007 规定的性能指标,并且翻新轮胎的胎体 100% 来自废旧轮胎。

Ⅳ 生产原料中掺兑废渣比例不低于 30% 的特定建材产品。

特定建材产品,是指砖(不含烧结普通砖)、砌块、陶粒、墙板、管材、混凝土、砂浆、道路井盖、道路护栏、防火材料、耐火材料、保温材料、矿(岩)棉①。

对增值税一般纳税人生产的粘土实心砖、瓦,一律按适用税率征收增值税,不得享受免税或采取简易办法征收增值税。

以上所称废渣,是指采矿选矿废渣、冶炼废渣、化工废渣和其他废渣。废渣的具体范围详见附件八《享受增值税优惠政策的废渣目录》。以上规定废渣掺兑比例和利用原材料占生产原料的比重,一律以重量比例计算,不得以体积计算(下同)。

纳税人生产销售的粉煤灰(渣)不属于规定的免征增值税产品的范围②。

②从 2008 年 7 月 1 日起,对销售下列自产货物实行增值税即征即退的政策:

Ⅰ 以工业废气为原料生产的高纯度二氧化碳产品。高纯度二氧化碳产品,应当符合 GB10621—2006 的有关规定。

Ⅱ 以垃圾为燃料生产的电力或者热力。垃圾用量占发电燃料的比重不低于 80%,并且生产排放达到 GB13223—2003 第 1 时段标准或者 GB18485—2001 的有关规定。所称垃圾,是指城市生活垃圾、农作物秸秆、树皮废渣、污泥、医疗垃圾。

包括利用垃圾发酵产生的沼气生产销售的电力或者热力③。

Ⅲ 以煤炭开采过程中伴生的舍弃物油母页岩为原料生产的页岩油。

Ⅳ 以废旧沥青混凝土为原料生产的再生沥青混凝土。废旧沥青混凝土用量占生产原料的比重不低于 30%。

Ⅴ 采用旋窑法工艺生产的水泥(包括水泥熟料,下同)或者外购水泥熟料采用研磨工艺生产的水泥,水泥生产原料中掺兑废渣比例不低于 30%④。

ⅰ 对采用旋窑法工艺经生料烧制和熟料研磨阶段生产的水泥,其掺兑废渣比例计算公式为:

掺兑废渣比例=(生料烧制阶段掺兑废渣数量+熟料研磨阶段掺兑废渣数量)÷(除废渣以外的生料数量⑤+生料烧制和熟料研磨阶段掺兑废渣数

---

① 此前,《国家税务总局关于平板玻璃不得享受资源综合利用产品增值税优惠政策的批复》(国税函[2005]34 号,2005 年 1 月 18 日)规定,平板玻璃不属于《国家发改委、财政部和国家税务总局关于印发〈资源综合利用目录(2003 年修订)〉的通知》(发改环资[2004]73 号)所规定的建材产品,不得享受资源利用产品增值税优惠政策。根据《国家税务总局关于公布全文失效废止 部分条款失效废止的税收规范性文件目录的公告》(国家税务总局公告 2011 年第 2 号,2011 年 1 月 4 日),国税函[2005]34 号被公布失效废止。

② 《国家税务总局关于粉煤灰(渣)征收增值税问题的批复》(国税函[2007]158 号,2007 年 2 月 5 日)。

③ 《财政部 国家税务总局关于资源综合利用及其他产品增值税政策的补充通知》(财税[2009]163 号,2009 年 12 月 29 日)。

④ 《财政部 国家税务总局关于资源综合利用及其他产品增值税政策的补充通知》(财税[2009]163 号,2009 年 12 月 29 日)。此前,《财政部 国家税务总局关于资源综合利用及其他产品增值税政策的通知》(财税[2008]156 号,2008 年 12 月 9 日)所规定的相关内容被废止。

⑤ 《财政部 国家税务总局关于资源综合利用及其他产品增值税政策的通知》(财税[2008]156 号,2008 年 12 月 9 日)掺兑废渣比例的计算公式中,此处为"生料数量"。

量+其他材料数量)×100%

ⅱ 对外购水泥熟料采用研磨工艺生产的水泥,其掺兑废渣比例计算公式为:

掺兑废渣比例=熟料研磨阶段掺兑废渣数量÷(熟料数量+熟料研磨阶段掺兑废渣数量+其他材料数量)×100%

2008 年 7 月 1 日起,以立窑法工艺生产的水泥(包括水泥熟料),一律不得享受增值税即征即退政策。

③从 2008 年 7 月 1 日起,对销售下列自产货物实现的增值税实行即征即退 50%的政策:

Ⅰ 以退役军用发射药为原料生产的涂料硝化棉粉。退役军用发射药在生产原料中的比重不低于 90%。

Ⅱ 对燃煤发电厂及各类工业企业产生的烟气、高硫天然气进行脱硫生产的副产品。副产品,是指石膏(其二水硫酸钙含量不低于 85%)、硫酸(其浓度不低于 15%)、硫酸铵(其总氮含量不低于 18%)和硫磺。

Ⅲ 以废弃酒糟和酿酒底锅水为原料生产的蒸汽、活性炭、白碳黑、乳酸、乳酸钙、沼气。废弃酒糟和酿酒底锅水在生产原料中所占的比重不低于 80%。

Ⅳ 以煤矸石、煤泥、石煤、油母页岩为燃料生产的电力和热力。煤矸石、煤泥、石煤、油母页岩用量占发电燃料的比重不低于 60%。

Ⅴ 利用风力生产的电力。

Ⅵ 部分新型墙体材料产品。具体范围参照附件七《享受增值税优惠政策的新型墙体材料目录》。

④从 2008 年 7 月 1 日起,对销售自产的综合利用生物柴油实行增值税先征后退政策。

综合利用生物柴油,是指以废弃的动物油和植物油为原料生产的柴油。废弃的动物油和植物油用量占生产原料的比重不低于 70%。

⑤自 2009 年 1 月 1 日起,对污水处理劳务免征增值税。

污水处理是指将污水加工处理后符合 GB18918—2002 有关规定的水质标准的业务。

自 2001 年 7 月 1 日起,对各级政府及主管部门委托自来水厂(公司)随水费收取的污水处理费,免征增值税①。

⑥以三剩物和次小薪材为原料生产加工的综合利用产品即征即退政策。

自 2009 年 1 月 1 日起至 2010 年 12 月 31 日,对纳税人销售的以三剩物、次小薪材、农作物秸秆、蔗渣等 4 类农林剩余物为原料自产的综合利用产品,由税务机关实行增值税即征即退办法,具体退税比例 2009 年为 100%,2010 年为 80%②。

Ⅰ 申请办理增值税即征即退的纳税人,必须同时符合以下条件:

ⅰ 2008 年 1 月 1 日起,未因违反《中华人民共和国环境保护法》等环境保护法律法规受到刑事处罚或者县级以上环保部门相应的行政处罚。

ⅱ 综合利用产品送交由省级以上质量技术监督部门资质认定的产品质量检验机构进行质量检验,并取得该机构出具的符合产品质量标准要求的检测报告。

ⅲ 纳税人应单独核算综合利用产品的销售额和增值税销项税额、进项税额以及应纳税额。

Ⅱ 纳税人申请退税时,除按有关规定提交的相关资料外,应提交下列材料:

ⅰ 自 2008 年 1 月 1 日起未因违反《中华人民共和国环境保护法》等环境保护法律法规受到刑

---

① 《财政部 国家税务总局关于污水处理费有关增值税政策的通知》(财税[2001]97 号,2001 年 6 月 19 日)。

② 《财政部 国家税务总局关于以农林剩余物为原料的综合利用产品增值税政策的通知》(财税[2009]148 号,2009 年 12 月 7 日)。此前,《财政部 国家税务总局关于以三剩物和次小薪材为原料生产加工的综合利用产品增值税即征即退政策的通知》(财税[2006]102 号,2006 年 8 月 3 日)规定,在 2006 年 1 月 1 日至 2008 年 12 月 31 日前实施即征即退。《财政部 国家税务总局关于以三剩物和次小薪材为原料生产加工的综合利用产品增值税优惠政策的通知》(财税[2001]72 号,2001 年 4 月 29 日)规定,在 2005 年 12 月 31 日前实施即征即退。

事处罚或者县级以上环保部门相应的行政处罚的书面申明。

ⅱ 省级以上质量技术监督部门资质认定的产品质量检验机构出具的相关产品符合产品质量标准要求的检测报告。

Ⅲ 所述"三剩物",是指采伐剩余物(指枝丫、树梢、树皮、树叶、树根及藤条、灌木等)、造材剩余物(指造材截头)和加工剩余物(指板皮、板条、木竹截头、锯沫、碎单板、木芯、刨花、木块、篾黄、边角余料等)。

"次小薪材",是指次加工材(指材质低于针、阔叶树加工用原木最低等级但具有一定利用价值的次加工原木,其中东北、内蒙古地区按 LY/T1505—1999 标准执行,南方及其他地区按 LY/T1369—1999 标准执行)、小径材(指长度在 2 米以下或径级 8 厘米以下的小原木条、松木杆、脚手杆、杂木杆、短原木等)和薪材。

"农作物秸秆",是指农业生产过程中,收获了粮食作物(指稻谷、小麦、玉米、薯类等)、油料作物(指油菜籽、花生、大豆、葵花籽、芝麻籽、胡麻籽等)、棉花、麻类、糖料、烟叶、药材、蔬菜和水果等以后残留的茎秆。

"蔗渣",是指以甘蔗为原料的制糖生产过程中产生的含纤维 50% 左右的固体废弃物。

以三剩物、次小薪材、农作物秸秆、蔗渣等 4 类农林剩余物为原料自产的综合利用产品,包括:木(竹)秸秆纤维板;木(竹)、秸秆、蔗渣刨花板;细木工板;活性炭;栲胶;水解酒精、炭棒;沙柳箱纸板;以蔗渣为原料生产的纸张(生产原料中蔗渣掺兑比例不低于 70% 的各类纸制品)①。

Ⅳ 税务机关应加强增值税即征即退管理,不定期对企业生产经营情况和退税申报资料的真实性进行核实,凡经核实有虚报资料、骗取退税等行为的,追缴其此前骗取的退税款,并取消其以后享受上述增值税优惠政策的资格。

(2)认定管理②

享受以上第①条、第②条、第③条第Ⅰ—Ⅳ项、第④条规定的资源综合利用产品增值税优惠政策的纳税人,应当按以下规定,申请并取得《资源综合利用认定证书》,否则不得申请享受增值税优惠政策③:

①适用范围及管理机关

国家鼓励的资源综合利用认定,是指对符合国家资源综合利用鼓励和扶持政策的资源综合利用工艺、技术或产品进行认定(简称资源综合利用认定)。

国家发展改革委负责资源综合利用认定的组织协调和监督管理。

各省、自治区、直辖市及计划单列市资源综合利用行政主管部门(简称省级资源综合利用主管部门)负责本辖区内的资源综合利用认定与监督管理工作;财政行政主管机关加强对认定企业财政方面的监督管理;税务行政主管机关加强税收监督管理,认真落实国家资源综合利用税收优惠政策。

经认定的生产资源综合利用产品或采用资源综合利用工艺和技术的企业,按国家有关规定申请享受税收、运行等优惠政策。

②申报条件和认定内容

Ⅰ 申报资源综合利用认定的企业,必须具备以下条件:

---

① 《财政部 国家税务总局关于以农林剩余物为原料的综合利用产品增值税政策的通知》(财税〔2009〕148 号,2009 年 12 月 7 日)。《财政部 国家税务总局关于以蔗渣为原料生产综合利用产品增值税政策的补充通知》(财税〔2010〕114 号,2010 年 12 月 1 日)。此前,《国家税务总局关于以外购木片为原料生产的产品享受增值税优惠政策问题的批复》(国税函〔2005〕826 号,2005 年 8 月 24 日)规定,对纳税人外购的已享受综合利用增值税优惠政策的木片为原料生产的中密度纤维板不属于综合利用产品,不实行增值税即征即退优惠政策。根据《国家税务总局关于公布全文失效废止 部分条款失效废止的税收规范性文件目录的公告》(国家税务总局公告 2011 年第 2 号,2011 年 1 月 4 日),国税函〔2005〕826 号被公布全文失效废止。

② 本部分内容除特别标注外,均出自《国家发展改革委 财政部 国家税务总局关于印发〈国家鼓励的资源综合利用认定管理办法〉的通知》(发改环资〔2006〕1864 号,2006 年 9 月 7 日)。

③ 《财政部 国家税务总局关于资源综合利用及其他产品增值税政策的通知》(财税〔2008〕156 号,2008 年 12 月 9 日)。

生产工艺、技术或产品符合国家产业政策和相关标准；

资源综合利用产品能独立计算盈亏；

所用原（燃）料来源稳定、可靠，数量及品质满足相关要求，以及水、电等配套条件的落实；

符合环保要求，不产生二次污染。

Ⅱ 申报资源综合利用认定的综合利用发电单位，还应具备以下条件：

按照国家审批或核准权限规定，经政府主管部门核准（审批）建设的电站。

利用煤矸石（石煤、油母页岩）、煤泥发电的，必须以燃用煤矸石（石煤、油母页岩）、煤泥为主，其使用量不低于入炉燃料的60%（重量比）；利用煤矸石（石煤、油母页岩）发电的入炉燃料应用基低位发热量不大于12550千焦/千克；必须配备原煤、煤矸石、煤泥自动给料显示、记录装置。

城市生活垃圾（含污泥）发电应当符合以下条件：垃圾焚烧炉建设及其运行符合国家或行业有关标准或规范；使用的垃圾数量及品质需有地（市）级环卫主管部门出具的证明材料；每月垃圾的实际使用量不低于设计额定值的90%；垃圾焚烧发电采用流化床锅炉掺烧原煤的，垃圾使用量应不低于入炉燃料的80%（重量比），必须配备垃圾与原煤自动给料显示、记录装置。

以工业生产过程中产生的可利用的热能及压差发电的企业（分厂、车间），应根据产生余热、余压的品质和余热量或生产工艺耗气量和可利用的工质参数确定工业余热、余压电厂的装机容量。

回收利用煤层气（煤矿瓦斯）、沼气（城市生活垃圾填埋气）、转炉煤气、高炉煤气和生物质能等作为燃料发电的，必须有充足、稳定的资源，并依据资源量合理配置装机容量。

Ⅲ 认定内容

审定申报综合利用认定的企业或单位是否执行政府审批或核准程序，项目建设是否符合审批或核准要求，资源综合利用产品、工艺是否符合国家产业政策、技术规范和认定申报条件；

审定申报资源综合利用产品是否在《资源综合利用目录》范围之内，以及综合利用资源来源和可靠性；

审定是否符合国家资源综合利用优惠政策所规定的条件。

③申报及认定程序

Ⅰ 资源综合利用认定实行由企业申报，所在地市（地）级人民政府资源综合利用管理部门（简称市级资源综合利用主管部门）初审，省级资源综合利用主管部门会同有关部门集中审定的制度。省级资源综合利用主管部门应提前一个月向社会公布每年年度资源综合利用认定的具体时间安排。

Ⅱ 凡申请享受资源综合利用优惠政策的企业，应向市级资源综合利用主管部门提出书面申请，并提供规定的相关材料。市级资源综合利用主管部门在征求同级财政等有关部门意见后，自规定受理之日起在30日内完成初审，提出初审意见报省级资源综合利用主管部门。

Ⅲ 市级资源综合利用主管部门对申请单位提出的资源综合利用认定申请，应当根据下列情况分别做出处理：

属于资源综合利用认定范围、申请材料齐全，应当受理并提出初审意见。

不属于资源综合利用认定范围的，应当即时将不予受理的意见告知申请单位，并说明理由。

申请材料不齐全或者不符合规定要求的，应当场或者在五日内一次告知申请单位需要补充的全部内容。

Ⅳ 省级资源综合利用主管部门会同同级财政等相关管理部门及行业专家，组成资源综合利用认定委员会（简称综合利用认定委员会），按照规定的认定条件和内容，在45日内完成认定审查。

Ⅴ 属于以下情况之一的，由省级资源综合利用主管部门提出初审意见，报国家发展改革委审核：

单机容量在25MW以上的资源综合利用发电机组工艺；

煤矸石（煤泥、石煤、油母页岩）综合利用发电工艺；

垃圾(含污泥)发电工艺。

以上情况的审核,每年受理一次,受理时间为每年7月底前,审核工作在受理截止之日起60日内完成。

Ⅵ 省级资源综合利用主管部门根据综合利用认定委员会的认定结论或国家发展改革委的审核意见,对审定合格的资源综合利用企业予以公告,自发布公告之日起10日内无异议的,由省级资源综合利用主管部门颁发《资源综合利用认定证书》,报国家发展改革委备案,同时将相关信息通报同级财政、税务部门。未通过认定的企业,由省级资源综合利用主管部门书面通知,并说明理由。

Ⅶ 企业对综合利用认定委员会的认定结论有异议的,可向原作出认定结论的综合利用认定委员会提出重新审议,综合利用认定委员会应予受理。企业对重新审议结论仍有异议的,可直接向上一级资源综合利用主管部门提出申诉;上一级资源综合利用主管部门根据调查核实的情况,会同有关部门组织提出论证意见,并有权变更下一级的认定结论。

《资源综合利用认定证书》由国家发展改革委统一制定样式,各省级资源综合利用主管部门印制。认定证书有效期为两年。

Ⅷ 获得《资源综合利用认定证书》的单位,因故变更企业名称或者产品、工艺等内容的,应向市级资源综合利用主管部门提出申请,并提供相关证明材料。市级资源综合利用主管部门提出意见,报省级资源综合利用主管部门认定审查后,将相关信息及时通报同级财政、税务部门。

④监督管理

Ⅰ 国家发展改革委、财政部、国家税务总局加强对资源综合利用认定管理工作和优惠政策实施情况的监督检查,并根据资源综合利用发展状况、国家产业政策调整、技术进步水平等,适时修改资源综合利用认定条件。

Ⅱ 各级资源综合利用主管部门采取切实措施加强对认定企业的监督管理,尤其是加强大宗综合利用资源来源的动态监管,对综合利用资源无法稳定供应的及时清理。在不妨碍企业正常生产经营活动的情况下,每年应对认定企业和关联单位进行监督检查和了解。

各级财政、税务行政主管部门加强与同级资源综合利用主管部门的信息沟通,尤其对在监督检查过程中发现的问题及时交换意见,协调解决。

Ⅲ 省级资源综合利用主管部门于每年5月底前将上一年度的资源综合利用认定的基本情况报告国家发展改革委、财政部和国家税务总局。

Ⅳ 获得资源综合利用产品或工艺认定的企业(电厂),应当严格按照资源综合利用认定条件的要求,组织生产,健全管理制度,完善统计报表,按期上报统计资料和经审计的财务报表。

获得资源综合利用产品或工艺认定的企业,因综合利用资源原料来源等原因,不能达到认定所要求的资源综合利用条件的,应主动向市级资源综合利用主管部门报告,由省级认定、审批部门终止其认定证书,并予以公告。

申请享受资源综合利用税收优惠政策的企业(单位)须持《资源综合利用认定证书》向主管税务机关提出减免税申请。主管税务机关根据有关税收政策规定,办理减免税手续。凡未取得认定证书的企业,一律不得办理税收减免手续。

⑤处罚规定

Ⅰ 对弄虚作假,骗取资源综合利用优惠政策的企业,或违反上述规定未及时申报终止认定证书的,一经发现,取消享受优惠政策的资格,省级资源综合利用主管部门收回认定证书,三年内不得再申报认定,对已享受税收优惠政策的企业,主管税务机关应当依照税收征收管理法及有关规定追缴税款并给予处罚。

Ⅱ 有下列情形之一的,由省级资源综合利用主管部门撤销资源综合利用认定资格并抄报同级财政和税务部门:

行政机关工作人员滥用职权、玩忽职守做出不合条件的资源综合利用认定的;

超越法定职权或者违反法定程序做出资源综合利用认定的;

对不具备申请资格或者不符合法定条件的申

请企业予以资源综合利用认定的；

隐瞒有关情况、提供虚假材料或者拒绝提供反映其活动情况真实材料的；

以欺骗、贿赂等不正当手段取得资源综合利用认定的；

年检、抽查达不到资源综合利用认定条件，在规定期限不整改或者整改后仍达不到认定条件的。

Ⅲ 行政机关工作人员在办理资源综合利用认定、实施监督检查过程中有滥用职权、玩忽职守、弄虚作假行为的，由其所在部门给予行政处分；构成犯罪的，依法追究刑事责任。

Ⅳ 对伪造资源综合利用认定证书者，依据国家有关法律法规追究其责任。

2.7.6 能源产品生产供应与服务业税收优惠政策

2.7.6.1 电力产品的生产和供应业税收优惠政策

（1）三峡电站

三峡电站自发电之日起，其对外销售的电力产品按照增值税的适用税率征收增值税，电力产品的增值税税收负担超过8%的部分实行增值税即征即退的政策①。

对中国长江三峡工程开发总公司重组改制和中国长江电力股份有限公司上市过程中，三峡总公司向长江电力出让发电资产（26 台发电机组及相关发电设施）过程中应缴纳的增值税、营业税及其附征的城市维护建设税、教育费附加予以免征②。

（2）葛洲坝电站

自 2003 年 1 月 1 日起，对葛洲坝电站生产销售的电力产品，按照增值税适用税率征收增值税，电力产品增值税税收负担超过8%的部分，实行增值税即征即退的政策③。

（3）二滩电站④

2003 年 1 月 1 日至 2007 年 12 月 31 日，对二滩电站生产销售电力产品缴纳的增值税，税负超过8%的部分实行先征后返。返还的税款按照58：42 的比例分别作为中央和地方的资本金投入，其中中央投入的资本金部分，再按照国家开发投资公司和四川省电力公司在二滩电站中的股份比例分别增加各自的资本金。

2003 年 1 月 1 日至 2007 年 12 月 31 日，对四川省电力公司通过二滩电站送出工程销售的二滩电站电力产品缴纳的增值税，税负超过8%的部分实行先征后返。返还的税款作为国家对企业追加的资本金。对二滩电站送出工程销售二滩电力产品和其他电力产品要分别核算并计算销售额和增值税应纳税额，不能分别核算的增值税应纳税额，不得享受增值税先征后返政策。具体返还办法由财政部驻四川省财政监察专员办事处会同地方财政部门按照财预字［1994］55 号文件的规定办理。

（4）黄河上游水电开发

对黄河上游水电开发有限责任公司生产销售的电力产品，增值税税收负担超过8%的部分，实行增值税即征即退的政策⑤。

（5）大唐发电

北京大唐发电股份有限公司所属的发电企业因没有上网电价，且不能单独核算增值税，对大唐公司所属发电企业销售的电力产品，暂实行发电环节预征、由大唐公司统一结算缴纳增值税的征税办

---

① 《财政部 国家税务总局关于三峡电站电力产品增值税税收政策问题的通知》（财税［2002］24 号，2002 年 2 月 4 日）。

② 《财政部 国家税务总局关于中国长江电力股份有限公司上市及收购三峡发电资产有关税收问题的通知》（财税［2003］235 号，2003 年 11 月 21 日）。

③ 《财政部 国家税务总局关于葛洲坝电站电力产品增值税政策问题的通知》（财税［2002］168 号，2002 年 7 月 9 日）。

④ 《财政部 国家税务总局关于二滩电站及送出工程增值税政策问题的通知》（财税［2002］206 号，2002 年 12 月 31 日）。根据《财政部关于公布废止和失效的财政规章和规范性文件目录（第十一批）的决定》（财政部令第 62 号，2011 年 2 月 21 日），该文件已被公布失效。

⑤ 《国家税务总局关于黄河上游水电开发有限责任公司电力产品增值税税收政策问题的通知》（国税函［2004］52 号，2004 年 1 月 7 日）。

法。自 2004 年 5 月 1 日起,大唐公司发电环节的增值税预征定额税率由 18 元/千千瓦时调整到 33 元/千千瓦时;2003 年 7 月 1 日至 2004 年 4 月 30 日,大唐公司发电环节的增值税预征定额税率仍按 18 元/千千瓦时执行①。

(6)核电行业②

①核力发电企业的增值税政策

核力发电企业生产销售电力产品,自核电机组正式商业投产次月起 15 个年度内,统一实行增值税先征后退政策,返还比例分三个阶段逐级递减。具体返还比例为:

Ⅰ 自正式商业投产次月起 5 个年度内,返还比例为已入库税款的 75%。

Ⅱ 自正式商业投产次月起的第 6 至第 10 个年度内,返还比例为已入库税款的 70%。

Ⅲ 自正式商业投产次月起的第 11 至第 15 个年度内,返还比例为已入库税款的 55%。

Ⅳ 自正式商业投产次月起满 15 个年度以后,不再实行增值税先征后退政策。

②退税办法

核力发电企业采用按核电机组分别核算增值税退税额的办法,企业应分别核算核电机组电力产品的销售额,未分别核算或不能准确核算的,不得享受增值税先征后退政策。单台核电机组增值税退税额可以按以下公式计算:

单台核电机组增值税退税额=(单台核电机组电力产品销售额÷核力发电企业电力产品销售额合计)×核力发电企业实际缴纳增值税×退税比例

原已享受增值税先征后退政策但该政策已于 2007 年内到期的核力发电企业,自该政策执行到期后次月起按上述统一政策核定剩余年度相应的返还比例;对 2007 年内新投产的核力发电企业,自核电机组正式商业投产日期的次月起按上述统一政策执行③。

自 2008 年 1 月 1 日起,核力发电企业取得的增值税退税款,专项用于还本付息,不征收企业所得税。

增值税先征后退具体操作办法由财政部驻当地财政监察专员办事处按《财政部 国家税务总局 中国人民银行关于税制改革后对某些企业实行"先征后退"有关预算管理问题的暂行规定的通知》(财预字〔1994〕55 号)有关规定办理。

③关于大亚湾核电站和广东核电投资有限公司税收政策

大亚湾核电站和广东核电投资有限公司在 2014 年 12 月 31 日前继续执行以下政策,不适用以上退税政策:

Ⅰ 对大亚湾核电站销售给广东核电投资有限公司的电力免征增值税。

Ⅱ 对广东核电投资有限公司销售给广东电网公司的电力实行增值税先征后退政策,并免征城市维护建设税和教育费附加。

Ⅲ 对大亚湾核电站出售给香港核电投资有限公司的电力及广东核电投资有限公司转售给香港核电投资有限公司的大亚湾核电站生产的电力免征增值税。

(7)资源综合利用生产的电力产品

详见 2.7.5。

(8)农村电网维护费

---

① 《国家税务总局关于北京大唐发电股份有限公司电力产品增值税征收问题的通知》(国税函〔2004〕534 号,2004 年 4 月 29 日)。

② 《财政部 国家税务总局关于核电行业税收政策有关问题的通知》(财税〔2008〕38 号,2008 年 4 月 3 日)。自 2008 年 1 月 1 日起,《财政部 国家税务总局关于广东大亚湾核电站有关税收政策问题的通知》(1998 年 12 月 24 日,财税字〔1998〕173 号)停止执行。

③ 此前,《财政部 国家税务总局关于继续对秦山一期核电站实行增值税先征后返政策的通知》(财税〔2006〕119 号,2006 年 9 月 4 日),《财政部 国家税务总局关于继续对秦山核电站实行增值税先征后返政策的通知》(财税〔2001〕48 号,2001 年 4 月 9 日),《财政部 国家税务总局关于秦山二期核电站增值税政策问题的通知》(财税〔2003〕18 号,2003 年 6 月 4 日),《财政部 国家税务总局关于岭澳核电站增值税政策问题的通知》(财税〔2002〕95 号,2002 年 6 月 20 日),分别就 2007 年之前的先征后退政策进行过规定。

从 1998 年 1 月 1 日起,对农村电管站在收取电价时一并向用户收取的农村电网维护费(包括低压线路损耗和维护费以及电工经费)给予免征增值税的照顾①。

在部分地区的农村电管站改制后,农村电网维护费原由农村电管站收取改为由电网公司或者农电公司等其他单位收取。鉴于只是收费的主体发生了变化,收取方法、对象以及使用用途均未发生变化,对其他单位收取的农村电网维护费继续免征增值税,不得开具增值税专用发票②。

对供电企业收取的免征增值税的农村电网维护费,不应分摊转出外购电力产品所支付的进项税额③。

(9)供电工程贴费

供电工程贴费不属于增值税销售货物和收取价外费用的范围,不应当征收增值税④。

2.7.6.2　热力产品的生产和供应业税收优惠政策⑤

对“三北地区”(包括北京、天津、河北、山西、内蒙古、辽宁、大连、吉林、黑龙江、山东、青岛、河南、陕西、甘肃、青海、宁夏、新疆)的供热企业(包括热力产品生产企业和热力产品经营企业,其中热力产品生产企业包括专业供热企业、兼营供热企业和自供热单位),在 2009 年至 2010 年供暖期期间,向居民收取的采暖收入(包括供热企业直接向居民个人收取的、通过其他单位向居民收取和由单位代居民缴纳的采暖收入)继续免征增值税。

免征增值税的采暖费收入,应当按照增值税暂行条例第十六条的规定分别核算。通过热力产品经营企业向居民供热的热力产品生产企业,应当根据热力产品经营企业实际从居民取得的采暖费收入占该经营企业采暖费总收入的比例确定免税收入比例。

2.7.6.3　煤层气抽采税收优惠政策

自 2007 年 1 月 1 日起,对煤层气抽采企业的增值税一般纳税人抽采销售煤层气实行增值税先征后退政策。原有对中联公司中外合作开采陆上煤层气按实物征收 5% 的增值税以及中联公司自

①　《财政部 国家税务总局关于免征农村电网维护费增值税问题的通知》(财税字[1998]47 号,1998 年 3 月 5 日)。此前,《国家税务总局关于农电管理站收取的电工经费征收增值税问题的批复》(国税函发[1997]241 号,1997 年 5 月 7 日)规定,对电工经费应随同价款一并征收增值税。此外,《国家税务总局关于农村电力体制改革中农村电网维护费征免增值税问题的批复》(国税函[2002]421 号,2002 年 5 月 17 日)曾规定:农村电管站改制后(由原农村电管站改为县供电有限责任公司),只是收取农村电网维护费的主体发生变化,但在收取方法、对象以及使用用途上与改制前未发生变化,对农村电管站改制后由县供电有限责任公司收取的农村电网维护费免征增值税。供电有限责任公司收取的农村电网维护费不得开具增值税专用发票,但后来《国家税务总局关于发布已失效或废止有关增值税规范性文件清单的通知》(国税发[2009]7 号,2009 年 2 月 2 日)对《国家税务总局关于农村电力体制改革中农村电网维护费征免增值税问题的批复》(国税函[2002]421 号,2002 年 5 月 17 日)予以了废止。

②　《国家税务总局关于农村电网维护费征免增值税问题的通知》(国税函[2009]591 号,2009 年 10 月 23 日)。

③　《国家税务总局关于供电企业收取的免税农村电网维护费有关增值税问题的通知》(国税函[2005]778 号,2005 年 8 月 5 日)。此前,《国家税务总局关于农村电力体制改革中农村电网维护费征免增值税问题的批复》(国税函[2002]421 号,2002 年 5 月 17 日)规定,供电企业应按规定计算农村电网维护费应分担的不得抵扣的进项税额,已计提进项税额的要做进项税额转出处理。

④　《财政部 国家税务总局关于供电工程贴费不征收增值税和营业税的通知》(财税字[1997]102 号,1997 年 9 月 5 日)。同时,该文还规定供电工程贴费也不属于营业税的应税劳务收入,不应当征收营业税,但《财政部 国家税务总局关于公布若干废止和失效的营业税规范性文件的通知》(财税[2009]61 号,2009 年 5 月 18 日)对有关营业税的内容予以废止。根据《国家计委 国家经贸委关于停止收取供(配)电工程贴费有关问题的通知》(计价格[2002]98 号),供电工程贴费已停止征收。

⑤　《财政部 国家税务总局关于继续执行供热企业增值税、房产税、城镇土地使用税优惠政策的通知》(财税[2009]11 号,2009 年 2 月 10 日)。此前,《财政部 国家税务总局关于供热企业税收问题的通知》(财税[2004]28 号,2004 年 2 月 5 日)、《财政部 国家税务总局关于供热企业有关增值税问题的补充通知》(财税[2004]223 号,2004 年 12 月 31 日)和《财政部 国家税务总局关于继续执行供热企业相关税收优惠政策的通知》(财税[2006]117 号,2006 年 11 月 27 日)先后规定,在 2003 年至 2008 年供暖期期间暂免征收增值税。

营开采陆上煤层气增值税超5%税负返还政策同时废止①。

煤层气是指赋存于煤层及其围岩中与煤炭资源伴生的非常规天然气,也称煤矿瓦斯。

煤层气抽采企业应将享受增值税先征后退政策的业务和其他业务分别核算,不能分别准确核算的,不得享受增值税先征后退政策。

煤层气抽采企业增值税先征后退政策由财政部驻各地财政监察专员办事处根据《财政部 国家税务总局 中国人民银行关于税制改革后对某些企业实行"先征后退"有关预算管理问题的暂行规定的通知》(财预字[1994]55号)的规定办理。

2.7.6.4 变性燃料乙醇税收优惠政策

对变性燃料乙醇定点生产企业吉林燃料乙醇有限责任公司、河南天冠集团、安徽丰原生物化学股份有限公司和黑龙江华润酒精有限公司生产用于调配车用乙醇汽油的变性燃料乙醇增值税实行先征后退办法,具体由财政部驻当地财政监察专员办事处按照财预字[1994]55号文件的规定办理②。

2.7.6.5 节能服务产业税收优惠

从2011年1月1日起,对节能服务公司实施符合条件的合同能源管理项目,将项目中的增值税应税货物转让给用能企业,暂免征收增值税③。

所称"符合条件"是指同时满足以下条件:

(1)节能服务公司实施合同能源管理项目相关技术应符合国家质量监督检验检疫总局和国家

标准化管理委员会发布的《合同能源管理技术通则》(GB/T24915—2010)规定的技术要求。

(2)节能服务公司与用能企业签订《节能效益分享型》合同,其合同格式和内容,符合《合同法》和国家质量监督检验检疫总局和国家标准化管理委员会发布的《合同能源管理技术通则》(GB/T24915—2010)等规定。

2.7.7 交通运输设备生产及修理业税收优惠政策

(1)铁路运输

①从2001年1月1日起对铁路系统内部单位为本系统修理货车的业务免征增值税④。

其中,"铁路系统内部单位"包括中国北方机车车辆工业集团公司所属企业和中国南方机车车辆工业集团公司所属企业,其为铁路系统修理铁路货车的业务免征增值税⑤。

②对大秦铁路股份有限公司从太原铁路局收购原大同分局所属的国铁资产过程中出售方涉及的营业税、增值税予以免征⑥。

(2)船舶运输

①轮船制造

自1999年12月1日至2005年12月31日,对中国船舶工业集团公司和中国船舶重工集团公司所属企业与中国远洋运输(集团)总公司、中国对外贸易运输(集团)总公司、中国海运(集团)总公司签订的建造内销远洋船合同,在交船并照章缴

① 《财政部 国家税务总局关于加快煤层气抽采有关税收政策问题的通知》(财税[2007]16号,2007年2月7日)。此前,《财政部 国家税务总局关于外国石油公司参与煤层气开采所适用税收政策问题的通知》(财税[1996]62号,1996年7月5日)规定,外国石油公司开采我国陆上煤层气所取得的收入,应当按照《国家税务总局关于中外合作开采石油资源缴纳增值税有关问题的通知》(国税发[1994]114号)的规定缴纳增值税。

② 《财政部 国家税务总局关于变性燃料乙醇定点生产企业有关税收政策问题的通知》(财税[2005]174号,2005年12月14日)。

③ 《国务院办公厅转发发展改革委等部门关于加快推行合同能源管理促进节能服务产业发展意见的通知》(国办发[2010]25号,2010年4月2日)。《财政部 国家税务总局关于促进节能服务产业发展增值税 营业税和企业所得税政策问题的通知》(财税[2010]110号,2010年12月30日)。

④ 《财政部 国家税务总局关于铁路货车修理免征增值税的通知》(财税[2001]54号,2001年4月3日)。

⑤ 《国家税务总局关于中国北方机车车辆工业集团公司所属企业的铁路货车修理业务免征增值税的通知》(国税函[2001]862号,2001年11月26日)和《国家税务总局关于中国南方机车车辆工业集团公司所属企业的铁路货车修理业务免征增值税的通知》(国税函[2001]1006号,2001年12月29日)。

⑥ 《财政部 国家税务总局关于大秦铁路改制上市有关税收问题的通知》(财税[2006]32号,2006年8月18日)。

纳增值税后,由中央财政按内销远洋船不含增值税价格的17%给予中国船舶工业集团公司和中国船舶重工集团公司补贴。补贴的款项由中国船舶工业集团公司和中国船舶重工集团公司返还给船厂①。

内销远洋船财政补贴计算公式如下②:

内销远洋船财政补贴 = 所销船舶不含税价格(或所销船舶含税价÷(1+17%))×17%

长江航运集团公司在2003年1月1日至2005年12月31日,与中国船舶工业集团公司和中国船舶重工集团公司签订的建造内销远洋船合同享受《财政部 国家税务总局关于内销远洋船财税政策的通知》(财税字〔2000〕54号)规定的所有财税政策③。

②轮船修理

从2002年至2009年3月31日,对中远集团的轮船修理业务,免征增值税,从2009年4月1日起,恢复征收增值税④。

(3)航空运输

①飞机制造

自2000年4月1日起,对生产销售的支线飞机(包括运十二、运七系列、运八、运五飞机)免征增值税⑤。

农五系列飞机适用国产支线飞机免征国内销售环节增值税的规定,其生产所需进口尚不能国产化的零部件免征进口环节增值税⑥。

②飞机维修

自2000年1月1日起对飞机维修劳务增值税实际税负超过6%的部分实行由税务机关即征即退的政策⑦。

③燃油供应

自2004年12月1日起,中国航空油料总公司所属的北京首都国际机场中航油股份有限公司航空油料保税仓库、上海浦东国际机场航空油料有限责任公司保税油库、天津滨海国际机场中航油股份有限公司航空油料保税仓库、广州新白云国际机场华南蓝天航空油料有限公司航煤保税仓库、深圳宝安国际机场深圳市空港油料有限公司承海油品保税仓库,以不含增值税的价格向民航国际航班提供进口保税的航空燃料油,免征国内销售环节增值税⑧。

2.7.8 金融资产转移和处置税收优惠政策

2.7.8.1 金融资产管理税收优惠政策

(1)国有商业银行划转金融资产的税收优惠政策

中国建设银行、中国工商银行、中国农业银行、中国银行(简称国有商业银行)按财政部核定的数额,划转给中国信达资产管理公司、中国华融资产管理公司、中国长城资产管理公司和中国东方资产管理公司4家金融资产管理公司的资产,在办理过户手续时,免征增值税、营业税、印花税⑨。

(2)金融资产管理公司税收优惠政策

①优惠主体

---

①　《财政部 国家税务总局关于内销远洋船财税政策的通知》(财税字〔2000〕54号,2000年4月12日)。

②　《财政部 国家税务总局关于内销远洋船财税政策的通知》(财税字〔2000〕54号,2000年4月12日)。

③　《财政部 国家税务总局关于长江航运(集团)总公司适用内销远洋船财税政策的通知》(财税〔2003〕151号,2003年7月18日)。

④　《国家税务总局关于停止执行中国远洋运输(集团)总公司增值税优惠政策的通知》(国税函〔2009〕100号,2009年3月4日)。此前,《国家税务总局关于中国远洋运输(集团)总公司有关税收问题的通知》(国税函〔2002〕366号,2002年4月28日)停止执行。

⑤　《财政部 国家税务总局关于国产支线飞机免征增值税的通知》(财税字〔2000〕51号,2000年4月3日)。

⑥　《财政部 国家税务总局关于农五飞机适用国产支线飞机免征增值税政策的通知》(财税〔2002〕97号,2002年6月28日)。

⑦　《财政部 国家税务总局关于飞机维修增值税问题的通知》(财税〔2000〕102号,2000年10月12日)。

⑧　《财政部 国家税务总局关于民航国际航班使用保税航空燃油有关税收事宜的通知》(财税〔2004〕218号,2004年12月30日)。

⑨　《财政部 国家税务总局关于4家资产管理公司接收资本金项下的资产在办理过户时有关税收政策问题的通知》(财税〔2003〕21号,2003年2月21日)。

享受税收优惠政策的主体为经国务院批准成立的中国信达资产管理公司、中国华融资产管理公司、中国长城资产管理公司和中国东方资产管理公司，及其经批准分设于各地的分支机构。除另有规定者外，资产公司所属、附属企业，不享受资产公司的税收优惠政策①。

②优惠范围

对信达、华融、长城和东方资产管理公司收购、承接和处置不良金融资产，给予税收优惠。

其中，收购、承接不良资产是指资产公司按照国务院规定的范围和额度，对相关国有银行不良资产，以账面价值进行收购，同时继承债权、行使债权主体权利。具体包括资产公司承接、收购相关国有银行的逾期、呆滞、呆账贷款及其相应的抵押品；处置不良资产是指资产公司按照有关法律、法规，为使不良资产的价值得到实现而采取的债权转移的措施。具体包括运用出售、置换、资产重组、债转股、证券化等方法对贷款及其抵押品进行处置②。

金融资产管理公司利用其接受的抵债资产从事经营租赁业务，不属于规定的免税范围，应当依法纳税③。

③优惠内容

对资产公司接受相关国有银行的不良债权，借款方以货物、不动产、无形资产、有价证券和票据等抵充贷款本息的，免征资产公司销售转让该货物、不动产、无形资产、有价证券、票据以及利用该货物、不动产从事融资租赁业务应缴纳的增值税、营业税④。

（3）港澳国际（集团）有限公司资产处置税收优惠政策⑤

①优惠主体

Ⅰ 负责接收和处置港澳国际（集团）有限公司资产的中国东方资产管理公司及其经批准分设于各地的分支机构，简称"东方资产管理公司"；

Ⅱ 港澳国际（集团）有限公司所属的东北国际投资有限公司、海国投集团有限公司、海南港澳国际信托投资公司，简称"港澳国际（集团）内地公司"；

Ⅲ 在我国境内（不包括港澳台，下同）拥有资产并负有纳税义务的港澳国际（集团）有限公司集团本部及其香港8家子公司（名单见《财政部 国家税务总局关于中国东方资产管理公司处置港澳国际（集团）有限公司有关资产税收政策问题的通知》（财税〔2003〕212号），简称"港澳国际（集团）香港公司"。

②优惠政策

Ⅰ 东方资产管理公司接收、处置港澳国际（集团）有限公司资产可享受的税收优惠政策

对东方资产管理公司接收港澳国际（集团）有限公司的资产包括货物、不动产、有价证券等，免征东方资产管理公司销售转让该货物、不动产、有价证券等资产以及利用该货物、不动产从事融资租赁业务应缴纳的增值税、营业税、城市维护建设税、教

---

① 《财政部 国家税务总局关于中国信达等4家金融资产管理公司税收政策问题的通知》（财税〔2001〕10号，2001年2月22日）。此前，《国家税务总局关于中国信达等四家资产管理公司有关税收政策的通知》（国税明电〔1999〕26号，1999年12月8日）规定，对四家资产管理公司及其直属办事机构收购、承接、处置不良资产的业务所涉及的各种税均暂不征收。根据《国家税务总局关于公布全文失效废止 部分条款失效废止的税收规范性文件目录的公告》（国家税务总局公告2011年第2号，2011年1月4日），国税明电〔1999〕26号被公布全文失效废止。

② 《财政部 国家税务总局关于中国信达等4家金融资产管理公司税收政策问题的通知》（财税〔2001〕10号，2001年2月22日）。

③ 《国家税务总局关于金融资产管理公司从事经营租赁业务有关税收政策问题的批复》（国税函〔2009〕190号，2009年3月31日）。

④ 《财政部 国家税务总局关于中国信达等4家金融资产管理公司税收政策问题的通知》（财税〔2001〕10号，2001年2月22日）。

⑤ 《财政部 国家税务总局关于中国东方资产管理公司处置港澳国际（集团）有限公司有关资产税收政策问题的通知》（财税〔2003〕212号，2003年11月10日）。

育费附加和土地增值税。

Ⅱ 港澳国际（集团）内地公司的资产在清理和处置期间可享受的税收优惠政策

对港澳国际（集团）内地公司的资产,包括货物、不动产、有价证券、股权、债权等,在清理和被处置时,免征港澳国际（集团）内地公司销售转让该货物、不动产、有价证券、股权、债权等资产应缴纳的增值税、营业税、城市维护建设税、教育费附加和土地增值税。

Ⅲ 港澳国际（集团）香港公司中国境内的资产在清理和处置期间可享受的税收优惠政策

对港澳国际（集团）香港公司在中国境内的资产,包括货物、不动产、有价证券、股权、债权等,在清理和被处置时,免征港澳国际（集团）香港公司销售转让该货物、不动产、有价证券、股权、债权等资产应缴纳的增值税、营业税、预提所得税和土地增值税。

港澳国际（集团）内地公司、港澳国际（集团）香港公司在清算期间发生其他应税行为以及东方资产管理公司除接收、处置不良资产业务外从事其他经营业务,应一律依法纳税。

2.7.8.2 债转股税收优惠政策

债转股企业投入到新公司的实物资产享受免征增值税政策,但债转股企业将实物资产投入到新公司时不得开具增值税专用发票[1]。

2.7.8.3 金融机构改制重组税收优惠政策

（1）银行业重组改制

对中国建设银行实施重组分立改革设立中国建设银行股份有限公司及中国建银投资有限责任公司过程中,原中国建设银行无偿划转给建银投资的货物、不动产,不征收增值税、营业税和土地增值税[2]。

（2）保险业重组改制

中国人寿保险（集团）公司改制后取消了各地的分支机构,发生固定资产应税销售行为时,由集团公司统一开票收款的,由集团公司向其机构所在地主管税务机关申报缴纳增值税。如果集团公司委托其控股的股份公司销售的,则应按代销货物征收增值税的规定,由集团公司和控股公司分别于各自的机构所在地缴纳增值税[3]。

2.7.8.4 金融机构撤销或破产清算税收优惠政策

（1）金融机构撤销

①优惠主体

享受税收优惠政策的主体是指经中国人民银行依法决定撤销的金融机构及其分设于各地的分支机构,包括被依法撤销的商业银行、信托投资公司、财务公司、金融租赁公司、城市信用社和农村信用社,除另有规定者外,被撤销的金融机构所属、附属企业,不享受被撤销金融机构的税收优惠政策。

②优惠政策

被撤销金融机构财产用来清偿债务,免征被撤销金融机构转让货物、不动产、无形资产、有价证券、票据等应缴纳的增值税、营业税、城市维护建设税、教育费附加和土地增值税[4]。

被撤销的金融机构在清算开始后、清算资产被处置前持续经营的经济业务所发生的应纳税款应

---

① 《国家税务总局关于债转股企业实物投资免征增值税政策有关问题的批复》（国税函〔2003〕1394 号,2003 年 12 月 29 日）。此外,《财政部 国家税务总局关于债转股企业有关税收政策的通知》（财税〔2005〕29 号,2005 年 2 月 5 日）规定,对经国务院批准实施债转股的企业与金融资产管理公司签订的债转股协议,债转股原企业将货物资产作为投资提供给债转股新公司的,免征增值税、消费税。根据《财政部关于公布废止和失效的财政规章和规范性文件目录（第十一批）的决定》（财政部令第 62 号,2011 年 2 月 21 日）,财税〔2005〕29 号被公布失效。

② 《财政部 国家税务总局关于中国建银投资有限责任公司有关税收政策问题的通知》（财税〔2005〕160 号,2005 年 11 月 29 日）。

③ 《国家税务总局关于中国人寿保险（集团）公司重组改制后有关税务问题的通知》（国税函〔2004〕852 号,2004 年 6 月 11 日）。

④ 《财政部 国家税务总局关于被撤销金融机构有关税收政策问题的通知》（财税〔2003〕141 号,2003 年 7 月 3 日）。

按规定予以缴纳①。

（2）金融机构破产清算

大连证券破产财产被清算用来清偿债务时，免征大连证券销售转让货物、不动产、无形资产、有价证券、票据等应缴纳的增值税、营业税、城市维护建设税、教育费附加和土地增值税②。

2.7.9　校办实体税收优惠政策

（1）高校后勤实体税收优惠政策③

自2006年1月1日至2008年12月31日，对高校后勤实体为高校师生食堂提供的粮食、食用植物油、蔬菜、肉、禽、蛋、调味品和食堂餐具，免征增值税；对高校后勤实体为高校师生食堂提供的其他商品，一律按现行规定计征增值税。

对高校后勤实体向其他高校提供快餐的外销收入，免征增值税；对高校后勤实体向其他社会人员提供快餐的外销收入，按现行规定计征增值税。

享受上述优惠政策的纳税人，应对享受优惠政策的经营活动进行单独核算，分别进行纳税申报。不进行单独核算和纳税申报的，不得享受上述政策。

（2）校办企业的税收优惠政策

对特殊教育学校举办的企业可以比照福利企业标准，享受国家对福利企业实行的增值税优惠政策④。

特殊教育学校举办的企业，是指设立的主要为在校学生提供实习场所、并由学校出资自办、由学校负责经营管理、经营收入全部归学校所有的企业。这类企业只要符合安置残疾人比例的条件，即可享受上述税收优惠政策。这类企业在计算残疾人人数时可将在企业实际上岗工作的特殊教育学校的全日制在校学生计算在内，在计算单位在职职工人数时也要将上述学生计算在内⑤。

从2004年1月1日起，对校办企业生产的应税货物，凡用于本校教学科研的免征增值税政策停止执行⑥。

2.7.10　医疗卫生业税收优惠政策

（1）医疗卫生机构税收优惠政策

①非营利性医疗机构

对非营利性医疗机构按照国家规定的价格取得的医疗服务收入，免征各项税收。不按照国家规定价格取得的医疗服务收入不得享受这项政策⑦。

医疗服务是指医疗服务机构对患者进行检查、诊断、治疗、康复和提供预防保健、接生、计划生育

---

① 《财政部　国家税务总局关于被撤销金融机构有关税收政策问题的通知》（财税[2003]141号，2003年7月3日）。

② 《财政部　国家税务总局关于大连证券破产及财产处置过程中有关税收政策问题的通知》（财税[2003]88号，2003年5月20日）。

③ 《财政部　国家税务总局关于经营高校学生公寓及高校后勤社会化改革有关税收政策的通知》（财税字[2006]100号，2006年8月18日）。此前，《财政部　国家税务总局关于高校后勤社会化改革有关税收政策的通知》（财税字[2000]25号，2000年2月28日）、《财政部　国家税务总局关于经营高校学生公寓有关税收政策的通知》（财税[2002]147号）和《财政部　国家税务总局关于继续执行高校后勤社会化改革有关税收政策的通知》（财税[2003]152号，2003年7月11日）规定，政策执行期限至2005年底。目前，《财政部　国家税务总局关于经营高校学生公寓及高校后勤社会化改革有关税收政策的通知》（财税字[2006]100号，2006年8月18日）因执行到期已被《财政部　国家税务总局关于经营高校学生公寓和食堂有关税收政策的通知》（财税[2009]155号，2009年12月24日）公布废止。

④ 《财政部　国家税务总局关于教育税收政策的通知》（财税[2004]39号，2004年2月5日）。

⑤ 《财政部　国家税务总局关于促进残疾人就业税收优惠政策的通知》（财税[2007]92号，2007年6月15日）。

⑥ 《财政部　国家税务总局关于教育税收政策的通知》（财税[2004]39号，2004年2月5日）。此前，《国家税务总局关于学校办企业征收流转税问题的通知》（国税发[1994]156号）和《财政部　国家税务总局关于党校所办企业执行校办企业税收政策的补充通知》（财税字[1995]93号）规定，校办企业（含党校所办企业）生产的应税货物，凡用于本校教学科研方面的，免征增值税。《财政部　国家税务总局关于福利企业、校办企业有关税收政策问题的通知》（财税字[1999]22号）规定，校办企业增值税退税政策于1999年底前给予退税。《财政部　国家税务总局关于校办企业有关税收政策问题的通知》（财税字[2000]33号）规定，自2000年1月1日起，校办企业增值税退税政策停止执行。《财政部　国家税务总局关于校办企业免税问题的通知》（财税[2000]92号，2000年9月28日）规定，校办企业生产的应税货物，凡用于本校教学、科研方面的，经严格审核确认后，免征增值税。根据《财政部关于公布废止和失效的财政规章和规范性文件目录（第十一批）的决定》（财政部令第62号，2011年2月21日），财税字[1995]93号被公布失效。

⑦ 《财政部　国家税务总局关于医疗卫生机构有关税收政策的通知》（财税[2000]42号，2000年7月10日）。

方面的服务,及与这些服务有关的提供药品、医用材料器具、救护车、病房住宿和伙食的业务①。

对非营利性医疗机构自产自用的制剂,免征增值税②。

非营利性医疗机构的药房分离为独立的药品零售企业,应按规定征收各项税收③。

自 1999 年 11 月 1 日起,对血站供应给医疗机构的临床用血免征增值税。所称血站,是指根据《中华人民共和国献血法》的规定,由国务院或省级人民政府卫生行政部门批准的,从事采集、提供临床用血,不以营利为目的的公益性组织④。

属于增值税一般纳税人的单采血浆站销售非临床用人体血液,可以按照简易办法依照 6% 征收率计算应纳税额,但不得对外开具增值税专用发票;也可以按照销项税额抵扣进项税额的办法依照人体血液增值税适用税率 17% 计算应纳税额。纳税人选择计算缴纳增值税的办法后,36 个月内不得变更⑤。

②营利性医疗机构

对营利性医疗机构取得的收入,按规定征收各项税收。对营利性医疗机构取得的收入,直接用于改善医疗卫生条件的,自其取得执业登记之日起,3 年内对其自产自用的制剂免征增值税。3 年免税期满后恢复征税⑥。

③疾病控制机构和妇幼保健机构等卫生机构

对疾病控制机构和妇幼保健机构等卫生机构含疫苗接种和调拨、销售收入,免征各项税收。不按照国家规定的价格取得的卫生服务收入不得享受这项政策⑦。

④享受优惠的医疗机构范围

医疗机构需要书面向卫生行政主管部门申明其性质,按《医疗机构管理条例》进行设置审批和登记注册,并由接受其登记注册的卫生行政部门核定,在执业登记中注明“非营利性医疗机构”和“营利性医疗机构”⑧。

上述医疗机构具体包括:各级各类医院、门诊部(所)、社区卫生服务中心(站)、急救中心(站)、城乡卫生院、护理院(所)、疗养院、临床检验中心等。上述疾病控制、妇幼保健等卫生机构具体包括:各级政府及有关部门举办的卫生防疫站(疾病控制中心)、各种专科疾病防治站(所),各级政府举办的妇幼保健所(站)、母婴保健机构、儿童保健机构等,各级政府举办的血站(血液中心)⑨。

(2)医疗卫生药品税收优惠政策

①避孕药品和用具

避孕药品和用具免征增值税⑩。

②生物制品

一般纳税人用微生物、微生物代谢产物、动物毒素、人或动物的血液或组织制成的生物制品,可按简易办法依照 6% 征收率计算缴纳增值税⑪。

③抗艾滋病病毒药品⑫

---

① 《财政部 国家税务总局关于医疗卫生机构有关税收政策的通知》(财税[2000]42 号,2000 年 7 月 10 日)。
② 《财政部 国家税务总局关于医疗卫生机构有关税收政策的通知》(财税[2000]42 号,2000 年 7 月 10 日)。
③ 《财政部 国家税务总局关于医疗卫生机构有关税收政策的通知》(财税[2000]42 号,2000 年 7 月 10 日)。
④ 《财政部 国家税务总局关于血站有关税收问题的通知》(财税[1999]264 号,1999 年 10 月 13 日)。
⑤ 《国家税务总局关于供应非临床用血增值税政策问题的批复》(国税函[2009]456 号,2009 年 8 月 24 日)。
⑥ 《财政部 国家税务总局关于医疗卫生机构有关税收政策的通知》(财税[2000]42 号,2000 年 7 月 10 日)。
⑦ 《财政部 国家税务总局关于医疗卫生机构有关税收政策的通知》(财税[2000]42 号,2000 年 7 月 10 日)。
⑧ 《财政部 国家税务总局关于医疗卫生机构有关税收政策的通知》(财税[2000]42 号,2000 年 7 月 10 日)。
⑨ 《财政部 国家税务总局关于医疗卫生机构有关税收政策的通知》(财税[2000]42 号,2000 年 7 月 10 日)。
⑩ 《中华人民共和国增值税暂行条例》(中华人民共和国国务院令第 538 号,2008 年 11 月 10 日)。
⑪ 《财政部 国家税务总局关于部分货物适用增值税低税率和简易办法征收增值税政策的通知》(财税[2009]9 号,2009 年 1 月 19 日)。
⑫ 《财政部 国家税务总局关于继续免征国产抗艾滋病病毒药品增值税的通知》(财税[2007]49 号,2007 年 4 月 17 日)。此前,《财政部 国家税务总局关于免征抗艾滋病病毒药品增值税的通知》(财税[2003]181 号,2003 年 8 月 25 日)规定,对抗艾滋病病毒药品在 2007 年之前给予类似的税收优惠政策。根据《财政部关于公布废止和失效的财政规章和规范性文件目录(第十批)的决定》(财政部令第 48 号,2008 年 1 月 31 日),财税[2003]181 号被公布废止。

自 2007 年 1 月 1 日起至 2010 年 12 月 31 日止,对国内定点生产企业生产的国产抗艾滋病病毒药品免征生产环节和流通环节增值税。国产抗艾滋病病毒药品的品种及定点生产企业名单见《财政部 国家税务总局关于免征抗艾滋病病毒药品增值税的通知》(财税〔2003〕181 号)和《财政部 国家税务总局关于继续免征国产抗艾滋病病毒药品增值税的通知》(财税〔2007〕49 号)。

抗艾滋病病毒药品的生产企业和流通企业对于免税药品和征税药品应分别核算,不分别核算的不得享受增值税免税政策。

2.7.11　社会福利业税收优惠政策

2.7.11.1　残疾人用品税收优惠政策

供残疾人专用的假肢、轮椅、矫型器(包括上肢矫型器、下肢矫型器、脊椎侧弯矫型器),免征增值税①。

由残疾人的组织直接进口供残疾人专用的物品,免征进口关税和进口环节增值税、消费税②。具体免税范围、免税程序见进出口税部分。

2.7.11.2　促进残疾人就业税收优惠政策

(1)对安置残疾人单位的增值税优惠政策③

对安置残疾人的单位,实行由税务机关按单位实际安置残疾人的人数,限额即征即退增值税或减征营业税的办法。

①实际安置的每位残疾人每年可退还的增值税或减征的营业税的具体限额,由县级以上税务机关根据单位所在区县(含县级市、旗,下同)适用的经省(含自治区、直辖市、计划单列市,下同)级人民政府批准的最低工资标准的 6 倍确定,但最高不得超过每人每年 3.5 万元。

②主管国税机关应按月退还增值税,本月已交增值税额不足退还的,可在本年度(指纳税年度,下同)内以前月份已交增值税扣除已退增值税的余额中退还,仍不足退还的可结转本年度内以后月份退还。

③上述增值税优惠政策仅适用于生产销售货物或提供加工、修理修配劳务取得的收入占增值税业务和营业税业务收入之和达到 50% 的单位,但不适用于上述单位生产销售消费税应税货物和直接销售外购货物(包括商品批发和零售)以及销售委托外单位加工的货物取得的收入。单位应当分别核算上述享受税收优惠政策和不得享受税收优惠政策业务的销售收入或营业收入,不能分别核算的,不得享受规定的增值税或营业税优惠政策。

④兼营可享受增值税和营业税税收优惠政策业务的单位,可自行选择退还增值税或减征营业税,一经选定,一个年度内不得变更。

⑤如果既适用促进残疾人就业税收优惠政策,又适用下岗再就业、军转干部、随军家属等支持就业的税收优惠政策的,单位可选择适用最优惠的政策,但不能累加执行。

⑥以上所述"单位"是指税务登记为各类所有制企业(包括个人独资企业、合伙企业和个体经营户)、事业单位、社会团体和民办非企业单位。

(2)享受税收优惠政策单位的条件④

自 2007 年 7 月 1 日起,安置残疾人就业的单

---

①　《财政部 国家税务总局关于增值税几个税收政策问题的通知》(财税字〔1994〕60 号,1994 年 10 月 18 日)。

②　《中华人民共和国增值税暂行条例》(中华人民共和国国务院令第 538 号,2008 年 11 月 10 日),《海关总署关于执行〈科学研究和教学用品免征进口税收暂行规定〉、〈残疾人专用品免征进口税收暂行规定〉的通知》(中华人民共和国海关总署令第 61 号、署税〔1997〕227 号,1997 年 4 月 10 日)。

③　《财政部 国家税务总局关于促进残疾人就业税收优惠政策的通知》(财税〔2007〕92 号,2007 年 6 月 15 日)。此前,《财政部 国家税务总局关于对福利企业、学校办企业征税问题的通知》(财税字〔1994〕3 号)、《国家税务总局关于民政福利企业征收流转税问题的通知》(国税发〔1994〕155 号)、《财政部 国家税务总局关于福利企业有关税收政策问题的通知》(财税字〔2000〕35 号)、《财政部 国家税务总局关于调整完善现行福利企业税收优惠政策试点工作的通知》(财税〔2006〕111 号)、《国家税务总局 财政部 民政部 中国残疾人联合会关于调整完善现行福利企业税收优惠政策试点实施办法的通知》(国税发〔2006〕112 号)和《财政部 国家税务总局关于进一步做好调整现行福利企业税收优惠政策试点工作的通知》(财税〔2006〕135 号)自 2007 年 7 月 1 日起停止执行。

④　《财政部 国家税务总局关于促进残疾人就业税收优惠政策的通知》(财税〔2007〕92 号,2007 年 6 月 15 日)。

位(包括福利企业、盲人按摩机构、工疗机构和其他单位),同时符合以下条件并经过有关部门的认定后,方可申请享受上述税收优惠政策:

①依法与安置的每位残疾人签订了一年以上(含一年)的劳动合同或服务协议,并且安置的每位残疾人在单位实际上岗工作。

②月平均实际安置的残疾人占单位在职职工总数的比例应高于25%(含25%),并且实际安置的残疾人人数多于10人(含10人)。

③为安置的每位残疾人按月足额缴纳了单位所在区县人民政府根据国家政策规定的基本养老保险、基本医疗保险、失业保险和工伤保险等社会保险。

④通过银行等金融机构向安置的每位残疾人实际支付了不低于单位所在区县适用的经省级人民政府批准的最低工资标准的工资。

⑤具备安置残疾人上岗工作的基本设施。

其中:所述"残疾人",是指持有中华人民共和国残疾人证上注明属于视力残疾、听力残疾、言语残疾、肢体残疾、智力残疾和精神残疾的人员和持有中华人民共和国残疾军人证(1至8级)的人员。

"个人"均指自然人。

"单位在职职工"是指与单位建立劳动关系并依法应当签订劳动合同或服务协议的雇员。

"工疗机构"是指集就业和康复为一体的福利性生产安置单位,通过组织精神残疾人员参加适当生产劳动和实施康复治疗与训练,达到安定情绪、缓解症状、提高技能和改善生活状况的目的,包括精神病院附设的康复车间、企业附设的工疗车间、基层政府和组织兴办的工疗站等。

在对残疾人人数计算中,允许将精神残疾人员计入残疾人人数享受税收优惠政策,仅限于工疗机构等适合安置精神残疾人就业的单位。具体范围由省级税务部门会同同级财政、民政部门及残疾人联合会规定。单位安置的不符合《中华人民共和国劳动法》(主席令第二十八号)及有关规定要求的劳动年龄的残疾人,不列入安置比例及税收优惠的范围之内。

经认定的符合上述税收优惠政策条件的单位,应按月计算实际安置残疾人占单位在职职工总数的平均比例,本月平均比例未达到要求的,暂停其本月相应的税收优惠。在一个年度内累计三个月平均比例未达到要求的,取消其次年度享受相应税收优惠政策的资格。

对福利企业未按规定进行申报,事后被税务机关查补的增值税应纳税额,不得按"即征即退"办法退还给企业[①]。

(3)相关政策的衔接

在除辽宁、大连、上海、浙江、宁波、湖北、广东、深圳、重庆、陕西以外的其他地区,2007年7月1日前已享受原福利企业税收优惠政策的单位,凡不符合前述有关缴纳社会保险条件,但符合前述第(2)项规定的其他条件的,主管税务机关可暂予认定为享受税收优惠政策的单位。上述单位应按照有关规定尽快为安置的残疾人足额缴纳有关社会保险。2007年10月1日起,对仍不符合该项规定的单位,应停止执行上述各项税收优惠政策。

(4)对残疾人个人就业的增值税优惠政策

对残疾人个人提供的加工、修理修配劳务,免征增值税[②]。

(5)促进残疾人就业税收优惠政策征管办法[③]

①资格认定

Ⅰ　认定部门

①　《国家税务总局关于增值税若干征管问题的通知》(国税发[1996]155号,1996年9月9日)。

②　《财政部 国家税务总局关于促进残疾人就业税收优惠政策的通知》(财税[2007]92号,2007年6月15日)。此前,《财政部 国家税务总局关于调整农业产品增值税税率和若干项目征免增值税的通知》(财税字[1994]4号,1994年3月29日)也有此规定。

③　《国家税务总局 民政部 中国残疾人联合会关于促进残疾人就业税收优惠政策征管办法的通知》(国税发[2007]67号,2007年6月15日)。

申请享受《财政部 国家税务总局关于促进残疾人就业税收优惠政策的通知》（财税〔2007〕92号）第一条、第二条规定的税收优惠政策的符合福利企业条件的用人单位，安置残疾人超过25%（含25%），且残疾职工人数不少于10人的，在向税务机关申请减免税前，应当先向当地县级以上地方人民政府民政部门提出福利企业的认定申请。

盲人按摩机构、工疗机构等集中安置残疾人的用人单位，在向税务机关申请享受《财政部 国家税务总局关于促进残疾人就业税收优惠政策的通知》（财税〔2007〕92号）第一条、第二条规定的税收优惠政策前，应当先向当地县级残疾人联合会提出认定申请。

申请享受《财政部 国家税务总局关于促进残疾人就业税收优惠政策的通知》（财税〔2007〕92号）第一条、第二条规定的税收优惠政策的其他单位，可直接向税务机关提出申请。

Ⅱ 认定事项

民政部门、残疾人联合会应当按照《财政部 国家税务总局关于促进残疾人就业税收优惠政策的通知》（财税〔2007〕92号）第五条第（一）、（二）、（五）项规定的条件，对前项所述单位安置残疾人的比例和是否具备安置残疾人的条件进行审核认定，并向申请人出具书面审核认定意见。

中华人民共和国残疾人证和中华人民共和国残疾军人证的真伪，分别由残疾人联合会、民政部门进行审核。

具体审核管理办法由民政部、中国残疾人联合会分别商有关部门另行规定。

Ⅲ 各地民政部门、残疾人联合会在认定工作中不得直接或间接向申请认定的单位收取任何费用。如果认定部门向申请认定的单位收取费用，则申请单位可不经认定，直接向主管税务机关提出减免税申请。

②减免税申请及审批

Ⅰ 取得民政部门或残疾人联合会认定的单位（简称"纳税人"），可向主管税务机关提出减免税申请，并提交以下材料：

ⅰ 经民政部门或残疾人联合会认定的纳税人，出具上述部门的书面审核认定意见；

ⅱ 纳税人与残疾人签订的劳动合同或服务协议（副本）；

ⅲ 纳税人为残疾人缴纳社会保险费缴费记录；

ⅳ 纳税人向残疾人通过银行等金融机构实际支付工资凭证；

ⅴ 主管税务机关要求提供的其他材料。

Ⅱ 不需要经民政部门或残疾人联合会认定的单位以及第①条第Ⅰ项第三款规定的单位（简称"纳税人"），可向主管税务机关提出减免税申请，并提交以下材料：

ⅰ 纳税人与残疾人签订的劳动合同或服务协议（副本）；

ⅱ 纳税人为残疾人缴纳社会保险费缴费记录；

ⅲ 纳税人向残疾人通过银行等金融机构实际支付工资凭证；

ⅳ 主管税务机关要求提供的其他材料。

Ⅲ 申请享受《财政部 国家税务总局关于促进残疾人就业税收优惠政策的通知》（财税〔2007〕92号）第三条、第四条规定的税收优惠政策的残疾人个人（简称"纳税人"），应当出具主管税务机关规定的材料，直接向主管税务机关申请减免税。

Ⅳ 减免税申请由税务机关的办税服务厅统一受理，内部传递到有权审批部门审批。审批部门应当按照《财政部 国家税务总局关于促进残疾人就业税收优惠政策的通知》（财税〔2007〕92号）第五条规定的条件以及民政部门、残疾人联合会出具的书面审核认定意见，出具减免税审批意见。

减免税审批部门对民政部门或残疾人联合会出具的书面审核认定意见仅作书面审核确认，但在日常检查或稽查中发现民政部门或残疾人联合会出具的书面审核认定意见有误的，应当根据《国家税务总局关于印发〈税收减免管理办法（试行）〉的通知》（国税发〔2005〕129号）等有关规定作出具体处理。

如果纳税人所得税属于其他税务机关征收的，主管税务机关应当将审批意见抄送所得税主管税务机关，所得税主管税务机关不再另行审批。

Ⅴ　主管税务机关在受理本条第Ⅱ、Ⅲ项减免税申请时，可就残疾人证件的真实性等问题，请求当地民政部门或残疾人联合会予以审核认定。

③退税减税办法

增值税实行即征即退方式。主管税务机关对符合减免税条件的纳税人应当按月退还增值税，本月已交增值税不足退还的，可在本年度内以前月份已交增值税扣除已退增值税的余额中退还，仍不足退还的可结转本年度内以后月份退还。本年度应纳税额小于核定的年度退税限额的，以本年度应纳税额为限；本年度应纳税额大于核定的年度退税限额的，以核定的年度退税限额为限。纳税人本年度应纳税额不足退还的，不得结转以后年度退还。纳税人本月应退增值税额按以下公式计算：

本月应退增值税额＝纳税人本月实际安置残疾人员人数×县级以上税务机关确定的每位残疾人员每年可退还增值税的具体限额÷12

纳税人应当在取得主管税务机关审批意见的次月起，随纳税申报一并书面申请退税。

经认定的符合减免税条件的纳税人实际安置残疾人员占在职职工总数的比例应逐月计算，本月比例未达到25%的，不得退还本月的增值税。年度终了，应平均计算纳税人全年实际安置残疾人员占在职职工总数的比例，一个纳税年度内累计3个月平均比例未达到25%的，应自次年1月1日起取消增值税退税、营业税减税和企业所得税优惠政策。

纳税人新安置残疾人员从签订劳动合同并缴纳基本养老保险、基本医疗保险、失业保险和工伤保险等社会保险的次月起计算，其他职工从录用的次月起计算；安置的残疾人员和其他职工减少的，从减少当月计算。

④变更申报

Ⅰ　纳税人实际安置的残疾人员或在职职工人数发生变化，但仍符合退、减税条件的，应当根据变化事项按上述第①、②条规定重新申请认定和审批。

Ⅱ　纳税人因残疾人员或在职职工人数发生变化，不再符合退、减税条件时，应当自情况变化之日起15个工作日内向主管税务机关申报。

⑤监督管理

Ⅰ　对安置残疾人单位享受税收优惠政策的各项条件实行年审办法，具体年审办法由省级税务部门会同同级民政部门及残疾人联合会制定①。

Ⅱ　主管税务机关应当加强日常监督管理，并会同民政部门、残疾人联合会建立年审制度，对不符合退、减税条件的纳税人，取消其退、减税资格，追缴其不符合退、减税条件期间已退或减征的税款，并依照税收征收管理法的有关规定予以处罚。

单位和个人采用签订虚假劳动合同或服务协议、伪造或重复使用残疾人证或残疾军人证、残疾人挂名而不实际上岗工作、虚报残疾人安置比例、为残疾人不缴或少缴规定的社会保险、变相向残疾人收回支付的工资等方法骗取税收优惠政策的，除依照法律、法规和其他有关规定追究有关单位和人员的责任外，其实际发生上述违法违规行为年度内实际享受到的减（退）税款应全额追缴入库，并自其发生上述违法违规行为年度起三年内取消其享受《财政部　国家税务总局关于促进残疾人就业税收优惠政策的通知》（财税〔2007〕92号）规定的税收优惠政策的资格②。

Ⅲ　税务机关和纳税人应当建立专门管理台账。在征管软件修改前，主管税务机关和纳税人都要建立专门管理台账，动态掌握纳税人年度退、减税限额及残疾人员变化等情况。

---

① 《财政部　国家税务总局关于促进残疾人就业税收优惠政策的通知》（财税〔2007〕92号，2007年6月15日）。
② 《财政部　国家税务总局关于促进残疾人就业税收优惠政策的通知》（财税〔2007〕92号，2007年6月15日）。

2.7.12 宣传文化产业与科学研究税收优惠政策

2.7.12.1 图书税收优惠政策

(1)古旧图书免税优惠

古旧图书免征增值税[①]。

古旧图书,是指向社会收购的古书和旧书[②]。

(2)进口图书国内销售免税优惠

自1997年起,对中国图书进出口总公司销售给国务院各部委、各直属机构及各省、自治区、直辖市所属科研机构和大专院校的进口科研、教学书刊给予免征增值税的照顾。对1994年、1995年、1996年已征收入库的税款(包括城市维护建设税和教育费附加)由税务机关开具收入退还书,按原税款入库渠道分别退还给企业[③]。

自1998年1月1日起,对中国教育图书进出口公司销售给高等学校、教育科研单位和北京图书馆的进口图书、报刊资料免征增值税,当年已征收入库的增值税税款由征收机关予以退还[④]。

自1998年1月1日起,对北京中科进出口公司销售给高等学校、科研单位和北京图书馆的进口图书、报刊资料给予免征增值税的照顾。文到之前已征收入库的增值税税款由征收机关予以退还[⑤]。

自1998年1月1日起,对中国国际图书贸易总公司销售给高等学校、教育科研单位和北京图书馆的进口图书、报刊资料免征增值税。之前已征收入库的增值税款由征收机关予以退还[⑥]。

对中国国际图书贸易总公司广州分公司销售给高等学校、教育科研单位和北京图书馆的进口图书、报刊资料,可按照《财政部 国家税务总局关于中国国际图书贸易总公司销售给高等学校教育科研单位和北京图书馆的进口图书、报刊资料免征增值科问题的通知》(财税〔1998〕68号)有关规定,免征国内销售环节增值税。纳税人所销售的免税图书资料,应一律开具普通发票,不得开具增值税专用发票,已开具增值税专用发票的必须全部追回后,方可免税[⑦]。

自1999年1月1日起,对中国经济图书进出口公司、中国出版对外贸易总公司为大专院校和科研单位免税进口的图书、报刊等资料,在其销售给上述院校和单位时,免征国内销售环节的增值税[⑧]。

对中国科学院所属北京中科进出口公司为科研单位、大专院校进口用于科研、教学的图书、文献、报刊及其他资料(包括只读光盘、缩微平片、胶卷、地球资源卫星照片、科技和教学声像制品),免征进口环节增值税和国内销售环节增值税。在2001年前已征税款准予退还[⑨]。

自2004年1月1日起,对中国科技资料进出口总公司为科研单位、大专院校进口的用于科研、教学的图书、文献、报刊及其他资料(包括只读光

---

① 《中华人民共和国增值税暂行条例》(中华人民共和国国务院令第538号,2008年11月10日)第十五条。

② 《中华人民共和国增值税暂行条例实施细则》(财政部 国家税务总局令第50号,2008年12月15日)第三十五条。

③ 《财政部 国家税务总局关于中国图书进出口总公司销售给科研教学单位的进口书刊资料免征增值税问题的通知》(财税字〔1997〕66号,1997年3月28日)

④ 《财政部 国家税务总局关于中国教育图书进出口公司销售给高等学校教育科研单位和北京图书馆的进口图书、报刊资料免征增值税问题的通知》(财税字〔1998〕67号,1998年4月8日)。

⑤ 《财政部 国家税务总局关于北京中科进出口公司销售给高等学校科研单位和北京图书馆的进口图书报刊资料免征增值税问题的通知》(财税〔1998〕69号,1998年4月14日)。

⑥ 《财政部 国家税务总局关于中国国际图书贸易总公司销售给高等学校教育科研单位和北京图书馆的进口图书报刊资料免征增值税问题的通知》(财税〔1998〕68号,1998年4月14日)。

⑦ 《国家税务总局关于中国国际图书贸易总公司广州分公司销售进口图书资料免征增值税的通知》(国税函〔2005〕360号,2005年4月21日)。

⑧ 《财政部 国家税务总局关于中国经济图书进出口公司、中国出版对外贸易总公司销售给大专院校和科研单位的进口书刊资料免征增值税的通知》(财税〔1999〕255号,1999年9月29日)。

⑨ 《财政部 国家税务总局关于北京中科进出口公司进口图书资料免征增值税问题的通知》(财税〔2001〕92号,2001年5月28日)。

盘、缩微平片、胶卷、地球资源卫星照片、科技和教学声像制品）免征国内销售环节增值税①。

2.7.12.2　科学研究、科学试验和教学用品税收优惠政策

直接用于科学研究、科学试验和教学的进口仪器、设备，免征增值税②。

进口税收优惠具体管理办法详见进出口税收部分。

2.7.12.3　出版物发行及印刷税收优惠政策③

本处所称"出版物"，是指根据国家新闻出版总署的有关规定出版的图书、报纸、期刊、音像制品和电子出版物。其中图书、报纸和期刊，包括随同图书、报纸、期刊销售并难以分离的光盘、软盘和磁带等信息载体。图书、报纸、期刊（即杂志）的范围，仍然按照《国家税务总局关于印发〈增值税部分货物征税范围注释〉的通知》（国税发［1993］151

号）的规定执行④。

（1）出版物出版环节税收优惠政策⑤

①自 2009 年 1 月 1 日起至 2010 年 12 月 31 日，对下列出版物在出版环节实行增值税 100% 先征后退的政策：

Ⅰ　中国共产党和各民主党派的各级组织的机关报纸和机关期刊，各级人大、政协、政府、工会、共青团、妇联、科协、老龄委的机关报纸和机关期刊，新华社的机关报纸和机关期刊，军事部门的机关报纸和机关期刊。

上述各级组织的机关报纸和机关期刊，增值税先征后退范围掌握在一个单位一份报纸和一份期刊以内。

Ⅱ　专为少年儿童出版发行的报纸和期刊，中小学的学生课本⑥，即指以初中及初中以下少年儿

①　《财政部　国家税务总局关于中国科技资料进出口总公司销售进口图书享受免征国内销售环节增值税政策的通知》（财税［2004］69 号，2004 年 3 月 30 日）。

②　《中华人民共和国增值税暂行条例》（中华人民共和国国务院令第 538 号，2008 年 11 月 10 日）。

③　《财政部　国家税务总局关于继续实行宣传文化增值税和营业税优惠政策的通知》（财税［2009］147 号，2009 年 12 月 10 日）。此前，《财政部　国家税务总局关于宣传文化增值税和营业税优惠政策的通知》（财税［2006］153 号，2006 年 12 月 5 日）执行到期，并被《财政部关于公布废止和失效的财政规章和规范性文件目录（第十一批）的决定》（财政部令第 62 号，2011 年 2 月 21 日）公布废止。《财政部　国家税务总局关于出版物和电影拷贝增值税及电影发行营业税政策的通知》（财税［2001］88 号）、《财政部　国家税务总局关于若干报刊享受出版物增值税先征后退政策的通知》（财税［2001］89 号）、《财政部　国家税务总局关于人民公安报执行出版物增值税先征后退政策的通知》（财税［2002］19 号）、《财政部　国家税务总局关于对英文〈中国妇女〉杂志和华文教材实行增值税先征后返问题的通知》（财税［2002］22 号）、《财政部　国家税务总局关于扩大新疆新华书店增值税退税范围的通知》（财税［2002］45 号）、《财政部　国家税务总局关于县改区新华书店增值税退税问题的通知》（财税［2002］138 号）、《财政部　国家税务总局　海关总署　科技部　新闻出版总署关于鼓励科普事业发展税收政策问题的通知》（财税［2003］55 号）的第一条和第二条的规定及第三条的营业税政策规定、《财政部　国家税务总局关于出版物增值税和营业税政策的补充通知》（财税［2003］90 号）、《财政部　国家税务总局关于技术标准等出版物增值税政策问题的通知》（财税［2003］239 号）、《财政部　新闻出版总署关于综合类科技报纸增值税先征后返有关问题的通知》（财税［2004］26 号）、《财政部　国家税务总局关于新疆出版印刷企业增值税政策的通知》（财税［2005］47 号）、《财政部　国家税务总局关于印刷少数民族文字出版物增值税政策的通知》（财税［2005］48 号）同时废止。此外，《财政部　国家税务总局关于印发〈关于继续对宣传文化单位实行财政优惠政策的规定〉的通知》（财政字［1994］第 89 号）、《财政部　国家税务总局关于对宣传文化单位增值税先征后退范围等问题的补充通知》（财政字［1995］41 号）、《财政部　国家税务总局关于对宣传文化单位有关增值税政策问题的通知》（财政字［1996］第 23 号）、《财政部　国家税务总局关于继续对宣传文化单位实行增值税优惠政策的通知》（财税字［1996］78 号）、《财政部　国家税务总局关于宣传文化单位出版物增值税优惠政策的补充通知》（财税自［1999］305 号）有关增值税内容也相继停止执行。

④　《财政部　国家税务总局关于继续实行宣传文化增值税和营业税优惠政策的通知》（财税［2009］147 号，2009 年 12 月 10 日）。

⑤　《国务院关于支持文化事业发展若干经济政策的通知》（国发［2000］41 号，2000 年 12 月 18 日）。《财政部　国家税务总局关于继续实行宣传文化增值税和营业税优惠政策的通知》（财税［2009］147 号，2009 年 12 月 10 日）。此前，《财政部　国家税务总局关于宣传文化增值税和营业税优惠政策的通知》（财税［2006］153 号，2006 年 12 月 5 日）规定，自 2006 年 1 月 1 日起至 2008 年 12 月 31 日实行先征后退。

⑥　此前，《国务院关于支持文化事业发展若干经济政策的通知》（国发［2000］41 号，2000 年 12 月 18 日）规定，大学学生课本也享受先征后退政策。

童为主要对象的报纸和期刊。其中中、小学的学生课本是指普通中、小学学生课本和中等职业教育课本。普通中、小学学生课本是指根据教育部中、小学教学大纲的要求,由经国家新闻出版行政管理部门审定而具有中小学教材出版资质的出版单位出版发行的中、小学学生上课使用的正式课本,具体操作时按国家和省级教育行政部门每年春、秋两季下达的"中、小学教学用书目录"中所列的"课本"的范围掌握;中等职业教育课本是指经国家和省级教育、人力资源社会保障行政部门审定,供中等专业学校、职业高中和成人专业学校学生使用的课本,具体操作时按国家和省级教育、人力资源社会保障行政部门每年下达的教学用书目录认定。中、小学的学生课本不包括各种形式的教学参考书、图册、自读课本、课外读物、练习册以及其他各类辅助性教材和辅导读物。

Ⅲ 少数民族文字出版物。

Ⅳ 盲文图书和盲文期刊。

Ⅴ 经批准在内蒙古、广西、西藏、宁夏、新疆五个自治区内注册的出版单位出版的出版物。

Ⅵ 列入《财政部 国家税务总局关于继续实行宣传文化增值税和营业税优惠政策的通知》(财税[2009]147号)附件1的图书、报纸和期刊①。

②自2009年1月1日起至2010年12月31日,对下列出版物在出版环节实行增值税先征后退50%的政策:

Ⅰ 除上述实行增值税100%先征后退的图书和期刊以外的其他图书和期刊、音像制品。

Ⅱ 列入《财政部 国家税务总局关于继续实行宣传文化增值税和营业税优惠政策的通知》(财税[2009]147号)附件2的报纸。

上述退还的增值税税款应专项用于技术研发、设备更新、新兴媒体的建设和重点出版物的引进开发。

享受上述规定的增值税先征后退政策的纳税人必须是具有国家新闻出版总署颁发的具有相关出版物的出版许可证的出版单位(含以"租型"方式取得专有出版权进行出版物的印刷发行的出版单位)。承担省级以上新闻出版行政部门指定出版、发行任务的单位,因各种原因尚未办理出版、发行许可的出版单位,经省级财政监察专员办事处商同级新闻出版主管部门核准,可以享受相应的增值税先征后退政策。

纳税人应将享受上述税收优惠政策的出版物在财务上实行单独核算,不进行单独核算的不得享受上述规定的优惠政策。违规出版物和多次出现违规的出版单位不得享受上述规定的优惠政策,上述违规出版物和出版单位的具体名单由省级及以上新闻出版行政部门及时通知相应省级财政监察专员办事处。

(2)出版物销售环节税收优惠政策②

自2009年1月1日起至2010年12月31日,对下列新华书店实行增值税免税或先征后退政策:

①对全国县(含县级市、区、旗,下同)及县以下新华书店和农村供销社在本地销售的出版物免征增值税③。对新华书店组建的发行集团或原新华书店改制而成的连锁经营企业,其县及县以下网点在本地销售的出版物,免征增值税。

县(含县级市、区、旗)及县以下新华书店包括地、县(含县级市、区、旗)两级合二为一的新华书店,不包括位于市(含直辖市、地级市)所辖的区中的新华书店。

②对新疆维吾尔自治区新华书店和乌鲁木齐

---

① 此前,《财政部 国家税务总局关于宣传文化增值税和营业税优惠政策的通知》(财税[2006]153号,2006年12月5日)对相关先征后退政策没有进行100%和50%区分,并列明包括科技图书、科技报纸、科技期刊、科技音像制品和技术标准出版物。

② 《财政部 国家税务总局关于继续实行宣传文化增值税和营业税优惠政策的通知》(财税[2009]147号,2009年12月10日)。此前,《财政部 国家税务总局关于宣传文化增值税和营业税优惠政策的通知》(财税[2006]153号,2006年12月5日)规定,自2006年1月1日起至2008年12月31日执行类似优惠政策。

③ 此前,《国务院关于支持文化事业发展若干经济政策的通知》(国发[2000]41号,2000年12月18日)规定:对全国县(含县级市)及县以下新华书店和农村供销社销售出版物的增值税,实行先征后退的办法。

市新华书店销售的出版物实行增值税 100% 先征后退的政策。

上述所称图书均包括租型出版的图书。

上述免征或退还的增值税税款应专项用于发行网点建设和信息系统建设。

(3)印刷业务税收优惠政策①

自 2009 年 1 月 1 日起至 2010 年 12 月 31 日,对下列印刷、制作业务实行增值税 100% 先征后退的政策:

①对少数民族文字出版物的印刷或制作业务。

②列入《财政部 国家税务总局关于继续实行宣传文化增值税和营业税优惠政策的通知》(财税[2009]147 号)附件 3 的新疆维吾尔自治区印刷企业的印刷业务。

上述退还的增值税税款应专项用于技术研发、设备更新、新兴媒体的建设和重点出版物的引进开发。

(4)认定和管理②

上述各项增值税先征后退政策由财政部驻各地财政监察专员办事处根据《财政部 国家税务总局 中国人民银行关于税制改革后对某些企业实行"先征后退"有关预算管理问题的暂行规定的通知》(财预字[1994]55 号)的规定办理。各地财政监察专员办事处和负责增值税先征后退初审工作

的财政机关按照上述规定的用途监督纳税人用好退税或免税资金。

按规定应予免征的增值税,凡在以前已经征收入库的,可抵减纳税人以后月份应缴纳的增值税或者办理税款退库。纳税人如果已向购买方开具了增值税专用发票,应将专用发票追回后方可申请办理免税。凡专用发票无法追回的,一律照章征收增值税。

2.7.12.4　文化体制改革和文化企业发展税收优惠政策

(1)经营性文化事业单位转制税收优惠政策

①自 2009 年 1 月 1 日至 2013 年 12 月 31 日,党报、党刊将其发行、印刷业务及相应的经营性资产剥离组建的文化企业,自注册之日起所取得的党报、党刊发行收入和印刷收入免征增值税③。

对经营性文化事业单位转制中资产划转或转让涉及的增值税(营业税、城建税)等给予适当的优惠政策④。

其中:经营性文化事业单位是指从事新闻出版、广播影视和文化艺术的事业单位;转制包括文化事业单位整体转为企业和文化事业单位中经营部分剥离转为企业。具体适用于文化体制改革试点地区的所有转制文化单位和不在试点地区的转制试点单位⑤。

---

① 《财政部 国家税务总局关于继续实行宣传文化增值税和营业税优惠政策的通知》(财税[2009]147 号,2009 年 12 月 10 日)。此前,《财政部 国家税务总局关于宣传文化增值税和营业税优惠政策的通知》(财税[2006]153 号,2006 年 12 月 5 日)规定,自 2006 年 1 月 1 日起至 2008 年 12 月 31 日执行类似优惠政策,并对少数民族文字的图书、报纸、期刊的印刷业务和少数民族文字的音像制品、电子出版物的制作业务均给予先征后退。

② 《财政部 国家税务总局关于继续实行宣传文化增值税和营业税优惠政策的通知》(财税[2009]147 号,2009 年 12 月 10 日)。

③ 《财政部 国家税务总局关于文化体制改革中经营性文化事业单位转制为企业的若干税收优惠政策的通知》(财税[2009]34 号,2009 年 3 月 26 日)。此前,《财政部 海关总署 国家税务总局关于文化体制改革中经营性文化事业单位转制为企业的若干税收政策问题的通知》(财税[2005]1 号,2005 年 3 月 29 日)规定,2004 年 1 月 1 日至 2008 年 12 月 31 日,经营性文化事业单位转制为企业后,原有的增值税优惠政策继续执行。根据《财政部关于公布废止和失效的财政规章和规范性文件目录(第十一批)的决定》(财政部令第 62 号,2011 年 2 月 21 日),财税[2005]1 号被公布失效。

④ 《财政部 国家税务总局关于文化体制改革中经营性文化事业单位转制为企业的若干税收优惠政策的通知》(财税[2009]34 号,2009 年 3 月 26 日)。具体优惠政策由财政部、国家税务总局另行确定。

⑤ 《财政部 国家税务总局关于文化体制改革中经营性文化事业单位转制为企业的若干税收优惠政策的通知》(财税[2009]34 号,2009 年 3 月 26 日)。

所称转制文化企业包括①：

Ⅰ 根据《财政部 海关总署 国家税务总局关于发布第一批不在文化体制改革试点地区的文化体制改革试点单位名单的通知》（财税〔2005〕163号）、《财政部 海关总署 国家税务总局关于公布第二批不在试点地区的文化体制改革试点单位名单和新增试点地区名单的通知》（财税〔2007〕36号）和《财政部 海关总署 国家税务总局关于发布第三批不在试点地区的文化体制改革试点单位名单的通知》（财税〔2008〕25号），由财政部、海关总署、国家税务总局分批发布的不在试点地区的试点单位。

Ⅱ 由北京市、上海市、重庆市、浙江省、广东省及深圳市、沈阳市、西安市、丽江市审核发布的试点单位，包括由中央文化体制改革工作领导小组办公室提供名单，由北京市发布的中央在京转制试点单位。

Ⅲ 财税〔2007〕36号文件规定的新增试点地区审核发布的试点单位。新增试点地区包括：

天津市河西区、西青区；

河北省保定市、邯郸市；

山西省太原市、阳泉市、晋城市、晋中市；

内蒙古自治区包头市、鄂尔多斯市、通辽市、赤峰市；

辽宁省大连市、锦州市、葫芦岛市、鞍山市、抚顺市、本溪市、盘锦市；

吉林省长春市、通化市、辽源市；

黑龙江省哈尔滨市、大庆市、鸡西市；

江苏省南京市、苏州市、无锡市、常州市、淮安市、宿迁市；

安徽省合肥市、淮北市、芜湖市、安庆市、黄山市、蚌埠市、巢湖市；

福建省厦门市；

江西省南昌市、赣州市、萍乡市；

山东省济南市、青岛市、莱芜市、临沂市、滨州市；

河南省郑州市、开封市、洛阳市、安阳市、商丘市；

湖北省武汉市、襄樊市、黄石市、宜昌市、仙桃市、武穴市；

湖南省长沙市、岳阳市、常德市、张家界市；

广西壮族自治区南宁市、柳州市；

海南省海口市、三亚市、文昌市、保亭黎族苗族自治县；

四川省成都市、绵阳市、雅安市；

贵州省贵阳市、遵义市、安顺市、铜仁地区、黔东南州；

云南省昆明市、大理州、楚雄州、迪庆州、曲靖市、红河州、保山市；

陕西省宝鸡市；

甘肃省兰州市、嘉峪关市；

青海省西宁市、海南藏族自治州；

宁夏回族自治区银川市。

上述转制文化企业名称发生变更的，如果主营业务未发生变化，持原认定的文化体制改革工作领导小组办公室出具的同意更名函，到主管税务机关履行更名手续；如果主营业务发生变化，依照以下规定的条件重新认定②：

②从2009年1月1日起，需认定享受《财政部 国家税务总局关于文化体制改革中经营性文化事业单位转制为企业的若干税收优惠政策的通知》（财税〔2009〕34号）文件规定的相关税收优惠政策的转制文化企业应同时符合以下条件：

Ⅰ 根据相关部门的批复进行转制。中央各部门各单位出版社转制方案，由中央各部门各单位出版社体制改革工作领导小组办公室批复；中央部委

① 《财政部 国家税务总局 中共中央宣传部关于转制文化企业名单及认定问题的通知》（财税〔2009〕105号，2009年8月12日）。根据《财政部关于公布废止和失效的财政规章和规范性文件目录（第十一批）的决定》（财政部令第62号，2011年2月21日），财税〔2005〕163号被公布失效。

② 《财政部 国家税务总局 中共中央宣传部关于转制文化企业名单及认定问题的通知》（财税〔2009〕105号，2009年8月12日）。

所属的高校出版社和非时政类报刊社的转制方案，由新闻出版总署批复；文化部、广电总局、新闻出版总署所属文化事业单位的转制方案，由上述三个部门批复；地方所属文化事业单位的转制方案，按照登记管理权限由各级文化体制改革工作领导小组办公室批复；

Ⅱ 转制文化企业已进行企业工商注册登记；

Ⅲ 整体转制前已进行事业单位法人登记的，转制后已核销事业编制、注销事业单位法人；

Ⅳ 已同在职职工全部签订劳动合同，按企业办法参加社会保险；

Ⅴ 文化企业具体范围符合《财政部 海关总署 国家税务总局关于支持文化企业发展若干税收政策问题的通知》（财税〔2009〕31 号）附件规定；

Ⅵ 转制文化企业引入非公有资本和境外资本的，须符合国家法律法规和政策规定；变更资本结构的，需经行业主管部门和国有文化资产监管部门批准。

中央所属转制文化企业的认定，由中宣部会同财政部、国家税务总局确定并发布名单（详见附件六）；地方所属转制文化企业的认定，按照登记管理权限，由各级宣传部门会同同级财政厅（局）、国家税务局和地方税务局确定和发布名单，并逐级备案①。

③经认定的转制文化企业，可向主管税务机关申请办理减免税手续，并向主管税务机关备案以下材料②：

Ⅰ 转制方案批复函；

Ⅱ 企业工商营业执照；

Ⅲ 整体转制前已进行事业单位法人登记的，需提供同级机构编制管理机关核销事业编制、注销事业单位法人的证明；

Ⅳ 同在职职工签订劳动合同、按企业办法参加社会保险制度的证明；

Ⅴ 引入非公有资本和境外资本、变更资本结构的，需出具相关部门的批准函；

未经认定的转制文化企业或转制文化企业不符合上述规定的，不得享受相关税收优惠政策。已享受优惠的，主管税务机关应追缴其已减免的税款③。

上述规定适用于经营性文化事业单位整体转制和剥离转制两种类型。整体转制包括：（图书、音像、电子）出版社、非时政类报刊社、新华书店、艺术院团、电影制片厂、电影（发行放映）公司、影剧院等整体转制为企业；剥离转制包括：新闻媒体中的广告、印刷、发行、传输网络部分，以及影视剧等节目制作与销售机构，从事业体制中剥离出来转制为企业④。

（2）支持文化企业发展税收优惠政策

自 2009 年 1 月 1 日至 2013 年 12 月 31 日，对广播电影电视行政主管部门（包括中央、省、地市及县级）按照各自职能权限批准从事电影制片、发行、放映的电影集团公司（含成员企业）、电影制片厂及其他电影企业取得的销售电影拷贝收入⑤、转让电影版权收入、电影发行收入以及在农村取得的电影放映收入免征增值税和营业税。对文化企业出口图书、报纸、期刊、音像制品、电子出版物、电影

---

①《财政部 国家税务总局 中共中央宣传部关于转制文化企业名单及认定问题的通知》（财税〔2009〕105 号,2009 年 8 月 12 日）。

②《财政部 国家税务总局 中共中央宣传部关于转制文化企业名单及认定问题的通知》（财税〔2009〕105 号,2009 年 8 月 12 日）。

③《财政部 国家税务总局 中共中央宣传部关于转制文化企业名单及认定问题的通知》（财税〔2009〕105 号,2009 年 8 月 12 日）。

④《财政部 国家税务总局 中共中央宣传部关于转制文化企业名单及认定问题的通知》（财税〔2009〕105 号,2009 年 8 月 12 日）。

⑤《国务院关于支持文化事业发展若干经济政策的通知》（国发〔2000〕41 号,2000 年 12 月 18 日）。

和电视完成片按规定享受增值税出口退税政策①。

上述政策适用于所有从事新闻出版、广播影视和文化艺术的文化企业。文化企业具体范围见附件六。

2.7.13　动漫企业税收优惠政策

2.7.13.1　政策内容②

在 2010 年 12 月 31 日前,对属于增值税一般纳税人的动漫企业销售其自主开发生产的动漫软件,按 17% 的税率征收增值税后,对其增值税实际税负超过 3% 的部分,实行即征即退政策。

退税数额的计算公式为:应退税额=享受税收优惠的动漫软件当期已征税款-享受税收优惠的动漫软件当期不含税销售额×3%。动漫软件出口免征增值税。

上述动漫软件的范围,动漫企业和自主开发、生产动漫产品的认定标准和认定程序,按照《文化部　财政部　国家税务总局关于印发〈动漫企业认定管理办法(试行)〉的通知》(文市发〔2008〕51号)的规定执行。

2.7.13.2　动漫企业认定管理③

从 2009 年 1 月 1 日起,动漫企业按以下办法进行认定管理。

(1)享受税收优惠的动漫企业和产品范围

①动漫企业范围。

包括:漫画创作企业;动画创作、制作企业;网络动漫(含手机动漫)创作、制作企业;动漫舞台剧(节)目制作、演出企业;动漫软件开发企业;动漫衍生产品研发、设计企业。

所称动漫企业,不包括漫画出版、发行,动画播出、放映,网络动漫传播以及动漫衍生产品生产、销售等为主营业务的企业④。

②动漫产品范围。

Ⅰ　漫画:单幅和多格漫画、插画、漫画图书、动画抓帧图书、漫画报刊、漫画原画等;

Ⅱ　动画:动画电影、动画电视剧、动画短片、动画音像制品,影视特效中的动画片段,科教、军事、气象、医疗等影视节目中的动画片段等;

Ⅲ　网络动漫(含手机动漫):以计算机互联网和移动通信网等信息网络为主要传播平台,以电脑、手机及各种手持电子设备为接受终端的动画、漫画作品,包括 FLASH 动画、网络表情、手机动漫等;

Ⅳ　动漫舞台剧(节)目:改编自动漫平面与影视等形式作品的舞台演出剧(节)目、采用动漫造型或含有动漫形象的舞台演出剧(节)目等;

Ⅴ　动漫软件:漫画平面设计软件、动画制作专用软件、动画后期音视频制作工具软件等;

Ⅵ　动漫衍生产品:与动漫形象有关的服装、玩具、文具、电子游戏等。

(2)认定管理

①文化部、财政部、国家税务总局共同确定全国动漫企业认定管理工作方向,负责指导、管理和监督全国动漫企业及其动漫产品的认定工作,并定期公布通过认定的动漫企业名单。

②全国动漫企业认定管理工作办公室(以下称办公室)设在文化部,负责:具体组织实施动漫企业认定管理工作;协调、解决认定及相关政策落实中的重大问题;组织建设和管理"动漫企业认定管理工作平台";对已认定的重点动漫企业进行监督检查和年审,根据情况变化和产业发展需要对重

---

①　《财政部　海关总署　国家税务总局关于支持文化企业发展若干税收政策问题的通知》(财税〔2009〕31 号,2009 年 3 月 27日)。此前,《财政部　海关总署　国家税务总局关于文化体制改革试点中支持文化产业发展若干税收政策问题的通知》(财税〔2005〕2 号,2005 年 3 月 29 日)和《财政部　国家税务总局关于宣传文化增值税和营业税优惠政策的通知》(财税〔2006〕153 号,2006年 12 月 5 日)规定,2004 年 1 月 1 日至 2008 年 12 月 31 日,对国务院批准成立的电影制片厂或经国务院广播影视行政主管部门批准成立的电影集团及其成员企业销售的电影拷贝收入免征增值税。

②　《财政部　国家税务总局关于扶持动漫产业发展有关税收政策问题的通知》(财税〔2009〕65 号,2009 年 7 月 17 日)。

③　《文化部　财政部　国家税务总局关于印发〈动漫企业认定管理办法(试行)〉的通知》(文市发〔2008〕51 号,2008 年 12 月 18日)。

④　《文化部　财政部　国家税务总局关于实施〈动漫企业认定管理办法(试行)〉有关问题的通知》(文产发〔2009〕18 号,2009年 6 月 4 日)。

点动漫产品、重点动漫企业的具体认定标准进行动态调整;受理、核实并处理有关举报。

③各省、自治区、直辖市文化行政部门与同级财政、税务部门组成本行政区域动漫企业认定管理机构(以下称省级认定机构),负责:本行政区域内动漫企业及其动漫产品的认定初审工作;向本行政区域内通过认定的动漫企业颁发"动漫企业证书";对本行政区域内已认定的动漫企业进行监督检查和年审;受理、核实并处理本行政区域内有关举报,必要时向办公室报告以及其他工作。

(3)认定标准

①申请认定为动漫企业的应同时符合以下标准:

Ⅰ 在我国境内依法设立的企业;

Ⅱ 动漫企业经营动漫产品的主营收入占企业当年总收入的60%以上(含60%,下同);

Ⅲ 自主开发生产的动漫产品收入占主营收入的50%以上;

Ⅳ 具有大学专科以上学历的或通过国家动漫人才专业认证的、从事动漫产品开发或技术服务的专业人员占企业当年职工总数的30%以上,其中研发人员占企业当年职工总数的10%以上;

Ⅴ 具有从事动漫产品开发或相应服务等业务所需的技术装备和工作场所;

Ⅵ 动漫产品的研究开发经费占企业当年营业收入8%以上;

Ⅶ 动漫产品内容积极健康,无法律法规禁止的内容;

Ⅷ 企业产权明晰,管理规范,守法经营。

自主开发、生产的动漫产品,是指动漫企业自主创作、研发、设计、生产、制作、表演的符合上述动漫产品范围的产品(不含动漫衍生产品);仅对国外动漫创意进行简单外包、简单模仿或简单离岸制造,既无自主知识产权,也无核心竞争力的除外。

符合上述标准的动漫企业申请认定为重点动

漫企业的,应在申报前开发生产出1部以上重点动漫产品,并符合以下标准之一:

Ⅰ 注册资本1000万元人民币以上的;

Ⅱ 动漫企业年营业收入500万元人民币以上,且连续2年不亏损的;

Ⅲ 动漫企业的动漫产品版权出口和对外贸易年收入200万元人民币以上,且自主知识产权动漫产品出口收入占总收入30%以上的;

Ⅳ 经省级认定机构、全国性动漫行业协会、国家动漫产业基地等推荐的在资金、人员规模、艺术创意、技术应用、市场营销、品牌价值、社会影响等方面具有示范意义的动漫企业。

企业拥有的自主知识产权是指企业近3年内(至申报日前)获得的自主知识产权①。

②申请认定为重点动漫产品的应符合以下标准之一:

Ⅰ 漫画产品销售年收入在100万元(报刊300万元)人民币以上或年销售10万册(报纸1000万份、期刊100万册)以上的,动画产品销售年收入在1000万元人民币以上的,网络动漫(含手机动漫)产品销售年收入在100万元人民币以上的,动漫舞台剧(节)目演出年收入在100万元人民币以上或年演出场次50场以上的;

Ⅱ 动漫产品版权出口年收入100万元人民币以上的;

Ⅲ 获得国际、国家级专业奖项的;

Ⅳ 经省级认定机构、全国性动漫行业协会、国家动漫产业基地等推荐的在思想内涵、艺术风格、技术应用、市场营销、社会影响等方面具有示范意义的动漫产品。

(4)认定程序

动漫企业认定的程序如下:

①企业自我评价及申请

企业认为符合认定标准的,可向省级认定机构提出认定申请。

① 《文化部 财政部 国家税务总局关于实施〈动漫企业认定管理办法(试行)〉有关问题的通知》(文产发〔2009〕18号,2009年6月4日)。

②提交下列申请材料

Ⅰ 动漫企业认定申请书;

Ⅱ 企业营业执照副本复印件、税务登记证复印件;

Ⅲ 法定代表人或者主要负责人的身份证明材料;

Ⅳ 企业职工人数、学历结构以及研发人员占企业职工的比例说明;

Ⅴ 营业场所产权证明或者租赁意向书(含出租方的产权证明)。营业场所为企业自有产权的,提供房产证复印件加盖企业公章;营业场所为企业租赁的,提供产权方房产证复印件加盖公章或房主签字,并提供房屋租赁合同加盖企业公章①。

Ⅵ 开发、生产、创作、经营的动漫产品列表、销售合同及销售合同约定的款项银行入账证明;

Ⅶ 自主开发、生产和拥有自主知识产权的动漫产品的情况说明及有关证明材料(包括版权登记证书或专利证书等知识产权证书的复印件);

Ⅷ 由有关行政机关颁发的从事相关业务所涉及的行政许可证件复印件;

Ⅸ 经具有资质的中介机构鉴证的企业财务年度报表(含资产负债表、损益表、现金流量表)等企业经营情况,以及企业年度研究开发费用情况表,并附研究开发活动说明材料,并加盖具有资质的中介机构的公章②。

Ⅹ 认定机构要求出具的其他材料。

动漫企业认定申请书及申请材料格式见《文化部 财政部 国家税务总局关于实施〈动漫企业认定管理办法(试行)〉有关问题的通知》(文产发[2009]18号)。

③材料审查、认定与公布

省级认定机构根据认定管理办法,对申请材料进行初审,提出初审意见,将通过初审的动漫企业申请材料报送办公室。

文化部会同财政部、国家税务总局依据规定标准进行审核,审核合格的,由文化部、财政部、国家税务总局联合公布通过认定的动漫企业名单。

省级认定机构根据通过认定的动漫企业名单,向企业颁发"动漫企业证书"并附其本年度动漫产品列表;并根据规定,在动漫产品列表中,对动漫产品属性分类以及是否属于自主开发生产的动漫产品等情况予以标注。

动漫企业设有分支机构的,在企业法人注册地进行申报。

④已取得"动漫企业证书"的动漫企业生产的动漫产品符合规定标准的,可向办公室提出申请认定为重点动漫产品,并提交下列材料:

Ⅰ 重点动漫产品认定申请书;

Ⅱ 企业营业执照副本复印件、税务登记证复印件,"动漫企业证书"复印件;

Ⅲ 符合规定标准的相关证明材料:经具有资质的中介机构鉴证的企业财务年度报表(含资产负债表、损益表、现金流量表)等企业经营情况,并附每项产品销售收入的情况说明;获奖证明复印件或版权出口贸易合同复印件等版权出口收入证明;有关机构的推荐证明;

Ⅳ 认定机构要求出具的其他材料。

办公室收到申报材料后,按规定的程序予以审核。符合标准的,由办公室颁发"重点动漫产品文书"。

⑤已取得"动漫企业证书"的动漫企业符合上述规定重点动漫企业标准的,可向办公室提出申请认定为重点动漫企业,并提交下列材料:

Ⅰ 重点动漫企业认定申请书;

Ⅱ 企业营业执照副本复印件、税务登记证复印件,"动漫企业证书"复印件,"重点动漫产品文书"复印件;

---

① 《文化部 财政部 国家税务总局关于实施〈动漫企业认定管理办法(试行)〉有关问题的通知》(文产发[2009]18号,2009年6月4日)。

② 《文化部 财政部 国家税务总局关于实施〈动漫企业认定管理办法(试行)〉有关问题的通知》(文产发[2009]18号,2009年6月4日)。

Ⅲ 符合重点动漫企业标准的相关证明材料：经具有资质的中介机构鉴证的企业近两个会计年度财务报表（含资产负债表、损益表、现金流量表）等企业经营情况或版权出口贸易合同复印件等版权出口收入证明；有关机构的推荐证明；

Ⅳ 认定机构要求出具的其他材料。

办公室收到申报材料后，按照以上规定的材料审查、认定与公布程序予以审核。符合标准的，由文化部会同财政部、国家税务总局联合公布通过认定的重点动漫企业名单，并由办公室颁发"重点动漫企业证书"。

⑥动漫企业认定实行年审制度。各级认定机构应按上述规定的标准对已认定并发证的动漫企业、重点动漫企业进行年审。对年度认定合格的企业在证书和年度自主开发生产的动漫产品列表上加盖年审专用章。

动漫企业认定年审受理申请时间为每年的 5 月 1 日至 7 月 31 日①。

不提出年审申请或年度认定不合格的企业，其动漫企业、重点动漫企业资格到期自动失效。

省级认定机构应将对动漫企业的年审情况、年度认定合格及不合格企业名单报办公室备案，并由办公室对外公布。

重点动漫企业通过办公室年审后，不再由省级认定机构进行年审。

动漫企业对年审结果有异议的，可在公布后 20 个工作日内，向办公室提出复核申请。

提请复核的企业应当提交复核申请书及有关证明材料。办公室收到复核申请后，对复核申请调查核实，由文化部、财政部、国家税务总局作出复核决定，通知省级认定机构并公布。

⑦经认定的动漫企业经营活动发生变化（如更名、调整、分立、合并、重组等）的，应在 15 个工作日内，向原发证单位办理变更手续，变化后不符

合规定标准的，省级认定机构应报办公室审核同意后，撤销其"动漫企业证书"，终止其资格。不符合规定标准的重点动漫企业，由办公室直接撤销其"重点动漫企业证书"，终止其资格。

动漫企业更名的，原认定机构为其办理变更手续后，重新核发证书，编号不变。

⑧经认定的动漫企业、重点动漫企业，凭本年度有效的"动漫企业证书"、"重点动漫企业证书"，以及本年度自主开发生产的动漫产品列表、"重点动漫产品文书"，向主管税务机关申请享受规定的有关税收优惠政策。

⑨重点动漫产品、重点动漫企业优先享受国家及地方各项财政资金、信贷等方面的扶持政策。

（5）法律责任

①申请认定和已认定的动漫企业有下述情况之一的，一经查实，认定机构停止受理其认定申请，或撤销其证（文）书，终止其资格并予以公布：

Ⅰ 在申请认定过程中提供虚假信息的；

Ⅱ 有偷税、骗税、抗税等税收违法行为的；

Ⅲ 从事制作、生产、销售、传播存在违法内容或盗版侵权动漫产品的，或者使用未经授权许可的动漫产品的；

Ⅳ 有其他违法经营行为，受到有关部门处罚的。

②被撤销证书的企业，认定机构在 3 年内不再受理该企业的认定申请。

对被撤销证书和年度认定不合格的动漫企业，同时停止其享受规定的各项财税优惠政策。

2.7.14 公安司法及军工产品税收优惠政策

2.7.14.1 军队系统及军工企业税收优惠政策

（1）军队系统税收优惠政策

①享受优惠的单位

军队系统（包括人民武装警察部队）的下列企

---

① 《文化部 财政部 国家税务总局关于实施〈动漫企业认定管理办法（试行）〉有关问题的通知》（文产发〔2009〕18 号，2009 年 6 月 4 日）。

事业单位,可以享受增值税税收优惠照顾①:

军需工厂(指纳入总后勤部统一管理,由总后勤部授予代号经国家税务总局审查核实的企业化工厂);军马场;军办农场(林厂、茶厂);军办厂矿;军队院校、医院、科研文化单位、物资供销、仓库、修理等事业单位。

②享受优惠的政策内容②

Ⅰ 军队系统各单位生产、销售、供应的应税货物应当按规定征收增值税。但为部队生产的武器及其零配件、弹药、军训器材、部队装备(指人被装、军械装备、马装具,下同),免征增值税③。

Ⅱ 军需工厂、物资供销单位生产、销售、调拨给公安系统和国家安全系统的民警服装,免征增值税;对外销售的,按规定征收增值税。供军内使用的应与对外销售的分开核算,否则,按对外销售征税④。

军需工厂之间为生产军品而互相协作的产品免征增值税⑤。

军队物资供应机构(指在银行开设账户,单独办理结算业务的各级物资主管部门、物资供应站、物资仓库、军需材料供应站、军需材料仓库)在军队系统(包括军队各级机关、部队、院校、医院、科研文化单位、干休所、仓库、供应站、企业化工厂、军办厂矿、农场、马场、招待所等各类单位)内部调拨供应物资,原则上使用军队的物资调拨计价单,军队内部调拨供应物资免征增值税。其中调拨供应给军队企业化工厂、军办厂矿等单位的生产用物资,购货方要求开具增值税专用发票的,可予开具增值税专用发票,但开具增值税专用发票的销售收入均应按规定缴纳增值税⑥。

军队物资供应机构可以持单位名称、业务范围、银行账号等有关证明材料到主管税务机关直接办理税务登记和增值税一般纳税人认定手续,领购、使用增值税专用发票和普通发票,并按规定缴纳增值税。1994年1月1日以后至军队物资供应机构办理一般纳税人认定前,购进货物所取得的普通进货发票,一律不再计算抵扣税款,但可向供货企业调换增值税专用发票,并可按增值税专用发票上注明的税款扣税⑦。

办理一般纳税人认定的军队物资供应机构,必须对征、免税业务分别进行核算,否则按规定征税⑧。

Ⅲ 军队系统各单位从事加工、修理修配武器及其零配件、弹药、军训器材、部队装备的业务收入,免征增值税⑨。军队系统所属企业生产并按军品作价原则作价在军队系统内部调拨或销售的钢材、木材、水泥、煤炭、营具、药品、锅炉、缝纫机械免征增值税。对外销售的一律照章征收增值税⑩。

(2)军工系统税收优惠政策

军工系统(指电子工业部、中国核工业总公司、中国航天工业总公司、中国航空工业总公司、中

---

① 《财政部 国家税务总局关于军队、军工系统所属单位征收流转税、资源税问题的通知》(财税字〔1994〕11号,1994年4月22日)。

② 《财政部 国家税务总局关于军队、军工系统所属单位征收流转税、资源税问题的通知》(财税字〔1994〕11号,1994年4月22日)。

③ 《财政部 国家税务总局关于军队、军工系统所属单位征收流转税、资源税问题的通知》(财税字〔1994〕11号,1994年4月22日)。

④ 《财政部 国家税务总局关于军队、军工系统所属单位征收流转税、资源税问题的通知》(财税字〔1994〕11号,1994年4月22日)。

⑤ 《财政部 国家税务总局关于军队、军工系统所属单位征收流转税、资源税问题的通知》(财税字〔1994〕11号,1994年4月22日)。

⑥ 《国家税务总局关于军队物资供应机构征收增值税有关问题的通知》(国税发〔1994〕121号,1994年5月7日)。

⑦ 《国家税务总局关于军队物资供应机构征收增值税有关问题的通知》(国税发〔1994〕121号,1994年5月7日)。

⑧ 《国家税务总局关于军队物资供应机构征收增值税有关问题的通知》(国税发〔1994〕121号,1994年5月7日)。

⑨ 《财政部 国家税务总局关于军队、军工系统所属单位征收流转税、资源税问题的通知》(财税字〔1994〕11号,1994年4月22日)。

⑩ 《财政部 国家税务总局关于军队系统所属企业征收增值税问题的通知》(财税字〔1997〕135号,1997年11月27日)。

国兵器工业总公司、中国船舶工业总公司）所属军事工厂（包括科研单位）生产销售的应税货物应当按规定征收增值税。但对列入军工主管部门军品生产计划并按照军品作价原则销售给军队、人民武装警察部队和军事工厂的军品，免征增值税①。

军事工厂生产销售给公安系统、司法系统和国家安全系统的武器装备免征增值税②。

军事工厂之间为了生产军品而相互提供货物以及为了制造军品相互提供的专用非标准设备、工具、模具、量具等免征增值税；对军工系统以外销售的，按规定征收增值税③。

除军工、军队系统企业以外的一般工业企业生产的军品，只对枪、炮、雷、弹、军用舰艇、飞机、坦克、雷达、电台、舰艇用柴油机、各种炮用瞄准具和瞄准镜，一律在总装企业就总装成品免征增值税④。

自 2008 年 1 月 1 日起，对于原享受军品免征增值税政策的军工集团全资所属企业，按照《国防科工委关于印发〈军工企业股份制改造实施暂行办法〉的通知》（科工改〔2007〕1366 号）的有关规定，改制为国有独资（或国有全资）、国有绝对控股、国有相对控股的有限责任公司或股份有限公司，所生产销售的军品可按照《财政部 国家税务总局关于军队、军工系统所属单位征收流转税、资源税问题的通知》（财税字〔1994〕11 号）的规定，继续免征增值税⑤。

（3）军队保障性企业

军队保障性企业移交后继续承担军品生产、维修、供应任务的企业，其生产的货物及销售对象凡符合《财政部、国家税务总局关于军队、军工系统所属单位征收流转税、资源税问题的通知》（财税字〔1994〕11 号）和《财政部 国家税务总局关于军队系统所属企业征收增值税问题的通知》（财税字〔1997〕135 号）规定的，可按照对军品免征增值税的相关规定继续免征增值税⑥。

保障性企业移交后为生产军品而相互协作的产品，继续免征增值税⑦。

（4）军队、军工系统进出口税收优惠政策

军队、军工系统各单位经总后勤部和国防科工委批准进口的专用设备、仪器仪表及其零配件，免征进口环节增值税；军队、军工系统各单位进口其他货物，应按规定征收进口环节增值税⑧。

军队、军工系统各单位将进口的免税货物转售给军队、军工系统以外的，应按规定征收增值税⑨。

军品以及军队系统各单位出口军需工厂生产或军需部门调拨的货物，在生产环节免征增值税，出口不再退税⑩。

---

① 《财政部 国家税务总局关于军队、军工系统所属单位征收流转税、资源税问题的通知》（财税字〔1994〕11 号，1994 年 4 月 22 日）。

② 《财政部 国家税务总局关于军队、军工系统所属单位征收流转税、资源税问题的通知》（财税字〔1994〕11 号，1994 年 4 月 22 日）。

③ 《财政部 国家税务总局关于军队、军工系统所属单位征收流转税、资源税问题的通知》（财税字〔1994〕11 号，1994 年 4 月 22 日）。

④ 《财政部 国家税务总局关于军队、军工系统所属单位征收流转税、资源税问题的通知》（财税字〔1994〕11 号，1994 年 4 月 22 日）。

⑤ 《财政部 国家税务总局关于军工企业股份制改造有关增值税政策问题的通知》（财税〔2007〕172 号，2007 年 12 月 28 日）。

⑥ 《国家税务总局关于军队保障性企业移交后有关增值税问题的通知》（国税发〔2003〕104 号，2003 年 8 月 28 日）。

⑦ 《国家税务总局关于军队保障性企业移交后有关增值税问题的通知》（国税发〔2003〕104 号，2003 年 8 月 28 日）。

⑧ 《财政部 国家税务总局关于军队、军工系统所属单位征收流转税、资源税问题的通知》（财税字〔1994〕11 号，1994 年 4 月 22 日）。

⑨ 《财政部 国家税务总局关于军队、军工系统所属单位征收流转税、资源税问题的通知》（财税字〔1994〕11 号，1994 年 4 月 22 日）。

⑩ 《财政部 国家税务总局关于军队、军工系统所属单位征收流转税、资源税问题的通知》（财税字〔1994〕11 号，1994 年 4 月 22 日）。

对军队(武警)、公安部门进口的警犬免征进口增值税①。

(5)被撤销军队企业欠税豁免

对经批准撤销的军队、武警部队所办企业和中央政法机关所办企业和武警企业和武警水电、交通、黄金、森林4个专业警种所办企业以及中央党政机关脱钩企业经批准撤销的,其变卖资产的收入支付有关费用,所欠职工工资和劳动保险费用后的余额,不足缴纳欠税的,或者撤销企业的资产不良确实无法变卖的,而不能缴纳的所欠税款的,可向主管税务机关申请豁免②。

2.7.14.2 公安司法部门税收优惠政策

(1)公安部门税收优惠政策

公安部所属研究所、公安侦察保卫器材厂研制生产的列明代号的侦察保卫器材产品(每年新增部分报国家税务总局审核批准后下发)凡销售给公安、司法以及国家安全系统使用的,免征增值税;销售给其他部门的,按规定征收增值税③。

(2)司法部门税收优惠政策

劳改工厂生产的民警服装销售给公安、司法以及国家安全系统使用的,免征增值税;销售给其他部门的,按规定征收增值税④。

2.7.15 软件、集成电路产业税收优惠政策

(1)2010年底以前出台的税收优惠政策规定

①软件产品税收优惠

Ⅰ 自2000年6月24日起至2010年底以前,对增值税一般纳税人销售其自行开发生产的软件产品,按17%的法定税率征收增值税后,对其增值税实际税负超过3%的部分实行即征即退政策。由企业用于研究开发软件产品和扩大再生产⑤。

Ⅱ 增值税一般纳税人将进口的软件进行转换等本地化改造后对外销售,其销售的软件可按照自行开发生产的软件产品的有关规定享受即征即退的税收优惠政策。本地化改造是指对进口软件重新设计、改进、转换等工作,单纯对进口软件进行汉字化处理后再销售的不包括在内⑥。

Ⅲ 对随同计算机网络、计算机硬件、机器设备等一并销售的软件产品,应当分别核算销售额。如果未分别核算或核算不清,按照计算机网络或计算机硬件以及机器设备等的适用税率征收增值税,不予退税。对经过国家版权局注册登记(指经国家版权局中国软件登记中心核准登记并取得该中心

---

① 《海关总署关于继续对进口种子(苗)种畜(禽)鱼种和非营利种用野生动植物种源免征进口环节增值税的通知》(署税[1998]349号,1998年6月30日)。《财政部 国家税务总局关于"十五"期间进口种子(苗)种畜(禽)鱼种(苗)和非营利性种用野生动植物种源税收问题的通知》(财税[2001]130号,2001年7月30日)。上述两文件因执行到期而失效。《财政部 国家税务总局关于"十一五"期间进口种子(苗)种畜(禽)鱼种(苗)和种用野生动植物种源税收问题的通知》(财关税[2006]3号,2006年1月23日)。

② 《国家税务总局、全国军队武警部队政法机关企业交接工作办公室关于军队、武警部队和政法机关撤销企业欠税处理问题的通知》(国税发[1999]161号,1999年8月25日)。

③ 《财政部 国家税务总局关于公安、司法部门所属单位征免增值税问题的通知》(财税字[1994]29号,1994年6月1日)。

④ 《财政部 国家税务总局关于公安、司法部门所属单位征免增值税问题的通知》(财税字[1994]29号,1994年6月1日)。此外,《财政部 国家税务总局关于继续执行监狱劳教企业有关税收政策的通知》(财税[2006]123号)曾规定,在2008年年底以前,对监狱、劳教企业(含新疆建设兵团监狱局所属监狱企业)继续实行增值税先征后退。

⑤ 《国务院关于印发鼓励软件产业和集成电路产业发展的若干政策》(国发[2000]18号,2000年6月24日)。《财政部 国家税务总局 海关总署关于鼓励软件产业和集成电路产业发展有关税收政策问题的通知》(财税[2000]25号,2000年9月22日)。此前,《国家税务总局关于中关村科技园区软件开发生产企业有关税收政策的通知》(国税发[1999]156号,1999年8月18日)规定,中关村高科技园区内的增值税一般纳税人销售自行开发生产的计算机软件产品,可按简易办法依照6%的征收率计算缴纳增值税。《财政部 国家税务总局关于贯彻落实〈中共中央 国务院关于加强技术创新,发展高科技,实现产业化的决定〉有关税收问题的通知》(财税字[1999]273号,1999年11月2日)规定,自1999年10月1日起,一般纳税人销售其自行开发生产的计算机软件产品,可按法定17%的税率征收后,对实际税负超过6%的部分实行即征即退。对1999年10月1日前计算机软件征收流转税政策,参见《国家税务总局关于计算机软件征收流转税若干问题的通知》(国税发[2000]133号,2000年7月20日)。根据《国家税务总局关于公布全文失效废止 部分条款失效废止的税收规范性文件目录的公告》(国家税务总局公告2011年第2号,2011年1月4日),国税发[1999]156号被公布全文失效废止。

⑥ 《财政部 国家税务总局 海关总署关于鼓励软件产业和集成电路产业发展有关税收政策问题的通知》(财税[2000]25号,2000年9月22日)。

发放的著作权登记证书①），在销售时一并转让著作权、所有权的计算机软件，不征收增值税。计算机软件产品是指记载有计算机程序及其有关文档的存储介质（包括软盘、硬盘、光盘等）②。

1999 年 10 月 1 日以后，纳税人销售计算机软件，未按有关规定缴纳税款，应当缴纳增值税而缴纳了营业税，或者应当缴纳营业税而缴纳了增值税的，不再做税款补、退库处理，一律从发现之日起予以纠正③。

Ⅳ　纳税人销售软件产品并随同销售一并收取的软件安装费、培训费、维护费等收入，应按照增值税混合销售的有关规定征收增值税，对征收增值税的安装费、维护费、培训费等可以享受软件产品增值税即征即退政策。对软件产品交付使用后，按期或按次收取的维护、技术服务费、培训费等不征收增值税④。

Ⅴ　自 2005 年 11 月 28 日起，增值税一般纳税人随同计算机网络、计算机硬件和机器设备等一并销售其自行开发生产的嵌入式软件，如果能够按照《财政部　国家税务总局关于贯彻落实〈中共中央国务院关于加强技术创新，发展高科技，实现产业

化的决定〉有关税收问题的通知》（财税字［1999］273 号）第一条第三款的规定，分别核算嵌入式软件与计算机硬件、机器设备等的销售额，可以享受软件产品增值税优惠政策。凡不能分别核算销售额的，仍按照《财政部　国家税务总局关于增值税若干政策的通知》（财税［2005］165 号）第十一条第一款规定，不予退税⑤。

纳税人按照下列公式核算嵌入式软件的销售额⑥：

嵌入式软件销售额 = 嵌入式软件与计算机硬件、机器设备销售额合计 - ［计算机硬件、机器设备成本 × (1 + 成本利润率)］

上述成本是指，销售自产（或外购）的计算机硬件与机器设备的实际生产（或采购）成本。成本利润率是指，纳税人一并销售的计算机硬件与机器设备的成本利润率，实际成本利润率高于 10% 的，按实际成本利润率确定，低于 10% 的，按 10% 确定。

税务机关按下列公式计算嵌入式软件的即征即退税额，并办理退税⑦：

即征即退税额 = 嵌入式软件销售额 × 17% - 嵌

---

①　《国家税务总局关于计算机软件征收流转税若干问题的通知》（国税发［2000］133 号，2000 年 7 月 20 日）。

②　《财政部　国家税务总局关于贯彻落实〈中共中央　国务院关于加强技术创新，发展高科技，实现产业化的决定〉有关税收问题的通知》（财税字［1999］273 号，1999 年 11 月 2 日）。此前，《国家税务总局关于中关村科技园区软件开发生产企业有关税收政策的通知》（国税发［1999］156 号，1999 年 8 月 18 日）也有类似规定，后来《国家税务总局关于发布已失效或废止有关增值税规范性文件清单的通知》（国税发［2009］7 号，2009 年 2 月 2 日）对《国家税务总局关于中关村科技园区软件开发生产企业有关税收政策的通知》（国税发［1999］156 号，1999 年 8 月 18 日）的有关规定予以了废止。

③　《国家税务总局关于纳税人销售计算机软件有关税务处理问题的批复》（国税函［2003］383 号，2003 年 4 月 9 日）。

④　《国家税务总局关于增值税一般纳税人销售软件产品向购买方收取的培训费等费用享受增值税即征即退政策的批复》（国税发［2004］553 号，2004 年 5 月 12 日）；《财政部　国家税务总局关于增值税若干政策的通知》（财税［2005］165 号，2005 年 11 月 28 日）。

⑤　《财政部　国家税务总局关于嵌入式软件增值税政策的通知》（财税［2008］92 号，2008 年 6 月 30 日）。此前，《财政部　国家税务总局关于增值税若干政策的通知》（财税［2005］165 号，2005 年 11 月 28 日）和《财政部　国家税务总局关于嵌入式软件增值税政策问题的通知》（财税［2006］174 号，2006 年 12 月 20 日）规定，嵌入式软件不属于财政部、国家税务总局《关于鼓励软件产业和集成电路产业发展有关税收政策问题的通知》（财税［2000］25 号）规定的享受增值税优惠政策的软件产品。其中，"嵌入式软件"是指纳税人在生产过程中已经嵌入在计算机硬件、机器设备中并随同一并销售，构成计算机硬件、机器设备的组成部分并且不能准确单独核算软件成本的软件产品。对于增值税一般纳税人销售其自行开发生产的用于计算机硬件、机器设备等嵌入的软件产品，仍可按照《财政部　国家税务总局关于鼓励软件产业和集成电路产业发展有关税收政策问题的通知》（财税［2000］25 号）有关规定，凡是分别核算其成本的，按照其占总成本的比例，享受有关增值税即征即退政策。未分别核算或核算不清的，不予退税。根据《财政部关于公布废止和失效的财政规章和规范性文件目录（第十一批）的决定》（财政部令第 62 号，2011 年 2 月 21 日），财税［2006］174 号被公布废止。

⑥　《财政部　国家税务总局关于嵌入式软件增值税政策的通知》（财税［2008］92 号，2008 年 6 月 30 日）。

⑦　《财政部　国家税务总局关于嵌入式软件增值税政策的通知》（财税［2008］92 号，2008 年 6 月 30 日）。

入式软件销售额×3%

税务机关定期对纳税人的生产（或采购）成本等进行重点检查,审核纳税人是否如实核算成本及利润。对于软件销售额偏高、成本或利润计算明显不合理的,应及时纠正,涉嫌偷骗税的,移交税务稽查部门处理①。

Ⅵ 企业自营出口或委托、销售给出口企业出口的软件产品,不适用增值税即征即退办法②。

Ⅶ 小规模纳税人生产销售计算机软件可由税务机关按征收率代开增值税发票③。

②集成电路税收优惠

2002年1月1日起至2005年4月1日止,对增值税一般纳税人销售其自产的集成电路产品（含单晶硅片）,按17%的税率征收增值税后,对其增值税实际税负超过3%的部分实行即征即退政策,所退税款由企业用于扩大再生产和研究开发集成电路产品④。

2005年3月31日以前,上述退税政策仅适用于在2004年7月14日前已认定的集成电路企业和2004年7月14日前已认定的集成电路产品（含单晶硅片）⑤。

③电子出版物享受软件税收优惠的规定

电子出版物属于软件范畴,应当享受软件产品的增值税优惠政策。所谓电子出版物是指把应用软件和以数字代码方式加工的图文声像等信息存储在磁、光、电存储介质上,通过计算机或者具有类似功能的设备读取使用的大众传播媒体。电子出版物的标识代码为ISBN,其媒体形态为软磁盘（FD）、只读光盘（CD-ROM）、交互式光盘（CD-I）、照片光盘（Photo-CD）、高密度只读光盘（DVD-ROM）、集成电路卡（IC-Card）。以录音带、录像带、唱片（LP）、激光唱盘（CD）和激光视盘（LD、VCD、DVD）等媒体形态的音像制品（标识代码为ISRC）不属于电子出版物,不得享受软件产品增值税优惠政策⑥。

（2）2011年后新出台的税收优惠政策规定⑦

①继续实施软件增值税优惠政策。

②对国家批准的集成电路重大项目,因集中采购产生短期内难以抵扣的增值税进项税额占用资金问题,采取专项措施予以妥善解决。

③经认定的集成电路设计企业和符合条件的软件企业的进口料件,符合现行法律法规规定的,可享受保税政策。

（3）税收优惠管理规定

①软件企业认定管理⑧

软件企业的认定标准由信息产业部会同教育

① 《财政部 国家税务总局关于嵌入式软件增值税政策的通知》（财税[2008]92号,2008年6月30日）。
② 《财政部 国家税务总局 海关总署关于鼓励软件产业和集成电路产业发展有关税收政策问题的通知》（财税[2000]25号,2000年9月22日）。
③ 《财政部 国家税务总局关于贯彻落实〈中共中央 国务院关于加强技术创新,发展高科技,实现产业化的决定〉有关税收问题的通知》（财税字[1999]273号,1999年11月2日）。该文原文内容是:属生产企业的小规模纳税人,生产销售计算机软件按6%的征收率计算缴纳增值税;属商业企业的小规模纳税人,销售计算机软件按4%的征收率计算缴纳增值税,并可由税务机关分别按不同的征收率代开增值税发票。根据2009年新修订的增值税暂行条例,小规模纳税人征收率一律调整为3%。
④ 《财政部 国家税务总局关于停止集成电路增值税退税政策的通知》（财税[2004]174号,2004年10月25日）。此前,《财政部 国家税务总局关于进一步鼓励软件产业和集成电路产业发展税收政策的通知》（财税[2002]70号,2002年10月10日）规定,此政策执行到2010年底,根据《财政部关于公布废止和失效的财政规章和规范性文件目录（第十一批）的决定》（财政部令第62号,2011年2月21日）,财税[2002]70号已被公布废止。《财政部 国家税务总局 海关总署关于鼓励软件产业和集成电路产业发展有关税收政策问题的通知》（财税[2000]25号,2000年9月22日）规定,自2000年6月24日起至2010年底以前,对增值税一般纳税人销售其自行生产的集成电路产品（含单晶硅片）,按17%的法定税率征收增值税后,对其增值税实际税负超过6%的部分实行即征即退政策。
⑤ 《财政部 国家税务总局关于停止集成电路增值税退税政策的通知》（财税[2004]174号,2004年10月25日）。
⑥ 《国家税务总局关于明确电子出版物属于软件征税范围的通知》（国税函[2000]168号,2000年3月7日）。
⑦ 《国务院关于印发进一步鼓励软件产业和集成电路产业发展若干政策的通知》（国发[2011]4号,2011年1月28日）。
⑧ 《财政部 国家税务总局 海关总署关于鼓励软件产业和集成电路产业发展有关税收政策问题的通知》（财税[2000]25号,2000年9月22日）。

部、科技部、国家税务总局等有关部门制定。经由地(市)级以上软件行业协会或相关协会初选,报经同级信息产业主管部门审核,并会签同级税务部门批准后列入正式公布名单的软件企业,可以享受税收优惠政策。

国家规划布局内的重点软件企业名单由国家计委(编者注:现国家发展改革委,下同)、信息产业部、外经贸部(编者注:现商务部)和国家税务总局共同确定。

增值税一般纳税人在销售计算机软件、集成电路(含单晶硅片)的同时销售其他货物,其计算机软件、集成电路(含单晶硅片)难以单独核算进项税额的,应按照开发生产计算机软件、集成电路(含单晶硅片)的实际成本或销售收入比例确定其应分摊的进项税额。

软件企业和集成电路生产企业实行年审制度,年审不合格的企业,取消其软件企业或集成电路生产企业的资格,并不再享受有关税收优惠政策。

准予和取消享受税收优惠政策的企业一经认定,应立即通知企业所在地主管海关。

②集成电路设计企业及产品认定管理①

集成电路设计企业,是指在中国境内依法设立的从事集成电路产品设计(含集成电路设计软件开发,下同)的具有独立法人资格的组织。

集成电路产品,是指集成电路设计软件、电路(含国内企业自主设计而在境内确实无法生产需委托境外加工的集成电路产品,下同)。

Ⅰ 认定机构

信息产业部、国家税务总局负责管理全国集成电路设计企业和集成电路产品的认定工作。具体负责集成电路设计企业和产品认定,进行集成电路设计企业与产品的年审工作。

Ⅱ 申请条件与程序

申请认定的集成电路设计企业须满足下列条件:

ⅰ 依法成立的以集成电路设计为主营业务的企业;

ⅱ 具有与集成电路设计开发相适应的生产经营场所、软硬件设施和人员等基本条件,生产过程符合集成电路设计的基本流程、管理规范,具有保证设计产品质量的手段与能力;

ⅲ 集成电路设计企业自主设计产品的收入及接受委托设计产品的收入占企业当年总收入的30%以上。

集成电路设计企业和产品的认定,由企业向其所在地主管税务机关提出申请,主管税务机关审核后,逐级上报国家税务总局。由国家税务总局和信息产业部共同委托认定机构进行认定②。

企业向主管税务机关提出申请的同时,应将有关材料送交中国半导体行业协会(或经信息产业部授权的地方半导体行业协会)备案。

企业在申请集成电路设计企业认定或产品认定时,提交的资料及其内容必须真实有效。

申请集成电路设计企业认定应当提交下列材料:

ⅰ 集成电路设计企业认定申请表;

ⅱ 企业营业执照副本及复印件;

ⅲ 其他需要出具的有关资料。

申请集成电路产品认定应当提交下列材料:

ⅰ 集成电路产品认定申请表;

ⅱ 企业营业执照副本复印件、税务登记证副本复印件;

ⅲ 其他需要出具的有关资料。

Ⅲ 年审

对集成电路设计企业及产品的认定实行年度审查制度。企业向其所在地主管税务机关报送年度审查报告,主管税务机关审核后,逐级上报国家

---

① 《信息产业部 国家税务总局关于印发〈集成电路设计企业及产品认定管理办法〉的通知》(信部联产[2002]86号,2002年3月7日)。

② 集成电路设计企业及产品认定机构的管理详见《国家税务总局 信息产业部关于印发〈集成电路设计企业及产品认定机构管理办法〉的通知》(国税发[2003]140号,2003年11月8日)。

税务总局,由国家税务总局和信息产业部审核批准。

集成电路设计企业应按规定的时限递交年度审查报告,逾期未报的企业视为自动放弃享受优惠政策;年审不合格的集成电路设计企业和产品,其认定资格自下一年度起予以取消。

Ⅳ 申诉

集成电路设计企业对认定结果、年审结果以及认定机构作出的其他决定有异议的,可在收到通知或公告发布后 60 日内,向国家税务总局提出申诉,并提交异议申诉书及有关证明材料,同时抄报信息产业部。国家税务总局在收到申诉后应当在 5 日内进行审查,决定是否受理;决定受理的,应自受理之日起 60 日内作出处理决定。

Ⅴ 变更

经认定的集成电路设计企业发生调整、分立、合并、重组等变更情况时,须在变更之日起 30 日内,向当地税务机关办理变更或重新申报手续。

集成电路设计企业一经发现有偷税等违法行为的,当地主管税务机关应立即停止其享受税收优惠政策;同时将有关情况上报,经国家税务总局和信息产业部核准后取消该企业享受税收优惠政策的资格。

经查明集成电路设计企业在申请集成电路企业认定和集成电路产品认定时提供虚假材料及内容的,尚未认定的,不予认定;已认定的,当地税务机关应报请国家税务总局撤销其当年集成电路设计企业及其产品的认定资格,并予以公告。

Ⅵ 优惠办理

经认定的集成电路设计企业的产品,凭国家税务总局、信息产业部的认定文件,向有关部门办理享受有关优惠政策的手续。

2.7.16 民族贸易企业税收优惠政策

①政策内容

自 2009 年 1 月 1 日起至 2009 年 9 月 30 日,对民族贸易县内县级及其以下的民族贸易企业和供销社企业销售货物(除石油、烟草外)继续免征增值税①。

其中:民族贸易企业和供销社企业,是指在民族贸易县内经营少数民族生产生活用品销售额占企业全部销售额一定比例以上的商业企业②。

少数民族生产生活用品包括少数民族特需用品和生产生活必需品。其中,少数民族特需用品为《国家民委关于印发少数民族特需用品目录(2001年修订)的通知》(民委发〔2001〕129号)所列商品;少数民族生产生活必需品的范围由民族贸易县民族工作部门牵头,商同级财政、税务部门确定,并可根据实际情况进行合理调整③。

少数民族生产生活用品销售额占企业全部销

---

① 《财政部 国家税务总局关于民贸企业和边销茶有关增值税政策的通知》(财税〔2009〕141号,2009年12月7日)。该文还规定,免税管理按照《财政部、国家税务总局、国家民委关于民族贸易企业销售货物增值税有关问题的通知》(财税〔2007〕133号)和《国家税务总局关于加强民族贸易企业增值税管理的通知》(国税函〔2007〕1289号)的有关规定执行。自2009年10月1日起,上述免征增值税政策停止执行,对民贸企业销售货物照章征收增值税。财税〔2007〕133号、国税函〔2007〕1289号文件同时废止。此前,《财政部 国家税务总局关于继续对民族贸易企业销售的货物及国家定点生产的经销单位经销的边销茶实行增值税优惠政策的通知》(财税〔2006〕103号,2006年8月7日)规定,自2006年1月1日起至2008年12月31日止,对民族贸易县内县级和县以下的民族贸易企业和供销社企业销售货物(除石油、烟草外)免征增值税。《财政部 国家税务总局关于民贸企业有关税收问题的通知》(财税〔1997〕124号,1998年1月7日)、《财政部 国家税务总局关于延续若干增值税免税政策的通知》(财税明电〔2000〕6号,2000年12月27日)、《财政部 国家税务总局关于继续对民族贸易企业执行增值税优惠政策的通知》(财税〔2001〕69号,2001年4月20日)规定,2005年12月31日前对民族贸易县县级国有民贸企业和供销社企业销售货物,按实际缴纳增值税税额先征后返50%。此外,《财政部 国家税务总局关于民贸企业有关增值税问题的批复》(财税〔2001〕167号,2001年10月8日)、《财政部 国家税务总局关于继续对国家定点企业生产和经销单位经销的边销茶免征增值税的通知》(财税〔2001〕71号)也停止执行。

② 《财政部 国家税务总局 国家民委关于民族贸易企业销售货物增值税有关问题的通知》(财税〔2007〕133号,2007年9月30日)。根据《财政部关于公布废止和失效的财政规章和规范性文件目录(第十一批)的决定》(财政部令第62号,2011年2月21日),该文已被公布失效。

③ 《财政部 国家税务总局 国家民委关于民族贸易企业销售货物增值税有关问题的通知》(财税〔2007〕133号,2007年9月30日)。该文已失效。

售额的比例,由民族贸易县民族工作部门商同级财政、税务部门确定,具体不得低于 20%①。

纳税人销售上述免税货物,如果已向购买方开具了增值税专用发票,应将专用发票追回后方可申请办理免税。凡专用发票无法追回的,一律照章征收增值税,不予免税②。

②政策管理③

Ⅰ 申请条件

民族贸易县内申请享受增值税优惠政策的商业企业,应向其所在地税务机关提请备案④。

享受增值税优惠政策的民族贸易企业应同时具备以下条件:

ⅰ 能够分别核算少数民族生产生活用品和其他商品的销售额。

ⅱ 备案前三个月的少数民族生产生活用品累计销售额占企业全部销售额比例(简称"累计销售比例")达到规定标准。

ⅲ 有固定的经营场所。

新办企业预计其自经营之日起连续三个月的累计销售比例达到规定标准,同时能够满足上述第ⅰ、ⅲ款规定条件的,可备案享受民族贸易企业优惠政策。

Ⅱ 备案资料

享受增值税优惠政策的民族贸易企业,应在每月1—7日内提请备案,并向主管税务机关提交以下资料:

ⅰ《民族贸易企业备案登记表》或《新办民族贸易企业备案登记表》。表格详见《国家税务总局关于加强民族贸易企业增值税管理的通知》(国税函〔2007〕1289 号)。

ⅱ 备案前三个月的月销售明细表(新办企业除外)。

ⅲ 主管税务机关要求提供的其他材料。

主管税务机关受理备案后,民族贸易企业即可享受增值税优惠政策,并停止使用增值税专用发票。

主管税务机关应停止向备案企业发售增值税专用发票,同时按规定缴销其结存未用的专用发票。民族贸易企业备案当月的销售额,可全部享受免征增值税优惠政策。

Ⅲ 后续审查

对民族贸易企业实行季度审查制度(不包括本季度内备案的新办企业)。主管税务机关在每季度结束后 15 个工作日内,对民族贸易企业进行审查。发现有下列情况之一的,取消其免税资格,并对当季销售额(本季度内备案的企业自享受优惠政策之月起到季度末的销售额)全额补征税款,同时不得抵扣进项税额:

ⅰ 未分别核算少数民族生产生活用品和其他商品的销售。

ⅱ 企业备案前三个月至本季度末,累计销售比例未达到规定标准。

新办民族贸易企业自经营之日起满三个月后的次月前 15 个工作日内,主管税务机关对其进行首次审查。发现有上述第ⅰ款情况,或自开业起累计销售比例未达到规定标准的,取消其免税资格,并对销售额全额补征税款,同时不得抵扣进项税额。

新办企业首次审查通过之后,即为民族贸易企业,应按照上述规定实行季度审查制度,其中上述第ⅱ款中累计销售比例自开办之日起计算。

Ⅳ 其他事项

被取消免税资格的企业,自取消之日起一年内,不得重新备案享受民族贸易企业增值税优惠

---

① 《财政部 国家税务总局 国家民委关于民族贸易企业销售货物增值税有关问题的通知》(财税〔2007〕133 号,2007 年 9 月 30 日)。该文已失效。
② 《财政部 国家税务总局关于民贸企业和边销茶有关增值税政策的通知》(财税〔2009〕141 号,2009 年 12 月 7 日)。
③ 《国家税务总局关于加强民族贸易企业增值税管理的通知》(国税函〔2007〕1289 号,2007 年 12 月 24 日)。
④ 《财政部 国家税务总局 国家民委关于民族贸易企业销售货物增值税有关问题的通知》(财税〔2007〕133 号,2007 年 9 月 30 日)。该文已失效。

政策。

对停止享受增值税优惠政策的企业,主管税务机关应允许其重新使用增值税专用发票。

享受免征增值税优惠政策的民族贸易企业,要求放弃免税权的,按《财政部 国家税务总局关于增值税纳税人放弃免税权有关问题的通知》(财税[2007]127号)规定执行。

2.7.17 国际组织及外国政府无偿援助项目税收优惠政策

(1)政策内容

外国政府、国际组织无偿援助的进口物资和设备,免征增值税①。

自2001年8月1日起,对外国政府和国际组织无偿援助项目在国内采购的货物免征增值税。同时允许销售免税货物的单位,将免税货物的进项税额在其他内销货物的销项税额中抵扣②。

(2)管理规定③

①申请

在无偿援助项目确立之后,援助项目所需物资的采购方(简称购货方)通过项目单位共同向对外贸易经济合作部(编者注:现商务部,下同)和国家税务总局同时提交免税采购申请,内容包括:援助项目名称、援助方、受援单位、购货方与供货方签订的销售合同(复印件)等,并填报《外国政府和国际组织无偿援助项目在华采购货物明细表》。如委托他人采购,需提交委托协议和实际购货方的情况,包括购货方的单位名称、地址、联系人及联系电话等。

②备案

供货方在销售合同签订后,将合同(复印件)送交企业所在地税务机关备案。

③审核

对外贸易经济合作部在接到购货方和项目单位的免税采购申请后,对项目有关内容的真实性、采购货物是否属援助项目所需等内容进行审核。审核无误后,对外贸易经济合作部向国家税务总局出具申请内容无误的证明材料。

国家税务总局接到购货方和项目单位的免税采购申请和对外贸易经济合作部出具的证明材料后,通过供货方所在地主管税务部门对免税申请所购货物的有关情况进行核实。如主管税务部门出具的证明材料与对外贸易经济合作部出具的证明材料的相关内容一致,国家税务总局向供货方所在地主管税务机关下发供货方销售有关货物免征增值税的文件,同时抄送财政部、对外贸易经济合作部和购货方。

④免税

供货方凭购货方出示的免税文件,按照文件的规定,以不含增值税的价格向购货方销售货物。

供货方应向其主管税务机关提出免税申请。供货方所在地主管税务机关凭国家税务总局下发的免税文件为供货方办理免征销项税及进项税额抵扣手续。

⑤免税采购申请内容变更

购货方和项目单位提交免税采购申请和《外国政府和国际组织无偿援助项目在华采购货物明细表》后,其内容不允许随意变更。如确需变更,应按规定程序另行报送审批。

⑥免税采购的货物用途

免税采购的货物必须用于规定的援助项目,不得销售或用于其他项目,否则视同骗税,依照税收征收管理法的有关规定处理。

⑦财政部归口管理的外国政府和国际组织无偿援助项目

由财政部归口管理的外国政府和国际组织无偿援助项目在华采购物资免征增值税,比照以上规

---

① 《中华人民共和国增值税暂行条例》(中华人民共和国国务院令第538号,2008年11月10日)。

② 《财政部 国家税务总局 外经贸部关于外国政府和国际组织无偿援助项目在华采购物资免征增值税问题的通知》(财税[2002]2号,2002年1月11日)。

③ 《财政部 国家税务总局 外经贸部关于外国政府和国际组织无偿援助项目在华采购物资免征增值税问题的通知》(财税[2002]2号,2002年1月11日)。

定执行①。

在项目确立之后,由援助项目所需物资的采购方(简称购货方)通过项目单位共同向财政部主管部门和国家税务总局同时提交免税采购申请,内容包括:援助项目名称、援助方、受援单位、购货方与供货方签订的销售合同(复印件)等,并填报《外国政府和国际组织无偿援助项目在华采购货物明细表》,供货方在销售合同签订后,将合同(复印件)送交企业所在地税务机关备案。财政部主管部门在接到购货方和项目单位的免税采购申请后,对项目有关内容的真实性、采购货物是否属援助项目所需等内容进行审核;审核无误后,向国家税务总局出具申请内容无误的证明材料②。

国家税务总局接到购货方和项目单位的免税申请以及财政部主管部门出具的证明材料后,通过供货方所在地主管税务部门对免税申请所购货物的有关情况进行核实,并向国家税务总局出具证明材料,如所在地主管税务部门出具的证明材料与财政部出具的证明材料的相关内容一致,国家税务总局向供货方所在地主管税务机关下发供货方销售有关货物免征增值税的文件,同时抄送财政部主管部门、购货方和项目单位③。

(3)国际组织名单

详见《财政部 国家税务总局 外经贸部关于外国政府和国际组织无偿援助项目在华采购物资免征增值税问题的通知》(财税[2002]2号,2002年1月11日)和《财政部 国家税务总局关于外国政府和国际组织无偿援助项目在华采购物资免征增值税的补充通知》(财税[2005]13号,2005年1月21日)。

(4)部分援助项目名称

①联合国无偿援助项目

联合国人口基金会无偿援助南南合作项目④。

联合国人口基金无偿援助性别意识项目⑤。

联合国人口基金无偿援助生殖健康计划生育项目⑥。

联合国人口基金无偿援助艾滋病项目⑦。

联合国人口基金无偿援助人口老龄项目⑧。

联合国人口基金无偿援助关于提高政策决定者、项目管理者与服务提供者社会性别知识和意识项目⑨。

联合国儿童基金会无偿援助"非典"防治紧急

① 《财政部 国家税务总局关于外国政府和国际组织无偿援助项目在华采购物资免征增值税的补充通知》(财税[2005]13号,2005年1月21日)。

② 《财政部 国家税务总局关于外国政府和国际组织无偿援助项目在华采购物资免征增值税的补充通知》(财税[2005]13号,2005年1月21日)。

③ 《财政部 国家税务总局关于外国政府和国际组织无偿援助项目在华采购物资免征增值税的补充通知》(财税[2005]13号,2005年1月21日)。

④ 《国家税务总局关于联合国人口基金无偿援助南南合作项目在华采购物资免征增值税的通知》(国税函[2004]609号,2004年5月19日)。

⑤ 《国家税务总局关于联合国人口基金无偿援助性别意识项目在华采购物资免征增值税的通知》(国税函[2004]610号,2004年5月19日)。

⑥ 《国家税务总局关于联合国人口基金无偿援助生殖健康计划生育项目在华采购物资免征增值税的通知》(国税函[2004]612号,2004年5月19日)。《国家税务总局关于联合国人口基金无偿援助生殖健康/计划生育项目在华采购物资(第二期)免征增值税的通知》(国税函[2004]870号,2004年7月2日)。《国家税务总局关于联合国人口基金无偿援助生殖健康/计划生育项目在华采购物资(第三期)免征增值税的通知》(国税函[2005]995号,2005年10月21日)。《国家税务总局关于联合国人口基金有关无偿援助项目在华采购物资免征增值税的通知》(国税函[2007]1020号,2007年9月29日)。

⑦ 《国家税务总局关于联合国人口基金无偿援助艾滋病防治项目在华采购物资免征增值税的通知》(国税函[2004]611号,2004年5月19日)。《国家税务总局关于联合国人口基金无偿援助艾滋病防治项目在华采购物资(第二期)免征增值税的通知》(国税函[2004]880号,2004年7月2日)。

⑧ 《国家税务总局关于联合国人口基金无偿援助人口老龄项目在华采购物资(第二期)免征增值税的通知》(国税函[2004]613号,2004年5月19日)。

⑨ 《国家税务总局关于联合国人口基金无偿援助关于提高政策决定者、项目管理者与服务提供者社会性别知识和意识项目在华采购货物免征增值税的通知》(国税函[2007]668号,2007年6月19日)。

援助项目①。

联合国儿童基金会无偿援助儿童环境卫生项目②。

联合国儿童基金会无偿援助贫困地区基础教育项目③。

联合国儿童基金会无偿援助疾病控制及免疫项目④。

联合国儿童基金会无偿援助家庭与社区支持项目⑤。

联合国儿童基金会无偿援助女童的优先权项目⑥。

联合国儿童基金会无偿援助基层卫生与妇幼保健项目⑦。

联合国儿童基金会无偿援助残疾儿童项目⑧。

联合国儿童基金会无偿援助母亲与儿童保健等项目⑨。

②世界银行无偿援助项目

世界银行无偿援助国家环保总局履约中心业务用房工程项目⑩。

③日本政府无偿援助项目

日本政府无偿援助贫困地区结核病防治计划项目⑪。

日本政府无偿援助新疆维吾尔自治区医疗水平提高计划项目⑫。

日本政府无偿援助西安市废弃物管理改善计划项目⑬。

日本政府无偿援助中等专业教育学校器材装备计划项目⑭。

---

① 《国家税务总局关于联合国儿童基金会无偿援助"非典"防治紧急援助项目在华采购物资免征增值税的通知》(国税函[2003]580号,2003年5月11日)。

② 《国家税务总局关于联合国儿童基金会无偿援助儿童环境卫生项目在华采购物资免征增值税的通知》(国税函[2004]1161号,2004年10月13日)。

③ 《国家税务总局关于联合国儿童基金会无偿援助贫困地区基础教育项目在华采购货物免征增值税的通知》(国税函[2005]29号,2005年1月14日)。

④ 《国家税务总局关于联合国儿童基金会无偿援助疾病控制及免疫项目在华采购货物免征增值税的通知》(国税函[2005]36号,2005年1月14日)。

⑤ 《国家税务总局关于联合国儿童基金会无偿援助家庭与社区支持项目在华采购货物免征增值税的通知》(国税函[2005]41号,2005年1月14日)。

⑥ 《国家税务总局关于联合国儿童基金会无偿援助女童的优先权项目在华采购货物免征增值税的通知》(国税函[2005]42号,2005年1月14日)。

⑦ 《国家税务总局关于联合国儿童基金会无偿援助基层卫生与妇幼保健项目在华采购货物免征增值税的通知》(国税函[2005]43号,2005年1月14日)。

⑧ 《国家税务总局关于联合国儿童基金会无偿援助残疾儿童项目在华采购货物免征增值税的通知》(国税函[2005]45号,2005年1月14日)。

⑨ 《国家税务总局关于联合国儿童基金会无偿援助项目在华采购物资免征增值税的通知》(国税函[2008]746号,2008年8月20日)。

⑩ 《国家税务总局关于世界银行无偿援助国家环保总局履约中心业务用房工程项目在华采购货物免征增值税的通知》(国税函[2007]877号,2007年8月9日)。《国家税务总局关于世界银行无偿援助国家环保总局履约中心业务用房项目在华采购物资免征增值税的通知》(国税函[2008]147号,2008年2月3日)。

⑪ 《国家税务总局关于日本政府无偿援助贫困地区结核病防治计划项目(第二期)在华采购物资免征增值税的通知》(国税函[2003]885号,2003年7月17日);《国家税务总局关于日本政府无偿援助贫困地区结核病防治计划项目(第二期追加)在华采购物资免征增值税的通知》(国税函[2004]137号,2004年1月20日);《国家税务总局关于日本政府无偿援助贫困地区结核病防治计划项目(第三期)在华采购物资免征增值税的通知》(国税函[2004]1150号,2004年11月8日)。

⑫ 《国家税务总局关于日本政府无偿援助新疆维吾尔自治区医疗水平提高计划项目在华采购物资免征增值税的通知》(国税函[2005]994号,2005年10月21日)。

⑬ 《国家税务总局关于日本政府无偿援助西安市废弃物管理改善计划项目在华采购物资免征增值税的通知》(国税函[2004]881号,2004年7月2日)。

⑭ 《国家税务总局关于日本政府无偿援助中等专业教育学校器材装备计划项目在华采购物资免征增值税的通知》(国税函[2003]228号,2003年3月4日);《国家税务总局关于日本政府无偿援助中等专业教育学校器材装备计划项目在华采购物资(第三期)免征增值税的通知》(国税函[2004]555号,2004年5月12日)。

日本政府无偿援助广西天湖贫困地区扶贫计划项目①。

日本政府无偿援助中日友好大连人才培训中心建设计划项目②。

日本政府无偿援助生殖健康和家庭保健培训中心器材完善项目③。

④澳大利亚政府无偿援助项目

澳大利亚政府无偿援助中澳(重庆)职业教育与培训项目④。

澳大利亚政府无偿援助巴中市农村卫生促进项目⑤。

澳大利亚政府无偿援助陕西咸阳农村卫生综合项目⑥。

⑤比利时政府无偿援助项目

比利时政府无偿援助陕西社会经济综合发展项目⑦。

⑥意大利政府无偿援助项目

意大利政府无偿援助青海畜牧兽医学院项目⑧。

意大利政府无偿援助陕西职业培训项目⑨。

意大利政府无偿援助四川职业教育培训项目⑩。

2.7.18　外国驻华使(领)馆、国际组织驻华机构及其外交代表税收优惠政策

2.7.18.1　外国驻华使(领)馆及其外交代表在华购买物品和劳务增值税退税规定

(1)优惠规定

外国驻华使(领)馆及其外交代表(领事官员)和非中国公民且不在中国永久居留的行政技术人员(简称"享受退税单位和人员")在华购买的物品和劳务,中华人民共和国政府在对等原则的基础上,予以退还增值税(简称"退税")。

外交代表(领事官员)和行政技术人员系指《中华人民共和国外交特权与豁免条例》第二十八条第(五)项及第(六)项和《中华人民共和国领事特权与豁免条例》第二十八条第(四)项和第(五)项规定的人员。

各国际组织驻华代表机构及其外国籍P—2级(含)以上国际职员,可参照上述人员享受退(免)税待遇。

---

① 《国家税务总局关于日本政府无偿援助广西天湖贫困地区扶贫计划项目在华采购物资免征增值税的通知》(国税函[2003]1262号,2003年11月21日)。

② 《国家税务总局关于日本政府无偿援助中日友好大连人才培训中心建设计划项目在华采购物资免征增值税的通知》(国税函[2006]105号,2006年1月26日)。

③ 《国家税务总局关于日本政府无偿援助生殖健康和家庭保健培训中心器材完善项目在华采购物资免征增值税的通知》(国税函[2006]404号,2006年4月25日)。

④ 《国家税务总局关于澳大利亚政府无偿援助中澳(重庆)职业教育与培训项目在华采购物资(第二期)免征增值税的通知》(国税函[2004]879号,2004年7月2日)。《国家税务总局关于澳大利亚政府无偿援助中澳(重庆)职业教育与培训项目在华采购物资(第三期)免征增值税的通知》(国税函[2005]405号,2005年4月30日)。

⑤ 《国家税务总局关于澳大利亚政府无偿援助巴中市农村卫生促进项目在华采购物资(第四期)免征增值税的通知》(国税函[2004]554号,2004年5月12日)。

⑥ 《国家税务总局关于澳大利亚政府无偿援助陕西咸阳农村卫生综合项目(第二期)在华采购物资免征增值税的通知》(国税函[2004]556号,2004年5月12日)。

⑦ 《国家税务总局关于比利时政府无偿援助陕西社会经济综合发展项目在华采购货物(第四期)免征增值税的通知》(国税函[2005]35号,2005年1月14日)。

⑧ 《国家税务总局关于意大利政府无偿援助青海畜牧兽医学院项目在华采购货物免征增值税的通知》(国税函[2005]38号,2005年1月14日)。

⑨ 《国家税务总局关于意大利政府无偿援助陕西职业培训项目在华采购货物(第二期)免征增值税的通知》(国税函[2005]767号,2005年8月3日)。

⑩ 《国家税务总局关于意大利政府无偿援助四川职业教育培训项目在华采购物资免征增值税的通知》(国税函[2005]993号,2005年10月21日)。

如中外双方就退税问题另有协议的,按协议执行①。

(2)退税范围

享受退税的物品及劳务,是指增值税暂行条例规定的属于增值税征收范围,按现行规定征收增值税,且购买物品和劳务的单张发票金额合计等于或高于800元人民币的物品及劳务。申报退税的自来水、电、煤气、暖气的发票和修理修配劳务的发票无最低限额要求②。

(3)退税申报

享受退税单位和人员的退税申报,由外国驻华使馆按季度(以发票开具日期或《基本建设工程竣工决算审核报告》的签发日期为准)汇总其使(领)馆应退税额,填写《外国驻华使(领)馆退税申报表》(略)一式四联和《外国驻华使(领)馆退税申报明细表》(略)一式二联,附送规定的退税凭证,于次季度的首月10日前报送外交部礼宾司(领事司)。外交部礼宾司(领事司)按对等原则进行审核登记签章并统一汇总后转送北京市国家税务局办理退税。本季度最后十天所购物品及劳务,可与下季度所购物品及劳务一并申报退税。未在规定时间内申报退税的物品及劳务,外交部礼宾司(领事司)不予受理,税务机关不予退税③。

申报退税的《外国驻华使(领)馆退税申报表》须由使(领)馆馆长或使(领)馆馆长授权的外交人员(领事官员)签字后,方才有效。授权的文件和签字式样,使(领)馆须提前送外交部礼宾司(领事司)备案④。

(4)退税所需发票的规定

①普通发票

享受退税单位和人员申报的退税,须附送所购物品或劳务的普通发票原件。普通发票的内容要按规定填写,须如实注明填开日期。如不能附送发票原件,应将发票原件复印一份,将原件与复印件同时经外交部礼宾司(领事司)转送北京市国家税务局,北京市国家税务局在原件上加盖印章后,将原件经外交部礼宾司(领事司)退给使(领)馆,复印件留用退税⑤。

外国驻华使领馆及外交人员于2005年7月1日后购买的物品和劳务,申报退税时必须提供新版普通发票,否则不予退税⑥。

②物业公司发票

消费自来水、电、煤气、暖气的发票,如不是水、电、煤气、热力公司开具的,而是由物业公司开具的,物业公司须在发票中注明自来水、电、煤气、热水和暖气实际消费的数量或供暖面积。使(领)馆

---

① 《国家税务总局 外交部关于印发〈外国驻华使(领)馆及其人员在华购买物品和劳务退还增值税管理办法〉的通知》(国税发[2003]20号,2003年2月20日)。

② 《国家税务总局 外交部关于印发〈外国驻华使(领)馆及其人员在华购买物品和劳务退还增值税管理办法〉的通知》(国税发[2003]20号,2003年2月20日)。此前颁布的《财政部 国家税务总局关于外国驻华使(领)馆及其外交人员购买中国产物品有关退税问题的通知》(财税字[1997]81号,1997年12月23日)规定,可享受退还增值税的物品范围包括:驻华使(领)馆办公用房及馆长住宅所消费的自来水、电、煤气、暖气;驻华使(领)馆及其馆长住宅在中国市场购买的自用建筑装修材料及设备;驻华使(领)馆及其外交人员在中国市场购买的合理范围内的自用中国产汽车;驻华使(领)馆在中国市场购买的合理范围内的、单位金额在2000元人民币以上自用的设备及物品。具体包括家具、地毯、计算机、复印机、打印机、传真机、电话机、录像机、音箱及其他大宗办公用品等。《国家税务总局关于外国驻华使(领)馆及其外交代表(领事官员)购买中国产物品有关退税问题的补充通知》(国税函[1999]540号,1999年8月9日)又规定,根据互惠对等原则,对外国驻华使(领)馆及其外交代表和领事官员自用汽车修理修配的应税劳务可予办理退税。

③ 《国家税务总局 外交部关于印发〈外国驻华使(领)馆及其人员在华购买物品和劳务退还增值税管理办法〉的通知》(国税发[2003]20号,2003年2月20日)。

④ 《国家税务总局 外交部关于印发〈外国驻华使(领)馆及其人员在华购买物品和劳务退还增值税管理办法〉的通知》(国税发[2003]20号,2003年2月20日)。

⑤ 《国家税务总局 外交部关于印发〈外国驻华使(领)馆及其人员在华购买物品和劳务退还增值税管理办法〉的通知》(国税发[2003]20号,2003年2月20日)。

⑥ 《国家税务总局关于外国驻华使领馆及外交人员使用旧版普通发票退税问题的批复》(国税函[2005]612号,2005年6月16日)。

须附送物业公司开具的注明有自来水、电、煤气、热水和暖气实际消费数量或供暖面积的发票。领事馆所在市的国家税务局须将自来水、电、煤气、热力公司的实际销售价格以正式文件转送北京市国家税务局。北京市国家税务局须根据实际销售价格和征税税率，核定单位退税额；如销售价格调整，应及时调整相应的单位退税额。使（领）馆须按照物业公司发票注明的实际消费数量和北京市国家税务局核定的单位退税额计算应退税款，申报退税[1]。

③免予提供普通发票的规定

建造或装修使（领）馆馆舍的建筑材料、设备，须提供由在中国境内注册的会计师事务所出具的《基本建设工程竣工决算审核报告》，免予提供普通发票[2]。

《基本建设工程竣工决算审核报告》的附件须有使（领）馆与会计师事务所签署的审计合同、使（领）馆与承建单位签署的建设或装修工程合同、以及承建单位开给使（领）馆的工程结算单。会计师事务所须依据有关法律法规，按照使（领）馆或承建单位购买建筑材料、设备的合法有效凭证、购买的实际价格，以及馆舍的实际使用数量等进行审计，并按规定保留有关审计材料。《基本建设工程竣工决算审核报告》，须按建筑材料、设备的种类，分别列明馆舍所实际使用的金额（含增值税）及相

对应的增值税征税税率[3]。

北京市国家税务局须对会计师事务所的审计情况进行抽查，凡发现未按规定审计，造成少退或多退税款的，除对使（领）馆补退或扣回多退税款外，还须将情况逐级上报国家税务总局，由国家税务总局通报财政部、审计署、中国注册会计师协会，并提请他们按《中华人民共和国会计师法》等规定处理[4]。

（5）退税的计算

①自来水、电、煤气、热水和暖气

由物业公司收费并开具发票的自来水、电、煤气、热水和暖气的退税公式为[5]：

应退税额＝自来水、电、煤气、热水、暖气实际消费的数量或供暖面积×相对应的单位退税额

②劳务和其他货物

劳务和其他货物的退税计算公式为[6]：

应退税额＝计税金额×增值税适用征税税率

计税金额＝普通发票或《基本建设工程竣工决算审核报告》列明的实际使用建筑材料、设备的含增值税的金额／（1＋增值税适用征税税率）

申报退税物品、劳务的价格明显偏高，数量明显偏多，且又无正当理由的，税务局有权拒绝办理退税[7]。

（6）退税程序

外交部礼宾司（领事司）在收到使（领）馆报送

①　《国家税务总局　外交部关于印发〈外国驻华使（领）馆及其人员在华购买物品和劳务退还增值税管理办法〉的通知》（国税发[2003]20 号,2003 年 2 月 20 日）。

②　《国家税务总局　外交部关于印发〈外国驻华使（领）馆及其人员在华购买物品和劳务退还增值税管理办法〉的通知》（国税发[2003]20 号,2003 年 2 月 20 日）。

③　《国家税务总局　外交部关于印发〈外国驻华使（领）馆及其人员在华购买物品和劳务退还增值税管理办法〉的通知》（国税发[2003]20 号,2003 年 2 月 20 日）。

④　《国家税务总局　外交部关于印发〈外国驻华使（领）馆及其人员在华购买物品和劳务退还增值税管理办法〉的通知》（国税发[2003]20 号,2003 年 2 月 20 日）。

⑤　《国家税务总局　外交部关于印发〈外国驻华使（领）馆及其人员在华购买物品和劳务退还增值税管理办法〉的通知》（国税发[2003]20 号,2003 年 2 月 20 日）。

⑥　《国家税务总局　外交部关于印发〈外国驻华使（领）馆及其人员在华购买物品和劳务退还增值税管理办法〉的通知》（国税发[2003]20 号,2003 年 2 月 20 日）。此前颁布的《财政部　国家税务总局关于外国驻华使（领）馆及其外交人员购买中国产物品有关退税问题的通知》（财税字[1997]81 号,1997 年 12 月 23 日）规定,驻华使（领）馆及其外交人员购买中国产物品计算应退增值税税款的退税率,为现行国家规定的退税率。

⑦　《国家税务总局　外交部关于印发〈外国驻华使（领）馆及其人员在华购买物品和劳务退还增值税管理办法〉的通知》（国税发[2003]20 号,2003 年 2 月 20 日）。

的季度退税申报表后,应在 10 个工作日内审核完毕,并按规定的程序将退税申报表送达北京市国家税务局①。

北京市国家税务局在接到退税申报表后,对单证齐全真实,适用税率(额)以及计算退税款逻辑关系正确的退税申报,在 10 个工作日内审核审批完毕,并完成将税款直接退给使馆在银行的人民币公用账户的手续。如账户发生变更,使馆应及时书面通知外交部礼宾司②。

(7)补税办理

享受退税单位和人员购买物品后,如发生退货或将物品转为或转让给其他单位或个人使用的,享受退税单位和人员不得申报退税;已退税的,须经外交部礼宾司向北京市国家税务局办理补税手续,按原退税计税金额补缴已退税款或按照转让价格补缴增值税。补缴的税款全部入中央金库。转让物品如需外交部礼宾司审核转让手续的,外交部礼宾司将在确认转让物品未办理退税或已办理补税手续后,方可办理有关转让手续。

2.7.18.2 外国驻华使(领)馆及外交人员购买自用汽柴油实行增值税零税率的规定

(1)政策内容

从 1995 年 1 月 1 日起,对外国驻华使领馆及外交人员在指定的加油站购买的自用汽柴油增值税实行零税率。③

(2)管理规定④

由中国石油化工总公司(简称中石化)和中国石油天然气集团公司(简称中石油)各指定一家销售公司(报北京市国家税务局备案),凭外交部礼宾司核准的"驻华使馆及其人员在用车辆统计表",对外国驻华使馆及其人员销售免税加油充值卡。每辆车只能在指定的销售公司购买一张充值卡,卡上印有车辆牌照号码,限量供应。馆长车辆每车每月购油量不超过 500 公升,其他车辆每车每月购油量不超过 400 公升。每车每次充值不得超过 3 个月的核定免税用量。

免税加油充值卡,可在中石化和中石油在京的各加油站加油。加油站需核对车卡牌号一致后,方可销售免税油。

指定的两家销售公司须将销售给外国驻华使馆及其人员的不含税汽(柴)油单独记账,单独核算,按月汇总报外交部礼宾司审核无误后,报主管税务机关,按实际销售数量办理免抵税手续。

各国际组织驻华代表机构及该机构比照外国驻华使领馆人员享受待遇的人员,可参照外国驻华使馆及其人员的作法,享受免税加油的待遇。

北京市以外的外国驻华领事馆及其人员购买的免税汽(柴)油,比照上述办法办理,并报国家税务总局备案。

2.7.18.3 上海合作组织秘书处税收优惠政策⑤

对上海合作组织设在北京的秘书处及其资产、收入和其他财产,根据《中国政府与上海合作组织关于秘书处的东道国协定》免缴中国境内征收的

---

① 《国家税务总局 外交部关于印发〈外国驻华使(领)馆及其人员在华购买物品和劳务退还增值税管理办法〉的通知》(国税发[2003]20 号,2003 年 2 月 20 日)。

② 《国家税务总局 外交部关于印发〈外国驻华使(领)馆及其人员在华购买物品和劳务退还增值税管理办法〉的通知》(国税发[2003]20 号,2003 年 2 月 20 日)。

③ 《财政部 国家税务总局关于外国驻华使领馆及外交人员购买的自用汽柴油增值税实行零税率的通知》(财税[1994]100 号,1994 年 12 月 16 日)。《国家税务总局关于调整外国驻华使领馆及外交人员自用免税汽柴油管理办法的通知》(国税函[2003]1346 号,2003 年 12 月 18 日)。

④ 《国家税务总局关于调整外国驻华使领馆及外交人员自用免税汽柴油管理办法的通知》(国税函[2003]1346 号,2003 年 12 月 18 日)。此前,《财政部 国家税务总局关于外国驻华使领馆及外交人员购买的自用汽柴油增值税实行零税率的通知》(财税[1994]100 号,1994 年 12 月 16 日)曾规定,仅指定北京市石油产品销售公司所属的三里屯加油站和日坛加油站经营供应使领馆不含增值税的汽油、柴油业务。

⑤ 《国家税务总局关于上海合作组织秘书处有关税收问题的通知》(国税函[2004]951 号,2004 年 8 月 4 日)。该文还规定了直接税的免税政策,见本书企业所得税和个人所得税相关部分。

一切增值税(包括按法律法规以返还形式免除),具体项目的服务费除外。

对上海合作组织为公务目的运入和运出的物品,免除关税和其他税收、进出口禁止和限制。但此项免税运入的物品,非依照与政府商定的条件,不得在中国出售。

对上海合作组织运入和运出的本组织出版物免除关税和其他税收、进出口禁止和限制。

对上海合作组织官员到中国初次就任和合同终止后离开中国时,有权根据中国法律法规免税运入、运出包括交通工具在内的个人财产,具体项目的服务费除外。

2.7.19　其他专项税收优惠政策

(1)国家大剧院工程税收优惠政策

对国家大剧院工程施工单位附设的工厂或车间,生产销售的直接用于国家大剧院工程的水泥预制构件、其他构件或建筑材料,免征增值税及城市维护建设税和教育费附加①。

国家大剧院所需进口物资免征进口关税及进口环节增值税②。

(2)第 29 届奥运会税收优惠政策③

①对外国政府和国际组织无偿捐赠用于第 29 届奥运会的进口物资,免征进口关税和进口环节增值税。

②境外企业赞助、捐赠用于第 29 届奥运会的进口物资,应按规定照章征收进口关税和进口环节增值税。

③对以一般贸易方式进口,用于第 29 届奥运会的体育场馆建设所需设备中与体育场馆设施固定不可分离的设备以及直接用于奥运会比赛用的消耗品(如比赛用球等),免征应缴纳的关税和进口环节增值税。

享受免税政策的奥运会体育场馆建设进口设备及比赛用消耗品的范围、数量清单由组委会汇总后报财政部商有关部门审核确定。

④对北京奥组委进口的其他特需物资,包括:国际奥委会或国际单项体育组织指定的,国内不能生产或性能不能满足需要的体育器材、医疗检测设备、安全保障设备、交通通讯设备、技术设备,在运动会期间按暂准进口货物规定办理,运动会结束后留用或做变卖处理的,按有关规定办理正式进口手续,并照章缴纳进口税收,其中进口汽车以不低于新车 90% 的价格估价征税。

上述暂准进口的商品范围、数量清单由组委会汇总后报财政部商有关部门审核确定。

⑤免征北京奥组委向分支机构划拨所获赞助物资应缴纳的增值税。其分支机构包括:第 29 届奥林匹克运动会组织委员会帆船委员会(青岛)、天津、上海、沈阳、秦皇岛等京外四家足球预赛城市、中国奥委会、中国残疾人联合会、北京奥林匹克电视转播公司(BOB 公司)、第 29 届奥林匹克运动会马术比赛(香港)有限公司。

对组委会再销售所获捐赠商品和赛后出让资产取得收入,免征应缴纳的增值税、消费税、营业税和土地增值税。

⑥对国际奥委会、国际单项体育组织和其他社会团体等从国外邮寄进口且不流入国内市场的、与第 29 届奥运会有关的非贸易性文件、书籍、音像、光盘,在合理数量范围内免征关税和进口环节增值税。合理数量的具体标准由海关总署确定。

⑦对奥运会场馆建设所需进口的模型、图纸、图板、电子文件光盘、设计说明及缩印本等非贸易性规划设计方案,免征关税和进口环节增值税。

⑧对国际奥委会取得的来源于中国境内的、与第 29 届奥运会有关的收入免征相关税收。

⑨根据《举办城市合同》规定,北京奥运会组

---

① 《财政部 国家税务总局关于国家大剧院工程有关税收问题的通知》(财税[2002]106 号,2002 年 7 月 25 日)。

② 《财政部关于调整国家大剧院免税进口产品清单的通知》(财关税[2004]37 号,2004 年 8 月 24 日)。

③ 《财政部 国家税务总局 海关总署关于第 29 届奥运会税收政策问题的通知》(财税[2003]10 号,2003 年 1 月 22 日)。《财政部 国家税务总局关于第 29 届奥运会补充税收政策的通知》(财税[2006]128 号,2006 年 9 月 30 日)。根据《财政部关于公布废止和失效的财政规章和规范性文件目录(第十一批)的决定》(财政部令第 62 号,2011 年 2 月 21 日),上述文件已被公布失效。

委会全面负责和组织举办北京残奥会,其取得的北京残奥会收入及其发生的涉税支出比照执行第29届奥运会的税收政策。

对国际残疾人奥林匹克委员会(IPC)取得的来源于中国境内的、与北京残奥会有关的收入免征相关税收。

对中国残疾人联合会根据《联合市场开发协议》取得的由北京奥组委分期支付的收入(包括现金、实物)免征相关税收。

(3)2010年上海世博会税收优惠政策①

①对上海世博局销售与中国人民银行合作发行世博会纪念币应缴纳的增值税,实行先征后退。

②对上海世博局委托上海世博(集团)公司取得的世博会门票销售收入、场馆出租收入以及在世博园区内销售世博会纪念品收入,免征上海世博(集团)公司应缴纳的增值税、营业税。

③对上海世博局把接受的捐赠和赞助货物委托上海世博(集团)公司再销售,其国内流通环节应缴纳的增值税实行先征后退。

④对上海世博局在世博会结束后出让资产和委托上海世博(集团)公司出让归属于上海世博局的资产所取得的收入,其国内流通环节应缴纳的增值税实行先征后退。

⑤因上海市对承办2010年上海世博会的组织架构和任务分工进行调整,原由上海世博(集团)公司承担的部分办博职能转由上海世博运营有限公司承担后,上海世博运营有限公司按其职能享受上述税收优惠政策。上海世博(集团)公司的上述税收优惠政策也可继续享受,但享受税收优惠政策的收入应单独核算,不能单独核算或核算不全的,应按规定缴纳相关税收②。

(4)国家物资储备税收优惠政策③

根据国务院国阅〔1994〕42号《关于研究财税体制改革方案出台后有关问题的会议纪要》对国家物资储备局系统销售的储备物资,采取先征税后返还的办法。由税务部门照章征收增值税,财政部门将已征的税款返还给纳税单位④。

国家物资储备局的物资收储、销售业务,由于实行统一管理、统一结算的体制,为了便于税款征收及财政返还处理,对国家物资储备局所取得的储备物资销售收入,由国家物资储备局在北京向国家税务总局直属征收局集中缴纳增值税。

国家物资储备局可向税务征收单位申请办理税务登记、一般纳税人认定手续和购买增值税专用发票,并正确地履行纳税义务。

国家物资储备局购买的增值税专用发票只限于在京办理结算时开具,不得提供给所属基层单位使用。

国家物资储备局系统(包括省级局及下属仓库)从事的多种经营业务仍应在经营行为所在地按规定缴纳各种应纳的税收。

(5)应对自然灾害税收优惠政策

①四川汶川地震灾后恢复重建税收优惠政策

Ⅰ 政策内容⑤

ⅰ 自2008年7月1日起,对受灾严重地区实行增值税扩大抵扣范围政策,允许企业新购进机器设备所含的增值税进项税额予以抵扣。国家限制发展的特定行业除外。

ⅱ 自2008年7月1日起,对受灾地区企业、单位或支援受灾地区重建的企业、单位进口国内不能满足供应并直接用于灾后重建的大宗物资、设备

---

① 《财政部 国家税务总局关于2010年上海世博会有关税收政策问题的通知》(财税〔2005〕180号,2005年12月31日)。

② 《财政部 国家税务总局关于增补上海世博运营有限公司享受上海世博会有关税收优惠政策的批复》(财税〔2006〕155号,2006年11月13日)。

③ 《国家税务总局关于国家物资储备局系统销售储备物资统一缴纳增值税问题的通知》(国税发〔1994〕90号,1994年4月13日)。

④ 《财政部 国家税务总局关于国家物资储备局系统缴纳增值税、所得税的通知》(财税〔1994〕63号,1994年10月11日)。

⑤ 《国务院关于支持汶川地震灾后恢复重建政策措施的意见》(国发〔2008〕21号,2008年6月29日)。《财政部 海关总署 国家税务总局关于支持汶川地震灾后恢复重建有关税收政策问题的通知》(财税〔2008〕104号,2008年8月1日)。

等,在三年内给予进口税收优惠。

iii 自 2008 年 5 月 12 日起,对单位和个体经营者将自产、委托加工或购买的货物通过公益性社会团体、县级以上人民政府及其部门无偿捐赠给受灾地区的,免征增值税、城市维护建设税及教育费附加。

所称"受灾严重地区"是指极重灾区 10 个县(市)和重灾区 41 个县(市、区),"受灾地区"是指极重灾区 10 个县(市)、重灾区 41 个县(市、区)和一般灾区 186 个县(市、区)。具体名单见《财政部 海关总署 国家税务总局关于支持汶川地震灾后恢复重建有关税收政策问题的通知》(财税〔2008〕104 号)附件。

上述原定 2008 年 12 月 31 日到期的有关税收优惠政策执行至 2010 年 12 月 31 日①。

Ⅱ 扣税凭证管理②

增值税一般纳税人(含纳入增值税辅导期管理的纳税人)因汶川地震不能按照规定期限办理增值税防伪税控系统的报税和认证,导致其增值税进项税额无法正常抵扣,可按如下办法处理:

i 纳税人取得的增值税专用发票经金税工程稽核为"缺联票"的,由主管税务机关通过专用发票审核检查系统进行核查。属于地震灾害造成销售方不能按期报税的,由销售方主管税务机关或其上级税务机关出具证明,购买方出具付款凭证,据以抵扣进项税额。纳税人取得货物运输发票经金税工程稽核为"缺联票"的,可比照上述规定办理;

ii 受灾地区纳税人购进货物和劳务取得专用发票、货物运输发票,未能在开票之日起 90 天内认证的,可由纳税人提出申请,经主管税务机关审核,逐级上报税务总局进行逾期认证、稽核无误的,可

作为增值税扣税凭证。受灾地区纳税人取得进口货物海关完税凭证未能在规定期限内向税务机关申报抵扣的,可比照上述规定办理。

②青海玉树地震灾后恢复重建税收优惠政策

Ⅰ 政策内容③

i 自 2010 年 4 月 14 日起,对受灾地区企业、单位或支援受灾地区重建的企业、单位,进口国内不能满足供应并直接用于灾后重建的大宗物资、设备等,在 3 年内给予进口税收优惠。

ii 自 2010 年 4 月 14 日起,对单位和个体经营者将自产、委托加工或购买的货物,通过公益性社会团体、县级以上人民政府及其部门捐赠给受灾地区的,免征增值税、城市维护建设税及教育费附加。

iii 受灾地区因地震灾害失去工作后从事个体经营的人员,以及因地震灾害损失严重的个体工商户,按每户每年 8000 元的限额依次扣减其当年实际应缴纳的增值税、营业税、城市维护建设税、教育费附加和个人所得税。纳税人年度应缴纳税款小于上述扣减限额的,以其实际缴纳的税款为限;大于上述扣减限额的,应以上述扣减限额为限。

以上税收优惠政策,凡未注明具体期限的,一律执行至 2012 年 12 月 31 日。所称"受灾地区"是指青海省玉树藏族自治州玉树、称多、治多、杂多、囊谦、曲麻莱县和四川省甘孜藏族自治州石渠县等 7 个县的 27 个乡镇。具体受灾地区范围见《财政部 国家税务总局关于支持玉树地震灾后恢复重建有关税收政策问题的通知》(财税〔2010〕59 号)附件。

Ⅱ 扣税凭证管理④

---

① 《财政部 国家税务总局关于延长部分税收优惠政策执行期限的通知》(财税〔2009〕131 号,2009 年 11 月 20 日)。

② 《国家税务总局关于增值税一般纳税人抗震救灾期间增值税扣税凭证认证稽核有关问题的通知》(国税函〔2008〕513 号,2008 年 5 月 26 日)。根据《国家税务总局关于公布全文失效废止 部分条款失效废止的税收规范性文件目录的公告》(国家税务总局公告 2011 年第 2 号,2011 年 1 月 4 日),该文件已被公布全文失效废止。

③ 《国务院关于支持玉树地震灾后恢复重建政策措施的意见》(国发〔2010〕16 号,2010 年 5 月 27 日)。《财政部 国家税务总局关于支持玉树地震灾后恢复重建有关税收政策问题的通知》(财税〔2010〕59 号,2010 年 7 月 23 日)。

④ 《国家税务总局关于增值税一般纳税人抗震救灾期间增值税扣税凭证认证稽核有关问题的通知》(国税函〔2010〕173 号,2010 年 5 月 4 日)。

玉树地震灾区部分增值税一般纳税人因增值税专用发票和增值税防伪税控系统专用设备损毁丢失,不能按照规定期限办理正常的报税和认证,导致纳税人增值税进项税额无法正常抵扣的,可按如下办法处理:

ⅰ 增值税一般纳税人取得的增值税专用发票、机动车销售统一发票、公路内河货物运输业统一发票经稽核系统比对结果为"缺联票"的,由主管税务机关通过增值税抵扣凭证审核检查系统进行核查。属于地震灾害造成销售方不能按期报税的,由销售方主管税务机关或其上级税务机关出具证明,购买方出具付款凭证,据以抵扣进项税额。

ⅱ 受灾地区增值税一般纳税人购进货物和劳务取得增值税专用发票、公路内河货物运输业统一发票和机动车销售统一发票,未能在开票之日起180天内认证的,可由纳税人提出申请,经主管税务机关审核,逐级上报至税务总局,税务总局进行逾期认证、稽核无误的,可作为增值税扣税凭证。

受灾地区增值税一般纳税人进口货物取得海关进口增值税专用缴款书未能在规定期限内向税务机关申报抵扣的,也可照此规定办理。

ⅲ 受灾地区增值税一般纳税人以及税务机关发生增值税专用发票(包括相应电子数据)和防伪税控专用设备损毁丢失的,主管税务机关应及时将损毁丢失的增值税专用发票通过防伪税控发票发售子系统采集录入失控发票数据,将损毁丢失的专用设备登记后重新办理发行。

③甘肃舟曲泥石流灾后重建税收优惠①

Ⅰ 自2010年8月8日至2012年12月31日,对灾区企业、单位或支援灾区重建的企业、单位,进口国内不能满足供应并直接用于灾后恢复重建的大宗物资、设备等,给予进口税收优惠。

Ⅱ 自2010年8月8日起,对单位和个体经营者将自产、委托加工或购买的货物通过公益性社会团体、县级以上人民政府及其部门捐赠给受灾地区的,免征增值税、城市维护建设税及教育费附加。

Ⅲ 灾区因灾失去工作后从事个体经营(除建筑业、娱乐业以及销售不动产、转让土地使用权、广告业、房屋中介、桑拿、按摩、网吧、氧吧外)的人员,以及因灾损失严重的个体工商户,按每户每年8000元为限额依次扣减其当年实际应缴纳的增值税、营业税、城市维护建设税、教育费附加和个人所得税。纳税人年度应缴纳税款小于上述扣减限额的,以其实际缴纳的税款为限;大于上述扣减限额的,应以上述扣减限额为限。

(6)首钢搬迁税收优惠政策②

对首钢总公司所属北京地区18户企业2006年—2009年应缴纳并实际入库的增值税税款全部返还给首钢总公司,具体退税手续按照《财政部 国家税务总局 中国人民银行关于税制改革后对某些企业实行"先征后退"有关预算管理问题的暂行规定的通知》(财预字[1994]55号)的有关规定办理。

上述税款专项用于解决首钢总公司对京唐钢铁项目投资以及因企业搬迁带来的安置职工、支付离退休人员费用等政策性资金缺口。

首钢总公司所属北京地区18户企业具体名单见《财政部 国家税务总局关于首钢搬迁有关税收政策问题的通知》(财税[2007]174号)。

(7)其他个人销售自己使用过的物品,免征增值税③。

---

① 《国务院关于支持舟曲灾后恢复重建政策措施的意见》(国发[2010]34号,2010年10月18日)。《财政部 海关总署 国家税务总局关于支持舟曲灾后恢复重建有关税收政策问题的通知》(财税[2010]107号,2010年12月29日)。文件所规定的税收优惠政策,凡未注明具体期限的,一律执行至2012年12月31日。如果纳税人按规定既可享受本通知的税收优惠政策,也可享受国家支持汶川地震灾后恢复重建的税收优惠政策,可由纳税人自主选择适用的政策,但两项政策不得叠加使用。文中所称"灾区"包括甘肃省舟曲县城关镇和江盘乡的15个村、2个社区,灾区具体范围见财税[2010]107号附件。

② 《财政部 国家税务总局关于首钢搬迁有关税收政策问题的通知》(财税[2007]174号,2007年12月29日)。

③ 《中华人民共和国增值税暂行条例》(中华人民共和国国务院令第538号,2008年11月10日)第十五条,《中华人民共和国增值税暂行条例实施细则》(财政部 国家税务总局令第50号,2008年12月15日)第三十五条。

2.7.20　增值税即征即退先评估后退税的管理规定①

自 2009 年 9 月 1 日起,税务机关受理享受增值税即征即退优惠政策的纳税人的退税申请后,应对其销售额变动率和增值税税负率开展纳税评估。

(1)销售额变动率的计算公式:

本期销售额环比变动率=(本期即征即退货物和劳务销售额－上期即征即退货物和劳务销售额)÷上期即征即退货物和劳务销售额×100%

本期累计销售额环比变动率=(本期即征即退货物和劳务累计销售额－上期即征即退货物和劳务累计销售额)÷上期即征即退货物和劳务累计销售额×100%

本期销售额同比变动率=(本期即征即退货物和劳务销售额－去年同期即征即退货物和劳务销售额)÷去年同期即征即退货物和劳务销售额×100%

本期累计销售额同比变动率=(本期即征即退货物和劳务累计销售额－去年同期即征即退货物和劳务累计销售额)÷去年同期即征即退货物和劳务累计销售额×100%

(2)增值税税负率的计算公式

增值税税负率=(本期即征即退货物和劳务应纳税额÷本期即征即退货物和劳务销售额)×100%

销售额变动率或者增值税税负率正常的,主管税务机关应办理退税手续。销售额变动率或者增值税税负率异常的,主管税务机关应暂停退税审批,并在 20 个工作日内通过案头分析、税务约谈、实地调查等评估手段核实指标异常的原因。

经过评估,指标异常的疑点可以排除的,主管税务机关可办理退税审批。指标异常的疑点不能排除的,主管税务机关不得办理退税审批,并移交税务稽查部门查处。

2.7.21　增值税纳税人放弃免税权或享受优惠权的取消

(1)增值税纳税人放弃免税权的处理②

纳税人销售货物或者应税劳务适用免税规定的,可以放弃免税,依照增值税暂行条例的规定缴纳增值税。放弃免税后,36 个月内不得再申请免税。

生产和销售免征增值税货物或劳务的纳税人要求放弃免税权,应当以书面形式提交放弃免税权声明,报主管税务机关备案。纳税人自提交备案资料的次月起,按照现行有关规定计算缴纳增值税。

放弃免税权的纳税人符合一般纳税人认定条件尚未认定为增值税一般纳税人的,应当按现行规定认定为增值税一般纳税人,其销售的货物或劳务可开具增值税专用发票。

纳税人一经放弃免税权,其生产销售的全部增值税应税货物或劳务均应按照适用税率征税,不得选择某一免税项目放弃免税权,也不得根据不同的销售对象选择部分货物或劳务放弃免税权③。

纳税人在免税期内购进用于免税项目的货物或者应税劳务所取得的增值税扣税凭证,一律不得抵扣。

(2)查补税款不得享受先征后退政策

对于税务机关、财政监察专员办事机构、审计机关等执法机关根据税法有关规定查补的增值税等各项税款,必须全部收缴入库,均不得执行由财政和税务机关给予返还的优惠政策④。

2.8　纳税义务发生时间和纳税地点

2.8.1　纳税义务发生时间

销售货物或者应税劳务,为收讫销售款或者取

---

① 《国家税务总局关于增值税即征即退实施先评估后退税有关问题的通知》(国税函[2009]432 号,2009 年 8 月 13 日)。

② 《中华人民共和国增值税暂行条例实施细则》(财政部 国家税务总局令第 50 号,2008 年 12 月 15 日)第三十六条。《财政部 国家税务总局关于增值税纳税人放弃免税权有关问题的通知》(财税[2007]127 号,2007 年 9 月 25 日)。

③ 《财政部 国家税务总局关于增值税纳税人放弃免税权有关问题的通知》(财税[2007]127 号,2007 年 9 月 25 日)曾规定:纳税人自税务机关受理纳税人放弃免税权声明的次月起 12 个月内不得申请免税。后来,《财政部 国家税务总局关于公布若干废止和失效的增值税规范性文件目录的通知》(财税[2009]17 号,2009 年 2 月 26 日)对此予以了废止。

④ 《财政部 国家税务总局关于明确对查补税款不得享受先征后退政策的批复》(财税[1998]80 号,1998 年 5 月 12 日)。

得索取销售款凭据的当天。先开具发票的,为开具发票的当天。进口货物,为报关进口的当天①。

增值税扣缴义务发生时间为纳税人增值税纳税义务发生的当天②。

销售货物或者应税劳务的纳税义务发生时间,按销售结算方式的不同,具体为③:

(1)采取直接收款方式销售货物,不论货物是否发出,均为收到销售款或者取得索取销售款凭据的当天。

(2)采取托收承付和委托银行收款方式销售货物,为发出货物并办妥托收手续的当天。

(3)采取赊销和分期收款方式销售货物,为按合同约定的收款日期的当天。无书面合同的或者书面合同没有约定收款日期的,为货物发出的当天。

(4)采取预收货款方式销售货物,为货物发出的当天,但生产销售生产工期超过12个月的大型机械设备、船舶、飞机等货物,为收到预收款或者书面合同约定的收款日期的当天。

(5)委托其他纳税人代销货物,为收到代销单位的代销清单或者收到全部或者部分货款的当天。未收到代销清单及货款的,为发出代销货物满180天的当天④。

(6)销售应税劳务,为提供劳务同时收讫销售款或取得索取销售款的凭据的当天。

(7)纳税人发生视同销售货物行为,为货物移送的当天。

2.8.2 征收机关及纳税地点

增值税由税务机关征收,进口货物的增值税由海关代征。个人携带或者邮寄进境自用物品的增值税,连同关税一并计征。具体办法由国务院关税税则委员会会同有关部门制定⑤。

2.8.2.1 固定业户纳税地点规定

(1)固定业户应当向其机构所在地主管税务机关申报纳税。总机构和分支机构不在同一县(市)的,应当分别向各自所在地主管税务机关申报纳税;经国务院财政、税务主管部门或其授权的财政、税务机关批准,可以由总机构汇总向总机构所在地主管税务机关申报纳税⑥。

纳税人以总机构的名义在各地开立账户,通过资金结算网络在各地向购货方收取销货款,由总机构直接向购货方开具发票的行为,不具备《国家税务总局关于企业所属机构间移送货物征收增值税问题的通知》(国税发[1998]137号)规定的受货机构向购货方开具发票、向购货方收取货款两种情形之一,其取得的应税收入应当在总机构所在地缴

---

① 《中华人民共和国增值税暂行条例》(中华人民共和国国务院令第538号,2008年11月10日)第十九条。

② 《中华人民共和国增值税暂行条例》(中华人民共和国国务院令第538号,2008年11月10日)第十九条。

③ 《中华人民共和国增值税暂行条例实施细则》(财政部 国家税务总局令第50号,2008年12月15日)第三十八条。

④ 《中华人民共和国增值税暂行条例实施细则》(财政部 国家税务总局令第50号,2008年12月15日)第三十八条。此前,《财政部 国家税务总局关于增值税若干政策的通知》(财税[2005]165号,2005年11月28日)也有类似规定,但后被《财政部 国家税务总局关于公布若干废止和失效的增值税规范性文件目录的通知》(财税[2009]17号,2009年12月26日)予以废止。

⑤ 《中华人民共和国增值税暂行条例》(中华人民共和国国务院令第538号,2008年11月10日)第二十条。此前,老细则和《国家税务总局关于印发〈增值税问题解答(之一)〉的通知》(国税函发[1995]288号,1995年6月2日)对税务机关的解释是指国家税务总局及其所属征收机关,对主管税务机关、征收机关的解释是指国家税务总局所属支局以上税务机关。后来,由于各地国家税务局和地方税务局机构分设,原税务机关名称所指已发生变化,《国家税务总局关于明确流转税、资源税法规中"主管税务机关征收机关"名称问题的通知》(国税发[1994]232号)重新明确:主管税务机关、征收机关是指国家税务总局所属的县级以上(含县级)国家税务局,原条例及其实施细则所称"征收机关",均指国家税务总局及其所属的各级征收机关。

⑥ 《中华人民共和国增值税暂行条例》(中华人民共和国国务院令第538号,2008年11月10日)第二十二条。此前,《国家税务总局关于增值税若干征收问题的通知》(国税发[1994]122号,1994年5月7日)规定,固定业户的总、分支机构不在同一县(市),但在同一省、自治区、直辖市范围内的,其分支机构应纳的增值税是否可由总机构汇总缴纳,由省、自治区、直辖市税务局决定。根据《国家税务总局关于公布全文失效废止 部分条款失效废止的税收规范性文件目录的公告》(国家税务总局公告2011年第2号,2011年1月4日),国税发[1994]122号上述规定废止。

纳增值税①。

（2）固定业户到外县（市）销售货物或应税劳务的，应当向其机构所在地主管税务机关申请开具外出经营活动税收管理证明，向其机构所在地主管税务机关申报纳税。未持有其机构所在地主管税务机关核发的外出经营活动税收管理证明，到外县（市）销售货物或者应税劳务的，应当向销售地主管税务机关申报纳税，销售地主管税务机关一律按6%的征收率征税，并可处以 10000 元以下的罚款②；未向销售地主管税务机关申报纳税的，由其机构所在地主管税务机关补征税款。

2.8.2.2 非固定业户纳税地点规定

非固定业户销售货物或者应税劳务，应当向销售地或劳务发生地主管税务机关申报纳税。未向销售地或劳务发生地主管税务机关申报纳税的，由其机构所在地或者居住地主管税务机关补征税款③。

2.8.2.3 连锁经营企业纳税地点规定④

对跨地区经营的直营连锁企业，即连锁店的门店均由总部全资或控股开设，在总部领导下统一经营的连锁企业，凡按照原国内贸易部《连锁店经营管理规范意见》（内贸政体法字〔1997〕24 号）的要求，采取微机联网，实行统一采购配送商品，统一核算，统一规范化管理和经营，并符合以下条件的，可对总店和分店实行由总店向其所在地主管税务机关统一申报缴纳增值税：

（1）在直辖市范围内连锁经营的企业，报经直辖市国家税务局会同市财政局审批同意；

（2）在计划单列市范围内连锁经营的企业，报经计划单列市国家税务局会同市财政局审批同意；

（3）在省（自治区）范围内连锁经营的企业，报经省（自治区）国家税务局会同省财政厅审批同意；

（4）在同一县（市）范围内连锁经营的企业，报经县（市）国家税务局会同县（市）财政局审批同意。

对自愿连锁企业即连锁店的门店均为独立法人，各自的资产所有权不变的连锁企业和特许连锁企业，即连锁店的门店同总部签订合同，取得使用总部商标、商号、经营技术及销售总部开发商品的特许权的连锁企业，其纳税地点不变，仍由各独立核算门店分别向所在地主管税务机关申报缴纳增值税。

2.8.2.4 扣缴义务人扣缴地点规定

扣缴义务人应当向其机构所在地或者居住地的主管税务机关申报缴纳其扣缴的税款⑤。

2.9 纳税申报和纳税期限

2.9.1 一般纳税人纳税申报

2.9.1.1 一般规定

凡增值税一般纳税人均按以下规定进行纳税申报。纳税人进行纳税申报必须实行电子信息采集。使用防伪税控系统开具增值税专用发票的纳税人必须在抄报税成功后，方可进行纳税申报⑥。

（1）纳税申报资料⑦

①必报资料：

① 《国家税务总局关于纳税人以资金结算网络方式收取货款增值税纳税地点问题的通知》（国税函〔2002〕802 号，2002 年 9 月 3 日）。

② 《国家税务总局关于税务行政处罚有关问题的通知》（国税发〔1998〕20 号，1998 年 2 月 18 日）。此前，《国家税务总局关于印发〈增值税若干具体问题的规定〉的通知》（国税发〔1993〕154 号，1993 年 12 月 28 日）规定：销售地主管税务机关一律按6%的征收率征税。其销售地发生的销售额，回机构所在地后，仍应按规定申报纳税，在销售地缴纳的税款不得从当地应纳税额中扣减。

③ 《中华人民共和国增值税暂行条例》（中华人民共和国国务院令第 538 号，2008 年 11 月 10 日）。

④ 《财政部 国家税务总局关于连锁经营企业增值税纳税地点问题的通知》（财税字〔1997〕97 号，1997 年 11 月 11 日）。《财政部 国家税务总局关于连锁经营企业有关税收问题的通知》（财税〔2003〕1 号，2003 年 2 月 27 日）。

⑤ 《中华人民共和国增值税暂行条例》（中华人民共和国国务院令第 538 号，2008 年 11 月 10 日）第二十二条。

⑥ 《国家税务总局关于重新修订〈增值税一般纳税人纳税申报办法〉的通知》（国税发〔2003〕53 号，2003 年 5 月 13 日）。《国家税务总局关于推行增值税一般纳税人纳税申报"一窗式"管理模式的通知》（国税发明电〔2003〕26 号）规定，一般纳税人必须按照国税发〔2003〕53 号文件规定办理增值税纳税申报。

⑦ 《国家税务总局关于重新修订〈增值税一般纳税人纳税申报办法〉的通知》（国税发〔2003〕53 号，2003 年 5 月 13 日）。

Ⅰ《增值税纳税申报表(适用于增值税一般纳税人)》《增值税纳税申报表附列资料(表一)、(表二)》和《固定资产进项税额抵扣情况表》①；

Ⅱ 使用防伪税控系统的纳税人，必须报送记录当期纳税信息的 IC 卡(明细数据备份在软盘上的纳税人，还须报送备份数据软盘)、《增值税专用发票存根联明细表》及《增值税专用发票抵扣联明细表》；

Ⅲ《资产负债表》和《损益表》；

Ⅳ《成品油购销存情况明细表》(发生成品油零售业务的纳税人填报)；

Ⅴ 主管税务机关规定的其他必报资料。

纳税申报实行电子信息采集的纳税人，除向主管税务机关报送上述必报资料的电子数据外，还需报送纸介的《增值税纳税申报表(适用于一般纳税人)》(主表及附表)。

②备查资料：

Ⅰ 已开具的增值税专用发票和普通发票存根联；

Ⅱ 符合抵扣条件并且在本期申报抵扣的增值税专用发票抵扣联②；

Ⅲ 海关进口货物完税凭证、运输发票、购进农产品普通发票③；

Ⅳ 收购凭证的存根联或报查联；

Ⅴ 代扣代缴税款凭证存根联；

ⅵ 主管税务机关规定的其他备查资料。

备查资料是否需要在当期报送，由各省级国家税务局确定。

2.9.1.2 增值税纳税申报资料的管理④

(1)增值税纳税申报必报资料

纳税人在纳税申报期内，应及时将全部必报资料的电子数据报送主管税务机关，并在主管税务机关按照税法规定确定的期限内(具体时间由各省级国家税务局确定)，将本办法第三条第一款要求报送的纸介的必报资料(具体份数由省一级国家税务局确定)报送主管税务机关，税务机关签收后，一份退还纳税人，其余留存。

(2)增值税纳税申报备查资料

纳税人在月度终了后，应将备查资料认真整理并装订成册。

①属于整本开具的手工版增值税专用发票及普通发票的存根联，按原顺序装订；开具的电脑版增值税专用发票，包括防伪税控系统开具的增值税专用发票的存根联，应按开票顺序号码每 25 份装订一册，不足 25 份的按实际开具份数装订。

②对属于扣税凭证的单证，根据取得的时间顺序，按单证种类每 25 份装订一册，不足 25 份的按实际份数装订。

③装订时，必须使用税务机关统一规定的《征税/扣税单证汇总簿封面》(简称"《封面》")，并按规定填写封面内容，由办税人员和财务人员审核签章。启用《封面》后，纳税人可不再填写原增值税专用发票的封面内容。

④纳税人当月未使用完的手工版增值税专用发票，暂不加装《封面》，两个月仍未使用完的，应在主管税务机关对其剩余部分剪角作废的当月加装《封面》。

纳税人开具的普通发票及收购凭证在其整本使用完毕的当月，加装《封面》。

⑤《封面》的内容包括纳税人单位名称、本册单证份数、金额、税额、本月此种单证总册数及本册

① 《国家税务总局关于调整增值税纳税申报有关事项的通知》(国税函[2008]1075 号,2008 年 12 月 30 日)。调整后的《增值税纳税申报表(适用于增值税一般纳税人)》见附件 1,《增值税纳税申报表附列资料(表一)》见附件 2,《增值税纳税申报表附列资料(表二)》见附件 3,《固定资产进项税额抵扣情况表》见附件 4,原《增值税纳税申报表附列资料(表三)、(表四)》废止。
② 《财政部 国家税务总局关于增值税若干政策问题的通知》(财税[2005]165 号,2005 年 11 月 28 日)。
③ 《国家税务总局关于调整增值税纳税申报有关事项的通知》(国税函[2008]1075 号,2008 年 12 月 30 日)。原《国家税务总局关于重新修订〈增值税一般纳税人纳税申报办法〉的通知》(国税发[2003]53 号,2003 年 5 月 13 日)中规定的"购进废旧物资普通发票"被删除。
④ 《国家税务总局关于重新修订〈增值税一般纳税人纳税申报办法〉的通知》(国税发[2003]53 号,2003 年 5 月 13 日)。

单证编号、税款所属时间等,具体格式由省一级国家税务局制定。

《增值税纳税申报表(适用于增值税一般纳税人)》(主表及附表)由纳税人向主管税务机关购领。

2.9.1.3　增值税网上申报①

纳税人采取网上申报方式时,可以通过网络报送增值税纳税申报表主表和附表的电子申报数据以及"四小票"的电子信息。

采取网上申报方式的纳税人,要按有关规定自行对照 IC 卡准确填写申报表,并在申报期内先将申报资料电子数据(不含税控 IC 卡)传递到主管税务机关,再携带记录专用发票存根联信息的税控 IC 卡到办税服务厅的窗口办理纳税申报事宜,其纸质申报资料也可于季度末申报期内报送至主管税务机关。

税务机关必须坚持在窗口进行申报纳税的审核工作,要按照"一窗式"管理的要求,首先审核申报的销项税额,插卡比对 IC 卡记录数与网上传来的申报表所填专用发票销售数,确认后录下存根联信息;再比对认证信息、四小票数据,审核进项税额,经审核无误后计算应缴税额,开具缴款书等,发现异常的要及时处理。

纳税人办理申报纳税后,即可凭卡去购买发票。

2.9.1.4　增值税纳税申报违章处罚②

(1)纳税人未按规定期限办理纳税申报和报送纳税资料的,按照税收征收管理法第六十二条的有关规定处罚。

(2)纳税人经税务机关通知申报而拒不申报或者进行虚假的纳税申报,不缴或者少缴应纳税款的,按偷税处理,并按税收征收管理法第六十三条的有关规定处罚。

(3)纳税人不进行纳税申报,不缴或者少缴应纳税款的,按税收征收管理法第六十四条的有关规定处罚。

2.9.1.5　增值税一般纳税人发生不申报、少申报偷税行为有关偷税数额的确定及补税罚款的处理③

(1)关于偷税数额的确定

①由于现行增值税制采取购进扣税法计税,一般纳税人有偷税行为,其不报、少报的销项税额或多报的进项税额,即是其不缴或少缴的应纳增值税额。因此,偷税数额应当按销项税额的不报、少报部分或者进项税额的多报部分确定。如果销项、进项均查有偷税问题,其偷税数额应当为两项偷税数额之和。

②纳税人的偷税手段如属账外经营,即购销活动均不入账,其不缴或少缴的应纳增值税额即偷税额为账外经营部分的销项税额抵扣账外经营部分中已销货物进项税额后的余额。已销货物的进项税额按下列公式计算:

已销货物进项税额 = 账外经营部分购货的进项税额 – 账外经营部分存货的进项税额

③纳税人账外经营部分的销售额(计税价格)难以核实的,应根据增值税暂行条例实施细则第十六条第(三)项规定按组成计税价格核定其销售额④。

(2)关于税款的补征

偷税款的补征入库,应当视纳税人的不同情况

---

① 《国家税务总局关于增值税网上申报有关问题的通知》(国税发[2006]20 号,2006 年 2 月 5 日)。

② 《国家税务总局关于重新修订〈增值税一般纳税人纳税申报办法〉的通知》(国税发[2003]53 号,2003 年 5 月 13 日)。

③ 《国家税务总局关于增值税一般纳税人发生偷税行为如何确定偷税数额和补税罚款的通知》(国税发[1998]66 号,1998 年 5 月 12 日)。

④ 《国家税务总局关于修改〈国家税务总局关于增值税一般纳税人发生偷税行为如何确定偷税数额和补税罚款的通知〉的通知》(国税函[1999]739 号,1999 年 11 月 12 日)。此前,如账外经营部分的销项税额或已销货物进项税额难以核实,应当根据《中华人民共和国增值税暂行条例实施细则》第十六条第(三)项规定,按照组成计税价格公式核定销售额,再行确定偷税数额。凡销项税额难以核实的,以账外经营部分已销货物的成本为基础核定销售额;已销货物进项税额难以核实的,以账外经营部分的购货成本为基础核定销售额。

处理,即:根据检查核实后一般纳税人当期全部的销项税额与进项税额(包括当期留抵税额),重新计算当期全部应纳税额,若应纳税额为正数,应当作补税处理,若应纳税额为负数,应当核减期末留抵税额(企业账务调整的具体方法,见《增值税日常稽查办法》)。

(3)关于罚款

对一般纳税人偷税行为的罚款,应当按照通知第一条的规定计算确定偷税数额,以偷税数额为依据处理。

2.9.1.6 增值税一般纳税人纳税申报表及填报说明

增值税一般纳税人纳税申报表及填报说明详见附件一。纳税人自2009年2月1日启用新的增值税纳税申报资料。

2.9.1.7 增值税一般纳税人纳税申报"一窗式"管理操作规程

详见附件二。

2.9.2 小规模纳税人纳税申报

增值税小规模纳税人纳税申报表及填报说明详见附件三。纳税人自2009年2月1日启用新的增值税纳税申报资料。

2.9.3 纳税期限

增值税的纳税期限分别为1日、3日、5日、10日、15日、1个月或1个季度。纳税人的具体纳税期限,由主管税务机关根据纳税人应纳税额的大小分别核定;不能按照固定期限纳税的,可以按次纳税①。

纳税人以1个月或者1个季度为一个纳税期的,自期满之日起15日内申报纳税;以1日、3日、5日、10日或者15日为一个纳税期的,自期满之日起5日内预缴税款,于次月1日起15日内申报纳税并结清上月应纳税款②。

扣缴义务人解缴税款的期限,依前两款规定执行③。

以1个季度为纳税期限的规定仅适用于小规模纳税人。小规模纳税人的具体纳税期限,由主管税务机关根据其应纳税额的大小分别核定④。

纳税人进口货物,应当自海关填发海关进口增值税专用缴款书之日起15日内缴纳税款⑤。

纳税人出口货物适用退(免)税规定的,应当向海关办理出口手续,凭出口报关单等有关凭证,在规定的出口退(免)税申报期内按月向主管税务机关申报办理该项出口货物的退(免)税。具体办法由国务院财政、税务主管部门制定。出口货物办理退税后发生退货或者退关的,纳税人应当依法补缴已退的税款⑥。

增值税一般纳税人应按月进行纳税申报,申报期为次月1日起至15日止,遇最后一日为法定节假日的,顺延1日;在每月1日至15日内有连续3日以上法定休假日的,按休假日天数顺延⑦。

2.10 增值税专用发票和普通发票使用与管理

纳税人销售货物或者应税劳务,应当向索取增值税专用发票的购买方开具增值税专用发票,并在增值税专用发票上分别注明销售额和销项税额。属于下列情形之一的,不得开具增值税专用发票⑧:

---

① 《中华人民共和国增值税暂行条例》(中华人民共和国国务院令第538号,2008年11月10日)第二十三条。
② 《中华人民共和国增值税暂行条例》(中华人民共和国国务院令第538号,2008年11月10日)第二十三条。
③ 《中华人民共和国增值税暂行条例》(中华人民共和国国务院令第538号,2008年11月10日)第二十三条。
④ 《中华人民共和国增值税暂行条例实施细则》(财政部 国家税务总局令第50号,2008年12月15日)第三十九条。
⑤ 《中华人民共和国增值税暂行条例》(中华人民共和国国务院令第538号,2008年11月10日)第二十四条。
⑥ 《中华人民共和国增值税暂行条例》(中华人民共和国国务院令第538号,2008年11月10日)第二十五条。
⑦ 《国家税务总局关于调整增值税纳税申报有关事项的通知》(国税函[2008]1075号,2008年12月30日)。原《国家税务总局关于重新修订〈增值税一般纳税人纳税申报办法〉的通知》(国税发[2003]53号,2003年5月13日)规定,申报期为次月1日起至10日止。
⑧ 《中华人民共和国增值税暂行条例》(中华人民共和国国务院令第538号,2008年11月10日)第二十一条。

（1）向消费者个人销售货物或者应税劳务的。

（2）销售货物或者应税劳务适用免税规定的。

（3）小规模纳税人销售货物或者应税劳务的。

2.10.1 增值税专用发票的使用和管理①

增值税专用发票，是增值税一般纳税人销售货物或者提供应税劳务开具的发票，是购买方支付增值税额并可按照增值税有关规定据以抵扣增值税进项税额的凭证。

一般纳税人应通过增值税防伪税控系统使用专用发票。使用，包括领购、开具、缴销、认证纸质专用发票及其相应的数据电文。其中：

防伪税控系统，是指经国务院同意推行的，使用专用设备和通用设备、运用数字密码和电子存储技术管理专用发票的计算机管理系统。

专用设备，是指金税卡、IC 卡、读卡器和其他设备。

通用设备，是指计算机、打印机、扫描器具和其他设备。

增值税防伪税控系统管理办法详见附件九。增值税防伪税控系统服务监督管理办法详见附件十。

2.10.1.1 增值税专用发票联次及开票限额管理②

（1）专用发票由基本联次或者基本联次附加其他联次构成，基本联次为三联：发票联、抵扣联和记账联。发票联，作为购买方核算采购成本和增值税进项税额的记账凭证；抵扣联，作为购买方报送主管税务机关认证和留存备查的凭证；记账联，作为销售方核算销售收入和增值税销项税额的记账凭证。其他联次用途，由一般纳税人自行确定。

（2）专用发票实行最高开票限额管理。最高开票限额，是指单份专用发票开具的销售额合计数不得达到的上限额度。

2007 年 9 月 1 日前，最高开票限额由一般纳税人申请，税务机关依法审批。最高开票限额为十万元及以下的，由区县级税务机关审批；最高开票限额为一百万元的，由地市级税务机关审批；最高开票限额为一千万元及以上的，由省级税务机关审批。防伪税控系统的具体发行工作由区县级税务机关负责。

税务机关审批最高开票限额应进行实地核查。批准使用最高开票限额为十万元及以下的，由区县级税务机关派人实地核查；批准使用最高开票限额为一百万元的，由地市级税务机关派人实地核查；批准使用最高开票限额为一千万元及以上的，由地市级税务机关派人实地核查后将核查资料报省级税务机关审核。

一般纳税人申请最高开票限额时，需填报《最高开票限额申请表》。

2007 年 9 月 1 日起，原省、地市税务机关的增值税一般纳税人专用发票最高开票限额审批权限下放至区县税务机关。地市税务机关对此进行监督检查。区县税务机关对纳税人申请的专用发票最高开票限额严格审核，根据企业生产经营和产品销售的实际情况进行审批，既控制发票数量以加强管理，又保证纳税人生产经营的正常需要③。

2.10.1.2 增值税专用发票领购开具的条件④

（1）初始发行

一般纳税人领购专用设备后，凭《最高开票限额申请表》、《发票领购簿》到主管税务机关办理初始发行。所称初始发行，是指主管税务机关将一般纳税人的下列信息载入空白金税卡和 IC 卡的行为：企业名称；税务登记代码；开票限额；购票限量；

---

① 《国家税务总局关于修订〈增值税专用发票使用规定〉的通知》（国税发〔2006〕156 号,2006 年 10 月 17 日）。本通知自 2007 年 1 月 1 日起施行。此前,《国家税务总局关于印发〈增值税专用发票使用规定〉的通知》（国税发〔1993〕150 号,1993 年 12 月 27 日）,自 2007 年 1 月 1 日起不再执行。《国家税务总局关于公布全文失效废止 部分条款失效废止的税收规范性文件目录的公告》（国家税务总局公告 2011 年第 2 号,2011 年 1 月 4 日）也将国税发〔1993〕150 号公布废止。

② 《国家税务总局关于修订〈增值税专用发票使用规定〉的通知》（国税发〔2006〕156 号,2006 年 10 月 17 日）。

③ 《国家税务总局关于下放增值税专用发票最高开票限额审批权限的通知》（国税函〔2007〕918 号,2007 年 8 月 28 日）。

④ 《国家税务总局关于修订〈增值税专用发票使用规定〉的通知》（国税发〔2006〕156 号,2006 年 10 月 17 日）。

购票人员姓名、密码;开票机数量;国家税务总局规定的其他信息。

一般纳税人税务登记代码信息发生变化,应向主管税务机关申请注销发行。上述其他信息发生变化,应向主管税务机关申请变更发行。

(2)领购条件

一般纳税人凭《发票领购簿》、IC 卡和经办人身份证明领购专用发票。

一般纳税人有下列情形之一的,不得领购开具专用发票:

①会计核算不健全,不能向税务机关准确提供增值税销项税额、进项税额、应纳税额数据及其他有关增值税税务资料的。其中,其他有关增值税税务资料的内容,由省、自治区、直辖市和计划单列市国家税务局确定。

②有税收征收管理法规定的税收违法行为,拒不接受税务机关处理的。

③有下列行为之一,经税务机关责令限期改正而仍未改正的:

Ⅰ 虚开增值税专用发票。

Ⅱ 私自印制专用发票。

Ⅲ 向税务机关以外的单位和个人买取专用发票。

Ⅳ 借用他人专用发票。

Ⅴ 未按本规定开具专用发票。

Ⅵ 未按规定保管专用发票和专用设备。主要指有下列情形之一的:未设专人保管专用发票和专用设备;未按税务机关要求存放专用发票和专用设备;未将认证相符的专用发票抵扣联、《认证结果通知书》和《认证结果清单》装订成册;未经税务机关查验,擅自销毁专用发票基本联次。

Ⅶ 未按规定申请办理防伪税控系统变更发行。

Ⅷ 未按规定接受税务机关检查。

有上列情形的,如已领购专用发票,主管税务机关应暂扣其结存的专用发票和 IC 卡。

2.10.1.3 增值税专用发票的开具①

(1)开具的范围

①一般纳税人销售货物或者提供应税劳务,应向购买方开具专用发票。

②商业企业一般纳税人零售的烟、酒、食品、服装、鞋帽(不包括劳保专用部分)、化妆品等消费品不得开具专用发票②。

③增值税小规模纳税人需要开具专用发票的,可向主管税务机关申请代开。

④增值税一般纳税人销售免税货物,一律不得开具专用发票(国有粮食购销企业销售免税粮食除外)。如违反规定开具专用发票的,则对其开具的销售额依照增值税适用税率全额征收增值税,不

---

① 《国家税务总局关于修订〈增值税专用发票使用规定〉的通知》(国税发[2006]156 号,2006 年 10 月 17 日)。此前,《国家税务总局关于印发〈增值税专用发票使用规定〉的通知》(国税发[1993]150 号)、《国家税务总局关于增值税专用发票使用问题的补充通知》(国税发[1994]56 号)、《国家税务总局关于由税务所为小规模企业代开增值税专用发票的通知》(国税发[1994]58 号)、《国家税务总局关于印发〈关于商业零售企业开具增值税专用发票的通告〉的通知》(国税发[1994]81 号)、《国家税务总局关于修改〈国家税务总局关于严格控制增值税专用发票使用范围的通知〉的通知》(国税发[2000]75 号)、《国家税务总局关于加强防伪税控开票系统最高开票限额管理的通知》(国税发明电[2001]57 号)、《国家税务总局关于增值税一般纳税人丢失防伪税控系统开具的增值税专用发票有关税务处理问题的通知》(国税发[2002]10 号)、《国家税务总局关于进一步加强防伪税控开票系统最高开票限额管理的通知》(国税发明电[2002]33 号)自 2007 年 1 月 1 日废止。此外,根据《国家税务总局关于公布全文失效废止 部分条款失效废止的税收规范性文件目录的公告》(国家税务总局公告 2011 年第 2 号,2011 年 1 月 4 日),《国家税务总局关于增值税专用发票使用问题的通知》(国税发明电[1994]35 号,1994 年 2 月 14 日)也被公布全文废止。

② 此前,《国家税务总局关于印发〈关于商业零售企业开具增值税专用发票的通告〉的通知》(国税发[1994]81 号,1994 年 3 月 18 日)规定,已认定为增值税一般纳税人的商业零售企业,可以开具专用发票。《国家税务总局关于严格控制增值税专用发票使用范围的通知》(国税发[1995]88 号,1995 年 5 月 17 日)规定,自 1995 年 7 月 1 日起,对商业零售的烟、酒、食品、服装、鞋帽(不包括劳保专用的部分)、化妆品等消费品不得开具专用发票,对生产经营机器、机车、汽车、轮船、锅炉等大型机械电子设备的工商企业,凡直接销售给使用单位的,不再开具专用发票,改用普通发票。《国家税务总局关于修改〈国家税务总局关于严格控制增值税专用发票使用范围的通知〉的通知》(国税发[2000]75 号,2000 年 5 月 8 日)又规定,自 2000 年 1 月 1 日起,对工商企业销售的机械、机车、汽车、轮船、锅炉等大型机械电子设备,如购货方索取增值税专用发票,销货方可开具增值税专用发票。

得抵扣进项税额,并按照《中华人民共和国发票管理办法》及其实施细则的有关规定予以处罚。一般纳税人销售的货物,由先征后返或即征即退改为免征增值税后,如果其销售的货物全部为免征增值税的,税务机关应收缴其结存的专用发票,并不得再对其发售专用发票①。

⑤增值税一般纳税人将货物无偿赠送给他人,如果受赠者为一般纳税人,可以根据受赠者的要求开具专用发票②。

(2)开具的要求

增值税专用发票应按下列要求开具:

①项目齐全,与实际交易相符;

②字迹清楚,不得压线、错格;

③发票联和抵扣联加盖财务专用章或者发票专用章;

④按照增值税纳税义务的发生时间开具。对不符合上列要求的专用发票,购买方有权拒收。

一般纳税人销售货物或者提供应税劳务可汇总开具专用发票。汇总开具专用发票的,同时使用防伪税控系统开具《销售货物或者提供应税劳务清单》,并加盖财务专用章或者发票专用章。

(3)开具金额价格换算

纳税人以含税单价销售货物或应税劳务的,应换算成不含税单价填开专用发票,如果换算使单价、销售额和税额等项目发生尾数误差的,应按以

下方法计算填开③:

①销售额计算公式如下:

销售额 = 含税总收入 ÷ (1 + 税率或征收率)

②税额计算公式如下:

税额 = 含税总收入 - 销售额 = 不含税销售额 × 税率(或征收率)

③不含税单价计算公式如下:

不含税单价 = 销售额 ÷ 数量

不含税单价的尾数,"元"以下一般保留到"分",特殊情况下也可以适当增加保留的位数。

按照上述方法计算具的专用发票,如果票面"货物数量 × 不含税单价 = 销售额"这一逻辑关系存在少量尾数误差,属于正常现象,可以作为购货方的扣税凭证。

2.10.1.4　开具增值税专用发票后发生退货或销售折让的处理④

(1)一般纳税人在开具专用发票当月,发生销货退回、开票有误等情形,收到退回的发票联、抵扣联符合作废条件的,按作废处理;开具时发现有误的,可即时作废。

作废专用发票须在防伪税控系统中将相应的数据电文按"作废"处理,在纸质专用发票(含未打印的专用发票)各联次上注明"作废"字样,全联次留存。

(2)一般纳税人取得专用发票后,发生销货退

---

① 《国家税务总局关于加强免征增值税货物专用发票管理的通知》(国税函〔2005〕780 号,2005 年 8 月 8 日)。

② 《国家税务总局关于增值税若干征收问题的通知》(国税发〔1994〕122 号,1994 年 5 月 7 日)。

③ 《国家税务总局关于填开增值税专用发票有关问题的通知》(国税发〔1996〕166 号,1996 年 9 月 18 日);《国家税务总局关于增值税若干征收问题的通知》(国税发〔1994〕122 号,1994 年 5 月 7 日)。

④ 《国家税务总局关于修订〈增值税专用发票使用规定〉的通知》(国税发〔2006〕156 号,2006 年 10 月 17 日)。此前,《国家税务总局关于进一步做好增值税纳税申报"一窗式"管理工作的通知》(国税函〔2003〕962 号,2003 年 8 月 19 日)规定,增值税一般纳税人发生销售货物、提供应税劳务开具增值税专用发票后,如发生销货退回、销售折让以及原蓝字专用发票填开错误等情况,视不同情况分别进行下办法处理:(1)销货方如果在开具蓝字专用发票的当月收到购货方退回的发票联和抵扣联,而且尚未将记账联作账务处理,可对原蓝字专用发票进行作废。即在发票联、抵扣联连同对应的存根联、记账联上注明"作废"字样,并依次粘贴在存根联后面,同时对防伪税控开票子系统的原开票电子信息进行作废处理。如果销货方已将记账联作账务处理,则必须通过防伪税控系统开具负数专用发票作为扣减销项税额的凭证,不得作废已开具的蓝字专用发票,也不得以红字普通发票作为扣减销项税额的凭证;(2)销货方如果在开具蓝字专用发票的次月及以后收到购货方退回的发票联和抵扣联,不论是否已将记账联作账务处理,一律通过防伪税控系统开具负数专用发票扣减销项税额的凭证,不得作废已开具的蓝字专用发票,也不得以红字普通发票作为扣减销项税额的凭证;(3)因购货方无法退回专用发票的发票联和抵扣联,销货方收到购货方当地主管税务机关开具的《进货退出或索取折让证明单》的,一律通过防伪税控系统开具负数专用发票作为扣减销项税额的凭证,不得作废已开具的蓝字专用发票,也不得以红字普通发票作为扣减销项税额的凭证。

回、开票有误等情形但不符合作废条件的,或者因销货部分退回及发生销售折让的,购买方应向主管税务机关填报《开具红字增值税专用发票申请单》(简称《申请单》)。

《申请单》所对应的蓝字专用发票应经税务机关认证。

经认证结果为"认证相符"并且已经抵扣增值税进项税额的,一般纳税人在填报《申请单》时不填写相对应的蓝字专用发票信息。

经认证结果为"纳税人识别号认证不符"、"专用发票代码、号码认证不符"的,一般纳税人在填报《申请单》时应填写相对应的蓝字专用发票信息。

2007 年以后开具的专用发票,因专用发票抵扣联、发票联均无法认证的,由购买方填报《申请单》,并在申请单上填写具体原因以及相对应蓝字专用发票的信息,主管税务机关审核后出具《开具红字增值税专用发票通知单》(简称《通知单》)。购买方不作进项税额转出处理①。

2007 年以后开具的专用发票,因购买方所购货物不属于增值税扣税项目范围,取得的专用发票未经认证的,由购买方填报申请单,并在申请单上填写具体原因以及相对应蓝字专用发票的信息,主管税务机关审核后出具通知单。购买方不作进项税额转出处理②。

《申请单》一式两联:第一联由购买方留存;第二联由购买方主管税务机关留存。应加盖一般纳税人财务专用章。

主管税务机关对一般纳税人填报的《申请单》进行审核后,出具《通知单》。《通知单》应与《申请单》一一对应。《通知单》一式三联:第一联由购买方主管税务机关留存;第二联由购买方送交销售方留存;第三联由购买方留存。应加盖主管税务机关

印章。应按月依次装订成册,并比照专用发票保管规定管理。

(3)购买方必须暂依《通知单》所列增值税税额从当期进项税额中转出,未抵扣增值税进项税额的可列入当期进项税额,待取得销售方开具的红字专用发票后,与留存的《通知单》一并作为记账凭证。属于上述经认证结果为"纳税人识别号认证不符"、"专用发票代码、号码认证不符"情形的,不作进项税额转出。

销售方凭购买方提供的《通知单》开具红字专用发票,在防伪税控系统中以销项负数开具。红字专用发票应与《通知单》一一对应。

(4)同时具有下列情形的,为以上所称作废条件:

①收到退回的发票联、抵扣联时间未超过销售方开票当月。

②销售方未抄税并且未记账。

③购买方未认证或者认证结果为"纳税人识别号认证不符"、"专用发票代码、号码认证不符"。

以上所称抄税,是报税前用 IC 卡或者 IC 卡和软盘抄取开票数据电文。

(5)纳税人销售货物并向购买方开具增值税专用发票后,由于购货方在一定时期内累计购买货物达到一定数量,或者由于市场价格下降等原因,销货方给予购货方相应的价格优惠或补偿等折扣、折让行为,销货方可按上述规定开具红字增值税专用发票③。同时,销售方还应在开具红字专用发票后将该笔业务的相应记账凭证复印件报送主管税务机关备案④。

2.10.1.5 开具增值税专用发票后的报税处理⑤

一般纳税人开具专用发票应在增值税纳税申

---

① 《国家税务总局关于修订增值税专用发票使用规定的补充通知》(国税发〔2007〕18 号,2007 年 2 月 16 日)。

② 《国家税务总局关于修订增值税专用发票使用规定的补充通知》(国税发〔2007〕18 号,2007 年 2 月 16 日)。

③ 《国家税务总局关于纳税人折扣折让行为开具红字增值税专用发票问题的通知》(国税函〔2006〕1279 号,2006 年 12 月 29 日)。

④ 《国家税务总局关于修订〈增值税专用发票使用规定〉的补充通知》(国税发〔2007〕18 号,2007 年 2 月 16 日)。

⑤ 《国家税务总局关于修订〈增值税专用发票使用规定〉的通知》(国税发〔2006〕156 号,2006 年 10 月 17 日)。

报期内向主管税务机关报税,在申报所属月份内可分次向主管税务机关报税。纳税人持 IC 卡或者 IC 卡和软盘向税务机关报送开票数据电文。

因 IC 卡、软盘质量等问题无法报税的,应更换 IC 卡、软盘。因硬盘损坏、更换金税卡等原因不能正常报税的,应提供已开具未向税务机关报税的专用发票记账联原件或者复印件,由主管税务机关补采开票数据。

2.10.1.6　增值税专用发票的缴销处理①

一般纳税人注销税务登记或者转为小规模纳税人,应将专用设备和结存未用的纸质专用发票送交主管税务机关。主管税务机关应缴销其专用发票,并按有关安全管理的要求处理专用设备。

以上所称专用发票的缴销,是指主管税务机关在纸质专用发票监制章处按"V"字剪角作废,同时作废相应的专用发票数据电文。被缴销的纸质专用发票应退还纳税人。

2.10.1.7　增值税专用发票的认证处理②

(1)用于抵扣增值税进项税额的专用发票应经税务机关认证(国家税务总局另有规定的除外),即税务机关通过防伪税控系统对专用发票所列数据的识别、确认。认证相符的专用发票,即纳税人识别号无误,专用发票所列密文解译后与明文一致的,应作为购买方的记账凭证,不得退还销售方。

(2)经认证,有下列情形之一的,不得作为增值税进项税额的抵扣凭证,税务机关退还原件,购买方可要求销售方重新开具专用发票。

①无法认证。即指专用发票所列密文或者明文不能辨认,无法产生认证结果。

②纳税人识别号认证不符。即指专用发票所列购买方纳税人识别号有误。

③专用发票代码、号码认证不符。即指专用发票所列密文解译后与明文的代码或者号码不一致。

(3)经认证,有下列情形之一的,暂不得作为增值税进项税额的抵扣凭证,税务机关扣留原件,查明原因,分别情况进行处理。

①重复认证。即指已经认证相符的同一张专用发票再次认证。

②密文有误。即指专用发票所列密文无法解译。

③认证不符。即指纳税人识别号有误,或者专用发票所列密文解译后与明文不一致。不包括以上所述纳税人识别号认证不符和专用发票代码、号码认证不符的情形。

④列为失控专用发票。即指认证时的专用发票已被登记为失控专用发票。

在税务机关按非正常户登记失控增值税专用发票后,增值税一般纳税人又向税务机关申请防伪税控报税的,其主管税务机关可以通过防伪税控报税子系统的逾期报税功能受理报税。购买方主管税务机关对认证发现的失控发票,应按照规定移交稽查部门组织协查。属于销售方已申报并缴纳税款的,可由销售方主管税务机关出具书面证明,并通过协查系统回复购买方主管税务机关,该失控发票可作为购买方抵扣增值税进项税额的凭证③。

外贸企业取得以上规定所述的失控增值税专用发票,销售方已申报并缴纳税款的,可由销售方主管税务机关出具书面证明,并通过协查系统回复外贸企业主管税务机关。该失控发票可作为外贸企业申请办理出口退税的凭证,主管税务机关审核退税时可不比对该失控发票的电子信息④。

(4)专用发票抵扣联无法认证的,可使用专用发票发票联到主管税务机关认证。专用发票发票联复印件留存备查。

2.10.1.8　增值税专用发票或海关缴款书丢失后税款抵扣和开票有误情形的处理

---

① 《国家税务总局关于修订〈增值税专用发票使用规定〉的通知》(国税发[2006]156号,2006年10月17日)。

② 《国家税务总局关于修订〈增值税专用发票使用规定〉的通知》(国税发[2006]156号,2006年10月17日)。

③ 《国家税务总局关于失控增值税专用发票处理的批复》(国税函[2008]607号,2008年6月19日)。

④ 《国家税务总局关于销货方已经申报并缴纳税款的失控增值税专用发票办理出口退税问题的批复》(国税函[2008]1009号,2008年12月8日)。

（1）专用发票丢失后税款抵扣的处理①

增值税一般纳税人丢失已开具的增值税专用发票,应在《国家税务总局关于调整增值税扣税凭证抵扣期限有关问题的通知》(国税函[2009]617号)第一条规定期限内(2010年以后开具的专用发票为180日),按照以下规定办理②。

①一般纳税人丢失已开具专用发票的发票联和抵扣联,如果丢失前已认证相符的,购买方凭销售方提供的相应专用发票记账联复印件及销售方所在地主管税务机关出具的《丢失增值税专用发票已报税证明单》,经购买方主管税务机关审核同意后,可作为增值税进项税额的抵扣凭证;如果丢失前未认证的,购买方凭销售方提供的相应专用发票记账联复印件到主管税务机关进行认证,认证相符的凭该专用发票记账联复印件及销售方所在地主管税务机关出具的《丢失增值税专用发票已报税证明单》,经购买方主管税务机关审核同意后,可作为增值税进项税额的抵扣凭证。

②一般纳税人丢失已开具专用发票的抵扣联,如果丢失前已认证相符的,可使用专用发票发票联复印件留存备查;如果丢失前未认证的,可使用专用发票发票联到主管税务机关认证,专用发票发票联复印件留存备查。

③一般纳税人丢失已开具专用发票的发票联,可将专用发票抵扣联作为记账凭证,专用发票抵扣联复印件留存备查。

④因开票有误购买方拒收专用发票的,销售方须在专用发票认证期限内向主管税务机关填报《开具红字增值税专用发票申请单》,并在申请单上填写具体原因以及相对应蓝字专用发票的信息,同时提供由购买方出具的写明拒收理由、错误具体项目以及正确内容的书面材料,主管税务机关审核确认后出具《开具红字增值税专用发票通知单》。销售方凭通知单开具红字专用发票③。

⑤因开票有误等原因尚未将专用发票交付购买方的,销售方须在开具有误专用发票的次月内向主管税务机关填报《开具红字增值税专用发票申请单》,并在申请单上填写具体原因以及相对应蓝字专用发票的信息,同时提供由销售方出具的写明具体理由、错误具体项目以及正确内容的书面材料,主管税务机关审核确认后出具《开具红字增值税专用发票通知单》。销售方凭通知单开具红字专用发票④。

（2）海关缴款书丢失后税款抵扣的处理

增值税一般纳税人丢失海关缴款书,应在《国家税务总局关于调整增值税扣税凭证抵扣期限有关问题的通知》(国税函[2009]617号)第二条规定期限内(2010年以后开具的专用发票为180日),凭报关地海关出具的相关已完税证明,向主管税务机关提出抵扣申请。主管税务机关受理申请后,应当进行审核,并将纳税人提供的海关缴款书电子数据纳入稽核系统进行比对。稽核比对无误后,方可允许计算进项税额抵扣⑤。

---

① 《国家税务总局关于修订〈增值税专用发票使用规定〉的通知》(国税发[2006]156号,2006年10月17日)。此前,《国家税务总局关于加强增值税征收管理工作的通知》(国税发[1995]15号,1995年1月27日)规定,对纳税人购进货物、应税劳务取得的专用发票"发票联"、"抵扣联",凡不符合《增值税专用发票使用规定》开具要求的,不得作为扣税的凭证。对遗失专用发票"发票联"或"抵扣联"的,不论何种原因,均不得抵扣其进项税款(从对方取得的存根联复印件亦不得充作扣税凭证)。此规定从2002年7月1日起被《国家税务总局关于增值税一般纳税人丢失防伪税控系统开具的增值税专用发票有关税务处理问题的通知》(国税发[2002]10号,2002年2月1日)所废止。

② 《国家税务总局关于调整增值税扣税凭证抵扣期限有关问题的通知》(国税函[2009]617号,2009年11月9日)。

③ 《国家税务总局关于修订〈增值税专用发票使用规定〉的补充通知》(国税发[2007]18号,2007年2月16日)。

④ 《国家税务总局关于修订〈增值税专用发票使用规定〉的补充通知》(国税发[2007]18号,2007年2月16日)。

⑤ 《国家税务总局关于调整增值税扣税凭证抵扣期限有关问题的通知》(国税函[2009]617号,2009年11月9日)。此前,《国家税务总局关于增值税一般纳税人取得海关进口增值税专用缴款书抵扣进项税额问题的通知》(国税发[2004]148号,2004年11月11日)规定,对纳税人丢失的海关完税凭证,纳税人应当凭海关出具的相关证明,向主管税务机关提出抵扣申请。主管税务机关受理申请后,应当进行审核,并将纳税人提供的海关完税凭证电子数据纳入稽核系统比对,稽核比对无误后,可予以抵扣进项税额。

2.10.1.9　固定业户临时外出经营增值税专用发票管理

自 1995 年 7 月 1 日起,固定业户(指增值税一般纳税人)临时到外省、市销售货物的,必须向经营地税务机关出示"外出经营活动税收管理证明"回原地纳税,需要向购货方开具专用发票的,亦回原地补开。对未持"外出经营活动税收管理证明"的,经营地税务机关按 6% 的征收率征税。对擅自携票外出,在经营地开具专用发票的,经营地主管税务机关根据发票管理的有关规定予以处罚并将其携带的专用发票逐联注明"违章使用作废"字样①。

2.10.1.10　税务机关代开增值税专用发票的规定

凡能够认真履行纳税义务的小规模企业,其销售货物或应税劳务可由税务所代开专用发票。税务机关无偿为纳税人提供开票服务,并对中介机构提供的开票服务进行监督管理②。

主管税务机关为小规模纳税人(包括小规模纳税人中的企业、企业性单位及其他小规模纳税人,下同)代开专用发票,应在专用发票"单价"栏和"金额"栏分别填写不含增值税税额的单价和销售额;"税率"栏填写增值税征收率 3%;"税额"栏填写按销售额依照征收率计算的增值税税额。增值税一般纳税人取得由税务机关代开的专用发票后,应以专用发票上填写的税额为进项税额。主管税务机关为小规模纳税人代开专用发票时,按代开的专用发票上注明的税额即时征收增值税③。

主管税务机关为小规模纳税人代开专用发票后,发生退票的或需要开具红字专用发票的,可比照增值税一般纳税人开具专用发票后作废或开具红字发票的有关规定处理(《开具红字增值税专用发票通知单》第二联交代开税务机关)④。由销售方到税务机关办理,对于重新开票的,应同时进行新开票税额与原开票税额的清算,多退少补;对无需重新开票的,退还其已征的税款⑤。

税务机关代开增值税发票按以下规定进行管理⑥:

(1)代开专用发票是指主管税务机关为所辖范围内的增值税纳税人代开专用发票,其他单位和个人不得代开。

(2)主管税务机关应设立代开专用发票岗位和税款征收岗位,并分别确定专人负责代开专用发票和税款征收工作。

(3)代开专用发票统一使用增值税防伪税控代开票系统开具。非防伪税控代开票系统开具的代开专用发票不得作为增值税进项税额抵扣凭证。

(4)增值税防伪税控代开票系统由防伪税控企业发行岗位按规定发行。

(5)增值税纳税人是指已办理税务登记的小规模纳税人(包括个体经营者)以及国家税务总局确定的其他可予代开增值税专用发票的纳税人。

(6)增值税纳税人发生增值税应税行为、需要开具专用发票时,可向其主管税务机关申请代开。

(7)增值税纳税人申请代开专用发票时,应填写《代开增值税专用发票缴纳税款申报单》(简称《申报单》),连同税务登记证副本,到主管税务机

---

① 《国家税务总局关于固定业户临时外出经营有关增值税专用发票管理问题的通知》(国税发[1995]87 号,1995 年 5 月 16 日)。

② 《国家税务总局关于取消为纳税人提供增值税专用发票开票服务的中介机构资格审批后有关问题的通知》(国税函[2004]822 号,2004 年 6 月 25 日)。

③ 《国家税务总局关于取消小规模企业销售货物或应税劳务由税务所代开增值税专用发票审批后有关问题的通知》(国税函[2004]895 号,2004 年 7 月 14 日)。

④ 《国家税务总局关于修订〈增值税专用发票使用规定〉的补充通知》(国税发[2007]18 号,2007 年 2 月 16 日)。

⑤ 《国家税务总局关于取消小规模企业销售货物或应税劳务由税务所代开增值税专用发票审批后有关问题的通知》(国税函[2004]895 号,2004 年 7 月 14 日)。

⑥ 《国家税务总局关于印发税务机关代开增值税专用发票管理办法(试行)的通知》(国税发[2004]153 号,2004 年 12 月 22 日)。

关税款征收岗位按专用发票上注明的税额全额申报缴纳税款,同时缴纳专用发票工本费。

(8)税款征收岗位接到《申报单》后,应对以下事项进行审核:

①是否属于本税务机关管辖的增值税纳税人;

②《申报单》上增值税征收率填写、税额计算是否正确。

审核无误后,税款征收岗位应通过防伪税控代开票征收子系统录入《申报单》的相关信息,按照《申报单》上注明的税额征收税款,开具税收完税凭证,同时收取专用发票工本费,按照规定开具有关票证,将有关征税电子信息及时传递给代开发票岗位。

在防伪税控代开票征税子系统未使用前暂传递纸质凭证。

税务机关可采取税银联网划款、银行卡(POS机)划款或现金收取三种方式征收税款。

(9)增值税纳税人缴纳税款后,凭《申报单》和税收完税凭证及税务登记证副本,到代开专用发票岗位申请代开专用发票。

代开发票岗位确认税款征收岗位传来的征税电子信息与《申报单》和税收完税凭证上的金额、税额相符后,按照《申报单》、完税凭证和专用发票一一对应即“一单一证一票”原则,为增值税纳税人代开专用发票。

在防伪税控代开票征税子系统未使用前,代开票岗位凭《申报单》和税收完税凭证代开发票。

(10)代开发票岗位应按下列要求填写专用发票的有关项目:

①“单价”栏和“金额”栏分别填写不含增值税税额的单价和销售额;

②“税率”栏填写增值税征收率①;

③销货单位栏填写代开税务机关的统一代码和代开税务机关名称;

④销方开户银行及账号栏内填写税收完税凭证号码;

⑤备注栏内注明增值税纳税人的名称和纳税人识别号。

其他项目按照专用发票填开的有关规定填写。

(11)增值税纳税人应在代开专用发票的备注栏上,加盖本单位的财务专用章或发票专用章。

(12)代开专用发票遇有填写错误、销货退回或销售折让等情形的,按照专用发票有关规定处理。

税务机关代开专用发票时填写有误的,应及时在防伪税控代开票系统中作废,重新开具。代开专用发票后发生退票的,税务机关应按照增值税一般纳税人作废或开具负数专用发票的有关规定进行处理。对需要重新开票的,税务机关应同时进行新开票税额与原开票税额的清算,多退少补;对无需重新开票的,按有关规定退还增值税纳税人已缴的税款或抵顶下期正常申报税款。

(13)为增值税纳税人代开的专用发票应统一使用六联专用发票,第五联代开发票岗位留存,以备发票的扫描补录,第六联交税款征收岗位,用于代开发票税额与征收税款的定期核对,其他联次交增值税纳税人。

(14)代开专用发票岗位领用专用发票,经发票管理部门负责人批准后,到专用发票发售窗口领取专用发票,并将相应发票的电子信息读入防伪税控代开票系统。

(15)代开专用发票岗位应在每月纳税申报期的第一个工作日,将上月所开具的代开专用发票数据抄取、传递到防伪税控报税系统。代开专用发票的金税卡等专用设备发生故障的,税务机关应使用留存的专用发票第五联进行扫描补录。

(16)代开发票岗位应妥善保管代开专用发票数据,及时备份。

---

① 此前,《国家税务总局关于印发〈增值税小规模纳税人征收管理办法〉的通知》(国税发[1994]116号,1994年4月23日)规定:“税率”栏填写增值税征收率6%;“税额”栏填写其本身应纳的税额,即按销售额依照6%征收率计算的增值税额。《税务部门现行有效 失效 废止规章目录》(国家税务总局令第23号,2010年11月29日)已对国税发[1994]116号予以废止。

(17)税务机关应按月对代开专用发票进行汇总统计,对代开专用发票数据通过增值税计算机稽核系统比对后属于滞留、缺联、失控、作废、红字缺联等情况,应及时分析,查明原因,按规定处理,确保代开专用发票存根联数据采集的完整性和准确性。

(18)补充规定①

①停止使用非防伪税控系统为纳税人代开增值税专用发票的期限

从 2005 年 1 月 1 日起,凡税务机关代开增值税专用发票必须通过防伪税控系统开具,通过防伪税控报税子系统采集代开增值税专用发票开具信息,不再填报《代开发票开具清单》,同时停止使用非防伪税控系统为纳税人代开增值税专用发票(包括手写版增值税专用发票和计算机开具不带密码的电脑版增值税专用发票)②。

②纳税人取得的 2005 年 1 月 1 日以前税务机关用防伪税控系统代开的增值税专用发票的处理

增值税一般纳税人取得的税务机关用非防伪税控系统代开的增值税专用发票,应当在 2005 年 3 月份纳税申报期结束以前向主管税务机关申报抵扣,并填报《代开发票抵扣清单》,逾期不得抵扣进项税额。

③一般纳税人取得的税务机关通过防伪税控系统代开的增值税专用发票的认证及抵扣方法

增值税一般纳税人取得的税务机关通过防伪税控系统代开的增值税专用发票,通过防伪税控认证子系统采集抵扣联信息,不再填报《代开发票抵扣清单》,其认证、申报抵扣期限的有关规定按照《国家税务总局关于增值税一般纳税人取得防伪税控系统开具的增值税专用发票进项税额抵扣问题的通知》(国税发[2003]17 号)文件规定执行,并按照现行防伪税控增值税专用发票比对内容进

---

① 《国家税务总局关于加强税务机关代开增值税专用发票管理问题的通知》(国税函[2004]1404 号,2004 年 12 月 22 日)。

② 《国家税务总局关于加强税务机关代开增值税专用发票管理问题的通知》(国税函[2004]1404 号,2004 年 12 月 22 日)。此前,《国家税务总局关于印发〈国家税务总局关于辽宁省增值税一般纳税人停止开具手写版增值税专用发票的公告〉的通知》(国税函[2003]324 号,2003 年 3 月 24 日)规定,从 2003 年 4 月 1 日起,在辽宁省范围内增值税一般纳税人必须通过防伪税控系统开具增值税专用发票(以下简称专用发票),停止开具手写版专用发票,同时废止增值税一般纳税人所用的手写版专用发票(税务部门为小规模纳税人代开的手写版专用发票可继续使用)。从 2003 年 7 月 1 日起,辽宁省增值税一般纳税人开具的手写版专用发票一律不得作为增值税扣税凭证(税务部门为小规模纳税人代开的手写版专用发票除外)。《国家税务总局关于印发〈国家税务总局关于山东省和大连市增值税一般纳税人停止开具手写版增值税专用发票的公告〉的通知》(国税函[2003]373 号,2003 年 4 月 4 日)规定,自 2003 年 4 月 1 日起,各地增值税一般纳税人取得的山东省和大连市增值税一般纳税人于 2003 年 5 月 1 日以后开具的手写版专用发票一律不得作为增值税扣税凭证(税务部门为小规模纳税人代开的手写版专用发票除外)。《国家税务总局关于印发〈国家税务总局关于新疆维吾尔自治区增值税一般纳税人停止开具手写版增值税专用发票的公告〉的通知》(国税函[2003]508 号,2003 年 5 月 13 日)规定,自 2003 年 5 月 1 日起,新疆维吾尔自治区增值税一般纳税人全部通过防伪税控系统开具增值税专用发票(以下简称专用发票),停止开具手写版专用发票(税务部门可继续使用手写版专用发票为小规模纳税人代开)。为此,各地增值税一般纳税人取得的新疆维吾尔自治区增值税一般纳税人于 2003 年 5 月 1 日以后开具的手写版专用发票一律不得作为增值税扣税凭证(税务部门为小规模纳税人代开的手写版专用发票除外)。《国家税务总局关于印发〈国家税务总局关于浙江、江西两省增值税一般纳税人停止开具手写版增值税专用发票的公告〉的通知》(国税函[2003]581 号,2003 年 5 月 30 日)规定,自 2003 年 6 月 1 日起,浙江(不含宁波市,下同)和江西两省增值税一般纳税人全部通过增值税防伪税控系统开具增值税专用发票(以下简称专用发票),停止开具手写版专用发票(税务部门可继续使用手写版专用发票为小规模纳税人代开)。为此,各地增值税一般纳税人取得的浙江和江西两省增值税一般纳税人于 2003 年 6 月 1 日以后开具的手写版专用发票一律不得作为增值税扣税凭证(税务部门为小规模纳税人代开的手写版专用发票除外)。《国家税务总局关于印发〈国家税务总局关于北京等省增值税一般纳税人停止开具手写版增值税专用发票的公告〉的通知》(国税函[2003]817 号,2003 年 7 月 9 日)规定自 2003 年 7 月 1 日起,北京、天津、山西、吉林、黑龙江、江苏、宁波、安徽、福建、厦门、青岛、河南、湖北、湖南、广东、深圳、广西、海南、四川、重庆、云南、甘肃、宁夏 23 个省(区、市)的增值税一般纳税人已全部通过增值税防伪税控系统开具增值税专用发票(以下简称专用发票),停止开具手写版专用发票(税务部门可继续使用手写版专用发票为小规模纳税人代开)。为此,各地增值税一般纳税人取得的上述各地增值税一般纳税人于 2003 年 7 月 1 日以后开具的手写版专用发票一律不得作为增值税扣税凭证(税务部门为小规模纳税人代开的手写版专用发票除外)。此外,河北、内蒙古、上海、贵州、陕西、青海、西藏 7 个省(区、市)自 2003 年 8 月 1 日起,其增值税一般纳税人也将停止开具手写版增值税专用发票(税务部门可继续使用手写版专用发票为小规模纳税人代开)。全国所有增值税一般纳税人凡是取得 2003 年 8 月 1 日以后开具的手写版专用发票一律不得作为增值税扣税凭证(税务部门为小规模纳税人代开的手写版专用发票除外)。

行"一窗式"比对。

④对实行定期定额征收方法的纳税人正常申报时的清算方法

对实行定期定额征收方法的纳税人正常申报时,按以下方法进行清算:

Ⅰ 每月开票金额大于应征增值税税额的,以开票金额数为依据征收税款,并作为下一年度核定定期定额的依据。

Ⅱ 每月开票金额小于应征增值税税额的,按应征增值税税额数征收税款。

2.10.1.11 防伪税控系统增值税专用发票的管理①

(1)税务机关专用发票管理部门在运用防伪税控发售系统进行发票入库管理或向纳税人发售专用发票时,要认真录入发票代码、号码,并与纸质专用发票进行仔细核对,确保发票代码、号码电子信息与纸质发票的代码、号码完全一致。

(2)纳税人在运用防伪税控系统开具专用发票时,应认真检查系统中的电子发票代码、号码与纸质发票是否一致。如发现税务机关错填电子发票代码、号码的,应持纸质专用发票和税控 IC 卡到税务机关办理退回手续。

(3)对税务机关错误录入代码或号码后又被纳税人开具的专用发票,按以下办法处理:

①纳税人当月发现上述问题的,应按照专用发票使用管理的有关规定,对纸质专用发票和防伪税控发票系统中专用发票电子信息同时进行作废,并及时报主管税务机关。纳税人在以后月份发现的,应按有关规定开具负数专用发票。

②主管税务机关按照有关规定追究有关人员责任,同时将有关情况,如发生原因、主管税务机关名称、编号、纳税人名称、纳税人识别号、发票代码号码(包括错误的和正确的)、发生时间、责任人以及处理意见或请求等,逐级上报至国家税务总局。

③对涉及发票数量多,影响面较大的,总局将按规定程序对"全国作废发票数据库"进行修正。

(4)在未收回专用发票抵扣联及发票联,或虽已收回专用发票抵扣联及发票联但购货方已将专用发票抵扣联报送税务机关认证的情况下,销货方一律不得作废已开具的专用发票。

2.10.1.12 增值税专用发票抵扣联信息采集管理②

增值税专用发票抵扣联信息企业采集方式是指由增值税一般纳税人采集抵扣联的明文和密文信息形成电子数据,通过网络或磁盘报送税务机关,由税务机关进行认证的一种专用发票认证方式。从 2003 年 6 月 1 日起,增值税专用发票抵扣联信息企业采集方式按照如下规定进行管理:

(1)采用增值税专用发票抵扣联信息企业采集方式应坚持纳税人自愿的原则。

(2)纳税人必须使用经国家税务总局组织测评合格的增值税专用发票抵扣联信息企业采集方式软件。

(3)增值税专用发票抵扣联信息企业采集方式的推行由各省、自治区、直辖市和计划单列市国家税务局增值税业务主管部门负责。

(4)纳税人采用增值税专用发票抵扣联信息企业采集方式,必须提出书面申请,报经主管税务机关批准。

(5)采用增值税专用发票抵扣联信息企业采集方式的纳税人,对取得需报税务机关认证的增值税专用发票抵扣联,应通过自动扫描识别生成电子数据,如遇特殊情况,可持防伪税控抵扣联原件到税务机关认证。

(6)纳税人将通过自动扫描识别生成的抵扣联电子数据,在每月月底前,一次或分次报送税务机关认证。

---

① 《国家税务总局关于认真做好增值税专用发票发售、填开管理等有关问题的通知》(国税函[2003]785 号,2003 年 7 月 2 日)。

② 《国家税务总局关于印发〈增值税专用发票抵扣联信息企业采集方式管理规定〉的通知》(国税发[2003]71 号,2003 年 6 月 19 日)。

（7）纳税人将专用发票抵扣联电子信息报送税务机关认证未通过的，可将抵扣联原件报税务机关认证。

（8）每次认证结束后，税务机关应及时将最终认证结果以电子数据的形式反馈给纳税人。

（9）纳税人丢失未认证的防伪税控抵扣联，不得使用专用发票抵扣联信息企业采集方式认证。

（10）纳税人发生下列情形之一的，税务机关取消其抵扣联信息企业采集方式的使用资格：

①注销税务登记。

②纳税人要求采用其他认证方式。

③被取消增值税一般纳税人资格。

2.10.2 增值税专用发票违章犯罪行为的处罚

2.10.2.1 被盗、丢失增值税专用发票的处理

自 1995 年 8 月 1 日起，对发生被盗、丢失专用发票的纳税人，必须要求统一在《中国税务报》上刊登"遗失声明"。纳税人丢失专用发票后，必须按规定程序向当地主管税务机关、公安机关报失。各地税务机关对丢失专用发票的纳税人按规定进行处罚的同时，代收取"挂失登报费"，并将丢失专用发票的纳税人名称、发票份数、字轨号码、盖章与否等情况，统一传（寄）中国税务报社刊登"遗失声明"。传（寄）中国税务报社的"遗失声明"，必须经县（市）国家税务局审核盖章、签注意见。实行在中国税务报上刊登"遗失声明"这一办法后，各地税务机关不再相互传递专用发票遗失通报，可对照《中国税务报》上刊登的"遗失声明"及字轨号码审核进项发票[①]。

自 1998 年 1 月 1 日起，对不按规定保管专用发票而发生丢失的企业，按《中华人民共和国发票管理办法》第三十六条的规定，处以 10000 元以下罚款[②]。

2.10.2.2 金税工程发现涉嫌违规增值税专用发票的处理[③]

（1）关于防伪税控认证系统发现涉嫌违规发票的处理

防伪税控认证系统发现涉嫌违规发票分"无法认证"、"认证不符"、"密文有误"、"重复认证"、"认证时失控"、"认证后失控"和"纳税人识别号认证不符（发票所列购买方纳税人识别号与申报认证企业的纳税人识别号不符）"等类型。自 2006 年 5 月 1 日起，防伪税控认证系统发现涉嫌违规发票，分别按照以下处理：

①属于"无法认证"、"纳税人识别号认证不符"和"认证不符"中的"发票代码号码认证不符（密文与明文相比较，发票代码或号码不符）"的发票，不得作为增值税进项税额的抵扣凭证。税务机关应将发票原件退还企业，企业可要求销售方重新开具。

②属于"重复认证"、"密文有误"和"认证不符（不包括发票代码号码认证不符）"、"认证时失控"和"认证后失控"的发票，暂不得作为增值税进项税额的抵扣凭证，税务机关扣留原件，移送稽查部门作为案源进行查处。经税务机关检查确认属于税务机关责任以及技术性错误造成的，允许作为增值税进项税额的抵扣凭证；不属于税务机关责任以

---

① 《国家税务总局关于被盗、丢失增值税专用发票的处理意见的通知》（国税函发〔1995〕292 号，1995 年 6 月 6 日）。

② 《国家税务总局关于税务行政处罚有关问题的通知》（国税发〔1998〕20 号，1998 年 2 月 18 日）。此前，《国家税务总局关于被盗、丢失增值税专用发票的处理意见的通知》（国税函发〔1995〕292 号，1995 年 6 月 6 日）规定，纳税人必须严格按《增值税专用发票使用规定》保管使用专用发票，对违反规定发生被盗、丢失专用发票的纳税人，主管税务机关必须严格按《中华人民共和国税收征收管理法》和《中华人民共和国发票管理办法》的规定，处以 1 万元以下的罚款，并可视具体情况，对丢失专用发票的纳税人，在一定期限内（最长不超过半年）停止领购专用发票。对纳税人申报遗失的专用发票，如发现非法代开、虚开问题的，该纳税人应承担偷税、骗税的连带责任。

③ 《国家税务总局关于金税工程增值税征管信息系统发现的涉嫌违规增值税专用发票处理问题的通知》（国税函〔2006〕969 号，2006 年 10 月 13 日）。此前，此类事项按照《国家税务总局关于金税工程发现的涉嫌违规增值税专用发票处理问题的通知》（国税函〔2001〕730 号，2001 年 9 月 28 日）处理，该文相关条款后被《国家税务总局关于发布已失效或废止的税收规范性文件目录的通知》（国税发〔2006〕62 号）废止。

及技术性错误造成的,不得作为增值税进项税额的抵扣凭证。属于税务机关责任的,由税务机关误操作的相关部门核实后,区县级税务机关出具书面证明;属于技术性错误的,由税务机关技术主管部门核实后,区县级税务机关出具书面证明。

(2)关于增值税专用发票稽核系统发现涉嫌违规发票的处理

增值税专用发票稽核系统发现涉嫌违规发票分"比对不符"、"缺联"和"作废"等类型。

自 2006 年 5 月 1 日起,凡属于上述涉嫌违规的发票,暂不得作为增值税进项税额的抵扣凭证,由管理部门按照审核检查的有关规定进行核查,并按有关规定进行处理。经税务机关检查确认属于税务机关责任以及技术性错误造成的,允许作为增值税进项税额的抵扣凭证;不属于税务机关责任以及技术性错误造成的,不得作为增值税进项税额的抵扣凭证。属于税务机关责任的,由税务机关误操作的相关部门核实后,区县级税务机关出具书面证明;属于技术性错误的,由税务机关技术主管部门核实后,区县级税务机关出具书面证明。

2.10.2.3 纳税人善意取得虚开的增值税专用发票的处理

购货方与销售方存在真实的交易,销售方使用的是其所在省(自治区、直辖市和计划单列市)的专用发票,专用发票注明的销售方名称、印章、货物数量、金额及税额等全部内容与实际相符,且没有证据表明购货方知道销售方提供的专用发票是以非法手段获得的,对购货方不以偷税或者骗取出口退税论处。但应按有关规定不予抵扣进项税款或者不予出口退税;购货方已经抵扣的进项税款或者

取得的出口退税,应依法追缴①。

购货方能够重新从销售方取得防伪税控系统开出的合法、有效专用发票的,或者取得手工开出的合法、有效专用发票且取得了销售方所在地税务机关已经或者正在依法对销售方虚开专用发票行为进行查处证明的,购货方所在地税务机关应依法准予抵扣进项税款或者出口退税②。如不能重新取得合法、有效的专用发票,不准其抵扣进项税款或追缴其已抵扣的进项税款③。

纳税人善意取得虚开的增值税专用发票被依法追缴已抵扣税款的,不属于税收征收管理法第三十二条"纳税人未按照规定期限缴纳税款"的情形,不适用该条"税务机关除责令限期缴纳外,从滞纳税款之日起,按日加收滞纳税款万分之五的滞纳金"的规定④。

如有证据表明购货方在进项税款得到抵扣、或者获得出口退税前知道该专用发票是销售方以非法手段获得的,对购货方应按《国家税务总局关于纳税人取得虚开的增值税专用发票处理问题的通知》(国税发〔1997〕134 号)和《国家税务总局关于〈国家税务总局关于纳税人取得虚开的增值税专用发票处理问题的通知〉的补充通知》(国税发〔2000〕182 号)的规定处理⑤。

2.10.2.4 对代开、虚开增值税专用发票的税务行政处理

对代开、虚开专用发票的,一律按票面所列货物的适用税率全额征补税款,并按税收征收管理法的规定给予处罚。对纳税人取得虚开代开的增值税专用发票,不得作为增值税合法的抵扣凭证抵扣进项税额⑥。

---

① 《国家税务总局关于纳税人善意取得虚开的增值税专用发票处理的通知》(国税发〔2000〕187 号,2000 年 11 月 16 日)。

② 《国家税务总局关于纳税人善意取得虚开的增值税专用发票处理的通知》(国税发〔2000〕187 号,2000 年 11 月 16 日)。

③ 《国家税务总局关于纳税人善意取得虚开增值税专用发票已抵扣税款加收滞纳金问题的批复》(国税函〔2007〕1240 号,2007 年 12 月 12 日)。

④ 《国家税务总局关于纳税人善意取得虚开增值税专用发票已抵扣税款加收滞纳金问题的批复》(国税函〔2007〕1240 号,2007 年 12 月 12 日)。

⑤ 《国家税务总局关于纳税人善意取得虚开的增值税专用发票处理的通知》(国税发〔2000〕187 号,2000 年 11 月 16 日)。

⑥ 《国家税务总局对代开、虚开增值税专用发票征补税款问题的批复》(国税函发〔1995〕415 号,1995 年 7 月 26 日)。《国家税务总局关于加强增值税征收管理若干问题的通知》(国税发〔1995〕192 号,1995 年 10 月 18 日)。

受票方利用他人虚开的专用发票,向税务机关申报抵扣税款进行偷税的,应当依照税收征收管理法及有关规定追缴税款,处以偷税数额五倍以下的罚款;进项税金大于销项税金的,还应当调减其留抵的进项税额。利用虚开的专用发票进行骗取出口退税的,应当依法追缴税款,处以骗税数额五倍以下的罚款①。

在货物交易中,购货方从销售方取得第三方开具的专用发票,或者从销货地以外的地区取得专用发票,向税务机关申报抵扣税款或者申请出口退税的,应当按偷税、骗取出口退税处理,依照税收征收管理法及有关规定追缴税款,处以偷税、骗税数额五倍以下的罚款②。

纳税人以上述方式取得专用发票未申报抵扣税款,或者未申请出口退税的,应当依照《中华人民共和国发票管理办法》及有关规定,按所取得专用发票的份数,分别处以一万元以下的罚款;但知道或者应当知道取得的是虚开的专用发票,或者让他人为自己提供虚开的专用发票的,应当从重处罚③。

利用虚开的专用发票进行偷税、骗税,构成犯罪的,税务机关依法进行追缴税款等行政处理,并移送司法机关追究刑事责任④。

有下列情形之一的,无论购货方(受票方)与销售方是否进行了实际的交易,增值税专用发票所注明的数量、金额与实际交易是否相符,购货方向税务机关申请抵扣进项税款或者出口退税的,对其均应按偷税或者骗取出口退税处理⑤:

(1)购货方取得的增值税专用发票所注明的销售方名称、印章与其进行实际交易的销售方不符的,即《国家税务总局关于纳税人取得虚开的增值税专用发票处理问题的通知》(国税发[1997]134号)第二条规定的"购货方从销售方取得第三方开具的专用发票"的情况。

(2)购货方取得的增值税专用发票为销售方所在省(自治区、直辖市和计划单列市)以外地区的,即《国家税务总局关于纳税人取得虚开的增值税专用发票处理问题的通知》(国税发[1997]134号)第二条规定的"从销货地以外的地区取得专用发票"的情况。

(3)其他有证据表明购货方明知取得的增值税专用发票系销售方以非法手段获得的,即《国家税务总局关于纳税人取得虚开的增值税专用发票处理问题的通知》(国税发[1997]134号)规定的"受票方利用他人虚开的专用发票,向税务机关申报抵扣税款进行偷税"的情况。

2.10.2.5 对增值税专用发票犯罪的刑事处罚⑥

(1)虚开专用发票犯罪的处罚

虚开增值税专用发票的,处三年以下有期徒刑或者拘役,并处二万元以上二十万元以下罚金;虚开的税款数额较大或者有其他严重情节的,处三年以上十年以下有期徒刑,并处五万元以上五十万元以下罚金;虚开的税款数额巨大或者有其他特别严重情节的,处十年以上有期徒刑或者无期徒刑,并处没收财产。

有前款行为骗取国家税款,数额特别巨大、情节特别严重、给国家利益造成特别重大损失的,处

① 《国家税务总局关于纳税人取得虚开的增值税专用发票处理问题的通知》(国税发[1997]134号,1997年8月8日)。
② 《国家税务总局关于纳税人取得虚开的增值税专用发票处理问题的通知》(国税发[1997]134号,1997年8月8日)。
③ 《国家税务总局关于纳税人取得虚开的增值税专用发票处理问题的通知》(国税发[1997]134号,1997年8月8日)。
④ 《国家税务总局关于纳税人取得虚开的增值税专用发票处理问题的通知》(国税发[1997]134号,1997年8月8日)。
⑤ 《国家税务总局关于〈国家税务总局关于纳税人取得虚开的增值税专用发票处理问题的通知〉的补充通知》(国税发[2000]182号,2000年11月6日)。
⑥ 《全国人民代表大会常务委员会关于惩治虚开、伪造和非法出售增值税专用发票犯罪的决定》(1995年10月30日第八届全国人民代表大会常务委员会第十六次会议通过);《国家税务总局转发〈最高人民法院关于适用〈全国人民代表大会常务委员会关于惩治虚开、伪造和非法出售增值税专用发票犯罪的决定〉的若干问题的解释〉的通知》(国税发[1996]210号,1996年11月15日)。

无期徒刑或者死刑,并处没收财产。

虚开增值税专用发票的犯罪集团的首要分子,分别依照前两款的规定从重处罚。

具有下列行为之一的,属于"虚开增值税专用发票":

①没有货物购销或者没有提供或接受应税劳务而为他人、为自己、让他人为自己、介绍他人开具增值税专用发票;

②有货物购销或者提供或接受了应税劳务但为他人、为自己、让他人为自己、介绍他人开具数量或者金额不实的增值税专用发票;

③进行了实际经营活动,但让他人为自己代开增值税专用发票。

虚开税款数额1万元以上的或者虚开增值税专用发票致使国家税款被骗取5千元以上的,应当依法定罪处罚。

虚开税款数额10万元以上的,属于"虚开的税款数额较大"。

具有下列情形之一的,属于"有其他严重情节":

①因虚开增值税专用发票致使国家税款被骗取5万元以上的;

②曾因虚开增值税专用发票受过刑事处罚的;

③具有其他严重情节的。

虚开税款数额50万元以上的,属于"虚开的税款数额巨大"。

具有下列情形之一的,属于"有其他特别严重情节":

①因虚开增值税专用发票致使国家税款被骗取30万元以上的;

②虚开的税款数额接近巨大并有其他严重情节的;

③具有其他特别严重情节的。

利用虚开的增值税专用发票实际抵扣税款或者骗取出口退税100万元以上的,属于"骗取国家税款数额特别巨大";造成国家税款损失50万元以上并且在侦查终结前仍无法追回的,属于"给国家利益造成特别重大损失"。利用虚开的增值税

专用发票骗取国家税款数额特别巨大、给国家利益造成特别重大损失,为"情节特别严重"的基本内容。虚开增值税专用发票犯罪分子与骗取税款犯罪分子均应当对虚开的税款数额和实际骗取的国家税款数额承担刑事责任。利用虚开的增值税专用发票抵扣税款或者骗取出口退税的,应当依照以上第一款的规定定罪处罚;以其他手段骗取国家税款的,应依照《全国人民代表大会常务委员会关于惩治偷税、抗税犯罪的补充规定》的有关规定定罪处罚。

(2)伪造或者出售伪造增值税专用发票犯罪的处罚

伪造或者出售伪造的增值税专用发票的,处三年以下有期徒刑或者拘役,并处二万元以上二十万元以下罚金;数量较大或者有其他严重情节的,处三年以上十年以下有期徒刑,并处五万元以上五十万元以下罚金;数量巨大或者有其他特别严重情节的,处十年以上有期徒刑或者无期徒刑,并处没收财产。

伪造并出售伪造的增值税专用发票,数量特别巨大、情节特别严重、严重破坏经济秩序的,处无期徒刑或者死刑,并处没收财产。

伪造、出售伪造的增值税专用发票的犯罪集团的首要分子,分别依照前两款的规定从重处罚。

伪造或者出售伪造的增值税专用发票25份以上或者票面额(千元版以每份1000元,万元版以每份1万元计算,以此类推。下同)累计10万元以上的应当依法定罪处罚。

伪造或者出售伪造的增值税专用发票100份以上或者票面额累计50万元以上的,属于"数量较大"。

具有下列情形之一的,属于"有其他严重情节":

①违法所得数额在1万元以上的;

②伪造并出售伪造的增值税专用发票60份以上或者票面额累计30万元以上的;

③造成严重后果或者具有其他严重情节的。

伪造或者出售伪造的增值税专用发票500份

以上或者票面额累计 250 万元以上的,属于"数量巨大"。

具有下列情形之一的,属于"有其他特别严重情节":

①违法所得数额在 5 万元以上的;

②伪造并出售伪造的增值税专用发票 300 份以上或者票面额累计 200 万元以上的;

③伪造或者出售伪造的增值税专用发票接近"数量巨大"并有其他严重情节的;

④造成特别严重后果或者具有其他特别严重情节的。

伪造并出售伪造的增值税专用发票 1000 份以上或者票面额累计 1000 万元以上的,属于"伪造并出售伪造的增值税专用发票数量特别巨大"。

具有下列情形之一的,属于"情节特别严重":

①违法所得数额在 5 万元以上的;

②因伪造、出售伪造的增值税专用发票致使国家税款被骗取 100 万元以上的;

③给国家税款造成实际损失 50 万元以上的;

④具有其他特别严重情节的。对于伪造并出售伪造的增值税专用发票数量达到特别巨大,又具有特别严重情节,严重破坏经济秩序,应当依照《决定》第二条第二款的规定处罚。

伪造并出售同一宗增值税专用发票的,数量或者票面额不重复计算。变造增值税专用发票的,按照伪造增值税专用发票行为处理。

(3)非法出售增值税专用发票犯罪的处罚

非法出售增值税专用发票的,处三年以下有期徒刑或者拘役,并处二万元以上二十万元以下罚金;数量较大的,处三年以上十年以下有期徒刑,并处五万元以上五十万元以下罚金;数量巨大的,处十年以上有期徒刑或者无期徒刑,并处没收财产。

非法出售增值税专用发票案件的定罪量刑数量标准比照伪造或者出售伪造增值税专用发票执行。

(4)非法购买增值税专用发票或购买伪造的增值税专用发票犯罪的处理

非法购买增值税专用发票或者购买伪造的增值税专用发票的,处五年以下有期徒刑、拘役,并处或者单处二万元以上二十万元以下罚金。

非法购买增值税专用发票或者购买伪造的增值税专用发票又虚开或者出售的,分别依照以上第(1)条、第(2)条、第(3)条的规定处罚。

非法购买增值税专用发票或者购买伪造的增值税专用发票 25 份以上或者票面额累计 10 万元以上的,应当依法定罪处罚。

非法购买真、伪两种增值税专用发票的,数量累计计算,不实行数罪并罚。

(5)虚开用于骗取出口退税、抵扣税款的其他发票犯罪的处罚

虚开用于骗取出口退税、抵扣税款的其他发票的,依照以上第(1)条的规定处罚。

虚开用于骗取出口退税、抵扣税款的其他发票是指有为他人虚开、为自己虚开、让他人为自己虚开、介绍他人虚开用于骗取出口退税、抵扣税款的其他发票行为之一的。

"用于骗取出口退税、抵扣税款的其他发票"是指可以用于申请出口退税、抵扣税款的非增值税专用发票,如运输发票、废旧物品收购发票、农业产品收购发票等。

(6)伪造、擅自制造或者出售伪造、擅自制造的可以用于骗取出口退税、抵扣税款的其他发票犯罪的处罚

伪造、擅自制造或者出售伪造、擅自制造的可以用于骗取出口退税、抵扣税款的其他发票的,处三年以下有期徒刑或者拘役,并处二万元以上二十万元以下罚金;数量巨大的,处三年以上七年以下有期徒刑,并处五万元以上五十万元以下罚金;数量特别巨大的,处七年以上有期徒刑,并处没收财产。

伪造、擅自制造或者出售伪造、擅自制造的前款规定以外的其他发票的,比照刑法第一百二十四条的规定处罚。

非法出售可以用于骗取出口退税、抵扣税款的其他发票的,依照第一款的规定处罚。

非法出售前款规定以外的其他发票的,比照刑

法第一百二十四条的规定处罚。

伪造、擅自制造或者出售伪造、擅自制造的可以用于骗取出口退税、抵扣税款的其他发票50份以上的,应当依法定罪处罚;伪造、擅自制造或者出售伪造、擅自制造的可以用于骗取出口退税、抵扣税款的其他发票200份以上的,属于"数量巨大";伪造、擅自制造或者出售伪造、擅自制造的可以用于骗取出口退税、抵扣税款的其他发票1000份以上的,属于"数量特别巨大"。

(7)盗窃增值税专用发票或者其他发票犯罪的处罚

盗窃增值税专用发票或者其他发票的,依照刑法关于盗窃罪的规定处罚。

使用欺骗手段骗取增值税专用发票或者其他发票的,依照刑法关于诈骗罪的规定处罚。

盗窃增值税专用发票或者可以用于骗取出口退税、抵扣税款的其他发票25份以上,或者其他发票50份以上的;诈骗增值税专用发票或者可以用于骗取出口退税、抵扣税款的其他发票50份以上,或者其他发票100份以上的,依照刑法第一百五十一条的规定处罚。

盗窃增值税专用发票或者可以用于骗取出口退税、抵扣税款的其他发票250份以上,或者其他发票500份以上的;诈骗增值税专用发票或者可以用于骗取出口退税、抵扣税款的其他发票500份以上,或者其他发票1000份以上的,依照刑法第一百五十二条的规定处罚。

盗窃增值税专用发票或者其他发票情节特别严重的,依照《全国人民代表大会常务委员会关于严惩严重破坏经济的罪犯的决定》第一条第(一)项的规定处罚。

盗窃、诈骗增值税专用发票或者其他发票后,又实施《全国人民代表大会常务委员会关于惩治虚开、伪造和非法出售增值税专用发票犯罪的决定》规定的虚开、出售等犯罪的,按照其中的重罪定罪处罚,不实行数罪并罚。

(8)单位犯罪的处罚

单位犯以上第(1)条、第(2)条、第(3)条、第(4)条、第(5)条、第(6)条、第(7)条第二款规定之罪的,对单位判处罚金,并对直接负责的主管人员和其他直接责任人员依照各该条的规定追究刑事责任。

(9)犯罪情节轻微的处罚

以上第(2)条、第(3)条、第(4)条第一款、第(6)条规定的行为,情节显著轻微,尚不构成犯罪的,由公安机关处十五日以下拘留、五千元以下罚款。

(10)追缴的税款与违法所得的处理

对追缴犯上述规定之罪的犯罪分子的非法抵扣和骗取的税款,由税务机关上交国库,其他的违法所得和供犯罪使用的财物一律没收。

供以上规定的罪犯所使用的发票和伪造的发票一律收回。

(11)税务机关或者其他国家机关的工作人员有下列情形之一的,依照以上有关规定从重处罚:

①与犯罪分子相勾结,实施本决定规定的犯罪的;

②明知是虚开的发票,予以退税或者抵扣税款的;

③明知犯罪分子实施本决定规定的犯罪,而提供其他帮助的。

税务机关的工作人员违反法律、行政法规的规定,在发售发票、抵扣税款、出口退税工作中玩忽职守,致使国家利益遭受重大损失的,处五年以下有期徒刑或者拘役;致使国家利益遭受特别重大损失的,处五年以上有期徒刑。

2.10.3 增值税专用发票的内部管理

详见《国家税务总局关于印发〈增值税专用发票内部管理办法〉的通知》(国税发〔1996〕136号)。

2.10.4 增值税普通销售发票的管理

2.10.4.1 增值税一般纳税人通过"一机多票"系统开具增值税普通发票的管理①

---

① 《国家税务总局关于启用增值税普通发票有关问题的通知》(国税发明电〔2005〕34号,2005年8月19日)。

增值税一般纳税人可以使用一套增值税防伪税控开票系统同时开具增值税专用发票、增值税普通发票和废旧物资发票等(此种开票方式简称"一机多票")。"一机多票"系统使用的普通发票统称为"增值税普通发票",实行统一印制,于 2005 年 8 月 1 日起陆续在全国启用。

一机多票企业销售增值税应税货物和劳务,符合《国家税务总局关于修订〈增值税专用发票使用规定〉的通知》(国税发[2006]156 号)规定开具增值税专用发票条件的,可以开具增值税专用发票;不符合规定条件的,只能开具普通发票①。

(1)增值税普通发票的格式、字体、栏次、内容与增值税专用发票完全一致,按发票联次分为两联票和五联票两种,基本联次为两联,第一联为记账联,销货方用作记账凭证;第二联为发票联,购货方用作记账凭证。此外为满足部分纳税人的需要,在基本联次后添加了三联的附加联次,即五联票,供企业选择使用。

增值税普通发票代码的编码原则与专用发票基本一致,发票左上角 10 位代码的含义:第 1~4 位代表各省;第 5~6 位代表制版年度;第 7 位代表印制批次;第 8 位代表发票种类,普通发票用"6"表示;第 9 位代表几联版,普通发票二联版用"2"表示,普通发票五联版用"5"表示;第 10 位代表金额,版本号"0"表示电脑版。

(2)增值税普通发票第二联(发票联)采用防伪纸张印制。代码采用专用防伪油墨印刷,号码的字型为专用异型体。各联次的颜色依次为蓝、橙、绿蓝、黄绿和紫红色。

(3)凡纳入"一机多票"系统(包括试运行)的

一般纳税人,自纳入之日起,一律使用全国统一的增值税普通发票,并通过防伪税控系统开具。对于一般纳税人已领购但尚未使用的旧版普通发票,由主管税务机关限期缴销或退回税务机关;经税务机关批准使用印有本单位名称发票的一般纳税人,允许其暂缓纳入"一机多票"系统,以避免库存发票的浪费,但最迟不得超过 2005 年底。

2007 年 7 月 1 日以后,一机多票企业销售增值税应税货物(不包括出口货物)和劳务需要开具普通发票的,应通过一机多票系统开具。对仍然利用其他方式开具普通发票的一机多票企业,主管税务机关应按发票管理的有关规定进行处罚,涉嫌偷税的要依法进行查处②。

2.10.4.2　增值税纳税人开具机动车销售统一发票的管理

(1)一般规定③

从 2006 年 8 月 1 日起,凡从事机动车零售业务的单位和个人,在销售机动车(不包括销售旧机动车)收取款项时,必须开具税务机关统一印制的新版《机动车销售统一发票》(简称《机动车发票》),并在发票联加盖财务专用章或发票专用章,抵扣联和报税联不得加盖印章。

从 2006 年 10 月 1 日起,《机动车销售统一发票》注册登记联一律加盖开票单位印章④。

《机动车发票》中增值税税额和不含税价计算公式:

增值税税额=价税合计-不含税价

不含税价=价税合计÷(1+增值税税率或征收率)

《机动车发票》应使用计算机和税控器具开

---

① 《国家税务总局关于加强防伪税控一机多票系统开具增值税普通发票管理有关问题的通知》(国税函[2007]507 号,2007 年 5 月 21 日)。

② 《国家税务总局关于加强防伪税控一机多票系统开具增值税普通发票管理有关问题的通知》(国税函[2007]507 号,2007 年 5 月 21 日)。

③ 《国家税务总局关于使用新版机动车销售统一发票有关问题的通知》(国税函[2006]479 号,2006 年 5 月 22 日)。此前,《国家税务总局关于统一机动车销售发票式样的通知》(国税发[1998]203 号)同时废止。机动车销售统一发票具体填开事项详见国税函[2006]479 号文件。

④ 《国家税务总局关于〈机动车销售统一发票〉注册登记联加盖开票单位印章问题的通知》(国税函[2006]813 号,2006 年 8 月 28 日)。

具。在尚未使用税控器具前,可暂使用计算机开具,填开时,暂不填写机打代码、机打号码、机器编号和税控码内容。

如发生退货的,应在价税合计的大写金额第一字前加"负数"字,在小写金额前加"-"号。

如购货单位在办理车辆登记和缴纳车辆购置税手续前丢失《机动车发票》的,应先按照《国家税务总局关于消费者丢失机动车销售发票处理问题的批复》(国税函[2006]227号)规定的程序办理补开《机动车发票》的手续,再按已丢失发票存根联的信息开红字发票。

(2)增值税小规模纳税人开具统一发票的规定①

凡不具备电脑开票条件的增值税小规模纳税人销售摩托车,其所需发票由主管税务机关代开。

税务机关在为销售摩托车的增值税小规模纳税人代开机动车销售统一发票时,应在发票联加盖税务机关代开发票专用章。

(3)机动车销售统一发票税控系统的规定②

自2009年1月1日起,增值税一般纳税人从事机动车(应征消费税的机动车和旧机动车除外)零售业务必须使用税控系统开具机动车销售统一发票。

使用税控系统开具机动车销售统一发票的企业(以下称机动车零售企业),应购买税务总局验证通过的税控盘,经税务机关初始化后安装使用。

机动车零售企业向增值税一般纳税人销售机动车的,机动车销售统一发票"身份证号码/组织机构代码"栏统一填写购买方纳税人识别号,向其他企业或个人销售机动车的,仍按照《国家税务总局关于使用新版机动车销售统一发票有关问题的通知》(国税函[2006]479号)规定填写。

机动车零售企业应在每月增值税纳税申报期内,向主管税务机关报送上月机动车销售统一发票的开具数据。

增值税一般纳税人取得2010年1月1日以后开具的机动车销售统一发票,应在开具之日起180日内到税务机关办理认证,并在认证通过的次月申报期内,向主管税务机关申报抵扣进项税额,否则不予抵扣进项税额③。

税控系统开具的机动车销售统一发票的认证、稽核比对和异常发票的审核检查工作比照增值税专用发票有关规定执行。

税控系统企业端开票软件继续使用已有机动车开票软件运行环境。企业在开票前须购买税控盘,根据需要自愿购买传输盘,并前往所属税务机关进行初始化。

2.10.4.3 增值税普通发票"一窗式"票表比对相关事项④

(1)利用防伪税控系统开具普通发票的一窗式票表比对内容

用防伪税控报税系统采集的普通发票金额、税额汇总数与《增值税纳税申报表附列资料(表一)》中第3、10、16栏"小计"项合计的销售额、税额数据比对,二者的逻辑关系必须相等。

(2)利用税控收款机开具普通发票的一窗式票表比对内容

①一般纳税人

---

① 《国家税务总局关于销售摩托车增值税小规模纳税人开具机动车销售统一发票有关问题的通知》(国税函[2006]681号,2006年7月13日)。

② 《国家税务总局关于推行机动车销售统一发票税控系统有关工作的紧急通知》(国税发[2008]117号,2008年12月15日)。

③ 《国家税务总局关于调整增值税扣税凭证抵扣期限有关问题的通知》(国税函[2009]617号,2009年11月9日)。此前,《国家税务总局关于推行机动车销售统一发票税控系统有关工作的紧急通知》(国税发[2008]117号,2008年12月15日)规定,自2009年1月1日起,增值税一般纳税人购买机动车取得的税控系统开具的机动车销售统一发票,属于扣税范围的,应自该发票开具之日起90日内到税务机关认证。

④ 《国家税务总局关于做好增值税普通发票一窗式票表比对准备工作的通知》(国税发[2005]141号,2005年9月8日),《国家税务总局关于调整增值税纳税申报有关事项的通知》(国税函[2008]1075号,2008年12月30日)。

Ⅰ 申报表不含税销售额还原为含税销售额

ⅰ《增值税纳税申报表附列资料(表一)》中第 3 栏"17%税率"的"销售额"乘以(1+17%),还原为含税销售额;

ⅱ 将《增值税纳税申报表附列资料(表一)》中第 3 栏"13%税率"的"销售额"乘以(1+13%),还原为含税销售额;

ⅲ 将《增值税纳税申报表附列资料(表一)》中第 3 栏"应税劳务"的"销售额"乘以(1+17%),还原为含税销售额;

ⅳ 将《增值税纳税申报表附列资料(表一)》中第 10 栏"6%征收率"的"销售额"乘以(1+6%),还原为含税销售额;

ⅴ 将《增值税纳税申报表附列资料(表一)》中第 10 栏"4%征收率"的"销售额"乘以(1+4%),还原为含税销售额。

Ⅱ 一窗式比对内容

用税控收款机管理系统采集的普通发票实际开票金额(正常票金额-退票金额,下同)与上述还原含税销售额加上《增值税纳税申报表附列资料

(表一)》第 16 栏"小计"项的销售额之和比对,二者的逻辑关系必须相等。

②小规模纳税人

Ⅰ 申报表不含税销售额还原为含税销售额

将《增值税纳税申报表(适用于小规模纳税人)》"本期数"的不含税销售额乘以(1+征收率),还原为含税销售额;

Ⅱ 一窗式比对内容

用税控收款机管理系统采集的普通发票实际开票金额与上述还原的含税销售额加上《增值税纳税申报表(适用于小规模纳税人)》中第 7、9 栏"本期数"之和比对,二者的逻辑关系必须相等。

(3)增值税普通发票票表比对结果处理

对防伪税控系统开具增值税普通发票票表比对结果的处理,按照《国家税务总局关于印发〈增值税一般纳税人纳税申报"一窗式"管理操作规程〉的通知》(国税发[2005]61 号)的规定处理;对税控收款机开具增值税普通发票票表比对的处理,由国家税务总局另行明确。

附件一：

《增值税纳税申报表(适用于一般纳税人)》
及其附列资料填表说明^①

一、《增值税纳税申报表(适用于一般纳税人)》填表说明

本申报表适用于增值税一般纳税人填报。增值税一般纳税人销售按简易办法缴纳增值税的货物,也使用本表。

(一)本表"税款所属时间"是指纳税人申报的增值税应纳税额的所属时间,应填写具体的起止年、月、日。

(二)本表"填表日期"指纳税人填写本表的具体日期。

(三)本表"纳税人识别号"栏,填写税务机关为纳税人确定的识别号,即:税务登记证号码。

(四)本表"所属行业"栏,按照国民经济行业分类与代码中的最细项(小类)进行填写(国民经济行业分类与代码附后),仅填写行业代码。

(五)本表"纳税人名称"栏,填写纳税人单位名称全称,不得填写简称。

(六)本表"法定代表人姓名"栏,填写纳税人法定代表人的姓名。

(七)本表"注册地址"栏,填写纳税人税务登记证所注明的详细地址。

(八)本表"营业地址"栏,填写纳税人营业地的详细地址。

(九)本表"开户银行及账号"栏,填写纳税人开户银行的名称和纳税人在该银行的结算账户号码。

(十)本表"企业登记注册类型"栏,按税务登记证填写。

(十一)本表"电话号码"栏,填写纳税人注册地和经营地的电话号码。

(十二)表中"一般货物及劳务"是指享受即征即退的货物及劳务以外的其他货物及劳务。

(十三)表中"即征即退货物及劳务"是指纳税人按照税法规定享受即征即退税收优惠政策的货物及劳务。

(十四)本表第1项"(一)按适用税率征税货物及劳务销售额"栏数据,填写纳税人本期按适用税率缴纳增值税的应税货物和应税劳务的销售额(销货退回的销售额用负数表示)。包括在财务上不作销售但按税法规定应缴纳增值税的视同销售货物和价外费用销售额,外贸企业作价销售进料加工复出口的货物,税务、财政、审计部门检查按适用税率计算调整的销售额。"一般货物及劳务"的"本月数"栏数据与"即征即退货物及劳务"的"本月数"栏数据之和,应等于《附表一》第7栏的"小计"中的"销售额"数。"本年累计"栏数据,应为年

① 增值税纳税申报表(适用于增值税一般纳税人)及其附列资料(表一、表二)见《国家税务总局关于调整增值税纳税申报有关事项的通知》(国税函[2008]1075号,2008年12月30日)。填表说明见《国家税务总局关于调整增值税纳税申报有关事项的通知》(国税函[2008]1075号,2008年12月30日),《国家税务总局关于重新修订〈增值税一般纳税人纳税申报办法〉的通知》(国税发[2003]53号,2003年5月13日),《国家税务总局关于印发〈增值税纳税人辅导期管理办法〉的通知》(国税发[2010]40号,2010年4月7日)。

度内各月数之和。

（十五）本表第2项"应税货物销售额"栏数据,填写纳税人本期按适用税率缴纳增值税的应税货物的销售额（销货退回的销售额用负数表示）。包括在财务上不作销售但按税法规定应缴纳增值税的视同销售货物和价外费用销售额,以及外贸企业作价销售进料加工复出口的货物。"一般货物及劳务"的"本月数"栏数据与"即征即退货物及劳务"的"本月数"栏数据之和,应等于《附表一》第5栏的"应税货物"中17%税率"销售额"与13%税率"销售额"的合计数。"本年累计"栏数据,应为年度内各月数之和。

（十六）本表第3项"应税劳务销售额"栏数据,填写纳税人本期按适用税率缴纳增值税的应税劳务的销售额。"一般货物及劳务"的"本月数"栏数据与"即征即退货物及劳务"的"本月数"栏数据之和,应等于《附表一》第5栏的"应税劳务"中的"销售额"数。"本年累计"栏数据,应为年度内各月数之和。

（十七）本表第4项"纳税检查调整的销售额"栏数据,填写纳税人本期因税务、财政、审计部门检查、并按适用税率计算调整的应税货物和应税劳务的销售额。但享受即征即退税收优惠政策的货物及劳务经税务稽查发现偷税的,不得填入"即征即退货物及劳务"部分,而应将本部分销售额在"一般货物及劳务"栏中反映。"一般货物及劳务"的"本月数"栏数据与"即征即退货物及劳务"的"本月数"栏数据之和,应等于《附表一》第6栏的"小计"中的"销售额"数。"本年累计"栏数据,应为年度内各月数之和。

（十八）本表第5项"按简易征收办法征税货物的销售额"栏数据,填写纳税人本期按简易征收办法征收增值税货物的销售额（销货退回的销售额用负数表示）。包括税务、财政、审计部门检查、并按简易征收办法计算调整的销售额。"一般货物及劳务"的"本月数"栏数据与"即征即退货物及劳务"的"本月数"栏数据之和,应等于《附表一》第14栏的"小计"中的"销售额"数。"本年累计"栏

数据,应为年度内各月数之和。

（十九）本表第6项"其中:纳税检查调整的销售额"栏数据,填写纳税人本期因税务、财政、审计部门检查、并按简易征收办法计算调整的销售额,但享受即征即退税收优惠政策的货物及劳务经税务稽查发现偷税的,不得填入"即征即退货物及劳务"部分,而应将本部分销售额在"一般货物及劳务"栏中反映。"一般货物及劳务"的"本月数"栏数据与"即征即退货物及劳务"的"本月数"栏数据之和,应等于《附表一》第13栏的"小计"中的"销售额"数。"本年累计"栏数据,应为年度内各月数之和。

（二十）本表第7项"免、抵、退办法出口货物销售额"栏数据,填写纳税人本期执行免、抵、退办法出口货物的销售额（销货退回的销售额用负数表示）。"本年累计"栏数据,应为年度内各月数之和。

（二十一）本表第8项"免税货物及劳务销售额"栏数据,填写纳税人本期按照税法规定直接免征增值税的货物及劳务的销售额及适用零税率的货物及劳务的销售额（销货退回的销售额用负数表示）,但不包括适用免、抵、退办法出口货物的销售额。"一般货物及劳务"的"本月数"栏数据,应等于《附表一》第18栏的"小计"中的"销售额"数。"本年累计"栏数据,应为年度内各月数之和。

（二十二）本表第9项"免税货物销售额"栏数据,填写纳税人本期按照税法规定直接免征增值税货物的销售额及适用零税率货物的销售额（销货退回的销售额用负数表示）,但不包括适用免、抵、退办法出口货物的销售额。"一般货物及劳务"的"本月数"栏数据,应等于《附表一》第18栏的"免税货物"中的"销售额"数。"本年累计"栏数据,应为年度内各月数之和。

（二十三）本表第10项"免税劳务销售额"栏数据,填写纳税人本期按照税法规定直接免征增值税劳务的销售额及适用零税率劳务的销售额（销货退回的销售额用负数表示）。"一般货物及劳务"的"本月数"栏数据,应等于《附表一》第18栏

的"免税劳务"中的"销售额"数。"本年累计"栏数据,应为年度内各月数之和。

(二十四)本表第11项"销项税额"栏数据,填写纳税人本期按适用税率计征的销项税额。该数据应与"应交税费——应交增值税"明细科目贷方"销项税额"专栏本期发生数一致。"一般货物及劳务"的"本月数"栏数据与"即征即退货物及劳务"的"本月数"栏数据之和,应等于《附表一》第7栏的"小计"中的"销项税额"数。"本年累计"栏数据,应为年度内各月数之和。

(二十五)本表第12项"进项税额"栏数据,填写纳税人本期申报抵扣的进项税额。该数据应与"应交税费——应交增值税"明细科目借方"进项税额"专栏本期发生数一致。"一般货物及劳务"的"本月数"栏数据与"即征即退货物及劳务"的"本月数"栏数据之和,应等于《附表二》第12栏中的"税额"数。"本年累计"栏数据,应为年度内各月数之和。

(二十六)本表第13项"上期留抵税额"栏数据,为纳税人前一申报期的"期末留抵税额"数,该数据应与"应交税费——应交增值税"明细科目借方月初余额一致。

(二十七)本表第14项"进项税额转出"栏数据,填写纳税人已经抵扣但按税法规定应作进项转出的进项税额总数,但不包括销售折扣、折让,进货退出等应负数冲减当期进项税额的数额。该数据应与"应交税费——应交增值税"明细科目贷方"进项税额转出"专栏本期发生数一致。"一般货物及劳务"的"本月数"栏数据与"即征即退货物及劳务"的"本月数"栏数据之和,应等于《附表二》第13栏中的"税额"数。"本年累计"栏数据,应为年度内各月数之和。

(二十八)本表第15项"免、抵、退货物应退税额"栏数据,填写退税机关按照出口货物免、抵、退办法审批的应退税额。"本年累计"栏数据,应为年度内各月数之和。

(二十九)本表第16项"按适用税率计算的纳税检查应补缴税额"栏数据,填写纳税人本期因税务、财政、审计部门检查按适用税率计算的纳税检查应补缴税额。"本年累计"栏数据,应为年度内各月数之和。

(三十)本表第17项"应抵扣税额合计"栏数据,填写纳税人本期应抵扣进项税额的合计数。

(三十一)本表第18项"实际抵扣税额"栏数据,填写纳税人本期实际抵扣的进项税额。"本年累计"栏数据,应为年度内各月数之和。

(三十二)本表第19项"按适用税率计算的应纳税额"栏数据,填写纳税人本期按适用税率计算并应缴纳的增值税额。"本年累计"栏数据,应为年度内各月数之和。

(三十三)本表第20项"期末留抵税额"栏数据,为纳税人在本期销项税额中尚未抵扣完,留待下期继续抵扣的进项税额。该数据应与"应交税费——应交增值税"明细科目借方月末余额一致。

(三十四)本表第21项"按简易征收办法计算的应纳税额"栏数据,填写纳税人本期按简易征收办法计算并应缴纳的增值税额,但不包括按简易征收办法计算的纳税检查应补缴税额。"一般货物及劳务"的"本月数"栏数据与"即征即退货物及劳务"的"本月数"栏数据之和,应等于《附表一》第12栏的"小计"中的"应纳税额"数。"本年累计"栏数据,应为年度内各月数之和。

(三十五)本表第22项"按简易征收办法计算的纳税检查应补缴税额"栏数据,填写纳税人本期因税务、财政、审计部门检查并按简易征收办法计算的纳税检查应补缴税额。"一般货物及劳务"的"本月数"栏数据与"即征即退货物及劳务"的"本月数"栏数据之和,应等于《附表一》第13栏的"小计"中的"应纳税额"数。"本年累计"栏数据,应为年度内各月数之和。

(三十六)本表第23项"应纳税额减征额"栏数据,填写纳税人本期按照税法规定减征的增值税应纳税额。"本年累计"栏数据,应为年度内各月数之和。

(三十七)本表第24项"应纳税额合计"栏数据,填写纳税人本期应缴增值税的合计数。"本年累计"栏数据,应为年度内各月数之和。

(三十八)本表第 25 项"期初未缴税额(多缴为负数)"栏数据,为纳税人前一申报期的"期末未缴税额(多缴为负数)"。

(三十九)本表第 26 项"实收出口开具专用缴款书退税额"栏数据,填写纳税人本期实际收到税务机关退回的,因开具《出口货物税收专用缴款书》而多缴的增值税款。该数据应根据"应交税费——未交增值税"明细科目贷方本期发生额中"收到税务机关退回的多缴增值税款"数据填列。"本年累计"栏数据,为年度内各月数之和。

(四十)本表第 27 项"本期已缴税额"栏数据,是指纳税人本期实际缴纳的增值税额,但不包括本期入库的查补税款。"本年累计"栏数据,为年度内各月数之和。

(四十一)本表第 28 项"①分次预缴税额"栏数据,填写纳税人本期分次预缴的增值税额。

(四十二)本表第 29 项"②出口开具专用缴款书预缴税额"栏数据,填写纳税人本期销售出口货物而开具专用缴款书向主管税务机关预缴的增值税额。

(四十三)本表第 30 项"③本期缴纳上期应纳税额"栏数据,填写纳税人本期上缴上期应缴未缴的增值税款,包括缴纳上期按简易征收办法计提的应缴未缴的增值税额。"本年累计"栏数据,为年度内各月数之和。

(四十四)本表第 31 项"④本期缴纳欠缴税额"栏数据,填写纳税人本期实际缴纳的增值税欠税额,但不包括缴纳入库的查补增值税额。"本年累计"栏数据,为年度内各月数之和。

(四十五)本表第 32 项"期末未缴税额(多缴为负数)"栏数据,为纳税人本期期末应缴未缴的增值税额,但不包括纳税检查应缴未缴的税额。"本年累计"栏与"本月数"栏数据相同。

(四十六)本表第 33 项"其中:欠缴税额(≥0)"栏数据,为纳税人按照税法规定已形成欠税的数额。

(四十七)本表第 34 项"本期应补(退)税额"栏数据,为纳税人本期应纳税额中应补缴或应退回的数额。

(四十八)本表第 35 项"即征即退实际退税额"栏数据,填写纳税人本期因符合增值税即征即退优惠政策规定,而实际收到的税务机关返还的增值税额。"本年累计"栏数据,为年度内各月数之和。

(四十九)本表第 36 项"期初未缴查补税额"栏数据,为纳税人前一申报期的"期末未缴查补税额"。该数据与本表第 25 项"期初未缴税额(多缴为负数)"栏数据之和,应与"应交税费——未交增值税"明细科目期初余额一致。"本年累计"栏数据应填写纳税人上年度末的"期末未缴查补税额"数。

(五十)本表第 37 项"本期入库查补税额"栏数据,填写纳税人本期因税务、财政、审计部门检查而实际入库的增值税款,包括:1. 按适用税率计算并实际缴纳的查补增值税款;2. 按简易征收办法计算并实际缴纳的查补增值税款。"本年累计"栏数据,为年度内各月数之和。

(五十一)本表第 38 项"期末未缴查补税额"栏数据,为纳税人纳税检查本期期末应缴未缴的增值税额。该数据与本表第 32 项"期末未缴税额(多缴为负数)"栏数据之和,应与"应交税费——未交增值税"明细科目期初余额一致。"本年累计"栏与"本月数"栏数据相同。

二、《增值税纳税申报表附列资料(表一)》填表说明

(一)本表"税款所属时间"是指纳税人申报的增值税应纳税额的所属时间,应填写具体的起止年、月。

(二)本表"填表日期"指纳税人填写本表的具体日期。

(三)本表"纳税人名称"栏,应加盖纳税人单位公章。

(四)本表"一、按适用税率征收增值税货物及劳务的销售额和销项税额明细"和"二、简易征收办法征收增值税货物的销售额和应纳税额明细"

部分中"防伪税控系统开具的增值税专用发票"、"非防伪税控系统开具的增值税专用发票"、"开具普通发票"、"未开具发票"各栏数据均应包括销货退回或折让、视同销售货物、价外费用的销售额和销项税额,但不包括免税货物及劳务的销售额,适用零税率货物及劳务的销售额和出口执行免、抵、退办法的销售额以及税务、财政、审计部门检查并调整的销售额、销项税额或应纳税额。

(五)本表"一、按适用税率征收增值税货物及劳务的销售额和销项税额明细"和"二、简易征收办法征收增值税货物的销售额和应纳税额明细"部分中"纳税检查调整"栏数据应填写纳税人本期因税务、财政、审计部门检查计算调整的应税货物、应税劳务的销售额、销项税额或应纳税额。

(六)本表"三、免征增值税货物及劳务销售额明细"部分中"防伪税控系统开具的增值税专用发票"栏数据,填写本期因销售免税货物而使用防伪税控系统开具的增值税专用发票的份数、销售额和税额,包括国有粮食收储企业销售的免税粮食,政府储备食用植物油等。

(七)本表第1、8、15栏均包含机动车销售统一发票数据;第2、9栏"非防伪税控系统开具的增值税专用发票"不填写。

三、《增值税纳税申报表附列资料(表二)》填表说明

(一)本表"税款所属时间"是指纳税人申报的增值税应纳税额的所属时间,应填写具体的起止年、月。

(二)本表"填表日期"指纳税人填写本表的具体日期。

(三)本表"纳税人名称"栏,应加盖纳税人单位公章。

(四)本表所称的"本期进项税额明细"均包括固定资产进项税额。

(五)本表"一、申报抵扣的进项税额"部分各栏数据,分别填写纳税人按税法规定符合抵扣条件,在本期申报抵扣的进项税额情况。

1. 第1栏"(一)认证相符的防伪税控增值税专用发票",填写本期申报抵扣的认证相符的防伪税控增值税专用发票情况,包括认证相符的红字防伪税控增值税专用发票,应等于第2栏"本期认证相符且本期申报抵扣"与第3栏"前期认证相符且本期申报抵扣"数据之和。

2. 第2栏"本期认证相符且本期申报抵扣",填写本期认证相符本期申报抵扣的防伪税控增值税专用发票情况,应与第35栏"本期认证相符的全部防伪税控增值税专用发票"减第24栏"本期已认证相符且本期未申报抵扣"后的数据相等。

辅导期纳税人第2栏填写当月取得认证相符且当月收到稽核比对结果通知书及其明细清单注明的稽核相符专用发票、协查结果中允许抵扣的专用发票的份数、金额、税额。

3. 第3栏"前期认证相符且本期申报抵扣",填写前期认证相符本期申报抵扣的防伪税控增值税专用发票和机动车销售统一发票情况;辅导期纳税人填写前期取得认证相符且当月收到稽核比对结果通知书及明细清单注明的稽核相符专用发票、核查结果中允许抵扣的专用发票的份数、金额、税额。该项应与第23栏"期初已认证相符但未申报抵扣"加第24栏"本期已认证相符且本期未申报抵扣"减第25栏"期末已认证相符但未申报抵扣"后的数据相等。

4. 第4栏"非防伪税控增值税专用发票及其他扣税凭证",填写本期申报抵扣的非防伪税控增值税专用发票及其他扣税凭证情况,应等于第5栏至第10栏之和。

辅导期纳税人第5栏填写本月税务机关告知的稽核比对结果通知书及其明细清单注明的稽核相符海关进口增值税专用缴款书、核查结果中允许抵扣的海关进口增值税专用缴款书的份数、金额、税额。

5. 第7栏"废旧物资发票",自2009年5月1日起不再填写。

6. 第8栏"运输费用结算单据",辅导期纳税人填写税务机关告知的稽核比对结果通知书及其明细清单注明的稽核相符运输费用结算单据、核查

结果中允许抵扣的运输费用结算单据的份数、金额、税额。

7. 第 9 栏"6% 征收率"及第 10 栏"4% 征收率"不再填写。

8. 第 11 栏"外贸企业进项税额抵扣证明"，其"税额"栏填写税务机关出口退税部门开具的《外贸企业出口视同内销征税货物进项税额抵扣证明》允许抵扣的进项税额。

9. 第 12 栏"当期申报抵扣进项税额合计"应等于第 1 栏、第 4 栏、第 11 栏之和。

（六）本表"二、进项税额转出额"部分填写纳税人已经抵扣但按税法规定应作进项税额转出的明细情况，但不包括销售折扣、折让、进货退出等应负数冲减当期进项税额的情况。

1. 第 13 栏"本期进项税转出额"应等于第 14 栏至第 21 栏之和。

2. 第 15 栏"非应税项目、集体福利、个人消费用"，填写用于非增值税应税项目、集体福利或者个人消费的购进货物或者应税劳务转出的进项税额。

3. 第 21 栏"红字专用发票通知单注明的进项税额"，填写纳税人按照主管税务机关开具的《开具红字增值税专用发票通知单》中"需要做进项税额转出"的税额。

（七）本表"三、待抵扣进项税额"部分各栏数据，分别填写纳税人已经取得，但按税法规定不符合抵扣条件，暂不予在本期申报抵扣的进项税额情况及按照税法规定不允许抵扣的进项税额情况。

1. 第 23 栏"期初已认证相符但未申报抵扣"，填写前期认证相符，但按照税法规定，暂不予抵扣，结存至本期的防伪税控增值税专用发票和机动车销售统一发票；辅导期纳税人填写认证相符但未收到稽核比对结果的增值税专用发票月初余额数。该项应与上期"期末已认证相符但未申报抵扣"栏数据相等。

2. 第 24 栏"本期已认证相符且本期未申报抵扣"，填写本期认证相符，但因按照税法规定暂不予抵扣及按照税法规定不允许抵扣，而未申报抵扣的防伪税控增值税专用发票和机动车销售统一发票，包括外贸企业购进供出口的货物。辅导期纳税人填写本月已认证相符但未收到稽核比对结果的专用发票数据。

3. 第 25 栏"期末已认证相符但未申报抵扣"，填写截至本期期末，按照税法规定仍暂不予抵扣及按照税法规定不允许抵扣且已认证相符的防伪税控增值税专用发票和机动车销售统一发票情况；辅导期纳税人填写已认证相符但未收到稽核比对结果的专用发票月末余额数。

4. 第 26 栏"其中：按照税法规定不允许抵扣"，填写期末已认证相符但未申报抵扣的防伪税控增值税专用发票和机动车销售统一发票中，按照税法规定不允许抵扣，而只能作为出口退税凭证或应列入成本、资产等项目的防伪税控增值税专用发票和机动车销售统一发票。包括外贸出口企业用于出口而采购货物的防伪税控增值税专用发票等。

5. 第 28 栏"海关进口增值税专用缴款书"，辅导期纳税人填写本月未收到稽核比对结果的海关进口增值税专用缴款书。

6. 第 30 栏"废旧物资发票"，自 2009 年 5 月 1 日起不填写。

7. 第 31 栏"运输费用结算单据"，辅导期纳税人填写本月未收到稽核比对结果的运输费用结算单据数据。

8. 第 32 栏"6% 征收率"及第 33 栏"4% 征收率"不填写。

（八）本表"四、其他"栏中"本期认证相符的全部防伪税控增值税专用发票"项指标，应与防伪税控认证子系统中的本期全部认证相符的防伪税控增值税专用发票数据相同。"代扣代缴税额"项指标，填写纳税人根据《中华人民共和国增值税暂行条例实施细则》第十八条的规定扣缴的增值税额。

（九）本表第 1 ~ 3、22 ~ 26、35 栏均包含机动车销售统一发票和税务机关代开的增值税专用发票数据。

附件二：

增值税一般纳税人纳税申报
"一窗式"管理操作规程^①

自2005年1月1日起,对增值税一般纳税人纳税申报实行"一窗式"管理。

一、基本流程与岗位设置

"一窗式"管理是税务机关以信息化为依托,通过优化整合现有征管信息资源,统一在办税大厅的申报征收窗口,受理增值税一般纳税人纳税申报(包括受理增值税专用发票抵扣联认证、纳税申报和IC卡报税),进行票表税比对,比对结果处理等工作。

"一窗式"管理一律实行"一窗一人一机"模式。基本流程为:增值税专用发票(简称专用发票)抵扣联认证、纳税申报(简称申报)受理、IC卡报税、票表税比对及结果处理。

地市级以上税务机关增值税管理部门负责"一窗式"管理业务的指导、监督;区县级税务机关增值税管理部门负责"一窗式"管理业务的组织实施。

税务机关办税大厅应设置申报征收岗、异常情况处理岗和复核岗,具体负责"一窗式"管理各项工作的实施。其中:申报征收岗、异常情况处理岗为前台岗位,复核岗位为后台岗位。复核岗位人员不得兼任申报征收岗位工作和异常情况处理岗位工作。

申报征收岗位主要负责纳税人专用发票抵扣联认证、纳税申报受理、IC卡报税和票表税比对等工作。

异常情况处理岗位主要负责申报、比对异常情况的核实及结果处理等工作。

复核岗位主要负责对申报征收岗位和异常情况处理岗位人员工作的监督考核、比对结果处理的复核及向纳税评估或稽查部门的转办等工作。

二、纳税申报资料

纳税人办理增值税纳税申报时,应提供以下资料:

(一)《增值税纳税申报表(适用于增值税一般纳税人)》及《增值税纳税申报表附列资料(表一)、(表二)》。

(二)《资产负债表》和《损益表》。

(三)税控IC卡(使用小容量税控IC卡的企业还需要持有报税数据软盘)。

(四)加盖开户银行"转讫"或"现金收讫"章的《中华人民共和国税收通用缴款书》或经主管税务机关受理的延期缴纳税款文书。

(五)《成品油购销存情况明细表》和加油IC卡、《成品油购销存数量明细表》。

(六)《增值税运输发票抵扣清单》。

① 《国家税务总局关于印发〈增值税一般纳税人纳税申报"一窗式"管理操作规程〉的通知》(国税发[2005]61号,2005年4月13日),《国家税务总局关于执行〈增值税一般纳税人纳税申报"一窗式"管理操作规程〉的通知》(国税函[2006]824号,2006年9月4日),《国家税务总局关于调整〈增值税一般纳税人纳税申报"一窗式"管理操作规程〉有关事项的通知》(国税函[2008]1074号,2008年12月30日),《国家税务总局关于印发〈增值税一般纳税人纳税辅导期管理办法〉的通知》(国税发[2010]40号,2010年4月7日)。

（七）《海关完税凭证抵扣清单》。

（八）《废旧物资发票开具清单》（现已停止报送）。

（九）《废旧物资发票抵扣清单》（现已停止报送）。

（十）《代开发票抵扣清单》（现已停止报送）。

（十一）主管税务机关要求报送的其他资料。

以上第（一）、（二）项为所有纳税人必报资料。除此之外，纳入防伪税控系统管理的纳税人须报送第（三）项资料；未实行"税库银联网"且当期有应纳税款的纳税人须报送第（四）项资料；第（五）至（十一）项为当期发生该项业务的纳税人必报资料。

三、发票认证

申报征收岗位人员应当于每一个工作日（包括征期）受理纳税人专用发票抵扣联的认证。

认证是税务机关对纳税人取得的防伪税控系统开具的专用发票抵扣联，利用扫描仪自动采集其密文和明文图象，运用识别技术将图象转换成电子数据，然后对发票密文进行解密，并与发票明文逐一核对，以判别其真伪的过程。

认证按其方法可分为远程认证和上门认证。远程认证由纳税人自行扫描、识别专用发票抵扣联票面信息，生成电子数据，通过网络传输至税务机关，由税务机关完成解密和认证，并将认证结果信息返回纳税人的认证方式。上门认证是指纳税人携带专用发票抵扣联（或电子信息）等资料，到税务机关申报征收窗口进行认证的方式。

纳税人报送的专用发票抵扣联，如果已污损、褶皱、揉搓，致使无法认证的，可允许纳税人用相应的其他联次进行认证（采集）。

认证完成后，申报征收岗位人员根据认证结果分以下情况进行处理：

（一）无法认证、纳税人识别号认证不符和发票代码号码认证不符（指密文和明文相比较，发票代码或号码不符）的发票，将发票原件退还纳税人；

（二）密文有误、认证不符（不包括纳税人识别

号认证不符和发票代码号码认证不符）和抵扣联重号的发票，对上门认证的，必须当即扣留；对远程认证结果为"认证未通过"的专用发票抵扣联，应在发现的当日通知纳税人于 2 日内持专用发票抵扣联原件到税务机关再次认证，对仍认证不符的或密文有误的专用发票，必须当即扣留。对于扣留的专用发票，申报征收岗位人员应填写《增值税专用发票抵扣联扣押收据》，交纳税人作为扣留凭证，同时填写《认证不符或密文有误专用发票转办单》，与扣留的专用发票及相关电子信息即时传递至复核岗位。

复核岗位审核受理申报征收岗位转交的《认证不符或密文有误专用发票转办单》，与扣留的专用发票抵扣联原件及电子数据，转稽查部门。

纳税人当月申报抵扣的专用发票抵扣联，应在申报所属期内完成认证。

四、申报受理

申报征收岗位人员应在征收期内受理纳税人纳税申报工作。

纳税申报分为远程申报和上门申报。远程申报是指纳税人借助于网络、电话或其他手段，将申报资料传输至税务机关进行申报的一种方式；上门申报是指纳税人携带申报资料，直接到申报征收窗口进行申报的一种方式。

申报征收岗位人员在受理纳税人纳税申报时，应对纳税人报送的资料的完整性及逻辑关系进行审核。资料齐全且逻辑关系相符的，接受申报，资料不全或逻辑关系不符的，应及时告知纳税人并要求其重新申报或调整申报。

对实行远程申报的纳税人，申报征收岗位人员可直接调阅其远程报送的电子信息进行审核；对通过介质实行上门申报方式的纳税人，申报征收岗位人员可直接读取纳税人报送的电子信息进行审核；对通过纸质实行上门申报方式的纳税人，申报征收岗位人员可直接审核其纸质资料。

对逾期申报的纳税人，申报受理岗位人员应区分以下情况处理：

（一）持有主管税务机关同意其延期申报审批

文书的,申报受理岗位人员按以上规定受理其纳税申报。

(二)未持有主管税务机关同意其延期申报审批文书的,申报受理岗位人员先按相关规定进行处罚,再按以上规定受理其纳税申报。

五、税款入库

纳税人纳税申报成功后,申报征收岗位人员应当确认税款是否入库:

(一)实行"税银联网"或"税库银联网"的,申报征收岗位人员按接收到商业银行或国库传来的划款信息确定税款的入库。

(二)未实行"税银联网"或"税库银联网"的,申报征收岗位人员根据纳税人报送的加盖开户银行"现金收讫"或"转讫"章的《中华人民共和国税收通用缴款书》确认税款的入库。

纳税人当期没有应纳税款的,不必确认税款入库。

六、报税复核

复核岗位人员在申报期内按日核对已申报纳税人的税款入库情况。对未申报或者已申报但税款未能入库的纳税人,通知税源管理部门。

纳税人应在纳税申报期内持载有报税数据的税控IC卡,向申报征收岗位报税;使用小容量税控IC卡的企业还需要持有报税数据软盘进行报税。

申报征收岗位人员采集专用发票销项数据时,通过报税子系统,对使用DOS版开票子系统的纳税人报送的软盘数据和IC卡数据进行核对,一致的,存入报税子系统;不一致的,按以下原则处理:

(一)因纳税人硬盘损坏等原因造成软盘中专用发票份数小于IC卡的,必须要求纳税人提供当月开具的全部专用发票,通过认证子系统进行扫描补录,并经过报税子系统中的"非常规报税/存根联补录补报"采集。

(二)因纳税人更换金税卡等原因造成软盘中专用发票份数大于IC卡(不含IC卡为零的情况)的,其软盘中所含专用发票销项明细数据可经过"非常规报税/软盘补报"采集,但当月必须查明产生此种不一致情况的原因并采取措施解决。

(三)因纳税人计算机型号不匹配造成IC卡中专用发票销项数据为零的,根据系统提示,其软盘数据存入报税子系统或要求纳税人持专用发票到征收机关通过认证子系统进行扫描补录,并经过报税子系统中的"非常规报税/存根联补录补报"采集。

(四)申报征收岗位人员因纳税人软盘质量问题致使无法采集专用发票销项数据的,须要求纳税人重新报送软盘。

申报征收岗位人员对使用Windows版开票子系统的纳税人的报税进行审核,一致的,存入报税子系统;对因更换金税卡或硬盘损坏等原因,不能报税的,区别不同情况处理:

(一)因纳税人更换金税卡等原因造成纳税人实际开具专用发票份数大于IC卡的,应要求纳税人提供当月开具的全部专用发票,通过认证子系统进行扫描补录,并经过报税子系统的"非常规报税/存根联补录补报"采集;如扫描补录有困难的,可以通过纳税人开票子系统传出报税软盘,并经过报税子系统的"非常规报税/软盘补报"采集。

(二)因纳税人硬盘、金税卡同时损坏等原因不能报税的,纳税人必须提供当月开具的全部专用发票,通过认证子系统进行扫描补录,并经过报税子系统的"非常规报税/存根联补录补报"采集。

纳税申报期结束后,申报征收岗位人员必须运用报税子系统查询未报税纳税人名单,并要求其限期报税,以便采集专用发票销项数据;在专用发票销项数据传入稽核系统前,对逾期未报税的纳税人,可经过报税子系统中的"非常规报税/逾期报税"采集。

申报征收岗位人员对上月漏采的专用发票销项数据,必须经过"非常规报税/逾期报税"采集。对注销或取消增值税一般纳税人资格的纳税人当月开具的专用发票销项数据,经过"非常规报税/注销一般纳税人资格纳税人报税"采集。

实行上门申报且纳入防伪税控系统管理的纳税人,申报和报税应同时进行;实行远程申报且纳入防伪税控系统管理的纳税人,须在申报资料报送成功后,再到申报征收窗口报税。

未纳入防伪税控系统管理的纳税人不必进行税控 IC 卡报税。

七、票表税比对

申报征收岗位人员完成专用发票销项数据采集工作后,税控 IC 卡暂不解锁,应操作"一窗式"票表税比对软件进行比对。

票表税比对包括票表比对和表税比对。票表比对是申报征收岗位人员利用认证系统、报税系统及其它系统采集的增值税进、销项数据与纳税申报表及附列资料表中的对应数据进行比对;表税比对是利用申报表应纳税款与当期入库税款进行比对。

对纳入防伪税控系统管理的纳税人,票表税比对工作应在税控 IC 卡报税成功后即时进行;实行上门申报且没有纳入防伪税控系统管理的纳税人,票表税比对工作在受理申报时同时进行;实行远程申报且没有纳入防伪税控系统管理的纳税人,票表税比对工作应在其申报后及时进行。

票表税比对的内容是:

(一)销项比对

用防伪税控报税系统和机动车销售统一发票税控系统采集的专用发票、机动车销售统一发票金额、税额汇总数分别与《增值税纳税申报表附列资料(表一)》中第1、8、15栏"小计"项合计的销售额、税额数据比对,二者的逻辑关系必须相等。

(二)进项比对

1. 非辅导期内一般纳税人的进项票表比对内容

(1)用防伪税控认证系统和机动车销售统一发票认证系统采集的专用发票抵扣联和机动车销售统一发票抵扣联金额、税额汇总数分别与《增值税纳税申报表附列资料(表二)》中第2栏"本期认证相符且本期申报抵扣"中所填列的进项金额、税额栏数据比对,二者的逻辑关系是认证系统采集的税额信息必须大于或等于申报资料中所填列的进项数据。

(2)用《增值税运输发票抵扣清单》中"合计"栏"允许计算抵扣的运费金额、计算抵扣的进项税

额"项数据与《增值税纳税申报表附列资料(表二)》中第8栏"运费发票"的"金额、税额"项数据比对,二者的逻辑关系必须相等。

(3)用《海关完税凭证抵扣清单》中的"税款金额"栏汇总数与《增值税纳税申报表附列资料(表二)》中第5栏"海关完税凭证"的"税额"项汇总数比对,二者的逻辑关系必须相等。

(4)用《废旧物资发票抵扣清单》中"发票金额"栏"计算抵扣税额"项汇总数与《增值税纳税申报表附列资料(表二)》中第7栏"废旧物资发票"的"金额、税额"栏汇总数比对,二者的逻辑关系必须相等。

2. 辅导期内一般纳税人票表比对内容

(1)审核《增值税纳税申报表》附表二第3栏份数、金额、税额是否等于或小于本期稽核系统比对相符的专用发票抵扣联数据。

(2)审核《增值税纳税申报表》附表二第5栏份数、金额、税额是否等于或小于本期交叉稽核比对相符和协查后允许抵扣的海关进口增值税专用缴款书合计数。

(3)审核《增值税纳税申报表》附表二第8栏份数、金额、税额是否等于或小于本期交叉稽核比对相符和协查后允许抵扣的运输费用结算单据合计数。

(4)申报表数据若大于稽核结果数据的,按现行"一窗式"票表比对异常情况处理。

2009年1月征期仍使用现行增值税纳税申报"一窗式"票表比对规定,调整后的增值税纳税申报"一窗式"票表比对规定自2009年2月1日起执行。

(三)税款比对

用《增值税纳税申报表》第24栏"应纳税额合计"数据与税款所属期为同期的已缴纳税款总额比对,二者的逻辑关系是"应纳税额合计"小于或等于已缴纳税款总额。

(四)红字专用发票通知单比对

《增值税纳税申报表附列资料(表二)》第21栏"税额"与红字增值税专用发票通知单管理系统

"开具红字增值税专用发票通知单"中"需要作进项税额转出"的税额比对,二者逻辑关系必须相等。

(五)已实行"税银联网"或"税库银联网"的地区,应严格按照《规程》要求进行"一窗式"票表税比对。

尚未实行"税银联网"或"税库银联网"的地区,暂不进行表税比对,仅做票表比对,但主管税务机关应加强税款缴纳的跟踪管理,保证税款及时足额入库。同时应积极创造条件,抓紧推行"税银联网"或"税库银联网"缴款方式,尽快实现"一窗式"表税比对。

八、票表税比对结果处理

(一)票表税比对逻辑关系相符的,"一窗式"票表税比对软件自动对税控 IC 卡解锁;票表税比对逻辑关系不符的,申报征收岗位应立即移交给异常情况处理岗位处理。

(二)异常情况处理岗位按照《"一窗式"票表税比对异常类型及处理方式分类表》①明确的异常情况、问题类型、核实方法及处理方式进行对照,情况相符的,解除异常,操作一窗式票表税比对软件对税控 IC 卡解锁;情况不符的,不得对税控 IC 卡解锁,填制《比对异常转办单》②移交复核岗位。

(三)复核岗位人员根据《比对异常转办单》所列内容进行复核,审核无误的在《比对异常转办单》签署转办意见转交税源管理部门。

(四)税源管理部门接收《比对异常转办单》后,采取案头分析、约谈举证、实地调查等方式进行核实。经核实可以解除异常的,在《比对异常转办单》签署"解除异常,同意对 IC 卡解锁"意见后,移交复核岗位;核实后仍不能解除异常的,在《比对异常转办单》签署"移送稽查"意见后,移交稽查部门处理。

(五)稽查部门接到《比对异常转办单》后,实施税务稽查。经查处可以解除异常的,在《比对异常转办单》签署"解除异常,同意对税控 IC 卡解锁"意见后转交税源管理部门,税源管理部门再转交复核岗位。

(六)复核岗位接到税源管理部门签署"解除异常,同意对税控 IC 卡解锁"意见的《比对异常转办单》后,通知异常情况处理岗位操作"一窗式"票表税比对软件对税控 IC 卡解锁。

(七)在申报期结束的当日,复核岗位应及时将比对结果转交税源管理部门。对其中未票表税比对的纳税人还应填制《未票表税比对纳税人清单》③一并移交。

(八)复核岗位人员根据票表税比对系统自动生成的《比对异常纳税人清单》④,并监督核实申报征收岗位和异常情况处理岗位工作人员是否存在违规处理的问题。

(九)每月申报期结束次日,填写《比对异常和处理结果统计表》⑤,并报送增值税管理部门。

① 见《国家税务总局关于印发〈增值税一般纳税人纳税申报"一窗式"管理操作规程〉的通知》(国税发[2005]61号,2005年4月13日)附件二。
② 见《国家税务总局关于印发〈增值税一般纳税人纳税申报"一窗式"管理操作规程〉的通知》(国税发[2005]61号,2005年4月13日)附件三。
③ 见《国家税务总局关于印发〈增值税一般纳税人纳税申报"一窗式"管理操作规程〉的通知》(国税发[2005]61号,2005年4月13日)附件五。
④ 见《国家税务总局关于印发〈增值税一般纳税人纳税申报"一窗式"管理操作规程〉的通知》(国税发[2005]61号,2005年4月13日)附件四。
⑤ 见《国家税务总局关于印发〈增值税一般纳税人纳税申报"一窗式"管理操作规程〉的通知》(国税发[2005]61号,2005年4月13日)附件八。

附件三：

增值税纳税申报表（适用于小规模纳税人）
填表说明①

一、本申报表适用于增值税小规模纳税人（简称纳税人）填报。

二、具体项目填写说明：

（一）本表"税款所属期"是指纳税人申报的增值税应纳税额的所属时间,应填写具体的起止年、月、日。

（二）本表"纳税人识别号"栏,填写税务机关为纳税人确定的识别号,即税务登记证号码。

（三）本表"纳税人名称"栏,填写纳税人单位名称全称,不得填写简称。

（四）本表第1栏"应征增值税货物及劳务不含税销售额"栏数据,填写应征增值税货物及劳务的不含税销售额,包含通过税务机关窗口代开的以及纳税人通过税控器具开具的应征增值税货物及劳务的不含税销售额;不包免税货物及劳务销售额、出口免税货物销售额、稽查查补销售额。

（五）本表第2栏"税务机关代开的增值税专用发票不含税销售额"栏数据,填写税务机关代开的增值税专用发票的不含税销售额合计。

（六）本表第3栏"税控器具开具的普通发票不含税销售额"栏数据,填写纳税人通过税控器具开具的应征增值税货物及劳务的普通发票换算的

不含税销售额。

（七）本表第4栏"销售使用过的应税固定资产不含税销售额"栏数据,填写纳税人销售自己使用过的应税固定资产不含税销售额合计②。

（八）本表第5栏"税控器具开具的普通发票不含税销售额"栏数据,填写纳税人利用税控器具开具的普通发票不含税销售额合计③。

（九）本表第6栏"免税货物及劳务销售额"栏数据,填写销售免征增值税货物及劳务的销售额。

（十）本表第7栏"税控器具开具的普通发票销售额"栏数据,填写纳税人销售免税货物及劳务时,通过税控器具开具的普通发票金额。

（十一）本表第8栏"出口免税货物销售额"栏数据,填写出口免税货物的销售额。

（十二）本表第9栏"税控器具开具的普通发票销售额"栏数据,填写通过税控器具开具的出口免税货物的普通发票金额。

（十三）本表第10栏"本期应纳税额"栏数据,填写本期按征收率计算缴纳的应纳增值税税额。

（十四）本表第11栏"本期应纳税额减征额"栏数据,填写根据相关的增值税优惠政策计算的应

---

① 《国家税务总局关于做好增值税普通发票"一窗式"票表比对准备工作的通知》（国税发[2005]141号,2005年9月8日）。增值税纳税申报表（适用于小规模纳税人）见《国家税务总局关于调整增值税纳税申报有关事项的通知》（国税函[2008]1075号,2008年12月30日）。

② 《国家税务总局关于增值税简易征收政策有关管理问题的通知》（国税函[2009]90号,2009年2月25日）。

③ 《国家税务总局关于增值税简易征收政策有关管理问题的通知》（国税函[2009]90号,2009年2月25日）。

163

纳增值税税额减征额。

（十五）本表第13栏"本期预缴税额"栏数据，填写纳税人本期预缴的增值税额，但不包括稽查补缴的应纳增值税额。

附件四：

增值税生产性劳务征收范围注释[①]

一、地质勘探

是指根据地质学、物理学和化学原理,凭借各种仪器设备观测地下情况,研究地壳的性质与结构,借以寻找原油、天然气的工作。种类包括:地质测量;控制地形测量;重力法;磁力法;电法;陆地海滩二维(或三维、四维)地震勘探;垂直地震测井法(即 vsp 测井法);卫星定位;地球化学勘探;井间地震;电磁勘探;多波地震勘探;遥感和遥测;探井;资料(数据)处理、解释和研究。

二、钻井(含侧钻)

是指初步探明储藏有油气水后,通过钻具(钻头、钻杆、钻铤)对地层钻孔,然后用套、油管连接并向下延伸到油气水层,并将油气水分离出来的过程。钻井工程分为探井和开发井。探井包括地质井、参数井、预探井、评价井、滚动井等;开发井包括采油井、采气井、注水(气)井以及调整井、检查研究井、扩边井、油藏评价井等,其有关过程包括:

(一)新老区临时工程建设。是指为钻井前期准备而进行的临时性工程。含临时房屋修建、临时公路和井场道路的修建、供水(电)工程的建设、保温及供热工程建设、维护、管理。

(二)钻前准备工程。指为钻机开钻创造必要条件而进行的各项准备工程。含钻机、井架、井控、固控设施、井口工具的安装及维修。

(三)钻井施工工程。包括钻井、井控、固控所需设备、材料及新老区临时工程所需材料的装卸及搬运。

(四)包括定向井技术、水平井技术、打捞技术、欠平衡技术、泥浆技术、随钻测量、陀螺测量、电子多点、电子单点、磁性单多点、随钻、通井、套管开窗、老井侧钻、数据处理、小井眼加深、钻井液、顶部驱动钻井、化学监测、分支井技术、气体(泡沫)钻井技术、套管钻井技术、膨胀管技术、垂直钻井技术、地质导向钻井技术、旋冲钻井技术,取芯、下套管作业、钻具服务、井控服务、固井服务、钻井工程技术监督、煤层气钻井技术等。

(五)海洋钻井:包括钻井船拖航定位、海洋环保、安全求生设备的保养检查、试油点火等特殊作业。

三、测井

是指在井孔中利用测试仪器,根据物理和化学原理,间接获取地层和井眼信息,包括信息采集、处理、解释和油(气)井射孔。根据测井信息,评价储(产)层岩性、物性、含油性、生产能力及固井质量、射孔质量、套管质量、井下作业效果等。按物理方法,主要有电法测井、声波测井、核(放射性)测井、磁测井、力测井、热测井、化学测井;按完井方式分裸眼井测井和套管井测井;按开采阶段分勘探测井和开发测井,开发测井包括生产测井、工程测井和产层参数测井。

四、录井

是指钻井过程中随着钻井录取各种必要资料

---

① 《财政部 国家税务总局关于印发〈油气田企业增值税管理办法〉的通知》(财税[2009]8 号,2009 年 1 月 19 日)。

的工艺过程。有关项目包括:地质设计;地质录井;气测录井;综合录井;地化录井;轻烃色谱录井;定量荧光录井;核磁共振录井;离子色谱录井;伽马录井;岩心扫描录井;录井信息传输;录井资料处理及解释;地质综合研究;测量工程;单井评价;古生物、岩矿、色谱分析;录井新技术开发;非地震方法勘探;油层工程研究;数据处理;其他技术服务项目。

五、试井

是指确定井的生产能力和研究油层参数及地下动态,对井进行的专门测试工作。应用试井测试手段可以确定油气藏压力系统、储层特性、生产能力和进行动态预测,判断油气藏边界、评价井下作业效果和估算储量等。包括高压试井和低压试井。

六、固井

是指向井内下入一定尺寸的套管柱,并在周围注入水泥,将井壁与套管的空隙固定,以封隔疏松易塌易漏等地层、封隔油气水层,防止互相窜漏并形成油气通道。具体项目包括:表面固井、技术套管固井、油层固井、套管固井、特殊固井。

七、试油(气)

是油气层评价的一种直接手段。是指在钻井过程中或完井后,利用地层测试等手段,获取储层油、气、水产量、液性、压力、温度等资料,为储层评价、油气储量计算和制定油气开发方案提供依据。包括:中途测试、原钻机试油(气)、完井试油(气)、压裂改造、酸化改造、地层测试和抽汲排液求产、封堵等特种作业。

八、井下作业

是指在油气开发过程中,根据油气田投产、调整、改造、完善、挖潜的需要,利用地面和井下设备、工具,对油、气、水井采取各种井下作业技术措施,以达到维护油气水井正常生产或提高注采量,改善油层渗透条件及井的技术状况,提高采油速度和最终采收率。具体项目包括:新井投产、投注、维护作业、措施作业、油水井大修、试油测试、试采、数据解释。

九、油(气)集输

是指把油(气)井生产的原油(天然气)收集起来,再进行初加工并输送出去而修建井(平)台、井口装置、管线、计量站、接转站、联合站、油库、油气稳定站、净化厂(站)、污水处理站、中间加热加压站、长输管线、集气站、增压站、气体处理厂等设施及维持设施正常运转发生的运行、保养、维护等劳务。

十、采油采气

是指为确保油田企业正常生产,通过自然或机械力将油气从油气层提升到地面并输送到联合站、集输站整个过程而发生的工程及劳务。主要包括采油采气、注水注气、三次采油、防腐、为了提高采收率采取的配套技术服务等。

(一)采油采气。是指钻井完钻后,通过试采作业,采取自然或机械力将油气从油气层提升到地面而进行的井场、生产道路建设、抽油机安装、采油树配套、单井管线铺设、动力设备安装、气层排液等工程及维持正常生产发生的运行、保养、维护等劳务。

(二)注水注气。是指为保持油气层压力而建设的水源井、取水设施、操作间、水源管线、配水间、配气站、注水注气站、注水增压站、注水注气管线等设施以及维持正常注水注气发生的运行、保养、维护等劳务。

(三)稠油注汽。是指为开采稠油而修建的向油层注入高压蒸汽的设施工程及维持正常注汽发生的运行、保养、维护等劳务。

(四)三次采油。是指为提高原油采收率,确保油田采收率而向油层内注聚合物、酸碱、表面活性剂、二氧化碳、微生物等其他新技术,进行相关的技术工艺配套和地面设施工程。包括修建注入和采出各场站、管网及相应的各系统工程;产出液处理的净化场(站)及管网工程等。

(五)防腐。是指为解决现场问题,保证油田稳产,解决腐蚀问题而进行的相关药剂、防腐方案、腐蚀监测网络等的配套工程。

(六)技术服务。是指为确保油气田的正常生产,为采油气工程提供的各种常规技术服务及新技术服务等。主要包括采油采气方案的编制、注水注气方案编制、三次采油方案的编制设计、油井管柱优化设计、相关软件的开发、采油气新工艺的服务、油气水井测试服务等。

十一、海上油田建设

是指为勘探开发海上油田而修建的人工岛、海上平台、海堤、滩海路、海上电力通讯、海底管缆、海上运输、应急系统、弃置等海上生产设施及维持正常生产发生的运行、保养、维护等劳务。

十二、供排水、供电、供热、通讯

(一)供排水。是指为维持油(气)田正常生产及保证安全所建设的调节水源、管线、泵站等系统工程以及防洪排涝工程以及运行、维护、改造等劳务。

(二)供电。是指为保证油(气)田正常生产和照明而建设的供、输、变电的系统工程以及运行、维护、改造等劳务。

(三)供热。是指为保证油气田正常生产而建设的集中热源、供热管网等设施以及运行、维护、改造等劳务。

(四)通讯。是指在油(气)田建设中为保持电信联络而修建的发射台、线路、差转台(站)等设施以及运行、维护、改造等劳务。

十三、油田基本建设

是指根据油气田生产的需要,在油气田内部修建的道路、桥涵、河堤、输卸油(气)专用码头、海堤、生产指挥场所建设等设施以及维护和改造。

十四、环境保护

是油气田企业为保护生态环境,落实环境管理而发生的生态保护、污染防治、清洁生产、污染处置、环境应急等项目建设的工程与劳务,及施工结束、资源枯竭后应及时恢复自然生态而建设的工程及劳务。

十五、其他

是指油气田企业之间为维持油气田的正常生产而互相提供的其他劳务。包括:运输、设计、提供信息、检测、计量、监督、监理、消防、安全、异体监护、数据处理、租赁生产所需的仪器、材料、设备等服务。

附件五:

农业产品征税范围注释

农业产品是指种植业、养殖业、林业、牧业、水产业生产的各种植物、动物的初级产品①。

一、植物类

植物类包括人工种植和天然生长的各种植物的初级产品。具体征税范围为:

(一)粮食②

粮食是指各种主食食科植物果实的总称,包括谷类、豆类、薯类,主要范围有:

1. 小麦、稻谷、玉米、高粱、谷子、杂粮(如:大麦、燕麦等)及其他粮食作物。

麦芽不属于农业产品范围,应适用17%的增值税税率③。

2. 经淘洗、碾磨、脱壳、分级包装、装缸发制等工艺加工后制成的成品粮及其初制品(如:大米、小米、面粉、玉米粉、玉米渣、豆面粉、米粉、蒸麦面粉、小米面粉、薯粉、玉米片、玉米米、燕麦片、甘薯片、黄豆牙、绿豆牙等)。

从2008年12月8日起,挂面按照粮食复制品适用13%的增值税税率④。

3. 切面、饺子皮、馄饨皮、面皮、米粉等粮食复制品。粮食复制品是指以粮食为主要原料经简单加工的生食品。粮食复制品的具体范围由各省、自治区、直辖市、计划单列市直属分局根据上述原则确定,并上报财政部和国家税务总局备案⑤。

以粮食为原料加工的速冻食品、方便面、豆腐皮、副食品和各种熟食品,不属于本货物的征税范围⑥。

(二)蔬菜⑦

蔬菜是指可作副食的草本、木本植物的总称。

---

① 《财政部 国家税务总局关于印发〈农业产品征税范围注释〉的通知》(财税字[1995]52号,1995年6月15日)。根据《国家税务总局关于〈农业产品征税范围注释〉执行日期的通知》(国税明电[1995]44号,1995年9月14日),《农业产品征税范围注释》从1995年10月1日起执行。

② 《财政部 国家税务总局关于印发〈农业产品征税范围注释〉的通知》(财税字[1995]52号,1995年6月15日);《商务部 财政部 国家税务总局关于开展农产品连锁经营试点的通知》(商建发[2005]1号,2005年4月4日)。

③ 《国家税务总局关于麦芽适用税率问题的批复》(国税函[2009]177号,2009年4月7日)。

④ 《国家税务总局关于挂面适用增值税税率问题的通知》(国税函[2008]1007号,2008年12月8日)。此前,《财政部 国家税务总局关于增值税、营业税若干政策规定的通知》(财税字[1994]26号,1994年5月5日)规定,切面、饺子皮、米粉等经过简单加工的粮食复制品,比照粮食13%的税率征收增值税。但粮食复制品是指以粮食为主要原料经简单加工的生食品,不包括挂面和以粮食为原料加工的速冻食品、副食品。粮食复制品的具体范围由各省、自治区、直辖市、计划单列市直属分局根据上述原则确定,并上报财政部和国家税务总局备案。后来,《财政部 国家税务总局关于公布若干废止和失效的增值税规范性文件目录的通知》(财税[2009]17号,2009年2月26日)对《财政部 国家税务总局关于增值税、营业税若干政策规定的通知》(财税字[1994]26号)的上述规定予以公布废止。

⑤ 《财政部 国家税务总局关于增值税、营业税若干政策规定的通知》(财税字[1994]26号,1994年5月5日)。

⑥ 《财政部 国家税务总局关于增值税、营业税若干政策规定的通知》(财税字[1994]26号,1994年5月5日)。《国家税务总局关于出口豆腐皮等产品适用征、退税率问题的批复》(国税函[2005]944号,2005年10月18日)。

⑦ 《财政部 国家税务总局关于印发〈农业产品征税范围注释〉的通知》(财税字[1995]52号,1995年6月15日);《商务部 财政部 税务总局关于开展农产品连锁经营试点的通知》(商建发[2005]1号,2005年4月4日)。

本货物的征税范围包括：

1. 各种蔬菜、菌类植物和少数可作副食的木本植物。

2. 经晾晒、冷藏、冷冻、包装、脱水等工序加工的蔬菜、腌菜、咸菜、酱菜和盐渍蔬菜等。

3. 将植物的根、茎、叶、花、果、种子和食用菌通过干制加工处理后，制成的各类干菜，如黄花菜、玉兰片、萝卜干、冬菜、梅干菜，木耳、香菇、平菇等。

各种蔬菜罐头（罐头是指以金属罐、玻璃瓶，经排气密封的各种食品）及碾磨后的园艺植物（如胡椒粉、花椒粉等）不属于本货物及食用农产品的征税范围。

（三）烟叶①

烟叶是指各种烟草的叶片和经过简单加工的叶片。本货物的征税范围包括晒烟叶、晾烟叶和初烤烟叶。

1. 晒烟叶。是指利用太阳能露天晒制的烟叶。

2. 晾烟叶。是指在晾房内自然干燥的烟叶。

3. 初烤烟叶。是指烟草种植者直接烤制的烟叶。不包括专业复烤厂烤制的复烤烟叶。

（四）茶叶②

茶叶是指从茶树上采摘下来的鲜叶和嫩芽（即茶青），以及经吹干、揉拌、发酵、烘干等工序初制的茶。本货物的征收范围包括各种毛茶（如红毛茶、绿毛茶、乌龙毛茶、白毛茶、黑毛茶等）。

精制茶、边销茶及掺兑各种药物的茶和茶饮料，不属于本货物的征税范围。

（五）园艺植物③

园艺植物是指可供食用的果实，包括：

1. 新鲜水果。

2. 通过对新鲜水果（含各类山野果）清洗、脱壳、分类、包装、储藏保鲜、干燥、炒制等加工处理，制成的各类水果、果干（如荔枝干、桂圆干、葡萄干等）、果仁、坚果等。

3. 果用瓜（如甜瓜、西瓜、哈密瓜等），以及胡椒、花椒、大料、咖啡豆等。

4. 经冷冻、冷藏、包装等工序加工的水果等园艺植物。

5. 通过对花卉及观赏植物进行保鲜、储蓄、分级包装等加工处理，制成的各类用于食用的鲜、干花，晒制的药材等。

各种水果罐头，果脯，蜜饯，炒制的果仁、坚果，碾磨后的园艺植物（如胡椒粉、花椒粉等），不属于本货物的征税范围。

（六）药用植物④

药用植物是指用作中药原药的各种植物的根、茎、皮、叶、花、果实等。

通过对各种药用植物的根、茎、皮、叶、花、果实等进行挑选、整理、捆扎、清洗、晾晒、切碎、蒸煮、密炒等处理过程，制成的片、丝、块、段等中药饮片。

中成药不属于本货物的征税范围。

（七）油料植物⑤

1. 油料植物是指主要用作榨取油脂的各种植物的根、茎、叶、果实、花或者胚芽组织等初级产品，如菜子（包括芥菜子）、花生、大豆、葵花子、蓖麻子、芝麻子、胡麻子、茶子、桐子、橄榄仁、棕榈仁、棉籽等。

---

① 《财政部　国家税务总局关于印发〈农业产品征税范围注释〉的通知》（财税字[1995]52号,1995年6月15日）。

② 《财政部　国家税务总局关于印发〈农业产品征税范围注释〉的通知》（财税字[1995]52号,1995年6月15日）;《商务部　财政部　国家税务总局关于开展农产品连锁经营试点的通知》（商建发[2005]1号,2005年4月4日）。

③ 《财政部　国家税务总局关于印发〈农业产品征税范围注释〉的通知》（财税字[1995]52号,1995年6月15日）;《商务部　财政部　国家税务总局关于开展农产品连锁经营试点的通知》（商建发[2005]1号,2005年4月4日）。

④ 《财政部　国家税务总局关于印发〈农业产品征税范围注释〉的通知》（财税字[1995]52号,1995年6月15日）;《商务部　财政部　国家税务总局关于开展农产品连锁经营试点的通知》（商建发[2005]1号,2005年4月4日）。

⑤ 《财政部　国家税务总局关于印发〈农业产品征税范围注释〉的通知》（财税字[1995]52号,1995年6月15日）;《财政部　国家税务总局〈关于增值税、营业税若干政策规定的通知〉》（财税字[1994]26号,1994年5月5日）;《商务部　财政部　国家税务总局关于开展农产品连锁经营试点的通知》（商建发[2005]1号,2005年4月4日）。

2. 通过对菜籽、花生、大豆、葵花籽、蓖麻籽、芝麻、胡麻籽、茶籽、桐籽、棉籽及粮食的副产品等,进行清理、热炒、磨坯、榨油(搅油、墩油)等加工处理,制成的植物油(毛油)和饼粕等副产品,具体包括菜籽油、花生油、小磨香油、豆油、棉籽油、棕榈油、葵花油、米糠油以及油料饼粕、豆饼等。

3. 提取芳香油的芳香料植物。

精炼植物油不属于食用农产品范围。

4. 茴油是八角树枝叶、果实简单加工后的农业产品,毛椰子油是椰子经初加工而成的农业产品,二者均属于农业初级产品,可按13%的税率征收增值税①。

肉桂油、桉油、香茅油不属于《财政部 国家税务总局关于印发〈农业产品征税范围注释〉的通知》(财税字[1995]52号)规定的农业产品范围,其增值税适用税率为17%②。

(八)纤维植物③

1. 纤维植物是指利用其纤维作纺织、造纸原料或者绳索的植物,如棉(包括籽棉、皮棉、絮棉)、大麻、黄麻、槿麻、苎麻、苘麻、亚麻、罗布麻、蕉麻、剑麻等。

2. 棉短绒和麻纤维经脱胶后的精干(洗)麻。

(九)糖料植物④

1. 糖料植物是指主要用作制糖的各种植物,如甘蔗、甜菜等。

2. 通过对各种糖料植物,如甘蔗、甜菜等,进行清洗、切割、包装等加工处理的初级产品。

(十)林业产品⑤

林业产品是指乔木、灌木和竹类植物,以及天然树脂、天然橡胶。林业产品的征税范围包括:原木、原竹、天然树脂和其他林业产品。

1. 原木。是指将伐倒的乔木去其枝芽、梢头或者皮的乔木、灌木,以及锯成一定长度的木段。锯材不属于本货物的征税范围。

2. 原竹。是指将砍倒的竹去其枝、梢或者叶的竹类植物,以及锯成一定长度的竹段。

3. 天然树脂。是指木科植物的分泌物,包括生漆、树脂和树胶,如松脂、桃胶、樱胶、阿拉伯胶、古巴胶和天然橡胶(包括乳胶和干胶)等。

4. 其他林业产品。是指除上述列举林业产品以外的其他各种林业产品,如竹笋(包括盐水竹笋)、笋干、棕竹、棕榈衣、树枝、树叶、树皮、藤条等。

竹笋罐头不属于本货物的征税范围。

复合胶不属于天然橡胶产品,适用增值税税率应为17%⑥。

(十一)热带、南亚热带初加工作物⑦

通过对热带、南亚热带作物去除杂质、脱水、干燥等加工处理,制成的半成品或初级食品,也属于食用农产品。具体包括:天然生胶和天然浓缩胶乳、生熟咖啡豆、胡椒籽、肉桂油、桉油、香茅油、木薯淀粉、腰果仁、坚果仁等。

除上述木薯淀粉外,其他淀粉不属于农业产品的范围,应按照17%的税率征收增值税⑧。

(十二)水生植物⑨

1. 海带、裙带菜、紫菜、龙须菜、麒麟菜、江篱、浒苔、羊栖菜、莼菜等。

① 《国家税务总局关于茴油、毛椰子油适用增值税税率的批复》(国税函[2003]426号,2003年4月18日)。
② 《国家税务总局关于肉桂油 桉油 香茅油增值税适用税率问题的公告》(国家税务总局公告2010年第5号,2010年7月27日)。该公告从2010年9月1日起实施。
③ 《财政部 国家税务总局关于印发〈农业产品征税范围注释〉的通知》(财税字[1995]52号,1995年6月15日)。
④ 《财政部 国家税务总局关于印发〈农业产品征税范围注释〉的通知》(财税字[1995]52号,1995年6月15日);《商务部 财政部 国家税务总局关于开展农产品连锁经营试点的通知》(商建发[2005]1号,2005年4月4日)。
⑤ 《财政部 国家税务总局关于印发〈农业产品征税范围注释〉的通知》(财税字[1995]52号,1995年6月15日)。
⑥ 《国家税务总局关于复合胶适用增值税税率问题的批复》(国税函[2009]453号,2009年8月21日)。
⑦ 《商务部 财政部 国家税务总局关于开展农产品连锁经营试点的通知》(商建发[2005]1号,2005年4月4日)。
⑧ 《国家税务总局关于淀粉的增值税适用税率问题的批复》(国税函发[1996]744号,1996年12月31日)。
⑨ 《商务部 财政部 国家税务总局关于开展农产品连锁经营试点的通知》(商建发[2005]1号,2005年4月4日)。

2. 将上述水生植物整体或去根、去边梢、切段，经热烫、冷冻、冷藏等保鲜防腐处理和包装的产品，以及整体或去根、去边梢、切段，经晾晒、干燥（脱水）、粉碎等处理和包装的产品。

罐装（包括软罐）产品不属于食用农产品范围。

（十三）其他植物

其他植物是指除上述列举植物以外的其他各种人工种植和野生的植物，如树苗、花卉、植物种子、植物叶子、草、麦秸、豆类、薯类、藻类植物等。干花、干草、薯干、干制的藻类植物、农业产品的下脚料等，也属于本货物的征税范围①。

干姜、姜黄也属于农业产品范围，其增值税适用税率为13%。其中：干姜是将生姜经清洗、刨皮、切片、烘烤、晾晒、熏硫等工序加工后制成的产品；姜黄包括生姜黄，以及将生姜黄经去泥、清洗、蒸煮、晾晒、烤干、打磨等工序加工后制成的产品②。

二、动物类

动物类包括人工养殖和天然生长的各种动物的初级产品。具体征税范围为：

（一）水产品

水产品是指人工放养和人工捕捞的鱼、虾、蟹、鳖、贝类、棘皮类、软体类、腔肠类、海兽类动物。本货物的征税范围包括：

1. 鱼、虾、蟹、鳖、贝类、棘皮类、软体类、腔肠类、海兽类、鱼苗（卵）、虾苗、蟹苗、贝苗（秧）等。

2. 将水产动物整体或去头、去鳞（皮、壳）、去内脏、去骨（刺）、擂溃或切块、切片，经冰鲜、冷冻、冷藏、盐渍、干制等保鲜防腐处理和包装的水产动物初加工品。

3. 通过对食用价值较低的鱼类、虾类、贝类、藻类以及水产品加工下脚料等，进行压榨（分离）、浓缩、烘干、粉碎、冷冻、冷藏等加工处理制成的可食用的初制品。如鱼粉、鱼油、海藻胶、鱼鳞胶、鱼露（汁）、虾酱、鱼籽、鱼肝酱等。

4. 未加工成工艺品的贝壳、珍珠。

以鱼油、海兽油脂为原料生产的各类乳剂、胶丸、滴剂等制品，熟制的水产品和各类水产品的罐头，不属于食用农产品，不属于本货物的征税范围。

（二）畜牧产品③

畜牧产品是指人工饲养、繁殖取得和捕获的各种畜禽。本货物的征税范围包括：

1. 肉类产品

兽类、禽类和爬行类动物，如牛、马、猪、羊、鸡、鸭等。

兽类、禽类和爬行类动物的肉产品。包括通过对畜禽类动物宰杀、去头、去蹄、去皮、去内脏、分割、切块或切片、冷藏或冷冻等加工处理，制成的分割肉、保鲜肉、冷藏肉、冷冻肉、冷却肉、盐渍肉、绞肉、肉块、肉片、肉丁等，以及兽类、禽类和爬行类动物的内脏、头、尾、蹄等组织。

各种兽类、禽类和爬行类动物的肉类生制品，如腊肉、腌肉、熏肉等，也属于本货物的征税范围。

天然肠衣按农产品适用税率④。

各种肉类罐头、肉类熟制品，不属于本货物的征税范围。

2. 蛋类产品

蛋类产品是指各种禽类动物和爬行类动物的卵，包括鲜蛋、冷藏蛋。

---

① 《财政部 国家税务总局关于印发〈农业产品征税范围注释〉的通知》（财税字〔1995〕52号，1995年6月15日）。《商务部 财政部 国家税务总局关于开展农产品连锁经营试点的通知》（商建发〔2005〕1号，2005年4月4日）。

② 《国家税务总局关于干姜 姜黄增值税适用税率问题的公告》（国家税务总局公告2010年第9号，2010年8月19日）。本公告自2010年10月1日起执行。

③ 《财政部 国家税务总局关于印发〈农业产品征税范围注释〉的通知》（财税字〔1995〕52号，1995年6月15日）。《商务部 财政部 国家税务总局关于开展农产品连锁经营试点的通知》（商建发〔2005〕1号，2005年4月4日）。

④ 《国家税务总局关于明确天然肠衣适用征税率、出口退税率等有关问题的通知》（国税发〔2005〕74号，2005年4月28日）。根据《国家税务总局关于公布全文失效废止 部分条款失效废止的税收规范性文件目录的公告》（国家税务总局公告2011年第2号，2011年1月4日），该文件被公布失效废止。

通过对鲜蛋进行清洗、干燥、分级、包装、冷藏等加工处理,制成的各种分级、包装的鲜蛋、冷藏蛋等蛋类初加工品。

经加工的咸蛋、松花蛋、腌制的蛋等,也属于本货物的征税范围。

各种蛋类的罐头,不属于本货物的征税范围。

3. 奶类产品

鲜奶。是指各种哺乳类动物的乳汁和经净化、杀菌等加工工序生产的乳汁。包括按照《食品营养强化剂使用卫生标准》(GB14880—94)添加微量元素生产的鲜奶①。

通过对鲜奶进行净化、均质、杀菌或灭菌、灌装等,制成的巴氏杀菌奶、超高温灭菌奶、花色奶等。

用鲜奶加工的各种奶制品,如酸奶、奶酪、奶油等,不属于食用农产品,不属于本货物的征税范围。

4. 蜂类产品

指采集的未经加工的天然蜂蜜、鲜蜂王浆等。包括通过去杂、浓缩、熔化、磨碎、冷冻等加工处理,制成的蜂蜜、鲜王浆以及蜂蜡、蜂胶、蜂花粉等。

各种蜂产品口服液、王浆粉不属于食用农产品,不属于本货物的征税范围。

(三)动物皮张②

动物皮张是指从各种动物(兽类、禽类和爬行类动物)身上直接剥取的,未经鞣制的生皮、生皮张。包括进口生皮、生毛皮③。

将生皮、生皮张用清水、盐水或者防腐药水浸泡、刮里、脱毛、晒干或者熏干,未经制的,也属于本货物的征税范围。

(四)动物毛绒④

动物毛绒是指未经洗净的各种动物的毛发、绒毛和羽毛。洗净毛、洗净绒等不属于本货物的征税范围。

增值税的应税货物水洗猪鬃是生猪鬃经过浸泡(脱脂)、打洗、分绒等加工过程生产的产品,已不属于农业产品征税范围,应按"洗净毛、洗净绒"适用17%的税率征收征收增值税⑤。

人发不属于农业产品范围,应适用17%的增值税税率⑥。

(五)其他动物组织

其他动物组织是指上述列举以外的兽类、禽类、爬行类动物的其他组织,以及昆虫类动物。包括⑦:

1. 蚕茧。包括鲜茧和干茧,以及蚕蛹。

2. 动物树脂,如虫胶等。

3. 其他动物组织,如:动物骨、壳;兽角、动物血液、动物分泌物、蚕种等。

人工合成牛胚胎属于其他动物组织。人工合成牛胚胎的生产过程属于农业生产,纳税人销售自产人工合成牛胚胎应免征增值税⑧。

① 《国家税务总局关于营养强化奶适用增值税税率问题的批复》(国税函[2005]676号,2005年7月5日)。
② 《财政部 国家税务总局关于印发〈农业产品征税范围注释〉的通知》(财税字[1995]52号,1995年6月15日)。
③ 《财政部 国家税务总局关于明确生皮和生毛皮进口环节增值税税率的通知》(财关税[2007]34号,2007年3月20日)。
④ 《财政部 国家税务总局关于印发〈农业产品征税范围注释〉的通知》(财税字[1995]52号,1995年6月15日)。
⑤ 《国家税务总局关于洗净毛征收增值税问题的批复》(国税函[1996]609,1996年10月29日)。《国家税务总局关于水洗猪鬃征收增值税问题的批复》(国税函[2006]773号,2006年8月15日)。
⑥ 《国家税务总局关于人发适用增值税税率问题的批复》(国税函[2009]625号,2009年10月28日)。
⑦ 《财政部 国家税务总局关于印发〈农业产品征税范围注释〉的通知》(财税字[1995]52号,1995年6月15日)。
⑧ 《国家税务总局关于人工合成牛胚胎适用增值税税率问题的通知》(国税函[2010]97号,2010年3月4日)。

附件六：

中央所属转制文化企业名单[①]

1. 学习出版社
2. 中国出版集团有限公司
3. 人民文学出版社
4. 商务印书馆
5. 中华书局
6. 中国大百科全书出版社
7. 中国美术出版总社
8. 中国美术出版社
9. 人民音乐出版社
10. 生活·读书·新知三联书店
11. 中国对外翻译出版公司
12. 现代教育出版社
13. 东方出版中心

[①] 《财政部 国家税务总局关于公布学习出版社等中央所属转制文化企业名单的通知》（财税〔2010〕29 号,2010 年 4 月 23 日）。

文化企业的具体范围[①]

1. 文艺表演团体；

2. 文化、艺术、演出经纪企业；

3. 从事新闻出版、广播影视和文化艺术展览的企业；

4. 从事演出活动的剧场（院）、音乐厅等专业演出场所；

5. 经国家文化行政主管部门许可设立的文物商店；

6. 从事动画、漫画创作、出版和生产以及动画片制作、发行的企业；

7. 从事广播电视（含付费和数字广播电视）节目制作、发行的企业，从事广播影视节目及电影出口贸易的企业；

8. 从事电影（含数字电影）制作、洗印、发行、放映的企业；

9. 从事付费广播电视频道经营、节目集成播出推广以及接入服务推广的企业；

10. 从事广播电影电视有线、无线、卫星传输的企业；

11. 从事移动电视、手机电视、网络电视、视频点播等视听节目业务的企业；

12. 从事与文化艺术、广播影视、出版物相关

的知识产权自主开发和转让的企业；从事著作权代理、贸易的企业；

13. 经国家行政主管部门许可从事网络图书、网络报纸、网络期刊、网络音像制品、网络电子出版物、网络游戏软件、网络美术作品、网络视听产品开发和运营的企业；以互联网为手段的出版物销售企业；

14. 从事出版物、影视、剧目作品、音乐、美术作品及其他文化资源数字化加工的企业；

15. 图书、报纸、期刊、音像制品、电子出版物出版企业；

16. 出版物物流配送企业，经国家行政主管部门许可设立的全国或区域出版物发行连锁经营企业、出版物进出口贸易企业、建立在县及县以下以零售为主的出版物发行企业；

17. 经新闻出版行政主管部门许可设立的只读类光盘复制企业、可录类光盘生产企业；

18. 采用数字化印刷技术、电脑直接制版技术（CTP）、高速全自动多色印刷机、高速书刊装订联动线等高新技术和装备的图书、报纸、期刊、音像制品、电子出版物印刷企业。

---

① 《财政部 海关总署 国家税务总局关于支持文化企业发展若干税收政策问题的通知》（财税〔2009〕31 号，2009 年 3 月 27 日）。

附件七：

享受增值税优惠政策的新型墙体材料目录[①]

一、砖类

（一）非粘土烧结多孔砖（符合 GB13544—2000 技术要求）和非粘土烧结空心砖（符合 GB13545—2003 技术要求）。

（二）混凝土多孔砖（符合 JC943—2004 技术要求）。

（三）蒸压粉煤灰砖（符合 JC239—2001 技术要求）和蒸压灰砂空心砖（符合 JC/T637—1996 技术要求）。

（四）烧结多孔砖（仅限西部地区，符合 GB13544—2000 技术要求）和烧结空心砖（仅限西部地区，符合 GB13545—2003 技术要求）。

二、砌块类

（一）普通混凝土小型空心砌块（符合 GB8239—1997 技术要求）。

（二）轻集料混凝土小型空心砌块（符合 GB15229—2002 技术要求）。

（三）烧结空心砌块（以煤矸石、江河湖淤泥、建筑垃圾、页岩为原料，符合 GB13545—2003 技术要求）。

（四）蒸压加气混凝土砌块（符合 GB/T11968—2006 技术要求）。

（五）石膏砌块（符合 JC/T698—1998 技术要求）。

（六）粉煤灰小型空心砌块（符合 JC862—2000 技术要求）。

三、板材类

（一）蒸压加气混凝土板（符合 GB15762—1995 技术要求）。

（二）建筑隔墙用轻质条板（符合 JG/T169—2005 技术要求）。

（三）钢丝网架聚苯乙烯夹芯板（符合 JC623—1996 技术要求）。

（四）石膏空心条板（符合 JC/T829—1998 技术要求）。

（五）玻璃纤维增强水泥轻质多孔隔墙条板（简称 GRC 板，符合 GB/T19631—2005 技术要求）。

（六）金属面夹芯板。其中：金属面聚苯乙烯夹芯板（符合 JC689—1998 技术要求）；金属面硬质聚氨酯夹芯板（符合 JC/T868—2000 技术要求）；金属面岩棉、矿渣棉夹芯板（符合 JC/T869—2000 技术要求）。

（七）建筑平板。其中：纸面石膏板（符合 GB/T9775—1999 技术要求）；纤维增强硅酸钙板（符合 JC/T564—2000 技术要求）；纤维增强低碱度水泥建筑平板（符合 JC/T626—1996 技术要求）；维纶纤维增强水泥平板（符合 JC/T671—1997 技术要求）；建筑用石棉水泥平板（符合 JC/T412 技术要求）。

四、符合国家标准、行业标准和地方标准的混凝土砖、烧结保温砖（砌块）、中空钢网内模隔墙、复合保温砖（砌块）、预制复合墙板（体），聚氨酯硬泡复合板及以专用聚氨酯为材料的建筑墙体。

---

① 《财政部 国家税务总局关于资源综合利用及其他产品增值税政策的通知》（财税〔2008〕156 号，2008 年 12 月 9 日）。

享受增值税优惠政策的废渣目录①

本目录所述废渣，是指采矿选矿废渣、冶炼废渣、化工废渣和其他废渣。

一、采矿选矿废渣，是指在矿产资源开采加工过程中产生的废石、煤矸石、碎屑、粉末、粉尘和污泥。

二、冶炼废渣，是指转炉渣、电炉渣、铁合金炉渣、氧化铝赤泥和有色金属灰渣，但不包括高炉水渣。

三、化工废渣，是指硫铁矿渣、硫铁矿煅烧渣、硫酸渣、硫石膏、磷石膏、磷矿煅烧渣、含氰废渣、电石渣、磷肥渣、硫磺渣、碱渣、含钡废渣、铬渣、盐泥、总溶剂渣、黄磷渣、柠檬酸渣、脱硫石膏、氟石膏和废石膏模。

四、其他废渣，是指粉煤灰、江河（湖、海、渠）道淤泥、淤沙、建筑垃圾、城镇污水处理厂处理污水产生的污泥。

---

① 《财政部 国家税务总局关于资源综合利用及其他产品增值税政策的通知》（财税〔2008〕156 号，2008 年 12 月 9 日）。

附件九：

增值税防伪税控系统管理办法[①]

第一章 总 则

第一条 为保证增值税防伪税控系统（以下简称防伪税控系统）的顺利推行和正常运转，防范利用增值税专用发票（以下简称专用发票）偷骗税的不法行为，进一步加强增值税征收管理，特制定本办法。

第二条 防伪税控系统是运用数字密码和电子信息存储技术，强化专用发票的防伪功能，实现对增值税一般纳税人税源监控的计算机管理系统。（此条款已失效或废止）[②]

第三条 防伪税控系统的推广应用由国家税务总局（以下简称总局）统一领导，省级以下税务机关逐级组织实施。

第四条 各级税务机关增值税业务管理部门（以下简称业务部门）负责防伪税控系统推行应用的组织及日常管理工作，计算机技术管理部门（以下简称技术部门）提供技术支持。

第二章 认定登记

第五条 主管税务机关根据防伪税控系统推行计划确定纳入防伪税控系统管理的企业（以下简称防伪税控企业），下达《增值税防伪税控系统使用通知书》（附件一）。

第六条 防伪税控企业应于《增值税防伪税控系统使用通知书》规定的时间内，向主管税务机关填报《防伪税控企业认定登记表》（附件二）。主管税务机关应认真审核防伪税控企业提供的有关资料和填写的登记事项，确认无误后签署审批意见。

《防伪税控企业认定登记表》一式三联。第一联防伪税控企业留存；第二联税务机关认定登记部门留存；第三联为防伪税控企业办理系统发行的凭证。（此条款已失效或废止）[③]

第七条 防伪税控企业认定登记事项发生变化，应到主管税务机关办理变更认定登记手续。

第八条 防伪税控企业发生下列情形，应到主管税务机关办理注销认定登记，同时由主管税务机关收缴金税卡和IC卡（以下简称"两卡"）。

（一）依法注销税务登记，终止纳税义务；

（二）被取消一般纳税人资格；

（三）减少分开票机。

第三章 系统发行

第九条 防伪税控系统发行实行分级管理。

总局负责发行省级税务发行子系统以及省局直属征收分局认证报税子系统、企业发行子系统和

[①] 《国家税务总局关于印发〈增值税防伪税控系统管理办法〉的通知》（国税发[1999]221号，1999年12月1日）。

[②] 参见《国家税务总局关于发布已失效或废止的税收规范性文件目录的通知》（国税发[2006]62号，2006年5月12日）。

[③] 参见《国家税务总局关于发布已失效或废止的税收规范性文件目录的通知》（国税发[2006]62号，2006年5月12日）。《国家税务总局关于取消防伪税控企业资格认定的通知》（国税函[2004]823号，2004年6月25日）规定，凡经认定为一般纳税人的企业均可以使用增值税防伪税控系统，而且必须通过防伪税控系统来开具增值税专用发票。

发票发售子系统;

省级税务机关负责发行地级税务发行子系统以及地级直属征收分局认证报税子系统、企业发行子系统和发票发售子系统;

地级税务机关负责发行县级认证报税子系统、企业发行子系统和发票发售子系统。

地级税务机关经省级税务机关批准,可发行县级所属征收单位认证报税子系统、企业发行子系统和发票发售子系统。

第十条 防伪税控企业办理认定登记后,由主管税务机关负责向其发行开票子系统。

第十一条 防伪税控企业发生本办法第七条情形的,应同时办理变更发行。

第四章 发放发售

第十二条 防伪税控系统专用设备(以下简称专用设备)包括:金税卡、IC卡、读卡器、延伸板及相关软件等。防伪税控系统税务专用设备由总局统一配备并逐级发放;企业专用设备由防伪税控系统技术服务单位(以下简称服务单位)实施发售管理。

第十三条 主管税务机关需要增配专用设备的,应填制《防伪税控系统专用设备需求表》(附件三)报上级税务机关核发。

第十四条 地级以上税务机关接收和发放专用设备,应严格交接制度,分别填写《防伪税控系统专用设备入库单》(附件四)和《防伪税控系统专用设备出库单》(附件五),及时登记《防伪税控系统专用设备收、发、存台账》(附件六)。

各级税务机关对库存专用设备实行按月盘存制度,登记《防伪税控系统专用设备盘存表》(附件七)。

第十五条 服务单位凭主管税务机关下达的《增值税防伪税控系统使用通知书》向防伪税控企业发售专用设备。

第十六条 服务单位应参照本办法第十四条的规定,加强企业专业设备的仓储发售管理,认真记录收、发、存情况。对库存专用设备实行按月盘

点制度,登记《防伪税控系统专用设备盘存表》(同附件七),并报同级税务机关备案。

第五章 购票开票

第十七条 防伪税控企业凭税控IC卡向主管税务机关领购电脑版专用发票。主管税务机关核对企业出示的相关资料与税控IC卡记录内容,确认无误后,按照专用发票发售管理规定,通过企业发票发售子系统发售专用发票,并将专用发票的起始号码及发售时间登录在税控IC卡内。

第十八条 新纳入防伪税控系统的企业,在系统启用后十日内将启用前尚未使用完的专用发票(包括误填作废的专用发票)报主管税务机关缴销。

第十九条 防伪税控企业必须使用防伪税控系统开具专用发票,不得以其他方式开具手工版或电脑版专用发票。

第二十条 防伪税控企业应按照《增值税专用发票使用规定》开具专用发票,打印压线或错格的,应作废重开。

第六章 认证报税

第二十一条 防伪税控企业应在纳税申报期限内将抄有申报所属月份纳税信息的IC卡和备份数据软盘向主管税务机关报税。

第二十二条 防伪税控企业和未纳入防伪税控系统管理的企业取得的防伪税控系统开具的专用发票抵扣联,应据增值税有关扣税规定核算当期进项税额,如期申报纳税,属于扣税范围的,应于纳税申报时或纳税申报前报主管税务机关认证。

第二十三条 主管税务机关应在企业申报月份内完成企业申报所属月份的防伪税控专用发票抵扣联的认证。对因褶皱、揉搓等无法认证的加盖"无法认证"戳记,认证不符的加盖"认证不符"戳记,属于利用丢失被盗金税卡开具的加盖"丢失被盗"戳记。认证完毕后,应将认证相符和无法认证的专用发票抵扣联退还企业,并同时向企业下达《认证结果通知书》(附件八)。对认证不符和确认

为丢失、被盗金税卡开具的专用发票应及时组织查处。

认证戳记式样由各省级税务机关统一制定。

第二十四条　防伪税控企业应将税务机关认证相符的专用发票抵扣联连同《认证结果通知书》和认证清单一起按月装订成册备查。

第二十五条　经税务机关认证确定为"无法认证"、"认证不符"以及"丢失被盗"的专用发票，防伪税控企业如已申报扣税的，应调减当月进项税额。

第二十六条　报税子系统采集的专用发票存根联数据和认证子系统采集的专用发票抵扣联数据应按规定传递到增值税计算机稽核系统。

第二十七条　防伪税控企业金税卡需要维修或更换时，其存储的数据，必须通过磁盘保存并列印出清单。税务机关应核查金税卡内尚未申报的数据和软盘中专用发票开具的明细信息，生成专用发票存根联数据传递到增值税计算机稽核系统；企业计算机主机损坏不能抄录开票明细信息的，税务机关应对企业开具的专用发票存根联通过防伪税控认证子系统进行认证，产生专用发票存根联数据传递到增值税计算机稽核系统。

第七章　技术服务

第二十八条　防伪税控系统研制生产单位应按照总局制定的推行计划组织专用设备的生产，确保产品质量。严格保密、交接等各项制度。两卡等关键设备在出厂时要进行统一编号，标贴国家密码管理委员会办公室核发的"商密产品认证标识"。

第二十九条　各地税务机关技术部门应做好税务机关内部防伪税控系统的技术支持和日常维护工作。

第三十条　系统研制生产单位应在各地建立服务单位，负责防伪税控系统的安装调试、操作培训、维护服务和企业用防伪税控系统专用设备的销售。

第三十一条　税务机关应与当地服务单位签订协议，明确工作程序、业务规范和双方的权利义

务等事项。

第三十二条　服务单位在向防伪税控企业发售专用设备时，应和企业签订系统维护合同，按照税务机关的有关要求明确服务标准和违约责任等事项，并报当地税务机关备案。

第三十三条　防伪税控系统使用过程中出现的技术问题，税务机关、服务单位应填制《防伪税控系统故障登记表》（附件九）分别逐级上报总局和系统研制生产单位，重大问题及时上报。

第八章　安全措施

第三十四条　税务机关用两卡应由专人使用保管，使用或保管场所应有安全保障措施。发生丢失、被盗的，应立即报公安机关侦破追缴，并报上级税务机关进行系统处理。

第三十五条　按照密码安全性的要求，总局适时统一布置更换系统密钥，部分地区由于"两卡"丢失被盗等原因需要更换密钥的，由上一级税务机关决定。

第三十六条　有关防伪税控系统管理的表、账、册及税务文书等资料保存期为五年。

第三十七条　防伪税控企业应采取有效措施保障开票设备的安全，对税控 IC 卡和专用发票应分开专柜保管。

第三十八条　任何单位和个人未经总局批准不得擅自改动防伪税控系统软、硬件。

第三十九条　服务单位和防伪税控企业专用设备发生丢失被盗的，应迅速报告公安机关和主管税务机关。各级税务机关按月汇总上报《丢失、被盗金税卡情况表》（附件十）。总局建立丢失被盗金税卡数据库下发各地录入认证子系统。

第四十条　税务机关或企业损坏的两卡以及按本办法第八条规定收缴的两卡，由省级税务机关统一登记造册并集中销毁。

第九章　监督检查

第四十一条　税务机关应定期检查服务单位的两卡收、发、存和技术服务情况。督促服务单位

严格两卡发售工作程序,落实安全措施。严格履行服务协议,不断改进服务工作。

第四十二条 防伪税控企业逾期未报税,经催报仍不报的,主管税务机关应立即进行实地查处。

第四十三条 防伪税控企业未按规定使用保管专用设备,发生下列情形之一的,视同未按规定使用和保管专用发票处罚;

(一)因保管不善或擅自拆装专用设备造成系统不能正常运行;

(二)携带系统外出开具专用发票。

第四十四条 各级税务机关应定期检查系统发行情况,地级以上税务机关对下一级税务机关的检查按年进行,地级对县级税务机关的检查按季进行。

第十章 附 则

第四十五条 本办法由国家税务总局负责解释。各地可根据本办法制定具体实施细则。

第四十六条 本办法自 2000 年 1 月 1 日起施行。

附件十：

增值税防伪税控系统服务监督管理办法[①]

第一条　为保障增值税防伪税控开票子系统（以下简称开票系统）的正常运行，加强对从事开票系统专用设备（以下简称专用设备）销售并为开票系统使用单位（以下简称使用单位）提供相关技术支持与服务的企业或企业性单位（以下简称服务单位）的监督，进一步优化对使用单位的技术服务，维护使用单位合法权益，根据《国务院办公厅转发国家税务总局关于全面推广应用增值税防伪税控系统意见的通知》等有关规定，特制定本办法。

第二条　各级税务机关应依据本办法对服务单位进行监督，服务单位必须接受税务机关的监督。

第三条　本办法由各级税务机关增值税管理部门组织实施。

第四条　税务机关对服务单位专用设备销售情况进行监督。

（一）服务单位是否根据税务机关下达的《增值税防伪税控系统使用通知书》向使用单位发售专用设备。

（二）服务单位是否在税务机关下达《增值税防伪税控系统使用通知书》后及时向使用单位发售专用设备。

（三）服务单位有无借服务便利或假借税务机关名义向使用单位强行销售计算机、打印机等通用设备及其他软件或其他商品的行为。

第五条　税务机关对服务单位培训行为进行监督。服务单位是否在发售专用设备后及时组织使用单位开票人员进行操作培训，有无影响使用单位开票的情形。

第六条　税务机关对服务单位开票系统安装、调试和维护行为进行监督。

（一）满足安装条件的使用单位向服务单位提出安装要求后，服务单位是否按照与当地税务机关商定的安装调试方式，在5个工作日内完成使用单位开票系统的安装、调试，有无影响使用单位开票的情形。

（二）服务单位应及时向使用单位提供技术维护服务，保障使用单位开票。是否做到对于电话不能解决的问题，在24小时内做出响应，现场排除故障不超过一个工作日。

（三）服务单位是否于接到投诉后半个工作日内解决使用单位投诉的问题。

第七条　服务单位向使用单位收取技术维护费时，是否与使用单位签订《增值税防伪税控开票系统技术维护合同》，使用单位拒绝签订的除外。

第八条　各级税务机关应高度重视使用单位的投诉，建立投诉受理、处理、反馈制度。

（一）对使用单位的投诉应做好记录，登记《受理投诉登记表》，并及时通知服务单位。

（二）服务单位须于接到投诉通知后半个工作日内解决落实使用单位投诉的问题，将落实情况反

---

①　《国家税务总局关于印发〈增值税防伪税控系统服务监督管理办法〉的通知》（国税发〔2005〕19号，2005年3月1日）。

馈给税务机关受理部门。

（三）对于投诉问题得到解决的,由税务机关受理部门电话回访使用单位,听取使用单位对解决问题的意见;对于投诉问题没有得到解决的,由税务机关受理部门向上一级税务机关反映,由上一级税务机关监督同级服务单位负责解决。

（四）对使用单位投诉处理的过程和结果应记入《受理投诉登记表》,作为对服务单位监督考核的依据。

第九条 国家税务总局必要时会同航天信息股份有限公司组成联合检查组,对省级服务单位服务情况进行抽查,检查省级服务单位对下级服务单位技术服务的指导和管理情况,以及省级服务单位直接提供技术服务的情况。

第十条 省级税务机关必要时会同省级服务单位对市级服务单位服务情况进行检查并综合测评。综合测评包括:服务单位专用设备的销售情况、对操作人员的培训情况以及对开票子系统安装、调试和维护的情况。综合测评结束后须公布测评结果。

第十一条 税务机关按照上级税务机关的要求可以通过问卷调查、实地走访、召开座谈会等方式直接向使用单位了解服务单位的服务情况。

第十二条 主管税务机关应监督服务单位的服务质量,在工作中注意调查使用单位对服务单位的满意程度,并应对服务单位的服务做出评价。办税服务大厅于每年的6月份和12月份申报期内为纳税人提供《防伪税控系统技术服务单位服务质量调查表》(见附件),由纳税人自愿填写。申报期结束后,由主管税务机关汇总,逐级报上级税务机关,并于次月15日前报国家税务总局。

第十三条 市、县级税务机关对受理投诉、问卷调查、实地走访、召开座谈会及日常管理中使用单位反映等情况应逐级上报到省级税务机关,作为省级税务机关综合测评的依据。

第十四条 服务单位发生下列情形之一的,主管税务机关应责令其立即整改,并要求其主要负责人到主管税务机关说明情况。

（一）未按规定的时限向使用单位发售专用设备;

（二）未在规定的时限内为使用单位进行培训的;

（三）一个月内税务机关接到的投诉超过2起的;

（四）对接到的投诉没有按时处理的;

（五）税务机关对服务单位的综合测评结果不满意率超过5%(含5%,下同)的。

不满意率=不满意使用单位户数/使用单位总户数×100%。

"不满意使用单位户数"是指在《防伪税控系统技术服务单位服务质量调查表》中第六条"您对服务单位的综合评价是:"中选择"不满意"或"很不满意"的使用单位总数。

第十五条 服务单位发生下列情形之一的,税务机关应责令其在三十日之内整改,并做出书面检查,提请授权单位进行通报批评或税务机关公告批评。税务机关应对服务单位的整改结果进行验收。

（一）未按规定为使用单位培训操作人员、安装和维护开票系统,影响开票系统正常使用的;

（二）未按税务机关下达的增值税防伪税控系统使用通知书向使用单位发售专用设备的;

（三）向使用单位强行销售计算机、打印机等通用设备及其他软件或其他商品的;

（四）以税务机关的名义进行有偿设备更换、软件升级及推销其他产品的;

（五）一个月内税务机关接到的投诉超过5起的;

（六）对接到的投诉没有按时处理,造成严重后果的(包括影响使用单位正常开票和抄报税的);

（七）税务机关对服务单位的综合测评结果不满意率超过10%的;

（八）国家税务总局确定的其他情形。

第十六条 服务单位发生下列情形之一的,当地税务机关应向上一级税务机关报告,由上一级税务机关会同其授权单位进行联合调查,经调查属实的,由授权单位进行严肃处理,直至终止其服务资格。

(一)发生本办法第十五条所列情形之一,逾期未按照要求整改的;

(二)一个月内税务机关接到的投诉超过 10 起的;

(三)向未经税务机关许可使用开票系统的纳税人发售了专用设备的;

(四)拒绝税务机关依据本办法监督管理的;

(五)由于违反法律和法规行为,造成无法正常为使用单位提供相关技术支持与服务的。

第十七条　本办法由国家税务总局解释。

第十八条　办法自 2005 年 3 月 1 日起执行。

第3章　消费税制度

消费税是对在我国境内生产、委托加工和进口应税消费品的单位和个人征收。现行消费税制度是1994年税制改革时确立的,国务院于1993年12月13日发布《中华人民共和国消费税暂行条例》,自1994年1月1日起施行。财政部于1993年12月25日发布《中华人民共和国消费税暂行条例实施细则》,自1994年1月1日起实施。2008年11月10日,国务院以第539号令颁布了修订后的《中华人民共和国消费税暂行条例》,从2009年1月1日起施行。2008年12月15日,财政部、国家税务总局颁布了修订后的《中华人民共和国消费税暂行条例实施细则》,从2009年1月1日起施行。同时,2009年成功实施成品油价格和税费改革,提高成品油消费税单位税额,在现行消费税税制框架下解决了燃油税征收问题。

3.1 纳税义务人

在中华人民共和国境内生产、委托加工和进口消费税暂行条例规定的消费品的单位和个人,以及国务院确定的销售条例规定的消费品的其他单位和个人①。

所称单位,包括企业、行政单位、事业单位、军事单位、社会团体及其他单位②。

所称个人,是指个体工商户及其他个人③。

在中华人民共和国境内,是指生产、委托加工和进口属于应当缴纳消费税的消费品的起运地或者所在地在境内④。

进口货物的收货人或办理报关手续的单位和个人,为进口货物消费税的纳税义务人⑤。

3.2 征税范围

消费税征税范围依照消费税暂行条例所附《消费税税目税率表》执行。包括:烟、酒及酒精、化妆品、贵重首饰及珠宝玉石、鞭炮及焰火、成品油、汽车轮胎、摩托车、小汽车、高尔夫球及球具、高档手表、游艇、木制一次性筷子、实木地板。消费税税目的调整,由国务院确定⑥。

消费税征税范围注释详见附件一。

3.3 税率

3.3.1 一般规定

消费税税率依照消费税暂行条例所附《消费税税目税率表》执行。消费税税率的调整,由国务院确定⑦。

---

① 《中华人民共和国消费税暂行条例》(中华人民共和国国务院令第539号,2008年11月10日)。
② 《中华人民共和国消费税暂行条例实施细则》(财政部 国家税务总局第51号令,2008年12月15日)。
③ 《中华人民共和国消费税暂行条例实施细则》(财政部 国家税务总局第51号令,2008年12月15日)。
④ 《中华人民共和国消费税暂行条例实施细则》(财政部 国家税务总局第51号令,2008年12月15日)。
⑤ 《国家税务总局 海关总署关于进口货物征收增值税、消费税有关问题的通知》(国税发[1993]155号,1993年12月25日)。
⑥ 《中华人民共和国消费税暂行条例》(中华人民共和国国务院令第539号,2008年11月10日)。此前,《国家税务总局关于印发〈消费税征收范围注释〉的通知》(国税发[1993]153号)曾规定,消费税税目包括护肤护发品。《财政部 国家税务总局关于调整和完善消费税政策的通知》(财税[2006]33号,2006年3月20日)规定,取消护肤护发品税目,将原属于护肤护发品征税范围的高档护肤类化妆品列入化妆品税目;新增高尔夫球及球具、高档手表、游艇、木制一次性筷子、实木地板税目。
⑦ 《中华人民共和国消费税暂行条例》(中华人民共和国国务院令第539号,2008年11月10日)。

消费税税目税率表①

税　目	税　率
一、烟② (一)生产环节(含进口) 1. 卷烟 (1)甲类卷烟:每标准条(200 支)调拨价格在 70 元(不含增值税)以上(含 70 元)的卷烟。 (2)乙类卷烟:每标准条(200 支)调拨价格在 70 元(不含增值税)以下的卷烟。 2. 雪茄烟 3. 烟丝 (二)批发环节(含进口)	 56% 加 0.003 元/支 36% 加 0.003 元/支 36% 30% 5%
二、酒及酒精 1. 白酒③ 2. 黄酒 3. 啤酒 (1)甲类啤酒 (2)乙类啤酒 4. 其他酒 5. 酒精	 20% 加 0.5 元/500 克(或者 500 毫升) 240 元/吨 250 元/吨 220 元/吨 10% 5%
三、化妆品	30%
四、贵重首饰及珠宝玉石④ 1. 金银首饰、铂金首饰和钻石及钻石饰品 2. 其他贵重首饰和珠宝玉石	 5% 10%
五、鞭炮、焰火	15%

①　《中华人民共和国消费税暂行条例》(中华人民共和国国务院令第 539 号,2008 年 11 月 10 日)。《财政部 国家税务总局关于调整和完善消费税政策的通知》(财税[2006]33 号,2006 年 3 月 20 日)。

②　《财政部 国家税务总局关于调整烟产品消费税政策的通知》(财税[2009]84 号,2009 年 5 月 26 日)。该文对《中华人民共和国消费税暂行条例》(中华人民共和国国务院令第 539 号)规定的税率(甲类卷烟 45%、乙类卷烟 30%、雪茄烟 30%)进行了调整,并加征了批发环节卷烟消费税。此前,《国务院关于调整烟叶和卷烟价格税收政策的紧急通知》(国税明电[1998]7 号)规定,自 1998 年 7 月 1 日起,将卷烟消费税税率由原来执行的 40% 调整为:一类卷烟(甲类)50%,二、三类卷烟(乙类)40%,四、五类卷烟(丙类)和雪茄烟 25%,进口卷烟 50%。《财政部 国家税务总局关于调整烟类产品消费税政策的通知》(财税[2001]91 号,2001 年 6 月 4 日)规定,自 2001 年 6 月 1 日起,卷烟消费税税率由比例税率调整为定额税率和比例税率。定额税率:每标准箱(50000 支,下同)150 元;比例税率:每标准条(200 支)调拨价格在 50 元(含 50 元,不含增值税)以上的卷烟税率为 45%,每标准条调拨价格在 50 元(不含增值税)以下的卷烟税率为 30%,进口卷烟、白包卷烟、手工卷烟、自产自用没有同牌号或同规格调拨价格的卷烟、委托加工没有同牌号或同规格调拨价格的卷烟、未经国务院批准纳入计划的企业和个人生产的卷烟,一律适用 45% 的比例税率。《财政部 国家税务总局关于调整进口卷烟消费税率的通知》(财税[2004]22 号,2004 年 1 月 29 日)规定,自 2004 年 3 月 1 日起,每标准条进口卷烟(200 支)确定消费税适用比例税率的价格≥50 元人民币的,适用比例税率为 45%;每标准条进口卷烟(200 支)确定消费税适用比例税率的价格<50 元人民币的,适用比例税率为 30%。

③　《财政部 国家税务总局关于调整和完善消费税政策的通知》(财税[2006]33 号,2006 年 3 月 20 日)。此前,《财政部 国家税务总局关于调整酒类产品消费税政策的通知》(财税[2001]84 号,2001 年 5 月 11 日)规定,自 2001 年 5 月 1 日起,粮食白酒、薯类白酒由比例税率调整为定额税率和比例税率。定额税率每斤(500 克)0.5 元,比例税率粮食白酒适用 25%,薯类白酒适用 15%。

④　原条例规定贵重首饰及珠宝玉石均适用 10% 的税率。但从 1994 年 1 月 1 日起,金银首饰就适用 5% 的税率。参见《财政部 国家税务总局关于金银首饰消费税按 5% 征收的通知》(财税字[1994]91 号,1994 年 12 月 6 日)和《财政部 国家税务总局关于调整金银首饰消费税纳税环节有关问题的通知》(财税字[1994]第 95 号,1994 年 12 月 24 日)。

续表

税　目	税　率
六、成品油	
1. 汽油①	
（1）含铅汽油	1.4 元/升
（2）无铅汽油	1.0 元/升
2. 柴油②	0.8 元/升
3. 航空煤油	0.8 元/升
4. 石脑油	1.0 元/升
5. 溶剂油	1.0 元/升
6. 润滑油	1.0 元/升
7. 燃料油③	0.8 元/升
七、汽车轮胎④	3%
八、摩托车	
1. 气缸容量（排气量，下同）在 250 毫升（含 250 毫升）以下的	3%
2. 气缸容量在 250 毫升以上的	10%
九、小汽车	
1. 乘用车⑤	
（1）气缸容量（排气量，下同）在 1.0 升（含 1.0 升）以下的	1%
（2）气缸容量在 1.0 升以上至 1.5 升（含 1.5 升）的	3%
（3）气缸容量在 1.5 升以上至 2.0 升（含 2.0 升）的	5%
（4）气缸容量在 2.0 升以上至 2.5 升（含 2.5 升）的	9%
（5）气缸容量在 2.5 升以上至 3.0 升（含 3.0 升）的	12%
（6）气缸容量在 3.0 升以上至 4.0 升（含 4.0 升）的	25%
（7）气缸容量在 4.0 升以上的	40%
2. 中轻型商用客车	5%

① 《国务院关于实施成品油价格和税费改革的通知》（国发〔2008〕37 号，2008 年 12 月 18 日）。《财政部 国家税务总局关于提高成品油消费税税率的通知》（财税〔2008〕167 号，2008 年 12 月 19 日）。此前，《财政部 国家税务总局关于调整含铅汽油消费税税率的通知》（财税字〔1998〕163 号，1998 年 11 月 30 日）规定，自 1999 年 1 月 1 日起，对含铅汽油（指含铅量每升超过 0.013 克的汽油）按 0.28 元/升的税率征收消费税；无铅汽油仍按 0.20 元/升的税率征收消费税。根据《财政部 国家税务总局关于提高成品油消费税税率后相关成品油消费税政策的通知》（财税〔2008〕168 号），财税字〔1998〕163 号被公布废止。

② 《国务院关于实施成品油价格和税费改革的通知》（国发〔2008〕37 号，2008 年 12 月 18 日）。《财政部 国家税务总局关于提高成品油消费税税率的通知》（财税〔2008〕167 号，2008 年 12 月 19 日）。此前，《中华人民共和国消费税暂行条例》（中华人民共和国国务院令第 135 号，1993 年 12 月 13 日）和《中华人民共和国消费税暂行条例》（中华人民共和国国务院令第 539 号，2008 年 11 月 10 日）均规定，柴油单位税额 0.1 元/升。

③ 《国务院关于实施成品油价格和税费改革的通知》（国发〔2008〕37 号，2008 年 12 月 18 日）。《财政部 国家税务总局关于提高成品油消费税税率的通知》（财税〔2008〕167 号，2008 年 12 月 19 日）。此前，《财政部 国家税务总局关于调整和完善消费税政策的通知》（财税〔2006〕33 号，2006 年 3 月 20 日）和《中华人民共和国消费税暂行条例》（中华人民共和国国务院令第 539 号，2008 年 11 月 10 日）均规定：石脑油，单位税额为 0.2 元/升；溶剂油，单位税额为 0.2 元/升；润滑油，单位税额为 0.2 元/升；燃料油，单位税额为 0.1 元/升；航空煤油，单位税额为 0.1 元/升。

④ 《财政部 国家税务总局关于调整和完善消费税政策的通知》（财税〔2006〕33 号，2006 年 3 月 20 日）。此前，《财政部 国家税务总局关于香皂和汽车轮胎消费税政策的通知》（财税〔2000〕145 号，2000 年 12 月 28 日）规定，自 2001 年 1 月 1 日起，对"汽车轮胎"税目中的子午线轮胎免征消费税，对翻新轮胎停止征收消费税。其余轮胎继续按 10% 税率征收消费税。根据《财政部关于公布废止和失效的财政规章和规范性文件目录（第十批）的决定》（财政部令 48 号），财税〔2000〕145 号被公布废止。

⑤ 《财政部 国家税务总局关于调整乘用车消费税政策的通知》（财税〔2008〕105 号，2008 年 8 月 1 日）。《财政部 国家税务总局关于调整部分乘用车进口环节消费税的通知》（财关税〔2008〕73 号，2008 年 8 月 11 日）。《海关总署关于对部分乘用车进口环节消费税进行调整有关事项的公告》（海关总署 2008 年第 57 号公告，2008 年 8 月 20 日）。此前，《财政部 国家税务总局关于调整和完善消费税政策的通知》（财税〔2006〕33 号，2006 年 3 月 20 日）规定：气缸容量在 1.5 升（含）以下的，税率为 3%；1.5 升以上至 2.0 升（含）的，税率为 5%；2.0 升以上至 2.5 升（含）的，税率为 9%；2.5 升以上至 3.0 升（含）的，税率为 12%；3.0 升以上至 4.0 升（含）的，税率为 15%；4.0 升以上的，税率为 20%。因此，财税〔2008〕105 号还规定：生产企业在 2008 年 9 月 1 日前销出的乘用车发生退货的，按政策调整前的原税率退税。出口企业在 2008 年 9 月 1 日前收购的出口应税乘用车，并取得消费税税收缴款书（出口货物专用）的，在 2008 年 9 月 1 日以后出口的，按原税率退税。

续表

税　目	税　率
十、高尔夫球及球具	10%
十一、高档手表	20%
十二、游艇	10%
十三、木制一次性筷子	5%
十四、实木地板	5%

3.3.2 兼营业务适用税率的规定

纳税人兼营不同税率的应当缴纳消费税的消费品,应当分别核算不同税率应税消费品的销售额、销售数量;未分别核算销售额、销售数量,或者将不同税率的应税消费品组成成套消费品销售的,从高适用税率①。

兼营不同税率的应当缴纳消费税的消费品,是指纳税人生产销售两种税率以上的应税消费品②。

3.4 征税环节

3.4.1 一般规定

纳税人生产的应税消费品,于纳税人销售时纳税。纳税人自产自用的应税消费品,用于连续生产应税消费品的,不纳税;用于其他方面的,于移送使用时纳税③。

所称销售,是指有偿转让应税消费品的所有权。所称有偿,是指从购买方取得货币、货物或者其他经济利益④。

所称用于连续生产应税消费品,是指纳税人将自产自用的应税消费品作为直接材料生产最终应税消费品,自产自用应税消费品构成最终应税消费品的实体⑤。

所称用于其他方面,是指纳税人将自产自用应税消费品用于生产非应税消费品、在建工程、管理部门、非生产机构、提供劳务、馈赠、赞助、集资、广告、样品、职工福利、奖励等方面⑥。

3.4.2 委托加工应税消费品的征税环节

委托加工的应税消费品,除受托方为个人外,由受托方在向委托方交货时代收代缴税款。委托加工的应税消费品,委托方用于连续生产应税消费品的,所纳税款准予按规定抵扣⑦。

所称委托加工的应税消费品,是指由委托方提供原料和主要材料,受托方只收取加工费和代垫部分辅助材料加工的应税消费品。对于由受托方提供原材料生产的应税消费品,或者受托方先将原材料卖给委托方,然后再接受加工的应税消费品,以及由受托方以委托方名义购进原材料生产的应税消费品,不论在财务上是否作销售处理,都不得作为委托加工应税消费品,而应当按照销售自制应税消费品缴纳消费税⑧。

委托加工的应税消费品直接出售的,不再缴纳消费税⑨。

委托个人加工的应税消费品,由委托方收回后缴纳消费税⑩。

---

① 《中华人民共和国消费税暂行条例》(中华人民共和国国务院令第 539 号,2008 年 11 月 10 日)。
② 《中华人民共和国消费税暂行条例实施细则》(财政部 国家税务总局第 51 号令,2008 年 12 月 15 日)。
③ 《中华人民共和国消费税暂行条例》(中华人民共和国国务院令第 539 号,2008 年 11 月 10 日)。
④ 《中华人民共和国消费税暂行条例实施细则》(财政部 国家税务总局第 51 号令,2008 年 12 月 15 日)。
⑤ 《中华人民共和国消费税暂行条例实施细则》(财政部 国家税务总局第 51 号令,2008 年 12 月 15 日)。
⑥ 《中华人民共和国消费税暂行条例实施细则》(财政部 国家税务总局第 51 号令,2008 年 12 月 15 日)。
⑦ 《中华人民共和国消费税暂行条例》(中华人民共和国国务院令第 539 号,2008 年 11 月 10 日)。
⑧ 《中华人民共和国消费税暂行条例实施细则》(财政部 国家税务总局第 51 号令,2008 年 12 月 15 日)。
⑨ 《中华人民共和国消费税暂行条例实施细则》(财政部 国家税务总局第 51 号令,2008 年 12 月 15 日)。
⑩ 《中华人民共和国消费税暂行条例实施细则》(财政部 国家税务总局第 51 号令,2008 年 12 月 15 日)。

对纳税人委托个体经营者加工的应税消费品，一律于委托方收回后在委托方所在地缴纳消费税①。

3.4.3 进口应税消费品的征税环节

进口的应税消费品，于报关进口时纳税②。

消费税由税务机关征收，进口应税消费品的消费税由海关代征③。

个人携带或者邮寄进境的应税消费品的消费税，连同关税一并计征。依照国务院关税税则委员会会同有关部门制定的具体办法执行④。

3.5 应纳税额

3.5.1 一般规定

消费税实行从价定率、从量定额，或者从价定率和从量定额复合计税（简称复合计税）的办法计算应纳税额。应纳税额计算公式⑤：

实行从价定率办法计算的应纳税额＝销售额×比例税率

实行从量定额办法计算的应纳税额＝销售数量×定额税率

实行复合计税办法计算的应纳税额＝销售额×比例税率＋销售数量×定额税率

纳税人销售的应税消费品，以人民币计算销售额。纳税人以人民币以外的货币结算销售额的，应当折合成人民币计算。其销售额的人民币折合率可以选择销售额发生的当天或者当月1日的人民币汇率中间价。纳税人应在事先确定采用何种折合率，确定后1年内不得变更⑥。

所称销售数量，是指应税消费品的数量。具体为⑦：

销售应税消费品的，为应税消费品的销售数量；

自产自用应税消费品的，为应税消费品的移送使用数量；

委托加工应税消费品的，为纳税人收回的应税消费品数量；

进口应税消费品的，为海关核定的应税消费品进口征税数量。

实行从量定额办法计算应纳税额的应税消费品，计量单位的换算标准如下⑧：

黄酒	1吨＝962升
啤酒	1吨＝988升
汽油	1吨＝1388升
柴油	1吨＝1176升
航空煤油	1吨＝1246升
石脑油	1吨＝1385升
溶剂油	1吨＝1282升
润滑油	1吨＝1126升
燃料油	1吨＝1015升

3.5.2 计税依据

3.5.2.1 计税销售额的一般规定

销售额为纳税人销售应税消费品向购买方收取的全部价款和价外费用⑨。

（1）销售额的确定。销售额不包括应向购货方收取的增值税税款。如果纳税人应税消费品的销售额中未扣除增值税税款或者因不得开具增值税专用发票而发生价款和增值税税款合并收取的，在计算消费税时，应当换算为不含增值税税款的销

① 《国家税务总局关于消费税若干征税问题的通知》（国税发〔1994〕130号，1994年5月26日）。
② 《中华人民共和国消费税暂行条例》（中华人民共和国国务院令第539号，2008年11月10日）。
③ 《中华人民共和国消费税暂行条例》（中华人民共和国国务院令第539号，2008年11月10日）。
④ 《中华人民共和国消费税暂行条例》（中华人民共和国国务院令第539号，2008年11月10日）。
⑤ 《中华人民共和国消费税暂行条例》（中华人民共和国国务院令第539号，2008年11月10日）。
⑥ 《中华人民共和国消费税暂行条例》（中华人民共和国国务院令第539号，2008年11月10日）。《中华人民共和国消费税暂行条例实施细则》（财政部 国家税务总局第51号令，2008年12月15日）。
⑦ 《中华人民共和国消费税暂行条例实施细则》（财政部 国家税务总局第51号令，2008年12月15日）。
⑧ 《中华人民共和国消费税暂行条例实施细则》（财政部 国家税务总局第51号令，2008年12月15日）。
⑨ 《中华人民共和国消费税暂行条例》（中华人民共和国国务院令第539号，2008年11月10日）。

售额。其换算公式为①：

应税消费品的销售额＝含增值税的销售额÷（1＋增值税税率或者征收率）

（2）包装物计税销售额的确定。应税消费品连同包装物销售的，无论包装物是否单独计价以及在会计上如何核算，均应并入应税消费品的销售额中缴纳消费税。如果包装物不作价随同产品销售，而是收取押金，此项押金则不应并入应税消费品的销售额中征税。但对因逾期未收回的包装物不再退还的或者已收取的时间超过 12 个月的押金，应并入应税消费品的销售额，按照应税消费品的适用税率缴纳消费税。对既作价随同应税消费品销售，又另外收取押金的包装物的押金，凡纳税人在规定的期限内没有退还的，均应并入应税消费品的销售额，按照应税消费品的适用税率缴纳消费税②。

（3）价外费用的确定。价外费用是指价外向购买方收取的手续费、补贴、基金、集资费、返还利润、奖励费、违约金、滞纳金、延期付款利息、赔偿金、代收款项、代垫款项、包装费、包装物租金、储备费、优质费、运输装卸费以及其他各种性质的价外收费。但下列项目不包括在内③：

①同时符合以下条件的代垫运输费用：

Ⅰ 承运部门的运输费用发票开具给购买方的；

Ⅱ 纳税人将该项发票转交给购买方的。

②同时符合以下条件代为收取的政府性基金或者行政事业性收费：

Ⅰ 由国务院或者财政部批准设立的政府性基金，由国务院或者省级人民政府及其财政、价格主管部门批准设立的行政事业性收费；

Ⅱ 收取时开具省级以上财政部门印制的财政票据；

Ⅲ 所收款项全额上缴财政。

（4）纳税人通过自设非独立核算门市部销售的自产应税消费品，应当按照门市部对外销售额或者销售数量征收消费税④。

（5）纳税人应税消费品的计税价格明显偏低并无正当理由的，由主管税务机关核定其计税价格⑤。

应税消费品计税价格的核定权限规定分别为⑥：

Ⅰ 卷烟、白酒和小汽车的计税价格由国家税务总局核定，送财政部备案；

Ⅱ 其他应税消费品的计税价格由省、自治区和直辖市国家税务局核定；

Ⅲ 进口的应税消费品的计税价格由海关核定。

3.5.2.2　自产自用应税消费品计税依据的确定

纳税人自产自用的应税消费品，按照纳税人生产的同类消费品的销售价格计算纳税；没有同类消费品销售价格的，按照组成计税价格计算纳税⑦。

实行从价定率办法计算纳税的组成计税价格计算公式⑧：

组成计税价格＝（成本＋利润）÷（1－比例税率）

实行复合计税办法计算纳税的组成计税价格计算公式：

组成计税价格＝（成本＋利润＋自产自用数量×定额税率）÷（1－比例税率）

所称纳税人自产自用的应税消费品，是指依照

---

① 《中华人民共和国消费税暂行条例实施细则》（财政部 国家税务总局第 51 号令，2008 年 12 月 15 日）。
② 《中华人民共和国消费税暂行条例实施细则》（财政部 国家税务总局第 51 号令，2008 年 12 月 15 日）。
③ 《中华人民共和国消费税暂行条例实施细则》（财政部 国家税务总局第 51 号令，2008 年 12 月 15 日）。
④ 《国家税务总局关于印发〈消费税若干具体问题的规定〉的通知》（国税发〔1993〕156 号，1993 年 12 月 28 日）。
⑤ 《中华人民共和国消费税暂行条例》（中华人民共和国国务院令第 539 号，2008 年 11 月 10 日）。
⑥ 《中华人民共和国消费税暂行条例实施细则》（财政部 国家税务总局第 51 号令，2008 年 12 月 15 日）。
⑦ 《中华人民共和国消费税暂行条例》（中华人民共和国国务院令第 539 号，2008 年 11 月 10 日）。
⑧ 《中华人民共和国消费税暂行条例》（中华人民共和国国务院令第 539 号，2008 年 11 月 10 日）。

消费税暂行条例规定于移送使用时纳税的应税消费品①。

所称同类消费品的销售价格,是指纳税人或者代收代缴义务人当月销售的同类消费品的销售价格,如果当月同类消费品各期销售价格高低不同,应按销售数量加权平均计算。但销售的应税消费品销售价格明显偏低并无正当理由或无销售价格的,不得列入加权平均计算。如果当月无销售或者当月未完结,应按照同类消费品上月或者最近月份的销售价格计算纳税②。

所称成本,是指应税消费品的产品生产成本③。

所称利润,是指根据应税消费品的全国平均成本利润率计算的利润④。

应税消费品全国平均成本利润率为⑤:

甲类卷烟 10%;

乙类卷烟 5%;

雪茄烟 5%;

烟丝 5%;

粮食白酒 10%;

薯类白酒 5%;

其他酒 5%;

酒精 5%;

化妆品 5%;

鞭炮、焰火 5%;

贵重首饰及珠宝玉石 6%;

汽车轮胎 5%;

摩托车 6%;

高尔夫球及球具 10%;

高档手表 20%;

游艇 10%;

木制一次性筷子 5%;

实木地板 5%;

乘用车 8%;

中轻型商用客车 5%。

3.5.2.3 委托加工应税消费品计税依据的确定

(1)委托加工的应税消费品,按照受托方的同类消费品的销售价格计算纳税;没有同类消费品销售价格的,按照组成计税价格计算纳税⑥。

实行从价定率办法计算纳税的组成计税价格计算公式⑦:

组成计税价格=(材料成本+加工费)÷(1-比例税率)

实行复合计税办法计算纳税的组成计税价格计算公式:

组成计税价格=(材料成本+加工费+委托加工数量×定额税率)÷(1-比例税率)

同类消费品销售价格的确定,比照自产自用应税消费品的规定执行⑧。

所称材料成本,是指委托方所提供加工材料的实际成本。委托加工应税消费品的纳税人,必须在委托加工合同上如实注明(或者以其他方式提供)材料成本,凡未提供材料成本的,受托方主管税务机关有权核定其材料成本⑨。

① 《中华人民共和国消费税暂行条例实施细则》(财政部 国家税务总局第51号令,2008年12月15日)。
② 《中华人民共和国消费税暂行条例实施细则》(财政部 国家税务总局第51号令,2008年12月15日)。
③ 《中华人民共和国消费税暂行条例实施细则》(财政部 国家税务总局第51号令,2008年12月15日)。
④ 《中华人民共和国消费税暂行条例实施细则》(财政部 国家税务总局第51号令,2008年12月15日)。
⑤ 《国家税务总局关于印发〈消费税若干具体问题的规定〉的通知》(国税发[1993]156号,1993年12月28日)。《财政部 国家税务总局关于调整和完善消费税政策的通知》(财税[2006]33号,2006年3月20日)。国税发[1993]156号还规定:护肤护发品成本利润率为5%,小轿车、越野车、小客车成本利润率分别为8%、6%、5%。根据《财政部 国家税务总局关于调整和完善消费税政策的通知》(财税[2006]33号,2006年3月20日)规定,从2006年4月1日起,护肤护发品不属于消费税税目;小轿车、越野车、小客车税目调整为乘用车和中轻型商用客车税目。
⑥ 《中华人民共和国消费税暂行条例》(中华人民共和国国务院令第539号,2008年11月10日)。
⑦ 《中华人民共和国消费税暂行条例》(中华人民共和国国务院令第539号,2008年11月10日)。
⑧ 《中华人民共和国消费税暂行条例实施细则》(财政部 国家税务总局第51号令,2008年12月15日)。
⑨ 《中华人民共和国消费税暂行条例实施细则》(财政部 国家税务总局第51号令,2008年12月15日)。

所称加工费,是指受托方加工应税消费品向委托方所收取的全部费用(包括代垫辅助材料的实际成本)①。

(2)从1995年1月1日起,对受托方未按规定代扣代缴税款,并经委托方所在地国税机关发现的,则应由委托方所在地国税机关对委托方补征税款,受托方所在地国税机关不得重复征税②。

3.5.2.4　应税消费品以物易物、投资入股、组成套装销售等情形计税依据的确定

纳税人用于换取生产资料和消费资料,投资入股和抵偿债务等方面的应税消费品,应当以纳税人同类应税消费品的最高销售价格作为计税依据计算消费税③。

纳税人将自产的应税消费品与外购或自产的非应税消费品组成套装销售的,以套装产品的销售额(不含增值税)为计税依据④。

3.5.2.5　进口应税消费品计税依据的确定

进口的应税消费品,按照组成计税价格计算纳税⑤。

实行从价定率办法计算纳税的组成计税价格计算公式⑥:

组成计税价格=(关税完税价格+关税)÷(1-消费税比例税率)

实行复合计税办法计算纳税的组成计税价格计算公式:

组成计税价格=(关税完税价格+关税+进口数量×消费税定额税率)÷(1-消费税比例税率)

所称关税完税价格,是指海关核定的关税计税价格⑦。

3.5.3　外购和委托加工已税消费品用于连续生产应税消费品的应纳税额

3.5.3.1　外购已税消费品用于连续生产应税消费品的应纳税额

(1)下列应税消费品可在计税时扣除外购的应税消费品已纳的消费税税款⑧:

Ⅰ　外购已税烟丝生产的卷烟⑨;

因国家对卷烟出口一律实行在生产环节免税,为生产出口卷烟而购进已税烟丝的已纳税款不能

---

① 《中华人民共和国消费税暂行条例实施细则》(财政部　国家税务总局第51号令,2008年12月15日)。

② 《国家税务总局关于加强委托加工应税消费品征收管理的通知》(国税发〔1995〕122号,1995年6月26日)。该文件还规定,如果收回的应税消费品已经直接销售的,对委托方补征税款按销售额计税;收回的应税消费品尚未销售或不能直接销售的(如收回后用于连续生产等),按组成计税价格计税。组成计税价格的计算公式为:组成计税价格=(材料成本+加工费)÷(1-消费税率)。根据《国家税务总局关于公布全文失效废止　部分条款失效废止的税收规范性文件目录的公告》(国家税务总局公告2011年第2号,2011年1月4日),国税发〔1995〕122号上述规定被废止。

③ 《国家税务总局关于印发〈消费税若干具体问题的规定〉的通知》(国税发〔1993〕156号,1993年12月28日)。

④ 《财政部　国家税务总局关于调整和完善消费税政策的通知》(财税〔2006〕33号,2006年3月20日)。

⑤ 《中华人民共和国消费税暂行条例》(中华人民共和国国务院令第539号,2008年11月10日)。

⑥ 《中华人民共和国消费税暂行条例》(中华人民共和国国务院令第539号,2008年11月10日)。

⑦ 《中华人民共和国消费税暂行条例实施细则》(财政部　国家税务总局第51号令,2008年12月15日)。

⑧ 《国家税务总局关于用外购和委托加工收回的应税消费品连续生产应税消费品征收消费税问题的通知》(国税发〔1995〕94号,1995年5月19日)。此前,《国家税务总局关于印发〈消费税若干具体问题的规定〉的通知》(国税发〔1993〕156号,1993年12月28日)曾规定,外购已税消费品用于连续生产应税消费品的,可以销售额扣除外购已税消费品买价后的余额作为计税价格计征消费税。国税发〔1995〕94号发布后,国税发〔1993〕156号规定停止执行。此外,《国家税务总局关于消费税若干征税问题的通知》(国税发〔1994〕130号,1994年5月26日)曾规定,可以扣除外购已税消费品的买价或委托加工已税消费品代收代缴的消费税是指当期所实际耗用的外购或委托加工的已税消费品的买价或代收代缴的消费税;对企业用外购或委托加工的已税汽车轮胎(内胎或外胎)连续生产汽车轮胎、用外购或委托加工的已税摩托车连续生产摩托车(如用外购两轮摩托车改装三轮摩托车),在计征消费税时,允许扣除外购或委托加工的已税汽车轮胎和摩托车的买价或已纳消费税税款计征消费税。后来,《国家税务总局关于发布已失效或废止的税收规范性文件目录的通知》(国税发〔2006〕62号)对国税发〔1994〕130号上述规定公布废止。

⑨ 《国家税务总局关于印发〈消费税若干具体问题的规定〉的通知》(国税发〔1993〕156号,1993年12月28日)。《国家税务总局关于用外购和委托加工收回的应税消费品连续生产应税消费品征收消费税问题的通知》(国税发〔1995〕94号,1995年5月19日)。

给予扣除①。

Ⅱ 外购已税化妆品生产的化妆品②；

Ⅲ 外购已税珠宝玉石生产的贵重首饰及珠宝玉石③；

Ⅳ 外购已税鞭炮、焰火生产的鞭炮、焰火④；

Ⅴ 外购已税汽车轮胎（内胎或外胎）连续生产汽车轮胎⑤；

Ⅵ 外购已税摩托车连续生产摩托车（如用外购两轮摩托车改装三轮摩托车）⑥；

Ⅶ 外购已税杆头、杆身和握把为原料生产的高尔夫球杆⑦；

Ⅷ 外购已税木制一次性筷子为原料生产的木制一次性筷子⑧；

Ⅸ 外购已税实木地板为原料生产的实木地板⑨；

Ⅹ 外购已税石脑油、燃料油为原料生产的应税消费品⑩；

购货方用外购免税石脑油为原料在同一生产过程中既生产乙烯、芳烃类产品，同时又生产汽油、柴油等应税消费品，其应税消费品应按规定征收消费税，并且不得扣除外购石脑油应纳消费税税额⑪。

Ⅺ 外购已税润滑油为原料生产的润滑油⑫；

单位和个人外购润滑油大包装经简单加工改成小包装或者外购润滑油不经加工只贴商标的行为，视同应税消费税品的生产行为。单位和个人发生的以上行为应当申报缴纳消费税。准予扣除外

---

① 《国家税务总局关于印发〈消费税若干具体问题的规定〉的通知》（国税发[1993]156号,1993年12月28日）。《国家税务总局关于用外购和委托加工收回的应税消费品连续生产应税消费品征收消费税问题的通知》（国税发[1995]94号,1995年5月19日）。

② 《国家税务总局关于印发〈消费税若干具体问题的规定〉的通知》（国税发[1993]156号,1993年12月28日）。《国家税务总局关于用外购和委托加工收回的应税消费品连续生产应税消费品征收消费税问题的通知》（国税发[1995]94号,1995年5月19日）。

③ 《国家税务总局关于印发〈消费税若干具体问题的规定〉的通知》（国税发[1993]156号,1993年12月28日）。《国家税务总局关于用外购和委托加工收回的应税消费品连续生产应税消费品征收消费税问题的通知》（国税发[1995]94号,1995年5月19日）。

④ 《国家税务总局关于印发〈消费税若干具体问题的规定〉的通知》（国税发[1993]156号,1993年12月28日）。《国家税务总局关于用外购和委托加工收回的应税消费品连续生产应税消费品征收消费税问题的通知》（国税发[1995]94号,1995年5月19日）。

⑤ 《国家税务总局关于印发〈消费税若干具体问题的规定〉的通知》（国税发[1993]156号,1993年12月28日）。《国家税务总局关于用外购和委托加工收回的应税消费品连续生产应税消费品征收消费税问题的通知》（国税发[1995]94号,1995年5月19日）。

⑥ 《国家税务总局关于印发〈消费税若干具体问题的规定〉的通知》（国税发[1993]156号,1993年12月28日）。《国家税务总局关于消费税若干征收问题的通知》（国税发[1994]130号,1994年5月26日）。

⑦ 《财政部 国家税务总局关于调整和完善消费税政策的通知》（财税[2006]33号,2006年3月20日）。

⑧ 《财政部 国家税务总局关于调整和完善消费税政策的通知》（财税[2006]33号,2006年3月20日）。

⑨ 《财政部 国家税务总局关于调整和完善消费税政策的通知》（财税[2006]33号,2006年3月20日）。

⑩ 《财政部 国家税务总局关于调整和完善消费税政策的通知》（财税[2006]33号,2006年3月20日）。《财政部 国家税务总局关于调整部分成品油消费税政策的通知》（财税[2008]19号,2008年2月2日）

⑪ 《国家税务总局关于印发〈石脑油消费税免税管理办法〉的通知》（国税发[2008]45号,2008年4月30日）。此前,根据《财政部 国家税务总局关于消费税若干具体政策的通知》（财税[2006]125号,2006年8月30日）的规定:以外购或委托加工收回石脑油为原料生产乙烯或其他化工产品,在同一生产过程中既可以生产出乙烯或其他化工产品等非应税消费品同时又生产出裂解汽油等应税消费品的,外购或委托加工收回石脑油允许抵扣的已纳税款计算公式如下:Ⅰ 外购石脑油:当期准予扣除外购石脑油已纳税款=当期准予扣除外购石脑油数量×收率×单位税额×30%;Ⅱ 委托加工收回的石脑油:当期准予扣除的委托加工成品油已纳税款=当期准予扣除的委托加工石脑油已纳税款×收率;收率=当期应税消费品产出量÷生产当期应税消费品所有原料投入数量×100%。后来,《财政部 国家税务总局关于提高成品油消费税税率后相关成品油消费税政策的通知》（财税[2008]168号）和《财政部 国家税务总局关于公布废止和失效的消费税规范性文件目录的通知》（财税[2009]18号）均对财税[2006]125号上述规定公布废止。

⑫ 《财政部 国家税务总局关于调整和完善消费税政策的通知》（财税[2006]33号,2006年3月20日）。

购润滑油已纳的消费税税款①。

Ⅻ 外购已税汽油、柴油用于连续生产甲醇汽油、生物柴油②。

（2）对既有自产应税消费品，同时又购进与自产应税消费品同样的应税消费品进行销售的工业企业，对其销售的外购应税消费品应当征收消费税，同时可以扣除外购应税消费品的已纳税款③。

（3）对自己不生产应税消费品，而只是购进后再销售应税消费品的工业企业，其销售的粮食白酒、薯类白酒、酒精、化妆品、护肤护发品、鞭炮焰火和珠宝玉石，凡不能构成最终消费品直接进入消费品市场，而需进一步生产加工的（如需进一步加浆降度的白酒及食用酒精，需进行调香、调味和勾兑的白酒，需进行深加工、包装、贴标、组合的珠宝玉石、化妆品、酒、鞭炮焰火等），应当征收消费税，同时允许扣除上述外购应税消费品的已纳税款④。

（4）上述允许扣除已纳税款的应税消费品主要限于从工业企业购进的应税消费品，但从商业企业购进应税消费品连续生产应税消费品，符合抵扣条件的，准予扣除外购应税消费品已纳消费税税款⑤。

（5）纳税人在办理纳税申报时，如需办理消费税税款抵扣手续，除应按有关规定提供纳税申报所需资料外，还应当提供以下资料⑥：

Ⅰ 提供外购应税消费品增值税专用发票（抵扣联）原件和复印件。

纳税人从增值税小规模纳税人购进应税消费品，外购应税消费品的抵扣凭证为主管税务机关代开的增值税专用发票。主管税务机关在为纳税人代开增值税专用发票时，应同时征收消费税。

外购已税汽油、柴油用于连续生产甲醇汽油、生物柴油，取得 2009 年 1 月 1 日前的增值税专用发票，不得作为抵扣凭证⑦。

Ⅱ 如果外购应税消费品的增值税专用发票属于汇总填开的，除提供增值税专用发票（抵扣联）原件和复印件外，还应提供随同增值税专用发票取得的由销售方开具并加盖财务专用章或发票专用章的销货清单原件和复印件。

Ⅲ 进口应税消费品连续生产应税消费品的，提供《海关进口消费税专用缴款书》原件和复印件。

纳税人如未提供上述规定的专用发票、销货清单或《海关进口消费税专用缴款书》，不予扣除外购或进口应税消费品已纳消费税。

主管税务机关在受理纳税申报后将以上原件退还纳税人，复印件留存。

主管税务机关对纳税人提供的消费税申报抵扣凭证上注明的货物，无法辨别销货方是否申报缴纳消费税的，可向销货方主管税务机关发函调查该笔销售业务缴纳消费税情况，销货方主管税务机关应认真核实并回函。经销货方主管税务机关回函确认已缴纳消费税的，可以受理纳税人的消费税抵扣申请，按规定抵扣外购项目的已纳消费税⑧。

（6）外购已税消费品连续生产应税消费品可

---

① 《财政部 国家税务总局关于消费税若干具体政策的通知》（财税〔2006〕125 号，2006 年 8 月 30 日）。

② 《国务院关于实施成品油价格和税费改革的通知》（国发〔2008〕37 号，2008 年 12 月 18 日）。《财政部 国家税务总局关于提高成品油消费税税率后相关成品油消费税政策的通知》（财税〔2008〕168 号，2008 年 12 月 19 日）。

③ 《国家税务总局关于消费税若干征税问题的通知》（国税发〔1997〕84 号，1997 年 5 月 21 日）。

④ 《国家税务总局关于消费税若干征税问题的通知》（国税发〔1997〕84 号，1997 年 5 月 21 日）。

⑤ 《国家税务总局关于进一步加强消费税纳税申报及税款抵扣管理的通知》（国税函〔2006〕769 号，2006 年 8 月 15 日）。此前，《国家税务总局关于消费税若干征税问题的通知》（国税发〔1997〕84 号，1997 年 5 月 21 日）曾规定，允许扣除已纳税款的应税消费品仅限于从工业企业购进的应税消费品，对从商业企业购进应税消费品的已纳税款一律不得扣除。

⑥ 《国家税务总局关于印发〈调整和完善消费税政策征收管理规定〉的通知》（国税发〔2006〕49 号，2006 年 3 月 31 日）。

⑦ 《国家税务总局关于加强成品油消费税征收管理有关问题的通知》（国税函〔2008〕1072 号，2008 年 12 月 30 日）。

⑧ 《国家税务总局关于进一步加强消费税纳税申报及税款抵扣管理的通知》（国税函〔2006〕769 号，2006 年 8 月 15 日）。

抵扣税款的计算①:

①实行从价定率办法计算应纳税额的情形

当期准予扣除外购应税消费品已纳税款=当期准予扣除外购应税消费品买价×外购应税消费品适用税率

当期准予扣除外购应税消费品买价=期初库存外购应税消费品买价+当期购进的外购应税消费品买价-期末库存的外购应税消费品买价

外购应税消费品买价为纳税人取得以上规定的专用发票(含销货清单)注明的应税消费品的销售额(增值税专用发票必须是2006年4月1日以后开具的,下同)。

②实行从量定额办法计算应纳税额的情形

当期准予扣除的外购应税消费品已纳税款=当期准予扣除外购应税消费品数量×外购应税消费品单位税额②

当期准予扣除外购应税消费品数量=期初库存外购应税消费品数量+当期购进外购应税消费品数量-期末库存外购应税消费品数量

外购应税消费品数量为以上规定的专用发票(含销货清单)注明的应税消费品的销售数量。

因从2009年1月1日起,提高了成品油消费税单位税额。2008年12月31日以前生产企业库存的用于生产应税消费品的外购或委托加工收回的石脑油、润滑油、燃料油原料,其已缴纳的消费税,准予在2008年12月税款所属期按照石脑油、润滑油每升0.2元和燃料油每升0.1元一次性计算扣除。一次性计算的税款扣除金额大于当期应纳税额部分,可结转到下期扣除。2009年1月1日后,生产企业在记录一次性领用原料税款抵扣台账时,可按照先进先出法记录原料领用数量(领用数量不再作为计算扣税金额)。待一次性领用原料数量用完后,再将发生的原料领用数量作为当期计算税款抵扣的领用原料数量③。

③进口应税消费品

当期准予扣除的进口应税消费品已纳税款=期初库存的进口应税消费品已纳税款+当期进口应税消费品已纳税款-期末库存的进口应税消费品已纳税款

进口应税消费品已纳税款为《海关进口消费税专用缴款书》上注明的进口环节消费税。

3.5.3.2　委托加工收回已税消费品用于连续生产应税消费品的应纳税额

(1)下列应税消费品准予从应纳消费税税额中扣除原料已纳消费税税款,其中已纳消费税税款是指委托加工的应税消费品由受托方代收代缴的消费税④:

---

①　《国家税务总局关于用外购和委托加工收回的应税消费品连续生产应税消费品征收消费税问题的通知》(国税发〔1995〕94号,1995年5月19日)。《国家税务总局关于印发〈调整和完善消费税政策征收管理规定〉的通知》(国税发〔2006〕49号,2006年3月31日)。

②　《财政部　国家税务总局关于调整部分成品油消费税政策的通知》(财税〔2008〕19号,2008年2月2日)。由于适用从量计征且可抵扣税款的外购应税消费品仅限于石脑油、燃料油和润滑油,而《财政部　国家税务总局关于调整和完善消费税政策的通知》(财税〔2006〕33号)曾规定,石脑油、溶剂油、润滑油、燃料油暂按应纳税额的30%征收消费税,因此,《国家税务总局关于印发〈调整和完善消费税政策征收管理规定〉的通知》(国税发〔2006〕49号,2006年3月31日)原文规定是:当期准予扣除的外购应税消费品已纳税款=当期准予扣除外购应税消费品数量×外购应税消费品单位税额×30%。但根据《财政部　国家税务总局关于调整部分成品油消费税政策的通知》(财税〔2008〕19号)和《财政部　国家税务总局关于公布废止和失效的消费税规范性文件目录的通知》(财税〔2009〕18号),石脑油、溶剂油、润滑油、燃料油暂按应纳税额的30%征收消费税的规定被公布废止,因此,此处计算公式中不应再乘以30%。

③　《财政部　国家税务总局关于提高成品油消费税税率后相关成品油消费税政策的通知》(财税〔2008〕168号,2008年12月19日)。《国家税务总局关于加强成品油消费税征收管理有关问题的通知》(国税函〔2008〕1072号,2008年12月30日)。

④　《国家税务总局关于印发〈消费税若干具体问题的规定〉的通知》(国税发〔1993〕156号,1993年12月28日)。《国家税务总局关于用外购和委托加工收回的应税消费品连续生产应税消费品征收消费税问题的通知》(国税发〔1995〕94号,1995年5月19日)。此外,国税发〔1993〕156号和国税发〔1995〕94号均规定,外购和委托加工收回的已税酒和酒精为原料生产的酒、外购和委托加工收回的已税护肤护发品为原料生产的护肤护发品准予从应纳消费税税额中扣除原料已纳消费税税款。根据《财政部　国家税

Ⅰ 以委托加工收回的已税烟丝为原料生产的卷烟②；

Ⅱ 以委托加工收回的已税化妆品为原料生产的化妆品③；

Ⅲ 以委托加工收回已税珠宝玉石为原料生产的贵重首饰及珠宝玉石④；

Ⅳ 以委托加工收回已税鞭炮、焰火为原料生产的鞭炮、焰火⑤；

Ⅴ 以委托加工收回已税汽车轮胎(内胎或外胎)连续生产汽车轮胎⑥；

Ⅵ 以委托加工收回已税摩托车连续生产摩托车(如用外购两轮摩托车改装三轮摩托车)⑦。

Ⅶ 以委托加工收回的已税杆头、杆身和握把为原料生产的高尔夫球杆⑧；

Ⅷ 以委托加工收回的已税木制一次性筷子为原料生产的木制一次性筷子⑨；

Ⅸ 以委托加工收回的已税实木地板为原料生产的实木地板⑩；

Ⅹ 以委托加工收回的已税石脑油为原料生产的应税消费品⑪；

Ⅺ 以委托加工收回的已税润滑油为原料生产的润滑油⑫；

Ⅻ 以委托加工收回的已税汽油、柴油用于连续生产甲醇汽油、生物柴油⑬。

(2)纳税人在办理纳税申报时,如需办理消费税税款抵扣手续,除应按有关规定提供纳税申报所需资料外,还应当提供"代扣代收税款凭证"原件和复印件。纳税人未提供代扣代收税款凭证的,不予扣除受托方代收代缴的消费税⑭

主管税务机关在受理纳税申报后将以上原件

务总局关于调整酒类产品消费税政策的通知》(财税[2001]84号,2001年5月11日)规定,从2001年5月1日起,停止执行外购或委托加工已税酒和酒精生产的酒(包括以外购已税白酒加浆降度,用外购已税的不同品种的白酒勾兑的白酒,用曲香、香精对外购已税白酒进行调香、调味以及外购散装白酒装瓶出售等)外购酒及酒精已纳税款或受托方代收代缴税款准予抵扣政策。根据《财政部 国家税务总局关于调整和完善消费税政策的通知》(财税[2006]33号,2006年3月20日)规定,护肤护发品税目已经取消,原属于护肤护发品征税范围的高档护肤类化妆品列入化妆品税目。

② 《国家税务总局关于印发〈消费税若干具体问题的规定〉的通知》(国税发[1993]156号,1993年12月28日)。《国家税务总局关于用外购和委托加工收回的应税消费品连续生产应税消费品征收消费税问题的通知》(国税发[1995]94号,1995年5月19日)。

③ 《国家税务总局关于印发〈消费税若干具体问题的规定〉的通知》(国税发[1993]156号,1993年12月28日)。《国家税务总局关于用外购和委托加工收回的应税消费品连续生产应税消费品征收消费税问题的通知》(国税发[1995]94号,1995年5月19日)。

④ 《国家税务总局关于印发〈消费税若干具体问题的规定〉的通知》(国税发[1993]156号,1993年12月28日)。《国家税务总局关于用外购和委托加工收回的应税消费品连续生产应税消费品征收消费税问题的通知》(国税发[1995]94号,1995年5月19日)。

⑤ 《国家税务总局关于印发〈消费税若干具体问题的规定〉的通知》(国税发[1993]156号,1993年12月28日)。《国家税务总局关于用外购和委托加工收回的应税消费品连续生产应税消费品征收消费税问题的通知》(国税发[1995]94号,1995年5月19日)。

⑥ 《国家税务总局关于印发〈消费税若干具体问题的规定〉的通知》(国税发[1993]156号,1993年12月28日)。《国家税务总局关于用外购和委托加工收回的应税消费品连续生产应税消费品征收消费税问题的通知》(国税发[1995]94号,1995年5月19日)。

⑦ 《国家税务总局关于印发〈消费税若干具体问题的规定〉的通知》(国税发[1993]156号,1993年12月28日)。《国家税务总局关于消费税若干征税问题的通知》(国税发[1994]130号,1994年5月26日)。

⑧ 《财政部 国家税务总局关于调整和完善消费税政策的通知》(财税[2006]33号,2006年3月20日)。

⑨ 《财政部 国家税务总局关于调整和完善消费税政策的通知》(财税[2006]33号,2006年3月20日)。

⑩ 《财政部 国家税务总局关于调整和完善消费税政策的通知》(财税[2006]33号,2006年3月20日)。

⑪ 《财政部 国家税务总局关于调整和完善消费税政策的通知》(财税[2006]33号,2006年3月20日)。

⑫ 《财政部 国家税务总局关于调整和完善消费税政策的通知》(财税[2006]33号,2006年3月20日)。

⑬ 《国务院关于实施成品油价格和税费改革的通知》(国发[2008]37号,2008年12月18日)。《财政部 国家税务总局关于提高成品油消费税税率后相关成品油消费税政策的通知》(财税[2008]168号,2008年12月19日)。

⑭ 《国家税务总局关于印发〈调整和完善消费税政策征收管理规定〉的通知》(国税发[2006]49号,2006年3月31日)。

退还纳税人,复印件留存。

(3)委托加工收回已税消费品连续生产应税消费品可抵扣税款的计算①:

当期准予扣除的委托加工应税消费品已纳税款=期初库存的委托加工应税消费品已纳税款+当期收回的委托加工应税消费品已纳税款-期末库存的委托加工应税消费品已纳税款

委托加工应税消费品已纳税款为代扣代收税款凭证注明的受托方代收代缴的消费税。

(4)对纳税人(含外购和委托加工应税消费品纳税人)当期投入生产的原材料可抵扣的已纳消费税大于当期应纳消费税的情形,在消费税纳税申报表未增加上期留抵消费税填报栏目的情况下,采用按当期应纳消费税的数额申报抵扣,不足抵扣部分结转下一期申报抵扣的方式处理②。

(5)纳税人(含外购和委托加工应税消费品纳税人)应建立抵扣税款台账,台账参考式样见《国家税务总局关于印发〈调整和完善消费税政策征收管理规定〉的通知》(国税发[2006]49号)附件4、5、6。纳税人既可以根据上述附件4、5、6的台账参考式样设置台账,也可以根据实际需要另行设置台账。另行设置的台账只能在上述附件4、5、6内容基础上增加内容,不得删减内容。主管税务机关应加强对税款抵扣台账核算的管理③。

3.5.4 销货退回应退税款

(1)纳税人销售的应税消费品,如因质量等原因由购买者退回时,经机构所在地或者居住地主管税务机关审核批准后,可退还已缴纳的消费税税款④。

(2)如应税消费品税率发生变动,属税率变动前发票开具错误重新开具专用发票情形的,不按销货退回处理。纳税人开具红字发票时,按照红字发票注明的销售额冲减当期销售收入,按照该货物原适用税率计提消费税冲减当期"应交税费——应缴消费税";纳税人重新开具正确的蓝字发票时,按蓝字发票注明的销售额计算当期销售收入,按照该货物原适用税率计提消费税记入当期"应交税费——应缴消费税"。主管税务机关在受理纳税人有关销货退回的退税申请时,应认真审核货物及资金的流向⑤。

3.6 纳税地点

(1)纳税人销售的应税消费品,以及自产自用的应税消费品,除国务院财政、税务主管部门另有规定外,应当向纳税人机构所在地或者居住地的主管税务机关申报纳税⑥。

(2)委托加工的应税消费品,除受托方为个人外,由受托方向机构所在地或者居住地的主管税务机关解缴消费税税款。委托个人加工的应税消费品,由委托方向其机构所在地或者居住地主管税务机关申报纳税⑦。

(3)纳税人到外县(市)销售或者委托外县(市)代销自产应税消费品的,于应税消费品销售后,向机构所在地或者居住地主管税务机关申报纳税⑧。

(4)纳税人的总机构与分支机构不在同一县(市)的,应当分别向各自机构所在地的主管税务机关申报纳税;经财政部、国家税务总局或者其授

① 《国家税务总局关于用外购和委托加工收回的应税消费品连续生产应税消费品征收消费税问题的通知》(国税发[1995]94号,1995年5月19日)。《国家税务总局关于印发〈调整和完善消费税政策征收管理规定〉的通知》(国税发[2006]49号,2006年3月31日)。

② 《财政部 国家税务总局关于消费税若干具体政策的通知》(财税[2006]125号,2006年8月30日)。

③ 《国家税务总局关于印发〈调整和完善消费税政策征收管理规定〉的通知》(国税发[2006]49号,2006年3月31日)。

④ 《中华人民共和国消费税暂行条例实施细则》(财政部 国家税务总局第51号令,2008年12月15日)。

⑤ 《国家税务总局关于印发〈调整和完善消费税政策征收管理规定〉的通知》(国税发[2006]49号,2006年3月31日)。

⑥ 《中华人民共和国消费税暂行条例》(中华人民共和国国务院令第539号,2008年11月10日)。

⑦ 《中华人民共和国消费税暂行条例》(中华人民共和国国务院令第539号,2008年11月10日)。《中华人民共和国消费税暂行条例实施细则》(财政部 国家税务总局第51号令,2008年12月15日)。

⑧ 《中华人民共和国消费税暂行条例实施细则》(财政部 国家税务总局第51号令,2008年12月15日)。

权的财政、税务机关批准,可以由总机构汇总向总机构所在地的主管税务机关申报纳税①。

(5)进口的应税消费品,应当由进口人或者其代理人向报关地海关申报纳税②。

3.7　纳税时间

消费税纳税义务发生时间,分列如下:

(1)纳税人销售应税消费品的,按不同的销售结算方式分别为:

①采取赊销和分期收款结算方式的,为书面合同约定的收款日期的当天,书面合同没有约定收款日期或者无书面合同的,为发出应税消费品的当天;

②采取预收货款结算方式的,为发出应税消费品的当天;

③采取托收承付和委托银行收款方式的,为发出应税消费品并办妥托收手续的当天;

④采取其他结算方式的,为收讫销售款或者取得索取销售款凭据的当天。

(2)纳税人自产自用应税消费品的,为移送使用的当天。

(3)纳税人委托加工应税消费品的,为纳税人提货的当天。

(4)纳税人进口应税消费品的,为报关进口的当天。

3.8　纳税期限与申报缴纳

3.8.1　纳税期限

消费税的纳税期限分别为 1 日、3 日、5 日、10 日、15 日、1 个月或者 1 个季度。纳税人的具体纳税期限,由主管税务机关根据纳税人应纳税额的大小分别核定;不能按照固定期限纳税的,可以按次纳税③。

纳税人以 1 个月或者 1 个季度为 1 个纳税期的,自期满之日起 15 日内申报纳税;以 1 日、3 日、5 日、10 日或者 15 日为 1 个纳税期的,自期满之日起 5 日内预缴税款,于次月 1 日起 15 日内申报纳税并结清上月应纳税款④。

纳税人进口应税消费品,应当自海关填发海关进口消费税专用缴款书之日起 15 日内缴纳税款⑤。

3.8.2　申报缴纳⑥

《酒及酒精消费税纳税申报表》、《其他应税消费品消费税纳税申报表》及其填报说明详见《国家税务总局关于使用消费税纳税申报表有关问题的通知》(国税函[2008]236 号)⑦。

---

① 《中华人民共和国消费税暂行条例实施细则》(财政部 国家税务总局第 51 号令,2008 年 12 月 15 日)。此前,《国家税务总局关于印发〈消费税若干具体问题的规定〉的通知》(国税发[1993]156 号,1993 年 12 月 28 日)规定,对纳税人的总机构与分支机构不在同一省(自治区、直辖市)的,如需改由总机构汇总在总机构所在地纳税的,需经国家税务总局批准;对纳税人的总机构与分支机构在同一省(自治区、直辖市)内,而不在同一县(市)的,如需改由总机构汇总在总机构所在地纳税的,需经国家税务总局所属分局批准。《税务部门现行有效 失效 废止规章目录》(国家税务总局令第 23 号,2010 年 11 月 29 日)已对国税发[1993]156 号上述规定予以废止。

② 《中华人民共和国消费税暂行条例》(中华人民共和国国务院令第 539 号,2008 年 11 月 10 日)。《中华人民共和国消费税暂行条例实施细则》(财政部 国家税务总局第 51 号令,2008 年 12 月 15 日)。

③ 《中华人民共和国消费税暂行条例》(中华人民共和国国务院令第 539 号,2008 年 11 月 10 日)。

④ 《中华人民共和国消费税暂行条例》(中华人民共和国国务院令第 539 号,2008 年 11 月 10 日)。

⑤ 《中华人民共和国消费税暂行条例》(中华人民共和国国务院令第 539 号,2008 年 11 月 10 日)。

⑥ 《国家税务总局关于印发〈消费税若干具体问题的规定〉的通知》(国税发[1993]156 号,1993 年 12 月 28 日)曾规定,纳税人申报缴纳税款的办法,由所在地主管税务机关视不同情况核定:纳税人按期向税务机关填报纳税申报表,并填开税款缴款书,向所在地代理金库的银行缴纳税款;纳税人按期向税务机关填报纳税申报表,由税务机关审核后填发缴款书,按期缴纳;对会计核算不健全的小型业户,税务机关可根据其产销情况,按季或按年核定其应纳税额,分月缴纳。上述规定被《税务部门现行有效 失效 废止规章目录》(国家税务总局令第 23 号,2010 年 11 月 29 日)予以废止。

⑦ 《国家税务总局关于使用消费税纳税申报表有关问题的通知》(国税函[2008]236 号)还公布了《成品油消费税纳税申报表》、《小汽车消费税纳税申报表》和《烟类应税消费品消费税纳税申报表》,但根据《国家税务总局关于发布已失效或废止有关消费税规范性文件的通知》(国税发[2009]45 号),上述前两个申报表被公布废止;根据《国家税务总局关于烟类应税消费品消费税征收管理有关问题的通知》(国税函[2009]272 号),《烟类应税消费品消费税纳税申报表》被予以调整修改。

《小汽车消费税纳税申报表》及其填报说明详见《国家税务总局关于调整〈小汽车消费税纳税申报表〉有关内容的通知》(国税函[2008]757号)。

《成品油消费税纳税申报表》及其填报说明详见《国家税务总局关于加强成品油消费税征收管理有关问题的通知》(国税函[2008]1072号)。

《烟类应税消费品消费税纳税申报表》及其填报说明详见《国家税务总局关于烟类应税消费品消费税征收管理有关问题的通知》(国税函[2009]272号)。

3.9 若干应税消费品征税及管理规定

3.9.1 卷烟

从事烟类应税消费品生产的纳税人,自2009年5月1日起,按照《国家税务总局关于烟类应税消费品消费税征收管理有关问题的通知》(国税函[2009]272号)所附烟类应税消费品消费税纳税申报表及附报资料申报纳税,同时报送各牌号规格卷烟消费税计税价格①。

3.9.1.1 卷烟计税依据

(1)生产销售卷烟②

①从量定额计税办法的计税依据为卷烟的实际销售数量。

②从价定率计税办法的计税依据为卷烟的调拨价格或者核定价格。

调拨价格是指卷烟生产企业通过卷烟交易市场与购货方签订的卷烟交易价格。调拨价格由国家税务总局按照中国烟草交易中心(简称交易中

心)和各省烟草交易(定货)会(简称交易会)各牌号、规格卷烟的调拨价格确定,并作为卷烟计税价格对外公布。

核定价格是指不进入交易中心和交易会交易、没有调拨价格的卷烟,应由税务机关按其零售价倒算一定比例的办法核定计税价格。核定价格的计算公式:

某牌号规格卷烟核定价格=该牌号规格卷烟市场零售价格÷(1+35%)

新牌号规格卷烟的概念界定、计税价格管理办法由国家税务总局商财政部制定。

计税价格和核定价格确定以后,执行计税价格的卷烟,国家每年根据卷烟实际交易价格的情况,对个别市场交易价格变动较大的卷烟,以交易中心或者交易会的调拨价格为基础对其计税价格进行适当调整。执行核定价格的卷烟,由税务机关按照零售价格变动情况进行调整。

③实际销售价格高于计税价格和核定价格的卷烟,按实际销售价格征收消费税;实际销售价格低于计税价格和核定价格的卷烟,按计税价格或核定价格征收消费税。

④非标准条包装卷烟应当折算成标准条包装卷烟的数量,依其实际销售收入计算确定其折算成标准条包装后的实际销售价格,并确定适用的比例税率。折算的实际销售价格高于计税价格的,应按照折算的实际销售价格确定适用比例税率;折算的实际销售价格低于计税价格的,应按照同牌号规格

---

① 《国家税务总局关于烟类应税消费品消费税征收管理有关问题的通知》(国税函[2009]272号,2009年5月25日)。此前,《国家税务总局关于印发〈消费税若干具体问题的规定〉的通知》(国税发[1993]156号,1993年12月28日)规定,纳税人销售的卷烟因放开销售价格而经常发生价格上下浮动的,应以该牌号规格卷烟销售当月的加权平均销售价格确定征税类别和适用税率。但销售价格明显偏低而无正当理由的或无销售价格的,不得列入加权平均计算;卷烟由于接装过滤嘴、改变包装或其他原因提高销售价格后,应按照新的销售价格确定征税类别和适用税率;纳税人自产自用的卷烟应当按照纳税人生产的同牌号规格的卷烟销售价格确定征税类别和适用税率,没有同牌号规格卷烟销售价格的,一律按照甲类卷烟税率征收;委托加工的卷烟按照受托方同牌号规格卷烟的征税类别和适用税率征税,没有同牌号规格卷烟的,一律按照甲类卷烟的税率征收;残次品卷烟应当按照同牌号规格正品卷烟的征税类别确定适用税率;进口卷烟、白包卷烟、手工卷烟、未经国务院批准纳入计划的企业和个人生产的卷烟,不分征税类别一律按照甲类卷烟税率征税。《税务部门现行有效 失效 废止规章目录》(国家税务总局令第23号,2010年11月29日)对国税发[1993]156号上述规定已予以废止。此外,根据《国家税务总局关于更正〈各牌号规格卷烟消费税计税价格〉填表说明的通知》(国税函[2009]404号,2009年7月29日),国税函[2009]272号附件中《各牌号规格卷烟消费税计税价格》填表说明第一条"本表为年报"更正为"本表为月报"。

② 《财政部 国家税务总局关于调整烟类产品消费税政策的通知》(财税[2001]91号,2001年6月4日)。

标准条包装卷烟的计税价格和适用税率征税。

非标准条包装卷烟是指每条包装多于或者少于 200 支的条包装卷烟。

（2）进口、委托加工、自产自用卷烟

①进口、委托加工、自产自用卷烟从量定额计税的依据分别为海关核定的进口征税数量、委托方收回数量、移送使用数量；从价定率计税的计税依据按消费税暂行条例及其有关的规定执行①。

②对既有自产卷烟，同时又委托联营企业加工与自产卷烟牌号、规格相同卷烟的工业企业（简称卷烟回购企业），从联营企业购进后再直接销售的卷烟，对外销售时不论是否加价，凡是符合下述条件的，不再征收消费税，不符合下述条件的，则征收消费税②：

Ⅰ 回购企业在委托联营企业加工卷烟时，除提供给联营企业所需加工卷烟牌号外，还须同时提供税务机关已公示的消费税计税价格。联营企业必须按照已公示的调拨价格申报缴纳消费税。

Ⅱ 回购企业将联营企业加工卷烟回购后再销售的卷烟，其销售收入应与自产卷烟的销售收入分开核算，以备税务机关检查；如不分开核算，则一并计入自产卷烟销售收入征收消费税。

3.9.1.2 批发环节卷烟征税办法

自 2009 年 5 月 1 日起，在卷烟批发环节加征一道从价税③：

（1）纳税义务人：在中华人民共和国境内从事卷烟批发业务的单位和个人。

具有卷烟批发资质单位名单详见《国家税务总局关于下发卷烟批发单位名单的通知》（国税函〔2009〕459 号）附件。

卷烟批发环节消费税纳税人应按规定到主管税务机关办理消费税税种登记④。

从事卷烟批发的纳税人应按《国家税务总局关于烟类应税消费品消费税征收管理有关问题的通知》（国税函〔2009〕272 号）所附卷烟消费税纳税申报表（批发）申报纳税⑤。

（2）征收范围：纳税人批发销售的所有牌号规格的卷烟。

（3）计税依据：纳税人批发卷烟的销售额（不含增值税）。

（4）纳税人应将卷烟销售额与其他商品销售额分开核算，未分开核算的，一并征收消费税。

（5）适用税率：5%。

（6）纳税人销售给纳税人以外的单位和个人的卷烟于销售时纳税。纳税人之间销售的卷烟不缴纳消费税。

（7）纳税义务发生时间：纳税人收讫销售款或者取得索取销售款凭据的当天。

（8）纳税地点：卷烟批发企业的机构所在地，总机构与分支机构不在同一地区的，由总机构申报纳税。

（9）卷烟消费税在生产和批发两个环节征收后，批发企业在计算纳税时不得扣除已含的生产环节的消费税税款。

3.9.1.3 卷烟消费税计税价格信息采集和核定管理办法

（1）一般规定

详见附件二《卷烟消费税计税价格信息采集和核定管理办法》（国家税务总局令第 5 号）。

（2）新牌号、新规格卷烟消费税计税价格管理规定⑥

---

① 《财政部 国家税务总局关于调整烟类产品消费税政策的通知》（财税〔2001〕91 号，2001 年 6 月 4 日）。

② 《国家税务总局关于卷烟生产企业购进卷烟直接销售不再征收消费税的批复》（国税函〔2001〕955 号，2001 年 12 月 20 日）。

③ 《财政部 国家税务总局关于调整烟产品消费税政策的通知》（财税〔2009〕84 号，2009 年 5 月 26 日）。

④ 《国家税务总局关于烟类应税消费品消费税征收管理有关问题的通知》（国税函〔2009〕272 号，2009 年 5 月 25 日）。

⑤ 《国家税务总局关于烟类应税消费品消费税征收管理有关问题的通知》（国税函〔2009〕272 号，2009 年 5 月 25 日）。

⑥ 《国家税务总局关于加强新牌号、新规格卷烟消费税计税价格管理有关事项的通知》（国税函〔2006〕373 号，2006 年 4 月 24 日）。

自 2006 年 5 月 1 日起,生产企业在新牌号、新规格卷烟投放市场的当月除按照国家税务总局第 5 号令有关规定向所在地主管税务机关报告外,应同时提供卷烟样品,包括实物样品、外包装(如条、筒及其他形式的外包装)、单包包装。提供样品的具体数量由所在地主管税务机关根据需要自行确定。

生产企业所在地主管税务机关应参照《卷烟样品图像扫描操作指南》(见国税函[2006]373 号《国家税务总局关于加强新牌号、新规格卷烟消费税计税价格管理有关事项的通知》附件 1)为新牌号、新规格卷烟样品建立扫描图像,并将扫描图像及时传递至卷烟价格信息采集地主管税务机关。卷烟价格信息采集地主管税务机关应严格对照卷烟样品或扫描图像采集卷烟价格信息。

新牌号、新规格卷烟价格采集期满后申请核定消费税计税价格的,主管税务机关应将卷烟包装样品(外包装和单包包装各二套)和扫描图像(电子版)随同书面申请逐级上报至国家税务总局。

各级国家税务局在办理新牌号、新规格卷烟消费税计税价格申请事宜时,应将书面申请和卷烟包装样品、扫描图像认真进行核对,确保无误。

3.9.1.4 卷烟外包装标识发生变化后消费税计税价格管理

自 2009 年 1 月 1 日起,我国履行《烟草控制框架公约》承诺,对卷烟包装标识使用健康警语所占面积要求不应小于其所在面的 30%。卷烟的外包装标识由此而发生了变化,消费税计税价格管理按以下办法执行[①]:

(1)对已核定消费税计税价格卷烟的管理

①对已核定消费税计税价格的卷烟,生产企业在包装标识上使用健康警语,按照《卷烟消费税计税价格信息采集和核定管理办法》(国家税务总局令第 5 号,简称 5 号令)规定,应视同新规格卷烟,重新核定消费税计税价格。考虑到增加健康警语的包装标识变化,未涉及产品标识的其他方面以及

规格、内在品质、销售价格均未发生变化,暂不按 5 号令的要求对其重新核定计税价格。其消费税计税价格仍按照已核定的计税价格执行。

②生产企业所在地主管税务机关,应于产品更新包装标识的次月,将包装样品(外包装和单包包装各 2 套,背面注明卷烟牌号和烟支包装规格)、扫描图像(电子版)随同《卷烟更新标识后包装样品清单》(见国税函[2009]41 号《国家税务总局关于卷烟消费税计税价格管理有关问题的通知》附件 2)逐级上报至税务总局备案。

③对于已核定消费税计税价格的卷烟,其外包装标识除按照规定使用健康警语以外发生其他变化的,生产企业所在地主管税务机关应严格执行 5 号令的规定,按照新规格卷烟对其进行管理,并由税务总局重新核定其消费税计税价格。

(2)对未核定消费税计税价格卷烟的管理

①对未核定消费税计税价格,但试销期已满 1 年的新牌号、新规格卷烟,生产企业所在地主管税务机关应按照 5 号令的规定,将申请核定新牌号、新规格卷烟消费税计税价格所需资料、使用健康警语包装标识的新包装样品以及扫描图像一并报送;国家税务总局,由税务总局核定其消费税计税价格。

②对未核定消费税计税价格,但试销期未满 1 年的新牌号、新规格卷烟,生产企业所在地主管税务机关对其价格信息的"采集期间"应严格按照 5 号令第九条的规定,即产品投放市场次月起连续 12 个月确定执行。"采集期间"不得因包装标识使用健康警语的变更而擅自延长。对于采集期满的新牌号、新规格卷烟,生产企业所在地主管税务机关应按照 5 号令及前款的规定上报资料,由国家税务总局核定其消费税计税价格。

3.9.1.5 卷烟消费税计税价格调整前后征税办法

自 2009 年 5 月 1 日起,生产环节纳税人各牌号规格卷烟消费税最低计税价格按重新核定的标

---

① 《国家税务总局关于卷烟消费税计税价格管理有关问题的通知》(国税函[2009]41 号,2009 年 1 月 22 日)。

准执行,价格调整前后征税衔接问题按以下办法处理①:

(1)卷烟工业环节纳税人销售的卷烟,应按实际销售价格申报纳税,实际销售价格低于最低计税价格的,按照最低计税价格申报纳税。

(2)卷烟工业企业向卷烟批发企业销售卷烟已开具增值税专用发票,因价格调整的,应按照《国家税务总局关于修订〈增值税专用发票使用规定〉的通知》(国税发[2006]156号)和《国家税务总局关于修订增值税专用发票使用规定的补充通知》(国税发[2007]18号)的有关规定进行处理:

①卷烟工业企业符合下列情形的,可作废已开具的专用发票,以调整后的价格重新开具专用发票:

Ⅰ 尚未将当月开具的专用发票交付卷烟批发企业、未抄税并且未记账。

Ⅱ 专用发票交付卷烟批发企业,同时具有下列情形的:

(i)收到退回的发票联、抵扣联时间未超过开票当月;

(ii)卷烟工业企业未抄税并且未记账;

(iii)卷烟批发企业未认证或者认证结果为"纳税人识别号认证不符"、"专用发票代码、号码认证不符"。

②卷烟工业企业开具的专用发票不符合作废条件,卷烟调拨价格调高的,可按差额另行开具专用发票;卷烟调拨价格调低,已将专用发票交付卷烟批发企业的,由卷烟批发企业填报《开具红字增值税专用发票申请单》(简称申请单),取得主管税务机关出具的《开具红字增值税专用发票通知单》(简称通知单)后交卷烟工业企业开具红字增值税专用发票;卷烟调拨价格调低,尚未将专用发票交付卷烟批发企业的,由卷烟工业企业填报申请单,

取得主管税务机关出具的通知单后开具红字增值税专用发票。

(3)卷烟工业环节纳税人销售卷烟,因调拨价格调整重新开具增值税专用发票的,不再重新申报卷烟定额消费税。

(4)新牌号、新规格卷烟和价格变动卷烟仍按《卷烟消费税计税价格信息采集和核定管理办法》(国家税务总局令第5号)规定上报,新牌号、新规格卷烟未满1年且未经税务总局核定计税价格的,应按实际调拨价格申报纳税。

3.9.2 酒

3.9.2.1 酒类产品适用税率的特殊规定

(1)白酒

①外购酒精生产的白酒,应按酒精所用原料确定白酒的适用税率。凡酒精所用原料无法确定的,一律按照粮食白酒的税率征税②。

②外购两种以上酒精生产的白酒,一律从高确定税率征税③。

③以外购白酒加浆降度,或外购散酒装瓶出售,以及外购白酒以曲香、香精进行调香、调味生产的白酒,按照外购白酒所用原料确定适用税率。凡白酒所用原料无法确定的,一律按照粮食白酒的税率征税④。

④以外购的不同品种白酒勾兑的白酒,一律按照粮食白酒的税率征税⑤。

⑤对用粮食和薯类、糠麸等多种原料混合生产的白酒,一律按照粮食白酒的税率征税⑥。

对以粮食原酒作为基酒与薯类酒精或薯类酒进行勾兑生产的白酒应按粮食白酒的税率征收消费税⑦。

对既有外购粮食、或者有自产或外购粮食白酒

① 《国家税务总局关于卷烟消费税计税依据有关问题的通知》(国税函[2009]271号,2009年5月25日)。
② 《国家税务总局关于印发〈消费税若干具体问题的规定〉的通知》(国税发[1993]156号,1993年12月28日)。
③ 《国家税务总局关于印发〈消费税若干具体问题的规定〉的通知》(国税发[1993]156号,1993年12月28日)。
④ 《国家税务总局关于印发〈消费税若干具体问题的规定〉的通知》(国税发[1993]156号,1993年12月28日)。
⑤ 《国家税务总局关于印发〈消费税若干具体问题的规定〉的通知》(国税发[1993]156号,1993年12月28日)。
⑥ 《国家税务总局关于印发〈消费税若干具体问题的规定〉的通知》(国税发[1993]156号,1993年12月28日)。
⑦ 《国家税务总局关于酒类产品消费税政策问题的通知》(国税发[2002]109号,2002年8月26日)。

（包括粮食酒精），又有自产或外购薯类和其他原料酒（包括酒精）的企业，其生产的白酒凡所用原料无法分清的，一律按粮食白酒征收消费税①。

⑥对用薯类和粮食以外的其他原料混合生产的白酒，一律按照薯类白酒的税率征税②。

⑦对企业以白酒和酒精为酒基，加入果汁、香料、色素、药材、补品、糖、调料等配制或泡制的酒，不再按"其他酒"子目中的"复制酒"征税，一律按照酒基所用原料确定白酒的适用税率。凡酒基所用原料无法确定的，一律按粮食白酒的税率征收消费税③。

（2）啤酒

从 2001 年 5 月 1 日起，啤酒消费税单位税额按以下标准执行④：

①每吨啤酒出厂价格（含包装物及包装物押金）在 3000 元（含 3000 元，不含增值税）以上的，单位税额 250 元/吨；

上述包装物押金不包括供重复使用的塑料周转箱的押金⑤。

②每吨啤酒出厂价格在 3000 元（不含 3000 元，不含增值税）以下的，单位税额 220 元/吨。

③娱乐业、饮食业自制啤酒，单位税额 250 元/吨。

对啤酒生产企业销售的啤酒，不得以向其关联企业的啤酒销售公司销售的价格作为确定消费税税额

的标准，而应当以其关联企业的啤酒销售公司对外的销售价格（含包装物及包装物押金）作为确定消费税税额的标准，并依此确定该啤酒消费税单位税额⑥。

（3）其他酒

对以黄酒为酒基生产的配制或泡制酒，按"其他酒"10% 的税率征收消费税⑦。

3.9.2.2　酒类产品计税依据的规定

（1）生产销售粮食白酒、薯类白酒，从量定额计税办法的计税依据为粮食白酒、薯类白酒的实际销售数量。计量单位按实际销售商品重量确定，如果实际销售商品是按体积标注计量单位的，应按 500 毫升为 1 斤换算，不得按酒度折算⑧。

进口、委托加工、自产自用粮食白酒、薯类白酒，从量定额计税办法的计税依据分别为海关核定的进口征税数量、委托方收回数量、移送使用数量⑨。

生产销售、进口、委托加工、自产自用粮食白酒，薯类白酒从价定率计税办法的计税依据按消费税暂行条例及其有关规定执行⑩。

（2）纳税人销售的甲类卷烟和粮食白酒，其计税价格显著低于产地市场零售价格的，主管税务机关应逐级上报国家税务总局核定计税价格，并按照国家税务总局核定的计税价格征税⑪。

①　《国家税务总局关于酒类产品消费税政策问题的通知》（国税发〔2002〕109 号，2002 年 8 月 26 日）。
②　《国家税务总局关于印发〈消费税若干具体问题的规定〉的通知》（国税发〔1993〕156 号，1993 年 12 月 28 日）。
③　《国家税务总局关于消费税若干征税问题的通知》（国税发〔1997〕84 号，1997 年 5 月 21 日）。
④　《财政部　国家税务总局关于调整酒类产品消费税政策的通知》（财税〔2001〕84 号，2001 年 5 月 11 日）。
⑤　《财政部　国家税务总局关于明确啤酒包装物押金消费税政策的通知》（财税〔2006〕20 号，2006 年 2 月 27 日）。
⑥　《国家税务总局关于啤酒计征消费税有关问题的批复》（国税函〔2002〕166 号，2002 年 2 月 22 日）。
⑦　《国家税务总局关于消费税若干征税问题的通知》（国税发〔1997〕84 号，1997 年 5 月 21 日）。
⑧　《财政部　国家税务总局关于调整酒类产品消费税政策的通知》（财税〔2001〕84 号，2001 年 5 月 11 日）。《财政部　国家税务总局关于调整和完善消费税政策的通知》（财税〔2006〕33 号，2006 年 3 月 20 日）。
⑨　《财政部　国家税务总局关于调整酒类产品消费税政策的通知》（财税〔2001〕84 号，2001 年 5 月 11 日）。
⑩　《财政部　国家税务总局关于调整酒类产品消费税政策的通知》（财税〔2001〕84 号，2001 年 5 月 11 日）。
⑪　《国家税务总局关于印发〈消费税若干具体问题的规定〉的通知》（国税发〔1993〕156 号，1993 年 12 月 28 日）。此外，《国家税务总局关于酒类产品消费税政策问题的通知》（国税发〔2002〕109 号，2002 年 8 月 26 日）规定，酒类生产企业与关联企业之间的购销业务，不按照独立企业之间的业务往来作价的，各省、自治区、直辖市、计划单列市国家税务局可根据本地区酒类生产企业与其关联企业间不同的核算方式，选择以下处理方法调整其计税收入额或者所得额，核定其应纳税额：按照独立企业之间进行相同或者类似业务活动的价格；按照再销售给无关联关系的第三者的价格所取得的收入和利润水平；按照成本加合理的费用和利润；按照其他合理的方法。但根据《国家税务总局关于公布全文失效废止　部分条款失效废止的税收规范性文件目录的公告》（国家税务总局公告 2011 年第 2 号，2011 年 1 月 4 日），国税发〔2002〕109 号上述规定被废止。

（3）从1995年6月1日起，对酒类产品生产企业销售酒类产品而收取的包装物押金，无论押金是否返还与会计上如何核算，均需并入酒类产品销售额中，依酒类产品的适用税率征收消费税①。

对酒类包装物押金征税的规定只适用于实行从价定率办法征收消费税的粮食白酒、薯类白酒和其他酒，而不适用于实行从量定额办法征收消费税的啤酒和黄酒产品②。

（4）白酒生产企业向商业销售单位收取的"品牌使用费"是随着应税白酒的销售而向购货方收取的，属于应税白酒销售价款的组成部分，不论企业采取何种方式或以何种名义收取价款，均应并入白酒的销售额中缴纳消费税③。

（5）酒类生产企业与关联企业之间的购销业务，不按照独立企业之间的业务往来作价的，税务机关可以按照下列方法调整其计税收入额或者所得额，核定其应纳税额④：

①按照独立企业之间进行相同或者类似业务活动的价格；

②按照再销售给无关联关系的第三者的价格所取得的收入和利润水平；

③按照成本加合理的费用和利润；

④按照其他合理的方法。

3.9.2.3　白酒消费税最低计税价格核定管理办法

从2009年8月1日起，对设立销售公司的白酒生产企业，其白酒消费税最低计税价格核定管理办法按以下规定执行⑤：

（1）白酒生产企业销售给销售单位的白酒，生产企业消费税计税价格低于销售单位对外销售价格（不含增值税，下同）70%以下的，税务机关应核定消费税最低计税价格。

销售单位是指，销售公司、购销公司以及委托境内其他单位或个人包销本企业生产白酒的商业机构。销售公司、购销公司是指，专门购进并销售白酒生产企业生产的白酒，并与该白酒生产企业存在关联性质。包销是指，销售单位依据协定价格从白酒生产企业购进白酒，同时承担大部分包装材料等成本费用，并负责销售白酒。

（2）白酒生产企业应将各种白酒的消费税计税价格和销售单位销售价格，按照《国家税务总局关于加强白酒消费税征收管理的通知》（国税函〔2009〕380号）附件1的式样及要求，在主管税务机关规定的时限内填报。

白酒生产企业未按规定上报销售单位销售价格的，主管国家税务局应按照销售单位销售价格征收消费税。

（3）白酒消费税最低计税价格由白酒生产企业自行申报，税务机关核定。

主管税务机关应将白酒生产企业申报的销售给销售单位的消费税计税价格低于销售单位对外销售价格70%以下、年销售额1000万元以上的各种白酒，按照《国家税务总局关于加强白酒消费税征收管理的通知》（国税函〔2009〕380号）附件2的式样及要求，在规定的时限内逐级上报至国家税务总局。税务总局选择其中部分白酒核定消费税最低计税价格。

除税务总局已核定消费税最低计税价格的白酒外，生产企业消费税计税价格低于销售单位对外销售价格70%以下而需要核定消费税最低计税价格的白酒，由各省、自治区、直辖市和计划单列市国家税务局核定⑥。

（4）白酒消费税最低计税价格核定标准如下：

---

① 《财政部 国家税务总局关于酒类产品包装物押金征税问题的通知》（财税字〔1995〕53号,1995年6月9日）。
② 《国家税务总局关于印发〈消费税问题解答〉的通知》（国税函发〔1997〕306号,1997年5月21日）。
③ 《国家税务总局关于酒类产品消费税政策问题的通知》（国税发〔2002〕109号,2002年8月26日）。
④ 《国家税务总局关于酒类产品消费税政策问题的通知》（国税发〔2002〕109号,2002年8月26日）。
⑤ 《国家税务总局关于加强白酒消费税征收管理的通知》（国税函〔2009〕380号,2009年7月17日）。
⑥ 参见《国家税务总局关于部分白酒消费税计税价格核定及相关管理事项的通知》（国税函〔2009〕416号,2009年8月5日）。

①白酒生产企业销售给销售单位的白酒,生产企业消费税计税价格高于销售单位对外销售价格70%(含70%)以上的,税务机关暂不核定消费税最低计税价格。

②白酒生产企业销售给销售单位的白酒,生产企业消费税计税价格低于销售单位对外销售价格70%以下的,消费税最低计税价格由税务机关根据生产规模、白酒品牌、利润水平等情况在销售单位对外销售价格50%至70%范围内自行核定。其中生产规模较大,利润水平较高的企业生产的需要核定消费税最低计税价格的白酒,税务机关核价幅度原则上应选择在销售单位对外销售价格60%至70%范围内。

(5)已核定最低计税价格的白酒,生产企业实际销售价格高于消费税最低计税价格的,按实际销售价格申报纳税;实际销售价格低于消费税最低计税价格的,按最低计税价格申报纳税。

(6)已核定最低计税价格的白酒,销售单位对外销售价格持续上涨或下降时间达到3个月以上、累计上涨或下降幅度在20%(含)以上的白酒,税务机关重新核定最低计税价格。

(7)白酒生产企业在办理消费税纳税申报时,应附已核定最低计税价格白酒清单。

3.9.2.4 葡萄酒消费税管理办法

自2006年7月1日起,葡萄酒消费税管理按以下办法执行①:

(1)在中华人民共和国境内(简称境内)生产、委托加工、进口葡萄酒的单位和个人,为葡萄酒消费税纳税人。

(2)葡萄酒消费税适用《消费税税目税率(税额)表》"酒及酒精"税目下设的"其他酒"子目。

葡萄酒是指以葡萄为原料,经破碎(压榨)、发酵而成的酒精度在1度(含)以上的葡萄原酒和成品酒(不含以葡萄为原料的蒸馏酒)。

(3)境内从事葡萄酒生产的单位或个人(简称生产企业)之间销售葡萄酒,实行《葡萄酒购货证明单》管理(简称证明单,见国税发[2006]66号《国家税务总局关于印发〈葡萄酒消费税管理办法(试行)〉的通知》附件1)。证明单由购货方在购货前向其主管税务机关申请领用,销货方凭证明单的退税联向其主管税务机关申请已纳消费税退税。

证明单一式四联,仅限于生产企业购货时领用。第一联为回执联,由销货方主管税务机关留存;第二联为退税联,作为销货方申请退税的报送资料;第三联为核销联,用于购货方主管税务机关核销证明单领取记录;第四联为备查联,作为销货方会计核算资料。

生产企业将自产或外购葡萄酒直接销售给生产企业以外的单位和个人的,不实行证明单管理,按消费税暂行条例规定申报缴纳消费税。

生产企业在购货前应向主管税务机关提出领用证明单的书面申请。主管税务机关应对书面申请进行审核,建立证明单领存销台账。

(4)购货方携证明单购货,证明单由销货方填写。证明单中填写的品种、数量、单价、金额、发票代码、发票号码、开票日期应与销货方开具的销售发票(增值税专用发票或普通发票)的相关内容一致。

销货方在证明单所有联次加盖公章后,留存证明单备查联,将证明单回执联、退税联、核销联退还购货方。

(5)购货方在30日内将证明单回执联、退税联、核销联及销货方开具的销售发票交主管税务机关核销证明单领用记录。

(6)购货方主管税务机关应对证明单回执联、退税联、核销联注明的品种、数量、单价、金额、发票代码、发票号码、开票日期与销货方开具的销售发票相关内容进行审核。

证明单与销售发票相关内容一致的,购货方主管税务机关留存核销联,在证明单回执联、退税联加盖公章,并于30日内将回执联、退税联传递给销

---

① 《国家税务总局关于印发〈葡萄酒消费税管理办法(试行)〉的通知》(国税发[2006]66号,2006年5月14日)。

货方主管税务机关。

销货方主管税务机关收到回执联、退税联后，留存回执联，在30日内将证明单退税联转交给销货方。

（7）购货方主管税务机关核销证明单领用记录时，应在证明单核销联"主管税务机关审核意见"栏填写核销意见，并在证明单领销存台账上作核销记录。

（8）发生销货退回或销售折让的，购货方也应按以上办法规定申请、使用、核销证明单。

（9）生产企业销售葡萄酒，无论纳税申报当期是否收到主管税务机关转交的证明单退税联，均应按规定申报缴纳消费税。

销货方收到主管税务机关转交的证明单退税联后，应填报《葡萄酒消费税退税申请表》（简称退税申请表，见国税发［2006］66号《国家税务总局关于印发〈葡萄酒消费税管理办法（试行）〉的通知》附件3），持证明单退税联及退税申请表向主管税务机关申请退税。

（10）主管税务机关应加强对购销双方消费税的管理。定期查验购销双方销售、购进葡萄酒的数量及使用情况。

（11）以进口葡萄酒为原料连续生产葡萄酒的纳税人，实行凭《海关进口消费税专用缴款书》抵减进口环节已纳消费税的管理办法。

以进口葡萄酒为原料连续生产葡萄酒的纳税人，在办理消费税纳税申报时，需填写消费税纳税申报表，提供《海关进口消费税专用缴款书》复印件。

以进口葡萄酒为原料连续生产葡萄酒的纳税人，准予从当期应纳消费税税额中抵减《海关进口消费税专用缴款书》注明的消费税。如当期应纳消费税不足抵减的，余额留待下期抵减。

（12）主管税务机关应加强对证明单的领用、核销、核对、传递工作（在电子传递手段未建立之前，暂通过特快专递或邮寄挂号信方式传递）。

在邮递过程发生证明单丢失情况的，由购货方主管税务机关开具证明并复印证明单核销联两份，加盖公章后传递给销货方主管税务机关，一份代替回执联、一份代替退税联使用。

（13）纳税人未按照规定取得、保管、使用、报送证明单的，主管税务机关依照税收征收管理法的有关规定处理。

3.9.2.5 啤酒液异地灌装征税办法

啤酒生产集团为解决下属企业之间糖化能力和包装能力不匹配，优化各企业间资源配置，将有糖化能力而无包装能力的企业生产的啤酒液销售（调拨）给异地企业进行灌装，按以下办法征收消费税[①]：

（1）啤酒生产集团内部企业间调拨销售的啤酒液，应由啤酒液生产企业按规定申报缴纳消费税。

（2）购入方企业应依据取得的销售方销售啤酒液所开具的增值税专用发票上记载的销售数量、销售额、销售单价确认销售方啤酒液适用的消费税单位税额，单独建立外购啤酒液购入使用台账，计算外购啤酒液已纳消费税额。

（3）购入方使用啤酒液连续灌装生产并对外销售的啤酒，应依据其销售价格确定适用单位税额计算缴纳消费税，但其外购啤酒液已纳的消费税额，可以从其当期应纳消费税额中抵减。

3.9.2.6 小酒厂征税办法

从2001年5月1日起，停止执行对会计核算不健全的小酒厂定额、定率的双定征税办法，一律实行查实征收[②]。

从2009年8月1日起，对账证不全的小酒厂，继续采取核定征收方式征税[③]。

[①] 《国家税务总局关于啤酒集团内部企业间销售（调拨）啤酒液征收消费税问题的批复》（国税函［2003］382号，2003年4月9日）。

[②] 《财政部 国家税务总局关于调整酒类产品消费税政策的通知》（财税［2001］84号，2001年5月11日）。

[③] 《国家税务总局关于加强白酒消费税征收管理的通知》（国税函［2009］380号，2009年7月17日）。

3.9.3 金银首饰

3.9.3.1 金银首饰消费税征收环节

（1）1995 年 1 月 1 日起,金银首饰消费税由生产销售环节征收改为零售环节征收。改为零售环节征收消费税的金银首饰范围为:金、银和金基、银基合金首饰,以及金、银和金基、银基合金的镶嵌首饰①。

上述金银首饰的范围不包括镀金（银）、包金（银）首饰,以及镀金（银）、包金（银）的镶嵌首饰。凡采用包金、镀金工艺以外的其他工艺制成的含金、银首饰及镶嵌首饰,如锻压金、铸金、复合金首饰等,都应在零售环节征收消费税②。

对出国人员免税商店销售的金银首饰应当征收消费税③。

（2）纳税人销售（指零售）的金银首饰（含以旧换新）,于销售时纳税;用于馈赠、赞助、集资、广告、样品、职工福利、奖励等方面的金银首饰,于移送时纳税;带料加工、翻新改制的金银首饰,于受托方交货时纳税④。

（3）金银首饰消费税改变征税环节后,经营单位进口金银首饰的消费税,由进口环节征收改为在零售环节征收;出口金银首饰由出口退税改为出口不退消费税。个人携带、邮寄金银首饰进境,仍按海关有关规定征税⑤。

3.9.3.2 金银首饰消费税纳税人

在中华人民共和国境内从事金银首饰零售业务的单位和个人,为金银首饰消费税的纳税义务人。委托加工（另有规定者除外）、委托代销金银首饰的,受托方也是纳税人⑥。

3.9.3.3 金银首饰消费税适用税率与计税依据

（1）适用税率⑦

金银首饰消费税税率为 5%⑧。

---

① 《财政部 国家税务总局关于调整金银首饰消费税纳税环节有关问题的通知》（财税字［1994］第 95 号,1994 年 12 月 24 日）。此外,该文件还规定,不属于上述范围的应征消费税的非金银首饰,仍在生产销售环节征收消费税,但《财政部 国家税务总局关于公布废止和失效的消费税规范性文件目录的通知》（财税［2009］18 号）对该规定公布废止。《财政部 国家税务总局关于钻石及上海钻石交易所有关税收政策的通知》（财税［2001］176 号,2001 年 11 月 5 日）曾规定,对钻石及钻石饰品消费税的纳税环节由现在的生产环节、进口环节后移至零售环节。但根据《财政部关于公布废止和失效的财政规章和规范性文件目录（第十批）的决定》（财政部令第 48 号,2008 年 1 月 31 日）,财税［2001］176 号被公布废止。

② 《国家税务总局关于印发〈金银首饰消费税征收管理办法〉的通知》（国税发［1994］267 号,1994 年 12 月 26 日）。《国家税务总局关于锻压金首饰在零售环节征收消费税问题的批复》（国税函发［1996］727 号,1996 年 12 月 23 日）。此外,国税发［1994］267 号还规定"金银首饰的零售业务"是指将金银首饰销售给中国人民银行批准的金银首饰生产、加工、批发、零售单位以外的单位（简称经营单位）和个人的业务;为经营单位以外的单位和个人加工金银首饰,经营单位将金银首饰用于馈赠、赞助、集资、广告、样品、职工福利、奖励等方面以及未经中国人民银行总行批准经营金银首饰批发业务的单位将金银首饰销售给经营单位,视同零售业务。但《国家税务总局关于发布已失效或废止的税收规范性文件目录的通知》（国税发［2006］62 号）对上述规定公布废止。

③ 《国家税务总局关于印发〈消费税问题解答〉的通知》（国税函发［1997］306 号,1997 年 5 月 21 日）。

④ 《财政部 国家税务总局关于调整金银首饰消费税纳税环节有关问题的通知》（财税字［1994］第 95 号,1994 年 12 月 24 日）。

⑤ 《财政部 国家税务总局关于调整金银首饰消费税纳税环节有关问题的通知》（财税字［1994］第 95 号,1994 年 12 月 24 日）。

⑥ 《财政部 国家税务总局关于调整金银首饰消费税纳税环节有关问题的通知》（财税字［1994］第 95 号,1994 年 12 月 24 日）。此外,《国家税务总局关于印发〈金银首饰消费税征收管理办法〉的通知》（国税发［1994］267 号,1994 年 12 月 26 日）对金银首饰消费税纳税人认定审批要求进行了规定。但根据《国家税务总局关于取消金银首饰消费税纳税人认定行政审批后有关问题的通知》（国税函［2004］826 号）,国税发［1994］267 号有关纳税人认定审批的规定被停止执行。

⑦ 《财政部 国家税务总局关于调整金银首饰消费税纳税环节有关问题的通知》（财税字［1994］第 95 号,1994 年 12 月 24 日）。

⑧ 《财政部 国家税务总局关于调整金银首饰消费税纳税环节有关问题的通知》（财税字［1994］第 95 号,1994 年 12 月 24 日）。《财政部 国家税务总局关于金银首饰消费税按 5% 征收的通知》（财税字［1994］91 号,1994 年 12 月 6 日）曾规定,减按 5% 征收消费税的范围仅限于金、银和金基、银基合金首饰,以及金、银和金基、银基合金的镶嵌首饰。不在上述范围内的应税首饰仍按 10% 的税率征收消费税。根据《财政部 国家税务总局关于公布若干废止和失效的消费税规范性文件目录的通知》（财税［2009］18 号）和《财政部关于公布废止和失效的财政规章和规范性文件目录（第十一批）的决定》（财政部令第 62 号,2011 年 2 月 21 日）,财税字［1994］91 号被公布废止。

对既销售金银首饰,又销售非金银首饰的生产、经营单位,应将两类商品划分清楚,分别核算销售额。凡划分不清楚或不能分别核算的,在生产环节销售的,一律从高适用税率征收消费税;在零售环节销售的,一律按金银首饰征收消费税。

对改变征税环节后,商业零售企业销售以前年度库存的金银首饰,按调整后的税率照章征收消费税。

(2)计税依据

①纳税人销售金银首饰,其计税依据为不含增值税的销售额。如果纳税人销售金银首饰的销售额中未扣除增值税税款,在计算消费税时,应按以下公式换算为不含增值税税款的销售额[①]:

金银首饰的销售额=含增值税的销售额(1+增值税税率或征收率)

②金银首饰连同包装物销售的,无论包装是否单独计价,也无论会计上如何核算,均应并入金银首饰的销售额,计征消费税[②]。

③带料加工的金银首饰,应按受托方销售同类金银首饰的销售价格确定计税依据征收消费税。没有同类金银首饰销售价格的,按照组成计税价格计算纳税。组成计税价格的计算公式为[③]:

组成计税价格=材料成本+加工费 1-金银首饰消费税税率

④纳税人采用以旧换新(含翻新改制)方式销售的金银首饰,应按实际收取的不含增值税的全部价款确定计税依据征收消费税[④]。

⑤生产、批发、零售单位用于馈赠、赞助、集资、广告、样品、职工福利、奖励等方面的金银首饰,应按纳税人销售同类金银首饰的销售价格确定计税依据征收消费税;没有同类金银首饰销售价格的,按照组成计税价格计算纳税。组成计税价格的计算公式为[⑤]:

组成计税价格=购进原价×(1+利润率)(1-金银首饰消费税税率)

纳税人为生产企业时,公式中的"购进原价"为生产成本。公式中的"利润率"一律定为6%。

⑥金银首饰与其他产品组成成套消费品销售的,应按销售额全额征收消费税[⑥]。

⑦金银首饰消费税改变纳税环节以后,用已税珠宝玉石生产的于零售环节征税的镶嵌首饰,在计税时一律不得扣除买价或已纳的消费税税款[⑦]。

⑧对消费者个人委托加工的金银首饰及珠宝玉石,可暂按加工费征收消费税[⑧]。

3.9.3.4　金银首饰消费税应税业务与非应税业务的划分

经营单位兼营生产、加工、批发、零售业务的,应分别核算销售额,未分别核算销售额或者划分不

---

① 《财政部 国家税务总局关于调整金银首饰消费税纳税环节有关问题的通知》(财税字[1994]第 95 号,1994 年 12 月 24 日)。

② 《财政部 国家税务总局关于调整金银首饰消费税纳税环节有关问题的通知》(财税字[1994]第 95 号,1994 年 12 月 24 日)。

③ 《财政部 国家税务总局关于调整金银首饰消费税纳税环节有关问题的通知》(财税字[1994]第 95 号,1994 年 12 月 24 日)。

④ 《财政部 国家税务总局关于调整金银首饰消费税纳税环节有关问题的通知》(财税字[1994]第 95 号,1994 年 12 月 24 日)。

⑤ 《财政部 国家税务总局关于调整金银首饰消费税纳税环节有关问题的通知》(财税字[1994]第 95 号,1994 年 12 月 24 日)。

⑥ 《财政部 国家税务总局关于调整金银首饰消费税纳税环节有关问题的通知》(财税字[1994]第 95 号,1994 年 12 月 24 日)。

⑦ 《财政部 国家税务总局关于调整金银首饰消费税纳税环节有关问题的通知》(财税字[1994]第 95 号,1994 年 12 月 24 日)。

⑧ 《国家税务总局关于消费税若干征税问题的通知》(国税发[1994]130 号,1994 年 5 月 26 日)。

清的,一律视同零售征收消费税①。

3.9.3.5 金银首饰消费税纳税义务发生时间及纳税地点

(1)纳税人销售金银首饰,其纳税义务发生时间为收讫销货款或取得索取销货凭据的当天;用于馈赠、赞助、集资、广告、样品、职工福利、奖励等方面的金银首饰,其纳税义务发生时间为移送的当天;带料加工、翻新改制的金银首饰,其纳税义务发生时间为受托方交货的当天②。

(2)纳税人应向其核算地主管国家税务局申报纳税③。

固定业户到外县(市)临时销售金银首饰,应当向其机构所在地主管国家税务局申请开具外出经营活动税收管理证明,回其机构所在地向主管国家税务局申报纳税。未持有其机构所在地主管国家税务局核发的外出经营活动税收管理证明的,销售地主管国家税务局一律按规定征收消费税。其在销售地发生的销售额,回机构所在地后仍应按规定申报纳税,在销售地缴纳的消费税款不得从应纳税额中扣减④。

3.9.3.6 金银首饰消费税纳税申报资料

纳税人办理纳税申报时,除应按税收征收管理法的规定报送有关资料外,还应报送《金银饰品购销存月报表》⑤。

3.9.4 成品油

3.9.4.1 成品油消费税管理办法

自2005年9月1日起,汽油、柴油消费税管理按以下办法执行⑥:

(1)汽油、柴油消费税纳税人应按照税收征收管理法及其实施细则的有关规定办理税务登记,纳税人除依照有关规定提供相关资料外,还必须提供下列资料:

①生产企业基本情况表(简称基本情况表,见国税发[2005]133号《国家税务总局关于印发〈汽油、柴油消费税管理办法(试行)〉的通知》附件一);

②生产装置及工艺路线的简要说明;

③企业生产的所有油品名称、产品标准及用途;

④税务机关要求报送的其他资料。

(2)已经办理税务登记的纳税人,其原油加工能力、生产装置、储油设施、油品名称、产品标准及用途发生变化的,应自发生变化之日起30日内向

① 《国家税务总局关于印发〈金银首饰消费税征收管理办法〉的通知》(国税发[1994]267号,1994年12月26日)。该文还规定,经中国人民银行总行批准经营金银首饰批发业务的单位将金银首饰销售给同时持有《经营金银制品业务许可证》(简称《许可证》)影印件及《金银首饰购货(加工)管理证明单》(简称《证明单》,样式及填写说明附后)的经营单位,不征收消费税,但其必须保留购货方的上述证件,否则一律视同零售征收消费税;经中国人民银行批准从事金银首饰加工业务的单位为同时持有《许可证》影印件及《证明单》的经营单位加工金银首饰,不征收消费税,但其必须保留委托方的上述证件,否则一律视同零售征收消费税。根据《国家税务总局关于停止执行〈金银首饰购货(加工)管理证明单〉使用规定的批复》(国税函[2005]193号)和《税务部门现行有效 失效 废止规章目录》(国家税务总局令第23号,2010年11月29日),国税发[1994]267号上述规定现已废止。

② 《财政部 国家税务总局关于调整金银首饰消费税纳税环节有关问题的通知》(财税字[1994]第95号,1994年12月24日)。

③ 《财政部 国家税务总局关于调整金银首饰消费税纳税环节有关问题的通知》(财税字[1994]第95号,1994年12月24日)。此外,《国家税务总局关于印发〈金银首饰消费税征收管理办法〉的通知》(国税发[1994]267号,1994年12月26日)曾规定,纳税人总机构与分支机构不在同一县(市)的,分支机构应纳税款应在所在地缴纳。但经国家税务总局及省级国家税务局批准,纳税人分支机构应纳消费税税款也可由总机构汇总向总机构所在地主管国家税务局缴纳。《税务部门现行有效 失效 废止规章目录》(国家税务总局令第23号,2010年11月29日)对国税发[1994]267号上述规定予以了废止。

④ 《国家税务总局关于印发〈金银首饰消费税征收管理办法〉的通知》(国税发[1994]267号,1994年12月26日)。

⑤ 《国家税务总局关于印发〈金银首饰消费税征收管理办法〉的通知》(国税发[1994]267号,1994年12月26日)。此外,该文件还规定,从事批发、加工业务的经营单位应报送《金银首饰购货(加工)管理证明单》,并对《金银首饰购货(加工)管理证明单》的使用管理进行了规定。根据《国家税务总局关于停止执行〈金银首饰购货(加工)管理证明单〉使用规定的批复》(国税函[2005]193号)和《税务部门现行有效 失效 废止规章目录》(国家税务总局令第23号,2010年11月29日),国税发[1994]267号有关《金银首饰购货(加工)管理证明单》报送和使用管理规定被废止。

⑥ 《国家税务总局关于印发〈汽油、柴油消费税管理办法(试行)〉的通知》(国税发[2005]133号,2005年8月25日)。

主管税务机关报告。

主管税务机关应在纳税人办理税务登记后或接到以上规定的报告后,及时到纳税人所在地实地查验、核实。

(3)主管税务机关应对纳税人实行专责管理。定期委派管理员到生产企业所在地了解纳税人的生产经营情况及与纳税有关的情况。向纳税人宣传贯彻税收法律、法规和各项税收政策,开展纳税服务,为纳税人提供税法咨询和办税辅导,督促纳税人正确履行纳税义务、建立健全财务会计制度、加强账簿凭证管理。

(4)主管税务机关应当掌握纳税人生产经营、财务核算的基本情况。掌握纳税人原油、原料油品输入、输出管道、炼化装置、燃料油品运输口岸(管道运输、火车运输、船舶运输、罐车运输)等储运部门的具体位置,燃料油品流量计(表、检尺)的安装位置。了解产品重量单位的计算方法(在一定温度下重量=体积×密度),统计部门燃料油品产量计算方式、商品量的调整依据。

(5)主管税务机关应定期将依据纳税人储运部门的油品收发台账统计的油品发出量与流量表的流量总计或通过检尺检测后计算的流量总计进行核对。

主管税务机关应对纳税人油品销售对象进行监控。定期将纳税人统计的油品发出量与销售对象(如石油公司等)的流量计记录情况进行核对。

(6)主管税务机关应定期对纳税人开展纳税评估。综合运用纳税人申报资料及第三方信息资料(如原油加工损失等)和《国家税务总局关于印发〈汽油、柴油消费税管理办法(试行)〉的通知》(国税发〔2005〕133号)附件四评估指标定义及比对方法,对纳税人纳税申报的真实性、准确性做出初步判断,根据评估分析发现的问题,约谈纳税人。

汽油、柴油消费税纳税评估指标包括:原油及原料油加工量、原油库存能力、汽油库存能力、柴油库存能力、综合商品率、轻油收率、汽油收率、柴油

收率、柴油、汽油产出比、税务机关计算的汽油销售数量、税务机关计算的柴油销售数量。

(7)主管税务机关应对纳税人开具的除汽油、柴油以外的所有油品销售发票(增值税专用发票、有效凭证)按照销售对象进行清分,将有疑点的发票信息及时传递给销售对象所在地主管税务机关,由销售对象所在地主管税务机关进行协查。

销售对象所在地主管税务机关应对本环节购进货物用途、再销售对象进行核查,于收到核查信息后15日内将核查结论反馈给生产企业所在地主管税务机关。

对于本环节仍有疑点的发票,销售对象所在地主管税务机关应继续向下一环节购货方所在地主管税务机关发出协查信息。

(8)主管税务机关应加强对纳税人以化工原料名义销售的可用于调和为汽油、柴油的石脑油、溶剂油计划及调整计划的管理。计划每年由中国石油天然气集团(股份)公司、中国石油化工集团(股份)公司提出,经国家税务总局核准后下发给各省、自治区、直辖市、计划单列市国家税务局。

以化工原料名义销售的可用于调和为汽油、柴油的石脑油、溶剂油的生产企业(简称供应单位)所在地主管税务机关应对计划执行情况进行监督,于次年1月31日前将计划执行情况逐级上报至国家税务总局。

使用计划内可用于调和汽油、柴油的石脑油、溶剂油单位(简称使用单位)所在地的主管税务机关应对使用单位计划使用情况进行监督。对使用单位销售的汽油、柴油征收消费税。

(9)主管税务机关应根据税收管理的需要,对纳税人销售、自用、受托加工的除汽油、柴油以外的油品进行取样备检,可以要求纳税人于销售货物前提供备检样品。

自2009年1月1日起,下列纳税人应到所在地主管税务机关办理消费税税种管理事项①:

---

① 《国家税务总局关于加强成品油消费税征收管理有关问题的通知》(国税函〔2008〕1072号,2008年12月30日)。

Ⅰ 以原油以外的其他原料加工汽油、柴油、石脑油、溶剂油、航空煤油、润滑油和燃料油的。

Ⅱ 用外购汽油和乙醇调和乙醇汽油的。

3.9.4.2 自产石脑油用于连续生产的征税规定

（1）生产企业将自产石脑油用于本企业连续生产汽油等应税消费品的，不缴纳消费税；用于连续生产乙烯等非应税消费品或其他方面的，于移送使用时缴纳消费税①。

（2）纳税人应对自产的用于连续生产的石脑油，建立中间产品移送使用台账。用于连续生产应税消费品的，记录石脑油的领用数量；用于连续生产非应税消费品或其他方面的，记录石脑油的移送使用数量②。

主管税务机关应加强对石脑油中间产品移送使用台账的管理，并定期对纳税人申报的石脑油销售数量与台账记录的领用数量、移送使用数量进行对比分析开展纳税评估③。

3.9.4.3 自产汽油用于生产乙醇汽油的征税规定

纳税人用自产汽油生产的乙醇汽油，按照生产乙醇汽油所耗用的汽油数量申报纳税④。

纳税人既生产销售汽油又生产销售乙醇汽油的，应分别核算，未分别核算的，生产销售的乙醇汽油不得按照生产乙醇汽油所耗用的汽油数量申报纳税，一律按照乙醇汽油的销售数量征收消费税⑤。

3.10 税收优惠

3.10.1 小汽车及汽车轮胎税收优惠政策

（1）自2000年1月1日至2003年12月31日，对生产销售达到低污染排放限值的小轿车、越野车和小客车减征30%的消费税。低污染排放限值是指相当于欧盟指令94/12/EC、96/69/EC排放标准（简称"欧洲Ⅱ号标准"）⑥。

自2004年1月1日起，对企业生产销售的达到GB18352—2001排放标准（相当于欧洲Ⅱ标准）的小汽车，停止减征消费税，一律恢复按规定税率征税。自2004年7月1日起，对企业生产销售达到相当于欧洲Ⅲ号排放标准的小汽车减征30%的消费税，但因符合欧洲Ⅲ号排放标准的车用油品质量尚未解决，小汽车减征消费税的政策暂缓执行⑦。

（2）子午线轮胎免征消费税⑧。

---

① 《财政部 国家税务总局关于调整和完善消费税政策的通知》（财税[2006]33号，2006年3月20日）。
② 《国家税务总局关于印发〈调整和完善消费税政策征收管理规定〉的通知》（国税发[2006]49号，2006年3月31日）。
③ 《国家税务总局关于印发〈调整和完善消费税政策征收管理规定〉的通知》（国税发[2006]49号，2006年3月31日）。
④ 《国务院关于实施成品油价格和税费改革的通知》（国发[2008]37号，2008年12月18日）。
⑤ 《国家税务总局关于加强成品油消费税征收管理有关问题的通知》（国税函[2008]1072号，2008年12月30日）。
⑥ 《财政部 国家税务总局关于对低污染排放小汽车减征消费税的通知》（财税[2000]26号，2000年6月7日）。根据《财政部 国家税务总局关于低污染排放小汽车减征消费税问题的通知》（财税[2003]266号）和《财政部关于公布废止和失效的财政规章和规范性文件目录（第十批）的决定》（财政部令48号），财税[2000]26号被公布废止。《国家经济贸易委员会 财政部 国家税务总局 国家环境保护总局关于发布〈关于低污染排放小汽车减征消费税实施产品检验及生产一致性审查管理办法〉的通知》（国经贸产业[2001]821号，2001年8月15日）也相应失效。
⑦ 《财政部 国家税务总局关于低污染排放小汽车减征消费税问题的通知》（财税[2003]266号，2003年12月31日）。《财政部 国家税务总局关于暂缓执行低污染排放小汽车减征消费税政策的通知》（财税[2004]142号，2004年8月30日）。此前，若干针对具体车型减征消费税的文件均被《财政部 国家税务总局关于公布废止和失效的消费税规范性文件目录的通知》（财税[2009]18号）公布废止。根据《财政部关于公布废止和失效的财政规章和规范性文件目录（第十一批）的决定》（财政部令第62号，2011年2月21日），《财政部 国家税务总局关于暂缓执行低污染排放小汽车减征消费税政策的通知》（财税[2004]142号）现也被公布废止，但由于欧洲Ⅲ号已是汽车排放的基本标准，财税[2003]266号规定对欧洲Ⅲ号排放标准的小汽车减征30%消费税的政策也未执行。
⑧ 《财政部 国家税务总局关于调整和完善消费税政策的通知》（财税[2006]33号，2006年3月20日）。此前，《财政部 国家税务总局关于香皂和汽车轮胎消费税政策的通知》（财税[2000]145号，2000年12月28日）规定，自2001年1月1日起，对"汽车轮胎"税目中的子午线轮胎免征消费税。但财税[2000]145号被《财政部关于公布废止和失效的财政规章和规范性文件目录（第十批）的决定》（财政部令48号）公布废止。

免征消费税的子午线轮胎仅指外胎。子午线轮胎的内胎与外胎成套销售的,依照消费税暂行条例规定的兼营业务处理①。

3.10.2 成品油税收优惠政策

(1)变性燃料乙醇

对变性燃料乙醇定点生产企业吉林燃料乙醇有限责任公司、河南天冠集团、安徽丰原生物化学股份有限公司和黑龙江华润酒精有限公司生产用于调配车用乙醇汽油的变性燃料乙醇免征消费税。以前年度已征的消费税退还给企业②。

(2)乙醇汽油

对用外购或委托加工收回的已税汽油生产的乙醇汽油免征消费税③。

(3)生物柴油

从 2009 年 1 月 1 日起,对同时符合下列条件的纯生物柴油免征消费税④:

①生产原料中废弃的动物油和植物油用量所占比重不低于 70%;

②生产的纯生物柴油符合国家《柴油机燃料调合生物柴油(BD100)》标准。

对不符合以上规定的生物柴油,或者以柴油、柴油组分调合生产的生物柴油照章征收消费税。

从 2009 年 1 月 1 日至上述政策文件(财税[2010]118 号)下发前,生物柴油生产企业已经缴纳的消费税,符合上述免税规定的予以退还。

(4)航空煤油

自 2006 年 4 月 1 日起,航空煤油暂缓征收消费税⑤。

(5)石脑油

①进口石脑油于 2008 年 1 月 1 日至 2008 年 12 月 31 日,免征消费税。自 2009 年 1 月 1 日起对其恢复征收消费税⑥。

②2009 年 1 月 1 日至 2010 年 12 月 31 日,对国产的用作乙烯、芳烃类产品原料的石脑油免征消费税,生产企业直接对外销售的不作为乙烯、芳烃类产品原料的石脑油应按规定征收消费税;对进口的用作乙烯、芳烃类产品原料的石脑油已缴纳的消费税予以返还⑦。

③从 2008 年 1 月 1 日起,石脑油免税实行以下管理办法⑧:

① 《国家税务总局关于印发〈调整和完善消费税政策征收管理规定〉的通知》(国税发[2006]49 号,2006 年 3 月 31 日)。
② 《财政部 国家税务总局关于变性燃料乙醇定点生产企业有关税收政策问题的通知》(财税[2005]174 号,2005 年 12 月 14 日)。
③ 《国务院关于实施成品油价格和税费改革的通知》(国发[2008]37 号,2008 年 12 月 18 日)。《财政部 国家税务总局关于提高成品油消费税税率后相关成品油消费税政策的通知》(财税[2008]168 号,2008 年 12 月 19 日)。
④ 《财政部 国家税务总局关于对利用废弃的动植物油生产纯生物柴油免征消费税的通知》(财税[2010]118 号,2010 年 12 月 17 日)。
⑤ 《国务院关于实施成品油价格和税费改革的通知》(国发[2008]37 号,2008 年 12 月 18 日)。《财政部 国家税务总局关于提高成品油消费税税率后相关成品油消费税政策的通知》(财税[2008]168 号,2008 年 12 月 19 日)。《财政部 国家税务总局关于调整和完善消费税政策的通知》(财税[2006]33 号,2006 年 3 月 20 日)。财税[2006]33 号还规定,石脑油、溶剂油、润滑油、燃料油暂按应纳税额的 30% 征收消费税。但根据《财政部 国家税务总局关于调整部分成品油消费税政策的通知》(财税[2008]19 号,2008 年 2 月 2 日)和《财政部 国家税务总局关于公布废止和失效的消费税规范性文件目录的通知》(财税[2009]18 号),自 2008 年 1 月 1 日起,恢复对石脑油、溶剂油、润滑油按每升 0.2 元、燃料油按每升 0.1 元全额征收消费税,减按应纳税额 30% 征收的规定被废止。
⑥ 《国务院关于实施成品油价格和税费改革的通知》(国发[2008]37 号,2008 年 12 月 18 日)。《财政部 国家税务总局关于提高成品油消费税税率后相关成品油消费税政策的通知》(财税[2008]168 号,2008 年 12 月 19 日)。此前,《财政部 国家税务总局关于调整部分成品油消费税政策的通知》(财税[2008]19 号,2008 年 2 月 2 日)规定,自 2008 年 1 月 1 日起至 2010 年 12 月 31 日止,进口石脑油和国产的用作乙烯、芳烃类产品原料的石脑油免征消费税。根据《财政部 国家税务总局关于提高成品油消费税税率后相关成品油消费税政策的通知》(财税[2008]168 号)和《财政部 国家税务总局关于公布废止和失效的消费税规范性文件目录的通知》(财税[2009]18 号),财税[2008]19 号上述规定被公布废止。
⑦ 《国务院关于实施成品油价格和税费改革的通知》(国发[2008]37 号,2008 年 12 月 18 日)。《财政部 国家税务总局关于提高成品油消费税税率后相关成品油消费税政策的通知》(财税[2008]168 号,2008 年 12 月 19 日)。
⑧ 《国家税务总局关于印发〈石脑油消费税免税管理办法〉的通知》(国税发[2008]45 号,2008 年 4 月 30 日)。

Ⅰ 境内从事石脑油生产或乙烯、芳烃类产品生产的企业应在本办法发布后30日内，向当地主管税务机关提请备案。

Ⅱ 国产用作乙烯、芳烃类产品原料的石脑油免征消费税，包括：

ⅰ 石脑油生产企业自产用于本企业连续生产乙烯、芳烃类产品的石脑油，免征消费税；

ⅱ 石脑油生产企业（简称销货方）销售给乙烯、芳烃类产品生产企业（简称购货方）作为生产乙烯、芳烃类产品原料的石脑油，实行《石脑油使用管理证明单》管理（简称《证明单》，见国税发[2008]45号《国家税务总局关于印发〈石脑油消费税免税管理办法〉的通知》附件）。《证明单》由购货方在购货前向其主管税务机关领用，销货方凭《证明单》向其主管税务机关申报免征石脑油消费税。

销货方将自产石脑油直接销售给乙烯、芳烃类产品生产企业以外的单位和个人的，不实行《证明单》管理，应按照规定申报缴纳消费税。

《证明单》一式五联，只限于购货方在向销货方购货时使用。第一联为回执联，由销货方主管税务机关留存；第二联为免税联，作为销货方申报免税的资料；第三联为核销联，用于购货方主管税务机关核销《证明单》领用记录；第四联为备查联，作为销货方备查资料；第五联为存根联，作为购货方备查资料。

Ⅲ 购货方首次申请领用《证明单》时，主管税务机关应派员到企业所在地对其生产经营情况进行核实，并建立《证明单》台账。

购货方携《证明单》购货。《证明单》由销货方填写。《证明单》中填写的品种、数量、单价、金额、发票代码、发票号码、开票日期等，应与增值税专用发票上的相关内容一致。

销货方对《证明单》所有联次加盖财务专用章或发票专用章后，留存备查联、免税联，将回执联、核销联、存根联退还购货方。

购货方在购货后20日内将《证明单》回执联、核销联、存根联及销货方开具的增值税专用发票交

主管税务机关核销《证明单》领用记录。

Ⅳ 购货方主管税务机关应对《证明单》回执联、核销联、存根联注明的品种、数量、单价、金额、发票代码、发票号码、开票日期与销货方开具的增值税专用发票相关内容进行审核。《证明单》与增值税专用发票相关内容是一致的，加盖公章，留存核销联，将存根联退还购货方，并于10日内将回执联传递给销货方主管税务机关。

购货方主管税务机关核销《证明单》领用记录时，应在《证明单》核销联"审核意见"栏填写审核意见，并在《证明单》台账上记录。

购、销双方主管税务机关应加强对《证明单》的使用、核对、核销、传递等工作的管理（在电子传递手段未建立之前，暂通过特快专递或邮寄挂号信方式传递）。

Ⅴ 享受免征石脑油消费税的生产企业，应按照税收征收管理法及其实施细则和相关规定办理免税申报。并提供下列资料：

ⅰ 《证明单》免税联清单以及免税联；

ⅱ 税务机关要求报送的其他资料。

Ⅵ 购货方应建立石脑油移送使用台账。分别记录凭《证明单》购入、自产、进口及其他渠道购入的石脑油数量，及用于本企业连续生产乙烯、芳烃类产品的、用于生产应税消费品的、用于对外销售的、用于其他方面的石脑油数量。对未按要求建立、使用台账的，取消其《证明单》使用资格。

Ⅶ 购货方主管税务机关应加强对购货方台账记录的石脑油领、用、存数量情况与企业实际石脑油生产、销售和库存情况的比对分析，开展纳税评估。定期对购货方石脑油的使用情况进行审核。对于台账记录用于本企业生产乙烯、芳烃类产品的石脑油数量小于实际自产和凭《证明单》购入石脑油合计数量的，其差额部分，应按规定补缴消费税。

销货方主管税务机关应于次年4月30日前，将购货方主管税务机关传递回的《证明单》回执联与《证明单》免税联中注明的销货方当年外销石脑油数量、单价、金额、发票代码、发票号码、开票日期等相关内容逐一进行对比审核，与销货方年度内申

报的石脑油免征消费税的数量进行比对,数量一致的予以核销,销货方免税申报的数量大于《证明单》回执联合计数的部分,应该补缴消费税。

④从 2009 年 1 月 1 日起,进口石脑油消费税先征后返有关问题按《财政部 海关总署 国家税务总局关于进口石脑油消费税先征后返有关问题的通知》(财预[2009]347 号)执行。详见本书进出口税收部分。

(6)燃料油①

①2010 年 1 月 1 日起到 2010 年 12 月 31 日止,对用作生产乙烯、芳烃等化工产品原料的国产燃料油免征消费税,对用作生产乙烯、芳烃等化工产品原料的进口燃料油返还消费税。

对企业自 2010 年 1 月 1 日起至上述政策文件(财税[2010]66 号)到达之日前购买的用作生产乙烯、芳烃等化工产品原料的燃料油所含的消费税予以退还。

②燃料油生产企业对外销售的不用作生产乙烯、芳烃等化工产品原料的燃料油应按规定征收消费税。生产乙烯、芳烃等化工产品的化工企业购进免税燃料油对外销售且未用作生产乙烯、芳烃化工产品原料的,应补征消费税。

③乙烯等化工产品具体是指乙烯、丙烯、丁二烯及其衍生品等化工产品;芳烃等化工产品具体是指苯、甲苯、二甲苯、重芳烃及混合芳烃等化工产品。

用燃料油生产乙烯、芳烃等化工产品产量占本企业用燃料油生产产品总量 50% 以上(含 50%)的企业,享受以上规定的优惠政策。

④燃料油消费税的免、返税管理参照《国家税务总局关于印发〈石脑油消费税免税管理办法〉的通知》(国税发[2008]45 号)和《财政部 海关总署 国家税务总局关于进口石脑油消费税先征后返有关问题的通知》(财预[2009]347 号)执行。

(7)成品油生产企业自用油②

从 2009 年 1 月 1 日起,对成品油生产企业在生产成品油过程中,作为燃料、动力及原料消耗掉的自产成品油,免征消费税。对用于其他用途或直接对外销售的成品油照章征收消费税。

从 2009 年 1 月 1 日到上述政策文件(财税[2010]98 号)下发前,成品油生产企业生产自用油已经缴纳的消费税,符合上述免税规定的,予以退还。

3.10.3 军工系统税收优惠政策

军品以及军队系统所属企业出口军属工厂生产的应税产品在生产环节免征消费税,出口不再退税③。

军队、军工系统所属企业生产、委托加工和进口消费税应税产品,无论供军队内部使用还是对外销售,都应按规定征收消费税④。

3.10.4 2010 年上海世博会税收优惠政策

对上海世博局委托境内企业加工生产的化妆品,免征应缴纳的消费税⑤。

---

① 《国家税务总局关于调整部分燃料油消费税政策的通知》(财税[2010]66 号,2010 年 8 月 20 日)。

② 《财政部 国家税务总局关于对成品油生产企业生产自用油免征消费税的通知》(财税[2010]98 号,2010 年 11 月 1 日)。

③ 《财政部 国家税务总局关于军队、军工系统所属单位征收流转税、资源税问题的通知》(财税字[1994]11 号,1994 年 4 月 22 日)。

④ 《财政部 国家税务总局关于军队、军工系统所属单位征收流转税、资源税问题的通知》(财税字[1994]11 号,1994 年 4 月 22 日)。

⑤ 《财政部 国家税务总局关于 2010 年上海世博会有关税收政策问题的通知》(财税[2005]180 号,2005 年 12 月 31 日)。该文规定的免税范围还包括护肤护发品,但根据《财政部 国家税务总局关于调整和完善消费税政策的通知》(财税[2006]33 号,2006 年 3 月 20 日)规定,护肤护发品已不属于消费税税目。

附件一:

消费税征收范围注释

一、烟

凡是以烟叶为原料加工生产的产品,不论使用何种辅料,均属于本税目的征收范围。本税目下设甲类卷烟、乙类卷烟、雪茄烟、烟丝四个子目。卷烟是指将各种烟叶切成烟丝,按照配方要求均匀混合,加入糖、酒、香料等辅料,用白色盘纸、棕色盘纸、涂布纸或烟草薄片经机器或手工卷制的普通卷烟和雪茄型卷烟①。

(1)甲类卷烟②

(2)乙类卷烟③

(3)雪茄烟④

雪茄烟是指以晾晒烟为原料或者以晾晒烟和烤烟为原料,用烟叶或卷烟纸、烟草薄片作为烟支内包皮,再用烟叶作为烟支外包皮,经机器或手工卷制而成的烟草制品。按内包皮所用材料的不同可分为全叶卷雪茄烟和半叶卷雪茄烟。

雪茄烟的征收范围包括各种规格、型号的雪茄烟。

(4)烟丝⑤

烟丝是指将烟叶切成丝状、粒状、片状、末状或其他形状,再加入辅料,经过发酵、储存,不经卷制即可供销售吸用的烟草制品。

烟丝的征收范围包括以烟叶为原料加工生产的不经卷制的散装烟,如斗烟、莫合烟、烟末、水烟、黄红烟丝等等。

二、酒及酒精⑥

本税目下设粮食白酒、薯类白酒、黄酒、啤酒、其他酒、酒精六个子目。

(一)粮食白酒

粮食白酒是指以高粱、玉米、大米、糯米、大麦、小麦、小米、青稞等各种粮食为原料,经过糖化、发酵后,采用蒸馏方法酿制的白酒。

(二)薯类白酒

薯类白酒是指以白薯(红薯、地瓜)、木薯、马铃薯(土豆)、芋头、山药等各种干鲜薯类为原料,经过糖化、发酵后,采用蒸馏方法酿制的白酒。

用甜菜酿制的白酒,比照薯类白酒征税。

(三)黄酒

黄酒是指以糯米、粳米、籼米、大米、黄米、玉米、小麦、薯类等为原料,经加温、糖化、发酵、压榨

---

① 《国家税务总局关于印发〈消费税征收范围注释〉的通知》(国税发〔1993〕153 号,1993 年 12 月 27 日)。

② 《国家税务总局关于印发〈消费税征收范围注释〉的通知》(国税发〔1993〕153 号)曾规定:甲类卷烟是指每大箱(5 万支)销售价格在 780 元(含 780 元)以上的卷烟,不同包装规格卷烟的销售价格均按每大箱(5 万支)折算。根据《国家税务总局关于发布已失效或废止有关消费税规范性文件的通知》(国税发〔2009〕45 号),国税发〔1993〕153 号该规定被公布废止。

③ 《国家税务总局关于印发〈消费税征收范围注释〉的通知》(国税发〔1993〕153 号)曾规定:乙类卷烟是指每大箱(5 万支)销售价格在 780 元以下的卷烟,不同包装规格卷烟的销售价格均按每大箱(5 万支)折算。根据《国家税务总局关于发布已失效或废止有关消费税规范性文件的通知》(国税发〔2009〕45 号),国税发〔1993〕153 号该规定被公布废止。

④ 《国家税务总局关于印发〈消费税征收范围注释〉的通知》(国税发〔1993〕153 号,1993 年 12 月 27 日)。

⑤ 《国家税务总局关于印发〈消费税征收范围注释〉的通知》(国税发〔1993〕153 号,1993 年 12 月 27 日)。

⑥ 《国家税务总局关于印发〈消费税征收范围注释〉的通知》(国税发〔1993〕153 号,1993 年 12 月 27 日)。

酿制的酒。由于工艺、配料和含糖量的不同,黄酒分为干黄酒、半干黄酒、半甜黄酒、甜黄酒四类。

黄酒的征收范围包括各种原料酿制的黄酒和酒度超过 12 度(含 12 度)的土甜酒。

(四)啤酒

啤酒是指以大麦或其他粮食为原料,加入啤酒花,经糖化、发酵、过滤酿制的含有二氧化碳的酒。啤酒按照杀菌方法的不同,可分为熟啤酒和生啤酒或鲜啤酒。

啤酒的征收范围包括各种包装和散装的啤酒。

对饮食业、商业、娱乐业举办的啤酒屋(啤酒坊)利用啤酒生产设备生产的啤酒,应当征收消费税①。

对无醇啤酒、啤酒源、菠萝啤酒、果啤应按啤酒征收消费税②。

(五)其他酒

其他酒是指除粮食白酒、薯类白酒、黄酒、啤酒以外,酒度在 1 度以上的各种酒。其征收范围包括糠麸白酒、其他原料白酒、土甜酒、复制酒、果木酒、汽酒、药酒等等。

1. 糠麸白酒是指用各种粮食的糠麸酿制的白酒。

用稗子酿制的白酒,比照糠麸酒征税。

2. 其他原料白酒是指用醋糟、糖渣、糖漏水、甜菜渣、粉渣、薯皮等各种下脚料,葡萄、桑椹、橡子仁等各种果实、野生植物等代用品,以及甘蔗、糖等酿制的白酒。

3. 土甜酒是指用糯米、大米、黄米等为原料,经加温、糖化、发酵(通过酒曲发酵),采用压榨酿制的酒度不超过 12 度的酒。

酒度超过 12 度的应按黄酒征税。

4. 复制酒是指以白酒、黄酒、酒精为酒基,加入果汁、香料、色素、药材、补品、糖、调料等配制或泡制的酒,如各种配制酒、泡制酒、滋补酒等等。

5. 果木酒是指以各种果品为主要原料,经发酵过滤酿制的酒。

6. 汽酒是指以果汁、香精、色素、酸料、酒(或酒精)、糖(或糖精)等调配,冲加二氧化碳制成的酒度在 1 度以上的酒。

7. 药酒是指按照医药卫生部门的标准,以白酒、黄酒为酒基,加入各种药材泡制或配制的酒。

调味料酒属于调味品,不属于配置酒和泡制酒,对调味料酒不再征收消费税。调味料酒是指以白酒、黄酒或食用酒精为主要原料,添加食盐、植物香辛料等配制加工而成的产品名称标注(在食品标签上标注)为调味料酒的液体调味品③。

(六)酒精

酒精又名乙醇,是指以含有淀粉或糖分的原料,经糖化和发酵后,用蒸馏方法生产的酒精度数在 95 度以上的无色透明液体;也可以石油裂解气中的乙烯为原料,用合成方法制成。

酒精的征收范围包括用蒸馏法和合成方法生产的各种工业酒精、医药酒精、食用酒精。

对于以外购酒精为原料、经蒸馏脱水处理后生产的无水乙醇,属于本税目征收范围,应按规定征收消费税④。

三、化妆品⑤

化妆品是日常生活中用于修饰美化人体表面的用品。化妆品品种较多,所用原料各异,按其类别划分,可分为美容和芳香两类。美容类有香粉、

---

①　《国家税务总局关于消费税若干征税问题的通知》(国税发[1997]84 号,1997 年 5 月 21 日)。

②　《国家税务总局关于印发〈消费税征收范围注释〉的通知》(国税发[1993]153 号,1993 年 12 月 27 日)。《国家税务总局关于印发〈消费税问题解答〉的通知》(国税函发[1997]306 号,1997 年 5 月 21 日)。《国家税务总局关于果啤征收消费税的批复》(国税函[2005]333 号,2005 年 4 月 18 日)。

③　《国家税务总局关于调味料酒征收消费税问题的通知》(国税函[2008]742 号,2008 年 8 月 21 日)。

④　《财政部 国家税务总局关于消费税若干具体政策的通知》(财税[2006]125 号,2006 年 8 月 30 日)。《国家税务总局关于购进乙醇生产销售无水乙醇征收消费税问题的批复》(国税函[2006]768 号,2006 年 10 月 9 日)。

⑤　《国家税务总局关于印发〈消费税征收范围注释〉的通知》(国税发[1993]153 号,1993 年 12 月 27 日)。《财政部 国家税务总局关于调整和完善消费税政策的通知》(财税[2006]33 号,2006 年 3 月 20 日)。

口红、指甲油、胭脂、眉笔、蓝眼油、眼睫毛及成套化妆品等;芳香类有香水、香水精等。

本税目的征收范围包括:各类美容、修饰类化妆品、高档护肤类化妆品和成套化妆品。

美容、修饰类化妆品是指香水、香水精、香粉、口红、指甲油、胭脂、眉笔、唇笔、蓝眼油、眼睫毛以及成套化妆品。

(一)香水、香水精是指以酒精和香精为主要原料混合配制而成的液体芳香类化妆品。

(二)香粉是指用于粉饰面颊的化妆品。按其形态有粉状、块状和液状。高级香粉盒内附有的彩色丝绒粉扑,花色香粉粉盒内附有的小盒胭脂和胭脂扑,均应按"香粉"征税。

(三)口红又称唇膏,是涂饰于嘴唇的化妆品。口红的颜色一般以红色为主,也有白色的(俗称口白),还有一种变色口红,是用曙红酸等染料调制而成的。

(四)指甲油又名"美指油",是用于修饰保护指甲的一种有色或无色的油性液态化妆品。

(五)胭脂是擦敷于面颊皮肤上的化妆品。有粉质块状胭脂、透明状胭脂膏及乳化状胭脂膏等。

(六)眉笔是修饰眉毛用的化妆品。有铅笔式和推管式两种。

(七)唇笔是修饰嘴唇用的化妆品。

(八)蓝眼油是涂抹于眼窝周围和眼皮的化妆品。它是以油脂、蜡和颜料为主要原材料制成。色彩有蓝色、绿色、棕色等等,因蓝色使用最为普遍,故俗称"蓝眼油"。眼影膏、眼影霜、眼影粉应按照蓝眼油征税。

(九)眼睫毛商品名称叫"眼毛膏"或"睫毛膏",是用于修饰眼睫毛的化妆品。其产品形态有固体块状、乳化状。颜色以黑色及棕色为主。

(十)成套化妆品是指由各种用途的化妆品配套盒装而成的系列产品。一般采用精制的金属或塑料盒包装,盒内常备有镜子、梳子等化妆工具,具

有多功能性和使用方便的特点。

舞台、戏剧、影视演员化妆用的上妆油、卸妆油、油彩、发胶和头发漂白剂等,不属于本税目征收范围。

高档护肤类化妆品征收范围另行制定。

对痱子粉、爽身粉不征收消费税①。

四、贵重首饰及珠宝玉石②

本税目征收范围包括:各种金银珠宝首饰和经采掘、打磨、加工的各种珠宝玉石。

(一)金银珠宝首饰包括:

凡以金、银、白金、宝石、珍珠、钻石、翡翠、珊瑚、玛瑙等高贵稀有物质以及其他金属、人造宝石等制作的各种纯金银首饰及镶嵌首饰(含人造金银、合成金银首饰等)。

(二)珠宝玉石的种类包括:

1. 钻石:钻石是完全由单一元素碳元素所结晶而成的晶体矿物,也是宝石中唯一由单元素组成的宝石。钻石为八面体解理,即平面八面体晶面的四个方向,一般呈阶梯状。钻石的化学性质很稳定,不易溶于酸和碱。但在纯氧中,加热到1770度左右时,就会发生分解。在真空中,加热到1700度时,就会把它分解为石墨。钻石有透明的、半透明的,也有不透明的。宝石级的钻石,应该是无色透明的,无瑕疵或极少瑕疵,也可以略有淡黄色或极浅的褐色,最珍贵的颜色是天然粉色,其次是蓝色和绿色。

2. 珍珠:海水或淡水中的贝类软体动物体内进入细小杂质时,外套膜受到刺激便分泌出一种珍珠质(主要是碳酸钙),将细小杂质层层包裹起来,逐渐成为一颗小圆珠,就是珍珠。珍珠颜色主要为白色、粉色及浅黄色,具珍珠光泽,其表面隐约闪烁着虹一样的晕彩珠光。颜色白润、皮光明亮、形状精圆、粒度硬大者价值最高。

3. 松石:松石是一种自色宝石,是一种完全水化的铜铝磷酸盐。分子式为 $CuAl_6(PO_4)_4$

---

① 《国家税务总局关于痱子粉、爽身粉不征消费税问题的通知》(国税发[1994]142号,1994年6月9日)。

② 《国家税务总局关于印发〈消费税征收范围注释〉的通知》(国税发[1993]153号,1993年12月27日)。

$(OH)_8+5H_2O$。松石的透明度为不透明、薄片下部分呈半透明。抛光面为油脂玻璃光泽,断口为油脂暗淡光泽。松石种类包括波斯松石、美国松石和墨西哥松石、埃及松石和带铁线的绿松石。

4. 青金石:青金石是方钠石族的一种矿物;青金石的分子式为 $(Na,Ca)_{7\sim8}(Al,Si)_{12}(O,S)_{24}(SO_4),Cl_2Cl_2+(OH)_2(OH)_2$,其中钠经常部分地为钾置换,硫则部分地为硫酸根、氯或硒所置换。青金石的种类包括波斯青金石、苏联青金石或西班牙青金石、智利青金石。

5. 欧泊石:矿物质中属蛋白石类,分子式为 SiO_2+nH_2O。由于蛋白石中 SiO_2 小圆珠整齐排列像光栅一样,当白光射在上面后发生衍射,散成彩色光谱,所以欧泊石具有绚丽夺目的变幻色彩,尤以红色多者最为珍贵。欧泊石的种类包括白欧泊石、黑欧泊石、晶质欧泊石、火欧泊石、胶状欧泊石或玉滴欧泊石、漂砾欧泊石、脉石欧泊石或基质中欧泊石。

6. 橄榄石:橄榄石是自色宝石,一般常见的颜色有纯绿色、黄绿色到棕绿色。橄榄石没有无色的。分子式为:$(Mg,Fe)_2SiO_4$。橄榄石的种类包括贵橄榄石、黄玉、镁橄榄石、铁橄榄石、"黄昏祖母绿"和硼铝镁石。

7. 长石:按矿物学分类长石分为两个主要类型:钾长石和斜长石。分子式分别为:$KAlSi_3O_8$、$NaAlSi_3O_8$。长石的种类包括月光石或冰长石、日光石或砂金石的长石、拉长石、天河石或亚马逊石。

8. 玉:硬玉(也叫翡翠)、软玉。硬玉是一种钠和铝的硅酸盐,分子式为:$NaAl(SiO_3)_2$。软玉是一种含水的钙镁硅酸盐,分子式为:$CaMg_5(OH)_2(Si_4O_{11})_2$。

9. 石英:石英是一种它色的宝石,纯石英为无色透明。分子式为 SiO_2。石英的种类包括水晶、晕彩或彩红石英、金红石斑点或网金红石石英、紫晶、黄晶、烟石英或烟晶、芙蓉石、东陵石、蓝线石石英、乳石英、蓝石英或蓝宝石石英、虎眼石、鹰眼或猎鹰眼、石英猫眼、带星的或星光石英。

10. 玉髓:也叫隐晶质石英。分子式为 SiO_2。玉髓的种类包括月光石、绿玉髓、红玛瑙、肉红玉髓、鸡血石、葱绿玉髓、玛瑙、缟玛瑙、碧玉、深绿玉髓、硅孔雀石玉髓、硅化木。

11. 石榴石:其晶体与石榴籽的形状、颜色十分相似而得名。石榴石的一般分子式为 $R_3M_2(SiO_4)_3$。石榴石的种类包括铁铝榴石、镁铝榴石、镁铁榴石、锰铝榴石、钙铁榴石、钙铬榴石。

12. 锆石:颜色呈红、黄、蓝、紫色等。分子式为 $ZrSiO_4$。

13. 尖晶石:颜色呈黄色、绿色和无色。分子式为 $MgAl_2O_4$。尖晶石的种类包括红色尖晶石、红宝石色的尖晶石或红宝石尖晶石、紫色的或类似贵榴石色泽的尖晶石、粉或玫瑰色尖晶石、桔红色尖晶石、蓝色尖晶石、蓝宝石色尖晶石或蓝宝石尖晶石、象变石的尖晶石、黑色尖晶石、铁镁尖晶石或镁铁尖晶石。

14. 黄玉:黄玉是铝的氟硅酸盐,斜方晶系。分子式为 $Al_2(F,OH)_2SiO_4$。黄玉的种类包括棕黄至黄棕、浅蓝至淡蓝、粉红、无色的、其他品种。

15. 碧玺:极为复杂的硼铝硅酸盐,其中可含一种或数种以下成分:镁、钠、锂、铁、钾或其他金属。这些元素比例不同,颜色也不同。碧玺的种类包括红色的、绿色的、蓝色的、黄和橙色、无色或白色、黑色、杂色宝石、猫眼碧玺、变色石似的碧玺。

16. 金绿玉:属尖晶石族矿物,铝酸盐类。主要成分是氧化铝铍,属斜方晶系。分子式为 $BeAl_2O_4$。金绿玉的种类包括变石、猫眼石、变石猫眼宝石及其他一些变种。

17. 绿柱石:绿柱石在其纯净状态是无色的;不同的变种之所以有不同的颜色是由于微量金属氧化物的存在。在存在氧化铬或氧化钒时通常就成了祖母绿,而海蓝宝石则是由于氧化亚铁着色而成的。成为铯绿柱石是由于镁的存在,而金绿柱石则是因氧化铁着色而成的。分子式为:$Be_3Al_2(SiO_3)_6$。绿柱石的种类包括祖母绿、海蓝宝石、MAXIXE 型绿柱石、金绿柱石、铯绿柱石、其他透明的品种、猫眼绿柱石、星光绿柱石。

18. 刚玉:刚玉是一种很普通的矿物,除了星光宝石外,只有半透明到透明的变种才能叫作宝石。分子式为 Al_2O_3,含氧化铬呈红色,含钛和氧化铁呈蓝色,含氧化铁呈黄色,含铬和氧化铁呈橙色,含铁和氧化钛呈绿色,含铬、钛和氧化铁呈紫色。刚玉的种类包括红宝石、星光红宝石、蓝宝石、艳色蓝宝石、星光蓝宝石。

19. 琥珀:一种有机物质。它是一种含一些有关松脂的古代树木的石化松脂。分子式为 $C_{40}H_{64}O_4$。琥珀的种类包括海珀、坑珀、洁珀、块珀、脂珀、浊珀、泡珀、骨珀。

20. 珊瑚:是生物成因的另一种宝石原料。它是珊瑚虫的树枝状钙质骨架随着极细小的海生动物群体增生而形成。

21. 煤玉:煤玉是褐煤的一个变种(成分主要是碳,并含氢和氧)。它是由漂木经压实作用而成,漂木沉降到海底,变成埋藏的细粒淤泥,然后转变为硬质页岩,称为"煤玉岩",煤玉是生物成因的。煤玉为非晶质,在粗糙表面上呈暗淡光泽,在磨光面上为玻璃光泽。

22. 龟甲:是非晶质的,具有油脂光泽至蜡状光泽,硬度 2.5。

23. 合成刚玉:指与有关天然刚玉对比,具有基本相同的物理、光学及化学性能的人造材料。

24. 合成宝石:指与有关天然宝石对比,具有基本相同的物理、光学及化学性能的人造宝石。合成宝石种类包括合成金红石、钛酸锶、钇铝榴石、轧镓榴石、合成立方锆石、合成蓝宝石、合成尖晶石、合成金红石、合成变石、合成钻石、合成祖母绿、合成欧泊、合成石英。

25. 双合石:也称复合石,这是一种由两种不同的材料粘结而成的宝石。双合石的种类是根据粘合时所用的材料性质划分的。双合石的种类有石榴石与玻璃双合石、祖母绿的代用品、欧泊石代用品、星光蓝宝石代用品、钻石代用品、其他各种仿宝石复合石。

26. 金刚石:又称钻石,属于贵重首饰及珠宝玉石的征收范围,应按规定征收消费税①。

27. 宝石坯:是经采掘、打磨、初级加工的珠宝玉石半成品,应按规定征收消费税②。

28. 玻璃仿制品。

五、鞭炮、焰火③

鞭炮,又称爆竹。是用多层纸密裹火药,接以药引线,制成的一种爆炸品。

焰火,指烟火剂,一般系包扎品,内装药剂,点燃后烟火喷射,呈各种颜色,有的还变幻成各种景象,分平地小焰火和空中大焰火两类。

本税目征收范围包括各种鞭炮、焰火。通常分为 13 类,即喷花类、旋转类、旋转升空类、火箭类、吐珠类、线香类、小礼花类、烟雾类、造型玩具类、炮竹类、摩擦炮类、组合烟花类、礼花弹类。

体育上用的发令纸,鞭炮药引线,不按本税目征收。

六、成品油④

成品油税目下设汽油、柴油、石脑油、溶剂油、

---

① 《国家税务总局关于印发〈消费税问题解答〉的通知》(国税函发[1997]306 号,1997 年 5 月 21 日)。

② 《国家税务总局关于印发〈消费税问题解答〉的通知》(国税函发[1997]306 号,1997 年 5 月 21 日)。

③ 《国家税务总局关于印发〈消费税征收范围注释〉的通知》(国税发[1993]153 号,1993 年 12 月 27 日)。

④ 《财政部 国家税务总局关于调整和完善消费税政策的通知》(财税[2006]33 号,2006 年 3 月 20 日)将原汽油、柴油税目合并为成品油税目,并新增石脑油、溶剂油、航空煤油、润滑油、燃料油五个子目。《财政部 国家税务总局关于提高成品油消费税税率的通知》(财税[2008]167 号,2008 年 12 月 19 日)对成品油消费税征收范围注释进行了修订。此前,《国家税务总局关于印发〈消费税征收范围注释〉的通知》(国税发[1993]153 号)曾规定汽油、柴油税目分列:汽油税目征收范围包括车用汽油、航空汽油、起动汽油。工业汽油(溶剂汽油)主要作溶剂使用,不属汽油税目征收范围;柴油税目征收范围包括轻柴油、重柴油、农用柴油、军用轻柴油。根据《国家税务总局关于发布已失效或废止有关消费税规范性文件的通知》(国税发[2009]45 号),国税发[1993]153 号上述规定被公布废止。《国家税务总局关于印发修订后的〈汽油、柴油消费税征税范围注释〉的通知》(国税发[1998]192 号,1998 年 11 月 5 日)和《财政部 国家税务总局关于调整和完善消费税政策的通知》(财税[2006]33 号,2006 年 3 月 20 日)附件第六条成品油消费税征收范围注释,也被《财政部 国家税务总局关于提高成品油消费税税率后相关成品油消费税政策的通知》(财税[2008]168 号,2008 年 12 月 19 日)公布废止。

航空煤油、润滑油、燃料油七个子目①。

（一）汽油

汽油是指用原油或其他原料加工生产的辛烷值不小于 66 的可用作汽油发动机燃料的各种轻质油。含铅汽油是指铅含量每升超过 0.013 克的汽油。汽油分为车用汽油和航空汽油。

以汽油、汽油组分调和生产的甲醇汽油、乙醇汽油也属于本税目征收范围②。

（二）柴油

柴油是指用原油或其他原料加工生产的倾点或凝点在 -50 至 30 的可用作柴油发动机燃料的各种轻质油和以柴油组分为主、经调和精制可用作柴油发动机燃料的非标油。

以柴油、柴油组分调和生产的生物柴油也属于本税目征收范围③。

（三）石脑油

石脑油又叫化工轻油，是以原油或其他原料加工生产的用于化工原料的轻质油。

石脑油的征收范围包括除汽油、柴油、航空煤油、溶剂油以外的各种轻质油④。

非标汽油、重整生成油、拔头油、戊烷原料油、轻裂解料（减压柴油 VGO 和常压柴油 AGO）、重裂解料、加氢裂化尾油、芳烃抽余油均属轻质油，属于石脑油征收范围。

（四）溶剂油

溶剂油是用原油或其他原料加工生产的用于涂料、油漆、食用油、印刷油墨、皮革、农药、橡胶、化妆品生产和机械清洗、胶粘行业的轻质油。

橡胶填充油、溶剂油原料，属于溶剂油征收范围。

（五）航空煤油

航空煤油也叫喷气燃料，是用原油或其他原料加工生产的用作喷气发动机和喷气推进系统燃料的各种轻质油。

（六）润滑油

润滑油是用原油或其他原料加工生产的用于内燃机、机械加工过程的润滑产品。润滑油分为矿物性润滑油、植物性润滑油、动物性润滑油和化工原料合成润滑油。

润滑油的征收范围包括矿物性润滑油、矿物性润滑油基础油、植物性润滑油、动物性润滑油和化工原料合成润滑油。以植物性、动物性和矿物性基础油（或矿物性润滑油）混合掺配而成的"混合性"润滑油，不论矿物性基础油（或矿物性润滑油）所占比例高低，均属润滑油的征收范围。

润滑脂是润滑产品，属润滑油消费税征收范围，生产、加工润滑脂应当征收消费税⑤。

变压器油、导热类油等绝缘油类产品不属于应征消费税的润滑油，不征收消费税⑥。

①《国家税务总局关于以天然气分离的混合轻烃为原料加工溶剂油暂不征收消费税问题的批复》（国税函〔2007〕978 号，2007 年 9 月 18 日）曾规定，利用天然气分离的混合轻烃为原料生产的成品油暂不征收消费税。但根据《国家税务总局关于发布已失效或废止有关消费税规范性文件的通知》（国税发〔2009〕45 号），该规定被公布废止。

②《国家税务总局关于上海赛孚燃油发展有限公司生产的甲醇汽油征收消费税问题的批复》（国税函〔2008〕415 号，2008 年 5 月 14 日）也规定，甲醇汽油属于消费税征税范围，应按规定征收消费税。

③《国家税务总局关于生物柴油征收消费税问题的批复》（国税函〔2005〕39 号，2005 年 1 月 14 日）曾规定对生物柴油不征收消费税；《国家税务总局关于生物柴油征收消费税问题的批复》（国税函〔2006〕1183 号，2006 年 12 月 6 日）也曾规定，以动植物油为原料，经提纯、精炼、合成等工艺生产的生物柴油，不属于消费税征税范围。根据《财政部 国家税务总局关于提高成品油消费税税率后相关成品油消费税政策的通知》（财税〔2008〕168 号），国税函〔2005〕39 号和国税函〔2006〕1183 号均被公布废止。

④《国家税务总局关于印发〈石脑油消费税免税管理办法〉的通知》（国税发〔2008〕45 号，2008 年 4 月 30 日）规定，石脑油征收范围包括除汽油、柴油、煤油、溶剂油以外的各种轻质油。

⑤《国家税务总局关于润滑脂产品征收消费税问题的批复》（国税函〔2009〕709 号，2009 年 12 月 15 日）。

⑥《国家税务总局关于绝缘油类产品不征收消费税问题的公告》（国家税务总局公告 2010 年第 12 号，2010 年 8 月 30 日）。本公告自 2010 年 10 月 1 日起执行，此前，《国家税务总局关于对绝缘油类产品征收消费税问题的批复》（国税函〔2010〕76 号，2010 年 2 月 20 日）规定，变压器油、导热类油等绝缘油类产品，均属于润滑油的范围。对润滑油生产企业生产的变压器油、导热类油等绝缘类油品，应按润滑油的税率征收消费税。国家税务总局公告 2010 年第 12 号实施后，国税函〔2010〕76 号同时废止，此前未征消费税的不得补征，已征的消费税税款可抵顶以后纳税期间其他货物的应交消费税。

（七）燃料油

燃料油也称重油、渣油，是用原油或其他原料加工生产，主要用作电厂发电、锅炉用燃料、加热炉燃料、冶金和其他工业炉燃料。腊油、船用重油、常压重油、减压重油、180CTS 燃料油、7 号燃料油、糠醛油、工业燃料、4—6 号燃料油等油品的主要用途是作为燃料燃烧，属于燃料油征收范围。

油气田企业在生产石油、天然气过程中，通过加热、增压、冷却、制冷等方法回收、以戊烷和以上重烃组分组成的稳定轻烃属于原油范畴，不属于成品油消费税征税范围①。

七、汽车轮胎②

汽车轮胎是指用于各种汽车、挂车、专用车和其他机动车上的内、外胎。

本税目征收范围包括：

（一）轻型乘用汽车轮胎；

（二）载重及公共汽车、无轨电车轮胎；

（三）矿山、建筑等车辆用轮胎；

（四）特种车辆用轮胎（指行驶于无路面或雪地、沙漠等高越野轮胎）；

（五）摩托车轮胎；

（六）各种挂车用轮胎；

（七）工程车轮胎；

（八）汽车与农用拖拉机、收割机、手扶拖拉机通用轮胎；

农用拖拉机、收割机、手扶拖拉机专用轮胎不属于汽车轮胎范围，不征收消费税③。

（九）其他机动车轮胎。

滑板车、沙滩车、卡丁车等小全地形车时速较低，不准上牌照、不允许上道路行驶，与一般意义上的汽车或其他机动车有所不同，且其轮胎按照小轮径农用轮胎的标准和工艺开发生产，对于这类车辆的轮胎，如果与汽车或其他机动车通用，应按规定征收消费税；如果不能与汽车或其他机动车通用，则不属于消费税征税范围④。

八、摩托车⑤

本税目征收范围包括：

（一）轻便摩托车：最大设计车速不超过 50 公里/小时、发动机气缸总工作容积不超过 50 毫升的两轮机动车。

（二）摩托车：最大设计车速超过 50 公里/小时、发动机气缸总工作容积超过 50 毫升、空车质量不超过 400 公斤（带驾驶室的正三轮车及特种车的空车质量不受此限）的两轮和三轮机动车。

对最大设计车速不超过 50 公里/小时，发动机气缸总工作容量不超过 50 毫升的三轮摩托车不征收消费税⑥。

1. 两轮车：装有一个驱动轮与一个从动轮的摩托车。

（1）普通车：骑式车架，双人座垫，轮辋基本直径不小于 304 毫米，适应在公路或城市道路上行驶的摩托车。

（2）微型车：坐式或骑式车架，单人或双人座垫，轮辋基本直径不大于 254 毫米，适应在公路或城市道路上行驶的摩托车。

（3）越野车：骑式车架，宽型方向把，越野型轮胎，剩余垂直轮隙及离地间隙大，适应在非公路地区行驶的摩托车。

---

① 《国家税务总局关于稳定轻烃产品征收消费税问题的批复》（国税函[2010]205 号,2010 年 5 月 13 日）。

② 《国家税务总局关于印发〈消费税征收范围注释〉的通知》（国税发[1993]153 号,1993 年 12 月 27 日）。

③ 《国家税务总局关于农用拖拉机 收割机和手扶拖拉机专用轮胎不征收消费税问题的公告》（国家税务总局公告 2010 年第 16 号,2010 年 10 月 19 日）。本公告自 2010 年 12 月 1 日起执行。

④ 《国家税务总局关于小全地形车轮胎征收消费税问题的批复》（国税函[2007]723 号,2007 年 6 月 27 日）。此前,《国家税务总局关于滑板车轮胎征收消费税问题的批复》（国税函[2007]114 号,2007 年 1 月 25 日）规定,滑板车、沙滩车、卡丁车等小全地形车虽然不同于行驶于一般道路的汽车,但仍属于机动车,用于这类车辆的轮胎虽具有断面较宽、速度较低等特点,但没有改变其作为机动车轮胎的本质,属于消费税征税范围。

⑤ 《国家税务总局关于印发〈消费税征收范围注释〉的通知》（国税发[1993]153 号,1993 年 12 月 27 日）。

⑥ 《国家税务总局关于印发〈消费税问题解答〉的通知》（国税函发[1997]306 号,1997 年 5 月 21 日）。

（4）普通赛车：骑式车架，狭型方向把，座垫偏后，装有大功率高转速发动机，在专用跑道上比赛车速的一种摩托车。

（5）微型赛车：坐式或骑式车架，轮辋基本直径不大于 254 毫米，装有大功率高转速发动机，在专用跑道上比赛车速的一种摩托车。

（6）越野赛车：具有越野性能，装有大功率发动机，用于非公路地区比赛车速的一种摩托车。

（7）特种车：一种经过改装之后用于完成特定任务的两轮摩托车。如开道车。

2. 边三轮车：在两轮车的一侧装有边车的三轮摩托车。

（1）普通边三轮车：具有边三轮车结构，用于载运乘员或货物的摩托车。

（2）特种边三轮车：装有专用设备，用于完成特定任务的边三轮车。如警车、消防车。

3. 正三轮车：装有与前轮对称分布的两个后轮和固定车厢的三轮摩托车。

（1）普通正三轮车：具有正三轮车结构，用于载运乘员或货物的摩托车。如客车、货车。

（2）特种正三轮车：装有专用设备，用于完成特定任务的正三轮车。如容罐车、自卸车、冷藏车。

九、小汽车①

汽车是指由动力驱动，具有四个或四个以上车轮的非轨道承载的车辆。

本税目征收范围包括含驾驶员座位在内最多不超过 9 个座位（含）的，在设计和技术特性上用于载运乘客和货物的各类乘用车和含驾驶员座位在内的座位数在 10 至 23 座（含 23 座）的，在设计和技术特性上用于载运乘客和货物的各类中轻型商用客车。

含驾驶员人数（额定载客）为区间值的（如 8—10 人；17—26 人）小汽车，按其区间值下限人数确定征收范围。

车身长度大于 7 米（含），并且座位在 10 至 23 座（含）以下的商用客车，不属于中轻型商用客车征税范围，不征收消费税②。

对于购进乘用车和中轻型商用客车整车改装生产的汽车，应按规定征收消费税。用排气量小于 1.5 升（含）的乘用车底盘（车架）改装、改制的车辆属于乘用车征收范围。用排气量大于 1.5 升的乘用车底盘（车架）或用中轻型商用客车底盘（车架）改装、改制的车辆属于中轻型商用客车征收范围③。

在中轻型商用客车基本车型产品基础上，不改变车身及动力总成等系统，仅对车内座椅进行调整生产的客车，属于中轻型商用客车征税范围④。

改装改制车辆是指经省级发展改革委审核批准，并报国家发展改革委备案、列入国家发展改革委《车辆生产企业及产品公告》的公告车辆类别代码（产品型号或车辆型号代码数字字段的第一位数）为 5 的专用汽车（特种汽车）⑤。

对于企业购进货车或厢式货车改装生产的商务车、卫星通讯车等专用汽车不属于消费税征税范围，不征收消费税⑥。

电动汽车不属于本税目征收范围。

沙滩车、雪地车、卡丁车、高尔夫车不属于消费税征收范围，不征收消费税⑦。

---

① 《财政部 国家税务总局关于调整和完善消费税政策的通知》（财税〔2006〕33 号，2006 年 3 月 20 日）。此前，《国家税务总局关于印发〈消费税征收范围注释〉的通知》（国税发〔1993〕153 号，1993 年 12 月 27 日）曾规定，小汽车税目下设小轿车、越野车、小客车子目。《国家税务总局关于〈消费税征收范围注释〉的补充通知》（国税发〔1994〕26 号，1994 年 2 月 4 日）对小客车征税范围也进行了规定。财税〔2006〕33 号发布后，国税发〔1993〕153 号和国税发〔1994〕26 号文件有关规定相应废止。

② 《财政部 国家税务总局关于消费税若干具体政策的通知》（财税〔2006〕125 号，2006 年 8 月 30 日）。

③ 《国家税务总局关于购进整车改装汽车征收消费税问题的批复》（国税函〔2006〕772 号，2006 年 8 月 15 日）。

④ 《国家税务总局关于江铃汽车股份有限公司生产车辆征收消费税问题的批复》（国税函〔2008〕803 号，2008 年 9 月 24 日）。

⑤ 《财政部 国家税务总局关于消费税若干具体政策的通知》（财税〔2006〕125 号，2006 年 8 月 30 日）。

⑥ 《国家税务总局关于厢式货车改装生产的汽车征收消费税问题的批复》（国税函〔2008〕452 号，2008 年 5 月 21 日）。

⑦ 《国家税务总局关于沙滩车等车辆征收消费税问题的批复》（国税函〔2007〕1071 号，2007 年 11 月 2 日）。

十、高尔夫球及球具①

高尔夫球及球具是指从事高尔夫球运动所需的各种专用装备,包括高尔夫球、高尔夫球杆及高尔夫球包(袋)等。

高尔夫球是指重量不超过45.93克、直径不超过42.67毫米的高尔夫球运动比赛、练习用球;高尔夫球杆是指被设计用来打高尔夫球的工具,由杆头、杆身和握把三部分组成;高尔夫球包(袋)是指专用于盛装高尔夫球及球杆的包(袋)。

本税目征收范围包括高尔夫球、高尔夫球杆、高尔夫球包(袋)。高尔夫球杆的杆头、杆身和握把属于本税目的征收范围。

十一、高档手表②

高档手表是指销售价格(不含增值税)每只在10000元(含)以上的各类手表。

本税目征收范围包括符合以上标准的各类手表。

十二、游艇③

游艇是指长度大于8米小于90米,船体由玻璃钢、钢、铝合金、塑料等多种材料制作,可以在水上移动的水上浮载体。按照动力划分,游艇分为无动力艇、帆艇和机动艇。

本税目征收范围包括艇身长度大于8米(含)小于90米(含),内置发动机,可以在水上移动,一般为私人或团体购置,主要用于水上运动和休闲娱乐等非牟利活动的各类机动艇。

十三、木制一次性筷子④

木制一次性筷子,又称卫生筷子,是指以木材为原料经过锯段、浸泡、旋切、刨切、烘干、筛选、打磨、倒角、包装等环节加工而成的各类一次性使用的筷子。

本税目征收范围包括各种规格的木制一次性筷子。未经打磨、倒角的木制一次性筷子属于本税目征税范围。

十四、实木地板⑤

实木地板是指以木材为原料,经锯割、干燥、刨光、截断、开榫、涂漆等工序加工而成的块状或条状的地面装饰材料。实木地板按生产工艺不同,可分为独板(块)实木地板、实木指接地板、实木复合地板三类;按表面处理状态不同,可分为未涂饰地板(白坯板、素板)和漆饰地板两类。

本税目征收范围包括各类规格的实木地板、实木指接地板、实木复合地板及用于装饰墙壁、天棚的侧端面为榫、槽的实木装饰板。未经涂饰的素板属于本税目征税范围。

实木复合地板是以木材为原料,通过一定的工艺将木材刨切加工成单板(刨切薄木)或旋切加工成单板,然后将多层单板经过胶压复合等工艺生产的实木地板。实木复合地板主要为三层实木复合地板和多层实木复合地板⑥。

① 《财政部 国家税务总局关于调整和完善消费税政策的通知》(财税[2006]33号,2006年3月20日)。
② 《财政部 国家税务总局关于调整和完善消费税政策的通知》(财税[2006]33号,2006年3月20日)。
③ 《财政部 国家税务总局关于调整和完善消费税政策的通知》(财税[2006]33号,2006年3月20日)。
④ 《财政部 国家税务总局关于调整和完善消费税政策的通知》(财税[2006]33号,2006年3月20日)。
⑤ 《财政部 国家税务总局关于调整和完善消费税政策的通知》(财税[2006]33号,2006年3月20日)。
⑥ 《财政部 国家税务总局关于消费税若干具体政策的通知》(财税[2006]125号,2006年8月30日)。

附件二：

卷烟消费税计税价格信息采集和核定管理办法^①

第一条　为规范卷烟消费税计税价格,公平税负,更好地促进竞争,确保国家的财政收入,根据《中华人民共和国税收征收管理法》、《中华人民共和国消费税暂行条例》、以及《财政部　国家税务总局关于调整烟类产品消费税政策的通知》(财税[2001]91号)的规定,制定本办法。

第二条　卷烟价格信息采集范围为卷烟生产企业生产销售的所有牌号、规格卷烟。

第三条　卷烟价格信息采集的内容包括:调拨价格、消费税计税价格、销售价格、核定价格、零售价格及其他相关信息。

（一）调拨价格,是指卷烟生产企业通过卷烟交易市场与购货方签订的卷烟交易价格。

（二）消费税计税价格,是指已经国家税务总局公布的卷烟消费税计税价格。

（三）销售价格,是指生产企业实际销售卷烟价格。

（四）核定价格,是指不进入中烟烟草交易中心和省烟草交易(定货)会交易,由税务机关核定的卷烟价格。

（五）零售价格,是指零售单位零售地产卷烟或专销地零售单位零售专销卷烟的价格(含增值税,下同)。

零售单位,是指烟草系统内三级卷烟批发零售兼营单位和商业零售单位(以下简称零售单位)。

零售单位不包括宾馆、饭店和高消费娱乐场所以及个体经营者。

第四条　卷烟的调拨价格、消费税计税价格、销售价格、核定价格及相关信息由生产企业所在地主管国家税务局采集。

第五条　卷烟零售价格信息由下列国家税务局分别在生产企业所在地市、县(区)城区和所在地省会城市采集:

（一）生产企业所在地的卷烟零售价格由生产企业所在地主管国家税务局采集。

（二）省会城市的卷烟零售价格由省会城市国家税务局采集。

（三）生产企业生产的专销省内其他地区的卷烟,生产企业所在地国家税务局应及时报告生产企业所在地省国家税务局(含计划单列市,下同)。由省国家税务局通知卷烟专销地国家税务局采集零售价格,采集结果应在规定的时间内上报省国家税务局,由省国家税务局汇总(文书式样设计及填报要求由省国家税务局制定)。

（四）生产企业生产专销省外地区的卷烟,生产企业所在地主管国家税务局应及时报告省国家税务局。由省国家税务局负责与卷烟专销地省国家税务局联系,由卷烟专销地省国家税务局采集零售价格,并将采集结果在规定的时间内反馈生产企业所在地省国家税务局,由生产企业所在地省国家税务局汇总(文书式样设计及填报要求由生产企业所在地省国家税务局制定)。

---

①　《卷烟消费税计税价格信息采集和核定管理办法》(国家税务总局令第5号,2003年1月23日)。此前,《国家税务总局关于印发〈卷烟消费税计税价格审核管理办法(试行)〉的通知》(国税发[2000]130号)相应失效。

第六条　每一牌号、规格的卷烟必须选择6个（含）以上零售单位作为零售价格信息采集点。其中,生产企业所在地选择3个（含）以上零售单位,省会城市选择3个（含）以上零售单位。生产企业设在省会城市的,省会城市国家税务局必须选择6个（含）以上零售单位作为零售价格信息采集点。

专销省外地区的卷烟,信息采集点由专销地省国家税务局选择。每一牌号、规格的卷烟必须选择6个（含）以上零售单位作为零售价格信息采集点。

第七条　卷烟零售价格采集标准

（一）条装卷烟（200支）采集标准:

零售单位销售的条装卷烟可按以下标准采集价格

25×（64+20）	毫米全包装
25×（64+20）	毫米硬条玻璃纸小盒硬盒翻盖玻璃纸拉线（以下简称"硬盒翻盖"）
25×（69+25）	毫米全包装
25×（69+25）	毫米硬盒翻盖
25×（72.5+27.5）	毫米全包装
25×（72.5+27.5）	毫米硬盒翻盖
25×64	毫米全包装（没有过滤嘴的光支烟）

（二）零售单位零售的除上述标准外的其他包装类型卷烟,按条装卷烟（200支）折合零售价格。

（三）零售价格按照所有零售价格信息采集点在价格采集期内零售的该牌号卷烟的数量、销售额进行加权平均计算。其计算公式为:

某牌号、规格卷烟零售价格＝Σ该牌号卷烟在各信息采集点的销售额÷Σ该牌号卷烟在各信息采集点的销售数量

第八条　生产企业必须在新牌号、新规格卷烟投放市场的当月将投放卷烟的牌号、规格、销售地区等情况向所在地主管国家税务局报告,以便于采集价格信息。

第九条　价格信息的采集期间

（一）价格信息采集期间为一个会计年度,即从每年的1月1日起至12月31日止。

（二）新牌号、新规格卷烟价格信息的采集期

间为该牌号、规格卷烟投放市场次月起连续12个月。

（三）已经国家税务总局核定计税价格、但市场交易价格发生变化需要重新调整计税价格的卷烟,价格信息的采集期间为6个月。即该牌号、规格卷烟从零售价格下降当月起的连续6个月。

第十条　卷烟生产企业所在地主管国家税务局需要填写本条款规定的下列表格,并在规定的报送时限内上报省国家税务局。具体报送时间、程序、方式由各省国家税务局自行制定。

（一）《卷烟生产企业经济指标调查表》（附件1）、《卷烟生产企业经济指标调查表（新牌号、新规格）》（附件2）、《卷烟生产企业经济指标调查表（交易价格变动牌号）》（附件3）。

（二）《零售单位价格信息采集表》（附件7）。

（三）《零售单位价格信息采集汇总表》（附件8）。

第十一条　省国家税务局需要填写本条款规定的下列表格,并于信息采集期期末次月底前,报送国家税务总局。

（一）《卷烟生产企业经济指标调查汇总表》（附件4）、《卷烟生产企业经济指标调查汇总表（新牌号、新规格）》（附件5）、《卷烟生产企业经济指标调查汇总表（交易价格变动牌号）》（附件6）。

（二）《零售单位价格信息采集汇总表》（附件8）、《零售单位价格信息采集汇总表（新牌号、新规格）》（附件9）、《零售单位价格信息采集汇总表（交易价格变动牌号）》（附件10）。

（三）《新牌号、新规格卷烟消费税计税价格申请表》（附件11）。

（四）《交易价格变动牌号卷烟消费税计税价格申请表》（附件12）。

第十二条　已经核定了消费税计税价格、但生产企业停止生产的卷烟,省国家税务局必须在报送资料的备注栏中注明。

中烟烟草交易中心签订的调拨价格与省烟草交易会签订的调拨价格不同的同一牌号、规格卷烟,省国家税务局必须将省烟草交易会签订的调拨

价格在备注栏中说明。

第十三条　申请新牌号、新规格卷烟消费税计税价格的卷烟生产企业,在新牌号、新规格卷烟试销期满(1年)后的1个月内,向其主管国家税务局提出书面申请,由主管国家税务局逐级上报至国家税务总局。

第十四条　申请调整消费税计税价格的生产企业,在价格采集期满后的1个月内,向其主管国家税务局提出书面申请,由主管国家税务局逐级上报至国家税务总局。

第十五条　已经国家税务总局核定计税价格的卷烟如无特殊情况不再核定计税价格。

第十六条　新牌号、新规格,以及已经国家税务总局核定计税价格,但交易价格发生变动需要重新调整计税价格的卷烟,消费税计税价格由国家税务总局核定。

第十七条　消费税计税价格按照卷烟零售价格扣除卷烟流通环节的平均费用和利润核定。卷烟流通环节的平均费用率和平均利润率暂定为45%。消费税计税价格的核定公式为:

某牌号、规格卷烟消费税计税价格 = 零售价格 ÷ (1+45%)

第十八条　不进入中烟烟草交易中心和各省烟草交易会交易、没有调拨价格的卷烟,消费税计税价格由省国家税务局按照下列公式核定:

某牌号规格卷烟计税价格 = 该牌号规格卷烟市场零售价格 ÷ (1+35%)

第十九条　本办法所称新牌号卷烟,是指:

(一)2000年11月1日后在国家工商行政管理总局商标局新注册商标牌号的卷烟。

(二)2000年11月1日前已在国家工商行政管理总局商标局注册商标牌号、在2000年11月1日后第一次使用已注册商标牌号的卷烟。

(三)已在国家工商行政管理总局商标局注册且已使用,但未经国家税务局核定计税价格的卷烟。

第二十条　本办法所称新规格卷烟是指:2000年11月1日后卷烟注册商标牌号不变,而烟支规格(嘴棒、烟支长度)、包装规格(硬盒翻盖、全包装)、外观标识(图案、文字、颜色、成分标注等)、包装材料(纸质、金属、塑料、拉线等)、配方调整等组成要素中的一项或几项发生改变的卷烟。

第二十一条　本办法第十六条所称交易价格发生变动卷烟是指:零售价格持续下降时间达到6个月以上、零售价格下降20%以上的卷烟。

第二十二条　国家税务总局在规定的新牌号、新规格卷烟上报价格信息期满后2个月内,公示新牌号、新规格卷烟计税价格。

第二十三条　国家税务总局分别在每年的4月和10月,公示交易价格发生变动需要重新调整消费税计税价格卷烟的消费税计税价格。

第二十四条　不进入中烟烟草交易中心和各省烟草交易会交易,没有调拨价格的卷烟,消费税计税价格的公示时间由省国家税务局自定。

第二十五条　已由各级国家税务局公示消费税计税价格的卷烟,生产企业实际销售价格高于消费税计税价格的,按实际销售价格征税;实际销售价格低于消费税计税价格的,按消费税计税价格征税。

第二十六条　本办法不适用进口卷烟。

第二十七条　本办法由国家税务总局负责解释。

第二十八条　本办法自2003年3月1日起施行,《国家税务总局关于印发〈卷烟消费税计税价格审核管理办法(试行)〉的通知》(国税发[2000]130号)规定与本办法有抵触的按本办法的规定执行。

附件:

1. 卷烟生产企业经济指标调查表(略)

2. 卷烟生产企业经济指标调查表(新牌号、新规格,略)

3. 卷烟生产企业经济指标调查表(交易价格变动牌号,略)

4. 卷烟生产企业经济指标调查汇总表(略)

5. 卷烟生产企业经济指标调查汇总表(新牌号、新规格,略)

6. 卷烟生产企业经济指标调查汇总表(交易价格变动牌号,略)

7. 零售单位价格信息采集表(略)

8. 零售单位价格信息采集汇总表(略)

9. 零售单位价格信息采集汇总表(新牌号、新规格,略)

10. 零售单位价格信息采集汇总表(交易价格变动牌号,略)

11. 新牌号、新规格卷烟消费税计税价格申请表(略)

12. 交易价格变动牌号卷烟消费税计税价格申请表(略)

第4章 营业税制度

营业税是以在我国境内提供应税劳务、转让无形资产和销售不动产的行为为课税对象而征收的一种税,是货物劳务税的一种。现行营业税的基本税收法律规范,是国务院于1993年12月13日颁布并自1994年1月1日起施行、2008年11月5日修订并自2009年1月1日起施行的《中华人民共和国营业税暂行条例》。

4.1 纳税义务人和扣缴义务人

4.1.1 纳税义务人

4.1.1.1 一般规定

在中华人民共和国境内提供营业税暂行条例规定的劳务、转让无形资产或者销售不动产的单位和个人,为营业税的纳税人,应当依照条例缴纳营业税①。

上述所称在中华人民共和国境内(简称境内)提供条例规定的劳务、转让无形资产或者销售不动产,是指:

①提供或者接受条例规定劳务的单位或者个人在境内②。其中:

自2009年1月1日起,境外单位或者个人在境外向境内单位或者个人提供的完全发生在境外的条例规定的劳务,不属于以上所称在境内提供条例规定的劳务,不征收营业税③。

根据上述原则,对境外单位或者个人在境外向境内单位或者个人提供的文化体育业(除播映)、娱乐业,服务业中的旅店业、饮食业、仓储业,以及其他服务业中的沐浴、理发、洗染、裱画、誊写、镌刻、复印、打包劳务,不征收营业税④。

②所转让的无形资产(不含土地使用权)的接受单位或者个人在境内⑤;

③所转让或者出租土地使用权的土地在境内⑥;

④所销售或者出租的不动产在境内⑦。

上述所称单位,是指企业、行政单位、事业单位、军事单位、社会团体及其他单位。上述所称个人,是指个体工商户和其他个人⑧。

上述所称提供条例规定的劳务、转让无形资产

---

① 《中华人民共和国营业税暂行条例》(中华人民共和国国务院令第540号,2008年11月10日)第一条。

② 《中华人民共和国营业税暂行条例实施细则》(财政部 国家税务总局令第52号,2008年12月15日)第四条。原条例实施细则规定对境内应税活动的界定是:所提供的劳务发生在境内;在境内载运旅客或货物出境;在境内组织旅客出境旅游;所转让的无形资产在境内使用;所销售的不动产在境内。

③ 《财政部 国家税务总局关于个人金融商品买卖等营业税若干免税政策的通知》(财税〔2009〕111号,2009年9月27日)。

④ 《财政部 国家税务总局关于个人金融商品买卖等营业税若干免税政策的通知》(财税〔2009〕111号,2009年9月27日)。

⑤ 《中华人民共和国营业税暂行条例实施细则》(财政部 国家税务总局令第52号,2008年12月15日)第四条。此前,《国家税务总局关于外国企业向我国转让无形资产征收营业税问题的批复》(国税函〔1998〕797号,1998年12月21日)规定,对未在我国境内设立机构的外国企业向我国转让无形资产,属于在我国境内转让无形资产,应对其1994年1月1日以后发生的转让无形资产的行为征收营业税。若转让合同中没有载明在境外发生的设计项目及劳务价款的,应按在中国境内提供应税劳务征收营业税。新条例实施后,《国家税务总局关于公布废止的营业税规范性文件目录的通知》(国税发〔2009〕29号)对国税函〔1998〕797号文件予以了废止。

⑥ 《中华人民共和国营业税暂行条例实施细则》(财政部 国家税务总局令第52号,2008年12月15日)第四条。

⑦ 《中华人民共和国营业税暂行条例实施细则》(财政部 国家税务总局令第52号,2008年12月15日)第四条。

⑧ 《中华人民共和国营业税暂行条例实施细则》(财政部 国家税务总局令第52号,2008年12月15日)第九条。

或者销售不动产,是指有偿提供条例规定的劳务、有偿转让无形资产或者有偿转让不动产所有权的行为(以下称应税行为)。但单位或者个体工商户聘用的员工为本单位或者雇主提供条例规定的劳务,不包括在内。上述所称有偿,是指取得货币、货物或者其他经济利益①。

除条例实施细则第十一条和第十二条规定外,即本章4.1.1.2第(1)、(2)条规定情形外,负有营业税纳税义务的单位为发生应税行为并收取货币、货物或者其他经济利益的单位,但不包括单位依法不需要办理税务登记的内设机构②。

4.1.1.2 特殊规定

(1)铁路运输的纳税人

中央铁路运营业务的纳税人为铁道部,合资铁路运营业务的纳税人为合资铁路公司,地方铁路运营业务的纳税人为地方铁路管理机构,基建临管线运营业务的纳税人为基建临管线管理机构③。

(2)单位以承包、承租、挂靠方式经营的,承包人、承租人、挂靠人(统称承包人)发生应税行为,承包人以发包人、出租人、被挂靠人(统称发包人)名义对外经营并由发包人承担相关法律责任的,以发包人为纳税人;否则以承包人为纳税人④。

---

① 《中华人民共和国营业税暂行条例实施细则》(财政部 国家税务总局令第52号,2008年12月15日)第三条。

② 《中华人民共和国营业税暂行条例实施细则》(财政部 国家税务总局令第52号,2008年12月15日)第十条。此前,原营业税暂行条例实施细则规定,负有营业税纳税义务的单位为发生应税行为并向对方收取货币、货物或其他经济利益的单位,包括独立核算的单位和不独立核算的单位。后来,《财政部 国家税务总局关于明确〈中华人民共和国营业税暂行条例实施细则〉第十一条有关问题的通知》(财税[2001]160号)规定,营业税纳税人是指发生应税行为的独立核算单位或者独立核算单位内部非独立核算单位向本独立核算单位以外单位和个人收取货币、货物或其他经济利益,不包括独立核算单位内部非独立核算单位从本独立核算单位内部收取货币、货物或其他经济利益。所称独立核算单位是指:在工商行政管理部门领取法人营业执照的企业;具有法人资格的行政机关、事业单位、军事单位、社会团体及其他单位。新条例实施后,根据《财政部 国家税务总局关于公布若干废止和失效的营业税规范性文件的通知》(财税[2009]61号),财税[2001]160号自2009年1月1日起废止。此外,原营业税暂行条例实施细则规定,从事水路运输、航空运输、管道运输或其他陆路运输业务并负有营业税纳税义务的单位,为从事运输业务并计算盈亏的单位。《国家税务总局关于营业税若干征税问题的通知》(国税发[1994]159号)规定,从事运输业务并计算盈亏的单位",是指同时具备以下条件的单位:利用运输工具、从事运输业务、取得运输收入;在银行开设有结算账户;在财务上计算营业收入、营业支出、经营利润。由于新营业税暂行条例实施细则删除了原细则有关运输业务纳税人的规定,国税发[1994]159号的上述规定被《国家税务总局关于公布废止的营业税规范性文件目录的通知》(国税发[2009]29号)所废止。同时,《国家税务总局关于航空运输营业税纳税人问题的通知》(国税发[1998]210号)规定,自1999年1月1日起,各航空公司所属分公司,无论是否单独计算盈亏,均应作为纳税人向分公司所在地主管税务机关缴纳营业税。由于新营业税暂行条例实施细则明确,除单位内设的依法不需要办理税务登记的机构外,所有单位均属于营业税纳税人,实际已包含了运输公司所属分公司单独作为纳税人,因此,国税发[1998]210号也被《国家税务总局关于公布废止的营业税规范性文件目录的通知》(国税发[2009]29号)所废止。

③ 《中华人民共和国营业税暂行条例实施细则》(财政部 国家税务总局令第52号,2008年12月15日)第十二条。

④ 《中华人民共和国营业税暂行条例实施细则》(财政部 国家税务总局令第52号,2008年12月15日)第十一条。原实施细则规定一律以承租人、承包人为纳税人。此前,《财政部 国家税务总局关于营业税若干政策问题的通知》(财税[2003]16号)规定,签订承包、租赁合同(协议),将企业或企业部分资产出包、租赁,出包、出租者向承包、承租方收取的承包费、租赁费(承租费)按"服务业"税目征收营业税。出包方收取的承包费凡同时符合以下三个条件的,属于企业内部分配行为不征收营业税:承包方以出包方名义对外经营,由出包方承担相关的法律责任;承包方的经营收支全部纳入出包方的财务会计核算;出包方与承包方的利益分配是以出包方的利润为基础。《国家税务总局关于加强货物运输业税收征收管理的通知》(国税发[2003]121号,2003年10月17日)也有类似规定:实行承包、承租、挂靠方式提供货物运输劳务凡同时具备以下条件的,以出包方、出租方、被挂靠方为营业税纳税义务人,不同时具备以下条件的,以承包人、承租人、挂靠人为营业税纳税义务人:以出包方、出租方、被挂靠方的名义对外经营,由出包方、出租方、被挂靠方承担相关的法律责任;经营收支全部纳入出包方、出租方、被挂靠方的财务会计核算;利益分配以出包方、出租方、被挂靠方的利润为基础。新条例实施后,《财政部 国家税务总局关于公布若干废止和失效的营业税规范性文件的通知》(财税[2009]61号)和《国家税务总局关于公布废止的营业税规范性文件目录的通知》(国税发[2009]29号)分别对财税[2003]16号和国税发[2003]121号上述规定予以废止。此外,《财政部 国家税务总局关于营业税几个政策问题的通知》(财税字[1995]45号)、《国家税务总局关于运输企业的供车行为征收流转税问题的批复》(国税函发[1995]578号)、《国家税务总局关于运输企业的承包费收入征收营业税的批复》(国税函[1999]120号)、《国家税务总局关于出租汽车公司有关收入征收营业税问题的批复》(国税函[2000]671号)、《国家税务总局关于企业出租不动产取得的固定收入征收营业税问题的批复》(国税函[2001]078号)、《国家税务总局关于交通运输营业税问题的批复》(国税函[2002]292号)就此问题均有过相关规定,但上述文件先后被《国家税务总局关于发布已失效或废止的税收规范性文件目录的通知》(国税发[2006]62号)、《财政部 国家税务总局关于公布若干废止和失效的营业税规范性文件的通知》(财税[2009]61号)和《国家税务总局关于公布废止的营业税规范性文件目录的通知》(国税发[2009]29号)公布全文废止。

外商投资企业聘任本企业雇员实行目标责任承包,应以外商投资企业为纳税主体,依法计算缴纳流转税。外商投资企业全部或部分由本企业股东、其他企业、本企业雇员或其他个人负责经营,经营中仍以外商投资企业的名义,对外从事各项商务活动,仍应以外商投资企业为纳税主体,计算缴纳流转税。外商投资企业出租全部或部分财产给其他企业或个人生产、经营,承租人单独办理工商登记,领有营业执照,并以承租人的名义对外从事各项商务活动,应以承租人为纳税主体,依法缴纳流转税①。

(3)金融保险业纳税人

金融保险业纳税人是指②:

①银行:包括人民银行、商业银行、政策性银行。

②信用合作社。

③证券公司。

④金融租赁公司、证券基金管理公司、财务公司、信托投资公司、证券投资基金。

⑤保险公司。

⑥其他经中国人民银行、中国证监会、中国保监会批准成立且经营金融保险业务的机构等。

4.1.2 扣缴义务人

营业税的扣缴义务人有③:

①中华人民共和国境外的单位或者个人在境内提供应税劳务、转让无形资产或者销售不动产,在境内未设有经营机构的,以其境内代理人为扣缴义务人;在境内没有代理人的,以受让方或者购买方为扣缴义务人。④

②国务院财政、税务主管部门规定的其他扣缴义务人。

4.2 征税范围

4.2.1 一般规定

条例规定的劳务是指属于交通运输业、建筑业、金融保险业、邮电通信业、文化体育业、娱乐业、服务业税目征收范围的劳务(以下称应税劳务)。加工和修理、修配,不属于条例规定的劳务(以下称非应税劳务)⑤。

2008年12月31日(含12月31日)之前签订的在上述日期前尚未执行完毕的劳务合同、销售不动产合同、转让无形资产合同(简称跨年度老合同)涉及的境内应税行为的确定和跨年度老合同涉及的建筑、旅游、外汇转贷及其他营业税应税行为营业额的确定,按照合同到期日和2009年12月31日(含12月31日)孰先的原则,实行按照原《中华人民共和国营业税暂行条例》(中华人民共和国国务院令第136号)、《中华人民共和国营业税暂行条例实施细则》[(93)财法字第40号]及相关规定执行的过渡政策。上述跨年度老合同涉及的税率、纳税义务发生时间、纳税地点、扣缴义务人、人民币折合率、减免税优惠政策等其他涉税问题,自2009年1月1日起,应按照新条例和新细则的规定执行。《财政部 国家税务总局关于对跨年度老合同实行营业税过渡政策的通知》(财税〔2009〕112号)到达之前纳税人已缴、多缴、已扣缴、多扣缴的营业税税款,允许从其以后的应纳税额中抵减

---

① 《国家税务总局关于外商投资企业发包经营出租经营有关税收处理问题的通知》(国税发〔1995〕45号)。

② 《国家税务总局关于印发〈金融保险业营业税申报管理办法〉的通知》(国税发〔2002〕9号,2002年1月30日)。

③ 《中华人民共和国营业税暂行条例》(中华人民共和国国务院令第540号,2008年11月10日)第十一条。原条例规定:委托金融机构发放贷款,以受托发放贷款的金融机构为扣缴义务人;建筑安装业务实行分包或者转包的,以总承包人为扣缴义务人。新条例对其予以取消。

④ 《中华人民共和国营业税暂行条例》(国务院令第540号,2008年11月10日)第十一条。此前,《国家税务总局关于外国企业向我国转让无形资产征收营业税问题的批复》(国税函〔1998〕797号,1998年12月21日)规定,代理者代扣代缴税款,是指外国企业通过代理者与境内购买者结算价款的,由代理者作为扣缴义务人;如外国企业不通过代理者与境内购买者结算价款,则仍由受让者或购买者代扣代缴。新条例实施后,《国家税务总局关于公布废止的营业税规范性文件目录的通知》(国税发〔2009〕29号)对国税函〔1998〕797号文件予以了废止。

⑤ 《中华人民共和国营业税暂行条例实施细则》(财政部 国家税务总局令第52号,2008年12月15日)第二条。

或予以退税①。

4.2.2 交通运输业

4.2.2.1 一般规定

（1）交通运输业，是指使用运输工具或人力、畜力将货物或旅客送达目的地，使其空间位置得到转移的业务活动。交通运输业的征收范围包括：陆路运输、水路运输、航空运输、管道运输、装卸搬运②。

凡与运营业务有关的各项劳务活动，均属交通运输业的征税范围③。

"与运营业务有关的各项劳务活动"，具体是指下列劳务④：

①通用航空业务；

②航空地面服务；

③打捞；

④理货；

⑤港务局提供的引航、系解缆、停泊、移泊等劳务及引水员交通费、过闸费、货物港务费；

⑥国家税务总局规定的其他劳务。

除上述规定者外，其他劳务均不属于"交通运输业"税目的征税范围。

（2）陆路运输，是指通过陆路（地上或地下）运送货物或旅客的运输业务，包括铁路运输、公路运输、缆车运输、索道运输及其他陆路运输⑤。

（3）水路运输，是指通过江、河、湖、川等天然、人工水道或海洋航道运送货物或旅客的运输业务。打捞，比照水路运输征税⑥。

（4）航空运输，是指通过空中航线运送货物或旅客的运输业务。通用航空业务、航空地面服务业务，比照航空运输征税。通用航空业务，是指为专业工作提供飞行服务的业务，如航空摄影、航空测量、航空勘探、航空护林、航空吊挂飞播、航空降雨等。航空地面服务业务，是指航空公司、飞机场、民航管理局、航站向在我国境内航行或在我国境内机场停留的境内外飞机或其他飞行器提供的导航等劳务性地面服务的业务⑦。

（5）管道运输，是指通过管道设施输送气体、液体、固体物资的运输业务⑧。

如：中国石油天然气股份有限公司新疆油田油气储运分公司拥有独立的营业执照，办理了注册税务登记，实行独立核算，且其发生的管道运输劳务不属于为维持油气田的正常生产而提供的运输劳务，根据增值税暂行条例实施细则、营业税暂行条例及相关规定，中国石油天然气股份有限公司新疆油田油气储运分公司为中石油股份公司新疆油田分公司提供管道运输劳务取得的管道运输收入，应按交通运输业税目征收营业税⑨。

（6）装卸搬运，是指使用装卸搬运工具或人力、畜力将货物在运输工具之间、装卸现场之间或运输工具与装卸现场之间进行装卸和搬运的业务⑩。

4.2.2.2 特殊规定

（1）对航空运输企业从事包机业务向包机公司收取的包机费，按"交通运输业"税目征税；对包机公司向旅客或货主收取的运营收入，应按"服务业—代理"项目征税⑪。

---

① 《财政部 国家税务总局关于对跨年度老合同实行营业税过渡政策的通知》（财税[2009]112号，2009年8月25日）。

② 《国家税务总局关于印发〈营业税税目注释（试行稿）〉的通知》（国税发[1993]149号，1993年12月27日）。

③ 《国家税务总局关于印发〈营业税税目注释（试行稿）〉的通知》（国税发[1993]149号，1993年12月27日）。

④ 《国家税务总局关于营业税若干征税问题的通知》（国税发[1994]159号，1994年7月18日）。

⑤ 《国家税务总局关于印发〈营业税税目注释（试行稿）〉的通知》（国税发[1993]149号，1993年12月27日）。

⑥ 《国家税务总局关于印发〈营业税税目注释（试行稿）〉的通知》（国税发[1993]149号，1993年12月27日）。

⑦ 《国家税务总局关于印发〈营业税税目注释（试行稿）〉的通知》（国税发[1993]149号，1993年12月27日）。

⑧ 《国家税务总局关于印发〈营业税税目注释（试行稿）〉的通知》（国税发[1993]149号，1993年12月27日）。

⑨ 《国家税务总局关于新疆油田油气储运公司管道运输收入征收流转税问题的通知》（国税函[2005]704号，2005年7月7日）。

⑩ 《国家税务总局关于印发〈营业税税目注释（试行稿）〉的通知》（国税发[1993]149号，1993年12月27日）。

⑪ 《国家税务总局关于航空运输企业包机业务征收营业税问题的通知》（国税发[2000]139号，2000年8月3日）。

上述包机业务,是指航空运输企业与包机公司签订协议,由航空运输企业负责运送旅客或货物,包机公司负责向旅客或货主收取运营收入,并向航空运输企业支付固定包机费用的业务①。

机场向驻场单位转供自来水、电、天然气属于销售货物行为,其同时收取的转供能源服务费属于价外费用,应一并征收增值税,不征收营业税②。

(2)对远洋运输企业从事程租、期租业务和航空运输企业从事湿租业务取得的收入,按"交通运输业"税目征收营业税③。

①程租业务,是指远洋运输企业为租船人完成某一特定航次的运输任务并收取租赁费的业务④。

②期租业务,是指远洋运输企业将配备有操作人员的船舶承租给他人使用一定期限,承租期内听候承租方调遣,不论是否经营,均按天向承租方收取租赁费,发生的固定费用(如人员工资、维修费用等)均由船东负担的业务⑤。

③湿租业务,是指航空运输企业将配备有机组人员的飞机承租给他人使用一定期限,承租期内听候承租方调遣,不论是否经营,均按一定标准向承租方收取租赁费,发生的固定费用(如人员工资、维修费用等)均由承租方负担的业务⑥。

(3)搬家业务是搬家公司利用运输工具或人力实现了空间位置的转移的业务,它具有装卸搬运的特征。因此,对搬家业务收入,应按"交通运输

业"税目中的"装卸搬运"征收营业税⑦。

(4)实行新的营业税制后,对铁路工附业属于营业税应税劳务范围的行为,应从1995年1月1日起,按规定征收营业税。对1994年已征的营业税不予退还⑧。

4.2.3 建筑业

4.2.3.1 一般规定

建筑业,是指建筑安装工程作业。建筑业的征收范围包括:建筑、安装、修缮、装饰及其他工程作业⑨。

(1)建筑,是指新建、改建、扩建各种建筑物、构筑物的工程作业,包括与建筑物相连的各种设备或支柱、操作平台的安装或装设工程作业,以及各种窑炉和金属结构工程作业在内⑩。

(2)安装,是指生产设备、动力设备、起重设备、运输设备、传动设备、医疗实验设备及其他各种设备的装配、安置工程作业,包括与设备相连的工作台、梯子、栏杆的装设工程作业和被安装设备的绝缘、防腐、保温、油漆等工程作业在内⑪。

(3)修缮,是指对建筑物、构筑物进行修补、加固、养护、改善,使之恢复原来的使用价值或延长其使用期限的工程作业⑫。

(4)装饰,是指对建筑物、构筑物进行修饰,使之美观或具有特定用途的工程作业⑬。

(5)其他工程作业,是指上列工程作业以外的

---

① 《国家税务总局关于航空运输企业包机业务征收营业税问题的通知》(国税发[2000]139号,2000年8月3日)。

② 《国家税务总局关于四川省机场集团有限公司向驻场单位转供水电气征税问题的批复》(国税函[2009]537号,2009年9月22日)。

③ 《国家税务总局关于交通运输企业征收营业税问题的通知》(国税发[2002]25号,2002年3月12日)。

④ 《国家税务总局关于交通运输企业征收营业税问题的通知》(国税发[2002]25号,2002年3月12日)。

⑤ 《国家税务总局关于交通运输企业征收营业税问题的通知》(国税发[2002]25号,2002年3月12日)。

⑥ 《国家税务总局关于交通运输企业征收营业税问题的通知》(国税发[2002]25号,2002年3月12日)。

⑦ 《国家税务总局关于营业税若干征税问题的通知》(国税发[1994]159号,1994年7月18日)。

⑧ 《财政部 国家税务总局关于铁路工附业征收营业税问题的补充通知》(财税[1995]58号,1995年7月27日)。此前的《财政部 国家税务总局关于铁路工附业应按规定征收营业税的通知》(财税[1995]28号,1995年3月20日)曾规定开始征收的时间为1994年1月1日。

⑨ 《国家税务总局关于印发〈营业税税目注释(试行稿)〉的通知》(国税发[1993]149号,1993年12月27日)。

⑩ 《国家税务总局关于印发〈营业税税目注释(试行稿)〉的通知》(国税发[1993]149号,1993年12月27日)。

⑪ 《国家税务总局关于印发〈营业税税目注释(试行稿)〉的通知》(国税发[1993]149号,1993年12月27日)。

⑫ 《国家税务总局关于印发〈营业税税目注释(试行稿)〉的通知》(国税发[1993]149号,1993年12月27日)。

⑬ 《国家税务总局关于印发〈营业税税目注释(试行稿)〉的通知》(国税发[1993]149号,1993年12月27日)。

各种工程作业,如代办电信工程、水利工程、道路修建、疏浚、钻井(打井)、拆除建筑物或构筑物、平整土地、搭脚手架、爆破等工程作业①。

绿化工程往往与建筑工程相连,或者本身就是某个建筑工程的一个组成部分,例如,绿化与平整土地就分不开,而平整土地本身就属于建筑业中的"其他工程作业"。因此,对绿化工程按"建筑业—其他工程作业"征收营业税②。

对从事海洋石油地球物理勘探、定位、泥浆、测井、录井、固井、完井、潜水、套管、管道铺设等工程作业的,适用营业税税目税率表中建筑业税目的"其他工程作业"按3%的税率征收营业税③。

"泥浆工程",是指为钻井作业提供泥浆和工程技术服务的行为。纳税人按照客户要求,为钻井作业提供泥浆和工程技术服务的行为,应按提供泥浆工程劳务项目,照章征收营业税,不征收增值税。无论纳税人与建设单位如何核算,其营业额均包括工程所用原材料及其他物资和动力价款在内④。

对纳税人承包以工代赈工程,如属于营业税征税范围的,应按税收法规的统一规定征收营业税,不得再给予减税免税⑤。

4.2.3.2 特殊规定

(1)对有线电视安装费,应按"建筑业"税目征税。有线电视安装费,是指有线电视台为用户安装有线电视接收装置,一次性向用户收取的安装费,也称之为"初装费"⑥。

(2)工程承包公司承包建筑安装工程业务,即工程承包公司与建设单位签订承包合同的建筑安装工程业务,无论其是否参与施工,均应按"建筑业"税目征收营业税。工程承包公司不与建设单位签订承包建筑安装工程合同,只是负责工程的组织协调业务,对工程承包公司的此项业务则按"服务业"税目征收营业税⑦。

(3)管道煤气集资费(初装费),是用于管道煤气工程建设和技术改造,在报装环节一次性向用户收取的费用。对管道煤气集资费(初装费),应按"建筑业"税目征收营业税⑧。

燃气公司和生产、销售货物或提供增值税应税劳务的单位,在销售货物或提供增值税应税劳务时,代有关部门向购买方收取的集资费(包括管道煤气集资款〈初装费〉)、手续费、代收款等,属于增值税价外收费,应征收增值税,不征收营业税⑨。

(4)单位或者个人自己新建(简称自建)建筑物后销售,其所发生的自建行为视同发生应税行为⑩。上述所称视同发生应税行为的自建建筑物,是指单位或者个人在1994年1月1日以后建成并未缴纳"建筑业"营业税的建筑物⑪。

(5)建筑安装企业将其承包的某一工程项目的纯劳务部分分包给若干个施工企业,由该建筑安装企业提供施工技术、施工材料并负责工程质量监督,施工劳务由施工企业的职工提供,施工企业按照其提供的工程量与该建筑安装企业统一结算价款。按照现行营业税的有关规定,施工企业提供的

---

① 《国家税务总局关于印发〈营业税税目注释(试行稿)〉的通知》(国税发[1993]149号,1993年12月27日)。
② 《国家税务总局关于印发〈营业税问题解答(之一)〉的通知》(国税函发[1995]156号,1995年4月17日)。
③ 《国家税务总局关于合作开采海洋石油提供应税劳务适用营业税税目、税率问题的通知》(国税发[1997]42号,1997年3月26日)。
④ 《国家税务总局关于纳税人提供泥浆工程劳务征收流转税问题的批复》(国税函[2005]375号,2005年4月27日)。
⑤ 《财政部 国家税务总局关于纳税人承包以工代赈工程征收营业税问题的通知》(财税字[1997]67号,1997年4月21日)。
⑥ 《国家税务总局关于营业税若干征税问题的通知》(国税发[1994]159号,1994年7月18日)。
⑦ 《国家税务总局关于印发〈营业税问题解答(之一)的通知》(国税函发[1995]156号,1995年4月17日)。
⑧ 《国家税务总局关于管道煤气集资费(初装费)征收营业税问题的批复》(国税函[2002]105号,2002年1月28日)。
⑨ 《财政部 国家税务总局关于营业税若干政策问题的通知》(财税[2003]16号,2003年1月15日)。根据《财政部国家税务总局关于财税[2003]16号文件执行时间有关问题的通知》(财税[2004]206号,2004年12月13日),财税[2003]16号文件自2003年1月1日起执行,2003年1月1日之前有关涉税事宜仍按原政策规定执行。
⑩ 《中华人民共和国营业税暂行条例实施细则》(财政部 国家税务总局令第52号,2008年12月15日)第五条。
⑪ 《国家税务总局关于营业税若干征税问题的通知》(国税发[1994]159号,1994年7月18日)。

施工劳务属于提供建筑业应税劳务,因此,对其取得的收入应按照"建筑业"税目征收营业税①。

(6)纳税人受托进行建筑物拆除、平整土地并代委托方向原土地使用权人支付拆迁补偿费的过程中,其提供建筑物拆除、平整土地劳务取得的收入应按照"建筑业"税目缴纳营业税;其代委托方向原土地使用权人支付拆迁补偿费的行为属于"服务业—代理业"行为,应以提供代理劳务取得的全部收入减去其代委托方支付的拆迁补偿费后的余额为营业额计算缴纳营业税②。

4.2.4 金融保险业

4.2.4.1 一般规定

金融保险业,是指经营金融、保险的业务。金融保险业的征收范围包括:金融、保险③。

(1)金融,是指经营货币资金融通活动的业务,包括贷款、融资租赁、金融商品转让、金融经纪业和其他金融业务④。

①贷款,是指将资金有偿贷与他人使用(包括以贴现、押汇方式)的业务,包括自有资金贷款和转贷⑤:

自有资金贷款,是指将自有资本金或吸收的单位、个人的存款贷与他人使用。典当业的抵押贷款业务,无论其资金来源如何,均按自有资金贷款征税。

转贷,是指将借来的资金贷与他人使用。其中:外汇转贷业务,是指金融企业直接向境外借入外汇资金,然后再贷给国内企业或其他单位、个人。各银行总行向境外借入外汇资金后,通过下属分支机构贷给境内单位或个人使用的,也属于外汇转贷业务。除外汇转贷以外的各种贷款为一般贷款业务。

以货币资金投资但收取固定利润或保底利润的行为,也属于贷款业务⑥。

Ⅰ 不论金融机构还是其他单位,只要是发生将资金贷与他人使用的行为,均应视为发生贷款行为,按"金融保险业"税目征收营业税,包括非金融机构将资金提供给对方,并收取资金占用费,如企业与企业之间借用周转金而收取资金占用费,行政机关或企业主管部门将资金提供给所属单位或企业而收取资金占用费,农村合作基金会将资金提供给农民而收取资金占用费等⑦。

Ⅱ 人民银行(或其他金融机构)向邮政部门发放贷款,不论用途如何,均属于一般贷款业务,对其取得的利息收入应一律按规定征收营业税⑧。

Ⅲ 投资公司将财政资金贷与他人使用而取得的贷款利息收入,应按规定征收营业税。对投资公司将财政资金存入金融机构而取得的存款利息收入,以及以参股、控股方式对外投资而取得的收入,不征收营业税⑨。

---

① 《国家税务总局关于劳务承包行为征收营业税问题的批复》(国税函[2006]493 号,2006 年 5 月 24 日)。

② 《国家税务总局关于政府收回土地使用权及纳税人代垫拆迁补偿费有关营业税问题的通知》(国税函[2009]520 号,2009 年 9 月 17 日)。

③ 《国家税务总局关于印发〈营业税税目注释(试行稿)〉的通知》(国税发[1993]149 号,1993 年 12 月 27 日)。

④ 《国家税务总局关于印发〈营业税税目注释(试行稿)〉的通知》(国税发[1993]149 号,1993 年 12 月 27 日)。

⑤ 《国家税务总局关于印发〈营业税税目注释(试行稿)〉的通知》(国税发[1993]149 号,1993 年 12 月 27 日)。《国家税务总局关于印发〈金融保险业营业税申报管理办法〉的通知》(国税发[2002]9 号,2002 年 1 月 30 日)。

⑥ 《国家税务总局关于印发〈金融保险业营业税申报管理办法〉的通知》(国税发[2002]9 号,2002 年 1 月 30 日)。

⑦ 《国家税务总局关于印发〈营业税问题解答(之一)的通知〉》(国税函[1995]156 号,1995 年 4 月 17 日)。此前,《国家税务总局关于农村合作基金会收取的资金占用费应当征收营业税的批复》(国税函发[1995]65 号,1995 年 2 月 17 日)规定,农村兴办的农村合作基金会,将其自有的资本金、吸收的股金及其他资金投放给入会会员和个人使用,并收取资金占用费的业务,不论是在其规定范围内的自我服务,还是超出规定范围的服务,都应当就其所收资金占用费或利息收入的全额按金融业税目征收。《国家税务总局关于发布已失效或废止的税收规范性文件目录的通知》(国税发[2006]62 号,2006 年 5 月 12 日)对国税函发[1995]65 号予以了废止。

⑧ 《国家税务总局关于邮政汇兑资金利息收入征收营业税问题的批复》(国税函[1996]635 号,1996 年 11 月 6 日)。

⑨ 《国家税务总局关于财政资金增值收入征收营业税问题的批复》(国税函[2001]1007 号,2001 年 12 月 29 日)。

Ⅳ 人民银行的贷款业务,不征税①。

对人民银行的贷款业务不征税,是指人民银行对金融机构的贷款业务,人民银行对企业贷款或委托金融机构贷款的业务应征收营业税②。

Ⅴ 企业集团或集团内的核心企业(简称企业集团)委托企业集团所属财务公司代理统借统还贷款业务,从财务公司取得的用于归还金融机构的利息不征收营业税;财务公司承担此项统借统还委托贷款业务,从贷款企业收取贷款利息不代扣代缴营业税③。

以上所称企业集团委托企业集团所属财务公司代理统借统还业务,是指企业集团从金融机构取得统借统还贷款后,由集团所属财务公司与企业集团或集团内下属企业签订统借统还贷款合同并分拨借款,按支付给金融机构的借款利率向企业集团或集团内下属企业收取用于归还金融机构借款的利息,再转付企业集团,由企业集团统一归还金融机构的业务④。

从2000年1月1日起,为缓解中小企业融资难的问题,对企业主管部门或企业集团中的核心企业等单位(简称统借方)向金融机构借款后,将所借资金分拨给下属单位(包括独立核算单位和非独立核算单位),并按支付给金融机构的借款利率水平向下属单位收取用于归还金融机构的利息不征收营业税。统借方将资金分拨给下属单位,不得按高于支付给金融机构的借款利率水平向下属单

位收取利息,否则,将视为具有从事贷款业务的性质,应对其向下属单位收取的利息全额征收营业税⑤。

②融资租赁,是指具有融资性质和所有权转移特点的设备租赁业务。即:出租人根据承租人所要求的规格、型号、性能等条件购入设备租赁给承租人,合同期内设备所有权属于出租人,承租人只拥有使用权,合同期满付清租金后,承租人有权按残值购入设备,以拥有设备的所有权⑥。

经中国人民银行或商务部(原对外经济贸易合作部、国家经贸委,下同)批准可从事融资租赁业务的单位所从事的具有融资性质和所有权转移特点的设备租赁业务(也称金融租赁),按金融保险业税目征税。其他单位从事融资租赁业务应按服务业税目中的"租赁业"项目征收营业税⑦。

对经中国人民银行或商务部批准经营融资租赁业务的单位所从事的融资租赁业务,无论租赁的货物的所有权是否转让给承租方,均按条例的有关规定征收营业税,不征收增值税。其他单位从事的融资租赁业务,租赁的货物的所有权转让给承租方,征收增值税,不征收营业税;租赁的货物的所有权未转让给承租方,征收营业税,不征收增值税⑧。

融资性售后回租业务中承租方出售资产的行为,不属于营业税征收范围,不征收营业税。融资性售后回租业务是指承租方以融资为目的将资产出售给经批准从事融资租赁业务的企业后,又将该

① 《国家税务总局关于印发〈营业税税目注释(试行稿)〉的通知》(国税发[1993]149号,1993年12月27日)。
② 《国家税务总局关于人民银行贷款业务不征收营业税的具体范围的通知》(国税发[1994]88号,1994年4月30日)。
③ 《国家税务总局关于贷款业务征收营业税问题的通知》(国税发[2002]13号,2002年2月10日)。
④ 《国家税务总局关于贷款业务征收营业税问题的通知》(国税发[2002]13号,2002年2月10日)。
⑤ 《财政部 国家税务总局关于非金融机构统借统还业务征收营业税问题的通知》(财税字[2000]7号,2000年2月1日)。
⑥ 《国家税务总局关于印发〈营业税税目注释(试行稿)〉的通知》(国税发[1993]149号,1993年12月27日)。《国家税务总局关于融资租赁业务征收流转税问题的通知》(国税函[2000]514号,2000年7月7日)。
⑦ 《国家税务总局关于印发〈金融保险业营业税申报管理办法〉的通知》(国税发[2002]9号,2002年1月30日)。《国家税务总局关于营业税若干问题的通知》(国税发[1995]76号,1995年4月26日)。
⑧ 《国家税务总局关于融资租赁业务征收流转税问题的通知》(国税函[2000]514号,2000年7月7日)。《国家税务总局关于融资租赁业务征收流转税问题的补充通知》(国税函[2000]909号,2000年11月15日)。《财政部 国家税务总局关于营业税若干政策问题的通知》(财税[2003]16号,2003年1月15日)。此前,《国家税务总局关于融资租赁业务征收营业税问题的通知》(国税函发[1995]656号,1995年12月22日)规定,对经对外贸易经济合作部(现为商务部)批准的经营融资租赁业务的外商投资企业和外国企业开展的融资租赁业务,也按融资租赁征收营业税。但后来此文被《国家税务总局关于发布已失效或废止的税收规范性文件目录的通知》(国税发[2006]62号,2006年5月12日)废止。

项资产从该融资租赁企业租回的行为。融资性售后回租业务中承租方出售资产时,资产所有权以及与资产所有权有关的全部报酬和风险并未完全转移①。

③金融商品转让,是指转让外汇、有价证券、非货物期货和其他金融商品的所有权的行为。非货物期货,是指商品期货、贵金属期货以外的期货,如外汇期货等②。

包括:股票转让、债券转让、外汇转让、其他金融商品转让③。

货物期货不缴纳营业税④。

自2003年1月1日起,对股权转让不征收营业税⑤。

④金融经纪业,是指受托代他人经营金融活动的中间业务。如委托业务、代理业务、咨询业务等⑥。

从2001年6月16日起,银行代发行国债取得的手续收入,由各银行总行按向财政部收取的手续费全额缴纳营业税,对各分支机构来自于上级行的手续费收入不再征收营业税。对于2000年6月16日前,银行总行及分支机构代发行国债取得手续费缴纳营业税仍按原营业税规定执行。即:由各银行总行本身代发行国债取得的手续费收入向北京市国家税务局缴纳营业税;银行各分支机构代发行国债取得的手续费收入向当地税务机关缴纳营业税,不由各银行总行向北京市国家税务局缴纳营业税⑦。

对黄金交易所收取的手续费等收入,征收营业税⑧。

⑤其他金融业务,是指上列业务以外的各项金融业务,如银行结算、票据贴现等⑨。

Ⅰ 对金融机构办理贴现、押汇业务按"其他金融业务"征收营业税⑩。

Ⅱ 对金融机构当期实际收到的结算罚款、罚息、加息等收入应并入营业额中征收营业税⑪。

(2)保险,是指通过契约形式集中起来的资金,用以补偿被保险人的经济利益的业务⑫。

保险企业取得的追偿款不征收营业税。追偿款,是指发生保险事故后,保险公司按照保险合同的约定向被保险人支付赔款,并从被保险人处取得对保险标的价款进行追偿的权利而追回的价款⑬。

保险公司的摊回分保费用不征收营业税⑭。

4.2.4.2 特殊规定

(1)自1995年1月1日起,对金融机构往来业务暂不征收营业税。金融机构往来,是指金融企业联

---

①　《国家税务总局关于融资性售后回租业务中承租方出售资产行为有关税收问题的公告》(国家税务总局公告2010年第13号,2010年9月8日)。该公告自2010年10月1日起施行,此前因与该公告规定不一致而已征的税款予以退税。

②　《国家税务总局关于印发〈营业税税目注释(试行稿)〉的通知》(国税发[1993]149号,1993年12月27日)。

③　《国家税务总局关于印发〈金融保险业营业税申报管理办法〉的通知》(国税发[2002]9号,2002年1月30日)。

④　《中华人民共和国营业税暂行条例实施细则》(财政部 国家税务总局令第52号,2008年12月15日)第十八条。

⑤　《财政部 国家税务总局关于股权转让有关营业税问题的通知》(财税[2002]191号,2002年12月10日)。

⑥　《国家税务总局关于印发〈营业税税目注释(试行稿)〉的通知》(国税发[1993]149号,1993年12月27日)。《国家税务总局关于印发〈金融保险业营业税申报管理办法〉的通知》(国税发[2002]9号,2002年1月30日)。

⑦　《财政部 国家税务总局关于金融业若干征税问题的通知》(财税字[2000]191号,2000年6月16日)。《财政部 国家税务总局关于对银行代发国债手续费收入征收营业税执行时间的批复》(财税[2001]12号,2001年2月1日)。

⑧　《财政部 国家税务总局关于黄金税收政策问题的通知》(财税[2002]142号,2002年9月12日)。

⑨　《国家税务总局关于印发〈营业税税目注释(试行稿)〉的通知》(国税发[1993]149号,1993年12月27日)。

⑩　《财政部 国家税务总局关于转发〈国务院关于调整金融保险业税收政策有关问题的通知〉的通知》(财税字[1997]45号,1997年3月14日)。

⑪　《财政部 国家税务总局关于转发〈国务院关于调整金融保险业税收政策有关问题的通知〉的通知》(财税字[1997]45号,1997年3月14日)。

⑫　《国家税务总局关于印发〈营业税税目注释(试行稿)〉的通知》(国税发[1993]149号,1993年12月27日)。

⑬　《财政部 国家税务总局关于营业税若干政策问题的通知》(财税[2003]16号,2003年1月15日)。

⑭　《国家税务总局关于印发〈金融保险业营业税申报管理办法〉的通知》(国税发[2002]9号,2002年1月30日)。

行、金融企业与人民银行及同业之间的资金往来业务①。

金融机构从事再贴现、转贴现业务取得的收入，属于金融机构往来，暂不征收营业税②。

暂不征收营业税的金融机构往来业务是指金融机构之间相互占用、拆借资金的业务，即金融机构之间相互占用、拆借资金取得的金融机构往来利息收入，不征收营业税。不包括相互之间提供的服务（如代结算，代发行金融债券等）。对金融机构相互之间提供服务取得的收入，应按规定征收营业税③。

（2）存款或购入金融商品行为，不征收营业税④。

对邮政部门将邮政汇兑资金存入人民银行（或其他金融机构）取得的利息收入，不征收营业税⑤。

证券公司将客户证券交易结算资金存入银行取得的存款利息收入，不征收营业税⑥。

（3）对金融机构的出纳长款收入，不征收营业税⑦。

（4）信贷资产证券化业务征税范围。

自我国银行业开展信贷资产证券化业务试点之日起，对信贷资产证券化业务按以下规定征收营业税⑧：

①对受托机构从其受托管理的信贷资产信托项目中取得的贷款利息收入，应全额征收营业税。

②在信贷资产证券化的过程中，贷款服务机构取得的服务费收入、受托机构取得的信托报酬、资金保管机构取得的报酬、证券登记托管机构取得的托管费、其他为证券化交易提供服务的机构取得的服务费收入等，均应按现行营业税的政策规定缴纳营业税。

（5）自1997年1月1日起，对外资金融机构从被批准允许经营人民币业务之日起，其取得的经营人民币业务收入，与内资金融企业一样，执行国家统一的营业税有关规定⑨。

（6）从1996年1月1日起，电力部门将收取的电力建设资金贷给使用单位而取得的利息收入，应当按"金融保险业"税目征收营业税⑩。

4.2.5 邮电通信业

---

① 《财政部 国家税务总局关于金融业征收营业税有关问题的通知》（财税字[1995]79号,1995年8月11日）。
② 《财政部 国家税务总局关于转发〈国务院关于调整金融保险业税收政策有关问题的通知〉的通知》（财税字[1997]45号,1997年3月14日）。
③ 《财政部 国家税务总局关于金融业若干征税问题的通知》（财税[2000]191号,2000年6月16日）。《国家税务总局关于印发〈金融保险业营业税申报管理办法〉的通知》（国税发[2002]9号,2002年1月30日）。
④ 《国家税务总局关于印发〈营业税税目注释（试行稿）〉的通知》（国税发[1993]149号,1993年12月27日）。
⑤ 《国家税务总局关于邮政汇兑资金利息收入征收营业税问题的批复》（国税函[1996]635号,1996年11月6日）。
⑥ 《国家税务总局关于证券公司取得客户证券交易结算资金存款利息收入征收营业税的批复》（国税函[2008]726号,2008年8月11日）。
⑦ 《财政部 国家税务总局关于转发〈国务院关于调整金融保险业税收政策有关问题的通知〉的通知》（财税字[1997]45号,1997年3月14日）。
⑧ 《财政部 国家税务总局关于信贷资产证券化有关税收政策问题的通知》（财税[2006]5号,2006年2月20日）。该文还规定：对金融机构（包括银行和非银行金融机构）投资者买卖信贷资产支持证券取得的差价收入征收营业税；对非金融机构投资者买卖信贷资产支持证券取得的差价收入，不征收营业税。后该规定被《财政部 国家税务总局关于公布若干废止和失效的营业税规范性文件的通知》（财税[2009]61号）公布废止。
⑨ 《财政部 国家税务总局 中国人民银行关于外资金融机构经营人民币业务有关税收问题的通知》（财税字[1997]52号,1997年5月5日）。此外,《国家税务总局关于外资金融机构若干营业税政策问题的通知》（国税发[2000]135号,2000年7月28日）规定,我国境内外资金融机构从事离岸银行业务,属于在我国境内提供应税劳务,其利息收入应照章征收营业税。离岸银行业务,是指银行吸收非居民的资金,服务于非居民的金融活动,包括：外汇存款、外汇贷款、同业外汇拆借、国家结算、发行大额可转让存款证、外汇担保、咨询、见证业务、国家外汇管理局批准的其他业务。后来,《国家税务总局关于公布废止的营业税规范性文件目录的通知》（国税发[2009]29号）公布国税发[2000]135号文件自2009年1月1日起废止。《财政部关于公布废止和失效的财政规章和规范性文件目录（第十一批）的决定》（财政部令第62号,2011年2月21日）对财税字[1997]52号也予以公布废止。
⑩ 《国家税务总局关于电力建设资金有偿使用利息收入征收营业税的通知》（国税发[1995]15号,1996年1月9日）。

4.2.5.1　一般规定

邮电通信业,是指专门办理信息传递的业务。邮电通信业的征收范围包括:邮政、电信①。

(1)邮政,是指传递实物信息的业务,包括传递函件或包件、邮汇、报刊发行、邮务物品销售、邮政储蓄及其他邮政业务②。

①传递函件或包件,是指传递函件或包件的业务以及与传递函件或包件相关的业务。传递函件,是指收寄信函、明信片、印刷品的业务。传递包件,是指收寄包裹的业务③。

传递函件或包件相关的业务,是指出租信箱、对进口函件或包件进行处理、保管逾期包裹、附带货载及其他与传递函件或包件相关的业务④。

单位和个人从事快递业务按"邮电通信业"税目征收营业税⑤。

②邮汇,是指为汇款人传递汇款凭证并兑取的业务⑥。

③报刊发行,是指邮政部门代出版单位收订、投递和销售各种报纸、杂志的业务⑦。

邮政部门发行报刊,征收营业税;其他单位和个人发行报刊征收增值税⑧。

④邮务物品销售,是指邮政部门在提供邮政劳务的同时附带销售与邮政业务相关的各种物品(如信封、信纸、汇款单、邮件包装用品等)的业务⑨。

邮政部门、集邮公司销售(包括调拨)集邮商品征收营业税,邮政部门以外的其他单位与个人销售集邮商品,征收增值税,集邮商品的生产仍征收增值税⑩。

集邮商品,包括邮票、小型张、小本票、明信片、首日封、邮折、集邮簿、邮盘、邮票目录、护邮袋、贴片及其他集邮商品⑪。

⑤邮政储蓄,是指邮电部门办理储蓄的业务⑫。

⑥其他邮政业务,是指上列业务以外的各项邮政业务⑬。

邮电礼仪是指邮电局(所)根据客户的要求将写有祝词的电报,或者使用客户支付的价款购买的礼物传递给客户所指定的对象。对于这种业务应按"邮电通信业"税目征收营业税,其营业额为邮电部门向用户收取的全部价款和价外费用,包括所购礼物的价款在内⑭。

(2)电信,是指用各种电传设备传输电信号来传递信息的业务,包括电报、电传、电话、电话机安装、电信物品销售及其他电信业务⑮。

电信单位(指电信企业和经电信行政管理部门批准从事电信业务的单位,下同)提供的电信业务(包括基础电信业务和增值电信业务,下同)按"邮电通信业"税目征收营业税⑯。

① 《国家税务总局关于印发〈营业税税目注释(试行稿)〉的通知》(国税发[1993]149 号,1993 年 12 月 27 日)。
② 《国家税务总局关于印发〈营业税税目注释(试行稿)〉的通知》(国税发[1993]149 号,1993 年 12 月 27 日)。
③ 《国家税务总局关于印发〈营业税税目注释(试行稿)〉的通知》(国税发[1993]149 号,1993 年 12 月 27 日)。
④ 《国家税务总局关于印发〈营业税税目注释(试行稿)〉的通知》(国税发[1993]149 号,1993 年 12 月 27 日)。
⑤ 《财政部 国家税务总局关于营业税若干政策问题的通知》(财税[2003]16 号,2003 年 1 月 15 日)。
⑥ 《国家税务总局关于印发〈营业税税目注释(试行稿)〉的通知》(国税发[1993]149 号,1993 年 12 月 27 日)。
⑦ 《国家税务总局关于印发〈营业税税目注释(试行稿)〉的通知》(国税发[1993]149 号,1993 年 12 月 27 日)。
⑧ 《财政部 国家税务总局关于增值税、营业税若干政策规定的通知》(财税字[1994]第 26 号,1994 年 5 月 5 日)。
⑨ 《国家税务总局关于印发〈营业税税目注释(试行稿)〉的通知》(国税发[1993]149 号,1993 年 12 月 27 日
⑩ 《财政部 国家税务总局关于增值税、营业税若干政策规定的通知》(财税字[1994]第 26 号,1994 年 5 月 5 日)。《国家税务总局关于营业税若干问题的通知》(国税发[1995]76 号,1995 年 4 月 26 日)。
⑪ 《财政部 国家税务总局关于增值税、营业税若干政策规定的通知》(财税字[1994]第 26 号,1994 年 5 月 5 日)。
⑫ 《国家税务总局关于印发〈营业税税目注释(试行稿)〉的通知》(国税发[1993]149 号,1993 年 12 月 27 日)。
⑬ 《国家税务总局关于印发〈营业税税目注释(试行稿)〉的通知》(国税发[1993]149 号,1993 年 12 月 27 日)。
⑭ 《国家税务总局关于印发〈营业税问题解答(之一)〉的通知》(国税函[1995]156 号,1995 年 4 月 17 日)。
⑮ 《国家税务总局关于印发〈营业税税目注释(试行稿)〉的通知》(国税发[1993]149 号,1993 年 12 月 27 日)。
⑯ 《财政部 国家税务总局关于营业税若干政策问题的通知》(财税[2003]16 号,2003 年 1 月 15 日)。

以上所称基础电信业务是指提供公共网络基础设施、公共数据传送和基本语音通信服务的业务,具体包括固定网国内长途及本地电话业务、移动通信业务、卫星通信业务、因特网及其它数据传送业务、网络元素出租出售业务、电信设备及电路的出租业务、网络接入及网络托管业务,国际通信基础设施国际电信业务、无线寻呼业务和转售的基础电信业务①。

以上所称增值电信业务是指利用公共网络基础设施提供的电信与信息服务的业务,具体包括固定电话网增值电信业务、移动电话网增值电信业务、卫星网增值电信业务、因特网增值电信业务、其他数据传送网络增值电信业务等服务②。

①电报,是指用电信号传递文字的通信业务及相关的业务,包括传递电报、出租电报电路设备、代维修电报电路设备以及电报分送、译报、查阅去报报底或来报回单、抄录去报报底等③。

②电传(即传真),是指通过电传设备传递原件的通信业务,包括传递资料、图表、相片、真迹等④。

③电话,是指用电传设备传递语言的业务及相关的业务,包括有线电话、无线电话、寻呼电话、出租电话电路设备、代维修或出租广播电路、电视信道等业务⑤。

对代维修单位从电信单位取得的电信线路代维修收入应按规定征收营业税,不征收增值税⑥。

④电话机安装,是指为用户安装或移动电话机

的业务⑦。

为用户安装电话的业务属于"邮电通信业"税目的征收范围。"电话初装费"是邮政部门为用户安装电话而收取的费用,应按"邮电通信业"税目征税⑧。

⑤电信物品销售,是指在提供电信劳务的同时附带销售专用和通用电信物品(如电报纸、电报签收簿、电信器材、电话机等)的业务⑨。

对电信部门及其下属的电话号簿公司(包括独立核算与非独立核算的号簿公司)销售电话号簿业务取得的收入,应一律征收营业税,不征增值税⑩。

⑥其他电信业务,是指上列业务以外的电信业务⑪。

4.2.5.2 特殊规定

(1)168台所提供的咨询、信息或点歌等服务,本应属于营业税"服务业"征税范围。但出于对电信部门的扶持,及减少税目、便于征管,对电信部门开办168台电话,利用电话开展有偿咨询、点歌等业务,依照《营业税税目注释》中"用电传设备传递语言的业务",对此项收费按"邮电通信业"税目征收营业税⑫。

以上所述的电信部门指的是国家电信管理部门直属的电信单位。非电信部门直属的信息台,其向用户提供电话信息服务的业务取得的收入,应按"服务业"税目征收营业税⑬。

(2)电信单位(电信局及电信局批准的其他从

---

① 《财政部 国家税务总局关于营业税若干政策问题的通知》(财税[2003]16号,2003年1月15日)。
② 《财政部 国家税务总局关于营业税若干政策问题的通知》(财税[2003]16号,2003年1月15日)。
③ 《国家税务总局关于印发〈营业税税目注释(试行稿)〉的通知》(国税发[1993]149号,1993年12月27日)。
④ 《国家税务总局关于印发〈营业税税目注释(试行稿)〉的通知》(国税发[1993]149号,1993年12月27日)。
⑤ 《国家税务总局关于印发〈营业税税目注释(试行稿)〉的通知》(国税发[1993]149号,1993年12月27日)。
⑥ 《国家税务总局关于电信线路代维修收入征收营业税问题的批复》(国税函[2000]611号,2000年8月10日)。
⑦ 《国家税务总局关于印发〈营业税税目注释(试行稿)〉的通知》(国税发[1993]149号,1993年12月27日)。
⑧ 《国家税务总局关于印发〈营业税问题解答(之一)〉的通知》(国税函发[1995]156号,1995年4月17日)。
⑨ 《国家税务总局关于印发〈营业税税目注释(试行稿)〉的通知》(国税发[1993]149号,1993年12月27日)。
⑩ 《国家税务总局关于电信部门销售电话号码簿征收营业税问题的通知》(国税发[2000]698号,2000年9月7日)。
⑪ 《国家税务总局关于印发〈营业税税目注释(试行稿)〉的通知》(国税发[1993]149号,1993年12月27日)。
⑫ 《国家税务总局关于印发〈营业税问题解答(之一)〉的通知》(国税函发[1995]156号,1995年4月17日)。
⑬ 《国家税务总局关于非电信部门开办电话咨询业务适用税目问题的批复》(国税函发[1996]700号,1996年12月3日)。

事电信业务的单位)自己销售寻呼机、移动电话,并为客户提供有关的电信劳务服务的,属于混合销售,征收营业税;对单纯销售无线寻呼机、移动电话,不提供有关的电信劳务服务的,征收增值税①。

①中国移动有限公司内地子公司开展以业务销售附带赠送电信服务业务(包括赠送用户一定业务使用时长、流量或业务使用费额度、赠送有价卡预存款或有价卡)的过程中,其附带赠送的电信服务是无偿提供电信业劳务的行为,不属于营业税征收范围,不征收营业税②。

中国移动有限公司内地子公司开展的以业务销售附带赠送实物业务(包括赠送用户 SIM 卡、手机或有价物品等实物),属于电信单位提供电信业劳务的同时赠送实物的行为,按规定不征收增值税,其进项税额不得予以抵扣;其附带赠送实物的行为是电信单位无偿赠与他人实物的行为,不属于营业税征收范围,不征收营业税③。

②中国电信集团公司和中国电信股份有限公司所属子公司开展以业务销售附带赠送电信服务业务(包括赠送用户一定的业务使用时长、流量或业务使用费额度,赠送有价卡预存款或者有价卡)的过程中,其附带赠送的电信服务是无偿提供电信业劳务的行为,不属于营业税征收范围,不征收营业税④。

中国电信子公司开展的以业务销售附带赠送实物业务(包括赠送用户小灵通(手机)、电话机、

SIM 卡、网络终端或有价物品等实物),属于电信单位提供电信业劳务的同时赠送实物的行为,按照规定不征收增值税,其进项税额不得予以抵扣;其附带赠送实物的行为是电信单位无偿赠与他人实物的行为,不属于营业税征收范围,不征收营业税⑤。

③中国网络通信集团公司及其分公司和中国网通(集团)有限公司及其分公司开展以业务销售附带赠送电信服务业务(包括赠送用户一定的业务使用时长、流量或业务使用费额度,赠送有价卡预存款或者有价卡)的过程中,其附带赠送的电信服务是无偿提供电信业劳务的行为,不属于营业税征收范围,不征收营业税⑥。

中国网络通信集团公司及其分公司和中国网通(集团)有限公司及其分公司开展的以业务销售附带赠送实物业务(包括赠送用户 PIM 卡、手机或有价物品等实物),属于电信单位提供电信业劳务的同时赠送实物的行为,按规定不征收增值税,其进项税额不得予以抵扣;其附带赠送实物的行为是电信单位无偿赠与他人实物的行为,不属于营业税征收范围,不征收营业税⑦。

④中国联通有限公司及所属分公司和中国联合通信有限公司贵州分公司开展以业务销售附带赠送电信服务业务(包括赠送用户一定的业务使用时长、流量或业务使用费额度,赠送有价卡预存款或者有价卡)的过程中,其附带赠送的电信服务是无偿提供电信业劳务的行为,不属于营业税征收

①《财政部 国家税务总局关于增值税、营业税若干政策规定的通知》(财税字[1994]26 号,1994 年 5 月 5 日)。
②《国家税务总局关于中国移动有限公司内地子公司业务销售附带赠送行为征收流转税问题的通知》(国税函[2006]1278号,2006 年 12 月 28 日)。
③《国家税务总局关于中国移动有限公司内地子公司业务销售附带赠送行为征收流转税问题的通知》(国税函[2006]1278号,2006 年 12 月 28 日)。
④《国家税务总局关于中国电信集团公司和中国电信股份有限公司所属子公司业务销售附带赠送行为征收流转税问题的通知》(国税函[2007]414 号,2007 年 4 月 6 日)。
⑤《国家税务总局关于中国电信集团公司和中国电信股份有限公司所属子公司业务销售附带赠送行为征收流转税问题的通知》(国税函[2007]414 号,2007 年 4 月 6 日)。
⑥《国家税务总局关于中国网络通信集团公司及其分公司和中国网通(集团)有限公司及其分公司业务销售附带赠送行为征收流转税问题的通知》(国税函[2007]1322 号,2007 年 12 月 18 日)。
⑦《国家税务总局关于中国网络通信集团公司及其分公司和中国网通(集团)有限公司及其分公司业务销售附带赠送行为征收流转税问题的通知》(国税函[2007]1322 号,2007 年 12 月 18 日)。

范围,不征收营业税①。

中国联通有限公司及所属分公司和中国联合通信有限公司贵州分公司开展的以业务销售附带赠送实物业务(包括赠送用户手机识别卡、手机、电信终端或有价物品等实物),属于电信单位提供电信业劳务的同时赠送实物的行为,按规定不征收增值税,其进项税额不得予以抵扣;其附带赠送实物的行为是电信单位无偿赠与他人实物的行为,不属于营业税征收范围,不征收营业税②。

(3)单位或个人出租境外的属于不动产的电信网络资源(包括境外电路、海缆、卫星转发器等)取得的收入,不属于营业税征税范围,不征收营业税③。

境外单位或个人在境外向境内单位或个人提供的国际通信服务(包括国际间通话服务、移动电话国际漫游服务、移动电话国际互联网服务、国际间短信互通服务、国际间彩信互通服务),不属于营业税征税范围,不征收营业税④。

4.2.6 文化体育业

文化体育业,是指经营文化、体育活动的业务。文化体育业的征收范围包括:文化业、体育业⑤。

(1)文化业,是指经营文化活动的业务,包括表演、播映、其他文化业。经营游览场所的业务,比

照文化业征税⑥。

①表演,是指进行戏剧、歌舞、时装、健美、杂技、武术、体育等表演活动的业务⑦。

②播映,是指通过电台、电视台、音响系统、闭路电视、卫星通信等无线或有线装置传播作品以及在电影院、影剧院、录像厅及其他场所放映各种节目的业务。广告的播映不按本税目征税⑧。

Ⅰ 广播电视有线数字付费频道业务按"播映"项目征收营业税⑨。

Ⅱ 自1998年5月27日起,中国电影公司发行影片由销售拷贝改为分账发行后,对中国电影公司以分账形式发行的影片收入征收营业税,不再征收增值税⑩。

Ⅲ 有线电视台向用户提供服务而收取的有线电视安装费(或称建设费)、收视维护费、广告费等,属于营业税的征税范围,应按营业税的有关税目税率征收营业税⑪。

③其他文化业,是指除经营表演、播映活动以外的文化活动的业务,如各种展览、培训活动,举办文学、艺术、科技讲座、演讲、报告会,图书馆的图书和资料借阅业务等⑫。

其中,所称培训活动包括各种培训活动,文化

---

① 《国家税务总局关于中国联通有限公司及所属分公司和中国联合通信有限公司贵州分公司业务销售附带赠送行为有关流转税问题的通知》(国税函[2007]778号,2007年7月20日)。
② 《国家税务总局关于中国联通有限公司及所属分公司和中国联合通信有限公司贵州分公司业务销售附带赠送行为有关流转税问题的通知》(国税函[2007]778号,2007年7月20日)。
③ 《国家税务总局关于国际电信业务营业税问题的通知》(国税函[2010]300号,2010年6月28日)。
④ 《国家税务总局关于国际电信业务营业税问题的通知》(国税函[2010]300号,2010年6月28日)。
⑤ 《国家税务总局关于印发〈营业税税目注释(试行稿)〉的通知》(国税发[1993]149号,1993年12月27日)。
⑥ 《国家税务总局关于印发〈营业税税目注释(试行稿)〉的通知》(国税发[1993]149号,1993年12月27日)。
⑦ 《国家税务总局关于印发〈营业税税目注释(试行稿)〉的通知》(国税发[1993]149号,1993年12月27日)。
⑧ 《国家税务总局关于印发〈营业税税目注释(试行稿)〉的通知》(国税发[1993]149号,1993年12月27日)。
⑨ 《国家税务总局关于广播电视有线数字付费频道征收营业税问题的通知》(国税函[2004]141号,2004年1月20日)。
⑩ 《国家税务总局关于中影公司发行影片征收营业税的通知》(国税函[1998]316号,1998年5月27日)。此前,《国家税务总局关于对电影发行单位的发行收入不征营业税的通知》(国税函[1996]696号,1996年11月29日)规定,对电影放映单位放映电影取得的票价收入按收入全额征收营业税后,对电影发行单位向放映单位收取的发行收入,不再征收营业税,但对电影发行单位取得的片租收入仍应按收入全额征收营业税。根据《国家税务总局关于公布全文失效废止 部分条款失效废止的税收规范性文件目录的公告》(国家税务总局公告2011年第2号,2011年1月4日),国税函[1996]696号被公布全文失效废止。
⑪ 《国家税务总局关于有线电视台有关收费征收营业税问题的批复》(国税函[1998]748号,1998年12月9日)。
⑫ 《国家税务总局关于印发〈营业税税目注释(试行稿)〉的通知》(国税发[1993]149号,1993年12月27日)。《国家税务总局关于印发〈营业税问题解答(之一)〉的通知》(国税函发[1995]156号,1995年4月17日)。

培训应按"文化体育业"税目征税①。

④经营游览场所的业务,是指公园、动(植)物园及其他各种游览场所销售门票的业务②。

(2)体育业,是指举办各种体育比赛和为体育比赛或体育活动提供场所的业务③。

以租赁方式为文化活动、体育比赛提供场所,不按文化体育业征税④。

4.2.7 娱乐业

娱乐业,是指为娱乐活动提供场所和服务的业务。娱乐业征收范围包括:经营歌厅、舞厅、卡拉OK歌舞厅、音乐茶座、台球、高尔夫球、保龄球场、游艺场等娱乐场所,以及娱乐场所为顾客进行娱乐活动提供服务的业务。上列娱乐场所为顾客进行娱乐活动提供的饮食服务及其他各种服务,均属于本税目征收范围⑤。

(1)歌厅,是指在乐队的伴奏下顾客进行自娱自乐形式的演唱活动的场所⑥。

(2)舞厅,是指供顾客进行跳舞活动的场所⑦。

(3)卡拉OK歌舞厅,是指在音像设备播放的音乐伴奏下,顾客自娱自乐进行歌舞活动的场所⑧。

(4)音乐茶座,是指为顾客同时提供音乐欣赏和茶水、咖啡、酒及其他饮料消费的场所⑨。

(5)台球、高尔夫球、保龄球场,是指顾客进行台球、高尔夫球、保龄球活动的场所⑩。

(6)游艺场,是指举办各种游艺、游乐(如射击、狩猎、跑马、玩游戏机等)活动的场所⑪。

对娱乐场所举行有奖游艺活动取得的收入应按娱乐业税目征收营业税⑫。

(7)网吧,自2003年1月1日起,单位和个人开办网吧取得的收入,按"娱乐业"征税⑬。

4.2.8 服务业

4.2.8.1 一般规定

服务业,指利用设备、工具、场所、信息或技能为社会提供服务的业务。服务业的征收范围包括:代理业、旅店业、饮食业、旅游业、仓储业、租赁业、广告业、其他服务业⑭。

(1)代理业,是指代委托人办理受托事项的业务,包括代购代销货物、代办进出口、介绍服务、其

---

① 《国家税务总局关于印发〈营业税问题解答(之一)〉的通知》(国税函[1995]156号,1995年4月17日)。此前,《财政部 国家税务总局关于对机动车驾驶员培训业务征收营业税问题的通知》(财税字[1995]15号,1995年8月20日)规定,公安交警、武警、部队、职业学校及一些企事业单位举办各种形式收费的汽车、摩托车等机动车驾驶员培训班(学校)收取的培训收入,不属于免税范围,应按照税法规定征收营业税。但根据《财政部 国家税务总局关于公布若干废止和失效的营业税规范性文件的通知》(财税[2009]61号)公布,财税字[1995]15号自2009年1月1日起废止。此外,《国家税务总局关于美国西屋电气公司提供技术服务、检验等劳务适用税目税率问题的批复》(国税函[1997]329号,1997年5月29日)对此也进行了个案规定,企业销售机器设备时提供的技术服务和检验劳务按营业税的"服务业—其他服务业"税目依5%的税率征收营业税,提供的各种技术培训劳务按营业税的"文化体育业"税目依3%的税率征收营业税,如不能准确核算提供技术服务检验和培训劳务的,应一律按"服务业"税目5%税率征收营业税。根据《国家税务总局关于公布现行有效的税收规范性文件目录的公告》(国家税务总局公告2010年第26号),国税函[1997]329号文件仍然有效。
② 《国家税务总局关于印发〈营业税税目注释(试行稿)〉的通知》(国税发[1993]149号,1993年12月27日)。
③ 《国家税务总局关于印发〈营业税税目注释(试行稿)〉的通知》(国税发[1993]149号,1993年12月27日)。
④ 《国家税务总局关于印发〈营业税税目注释(试行稿)〉的通知》(国税发[1993]149号,1993年12月27日)。
⑤ 《国家税务总局关于印发〈营业税税目注释(试行稿)〉的通知》(国税发[1993]149号,1993年12月27日)。
⑥ 《国家税务总局关于印发〈营业税税目注释(试行稿)〉的通知》(国税发[1993]149号,1993年12月27日)。
⑦ 《国家税务总局关于印发〈营业税税目注释(试行稿)〉的通知》(国税发[1993]149号,1993年12月27日)。
⑧ 《国家税务总局关于印发〈营业税税目注释(试行稿)〉的通知》(国税发[1993]149号,1993年12月27日)。
⑨ 《国家税务总局关于印发〈营业税税目注释(试行稿)〉的通知》(国税发[1993]149号,1993年12月27日)。
⑩ 《国家税务总局关于印发〈营业税税目注释(试行稿)〉的通知》(国税发[1993]149号,1993年12月27日)。
⑪ 《国家税务总局关于印发〈营业税税目注释(试行稿)〉的通知》(国税发[1993]149号,1993年12月27日)。
⑫ 《国家税务总局关于有奖游艺和代销彩票征收营业税问题的批复》(国税函[1999]90号,1999年2月14日)。
⑬ 《财政部 国家税务总局关于营业税若干政策问题的通知》(财税[2003]16号,2003年1月15日)。
⑭ 《国家税务总局关于印发〈营业税税目注释(试行稿)〉的通知》(国税发[1993]149号,1993年12月27日)。

他代理服务,具体为①:

①代购代销货物,是指受托购买货物或销售货物,按实购或实销额进行结算并收取手续费的业务②;

②代办进出口,是指受托办理商品或劳务进出口的业务;

③介绍服务,是指中介人介绍双方商谈交易或其他事项的业务;

④其他代理服务,是指受托办理上列事项以外的其他事项的业务。

Ⅰ 公用电话的代办人和兼办人取得的劳务费(或手续费)收入应按"服务业"税目中的"代理服务"项目征收营业税③。

对外商投资的宾馆、商务楼等经营电信业务取得的收入,按"代理服务"项目征收营业税④。

Ⅱ 物业管理企业代有关部门收取水费、电费、燃(煤)气费、维修基金、房租的行为,属于营业税"服务业"税目中的"代理"业务⑤。

Ⅲ 对单位和个人代销彩票取得的手续费收入应按服务业税目中的代理项目征收营业税⑥。

对社会福利有奖募捐发行代销单位取得的手续费收入应按规定征收营业税,社会福利有奖募捐的发行收入不征营业税⑦。

自2002年1月1日起,对福利彩票机构以外的代销单位销售福利彩票取得的手续费收入应按规定征收营业税。对福利彩票机构发行销售福利彩票取得的收入不征收营业税⑧。

上述福利彩票机构包括福利彩票销售管理机构和与销售管理机构签有电脑福利彩票投注站代理销售协议书,并直接接受福利彩票销售管理机构的监督、管理的电脑福利彩票投注点⑨。

电脑福利彩票投注点代销福利彩票取得的任何形式的手续费收入,应照章征收营业税⑩。

对体育彩票代销单位代销体育彩票取得的手续费收入应按规定征收营业税;对体育彩票的发行收入不征营业税⑪。

Ⅳ 对拍卖行向委托方收取的手续费征收营业税⑫。

Ⅴ 代理报关业务,是指接受进出口货物收、发货人的委托,代为办理报关相关手续的业务,应按照"服务业—代理业"税目征收营业税⑬。

Ⅵ 对承办一般物资援助项目的企业所取得的手续费收入,征收营业税⑭。

---

① 《国家税务总局关于印发〈营业税税目注释(试行稿)〉的通知》(国税发[1993]149号,1993年12月27日)。
② 《国家税务总局关于上海汽车销售公司收取的佣金收入征收营业税问题的批复》(国税函[1999]55号,1999年1月31日)对正常商业行为下取得的销售佣金按"服务业"征收营业税而不征收增值税问题进行了个案规定。
③ 《国家税务总局关于经营公用电话征收营业税问题的通知》(国税发[1997]161号,1997年10月11日)。
④ 《国家税务总局关于外商投资的宾馆、商务楼等经营电信业务征收营业税问题的批复》(国税函发[1998]737号,1998年12月8日)。
⑤ 《国家税务总局关于物业管理企业的代收费用有关营业税问题的通知》(国税发[1998]217号,1998年12月15日)。
⑥ 《国家税务总局关于有奖游艺和代销彩票征收营业税问题的批复》(国税函[1999]90号,1999年2月14日)。
⑦ 《国家税务总局关于社会福利有奖募捐发行收入税收问题的通知》(国税发[1994]127号,1994年5月23日)。
⑧ 《财政部 国家税务总局关于发行福利彩票有关税收问题的通知》(财税[2002]59号,2002年4月23日)。
⑨ 《财政部 国家税务总局关于营业税若干政策问题的通知》(财税[2003]16号,2003年1月15日)。
⑩ 《财政部 国家税务总局关于福利彩票代销手续费收入征收营业税问题的通知》(财税[2005]118号,2005年7月25日)。
⑪ 《财政部 国家税务总局关于体育彩票发行收入税收问题的通知》(财税字[1996]77号,1996年11月7日)。此外,《国家税务总局关于严格执行体育彩票福利彩票有关营业税政策的通知》(国税发[2005]163号,2005年10月10日)规定,税务机关在保证体育彩票、福利彩票有关营业税政策落实到位的同时,要重点加强体育彩票、福利彩票代销单位取得的代销手续费收入的营业税征收管理。根据《国家税务总局关于公布全文失效废止 部分条款失效废止的税收规范性文件目录的公告》(国家税务总局公告2011年第2号,2011年1月4日),国税发[2005]163号被公布全文失效废止。
⑫ 《国家税务总局关于拍卖行取得的拍卖收入征收增值税、营业税有关问题的通知》(国税发[1999]40号,1999年3月11日)。
⑬ 《国家税务总局关于加强代理报关业务营业税征收管理有关问题的通知》(国税函[2006]1310号,2006年12月31日)。
⑭ 《国家税务总局关于援外出口货物有关税收问题的通知》(国税发[1999]20号,1999年4月22日)。

Ⅶ 根据《国务院对储蓄存款利息所得征收个人所得税的实施办法》的规定,储蓄机构代扣代缴储蓄存款利息所得个人所得税,可按所扣税款的 2% 取得手续费。对储蓄机构取得的手续费收入,应按照条例有关规定征收营业税①。

Ⅷ 对黄金交易所收取的手续费收入应征收营业税②。

自 2006 年 7 月 1 日起,对上海钻石交易所取得的交易手续费收入、会员缴纳的年费收入照章征收营业税③。

Ⅸ 随汽车销售提供的汽车按揭服务和代办服务业务征收增值税,单独提供按揭、代办服务业务,并不销售汽车的,应征收营业税④。

(2)旅店业,是指提供住宿服务的业务⑤。

(3)饮食业,是指通过同时提供饮食和饮食场所的方式为顾客提供饮食消费服务的业务⑥。

①饭馆、餐厅及其他饮食服务场所,为顾客在就餐的同时进行的自娱自乐形式的歌舞活动所提供的服务,按"娱乐业"税目征税⑦。

②饮食店、餐馆(厅)、酒店(家)、宾馆、饭店等单位发生属于营业税"饮食业"应税行为的同时销售货物给顾客的,不论顾客是否在现场消费,其货物部分的收入均应当并入营业税应税收入征收营业税。饮食店、餐馆(厅)、酒店(家)、宾馆、饭店等单位附设门市部、外卖点等对外销售货物的,仍按增值税暂行条例实施细则第七条和营业税暂行条例实施细则第八条关于兼营行为的征税规定征收增值税⑧。

③对饮食店、餐馆等饮食行业经营烧卤熟制食品的行为,不论消费者是否在现场消费,均应当征收营业税;而对专门生产或销售食品的工厂、商场等单位及个体经营者和其他个人,销售包括烧卤熟制食品在内的货物,应当征收增值税⑨。

④饮食、娱乐场所内设吧台向顾客提供烟酒取得的收入,应当征收营业税,不征增值税⑩。

⑤餐饮公司设立非独立核算分支机构提供餐饮食品的送餐服务,其营业范围、食品制作工艺、操作流程及原材料成本构成与传统餐饮服务基本相同,对取得的餐饮食品送餐收入不征收增值税,征收营业税⑪。

(4)旅游业,是指为旅游者安排食宿、交通工具和提供导游等旅游服务的业务⑫。

①单位和个人在旅游景点经营索道取得的收

---

①《国家税务总局关于代扣代缴储蓄存款利息所得个人所得税手续费收入征免税问题的通知》(国税发[2001]31 号,2001 年 3 月 16 日)。

②《财政部 国家税务总局关于铂金及其制品税收政策的通知》(财税[2003]86 号,2003 年 4 月 28 日)。

③《财政部 海关总署 国家税务总局关于调整钻石及上海钻石交易所有关税收政策的通知》(财税[2006]65 号,2006 年 6 月 7 日)。

④《财政部 国家税务总局关于营业税若干政策问题的通知》(财税[2003]16 号,2003 年 1 月 15 日)。

⑤《国家税务总局关于印发〈营业税税目注释(试行稿)〉的通知》(国税发[1993]149 号,1993 年 12 月 27 日)。

⑥《国家税务总局关于印发〈营业税税目注释(试行稿)〉的通知》(国税发[1993]149 号,1993 年 12 月 27 日)。

⑦《国家税务总局关于印发〈营业税税目注释(试行稿)〉的通知》(国税发[1993]149 号,1993 年 12 月 27 日)。

⑧《国家税务总局关于饮食业征收流转税问题的通知》(国税发[1996]202 号,1996 年 11 月 7 日)。原文规定是老《增值税条例实施细则》第六条和老《营业税条例实施细则》第六条,后因条例细则修订,《国家税务总局关于修改若干增值税规范性文件引用法规规章条款依据的通知》(国税发[2009]10 号)将引用条款进行了修改。

⑨《国家税务总局关于烧卤熟制食品征收流转税问题的批复》(国税函发[1996]261 号,1996 年 5 月 20 日)。《国家税务总局关于饮食业征收流转税问题的通知》(国税发[1996]202 号,1996 年 11 月 7 日)。

⑩《国家税务总局关于饮食娱乐场所内设吧台销售烟酒征收营业税问题的批复》(国税函[1999]587 号,1999 年 8 月 27 日)。

⑪《国家税务总局关于餐饮公司送餐业务有关税收问题的批复》(国税函[2009]233 号,2009 年 6 月 6 日)。

⑫《国家税务总局关于印发〈营业税税目注释(试行稿)〉的通知》(国税发[1993]149 号,1993 年 12 月 27 日)。

入按"旅游业"项目征收营业税①。

②对单位和个人在旅游景区经营旅游游船、观光电梯、观光电车、景区环保客运车所取得的收入应按"服务业—旅游业"征收营业税②。

单位和个人在旅游景区兼有不同税目应税行为并采取"一票制"收费方式的,应当分别核算不同税目的营业额;未分别核算或核算不清的,从高适用税率③。

(5)仓储业,是指利用仓库、货物或其他场所代客贮放、保管货物的业务④。

(6)租赁业,是指在约定的时间内将场地、房屋、物品、设备或设施等转让他人使用的业务。融资租赁,不按服务业征税⑤。

①单位和个人将承租的场地、物品、设备等再转租给他人的行为也属于租赁行为,应按服务业征税⑥。

②对于有偿转让资产使用权的行为应当按"服务业—租赁业"征收营业税。有偿转让资产使用权是指采取收取转让费和资产增值补偿金等方式转让资产的使用权⑦。

对行政机关转让公路桥梁收费权取得的收入,应按"服务业"税目中的"租赁"项目征收营业税⑧。

交通部门有偿转让高速公路收费权行为,属于营业税应税劳务范围,应按"服务业"税目中的"租赁"项目征收营业税⑨。

从公路所有权人(国家)获取的公路使用权再有偿转让给他人,属于转租行为,应按"租赁"项目征收营业税⑩。

① 《财政部 国家税务总局关于营业税若干政策问题的通知》(财税[2003]16号,2003年1月15日)。此前,《财政部 国家税务总局关于索道运营征收营业税问题的通知》(财税字[2001]116号,2001年7月2日)曾规定对索道运营服务收入按"交通运输业"征收营业税。根据《财政部关于公布废止和失效的财政规章和规范性文件目录(第十批)的决定》(财政部令第48号,2008年1月31日),财税[2001]116号被公布废止。

② 《国家税务总局关于风景名胜区景点经营收入征收营业税问题的批复》(国税函[2008]254号,2008年4月21日)。

③ 《国家税务总局关于风景名胜区景点经营收入征收营业税问题的批复》(国税函[2008]254号,2008年4月21日)。

④ 《国家税务总局关于印发〈营业税税目注释(试行稿)〉的通知》(国税发[1993]149号,1993年12月27日)。

⑤ 《国家税务总局关于印发〈营业税税目注释(试行稿)〉的通知》(国税发[1993]149号,1993年12月27日)。此外,《国家税务总局关于盐城市"户外广告城市空间有偿使用费"征收营业税问题的批复》(国税函[1998]444号,1998年7月28日)据此个案批复规定,对户外广告管理中心向广告经营单位收取的"户外广告城市空间有偿使用费",应当按照"服务业"税目的"租赁业"项目征收营业税,税率为5%。

⑥ 《国家税务总局关于营业税若干问题的通知》(国税发[1995]76号,1995年4月26日)。后来,《国家税务总局关于外国企业出租中国境内房屋、建筑物取得租金收入税务处理问题的通知》(国税发[1996]212号,1996年11月20日)曾规定,自1996年10月1日起,外国企业出租位于中国境内房屋、建筑物等不动产,凡在中国境内没有设立机构、场所进行日常管理的,对其所取得的租金收入,应按营业税暂行条例的有关规定缴纳营业税。上述营业税由承租人在每次支付租金时代扣代缴。如果承租人不是中国境内企业、机构或者不是在中国境内居住的个人,税务机关也可责成出租人,按税法规定的期限自行申报缴纳上述税款;外国企业出租位于中国境内房屋、建筑物等不动产,凡委派人员在中国境内对其不动产进行日常管理的,或者上述出租人属于非协定国家居民公司,委托中国境内其他单位(或个人)对其不动产进行日常管理的,或者上述出租人属于协定国家居民公司,委托中国境内属于非独立代理人的单位(或个人)对其不动产进行日常管理的,其取得的租金收入,应在中国境内设有机构、场所征收营业税。根据《国家税务总局关于公布废止的营业税规范性文件目录的通知》(国税发[2009]29号)规定,国税发[1996]212号有关营业税内容自2009年1月1日起废止。

⑦ 《国家税务总局关于有偿转让资产使用权的行为征收营业税问题的批复》(国税函发[1996]636号,1996年11月6日)。此外,《国家税务总局关于营业税若干政策问题的批复》(国税函[2005]83号,2005年1月26日)规定,对具有明确租赁年限的房屋租赁合同,无论租赁年限为多少年,均不能将该租赁行为认定为转让不动产永久使用权,应按照"服务业—租赁业"征收营业税。根据《国家税务总局关于公布全文失效废止 部分条款失效废止的税收规范性文件目录的公告》(国家税务总局公告2011年第2号,2011年1月4日),国税函[2005]83号被公布失效废止。

⑧ 《国家税务总局关于交通部门转让公路桥梁收费权征收营业税问题的批复》(国税函[1999]145号,1999年3月23日)。《国家税务总局关于转让公路桥梁收费权取得收入征收营业税问题的批复》(国税函[2002]7号,2002年1月10日)。

⑨ 《国家税务总局关于交通部门有偿转让高速公路收费经营权征收营业税的批复》(国税[2005]1146号,2005年12月6日)。

⑩ 《国家税务总局关于转让公路使用权征收营业税问题的批复》(国税函[1998]174号,1998年12月3日)。

③对远洋运输企业从事光租业务和航空运输企业从事干租业务取得的收入，按"服务业"税目中的"租赁业"项目征收营业税①。

光租业务，是指远洋运输企业将船舶在约定的时间内出租给他人使用，不配备操作人员，不承担运输过程中发生的各种费用，只收取固定租赁费的业务②。

干租业务，是指航空运输企业将飞机在约定的时间内出租给他人使用，不配备机组人员，不承担运输过程中发生的各种费用，只收取固定租赁费的业务③。

④酒店产权式经营业主（简称业主）在约定的时间内提供房产使用权与酒店进行合作经营，如房产产权并未归属新的经济实体，业主按照约定取得的固定收入和分红收入均应视为租金收入，根据有关税收法律、行政法规的规定，应按照"服务业—租赁业"征收营业税④。

⑤租赁业务中，对出租方取得的赔偿金应按租赁项目征收营业税⑤。

（7）广告业，是指利用图书、报纸、杂志、广播、电视、电影、幻灯、路牌、招贴、橱窗、霓虹灯、灯箱等形式为介绍商品、经营服务项目、文体节目或通告、声明等事项进行宣传和提供相关服务的业务⑥。

①自2006年1月1日至2008年12月31日，对报社和出版社根据文章篇幅、作者名气等向作者收取的"版面费"及类似收入，按照"服务业"税目中的广告业征税⑦。

②对《人民法院报》刊登公告所收取的费用可暂不征收营业税⑧。

（8）其他服务业，是指上列业务以外的服务业务，如沐浴、理发、洗染、照相、美术、裱画、誊写、打字、镌刻、计算、测试、试验、化验、录音、录像、复印、晒图、设计、制图、测绘、勘探、打包、咨询等⑨。

航空勘探、钻井（打井）勘探、爆破勘探，不按服务业税目征税⑩。

Ⅰ　海洋石油作业管理服务

中国海洋石油总公司及其所属地区公司、专业公司（简称中油公司）派员到外商投资企业、外国企业、外国驻华机构及使用油田联管会中工作，按照合同或有关规定，由雇佣单位统一支付给中油公司的人员服务收入，应按照"服务业"中的"其他服

①《国家税务总局关于交通运输企业征收营业税问题的通知》（国税发〔2002〕25号，2002年3月12日）。
②《国家税务总局关于交通运输企业征收营业税问题的通知》（国税发〔2002〕25号，2002年3月12日）。
③《国家税务总局关于交通运输企业征收营业税问题的通知》（国税发〔2002〕25号，2002年3月12日）。
④《国家税务总局关于酒店产权式经营业主税收问题的批复》（国税函〔2006〕478号，2006年5月22号）。
⑤《国家税务总局关于从事租赁业务取得的赔偿金征收营业税问题的批复》（国税函〔2000〕563号，2000年7月27日）。
⑥《国家税务总局关于印发〈营业税税目注释（试行稿）〉的通知》（国税发〔1993〕149号，1993年12月27日）。
⑦《财政部 国家税务总局关于宣传文化增值税和营业税优惠政策的通知》（财税〔2006〕153号，2006年12月5日）。此前，《财政部 国家税务总局关于出版物增值税和营业税政策的补充通知》（财税〔2003〕90号，2003年6月23日）也有同样规定，但该文被财税〔2006〕153号所废止。后来，财税〔2006〕153号因执行到期被《财政部 国家税务总局关于继续实行宣传文化增值税和营业税优惠政策的通知》（财税〔2009〕147号，2009年12月10日）和《财政部关于公布废止和失效的财政规章和规范性文件目录（第十一批）的决定》（财政部令第62号，2011年2月21日）废止。
⑧《国家税务总局关于〈人民法院报〉刊登法院公告暂不征收营业税的通知》（国税函〔1998〕483号，1998年8月18日）。此外，《财政部 国家税务总局关于香港大公报广告收入营业税政策的通知》（财税〔2004〕193号）曾规定，对香港大公报在各省、自治区、直辖市、计划单列市的办事处承揽广告业务取得的广告收入，不征收营业税。自2009年1月1日起，财税〔2004〕193号被《财政部 国家税务总局关于公布若干废止和失效的营业税规范性文件的通知》（财税〔2009〕61号，2009年5月18日）公布废止。
⑨《国家税务总局关于印发〈营业税税目注释（试行稿）〉的通知》（国税发〔1993〕149号，1993年12月27日）。
⑩《国家税务总局关于印发〈营业税税目注释（试行稿）〉的通知》（国税发〔1993〕149号，1993年12月27日）。

务业"，依5%的税率缴纳营业税①。

Ⅱ 地矿勘探服务

地矿部所属地勘单位的勘探收入，属于营业税的征收范围，也应征收营业税②。

水利勘察设计单位承担其他各项水利勘察设计工作取得的收入，包括水利勘察设计单位分包其他单位承担的政府安排的水利勘察设计工作取得的收入，均属于营业税的征税范围③。

对勘察设计企业负责的建设项目可行性研究、咨询、评估、规划、勘察、设计、监理，以及有关工程建设的技术开发、技术咨询、技术转让、技术服务等业务，应按"服务业"征收营业税；对其承包的建筑安装工程，按"建筑业"征收营业税④。

Ⅲ 电力调试运维服务

电力调整试验收入应按"服务业"税目征收营业税⑤。

电力运营维护费属于营业税的应税劳务收入。如自2004年7月1日起，山东电力集团公司受中国华能公司、山东中华发电公司的委托，对其发电机组、电厂进行经营管理，并向委托方收取"运营维护费"。应当征收营业税，不征收增值税。但企业必须就"运营维护费"单独核算，其物耗不得作为增值税的进项抵扣⑥。

供电企业利用自身输变电设备对并入电网的企业自备电厂生产的电力产品进行电压调节，属于提供加工劳务。根据增值税暂行条例和营业税暂行条例有关规定，对于上述供电企业进行电力调压并按电量向电厂收取的并网服务费，应当征收增值税，不征收营业税⑦。

Ⅳ 商业展销服务

对商业企业向供货方收取的与商品销售量、销售额无必然联系的进场费、广告促销费、上架费、展示费、管理费等，不属于平销返利，不冲减当期增值税进项税金，应按营业税的适用税目税率征收营业税⑧。

Ⅴ 动植物种养或饲养服务

单位和个人受托种植植物、饲养动物的行为，应按照营业税"服务业"税目征收营业税，不征收增值税。上述单位和个人受托种植植物、饲养动物

---

① 《国家税务总局 海洋石油税务管理局关于中国海洋石油总公司取得的服务收入征税问题的通知》（国税油发[1994]11号，1994年5月16日）。此外，《国家税务总局关于海洋石油若干税收政策问题的通知》（国税外函[1998]20号，1998年2月3日）规定，海洋石油总公司在勘探、开发、生产阶段可按规定的标准，向外国作业者收取管理费，海洋石油总公司向外国石油公司收取的管理费不论采取何种方式，都应按营业税条例规定缴纳营业税。《国家税务总局关于海洋石油若干税收政策问题的通知》（国税发[1997]44号，1997年3月27日）规定，外国承包商在华承包海洋石油工程作业和提供劳务服务，应按营业税暂行条例及其实施细则的规定征收营业税；在华无机构的承包商在境外向境内石油公司供应货物或代石油公司在境外采办货物，不属于税法规定的征税范围；在华无机构的承包商除销售货物外，同时按合同规定提供安装、装配等售后服务所取得的劳务收入，应按《国家税务总局关于外商承包工程作业和提供劳务取得收入计算征税有关问题的通知》（国税发[1995]197号）的规定计征营业税。根据《国家税务总局关于公布废止的营业税规范性文件目录的通知》（国税发[2009]29号，2009年3月4日），国税发[1997]44号有关营业税内容被废止；根据《国家税务总局关于公布全文失效废止 部分条款失效废止的税收规范性文件目录的公告》（国家税务总局公告2011年第2号，2011年1月4日），国税发[1995]197号、国税发[1997]44号和国税外函[1998]20号均被公布全文失效废止。

② 《国家税务总局关于地质矿产部所属地勘单位征税问题的通知》（国税函[1995]453号，1995年8月16日）。此后，《国家税务总局关于地质矿产部所属地勘单位征税问题的补充通知》（国税函[1996]656号，1996年11月12日）规定，地勘单位承担各级政府安排的地质勘探工作而取得的财政拨款，不属于营业税的征税范围；地勘单位承担其他各项地质勘探工作取得的收入，包括地勘单位分包其他单位承担的政府安排的地勘工作取得的收入，均属于营业税的征税范围。自2006年4月30日起，《国家税务总局关于发布已失效或废止的税收规范性文件目录的通知》（国税发[2006]62号）对国税函[1996]656号上述规定予以废止。

③ 《国家税务总局关于水利部门所属勘察设计单位征收营业税问题的通知》（国税函[1999]728号，1999年11月5日）。

④ 《财政部 国家税务总局关于工程勘察设计单位改为企业后有关税收问题的通知》（财税字[1995]100号，1995年10月24日）。

⑤ 《国家税务总局关于电力调整试验收入适用税目问题的批复》（国税函发[1994]552号，1994年10月10日）。

⑥ 《国家税务总局关于电力运营维护费征收营业税问题的批复》（国税函[2004]961号，2004年8月13日）。

⑦ 《国家税务总局关于供电企业收取并网服务费征收增值税问题的批复》（国税函[2009]641号，2009年11月19日）。

⑧ 《国家税务总局关于商业企业向货物供应方收取的部分费用征收流转税问题的通知》（国税发[2004]136号，2004年10月13日）。

的行为是指,委托方向受托方提供其拥有的植物或动物,受托方提供种植或饲养服务并最终将植物或动物归还给委托方的行为①。

纳税人销售林木以及销售林木的同时提供林木管护劳务的行为,属于增值税征收范围,应征收增值税。纳税人单独提供林木管护劳务行为属于营业税征收范围,其取得的收入中,除属于提供农业机耕、排灌、病虫害防治、植保劳务取得的收入免征营业税外,其他收入应照章征收营业税②。

Ⅵ 港口设施安保服务

对港口设施经营人收取的港口设施保安费,应按照"服务业"税目全额征收营业税。港口设施保安费是经国家发展改革委员会和交通部批准,自 2006 年 6 月 1 日起至 2009 年 5 月 31 日,由取得有效《港口设施保安符合证书》的港口设施经营人,向进出港口的外贸进出口货物(含集装箱)的托运人(或其代理人)或收货人(或其代理人)收取的费用,专项用于为履行国际公约所进行的港口保安设施的建设、维护和管理③。

Ⅶ 水利工程经营和勘测服务

根据《财政部 国家计委关于将部分行政事业性收费转为经营服务性收费(价格)的通知》(财综[2001]94 号)规定,水利工程水费由行政事业性收费转为经营服务性收费后,水利工程单位向用户收取的水利工程水费,属于其向用户提供天然水供应服务取得的收入,不征收增值税,应按"服务业"税目征收营业税④。

对长江水利委员会从事三峡工程的勘测设计所取得的收入,应按"服务业"税目征收营业税⑤。

Ⅷ 电梯保养和维修服务

对不从事电梯生产、销售,只从事电梯保养和维修的专业公司对安装运行后的电梯进行的保养、维修取得的收入,征收营业税。对企业销售电梯(自产或购进的)并负责安装及保养、维修取得的收入,一并征收增值税⑥。

对电梯安装业务取得的收入在安装地按照 3% 的税率缴纳营业税;对维护、修理和零配件的销售及旧梯改造所取得的收入均按 17% 的税率缴纳增值税⑦。

Ⅸ 企业托管经营服务

对企业取得的托管经营收入,如既不属于销售货物收取的价外费用,也不属于因购货方原因导致生产能力未能充分发挥而向对方收取的补偿收入,应当征收营业税⑧。

Ⅹ 证券交易服务

从 2000 年 6 月 1 日起,对证券交易所为券商和上市公司提供交易场所等服务收取的股票交易经手费、席位管理年费、上市费,应按"服务业"税目征收营业税。如证券交易所取得其他属于"金融保险业"营业税征税范围的收入,应按规定征收"金融保险业"营业税⑨。

Ⅺ 企业所建商品路收费站

对企业所建商品路收费站所收取的费用应依"服务业"税目征收营业税⑩。

---

① 《国家税务总局关于受托种植植物饲养动物征收流转税问题的通知》(国税发[2007]17 号,2007 年 2 月 15 日)。
② 《国家税务总局关于林木销售和管护征收流转税问题的通知》(国税函[2008]212 号,2008 年 3 月 25 日)。
③ 《国家税务总局关于港口设施保安费税收政策问题的通知》(国税发[2007]20 号,2007 年 2 月 26 日)。
④ 《国家税务总局关于水利工程水费征收流转税问题的批复》(国税函[2007]461 号,2007 年 4 月 29 日)。
⑤ 《国家税务总局关于长江水利委员会取得的勘测设计收入征收营业税问题的批复》(国税函[1999]338 号,1999 年 5 月 25 日)。
⑥ 《国家税务总局关于电梯保养、维修收入征收问题的批复》(国税函发[1998]390 号,1998 年 6 月 29 日)。
⑦ 《国家税务总局关于天津奥的斯电梯有限公司在外埠设立的分公司缴纳流转税问题的批复》(国税函[1997]33 号,1997 年 1 月 16 日)。《国家税务总局国际税务司关于苏州迅达电梯有限公司在外埠设立的分公司缴纳流转税问题的函》(国税际函[1998]6 号,1998 年 10 月 9 日)。
⑧ 《国家税务总局关于企业托管收入征收营业税问题的批复》(国税函[1999]492 号,1999 年 7 月 19 日)。
⑨ 《国家税务总局关于证券交易所征收营业税问题的批复》(国税函[2000]542 号,2000 年 7 月 14 日)。
⑩ 《国家税务总局关于中外合资××公路桥梁开发有限公司税收问题的批复》(国税函发[1994]32 号,1994 年 1 月 24 日)。

Ⅻ 燃气管网维修服务

燃气公司向用户收取的、产权属于用户的庭院管网的折旧费、维修费应按营业税的有关规定征收营业税,不征增值税。对燃气公司已抵扣的用于维修管网、气表所耗材料的增值税进项税额应当从当期进项税额中扣减①。

4.2.8.2 特殊规定

(1)社会团体会费收入

按财政部门或民政部门规定标准收取的会费,是非应税收入,不属于营业税的征收范围,不征收营业税。社会团体会费,是指社会团体在国家法规、政策许可的范围内,依照社团章程的规定,收取的个人会员和团体会员的款额②。

上述所称的社会团体是指在中华人民共和国境内经国家社团主管部门批准成立的非营利性的协会、学会、联合会、研究会、基金会、联谊会、促进会、商会等民间群众社会组织。各党派、共青团、工会、妇联、中科协、青联、台联、侨联收取的党费、会费,比照上述规定执行③。

对在京外国商会按财政部门或民政部门规定标准收取的会费,不征收营业税。对其会费以外各种名目的收入,凡属于营业税应税范围的,一律照章征收营业税④。

(2)涉外送养弃婴孤儿服务

根据条例规定的征税范围,民政部所属中国收养中心办理涉外送养弃婴、孤儿的服务,不属于营业税应税劳务,对其办理涉外送养弃婴、孤儿收取的涉外收养服务费,不征收营业税⑤。

(3)污染物处置服务

单位和个人提供的污水处理劳务不属于营业税应税劳务,其处理污水取得的污水处理费,不征收营业税⑥。

单位和个人提供的垃圾处置劳务不属于营业税的应税劳务,对其处置垃圾取得的垃圾处置费,不征收营业税⑦。

单位和个人处置危险废物以及医疗废物、放射性废物业务属于垃圾处置劳务的范畴,不属于营业税应税劳务,对其取得的处置费收入不征收营业税⑧。

(4)铁路建设勘探设计业务

铁道部所属勘测设计院承担铁路建设前期的勘测设计项目属于国家指令性特殊项目,是职务性活动,不是提供劳务。因此,对铁路建设前期勘测设计工作费,不应征收营业税⑨。

(5)金融经纪和报刊发行业务

金融经纪业、邮政部门的报刊发行业务,不按服务业征税⑩。

(6)原油管理费和重油调拨手续费收入

中国石油天然气总公司所属销售公司自1996年1月1日起,按每吨4元的标准向用户收取原油管理费,并根据边远地区、结算周期和结算环节等复杂情况,拟委托油田销售部门指定专人向用户收取,与原油价款分别列账,并就地缴纳流转税,完税后的原油管理费由油田销售部门按规定留用与上交总公司所属销售公司。总公司所属销售公司收取的原油管理费,不论是直接收取,还是委托油田销售部门收取,因在向用户收取环节已经缴纳了流转税,故完税后集中到总公司销售公司的部分,可

---

① 《国家税务总局关于燃气公司有关流转税问题的批复》(国税函〔2000〕616号,2000年8月11日)。
② 《财政部 国家税务总局关于对社会团体收取的会费收入不征收营业税的通知》(财税字〔1997〕63号,1997年5月21日)。
③ 《财政部 国家税务总局关于对社会团体收取的会费收入不征收营业税的通知》(财税字〔1997〕63号,1997年5月21日)。
④ 《国家税务总局关于在京外国商会征免营业税的批复》(国税函〔2005〕370号,2005年4月19日)。
⑤ 《国家税务总局关于中国收养中心收取涉外收养服务费征收营业税问题的复函》(国税函〔2006〕86号,2006年1月22日)。
⑥ 《国家税务总局关于污水处理费不征收营业税的批复》(国税函〔2004〕1366号,2004年12月14日)。
⑦ 《国家税务总局关于垃圾处置费征收营业税问题的批复》(国税函〔2005〕1128号,2005年11月30日)。
⑧ 《国家税务总局关于处置危险废物取得收入征免营业税问题的批复》(国税函〔2009〕587号,2009年10月22日)。
⑨ 《国家税务总局关于科研单位和铁道部所属勘测设计院营业税问题的通知》(国税发〔2001〕100号,2001年9月11日)。
⑩ 《国家税务总局关于印发〈营业税税目注释(试行稿)〉的通知》(国税发〔1993〕149号,1993年12月27日)。

不再缴纳营业税①。

中国石油化工总公司根据《国家计委关于调整成品油管理费收费标准的通知》(计价管〔1996〕11 号)的规定,按每吨 8 元的标准向用户收取的成品油管理费,由销售公司委托炼油厂在销售成品油时代收,并通过销售公司所属各大区公司转交中国石化销售公司(或由炼油厂直接上交)。对委托炼油厂在销售成品油环节代向用户收取的成品油管理费,在炼油厂上交中国石化销售公司及其所属大区公司时,不再征收营业税②。

中国石化总公司下属的销售公司委托各炼油厂向用户收取成品油管理费的同时,还委托其向用户收取重油调拨手续费。鉴于两种收费性质相同,且在向用户收取时已经征过增值税,对重油调拨手续费,在各炼油厂上交石化销售分公司时,不再征收营业税③。

4.2.9　转让无形资产

4.2.9.1　一般规定

转让无形资产,是指转让无形资产的所有权或使用权的行为。无形资产,是指不具实物形态、但能带来经济利益的资产。转让无形资产的征收范围包括:转让土地使用权、转让商标权、转让专利权、转让非专利技术、转让著作权、转让商誉④。

(1)转让土地使用权,是指土地使用者转让土地使用权的行为⑤。

①土地整理储备供应中心(包括土地交易中心)转让土地使用权取得的收入按转让无形资产征收营业税⑥。

土地收购储备拍卖中心作为代表政府实施土地储备工作的单位,在具体从事土地征用、收购、开发储备以及供给过程中发生的应税行为应依法纳税。凡经人民政府依法定程序批准并办理审批手续的政府出让土地使用权的行为,属于土地所有者出让土地使用权,不征收营业税;属于转让土地使用权的行为,应按照以上规定征收营业税⑦。

②单位和个人转让在建项目时,不管是否办理立项人和土地使用人的更名手续,其实质是发生了转让不动产所有权或土地使用权的行为。对转让已完成土地前期开发或正在进行土地前期开发,但尚未进入施工阶段的在建项目,按"转让无形资产"税目中"转让土地使用权"项目征收营业税⑧。

③土地使用者转让、抵押或置换土地,无论其是否取得了该土地的使用权属证书,无论其在转让、抵押或置换土地过程中是否与对方当事人办理了土地使用权属证书变更登记手续,只要土地使用者享有占有、使用、收益或处分该土地的权利,且有合同等证据表明其实质转让、抵押或置换了土地并取得了相应的经济利益,土地使用者应当依照税法规定缴纳营业税⑨。

④单位和个人将其拥有的人工用材林使用权除转让给农业生产者用于农业生产外,转让给其他单位和个人并取得货币、货物或其他经济利益的行为,应按"转让土地使用权"征税⑩。

⑤单位或者个人将土地使用权无偿赠送其他单位或者个人,视同发生应税行为⑪。

⑥土地所有者出让土地使用权和土地使用者

---

① 《国家税务总局关于原油管理费缴纳营业税问题的复函》(国税函发〔1996〕101 号,1996 年 3 月 13 日)。
② 《国家税务总局关于成品油管理费缴纳营业税问题的通知》(国税函〔1996〕562 号,1996 年 9 月 24 日)。
③ 《国家税务总局关于重油调拨手续费营业税问题的通知》(国税函〔1997〕085 号,1997 年 2 月 12 日)。
④ 《国家税务总局关于印发〈营业税税目注释(试行稿)〉的通知》(国税发〔1993〕149 号,1993 年 12 月 27 日)。
⑤ 《国家税务总局关于印发〈营业税税目注释(试行稿)〉的通知》(国税发〔1993〕149 号,1993 年 12 月 27 日)。
⑥ 《财政部 国家税务总局关于营业税若干政策问题的通知》(财税〔2003〕16 号,2003 年 1 月 15 日)。
⑦ 《财政部 国家税务总局关于呼和浩特市土地收购储备拍卖中心转让土地使用权征收营业税问题的批复》(财税〔2006〕23 号,2006 年 2 月 28 日)。
⑧ 《财政部 国家税务总局关于营业税若干政策问题的通知》(财税〔2003〕16 号,2003 年 1 月 15 日)。
⑨ 《国家税务总局关于未办理土地使用权证转让土地有关税收问题的批复》(国税函〔2007〕645 号,2007 年 6 月 14 日)。
⑩ 《国家税务总局关于林地使用权转让行为征收营业税问题的批复》(国税函〔2002〕700 号,2002 年 8 月 1 日)。
⑪ 《中华人民共和国营业税暂行条例实施细则》(财政部 国家税务总局令第 52 号,2008 年 12 月 15 日)第五条。

将土地使用权归还给土地所有者的行为,不征收营业税①。

纳税人将土地使用权归还给土地所有者时,只要出具县级(含)以上地方人民政府收回土地使用权的正式文件,无论支付征地补偿费的资金来源是否为政府财政资金,该行为均属于土地使用者将土地使用权归还给土地所有者的行为,不征收营业税②。

上述县级以上(含)地方人民政府收回土地使用权的正式文件,包括县级以上(含)地方人民政府出具的收回土地使用权文件,以及土地管理部门报经县级以上(含)地方人民政府同意后由该土地管理部门出具的收回土地使用权文件③。

对国家因公共利益或城市规划需要而收回单位和个人所拥有的土地使用权,视同国有土地的单位和个人将土地使用权归还土地所有者。国家按照《中华人民共和国土地管理法》规定标准支付给单位和个人的土地及地上附着物(包括不动产)的补偿费,不征收营业税④。

土地租赁不按转让无形资产征税⑤。

(2)转让商标权,是指转让商标的所有权或使用权的行为⑥。

(3)转让专利权,是指转让专利技术的所有权或使用权的行为⑦。

(4)转让非专利技术,是指转让非专利技术的所有权或使用权的行为⑧。

提供无所有权技术的行为,不按转让无形资产税目征税⑨。

无所有权的技术,是指一经转让,转让方就不再对受让方拥有任何支配权的技术,而不是指除了经注册的专利以外的所有非专利技术。如果一项技术在转让后,转让方仍能对该项技术拥有某些权限,就说明该项技术并不是无所有权的⑩。

(5)转让著作权,是指转让著作的所有权或使用权的行为。著作,包括文字著作、图形著作(如画册、影集)、音像著作(如电影母片、录像带母带)⑪。

①拥有无形资产所有权的单位或个人(简称"所有权人")授权或许可他人(简称"受托方")向第三者转让"所有权人"的无形资产时,如"受托方"以"所有权人"的名义向第三者转让无形资产,转让过程中产生的权利和义务由"所有权人"承担,对"所有权人"应按照"受托方"向第三者收取的全部转让费依"转让无形资产"税目征收营业税,对"受托方"取得的佣金或手续费等价款按照"服务业"税目中的"代理"项目征收营业税;如"受托方"以自己的名义向第三者转让无形资产,转让过程中产生的权利和义务均由"受托方"承担,对"所有权人"向"受托方"收取的全部转让费和"受托方"向第三者收取的全部转让费,均按照"转让

---

① 《国家税务总局关于印发〈营业税税目注释(试行稿)〉的通知》(国税发[1993]149号,1993年12月27日)。

② 《国家税务总局关于土地使用者将土地使用权归还给土地所有者行为营业税问题的通知》(国税函[2008]277号,2008年4月21日)。

③ 《国家税务总局关于政府收回土地使用权及纳税人代垫拆迁补偿费有关营业税问题的通知》(国税函[2009]520号,2009年9月17日)。

④ 《国家税务总局关于单位和个人土地被国家征用取得土地及地上附着物补偿费有关营业税问题的批复》(国税函[2007]969号,2007年9月12日)。

⑤ 《国家税务总局关于印发〈营业税税目注释(试行稿)〉的通知》(国税发[1993]149号,1993年12月27日)。

⑥ 《国家税务总局关于印发〈营业税税目注释(试行稿)〉的通知》(国税发[1993]149号,1993年12月27日)。

⑦ 《国家税务总局关于印发〈营业税税目注释(试行稿)〉的通知》(国税发[1993]149号,1993年12月27日)。

⑧ 《国家税务总局关于印发〈营业税税目注释(试行稿)〉的通知》(国税发[1993]149号,1993年12月27日)。

⑨ 《国家税务总局关于印发〈营业税税目注释(试行稿)〉的通知》(国税发[1993]149号,1993年12月27日)。

⑩ 《国家税务总局关于技术转让征收营业税问题的批复》(国税函[1996]743号,1996年12月31日)。

⑪ 《国家税务总局关于印发〈营业税税目注释(试行稿)〉的通知》(国税发[1993]149号,1993年12月27日)。

无形资产"税目征收营业税①。

②从 1999 年 10 月 1 日起,对经过国家版权局注册登记(指经国家版权局中国软件登记中心核准登记并取得该中心发放的著作权登记证书②),在销售时一并转让著作权、所有权的计算机软件征收营业税,不征收增值税。计算机软件产品是指记载有计算机程序及其有关文档的存储介质(包括软盘、硬盘、光盘等)③。

1999 年 10 月 1 日前,纳税人销售计算机软件或销售机器设备附带的计算机软件,已征税的,无论是只征收营业税、增值税中的一种税,还是既征收了营业税又征收了增值税,均不作纳税调整;未征税的,按照上述规定补征营业税或增值税④。

1999 年 10 月 1 日前,纳税人进口计算机软件自己使用的,无论进口环节缴纳了增值税还是按规定免征了增值税,向境外支付的软件费凡未征收营业税的不再补征营业税;进口后在境内销售的,其征税问题依照上述规定办理⑤。

③影视制作社将制作的电视剧转让给电视台播映,并规定播放的时限和次数,属于转让著作使用权的行为,应按"转让无形资产"税目中的"转让著作权"项目征收营业税⑥。

(6)转让商誉,是指转让商誉的使用权的行为⑦。

4.2.9.2 特殊规定

(1)无形资产投资入股,参与接受投资方的利润分配、共同承担投资风险的行为,不征收营业税。自 2003 年 1 月 1 日起,对该股权转让不征收营业税⑧。

以土地使用权投资入股,收取固定利润的,属于将场地、房屋等转让给他人使用的业务,应按"服务业"税目中的"租赁业"项目征收营业税⑨。

以商标权、专利权、非专利技术、著作权、商誉等投资入股,收取固定利润的,属于转让无形资产使用权的行为,应按"转让无形资产"税目征收营业税⑩。

(2)电影发行单位以出租电影拷贝形式将电影拷贝播映权在一定限期内转让给电影放映单位的行为按"转让无形资产"税目征收营业税⑪。

---

① 《国家税务总局关于转让著作权征收营业税问题的通知》(国税发[2001]44 号,2001 年 4 月 16 日)。此文件还规定:如受托方所转让的无形资产不在我国境内使用,不征营业税。在新条例实施后,该规定被《国家税务总局关于公布废止的营业税规范性文件目录的通知》(国税发[2009]29 号)所废止。

② 《国家税务总局关于计算机软件征收流转税若干问题的通知》(国税发[2000]133 号,2000 年 7 月 20 日)。

③ 《财政部、国家税务总局关于贯彻落实〈中共中央、国务院关于加强技术创新,发展高科技,实现产业化的决定〉有关税收问题的通知》(财税字[1999]273 号,1999 年 11 月 2 日)。此前,《国家税务总局关于中关村科技园区软件开发生产企业有关税收政策的通知》(国税发[1999]156 号,1999 年 8 月 18 日)规定:对经国家版权局注册登记,在销售时一并转让著作权、所有权的计算机软件征收营业税;对未经国家版权局注册登记或未转让著作权、所有权的计算机软件销售业务一律征收增值税。根据《国家税务总局关于发布已失效或废止有关增值税规范性文件清单的通知》(国税发[2009]7 号,2009 年 2 月 2 日)和《国家税务总局关于公布全文失效废止 部分条款失效废止的税收规范性文件目录的公告》(国家税务总局公告 2011 年第 2 号,2011 年 1 月 4 日),国税发[1999]156 号被公布全文失效废止。。

④ 《国家税务总局关于计算机软件征收流转税若干问题的通知》(国税发[2000]133 号,2000 年 7 月 20 日)。

⑤ 《国家税务总局关于计算机软件征收流转税若干问题的通知》(国税发[2000]133 号,2000 年 7 月 20 日)。

⑥ 《国家税务总局关于湖南光前影视制作社销售电视剧播放权征收营业税问题的批复》(国税函[1998]751 号,1998 年 12 月 9 日)。

⑦ 《国家税务总局关于印发〈营业税税目注释(试行稿)〉的通知》(国税发[1993]149 号,1993 年 12 月 27 日)。

⑧ 《国家税务总局关于印发〈营业税税目注释(试行稿)〉的通知》(国税发[1993]149 号,1993 年 12 月 27 日)。《财政部 国家税务总局关于股权转让有关营业税问题的通知》(财税[2002]191 号,2002 年 12 月 10 日)。但国税发[1993]149 号规定对转让该股权应征收营业税,财税[2002]191 号改为不征收营业税。

⑨ 《国家税务总局关于以不动产或无形资产投资入股收取固定利润征收营业税问题的批复》(国税函发[1997]490 号,1997 年 9 月 1 日)。

⑩ 《国家税务总局关于以不动产或无形资产投资入股收取固定利润征收营业税问题的批复》(国税函发[1997]490 号,1997 年 9 月 1 日)。

⑪ 《财政部 国家税务总局关于营业税若干政策问题的通知》(财税[2003]16 号,2003 年 1 月 15 日)。

（3）公安部门拍卖机动车牌照，交通部门拍卖公交线路运营权，均不属于营业税的征税范围，不征收营业税①。

（4）对纳税人采取技术转让方式销售货物，其货物部分应照章征收增值税；技术转让收入部分征收营业税。如果货物部分价格明显偏低，按有关规定由主管税务机关核定其计税价格②。

4.2.10 销售不动产

4.2.10.1 一般规定

销售不动产，是指有偿转让不动产所有权的行为。不动产，是指不能移动，移动后会引起性质、形状改变的财产。销售不动产的征收范围包括：销售建筑物或构筑物，销售其他土地附着物③。

（1）销售建筑物或构筑物，是指有偿转让建筑物或构筑物的所有权的行为。以转让有限产权或永久使用权方式销售建筑物，视同销售建筑物④。

（2）销售其他土地附着物，是指有偿转让其他土地附着物的所有权的行为。其他土地附着物，是指建筑物或构筑物以外的其他附着于土地的不动产。在销售不动产时连同不动产所占土地的使用权一并转让的行为，比照销售不动产征税⑤。

（3）单位或者个人将不动产无偿赠送其他单位或者个人，视同发生应税行为⑥。

4.2.10.2 特殊规定

（1）纳税人自建住房销售给本单位职工，属于销售不动产行为，应征收营业税⑦。

（2）单位或个人以房屋抵顶有关债务，不论是经双方（或多方）协商决定的，还是由法院裁定的，其房屋所有权已发生转移，且原房主也取得了经济利益（减少了债务），对单位或个人以房屋或其他不动产抵顶有关债务的行为，应按"销售不动产"税目征收营业税⑧。

借款者无力归还贷款，抵押的房屋被银行收走以抵作贷款本息，房屋的所有权被借款者有偿转让给银行，应对借款者转让房屋所有权的行为按"销售不动产"税目征收营业税。同样，银行如果将收归其所有的房屋销售，也应按"销售不动产"税目征收营业税⑨。

（3）企业以其部分不动产（公寓、综合楼等）作价，作为中外合作双方的股利进行分配，双方分得的不动产拥有产权，并可独立处置。对此不动产作价作为股利分配给中外双方，所有权发生了转移，符合现行营业税关于销售不动产的规定。因此对企业分配的不动产应按"销售不动产"征收营业税⑩。

（4）纳税人将销售房屋的行为分解成销售房屋与装修房屋两项行为，分别签订两份契约（或合

① 《国家税务总局关于印发〈营业税问题解答（之一）〉的通知》（国税函发[1995]156号，1995年4月17日）。
② 《国家税务总局关于专利技术转让过程中销售设备征收增值税问题的批复》（国税函[1998]361号，1998年6月18日）。
③ 《国家税务总局关于印发〈营业税税目注释（试行稿）〉的通知》（国税发[1993]149号，1993年12月27日）。
④ 《国家税务总局关于印发〈营业税税目注释（试行稿）〉的通知》（国税发[1993]149号，1993年12月27日）。此外，《国家税务总局关于煤炭企业转让井口征收营业税问题的批复》（国税函[1997]556号，1997年10月11日）规定，对随同转让煤矿井口时所转让的土地使用权以及转让矿井时所转让的机电设备等一并按"销售不动产"税目征收营业税。
⑤ 《国家税务总局关于印发〈营业税税目注释（试行稿）〉的通知》（国税发[1993]149号，1993年12月27日）。此外，《国家税务总局关于征用土地过程中征地单位支付给土地承包人员的补偿费如何征税问题的批复》（国税函发[1997]87号，1997年2月13日）规定，对土地征用中土地承包人取得的土地上的建筑物、构筑物、青苗等土地附着物的补偿费收入，应按照"销售不动产—其他土地附着物"税目征收营业税。根据《国家税务总局关于公布全文失效废止 部分条款失效废止的税收规范性文件目录的公告》（国家税务总局公告2011年第2号，2011年1月4日），国税函发[1997]87号被公布全文失效废止。
⑥ 《中华人民共和国营业税暂行条例实施细则》（财政部 国家税务总局令第52号，2008年12月15日）第五条。《国家税务总局关于印发〈营业税税目注释（试行稿）〉的通知》（国税发[1993]149号，1993年12月27日）。
⑦ 《国家税务总局关于呼和浩特市铁路局向职工销售住房征免营业税问题的批复》（国税函[2005]334号，2005年4月18日）。
⑧ 《国家税务总局关于以房屋抵顶债务应征收营业税问题的批复》（国税函[1998]771号，1998年12月15日）。
⑨ 《国家税务总局关于印发〈营业税问题解答（之一）〉的通知》（国税函发[1995]156号，1995年4月17日）。
⑩ 《国家税务总局关于以不动产作为股利进行分配征收营业税问题的批复》（国税函[1997]387号，1997年7月10日）。

同),向对方收取两份价款。对纳税人向对方收取的装修及安装设备的费用,应一并列入房屋售价,按"销售不动产"税目征收营业税①。

(5)房产开发企业与包销商签订合同,将房产交给包销商根据市场情况自定价格进行销售,由房产开发企业向客户开具房产销售发票,包销商收取价差或手续费,在合同期满未售出的房产由包销商进行收购。在合同期内房产企业将房产交给包销商承销,包销商是代理房产开发企业进行销售,所取得的手续费收入或者价差应按"服务业—代理业"征收营业税;在合同期满后,房屋未售出,由包销商进行收购,其实质是房产开发企业将房屋销售给包销商,对房产开发企业应按"销售不动产"征收营业税;包销商将房产再次销售,对包销商也应按"销售不动产"征收营业税②。

(6)房地产开发企业取得土地使用权并办理施工手续后根据其他单位的要求进行施工,并按施工进度预收房款,工程完工后,房地产开发企业替其他单位办理产权转移等手续。房地产开发企业的上述行为属于销售不动产,应按"销售不动产"税目征收营业税③。

(7)房地产开发公司对被拆迁户实行房屋产权调换时,其实质是以不动产所有权为表现形式的经济利益的交换。房地产开发公司将所拥有的不动产所有权转移给了被拆迁户,并获得了相应的经济利益,应按"销售不动产"税目缴纳营业税;被拆迁户以其原拥有的不动产所有权从房地产开发公司处获得了另一处不动产所有权,该行为不属于通过受赠、继承、离婚财产分割等非购买形式取得的住房④。

被拆迁户销售与房地产开发公司产权调换而取得的拆迁补偿住房时,应按《国家税务总局财政部建设部关于加强房地产税收管理的通知》(国税发[2005]89 号)文件的规定确定该住房的购买时间,即个人购买住房以取得的房屋产权证或契税完税证明上注明的时间作为其购买房屋的时间⑤。

(8)房地产开发公司采用"购房回租"等形式,进行促销经营活动(即与购房者签订"商品房买卖合同书",将商品房卖给购房者;同时,根据合同约定的期限,在一定时期后,又将该商品房购回),对房地产开发公司和购房者均应按"销售不动产"税目征收营业税⑥。

(9)单位和个人转让在建项目时,不管是否办理立项人和土地使用人的更名手续,其实质是发生了转让不动产所有权或土地使用权的行为。对于转让已进入建筑物施工阶段的在建项目,按"销售不动产"税目征收营业税⑦。

在建项目是指立项建设但尚未完工的房地产项目或其他建设项目⑧。

(10)以不动产投资入股,参与接受投资方利润分配、共同承担投资风险的行为,不征营业税。自 2003 年 1 月 1 日起,对该股权转让不征收营业税⑨。

以不动产投资入股,收取固定利润的,属于将场地、房屋等转让给他人使用的业务,应按"服务

---

① 《国家税务总局关于销售不动产兼装修行为征收营业税问题的批复》(国税函[1998]53 号,1998 年 1 月 25 日)。
② 《国家税务总局关于房产开发企业销售不动产征收营业税问题的通知》(国税函发[1996]684 号,1996 年 11 月 22 日)。
③ 《国家税务总局关于"代建"房屋行为应如何征收营业税问题的批复》(国税函[1998]554 号,1998 年 9 月 21 日)。
④ 《国家税务总局关于个人销售拆迁补偿住房征收营业税问题的批复》(国税函[2007]768 号,2007 年 7 月 16 日)。
⑤ 《国家税务总局关于个人销售拆迁补偿住房征收营业税问题的批复》(国税函[2007]768 号,2007 年 7 月 16 日)。
⑥ 《国家税务总局关于房地产开发企业从事"购房回租"等经营活动征收营业税问题的批复》(国税函[1999]144 号,1999 年 3 月 21 日)。
⑦ 《财政部 国家税务总局关于营业税若干政策问题的通知》(财税[2003]16 号,2003 年 1 月 15 日)。
⑧ 《财政部 国家税务总局关于营业税若干政策问题的通知》(财税[2003]16 号,2003 年 1 月 15 日)。
⑨ 《国家税务总局关于印发〈营业税税目注释(试行稿)〉的通知》(国税发[1993]149 号,1993 年 12 月 27 日)。《财政部 国家税务总局关于股权转让有关营业税问题的通知》(财税[2002]191 号,2002 年 12 月 10 日)。但国税发[1993]149 号规定对转让该股权应征收营业税,财税[2002]191 号改为不征收营业税。

业"税目中的"租赁业"项目征收营业税①。

不动产租赁,不按销售不动产税目征税②。

(11)转让企业产权是整体转让企业资产、债权、债务及劳动力的行为,其转让价格不仅仅是由资产价值决定的,与企业销售不动产,转让无形资产的行为完全不同。因此,转让企业产权的行为不属于营业税的征税范围,不征收营业税③。

Ⅰ 根据国务院关于保险公司分业改革的要求,综合性保险公司及其子公司需将其所拥有的不动产划转到新设立的财产保险公司和人寿保险公司。由于上述这种不动产所有权转移过户过程中,并未发生有偿销售不动产行为,也不具备其他形式的交易性质,因此,对保险分业经营改革过程中,综合性保险公司及其子公司将其所拥有的不动产所有权划转过户到因分业而新设立的财产保险公司和人寿保险公司的行为,不征收营业税④。

Ⅱ 中国建筑工程总公司在改制过程中先对拟分离的专业分公司进行资产评估,再按照中介机构评估的净资产额,以一定比例折合为持有改制后独立法人公司股份,其后将持有的股份平价转让给改制后注册成立的专业分公司。上述重组改制过程发生的转让持有股权行为不属于营业税征税范围,不征营业税⑤。

Ⅲ 鞍钢新轧钢股份有限公司是鞍山钢铁集团公司的控股子公司,鞍山钢铁集团公司先后将鞍钢第一炼铁厂、鞍钢大型轧钢厂、鞍钢第一初轧厂的

房屋产权、土地使用权和机器设备划转给鞍钢新轧钢股份有限公司,其资产调整属于企业重组改制,资产重新划定,不是一般意义的企业间转让不动产、无形资产的行为,因此,不应征收营业税⑥。

Ⅳ 青海省三江股份有限公司将其所属的黄河尼那水电站整体资产出售给联合能源集团有限公司,并非整体转让企业资产、债权、债务及劳动力,不属于企业的整体产权交易行为。因此,在青海省黄河尼那水电站整体资产出售过程中,其发生的销售货物行为应照章征收增值税,转让土地使用权和销售不动产的行为应照章征收营业税⑦。

Ⅴ 中国铁道建筑总公司(简称"中铁建")在重组改制过程中,中铁建及其下属企业国有股东收购了相关企业职工股和外部股权,中铁建将以本公司名义签订的相关合同及持有的下属企业产权投入股份公司,将原中铁建系统的一些土地和房产投入股份公司,对不能纳入股份公司的部分房产和土地剥离到中铁建独家成立的锦鲤资产管理中心。对中铁建及其下属子公司与新成立的股份公司、锦鲤资产管理中心相互转让股权和整体转让产权的行为不征收营业税,对其他应税行为照章征收营业税⑧。

Ⅵ 海南南山旅游发展有限公司整体转让企业资产、债权、债务及劳动力的行为,不属于企业销售不动产、转让无形资产的行为。因此,上述转让股

---

① 《国家税务总局关于以不动产或无形资产投资入股收取固定利润征收营业税问题的批复》(国税函发[1997]490号,1997年9月1日)。

② 《国家税务总局关于印发〈营业税税目注释(试行稿)〉的通知》(国税发[1993]149号,1993年12月27日)。

③ 《国家税务总局关于转让企业产权不征营业税问题的批复》(国税函[2002]165号,2002年2月21日)。

④ 《国家税务总局关于保险公司分业经营改革中不动产转移过户有关税收政策的通知》(国税发[2002]69号,2002年6月11日)。根据《国家税务总局关于公布全文失效废止 部分条款失效废止的税收规范性文件目录的公告》(国家税务总局公告2011年第2号,2011年1月4日),该文已被公布全文失效废止。

⑤ 《国家税务总局关于中国建筑工程总公司重组改制过程中转让股权不征收营业税的通知》(国税函[2003]12号,2003年1月3日)。根据《国家税务总局关于公布全文失效废止 部分条款失效废止的税收规范性文件目录的公告》(国家税务总局公告2011年第2号,2011年1月4日),该文已被公布全文失效废止。

⑥ 《国家税务总局关于鞍山钢铁集团转让部分资产产权不征营业税问题的批复》(国税函[2004]316号,2004年3月1日)。

⑦ 《国家税务总局关于青海省黄河尼那水电站整体资产出售行为征收流转税问题的批复》(国税函[2005]504号,2005年5月13日)。

⑧ 《国家税务总局关于中国铁道建筑总公司股份制改革过程中有关税收问题的通知》(国税函[2008]679号,2008年7月16日)。

权的行为不应征收营业税①。

4.2.11　兼营和混合销售行为征税范围的界定

（1）兼营营业税和增值税应税活动

纳税人兼营应税行为和货物或者非应税劳务的，应当分别核算应税行为的营业额和货物或者非应税劳务的销售额，其应税行为营业额缴纳营业税，货物或者非应税劳务销售额不缴纳营业税；未分别核算的，由主管税务机关核定其应税行为营业额②。

（2）兼营营业税不同税目

纳税人兼有不同税目的应当缴纳营业税的劳务（简称应税劳务）、转让无形资产或者销售不动产，应当分别核算不同税目的营业额、转让额、销售额（统称营业额）；未分别核算营业额的，从高适用税率③。

纳税人兼营免税、减税项目的，应当分别核算免税、减税项目的营业额；未分别核算营业额的，不得免税、减税④。

（3）混合销售行为

一项销售行为如果既涉及应税劳务又涉及货物，为混合销售行为。除条例实施细则第七条的规定外（即提供建筑劳务的同时销售自产货物的行为和财政部、国家税务总局规定的其他情形），从事货物的生产、批发或者零售的企业、企业性单位和个体工商户的混合销售行为，视为销售货物，不缴纳营业税；其他单位和个人的混合销售行为，视为提供应税劳务，缴纳营业税⑤。

上述所称货物，是指有形动产，包括电力、热力、气体在内。上述所称从事货物的生产、批发或者零售的企业、企业性单位和个体工商户，包括以从事货物的生产、批发或者零售为主，并兼营应税劳务的企业、企业性单位和个体工商户在内⑥。

4.2.12　若干职能部门收费项目的征税规定

广播电视系统收取的广告费和收视费、交通部门收取的车辆通行费（即过路费、过桥费）、工商部门收取的摊位费、公安部门收取的驾驶员培训费，是提供营业税应税劳务取得的收入，属于营业税的征税范围⑦。

4.3　税率

营业税按照行业、类别的不同，分别采用了不同的比例税率，具体规定为：

（1）交通运输业、建筑业、邮电通信业、文化体

---

① 《国家税务总局关于海南南山旅游发展有限公司企业重组中股权转让不征收营业税的批复》（国税函〔2005〕1174号，2005年12月13日）。

② 《中华人民共和国营业税暂行条例实施细则》（财政部　国家税务总局令第52号，2008年12月15日）第八条。原条例实施细则规定：不分别核算或者不能准确核算的，其应税劳务与货物或者非应税劳务一并征收增值税，不征收营业税。

③ 《中华人民共和国营业税暂行条例》（中华人民共和国国务院令第540号，2008年11月10日）第三条。

④ 《中华人民共和国营业税暂行条例》（中华人民共和国国务院令第540号，2008年11月10日）第九条。

⑤ 《中华人民共和国营业税暂行条例实施细则》（财政部　国家税务总局令第52号，2008年12月15日）第六条。但根据《财政部　国家税务总局〈关于增值税、营业税若干政策规定的通知〉》（财税字〔1994〕026号，1994年5月5日）规定，从事运输业务的单位与个人，发生销售货物并负责运输所售货物的混合销售行为，征收增值税。详见增值税部分。此外，《国家税务总局关于外商承包工程作业和提供劳务取得收入计算征税有关问题的通知》（国税发〔1995〕197号，1995年10月26日）规定，外国企业与我国企业签订机器设备销售合同，同时提供设备安装、装配、技术培训、指导、监督服务等劳务的，其取得的劳务费收入，如有关销售合同中未列明上述劳务费金额，或者作价不合理的，税务机关可以不低于合同总价款的5%为原则，确定外国企业的劳务费收入并计算征收营业税。根据《国家税务总局关于公布全文失效废止　部分条款失效废止的税收规范性文件目录的公告》（国家税务总局公告2011年第2号，2011年1月4日），国税发〔1995〕197号被公布失效废止。

⑥ 《中华人民共和国营业税暂行条例实施细则》（财政部　国家税务总局令第52号，2008年12月15日）第六条。此前，《财政部　国家税务总局关于增值税、营业税若干政策规定的通知》（财税字〔1994〕26号，1994年5月5日）曾规定，"以从事货物的生产、批发或零售为主，并兼营非应税劳务"，是指纳税人的年货物销售额与非增值税应税劳务营业额的合计数中，年货物销售额超过50%，非增值税应税劳务营业额不到50%。但《财政部　国家税务总局关于公布若干废止和失效的营业税规范性文件的通知》（财税〔2009〕61号，2009年5月18日）对这一规定予以了废止。

⑦ 《国家税务总局关于广播电视系统、交通、工商、公安等部门的有关收费项目征收营业税的批复》（国税函〔1998〕766号，1998年12月15日）。

育业,税率为3%①。

(2)金融保险业、服务业、销售不动产、转让无形资产,税率为5%②。

(3)娱乐业,税率5—20%③。

纳税人经营娱乐业具体适用的税率,由各省、自治区、直辖市人民政府根据当地的实际情况在该幅度内决定④。

4.4 计税依据

纳税人提供应税劳务、转让无形资产或者销售不动产,按照营业额和规定的税率计算应纳税额。应纳税额计算公式⑤:

应纳税额=营业额×税率

营业税的计税依据是营业额。

4.4.1 一般规定

(1)纳税人的营业额为纳税人提供应税劳务、转让无形资产或者销售不动产收取的全部价款和价外费用⑥。

所称价外费用,包括收取的手续费、补贴、基金、集资费、返还利润、奖励费、违约金、滞纳金、延期付款利息、赔偿金、代收款项、代垫款项、罚息及其他各种性质的价外收费⑦。

(2)纳税人提供应税劳务、转让无形资产或者销售不动产的价格明显偏低并无正当理由的,由主管税务机关核定其营业额⑧。

纳税人有上述所称价格明显偏低并无正当理由或者营业税条例实施细则所列视同发生应税行为而无营业额的,按下列顺序确定其营业额⑨:

①按纳税人最近时期发生同类应税行为的平均价格核定;

②按其他纳税人最近时期发生同类应税行为的平均价格核定;

③按下列公式核定:

营业额=营业成本或者工程成本×(1+成本利润率)÷(1-营业税税率)

公式中的成本利润率,由省、自治区、直辖市税务局确定。

(3)纳税人的营业额计算缴纳营业税后因发生退款减除营业额的,应当退还已缴纳营业税税款

---

① 《中华人民共和国营业税暂行条例》(中华人民共和国国务院令第540号,2008年11月10日)。

② 《中华人民共和国营业税暂行条例》(中华人民共和国国务院令第540号,2008年11月10日)。此前,《国务院关于调整金融保险业税收政策有关问题的通知》(国发[1997]5号,1997年2月19日)规定将金融保险业的税率由5%提到8%。后来《财政部 国家税务总局关于降低金融保险业营业税税率的通知》(财税[2001]21号,2001年3月7日)则规定,从2001年起,金融保险业营业税税率每年下调一个百分点,分三年将税率从8%降低到5%。到2003年,金融保险业的税率降为5%。根据《财政部关于公布废止和失效的财政规章和规范性文件目录(第十一批)的决定》(财政部令第62号,2011年2月21日),财税[2001]21号被公布废止。

③ 《中华人民共和国营业税暂行条例》(中华人民共和国国务院令第540号,2008年11月10日)。

④ 《中华人民共和国营业税暂行条例》(中华人民共和国国务院令第540号,2008年11月10日)第二条。此前,《财政部 国家税务总局关于对青少年活动场所、电子游戏厅有关所得税和营业税政策问题的通知》(财税[2000]21号,2000年7月18日)曾规定,自2000年7月1日起至2008年12月31日止,对电子游戏厅一律按20%的税率征收营业税;《财政部 国家税务总局关于调整部分娱乐业营业税税率的通知》(财税[2001]73号,2001年4月19日)和《财政部 国家税务总局关于明确调整营业税税率的娱乐业范围的通知》(财税[2001]145号,2001年8月23日)曾规定,从2001年5月1日起至2008年12月31日止,对歌厅、舞厅、卡拉OK歌舞厅(包括夜总会、练歌房、恋歌房)、音乐茶座(包括酒吧)、台球、高尔夫球、游艺(如射击、狩猎、跑马、游戏机、蹦极、卡丁车、热气球、动力伞、射箭、飞镖等)等娱乐行为一律按20%的税率征税;《财政部 国家税务总局关于调减台球保龄球营业税税率的通知》(财税[2004]97号,2004年6月7日)曾规定,自2004年7月1日起至2008年12月31日止,对台球、保龄球减按5%的税率征税,税目仍属于"娱乐业"。根据《财政部 国家税务总局关于公布若干废止和失效的营业税规范性文件的通知》(财税[2009]61号),上述文件均自2009年1月1日起废止。

⑤ 《中华人民共和国营业税暂行条例》(中华人民共和国国务院令第540号,2008年11月10日)第四条。

⑥ 《中华人民共和国营业税暂行条例》(中华人民共和国国务院令第540号,2008年11月10日)第五条。

⑦ 《中华人民共和国营业税暂行条例实施细则》(财政部 国家税务总局令第52号,2008年12月15日)第十三条。

⑧ 《中华人民共和国营业税暂行条例》(中华人民共和国国务院令第540号,2008年11月10日)第七条。

⑨ 《中华人民共和国营业税暂行条例实施细则》(财政部 国家税务总局令第52号,2008年12月15日)第二十条。

或者从纳税人以后的应缴纳营业税税额中减除①。

单位和个人因财务会计核算办法改变将已缴纳过营业税的预收性质的价款逐期转为营业收入时,允许从营业额中减除②。

(4)单位和个人在提供营业税应税劳务、转让无形资产、销售不动产时,如果将价款与折扣额在同一张发票上注明的,以折扣后的价款为营业额;如果将折扣额另开发票的,不论其在财务上如何处理,均不得从营业额中扣除③。

(5)单位和个人提供应税劳务、转让无形资产和销售不动产时,因受让方违约而从受让方取得的赔偿金收入,应并入营业额中征收营业税④。

(6)对交易所或类似的会员制经济、文化、体育组织(简称会员组织),在会员入会时收取的会员费、席位费、资格保证金和其他类似费用,应按营业税有关规定确定适用税目征收营业税。会员组织的上述费用,如果在会员退会时予以退还,并且账务上直接冲减退还当期的营业收入,在计征营业税时可以从当期的营业额中减除⑤。

(7)消费者持服务单位销售或赠予的固定面值消费卡进行消费时,应确认为该服务单位提供了营业税服务业应税劳务,发生了营业税纳税义务,对该服务单位应照章征收营业税;其计税依据为,消费者持卡消费时,服务单位所冲减的有价消费卡面值额⑥。

(8)自2004年12月1日起,营业税纳税人购置税控收款机,经主管税务机关审核批准后,可凭购进税控收款机取得的增值税专用发票,按照发票上注明的增值税税额,抵免当期应纳营业税额,或者按照购进税控收款机取得的普通发票上注明的价款,依下列公式计算可抵免税额⑦:

可抵免税额=价款/(1+17%)×17%

当期应纳税额不足抵免的,未抵免部分可在下期继续抵免⑧。

(9)营业额以人民币计算。纳税人以人民币以外的货币结算营业额的,应当折合成人民币计算⑨。

纳税人以人民币以外的货币结算营业额的,其营业额的人民币折合率可以选择营业额发生的当天或者当月1日的人民币汇率中间价。纳税人应当在事先确定采用何种折合率,确定后1年内不得变更⑩。

(10)纳税人按照条例规定扣除有关项目,取得的凭证不符合法律、行政法规或者国务院税务主

① 《中华人民共和国营业税暂行条例实施细则》(财政部 国家税务总局令第52号,2008年12月15日)第十四条。此前,《财政部 国家税务总局关于营业税若干政策问题的通知》(财税[2003]16号,2003年1月15日)规定,单位和个人提供营业税应税劳务、转让无形资产和销售不动产发生退款,凡该项退款已征收过营业税的,允许退还已征税款,也可以从纳税人以后的营业额中减除。

② 《财政部 国家税务总局关于营业税若干政策问题的通知》(财税[2003]16号,2003年1月15日)。

③ 《中华人民共和国营业税暂行条例实施细则》(财政部 国家税务总局令第52号,2008年12月15日)第十五条。《财政部 国家税务总局关于营业税若干政策问题的通知》(财税[2003]16号,2003年1月15日)。

④ 《财政部 国家税务总局关于营业税若干政策问题的通知》(财税[2003]16号,2003年1月15日)。

⑤ 《国家税务总局关于营业税若干问题的通知》(国税发[1995]76号,1995年4月26日)。此后,《国家税务总局关于深圳宝日友好高尔夫球观光娱乐有限公司境外会费收入征收营业税问题的批复》(国税函[1996]56号,1996年2月1日)和《国家税务总局关于宝安宝日高尔夫球娱乐观光有限公司税务处理的批复》(国税函[1997]373号,1997年6月19日)曾对宝日公司外方合作者收取的境外会员费及保证金,规定作为公司的营业收入,按5%征收营业税。

⑥ 《国家税务总局关于有价消费卡征收营业税问题的批复》(国税发[2004]1032号,2004年9月6日)。

⑦ 《财政部 国家税务总局关于推广税控收款机有关税收政策的通知》(财税[2004]167号,2004年11月9日)。

⑧ 《财政部 国家税务总局关于推广税控收款机有关税收政策的通知》(财税[2004]167号,2004年11月9日)。

⑨ 《中华人民共和国营业税暂行条例》(中华人民共和国国务院令第540号,2008年11月10日)第四条。纳税人取得不同币种的折算问题,详见本书第8章个人所得税部分"外币形式所得的折算处理"。

⑩ 《中华人民共和国营业税暂行条例实施细则》(财政部 国家税务总局令第52号,2008年12月15日)第二十一条。此前,《财政部 国家税务总局关于金融保险业以外汇折合人民币计算营业额问题的通知》(财税字[1996]50号)被《财政部 国家税务总局关于公布若干废止和失效的营业税规范性文件的通知》(财税[2009]61号,2009年5月18日)公布废止。

管部门有关规定的,该项目金额不得扣除①。

上述所称符合国务院税务主管部门有关规定的凭证(以下统称合法有效凭证),是指②:

①支付给境内单位或者个人的款项,且该单位或者个人发生的行为属于营业税或者增值税征收范围的,以该单位或者个人开具的发票为合法有效凭证;

②支付的行政事业性收费或者政府性基金,以开具的财政票据为合法有效凭证;

③支付给境外单位或者个人的款项,以该单位或者个人的签收单据为合法有效凭证,税务机关对签收单据有疑义的,可以要求其提供境外公证机构的确认证明③;

④国家税务总局规定的其他合法有效凭证④。

4.4.2 交通运输业

(1)交通运输承揽分运业务应税营业额的确定

纳税人将承揽的运输业务分给其他单位或者个人的,以其取得的全部价款和价外费用扣除其支付给其他单位或者个人的运输费用后的余额为营业额⑤。

(2)中央铁路运营业务应税营业额的确定

①自2002年5月1日起,由铁道部集中缴纳的中央铁路运营业务营业税的营业额具体范围包括⑥:

旅客票价收入:包括车站发售国铁担当的旅客列车车票收入及国际联运国内段旅客车票收入(含优质优价收入);

行李运费收入:包括发送行李运费,变更到站行李运费,国际联运国内段运费;

包裹运费收入:包括发送包裹运费,变更到站包裹运费,国际联运国内段运费;

邮运运费收入:包括自备邮政车挂运费,租用行李车和占用行李车容间使用费及邮政押运人员乘车费;

货物运费收入:包括整车货物发到运费,运行运费,发送零担货物运费,发送集装箱货物运费,冷藏车运费,军运后付运费,国际联运国内段运费,水陆联运铁路段运费,变更到站货物运费,快运费(含快运业务收入),京九分流运费,新路新价均摊运费,特殊运价运费,空车回送费,自备机车、货车和租用铁路机车挂运费,电力附加费;

客运其他收入:包括到站、列车补收无票旅客车票收入,列车发售卧铺票收入,乘降所上车旅客车票收入,送票费,退票费,签证费,行李包裹装卸费、保管费、查询费、搬运费、变更手续费,站车对携

---

① 《中华人民共和国营业税暂行条例》(中华人民共和国国务院令第540号,2008年11月10日)第六条。

② 《中华人民共和国营业税暂行条例实施细则》(财政部 国家税务总局令第52号,2008年12月15日)第十九条。

③ 新条例实施前,《国家税务总局关于长春市国际经济技术合作公司有关营业税问题的批复》(国税函[2007]1134号,2007年12月16日)规定,营业税减除项目支付款项发生在境外的,该减除项目支付款项凭证必须是外汇付款凭证和外方公司的签收单据或外方公司的公证证明,纳税人仅取得外方公司的签收单据或出具的公证证明、未取得外汇付款凭证的,外方公司的签收单据或出具的公证证明不能作为营业税差额缴税的扣除凭证。根据《国家税务总局关于公布全文失效废止 部分条款失效废止的税收规范性文件目录的公告》(国家税务总局公告2011年第2号,2011年1月4日),该文件也未被公布失效或废止。

④ 《国家税务总局关于金融企业销售未取得发票的抵债不动产和土地使用权征收营业税问题的批复》(国税函[2005]77号,2005年1月24日)规定:《财政部、国家税务总局关于营业税若干政策问题的通知》(财税[2003]16号)第四条"营业额减除项目支付款项发生在境内的,该减除项目支付款项凭证必须是发票或合法有效凭证",其中所称合法有效凭证,包括法院判决书、裁定书、调解书,以及可由人民法院执行的仲裁裁决书、公证债权文书。但财税[2003]16号第四条后被《财政部 国家税务总局关于公布若干废止和失效的营业税规范性文件的通知》(财税[2009]61号)公布废止。根据《国家税务总局关于公布全文失效废止 部分条款失效废止的税收规范性文件目录的公告》(国家税务总局公告2011年第2号,2011年1月4日),国税函[2005]77号被公布失效废止。

⑤ 《中华人民共和国营业税暂行条例》(中华人民共和国国务院令第540号,2008年11月10日)第五条。《财政部 国家税务总局关于营业税若干政策问题的通知》(财税[2003]16号,2003年1月15日)。

⑥ 《国家税务总局关于中央铁路征收营业税问题的通知》(国税发[2002]44号,2002年4月15日)。此前,《国家税务总局关于铁路系统征收流转税问题的通知》(国税发[1994]47号,1994年3月10日)和《国家税务总局关于铁路部门运输收入集中缴纳营业税问题的通知》(国税发[2000]115号)相应废止。

带品超重、超限及无票运货补收的运杂费,到站发现行包品名、重量不符补收的运杂费,运杂费迟交金,停留费,空驶费,包车租用费,客运票证事故赔款,国际联运中发生的客运杂费;

货运其他收入:包括货物过秤费、暂存费、变更手续费、分卸作业费、超载违约金、查询费、验关手续费,货车中转技术作业费、取送车费、使用费、延期使用费、施封费、制冷费、冷却费、清扫洗刷除污费、篷布使用费、篷布延期使用费、集装箱使用费、延期使用费、拼箱费,自备箱管理费,守车租用费,路产专用线租用费,路产房屋、站场、设施出租费,非运用车使用费,特种货车使用费,隔离车使用费,防风网使用费,铁路码头使用费,合资和地方铁路、临管铁路货车使用费,自备(租用)货车停放费,押运人乘车费,货运计划违约金,捏报货物品名违约金,到站补收货物品名、重量不符运费,收回货主责任垫款,滞留费,空车回送费,机车作业费,运杂费,迟交金,进出口货物声明价格费,货运票证事故赔款,合资和地方铁路、临管铁路相关服务清算款;

客货运服务收入:包括站台票费,送票费,补票手续费,接取送达费,携带品暂存费,货物暂存费,有价表格费,签证费,贵宾室使用费,清扫费,国联集装箱服务费;

铁路运营临管线收入;

保价收入:包括行包保价收入,货物保价收入;

铁路建设基金收入;

铁路关联收入:包括协议运输加价收入,自备车管理费等。

②对各铁路局、铁路分局间因财务模拟核算取得的以下费用不征收营业税[1]:

线路使用费;

车站旅客服务费;

机车牵引费;

车站上水服务费;

售票服务费;

旅客列车车辆加挂费;

行包专列车辆加挂费;

行包专列发送服务费;

接触网使用费;

铁路局内、局间因财务改革产生的其他收付费项目。

(3)地方和企业集团铁路货运业务应税营业额的确定

①自 2002 年 5 月 1 日起,对包神、神朔、朔黄铁路公司和神华铁路货车有限责任公司开展铁路运输业务取得的收入均暂按"交通运输业"税目征收营业税。其计税营业额为:包神、神朔、朔黄铁路公司以向货主收取的全部价款和价外费用减去付给神华铁路货车有限责任公司价款的余额为计税营业额;神华铁路货车有限责任公司以其向包神、神朔、朔黄铁路公司收取的全部价款和价外费用为计税营业额[2]。

②枣庄矿业(集团)有限责任公司铁路运输处提供的铁路运输劳务,不属于增值税混合销售行为,属于营业税征税范围。其提供铁路运输劳务取得的煤矿专用铁路费和铁路专用线费等运输劳务收入,应照章征收营业税[3]。

(4)航空腹舱联运业务应税营业额的确定

中国国际航空股份有限公司(简称国航)与中国国际货运航空有限公司(简称货航)开展客运飞机腹舱联运业务时,国航以收到的腹舱收入为营业额;货航以其收到的货运收入扣除支付给国航的腹舱收入的余额为营业额,营业额扣除凭证为国航开具的"航空货运单"[4]。

(5)物流企业应税营业额的确定

物流企业将承揽的运输、仓储等业务分包给其

① 《国家税务总局关于中央铁路征收营业税问题的通知》(国税发〔2002〕44 号,2002 年 4 月 15 日)。
② 《国家税务总局关于神华集团铁路运输业务征收营业税问题的通知》(国税函〔2002〕3352 号,2002 年 4 月 23 日)。
③ 《国家税务总局关于山东枣庄矿业(集团)有限责任公司收取铁路专用线费有关流转税问题的批复》(国税函〔2005〕674 号,2005 年 6 月 30 日)。
④ 《国家税务总局关于客运飞机腹舱联运收入营业税问题的通知》(国税函〔2005〕202 号,2005 年 3 月 7 日)。

他单位并由其统一收取价款的,应以该企业取得的全部收入减去支付给其他运输企业的运费和其他仓储合作方的仓储费后的余额,为营业税的计税的基数①。

上述所称物流企业是指具备或租用必要的运输工具和仓储设施,至少具有从事运输(或运输代理)和仓储两种以上经营范围,能够提供运输、代理、仓储、装卸、加工、整理、配送等一体化服务,并具有与自身业务相适应的信息管理系统,经工商行政管理部门登记注册,实行独立核算、自负盈亏、独立承担民事责任的经济组织②。

自2006年1月1日起,对国家发改委和国家税务总局联合确认纳入试点名单的物流企业及所属企业(简称试点企业)开展物流业务应按其收入性质分别核算。提供运输劳务取得的运输收入按"交通运输业"税目征收营业税并开具货物运输业发票。凡未按规定分别核算其营业税应税收入的,一律按"服务业"税目征收营业税③。

试点企业适用《国家税务总局关于加强货物运输业税收征收管理的通知》(国税发〔2003〕121号)规定的"货物运输业营业税纳税人认定和年审试行办法"。对被取消自开票纳税人资格的试点企业,同时取消对该企业执行上述规定的税收政策,并报国家发改委和国家税务总局备案④。

营业额减除项目支付款项发生在境内的,该减除项目支付款项凭证必须是发票或经税务机关认可的合法有效凭证;支付给境外的,该减除项目支付款项凭证必须是外汇付汇凭证,或外方公司的签收单据、出具的公证证明⑤。

4.4.3 建筑业

(1)提供建筑劳务同时销售自产货物的混合销售行为应税营业额的确定

①纳税人的下列混合销售行为,应当分别核算应税劳务的营业额和货物的销售额,其应税劳务的营业额缴纳营业税,货物销售额不缴纳营业税;未分别核算的,由主管税务机关核定其应税劳务的营业额⑥:

Ⅰ 提供建筑业劳务的同时销售自产货物的行为;

Ⅱ 财政部、国家税务总局规定的其他情形。

纳税人销售自产货物同时提供建筑业劳务,须向建筑业劳务发生地主管地方税务机关提供其机构所在地主管国家税务机关出具的本纳税人属于从事货物生产的单位或个人的证明。建筑业劳务发生地主管地方税务机关根据纳税人持有的证明,

---

① 《国家发展和改革委员会等9部门印发关于促进我国现代物流业发展的意见的通知》(发改运行〔2004〕1617号,2004年8月5日)。《国家税务总局关于试点物流企业有关税收政策问题的通知》(国税发〔2005〕208号,2005年12月29日)。

② 《国家发展和改革委员会等9部门印发关于促进我国现代物流业发展的意见的通知》(发改运行〔2004〕1617号,2004年8月5日)。

③ 《国家税务总局关于试点物流企业有关税收政策问题的通知》(国税发〔2005〕208号,2005年12月29日)。试点物流企业名单详见《国家税务总局关于试点物流企业有关税收政策问题的通知》(国税发〔2005〕208号,2005年12月29日)、《国家税务总局关于增加试点物流企业名单的通知》(国税函〔2006〕575号,2006年6月14日)、《国家税务总局关于下发试点物流企业名单(第二批)的通知》(国税函〔2007〕146号,2007年1月31日)、《国家税务总局关于下发试点物流企业名单(第三批)的通知》(国税函〔2007〕1019号,2007年9月28日)、《国家税务总局关于下发试点物流企业名单(第四批)的通知》(国税函〔2008〕907号,2008年11月12日)、《国家税务总局关于下发试点物流企业名单(第五批)的通知》(国税函〔2009〕663号,2009年11月30日)、《国家税务总局关于发布试点物流企业名单(第六批)的公告》(国家税务总局公告2010年第18号,2010年10月25日)。其中:国税函〔2007〕146号被《国家税务总局关于公布全文失效废止 部分条款失效废止的税收规范性文件目录的公告》(国家税务总局公告2011年第2号,2011年1月4日)公布废止。

④ 《国家税务总局关于试点物流企业有关税收政策问题的通知》(国税发〔2005〕208号,2005年12月29日)。

⑤ 《国家税务总局关于试点物流企业有关税收政策问题的通知》(国税发〔2005〕208号,2005年12月29日)。

⑥ 《中华人民共和国营业税暂行条例实施细则》(财政部 国家税务总局令第52号,2008年12月15日)第七条。

按规定计算征收营业税①。

②除上述第①项规定外,纳税人提供建筑业劳务(不含装饰劳务)的,其营业额应当包括工程所用原材料、设备及其他物资和动力价款在内,但不包括建设方提供的设备的价款②。

(2)建筑业分包业务应税营业额的确定

纳税人将建筑工程分包给其他单位的,以其取得的全部价款和价外费用扣除其支付给其他单位的分包款后的余额为营业额③。

(3)拆迁安置工程建筑业应税营业额的确定

外商投资企业(以下称拆迁人)根据当地政府城市规划和建设部门的要求,通过各种方式对规划区内原住户的房屋进行拆迁并最终安置(或偿还)住户。在具体办理"安置"或"偿还"时,当地政府规定,根据被拆房屋的所有权性质不同,**分别实行产权调换、按质作价互找差价;或作价补偿;或产权调换、作价补偿相结合**等方法,拆迁人与被拆迁人通过《房屋拆迁补偿安置协议》明确拆迁安置事宜。对外商投资企业从事城市住宅小区建设,应当按照营业税暂行条例的有关规定,就其取得的营业额计征营业税;对偿还面积与拆迁建筑面积相等的部分,由当地税务机关按同类住宅房屋的成本价核定计征营业税,对最终转让时未作价结算的住宅区配套公共设施(如居委会用房、车棚、托儿所等),凡转让收入已包含在住宅房屋转让价格中并已征收营业税的,不再征收营业税④。

① 《国家税务总局关于纳税人销售自产货物并同时提供建筑业劳务有关税收问题的公告》(国家税务总局公告 2011 年第 23 号,2011 年 3 月 25 日)。此前,《国家税务总局关于纳税人销售自产货物提供增值税劳务并同时提供建筑业劳务征收流转税问题的通知》(国税发〔2002〕117 号,2002 年 9 月 11 日)规定,纳税人分别缴纳增值税和营业税必须同时具备建设行政部门批准的建筑业施工(安装)资质和签订建设工程施工总包或分包合同中单独注明建筑业劳务价款两个条件,如不同时具备,则对其取得的全部收入征收增值税,不征收营业税。对签订建设工程施工总承包合同的单位和个人,不论其是销售自产货物、提供增值税应税劳务并提供建筑业劳务,还是仅销售自产货物、提供增值税应税劳务不提供建筑业劳务,均应当扣缴分包人或转包人(简称分包人)的营业税,如果分包人是销售自产货物、提供增值税应税劳务并提供建筑业劳务的单位和个人,总承包人在扣缴建筑业营业税时的营业额为除自产货物、增值税应税劳务以外的价款,除此之外的分包人,总承包人在扣缴建筑业营业税时的营业额为分包额。所称自产货物是指:金属结构件,包括活动板房、钢结构房、钢结构产品、金属网架等产品;铝合金门窗;玻璃幕墙;机器设备、电子通讯设备;国家税务总局规定的其他自产货物。根据国家税务总局公告 2011 年第 23 号,国税发〔2002〕117 号自 2011 年 5 月 1 日起全文废止。在此之前,该文件上述有关自产货物范围和营业税相关规定已被《国家税务总局关于公布废止的营业税规范性文件目录的通知》(国税发〔2009〕29 号)予以废止。此外,《国家税务总局关于建筑安装企业制售铝合金门窗征税问题的通知》(国税函〔1997〕186 号)、《国家税务总局关于工业企业安装铝合金门窗征收营业税问题的批复》(国税函〔1998〕765 号)、《国家税务总局关于石材加工企业承包建筑装饰工程征税问题的批复》(国税函〔1999〕940 号)分别规定对制售铝合金并负责、加工石材并从事建筑装饰的行为,在征收增值税的同时按照"建筑业"征收营业税。国税发〔2002〕117 号文件下发后,国税函〔1997〕186 号、国税函〔1998〕765 号、国税函〔1999〕940 号即已失效,并分别被《国家税务总局关于发布已失效或废止的税收规范性文件目录的通知》(国税发〔2006〕62 号)和《国家税务总局关于公布废止的营业税规范性文件目录的通知》(国税发〔2009〕29 号)公布废止。

② 《中华人民共和国营业税暂行条例实施细则》(财政部 国家税务总局令第 52 号,2008 年 12 月 15 日)。此前,原营业税暂行条例实施细则规定,纳税人从事建筑、修缮、装饰工程作业,无论与对方如何结算,其营业额均应包括工程所用原材料及其他物资和动力的价款在内;纳税人从事安装工程作业,凡所安装的设备价值作为安装工程产值的,其营业额应包括设备的价款在内。但《财政部 国家税务总局关于营业税若干政策问题的通知》(财税〔2003〕16 号,2003 年 1 月 15 日)和《国家税务总局关于营业税若干政策问题的批复》(国税函〔2005〕83 号,2005 年 1 月 26 日)规定,自 2003 年 1 月 1 日起,通信线路工程和输送管道工程所使用的电缆、光缆和构成管道工程主体的防腐管段、管件(弯头、三通、冷弯管、绝缘接头)、清管器、收发球筒、机泵、加热炉、金属容器等物品均属于设备,其价值不包括在工程的计税营业额中,其他所有建筑安装工程(包括一般工程和跨省工程)的计税营业额也不应包括设备价值,具体设备名单可由省级地方税务机关根据各自实际情况列举。后来,《国家税务总局关于公布全文失效废止 部分条款失效废止的税收规范性文件目录的公告》(国家税务总局公告 2011 年第 2 号,2011 年 1 月 4 日)对国税函〔2005〕83 号公布废止。此外,《财政部 国家税务总局关于纳税人以清包工形式提供装饰劳务征收营业税问题的通知》(财税〔2006〕114 号,2006 年 8 月 17 日)规定,自 2006 年 8 月 17 日起至 2008 年 12 月 31 日止,纳税人采用清包工形式提供的装饰劳务(即工程所需的主要原材料和设备由客户自行采购,纳税人只向客户收取人工费、管理费及辅助材料费等费用的装饰劳务),按照其向客户实际收取的人工费、管理费和辅助材料费等收入(不含客户自行采购的材料价款和设备价款)确认计税营业额。新条例实施后,《财政部 国家税务总局关于公布若干废止和失效的营业税规范性文件的通知》(财税〔2009〕61 号)公布财税〔2006〕114 号文件自 2009 年 1 月 1 日起废止。

③ 《中华人民共和国营业税暂行条例》(中华人民共和国国务院令第 540 号,2008 年 11 月 10 日)第五条。

④ 《国家税务总局关于外商投资企业从事城市住宅小区建设征收营业税问题的批复》(国税函发〔1995〕549 号,1995 年 10 月 10 日)。

(4)从2007年2月1日起,凡从事建筑业应税劳务的单位和个人在收取工程(结算)款项时,必须开具税务机关统一印制的新版《建筑业统一发票》①。

4.4.4 金融保险业

(1)贷款业务应税营业额的确定

①一般贷款业务利息

一般贷款业务的营业额为贷款利息收入(包括各种加息、罚息等)②。

②应收未收利息

Ⅰ 自2003年1月1日起至2008年12月31日止,对金融企业(包括国有、集体、股份制、合资、外资银行以及其他所有制形式的银行,城市信用社和农村信用社、信托投资公司和财务公司)的贷款利息征收营业税的规定是:

ⅰ 金融企业发放贷款(包括自营贷款和委托贷款,下同)后,凡在规定的应收未收利息核算期内发生的应收利息,均应按规定申报缴纳营业税;贷款应收利息自结息之日起,超过应收未收利息核算期限(90天)或贷款本金到期(含展期)后尚未收回的,按照实际收到利息申报缴纳营业税③。

ⅱ 对金融企业2001年1月1日以后发生的已缴纳过营业税的应收未收利息(包括自营贷款和委托贷款利息,下同),若超过应收未收利息核算期限后仍未收回或其贷款本金到期(含展期)后尚未收回的,可从以后的营业额中减除④。

上述可冲减的营业额是指金融企业的贷款利息收入,不包括金融企业的其他应税营业额。金融企业已纳营业税的应收未收利息只能与其贷款利息收入相冲减,不能冲减其他应税营业额⑤。

ⅲ 金融企业在2000年12月31日以前已缴纳过营业税的应收未收利息,原则上应在2005年12月31日前从营业额中减除完毕。但已移交给中国华融、长城、东方和信达资产管理公司的应收未收利息不得从营业额中减除⑥。

对部分省市(如辽宁省、广东省、重庆市等)农村信用社、农村银行或金融企业在2000年12月31日以前已缴纳营业税的应收未收利息,在2005年12月31日以前从营业额中尚未减除完毕的部分,准许其在2008年12月31日以前从营业额(仅指贷款利息收入)中减除⑦。

---

① 《国家税务总局关于使用新版不动产销售统一发票和新版建筑业统一发票有关问题的通知》(国税发[2006]173号,2006年12月5日)。

② 《国家税务总局关于印发〈金融保险业营业税申报管理办法〉的通知》(国税发[2002]9号,2002年1月30日)。此文还规定:外汇转贷业务以贷款利息减去借款利息后的余额为营业额。新条例实施后,根据《财政部 国家税务总局关于公布若干废止和失效的营业税规范性文件的通知》(财税[2009]61号),该规定自2009年1月1日起废止。

③ 《财政部 国家税务总局关于金融企业应收未收利息征收营业税问题的通知》(财税[2002]182号,2002年12月12日)。但根据《财政部 国家税务总局关于公布若干废止和失效的营业税规范性文件的通知》(财税[2009]61号),此文件自2009年1月1日起废止。

④ 《财政部 国家税务总局关于金融企业应收未收利息征收营业税问题的通知》(财税[2002]182号,2002年12月12日)。但根据《财政部 国家税务总局关于公布若干废止和失效的营业税规范性文件的通知》(财税[2009]61号),此文件自2009年1月1日起废止。

⑤ 《国家税务总局关于金融企业已纳营业税应收未收利息减除营业额问题的批复》(国税函[2004]1256号,2004年11月11日)。

⑥ 《财政部 国家税务总局关于金融企业应收未收利息征收营业税问题的通知》(财税[2002]182号,2002年12月12日)。但根据《财政部 国家税务总局关于公布若干废止和失效的营业税规范性文件的通知》(财税[2009]61号),此文件自2009年1月1日起废止。

⑦ 《财政部 国家税务总局关于辽宁省农村信用社应收未收利息延期减除营业额问题的通知》(财税[2006]72号,2006年5月26日)。《财政部 国家税务总局关于重庆市农村信用社联合社应收未收利息减除营业额问题的通知》(财税[2006]178号,2006年12月21日)。《财政部 国家税务总局关于辽宁省农村银行应收未收利息冲减营业额问题的通知》(财税[2007]1号,2007年1月19日)。《国家税务总局关于广东省金融企业应收未收利息营业额减除期限问题的批复》(国税函[2007]882号,2007年8月10日)。根据《财政部关于公布废止和失效的财政规章和规范性文件目录(第十一批)的决定》(财政部令第62号,2011年2月21日)和《国家税务总局关于公布全文失效废止 部分条款失效废止的税收规范性文件目录的公告》(国家税务总局公告2011年第2号,2011年1月4日),财税[2006]72号和国税函[2007]882号分别被公布失效废止。

ⅳ 税务机关对金融企业营业税征收管理时，负责核对从营业额中减除的应收未收利息是否已征收过营业税，该项从营业额中减除的应收未收利息是否符合财政部或国家税务总局制定的财务会计制度以及税法规定①。

ⅴ 金融企业从营业额中减除的应收未收利息的额度和年限以该金融企业确定的额度和年限为准，各级地方政府及其财政、税务机关不得规定金融企业应收未收利息从营业额中减除的年限和比例②。

Ⅱ 对中国建设银行接受公积金管理部门委托，开展政策性住房资金（包括住房公积金、单位售房款、城市住房基金、住房租赁保证金、城市住房债券资金等）"大委托"贷款业务，因其属于吸纳资金后发放贷款业务，虽然此项贷款业务未纳入损益反映，但已按利息收入申报缴纳了营业税，因此，对其2000年底以前发生的已征收过营业税的应收未收利息，应依照营业税有关法规规定准许从营业额中减除③。

③对企业兼并破产中因越权超范围使用有关政策而形成的不予核销的银行呆、坏账损失，可由税务部门在银行应上缴属于地方财政收入的营业税（即5%的部分）中抵扣，不得用上缴中央财政的营业税（即3%的部分）抵扣④。

（2）融资租赁业务应税营业额的确定

①经中国人民银行、外经贸部（编者注：现商务部，下同）和国家经贸委批准经营融资租赁业务的单位从事融资租赁业务的，以其向承租者收取的全部价款和价外费用（包括残值）减去出租方承担的出租货物的实际成本后的余额，以直线法折算出本期的营业额。计算方法为⑤：

本期营业额=（应收取的全部价款和价外费用−实际成本）×（本期天数/总天数）

以上所称出租货物的实际成本，自2003年1月1日起，包括由出租方承担的货物的购入价、关税、增值税、消费税、运杂费、安装费、保险费和贷款的利息（包括外汇借款和人民币借款利息）⑥。

②根据国务院办公厅下发的商务部"三定"规定，原国家经贸委、外经贸部有关租赁行业的管理职能和外商投资租赁公司管理职能划归商务部，凡《财政部 国家税务总局关于营业税若干政策问题的通知》（财税[2003]16号）中涉及原国家经贸委和外经贸部管理职能均改由商务部承担。外商投资租赁公司的市场准入及行业监管工作继续按照

①《财政部 国家税务总局关于金融企业应收未收利息征收营业税问题的通知》（财税[2002]182号，2002年12月12日）。但根据《财政部 国家税务总局关于公布若干废止和失效的营业税规范性文件的通知》（财税[2009]61号），此文件自2009年1月1日起废止。

②《财政部 国家税务总局关于金融企业应收未收利息征收营业税问题的通知》（财税[2002]182号，2002年12月12日）。但根据《财政部 国家税务总局关于公布若干废止和失效的营业税规范性文件的通知》（财税[2009]61号），此文件自2009年1月1日起废止。

③《国家税务总局关于中国人民建设银行"大委托"贷款业务应收未收利息有关营业税问题的通知》（国税函[2002]1014号，2002年11月28日）。

④《国家税务总局关于对企业兼并破产中不予核销的银行呆、坏账损失营业税抵扣问题的通知》（财税[1997]100号，1997年8月1日）。该文所述上交中央的3%营业税现已取消。

⑤《财政部 国家税务总局关于转发〈国务院关于调整金融保险业税收政策有关问题的通知〉的通知》（财税字[1997]45号，1997年3月14日）。《国家税务总局关于印发〈金融保险业营业税申报管理办法〉的通知》（国税发[2002]9号，2002年1月30日）。《财政部 国家税务总局关于营业税若干政策问题的通知》（财税[2003]16号，2003年1月15日）。

⑥《财政部 国家税务总局关于营业税若干政策问题的通知》（财税[2003]16号，2003年1月15日）。此前，《财政部 国家税务总局关于转发〈国务院关于调整金融保险业税收政策有关问题的通知〉的通知》（财税字[1997]45号，1997年3月14日）曾规定出租货物的实际成本，包括由出租方承担的货物的购入价、关税、增值税、消费税、运杂费、安装费、保险费。《国家税务总局关于融资租赁业务如何征收营业税问题的批复》（国税函[1998]553号，1998年9月21日）曾规定，外汇借款利息支出不得在融资租赁业务营业额中扣除。后来的《财政部 国家税务总局关于融资租赁业营业税计税营业额问题的通知》（财税字[1999]183号，1999年6月24日）和《国家税务总局关于印发〈金融保险业营业税申报管理办法〉的通知》（国税发[2002]9号，2002年1月30日）在出租货物的实际成本中加入了支付给境外的外汇借款利息支出。

商务部的有关规定执行①。

商务部将对内资租赁企业开展从事融资租赁业务的试点工作。各省、自治区、直辖市、计划单列市商务主管部门可以根据本地区租赁行业发展的实际情况，推荐1—2家从事各种先进或适用的生产、通信、医疗、环保、科研等设备、工程机械及交通运输工具(包括飞机、轮船、汽车等)租赁业务的企业参与试点工作。被推荐的企业经商务部、国家税务总局联合确认后，纳入融资租赁试点范围。从事融资租赁业务试点企业(简称融资租赁试点企业)应当同时具备下列条件②：

Ⅰ 2001年8月31日(含)前设立的内资租赁企业最低注册资本金应达到4000万元,2001年9月1日至2003年12月31日期间设立的内资租赁企业最低注册资本金应达到17000万元；

Ⅱ 具有健全的内部管理制度和风险控制制度；

Ⅲ 拥有相应的金融、贸易、法律、会计等方面的专业人员，高级管理人员应具有不少于三年的租赁业从业经验；

Ⅳ 近两年经营业绩良好,没有违法违纪记录；

Ⅴ 具有与所从事融资租赁产品相关联的行业背景；

Ⅵ 法律法规规定的其他条件。

省级商务主管部门推荐融资租赁试点企业除应上报推荐函以外，还应提交下列材料：

Ⅰ 企业从事融资租赁业务的申请及可行性研究报告；

Ⅱ 营业执照副本(复印件)；

Ⅲ 公司章程,企业内部管理制度及风险控制制度文件；

Ⅳ 具有资格的会计师事务所出具的近三年财务会计报告；

Ⅴ 近两年没有违法违规纪录证明；

Ⅵ 高级管理人员的名单及资历证明。

上述所列的融资租赁公司(即内资融资租赁试点企业、外商投资融资租赁公司)可按照财税[2003]16号的规定享受融资租赁业务的营业税政策③。

③融资租赁公司应严格按照国家有关规定按时交纳各种税款,若违反国家税收法律法规,偷逃税款,税务机关将依据税收征收管理法及有关税收法律法规的规定予以处罚,同时取消对该企业执行的融资租赁税收政策④。

融资租赁公司在向关联生产企业采购设备时，有关设备的结算价格不得低于该生产企业向任何第三方销售的价格(或同等批量设备的价格)。融资租赁试点企业的风险资产(含担保余额)不得超过资本总额的10倍⑤。

融资租赁试点企业应严格遵守国家有关法律法规,不得从事下列业务⑥：

Ⅰ 吸收存款或变相存款；

Ⅱ 向承租人提供租赁项下的流动资金贷款和其他贷款；

Ⅲ 有价证券投资、金融机构股权投资；

Ⅳ 同业拆借业务；

Ⅴ 未经中国银行业监督管理委员会批准的其他金融业务。

非融资租赁业务不享受相关税收优惠。试点企业对股东的租赁余额(含担保余额)原则上不超过其股本金数额,超过部分须经董事会讨论通过,并附加相应保证措施。试点企业在每季度15日前将其上一季度的经营情况,每年1月31日前报送上一年度经营情况总结报告,每年3月10日前将其上一年度经营报告和具有资格的会计师事务所

---

① 《商务部 国家税务总局关于从事融资租赁业务有关问题的通知》(商建发[2004]560号,2004年10月22日)。
② 《商务部 国家税务总局关于从事融资租赁业务有关问题的通知》(商建发[2004]560号,2004年10月22日)。
③ 《商务部 国家税务总局关于从事融资租赁业务有关问题的通知》(商建发[2004]560号,2004年10月22日)。
④ 《商务部 国家税务总局关于从事融资租赁业务有关问题的通知》(商建发[2004]560号,2004年10月22日)。
⑤ 《商务部 国家税务总局关于从事融资租赁业务有关问题的通知》(商建发[2004]560号,2004年10月22日)。
⑥ 《商务部 国家税务总局关于从事融资租赁业务有关问题的通知》(商建发[2004]560号,2004年10月22日)。

264

出具的上一年度财务会计报告上报省级商务主管部门和地方税务局，并抄报商务部。试点企业变更名称、改变组织形式、调整业务范围、变更注册资本、调整股权结构、修改章程、变更营业地址和变更高级管理人员时，应事先通报省级商务主管部门和地方税务局，同时抄报商务部和国家税务总局，并在办理变更工商登记手续后5个工作日内报省级商务主管部门和地方税务局备案①。

各地商务、税务主管部门建立和完善试点企业退出机制，实行经营业绩年度考核制。对融资租赁业务在会计年度内未有实质性进展，以及发生违规行为的试点企业，各地商务、税务主管部门应及时将有关情况上报。商务部、国家税务总局将据此研究决定是否取消其试点资格，并适时调整试点企业名单。对违反有关管理规定的企业，商务部将取消其融资租赁试点企业的资格；国家税务总局取消其享受税收优惠政策资格②。

（3）金融商品转让业务应税营业额的确定

外汇、有价证券、期货等金融商品买卖业务，以卖出价减去买入价后的余额为营业额③。

所称外汇、有价证券、期货等金融商品买卖业务，是指纳税人从事的外汇、有价证券、非货物期货和其他金融商品买卖业务④。

金融企业（包括银行和非银行金融机构，下同）从事股票、债券买卖业务以股票、债券的卖出价减去买入价后的余额为营业额。买入价依照财务会计制度规定，以股票、债券的购入价减去股票、债券持有期间取得的股票、债券红利收入的余额确定⑤。

金融企业买卖金融商品（包括股票、债券、外汇及其他金融商品，下同），可在同一会计年度末，将不同纳税期出现的正差和负差按同一会计年度汇总的方式计算并缴纳营业税，如果汇总计算应缴的营业税税额小于本年已缴纳的营业税税额，可以向税务机关申请办理退税，但不得将一个会计年度内汇总后仍为负差的部分结转至下一会计年度。买入价依照财务会计制度规定，以股票、债券的购入价减去股票、债券持有期间取得的股票、债券红利收入的余额确定⑥。

①股票转让

营业额为买卖股票的价差收入，即营业额＝卖出价－买入价。股票买入价是指购进原价，不得包括购进股票过程中支付的各种费用和税金。卖出价是指卖出原价，不得扣除卖出过程中支付的任何费用和税金⑦。

②债券转让

①《商务部 国家税务总局关于确认万向租赁有限公司等企业为融资租赁试点企业的通知》（商建发[2004]699号，2004年12月30日）。《商务部 国家税务总局关于加强内资融资租赁试点监管工作的通知》（商建发[2006]160号，2006年4月12日）。融资租赁试点企业名单详见《商务部 国家税务总局关于确认万向租赁有限公司等企业为融资租赁试点企业的通知》（商建发[2004]699号，2004年12月30日）、《商务部 国家税务总局关于确认远中租赁有限公司等企业为第二批融资租赁试点企业的通知》（商建发[2006]195号，2006年4月20日）、《商务部国家税务总局关于确认山东融世华租赁有限公司等4家企业为第三批融资租赁试点企业的通知》（商建函[2006]202号）、《商务部 国家税务总局关于确认新纪元租赁有限公司等企业为第四批融资租赁试点企业的通知》（商建函[2007]95号，2007年8月7日）、《商务部 国家税务总局关于确认首汽、北车、渤海租赁公司等11家企业为第五批融资租赁试点企业的通知》、《商务部 国家税务总局关于确认第六批融资租赁试点企业的通知》（商建函[2009]51号，2009年12月25日）。
②《商务部 国家税务总局关于确认万向租赁有限公司等企业为融资租赁试点企业的通知》（商建发[2004]699号，2004年12月30日）。《商务部 国家税务总局关于加强内资融资租赁试点监管工作的通知》（商建发[2006]160号，2006年4月12日）。
③《中华人民共和国营业税暂行条例》（中华人民共和国国务院令第540号，2008年11月10日）第五条。
④《中华人民共和国营业税暂行条例实施细则》（财政部 国家税务总局令第52号，2008年12月15日）第十八条。
⑤《财政部 国家税务总局关于营业税若干政策问题的通知》（财税[2003]16号，2003年1月15日）。
⑥《财政部 国家税务总局关于营业税若干政策问题的通知》（财税[2003]16号，2003年1月15日）。此前，《国家税务总局关于印发〈金融保险业营业税申报管理办法〉的通知》（国税发[2002]9号，2002年1月30日）规定，同一大类不同品种金融商品买卖出现的正负差，在同一个纳税期内可以相抵，相抵后仍出现负差的，可结转下一个纳税期相抵，但年末时仍出现负差的，不得转入下一个会计年度。金融商品的买入价，可以选定按加权平均法或移动加权法进行核算，选定后一年内不得变更。
⑦《国家税务总局关于印发〈金融保险业营业税申报管理办法〉的通知》（国税发[2002]9号，2002年1月30日）。

营业额为买卖债券的价差收入,即营业额=卖出价-买入价。债券买入价是指购进原价,不得包括购进债券过程中支付的各种费用和税金。卖出价是指卖出原价,不得扣除卖出过程中支付的任何费用和税金①。

③外汇转让

营业额为买卖外汇的价差收入,即营业额=卖出价-买入价。外汇买入价是指购进原价,不得包括购进外汇过程中支付的各种费用和税金。卖出价是指卖出原价,不得扣除卖出过程中支付的任何费用和税金②。

④其他金融商品转让

营业额为其他金融商品的价差收入,即营业额=卖出价-买入价。其他金融商品买入价是指购进原价,不得包括购进其他金融商品过程中支付的各种费用和税金。卖出价是指卖出原价,不得扣除卖出过程中支付的任何费用和税金③。

(4)金融经纪业务应税营业额的确定

①金融经纪业务和其他金融业务(中间业务)营业额为手续费(佣金)类的全部收入④。

金融企业从事受托收款业务,如代收电话费、水电煤气费、信息费、学杂费、寻呼费、社保统筹费、交通违章罚款、税款等,以全部收入减去支付给委托方价款后的余额为营业额⑤。

②银行代发行国债取得的手续费收入,由各银行总行按向财政部收取的手续费全额缴纳营业税,对各分支机构来自于上级行的手续费收入不再征收营业税⑥。

(5)保险业务应税营业额的确定

①办理初保业务向保户收取的保费收入

营业额为纳税人经营保险业务向对方收取的全部价款,即向被保险人收取的全部保险费⑦。

②储金业务收入⑧

储金业务,是指保险公司在办理保险业务时,不是直接向投保人收取保费,而是向投保人收取一定数额的到期应返还的资金(称为储金),以储金产生的收益作为保费收入的业务(即以被保险人所交保险资金的利息收入为保费收入,保险期满后将保险资金本金返还被保险人)。

储金业务的营业额,以纳税人在纳税期内的储金平均余额乘以人民银行公布的一年期存款利率折算的月利率计算。储金平均余额为纳税期期初储金余额与期末余额之和乘以50%。

---

① 《国家税务总局关于印发〈金融保险业营业税申报管理办法〉的通知》(国税发〔2002〕9号,2002年1月30日)。
② 《国家税务总局关于印发〈金融保险业营业税申报管理办法〉的通知》(国税发〔2002〕9号,2002年1月30日)。
③ 《国家税务总局关于印发〈金融保险业营业税申报管理办法〉的通知》(国税发〔2002〕9号,2002年1月30日)。
④ 《国家税务总局关于印发〈金融保险业营业税申报管理办法〉的通知》(国税发〔2002〕9号,2002年1月30日)。
⑤ 《财政部 国家税务总局关于营业税若干政策问题的通知》(财税〔2003〕16号,2003年1月15日)。此前,《国家税务总局关于印发〈金融保险业营业税申报管理办法〉的通知》(国税发〔2002〕9号,2002年1月30日)曾规定,金融经纪业务和其他金融业务(中间业务)营业额为手续费(佣金)类的全部收入包括价外收取的代垫、代收代付费用(如邮电费、工本费)加价等,从中不得作任何扣除。《财政部 国家税务总局关于转发〈国务院关于调整金融保险业税收政策有关问题的通知〉的通知》(财税字〔1997〕45号,1997年3月14日)规定,金融机构提供金融保险业劳务时代收的邮电费也应并入营业额中征收营业税。
⑥ 《财政部 国家税务总局关于金融业若干征税问题的通知》(财税〔2000〕191号,2000年6月16日)。
⑦ 《国家税务总局关于印发〈金融保险业营业税申报管理办法〉的通知》(国税发〔2002〕9号,2002年1月30日)。此前,《财政部 国家税务总局关于转发〈国务院关于调整金融保险业税收政策有关问题的通知〉的通知》(财税字〔1997〕45号,1997年3月14日)规定,保险业实行分保险的,初保业务以全部保费收入减去付给分保人的保费后的余额为营业额。为了简化手续,在实际征收过程中,可对初保人按其向投保人收取的保费收入全额(即不扣除分保费支出)征税,对分保人取得的分保费收入不再征收营业税。根据《财政部 国家税务总局关于公布若干废止和失效的营业税规范性文件的通知》(财税〔2009〕61号),自2009年1月1日起,财税字〔1997〕45号上述规定废止。
⑧ 《财政部 国家税务总局关于转发〈国务院关于调整金融保险业税收政策有关问题的通知〉的通知》(财税字〔1997〕45号,1997年3月14日)。《国家税务总局关于印发〈金融保险业营业税申报管理办法〉的通知》(国税发〔2002〕9号,2002年1月30日)。此前,《国家税务总局关于印发〈营业税问题解答(之一)〉的通知》(国税函发〔1995〕156号,1995年4月17日)规定,保险公司开展财产、人身保险时向投保者收取的全部保费记入"储金"科目,储金的利息记入"保费收入"科目,储金到期返还给用户。保险公司开展财产、人身保险的营业额为向投保者收取的全部保费,而不是储金的利息收入。对到期返还给用户的储金不能从营业额中扣除。

按上述规定计算储金业务营业额后,在计算保险企业其他业务营业额时,应相应从"保费收入"账户营业收入中扣除储金业务的保费收入。

纳税人将收取的储金加以运用取得的收入,凡属于营业税征税范围的,应按有关规定征收营业税。

③应收未收保费收入

保险企业已征收过营业税的应收未收保费,凡在财务会计制度规定的核算期限内未收回的,允许从营业额中减除。在会计核算期限以后收回的已冲减的应收未收保费,再并入当期营业额中①。

④无赔偿奖励业务收入

保险企业开展无赔偿奖励业务的,以向投保人实际收取的保费为营业额②。

⑤再保险与分保业务收入

中华人民共和国境内的保险人将其承保的以境内标的物为保险标的的保险业务向境外再保险人办理分保的,以全部保费收入减去分保保费后的余额为营业额③。

境外再保险人应就其分保收入承担营业税纳税义务,并由境内保险人扣缴境外再保险人应缴纳的营业税税款④。

(6)资本市场有关业务应税营业额的确定

①从 2005 年 1 月 1 日起,资本市场有关营业税政策规定如下:

Ⅰ 准许上海、深圳证券交易所代收的证券交易监管费从其营业税计税营业额中扣除⑤。

Ⅱ 准许上海、深圳、大连期货交易所代收的期货市场监管费从其营业税计税营业额中扣除⑥。

Ⅲ 准许证券公司代收的以下三项费用从其营业税计税营业额中扣除⑦:

ⅰ 为证券交易所代收的证券交易监管费;

ⅱ 代理他人买卖证券代收的证券交易所经手费;

ⅲ 为中国证券登记结算公司代收的股东账户开户费(包括 A 股和 B 股)、特别转让股票开户费、过户费、B 股结算费、转托管费。

Ⅳ 准许期货经纪公司为期货交易所代收的手续费从其营业税计税营业额中扣除⑧。

Ⅴ 准许中国证券登记结算公司代收的以下资金项目从其营业税计税营业额中扣除,具体包括⑨:

ⅰ 按规定提取的证券结算风险基金;

ⅱ 代收代付的证券公司资金交收违约垫付资金利息;

ⅲ 结算过程中代收代付的资金交收违约罚息。

②自 2006 年 11 月 1 日起,准许上海、深圳证券交易所上缴的证券投资者保护基金从其营业税计税营业额中扣除;准许证券公司上缴的证券投资

---

① 《财政部 国家税务总局关于营业税若干政策问题的通知》(财税[2003]16 号,2003 年 1 月 15 日)。
② 《财政部 国家税务总局关于营业税若干政策问题的通知》(财税[2003]16 号,2003 年 1 月 15 日)。
③ 《财政部 国家税务总局关于营业税若干政策问题的通知》(财税[2003]16 号,2003 年 1 月 15 日)。
④ 《财政部 国家税务总局关于营业税若干政策问题的通知》(财税[2003]16 号,2003 年 1 月 15 日)。此前,1993 年颁布的营业税暂行条例实施细则规定,保险业实行分保险的,初保业务以全部保费收入减去付给分保人的保费后的余额为营业额。2009 年新修订的营业税暂行条例实施细则删除了此规定。同时,《财政部 国家税务总局关于转发〈国务院关于调整金融保险业税收政策有关问题的通知〉的通知》(财税字[1997]45 号,1997 年 3 月 14 日)曾规定,对分保业务,可对初保人按其向投保人收取的保费收入全额(即不扣除分保费支出)征税,对分保人取得的分保费收入不再征收营业税。根据《财政部 国家税务总局关于公布若干废止和失效的营业税规范性文件的通知》(财税[2009]61 号),上述规定自 2009 年 1 月 1 日起废止。
⑤ 《财政部 国家税务总局关于资本市场有关营业税政策的通知》(财税[2004]203 号,2004 年 12 月 21 日)。此前,《国家税务总局关于上海证券交易所手续费收入如何征收营业税问题的批复》(国税函[1999]177 号,1999 年 4 月 13 日)规定,对上海证券交易所取得的证券交易手续费应全额计算征收营业税,不得扣除上交中国证监会的监管费。
⑥ 《财政部 国家税务总局关于资本市场有关营业税政策的通知》(财税[2004]203 号,2004 年 12 月 21 日)。
⑦ 《财政部 国家税务总局关于资本市场有关营业税政策的通知》(财税[2004]203 号,2004 年 12 月 21 日)。
⑧ 《财政部 国家税务总局关于资本市场有关营业税政策的通知》(财税[2004]203 号,2004 年 12 月 21 日)。
⑨ 《财政部 国家税务总局关于中国证券登记结算公司有关营业税政策的通知》(财税[2004]204 号,2004 年 12 月 21 日)。

者保护基金从其营业税计税营业额中扣除;准许中国证券登记结算公司和主承销商代扣代缴的证券投资者保护基金从其营业税计税营业额中扣除①。

③如果证券公司给客户的折扣额与向客户收取的佣金额在同一张证券交易交割凭证上注明的,可按折扣后的佣金额征收营业税;如果将折扣额另开证券交易交割凭证或发票的,不论其在财务上如何处理,均不得从佣金计税营业额中将折扣额扣除②。

(7)金融机构混合销售行为营业额的确定

金融机构在提供金融劳务的同时,销售账单凭证、支票等属于应征收营业税的混合销售行为,应将此项销售收入并入营业额中征收营业税③。

4.4.5 邮电通信业

(1)出租电信线路业务应税营业额的确定

电信部门以"集中受理"方式为集团客户提供跨省的出租电路业务,由受理地区的电信部门按取得的全部价款减除分割给参与提供跨省电信业务的电信部门的价款后的差额为营业额计征营业税;对参与提供跨省电信业务的电信部门,则按各自取得的全部价款为营业额计征营业税④。

"集中受理"业务,也称为"一点服务",其业务特点是电信部门应一些集团客户的要求,为该集团所属的众多客户提供跨地区的出租电信线路业务,以便该集团所属的众多客户在全国范围内保持特定的通信联络。在结算方式上,由一个客户(简称"客户代表")代表本集团所有客户,统一与"客户代表"所在地的电信部门结算价款,再由"客户代表"所在地的电信部门将全部价款分别支付给参与提供跨地区电信业务的各地电信部门⑤。

(2)电信单位电话卡销售业务应税营业额的确定

电信单位销售的各种有价电话卡,由于其计费系统只能按有价电话卡面值出账并按有价电话卡面值确认收入,不能直接在销售发票上注明折扣折让额,以按面值确认的收入减去当期财务会计上体现的销售折扣折让后的余额为营业额⑥。

(3)合作邮政电信业务应税营业额的确定

邮政电信单位与其他单位合作,共同为用户提供邮政电信业务及其他服务并由邮政电信单位统一收取价款的,以全部收入减去支付给合作方价款后的余额为营业额。对其他合作经营单位从合作方分得的电信费用,亦按"邮电通信业"税目缴纳营业税⑦。

(4)公用电话业务应税营业额的确定

公用电话无论采取哪种经营形式,对邮电部门取得的话费、管理费收入,均依全额按"邮电通信业"税目征收营业税⑧。

(5)若干特定电信业务应税营业额的确定

①手机特服号业务应税营业额的确定

Ⅰ 从2003年1月1日起,中国移动通信集团

---

① 《财政部 国家税务总局关于证券投资者保护基金有关营业税问题的通知》(财税[2006]172号,2006年12月8日)。

② 《中国证券监督管理委员会 财政部 国家税务总局关于调整证券交易佣金收取标准的通知》(证监发[2002]21号,2002年4月4日)。

③ 《财政部 国家税务总局关于转发〈国务院关于调整金融保险业税收政策有关问题的通知〉的通知》(财税字[1997]45号,1997年3月14日)。

④ 《国家税务总局关于电信部门有关业务征收营业税问题的通知》(国税发[2000]143号,2000年8月10日)。

⑤ 《国家税务总局关于电信部门有关业务征收营业税问题的通知》(国税发[2000]143号,2000年8月10日)。

⑥ 《财政部 国家税务总局关于营业税若干政策问题的通知》(财税[2003]16号,2003年1月15日)。此前,《国家税务总局关于电信部门有关业务征收营业税问题的通知》(国税发[2000]143号,2000年8月10日)规定,电信部门销售有价电话卡的纳税义务发生时间,为售出电话卡并取得售卡收入或取得索取售卡收入凭据的当天,其营业额为向购买方(包括经销商)收取的全部价款和价外费用。对电信部门有价电话卡业务按售卡收入征税后,预收款账户上积存的预收款应在三年内分期转入营业收入,并按规定缴纳营业税。已纳税营业额高于售卡收入的,已多纳的部分亦可在三年内分期冲减营业额。

⑦ 《财政部 国家税务总局关于营业税若干政策问题的通知》(财税[2003]16号,2003年1月15日)。《国家税务总局关于合作经营电信业务征收营业税问题的批复》(国税函[2001]640号,2001年8月15日)。

⑧ 《国家税务总局关于经营公用电话征收营业税问题的通知》(国税发[1997]161号,1997年10月11日)。

公司通过手机短信公益特服号"8858"为中国儿童少年基金会接受捐款业务,以全部收入减去支付给中国儿童少年基金会的价款后的余额为营业额①。

Ⅱ 对中国移动通信集团公司及其所属公司与中国残疾人福利基金会合作开展的"短信捐款"业务,以中国移动通信集团公司及其所属公司该项业务的全部收入减去支付给中国残疾人福利基金会的价款后的余额为计税营业额②。

Ⅲ 从 2004 年 1 月 1 日起,对中国移动通信集团公司通过手机特服号为中华健康快车基金会接受捐款业务,以全部收入减去支付给中华健康快车基金会的捐款后的余额为计税营业额③。

Ⅳ 从 2005 年 1 月 1 日起,对中国移动通信集团公司通过手机特服号"5838"为中国妇女发展基金会接受捐款业务,以全部收入减去支付给中国妇女发展基金会的捐款后的余额为营业额,计算征收营业税④。

Ⅴ 自 2006 年 7 月 1 日起,对中国移动通信集团公司、中国联通通信有限公司通过手机特服号"9993"为中国红十字会接受捐款业务,以全部收入减去支付给中国红十字会的捐款后的余额为营业额,计算征收营业税⑤。

Ⅵ 自 2007 年 1 月 1 日起,对中国移动通信集团公司通过手机特服号"10660888"为中华环境保护基金会接受捐款业务,以全部收入减去支付给中华环境保护基金会的捐款后的余额为营业额,计算征收营业税⑥。

Ⅶ 自 2008 年 1 月 1 日起,对中国移动通信集团公司通过手机特服号"10699966"为中国青少年发展基金会接受捐款业务,以全部收入减去支付给中国青少年发展基金会的捐款后的余额为营业额,计算征收营业税⑦。

Ⅷ 自 2008 年 4 月 1 日起,对中国移动通信集团公司、中国联合通信股份有限公司通过手机特服号"10699999"为中国扶贫基金会接受捐款业务,以全部收入减去支付给中国扶贫基金会的价款后的余额为营业额,计算征收营业税⑧。

Ⅸ 自 2009 年 4 月 1 日起,对中国移动通信集团公司、中国联合网络通信集团有限公司、中国电信股份有限公司通过手机特服号"10699996"为中国华侨经济文化基金会接受捐款业务,以全部收入减去支付给中国华侨经济文化基金会的价款后的余额为营业额,计算征收营业税⑨。

Ⅹ 自 2009 年 11 月 1 日起,对中国移动通信集团公司、中国联合网络通信集团有限公司、中国电信股份有限公司通过手机特服号"10699969"和"10699919"分别为中国绿化基金会和中国社会工作协会接受捐款业务,以全部收入减去支付给中国绿化基金会和中国社会工作协会的价款后的余额

---

① 《财政部 国家税务总局关于营业税若干政策问题的通知》(财税[2003]16 号,2003 年 1 月 15 日)。
② 《国家税务总局关于中国移动通信集团公司与中国残疾人福利基金会合作开展"短信捐款"业务征收营业税问题的通知》(国税发[2004]87 号,2004 年 7 月 8 日)。
③ 《财政部 国家税务总局关于中国移动通信集团公司与中华健康快车基金会合作项目有关营业税和企业所得税政策问题的通知》(财税[2004]82 号,2004 年 7 月 8 日)。
④ 《财政部 国家税务总局关于中国移动通信集团公司与中国妇女发展基金会合作项目有关税收政策问题的通知》(财税[2005]53 号,2005 年 6 月 30 日)。
⑤ 《财政部 国家税务总局关于中国移动通信集团公司和中国联通通信有限公司与中国红十字会合作项目有关税收政策问题的通知》(财税[2006]59 号,2006 年 6 月 22 日)。
⑥ 《财政部 国家税务总局关于中国移动通信集团公司与中华环境保护基金会合作项目有关税收政策问题的通知》(财税[2007]32 号,2007 年 2 月 12 日)。
⑦ 《财政部 国家税务总局关于中国移动通信集团公司与中国青少年发展基金会合作项目有关税收政策问题的通知》(财税[2008]2 号,2008 年 1 月 4 日)。
⑧ 《财政部 国家税务总局关于中国移动通信集团公司 中国联合通信股份有限公司与中国扶贫基金会合作项目有关营业税政策的通知》(财税[2008]34 号,2008 年 4 月 2 日)。
⑨ 《财政部 国家税务总局关于中国移动通信集团公司 中国联合网络通信集团有限公司 中国电信股份有限公司与中国华侨经济文化基金会合作项目营业税政策的通知》(财税[2009]77 号,2009 年 5 月 12 日)。

为营业额,计算征收营业税①。

②邮电通信网互联互通业务应税营业额的确定

对中国联合通信有限公司及所属通信企业与邮电部邮电通信网的互联互通业务,可按本通信网全部话费收入加上从另一通信网分割回的话费收入减去分割给另一通信网的话费后的余额计征营业税②。

③CDMA 和 TD－SCDMA 业务应税营业额的确定

Ⅰ 联通分公司与联通新时空分公司联合开展CDMA 业务计征营业税的营业额为向用户收取的全部收入减去支付给联通新时空分公司价款后的余额。联通新时空分公司属于信息产业部批准成立的提供电信服务的单位,对其与联通分公司联合开展 CDMA 网络通信业务取得的收入应按"邮电通信业"税目征收营业税③。

Ⅱ 2008 年 10 月 1 日起,CDMA 网络将由中国电信集团公司所属网络资产分公司(简称电信网络分公司)负责投资建设,由中国电信股份有限公司及所属分公司(简称电信股份分公司)负责运营并统一向用户收取通话费、月租费、网间结算、增值业务等运营收入,电信股份分公司按规定标准定期向电信网络分公司支付价款。自 2008 年 10 月1 日起,电信股份分公司应就其向 CDMA 用户收取的全部收入减去支付给电信网络分公司价款后的余额为营业额缴纳营业税,电信网络分公司从电信股份分公司分得的 CDMA 业务收入按照"邮电通信业"税目缴纳营业税④。

Ⅲ 2009 年 1 月 1 日起,中国移动通信集团公司(简称移动集团)及所属分公司与中国移动有限公司(简称移动有限公司)及所属子公司联合开展TD－SCDMA 业务,移动集团及所属分公司负责 TD－SCDMA 网络资产的投资和建设,移动有限公司及所属子公司负责 TD－SCDMA 网络业务运营并统一向用户收取通话费、月租费等收入,移动有限公司及所属子公司按约定向移动集团及所属分公司支付价款。自 2009 年 1 月 1 日起,移动有限公司及所属子公司应就其向 TD－SCDMA 用户收取的全部收入减去支付给移动集团及所属分公司价款后的余额为营业额缴纳营业税,移动集团及所属分公司从移动有限公司及所属子公司分得的 TD－SCDMA 业务收入按照"邮电通信业"税目缴纳营业税⑤。

④电信集团改组改制后相关业务应税营业额的确定

Ⅰ 2009 年 1 月 1 日起,中国联合通信有限公司吸收合并中国网络通信集团公司,组建中国联合网络通信集团有限公司(简称联通集团公司)和中国联合网络通信有限公司(简称联通有限公司)。联通集团公司的固网网络由联通新时空移动通信有限公司(简称联通新时空)及所属分公司负责投资建设,联通有限公司及所属分公司负责固网业务运营并统一向用户收取通话费等收入,并按规定标准向联通新时空及所属分公司支付价款。自 2009年 1 月 1 日起,联通有限公司及所属分公司应就其向电信用户收取的全部收入减去支付给联通新时空及所属分公司价款后的余额为营业额缴纳营业税,联通新时空及所属分公司从联通有限公司及所属分公司取得的电信业务收入按照"邮电通信业"

---

① 《财政部 国家税务总局关于中国绿化基金会和中国社会工作协会短信捐款营业税政策的通知》(财税[2009]129 号,2009年 12 月 8 日)。

② 《国家税务总局关于电信业务征收营业税问题的通知》(国税函发[1996]685 号,1996 年 11 月 22 日)。

③ 《国家税务总局关于联通分公司与联通新时空分公司联合开展 CDMA 网络通信业务营业税问题的通知》(国税函[2003]1299 号,2003 年 12 月 3 日)。

④ 《国家税务总局关于中国电信集团公司所属网络资产分公司与中国电信股份有限公司所属分公司联合开展 CDMA 网络通信业务营业税问题的通知》(国税函[2009]75 号,2009 年 2 月 20 日)。

⑤ 《国家税务总局关于中国移动通信集团公司及所属分公司与中国移动有限公司及所属子公司联合开展 TD－SCDMA 网络通信业务营业税问题的通知》(国税函[2009]223 号,2009 年 4 月 29 日)。

税目缴纳营业税①。

Ⅱ 中国移动通信集团公司下属的中国移动(香港)有限公司(简称香港公司)在北京注册成立的全资子公司——中国移动通信有限公司(简称有限公司),主要承担香港公司内地整体通信业务管理和运营职能。对有限公司及其下属各子公司有关营业额问题按如下规定处理:

ⅰ 有限公司向其子公司提供各项管理及通讯全程全网服务,以其实际发生的费用,确定服务总收费额,按各子公司接受服务的业务量或合理比例,向各子公司收取,并按规定计算缴纳营业税②。

ⅱ 有限公司代表其子公司与其他企业签订合同,与其子公司共同接受其他企业服务,由有限公司代其子公司统一支付的各项费用,包括电路及网元租赁费、资源占用费、业务技术支撑费、广告费、业务宣传费、展览费、研究开发费、咨询费、审计费等,可以按照实际发生额向其子公司分摊,不作为有限公司的收入计算缴纳营业税③。

Ⅲ 中国电信集团公司将江苏、浙江、广东、上海等四省(市)和其他地区电信业务资产重组上市时已缴纳过营业税的预收性质的收入,从递延收入中转出并确认为营业收入时,不再征收营业税④。

4.4.6　文化体育业

(1)学校赞助费收入应税营业额的确定

学校取得赞助费收入,如果没有向赞助方提供应税劳务、转让无形资产或转让不动产所有权,此项赞助收入系属无偿取得,不征收营业税;反之,学校如果向赞助方提供应税劳务、转让无形资产或转让不动产所有权,此项赞助收入系属有偿取得,应征收营业税⑤。

对于其他单位和个人取得的赞助收入也应按这一原则确定是否征收营业税⑥。

(2)电视转播收入应税营业额的确定

各地电视转播台(或其他单位)向当地用户有偿转播由中央电视台或其他电视台播放的电视节目,应由直接向用户收取收视费的电视转播台(或其他单位),按其向用户收取的收视费全额,向所在地主管税务机关缴纳营业税。播映电视节目的中央电视台或其他电视台从各地电视转播台或其他单位分得的收视费收入,不再缴纳营业税⑦。

广播电视有线数字付费频道业务应由直接向用户收取数字付费频道收视费的单位按其向用户收取的收视费全额,向所在地主管税务机关缴纳营业税。对各合作单位分得的收视费收入,不再征收营业税⑧。

(3)新闻信息产品有偿转让收入应税营业额的确定

新华社各分社向当地用户有偿转让新闻信息产品,应由直接向用户收费的单位以其收费全额,按"文化体育业"税目,向所在地主管税务机关缴纳营业税。新华社从各地分社分得的新闻信息产品收入,不再缴纳营业税。其中"新闻信息产品",是指新华总社编辑的新闻信息产品,不包括新华社

---

① 《国家税务总局关于中国联合网络通信有限公司及所属分公司与联通新时空移动通信有限公司及所属分公司联合开展电信业务营业税问题的通知》(国税函[2009]224 号,2009 年 4 月 29 日)。

② 《国家税务总局关于中国移动通信有限公司税务处理有关问题的通知》(国税函[2004]1020 号,2004 年 8 月 31 日)。此处原文规定是"按照《国家税务总局关于外商投资性公司对其子公司提供服务有关税务处理问题的通知》(国税发[2002]128 号)第三条规定的方法"确定服务总收费额和计算缴纳营业税。根据《国家税务总局关于公布全文失效废止 部分条款失效废止的税收规范性文件目录的公告》(国家税务总局公告 2011 年第 2 号,2011 年 1 月 4 日),国税发[2002]128 号第三条已失效,但国税函[2004]1020 号上述规定未被公布失效。

③ 《国家税务总局关于中国移动通信有限公司税务处理有关问题的通知》(国税函[2004]1020 号,2004 年 8 月 31 日)。

④ 《国家税务总局关于对已缴纳过营业税的递延收入不再征收营业税问题的通知》(国税发[2002]138 号,2002 年 11 月 5 日)。

⑤ 《国家税务总局关于印发〈营业税问题解答(之一)〉的通知》(国税函发[1995]156 号,1995 年 4 月 17 日)。

⑥ 《国家税务总局关于印发〈营业税问题解答(之一)〉的通知》(国税函发[1995]156 号,1995 年 4 月 17 日)。

⑦ 《国家税务总局关于电视收视费征收营业税问题的通知》(国税发[2001]22 号,2001 年 2 月 26 日)。

⑧ 《国家税务总局关于广播电视有线数字付费频道业务征收营业税问题的通知》(国税函[2004]141 号,2004 年 1 月 20 日)。

各分社再编辑的新闻信息产品①。

（4）境外团体或个人在我国从事文艺及体育演出营业额的确定

①外国或港、澳、台地区演员、运动员以团体名义在我国（大陆）从事文艺、体育演出，对演出团体应依照营业税暂行条例的有关规定，以其全部票价收入或者包场收入减去付给提供演出场所的单位、演出公司或经纪人的费用后的余额为营业额，按3%的税率征收营业税②。

②对外国或港、澳、台地区演员、运动员以个人名义在我国（大陆）从事演出、表演所取得的收入，应以其全部票价收入或者包场收入减去支付给提供演出场所的单位、演出公司或者经纪人的费用后的余额为营业额，依3%的税率征收营业税③。

（5）电影票房收入应税营业额的确定④

电影放映单位放映电影，应以其取得的全部电影票房收入为营业额计算缴纳营业税。其从电影票房收入中提取并上缴的国家电影事业发展专项资金，自2009年1月1日起，按照《财政部 国家税务总局关于个人金融商品买卖等营业税若干免税政策的通知》（财税〔2009〕111号）规定不得从其计税营业额中扣除。2008年12月31日前，按照《财政部 国家税务总局关于调整行政事业性收费（基金）营业税政策的通知》（财税字〔1997〕5号）规定不征收营业税。

4.4.7 娱乐业

（1）一般娱乐业应税营业额的确定

娱乐业的营业额为经营娱乐业收取的全部价款和价外费用，包括门票收费、台位费、点歌费、烟酒、饮料、茶水、鲜花、小吃等收费及经营娱乐业的其他各项收费⑤。

（2）高尔夫俱乐部会员费应税营业额的确定

对高尔夫俱乐部会员入会时一次性缴清的入会费，无论该项收入在财务上如何处理，均按取得的收入计算征收营业税。对于俱乐部取得的其他类似于会员费的收入，应合并作为会员费收入计算征收营业税。俱乐部向会员收取的会员资格保证金，在会员退会时全额退还的，如果是账务上直接冲减营业税收入的，可以从当期的营业额中扣除，不计算征收营业税⑥。

4.4.8 服务业

（1）旅游业务应税营业额的确定

纳税人从事旅游业务的，以其取得的全部价款和价外费用扣除替旅游者支付给其他单位或者个人的住宿费、餐费、交通费、旅游景点门票和支付给其他接团旅游企业的旅游费后的余额为营业额⑦。

（2）代理业应税营业额的确定

①一般代理服务

代理业的营业额为纳税人从事代理业务向委

① 《国家税务总局关于新闻产品征收流转税问题的通知》（国税发〔2001〕105号，2001年9月13日）。

② 《国家税务总局关于境外团体或个人在我国从事文艺及体育演出有关税收问题的通知》（国税发〔1994〕106号，1994年4月1日）。此前，原营业税暂行条例实施细则规定：单位和个人进行演出，以全部票价收入或包场收入减去付给提供演出场所的单位、演出经纪公司或经纪人的费用后的余额为营业额。新细则将此规定予以了删除。

③ 《国家税务总局关于境外团体或个人在我国从事文艺及体育演出有关税收问题的通知》（国税发〔1994〕106号，1994年4月1日）。

④ 《财政部 国家税务总局关于国家电影事业发展专项资金营业税政策问题的通知》（财税〔2010〕16号，2010年3月11日）。

⑤ 《中华人民共和国营业税暂行条例实施细则》（财政部 国家税务总局令第52号，2008年12月15日）第十七条。

⑥ 《国家税务总局关于高尔夫球俱乐部税收问题的批复》（国税函发〔1994〕514号，1994年9月13日）。《国家税务总局关于营业税若干问题的通知》（国税发〔1995〕76号，1995年4月26日）。国税函发〔1994〕514号还规定，对保证金的存款利息收入应计入营业利润中计算征收企业所得税。

⑦ 《中华人民共和国营业税暂行条例》（中华人民共和国国务院令第540号，2008年11月10日）第五条。此前，原营业税暂行条例实施细则规定，以收取的旅游费减去替旅游者支付给其他单位的房费、餐费、交通、门票和其他代付费用后的余额为营业额。《财政部 国家税务总局关于营业税若干政策问题的通知》（财税〔2003〕16号，2003年1月15日）规定，旅游企业组织旅游团在中国境内旅游的，以收取的全部旅游费减去替旅游者支付给其他单位的房费、餐费、交通、门票或支付给其他接团旅游企业的旅游费后的余额为营业额。

托方实际收取的报酬①。应以其向委托人收取的全部价款和价外费用减除现行税收政策规定的可扣除部分后的余额为计税营业额②。

非本企业雇员为企业提供非有形商品推销、代理等服务活动取得的佣金、奖励和劳务费等名目的收入,无论该收入采用何种计取方法和支付方式,均应计入个人从事服务业应税劳务的营业额③。

②广告代理服务

从事广告代理业务的,以其全部收入减去支付给其他广告公司或广告发布者(包括媒体、载体)的广告发布费后的余额为营业额④。

"邮电通信业"税目征收营业税。买入价后的余额为营业额;纳税人从事广告代理业务时,委托广告发布单位制作并发布其承接的广告,无论该广告是通过何种媒体或载体(包括互联网)发布,无论委托广告发布单位是否具有工商行政管理部门颁发的《广告经营许可证》,纳税人都应该按照以上规定,以其从事广告代理业务实际取得的收入为计税营业额计算缴纳营业税,其向广告发布单位支付的全部广告发布费可以从其从事广告代理业务取得的全部收入中减除⑤。

③餐饮中介代理服务

服务性单位接受机关团体企事业单位的委托,将记载有金额的就餐卡提供给委托方的职工,持卡者到服务性单位指定的餐饮企业消费。服务性单位负责将委托方预付的餐费转付给餐饮企业,并向委托方和餐饮企业收取服务费。服务性单位从事的是餐饮中介服务,应按"服务业"税目"代理业"项目征收营业税。根据代理业的营业额为纳税人从事代理业务实际取得的报酬的规定,服务性单位从事餐饮中介服务的营业额为向委托方和餐饮企业实际收取的中介服务费,不包括其代委托方转付的就餐费用⑥。

④人力资源代理服务

Ⅰ 劳务公司接受用工单位的委托,为其安排劳动力,凡用工单位将其应支付给劳动力的工资和为劳动力上交的社会保险(包括养老保险金、医疗保险、失业保险、工伤保险等,下同)以及住房公积金统一交给劳务公司代为发放或办理的,以劳务公司从用工单位收取的全部价款减去代收转付给劳动力的工资和为劳动力办理社会保险及住房公积金后的余额为营业额⑦。

Ⅱ 外事服务单位在为外国常驻机构、三资企业和其他企业提供人力资源服务时,负责代外国常驻机构、三资企业和其他企业支付被聘用人员的工资及福利费和交纳社会统筹(包括基本养老、医疗、工伤、失业保险金等,下同)、住房公积金等。外事服务单位为外国常驻机构、三资企业和其他企业提供人力资源服务,属于代理业。根据有关代理业的营业额为纳税人从事代理业务向委托方实际收取的报酬的规定,外事服务单位为外国常驻机构、三资企业和其他企业提供人力资源服务的,其营业额为从委托方取得的全部收入减除代委托方

---

① 《国家税务总局关于营业税若干问题的通知》(国税发〔1995〕76 号,1995 年 4 月 26 日)。
② 《国家税务总局关于代理业营业税计税依据确定问题的批复》(国税函〔2007〕908 号,2007 年 8 月 24 日)。该文还规定:营业额减除项目发生在境内的,减除项目支付款项凭证必须是发票或其他合法有效凭证;支付给境外的,减除项目支付款项凭证必须是外汇付汇凭证、外方公司的签收单据或出具的公证证明。后新修订的营业税条例实施细则第十九条规定:支付给境内单位或者个人的款项,且该单位或者个人发生的行为属于营业税或者增值税征收范围的,以该单位或者个人开具的发票为合法有效凭证;支付给境外单位或者个人的款项,以该单位或者个人的签收单据为合法有效凭证,税务机关对签收单据有疑义的,可以要求其提供境外公证机构的确认证明。二者存在一定差异,从法律效力适用的角度,国税函〔2007〕908 号相关规定虽没有被公布失效或废止,但目前应按条例实施细则第十九条的规定执行。
③ 《财政部 国家税务总局关于个人提供非有形商品推销、代理等服务活动取得收入征收营业税和个人所得税有关问题的通知》(财税字〔1997〕103 号,1997 年 7 月 21 日)。
④ 《财政部 国家税务总局关于营业税若干政策问题的通知》(财税〔2003〕16 号,2003 年 1 月 15 日)。
⑤ 《国家税务总局关于互联网广告代理业务营业税问题的批复》(国税函〔2008〕660 号,2008 年 7 月 6 日)。
⑥ 《国家税务总局关于代理业营业额问题的通知》(国税发〔2003〕69 号,2003 年 6 月 18 日)。
⑦ 《财政部 国家税务总局关于营业税若干政策问题的通知》(财税〔2003〕16 号,2003 年 1 月 15 日)。

支付给聘用人员的工资及福利费和缴纳的社会统筹、住房公积金后的余额①。

⑤包机代理服务和国际船运代理服务

Ⅰ 对包机公司向旅客或货主收取的运营收入,应按"服务业—代理"项目征税,其营业额为向旅客或货主收取的全部价款和价外费用减除支付给航空运输企业的包机费后的余额②。

Ⅱ 无船承运业务是指无船承运业务经营者以承运人身份接受托运人的货载,签发自己的提单或其他运输单证,向托运人收取运费,通过国际船舶运输经营者完成国际海上货物运输,承担承运人责任的国际海上运输经营活动。自2007年1月1日起,无船承运业务的营业税按以下规定处理③:

ⅰ 无船承运业务应按照"服务业—代理业"税目征收营业税。

ⅱ 纳税人从事无船承运业务,以其向委托人收取的全部价款和价外费用扣除其支付的海运费以及报关、港杂、装卸费用后的余额为计税营业额申报缴纳营业税。

ⅲ 纳税人从事无船承运业务,应按照其从事无船承运业务取得的全部价款和价外费用向委托人开具发票,同时应凭其取得的开具给本纳税人的发票或其它合法有效凭证作为差额缴纳营业税的扣除凭证。

⑥律师代理服务

律师事务所在办案过程中向委托人收取的一切费用,包括办案费等,无论其收费的名称如何,也不论财务会计如何核算,均应并入营业额中计算应纳税额④。

⑦公用电话代理服务

私人住宅、小卖店以及其他单位(即兼办人),利用其自用电话兼办公用电话业务。邮电部门按月向兼办人收取管理费,并按自用电话标准收取电话费。对兼办人取得的收入按"服务业"税目中的"代理服务"项目征收营业税。其营业额为向用户收取的全部价款和价外费用减去支付给邮电部门的管理费和电话费的余额⑤。

⑧报关代理服务

自2007年1月1日起,纳税人从事代理报关业务,以其向委托人收取的全部价款和价外费用扣除以下项目金额后的余额为计税营业额申报缴纳营业税⑥:

Ⅰ 支付给海关的税金、签证费、滞报费、滞纳金、查验费、打单费、电子报关平台费、仓储费;

Ⅱ 支付给检验检疫单位的三检费、熏蒸费、消毒费、电子保险平台费;

Ⅲ 支付给预录入单位的预录费;

Ⅳ 国家税务总局规定的其他费用。

纳税人从事代理报关业务,应按其从事代理报关业务取得的全部价款和价外费用向委托人开具发票,应凭其取得的开具给本纳税人的发票或其它合法有效凭证作为差额征收营业税的扣除凭证⑦。

⑨教育考务代理服务

教育部考试中心属事业单位,对其所取得的考试费收入应征收营业税⑧。

教育部考试中心及其直属单位与行业主管部门(或协会)、海外教育考试机构和各省级教育机构(简称合作单位)合作开展考试的业务,实质是

---

① 《国家税务总局关于外事服务单位营业额问题的通知》(国税函[2002]95号,2002年12月18日)。
② 《国家税务总局关于航空运输企业包机业务征收营业税问题的通知》(国税发[2000]139号,2000年8月3日)。
③ 《国家税务总局关于无船承运业务有关营业税问题的通知》(国税函[2006]1312号,2006年12月31日)。
④ 《国家税务总局关于律师事务所办案费收入征收营业税问题的批复》(国税函发[1995]479号,1995年8月30日)。
⑤ 《国家税务总局关于经营公用电话征收营业税问题的通知》(国税发[1997]161号,1997年10月11日)。
⑥ 《国家税务总局关于加强代理报关业务营业税征收管理有关问题的通知》(国税函[2006]1310号,2006年12月31日)。
⑦ 《国家税务总局关于加强代理报关业务营业税征收管理有关问题的通知》(国税函[2006]1310号,2006年12月31日)。
⑧ 《国家税务总局关于国家教委考试中心举办涉外考试收费有关税收问题的复函》(国税函发[1995]108号,1995年3月14日)。该文还规定:对美国教育考试服务处在中国境内举办TOEFL、GRE考试业务所取得的考试费收入不征税。后该规定被《国家税务总局关于公布废止的营业税规范性文件目录的通知》(国税发[2009]29号,2009年3月4日)公布废止。

从事代理业务,按照现行营业税政策规定,教育部考试中心及其直属单位受托举办社会化考试和考试教材发行业务的计税营业额为其实际取得的佣金,即以其全部收入减去支付给合作单位的合作费、试卷费、运费以及书价款后的余额为营业额,按照"服务业—代理业"税目依5%的税率计算缴纳营业税①。

⑩消费储值业务

"消费储值"业务是指纳税人通过发展代理商或任命地区服务中心经理等方式,由代理商或地区服务中心经理等机构或个人以发展加盟商家、持卡消费者的形式,为加盟商家组织稳定客源,把持卡消费者介绍到加盟商家进行消费活动的业务。

纳税人开展"消费储值"业务取得的收入(包括向加盟商家收取的佣金收入;向代理商或地区服务中心经理等机构或个人收取的管理费、合同定金、市场保证金等收入;向持卡消费者收取的注册费、服务费等收入),应按"服务业——其他服务业"全额征收营业税,不得扣除支付给代理商或地区服务中心经理等机构或个人以及持卡消费者的佣金费用、奖励等支出。代理商或地区服务中心经理等机构或个人取得的佣金提成收入,应按"服务业——代理业"征收营业税②。

(3)物业服务应税营业额的确定

从事物业管理的单位,以与物业管理有关的全部收入减去代业主支付的水、电、燃气以及代承租者支付的水、电、燃气、维修基金、房屋租金的价款后的余额为营业额③。

对物业管理企业代有关部门收取的水费、电费、燃(煤)气费、维修基金、房租等代理业务取得的手续费收入应当征收营业税④。

住房专项维修基金是指物业管理企业根据规定接受业主管理委员会或物业产权人、使用人委托代管的房屋共用部位维修基金和共用设施设备维修基金,属于全体业主共同所有的一项代管基金,专项用于物业保修期满后物业共用部位、共用设施设备的维修和更新、改造。由于住房专项维修基金资金所有权及使用的特殊性,对房地产主管部门或其指定机构、公积金管理中心、开发企业以及物业管理单位代收的住房专项维修基金,不计征营业税⑤。

(4)勘察分包业务应税营业额的确定

对勘察设计单位将承担的勘察设计劳务分包或转包给其他勘察设计单位或个人并由其统一收取价款的,以其取得的勘察设计总包收入减去支付给其他勘察设计单位或个人的勘察设计费后的余额为营业税计税营业额⑥。

(5)外商投资性公司向其子公司提供服务应税营业额的确定⑦

①专门从事投资业务的外商投资企业(简称外商投资性公司)对其子公司提供各项服务,应当

① 《国家税务总局关于人事部人事考试中心受托举办考试有关营业税问题的通知》(国税函[2002]1053号,2002年12月12日)。《国家税务总局关于教育部考试中心及其直属单位与其他单位合作开展考试有关营业税问题的通知》(国税函[2009]752号,2009年12月23日)。

② 《国家税务总局关于"消费储值"业务征收营业税问题的批复》(国税函[2005]168号,2005年2月24日)。

③ 《财政部 国家税务总局关于营业税若干政策问题的通知》(财税[2003]16号,2003年1月15日)。《国家税务总局关于物业管理企业的代收费用有关营业税问题的通知》(国税发[1998]217号,1998年12月15日)。

④ 《国家税务总局关于物业管理企业的代收费用有关营业税问题的通知》(国税发[1998]217号,1998年12月15日)。

⑤ 《国家税务总局关于住房专项维修基金征免营业税问题的通知》(国税发[2004]69号,2004年6月7日)。

⑥ 《国家税务总局关于勘察设计劳务征收营业税问题的通知》(国税函[2006]1245号,2006年12月22日)。

⑦ 《国家税务总局关于外商投资性公司对其子公司提供服务有关税务处理问题的通知》(国税发[2002]128号,2002年9月28日)。此外,该文件还规定,外商投资性公司向其多个子公司提供同类服务,其服务收入收费不是采取分项签订合同,明确收费标准,而是采取按提供服务所发生的实际费用确定该项服务总收费额,以比例分摊的方法确定每一子公司应付数额的,服务总收费额=实际费用/(1-营业税税率-核定利润率)核定利润率,其中核定利润率凡属于向境内子公司提供服务的按5%,属于向境外子公司提供服务的可不受此限。但根据《国家税务总局关于公布全文失效废止 部分条款失效废止的税收规范性文件目录的公告》(国家税务总局公告2011年第2号,2011年1月4日),国税发[2002]128号上述规定已失效。

按照独立企业之间的业务往来收取价款或费用,未按照独立企业之间的业务往来收取价款或费用的,税务机关有权进行调整。

②外商投资性公司向其子公司提供各项服务,双方应签订服务合同,明确列明提供服务的内容、收费标准等。外商投资性公司提供各项服务所取得的收入,应当按照规定申报缴纳营业税。

③外商投资性公司代表其子公司与其他企业签订合同,与其子公司共同接受其他企业的服务,由外商投资性公司代其子公司支付的各项服务费用,向其子公司收回时,不作为外商投资性公司的收入计算缴纳营业税。

外商投资性公司可以按照以上第③条规定的比例,采取成本分摊的办法向接受服务的子公司收回上述代付费用;在收回代付费用时,也应按照上述规定的要求,出具书面通知。

(6)合作劳务应税营业额的确定

对多方协作完成一项劳务的,应就各方实际取得的应税劳务收入征收营业税①。

4.4.9 转让无形资产

(1)外国企业和外籍个人向我国境内转让技术和商标使用权应税营业额的确定

外国企业和外籍个人向我国境内转让技术时,同时转让商标使用权的,应在合同中分别规定技术转让费和商标使用费的价款,对没有规定商标使用费的、或者规定明显偏低的,应按不低于合同总价款的50%核定为商标使用费,计算征收营业税②。

(2)转让土地使用权应税营业额的确定

①军队有偿转让空余军用土地使用权计税依据的确定

军队有偿转让空余军用土地使用权时取得的收入应按"转让无形资产"税目中的"转让土地使用权"项目征收营业税;计税依据为军队转让该项土地使用权向对方取得的全部价款和价外费用,不得从中扣除上交的"土地收益金"③。

②其他情形转让土地使用权计税依据的确定

参见4.4.10销售不动产相关内容。

4.4.10 销售不动产

(1)一般情形下转让不动产和土地使用权应税营业额的确定

单位和个人销售或转让其购置的不动产或受让的土地使用权,以全部收入减去不动产或土地使用权的购置或受让原价后的余额为营业额④。

单位和个人销售或转让抵债所得的不动产、土地使用权的,以全部收入减去抵债时该项不动产或土地使用权作价后的余额为营业额⑤。

从2007年2月1日起,凡从事销售不动产的单位和个人,在销售不动产收取款项时,必须开具税务机关统一印制的新版《销售不动产统一发票》⑥。

(2)境外销售房地产应税营业额的确定

从事房地产业务的外商投资企业与境外企业签订房地产代销、包销合同或协议,委托境外企业

---

① 《国家税务总局关于毕马威华振会计师事务所与毕马威企业咨询(中国)有限公司之间协作业务有关营业税问题的批复》(国税函[2004]1169号,2004年10月19日)。

② 《国家税务总局关于取消及下放外商投资企业和外国企业以及外籍个人若干税务行政审批项目的后续管理问题的通知》(国税发[2004]80号,2004年6月25日)。

③ 《国家税务总局关于军队转让空余军用土地应按规定征收营业税的批复》(国税函[1998]421号,1998年7月13日)。

④ 《财政部 国家税务总局关于营业税若干政策问题的通知》(财税[2003]16号,2003年1月15日)。此外,《国家税务总局关于营业税若干政策问题的批复》(国税函[2005]83号,2005年1月26日)规定,单位和个人销售或转让其购置的不动产或受让的土地使用权,无论该不动产或土地使用权上一环节是否已缴纳营业税,均应按照此规定以全部收入减去该不动产或土地使用权的购置或受让原价后的余额为计税营业额。根据《国家税务总局关于公布全文失效废止 部分条款失效废止的税收规范性文件目录的公告》(国家税务总局公告2011年第2号,2011年1月4日),国税函[2005]83号被公布失效废止。

⑤ 《财政部 国家税务总局关于营业税若干政策问题的通知》(财税[2003]16号,2003年1月15日)。

⑥ 《国家税务总局关于使用新版不动产销售统一发票和新版建筑业统一发票有关问题的通知》(国税发[2006]173号,2006年12月5日)。

在境外销售其位于我国境内房地产的,应按境外企业向购房人销售的价格,作为外商投资企业房地产销售收入,计算缴纳营业税①。

（3）还本方式销售建筑物应税营业额的确定

以"还本"方式销售建筑物,是指商品房经营者在销售建筑物时许诺若干年后可将房屋价款归还购房者,这是经营者为了加快资金周转而采取的一种促销手段。对以"还本"方式销售建筑物的行为,应按向购买者收取的全部价款和价外费用征收营业税,不得减除所谓"还本"支出②。

（4）代销商品房业务应税营业额的确定

甲方将自行开发的商品房委托乙方销售,双方以代销基价作为结算价格,甲方向乙方开具销售商品房发票;乙方将商品房销售给购房者并按实际销售价格开具发票,同时为业主办理产权证;这种行为是商品房销售而不是委托代销。因此,对甲方取得的收入应按"销售不动产"税目征收营业税,其计税依据是双方按照协议约定的代销基价实际结算的收入;对乙方也应按"销售不动产"税目征收营业税,其计税依据是商品房实际销售价减除代销基价后的余额③。

（5）销售不动产发生退房有关营业额的确定

纳税人销售不动产后发生退房并退款,该项退款已征收过营业税的,无论退房原因,应退还纳税人已缴纳的营业税税款或从其以后的计税营业额中减除④。

4.5　税收优惠

4.5.1　起征点

纳税人营业额未达到国务院财政、税务主管部门规定的营业税起征点的,免征营业税;达到起征点的,依照条例规定全额计算缴纳营业税⑤。

上述所称营业税起征点,是指纳税人营业额合计达到起征点。营业税起征点的适用范围限于个人。营业税起征点的幅度规定如下⑥:

①按期纳税的,为月营业额 1000—5000 元;

②按次纳税的,为每次（日）营业额 100 元。

省、自治区、直辖市财政厅（局）、税务局应当在规定的幅度内,根据实际情况确定本地区适用的起征点,并报财政部、国家税务总局备案⑦。

4.5.2　分类税收优惠

4.5.2.1　交通运输业营业税优惠

（1）青藏铁路运营收入营业税优惠

自 2006 年 7 月 1 日起,对青藏铁路公司取得的运输收入、其他业务收入免征营业税,对青藏铁路公司取得的付费收入不征收营业税⑧。

上述所称的"运输收入"是指《国家税务总局关于中央铁路征收营业税问题的通知》（国税发〔2002〕44 号）第一条明确的各项运营业务收入。即:旅客票价收入;行李运费收入;包裹运费收入;邮运运费收入;货物运费收入;客运其他收入;货运其他收入;客货运服务收入;铁路运营临管线收入;保价收入;铁路建设基金收入;铁路关联收入⑨。

上述所称的"其他业务收入"是指为了减少运输主业亏损,青藏铁路公司运营单位承办的与运营业务相关的其他业务,主要包括路内装卸作业、代办工作、专用线和自备车维检费等纳入运输业报表

---

①　《国家税务总局关于从事房地产业务的外商投资企业若干税务处理问题的通知》（国税发〔1999〕242 号,1999 年 12 月 21 日）。

②　《国家税务总局关于印发〈营业税问题解答（之一）〉的通知》（国税函发〔1995〕156 号,1995 年 4 月 17 日）。

③　《国家税务总局关于代销商品房业务征收营业税问题的批复》（国税发〔2005〕917 号,2005 年 9 月 27 日）。

④　《国家税务总局关于房地产开发企业发生退房有关营业税问题的批复》（国税函〔2009〕695 号,2009 年 12 月 10 日）。

⑤　《中华人民共和国营业税暂行条例》（中华人民共和国国务院令第 540 号,2008 年 11 月 10 日）第十条。

⑥　《中华人民共和国营业税暂行条例实施细则》（财政部　国家税务总局令第 52 号,2008 年 12 月 15 日）第二十三条。

⑦　《中华人民共和国营业税暂行条例实施细则》（财政部　国家税务总局令第 52 号,2008 年 12 月 15 日）第二十三条。

⑧　《财政部　国家税务总局关于青藏铁路公司运营期间有关税收等政策问题的通知》（财税〔2007〕11 号,2007 年 1 月 11 日）。青藏铁路公司所属单位名单详见该文附件。

⑨　《财政部　国家税务总局关于青藏铁路公司运营期间有关税收等政策问题的通知》（财税〔2007〕11 号,2007 年 1 月 11 日）。

体系与运输业统一核算收支的其他收入项目①。

上述所称的"付费收入"是指铁路财务体制改革过程中,青藏铁路公司因财务模拟核算产生的内部及其与其他铁路局之间虚增清算收入,具体包括《国家税务总局关于中央铁路征收营业税问题的通知》(国税发[2002]44号)第二条明确的不征收营业税的各项费用,即:线路使用费;车站旅客服务费;机车牵引费;车站上水服务费;售票服务费;旅客列车车辆加挂费;行包专列车辆加挂费;行包专列发送服务费;接触网使用费;铁路局内、局间因财务改革产生的其他收付费项目②。

青藏铁路建设期间参建单位发生的与青藏铁路建设有关的营业税、增值税、印花税、资源税、城镇土地使用税、企业所得税等税收予以免征。凡2001年青藏铁路建设开工后,参建单位已经缴纳的符合免征条件的税款应一律退还纳税人③。

(2)内昆铁路施工收入营业税优惠

对承建内昆铁路宜宾至安边、安边至梅花山、六盘水枢纽内昆引入及六盘水南编组站三部分工程项目的施工收入应缴纳的营业税,减按应纳税额的50%征收④。

(3)航空公司燃油附加费税收优惠

自2008年1月1日起至2010年12月31日,对航空公司经批准收取的燃油附加费免征营业税。对于《财政部 国家税务总局关于航空公司燃油附加费免征营业税的通知》(财税[2008]178号)到达之日前已缴纳的应予免征的营业税,从以后应缴的营业税税款中抵减,一个年度内抵减不完的营业税由税务机关按照现行有关规定退还给航空公司⑤。

(4)民航基础设施建设基金和机场管理建设费税收优惠

从1994年1月1日起,民航基础设施建设基金应按规定缴纳营业税、城建税及教育费附加⑥。

自1996年1月1日起,对民航机场管理建设费照章征收营业税,但所征税款由财政部门予以返还,用于机场建设⑦。

(5)国际和港澳台运输业务税收优惠⑧

①自2010年1月1日起,对境内单位或者个人提供的国际运输劳务免征营业税。

---

① 《财政部 国家税务总局关于青藏铁路公司运营期间有关税收等政策问题的通知》(财税[2007]11号,2007年1月11日)。

② 《财政部 国家税务总局关于青藏铁路公司运营期间有关税收等政策问题的通知》(财税[2007]11号,2007年1月11日)。

③ 《国家税务总局关于青藏铁路建设期间有关已缴税金退税问题的通知》(国税函[2003]1387号,2003年12月26日)。

④ 《财政部 国家税务总局关于减征内昆铁路施工收入营业税问题的通知》(财税字[1999]263号,1999年10月9日)。

⑤ 《财政部 国家税务总局关于航空公司燃油附加费免征营业税的通知》(财税[2008]178号,2008年12月29日)。

⑥ 《财政部 国家税务总局关于明确民航基础设施建设基金纳税问题的通知》(财税[1994]6号,1994年4月7日)。根据《财政部关于公布废止和失效的财政规章和规范性文件目录(第十批)的决定》(财政部令第48号,2008年1月31日),该文被公布失效。

⑦ 《财政部 国家税务总局关于民航机场管理建设费营业税先征后返问题的通知》(财税字[1996]29号,1996年4月17日)。根据《财政部关于公布废止和失效的财政规章和规范性文件目录(第十批)的决定》(财政部令第48号,2008年1月31日),该文被公布废止。

⑧ 除本条所列规定外,对外国公司船舶在我国港口从事运输业务收入的营业税政策和管理问题,《财政部 国家税务总局关于发布〈外国公司船舶运输收入征税办法〉的通知》(财税字[1996]87号,1996年10月24日)、《国家税务总局 国家外汇管理局关于加强外国公司船舶运输收入税收管理及国际海运业对外支付管理的通知》(国税发[2001]139号,2001年12月4日)、《国家税务总局 国家外汇管理局关于加强外国公司船舶运输收入税收管理及国际海运业对外支付管理的补充通知》(国税发[2002]107号,2002年8月15日)分别进行了规定。新营业税条例实施后,根据《财政部 国家税务总局关于公布若干废止和失效的营业税规范性文件的通知》(财税[2009]61号),财税字[1996]87号有关营业税政策规定自2009年1月1日起废止,因此,以财税字[1996]87号为依据制定的国税发[2001]139号、国税发[2002]107号相关营业税政策也应不再执行。对外国公司以船舶从中国港口运载旅客、货物或者邮件出境取得运输收入享受免税的有关程序性管理规定,可参考上述文件。同时,根据《国家税务总局关于公布现行有效的税收规范性文件目录的公告》(国家税务总局公告2010年第26号),《国家税务总局关于印制使用〈外轮运输收入税收报告表〉的通知》(国税函发[1996]729号,1996年12月23日)、《国家税务总局关于印制使用〈外国公司船舶运输收入免征企业所得税证明表〉和〈外国公司船舶运输收入免征营业税证明表〉的通知》(国税函[2002]160号,2002年2月20日)、《国家税务总局关于印制外国公司有关船舶运输税收情况报告表格的通知》(国税函[2002]384号,2002年5月8日)仍然有效。

国际运输劳务是指在境内载运旅客或者货物出境、在境外载运旅客或者货物入境、在境外发生载运旅客或者货物的行为。

2010 年 1 月 1 日至上述政策文件到达之日已征的应予免征的营业税税额在纳税人以后的应纳营业税税额中抵减或者予以退税[1]。

②若干国际航空税收征免规定[2]

Ⅰ　自 2004 年 12 月 21 日起,中国与荷兰的航空运输企业在对方国从事国际运输业务所取得的收入、利润和收益,应相互免征任何税收[3]。

Ⅱ　自 2005 年 3 月 1 日起,对斯里兰卡民主社会主义共和国政府指定的航空企业在中华人民共和国开展航空运输业务和从事航空运输业务销售而从中华人民共和国取得的收入应当免除对毛收入和(或)流转额征收的营业税和所有间接税。上述提及的免税同样适用于中华人民共和国政府指定的航空企业在斯里兰卡民主社会主义共和国开展航空运输业务和从事航空运输业务销售取得的收入[4]。

Ⅲ　自 2005 年 10 月 1 日起,中国与卢森堡两国政府指定的航空运输企业在对方国家从事国际运输业务取得的收入、利润和收益,在对方国家免征一切税收[5]。

Ⅳ　自 2005 年 11 月 18 日起,中国与土耳其的航空运输企业从事国际运输取得的来自对方国家的收入,相互免征增值税、营业税或任何其它类似性质的税收[6]。

Ⅴ　自 2007 年 1 月 1 日起,中国与芬兰的航空运输企业从事国际运输从对方国取得的收入,互免任何税收[7]。

Ⅵ　对以色列航空公司在我国境内经营协议航班所取得的收入免予征收营业税[8]。

Ⅶ　对哈萨克斯坦航空公司在我国境内从事国际运输所取得的收入,免予征收营业税;对其在我国领土内与经营协议航班有关的财产,免予征收一切税收[9]。

Ⅷ　自 1994 年 4 月 19 日起对乌兹别克斯坦航空公司在我国境内从事国际运输取得的收入,免予征收营业税;对其在我国境内的财产,免予征收一切税收[10]。

Ⅸ　对澳大利亚快达航空公司从事国际运输业务取得的收入,免予征收营业税[11]。

Ⅹ　对奥地利航空公司在我国经营国际运输业务所取得的国际运输收入,征收营业税[12]。

Ⅺ　对德国汉莎航空公司从我国取得的国际运

---

[1]　《财政部 国家税务总局关于国际运输劳务免征营业税的通知》(财税[2010]8 号,2010 年 4 月 23 日)。

[2]　除本处所列专项征免规定外,国家税务总局还先后下发文件明确若干国际航空业务所涉及的税收问题,根据我国税法及我国与相关国家签署的互免空运企业税收协定、民用航空运输协定或避免双重征税协定的规定执行。详见本书第 7 章企业所得税"国际运输所得"部分的相关内容。

[3]　《国家税务总局关于中国荷兰两国政府互免国际航空运输收入税收换函生效的通知》(国税函[2005]20 号,2005 年 1 月 10 日)。

[4]　《国家税务总局关于我国与斯里兰卡互免国际航空运输收入间接税换函生效执行的通知》(国税发[2005]38 号,2005 年 3 月 18 日)。

[5]　《国家税务总局关于中国卢森堡互免国际航空运输收入税收换函生效的通知》(国税发[2005]143 号,2005 年 9 月 12 日)。

[6]　《国家税务总局关于中国与土耳其互免国际运输收入税收的换函生效执行的通知》(国税发[2006]5 号,2006 年 1 月 12 日)。

[7]　《国家税务总局关于中国芬兰互免国际航空运输收入税收换函生效的通知》(国税发[2006]186 号,2006 年 12 月 27 日)。

[8]　《国家税务总局关于以色列航空公司开航中国有关税收问题的通知》(国税函发[1994]278 号,1994 年 6 月 4 日)。

[9]　《国家税务总局关于哈萨克斯坦航空公司开航中国有关税收问题的通知》(国税函发[1994]351 号,1994 年 6 月 24 日)。

[10]　《国家税务总局关于乌兹别克斯坦航空公司开航中国有关税收问题的通知》(国税函发[1994]377 号,1994 年 6 月 30 日)。

[11]　《国家税务总局关于澳大利亚快达航空公司有关税收问题的通知》(国税函发[1995]114 号,1995 年 2 月 24 日)。

[12]　《国家税务总局关于奥地利航空公司有关税收问题的通知》(国税函发[1995]112 号,1995 年 3 月 20 日)。根据《国家税务总局关于奥地利航空公司、中国国际航空公司将维也纳—北京航班延至上海的通知》(国税函[1997]369 号,1997 年 8 月 19 日)规定,该航班有关税收问题,依照国税函发[1995]112 号规定办理。

输收入免予征收营业税①。

Ⅻ 对俄罗斯伏尔加—第聂伯航空公司在我国从事运输所取得的收入,免予征收营业税②。

对俄罗斯国际航空公司在我国领土内经营协议航班所取得的收入,免予征收营业税③。

对俄罗斯东方航线航空公司在我国经营国际运输业务取得的收入,免征营业税④。

对俄罗斯赤塔航空公司在我国经营国际运输业务取得的利润和收入,免征企业所得税和营业税⑤。

对俄罗斯新西伯利亚航空公司开通新西伯利亚至北京往返定期航班的有关税收问题,按照中俄两国1994年5月27日签署的避免双重征税协定第八条及1991年3月26日签订的原中苏民航协定的规定处理⑥。

根据中国与俄罗斯两国政府间民用航空协定的规定,双方对从事国际运输企业及办事处取得的国际运输收入互免一切税收。但因俄罗斯税务当局对中国国际航空公司莫斯科办事处1999年1月1日至2001年12月31日期间取得的国际运输收入补征有关税收,并冻结办事处账户强行扣款。在此情况下,按对等原则征收所有俄罗斯指定空运企业在华办事处1999年1月1日至2001年12月31

日间的营业税⑦。

ⅩⅢ 对新加坡航空公司在我国从事国际运输业务取得的收入,免予征收营业税⑧。

ⅩⅣ 对美国西北航空公司在我国经营国际运输业务所取得的收入,免予征收营业税⑨。

对美国联邦快运公司在我国经营国际运输业务所取得的利润收入,免予征收营业税⑩。

ⅩⅤ 对全日空航空公司在我国经营国际运输所取得的收入,免予征收营业税⑪。

ⅩⅥ 对大韩航空公司在我国经营国际运输业务所取得的收入,免予征收营业税⑫。

ⅩⅦ 对白俄罗斯航空公司在我国经营国际运输业务所取得的收入,免征营业税⑬。

③若干国际海运协定免税规定

Ⅰ 中国与意大利的海运公司从事国际运输业务取得的收入,双方相互豁免所有税收⑭。

Ⅱ 对泰国船舶公司因从事国际运输业务而从我国境内取得的运输收入免征营业税⑮。

Ⅲ 对德国(原文为德意志联邦共和国)航运企业经营的船舶(包括其经营的悬挂第三国国旗的租船)来我国从事国际运输所取得的收入,凡按照双方签订的海运协定和关于对所得和财产避免双

---

① 《国家税务总局关于德国汉莎航空公司开航中国有关税收问题的通知》(国税函发[1994]117号,1994年4月9日)。《国家税务总局关于德国汉莎航空公司有关税收问题的通知》(国税函发[1996]214号,1996年5月7日)。

② 《国家税务总局关于伏尔加—第聂伯航空公司有关税收问题的通知》(国税函发[1994]第689号,1994年12月30日)。《国家税务总局关于俄罗斯伏尔加——第聂伯航空公司有关税收问题的通知》(国税函发[1995]627号,1995年9月20日)。

③ 《国家税务总局关于俄罗斯国际航空公司有关税收问题的通知》(国税函发[1995]113号,1995年2月28日)。

④ 《国家税务总局关于俄罗斯东方航线航空公司有关税收问题的通知》(国税函[1998]146号,1998年3月11日)。

⑤ 《国家税务总局关于俄罗斯赤塔航空公司有关税收问题的通知》(国税函[1998]147号,1998年4月20日)。

⑥ 《国家税务总局关于俄罗斯新西伯利亚航空公司有关税收问题的通知》(国税函[1998]824号,1998年12月24日)。

⑦ 《国家税务总局关于俄罗斯航空公司驻华办事处收入征收营业税的通知》(国税发[2004]62号,2004年5月28日)。根据《国家税务总局关于公布全文失效废止 部分条款失效废止的税收规范性文件目录的公告》(国家税务总局公告2011年第2号,2011年1月4日),该文已被公布失效废止。

⑧ 《国家税务总局关于新加坡航空公司有关税收问题的通知》(国税函发[1995]681号,1995年1月7日)。

⑨ 《国家税务总局关于美国西北航空公司有关税收问题的通知》(国税函[1996]213号,1996年5月7日)。

⑩ 《国家税务总局关于美国联邦快运公司有关税收问题的通知》(国税函[1996]107号,1996年3月14日)。

⑪ 《国家税务总局关于全日空航空公司有关税收问题的通知》(国税函发[1994]521号,1994年9月15日)。

⑫ 《国家税务总局关于大韩航空公司税收问题的通知》(国税函发[1994]595号,1994年11月1日)。《国家税务总局关于大韩航空公司有关税收问题的通知》(国税函发[1994]688号,1994年12月30日)。

⑬ 《国家税务总局关于白俄罗斯航空公司有关税收问题的通知》(国税函[1997]428号,1997年7月24日)。

⑭ 《国家税务总局关于中国和意大利政府海运协定税收条款换函生效的通知》(国税发[2005]53号,2005年3月28日)。

⑮ 《国家税务总局关于泰国船舶公司征免税问题的通知》(国税函[2005]134号,2005年1月31日)。

重征税协定享受免税的,必须提交该缔约国税务当局出具的证明该企业总机构所在地的证明文件(原件),不能提交证明文件的,不得享受免税待遇①。

其他若干国家通过国际海运协定享受免税或减税的情况,详见《国家税务总局关于印发国际海运税收问题一览表的通知》(国税函发〔1994〕237号,1994年5月31日)。

④中美船级社税收互免征税规定

自1996年1月1日起,美国船级社该社在非营利宗旨保持不变,中国船级社在美国享受同等免税待遇的前提下,对其在中国境内提供船检服务取得的收入,继续免征营业税②。

⑤内地对澳门航空公司于1998年1月1日或以后在内地经营协议航班取得的收入和利润,应免征营业税③。

《内地与澳门特别行政区关于对所得避免双重征税和防止偷漏税的安排》第八条第一款"一方企业在另一方以船舶、飞机或陆运车辆经营的运输业务所取得的收入和利润,该另一方应予免税"的规定,可以比照《内地与香港特别行政区关于对所得避免双重征税和防止偷漏税的安排》第二条第一款"一方企业在另一方以船舶、飞机或陆运车辆经营的运输业务所取得的收入和利润,该另一方应予免税(在内地,包括营业税)"的规定执行,澳门企业在内地以船舶、飞机或陆运车辆经营运输业务而取得的收入,内地给予的免税待遇也应包括营业税④。

⑥自2007年5月1日起,对海峡两岸船运公司从事福建沿海与金门、马祖、澎湖海上直航业务在大陆取得的运输收入,免征营业税⑤。

享受营业税免税政策的纳税人应按照现行营业税政策的有关规定,单独核算其免税业务收入,未单独核算的,不得享受免征营业税政策⑥。

对上述船运公司在2007年5月1日至《财政部 国家税务总局关于福建沿海与金门马祖澎湖海上直航业务有关税收政策的通知》(财税〔2007〕91号)到达之日已缴纳应予免征的营业税,可以从以后应缴的营业税税款中抵减,年度内抵减不完的可予以退税⑦。

自2008年12月15日起,对台湾航运公司从事海峡两岸海上直航业务在大陆取得的运输收入,免征营业税⑧。

对台湾航运公司在2008年12月15日至《财政部 国家税务总局关于海峡两岸海上直航营业税和企业所得税政策的通知》(财税〔2009〕4号)到

①《国家税务局关于对联邦德国船舶在我国港口取得的运输收入免税需提供证明文件问题的通知》(国税协字〔1988〕第37号,1988年10月12日)。根据《国家税务局关于终止我与原民德签订的避免双重征税协定的通知》(国税发〔1991〕203号,1991年12月6日),1985年6月10日签订的《中华人民共和国和德意志联邦共和国关于对所得和财产避免双重征税的协定》,原则上可以自1990年10月3日起适用于统一的德国,由中德双方主管当局将就该协定举行进一步的磋商。

②《财政部 国家税务总局关于美国船级社继续享受免税待遇的通知》(财税字〔1998〕35号1998年3月4日)。此前,《国家税务总局关于美国ABS船级社享受免税待遇的通知》(国税函发〔1992〕1067号)已执行期满。

③《国家税务总局关于互免内地、澳门航空公司运输收入有关税收的通知》(国税发〔1997〕107号,1997年6月26日)。该文还规定,澳门对内地航空公司于1998年1月1日或以后在澳门经营协议航班取得的收入和利润,应免征所得补充税以及随同所得补充税征收的印花税和类似内地营业税的税收。此外,《国家税务总局关于澳门航空公司有关税收问题的通知》(国税函〔1998〕477号,1998年8月18日)、《国家税务总局关于澳门航空公司有关税收问题的通知》(国税函〔1999〕464号,1999年7月9日)分别规定,澳门航空公司开通澳门至南京、澳门至昆明往返定期航班的相关税收问题,按照国税发〔1997〕107号文件处理。

④《国家税务总局关于澳门企业在内地经营运输业务营业税问题的批复》(国税函〔2005〕219号,2005年3月18日)。

⑤《财政部 国家税务总局关于福建沿海与金门马祖澎湖海上直航业务有关税收政策的通知》(财税〔2007〕91号,2007年8月1日)。

⑥《财政部 国家税务总局关于福建沿海与金门马祖澎湖海上直航业务有关税收政策的通知》(财税〔2007〕91号,2007年8月1日)。

⑦《财政部 国家税务总局关于福建沿海与金门马祖澎湖海上直航业务有关税收政策的通知》(财税〔2007〕91号,2007年8月1日)。

⑧《财政部 国家税务总局关于海峡两岸海上直航营业税和企业所得税政策的通知》(财税〔2009〕4号,2009年1月19日)。

达之日已缴纳应予免征的营业税,从以后应缴的营业税税款中抵减,年度内抵减不完的予以退税①。

上述所称台湾航运公司,是指取得交通运输部颁发的"台湾海峡两岸间水路运输许可证"且上述许可证上注明的公司登记地址在台湾的航运公司②。

⑦自2009年6月25日起,对台湾航空公司从事海峡两岸空中直航业务在大陆取得的运输收入,免征营业税。

所称台湾航空公司,是指取得中国民用航空局颁发的"经营许可"或依据《海峡两岸空运协议》和《海峡两岸空运补充协议》规定,批准经营两岸旅客、货物和邮件不定期(包机)运输业务,且公司登记地址在台湾的航空公司③。

4.5.2.2 金融保险业营业税优惠

(1)银行业及相关业务营业税优惠

①专项国债转贷业务

对1998年及以后年度专项国债转贷取得的利息收入免征营业税④。

②地方商业银行清偿农村合作基金会债务的专项贷款业务

对地方商业银行转贷用于清偿农村合作基金会债务的专项贷款利息收入免征营业税。上述专项贷款,是指由人民银行向地方商业银行提供,并由商业银行转贷给地方政府,专项用于清偿农村合作基金会债务的贷款。1999年12月31日各地已征收入库的税款从以后纳税期的应交营业税款中

抵扣⑤。

③外汇管理部门委托发放外汇贷款业务

自2000年7月1日起,对外汇管理部门在从事国家外汇储备经营过程中,委托金融机构发放的外汇贷款利息收入,免征营业税。此前已征税款不再退还,未征税款不再补征⑥。

④助学贷款业务

对各类银行经办国家助学贷款业务取得的贷款利息收入,免征营业税。各经办银行要及时统计汇总国家助学贷款的有关信息,对国家助学贷款业务单立台账,单设科目,单独统计,单独核算和考核⑦。

⑤住房公积金贷款业务

自2000年9月1日起,对住房公积金管理中心用住房公积金在指定的委托银行发放个人住房贷款取得的收入,免征营业税。对住房公积金管理中心取得的其他经营收入,按规定征收各项税收⑧。

⑥银行改组改制业务

Ⅰ 对中国银行所属香港中银集团重组上市过程中,以不动产或无形资产换取股权的行为,不予征收营业税⑨。

Ⅱ 原中国建设银行实施重组分立改革设立中国建设银行股份有限公司(简称建行股份)及中国建银投资有限责任公司(简称建银投资),重组分立过程中,原中国建设银行无偿划转给建银投资的

---

① 《财政部 国家税务总局关于海峡两岸海上直航营业税和企业所得税政策的通知》(财税[2009]4号,2009年1月19日)。

② 《财政部 国家税务总局关于海峡两岸海上直航营业税和企业所得税政策的通知》(财税[2009]4号,2009年1月19日)。

③ 《财政部 国家税务总局关于海峡两岸空中直航营业税和企业所得税政策的通知》(财税[2010]63号,2010年9月6日)。对台湾航空公司在2009年6月25日起至文到之日已缴纳应予免征的营业税,从以后应缴的营业税税款中抵减,在2010年内抵减不完的予以退还。

④ 《财政部 国家税务总局关于国债转贷利息收入免征营业税的通知》(财税字[1999]220号,1999年7月22日)。

⑤ 《财政部 国家税务总局关于对农村合作基金会专项贷款利息收入免征营业税的通知》(财税字[1999]303号,1999年12月31日)。

⑥ 《财政部 国家税务总局关于对外汇管理部门委托贷款利息收入免征营业税的通知》(财税[2000]78号,2000年9月19日)。

⑦ 《中国人民银行 财政部 教育部 国家税务总局关于进一步推进国家助学贷款业务发展的通知》(银发[2001]245号,2001年1月27日)。

⑧ 《财政部 国家税务总局关于住房公积金管理中心有关税收政策的通知》(财税[2000]94号,2000年10月10日)。

⑨ 《财政部 国家税务总局关于香港中银集团重组上市有关税收问题的通知》(财税[2003]126号,2003年9月9日)。

不动产,自建银投资依法分立之日起,不征收营业税、增值税和土地增值税。建银投资将其拥有的固定资产出租给建行股份取得的财产租赁收入,自 2005 年 1 月 1 日起,3 年内暂免征营业税①。

Ⅲ 根据现行《中华人民共和国外资银行管理条例》(国务院令第 478 号)及其实施细则规定,外国银行在符合条件的情况下可以在我国设立外商独资银行,外国银行已经在我国设立的分行可以改制为外商独资银行(或其分行)。改制过程中,原外国银行分行的债权、债务将由外商独资银行(或其分行)继承。对于外国银行分行改制为外商独资银行(或其分行)中有关税收处理问题,应以改制前后的营业活动作为延续的营业活动为原则②。

外国银行分行改制过程中发生的向其改制后的外商独资银行(或其分行)转让企业产权和股权的行为,不征收营业税。外国银行分行改制为外商独资银行(或其分行)时,如其资产不按账面价值转让的,应按现行税法有关规定征税③。

⑦邮政储蓄业务

对中国邮政集团公司及其所属邮政企业为中国邮政储蓄银行及其所属分行、支行代办金融业务取得的代理金融业务收入,自 2008 年 1 月 1 日至 2010 年 12 月 31 日免征营业税。对于《财政部 国家税务总局关于邮政企业代办金融业务免征营业税的通知》(财税〔2009〕7 号)到达之日前已缴纳的应予免征的营业税,允许从纳税人以后应缴的营业税税款中抵减或予以退税④。

⑧国家政策性银行营业税先征后返

对国家政策性银行征收的营业税实行先征后返,政策性银行资本金达到国务院规定之日起,返还停止执行⑤。

从 1998 年 1 月 1 日起,停止执行对中国农业发展银行实行的营业税先征后返政策。各地农发行 1998 年应缴未缴的营业税,必须在 1999 年如数补缴入库。对 1998 年已经执行先征后返营业税政策地区所返还的营业税,农发行不再上缴,由各地财政、税务部门提供具体的返还税额,报财政部审核后作为增加农发行资本金处理。1995—1997 年间,各地农发行应缴未缴的营业税,不再上缴。这部分应缴未缴的营业税,由各地财政、税务部门提供具体的应缴未缴税额,经财政部审核后,相应转增农发行资本金⑥。

(2)保险业及相关业务营业税优惠

①一年期以上返还性人身保险业务

对保险公司开展的一年期以上返还性人身保险业务的保费收入免征营业税。所谓一年期以上返还性人身保险业务,是指保期一年以上(包括一年期)、到期返还本利的普通人寿保险、养老年金保险、健康保险⑦。

Ⅰ 普通人寿保险是指保险期在一年以上,以人的生存、死亡、伤残为保险事故,一次性支付给被保险

---

① 《财政部 国家税务总局关于中国建银投资有限责任公司有关税收政策问题的通知》(财税〔2005〕160 号,2005 年 12 月 21 日)。

② 《财政部 国家税务总局关于外国银行分行改制为外商独资银行有关税收问题的通知》(财税〔2007〕45 号,2007 年 3 月 26 日)。

③ 《财政部 国家税务总局关于外国银行分行改制为外商独资银行有关税收问题的通知》(财税〔2007〕45 号,2007 年 3 月 26 日)。

④ 《财政部 国家税务总局关于邮政企业代办金融业务免征营业税的通知》(财税〔2009〕7 号,2009 年 1 月 4 日)。

⑤ 《财政部 国家税务总局关于国家政策性银行营业税、所得税缴纳级财政返还问题的通知》(财税字〔1995〕37 号,1995 年 7 月 27 日)和《国务院关于调整金融保险业税收政策有关问题的通知》(国发〔1997〕5 号,1997 年 2 月 19 日)。根据《财政部关于公布废止和失效的财政规章和规范性文件目录(第十一批)的决定》(财政部令第 62 号,2011 年 2 月 21 日),财税字〔1995〕37 号已被公布失效。

⑥ 《财政部 国家税务总局关于停止执行中国农业发展银行营业税先征后返政策的通知》(财税〔1999〕237 号,1999 年 8 月 3 日)。

⑦ 《财政部 国家税务总局关于对若干项目免征营业税的通知》(财税字〔1994〕2 号,1994 年 3 月 29 日)。《财政部 国家税务总局关于人寿保险业务免征营业税若干问题的通知》(财税〔2001〕118 号,2001 年 8 月 18 日)。

人满期保险金、死亡保险金、伤残保险金的保险①。

Ⅱ 养老年金保险是指投保人（或被保险人）在一定时期内缴纳一定数额的保险费，当被保险人达到保险契约的约定年龄时，保险人（保险公司）依据保险合同的规定向被保险人支付保险契约约定的养老保险金的一种保险②。

Ⅲ 健康保险是指以疾病、分娩及其所致伤残、死亡为保险事故，补偿因疾病或身体伤残所致损失的保险③。

Ⅳ 免征营业税的具体险种按《财政部 国家税务总局关于对若干项目免征营业税的通知》（财税字〔1994〕2号）附件的规定执行。免征营业税的具体险种如有变化，由财政部、国家税务总局发文通知各地财政税务机关。各地保险公司根据当地实际情况开办的、符合上述免税规定的险种，由各省、自治区、直辖市、计划单列市财政厅（局）、税务局报财政部、国家税务总局核批后，可享受免征营业税照顾④。

对保险公司开办的普通人寿保险、养老年金保险、健康保险的具体险种，凡经财政部、国家税务总局审核并列入免税名单的可免征营业税，未列入免税名单的一律征收营业税。对保险公司新开办的普通人寿保险、养老年金保险、健康保险的具体险种在财政部、国家税务总局审核批准免征营业税以前，保险公司应当先按规定缴纳营业税，待财政部、国家税务总局审核批准免征营业税以后，可从其以后应缴的营业税税款中抵扣，抵扣不完的由税务机关办理退税⑤。

②个人投资分红保险业务

对保险公司开办的个人投资分红保险业务取得的保费收入免征营业税。个人投资分红保险，是指保险人向投保人提供的具有死亡、伤残等高度保障的长期人寿保险业务，保险期满后，保险人还应向被保人提供投资收益分红⑥。

③出口货物保险业务

境内保险机构为出口货物提供的保险产品免征营业税，包括出口货物保险和出口信用保险⑦。

④卫星发射保险业务

对保险公司承保卫星发射保险和卫星在轨运营保险取得的保费收入，自2006年9月1日起免征营业税。对保险公司在《财政部 国家税务总局关于卫星发射及在轨保险保费收入免征营业税的通知》（财税〔2009〕109号）文件下发前已缴纳的应予免征的营业税，从以后应缴的营业税税款中抵减⑧。

① 《财政部 国家税务总局关于对若干项目免征营业税的通知》（财税字〔1994〕2号，1994年3月29日）。
② 《财政部 国家税务总局关于对若干项目免征营业税的通知》（财税字〔1994〕2号，1994年3月29日）。
③ 《财政部 国家税务总局关于对若干项目免征营业税的通知》（财税字〔1994〕2号，1994年3月29日）。
④ 《财政部 国家税务总局关于对若干项目免征营业税的通知》（财税字〔1994〕2号，1994年3月29日）。截止2010年底，已认定了23批免征营业税的返还性人身保险产品，见《财政部 国家税务总局关于下发免征营业税的一年期以上返还性人身保险产品名单（第二十三批）的通知》（财税〔2010〕71号，2010年8月12日）。
⑤ 《财政部 国家税务总局关于人寿保险业务免征营业税若干问题的通知》（财税〔2001〕118号，2001年8月18日）。《国家税务总局关于加强一年期以上返还性人身保险业务营业税征收管理的通知》（国税函〔2006〕796号，2006年8月18日）。
⑥ 《财政部 国家税务总局关于对保险公司开办个人投资分红保险业务取得的保费收入免征营业税的通知》（财税字〔1996〕102号，1996年12月24日）。
⑦ 《中华人民共和国营业税暂行条例》（中华人民共和国国务院令第540号，2008年11月10日）第八条。《中华人民共和国营业税暂行条例实施细则》（财政部 国家税务总局令第52号，2008年12月15日）第二十二条。此前，《财政部 国家税务总局关于对中国人民保险公司办理的出口信用保险业务不征营业税的通知》（财税字〔1994〕015号）、《财政部 国家税务总局关于中国进出口银行办理的出口信用保险业务不征营业税的通知》（财税字〔1996〕2号）、《财政部 国家税务总局关于对中国出口信用保险公司办理的出口信用保险业务不征收营业税的通知》（财税〔2002〕157号）被《财政部 国家税务总局关于公布若干废止和失效的营业税规范性文件的通知》（财税〔2009〕61号，2009年5月18日）公布废止。
⑧ 《财政部 国家税务总局关于卫星发射及在轨保险保费收入免征营业税的通知》（财税〔2009〕109号，2009年8月28日）。此前，《财政部 国家税务总局关于对卫星发射保险业务有关税收政策问题的通知》（财税字〔1997〕60号，1997年9月15日）规定：对保险企业承保卫星发射业务并纳入卫星发射保险专项基金的保费收入，应依法征收营业税。如果卫星发射失败，经保险联合体申请，中央财政按动用卫星保险专项基金的付赔数，计算出已缴纳的营业税予以退还。具体计算公式为：应退还的营业税＝实际动用专项基金付赔数/（1-8%）×8%。

⑤保险保障基金

自 2009 年 1 月 1 日起至 2011 年 12 月 31 日,对中国保险保障基金有限责任公司根据《保险保障基金管理办法》取得的下列收入,免征营业税①:

Ⅰ　境内保险公司依法缴纳的保险保障基金;

Ⅱ　依法从撤销或破产保险公司清算财产中获得的受偿收入和向有关责任方追偿所得。

⑥若干地区保险业免征营业税险种专项规定

Ⅰ　北京市保险业具体免征营业税险种②:

ⅰ　农民合同工养老金保险;

ⅱ　合同工养老金保险;

ⅲ　子女教育金保险。

Ⅱ　江西省保险业具体免征营业税险种③:

ⅰ　普通寿险;

ⅱ　年金保险;

ⅲ　个人代理营销保险;

ⅳ　健康保险类。

上述险种具体范围详见《财政部　国家税务总局关于江西省保险业具体险种免征营业税的批复》(财税字[1998]64 号)。

Ⅲ　浙江省保险业具体免征营业税险种④:

ⅰ　普通人寿险;

ⅱ　养老年金险;

ⅲ　健康(医疗)险。

上述险种具体范围详见《财政部　国家税务总局关于浙江省保险业具体险种免征营业税的批

复》(财税字[1998]135 号)、《国家税务总局关于保险公司具体险种免征营业税问题的通知》(国税函[1999]534 号)。

Ⅳ　安徽省保险业具体免征营业税险种⑤:

ⅰ　平安保险公司开办的险种 12 个;

ⅰ　中保人寿公司开办的险种 27 个。

上述险种具体范围详见《财政部　国家税务总局关于安徽省保险业具体险种免征营业税的批复》(财税字[1997]192 号)。

⑦若干保险公司免征营业税险种专项规定

截止 2010 年底,财政部、国家税务总局除认定了 23 批免征营业税的返还性人身保险产品外,还对部分保险公司免征营业税险种进行了专门规定。详见各保险公司相关批复文件。

(3)证券业及相关业务营业税优惠

①社保基金运营业务

对社保基金理事会、社保基金投资管理人运用社保基金买卖证券投资基金、股票、债券的差价收入,暂免征收营业税。对社保基金投资管理人、社保基金托管人从事社保基金管理活动取得的收入,依照税法的规定征收营业税⑥。

②证券投资基金业务

证券投资基金(封闭式证券投资基金、开放式证券投资基金)以发行基金方式募集资金不属于营业税的征税范围,不征收营业税⑦。

对证券投资基金(封闭式证券投资基金、开放式证券投资基金)管理人运用基金买卖股票、债券

---

①　《财政部　国家税务总局关于保险保障基金有关税收问题的通知》(财税[2010]77 号,2010 年 9 月 6 日)。对保险保障基金公司在 2009 年 1 月 1 日至文到之日已缴纳的应予免征的营业税,从以后应缴纳的营业税税款中抵减。

②　《财政部　国家税务总局关于北京市保险业具体险种免征营业税的批复》(财税字[1994]55 号,1994 年 8 月 1 日)。

③　《财政部　国家税务总局关于江西省保险业具体险种免征营业税的批复》(财税字[1998]64 号,1998 年 3 月 25 日)。

④　《财政部　国家税务总局关于浙江省保险业具体险种免征营业税的批复》(财税[1998]135 号,1998 年 9 月 1 日)。

⑤　《财政部　国家税务总局关于安徽省保险业具体险种免征营业税的批复》(财税[1997]192 号,1997 年 12 月 30 日)。

⑥　《财政部　国家税务总局关于全国社会保障基金有关税收政策问题的通知》(财税[2002]75 号,2002 年 5 月 30 日)。

⑦　《财政部　国家税务总局关于证券投资基金税收问题的通知》(财税[1998]55 号,1998 年 8 月 6 日)。《财政部　国家税务总局关于开放式证券投资基金有关税收问题的通知》(财税[2002]128 号,2002 年 8 月 22 日)。

的差价收入,免征收营业税①。

对基金管理人、基金托管人、基金代销机构从事基金管理活动取得的收入,依照税法的有关规定征收营业税、企业所得税以及其他相关税收②。

③合格境外机构投资者证券投资业务

对合格境外机构投资者(简称 QFII)委托境内公司在我国从事证券买卖业务取得的差价收入,免征营业税③。

④证券投资者保护基金相关业务

从 2006 年 1 月 1 日至 2010 年 12 月 31 日,对中国证券投资者保护基金有限责任公司根据《证券投资者保护基金管理办法》取得的证券交易所按其交易经手费 20% 和证券公司按其营业收入 0.5%—5% 缴纳的证券投资者保护基金收入和申购冻结资金利息收入、依法向有关责任方追偿所得收入以及从证券公司破产清算中受偿收入,暂免征营业税、城市维护建设税和教育费附加④。

⑤期货投资者保护基金相关业务

自 2008 年 1 月 1 日起至 2010 年 12 月 31 日止,对中国期货保证金监控中心有限责任公司(简

称期货保障基金公司)根据《期货投资者保障基金管理暂行办法》(证监会令第 38 号,简称《暂行办法》)取得的下列收入,暂免征收营业税⑤:

①期货交易所按风险准备金账户总额的 15% 和交易手续费的 3% 上缴的期货投资者保障基金(简称期货保障基金)收入;

②期货公司按代理交易额的千万分之五至十上缴的期货保障基金收入;

③依法向有关责任方追偿所得收入;

④期货公司破产清算受偿收入;

⑤按规定从期货交易所取得的运营收入。

期货交易所和期货公司根据《暂行办法》上缴的期货保障基金中属于营业税征税范围的部分,允许从其营业税计税营业额中扣除⑥。

对期货保障基金公司在 2008 年 1 月 1 日至《财政部 国家税务总局关于期货投资者保障基金有关税收问题的通知》(财税〔2009〕68 号)到达之日已缴纳的应予免征的营业税,从以后应缴纳的营业税税款中抵减⑦。

---

① 《财政部 国家税务总局关于证券投资基金税收问题的通知》(财税〔1998〕55 号,1998 年 8 月 6 日)。《财政部 国家税务总局关于开放式证券投资基金有关税收问题的通知》(财税〔2002〕128 号,2002 年 8 月 22 日)。《财政部 国家税务总局关于证券投资基金税收政策的通知》(财税〔2004〕78 号,2004 年 4 月 30 日)。此外,《财政部 国家税务总局关于证券投资基金税收问题的通知》(财税〔2001〕61 号,2001 年 4 月 10 日)也有类似规定,但该文后被《财政部关于公布废止和失效的财政规章和规范性文件目录(第九批)的决定》(财政部令第 34 号)废止。财税〔1998〕55 号和财税〔2002〕128 号还规定,金融机构(包括银行和非银行金融机构)申购和赎回基金单位的差价收入征收营业税;个人和非金融机构申购和赎回基金单位的差价收入不征收营业税。根据《财政部 国家税务总局关于公布若干废止和失效的营业税规范性文件的通知》(财税〔2009〕61 号),上述规定自 2009 年 1 月 1 日起废止。

② 《财政部 国家税务总局关于证券投资基金税收问题的通知》(财税〔1998〕55 号,1998 年 8 月 6 日)。《财政部 国家税务总局关于开放式证券投资基金有关税收问题的通知》(财税〔2002〕128 号,2002 年 8 月 22 日)。财税〔2002〕128 号文件还规定,金融机构(包括银行和非银行金融机构)申购和赎回基金单位的差价收入征收营业税;个人和非金融机构申购和赎回基金单位的差价收入不征收营业税。根据《财政部 国家税务总局关于公布若干废止和失效的营业税规范性文件的通知》(财税〔2009〕61 号),财税〔2002〕128 号该规定自 2009 年 1 月 1 日起废止。

③ 《财政部 国家税务总局关于合格境外机构投资者营业税政策的通知》(财税〔2005〕155 号,2005 年 12 月 1 日)。

④ 《财政部 国家税务总局关于中国证券投资者保护基金有限责任公司有关税收问题的通知》(财税〔2006〕169 号,2006 年 12 月 19 日)。《财政部 国家税务总局关于中国证券投资者保护基金有限责任公司有关税收问题的补充通知》(财税〔2008〕78 号,2008 年 7 月 14 日)。《财政部 国家税务总局关于延长部分税收优惠政策执行期限的通知》(财税〔2009〕131 号,2009 年 11 月 20 日)。

⑤ 《财政部 国家税务总局关于期货投资者保障基金有关税收问题的通知》(财税〔2009〕68 号,2009 年 8 月 31 日)。

⑥ 《财政部 国家税务总局关于期货投资者保障基金有关税收问题的通知》(财税〔2009〕68 号,2009 年 8 月 31 日)。

⑦ 《财政部 国家税务总局关于期货投资者保障基金有关税收问题的通知》(财税〔2009〕68 号,2009 年 8 月 31 日)。

（4）金融资产管理及相关业务营业税优惠①

① 针对财政部从中国建设银行、中国工商银行、中国农业银行、中国银行（简称国有商业银行）无偿划转部分资产（包括现金、投资、固定资产及随投资实体划转的贷款）给中国信达资产管理公司、中国华融资产管理公司、中国长城资产管理公司和中国东方资产管理公司（简称金融资产管理公司），作为其组建时的资本金，国有商业银行按财政部核定的数额，划转给金融资产管理公司的资产，在办理过户手续时，免征营业税、增值税、印花税②。

② 对信达、华融、长城和东方资产管理公司（包括其经批准分设于各地的分支机构）接受相关国有银行的不良债权，借款方以货物、不动产、无形资产、有价证券和票据等抵充贷款本息的，免征销售转让不动产、无形资产以及利用有价证券、票据以及利用该货物、不动产从事融资租赁业务应缴纳的营业税。对资产公司接受相关国有银行的不良债权取得的利息收入免征营业税③。

资产公司所属的投资咨询类公司，为本公司承接、收购、处置不良资产而提供资产、项目评估和审计服务取得的收入，免征营业税④。

资产公司所属、附属企业，不享受资产公司的税收优惠政策⑤。

金融资产管理公司利用其接受的抵债资产从事经营租赁业务，不属于《国务院办公厅转发人民银行、财政部、证监会关于组建中国华融资产管理公司、中国长城资产管理公司和中国东方资产管理公司意见的通知》（国办发〔1999〕66号）和《财政部、国家税务总局关于中国信达等4家金融资产管理公司税收政策问题的通知》（财税〔2001〕10号）规定的免税范围，应当依法纳税⑥。

以自有或第三方不动产抵充贷款本息的借款方在办理不动产过户手续时，应依法纳税⑦。

③ 国有独资商业银行、国家开发银行购买金融资产管理公司发行的8200亿元专项债券利息收入，免征营业税。享受免税优惠政策的专项债券利息收入的具体范围是：中国工商银行总行承购华融资产管理公司发行的3130亿元专项债券取得的利

---

① 关于金融资产处置税收问题，除本部分所列内容外，《国家税务总局关于外商投资企业和外国企业从事金融资产处置业务有关税收问题的通知》（国税发〔2003〕3号，2003年1月7日）规定，外商投资企业和外国企业（简称企业）从事我国金融资产处置业务所取得的处置债权重置资产以及处置股权重置资产（包括债转股方式处置）所取得的收入，不予征收营业税；企业处置其所拥有的实物重置资产所取得的收入，该项资产属于不动产的，征收营业税；属于货物的，征收增值税。据此，《财政部 国家税务总局关于奥伊尔投资管理有限责任公司从事金融资产处置业务有关营业税问题的通知》（财税〔2005〕55号，2005年3月29日）个案规定，奥伊尔投资管理公司从事金融资产处置业务时，出售、转让股权不征收营业税；出售、转让债权或将其持有的债权转为股权不征收营业税；销售、转让不动产或土地使用权，按照《财政部 国家税务总局关于营业税若干政策问题的通知》（财税〔2003〕16号）第三条第二十款有关规定（即以全部收入减去不动产或土地使用权抵债时作价金额或购置、受让原价后的余额为营业额），征收营业税。根据《国家税务总局关于公布全文失效废止 部分条款失效废止的税收规范性文件目录的公告》（国家税务总局公告2011年第2号，2011年1月4日），国税发〔2003〕3号已被公布全文失效废止。

② 《财政部 国家税务总局关于4家资产管理公司接收资本金项下的资产在办理过户时有关税收政策问题的通知》（财税〔2003〕21号，2003年2月21日）。

③ 《财政部 国家税务总局关于中国信达等4家金融资产管理公司税收政策问题的通知》（财税〔2001〕10号，2001年2月22日）。此前，《国家税务总局关于中国信达等四家资产管理公司有关税收政策的通知》（国税明电〔1999〕26号，1999年12月8日）规定，对四家资产管理公司及其直属办事机构收购、承接、处置不良资产的业务所涉及的各种税均暂不征收。根据《国家税务总局关于公布全文失效废止 部分条款失效废止的税收规范性文件目录的公告》（国家税务总局公告2011年第2号，2011年1月4日），国税明电〔1999〕26号被公布全文失效废止。

④ 《财政部 国家税务总局关于中国信达等4家金融资产管理公司税收政策问题的通知》（财税〔2001〕10号，2001年2月22日）。

⑤ 《财政部 国家税务总局关于中国信达等4家金融资产管理公司税收政策问题的通知》（财税〔2001〕10号，2001年2月22日）。

⑥ 《国家税务总局关于金融资产管理公司从事经营租赁业务有关税收政策问题的批复》（国税函〔2009〕190号，2009年3月31日）。

⑦ 《财政部关于金融资产管理公司接受以物抵债资产过户税费问题的通知》（财金〔2001〕第189号，2001年8月3日）。

息,中国银行总行承购东方资产管理公司发行的1600亿元专项债券取得的利息,中国建设银行总行承购信达资产管理公司发行的2470亿元专项债券取得的利息,国家开发银行承购信达资产管理公司发行的1000亿元专项债券取得的利息。定向发行的专项债券期限为10年,固定年利率为2.25%①。

④对东方资产管理公司接收港澳国际(集团)有限公司的资产包括货物、不动产、有价证券等,免征东方资产管理公司销售转让该货物、不动产、有价证券等资产以及利用该货物、不动产从事融资租赁业务应缴纳的营业税、增值税、城市维护建设税、教育费附加和土地增值税②。

对东方资产管理公司所属的投资咨询类公司,为本公司接收、处置港澳国际(集团)有限公司资产而提供资产、项目评估和审计服务取得的收入免征应缴纳的营业税、城市维护建设税和教育费附加③。

对港澳国际(集团)内地公司的资产,包括货物、不动产、有价证券、股权、债权等,在清理和被处置时,免征港澳国际(集团)内地公司销售转让该货物、不动产、有价证券、股权、债权等资产应缴纳的营业税、增值税、城市维护建设税、教育费附加和土地增值税④。

对港澳国际(集团)香港公司在中国境内的资产,包括货物、不动产、有价证券、股权、债权等,在清理和被处置时,免征港澳国际(集团)香港公司销售转让该货物、不动产、有价证券、股权、债权等资产应缴纳的营业税、增值税、预提所得税和土地增值税⑤。

享受上述税收优惠政策的主体⑥:

Ⅰ 负责接收和处置港澳国际(集团)有限公司资产的中国东方资产管理公司及其经批准分设于各地的分支机构;

Ⅱ 港澳国际(集团)有限公司所属的东北国际投资有限公司、海国投集团有限公司、海南港澳国际信托投资公司,简称"港澳国际(集团)内地公司;

Ⅲ 在我国境内(不包括港澳台,下同)拥有资产并负有纳税义务的港澳国际(集团)有限公司集团本部及其香港8家子公司,简称"港澳国际(集团)香港公司。

(5)中小企业信用担保业务营业税优惠

①政策规定

对纳入全国试点范围的非营利性中小企业信用担保、再担保机构,可由地方政府确定,对其从事担保业务收入,3年内免征营业税。免税时间从纳税人享受免税之日起计算,即自担保机构主管税务机关办理免税手续之日起计算⑦。

---

① 《财政部 国家税务总局关于国有独资商业银行、国家开发银行承购金融资产管理公司发行的专项债券利息收入免征税收问题的通知》(财税[2001]152号,2001年10月8日)。根据《财政部关于公布废止和失效的财政规章和规范性文件目录(第十一批)的决定》(财政部令第62号,2011年2月21日),该文件现已被废止。

② 《财政部 国家税务总局关于中国东方资产管理公司处置港澳国际(集团)有限公司有关资产税收政策问题的通知》(财税[2003]212号,2003年11月10日)。

③ 《财政部 国家税务总局关于中国东方资产管理公司处置港澳国际(集团)有限公司有关资产税收政策问题的通知》(财税[2003]212号,2003年11月10日)。

④ 《财政部 国家税务总局关于中国东方资产管理公司处置港澳国际(集团)有限公司有关资产税收政策问题的通知》(财税[2003]212号,2003年11月10日)。

⑤ 《财政部 国家税务总局关于中国东方资产管理公司处置港澳国际(集团)有限公司有关资产税收政策问题的通知》(财税[2003]212号,2003年11月10日)。

⑥ 《财政部 国家税务总局关于中国东方资产管理公司处置港澳国际(集团)有限公司有关资产税收政策问题的通知》(财税[2003]212号,2003年11月10日)。

⑦ 《国家税务总局关于中小企业信用担保、再担保机构免征营业税的通知》(国税发[2001]37号,2001年4月5日)。《国家发展改革委 国家税务总局关于中小企业信用担保机构免征营业税有关问题的通知》(发改企业[2006]563号,2006年4月3日)。《工业和信息化 国家税务总局关于中小企业信用担保机构免征营业税有关问题的通知》(工信部联企业[2009]114号,2009年3月19日)。

纳入全国试点范围的非营利性中小企业信用担保、再担保机构是指经国家经贸委审核批准,纳入全国中小企业信用担保体系,并按地市级以上人民政府规定的标准收取担保业务收入的单位。凡收费标准超过地市级以上人民政府规定标准的,一律征收营业税①。

从事担保业务收入是指上述单位从事中小企业信用担保或再担保取得的担保业务收入,不包括信用评级、咨询、培训等收入②。

②免税条件

2006年规定信用担保机构免税的基本条件是③:

Ⅰ 经政府授权部门(中小企业政府管理部门)同意,依法登记注册为企业法人,且主要从事为中小企业提供担保服务的机构。

Ⅱ 不以营利为主要目的,担保业务收费标准报经所在地人民政府中小企业主管部门和同级人民政府物价部门批准。

Ⅲ 具备健全的内部管理制度和为中小企业提供担保的能力,经营业绩突出,对受保项目具有完善的事前评估、事中监控、事后追偿与处置机制;注册资金超过2000万元。

Ⅳ 对中小企业累计贷款担保金额占其累计担保业务总额的80%,对单个受保企业提供的担保余额不超过担保机构自身实收资本总额的10%,并且其单笔担保责任金额最高不超过4000万元人民币。

Ⅴ 担保资金与担保贷款放大比例不低于3倍,并且其代偿额占担保资金比例不超过5%。

Ⅵ 接受所在地政府中小企业管理部门的监管,按照要求向所在地政府中小企业管理部门报送担保业务情况和财务会计报表。

自2009年3月19日起,信用担保机构免税条件调整为④:

Ⅰ 经政府授权部门(中小企业管理部门)同意,依法登记注册为企(事)业法人,且主要从事为中小企业提供担保服务的机构。实收资本超过2000万元。

Ⅱ 不以营利为主要目的,担保业务收费不高于同期贷款利率的50%。

Ⅲ 有两年以上的可持续发展经历,资金主要用于担保业务,具备健全的内部管理制度和为中小企业提供担保的能力,经营业绩突出,对受保项目具有完善的事前评估、事中监控、事后追偿与处置机制。

Ⅳ 为工业、农业、商贸中小企业提供的累计担保贷款额占其两年累计担保业务总额的80%以上,单笔800万元以下的累计担保贷款额占其累计担保业务总额的50%以上。

Ⅴ 对单个受保企业提供的担保余额不超过担保机构实收资本总额的10%,且平均单笔担保责任金额最多不超过3000万元人民币。

Ⅵ 担保资金与担保贷款放大比例不低于3倍,且代偿额占担保资金比例不超过2%。

Ⅶ 接受所在地政府中小企业管理部门的监管,按要求向中小企业管理部门报送担保业务情况和财务会计报表。

享受三年营业税减免政策期限已满的担保机构,仍符合上述条件的,可以继续申请减免税⑤。

③管理规定

---

① 《国家税务总局关于中小企业信用担保、再担保机构免征营业税的通知》(国税发〔2001〕37号,2001年4月5日)。
② 《国家税务总局关于中小企业信用担保、再担保机构免征营业税的通知》(国税发〔2001〕37号,2001年4月5日)。
③ 《国家发展改革委员会 国家税务总局关于中小企业信用担保机构免征营业税有关问题的通知》(发改企业〔2006〕563号,2006年4月3日)。
④ 《工业和信息化部 国家税务总局关于中小企业信用担保机构免征营业税有关问题的通知》(工信部联企业〔2009〕114号,2009年3月19日)。
⑤ 《国家发展改革委员会 国家税务总局关于中小企业信用担保机构免征营业税有关问题的通知》(发改企业〔2006〕563号,2006年4月3日)。《工业和信息化部 国家税务总局关于中小企业信用担保机构免征营业税有关问题的通知》(工信部联企业〔2009〕114号,2009年3月19日)。

Ⅰ 省、自治区、直辖市、计划单列市经贸委向同级财政、地方税务局提供本地区经国家经贸委审核批准纳入全国试点范围非营利性中小企业信用担保、再担保机构名单,由财政、地方税务局审核后上报本省、自治区、直辖市、计划单列市人民政府批准免征营业税①。

Ⅱ 自2004年2月23日起,上述凡涉及的原国家经贸委和地方经贸委的工作职责均改由国家发展改革委员会和地方中小企业管理部门承担。有关中小企业信用担保机构免征营业税工作,由担保机构自愿申请,经省级中小企业管理部门和省级地方税务部门审核、推荐后,由国家发展改革委员会和国家税务总局审核批准并下发免税名单,名单内的担保机构应持有关文件到主管税务机关申请办理免税手续,各地税务机关按照国家发展改革委和国家税务总局下发的名单审核批准并办理免税手续后,担保机构可以享受营业税免税政策②。

从2009年3月19日起,由工业和信息化部和国家税务总局审核批准并下发免税名单③。

④免税单位名单

Ⅰ 自2004年11月1日起,经国家发展改革委和国家税务总局审核批准的296家中小企业信用担保机构,可按照其机构所在地地市级(含)以上人民政府规定的标准取得的担保和再担保业务收入(不包括信用评级、咨询培训等收入),自主管税务机关办理免税手续之日起,3年内免征营业税;对10家中小企业担保机构,取消其全国中小企业信用担保体系试点资格,不再享受免征营业税

政策④。

Ⅱ 自2007年4月10日起,经国家发展改革委和国家税务总局审核批准的255家中小企业信用担保机构,按照其机构所在地地市级(含)以上人民政府规定的标准取得的担保和再担保业务收入,自主管税务机关办理免税之日起,三年内免征营业税;对47家中小企业信用担保机构,取消其免税资格。取消免税资格的担保机构,不再享受营业税免税政策,按规定申报缴纳营业税⑤。

(6)被撤销金融机构相关业务营业税优惠

①从《金融机构撤销条例》生效之日起,对被撤销金融机构财产用来清偿债务时,免征被撤销金融机构转让不动产、无形资产、有价证券、票据等应缴纳的营业税、增值税、城市维护建设税、教育费附加和土地增值税⑥。

享受税收优惠政策的主体是指经中国人民银行依法决定撤销的金融机构及其分设于各地的分支机构,包括被依法撤销的商业银行、信托投资公司、财务公司、金融租赁公司、城市信用社和农村信用社。除另有规定者外,被撤销的金融机构所属、附属企业,不享受上述规定的被撤销金融机构的税收优惠政策⑦。

②自大连证券有限责任公司(简称"大连证券")破产清算之日起,大连证券破产财产被清算组用来清偿债务时,免征大连证券销售转让不动产、无形资产、有价证券、票据等应缴纳的营业税、增值税、城市维护建设税、教育费附加和土地增值税。对大通证券股份有限公司托管的原大连证券

① 《国家税务总局关于中小企业信用担保、再担保机构免征营业税的通知》(国税发[2001]37号,2001年4月5日)。
② 《国家发展改革委员会 国家税务总局关于继续做好中小企业信用担保机构免征营业税有关问题的通知》(发改企业[2004]303号,2004年2月23日)。《国家发展改革委 国家税务总局关于中小企业信用担保机构免征营业税有关问题的通知》(发改企业[2006]563号,2006年4月3号)。
③ 《工业和信息化部 国家税务总局关于中小企业信用担保机构免征营业税有关问题的通知》(工信部联企业[2009]114号,2009年3月19日)。
④ 《国家发展改革委员会 国家税务总局关于公布免征营业税中小企业信用担保机构名单及取消名单的通知》(发改企业[2004]2284号,2004年10月21日)。具体名单详见该文附件。
⑤ 《国家发展改革委 国家税务总局关于公布免征营业税中小企业信用担保机构名单及取消名单的通知》(发改企业[2007]770号,2007年4月10日)。具体名单详见该文附件。
⑥ 《财政部 国家税务总局关于被撤销金融机构有关税收政策问题的通知》(财税[2003]141号,2003年7月3日)。
⑦ 《财政部 国家税务总局关于被撤销金融机构有关税收政策问题的通知》(财税[2003]141号,2003年7月3日)。

的证券营业部和证券服务部,其所从事的经营活动,应按税收法律、法规的规定照章纳税①。

(7)特定区域金融业务营业税优惠政策的处理

从 2001 年 5 月 1 日起,对在经济特区(包括上海浦东新区和苏州工业园区)内新设立的外商投资金融企业和外国金融企业,一律按国家统一规定的营业税率执行。原规定其来源于特区内的营业收入,自注册登记之日起,5 年内免征营业税的优惠政策停止执行。对 2001 年 5 月 1 日前已经注册设立并享受上述营业税免税政策的外商投资金融企业和外国金融企业,凡免税政策执行未到原定期限的,继续执行到期满为止②。

(8)个人从事金融商品买卖业务营业税优惠

2009 年 1 月 1 日起,对个人(包括个体工商户及其他个人,下同)从事外汇、有价证券、非货物期货和其他金融商品买卖业务取得的收入暂免征收营业税③。

(9)涉农金融保险业务营业税优惠

①农村信用社、村镇银行、农村资金互助社、由银行业机构全资发起设立的贷款公司、法人机构所在地在县(含县级市、区、旗)及县以下地区的农村合作银行和农村商业银行营业税优惠政策

Ⅰ 从 2001 年 10 月 1 日起,对农村信用社减按 5% 的税率计征营业税④。

Ⅱ 从 2003 年 1 月 1 日起,对改革试点地区所有农村信用社的营业税按 3% 的税率征收。改革试点地区包括:吉林、江苏、浙江、江西、山东、重庆、贵州、陕西⑤。

Ⅲ 从 2004 年 1 月 1 日起,对纳入扩大改革试点地区的农村信用社取得的金融保险业应税收入按 3% 的税率征收营业税。《财政部 国家税务总局关于进一步扩大试点地区农村信用社有关税收政策的通知》(财税〔2004〕177 号)到达之日前多征收的税款可退库处理或在以后应交的营业税中抵减。对改革试点地区农村信用社按 3% 的税率征收营业税,是指对其取得的金融保险业应税收入按 3% 的税率征收营业税。中西部试点地区包括

①　《财政部 国家税务总局关于大连证券破产及财产处置过程中有关税收政策问题的通知》(财税〔2003〕88 号,2003 年 5 月 20 日)。

②　《财政部 国家税务总局关于调整外商投资和外国金融企业营业税政策的通知》(财税〔2001〕74 号,2001 年 4 月 25 日)。此前,《国务院关于调整金融保险业税收政策有关问题的通知》(国发〔1997〕5 号,1997 年 2 月 19 日)规定,从 1997 年 1 月 1 日起,对经济特区内(包括上海浦东新区和苏州工业园区,下同)设立的外商投资和外国金融企业,凡来源于特区内的营业收入,继续执行自注册登记之日起,5 年内免征营业税的优惠政策,免税期满后,按 8% 的税率征收;对来源于经济特区外的营业收入部分,不再执行特区内的免税优惠政策,按特区外设立的外商投资和外国金融企业的有关税收政策执行。此外,《财政部 国家税务总局关于转发〈国务院关于调整金融保险业税收政策有关问题的通知〉的通知》(财税字〔1997〕45 号,1997 年 3 月 14 日)和《国家税务总局关于外资金融机构若干营业税政策问题的通知》(国税发〔2000〕135 号,2000 年 7 月 28 日)与该免税相关的规定,分别自 2009 年 1 月 1 日起被《财政部 国家税务总局关于公布若干废止和失效的营业税规范性文件的通知》(财税〔2009〕61 号)和《国家税务总局关于公布废止的营业税规范性文件目录的通知》(国税发〔2009〕29 号)废止。

③　《财政部 国家税务总局关于个人金融商品买卖等营业税若干免税政策的通知》(财税〔2009〕111 号,2009 年 9 月 27 日)。该文件仅明确个人买卖金融商品暂免征收营业税,原条例实施细则第三条规定非金融机构和个人买卖外汇、有价证券或期货,均不征收营业税。

④　《财政部 国家税务总局关于降低农村信用社营业税税率的通知》(财税〔2001〕163 号,2001 年 10 月 8 日)。此前,《国务院关于调整金融保险业税收政策有关问题的通知》(国发〔1997〕5 号,1997 年 2 月 19 日)曾规定对农村信用社营业税,在 1997 年 12 月 31 日前减按 5% 征收,自 1998 年 1 月 1 日起恢复按 8% 的税率征收。后来的《财政部 国家税务总局关于农村信用社征收营业税等有关问题的通知》(财税字〔1998〕65 号,1998 年 3 月 25 日)规定,对农村信用社自 1998 年 1 月 1 日起至 12 月 31 日止,减按 6% 的税率征税;1999 年减按 7% 的税率征税;2000 年恢复 8% 的税率征税。《财政部 国家税务总局关于继续执行农村信用社有关营业税政策的通知》(财税〔2001〕50 号,2001 年 4 月 6 日)规定从 2001 年 1 月 1 日至 2002 年 12 月 31 日,对农村信用社继续按 6% 的税率征税;从 2003 年 1 月 1 日起,按 5% 的税率征税。由于目前农村信用社已减按 3% 税率征收营业税,财税〔2001〕163 号也被《财政部关于公布废止和失效的财政规章和规范性文件目录(第十一批)的决定》(财政部令第 62 号,2011 年 2 月 21 日)公布废止。

⑤　《财政部 国家税务总局关于试点地区农村信用社税收政策的通知》(财税〔2004〕35 号,2004 年 1 月 2 日)。该文自 2003 年 1 月 1 日起执行,文到之前多征收的税款可退库处理或在以后应交的营业税中抵减。

山西、内蒙古、黑龙江、安徽、河南、湖北、湖南、广西、四川、云南、甘肃、宁夏、青海和新疆;其他试点地区包括北京、天津、河北、辽宁、上海、福建和广东①。

Ⅳ 从2006年1月1日起,对海南省改革试点的农村信用社取得的金融保险业应税收入,按3%的税率征收营业税②。

Ⅴ 从2009年1月1日至2013年12月31日,对农村信用社、村镇银行、农村资金互助社、由银行业机构全资发起设立的贷款公司、法人机构所在地在县(含县级市、区、旗)及县以下地区的农村合作银行和农村商业银行的金融保险业收入减按3%的税率征收营业税③。其中:

村镇银行,是指经中国银行监督管理委员会依据有关法律、法规批准,由境内外金融机构、境内非金融机构企业法人、境内自然人出资,在农村地区设立的主要为当地农民、农业和农村经济发展提供金融服务的银行业金融机构。

农村资金互助社,是指经银行业监督管理机构批准,由乡(镇)、行政村民和农村小企业自愿入股组成,为社员提供存款、贷款、结算等业务的社区互助性银行业金融机构。

由银行业机构全资发起设立的贷款公司,是指经中国银行业监督管理委员会依据有关法律、法规批准,由境内商业银行或农村合作银行在农村地区设立的专门为县域农民、农业和农村经济发展提供

贷款服务的非银行业金融机构。

县(县级市、区、旗),不包括市(含直辖市、地级市)所辖城区。

②农牧保险营业税优惠政策

农牧保险以及相关技术培训业务免征营业税④。

其中:农牧保险,是指为种植业、养殖业、牧业种植和饲养的动植物提供保险的业务;相关技术培训,指为使农民获得农牧保险知识的技术培训业务⑤。

③中国农业银行"三农金融事业部"营业税优惠政策⑥

自2010年10月1日至2011年9月30日,对中国农业银行纳入"三农金融事业部"改革试点的吉林、福建、山东、湖北、广西、重庆、四川、甘肃8个省(自治区、直辖市)分行下辖的县域支行(也称县事业部),提供农户贷款、农村企业和农村各类组织贷款取得的利息收入减按3%的税率征收营业税⑦。

其中:农户贷款,是指金融机构发放给农户的贷款,但不包括按照《财政部 国家税务总局关于农村金融有关税收政策的通知》(财税[2010]4号)规定免征营业税的农户小额贷款。

农户,是指长期(指一年及一年以上,下同)居住在乡镇(不包括城关镇)范围内或者城关镇所辖

---

① 《财政部 国家税务总局关于试点地区农村信用社税收政策的通知》(财税[2004]35号,2004年1月2日)和《财政部 国家税务总局关于进一步扩大试点地区农村信用社有关税收政策的通知》(财税[2004]177号,2004年11月12日)。上述两个文件现均被《财政部关于公布废止和失效的财政规章和规范性文件目录(第十一批)的决定》(财政部令第62号,2011年2月21日)公布废止。

② 《财政部 国家税务总局关于海南省改革试点的农村信用社税收政策的通知》(财税[2007]18号,2007年2月10日)。该文还规定,文到之日前多征收的税款可退库处理或在以后应交的营业税中抵减。根据《财政部关于公布废止和失效的财政规章和规范性文件目录(第十一批)的决定》(财政部令第62号,2011年2月21日),财税[2007]18号被公布失效。

③ 《财政部 国家税务总局关于农村金融有关税收政策的通知》(财税[2010]4号,2010年5月13日)。该文件自2009年1月1日起执行,自2009年1月1日至发文之日应予免征或者减征的营业税税款,在以后的应纳营业税额中抵减或者予以退税。

④ 《中华人民共和国营业税暂行条例》(国务院令第540号,2008年11月10日)第八条。

⑤ 《中华人民共和国营业税暂行条例实施细则》(财政部 国家税务总局令第52号,2008年12月15日)第二十二条。

⑥ 《财政部 国家税务总局关于中国农业银行三农金融事业部试点县域支行涉农贷款营业税优惠政策的通知》(财税[2010]116号,2010年12月31日)。

⑦ 具体贷款业务清单详见《财政部 国家税务总局关于中国农业银行三农金融事业部试点县域支行涉农贷款营业税优惠政策的通知》(财税[2010]116号)附件。

行政村范围内(统称农村)的住户,包括户口不在农村而长期在农村居住住户、国有农场的职工和农村个体工商户。农户以户为单位,既可以从事农业生产经营,也可以从事非农业生产经营。但位于农村的国家机关、社会团体、学校、国有企业和事业单位的集体户,或者有农村户口但举家长期外出谋生的住户,无论是否保留承包耕地,均不属于农户。

农村企业和农村各类组织贷款,是指金融机构发放给农村注册的企业及各类组织的贷款。

中国农业银行纳入"三农金融事业部"改革试点的县域支行,应当单独核算享受营业税减税政策的贷款利息收入;未单独核算的,不得享受上述的营业税优惠政策。

④农户小额贷款营业税优惠政策①

自 2009 年 1 月 1 日至 2013 年 12 月 31 日,对金融机构农户小额贷款的利息收入,免征营业税。其中:

农户,是指长期(一年以上)居住在乡镇(不包括城关镇)行政管理区域内的住户,还包括长期居住在城关镇所辖行政村范围内的住户和户口不在本地而在本地居住一年以上的住户,国有农场的职工和农村个体工商户。位于乡镇(不包括城关镇)行政管理区域内和在城关镇所辖行政村范围内的国有经济的机关、团体、学校、企事业单位的集体户;有本地户口,但举家外出谋生一年以上的住户,无论是否保留承包耕地均不属于农户。农户以户为统计单位,既可以从事农业生产经营,也可以从事非农业生产经营。农户贷款的判定应以贷款发放时的承贷主体是否属于农户为准。

小额贷款,是指单笔且该户贷款余额总额在 5 万元以下(含 5 万元)的贷款。

金融机构应对符合条件的农户小额贷款利息收入进行单独核算,不能单独核算的不得适用优惠政策。

中和农信项目管理有限公司和中国扶贫基金会举办的农户自立服务社(中心)从事农户小额贷款取得的利息收入,也比照上述政策执行②。

4.5.2.3　邮电通信业营业税优惠

(1)邮政服务业务营业税优惠

自 2006 年 1 月 1 日起,对邮政部门提供邮政普遍服务和特殊服务业务(具体为函件、包裹、汇票、机要通信、党报党刊发行)取得的收入免征营业税。享受免税的党报党刊发行收入按邮政企业报刊发行收入的70%计算。自 2006 年 1 月 1 日至《财政部 国家税务总局关于邮政普遍服务和特殊服务免征营业税的通知》(财税〔2006〕47 号)到达之日应享受免税但已缴纳的营业税,可以从以后应缴的营业税税款中抵扣③。

(2)铁路通信业务营业税优惠④

从 2005 年 1 月 1 日至 2008 年 12 月 31 日止,对中国铁通集团有限公司为铁路运输企业提供通信服务取得的收入免征营业税。

上述铁路运输企业是指铁道部(含铁道部机关、直属单位、中心、协会、学会等)、各铁路运输企业(含各铁路局及广铁集团所属的分局、公司、站、段、所、办、厂、中心、队、室、场、协会、学会、工会、公安局、检察院、法院、疗养院、报社、行车公寓、招待所、中小学、职业高中、铁路中专、职工大学、医院、防疫站、印刷厂、技校、职校、党校、科研所、设计院等)、铁道部或铁路运输企业控股的铁路运输企业(含各合资铁路企业及所属站段等)以及其他的成本费用列入铁路运输总支出的单位。

---

①　《财政部 国家税务总局关于农村金融有关税收政策的通知》(财税〔2010〕4 号,2010 年 5 月 13 日)。该文件自 2009 年 1 月 1 日起执行,自 2009 年 1 月 1 日至发文之日应予免征或者减征的营业税税款,在以后的应纳营业税税额中抵减或者予以退税。

②　《财政部 国家税务总局关于中国扶贫基金会小额信贷试点项目税收政策的通知》(财税〔2010〕35 号,2010 年 5 月 13 日)。

③　《财政部 国家税务总局关于邮政普遍服务和特殊服务免征营业税的通知》(财税〔2006〕47 号,2006 年 4 月 19 日)。

④　《财政部 国家税务总局关于中国铁通集团有限公司营业税问题的通知》(财税〔2005〕22 号,2005 年 2 月 23 日)。《财政部 国家税务总局关于继续免征中国铁通集团有限公司营业税的通知》(财税〔2007〕21 号,2007 年 2 月 27 日)。根据《财政部关于公布废止和失效的财政规章和规范性文件目录(第十批)的决定》(财政部令第 48 号,2008 年 1 月 31 日),财税〔2005〕22 号被公布失效。

"通信服务"是指固定电话、电报、专线、各种MIS系统、数据端口、电视电话会议、数据业务、无线列调、区段通信及其他基本电信业务、增值电信业务、专用通信业务等业务。

4.5.2.4 文化体育业营业税优惠

（1）公益性文化场所营业税优惠

①纪念馆、博物馆、文化馆、文物保护单位管理机构、美术馆、展览馆、书画院、图书馆举办文化活动的门票收入，免征营业税①。

纪念馆、博物馆、文化馆、文物保护单位管理机构、美术馆、展览馆、书（画）院、图书馆举办文化活动，是指这些单位在自己的场所举办的属于文化体育业税目征税范围的文化活动。其售票收入，是指销售第一道门票的收入②。

免征营业税的博物馆，是指经各级文物、文化主管部门批准并实行财政预算管理的博物馆。对其他虽冠以博物馆的名称，但不符合上述条件的单位，不得给予免征营业税的照顾③。

②宗教场所举办文化、宗教活动的售票收入，免征营业税④。

宗教场所举办文化、宗教活动的售票收入，是指寺庙、宫观、清真寺和教堂举办文化、宗教活动销售门票的收入⑤。

风景区的门票收入既有寺庙、宫观、清真寺和教堂等门票收入，也有其他景观的经营收入，其门票收入里既有免税收入，也有征税收入，要严格区分免税收入和非免税收入。对其寺庙、宫观、清真寺和教堂举办宗教文化、宗教活动的门票收入免征营业税，对其他经营收入应按规定征税，如果不能区分征税和免税收入的，则按全额征税。其中：寺庙、宫观、清真寺和教堂必须是经宗教主管部门批准设立的；免征营业税的寺庙、宫观、清真寺和教堂举办文化、宗教活动的门票收入必须是由宗教活动场所的管理组织单位管理和使用⑥。

对景区旅游开发公司取得的游客投放到寺庙功德箱中的钱物，不属于提供应税劳务、销售不动产、转让无形资产取得的收入，不征收营业税⑦。

（2）宣传文化产业营业税优惠

①科普单位和科普活动税收优惠

自2009年1月1日起至2010年12月31日，对科普单位的门票收入，以及县（含县级市、区、旗）及县以上党政部门和科协开展科普活动的门票收入免征营业税。对境外单位向境内科普单位转让科普影视作品播映权取得的收入免征营业税。其中：科普单位是指科技馆，自然博物馆，对公众开放的天文馆（站、台）、气象台（站）、地震台（站），以及高等院校、科研机构对公众开放的科普基地⑧。

上述应予免征的营业税，凡在接到《财政部国家税务总局关于继续实行宣传文化增值税和营业税优惠政策的通知》（财税〔2009〕147号）以前

---

① 《中华人民共和国营业税暂行条例》（中华人民共和国国务院令第540号,2008年11月10日）第八条。
② 《中华人民共和国营业税暂行条例实施细则》（财政部 国家税务总局令第52号,2008年12月15日）第二十二条。
③ 《国家税务总局关于"免征营业税的博物馆"范围界定问题的批复》（国税函发〔1996〕679号,1996年11月21日）。
④ 《中华人民共和国营业税暂行条例》（国务院令第540号,2008年11月10日）第八条。
⑤ 《中华人民共和国营业税暂行条例实施细则》（财政部 国家税务总局令第52号,2008年12月15日）第二十二条。
⑥ 《国家税务总局关于绵山风景区有关税收问题的批复》（国税函〔2003〕1270号,2003年11月27日）。
⑦ 《国家税务总局关于绵山风景区有关税收问题的批复》（国税函〔2003〕1270号,2003年11月27日）。
⑧ 《财政部 国家税务总局关于继续实行宣传文化增值税和营业税优惠政策的通知》（财税〔2009〕147号,2009年12月10日）。此前,《财政部 国家税务总局关于宣传文化增值税和营业税优惠政策的通知》（财税〔2006〕153号,2006年12月5日）曾规定:自2006年1月1日起至2008年12月31日,对电影发行单位向放映单位收取的发行收入,免征营业税;对科普单位的门票收入,以及县及县以上（包括县级市、区、旗）党政部门和科协开展的科普活动的门票收入免征营业税。对科普单位进口自用科普影视作品播映权免征其应为境外转让播映权单位代扣（缴）的营业税;对报社和出版社根据文章篇幅、作者名气收取的"版面费"及类似收入,按照"服务业"税目中的广告业征收营业税。原《财政部 国家税务总局 海关总署 科技部 新闻出版总署关于鼓励科普事业发展税收政策问题的通知》（财税〔2003〕55号）的第一条和第二条规定及第三条的营业税政策规定相应废止。在财税〔2009〕147号文件颁布实施后,财税〔2006〕153号同时废止。

已经征收入库的,可抵减纳税人以后月份应缴纳的营业税税款或者办理税款退库①。

科普单位、科普活动和科普单位进口自用科普影视作品的认定仍按《科技部、财政部、国家税务总局、海关总署、新闻出版总署关于印发〈科普税收优惠政策实施办法〉的通知》(国科发政字[2003]416号)的有关规定执行②:

Ⅰ 关于科技馆、自然博物馆等科普基地的认定

ⅰ 科技馆、对公众开放的自然博物馆、天文馆(站、台)、气象台(站)、地震台(站)和设有植物园、标本馆、陈列馆等科普场所的高校和科研机构可以申请科普基地认定。

申请认定为科普基地的科技馆等,必须专门从事面向公众的科普活动,有开展科普活动的科普专职工作人员、场所、设施、工作经费等条件。有关科普工作的经费不得挪用,科普场所不得改作他用。

ⅱ 申请认定为科普基地的自然博物馆、天文馆(站、台)、气象台(站)、地震台(站)以及设有植物园、标本馆、陈列馆等科普场所的高校和科研机构必须同时具备以下条件:

面向公众从事《科普法》所规定的科普活动,有稳定的科普活动投入;

有适合常年向公众开放的一定的科普设施、器材和场所等,累计每年不能少于200天;对青少年实行优惠或免费开放的时间不少于每年20天(含法定节假日);

有常设内部科普工作机构并配备有必要的专职科普工作人员;

有明确的科普工作规划和年度科普工作计划。

ⅲ 符合以上条件的科技馆、自然博物馆等申请认定为科普基地的单位,应附相关证明材料、资料,经所在地的地(市)级科技行政管理部门审核同意后,报所在地的省级(包括省、自治区、直辖市、计划单列市,以下同)科技行政管理部门审批。省级科技行政管理部门应当在批准后一个月内,向同级财政、税务部门和国家科学技术部备案。

ⅳ 经认定的科普基地开展科普活动的门票收入申请免征营业税时,须持科普基地认定批准文件、其他证明文件以及税务机关要求的其他材料,向所在地主管税务机关提出申请,经审核批准后,享受规定的税收优惠政策。取得享受税收优惠资格的科普基地,需进口科普影视作品的,应按海关规定向所在地海关备案。

ⅴ 省级科技行政管理部门会同同级财政、税务部门对经认定的科普基地每年进行一次年检。不合格者,取消其科普基地资格,并将有关情况报科技部备案。

Ⅱ 关于党政部门开展科普活动的认定

ⅰ 县及县级以上(含县级市、区、旗等)的党委、政府及其工作部门以及科协、工会、妇联、共青团组织开展的科普活动,同时具备下列条件的,可以申请享受规定的税收优惠:

必须是符合《科普法》规定,以普及科学知识、倡导科学方法、传播科学思想、弘扬科学精神为宗旨的社会性、群众性科普活动;

地方党委、政府及其工作部门和科协、工会、妇联、共青团必须是科普活动的主办单位,并且应当设置有专门的科普活动组织工作机构;

应当有具体的科普活动方案;

应当建立有完备的组织管理、财务管理等制度。

ⅱ 举办符合以上条件的科普活动的地方党政部门等单位,应当在活动举办一个月前,向所在地的地(市)级科技行政管理部门提出认定申请,并提交科普活动批件、科普活动方案(包括主办单位、承办单位、活动目的、活动规模、门票定价等内

---

① 《财政部 国家税务总局关于继续实行宣传文化增值税和营业税优惠政策的通知》(财税[2009]147号,2009年12月10日)。

② 《财政部 国家税务总局关于继续实行宣传文化增值税和营业税优惠政策的通知》(财税[2009]147号,2009年12月10日)。

容)等相关文件。

接受申请后,地(市)级科技行政管理部门认为必要的,应当负责活动的现场监督和过程管理。活动结束后一个月内,主办单位应当将科普活动总结报告以及相关证明材料、资料报经所在地的地(市)级科技行政管理部门审核同意后,由所在地的省级科技行政管理部门审批,并在批准后一个月内向同级财政、税务部门和国家科学技术部备案。

ⅲ 跨省举办的科普活动,只得选择在一个省份申请认定,不得重复申请认定。

ⅳ 对经认定的科普活动申请免征门票收入营业税时,主办单位须持科普活动认定批准文件、其他证明文件以及税务机关要求的其他材料,向所在地主管税务机关提出申请,经审核批准后,享受《通知》规定的税收优惠政策。

Ⅲ 关于科普基地进口科普影视作品的认定

ⅰ 从境外购买科普影视作品播映权而进口的拷贝、工作带必须同时符合下列条件:

必须是由按照本办法经认定的科普基地自行进口或委托进口的;

必须属于《财政部 国家税务总局 海关总署 科技部 新闻出版总署关于鼓励科普事业发展税收政策问题的通知》(财税〔2003〕55 号)附件所列税号范围;

必须是为其自用,不得进行商业销售或挪作他用。

ⅱ 经认定的科普基地进口的科普影视作品拷贝、工作带符合以上条件的,可以提出申请,并附带进口影视作品的合同、协议(含中文译本)和相关资料报经所在地的地(市)级科技行政管理部门初审合格后,由所在地的省级科技、新闻出版行政管理部门批准,并在批准后一个月内向同级财政部门

及国家科学技术部和新闻出版总署备案。

ⅲ 对经认定的进口科普影视作品拷贝、工作带申请享受税收优惠时,科普基地须持进口科普影视作品批准文件、其他证明文件以及海关要求的其他材料,向所在地海关提出申请,海关按规定办理减免税手续。

地(市)级科技行政管理部门受理科普基地认定申请后,应当在十五个工作日内作出初审决定。省级科技行政管理部门应当自收到初审决定之日起十五个工作日内作出是否认定的决定。不予认定的,应当说明理由并书面通知申请人。经过认定的,报同级财政、税务部门和国家科学技术部备案。

②经营性文化事业单位转制和文化企业税收优惠

Ⅰ 支持经营性文化事业单位转制为企业的优惠规定

(Ⅰ)自 2009 年 1 月 1 日至 2013 年 12 月 31 日,对经营性文化事业单位转制中资产评估增值涉及的企业所得税,以及资产划转或转让涉及的营业税、增值税、城建税等给予适当的优惠政策,具体优惠政策由财政部、国家税务总局根据转制方案确定①。

所称经营性文化事业单位是指从事新闻出版、广播影视和文化艺术的事业单位;转制是指文化事业单位整体转为企业和文化事业单位中经营部分剥离转为企业。包括文化体制改革地区的所有转制文化单位和不在文化体制改革地区的转制企业②。

所称转制文化企业包括③:

ⅰ 根据《财政部 海关总署 国家税务总局关于发布第一批不在文化体制改革试点地区的文化体制改革试点单位名单的通知》(财税〔2005〕163

---

① 《财政部 国家税务总局关于文化体制改革中经营性文化事业单位转制为企业的若干税收优惠政策的通知》(财税〔2009〕34 号,2009 年 3 月 26 日)。

② 《财政部 国家税务总局关于文化体制改革中经营性文化事业单位转制为企业的若干税收优惠政策的通知》(财税〔2009〕34 号,2009 年 3 月 26 日)。

③ 《财政部 国家税务总局 中共中央宣传部关于转制文化企业名单及认定问题的通知》(财税〔2009〕105 号,2009 年 8 月 12 日)。

号）、《财政部 海关总署 国家税务总局关于公布第二批不在试点地区的文化体制改革试点单位名单和新增试点地区名单的通知》（财税〔2007〕36号）和《财政部 海关总署 国家税务总局关于发布第三批不在试点地区的文化体制改革试点单位名单的通知》（财税〔2008〕25号），由财政部、海关总署、国家税务总局分批发布的不在试点地区的试点单位。

ⅱ 由北京市、上海市、重庆市、浙江省、广东省及深圳市、沈阳市、西安市、丽江市审核发布的试点单位，包括由中央文化体制改革工作领导小组办公室提供名单，由北京市发布的中央在京转制试点单位。

ⅲ 财税〔2007〕36号文件规定的新增试点地区审核发布的试点单位。新增试点地区包括：

天津市河西区、西青区；

河北省保定市、邯郸市；

山西省太原市、阳泉市、晋城市、晋中市；

内蒙古自治区包头市、鄂尔多斯市、通辽市、赤峰市；

辽宁省大连市、锦州市、葫芦岛市、鞍山市、抚顺市、本溪市、盘锦市；

吉林省长春市、通化市、辽源市；

黑龙江省哈尔滨市、大庆市、鸡西市；

江苏省南京市、苏州市、无锡市、常州市、淮安市、宿迁市；

安徽省合肥市、淮北市、芜湖市、安庆市、黄山市、蚌埠市、巢湖市；

福建省厦门市；

江西省南昌市、赣州市、萍乡市；

山东省济南市、青岛市、莱芜市、临沂市、滨州市；

河南省郑州市、开封市、洛阳市、安阳市、商丘市；

湖北省武汉市、襄樊市、黄石市、宜昌市、仙桃市、武穴市；

湖南省长沙市、岳阳市、常德市、张家界市；

广西壮族自治区南宁市、柳州市；

海南省海口市、三亚市、文昌市、保亭黎族苗族自治县；

四川省成都市、绵阳市、雅安市；

贵州省贵阳市、遵义市、安顺市、铜仁地区、黔东南州；

云南省昆明市、大理州、楚雄州、迪庆州、曲靖市、红河州、保山市；

陕西省宝鸡市；

甘肃省兰州市、嘉峪关市；

青海省西宁市、海南藏族自治州；

宁夏回族自治区银川市。

上述转制文化企业名称发生变更的，如果主营业务未发生变化，持原认定的文化体制改革工作领导小组办公室出具的同意更名函，到主管税务机关履行更名手续；如果主营业务发生变化，依照以下规定的条件重新认定①：

（Ⅱ）从2009年1月1日起，需认定享受《财政部 国家税务总局关于文化体制改革中经营性文化事业单位转制为企业的若干税收优惠政策的通知》（财税〔2009〕34号）文件规定的相关税收优惠政策的转制文化企业应同时符合以下条件：

ⅰ 根据相关部门的批复进行转制。中央各部门各单位出版社转制方案，由中央各部门各单位出版社体制改革工作领导小组办公室批复；中央部委所属的高校出版社和非时政类报刊社的转制方案，由新闻出版总署批复；文化部、广电总局、新闻出版总署所属文化事业单位的转制方案，由上述三个部门批复；地方所属文化事业单位的转制方案，按照登记管理权限由各级文化体制改革工作领导小组办公室批复；

ⅱ 转制文化企业已进行企业工商注册登记；

ⅲ 整体转制前已进行事业单位法人登记的，

---

① 《财政部 国家税务总局 中共中央宣传部关于转制文化企业名单及认定问题的通知》（财税〔2009〕105号，2009年8月12日）。

转制后已核销事业编制、注销事业单位法人;

ⅳ 已同在职职工全部签订劳动合同,按企业办法参加社会保险;

ⅴ 文化企业具体范围符合《财政部 海关总署 国家税务总局关于支持文化企业发展若干税收政策问题的通知》(财税〔2009〕31 号)附件规定;

ⅵ 转制文化企业引入非公有资本和境外资本的,须符合国家法律法规和政策规定;变更资本结构的,需经行业主管部门和国有文化资产监管部门批准。

中央所属转制文化企业的认定,由中宣部会同财政部、国家税务总局确定并发布名单;地方所属转制文化企业的认定,按照登记管理权限,由各级宣传部门会同同级财政厅(局)、国家税务总局和地方税务局确定和发布名单,并逐级备案①。

(Ⅲ)经认定的转制文化企业,可向主管税务机关申请办理减免税手续,并向主管税务机关备案以下材料②:

ⅰ 转制方案批复函;

ⅱ 企业工商营业执照;

ⅲ 整体转制前已进行事业单位法人登记的,需提供同级机构编制管理机关核销事业编制、注销事业单位法人的证明;

ⅳ 同在职职工签订劳动合同、按企业办法参加社会保险制度的证明;

ⅴ 引入非公有资本和境外资本、变更资本结构的,需出具相关部门的批准函;

未经认定的转制文化企业或转制文化企业不符合上述规定的,不得享受相关税收优惠政策。已享受优惠的,主管税务机关应追缴其已减免的税款③。

上述规定适用于经营性文化事业单位整体转制和剥离转制两种类型。整体转制包括:(图书、音像、电子)出版社、非时政类报刊社、新华书店、艺术院团、电影制片厂、电影(发行放映)公司、影剧院等整体转制为企业;剥离转制包括:新闻媒体中的广告、印刷、发行、传输网络部分,以及影视剧等节目制作与销售机构,从事业体制中剥离出来转制为企业④。

Ⅱ 支持文化企业发展的优惠规定

自 2009 年 1 月 1 日至 2013 年 12 月 31 日,广播电影电视行政主管部门(包括中央、省、地市及县级)按照各自职能权限批准从事电影制片、发行、放映的电影集团公司(含成员企业)、电影制片厂及其他电影企业取得的转让电影版权收入、电影发行收入以及在农村取得的电影放映收入免征营业税和增值税⑤。

---

① 《财政部 国家税务总局 中共中央宣传部关于转制文化企业名单及认定问题的通知》(财税〔2009〕105 号,2009 年 8 月 12 日)。现已发布的中央所属转制文化企业名单详见《财政部 国家税务总局关于公布学习出版社等中央所属转制文化企业名单的通知》(财税〔2010〕29 号,2010 年 4 月 23 日)或本书增值税部分相关内容。

② 《财政部 国家税务总局 中共中央宣传部关于转制文化企业名单及认定问题的通知》(财税〔2009〕105 号,2009 年 8 月 12 日)。

③ 《财政部 国家税务总局 中共中央宣传部关于转制文化企业名单及认定问题的通知》(财税〔2009〕105 号,2009 年 8 月 12 日)。

④ 《财政部 国家税务总局 中共中央宣传部关于转制文化企业名单及认定问题的通知》(财税〔2009〕105 号,2009 年 8 月 12 日)。

⑤ 《财政部 海关总署 国家税务总局关于支持文化企业发展若干税收政策问题的通知》(财税〔2009〕31 号,2009 年 3 月 27 日)。此前,《国家税务总局关于对电影发行单位的发行收入不征营业税的通知》(国税函〔1996〕696 号,1996 年 11 月 29 日)对电影发行单位向放映单位收取的发行收入规定为不再征收营业税;《国务院关于支持文化事业发展若干经济政策的通知》(国发〔2000〕41 号,2000 年 12 月 18 日)规定为免征营业税。后来,《财政部 海关总署 国家税务总局关于文化体制改革试点中支持文化产业发展若干税收政策问题的通知》(财税〔2005〕2 号,2005 年 3 月 29 日)规定,从 2004 年 1 月 1 日至 2008 年 12 月 31 日,对电影发行单位向放映单位收取的发行收入,免征营业税。《财政部 国家税务总局关于宣传文化增值税和营业税优惠政策的通知》(财税〔2006〕153 号,2006 年 12 月 5 日)也规定:自 2006 年 1 月 1 日起至 2008 年 12 月 31 日,对电影发行单位向放映单位收取的发行收入,免征营业税。但《财政部 国家税务总局关于继续实行宣传文化增值税和营业税优惠政策的通知》(财税〔2009〕147 号)文件颁布实施后,对财税〔2006〕153 号予以废止。

2010 年底前,广播电视运营服务企业按规定收取的有线数字电视基本收视维护费,经省级人民政府同意并报财政部、国家税务总局批准,免征营业税,期限不超过 3 年①。

自 2009 年 1 月 1 日至 2013 年 12 月 31 日,对文化企业在境外演出从境外取得的收入免征营业税②。

上述规定适用于所有文化企业。文化企业是指从事新闻出版、广播影视和文化艺术的企业。文化企业具体范围见附件一。

③在境外提供文化体育业劳务的税收优惠

自 2009 年 1 月 1 日起,对中华人民共和国境内单位或者个人在中华人民共和国境外提供文化体育业(除播映)劳务暂免征收营业税③。

④广播电视村村通税收优惠

自 2007 年 1 月 1 日至 2009 年 12 月 31 日,对经营有线电视网络的单位从农村居民用户取得的有线电视收视费收入和安装费收入,3 年内免征营业税。上述单位对于其取得的上述免税收入应当

和应税收入分别核算;未分开核算的,不得享受上述规定的税收优惠政策④。

⑤若干地区有线电视收视费税收优惠的专项规定

Ⅰ 2010 年底前,广播电视运营服务企业按规定收取的有线数字电视基本收视维护费,经省级人民政府同意并报财政部、国家税务总局批准,免征营业税,期限不超过 3 年。⑤

对天津、吉林、黑龙江、江苏、浙江、湖南、广东、贵州、云南省(直辖市)有关单位根据省级物价部门有关文件规定标准收取的有线数字电视基本收视维护费,自 2009 年 1 月 1 日起,3 年内免征营业税⑥。

Ⅱ 自 2010 年 1 月 1 日起,对重庆、江苏有线数字电视网络企业根据物价部门有关文件规定标准收取的有线数字电视基本收视维护费,3 年内免征营业税⑦。

(3)教育业营业税优惠

---

① 《国务院办公厅转发发展改革委等部门关于鼓励数字电视产业发展若干政策的通知》(国办发〔2008〕1 号,2008 年 1 月 1 日)。《财政部 海关总署 国家税务总局关于支持文化企业发展若干税收政策问题的通知》(财税〔2009〕31 号,2009 年 3 月 27 日)。

② 《财政部 海关总署 国家税务总局关于支持文化企业发展若干税收政策问题的通知》(财税〔2009〕31 号,2009 年 3 月 27 日)。

③ 《财政部 国家税务总局关于个人金融商品买卖等营业税若干免税政策的通知》(财税〔2009〕111 号,2009 年 9 月 27 日)。此前,《财政部 海关总署 国家税务总局关于文化体制改革中经营性文化事业单位转制为企业的若干税收政策问题的通知》(财税〔2005〕1 号,2005 年 3 月 29 日)和《财政部 海关总署 国家税务总局关于文化体制改革试点中支持文化产业发展若干税收政策问题的通知》(财税〔2005〕2 号,2005 年 3 月 29 日)规定,自 2004 年 1 月 1 日起到 2008 年 12 月 31 日,对在境外提供文化劳务取得的境外收入不征营业税。根据《财政部关于公布废止和失效的财政规章和规范性文件目录(第十一批)的决定》(财政部令第 62 号,2011 年 2 月 21 日),财税〔2005〕1 号被公布失效。

④ 《财政部 国家税务总局关于广播电视村村通税收政策的通知》(财税〔2007〕17 号,2007 年 1 月 18 日)。根据《财政部关于公布废止和失效的财政规章和规范性文件目录(第十一批)的决定》(财政部令第 62 号,2011 年 2 月 21 日),该文件被公布失效。

⑤ 《财政部 海关总署 国家税务总局关于支持文化企业发展若干税收政策问题的通知》(财税〔2009〕31 号,2009 年 3 月 27 日)。此前,《财政部 国家税务总局关于免征青岛市有线数字电视收入营业税的通知》(财税〔2004〕186 号,2004 年 11 月 29 日)、《财政部 国家税务总局关于广西壮族自治区有线数字电视收入营业税问题的通知》(财税〔2006〕86 号,2006 年 6 月 16 日)、《财政部 国家税务总局关于免征深圳市有线数字电视收入营业税的通知》(财税〔2006〕87 号,2006 年 6 月 30 日)、《财政部 国家税务总局关于免征大连市有线数字电视收入营业税的通知》(财税〔2006〕144 号,2006 年 9 月 28 日)、《财政部 国家税务总局关于南京市有线数字电视收入免征营业税的通知》(财税〔2007〕57 号,2007 年 4 月 4 日)、《财政部 国家税务总局关于安徽省有线数字电视收入免征营业税的通知》(财税〔2007〕159 号,2007 年 12 月 28 日)、《财政部 国家税务总局关于山西省有线数字电视基本收视维护费收入免征营业税的通知》(财税〔2008〕14 号,2008 年 3 月 17 日)、《财政部 国家税务总局关于海南省有线数字电视基本收视维护费收入免征营业税的通知》(财税〔2008〕15 号,2008 年 3 月 17 日)分别对相关地方有线数字电视收入免征营业税做出了规定,但目前均已执行到期。

⑥ 《财政部 国家税务总局关于免征部分省市有线数字电视收入营业税的通知》(财税〔2009〕38 号,2009 年 4 月 9 日)。

⑦ 《财政部 国家税务总局关于部分省市有线数字电视基本收视维护费免征营业税的通知》(财税〔2010〕33 号,2010 年 8 月 31 日)。具体名单见该文件附件。

①基本规定

学校和其他教育机构提供的教育劳务,学生勤工俭学提供的劳务①。

学校及其他教育机构,是指普通学校以及经地、市级以上人民政府或者同级政府的教育行政部门批准成立、国家承认其学员学历的各类学校②。

②具体规定

Ⅰ 对从事学历教育的学校提供教育劳务取得的收入,免征营业税③。

"学历教育"是指:受教育者经过国家教育考试或者国家规定的其他入学方式,进入国家有关部门批准的学校或者其他教育机构学习,获得国家承认的学历证书的教育形式。具体包括:初等教育:普通小学、成人小学;初级中等教育:普通初中、职业初中、成人初中;高级中等教育:普通高中、成人高中和中等职业学校(包括普通中专、成人中专、职业高中、技工学校);高等教育:普通本专科、成人本专科、网络本专科、研究生(博士、硕士)、高等教育自学考试、高等教育学历文凭考试④。

"从事学历教育的学校"是指:普通学校以及经地、市级以上人民政府或者同级政府的教育行政部门批准成立、国家承认其学员学历的各类学校。上述学校均包括符合规定的从事学历教育的民办学校,但不包括职业培训机构等国家不承认学历的教育机构⑤。

提供教育劳务取得的收入,是指对列入规定招生计划的在籍学生提供学历教育劳务取得的收入,具体包括:经有关部门审核批准,按规定标准收取的学费、住宿费、课本费、作业本费、伙食费、考试报名费收入。超过规定收费标准的收费以及学校以各种名义收取的赞助费、择校费等超过规定范围的收入,不属于免征营业税的教育劳务收入,一律按规定征税⑥。

根据《财政部 国家税务总局关于加强教育劳务营业税征收管理有关问题的通知》(财税[2006]3号)的规定,从事学历教育的学校按照有关部门审核批准的收费标准,向列入规定招生计划招收的在籍择校生收取的学费,不属于择校费,符合现行营业税免税政策,可免征营业税⑦。

非学历教育学校与学历教育学校联合办学过程中,非学历教育学校向学员收取的全部收入以及从学历教育学校分得的收入应照章征收营业税;学历教育学校向学员收取的全部收入以及从非学历教育学校分得的收入,符合上述规定的,免征营业税,不符合上述规定的,照章征收营业税⑧。

Ⅱ 对学生勤工俭学提供劳务取得的收入,免征营业税⑨。

Ⅲ 对学校从事技术开发、技术转让业务和与之相关的技术咨询、技术服务业务取得的收入,免征营业税⑩。

Ⅳ 对托儿所、幼儿园提供养育服务取得的收入,免征营业税⑪。

"托儿所、幼儿园"是指:经县级以上教育部门审批成立、取得办园许可证的实施0—6岁学前教育的机构,包括公办和民办的托儿所、幼儿园、学前

① 《中华人民共和国营业税暂行条例》(中华人民共和国国务院令第540号,2008年11月10日)第八条。
② 《中华人民共和国营业税暂行条例实施细则》(财政部 国家税务总局令第52号,2008年12月15日)第二十二条。
③ 《财政部 国家税务总局关于教育税收政策的通知》(财税[2004]39号,2004年2月5日)。
④ 《财政部 国家税务总局关于加强教育劳务营业税征收管理有关问题的通知》(财税[2006]3号,2006年1月12日)。
⑤ 《财政部 国家税务总局关于加强教育劳务营业税征收管理有关问题的通知》(财税[2006]3号,2006年1月12日)。
⑥ 《财政部 国家税务总局关于加强教育劳务营业税征收管理有关问题的通知》(财税[2006]3号,2006年1月12日)。
⑦ 《国家税务总局关于学校收取择校生学费征免营业税的批复》(国税函[2007]63号,2007年1月10日)。
⑧ 《国家税务总局关于深圳振西科技商贸专修学院有关营业税问题的批复》(国税函[2007]1298号,2007年12月24日)。
⑨ 《财政部 国家税务总局关于教育税收政策的通知》(财税[2004]39号,2004年2月5日)。
⑩ 《财政部 国家税务总局关于教育税收政策的通知》(财税[2004]39号,2004年2月5日)。
⑪ 《中华人民共和国营业税暂行条例》(中华人民共和国国务院令第540号,2008年11月10日)第八条。《财政部 国家税务总局关于教育税收政策的通知》(财税[2004]39号,2004年2月5日)。

班、幼儿班、保育院、幼儿院①。

"提供养育服务"是指：上述托儿所、幼儿园对其学员提供的保育和教育服务②。

对公办托儿所、幼儿园予以免征营业税的养育服务收入是指：在经省级财政部门和价格主管部门审核报省级人民政府批准的收费标准以内收取的教育费、保育费③。

对民办托儿所、幼儿园予以免征营业税的养育服务收入是指：在报经当地有关部门备案并公示的收费标准范围内收取的教育费、保育费④。

超过规定收费标准的收费，以开办实验班、特色班和兴趣班等为由另外收取的费用以及与幼儿入园挂钩的赞助费、支教费等超过规定范围的收入，不属于免征营业税的养育服务收入⑤。

Ⅴ　对政府举办的高等、中等和初等学校(不含下属单位)举办进修班、培训班取得的收入，收入全部归学校所有的，免征营业税⑥。

"政府举办的高等、中等和初等学校(不含下属单位)"是指：从事学历教育的学校(不含下属单位)⑦。

"收入全部归学校所有"是指：举办进修班、培训班取得的收入进入学校统一账户，并作为预算外资金全额上缴财政专户管理，同时由学校对有关票据进行统一管理、开具⑧。

进入学校下属部门自行开设账户的进修班、培训班收入，不属于全部归学校所有的收入，不予免征营业税⑨。

Ⅵ　对政府举办的职业学校设立的主要为在校学生提供实习场所、并由学校出资自办、由学校负责经营管理、经营收入归学校所有的企业，对其从事营业税暂行条例"服务业"税目规定的服务项目(广告业、桑拿、按摩、氧吧等除外)取得的收入，免征营业税⑩。

各类学校均应单独核算免税项目的营业额，未单独核算的，一律照章征收营业税。各类学校(包括全部收入为免税收入的学校)均应按照税收征收管理法的有关规定办理税务登记，按期进行纳税申报并按规定使用发票；享受营业税优惠政策的，应按规定向主管税务机关申请办理减免税手续⑪。

(4)体育产业营业税优惠

①2008 年北京奥运会及相关赛事税收优惠

Ⅰ　奥运会组委会优惠政策

ⅰ　对第 29 届奥运会组委会(简称组委会)取得的电视转播权销售分成收入、国际奥委会全球赞助计划分成收入(实物和资金)，免征营业税⑫。

ⅱ　对组委会市场开发计划取得的国内外赞助

① 《财政部 国家税务总局关于加强教育劳务营业税征收管理有关问题的通知》(财税〔2006〕3 号,2006 年 1 月 12 日)。
② 《财政部 国家税务总局关于加强教育劳务营业税征收管理有关问题的通知》(财税〔2006〕3 号,2006 年 1 月 12 日)。
③ 《财政部 国家税务总局关于加强教育劳务营业税征收管理有关问题的通知》(财税〔2006〕3 号,2006 年 1 月 12 日)。
④ 《财政部 国家税务总局关于加强教育劳务营业税征收管理有关问题的通知》(财税〔2006〕3 号,2006 年 1 月 12 日)。
⑤ 《财政部 国家税务总局关于加强教育劳务营业税征收管理有关问题的通知》(财税〔2006〕3 号,2006 年 1 月 12 日)。
⑥ 《财政部 国家税务总局关于教育税收政策的通知》(财税〔2004〕39 号,2004 年 2 月 5 日)。
⑦ 《财政部 国家税务总局关于加强教育劳务营业税征收管理有关问题的通知》(财税〔2006〕3 号,2006 年 1 月 12 日)。
⑧ 《财政部 国家税务总局关于加强教育劳务营业税征收管理有关问题的通知》(财税〔2006〕3 号,2006 年 1 月 12 日)。
⑨ 《财政部 国家税务总局关于加强教育劳务营业税征收管理有关问题的通知》(财税〔2006〕3 号,2006 年 1 月 12 日)。
⑩ 《财政部 国家税务总局关于教育税收政策的通知》(财税〔2004〕39 号,2004 年 2 月 5 日)。此前,《国家税务总局关于学校办企业征收流转税问题的通知》(国税发〔1994〕156 号)规定:校办企业凡为本校教学、科研服务提供的应税劳务免征营业税;《财政部 国家税务总局关于校办企业免税问题的通知》(财税〔2000〕92 号,2000 年 9 月 28 日)规定:校办企业为本校教学、科研服务所提供的应税劳务("服务业"税目中的旅店业、饮食业和"娱乐业"税目除外),经严格审核确认后,免征营业税。其中,校办企业必须是学校出资自办的、由学校负责经营管理、经营收入归学校所有。财税〔2004〕39 号明确国税发〔1994〕156 号上述营业税免税规定从 2004 年 1 月 1 日起废止,但财税〔2000〕92 号上述营业税免税规定尚没有明确被废止。
⑪ 《财政部 国家税务总局关于加强教育劳务营业税征收管理有关问题的通知》(财税〔2006〕3 号,2006 年 1 月 12 日)。
⑫ 《财政部 国家税务总局 海关总署关于第 29 届奥运会税收政策问题的通知》(财税〔2003〕10 号,2003 年 1 月 22 日)。根据《财政部关于公布废止和失效的财政规章和规范性文件目录(第十一批)的决定》(财政部令第 62 号,2011 年 2 月 21 日),该文件已被公布失效。

收入、转让无形资产(如标志)特许收入和销售门票收入,免征营业税①。

ⅲ 对组委会取得的与国家邮政局合作发行纪念邮票收入、与中国人民银行合作发行纪念币收入,免征营业税②。

ⅳ 对组委会取得的来源于广播、因特网、电视等媒体收入,免征营业税③。

ⅴ 对组委会再销售所获捐赠商品和赛后出让资产取得收入,免征营业税④。

ⅵ 自2006年9月30日起,免征北京奥运会组委会收费卡收入应缴纳的营业税⑤。

ⅶ 北京奥运会组委会取得的第29届奥运会和第13届残奥会餐饮服务、住宿、租赁、介绍服务应税收入缴纳的免征营业税。税收优惠政策出台之前已征税款予以退还或允许抵扣以后税款⑥。

ⅷ "好运北京"赛事组委会全面负责和组织举办好运北京赛事,其取得的收入及发生的涉税支出比照执行北京奥组委的税收政策。税收优惠政策出台之前已征税款予以退还或允许抵扣以后税款⑦。

ⅸ 根据《举办城市合同》规定,北京奥运会组委会全面负责和组织举办北京残奥会,自2006年9月30日起,其取得的北京残奥会收入及其发生的涉税支出比照执行第29届奥运会的税收政策⑧。

Ⅱ 国际奥委会及相关组织税收优惠

ⅰ 对国际奥委会取得的来源于中国境内的、与第29届奥运会有关的收入免征相关税收。

对中国奥委会取得按《联合市场开发协议》规定由组委会分期支付的补偿收入、按《举办城市合同》规定由组委会按比例支付的盈余分成收入免征相关税收⑨。

ⅱ 国际奥委会对奥运会举办国国内特许企业出口特许商品按照出口批发价收取一定比例的特许权使用费。该类特许权使用费属于国际奥委会取得的来源于中国境内与第29届奥运会有关的收入。对国际奥委会取得的上述收入,免征相关税收⑩。

ⅲ 自2006年9月30日起,对国际残疾人奥林匹克委员会(IPC)取得的来源于中国境内的、与

① 《财政部 国家税务总局 海关总署关于第29届奥运会税收政策问题的通知》(财税[2003]10号,2003年1月22日)。该文件已被公布失效。

② 《财政部 国家税务总局 海关总署关于第29届奥运会税收政策问题的通知》(财税[2003]10号,2003年1月22日)。该文件已被公布失效。

③ 《财政部 国家税务总局 海关总署关于第29届奥运会税收政策问题的通知》(财税[2003]10号,2003年1月22日)。该文件已被公布失效。

④ 《财政部 国家税务总局 海关总署关于第29届奥运会税收政策问题的通知》(财税[2003]10号,2003年1月22日)。该文件已被公布失效。

⑤ 《财政部 国家税务总局关于第29届奥运会补充税收政策的通知》(财税[2006]128号,2006年9月30日)。根据《财政部关于公布废止和失效的财政规章和规范性文件目录(第十一批)的决定》(财政部令第62号,2011年2月21日),该文件已被公布失效。

⑥ 《财政部 国家税务总局关于第29届奥运会第13届残奥会和好运北京体育赛事有关税收政策问题的补充通知》(财税[2008]128号,2008年9月28日)。根据《财政部关于公布废止和失效的财政规章和规范性文件目录(第十一批)的决定》(财政部令第62号,2011年2月21日),该文件已被公布失效。

⑦ 《财政部 国家税务总局关于第29届奥运会第13届残奥会和好运北京体育赛事有关税收政策问题的补充通知》(财税[2008]128号,2008年9月28日)。该文件已被公布失效。

⑧ 《财政部 国家税务总局关于第29届奥运会补充税收政策的通知》(财税[2006]128号,2006年9月30日)。该文件已被公布失效。

⑨ 《财政部 国家税务总局 海关总署关于第29届奥运会税收政策问题的通知》(财税[2003]10号,2003年1月22日)。该文件已被公布失效。

⑩ 《财政部 国家税务总局关于免征国际奥委会收取的特许权使用费相关税收的批复》(财税[2006]133号,2006年9月21日)。

北京残奥会有关的收入免征相关税收①。

ⅳ 自 2006 年 9 月 30 日起,对中国残疾人联合会根据《联合市场开发协议》取得的由北京奥组委分期支付的收入(包括现金、实物)免征相关税收②。

Ⅲ 奥运相关工作人员个人劳务报酬税收优惠

ⅰ 对受北京奥组委聘请的,在第 29 届奥运会、第 13 届残奥会和"好运北京"体育赛事期间临时来华,从事奥运相关工作的外籍顾问以及裁判员等外籍技术官员取得的由北京奥组委、"好运北京"赛事组委会支付的劳务报酬免征营业税③。

ⅱ 对在第 29 届奥运会、第 13 届残奥会和"好运北京"体育赛事期间裁判员等中方技术官员取得的由北京奥组委、"好运北京"体育赛事组委会支付的劳务报酬免征营业税④。

以上税收优惠政策出台之前已征税款予以退还或允许抵扣以后税款。

Ⅳ 奥运赛事转播税收优惠

ⅰ 自 2005 年 12 月 1 日起至 2008 年 12 月 31 日,对北京奥林匹克转播有限公司(简称 BOB)实行以下营业税优惠政策⑤:

对 BOB 接受的北京奥组委电视转播拨款约 2.1 亿欧元,免征营业税;

对 BOB 为方便各国新闻媒体开展工作而向其出租场地、设备及提供相应服务取得的收入,免征营业税;

对国际奥委会所属的奥林匹克广播服务公司(简称 OBS)提供技术和管理服务取得的收入,免征由 BOB 代征的营业税;

对 OBS 和其他境外租赁商租赁给 BOB 进口设备和器材取得的租金收入,免征由 BOB 代征的营业税。

ⅱ 亚广联是亚洲各国广播机构组成的不抱有政治和商业目的的专业联盟,我国属于亚广联的会员国之一,中央电视台属于亚广联的会员机构之一。根据亚广联各成员国之间的协议,亚广联作为团体购买人,代表各会员向国际奥委会购买第 29 届奥运会的转播权,并向各会员国收集各国应负担的购买转播权费用后,直接支付给国际奥委会,其间不收取任何手续费性质的费用。按照上述协议,中央电视台购买第 29 届奥运会转播权的款项必须由亚广联转付给国际奥委会。国际奥委会取得的亚广联转来的中央电视台购买转播权款项,实质上属于来源于中国境内的、销售第 29 届奥运会转播权取得的收入,可以按照《财政部 国家税务总局 海关总署关于第 29 届奥运会税收政策问题的通知》(财税[2003]10 号)的有关规定免征营业税⑥。

Ⅴ 奥运赞助方税收优惠

ⅰ 中国国际航空公司向北京奥组委提供航空服务(现金等价物)形式的赞助,不征收营业税⑦。

ⅱ 对中国网通(集团)有限公司向北京奥组委提供现金等价物赞助过程中发生的各项通信及

① 《财政部 国家税务总局关于第 29 届奥运会补充税收政策的通知》(财税[2006]128 号,2006 年 9 月 30 日)。该文件已被公布失效。
② 《财政部 国家税务总局关于第 29 届奥运会补充税收政策的通知》(财税[2006]128 号,2006 年 9 月 30 日)。该文件已被公布失效。
③ 《财政部 国家税务总局关于第 29 届奥运会第 13 届残奥会和好运北京体育赛事有关税收政策问题的补充通知》(财税[2008]128 号,2008 年 9 月 28 日)。该文件已被公布失效。
④ 《财政部 国家税务总局关于第 29 届奥运会第 13 届残奥会和好运北京体育赛事有关税收政策问题的补充通知》(财税[2008]128 号,2008 年 9 月 28 日)。该文件已被公布失效。
⑤ 《财政部 国家税务总局关于北京奥林匹克转播有限公司有关税收政策的通知》(财税[2005]156 号,2005 年 11 月 18 日)。
⑥ 《国家税务总局关于中央电视台购买第 29 届奥运会电视转播权营业税问题的通知》(国税函[2007]744 号,2007 年 7 月 9 日)。根据《国家税务总局关于公布全文失效废止 部分条款失效废止的税收规范性文件目录的公告》(国家税务总局公告 2011 年第 2 号,2011 年 1 月 4 日),该文件被公布全文失效废止。
⑦ 《财政部 国家税务总局关于中国国际航空公司对奥运会航空服务赞助有关税收问题的通知》(财税[2005]54 号,2005 年 4 月 4 日)。

相关劳务不征收营业税①。

ⅲ 对中国移动通信集团公司和中国移动(香港)有限公司内地子公司向北京奥组委提供移动通信相关服务形式赞助的过程中发生的各项通信及相关劳务不征收营业税②。

ⅳ 对搜狐有限公司(Sohu.com Inc.)、北京搜狐新时代信息技术有限公司和北京搜狐互联网信息有限公司在向北京奥组委提供现金等价物过程中发生的各项互联网服务、信息技术咨询不征营业税③。

ⅴ 对中国人民财产保险股份公司向北京奥组委提供的保险服务等现金等价物赞助,不征收营业税④。

ⅵ 对中国银行股份有限公司向北京奥组委无偿提供现金等价物形式赞助过程中发生的金融服务、人力资源服务、培训服务、接待服务及相关服务,不征收营业税⑤。

ⅶ 对源讯(北京)公司和欧米茄(瑞士)公司根据赞助协议向北京奥组委无偿提供的赞助服务,不征收营业税⑥。

ⅷ 对普华永道公司及其关联机构向北京奥组委无偿提供审计、咨询等相关赞助服务不征收营业税、城市维护建设税和教育费附件。以上普华永道公司的关联机构是指:普华永道咨询(深圳)有限公司,普华永道国际贸易咨询(上海)有限公司,普

华永道商务咨询(上海)有限公司⑦。

②第16届亚运会等三项国际综合运动会税收优惠

Ⅰ 自2008年1月1日起,对2010年广州第16届亚洲运动会(简称亚运会)、2011年深圳第26届世界大学生夏季运动会(简称大运会)和2009年哈尔滨第24届世界大学生冬季运动会(简称大冬会)实行以下营业税优惠政策⑧:

ⅰ 对亚运会组织委员会、大运会执行局和大冬会组织委员会(简称组委会)取得的电视转播权销售分成收入、赞助计划分成收入(包括实物和资金),免征应缴纳的营业税。

ⅱ 对组委会取得的国内外赞助收入、转让无形资产(如标志)特许收入、宣传推广费收入、销售门票收入及所发收费卡收入,免征应缴纳的营业税。

ⅲ 对组委会取得的与国家邮政局合作发行纪念邮票收入、与中国人民银行合作发行纪念币收入,免征应缴纳的营业税。

ⅳ 对组委会取得的来源于广播、因特网、电视等媒体收入,免征应缴纳的营业税。

ⅴ 对组委会按亚奥理事会、国际大体联核定价格收取的运动员食宿费及提供有关服务取得的收入,免征应缴纳的营业税。

ⅵ 对组委会赛后出让资产取得的收入,免征

---

① 《国家税务总局关于中国网通(集团)有限公司赞助奥运会有关税收问题的通知》(国税发[2006]13号,2006年1月24日)。

② 《国家税务总局关于中国移动通信集团公司和中国移动(香港)有限公司内地子公司对奥运会提供通信相关服务赞助有关税收问题的通知》(国税函[2006]671号,2006年7月10日)。

③ 《国家税务总局关于搜狐公司赞助第29届奥林匹克运动会有关税收问题的通知》(国税函[2006]771号,2006年8月15日)。

④ 《财政部 国家税务总局关于中国人民财产保险股份公司赞助北京第29届奥运会有关税收问题的通知》(财税[2006]36号,2006年11月8日)。

⑤ 《财政部 国家税务总局关于中国银行股份有限公司赞助第29届奥运会有关税收问题的通知》(财税[2006]163号,2006年12月30日)。

⑥ 《财政部 国家税务总局关于源讯(北京)公司和欧米茄(瑞士)公司对第29届奥运会服务赞助有关税收政策问题的通知》(财税[2007]38号,2007年3月29日)。

⑦ 《国家税务总局关于普华永道中天会计师事务所有限公司及其关联机构赞助第29届奥运会有关税收政策问题的通知》(国税函[2008]286号,2008年3月30日)。

⑧ 《财政部 海关总署 国家税务总局关于第16届亚洲运动会等三项国际综合运动会税收政策的通知》(财税[2009]94号,2009年8月10日)。

应缴纳的营业税。

Ⅱ 对第16届亚运会提供服务形式赞助过程中发生的相关劳务,属于无偿提供应税劳务的行为,不属于营业税征税范围,不征收营业税。

具体包括:毕马威华振会计事务所、广州网易计算机系统有限公司、广东城市在线票务有限公司、广州广之旅国际旅行社股份有限公司、英孚教育集团公司(EF Education First Limited)、广州广电物业管理有限公司、广州岭南国际企业集团有限公司、中国南方航空股份有限公司等八家赞助商及其关联机构向第16届亚运会组委会提供的服务形式赞助。

其中"关联机构"和"服务形式赞助",是指上述赞助商与第16届亚运会组委会签订的广州2010年亚运会赞助协议中明确的关联机构和赞助服务①。

(5)2010年上海世博会营业税优惠

①自《财政部 国家税务总局关于2010年上海世博会有关税收政策问题的通知》(财税〔2005〕180号)到达之日起,对上海世博局及其委托上海世博(集团)公司取得的世博会收入实行以下营业税优惠政策②:

Ⅰ 对上海世博局取得的与国家邮政局合作发行世博会纪念邮票收入,免征应缴纳的营业税。

Ⅱ 对上海世博局取得的境内外转让无形资产特许权收入,免征上海世博局应缴纳的营业税。

Ⅲ 对上海世博局委托上海世博(集团)公司取得的世博会门票销售收入、场馆出租收入,免征上海世博(集团)公司应缴纳的营业税。

Ⅳ 对上海世博局在世博会结束后出让资产和委托上海世博(集团)公司出让归属于上海世博局的资产所取得的收入,免征上海世博局和上海世博(集团)公司应缴纳的营业税。

②对深圳市腾讯计算机系统有限公司向2010年上海世博会提供现金等价物赞助过程中的相关劳务不征营业税③。

(6)动漫产业营业税优惠

从2009年1月1日起,对动漫企业为开发动漫产品提供的动漫脚本编撰、形象设计、背景设计、动画设计、分镜、动画制作、摄制、描线、上色、画面合成、配音、配乐、音效合成、剪辑、字幕制作、压缩转码(面向网络动漫、手机动漫格式适配)劳务,在2010年12月31日前暂减按3%税率征收营业税④。

动漫企业和自主开发、生产动漫产品的认定标准和认定程序,按照《文化部 财政部 国家税务总局关于印发〈动漫企业认定管理办法(试行)〉的通知》(文市发〔2008〕51号)的规定执行⑤。具体内容详见"增值税制度"章节相关部分。

4.5.2.5 服务业营业税优惠

(1)居民服务业营业税优惠

①对养老院类的养老服务机构提供的养老服务,免征营业税⑥。

②对残疾人福利机构提供的育养服务,免征营业税⑦。

③婚姻介绍,免征营业税⑧。

---

① 《国家税务总局关于部分纳税人对第16届亚运会提供服务赞助有关营业税问题的通知》(国税函〔2010〕485号,2010年10月8日)。

② 《财政部 国家税务总局关于2010年上海世博会有关税收政策问题的通知》(财税〔2005〕180号,2005年12月31日)。

③ 《国家税务总局关于深圳市腾讯计算机系统有限公司赞助2010年上海世博会有关税收问题的通知》(国税函〔2008〕1065号,2008年12月25日)。

④ 《财政部 国家税务总局关于扶持动漫产业发展有关税收政策问题的通知》(财税〔2009〕65号,2009年7月17日)。

⑤ 《财政部 国家税务总局关于扶持动漫产业发展有关税收政策问题的通知》(财税〔2009〕65号,2009年7月17日)。

⑥ 《中华人民共和国营业税暂行条例》(国务院令第540号,2008年11月10日)第八条。《全国老龄委办公室 发展改革委 教育部 民政部 劳动保障部 财政部 建设部 卫生部 人口计生委 税务总局关于全面推进居家养老服务工作的意见》(全国老龄办发〔2008〕4号,2008年1月29日)。

⑦ 《中华人民共和国营业税暂行条例》(中华人民共和国国务院令第540号,2008年11月10日)第八条。

⑧ 《中华人民共和国营业税暂行条例》(中华人民共和国国务院令第540号,2008年11月10日)第八条。

中国税法大典

④殡葬服务，免征营业税①。

（2）医疗服务业营业税优惠

①一般优惠规定

医院、诊所和其他医疗机构提供的医疗服务，免征营业税②。

医疗服务是指医疗服务机构对患者进行检查、诊断、治疗、康复和提供预防保健、接生、计划生育方面的服务，以及与这些服务有关的提供药品、医用材料器具、救护车、病房住宿和伙食的业务③。

医疗机构具体包括：各级各类医院、门诊部（所）、社区卫生服务中心（站）、急救中心（站）、城乡卫生院、护理院（所）、疗养院、临床检验中心等。上述疾病控制、妇幼保健等卫生机构具体包括：各级政府及有关部门举办的卫生防疫站（疾病控制中心）、各种专科疾病防治站（所），各级政府举办的妇幼保健所（站）、母婴保健机构、儿童保健机构等，各级政府举办的血站（血液中心）④。

对医疗机构从事非医疗服务取得的收入，如租赁收入、财产转让收入、培训收入、对外投资收入等应按规定征收各项税收⑤。

（3）高校、中央国家机关后勤体制改革营业税优惠

①高校后勤体制改革营业税优惠

自2009年1月1日至2010年12月31日，对按照国家规定的收费标准向学生收取的高校学生公寓住宿费收入，免征营业税。对高校学生食堂为高校师生提供餐饮服务取得的收入，免征营业税⑥。

上述"高校学生公寓"，是指为高校学生提供

① 《中华人民共和国营业税暂行条例》（中华人民共和国国务院令第540号，2008年11月10日）第八条。此前，《财政部 国家税务总局关于经营性公墓营业税问题的通知》（财税［2001］117号，2001年7月3日）规定，对经营性公墓提供的殡葬服务包括转让墓地使用权收入免征营业税。新条例实施后，根据《财政部 国家税务总局关于公布若干废止和失效的营业税规范性文件的通知》（财税［2009］61号），此文件自2009年1月1日起废止。

② 《中华人民共和国营业税暂行条例》（中华人民共和国国务院令第540号，2008年11月10日）第八条。此前，《财政部 国家税务总局关于医疗卫生机构有关税收政策的通知》（财税［2000］42号，2000年7月10日）规定：对非营利性医疗机构按照国家规定的价格取得的医疗服务收入，免征各项税收，不按照国家规定价格取得的医疗服务收入不得享受这项政策；对营利性医疗机构取得的收入，按规定征收各项税收，但对营利性医疗机构取得的医疗服务收入，直接用于改善医疗卫生条件的，自其取得执业登记之日起，3年内免征营业税；对疾病控制机构和妇幼保健机构等卫生机构按照国家规定的价格取得的卫生服务收入（含疫苗接种和调拨、销售收入），免征各项税收；医疗机构需要书面向卫生行政主管部门申明其性质，按《医疗机构管理条例》进行设置审批和登记注册，并由接受其登记注册的卫生行政部门核定，在执业登记中注明"非营利性医疗机构"和"营利性医疗机构"。《国家税务总局关于营利性医疗机构医疗服务收入征收营业税问题的批复》（国税函［2006］480号，2006年5月23日）规定，营利性医疗机构医疗服务价格放开，依法自主经营，照章纳税，对营利性医疗机构为基本医疗保险患者提供医疗服务取得的收入，应照章征收营业税。新条例实施后，《财政部 国家税务总局关于公布若干废止和失效的营业税规范性文件的通知》（财税［2009］61号）对财税［2000］42号有关营业税规定从2009年1月1日起废止；《国家税务总局关于公布全文失效废止 部分条款失效废止的税收规范性文件目录的公告》（国家税务总局公告2011年第2号，2011年1月4日）对国税函［2006］480号予以了废止。因此，目前对医疗机构从事医疗服务均享受营业税免税优惠，不受价格和期限的限制，也不区营利性与非营利性医疗机构。此外，财税［2000］42号文件有关企业所得税政策在2008年新企业所得税法实施后，也未被明确予以延续，但其中有关医疗机构增值税、房产税、城镇土地使用税、车船税的政策，目前尚未被废止。

③ 《财政部 国家税务总局关于医疗卫生机构有关税收政策的通知》（财税［2000］42号，2000年7月10日）。

④ 《财政部 国家税务总局关于医疗卫生机构有关税收政策的通知》（财税［2000］42号，2000年7月10日）。

⑤ 《财政部 国家税务总局关于医疗卫生机构有关税收政策的通知》（财税［2000］42号，2000年7月10日）。

⑥ 《财政部 国家税务总局关于经营高校学生公寓和食堂有关税收政策的通知》（财税［2009］155号，2009年12月24日）。此前，《财政部 国家税务总局关于高校后勤社会化改革有关税收政策的通知》（财税字［2000］25号，2000年2月28日）、《财政部 国家税务总局关于经营高校学生公寓有关税收政策的通知》（财税［2002］147号，2002年10月8日）、《财政部 国家税务总局关于继续执行高校后勤社会化改革有关税收政策的通知》（财税［2003］152号，2003年7月11日）、《财政部 国家税务总局关于经营高校学生公寓及高校后勤社会化改革有关税收政策的通知》（财税［2006］100号，2006年8月18日）先后规定，对从原高校后勤管理部门剥离出来而成立的进行独立核算并有法人资格的高校后勤经济实体（以下简称高校后勤实体），经营学生公寓和教师公寓及为高校教学提供后勤服务取得的租金和服务性收入，免征营业税；对社会性投资建立的为高校学生提供住宿服务并按高教系统统一收费标准收取租金的学生公寓取得的租金收入，免征营业税；对设置在校园内的实行社会化管理和独立核算的食堂，向师生提供餐饮服务获得的收入，免征营业税。因政策执行到期，财税字［2000］25号、财税［2002］147号、财税［2003］152号分别被财税［2006］100号废止；财税［2006］100号被财税［2009］155号所废止。

住宿服务,按照国家规定的收费标准收取住宿费的学生公寓。"高校学生食堂",是指依照《学校食堂与学生集体用餐卫生管理规定》(中华人民共和国教育部令第14号)管理的高校学生食堂①。

②中央国家机关后勤体制改革营业税优惠

对中央和国务院各部门机关服务中心(简称机关服务中心)为机关内部提供的后勤保障服务所取得的收入,在2006年年底之前暂免征收营业税②。

自2007年1月1日起,对机关服务中心为机关内部提供的后勤保障服务所取得的收入,恢复征收营业税、企业所得税、城市维护建设税和教育费附加③。

(4)海洋打捞业务营业税优惠

自2005年1月1日到2007年12月31日,对交通部北海、东海、南海救助局,烟台、上海、广州打捞局,取得的打捞收入,免征营业税;从2008年1月1日至2009年12月31日,对(交通运输部)广州、烟台、上海打捞局取得的打捞收入,免征营业税④。

(5)国家大学科技园或科技孵化器营业税优惠

①国家大学科技园的营业税优惠

国家大学科技园(简称科技园)是以具有较强科研实力的大学为依托,将大学的综合智力资源优势与其他社会优势资源相组合,为高等学校科技成果转化、高新技术企业孵化、创新创业人才培养,产学研结合提供支撑的平台和服务的机构。自2008年1月1日至2010年12月31日,对符合条件的科技园向孵化企业出租场地、房屋以及提供孵化服务的收入,免征营业税⑤。

享受上述规定的营业税优惠政策的科技园,应同时符合下列条件⑥:

Ⅰ 科技园的成立和运行符合国务院科技和教育行政主管部门公布的认定和管理办法,经国务院科技和教育行政管理部门认定,并取得国家大学科技园资格;

Ⅱ 科技园应将面向孵化企业出租场地、房屋以及提供孵化服务的业务收入在财务上单独核算;

Ⅲ 科技园内提供给孵化企业使用的场地面积应占科技园可自主支配场地面积的60%以上(含60%),孵化企业数量应占科技园内企业总数量的90%以上(含90%)。

上述所称"孵化企业"应当同时符合以下条件⑦:

Ⅰ 企业注册地及工作场所必须在科技园的工作场地内;

Ⅱ 属新注册企业或申请进入科技园前企业成立时间不超过3年;

Ⅲ 企业在科技园内孵化的时间不超过3年;

Ⅳ 企业注册资金不超过500万元;

---

① 《财政部 国家税务总局关于经营高校学生公寓和食堂有关税收政策的通知》(财税[2009]155号,2009年12月24日)。

② 《财政部 国家税务总局关于国务院各部门机关服务中心有关税收政策问题的通知》(财税字[1999]43号,1999年10月22日)、《国家税务总局关于国务院各部门机关后勤体制改革有关税收政策具体问题的通知》(国税发[2000]153号,2000年8月30日)、《财政部 国家税务总局关于中央各部门机关服务中心有关税收政策问题的通知》(财税[2001]122号,2001年7月24日)、《财政部 国家税务总局关于中央各部门机关后勤体制改革有关税收政策具体问题的通知》(财税[2002]32号,2002年4月23日)、《财政部 国家税务总局关于延长国务院各部门机关服务中心有关税收政策执行期限的通知》(财税[2004]422号,2004年3月5日)、《财政部 国家税务总局关于延长中央和国务院各部门机关服务中心有关税收政策执行期限的通知》(财税[2006]109号,2006年8月18日)、《国家税务总局关于深圳贝岭居等单位享受中央和国务院各部门后勤体制改革有关税收优惠政策问题的通知》(国税函[2007]65号,2007年1月11日)。因执行到期,上述文件相继失效。

③ 《国家税务总局关于中央和国务院各部门机关服务中心恢复征税的通知》(国税发[2007]94号,2007年8月1日)。

④ 《财政部 海关总署 国家税务总局关于救助打捞单位税收优惠政策的通知》(财税[2005]31号,2005年3月7日)和《财政部 国家税务总局关于打捞单位有关税收优惠政策的通知》(财税[2009]92号,2009年7月1日)。

⑤ 《财政部 国家税务总局关于国家大学科技园有关税收政策问题的通知》(财税[2007]第120号,2007年8月20日)。

⑥ 《财政部 国家税务总局关于国家大学科技园有关税收政策问题的通知》(财税[2007]第120号,2007年8月20日)。

⑦ 《财政部 国家税务总局关于国家大学科技园有关税收政策问题的通知》(财税[2007]第120号,2007年8月20日)。

Ⅴ 属迁入企业的,上年营业收入不超过 200 万元;

Ⅵ 企业租用科技园内孵化场地面积不高于 1000 平方米;

Ⅶ 企业从事研究、开发、生产的项目或产品应属于科学技术部等部门印发的《中国高新技术产品目录》范围,且《中国高新技术产品目录》范围内项目或产品的研究、开发、生产业务取得的收入应占企业年收入的 50% 以上。

上述所称"孵化服务"是指为孵化企业提供的属于营业税"服务业"税目中"代理业"、"租赁业"和"其他服务业"中的咨询和技术服务范围内的服务①。

国务院科技和教育行政主管部门负责对科技园是否符合本通知规定的各项条件进行事前审核确认,并出具相应的证明材料。各主管税务机关按照税收减免管理办法的有关规定为符合条件的科技园办理税收减免,加强对科技园的日常税收管理和服务。主管税务机关要定期对享受税收优惠政策的科技园进行监督检查,发现问题的,及时向上级机关报告,并按照税收征收管理法以及税收减免管理办法的有关规定处理②。

②科技孵化器的营业税优惠③

科技企业孵化器(也称高新技术创业服务中心,简称孵化器)是以促进科技成果转化、培养高新技术企业和企业家为宗旨的科技创业服务机构。自 2008 年 1 月 1 日至 2010 年 12 月 31 日,对符合条件的孵化器向孵化企业出租场地、房屋以及提供孵化服务的收入,免征营业税。

Ⅰ 享受上述规定的营业税优惠政策的孵化器,应同时符合下列条件:

ⅰ 孵化器的成立和运行符合国务院科技行政主管部门发布的认定和管理办法,经国务院科技行政管理部门认定,并取得国家高新技术创业服务中

心资格;

ⅱ 孵化器应将面向孵化企业出租场地、房屋以及提供孵化服务的业务收入在财务上单独核算;

ⅲ 孵化器内提供给孵化企业使用的场地面积应占孵化器可自主支配场地面积的 75% 以上(含 75%),孵化企业数量应占孵化器内企业总数量的 90% 以上(含 90%)。

Ⅱ上述所称"孵化企业"应当同时符合以下条件:

ⅰ 企业注册地及办公场所必须在孵化器的孵化场地内;

ⅱ 属新注册企业或申请进入孵化器前企业成立时间不超过 2 年;

ⅲ 企业在孵化器内孵化的时间不超过 3 年;

ⅳ 企业注册资金不超过 200 万元;

ⅴ 属迁入企业的,上年营业收入不超过 200 万元;

ⅵ 企业租用孵化器内孵化场地面积低于 1000 平方米;

ⅶ 企业从事研究、开发、生产的项目或产品应属于科学技术部等部门颁布的《中国高新技术产品目录》范围,且《中国高新技术产品目录》范围内项目或产品的研究、开发、生产业务取得的收入应占企业年收入的 50% 以上。

上述所称"孵化服务"是指为孵化企业提供的属于营业税"服务业"税目中"代理业"、"租赁业"和"其他服务业"中的咨询和技术服务范围内的服务。

国务院科技行政主管部门负责对孵化器是否符合本通知规定的各项条件进行事前审核确认,并出具相应的证明材料。各主管税务机关按照税收减免管理办法的有关规定为符合条件的孵化器办理税收减免,加强对孵化器的日常税收管理和服务,主管税务机关要定期对享受税收优惠政策的孵

① 《财政部 国家税务总局关于国家大学科技园有关税收政策问题的通知》(财税[2007]第 120 号,2007 年 8 月 20 日)。
② 《财政部 国家税务总局关于国家大学科技园有关税收政策问题的通知》(财税[2007]第 120 号,2007 年 8 月 20 日)。
③ 《财政部 国家税务总局关于科技企业孵化器有关税收政策问题的通知》(财税[2007]第 121 号,2007 年 8 月 20 日)。

化器进行监督检查,发现问题的,及时向上级机关报告,并按照税收征收管理法以及税收减免管理办法的有关规定处理。

(6)技术先进型服务企业营业税优惠①

①自 2010 年 7 月 1 日起至 2013 年 12 月 31 日,对注册在北京、天津、大连、哈尔滨、大庆、上海、南京、苏州、无锡、杭州、合肥、南昌、厦门、济南、武汉、长沙、广州、深圳、重庆、成都、西安等 21 个中国服务外包示范城市的企业从事离岸服务外包业务取得的收入免征营业税。

从事离岸服务外包业务取得的收入,是指上述企业根据境外单位与其签订的委托合同,由本企业或其直接转包的企业为境外提供信息技术外包服务(ITO)、技术性业务流程外包服务(BPO)或技术性知识流程外包服务(KPO),从上述境外单位取得的收入。

信息技术外包服务(ITO)、技术性业务流程外包服务(BPO)、技术性知识流程外包服务(KPO)范围详见附件二。

②2010 年 7 月 1 日至《财政部 国家税务总局关于示范城市离岸服务外包业务免征营业税的通知》(财税[2010]64 号)到达之日已征的应予免征的营业税税额,在纳税人以后的应纳营业税税额中抵减,在 2010 年内抵减不完的予以退税。

(7)对符合条件的软件企业和集成电路设计企业从事软件开发与测试,信息系统集成、咨询和运营维护,集成电路设计等业务,免征营业税,并简

化相关程序②。

(8)节能服务产业税收优惠

从 2011 年 1 月 1 日起,对符合条件的节能服务公司实施合同能源管理项目,取得的营业税应税收入,暂免征收营业税③。

所称"符合条件"是指同时满足以下条件:

(1)节能服务公司实施合同能源管理项目相关技术应符合国家质量监督检验检疫总局和国家标准化管理委员会发布的《合同能源管理技术通则》(GB/T24915—2010)规定的技术要求。

(2)节能服务公司与用能企业签订《节能效益分享型》合同,其合同格式和内容,符合《合同法》和国家质量监督检验检疫总局和国家标准化管理委员会发布的《合同能源管理技术通则》(GB/T24915—2010)等规定。

(9)其他

①从 2004 年 1 月 1 日起,对钓鱼台国宾馆继续免征营业税、企业所得税、城市维护建设税、教育费附加、房产税、土地使用税④。

②自 2005 年 6 月 1 日起,对公路经营企业收取的高速公路车辆通行费收入统一减按 3% 的税率征收营业税⑤。

4.5.2.6　建筑业与不动产转让租赁营业税优惠

(1)个人住房转让营业税优惠

①政策规定

---

① 《财政部 国家税务总局关于示范城市离岸服务外包业务免征营业税的通知》(财税[2010]64 号,2010 年 7 月 28 日)。此前,《财政部 国家税务总局 商务部 科技部 国家发展改革委关于技术先进型服务企业有关税收政策问题的通知》(财税[2009]63 号)对营业税免税优惠设置了一定的条件标准和认定程序。财税[2010]64 号发布后,财税[2009]63 号有关营业税的内容停止执行。此外,《财政部国家税务总局 商务部 科技部关于在苏州工业园区进一步做好鼓励技术先进型服务企业发展试点工作有关税收政策的通知》(财税[2007]143 号,2007 年 12 月 7 日)被《财政部关于公布废止和失效的财政规章和规范性文件目录(第十一批)的决定》(财政部令第 62 号,2011 年 2 月 21 日)公布废止。

② 《国务院关于印发进一步鼓励软件产业和集成电路产业发展若干政策的通知》(国发[2011]4 号,2011 年 1 月 28 日)。

③ 《国务院办公厅转发发展改革委等部门关于加快推行合同能源管理促进节能服务产业发展意见的通知》(国办发[2010]25 号,2010 年 4 月 2 日)。《财政部 国家税务总局关于促进节能服务产业发展增值税 营业税和企业所得税政策问题的通知》(财税[2010]110 号,2010 年 12 月 30 日)。

④ 《财政部 国家税务总局关于钓鱼台国宾馆免税问题的通知》(财税[2004]72 号,2004 年 4 月 27 日)。

⑤ 《财政部 国家税务总局关于公路经营企业车辆通行费收入营业税政策的通知》(财税[2005]77 号,2005 年 5 月 11 日)。此前,《国家税务总局关于中外合资××公路桥梁开发有限公司税收问题的批复》(国税函发[1994]32 号,1994 年 1 月 24 日)规定,对企业所建商品路收费站所收取的费用应依"服务业"税目 5% 的税率征收营业税。

自 2011 年 1 月 1 日起,个人将购买不足 5 年的住房对外销售的,全额征收营业税;个人将购买超过 5 年(含 5 年)的非普通住房对外销售的,按照其销售收入减去购买房屋的价款后的差额征收营业税;个人将购买超过 5 年(含 5 年)的普通住房对外销售的,免征营业税①。

②管理规定

上述普通住房和非普通住房的标准、办理免税的具体程序、购买房屋的时间、开具发票、差额征税扣除凭证、非购买形式取得住房行为及其他相关税收管理规定,按照《国务院办公厅转发建设部等部门关于做好稳定住房价格工作意见的通知》(国办发〔2005〕26 号)、《国家税务总局 财政部 建设部关于加强房地产税收管理的通知》(国税发〔2005〕89 号)和《国家税务总局关于房地产税收政策执行中几个具体问题的通知》(国税发〔2005〕172 号)的有关规定执行②。

Ⅰ 享受优惠政策的住房原则上应同时满足以下条件:

住宅小区建筑容积率在 1.0 以上、单套建筑面积在 120 平方米以下、实际成交价格低于同级别土地上住房平均交易价格 1.2 倍以下。各省、自治区、直辖市根据实际情况,制定本地区享受优惠政策普通住房的具体标准。允许单套建筑面积和价格标准适当浮动,但向上浮动的比例不得超过上述标准的 20%③。

其中,住房平均交易价格,是指报告期内同级别土地上住房交易的平均价格,经加权平均后形成的住房综合平均价格。由市、县房地产管理部门会同有关部门测算,报当地人民政府确定,每半年公布一次。各级别土地上住房平均交易价格的测算,依据房地产市场信息系统生成数据;没有建立房地产市场信息系统的,依据房地产交易登记管理系统生成数据④。

对于以套内面积进行计量的,应换算成建筑面积,判断该房屋是否符合普通住房标准⑤。

Ⅱ 对单位或个人将购买住房对外销售的,市、

---

① 《财政部 国家税务总局关于调整个人住房转让营业税政策的通知》(财税〔2011〕12 号,2011 年 1 月 27 日)。此前,《财政部 国家税务总局关于调整房地产市场若干税收政策的通知》(财税字〔1999〕210 号,1999 年 7 月 29 日)曾规定,对个人购买并居住超过一年的普通住宅,销售时免征营业税;个人购买并居住不足一年的普通住宅,销售时营业税按销售减去购入原价后的差额计算。后来《国家税务总局 财政部 建设部关于加强房地产税收管理的通知》(国税发〔2005〕89 号,2005 年 5 月 27 日)规定,2005 年 6 月 1 日后,个人将购买不足 2 年的住房对外销售的,应全额征收营业税;个人将购买超过 2 年(含 2 年)的普通住房,免征营业税;个人将购买超过 2 年(含 2 年)的非普通住房按有关营业税政策征收营业税,其计征营业额按其售房收入减去购买房屋价款后的差额计算。《财政部 国家税务总局关于调整房地产营业税有关政策的通知》(财税〔2006〕75 号,2006 年 6 月 16 日)、《国家税务总局关于加强住房营业税征收管理有关问题的通知》(国税发〔2006〕74 号,2006 年 5 月 30 日)和《国家税务总局转发国务院办公厅关于调整住房供应结构稳定住房价格意见的通知》(国税发〔2006〕75 号,2006 年 5 月 31 日)规定,2006 年 6 月 1 日后,个人将购买不足 5 年的住房对外销售的,全额征收营业税;个人将购买超过 5 年(含 5 年)的普通住房对外销售的,免征营业税;个人将购买超过 5 年(含 5 年)的非普通住房对外销售的,按其销售收入减去购买房屋的价款后的余额征收营业税。《财政部 国家税务总局关于个人住房转让营业税政策的通知》(财税〔2008〕174 号,2008 年 12 月 29 日)规定,2009 年 1 月 1 日至 12 月 31 日,个人将购买不足 2 年的非普通住房对外销售的,全额征收营业税;个人将购买超过 2 年(含 2 年)的非普通住房或者不足 2 年的普通住房对外销售的,按照其销售收入减去购买房屋的价款后的差额征收营业税;个人将购买超过 2 年(含 2 年)的普通住房对外销售的,免征营业税。《财政部 国家税务总局关于调整个人住房转让营业税政策的通知》(财税〔2009〕157 号,2009 年 12 月 22 日)规定,自 2010 年 1 月 1 日起,个人将购买不足 5 年的非普通住房对外销售的,全额征收营业税;个人将购买超过 5 年(含 5 年)的非普通住房或者不足 5 年的普通住房对外销售的,按照其销售收入减去购买房屋的价款后的差额征收营业税;个人将购买超过 5 年(含 5 年)的普通住房对外销售的,免征营业税。自 2009 年 1 月 1 日起,财税〔2006〕75 号废止;自 2010 年 1 月 1 日起,财税〔2008〕174 号废止;自 2011 年 1 月 1 日起,财税〔2009〕157 号废止;根据《国家税务总局关于公布全文失效废止 部分条款失效废止的税收规范性文件目录的公告》(国家税务总局公告 2011 年第 2 号,2011 年 1 月 4 日),国税发〔2006〕74 号被公布全文失效废止;根据《财政部关于公布废止和失效的财政规章和规范性文件目录(第十一批)的决定》(财政部令第 62 号,2011 年 2 月 21 日),财税〔1999〕210 号被公布废止。
② 《财政部 国家税务总局关于调整个人住房转让营业税政策的通知》(财税〔2011〕12 号,2011 年 1 月 27 日)。
③ 《国务院办公厅转发建设部等部门关于做好稳定住房价格工作意见的通知》(国办发〔2005〕26 号,2005 年 5 月 9 日)。
④ 《国家税务总局 财政部 建设部关于加强房地产税收管理的通知》(国税发〔2005〕89 号,2005 年 5 月 27 日)。
⑤ 《国家税务总局关于房地产税收政策执行中几个具体问题的通知》(国税发〔2005〕172 号,2005 年 10 月 20 日)。

县房地产管理部门应在办理房屋权属登记的当月，向同级地方税务、财政部门提供权属登记房屋的坐落、产权人、房屋面积、成交价格等信息①。

Ⅲ 市、县规划管理部门要将已批准的容积率在1.0以下的住宅项目清单，一次性提供给同级地方税务、财政部门。新批住宅项目中容积率在1.0以下的，按月提供②。

Ⅳ 地方税务、财政部门要将当月房地产税收征管的有关信息向市、县房地产管理部门提供。各级地方税务、财政部门从房地产管理部门获得的房地产交易登记资料，只能用于征税之目的，并有责任予以保密。违反规定的，要追究责任③。

Ⅴ 个人将购买超过5年（含5年）的符合当地公布的普通住房标准的住房对外销售，应持该住房的坐落、容积率、房屋面积、成交价格等证明材料及地方税务部门要求的其他材料，向地方税务部门申请办理免征营业税手续。地方税务部门应根据当地公布的普通住房标准，利用房地产管理部门和规划管理部门提供的相关信息，对纳税人申请免税的有关材料进行审核，凡符合规定条件的，给予免征营业税④。

其中："成交价格"是指住房持有人对外销售房屋的成交价格⑤。

个人购买住房以取得的房屋产权证或契税完税证明上注明的时间作为其购买房屋的时间⑥。

其中"契税完税证明上注明的时间"是指契税完税证明上注明的填发日期。纳税人申报时，同时出具房屋产权证和契税完税证明且二者所注明的时间不一致的，按照"孰先"的原则确定购买房屋

的时间。即房屋产权证上注明的时间早于契税完税证明上注明的时间的，以房屋产权证注明的时间为购买房屋的时间；契税完税证明上注明的时间早于房屋产权证上注明的时间的，以契税完税证明上注明的时间为购买房屋的时间。根据国家房改政策购买的公有住房，以购房合同的生效时间、房款收据的开具日期或房屋产权证上注明的时间，按照"孰先"的原则确定购买房屋的时间⑦。

Ⅵ 个人对外销售住房，应持依法取得的房屋权属证书，并到地方税务部门申请开具发票⑧。

Ⅶ 对个人购买的非普通住房超过5年（含5年）对外销售的，在向地方税务部门申请按其售房收入减去购买房屋价款后的差额缴纳营业税时，需提供购买房屋时取得的税务部门监制的发票作为差额征税的扣除凭证⑨。

（2）个人无偿赠与不动产营业税优惠

①个人无偿赠与不动产税收优惠

Ⅰ 自2009年1月1日起，个人无偿赠与不动产、土地使用权，属于下列情形之一的，暂免征收营业税⑩：

ⅰ 离婚财产分割；

ⅱ 无偿赠与配偶、父母、子女、祖父母、外祖父母、孙子女、外孙子女、兄弟姐妹；

ⅲ 无偿赠与对其承担直接抚养或者赡养义务的抚养人或者赡养人；

ⅳ 房屋产权所有人死亡，依法取得房屋产权的法定继承人、遗嘱继承人或者受遗赠人。

Ⅱ 属于上述规定情形的个人，在办理免税手

① 《国家税务总局 财政部 建设部关于加强房地产税收管理的通知》（国税发〔2005〕89号，2005年5月27日）。
② 《国家税务总局 财政部 建设部关于加强房地产税收管理的通知》（国税发〔2005〕89号，2005年5月27日）。
③ 《国家税务总局 财政部 建设部关于加强房地产税收管理的通知》（国税发〔2005〕89号，2005年5月27日）。
④ 《国家税务总局 财政部 建设部关于加强房地产税收管理的通知》（国税发〔2005〕89号，2005年5月27日）。
⑤ 《国家税务总局关于房地产税收政策执行中几个具体问题的通知》（国税发〔2005〕172号，2005年10月20日）。
⑥ 《国家税务总局 财政部 建设部关于加强房地产税收管理的通知》（国税发〔2005〕89号，2005年5月27日）。
⑦ 《国家税务总局关于房地产税收政策执行中几个具体问题的通知》（国税发〔2005〕172号，2005年10月20日）。
⑧ 《国家税务总局 财政部 建设部关于加强房地产税收管理的通知》（国税发〔2005〕89号，2005年5月27日）。
⑨ 《国家税务总局 财政部 建设部关于加强房地产税收管理的通知》（国税发〔2005〕89号，2005年5月27日）。
⑩ 《财政部 国家税务总局关于个人金融商品买卖等营业税若干免税政策的通知》（财税〔2009〕111号，2009年9月27日）。

续时,应根据情况提交以下相关资料①:

ⅰ《国家税务总局关于加强房地产交易个人无偿赠与不动产税收管理有关问题的通知》(国税发〔2006〕144号)第一条规定的相关证明材料,即:

属于继承不动产的,继承人应当提交公证机关出具的"继承权公证书"、房产所有权证和《个人无偿赠与不动产登记表》(见国税发〔2006〕144号《国家税务总局关于加强房地产交易个人无偿赠与不动产税收管理有关问题的通知》附件);

属于遗嘱人处分不动产的,遗嘱继承人或者受遗赠人须提交公证机关出具的"遗嘱公证书"和"遗嘱继承权公证书"或"接受遗赠公证书"、房产所有权证以及《个人无偿赠与不动产登记表》;

属于其他情况无偿赠与不动产的,受赠人应当提交房产所有人"赠与公证书"和受赠人"接受赠与公证书",或持双方共同办理的"赠与合同公证书",以及房产所有权证和《个人无偿赠与不动产登记表》。

ⅱ 赠与双方当事人的有效身份证件;

ⅲ 证明赠与人和受赠人亲属关系的人民法院判决书、由公证机构出具的公证书;

ⅳ 证明赠与人和受赠人抚养关系或者赡养关系的人民法院判决书、由公证机构出具的公证书、由乡镇人民政府或街道办事处出具的证明材料。

上述证明材料必须提交原件。税务机关应当认真审核上述材料,资料齐全并且填写正确规范的,在提交的《个人无偿赠与不动产登记表》上签字盖章后复印留存,原件退提交人,同时办理营业税免税手续。对个人无偿赠与不动产的,税务机关不得向其发售发票或者代为开具发票②。

②个人将受赠不动产对外销售营业税优惠

个人将通过受赠、继承、离婚财产分割等非购买形式取得的住房对外销售的行为,也适用前述第(1)项个人转让住房营业税优惠规定。其购房时间按发生受赠、继承、离婚财产分割行为前的购房时间确定,其购房价格按发生受赠、继承、离婚财产分割行为前的购房原价确定。个人需持其通过受赠、继承、离婚财产分割等非购买形式取得住房的合法、有效法律证明文件,到地方税务部门办理相关手续③。

个人将通过无偿受赠方式取得的住房对外销售,不符合前述第(1)项规定而征收营业税时,对通过继承、遗嘱、离婚、赡养关系、直系亲属赠与方式取得的住房,该住房的购房时间仍按照发生继承、离婚财产分割行为前的购房时间确定;对通过其他无偿受赠方式取得的住房,该住房的购房时间按照发生受赠行为后新的房屋产权证或契税完税证明上注明的时间确定,不再执行《国家税务总局关于房地产税收政策执行中几个具体问题的通知》(国税发〔2005〕172号)中"按发生受赠行为前的购房时间确定"的规定④。

③个人无偿赠与不动产后续管理的规定⑤

Ⅰ 税务机关应对无偿赠与不动产的纳税人分户归档管理,定期将留存的公证证书复印件有关信息与公证机关核对,保证公证证书的真实、合法性。

Ⅱ 税务机关应加强与房管部门的合作,定期将《个人无偿赠与不动产登记表》中的有关信息与房管部门的赠与房产所有权转移登记信息进行核对,强化对个人无偿赠与不动产的后续管理。

Ⅲ 税务机关应加强对个人无偿赠与不动产的营业税纳税评估,将本期无偿赠与不动产的有关数据与历史数据(如上年同期)进行比较,出现异常

---

① 《财政部 国家税务总局关于个人金融商品买卖等营业税若干免税政策的通知》(财税〔2009〕111号,2009年9月27日)。
② 《国家税务总局关于加强房地产交易个人无偿赠与不动产税收管理有关问题的通知》(国税发〔2006〕144号,2006年9月14日)。《财政部 国家税务总局关于个人金融商品买卖等营业税若干免税政策的通知》(财税〔2009〕111号,2009年9月27日)。
③ 《国家税务总局关于房地产税收政策执行中几个具体问题的通知》(国税发〔2005〕172号,2005年10月20日)。
④ 《国家税务总局关于加强房地产交易个人无偿赠与不动产税收管理有关问题的通知》(国税发〔2006〕144号,2006年9月14日)。
⑤ 《国家税务总局关于加强房地产交易个人无偿赠与不动产税收管理有关问题的通知》(国税发〔2006〕144号,2006年9月14日)。

情况的,要做进一步检查和核对,对确有问题的赠与行为,应按有关规定进行处理。

Ⅳ 对个人赠与不动产过程中,向受赠人收取了货物、货币或其他经济利益,但提供虚假资料,申请办理无偿赠与的相关手续,没有按规定缴纳营业税的纳税人,由税务机关按照税收征收管理法的有关规定追缴税款、滞纳金并进行相关处罚。

(3)个人自建自用住房和空置房处理营业税优惠

①自1999年8月1日起,个人自建自用住房,销售时免征营业税①。

②2006年12月31日前,对海南和广西处置积压空置住房给予了免征营业税优惠,现均已执行到期②。

(4)住房租赁营业税优惠

①公有住房出租和廉租住房税收优惠

自2001年1月1日起,对按政府规定价格出租的公有住房和廉租住房,包括企业和自收自支事业单位向职工出租的单位自有住房;房管部门向居民出租的公有住房;落实私房政策中带户发还并以政府规定租金标准向居民出租的私有住房等,暂免征收营业税、房产税③。

自2007年8月1日起,对廉租住房经营管理单位按照政府规定价格、向规定保障对象出租廉租住房的租金收入,免征营业税。《财政部 国家税务总局关于廉租住房经济适用住房和住房租赁有关税收政策的通知》(财税[2008]24号)到达之日前已征税款在以后应缴税款中抵减④。

廉租住房、廉租住房承租人以及廉租住房租金等须符合国发[2007]24号文件及《廉租住房保障办法》(建设部等9部委令第162号)的规定;廉租住房经营管理单位为县级以上人民政府主办或确定的单位⑤。

②公共租赁住房税收优惠

对经营公租房所取得的租金收入,免征营业税。公租房租金收入与其他住房经营收入应单独核算,未单独核算的,不得享受免税优惠⑥。

享受上述税收优惠政策的公租房是指纳入省、自治区、直辖市、计划单列市人民政府及新疆生产建设兵团批准的公租房发展规划和年度计划,以及按照《关于加快发展公共租赁住房的指导意见》(建保[2010]87号)和市、县人民政府制定的具体管理办法进行管理的公租房。不同时符合上述条件的公租房不得享受上述税收优惠政策。

③个人出租住房税收优惠

自2001年1月1日起,对个人按市场价格出租的居民住房,其应缴纳的营业税暂减按3%的税率征收⑦。

自2008年3月1日起,对个人出租住房,不区

---

① 《财政部 国家税务总局关于调整房地产市场若干税收政策的通知》(财税字[1999]210号,1999年7月29日)。

② 参见《财政部 国家税务总局关于处置海南省积压房地产有关税收优惠政策问题的通知》(财税字[2000]63号,2000年5月8日)、《财政部 国家税务总局关于海南省和广西北海市积压房地产有关税收优惠政策的通知》(财税[2002]205号,2002年12月30日)、《财政部 国家税务总局关于2004年底到期税收优惠政策问题的通知》(财税[2005]49号,2005年3月28日)。根据《财政部关于公布废止和失效的财政规章和规范性文件目录(第十一批)的决定》(财政部令第62号,2011年2月21日),上述文件已被公布失效。

③ 《财政部 国家税务总局关于调整住房租赁市场税收政策的通知》(财税[2000]125号,2000年12月7日)。

④ 《财政部 国家税务总局关于廉租住房经济适用住房和住房租赁有关税收政策的通知》(财税[2008]24号,2008年3月3日)。

⑤ 《财政部 国家税务总局关于廉租住房经济适用住房和住房租赁有关税收政策的通知》(财税[2008]24号,2008年3月3日)。

⑥ 《财政部 国家税务总局关于支持公共租赁住房建设和运营有关税收优惠政策的通知》(财税[2010]88号,2010年9月27日)。该文件自发文之日起执行,执行期限暂定三年,政策到期后将根据公租房建设和运营情况对有关内容加以完善。

⑦ 《财政部 国家税务总局关于调整住房租赁市场税收政策的通知》(财税[2000]125号,2000年12月7日)。

分用途,在3%税率的基础上减半征收营业税①。

(5)公有住房出售营业税优惠

自1999年8月1日起,住房制度的改革中,企业、行政事业单位按房改成本价、标准价出售住房的收入,暂免征收营业税②。

(6)境外提供建筑劳务营业税优惠

自2009年1月1日起,对中华人民共和国境内单位或者个人在中华人民共和国境外提供建筑业劳务暂免征收营业税③。

(7)国家石油储备基地建设营业税优惠

对国家石油储备基地第一期项目建设过程中涉及的营业税、城市维护建设税、教育费附加、城镇土地使用税、印花税、耕地占用税和契税予以免征。免税范围仅限于应由国家石油储备基地缴纳的税收④。

国家石油储备基地第一期项目包括大连、黄岛、镇海、舟山4个储备基地⑤。

(8)铁路房建相关业务营业税优惠

对铁路房建生活单位改制后的企业为铁道部所属铁路局(含广州铁路集团公司、青藏铁路公司,下同)及国有铁路运输控股公司提供的维修、修理、物业管理、工程施工等营业税应税劳务取得的应税收入,自2007年1月1日起至2010年12

月31日免征营业税。对上述单位自2007年1月1日至《财政部 国家税务总局关于改革后铁路房建生活单位暂免征收营业税的通知》(财税[2007]99号)发文之日已缴纳的应予免征的营业税,可以从以后应缴的营业税税款中抵扣⑥。

尚未改制的铁路房建生活单位,经铁道部或各铁路局批准进行改制后,对其为铁道部所属铁路局及国有铁路运输控股公司提供上述服务取得的营业税应税收入,自其改制之日起至2010年12月31日免征营业税。免税企业名单另行公布⑦。

享受免税政策的纳税人应按照现行营业税的有关规定,单独核算其免税收入,未单独核算免税收入或核算不准确的,不得享受免征营业税政策⑧。

4.5.2.7 无形资产转让营业税优惠

(1)著作权转让营业税优惠

个人转让著作权,免征营业税⑨。

(2)技术转让营业税优惠

①科研单位和高等院校技术转让税收优惠

I 科研单位承担国家财政资金设立的科技项目而取得的收入(包括科研经费),属于技术开发而取得的收入,免征营业税。所称"国家财政资金

---

① 《财政部 国家税务总局关于廉租住房经济适用住房和住房租赁有关税收政策的通知》(财税[2008]24号,2008年3月3日)。此前,《国家税务总局关于个人出租商住两用房征税问题的批复》(国税函[2002]74号,2002年1月20日)规定,对居民住房出租后用于生产经营的,其营业税仍按5%税率征收。根据《国家税务总局关于公布全文失效废止 部分条款失效废止的税收规范性文件目录的公告》(国家税务总局公告2011年第2号,2011年1月4日),国税函[2002]74号被公布全文失效废止。

② 《财政部 国家税务总局关于调整房地产市场若干税收政策的通知》(财税字[1999]210号,1999年7月29日)。

③ 《财政部 国家税务总局关于个人金融商品买卖等营业税若干免税政策的通知》(财税[2009]111号,2009年9月27日)。

④ 《财政部 国家税务总局关于国家石油储备基地建设有关税收政策的通知》(财税[2005]23号,2005年3月15日)。

⑤ 《财政部 国家税务总局关于国家石油储备基地建设有关税收政策的通知》(财税[2005]23号,2005年3月15日)。

⑥ 《财政部 国家税务总局关于改革后铁路房建生活单位暂免征收营业税的通知》(财税[2007]99号,2007年7月16日)。具体企业名单详见《财政部 国家税务总局关于改革后铁路房建生活单位暂免征收营业税的通知》(财税[2007]99号,2007年7月16日)、《财政部 国家税务总局关于下发第二批铁路房建生活单位改制后企业名单的通知》(财税[2008]18号,2008年2月4日)、《财政部 国家税务总局关于发布第三批免征营业税的改制铁路房建生活单位名单的通知》(财税[2009]21号,2009年2年25日)、《财政部 国家税务总局关于发布第四批免征营业税的铁路房建生活单位改制后企业名单的通知》(财税[2010]14号,2010年3月11日)、《财政部 国家税务总局关于发布第五批免征营业税的改制后铁路房建生活单位名单的通知》(财税[2010]120号,2010年12月24日)。

⑦ 《财政部 国家税务总局关于改革后铁路房建生活单位暂免征收营业税的通知》(财税[2007]99号,2007年7月16日)。

⑧ 《财政部 国家税务总局关于改革后铁路房建生活单位暂免征收营业税的通知》(财税[2007]99号,2007年7月16日)。

⑨ 《财政部 国家税务总局关于对若干项目免征营业税的通知》(财税字[1994]2号,1994年3月29日)。

设立的科技项目"是指①：

国家自然科学基金项目；国家高技术研究发展项目（又称863计划）；国家重点基础研究发展规划项目（又称973项目）；攀登计划以及攀登计划预选项目；国防军工项目以及军品配套研制项目；国家科技三项费项目；国家一次性科学事业专项经费；国家科学事业费政策性调节费；国家基础研究特别支持费；国家科技攻关项目；国家高技术产业化示范工程项目；国家工程研究中心项目；国家技术工程研究中心项目；国家载人航天工程项目（又称921项目）。

Ⅱ 自2003年7月8日起，对于经国务院批准的原国家经贸委管理的10个国家局所属242个科研机构和建设部等11个部门（单位）所属134个科研机构中转为企业的科研机构和进入企业的科研机构，以及经科技部、财政部、中编办审核批准的国务院部门（单位）所属社会公益类科研机构中转为企业或进入企业的科研机构，其从事技术转让、技术开发业务和与之相关的技术咨询、技术服务业务取得的收入，免征营业税②。

Ⅲ 高等学校的技术转让收入，自1999年5月1日起免征营业税③。

② "四技"收入税收优惠

Ⅰ 自1999年10月1日起，对单位和个人（包括外商投资企业、外商投资设立的研究开发中心、外国企业和外籍个人）从事技术转让、技术开发业务和与之相关的技术咨询、技术服务业务取得的收入，免征营业税④。

上述所称免征营业税的技术开发、技术转让业务，是指自然科学领域的技术开发和技术转让业务⑤。

技术转让是指转让者将其拥有的专利和非专利技术的所有权和使用权有偿转让他人的行为⑥。

免征营业税的技术转让收入是指转让者将其拥有的专利和非专利技术的所有权或使用权有偿转让他人及提供与之相关的技术咨询、技术服务等所取得的收入。外国企业和外籍个人采取按产品销售比例提取收入等形式取得的"入门费"、"提成费"等作价方式取得的与技术转让有关的收入，均属于免征营业税的技术转让收入范围。技术转让合同中的商标使用费或类似性质的收入，不属于上述规定免征营业税的范围。纳税人应正确合理地划分出合同中商标使用费等不予免税的收入。如不能准确合理划分，税务机关可按照不高于合同总

---

① 《国家税务总局关于科研单位和铁道部所属勘测设计院营业税问题的通知》（国税发〔2001〕100号，2001年9月11日）。此前，《财政部 国家税务总局关于对科研单位取得的技术转让收入免征营业税的通知》（财税字〔1994〕10号，1994年6月3日）规定：从1994年1月1日起，对科研单位取得的技术转让收入免征营业税。根据《财政部关于公布废止和失效的财政规章和规范性文件目录（第十一批）的决定》（财政部令第62号，2011年2月21日），财税字〔1994〕10号被公布废止。

② 《财政部 国家税务总局关于转制科研机构有关税收政策问题的通知》（财税〔2003〕137号，2003年7月8日）。此前，《国家税务总局关于国家经贸委管理的10个国家局所属科研机构转制后税收征收管理问题的通知》（国税发〔1999〕135号，1999年7月20日）规定，从1999年至2003年底止，免征转制科研机构技术转让收入的营业税。根据《国家税务总局关于发布已失效或废止的税收规范性文件目录的通知》（国税发〔2006〕62号，2006年5月12日）和《国家税务总局关于公布全文失效废止 部分条款失效废止的税收规范性文件目录的公告》（国家税务总局公告2011年第2号，2011年1月4日），国税发〔1999〕135号被公布失效废止。

③ 《财政部 国家税务总局关于促进科技成果转化有关税收政策的通知》（财税〔1999〕45号，1999年5月27日）。

④ 《财政部 国家税务总局关于贯彻落实〈中共中央国务院关于加强技术创新、发展高科技、实现产业化的决定〉有关税收问题的通知》（财税字〔1999〕273号，1999年11月2日）。

⑤ 《财政部 国家税务总局关于技术开发技术转让有关营业税问题的批复》（财税〔2005〕39号，2005年3月7日）。

⑥ 《财政部 国家税务总局关于贯彻落实〈中共中央国务院关于加强技术创新，发展高科技，实现产业化的决定〉有关税收问题的通知》（财税字〔1999〕273号，1999年11月2日）。此外，《国家税务总局关于计算机软件转让收入认定为技术转让收入问题的批复》（国税函〔2002〕234号，2002年3月27日）对转让以著作权保护的计算机程序技术，可比照专利技术免征营业税的问题，做出了个案规定。

价款50%的金额确定免征营业税的技术转让收入额①。

技术开发是指开发者接受他人委托,就新技术、新产品、新工艺或者新材料及其系统进行研究开发的行为②。

技术咨询是指就特定技术项目提供可行性论证、技术预测、专题技术调查、分析评价报告等③。

与技术转让、技术开发相关的技术咨询、技术服务业务是指转让方(或受托方)根据技术转让或开发合同的规定,为帮助受让方(或委托方)掌握所转让(或委托开发)的技术,而提供的技术咨询、技术服务业务。且这部分技术咨询、服务的价款与技术转让(或开发)的价款是开在同一张发票上的④。

非营利性科研机构从事技术开发、技术转让业务和与之相关的技术咨询、技术服务所得的收入,按规定免征营业税⑤。

Ⅱ 免征营业税的技术转让、开发的营业额为⑥:

ⅰ 以图纸、资料等为载体提供已有技术或开发成果的,其免税营业额为向对方收取的全部价款和价外费用。

ⅱ 以样品、样机、设备等货物为载体提供已有技术或开发成果的,其免税营业额不包括货物的价值。对样品、样机、设备等货物,应当按有关规定征收增值税。转让方(或受托方)应分别反映货物的价值与技术转让、开发的价值,如果货物部分价格明显偏低,应按照规定,由主管税务机关核定计税价格。

ⅲ 提供生物技术时附带提供的微生物菌种母本和动、植物新品种,应包括在免征营业税的营业额内。但批量销售的微生物菌种,应当征收增值税。

Ⅲ 免税的程序

(Ⅰ)2004年5月19日前,企业享受免税待遇须按以下程序审批⑦:

ⅰ 纳税人从事技术转让、开发业务申请免征营业税时,须持技术转让、开发的书面合同,到纳税人所在地省级科技主管部门进行认定,再持有关的书面合同和科技主管部门审核意见证明报当地省级主管税务机关审核⑧。

外国企业和外籍个人从境外向中国境内转让技术需要免征营业税的,需提供技术转让或技术开发书面合同、纳税人或其授权人书面申请以及技术受让方所在地的省级科技主管部门审核意见证明,

---

① 《国家税务总局关于明确外国企业和外籍个人技术转让收入免征营业税范围问题的通知》(国税发[2000]166号,2000年10月8日)。此外,《国家税务总局关于日本三洋电机株式会社取得技术转让收入免征营业税问题的批复》(国税函[2004]72号,2004年1月13日)、《国家税务总局关于TOP信息系统株式会社取得技术转让收入免征营业税问题的批复》(国税函[2004]928号,2004年7月30日)、《国家税务总局关于日本航空电子工业株式会社等外国企业取得技术转让收入免征营业税问题的批复》(国税函[2004]1210号,2004年11月3日)先后就个案做出规定,对与技术转让无关的技术服务费,以及技术转让收入中所含的商标使用费,应照章征收营业税。

② 《财政部 国家税务总局关于贯彻落实〈中共中央国务院关于加强技术创新、发展高科技、实现产业化的决定〉有关税收问题的通知》(财税字[1999]273号,1999年11月2日)。

③ 《财政部 国家税务总局关于贯彻落实〈中共中央国务院关于加强技术创新、发展高科技、实现产业化的决定〉有关税收问题的通知》(财税字[1999]273号,1999年11月2日)。

④ 《财政部 国家税务总局关于贯彻落实〈中共中央国务院关于加强技术创新、发展高科技、实现产业化的决定〉有关税收问题的通知》(财税字[1999]273号,1999年11月2日)。

⑤ 《国务院办公厅转发科技部等部门关于非营利性科研机构管理的若干意见(试行)的通知》(国办发[2000]78号,2000年12月19日)。《财政部 国家税务总局关于非营利性科研机构税收政策的通知》(财税[2001]5号,2001年2月9日)。

⑥ 《财政部 国家税务总局关于贯彻落实〈中共中央国务院关于加强技术创新、发展高科技、实现产业化的决定〉有关税收问题的通知》(财税字[1999]273号,1999年11月2日)。

⑦ 《财政部 国家税务总局关于贯彻落实〈中共中央国务院关于加强技术创新、发展高科技、实现产业化的决定〉有关税收问题的通知》(财税字[1999]273号,1999年11月2日)。

⑧ 《财政部 国家税务总局关于贯彻落实〈中共中央国务院关于加强技术创新、发展高科技、实现产业化的决定〉有关税收问题的通知》(财税字[1999]273号,1999年11月2日)。

经省级税务主管机关审核后,层报国家税务总局批准①。

在办理技术转让免税时,凡能提供由审批技术引进项目的对外贸易经济合作部及其授权的地方外经贸部门出具的技术转让合同、协议批准文件的,可不再提供省级科技主管部门审核意见证明②。

ⅱ 在科技和税务部门审核批准以前,纳税人应当先按有关规定缴纳营业税,待科技、税务部门审核后,再从以后应纳的营业税税款中抵交,如以后一年内未发生应纳营业税的行为,或其应纳税款不足以抵顶免税额的,纳税人可向负责征收的税务机关申请办理退税③。

(Ⅱ)2004 年 5 月 19 日后,取消审核手续,实施如下后续管理:

ⅰ 自 2004 年 5 月 19 日起,对"单位和个人(不包括外资企业、外籍个人)从事技术转让、开发业务申请免征营业税时,须持技术转让、开发的书面合同,到纳税人所在地省级科技主管部门进行认定,再持有关的书面合同和科技主管部门审核意见证明报当地省级主管税务机关审核"予以取消④。

取消审核手续后,纳税人的技术转让、技术开发的书面合同仍应到省级科技主管部门进行认定,并将认定后的合同及有关证明材料文件报主管地方税务局备查。主管地方税务局不定期地对纳税人申报享受减免税的技术转让、技术开发合同进行检查,对不符合减免税条件的单位和个人要取消税收优惠政策,同时追缴其所减免的税款,并按照税

收征收管理法的有关规定进行处罚⑤。

ⅱ 自 2004 年 5 月 19 日起,外国企业和外籍个人与我国境内机构及个人签订的技术转让协议,向我国境内转让技术取得收入取消了营业税免税的行政审批,调整为备案管理⑥。

自 2004 年 7 月 1 日起,对"外国企业和外籍个人向我国境内转让技术取得收入,经申请,层报国家税务总局审核批准后,可以免征营业税"的审批予以取消后,国内受让方应就支付上述技术转让费保留国家主管部门批准的技术转让许可文件和技术转让合同,以备税务机关检查。未经国家主管部门批准的技术转让合同,其所支付的费用不得作为技术转让费给予免税,而应按照一般劳务费适用有关税务处理规定⑦。

2004 年 7 月 1 日前发生的尚未完成审批的事项,不论合同签订日期及是否对外支付技术转让费,均应根据上述规定进行管理,不再履行审批程序。已缴纳营业税的,按照《财政部 国家税务总局关于贯彻落实〈中共中央 国务院关于加强技术创新,发展高科技,实现产业化的决定〉有关税收问题的通知》(财税字[1999]273 号)的规定,携带国家主管部门批准的技术转让许可文件和技术转让合同,到负责征收的税务机关办理抵交或退税手续。上述尚未完成审批的事项,是指税务机关已受理,但尚未完成审批程序的减免税申请,以及虽未受理,但属于 2004 年 7 月 1 日以前已实际对外支

---

① 《财政部 国家税务总局关于贯彻落实〈中共中央国务院关于加强技术创新、发展高科技、实现产业化的决定〉有关税收问题的通知》(财税字[1999]273 号,1999 年 11 月 2 日)。

② 《财政部 国家税务总局关于外国企业和外籍个人转让无形资产营业税若干问题的通知》(财税[2001]36 号,2001 年 3 月 16 日)。

③ 《财政部 国家税务总局关于贯彻落实〈中共中央国务院关于加强技术创新,发展高科技,实现产业化的决定〉有关税收问题的通知》(财税字[1999]273 号,1999 年 11 月 2 日)。

④ 《国务院关于第三批取消和调整行政审批项目的决定》(国发[2004]16 号,2004 年 5 月 12 日)。

⑤ 《国家税务总局关于取消"单位和个人从事技术转让、技术开发业务免征营业税审批"后有关税收管理问题的通知》(国税函[2004]825 号,2004 年 6 月 25 日)。

⑥ 《国务院关于第三批取消和调整行政审批项目的决定》(国发[2004]16 号,2004 年 5 月 12 日)。《国家税务总局 国家外汇管理局关于境内机构及个人对外支付技术转让费不再提交营业税税务凭证的通知》(国税发[2005]28 号,2005 年 3 月 7 日)。

⑦ 《国家税务总局关于取消及下放外商投资企业和外国企业以及外籍个人若干税务行政审批项目的后续管理问题的通知》(国税发[2004]80 号,2004 年 6 月 25 日)。

付技术转让费的技术转让合同①。

自 2004 年 5 月 19 日起,外国企业和外籍个人与我国境内机构及个人签订的技术转让协议,向我国境内转让技术取得收入取消了营业税免税的行政审批调整为备案管理后,我国境内机构及个人在外汇指定银行购汇、或者从其外汇账户中对外支付特许权使用费项下技术转让费时,可免予提供由主管地方税务局出具的营业税税务证明,但仍应按照规定提交由主管税务机关提供的所得税(包括企业所得税及个人所得税)税务证明②。

(3)外国企业和外籍个人向我国境内转让无形资产营业税优惠

外国企业和外籍个人向我国境内转让无形资产,属于 1993 年底以前与我国境内单位签订的合同,不论在何时取得收入,均不予征收营业税③。

4.5.2.8　促进就业再就业营业税优惠

(1)自 2003 年 1 月 1 日至 2005 年 12 月 31 日下岗失业人员再就业税收优惠政策

①对新办的服务型企业(除广告业、桑拿、按摩、网吧、氧吧外)当年新招用下岗失业人员达到职工总数 30% 以上(含 30%),并与其签订 1 年以上(含 1 年)期限劳动合同的,经劳动保障部门认定、税务机关审核,3 年内免征营业税、城市维护建设税、教育费附加和企业所得税④。

所称新办企业,是指《中共中央 国务院关于进一步做好下岗失业人员再就业工作的通知》(中发[2002]12 号)下发后,即在 2002 年 9 月 30 日后新组建的企业。原有的企业合并、分立、改制、改组、扩建、搬迁、转产以及吸收新成员、改变领导(或隶属)关系、改变企业名称和法人代表的,不能视为新办企业。上述服务型企业是指从事现行营业税"服务业"税目规定的经营活动的企业⑤。

---

①　《国家税务总局关于取消税务行政审批后外国企业及外籍个人向中国境内转让技术取得收入免征营业税管理问题的通知》(国税函[2005]652 号,2005 年 6 月 23 日)。此前,《国家税务总局关于取消及下放外商投资企业和外国企业以及外籍个人若干税务行政审批项目的后续管理问题的通知》(国税发[2004]80 号,2004 年 6 月 25 日)规定,在该通知执行前(2004 年 7 月 1 日以前)发生的尚未完成审批的事项,仍按原规定执行。

②　《国家税务总局 国家外汇管理局关于境内机构及个人对外支付技术转让费不再提交营业税税务凭证的通知》(国税发[2005]28 号,2005 年 3 月 7 日)。该文原文规定是按照《国家外汇管理局 国家税务总局关于非贸易及部分资本项目项下售付汇提交税务凭证有关问题的通知》(汇发[1999]372 号)提供税务证明。根据《国家外汇管理局 国家税务总局关于服务贸易等项目对外支付提交税务证明有关问题的通知》(汇发[2008]64 号,2008 年 11 月 25 日),汇发[1999]372 号已从 2009 年 1 月 1 日起废止。

③　《国家税务总局关于外国企业转让无形资产有关营业税问题的通知》(国税发[2000]70 号,2000 年 4 月 24 日)。《财政部 国家税务总局关于外国企业和外籍个人转让无形资产营业税若干问题的通知》(财税[2001]36 号,2001 年 3 月 16 日)。此外,《国家税务总局关于我国境内企业向外国企业支付软件费扣缴营业税问题的通知》(国税发[2000]179 号,2000 年 11 月 3 日)规定,外国企业向我国境内企业单独销售软件或随同销售邮电、通讯设备和计算机等货物一并转让与这些货物使用相关的软件,国内受让企业进口上述软件,无论是否缴纳了关税和进口环节增值税,其所支付的软件使用费,均不再扣缴外国企业的营业税。此后,《国家税务总局关于外国企业在华提供信息系统的运行维护及咨询服务征税问题的批复》(国税函[2005]912 号,2005 年 9 月 25 日)规定,对于外国企业在华提供信息系统和相关软件的运行、维护及咨询服务,在费用支付上,外国企业负责在境内外统一安排技术人员提供服务,垫付相关费用,然后向用户收取服务费和代垫的软件费。对外国企业收取的其代垫的我国用户使用境外企业提供的软件的软件费,应根据条例实施细则的规定,按照无形资产转让收入征收营业税。对其中符合规定的技术转让免征营业税条件的,可免征营业税。根据《国家税务总局关于公布废止的营业税规范性文件目录的通知》(国税发[2009]29 号)规定,国税函[2005]912 号营业税内容自 2009 年 1 月 1 日起废止;根据《国家税务总局关于公布全文失效废止 部分条款失效废止的税收规范性文件目录的公告》(国家税务总局公告 2011 年第 2 号,2011 年 1 月 4 日),国税发[2000]179 号和国税函[2005]912 号均被公布失效废止。

④　《财政部 国家税务总局关于下岗失业人员再就业有关税收政策问题的通知》(财税[2002]208 号,2002 年 12 月 21 日)。《财政部 劳动和社会保障部 国家税务总局关于促进下岗失业人员再就业税收优惠及其他相关政策的补充通知》(财税[2003]192 号,2003 年 8 月 28 日)。财税[2002]208 号曾规定签订 3 年以上期限劳动合同,财税[2003]192 号将财税[2002]208 号、财税[2003]133 号和财社[2002]107 号及其他相关文件规定享受有关税收优惠政策和社会保险补贴的服务型企业、商贸企业与下岗失业人员签订劳动合同的期限均由 3 年以上调整为 1 年以上(含 1 年)。根据《财政部关于公布废止和失效的财政规章和规范性文件目录(第十一批)的决定》(财政部令第 62 号,2011 年 2 月 21 日),财税[2002]208 号、财税[2003]192 号已被公布失效。

⑤　《财政部 国家税务总局关于下岗失业人员再就业有关税收政策问题的通知》(财税[2002]208 号,2002 年 12 月 21 日)。《财政部 国家税务总局关于加强下岗失业人员再就业有关营业税优惠政策管理的通知》(财税[2004]228 号,2004 年 12 月 29 日)。根据财政部令第 62 号,财税[2002]208 号已被公布失效。

对服务型企业兼营桑拿、按摩等不予免税项目的,企业应当将不予免税项目与免税项目收入分别核算,不能分别核算的,免税项目收入不得享受税收优惠政策①。

②对下岗失业人员从事个体经营(除建筑业、娱乐业以及广告业、桑拿、按摩、网吧、氧吧外)的,自领取税务登记证之日起,3 年内免征营业税、城市维护建设税、教育费附加和企业所得税②。

符合条件的个体经营者,自领取税务登记证之日起,可向税务机关提出减免税申请,对经主管税务机关审核批准的,其免税的起始时间自领取税务登记证之日起计算③。

上述所称"个体经营",是指《中共中央 国务院关于进一步做好下岗失业人员再就业工作的通知》(中发[2002]12 号)下发后,即在 2002 年 9 月 30 日后从无到有、新办的个体经营户。2002 年 9 月 30 日前已经存在的个体经营户,其经营者为规定的下岗失业人员,并在 2002 年 9 月 30 日后至 2005 年 12 月 31 日前取得劳动部门核发的再就业优惠证的,可以自领取新的税务登记证之日起,3 年内免征营业税。2002 年 9 月 30 日前已经存在的个体经营户,通过借用、买卖、冒名顶替等方式改变经营者的,注销原工商登记和税务登记后重新办理工商登记、税务登记的,均不得享受上述再就业税

收优惠政策,其已经减免的税款应予追缴④。

对下岗失业人员从事个体经营活动免征营业税,是指其雇工 7 人(含 7 人)以下的个体经营行为。下岗失业人员从事经营活动雇工 8 人(含 8 人)以上,无论其领取的营业执照是否注明为个体工商业户,均按照新办服务型企业有关营业税优惠政策执行⑤。

个人独资企业、个人合伙企业吸纳下岗失业人员达到规定比例,并符合财税[2002]208 号文件规定的其他条件的,执行上述营业税优惠政策,外商投资企业也同样适用⑥。

(2)自 2006 年 1 月 1 日至 2008 年 12 月 31 日下岗失业人员再就业税收优惠政策

①对商贸企业、服务型企业(除广告业、房屋中介、典当、桑拿、按摩、氧吧外)、劳动就业服务企业中的加工型企业和街道社区具有加工性质的小型企业实体,在新增加的岗位中,当年新招用持《再就业优惠证》人员,与其签订 1 年以上期限劳动合同并依法缴纳社会保险费的,按实际招用人数予以定额依次扣减营业税、城市维护建设税、教育费附加和企业所得税优惠。定额标准为每人每年4000 元,可上下浮动 20%,由各省、自治区、直辖市人民政府根据本地区实际情况在此幅度内确定具

① 《国家税务总局关于进一步明确若干再就业税收政策问题的通知》(国税发[2003]119 号,2003 年 10 月 18 日)。根据《国家税务总局关于公布全文失效废止 部分条款失效废止的税收规范性文件目录的公告》(国家税务总局公告 2011 年第 2 号,2011 年1 月 4 日),该文件已被公布失效废止。

② 《财政部 国家税务总局关于下岗失业人员再就业有关税收政策问题的通知》(财税[2002]208 号,2002 年 12 月 21 日)。根据财政部令第 62 号,财税[2002]208 号已被公布失效。

③ 《国家税务总局关于进一步明确若干再就业税收政策问题的通知》(国税发[2003]119 号,2003 年 10 月 18 日)。根据国家税务总局公告 2011 年第 2 号,该文件已被公布失效废止。

④ 《国家税务总局关于下岗失业人员从事个体经营有关税收政策问题的通知》(国税发[2004]93 号,2004 年 7 月 22 日)。此文仅适用于 2005 年 12 月 31 日以前,现已被《国家税务总局 劳动和社会保障部关于下岗失业人员再就业有关税收政策具体实施意见的通知》(国税发[2006]8 号,2006 年 1 月 18 日)公布废止。

⑤ 《财政部 国家税务总局关于加强下岗失业人员再就业有关营业税优惠政策管理的通知》(财税[2004]228 号,2004 年 12月 29 日)。

⑥ 《国家税务总局关于进一步明确若干再就业税收政策问题的通知》(国税发[2003]119 号,2003 年 10 月 18 日)。根据国家税务总局公告 2011 年第 2 号,该文件已被公布失效废止。

体定额标准,并报财政部和国家税务总局备案①。

按上述标准计算的税收扣减额应在企业当年实际应缴纳的营业税、城市维护建设税、教育费附加和企业所得税税额中扣减,当年扣减不足的,不得结转下年使用②。

对2005年底前核准享受再就业减免税政策的企业,在剩余期限内仍按原优惠方式继续享受减免税政策至期满③。

Ⅰ 企业吸纳下岗失业人员减免税办法确定④

ⅰ 营业税、城市维护建设税、教育费附加和企业所得税均由地方税务局征管的,由主管税务机关在审批时按劳动保障部门认定的企业吸纳人数和签订的劳动合同时间预核定企业减免税总额,在预核定减免税总额内每月依次预减营业税、城市维护建设税、教育费附加。纳税人实际应缴纳的营业税、城市维护建设税、教育费附加小于预核定减免税总额的,以实际应缴纳的营业税、城市维护建设税、教育费附加为限;实际应缴纳的营业税、城市维护建设税、教育费附加大于预核定减免税总额的,以预核定减免税总额为限。

年度终了,如果实际减免的营业税、城市维护建设税、教育费附加小于预核定的减免税总额,在企业所得税汇算清缴时扣减企业所得税。当年扣减不足的,不再结转以后年度扣减。

主管税务机关应当按照上述规定,预核定企业减免税总额,其计算公式为:

企业预核定减免税总额＝∑每名下岗失业人员本年度在本企业预定工作月份/12×定额

企业自吸纳下岗失业人员的次月起享受税收优惠政策。

ⅱ 营业税、城市维护建设税、教育费附加与企业所得税分属国家税务局和地方税务局征管的,统一由企业所在地主管地方税务局按上述规定的办法预核定企业减免税总额并将核定结果通报当地国家税务局。年度内先由主管地方税务局在核定的减免总额内每月依次预减营业税、城市维护建设税、教育费附加。如果企业实际减免的营业税、城市维护建设税、教育费附加小于核定的减免税总额的,县级地方税务局要在次年1月底之前将企业实际减免的营业税、城市维护建设税、教育费附加和剩余额度等信息交换给同级国家税务局,剩余额度由主管国家税务局在企业所得税汇算清缴时按企业所得税减免程序扣减企业所得税。当年扣减不足的,不再结转以后年度扣减。

Ⅱ 企业吸纳下岗失业人员认定、审核程序⑤

可申请享受再就业有关税收政策的企业实体包括服务型企业(除广告业、房屋中介、典当、桑拿、按摩、氧吧外)、商贸企业、劳动就业服务企业中的加工型企业和街道社区具有加工性质的小型企业实体(简称"企业")。

ⅰ 认定申请

企业吸纳下岗失业人员的认定工作由劳动保障部门负责。

企业在新增岗位中新招用持《再就业优惠证》人员,与其签订1年以上期限劳动合同并缴纳社会保险费的,可向当地县级以上(含县级,下同)劳动保障部门递交认定申请。企业认定申请时需报送下列材料:

新招用下岗失业人员持有的《再就业优惠

① 《财政部 国家税务总局关于下岗失业人员再就业有关税收政策问题的通知》(财税[2005]186号,2006年1月23日)。其中:劳动就业服务企业中的加工型企业和街道社区具有加工性质的小型企业实体的认定、审核程序详见《国家税务总局 劳动和社会保障部关于落实劳动就业服务企业中的加工型企业和街道社区具有加工性质的小型企业实体再就业税收政策具体实施意见的通知》(国税发[2003]103号,2003年8月29日)。
② 《财政部 国家税务总局关于下岗失业人员再就业有关税收政策问题的通知》(财税[2005]186号,2006年1月23日)。
③ 《财政部 国家税务总局关于下岗失业人员再就业有关税收政策问题的通知》(财税[2005]186号,2006年1月23日)。
④ 《国家税务总局 劳动和社会保障部关于下岗失业人员再就业有关税收政策具体实施意见的通知》(国税发[2006]8号,2006年1月18日)。
⑤ 《国家税务总局 劳动和社会保障部关于下岗失业人员再就业有关税收政策具体实施意见的通知》(国税发[2006]8号,2006年1月18日)。

证》；

企业工资支付凭证(工资表)；

职工花名册(企业盖章)；

企业与新招用持有《再就业优惠证》人员签订的劳动合同(副本)；

企业为职工缴纳的社会保险费记录；

《持〈再就业优惠证〉人员本年度在企业预定(实际)工作时间表》(见国税发[2006]8号《国家税务总局　劳动和社会保障部关于下岗失业人员再就业有关税收政策具体实施意见的通知》附件)；

劳动保障部门要求的其他材料。其中,劳动就业服务企业要提交《劳动就业服务企业证书》。

ⅱ　认定办法

县级以上劳动保障部门接到企业报送的材料后,重点核查下列材料:一是核查当期新招用的人员是否属于财税[2005]186号文件中规定的享受税收扶持政策对象,《再就业优惠证》是否已加盖税务部门戳记,已加盖税务部门戳记的新招用的人员不再另享受税收优惠政策；二是核查企业是否与下岗失业人员签订了1年以上期限的劳动合同；三是企业为新招用的下岗失业人员缴纳社会保险费的记录；四是《持〈再就业优惠证〉人员本年度在企业预定(实际)工作时间表》和企业上年职工总数是否真实,企业是否用当年比上年新增岗位(职工总数增加部分)安置下岗失业人员。必要时,应深入企业进行现场核实。

经县级以上劳动保障部门核查属实,对符合条件的企业,核发《企业实体吸纳下岗失业人员认定证明》,并在《持〈再就业优惠证〉人员本年度在企业预定(实际)工作时间表》加盖认定戳记,作为认定证明的附表。

ⅲ　企业申请税收减免程序

具有县级以上劳动保障部门核发的《企业实体吸纳下岗失业人员认定证明》及加盖劳动保障部门认定戳记的《持〈再就业优惠证〉人员本年度

在企业预定(实际)工作时间表》的企业可依法向主管税务机关申请减免税,并同时报送下列材料:

减免税申请表；

《企业实体吸纳下岗失业人员认定证明》及其附表；

《再就业优惠证》及主管税务机关要求的其他材料。

主管税务机关应当在审批减免税时,在《再就业优惠证》中加盖戳记,注明减免税所属时间。

ⅳ　后续管理

企业在认定或年度检查合格后,年度终了前招用下岗失业人员发生变化的,企业应当在人员变化次月按照上述规定申请认定。对人员变动较大的企业,主管税务机关可按以上规定调整一次预核定,具体办法由省级税务机关制定。次年1月10日前,企业应按照上述规定和劳动保障部门出具的《持〈再就业优惠证〉人员本年度在企业预定(实际)工作时间表》补充申请减免税。主管税务机关应当按照上述规定重新核定企业年度减免税总额,税务机关根据企业实际减免营业税、城市维护建设税、教育费附加的情况,为企业办理减免企业所得税或追缴多减免的税款。

企业年度减免税总额的计算公式为：

企业年度减免税总额=Σ 每名下岗失业人员本年度在本企业实际工作月份/12×定额

第二年及以后年度以当年新招用人员、原招用人员及其工作时间按上述程序和办法执行。每名下岗失业人员享受税收政策的期限最长不得超过3年。

Ⅲ　企业年度检查制度[①]

对享受下岗失业人员再就业优惠政策的企业实行年检制度。企业按照年检内容和工作要求,首先做好自查自检,然后向当地的劳动保障部门递交下列年检材料(一式两份)：

ⅰ　《持〈再就业优惠证〉人员本年度在企业预

[①] 《国家税务总局　劳动和社会保障部关于促进下岗失业人员再就业税收政策具体实施意见的通知》(国税发[2002]160号,2002年12月24日)。

定(实际)工作时间表》、《企业实体吸纳下岗失业人员认定证明》(简称《认定证明》)①;

ⅱ 新招用下岗失业人员的《再就业优惠证》;

ⅲ 填写《年度检查报告书》(一式四份);

ⅳ 上年度及本年度上半年财务报表;

ⅴ 职工花名册;

ⅵ 工资报表;

ⅶ 与吸纳的下岗失业人员或被安置的富余人员签订的劳动合同;

ⅷ 社会保险缴费记录。

各级劳动保障部门、税务部门对企业报送的年检材料及时认真审查。对不符合要求的,尽快通知企业限期进行整改;对限期整改后,仍达不到要求的,不得继续享受减免税优惠政策,并追缴已减免税款。

对年检合格的企业,由劳动保障部门在《认定证明》上加盖"年检合格"印戳。年检工作结束后,劳动保障部门、税务部门应将年检资料装订成册,分别归档备查。

不参加年检的企业不得继续享受税收优惠政策。

《认定证明》由劳动和社会保障部制定统一式样,并负责监督管理。由各省、自治区、直辖市劳动保障部门负责印制,统一编号备案。企业关闭破产或改变其性质时,发证机关应及时收回《认定证明》。任何单位或个人不得伪造、涂改、转让《认定证明》。在年检中发现弄虚作假,伪造《认定证明》

和骗取税收扶持政策的,应缴销《认定证明》、追缴所骗税款,情节严重的,应移交司法部门处理。

各省、自治区、直辖市和计划单列市劳动保障部门、税务部门应根据本地区的实际情况,联合做好重点抽查工作。抽查企业不得少于各类应享受税收优惠政策企业的15%。

②对持《再就业优惠证》人员从事个体经营的(除建筑业、娱乐业以及销售不动产、转让土地使用权、广告业、房屋中介、桑拿、按摩、网吧、氧吧外),按每户每年8000元为限额依次扣减其当年实际应缴纳的营业税、城市维护建设税、教育费附加和个人所得税。纳税人年度应缴纳税款小于上述扣减限额的以其实际缴纳的税款为限;大于上述扣减限额的应以上述扣减限额为限②。

对2005年底前核准享受再就业减免税优惠的个体经营人员,从2006年1月1日起按上述政策规定执行。原政策优惠规定停止执行减免税期限未满的,在其剩余的减免税期限内,按上述政策规定执行③。

下岗失业人员从事个体经营的,领取税务登记证后,可持相关材料向其所在地主管税务机关申请减免税,包括减免税申请、《再就业优惠证》和主管税务机关要求提供的其他材料。经县级以上税务机关按照以上规定的条件审核同意的,在年度减免税限额内,依次减免营业税、城市维护建设税、教育费附加和个人所得税④。

纳税人的实际经营期不足一年的,主管税务机

---

① 《国家税务总局 劳动和社会保障部关于下岗失业人员再就业有关税收政策具体实施意见的通知》(国税发[2006]8号,2006年1月18日)。此前,《国家税务总局 劳动和社会保障部关于促进下岗失业人员再就业税收政策具体实施意见的通知》(国税发[2002]160号,2002年12月24日)规定,《认定证明》包括:《新办服务型企业吸纳下岗失业人员认定证明》、《新办商贸企业吸纳下岗失业人员认定证明》、《现有服务型企业吸纳下岗失业人员认定证明》、《现有商贸企业吸纳下岗失业人员认定证明》或《经济实体安置富余人员认定证明》。从2006年1月1日起,上述《认定证明》由《企业实体吸纳下岗失业人员认定证明》代替。

② 《财政部 国家税务总局关于下岗失业人员再就业有关税收政策问题的通知》(财税[2005]186号,2006年1月23日)。

③ 《财政部 国家税务总局关于下岗失业人员再就业有关税收政策问题的通知》(财税[2005]186号,2006年1月23日)。《国家税务总局 劳动和社会保障部关于下岗失业人员再就业有关税收政策具体实施意见的通知》(国税发[2006]8号,2006年1月18日)。

④ 《国家税务总局 劳动和社会保障部关于下岗失业人员再就业有关税收政策具体实施意见的通知》(国税发[2006]8号,2006年1月18日)。

关应当以实际月份换算其减免税限额。换算公式为①：

减免税限额＝年度减免税限额÷12×实际经营月数

纳税人实际应缴纳的营业税、城市维护建设税、教育费附加和个人所得税小于年度减免税限额的，以实际应缴纳的营业税、城市维护建设税、教育费附加和个人所得税税额为限；实际应缴纳的营业税、城市维护建设税、教育费附加和个人所得税大于年度减免税限额的，以年度减免税限额为限②。

对从事个体经营的下岗失业人员，申请继续享受税收扶持政策的，应持有经县以上劳动保障部门年检的《再就业优惠证》，申请办理本年度减免税手续③。

对下岗失业人员持同一《再就业优惠证》开办多个有营业执照的经营项目，如连锁经营门店或门市部。该类下岗失业人员只能选择其中一个营业执照的经营项目申请减免税，其他具有营业执照的经营项目不得重复享受税收优惠政策④。

《再就业优惠证》部门间信息交换和协查制度按《国家税务总局　劳动和社会保障部关于加强〈再就业优惠证〉管理推进再就业税收政策落实的通知》（国税发〔2005〕46号）执行。经劳动保障等有关部门审核确认，确属通过伪造、变造、买卖、借用等不正当手段取得《再就业优惠证》申请减免税的人员，主管税务机关不得批准其享受再就业优惠政策。对采取上述手段已经获取减免税的单位和个人，主管税务机关要追缴其已减免的税款，并依

法予以处罚，涉嫌犯罪的移送司法机关追究其刑事责任。对出借、转让《再就业优惠证》的下岗失业人员，主管劳动保障部门要收回其《再就业优惠证》并记录在案⑤。

③上述优惠政策审批期限为2006年1月1日至2008年12月31日。税收优惠政策在2008年底之前执行未到期的，可继续享受至3年期满为止。此前规定与上述规定不一致的，以上述规定为准。如果企业既适用上述规定的优惠政策，又适用其他扶持就业的优惠政策，企业可选择适用最优惠的政策，但不能累加执行。国家今后对税收制度进行改革，有关税收优惠政策按新的税收规定执行⑥。

上述下岗失业人员是指：国有企业下岗失业人员；国有企业关闭破产需要安置的人员；国有企业所办集体企业（即厂办大集体企业）下岗职工；享受最低生活保障且失业1年以上的城镇其他登记失业人员。国有企业所办集体企业（即厂办大集体企业）是指20世纪70、80年代，由国有企业批准或资助兴办的，以安置回城知识青年和国有企业职工子女就业为目的，主要向主办国有企业提供配套产品或劳务服务，在工商行政机关登记注册为集体所有制的企业。厂办大集体企业下岗职工包括在国有企业混岗工作的集体企业下岗职工。对特别困难的厂办大集体企业关闭或依法破产需要安置的人员，有条件的地区也可纳入《再就业优惠证》发放范围，具体办法由省级人民政府制定。所称的服务型企业是指从事现行营业税"服务业"税目规

---

① 《国家税务总局　劳动和社会保障部关于下岗失业人员再就业有关税收政策具体实施意见的通知》（国税发〔2006〕8号，2006年1月18日）。

② 《国家税务总局　劳动和社会保障部关于下岗失业人员再就业有关税收政策具体实施意见的通知》（国税发〔2006〕8号，2006年1月18日）。

③ 《国家税务总局　劳动和社会保障部关于促进下岗失业人员再就业税收政策具体实施意见的通知》（国税发〔2002〕160号，2002年12月24日）。

④ 《国家税务总局关于进一步明确若干再就业税收政策问题的通知》（国税发〔2003〕119号，2003年10月18日）。《国家税务总局　劳动和社会保障部关于加强〈再就业优惠证〉管理推进再就业税收政策落实的通知》（国税发〔2005〕46号，2005年3月24日）。根据国家税务总局公告2011年第2号，该文件已被公布失效废止。

⑤ 《国家税务总局　劳动和社会保障部关于加强〈再就业优惠证〉管理推进再就业税收政策落实的通知》（国税发〔2005〕46号，2005年3月24日）。

⑥ 《财政部　国家税务总局关于下岗失业人员再就业有关税收政策问题的通知》（财税〔2005〕186号，2006年1月23日）。

定经营活动的企业①。

（3）自 2009 年 1 月 1 日至 2010 年 12 月 31 日下岗失业人员再就业税收优惠政策②

①对持《再就业优惠证》人员从事个体经营的，3 年内按每户每年 8000 元为限额依次扣减其当年实际应缴纳的营业税、城市维护建设税、教育费附加和个人所得税。

②对符合条件的企业在新增加的岗位中，当年新招用持《再就业优惠证》人员，与其签订 1 年以上期限劳动合同并缴纳社会保险费的，3 年内按实际招用人数予以定额依次扣减营业税、城市维护建设税、教育费附加和企业所得税。定额标准为每人每年 4000 元，可上下浮动 20%。由各省、自治区、直辖市人民政府根据本地区实际情况在此幅度内确定具体定额标准，并报财政部和国家税务总局备案。

③上述税收优惠政策的审批期限为 2009 年 1 月 1 日至 2009 年 12 月 31 日。具体操作办法继续按照《财政部国家税务总局关于下岗失业人员再就业有关税收政策问题的通知》（财税〔2005〕186 号）和《国家税务总局劳动和社会保障部关于下岗失业人员再就业有关税收政策具体实施意见的通知》（国税发〔2006〕8 号）的相关规定执行。

（4）2011 年 1 月 1 日至 2013 年 12 月 31 日支持和促进就业的税收优惠政策

从 2011 年起，原有下岗失业人员再就业税收优惠政策调整适用于所有符合条件的人员。

①政策内容③

Ⅰ 对持《就业失业登记证》（注明"自主创业税收政策"或附着《高校毕业生自主创业证》）人员从事个体经营（除建筑业、娱乐业以及销售不动产、转让土地使用权、广告业、房屋中介、桑拿、按

摩、网吧、氧吧外）的，在 3 年内按每户每年 8000 元为限额依次扣减其当年实际应缴纳的营业税、城市维护建设税、教育费附加和个人所得税。

纳税人年度应缴纳税款小于上述扣减限额的，以其实际缴纳的税款为限；大于上述扣减限额的，应以上述扣减限额为限。

所称持《就业失业登记证》（注明"自主创业税收政策"或附着《高校毕业生自主创业证》）人员是指：

ⅰ 在人力资源和社会保障部门公共就业服务机构登记失业半年以上的人员；

ⅱ 零就业家庭、享受城市居民最低生活保障家庭劳动年龄内的登记失业人员；

ⅲ 毕业年度内高校毕业生。高校毕业生是指实施高等学历教育的普通高等学校、成人高等学校毕业的学生；毕业年度是指毕业所在自然年，即 1 月 1 日至 12 月 31 日。

Ⅱ 对商贸企业、服务型企业（除广告业、房屋中介、典当、桑拿、按摩、氧吧外）、劳动就业服务企业中的加工型企业和街道社区具有加工性质的小型企业实体，在新增加的岗位中，当年新招用持《就业失业登记证》（注明"企业吸纳税收政策"）人员，与其签订 1 年以上期限劳动合同并依法缴纳社会保险费的，在 3 年内按实际招用人数予以定额依次扣减营业税、城市维护建设税、教育费附加和企业所得税优惠。定额标准为每人每年 4000 元，可上下浮动 20%，由各省、自治区、直辖市人民政府根据本地区实际情况在此幅度内确定具体定额标准，并报财政部和国家税务总局备案。

按上述标准计算的税收扣减额应在企业当年实际应缴纳的营业税、城市维护建设税、教育费附

---

① 《财政部 国家税务总局关于下岗失业人员再就业有关税收政策问题的通知》（财税〔2005〕186 号，2006 年 1 月 23 日）。

② 《财政部 国家税务总局关于延长下岗失业人员再就业有关税收政策的通知》（财税〔2009〕23 号，2009 年 3 月 3 日）。《财政部 国家税务总局关于延长下岗失业人员再就业有关税收政策审批期限的通知》（财税〔2010〕10 号，2010 年 3 月 4 日）。此前，《财政部 国家税务总局关于下岗失业人员再就业有关税收政策问题的补充通知》（财税〔2003〕12 号）先后被《财政部 国家税务总局关于公布若干废止和失效的营业税规范性文件的通知》（财税〔2009〕61 号，2009 年 5 月 18 日）和《财政部关于公布废止和失效的财政规章和规范性文件目录（第十一批）的决定》（财政部令第 62 号，2011 年 2 月 21 日）公布废止。

③ 《财政部 国家税务总局关于支持和促进就业有关税收政策的通知》（财税〔2010〕84 号，2010 年 10 月 22 日）。

加和企业所得税税额中扣减,当年扣减不足的,不得结转下年使用。

所称持《就业失业登记证》(注明"企业吸纳税收政策")人员是指:

ⅰ 国有企业下岗失业人员;

ⅱ 国有企业关闭破产需要安置的人员;

ⅲ 国有企业所办集体企业(即厂办大集体企业)下岗职工;

ⅳ 享受最低生活保障且失业 1 年以上的城镇其他登记失业人员。

以上所称的国有企业所办集体企业(即厂办大集体企业)是指 20 世纪 70、80 年代,由国有企业批准或资助兴办的,以安置回城知识青年和国有企业职工子女就业为目的,主要向主办国有企业提供配套产品或劳务服务,在工商行政机关登记注册为集体所有制的企业。厂办大集体企业下岗职工包括在国有企业混岗工作的集体企业下岗职工。

所称服务型企业是指从事现行营业税"服务业"税目规定经营活动的企业。

Ⅲ 享受第Ⅰ项、第Ⅱ项优惠政策的人员按以下规定申领《就业失业登记证》、《高校毕业生自主创业证》等凭证:

ⅰ 按照《就业服务与就业管理规定》(中华人民共和国劳动和社会保障部令第 28 号)第六十三条的规定,在法定劳动年龄内,有劳动能力,有就业要求,处于无业状态的城镇常住人员,在公共就业服务机构进行失业登记,申领《就业失业登记证》。其中,农村进城务工人员和其他非本地户籍人员在常住地稳定就业满 6 个月的,失业后可以在常住地登记。

ⅱ 零就业家庭凭社区出具的证明,城镇低保家庭凭低保证明,在公共就业服务机构登记失业,申领《就业失业登记证》。

ⅲ 毕业年度内高校毕业生在校期间凭学校出具的相关证明,经学校所在地省级教育行政部门核实认定,取得《高校毕业生自主创业证》(仅在毕业年度适用),并向创业地公共就业服务机构申请取得《就业失业登记证》;高校毕业生离校后直接向创业地公共就业服务机构申领《就业失业登记证》。

ⅳ 享受第Ⅱ项政策规定的人员,在公共就业服务机构申领《就业失业登记证》。

ⅴ《再就业优惠证》不再发放,原持证人员应到公共就业服务机构换发《就业失业登记证》。正在享受下岗失业人员再就业税收优惠政策的原持证人员,继续享受原税收优惠政策至期满为止;未享受税收优惠政策的原持证人员,申请享受下岗失业人员再就业税收优惠政策的期限截至 2010 年 12 月 31 日。

ⅵ 上述人员申领相关凭证后,由就业和创业地人力资源和社会保障部门对人员范围、就业失业状态、已享受政策情况审核认定,在《就业失业登记证》上注明"自主创业税收政策"或"企业吸纳税收政策"字样,同时符合自主创业和企业吸纳税收政策条件的,可同时加注;主管税务机关在《就业失业登记证》上加盖戳记,注明减免税所属时间。

Ⅳ 上述税收优惠政策的审批期限为 2011 年 1 月 1 日至 2013 年 12 月 31 日,以纳税人到税务机关办理减免税手续之日起作为优惠政策起始时间。税收优惠政策在 2013 年 12 月 31 日未执行到期的,可继续享受至 3 年期满为止。下岗失业人员再就业税收优惠政策在 2010 年 12 月 31 日未执行到期的,可继续享受至 3 年期满为止。

上述下岗失业人员再就业税收优惠政策是指《财政部国家税务总局关于下岗失业人员再就业有关税收政策问题的通知》(财税〔2005〕186 号)、《财政部国家税务总局关于延长下岗失业人员再就业有关税收政策的通知》(财税〔2009〕23 号)和《财政部国家税务总局关于延长下岗失业人员再就业有关税收政策审批期限的通知》(财税〔2010〕10 号)所规定的税收优惠政策。

Ⅴ 本条规定所述人员不得重复享受税收优惠政策,以前年度已享受各项就业再就业税收优惠政策的人员不得再享受本通知规定的税收优惠政策。如果企业的就业人员既适用本条规定的税收优惠政策,又适用其他扶持就业的税收优惠政策,企业可选择适用最优惠的政策,但不能重复享受。

②认定管理①

Ⅰ 个体经营税收政策申请、审核程序

ⅰ 人员认定

(ⅰ)登记失业半年以上人员、零就业家庭或享受城市居民最低生活保障家庭劳动年龄内的登记失业人员可持《就业失业登记证》、个体工商户登记执照和税务登记证向创业地县以上(含县级,下同)人力资源社会保障部门提出认定申请。

县以上人力资源社会保障部门应当按照财税[2010]84号文件的规定,重点核查以下情况:一是创业人员及所创业领域是否属于自主创业税收政策扶持范围;二是创业人员缴纳社会保险费记录;三是创业人员是否领取过《再就业优惠证》并申请享受过税收扶持政策。核实后,对符合条件人员在《就业失业登记证》上注明"自主创业税收政策"。

(ⅱ)毕业年度高校毕业生在校期间创业的,可注册登录教育部大学生创业服务网,提交《高校毕业生自主创业证》申请表,由所在高校进行网上信息审核确认并出具相关证明,学校所在地省教育行政主管部门依据学生学籍学历电子注册数据库对高校毕业生身份、学籍学历、是否是应届高校毕业生等信息进行核实后,向高校毕业生发放《高校毕业生自主创业证》,并在学籍学历电子注册数据库中将其标注为"已领取《高校毕业生自主创业证》"。高校毕业生持《高校毕业生自主创业证》向创业地人力资源社会保障部门提出认定申请,由创业地人力资源社会保障部门相应核发《就业失业登记证》,作为当年及后续年度享受税收扶持政策的管理凭证。

(ⅲ)毕业年度高校毕业生离校后创业的,可凭毕业证,直接向创业地县以上人力资源社会保障部门提出认定申请。县以上人力资源社会保障部门在对人员范围、就业失业状态、已享受政策情况

审核认定后,对符合条件人员相应核发《就业失业登记证》,并注明"自主创业税收政策"。

ⅱ 税收减免申请及审核

(ⅰ)符合条件人员从事个体经营的,可持下列材料向所在地主管税务机关申请减免税:一是减免税申请;二是《就业失业登记证》(注明"自主创业税收政策"或附《高校毕业生自主创业证》);三是主管税务机关要求提供的其他材料。

(ⅱ)县以上税务机关按照财税[2010]84号文件第一条规定条件审核同意的,在年度减免税限额内,依次扣减营业税、城市维护建设税、教育费附加和个人所得税。纳税人的实际经营期不足一年的,主管税务机关应当以实际月份换算其减免税限额。

换算公式为:减免税限额 = 年度减免税限额÷12×实际经营月数

(ⅲ)纳税人实际应缴纳的营业税、城市维护建设税、教育费附加和个人所得税小于年度减免税限额的,以实际应缴纳的营业税、城市维护建设税、教育费附加和个人所得税税额为限;实际应缴纳的营业税、城市维护建设税、教育费附加和个人所得税大于年度减免税限额的,以年度减免税限额为限。

Ⅱ 企业吸纳税收政策申请、审核程序

ⅰ 人员认定

符合条件的企业吸纳符合条件的人员可向县以上人力资源社会保障部门提出认定申请。县以上人力资源社会保障部门应当按照财税[2010]84号文件的规定,重点核查以下情况:一是新招用人员是否属于企业吸纳就业税收政策扶持范围;二是新招用人员缴纳社会保险费记录;三是新招用人员是否领取过《再就业优惠证》并申请享受过税收扶持政策。核实后,对符合条件人员在《就业失业登记证》上注明"企业吸纳税收政策"。

---

① 《国家税务总局 财政部 人力资源和社会保障部 教育部关于支持和促进就业有关税收政策具体实施问题的公告》(国家税务总局公告2010年第25号,2010年11月23日)。本公告自2011年1月1日起执行,《国家税务总局、劳动和社会保障部关于下岗失业人员再就业有关税收政策具体实施意见的通知》(国税发[2006]8号)同时停止执行。

ⅱ　企业认定

（ⅰ）企业吸纳持《就业失业登记证》（注明"企业吸纳税收政策"）人员可向县以上人力资源社会保障部门递交认定申请，并需报送下列材料：一是新招用人员持有的《就业失业登记证》（注明"企业吸纳税收政策"）；二是职工花名册（企业盖章，注明新增人员）；三是企业工资支付凭证（工资表）；四是企业与新招用持《就业失业登记证》（注明"企业吸纳税收政策"）人员签订的劳动合同（副本）；五是企业为职工缴纳的社会保险费记录；六是《持〈就业失业登记证〉人员本年度在企业预定（实际）工作时间表》（见国家税务总局公告 2010 年第 25 号附件）；七是人力资源社会保障部门要求的其他材料。

其中，劳动就业服务企业要提交《劳动就业服务企业证书》。

（ⅱ）县以上人力资源社会保障部门接到企业报送的材料后，应当按照财税［2010］84 号文件的规定，重点核查以下情况：一是核查当期新招用人员是否属于规定享受税收扶持政策对象，是否已享受税收扶持政策；二是核查企业是否与新招用人员签订了 1 年以上期限劳动合同；三是企业为新招用失业人员缴纳社会保险费的记录；四是《持〈就业失业登记证〉人员本年度在企业预定（实际）工作时间表》和企业上年职工总数是否真实，企业是否用新增岗位招用失业人员。必要时，应深入企业现场核实；五是企业的经营范围是否符合税收政策规定，对不符合享受优惠经营范围的企业不应核发《企业实体吸纳失业人员认定证明》。核实后，对符合条件的企业，相应核发《企业实体吸纳失业人员认定证明》，并在《持〈就业失业登记证〉人员本年度在企业预定（实际）工作时间表》上加盖认定戳记，作为认定证明的附表。

ⅲ　税收减免申请及审核

具有县以上人力资源社会保障部门核发的《企业实体吸纳失业人员认定证明》及加盖人力资源社会保障部门认定戳记的《持〈就业失业登记证〉人员本年度在企业预定（实际）工作时间表》的

企业可依法向主管税务机关申请减免税，并同时报送下列材料：一是减免税申请表；二是《企业实体吸纳失业人员认定证明》及其附表；三是《就业失业登记证》及主管税务机关要求的其他材料。

ⅳ　税收减免办法

县以上主管税务机关按财税［2010］84 文件规定条件审核无误的，在年度减免税定额内，依次扣减营业税、城市维护建设税、教育费附加和企业所得税。

（ⅰ）营业税、城市维护建设税、教育费附加和企业所得税均由地方税务局征管的，由主管税务机关在审核时按人力资源社会保障部门认定的企业吸纳人数和签订的劳动合同时间预核定企业减免税总额，在预核定减免税总额内每月依次预减营业税、城市维护建设税、教育费附加。纳税人实际应缴纳的营业税、城市维护建设税、教育费附加小于预核定减免税总额的，以实际应缴纳的营业税、城市维护建设税、教育费附加为限；实际应缴纳的营业税、城市维护建设税、教育费附加大于预核定减免税总额的，以预核定减免税总额为限。

纳税年度终了，如果实际减免的营业税、城市维护建设税、教育费附加小于预核定的减免税总额，在企业所得税汇算清缴时扣减企业所得税。当年扣减不足的，不再结转以后年度扣减。

计算公式为：企业预核定减免税总额 = $\sum$ 每名失业人员本年度在本企业预定工作月份 $\div 12 \times$ 定额

企业自吸纳失业人员的次月起享受税收优惠政策。

（ⅱ）营业税、城市维护建设税、教育费附加与企业所得税分属国家税务局和地方税务局征管的，统一由企业所在地主管地方税务局按前款规定的办法预核定企业减免税总额并将核定结果通报当地国家税务局。纳税年度内先由主管地方税务局在核定的减免总额内每月依次预减营业税、城市维护建设税、教育费附加。如果企业实际减免的营业税、城市维护建设税、教育费附加小于核定的减免税总额的，县级地方税务局要在次年 2 月底之前将企业实际减免的营业税、城市维护建设税、教育费附加和剩余额度等信息交换给同级国家税务局,剩余额度由主管国家税务局在企业所得税汇算清缴时按企业所得税减免程序扣减企业所得税。当年扣减不足的,不再结转以后年度扣减。

(iii)企业在认定或年度检查合格后,纳税年度终了前招用失业人员发生变化的,企业应当在人员变化次月按照上述第Ⅱ条第ii项规定申请认定。对人员变动较大的企业,主管税务机关可按规定调整一次预核定,具体办法由省级税务机关规定。

无论企业是否发生前款情形的,应当于次年1月10日前向税务机关提供人力资源社会保障部门出具的《持〈就业失业登记证〉人员本年度在企业预定(实际)工作时间表》,税务机关据此清算企业减免税总额。主管税务机关应当按照规定重新核定企业年度减免税总额,税务机关根据企业实际减免营业税、城市维护建设税、教育费附加的情况,为企业办理减免企业所得税或追缴多减免的税款。

计算公式为:企业年度减免税总额 = Σ 每名失业人员本年度在本企业实际工作月份 ÷ 12 × 定额

(iv)第二年及以后年度以当年新招用人员、原招用人员及其工作时间按上述程序和办法执行。每名失业人员享受税收政策的期限最长不超过3年。

Ⅲ 监督管理

i 任何单位或个人不得伪造、涂改、转让、出租相关凭证,违者将依法予以惩处;对采取上述手段已经获取减免税的企业和个人,主管税务机关要追缴其已减免的税款,并依法予以处罚;对出借、转让《就业失业登记证》的人员,主管人力资源社会保障部门要收回其《就业失业登记证》并记录在案。

ii 《就业失业登记证》采用实名制,限持证者本人使用。创业人员从事个体经营的,《就业失业登记证》由本人保管;被用人单位录用的,享受扶持政策期间,证件由用人单位保管。《就业失业登记证》由人力资源社会保障部统一样式,由各省、自治区、直辖市人力资源社会保障部门负责印制,统一编号备案,作为审核劳动者就业失业状况及享受政策情况的有效凭证。

iii 《企业实体吸纳失业人员认定证明》由人力资源社会保障部统一式样,由各省、自治区、直辖市人力资源社会保障部门统一印制,统一编号备案。

iv 《高校毕业生自主创业证》采用实名制,限持证者本人使用。《高校毕业生自主创业证》由教育部统一样式,由各省教育行政部门负责印制,其中将注明申领人姓名、身份证号、毕业院校等信息,并粘贴申领人本人照片。

v 县以上税务、人力资源社会保障、教育部门要建立劳动者就业信息交换和协查制度。人力资源社会保障部建立全国统一的就业信息平台,供各级人力资源社会保障部门、税务机关、财政部门查询《就业失业登记证》信息。地方各级人力资源社会保障部门及时将《就业失业登记证》信息(包括发放信息和内容更新信息)按规定上报人力资源社会保障部。人力资源社会保障部每年将上述汇总信息通报国家税务总局。教育部门按季将《高校毕业生自主创业证》发放情况以电子、纸质文件等形式通报同级人力资源社会保障部门、税务机关。

vi 各级人力资源社会保障部门、税务机关共同负责本地区企业吸纳政策、自主创业政策的年检工作。对年检合格的,由人力资源社会保障部门在《企业实体吸纳失业人员认定证明》或《就业失业登记证》上加盖"年检合格"印戳,由税务机关核准继续给予企业或个人享受相关减免税收待遇。对不符合要求的,及时通知其限期整改;对整改后仍达不到要求的,不得继续享受减免税优惠政策,并追缴已减免税款。

vii 主管税务机关应当在审核减免税时,在《就业失业登记证》中加盖戳记,注明减免税所属时间。各级税务机关对《就业失业登记证》有疑问的,可提请同级人力资源劳动保障部门、教育部门予以协查,同级人力资源劳动保障部门和教育部门应根据具体情况规定合理的工作时限,并在时限内将协查结果通报提请协查的税务机关。

（5）四川汶川地震灾后重建促进就业营业税优惠①

①受灾严重地区的商贸企业、服务型企业（除广告业、房屋中介、典当、桑拿、按摩、氧吧外）、劳动就业服务企业中的加工型企业和街道社区具有加工性质的小型企业实体在新增加的就业岗位中，招用当地因地震灾害失去工作的城镇职工，与其签订 1 年以上期限劳动合同并依法缴纳社会保险费的，经县级劳动保障部门认定，按实际招用人数和实际工作时间予以定额依次扣减营业税、城市维护建设税、教育费附加和企业所得税。

定额标准为每人每年 4000 元，可上下浮动 20%，由灾区省级人民政府根据本地区实际情况在此幅度内确定具体定额标准，并报财政部和国家税务总局备案。

按上述标准计算的税收扣减额应在企业当年实际应缴纳的营业税、城市维护建设税、教育费附加和企业所得税税额中扣减，当年扣减不足的，不得结转下年使用。

②受灾严重地区因地震灾害失去工作的城镇职工从事个体经营的（除建筑业、娱乐业以及销售不动产、转让土地使用权、广告业、房屋中介、桑拿、按摩、网吧、氧吧外），按每户每年 8000 元为限额依次扣减其当年实际应缴纳的营业税、城市维护建设税、教育费附加和个人所得税。纳税人年度应缴纳税款小于上述扣减限额的，以其实际缴纳的税款为限；大于上述扣减限额的，应以上述扣减限额为限。

所称"受灾严重地区"是指极重灾区 10 个县（市）和重灾区 41 个县（市、区），"受灾地区"是指极重灾区 10 个县（市）、重灾区 41 个县（市、区）和一般灾区 186 个县（市、区）。具体名单见《财政部 海关总署 国家税务总局关于支持汶川地震灾后恢复重建有关税收政策问题的通知》（财税〔2008〕

104 号）附件。

上述原定 2008 年 12 月 31 日到期的有关税收优惠政策执行至 2010 年 12 月 31 日②。

（6）青海玉树地震灾后重建促进就业营业税优惠③

①受灾地区的企业在新增加的就业岗位中，招用当地因地震灾害失去工作的人员，与其签订 1 年以上期限劳动合同并依法缴纳社会保险费的，经县级人力资源社会保障部门认定，按实际招用人数和实际工作时间予以定额依次扣减营业税、城市维护建设税、教育费附加和企业所得税。定额标准为每人每年 4000 元，可上下浮动 20%，由灾区省级人民政府根据本地实际情况具体确定。

按上述标准计算的税收抵扣额应在企业当年实际应缴纳的营业税、城市维护建设税、教育费附加和企业所得税税额中扣减，当年扣减不足的，不得结转下年使用。

②受灾地区因地震灾害失去工作后从事个体经营的人员，以及因地震灾害损失严重的个体工商户，按每户每年 8000 元的限额依次扣减其当年实际应缴纳的增值税、营业税、城市维护建设税、教育费附加和个人所得税。纳税人年度应缴纳税款小于上述扣减限额的，以其实际缴纳的税款为限；大于上述扣减限额的，应以上述扣减限额为限。

以上税收优惠政策，凡未注明具体期限的，一律执行至 2012 年 12 月 31 日。所称"受灾地区"是指青海省玉树藏族自治州玉树、称多、治多、杂多、囊谦、曲麻莱县和四川省甘孜藏族自治州石渠县等 7 个县的 27 个乡镇。具体受灾地区范围见《财政部 国家税务总局关于支持玉树地震灾后恢复重建有关税收政策问题的通知》（财税〔2010〕59 号）附件。

---

① 《国务院关于支持汶川地震灾后恢复重建政策措施的意见》（国发〔2008〕21 号，2008 年 6 月 29 日）。《财政部 海关总署 国家税务总局关于支持汶川地震灾后恢复重建有关税收政策问题的通知》（财税〔2008〕104 号，2008 年 8 月 1 日）。

② 《财政部 国家税务总局关于延长部分税收优惠政策执行期限的通知》（财税〔2009〕131 号，2009 年 11 月 20 日）。

③ 《国务院关于支持玉树地震灾后恢复重建政策措施的意见》（国发〔2010〕16 号，2010 年 5 月 27 日）。《财政部 国家税务总局关于支持玉树地震灾后恢复重建有关税收政策问题的通知》（财税〔2010〕59 号，2010 年 7 月 23 日）。

（7）甘肃舟曲泥石流灾后重建促进就业营业税优惠①

①灾区的商贸企业、服务型企业（除广告业、房屋中介、典当、桑拿、按摩、氧吧外）、劳动就业服务企业中的加工型企业和街道社区具有加工性质的小型企业实体在新增加的就业岗位中，招用当地因灾失去工作的人员，与其签订一年以上期限劳动合同并依法缴纳社会保险费的，经县级人力资源社会保障部门认定，按实际招用人数和实际工作时间予以定额依次扣减营业税、城市维护建设税、教育费附加和企业所得税。定额标准为每人每年4000元，可上下浮动20%，由甘肃省人民政府根据本地实际情况具体确定。

按上述标准计算的税收抵扣额应在企业当年实际应缴纳的营业税、城市维护建设税、教育费附加和企业所得税税额中扣减，当年扣减不足的，不得结转下年使用。

②灾区因灾失去工作后从事个体经营（除建筑业、娱乐业以及销售不动产、转让土地使用权、广告业、房屋中介、桑拿、按摩、网吧、氧吧外）的人员，以及因灾损失严重的个体工商户，按每户每年8000元为限额依次扣减其当年实际应缴纳的增值税、营业税、城市维护建设税、教育费附加和个人所得税。

纳税人年度应缴纳税款小于上述扣减限额的，以其实际缴纳的税款为限；大于上述扣减限额的，应以上述扣减限额为限。

（8）残疾人个人提供劳务营业税优惠

残疾人个人提供的劳务，免征营业税②；

上述所称残疾人员个人提供的劳务，是指残疾人员本人为社会提供的劳务③。

对个体盲人按摩机构免征营业税；对社会力量开办的按摩机构要按照其安排盲人的比例减免营业税④。

（9）民政福利企业营业税优惠

①政策规定⑤

自2007年7月1日起，对安置残疾人的单位，实行由税务机关按单位实际安置残疾人的人数，限额减征营业税的办法。

实际安置的每位残疾人每年可减征的营业税或增值税的具体限额，由县级以上税务机关根据单位所在区县（含县级市、旗，下同）适用的经省（含

---

① 《国务院关于支持舟曲灾后恢复重建政策措施的意见》（国发〔2010〕34号，2010年10月18日）。《财政部 海关总署 国家税务总局关于支持舟曲灾后恢复重建有关税收政策问题的通知》（财税〔2010〕107号，2010年12月29日）。文件所规定的税收优惠政策，凡未注明具体期限的，一律执行至2012年12月31日。如果纳税人按规定既可享受本通知的税收优惠政策，也可享受国家支持汶川地震灾后恢复重建的税收优惠政策，可由纳税人自主选择适用的政策，但两项政策不得叠加使用。文中所称"灾区"包括甘肃省舟曲县城关镇和江盘乡的15个村、2个社区，灾区具体范围见财税〔2010〕107号附件。

② 《中华人民共和国营业税暂行条例》（中华人民共和国国务院令第540号，2008年11月10日）第八条。

③ 《中华人民共和国营业税暂行条例实施细则》（财政部 国家税务总局令第52号，2008年12月15日）第二十二条。

④ 《劳动和社会保障部 财政部 国家税务总局等八部门关于印发〈盲人按摩工作"十一五"实施方案〉的通知》（残联发〔2006〕42号，2006年11月7日）。

⑤ 《财政部 国家税务总局关于促进残疾人就业税收优惠政策的通知》（财税〔2007〕92号，2007年6月15日）。此前，《财政部 国家税务总局关于企业所得税若干优惠政策的通知》（财税字〔1994〕第1号）第一条第（九）项、《财政部 国家税务总局关于对福利企业、学校办企业征税问题的通知》（财税字〔1994〕第3号）、《国家税务总局关于民政福利企业征收流转税问题的通知》（国税发〔1994〕155号）、《财政部 国家税务总局关于福利企业有关税收政策问题的通知》（财税字〔2000〕35号）、《财政部 国家税务总局关于调整完善现行福利企业税收优惠政策试点工作的通知》（财税〔2006〕111号）、《国家税务总局 财政部 民政部 中国残疾人联合会关于调整完善现行福利企业税收优惠政策试点实施办法的通知》（国税发〔2006〕112号）和《财政部 国家税务总局关于进一步做好调整现行福利企业税收优惠政策试点工作的通知》（财税〔2006〕135号）自2007年7月1日起停止执行。《国家税务总局关于民政福利企业征收流转税问题的通知》（国税字〔1994〕155号，1994年7月4日）曾规定：从事服务业（不包括广告业）的民政福利企业，安置"四残"（盲、聋、哑及肢体残疾）人员占企业生产人员35%以上（含35%）的，免征营业税。《财政部 国家税务总局关于调整完善现行福利企业税收优惠政策试点工作的通知》（财税〔2006〕111号，2006年7月27日）曾规定：从2006年10月1日起，在辽宁省（包括大连市）、上海市、浙江省（包括宁波市）、湖北省、广东省（包括深圳市）、重庆市、陕西省试点实施按企业实际安置残疾人员的人数限额减征营业税的办法。每位残疾人员每年可减征的营业税的具体限额，根据同级统计部门公布的当地上年在岗职工平均工资的2倍确定，最高不得超过每人每年3.5万元。

自治区、直辖市、计划单列市,下同)级人民政府批准的最低工资标准的 6 倍确定,但最高不得超过每人每年 3.5 万元。

主管地税机关应按月减征营业税,本月应缴营业税不足减征的,可结转本年度内以后月份减征,但不得从以前月份已缴营业税中退还。

上述营业税优惠政策仅适用于提供"服务业"税目(广告业除外)取得的收入占增值税业务和营业税业务收入之和达到 50% 的单位,但不适用于上述单位提供广告业劳务以及不属于"服务业"税目的营业税应税劳务取得的收入。

单位应当分别核算上述享受税收优惠政策和不得享受税收优惠政策业务的销售收入或营业收入,不能分别核算的,不得享受本通知规定的营业税优惠政策。

兼营《财政部 国家税务总局关于促进残疾人就业税收优惠政策的通知》(财税[2007]92 号)规定享受增值税和营业税税收优惠政策的单位,可自行选择退还增值税或减征营业税,一经选定,一个年度内不得变更。

如果既适用促进残疾人就业税收优惠政策,又适用下岗再就业、军转干部、随军家属等支持就业的税收优惠政策的,单位可选择适用最优惠的政策,但不能累加执行。

上述"单位"是指税务登记为各类所有制企业(包括个人独资企业、合伙企业和个体经营户)、事业单位、社会团体和民办非企业单位。

②管理规定①

Ⅰ 安置残疾人就业的单位(包括福利企业、盲人按摩机构、工疗机构和其他单位),同时符合以下条件并经过有关部门的认定后,可申请享受上述规定的税收优惠政策:

ⅰ 依法与安置的每位残疾人签订了一年以上(含一年)的劳动合同或服务协议,并且安置的每位残疾人在单位实际上岗工作。

ⅱ 月平均实际安置的残疾人占单位在职职工总数的比例应高于 25%(含 25%),并且实际安置的残疾人人数多于 10 人(含 10 人)。

月平均实际安置的残疾人占单位在职职工总数的比例低于 25%(不含 25%)但高于 1.5%(含 1.5%),并且实际安置的残疾人人数多于 5 人(含 5 人)的单位,可以享受《财政部 国家税务总局关于促进残疾人就业税收优惠政策的通知》(财税[2007]92 号)第二条第(一)项规定的企业所得税优惠政策,但不得享受上述营业税优惠政策。

ⅲ 为安置的每位残疾人按月足额缴纳了单位所在区县人民政府根据国家政策规定的基本养老保险、基本医疗保险、失业保险和工伤保险等社会保险。

在除辽宁、大连、上海、浙江、宁波、湖北、广东、深圳、重庆、陕西以外的其他地区,2007 年 7 月 1 日前已享受原福利企业税收优惠政策的单位,凡不符合上述规定的有关缴纳社会保险条件,但符合规定的其他条件的,主管税务机关可暂予认定为享受税收优惠政策的单位。上述单位应按照有关规定尽快为安置的残疾人足额缴纳有关社会保险。2007 年 10 月 1 日起,对仍不符合该项规定的单位,应停止执行上述规定的各项税收优惠政策。

ⅳ 通过银行等金融机构向安置的每位残疾人实际支付了不低于单位所在区县适用的经省级人民政府批准的最低工资标准的工资。

ⅴ 具备安置残疾人上岗工作的基本设施。

Ⅱ 经认定的符合上述税收优惠政策条件的单位,应按月计算实际安置残疾人占单位在职职工总数的平均比例,本月平均比例未达到要求的,暂停其本月相应的税收优惠。在一个年度内累计三个月平均比例未达到要求的,取消其次年度享受相应税收优惠政策的资格。

Ⅲ 有关定义

上述"残疾人",是指持有《中华人民共和国残疾人证》上注明属于视力残疾、听力残疾、言语残

① 《财政部 国家税务总局关于促进残疾人就业税收优惠政策的通知》(财税[2007]92 号,2007 年 6 月 15 日)。

疾、肢体残疾、智力残疾和精神残疾的人员和持有《中华人民共和国残疾军人证（1至8级）》的人员。

上述"个人"均指自然人。

上述"单位在职职工"是指与单位建立劳动关系并依法应当签订劳动合同或服务协议的雇员。

上述"工疗机构"是指集就业和康复为一体的福利性生产安置单位，通过组织精神残疾人员参加适当生产劳动和实施康复治疗与训练，达到安定情绪、缓解症状、提高技能和改善生活状况的目的，包括精神病院附设的康复车间、企业附设的工疗车间、基层政府和组织兴办的工疗站等。

Ⅳ 残疾人人数计算的规定

ⅰ 允许将精神残疾人员计入残疾人人数享受上述规定的税收优惠政策，仅限于工疗机构等适合安置精神残疾人就业的单位。具体范围由省级税务部门会同同级财政、民政部门及残疾人联合会规定。

ⅱ 单位安置的不符合《中华人民共和国劳动法》（中华人民共和国主席令第28号）及有关规定的劳动年龄的残疾人，不列入上述安置比例及减税限额的计算。

单位和个人采用签订虚假劳动合同或服务协议、伪造或重复使用残疾人证或残疾军人证、残疾人挂名而不实际上岗工作、虚报残疾人安置比例、为残疾人不缴或少缴规定的社会保险、变相向残疾人收回支付的工资等方法骗取本通知规定的税收优惠政策的，除依照法律、法规和其他有关规定追究有关单位和人员的责任外，其实际发生上述违法违规行为年度内实际享受到的减（退）税款应全额追缴入库，并自其发生上述违法违规行为年度起3年内取消其享受规定的各项税收优惠政策的资格。

Ⅴ 税收优惠政策征管办法

详见附件三。

（10）其他促进就业营业税优惠

①对刑释解教人员在2005年底以前从事个体经营的，给予三年免征营业税①。

②随军家属、军队转业干部、城镇退役士兵就业营业税优惠，参见"军队系统营业税优惠"部分。

4.5.2.9 军队系统营业税优惠

（1）随军家属、军队转业干部、城镇退役士兵就业营业税优惠

①随军家属就业税收优惠

从2000年1月1日起，对为安置随军家属就业而新开办的企业，自领取税务登记证之日起，3年内免征营业税和企业所得税；对从事个体经营的随军家属，自领取税务登记证之日起，3年内免征营业税和个人所得税。享受税收优惠政策的企业，随军家属必须占企业总人数的60%（含）以上，并有军（含）以上政治和后勤机关出具的证明；随军家属必须有师以上政治机关出具的可以表明其身份的证明，但税务部门应进行相应的审查认定。每一随军家属只能按上述规定，享受一次免税政策②。

②军队转业干部税收优惠

自2003年5月1日起，从事个体经营的军队转业干部，经主管税务机关批准，自领取税务登记证之日起，3年内免征营业税和个人所得税；为安置自主择业的军队转业干部就业而新开办的企业，凡安置自主择业的军队转业干部占企业总人数60%（含60%）以上的，经主管税务机关批准，自领取税务登记证之日起，3年内免征营业税和企业所得税。自主择业的军队转业干部必须持有师以上部队颁发的转业证件③。

2003年5月1日前，已经从事个体经营的军队转业干部和符合《财政部 国家税务总局关于自主择

---

① 《国家税务总局等部门关于进一步做好刑满释放、解除劳教人员促进就业和社会保障工作的意见》（国家工商行政管理总局 民政部 公安部 财政部 劳动和社会保障部 司法部 国家税务总局 中央社会治安综合治理委员会，综治委[2004]4号，2004年2月6日）。

② 《财政部 国家税务总局关于随军家属就业有关税收政策的通知》（财税[2000]84号，2000年9月27日）。

③ 《财政部 国家税务总局关于自主择业的军队转业干部有关税收政策问题的通知》（财税[2003]26号，2003年4月9日）。

业的军队转业干部有关税收政策问题的通知》(财税[2003]26号)规定条件的企业,如果已经按[2001]国转联8号文件的规定,享受了税收优惠政策,可以继续执行到期满为止;如果没有享受该文件规定的税收优惠政策,可按上述政策享受①。

③城镇退役士兵税收优惠

自2004年1月1日起,对为安置自谋职业的城镇退役士兵就业而新办的服务型企业(除广告业、桑拿、按摩、网吧、氧吧外)当年新安置自谋职业的城镇退役士兵达到职工总数30%以上,并与其签订1年以上期限劳动合同的,经县级以上民政部门认定、税务机关审核,3年内免征营业税及其附征的城市维护建设税、教育费附加和企业所得税②。

上述所称新办企业是指《国务院办公厅转发民政部等部门关于扶持城镇退役士兵自谋职业优惠政策意见的通知》(国办发[2004]10号)下发后新组建的企业。原有的企业合并、分立、改制、改组、扩建、搬迁、转产以及吸收新成员、改变领导或隶属关系、改变企业名称的,不能视为新办企业。服务型企业是指从事现行营业税"服务业"税目规定的经营活动的企业③。

对自谋职业的城镇退役士兵从事个体经营(除建筑业、娱乐业以及广告业、桑拿、按摩、网吧、氧吧外)的,自领取税务登记证之日起,3年内免征营业税、城市维护建设税、教育费附加和个人所得税;从事农业机耕、排灌、病虫害防治、植保、农牧保险以及相关技术培训业务,家禽、牲畜、水生动物的配种和疾病防治业务的,按现行营业税规定免征营业税④。

上述所称自谋职业的城镇退役士兵是指符合城镇安置条件,并与安置地民政部门签订《退役士兵自谋职业协议书》,领取《城镇退役士兵自谋职业证》的士官和义务兵⑤。

上述规定下发之后,原有劳动就业服务企业的税收优惠政策以及其他扶持就业的税收优惠政策,仍按原规定执行。如果企业既适用上述规定的优惠政策,又适用其他有关劳动就业服务企业和扶持就业的税收优惠政策,企业可选择适用最优惠的政策,但不能累加执行⑥。

从2005年3月1日起,上述规定中所说的"个体经营"是指雇工7人(含7人)以下的个体经营行为,军队转业干部、城镇退役士兵、随军家属从事个体经营凡雇工8人(含8人)以上的,无论其领取的营业执照是否注明为个体工商业户,军队转业干部和随军家属均按照新开办的企业、城镇退役士兵按照新办的服务型企业的规定享受有关营业税优惠政策⑦。

(2)军队后勤保障社会化改革营业税优惠

军队后勤保障社会化改革后,对为军队提供生活保障服务的食堂、物业管理和军人服务社为军队

① 《财政部 国家税务总局关于自主择业的军队转业干部有关税收政策问题的通知》(财税[2003]26号,2003年4月9日)。
② 《国务院办公厅转发民政部等部门关于扶持城镇退役士兵自谋职业优惠政策意见的通知》(国办发[2004]10号,2004年1月21日)。《财政部 国家税务总局关于扶持城镇退役士兵自谋职业有关税收优惠政策的通知》(财税[2004]93号,2004年6月9日)。
③ 《财政部 国家税务总局关于扶持城镇退役士兵自谋职业有关税收优惠政策的通知》(财税[2004]93号,2004年6月9日)。
④ 《国务院办公厅转发民政部等部门关于扶持城镇退役士兵自谋职业优惠政策意见的通知》(国办发[2004]10号,2004年1月21日)。《财政部 国家税务总局关于扶持城镇退役士兵自谋职业有关税收优惠政策的通知》(财税[2004]93号,2004年6月9日)。
⑤ 《财政部 国家税务总局关于扶持城镇退役士兵自谋职业有关税收优惠政策的通知》(财税[2004]93号,2004年6月9日)。
⑥ 《财政部 国家税务总局关于扶持城镇退役士兵自谋职业有关税收优惠政策的通知》(财税[2004]93号,2004年6月9日)。
⑦ 《财政部 国家税务总局关于加强军队转业干部、城镇退役士兵、随军家属有关营业税优惠政策管理的通知》(财税[2005]18号,2005年2月23日)。《国家税务总局关于自主择业军队转业干部享受营业税优惠政策有关问题的批复》(国税函[2006]1222号,2006年12月9日)。此外,国税函[2006]1222号还规定:2005年3月1日前军队转业干部从事个体经营雇用员工8人(含8人)以上,凡符合减免税条件的,可享受3年内免征营业税优惠政策至期满为止。

服务取得的收入,自2001年1月1日起,恢复征收营业税。军队系统其他服务性单位为军队内部服务取得的收入,继续执行《财政部 国家税务总局关于军队、军工系统所属单位征收流转税、资源税问题的通知》(财税字[1994]第11号)规定的免税政策①。

(3)军队空余房产租赁营业税优惠

自2004年8月1日起,对军队空余房产租赁收入暂免征收营业税;此前已征税款不予退还,未征税款不再补征。暂免征收营业税的军队空余房产,在出租时必须悬挂《军队房地产租赁许可证》,以备查验②。

军队、武警对外出租房屋、提供有偿服务应使用税务机关统一印制的发票③。

(4)国防工程和承包军队系统的建筑安装工程营业税优惠

单位和个人承包国防工程和军队系统的建筑安装工程取得的收入,凡属2001年1月1日以前开工的项目,继续执行原免征营业税的政策,2001年1月1日(含)以后新开工的项目,恢复征收营业税④。

4.5.2.10 涉农产业营业税优惠

(1)农业生产基本服务业营业税优惠

农业机耕、排灌、病虫害防治、植物保护、农牧保险以及相关技术培训业务,家禽、牲畜、水生动物的配种和疾病防治,免征营业税⑤。

①农业机耕,是指在农业、林业、牧业中使用农业机械进行耕作(包括耕耘、种植、收割、脱粒、植物保护等)的业务⑥。

②排灌,是指对农田进行灌溉或排涝的业务⑦。

为农业生产提供灌溉和排涝劳务是指单位和个人直接对农田提供灌溉或排涝的劳务⑧。

为农业生产提供灌溉和排涝劳务是指单位和个人直接对农田提供灌溉或排涝的劳务。纳税人未直接为农业生产提供灌溉和排涝劳务取得的水利工程水费等供水不属于营业税的免税范围,应照章征收营业税⑨。

③病虫害防治,是指从事农业、林业、牧业、渔业的病虫害测报和防治的业务⑩。

航空公司用飞机开展飞洒农药业务属于从事农业病虫害防治业务,因而应当免征营业税⑪。

④农牧保险,是指为种植业、养殖业、牧业种植

---

① 《财政部 国家税务总局关于军队系统若干营业税政策的补充通知》(财税[2001]187号,2001年12月11日)。此前,《财政部 国家税务总局关于军队、军工系统所属单位征收流转税、资源税问题的通知》(财税字[1994]第11号)规定,军队系统各单位(不包括军办企业)附设的服务性单位,为军队内部服务所得的收入,免征营业税,对外经营取得的收入,按规定征收营业税。《财政部 国家税务总局关于停止执行军队系统若干营业税政策的通知》(财税[2001]51号,2001年4月9日)规定,自2001年1月1日起,军队系统各单位(不包括军办企业)附设的服务性单位,为军队内部服务取得的收入,照章征收营业税。

② 《财政部 国家税务总局关于暂免征收军队空余房产租赁收入营业税房产税的通知》(财税[2004]123号,2004年7月21日)。此前,《国家税务总局关于部队取得应税收入税收征管问题的批复》(国税函[2000]466号,2000年6月16日)规定,对武警、部队对外经营取得的房产租金收入以及其他应税收入,均应按规定征收营业税。

③ 《国家税务总局关于部队取得应税收入税收征管问题的批复》(国税函[2000]466号,2000年6月16日)。

④ 《财政部 国家税务总局关于军队系统若干营业税政策的补充通知》(财税[2001]187号,2001年12月11日)。此前,《财政部 国家税务总局关于军队、军工系统所属单位征收流转税、资源税问题的通知》(财税字[1994]第11号)规定,单位和个人承包国防工程和承包军队系统的建筑安装工程取得的收入,免征营业税。《财政部 国家税务总局关于停止执行军队系统若干营业税政策的通知》(财税[2001]51号,2001年4月9日)规定,自2001年1月1日起对其恢复照章征收营业税。此外,《财政部 国家税务总局关于三线脱险搬迁企业"九五"后三年有关税收问题的通知》(财税字[1998]42号,1998年3月13日)规定,在2000年底前,对列入国家"三线脱险搬迁企业"名单的三线企业,营业税实行超基数返还的政策。

⑤ 《中华人民共和国营业税暂行条例》(中华人民共和国国务院令第540号,2008年11月10日)第八条。

⑥ 《中华人民共和国营业税暂行条例实施细则》(财政部 国家税务总局令第52号,2008年12月15日)二十二条。

⑦ 《中华人民共和国营业税暂行条例实施细则》(财政部 国家税务总局令第52号,2008年12月15日)二十二条。

⑧ 《财政部 国家税务总局关于水利工程水费征免营业税问题的批复》(财税[2005]19号,2005年3月2日)。

⑨ 《财政部 国家税务总局关于水利工程水费征免营业税问题的批复》(财税[2005]19号,2005年3月2日)。

⑩ 《中华人民共和国营业税暂行条例实施细则》(财政部 国家税务总局令第52号,2008年12月15日)第二十二条。

⑪ 《国家税务总局关于印发〈营业税问题解答(之一)〉的通知》(国税函发[1995]156号,1995年4月17日)。

和饲养的动植物提供保险的业务①。

⑤相关技术培训,指与农业机耕、排灌、病虫害防治、植保业务相关以及为使农民获得农牧保险知识的技术培训业务②。

⑥家禽、牲畜、水生动物的配种和疾病防治业务的免税范围,包括与该项劳务有关的提供药品和医疗用具的业务③。

其他涉农金融业务优惠政策详见"金融保险业营业税优惠"部分。

(2)转让土地使用权用于农业生产税收优惠

①将土地使用权转让给农业生产者用于农业生产的收入,免征营业税④。

农村、农场将土地承包(出租)给个人或公司用于农业生产,收取的固定承包金(租金),可比照上述规定免征营业税⑤。

②单位和个人将其拥有的人工用材林使用权转让给其他单位和个人并取得货币、货物或其他经济利益的行为,应按"转让无形资产"税目中"转让土地使用权"项目征收营业税。如果转让的人工用材林是转让给农业生产者用于农业生产的,可免征营业税⑥。

(3)国家和地方储备商品营业税优惠

自 2009 年 1 月 1 日起至 2010 年 12 月 31 日,对商品储备管理公司及其直属库承担商品储备业务取得的财政补贴收入暂免征收营业税⑦。

上述商品储备管理公司及其直属库,是指接受中央、省、市、县四级政府有关部门委托,承担粮(含大豆)、食用油、棉、糖、肉、盐(限于中央储备)等 6 种商品储备任务,取得财政储备经费或补贴的商品储备企业⑧。

承担中央政府有关部门委托商品储备业务的储备管理公司及其直属库、直属企业名单见《财政部 国家税务总局关于部分国家储备商品有关税收政策的通知》(财税[2009]151 号)附件。省、自治区、直辖市财政、税务部门会同有关部门明确承担省、市、县政府有关部门委托商品储备业务的储备管理公司及其直属库名单或制定具体管理办法,并报省、自治区、直辖市人民政府批准后予以发布⑨。

---

① 《中华人民共和国营业税暂行条例实施细则》(财政部 国家税务总局令第 52 号,2008 年 12 月 15 日)第二十二条。
② 《中华人民共和国营业税暂行条例实施细则》(财政部 国家税务总局令第 52 号,2008 年 12 月 15 日)第二十二条。
③ 《中华人民共和国营业税暂行条例实施细则》(财政部 国家税务总局令第 52 号,2008 年 12 月 15 日)第二十二条。
④ 《财政部 国家税务总局关于对若干项目免征营业税的通知》(财税字[1994]2 号,1994 年 3 月 29 日)。
⑤ 《国家税务总局关于农业土地出租征税问题的批复》(国税函[1998]82 号,1998 年 2 月 10 日)。
⑥ 《国家税务总局关于林地使用权转让行为征收营业税问题的批复》(国税函[2002]700 号,2002 年 8 月 1 日))
⑦ 《财政部 国家税务总局关于部分国家储备商品有关税收政策的通知》(财税[2009]151 号,2009 年 12 月 22 日)。该文还规定,2009 年 1 月 1 日以后已缴应予免征的税款,从企业应缴纳的相应税款中抵扣,2010 年度内抵扣不完的,按有关规定予以退税。此前,《财政部 国家税务总局关于部分国家储备商品有关税收政策的通知》(财税[2006]105 号)、《财政部 国家税务总局关于中国华粮物流集团公司有关税收政策的通知》(财税[2006]157 号)和《财政部 国家税务总局关于地方商品储备有关税收问题的通知》(财税[2008]110 号)自 2009 年 1 月 1 日起废止。《财政部 国家税务总局关于中国储备粮管理总公司有关税收政策的通知》(财税[2004]74 号)、《财政部 国家税务总局关于中国储备棉管理总公司有关税收政策的通知》(财税[2003]115 号)、《财政部 国家税务总局关于华商储备商品管理中心及国家直属储备糖库和肉冷库有关税收政策的通知》(财税[2004]75 号)、《财政部 国家税务总局关于中国盐业总公司直属国家储备盐库有关税收政策的通知》(财税[2004]57 号)自 2006 年 1 月 1 日起废止。此外,《财政部 国家税务总局关于对国有粮食企业取得的储备粮油财政性补贴收入免征营业税问题的通知》(财税字[1996]68 号,1996 年 8 月 2 日)、《财政部 国家税务总局关于保管储备棉财政补贴收入免征营业税的通知》(财税字[1999]38 号,1999 年 4 月 22 日)和《财政部 国家税务总局关于对国家储备肉糖财政补贴收入免征营业税的通知》(财税字[1999]304 号,1999 年 12 月 31 日)根据《财政部关于公布废止和失效的财政规章和规范性文件目录(第十一批)的决定》(财政部令第 62 号,2011 年 2 月 21 日),被公布废止失效;《财政部 国家税务总局关于北京华储食糖交易市场有限责任公司竞卖国储糖手续费收入免征营业税的通知》(财税[2008]22 号,2008 年 1 月 30 日)因已执行到期(2008 年 12 月 31 日)而失效。
⑧ 《财政部 国家税务总局关于部分国家储备商品有关税收政策的通知》(财税[2009]151 号,2009 年 12 月 22 日)。
⑨ 《财政部 国家税务总局关于部分国家储备商品有关税收政策的通知》(财税[2009]151 号,2009 年 12 月 22 日)。此外,《国家税务总局关于中央直属储备粮库建设有关税费问题的批复》(国税函发[1998]842 号,1998 年 12 月 30 日)规定,依据《国务院办公厅关于搞好中央直属储备粮库建设的通知》(国办发明电[1998]9 号)对中央直属储备粮库免征本地区、国务院有关部门规定征收的各种与粮库建设相关的税费,不包括由全国人大常委会或国务院决定征收的营业税、城市维护建设税、教育费附加等各种税费。

对中国华粮物流集团公司及其直属企业接受中国储备粮管理总公司、分公司及其直属库委托承担的粮(含大豆)、食用油等商品储备业务,可享受上述税收优惠,具体名单见《财政部 国家税务总局关于部分国家储备商品有关税收政策的通知》(财税[2009]151号)附件①。

(4)世行贷款粮食流通项目营业税优惠

自1998年1月1日起,对世行贷款粮食流通项目(简称世行项目)免征建筑安装工程营业税和项目服务收入营业税②。

上述世行贷款粮食流通项目仅指《财政部 国家税务总局关于世行贷款粮食流通项目建筑安装工程和服务收入免征营业税的通知》(财税字[1998]87号)所附《世行贷款粮食流通项目一览表》所列明的项目③。

世行项目单位在招标后应及时向世行项目所在地的地方税务局提出免税申请,并提供以下资料④:

Ⅰ 本项目的具体承包商。

Ⅱ 各承包商的具体承包金额(附承包合同的复印件)。

Ⅲ 税务机关需要的其他材料。

地方税务局审查确认后,办理有关免税事宜,并为承包商出具承包该项目建筑安装工程免征营业税的证明。世行项目所在地税务机关在核定世行项目单位建筑业营业税免税额时,应按国家发展计划委员会实际批复的该项目总投资额进行核定,不得扩大免税范围和免税额⑤。

上述项目服务收入,是指世行项目投产后形成的服务收入部分。对世行项目实施前原设计能力所形成的服务收入部分,仍应照章征收营业税。新增服务收入的具体核定办法,由项目所在地税务机关根据项目的实际情况确定⑥。

4.5.2.11 政府性基金或行政事业性收费营业税优惠

对同时符合以下条件的政府性基金或者行政事业性收费,暂免征营业税⑦:

---

① 《财政部 国家税务总局关于部分国家储备商品有关税收政策的通知》(财税[2009]151号,2009年12月22日)。
② 《财政部 国家税务总局关于世行贷款粮食流通项目建筑安装工程和服务收入免征营业税的通知》(财税字[1998]87号,1998年5月11日)。此前,《财政部 国家税务总局关于世行贷款粮食流通项目营业税问题的通知》(财税字[1995]71号)同时废止。
③ 《财政部 国家税务总局关于世行贷款粮食流通项目建筑安装工程和服务收入免征营业税的通知》(财税字[1998]87号,1998年5月11日)。
④ 《财政部 国家税务总局关于世行贷款粮食流通项目建筑安装工程和服务收入免征营业税的通知》(财税字[1998]87号,1998年5月11日)。
⑤ 《财政部 国家税务总局关于世行贷款粮食流通项目建筑安装工程和服务收入免征营业税的通知》(财税字[1998]87号,1998年5月11日)。
⑥ 《财政部 国家税务总局关于世行贷款粮食流通项目建筑安装工程和服务收入免征营业税的通知》(财税字[1998]87号,1998年5月11日)。
⑦ 《中华人民共和国营业税暂行条例实施细则》(财政部 国家税务总局令第52号,2008年12月15日)第十三条。《财政部 国家税务总局关于个人金融商品买卖等营业税若干免税政策的通知》(财税[2009]111号,2009年9月27日)。此前,《国家税务局关于经援项目税收问题的函》(国税函发[1990]884号)有关营业税部分、《财政部 国家税务总局关于必须严格执行税法统一规定不得擅自对行政事业单位收费减免营业税的通知》(财税字[1995]6号)、《财政部 国家税务总局关于调整行政事业性收费(基金)营业税政策的通知》(财税字[1997]5号)、《财政部、国家税务总局关于下发不征收营业税的收费(基金)项目名单(第二批)的通知》(财税字[1997]117号)、《财政部 国家税务总局关于育林基金不应征收营业税的通知》(财税字[1998]179号)、《财政部 国家税务总局关于下发不征收营业税的收费(基金)项目名单(第三批)的通知》(财税[2000]31号)、《财政部 国家税务总局关于车辆通行费有关营业税等税收政策的通知》(财税[2000]139号)、《财政部 国家税务总局关于下发不征收营业税的收费(基金)项目名单(第四批)的通知》(财税[2001]144号)、《财政部 国家税务总局关于下发不征收营业税的收费(基金)项目名单(第五批)的通知》(财税[2002]117号)、《财政部 国家税务总局关于下发不征收营业税的收费(基金)项目名单(第六批)的通知》(财税[2003]15号)、《财政部 国家税务总局关于中国知识产权培训中心办学经费收费不征收营业税的通知》(财税[2003]138号)、《财政部 国家税务总局关于代办外国领事认证费等5项经营服务性收费征收营业税的通知》(财税[2003]169号)、《财政部 国家税务总局关于民航系统8项行政事业性收费不征收营业税的通知》(财税[2003]170号)同时废止。

①由国务院或者财政部批准设立的政府性基金,由国务院或者省级人民政府及其财政、价格主管部门批准设立的行政事业性收费和政府性基金;

②收取时开具省级以上(含省级)财政部门印制或监制的财政票据;

③所收款项全额上缴财政。

上述政府性基金是指各级人民政府及其所属部门根据法律、国家行政法规和中共中央、国务院有关文件的规定,为支持某项事业发展,按照国家规定程序批准,向公民、法人和其他组织征收的具有专项用途的资金。包括各种基金、资金、附加和专项收费①。

上述行政事业收费是指国家机关、事业单位、代行政府职能的社会团体及其他组织根据法律、行政法规、地方性法规等有关规定,依照国务院规定程序批准,在向公民、法人提供特定服务的过程中,按照成本补偿和非盈利原则向特定服务对象收取的费用②。

凡不同时符合上述三个条件,且属于营业税征税范围的行政事业性收费或政府性基金应照章征收营业税③。

4.5.2.12 石油天然气行业改组改制营业税优惠

(1)中国石油天然气集团公司在处理重组改制遗留问题时,中国石油天然气集团公司存续企业向中国石油天然气股份有限公司收取职工安置费。中国石油天然气集团公司所属存续企业从中国石油天然气股份有限公司取得的职工安置费,不属于提供应税劳务取得的收入,不征收营业税④。

中国石油天然气集团公司所属存续企业与中国石油天然气股份有限公司所属分、子公司之间进行资产置换(具体范围见财税[2003]37号《财政部 国家税务总局关于中国石油天然气集团公司处理重组改制遗留资产营业税问题的通知》附件)而发生的不动产所有权和无形资产使用权或所有权转移的行为,属于对中国石油天然气股份有限公司上市前与中国石油天然气集团公司尚未划分清楚的遗留资产的重新划定,不是一般意义的企业间转让不动产、无形资产的行为,不征收营业税⑤。

(2)中国石油天然气集团公司所属的矿区服务单位取得中国石油天然气集团公司支付的亏损补贴资金,不属于营业税征收范围,不征收营业税⑥。

中国石油天然气集团公司所属的矿区服务单位为中国石油天然气集团公司所属的未上市企业提供矿区服务取得的收入,应照章征收营业税⑦。

(3)中国石化集团销售实业公司将成品油管道项目部产权整体转让给中国石化股份公司的行为属于企业产权整体转让行为,不征收营业税⑧。

对2009年中国石化集团资产经营管理有限公

---

① 《财政部 国家税务总局关于个人金融商品买卖等营业税若干免税政策的通知》(财税[2009]111号,2009年9月27日)。

② 《财政部 国家税务总局关于个人金融商品买卖等营业税若干免税政策的通知》(财税[2009]111号,2009年9月27日)。

③ 《财政部 国家税务总局关于个人金融商品买卖等营业税若干免税政策的通知》(财税[2009]111号,2009年9月27日)。

④ 《财政部 国家税务总局关于中国石油天然气集团公司处理重组改制遗留资产营业税问题的通知》(财税[2003]37号,2003年2月17日)。

⑤ 《财政部 国家税务总局关于中国石油天然气集团公司处理重组改制遗留资产营业税问题的通知》(财税[2003]37号,2003年2月17日)。

⑥ 《国家税务总局关于中国石油天然气集团公司矿区服务业务有关营业税问题的通知》(国税函[2007]964号,2007年9月12日)。

⑦ 《国家税务总局关于中国石油天然气集团公司矿区服务业务有关营业税问题的通知》(国税函[2007]964号,2007年9月12日)。该文件原文规定:对矿区服务收入在中国石油天然气集团公司进行矿区服务业务改革前,按照《财政部、国家税务总局关于明确〈中华人民共和国营业税暂行条例实施细则〉第十一条有关问题的通知》(财税[2001]160号)规定征收营业税;在中国石油天然气集团公司进行矿区服务业务改革后,应照章征收营业税。新条例实施后,根据《财政部 国家税务总局关于公布若干废止和失效的营业税规范性文件的通知》(财税[2009]61号),财税[2001]160号自2009年1月1日起废止。

⑧ 《国家税务总局关于中国石化集团销售实业有限公司转让成品油管道项目部产权营业税问题的通知》(国税函[2008]916号,2008年11月13日)

司下属北京化工研究院、石油化工科学研究院、石油勘探开发研究院、抚顺石油化工研究院、上海石油化工研究院和青岛安全工程研究院等六家研究院将其资产、债权、债务、人员和业务整体转让给中国石油化工股份有限公司,不征营业税①。

4.5.2.13　部分地区营业税优惠政策

(1)上海建设国际金融中心和国际航运中心营业税优惠

自2009年5月1日起,在上海市实行以下营业税优惠政策②:

对注册在洋山保税港区内的纳税人从事海上国际航运业务取得的收入免征营业税;

对注册在洋山保税港区内的纳税人从事货物运输、仓储装卸搬运业务取得的收入免征营业税;

对注册在上海的保险企业从事国际航运保险业务取得的收入免征营业税③。

(2)深圳建设深港现代服务业合作区营业税优惠

自2011年1月1日起,对注册在深圳市的保险企业向注册在前海深港现代服务业合作区的企业提供国际航运保险业务取得的收入免征营业税④。

(3)中国服务外包示范城市营业税优惠

自2010年7月1日起至2013年12月31日,对注册在北京、天津、大连、哈尔滨、大庆、上海、南京、苏州、无锡、杭州、合肥、南昌、厦门、济南、武汉、长沙、广州、深圳、重庆、成都、西安等21个中国服务外包示范城市的企业从事离岸服务外包业务取得的收入免征营业税。详见本章"服务业营业税优惠"部分。

4.6　纳税义务发生时间和纳税期限

4.6.1　纳税义务发生时间

4.6.1.1　一般规定

营业税的纳税义务发生时间,为纳税人提供应税劳务、转让无形资产或者销售不动产并收讫营业收入款项或者取得索取营业收入款项凭据的当天。国务院财政、税务主管部门另有规定的,从其规定⑤。

营业税扣缴义务发生时间为纳税人营业税纳税义务发生的当天⑥。

上述所称收讫营业收入款项,是指纳税人应税行为发生过程中或者完成后收取的款项。取得索取营业收入款项凭据的当天,为书面合同确定的付款日期的当天;未签订书面合同或者书面合同未确定付款日期的,为应税行为完成的当天⑦。

4.6.1.2　特殊规定

(1)采取预收款方式的纳税义务发生时间

①纳税人转让土地使用权或者销售不动产,采取预收款方式的,其纳税义务发生时间为收到预收款的当天⑧。

预收款,包括预收定金。预收定金的营业税纳税义务发生时间为收到预收定金的当天⑨。

②纳税人提供建筑业或者租赁业劳务,采取预

① 《国家税务总局关于中国石化集团资产经营管理有限公司所属研究院整体注入中国石油化工股份有限公司有关税收问题的通知》(国税函[2010]166,2010年4月29日)。
② 《财政部 国家税务总局关于上海建设国际金融和国际航运中心营业税政策的通知》(财税[2009]91号,2009年6月10日)。
③ 《财政部 国家税务总局关于上海建设国际金融和国际航运中心营业税政策的通知》(财税[2009]91号,2009年6月10日)。
④ 《财政部 国家税务总局关于深圳前海国际航运保险业务营业税免税政策的通知》(财税[2010]115号,2010年12月31日)。
⑤ 《中华人民共和国营业税暂行条例》(中华人民共和国国务院令第540号,2008年11月10日)第十二条。
⑥ 《中华人民共和国营业税暂行条例》(中华人民共和国国务院令第540号,2008年11月10日)第十二条。
⑦ 《中华人民共和国营业税暂行条例实施细则》(财政部 国家税务总局令第52号,2008年12月15日)第二十四条。
⑧ 《中华人民共和国营业税暂行条例实施细则》(财政部 国家税务总局令第52号,2008年12月15日)第二十五条。《国家税务总局关于经营房地产收入纳税义务发生时间的通知》(国税发[1994]86号,1994年4月7日)。
⑨ 《国家税务总局关于印发〈营业税问题解答(之一)〉的通知》(国税函发[1995]156号,1995年4月17日)。

收款方式的,其纳税义务发生时间为收到预收款的当天①。

③对俱乐部、交易所或类似的会员制经济、文化、体育组织(简称会员组织),在会员入会时收取的会员费、席位费、资格保证金和其他类似费用,其营业税纳税义务发生时间为会员组织收讫会员费、席位费、资格保证金和其他类似费用款项或者取得索取这些费用款项凭据的当天②。

对高尔夫俱乐部会员入会时一次性缴清的入会费,无论该项收入在财务上如何处理,均以取得收入的当天为纳税义务发生时间,计算征收营业税③。

外商投资企业在筹办期间对其会员入会时一次性收取的会员费、资格保证金或其他类似收费,在企业取得上述款项时,计算缴纳营业税④。

(2)无偿赠送不动产或土地使用权纳税义务发生时间

纳税人将不动产或者土地使用权无偿赠送其他单位或者个人的,其纳税义务发生时间为不动产所有权、土地使用权转移的当天⑤。

(3)建筑物自建行为纳税义务发生时间

纳税人发生自建行为的,其纳税义务发生时间为销售自建建筑物的纳税义务发生时间⑥。

(4)金融保险业务纳税义务发生时间⑦

融资租赁业务,纳税义务发生时间为取得租金收入或取得索取租金收入价款凭据的当天⑧。

金融商品转让业务,纳税义务发生时间为金融商品所有权转移之日⑨。

金融经纪业和其他金融业务,纳税义务发生时间为取得营业收入或取得索取营业收入价款凭据的当天⑩。

保险业务,纳税义务发生时间为取得保费收入或取得索取保费收入价款凭据的当天⑪。

4.6.2 纳税期限

营业税的纳税期限,分别为 5 日、10 日、15 日、1 个月或者 1 个季度。纳税人的具体纳税期限,由主管税务机关根据纳税人应纳税额的大小分别核定;不能按照固定期限纳税的,可以按次纳税⑫。

扣缴义务人解缴税款的期限,也依照上述规定执行⑬。

银行、财务公司、信托投资公司、信用社、外国

---

① 《中华人民共和国营业税暂行条例实施细则》(财政部 国家税务总局令第 52 号,2008 年 12 月 15 日)第二十五条。
② 《国家税务总局关于营业税若干问题的通知》(国税发[1995]76 号,1995 年 4 月 26 日)。
③ 《国家税务总局关于高尔夫球俱乐部税收问题的批复》(国税函发[1994]514 号,1994 年 9 月 13 日)。《国家税务总局关于营业税若干问题的通知》(国税发[1995]76 号,1995 年 4 月 26 日)。
④ 《国家税务总局关于外商投资企业在筹办期间取得的会员费有关税务处理问题的通知》(国税发[1996]84 号,1996 年 5 月 22 日)。
⑤ 《中华人民共和国营业税暂行条例实施细则》(财政部 国家税务总局令第 52 号,2008 年 12 月 15 日)第二十五条。
⑥ 《中华人民共和国营业税暂行条例实施细则》(财政部 国家税务总局令第 52 号,2008 年 12 月 15 日)第二十五条。
⑦ 《国家税务总局关于印发〈金融保险业营业税申报管理办法〉的通知》(国税发[2002]9 号,2002 年 1 月 30 日)规定,贷款业务,按《国家税务总局关于银行贷款利息收入营业税纳税义务发生时间问题的通知》(国税发[2001]38 号)执行。但《财政部 国家税务总局关于金融企业应收未收利息征收营业税问题的通知》(财税[2002]182 号,2002 年 12 月 12 日)将国税发[2001]38 号予以了废止;根据《财政部 国家税务总局关于公布若干废止和失效的营业税规范性文件的通知》(财税[2009]61 号),财税[2002]182 号自 2009 年 1 月 1 日起废止。
⑧ 《国家税务总局关于印发〈金融保险业营业税申报管理办法〉的通知》(国税发[2002]9 号,2002 年 1 月 30 日)。
⑨ 《国家税务总局关于印发〈金融保险业营业税申报管理办法〉的通知》(国税发[2002]9 号,2002 年 1 月 30 日)。
⑩ 《国家税务总局关于印发〈金融保险业营业税申报管理办法〉的通知》(国税发[2002]9 号,2002 年 1 月 30 日)。
⑪ 《国家税务总局关于印发〈金融保险业营业税申报管理办法〉的通知》(国税发[2002]9 号,2002 年 1 月 30 日)。
⑫ 《中华人民共和国营业税暂行条例》(中华人民共和国国务院令第 540 号,2008 年 11 月 10 日)第十五条。
⑬ 《中华人民共和国营业税暂行条例》(中华人民共和国国务院令第 540 号,2008 年 11 月 10 日)第十五条。

企业常驻代表机构的纳税期限为1个季度①。

4.7 纳税申报和纳税地点

4.7.1 纳税申报

4.7.1.1 一般规定

纳税人以1个月或者1个季度为一个纳税期的,自期满之日起15日内申报纳税;以5日、10日或者15日为一个纳税期的,自期满之日起5日内预缴税款,于次月1日起15日内申报纳税并结清上月应纳税款②。

扣缴义务人解缴税款的期限,也依照上述规定执行③。

4.7.1.2 金融保险业纳税申报

(1)金融保险业纳税人在向主管税务机关申报纳税时,应报送下列资料④:

《金融保险业营业税纳税申报表》;《贷款(含贴现、押汇、透支等)利息收入明细表》;《外汇转贷利息收入明细表》;《委托贷款利息收入明细表》;《融资租赁收入明细表》;《自营买卖股票价差收入明细表》;《自营买卖债券价差收入明细表》;《自营买卖外汇价差收入明细表》;《自营买卖其他金融商品价差收入明细表》;《金融经纪业务及其他金融业务收入月汇总明细表》;《保费收入明细表》;《储金业务收入明细表》以及主管税务机关规定的其他资料。

(2)金融保险业营业税申报资料的填报要求⑤:

①各种报表按填表说明的要求填写,向地税机关报送一式三份,税务机关签收后,一份退还纳税人,两份留存。

②上述申报表资料,纳税人可根据自身情况填写各项内容,没有开展的业务是否需要报相应的空表由各省税务机关根据实际情况决定。

(3)申报方式

金融保险业营业税实行电子申报方法⑥。

4.7.1.3 交通运输业、建筑业、娱乐业、服务业纳税申报

自2006年3月1日起,交通运输业、娱乐业、服务业、建筑业营业税纳税人,除经税务机关核准实行简易申报方式外,均按以下办法进行纳税申报。邮电通信业、文化体育业、转让无形资产和销售不动产的营业税纳税人仍按照各地的申报办法进行纳税申报;金融保险业营业税纳税人仍按照《金融保险业营业税申报管理办法》(国税发[2002]9号)进行纳税申报⑦。

①除经税务机关核准实行简易申报方式的营业税纳税人外,其他营业税纳税人在向主管税务机关申报纳税时,应报送下列资料⑧:

Ⅰ《营业税纳税申报表》;

Ⅱ 按照本纳税人发生营业税应税行为所属的税目,分别填报相应税目的营业税纳税申报表附表;同时发生两种或两种以上税目应税行为的,应同时填报相应的纳税申报表附表;

Ⅲ 凡使用税控收款机的纳税人应同时报送税控收款机IC卡;

Ⅳ 主管税务机关规定的其他申报资料。

纳税申报资料的报送方式、报送的具体份数由

---

① 《中华人民共和国营业税暂行条例实施细则》(财政部 国家税务总局令第52号,2008年12月15日)第二十七条。此前,《国家税务总局关于印发〈金融保险业营业税申报管理办法〉的通知》(国税发[2002]9号,2002年1月30日)曾规定,银行、财务公司、信托投资公司、信用社以一个季度为纳税期限,上述金融机构每季度末最后一旬应得的贷款利息收入,可以在本季度缴纳营业税,也可以在下季度缴纳营业税,但确定后一年内不得变更。其他的金融机构以一个月为纳税期限。根据《国家税务总局关于公布废止的营业税规范性文件目录的通知》(国税发[2009]29号),此规定自2009年1月1日起废止。

② 《中华人民共和国营业税暂行条例》(中华人民共和国国务院令第540号,2008年11月10日)第十五条。

③ 《中华人民共和国营业税暂行条例》(中华人民共和国国务院令第540号,2008年11月10日)第十五条。

④ 《国家税务总局关于印发〈金融保险业营业税申报管理办法〉的通知》(国税发[2002]9号,2002年1月30日)。

⑤ 《国家税务总局关于印发〈金融保险业营业税申报管理办法〉的通知》(国税发[2002]9号,2002年1月30日)。

⑥ 《国家税务总局关于印发〈金融保险业营业税申报管理办法〉的通知》(国税发[2002]9号,2002年1月30日)。

⑦ 《国家税务总局关于印发〈营业税纳税人纳税申报办法〉的通知》(国税发[2005]202号,2005年12月16日)。

⑧ 《国家税务总局关于印发〈营业税纳税人纳税申报办法〉的通知》(国税发[2005]202号,2005年12月16日)。

省一级地方税务局确定。

《营业税纳税申报表》及其附表详见《国家税务总局关于印发〈营业税纳税人纳税申报办法〉的通知》(国税发[2005]202 号)附件。

②纳税申报违规处罚①:

纳税人未按规定期限办理纳税申报和报送纳税资料的,按照税收征收管理法第六十二条的有关规定处罚。

纳税人经税务机关通知申报而拒不申报或者进行虚假的纳税申报,不缴或者少缴应纳税款的,依照税收征收管理法第六十三条的有关规定处理。

纳税人不进行纳税申报,不缴或者少缴应纳税款的,按税收征收管理法第六十四条的有关规定处罚。

纳税人、扣缴义务人编造虚假计税依据的,按税收征收管理法第六十四条的有关规定处罚。

《营业税纳税申报表》、《交通运输业营业税纳税申报表》、《服务业营业税纳税申报表》、《服务业减除项目金额明细申报表》、《建筑业营业税纳税申报表》、《异地提供建筑业劳务税款缴纳情况申报表》及填表说明见《国家税务总局关于印发〈营业税纳税人纳税申报办法〉的通知》(国税发[2005]202 号)。

4.7.2 纳税地点

4.7.2.1 一般规定

纳税人提供应税劳务应当向其机构所在地或者居住地的主管税务机关申报纳税②。

纳税人转让无形资产应当向其机构所在地或者居住地的主管税务机关申报纳税③。

扣缴义务人应当向其机构所在地或者居住地的主管税务机关申报缴纳其扣缴的税款④。

4.7.2.2 特殊规定

(1)建筑劳务营业税纳税地点

纳税人提供的建筑业劳务以及国务院财政、税务主管部门规定的其他应税劳务,应当向应税劳务发生地的主管税务机关申报纳税⑤。

(2)电信网络业务营业税纳税地点

在中华人民共和国境内的电信单位提供电信业务的营业税纳税地点为电信单位机构所在地⑥。

在中华人民共和国境内的单位通过网络为其他单位和个人提供培训、信息和远程调试、检测等服务的,其营业税纳税地点为单位机构所在地⑦。

(3)工程设计、监理、调试和咨询业务营业税纳税地点

在中华人民共和国境内的单位提供的设计(包括在开展设计时进行的勘探、测量等业务)、工程监理、调试和咨询等应税劳务的,其营业税纳税地点为单位机构所在地⑧。

(4)管道运输营业税纳税地点

---

① 《国家税务总局关于印发〈营业税纳税人纳税申报办法〉的通知》(国税发[2005]202 号,2005 年 12 月 16 日)。
② 《中华人民共和国营业税暂行条例》(中华人民共和国国务院令第 540 号,2008 年 11 月 10 日)第十四条。此前,原营业税暂行条例规定,纳税人提供应税劳务,应当向应税劳务发生地主管税务机关申报纳税。
③ 《中华人民共和国营业税暂行条例》(中华人民共和国国务院令第 540 号,2008 年 11 月 10 日)第十四条。
④ 《中华人民共和国营业税暂行条例》(中华人民共和国国务院令第 540 号,2008 年 11 月 10 日)第十四条。
⑤ 《中华人民共和国营业税暂行条例》(中华人民共和国国务院令第 540 号,2008 年 11 月 10 日)第十四条。此前,原营业税暂行条例实施细则规定,纳税人承包的工程跨省、自治区、直辖市的,向其机构所在地主管税务机关申报纳税。《财政部 国家税务总局关于建筑业营业税若干政策问题的通知》(财税[2006]177 号,2006 年 12 月 28 日)规定,自 2007 年 1 月 1 日起,纳税人提供建筑业劳务,应按就其本地和异地提供建筑业应税劳务取得的全部收入向其机构所在地主管税务机关进行纳税申报,就其本地提供建筑业应税劳务取得的收入缴纳营业税;同时,自应申报之月(含当月)起 6 个月内向机构所在地主管税务机关提供其异地建筑业应税劳务收入的完税凭证,否则,应就其异地提供建筑业应税劳务取得的收入向其机构所在地主管税务机关缴纳营业税。新条例实施后,根据《财政部 国家税务总局关于公布若干废止和失效的营业税规范性文件的通知》(财税[2009]61 号),财税[2006]177 号文件自 2009 年 1 月 1 日起废止。
⑥ 《财政部 国家税务总局关于营业税若干政策问题的通知》(财税[2003]16 号,2003 年 1 月 15 日)。
⑦ 《财政部 国家税务总局关于营业税若干政策问题的通知》(财税[2003]16 号,2003 年 1 月 15 日)。
⑧ 《财政部 国家税务总局关于营业税若干政策问题的通知》(财税[2003]16 号,2003 年 1 月 15 日)。

从事管道运输业务的单位向其机构所在地主管税务机关申报缴纳营业税①。

西气东输管道工程途经新疆、甘肃、宁夏、陕西、山西、河南、安徽、江苏、浙江、上海等 10 个省（区）市。管道运输由中国石油天然气股份有限公司西气东输分公司（简称分公司）经营,分公司注册地在上海。西气东输管道运输业务收入的营业税应由分公司向上海市地方税务局申报缴纳。分公司可以在税务登记地统一领购由上海市地方税务局监制的运输发票,跨省开具,即在各销售地（点）开具发票②。

（5）若干金融业务营业税纳税地点

①银行卡跨行信息服务

中国银联股份有限公司使用新一代中国银行卡信息交换系统提供的银行卡跨行信息转接服务全部在上海市完成,其取得的应税收入,自 2005 年 4 月 1 日起,向上海市主管税务机关申报缴纳营业税③。

②部分金融机构营业税纳税地点

Ⅰ 国家开发银行改制成为国家开发银行股份有限公司后,在全国各省、市成立了分行和代表处。自 2009 年 1 月 1 日起,国家开发银行总行及总行营业部提供"金融保险业"劳务取得的收入,应向北京市主管国家税务机关缴纳营业税;国家开发银行各分行及代表处提供"金融保险业"劳务取得的收入,应向其机构所在地主管地方税务机关缴纳营业税④。

Ⅱ 中国出口信用保险公司总公司应缴纳的属于中央收入的营业税和应缴纳的属于地方收入的城市维护建设税、教育费附加,应向北京市国家税务局申报缴纳;中国出口信用保险公司所属分支机构应缴纳的属于中央收入的营业税,应向分支机构所在地的国家税务局申报缴纳;中国出口信用保险公司所属分支机构应缴纳的属于地方收入的营业税、城市维护建设税、教育费附加,应向分支机构所在地的地方税务局申报缴纳⑤。

Ⅲ 中国人寿保险（集团）公司重组改制后,老保单业务和财产租赁业务收入应缴纳的营业税由集团公司总部向其机构所在地主管税务机关申报缴纳。

老保单业务是指 1999 年 6 月 10 日以前（不含 1999 年 6 月 10 日）经中国保险监督管理部门批准或备案的保险条款,以及 1999 年 6 月 10 日以前（不含 1999 年 6 月 10 日）未经中国保险监督管理部门批准或备案的保险条款订立的,尚未终止的主险合同以及这些合同的附加险合同所形成的保险业务⑥。

Ⅳ 中国农业发展银行总行直接经营的业务,其应纳的营业税由总行向国家税务总局缴纳;各分支机构应纳的营业税,均由取得营业额的核算单位就地缴纳⑦。

---

① 《国家税务总局关于西气东输管道运输业务营业税纳税地点问题的通知》（国税函[2004]1434 号,2004 年 12 月 30 日）。

② 《国家税务总局关于西气东输管道运输业务营业税纳税地点问题的通知》（国税函[2004]1434 号,2004 年 12 月 30 日）。

③ 《国家税务总局关于明确中国银联股份有限公司提供跨行信息转接服务营业税纳税地点的通知》（国税函[2005]494 号,2005 年 5 月 20 日）。

④ 《财政部 国家税务总局关于国家开发银行股份有限公司及其分行和代表处金融保险业务营业税纳税地点问题的通知》（财税[2009]101 号,2009 年 7 月 16 日）。此前,《国家税务总局关于国家开发银行继续集中缴纳营业税的通知》（国税函[1999]344 号,1999 年 5 月 17 日）规定,国家开发银行从事贷款业务（包括委托其他金融机构发放贷款）应缴纳的营业税,继续由国家开发银行总行集中缴纳。此文件自 2009 年 1 月 1 日起停止执行。但是,《国家税务总局关于国家开发银行使用金融业务专用发票问题的通知》（国税函[2006]1189 号,2006 年 12 月 11 日）鉴于国家开发银行营业税实行集中缴纳而同意国家开发银行及分行统一使用"国家开发银行金融业务专用发票"的规定,尚没有被公布失效或废止。

⑤ 《国家税务总局关于中国出口信用保险公司纳税地点问题的批复》（国税函[2002]338 号,2002 年 4 月 23 日）。

⑥ 《国家税务总局关于中国人寿保险（集团）公司重组改制后有关税务问题的通知》（国税函[2004]852 号,2004 年 6 月 11 日）。

⑦ 《国家税务总局关于中国农业发展银行营业税征收问题的通知》（国税发[1994]252 号,1994 年 12 月 7 日）。该文还针对当时该行省级以下机构组建工作完成以前业务暂由中国农业银行代理的情况,规定中国农业发展银行委托中国农业银行代理的信贷业务应纳的营业税,由受托代理单位代扣代缴。新营业税暂行条例颁布后,删除了原条例"委托金融机构发放贷款,以受托发放贷款的金融机构为扣缴义务人"的规定,因此,国税发[1994]252 号上述目前已不再执行。

Ⅴ 华夏银行总行营业部经营业务的营业税属于中央收入,应由北京市国家税务局征收①。

Ⅵ 中国建银投资公司直接向北京市有关主管税务机关集中申报缴纳营业税及附征的城市维护建设税、教育费附加,不另向其他各地税务机关申报②。

(6)转让、出租不动产和土地使用权营业税纳税地点

①纳税人转让、出租土地使用权,应当向土地所在地的主管税务机关申报纳税③。

②纳税人销售、出租不动产,应当向不动产所在地的主管税务机关申报纳税④。

③单位和个人出租物品、设备等动产的营业税纳税地点为出租单位机构所在地或个人居住地⑤。

(7)境外演出团体或个人在我国境内演出的营业税纳税点

对外国或港、澳、台地区演出团体或个人应向演出所在地主管税务机关申报缴纳应纳税款的,具体可区别以下情况处理⑥:

①演出团体及个人应缴纳的营业税,应以其在一地的演出收入,依照营业税暂行条例的有关规定,向演出所在地主管税务机关申报缴纳。

②主管税务机关可以指定各承包外国、港、澳、台地区演出、表演活动的演出场、馆、院或中方接待单位,在其向演出团体、个人结算收入中代扣代缴该演出团体或个人的各项应纳税款。凡演出团体或个人未在演出所在地结清各项应纳税款的,其中方接待单位应在对外支付演出收入时代扣代缴该演出团体或个人所欠应纳税款。对于未按上述有关规定代扣代缴应纳税款的单位,应严格依照税收

---

① 《国家税务总局关于华夏银行总行营业部缴纳营业税问题的批复》(国税函[2002]296 号,2002 年 4 月 11 日)。

② 《国家税务总局关于中国建银投资有限责任公司纳税申报地点问题的通知》(国税发[2005]第 52 号,2005 年 4 月 4 日)。

③ 《中华人民共和国营业税暂行条例》(中华人民共和国国务院令第 540 号,2008 年 11 月 10 日)第十四条。《财政部 国家税务总局关于营业税若干政策问题的通知》(财税[2003]16 号,2003 年 1 月 15 日)。此外,《国家税务总局关于中国石油化工集团公司土地租金收入征收营业税问题的批复》(国税发[2004]131 号,2004 年 9 月 30 日)对集团公司土地租金收入做出了个案规定:自 2004 年 1 月 1 日起,中国石油化工集团公司在全国各地取得的土地租金收入向其土地使用地主管税务机关申报缴纳营业税。集团公司可根据实际收取的土地租金,向支付土地租金的石化股份公司有关分(子)公司开具由北京市地方税务局监制的发票。所开发票票面必须载明付款单位全称、土地租用面积、单价、总价金额、开票日期等内容。集团公司总部集中收取的土地租金,减除在各省市已缴纳营业税(凭各省市地方税务局开具的完税凭证)的租金后的余额,作为其在北京计算缴纳营业税的营业额,向北京市地方税务局申报缴纳营业税。

④ 《中华人民共和国营业税暂行条例》(中华人民共和国国务院令第 540 号,2008 年 11 月 10 日)第十四条。《财政部 国家税务总局关于营业税若干政策问题的通知》(财税[2003]16 号,2003 年 1 月 15 日)。此前,《国家税务总局关于外国企业出租中国境内房屋、建筑物取得租金收入税务处理问题的通知》(国税发[1996]212 号,1996 年 11 月 20 日)规定,自 1996 年 10 月 1 日起,外国企业出租位于中国境内房屋、建筑物等不动产,凡在中国境内没有设立机构、场所进行日常管理的,对其所取得的租金收入,应按营业税暂行条例的有关规定缴纳营业税。上述营业税由承租人在每次支付租金时代扣代缴。如果承租人不是中国境内企业、机构或者不是在中国境内居住的个人,税务机关也可责成出租人,按税法规定的期限自行申报缴纳上述税款;外国企业出租位于中国境内房屋、建筑物等不动产,凡委派人员在中国境内对其不动产进行日常管理的,或者上述出租人属于非协定国家居民公司,委托中国境内其他单位(或个人)对其不动产进行日常管理的,或者上述出租人属于协定国家居民公司,委托中国境内属于非独立代理人的单位(或个人)对其不动产进行日常管理的,其取得的租金收入,应按在中国境内设有机构、场所征收营业税。根据《国家税务总局关于公布废止的营业税规范性文件目录的通知》(国税发[2009]29 号)规定,国税发[1996]212 号有关营业税内容自 2009 年 1 月 1 日起废止。根据《国家税务总局关于公布全文失效废止 部分条款失效废止的税收规范性文件目录的公告》(国家税务总局公告 2011 年第 2 号,2011 年 1 月 4 日),国税发[1996]212 号被公布全文废止。此外,《国家税务总局关于中国石化集团销售实业公司资产租赁收入征收营业税问题的通知》(国税发[2005]204 号,2005 年 12 月 21 日)对纳税人在全国各省市取得的不动产租赁收入向其资产所在地主管税务机关申报缴纳营业税做出了个案规定,纳税人可根据实际收取的租赁收入,向租金支付方开具由纳税人所在地地方税务局监制的发票(所开发票票面必须载明付款单位全称、租金金额、开票日期等内容),纳税人统一收取的资产租赁收入,减除在各省市已缴纳营业税(凭各省、市地方税务局开具的完税凭证)的租赁收入后的余额,作为其在机构所在地清算缴纳营业税的营业额,向主管地方税务局申报缴纳营业税。

⑤ 《财政部 国家税务总局关于营业税若干政策问题的通知》(财税[2003]16 号,2003 年 1 月 15 日)。

⑥ 《国家税务总局关于境外团体或个人在我国从事文艺及体育演出有关税收问题的通知》(国税发[1994]106 号,1994 年 4 月 1 日)。

征收管理法的规定予以处理。各中方接待单位在对外签订演出或表演合同后的7日内,应将合同、资料报送各有关演出、表演活动所在地主管税务机关。

(8)境内提供设计劳务纳税地点

在境内提供设计劳务并收取价款的单位和个人为营业税纳税义务人,其提供设计劳务的营业税纳税地点为该纳税人的机构所在地;只签订劳务合同、未提供设计劳务并收取价款的单位和个人,不能作为营业税纳税义务人①。

(9)补征税款的纳税地点

纳税人应当向应税劳务发生地、土地或者不动产所在地的主管税务机关申报纳税而自应当申报纳税之月起超过6个月没有申报纳税的,由其机构所在地或者居住地的主管税务机关补征税款②。

4.8 若干特殊劳务活动营业税政策及征管规定

4.8.1 合作建房

4.8.1.1 一般合作建房

合作建房,是指由一方(简称甲方)提供土地使用权,另一方(简称乙方)提供资金,合作建房③。

其中:"一方提供土地使用权"包括一方提供有关土地使用权益的行为,如取得规划局批准的《建设用地规划许可证》、国土局核发的《建设用地批准书》、《建设用地通知书》、《土地使用证》,以及通过土地行政主管部门核发的其他建设用地文件中当事人享有的土地使用权益④。

合作建房的方式一般有两种⑤:

①"以物易物"方式

即双方以各自拥有的土地使用权和房屋所有权相互交换。具体的交换方式也有以下两种:

Ⅰ 土地使用权和房屋所有权相互交换,双方都取得了拥有部分房屋的所有权。在这一合作过程中,甲方以转让部分土地使用权为代价,换取部分房屋的所有权,发生了转让土地使用权的行为;乙方则以转让部分房屋的所有权为代价,换取部分土地的使用权,发生了销售不动产的行为。因而合作建房的双方都发生了营业税的应税行为。对甲方应按"转让无形资产"税目中的"转让土地使用权"子目征税;对乙方应按"销售不动产"税目征税。由于双方没有进行货币结算,应按照营业税暂行条例实施细则的规定分别核定双方各自的营业额。如果合作建房的双方(或任何一方)将分得的房屋销售出去,则又发生了销售不动产行为,应对其销售收入再按"销售不动产"税目征收营业税。

Ⅱ 以出租土地使用权为代价换取房屋所有权。甲方将土地使用权出租给乙方若干年,乙方投资在该土地上建造建筑物并使用,租赁期满后,乙方将土地使用权连同所建的建筑物归还甲方。在这一经营过程中,乙方是以建筑物为代价换得若干年的土地使用权,甲方是以出租土地使用权为代价换取建筑物。甲方发生了出租土地使用权的行为,对其按"服务业—租赁业"征营业税;乙方发生了销售不动产的行为,对其按"销售不动产"税目征营业税。对双方分别征税时,其营业额也按条例实施细则的规定核定。⑥

②"合股合营"方式

即甲方以土地使用权、乙方以货币资金合股,成立合营企业,合作建房。对此种形式的合作建房,应视不同情形征税:

Ⅰ 房屋建成后,如果双方采取风险共担、利润共享的分配方式,按照营业税"以无形资产投资入

---

① 《国家税务总局关于设计劳务营业税纳税人及纳税地点问题的批复》(国税函[2010]42号,2010年1月27日)。
② 《中华人民共和国营业税暂行条例实施细则》(财政部 国家税务总局令第52号,2008年12月15日)第二十六条。
③ 《国家税务总局关于印发〈营业税问题解答(之一)〉的通知》(国税函发[1995]156号,1995年4月17日)。
④ 《国家税务总局关于合作建房营业税问题的批复》(国税函[2004]241号,2004年2月17日)。
⑤ 《国家税务总局关于印发〈营业税问题解答(之一)〉的通知》(国税函发[1995]156号,1995年4月17日)。
⑥ 《国家税务总局关于中国××化学工程公司征收营业税问题的批复》(国税函[1996]174号,1996年4月17日)对甲方适用"服务业—租赁业"征税问题,进行了个案规定。

股,参与接受投资方的利润分配,共同承担投资风险的行为,不征营业税"的规定,对甲方向合营企业提供的土地使用权,视为投资入股,对其不征营业税;只对合营企业销售房屋取得的收入按销售不动产征税;对双方分得的利润不征营业税。

Ⅱ 房屋建成后,甲方如果采取按销售收入的一定比例提成的方式参与分配,或提取固定利润,则不属营业税所称的投资入股不征营业税的行为,而属于甲方将土地使用权转让给合营企业的行为,那么,对甲方取得的固定利润或从销售收入按比例提取的收入按"转让无形资产"征税;对合营企业则按全部房屋的销售收入依"销售不动产"税目征收营业税。

Ⅲ 如果房屋建成后双方按一定比例分配房屋,则此种经营行为,也未构成营业税所称的以无形资产投资入股,共同承担风险的不征营业税的行为。应首先对甲方向合营企业转让的土地,按"转让无形资产"征税,其营业额按条例实施细则的规定核定;其次,对合营企业的房屋,在分配给甲、乙方后,如果各自销售,则再按"销售不动产"征税。

个人以各购房户代表的身份与提供土地使用权的单位或个人签订联合建房协议,由个人出资并负责雇请施工队建房,房屋建成后,再由个人将分得的房屋销售给各购房户。这实际上是个人先通过合作建房的方式取得房屋,再将房屋销售给各购房户。对个人应按"销售不动产"征营业税。其营业额为个人向各购房户收取的全部价款和价外费用。个人与土地使用权提供者的关系,属于一方提供土地使用权,另一方提供资金合作建房的行为。对其双方应按上述合作建房的规定征收营业税①。

项目开发建设过程中,土地使用权人和房屋所有权人均为甲方,未发生条例规定的转让无形资产行为。对甲方提供土地使用权,乙方提供所需资金,以甲方名义合作开发房地产项目的行为,不属于合作建房,不适用上述有关合作建房征收营业税的规定②。

4.8.1.2 中外合作开发房地产

中外合作开发房地产是指,我国国内企业将土地三通一平后以土地与外商合作建商品房,双方成立合作公司,领取营业执照,中方将土地使用权转移到合作公司,外方负责兴建商品房的一切资金并负责商品房在境外销售,双方采取分建筑面积、分销售收入、提取固定利润等分配形式③。

(1)关于中外双方合作建房的征税问题

中方将获得的土地与外方合作,办理土地使用权转移后,不论是按建成的商品房分配面积,还是按商品房销售后的收入进行分配,均不符合关于"以无形资产投资入股,参与接受投资方的利润分配、共同承担投资风险的行为,不征营业税"的规定,应按"转让无形资产"税目征收营业税;其营业额为实际取得的全部收入,包括价外收费;其纳税义务发生时间为取得收入的当天④。

对销售商品房也应征税。如果采取分房(包括分面积)各自销售的,则对中外双方各自销售商品房收入按"销售不动产"征营业税;如果采取统一销房再分配销售收入的,则就统一的销售商品房收入按"销售不动产"征营业税;如果采取对中方支付固定利润方式的,则对外方销售商品房的全部收入按"销售不动产"征营业税⑤。

(2)关于中方取得的前期工程开发费征税问题

外方提前支付给中方的前期工程的开发费用,视为中方以预收款方式取得的营业收入,按转让土地使用权,计算征收营业税。对该项已税的开发费用,在中外双方分配收入时如数从中方应得收入中

① 《国家税务总局关于个人从事房地产经营业务征收营业税问题的批复》(国税函[1996]718号,1996年12月12日)。
② 《国家税务总局关于合作建房营业税问题的批复》(国税函[2005]1003号,2005年10月24日)。
③ 《国家税务总局关于中外合作开发房地产征收营业税问题的批复》(国税函发[1994]644号,1994年12月6日)。
④ 《国家税务总局关于中外合作开发房地产征收营业税问题的批复》(国税函发[1994]644号,1994年12月6日)。
⑤ 《国家税务总局关于中外合作开发房地产征收营业税问题的批复》(国税函发[1994]644号,1994年12月6日)。

345

扣除的,可直接冲减中方当期的营业收入①。

(3)对中方定期获取的固定利润视为转让土地使用权所取得的收入,计算征收营业税②。

4.8.2 不动产、建筑业营业税项目管理及发票管理③

不动产和建筑业营业税项目管理是指税务机关根据不动产和建筑业特点,采用信息化手段,按照现行营业税政策规定,以不动产和建筑业工程项目为管理对象,指定专门的管理人员,利用不动产和建筑业营业税项目管理软件,对纳税人通过计算机网络实时申报的信息进行税收管理的一种模式。

(1)税务机关不动产和建筑业营业税项目管理的具体内容:

①受理不动产和建筑业工程项目的项目登记;

②对不动产和建筑业工程项目的登记信息、申报信息、入库信息进行采集、录入、汇总、分析、传递、比对;

③对税收政策进行宣传解释,及时反馈征管中存在的问题;

④掌握不动产销售和工程项目进度及工程项目结算情况;

⑤根据不动产销售和建筑业工程项目进度监控不动产和工程项目的纳税申报、税款缴纳情况,确保税款及时、足额入库;

⑥监督纳税人合法取得、使用、开具不动产销售和建筑业发票;

⑦不动产销售及建筑业工程项目竣工后及时清缴税款,并出具清算报告。

(2)纳税人销售不动产或提供建筑业应税劳务的,应在不动产销售合同签订或建筑业工程合同签订并领取建筑施工许可证之日起30日内,持下列有关资料向不动产所在地或建筑业应税劳务发生地主管税务机关进行不动产、建筑工程项目登记:

①《不动产项目情况登记表》或《建筑业工程项目情况登记表》的纸制和电子文档(见国税发[2006]128号《国家税务总局关于印发〈不动产、建筑业营业税项目管理及发票使用管理暂行办法〉的通知》附件);

②营业执照副本和税务登记证件副本;

③不动产销售许可证、建筑业工程项目施工许可证;

④不动产销售合同、建筑业工程施工合同;

⑤纳税人的开户银行、账号;

⑥中标通知书等建筑业工程项目证书,对无项目证书的工程项目,纳税人应提供书面材料,材料内容包括工程施工地点、工程总造价、参建单位、联系人、联系电话等;

⑦税务机关要求提供的其他有关资料。

纳税人提供异地建筑业应税劳务的,应同时按照上述规定向机构所在地主管税务机关进行建筑业工程项目登记。

(3)纳税人不动产、建筑业工程项目登记内容发生变化,应自登记内容发生变化之日起30日内,持《不动产项目情况登记表》、《建筑业工程项目情况登记表》的纸制和电子文档,向不动产所在地或建筑业应税劳务发生地主管税务机关进行项目登记。

纳税人不动产销售完毕和建筑业工程项目完工注销的,应自不动产销售完毕和建筑业工程项目完工之日起30日内,持下列资料向不动产所在地和建筑业应税劳务发生地主管税务机关进行项目登记:

①《不动产项目情况登记表》、《建筑业工程项目情况登记表》的纸制和电子文档;

②不动产、建筑业工程项目的税收缴款书;

③建筑业工程项目竣工结算报告或工程结算报告书;

① 《国家税务总局关于中外合作开发房地产征收营业税问题的批复》(国税函发[1994]644号,1994年12月6日)。
② 《国家税务总局关于中外合作开发房地产征收营业税问题的批复》(国税函发[1994]644号,1994年12月6日)。
③ 《国家税务总局关于印发〈不动产、建筑业营业税项目管理及发票使用管理暂行办法〉的通知》(国税发[2006]128号,2006年8月24日)。

④税务机关要求提供的其他有关资料。

纳税人异地提供建筑业应税劳务的,应同时按照上述规定向机构所在地主管税务机关进行相应的项目登记。

如纳税人由于办理临时税务登记发生税务登记号变更时,应同时向机构所在地主管税务机关提供《建筑业工程项目情况登记表》的纸制和电子文档。

(4)纳税人应按月向主管税务机关进行纳税申报,按照《营业税纳税申报办法》填报《建筑业营业税纳税申报表》,按照主管税务机关的要求填报不动产销售的纳税申报表。

纳税人异地提供建筑业应税劳务的,应按照上述规定向机构所在地主管税务机关报送《建筑业营业税纳税申报表》和《异地提供建筑业劳务税款缴纳情况申报表》。

(5)扣缴义务人履行代扣代缴义务时,应建立代扣代缴税款台账,如实记载被扣缴纳税人的名称、工程项目的名称、地点及编号、代扣代收税款凭证号、代扣代缴税款的时间和税额,同时接受税务机关的检查。代扣代缴业务结束后,扣缴义务人应将余下的代扣代收税款凭证交还主管税务机关,并结清应代扣代缴的税款。

(6)不动产和建筑业纳税人区别不同情况分为自开票纳税人和代开票纳税人:

①同时符合下列条件的纳税人为自开票纳税人,可以在不动产所在地和建筑业劳务发生地自行开具由当地主管税务机关售给的发票:

Ⅰ 依法办理税务登记证;

Ⅱ 执行不动产、建筑业营业税项目管理办法;

Ⅲ 按照规定进行不动产和建筑业工程项目登记;

Ⅳ 使用满足税务机关规定的信息采集、传输、比对要求的开票和申报软件。

②不同时符合上述条件的纳税人为代开票纳税人,由其不动产所在地和应税劳务发生地主管税务机关为其代开发票。代开票纳税人须提供以下资料到税务机关申请代开发票:

Ⅰ 完税凭证;

Ⅱ 营业执照和税务登记证复印件;

Ⅲ 不动产销售、建筑劳务合同或其他有效证明;

Ⅳ 外出经营税收管理证明(提供异地劳务时);

Ⅴ 中标通知书等工程项目证书,对无项目证书的工程项目,纳税人应提供书面材料,材料内容包括工程施工地点、工程总造价、参建单位、联系人、联系电话等;

Ⅵ 税务机关要求提供的其他材料。

4.8.3 油气田企业生产性劳务

油气田企业为生产原油、天然气提供的生产性劳务应缴纳增值税,不征收营业税①。

生产性劳务是指油气田企业为生产原油、天然气,从地质普查、勘探开发到原油天然气销售的一系列生产过程所发生的劳务(具体见财税〔2009〕8号《财政部 国家税务总局关于印发〈油气田企业增值税管理办法〉的通知》所附的《增值税生产性

---

① 《财政部 国家税务总局关于印发〈油气田企业增值税管理办法〉的通知》(财税〔2009〕8号,2009年1月19日)。此前,《国家税务总局关于油气田所属单位为本油气田提供劳务征收营业税问题的通知》(国税发〔1995〕132号,1995年7月6日)规定,油气田下设的非独立核算单位,为本油气田提供油气勘探开发等劳务,不征收营业税;下设的独立核算单位,为本油气田提供油气勘探开发等劳务,应当征收营业税;油气田下设的非独立核算单位,对外提供劳务(包括油气勘探开发劳务在内)或向本油气田下设独立核算单位提供劳务,凡属营业税应税劳务并向对方收取货币、货物或其他经济利益的,均应当征收营业税。后来,《国家税务总局关于发布已失效或废止的税收规范性文件目录的通知》(国税发〔2006〕62号,2006年5月12日)对国税发〔1995〕132号的上述规定予以废止。此外,《国家税务总局关于中国海洋石油总公司所属公司提供劳务征收营业税问题的通知》(国税函发〔1996〕112)曾规定,自1996年1月1日起,中国海洋石油总公司所属地区公司与地区公司、地区公司与专业公司、专业公司与专业公司之间,凡提供地质勘探、钻井、固井、录井、井下作业,物探,工程设计、采油、平台制造、运输(包括管道及油气运输)、油气生产的注水、注气、船舶运输、建筑安装、通讯等应纳税劳务,应当按照《中华人民共和国营业税暂行条例》的有关税目、税率缴纳营业税。

劳务征税范围注释》)①。

缴纳增值税的生产性劳务仅限于油气田企业间相互提供属于《增值税生产性劳务征税范围注释》内的劳务。油气田企业与非油气田企业之间相互提供的生产性劳务不缴纳增值税②。

4.8.4　货物运输业

4.8.4.1　货物运输业营业税征收管理试行办法

在中华人民共和国境内提供公路、内河货物运输劳务(包括内海及近海货物运输)的单位和个人适用《货物运输业营业税征收管理试行办法》(简称《试行办法》)③。

(1)自开票纳税人和代开票纳税人

提供货物运输劳务的单位和个人,根据其开具货物运输业发票的方式,分为自开票纳税人和代开票纳税人④。

①自开票纳税人,是指符合规定条件,向主管地方税务局申请领购并自行开具货物运输业发票的纳税人。自开票纳税人不包括个人、承包人、承租人以及挂靠人⑤。

上述所称"符合规定条件",是指同时具备以下条件⑥:

Ⅰ　具有工商行政管理部门核发的营业执照,地方税务局核发的税务登记证,交通管理部门核发的道路运输经营许可证、水路运输许可证;

Ⅱ　年提供货物运输劳务金额在20万元以上(新办企业除外);

Ⅲ　具有固定的办公场所。如是租用办公场所,则租期必须1年以上;

Ⅳ　在银行开设结算账户;

Ⅴ　具有自备运输工具,并提供货物运输劳务;

Ⅵ　账簿设置齐全,能按发票管理办法规定妥善保管、使用发票及其他单证等资料,能按财务会计制度和税务局的要求正确核算营业收入、营业成本、税金、营业利润并能按规定向主管地方税务局正常进行纳税申报和缴纳各项税款。

新办的提供货物运输劳务的单位,凡符合自开票纳税人条件,注册资金在30万元以上的,可在办理税务登记的同时申请办理自开票纳税人认定手续⑦。

铁路运输(包括中央、地方、工矿及其他单位所属铁路)、管道运输、国际海洋运输业务,装卸搬运以及公路、内河客运业务的纳税人不需要进行自开票纳税人资格认定,不需要报送货物运输业发票清单⑧。

自2007年1月1日起,统一将外商投资货物运输企业认定为自开票纳税人,其他税收事项仍按照《国家税务总局关于加强货物运输业税收征收管理的通知》(国税发[2003]121号)和《国家税务总局关于货物运输业若干税收问题的通知》(国税发[2004]88号)的有关规定执行⑨。

②代开票纳税人,是指除自开票纳税人以外的需由代开票单位代开货物运输业发票的单位和个人。代开票单位是指主管地方税务局。经省级地方税务局批准也可以委托中介机构代开货物运输业发票⑩。

①　《财政部 国家税务总局关于印发〈油气田企业增值税管理办法〉的通知》(财税[2009]8号,2009年1月19日)。
②　《财政部 国家税务总局关于印发〈油气田企业增值税管理办法〉的通知》(财税[2009]8号,2009年1月19日)。
③　《国家税务总局关于货物运输业若干税收问题的通知》(国税发[2004]88号,2004年7月8日)。《货物运输业营业税征收管理试行办法》见《国家税务总局关于加强货物运输业税收征收管理的通知》(国税发[2003]121号,2003年10月17日)。
④　《国家税务总局关于加强货物运输业税收征收管理的通知》(国税发[2003]121号,2003年10月17日)。
⑤　《国家税务总局关于加强货物运输业税收征收管理的通知》(国税发[2003]121号,2003年10月17日)。《国家税务总局关于货物运输业若干税收问题的通知》(国税发[2004]88号,2004年7月8日)。
⑥　《国家税务总局关于加强货物运输业税收征收管理的通知》(国税发[2003]121号,2003年10月17日)。
⑦　《国家税务总局关于加强货物运输业税收征收管理的通知》(国税发[2003]121号,2003年10月17日)。
⑧　《国家税务总局关于货物运输业若干税收问题的通知》(国税发[2004]88号,2004年7月8日)。
⑨　《国家税务总局关于认定外商投资货物运输企业为自开票纳税人的通知》(国税函[2007]223号,2007年2月15日)。
⑩　《国家税务总局关于加强货物运输业税收征收管理的通知》(国税发[2003]121号,2003年10月17日)。

凡委托中介机构代开货物运输业发票的,地方税务局要按规定向委托代征税款单位支付代征税款手续费①。

地方税务局要加强对代开票中介机构的管理,不得随意放宽代开票中介机构的条件和范围。接受委托代开货物运输业发票的中介机构必须按照《试行办法》中的有关规定开具发票,代征和解缴税款,并按期向主管地方税务局报送《中介机构代开货物运输业发票清单》②。

除自开票纳税人以外的其他提供货物运输劳务的单位和个人,不论其是否有工商管理部门核发的营业执照和车辆道路运输证、船舶营业运输复印件,均可办理税务登记。凭税务登记和自备或承包、承租的车船等运输工具的证明办理代开票纳税人手续③。

(2)货物运输发票的开具、使用、传递

①一般规定

货物运输业必须使用全国统一的发票,发票的样式和内容由国家税务总局另行制定。铁路运输、航空运输、海洋运输的货物运输业发票应按照国家税务总局统一规定的格式、内容印制和使用。货物运输业发票的印制、领购、开具、取得、保管、缴销均

由地方税务局管理和监督④。

Ⅰ 自开票纳税人应按照发票管理办法及相关的法律、法规的规定,如实填开货物运输业发票,加盖财务印章和开票人专章⑤。

Ⅱ 提供货物运输劳务但按规定不需办理工商登记和税务登记的单位和个人,凭单位证明或个人身份证在单位机构所在地或个人车籍地由代开票单位代开货物运输业发票⑥。

主管税务机关应对代开票纳税人是否具备运输工具等情况进行审核,对未提供货物运输劳务的单位或个人,不得为其代开货物运输业发票⑦。

②发票填开规定

Ⅰ 除自开票纳税人和代开票单位以外,其他任何单位和个人均不得开具货物运输业发票⑧。

Ⅱ 自开票纳税人和代开票单位必须按照规定逐栏、如实填开货物运输业发票。凡开具给增值税一般纳税人的货物运输业发票,必须填写该增值税一般纳税人的名称和纳税人识别号⑨。

③货物运输发票清单汇总、传递规定

在全国实行新的由税控器具开具货物运输业发票以前,货物运输业发票清单汇总、传递方法如下⑩:

---

① 《国家税务总局关于加强货物运输业税收征收管理的通知》(国税发[2003]121号,2003年10月17日)。

② 《国家税务总局关于货物运输业若干税收问题的通知》(国税发[2004]88号,2004年7月8日)。

③ 《国家税务总局关于加强货物运输业税收征收管理有关问题的通知》(国税发明电[2003]55号,2003年12月12日)。

④ 《国家税务总局关于加强货物运输业税收征收管理的通知》(国税发[2003]121号,2003年10月17日)。

⑤ 《国家税务总局关于加强货物运输业税收征收管理的通知》(国税发[2003]121号,2003年10月17日)。

⑥ 《国家税务总局关于货物运输业若干税收问题的通知》(国税发[2004]88号,2004年7月8日)。该文还对办理税务登记前发生货物运输劳务的发票开具问题进行了规定:单位和个人在领取营业执照之日起三十日内向主管地方税务局申请办理税务登记的,对其自领取营业执照之日至取得税务登记证期间提供的货物运输劳务,办理税务登记手续后,主管地方税务局可为其代开货物运输业发票;单位和个人领取营业执照超过三十日未向主管地方税务局申请办理税务登记的,主管地方税务局应按税收征管法及其实施细则的规定进行处理,在补办税务登记手续后,对其自领取营业执照之日至取得税务登记证期间提供的货物运输劳务,可为其代开货物运输发票;地方税务局对提供货物运输劳务的单位和个人进行税收管理过程中,凡发现代开票纳税人(包括承包人、承租人、挂靠人以及其他单位和个人)未办理税务登记的,符合税务登记条件的,必须依法办理税务登记。根据《国家税务总局关于公布全文失效废止 部分条款失效废止的税收规范性文件目录的公告》(国家税务总局公告2011年第2号,2011年1月4日),国税发[2004]88号上述规定废止。

⑦ 《国家税务总局关于进一步加强公路内河货物运输业税收征收管理的通知》(国税函[2007]504号,2007年5月18日)。

⑧ 《国家税务总局关于加强货物运输业税收征收管理的通知》(国税发[2003]121号,2003年10月17日)。

⑨ 《国家税务总局关于加强货物运输业税收征收管理的通知》(国税发[2003]121号,2003年10月17日)。

⑩ 《国家税务总局关于加强货物运输业税收征收管理的通知》(国税发[2003]121号,2003年10月17日)。《国家税务总局关于加强货物运输业税收征收管理有关问题的通知》(国税发明电[2003]55号,2003年12月12日)。《国家税务总局关于加强货物运输企业纳税申报管理工作的通知》(国税发[2006]99号,2006年7月10日)。

Ⅰ 地方税务局代开货物运输业发票时要先征收税款后再开具货物运输业发票,并加盖代开票地方税务局发票专用章,专用章要有代开票地方税务局名称和地方税务局代码。代开的货物运输业发票填写《地税局代开货物运输业发票清单》。

Ⅱ 自开票纳税人在申报缴纳营业税时,除报送营业税申报表外,必须向主管地方税务局报送《自开票纳税人货物运输业发票清单》的纸制文件和电子信息。

纳税人每月申报缴纳营业税的计税营业额,不得小于每月发票开具金额。

Ⅲ 代开票中介机构代开货物运输业发票时要先代征税款后再开具货物运输业发票,并加盖中介机构开票人专章。代开票中介机构在解缴代征税款后,必须按主管地方税务局规定的申报期限向主管地方税务局报送《中介机构代开货物运输业发票清单》的纸制文件和电子信息。

《地税局代开货物运输业发票清单》、《自开票纳税人货物运输业发票清单》和《中介机构代开货物运输业发票清单》(见国税发〔2003〕121号《国家税务总局关于加强货物运输业税收征收管理的通知》附件)必须是电子信息,软件由国家税务总局统一制作。

Ⅳ 县(市)级地方税务局应将《地税局代开货物运输业发票清单》和《自开票纳税人货物运输业发票清单》、《中介机构代开货物运输业发票清单》进行汇总,并将汇总后的电子信息于每月20日前送同级国家税务局。

凡具备网络条件的地方税务局,可由县(市)级地方税务局将《地税局代开货物运输业发票清单》、《自开票纳税人货物运输业发票清单》、《中介机构代开货物运输业发票清单》汇总后的电子信息上报地(市)或省级地方税务局,由地(市)或省级地方税务局将本级汇总后的电子信息于每月22日前送同级国家税务局。

(3)新版公路、内河货物运输业统一发票使用有关问题

详见附件四。

(4)货物运输业务税款征收

①对自开票纳税人实行查账征收方法。对自开票纳税人开具的货物运输业发票注明的运费和其他价外收费,一律按"交通运输业"税目征收营业税①。

自开票纳税人在购领发票时,税务机关必须严格按照"验旧售新",也即先缴税后购票的要求发售发票②。

②对代开票纳税人实行定期定额征收方法。税务机关和中介机构在为代开票纳税人代开货物运输业发票时,必须实行"先税后票"。按代开的货物运输业发票注明的运费和其他价外收费即时征收营业税、所得税及附加,年终时对"双定"户按以下方法进行清算③:

Ⅰ 开票金额大于定额的,以开票金额数为依据征收税款,并作为下一年度核定定期定额的依据。如定期定额税款已征,可将按期征收的定期定额税款退还纳税人或抵顶下期税款;

Ⅱ 开票金额小于定额的,按定额数征收税款。如定期定额税款已征,可将代开发票时征收的税款数额退还纳税人或抵顶下期税款。

Ⅲ 对代开票纳税人按月或按季结算,代开票纳税人在缴纳定额税款时,地方税务局应按其在代开票时取得的税收完税凭证为依据,如完税凭证上注明的税款大于定额的,以开票时缴纳的税款为准,不再征收定额的税款;如完税凭证上注明的税款小于定额的,则补缴定额与完税凭证上注明的税款差额部分。对代开票纳税人采取按月还是按季

---

① 《国家税务总局关于加强货物运输业税收征收管理的通知》(国税发〔2003〕121号,2003年10月17日)。
② 《国家税务总局关于进一步加强公路内河货物运输业税收征收管理的通知》(国税函〔2007〕504号,2007年5月18日)。
③ 《国家税务总局关于加强货物运输业税收征收管理的通知》(国税发〔2003〕121号,2003年10月17日)。《国家税务总局关于进一步加强公路内河货物运输业税收征收管理的通知》(国税函〔2007〕504号,2007年5月18日)。

结算,由省级地方税务局确定①。

按代开票纳税人管理的所有单位和个人(包括外商投资企业、特区企业和其他单位、个人),凡按规定应当征收营业税,在代开货物运输业发票时一律按开票金额 3% 征收营业税,按营业税税款 7% 预征城建税,按营业税税款 3% 征收教育附加费。同时按开票金额 3.3% 预征所得税,预征的所得税年终时进行清算。但代开票纳税人实行核定征收企业所得税办法的,年终不再进行所得税清算②。

对 2002 年以后新办的货物运输单位的所得税,由代开票单位在代开货物运输业发票时统一代征,由地方税务局统一入库③。

从 2008 年 1 月 1 日起,代开货物运输业发票的企业,按开票金额 2.5% 预征企业所得税④。

对代开货运发票的个人所得税纳税人,统一按开票金额的 2.5% 预征个人所得税。年度终了后,查账征税的代开货运发票个人所得税纳税人,按此规定预征的个人所得税可以在汇算清缴时扣除;实行核定征收个人所得税的,按此规定预征的个人所得税,不得从已核定税额中扣除⑤。

代开票纳税人是承包人、承租人以及挂靠人的,其"双定"税款可由主管地税局委托出包方、出租方以及挂靠方统一代征。年终以出包方、出租方以及挂靠方为单位进行统一清算,清算及下一年度核定方法同上⑥。

对代开票纳税人凡核定的营业额低于当地确定的营业税起征点的,不征收营业税;凡核定的营业额高于当地确定的营业税起征点的,代开发票时按规定征收税款⑦。

③代开票纳税人实行定期定额征收方法时,为避免在代开票时按票征收发生重复征税,对代开票纳税人可采取以下征收方法⑧:

Ⅰ 在代开票时按开具的货物运输业发票上注明的营业税应税收入按规定征收(代征)营业税、所得税及附加。

Ⅱ 代开票纳税人采取按月还是按季结算,由省级地方税务局确定。

Ⅲ 代开票纳税人在缴纳定额税款时,如其在代开票时取得的税收完税凭证上注明的税款大于定额税款的,不再缴纳定额税款;如完税凭证上注明的税款小于定额的,则补缴完税凭证上注明的税款与定额税款差额部分。

④代开票纳税人从事联运业务的,其计征营业税的营业额为代开的货物运输业发票注明营业税应税收入,不得减除支付给其他联运合作方的各种费用⑨。

⑤物流劳务征税规定⑩

单位和个人利用自备车辆偶尔对外提供货物运输劳务的,可不进行定期定额管理,代开票时对其按次征税。

利用自备车辆提供运输劳务的同时提供其他

---

① 《国家税务总局关于加强货物运输业税收征收管理有关问题的通知》(国税发明电[2003]55 号,2003 年 12 月 12 日)。

② 《国家税务总局关于加强货物运输业税收征收管理有关问题的通知》(国税发明电[2003]55 号,2003 年 12 月 12 日)。《国家税务总局关于货物运输业若干税收问题的通知》(国税发[2004]88 号,2004 年 7 月 8 日)。同时,国税发[2004]88 号还取消了《国家税务总局关于加强货物运输业税收征收管理的通知》(国税发[2003]121 号)有关代开票纳税人在申请代开票时,须提供《代开票纳税人资格证书》和承运货物时同货主签订的承运货物合同或其他有效证明的规定。此后,《国家税务总局关于公布废止的营业税规范性文件目录的通知》(国税发[2009]29 号),也废止了代开票纳税人在开具货物运输发票时所须提供有关资料的规定。

③ 《国家税务总局关于加强货物运输业税收征收管理有关问题的通知》(国税发明电[2003]55 号,2003 年 12 月 12 日)。

④ 《国家税务总局关于调整代开货物运输业发票企业所得税预征率的通知》(国税函[2008]819 号,2008 年 10 月 6 日)。此前,《国家税务总局关于货物运输业若干税收问题的通知》(国税发[2004]88 号)规定,按开票金额 3.3% 预征所得税。

⑤ 《国家税务总局关于代开货物运输业发票个人所得税预征率问题的通知》(国税函[2008]977 号,2008 年 11 月 30 日)。

⑥ 《国家税务总局关于加强货物运输业税收征收管理的通知》(国税发[2003]121 号,2003 年 10 月 17 日)。

⑦ 《国家税务总局关于货物运输业若干税收问题的通知》(国税发[2004]88 号,2004 年 7 月 8 日)。

⑧ 《国家税务总局关于货物运输业若干税收问题的通知》(国税发[2004]88 号,2004 年 7 月 8 日)。

⑨ 《国家税务总局关于货物运输业若干税收问题的通知》(国税发[2004]88 号,2004 年 7 月 8 日)。

⑩ 《国家税务总局关于货物运输业若干税收问题的通知》(国税发[2004]88 号,2004 年 7 月 8 日)。

劳务(如对运输货物进行挑选、整理、包装、仓储、装卸搬运等劳务)的单位(简称物流劳务单位),凡符合规定的自开票纳税人条件的,可以认定为自开票纳税人。

自开票的物流劳务单位开展物流业务应按其收入性质分别核算,提供运输劳务取得的运输收入按"交通运输业"税目征收营业税并开具货物运输业发票;提供其他劳务取得的收入按"服务业"税目征收营业税并开具服务业发票。凡未按规定分别核算其应税收入的,一律按"服务业"税目征收营业税。

代开票单位在为代开票物流劳务单位代开发票时也应按照以上原则征税(代征)并代开发票。

(5)货物运输业营业税纳税地点

①提供货物运输劳务的单位向其机构所在地主管地方税务局申报缴纳营业税①。

②提供货物运输劳务的承包人、承租人或挂靠人,向其发包、出租或所挂靠单位机构所在地主管地方税务局申报缴纳营业税。其他提供货物运输劳务的个人向其运营车辆的车籍所在地主管地方税务局申报缴纳营业税②。

(6)货物运输自开票纳税人减免税审批取消后的后续管理

自2004年5月19日起,取消对货物运输自开票纳税人减免税审批。取消认定手续后,主管地方税务局应按照减免税条件的要求,对符合享受减免税条件的自开票纳税人所开具的货物运输业发票

减免征收营业税;对符合享受减免税条件的代开票纳税人,在代开货物运输业发票时即时征收营业税、城建税、教育费附加及所得税,再按规定在下一征期办理退税。具体退税办法按《国家税务总局 中国人民银行 财政部关于现金退税问题的紧急通知》(国税发〔2004〕47号)执行③。

对给予了减免营业税优惠的自开票纳税人和代开票纳税人,要分户建立减免税档案,加强对减免税企业的资质及材料档案的管理,同时要加强其日常监督、检查④。

4.8.4.2 货物运输业营业税纳税人认定和年审试行办法⑤

自2003年11月1日起,对公路、内河货物运输业自开票纳税人实行认定和年审制度⑥。

(1)提供公路、内河货物运输劳务(简称货物运输劳务)的单位需申请自开票纳税人的,应向主管地方税务局办理认定手续。

(2)提供货物运输劳务的单位同时符合下列条件的,可向其主管地方税务局申请认定为自开票纳税人:

①具有工商行政管理部门核发的营业执照,地方税务局核发的税务登记证,交通管理部门核发的道路运输经营许可证、水路运输许可证;

对有中国邮政专用标志的邮政运输车辆不需要车辆道路运输证⑦。

对跨省、市、县(区)设立非独立核算分支机构

① 《国家税务总局关于加强货物运输业税收征收管理的通知》(国税发〔2003〕121号,2003年10月17日)。
② 《国家税务总局关于加强货物运输业税收征收管理的通知》(国税发〔2003〕121号,2003年10月17日)。
③ 《国家税务总局关于取消"货运业自开票纳税人和代开票纳税人营业税减免认定"后有关税收管理问题的通知》(国税函〔2004〕824号,2004年6月25日)。《国家税务总局关于货物运输业若干税收问题的通知》(国税发〔2004〕88号,2004年7月8日)。此前,《国家税务总局关于加强货物运输业税收征收管理的通知》(国税发〔2003〕121号,2003年10月17日)规定,符合营业税法规规定的减免条件的自开票纳税人,应向主管地方税务局报送有关资料,并经主管地方税务局认定后才能享受减免营业税优惠。符合营业税法规规定减免条件的代开票纳税人,必须提供主管地方税务局批准的减免税文书,其由代开票单位代开的货物运输业发票的营业额,才能享受减免营业税优惠。
④ 《国家税务总局关于取消"货运业自开票纳税人和代开票纳税人营业税减免认定"后有关税收管理问题的通知》(国税函〔2004〕824号,2004年6月25日)。
⑤ 《国家税务总局关于加强货物运输业税收征收管理的通知》(国税发〔2003〕121号,2003年10月17日)。
⑥ 根据《国家税务总局关于货物运输业若干税收问题的通知》(国税发〔2004〕88号,2004年7月8日)规定,国税发〔2003〕121号有关代开票纳税人认定和年审的规定从2004年7月1日停止执行。
⑦ 《国家税务总局关于加强货物运输业税收征收管理有关问题的通知》(国税发明电〔2003〕55号,2003年12月12日)。

提供货物运输劳务的单位,可凭总机构出具的车辆道路运输证、船舶营业运输证复印件办理自开票纳税人的认定工作①。

②年提供货物运输劳务金额在 20 万元以上(新办企业除外)。

③具有固定的经营场所。如是租用办公场所,则承租期必须 1 年以上。

④在银行开设结算账户。

⑤具有自备运输工具,并提供货物运输劳务。

⑥账簿设置齐全,能按发票管理办法规定妥善保管、使用发票及其他单证等资料,能按税务机关和财务会计制度的要求正确核算营业收入、营业成本、税金和营业利润,并能按规定向税务机关进行纳税申报和缴纳各项税款。

(3)以下纳税人不能认定为自开票纳税人:

①不同时具备上述 6 个条件的单位;

②不同时具备以下条件的承包人、承租人以及挂靠人(属代开票人,其"双定"税款可由主管税务机关委托出包方、出租方以及挂靠方统一代征):

Ⅰ 以出包方、出租方、被挂靠方的名义对外经营,由出包方、出租方、被挂靠方承担相关的法律责任;

Ⅱ 经营收支全部纳入出包方、出租方、被挂靠方的财务会计核算;

Ⅲ 利益分配以出包方、出租方、被挂靠方的利润为基础。

③拥有运输工具的个人。

(4)申请办理自开票纳税人认定的单位,应提供或出示下列有关证件和资料:

①单位申请报告;

②货物运输业自开票纳税人认定表;

③营业执照复印件;

④税务登记证副本;

⑤车辆道路运输证、船舶营业运输证复印件;

⑥自有房屋产权证或房屋租赁合同复印件;

⑦购置自有运输工具购买发票复印件;

⑧地方税务局要求提供的其他有关证件、资料。

(5)申请办理自开票纳税人认定手续的程序

①对现有的提供货物运输劳务的单位,应按以下程序办理认定手续:

Ⅰ 申请程序。提供货物运输劳务的单位应向主管地方税务局提交申请报告,如实填写《货物运输业自开票纳税人认定表》及认定所需资料。

Ⅱ 审批程序和审批机关。自开票纳税人由县级或县级以上税务机关认定。对单位提出的申请报告和有关资料,负责审批的税务机关应在收到之日起 30 日内审核完毕。对符合自开票纳税人条件的,发给《货物运输业营业税自开票纳税人认定证书》,并在其税务登记证副本上首页上方和《发票领购簿》上加盖"自开票纳税人"确认专用章,作为领购货物运输发票的证件。

②对新办提供公路、内河货物运输劳务的单位:

新办的提供货物运输劳务的单位,凡符合自开票纳税人条件,注册资金在 30 万元以上的,可在办理税务登记的同时申请办理自开票纳税人认定手续。

新办提供货物运输劳务的单位申请人,办理自开票纳税人认定手续的程序,比照上述现有提供货物运输劳务的单位办理。

(6)年审

①年审时间

地方税务局应按年度对自开票纳税人进行资格审验和确认。对原已认定为自开票纳税人实行年度审验制度。年审从每年 11 月起至 12 月底结束,具体期限由省级地方税务局确定。

②年审内容

Ⅰ 基本情况。包括纳税人名称、经营地址、经济性质、经营范围、开户银行及账号、车辆、船舶等运输工具状况、联系电话等。

① 《国家税务总局关于加强货物运输业税收征收管理有关问题的通知》(国税发明电〔2003〕55 号,2003 年 12 月 12 日)。

Ⅱ 纳税情况。包括本年度实现的营业额、营业成本、应纳税额、实缴税额和欠缴税额等。

Ⅲ 财务核算情况。包括会计人员配备、账簿设置、财务核算状况等。

Ⅳ 货物运输发票管理情况。包括货物运输业发票领购、使用、结存、保管、缴销及违章情况。

③年审的程序

Ⅰ 按照年审规定的时间要求,自开票纳税人应到主管地方税务局领取《自开票纳税人年审申请审核表》(简称《年审表》),填写盖章后连同工商营业执照副本、道路、水上运输经营许可证复印件、税务登记证副本、《发票领购簿》、年度财务报表及税务机关要求提供的其他资料,一并报主管地方税务局。

Ⅱ 主管地税局接到自开票、代开票纳税人申报的《年审表》及有关资料后30日内进行初审,并签署初审意见,逐级报送上级审批机关,审批机关应在30日内作出年审结论。年审审批机关是指有批准认定自开票纳税人资格的县级或县级以上的地方税务局。

④年审的结果

Ⅰ 年审合格的处理

对年审合格的自开票纳税人,在《货物运输业营业税自开票纳税人认定证书》及《发票领购簿》上加贴自开票纳税人年审合格标识。

Ⅱ 年审不合格的处理

达不到自开票纳税人资格的纳税人,暂缓通过年审,在3个月内进行整改,整改期间不得自行开具货物运输业发票,如需开具货物运输业发票的由主管地方税务局代开。在规定的期限内,整改合格的按年审合格办法处理,整改不合格的取消其自开票纳税人资格,清缴货物运输发票,并在其税务登记证副本首页右上方和《发票领购簿》上加盖"已取消自开票纳税人资格"专用章,并收回《货物运输业营业税自开票纳税人认定证书》。

(7)对已具有自开票纳税人资格的提供货物运输劳务单位,一旦发现有下列情形之一的,经主管地方税务局审定,可取消其自开票纳税人的资格,收回《货物运输业营业税自开票纳税人认定证书》和停止其使用货物运输业发票:

①没有按地方税务局的要求正确核算货物运输和非货物运输的营业收入、营业成本、税金、营业利润的;

②不能按规定向税务机关进行正常纳税申报和缴纳各项税款的;

③有偷税、抗税行为的;

④不能妥善保管、使用货物运输业发票造成严重后果的;

⑤违反规定,对货物运输和非货物运输业务都开具货物运输业发票的;

⑥违反规定,为其他纳税人开具货物运输业发票的。

(8)纳税人必须在规定的期限内向地方税务局办理年审手续,在规定期限内未办理年审手续的按年审不合格处理。

《年审表》填报不实、数据不准确的,随同《年审表》报送其他资料不齐全,以及其他未按规定办理年审手续的,地方税务局应责令其在年审规定期内如实申报和补报。如仍不如实申报和补报的,则按年审不合格处理。

(9)凡被取消自开票纳税人资格的纳税人,1年内不得再重新申请认定自开票纳税人。

自开票纳税人年审,由省级地方税务局统一组织,年审的具体工作,由具有批准认定自开票纳税人资格的各级地方税务局负责实施。

《货物运输业自开票纳税人认定表》、《货物运输业代开票纳税人认定表》、《货物运输业营业税自开票纳税人认定证书》、《货物运输业营业税代开票纳税人认定证书》、《年审表》、年审合格标识、"自开票纳税人"、"已取消自开票纳税人资格"专用章由省级地方税务局统一制定下发。

此外,《货物运输发票增值税抵扣管理试行办法》和《货物运输发票管理流程实施方案》详见《国家税务总局关于加强货物运输业税收征收管理的通知》(国税发〔2003〕121号),《公路、内河货物运输业税收管理操作规程》详见附件五。

货物运输业发票税控系统应用有关问题详见《国家税务总局关于进行公路、内河货运发票税控系统试点工作的通知》（国税发〔2006〕95号）、《国家税务总局关于全国范围内推行公路内河货物运输业发票税控系统有关工作的通知》（国税发〔2006〕163号）、《国家税务总局关于公路内河货物运输业发票税控系统应用中有关问题的通知》（国税函〔2007〕315号）、《国家税务总局关于公路内河货物运输业发票税控系统有关问题的批复》（国税函〔2007〕353号）。

4.8.5 服务贸易等项目对外支付出具税务证明管理办法

详见本书个人所得税部分"服务贸易及部分资本项目对外支付提交税务凭证的处理"。

4.9 外国企业常驻代表机构营业税征税规定

详见本书第7章企业所得税"外国企业及其他组织常驻代表机构税收管理"部分①。

---

① 1994年1月1日起，实施营业税暂行条例及其实施细后，《国家税务总局关于1993年12月31日前公布的有关外国企业常驻代表机构计征流转税的规定处理办法的通知》（国税发〔1994〕70号，1994年3月16日）规定，在此之前发布的关于外国企业常驻代表机构征税的文件，经审核有关计征流转税的规定部分，原则上仍可延用，但原规定中"工商统一税"应改为"营业税"，适用税目应改为"服务业"，适用税率为5%。可以延用的文件包括：《财政部公布财政部对外国企业常驻代表机构征收工商统一税，企业所得税的暂行规定》（财税字〔1985〕第110号，1985年5月5日）；《财政部关于对外国企业常驻代表机构降低核定利润率征税问题的通知》（财税字〔1986〕第290号，1986年10月6日）；《财政部关于〈对外国企业常驻代表机构征收工商统一税、企业所得税的暂行规定〉的几个政策业务问题》（财税字〔1985〕第122号，1985年5月13日）；《财政部关于对外国企业常驻代表机构征收工商统一税，企业所得税问题的补充规定》（财税外字〔1985〕第197号，1985年9月25日）；《财政部关于对外国企业常驻代表机构核定收入额计算征税问题的通知》（财税外字〔1985〕第198号，1985年9月19日）；《财政部关于对外国企业常驻代表机构降低核定佣金率的通知》（财税外字〔1986〕第273号，1986年11月4日）；《财政部关于对外国企业常驻代表机构征税方法问题的通知》（财税外字〔1985〕第200号，1985年9月19日）；《财政部关于对外国企业常驻代表机构从事自营商品贸易和代理商品贸易区分问题的通知》（财税外字〔1986〕第53号，1986年3月1日）；《财政部关于确定常驻代表机构征税方法问题的通知》（财税外字〔1986〕第55号，1986年3月3日）；《财政部关于适当延长外国企业常驻代表机构申报缴纳工商统一税期限问题的通知》（财税外字〔1986〕第46号，1986年2月26日）；《国家税务局关于对外国企业常驻代表机构为其总机构垫付的部分费用可不作为常驻代表机构的费用换算收入征收的通知》（国税外字〔1988〕第333号，1988年12月5日）；《国家税务局关于外国企业常驻代表机构从事广告业务所取得的佣金、手续费征收工商统一税、企业所得税的通知》（国税外字〔1988〕第337号，1988年12月12日）。但是，根据《国务院关于废止部分行政法规的决定》（中华人民共和国国务院令第516号，2008年1月15日），财税字〔1985〕第110号被予以废止，上述财税字〔1985〕第122号、财税外字〔1985〕第197号均与财税字〔1985〕第110号直接相关而相应失效；国税外字〔1988〕第337号也被《国家税务总局关于加强外国企业常驻代表机构税收征管有关问题的通知》（国税发〔1996〕165号）公布停止执行；国税发〔1996〕165号随同后来下发的《国家税务总局关于外国企业常驻代表机构有关税收管理问题的通知》（国税发〔2003〕28号）以及《国家税务总局关于外国政府等在我国设立代表机构免税审批程序有关问题的通知》（国税函〔2008〕945号）又被《国家税务总局关于印发〈外国企业常驻代表机构税收管理暂行办法〉的通知》（国税发〔2010〕18号）所废止。根据《国家税务总局关于公布全文失效废止 部分条款失效废止的税收规范性文件目录的公告》（国家税务总局公告2011年第2号，2011年1月4日），国税发〔1994〕70号和国税外字〔1988〕第333号被公布全文废止。根据《财政部关于公布废止和失效的财政规章和规范性文件目录（第十一批）的决定》（财政部令第62号，2011年2月21日），财税字〔1985〕第122号、财税外字〔1985〕第197号、财税外字〔1985〕第198号、财税外字〔1985〕第200号、财税外字〔1986〕第53号、财税外字〔1986〕第55号被公布失效。目前，外国企业及其他租住常驻代表机构涉及营业税与增值税、企业所得税的税收管理问题，均适用国税发〔2010〕18号文件。

文化企业的具体范围[①]

1. 文艺表演团体;

2. 文化、艺术、演出经纪企业;

3. 从事新闻出版、广播影视和文化艺术展览的企业;

4. 从事演出活动的剧场(院)、音乐厅等专业演出场所;

5. 经国家文化行政主管部门许可设立的文物商店;

6. 从事动画、漫画创作、出版和生产以及动画片制作、发行的企业;

7. 从事广播电视(含付费和数字广播电视)节目制作、发行的企业,从事广播影视节目及电影出口贸易的企业;

8. 从事电影(含数字电影)制作、洗印、发行、放映的企业;

9. 从事付费广播电视频道经营、节目集成播出推广以及接入服务推广的企业;

10. 从事广播电影电视有线、无线、卫星传输的企业;

11. 从事移动电视、手机电视、网络电视、视频点播等视听节目业务的企业;

12. 从事与文化艺术、广播影视、出版物相关的知识产权自主开发和转让的企业;从事著作权代理、贸易的企业;

13. 经国家行政主管部门许可从事网络图书、网络报纸、网络期刊、网络音像制品、网络电子出版物、网络游戏软件、网络美术作品、网络视听产品开发和运营的企业;以互联网为手段的出版物销售企业;

14. 从事出版物、影视、剧目作品、音乐、美术作品及其他文化资源数字化加工的企业;

15. 图书、报纸、期刊、音像制品、电子出版物出版企业;

16. 出版物物流配送企业,经国家行政主管部门许可设立的全国或区域出版物发行连锁经营企业、出版物进出口贸易企业、建立在县及县以下以零售为主的出版物发行企业;

17. 经新闻出版行政主管部门许可设立的只读类光盘复制企业、可录类光盘生产企业;

18. 采用数字化印刷技术、电脑直接制版技术(CTP)、高速全自动多色印刷机、高速书刊装订联动线等高新技术和装备的图书、报纸、期刊、音像制品、电子出版物印刷企业。

---

① 《财政部 海关总署 国家税务总局关于支持文化企业发展若干税收政策问题的通知》(财税〔2009〕31 号,2009 年 3 月 27日)。

附件二：

享受免税的服务外包业务具体范围①

一、信息技术外包服务(ITO)

(一)软件研发及外包

类别	适用范围
软件研发及开发服务	用于金融、政府、教育、制造业、零售、服务、能源、物流、交通、媒体、电信、公共事业和医疗卫生等部门和企业,为用户的运营/生产/供应链/客户关系/人力资源和财务管理、计算机辅助设计/工程等业务进行软件开发,包括定制软件开发,嵌入式软件、套装软件开发,系统软件开发、软件测试等。
软件技术服务	软件咨询、维护、培训、测试等技术性服务。

(二)信息技术研发服务外包

类别	适用范围
集成电路和电子电路设计	集成电路和电子电路产品设计以及相关技术支持服务等。
测试平台	为软件、集成电路和电子电路的开发运用提供测试平台。

(三)信息系统运营维护外包

类别	适用范围
信息系统运营和维护服务	客户内部信息系统集成、网络管理、桌面管理与维护服务;信息工程、地理信息系统、远程维护等信息系统应用服务。
基础信息技术服务	基础信息技术管理平台整合、IT基础设施管理、数据中心、托管中心、安全服务、通讯服务等基础信息技术服务。

二、技术性业务流程外包服务(BPO)

类别	适用范围
企业业务流程设计服务	为客户企业提供内部管理、业务运作等流程设计服务。

---

① 《财政部 国家税务总局关于示范城市离岸服务外包业务免征营业税的通知》(财税[2010]64号,2010年7月28日)。《财政部 国家税务总局关于技术先进型服务企业有关企业所得税政策问题的通知》(财税[2010]65号,2010年11月5日)。

类别	适用范围
企业内部管理服务	为客户企业提供后台管理、人力资源管理、财务、审计与税务管理、金融支付服务、医疗数据及其他内部管理业务的数据分析、数据挖掘、数据管理、数据使用的服务;承接客户专业数据处理、分析和整合服务。
企业运营服务	为客户企业提供技术研发服务、为企业经营、销售、产品售后服务提供的应用客户分析、数据库管理等服务。主要包括金融服务业务、政务与教育业务、制造业务和生命科学、零售和批发与运输业务、卫生保健业务、通讯与公共事业业务、呼叫中心、电子商务平台等。
企业供应链管理服务	为客户提供采购、物流的整体方案设计及数据库服务。

三、技术性知识流程外包服务(KPO)

适用范围
知识产权研究、医药和生物技术研发和测试、产品技术研发、工业设计、分析学和数据挖掘、动漫及网游设计研发、教育课件研发、工程设计等领域。

附件三：

促进残疾人就业税收优惠政策征管办法①

根据《财政部 国家税务总局关于促进残疾人就业税收优惠政策的通知》（财税［2007］92号）和《国家税务总局关于印发〈税收减免管理办法（试行）〉的通知》（国税发［2005］129号）的有关规定，现将促进残疾人就业税收优惠政策具体征管办法明确如下：

一、资格认定

（一）认定部门

申请享受《财政部 国家税务总局关于促进残疾人就业税收优惠政策的通知》（财税［2007］92号）第一条、第二条规定的税收优惠政策的符合福利企业条件的用人单位，安置残疾人超过25%（含25%），且残疾职工人数不少于10人的，在向税务机关申请减免税前，应当先向当地县级以上地方人民政府民政部门提出福利企业的认定申请。

盲人按摩机构、工疗机构等集中安置残疾人的用人单位，在向税务机关申请享受《财政部 国家税务总局关于促进残疾人就业税收优惠政策的通知》（财税［2007］92号）第一条、第二条规定的税收优惠政策前，应当先向当地县级残疾人联合会提出认定申请。

申请享受《财政部 国家税务总局关于促进残疾人就业税收优惠政策的通知》（财税［2007］92号）第一条、第二条规定的税收优惠政策的其他单位，可直接向税务机关提出申请。

（二）认定事项

民政部门、残疾人联合会应当按照《财政部 国家税务总局关于促进残疾人就业税收优惠政策的通知》（财税［2007］92号）第五条第（一）、（二）、（五）项规定的条件，对前项所述单位安置残疾人的比例和是否具备安置残疾人的条件进行审核认定，并向申请人出具书面审核认定意见。

《中华人民共和国残疾人证》和《中华人民共和国残疾军人证》的真伪，分别由残疾人联合会、民政部门进行审核。

具体审核管理办法由民政部、中国残疾人联合会分别商有关部门另行规定。

（三）各地民政部门、残疾人联合会在认定工作中不得直接或间接向申请认定的单位收取任何费用。如果认定部门向申请认定的单位收取费用，则本条第（一）项前两款所述单位可不经认定，直接向主管税务机关提出减免税申请。

二、减免税申请及审批

（一）取得民政部门或残疾人联合会认定的单位（以下简称"纳税人"），可向主管税务机关提出减免税申请，并提交以下材料：

1. 经民政部门或残疾人联合会认定的纳税人，出具上述部门的书面审核认定意见；

2. 纳税人与残疾人签订的劳动合同或服务协议（副本）；

3. 纳税人为残疾人缴纳社会保险费缴费记录；

---

① 《国家税务总局 民政部 中国残疾人联合会关于促进残疾人就业税收优惠政策征管办法的通知》（国税发［2007］67号，2007年6月15日）。

4. 纳税人向残疾人通过银行等金融机构实际支付工资凭证；

5. 主管税务机关要求提供的其他材料。

（二）不需要经民政部门或残疾人联合会认定的单位以及本通知第一条第（三）项规定的单位（以下简称"纳税人"），可向主管税务机关提出减免税申请，并提交以下材料：

1. 纳税人与残疾人签订的劳动合同或服务协议（副本）；

2. 纳税人为残疾人缴纳社会保险费缴费记录；

3. 纳税人向残疾人通过银行等金融机构实际支付工资凭证；

4. 主管税务机关要求提供的其他材料。

（三）申请享受《财政部 国家税务总局关于促进残疾人就业税收优惠政策的通知》（财税〔2007〕92号）第三条、第四条规定的税收优惠政策的残疾人个人（以下简称"纳税人"），应当出具主管税务机关规定的材料，直接向主管税务机关申请减免税。

（四）减免税申请由税务机关的办税服务厅统一受理，内部传递到有权审批部门审批。审批部门应当按照《财政部 国家税务总局关于促进残疾人就业税收优惠政策的通知》（财税〔2007〕92号）第五条规定的条件以及民政部门、残疾人联合会出具的书面审核认定意见，出具减免税审批意见。

减免税审批部门对民政部门或残疾人联合会出具的书面审核认定意见仅作书面审核确认，但在日常检查或稽查中发现民政部门或残疾人联合会出具的书面审核认定意见有误的，应当根据《国家税务总局关于印发〈税收减免管理办法（试行）〉的通知》（国税发〔2005〕129号）等有关规定作出具体处理。

如果纳税人所得税属于其他税务机关征收的，主管税务机关应当将审批意见抄送所得税主管税务机关，所得税主管税务机关不再另行审批。

（五）主管税务机关在受理本条（二）、（三）项减免税申请时，可就残疾人证件的真实性等问题，请求当地民政部门或残疾人联合会予以审核认定。

三、退税减税办法

（一）增值税和营业税

增值税实行即征即退方式。主管税务机关对符合减免税条件的纳税人应当按月退还增值税，本月已交增值税不足退还的，可在本年度内以前月份已交增值税扣除已退增值税的余额中退还，仍不足退还的可结转本年度内以后月份退还。本年度应纳税额小于核定的年度退税限额的，以本年度应纳税额为限；本年度应纳税额大于核定的年度退税限额的，以核定的年度退税限额为限。纳税人本年度应纳税额不足退还的，不得结转以后年度退还。纳税人本月应退增值税额按以下公式计算：

本月应退增值税额＝纳税人本月实际安置残疾人员人数×县级以上税务机关确定的每位残疾人员每年可退还增值税的具体限额÷12

营业税实行按月减征方式。主管税务机关应按月减征营业税，本月应缴营业税不足减征的，可结转本年度以后月份减征。本年度应纳税额小于核定的年度减税限额的，以本年度应纳税额为限；本年度应纳税额大于核定的年度减税限额的，以核定的本年度减税限额为限。纳税人本年度应纳税额不足减征的，不得结转以后年度减征。纳税人本月应减征营业税额按以下公式计算：

本月应减征营业税额＝纳税人本月实际安置残疾人员人数×县级以上税务机关确定的每位残疾人员每年可减征营业税的具体限额÷12

兼营营业税"服务业"税目劳务和其他税目劳务的纳税人，只能减征"服务业"税目劳务的应纳税额；"服务业"税目劳务的应纳税额不足扣减的，不得用其他税目劳务的应纳税额扣减。

缴纳增值税或营业税的纳税人应当在取得主管税务机关审批意见的次月起，随纳税申报一并书面申请退、减增值税或营业税。

经认定的符合减免税条件的纳税人实际安置残疾人员占在职职工总数的比例应逐月计算，本月比例未达到25%的，不得退还本月的增值税或减征本月的营业税。

年度终了,应平均计算纳税人全年实际安置残疾人员占在职职工总数的比例,一个纳税年度内累计3个月平均比例未达到25%的,应自次年1月1日起取消增值税退税、营业税减税和企业所得税优惠政策。

纳税人新安置残疾人员从签订劳动合同并缴纳基本养老保险、基本医疗保险、失业保险和工伤保险等社会保险的次月起计算,其他职工从录用的次月起计算;安置的残疾人员和其他职工减少的,从减少当月计算。

(二)所得税

1. 对符合《财政部 国家税务总局关于促进残疾人就业税收优惠政策的通知》(财税〔2007〕92号)第二条、第三条、第四条规定条件的纳税人,主管税务机关应当按照有关规定落实税收优惠政策。

2. 原福利企业在2007年1月1日至2007年7月1日期间的企业所得税,凡符合原福利企业政策规定的企业所得税减免条件的,仍可按原规定予以减征或免征企业所得税,计算方法如下:

按规定享受免征企业所得税的原福利企业,2007年1月1日至2007年7月1日免征应纳税所得额=(2007年度企业所得税应纳税所得额÷12)×6

按规定享受减半征收企业所得税的原福利企业,2007年1月1日至2007年7月1日减征应纳税所得额=(2007年度企业所得税应纳税所得额÷12÷2)×6

2007年度企业所得税应纳税所得额的确定,应按原规定计算,不包括福利企业残疾职工工资加计扣除部分。

3. 各地税务机关应当根据本次政策调整情况,按有关规定调整企业所得税就地预缴数额。

四、变更申报

(一)纳税人实际安置的残疾人员或在职职工人数发生变化,但仍符合退、减税条件的,应当根据变化事项按本通知第一、二条的规定重新申请认定和审批。

(二)纳税人因残疾人员或在职职工人数发生变化,不再符合退、减税条件时,应当自情况变化之日起15个工作日内向主管税务机关申报。

五、监督管理

(一)主管税务机关应当加强日常监督管理,并会同民政部门、残疾人联合会建立年审制度,对不符合退、减税条件的纳税人,取消其退、减税资格,追缴其不符合退、减税条件期间已退或减征的税款,并依照税收征管法的有关规定予以处罚。

对采取一证多用或虚构《财政部 国家税务总局关于促进残疾人就业税收优惠政策的通知》(财税〔2007〕92号)第五条规定条件,骗取税收优惠政策的,一经查证属实,主管税务机关应当追缴其骗取的税款,并取消其3年内申请享受《财政部 国家税务总局关于促进残疾人就业税收优惠政策的通知》(财税〔2007〕92号)规定的税收优惠政策的资格。

(二)税务机关和纳税人应当建立专门管理台账。在征管软件修改前,主管税务机关和纳税人都要建立专门管理台账,动态掌握纳税人年度退、减税限额及残疾人员变化等情况。

(三)各地税务机关应当加强与民政部门、劳动保障部门、残疾人联合会等有关部门的沟通,逐步建立健全与发证部门的信息比对审验机制。建立部门联席会议制度,加强对此项工作的协调、指导,及时解决出现的问题,保证此项工作的顺利进行。

本通知自2007年7月1日起执行,适用原政策的纳税人,一律按本通知规定执行。各省、自治区、直辖市、计划单列市税务机关可按本通知精神,制定具体实施办法。

附件四：

新版公路、内河货物运输业统一发票使用规定①

一、启用时间及对象

从 2006 年 8 月 1 日起，统一使用新版《公路、内河货物运输业统一发票》（以下简称《货运发票》），旧版《货运发票》和《全国联运行业货运统一发票》自 2006 年 8 月 1 日起停止使用。

凡在中华人民共和国境内提供公路、内河货物运输劳务的单位和个人，在结算运输劳务费用、收取运费时，必须开具《货运发票》。凡从事货物运输业联运业务的纳税人可领购、使用《货运发票》。

《货运发票》按使用对象不同分为《公路、内河货物运输业统一发票》（以下简称自开发票）和《公路、内河货物运输业统一发票（代开）》（以下简称代开发票）两种。自开发票由自开票纳税人领购和开具；代开发票由代开单位领购和开具。代开发票由税务机关代开或者由税务机关指定的单位代开。纳税人需要代开发票时，应当到税务机关及其指定的单位办理代开发票事宜。

二、开具要求

1.《货运发票》必须采用计算机和税控器具开具，手写无效。开票软件由国家税务总局统一开发，免费供纳税人使用。税控器具及开票软件使用的具体规定由国家税务总局另行通知。

2. 填开《货运发票》时，需要录入的信息除发票代码和发票号码（一次录入）外，其他内容包括：开票日期、收货人及纳税人识别号、发货人及纳税人识别号、承运人及纳税人识别号、主管税务机关及代码、运输项目及金额、其他项目及金额、代开单位及代码（或代开税务机关及代码）、扣缴税额、税率、完税凭证（或缴款书）号码、开票人。在录入上述信息后，税控器具按规定程序自动生成并打印的信息包括：机打代码、机打号码、机器编号、税控码、运费小计、其他费用小计、合计（大写、小写）。录入和打印时应保证机打代码、机打号码与印刷的发票代码、发票号码相一致。

3. 为了保证在稽核比对时正确区分收货人、发货人中实际受票方（抵扣方、运费扣除方），在填开《货运发票》时应首先确认实际受票方，并在纳税人识别号前打印"+"号标记。"+"号与纳税人识别号之间不留空格。在填开收货人及纳税人识别号、发货人及纳税人识别号、承运人及纳税人识别号、主管税务机关及代码、代开单位及代码（或代开税务机关及代码）栏目时应分二行分别填开。

4. 有关项目的逻辑关系：

运费小计=运费项目各项费用相加之和；

其他费用小计=其他项目各项费用相加之和；

合计=运费小计+其他费用小计；

扣缴税额=合计×税率。

税率按法律、法规规定的税率填开。

---

① 《国家税务总局关于使用新版公路、内河货物运输业统一发票有关问题的通知》（国税发〔2006〕67 号,2006 年 8 月 4 日）。《国家税务总局关于新版公路 内河货物运输业统一发票有关使用问题的通知》（国税发〔2007〕101 号,2007 年 8 月 26 日）。此前,《国家税务总局关于使用公路、内河货物运输业统一发票有关问题的通知》（国税函〔2004〕557 号）、《国家税务总局关于印发新版〈全国联运行业货运统一发票〉式样的通知》（国税函〔2004〕1033 号）从 2006 年 8 月 1 日起废止。

5.《货运发票》应如实一次性填开,运费和其他费用要分别注明。"运输项目及金额"栏填开内容包括:货物名称、数量(重量)、单位运价、计费里程及金额等;"其他项目及金额"栏内容包括:装卸费(搬运费)、仓储费、保险费及其他项目和费用。备注栏可填写起运地、到达地和车(船)号等内容。

6. 开具《货运发票》时应在发票联左下角加盖财务印章或发票专用章或代开发票专用章;抵扣联一律不加盖印章。

7. 税控器具根据自开票纳税人和代开单位录入的有关开票信息和设定的参数,自动打印出×××位的税控码;税控码通过税控收款机管理系统可以还原成设定参数的打印信息。打印信息不完整及打印信息与还原信息不符的,为无效发票,国税机关在审核进项税额时不予抵扣。

设定参数包括:发票代码、发票号码、开票日期、承运人纳税人识别号、主管税务机关代码、收货人纳税人识别号或发货人纳税人识别号(即有"+"号标记的一方代码)、代开单位代码(或代开税务机关代码)、运费小计、扣缴税额。其中,自开发票7个参数(不包括上述代开单位代码或代开税务机关代码、扣缴税额等两个参数),代开发票9个参数。

三、《货运发票》开具有关具体问题的处理

(一)关于公路、内河联合货物运输业务开具货运发票问题

公路、内河联合货物运输业务,是指其一项货物运输业务由两个或两个以上的运输单位(或个人)共同完成的货物运输业务。运输单位(或个人)应以收取的全部价款向付款人开具货运发票,合作运输单位(或个人)以向运输单位(或个人)收取的全部价款向该运输单位(或个人)开具货运发票,运输单位(或个人)应以合作运输单位(或个人)向其开具的货运发票作为差额缴纳营业税的

扣除凭证①。

(二)关于货运发票填开内容有关问题

一项运输业务无法明确单位运价和运费里程时,《国家税务总局关于使用新版公路、内河货物运输业统一发票有关问题的通知》(国税发〔2006〕67 号)第五条第(五)款规定的"运输项目及金额"栏的填开内容中,"运价"和"里程"两项内容可不填列。

准予计算增值税进项税额扣除的货运发票(仅指本通知规定的),发货人、收货人、起运地、到达地、运输方式、货物名称、货物数量、运费金额等项目填写必须齐全,与货运发票上所列的有关项目必须相符,否则,不予抵扣。

(三)关于货运发票作废有关问题

在开具货运发票的当月,发生取消运输合同、退回运费、开票有误等情形,开票方收到退回的发票联、抵扣联符合作废条件的,按作废处理;开具时发现有误的,可即时作废。

作废货运发票必须在公路、内河货物运输业发票税控系统(以下简称货运发票税控系统)开票软件(包括自开票软件和代开票软件)中将相应的数据电文按"作废"处理,在纸质货运发票(含未打印货运发票)各联次上注明"作废"字样,全部联次监制章部位做剪口处理,在领购新票时交主管税务机关查验。

上述作废条件,是指同时具有以下情形的:

(1)收到退回发票联、抵扣联的时间未超过开票方开票的当月;

(2)开票方未进行税控盘(或传输盘)抄税且未记账;

(3)受票方为增值税一般纳税人的,该纳税人未将抵扣联认证或认证结果为"纳税人识别号认证不符"(指发票所列受票方纳税人识别号与申报

---

①　此前,《国家税务总局关于加强货物运输业税收征收管理的通知》(国税发〔2003〕121 号,2003 年 10 月 17 日)附件《货物运输业营业税征收管理试行办法》规定,自开票纳税人对下列情况不得开具货物运输业发票:未提供货物运输劳务;非货物运输劳务;由其他纳税人(包括承包人、承租人及挂靠人)提供的货物运输劳务。《国家税务总局关于新版公路 内河货物运输业统一发票有关使用问题的通知》(国税发〔2007〕101 号,2007 年 8 月 26 日)对上述规定予以了废止。

认证企业的纳税人识别号不符)、"发票代码、号码认证不符"(指机打代码或号码与发票代码或号码不符)。

(四)关于开具货运发票红字票有关问题①

1. 受票方取得货运发票后,发生开票有误等情形但不符合作废条件或者因运费部分退回需要开具红字发票的,应按红字发票开具规定进行处理。开具红字发票时应在价税合计的大写金额第一字前加"负数"字,在小写金额前加"-"号。

2. 在开具红字发票前,如受票方尚未记账、货运发票全部联次可以收回的,应对全部联次监制章部位做剪口处理后,再开具红字发票。开票方为公路、内河货物运输业自开票纳税人或代开票中介机构的,开票方应在领购新货运发票时将剪口后的货运发票全部联次交税务机关查验并留存。

3. 在开具红字发票前,如无法收回全部联次,受票方应向主管税务机关填报《开具红字公路、内河货物运输业发票申请单》(简称《申请单》,见国税发[2007]101号《国家税务总局关于新版公路内河货物运输业统一发票有关使用问题的通知》附件1)。受票方为营业税纳税人的,向主管地方税务局填报《申请单》,受票方为增值税纳税人的,向主管国家税务局填报《申请单》。

《申请单》一式两联:第一联由受票方留存,第二联由受票方主管税务机关留存。《申请单》应加盖受票方财务专用章或发票专用章。

主管税务机关对纳税人填报的《申请单》进行审核后,出具《开具红字公路、内河货物运输业发票通知单》(简称《通知单》,见国税发[2007]101号《国家税务总局关于新版公路 内河货物运输业统一发票有关使用问题的通知》附件2)。《通知单》应与《申请单》一一对应。

《通知单》一式三联:第一联由受票方主管税务机关留存;第二联由受票方送交承运方留存;第三联由受票方留存。《通知单》应加盖主管税务机关印章。

开票方凭承运方提供的《通知单》开具红字货运发票,红字货运发票应与《通知单》一一对应。承运方为自开票纳税人的,开票方即为承运方。

开票方为自开票纳税人或代开票中介机构的,应于报送税控盘(或传输盘)数据时将《通知单》一并交主管税务机关审核。开票方主管税务机关应将纳税人税控盘(或传输盘)中开具红字货运发票情况与《通知单》进行审核、比对;比对不符的,不允许其开具红字货运发票并按有关规定进行处理。

税务机关应将《通知单》按月依次装订成册,并比照发票保管规定管理。

(五)关于开具红字货运发票税款退库问题

自开票纳税人、代开票纳税人开具红字发票,涉及多缴税款经税务机关审批应当办理退库的,税务机关应按规定开具《税收收入退还书》送国库办理退税。纳税人从其开户银行账户转账缴税的,将税款退至纳税人缴税的开户银行账户;个人现金退税,按照《国家税务总局中国人民银行 财政部关于现金退税问题的紧急通知》(国税发[2004]47号)有关规定执行。

(六)货运发票开具和保存有关要求问题

为提高货运发票的扫描识别率,自开票纳税人、代开票中介机构和税务机关在开具货运发票时必须严格执行相关规定,保证发票字迹清晰、打印完整,不得压线和错位。自开票纳税人开具货运发票时,不再加盖开票人专章。

四、货运发票领用管理及违章处罚

自开票纳税人和代开单位应建立严格的发票领、用、存制度。各地方税务局应严格《货运发票》的管理,限量供应,验旧购新,定期检查。

① 此前,《国家税务总局关于使用新版公路、内河货物运输业统一发票有关问题的通知》(国税发[2006]67号,2006年8月4日)规定,在已填开《货运发票》且开票数据已报送主管税务机关后需要开具红字发票的,应按红字发票开具规定进行处理,在价税合计的大写金额第一字前加"负数"字,在小写金额前加"-"号。在开具红字发票前,收回已开出《货运发票》的发票联和抵扣联,全部联次监制章部位做剪口处理。《国家税务总局关于新版公路 内河货物运输业统一发票有关使用问题的通知》(国税发[2007]101号,2007年8月26日)发布后,对上述规定予以了废止。

自开票纳税人和代开单位不按规定使用税控器具和开具《货运发票》的,税务机关应严格按照《中华人民共和国税收征收管理法》及其实施细则和《中华人民共和国发票管理办法》的有关规定进行处罚。

附件五：

公路、内河货物运输业税收管理操作规程①

概　述

　　为进一步贯彻《国家税务总局关于加强货物运输业税收征收管理的通知》（国税发〔2003〕121号）精神，规范全国货物运输业税收管理工作，特制定本操作规程。

　　本操作规程根据货物运输行业税收管理的特点，分为资格认定审验、发票管理、税款征收、数据采集传输四部分，包含主管税务机关的具体税收业务和县、市、省、总局四级税务机关的管理工作。主管税务机关业务由文书受理、发票管理、税款征收、税收管理四个岗位完成，县、市、省、总局四级税务机关的管理工作由流转税管理部门和征管部门完成。各级税务机关可根据本地实际情况实行一人多岗或一岗多责。

第一章　主管税务机关

1.1　资格认定、审验

1.1.1　自开票纳税人资格认定

1.1.1.1　受理

"受理"工作由文书受理岗位完成

　　一、对申请办理自开票纳税人认定的单位，发放《货物运输业自开票纳税人认定表》（HY01），要求其如实填写并提供下列资料和证件：

　　（一）申请报告；

　　（二）营业执照复印件；

　　（三）税务登记证副本及复印件；

　　（四）车辆道路运输证或船舶营业运输证复印件；

　　（五）自有房屋产权证或房屋租赁合同复印件；

　　（六）自有运输工具明细表及购买发票或行车证复印件；

　　（七）银行开户许可证复印件；

　　（八）地方税务局要求提供的其他有关证件、资料。

　　二、收到纳税人报送的《货物运输业自开票纳税人认定表》（HY01）及附送资料后，经审核齐全无误的，受理并填开《税务文书领取单》（HY02）交纳税人；经审核不齐或有错误的，退回纳税人，并告知其补齐或改正后重新报送。

　　三、将《货物运输业自开票纳税人认定表》（HY01）及附送资料2日内（从受理之日计算，下同）传递给税收管理岗位。

　　四、收到上一级地方税务局下发的《货物运输业营业税自开票纳税人认定证书》（HY03）及批复的相关资料后，2日内通知纳税人领取，同时收回《税务文书领取单》（HY02）。

1.1.1.2　审核

"审核"工作由税收管理岗位完成

　　一、收到文书受理岗位传递的《货物运输业自开票纳税人认定表》（HY01）及附送资料后，7日内

　　① 《国家税务总局关于印发〈公路、内河货物运输业税收管理操作规程〉的通知》（国税发〔2004〕135号，2004年10月13日）。

审核其是否同时符合下列条件：

（一）具有工商行政管理部门核发的营业执照，地方税务局核发的税务登记证，交通管理部门核发的道路运输经营许可证、水路运输许可证；

（二）上一年度提供货物运输劳务金额在 20 万元以上（新办企业注册资金在 30 万元以上）；

（三）具有固定的经营场所。如是租用办公场所，则承租期必须 1 年以上；

（四）在银行开设结算账户；

（五）具有自备运输工具，并提供货物运输劳务；

（六）账簿设置齐全，能按发票管理办法规定妥善保管、使用发票及其他单证等资料，能按财务会计制度和税务机关的要求正确核算营业收入、营业成本、税金和营业利润，并能按规定向税务机关进行纳税申报和缴纳各项税款。

二、经审核符合条件的，在《货物运输业自开票纳税人认定表》（HY01）上签署意见，连同附送资料一并报送上一级税务机关流转税管理部门；经审核不符合条件的，在《货物运输业自开票纳税人认定表》（HY01）上签署意见，连同附送资料一并退回文书受理岗位。

三、收到上一级地方税务局下发的《货物运输业营业税自开票纳税人认定证书》（HY03）及批复的相关资料后，2 日内传递给文书受理岗位。

1.1.2　代开票中介机构资格认定

1.1.2.1　受理

"受理"工作由文书受理岗位完成。

一、对申请办理代开票中介机构认定的单位，发放《货物运输业代开票中介机构认定表》（HY04），要求其如实填写并提供下列资料和证件：

（一）申请报告；

（二）营业执照复印件；

（三）税务登记证副本及复印件；

（四）自有房屋产权证或房屋租赁合同复印件；

（五）银行开户许可证复印件；

（六）地方税务局要求提供的其他有关证件、资料。

二、收到中介机构报送的《货物运输业代开票中介机构认定表》（HY04）及附送资料后，经审核齐全无误的，受理并填开《税务文书领取单》（HY02）交中介机构；经审核不齐全或有错误的，退回纳税人，并告知其补齐或改正后重新报送。

三、将《货物运输业代开票中介机构认定表》（HY04）及附送资料 2 日内传递给税收管理岗位。

四、收到上一级地方税务局下发的《货物运输业营业税代开票中介机构认定证书》（HY05）及批复的相关资料后，2 日内通知中介机构领取，同时收回《税务文书领取单》（HY02）。

1.1.2.2　审核

"审核"工作由税收管理岗位完成。

一、收到文书受理岗位传递的《货物运输业代开票中介机构认定表》（HY04）及附送资料后，7 日内审核其是否同时符合下列条件：

（一）具有工商行政管理部门核发的从事中介业务的营业执照，地方税务局核发的税务登记证；

（二）具有固定的经营场所。如是租用办公场所，则承租期必须 1 年以上；

（三）在银行开设结算账户；

（四）账簿设置齐全，能按发票管理办法规定妥善保管、使用发票及其他单证等资料，能按税务机关和财务会计制度的要求正确核算营业收入、营业成本、税金和营业利润，并能按规定向税务机关进行纳税申报和缴纳各项税款。

二、经审核符合条件的，在《货物运输业代开票中介机构认定表》（HY04）上签署意见，连同附送资料一并报送上一级地方税务局流转税管理部门；经审核不符合条件的，在《货物运输业代开票中介机构认定表》（HY04）上签署意见，连同附送资料一并退回文书受理岗位。

三、收到上一级地方税务局下发的《货物运输业营业税代开票中介机构认定证书》（HY05）及批复的相关资料后，2 日内传递给文书受理岗位。

1.1.3　自开票纳税人审验

1.1.3.1　自开票纳税人年审

1.1.3.1.1　受理

"受理"工作由文书受理岗位完成。

一、对前来年审的纳税人发放《自开票纳税人年审申请审核表》(HY06),要求其如实填写并提供下列证件和资料:

(一)营业执照副本复印件;

(二)税务登记证副本复印件;

(三)发票领购簿;

(四)车辆道路运输证或船舶营业运输证复印件;

(五)年度财务报表;

(六)自有运输工具变化情况;

(七)《货物运输业营业税自开票纳税人认定证书》(HY03);

(八)地方税务局要求提供的其他有关证件、资料。

二、收到纳税人报送的《自开票纳税人年审申请审核表》(HY06)及附送资料后,经审核齐全无误的,受理并填开《税务文书领取单》(HY02)交纳税人;经审核不齐全或有错误的,退回纳税人,并告知其在规定期限内补齐或改正后重新报送;未按时报送的将信息传递给税收管理岗位。

三、将《自开票纳税人年审申请审核表》(HY06)及附送资料2日内传递给税收管理岗位。

四、收到批复的《自开票纳税人年审申请审核表》(HY06)及相关资料后,2日内通知纳税人领取,同时收回《税务文书领取单》(HY02)。对被取消自开票纳税人资格的纳税人,告知其结清应纳税款、滞纳金、罚款,缴销发票及有关证件。

1.1.3.1.2　审核

"审核"工作由税收管理岗位完成。

一、收到文书受理岗位传递的《自开票纳税人年审申请审核表》(HY06)及附送资料后,7日内审核下列内容:

(一)基本情况。包括纳税人名称、经营地址、经济性质、经营范围、开户银行及账号、车辆、船舶等运输工具状况、联系电话等。

(二)纳税情况。包括本年度实现的营业额、营业成本、应纳税额、实缴税额和欠缴税额等。

(三)财务核算情况。包括会计人员配备、账簿设置、财务核算状况等。

(四)货物运输发票管理情况。包括货物运输业发票领购、使用、结存、保管、缴销及违章情况,自开发票电子信息的采集、报送情况等。

二、审核后,在《自开票纳税人年审申请审核表》(HY06)上签署审核意见,连同附送资料一并报送上一级地方税务局流转税管理部门。

三、收到批复的《自开票纳税人年审申请审核表》(HY06)及相关资料后,2日内传递给文书受理岗位。

1.1.3.2　自开票纳税人日常审验

"日常审验"工作由税收管理岗位完成。

一、对已具有自开票纳税人资格的提供货物运输劳务单位,发现有下列情形之一的,提出取消其自开票纳税人资格的书面意见,并填制《取消自开票纳税人资格申请审核表》(HY07)连同证明材料上报上一级地方税务局。

(一)没有按地方税务局的要求正确核算货物运输和非货物运输的营业收入、营业成本、税金、营业利润的;

(二)不能按规定向税务机关进行正常纳税申报和缴纳各项税款的;

(三)有偷税、抗税行为的;

(四)不能妥善保管、使用货物运输业发票造成严重后果的;

(五)违反规定,对货物运输和非货物运输业务都开具货物运输业发票的;

(六)违反规定,为其他纳税人开具货物运输业发票的。

(七)税务机关规定的其他情形。

二、收到批复的《取消自开票纳税人资格申请审核表》(HY07)及相关资料后,对被取消自开票纳税人资格的纳税人,2日内收回《货物运输业营业税自开票纳税人认定证书》(HY03),告知其结清应纳税款、滞纳金、罚款,缴销发票及有关证件。

1.1.4　代开票中介机构审验

1.1.4.1　代开票中介机构年审

1.1.4.1.1　受理

"受理"工作由文书受理岗位完成。

一、对前来年审的代开票中介机构发放《代开票中介机构年审申请审核表》（HY08），要求其如实填写并提供下列证件和资料：

（一）营业执照副本复印件；

（二）税务登记证副本及复印件；

（三）发票领购簿；

（四）年度财务报表；

（五）《货物运输业代开票中介机构认定证书》（HY05）；

（六）地方税务局要求提供的其他有关证件、资料。

二、收到代开票中介机构报送的《代开票中介机构年审申请审核表》（HY08）及附送资料后，经审核齐全无误的，受理并填开《税务文书领取单》（HY02）交代开票中介机构；经审核不齐全或有错误的，退回代开票中介机构，并告知其在规定期限内补齐或改正后重新报送，未按时报送的将此信息传递给税收管理岗位。

三、将《代开票中介机构年审申请审核表》（HY08）及附送资料2日内传递给税收管理岗位。

四、收到批复的《代开票中介机构年审申请审核表》（HY08）及相关资料后，2日内通知代开票中介机构领取，同时收回《税务文书领取单》（HY02）。对被取消代开票中介机构资格的中介机构，告知其结清应纳税款、滞纳金、罚款，缴销发票及有关证件。

1.1.4.1.2　审核

"审核"工作由税收管理岗位完成。

一、收到文书受理岗位传递的《代开票中介机构年审申请审核表》（HY08）及附送资料后，7日内审核下列内容：

（一）基本情况。包括代开票中介机构名称、经营地址、经济性质、经营范围、开户银行及账号、联系电话等。

（二）代开发票及纳税情况。包括本年度代开发票金额、代征税额、解缴税额和欠缴税额，代开发票电子信息的采集、报送情况等。

（三）财务核算情况。包括会计人员配备、账簿设置、财务核算状况等。

（四）货物运输发票管理情况。包括货物运输业发票领购、代开、结存、保管、缴销及违章情况。

二、审核后，在《代开票中介机构年审申请审核表》（HY08）上签署审核意见，连同附送资料一并报送上一级地方税务局流转税管理部门。

三、收到批复的《代开票中介机构年审申请审核表》（HY08）及相关资料后，2日内传递给文书受理岗位。

1.1.4.2　代开票中介机构日常审验

"日常审验"工作由税收管理岗位完成。

一、对已具有代开票中介机构资格的单位，一旦发现有下列情形之一的，提出取消其代开票中介机构资格的书面意见，并填制《取消代开票中介机构资格申请审核表》（HY09）连同证明材料上报上一级地方税务局。

（一）没有按地方税务局的要求在代开发票同时代征税款的；

（二）不能按规定向税务机关进行正常纳税申报、缴纳和解缴各项税款的；

（三）有偷税、抗税行为的；

（四）不能妥善保管、代开货物运输业发票造成严重后果的；

（五）违反规定，对货物运输和非货物运输业务都代开货物运输业发票的；

（六）税务机关规定的其他情形。

二、收到批复的《取消代开票中介机构资格申请审核表》（HY09）及相关资料后，对被取消代开票中介机构资格的中介机构，2日内收回《货物运输业营业税代开票中介机构认定证书》（HY05），告知其结清应纳税款、滞纳金、罚款，缴销发票及有关证件。

1.2　发票管理

"发票管理"所列各项工作由发票管理岗位

完成

1.2.1 发售发票

（一）对申请领购发票的自开票纳税人、代开票中介机构，向其发放《发票领购单》（HY10），并要求其提供加盖"自开票纳税人"、"代开票中介机构"标识的《发票领购簿》（HY11）、税务登记证副本和发票存根联。

对首次领购发票的，要求其报送财务印章、开票人专章或中介机构开票人专章印模，并核定其用票种类（"公路、内河货物运输业自开统一发票"和"公路、内河货物运输业代开统一发票"）。

（二）受理自开票纳税人、代开票中介机构的《发票领购单》（HY10）及其他资料，查验发票领购簿上是否加盖"自开票纳税人"、"代开票中介机构"标识及发票使用情况。

（三）查验无误后，在《发票领购单》（HY10）上签章确认，将发票、《发票领购簿》（HY11）和《发票领购单》（HY10）交纳税人。

1.2.2 税务机关代开发票

一、对申请开具发票的代开票纳税人，要求其填写《货物运输业代开发票申请表》（HY12），并提供以下证件和资料：

（一）税务登记证副本；

（二）货物运输合同；

二、对代开票纳税人提供的证件和资料进行审核，符合政策规定的，在《货物运输业代开发票申请表》（HY12）上签章确认，告知其持《货物运输业代开发票申请表》（HY12）到税款征收岗位缴纳税款。

三、查验代开票纳税人提供的完税凭证后，为其开具"公路、内河货物运输业代开统一发票"，加盖地方税务局代开发票专用章，将发票联、抵扣联和完税凭证交纳税人。

四、发票整本使用完毕后，将存根联与《货物运输业代开发票申请表》（HY12）、货物运输合同等相关资料一同归档。

发票的领取、发放、保管、停止供应、恢复供应、收缴、核销、挂失、查验、工本费收取和违章处理等

按发票管理办法及有关规定办理。

1.3 税款征收

"税款征收"工作由税款征收岗位完成。

1.3.1 受理申报

1.3.1.1 自开票纳税人申报

一、收到自开票纳税人报送的纳税申报表、有关证件、资料后，审核其是否齐全。纳税申报表、有关证件、资料包括：

（一）纳税申报表；

（二）《自开票纳税人货物运输业发票清单》（HY13）纸质文件和电子信息；

（三）财务会计报表及其说明材料；

（四）与纳税有关的合同、协议书及凭证；

（五）地方税务局要求报送的其他有关证件、资料。

二、纳税人已报送申报表但相关资料报送不全的，受理申报并告知其补正。

三、对《自开票纳税人货物运输业发票清单》（HY13）电子信息进行审核校验，并传递给发票管理岗位（代开票人员）。经审核有错误的，责令自开票纳税人改正。

1.3.1.2 代开票纳税人申报

一、收到代开票纳税人报送的纳税申报表、有关证件、资料后，审核其是否齐全。纳税申报表、有关证件、资料包括：

（一）纳税申报表；

（二）财务会计报表及其说明材料；

（三）与纳税有关的合同、协议书及凭证；

（四）地方税务局要求报送的其他有关证件、资料。

二、纳税人已报送申报表但相关资料报送不全的，受理申报并告知其补正。对实行定期定额征收的个体工商户可实行简易申报，即按税务机关核定的税额和规定的期限缴纳税款的视同申报。

1.3.2 征收税款

1.3.2.1 征收自开票纳税人税款

按征管法及其实施细则中税款征收的有关规定办理。

1.3.2.2 征收代开票纳税人税款

一、征收定额税款

对代开票纳税人实行定期定额征收方法,按征管法及其实施细则中税款征收的有关规定办理。

二、征收代开票税款

据《货物运输业代开发票申请表》(HY12)上注明的运费和其他价外收费,按照规定的征收率,征收营业税、城建税、教育费附加及所得税。

三、清算

按月或按季对代开票纳税人缴纳的定额税款和代开票税款进行清算。如代开票取得完税凭证上注明的税款大于定额,以开票时缴纳的税款为准,不再征收定额税款;如代开票取得完税凭证上注明的税款小于定额,则补缴定额与代开票取得完税凭证上注明的税款差额部分。

1.3.2.3 代开票中介机构解缴税款

一、收到代开票中介机构报送的代征税款报告表、有关证件、资料后,审核其是否齐全。代征税款报告表、有关证件、资料包括:

(一)代征税款报告表;

(二)《中介机构代开货物运输业发票清单》(HY14)纸质文件和电子信息;

(三)财务会计报表及其说明材料;

(四)与代征税款有关的合同、协议书及凭证;

(五)地方税务局要求报送的其他有关证件、资料。

二、代开票中介机构已报送代征税款报告表但相关资料报送不全的,告知其补正。

三、对《中介机构代开货物运输业发票清单》(HY14)电子信息进行审核校验,并传递给发票管理岗位(代开票人员)。经审核有错误的,责令代开票中介机构改正。

1.4 信息采集传输

1.4.1 地方税务局货物运输发票信息采集传输

"货物运输发票信息采集传输"工作由发票管理岗位(代开票人员)完成。

一、发票管理岗位(代开票人员)根据开具的

货物运输发票逐票填写《地税局代开货物运输业发票清单》(HY15),使用"货物运输发票信息采集软件",当日将清单信息采集到系统中并生成清单的电子信息。

二、每月16日前,使用"货物运输发票信息汇总软件"将税款征收岗位传递的《自开票纳税人货物运输业发票清单》(HY13)、《中介机构代开货物运输业发票清单》(HY14)和《地税局代开货物运输业发票清单》(本岗位上月开具的发票信息,HY15)电子信息进行汇总,并报送上一级地方税务局流转税管理部门。

1.4.2 国家税务局货物运输发票抵扣信息采集传输

"货物运输发票抵扣信息采集传输"工作由税款征收岗位完成。

每月16日前,使用"货物运输发票信息汇总软件",将《增值税运输发票抵扣清单》(HY16)电子信息进行汇总,并报送上一级国家税务局流转税管理部门。

第二章 县级税务机关

2.1 资格认定、审验

2.1.1 自开票纳税人审批

"审批"工作由流转税管理部门完成。

一、收到主管地方税务局报送的《货物运输业自开票纳税人认定表》(HY01)及附送资料后,7日内进行实地调查、核实,并按规定的审批权限作如下处理:

(一)经审核符合条件且由本级审批的:

1. 在《货物运输业自开票纳税人认定表》(HY01)上签署意见;

2. 填制《货物运输业营业税自开票纳税人认定证书》(HY03);

3. 在该纳税人税务登记证副本首页上方和《发票领购簿》(HY11)上加盖"自开票纳税人"确认专用章;

4. 将上述资料、证件传递给主管地方税务局;

5. 将营业执照复印件、车辆道路运输证或船

舶营业运输证复印件、自有房屋产权证或房屋租赁合同复印件、自有运输工具购买发票或行车证复印件、银行开户许可证复印件、地方税务局要求提供的其他有关证件、资料存档。

（二）经审核符合条件但由上级审批的，在《货物运输业自开票纳税人认定表》（HY01）上签署意见后，连同附送资料一并上报市级地方税务局流转税管理部门。

（三）经审核不符合条件的，在《货物运输业自开票纳税人认定表》（HY01）上签署意见后，连同附送资料退回主管地方税务局。

二、收到市级地方税务局下发的《货物运输业营业税自开票纳税人认定证书》（HY03）及批复的相关资料后，2 日内传递给主管地方税务局。

2.1.2 代开票中介机构审核

"审核"工作由流转税管理部门完成。

一、收到主管地方税务局报送的《货物运输业代开票中介机构认定表》（HY04）及附送资料后，7 日内进行实地调查、核实，并按规定的审批权限作如下处理：

（一）经审核符合条件的，在《货物运输业代开票中介机构认定表》（HY04）上签署意见后，连同附送资料一并上报市级地方税务局流转税管理部门。

（二）经审核不符合条件的，在《货物运输业代开票中介机构认定表》（HY04）上签署意见后，连同附送资料退回主管地方税务局。

二、收到市级地方税务局下发的《货物运输业代开票中介机构认定证书》（HY05）及批复的相关资料后，2 日内传递给主管地方税务局。

2.1.3 自开票纳税人审验

2.1.3.1 自开票纳税人年审

"年审"工作由流转税管理部门完成。

一、收到主管地方税务局报送的《自开票纳税人年审申请审核表》（HY06）及附送资料后，7 日内进行实地调查、核实，并按规定的审批权限作如下处理：

（一）经审核合格且由本级批准的：

1. 在《自开票纳税人年审申请审核表》（HY06）上签署意见，并在《货物运输业营业税自开票纳税人认定证书》（HY03）及《发票领购簿》（HY11）上加贴自开票纳税人年审合格标识。

2. 将上述证件及其他附送资料传递给主管地方税务局。

（二）经审核合格但由上级批准的，在《自开票纳税人年审申请审核表》（HY06）上签署意见后，连同附送资料一并上报市级地方税务局流转税管理部门。

（三）经审核不合格且由本级批准的：

1. 暂缓通过年审，要求其在 3 个月内进行整改。整改期间不得自行开具货物运输业发票，如需开具货物运输业发票的由主管地方税务局代开。

2. 在规定的期限内，整改合格的按年审合格办理；整改不合格的：

（1）在《自开票纳税人年审申请审核表》（HY06）上签署取消其自开票纳税人资格的意见，在其税务登记证副本首页右上方和《发票领购簿》上加盖"已取消自开票纳税人资格"专用章，并收回《货物运输业营业税自开票纳税人认定证书》；

（2）将上述证件及其他附送资料传递给主管地方税务局。

（四）经审核不合格但由上级批准的，在《货物运输业自开票纳税人认定表》（HY01）上签署意见后，连同附送资料一并上报市级地方税务局流转税管理部门。

二、收到市级地方税务局批复的《自开票纳税人年审申请审核表》（HY06）及相关资料后，2 日内传递给主管地方税务局。

2.1.3.2 自开票纳税人日常审验

"日常审验"工作由流转税管理部门完成。

一、收到主管地方税务局报送的《取消自开票纳税人资格申请审核表》（HY07）及附送资料后，7 日内进行实地调查、核实，并按规定的审批权限作如下处理：

（一）经审核属实且由本级批准的，在《取消自开票纳税人资格申请审核表》（HY07）上签署意见后,传递给主管地方税务局。

(二)经审核属实但由上级批准的,在《取消自开票纳税人资格申请审核表》(HY07)上签署意见后,连同附送资料上报市级地方税务局。

(三)经审核不属实的,在《取消自开票纳税人资格申请审核表》(HY07)上签署意见后,连同附送资料传递给主管地方税务局。

二、收到市级地方税务局批复的《取消自开票纳税人资格申请审核表》(HY07)及相关资料后,2日内传递给主管地方税务局。

2.1.4　代开票中介机构审验

2.1.4.1　代开票中介机构年审

"年审"工作由流转税管理部门完成。

一、收到主管地方税务局报送的《代开票中介机构年审申请审核表》(HY08)及附送资料后,7日内进行实地调查、核实。

二、审核后,在《代开票中介机构年审申请审核表》(HY08)上签署年审合格或不合格意见,连同附送资料一并上报市级地方税务局流转税管理部门。

三、收到市级地方税务局批复的《代开票中介机构年审申请审核表》(HY08)及相关资料后,2日内传递给主管地方税务局。

2.1.4.2　代开票中介机构日常审验

"日常审验"工作由流转税管理部门完成。

一、收到主管地方税务局报送的《取消代开票中介机构资格申请审核表》(HY09)及附送资料后,7日内进行实地调查、核实,并按规定的审批权限作如下处理:

(一)经审核属实的,在《取消代开票中介机构资格申请审核表》(HY09)上签署意见后,连同附送资料上报市级地方税务局流转税管理部门。

(二)经审核不属实的,在《取消代开票中介机构资格申请审核表》(HY09)上签署意见后,连同附送资料传递给主管地方税务局。

二、收到市级地方税务局批复的《取消代开票中介机构资格申请审核表》(HY09)及相关资料后,2日内传递给下一级地方税务局税收管理岗位。

2.2　发票管理

"发票管理"由征管部门完成。

发票领取、发放、保管、核销、检查等按发票管理办法及有关规定办理。

2.3　数据汇总传输

2.3.1　地方税务局数据汇总传输

"数据汇总传输"工作由流转税管理部门完成。

通过《货物运输发票信息汇总软件》等系统,汇总主管地方税务局上传的《地税局代开货物运输业发票清单》(HY15)、《自开票纳税人货物运输业发票清单》(HY13)和《中介机构代开货物运输业发票清单》(HY14),并进行审核校验,将汇总并审核校验后的电子信息按以下情况进行传递:

一、实行县级地方税务局、国家税务局信息交换模式的,县级地税局于每月20日前将汇总的货物运输发票清单电子信息传递给同级国家税务局,同时在《国家税务局、地方税务局信息传递登记表》(HY17)上登记。

二、实行市级或省级地方税务局、国家税务局信息交换模式的,县级地税局于每月18日前将汇总的货物运输发票清单电子信息上传市级地方税务局。

2.3.2　国家税务局数据汇总传输

"数据汇总传输"工作由流转税管理部门完成。

一、对国家税务局、地方税务局在区县级交换信息的,区县级国家税务局收到地方税务局传递的货物运输发票汇总清单数据后,在《国家税务局、地方税务局信息传递登记表》(HY17)上登记。

二、使用"货物运输发票信息汇总软件",汇总增值税一般纳税人货物运输发票抵扣信息。

三、当月22日前,将收到的货物运输发票汇总清单数据和汇总的增值税运输发票抵扣清单数据直接上传至省级国家税务局,并将该区县级税务局名称和上传时间等信息报地市级国家税务局备查。

第三章　市级税务机关

3.1　资格认定、审验

3.1.1　自开票纳税人审批

"审批"工作由流转税管理部门完成。

收到县级地方税务局报送的《货物运输业自开票纳税人认定表》(HY01)及附送资料后,7 日内进行实地调查、核实,并按规定的审批权限作如下处理:

一、经审核符合条件的:

1. 在《货物运输业自开票纳税人认定表》(HY01)上签署意见;

2. 填制《货物运输业营业税自开票纳税人认定证书》(HY03);

3. 在该纳税人税务登记证副本首页上方和《发票领购簿》(HY11)上加盖"自开票纳税人"确认专用章;

4. 将上述资料、证件传递给县级地方税务局;

5. 将营业执照复印件、车辆道路运输证或船舶营业运输证复印件、自有房屋产权证或房屋租赁合同复印件、自有运输工具购买发票或行车证复印件、银行开户许可证复印件、地方税务机关要求提供的其他有关证件、资料存档。

二、经审核不符合条件的,在《货物运输业自开票纳税人认定表》(HY01)上签署意见后,连同附送资料退回县级地方税务局。

3.1.2　代开票中介机构审核

按照"2.1.2 代开票中介机构审核"程序办理。

3.1.3　自开票纳税人审验

3.1.3.1　自开票纳税人年审

"年审"工作由流转税管理部门完成。

收到县级地方税务局报送的《自开票纳税人年审申请审核表》(HY06)及附送资料后,7 日内进行实地调查、核实,并按规定的审批权限作如下处理:

一、经审核合格的:

1. 在《自开票纳税人年审申请审核表》(HY06)上签署意见,并在《货物运输业营业税自开票纳税人认定证书》(HY03)及《发票领购簿》(HY11)上加贴自开票纳税人年审合格标识。

2. 将上述证件及其他附送资料传递给县级地方税务局。

二、经审核不合格的:

1. 暂缓通过年审,要求其在 3 个月内进行整改。整改期间不得自行开具货物运输业发票,如需开具货物运输业发票的由主管地方税务局代开。

2. 在规定的期限内,整改合格的按年审合格办理;整改不合格的:

(1) 在《自开票纳税人年审申请审核表》(HY06)上签署取消其自开票纳税人资格的意见,在其税务登记证副本首页右上方和《发票领购簿》上加盖"已取消自开票纳税人资格"专用章,并收回《货物运输业营业税自开票纳税人认定证书》;

(2) 将上述证件及其他附送资料传递给县级地方税务局。

3.1.3.2　自开票纳税人日常审验

"日常审验"工作由流转税管理部门完成。

收到县级地方税务局报送的《取消自开票纳税人资格申请审核表》(HY07)及附送资料后,7 日内进行实地调查、核实,并按规定的审批权限作如下处理:

一、经审核属实的,在《取消自开票纳税人资格申请审核表》(HY07)上签署意见后,传递给县级地方税务局。

二、经审核不属实的,在《取消自开票纳税人资格申请审核表》(HY07)上签署意见后,连同附送资料传递给县级地方税务局。

3.1.4　代开票中介机构审验

3.1.4.1　代开票中介机构年审

按照"2.1.4.1 代开票中介机构年审"程序办理。

3.1.4.2　代开票中介机构日常审验

按照"2.1.4.2 代开票中介机构日常审验"程序办理。

3.2　发票管理

"发票管理"由征管部门完成。

发票领取、发放、保管、核销、检查等按发票管理办法及有关规定办理。

3.3 数据汇总传输

3.3.1 地方税务局数据汇总传输

"数据汇总传输"工作由流转税管理部门完成。

汇总县级地方税务局传递来的货物运输发票清单电子信息,并进行审核校验,将汇总并审核校验后的电子信息按以下情况进行传递:

一、实行市级地方税务局、国家税务局信息交换模式的,市级地税局于每月 22 日前将汇总的货物运输发票清单电子信息传递给同级国家税务局。同时在《国家税务局、地方税务局信息传递登记表》(HY17)上登记。

二、实行省级地方税务局、国家税务局信息交换模式的,市级地税局于每月 20 日前将汇总的货物运输发票清单电子信息上传省级地方税务局。

3.3.2 国家税务局数据传输

"数据传输"工作由流转税管理部门完成。

一、对国家税务局、地方税务局在地市级交换信息的,地市级国家税务局收到地方税务局传递的货物运输发票汇总清单数据后,在《国家税务局、地方税务局信息传递登记表》(HY17)上登记。

二、将收到的货物运输发票汇总清单数据于当月 22 日前,直接上传至省级国家税务局。

第四章 省级税务机关

4.1 资格认定、审验

4.1.1 代开票中介机构审批

"审批"工作由流转税管理部门完成。

收到市级地方税务局报送的《货物运输业代开票中介机构认定表》(HY04)及附送资料后,7 日内进行实地调查、核实,并按规定的审批权限作如下处理:

一、经审核符合条件的:

1. 在《货物运输业代开票中介机构认定表》(HY04)上签署意见;

2. 填制《货物运输业营业税代开票中介机构

认定证书》(HY05);

3. 在该纳税人税务登记证副本首页上方和《发票领购簿》(HY11)上加盖"代开票中介机构"确认专用章;

4. 将上述资料、证件传递给市级地方税务局;

5. 将营业执照复印件、自有房屋产权证或房屋租赁合同复印件、银行开户许可证复印件、地方税务局要求提供的其他有关证件、资料存档。

二、经审核不符合条件的,在《货物运输业代开票中介机构认定表》(HY04)上签署意见后,连同附送资料退回市级地方税务局。

4.1.2 代开票中介机构审验

4.1.2.1 代开票中介机构年审

"年审"工作由流转税管理部门完成。

收到县级地方税务局报送的《代开票中介机构年审申请审核表》(HY08)及附送资料后,7 日内进行实地调查、核实,并按规定的审批权限作如下处理:

一、经审核合格的:

1. 在《代开票中介机构年审申请审核表》(HY08)上签署意见,并在《货物运输业营业税代开票中介机构认定证书》(HY05)及《发票领购簿》(HY11)上加贴代开票中介机构年审合格标识。

2. 将上述证件及其他附送资料传递给市级地方税务局。

二、经审核不合格的:

1. 暂缓通过年审,要求其在 3 个月内进行整改。整改期间不得为代开票纳税人代开货物运输业发票。

2. 在规定的期限内,整改合格的按年审合格办理;整改不合格的:

(1)在《代开票中介机构年审申请审核表》(HY08)上签署取消其代开票中介机构资格的意见,在其税务登记证副本首页右上方和《发票领购簿》上加盖"已取消代开票中介方机构资格"专用章,并收回《货物运输业营业税代开票中介机构认定证书》;

(2)将上述证件及其他附送资料传递给市级

地方税务局。

4.1.2.2 代开票中介机构日常审验

"日常审验"工作由流转税管理部门完成。

收到市级地方税务局报送的《取消代开票中介机构资格申请审核表》(HY09)及附送资料后,7日内进行实地调查、核实,并按规定的审批权限作如下处理:

一、经审核属实的,在《取消代开票中介机构资格申请审核表》(HY09)上签署意见后,传递给市级地方税务局。

二、经审核不属实的,在《取消代开票中介机构资格申请审核表》(HY09)上签署意见后,连同附送资料传递给市级地方税务局。

4.2 发票检查

"发票检查"由征管部门完成。

省级地方税务局不定期组织对本辖区范围内纳税人和下级地方税务局的发票印制、领购、开具、取得、保管和缴销情况进行检查。

4.3 数据汇总传输

4.3.1 地方税务局数据汇总传输

"数据汇总传输"工作由流转税管理部门完成。

每月20日前,汇总市级地方税务局上传的货物运输发票清单电子信息,并进行审核校验,将汇总并审核校验后的电子信息传递同级国家税务局,同时在《国家税务局、地方税务局信息传递登记表》(HY17)上登记。

4.3.2 国家税务局数据汇总传输

"数据汇总传输"工作由流转税管理部门完成。

一、省级国家税务局收到地方税务局传递的货物运输发票汇总清单数据后,在《国家税务局、地方税务局信息传递登记表》(HY17)上登记。

二、省级国家税务局于每月23日开始对省级地方税务局传递的数据和各地上传数据进行提取、清分,并将跨省《增值税运输发票抵扣清单》(HY16)和货物运输发票汇总清单数据上传国家税务总局。

第五章 国家税务总局

数据比对

"数据比对"工作由流转税管理部门完成。

收到省级国家税务局传递的跨省增值税运输发票抵扣清单(HY16)和货物运输发票汇总清单数据,每月进行全国发票信息的比对。

第5章　进出口税收制度

根据我国现行税收制度,进出口环节税收主要涉及增值税、消费税和关税。按照国际上通行的对商品和劳务实行消费地课税的原则,我国对进口商品一般征收增值税和关税,对部分特定商品还征收进口环节消费税;对出口商品则分别视不同情况,实行增值税和消费税出口退或免税,对部分特定商品还征收出口关税。本章进出口税收制度主要由进出口环节增值税和消费税制度构成,基本法律依据是1993年12月13日国务院颁布并于2008年11月修订的《中华人民共和国增值税暂行条例》和《中华人民共和国消费税暂行条例》。

5.1 进口税收

5.1.1 纳税义务人

申报进入中华人民共和国海关境内的货物均应缴纳增值税、消费税。进口货物的收货人或办理报关手续的单位和个人,为进口货物增值税、消费税的纳税义务人[1]。具体包括:携带物品进境的入境人员、进境邮递物品的收件人以及以其他方式进口物品的收件人。进境物品的纳税义务人可以自行办理纳税手续,也可以委托他人办理纳税手续[2]。

自1996年4月1日起,对原产于属于中华人民共和国的台、澎、金、马关税区的进口商品,一律按《中华人民共和国增值税暂行条例》和《中华人民共和国消费税暂行条例》的有关规定计征进口环节增值税和进口环节消费税[3]。

5.1.2 税目和税率

进口货物增值税、消费税的税目、税率(税额),依照增值税税目税率和消费税税目税率执行[4]。

海关总署编写的《海关进出口关税与进口环节代征税对照使用手册》所列各项对照税目、税率,具有法律效力。各地海关、税务机关在执行中发现与国内税收执行不一致的,先按该手册征税,

---

① 《国家税务总局 海关总署关于进口货物征收增值税、消费税有关问题的通知》(国税发[1993]155号,1993年12月25日)。

② 《中华人民共和国进出口关税条例》(国务院令第392号,2003年11月23日)。

③ 《财政部 国家税务总局关于进口台、澎、金、马关税区货物征收进口环节税的通知》(财税[1996]42号,1996年4月12日)。

④ 《国家税务总局 海关总署关于进口货物征收增值税、消费税有关问题的通知》(国税发[1993]155号,1993年12月25日)。进口环节增值税、消费税税率通常与国内环节同步调整,如:《财政部 国家税务总局关于进口环节消费税有关问题的通知》(财关税[2006]22号,2006年3月30日)规定,自2006年4月1日起,调整进口环节消费税税目税率表,并新增对进口高尔夫球及球具、高档手表、游艇、木制一次性筷子、实木地板、石脑油、溶剂油、润滑油、燃料油、航空煤油等产品征收消费税,停止对护肤护发品征收消费税,调整汽车、摩托车、汽车轮胎、白酒的消费税税率,石脑油、溶剂油、润滑油、燃料油暂按应纳消费税额的30%征收,航空煤油暂缓征收消费税,子午线轮胎免征消费税;《财政部 国家税务总局关于调整成品油进口环节消费税的通知》(财关税[2008]103号,2008年12月26日)规定,自2009年1月1日起,根据《国务院关于实施成品油价格和税费改革的通知》(国发[2008]37号),对成品油进口环节消费税再次进行调整,并公布进口环节消费税税目税率总表;《财政部 国家税务总局关于调整矿产品进口环节增值税税率的通知》(财关税[2008]99号,2008年12月19日)和《海关总署关于对部分矿产品的进口环节增值税税率调整的公告》(海关总署2008年第95号公告,2008年12月30日)规定,自2009年1月1日起,对金属矿、非金属矿产品的进口环节增值税税率由13%提高到17%。这些均是在国内环节增值税、消费税调整的同时对进口环节税目税率及相关政策的调整。

并报国家税务总局与海关总署商议解决①。

5.1.3 应纳税额

纳税人进口货物,按照组成计税价格和规定的税率计算应纳税额。其计算公式如下②:

(1)增值税应纳税额的计算

组成计税价格=关税完税价格+关税+消费税

应纳税额=组成计税价格×增值税税率

(2)消费税应纳税额的计算

①实行从价定率办法的应税消费品的应纳税额的计算

组成计税价格=(关税完税价格+关税)÷(1-消费税税率)

应纳税额=组成计税价格×消费税税率

②实行从量定额办法的应税消费品的应纳税额的计算

应纳税额=应税消费品数量×消费税单位税额

③实行从量定额办法计算应纳税额的应税消费品计量单位的换算标准规定如下:

啤酒	1吨=988升
黄酒	1吨=962升
汽油	1吨=1388升
柴油	1吨=1176升
航空煤油	1吨=1246升
石脑油	1吨=1385升
溶剂油	1吨=1282升
润滑油	1吨=1126升
燃料油	1吨=1015升

④实行复合计税办法计算纳税的组成计税价格计算公式:

组成计税价格=(关税完税价格+关税+进口数量×消费税定额税率)÷(1-消费税比例税率)

海关应当按照《进境物品进口税税率表》及海关总署制定的《中华人民共和国进境物品归类表》、《中华人民共和国进境物品完税价格表》对进境物品进行归类、确定完税价格和确定适用税率。进境物品适用海关填发税款缴款书之日实施的税率和完税价格③。

5.1.4 进口货物完税价格的确定④

(1)进口货物的完税价格由海关以符合下列条件的成交价格以及该货物运抵中华人民共和国境内输入地点起卸前的运输及其相关费用、保险费为基础审查确定:

①对买方处置或者使用该货物不予限制,但法律、行政法规规定实施的限制、对货物转售地域的限制和对货物价格无实质性影响的限制除外;

②该货物的成交价格没有因搭售或者其他因素的影响而无法确定;

③卖方不得从买方直接或者间接获得因该货物进口后转售、处置或者使用而产生的任何收益,或者虽有收益但能够按照以下第(2)、(3)条的规定进行调整;

④买卖双方没有特殊关系,或者虽有特殊关系但未对成交价格产生影响。

进口货物的成交价格,是指卖方向中华人民共和国境内销售该货物时买方为进口该货物向卖方实付、应付的,并按照以下第(2)、(3)条的规定调整后的价款总额,包括直接支付的价款和间接支付的价款。

(2)进口货物的下列费用应当计入完税价格:

①由买方负担的购货佣金以外的佣金和经纪费;

②由买方负担的在审查确定完税价格时与该

① 《国家税务总局 海关总署关于进口货物征收增值税、消费税有关问题的通知》(国税发[1993]155号,1993年12月25日)。

② 《中华人民共和国增值税暂行条例》(国务院令第538号,2008年11月10日)。《中华人民共和国消费税暂行条例》(中华人民共和国国务院令第539号,2008年11月10日)。《国家税务总局 海关总署关于进口货物征收增值税、消费税有关问题的通知》(国税发[1993]155号,1993年12月25日)。

③ 《中华人民共和国进出口关税条例》(中华人民共和国国务院令第392号,2003年11月23日)。

④ 《中华人民共和国进出口关税条例》(中华人民共和国国务院令第392号,2003年11月23日)。

货物视为一体的容器的费用；

③由买方负担的包装材料费用和包装劳务费用；

④与该货物的生产和向中华人民共和国境内销售有关的，由买方以免费或者以低于成本的方式提供并可以按适当比例分摊的料件、工具、模具、消耗材料及类似货物的价款，以及在境外开发、设计等相关服务的费用；

⑤作为该货物向中华人民共和国境内销售的条件，买方必须支付的、与该货物有关的特许权使用费；

⑥卖方直接或者间接从买方获得的该货物进口后转售、处置或者使用的收益。

（3）进口时在货物的价款中列明的下列税收、费用，不计入该货物的完税价格：

①厂房、机械、设备等货物进口后进行建设、安装、装配、维修和技术服务的费用；

②进口货物运抵境内输入地点起卸后的运输及其相关费用、保险费；

③进口关税及国内税收。

（4）进口货物的成交价格不符合以上第（1）条规定条件的，或者成交价格不能确定的，海关经了解有关情况，并与纳税义务人进行价格磋商后，依次以下列价格估定该货物的完税价格：

①与该货物同时或者大约同时向中华人民共和国境内销售的相同货物的成交价格；

②与该货物同时或者大约同时向中华人民共和国境内销售的类似货物的成交价格；

③与该货物进口的同时或者大约同时，将该进口货物、相同或者类似进口货物在第一级销售环节销售给无特殊关系买方最大销售总量的单位价格，但应当扣除以下项目：同等级或者同种类货物在中华人民共和国境内第一级销售环节销售时通常的利润和一般费用以及通常支付的佣金，进口货物运抵境内输入地点起卸后的运输及其相关费用、保险费，进口关税及国内税收；

④按照下列各项总和计算的价格：生产该货物所使用的料件成本和加工费用，向中华人民共和国

境内销售同等级或者同种类货物通常的利润和一般费用，该货物运抵境内输入地点起卸前的运输及其相关费用、保险费；

⑤以合理方法估定的价格。

纳税义务人向海关提供有关资料后，可以提出申请，颠倒上述第③项和第④项的适用次序。

（5）以租赁方式进口的货物，以海关审查确定的该货物的租金作为完税价格。

纳税义务人要求一次性缴纳税款的，纳税义务人可以选择按照以上第（4）条的规定估定完税价格，或者按照海关审查确定的租金总额作为完税价格。

（6）运往境外加工的货物，出境时已向海关报明并在海关规定的期限内复运进境的，应当以境外加工费和料件费以及复运进境的运输及其相关费用和保险费审查确定完税价格。

（7）运往境外修理的机械器具、运输工具或者其他货物，出境时已向海关报明并在海关规定的期限内复运进境的，应当以境外修理费和料件费审查确定完税价格。

（8）出口货物的完税价格由海关以该货物的成交价格以及该货物运至中华人民共和国境内输出地点装载前的运输及其相关费用、保险费为基础审查确定。

出口货物的成交价格，是指该货物出口时卖方为出口该货物应当向买方直接收取和间接收取的价款总额。

出口关税不计入完税价格。

（9）出口货物的成交价格不能确定的，海关经了解有关情况，并与纳税义务人进行价格磋商后，依次以下列价格估定该货物的完税价格：

①与该货物同时或者大约同时向同一国家或者地区出口的相同货物的成交价格；

②与该货物同时或者大约同时向同一国家或者地区出口的类似货物的成交价格；

③按照下列各项总和计算的价格：境内生产相同或者类似货物的料件成本、加工费用，通常的利润和一般费用，境内发生的运输及其相关费用、保

险费；

④以合理方法估定的价格。

（10）按照以上规定计入或者不计入完税价格的成本、费用、税收，应当以客观、可量化的数据为依据。

（11）海关确定进口货物完税价格的方法、程序，详见《中华人民共和国海关审定进出口货物完税价格办法》（海关总署令第148号）。

5.1.5　纳税时间、纳税地点及纳税期限

进口货物，增值税、消费税纳税义务发生时间为报关进口的当天①。

纳税地点应当由进口人或代理人向报关地海关申报纳税②。

纳税期限应当自海关填发税款缴款书之日起15日内缴纳税款③。

纳税人进口货物，凡已缴纳了进口环节增值税的，不论其是否已经支付货款，其取得的海关完税凭证均可作为增值税进项税额抵扣凭证。增值税一般纳税人取得的2004年2月1日以后开具的海关完税凭证，应当在开具之日起90天后的第一个纳税申报期结束以前向主管税务机关申报抵扣，逾期不得抵扣进项税额④。

实行海关进口增值税专用缴款书（简称海关缴款书）"先比对后抵扣"管理办法的增值税一般纳税人取得2010年1月1日以后开具的海关缴款书，应在开具之日起180日内向主管税务机关报送《海关完税凭证抵扣清单》（包括纸质资料和电子数据）申请稽核比对⑤。

未实行海关缴款书"先比对后抵扣"管理办法的增值税一般纳税人取得2010年1月1日以后开具的海关缴款书，应在开具之日起180日后的第一个纳税申报期结束以前，向主管税务机关申报抵扣进项税额⑥。

5.1.6　进口环节海关代征税收基本规定

进口货物的增值税、消费税由海关代征⑦。

自2004年1月1日起，海关进口环节代征税收政策按以下规定执行：

（1）经海关批准暂时进境的下列货物，在进境时纳税义务人向海关缴纳相当于应纳税款的保证金或者提供其他担保的，可以暂不缴纳进口环节增值税和消费税，并应当自进境之日起6个月内复运出境；经纳税义务人申请，海关可以根据海关总署的规定延长复运出境的期限⑧：

①在展览会、交易会、会议及类似活动中展示或者使用的货物；

②文化、体育交流活动中使用的表演、比赛用品；

③进行新闻报道或者摄制电影、电视节目使用的仪器、设备及用品；

④开发科研、教学、医疗活动使用的仪器、设备及用品；

⑤在上述第①项至第④项所列活动中使用的交通工具及特种车辆；

---

① 《中华人民共和国增值税暂行条例》（中华人民共和国国务院令第538号，2008年11月10日）。《中华人民共和国消费税暂行条例》（中华人民共和国国务院令第539号，2008年11月10日）。

② 《中华人民共和国增值税暂行条例》（中华人民共和国国务院令第538号，2008年11月10日）。《中华人民共和国消费税暂行条例》（中华人民共和国国务院令第539号，2008年11月10日）。

③ 《中华人民共和国增值税暂行条例》（中华人民共和国国务院令第538号，2008年11月10日）。《中华人民共和国消费税暂行条例》（中华人民共和国国务院令第539号，2008年11月10日）。

④ 《国家税务总局关于加强海关进口增值税专用缴款书和废旧物资发票管理有关问题的通知》（国税发〔2004〕128号，2004年1月28日）。《国家税务总局关于增值税一般纳税人取得海关进口增值税专用缴款书抵扣进项税额问题的通知》（国税发〔2004〕148号，2004年11月11日）。

⑤ 《国家税务总局关于调整增值税扣税凭证抵扣期限有关问题的通知》（国税函〔2009〕617号，2009年11月9日）。

⑥ 《国家税务总局关于调整增值税扣税凭证抵扣期限有关问题的通知》（国税函〔2009〕617号，2009年11月9日）。

⑦ 《中华人民共和国增值税暂行条例》（中华人民共和国国务院令第538号，2008年11月10日）。

⑧ 《财政部 海关总署 国家税务总局关于印发〈关于进口货物进口环节海关代征税收政策问题的规定〉的通知》（财关税〔2004〕7号，2004年3月16日）。

⑥货样;

⑦供安装、调试、检测设备时使用的仪器、工具;

⑧盛装货物的容器;

⑨其他用于非商业目的的货物。

上述所列暂准进境货物在规定的期限内未复运出境的,海关应当依法征收进口环节增值税和消费税。

上述所列可以暂时免征进口环节增值税和消费税范围以外的其他暂准进境货物,应当按照该货物的组成计税价格和其在境内滞留时间与折旧时间的比例分别计算征收进口环节增值税和消费税。

(2)因残损、短少、品质不良或者规格不符原因,由进口货物的发货人、承运人或者保险公司免费补偿或者更换的相同货物,进口时不征收进口环节增值税和消费税。被免费更换的原进口货物不退运出境的,海关应当对原进口货物重新按照规定征收进口环节增值税和消费税①。

(3)进口环节增值税税额在人民币 50 元以下的一票货物,免征进口环节增值税;消费税税额在人民币 50 元以下的一票货物,免征进口环节消费税②。

(4)无商业价值的广告品和货样免征进口环节增值税和消费税③。

(5)外国政府、国际组织无偿援助的物资免征进口环节增值税和消费税④。

(6)在海关放行前损失的进口货物免征进口环节增值税和消费税;在海关放行前遭受损坏的货物,可以按海关认定的进口货物受损后的实际价值确定进口环节增值税和消费税组成计税价格公式中的关税完税价格和关税,并依法计征进口环节增值税和消费税⑤。

(7)进境运输工具装载的途中必需的燃料、物料和饮食用品免征进口环节增值税和消费税⑥。

(8)有关法律、行政法规规定进口货物减征或者免征进口环节海关代征税的,海关按照规定执行⑦。

5.1.7　海关进口增值税专用缴款书稽核抵扣管理

(1)一般规定⑧

增值税一般纳税人取得所有需抵扣增值税进项税额的海关进口增值税专用缴款书(简称海关完税凭证),应根据相关海关完税凭证逐票填写《海关完税凭证抵扣清单》(详见国税函[2004]128号《国家税务总局关于加强海关进口增值税专用缴款书和废旧物资发票管理有关问题的通知》附表一),在进行增值税纳税申报时随同纳税申报表一并报送。在 2 月份申报时纳税人只报送《海关完税凭证抵扣清单》纸质资料(在 2 月份申报期内未能报送《清单》的,可在当月申报期后补报),从 3月份申报开始纳税人除报送《海关完税凭证抵扣

---

① 《财政部 海关总署 国家税务总局关于印发〈关于进口货物进口环节海关代征税税收政策问题的规定〉的通知》(财关税[2004]7 号,2004 年 3 月 16 日)。

② 《财政部 海关总署 国家税务总局关于印发〈关于进口货物进口环节海关代征税税收政策问题的规定〉的通知》(财关税[2004]7 号,2004 年 3 月 16 日)。

③ 《财政部 海关总署 国家税务总局关于印发〈关于进口货物进口环节海关代征税税收政策问题的规定〉的通知》(财关税[2004]7 号,2004 年 3 月 16 日)。

④ 《中华人民共和国增值税暂行条例》(中华人民共和国国务院令第 538 号,2008 年 11 月 10 日)。

⑤ 《财政部 海关总署 国家税务总局关于印发〈关于进口货物进口环节海关代征税税收政策问题的规定〉的通知》(财关税[2004]7 号,2004 年 3 月 16 日)。

⑥ 《财政部 海关总署 国家税务总局关于印发〈关于进口货物进口环节海关代征税税收政策问题的规定〉的通知》(财关税[2004]7 号,2004 年 3 月 16 日)。

⑦ 《财政部 海关总署 国家税务总局关于印发〈关于进口货物进口环节海关代征税税收政策问题的规定〉的通知》(财关税[2004]7 号,2004 年 3 月 16 日)。

⑧ 《国家税务总局关于加强海关进口增值税专用缴款书和废旧物资发票管理有关问题的通知》(国税函[2004]128 号,2004年 1 月 21 日)。

清单》纸质资料外,还需同时报送载有《海关完税凭证抵扣清单》电子数据的软盘(或其他存储介质)。未单独报送的,其进项税额不得抵扣。如果纳税人未按照规定要求填写《海关完税凭证抵扣清单》或者填写内容不全的,该张凭证不得抵扣进项税额。

《海关完税凭证抵扣清单》信息采集软件由国家税务总局统一开发,主管税务机关免费提供给纳税人使用。各级国税局和纳税人可从国家税务总局网站下载相关信息采集软件。

(2)先比对后抵扣管理规定①

自 2009 年 4 月 1 日起,在河北省、河南省、广东省和深圳市试行"先比对后抵扣"的管理办法。

①每月申报期内,税务机关向纳税人提供上月《海关进口增值税专用缴款书稽核结果通知书》(见国税函[2009]83 号《国家税务总局关于部分地区试行海关进口增值税专用缴款书"先比对后抵扣"管理办法的通知》附件)。

②对稽核结果为相符的海关缴款书,纳税人应在税务机关提供稽核结果的当月申报期内申报抵扣,逾期不予抵扣。

对稽核结果为不符、缺联、重号的海关缴款书,属于纳税人数据采集错误的,纳税人可在税务机关提供稽核结果的当月申请数据修改,再次稽核比对,税务机关次月申报期内向其提供稽核比对结果,逾期未申请数据修改的不予抵扣进项税额;对不属于采集错误,纳税人仍要求申报抵扣的,由税务机关组织审核检查,经核查海关缴款书票面信息与纳税人真实进口货物业务一致的,纳税人应在收到税务机关书面通知的次月申报期内申报抵扣,逾期不予抵扣。

③纳税人应在"应交税费"科目下设"待抵扣进项税额"明细科目,用于核算纳税人已申请稽核但尚未取得稽核相符结果的海关缴款书进项税额。

纳税人取得海关缴款书后,应借记"应交税费—待抵扣进项税额"明细科目,贷记相关科目;稽核比对相符以及核查后允许抵扣的,应借记"应交税费—应交增值税(进项税额)"专栏,贷记"应交税费—待抵扣进项税额"科目。经核查不得抵扣的进项税额,红字借记"应交税费—待抵扣进项税额",红字贷记相关科目。

④增值税纳税申报表及"一窗式"比对项目的调整。

自 2009 年 4 月 1 日起,纳税人已申请稽核但尚未取得稽核相符结果的海关缴款书进项税额填入《增值税纳税申报表》附表二第 28 栏。

自 2009 年 5 月 1 日起,海关缴款书"一窗式"比对项目调整为:审核《增值税纳税申报表》附表二第 5 栏税额是否等于或小于稽核系统比对相符和核查后允许抵扣的海关缴款书税额。

自 2009 年 5 月起,试点地区不再通过 FTP 上报海关缴款书第一联数据。自 2009 年 7 月起,税务总局不再通过 FTP 下发试点地区海关缴款书稽核比对结果。

5.1.8　特定项目进口税收征免规定

根据《国家税务总局　海关总署关于进口货物征收增值税、消费税有关问题的通知》(国税发[1993]155 号,1993 年 12 月 25 日)规定,进口环节消费税除国务院另有规定者外,一律不得给予减税、免税。因此,进口环节税收优惠主要体现在增值税方面。

5.1.8.1　农林牧渔业产品进口税收规定

(1)粮食进口税收优惠

①从 1998 年 1 月 1 日至 1998 年 12 月 31 日,对国家计划内进口硬粒小麦、其他小麦、稻谷、糙米、精米、碎米免征进口环节增值税②。

②从 2006 年 1 月 1 日起至 2008 年 12 月 31

---

① 《国家税务总局关于部分地区试行海关进口增值税专用缴款书"先比对后抵扣"管理办法的通知》(国税函[2009]83 号,2009 年 2 月 24 日)。

② 《财政部　国家税务总局关于 1998 年进口部分品种粮食免征进口环节增值税的通知》(财税字[1997]195 号,1997 年 12 月 31 日)。此文因政策执行到期而失效。

日,对中储粮总公司用于转储备和轮换以及履行政府承诺而组织的进口粮(油),照章征收进口环节增值税,所纳税款由中央财政全额退付,具体退付办法按《关于对部分进口商品予以退税的通知》[(94)财预字第 42 号]执行。享受上述税收政策的国家直属储备糖库、肉库、盐库的名单详见《财政部 国家税务总局关于部分国家储备商品有关税收政策的通知》(财税[2006]105 号)附件①。

(2)种子(苗)、种畜(禽)和鱼种(苗)进口税收优惠

①从 1994 年 8 月 15 日起至 1995 年年底以前,对进口的种子(苗)、种畜(禽)和鱼种(苗)免征进口环节增值税。进口种子(苗)、种畜(禽)和鱼种(苗)免税的品种限定在与农业生产密切相关的范围内,进口宠物、观赏物等照章征税,但对公安、军队等部门进口所需的工作犬予以免税。海关应凭农业部在进出口种畜(禽)审批表加盖的种畜(禽)进出口专用章为依据确定征免税。具体免税品种见《财政部 国家税务总局 海关总署关于进口种子(苗)、种畜(禽)和鱼种(苗)免征进口环节增值税的通知》(财税字[1994]第 53 号)所附的《进口种子(苗)、种畜(禽)和鱼种(苗)免税品种清单》②。

②从 2001 年起至 2005 年底以前,对进口种子(苗)、种畜(禽)、鱼种(苗)和非盈利性种用野生动植物种源免征进口环节增值税。免税进口种源的品种限定在与农、林业生产密切相关的范围内使用,具体免税品种见《财政部 国家税务总局关于

"十五"期间进口种子(苗)、种畜(禽)、鱼种(苗)和非盈利性种用野生动植物种源税收问题的通知》(财税[2001]130 号)所附的《进口种子(苗)、种畜(禽)、鱼种(苗)和非盈利性种用野生动植物种源免税货品清单》。对军队、武警、公安、安全部门(含缉私警察)进口的警用工作犬予以免税。进口观赏用的宠物和其他观赏物等照章征税③。

③在"十一五"期间(2006 年 1 月 1 日至 2010 年 12 月 31 日),对进口种子(苗)、种畜(禽)、鱼种(苗)和种用野生动植物种源,继续免征进口环节增值税④。

Ⅰ 免税范围

ⅰ 与农、林业生产密切相关的进口种子(苗)、种畜(禽)和鱼种(苗),以及具备研究和培育繁殖条件的动植物科研院所、动物园、专业动植物保护单位、养殖场和种植园进口的用于科研、育种、繁殖的野生动植物种源。具体免税品种见《财政部 国家税务总局关于"十一五"期间进口种子(苗)、种畜(禽)、鱼种(苗)和种用野生动植物种源税收问题的通知》(财关税[2006]3 号)所附的《进口种子(苗)、种畜(禽)、鱼种(苗)和种用野生动植物种源免税货品清单》。

ⅱ 军队、武警、公安、安全部门(含缉私警察)进口的警用工作犬。

以上免税进口的种子(苗)、种畜(禽)、鱼种(苗)和种用野生动植物种源进入国内市场后的税收问题,按国内有关税收规定执行。

---

① 《财政部 国家税务总局关于部分国家储备商品有关税收政策的通知》(财税[2006]105 号,2006 年 9 月 7 日)。此前,《财政部国家税务总局关于中国储备粮管理总公司有关税收政策的通知》(财税[2004]74 号)、《财政部国家税务总局关于中国储备棉管理总公司有关税收政策的通知》(财税[2003]115 号)、《财政部国家税务总局关于华商储备商品管理中心及国家直属储备糖库和肉冷库有关税收政策的通知》(财税[2004]75 号)、《财政部国家税务总局关于中国盐业总公司直属国家储备盐库有关税收政策的通知》(财税[2004]57 号)从 2006 年 1 月 1 日起废止。财税[2006]105 号也被《财政部 国家税务总局关于部分国家储备商品有关税收政策的通知》(财税[2009]151 号,2009 年 12 月 22 日)和《财政部关于公布废止和失效的财政规章和规范性文件目录(第十一批)的决定》(财政部令第 62 号,2011 年 2 月 21 日)公布废止。

② 《财政部 国家税务总局 海关总署关于进口种子(苗)、种畜(禽)和鱼种(苗)免征进口环节增值税的通知》(财税字[1994]第 53 号 1994 年 9 月 5 日)。此文因政策执行到期而失效。

③ 《财政部 国家税务总局关于"十五"期间进口种子(苗)种畜(禽)鱼种(苗)和非盈利性种用野生动植物种源税收问题的通知》(财税[2001]130 号,2001 年 7 月 30 日)。此文政策已执行到期。

④ 《财政部 国家税务总局关于"十一五"期间进口种子(苗)种畜(禽)鱼种(苗)和种用野生动植物种源税收问题的通知》(财关税[2006]3 号,2006 年 1 月 23 日)。

Ⅱ 免税管理

从2009年1月1日至2010年12月31日,对进口种子(苗)种畜(禽)鱼种(苗)和种用野生动植物种源实行以下免税管理办法①:

ⅰ 种源进口免税申请

种源进口单位应适时向种源进口免税审批单位(简称"审批单位")提出种源进口免税申请。不同种类种源的进口免税审批单位由种源进口审批主管部门(简称"审批主管部门")即农业部或国家林业局负责指定。

ⅱ 种源进口免税条件

(ⅰ)免税进口种子(苗)种畜(禽)鱼种(苗)应同时符合以下条件:

a. 在财关税[2006]3号所附《进口种子(苗)、种畜(禽)、鱼种(苗)和种用野生动植物种源免税货品清单》范围内。

b. 与农、林业生产密切相关,直接用于或服务于农林业生产的下列种源:

用于种植和培育各种农作物和林木的种子(苗);

用于饲养以获得各种畜禽产品的种畜(禽);

用于培育和养殖的水产种(苗);

用于农、林业科学研究与试验的种子(苗)种畜(禽)水产种(苗)。

c. 进口种子(苗)不得用于高尔夫球场、足球场、度假村或俱乐部等场所的建设;进口种畜(禽)鱼种(苗)不得用于度假村或俱乐部等高档消费场所等。

(ⅱ)免税进口野生动植物种源应同时符合以下条件:

a. 在财关税[2006]3号所附《进口种子(苗)、种畜(禽)、鱼种(苗)和种用野生动植物种源免税货品清单》范围内的野生动植物。

b. 进口单位是动植物科研院所、动物园、专业动植物保护单位、养殖场、种植园。进口单位应具备研究和培育繁殖条件。

c. 用于科研,或育种,或繁殖。以科研为目的免税进口种源,应说明具体科研项目并适时提供科研项目成果。以育种或繁殖为目的免税进口种源,进口数量应以确保野生动植物存活和种群繁衍的合理需要为限。

ⅲ 种源免税进口年度计划核定及审批

审批主管部门根据行业发展规划及实际需要,于每年1月15日前向财政部、国家税务总局报送本年度进口计划。年度进口计划应包括进口种源种类、申请单位、计划免税进口数量、进口用途等内容,并对其中计划免税进口数量大幅超过上一年度核定免税进口数量的品种详细说明原因。

种源免税进口年度计划经财政部、国家税务总局核定后,由审批单位在核定的年度免税品种、数量范围内审批,并出具种子(苗)、种畜(禽)、鱼种(苗)免征进口环节增值税的审批证明或种用野生动植物免征进口环节增值税的审批证明(简称"免税审批证明")。审批单位应审核、确认种源进口单位的资质、进口种源最终用途以及免税进口申请数量合理性等事项,确保其符合规定的免税条件。免税审批证明应标明审批单位、审批时间、种源进口单位,以及进口种源名称、种类、税则号列、数量、用途等内容。

经核定的种源免税进口年度计划以及审批单位出具的免税审批证明在公历年度内有效,不得跨年度结转。未经批准或未列入年度计划的进口种源应照章征收进口环节增值税。

ⅳ 种源进口免税手续

财政部、国家税务总局核定工作一般在每年2月底前完成。在此之前,提出免税进口申请并已受理的种源进口单位凭审批单位证明,可向海关申请凭税款担保先予办理进口货物放行手续。种源进口单位取得免税审批证明后,凭免税审批证明到海关办理免税手续;未取得免税审批证明或报关进口

---

① 《财政部 海关总署 国家税务总局关于印发〈种子(苗)种畜(禽)鱼种(苗)和种用野生动植物种源进口税收优惠政策暂行管理办法〉的通知》(财关税[2009]50号,2009年8月10日)。

数量超过免税审批证明批准数量的种源进口单位，按海关规定缴纳进口环节增值税。

Ⅴ 监管及处罚

审批主管部门应于每年 7 月 15 日前总结本部门各审批单位上半年审批情况,报送财政部、海关总署、国家税务总局;并于每年 1 月 15 日前总结上一年度免税进口执行情况,报送财政部、海关总署、国家税务总局。年度执行情况报告应分项说明审批单位,审批种源类别,审批数量,税则号列,报关进口单位、数量、金额、免税金额,以及进口种源最终用途等内容;并针对报关进口数量与核定免税进口数量有较大差异的品种详细说明原因。

财政部将会同海关总署、国家税务总局和审批主管部门对免税进口执行情况进行核查。

对超过核定计划数量审批的审批单位,由审批主管部门对有关审批单位及有关审批人员予以书面通报批评。在有关审批单位未完成整改前,审批主管部门应暂停其免税审批资格,财政部、国家税务总局应暂停核定有关品种的免税进口年度计划,并在核定下一年度免税进口计划时扣减超批数量。

免税进口种源用途应符合“种源进口免税条件”的规定,未经合理种植、培育(试种)、养殖或饲养不得转让。对违反规定的种源进口单位,按照有关规定处罚,并暂停其 1 年免税进口资格;依法被追究刑事责任的种源进口单位,暂停其 2 年免税进口资格。

农业部、国家林业局根据《财政部 海关总署 国家税务总局关于印发〈种子(苗)种畜(禽)鱼种(苗)和种用野生动植物种源进口税收优惠政策暂行管理办法〉的通知》(财关税[2009]50 号)规定

商财政部、海关总署和国家税务总局制定实施细则。

(3)饲料和农膜进口税收优惠

自 1996 年 1 月 1 日至 1997 年 12 月 31 日,对进口饲料(饲料的范围按国税发[1993]151 号文件规定执行)、农膜免征进口环节增值税[1]。

自 2001 年 1 月 1 日起,对渔粉等饲料;自 2001 年 8 月 1 日起,对甜菜等植物饲料,免征进口环节增值税。具体范围见《财政部 国家税务总局关于免征饲料进口环节增值税的通知》(财税[2001]82 号)附件。此前进口的饲料,按上述规定退补进口环节增值税[2]。

(4)农用塑料原料进口税收优惠

从 1997 年 1 月 1 日至 1997 年 12 月 31 日,对 1997 年 5 月 31 日之前进口的计划内农膜原料,进口环节增值税,按先征后返的办法办理。对 1997 年 6 月 1 日后进口的农膜原料,一律实行免征进口环节增值税政策。对进口农用塑料原料进口环节增值税先征后返[3]。

(5)化肥进口税收优惠

从 1998 年 1 月 1 日至 1998 年 12 月 31 日,对国家计划内进口钾肥、磷酸二铵、复合肥等化肥免征进口环节增值税,对进口氮肥照章征收进口环节增值税[4]。

自 2001 年 1 月 1 日起,对国家计划内安排进口的钾肥、复合肥,继续执行免征进口环节增值税政策。具体享受免征进口增值税的进口化肥包括:肥料用硝酸钾、氯化钾、硫酸钾、含氮、磷、钾三种肥效元素的矿物肥料或化学肥料、含磷、钾两种肥效的矿物肥料或化学肥料[5]。

---

[1] 《财政部 国家税务总局关于对进口饲料和农膜免征增值税的通知》(财税字[1996]37 号,1996 年 4 月 8 日)。此文因政策执行到期而失效。

[2] 《财政部 国家税务总局关于免征饲料进口环节增值税的通知》(财税[2001]82 号,2001 年 8 月 14 日)。

[3] 《财政部 国家税务总局关于 1997 年进口农用塑料原料进口环节增值税有关政策的通知》(财税字[1997]34 号,1997 年 4 月 3 日)。此文因政策执行到期而失效。

[4] 《财政部 国家税务总局关于 1998 年进口化肥、农药进口增值税征免问题的通知》(财税字[1997]194 号,1998 年 1 月 6 日)。此文因政策执行到期而失效。

[5] 《财政部 国家税务总局关于国家计划内安排进口钾肥、复合肥免征进口增值税的通知》(财税[2001]76 号,2001 年 4 月 24 日)。

自 2002 年 1 月 1 日起,对上述进口钾肥、复合肥,凭有关登记证明或关税配额证明,继续免征进口环节增值税①。

自 2008 年 1 月 1 日起,免征磷酸氢二铵(税号:31053000)的进口环节增值税②。

(6)农药进口税收优惠

从 1998 年 1 月 1 日至 1998 年 12 月 31 日,对国家计划内进口农药成药(我国禁止和严格限制使用的农药品种除外)和农药原药免征进口环节增值税③。

从 1999 年 1 月 1 日至 1999 年 12 月 31 日,对国家计划内进口农药成药(我国禁止和严格限制使用的农药品种除外)和农药原药免征进口环节增值税④。

从 2001 年 1 月 1 日至 2002 年 2 月 28 日,对国家计划内进口农药成药(我国禁止和严格限制使用的农药品种除外)和农药原药免征进口环节增值税。《财政部关于进口农药原料及中间体进口环节增值税先征后返有关问题的通知》(财税[2001]104 号)的执行期限也延长至 2002 年 2 月 28 日⑤。

从 2003 年 1 月 1 日起,停止执行对部分列名进口农药(成药、原药)免征进口环节增值税的政策,已征收的保证金转为税款⑥。2003 年 1 月 1 日至 2003 年 12 月 31 日,对国家计划内安排进口的农药原料、中间体继续实行进口环节增值税先征后返⑦。

从 2004 年 1 月 1 日起,停止执行对部分进口农药原料及中间体进口环节增值税先征后返的政策⑧。

(7)远洋渔业进口物资税收优惠

从 1996 年 4 月 1 日至 1998 年 12 月 31 日,对远洋渔业企业进口自用、国内不能生产的远洋渔船、轮机及甲板设备、冷冻设备、船用加工机械设备、船用通讯设备等直接渔用物资免征进口环节增值税⑨。

(8)矿物质微量元素舔砖进口税收优惠

自 2007 年 1 月 1 日起,对进口的矿物质微量元素舔砖免征进口环节增值税。矿物质微量元素舔砖是以四种以上微量元素、非营养性添加剂和载体为原料,经高压浓缩制成的块状预混物,供牛、羊等直接食用⑩。

5.1.8.2 救灾捐赠物资进口税收规定

①外国民间团体、企业、友好人士和华侨、香港居民和台湾、澳门同胞向我国境内捐赠的救灾物资免税优惠⑪

---

① 《财政部 国家税务总局关于进口化肥税收政策问题的通知》(财税[2002]44 号,2002 年 3 月 25 日)。

② 《财政部 国家税务总局关于免征磷酸氢二铵进口环节增值税的通知》(财关税[2007]158 号,2007 年 12 月 20 日)。

③ 《财政部 国家税务总局关于 1998 年进口化肥、农药进口增值税征免问题的通知》(财税字[1997]194 号,1998 年 1 月 6 日)。此文因政策执行到期而失效。

④ 《财政部 国家税务总局关于 1999 年进口农药进口环节增值税征免问题的通知》(财税字[1999]14 号,1999 年 2 月 1 日)。此文已失效,参见《财政部关于公布废止和失效的财政规章和规范性文件目录(第八批)的决定》(财政部令第 16 号)。

⑤ 《财政部 国家税务总局关于农药和农药原药免征进口环节增值税问题的通知》(财税[2001]105 号,2001 年 6 月 28 日),《财政部 国家税务总局关于延长农药成药原药和中间体进口环节增值税优惠政策执行期限的通知》(财税[2002]6 号,2002 年 1 月 23 日)。上述文件因政策执行到期而失效。

⑥ 《财政部 海关总署 国家税务总局关于农药税收政策的通知》(财税[2003]186 号,2003 年 9 月 23 日)。

⑦ 《财政部关于进口农药原料及中间体进口环节增值税先征后返有关问题的通知》(财税[2003]68 号,2003 年 3 月 28 日)。此文政策执行到期。

⑧ 《财政部 海关总署 国家税务总局关于农药税收政策的通知》(财税[2003]186 号,2003 年 9 月 23 日)。

⑨ 《财政部 国务院关税税则委员会 国家税务总局关于远洋渔业企业进口渔用设备和运回自捕水产品税收问题的通知》(财税字[1997]64 号,1997 年 3 月 10 日)。

⑩ 《财政部 国家税务总局关于矿物质微量元素舔砖免征进口环节增值税的通知》(财关税[2006]73 号,2006 年 12 月 12 日)。

⑪ 《财政部 国务院关税税则委员会 国家税务总局 海关总署关于印发〈关于救灾捐赠物资免征进口税收的暂行办法〉的通知》(财税字[1998]98 号,1998 年 6 月 29 日)。

对外国民间团体、企业、友好人士和华侨、香港居民和台湾、澳门同胞无偿向我境内受灾地区捐赠的直接用于救灾的物资,在合理数量范围内,免征进口关税和进口环节增值税、消费税。

Ⅰ　享受优惠的区域

享受救灾捐赠物资进口免税的区域限于新华社对外发布和民政部《中国灾情信息》公布的受灾地区。

Ⅱ　免税进口的救灾捐赠物资范围

ⅰ　食品类(不包括调味品、水产品、水果、饮料、酒等);

ⅱ　新的服装、被褥、鞋帽、帐篷、手套、睡袋、毛毯及其他维持基本生活的必需用品等;

ⅲ　药品类(包括治疗、消毒、抗菌等)、疫苗、白蛋白、急救用医疗器械、消杀灭药械等;

ⅳ　抢救工具(包括担架、橡皮艇、救生衣等);

ⅴ　经国务院批准的其他直接用于灾区救援的物资。

Ⅲ　救灾捐赠物资进口免税的审批管理

救灾捐赠进口物资一般应由民政部(中国国际减灾十年委员会)提出免税申请,对于来自国际和友好国家及香港特别行政区、台湾、澳门红十字会和妇女组织捐赠的物资分别由中国红十字会、中华全国妇女联合会提出免税申请,海关总署依照规定进行审核并办理免税手续。免税进口的救灾捐赠物资按渠道分别由民政部(如涉及国务院有关部门,民政部应会同相关部门)、中国红十字会、中华全国妇女联合会负责接收、管理并及时发送给受灾地区。

接受的捐赠物资,按国家规定属配额、特定登记和进口许可证管理的商品,应向有关部门申请配额、登记证明和进口许可证,海关凭证验放。

②外国政府、国际组织无偿捐赠的救灾物资免税优惠

外国政府、国际组织无偿捐赠的救灾物资按《中华人民共和国海关法》第三十九条和《中华人民共和国增值税暂行条例》第十六条规定免征进口增值税和关税,不适用上述办法①。

5.1.8.3　扶贫、慈善性捐赠物资进口税收规定

①境外自然人、法人或者其他组织的扶贫、慈善性捐赠物资进口免税优惠②

对境外捐赠人无偿向受赠人捐赠的直接用于扶贫、慈善事业的物资,免征进口关税和进口环节增值税。其中:

扶贫、慈善事业是指非营利的扶贫济困、慈善救助等社会慈善和福利事业。

境外捐赠人是指中华人民共和国境外的自然人、法人或者其他组织。

受赠人是指经国务院主管部门依法批准成立的,以人道救助和发展扶贫、慈善事业为宗旨的社会团体以及国务院有关部门和各省、自治区、直辖市人民政府。

Ⅰ　用于扶贫、慈善公益性事业进口物资免税的范围

ⅰ　新的衣服、被褥、鞋帽、帐篷、手套、睡袋、毛毯及其他维持基本生活的必需用品等。

ⅱ　食品类及饮用水(调味品、水产品、水果、饮料、烟酒等除外)。

ⅲ　医疗类包括直接用于治疗特困患者疾病或贫困地区治疗地方病及基本医疗卫生、公共环境卫生所需的基本医疗药品、基本医疗器械、医疗书籍和资料。

ⅳ　直接用于公共图书馆、公共博物馆、各类职业学校、高中、初中、小学、幼儿园教育的教学仪器、

---

① 《财政部　国务院关税税则委员会　国家税务总局　海关总署关于印发〈关于救灾捐赠物资免征进口税收的暂行办法〉的通知》(财税字[1998]98 号,1998 年 6 月 29 日)。

② 《财政部　国家税务总局　海关总署关于发布〈扶贫、慈善性捐赠物资免征进口税收暂行办法〉的通知》(财税[2000]152 号,2001 年 1 月 15 日)。

教材、图书、资料和一般学习用品①。

ⅴ 直接用于环境保护的专用仪器。

ⅵ 经国务院批准的其他直接用于扶贫、慈善事业的物资。

上述物资不包括国家明令停止减免进口税收的商品、汽车、生产性设备、生产性原材料及半成品等。捐赠物资应为新品,在捐赠物资内不得夹带有害环境、公共卫生和社会道德及政治渗透等违禁物品。

Ⅱ 用于扶贫、慈善公益性事业进口物资免税的管理

进口的捐赠物资,由受赠人向海关提出免税申请,海关按规定负责审批并进行后续管理。经批准免税进口的捐赠物资,由海关进行专项统计。

进口的捐赠物资按国家规定属配额、特定登记和进口许可证管理的商品,受赠人应向有关部门申请配额、登记证明和进口许可证,海关凭证验放。

经批准免税进口的捐赠物资,依照《中华人民共和国公益事业捐赠法》第三章有关条款进行使用和管理。

免税进口的扶贫、慈善性捐赠进口物资,不得以任何形式转让、出售、出租或移作他用。如有违反,按国家有关法律、法规处理。

经国务院特别批准的免征进口税的捐赠物资,不适用上述办法。

②外国政府、国际组织无偿捐赠的扶贫、慈善物资进口免税优惠

Ⅰ 外国政府、国际组织无偿捐赠的扶贫、慈善物资按《中华人民共和国海关法》和《中华人民共和国增值税暂行条例》有关规定免征进口增值税和关税,不适用上述办法②。

Ⅱ 对联合国世界粮食计划署援助我国广西、安徽、陕西、湖北、湖南、四川、重庆、青海和贵州省(区、市)的 27677 吨加拿大小麦和 30000 吨澳大利亚小麦免征进口关税和进口环节增值税,并按《财政部关于世界粮食计划署援助商品处理方式和税收问题的通知》(财税字[1999]254 号)的精神办理进口小麦的有关事项③。

5.1.8.4 国有文物收藏单位接受境外捐赠、归还和从境外追索的中国文物进口税收规定④

由国务院文物行政管理部门和国有文物收藏单位以接受境外机构、个人捐赠、归还的和从境外追索等方式获得的中国文物进口,免征关税、进口环节增值税、消费税。

(1)中国文物范围

①1949 年以前中国制作、生产或出版的陶瓷器、金银器、铜器及其他金属器、玉石器、漆器、玻璃器皿、各种质料的雕刻品、雕塑品、家具、书画、碑帖、拓片、图书、文献资料、织绣、文化用品、邮票、货币、器具、工艺美术品及其他具有文物价值的制品等;

②1949 年以后,我国已故近、现代著名书画家、工艺美术家的作品;

③原产于中国的古脊椎动物化石、古人类化石等。

(2)捐赠、归还、追索的界定

所称捐赠是指境外机构、个人将合法所有的中国文物无偿捐献给国务院文物行政管理部门或国

---

① 《财政部关于扶贫、慈善性捐赠进口物资用于学校教育税收优惠政策有关问题的通知》(财税[2003]51 号,2003 年 3 月 10 日)。此前颁布的《扶贫、慈善性捐赠物资免征进口税收暂行办法》(财政部、国家税务总局、海关总署,财税[2000]152 号,2001 年 1 月 15 日)中规定为"直接用于公共图书馆、公共博物馆、中等专科学校、高中(包括职业高中)、初中、小学、幼儿园教育的教学仪器、教材、图书、资料和一般学习用品"。

② 《财政部 国家税务总局 海关总署关于发布〈扶贫、慈善性捐赠物资免征进口税收暂行办法〉的通知》(财税[2000]152 号,2001 年 1 月 15 日)。

③ 《财政部关于联合国援助我国小麦进口税收问题的通知》(财税[2002]139 号,2002 年 8 月 26 日)。

④ 《财政部 国家税务总局 海关总署关于印发〈国有文物收藏单位接受境外捐赠、归还和从境外追索的中国文物进口免税暂行办法〉的通知》(财税[2002]81 号,2002 年 6 月 25 日)。此文自 2009 年 1 月 20 日发布《财政部 海关总署 国家税务总局关于公布〈国有公益性收藏单位进口藏品免税暂行规定〉的公告》(财政部、海关总署、国家税务总局公告 2009 年第 2 号)后停止执行。

有文物收藏单位的行为；

所称归还是指境外机构、个人将持有的原系从中国劫掠、盗窃、走私或其他非法出境的中国文物无偿交还给国务院文物行政管理部门或国有文物收藏单位的行为；

所称追索是指国务院文物行政管理部门依据有关国际公约从境外索回原系从中国劫掠、盗窃、走私或其他非法出境的中国文物的行为。

（3）免税管理规定

①国有文物收藏单位接受境外机构、个人捐赠、归还的中国文物，需要办理免税的，应在文物入境的一个月前，向国务院文物行政管理部门提出书面申请。

国有文物收藏单位的书面申请，应具备以下内容：

Ⅰ 单位名称、住所、性质和法人代表；

Ⅱ 境外机构、个人出具的愿向本单位捐赠、归还所持有的中国文物的书面证明；

Ⅲ 拟接受的文物的特征、价值的详细资料及清晰的彩色图片；

Ⅳ 文物拟入境的口岸；

Ⅴ 所在地的省、自治区、直辖市文物行政管理部门同意接受文物的书面意见，国务院文物行政管理部门直属的国有文物收藏单位可直接向国务院文物行政管理部门提出申请；

Ⅵ 承诺接受的文物将为本单位永久收藏，并仅用于向公众展示和科学研究等公益性活动的有关材料；

Ⅶ 国务院文物行政管理部门认为需要具备的其他内容。

②国务院文物行政管理部门受理国有文物收藏单位有关接受文物入境免税的申请，应在15日内，做出是否同意的决定，并通知申请单位。

国务院文物行政管理部门接受捐赠、归还和从境外追索的中国文物，需办理免税的，应指定国有文物收藏单位收藏。指定的国有文物收藏单位应书面承诺将此文物永久收藏，并仅用于向公众展示和科学研究等公益性活动。

③国务院文物行政管理部门接受捐赠、归还和追索的中国文物入境，或已同意对国有文物收藏单位接受的文物入境免税的，由国务院文物行政管理部门出具《允许进口证明》和由指定的鉴定专家或授权的国家文物出境鉴定站鉴定员进行鉴定的《委托书》。进口单位凭上述文件及海关要求的其他有关文件到进口地海关办理免税手续。

出具《允许进口证明》和《委托书》的具体单位名称、印章印模和证明函、委托书格式，由国务院文物行政管理部门事先向海关总署备案，由海关总署通知进口地海关备查。

④国务院文物行政管理部门指定的鉴定专家或授权的国家文物出境鉴定站鉴定员、接受文物的国有文物收藏单位在上述进口文物到货后，应持前款所述的《委托书》联系进口地海关安排对有关文物进行现场鉴定，鉴定合格后向海关出具《鉴定合格证明》（证明函格式、有关专家和鉴定员名录应事先向进口地海关备案）。海关凭《允许进口证明》和《鉴定合格证明》办理进口免税验放手续。对鉴定不合格的文物，海关通知国务院文物行政管理部门，由国务院文物行政管理部门会同有关部门研究后予以处理。有关口岸费用由进口单位承担。

⑤国有文物收藏单位收藏免税入境文物后，应在15日内列入藏品总账，并编写详细档案，将档案副本报国务院文物行政管理部门、财政部、国家税务总局、海关总署。

国有文物收藏单位应妥善保藏免税入境文物，并仅用于非赢利性的展示、科学研究等公益性活动，不得将其出售、赠送、抵押。国务院文物行政管理部门负责监督和指导国有文物收藏单位对免税入境文物的保藏、展示和研究工作。

国有文物收藏单位违反本办法规定，将免税入境文物出售、赠送给非国有单位、个人的，依照《中华人民共和国刑法》第三百二十七条的规定追究单位和直接责任人员的刑事责任。

国有文物收藏单位违反本办法规定，将免税入境文物出售、赠送给国有单位的，或将免税入境文物抵押的，国务院文物行政管理部门应会同国家有关部门追回文物,另行指定国有文物收藏单位收藏,并对原收藏单位法人代表和直接责任人员给予行政处分,没收全部非法所得,上缴国库。

国有文物收藏单位违反本办法规定,将免税入境文物用于赢利性活动的,国务院文物行政管理部门应予以通报批评,并监督其予以改正,没收全部非法所得,上缴国库。情节严重的,对收藏单位法人代表和直接责任人员给予行政处分,并将文物另行指定国有文物收藏单位收藏。

5.1.8.5 国有公益性收藏单位藏品进口税收规定①

自2009年1月20日起,国有公益性收藏单位以从事永久收藏、展示和研究等公益性活动为目的,以接受境外捐赠、归还、追索和购买等方式进口的藏品,免征进口关税和进口环节增值税、消费税。上述《财政部、国家税务总局、海关总署关于印发〈国有文物收藏单位接受境外捐赠、归还和从境外追索的中国文物进口免税暂行办法〉的通知》(财税[2002]81号)同时停止执行。

(1)国有公益性收藏单位,是指:

①国家有关部门和省、自治区、直辖市、计划单列市相关部门所属的国有公益性图书馆、博物馆、纪念馆及美术馆(简称省级以上国有公益性收藏单位)。

省级以上国有公益性收藏单位的名单,由财政部会同国务院有关部门以公告的形式发布。②

②财政部会同国务院有关部门核定的其他国有公益性收藏单位。

(2)藏品,是指具有收藏价值的各种材质的器皿和器具、钱币、砖瓦、石刻、印章封泥、拓本(片)、碑帖、法帖、艺术品、工艺美术品、典图、文献、古籍善本、照片、邮品、邮驿用品、徽章、家具、服装、服饰、织绣品、皮毛、民族文物、古生物化石标本和其他物品。

国有公益性收藏单位进口与其收藏范围相应的藏品,方能享受以上规定的税收政策。

(3)符合规定的国有公益性收藏单位进口藏品,应持捐赠、归还、追索和购买等有效进口证明及海关规定的其他有关文件办理海关手续。免税进口藏品属于海关监管货物。

(4)国有公益性收藏单位免税进口的藏品应依照《中华人民共和国文物保护法》、《中华人民共和国文物保护法实施条例》和《博物馆管理办法》进行管理,建立藏品登记备案制度。免税进口藏品入境30个工作日内须记入藏品总账——进口藏品子账,列入本单位内部年度审计必审科目。同时按规定格式(见《财政部 海关总署 国家税务总局关于公布〈国有公益性收藏单位进口藏品免税暂行规定〉的公告》附表)报送主管文化文物行政管理部门备案,并抄报海关。

(5)国有公益性收藏单位免税进口的藏品应永久收藏,并仅用于非营利性展示和科学研究等公益性活动,不得转让、抵押、质押或出租。

(6)免税进口藏品如需在国有公益性收藏单位之间依照国家有关法律法规的规定进行调拨、交换、借用,应依照法律法规的规定履行相关手续,同时报送主管文化文物行政管理部门备案,并抄报海关。

国有公益性收藏单位将免税进口藏品转让、抵押、质押或出租的,由海关依照国家有关法律法规的规定予以处罚;构成犯罪的,依法追究刑事责任。

对于有上述违法违规行为的单位,在1年内不得享受上述税收优惠政策;被依法追究刑事责任的,在3年内不得享受上述优惠政策。

5.1.8.6 文化体育用品进口税收规定

(1)从1995年1月1日起,国家体委(现为国家体育总局,编者注)所属国家专业队进口的(包

① 《财政部 海关总署 国家税务总局关于公布〈国有公益性收藏单位进口藏品免税暂行规定〉的公告》(财政部、海关总署、国家税务总局公告2009年第2号发布,2009年1月20日)。
② 参见《财政部 海关总署 国家税务总局关于公布省级以上国有公益性收藏单位名单(第一批)的公告》(财政部 海关总署 国家税务总局联合公告2010年第2号发布,2010年1月4日)。

括国际体育组织赠送和国外厂商赞助)和中国人民解放军总参谋部所属军事体育工作大队进口的特需体育器材(含测试仪器)和特种比赛专用服装,予以免征进口关税和进口环节增值税(但国家另有规定不予减免税的商品除外),其他物品应照章征税①。

按以上规定自行进口的物品,由海关总署会同国务院关税税则委员会办公室和财政部、国家税务总局每年根据实际情况核定一次进口金额总量,总量以内的免税进口,超出总量的部分照章征税②。

按以上规定接受赠送和赞助的物品,由国家体委汇总后,统一向海关总署申报,海关总署会同国务院关税税则委员会办公室和财政部、国家税务总局,征求有关生产部门意见并列出可享受免税进口的物品清单,国家体委按清单免税进口③。

以上免税进口的物品只限于国家专业队、军事体育工作大队训练和比赛专用,不得倒卖和移作他用,违者由海关按《海关法》及有关法规处理④。

对国家体委及所属系统接受外国政府和华侨、港澳台同胞捐赠物品的征免税问题,按国家有关规定办理⑤。

(2)自 2004 年 1 月 1 日至 2008 年 12 月 31 日,对生产重点文化产品进口所需要的自用设备及配套件、备件等,按规定免征进口关税和进口环节增值税⑥。

自 2009 年 1 月 1 日至 2013 年 12 月 31 日,对生产重点文化产品进口所需要的自用设备及配套件、备件等,按规定免征进口关税⑦。

(3)从 2003 年 1 月 1 日起,对境内单位从境外购买电视节目播映权而进口的电视节目工作带,不征收进口环节增值税⑧。

(4)从 2009 年 1 月 1 日起,经国务院有关部门认定的动漫企业自主开发、生产动漫直接产品,确需进口的商品可享受免征进口关税和进口环节增值税的优惠政策。具体免税商品范围及管理办法由财政部会同有关部门制定。动漫企业和自主开发、生产动漫产品的认定标准和认定程序,按照《文化部、财政部、国家税务总局关于印发〈动漫企业认定管理办法(试行)〉的通知》(文市发[2008]51 号)的规定执行⑨。

5.1.8.7　音像制品和电子出版物进口税收规定

自 2007 年 9 月 15 日起,将音像制品和电子出版物的进口环节增值税税率由 17% 下调至 13%。其中:"音像制品",是指录有内容的录音带、录像带、唱片、激光唱盘和激光视盘。"电子出版物",

---

① 《国务院关税税则委员会 财政部 国家税务总局关于体育用品进口税收问题的通知》(税委会[1995]5 号,1995 年 3 月 24 日)。

② 《国务院关税税则委员会 财政部 国家税务总局关于体育用品进口税收问题的通知》(税委会[1995]5 号,1995 年 3 月 24 日)。

③ 《国务院关税税则委员会 财政部 国家税务总局关于体育用品进口税收问题的通知》(税委会[1995]5 号,1995 年 3 月 24 日)。

④ 《国务院关税税则委员会 财政部 国家税务总局关于体育用品进口税收问题的通知》(税委会[1995]5 号,1995 年 3 月 24 日)。

⑤ 《国务院关税税则委员会 财政部 国家税务总局关于体育用品进口税收问题的通知》(税委会[1995]5 号,1995 年 3 月 24 日)。

⑥ 《财政部 海关总署 国家税务总局关于文化体制改革中经营性文化事业单位转制为企业的若干税收政策问题的通知》(财税[2005]1 号,2005 年 3 月 29 日)。《财政部 海关总署 国家税务总局关于文化体制改革试点中支持文化产业发展若干税收政策问题的通知》(财税[2005]2 号,2005 年 3 月 29 日)。根据《财政部关于公布废止和失效的财政规章和规范性文件目录(第十一批)的决定》(财政部令第 62 号,2011 年 2 月 21 日),财税[2005]1 号被公布失效。

⑦ 《财政部 海关总署 国家税务总局关于支持文化企业发展若干税收政策问题的通知》(财税[2009]31 号,2009 年 3 月 27 日)。

⑧ 《财政部 国家税务总局关于中央电视台等单位从境外购买电视节目播映权而进口的电视节目工作带进口环节增值税问题的通知》(财税[2003]83 号,2003 年 4 月 24 日)。

⑨ 《财政部 国家税务总局关于扶持动漫产业发展有关税收政策问题的通知》(财税[2009]65 号,2009 年 7 月 17 日)。

是指以数字代码方式将图文声像等内容信息编辑加工后存储在具有确定的物理形态的磁、光、电等介质上,通过计算机或者具有类似功能的设备读取使用,用以表达思想、普及知识和积累文化的大众传播媒体。音像制品和电子出版物的商品名称及其税号见《财政部 国家税务总局关于调整音像制品和电子出版物进口环节增值税税率的通知》(财关税[2007]65号)附件①。

5.1.8.8 科普用品进口税收规定

(1)自2006年1月1日至2011年12月31日,对公众开放的科技馆、自然博物馆、天文馆(站、台)和气象台(站)、地震台(站)、高校和科研机构对外开放的科普基地,从境外购买自用科普影视作品播映权而进口的拷贝、工作带,免征进口关税,不征进口环节增值税;对上述科普单位以其他形式进口的自用影视作品,免征关税和进口环节增值税。科普单位进口的自用科普影视作品,由省、自治区、直辖市和计划单列市科委(厅、局)认定。经认定享受税收优惠政策的进口科普影视作品,由海关凭相关证明办理免税手续②。

(2)关于科普基地进口科普影视作品的认定③

①从境外购买科普影视作品播映权而进口的拷贝、工作带必须同时符合下列条件:

Ⅰ 必须是由按照本办法经认定的科普基地自行进口或委托进口的;

Ⅱ 必须属于《通知》附件3所列税号范围;

Ⅲ 必须是为其自用,不得进行商业销售或挪作他用。

②经认定的科普基地进口的科普影视作品拷贝、工作带符合以上条件的,可以提出申请,并附带进口影视作品的合同、协议(含中文译本)和相关资料报经所在地的地(市)级科技行政管理部门初审合格后,由所在地的省级科技、新闻出版行政管理部门批准,并在批准后一个月内向同级财政部门及国家科学技术部和新闻出版总署备案。

③对经认定的进口科普影视作品的拷贝、工作带申请享受税收优惠时,科普基地须持进口科普影视作品批准文件、其他证明文件以及海关要求的其他材料,向所在地海关提出申请,海关按规定办理减免税手续。

④地(市)级科技行政管理部门受理科普基地认定申请后,应当在十五个工作日内作出初审决定。省级科技行政管理部门应当自收到初审决定之日起十五个工作日内作出是否认定的决定。不予认定的,应当说明理由并书面通知申请人。经过认定的,报同级财政、税务部门和国家科学技术部备案。

5.1.8.9 医疗卫生用品进口税收规定

(1)抗艾滋病病毒药物进口税收优惠

从2002年1月1日起至2006年12月31日止,免征进口抗艾滋病病毒药物的进口关税和进口环节增值税④。

(2)避孕药品进口税收优惠

"避孕药品和用具"属于增值税免征税目。从

---

① 《财政部 国家税务总局关于调整音像制品和电子出版物进口环节增值税税率的通知》(财关税[2007]65号,2007年9月3日)。

② 《财政部关于鼓励科普事业发展的进口税收政策的通知》(财关税[2007]4号,2007年1月22日)。《财政部关于2009—2011年鼓励科普事业发展的进口税收政策的通知》(财关税[2009]22号,2009年4月1日)。进口影视作品的商品名称及税率范围见上述文件附件。此前,《财政部 国家税务总局 海关总署科技部 新闻出版总署关于鼓励科普事业发展税收政策问题的通知》(财税[2003]55号)对2005年年底前进口科普用品也给予了类似的优惠政策。根据《财政部关于公布废止和失效的财政规章和规范性文件目录(第十一批)的决定》(财政部令第62号,2011年2月21日),财关税[2007]4号被公布废止。

③ 《科技部 财政部 国家税务总局 海关总署 新闻出版总署关于印发〈科普税收优惠政策实施办法〉的通知》(国科发证字[2003]第416号,2003年11月14日)。该文件针对《财政部 国家税务总局 海关总署科技部 新闻出版总署关于鼓励科普事业发展税收政策问题的通知》(财税[2003]55号),还就综合类科技报纸和科技音像制品的认定、科技馆、自然博物馆等科普基地的认定、党政部门开展科普活动的认定做出了规定。

④ 《财政部 国家税务总局关于免征进口抗艾滋病病毒药物税收问题的通知》(财税[2002]160号,2002年10月15日)。此文已失效,参见《财政部关于公布废止和失效的财政规章和规范性文件目录(第十批)的决定》(财政部令48号)。

2004 年 5 月 1 日起,对"宫内节育器"免征进口环节增值税①。

5.1.8.10　残疾人专用品进口税收规定②

由残疾人的组织直接进口供残疾人专用的物品,免征增值税③。

(1)进口下列残疾人专用品,免征进口关税和进口环节增值税、消费税:

①肢残者用的支辅具,假肢及其零部件,假眼,假鼻,内脏托带,矫形器,矫形鞋,非机动助行器,代步工具(不包括汽车、摩托车),生活自助具,特殊卫生用品;

②视力残疾者用的盲杖,导盲镜,助视器,盲人阅读器;

③语言、听力残疾者用的语言训练器;

④智力残疾者用的行为训练器,生活能力训练用品。

对个人自带(用)上述物品,由纳税人直接在海关办理免税手续。凡以贸易形式批量进口的一律报海关总署关税司审定后通知口岸海关执行。

(2)有关单位进口的国内不能生产的下列残疾人专用品,按隶属关系经民政部或者中国残疾人联合会批准,并报海关总署审核后,免征进口关税和进口环节增值税、消费税:

①残疾人康复及专用设备,包括床旁监护设备、中心监护设备、生化分析仪和超声诊断仪;

②残疾人特殊教育设备和职业教育设备;

③残疾人职业能力评估测试设备;

④残疾人专用劳动设备和劳动保护设备;

⑤残疾人文体活动专用设备;

⑥假肢专用生产、装配、检测设备,包括假肢专用铣磨机、假肢专用真空成型机、假肢专用平板加热器和假肢综合检测仪;

⑦听力残疾者用的助听器。

上述"有关单位"是指:

民政部直属企事业单位和省、自治区、直辖市民政部门所属福利机构、假肢厂和荣誉军人康复医院(包括各类革命伤残军人休养院、荣军医院和荣军康复医院);

中国残疾人联合会(中国残疾人福利基金会)直属事业单位和省、自治区、直辖市残疾人联合会(残疾人福利基金会)所属福利机构和康复机构。

上述有关单位进口的残疾人专用品,一律由海关总署审批后通知福利、康复机构所在地海关,由所在地海关出具"进口货物征免税证明"通知进口地海关办理手续。所在地海关应对福利、康复机构设立专门档案,以利后续管理。

(3)免税进口的残疾人专用品,不得擅自移作他用。若将免税进口的物品擅自移作他用,构成走私罪的,依法追究刑事责任;尚不构成犯罪的,按走私行为或者违反海关监管规定的行为论处。

5.1.8.11　科技开发、科学研究和教学用品进口税收规定

直接用于科学研究、科学实验和教学的进口仪器、设备,免征进口环节增值税④。

(1)科技开发用品免征进口税收规定⑤

①享受优惠的科研机构范围

自 2007 年 2 月 1 日起至 2010 年 12 月 31 日前,下列科学研究、技术开发机构,在合理数量范围内进口国内不能生产或者性能不能满足需要的科技开发用品,免征进口关税和进口环节增值税、消

---

① 《财政部 国家税务总局关于对宫内节育器免征进口环节增值税的通知》(财关税[2004]17 号,2004 年 4 月 12 日)。

② 《海关总署关于执行〈科学研究和教学用品免征进口税收暂行规定〉、〈残疾人专用品免征进口税收暂行规定〉的通知》(海关总署令第 61 号,署税(1997)227 号,1997 年 4 月 10 日)。

③ 《中华人民共和国增值税暂行条例》(中华人民共和国国务院令第 538 号,2008 年 11 月 10 日)。

④ 《中华人民共和国增值税暂行条例》(中华人民共和国国务院令第 538 号,2008 年 11 月 10 日)。

⑤ 《科技开发用品免征进口税收暂行规定》(财政部 海关总署 国家税务总局令第 44 号公布,2007 年 1 月 31 日)。《关于实施〈科教用品免税规定〉和〈科技用品免税暂行规定〉有关办法》(海关总署公告 2007 年第 13 号发布,2007 年 3 月 30 日)。此前,《科学研究和教学用品免征进口税收暂行规定》(国函[1997]3 号,1997 年 1 月 22 日国务院批准;海关总署令第 61 号,1997 年 4 月 10 日海关总署发布)自 2007 年 2 月 1 日起废止。

费税:

I　科技部会同财政部、海关总署和国家税务总局核定的科技体制改革过程中转制为企业和进入企业的主要从事科学研究和技术开发工作的机构(转制科研机构名称发生变更的,可持企业登记主管机关出具的《准予变更登记通知书》到主管直属海关办理资格备案手续。改革后仍保留科研事业单位性质的科研机构和并入高校的科研机构进口科教用品执行《科学研究和教学用品免征进口税收规定》①);

II　国家发展和改革委员会会同财政部、海关总署和国家税务总局核定的国家工程研究中心;

III　国家发展和改革委员会会同财政部、海关总署、国家税务总局和科技部核定的企业技术中心;

IV　科技部会同财政部、海关总署和国家税务总局核定的国家重点实验室和国家工程技术研究中心②;

V　财政部会同国务院有关部门核定的其他科学研究、技术开发机构。

②免税进口科技开发用品的范围

I　研究开发、科学试验用的分析、测量、检查、计量、观测、发生信号的仪器、仪表及其附件,包括进行分析、测量、检查、计量、观测等工作必需的传感器或类似装置及其附件;

II　为科学研究、技术开发提供必要条件的实验室设备,但只限于为科学研究、教学和科技开发提供必要条件或与仪器、仪表配套使用的小型实验室设备、装置、专用器具和器械(国家规定不予免税的20种商品除外),如超低温设备、小型超纯水设备、小型发酵设备等,不包括中试设备,具体范围见《关于实施〈科教用品免税规定〉和〈科技用品免税暂行规定〉有关办法》(海关总署公告2007年第13号发布,2007年3月30日)附件;

III　计算机工作站,中型、大型计算机,包括网络设备,如数据交换仪、路由器、集成器、防火墙;

IV　在海关监管期内用于维修依照本规定已免税进口的仪器、仪表和设备或者用于改进、扩充该仪器、仪表和设备的功能而单独进口的专用零部件及配件,其中用于维修、改进或扩充功能的零部件及配件只限用于原享受科教用品、科技开发用品优惠政策免税进口并在海关监管期内的仪器、仪表和设备等的专用件;

V　各种载体形式的图书、报刊、讲稿、计算机软件;

VI　标本、模型;

VII　实验用材料,是指科学研究、教学和科技开发实验中所需的试剂、生物中间体和制品、药物、同

---

①　《科学技术部　财政部　海关总署　国家税务总局关于印发执行〈科技开发用品免征进口税收暂行规定〉转制科研机构名单(第一批)的通知》(国科发政字[2007]453号,2007年7月24日)。

②　《财政部　国家税务总局关于企业(集团)技术中心等继续享受有关进口税收优惠政策的通知》(财税[2001]112号2001年6月26日)。《国家经济贸易委员会　财政部　国家税务总局　海关总署关于撤销10家国家认定企业技术中心资格的通知》(国经贸技术[2001]1036号,2001年10月12日)撤销了洛阳春都集团股份有限公司、柳州工程机械企业集团公司、成都无缝钢管厂、彩虹电子集团公司、邮电部成都电缆厂、新疆锂盐厂、佛山电子工业集团有限公司、襄阳汽车轴承集团公司、中国扬子石油化工公司、青海工程机械(集团)有限责任公司国家认定的企业技术中心资格,停止享受优惠政策。《国家经济贸易委员会　财政部国家税务总局海关总署公告确认第九批享受优惠政策的企业(集团)技术中心及撤销和调整13家国家认定企业技术中心》(国经贸[2002]108号,2002年12月23日),确认京东方科技集团股份有限公司等26个企业的技术中心作为第九批享受优惠政策的企业(集团)技术中心,撤销中国华晶电子集团公司等11家企业技术中心资格。《国家发展改革委　财政部　海关总署国家税务总局公告[2005]年64号》(2005年10月18日),确认中国三江航天工业集团公司等37家企业技术中心和中国铝业股份有限公司等4家分中心为第十二批享受优惠政策的企业(集团)技术中心,撤销江西江中药业股份有限公司等8家企业技术中心资格,并公布已有的361家国家认定企业技术中心名单。《中华人民共和国国家发展和改革委员会　中华人民共和国科学技术部　中华人民共和国财政部　中华人民共和国海关总署　国家税务总局公告2009年第16号》(2009年11月6日),确认第十六批享受优惠政策的企业(集团)技术中心名单、撤销和调整的国家认定企业技术中心名单。《国家发展改革委　科学技术部　财政部　海关总署　国家税务总局公告2010年第30号》(2010年11月11日),确认中国华电工程(集团)总公司等93家企业技术中心和南通中远船务工程有限公司等4家分技术中心为第十七批享受优惠政策的企业(集团)技术中心。

位素等特殊专用材料,具体范围见《关于实施〈科教用品免税规定〉和〈科技用品免税暂行规定〉有关办法》(海关总署公告 2007 年第 13 号)附件;

Ⅷ 实验用动物;

Ⅸ 研究开发、科学试验和教学用的医疗检测、分析仪器及其附件(限于医药类科学研究、技术开发机构),是指医药类院校、专业和医药类科学研究机构及科技开发机构为科学研究、科学试验、教学和科技开发进口的医疗检测、分析仪器,但不包括用于手术、治疗的仪器设备,例如呼吸机、监护仪、心脏起搏器、牙科椅等;

Ⅹ 优良品种植物及种子(限于农林类科学研究、技术开发机构);

Ⅺ 专业级乐器和音像资料(限于艺术类科学研究、技术开发机构),"专业级乐器"是指艺术类院校、专业和艺术类科学研究机构及科技开发机构进行创作、教学、科学研究和科技开发所需的弦乐类、管乐类、打击乐与弹拨乐类、键盘乐类、电子乐类等方面的专用乐器;"音像资料"是指上述院校、科学研究机构及科技开发机构进行教学、科学研究和科技开发专用的音像资料;

Ⅻ 特殊需要的体育器材(限于体育类科学研究、技术开发机构);

ⅩⅢ 研究开发用的非汽油、柴油动力样车(限于汽车类研究开发机构)。

财政部会同有关部门根据科技开发用品的需求变化及国内生产发展情况,适时对《免税进口科技开发用品清单》进行调整。

③管理规定

符合规定的科技开发机构,首次申请免税进口科技开发用品前,应凭国务院有关部门的核定文件向单位所在地直属海关申请办理资格备案手续。经海关审核认定申请单位符合条件的,海关予以办理科教用品、科技开发用品免税资格备案。

免税进口的科技开发用品,应当直接用于本单位的科学研究和技术开发,不得擅自转让、移作他用或者进行其他处置。违反规定,将免税进口的科技开发用品擅自转让、移作他用或者进行其他处置的,按照有关规定处罚,有关单位在 1 年内不得享受本税收优惠政策;依法被追究刑事责任的,有关单位在 3 年内不得享受本税收优惠政策。

经海关核准的单位,其免税进口的科技开发用品可以用于其他单位的科学研究和技术开发活动,但不得移出本单位。

④接受捐赠进口科技开发用品,比照上述规定执行。

(2)科学研究和教学用品免征进口税收规定①

科学研究机构和学校,以科学研究和教学为目的,在合理数量范围内进口国内不能生产或者性能不能满足需要的科学研究和教学用品,免征进口关税和进口环节增值税、消费税。

①享受优惠的科学研究机构和学校范围

Ⅰ 国务院部委、直属机构和省、自治区、直辖市、计划单列市所属专门从事科学研究工作的各类科研院所;

Ⅱ 国家承认学历的实施专科及以上高等学历教育的高等学校。其中包括成人高等学校(广播电视大学、职工大学、教育学院、管理干部学院、农民高等学校、独立设置的函授学院等)、高等职业学校、中央党校及省、自治区、直辖市、计划单列市党校;

Ⅲ 财政部会同国务院有关部门核定的其他科学研究机构和学校。

②免税进口科学研究和教学用品的范围

Ⅰ 科学研究、科学试验和教学用的分析、测

---

① 《科学研究和教学用品免征进口税收暂行规定》(财政部 海关总署 国家税务总局令第 45 号公布,2007 年 1 月 31 日)。《关于实施〈科教用品免税规定〉和〈科技用品免税暂行规定〉有关办法》(海关总署公告 2007 年第 13 号发布,2007 年 3 月 30 日)。《财政部 国家税务总局关于教育税收政策的通知》(财税[2004]39 号,2004 年 2 月 5 日)。此前,《科学研究和教学用品免征进口税收暂行规定》(国函[1997]3 号,1997 年 1 月 22 日国务院批准;海关总署令第 61 号,1997 年 4 月 10 日海关总署发布)自 2007 年 2 月 1 日起废止。

量、检查、计量、观测、发生信号的仪器、仪表及其附件,包括进行分析、测量、检查、计量、观测等工作必需的传感器或类似装置及其附件;

Ⅱ 为科学研究和教学提供必要条件的实验室设备,但只限于为科学研究、教学和科技开发提供必要条件或与仪器、仪表配套使用的小型实验室设备、装置、专用器具和器械(国家规定不予免税的20种商品除外),如超低温设备、小型超纯水设备、小型发酵设备等,不包括中试设备,具体范围见《关于实施〈科教用品免税规定〉和〈科技用品免税暂行规定〉有关办法》(海关总署公告2007年第13号发布,2007年3月30日)附件;

Ⅲ 计算机工作站,中型、大型计算机,包括网络设备,如数据交换仪、路由器、集成器、防火墙;

Ⅳ 在海关监管期内用于维修依照本规定已免税进口的仪器、仪表和设备或者用于改进、扩充该仪器、仪表和设备的功能而单独进口的专用零部件及配件,其中用于维修、改进或扩充功能的零部件及配件只限用于原享受科教用品、科技开发用品优惠政策免税进口并在海关监管期内的仪器、仪表和设备等的专用件;

Ⅴ 各种载体形式的图书、报刊、讲稿、计算机软件;

Ⅵ 标本、模型;

Ⅶ 教学用幻灯片;

Ⅷ 实验用材料,是指科学研究、教学和科技开发实验中所需的试剂、生物中间体和制品、药物、同位素等特殊专用材料,具体范围见《关于实施〈科教用品免税规定〉和〈科技用品免税暂行规定〉有关办法》(海关总署公告2007年第13号发布,2007年3月30日)附件;

Ⅸ 实验用动物;

Ⅹ 科学研究、科学试验和教学用的医疗检测、分析仪器及其附件,是指医药类院校、专业和医药类科学研究机构及科技开发机构为科学研究、科学试验、教学和科技开发进口的医疗检测、分析仪器,但不包括用于手术、治疗的仪器设备,例如呼吸机、监护仪、心脏起搏器、牙科椅等。

医药类院校、专业和医药类科学研究机构为从事科学研究、教学活动,需将免税进口的医疗检测、分析仪器放置于其经省级或省级以上的教育或卫生主管部门批准的附属医院临床使用的,须事先向海关提出申请并经海关核准。上述仪器经海关核准进口后,应由医药类院校、医药类专业所在院校和医药类科学研究机构进行登记管理。上述单位进口放置在附属医院使用的大中型医疗检测、分析仪器,按照主要功能和用途,限每所附属医院每种每5年1台;放置在附属医院使用的其他小型医疗检测、分析仪器应限制在合理数量内。本科院校的附属医院一般应达到三级甲等水平,专科学校的附属医院一般应达到二级甲等以上水平;

Ⅺ 优良品种植物及种子(限于农林类科学研究机构和农林类院校、专业);

Ⅻ 专业级乐器和音像资料(限于艺术类科学研究机构和艺术类院校、专业),"专业级乐器"是指艺术类院校、专业和艺术类科学研究机构及科技开发机构进行创作、教学、科学研究和科技开发所需的弦乐类、管乐类、打击乐与弹拨乐类、键盘乐类、电子乐类等方面的专用乐器;"音像资料"是指上述院校、科学研究机构及科技开发机构进行教学、科学研究和科技开发专用的音像资料;

ⅩⅢ 特殊需要的体育器材(限于体育类科学研究机构和体育类院校、专业);

ⅩⅣ 教练飞机(限于飞行类院校);

ⅩⅤ 教学实验船舶所用关键设备(限于航运类院校);

ⅩⅥ 科学研究用的非汽油、柴油动力样车(限于汽车类院校、专业)。

财政部会同国务院有关部门根据科学研究和教学用品的需求及国内生产发展情况,适时对《免税进口科学研究和教学用品清单》进行调整。

③管理规定

符合上述规定的科学研究机构、学校,首次申请免税进口科教用品前,应凭有关批准文件向单位所在地直属海关申请办理资格备案手续。

其中：

Ⅰ 高等学校（包括成人高等学校，师范、医药类高等职业学校以及由国务院有关部门和单位主办的高等职业学校）持凭教育部批准设立的文件；国务院授权省、自治区、直辖市人民政府审批设立的高等职业学校，持凭省级人民政府批准设立的文件；

Ⅱ 国务院各部委、直属机构设立的科学研究机构持凭主管部门批准成立的文件、《事业单位法人证书》和科技部认定该单位为科学研究机构的有关文件；

Ⅲ 省、自治区、直辖市、计划单列市设立的科学研究机构持凭主管部门批准成立的文件、《事业单位法人证书》和同级科技主管部门认定该单位为科学研究机构的有关文件。其中，省、自治区、直辖市、计划单列市设立的厅局级科学研究机构还需持凭国家机构编制主管部门批准成立的文件。

经海关审核认定申请单位符合条件的，海关予以办理科教用品、科技开发用品免税资格备案。

免税进口的科学研究和教学用品，应当直接用于本单位的科学研究和教学，不得擅自转让、移作他用或者进行其他处置。

经海关核准的单位，其免税进口的科学研究和教学用品可用于其他单位的科学研究和教学活动，但不得移出本单位。

违反规定，将免税进口的科学研究和教学用品擅自转让、移作他用或者进行其他处置的，按照有关规定处罚，有关单位在 1 年内不得享受本税收优惠政策；依法被追究刑事责任的，有关单位在 3 年内不得享受本税收优惠政策。

④接受捐赠进口科教用品，比照上述规定执行。

5.1.8.12 重大科技专项进口税收规定①

（1）政策内容

自 2010 年 7 月 15 日起，对承担《国家中长期科学和技术发展规划纲要（2006—2020 年）》中民口科技重大专项项目（课题）的企业和大专院校、科研院所等事业单位（简称项目承担单位）使用中央财政拨款、地方财政资金、单位自筹资金以及其他渠道获得的资金进口项目（课题）所需国内不能生产的关键设备（含软件工具及技术）、零部件、原材料，免征进口关税和进口环节增值税。

其中：民口科技重大专项，包括核心电子器件、高端通用芯片及基础软件产品，极大规模集成电路制造装备及成套工艺，新一代宽带无线移动通信网，高档数控机床与基础制造装备，大型油气田及煤层气开发，大型先进压水堆及高温气冷堆核电站，水体污染控制与治理，转基因生物新品种培育，重大新药创制，艾滋病和病毒性肝炎等重大传染病防治。

（2）管理规定

①资格条件

Ⅰ申请享受本规定进口税收政策的项目承担单位应当具备以下条件：

ⅰ 独立的法人资格；

ⅱ 经科技重大专项领导小组批准承担重大专项任务。

Ⅱ 项目承担单位申请免税进口的设备、零部件、原材料应当符合以下要求：

ⅰ 直接用于项目（课题）的科学研究、技术开发和应用，且进口数量在合理范围内；

ⅱ 国内不能生产或者国产品性能不能满足要求的，且价值较高；

ⅲ 申请免税进口设备的主要技术指标一般应优于当前实施的《国内投资项目不予免税的进口商品目录》所列设备。

②免税申请

项目承担单位是享受本进口税收政策和履行相应义务的责任主体。项目承担单位应在每年 7

---

① 《财政部 科技部 国家发展改革委 海关总署 国家税务总局关于科技重大专项进口税收政策的通知》（财关税〔2010〕28号，2010 年 7 月 24 日）。

月 15 日前向牵头组织单位提交下一年度进口免税申请文件。①

对使用中央财政和地方财政安排的重大专项资金购置的仪器设备,在申报设备预算时,应当主动说明是否申请进口免税和涉及的进口税款。

③受理审核

各科技重大专项牵头组织单位(简称牵头组织单位)负责受理和审核项目承担单位的申请文件、报送科技重大专项免税进口物资需求清单、出具《科技重大专项项目(课题)进口物资确认函》(简称《进口物资确认函》)、报送政策落实情况报告等事宜。

有两个及以上牵头组织单位的科技重大专项,由第一牵头组织单位会同其他牵头组织单位共同组织落实上述事宜。科技重大专项牵头组织单位为企业的,由该专项领导小组组长单位负责审核项目承担单位的申请文件、报送科技重大专项免税进口物资需求清单、出具《进口物资确认函》。

财政部会同科技部、国家发展改革委、海关总署、国家税务总局等有关部门根据科技重大专项进口物资需求,结合国内外生产情况和供需状况,研究制定各科技重大专项免税进口物资清单。

对项目承担单位在《进口物资确认函》确定的免税额度内进口物资的免税申请,海关按照科技重大专项免税进口物资清单进行审核,并确定相关物资是否符合免税条件。

④免税办理

项目承担单位应当在进口物资前,按照《中华人民共和国海关进出口货物减免税管理办法》(海关总署令第 179 号)的有关规定,持《进口物资确认函》等有关材料向其所在地海关申请办理免税审批手续。

项目承担单位在领取《进口物资确认函》之前,可凭牵头组织单位出具的已受理申请的证明文件,向海关申请凭税款担保办理有关进口物资先予

放行手续。上年度已享受免税政策的项目承担单位尚未领取当年度《进口物资确认函》之前,可直接向海关申请凭税款担保办理有关进口物资先予放行手续。

⑤后续管理

Ⅰ 享受本进口税收政策的单位,应在每年 2 月 1 日前将上一年度的政策执行情况如实上报牵头组织单位。牵头组织单位应在每年 3 月 1 日前向财政部报送科技重大专项进口税收政策落实情况报告,说明上一年度实际免税进口物资总体情况,同时抄送科技部、国家发展改革委、海关总署、国家税务总局。

牵头组织单位连续两年未按规定提交报告的,该科技重大专项停止享受本规定进口税收优惠政策 1 年。项目承担单位未按规定提交报告的,停止该单位享受本规定进口税收优惠政策 1 年。

Ⅱ 项目承担单位应严格按要求如实申报材料、办理相关进口物资的免税申请和进口手续。项目承担单位违反规定,将免税进口物资擅自转让、销售、移作他用或者进行其他处置,除按照有关法律、法规及规定处理外,对于被依法追究刑事责任的,从违法行为发现之日起停止享受本进口税收优惠政策;尚不够追究刑事责任的,从违法行为发现之日起停止享受本进口税收优惠政策 2 年。

Ⅲ 经海关核准,有关项目承担单位免税进口的设备可用于其他单位的科学研究、教学活动和技术开发,但未经海关许可,免税进口的设备不得移出原项目承担单位。科技重大专项项目(课题)完成后,对仍处于海关监管年限内的免税进口设备和剩余的少量原材料、零部件,项目承担单位可及时向所在地海关申请办理提前解除监管的手续,并免于补缴税款。

5.1.8.13 重大技术装备进口税收规定

(1)政策内容

---

① 项目承担单位在 2010 年 7 月 15 日至 2011 年 12 月 31 日期间进口物资申请享受免税政策的,应在 2010 年 9 月 1 日前向科技重大专项项目牵头组织单位提交申请文件(财关税[2010]28 号)。见财关税[2010]28 号《财政部 科技部 国家发展改革委 海关总署 国家税务总局关于科技重大专项进口税收政策的通知》附件。

自 2009 年 7 月 1 日起,对国内企业为生产国家支持发展的重大技术装备和产品而确有必要进口的关键零部件及原材料,免征进口关税和进口环节增值税。同时,对国内企业为开发、制造重大技术装备而进口部分关键零部件及原材料所缴纳关税和进口环节增值税实行先征后退的政策停止执行,并取消相应整机和成套设备的进口免税政策。对国产装备尚不能完全满足需求,仍需进口的,作为过渡措施,经严格审核,以逐步降低优惠幅度、缩小免税范围的方式,在一定期限内继续给予进口优惠政策①。

自 2009 年 7 月 1 日起,城市轨道交通承担自主化依托项目业主进口城市轨道交通车辆及机电设备所需关键零部件、原材料,免征进口关税和进口环节增值税②。

自 2010 年 6 月 1 日起,对符合规定条件的国内企业为生产国家支持发展的大型环保和资源综合利用设备、应急柴油发电机组、机场行李自动分拣系统、重型模锻液压机而确有必要进口部分关键零部件、原材料,免征关税和进口环节增值税③。

(2)管理规定

①政策适用范围④

Ⅰ　对符合规定条件的国内企业为生产财政部会同有关部门制定《国家支持发展的重大技术装备和产品目录》所列装备或产品而确有必要进口《重大技术装备和产品进口关键零部件、原材料商品清单》所列商品,免征关税和进口环节增值税。

自 2010 年 4 月 15 日起,执行《国家支持发展的重大技术装备和产品目录(2010 年修订)》和《重大技术装备和产品进口关键零部件、原材料商品清单(2010 年修订)》,具体目录清单详见《财政部 国家税务总局关于调整重大技术装备进口税收政策暂行规定有关清单的通知》(财关税〔2010〕17

---

① 《财政部 国家发展改革委 工业和信息化部 海关总署 国家税务总局 国家能源局关于调整重大技术装备进口税收政策的通知》(财关税〔2009〕55 号,2009 年 8 月 20 日)。此前,《财政部 国家发展改革委 海关总署 国家税务总局关于落实国务院加快振兴装备制造业的若干意见有关进口税收政策的通知》(财关税〔2007〕11 号);《财政部关于调整喷气织机和自动络筒机及其零部件进口税收政策问题的通知》(财关税〔2007〕50 号);《财政部办公厅 海关总署办公厅关于重大装备制造企业退税确认书有关事项的通知》(财办关税〔2007〕55 号);《财政部关于调整大型全断面隧道掘进机关键零部件进口税收政策问题的通知》(财关税〔2007〕63 号);《财政部关于调整大型露天矿用机械正铲式挖掘机及其关键零部件、原材料进口税收政策的通知》(财关税〔2007〕99 号);《财政部关于调整大型煤炭采掘设备及其关键零部件、原材料进口税收政策的通知》(财关税〔2007〕101 号);《财政部关于调整新型大马力农业装备及其关键零部件进口税收政策的通知》(财关税〔2008〕14 号);《财政部关于调整大型非公路矿用自卸车及其关键零部件、原材料进口税收政策的通知》(财关税〔2008〕20 号);《财政部关于调整大型、精密、高速数控设备及其关键零部件进口税收政策的通知》(财关税〔2008〕32 号);《财政部关于调整大功率风力发电机组及其关键零部件、原材料进口税收政策的通知》(财关税〔2008〕36 号);《财政部关于调整大型石化设备及其关键零部件、原材料进口税收政策的通知》(财关税〔2008〕78 号);《财政部关于调整大型煤化工设备及其关键零部件、原材料进口税收政策的通知》(财关税〔2008〕80 号);《财政部关于调整超、特高压输变电设备及其关键零部件进口税收政策的通知》(财关税〔2008〕82 号)从 2009 年 7 月 1 日起废止。

② 《财政部 国家税务总局关于调整重大技术装备进口税收政策暂行规定有关清单的通知》(财关税〔2010〕17 号,2010 年 4 月 13 日)。

③ 《财政部 国家税务总局关于调整大型环保及资源综合利用设备等重大技术装备进口税收政策的通知》(财关税〔2010〕50 号,2010 年 9 月 30 日)。具体目录清单见该文件附件《大型环保及资源综合利用设备等重大技术装备目录》和《大型环保及资源综合利用设备等重大技术装备进口关键零部件、原材料商品清单》。国内企业申请享受《大型环保及资源综合利用设备等重大技术装备目录》有关领域进口税收优惠政策的,具体申请要求和程序应按照财关税〔2009〕55 号文件有关规定执行。其中,企业在 2010 年 6 月 1 日至 12 月 31 日、2011 年 1 月 1 日至 12 月 31 日期间进口规定范围内的零部件、原材料申请享受本进口税收政策的,分别应在 2010 年 10 月 15 日至 11 月 15 日、2011 年 3 月 1 日至 3 月 31 日期间按照财关税〔2009〕55 号文件规定的程序提交申请文件。申请企业凭受理部门出具的证明文件,可向海关申请凭税款担保先予办理有关零部件及原材料放行手续。

④ 《财政部 国家发展改革委 工业和信息化部 海关总署 国家税务总局 国家能源局关于调整重大技术装备进口税收政策的通知》(财关税〔2009〕55 号,2009 年 8 月 20 日)。

号)①。

Ⅱ 对国内已能生产的重大技术装备和产品,由财政部会同有关部门制定《进口不予免税的重大技术装备和产品目录》。对按照或比照《国务院关于调整进口设备税收政策的通知》(国发[1997]37号)规定享受进口税收优惠政策的下列项目和企业进口《进口不予免税的重大技术装备和目录》中自用设备以及按照合同随上述设备进口的技术及配套件、备件,恢复征收进口税收:

ⅰ 国家鼓励发展的国内投资项目和外商投资项目;

ⅱ 外国政府贷款和国际金融组织贷款项目;

ⅲ 由外商提供不作价进口设备的加工贸易企业;

ⅳ 中西部地区外商投资优势产业项目;

ⅴ 《海关总署关于进一步鼓励外商投资有关进口税收政策的通知》(署税[1999]791号)规定的外商投资企业和外商投资设立的研究中心利用自有资金进行技术改造项目。

自2010年4月26日起,执行《进口不予免税的重大技术装备和产品目录(2010年修订)》,具体

目录清单详见《财政部 国家税务总局关于调整重大技术装备进口税收政策暂行规定有关清单的通知》(财关税[2010]17号)②。

Ⅲ 对相应国产装备尚不能完全满足需求,确需进口的部分整机和设备,根据上下游产业的供应情况,经财政部会同发展改革委等有关部门严格审核,采取降低优惠幅度、缩小免税范围的过渡措施,在一定期限内继续给予进口优惠政策,过渡期结束后完全停止执行整机的进口免税政策。

自2011年1月1日起,对上述第Ⅱ、Ⅲ项所列项目和企业进口《财政部 国家税务总局关于调整大型环保及资源综合利用设备等重大技术装备进口税收政策的通知》(财关税[2010]50号)附件《进口不予免税的部分重大技术装备目录》所列自用设备以及按照合同随设备进口的技术及配套件、备件,一律征收进口税收③。

②享受政策条件④

申请享受以上进口税收优惠政策的企业一般应为从事开发、生产《财政部 国家发展改革委 工业和信息化部 海关总署 国家税务总局 国家能源局关于调整重大技术装备进口税收政策的通知》

---

① 《财政部 国家发展改革委 工业和信息化部 海关总署 国家税务总局 国家能源局关于调整重大技术装备进口税收政策的通知》(财关税[2009]55号,2009年8月20日)中《国家支持发展的重大技术装备和产品目录》和《重大技术装备和产品进口关键零部件、原材料商品清单》从2010年4月26日起废止。《国家支持发展的重大技术装备和产品目录(2010年修订)》对风力发电机(组)及其配套部件、数控装备及其功能部件等领域的申请条件进行了调整,对2009年下半年度已认定符合资格的上述领域的企业,如享受政策的装备有关技术规格要求或销售业绩要求在《国家支持发展的重大技术装备和产品目录(2010年修订)》中涉及调整的,原认定免税资格在2010年4月26日之前有效;上述企业和上述领域新申请企业,如需享受2010年4月26日至12月31日期间重大技术装备进口税收优惠政策的,应在2010年4月26日至5月26日按照财关税[2009]55号有关申请程序和要求提交申请文件。对已获得免税资格的企业在免税进口额度内进口关键零部件、原材料,且在2010年4月26日前(不含4月26日)申报进口的,仍可按照财关税[2009]55号中《重大技术装备和产品进口关键零部件、原材料商品清单》执行。

② 《财政部 国家发展改革委 工业和信息化部 海关总署 国家税务总局 国家能源局关于调整重大技术装备进口税收政策的通知》(财关税[2009]55号,2009年8月20日)中《进口不予免税的重大技术装备和产品目录》从2010年4月26日起废止。对2010年4月26日前(不含4月26日)批准的项目和企业进口《进口不予免税的重大技术装备和产品目录(2010年修订)》所列设备,在2010年10月26日前继续按照财关税[2009]55号中《进口不予免税的重大技术装备和产品目录》执行;自2010年10月26日起(含10月26日)对上述项目和企业进口《进口不予免税的重大技术装备和产品目录(2010年修订)》中设备,一律征收进口税收。此后,《财政部 国家税务总局关于调整大型环保及资源综合利用设备等重大技术装备进口税收政策的通知》(财关税[2010]50号,2010年9月30日)对《进口不予免税的重大技术装备和产品目录(2010年修订)》中"输变电设备"的划分范围做了进一步明确,同时该目录和《国家支持发展的重大技术装备和产品目录(2010年修订)》、《重大技术装备和产品进口关键零部件、原材料商品清单(2010年修订)》中"大型高炉余压透平发电装置"更名为"大型高炉煤气余压透平能量回收利用装置"。

③ 《财政部 国家税务总局关于调整大型环保及资源综合利用设备等重大技术装备进口税收政策的通知》(财关税[2010]50号,2010年9月30日)。

④ 《财政部 国家发展改革委 工业和信息化部 海关总署 国家税务总局 国家能源局关于调整重大技术装备进口税收政策的通知》(财关税[2009]55号,2009年8月20日)。

（财关税〔2009〕55 号）附件《国家支持发展的重大技术装备和产品目录》所列装备或产品的制造企业,此类企业应当具备以下条件:

　　Ⅰ 独立法人资格;

　　Ⅱ 具有较强的设计研发和生产制造能力;

　　Ⅲ 具备专业比较齐全的技术人员队伍;

　　Ⅳ 具有核心技术和自主知识产权;

　　Ⅴ 已有相关装备或产品的销售业绩或合同订单,具体销售数量要求见《国家支持发展的重大技术装备和产品目录》。

　　对于城市轨道交通、核电等特殊领域承担重大技术装备自主化依托项目业主以及开发自用生产设备的企业也可申请享受以上进口税收优惠政策。

　　③享受政策申请程序①

　　Ⅰ 对新申请享受以上规定进口税收优惠政策的企业资格认定工作每年组织一次,企业提交认定申请文件的日期为每年 3 月 1 日至 3 月 31 日,逾期不予受理。自 2010 年 4 月 26 日起,新申请享受城市轨道交通车辆及机电设备、高速动车组、大功率机车、大型铁路养护机械、大型环保及资源综合利用设备、大型施工机械领域进口税收优惠政策的企业,凭受理部门出具的证明文件,可向海关申请凭税款担保先予办理有关零部件及原材料放行手续。

　　制造企业通过企业所在地省级工业和信息化主管部门向工业和信息化部提交申请文件,同时抄送企业所在地直属海关和财政部驻当地财政监察专员办事处;

　　中央企业直接向工业和信息化部提交申请文件,同时抄送财政部、海关总署、国家税务总局(能源装备的制造企业还应同时抄送国家能源局);

　　企业下属多个子公司申请享受政策的,由其母公司统一上报申请文件;

　　城市轨道交通、核电承担自主化依托项目业主申请享受重大技术装备进口税收优惠政策的,可在项目进口物资计划确定后分别向国家发展改革委、国家能源局提交申请文件②。

　　Ⅱ 申请文件不符合规定的,应当告知企业需要补正的有关材料,企业应在 5 个工作日内提交补正材料。企业不能按照规定提交申请文件或补正材料的,主管部门不予受理。申请文件及其要求详见《财政部 国家发展改革委 工业和信息化部 海关总署 国家税务总局 国家能源局关于调整重大技术装备进口税收政策的通知》(财关税〔2009〕55 号,2009 年 8 月 20 日)附件。

　　Ⅲ 取得认定资格的企业,按照《中华人民共和国海关进出口货物减免税管理办法》(海关总署第 179 号令)规定在免税进口额度内办理有关重大技术装备或产品进口关键零部件及原材料的免税手续。

　　企业违反规定,将享受进口税收优惠政策的关键零部件及原材料擅自转让、移作他用或者进行其他处置被依法追究刑事责任的,从违法行为发现之日起停止享受以上进口税收优惠政策;尚不够追究刑事责任的,从违法行为发现之日起停止享受以上进口税收优惠政策 2 年。

　　Ⅳ 享受以上规定进口税收优惠政策的企业应在每年的 3 月 1 日至 3 月 31 日将上一年度的优惠政策落实情况报财政部备案,同时抄报工业和信息

---

　　① 《财政部 国家发展改革委 工业和信息化部 海关总署 国家税务总局 国家能源局关于调整重大技术装备进口税收政策的通知》(财关税〔2009〕55 号,2009 年 8 月 20 日)。《财政部 国家税务总局关于调整重大技术装备进口税收政策暂行规定有关清单的通知》(财关税〔2010〕17 号,2010 年 4 月 13 日)。财关税〔2009〕55 号文件还对企业 2009 年进口重大技术装备和产品关键零部件及原材料继续享受先征后退与进口免税政策的程序予以了规定。

　　② 《财政部 国家税务总局关于调整重大技术装备进口税收政策暂行规定有关清单的通知》(财关税〔2010〕17 号,2010 年 4 月 13 日)。此前,《财政部 国家发展改革委 工业和信息化部 海关总署 国家税务总局 国家能源局关于调整重大技术装备进口税收政策的通知》(财关税〔2009〕55 号,2009 年 8 月 20 日)规定:承担城市轨道交通、核电重大技术装备自主化依托项目的业主应当在该项目所需进口物资全部执行完毕后的每年 3 月 1 日至 3 月 31 日直接向国家发展改革委或国家能源局提交免税申请文件,同时抄送财政部、海关总署、国家税务总局。

化部、海关总署、国家税务总局。企业连续两年未按期提交报告的,停止享受以上进口税收优惠政策1年。①

企业应如实报告政策落实情况,当企业实际使用免税进口金额与核定额存在较大差距时,应当予以说明。存在虚报情节严重的,停止享受以上进口税收优惠政策1~2年。

5.1.8.14 飞机及国产飞机零部件进口税收规定

(1)从2001年1月1日起,对民航总局及地方航空公司进口空载重量25吨以上的客货运飞机,减按6%征收进口增值税②。

减征进口环节增值税仅适用于从事航空运输业的航空公司,其他行业的企业和个人进口的飞机应按法定税率17%征收进口环节增值税。享受减按6%征收进口环节增值税政策进口飞机的企业,飞机进口时,应持凭有关单证向所在地海关办理减税手续。所在地海关按规定审核后,通过减免税管理系统出具《征免税证明》③。

(2)从2004年10月1日起,对国内航空公司进口空载重量在25吨以上的客货运飞机,减按4%征收进口环节增值税④。

(3)农五系列飞机适用《关于国产支线飞机免征增值税的通知》(财税字[2000]51号)的规定免征国内销售环节增值税,其生产所需进口尚不能国产化的零部件免征进口环节增值税。

(4)自2005年1月1日起,对国内航空公司用于国际航线和港澳航线飞机、发动机维修用的进口航空器材(包括送境外维修的零部件)免征进口关税和进口环节增值税⑤。

①政策适用范围

本政策适用于民航总局批准的营运定期国际航线和港澳航线的国内航空公司。

所称"国际航线"是指航班的出发地、目的地或者约定的经停地至少有一点不在中华人民共和国境内的航线;"港澳航线"是指内地与香港或澳门特别行政区之间的航线。以上航线均包括国际航班途经的境内航段和港澳航班途经的内地航段。满足适用条件的航空公司可向民航总局提出申请,由民航总局统一确认名单后报财政部。

所指"航空器材"是指用于维修飞机及发动机用的进口器材,包括发动机、辅助动力装置(APU)、起落架、其他飞机、发动机的附件(含以上内容的送境外维修件,但不包括送境外维修或改装的飞机整机)以及维修用消耗器件。航材范围仅限定于飞行器的机载设备及其部件,不包括地勤系统所使用的设备及其零部件。

②政策适用程序

Ⅰ 符合条件的航空公司每年11月15日之前向财政部、民航总局同时报送下一年度《免税申请报告》(简称《报告》),该《报告》应包括以下内容:

ⅰ 公司在报告期内(以下均指:上年11月1日至本年10月31日)实际进口航空器材的执行情况:包括直接进口和送外维修两种方式对航空发动机、辅助动力装置(APU)、起落架、其他飞机和发动机附件以及维修用消耗器件五大类航材的实际

---

① 自2010年4月26日起,启用修订后的重大技术装备企业优惠政策情况报告有关格式及要求(详见财关税[2010]17号附件4),财关税[2009]55号中重大技术装备企业优惠政策落实情况报告及其要求相应废止。2009年下半年度已享受重大技术装备进口税收优惠政策的所有企业,应在2010年5月26日前按照要求报送享受优惠政策落实情况报告,包括2010年1月1日至4月26日或者2010年全年的进口需求。

② 《财政部 国家税务总局关于民航总局及地方航空公司进口飞机有关增值税问题的通知》(财税[2001]64号,2001年4月17日)。

③ 《海关总署关于民航总局所辖航空公司进口飞机有关增值税问题的通知》(署税发[2001]229号,2001年5月22日)。

④ 《财政部 国家税务总局关于调整国内航空公司进口飞机有关增值税政策的通知》(财关税[2004]43号,2004年9月30日)。此前颁布的《海关总署关于民航总局所辖航空公司进口飞机有关增值税问题的通知》(署税发[2001]229号,2001年5月22日)规定,对民航总局所辖航空公司进口空载重量25吨以上的客货运飞机,减按6%征收进口环节增值税。

⑤ 《财政部关于2005年对营运国际航线和港澳航线的国内航空公司进口维修用航空器材税收问题的通知》(财关税[2004]63号,2004年12月29日)。

进口金额、已缴和免缴的关税税额和增值税税额的统计情况,并需附相关财务报表和说明。

ⅱ 公司在报告期内飞机维修业务情况:包括飞机大修(国内)、发动机大修、AUP 大修、附件修理、航线维修的业务量(含所修飞机或发动机的机型、数量、维修总费用、航材费用等内容,统一按照实物入库的口径进行统计)。

ⅲ 按大类申报公司下一年全年(1—12 月)进口航材的计划金额。如申报的下一年全年计划进口金额与报告期内的实际尽快金额存在较大差异,在《报告》中应当列明具体原因。

ⅳ 公司在报告期内国际航线飞行里程及飞行总里程(均含正班、加班以及包机飞行里程)。

Ⅱ 民航总局根据国内航空公司的运输生产报表,对各航空公司上报的报告期内国际航线飞行里程以及飞行总里程进行审核确认后,于 12 月 1 日以前将确认结果报财政部。

财政部根据民航总局的确认结果,将各航空公司报告期内国际航线飞行里程占全部飞行里程的比值作为该公司下一年全年(1—12 月)航材进口的减税基准比例,并以此为基础,结合本年度报告期内执行减税政策的结余情况以及下一年航空公司申报的全年进口总额度,统筹确定出下一个公司进口全部航材(包括执行国内航线和国际航线的全部飞机维修所需航次)减征部分进口关税和进口环节增值税税额的比例。

海关按照财政部核定的减税比例办理进口航材的征减免手续。

Ⅲ 凡享受上述政策的航空公司要切实做好与《报告》相关的计划、统计和管理工作,对《报告》内容的真实性、准确性负责。对发现伪报、瞒报等违反上述规定的问题,一经查实,将视情节轻重取消进口减免税资格一至三年,并按有关规定给予相应处理。

(5)从 2011 年 1 月 1 日至 2015 年 12 月 31 日,对国内航空公司用于支线航线飞机、发动机维修的进口航空器材(包括送境外维修的零部件)免征进口关税和进口环节增值税[①]。

①政策适用范围。

本政策适用于民航局批准的营运定期支线航线的国内航空公司。

所称"支线"是指从支线机场始发或到达支线机场的省(自治区)内航段,以及跨省(自治区、直辖市)但距离较短或运量较小的航段。支线机场是指民航机场规划中的中小型机场。同时满足以下条件的航段纳入支线的具体范围:

Ⅰ 省(自治区)内的航段或距离在 600 公里以内(含)跨省(自治区、直辖市)的航段;

Ⅱ 航段至少一端连接支线机场。连接北京首都机场,上海虹桥、浦东机场,广州白云机场及旅游热点城市(不包括红色旅游城市)机场的航段除外;

Ⅲ 淡季航班量至少达到旺季航班量的 20%。

所称"航空器材"是指用于维修飞机及发动机用的进口器材,包括发动机、辅助动力装置(APU)、起落架、其他飞机、发动机的附件(含以上内容的送境外维修件,但不包括送境外维修或改装的飞机整机)以及维修用消耗器件。航材范围仅限定于飞行器的机载设备及其零部件,不包括地勤系统所使用的设备及其零部件。

②政策适用程序。

Ⅰ 持有中国民用航空维修许可证(CAAC),并同时持有美国联邦航空局维修许可证(FAA)或欧洲航空管理局维修许可证(EASA),且上一年度销售额至少达到 3 亿元人民币的国内飞机、发动机维修公司为维修享受支线航线进口税收优惠政策的国内航空公司的飞机、发动机而进口航材,可在照章缴纳进口税收后,在出具给国内航空公司的加工维修发票的备注栏中注明"进口航材缴纳的关税和增值税的具体数额",该进口税额将被折算到

---

① 《财政部　国家税务总局关于营运支线航线的国内航空公司维修用航空器材进口税收问题的通知》(财关税〔2010〕58 号,2010 年 12 月 9 日)。

下一年度享受支线航线进口税收优惠政策的国内航空公司进口航材的减税比例中。

Ⅱ 符合适用条件或标准的国内航空公司和飞机、发动机维修公司可向民航局提出申请,由民航局统一确认名单后报财政部。

Ⅲ 符合适用条件的国内航空公司应按照财关税[2004]63号、财关税[2006]52号以及其他相关文件规定的内容、格式和期限向财政部和民航局同时报送下一年度《免税申请报告》(简称《报告》)。

符合标准的国内飞机、发动机维修公司应在每年11月15日之前分别向财政部、民航局报送在报告期内(上年11月1日至本年10月31日)为享受支线航线进口税收优惠政策的国内航空公司提供维修服务结算的修理费用汇总表及相关单据明细表,具体要求详见《财政部 国家税务总局关于营运支线航线的国内航空公司维修用航空器材进口税收问题的通知》(财关税[2010]58号)附件。

Ⅳ 享受国际航线、港澳航线和支线航线进口税收优惠政策的国内航空公司应统一上报《报告》,《报告》中有关统计数据的填报要求详见《财政部 国家税务总局关于营运支线航线的国内航空公司维修用航空器材进口税收问题的通知》(财关税[2010]58号)附件。

上述持有中国民用航空维修许可证(CAAC),并同时持有美国联邦航空局维修许可证(FAA)或欧洲航空管理局维修许可证(EASA),且上一年度销售额至少达到3亿元人民币的标准,同样适用于为享受国际航线和港澳航线进口税收优惠政策的国内航空公司提供维修服务的国内飞机、发动机维修公司。为享受国际航线和港澳航线进口税收优惠政策的国内航空公司提供维修服务的国内飞机、发动机维修公司应按第Ⅲ项相关要求统一上报材料。

Ⅴ 民航局根据国内航空公司的运输生产报表,对各航空公司上报的报告期内国际航线、港澳航线和支线航线飞行里程以及飞行总里程进行审

核确认后,于每年12月1日以前将确认结果报财政部。

财政部根据民航局的确认结果,原则上参照《关于营运国际航线和港澳航线的国内航空公司进口维修用航空器材进口税收的暂行规定》所规定的方法确定营运支线航线维修用进口航材的减税比例,即以某国内航空公司报告期内支线航线飞行里程占全部飞行总里程的比例作为该公司下一年度进口航材的减税基准比例;并与国内航空公司营运国际航线和港澳航线维修用进口航材的减税比例合并计算执行,即以某国内航空公司每年飞行国际航线、港澳航线和支线航线里程之和占该公司全年飞行总里程的比例作为基础,计算该公司进口航材的减税比例。

海关按照财政部核定的减税比例办理进口航材的征减免手续。

Ⅵ 凡享受上述政策的航空公司要切实做好与《报告》相关的计划、统计和管理工作,对《报告》内容的真实性、准确性负责。对发现伪报、瞒报等违反上述规定的问题,一经查实,将视情节轻重取消进口减免税资格一至三年,并按有关规定给予相应处理。

5.1.8.15 软件及集成电路企业进口税收规定

经认定的集成电路设计企业和符合条件的软件企业的进口料件,符合现行法律法规规定的,可享受保税政策[①]。

(1)软件进口税收优惠

对企业(包括外商投资企业、外国企业)引进属于《国家高新技术产品目录》所列的先进技术,按合同规定向境外支付的软件费,免征关税和进口环节增值税。

软件费是指进口货物的纳税义务人为在境内制造、使用、出版、发行或者播映该项货物的技术和内容,向境外卖方支付的专利费、商标费以及专有

---

① 《国务院关于印发进一步鼓励软件产业和集成电路产业发展若干政策的通知》(国发[2011]4号,2011年1月28日)。

技术、计算机软件和资料等费用①。

（2）集成电路企业自用生产性原材料消耗品进口税收优惠

①自2000年7月1日起，对在中国境内设立的投资额超过80亿元或集成电路线宽小于0.25微米的集成电路生产企业进口《财政部关于部分集成电路生产企业进口自用生产性原材料消耗品税收政策的通知》（财税〔2002〕136号）附件所列自用生产性原材料、消耗品，免征关税和进口环节增值税②。

由国家计委（现国家发改委，编者注）将符合上述条件的集成电路生产企业名单通知海关总署，海关对这些企业进口的生产性原材料、消耗品按照《财政部关于部分集成电路生产企业进口自用生产性原材料消耗品税收政策的通知》（财税〔2002〕136号）附件所列商品目录办理免税手续，并作好后续监管工作。商品目录原则上每年调整一次，由信息产业部会同国家计委、财政部、外经贸部、海关总署、税务总局等有关部门提出意见，报国务院审批。所列商品目录包括税则号列和商品名称。海关审核该类进口商品免税时，如遇商品名称和税则归类与财税〔2002〕136号规定不一致时，以财税〔2002〕136号所列的商品名称为准③。

具体符合条件的集成电路生产企业名单和《部分集成电路生产企业免税进口自用生产性原材料、消耗品目录》见《海关总署关于集成电路生产企业进口自用生产性原材料等等享受税收优惠政策的通知》（署税发〔2002〕328号）附件。符合

条件的集成电路生产企业进口自用生产性原材料、消耗品，企业所在地海关负责办理免税审批手续。经审核，进口原材料、消耗品属于《目录》内的，海关出具《进出口货物征免税证明》。如进口商品名称和税则归类与《目录》不一致的，以《目录》所列商品名称作为审批依据。集成电路生产企业进口自用生产性原材料、消耗品免税项目征免性质为：集成电路生产企业进口货物，简称：集成电路（代码：422）④。

②自2004年10月1日起，对在中国境内设立的集成电路线宽小于0.8微米的集成电路生产企业进口国内无法生产的自用生产性原材料、消耗品，免征进口关税和进口环节增值税。具体的符合条件集成电路生产企业名单和《线宽小于0.8微米（含）集成电路企业免征进口自用生产性原材料、消耗品目录》见《财政部　海关总署　国家税务总局信息产业部关于线宽小于0.8微米（含）集成电路企业进口自用生产性原材料　消耗品享受税收优惠政策的通知》（财关税〔2004〕45号）附件⑤。

符合条件的集成电路生产企业进口自用生产性原材料、消耗品，企业所在地海关负责办理免税审批手续。经审核，进口原材料、消耗品属于《目录》内的，海关出具《进出口货物征免税证明》。如进口商品名称和税则归类与《目录》不一致的，以《目录》所列商品名称作为审批依据⑥。

线宽小于0.8微米（含）集成电路生产企业进口自用生产性原材料、消耗品免税项目征免性质

---

① 《财政部　国家税务总局关于贯彻落实〈中共中央、国务院关于加强技术创新，发展高科技，实现产业化的决定〉有关税收问题的通知》（财税字〔1999〕273号，1999年11月2日）。

② 《财政部、国家税务总局、海关总署关于鼓励软件产业和集成电路产业发展有关税收政策问题的通知》（财税〔2000〕25号，2000年9月22日）。《财政部关于部分集成电路生产企业进口自用生产性原材料消耗品税收政策的通知》（财税〔2002〕136号，2002年8月24日）。

③ 《财政部关于部分集成电路生产企业进口自用生产性原材料消耗品税收政策的通知》（财税〔2002〕136号，2002年8月24日）。

④ 《海关总署关于集成电路生产企业进口自用生产性原材料等等享受税收优惠政策的通知》（署税发〔2002〕328号，2002年11月20日）。

⑤ 《财政部　海关总署　国家税务总局信息产业部关于线宽小于0.8微米（含）集成电路企业进口自用生产性原材料　消耗品享受税收优惠政策的通知》（财关税〔2004〕45号，2004年10月10日）。

⑥ 《财政部　海关总署　国家税务总局信息产业部关于线宽小于0.8微米（含）集成电路企业进口自用生产性原材料　消耗品享受税收优惠政策的通知》（财关税〔2004〕45号，2004年10月10日）。

为:集成电路生产企业进口货物,简称:集成电路(代码:422)。《目录》所列进口原材料、消耗品的范围和内容今后将根据国内配套产业的发展情况适时进行调整,由信息产业部会同国家发展改革委、财政部、商务部、海关总署、国家税务总局提出意见,报国务院审批①。

(3)集成电路生产企业净化室专用建筑材料等物资进口税收优惠②

①自2001年1月1日起,对在中国境内设立的投资额超过80亿元或集成电路线宽小于0.25微米的集成电路生产企业进口《财政部关于部分集成电路生产企业进口净化室专用建筑材料等物资税收政策问题的通知》(财税[2002]152号)附件所列净化室专用建筑材料、配套系统和集成电路生产设备零、配件,免征关税和进口环节增值税。

符合免税条件的集成电路生产企业名单由国家计委审核确定并通知海关总署,同时抄送财政部。海关对上述企业进口的净化室专用建筑材料、配套系统和集成电路生产设备零、配件按照财税[2002]152号附件所列商品目录办理免税手续,并做好后续监管工作。

财税[2002]152号附件所列商品目录包括税则号列和商品名称。海关审核该类进口商品免税时,如遇商品名称和税则归类与财税[2002]152号规定不一致时,以财税[2002]152号所列的商品名称为准。

②自2003年11月1日至2011年12月31日,对薄膜晶体管显示器(简称TFT-LCD产品)生产企业进口国内不能生产的净化室专用建筑材料、配套系统和生产设备零配件,免征进口关税和进口环节增值税。对其进口国内不能生产的自用生产性(含研发用)原材料和消耗品,免征进口关税,照章征收进口环节增值税。薄膜晶体管显示器生产企业名单、免征进口关税的生产性原材料和消耗品的产品清单、各企业年度进口国内不能生产的维修生产设备用零配件的免税进口额见《财政部关于薄膜晶体管液晶显示器件生产企业进口物资税收政策的通知》(财关税[2006]4号)、《财政部关于新型显示器件生产企业进口物资税收政策的通知》(财关税[2009]31号)附件。企业应在免税进口额度内将实际零配件进口清单报海关审核备案,以利于海关后续监管③。

③自2009年1月1日至2011年12月31日,将薄膜晶体管显示器进口税收政策适用范围扩大至等离子显示面板(即PDP)和有机发光二极管显示面板(即OLED)生产企业,即,对PDP和OLED生产企业进口国内不能生产的净化室专用建筑材料、配套系统和生产设备零配件,免征进口关税和进口环节增值税;对其进口国内不能生产的自用生产性(含研发用)原材料和消耗品,免征进口关税,照章征收进口环节增值税。上述新型显示器件生产企业的政策申请、维修规定范围内设备用零配件免税额度、维修用零配件及生产性原材料和消耗品年度进口免税情况报告等比照《财政部关于薄膜晶体管液晶显示器件生产企业进口物资税收政策的通知》(财关税[2006]4号)办理。新型显示器件生产企业据此免税进口的物资只能用于本企业的生产建设和设备维修,不得转让或移作他用。违反政策规定的企业将被取消享受该政策的资格④。

---

① 《财政部 海关总署 国家税务总局 信息产业部关于线宽小于0.8微米(含)集成电路企业进口自用生产性原材料 消耗品享受税收优惠政策的通知》(财关税[2004]45号,2004年10月10日)。

② 《财政部关于部分集成电路生产企业进口净化室专用建筑材料等物资税收政策问题的通知》(财税[2002]152号,2002年9月26日)。

③ 《财政部 国家税务总局关于扶持薄膜晶体管显示器产业发展税收优惠政策的通知》(财税[2005]15号,2005年2月22日)。《财政部关于薄膜晶体管液晶显示器件生产企业进口物资税收政策的通知》(财关税[2006]4号)。《财政部关于新型显示器件生产企业进口物资税收政策的通知》(财关税[2009]31号,2009年5月19日)。

④ 《财政部关于新型显示器件生产企业进口物资税收政策的通知》(财关税[2009]31号,2009年5月19日)。《财政部关于扶持新型显示器件产业发展有关进口税收优惠政策的通知》(财关税[2009]32号,2009年5月19日)。《财政部关于有机发光二极管显示面板生产企业进口物资税收政策的通知》(财关税[2010]20号,2010年5月10日)。

有机发光二极管显示面板生产企业免征进口关税的自用生产性(含研发用)原材料和消耗品清单,详见《财政部关于有机发光二极管显示面板生产企业进口物资税收政策的通知》(财关税[2010]20号)附件(其中部分产品执行进口免税政策的截止日期为 2010 年 12 月 31 日)。免税进口的零配件限用于维修财关税[2010]20 号附件所列的生产设备,其年度免税进口额由财政部根据企业所用生产设备的总价及设备使用年限,按照以下维修经验公式计算确定①:

$$I=\alpha\% * P,$$
$$\text{其中}\ a = f(n) = \begin{cases} 2.25n & (o \leqslant n \leqslant 2) \\ 7-n & (3 \leqslant n \leqslant 4) \\ 2.5 & (5 \leqslant n \leqslant 8) \\ 1.25n - 7.5 & (9 \leqslant n \leqslant 10) \\ 5 & (11 \leqslant n \leqslant 15) \end{cases}$$

其中:I 代表维修生产设备所需零配件的年度进口总额;$\alpha\%$ 代表每年进口的零配件总额与生产设备价值之间的百分比值,该比值反映了零部件的需求量与设备的使用年限及故障发生率之间的一般经验规律(呈碗型曲线);P 代表进口生产设备总值,该值将根据国家发展改革委在项目立项环节的审核文件确定;n 代表设备的使用年限。

有机发光二极管显示面板生产企业应在上述免税进口额度内将实际零配件进口清单报海关审核备案,并应于每年 12 月 15 日前及时向财政部报告本年度维修用零配件以及生产性原材料、消耗品的实际进口免税情况(包括进口商品清单、进口金额和免税额以及政策执行效果等内容)。财政部将会同有关部门根据国内配套产业的发展情况,对上述政策的免税进口产品清单适时进行调整,同时

根据国内产业布局和技术进步的实际情况,合理调整享受上述政策的技术门槛②。

(4)国内设计国外流片加工的集成电路产品进口税收优惠

①自 2001 年 7 月 1 日起,国内设计并具有自主知识产权的集成电路产品,因国内无法生产,到国外流片、加工,其进口环节增值税超过 6% 的部分实行即征即退。国内设计并具有自主知识产权,且国内无法生产的集成电路产品,由信息产业部进行认定,并送国家计委备案。相关企业其产品经过认定后,直接到海关办理有关即征即退手续③。

②自 2004 年 10 月 1 日起,停止执行上述国内设计国外流片加工的集成电路产品进口税收优惠政策,其进口环节增值税一律按照 17% 的法定税率计征④。

5.1.8.16　国产重型燃气轮机零部件进口税收规定

自 2003 年 1 月 1 日至 2005 年 12 月 31 日,对国内企业生产重型燃气轮机所需进口的关键零部件免征进口关税,照章征收进口环节增值税;对进口原材料照章征收关税和进口环节增值税。如国家税收制度没有重大调整,则上述税收政策继续执行至 2007 年年底⑤。

自 2003 年 1 月 1 日至 2007 年 12 月 31 日,对中国东方电气集团和哈尔滨动力设备股份有限公司为生产型号为 PG9351FA、PG9351FA+E、M701F 的重型燃气轮机而进口的关键零部件免征关税和进口环节增值税。对其生产销售上述型号的重型燃气轮机免征增值税,其发生的进项税额在其他内

---

① 《财政部关于有机发光二极管显示面板生产企业进口物资税收政策的通知》(财关税[2010]20 号,2010 年 5 月 10 日)。

② 《财政部关于有机发光二极管显示面板生产企业进口物资税收政策的通知》(财关税[2010]20 号,2010 年 5 月 10 日)。

③ 《财政部 国家税务总局关于部分国内设计国外流片加工的集成电路产品进口税收政策的通知》(财税[2002]140 号,2002 年 10 月 25 日)。

④ 《财政部 国家税务总局关于停止执行国内设计国外流片加工集成电路产品进口环节增值税退税政策的通知》(财关税[2004]40 号,2004 年 8 月 31 日)。

⑤ 《财政部 国家税务总局关于国产重型燃气轮机有关税收政策的通知》(财税[2003]132 号,2003 年 6 月 12 日)。

销货物的销项税额中抵扣,不足抵扣的予以退还①。

5.1.8.17 鼓励类投资项目设备进口税收规定

(1)自1998年1月1日起,对国家鼓励发展的国内投资项目和外商投资项目进口设备,在规定的范围内,免征关税和进口环节增值税②。

(2)从2002年10月1日起(含当日),新批准(指项目可研性批复日期)的《外商投资产业指导目录》中"产品全部直接出口的允许类外商投资项目"全部出口项目项下进口设备,一律照章征收进口关税和进口环节增值税。自项目投产之日起,由外经贸部(编者注:现为商务部,下同)会同有关部门组成联合核查小组,对产品直接出口情况进行核查,核查期5年,具体核查办法由外经贸部会同有关部门制定。经核查后如情况属实,每年返还已纳税额的20%,5年内全部返还;如情况不实,当年税款不再返还,同时追缴该项目已返还的税款,并依法予以处罚③。

2002年10月1日之日前已批准的全部出口项目仍需继续进口该项目项下设备的,仍执行免税政策,但自项目投产之日起5年核查期内,有关部门需对产品直接出口情况进行调查;政策调整实施之日前已批准的全部出口项目完成了设备进口的,对政策调整实施之日前的产品出口情况不再核查,在政策调整实施之日后的剩余核查期内,对产品出口情况有选择地进行调查④。

新批准的全部出口项目进口设备5年内返还

税款的办法,按照《财政部 国家经贸委 税务总局 海关总署关于对部分进口商品予以退税的通知》(财预字[1994]42号)的规定执行⑤。

(3)自2009年1月1日起,实施增值税转型后,取消进口设备免税政策,同时设置一些过渡措施⑥:

①自2009年1月1日起,对《国务院关于调整进口设备税收政策的通知》(国发[1997]37号)中国家鼓励发展的国内投资项目和外商投资项目进口的自用设备、外国政府贷款和国际金融组织贷款项目进口设备、加工贸易外商提供的不作价进口设备以及按照合同随上述设备进口的技术及配套件、备件,恢复征收进口环节增值税,在原规定范围内继续免征关税。

来料加工、来件装配和补偿贸易所需进口的设备免征增值税政策在新增值税条例中也被取消。

②自2009年1月1日起,对《海关总署关于进一步鼓励外商投资有关进口税收政策的通知》(署税[1999]791号)中规定的外商投资企业和外商投资设立的研究开发中心进行技术改造以及按《中西部地区外商投资优势产业目录》批准的外商投资项目进口的自用设备及其配套技术、配件、备件,恢复征收进口环节增值税,在原规定范围内继续免征关税。

③自2009年1月1日起,对软件生产企业、集成电路生产企业、城市轨道交通项目以及其他比照《国务院关于调整进口设备税收政策的通知》(国

① 《财政部、海关总署、国家税务总局关于国产重型燃气轮机税收政策的补充通知》财税[2004]124号,2004年9月2日)。《财政部 国家税务总局关于明确国产重型燃气轮机税收政策执行期限的通知》(财税[2008]20号,2008年1月29日)。根据《财政部关于公布废止和失效的财政规章和规范性文件目录(第十一批)的决定》(财政部令第62号,2011年2月21日),上述文件已被公布废止。

② 《国务院关于调整进口设备税收政策的通知》(国发[1997]37号,1997年12月29日)。《财政部 国家税务总局 海关总署关于西部大开发税收优惠政策问题的通知》(财税[2001]202号 2001年12月30日)。

③ 《财政部 国家计委 国家经贸委外经贸部 海关总署 国家税务总局关于调整部分进口税收优惠政策的通知》(财税[2002]146号,2002年9月4日)。《中华人民共和国海关总署公告2002年第25号》(海关总署公告[2002]25号,2002年9月23日)。

④ 《财政部 国家计委 国家经贸委外经贸部 海关总署 国家税务总局关于调整部分进口税收优惠政策的通知》(财税[2002]146号,2002年9月4日)。《中华人民共和国海关总署公告2002年第25号》(海关总署公告[2002]25号,2002年9月23日)。

⑤ 《财政部 国家计委 国家经贸委外经贸部 海关总署 国家税务总局关于调整部分进口税收优惠政策的通知》(财税[2002]146号,2002年9月4日)。《中华人民共和国海关总署公告2002年第25号》(海关总署公告[2002]25号,2002年9月23日)。

⑥ 《财政部 海关总署 国家税务总局公告2008年第43号》(2008年12月25日)。

发〔1997〕37 号）执行的企业和项目,进口设备及其配套技术、配件、备件,一律恢复征收进口环节增值税,在原规定范围内继续免征关税。

④对 2008 年 11 月 10 日以前获得《国家鼓励发展的内外资项目确认书》的项目,于 2009 年 6 月 30 日及以前申报进口的设备及其配套技术、配件、备件,按原规定继续执行免征关税和进口环节增值税的政策,2009 年 7 月 1 日及以后申报进口的,一律恢复征收进口环节增值税,符合原免税规定的,继续免征关税。

⑤对上述国家鼓励发展的国内投资项目和外商投资项目、外国政府贷款和国际金融组织贷款项目、中西部外商投资优势产业项目及城市轨道交通项目,按照以下规定执行①:

Ⅰ　项目投资主管部门在 2008 年 11 月 9 日及以前已经出具《项目确认书》,其项目项下进口的自用设备以及按照合同随设备进口的技术及配套件、备件于 2009 年 6 月 30 日及以前向海关申报进口的,在符合原有关免税规定范围内继续免征关税和进口环节增值税。

Ⅱ　项目投资主管部门在 2008 年 11 月 10 日至 2008 年 12 月 31 日期间出具《项目确认书》,其项目项下进口的自用设备以及按照合同随设备进口的技术及配套件、备件在 2009 年 1 月 1 日及以后向海关申报进口的,一律恢复征收进口环节增值税,在符合原有关免税规定范围内继续免征关税;海关根据上述《项目确认书》在 2008 年 12 月 31 日及以前出具的《进出口货物征免税证明》(简称《征免税证明》)予以作废,进口单位须重新向海关申请出具免征关税、照章征收进口环节增值税的《征免税证明》。因重新出具《征免税证明》而产生的滞纳金,按规定予以免征。

Ⅲ　对按照《国务院关于调整进口设备税收政

策的通知》(国发〔1997〕37 号)执行进口税收优惠政策的 1997 年 12 月 31 日及以前审批、核准或备案的国内投资项目(包括技术改造项目和基本建设项目)、外商投资项目及外国政府贷款和国际金融组织贷款项目,以及自有资金项目和经认定的软件生产企业、集成电路生产企业进口的自用设备及按照合同随设备进口的技术及配套件、备件,海关在 2008 年 12 月 31 日及以前出具的《征免税证明》在有效期内继续有效,但不得延期。

⑥对于纳税人在 2008 年 12 月 31 日前免税进口的自用设备,由于提前解除海关监管,从海关取得 2009 年 1 月 1 日后开具的海关进口增值税专用缴款书,其所注明的增值税额准予从销项税额中抵扣。纳税人销售上述货物,应当按照增值税适用税率计算缴纳增值税②。

⑦自 2009 年 7 月 1 日至 2011 年 6 月 30 日,来料加工厂以外商提供的不作价设备出资设立法人企业的,准予对其在 2008 年 12 月 31 日及以前已经办理了加工贸易手册备案、并且在 2009 年 6 月 30 日及以前申报进口的尚处在海关监管年限内的不作价设备,免予补缴进口关税和进口环节增值税。有关不作价设备的海关监管年限可连续计算。对以 2009 年 1 月 1 日及以后新备案的不作价设备以及在 2008 年 12 月 31 日以前备案但在 2009 年 7 月 1 日及以后申报进口的不作价设备出资设立法人企业的,按现行政策规定,除新成立的法人企业所从事的项目属于国家鼓励类产业条目或中西部地区外商投资的优势产业项目外,一律照章补征关税③。

对申请享受上述税收优惠政策的不作价设备,外商投资法人企业应在 2011 年 6 月 30 日之前一次性向主管海关提出减免税申请,经主管海关审批同意后,按照《中华人民共和国海关进出口货物减

①　《海关总署关于对部分进口税收优惠政策进行相应调整涉及相关执行问题的公告》(海关总署 2008 年第 103 号公告,2008 年 12 月 31 日)。

②　《国家税务总局关于进口免税设备解除海关监管补缴进口环节增值税抵扣问题的批复》(国税函〔2009〕158 号,2009 年 3 月 30 日)。

③　《财政部关于来料加工装配厂转型为法人企业进口设备税收问题的通知》(财关税〔2009〕48 号,2009 年 7 月 16 日)。

免税管理办法》(海关总署令第179号)的有关规定办理相关手续①。

作为出资的不作价设备向海关申请办理减免税手续时的申报金额不得高于原进口时的申报价格,并且计入外商投资法人企业的投资总额,有关不作价设备的海关监管年限连续计算。符合上述政策规定作为出资的不作价设备的减免税审批手续纳入《减免税管理系统》管理。外商投资法人企业在向海关申请办理不作价设备减免税审批手续时须提供以下单证材料②:

Ⅰ 地市级商务部门关于同意来料加工厂转型为外商投资法人企业的批准文件及经其确认的不作价设备清单(原件);

Ⅱ 外商投资企业批准证书和外商投资法人企业的营业执照复印件(需提交原件验核);

Ⅲ 有关加工贸易不作价设备手册及原进口报关单(原件);

Ⅳ 海关要求提供的其他文件。

外商投资法人企业和来料加工厂按现行规定分别填制进、出口货物报关单,在报关单"备案号"栏目分别填报《征免税证明》编号和加工贸易手册编号。企业办理上述形式报关手续之后,由来料加工厂凭不作价设备结转出口货物报关单到原不作价设备手册备案海关申请办理不作价设备手册核销手续。原不作价设备手册备案海关凭上述不作价设备结转出口货物报关单办理核销手续③。

来料加工厂以2009年1月1日及以后新备案的不作价设备或者以在2008年12月31日以前备案但在2009年7月1日及以后申报进口的不作价设备出资设立外商投资法人企业,新成立的外商投资法人企业所从事的项目属于国家鼓励类产业条目或中西部地区外商投资优势产业项目的,可以按规定办理免征关税的结转手续(原进口时已征收进口环节增值税的,结转时不再征收)④。

(4)自2009年7月1日至2010年12月31日,对外资研发中心进口科技开发用品免征进口税收,对内外资研发机构采购国产设备全额退还进口环节增值税⑤。

所述设备,是指《财政部 海关总署 国家税务总局关于研发机构采购设备税收政策的通知》(财税[2009]115号)附件所列的为科学研究、教学和科技开发提供必要条件的实验设备、装置和器械。

①外资研发中心适用《科技开发用品免征进口税收暂行规定》(财政部、海关总署、国家税务总局令第44号)免征进口税收,根据其设立时间,应分别满足下列条件:

Ⅰ 对2009年9月30日及其之前设立的外资研发中心,应同时满足下列条件:

ⅰ 研发费用标准:a.对新设立不足两年的外资研发中心,作为独立法人的,其投资总额不低于500万美元;作为公司内设部门或分公司的,其研发总投入不低于500万美元;b.对设立两年及以上的外资研发中心,企业研发经费年支出额不低于1000万元。

ⅱ 专职研究与试验发展人员不低于90人。

ⅲ 设立以来累计购置的设备原值不低于1000万元。

Ⅱ 对2009年10月1日及其之后设立的外资研发中心,应同时满足下列条件:

ⅰ 研发费用标准:作为独立法人的,其投资总

---

① 《海关总署关于来料加工装配厂转型为法人企业进口税收问题的公告》(海关总署公告2009年第62号发布,2009年9月16日)。

② 《海关总署关于来料加工装配厂转型为法人企业进口税收问题的公告》(海关总署公告2009年第62号发布,2009年9月16日)。

③ 《海关总署关于来料加工装配厂转型为法人企业进口税收问题的公告》(海关总署公告2009年第62号发布,2009年9月16日)。

④ 《海关总署关于来料加工装配厂转型为法人企业进口税收问题的公告》(海关总署公告2009年第62号发布,2009年9月16日)。

⑤ 《财政部 海关总署 国家税务总局关于研发机构采购设备税收政策的通知》(财税[2009]115号,2009年10月10日)。

额不低于 800 万美元;作为公司内设部门或分公司的,其研发总投入不低于 800 万美元。

ⅱ 专职研究与试验发展人员不低于 150 人。

ⅲ 设立以来累计购置的设备原值不低于 2000 万元。

②适用采购国产设备全额退还增值税政策的内外资研发机构包括:

Ⅰ 《科技开发用品免征进口税收暂行规定》(财政部、海关总署、国家税务总局令第 44 号)规定的科学研究、技术开发机构。

Ⅱ 《科学研究和教学用品免征进口税收规定》(财政部、海关总署、国家税务总局令第 45 号)规定的科学研究机构和学校。

Ⅲ 符合上述第①条规定条件的外资研发中心。

③外资研发中心采购设备免、退税资格,按以下办法进行审核①:

Ⅰ 相关条件确认。

ⅰ 外资研发中心应由商务主管部门依照有关规定批准或确认。

ⅱ 外资研发中心为独立法人的,投资总额以外商投资企业批准证书所载明的金额为准。

ⅲ 对新设立不足两年且为非独立法人的外资研发中心,研发总投入是指其所在外商投资企业在近两年内专门为设立和建设研发中心而投入的资产,包括即将投入并签订购置合同的资产(应提交已采购资产清单和即将采购资产的合同清单)。

ⅳ 研发经费年支出额是指近两年来研发经费年均支出额;不足两个完整会计年度的,可按外资研发中心设立以来任意连续 12 个月的实际研发经费支出额计算;现金与实物资产投入应不低于 60%。

ⅴ 专职研究与试验发展人员应为企业科技活动人员中专职从事基础研究、应用研究和试验发展三类活动的人员,包括直接参加上述三类项目活动

的人员以及相关专职科技管理人员和为项目提供资料文献、材料供应、设备的直接服务人员,上述人员须与外资研发中心或其所在外商投资企业签订 1 年以上劳动合同,以企业提交申请的前一日人数为准。

ⅵ 在计算累计购置的设备原值时,应将进口设备和采购国产设备的原值一并计入,包括已签订购置合同并于 2010 年底交货的设备(应提交购置合同清单及交货期限),上述设备应属于财税〔2009〕115 号文所附《科技开发、科学研究和教学设备清单》所列设备。

Ⅱ 资格条件的审核

ⅰ 各省、自治区、直辖市、计划单列市及新疆生产建设兵团商务主管部门会同同级财政、国税部门和企业所在地直属海关(简称审核部门)根据本地情况,确定申报日期。外资研发中心应按本通知的有关要求向审核部门提交申请及相关材料。

ⅱ 审核部门定期召开联席会议,对企业上报的申请材料进行审核,按照财税〔2009〕115 号文件第一条所列条件和本办法要求,确定符合免、退税资格条件的企业名单。

ⅲ 经审核,对符合免、退税条件的外资研发中心,审核部门以公告形式发布名单,并将名单抄送商务部(外资司)、财政部(税政司、关税司)、海关总署(关税征管司)、国家税务总局(货物劳务税司)备案。对不符合有关规定的,商务主管部门应根据联席会议的决定出具书面审核意见,并说明理由。上述公告和审核意见应在审核部门受理申请之日起 60 个工作日之内做出。

ⅳ 审核部门每两年对已获得免/退税资格的外资研发中心进行资格复审。对于不再符合条件的外资研发中心取消其享受免/退税优惠政策的资格。

Ⅲ 需报送的材料

外资研发中心申请采购设备免/退税资格,应

---

① 《商务部 财政部 海关总署 国家税务总局关于外资研发中心采购设备免/退税资格审核办法的通知》(商资发〔2010〕93 号,2010 年 3 月 22 日)。

提交以下材料：

ⅰ 研发中心采购设备免/退税资格申请书和审核表；

ⅱ 外商投资企业批准证书及营业执照复印件；外资研发中心为非独立法人的，应提交其所在外商投资企业的外商投资企业批准证书、营业执照复印件以及外商投资研发中的确认文件（商务主管部门的批复或出具的《国家鼓励发展的外资项目确认书》）；

ⅲ 验资报告及上一年度审计报告复印件；

ⅳ 研发费用支出明细、设备购置支出明细和清单以及第Ⅰ条ⅱ、ⅴ项规定应提交的材料；

ⅴ 专职研究与试验发展人员名册（包括姓名、工作岗位、劳动合同期限、联系方式）；

ⅵ 审核部门要求提交的其他材料。

Ⅳ 其他管理事项

ⅰ 在公告发布后，列入公告名单的外资研发中心，可按有关规定直接向所在地直属海关申请办理有关科技开发用品的进口免税手续，向国税部门申请办理采购国产设备退税手续；对于在2009年7月1日和商资发〔2010〕93号发布日之间已采购的符合条件的设备，可就已征税部分向所在地直属海关或国税部门申请办理退税手续。

ⅱ 各有关部门在共同审核认定企业资格的过程中，认为必要时，可到企业查阅有关资料，了解情况，核实企业报送的申请材料的真实性。

ⅲ 省级商务主管部门应将《外资研发中心采购设备免、退税资格审核表》有关信息及时录入外商投资审批管理系统研发中心选项，并向商务部进行电子备案。

ⅳ 海关和国税部门应加强对免、退税设备的监管。对企业违反规定，将享受税收优惠政策的设备擅自转让、销售、移作他用或者进行其他处置的，按照有关规定予以处罚，自违法行为发现之日起1年内不得享受免、退税优惠政策；被依法追究刑事责任的，自违法行为发现之日起3年内不得享受免、退税优惠政策。

（5）自2009年1月1日起，对按有关规定其增值税进项税额无法抵扣的外国政府和国际金融组织贷款项目进口的自用设备，继续按《国务院关于调整进口设备税收政策的通知》（国发〔1997〕37号）中的相关规定执行，即除《外商投资项目不予免税的进口商品目录》所列商品外，免征进口环节增值税①。

①外国政府贷款和国际金融组织贷款项目单位利用外国政府贷款和国际金融组织贷款项目进口的设备，申请免征进口环节增值税的，按如下方式办理手续②：

Ⅰ 对于《财政部 海关总署 国家税务总局关于外国政府贷款和国际金融组织贷款项目进口设备增值税政策的通知》（财关税〔2009〕63号）附件1所列贷款项目单位可以按相关规定到海关直接办理免征进口环节增值税的手续。

Ⅱ 对于《财政部 海关总署 国家税务总局关于外国政府贷款和国际金融组织贷款项目进口设备增值税政策的通知》（财关税〔2009〕63号）附件1所列的贷款项目单位以外的其他外国政府贷款和国际金融组织贷款项目单位，首先需经主管国家税务局审核后报地（市）级国税主管机关认定其购置设备缴纳的增值税进项税额因不属于增值税一般纳税人或该项目项下进口设备完全用于增值税免税业务等因素而无法抵扣，并为其出具税务确认书（税务确认书格式）后，方可按相关规定到海关办理进口设备免征进口环节增值税的手续。

Ⅲ 2009年1月1日以后进口的外国政府和国际金融组织贷款项目项下设备，符合上述免税条件和相关要求的，在补办海关免税审批手续后，已

---

① 《财政部 海关总署 国家税务总局关于外国政府贷款和国际金融组织贷款项目进口设备增值税政策的通知》（财关税〔2009〕63号，2009年11月16日）。

② 《财政部 海关总署 国家税务总局关于外国政府贷款和国际金融组织贷款项目进口设备增值税政策的通知》（财关税〔2009〕63号，2009年11月16日）。

征收的进口环节增值税准予退还。但对于按照重大技术装备专项进口税收政策有关进口整机征收关税和进口环节增值税的规定,外国政府和国际金融组织贷款项目项下进口属于专项政策规定征税范围内的设备不能享受免征进口环节增值税的待遇,已征收的进口环节增值税不予退还。

②对于符合规定的进口设备免征进口环节增值税条件和要求的国外贷款项目,有关项目单位要求退还该项目项下进口设备已征收的进口环节增值税的,应按以下程序办理①:

Ⅰ 有关项目单位应持相关材料向项目单位所在地海关(简称主管海关)申请办理免征进口环节增值税认定手续。

ⅰ 进口国外贷款项目项下设备时已取得《进出口货物征免税证明》(简称《征免税证明》)并免征进口关税的,应提交下列材料:

a. 办理免征进口环节增值税认定的书面申请(加盖企业公章;财关税[2009]63 号附件 1 所列的贷款项目单位,应说明具体项目属于该附件 1 所列贷款项目的类别);

b.《征免税证明》第三联(进口单位留存联)复印件;

c. 经海关和国库经收处(银行)盖章的《海关专用缴款书》复印件(加盖企业公章);

d. 进口货物报关单(付汇证明联)复印件;

e. 财关税[2009]63 号附件 1 所列贷款项目单位以外的其他国外贷款项目单位,应提供地(市)级国税主管机关出具的《外国政府贷款和国际金融组织贷款项目单位税务确认书》;

f. 主管海关认为需要提供的其他材料。

ⅱ 进口国外贷款项目项下设备时未向海关申请办理免征进口关税手续的,除需提交以上所列材料(不包括《征免税证明》)外,还需提交办理国外贷款项目进口设备减免税审批申请所需的相关

材料。

Ⅱ 主管海关经审核确认后,出具《外国政府贷款和国际金融组织贷款项目项下进口设备符合免征进口环节增值税条件的认定证明》(简称《免税认定证明》,一张进口货物报关单对应一张《免税认定证明》)。

Ⅲ 有关项目单位凭主管海关出具的《免税认定证明》向原进口地海关申请办理退还进口环节增值税的手续。

Ⅳ 有关项目单位应于 2010 年 11 月 30 日前向主管海关提出办理免征进口环节增值税认定手续申请,并在《免税认定证明》的有效期内向原进口地海关申请办理退税手续;逾期,主管海关和原进口地海关均不再受理。

Ⅴ 对于相关设备进口时未申请办理免征进口关税手续且已照章征收进口关税和进口环节增值税的,主管海关在出具《免税认定证明》时,应同时按照《中华人民共和国海关进出口货物减免税管理办法》(海关总署令第 179 号)的相关规定办理有关国外贷款项目的减免税备案手续,但不出具《征免税证明》,之前已征收的进口关税亦不予退还。

Ⅵ 有关项目单位向原进口地海关申请办理国外贷款项目项下进口设备退还进口环节增值税手续时,除应提交主管海关出具的《免税认定证明》外,还应提交国外贷款项目项下进口设备的进口货物报关单(付汇证明联)复印件、《海关专用缴款书》原件和复印件、进口合同复印件等相关材料。进口地海关审核相关单证无误后,向有关项目单位出具《收入退还书》。

5.1.8.18 贵金属和矿产品进口税收规定

(1)黄金及黄金矿砂

①自 2003 年 1 月 1 日起,进口黄金(含标准黄

---

① 《海关总署关于外国政府贷款和国际金融组织贷款项目进口设备办理退还增值税手续有关事宜的公告》(海关总署公告[2010]61 号,2010 年 9 月 19 日)。

金)和黄金矿砂(含伴生矿)免征进口环节增值税①。

其中: 黄金是指海关商品编号 71081100、71081200、71081300 项下的货物;黄金矿砂是指海关商品编号 26169000 项下的部分货物,商品应符合原冶金工业部金精矿标准 YB2430—88 的规定,进口时应按商品编号 26169000.10 (黄金矿砂)申报;26169000 项下的其他货物,按商品编号 26169000.90 (其他贵金属矿砂及其精矿)申报。

黄金伴生矿仅指海关商品编号 26030000 (铜精矿)的黄金伴生矿,对其中黄金价值部分免征进口环节增值税,非黄金价值部分照章征收进口环节增值税。

上述货品的黄金成分在合同中必须单独作价,进口时应对该批货物按商品编号 26030000.10 (铜矿砂及其精矿中的黄金价值部分)和 26030000.90 (铜矿砂及其精矿中的非黄金价值部分)在同一报关单内分项申报,数量也按价值同比例分拆。应计入完税价格的其他费用按两者的价值比例分摊。

海关对进口铜精矿所含的黄金伴生矿实行价格预审核制度。进口货物收货人需在进口前填写《进口货物价格申报单》,并书面说明作价情况,同时向海关提交以下有关单证:

Ⅰ 分别列明矿砂所含黄金及其他成分各自比例或含量的商检证书;

Ⅱ 单独列明矿砂所含黄金成分价值的合同或发票;

Ⅲ 海关需要的其他相关证明文件。

进口合同中黄金未单独作价或进口货物收货人提供的文件中无法说明黄金伴生矿价值的铜精矿,按其他铜精矿填报,并按进口总价征收进口环节增值税。进口时暂时无法提供上述所列单证的,可先按其他铜精矿全额征收保证金。

对于 2003 年 1 月 1 日后进口应予免征进口环节增值税的黄金矿砂(含伴生矿)已予征税的,海关按有关规定审核属实的,可凭主管税务部门不予抵扣的证明,对不予抵扣黄金的增值税予以退还。

②自 2007 年 4 月 1 日起,进口铅矿砂及其精矿享受黄金伴生矿税收优惠政策,即进口铅矿砂及其精矿中所含的黄金价值部分免征进口环节增值税,非黄金价值部分照章征收进口环节增值税。享受进口税收优惠政策的铅矿砂及其精矿是指税则号列 26070000 项下的货物。进口货物收货人在向海关申报进口上述铅矿砂及其精矿时,其中所含黄金价值部分的商品编码应填报为 2607000001,非黄金价值部分的商品编码应填报为 2607000090②。

③自 2007 年 12 月 1 日起,进口镍矿砂、钴矿砂、锑矿砂及它们的精矿享受黄金伴生矿税收优惠政策,即进口上述货物中所含的黄金价值部分免征进口环节增值税,非黄金价值部分照章征收进口环节增值税。享受进口税收优惠政策的镍矿砂及其精矿是指税则号列 26040000 项下的货物;钴矿砂及其精矿是指税则号列 26050000 项下的货物;锑矿砂及其精矿是指税则号列 26171090 项下的货物,不包括税则号列 26171010 所列的生锑。

进口货物收货人在向海关申报进口上述镍矿砂及其精矿时,其中所含黄金价值部分的商品编码应填报为 2604000001,非黄金价值部分的商品编码应填报为 2604000090;进口上述钴矿砂及其精矿时,其中所含黄金价值部分的商品编码应填报为 2605000001,非黄金价值部分的商品编码应填报为 2605000090;进口上述锑矿砂及其精矿时,其中所含黄金价值部分的商品编码应填报为 2617109001,非黄金价值部分的商品编码应填报为 2617109090③。

④自 2009 年 11 月 1 日起,对进口粗铜(税则

---

① 《财政部 国家税务总局关于黄金税收政策问题的通知》(财税[2002]142 号,2002 年 9 月 12 日)。《关于对进口黄金和黄金矿砂免征进口环节增值税有关问题的公告》(海关总署公告 2003 年第 29 号,2003 年 4 月 21 日)。

② 《海关总署关于进口铅矿砂及其精矿享受黄金伴生矿税收优惠政策事宜》(海关总署公告 2007 年第 14 号发布,2007 年 3 月 30 日)。

③ 《海关总署关于进口镍矿砂、钴矿砂、锑矿砂及它们的精矿享受黄金伴生矿税收优惠政策的公告》(海关总署公告 2007 年第 60 号发布,2007 年 11 月 16 日)。

号列：ex74020000，货品名称：未精炼铜）中所含的黄金价值部分免征进口环节增值税①。

进口锭状未精炼铜的进口货物收货人，需在相关货物申报进口前先就作价情况向海关提交书面说明并提交以下有关单证，方能享受上述进口税收优惠政策②：

ⅰ 分别列明锭状未精炼铜所含黄金及其他成分各自比例或含量的商检证书；

ⅱ 单独列明锭状未精炼铜所含黄金成分价值的合同或发票；

ⅲ 海关需要的其他相关证明文件。

对于不能提供以上所列单证的，进口锭状未精炼铜按商品编码 7402000090 填报，并按进口总价征收进口环节增值税；暂时无法提供所列单证的，进口时可先按进口总价缴纳全额保证金后放行货物。

进口货物收货人在向海关申报进口锭状未精炼铜时，其中所含黄金价值部分的商品编码应填报为 7402000001，非黄金价值部分的商品编码应填报为 7402000090。进口货物收货人向海关申报进口税则号列 74020000 项下其他商品时，商品编码应填报为 7402000090③。

上述锭状未精炼铜的黄金成分在合同中必须单独作价，进口时应对该批货物按商品编码 7402000001（锭状未精炼铜中的黄金价值部分）和 7402000090（锭状未精炼铜中的非黄金价值部分）在同一报关单内分项申报。申报数量应分别按照有关商检证书认定的黄金成分和其他成分的比例或含量分拆计算的数量填写；运输及相关费用、保险费一律计入商品编码 7402000090 项下非黄金价值部分的完税价格中④。

⑤自 2009 年 11 月 1 日起，海关总署公告 2003 年第 29 号、2007 年第 14 号和第 60 号规定的黄金伴生矿，在向海关申报进口时有关事先提交相关单证、分项数量填报、完税价格计算等事项也比照进口锭状未精炼铜的有关规定执行⑤。

（2）钻石⑥

纳税人自上海钻石交易所销往国内市场的毛坯钻石，免征进口环节增值税；纳税人自上海钻石交易所销往国内市场的成品钻石，进口环节增值税实际税负超过 4% 的部分由海关实行即征即退。进入国内环节，纳税人凭海关开具的完税凭证注明的增值税额抵扣进项税金。

纳税人自上海钻石交易所销往国内市场的钻石实行进口环节增值税免征和即征即退政策后，销往国内市场的钻石，在出上海钻石交易所时，海关按照现行规定依法实施管理。

对以一般贸易方式报关进口的工业用钻，不再集中到上海钻石交易所海关办理报关手续、实行统一管理，照章征收进口关税和进口环节增值税。具体商品范围参见《财政部 海关总署 国家税务总局关于调整钻石及上海钻石交易所有关税收政策的通知》（财税〔2006〕65 号）。

（3）铂金

①对进口铂金免征进口环节增值税。

②对中博世金科贸有限责任公司通过上海黄金交易所销售的进口铂金，以上海黄金交易所开具

---

① 《财政部 国家税务总局关于免征进口粗铜含金部分进口环节增值税的通知》（财关税〔2009〕60 号，2009 年 9 月 28 日）。

② 《海关总署关于进口粗铜中含金部分免征进口环节增值税有关问题的公告》（海关总署公告 2009 年第 69 号，2009 年 10 月 30 日）。

③ 《海关总署关于进口粗铜中含金部分免征进口环节增值税有关问题的公告》（海关总署公告 2009 年第 69 号，2009 年 10 月 30 日）。

④ 《海关总署关于进口粗铜中含金部分免征进口环节增值税有关问题的公告》（海关总署公告 2009 年第 69 号，2009 年 10 月 30 日）。

⑤ 《海关总署关于进口粗铜中含金部分免征进口环节增值税有关问题的公告》（海关总署公告 2009 年第 69 号，2009 年 10 月 30 日）。

⑥ 《财政部 海关总署 国家税务总局关于调整钻石及上海钻石交易所有关税收政策的通知》（财税〔2006〕65 号，2006 年 6 月 7 日）。

的《上海黄金交易所发票》(结算联)为依据,实行增值税即征即退政策。采取按照进口铂金价格计算退税的办法,即征即退的税额计算公式具体如下:

进口铂金平均单价={[(当月进口铂金报关单价×当月进口铂金数量)+上月末库存进口铂金总价值]÷(当月进口铂金数量+上月末库存进口铂金数量)}

金额=销售数量×进口铂金平均单价÷(1+17%)

即征即退税额=金额×17%

中博世金科贸有限责任公司进口的铂金没有通过上海黄金交易所销售的,不得享受增值税即征即退政策。

③中博世金科贸有限责任公司通过上海黄金交易所销售的进口铂金,由上海黄金交易所主管税务机关按照实际成交价格代开增值税专用发票。增值税专用发票中的单价、金额和税额的计算公式为:

单价=实际成交单价÷(1+17%)

金额=成交数量×单价

税额=金额×17%

实际成交单价是指不含黄金交易所收取的手续费的单位价格。

(4)金精矿砂

从1996年1月1日起,对经国家批准进口的金精矿砂暂免征收进口环节增值税①。

(5)白银

自2003年1月1日起,对银精矿含银、其他有色金属精矿含银、冶炼中间产品含银及成品银恢复征收进口环节增值税。具体税号见《财政部关于对白银恢复征收进口环节增值税的通知》(财税[2003]44号)附件②。

(6)铜原料

从2003年1月1日至2004年12月31日,在核定数量范围内进口的铜精矿、废杂铜、粗铜缴纳的进口环节增值税按30%的比例实行先征后返,返还的税款,继续用作企业的技术改造③。

(7)金银首饰

1995年1月1日起,金银首饰消费税征税环节由生产环节改为零售环节后,经营单位进口金银首饰的消费税,由进口环节征收改为在零售环节征收;出口金银首饰由出口退税改为出口不退消费税。个人携带、邮寄金银首饰进境,仍按海关有关规定征税④。

(8)硫磺

自2008年5月20日起,免征硫磺(税则号列:25030000、28020000)进口环节增值税。有关单位进口硫磺无需事先向海关申请办理免税审批手续,直接向海关申报进口即可享受上述进口环节增值税优惠政策⑤。

自2009年6月1日起,恢复征收硫磺(税号:25030000、28020000)的进口环节增值税,税率为17%⑥。

5.1.8.19 能源行业及能源产品进口税收规定

(1)海洋和陆上特定地区开采石油(天然气)

---

① 《财政部 国家税务总局关于进口金精矿砂暂免征收进口环节增值税的通知》(财税[1997]68号,1997年5月5日)。

② 《财政部关于对白银恢复征收进口环节增值税的通知》(财税[2003]44号,2003年2月27日)。

③ 《财政部 国家税务总局关于铜原料进口增值税先征后返有关问题的通知》(财税[2003]81号,2003年5月9日)。《财政部、国家税务总局关于铜原料进口增值税先征后返有关问题的通知》(财关税[2004]10号,2004年3月18日)。上述文件因政策执行到期而失效。

④ 《财政部 国家税务总局关于调整金银首饰消费税纳税环节有关问题的通知》(财税字[1994]第95号,1994年12月24日)。

⑤ 《海关总署关于免征硫磺进口环节增值税的公告》(海关总署公告2008年第35号公布,2008年5月19日)。

⑥ 《财政部关于恢复征收硫磺进口环节增值税的通知》(财关税[2009]35号,2009年5月22日)。此前,《财政部关于免征硫磺进口环节增值税的通知》(财税[2008]50号,2008年5月14日)被《财政部关于公布废止和失效的财政规章和规范性文件目录(第十一批)的决定》(财政部令第62号,2011年2月21日)被公布失效。

项目物资进口税收规定

自 1996 年 4 月 1 日至 2005 年 12 月 31 日，凡在我国海洋进行石油和天然气开采作业的项目，进口直接用于开采作业的设备、仪器、零附件、专用工具，免征进口关税和进口环节增值税①。

自 1996 年 4 月 1 日至 2005 年 12 月 31 日，凡在我国特定地区内进行陆上石油、天然气开采作业的项目，进口国内不能生产或性能不能满足要求，并直接用于勘探、开发作业的设备、仪器、零附件、专用工具，免征进口关税和进口环节增值税②。

中海石油壳牌石化项目进口国内不能生产或性能不能满足要求的材料免征进口关税和进口环节增值税。具体免税材料清单由财政部会同有关部门审核后分批通知海关执行③。

（2）煤层气勘探开发作业项目物资进口税收规定④

从 2001 年 1 月 1 日至 2005 年 12 月 31 日，由中联煤层气有限责任公司及其合作者作为项目单位在我国境内进行煤层气勘探开发作业的项目，进口国内不能生产或性能不能满足要求，并直接用于勘探、开发作业的设备、仪器、零附件、专用工具（具体物资清单见财税〔2002〕78 号《财政部 国家税务总局 海关总署关于印发〈关于煤层气勘探开发作业项目进口物资免征进口税收的暂行规定〉的通知》附件），可免征进口关税和进口环节增值税。凡国务院规定不得减免税的进口商品，不在上述免税范围之列。

所称中联煤层气有限责任公司合作者是指，经有关主管部门批准，与中联煤层气有限责任公司合作勘探开发煤层气的国内、外企业和机构。

中联煤层气有限责任公司作为项目主管单位应每年将特定地区煤层气勘探开发项目及对外合作区块煤层气勘探开发项目汇总报财政部，由财政部商有关部门审核认定。

财税〔2002〕78 号附件所列清单包括税则号列和货品名称，以货品名称与实际用途相符为主。该目录原则上每年调整一次。海关审核该类进口商品免税时，如遇商品名称和税则归类与财税〔2002〕78 号规定不一致时，以财税〔2002〕78 号所列的商品名称为准。

在财税〔2002〕78 号附件中未列明但确需进口的用于我国煤层气的勘探开发的设备、仪器、零附件、专用工具，由海关总署会同财政部、国家税务总局审定。

符合规定的免税进口物资，由中联煤层气有限责任公司统一开列年度进口物资计划或清单送财政部、国家税务总局、海关总署备案。进口单位将经中联煤层气有限责任公司盖章认定的进口物资清单送有关项目所在地直属海关直接办理免税手续。具体审核程序和监督办法由海关总署另行制定。

项目单位暂时进口财税〔2002〕78 号所附目录范围内的物资，准予免税。进口时海关按暂时进口货物办理手续。超出海关规定暂时进口时限仍需继续使用的，经海关批准可予延期，在暂时进口（包括延期）期限内准予按财税〔2002〕78 号规定免税。

---

① 《财政部 国家税务总局关于印发〈关于在我国海洋开采石油（天然气）进口物资免征进口税收的暂行规定〉和〈关于在我国陆上特定地区开采石油（天然气）进口物资免征进口税收的暂行规定〉的通知》（财税〔1997〕42 号，1997 年 4 月 8 日）。《财政部、国家税务总局、海关总署关于印发〈关于在我国海洋开采石油（天然气）进口物资免征进口税收的暂行规定〉和〈关于在我国陆上特定地区开采石油（天然气）进口物资免征进口税收的暂行规定〉的通知》（财税〔2001〕186 号，2001 年 12 月 21 日）。

② 《财政部 国家税务总局关于印发〈关于在我国海洋开采石油（天然气）进口物资免征进口税收的暂行规定〉和〈关于在我国陆上特定地区开采石油（天然气）进口物资免征进口税收的暂行规定〉的通知》（财税〔1997〕42 号，1997 年 4 月 8 日）。《财政部、国家税务总局、海关总署关于印发〈关于在我国海洋开采石油（天然气）进口物资免征进口税收的暂行规定〉和〈关于在我国陆上特定地区开采石油（天然气）进口物资免征进口税收的暂行规定〉的通知》（财税〔2001〕186 号，2001 年 12 月 21 日）。

③ 《财政部关于中海壳牌南海石化项目部分进口材料免征进口税收的通知》（财关税〔2004〕26 号，2004 年 5 月 13 日）。

④ 《财政部 国家税务总局 海关总署关于印发〈关于煤层气勘探开发作业项目进口物资免征进口税收的暂行规定〉的通知》（财税〔2002〕78 号，2002 年 6 月 5 日）。此文政策执行已到期。

租赁进口的物资,符合清单范围的准予按财税〔2002〕78号规定免税,租赁进口清单以外的物资应按规定照章征税。

对用于勘探开发煤层气的免税进口物资,不得抵押、质押、转让、移做他用或者进行其他处置。如有违反,按国家有关法律、法规处理,且中联煤层气有限责任公司作为项目主管单位,负有连带责任。

(3)进口成品油消费税政策规定

①自2008年3月1日起,对进口溶剂油、石脑油、润滑油、燃料油恢复按法定税率征收消费税,具体税目税率见《财政部 国家税务总局关于调整成品油进口环节消费税的通知》(财关税〔2008〕12号)附件①。

②自2009年1月1日起,汽油消费税单位税额每升提高0.8元,柴油消费税单位税额每升提高0.7元,其他成品油单位税额相应提高②。

自2009年1月1日起,对进口石脑油恢复征收消费税。2010年12月31日前,对国产的用作乙烯、芳烃类产品原料的石脑油免征消费税;对进口的用作乙烯、芳烃类产品原料的石脑油已纳消费税予以返还。航空煤油暂缓征收消费税。对用外购或委托加工收回的已税汽油生产的乙醇汽油免征消费税;用自产汽油生产的乙醇汽油,按照生产乙醇汽油所耗用的汽油数量申报纳税。对外购或委托加工收回的汽油、柴油用于连续生产甲醇汽油、生物柴油的,准予从消费税应纳税额中扣除原料已纳消费税税款③。

2009年1月1日起,成品油消费税提高后,各类成品油进口消费税单位税额分别是④:

Ⅰ 将无铅汽油的进口环节消费税单位税额提高到每升1.0元;将含铅汽油的进口环节消费税单位税额提高到每升1.4元。

Ⅱ 将石脑油的进口环节消费税单位税额提高到每升1.0元。对用作乙烯、芳烃类产品原料的石脑油已缴纳的进口环节消费税予以返还,具体办法另行制定。

乙烯类产品具体是指乙烯、丙烯和丁二烯;芳烃类产品具体是指苯、甲苯、二甲苯。

Ⅲ 将溶剂油的进口环节消费税单位税额提高到每升1.0元。

Ⅳ 将柴油的进口环节消费税单位税额提高到每升0.8元。

Ⅴ 将燃料油的进口环节消费税单位税额提高到每升0.8元。对燃料油税目中包含的蜡油开征进口环节消费税,单位税额为0.8元/升。

Ⅵ 将润滑油的进口环节消费税单位税额提高到每升1.0元,对润滑脂、润滑油基础油开征进口环节消费税,单位税额为1.0元/升。

Ⅶ 将航空煤油的进口环节消费税单位税额提高到每升0.8元,暂缓征收。

③进口石脑油消费税先征后返实施规定⑤。

Ⅰ 2009年1月1日至2010年12月31日,我国境内委托进口石脑油的生产企业(简称生产企业),用进口石脑油作为原料生产出乙烯、芳烃类产品后,可申请返还已经缴纳的进口环节消费税(简称返税)。进口石脑油时间以进口货物报关单上的申报时间为准。

Ⅱ 生产企业应在《财政部 海关总署 国家税务总局关于进口石脑油消费税先征后返有关问题的通知》(财预〔2009〕347号)下发30日内到所在地财政监察专员办事处(简称专员办)提请备案,

---

① 《财政部 国家税务总局关于调整成品油进口环节消费税的通知》(财关税〔2008〕12号,2008年2月25日)。

② 《国务院关于实施成品油价格和税费改革的通知》(国发〔2008〕37号,2008年12月18日)。

③ 《国务院关于实施成品油价格和税费改革的通知》(国发〔2008〕37号,2008年12月18日)。此前,《财政部 国家税务总局关于调整成品油进口环节消费税的通知》(财关税〔2008〕12号,2008年2月25日)规定,自2008年3月1日起至2010年12月31日止,对进口石脑油暂免征收消费税。

④ 《财政部 国家税务总局关于调整成品油进口环节消费税的通知》(财关税〔2008〕103号,2008年12月26日)。

⑤ 《财政部 海关总署 国家税务总局关于进口石脑油消费税先征后返有关问题的通知》(财预〔2009〕347号,2009年7月31日)。

并建立石脑油移送使用台账,分别记录进口、购买国产、自产的石脑油数量和用进口石脑油作为原料生产出乙烯、芳烃类产品的数量。

Ⅲ 专员办负责审核生产企业申请返税的进口石脑油是否全部作为乙烯、芳烃类产品的原料,且生产出产品,并在确认无误后向申请的生产企业出具审核意见(即石脑油用途证明)。

备案及审核具体办法依照《进口石脑油备案审核工作规程》(见财预[2009]347 号《财政部 海关总署 国家税务总局关于进口石脑油消费税先征后返有关问题的通知》附件)的规定执行。

Ⅳ 生产企业如有下列行为,不予办理返税:

ⅰ 未按照要求备案和建立石脑油移送使用台账的,进口的石脑油全部不予办理退税。

ⅱ 将进口的石脑油转售给其他企业的,转售的进口石脑油不予办理返税;

ⅲ 将进口石脑油用作其他用途的,用作其他用途的进口石脑油不予办理返税。

Ⅴ 生产企业取得所在地专员办出具的审核证明后,连同进口货物报关单、海关专用缴款书和自动进口许可证等材料,向纳税地海关申请返税,由海关按照程序上报财政部批准。具体申报审批程序按照《财政部 海关总署 中国人民银行 国家税务总局进口税收先征后返管理办法》(财预[2009]84 号)办理。

Ⅵ 生产企业取得进口环节消费税返税款后,应当自觉接受有关部门的监督检查。监督部门发现企业弄虚作假骗取返税款的,应及时追回所返税款,并移交财政部依照《财政违法行为处罚处分条例》(国务院令第 427 号)进行处理。

(4)蛇口工业区进口电力税收规定①

"十一五"期间,每年对蛇口工业区从香港进口的电力,以 5.6 亿度为基数,基数内进口电力所征收的进口环节增值税按一定比例予以返还,具体返还比例另行通知。对超出基数进口的电力照章征收进口环节增值税。具体返还手续按《财政部 国家经贸委 国家税务总局 海关总署关于对部分进口商品予以退税的通知》(财预字[1994]42 号)的有关规定办理。

5.1.8.20　卷烟进口税收规定

自 2009 年 5 月 1 日起,每标准条进口卷烟(200 支)确定消费税适用比例税率的价格≥70 元人民币的,适用比例税率为 56%;每标准条进口卷烟(200 支)确定消费税适用比例税率的价格<70 元人民币的,适用比例税率为 36%②。

5.1.8.21　"方便旗"船回国报关进口税收规定

对 2005 年 12 月 31 日前已在境外办理船舶登记手续悬挂"方便旗"、船龄达到一定年限且符合相关技术条件的中资船舶(中方出资比例不低于 50% 的船舶),在 2007 年 7 月 1 日至 2011 年 6 月 30 日期间报关进口的,免征关税和进口环节增值税,并按《中华人民共和国船舶登记条例》(国务院令第 155 号))及原交通部 2007 年第 18 号公告的有关规定进行登记③。

---

① 《财政部 国家税务总局关于 2006 年度蛇口工业区进口电力税收政策问题的通知》(财关税[2006]16 号,2006 年 02 月 27 日)。

② 《财政部 国家税务总局关于调整烟产品消费税政策的通知》(财税[2009]84 号,2009 年 5 月 26 日)。此前,《财政部 国家税务总局关于调整进口卷烟消费税税率的通知》(财税[2004]22 号,2004 年 1 月 29 日)规定,每标准条进口卷烟(200 支)确定消费税适用比例税率的价格≥50 元人民币的,适用比例税率为 45%;每标准条进口卷烟(200 支)确定消费税适用比例税率的价格<50 元人民币的,适用比例税率为 30%;进口卷烟消费税组成计税价格=(关税完税价格+关税+消费税定额)/(1-进口卷烟消费税适用比例税率);消费税定额税率为每标准箱(50000 支)150 元。根据《财政部关于公布废止和失效的财政规章和规范性文件目录(第十一批)的决定》(财政部令第 62 号,2011 年 2 月 21 日),财税[2004]22 号被公布废止。

③ 《财政部关于中资"方便旗"船回国登记有关进口税收政策问题的通知》(财关税[2007]47 号,2007 年 6 月 11 日)。《财政部关于延长中资"方便旗"船回国登记进口税收政策问题的通知》(财关税[2009]28 号,2009 年 5 月 6 日)。《财政部关于第三批享受进口税收优惠政策的中资"方便旗"船舶清单的通知》(财关税[2008]92 号,2008 年 11 月 11 日)。《财政部关于第四批享受进口税收优惠政策的中资"方便旗"船舶清单的通知》(财关税[2009]25 号,2009 年 4 月 21 日)。《财政部关于第五批享受进口税收优惠政策的中资"方便旗"船舶清单的通知》(财关税[2009]69 号,2009 年 12 月 8 日)。《财政部关于第六批享受进口税收优惠政策的中资"方便旗"船舶清单的通知》(财关税[2010]46 号,2010 年 8 月 26 日)。

享受税收优惠的各类进口船舶的具体船龄范围为:油船、化学品船、液化气船等的船龄为4~12年(此船龄指船舶自建造完工之日起至2007年7月1日的年限,下同);散货船、矿砂船等的船龄为6~18年;集装箱船、杂货船、多用途船、液化石油气船、散装水泥船等的船龄为9~20年①。

2009年7月1日后,进口单位可在2009年9月1日、2010年3月1日、2010年9月1日和2011年3月1日前向交通运输部提出申请(具体申请程序及相关要求由交通运输部另行规定),交通运输部初审汇总后报财政部,经财政部会同交通运输部、海关总署等有关部门进行审定后,由海关办理相关的减免税手续②。

5.1.8.22　军队、军工系统进口税收规定

军队、军工系统各单位经总后勤部和国防科工委批准进口的专用设备、仪器仪表及其零配件,免征进口环节增值税;军队、军工系统各单位进口其他货物,应按规定征收进口环节增值税。军队、军工系统各单位将进口的免税货物转售给军队、军工系统以外的,应按规定征收增值税③。

对军队(武警)、公安部门进口的警犬免征进口增值税④。

5.1.8.23　应对自然灾害及救助打捞进口税收规定

(1)四川汶川地震抗震救灾进口税收规定⑤

①在汶川特大地震发生后3个月内(即从2008年5月12日至2008年8月12日),对超出现行政策范围进口的抗震救灾物资按以下方式办理:

Ⅰ　准予中国地震局、省级地震局、中华慈善总会、四川省慈善总会、各省、自治区、直辖市的民政部门、地方红十字会、地方抗震救灾指挥部以及其他省部级以上(含省部级)单位作为此次抗震救灾捐赠进口物资的接收单位,在上述特定时期内接受境外捐赠救灾物资享受相应的进口免税政策。

Ⅱ　对境外捐赠直接用于此次汶川特大地震抗震救灾的各类物资,全部免征进口关税和进口环节增值税、消费税(简称"进口税")。

Ⅲ　对国内有关政府部门、企事业单位、社会团体、个人以及来华或在华的外国公民从境外或海关特殊监管区域进口并直接捐赠给地震灾区用于抗震救灾的物资,全部免征进口税。

对境内加工贸易企业捐赠的直接用于抗震救灾的加工贸易货物以及对国内有关单位直接捐赠给灾区用于抗震救灾的物资中所用的进口原材料、零部件,海关已登记放行的,一律免征进口税,并免予补交相应的加工贸易内销批准证和有关进口料件的进口许可证件。

Ⅳ　对直接用于此次抗震救灾的各类物资,包括食品、药品和医疗器械等,需要提交相关许可证件和通关证明文件的,经主管海关核实后,免予提交许可证件和通关证明文件,由海关直接作核销结

①　《财政部关于中资"方便旗"船回国登记有关进口税收政策问题的通知》(财关税[2007]47号,2007年6月11日)。

②　《财政部关于延长中资"方便旗"船回国登记进口税收政策问题的通知》(财关税[2009]28号,2009年5月6日)。

③　《财政部 国家税务总局关于军队、军工系统所属单位征收流转税、资源税问题的通知》(财税字[1994]11号,1994年4月22日)。

④　《海关总署关于继续对进口种子(苗)种畜(禽)鱼种和非盈利种用野生动植物种源免征进口环节增值税的通知》(署税[1998]349号,1998年6月30日)。《财政部 国家税务总局关于"十五"期间进口种子(苗)种畜(禽)鱼种(苗)和非盈利性种用野生动植物种源税收问题的通知》(财税[2001]130号,2001年7月30日)。上述两文件因执行到期而失效。《财政部 国家税务总局关于"十一五"期间进口种子(苗)种畜(禽)鱼种(苗)和种用野生动植物种源税收问题的通知》(财关税[2006]3号,2006年1月23日)。

⑤　《国务院关于支持汶川地震灾后恢复重建政策措施的意见》(国发[2008]21号,2008年6月29日)。《财政部 海关总署 国家税务总局关于支持汶川地震灾后恢复重建有关税收政策问题的通知》(财税[2008]104号,2008年8月1日)。《财政部关于进口抗震救灾物资免税通关问题的通知》(财关税[2008]70号,2008年8月4日)。《财政部办公厅 海关总署办公厅 国家税务总局办公厅关于落实汶川地震灾后重建进口税收政策有关问题的通知》(财办关税[2009]39号,2009年7月23日)。原定2008年12月31日执行到期的优惠政策执行至2010年12月31日,参见《财政部 国家税务总局关于延长部分税收优惠政策执行期限的通知》(财税[2009]131号,2009年11月20日)。

案处理。海关应将救灾物资登记放行的相关情况及时反馈商务、质检、食品药品监管等部门。

Ⅴ 对海关在救灾紧急状态下已放行的，随境外救援队、医疗队或包机进境的极少量旧机电产品、旧汽车、旧医疗器械，免予补交许可证件和通关证明文件，海关应将放行的旧汽车、旧医疗器械的详细情况及时反馈当地检验检疫机构。

Ⅵ 对无明确接收方的境外捐赠救灾物资全部免征进口税，由中国红十字会统一负责接收。

Ⅶ 对于直接用于抗震救灾的由非指定口岸进口的汽车、药品等物资，准予办理清关手续，海关应将放行的进口汽车情况及时反馈当地检验检疫机构。

②自 2008 年 8 月 13 日起，全面恢复执行《关于救灾捐赠物资免征进口税收的暂行办法》（简称《暂行办法》）的相关规定，同时恢复执行各项已有进口相关政策法规。

③对于灾后重建所需进口物资，一律严格按照《国务院关于支持汶川地震灾后恢复重建政策措施的意见》（国发[2008]21 号）的相关规定，自 2008 年 7 月 1 日起，对受灾地区企业、单位或支援受灾地区重建的企业、单位进口国内不能满足供应并直接用于灾后重建的大宗物资、设备等，在三年内给予进口税收优惠。

由各省、自治区、直辖市、计划单列市人民政府或国务院有关部门负责将所在地企业或归口管理的单位提交的直接用于灾后重建的进口国内不能满足供应的物资减免税申请汇总后报财政部，财政部会同有关部门审核提出处理意见，报请国务院批准后执行。

在享受进口税收优惠政策的物资、设备的范围、数量等确定前，有关企业、单位进口灾后恢复重建物资的，在进口企业、单位提供相关省、自治区、直辖市、计划单列市人民政府办公厅或国务院有关

部门办公厅出具的证明函后，进口地海关可凭证明函和进口企业、单位提供的税款担保先予办理货物放行手续，待有关规定明确后再办理进口物资的征免税结关手续①。

④自 2008 年 7 月至 2011 年 6 月期间，对日本生产教育协会四川大地震教室复兴支援会无偿援助给四川省地震受灾学校的轻钢组装教室群及其安装工具免征进口关税和进口环节增值税、消费税②。

⑤所称"受灾地区"包括极重灾区 10 个县（市）、重灾区 41 个县（市、区）和一般灾区 186 个县（市、区）。具体名单见《财政部办公厅 海关总署办公厅 国家税务总局办公厅关于落实汶川地震灾后重建进口税收政策有关问题的通知》（财办关税[2009]39 号）附件。

⑥受灾地区或对口支援受灾地区重建的省、自治区、直辖市、计划单列市人民政府或国务院有关部门负责将所在地企业或归口管理的单位提交的直接用于灾后重建的进口国内不能满足供应的物资减免税申请汇总后报财政部，财政部会同有关部门审核提出处理意见，报请国务院批准后执行。各省、自治区、直辖市、计划单列市人民政府或国务院有关部门免税申请原则于每年第一、三季度分两次汇总上报。

⑦申报免税进口的灾后重建项目具体范围：

Ⅰ 凡是明确列入《汶川地震灾后恢复重建总体规划》（简称《规划》）中处于四川、甘肃、陕西 3 省 51 个县（市、区）的灾后重建项目均可申请享受进口免税政策。这些项目包括《规划》中列明的城乡住房、城镇建设、农村建设、公共服务、基础设施、产业重建、防灾减灾、生态环境、精神家园等九个部分。进口税收政策支持的重点是灾后重建中的重大基础设施建设项目、国家需要扶持的重点企业、灾区支柱产业以及修复水、

---

① 《海关总署关于抗震救灾进口物资税收政策及相关问题的公告》（海关总署 2008 年第 60 号公告，2008 年 8 月 28 日）。
② 《财政部关于日本援建四川省地震受灾学校进口轻钢组织教室进口税收问题的通知》（财关税[2009]17 号，2009 年 3 月 16 日）。

电、学校、医院等公共设施项目。此类项目由省级以上(含省级)主管部门出具项目已列入《规划》的证明文件。

Ⅱ 对受灾地区未列入《规划》的其他灾后重建项目应限于在汶川地震中直接遭受严重破坏(以房屋、道路、桥梁倒塌或严重受损不能继续居住或通行为准,原则上不包括机器设备)的企业和单位直接修复或更新替换上述受损设施的重建项目,不包括企业和单位在正常经营活动中用于扩大固定资产投资进口物资的项目。企业和单位的实际受损情况需由地市级以上(含地市级)人民政府机构负责进行实地调查核定并出具实际受损情况的简明评估报告以及项目情况说明表。

⑧申报免税进口商品的具体范围:

Ⅰ 国内不能满足供应并直接用于灾后重建的大宗进口物资,原则上限定在国内紧缺的资源性、不可再生的自然资源范围内。量少价低的零散物资不在免税之列。申报进口此类物资应说明进口物资的种类、数量、金额、来源和进口的必要性。此类项目免税主要用于政府主导或企业捐赠的公共设施、安居民房等带有公益性质的重建项目,原则上不包括企业正常经营生产项目以及其他明显带有盈利性质的商业项目。

Ⅱ 国内不能满足供应并直接用于灾后重建的进口设备,按以下标准进行认定:

ⅰ 进口设备的主要技术指标优于《国内投资项目不予免税的进口商品目录》(简称《目录》)的,可直接认定为国内不能生产或性能指标不能满足要求的设备,此类设备符合"国内不能满足供应"的免税条件。企业或单位申报免税,可比照《目录》在申请文件中直接注明所需进口设备的品种、数量、相关技术指标及国别、进口时间等内容。

ⅱ 进口设备的主要技术指标在《目录》范围

内,但国内产品性能或产量暂时无法满足灾后重建需要的,企业或单位在申请文件中应当就进口的必要性进行说明,由财政部在征求国家相关行业主管部门或行业协会意见的基础上,会同海关总署、税务总局等有关部门研究确定后,对符合条件的设备按"国内不能满足供应"对待。

Ⅲ 申请免税的商品必须直接用于灾后重建,并限于重建项目自用,用于经营销售的进口物资不在免税之列。企业进行生产所用的原材料、消耗品以及从国内贸易商手中间接购买的进口物资不在免税之列。

⑨免税申请文件应按规定提交列入《规划》的证明文件或相关政府部门出具的实际受损情况评估报告,阐述重建进口需求,并汇总申请免税进口的商品。同时,说明商品进口方属受灾地区企业、单位或是支援受灾地区重建的企业、单位,当进口方属于后者时须得到前者的签章证明。政府部门负责进口的也应标明具体政府机构名称。免税申请文件还应明确进口物资的最终使用方以及使用计划等情况,并以表格形式汇总。

⑩上述进口的免税物资必须直接用于灾后重建,未经海关许可,不得擅自将免税物资转让、抵押、质押、移作他用或者进行其他处置。对违反海关规定的,按照有关法律法规的规定予以处理,涉嫌犯罪的,移送司法机关处理。

(2)青海玉树地震抗震救灾进口税收规定①

自2010年4月14日起,对青海玉树地震受灾地区企业、单位或支援受灾地区重建的企业、单位,进口国内不能满足供应并直接用于灾后重建的大宗物资、设备等,在3年内给予进口税收优惠。

各省、自治区、直辖市、计划单列市人民政府或国务院有关部门负责将所在地企业或归口管理的单位提交的直接用于灾后重建的进口国内不能满足供应的物资减免税申请汇总后报财政部,由财政

① 《国务院关于支持玉树地震灾后恢复重建政策措施的意见》(国发[2010]16号,2010年5月27日)。《财政部 国家税务总局关于支持玉树地震灾后恢复重建有关税收政策问题的通知》(财税[2010]59号,2010年7月23日)。

部会同海关总署、国家税务总局等部门审核提出处理意见，报请国务院批准后执行。

以上所称"受灾地区"是指青海省玉树藏族自治州玉树、称多、治多、杂多、囊谦、曲麻莱县和四川省甘孜藏族自治州石渠县等 7 个县的 27 个乡镇。具体受灾地区范围见《财政部 国家税务总局关于支持玉树地震灾后恢复重建有关税收政策问题的通知》（财税〔2010〕59 号）附件。

（3）甘肃泥石流灾后重建进口税收规定①

自 2010 年 8 月 8 日至 2012 年 12 月 31 日,对灾区企业、单位或支援灾区重建的企业、单位,进口国内不能满足供应并直接用于灾后恢复重建的大宗物资、设备等,给予进口税收优惠。

各省、自治区、直辖市、计划单列市人民政府或国务院有关部门负责将所在地企业或归口管理的单位提交的直接用于灾后恢复重建的进口国内不能满足供应的物资减免税申请汇总后报财政部,由财政部会同海关总署、国家税务总局等部门审核提出处理意见,报请国务院批准后执行。

（4）救助打捞单位进口税收规定

对救助局、打捞局为生产专业救助、打捞船舶,进口国内不能生产或性能不能满足要求的关键件和设备,按 1% 的关税税率计征关税（关税税率低于 1% 的,按实际税率计征）,进口环节增值税照章征收②。

5.1.8.24　亚运会、大运会和大冬会的进口税收规定③

大冬会的进口税收政策按照《财政部关于第24 届世界大学生冬季运动会进口税收政策的通知》（财关税〔2007〕57 号）执行,对亚运会、大运会实行以下进口税收政策:

（1）对亚运会、大运会组委会为举办亚运会、大运会进口的亚奥理事会、国际大体联或国际单项体育组织指定的,国内不能生产或性能不能满足需要的直接用于亚运会、大运会比赛的消耗品,免征关税、进口环节增值税和消费税。

享受免税政策的进口比赛用消耗品的范围、数量清单,由亚运会、大运会组委会汇总后报财政部商有关部门审核确定。

（2）对亚运会、大运会组委会进口的其他特需物资,包括:亚奥理事会、国际大体联或国际单项体育组织指定的、我国国内不能生产或性能不能满足需要的体育竞赛器材、医疗检测设备、安全保障设备、交通通讯设备、技术设备,在亚运会、大运会期间按暂准进口货物规定办理,亚运会、大运会结束后复运出境的予以核销;留在境内或做变卖处理的,按有关规定办理正式进口手续,并照章缴纳关税、进口环节增值税和消费税。

上述税收政策自 2008 年 1 月 1 日起执行。

5.1.8.25　边境贸易进口税收规定

自 2008 年 11 月 1 日起,提高边境地区边民互市进口免税额度。边民通过互市贸易进口的生活用品,每人每日价值在人民币 8000 元以下的,免征进口关税和进口环节税。边民互市进出口商品不予免税的商品,由财政部会同有关部门研究制定清单。以边境小额贸易方式进口的商品,进口关税和

---

① 《国务院关于支持舟曲灾后恢复重建政策措施的意见》（国发〔2010〕34 号,2010 年 10 月 18 日）。《财政部 海关总署 国家税务总局关于支持舟曲灾后恢复重建有关税收政策问题的通知》（财税〔2010〕107 号,2010 年 12 月 29 日）。财税〔2010〕107 号文件还规定,如果纳税人按规定既可享受本通知的税收优惠政策,也可享受国家支持汶川地震灾后恢复重建的税收优惠政策,可由纳税人自主选择适用的政策,但两项政策不得叠加使用。文中所称"灾区"包括甘肃省舟曲县城关镇和江盘乡的 15 个村、2 个社区,灾区具体范围见财税〔2010〕107 号附件。

② 《财政部 海关总署 国家税务总局关于救助打捞单位税收优惠政策的通知》（财税〔2005〕31 号,2005 年 3 月 7 日）。

③ 《财政部 海关总署 国家税务总局关于第 16 届亚洲运动会等三项国际综合运动会税收政策的通知》（财税〔2009〕94 号,2009 年 8 月 10 日）。

进口环节税照章征收①。

边民通过互市贸易进口的商品应以满足边民日常生活需要为目的,边民互市贸易进口税收优惠政策的适用范围仅限生活用品(不包括天然橡胶、木材、农药、化肥、农作物种子等)。在生活用品的范畴内,除国家禁止进口的商品不得通过边民互市免税进口外,其他列入边民互市进口不予免税清单的商品见《财政部 国家税务总局关于边民互市进出口商品不予免税清单的通知》(财关税[2010]18号)附件②。

对国内征收反倾销税和实行正式保障措施的进口产品,不执行边贸进口税收政策,一律照章征收进口关税和进口环节增值税、消费税③。

5.1.8.26 个人自用进境物品进口税收规定

(1)个人进境物品税收优惠一般规定

对外国驻华使领馆和有关国际机构及其人员所需物品,参照国际通行惯例予以减免进口关税和进口环节税④。

对我国常驻国外的外交机构人员、留学生、访问学者、赴外劳务人员、援外人员和远洋船员进口个人物品免税;对其他人员进口个人物品,自1996年4月1日起,一律按海关统一规定执行⑤。

海关总署规定数额以内的个人自用进境物品,免征进口税。超过海关总署规定数额但仍在合理数量以内的个人自用进境物品,由进境物品的纳税义务人在进境物品放行前按照规定缴纳进口税。超过合理、自用数量的进境物品应当按照进口货物依法办理相关手续⑥。

(2)高层次留学人才回国和海外科技专家来华工作进出境物品税收优惠专门规定⑦

自2007年1月1日起,对由人事部、教育部或者其授权部门认定的高层次留学人才和海外科技专家(以下统称高层次人才),以随身携带、分离运输、邮递、快递等方式进出境科研、教学和自用物品,适用以下管理办法:

①回国定居或者来华工作连续1年以上(含1年,下同)的高层次人才进境《中华人民共和国海关对高层次留学人才回国和海外科技专家来华工作进出境物品管理办法》所附清单范围内合理数量的科研、教学物品,海关依据有关规定予以免税验放。

②回国定居或者来华工作连续1年以上的高层次人才进境《中华人民共和国海关对高层次留

---

① 《国务院关于促进边境地区经济贸易发展问题的批复》(国函[2008]92号,2008年10月18日)。《财政部 海关总署 国家税务总局关于促进边境贸易发展有关财税政策的通知》(财关税[2008]90号,2008年10月30日)。此前,《国务院关于边境贸易有关问题的通知》(国发[1996]2号,1996年1月3日)规定,自1996年4月1日起,边民通过互市贸易进口的商品,每人每日价值在人民币1000元以下的,免征进口关税和进口环节税;超过人民币1000元的,对超出部分按法定税率照章征税。国发[1996]2号还规定,边境小额贸易企业通过指定边境口岸进口原产于毗邻国家的商品,除烟、酒、化妆品以及国家规定必须照章征税的其他商品外,"九五"前3年(1996年至1998年),进口关税和进口环节税按法定税率减半征收。根据《国家税务总局关于易货贸易进口环节减征的增值税款抵扣问题的通知》(国税函[1996]550号,1996年9月17日)和《国家税务总局关于严格执行税法规定不得实行边境贸易"双倍抵扣"政策的通知》(国税函[2004]830号,2004年6月21日),对与周边国家易货贸易进口环节减征的增值税款,以及以边贸等方式进口货物减免的进口环节增值税款,不能作为下一道环节的进项税金抵扣。根据《财政部关于边境贸易进口商品税收问题的通知》(财税[2002]108号,2002年7月1日),从2002年7月1日起,取消边境贸易进口商品已内酰胺进口关税、进口环节增值税减半征收的政策。根据《国务院关于促进边境地区经济贸易发展问题的批复》(国函[2008]92号,2008年10月18日),自2008年11月1日起,采取专项转移支付的办法替代边境小额贸易进口税收按法定税率减半征收的政策。

② 《财政部 国家税务总局关于边民互市进出口商品不予免税清单的通知》(财关税[2010]18号,2010年4月16日)。本通知自2010年5月1日起执行。

③ 《财政部关于明确边境小额贸易进口实施反倾销措施保障措施商品税收政策有关问题的意见》(财税[2003]263号,2003年12月26日)。

④ 《国务院关于改革和调整进口税收政策的通知》(国发[1995]34号,1995年12月26日)。

⑤ 《国务院关于改革和调整进口税收政策的通知》(国发[1995]34号,1995年12月26日)。

⑥ 《中华人民共和国进出口关税条例》(中华人民共和国国务院令第392号,2003年11月23日)。

⑦ 《中华人民共和国海关对高层次留学人才回国和海外科技专家来华工作进出境物品管理办法》(海关总署令第154号公布,2006年12月26日)。

学人才回国和海外科技专家来华工作进出境物品管理办法》所附清单范围内合理数量的自用物品，海关依据有关规定予以免税验放。

上述人员可以依据有关规定申请从境外运进自用机动车辆 1 辆(限小轿车、越野车、9 座及以下的小客车)，海关依据有关规定予以征税验放。

③高层次人才进境以上所列物品，除应当向海关提交人事部、教育部或者其授权部门出具的高层次人才身份证明外，还应当按照下列规定办理海关手续：

Ⅰ 以随身携带、分离运输方式进境科研、教学物品的，应当如实向海关书面申报，并提交本人有效入出境身份证件；

Ⅱ 以邮递、快递方式进境科研、教学用品的，应当如实向海关申报，并提交本人有效入出境身份证件；

Ⅲ 回国定居或者来华工作连续 1 年以上的高层次人才进境自用物品的，应当填写《中华人民共和国海关进出境自用物品申请表》，并提交本人有效入出境身份证件、境内长期居留证件或者《回国(来华)定居专家证》，由本人或者委托他人向主管海关提出书面申请。

经主管海关审核批准后，进境地海关凭主管海关的审批单证和其他相关单证对上述物品予以验放。

④高层次人才回国、来华后，因工作需要从境外运进少量消耗性的试剂、原料、配件等，应当由其所在单位按照《科学研究和教学用品免征进口税收暂行规定》办理有关手续。

上述人员因工作需要从境外临时运进少量非消耗性科研、教学物品的，可以由其所在单位向海关出具保函，海关按照暂时进境物品办理有关手续，并监管其按期复运出境。

⑤已获人事部、教育部或者其授权部门批准回国定居或者来华工作连续 1 年以上，但尚未取得境内长期居留证件或者《回国(来华)定居专家证》的高层次人才，对其已经运抵口岸的自用物品，海关可以凭人事部、教育部或者其授权部门出具的书面

说明文件先予放行。

上述高层次人才应当在物品进境之日起 6 个月内补办有关海关手续。

⑥高层次人才依据有关规定从境外运进的自用机动车辆，属于海关监管车辆，依法接受海关监管。自海关放行之日起 1 年后，高层次人才可以向主管海关申请解除监管。

对高层次人才进境自用机动车辆的其他监管事项，按照《中华人民共和国海关对非居民长期旅客进出境自用物品监管办法》有关规定办理。

⑦高层次人才在华工作完毕返回境外时，以随身携带、分离运输、邮递、快递等方式出境原进境物品的，应当按照规定办理相关海关手续。

⑧高层次人才因出境参加各种学术交流等活动需要，以随身携带、分离运输、邮递、快递等方式出境合理数量的科研、教学物品，除国家禁止出境的物品外，海关按照暂时出境物品办理有关手续。

⑨高层次人才进出境时，海关给予通关便利。对其随身携带的进出境物品，除特殊情况外，海关可以不予开箱查验。

海关在办理高层次人才进出境物品审批、验放等手续时，应当由指定的专门机构和专人及时办理。对在节假日或者非正常工作时间内以分离运输、邮递或者快递方式进出境的物品，有特殊情况需要及时验放的，海关可以预约加班，在约定的时间内为其办理物品通关手续。

⑩违反以上办法，构成走私或者违反海关监管规定行为的，由海关依照《中华人民共和国海关法》和《中华人民共和国海关行政处罚实施条例》的有关规定予以处理；构成犯罪的，依法追究刑事责任。

5.1.8.27　若干取消或停止执行的进口税收优惠政策

(1)取消部分特定区域进口税收优惠政策

①自 1996 年 4 月 1 日起，全国各类特定区域(包括经济特区、经济技术开发区、高新技术产业开发区、沿海开放城市、沿海经济开放区、边境对外开放城市、边境经济合作区、享受沿海开放城市政

策的沿江开放城市和内陆开放城市、国家旅游度假区、上海浦东新区以及其他各类开发区）进口各类物资,一律按法定税率征收关税和进口环节税。对经济特区和上海浦东新区（均不包括外商投资企业）进口环节税实行先征后返、5 年（1996 年至 2000 年）过渡、逐年递减的管理办法。对中新两国政府签订协议兴办的苏州工业园区,参照对经济特区和上海浦东新区的规定执行。对海南省洋浦经济开发区,仍执行国务院批准的有关保税区的税收管理政策①。

②自 1996 年 4 月 1 日起,取消对原苏联、东欧国家及其他周边国家易货贸易和经济技术合作项下进口货物的减免关税和进口环节税规定②。

③自 2001 年 1 月 1 日起,《财政部 中国人民银行 国家计委 国家税务总局 海关总署关于印发〈特定区域自用物资进口税收返还管理办法〉的通知》（财预字〔1996〕70 号）停止执行,取消对经济特区和上海浦东新区、苏州工业园区自用进口物资税收返还政策③。

（2）取消部分特定企业进口税收优惠政策

①自 1996 年 4 月 1 日起,对新批准设立的外商投资企业（包括中外合资经营企业、中外合作经营企业和外商独资企业）投资总额内进口的设备和原材料,一律按法定税率征收关税和进口环节税。在此之前已依法批准设立的外商投资企业在规定的宽限期内,可继续享受减免关税和进口环节税的优惠,即对投资总额在 3000 万美元（含 3000 万美元,不包括 1995 年 12 月 26 日之后追加的投资）以上的项目进口的设备和原材料,1997 年 12 月 31 日前仍按原规定执行;对投资总额在 3000 万美元以下的项目进口的设备和原材料,1996 年 12 月 31 日前仍按原规定执行。在规定的宽限期内仍

执行不完的,可通过外经贸部提出申请,由财政部会同外经贸部、国务院关税税则委员会、国家计委、国家经贸委、国家税务总局、海关总署研究提出意见,报国务院批准后可延长宽限期④。

②自 2001 年 1 月 1 日起,《财政部 国家经贸委 国家税务总局 海关总署关于印发〈"九五"期间对国有大中型企业技术改造项目进口国内不能生产的设备退还增值税的暂行办法〉的通知》（财税字〔1997〕35 号）停止执行⑤。

③自 2001 年 1 月 1 日起,《财政部 国家税务总局关于南沙渔业进口渔用化工原料进口环节增值税先征后返的通知》（财税字〔1998〕104 号）停止执行⑥。

④自 2001 年 1 月 1 日起,《财政部关于对河南油田 2000 年进口聚丙烯酰胺免征进口税收的通知》（财税〔2000〕87 号）停止执行⑦。

（3）取消部分特定项目进口税收优惠政策

①自 1996 年 4 月 1 日起,对新批准的技术改造项目进口的设备,一律按法定税率征收关税和进口环节税。在此之前已纳入国家或省一级开工计划的技术改造项目,其进口设备在宽限期内可继续享受减免关税和进口环节税优惠,即对投资额在 5000 万元（含 5000 万元,不包括 1995 年 12 月 26 日之后追加的投资）以上的能源、交通、冶金等项目和投资额在 3000 万元（含 3000 万元,不包括本通知下发之日后追加的投资）以上的轻工、纺织、电子等项目,1997 年 12 月 31 日前进口的设备减半征税;对以上两类项目投资额分别低于 5000 万元和 3000 万元的,1996 年 12 月 31 日前进口的设备减半征税。在规定的宽限期内仍执行不完的,可通过国家经贸委提出申请,由财政部会同国家经贸

---

① 《国务院关于改革和调整进口税收政策的通知》（国发〔1995〕34 号,1995 年 12 月 26 日）。
② 《国务院关于改革和调整进口税收政策的通知》（国发〔1995〕34 号,1995 年 12 月 26 日）。
③ 《财政部关于停止执行有关进口税收优惠政策文件的通知》（财税〔2001〕68 号,2001 年 4 月 6 日）。
④ 《国务院关于改革和调整进口税收政策的通知》（国发〔1995〕34 号,1995 年 12 月 26 日）。
⑤ 《财政部关于停止执行有关进口税收优惠政策文件的通知》（财税〔2001〕68 号,2001 年 4 月 6 日）。
⑥ 《财政部关于停止执行有关进口税收优惠政策文件的通知》（财税〔2001〕68 号,2001 年 4 月 6 日）。
⑦ 《财政部关于停止执行有关进口税收优惠政策文件的通知》（财税〔2001〕68 号,2001 年 4 月 6 日）。

委、国家计委、国务院关税税则委员会、国家税务总局、海关总署研究提出意见,报国务院批准后可延长宽限期。

自1996年4月1日起,国务院新批准的重大建设项目进口的设备,除国务院另有规定外,一律按法定税率征收关税和进口环节税。在此之前,国务院已批准的重大建设项目进口的设备,仍按原规定执行①。

②自1996年4月1日起,取消对加工贸易、补偿贸易项目进口加工设备免征关税和进口环节税的规定②。

③从2002年10月1日起,一般不再受理和审批个案减免进口税项目的申请。对生产性原材料、国务院规定的一律不予减免税的20种商品以及各地为举办大型活动所需进口的车辆一律不予免税。其他确需减免进口税的商品,由财政部会同有关部门从严把握,报国务院审批③。

5.1.9 进口税收先征后返管理办法④

经国务院及国务院有关部门批准的所有进口关税、进口环节增值税和消费税先征后返的办理,均适用以下办法。符合返税政策规定的进口企业(简称进口企业)应严格按照国家相关政策文件规定的货物名称、进口额度和实施时间申请办理返税手续。进口货物应返税款为海关填发的《海关专用缴款书》中缴纳入库的全部或部分税款,已经作为进项税抵扣的税款仍然可以享受返税政策。

5.1.9.1 先征后返部门职责分工

(1)纳税地海关负责对进口企业报送的返税申请材料进行初审,出具初审文件,依据财政部批复文件开具《收入退还书》。

(2)直属地海关负责对纳税地海关初审文件和进口企业申请材料进行复审,出具复审文件,转

发财政部批复文件。

(3)财政部负责对直属海关复审文件和进口企业申请材料进行最终审核,批复返税文件。

(4)纳税地国库负责向进口企业划拨返税款项。

(5)税务部门负责对进口企业收到返还税款后的核查,追缴进口企业骗取或未按规定用途使用的返税款。

5.1.9.2 先征后返申报、审批工作规程

(1)进口企业一般应在货物报关进口一年内,向纳税地海关申请办理返税。政策文件对返税期限另有规定的,按文件规定执行。进口时间以海关接受企业正式申报的时间为准。

(2)进口企业在申请办理返税时,应当提供以下材料:

①申请返税的书面报告;

②进口货物返税申请表(纸质和电子版光盘各一份、格式见财预[2009]84号《财政部 中国人民银行 海关总署 国家税务总局关于印发〈进口税收先征后返管理办法〉的通知》附件);

③经海关、国库经收处(银行)盖章齐全的《海关专用缴款书》原件和复印件各一份;

④"进口货物报关单"复印件(付汇证明联,加盖企业公章);

⑤进口配额证明或国家规定的其他证件复印件(加盖企业公章);

⑥进口合同复印件(加盖企业公章);

⑦有关文件规定的其他材料。

(3)纳税地海关应在收齐进口企业返税申请材料后15个工作日内完成以下工作:

①对返税申请材料进行初次审核,需要审核确认的内容包括:

---

① 《国务院关于改革和调整进口税收政策的通知》(国发[1995]34号,1995年12月26日)。

② 《国务院关于改革和调整进口税收政策的通知》(国发[1995]34号,1995年12月26日)。

③ 《财政部 国家计委 国家经贸委外经贸部 海关总署 国家税务总局关于调整部分进口税收优惠政策的通知》(财税[2002]146号,2002年9月4日)。

④ 《财政部 中国人民银行 海关总署 国家税务总局关于印发〈进口税收先征后返管理办法〉的通知》(财预[2009]84号,2009年7月21日)。《财政部、原国家经贸委、国家税务总局、海关总署关于对部分进口商品予以退税的通知》(财预字[1994]42号)同时废止。

Ⅰ 进口企业及进口货物可以享受返税政策；

Ⅱ 进口企业在规定时间内进口；

Ⅲ 进口货物数量在进口配额证明或其他证明允许的范围内；

Ⅳ《海关专用缴款书》原件真实准确，所列税款已经全部缴入国库，此前没有办理过返税；

Ⅴ 企业报关的其他材料完整、真实，已按要求加盖企业公章；

Ⅵ 其他需要审核的内容。

②确认无误后以关发文的形式出具初审文件（格式见财预〔2009〕84号《财政部 中国人民银行 海关总署 国家税务总局关于印发〈进口税收先征后返管理办法〉的通知》附件）；

③在进口企业《进口货物返税申请表》上签署审核意见并加盖海关单证专用章；

④将初审文件连同进口企业申请材料密封报送所在地直属海关；

⑤如发现进口企业报送材料不符合本办法的规定，应将材料退回申请企业，并在企业返税申请表上注明不予受理的原因。

（4）直属海关应在收齐返税申请材料后20个工作日内完成以下工作：

①对纳税地海关报关的初审文件及进口企业申请材料进行复审；

②确认无误后以关发文的形式出具复审文件（格式见财预〔2009〕84号《财政部 中国人民银行 海关总署 国家税务总局关于印发〈进口税收先征后返管理办法〉的通知》附件）；

③将复审文件及进口企业返税申请材料以机要方式报送财政部（预算司），同时抄报海关总署（关税征管司）。

待具备条件后，财政和海关部门应通过电子方式交换税单信息，取消纸质税单的寄送。

④如发现纳税地海关报送材料不符合本办法的规定，应将材料退回纳税地海关，并在企业返税申请表上注明不予受理的原因。

（5）财政部应在收齐返税申请材料后30个工作日内完成以下工作：

①对直属海关报送的复审文件及进口企业申请材料进行最终审核；

②确认无误后以部发文的形式出具批复文件；

③将批复文件连同《海关专用缴款书》原件通过机要方式传递至直属海关，并抄送海关总署、国家税务总局、中国人民银行（国库局）和纳税地省级人民银行分支机构；

④如发现直属海关报送材料不符合本办法的规定，应将材料退回直属海关，并在《进口货物返税申请表》上注明不予受理的原因。

（6）直属海关收到财政部批复文件后，应在10个工作日内将财政部批复文件转发至纳税地海关；国家税务总局收到财政部批复文件后，应在10个工作日内将财政部批复文件转发至企业所在地税务部门；省级人民银行分行机构收到财政部批复文件后，应在10个工作日内将财政部批复文件转发至纳税地国库。

（7）纳税地海关收到直属海关转发的财政部批复文件后，应在10个工作日内完成以下工作：

①核对批复文件中的应返税款数额；

②确认无误后向申请返税企业开具《收入退还书》并注明财政部的批复文号；

③将《海关专用缴款书》复印件和《收入退还书》送纳税地国库办理返税资金划拨事宜。

（8）纳税地国库收到财政部批复文件和海关出具的《收入退还书》、《海关专用缴款书》复印件后，应在2个工作日内完成以下工作：

①审核《收入退还书》、《海关专用缴款书》和财政部批复文件的相关内容是否相符；

②审核返税款项是否已经入库，以前是否办理过退库；

③确认无误后办理返税资金划款；

④将《收入退还书》（付款通知联）盖章后退纳税地海关。

（9）纳税地海关收到国库盖章退还的《收入退还书》后，在《海关专用缴款书》原件上盖"已返税"章，并退还给进口企业。

5.1.9.3 先征后返违规处理

（1）进口企业收到的返税税款，应当按照政策文件规定的用途使用。政策文件没有规定用途的,应按照会计准则及相关规定进行账务处理。

(2)进口企业所在地税务部门应根据财政部批复文件核查进口企业是否存在骗取返税款行为,是否将返税款用于文件规定的用途。发现进口企业弄虚作假骗取返税款或返税款未按照规定用途使用的,应及时追回返税款,并移交财政部根据《财政违法行为处罚处分条例》(国务院令第 427 号)进行处理。

5.1.10　进口税收征收管理

5.1.10.1　进口税收征管适用的法律法规

进口货物增值税、消费税的征收管理,适用关税征收管理的规定,依照《中华人民共和国海关法》、《中华人民共和国进出口关税条例》和《中华人民共和国进出口税则》的有关规定执行①。

进口税的减征、免征、补征、追征、退还以及对暂准进境物品征收进口税参照《中华人民共和国进出口关税条例》对货物征收进口关税的有关规定执行②。

5.1.10.2　进口增值税专用缴款书抵扣管理

(1)缴款书号码的编制原则③

缴款书号码在 H883 通关系统中共有 19 位,各位的含义是:号码前 6 位(包括括号)代表进口报关的年份和月份;第 7 到 15 位数字为报关单编号;第 16 个字符为征税标志,其中"-"为正常征税标志,"/"为补税标志,"#"为退税标志,"D"为删除标志,"@"为违规补滞纳金标志;第 17 位字母为税种标志,其中"A"为关税标志,"L"为增值税标志,"Y"为消费税标志,"I"为特别关税标志;第 18、19 位数字为报关单所产生的专用缴款书顺序号。如:缴款书号码为"(0407)024114793—L02",

纳税人填制抵扣清单时,缴款书号码应包括括号及括号内四位数字和"—"在内的 19 位均需填写,应填写为"(0407)024114793—L02"。

缴款书号码在 H2000 通关系统中共有 22 位,各位的含义是:号码前 4 位为各海关代码;第 5 至 8 位为年份;第 9 位为进出口标志,其中"1"为进口标志,"0"为出口标志;第 10 至 18 位为报关单编号;第 19 位为征税标志(含义同 H883 系统);第 20 位为税种标志(含义同 H883 系统);第 21 位至 22 位为报关单所产生的专用缴款书顺序号(含义同 H883 通关系统)。如:缴款书号码为"020720041074517694—L02",纳税人填制抵扣清单时(包括"—"在内)的 22 位均需填写,应填写为"020720041074517694—L02"。H2000 通关系统开具的缴款书中号码上一行打印的四位日期如:"(0311)"不属于缴款书号码,不应当填写。

(2)关于海关口岸代码④

纳税人在填制缴款书抵扣清单时,一律在清单"进口口岸"栏填"征税口岸代码"。

H2000 通关系统开具的缴款书号码前 4 位即为海关征税口岸代码,如:缴款书号码为"020720041074517694—L02","0207"即为海关征税口岸代码;

H883 通关系统开具的缴款书号码需根据缴款书左上方打印的海关口岸名称或缴款书上加盖的海关口岸名称戳记对照《国家税务总局关于规范填制海关代征进口增值税专用缴款书抵扣清单问题的通知》(国税发明电〔2005〕8 号)所附海关总署提供的《海关关区代码表》正确填写。

---

① 《中华人民共和国进出口关税条例》(国务院令第 392 号,2003 年 11 月 23 日)。《国家税务总局 海关总署关于进口货物征收增值税、消费税有关问题的通知》(国税发〔1993〕155 号,1993 年 12 月 25 日)。但《国家税务总局 海关总署关于进口货物征收增值税、消费税有关问题的通知》(国税发〔1993〕155 号)规定进口增值税、消费税的征收管理还适用《中华人民共和国税收征收管理法》,2001 年修订后的《中华人民共和国税收征收管理法》规定:关税、海关代征税收的征收管理,依照法律、行政法规有关规定执行。

② 《中华人民共和国进出口关税条例》(中华人民共和国国务院令第 392 号,2003 年 11 月 23 日)。

③ 《国家税务总局关于规范填制海关代征进口增值税专用缴款书抵扣清单问题的通知》(国税发明电〔2005〕8 号,2005 年 2 月 5 日)。

④ 《国家税务总局关于规范填制海关代征进口增值税专用缴款书抵扣清单问题的通知》(国税发明电〔2005〕8 号,2005 年 2 月 5 日)。

（3）关于开票日期①

纳税人在填制抵扣清单时,应填写缴款书上打印的"填发日期"所列内容,不应填写纳税人"实际申报日期"。

（4）关于抵扣单位②

海关代征进口环节增值税开具的增值税专用缴款书上标明有两个单位名称,既有代理进口单位名称,又有委托进口单位名称的,只准予其中取得专用缴款书原件的一个单位抵扣税款。申报抵扣税款的委托进口单位,必须提供相应的海关代征增值税专用缴款书原件、委托代理合同及付款凭证,否则,不予抵扣进项税额。

5.1.10.3 进口减免税备案、审批手续的办理③

自2005年10月1日起,享受进口税收优惠政策的单位(简称进口单位)需要向海关申请办理进口货物减免税手续的,应当按照该项进口税收优惠政策的实施规定,以及国家对项目管理和对进口货物管理的有关规定,预先在国家或地方政府主管部门办妥有关的审批、核准、备案、登记等手续。

（1）按照规定需要向海关登记备案的,进口单位应当在首批货物进口前,持有关文件或证明,向主管海关申请办理登记备案手续。

进口单位应当在每次进口货物前,按照规定持有关文件或证明,向主管海关申请办理进口货物减免税审批手续。

经审核符合海关办理减免税备案、审批条件的,主管海关应当予以受理。

（2）进口单位向海关提出减免税备案申请或者办理进口货物减免税审批手续的申请时,不能按规定向海关提供有效文件或证明,以及出现以下情况的,海关不予受理,并应向申请人说明理由:

①提供的文件或证明不能表明进口单位符合享受减免税政策条件的;

②有关主管部门超越权限出具《国家鼓励发展的内外资项目确认书》(简称《项目确认书》)或者其他证明的;

③有关主管部门出具的《项目确认书》中,项目单位为项目施工企业等非该项目的直接投资经营单位的;

④有关主管部门审批、核准的项目及出具的相应《项目确认书》属于明显分拆项目的;

⑤不能按照规定提供进口货物清单或者技术资料的;

⑥其他不符合国家有关规定的情况。

（3）海关受理的登记备案或者减免税申请,以海关接受申请材料之日作为受理之日。经审核符合登记备案条件或者减免税政策规定的,海关应当自受理之日起10个工作日内予以登记备案或者签发《进出口货物征免税证明》(简称《征免税证明》)。

为明确政策规定、审批权限、技术指标等原因需要请示海关总署的,或者因其他特殊情况海关不能在规定时限内完成登记备案手续或者签发《征免税证明》的,经主管关长或其授权人批准可以酌情延长时间,并应向进口单位说明原因。

（4）进口单位或其代理人应凭《征免税证明》及有关报关单证在进口地海关办理减免税货物进口报关手续。

（5）进口单位已经向海关申请办理减免税备案、审批手续,在主管海关按规定受理期间(包括经批准延长的期限)货物到达进口口岸的,进口单位可以向海关申请凭税款担保办理货物验放手续。

进口单位需要办理税款担保手续的,应当在货物申报进口前向主管海关提出申请,主管海关审核后出具《海关同意按减免税货物办理税款担保手续证明》(简称《担保证明》),进口地海关审核符合担保条件的,凭《担保证明》按规定办理货物的担

---

① 《国家税务总局关于规范填制海关代征进口增值税专用缴款书抵扣清单问题的通知》(国税发明电[2005]8号,2005年2月5日)。

② 《国家税务总局关于加强进口环节增值税专用缴款书抵扣税款管理的通知》(国税发[1996]32号,1996年2月14日)。

③ 《中华人民共和国海关总署公告》(2005年第43号)。

保和验放手续。

（6）主管海关因特殊情况经批准延长办理减免税备案、审批手续的时间的，减免税担保时限可以相应延长，并应当及时通知进口单位向海关申请办理延长税款担保期限的手续。

进口单位应当在《担保证明》规定期限届满之日 15 天前向主管海关提出延长税款担保期限的申请，主管海关确认后出具延长担保期限的《海关同意办理减免税货物税款担保延期手续证明》（简称《延期证明》），进口地海关凭《延期证明》按规定办理税款担保延期手续。

（7）进口单位未按上述规定申请办理减免税备案、审批手续或者未申请办理税款担保手续的，货物申报进口时，海关予以照章征税。

货物征税放行后，进口单位申请补办减免税审批手续的，海关不再受理。进口单位未如实说明情况，致使主管海关补办《征免税证明》的，进口地海关不予据此办理退税手续，并应当将有关证明收缴，退回原签发海关核销。

进口单位未按规定申请办理税款担保延期手续的，在《担保证明》规定期限届满时，海关应当按规定将税款保证金转为税款入库或要求担保人履行相应的纳税义务。

（8）进口单位发生违反海关规定的行为，在海关查处期间，进口单位不得向海关申请办理涉案减免税货物的转让、抵押等手续。海关发现进口单位申请对涉案减免税货物办理有关手续的，不得受理。

进口单位未如实向海关说明情况，致使海关对涉案减免税货物办理相关手续的，海关发现后，应当立即予以撤销。

（9）国务院已经批准的税收优惠政策，国家有关部门正在制定具体实施办法期间，符合条件的进口单位申报进口可以享受税收优惠政策的货物需要办理税款担保手续的，应当在货物进口前通过其主管部门或者上级单位向海关总署提出申请，海关总署核准后，通知有关海关办理。

（10）进口税收优惠政策分年度实施，并且需要国家有关主管部门每年核定进口计划或者进口数量的，在当年计划数量未下达前，进口地海关可以直接凭进口单位的申请，按规定办理税款担保手续。待计划数量下达，进口单位补办减免税审批手续后，海关按规定办理货物减免税进口和解除税款担保的相关手续。

（11）主管海关应当严格执行国家税收优惠政策规定，对不符合国家税收优惠政策规定的减免税备案申请或不属于国家税收优惠政策规定范围的商品，一律不得审批减免税。

5.2　出口税收

纳税人出口货物，增值税税率为零，但是国务院另有规定的除外①。

目前国务院规定出口货物不得适用零税率，而应按规定征收增值税的主要有②：

（1）出口的原油③。

（2）援外出口货物。

（3）国家禁止出口的货物。包括天然牛黄、麝香、铜及铜基合金、白金、糖等。

出口货物包括两类：一类是报关出境的货物；一类是运往海关管理的保税工厂、保税仓库和保税区的货物。与此相适应，对于从保税工厂、保税仓库和保税区运往境内其他地区的货物，则按进口货物对待。

对纳税人出口应税消费品，除国务院另有规定外，免征消费税④。

① 《中华人民共和国增值税暂行条例》（中华人民共和国国务院令第 538 号，2008 年 11 月 10 日）第二条。

② 《财政部　国家税务总局关于增值税、营业税若干政策规定的问题的通知》（财税字〔1994〕026 号，1994 年 5 月 5 日）。

③ 《国家税务总局关于对外合作开采陆上石油资源征收增值税问题的通知》（国税发〔1998〕219 号，1998 年 12 月 15 日）规定，中外合作油（气）田按合同开采的原油、天然气应按实物征收增值税，征收率为 5%，在计征增值税时，不抵扣进项税额。原油、天然气出口时不予退税。

④ 《中华人民共和国消费税暂行条例》（中华人民共和国国务院令第 539 号，2008 年 11 月 10 日）。

出口企业收购出口应税消费品,按照消费税税收(出口货物专用)缴款书注明的税额予以退税①。

5.2.1　出口货物退免税管理办法

5.2.1.1　出口货物退免税适用范围

(1)出口商自营或委托出口的货物,除另有规定者外,可在货物报关出口并在财务上做销售核算后,凭有关凭证报送所在地国家税务局(简称税务机关)批准退还或免征其增值税、消费税②。

所称出口商包括对外贸易经营者、没有出口经营资格委托出口的生产企业、特定退(免)税的企业和人员③。

上述对外贸易经营者是指依法办理工商登记或者其他执业手续,经商务部及其授权单位赋予出口经营资格的从事对外贸易经营活动的法人、其他组织或者个人。其中,个人(包括外国人)是指注册登记为个体工商户、个人独资企业或合伙企业④。

上述特定退(免)税的企业和人员是指按国家有关规定可以申请出口货物退(免)税的企业和人员⑤。

(2)外贸企业收购出口的货物,包括从流通企业购进直接出口的货物,按规定的退税率及相关程序予以退税⑥。

(3)委托外贸企业代理出口的货物,一律在委托方免(退)税。内资生产企业及1993年12月31日以后批准设立的外商投资企业直接出口和委托外贸企业代理出口的货物,一律免征本环节应纳的增值税,并按规定的退税率计算出口货物的进项税

额,抵减内销产品的应纳税额。对确因出口比重过大,在规定期限内不足抵减的,不足部分可按有关规定给予退税(进项货物属免税进口的原材料、元器件,不能按此抵扣或退税)⑦。

生产企业(包括1993年12月31日以后批准设立的外商投资企业)委托外贸企业代理出口的自产货物(含扩散产品、协作生产产品、国家税务局国税发[1991]3号文件规定的高税率、贵重产品)和外贸企业委托外贸企业代理出口的货物可给予退(免)税,其他企业委托出口的货物不予退(免)税。1993年12月31日前批准设立的外商投资企业委托出口的货物免征增值税、消费税,其进项税额不予抵扣或退税,应计入产品成本处理⑧。

生产企业(包括外商投资企业)委托代理出口非自产的货物所取得的销售收入,应按照增值税暂行条例的规定征税,对外商投资企业经省级外经贸主管部门批准收购出口的货物除外⑨。

(4)对经外经贸部(现为商务部,编者注)批准设立的外商投资性公司,为其所投资的企业代理出口该企业自产的货物,如其所投资的企业是1994年1月1日以后批准设立的外商投资企业,被代理出口的货物可给予退税;如其所投资的企业是1993年12月31日以前批准设立的,被代理出口的货物可给予免税⑩。

5.2.1.2　出口货物退(免)税认定管理

(1)有进出口经营权的生产企业应自取得进出口经营权之日起三十日内向主管税务机关申请

---

① 《财政部　国家税务总局关于调整和完善消费税政策的通知》(财税[2006]33号,2006年3月20日)。
② 《国家税务总局关于印发〈出口货物退(免)税管理办法(试行)〉的通知》(国税发[2005]51号,2005年3月16日)。
③ 《国家税务总局关于印发〈出口货物退(免)税管理办法(试行)〉的通知》(国税发[2005]51号,2005年3月16日)。
④ 《国家税务总局关于印发〈出口货物退(免)税管理办法(试行)〉的通知》(国税发[2005]51号,2005年3月16日)。
⑤ 《国家税务总局关于印发〈出口货物退(免)税管理办法(试行)〉的通知》(国税发[2005]51号,2005年3月16日)。
⑥ 《国家税务总局关于贯彻〈中华人民共和国对外贸易法〉调整出口退(免)税办法的通知》(国税函[2004]955号,2004年7月21日)。
⑦ 《国务院关于调低出口退税率加强出口退税管理的通知》(国发明电[1995]3号,1995年5月25日)。
⑧ 《财政部　国家税务总局关于印发〈出口货物退(免)税若干问题规定〉的通知》(财税字[1995]92号,1995年7月8日)。
⑨ 《财政部　国家税务总局关于出口货物税收若干问题的补充通知》(财税字[1997]14号,1997年2月21日)。
⑩ 《财政部　国家税务总局关于出口货物税收若干问题的补充通知》(财税字[1997]14号,1997年2月21日)。

办理出口退税登记①。

自 2004 年 7 月 1 日起，从事对外贸易经营活动的法人、其他组织和个人（简称"对外贸易经营者"），按《外贸法》和《对外贸易经营者备案登记办法》的规定办理备案登记后，应在 30 日内持已办理备案登记并加盖备案登记专用章的《对外贸易经营者备案登记表》、工商营业执照、税务登记证、银行基本账户号码和海关进出口企业代码等文件，填写《出口货物退（免）税认定表》（格式见附件，由主管出口退税的税务机关印制），到所在地主管出口退税的税务机关办理出口货物退（免）税认定手续。办理出口货物退（免）税认定手续后出口的货物可按规定办理退（免）税②。

2004 年 7 月 1 日之前，已办理出口退税登记证，且在原核准经营范围内从事进出口经营活动的对外贸易经营者，不再办理退税认定手续；对外贸易经营者如超出原核准经营范围从事进出口经营活动的，仍需按以上规定办理退税认定手续③。

对外贸易经营者如发生撤并、变更情况，应于备案登记撤并、变更之日起 30 日内向所在地主管出口退税业务的税务机关办理注销或变更退税认定手续④。

对外贸易经营者应按照备案登记的身份名称开展出口业务和申请出口退（免）税。个人（包括外国个人，下同）须注册登记为个体工商户、个人独资企业或合伙企业，方可申请出口退（免）税⑤。

（2）对外贸易经营者按《中华人民共和国对外贸易法》和商务部《对外贸易经营者备案登记办法》的规定办理备案登记后，没有出口经营资格的生产企业委托出口自产货物（含视同自产产品，下同），应分别在备案登记、代理出口协议签定之日起 30 日内持有关资料，填写《出口货物退（免）税认定表》，到所在地税务机关办理出口货物退（免）税认定手续⑥。

出口企业代理其他企业出口后，除另有规定者外，须在自货物报关出口之日起 60 天内凭出口货物报关单（出口退税专用）、代理出口协议，向主管税务机关申请开具《代理出口货物证明》，并及时转给委托出口企业。如因资料不齐等特殊原因，代理出口企业无法在 60 天内申请开具代理出口证明的，代理出口企业应在 60 天内提出书面合理理由，经地市及以上税务机关核准后，可延期 30 天申请开具代理出口证明⑦。

（3）已办理出口货物退（免）税认定的出口商，其认定内容发生变化的，须自有关管理机关批准变更之日起 30 日内，持相关证件向税务机关申请办理出口货物退（免）税认定变更手续。出口商发生解散、破产、撤销以及其他依法应终止出口货物退

---

① 《国家税务总局关于印发〈生产企业出口货物"免、抵、退"税管理操作规程〉（试行）的通知》（国税发［2002］11 号，2002 年 2 月 6 日）。

② 《国家税务总局关于贯彻〈中华人民共和国对外贸易法〉调整出口退（免）税办法的通知》（国税函［2004］955 号，2004 年 7 月 21 日）。

③ 《国家税务总局关于贯彻〈中华人民共和国对外贸易法〉调整出口退（免）税办法的通知》（国税函［2004］955 号，2004 年 7 月 21 日）。

④ 《国家税务总局关于贯彻〈中华人民共和国对外贸易法〉调整出口退（免）税办法的通知》（国税函［2004］955 号，2004 年 7 月 21 日）。

⑤ 《国家税务总局关于贯彻〈中华人民共和国对外贸易法〉调整出口退（免）税办法的通知》（国税函［2004］955 号，2004 年 7 月 21 日）。

⑥ 《国家税务总局关于印发〈出口货物退（免）税管理办法（试行）〉的通知》（国税发［2005］51 号，2005 年 3 月 16 日）。此前，《国家税务总局关于印发〈生产企业出口货物"免、抵、退"税管理操作规程〉（试行）的通知》（国税发［2002］11 号，2002 年 2 月 6 日）规定，没有进出口经营权的生产企业应在发生第一笔委托出口业务之前，持代理出口协议向主管税务机关申请办理临时出口退税登记。

⑦ 《国家税务总局关于出口货物退（免）税若干问题的通知》（国税发［2006］102 号，2006 年 7 月 12 日）。此前，《财政部 国家税务总局关于出口货物退（免）税若干具体问题的通知》（财税［2004］116 号，2004 年 7 月 10 日）曾规定，出口企业代理其他企业出口后，须在自报关出口之日起 30 天内凭出口货物报关单（出口退税专用）和代理出口协议，向主管税务机关申请开具代理出口证明。

(免)税事项的,应持相关证件、资料向税务机关办理出口货物退(免)税注销认定。对申请注销认定的出口商,税务机关应先结清其出口货物退(免)税款,再按规定办理注销手续①。

(4)特定退(免)税的企业和人员办理出口货物退(免)税认定手续按国家有关规定执行②。

5.2.1.3　出口货物退(免)税申报及受理

(1)出口商应在规定期限内,收齐出口货物退(免)税所需的有关单证,使用国家税务总局认可的出口货物退(免)税电子申报系统生成电子申报数据,如实填写出口货物退(免)税申报表,向税务机关申报办理出口货物退(免)税手续,同时附送下列纸质凭证③:

①实行"免、抵、退"税管理办法的生产企业提供出口货物的出口发票;外贸企业提供购进出口货物的增值税专用发票或普通发票;

凡外贸企业购进的出口货物,外贸企业应在购进货物后按规定及时要求供货企业开具增值税专用发票或普通发票;其购进货物开具的增值税专用发票属增值税防伪税控系统开具的,退税部门应要求外贸企业自开票之日起30日内办理认证手续。

②出口货物报关单(出口退税专用);

③出口收汇核销单。但对尚未到期结汇的,也可不提供出口收汇核销单,退税部门按照出口退(免)税管理的有关规定审核办理退(免)税手续。

对外贸企业自一般纳税人购进出口的货物,外贸企业向退税部门申报出口货物退(免)税时,从2004年6月1日起,不再提供"税收(出口货物专用)缴款书"或"出口货物完税分割单";但对外贸企业购进出口的消费税应税货物和自小规模纳税人购进出口的货物等其他尚未纳入增值税防伪税控系统管理的货物,还须提供"税收(出口货物专用)缴款书"或"出口货物完税分割单"。

对出口企业以委托出口、援外出口、对外承包工程、境外带料加工装配业务等特殊方式出口的货物,出口企业向退税部门申报上述出口货物的退(免)税时,还须提供现行有关出口货物退(免)税规定要求的其他相关凭证。

(2)委托代理出口委托方在申请办理退(免)税时,必须提供下列凭证资料④:

①代理出口货物证明。"代理出口货物证明"由受托方开具并经主管其退税的税务机关签章后,由受托方交委托方。代理出口协议约定由受托方收汇核销的,税务机关必须在外汇管理局办完外汇核销手续后,方能签发"代理出口货物证明",并在"代理出口货物证明"上注明"收汇已核销"字样。"代理出口货物证明"由各省、自治区、直辖市、计划单列市国家税务局印制。

②受托方代理出口的出口货物报关单(出口退税联)。受托方将代理出口的货物与其他货物一笔报关出口的,委托方必须提供"出口货物报关单(出口退税联)"复印件。

③出口收汇核销单(出口退税专用)。代理出口协议约定由受托方收汇的,委托方必须提供受托方的"出口收汇核销单(出口退税专用)"。受托方将代理出口的货物与其他货物一笔销售给外商的,委托方必须提供"出口收汇核销单(出口退税专用)"复印件。

④代理出口协议副本。

⑤提供"销售账"。

---

① 《国家税务总局关于印发〈出口货物退(免)税管理办法(试行)〉的通知》(国税发[2005]51号,2005年3月16日)。

② 《国家税务总局关于印发〈出口货物退(免)税管理办法(试行)〉的通知》(国税发[2005]51号,2005年3月16日)。

③ 《国家税务总局关于出口货物退(免)税管理有关问题的通知》(国税发[2004]64号,2004年5月31日)。《国家税务总局关于印发〈出口货物退(免)税管理办法(试行)〉的通知》(国税发[2005]51号,2005年3月16日)。自2006年1月1日起,启用新的《出口货物退(免)税申报表》,详见《国家税务总局关于修订出口货物退(免)税申报表的通知》(国税发[2006]2号,2006年1月4日)。

④ 《财政部 国家税务总局关于印发〈出口货物退(免)税若干问题规定〉的通知》(财税字[1995]92号,1995年7月8日)。代理出口货物证明格式见该文附件。

（3）自2004年6月1日起,出口企业须在货物报关出口之日(以出口货物报关单〈出口退税专用〉上注明的出口日期为准)起210天内①,向所在地主管退税部门提供出口收汇核销单(远期收汇除外)。经退税部门审核,对审核有误和出口企业到期仍未提供出口收汇核销单的,出口货物已退(免)税款一律追回;未办理退(免)税的,不再办理退(免)税。但对有下列情形之一的,自发生之日起两年内,出口企业申报出口货物退(免)税时,必须提供出口收汇核销单②：

①纳税信用等级评定为C级或D级。对于尚未进行纳税信用等级评定的出口企业,可由省级国家税务局退税部门制定出口企业纳税信用等级暂行办法,并据此进行纳税信用等级评定,或由退税部门按照本条所列的其他情形,确定出口企业申报时是否提供出口收汇核销单③；

②未在规定期限内办理出口退(免)税登记的;

③财务会计制度不健全,日常申报出口货物退(免)税时多次出现错误或不准确情况的;

④办理出口退(免)税登记不满一年的,即2004年6月1日以后办理出口退(免)税登记的出口企业,自首次申报办理出口退(免)税之日起两年内在申报出口货物退(免)税时,必须提供出口收汇核销单。因改制、改组以及合并、分立等原因新设立并重新办理出口退(免)税登记的出口企业,如原出口企业不存在本条所列六种情形,经省级税务机关批准,在申报退(免)税时可不提供出口收汇核销单,按《国家税务总局关于出口货物退(免)税管理有关问题的通知》(国税发[2004]64号)规定,采取事后审核④；

⑤有偷税、逃避追缴欠税、骗取出口退税、抗税、虚开增值税专用发票等涉税违法行为记录的;

⑥有违反税收法律、法规及出口退(免)税管理规定其他行为的。

对出口企业受2008年以来国际金融危机影响,逾期取得出口收汇核销单的,税务机关可在对出口企业其他退税单证、信息审核无误后予以办理出口货物退(免)税⑤。

（4）自2004年6月1日起,出口企业应在货物报关出口之日(以出口货物报关单〈出口退税专用〉上注明的出口日期为准)起90日内,向退税部门申报办理出口货物退(免)税手续。逾期不申报的,除另有规定者和确有特殊原因经地市级以上税务机关批准者外,不再受理该笔出口货物的退(免)税申报,该补税的应按有关规定补征税款。对出口企业出口货物纸质退税凭证丢失或内容填写有误,按有关规定可以补办或更改的,出口企业可在以上规定的申报期限内,向退税部门提出延期办理出口货物退(免)税申报的申请,经批准后,可延期3个月申报⑥。

上述特殊原因指:一是因不可抗力致使无法在规定的期限内取得有关出口退(免)税单证或申报退(免)税;二是因采用集中报关等特殊报关方式无法在规定的期限内取得有关出口退(免)税单证;三是其他因经营方式特殊无法在规定的期限内取得有关出口退(免)税单证。出口企业有上述情形之一者,应当在规定的期限内向税务机关提出书面延期申报申请,经地市级以上(含地市级)税务机关核准,在核准的期限内申报办理退(免)税⑦。

---

① 《国家税务总局关于出口企业提供出口收汇核销单期限有关问题的通知》(国税发[2008]47号,2008年5月5日)。此前,《国家税务总局关于出口货物退(免)税管理有关问题的通知》(国税发[2004]64号,2004年5月31日)规定为180天。

② 《国家税务总局关于出口货物退(免)税管理有关问题的通知》(国税发[2004]64号,2004年5月31日)。

③ 《国家税务总局关于出口货物退(免)税管理有关问题的补充通知》(国税发[2004]113号,2004年7月30日)。

④ 《国家税务总局关于出口货物退(免)税管理有关问题的补充通知》(国税发[2004]113号,2004年7月30日)。

⑤ 《国家税务总局关于出口企业延期提供出口收汇核销单有关问题的通知》(国税函[2010]89号,2010年3月2日)。

⑥ 《国家税务总局关于出口货物退(免)税管理有关问题的通知》(国税发[2004]64号,2004年5月31日)。《国家税务总局关于印发〈出口货物退(免)税管理办法(试行)〉的通知》(国税发[2005]51号,2005年3月16日)。

⑦ 《国家税务总局关于出口货物退(免)税管理有关问题的补充通知》(国税发[2004]113号,2004年7月30日)。

除此之外,自 2005 年 5 月 1 日起,出口企业提出书面合理理由需延期申报出口货物退(免)税的,也可经地市以上(含地市)税务机关核准后,在核准的期限内申报办理退(免)税①。

几种具体情形的处理:

①生产企业自营或委托出口货物未按以上规定期限申报退(免)税的,主管其征税部门应视同内销货物予以征税。但生产企业出口货物未在报关出口 90 日内申报办理退(免)税手续的,如果其到期之日超过了当月的"免、抵、退"税申报期,可暂不作为视同内销货物予以征税,生产企业应当在次月"免、抵、退"税申报期内申报"免、抵、退"税,如仍未申报,税务机关应当视同内销货物予以征税②。

②自 2005 年 5 月 1 日起,外贸企业自货物报关出口之日(以出口货物报关单〈出口退税专用〉上注明的出口日期为准)起 90 日内未向主管税务机关退税部门申报出口退税的货物,除另有规定者和确有特殊原因,经地市以上税务机关批准者外,企业须向主管税务机关征税部门进行纳税申报并按下列公式计提销项税额或计算应纳税额。上述货物属于应税消费品的,还须按消费税有关规定进行申报③。

③因代理出口证明推迟开具,导致委托出口企业不能在规定的申报期限内正常申报出口退税而提出延期申报的,委托出口企业和主管税务机关退税部门应按照本条前两款(即国税发[2005]68 号《国家税务总局关于出口企业未在规定期限内申报出口货物退(免)税有关问题的通知》第四条)规定办理④。

代理出口企业须在货物报关之日(以出口货物报关单〈出口退税专用〉上注明的出口日期为准)起 210 天内⑤,向签发代理出口证明的税务机关提供出口收汇核销单(远期收汇除外)。签发代理出口证明的税务机关,对代理出口企业未按期提供出口收汇核销单的及出口收汇核销单审核有误的,一经发现应及时函告委托企业所在地税务机关。委托企业所在地税务机关对该批货物按内销征税⑥。

④对中标机电产品等其他视同出口的货物,应自购买产品开具增值税专用发票的开票之日起 90 日内,向退税部门申报办理出口货物退(免)税手续⑦。

⑤自 2006 年 7 月 1 日起,出口企业在办理认定手续前已出口的货物,凡在出口退税申报期期限内申报退税的,可按规定批准退税;凡超过出口退税申报期限的,税务机关须视同内销予以征税⑧。

(5)自 2008 年 1 月 1 日起,外贸企业后申报出口退税的截止期限调整为,货物报关出口之日(以出口货物报关单〈出口退税专用〉上注明的出口日期为准)起 90 日后第一个增值税纳税申报期截止

---

① 《国家税务总局关于出口企业未在规定期限内申报出口货物退(免)税有关问题的通知》(国税发[2005]68 号,2005 年 4 月 19 日)。

② 《国家税务总局关于出口货物退(免)税管理有关问题的通知》(国税发[2004]64 号,2004 年 5 月 31 日)。《国家税务总局关于出口货物退(免)税管理有关问题的补充通知》(国税发[2004]113 号,2004 年 7 月 30 日)。

③ 《国家税务总局关于出口企业未在规定期限内申报出口货物退(免)税有关问题的通知》(国税发[2005]68 号,2005 年 4 月 19 日)。

④ 《国家税务总局关于出口货物退(免)税若干问题的通知》(国税发[2006]102 号,2006 年 7 月 12 日)。

⑤ 《国家税务总局关于出口企业提供出口收汇核销单期限有关问题的通知》(国税发[2008]47 号,2008 年 5 月 5 日)。此前,《国家税务总局关于出口货物退(免)税若干问题的通知》(国税发[2006]102 号,2006 年 7 月 12 日)规定为 180 天。

⑥ 《财政部 国家税务总局关于出口货物退(免)税若干具体问题的通知》(财税[2004]116 号,2004 年 7 月 10 日)。《国家税务总局关于出口货物退(免)税若干问题的通知》(国税发[2006]102 号,2006 年 7 月 12 日)。

⑦ 《国家税务总局关于出口货物退(免)税管理有关问题的通知》(国税发[2004]64 号,2004 年 5 月 31 日)。在该文件中,外商投资企业购买国产设备也适用这一规定。因 2009 年增值税转型后,外商投资企业购买国产设备退税的政策取消,故此处也将文件与其相关的内容予以删除。

⑧ 《国家税务总局关于出口货物退(免)税若干问题的通知》(国税发[2006]102 号,2006 年 7 月 12 日)。

之日。外贸企业确有特殊原因在规定期限内无法申报出口退税的,按有关规定申请办理延期申报手续。外贸企业申请开具《代理出口货物证明》仍按原规定执行①。

(6)出口企业应建立出口退税凭证收集制度,除中远期结汇的出口货物外,上年度出口退税凡在清算结束前(本年 5 月 31 日)应收集齐全,因收集不齐并未申报的,税务机关不再受理该批货物的退税申请②。

从 1999 年起,出口退税单证录入计算机方式由退税部门集中录入改为由出口企业自行分散录入;如出口企业不能自行录入的,可由出口企业委托社会中介机构协助录入。凡出口企业申报退税未录入或录入退税单证信息不准的,税务机关一律不予受理申报、不予退税③。

(7)出口商申报出口货物退(免)税时,税务机关应及时予以接受并进行初审。经初步审核,出口商报送的申报资料、电子申报数据及纸质凭证齐全的,税务机关受理该笔出口货物退(免)税申报。出口商报送的申报资料或纸质凭证不齐全的,除另有规定者外,税务机关不予受理该笔出口货物的退(免)税申报,并要当即向出口商提出改正、补充资料、凭证的要求④。

税务机关受理出口商的出口货物退(免)税申报后,应为出口商出具回执,并对出口货物退(免)

税申报情况进行登记⑤。

出口商报送的出口货物退(免)税申报资料及纸质凭证齐全的,除另有规定者外,在规定申报期限结束前,税务机关不得以无相关电子信息或电子信息核对不符等原因,拒不受理出口商的出口货物退(免)税申报⑥。

(8)出口企业申请退税必须附送已办完核销手续的《出口收汇核销单》。具体核销管理办法由国家外汇管理局会同外经贸部(现商务部,编著注)、税务总局等有关部门制定⑦。

对通过海关监管仓出口的货物,可凭海关签发的出口货物报关单(出口退税专用)及其他规定的凭证,按规定办理出口货物退(免)税⑧。

(9)出口企业遗失出口退税报关单向海关申请补办的,出口企业须在六个月内向海关提出补办申请,逾期海关不予受理。出口企业申请补办须出具主管其出口退税的地(市)国家税务局签发的"关于申请出具(补办报关单)证明的报告"(见《海关总署 国家税务总局关于加强协调配合严格出口退税报关单管理和加强防伪鉴别措施的联合通知》署监[1996]32 号附件一)⑨。

(10)出口货物办理退(免)税后,如发生退关、国外退货或转为内销,企业必须向所在地主管出口退税的税务机关办理申报手续,补缴已退(免)的税款。补缴的税款全部缴入中央金库⑩。凡海关

① 《国家税务总局关于外贸企业申报出口退税期限问题的通知》(国税函[2007]1150 号,2007 年 11 月 22 日)。
② 《国家税务总局 对外贸易经济合作部关于规范出口贸易和退税程序防范打击骗取出口退税行为的通知》(国税发[1998]84 号,1998 年 6 月 9 日)。自 2006 年 1 月 1 日起,对出口企业上一年度出口货物的退(免)税,主管其出口货物退(免)税的税务机关不再进行出口货物退(免)税清算,参见《国家税务总局关于取消出口货物退(免)税清算的通知》(国税发[2005]197 号,2005 年 12 月 9 日)。
③ 《国家税务总局关于出口退税单证录入方式有关问题的通知》(国税函[1999]17 号,1999 年 1 月 8 日)。
④ 《国家税务总局关于出口货物退(免)税管理有关问题的通知》(国税发[2004]64 号,2004 年 5 月 31 日)。《国家税务总局关于印发〈出口货物退(免)税管理办法(试行)〉的通知》(国税发[2005]51 号,2005 年 3 月 16 日)。
⑤ 《国家税务总局关于印发〈出口货物退(免)税管理办法(试行)〉的通知》(国税发[2005]51 号,2005 年 3 月 16 日)。
⑥ 《国家税务总局关于出口货物退(免)税管理有关问题的通知》(国税发[2004]64 号,2004 年 5 月 31 日)。《国家税务总局关于印发〈出口货物退(免)税管理办法(试行)〉的通知》(国税发[2005]51 号,2005 年 3 月 16 日)。
⑦ 《国务院关于调低出口退税率加强出口退税管理的通知》(国发明电[1995]3 号,1995 年 5 月 25 日)。
⑧ 《国家税务总局关于出口货物退(免)税若干问题的通知》(国税发[2003]139 号,2003 年 11 月 18 日)。
⑨ 《海关总署 国家税务总局关于加强协调配合严格出口退税报关单管理和加强防伪鉴别措施的联合通知》(署监[1996]32 号,1996 年 1 月 10 日)。
⑩ 《国家税务总局关于印发〈出口货物退(免)税管理办法〉的通知》(国税发[1994]31 号,1994 年 2 月 18 日)。

已签发出口退税报关单的,出口企业须出具主管其出口退税的地(市)国家税务局签发的《出口商品退运已补税证明》(见《海关总署 国家税务总局关于加强协调配合严格出口退税报关单管理和加强防伪鉴别措施的联合通知》署监[1996]32号附件二),海关方能办理退运手续①。

出口的应税消费品办理退税后,发生退关,或者国外退货进口时予以免税的,报关出口者必须及时向其机构所在地或者居住地主管税务机关申报补缴已退的消费税税款。纳税人直接出口的应税消费品办理免税后,发生退关或者国外退货,进口时已予以免税的,经机构所在地或者居住地主管税务机关批准,可暂不办理补税,待其转为国内销售时,再申报补缴消费税②。

5.2.1.4 出口货物退(免)税审核、审批

(1)退税部门受理申报后,在审核时应使用增值税专用发票稽核、协查信息审核出口退(免)税。未收到增值税专用发票稽核、协查信息的,退税部门可先使用专用发票认证信息审核办理出口企业的出口货物退(免)税,但必须及时用相关稽核、协查信息进行复核;对复核有误的,要及时追回已退(免)税款。有5.2.1.3第(2)条所述情形之一的出口企业,自发生之日起两年内,退税部门必须使用增值税专用发票稽核、协查信息审核该企业的出口货物退(免)税③。

税务机关在收到已经外经贸主管部门稽核的退税申报资料后④,应及时审核退税单证。对单证齐全真实,且电子信息核对无误的,必须在20个工作日内办完退税审核、审批手续。对有疑问的单证且电子信息核对不上的,要及时发函调查,落实清楚后再办理退税;征税机关应按照国家税务总局的有关规定及时、如实回函,在收到退税机关函调后3个月内必须将函调情况回复发函地退税机关,如因特殊情况确实查不清楚的,应先回函说明暂时查不清的原因以及下次回函的时限。凡经税务机关调查一个生产环节仍查不清、需追溯以往的,应由出口企业负责调查举证,然后报退税机关复核无误后方可退税。举证有误和在本年度退税清算期内不能举证其出口真实有效的,不再办理退税⑤。

(2)税务机关应当使用国家税务总局认可的出口货物退(免)税电子化管理系统以及总局下发的出口退税率文库,按照有关规定进行出口货物退(免)税审核、审批,不得随意更改出口货物退(免)税电子化管理系统的审核配置、出口退税率文库以及接收的有关电子信息⑥。

(3)税务机关受理出口商出口货物退(免)税申报后,应在规定的时间内,对申报凭证、资料的合法性、准确性进行审查,并核实申报数据之间的逻辑对应关系。根据出口商申报的出口货物退(免)税凭证、资料的不同情况,税务机关应当重点审核以下内容⑦:

①申报出口货物退(免)税的报表种类、内容及印章是否齐全、准确。

②申报出口货物退(免)税提供的电子数据和

---

① 《海关总署 国家税务总局关于加强协调配合严格出口退税报关单管理和加强防伪鉴别措施的联合通知》(署监[1996]32号,1996年1月10日)。

② 《中华人民共和国消费税暂行条例实施细则》(财政部 国家税务总局第51号令,2008年12月15日)。

③ 《国家税务总局关于出口货物退(免)税管理有关问题的通知》(国税发[2004]64号,2004年5月31日)。

④ 《国家税务总局 商务部关于取消出口退(免)税稽核程序的通知》(国税函[2004]101号,2004年8月3日)规定:自2004年8月1日起,出口企业在向主管出口退(免)税的税务机关申报办理出口货物退(免)税前,不再报经外经贸主管部门稽核签章。出口企业在货物报关出口后,直接向其主管出口退(免)税的税务机关申报办理出口退(免)税手续。

⑤ 《国家税务总局 对外贸易经济合作部关于规范出口贸易和退税程序防范打击骗取出口退税行为的通知》(国税发[1998]84号,1998年6月9日)。自2006年1月1日起,对出口企业上一年度出口货物的退(免)税,主管其出口货物退(免)税的税务机关不再进行出口货物退(免)税清算,参见《国家税务总局关于取消出口货物退(免)税清算的通知》(国税发[2005]197号,2005年12月9日)。

⑥ 《国家税务总局关于印发〈出口货物退(免)税管理办法(试行)〉的通知》(国税发[2005]51号,2005年3月16日)。

⑦ 《国家税务总局关于印发〈出口货物退(免)税管理办法(试行)〉的通知》(国税发[2005]51号,2005年3月16日)。

出口货物退(免)税申报表是否一致。

③申报出口货物退(免)税的凭证是否有效,与出口货物退(免)税申报表明细内容是否一致等。重点审核的凭证有:

Ⅰ 出口货物报关单(出口退税专用)。出口货物报关单必须是盖有海关验讫章,注明"出口退税专用"字样的原件(另有规定者除外),出口报关单的海关编号、出口商海关代码、出口日期、商品编号、出口数量及离岸价等主要内容应与申报退(免)税的报表一致。

Ⅱ 代理出口证明。代理出口货物证明上的受托方企业名称、出口商品代码、出口数量、离岸价等应与出口货物报关单(出口退税专用)上内容相匹配并与申报退(免)税的报表一致。

Ⅲ 增值税专用发票(抵扣联)。增值税专用发票(抵扣联)必须印章齐全,没有涂改。增值税专用发票(抵扣联)的开票日期、数量、金额、税率等主要内容应与申报退(免)税的报表匹配。

Ⅳ 出口收汇核销单(或出口收汇核销清单,下同)。出口收汇核销单的编号、核销金额、出口商名称应当与对应的出口货物报关单上注明的批准文号、离岸价、出口商名称匹配。

Ⅴ 消费税税收(出口货物专用)缴款书。消费税税收(出口货物专用)缴款书各栏目的填写内容应与对应的发票一致;征税机关、国库(银行)印章必须齐全并符合要求。

④在对申报的出口货物退(免)税凭证、资料进行人工审核后,税务机关应当使用出口货物退(免)税电子化管理系统进行计算机审核,将出口商申报出口货物退(免)税提供的电子数据、凭证、资料与国家税务总局及有关部门传递的出口货物报关单、出口收汇核销单、代理出口证明、增值税专用发票、消费税税收(出口货物专用)缴款书等电子信息进行核对。审核、核对重点是①:

Ⅰ 出口报关单电子信息。出口报关单的海关编号、出口日期、商品代码、出口数量及离岸价等项目是否与电子信息核对相符;

Ⅱ 代理出口证明电子信息。代理出口证明的编号、商品代码、出口日期、出口离岸价等项目是否与电子信息核对相符;

Ⅲ 出口收汇核销单电子信息。出口收汇核销单号码等项目是否与电子信息核对相符;

Ⅳ 出口退税率文库。出口商申报出口退(免)税的货物是否属于可退税货物,申报的退税率与出口退税率文库中的退税率是否一致。

Ⅴ 增值税专用发票电子信息。增值税专用发票的开票日期、金额、税额、购货方及销售方的纳税人识别号、发票代码、发票号码是否与增值税专用发票电子信息核对相符。

在核对增值税专用发票时应使用增值税专用发票稽核、协查信息。暂未收到增值税专用发票稽核、协查信息的,税务机关可先使用增值税专用发票认证信息,但必须及时用相关稽核、协查信息进行复核;对复核有误的,要及时追回已退(免)税款。

Ⅵ 消费税税收(出口货物专用)缴款书电子信息。消费税税收(出口货物专用)缴款书的号码、购货企业海关代码、计税金额、实缴税额、税率(额)等项目是否与电子信息核对相符。

(4)从1999年6月21日起,生产企业出口或委托出口货物申报办理退税时,不再提供税收(出口货物专用)缴款书②。

生产销售出口货物的企业须按照专用税票管理的规定向所在地主管征税的税务机关申请开具专用税票及其分割单。2000年9月1日以后开具的专用税票及其分割单必须与电子信息核对无误后方可办理退税,否则不予退税③。

(5)税务机关在审核中,发现的不符合规定的

---

① 《国家税务总局关于印发〈出口货物退(免)税管理办法(试行)〉的通知》(国税发[2005]51号,2005年3月16日)。
② 《国家税务总局关于印发〈出口货物退(免)税若干问题的具体规定〉的通知》(国税发[1999]101号,1999年6月21日)。
③ 《国家税务总局关于加强出口货物退税专用税票电子信息管理工作的通知》(国税发[2000]117号,2000年6月22日)。

申报凭证、资料,税务机关应通知出口商进行调整或重新申报;对在计算机审核中发现的疑点,应当严格按照有关规定处理;对出口商申报的出口货物退(免)税凭证、资料有疑问的,应分别以下情况处理①:

①凡对出口商申报的出口货物退(免)税凭证、资料无电子信息或核对不符的,应及时按照规定进行核查。

②凡对出口货物报关单(出口退税专用)、出口收汇核销单等纸质凭证有疑问的,应向相关部门发函核实。

③凡对防伪税控系统开具的增值税专用发票(抵扣联)有疑问的,应向同级税务稽查部门提出申请,通过税务系统增值税专用发票协查系统进行核查;

④对出口商申报出口货物的货源、纳税、供货企业经营状况等情况有疑问的,税务机关应按国家税务总局有关规定进行发函调查,或向同级税务稽查部门提出申请,由税务稽查部门按有关规定进行调查,并依据回函或调查情况进行处理。

(6)为防止骗税案件的发生,税务机关在审核、审批办理出口货物退(免)税时,除认真审核出口企业出口货物的退(免)税申报资料、单证及其相关电子信息外,还应对出口企业的出口及增长等情况进行分析、评估,强化审核②。

(7)出口商提出办理相关出口货物退(免)税证明的申请,税务机关经审核符合有关规定的,应及时出具相关证明③。

出口货物退(免)税应当由设区的市、自治州以上(含本级)税务机关根据审核结果按照有关规定进行审批。税务机关在审批后应当按照有关规定办理退库或调库手续④。

主管出口退税的税务机关在审核退税过程中,应经常深入企业调查核对有关退税凭证和账物,如对某项出口货物发现疑问,则可对该项出口货物的经营情况进行全面检查⑤。

(8)增值税一般纳税人出口企业自2003年8月1日起(以开票日期为准)取得的用于办理出口退税的增值税防伪税控系统开具的增值税专用发票(抵扣联),必须自该专用发票开具之日起90日内到主管其征税机关认证,未经过认证或认证未通过的一律不予办理出口退税⑥。

(9)2004年1月1日后报关出口的货物(以出口报关单上注明的出口日期为准),除应退消费税的外,主管出口退税的税务机关在审核办理退税时,一律取消其"税收(出口货物专用)缴款书"及其"出口货物完税分割单"(简称专用税票)电子信息的审核⑦。

①对于供货企业使用增值税防伪税控系统为出口企业开具增值税专用发票(不包括税务机关为小规模纳税人代开)的货物,主管供货企业的税务机关不再录入开具专用税票的电子信息。对未纳入增值税防伪税控、稽核系统监控范围的增值税专用发票、普通发票以及应纳消费税的货物,主管供货企业的税务机关仍应按规定继续录入并上传所开具专用税票的电子信息,由国家税务总局继续按月下发上述专用税票的电子信息⑧。

②对外贸企业2004年1月1日以后报关出口的货物,外贸企业向其主管退税机关申报办理退税时,须按2004年新版出口退税电子申报系统录入

---

① 《国家税务总局关于印发〈出口货物退(免)税管理办法(试行)〉的通知》(国税发[2005]51号,2005年3月16日)。
② 《国家税务总局关于进一步加强出口货物退(免)税审核管理的通知》(国税函[2005]82号,2005年1月21日)。
③ 《国家税务总局关于印发〈出口货物退(免)税管理办法(试行)〉的通知》(国税发[2005]51号,2005年3月16日)。
④ 《国家税务总局关于印发〈出口货物退(免)税管理办法(试行)〉的通知》(国税发[2005]51号,2005年3月16日)。
⑤ 《国家税务总局关于印发〈出口货物退(免)税管理办法〉的通知》(国税发[1994]31号,1994年2月18日)。
⑥ 《国家税务总局关于使用增值税专用发票电子信息审核出口退税有关事项的通知》(国税函[2003]995号,2003年9月1日)。
⑦ 《国家税务总局关于出口货物专用税票电子信息审核有关问题的通知》(国税函[2003]1392号,2003年12月30日)。
⑧ 《国家税务总局关于出口货物专用税票电子信息审核有关问题的通知》(国税函[2003]1392号,2003年12月30日)。

以增值税专用发票(或普通发票)内容为主的进货凭证数据,不再录入增值税"税收(出口货物专用)缴款书"或"出口货物完税分割单"(简称增值税专用税票)的内容①。

③对外贸企业 2004 年 1 月 1 日以后报关出口的货物,退税机关在审核退税时,凡外贸企业提供 2003 年 8 月 1 日(以开票日期为准)以后增值税防伪税控系统开具的增值税专用发票,必须通过 2004 年新版出口退税审核系统审核。审核无误的方可按现行出口退税规定退税②。

④对机电产品中标企业 2004 年 1 月 1 日(以开票日期为准)以后申报退税时,提供的是增值税防伪税控系统开具的增值税专用发票,退税机关必须通过 2004 年新版出口退税审核系统与该增值税专用发票认证信息进行电子对审,对审无误的方可按现行出口退税规定退税;提供的是非增值税防伪税控系统开具的增值税专用发票,退税机关仍应对该企业申报的增值税专用税票与总局下发的电子信息进行审核,审核无误,方可按现行规定办理退税③。

⑤退税机关使用增值税专用发票认证信息审核办理外贸企业(包括机电产品中标企业)退税后三个月内,将该笔退税的增值税专用发票认证信息与按《国家税务总局关于使用增值税专用发票电子信息审核出口退税有关事项的通知》(国税函[2003]995 号)有关规定取得的总局下传增值税专用发票稽核、协查信息进行比对。对比对不符的,按下列规定处理:

Ⅰ 凡属于国税函[2003]995 号文件第四条第

一款规定协查有误发票信息或增值税专用发票认证信息与稽核、协查信息中相符发票、协查无误发票信息比对不符的,一律追回该笔出口货物已退税款④。

Ⅱ 凡属于国税函[2003]995 号文件第四条第二款规定,在审核中发现没有专用发票电子信息或核对不符的,应立即暂停办理该外贸企业退税业务,并将有关明细情况以电子数据传递给同级信息中心,逐级上传。如属于出口企业申报数据有误的退回出口企业修改后重新申报⑤。

⑥对于 2004 年 1 月 1 日以后取得进出口经营权的外贸企业,退税机关自审核该企业申报第一笔出口退税业务的一年内,在按以上第②、③、④条规定使用增值税专用发票认证信息电子对审通过后,暂不办理退税,必须按上述第⑤条规定将增值税专用发票稽核、协查信息与认证信息比对通过后,方可办理退税。

对于其他按以上第②、③、④条规定使用增值税专用发票认证信息电子对审通过后,仍对外贸企业出口货物有疑问的,可暂不办理退税,待按上述第⑤条规定将增值税专用发票稽核、协查信息与认证信息比对通过后,办理退税⑥。

(10)自 2006 年 12 月 1 日起(以出口退税专用出口货物报关单上注明的出口日期为准),对出口企业出口货物远期收汇申报出口退(免)税实行备案证明管理⑦。

①出口企业报关出口货物属于远期收汇而未超过在外汇管理部门(简称外汇局)远期收汇备案

① 《国家税务总局关于使用增值税专用发票认证信息审核出口退税的紧急通知》(国税函[2004]133 号,2004 年 1 月 21 日)。
② 《国家税务总局关于使用增值税专用发票认证信息审核出口退税的紧急通知》(国税函[2004]133 号,2004 年 1 月 21 日)。
③ 《国家税务总局关于使用增值税专用发票认证信息审核出口退税的紧急通知》(国税函[2004]133 号,2004 年 1 月 21 日)。
④ 《国家税务总局关于使用增值税专用发票认证信息审核出口退税的紧急通知》(国税函[2004]133 号,2004 年 1 月 21 日)。
⑤ 《国家税务总局关于使用增值税专用发票认证信息审核出口退税的紧急通知》(国税函[2004]133 号,2004 年 1 月 21 日)。《国家税务总局关于使用增值税专用发票电子信息审核出口退税有关事项的通知》(国税函[2003]995 号,2003 年 9 月 1 日)。
⑥ 《国家税务总局关于使用增值税专用发票认证信息审核出口退税的紧急通知》(国税函[2004]133 号,2004 年 1 月 21 日)。税务机关审核数据处理流程详见《国家税务总局关于使用增值税专用发票信息审核出口退税有关问题的补充通知》(国税函[2004]862 号,2004 年 6 月 30 日)。
⑦ 《国家税务总局 国家外汇管理局关于远期收汇出口货物出口退税有关问题的通知》(国税发[2006]168 号,2006 年 11 月 13 日)。

的预计收汇日期的(简称远期收汇且未逾期),出口企业向税务机关申报出口货物退(免)税时,可提供其所在地外汇局出具的《远期收汇备案证明》(简称《远期证明》),无须提供出口收汇核销单出口退税专用联(简称核销单退税专用联)。税务机关受理后,按现行出口退税规定审核、审批出口货物退(免)税。

远期收汇是指按现行外汇管理规定预计收汇日期超过报关日期180天以上(含180天)的出口收汇。

②对上述远期收汇且未逾期的出口货物,出口企业应按照《出口收汇核销管理办法》(汇发[2003]91号)第十九条及《出口收汇核销管理办法实施细则》(汇发[2003]107号)第三十七条的规定到所在地外汇局办理远期收汇备案手续。外汇局可依据出口企业的申请,为其出具加盖了"出口收汇核销监管业务章"的《远期证明》。

③出口企业货物出口并在外汇局办理远期收汇备案手续后,应按照《出口收汇核销管理办法》及其他相关规定在预计收汇日期内收(结)汇,并在预计收汇日期起30天内办理出口收汇核销手续。

④税务机关应建立出口企业提供《远期证明》的台账管理制度。对于出口企业超过预计收汇日期30天仍未向税务机关提供核销单退税专用联的(对于试行出口企业申报出口退税免于提供核销单退税专用联的,以税务机关收到外汇局传输的收汇核销电子数据的"核销日期"为准),税务机关不再办理相关出口货物的退(免)税,已办理退(免)税的由税务机关按有关规定追回已退(免)税款,并视同内销补税。

⑤外汇局应按照出口收汇核销数据传输的有关规定,定期向当地税务机关传输出口逾期未核销电子数据。

(11)外贸企业取得失控增值税专用发票抵扣的协查审核管理。外贸企业取得《国家税务总局关于失控增值税专用发票处理的批复》(国税函[2008]607号)文件规定的税务机关按非正常户登记的失控增值税专用发票,销售方已申报并缴纳税款的,可由销售方主管税务机关出具书面证明,并通过协查系统回复外贸企业主管税务机关。该失控发票可作为外贸企业申请办理出口退税的凭证,主管税务机关审核退税时可不比对该失控发票的电子信息①。

5.2.1.5 出口货物退(免)税审批权限下放试点②

从2006年7月1日起,开始推行出口货物退(免)税审批权限下放试点工作。

(1)审批权下放的概念和条件

下放出口货物退(免)税审批权限是指将出口货物退(免)税审批权限由设区的市、自治州以上(含本级)税务机关(简称市级税务机关)下放到县(区、旗、县级市,下同)级税务机关。

下放的条件是县级税务机关出口退税额达到一定规模、成立了专门出口退税管理机构或有专职出口退税管理人员,且岗位的配置符合监督制约的要求。

(2)试点范围

①生产企业审批权下放试点范围

Ⅰ 浙江省、江苏省为省级试点单位。在试点省份中除少数不具备条件的市外,一般都应纳入试点范围,具体下放生产企业出口货物退(免)税的审批权限试点范围由省国家税务局确定。

Ⅱ 其他省份(省、自治区,下同)可以结合本地区的实际情况,选择1~2个市进行下放生产企业的审批权限试点。一些不具备条件的省份可以暂不进行试点。

Ⅲ 审批权限下放的县应符合成立专门的出口

① 《国家税务总局关于销货方已经申报并缴纳税款的失控增值税专用发票办理出口退税问题的批复》(国税函[2008]1009号,2008年12月8日)。
② 《国家税务总局关于开展下放出口货物退(免)税审批权限试点工作的通知》(国税函[2006]502号,2006年5月29日)。

退税管理机构或从事出口退税管理的专职人员在 2 人以上的条件。

进行试点的市如有所辖的县不能达到上述条件的,仍由市级税务机关进行审批。

②外贸企业审批权下放试点范围

Ⅰ 浙江、江苏、广东、山东四省可选择 1～2 个同时具备以下条件的县,下放外贸企业出口退税审批权限。

ⅰ 所管辖外贸企业在 10 户以上;

ⅱ 所管辖外贸企业年出口额总和在 1 亿美元以上;

ⅲ 成立了专门的出口退税管理机构或从事出口退税管理专职人员在 5 人以上。

Ⅱ 其他省份暂不进行外贸企业审批权下放的试点。

③各直辖市、计划单列市暂不进行审批权下放试点。

对试点地区的出口企业延期申报出口货物退(免)税、延期开具代理出口证明等其他出口退税审批事项,除有特殊规定者外,仍由地级以上税务机关负责审批①。

5.2.1.6　出口货物退(免)税日常管理②

税务机关对出口货物退(免)税有关政策、规定应及时予以公告,并加强对出口商的宣传辅导和培训工作。

税务机关应做好出口货物退(免)税计划及其执行情况的分析、上报工作。税务机关必须在国家税务总局下达的出口退(免)税计划内办理退库和调库。

税务机关遇到下述情况,应及时结清出口商出口货物的退(免)税款:

(1)出口商发生解散、破产、撤销以及其他依法应终止出口退(免)税事项的,或者注销出口货物退(免)税认定的。

(2)出口商违反国家有关政策法规,被停止一定期限出口退税权的。

税务机关应建立出口货物退(免)税评估机制和监控机制,强化出口货物退(免)税管理,防止骗税案件的发生。

税务机关应按照规定,做好出口货物退(免)税电子数据的接收、使用和管理工作,保证出口货物退(免)税电子化管理系统的安全,定期做好电子数据备份及设备维护工作。

税务机关应建立出口货物退(免)税凭证、资料的档案管理制度。出口货物退(免)税凭证、资料应当保存 10 年。但是,法律、行政法规另有规定的除外。具体管理办法由各省级国家税务局制定。

企业在年度终了 3 个月内,须对上年度的出口退税情况进行全面清算,并将清算结果报主管出口退税的税务机关。主管出口退税的税务机关应对企业的清算报告进行审核,多退的收回,少退的补足。企业清算后,主管出口退税的税务机关不再受理企业提出的上年度出口退税申请③。

5.2.1.7　出口货物增值税专用缴款书管理办法

(1)自 2004 年 6 月 1 日起,对出口企业从增值税一般纳税人购进的出口货物不再实行增值税"税收(出口货物专用)缴款书"或"出口货物完税分割单"(简称增值税专用税票)管理④。

①2004 年 6 月 1 日以后报关出口(以出口报关单上注明的出口日期为准,下同)的货物,凡增值税专用发票是在 2004 年 6 月 1 日以后开具的,出口企业在申请办理出口退税时,除下述第⑤条规

① 《国家税务总局关于下放出口货物退(免)税审批权限试点工作要求的通知》(国税函[2006]891 号,2006 年 9 月 28 日)。
② 《国家税务总局关于印发〈出口货物退(免)税管理办法(试行)〉的通知》(国税发[2005]51 号,2005 年 3 月 16 日)。
③ 《国家税务总局关于印发〈出口货物退(免)税管理办法〉的通知》(国税发[1994]31 号,1994 年 2 月 18 日)。自 2006 年 1 月 1 日起,对出口企业上一年度出口货物的退(免)税,主管其出口货物退(免)税的税务机关不再进行出口货物退(免)税清算,参见《国家税务总局关于取消出口货物退(免)税清算的通知》(国税发[2005]197 号,2005 年 12 月 9 日)。
④ 《财政部 国家税务总局关于出口企业从增值税一般纳税人购进的出口货物不再实行增值税税收专用缴款书管理的通知》(财税[2004]101 号,2004 年 6 月 4 日)。

定外,免予提供增值税专用税票。

②利用外国政府贷款和国际金融组织贷款采用国际招标国内中标的机电产品,以及外商投资企业采购的国产设备,凡增值税专用发票或普通发票是在 2004 年 6 月 1 日以后开具的,中标企业、外商投资企业在申请退税时,除下述第⑤条规定外,免予提供增值税专用税票。

③外贸企业 2004 年 6 月 1 日以后出口的货物、中标企业(不包括生产企业)销售的中标机电产品以及外商投资企业采购的国产设备,从 2004 年 6 月 1 日起(以发票开具日期为准),凡属于从非生产企业购进的,若退税单证齐全,可按规定申请退税。主管出口退税的税务机关可按规定批准退税。生产企业出口非自产货物的退税范围,仍按《国家税务总局关于出口产品视同自产产品退税有关问题的通知》(国税函[2002]1170 号)执行。

④生产企业 2004 年 5 月 31 日以前因开具增值税专用税票而多缴的税款,可抵减 2004 年 7 月份的增值税应纳税款,未抵减完的,由征税机关经稽核比对,在核实清楚进项发票没有问题,排除企业有偷税行为后,从原入库的金库中办理退库。

⑤对出口企业 2004 年 5 月 31 日以前的出口货物,凡规定需要开具增值税专用税票的,各级国税机关应按规定及时给予开具,不得以任何理由拒绝供货企业开具增值税专用税票的要求。

出口企业从小规模纳税人购进的出口货物,其出口退税仍实行增值税专用税票管理。出口企业出口的消费税应纳税货物,其消费税专用税票管理办法仍按国家税务总局《关于使用出口货物消费税专用缴款书管理办法的通知》(国税明电[1993]71 号)的有关规定执行①。

(2)从 2005 年 1 月 1 日起,税务机关代开增值税专用发票纳入增值税防伪税控系统管理。对税务机关利用增值税防伪税控系统代开增值税专用

发票的出口货物不再实行增值税"税收(出口货物专用)缴款书"或"出口货物完税分割单"(简称增值税专用税票)管理②。

①上述税务机关利用增值税防伪税控系统代开增值税专用发票,是指按照《国家税务总局关于印发〈税务机关代开增值税专用发票管理办法(试行)〉的通知》(国税发[2004]153 号)第二条规定,在 2005 年 1 月 1 日以后代为开具的专用发票。出口企业 2005 年 1 月 1 日以后报关出口货物(以出口报关单〈出口退税专用联〉上注明的出口日期为准)在申请办理出口退税时,免予提供增值税专用税票。税务机关受理出口退税申报后,应按照《国家税务总局关于出口货物退(免)管理有关问题的通知》(国税发[2004]64 号)第六规定,使用增值税专用发票相关电子信息审核出口退税。

②利用外国政府贷款和国际金融组织贷款采用国际招标国内中标的机电产品,以及外商投资企业采购的国产设备,凡税务机关利用增值税防伪税控系统代开增值税专用发票并在 2005 年 1 月 1 日以后开具的,中标企业、外商投资企业在申请退税时,免予提供增值税专用税票。

③对出口企业 2005 年 1 月 1 日以前出口货物,凡规定需要开具增值税专用税票的,税务机关应按规定及时给予开具,不得以任何理由拒绝供货企业开具增值税专用税票的要求。

④出口企业取得的税务机关代开增值税专用发票,应按照增值税专用发票认证管理的有关规定办理认证手续。未认证或认证不符的,不得申请办理出口退税。

(3)自 2005 年 4 月 1 日起,凡出口企业从小规模纳税人购进的货物出口,一律凭增值税专用发票(必须是增值税防伪税控开票系统或防伪税控开票系统开具的增值税专用发票,下同)及有关凭

① 《财政部 国家税务总局关于出口企业从增值税一般纳税人购进的出口货物不再实行增值税税收专用缴款书管理的通知》(财税[2004]101 号,2004 年 6 月 4 日)。

② 《财政部 国家税务总局关于税务机关代开增值税专用发票的出口货物不再实行增值税税收专用缴款书管理的通知》(财税[2005]043 号,2005 年 3 月 22 日)。

证办理退税。小规模纳税人向出口企业销售这些产品,可到税务机关代开增值税专用发票①。

从属于增值税小规模纳税人的商贸公司购进的货物出口,按增值税专用发票上注明的征收率计算办理退税②。

5.2.1.8 出口货物消费税专用缴款书管理办法③

自1994年1月1日起,出口企业直接从生产企业收购消费税应税货物用于出口的,由生产企业所在地税务机关在征税时开具《出口货物消费税专用缴款书》(简称"专用税票")。

专用税票经税务、国库(经收处)收款盖章后,由生产企业转交出口企业,在货物出口后据以申请退还消费税。

出口企业将收购的已征收消费税的货物销售给其他企业出口的,可由主管其出口退税的税务机关在专用税票上盖章或者开具专用税票分割单交其他企业据以申请退税。

对由省、自治区、直辖市税务局列举的本地区出口企业和出具出口企业退税登记证(复印件)的外地出口企业收购应征消费税货物,生产企业所在地税务机关才可开具专用税票。

专用税票实行一批销货开具一份专用税票的办法。如销售的出口货物批量大、交货时间长,也可按照经营出口货物企业的要求分批开具专用税票。生产企业所在地税务机关开出专用税票中所列的应税消费品数量和销售额应与实际销货一致。

申请退还消费税的企业在其货物出口后,应提供出口报关单、收购发票等退税凭证,并同时提供专用税票或分割单。

企业申请退税时,不能提供专用税票及分割单,或提供税务、国库(经收处)印章不齐全、字迹不清的专用税票及分割单,税务机关不予退还出口货物的消费税。

出口企业应向主管其出口退税的税务机关提供出口货物专用税票及分割单原件,并在本企业留存专用税票及分割单的复印件或在有关账簿中记录专用税票及分割单号码和有关数据,以便核对。

出口企业提供的专用税票或分割单如有伪造、涂改、非法购买等行为的除不予退税外,按骗取退税处理。

5.2.1.9 出口货物退(免)税实行有关单证备案管理制度

自2006年1月1日起,对出口企业出口货物退(免)税有关单证实行备案管理制度。

(1)出口企业自营或委托出口属于退(免)增值税或消费税的货物,最迟应在申报出口货物退(免)税后15天内,将下列出口货物单证在企业财务部门备案,以备税务机关核查。出口货物退(免)税有关单证备案说明详见《国家税务总局关于出口货物退(免)税实行有关单证备案管理制度(暂行)的通知》(国税发[2005]199号)附件④"。

①外贸企业购货合同、生产企业收购非自产货物出口的购货合同,包括一笔购销合同下签订的补充合同等;

②出口货物明细单;

③出口货物装货单;

④出口货物运输单据(包括:海运提单、航空运单、铁路运单、货物承运收据、邮政收据等承运人出具的货物收据)。

上述应当备案的单证,主要是按《合同法》要

① 《国家税务总局关于调整凭普通发票退税政策的通知》(国税函[2005]248号,2005年3月24日)。此前,《国家税务总局关于印发〈出口货物退(免)税管理办法〉的通知》(国税发[1994]31号,1994年2月18日)曾规定:出口企业从小规模纳税人购进并持普通发票的货物后,不论是内销或出口均不得做扣除或退税。但对出口抽纱、工艺品、香料油、山货、草柳竹藤制品、渔网渔具、松香、五倍子、生漆、鬃尾、山羊板皮、纸制品等货物考虑其占出口比重较大及其生产、采购的特殊因素,特准予以扣除或退税。

② 《国家税务总局关于调整凭普通发票退税政策的通知》(国税函[2005]248号,2005年3月24日)。

③ 《国家税务总局关于使用出口货物消费税专用缴款书管理办法的通知》(国税明电[1993]71号,1993年12月28日)。

④ 《国家税务总局关于出口货物退(免)税实行有关单证备案管理制度(暂行)的通知》(国税发[2005]199号,2005月12月13日)。

求或出口贸易行业主管部门规定的单证。对于出口企业如确实无法提供与《国家税务总局关于出口货物退（免）税实行有关单证备案管理制度（暂行）的通知》（国税发〔2005〕199号）规定一致备案单证的，可以提供具有相似内容或作用的单证作为备案单证，但出口企业在进行首次单证备案前，应向主管税务机关提出书面理由并提供有关单证的样式。各省、自治区、直辖市和计划单列市国家税务局也可根据本地区出口企业实际情况，按照《国家税务总局关于出口货物退（免）税实行有关单证备案管理制度（暂行）的通知》（国税发〔2005〕199号）的原则制定备案单证管理的具体规定①。

对出口企业难以取得签章的"出口货物装货单"，在实际工作中只要出口企业备案的"出口货物装货单"《国家税务总局关于出口货物退（免）税实行有关单证备案管理制度（暂行）的通知》（国税发〔2005〕199号）规定的含义，可不需要海关签章②。

对于外商投资企业采购国产设备退税、中标机电产品退税、出口加工区水电气退税等没有货物出口的特殊退税政策业务，暂不实行备案单证管理制度③。

（2）备案要求

①备案一般可采取两种方式④：

第一种方式：由出口企业按出口货物退（免）税申报顺序，将备案单证对应装订成册，统一编号，并填写《出口货物备案单证目录》。

第二种方式：由出口企业按出口货物退（免）税申报顺序填写《出口货物备案单证目录》，不必将备案单证对应装订成册，但必须在《出口货物备案单证目录》"备案单证存放处"栏内注明备案单证存放地点，如企业内部单证管理部门、财务部门等。不得将备案单证交给企业业务员（或其他人员）个人保存，必须存放在企业。

但对有下列情形之一的，自发生之日起2年内，出口企业申报出口货物退（免）税后，必须采取第一种方式备案单证⑤：

Ⅰ 纳税信用等级评定为C级或D级；

Ⅱ 未在规定期限内办理出口退（免）税登记的；

Ⅲ 财务会计制度不健全，日常申报出口货物退（免）税时多次出现错误或不准确情况的；

Ⅳ 办理出口退（免）税登记不满1年的；

Ⅴ 有偷税、逃避追缴欠税、骗取出口退税、抗税、虚开增值税专用发票等涉税违法行为记录的；

Ⅵ 有违反税收法律、法规及出口退（免）税管理规定其他行为的。

备案单证应是原件，如无法备案原件，可备案有经办人签字声明与原件相符，并加盖企业公章的复印件。

对于上述购销合同，属于一笔购销合同项下多次出口的货物，可在第一次出口货物时予以备案，其余出口的可在《出口货物备案单证目录》"备案单证存放处"中注明第一次购销合同备案的地点。

除另有规定外，备案单证由出口企业存放和保管，不得擅自损毁。保存期5年。

自2009年4月1日起，出口企业申报出口货物退（免）税后，一律按照上述第二种方式进行单

---

① 《国家税务总局关于出口货物退（免）税实行有关单证备案管理制度的补充通知》（国税函〔2006〕904号，2006年9月30日）。

② 《国家税务总局关于出口货物退（免）税实行有关单证备案管理制度的补充通知》（国税函〔2006〕904号，2006年9月30日）。

③ 《国家税务总局关于出口货物退（免）税实行有关单证备案管理制度的补充通知》（国税函〔2006〕904号，2006年9月30日）。

④ 《国家税务总局关于出口货物退（免）税实行有关单证备案管理制度（暂行）的通知》（国税发〔2005〕199号，2005月12月13日）。

⑤ 《国家税务总局关于出口货物退（免）税实行有关单证备案管理制度（暂行）的通知》（国税发〔2005〕199号，2005月12月13日）。

证备案,即在《出口货物备案单证目录》的"备案单证存放处"栏内注明备案单证存放地点即可,不再按照第一种方式进行单证备案,不必将备案单证统一编号装订成册。

②对于出口企业备案的单证是电子数据或无纸化的,可以采取以下两种方式其中之一进行备案①:

第一种方式:对于出口企业没有签订书面购销合同,而订立的是电子合同、口头合同等无纸化合同,凡符合我国《合同法》规定的,出口企业将电子合同打印、口头合同由出口企业经办人书面记录口头合同内容并签字声明记录内容与事实相符,加盖企业公章后备案。

对于其他单证的备案,如为国家有关行政部门采取了无纸化管理办法使出口企业无法取得纸质单证或企业自制电子单证等情况,出口企业可采取将有关电子数据打印成纸质单证加盖企业公章并签字声明打印单证与原电子数据一致的方式予以备案。

第二种方式:除口头合同外,对于出口企业订立的电子购销合同、国家有关行政部门采取无纸化管理的单证以及企业自制电子单证等,出口企业可提出书面申请并经主管税务机关批准后,可以采用电子单证备案管理,即以电子数据的方式备案有关单证。出口企业应保证电子单证备案的真实性,定期将有关电子数据进行备份,在税务机关按规定调取备案单证时,应按税务机关要求如实提供电子数据或将电子数据打印并加盖企业公章的纸制单证。

(3)税务机关应督促出口企业建立备案单证的档案管理制度,加强对备案单证的日常管理和核查。对于出口企业有以上第(2)条所述六种情形之一的,税务机关可要求出口企业申报出口货物退(免)税时提供备案单证。对备案单证,税务机关应着重核对以下内容②:

①备案单证所列购进、出口货物的品名、数量、规格、单价与出口企业申报出口退税资料的内容是否一致。例如,是否存在修改出口货物运输单据的问题。

②备案单证开具的时间、货物流转的程序是否合理。例如,是否存在购销合同签订时间与货物运输、报关时间顺序不一致等问题。

③出口货物明细单、出口货物装货单与增值税专用发票(或增值税专用发票清单)的内容是否一致。

凡对备案单证核对有疑问的,可暂停退税,将有关情况核实清楚后按规定处理。

自2009年4月1日起,上述备案单证核对规定停止执行,税务机关在出口企业申报出口货物退(免)税时不再要求其提供备案单证。税务机关可在退税审核发现疑点以及退税评估、退税日常检查时,向出口企业调取备案单证进行检查③。

(4)出口企业未按第(2)条要求进行装订、存放和保管备案单证的,税务机关应依照税收征收管理法第六十条的规定处罚④。

(5)出口企业提供虚假备案单证、不如实反映情况,或者不能提供备案单证的,税务机关除按照税收征收管理法第六十四条、第七十条的规定处罚外,应及时追回已退(免)税款,未办理退(免)税的,不再办理退(免)税,并视同内销货物征税⑤。

---

① 《国家税务总局关于出口货物退(免)税实行有关单证备案管理制度的补充通知》(国税函[2006]904号,2006年9月30日)。

② 《国家税务总局关于出口货物退(免)税实行有关单证备案管理制度(暂行)的通知》(国税发[2005]199号,2005月12月13日)。

③ 《国家税务总局关于简化出口货物退(免)税单证备案管理制度的通知》(国税函[2009]104号,2009年3月6日)。

④ 《国家税务总局关于出口货物退(免)税实行有关单证备案管理制度(暂行)的通知》(国税发[2005]199号,2005月12月13日)。

⑤ 《国家税务总局关于出口货物退(免)税实行有关单证备案管理制度(暂行)的通知》(国税发[2005]199号,2005月12月13日)。

5.2.1.10 申报出口退税免予提供纸质出口收汇核销单试点管理办法①

（1）试点范围

①2005年9月1日以后，国家税务总局和国家外汇管理局选择的广东省30户、辽宁省20户、北京市西城区及经济技术开发区的出口企业（简称试点企业，辽宁、广东省试点企业名单见国税函〔2005〕1051号《国家税务总局 国家外汇管理局关于试行申报出口退税免予提供纸质出口收汇核销单的通知》附件）报关出口货物（以出口货物报关单"出口退税专用"上注明的出口日期为准），在向主管外汇管理机关办理出口收汇核销手续后，主管外汇管理机关无需在出口收汇核销单上加盖"出口收汇已核销"章。试点企业向主管税务机关申报出口货物退（免）税时无需提供纸质出口收汇核销单出口退税专用联（简称出口收汇核销单）。

②从2006年6月1日起（以企业出口退税专用的出口货物报关单上注明的出口日期为准），北京市、广东省、辽宁省进一步扩大申报出口退税免于提供纸质出口收汇核销单的出口企业范围。具体是：

Ⅰ 北京市扩大到全市所有出口企业；

Ⅱ 广东省扩大到广州市、中山市、梅州市所有出口企业；

Ⅲ 辽宁省扩大到沈阳市所有出口企业。

广东省、辽宁省可根据扩大试点情况，于2006年底前进一步扩大试点出口企业范围。具体是：广东省扩大到珠海、佛山、江门、东莞、惠州和肇庆市所有出口企业；辽宁省扩大到全省所有出口企业。实施前，广东、辽宁省国家税务局和外汇局应将有关情况上报国家税务总局、国家外汇管理局备案。除特殊情况外，外汇局可每半年向省国家税务局提

供一份纸质《出口收汇已核销电子数据清单》，留存备查。辽宁省试点出口企业向主管税务机关申报出口货物退（免）税时不再提供纸质《出口收汇已核销电子数据清单》，无收汇核销电子数据的按以下第（2）条规定处理。

③从2007年1月1日起，以下试点出口企业报关出口货物（以出口货物报关单"出口退税专用"上注明的出口日期为准），在向其主管税务机关申报退（免）税时，可免于提供纸质出口收汇核销单（出口退税专用），主管税务机关按国税函〔2005〕1051号文件有关规定，使用出口收汇核销单电子数据审核相关出口货物退（免）税。具体试点出口企业范围是：

Ⅰ 大连市、厦门市、深圳市试点出口企业范围为全市所有出口企业。

Ⅱ 山东省可先在济南市所有出口企业试点。

Ⅲ 宁波市可先在鄞州区20户出口企业进行试点。

大连、厦门和深圳市外汇局可不向当地税务局提供纸质《核销数据清单》；山东省在济南市出口企业试点期间，宁波市在鄞州区出口企业试点期间，外汇局可按月向当地税务局提供一份纸质《核销数据清单》。

④从2007年9月1日起，天津、浙江、上海以下试点企业报关出口货物（以出口货物报关单〈出口退税专用〉上注明的出口日期为准），向其主管税务机关申报出口货物退（免）税时，可免于提供纸质出口收汇核销单（出口退税专用），主管税务机关按国税函〔2005〕1051号等文件有关规定，使用出口收汇核销单电子数据审核相关出口货物退（免）税。具体试点出口企业范围是：

Ⅰ 天津市试点出口企业范围为全市所有实行

---

① 《国家税务总局 国家外汇管理局关于试行申报出口退税免予提供纸质出口收汇核销单的通知》（国税函〔2005〕1051号，2005年11月4日）。《国家税务总局 国家外汇管理局关于扩大申报出口退税免予提供纸质出口收汇核销单试行出口企业范围的通知》（国税发〔2006〕91号，2006年6月19日）。《国家税务总局 国家外汇管理局关于山东省等五地试行申报出口退税免予提供纸质出口收汇核销单的通知》（国税发〔2006〕188号，2006年12月27日）。《国家税务总局 国家外汇管理局关于天津、上海、浙江试行申报出口退税免予提供纸质出口收汇核销单的通知》（国税发〔2007〕92号，2007年8月3日）。《国家税务总局 国家外汇管理局关于江苏、四川、山东省试行申报出口退税免予提供纸质出口收汇核销单的通知》（国税发〔2008〕26号，2008年3月4日）。

"出口收汇核销网上报审系统"的出口企业。

Ⅱ 浙江省先在省辖企业、杭州市所有出口企业试点,试点成功后可扩大到全省所有实行"出口收汇核销网上报审系统"的出口企业。

Ⅲ 上海市先在上报方案中所列 9 户出口企业范围内进行试点,试点成功后可推广到全市已实行"出口收汇核销网上报审系统"的 25 户出口企业。

⑤从 2008 年 4 月 1 日起,江苏、四川、山东省试行出口企业申报出口退税免予提供纸质出口收汇核销单(出口退税专用联)。试点出口企业在 2008 年 4 月 1 日(以出口货物报关单〈出口退税专用〉上注明的出口日期为准)后报关出口货物,向主管税务机关申报出口货物退(免)税时,可免予提供纸质出口收汇核销单(出口退税专用),主管税务机关按国税函[2005]1051 号文件有关规定,使用出口收汇核销单电子数据审核相关出口货物退(免)税。具体试点出口企业范围是江苏、四川、山东省所有实行"出口收汇核销网上报审系统"的出口企业。

(2)试点管理

试点企业申报出口货物退(免)税时,对尚未到期结汇的,税务机关审核退(免)税时,可暂时免予审核出口收汇核销电子数据,但试点企业在货物报关出口之日(出口退税专用出口货物报关单上注明的出口日期为准)起 210 天内仍没有出口收汇核销电子数据的,按以下办法处理:

①对于试点企业超过《国家税务总局关于出口货物退(免)税管理有关问题的通知》(国税发[2004]64 号)有关提供纸质出口收汇核销单期限 5 个工作日仍未收到外汇管理机关传输的电子数据,主管税务机关向试点企业出具《无出口收汇已核销电子数据查询通知书》(简称《查询通知书》)。通知试点企业在《查询通知书》送达之日起 15 个工作日内,提供其主管外汇管理机关签章的《出口货物已收汇核销证明》(简称《核销证明》)。其中"超过国税发[2004]64 号有关提供纸质出口收汇核销单期限"的界定标准,可按出口收汇核销电子数据的"核销日期"确定。凡"核销日期"超过出口退税专用出口货物报关单上注明的"出口日期"210 天的(远期收汇除外)①,主管税务机关不予办理相关出口货物的退(免)税,已办理的予以追回,并按有关视同内销货物征税的规定处理。

②试点企业可凭《查询通知书》向主管外汇管理机关查询收汇核销情况。外汇管理机关对确已收汇核销的出口业务,应在查询之日起 5 个工作日内,为试点企业出具《核销证明》,并在出具《核销证明》的次日(遇节假日顺延)补传相关出口收汇已核销电子数据。

③试点企业的主管税务机关应对企业在规定期限内提供的《核销证明》与其电子数据进行审核,审核无误后按规定办理退(免)税。

④试点企业未在规定期限内提供《核销证明》或《核销证明》内容不符的,主管税务机关不予办理相关出口货物的退(免)税,已办理的予以追回,同时按有关视同内销货物征税的规定处理。

⑤试行申报出口退税免予提供纸质出口收汇核销单的出口企业,因网上核销系统、信息传输等原因致使出口企业逾期收汇核销的,税务机关经审核无误后可按有关规定办理出口货物退(免)税②。

(3)有以下情形之一的,税务机关必须将试点企业申报退税数据与出口收汇已核销电子数据比对相符后,方能办理退(免)税。

①纳税信用等级评定为 C 级或 D 级;

②未在规定期限内办理出口退(免)税登记的;

③财务会计制度不健全,日常申报出口货物退(免)税时多次出现错误或不准确情况的;

---

① 《国家税务总局关于出口企业提供出口收汇核销单期限有关问题的通知》(国税发[2008]47 号,2008 年 5 月 5 日)。此前,《国家税务总局 国家外汇管理局关于山东省等五地试行申报出口退税免予提供纸质出口收汇核销单的通知》(国税发[2006]188 号,2006 年 12 月 27 日)规定为 180 天。

② 《国家税务总局关于出口企业延期提供出口收汇核销单有关问题的通知》(国税函[2010]89 号,2010 年 3 月 2 日)。

④办理出口退(免)税登记不满一年的;

⑤有偷税、逃避追缴欠税、骗取出口退税、抗税、虚开增值税专用发票等涉税违法行为记录的;

⑥有违反税收法律、法规及出口退(免)税管理规定其他行为的。

税务机关审核退税时应注意核对申报数据"收汇核销单编号"项目与出口货物报关单"批准文号"项目的一致性。

(4)未试点出口企业的出口货物退(免)税管理办法不变。其他已推行"出口收汇核销网上报审系统"的地区应积极研究本地区出口企业申报出口退税免于提供纸质出口收汇核销单的具体办法,条件成熟的可向国家税务总局和国家外汇管理局申请试点工作。未经国家税务总局和国家外汇管理局批准,各地不得擅自改变现行出口退税有关出口收汇核销单管理办法。

试行申报出口退税免予提供纸质出口收汇核销单的出口企业,因网上核销系统、信息传输等原因致使出口企业逾期收汇核销的,税务机关经审核无误后可按有关规定办理出口货物退(免)税。

5.2.1.11 出口退税账户托管管理①

出口退税账户托管贷款,是指商业银行为解决出口企业出口退税款未能及时到账而出现短期资金困难,在对企业出口退税账户进行托管的前提下,向出口企业提供的以出口退税应收款作为还款保证的短期流动资金贷款。

出口退税账户托管贷款对象为信誉良好,没有非法逃套汇和偷骗税行为,近年内有稳定的出口业绩,财务健全的各类出口企业。

出口退税账户托管贷款期限最长不超过 1 年,贷款比例原则上最高不得超过企业应得退税款的90%,贷款利率按中国人民银行有关规定执行②。

出口退税账户托管贷款是商业性贷款,由商业银行自主审查、自主决定。商业银行应当与借款人约定:自银行发放贷款之日起至该笔贷款全部清偿完毕之日止,借款人同意由贷款人监控该账户,未经贷款人同意,借款人不得擅自转移该账户内的款项。出口退税专用账户的退税款是出口企业偿还贷款的保证,商业银行应要求企业在退税款到位后归还该项贷款的本息,必要时商业银行可根据贷款风险程度要求出口企业提供其他担保。

税务部门要在不得提供任何形式担保的前提下,认真配合商业银行做好该项贷款工作。确保贷款企业出口退税专用账户的唯一性,保证退税款退入该专户,不得转移;在出口退税账户托管贷款全部偿还之前,未经贷款银行同意,不得为出口企业办理出口退税专用账户转移手续(国家有关法律有特殊规定的除外)。各级税务部门应为商业银行查询出口退税企业资信提供方便。

5.2.1.12 出口退税违章处理③

出口商有下列行为之一的,税务机关应按照税收征收管理法第六十条规定予以处罚:

(1)未按规定办理出口货物退(免)税认定、变更或注销认定手续的;

(2)未按规定设置、使用和保管有关出口货物退(免)税账簿、凭证、资料的。

出口商拒绝税务机关检查或拒绝提供有关出口货物退(免)税账簿、凭证、资料的,税务机关应按照税收征收管理法第七十条规定予以处罚。

出口商以假报出口或其他欺骗手段骗取国家出口退税款的,税务机关应当按照税收征收管理法第六十六条规定处理。

对骗取国家出口退税款的出口商,经省级以上

---

① 《中国人民银行 对外贸易经济合作部 国家税务总局关于办理出口退税账户托管贷款业务的通知》(银发[2001]276 号,2001 年 8 月 24 日)。《中国人民银行 中国银行业监督管理委员会 商务部 国家税务总局关于调整出口退税账户托管贷款额度的通知》(银发[2009]190 号,2009 年 6 月 12 日)。

② 《中国人民银行 中国银行业监督管理委员会 商务部 国家税务总局关于调整出口退税账户托管贷款额度的通知》(银发[2009]190 号,2009 年 6 月 12 日)。此前,《中国人民银行 对外贸易经济合作部 国家税务总局关于办理出口退税账户托管贷款业务的通知》(银发[2001]276 号,2001 年 8 月 24 日)规定为 70%。

③ 《国家税务总局关于印发〈出口货物退(免)税管理办法(试行)〉的通知》(国税发[2005]51 号,2005 年 3 月 16 日)。

（含本级）国家税务局批准,可以停止其六个月以上的出口退税权。在出口退税权停止期间自营、委托和代理出口的货物,一律不予办理退（免）税。

出口商违反规定需采取税收保全措施和税收强制执行措施的,税务机关应按照税收征收管理法及其实施细则的有关规定执行。

由于出口企业过失而造成实际退（免）税款大于应退（免）税款或企业办理来料加工免税手续后逾期未核销的,主管出口退税的税务机关应当令其限期缴回多退或已免征的税款。逾期不缴的,从限期期满之日起,依未缴税款额按日加收 2‰ 的滞纳金①。

对为经营出口货物企业非法提供或开具假专用税票或其他假退税凭证的,按其非法所得处以五倍以下罚款。数额较大,情节严重造成企业骗取退税的,应从重处罚或提交司法机关追究刑事责任②。

5.2.1.13　出口货物不予退（免）税的处理

（1）具有下列情况之一的货物,不予办理退税:

①“出口货物报关单（出口退税联）”中“经营单位”名称、增值税专用发票中“购物单位”名称、以及“税收（出口货物专用）缴款书”、“出口货物完税分割单”（以下称“分割单”）中“购货企业”名称与申报退税企业名称不一致的货物。委托外贸企业（包括外商投资性公司）代理出口的货物除外③;

②挂靠企业、借权企业出口的货物④;

有进出口经营权的纳税人以不承担出口外销业务的债权债务,不承担出口货物质量、结汇或出口退税风险,收汇后以各种方式取得自身利益,再按一定的汇兑价格以支付货款等名义将主要出口退税款归他人所有方式出口的货物,应认定为是通过借权、挂靠出口的货物⑤。

③出口企业申报办理退税提供的增值税专用发票属于虚开、伪造或发票内容不规范、印章不符的货物⑥;

④出口货物的货源不实的⑦;

⑤虚抬出口货物国内收购价格的⑧;

⑥出口退税凭证有涂改、伪造或内容不实的⑨;

⑦在“四自三不见”情况下成交的出口货物⑩。

对从事“四自三不见”买单业务的出口企业,一经发现,无论退税额大小或是否申报退税,一律停止其半年以上的退税权。对采取其他手段骗取退税的,也要按规定严惩不贷,情节严重的,由外经贸部及其授权单位批准,撤销其出口经营权。对有关责任人员,提请司法机关处理⑪。

（2）从 2006 年 3 月 1 日起,凡自营或委托出口业务具有以下情况之一者,出口企业不得将该业务向税务机关申报办理出口货物退（免）税⑫:

①出口企业将空白的出口货物报关单、出口收汇核销单等出口退（免）税单证交由除签有委托合同的货代公司、报关行,或由国外进口方指定的货代公司（提供合同约定或者其他相关证明）以外的

①　《国家税务总局关于印发〈出口货物退（免）税管理办法〉的通知》（国税发［1994］31 号,1994 年 2 月 18 日）。
②　《国家税务总局关于印发〈出口货物退（免）税管理办法〉的通知》（国税发［1994］31 号,1994 年 2 月 18 日）。
③　《财政部 国家税务总局关于出口货物税收若干问题的补充通知》（财税字［1997］14 号,1997 年 2 月 21 日）。
④　《财政部 国家税务总局关于出口货物税收若干问题的补充通知》（财税字［1997］14 号,1997 年 2 月 21 日）。
⑤　《国家税务总局关于出口货物税收有关政策问题的批复》（国税函［2006］1081 号,2006 年 11 月 13 日）。
⑥　《财政部 国家税务总局关于出口货物税收若干问题的补充通知》（财税字［1997］14 号,1997 年 2 月 21 日）。
⑦　《国家税务总局关于加强出口退税管理严格审核退税凭证的通知》（国税发［1994］146 号 1994 年 6 月 27 日）。
⑧　《国家税务总局关于加强出口退税管理严格审核退税凭证的通知》（国税发［1994］146 号 1994 年 6 月 27 日）。
⑨　《国家税务总局关于加强出口退税管理严格审核退税凭证的通知》（国税发［1994］146 号 1994 年 6 月 27 日）。
⑩　《国家税务总局关于加强出口退税管理严格审核退税凭证的通知》（国税发［1994］146 号 1994 年 6 月 27 日）。
⑪　《国家税务总局 对外贸易经济合作部关于规范出口贸易和退税程序防范打击骗取出口退税行为的通知》（国税发［1998］84 号,1998 年 6 月 9 日）。
⑫　《国家税务总局 商务部关于进一步规范外贸出口经营秩序切实加强出口货物退（免）税管理的通知》（国税发［2006］24 号,2006 年 2 月 13 日）。

其他单位或个人使用的;

②出口企业以自营名义出口,其出口业务实质上是由本企业及其投资的企业以外的其他经营者(或企业、个体经营者及其他个人)假借该出口企业名义操作完成的;

③出口企业以自营名义出口,其出口的同一批货物既签订购货合同,又签订代理出口合同(或协议)的;

④出口货物在海关验放后,出口企业自己或委托货代承运人对该笔货物的海运提单(其他运输方式的,以承运人交给发货人的运输单据为准,下同)上的品名、规格等进行修改,造成出口货物报关单与海运提单有关内容不符的;

⑤出口企业以自营名义出口,但不承担出口货物的质量、结汇或退税风险的,即出口货物发生质量问题不承担外方的索赔责任(合同中有约定质量责任承担者除外);不承担未按期结汇导致不能核销的责任(合同中有约定结汇责任承担者除外);不承担因申报出口退税的资料、单证等出现问题造成不退税责任的;

⑥出口企业未实质参与出口经营活动、接受并从事由中间人介绍的其他出口业务,但仍以自营名义出口的;

⑦其他违反国家有关出口退税法律法规的行为。

出口企业凡从事上述业务之一并申报退(免)税的,一经发现,该业务已退(免)税款予以追回,未退(免)税款不再办理。骗取出口退税款的,由税务机关追缴其骗取的退税款,并处骗取退税款一倍以上五倍以下罚款;并由省级以上(含省级)税务机关批准,停止其半年以上出口退税权。在停止出口退税权期间,对该企业自营、委托或代理出口的货物,一律不予办理出口退(免)税。涉嫌构成犯罪的,移送司法机关依法追究刑事责任①。

(3)小规模纳税人自营和委托出口的货物,执行免征增值税、消费税政策,其进项税额不予抵扣或退税②。

5.2.1.14 出口货物视同内销征收增值税的处理

(1)视同内销处理的范围

自2006年7月1日起,出口企业出口的下列货物,除另有规定者外,视同内销货物计提销项税额或征收增值税。执行日期以出口货物报关单上的出口日期为准③。

①国家明确规定不予退(免)增值税的货物;

②出口企业未在规定期限内申报退(免)税的货物;

③出口企业虽已申报退(免)税但未在规定期限内向税务机关补齐有关凭证的货物;

④出口企业未在规定期限内申报开具《代理出口货物证明》的货物;

⑤生产企业出口的除5.2.2.2第(2)条规定的四类视同自产产品以外的其他外购货物。

(2)视同内销增值税计算④

---

① 《国家税务总局 商务部关于进一步规范外贸出口经营秩序切实加强出口货物退(免)税管理的通知》(国税发[2006]24号,2006年2月13日)。

② 《财政部 国家税务总局关于印发〈出口货物退(免)税若干问题规定〉的通知》(财税字[1995]92号,1995年7月8日)。《财政部 国家税务总局关于调整出口货物退税率的补充通知》(财税[2003]238号,2003年12月2日)。《国家税务总局关于贯彻〈中华人民共和国对外贸易法〉调整出口退(免)税办法的通知》(国税函[2004]955号,2004年7月21日)。

③ 《国家税务总局关于出口货物退(免)税若干问题的通知》(国税发[2006]102号,2006年7月12日)。

④ 《国家税务总局关于出口货物退(免)税若干问题的通知》(国税发[2006]102号,2006年7月12日)。此前,《财政部 国家税务总局关于出口货物税收若干问题的补充通知》(财税字[1997]14号,1997年2月21日)曾规定:出口国家规定不予退税的货物,应按照出口货物所取得的销售收入征收增值税。应纳税额=出口货物销售收入×外汇人民币牌价×规定税率-进项税额。《国家税务总局关于出口企业未在规定期限内申报出口货物退(免)税有关问题的通知》(国税发[2005]68号,2005年4月19日)和《财政部 国家税务总局关于出口货物退(免)税若干具体问题的通知》(财税[2004]116号,2004年7月10日)曾规定:一般纳税人销项税额=(出口货物离岸价格×外汇人民币牌价)÷(1+法定增值税税率)×法定增值税税率;小规模纳税人应纳税额=(出口货物离岸价格×外汇人民币牌价)÷(1+征收率)×征收率。

一般纳税人以一般贸易方式出口上述货物计算销项税额公式：

销项税额＝出口货物离岸价格×外汇人民币牌价÷(1+法定增值税税率)×法定增值税税率

一般纳税人以进料加工复出口贸易方式出口上述货物以及小规模纳税人出口上述货物计算应纳税额公式[①]：

应纳税额＝出口货物离岸价格×外汇人民币牌价÷(1+征收率)×征收率

出口企业以来料加工复出口方式出口不予退(免)税货物的，继续予以免税[②]。

对上述应计提销项税额的出口货物，生产企业如已按规定计算免抵退税不得免征和抵扣税额并已转入成本科目的，可从成本科目转入进项税额科目；外贸企业如已按规定计算征税率与退税率之差并已转入成本科目的，可将征税率与退税率之差及转入应收出口退税的金额转入进项税额科目。

出口企业出口的上述货物若为应税消费品，除另有规定者外，出口企业为生产企业的，须按有关税收政策规定计算缴纳消费税；出口企业为外贸企业的，不退还消费税。

对出口企业按上述规定计算缴纳增值税、消费税的出口货物，不再办理退税。对已计算免抵退税的，生产企业应在申报纳税当月冲减调整免抵退税额；对已办理出口退税的，外贸企业应在申报纳税当月向税务机关补缴已退税款。

对出口不予退(免)税的任何商品(包括招标或出口配额商品)，在计算应纳税额时，都要以出口货物人民币离岸价扣除销项税额为依据，不能将招标费(或支付的出口商品配额使用费)等费用在出口货物离岸价中扣除[③]。

(3)视同内销征税进项税款抵扣规定[④]

自2008年4月1日起，外贸企业出口视同内销货物征税时的进项税额抵扣按如下规定处理：

①外贸企业购进货物后，无论内销还是出口，须将所取得的增值税专用发票在规定的认证期限内到税务机关办理认证手续。凡未在规定的认证期限内办理认证手续的增值税专用发票，不予抵扣或退税。

②外贸企业出口货物，凡未在规定期限内申报退(免)税或虽已申报退(免)税但未在规定期限内向税务机关补齐有关凭证，以及未在规定期限内申报开具《代理出口货物证明》的，自规定期限截止之日的次日起30天内，由外贸企业根据应征税货物相应的未办理过退税或抵扣的进项增值税专用发票情况，填具进项发票明细表(包括进项增值税专用发票代码、号码、开具日期、金额、税额等)，向主管退税的税务机关申请开具《外贸企业出口视同内销征税货物进项税额抵扣证明》。

③已办理过退税或抵扣的进项发票，外贸企业不得向税务机关申请开具上述《证明》。外贸企业如将已办理过退税或抵扣的进项发票向税务机关申请开具《证明》，税务机关查实后要按照增值税现行有关规定进行处罚，情节严重的要移交公安部门进一步查处。

④主管退税的税务机关接到外贸企业申请后，应根据外贸企业出口的视同内销征税货物的情况，对外贸企业填开的进项发票明细表列明的情况进行审核，开具《证明》。《证明》一式三联，第一联由主管退税的税务机关留存，第二联由主管退税的税务机关转送主管征税的税务机关，第三联由主管退税的税务机关转交外贸企业。

⑤外贸企业取得《证明》后，应将《证明》允许

---

① 《国家税务总局关于出口货物退(免)税若干问题的通知》(国税发[2006]102号,2006年7月12日)。此前,《财政部　国家税务总局关于出口货物退(免)税若干具体问题的通知》(财税[2004]116号,2004年7月10日)曾规定：出口企业以进料加工贸易方式出口的不予退(免)税的货物,须按照复出口货物的离岸价格与所耗用进口料件的差额计提销项税额或计算应纳税额。

② 《财政部　国家税务总局关于出口货物退(免)税若干具体问题的通知》(财税[2004]116号,2004年7月10日)。

③ 《国家税务总局关于出口铝矾土有关税收问题的批复》(国税函[2004]1202号,2004年11月3日)。

④ 本部分内容除专门标注外,均出自《国家税务总局关于外贸企业出口视同内销货物进项税额抵扣有关问题的通知》(国税函[2008]265号,2008年3月25日)。

抵扣的进项税额填写在《增值税纳税申报表》中,并在取得《证明》的下一个征收期申报纳税时,向主管征税的税务机关申请抵扣相应的进项税额。超过申报时限的,不予抵扣。

⑥主管征税的税务机关接到外贸企业的纳税申报后,应将外贸企业的纳税申报表与主管退税的税务机关转来的《证明》进行人工比对,申报表数据小于或等于《证明》所列税额的,予以抵扣;否则不予抵扣。

⑦外贸企业出口货物必须单独设账核算购进金额和进项税额,如购进的货物当时不能确定是用于出口或内销的,一律记入出口库存账,内销时必须从出口库存账转入内销库存账。征税机关可凭该批货物的专用发票或退税机关出具的证明办理抵扣①。

5.2.1.15 停止为骗取出口退税企业办理出口退税的规定②

自2008年4月1日起,出口企业骗取国家出口退税款的,税务机关按以下规定处理:

(1)骗取国家出口退税款不满5万元的,可以停止为其办理出口退税半年以上一年以下。

(2)骗取国家出口退税款5万元以上不满50万元的,可以停止为其办理出口退税一年以上一年半以下。

(3)骗取国家出口退税款50万元以上不满250万元,或因骗取出口退税行为受过行政处罚、两年内又骗取国家出口退税款数额在30万元以上不满150万元的,停止为其办理出口退税一年半以上两年以下。

(4)骗取国家出口退税款250万元以上,或因骗取出口退税行为受过行政处罚、两年内又骗取国家出口退税款数额在150万元以上的,停止为其办理出口退税两年以上三年以下。

对拟停止为其办理出口退税的骗税企业,由其主管税务机关或稽查局逐级上报省、自治区、直辖市和计划单列市国家税务局批准后按规定程序作出《税务行政处罚决定书》。停止办理出口退税的时间以作出《税务行政处罚决定书》的决定之日为起点。

出口企业在税务机关停止为其办理出口退税期间发生的自营或委托出口货物以及代理出口货物等,一律不得申报办理出口退税。

在税务机关停止为其办理出口退税期间,出口企业代理其他单位出口的货物,不得向税务机关申请开具《代理出口货物证明》。

出口企业自税务机关停止为其办理出口退税期限届满之日起,可以按现行规定到税务机关办理出口退税业务。

出口企业违反国家有关进出口经营的规定,以自营名义出口货物,但实质是靠非法出售或购买权益牟利,情节严重的,税务机关可以比照上述规定在一定期限内停止为其办理出口退税。

5.2.1.16 增值税小规模纳税人出口货物免税管理办法③

增值税小规模纳税人出口货物免征增值税、消费税,其进项税额不予抵扣或退税。自2008年1月1日起,小规模纳税人自营或委托出口的货物(以出口货物报关单上注明的"出口日期"为准)应按照下列办法规定向税务机关进行免税或免税核销申报。

(1)小规模纳税人应在规定期限内填写《出口货物退(免)税认定表》并持有关资料到主管税务机关办理出口货物免税认定。

已办理对外贸易经营者备案登记的小规模纳税人办理出口货物免税认定的期限是办理对外贸易经营者备案登记之日起30日内。应申报以下资料:

---

① 《财政部 国家税务总局关于印发〈出口货物退(免)税若干问题规定〉的通知》(财税字[1995]92号,1995年7月8日)。
② 《国家税务总局关于停止为骗取出口退税企业办理出口退税有关问题的通知》(国税发[2008]32号,2008年3月25日)。
③ 《国家税务总局关于印发〈增值税小规模纳税人出口货物免税管理办法(暂行)〉的通知》(国税发[2007]123号,2007年12月3日)。

454

①税务登记证(由税务机关查验);

②加盖备案登记专用章的《对外贸易经营者备案登记表》;

③中华人民共和国海关进出口货物收发货人报关注册登记证书。

未办理对外贸易经营者备案登记委托出口货物的小规模纳税人办理出口货物免税认定的期限是首份代理出口协议签定之日起30日内。应申报以下资料:

①税务登记证(由税务机关查验);

②代理出口协议。

(2)已办理出口货物免税认定的小规模纳税人,其认定内容发生变化的,须自有关管理机关批准变更之日起30日内,持相关证件向税务机关申请办理出口货物免税认定变更手续。

(3)小规模纳税人发生解散、破产、撤销等依法应当办理注销税务登记的,应首先注销其出口货物免税认定,再办理注销税务登记;小规模纳税人发生其他依法应终止出口货物免税认定的事项但不需要注销税务登记的,应在有关机关批准或者宣告终止之日起15日内向税务机关申请注销出口免税认定。

(4)小规模纳税人自营出口货物报关后,应向海关部门申请签发出口货物报关单(出口退税专用),并及时登录"口岸电子执法系统"出口退税子系统,按照《国家税务总局海关总署关于正式启用"口岸电子执法系统"出口退税子系统的通知》(国税发[2003]15号)有关规定提交相关电子数据。

(5)小规模纳税人自营或委托出口货物后,须在次月向主管税务机关办理增值税纳税申报时,提供《小规模纳税人出口货物免税申报表》(格式见国税发[2007]123号《国家税务总局关于印发〈增值税小规模纳税人出口货物免税管理办法(暂行)〉的通知》附件)及电子申报数据。

主管税务机关受理纳税申报时,应对《免税申报表》"出口货物免税销售额(人民币)"合计数与同期《增值税纳税申报表》(适用于小规模纳税人)中"出口货物免税销售额"进行核对。经核对相符后,在《免税申报表》(第一联)签章并交小规模纳税人。如核对不符,或者《增值税纳税申报表》中申报了出口货物免税销售额而未报送《免税申报表》,主管税务机关应将申报资料退回小规模纳税人,由其补正后重新申报。

主管税务机关的纳税申报受理部门应在当月15日前(逢节假日顺延),将签章的《免税申报表》(第二联)及电子数据转交同级的负责出口退税业务部门或岗位。

(6)小规模纳税人应按月将收齐有关出口凭证的出口货物,填写《小规模纳税人出口货物免税核销申报汇总表》(格式见国税发[2007]123号《国家税务总局关于印发〈增值税小规模纳税人出口货物免税管理办法(暂行)〉的通知》附件)、《小规模纳税人出口货物免税核销申报明细表》(格式见国税发[2007]123号《国家税务总局关于印发〈增值税小规模纳税人出口货物免税管理办法(暂行)〉的通知》附件),并于货物报关出口之日(以出口货物报关单上注明的出口日期为准,下同)次月起四个月内的各申报期内(申报期为每月1—15日),持下列资料到主管税务机关(负责出口退税业务的部门或岗位)按月办理出口货物免税核销申报,并同时报送出口货物免税核销电子申报数据:

①出口发票;

②小规模纳税人自营出口货物应提供的其他资料;包括:

Ⅰ 出口货物报关单(出口退税专用);

Ⅱ 出口收汇核销单(出口退税专用)。申报时出口货物尚未收汇的,可在货物报关出口之日起210日内提供出口收汇核销单(出口退税专用)①;

---

① 《国家税务总局关于出口企业提供出口收汇核销单期限有关问题的通知》(国税发[2008]47号,2008年5月5日)。此前,《国家税务总局关于印发〈增值税小规模纳税人出口货物免税管理办法(暂行)〉的通知》(国税发[2007]123号,2007年12月3日)规定为180天。

在试行申报出口货物退（免）税免予提供纸质出口收汇核销单的地区，对实行"出口收汇核销网上报审系统"的小规模纳税人，可以比照相关规定执行，申报出口货物免税时免于提供纸质出口收汇核销单，税务机关以出口收汇核销单电子数据审核出口货物免税；属于远期收汇的，应按照现行出口退税规定提供远期结汇证明。

③小规模纳税人委托出口货物应提供的其他资料；包括：

Ⅰ 代理出口货物证明；

Ⅱ 代理出口协议；

Ⅲ 出口货物报关单（出口退税专用）或其复印件；

Ⅳ 出口收汇核销单（出口退税专用）或其复印件。出口收汇核销单（出口退税专用）提供要求与上述小规模纳税人自营出口货物提供要求相同。

④主管税务机关要求提供的其他资料。

自2009年4月1日起，纳税期限为一个季度的增值税小规模纳税人，应在办理纳税申报后的下个季度的纳税申报期内，向主管税务机关申请办理出口货物免税核销手续。纳税期限为一个月的增值税小规模纳税人出口货物的免税申报期限，仍按《国家税务总局关于印发〈增值税小规模纳税人出口货物免税管理办法（暂行）〉的通知》（国税发〔2007〕123号）有关规定执行①。

（7）主管税务机关在接受小规模纳税人的免税核销申报后，应当核对小规模纳税人申报的纸质单证是否齐全，审核小规模纳税人提供的纸质单证与《小规模纳税人出口货物免税核销申报明细表》的逻辑关系是否对应，并对小规模纳税人申报的电子数据与出口货物报关单、出口收汇核销单、代理出口证明等相关电子信息进行核对。对审核无误的，在《小规模纳税人出口货物免税核销申报汇总表》、《小规模纳税人出口货物免税核销申报明细表》上签章，经由设区的市、自治州以上（含本级）

税务机关根据审核结果批准免税核销（下放出口退税审批权试点地区除外）。

（8）小规模纳税人在按规定办理出口货物免税认定以前出口的货物，凡在免税核销申报期限内申报免税核销的，税务机关可按规定审批免税；凡超过免税核销申报期限的，税务机关不予审批免税。

（9）小规模纳税人无法按上述第（6）条规定期限办理免税核销申报手续的，可在申报期限内向主管税务机关提出书面合理理由申请免税核销延期申报，经核准后，可延期3个月办理免税核销申报手续。

（10）小规模纳税人出口下列货物，除另有规定者外，应征收增值税。下列货物为应税消费品的，若小规模纳税人为生产企业，还应征收消费税。

①国家规定不予退（免）增值税、消费税的货物；

②未进行免税申报的货物；

③未在规定期限内办理免税核销申报的货物；

④虽已办理免税核销申报，但未按规定向税务机关提供有关凭证的货物；

⑤经主管税务机关审核不批准免税核销的出口货物；

⑥未在规定期限内申报开具《代理出口货物证明》的货物。

上述小规模纳税人出口货物应征税额按以下方法确定：

Ⅰ 增值税应征税额的计算公式：

增值税应征税额＝（出口货物离岸价×外汇人民币牌价）÷（1+征收率）×征收率

Ⅱ 消费税应征税额的计算公式：

ⅰ 实行从量定额征税办法的出口应税消费品

消费税应征税额＝出口应税消费品数量×消费税单位税额

ⅱ 实行从价定率征税办法的出口应税消费品

---

① 《国家税务总局关于增值税小规模纳税人出口货物免税核销申报有关问题的通知》（国税函〔2009〕108号，2009年3月5日）。

消费税应征税额＝(出口应税消费品离岸价×外汇人民币牌价)÷(1+增值税征收率)×消费税适用税率

ⅲ 实行从量定额与从价定率相结合征税办法的出口应税消费品：

消费税应征税额＝出口应税消费品数量×消费税单位税额+(出口应税消费品离岸价×外汇人民币牌价)÷(1+增值税征收率)×消费税适用税率

上述出口货物的离岸价及出口数量以出口发票上的离岸价或出口数量为准(委托代理出口的,出口发票可以是委托方开具的或受托方开具的),若出口价格以其他价格条件成交的,应扣除按会计制度规定允许冲减出口销售收入的运费、保险费、佣金等。若出口发票不能真实反映离岸价或出口数量,小规模纳税人应当按照离岸价或真实出口数量申报,税务机关有权按照《中华人民共和国税收征收管理法》、《中华人民共和国增值税暂行条例》、《中华人民共和国消费税暂行条例》等有关规定予以核定。

(11)主管税务机关在审核、审批过程中,凡发现属于上述第(10)条所列出口货物应征税情况,应生成《小规模纳税人不予免税出口货物情况表》(格式见国税发[2007]123 号《国家税务总局关于印发〈增值税小规模纳税人出口货物免税管理办法(暂行)〉的通知》附件),并按规定进行补税处理。

5.2.1.17　外贸企业丢失增值税专用发票出口退税的处理①

外贸企业丢失已开具增值税专用发票发票联和抵扣联的,在增值税专用发票认证相符后,可凭增值税专用发票记账联复印件及销售方所在地主管税务机关出具的《丢失增值税专用发票已报税证明单》,经购买方主管税务机关审核同意后,向主管出口退税的税务机关申报出口退税。

外贸企业丢失已开具增值税专用发票抵扣联的,在增值税专用发票认证相符后,可凭增值税专用发票发票联复印件向主管出口退税的税务机关申报出口退税。

5.2.1.18　"口岸电子执法系统"出口退税子系统操作管理规定

自 2003 年 1 月 1 日起,出口企业必须依据"口岸电子执法系统"出口退税子系统生成的出口货物报关单(退税联)电子数据申报办理出口货物退(免)税。具体操作管理规定详见《国家税务总局 海关总署关于正式启用"口岸电子执法系统"出口退税子系统的通知》(国税发[2003]15 号)。

5.2.2　出口货物免、抵、退税管理办法

5.2.2.1　免、抵、退税政策内容

实行免、抵、退税办法的"免"税,是指对生产企业出口的自产货物,免征本企业生产销售环节增值税;"抵"税,是指生产企业出口自产货物所耗用的原材料、零部件、燃料、动力等所含应予退还的进项税额,抵顶内销货物的应纳税额;"退"税,是指生产企业出口的自产货物在当月内应抵顶的进项税额大于应纳税额时,对未抵顶完的部分予以退税②。

---

① 《国家税务总局关于外贸企业丢失增值税专用发票抵扣联出口退税有关问题的通知》(国税函[2010]162 号,2010 年 4 月 23 日)。此前,《国家税务总局关于外贸(工贸)企业遗失出口货物增值税专用发票有关退税问题的通知》(国税函[2002]827 号,2002 年 9 月 18 日)规定:凡按照《国家税务总局关于增值税一般纳税人丢失防伪税控系统开具的增值税专用发票有关税务处理问题的通知》(国税发[2002]10 号)文件的规定,经销货方所在地主管税务机关认证并出具"增值税一般纳税人丢失防伪税控系统开具的增值税专用发票已抄报税证明单"的,可作为申报出口退税的合法凭证办理退税。但后来《国家税务总局关于修订〈增值税专用发票使用规定〉的通知》(国税发[2006]156 号,2006 年 11 月 24 日)对国税发[2002]10 号予以了废止。根据《国家税务总局关于公布全文失效废止 部分条款失效废止的税收规范性文件目录的公告》(国家税务总局公告 2011 年第 2 号,2011 年 1 月 4 日),国税函[2002]827 号已被公布全文失效废止。

② 《财政部 国家税务总局关于进一步推进出口货物实行免抵退税办法的通知》(财税[2002]7 号,2002 年 1 月 23 日)。此前,《国务院关于对生产企业自营出口或委托代理出口货物实行"免、抵、退"税办法的通知》(国发[1997]8 号,1997 年 2 月 25 日)对"退税"界定为:指生产企业自营出口或委托外贸企业代理出口货物占本企业当期全部货物销售额 50% 以上的,在一个季度内,因应抵顶的税额大于应纳税额而未抵顶完时,经主管出口退税的税务机关批准,对未抵顶完的税额部分予以退税。

5.2.2.2 免、抵、退税管理办法实施时间和适用范围

（1）一般适用规定

自1997年7月1日起，凡有进出口经营权的各类生产企业自营出口或委托外贸企业代理出口的货物，除另有规定者外，一律实行"免、抵、退"税的办法①。

对1993年12月31日前批准设立的外商投资企业出口货物实行免税办法继续执行到1998年12月31日。期满后也实行"免、抵、退"税的办法②。

从2002年1月1日起（以生产企业将货物报关出口并按现行会计制度有关规定在财务上作销售的时间为准），生产企业自营或委托外贸企业代理出口（简称生产企业出口）自产货物，除另有规定外，增值税一律实行免、抵、退税管理办法③。

从2004年7月1日起，凡具有生产出口产品能力的对外贸易经营者，其出口的货物按照生产企业出口货物实行"免抵退"税办法的规定办理出口退（免）税。对没有生产能力的对外贸易经营者，其出口的货物按现行外贸企业出口退税的规定办理出口退（免）税④。

以上所述生产企业，是指独立核算，经主管国税机关认定为增值税一般纳税人，并且具有实际生产能力的企业和企业集团。增值税小规模纳税人

出口自产货物继续实行免征增值税办法。生产企业出口自产的属于应征消费税的产品，实行免征消费税办法⑤。生产企业出口实行简易办法征税的货物，免征增值税⑥。

（2）特殊适用情形

①生产企业承接国外修理修配业务以及利用国际金融组织或外国政府贷款采用国际招标方式国内企业中标或外国企业中标后分包给国内企业的机电产品，比照实行免、抵、退税管理办法⑦。

②生产企业（包括外商投资企业）自营或委托出口的下述产品，从2000年12月22日起，可视同自产产品给予退（免）税，从2002年1月1日起，可实行免、抵、退税管理⑧：

Ⅰ 外购的与本企业所生产的产品名称、性能相同，且使用本企业注册商标的产品；

Ⅱ 外购的与本企业所生产的产品配套出口的产品；

Ⅲ 收购经主管出口退税的税务机关认可的集团公司（或总厂）成员企业（或分厂）的产品；

Ⅳ 委托加工收回的产品。

具体要求是⑨：

Ⅰ 生产企业出口外购的产品，凡同时符合以下条件的，可视同自产货物办理退税。

ⅰ 与本企业生产的产品名称、性能相同；

---

① 《国务院关于对生产企业自营出口或委托代理出口货物实行"免、抵、退"税办法的通知》（国发〔1997〕8号，1997年2月25日）。此前，《国务院办公厅关于贯彻〈国务院关于调低出口退税率加强出口退税管理的通知〉的补充通知》（国办发明电〔1995〕19号，1995年7月12日）规定，1994年按"免、抵、退"办法办理出口退税的内资生产企业及外商投资企业，今后直接出口和委托代理出口的货物，继续按照"免、抵、退"办法办理出口退税。1994年按照"先征后退"办法办理出口退税和1995年新发生出口退税业务的内资生产企业及外商投资企业，今后直接出口和委托代理出口的货物，一律按照"先征后退"办法办理出口退税，纳入国家出口退税计划管理。

② 《国务院关于对生产企业自营出口或委托代理出口货物实行"免、抵、退"税办法的通知》（国发〔1997〕8号，1997年2月25日）。

③ 《财政部 国家税务总局关于进一步推进出口货物实行免抵退税办法的通知》（财税〔2002〕7号，2002年1月23日）。

④ 《国家税务总局关于贯彻〈中华人民共和国对外贸易法〉调整出口退（免）税办法的通知》（国税函〔2004〕955号，2004年7月21日）。

⑤ 《财政部 国家税务总局关于进一步推进出口货物实行免抵退税办法的通知》（财税〔2002〕7号，2002年1月23日）。

⑥ 《国家税务总局关于出口货物退（免）税若干问题的通知》（国税发〔2003〕139号，2003年11月18日）。

⑦ 《财政部 国家税务总局关于进一步推进出口货物实行免抵退税办法的通知》（财税〔2002〕7号，2002年1月23日）。

⑧ 《国家税务总局关于出口退税若干问题的通知》（国税发〔2000〕165号，2000年12月22日），《国家税务总局关于明确生产企业出口视同自产产品实行免、抵、退税办法的通知》（国税发〔2002〕152号，2002年12月5日）。

⑨ 《国家税务总局关于出口产品视同自产产品退税有关问题的通知》（国税函〔2002〕1170号，2002年12月17日）。

ⅱ　使用本企业注册商标或外商提供给本企业使用的商标；

ⅲ　出口给进口本企业自产产品的外商。

Ⅱ　生产企业外购的与本企业所生产的产品配套出口的产品，若出口给进口本企业自产产品的外商，符合下列条件之一的，可视同自产产品办理退税。

ⅰ　用于维修本企业出口的自产产品的工具、零部件、配件；

ⅱ　不经过本企业加工或组装，出口后能直接与本企业自产产品组合成成套产品的。

Ⅲ　凡同时符合下列条件的，主管出口退税的税务机关可认定为集团成员，集团公司（或总厂，下同）收购成员企业（或分厂，下同）生产的产品，可视同自产产品办理退（免）税。

ⅰ　经县级以上政府主管部门批准为集团公司成员的企业，或由集团公司控股的生产企业；

ⅱ　集团公司及其成员企业均实行生产企业财务会计制度；

ⅲ　集团公司必须将有关成员企业的证明材料报送给主管出口退税的税务机关。

生产型企业集团公司（或总厂）代理成员企业（或分厂）出口货物后，企业集团（或总厂）可向主管税务机关申请开具《代理出口证明》，由成员企业（或分厂）实行"免、抵、退"税办法①。

Ⅳ　生产企业委托加工收回的产品，同时符合下列条件的，可视同自产产品办理退税。

ⅰ　必须与本企业生产的产品名称、性能相同，或者是用本企业生产的产品再委托深加工收回的产品；

ⅱ　出口给进口本企业自产产品的外商；

ⅲ　委托方执行的是生产企业财务会计制度；

ⅳ　委托方与受托方必须签订委托加工协议。主要原材料必须由委托方提供。受托方不垫付资金，只收取加工费，开具加工费（含代垫的辅助材料）的增值税专用发票。

生产企业正式投产前，委托加工的产品与正式投产后自产产品属于同类产品，收回后出口，并且是首次出口的，不受上述"出口给进口本企业自产产品的外商"的限制。出口的上述委托加工产品，若同时满足其他三个条件，主管税务机关在严格审核的前提下，准予视同自产产品办理出口退（免）税②。

从 2003 年 1 月 1 日起，生产企业向税务机关申报免、抵、退税时，须按当月实际出口情况注明视同自产产品的出口额。对生产企业出口的视同自产产品，凡不超过当月自产产品出口额 50% 的，主管税务机关按照财税〔2002〕7 号文件和国税发〔2002〕11 号文件有关规定审核无误后办理免、抵、退税；凡超过当月自产产品出口额 50% 的，主管税务机关应按照有关规定从严管理，在核实全部视同自产产品供货业务、纳税情况正确无误后，报经省、自治区、直辖市或计划单列市国家税务局核准后办理免、抵、退税。生产企业不如实申报视同自产产品出口额的，主管税务机关可依照税收征收管理法及其实施细则等有关规定进行处罚③。

鉴于生产型集团公司收购下属成员企业产品出口经营方式的特殊性，且外购货源单一等实际情况，对生产型集团公司收购下属成员企业的产品出口，无论外购产品占自产产品出口额比例是否超过 50%，均由地市级国税局审核审批，不再按月上报省局核准。对生产型集团公司收购用于出口的其他视同自产产品，仍按《国家税务总局关于明确生产企业出口视同自产产品实行免抵退税办法的通

---

①　《国家税务总局关于出口货物退（免）税若干问题的通知》（国税发〔2003〕139 号,2003 年 11 月 18 日）。

②　《国家税务总局关于生产企业正式投产前委托加工收回同类产品出口退税问题的通知》（国税函〔2008〕8 号,2008 年 1 月 8 日）。

③　《国家税务总局关于明确生产企业出口视同自产产品实行免、抵、退税办法的通知》（国税发〔2002〕152 号,2002 年 12 月 5 日）。

知》(国税发[2002]152 号)的规定执行①。

从 2006 年 2 月起,对生产企业出口的视同自产产品,无论是否超过当月自产产品出口额 50%,均由主管税务机关按照《财政部、国家税务总局关于进一步推进出口货物实行免、抵、退税办法的通知》(财税[2002]7 号)和《国家税务总局关于印发〈生产企业出口货物免、抵、退税管理操作规程〉(试行)的通知》(国税发[2002]11 号)有关规定审核无误后办理免、抵、退税,不再上报省、自治区、直辖市和计划单列市国家税务局审批②。

③生产企业外购产品直接出口的免抵退税办法。对列名生产企业在外购产品出口并按规定在财务上作销售后,在规定的申报期内,按照《国家税务总局关于印发〈生产企业出口货物免抵退税管理操作规程〉(试行)的通知》(国税发[2002]11 号)有关规定向主管税务机关办理免、抵、退税申报③。

主管税务机关接到列名生产企业免、抵、退税申报后,按照《财政部、国家税务总局关于进一步推进出口货物实行免抵退税办法的通知》(财税[2002]7 号)、《国家税务总局关于出口货物退(免)税管理有关规定的通知》(国税发[2004]64 号)及国税发[2002]11 号文件等有关规定进行审核,对审核无误的予以办理免、抵、退税及调库手续④。

列名生产企业出口的外购产品如属应税消费品,税务机关可比照外贸企业退还消费税的办法退还消费税;列名生产企业出口的自产应税消费品按现行规定免征消费税⑤。

从 2004 年 6 月 1 日起,生产企业从流通企业购进并直接出口的货物,对退税试点的企业可按出口自产货物的规定,实行"免抵退"税办法;对非退税试点的企业,其退税范围继续按《国家税务总局关于出口产品视同自产产品退税有关问题的通知》(国税函[2002]1170 号)的规定执行⑥。

从 2005 年 1 月 1 日起,对列名试点的生产企业,需将自产出口货物与外购出口货物分别做账,办理免抵退税申报时,对外购产品要单独申报。列名试点的生产企业从农业生产者直接收购的农副产品未经加工出口的,不予退税。具体执行日期以出口货物报关单(出口退税专用)上注明的出口日期为准⑦。

从 2006 年 11 月 1 日起,生产企业外购产品出口试行免抵退税办法的企业名单见《国家税务总局关于调整生产企业外购产品出口试行免抵退税试点企业名单的通知》(国税函[2006]945 号)。对列名试点企业外购的产品出口,须凭购进货物的增值税专用发票及规定的其他相关凭证等办理免抵退税。列名试点企业从享受增值税返还政策的

---

① 《国家税务总局关于生产型集团公司收购成员企业产品出口有关免抵退税审批权限的批复》(国税函[2005]1157 号,2005 年 12 月 12 日)。

② 《国家税务总局关于出口退(免)税相关核准和审批权限问题的批复》(国税函[2006]148 号,2006 年 2 月 13 日)。

③ 《财政部 国家税务总局关于列名生产企业出口外购产品试行免抵退税办法的通知》(财税[2004]125 号,2004 年 7 月 10 日)。

④ 《财政部 国家税务总局关于列名生产企业出口外购产品试行免抵退税办法的通知》(财税[2004]125 号,2004 年 7 月 10 日)。

⑤ 《财政部 国家税务总局关于列名生产企业出口外购产品试行免抵退税办法的通知》(财税[2004]125 号,2004 年 7 月 10 日)。《国家税务总局关于委托加工出口货物消费税退税问题的批复》(国税函[2008]5 号,2008 年 1 月 8 日)据此对苏州尚美化妆品有限公司委托其他企业加工再收回后出口的应税消费品做出了个案规定,准予比照财税[2004]125 号办理消费税退税手续,生产企业在申报消费税退税时,除附送现行规定需要提供的凭证外,还应附送征税部门出具的"出口货物已纳消费税未抵扣证明";对已在内销应税消费品应纳消费税中抵扣的,不能办理消费税退税。

⑥ 《国家税务总局关于贯彻〈中华人民共和国对外贸易法〉调整出口退(免)税办法的通知》(国税函[2004]955 号,2004 年 7 月 21 日)。

⑦ 《国家税务总局关于新增列名生产企业外购产品出口退税的通知》(国税函[2005]356 号,2005 年 4 月 5 日)。根据《国家税务总局关于公布全文失效废止 部分条款失效废止的税收规范性文件目录的公告》(国家税务总局公告 2011 年第 2 号,2011 年 1 月 4 日),该文已被公布全文失效废止。

农资生产企业、福利企业等收购的产品出口,不能享受抵退税政策①。

从 2008 年 8 月 1 日起,天津三星光电子有限公司等 62 家生产企业为外购产品出口试行免抵退试点企业,具体名单见《国家税务总局关于下发生产企业外购产品出口试行免抵退税企业名单的通知》(国税函〔2008〕862 号)附件,同时废止《国家税务总局关于调整生产企业外购产品出口试行免抵退税试点企业名单的通知》(国税函〔2006〕945号)的试点企业名单。具体日期以出口货物报关单(出口退税专用)上注明的出口日期为准。对 8 月 1 日以前原列名企业已签订的外购产品出口合同,准予按原免抵退税政策执行②。

列名企业外购产品出口的免抵退税申请的审核、审批,仍严格按照国税函〔2006〕945 号文件的规定执行③。

5.2.2.3　免、抵、退税办理程序

（1）基本程序

生产企业将货物报关离境并按规定作出口销售后,在增值税法定纳税申报期内向主管国税机关办理增值税纳税和免、抵税申报,在办理完增值税纳税申报后,应于每月 15 日前(逢节假日顺延),再向主管国税机关申报办理"免、抵、退"税。税务机关应对生产企业申报的免抵退税资料进行审核、审批、清算、检查④。

（2）生产企业"免、抵、退"税申报

①申报程序⑤

生产企业在货物出口并按会计制度的规定在财务上做销售后,先向主管征税机关的征税部门或岗位(简称征税部门)办理增值税纳税和免、抵税申报,并向主管征税机关的退税部门或岗位(简称退税部门)办理退税申报。退税申报期为每月 1～15 日(逢节假日顺延)。

生产企业自货物报关出口之日起超过 6 个月未收齐有关出口退(免)税凭证或未向主管国税机关办理"免、抵、退"税申报手续的,主管国税机关视同内销货物计算征税;对已征税的货物,生产企业收齐有关出口退(免)税凭证后,应在规定的出口退税清算期内向主管国税机关申报,经主管国税机关审核无误的,办理免抵退税手续。逾期未申报或已申报但审核未通过的,主管国税机关不再办理退税⑥。

②申报资料⑦

Ⅰ　生产企业向征税机关的征税部门或岗位办

① 《国家税务总局关于调整生产企业外购产品出口试行免抵退税试点企业名单的通知》(国税函〔2006〕945 号,2006 年 12 月15 日)。根据《国家税务总局关于下发生产企业外购产品出口试行免抵退税企业名单的通知》(国税函〔2008〕862 号,2008 年 10 月22 日)和《国家税务总局关于公布全文失效废止 部分条款失效废止的税收规范性文件目录的公告》(国家税务总局公告 2011 年第2 号,2011 年 1 月 4 日),该文件已失效废止。

② 《国家税务总局关于下发生产企业外购产品出口试行免抵退税企业名单的通知》(国税函〔2008〕862 号,2008 年 10 月 22日)。此外,《国家税务总局关于生产企业出口外购视同自产应税消费品消费税退税问题的批复》(国税函〔2010〕91 号,2010 年 3 月5 日)规定,安徽江淮汽车股份有限公司收购成员企业汽车出口缴纳的消费税,比照《财政部 国家税务总局关于列名生产企业出口外购产品试行免、抵、退办法的通知》(财税〔2004〕125 号)的有关规定办理消费税退税手续。

③ 《国家税务总局关于加强列名生产企业外购产品出口试行免抵退税管理的通知》(国税函〔2007〕468 号,2007 年 4 月 30日)。《国家税务总局关于下发生产企业外购产品出口试行免抵退税企业名单的通知》(国税函〔2008〕862 号,2008 年 10 月 22 日)。

④ 《财政部 国家税务总局关于进一步推进出口货物实行免抵退税办法的通知》(财税〔2002〕7 号,2002 年 1 月 23 日)。自2006 年 1 月 1 日起,对出口企业上一年度出口货物的退(免)税,主管其出口货物退(免)税的税务机关不再进行出口货物退(免)税清算,参见《国家税务总局关于取消出口货物退(免)税清算的通知》(国税发〔2005〕197 号,2005 年 12 月 9 日)。

⑤ 《国家税务总局关于印发〈生产企业出口货物"免、抵、退"税管理操作规程〉(试行)的通知》(国税发〔2002〕11 号,2002 年 2月 6 日)。

⑥ 《财政部 国家税务总局关于进一步推进出口货物实行免抵退税办法的通知》(财税〔2002〕7 号,2002 年 1 月 23 日)。自2006 年 1 月 1 日起,对出口企业上一年度出口货物的退(免)税,主管其出口货物退(免)税的税务机关不再进行出口货物退(免)税清算,参见《国家税务总局关于取消出口货物退(免)税清算的通知》(国税发〔2005〕197 号,2005 年 12 月 9 日)。

⑦ 《财政部 国家税务总局关于进一步推进出口货物实行免抵退税办法的通知》(财税〔2002〕7 号,2002 年 1 月 23 日),《国家税务总局关于印发〈生产企业出口货物"免、抵、退"税管理操作规程〉(试行)的通知》(国税发〔2002〕11 号,2002 年 2 月 6 日)。

理增值税纳税及"免、抵、退"税申报时,应提供下列资料:

ⅰ 《增值税纳税申报表》及其规定的附表;

ⅱ 退税部门确认的上期《生产企业出口货物免、抵、退税申报汇总表》;

ⅲ 税务机关要求的其他资料。

Ⅱ 生产企业向征税机关的退税部门或岗位办理"免、抵、退"税申报时,应提供下列凭证资料:

ⅰ 《生产企业出口货物免、抵、退税申报汇总表》;

ⅱ 《生产企业出口货物免、抵、退税申报明细表》;

ⅲ 经征税部门审核签章的当期《增值税纳税申报表》;

ⅳ 有进料加工业务的还应填报:《生产企业进料加工登记申报表》、《生产企业进料加工进口料件申报明细表》、《生产企业进料加工海关登记手册核销申请表》、《生产企业进料加工贸易免税证明》;

ⅴ 装订成册的报表及原始凭证:《生产企业出口货物免、抵、退税申报明细表》、与进料加工业务有关的报表、加盖海关验讫章的出口货物报关单(出口退税专用)、经外汇管理部门签章的出口收汇核销单(出口退税专用)或有关部门出具的中远期收汇证明、代理出口货物证明、企业签章的出口发票、主管退税部门要求提供的其他资料。

Ⅲ 国内生产企业中标销售的机电产品,申报"免、抵、退"税时,除提供上述申报表外,应提供下列凭证资料:

ⅰ 招标单位所在地主管税务机关签发的《中标证明通知书》;

ⅱ 由中国招标公司或其他国内招标组织签发的中标证明(正本);

ⅲ 中标人与中国招标公司或其他招标组织签订的供货合同(协议);

ⅳ 中标人按照标书规定及供货合同向用户发货的发货单;

ⅴ 销售中标机电产品的普通发票或外销发票;

ⅵ 中标机电产品用户收货清单;

ⅶ 国外企业中标再分包给国内生产企业供应的机电产品,还应提供与中标人签署的分包合同(协议)。

③申报要求①

Ⅰ 《增值税纳税申报表》有关项目的申报要求

ⅰ "出口货物免税销售额"填写享受免税政策出口货物销售额,其中实行"免抵退税办法"的出口货物销售额为当期出口并在财务上做销售的全部(包括单证不齐全部分)免抵退出口货物人民币销售额;

ⅱ "免抵退货物不得抵扣税额"按当期全部(包括单证不齐全部分)免抵退出口货物人民币销售额与征退税率之差的乘积计算填报,有进料加工业务的应扣除"免抵退税不得免征和抵扣税额抵减额";当"免抵退税不得免征和抵扣税额抵减额"大于"出口货物销售额乘征退税率之差"时,"免抵退货物不得抵扣税额"按 0 填报,其差额结转下期;

按"实耗法"计算的"免抵退税不得免征和抵扣税额抵减额",为当期全部(包括单证不齐全部分)进料加工贸易方式出口货物所耗用的进口料件组成计税价格与征退税率之差的乘积;按"购进法"计算的"免抵退税不得免征和抵扣税额抵减额",为当期全部购进的进口料件组成计税价格与征退税率之差的乘积;

ⅲ "免抵退税货物已退税额"按照退税部门审核确认的上期《生产企业出口货物免、抵、退税申报汇总表》中的"当期应退税额"填报;

ⅳ 若退税部门审核《生产企业出口货物免、

---

① 《国家税务总局关于印发〈生产企业出口货物"免、抵、退"税管理操作规程〉(试行)的通知》(国税发[2002]11号,2002年2月6日)。

抵、退税申报汇总表》的"累计申报数"与《增值税纳税申报表》对应项目的累计数不一致,企业应在下期增值税纳税申报时根据《生产企业出口货物免、抵、退税申报汇总表》中"与增值税纳税申报表差额"栏内的数据对《增值税纳税申报表》有关数据进行调整。

Ⅱ《生产企业出口货物免、抵、退税申报明细表》的申报要求

ⅰ 企业按当期在财务上做销售的全部出口明细填报《生产企业出口货物免、抵、退税申报明细表》,对单证不齐无法填报的项目暂不填写,并在"单证不齐标志栏"内按填表说明做相应标志;

ⅱ 对前期出口货物单证不齐,当期收集齐全的,应在当期免抵退税申报时一并申报参与免抵退税的计算,可单独填报《生产企业出口货物免、抵、退税申报明细表》,在"单证不齐标志栏"内填写原申报时的所属期和申报序号。

Ⅲ《生产企业出口货物免、抵、退税申报汇总表》的申报要求

ⅰ "出口销售额乘征退税率之差"按企业当期全部(包括单证不齐全部分)免抵退出口货物人民币销售额与征退税率之差的乘积计算填报;

ⅱ "免抵退税不得免征和抵扣税额抵减额"按退税部门当期开具的《生产企业进料加工贸易免税证明》中的"免抵退税不得免征和抵扣税额抵减额"填报;

ⅲ "出口销售额乘退税率"按企业当期出口单证齐全部分及前期出口当期收齐单证部分且经过退税部门审核确认的免抵退出口货物人民币销售额与退税率的乘积计算填报;

ⅳ "免抵退税额抵减额"按退税部门当期开具的《生产企业进料加工贸易免税证明》中的"免抵退税额抵减额"填报;

ⅴ "与增值税纳税申报表差额"为退税部门审核确认的"累计"申报数减《增值税纳税申报表》对应项目的累计数的差额,企业应做相应账务调整并在下期增值税纳税申报时对《增值税纳税申报表》进行调整;

当本表免抵退不得免征和抵扣税额与增值税纳税申报表差额(11c)不为 0 时,"当期应退税额"的计算公式需进行调整,即按照"当期免抵退税额(16 栏)"与"增值税纳税申报表期末留抵税额(18 栏)−与增值税纳税申报表差额(11c)"后的余额进行比较计算填报;

ⅵ 新发生出口业务的生产企业,12 个月内"应退税额"按 0 填报,"当期免抵税额"与"当期免抵退税额"相等。

Ⅳ 申报数据的调整①

对前期申报错误的,当期可进行调整。前期少报出口额或低报征、退税率的,可在当期补报;前期多报出口额或高报征、退税率的,当期可以红字(或负数)差额数据冲减;也可用红字(或负数)将前期错误数据全额冲减,再重新全额申报蓝字数据。对于按会计制度规定允许扣除的运费、保险费和佣金,与原预估入账值有差额的,也按此规则进行调整。本年度出口货物发生退运的,可在下期用红字(或负数)冲减出口销售收入进行调整。

(3)生产企业"免、抵、退"单证办理②

生产企业开展进料加工业务以及"免、抵、退"税凭证丢失需要办理有关证明的,在"免、抵、退"税申报期内申报办理。生产企业出口货物发生退运的,可以随时申请办理有关证明。

①《生产企业进料加工贸易免税证明》的办理详见 5.2.4.7。

②其他"免、抵、退"税单证办理

Ⅰ《补办出口货物报关单证明》。生产企业遗失出口货物报关单(出口退税专用)需向海关申

---

①　《国家税务总局关于印发〈生产企业出口货物"免、抵、退"税管理操作规程〉(试行)的通知》(国税发[2002]11 号,2002 年 2 月 6 日)。

②　《国家税务总局关于印发〈生产企业出口货物"免、抵、退"税管理操作规程〉(试行)的通知》(国税发[2002]11 号,2002 年 2 月 6 日)。

请补办的,可在出口之日起六个月内凭主管退税部门出具的《补办出口报关单证明》,向海关申请补办。

生产企业在向主管退税部门申请出具《补办出口货物报关单证明》时,应提交下列凭证资料:

ⅰ 《关于申请出具〈补办出口货物报关单证明〉的报告》;

ⅱ 出口货物报关单(其他未丢失的联次);

ⅲ 出口收汇核销单(出口退税专用);

ⅳ 出口发票;

ⅴ 主管退税部门要求提供的其他资料。

Ⅱ 《补办出口收汇核销单证明》。生产企业遗失出口收汇核销单(出口退税专用)需向主管外汇管理局申请补办的,可凭主管退税部门出具的《补办出口收汇核销单证明》,向外汇管理局提出补办申请。

生产企业向退税部门申请出具《补办出口收汇核销单证明》时,应提交下列资料:

ⅰ 《关于申请出具〈补办出口收汇核销单证明〉的报告》;

ⅱ 出口货物报关单(出口退税专用);

ⅲ 出口发票;

ⅳ 主管退税部门要求提供的其他资料。

Ⅲ 《代理出口未退税证明》。委托方(生产企业)遗失受托方(外贸企业)主管退税部门出具的《代理出口货物证明》需申请补办的,应由委托方先向其主管退税部门申请出具《代理出口未退税证明》。

委托方(生产企业)在向其主管退税部门申请办理《代理出口未退税证明》时,应提交下列凭证资料:

ⅰ 《关于申请出具〈代理出口未退税证明〉的报告》;

ⅱ 受托方主管退税部门已加盖"已办代理出

口货物证明"戳记的出口货物报关单(出口退税专用);

ⅲ 出口收汇核销单(出口退税专用);

ⅳ 代理出口协议(合同)副本及复印件;

ⅴ 主管退税部门要求提供的其他资料。

Ⅳ 《出口货物退运已办结税务证明》。生产企业在出口货物报关离境、因故发生退运、且海关已签发出口货物报关单(出口退税专用)的,须凭其主管退税部门出具的《出口货物退运已办结税务证明》,向海关申请办理退运手续。

本年度出口货物发生退运的,可在下期用红字(或负数)冲减出口销售收入进行调整(或年终清算时调整①);以前年度出口货物发生退运的,应补缴原免抵退税款,应补税额=退运货物出口离岸价×外汇人民币牌价×出口货物退税率,补税预算科目为"出口货物退增值税"。若退运货物由于单证不齐等原因已视同内销货物征税的,则不须补缴税款。

生产企业向主管退税部门申请办理《出口货物退运已办结税务证明》时,应提交下列资料:

ⅰ 《关于申请出具〈出口货物退运已办结税务证明〉的报告》;

ⅱ 出口货物报关单(出口退税专用);

ⅲ 出口收汇核销单(出口退税专用);

ⅳ 出口发票;

ⅴ 主管退税部门要求提供的其他资料。

(4)生产企业"免、抵、退"税审核、审批②

①审核审批程序

退税部门每月15日前受理生产企业上月的"免、抵、退"税申报后,应于月底前审核完毕并报送地、市级退税机关或省级退税机关(简称退税机关)审批。

退税机关按规定审批后,应及时将审批结果反

---

① 自2006年1月1日起,对出口企业上一年度出口货物的退(免)税,主管其出口货物退(免)税的税务机关不再进行出口货物退(免)税清算,参见《国家税务总局关于取消出口货物退(免)税清算的通知》(国税发[2005]197号,2005年12月9日)。

② 《国家税务总局关于印发〈生产企业出口货物"免、抵、退"税管理操作规程〉(试行)的通知》(国税发[2002]11号,2002年2月6日)。

馈退税部门。对需要办理退税的,由退税机关在国家下达的出口退税指标内开具《收入退还书》并办理退库手续;对需要免抵调库的,由退税机关在国家下达的出口退税指标内出具《生产企业出口货物免、抵、退税审批通知单》给征税机关,同时抄送财政部驻各地财政监察专员办事处。退税机关应于每月 10 日前将上月"免、抵、退"税情况在与计会部门及国库对账的基础上汇总统计上报国家税务总局。

征税机关应在接到《生产企业出口货物免、抵、退税审批通知单》的当月,以正式文件通知同级国库办理调库手续。

②审核审批职责

Ⅰ 主管征税机关的征税部门或岗位审核职责

ⅰ 审核《增值税纳税申报表》中与"免、抵、退"税有关项目的填报是否正确;

ⅱ 根据退税部门年终反馈的《免抵退税清算通知书》①,对出口企业纳税申报应调整的相关内容进行审核检查;

ⅲ 根据退税机关开具的《生产企业出口货物免、抵、退税审批通知单》,以正式文件通知同级国库办理免抵税额调库手续。

Ⅱ 主管征税机关的退税部门或岗位主要审核职责

ⅰ 负责受理生产企业的"免、抵、退"申报并审核出口货物"免、抵、退"税凭证的内容、印章是否齐全、真实、合法、有效;

ⅱ 审核生产企业出口货物申报"免、抵、退"税的报表种类、内容及印章是否齐全、准确;

ⅲ 审核企业申报的电子数据是否与有关部门传递的电子信息(海关报关单电子信息、外管局外汇核销单信息、中远期收汇证明信息、代理出口货物证明信息等)是否相符;

ⅳ 负责出口货物"免、抵、退"税审核疑点的核实与调整;

ⅴ 负责"免、抵、退"税有关单证的办理;

ⅵ 根据企业申报"免、抵、退"税情况及出口电子信息,将超出六个月未收齐单证部分和未办理"免、抵、退"税申报手续的免抵退出口货物情况反馈给征税部门;

ⅶ 负责出口货物"免、抵、退"税资料的管理和归档,"免、抵、退"税资料原则上最少保存十年;

ⅷ 负责生产企业出口货物"免、抵、退"税的年终清算②,将《免抵退税清算通知书》及时上报退税机关并反馈给征税部门。

Ⅲ 退税机关主要审核审批职责

ⅰ 负责"免、抵、退"税内外部电子信息的接收、清分和生产企业"免、抵、退"税计算机管理系统的维护;

ⅱ 负责对基层退税部门审核的"免、抵、退"税情况进行抽查;

ⅲ 负责《生产企业出口货物免、抵、退税审批通知单》的出具,负责办理生产企业"免、抵、退"税业务应退税额的退库;

ⅳ 负责生产企业"免、抵、退"税情况的统计、分析,并于每月 10 日前上报《生产企业出口货物免、抵、退税统计月报表》;

ⅴ 负责生产企业出口货物"免、抵、退"税清算的组织、检查、统计、分析、并按时汇总向总局上报年终清算报告及附表③。

以上所需表格单证式样参见《国家税务总局关于印发〈生产企业出口货物"免、抵、退"税管理操作规程〉(试行)的通知》(国税发〔2002〕11 号)附件。

---

① 自 2006 年 1 月 1 日起,对出口企业上一年度出口货物的退(免)税,主管其出口货物退(免)税的税务机关不再进行出口货物退(免)税清算,参见《国家税务总局关于取消出口货物退(免)税清算的通知》(国税发〔2005〕197 号,2005 年 12 月 9 日)。

② 自 2006 年 1 月 1 日起,对出口企业上一年度出口货物的退(免)税,主管其出口货物退(免)税的税务机关不再进行出口货物退(免)税清算,参见《国家税务总局关于取消出口货物退(免)税清算的通知》(国税发〔2005〕197 号,2005 年 12 月 9 日)。

③ 自 2006 年 1 月 1 日起,对出口企业上一年度出口货物的退(免)税,主管其出口货物退(免)税的税务机关不再进行出口货物退(免)税清算,参见《国家税务总局关于取消出口货物退(免)税清算的通知》(国税发〔2005〕197 号,2005 年 12 月 9 日)。

（5）处罚规定

企业采取非法手段骗取"免、抵、退"税或其他违法行为的，除按规定计算补税外，还应按税收征收管理法及其他有关法律法规的规定予以处罚①。

5.2.3　出口货物退免税计算

5.2.3.1　出口货物应退增值税计算②

出口货物应退增值税税额，依进项税额计算。具体计算方法为：

（1）出口企业将出口货物单独设立库存账和销售账记载的，应依据购进出口货物增值税专用发票所列明的进项金额和税额计算。

对库存和销售均采用加权平均进价核算的企业，也可按适用不同税率的货物分别依下列公式计算：

应退税额＝出口货物数量×加权平均进价×税率

（2）出口企业兼营内销和出口货物且其出口货物不能单独设账核算的，应先对内销货物计算销项税额并扣除当期进项税额后，再依下列公式计算出口货物的应退税额：

①销项金额×税率≥未抵扣完的进项税额

应退税款＝未抵扣完的进项税额

②销项金额×税率＜未抵扣完的进项税额

应退税额＝销项金额×税率

结转下期抵扣进项税额＝当期未抵扣完的进项税额－应退税额

销项金额是指依出口货物离岸价和外汇牌价计算的人民币金额。税率是指计算该项货物退税的税率。

凡从小规模纳税人购进特准退税的出口货物的进项税额，应按下列公式计算确定：

进项税额＝普通发票所列（含增值税的）销售

金额／（1＋征收率）×退税率

其他出口货物的进项税额依增值税专用发票所列的增值税税额计算确定。

对外贸企业委托外贸企业代理出口的货物，其应退税款应依该货物增值税专用发票的金额和相关退税率计算确定③。

对生产企业委托外贸企业代理出口和对外贸企业委托外贸企业代理出口的货物，受托方所在地主管其退税的税务机关在开具"代理出口货物证明"时，须将委托方开给代理方的该批代理出口货物的增值税专用发票（抵扣联）收缴注销④。

外贸企业委托加工出口产品，应按原料的退税率和加工费的退税率分别计算应退税款，加工费的退税率按出口产品的退税率确定⑤。

5.2.3.2　出口货物应退消费税计算⑥

外贸企业出口和代理出口货物的应退消费税税款，凡属从价定率计征消费税的货物应依外贸企业从工厂购进货物时征收消费税的价格计算。凡属从量定额计征消费税的货物应依货物购进和报关出口的数量计算。其计算退税的公式为：

应退消费税税款＝出口货物的工厂销售额（出口数量）×税率（单位税额）

有出口经营权的生产企业自营出口的消费税应税货物，依据其实际出口数量予以免征。

计算出口货物应退消费税税款的税率或单位税额，依《中华人民共和国消费税暂行条例》所附《消费税税目税率（税额）表》执行。

出口货物的销售金额、进项金额及税额明显偏高而无正当理由的，税务机关有权拒绝办理退税或免税。

企业应将不同税率的货物分开核算和申报，凡划分不清适用税率的，一律从低适用税率计算。

① 《财政部　国家税务总局关于进一步推进出口货物实行免抵退税办法的通知》（财税〔2002〕7号，2002年1月23日）。
② 《国家税务总局关于印发〈出口货物退（免）税管理办法〉的通知》（国税发〔1994〕31号，1994年2月18日）。
③ 《财政部　国家税务总局关于出口货物税收若干问题的补充通知》（财税字〔1997〕14号，1997年2月21日）。
④ 《财政部　国家税务总局关于出口货物税收若干问题的补充通知》（财税字〔1997〕14号，1997年2月21日）。
⑤ 《国家税务总局关于印发〈出口货物退（免）税若干问题的具体规定〉的通知》（国税发〔1999〕101号，1999年6月21日）。
⑥ 《国家税务总局关于印发〈出口货物退（免）税管理办法〉的通知》（国税发〔1994〕31号，1994年2月18日）。

除规定不退税的消费税应税消费品以外,对有进出口经营权的生产企业委托外贸企业代理出口的消费税应税消费品,一律免征消费税;对其他生产企业委托出口的消费税应税消费品,实行"先征后退"的办法①。

5.2.3.3　免、抵、退税计算方法

(1)当期应纳税额的计算

当期应纳税额=当期内销货物的销项税额-(当期进项税额-当期免抵退税不得免征和抵扣税额)②

(2)免抵退税额的计算

实行"免、抵、退"税办法,依照规定的退税率,并按照出口货物的离岸价计算"免、抵、退"税额③。

免抵退税额=出口货物离岸价×外汇人民币牌价×出口货物退税率-免抵退税额抵减额④

其中:

①出口货物离岸价(FOB)以出口发票上的离岸价为准(委托代理出口的,出口发票可以是委托方开具的或受托方开具的),若以其他价格条件成交的,应扣除按会计制度规定允许冲减出口销售收入的运费、保险费、佣金等。若申报数与实际支付数有差额的,在下次申报退税时调整。若出口发票不能如实反映离岸价,企业应按实际离岸价申报"免、抵、退"税,税务机关有权按照《中华人民共和国税收征收管理法》、《中华人民共和国增值税暂行条例》等有关规定予以核定⑤。

②免抵退税额抵减额=免税购进原材料价格×出口货物退税率⑥

免税购进原材料包括从国内购进免税原材料和进料加工免税进口料件,其中国内购进免税原材料指增值税暂行条例及其实施细则和其他有关规定中列名的且不能按规定计提进项税额的免税货物⑦;进料加工免税进口料件的价格为组成计税价格⑧。

进料加工免税进口料件的组成计税价格=货物到岸价+海关实征关税和消费税⑨

(3)当期应退税额和免抵税额的计算⑩

①如当期期末留抵税额≤当期免抵退税额,则

当期应退税额=当期期末留抵税额

当期免抵税额=当期免抵退税额-当期应退税额

②如当期期末留抵税额>当期免抵退税额,则

当期应退税额=当期免抵退税额

当期免抵税额=0

当期期末留抵税额根据当期《增值税纳税申报表》中"期末留抵税额"确定。

(4)免抵退税不得免征和抵扣税额的计算⑪

免抵退税不得免征和抵扣税额=出口货物离岸价×外汇人民币牌价×(出口货物征税率-出口货物退税率)-免抵退税不得免征和抵扣税额抵减额

免抵退税不得免征和抵扣税额抵减额=免税购进原材料价格×(出口货物征税率-出口货物退税率)

(5)新发生出口业务的企业和小型企业免抵退税计算

---

①　《财政部 国家税务总局关于出口货物税收若干问题的补充通知》(财税字[1997]14号,1997年2月21日)。

②　《财政部 国家税务总局关于进一步推进出口货物实行免抵退税办法的通知》(财税[2002]7号,2002年1月23日)。

③　《国务院关于对生产企业自营出口或委托代理出口货物实行"免、抵、退"税办法的通知》(国发[1997]8号,1997年2月25日)。

④　《财政部 国家税务总局关于进一步推进出口货物实行免抵退税办法的通知》(财税[2002]7号,2002年1月23日)。

⑤　《财政部 国家税务总局关于进一步推进出口货物实行免抵退税办法的通知》(财税[2002]7号,2002年1月23日),《国家税务总局关于印发〈生产企业出口货物"免、抵、退"税管理操作规程〉(试行)的通知》(国税发[2002]11号,2002年2月6日)。

⑥　《财政部 国家税务总局关于进一步推进出口货物实行免抵退税办法的通知》(财税[2002]7号,2002年1月23日)。

⑦　《国家税务总局关于出口货物退(免)税若干问题的通知》(国税发[2003]139号,2003年11月18日)。

⑧　《财政部 国家税务总局关于进一步推进出口货物实行免抵退税办法的通知》(财税[2002]7号,2002年1月23日)。

⑨　《财政部 国家税务总局关于进一步推进出口货物实行免抵退税办法的通知》(财税[2002]7号,2002年1月23日)。

⑩　《财政部 国家税务总局关于进一步推进出口货物实行免抵退税办法的通知》(财税[2002]7号,2002年1月23日)。

⑪　《财政部 国家税务总局关于进一步推进出口货物实行免抵退税办法的通知》(财税[2002]7号,2002年1月23日)。

①新发生出口业务的企业和小型出口企业发生的应退税额,退税审核期为12个月①。

②从2006年7月1日起,对退税审核期为12个月的新发生出口业务的企业和小型出口企业,在审核期期间出口的货物,应按统一的按月计算"免、抵、退"税的办法分别计算免抵税额和应退税额。税务机关对审核无误的免抵税额可按规定办理调库手续,对审核无误的应退税额暂不办理退库。对小型出口企业的各月累计的应退税款,可在次年一月一次性办理退税;对新发生出口业务的企业的应退税款,可在退税审核期期满后的当月对上述各月的审核无误的应退税额一次性退给企业。原审核期期间只免抵不退税的税收处理办法停止执行②。

出口企业因执行原审核期只免抵不退税的税收处理规定,导致仍无法消化的留抵税额,税务机关可在核实无误的基础上一次性办理退税③。

③对注册开业时间在一年以上的新发生出口业务的企业(小型出口企业除外),经地市税务机关核实确有生产能力并无偷税行为及走私、逃套汇等违法行为的,可实行统一的按月计算办理免、抵、退税的办法④。

新成立的内外销售额之和超过500万元(含)人民币,且外销售额占其全部销售额的比例超过50%(含)的生产企业,如在自成立之日起12个月内不办理退税确有困难的,在从严掌握的基础上,经省、自治区、直辖市国家税务局批准,可实行统一的按月计算办理"免、抵、退"税的办法⑤。

④小型出口企业的标准,由各省(自治区、直辖市)国家税务局根据企业上一个纳税年度的内外销售额之和在200万元(含)人民币以上,500万元(含)人民币以下的幅度内,按照本省(自治区、直辖市)的实际情况确定全省(自治区、直辖市)统一的标准⑥。

(6)有进出口经营权的生产企业自营出口自产货物免抵退税计算⑦

有进出口经营权的生产企业自营出口的自产货物,凡在1994年按照《国家税务总局关于印发〈出口货物退(免)税管理办法〉的通知》(国税发〔1994〕31号)第七条第(二)款(即本章5.2.3.1)和《国家税务总局关于外商投资企业出口退税问题的通知》(国税发〔1995〕12号)规定(即本章5.2.4.19)的"免、抵、退"办法办理出口退税的,今后直接出口和委托代理出口的货物,一律免征本道环节的增值税,并按增值税暂行条例规定的17%或13%的税率与规定退税率之差乘以出口货物的离岸价格折人民币的金额,计算出口货物不予抵扣或退税的税额,从全部进项税额中剔除,计入产品成本。剔除后的余额,抵减内销货物的销项税额。出口货物占当期全部货物销售额50%以上的

---

① 《财政部 国家税务总局关于进一步推进出口货物实行免抵退税办法的通知》(财税〔2002〕7号,2002年1月23日)。

② 《国家税务总局关于出口货物退(免)税若干问题的通知》(国税发〔2006〕102号,2006年7月12日)。此前,《国家税务总局关于印发〈生产企业出口货物"免、抵、退"税管理操作规程〉(试行)的通知》(国税发〔2002〕11号,2002年2月6日)和《国家税务总局关于出口货物退(免)税若干问题的通知》(国税发〔2003〕139号,2003年11月18日)曾规定:新发生出口业务的生产企业自发生首笔出口业务之日起12个月内的出口业务,不计算当期应退税额,当期免抵税额等于当期免抵退税额;未抵顶完的进项税额,结转下期继续抵顶其内销货物应纳税额,从第13个月开始,如该企业属于小型出口企业以外的企业,则实行统一的按月计算办理"免、抵、退"税的办法;对小型出口企业在年度中间发生的应退税额,不实行按月退税的办法,而是采取结转下期继续抵顶其内销货物应纳税额,年底对未抵顶完的部分一次性办理退税的办法。

③ 《国家税务总局关于出口货物退(免)税有关问题的通知》(国税函〔2010〕1号,2010年1月4日)。该文件明确"原审核期只免抵不退税的税收处理规定"是指《国家税务总局关于印发〈生产企业出口货物"免、抵、退"税管理操作规程(试行)〉的通知》(国税发〔2002〕11号)第二条第(五)款有关新发生出口业务企业的税收处理规定和《国家税务总局关于做好2003年度出口货物退(免)税清算工作的通知》(国税函〔2003〕1303号)第五条第(三)款的相关税收处理规定。

④ 《国家税务总局关于出口货物退(免)税若干问题的通知》(国税发〔2003〕139号,2003年11月18日)。

⑤ 《国家税务总局关于出口货物退(免)税若干问题的通知》(国税发〔2003〕139号,2003年11月18日)。

⑥ 《国家税务总局关于出口货物退(免)税若干问题的通知》(国税发〔2003〕139号,2003年11月18日)。

⑦ 《财政部 国家税务总局关于印发〈出口货物退(免)税若干问题规定〉的通知》(财税字〔1995〕92号,1995年7月8日)。

企业,对一个季度内未抵扣完的出口货物的进项税额,报经主管出口退税的税务机关批准可给予退税;出口货物占当期全部销售额50%以下的企业,当期未抵扣完的进项税额必须结转下期继续抵扣,不得办理退税。

抵、退税的计算具体步骤及公式为:

当期不予抵扣或退税的税额=当期出口货物离岸价×外汇人民币牌价×(增值税条例规定的税率－出口货物退税率)

当期应纳税额=当期内销货物的销项税额－(当期全部进项税额－当期不予抵扣或退税的税额)－上期未抵扣完的进项税额

出口货物占当期全部货物销售额50%以上的企业,若当期(季度末)应纳税额为负数,按国税发[1994]31号文件第七条第(二)款(即本章5.2.3.1)和国税发[1995]12号文件规定(即本章5.2.4.19)的公式计算应退税额。

(7)在1994年未按照"抵、免、退"办法办理出口退税的生产企业(不含1993年12月31日以前批准设立的外商投资企业),今后直接出口和委托代理出口的货物,一律先按照增值税的规定征税,然后由主管出口退税业务的税务机关在国家出口退税计划内依照规定的退税率审批退税。纳税和退税的计算公式为①:

当期应纳税额=当期内销货物的销项税金+当期出口货物离岸价×外汇人民币牌价×征税税率－当期全部进项税额

当期应退税额=当期出口货物离岸价×外汇人民币牌价×退税率

5.2.4　特殊情形出口货物退免税管理

5.2.4.1　对外承包工程公司运出境外用于对外承包项目的货物出口退免税管理

对外承包工程公司运出境外用于对外承包项目的货物特准退还或免征增值税和消费税。对外承包工程公司运出境外用于对外承包工程项目的设备、原材料、施工机械等货物,在货物报关出口后,向当地主管出口退税的税务机关报送《出口货物退(免)税申报表》,同时提供购进货物的增值税专用发票、出口货物报关单(出口退税联)、对外承包工程合同等资料②。

属于增值税一般纳税人的生产企业开展对外承包工程业务而出口的货物,凡属于现有税收政策规定的特准退税范围,且按规定在财务上作销售账务处理的,无论是自产货物还是非自产货物,均统一实行"免、抵、退"税办法;凡属于国家明确规定不予退(免)税的货物,按现行规定予以征税;不属于上述两类货物范围的,如生活用品等,实行免税办法③。

经有关部门批准具有对外经济合作经营权的对外承包工程公司,凡不是增值税一般纳税人的,购进与对外承包工程相关的出口货物时,供货生产企业可凭对外承包工程公司提供的对外经济合作经营权批准证书(复印件)等凭证向税务机关申请开具税收(出口货物专用)缴款书。对外承包工程公司凭税收(出口货物专用)缴款书、普通发票或增值税专用发票以及其他规定的凭证,向主管税务机关申请办理与对外承包工程相关的出口货物退税④。

5.2.4.2　对外承接修理修配业务的企业用于对外修理修配的货物出口退免税管理

对外承接修理修配业务的企业用于对外修理修配的货物特准退还或免征增值税和消费税⑤。

外贸企业承接国外修理修配业务后委托生产企业修理修配的,在修理修配的货物复出境后,应

---

①　《财政部 国家税务总局关于印发〈出口货物退(免)税若干问题规定〉的通知》(财税字[1995]92号,1995年7月8日)。

②　《国家税务总局关于印发〈出口货物退(免)税管理办法〉的通知》(国税发[1994]31号,1994年2月18日)。

③　《国家税务总局关于生产企业开展对外承包工程业务出口货物退(免)税问题的批复》(国税函[2009]538号,2009年9月15日)。

④　《国家税务总局关于出口货物退(免)税若干问题的通知》(国税发[2003]139号,2003年11月18日)。

⑤　《国家税务总局关于印发〈出口货物退(免)税管理办法〉的通知》(国税发[1994]31号,1994年2月18日)。

单独填报《出口货物退（免）税申报表》，同时提供生产企业开具的修理修配增值税专用发票，外贸企业开给外方的修理修配发票、修理修配货物复出境报关单、外汇收入凭证。其应退税额按照生产企业修理修配增值税专用发票所列税额计算①。

生产企业承接国外修理修配业务，应在修理修配的货物复出境后，向当地主管出口退税的税务机关报送《出口货物退（免）税申报表》，同时提供已用于修理修配的零部件、原材料等的购货增值税专用发票和货物出库单、修理修配发票、修理修配货物复出境报关单、外汇收入凭证。其应退税额按照零部件、原材料等增值税专用发票和货物出库单计算②。除出口货物报关单（出口退税专用）、出口收汇核销单、出口发票等凭证外，还须附送生产企业与外方签订的修理修配合同③。

从2002年1月1日起，对生产企业承接国外修理修配业务实行"免、抵、退"税管理办法④。具体规定见5.2.2。

从2004年1月1日起，承接对外修理修配业务的企业，申请办理修理修配收入的退（免）税手续时，须提供其与外商签署的修理修配合同及其他规定的凭证，不再提供出口收汇核销单（出口退税专用）。修理修配收入以出口货物报关单（出口退税专用）上注明的加工费和材料费之和为准，退税率按被修理修配货物的出口退税率执行⑤。生产企业承接对外修理修配业务计算免、抵、退税时，修理修配收入以生产企业开具的出口发票上的实际收入为准⑥。

出口发票不能如实反映实际收入的，企业须按《国家税务总局关于印发〈生产企业出口货物"免、抵、退"税管理、操作规程〉（试行）的通知》（国税发〔2002〕11号）文件规定，向主管税务机关申报实际收入。税务机关应对企业出口发票上标明的销售收入与出口合同上签定的销售收入、外汇管理局出具的收汇核销单实际收汇金额及企业出口销售账等进行交叉审核。主管税务机关有权依照《中华人民共和国税收征收管理法》、《中华人民共和国增值税暂行条例》等有关规定核定企业实际销售收入⑦。

其中：承接对外修理修配飞机业务的企业，以出口发票上的实际收入为准计算免、抵、退税额。凡使用保税进口料件的，企业须如实申报对外修理修配飞机收入中所耗用的保税进口料件金额，并在计算免、抵、退税额时作相应扣减。企业申报"免、抵、退"税时，须向主管税务机关提供海关签发的以修理物品贸易方式报关出口的出口货物报关单（复印件）、对外修理修配合同、出口发票、维修工作单、外汇收入凭证及主管税务机关规定的其他凭证⑧。

5.2.4.3 外轮供应公司、远洋运输供应公司销售给外轮、远洋国轮而收取外汇的货物退免税管理⑨

（1）外轮供应公司、远洋运输供应公司销售给外轮、远洋国轮而收取外汇的货物特准退还或免征增值税和消费税。

（2）外轮供应公司、远洋运输供应公司销售给外轮、远洋国轮的货物，按月向当地主管出口退税的税务机关报送《出口货物退（免）税申报表》，同时提供购进货物的增值税专用发票、消费税专用税票、外销发票和销售货物发票、外汇收入凭证。

---

① 《国家税务总局关于印发〈出口货物退（免）税管理办法〉的通知》（国税发〔1994〕31号，1994年2月18日）。
② 《国家税务总局关于印发〈出口货物退（免）税管理办法〉的通知》（国税发〔1994〕31号，1994年2月18日）。
③ 《国家税务总局关于生产企业对外修理修配业务有关退（免）税问题的批复》（国税函〔2005〕256号，2005年4月1日）。
④ 《财政部 国家税务总局关于进一步推进出口货物实行免抵退税办法的通知》（财税〔2002〕7号，2002年1月23日）。
⑤ 《财政部 国家税务总局关于出口货物退（免）税若干具体问题的通知》（财税〔2004〕116号，2004年7月10日）。
⑥ 《国家税务总局关于生产企业对外修理修配业务有关退（免）税问题的批复》（国税函〔2005〕256号，2005年4月1日）。
⑦ 《国家税务总局关于生产企业对外修理修配业务有关退（免）税问题的批复》（国税函〔2005〕256号，2005年4月1日）。
⑧ 《财政部 国家税务总局关于调整对外修理修配飞机免抵退税政策的通知》（财税〔2009〕54号，2009年4月21日）。
⑨ 《国家税务总局关于印发〈出口货物退（免）税管理办法〉的通知》（国税发〔1994〕31号，1994年2月18日）。

外销发票必须列明销售货物名称、数量、销售金额并经外轮、远洋国轮船长签名方可有效。

（3）由于修理外轮业务的特殊性，准予出口企业在申报退税时，免予提供用于修理外轮的货物的"出口货物报关单（出口退税联）"，但须提供由海关、边防、卫生、检疫等部门联合检查后出具的、盖有海关验讫章的有关船舶出口口岸证明①。

（4）从 1998 年 7 月 1 日起，对出口企业对外承接修理修配的外轮，在其修理完毕报关出口时，对该业务中使用国产零部件、原材料按一般贸易另填报关单，海关经审核，按规定签发《出口货物报关单（出口退税联）》，并作一般贸易列入出口贸易统计。在 1998 年 7 月 1 日以前已完工复出口的上述业务，仍按《财政部　国家税务总局关于出口货物税收若干问题的补充通知》（财税字［1997］14 号）第十条即上述第（3）款的规定办理退税。凡不能按照退税管理办法规定提供有关单证原件的，各地主管退税部门一律不得受理出口企业的退税申请②。

（5）从 1999 年 6 月 21 日起，外轮供应公司、远洋运输供应公司将货物销售给外轮、远洋国轮后申报办理退税时，不再附送出口收汇核销单③。

5.2.4.4　国内航空供应公司向国外航空公司销售航空食品退免税管理④

从 2002 年 1 月 1 日起，对国内航空供应公司生产并销售给国外航空公司的航空食品，视同出口货物，按照《财政部　国家税务总局关于进一步推进出口货物实行免抵退税办法的通知》（财税［2002］7 号）的有关规定，实行"免、抵、退"税管理。

国内航空供应公司申报办理"免、抵、退"税时，须提供下列凭证：

Ⅰ　与外国航空公司签订的配餐合同；

Ⅱ　外国航空公司提供的配餐计划表；

Ⅲ　外国航空公司每一个航班乘务长签字的送货清单；

Ⅳ　销售发票（须列明销售货物的名称、数量、销售金额）；

Ⅴ　税务机关要求提供的其他凭证。

主管国内航空供应公司征、退税业务的税务机关须严格按照《国家税务总局关于印发〈生产企业出口货物"免、抵、退"税管理操作规程〉（试行）的通知》（国税发［2002］11 号）的规定办理"免、抵、退"税。国内航空供应公司采取非法手段骗取"免、抵、退"税的，除按规定补税外，还应按税收征收管理法及其他有关规定予以处罚。

5.2.4.5　利用国际金融组织或外国政府贷款采取国际招标方式由国内企业中标销售的机电产品、建筑材料退免税管理

利用国际金融组织或外国政府贷款采取国际招标方式由国内企业中标销售的机电产品、建筑材料特准退还或免征增值税和消费税⑤。

国际金融组织贷款暂限于国际货币基金组织、世界银行（包括国际复兴开发银行、国际开发协

---

①　《财政部　国家税务总局关于出口货物税收若干问题的补充通知》（财税字［1997］14 号,1997 年 2 月 21 日 ）。

②　《国家税务总局　海关总署关于对外承接外轮修理修配业务有关退税问题的通知》（国税发［1998］87 号,1998 年 5 月 27 日 ）。

③　《国家税务总局关于印发〈出口货物退（免）税若干问题的具体规定〉的通知》（国税发［1999］101 号,1999 年 6 月 21 日 ）。

④　《财政部　国家税务总局关于国内航空供应公司向国外航空公司销售航空食品有关退（免）税问题的通知》（财税［2002］112 号,2002 年 7 月 18 日 ）。

⑤　《国家税务总局关于印发〈出口货物退（免）税管理办法〉的通知》（国税发［1994］31 号,1994 年 2 月 18 日 ）。此后,《国家税务总局关于利用外国政府或国际金融组织贷款采用国际招标方式国内中标的机电产品等取消退免税规定的通知》（国税发［1995］14 号）曾规定,采用国际招标由国内企业中标的机电产品等货物,从 1995 年 1 月 1 日起不得退还、减免增值税,但《国家税务总局关于利用外国贷款采用国际招标方式国内企业中标的机电产品恢复退税的通知》（国税发［1998］65 号）又将这一政策恢复。《国家税务总局关于利用外国政府或国际金融组织贷款采用国际招标方式国内中标的机电产品等取消退免税规定的通知》（国税发［1995］14 号）被《国家税务总局关于发布已失效或废止的税收规范性文件目录的通知》（国税发［2006］62 号）公布废止。

会）、联合国农业发展基金、亚洲开发银行发放的贷款①。

外国政府贷款的国家和机构范围，详见《国家税务总局关于明确外国政府贷款范围的通知》（国税函[2009]256号，2009年5月15日）。

中标机电产品的范围以对外贸易经济合作部制定的《机电进出口商品目录》为准②。

利用外国政府贷款和国际金融组织贷款采取国际招标方式，由外国企业中标再分包给国内企业供应的机电产品，视同国内企业中标予以办理退税③。

招标单位须在招标完毕后，填写《中标证明通知书》（见附件）并报其所在地税务机关，由税务机关签署意见后直接寄送给中标企业所在地税务机关，中标企业所在地税务机关方能根据国家税务总局有关政策规定办理退税。招标单位所在地的税务机关须严格按国家税务总局批准的文件以及国家评标委员会的《审议评标结果通知》的内容签发《中标证明通知书》④。

利用国际金融组织或国外政府贷款采取国际招标方式或由国内企业中标销售的机电产品、建筑材料，应由企业于中标货物支付验收后，向当地主管出口退税的税务机关报送《出口货物退（免）税申报表》，并提供下列证明及资料⑤：

（1）由中国招标公司或其他国内招标组织签发的中标证明（正本）；

（2）中标人与中国招标公司或其他招标组织签订的供货合同。如中标人为外贸企业，则还应提供中标人与供货企业签订的收购合同（协议）；

（3）中标货物的购进增值税专用发票。中标货物已征消费税的，还须提供专用税票（生产企业中标的，应征消费税在生产环节免征）；

（4）中标人按照标书规定及供货合同向用户发货所提供的发货单；

（5）分包中标项目的企业除提供上述单证资料外，还须提供与中标人签署的分包合同（协议）；

（6）增值税税收（出口货物专用）缴款书、中标企业销售机电产品的外销发票或普通发票、中标机电产品用户招标产品的收货清单等凭证⑥。

中标企业销售的中标机电产品，不得开具增值税专用发票，应开具外销发票或普通发票⑦。

准予退税的中标机电产品，包括机械、电子、运输工具、光学仪器、扩声器、医用升降椅、座具、体育设备、游乐场设备⑧。

从2002年1月1日起，对生产企业利用国际金融组织或外国政府贷款采用国际招标方式国内企业中标或外国企业中标后分包给国内企业的机电产品，实行"免、抵、退"税管理办法⑨。具体规定见5.2.2。

对国际协力银行不附带条件贷款（即原日本输出入银行资金协力贷款）视同政府贷款，用该贷款建设的项目，由国内企业中标的机电产品准予退税。2003年1月1日以后招标的项目，其中标机电产品的退税办法，按《国家税务总局关于利用外国贷款采用国际招标方式国内企业中标的机电产品恢复退税的通知》（国税发[1998]65号）、《国家税务总局关于印发〈出口货物退（免）税若干问题的具体规定〉的通知》（国税发[1999]101号）规定办理。2002年12月31日以前，已经招标的项目，招标企业所在地国家税务局可直接开具《中标证

---

① 《国家税务总局关于印发〈出口货物退（免）税管理办法〉的通知》（国税发[1994]31号，1994年2月18日）。
② 《国家税务总局关于印发〈出口货物退（免）税若干问题的具体规定〉的通知》（国税发[1999]101号，1999年6月21日）。
③ 《国家税务总局关于印发〈出口货物退（免）税若干问题的具体规定〉的通知》（国税发[1999]101号，1999年6月21日）。
④ 《国家税务总局关于印发〈出口货物退（免）税若干问题的具体规定〉的通知》（国税发[1999]101号，1999年6月21日）。
⑤ 《国家税务总局关于印发〈出口货物退（免）税管理办法〉的通知》（国税发[1994]31号，1994年2月18日）。
⑥ 《国家税务总局关于印发〈出口货物退（免）税若干问题的具体规定〉的通知》（国税发[1999]101号，1999年6月21日）。
⑦ 《国家税务总局关于印发〈出口货物退（免）税若干问题的具体规定〉的通知》（国税发[1999]101号，1999年6月21日）。
⑧ 《国家税务总局关于出口退税若干问题的通知》（国税发[2000]165号，2000年12月22日）。
⑨ 《财政部 国家税务总局关于进一步推进出口货物实行免抵退税办法的通知》（财税[2002]7号，2002年1月23日）。

明通知书》。2002 年 12 月 31 日前,生产企业已销售的中标机电产品,实行先征后退办法;其他企业已购进的中标机电产品,退税免予提供《税收(出口货物专用)缴款书》①。

从 2006 年 7 月 1 日起,利用外国政府贷款和国际金融组织贷款采取国际招标方式,国内企业中标的机电产品或外国企业中标再分包给国内企业供应的机电产品,凡属于《外商投资项目不予免税的进口商品目录》所列商品的,不予退(免)税;其他机电产品按现行有关规定办理退(免)税②。

5.2.4.6　企业在国内采购并运往境外作为在国外投资的货物退免税管理

(1)企业在国内采购并运往境外作为在国外投资的货物特准退还或免征增值税和消费税③。

(2)企业在国内采购并运往境外作为在国外投资的货物,应于货物报关出口后向当地主管出口退税的税务机关报送《出口货物退(免)税申报表》,并提供下列单证及资料④:

①对外贸易经济合作部及其授权单位批准其在国外投资的文件(影印件);

②在国外办理的企业注册登记副本和有关合同副本;

③出口货物的购进增值税专用发票;

④出口货物报关单(出口退税联)。

(3)从 2006 年 7 月 1 日起,企业以实物投资出境的设备及零部件(其中设备是指在实行扩大增值税抵扣范围政策以前购进的设备),实行出口退(免)税政策。企业以其在实行扩大增值税抵扣范围政策以后购进的设备及零部件作为实物投资出境的,不实行单项退税政策,实行"免、抵、退"税的政策⑤。

企业以实物投资出境的外购设备及零部件按购进设备及零部件的增值税专用发票计算退(免)税;企业以实物投资出境的自用旧设备,按照下列公式计算退(免)税⑥:

应退税额=增值税专用发票所列明的金额(不含税额)×设备折余价值/设备原值×适用退税率

设备折余价值=设备原值-已提折旧

企业以实物投资出境的自用旧设备,须按照《中华人民共和国企业所得税条例》规定的向主管税务机关备案的折旧年限计算提取折旧,并计算设备折余价值。税务机关接到企业出口自用旧设备的退税申报后,须填写《旧设备折旧情况核实表》(见国税发〔2006〕102 号《国家税务总局关于出口货物退(免)税若干问题的通知》附件)交由负责企业所得税管理的税务机关核实无误后办理退税⑦。

5.2.4.7　加工贸易出口货物退免税管理

(1)来料加工贸易

来料加工复出口的货物免征增值税、消费税⑧。

出口企业以"来料加工"贸易方式免税进口原材料、零部件后,凭海关核签的来料加工进口货物报关单和来料加工登记手册向主管其出口退税的税务机关办理"来料加工免税证明",持此证明向主管其征税的税务机关申报办理免征其加工或委托加工货物及其工缴费的增值税、消费税。货物出口后,出口企业应凭来料加工出口货物报关单和海关已核销的来料加工登记手册、收汇凭证向主管出口退税的税务机关办理核销手续。逾期未核销的,主管出口退税的税务机关将会同海关和主管征税

---

①　《国家税务总局关于利用日本国际协力银行不附带条件贷款项目中标机电产品退税问题的通知》(国税函〔2003〕89 号,2003 年 1 月 7 日)。

②　《国家税务总局关于出口货物退(免)税若干问题的通知》(国税发〔2006〕102 号,2006 年 7 月 12 日)。

③　《国家税务总局关于印发〈出口货物退(免)税管理办法〉的通知》(国税发〔1994〕31 号,1994 年 2 月 18 日)。

④　《国家税务总局关于印发〈出口货物退(免)税管理办法〉的通知》(国税发〔1994〕31 号,1994 年 2 月 18 日)。

⑤　《国家税务总局关于出口货物退(免)税若干问题的通知》(国税发〔2006〕102 号,2006 年 7 月 12 日)。

⑥　《国家税务总局关于出口货物退(免)税若干问题的通知》(国税发〔2006〕102 号,2006 年 7 月 12 日)。

⑦　《国家税务总局关于出口货物退(免)税若干问题的通知》(国税发〔2006〕102 号,2006 年 7 月 12 日)。

⑧　《国家税务总局关于印发〈出口货物退(免)税管理办法〉的通知》(国税发〔1994〕31 号,1994 年 2 月 18 日)。

的税务机关及时予以补税和处罚①。

小规模纳税人委托其他加工企业从事来料加工业务的,可按照现行有关规定向税务机关申请开具《来料加工免税证明》,加工企业可凭《来料加工免税证明》办理加工费的免税手续②。

(2)进料加工贸易

出口企业(不包括1993年12月31日以前批准设立的外商投资企业)开展进料加工业务,必须先持经贸主管部门的批件,送主管其出口退税税务部门审核签章,税务部门须逐笔登记并将复印件留存备查。海关凭盖有主管出口退税税务部门印章的经贸主管部门的批件,方能办理进口料件"登记手册"。出口企业因故对事先未到税务机关审核签章而以"进料加工"名义出口的货物,凡属于生产企业出口的,一律按照《财政部 国家税务总局关于印发〈出口货物退(免)税若干问题规定〉的通知》(财税字[1995]92号)第三条、第五条规定,即本章5.2.3.3第(6)、(7)条的公式计算退税;凡属于外贸企业出口的,其保税进口的原材料、零部件转售给其他企业加工时,应按规定的增值税税率计征销售料件的增值税。未能执行进料加工合同,需持原"登记手册"或海关证明到主管税务部门办理注销手续③。

生产企业以"进料加工"贸易方式进口料、件加工复出口的,对其进口料件应先根据海关核准的进料加工"登记手册"填具"进料加工贸易申请表",报经主管其出口退税的税务机关同意盖章后,再将此申请表报送主管其征税的税务机关,并准许其在计征加工成品的增值税时对这部分进口料、件按规定征税税率计算税额予以抵扣。货物出口后,主管退税的税务机关在计算其退税或抵免税额时,也应对这部分进口料件按规定退税率计算税额并予扣减④。凡未按规定申请办理"进料加工贸易申请表"的,相应的复出口货物,生产企业不得申请办理退税⑤。

自2006年7月1日起,从事进料加工业务的生产企业,应于取得海关核发的《进料加工登记手册》后的下一个增值税纳税申报期内向主管税务机关办理《生产企业进料加工登记申报表》;于发生进口料件的当月向主管税务机关申报办理《生产企业进料加工进口料件申报明细表》;并于取得主管海关核销证明后的下一个增值税纳税申报期内向主管税务机关申报办理核销手续。逾期未申报办理的,税务机关在比照税收征收管理法第六十二条有关规定进行处罚后再办理相关手续⑥。

出口企业以"进料加工"贸易方式减税进口原材料、零部件转售给其他企业加工时,先填具"进料加工贸易申报表",报经主管其出口退税的税务机关同意签章后再将此申报表报送主管其征税的税务机关,并据此在开具增值税专用发票时可按规定税率计算注明销售料件的税额,主管出口企业征税的税务机关对这部分销售料件的销售发票上所注明的应缴税额不计征入库,而由主管退税的税务机关在出口企业办理出口退税时在退税额中扣抵⑦。

出口货物退税率调整后,进料加工复出口货物按新退税率计算须从退税款中抵扣的应征增值税税款的执行时间,外贸企业以销售料件的增值税专用发票上注明的时间为准,生产企业以进料加工贸

---

① 《国家税务总局关于印发〈出口货物退(免)税管理办法〉的通知》(国税发[1994]31号,1994年2月18日)。

② 《国家税务总局关于出口货物退(免)税若干问题的通知》(国税发[2003]139号,2003年11月18日)。

③ 《海关总署 国家税务总局关于加强协调配合严格出口退税报关单管理和加强防伪鉴别措施的联合通知》(署监[1996]32号,1996年1月10日)。《财政部 国家税务总局关于出口货物税收若干问题的补充通知》(1997年2月21日,财税字[1997]14号)。

④ 《财政部 国家税务总局关于出口货物税收若干问题的补充通知》(财税字[1997]14号,1997年2月21日)。

⑤ 《国家税务总局关于出口退税若干问题的通知》(国税发[2000]165号,2000年12月22日)。

⑥ 《国家税务总局关于出口货物退(免)税若干问题的通知》(国税发[2006]102号,2006年7月12日)。

⑦ 《国家税务总局关于印发〈出口货物退(免)税管理办法〉的通知》(国税发[1994]31号,1994年2月18日)。

易申报表中申报时间为准①。

①外贸企业进料加工复出口货物退税计算

出口退税额＝出口货物的应退税额－销售进口料件的应缴税额

销售进口料件的应缴税额＝销售进口料件金额×税率－海关已对进口料件的实征增值税税款②

外贸企业从事的进料加工复出口货物，主管退税的税务机关在计算抵扣进口料件税额时，凡进口料件征税税率小于或等于复出口货物退税税率的，按进口料件的征税税率计算抵扣；凡进口料件征税税率大于复出口货物退税税率的，按复出口货物的退税税率计算抵扣③。

②生产企业进料加工复出口货物退税计算④

I 实行"先征后退"办法计算退税的生产企业计算公式为⑤：

当期应纳税额＝当期内销货物的销项税额＋当期出口货物离岸价×外汇人民币牌价×征税税率－（当期全部进项税额＋当期海关核销免税进口料件组成计税价格×征税税率）

当期应退税额＝当期出口货物离岸价×外汇人民币牌价×退税率－当期海关核销免税进口料件组成计税价格×退税率

II 实行"免、抵、退"办法计算退税的生产企业的计算公式为⑥：

当期不予抵扣或退税的税额＝当期出口货物离岸价×外汇人民币牌价×（征税税率－退税率）－当期海关核销免税进口料件组成计税价格×（征税税率－退税率）

③生产企业进料加工贸易免税证明的办理⑦

I 进料加工业务的登记。开展进料加工业务的企业，在第一次进料之前，应持进料加工贸易合同、海关核发的《进料加工登记手册》并填报《生产企业进料加工登记申报表》，向退税部门办理登记备案手续。

II 《生产企业进料加工贸易免税证明》的出具。开展进料加工业务的生产企业在向退税部门申报办理"免、抵、退"税时，应填报《生产企业进料加工进口料件申报明细表》，退税部门按规定审核后出具《生产企业进料加工贸易免税证明》。

采用"实耗法"的《生产企业进料加工贸易免税证明》按当期全部（包括单证不齐全部分）进料加工贸易方式出口货物所耗用的进口料件组成计税价格计算出具；采用"购进法"的《生产企业进料加工贸易免税证明》按当期全部购进的进口料件组成计税价格计算出具。

III 进料加工业务的核销。生产企业《进料加工登记手册》最后一笔出口业务在海关核销之后、《进料加工登记手册》被海关收缴之前，持手册原件及《生产企业进料加工海关登记手册核销申请表》到退税部门办理进料加工业务核销手续。退税部门根据进口料件和出口货物的实际发生情况出具《进料加工登记手册》核销后的《生产企业进料加工贸易免税证明》，与当期出具的《生产企业进料加工贸易免税证明》一并参与计算。

④外贸企业进料加工贸易免税证明的办理

外贸企业采取作价加工方式从事进料加工复

---

① 《国家税务总局关于印发〈出口货物退（免）税若干问题的具体规定〉的通知》（国税发[1999]101 号，1999 年 6 月 21 日）。

② 《国家税务总局关于印发〈出口货物退（免）税管理办法〉的通知》（国税发[1994]31 号，1994 年 2 月 18 日），《财政部 国家税务总局关于出口货物税收若干问题的补充通知》（财税字[1997]14 号，1997 年 2 月 21 日）。

③ 《国家税务总局关于出口退税若干问题的通知》（国税发[2000]165 号，2000 年 12 月 22 日）。此前，《财政部 国家税务总局关于出口货物税收若干问题的补充通知》（财税字[1997]14 号，1997 年 2 月 21 日）规定，主管退税的税务机关在计算抵扣进口料、件的税额时，应按照出口货物规定的退税率计算。

④ 此前，《国家税务总局关于印发〈出口货物退（免）税管理办法〉的通知》（国税发[1994]31 号，1994 年 2 月 18 日）对外贸企业进料加工复出口货物退税的计算与生产企业未做区分。

⑤ 《财政部 国家税务总局关于出口货物税收若干问题的补充通知》（财税字[1997]14 号，1997 年 2 月 21 日）。

⑥ 《财政部 国家税务总局关于出口货物税收若干问题的补充通知》（财税字[1997]14 号，1997 年 2 月 21 日）。

⑦ 《国家税务总局关于印发〈生产企业出口货物"免、抵、退"税管理操作规程〉（试行）的通知》（国税发[2002]11 号，2002 年 2 月 6 日）。

出口业务,未按规定办理"进料加工免税证明"的,相应的复出口产品,外贸企业不得申请办理退(免)税①。

⑤基于保税仓库存放进口料件、出口监管仓库存放出口货物的实际情况,对企业从境外外商购进、从海关保税仓库提取并办理海关进料加工手续的料件,予以开具进料加工贸易免税证明;对企业从海关出口监管仓库提取的料件,不予开具进料加工贸易免税证明②。

⑥自2005年5月1日起,对以进料加工贸易方式出口的未在规定期限内申报出口退税的货物,出口企业须按照复出口货物的离岸价格与所耗用进口料件的差额计提销项税额或计算应纳税额③。

(3)加工贸易纸质手册电子化改革后的出口退税管理

实行加工贸易电子化手册的出口企业到主管税务机关办理加工贸易登记备案、核销业务时,无法提供纸质《加工贸易登记手册》的,根据《海关总署关于全面推广应用H2000电子化手册系统的通知》(署加发[2008]57号)和《加贸司关于明确电子化手册纸面单证打印有关问题的通知》(加贸函[2009]6号)有关规定,企业可提供经海关盖章确认的加工贸易电子化纸质单证,税务机关据此办理有关加工贸易出口退税事宜④。

(4)加工贸易特殊情形的税务处理

①外商投资企业以来料加工、进料加工贸易方式加工货物销售给非外商投资企业出口的,不实行上述办法,须按照增值税、消费税的征税规定征收增值税、消费税,出口后按出口退税的有关规定办理退税⑤。

②出口企业委托生产企业加工收回后报关出口的货物,凭购买加工货物的原材料等发票和工缴费发票按规定办理退税。若原材料等属于进料加工贸易已减征进口环节增值税的应扣除已减征税款计算退税⑥。

③进料加工双代理业务有关退税问题。对山东省烟台佛莱士船业有限公司和来福士海洋工程有限公司委托中国航空技术进出口总公司福建分公司、厦门分公司代理进口料件同时又代理进出口料件的双代理业务,由烟台佛莱士船业有限公司和来福士海洋工程有限公司(即委托方)按照《财政部国家税务总局关于出口货物税收若干问题的补充通知》(财税字[1997]14号)文件的有关规定办理进口料件的模拟抵扣手续,同时在船舶出口后,按规定申报办理出口货物的退税手续。具体处理程序是⑦:

Ⅰ 对中航技公司福建分公司、厦门分公司分别代理烟台佛莱士船业有限公司和来福士海洋工程有限公司进口的料件,由福建分公司、厦门分公司分别向其主管出口退税的税务机关申请办理《代理进口料件证明》(附后),由主管出口退税的税务机关审核签章后出具纸质证明,同时录入代理进口料件电子信息并直接传输山东省国家税务局(进出口税收管理分局);

Ⅱ 山东省烟台佛莱士船业有限公司和来福士海洋工程有限公司凭受托方转来的《代理进口料件证明》,报经其主管出口退税的税务机关核实后,办理《进料加工贸易申报表》,并比照《财政部国家税务总局关于出口货物税收若干问题的补充通知》(财税字[1997]14号)文件第二条第(二)款

---

① 《财政部 国家税务总局关于出口货物退(免)税若干具体问题的通知》(财税字[2004]116号,2004年7月10日)。

② 《国家税务总局关于从保税仓库和出口监管仓库提取的料件有关税收处理办法的批复》(国税函[2005]1153号,2005年12月7日)。

③ 《国家税务总局关于出口企业未在规定期限内申报出口货物退(免)税有关问题的通知》(国税发[2005]68号,2005年4月19日)。

④ 《国家税务总局关于加工贸易纸质手册电子化有关出口退税管理工作的通知》(国税函[2009]449号,2009年8月26日)。

⑤ 《国家税务总局关于印发〈出口货物退(免)税管理办法〉的通知》(国税发[1994]31号,1994年2月18日)。

⑥ 《国家税务总局关于印发〈出口货物退(免)税管理办法〉的通知》(国税发[1994]31号,1994年2月18日)。

⑦ 《国家税务总局关于从事进料加工双代理业务有关退税问题的批复》(国税函[2001]1030号,2001年12月30日)。

的有关规定,办理进口料件税款的模拟抵扣手续;

Ⅲ　待货物出口后,山东省烟台佛莱士船业有限公司和来福士海洋工程有限公司凭"代理出口货物证明"、受托方代理出口的"出口货物报关单(出口退税专用)"、出口收汇核销单(出口退税专用)、代理出口协议副本等有关凭证,比照财税字[1997]14 号文件第二条的有关规定办理出口货物的退税手续。

④国外客户推迟支付货款或不能支付货款的出口货物,及出口企业以差额结汇方式进行结汇的进料加工出口货物,凡外汇管理部门出具出口收汇核销单(出口退税专用)的,出口企业可按规定申报办理退(免)税手续①。

5.2.4.8　卷烟出口退免税管理

(1)2008 年之前出口卷烟税收管理办法

有出口卷烟经营权的企业出口国家出口卷烟计划内的卷烟,按下列办法免征增值税、消费税。其他非计划内出口的卷烟照章征收增值税和消费税,出口后一律不退税②。

①出口企业向卷烟厂购进卷烟用于出口时,应先向主管其出口退税的税务机关申报办理"准予免税购进出口卷烟证明",然后转交卷烟厂,由卷烟厂据此向主管其征税的税务机关申报办理免税手续。已批准免税的卷烟,卷烟厂必须以不含消费税、增值税的价格销售给出口企业③。

②主管出口退税的税务机关必须严格按照国家出口卷烟免税计划的数量核签"准予免税购进出口卷烟证明"。国家出口卷烟免税计划以我局下发的计划为准。年初在出口卷烟免税计划下达之前,各地主管出口退税的税务机关可以按照出口企业上年年初完成的国家出口卷烟免税计划的进

度核签"准予免税购进出口卷烟证明"④。

③主管卷烟厂征税的税务机关必须严格按照"准予免税购进出口卷烟证明"所列品种、规格、数量核准免税。核准免税后,主管征税的税务机关应填写"出口卷烟已免税证明",并直接寄送主管购货方出口退税的税务机关⑤。

④出口企业将免税购进的出口卷烟出口后,凭出口货物报关单(出口退税联)、收汇单、出口发票按月向主管其出口退税的税务机关办理免税核销手续⑥。

⑤出口卷烟在生产环节免征增值税、消费税。出口卷烟增值税的进项税额不得抵扣内销货物的应纳增值税,仍应计入产品成本处理⑦。

自 2004 年 1 月 1 日起,免税出口卷烟转入成本的进项税额,按出口卷烟含消费税的金额占全部销售额的比例计算分摊,计算出口卷烟含税金额的公式如下:

Ⅰ　当生产企业销售的出口卷烟在国内有同类产品销售价格时:

出口卷烟含税金额=出口销售数量×销售价格

公式中的"销售价格"为同类产品生产企业国内实际调拨价格。如果实际调拨价格低于税务机关公示的计税价格,公式中的"销售价格"为税务机关公示的计税价格;高于税务机关公示的计税价格,公式中的销售价格为实际调拨价格。

Ⅱ　当生产企业销售的出口卷烟在国内没有同类产品销售价格时:

出口卷烟含税金额=出口销售额÷(1-消费税比例税率)+出口销售数量×消费税定额税率

公式中的"出口销售额"以出口发票计算的出

①《财政部 国家税务总局关于出口货物退(免)税若干具体问题的通知》(财税字[2004]116 号,2004 年 7 月 10 日)。

②《国家税务总局关于印发〈出口货物退(免)税管理办法〉的通知》(国税发[1994]31 号,1994 年 2 月 18 日)。

③《国家税务总局关于印发〈出口货物退(免)税管理办法〉的通知》(国税发[1994]31 号,1994 年 2 月 18 日)。

④《国家税务总局关于印发〈出口货物退(免)税管理办法〉的通知》(国税发[1994]31 号,1994 年 2 月 18 日)。

⑤《国家税务总局关于印发〈出口货物退(免)税管理办法〉的通知》(国税发[1994]31 号,1994 年 2 月 18 日)。

⑥《国家税务总局关于印发〈出口货物退(免)税管理办法〉的通知》(国税发[1994]31 号,1994 年 2 月 18 日)。

⑦《财政部 国家税务总局关于印发〈出口货物退(免)税若干问题规定〉的通知》(财税字[1995]92 号,1995 年 7 月 8 日)。《财政部 国家税务总局关于出口货物税收若干问题的补充通知》(财税字[1997]14 号,1997 年 2 月 21 日)。

口货物离岸价格为准。出口发票不能如实反映实际离岸价的,企业必须按照实际离岸价向主管税务机关进行申报,同时主管税务机关有权依照《中华人民共和国税收征收管理法》《中华人民共和国增值税暂行条例》等有关规定予以核定。

公式中的"消费税比例税率",是指卷烟生产企业销售卷烟的实际价格或核定的计税价格所适用的比例税率①。

⑥严格免税出口卷烟计划管理。免税出口卷烟计划由国家税务总局编制、下达,其内容包括卷烟的出口合同号码、出口数量、生产企业、品牌、运抵国(地区)等。主管卷烟出口企业退(免)税的税务机关要严格按照总局下达的免税出口卷烟计划核签《准予免税购进出口卷烟证明》(简称《准免证》),不得超计划核签《准免证》;主管卷烟生产企业征税的税务机关要严格按照《准免证》所列品种、规格、数量办理免税,填写《出口卷烟已免税证明》并寄送主管卷烟出口企业退(免)税的税务机关②。

自2007年4月1日起,对免税出口卷烟计划实行分类管理③:

Ⅰ NISE、SILVER ELEPHANT、MARBLE、SONBONG、WIN、新兴、中南海、金鹿、都宝、FISHER、ASHIMA、MODERN、FARSTAR、芙蓉、WINBODY、R. G. D16个牌号的卷烟作为"重点培育发展类卷烟"。对"重点培育发展类卷烟",税务总局每年第一季度下达全年免税出口计划,并于第四季度根据实际执行情况进行适当追加、调整。在年度中如出现因特殊原因导致年初下达的计划明显不足的情况,国家税务总局将根据国家烟草专卖局申请追加计划。

"重点培育发展类卷烟"免税出口计划内容包括出口卷烟牌号、出口数量、出口卷烟生产企业、出口国家或地区、外商单位名称。在实际出口过程中因目标市场变化需要调整出口国别或地区的,国家烟草专卖局应根据卷烟出口企业申请随时报国家税务总局审批。

Ⅱ 对于列入"重点培育发展类卷烟"免税出口计划的卷烟,卷烟出口企业应在与外商签订合同生效后,将经中国卷烟进出口(集团)公司审核后盖章的出口合同(原件)报主管税务机关备案。税务机关在办理《准免证》以及免税出口卷烟核销时,要将卷烟出口企业申报的资料与税务总局下达的免税出口计划及卷烟出口企业备案的合同相核对,核对相符的出具《准免证》或办理免税核销手续;核对不符的,按现行有关规定处理。

Ⅲ 除上述"重点培育发展类卷烟"以外的其他牌号卷烟,列入"重点管理类卷烟"。"重点管理类卷烟"免税出口计划下达、开具《准免证》、办理免税卷烟出口核销手续等事宜仍按原有规定执行。

⑦实行指定海关报关出口的监管办法。免税出口卷烟最初须从黄埔、上海、大连、天津、宁波、满洲里、霍尔果斯、阿拉山口、瑞丽、打洛、晖春、丹东海关(以上均不包括其下属海关)直接报关出口,不得转关出口。对从上述海关以外的海关报关出口的免税卷烟,主管卷烟出口企业退(免)税的税务机关不得核签《准免证》,并通知主管卷烟生产企业征税的税务机关依法予以补税④。后逐步增列卷烟免税出口口岸,卷烟出口企业由土尔尕特口岸、青岛口岸、上海海关下属的浦江海关、吴淞海

---

① 《财政部 国家税务总局关于出口货物退(免)税若干具体问题的补充通知》(财税〔2005〕34号,2005年3月8日)。此前,《财政部 国家税务总局关于出口货物退(免)税若干具体问题的通知》(财税〔2004〕116号,2004年7月10日)曾规定:免税出口卷烟转入成本的进项税额,按出口卷烟含消费税的金额占全部销售额的比例计算分摊。出口卷烟含税金额=出口数量×销售价格÷(1-消费税税率),当出口卷烟同类产品国内销售价格低于税务机关公示的计税价格时,公式中的销售价格为税务机关公示的计税价格;高于税务机关公示的计税价格时,公式中的销售价格为实际销售价格。

② 《国家税务总局关于进一步加强出口卷烟税收管理的通知》(国税发〔1998〕123号,1998年8月31日)。

③ 《国家税务总局关于免税出口卷烟计划实行分类管理的通知》(国税函〔2007〕318号,2007年3月6日)。

④ 《国家税务总局关于进一步加强出口卷烟税收管理的通知》(国税发〔1998〕123号,1998年8月31日)。《国家税务总局关于增列瑞丽海关为免税卷烟出口口岸的批复》(国税函〔1998〕124号,1998年2月26日)。

关、外高桥港口办事处、深圳海关下属大鹏海关、厦门海关所属东注办事处报关出口的卷烟准予办理免税核销手续①。

对在免税出口卷烟计划内供应给上海远洋船舶供应公司的出口货物报关单上加盖"上海海关"验讫章的出口卷烟,予以免税核销②。

对国内卷烟出口企业经北京海关所属首都机场海关报关出口、销售给日上免税行(中国)有限公司的免税出口卷烟,准予按照《国家税务总局关于进一步加强出口卷烟税收管理的通知》(国税发[1998]123号)有关规定办理免税出口卷烟核销手续③。

⑧免税出口卷烟如果发生内销或出口后又退关的,卷烟出口企业应立即补缴该批卷烟的已免税款;对采取非法手段骗取免税的企业,按税收征收管理法有关规定处罚;对骗税情节严重的企业,经国家税务总局批准停止其半年以上免税出口卷烟的经营权,并移交司法机关处理④。

(2)2008年以后出口卷烟税收管理办法⑤

因国家烟草行业进出口管理体制的改革和完善,卷烟出口经营模式发生了变化,实行卷烟出口企业收购出口、卷烟出口企业自产卷烟出口、卷烟生产企业将自产卷烟委托卷烟出口企业出口的经营模式。自2008年1月1日起,对新经营模式下出口卷烟免税的税收管理工作按以下规定执行。

在此之前已经进行了出口经营模式调整的卷烟出口企业出口的免税卷烟也按以下规定进行税收管理。对尚在出口经营模式调整过程中的卷烟出口企业,在报省国税局批准后可暂按原有规定进行免税出口卷烟税收管理。

①卷烟出口企业(名单见国税发[2008]5号《国家税务总局关于调整出口卷烟税收管理办法的通知》附件)购进卷烟出口的,卷烟生产企业将卷烟销售给出口企业时,免征增值税、消费税,出口卷烟的增值税进项税额不得抵扣,并按照下列方式进行免税核销管理⑥。

Ⅰ 卷烟出口企业应在免税卷烟报关出口(出口日期以出口货物报关单上注明的出口日期为准,下同)次月起4个月的申报期(申报期为每月1日至15日)内,向主管卷烟出口企业退(免)税的税务机关(退税机关)办理出口卷烟的免税核销手续。办理免税核销时应提供以下资料:

ⅰ 出口卷烟免税核销申报表(见国税发[2008]5号《国家税务总局关于调整出口卷烟税收管理办法的通知》附件);

ⅱ 出口货物报关单(出口退税专用);

ⅲ 出口收汇核销单(出口退税专用)。申报时出口货物尚未收汇的,可在货物报关出口之日起180日内提供出口收汇核销单(出口退税专用);在试行申报出口货物退(免)税免予提供纸质出口收

---

① 《国家税务总局关于增开计划内免税出口卷烟口岸的通知》(国税函[2000]171号,2000年3月7日)、《国家税务总局关于从上海海关出口卷烟免税核销问题的通知》(国税函[2001]757号,2001年10月17日)、《国家税务总局关于增列免税卷烟出口口岸的通知》(国税函[2002]585号,2002年7月4日)、《国家税务总局关于调整厦门免税卷烟出口口岸的批复》(国税函[2003]390号,2003年4月11日)、《国家税务总局关于增列免税出口卷烟口岸的批复》(国税函[2007]489号,2007年5月14日)。

② 《国家税务总局关于增列免税卷烟出口口岸的通知》(国税函[2002]585号,2002年7月4日)。

③ 《国家税务总局关于销售给日上免税行(中国)有限公司免税出口卷烟核销问题的通知》(国税函[2007]497号,2007年5月17日)。

④ 《国家税务总局关于进一步加强出口卷烟税收管理的通知》(国税发[1998]123号,1998年8月31日)。

⑤ 《国家税务总局关于调整出口卷烟税收管理办法的通知》(国税发[2008]5号,2008年1月8日)。

⑥ 《国家税务总局关于调整出口卷烟税收管理办法的通知》(国税发[2008]5号,2008年1月8日)。此前,《国家税务总局关于进一步加强出口卷烟税收管理的通知》(国税发[1998]123号,1998年8月31日)规定,免税出口卷烟出口后,卷烟出口企业凭出口货物报关单(出口退税联)、出口收汇核销单、出口合同、出口发票等单证按月向主管卷烟出口企业退(免)税的税务机关申报办理免税出口卷烟核销手续,主管卷烟出口企业退(免)税的税务机关经审核(包括单证审核和出口货物报关单、外汇核销单等电子信息对审)无误,准予办理免税核销手续。对不能按期核销以及出口合同与出口货物报关单有关内容不一致的免税出口卷烟,主管卷烟出口企业退(免)税的税务机关要责成卷烟出口企业依法予以补税。根据《国家税务总局关于公布全文失效废止 部分条款失效废止的税收规范性文件目录的公告》(国家税务总局公告2011年第2号,2011年1月4日),国税发[1998]123号上述规定废止。

汇核销单的地区,实行"出口收汇核销网上报审系统"的企业,可以比照相关规定免予提供纸质出口收汇核销单,税务机关以出口收汇核销单电子数据审核免税核销;属于远期收汇的,应按照出口退税规定提供远期结汇证明;

ⅳ 出口发票;

ⅴ 出口合同;

ⅵ 出口卷烟已免税证明。

Ⅱ 退税机关应对卷烟出口企业的免税核销申报进行审核(包括出口货物报关单、出口收汇核销单等电子信息的比对审核),对经审核符合免税出口卷烟有关规定的准予免税核销,并填写《出口卷烟免税核销审批表》(见国税发[2008]5号《国家税务总局关于调整出口卷烟税收管理办法的通知》附件)。退税机关应按月对卷烟出口企业未在规定期限内申报免税核销以及经审核不予免税核销的情况,填写《出口卷烟未申报免税核销及不予免税核销情况表》(见国税发[2008]5号《国家税务总局关于调整出口卷烟税收管理办法的通知》附件),并将该表及《出口卷烟免税核销审批表》传递给主管卷烟出口企业征税的税务机关,由其对卷烟出口企业未在规定期限内申报免税核销以及经审核不予免税核销的出口卷烟按照有关规定补征税款。

②有出口经营权的卷烟生产企业(名单见国税发[2008]5号《国家税务总局关于调整出口卷烟税收管理办法的通知》附件)按出口计划直接出口自产卷烟,免征增值税、消费税,出口卷烟的增值税进项税额不得抵扣。按照以下方式进行免税核销管理:

Ⅰ 卷烟出口企业应在免税卷烟报关出口次月起4个月的申报期内,向退税机关申报办理出口卷烟的免税核销手续。申报免税核销时应提供以下资料:

ⅰ 出口卷烟免税核销申报表;

ⅱ 出口货物报关单(出口退税专用);

ⅲ 出口收汇核销单(出口退税专用)。出口收汇核销单(出口退税专用)提供要求与本通知第

一条第一款相同;

ⅳ 出口发票;

ⅴ 出口合同。

Ⅱ 退税机关应按照上述对卷烟出口企业的免税核销申报规定进行处理。

出口自产卷烟的卷烟出口企业实行统一核算缴税的,省税务机关可依据上述规定制定具体管理办法。

③卷烟生产企业委托卷烟出口企业(名单见国税发[2008]5号《国家税务总局关于调整出口卷烟税收管理办法的通知》附件)按出口计划出口自产卷烟,在委托出口环节免征增值税、消费税,出口卷烟的增值税进项税额不得抵扣。按照以下方式进行免税核销管理:

Ⅰ 卷烟出口企业(受托方)应在卷烟出口之日起60日内按照《国家税务总局关于出口货物退(免)税若干问题的通知》(国税发[2006]102号)第四条规定,向退税机关申请开具《代理出口货物证明》。有关资料审核无误且出口卷烟牌号、卷烟生产企业、出口国别(地区)、外商单位等与免税出口卷烟计划相符的,由退税机关开具《代理出口货物证明》;卷烟出口数量超过免税出口卷烟计划以及未在列名口岸报关等不符合免税出口卷烟规定的,退税机关一律不得开具《代理出口货物证明》。

Ⅱ 卷烟生产企业(委托方)应在免税卷烟报关出口次月起4个月的申报期内,向主管其出口退(免)税的税务机关申报办理出口卷烟的免税核销手续。申报免税核销时应提供以下资料:

ⅰ 出口卷烟免税核销申报表;

ⅱ 出口货物报关单(出口退税专用)复印件;

ⅲ 出口收汇核销单(出口退税专用)复印件。申报时出口货物尚未收汇的,可在货物报关出口之日起180日内提供出口收汇核销单(出口退税专用)复印件;属于远期收汇的,应提供远期结汇证明复印件;

ⅳ 出口发票;

ⅴ 出口合同。

Ⅲ 主管卷烟生产企业(委托方)的退税机关

应按照对卷烟生产企业(委托方)的免税核销申报规定进行处理,对卷烟生产企业(委托方)未在规定期限内进行免税核销申报以及经审核不予核销的,应通知主管其征税的税务机关按照有关规定补征税款。

④卷烟出口企业以及委托出口的卷烟生产企业,由于客观原因不能按本通知规定期限办理免税核销申报手续或申请开具《代理出口货物证明》的,可在申报期限内向退税机关提出书面合理理由申请延期申报,经核准后,可延期 3 个月办理免税核销申报手续或开具《代理出口货物证明》。

⑤出口卷烟的免税核销应由地市级以上税务机关负责审批。

⑥其他未尽事宜,仍按照《国家税务总局关于印发〈出口货物退(免)税管理办法〉的通知》(国税发[1994]31 号)、《国家税务总局关于进一步加强出口卷烟税收管理的通知》(国税发[1998]123 号)等有关规定执行。

5.2.4.9　煤炭出口退免税管理①

煤炭属国家集中统营的许可证出口商品,目前的出口形式是中国煤炭工业进出口总公司负责对外签约,其分公司执行相应的出口合同。由于分公司没有煤炭出口经营权,不能办理退税登记,无法申请退税。考虑到煤炭出口经营的特殊管理体制,对中国煤炭工业进出口总公司所属在各地的分公司准予在当地主管出口退税的税务机关办理退税登记,主管出口退税的税务机关可凭分公司的出口货物报关单(出口退税联)等凭证退税给分公司。凡报关单写明为总公司的,由总公司申报退税。

中国煤炭工业进出口总公司所属的分公司包括:中国煤炭工业进出口总公司黑龙江分公司、辽宁分公司、秦皇岛分公司、天津分公司、石臼分公司(山东省日照市)、连云港分公司、江苏分公司、广东分公司。

5.2.4.10　出境口岸免税店经营国产品退税管理

(1)免税店经销国产品试行退税政策及管理②

对国家旅游局所属中国免税品公司(简称"中免公司")统一管理的出境口岸免税店销售的国产品试行退税政策。

①试行国产品退税政策的经营单位限国家旅游局所属中免公司统一管理的出境口岸免税店,其他各类免税店暂不实行国产品退税政策。供应对象为已办完出境手续即将出境的旅客。试行退税的国产品品种包括烟、酒、工艺品、丝绸、服装、保健品(包括药品)等六大类,其中国产卷烟由中免公司向中国烟草进出口总公司及其所属分公司(简称"烟草进出口公司")免税收购,其他品种则以含税价收购。

②国产品调入免税店监管仓库,海关验凭加盖有中国免税品公司报关专用章的《出口货物报关单》(简称《报关单》)一式四份和其他有关单证办理物品入库手续,并将其中二份《报关单》(其中一份为办理退税专用联)退有关免税店,同时按规定征收监管手续费。免税店应及时将《报关单》退税专用联送交主管免税店退税业务的税务部门备案。

③中免公司各免税店应于每月 10 日前向主管海关提交上月国产品进货、销售、调出及库存情况表和《国产品核销申报表》(简称《申报表》)及其他有关单证,办理上月国产品销售或调出数量的核销手续。《申报表》一式三联,加盖有本店业务公章和中免公司统一印章。免税店填写《申报表》时,应区分销售和调出两种类别数量,并在"销售/调出数量"栏内相应划销非申报类别的字样。海关在办理核销手续时,应根据免税店申报的类别,在《申报表》"备注"栏内作相应批注(属销售的,批注"销售数量"字样,属调出的,批注"调到××

---

① 《国家税务总局关于特准中国煤炭工业进出口总公司各分公司办理退税登记的通知》(国税函发[1994]187 号,1994 年 5 月 19 日)。

② 《海关总署　国家税务总局关于对出境口岸免税店经销国产品试行退税政策有关事宜的通知》(署监[1997]416 号,1997 年 5 月 19 日)。

免税店数量"字样),并于办理核销手续后,将《申报表》第一联留存备核,第二联退申报单位作为向税务部门办理退税或核销手续的证明,第三联由申报单位存查。

④免税店之间调拨已进入海关监管仓库的国产品,应报经主管海关批准并报税务部门备案,海关比照转关运输货物规定办理。其中调入地免税店应按上述第②、③款规定向当地海关办理国产品调入及核销等手续;调出地免税店应在有关国产品调出后填写《申报表》,向当地海关申请办理调出国产品核销手续,调出地海关在收到调入地海关国产品转关回执后,方可按上述第③款有关规定办理核销。

对调拨的卷烟,调出地税务部门须将卷烟品牌、数量、价格、免税数额等情况通知调入地主管税务部门。对其他商品,有关税务部门可开具增值税、消费税专用缴款书分割单。

⑤免税店经销的国产卷烟由中免公司按照国家税务总局核准的数量统一向烟草进出口公司免税收购,并存入经海关批准的该公司专用监管仓库,然后再配发给各免税店销售。具体手续要求如下:

Ⅰ 中免公司免税收购的卷烟进入中免公司监管仓库,海关一律验凭有关烟草进出口公司填具的《报关单》(《报关单》上应注明收货单位为中国免税品公司)和其他有关单据办理入库手续,并将《报关单》退税专用联退烟草进出口公司,烟草进出口公司凭以向主管其退税业务的税务部门办理出口卷烟核销手续。

Ⅱ 中免公司将免税收购的卷烟配发给各免税店时,须报北京市国家税务局备案,海关比照转关运输货物规定办理有关手续。北京市国家税务局应将中免公司配发给各免税店的卷烟情况通知主管免税店退税业务的税务部门。

Ⅲ 各免税店收到卷烟后,应按以上第②款的

规定办理卷烟入库手续。主管免税店退税业务的税务部门应对免税店送交的《报关单》办理退税专用联所列卷烟品名、数量与北京市国家税务局所通知的卷烟品名、数量等进行对照审核,并将结果函复北京市国家税务局。对免税店内销的卷烟,税务机关要依法予以补税。

Ⅳ 免税店经营国产卷烟的核销以及免税店之间调拨手续按以上第③、④款规定办理。

对国内卷烟出口企业经北京海关所属首都机场海关报关出口,销售给日上免税行(上海)有限公司的免税出口卷烟,准予按照《国家税务总局关于进一步加强出口卷烟税收管理的通知》(国税发〔1998〕123号)有关规定办理免税出口卷烟核销手续①。

⑥海关办理国产品核销手续后,应相应扣减《报关单》所报总量,每次核销国产品数量相加的总和应与《报关单》所报总量相一致。

⑦各海关受理国产品报关、调出及核销手续后,应在《报关单》及《申报表》上逐联加盖使用防伪印油的海关验讫章,其中《申报表》退税专用联要加贴防伪标签。各海关将加盖有关验讫章印模的《申报表》(样本)上报海关总署,由海关总署交国家税务总局发送经海关备案的各主管免税店退税业务的税务部门。税务部门在办理退税审核手续时,如发现海关印章和《申报表》可疑,应送交有关海关鉴别。海关应指定专人负责鉴定。各免税店要指定专人负责办理国产品退税手续,并在有关海关和税务部门备案。

⑧中免公司所属免税店自1996年9月1日始进货并售完的上述国产品,凡符合以上规定的,均可按上述规定办理。

⑨《申报表》由海关总署采用防伪技术印制,中免公司统一购买后分发其所属各免税店使用。

⑩海关要对免税店专用仓库的管理要实行双锁制,防止国产品回流骗取退税。对免税店违反本

① 《国家税务总局关于销售给日上免税行(上海)有限公司的免税出口卷烟核销问题的通知》(国税函〔2006〕513号,2006年5月18日)。

通知规定骗取出口退税的,海关将按照《中华人民共和国海关法》、《中华人民共和国行政处罚实施细则》有关规定处罚。对旅客携运进境的国产烟酒,海关一律按有关进口烟酒管理规定办理验放手续。

(2)免税店扩大退税国产品经营范围和简化退税手续的政策及管理

自 2003 年 11 月 1 日起,对纳入中国免税品(集团)总公司(简称"中免公司")统一经营、统一组织进货、统一制定零售价格、统一管理的,在对外开放的机场、港口、火车站、陆路边境口岸、出境飞机、火车、轮船上经批准设立的出境免税店以及供应国际航行船舶的免税店(简称"免税店"),经营退税国产品实行下列退税政策①:

①放开免税店经营退税国产品的商品品种。除国家规定不允许经营和限制出口的商品以外,不再对免税店经营其他国产品在品种上加以限制。对免税店允许经营的国产品实行退税政策。国家规定不允许经营和限制出口的商品是指②:

Ⅰ 中免公司以及纳入其统一经营、统一组织进货、统一制定零售价格、统一管理的各免税店,经营退税国产品的范围超出国家工商行政管理局颁发的《企业法人营业执照》规定的经营范围的项目和商品。

Ⅱ 《中华人民共和国禁止出境物品表》所列商品(见财税[2003]201 号《财政部 国家税务总局 海关总署关于中国免税品(集团)总公司扩大退税国产品经营范围和简化退税手续的通知》附件)。

Ⅲ 《卫生部、对外贸易经济合作部、海关总署关于进一步加强人体血液、组织器官管理有关问题的通知》规定的血液和血液制品、人体组织和器官(包括胎儿)以及利用人体组织和器官(包括胎儿)加工生产的制剂。

Ⅳ 根据商务部会同有关部门依照《中华人民共和国对外贸易法》等有关法律、法规,制定、调整并公布的《禁止出口货物目录》所列商品(海关监管代码为"8")。

Ⅴ 列入《国家重点保护野生动物名录》一、二级保护的野生动物及产品、列入《濒危野生动物国际贸易公约》附录一、二、三级的动物、动物产品和植物、植物产品(海关监管代码为"F")。

Ⅵ 列入《精神药品管制品种目录》海关监管代码为"I"的商品、《麻醉药品管制品种目录》海关监管代码为"W"的商品、《中华人民共和国禁止或严格限制的有毒化学品目录》海关监管代码为"X"的商品。

Ⅶ 海关总署根据国家有关规定确认的其他禁止出口和限制出口的物品。

②简化对允许免税店经营国产品的退税手续。对中免公司统一采购并报关进入海关监管仓库专供出境免税店销售的商品视同实际出口,海关予以签发出口货物报关单证明联,同时上传电子数据,中免公司统一按照有关规定向主管出口退税的税务部门办理退税手续。增值税的退税按照国家统一规定的出口退税率执行③。

Ⅰ 国产品存入经海关批准的中免公司专用海关监管仓库,或其下属各类免税店专用于存放免税商品的海关监管仓库。中免公司应提交下列单证办理国产品报关、入库手续④:

ⅰ 加盖有"中国免税品(集团)总公司报关专

---

① 《财政部 国家税务总局 海关总署关于中国免税品(集团)总公司扩大退税国产品经营范围和简化退税手续的通知》(财税[2003]201 号,2003 年 10 月 21 日)。

② 《财政部 国家税务总局 海关总署关于中国免税品(集团)总公司扩大退税国产品经营范围和简化退税手续的通知》(财税[2003]201 号,2003 年 10 月 21 日)。

③ 《财政部 国家税务总局 海关总署关于中国免税品(集团)总公司扩大退税国产品经营范围和简化退税手续的通知》(财税[2003]201 号,2003 年 10 月 21 日)。

④ 《海关总署 国家税务总局关于对中国免税品(集团)总公司经营的国产商品监管和退税有关事宜的通知》(署监发[2004]403 号,2004 年 9 月 30 日)。

用章"的《出口货物报关单》(简称"报关单")一式四份;

ⅱ 中免公司的《国产商品入库明细单》。

上述单证具体式样及填写规范见《海关总署国家税务总局关于对中国免税品(集团)总公司经营的国产商品监管和退税有关事宜的通知》(署监发〔2004〕403号)附件。

Ⅱ 海关验核无误后,在报关单上加盖"海关验讫章",并将其中2份报关单(其中1份为办理退税专用联)退中免公司,同时上传电子数据①。

Ⅲ 对报关进入海关监管仓库的国产品视同出口,退还增值税进项税额及消费税;对出境免税店销售的上述商品免征增值税②。

Ⅳ 国产品报关进入海关监管仓库后,中免公司可凭下列单证按月到其所在地主管退税机关申请办理退税手续③:

ⅰ 加盖有"中国免税品(集团)总公司报关专用章"和海关"验讫章"的《出口货物报关单》(出口退税联);

ⅱ 中免公司购进货品的《增值税专用发票》;

ⅲ 消费税税收(出口货物专用)缴款书或出口货物完税分割单;

ⅳ 增值税税收(出口货物专用)缴款书或出口货物完税分割单。中免公司从一般纳税人购进的货物申报退税时免予提供此单证;

ⅴ 税务机关要求的其他单证。

Ⅴ 主管国税机关对上述单证与相关电子信息

审核无误后,按下列计算公式办理退税手续④:

应退增值税=购进出口货物增值税专用发票所列明的进项金额×法定增值税退税率

应退消费税=购进出口货物增值税专用发票所列明的进项金额(出口数量)×消费税税率(单位税额)

Ⅵ 对已报关进入海关监管仓库并办理退税手续的国产品,如因退货等特殊原因需调出海关监管仓库的,已退税款应由中免公司补缴入库。主管中免公司出口退税的税务机关应根据其税收缴款书,为其办理退运补税证明,需转国内销售的并应办理出口转内销证明。主管海关凭有关退运补税证明准其调出海关监管仓库,并办理相关手续⑤。

(3)海关隔离区销售免税品的政策与管理⑥

纳税人在机场、港口、车站、陆路边境等出境口岸海关隔离区(简称"海关隔离区")设立免税店销售免税品,以及在城市区域内设立市内免税店销售免税品但购买者必须在海关隔离区提取后直接出境征收增值税问题按以下规定处理:

①《中华人民共和国增值税暂行条例实施细则》规定:"所销售的货物的起运地或所在地在境内","境内"是指在中华人民共和国关境以内。

海关隔离区是海关和边防检查划定的专供出国人员出境的特殊区域,在此区域内设立免税店销售免税品和市内免税店销售但在海关隔离区内提取免税品,由海关实施特殊的进出口监管,在税收

---

① 《海关总署 国家税务总局关于对中国免税品(集团)总公司经营的国产商品监管和退税有关事宜的通知》(署监发〔2004〕403号,2004年9月30日)。

② 《海关总署 国家税务总局关于对中国免税品(集团)总公司经营的国产商品监管和退税有关事宜的通知》(署监发〔2004〕403号,2004年9月30日)。

③ 《海关总署 国家税务总局关于对中国免税品(集团)总公司经营的国产商品监管和退税有关事宜的通知》(署监发〔2004〕403号,2004年9月30日)。

④ 《海关总署 国家税务总局关于对中国免税品(集团)总公司经营的国产商品监管和退税有关事宜的通知》(署监发〔2004〕403号,2004年9月30日)。

⑤ 《海关总署 国家税务总局关于对中国免税品(集团)总公司经营的国产商品监管和退税有关事宜的通知》(署监发〔2004〕403号,2004年9月30日)。

⑥ 《国家税务总局关于出境口岸免税店有关增值税政策问题的通知》(国税函〔2008〕81号,2008年1月24日)。该文还规定,纳税人在关境以内销售免税品,仍按照《国家税务总局关于进口免税品销售业务征收增值税问题的通知》(国税发〔1994〕62号)及有关规定执行。但根据《国家税务总局关于公布全文失效废止 部分条款失效废止的税收规范性文件目录的公告》(国家税务总局公告2011年第2号,2011年1月4日),国税发〔1994〕62号和国税函〔2008〕81号均被公布全文废止。

管理上属于国境以内关境以外。因此,对于海关隔离区内免税店销售免税品以及市内免税店销售但在海关隔离区内提取免税品的行为,不征收增值税。对于免税店销售其他不属于免税品的货物,应照章征收增值税。

所称免税品具体是指免征关税、进口环节税的进口商品和实行退(免)税(增值税、消费税)进入免税店销售的国产商品。

②纳税人兼营应征收增值税货物或劳务和免税品的,应分别核算应征收增值税货物或劳务和免税品的销售额。未分别核算或者不能准确核算销售额的,其免税品与应征收增值税货物或劳务一并征收增值税。

③纳税人销售免税品一律开具出口发票,不得使用防伪税控专用器具开具增值税专用发票或普通发票。

④纳税人经营范围仅限于免税品销售业务的,一律不得使用增值税防伪税控专用器具。已发售的防伪税控专用器具及增值税专用发票、普通发票一律收缴。收缴的发票按规定作废处理。

⑤免税店销售已退税国产品,仍按照《海关总署、国家税务总局关于对中国免税品(集团)总公司经营的国产商品监管和退税有关事宜的通知》(署监发[2004]403 号)等规定执行。

(4)免税商店和免税品监管。详见《中华人民共和国海关对免税商店和免税品监管办法》(海关总署令第 132 号)。

5.2.4.11　使用新疆棉生产出口产品退税管理

(1)"出疆棉"供方①

"出疆棉"的供方是新疆自治区棉麻公司、新疆生产建设兵团棉麻公司、中华棉花总公司。为保证均衡运输,在需方要货量不足、月度棉花运输计划有富余时,由中华棉花总公司负责接收和转供"出疆棉"。

(2)"出疆棉"需方②

"出疆棉"的需方包括两类企业:

第一类需方企业:1997 年 9 月 15 日以前经外经贸部批准,从事棉花进料加工贸易出口纺织品(含服装,下同)的生产、外贸企业(包括自营进出口生产企业、工贸公司、专业外贸公司和外商投资企业)。具体名单由纺织总会、外经贸部、海关总署提出,征求银行意见后,经"出疆棉"协调小组审定,送全国棉花交易市场登记备案。

第二类需方企业:其他生产出口产品、生产规模在 3 万锭以上的纺织企业。具体名单由纺织总会、外经贸部、海关总署提出,经全国棉花交易市场协调小组审定,送全国棉花交易市场登记备案。

需方企业可以采取多种形式购买"出疆棉"组织产品出口,包括:自营出口企业(集团)和外商投资企业购买"出疆棉"直接生产出口;工贸公司和专业外贸公司购买"出疆棉"委托加工出口;自营出口企业购买"出疆棉"以委托加工或回购等方式出口;有一定规模的企业购买"出疆棉"后,如明确产品流向可限定区域和次数结转出口等。

第一类需方企业根据出口需要购进"出疆棉",必须全部用于加工产品出口,接受财政、税务、海关、工商等部门的监管。

(3)退税政策

对第一类需方企业使用"出疆棉"生产出口产品,实行全额退税。对第二类需方企业出口纺织品

---

① 《国家经济贸易委员会 国家计划委员会 财政部 中国人民银行 对外贸易经济合作部 铁道部国家税务总局 海关总署 中国纺织总会 中华全国供销合作总社 国家工商行政管理局 国家技术监督局 中国工商银行 中国农业发展银行 中国农业银行 中国银行关于印发〈关于鼓励使用新疆棉生产出口产品的暂行办法〉的通知》(国经贸市[1997]598 号,1997 年 9 月 16 日)。

② 《国家经济贸易委员会 国家计划委员会 财政部 中国人民银行 对外贸易经济合作部 铁道部 国家税务总局 海关总署 中国纺织总会 中华全国供销合作总社 国家工商行政管理局 国家技术监督局 中国工商银行 中国农业发展银行 中国农业银行 中国银行关于印发〈关于鼓励使用新疆棉生产出口产品的暂行办法〉的通知》(国经贸市[1997]598 号,1997 年 9 月 16 日)。

仍执行现行退税政策①。

第一批使用新疆棉"以产顶进"出口企业名单详见《对外贸易经济合作部 国家经贸委 国家税务总局 海关总署 纺织总会关于下发第一批使用新疆棉"以产顶进"出口企业名单的通知》(外经贸管发[1997]第648号),对这批企业中减少棉花进口而改用新疆棉加工的出口纺织品,实行零税率的政策。企业在与新疆自治区棉麻公司、新疆生产建设兵团棉麻公司和中华棉花公司签订新疆棉购销合同后,需及时上报各省、自治区、直辖市及计划单列市外经贸委(厅、局)(简称"省级外经贸主管部门"),各省级外经贸主管部门审核后上报外经贸部;新疆自治区棉麻公司、新疆生产建设兵团棉麻公司和中华棉花总公司需及时将合同签订情况报外经贸部备案。外经贸部根据各企业以往进料加工项下实际进口棉花情况,会同纺织总会等有关部门审核后将执行数量下达各地及有关部门,税务部门将以此作为实行零税率的依据②。

出口棉产品含棉率的检验工作由商检机构承担,税务部门凭商检机构的检验结果核定退税。商检机构含棉率检验是指棉产品中棉花含量的测定,并不要求确定其中新疆棉的用量。企业使用新疆棉的总量,由其他部门核定③。

5.2.4.12　集装箱出口退税管理④

自1998年1月1日起,海关对用于出口的新造集装箱,在生产企业按规定运抵指定堆场并持有关单证办理报关和出口核销手续后,可签发出口退税专用报关单。报关单不填写运输工具名称、航次和离境口期,仅注明堆场名称。

生产企业所在地主管出口退税的税务机关凭海关签发的上述出口退税专用报关单和其他退税凭证,按现行有关规定办理集装箱退税手续。

对1998年以前已出口的集装箱,企业可持有关单证一次性向所在地海关提出申请,海关审核后签发出口退税专用报关单。企业持该报关单和其他退税凭证向所在地主管出口退税的税务机关办理退税。企业向海关申请办理1998年以前已出口集装箱退税专用报关单时间截止到1998年10月30日。

5.2.4.13　援外出口货物退税管理⑤

从1999年1月1日起,对援外出口货物退税实行以下管理办法:

(1)对一般物资援助项下出口货物,仍实行出口不退税政策,实行实报实销结算的,不征增值税,只对承办企业取得的手续费收入征收营业税;实行承包结算制的,对承办企业以"对内总承包价"为计税依据征收增值税。

一般物资援助是指中国对外经济技术援助项下,由中国政府向受援国政府提供民用生产或生活等物资,承办企业代政府执行物资采购和运送任务,企业在执行援外任务后与政府办理结算。结算方式包括实报实销结算制和承包结算制。

(2)对利用中国政府的援外优惠贷款和合资合作项目基金方式下出口的货物,比照一般贸易出口,实行出口退税政策。

利用中国政府的援外优惠贷款和援外合资合作项目基金援外方式下出口的货物,是指援外企业利用中国政府的援外优惠贷款和合资合作项目基金到受援国兴办合资企业或合资合作项目,因项目投资带动国内设备物资出口的货物,以及利用中国

---

① 《国家经济贸易委员会 国家计划委员会 财政部 中国人民银行 对外贸易经济合作部 铁道部国家税务总局 海关总署中国纺织总会 中华全国供销合作总社 国家工商行政管理局 国家技术监督局 中国工商银行 中国农业发展银行 中国农业银行 中国银行关于印发〈关于鼓励使用新疆棉生产出口产品的暂行办法〉的通知》(国经贸市[1997]598号,1997年9月16日)。

② 《对外贸易经济合作部 国家经贸委 国家税务总局 海关总署 纺织总会关于下发第一批使用新疆棉"以产顶进"出口企业名单的通知》(外经贸管发[1997]第648号,1997年10月7日)。

③ 《国家进出口商品检验局 国家税务总局关于做好出口棉产品含棉率检验工作的通知》(国检检联[1997]353号,1997年12月4日)。

④ 《国家税务总局 海关总署关于出口集装箱有关退税问题的通知》(国税发[1998]48号,1998年4月6日)。

⑤ 《国家税务总局关于援外出口货物有关税收问题的通知》(国税发[1999]20号,1999年4月22日)。

政府的援外优惠贷款向受援国提供我国生产的成套设备和机电产品出口的货物。上述援外企业必须是经对外贸易经济合作部批准的具有使用上述援外优惠贷款和援外合资合作项目基金的企业。

援外优惠贷款是指中国政府指定的金融机构对外提供的具有政府援助性质、含有赠与成分的中、长期低息贷款。优惠利率与中国人民银行公布的基准利率之间的利息差额由中国政府对指定的金融机构进行贴息。中国进出口银行是中国政府指定的对外提供优惠贷款的金融机构。

援外合资合作项目是指在中国政府与受援国政府原则协议的范围内,双方政府给予政策和资金支持,中国企业同受援国企业以合资经营、独资经营、租赁经营、合作经营等方式实施的项目。援外合资合作项目基金是由对外贸易经济合作部负责管理的,提供给援外企业用于援外合资合作项目的具有偿还性质的援外政府基金。

(3)援外企业必须在对外贸易经济合作部批准使用上述贷款(基金)30 日之内,携带有关批文到退税机关办理退税登记手续,未办理退税登记的一律不受理申请。对于 1999 年 1 月 1 日以前已获对外贸易经济合作部批准的援外企业,可携带批文于 1999 年 5 月 30 日以前到退税机关办理退税登记,自办理退税登记之日起,退税机关可受理该援外企业 1999 年 1 月 1 日以后报关出口货物的退税申请。

(4)出口以上第(2)款列明的援外出口货物的援外企业,属外贸(工贸)企业按现行外贸(工贸)企业出口退税办法管理;属生产企业的按现行"先征后退"办法管理。援外企业申请办理出口退税必须提供以下凭证:

①对外贸易经济合作部批准使用援外优惠贷款的批文("援外任务书")复印件或对外贸易经济合作部批准使用援外合资合作项目基金的批文("援外任务书")复印件;

②与中国进出口银行签订的"援外优惠贷款协议"复印件或与对外贸易经济合作部的有关部门签订的"援外合资合作项目基金借款合同"复印件;对利用中国政府援外优惠贷款采用转贷方式出口的货物,援外出口企业在申请退税时可免予提供援外出口企业与中国进出口银行的贷款协议,但要附送援外出口企业与受援国业主签订的出口合同和中国进出口银行开具给税务机关的证明、出口企业转贷业务的证明。在项目执行完毕后,援外出口企业还要提供中国进出口银行向其支付货款的付款凭证①。

③购进出口货物的"增值税专用发票(抵扣联)"(生产企业除外);

④"税收(出口货物专用)缴款书";

⑤盖有海关验讫章的"出口货物报关单(出口退税联)";

⑥出口发票。

(5)各地海关在接受出口援外货物报关时,援外企业需提交对外贸易经济合作部批准的上述贷款(基金)"援外任务书",货物放行结关后,出具"出口货物报关单(出口退税联)"。

(6)援外企业在申报办理援外出口货物的退税时,提供的上述退税凭证上的援外企业名称必须一致,凡退税凭证上的援外企业名称不一致的,退税机关一律不予办理退税。退税机关应定期了解援外企业利用上述贷款(基金)援外项目的经营情况,避免出现非上述援外方式出口货物办理退税的问题。

(7)援外企业只能就利用上述贷款(基金)援外方式出口的货物申报办理退税,不得将其他援外方式出口的货物办理退税,一经发现,除追回已退税款外,一律停止该援外企业半年以上的出口退税权,并按有关骗取出口退税的处罚规定进行处理。

---

① 《国家税务总局关于援外项目出口货物退税有关问题的批复》(国税函〔2002〕509 号,2002 年 6 月 4 日)。

5.2.4.14 境外带料加工装配业务出口退税管理①

境外带料加工装配是指我国企业以现有技术、设备投资为主,在境外以加工装配的形式,带动和扩大国内设备、技术、零部件、原材料出口的国际经贸合作方式。

(1)对境外带料加工装配业务所使用(含实物性投资,下同)的出境设备、原材料和散件,实行出口退税。退税率按国家统一规定的退税率执行。

(2)对境外带料加工装配业务方式出口的货物,依以下计算公式计算应退税额:

应退税额=增值税专用发票的列明的金额(进出设备为海关代征增值税专用缴款书列明的完税价格,下同)×适用退税率

其中境外带料加工装配业务中使用的二手设备应退税额计算公式为:

应退税额=增值税专用发票列明的金额×设备折余价值/设备原值×适用退税率

设备折余价值=设备原值-已提折旧

设备原值和已提折旧按企业会计核算数据计算。

二手设备如果是1994年1月1日以前购进的,应退税额按以下公式计算:

应退税额=购货发票列明的金额(1+扣除率)×设备折余价值/设备原值×适用退税率

上述公式中的扣除率为购物时的货物征税税率。

(3)对境外带料加工装配业务方式出口的货物,出口企业在申报退税时,须提供以下凭证:

①出口货物报关单(出口退税联);

②增值税专用发票(进口设备为海关代征增值税专用缴款书);

③税收(出口货物专用)缴款书(二手设备和进口设备免于提供);

自2005年4月1日起,对出口企业以境外带料加工装配业务方式出口的非自产二手设备,一律凭增值税专用发票及有关凭证办理退税②。

④境外带料加工装配企业批准证书(复印件)等。

5.2.4.15 软件及高新技术产品出口退税管理③

(1)软件出口有关退税政策

①软件出口是指依照《中华人民共和国对外贸易法》从事对外贸易经营活动的法人和其他组织,采取通关或网上传输方式向境外出口软件产品及提供相关服务,包括:

Ⅰ 软件技术的转让或许可;

Ⅱ 向用户提供的计算机软件、信息系统或设备中嵌入的软件或在提供计算机信息系统集成、应用服务等技术服务时提供的计算机软件;

Ⅲ 信息数据有关的服务交易。包括:数据开发、储存和联网的时间序列、数据处理,制表及按时间(即小时)计算的数据处理服务、代人连续管理有关设备、硬件咨询、软件安装,按客户要求设计、开发和编制程序系统、维修计算机和边缘设备,以及其他软件加工服务;

Ⅳ 随设备出口等其他形式的软件出口。

②注册资金在100万元人民币以上(含100万元人民币)的软件企业,可享有软件自营出口权。

③软件出口企业的软件产品出口后,凡出口退税率未达到征税率的,经国家税务总局核准,可按征税率办理退税。

(2)软件出口税收管理

①对外贸易经济合作部会同信息产业部、国家外汇管理局、国家税务总局、国家统计局和中国进出口银行在中国电子商务中心的MOFTEC网站上

① 《国家税务总局 对外贸易经济合作部关于境外带料加工装配业务有关出口退税问题的通知》(国税发[1999]76号,1999年5月5日)。
② 《国家税务总局关于调整凭普通发票退税政策的通知》(国税函[2005]248号,2005年3月24日)。
③ 《对外贸易经济合作部 信息产业部 国家税务总局 海关总署 国家外汇管理局 国家统计局关于软件出口有关问题的通知》(外经贸技发[2000]第680号,2001年1月4日)。

设立专门的《软件出口合同在线登记管理中心》，对软件出口合同实现在线登记管理。

②软件出口企业在对外签订软件出口合同后，须在《软件出口合同在线登记管理中心》上履行合同的登记手续，为国家各管理部门对软件出口的协调管理和落实国家有关软件出口政策提供核查依据。

③在国家扶持的软件园区内为承接国外客户软件设计与服务而建立研究开发中心时，海关对用于仿真用户环境的进口设备按暂时进口货物办理海关手续。

④国家禁止出口、限制出口的计算机技术和属于国家秘密技术范畴的计算机技术，按《限制出口技术管理办法》和《国家秘密技术出口审查规定》的有关规定执行。

⑤对外贸易经济合作部会同国家统计局、信息产业部和海关总署对软件出口进行统计、分析，并纳入国家有关统计。

⑥中国机电产品进出口商会和中国软件行业协会共同负责协调和维护软件出口的经营秩序。

⑦自觉地遵守国家规定的软件出口企业，可享受国家促进软件产业发展的有关投融资、税收、产业政策、进出口等优惠政策。对虚报软件出口业务、不办理在线登记、有不良行为记录的或经软件协会年审不合格的软件出口企业，不得享受有关优惠政策。触犯国家法规规定的，将追究有关责任。

(3)高新技术产品出口税收管理

对列入科技部、外经贸部《中国高新技术商品出口目录》的产品，凡出口退税率未达到征税率的，经国家税务总局核准，产品出口后，可按征税率及现行出口退税管理规定办理退税①。

5.2.4.16 船舶、大型成套机电设备出口退(免)税问题②

《国务院关于第三批取消和调整行政审批项目的决定》(国发[2004]16号)取消出口货物退(免)税A类企业的审批规定后，自2004年6月1日起，对具有原A类企业条件的出口企业继续执行先退税后核销的办法。

(1)同时满足下列条件的生产企业，可实行"先退税后核销"办法：

①必须是生产船舶、大型成套机电设备，且生产周期通常在1年以上；

②年创汇额3000万美元以上(西部地区2000万美元以上，西部地区是指：重庆市，四川、贵州、云南、陕西、甘肃、青海省，西藏、宁夏、新疆、内蒙古、广西自治区以及湖南省湘西土家族苗族自治州和湖北省恩施土家族苗族自治州)；

③从未发生过骗取出口退税问题；

④企业拥有一定规模的资产，如发生骗税案件或错退税款问题，可抵押所退(免)税款；

⑤企业财务制度健全。

(2)上述生产企业出口的船舶、大型成套机电设备，在其退税凭证尚未收集齐全的情况下，可凭出口合同、销售明细账等资料，向主管出口退税的税务机关(简称"退税部门")办理免抵退税申报。退税部门可据此按照现行出口退(免)税管理的有关规定办理免抵退税的审核、审批手续。

企业在退税凭证收集齐全后，应及时向所在地退税部门提供，退税部门应对企业的退税凭证，包括纸质凭证(如出口货物报关单、出口收汇核销单)和相关电子信息，进行逐笔复审。复审无误的，予以核销已免抵退税款。复审有误的，多免抵退税的予以追回，少免抵退税的予以补齐。

企业超过出口合同约定的时间未收汇核销的，退税部门对已免抵退税款一律追回，并通知企业主管征税机关按内销货物征税。

5.2.4.17 出口钻石及含金成分产品及钻石税收政策及管理

---

① 《财政部 国家税务总局关于贯彻落实〈中共中央、国务院关于加强技术创新,发展高科技,实现产业化的决定〉有关税收问题的通知》(财税字[1999]273号,1999年11月2日)。

② 《国家税务总局关于出口船舶、大型成套机电设备有关退(免)税问题的通知》(国税发[2004]79号,2004年6月23日)。

（1）自 2000 年 6 月 20 日起，对出口黄金和出口金饰品的黄金原料部分不再予以出口退税，对此前已经报关出口的仍按原规定办理退税①。

（2）自 2005 年 5 月 1 日起，出口企业出口含金（包括黄金和铂金）成分的产品实行免征增值税政策，相应的进项税额不再退税或抵扣，须转入成本处理，具体执行日期以出口货物报关单（出口退税专用）上的出口日期为准。实行出口免税政策的含金成分产品的海关商品代码为：28431000、2843300010、2843300090、28439000、3824909030、3824909090、 71110000、 71123090、 71129110、71129120、 71129210、 71129220、 71129920、71129990、71131911、7113191910、7113191990、71131991、7113199910、7113199990、7114190010、7114190090、7114200010、7114200090、71151000、7115901020、7115901090、71159090 等②。

对属于海关商品代码 7115901090、7114200090、71110000、28439000，但又不含黄金、铂金成分的出口货物（具体名单见国税发［2006］10 号《国家税务总局关于含金产品出口实行免税政策有关问题的补充通知》附件）以及商品代码3824909090 项下的出口产品，从 2005 年 5 月 1 日起，继续执行出口退（免）税政策③。

对商品代码 71159090 项下出口的"电弧焊用，锡合焊锡丝"，从 2005 年 5 月 1 日起，继续执行出口退（免）税政策④。

上述所列商品代码之外的含金（包括黄金和铂金）成分的出口产品，如"91131000"、"贵金属表带"中的铂金表带，须从 2005 年 5 月 1 日起按《国家税务总局关于出口含金成分产品有关税收政策的通知》（国税发［2005］125 号）的规定执行免征增值税政策⑤。

从 2008 年 12 月 1 日起，出口企业出口海关商品代码为 91111000 的"黄金、铂金或包黄金、铂金制的表壳"及商品代码为 91119000 的"黄金、铂金表壳的零件"，实行增值税免税政策，相应的进项税额不再退税或抵扣，转入成本处理。对 2008 年 1 月 1 日至 11 月 30 日之间出口已申报退税的金表壳及零件，出口企业所在地税务机关要对供货企业的生产能力与内外销总量、货物运输方式、货款收付金额、纳税情况等是否合理进行核查，对排除骗税嫌疑的予以退（免）税，如发现涉税违法行为的，按税收征收管理法有关规定处理⑥。

以进料加工方式出口的含黄金、铂金成分的产品，应按《国家税务总局关于出口含金成分产品有关税收政策的通知》（国税发［2005］125 号）的规定，执行免征增值税政策⑦。

中国印钞造币总公司以商品代码为 71189000 报关出口的猪年生肖彩色金币和猪年生肖金币，纳入含金产品免税范围，实行出口免税办法⑧。

---

① 《财政部 国家税务总局 中国人民银行关于配售出口黄金有关税收规定的通知》（财税［2000］3 号，2000 年 7 月 28 日）。

② 《国家税务总局关于出口含金成分产品有关税收政策的通知》（国税发［2005］125 号，2005 年 7 月 29 日）。此前，《财政部、国家税务总局关于黄金税收政策问题的通知》（财税［2002］142 号）第三条有关黄金首饰退税规定、《国家税务总局关于明确含金成分产品出口退（免）税政策的通知》（国税发［2005］59 号）从 2005 年 5 月 1 日起同时废止。对出口企业在 2005 年 5 月 1 日前出口的上述产品，出口企业所在地税务机关要向货源地税务机关进行函调，对排除骗税嫌疑的予以退（免）税，对不能排除骗税嫌疑的暂不予退（免）税。

③ 《国家税务总局关于含金产品出口实行免税政策有关问题的补充通知》（国税发［2006］10 号，2006 年 1 月 20 日）。《国家税务总局关于含金产品出口有关税收政策的通知》（国税函［2006］812 号，2006 年 8 月 22 日）。此外，《国家税务总局关于含金产品出口退税有关问题的通知》（国税函［2006］481 号，2006 年 8 月 4 日）也规定归入海关商品代码 3824909090 的下列产品出口，继续执行出口退（免）税政策。但《国家税务总局关于发布已失效或废止的税收规范性文件目录（第二批）的通知》（国税发［2008］8 号，2008 年 1 月 17 日）公布国税函［2006］481 号废止。

④ 《国家税务总局关于含金产品出口有关税收政策的通知》（国税函［2006］812 号，2006 年 8 月 22 日）。

⑤ 《国家税务总局关于含金产品出口实行免税政策有关问题的补充通知》（国税发［2006］10 号，2006 年 1 月 20 日）。

⑥ 《国家税务总局关于金表壳及零件出口有关退税问题的通知》（国税函［2008］1040 号，2008 年 12 月 18 日）。

⑦ 《国家税务总局关于含金产品出口实行免税政策有关问题的补充通知》（国税发［2006］10 号，2006 年 1 月 20 日）。

⑧ 《国家税务总局关于出口纪念金币税收问题的批复》（国税函［2009］229 号，2009 年 4 月 30 日）。

（3）出口企业出口上述含金产品后，须持出口退（免）税所规定的凭证按月向主管税务机关退税部门填报《出口含金产品免税证明申报表》（见国税发〔2005〕125 号《国家税务总局关于出口含金成分产品有关税收政策的通知》附件，一式二联，第一联留存企业，第二联交由退税部门）①。

因企业办理含金产品免征增值税手续时必须提供海关签发的出口货物报关单证明联。自 2006 年 8 月 21 日起，海关恢复对黄金及其饰品签发出口货物报关单证明联（退税专用）。在此之前出口的黄金及其饰品，由国家税务总局通知有关退税管理部门凭企业提供的海关相关证明及增值税专用发票、收汇核销单等凭证办理增值税免抵手续，海关不再补签出口货物报关单证明联②。

（4）税务机关退税部门对出口企业报送的《出口含金产品免税证明申报表》及规定凭证进行审核，同时通过审核系统审核相关电子信息。退税部门审核无误后开具《出口含金产品免税证明》（见国税发〔2005〕125 号《国家税务总局关于出口含金成分产品有关税收政策的通知》附件，一式四联，第一联留存退税部门，第二联交由征税部门，第三联交由出口企业向征税部门申报免税，第四联交由出口企业留存），并将第二联交由征税部门审核办理免税③。

（5）出口企业持退税部门开具的《出口含金产品免税证明》（第三联）向征税部门申报免税，征税部门将出口企业的免税申报同退税部门开具的《出口含金产品免税证明》（第二联）审核无误后，办理免税手续。出口企业须将免税出口货物相应的进项税额转入企业成本科目④。

（6）出口企业未在规定期限内向主管税务机关申报免税的出口含金产品，企业须按照《国家税务总局关于出口货物退（免）税管理有关问题的通知》（国税发〔2004〕64 号）、《国家税务总局关于出口企业未在规定期限内申报出口货物退（免）税有关问题的通知》（国税发〔2005〕68 号）有关规定计提销项税额⑤。

（7）对出口企业在 2005 年 5 月 1 日前出口的含金成分产品，出口企业所在地税务机关要向货源地税务机关进行函调，对排除骗税嫌疑的予以退（免）税，对不能排除骗税嫌疑的暂不予退（免）税。对无法查清或经调查存在骗税嫌疑的，不得办理退（免）税⑥。

（8）出口企业出口的以下钻石产品免征增值税，相应的进项税额不予退税或抵扣，须转入成本⑦。具体产品的范围是：税则序列号为 71021000、71023100、71023900、71042010、71049091、71051010、71131110、71131911、71131991、71132010、71162000。

对国内加工的成品钻石，进入上海钻石交易所时视同出口，不予退税⑧。

---

① 《国家税务总局关于出口含金成分产品有关税收政策的通知》（国税发〔2005〕125 号，2005 年 7 月 29 日）。

② 《海关总署关于恢复对黄金及其饰品签发出口货物报关单证明联有关问题的通知》（署监发〔2006〕313 号，2006 年 8 月 21 日）。《国家税务总局关于转发〈海关总署关于恢复对黄金及其饰品签发出口货物报关单证明联有关问题的通知〉的通知》（国税函〔2006〕814 号，2006 年 8 月 22 日）。

③ 《国家税务总局关于出口含金成分产品有关税收政策的通知》（国税发〔2005〕125 号，2005 年 7 月 29 日）。

④ 《国家税务总局关于出口含金成分产品有关税收政策的通知》（国税发〔2005〕125 号，2005 年 7 月 29 日）。

⑤ 《国家税务总局关于出口含金成分产品有关税收政策的通知》（国税发〔2005〕125 号，2005 年 7 月 29 日）。

⑥ 《国家税务总局关于加强含金成分产品出口退（免）税管理的通知》（国税函〔2005〕1211 号，2005 年 12 月 20 日）。

⑦ 《财政部 海关总署 国家税务总局关于调整钻石及上海钻石交易所有关税收政策的通知》（财税〔2006〕65 号，2006 年 6 月 7 日）。

⑧ 《财政部 海关总署 国家税务总局关于调整钻石及上海钻石交易所有关税收政策的通知》（财税〔2006〕65 号，2006 年 6 月 7 日）。《财政部 国家税务总局关于上海钻石交易所有关税收政策的通知》（财税〔2000〕65 号，2000 年 4 月 27 日）规定，从 2000 年 4 月 1 日起，对交易所内的商家委托设在保税区或出口加工区的钻石加工企业加工的钻石，由海关保税监管；委托国内其他厂家加工复出口的钻石，按加工贸易税收政策执行。根据《财政部关于公布废止和失效的财政规章和规范性文件目录（第十批）的决定》（财政部令第 48 号，2008 年 1 月 31 日），财税〔2000〕65 号被公布废止。

5.2.4.18 外（工）贸改制企业出口货物退（免）税管理

外（工）贸改制企业是指外（工）贸企业经政府主管部门批准改制成立的不具有企业法人资格、财务独立核算的分公司（简称"分公司"）和由母公司投资控股成立的具有企业法人资格、依法独立承担民事责任、财务独立核算的子公司（简称"子公司"）①。

（1）分公司以总公司的名义收购货物、对外签约、报关出口，由总公司统一申报办理退税②。

（2）外（工）贸企业须在批准改制之日起30日内持政府主管部门批准改制的文件、企业法人营业执照向其所在地省级外经贸主管机关申请办理其子公司的审核登记手续；外经贸机关将审核无误的子公司名单函告同级国家税务局备案后，子公司可向其所在地主管出口退税的税务机关申请办理出口退税登记证③。

（3）子公司购进货物或销售给其母公司货物按以下规定程序取得"税收（出口货物专用）缴款书"及分割单④：

①生产企业将自产货物销售给子公司后，按现行有关规定向税务机关申报纳税和取得"税收（出口货物专用）缴款书"。

②子公司从生产企业购进并销售给其母公司用于出口的货物，可报经其主管征税的税务机关审核无误后，比照现行有关规定申报开具"税收（出口货物专用）缴款书"或"出口货物完税分割单"；子公司对其销售给其他企业的货物及从非生产企业购进并销售给其母公司的货物，不得向税务机关申请开具"税收（出口货物专用）缴款书"或"出口货物完税分割单"。

5.2.4.19 外商投资企业出口退税管理⑤

1994年1月1日实行新的出口退税办法后，国内企业报关销售给外商投资企业，外商投资企业以"来料加工"、"进料加工"报关购进的货物，不予退税⑥。

外商投资企业生产出口的货物，凡符合国家税务总局国税发〔1994〕31号文件规定的，凭有关凭证按月报送税务机关批准免征增值税，相应的增值税进项税额抵减内销货物当期应纳的增值税，不足抵扣的部分，予以办理退税。

（1）出口货物应退增值税税额，依下列公式计算：

①出口销项金额×税率≥未抵扣完的进项税额时，

应退税额＝未抵扣完的进项税额

②出口销项金额×税率＜未抵扣完的进项税额时，

应退税额＝销项金额×税率

结转下期的进项税额＝当期未抵扣完的进项税额－应退税额

出口销项金额是指依出口货物离岸价和外汇牌价计算的人民币金额。税率是指依《中华人民共和国增值税暂行条例》规定的17%和13%税率。

（2）外商投资企业应在货物报关出口并在财务上作销售后，按月填报"外商投资企业出口货物退税申报表"（见附件），并提供海关签发的出口退税专用报关单、外汇结汇水单、购进货物的增值税

---

① 《国家税务总局 对外贸易经济合作部关于外（工）贸改制企业出口货物退（免）税有关问题的通知》（国税发〔2001〕84号，2001年8月1日）。

② 《国家税务总局 对外贸易经济合作部关于外（工）贸改制企业出口货物退（免）税有关问题的通知》（国税发〔2001〕84号，2001年8月1日）。

③ 《国家税务总局 对外贸易经济合作部关于外（工）贸改制企业出口货物退（免）税有关问题的通知》（国税发〔2001〕84号，2001年8月1日）。

④ 《国家税务总局 对外贸易经济合作部关于外（工）贸改制企业出口货物退（免）税有关问题的通知》（国税发〔2001〕84号，2001年8月1日）。

⑤ 《国家税务总局关于外商投资企业出口退税问题的通知》（国税发〔1995〕12号，1995年2月6日）。

⑥ 《财政部 国家税务总局关于印发〈出口货物退（免）税若干问题规定〉的通知》（财税字〔1995〕92号，1995年7月8日）。

专用发票(税款抵扣联)、外销发票、其他有关账册等到当地涉外税收管理机关申请办理免税抵扣和退税手续。

(3)涉外税收管理机关接到企业退(免)税申报表后,必须认真审核。经审核无误,报上级涉外税收管理机关。属于免税抵扣的,由该上级涉外税收管理机关审批;属于退税的,该上级涉外税收管理机关审批后,送当地进出口税收管理部门审核并办理退库手续。

(4)外商投资企业提出的退税申请手续齐备、内容真实的,当地涉外税收管理机关必须自接到申请之日起,15日内审核完毕;上一级涉外税收管理机关必须自接到有关材料后15日内审批完毕;进出口税收管理机关必须在接到有关材料后,30日内办完有关退税手续。

5.2.4.20　跨境贸易人民币结算和边境贸易出口退免税办法

(1)跨境人民币结算出口货物退(免)税管理规定①

根据中国人民银行、财政部、商务部、海关总署、国家税务总局、银监会发布的《跨境贸易人民币结算试点管理办法》(简称《办法》),对跨境贸易人民币结算出口货物退(免)税实行以下管理办法:

①跨境贸易人民币结算试点企业(简称试点企业)申报办理跨境贸易人民币结算方式出口货物退(免)税时,不必提供出口收汇核销单,但应单独向主管税务机关申报,如与其他出口货物一并申报的,应在申报表中对跨境贸易人民币结算出口货物报关单进行标注。

②试点地区税务机关受理跨境贸易人民币结算方式出口货物退(免)税后,不再审核出口收汇核销单及进行相关信息的对比,出口退税审核系统中产生的有关出口收汇核销单疑点可以人工挑过。

③对属于《办法》第二十三条规定情形的试点企业(即:货物出口后210天仍未将人民币货款收回境内的企业),税务机关可要求试点企业提供相关数据、资料,建立台账制度,加强后续跟踪监管,如有必要可要求试点企业提供有关情况的书面说明,并可根据《办法》第十八条有关规定(即:试点企业的跨境贸易人民币结算不纳入外汇核销管理,办理报关和出口货物退(免)税时不需要提供外汇核销单。境内结算银行和境内代理银行应当按照税务部门的要求,依法向税务部门提供试点企业有关跨境贸易人民币结算的数据、资料),提请银行部门提供试点企业有关跨境贸易结算的数据、资料,以供对比分析使用。

④凡审核中发现异常出口业务,应暂缓办理该笔出口货物退(免)税,待核实有关问题后,依法按规定处理。

⑤试点企业应具备的条件:

Ⅰ　财务会计制度健全,且未发生欠税的;

Ⅱ　办理出口货物退(免)税认定2年以上,且日常申报出口货物退(免)税正常、规范,能按税务机关要求保管出口退税档案资料;

Ⅲ　近两年未发现企业从事"四自三不见"等不规范业务;

Ⅳ　近两年未发生偷税、逃避追缴欠税、抗税、骗取出口退税等涉税违法行为;

Ⅴ　近两年未发现虚开发票(含农产品收购发票)和使用虚开的增值税专用发票申报出口退税等问题;

Ⅵ　评审期间未涉及有关税务违法案件检查。

① 《中国人民银行 财政部 商务部 海关总署 国家税务总局 中国银行业监督管理委员会公告[2009]第10号》(2009年7月1日)。《国家税务总局关于跨境贸易人民币结算出口货物退(免)税有关事项的通知》(国税函[2009]470号,2009年8月25日)。《国家税务总局关于跨境贸易人民币结算试点企业评审以及出口货物退(免)税有关事项的通知》(国税函[2010]303号,2010年6月29日)。试点地区详见《中国人民银行 财政部 商务部 海关总署 国家税务总局 银监会关于扩大跨境贸易人民币结算试点有关问题的通知》(银发[2010]186号,2010年6月17日)。

（2）边境贸易人民币结算出口退税扩大试点办法①

自2010年3月1日起，将原在云南实行的边境小额贸易出口货物以人民币结算准予退（免）税政策扩大到边境省份（自治区）与接壤毗邻国家的一般贸易，并进行试点。具体执行时间以出口货物报关单（出口退税专用）上海关注明的出口时间为准。

①凡在内蒙古、辽宁、吉林、黑龙江、广西、新疆、西藏、云南省（自治区）行政区域内登记注册的出口企业，以一般贸易或边境小额贸易方式从陆地指定口岸出口到接壤毗邻国家的货物，并采取银行转账人民币结算方式的，可享受应退税额全额出口退税政策。外汇管理部门对上述货物出具出口收汇核销单。企业在向海关报关时，应提供出口收汇核销单，对未及时提供出口收汇核销单而影响企业收汇核销和出口退税的，由企业自行负责。

以人民币现金结算方式出口的货物，不享受出口退税政策。

②陆地指定口岸是指经国家有关部门批准的边境口岸。名单如下：

内蒙古自治区：室韦、黑山头、满洲里、阿日哈沙特、额布都格、二连、珠恩嘎达布其、满都拉、甘其毛道、策克。

辽宁省：丹东、太平湾。

吉林省：集安、临江、长白、古城里、南坪、三合、开三屯、图们、沙坨子、圈河、珲春、老虎哨。

黑龙江省：东宁、绥芬河、密山、虎林、饶河、抚远、同江、萝北、嘉荫、孙吴、逊克、黑河、呼玛、漠河（包括洛古河）。

广西壮族自治区：龙邦、水口、凭祥、友谊关、东兴、平孟、峒中、爱店、硕龙、岳圩、平尔、科甲。

云南省：猴桥、瑞丽、畹町、孟定、打洛、磨憨、河口、金水河、天保、片马、盈江、章凤、南伞、孟连、沧源、田蓬。

西藏自治区：普兰、吉隆、樟木、日屋。

新疆维吾尔自治区：老爷庙、乌拉斯台、塔克什肯、红山嘴、吉木乃、巴克图、阿拉山口、霍尔果斯、都拉塔、阿黑土别克、木扎尔特、吐尔尕特、伊尔克什坦、卡拉苏、红其拉甫。

接壤毗邻国家是指：俄罗斯、朝鲜、越南、缅甸、老挝、哈萨克斯坦、吉尔吉斯斯坦、塔吉克斯坦、巴基斯坦、印度、蒙古、尼泊尔、阿富汗、不丹。

③边境省份出口企业出口第①条规定的准予退税的货物后，除按现行出口退（免）税规定，提供有关出口退（免）税凭证外，还应提供结算银行转账人民币结算的银行入账单，按月向税务机关申请办理退（免）税或免抵退税手续。结算银行转账人民币结算的银行入账单应与外汇管理部门出具的出口收汇核销单（出口退税专用）相匹配。

对边境省份出口企业不能提供规定凭证的上述出口货物，税务机关不予办理出口退（免）税。

④其他事项按现行有关出口货物退（免）税管理规定执行。

（3）边境贸易中小规模纳税人出口货物免税规定

自2008年1月1日起，对边境贸易企业中的小规模纳税人出口货物按《国家税务总局关于印发〈增值税小规模纳税人出口货物免税管理办法（暂行）〉的通知》（国税发〔2007〕123号）有关规定执行②。

（4）边境贸易出口货物未按规定申报退（免）税不视同内销的规定

边境贸易出口货物不适用《国家税务总局关于出口货物退（免）税若干问题的通知》（国税发〔2006〕102号）第一条第（二）款、第（三）款、第

---

① 《财政部 国家税务总局关于边境地区一般贸易和边境小额贸易出口货物以人民币结算准予退（免）税试点的通知》（财税〔2010〕26号，2010年3月29日）。此前，《财政部 国家税务总局关于以人民币结算的边境小额贸易出口货物试行退（免）税的通知》（财税〔2003〕245号）、《财政部 国家税务总局关于以人民币结算的边境小额贸易出口货物试行退（免）税的补充通知》（财税〔2004〕178号）同时废止。

② 《国家税务总局关于边境贸易出口货物退（免）税有关问题的通知》（国税发〔2008〕11号，2008年1月23日）。

(四)款的规定,即对边境贸易出口企业未在规定期限内申报退(免)税的货物、出口企业虽已申报退(免)税但未在规定期限内向税务机关补齐有关凭证的货物、出口企业未在规定期限内申报开具《代理出口货物证明》的货物,不视同内销货物计提销项税额或征收增值税①。

(5)边民互市出口不予免税的规定

除国家禁止出口的商品不得通过边民互市免税出口外,将应征收出口关税的商品列入边民互市出口商品不予免税清单②。

5.2.4.21 旧设备出口退(免)税管理③

旧设备是指出口企业作为固定资产使用过的设备(简称"自用旧设备")和出口企业直接购买的旧设备(简称"外购旧设备")。旧设备的出口退(免)税管理由出口企业所在地主管税务机关负责。

(1)出口企业出口旧设备应按照现行有关规定持下列资料向主管税务机关申请办理退(免)税认定手续。

①企业营业执照副本复印件;

②企业税务登记证副本复印件;

③主管税务机关要求提供的其他资料。

其中:出口企业包括增值税一般纳税人、小规模纳税人和非增值税纳税人,出口方式包括自营出口或委托出口。

(2)增值税一般纳税人和非增值税纳税人出口的自用旧设备,根据以下公式计算其应退税额:

应退税额=增值税专用发票所列明的金额(不含税额)×设备折余价值/设备原值×适用退税率

设备折余价值=设备原值-已提折旧

增值税一般纳税人和非增值税纳税人出口的自用旧设备,须按照有关税收法律、法规规定向主管税务机关备案的折旧年限计算提取折旧,并计算设备折余价值。主管税务机关接到企业出口自用

旧设备的退税申报后,须填写《旧设备折旧情况确认表》(见国税发[2008]16 号《国家税务总局关于印发〈旧设备出口退(免)税暂行办法〉的通知》附件)交由负责企业所得税管理的税务机关核实无误后办理退税。

(3)增值税一般纳税人和非增值税纳税人出口自用旧设备后,应填写《出口旧设备退(免)税申报表》(见国税发[2008]16 号《国家税务总局关于印发〈旧设备出口退(免)税暂行办法〉的通知》附件),并持下列资料,向其主管税务机关申请退税。

①出口货物报关单(出口退税专用)或代理出口货物证明;

②购买设备的增值税专用发票;

③主管税务机关出具的《旧设备折旧情况确认表》;

④主管税务机关要求提供的其他资料。

增值税一般纳税人和非增值税纳税人以一般贸易方式出口旧设备的,除上述资料外,还须提供出口收汇核销单。

增值税一般纳税人和非增值税纳税人出口的自用旧设备,凡购进时未取得增值税专用发票但其他单证齐全的,实行出口环节免税不退税(简称"免税不退税")的办法。

(4)增值税一般纳税人和非增值税纳税人出口的外购旧设备,实行免税不退税的办法。企业出口外购旧设备后,须在规定的出口退(免)税申报期限内填写《出口旧设备退(免)税申报表》,并持出口货物报关单(出口退税专用)、购买设备的普通发票或进口完税凭证及主管税务机关要求提供的其他资料向主管税务机关申报免税。

(5)小规模纳税人出口的自用旧设备和外购旧设备,实行免税不退税的办法。

(6)申报退税的出口企业属于扩大增值税抵

---

① 《国家税务总局关于边境贸易出口货物退(免)税有关问题的通知》(国税发[2008]11 号,2008 年 1 月 23 日)。

② 《财政部 国家税务总局关于边民互市进出口商品不予免税清单的通知》(财关税[2010]18 号,2010 年 4 月 16 日)。本通知自 2010 年 5 月 1 日起执行。

③ 《国家税务总局关于印发〈旧设备出口退(免)税暂行办法〉的通知》(国税发[2008]16 号,2008 年 1 月 25 日)。

扣范围企业的,其自获得扩大增值税抵扣范围资格之日起出口的自用旧设备,主管税务机关应核实该设备所含增值税进项税额未计算抵扣后方可办理退税;如经主管税务机关核实,该设备所含增值税进项税额已计算抵扣,则不得办理退税。

(7)出口企业出口旧设备后,须在规定的出口退(免)税申报期内,向主管税务机关申报旧设备的出口退(免)税。主管税务机关接到出口企业申报后,须将出口货物报关单同海关电子信息进行核对,对增值税专用发票及认为有必要进行进一步核实的普通发票,通过函调的方式核查其纳税情况。对普通发票的函调方式,由各省(自治区、直辖市、计划单列市)税务机关根据本地情况自行确定。对核查无误的出口旧设备予以退(免)税。

未在规定期限内申报的出口旧设备,凡企业能提供出口货物报关单(出口退税专用)或代理出口货物证明的,实行免税不退税办法;企业不能提供出口货物报关单(出口退税专用)或代理出口货物证明及其他规定凭证的,按照现行税收政策予以征税。

(8)外商投资项目已办理采购国产设备退税且已超过5年监管期的国产设备,不适用本办法。

(9)对出口企业骗取出口旧设备退(免)税的,按照骗取出口退(免)税的有关规定进行处罚。

5.2.4.22 海洋工程结构物产品退税管理

国内生产企业向国内海上石油天然气开采企业销售海洋工程结构物产品视同出口,按统一规定的出口货物退税率予以退税[①]。

(1)对2002年5月1日以后,国内生产企业与国内海上石油天然气开采企业(见财税[2003]46号《财政部 国家税务总局关于海洋工程结构物增值税实行退税的通知》附件)签署的购销合同所涉及的海洋工程结构物产品(见财税[2003]46号《财政部 国家税务总局关于海洋工程结构物增值税实行退税的通知》附件),在销售时实行"免、抵、退"税管理办法[②]。

其中:"国内生产企业"是指:国内实行独立核算并为增值税一般纳税人的所有生产海洋工程结构物生产企业。财税[2003]46号附件2所列"海上石油开采企业"之间的销售,也同样享受此项政策[③]。

"免、抵、退"税额按下列公式计算[④]:

①当期应纳税额的计算

当期应纳税额 = 当期内销货物的销项税额 - (当期进项税额 - 当期免抵退税不得免征和抵扣税额)

②免抵退税额的计算

免抵退税额 = 销售价格×出口货物退税率 - 免抵退税额抵减额

其中:

"销售价格"以开具的普通发票上注明的价格为准。

免抵退税额抵减额 = 免税购进原材料价格×出

[①] 《财政部 国家税务总局关于海洋工程结构物增值税实行退税的通知》(财税[2003]46号,2003年4月1日)。

[②] 《财政部 国家税务总局关于海洋工程结构物增值税实行退税的通知》(财税[2003]46号,2003年4月1日)。此外,根据《国家税务总局关于胜利油田胜利石油化工建设有限责任公司海洋工程结构物退税问题的批复》(国税函[2005]721号,2005年7月12日),财税[2003]46号)主要为解决国内造船企业困难,使其内销的储油轮等享受与进口同类产品增值税免税的同等政策,而不是指全部的海洋工程结构物,对胜利油田胜利石油化工建设有限责任公司承建的海上建设工程海底输油管线工程,不能实行免抵退税办法。

[③] 《财政部 国家税务总局关于海洋工程结构物增值税实行退税的补充通知》(财税[2003]249号,2003年12月16日)。该文还对财税[2003]46号附件2所列海洋石油开采企业名单进行了调整。此后,《财政部 国家税务总局关于调整变更海上石油开采企业名单的通知》(财税[2005]154号,2005年11月4日)、《财政部 国家税务总局关于调整海上石油开采企业名单的通知》(财税[2006]108号,2006年8月28日)、《财政部 国家税务总局关于增补海上石油开采企业名单的通知》(财税[2006]143号,2006年10月11日)、《财政部 国家税务总局关于增补海洋工程结构物增值税退税企业名单的通知》(财税[2008]11号,2008年2月21日)、《财政部 国家税务总局关于变更海洋工程结构物增值税退税企业名单的通知》(财税[2008]143号,2008年11月21日)对海洋石油开采企业名单又陆续进行了调整。

[④] 《财政部 国家税务总局关于海洋工程结构物增值税实行退税的通知》(财税[2003]46号,2003年4月1日)。

口货物退税率

免税购进原材料包括从国内购进免税原材料和免税进口料件,其中免税进口料件的价格为组成计税价格。

免税进口料件的组成计税价格 = 货物到岸价+海关实征关税和消费税

③当期应退税额和免抵税额的计算

Ⅰ　如当期期末留抵税额 ≤ 当期免抵退税额,则

当期应退税额=当期期末留抵税额

当期免抵税额=当期免抵退税额-当期应退税额

Ⅱ　如当期期末留抵税额 > 当期免抵退税额,则

当期应退税额=当期免抵退税额

当期免抵税额=0

当期期末留抵税额根据当期《增值税纳税申报表》中"期末留抵税额"确定。

④免抵退税不得免征和抵扣税额的计算

免抵退税不得免征和抵扣税额 = 销售价格×(出口货物征税率-出口货物退税率)-免抵退税不得免征和抵扣税额抵减额

免抵退税不得免征和抵扣税额抵减额 = 免税购进原材料价格×(出口货物征税率-出口货物退税率)

(2)国内生产企业在向海上石油天然气开采企业销售财税[2003]46 号《财政部 国家税务总局关于海洋工程结构物增值税实行退税的通知》附件所列海洋工程结构物产品时应开具普通发票,不得开具增值税专用发票①。

(3)国内生产企业销售的海洋工程结构物产品在财务上作销售后,持开具的普通发票、购销合同等凭证,向当地主管征税的税务机关申报办理

免、抵、退税手续②。

(4)主管征税的税务机关在收到生产企业的申报后,须对购销合同、销售的产品、购货企业等进行认真审核,核实无误后,批准其办理免、抵、退税。具体管理办法比照现行"免、抵、退"税管理办法执行③。

5.2.4.23　上海世博会相关出口退税规定④

从 2008 年 6 月 1 日起,对 2010 年上海世界博览会境外官方参展者在中国境内购买用于上海世博会建馆和开展展览活动所耗用的有关货物给予增值税退税。有关具体退税管理办法如下:

(1)境外官方参展者直接为各自展馆的建设、安装、拆除,以及维持展馆运营而在中国境内购买的建筑材料、设备、办公用品等货物(详见财税[2008]84 号《财政部 国家税务总局关于印发〈境外官方参展者在中国境内采购用于上海世博会建馆和开展展览活动所耗用货物的退税管理办法〉的通知》附件 2,以下简称"列名货物"),退还增值税。非列名货物以及用于个人消费的列名货物,不予办理退税。

上述境外官方参展者是指参加中国 2010 年上海世博会的外国政府、国际组织、城市最佳实验区项目以及港澳特别行政区政府。

对参加 2010 年上海世界博览会的台湾馆以及台北市无线宽带宽带无限的便利城市案例馆、台北市迈向资源循环永续社会的城市典范馆等两个城市最佳实验区项目在中国境内购买用于建设、安装和拆除展馆以及维持展馆运营的建筑材料、设备和办公用品,按增值税专用发票注明的税额,实行增值税退税政策。具体参照《财政部 国家税务总局关于印发〈境外官方参展者在中国境内采购用于上海世博会建馆和开展展览活动所耗用货物的退

---

① 《财政部 国家税务总局关于海洋工程结构物增值税实行退税的通知》(财税[2003]46 号,2003 年 4 月 1 日)。

② 《财政部 国家税务总局关于海洋工程结构物增值税实行退税的通知》(财税[2003]46 号,2003 年 4 月 1 日)。

③ 《财政部 国家税务总局关于海洋工程结构物增值税实行退税的通知》(财税[2003]46 号,2003 年 4 月 1 日)。

④ 《财政部 国家税务总局关于印发〈境外官方参展者在中国境内采购用于上海世博会建馆和开展展览活动所耗用货物的退税管理办法〉的通知》(财税[2008]84 号,2008 年 6 月 13 日)。

税管理办法〉的通知》(财税〔2008〕84 号)相关规定执行①。

(2)境外官方参展者应指定下属专门机构(或专人)到上海市国家税务局指定的税务机关(简称"主管税务机关")办理有关税务登记、退税认定、退税申报及其他相关税务事宜。退税受理截止期为撤展后的四个月内。

(3)列名货物按照增值税专用发票上列明的税款退还增值税。对列名货物设立起退金额,即单张增值税专用发票的价税合计金额大于(含等于)2000 元人民币以上方可申请退税。境外官方参展者未能取得增值税专用发票的列名货物,或虽取得增值税专用发票,但货物名称不具体,无法判定是否属列名货物的,不予办理退税。

(4)对列名货物按下列程序办理退税

①在中国境内购买合理用量的建筑材料运入上海世博会园区(简称"园区"),境外官方参展者应如实填写《上海世博会境外官方参展者退税申请表》(详见财税〔2008〕84 号《财政部 国家税务总局关于印发〈境外官方参展者在中国境内采购用于上海世博会建馆和开展展览活动所耗用货物的退税管理办法〉的通知》附件 3),并持购进货物取得的增值税专用发票和经上海世博局核定的《上海世博会场馆列名货物清单(建筑材料类)》(详见财税〔2008〕84 号《财政部 国家税务总局关于印发〈境外官方参展者在中国境内采购用于上海世博会建馆和开展展览活动所耗用货物的退税管理办法〉的通知》附件 4)等单证,向主管税务机关申请办理退税。若已办理退税的建筑材料未经使用运出园区的,境外官方参展者应及时报告上海世博局和主管税务机关,并全额补交已退税款。

②在中国境内购买的设备和办公用品运入园区后,先凭《上海世博会场馆列名货物清单(设备、办公用品)》(详见财税〔2008〕84 号《财政部 国家税务总局关于印发〈境外官方参展者在中国境内

采购用于上海世博会建馆和开展展览活动所耗用货物的退税管理办法〉的通知》附件 5),向主管税务机关申请办理退税备案登记,待撤展后根据货物的不同去向按以下办法进行税收处理:

Ⅰ 对随同场馆一并拆毁、消耗以及无偿赠送给组织者或使领馆的设备和办公用品,境外官方参展者应如实填写《上海世博会境外官方参展者退税申请表》,并持购进货物取得的增值税专用发票和经上海世博局核销的《上海世博会场馆列名货物清单(设备、办公用品)》,向主管税务机关申请办理退税;

Ⅱ 对报关离境的上述设备和办公用品,境外官方参展者应如实填写《上海世博会境外官方参展者退税申请表》,并持出口货物报关单、增值税专用发票,向主管税务机关申请办理退税;

Ⅲ 对除上述第Ⅰ、Ⅱ项规定以外的设备和办公用品,主管税务机关一律不予办理退税。

(5)境外官方参展者应如实填写进出园区的《上海世博会场馆列名货物清单》,并与所附增值税专用发票上列名货物名称、单位、数量一一对应。上海世博局对境外官方参展者填报的《上海世博会场馆列名货物清单》内容及进出园区情况进行核定。

(6)《上海世博会场馆列名货物清单》分建筑材料类和设备、办公用品类。建筑材料类一式三联,由境外官方参展者将列名的建筑材料运入园区时向上海世博局申报填写。经上海世博局核定后,一联上海世博局留存,两联退境外官方参展者,其中一联作为境外官方参展者办理退税的申报凭据。设备和办公用品类一式五联,由境外官方参展者将列名的设备和办公用品运入园区时向上海世博局申报填写。经上海世博局核定后,一联上海世博局留存,四联退境外官方参展者。境外官方参展者将其中一联报主管税务机关备案。待撤展后,境外官方参展者将原已报上海世博局核定的《上海世博

---

① 《财政部 国家税务总局关于上海世博会台湾馆和台北城市最佳实验区项目享受增值税退税政策的通知》(财税〔2010〕73 号,2010 年 8 月 13 日)。

会场馆列名货物清单（设备、办公用品）》其余三联，填写列名货物的不同去向后，再报上海世博局予以核销。经核销后，一联上海世博局留存，两联退境外官方参展者，其中一联作为申请办理退税的凭据。

（7）若展馆建设安装采用承包方式的，境外官方参展者应如实填写《上海世博会境外官方参展者退税申请表》，并持承建企业为展馆建设采购货物所取得的增值税专用发票、与承建企业签订的承包合同、委托购买货物明细表、承建企业移交给展馆的货物明细表、《上海世博会场馆列名货物清单》等，向主管税务机关申请办理退税。

（8）主管税务机关应按场馆建立退税明细账册，并实施监管。对境外官方参展者报送的《上海世博会场馆列名货物清单》，应依据《准予退税产品类别目录》进行审核，必要时对列名货物的使用和处理情况进行核查。对境外官方参展者申请退税的列名货物增值税专用发票，主管税务机关应进行发函调查，并依据回函结果办理退税。

（9）境外官方参展者应将享受退税的商品与其他不享受退税的商品分别登记管理。境外官方参展者未如实申报列名货物具体使用情况，或故意将不属于"境外官方参展者准予退税产品目录"的货物作为列名货物申报退税，或违反第（4）条第①款规定的，根据情节，按中国有关法律规定追究法律责任。

5.2.4.24　抗震救灾相关出口退税规定①

（1）对四川受灾地区出口企业在 2008 年 1 月 1 日至 2008 年 6 月 30 日期间（以出口货物报关单〈出口退税专用〉上注明的出口日期为准）出口的货物，企业申报出口货物退（免）税期限及申请开具代理出口货物证明的期限延长至 2008 年 12 月 31 日。

对受灾地区在 2008 年 1 月 1 日至 2008 年 6 月 30 日期间（以增值税专用发票上注明的开票日期为准）的中标机电产品或外商投资企业采购国产设备等视同出口货物，企业申报出口货物退（免）税期限延长至 2008 年 12 月 31 日。

（2）对受灾地区出口企业申报、办理出口货物退（免）税的纸质单证、资料因地震灾害导致损毁、灭失的，应分别按照以下情况处理：

①对企业尚未申报出口货物退（免）税的纸质单证、资料损毁、灭失的，企业应按有关规定及时补办。对确实无法补办相关单证的，由企业提出书面申请，经主管税务机关核准后，企业可按上述第（1）条规定的期限申报出口货物退（免）税，主管税务机关依据相关单证电子信息审核办理出口货物退（免）税。

②对税务机关已受理企业申报尚未办理出口货物退（免）税的，因地震灾害造成纸质单证、资料损毁、灭失的，税务机关可依据相关单证电子信息的审核结果办理出口货物退（免）税。

③对受灾地区出口企业已办理了出口货物退（免）税的纸质单证、报表等档案资料损毁、灭失的，主管税务机关应对纸质单证、资料的损毁、灭失数量和涉及的已退（免）税款等情况及时进行清理、统计，并报四川省国家税务局备案。

④对企业出口货物备案单证等资料在地震灾害中损毁、灭失的，由企业提交书面申请，经主管税务机关核准后，出口企业可不再补办备案单证，但应将备案单证的损毁、灭失情况的书面材料报主管税务机关备案。

（3）对于地震之前发生出口业务 2 年以上且 3 年内未发生偷税、骗税违法行为的受灾地区出口企业，由出口企业提出书面申请并经四川省国家税务局批准，出口企业申报出口货物退（免）税时可暂不提供纸质单证，主管税务机关可依据相关单证电子信息审核办理出口货物退（免）税；出口企业应在 2008 年 12 月 31 日前补齐相关纸质单证，逾期未补齐单证的一律追回已退（免）税款；对于出口

---

① 《国家税务总局关于四川省遭受地震灾害地区出口货物退（免）税有关问题的通知》（国税函〔2008〕555 号，2008 年 6 月 4 日）。

货物退（免）税纸质单证、资料损毁、灭失的，仍按照以上第（2）条规定执行。

5.2.4.25 其他专项出口退（免）税规定

（1）出口样品、展品退税管理。

出口企业报关出口的样品、展品，如出口企业最终在境外将其销售并收汇的，准予凭出口样品、展品的出口货物报关单（出口退税联）、出口收汇核销单（出口退税联）及其他规定的退税凭证办理退税①。

（2）避孕药品和用具、古旧图书出口免征增值税、消费税②。

（3）军品以及军队系统各单位出口军需工厂生产或军需部门调拨的货物，在生产环节免征增值税、消费税，出口不再退税③。

5.2.4.26 被取消涉及出口退税行政审批项目的后续管理

（1）自2003年1月1日起，《国家计委 财政部 外经贸部 海关总署 国家税务总局 中国人民银行 国家外汇管理局 国家纺织工业局 中华全国供销合作总社关于印发〈国产棉花以顶进管理暂行办法〉的通知》（计经贸[2000]161号）停止执行后，对中纺棉花进出口公司、新疆自治区棉麻公司和新疆农垦进出口股份有限公司运入海关监管库的国产棉花不予退税，待产品出口后，按现行退税政策执行④。

（2）自2003年1月1日起，《国家经贸委 海关总署 国家税务总局关于暂停进口柴油、汽油后做好国内油品供应工作有关问题的补充通知》（国经贸贸易[1998]882号）停止执行后，炼厂向外资企业和特区内资企业供应的国内油品照章征税⑤。

（3）自2003年1月1日起，《国家税务总局关于中国出版对外贸易总公司等三家企业图书报刊杂志出口退税提供退税凭证有关问题的批复》（国税函[1996]649号）中列名企业享受优惠政策的规定停止执行后，图书进出口公司出口的图书、报刊等出版物，在申请退税时，可免予提供增值税税收专用缴款书⑥。

自2005年4月1日起，对出口企业出口的书刊等一律凭增值税专用发票及有关凭证办理退税⑦。

（4）自2003年1月1日起，《财政部 国家税务总局关于中外合资商业企业出口货物退税问题的通知》（财税字[1998]119号）中列名企业享受优惠政策的规定停止执行后，凡享有进出口经营权的中外合资商业企业收购自营出口的国产货物，可按现行外贸企业出口货物退（免）税政策的有关规定执行，商业企业各分店（分公司、分部）出口的货物，不予办理退（免）税⑧。

（5）自2003年1月1日起，《国家税务总局 对外经济贸易部关于明确部分出口企业出口高税率产品和贵重产品准予退税的通知》（国税发[1992]79号）、《国家税务总局 对外经济贸易部关于部分出口企业出口高税率、贵重产品准予退税的补充通知》（国税发[1992]279号）、《国家税务

---

① 《国家税务总局关于出口退税若干问题的通知》（国税发[2000]165号，2000年12月22日）。
② 《国家税务总局关于印发〈出口货物退（免）税管理办法〉的通知》（国税发[1994]31号，1994年2月18日）。
③ 《国家税务总局关于印发〈出口货物退（免）税管理办法〉的通知》（国税发[1994]31号，1994年2月18日）。《财政部 国家税务总局关于军队、军工系统所属单位征收流转税、资源税问题的通知》（财税字[1994]11号，1994年4月22日）。
④ 《国家税务总局关于做好已取消涉及出口退税行政审批项目的后续管理工作的通知》（国税发[2003]145号，2003年12月2日）。
⑤ 《国家税务总局关于做好已取消涉及出口退税行政审批项目的后续管理工作的通知》（国税发[2003]145号，2003年12月2日）。
⑥ 《国家税务总局关于做好已取消涉及出口退税行政审批项目的后续管理工作的通知》（国税发[2003]145号，2003年12月2日）。
⑦ 《国家税务总局关于调整凭普通发票退税政策的通知》（国税函[2005]248号，2005年3月24日）。
⑧ 《国家税务总局关于做好已取消涉及出口退税行政审批项目的后续管理工作的通知》（国税发[2003]145号，2003年12月2日）。

总局关于明确部分出口企业出口高税率、贵重产品准予退税的补充通知》(国税函发[1992]860号)、《财政部 国家税务总局关于出口货物税收若干问题的补充通知》(财税字[1997]14号)等文件中关于列名贵重产品由国家税务总局、原对外经济贸易部指定单位经营,出口后方可办理退税的规定停止执行后,出口企业出口上述文件列名的贵重产品,按现行出口退税统一规定向税务机关申请办理退(免)税①。

(6)自2004年7月1日起,《国家税务总局关于印发〈出口货物退(免)税若干问题的具体规定〉的通知》(国税发[1999]101号)第一条第一款,"凡利用外国政府贷款和国际金融组织贷款建设的项目,招标单位必须在招标前将贷款的性质、规模、项目等经当地国家税务局上报国家税务总局核准后,其中标的机电产品方可办理退税"的规定停止执行后,中标企业中标的机电产品可直接凭招标单位所在地的国家税务局签发的《中标证明通知书》等有关凭证办理退税。招标单位所在地国家税务局签发《中标证明通知书》的程序与要求仍按国税发[1999]101号规定执行。招标单位所在地的省国家税务局须将本年度签发的《中标证明通知书》有关中标项目、中标企业、中标金额等相关情况于次年的一月底前报国家税务总局②。

5.2.5 特殊区域出口退税管理

5.2.5.1 出口加工区

(1)出口加工区范围

出口加工区是指经国务院批准、由海关监管的特殊封闭区域。现已批准设立的出口加工区分别有:辽宁大连出口加工区、天津出口加工区、北京天竺出口加工区、山东烟台出口加工区、山东威海出口加工区、江苏昆山出口加工区、江苏苏州工业园区出口加工区、上海松江出口加工区、浙江杭州出口加工区、福建厦门杏林出口加工区、广东深圳出口加工区、广东广州出口加工区、湖北武汉出口加工区、四川成都出口加工区、吉林珲春出口加工区、安徽芜湖出口加工区、浙江宁波出口加工区、江苏无锡出口加工区、江苏南通出口加工区、陕西西安出口加工区、河北秦皇岛出口加工区、内蒙古呼和浩特出口加工区、河南郑州出口加工区等③。

(2)一般管理规定④

①对出口加工区运往区外的货物,海关按照对进口货物的有关规定办理进口报关手续,并对报关的货物征收增值税、消费税;对出口加工区外企业(简称"区外企业",下同)运入出口加工区的货物视同出口,由海关办理出口报关手续,签发出口货物报关单(出口退税专用)。

所述"区外企业"是指具有进出口经营权的企业,包括外贸(工贸)公司、外商投资企业和具有进出口经营权的内资生产企业。

②区外企业销售给出口加工区内企业(简称"区内企业",下同)并运入出口加工区供区内企业使用的国产设备、原材料、零部件、元器件、包装物料,以及建造基础设施、加工企业和行政管理部门生产、办公用房的基建物资(不包括水、电、气),区外企业可凭海关签发的出口货物报关单(出口退税专用)和其他现行规定的出口退税凭证,向税务机关申报办理退(免)税。

对区外企业销售给区内企业、行政管理部门并运入出口加工区供其使用的生活消费用品、交通运输工具,海关不予签发出口货物报关单(出口退税专用),税务部门不予办理退(免)税。

对区外企业销售给区内企业、行政管理部门并

---

① 《国家税务总局关于做好已取消涉及出口退税行政审批项目的后续管理工作的通知》(国税发[2003]145号,2003年12月2日)。

② 《国家税务总局关于做好已取消涉及出口退税行政审批项目的后续管理工作的通知》(国税发[2004]77号,2004年6月22日)。

③ 《国务院办公厅关于进行设立出口加工区试点的复函》(国办函[2000]37号,2000年4月27日)。《国务院办公厅关于出口加工区有关问题的复函》(国办函[2002]64,2002年5月21日)。

④ 《国家税务总局关于印发〈出口加工区税收管理暂行办法〉的通知》(国税发[2000]155号,2000年10月26日)。

运入出口加工区供其使用的进口机器、设备、原材料、零部件、元器件、包装物料和基建物资,海关不予签发出口货物报关单(出口退税专用),税务部门不予办理退(免)税。

③出口货物实行免税管理办法的外商投资企业销售并运入出口加工区的以上第②项所述予以退(免)税的货物,在2000年底前仍实行免税政策。

④对区外企业销售并运入出口加工区的货物,一律开具出口销售发票,不得开具增值税专用发票或普通发票。

⑤对区外企业销售给区内企业并运入出口加工区供区内企业使用的实行退(免)税的货物,区外企业应按海关规定填制出口货物报关单,出口货物报关单"运输方式"栏应为"出口"(运输方式全称为"出口加工区")。

⑥对区内企业在区内加工、生产的货物,凡属于货物直接出口和销售给区内企业的,免征增值税、消费税。对区内企业出口的货物,不予办理退税。区内企业委托区外企业进行产品加工,一律不予退(免)税。

⑦区内企业按现行有关法律法规、规章缴纳地方各税。区内的内资企业按国家现行企业所得税法规、规章缴纳所得税,外商投资企业比照现行有关经济技术开发区的所得税政策规定执行。

⑧已经批准并核定"四至范围"的出口加工区,其区内加工企业和行政管理部门从区外购进基建物资时,需向当地税务部门和海关申请。在审核额度内购进的基建物资,可在海关对出口加工区进行正式验收。监管后,凭出口货物报关单(出口退税专用)向当地税务部门申请办理退(免)税手续。对违反有关规定,采取弄虚作假等手段骗取退

(免)税的,按税收征收管理法等有关规定予以处罚。

对出口加工区基建物资退税,须严格按照统一的出口货物退(免)税制度执行①。

(3)出口加工区耗用水、电、气的退税管理②

出口加工区内生产企业(简称"区内企业")生产出口货物耗用的水、电、气,准予退还所含的增值税。区内企业须按季填报《出口加工区内生产企业耗用水、电、气退税申报表》(见国税发[2002]116号《国家税务总局关于出口加工区耗用水、电、气准予退税的通知》附件),并附送供水、供电、供气公司(或单位)开具的增值税专用发票(抵扣联)和支付水、电、气费用的银行结算凭证(复印件加盖银行印章),向主管出口退税的税务机关申报办理退税手续。

①水、电、气应退税额计算

应退税额=增值税专用发票注明的进项金额×退税税率

水、电、气的退税率均为13%,如供应单位按简易办法征收增值税的,退税率为征收率③。

②区内生产企业从区外购进的水、电、气,凡用于出租、出让厂房的,不予办理退税。已办理退税的,区内企业应在出租、出让行为发生的次月,向主管出口退税的税务机关申报并缴纳已退还的税款。

③区外企业销售并输入给出口加工区内企业的水、电、气,一律向区内企业开具增值税专用发票,不得开具普通发票或出口专用发票。

④区内企业水、电、气退税的登记、审批、管理工作,由主管出口退税的税务机关负责。主管出口退税的税务机关应按季核查区内企业水、电、气的实际耗用情况,年度终了后,应按清算的规定,对上

① 《国家税务总局关于芜湖出口加工区基建物资出口退税问题的批复》(国税函[2004]805号,2004年6月29日)。
② 《国家税务总局关于出口加工区耗用水、电、气准予退税的通知》(国税发[2002]116号,2002年9月10日)。
③ 《国家税务总局关于出口加工区耗用水、电、气准予退税的通知》(国税发[2002]116号,2002年9月10日)规定水、电、气的退税率均为13%,但《国家税务总局关于出口加工区内企业耗用蒸汽退税的批复》(国税函[2005]1147号,2005年12月7日)对出口加工区内企业耗用蒸汽做出了个案规定,准予按11%的退税率办理退税。

年水、电、气的退税进行清算①。

上述规定自 2002 年 9 月 1 日起执行。执行时间以增值税专用发票开具日期为准。2002 年 8 月 31 日以前开具的发票,不予退税。

(4)国内采购已经取消出口退税的材料进入出口加工区适用退税政策的规定②

自 2008 年 2 月 15 日起,对国内采购已经取消出口退税的材料进入出口加工区等海关特殊监管区域,适用下列退税政策:

①对取消出口退税进区并用于建区和企业厂房的基建物资,入区时海关办理卡口登记手续,不签发出口报关单。对区外企业销往区内的上述货物税务机关应按规定征税,不办理出口退税③。上述货物不得离境出口,如在区内未使用完毕,由海关监管退出区外。但自境外进入区内的基建物资如运往境内区外,应按海关对海关特殊监管区域管理的有关规定办理报关纳税手续。此项政策适用于所有海关特殊监管区域。

②对区内生产企业在国内采购用于生产出口产品的并已经取消出口退税的成品革、钢材、铝材和有色金属材料(不含钢坯、钢锭、电解铝、电解铜等金属初级加工产品)等原材料,进区时按增值税法定征税率予以退税。具体商品清单见《财政部 海关总署 国家税务总局关于国内采购材料进入出口加工区等海关特殊监管区域适用退税政策的通知》(财税[2008]10 号)附件。

上述准予退税的货物入区时,海关签发的出口货物报关单(出口退税专用)的备注栏填有中华人民共和国海关总署公告 2008 年第 34 号所附的《海关特殊监管区域不征收出口关税及退税货物审批

表》编号。区外企业可凭海关签发的符合上述规定的出口货物报关单(出口退税专用)和其他现行规定的出口退(免)税凭证,向税务机关申报办理退(免)税。税务机关进行认真审核后,按增值税法定征税率予以退税。区外企业如属于增值税小规模纳税人,其销售的上述货物按现行规定实行免税办法④。

区内生产加工企业应按季将《海关特殊监管区域不征收出口关税及退税货物审批表》(复印件,加盖企业公章)报送主管国家税务局,并每半年一次(7 月 10 日前和 1 月 10 日前)将按照上述规定办理退(免)税货物的使用情况报送当地国家税务局。对上述退(免)税货物,税务机关有权进入区内企业进行实地核查⑤。

③区内生产企业在国内采购上述第②条规定的原材料未经实质性加工,不得转售区内非生产企业(如仓储物流、贸易等企业)、直接出境和以保税方式出区。违反此规定,按骗税和偷逃税款的相关规定处理。上述享受退税的原材料未经实质性加工出区销往国内照章征收各项进口环节税。

实质性加工标准按《中华人民共和国进出口货物原产地条例》(国务院令第 416 号)实质性改变标准执行。

④区内非生产企业(如保税物流、仓储、贸易等企业)在国内采购进区的上述第②条规定的原材料不享受该政策。

⑤上述②、③、④项措施,仅适用于具有保税加工功能的出口加工区、保税港区、综合保税区、珠澳跨境工业区(珠海园区)和中哈霍尔果斯国际边境合作中心(中方配套区域)。

---

① 自 2006 年 1 月 1 日起,对出口企业上一年度出口货物的退(免)税,主管其出口货物退(免)税的税务机关不再进行出口货物退(免)税清算,参见《国家税务总局关于取消出口货物退(免)税清算的通知》(国税发[2005]197 号,2005 年 12 月 9 日)。
② 《财政部 海关总署 国家税务总局关于国内采购材料进入出口加工区等海关特殊监管区域适用退税政策的通知》(财税[2008]10 号,2008 年 2 月 2 日)。
③ 《国家税务总局关于境内区外货物进入海关特殊监管区域有关问题的通知》(国税发[2008]91 号,2008 年 9 月 24 日)。
④ 《国家税务总局关于境内区外货物进入海关特殊监管区域有关问题的通知》(国税发[2008]91 号,2008 年 9 月 24 日)。
⑤ 《国家税务总局关于境内区外货物进入海关特殊监管区域有关问题的通知》(国税发[2008]91 号,2008 年 9 月 24 日)。

⑥监管办法①。

属于规定进入海关特殊监管区域按增值税法定征税率退税的货物,区外企业在办理出口报关手续前,由区内企业按照《海关特殊监管区域不征收出口关税及审批表填制规范》(见海关总署公告2008年第34号《海关总署关于部分进入特殊监管区域的货物不征收出口关税和退税的公告》附件)填写《海关特殊监管区域不征收出口关税及退税货物审批表》(见海关总署公告2008年第34号《海关总署关于部分进入特殊监管区域的货物不征收出口关税和退税的公告》附件,简称《审批表》)报主管海关审批,主管海关审批同意,生成审批表编号并交区内企业,区内企业将《审批表》交区外企业,区外企业持《审批表》办理出口报关手续;主管海关审批不同意的,不生成审批表编号并交区内企业。

对于进入海关特殊监管区域按增值税法定征税率退税的货物,区外企业单独填报出口报关单。《审批表》和出口报关单一一对应。

区外企业办理上述货物出口报关手续时,在出口报关单备注栏目填写《审批表》编号,并向海关特殊监管区域主管海关递交审批后的《审批表》,主管海关审核无误后留存,并按规定出具出口退税报关单。

如海关对出口报关单审核后,需要对出口报关单中的出口口岸、发货单位、经营单位、商品编号、商品名称、规格型号、数量及单位、单价、总价、币制进行修改的,区内企业需根据修改后的内容重新填写《审批表》报主管海关审批。原《审批表》作废,由区外企业交原区内企业,再由原区内企业将其与重新填写的《审批表》一并交主管海关,海关不再

退还。

⑦对财税[2008]10号文件规定的区内生产企业在国内采购"海关特殊监管区内生产企业国内采购入区退税原材料清单"中列名的产品,进区按增值税法定征税率予以退税是指取消出口退税的产品。上述产品的出口退税率调整后,应执行调整后的出口退税率②。

⑧财税[2008]10号文件"海关特殊监管区内生产企业国内采购入区退税原材料清单"列名产品,如因海关商品编码发生变更,而产品特性描述按海关规定仍在列名产品范围的,按原规定的适用退税率执行③。

(5)出口加工区的设立标准和程序④

①设立出口加工区的审批标准

Ⅰ 出口加工区原则上设在经国务院批准的国家级开发区内,同一开发区内只能设立1个出口加工区。

Ⅱ 出口加工区要坚持以出口为导向,申请设立出口加工区的国家级开发区,加工贸易年进出口总值一般应达到1亿美元以上。

Ⅲ 加工贸易年进出口总值低于10亿美元的省(自治区、直辖市),原则上只设立1个出口加工区。

Ⅳ 加工贸易年进出口总值超过10亿美元的省(自治区、直辖市),虽已设有出口加工区,根据加工贸易发展的需要,可经批准增设出口加工区。

Ⅴ 东部各省(直辖市)的出口加工区封关运作后加工贸易年进出口总值达到或超过5000万美元的;中部各省出口加工区封关运作后加工贸易年进出口总值达到或超过2000万美元的;西部各省(自治区、直辖市)出口加工区封关运作后加工贸

---

① 《海关总署关于部分进入特殊监管区域的货物不征收出口关税和退税的公告》(海关总署公告2008年第34号公布,2008年5月16日)。

② 《财政部 海关总署 国家税务总局关于国内采购材料进入海关特殊监管区域适用退税政策的通知》(财税[2009]107号,2009年9月3日)。

③ 《财政部 海关总署 国家税务总局关于国内采购材料进入海关特殊监管区域适用退税政策的通知》(财税[2009]107号,2009年9月3日)。

④ 《海关总署 发展改革委 财政部 国土资源部 商务部 税务总局 工商总局 质检总局 外汇局关于印发〈设立出口加工区的审批标准和程序〉的通知》(署加发[2004]102号,2004年4月8日)。

易年进出口总值达到或超过 1000 万美元的,方可申请在该省(自治区、直辖市)增设出口加工区或扩大原有出口加工区的面积。

Ⅵ 出口加工区如申请扩大面积,须区内已摆满项目、基础设施及配套建设发展用地已得到充分利用,且扩大的面积不超过 3 平方公里。

Ⅶ 出口加工区须自批准之日起 2 年内建设完毕并申请验收。如 1 年内未启动建设,由海关总署商有关部门书面提请有关省(自治区、直辖市)予以注意。之后 1 年内仍未有进展的,由海关总署会同有关部门报请国务院予以撤销。

Ⅷ 出口加工区封关运作后 3 年内仍无投资项目,或虽有投资项目,但加工贸易年进出口总值低于 100 万美元的,由海关总署会同有关部门书面提请有关省(自治区、直辖市)予以注意。之后 1 年仍达不到要求的,由海关总署会同有关部门报请国务院予以撤销。

②设立出口加工区的审批程序

Ⅰ 设立出口加工区或已设立的出口加工区扩大面积,须符合所在城市土地利用总体规划,由省(自治区、直辖市)人民政府请示国务院,抄送国务院有关部门。

Ⅱ 请示文件要说明:设立出口加工区的必要性和可行性,外向型经济发展、加工贸易发展及基础设施情况,设立出口加工区或扩大面积后是否有项目进入,所选址区域是否符合土地利用总体规划、各类用地总量及结构情况、工业用地效益情况等。同时还要附设立出口加工区或扩大面积的规划方案及选址(附图)、面积与四至范围以及做好设立出口加工区或扩区工作的承诺。

Ⅲ 省(自治区、直辖市)人民政府报国务院设立出口加工区的请示,由海关总署会同发展改革委、财政部、国土资源部、商务部、税务总局、工商总局、质检总局、外汇局等部门研究提出意见,会签后报国务院审批。

Ⅳ 国务院审批同意后,由海关总署通知并指导有关省(自治区、直辖市)建立出口加工区的隔离设施和管理机构。出口加工区经海关总署会同有关部门验收合格后正式运作。

(6)出口加工区拓展物流功能

自 2009 年 1 月 1 日起,允许出口加工区拓展保税物流功能和开展研发、检测、维修业务,国内货物进入出口加工区用于物流配送的,按照国税发[2004]150 号的规定执行①。

5.2.5.2 保税区

(1)保税区外的出口企业销售给外商的出口货物,如外商将货物存放在保税区内的仓储企业,离境时由仓储企业办理报关手续的,保税区外的出口企业可凭货物进入保税区的出口货物报关单(出口退税专用联)、仓储企业的出口备案清单及其他规定的凭证,向税务机关申请办理退税。保税区海关须在上述货物全部离境后,方可签发货物进入保税区的出口货物报关单(出口退税专用联)②。

出口企业可以最后一批出口货物的备案清单上海关注明的出口日期为准申报退(免)税③。

(2)保税区内生产企业从区外有进出口经营权的企业购进原材料、零部件等加工成产品出口的,可按保税区海关出具的出境备案清单以及其他规定的凭证,向税务机关申请办理免、抵、退税④。

对非保税区运往保税区的货物不予退(免)税。保税区内企业从区外购进货物时必须向税务机关申报备案增值税专用发票的有关内容,将这部分货物出口或加工后再出口的,可按本规定办理出口退(免)税⑤。

① 《国家税务总局关于保税物流中心及出口加工区功能拓展有关税收问题的通知》(国税函[2009]145 号,2009 年 3 月 18 日)。
② 《国家税务总局关于出口退税若干问题的通知》(国税发[2000]165 号,2000 年 12 月 22 日)。
③ 《国家税务总局关于经保税区出口货物申报出口退(免)税有关问题的批复》(国税函[2005]255 号,2005 年 3 月 29 日)。
④ 《国家税务总局关于出口货物退(免)税若干问题的通知》(国税发[2003]139 号,2003 年 11 月 18 日)。
⑤ 《财政部 国家税务总局关于印发〈出口货物退(免)税若干问题规定〉的通知》(财税字[1995]92 号,1995 年 7 月 8 日)。

（3）保税区外的出口企业开展加工贸易，若进口料件是从保税区内企业购进的，可按现行的进料加工和来料加工税收政策执行①。

保税区内进料加工企业从境外进口料件，可凭保税区海关签发的"海关保税区进境货物备案清单"办理《生产企业进料加工贸易免税证明》等单证②。

（4）《对外贸易经营者备案登记办法》施行后，保税区内出口企业可在境内区外办理报关出口业务，对保税区内出口企业在境内区外的出口货物，按照有关出口退税管理办法办理退税③。

5.2.5.3　保税物流中心（B型）

（1）保税物流中心的税收管理④

保税物流中心（B型）（简称"物流中心"）是指经海关总署批准，对多家物流企业实施保税仓储管理的封闭的海关监管区。保税物流中心（B型）自封关运作之日起，按照以下规定实施税收管理。

①物流中心外企业报关进入物流中心的货物视同出口，由海关办理出口报关手续，签发出口货物报关单（出口退税专用）；物流中心外企业从物流中心运出货物，海关按照对进口货物的有关规定，办理报关进口手续，并对报关的货物按照现行进口货物的有关规定征收或免征进口环节的增值税、消费税。

所称"物流中心外企业"，指外贸企业、外商投资企业和内资生产企业。

②物流中心外企业将货物销售给物流中心内企业的，或物流中心外企业将货物销售给境外企业后，境外企业将货物运入物流中心内企业仓储的，物流中心外企业凭出口发票、出口货物报关单（出口退税专用）、增值税专用发票、出口收汇核销单（出口退税专用）等凭证，按照现行有关规定申报办理退（免）税。

③物流中心外企业销售给物流中心内企业并

运入物流中心供物流中心内企业使用的国产机器、装卸设备、管理设备、检验检测设备、包装物料，物流中心外企业凭出口发票、出口货物报关单（出口退税专用）、增值税专用发票、出口收汇核销单（出口退税专用）等凭证，按照现行有关规定申报办理退（免）税。

对物流中心外企业销售给物流中心内企业并运入物流中心供其使用的生活消费用品、交通运输工具，海关不予签发出口货物报关单（出口退税专用），税务部门不予办理退（免）税。

对物流中心外企业销售给物流中心内企业并运入物流中心供其使用的进口机器、装卸设备、管理设备、检验检测设备、包装物料，海关不予签发出口货物报关单（出口退税专用），税务部门不予办理退（免）税。

④对物流中心外企业销售并运入物流中心的货物，一律开具出口销售发票，不得开具增值税专用发票或普通发票。

⑤对物流中心外企业销售给物流中心内企业并运入物流中心供物流中心内企业使用的实行退（免）税的货物，物流中心外企业应按海关规定填制出口货物报关单，出口货物报关单"运输方式"栏为"物流中心"。

⑥对物流中心内企业在物流中心内加工的货物，凡货物直接出口或销售给物流中心内其他企业的，免征增值税、消费税。对物流中心内企业出口的货物，不予办理退（免）税。

⑦对物流中心企业之间或物流中心与出口加工区、区港联动之间的货物交易、流转，免征流通环节的增值税、消费税。

⑧物流中心内企业其他税收问题，按现行有关税收法律、法规的规定执行。对违反规定，采取弄虚作假等手段骗取出口退（免）税的，按税收征收

---

① 《国家税务总局关于出口退税若干问题的通知》（国税发〔2000〕165号，2000年12月22日）。
② 《国家税务总局关于出口货物退（免）税若干问题的通知》（国税发〔2003〕139号，2003年11月18日）。
③ 《国家税务总局关于保税区内出口企业出口退税有关问题的批复》（国税函〔2006〕666号，2006年7月6日）。
④ 《国家税务总局关于印发〈保税物流中心（B型）税收管理办法〉的通知》（国税发〔2004〕150号，2004年11月15日）。

管理法等有关规定予以处罚。

自 2007 年 8 月起,扩大海关保税物流中心(B 型)试点工作,并实行与苏州工业园区物流中心相同的税收政策①:

①国内货物进入物流中心视同出口,享受出口退税政策,海关按规定签发出口退税报关单(出口退税专用联)。企业凭报关单出口退税联向主管出口退税的税务部门申请办理出口退(免)税手续。

②物流中心内的货物进入内地,视同进口,海关在货物出物流中心时,依据货物的实际状态,按照有关政策规定对视同进口货物办理进口报关以及征、免税,或保税等验放手续。

③上述政策规定的具体税收管理事宜,仍按照《国家税务总局关于印发〈保税物流中心(B 型)税收管理办法〉的通知》(国税发[2004]150 号)的规定执行。

④对已经批准设立并通过验收的苏州高新区和南京龙潭港保税物流中心(B 型),从 2007 年 8 月 1 日起适用上述税收政策;对北京空港保税物流中心(B 型)以及扩大试点期间经批准设立的物流中心,均自验收通过之日起适用上述税收政策。

(2)保税物流中心(B 型)扩大试点的审批办法②

①控制设立保税物流中心总量的量化标准

在控制各地保税物流中心扩大试点项目时应依照以下量化标准:

Ⅰ 东部地区年进出口总值超过 400 亿美元且加工贸易年进出口总值超过 150 亿美元的省、直辖市;中西部地区年进出口总值超过 40 亿美元且加工贸易年进出口总值超过 5 亿美元的省(自治区、直辖市),可以设立 1 家。

Ⅱ 年进出口总值超过 2000 亿美元,且加工贸易年进出口总值超过 1000 亿美元的省、自治区,可以在第 Ⅰ 项标准的基础上增设 3 家;进出口总值超过 600 亿美元,且加工贸易年进出口总值超过 250 亿美元的直辖市,可以在第 Ⅰ 项标准的基础上增设 1 家。

Ⅲ 年进出口总值超过 3000 亿美元,且加工贸易年进出口总值超过 1500 亿美元的省(自治区、直辖市),可以在第 Ⅱ 项标准的基础上增设 2 家。

②保税物流中心的审批条件及程序

Ⅰ 申请设立保税物流中心应当具备《中华人民共和国海关对保税物流中心(B 型)的暂行管理办法》(海关总署令 130 号,简称《管理办法》)第四条规定的有关条件,并且必须具有以招标拍卖挂牌方式依法取得的国有建设用地使用权。

Ⅱ 保税物流中心经营企业应当符合《管理办法》第五条规定的有关资格,并按照第七条规定的有关材料要求,向主管直属海关提出书面申请。

Ⅲ 直属海关受理申请材料后进行初审并加具确认意见,再将其转报海关总署。海关总署收到申请后提出办理意见并转送财政部、税务总局和外汇局会审。

Ⅳ 海关总署等四部门根据上述原则和审批标准进行会审并达成一致意见后,由海关总署、财政部、税务总局会签外汇局,联合发文批复。

Ⅴ 经营企业必须按照《管理办法》第四、五、六条规定的海关监管设施条件对保税物流中心进行建设。

Ⅵ 经营企业应该自海关总署等四部门出具批准其筹建保税物流中心文件之日起 1 年内向海关总署申请验收,由海关总署会同其他三个部门验收合格后方可运营。

确有正当理由未能按时申请验收的,经海关总署会商其他三个部门同意后可以延期。无正当理由逾期未申请验收或者验收不合格的,海关总署等

---

① 《财政部 海关总署 国家税务总局关于保税物流中心(B 型)扩大试点期间适用税收政策的通知》(财税[2007]125 号,2007 年 8 月 30 日)。

② 《海关总署 财政部 国家税务总局 国家外汇管理局关于印发保税物流中心扩大试点审批办法的通知》(署加发[2008]505号,2008 年 12 月 15 日)。

四部门可以撤回原批复。

保税物流中心经营企业在联合验收后一段时期内业务量达不到一定标准且不能提供正当理由的,海关总署等四部门可以撤销其经营资格。具体标准和办法由海关总署等四部门另行制定。

Ⅶ 扩大试点的保税物流中心经过海关总署等四部门验收并封关运营后,享受原试点保税物流中心的税收和外汇政策,由海关依据《管理办法》和有关规定实施监管。

Ⅷ 上述审批办法实施后,凡不符合上述原则和程序,且未经海关总署等四部门批准设立就擅自建设的保税物流中心,一律不予受理和审批。

(3)国家批准设立天津经济技术开发区保税物流中心等23家保税物流中心(具体名单见国税函[2009]145号《国家税务总局关于保税物流中心及出口加工区功能拓展有关税收问题的通知》附件)。自经国家有关部门联合验收封关之日起,境内货物进入保税物流中心的,视同出口,实行出口退(免)税政策;保税物流中心内货物进入境内,视同进口,依据货物的实际状态办理进口报关手续,并按照进口的有关规定征收或免征进口增值税、消费税①。

2010年1月7日,河南保税物流中心被批准设立②。

5.2.5.4 苏州工业园区保税物流中心

(1)国内货物进入苏州工业园区海关保税物流中心(B型试点),视同出口,享受出口退税政策,海关按规定签发出口退税报关单。企业凭报关单出口退税联向主管出口退税的税务部门申请办理出口退(免)税手续③。

(2)苏州工业园区海关保税物流中心(B型试点)内的货物进入内地的,视同进口,海关在货物出苏州工业园区海关保税物流中心(B型试点)时,依据货物的实际状态,按照有关政策规定对视同进口的货物办理进口报关以及征、免税,或保税等验放手续④。

5.2.5.5 上海外高桥保税物流园区⑤

《国务院办公厅关于同意上海外高桥保税区与外高桥港区联动试点的复函》(国办函[2003]81号)同意上海外高桥保税区与外高桥港区联动试点,在外高桥港区内划出1.03平方公里土地进行封闭围网,作为外高桥保税区的物流园区。物流园区享受保税区相关政策,在进出口税收方面,比照实行出口加工区的相关政策,即国内货物进入物流园区视同出口,办理报关手续,实行退税;园区货物内销按货物进口的有关规定办理报关手续,货物按实际状态征税;区内货物自由流通,不征增值税和消费税⑥。

保税物流园区经海关总署、国家税务总局等有关部门联合验收合格后,自封关运作之日起,具体税收政策按如下规定执行:

(1)对保税物流园区外企业(简称"区外企业")运入物流园区的货物视同出口,区外企业凭海关签发的出口货物报关单(出口退税专用)及其他规定凭证向主管税务机关申请办理退(免)税。

所称区外企业是指具有进出口经营权的企业(包括外工贸公司、外商投资企业和具有进出口经营权的生产企业),以及委托具有进出口经营权的

---

① 《国家税务总局关于保税物流中心及出口加工区功能拓展有关税收问题的通知》(国税函[2009]145号,2009年3月18日)。

② 《海关总署 财政部 国家税务总局 国家外汇管理局关于设立河南保税物流中心的批复》(署加函[2010]18号,2010年1月7日)。

③ 《财政部 国家税务总局 海关总署关于国内货物进入苏州工业园区海关保税物流中心(B型试点)准予退税的通知》(财税[2004]133号,2004年8月3日)。

④ 《财政部 国家税务总局 海关总署关于国内货物进入苏州工业园区海关保税物流中心(B型试点)准予退税的通知》(财税[2004]133号,2004年8月3日)。

⑤ 《国家税务总局关于保税区与港区联动发展有关税收问题的通知》(国税发[2004]117号,2004年9月13日)。

⑥ 《国务院办公厅关于同意上海外高桥保税区与外高桥港区联动试点的复函》(国办函[2003]81号,2003年12月8日)。

企业报关出口的无进出口经营权的生产企业。

（2）主管税务机关接到区外企业的退（免）税申请后，严格按照《国家税务总局关于印发〈出口加工区税收管理暂行办法〉的通知》（国税发［2000］155号）、《国家税务总局关于出口加工区耗用水、电、气准予退税的通知》（国税发［2002］116号）、《国家税务总局关于芜湖出口加工区基建物资出口退税的批复》（国税函［2004］805号）及其他相关文件规定，审核无误后，办理退税。

（3）保税物流园区内企业销售货物、出口货物及委托加工货物，其税收政策及税收管理办法比照《国家税务总局关于印发〈出口加工区税收管理暂行办法〉的通知》（国税发［2000］155号）文件执行。

5.2.5.6　出口加工区拓展保税物流功能试点

自2007年1月1日起，在江苏昆山、浙江宁波、上海松江、北京天竺、山东烟台、陕西西安、重庆等7个出口加工区开展拓展保税物流功能试点，并在其中具备条件、有业务需求的出口加工区开展研发、检测、维修业务试点。

上述7个出口加工区拓展保税物流功能等试点后的税收管理，继续按照《国家税务总局关于印发〈出口加工区税收管理暂行办法〉的通知》（国税发［2000］155号）及现行其他有关规定执行①。

5.2.5.7　洋山保税港区和珠澳跨境工业区珠海园区②

（1）洋山保税港区（简称"港区"）和珠澳跨境工业区珠海园区（简称"园区"）享受出口加工区的税收政策，即国内货物进入港区或园区视同出口，实行退税，港区或园区内企业的货物交易不征收增值税、消费税。具体政策比照《国家税务总局关于印发〈出口加工区税收管理暂行办法〉的通知》（国税发［2000］155号）和《国家税务总局关于出口加工区耗用水、电、气准予退税的通知》（国税发［2002］116号）、《国家税务总局关于芜湖出口加工区基建物资出口退税的批复》（国税函［2004］805号）的有关规定执行。

（2）国内货物"出口"到港区或园区、港区或园区区内企业耗用的水、电、气（汽），按现行政策规定的出口货物适用的出口退税率执行。

（3）上述政策具体执行日期，以港区或园区经海关总署会同有关部门联合验收合格后，封关运作的日期为准。

5.2.5.8　出口监管仓库③

自2004年12月1日起，先后在深圳、厦门、南京、黄埔、江门、昆明、乌鲁木齐、太原、大连、广州、天津、上海关区的符合条件的出口监管仓库进行入仓退税政策的试点。试点地区的有关海关和国税部门应严格按照规定的入仓退税条件进行审核，并定期复核，达不到条件的出口监管仓库不得实行入仓退税政策。未实行入仓退税的出口监管仓库仍按现行有关规定办理出口退税手续。

（1）享受入仓退税政策的出口监管仓库，除了具备一般出口监管仓库条件外，还需具备以下条件：

①经营出口监管仓库的企业经营情况正常，无走私或重大违规行为，具备向海关缴纳税款的能力；

②上一年度入仓货物实际出仓离境率不低于99%；

③对入仓货物实行全程计算机管理，具有符合

---

①　《国家税务总局关于开展保税物流功能试点出口加工区有关税收问题的通知》（国税函［2007］901号，2007年8月21日）。

②　《国家税务总局关于洋山保税港区等海关监管特殊区域有关税收问题的通知》（国税函［2006］1226号，2006年12月15日）。

③　《海关总署　国家税务总局关于在深圳、厦门关区符合条件的出口监管仓库进行入仓退税政策试点的通知》（署加发［2005］39号，2005年1月10日）。《海关总署　国家税务总局关于扩大出口监管仓库入仓退税政策试点范围的通知》（署加发［2007］494号2,007年12月5日）。《海关总署　国家税务总局关于第二批出口监管仓库享受入仓退税政策扩大试点的通知》（署加发［2008］506号，2008年12月5日）。《海关总署　国家税务总局关于出口监管仓库享受入仓退税政策扩大试点的通知》（署加发［2010］347号，2010年8月16日）。

海关监管要求的计算机管理系统;

④不得存放用于深加工结转的货物;

⑤具有符合海关监管要求的隔离设施、监管设施及其他必要的设施。

符合入仓退税条件的出口监管仓库由其所在地主管海关和主管税务机关审核无误后报直属海关和省国税局核准后,本年度即可开展入仓退税业务。年度终了后,上述仓库达不到上述规定条件的,下年度应取消其入仓退税政策。

(2)国内货物存入实行入仓退税政策的出口监管仓库并办结出口报关手续后,由主管海关向出口企业签发"出口货物报关单(出口退税专用)"。

以转关运输方式存入出口监管仓库的出口货物,启运地海关应在收到出口监管仓库主管海关确认货物已实际入仓的转关核销电子回执后,向出口企业签发"出口货物报关单(出口退税专用)"。

上述出口货物报关单电子信息应纳入电子口岸执法管理系统,以便国税部门及时审核、审批出口退(免)税。

(3)存入出口监管仓库的出口货物应当在海关规定的期限内离境出口。

(4)已签发退税出口专用报关单的入仓货物,原则上不允许再转为境内销售,因特殊原因确需退运或转为境内销售的,按以下规定办理相关手续:

①对退运、退关货物,出口企业必须向注册地主管税务部门申请证明,证明其货物未办理出口退税,或所退税款已退还主管税务部门。企业凭有关证明材料和出口单证向主管海关申请办理相关手续,主管海关对企业提供的证明材料向主管税务部门核实无误后予以办理。

转关入仓货物申请退运的,出口企业应凭启运地海关和企业注册地主管税务部门有关证明材料和出口单证向主管海关办理相关手续。

②转入国内市场销售的货物,主管海关应按照国货复进口货物的有关规定进行管理和验放。

③年退税、退运货物不得超过离境货物的1%。

(5)出口监管仓库企业通过隐瞒真实情况、提供虚假资料等不正当手段取得入仓退税政策的,依法予以处罚并取消其入仓退税政策。出口企业和出口监管仓库企业的违法行为,依照《中华人民共和国海关法》、《中华人民共和国税收征收管理法》予以处罚。构成犯罪的,依法追究刑事责任。

5.2.5.9 天津市开展融资租赁船舶出口退税试点

(1)政策规定①

自2010年4月1日起,对融资租赁企业经营的所有权转移给境外企业的融资租赁船舶出口,在天津市实行为期1年的出口退税试点,即:融资租赁出口的租赁船舶实行增值税"免退税"办法,该出口租赁船舶的出口销项免征增值税,其购进的进项税款予以退税。涉及消费税的应税消费品,已征税款予以退还。具体时间以《海关出口货物报关单(出口退税专用)》上注明的出口日期为准。

①所称"融资租赁"是指,出租人根据承租人对租赁物和供货人的选择或认可,将其从供货人上取得的租赁船舶按合同约定出租给承租人占有、使用,向承租人收取租金的交易活动。

②所称"融资租赁企业"是指,在天津市辖区内登记注册并属于中国银行业监督管理委员会批准设立的金融租赁公司、商务部批准设立的外商投资融资租赁公司、商务部和国家税务总局共同批准开展融资业务试点的内资融资租赁企业。

③所称"融资租赁合同"是指,出租人根据承租人对出卖人、租赁物的选择,向出卖人购买租赁物,提供给承租人使用,承租人支付租金的合同。

④所称"所有权转移给境外企业的融资租赁船舶出口"是指:

Ⅰ 先期留购方式,即:在已经签订的《融资租赁合同》中明确约定承租人对该租赁船舶在承租

---

① 《财政部 海关总署 国家税务总局关于在天津市开展融资租赁船舶出口退税试点的通知》(财税[2010]24号,2010年3月30日)。

期满后已经选择了留购方式。

Ⅱ 后期留购方式，即：在已签订的《融资租赁合同》中并未对租赁船舶是否留购进行选择。但是在融资租赁期满时承租人对该租赁船舶选择了留购方式的交易行为。

（2）退税办法①

①对采取先期留购方式的融资租赁船舶出口业务，实行分批退税。即：按照租赁合同规定的收取租赁船舶租金的进度分批退税。

Ⅰ 融资租赁出口企业凭购进租赁船舶的增值税专用发票、《海关出口货物报关单（出口退税专用）》、与承租人签订的《融资租赁合同》、收取租金开具的发票以及承租企业支付租金的外汇汇款收账通知，到当地主管退税的国家税务机关办理退税。具体退税计算公式为：

当期应退税款 = 应退税款总额 ÷ 该租赁船舶的租金总额 × 本次收取租金的金额

应退税款总额 = 购入该租赁船舶增值税专用发票上注明的不含税金额 × 该租赁船舶的适用增值税退税率 + 购入该租赁船舶增值税专用发票上注明的不含税金额（或出口数量）× 适用消费税税率（或单位税额）

Ⅱ 对承租期未满而发生退租的，由国家税务局追缴已退税款，同时按当期活期存款收取利息。

Ⅲ 租赁期满后，融资租赁企业应持融资租赁企业开具的该租赁船舶的销售专用发票、《所有权转移证书》、海事局出具的该租赁船舶的过户手续，及以税务部门要求出具的其他要件，在当地税务机关结清应退税款，办理核销手续。

②对采取后期留购方式的融资租赁船舶出口业务，实行租赁船舶在所有权真正转移时予以一次性退税。

融资租赁出口企业凭购进租赁船舶的增值税专用发票、《海关出口货物报关单（出口退税专用）》、与承租人签订的《融资租赁合同》、融资租赁企业开具的该租赁船舶的销售发票、《所有权转移证书》、海事局出具的该租赁船舶的过户手续，以及税务部门要求出具的其他要件，在当地税务机关办理退税手续。

增值税应退税款计算公式为：

应退税款 = 购入该租赁船舶增值税专用发票上注明的不含税金额 × 该租赁船舶的适用增值税退税率

消费税应退税计算公式为：

应退消费税税额 = 购入该租赁船舶增值税专用发票上注明的不含税金额 × 适用消费税税率

对采取后期留购方式的，在租借期间发生租赁船舶归还进口的，海关不征收进口关税和进口环节税。

对非留购的融资租赁出口租赁船舶出口不退税，无论在租赁期满之前，还是期满之后，发生租赁船舶归还进口，海关不征收进口关税和进口环节税。

③融资租赁企业从事融资租赁船舶出口，在天津海关报关出口时，在《海关出口货物报关单》上填写"租赁货物（1523）"。

（3）管理规定②

自 2010 年 4 月 1 日起，主管融资租赁船舶出口企业的国家税务局负责融资租赁船舶出口退税的认定、审核、审批及核销等管理工作。

①认定管理

Ⅰ 从事融资租赁船舶出口的企业，应在首份《融资租赁合同》签订之日起 30 日内，除提供办理出口退（免）税认定所需要的资料外，还应持以下资料办理融资租赁出口船舶退税认定手续：

ⅰ 从事融资租赁业务资质证明；

ⅱ 融资租赁合同（有法律效力的中文版）；

ⅲ 税务机关要求提供的其他资料。

---

① 《财政部 海关总署 国家税务总局关于在天津市开展融资租赁船舶出口退税试点的通知》（财税〔2010〕24 号，2010 年 3 月 30 日）。

② 《国家税务总局关于印发〈融资租赁船舶出口退税管理办法〉的通知》（国税发〔2010〕52 号，2010 年 5 月 18 日）。

Ⅱ 开展融资租赁船舶出口的企业发生解散、破产、撤销以及其他依法应终止业务的,应持相关证件、资料向其主管退税的税务机关办理注销认定手续。已办理融资租赁船舶出口退税认定的企业,其认定内容发生变化的,须自有关管理机关批准变更之日起 30 日内,持相关证件、资料向其主管退税税务机关办理变更认定手续。

②申报、审核及核销管理

Ⅰ 采取先期留购方式的,融资租赁企业应于每季度终了的 15 日内按季单独申报退税;采取后期留购方式的,融资租赁企业应于船舶过户手续办理完结之日起 90 日内一次性单独申报退税。不同《融资租赁合同》项下的租赁船舶应分开独立申报。

Ⅱ 融资租赁出口船舶企业申报退税时,需使用国家税务总局下发的出口退税申报系统,报送有关出口货物退(免)税申报表。

Ⅲ 采取先期留购方式分批退税的,融资租赁企业首批申报《融资租赁合同》项下出口船舶退税时,除报送有关出口货物退(免)税申报表以外,还应报送《融资租赁出口船舶分批退税申报表》(见国税发[2010]52 号《国家税务总局关于印发〈融资租赁船舶出口退税管理办法〉的通知》附件),从第二批申报开始,只报送《融资租赁出口船舶分批退税申报表》,同时附送以下资料:

ⅰ 首批申报

a.《出口货物报关单》(出口退税专用);

b. 增值税专用发票(抵扣联);

c. 消费税税收(出口货物专用)缴款书(出口消费税应税船舶提供);

d. 与境外承租人签订的《融资租赁合同》;

e. 收取租金时开具的发票;

f. 承租企业支付外汇汇款收账通知;

g. 税务机关要求提供的其他资料。

ⅱ 第二批及以后批次申报

a. 收取租金时开具的发票;

b. 承租企业支付外汇汇款收账通知;

c. 税务机关要求提供的其他资料。

Ⅳ 采取后期留购方式一次性退税的,附送以下资料:

a.《出口货物报关单》(出口退税专用);

b. 增值税专用发票(抵扣联);

c. 消费税税收(出口货物专用)缴款书(出口消费税应税船舶提供);

d. 与境外承租人签订的《融资租赁合同》;

e. 融资租赁企业开具的该租赁船舶的销售发票;

f. 所有权转移证书以及海事局出具的该租赁船舶的过户手续;

g. 税务机关要求提供的其他资料。

Ⅴ 对属于增值税一般纳税人的融资租赁船舶出口企业,主管退税税务机关须在增值税专用发票稽核信息核对无误的情况下,办理退税。对非增值税一般纳税人的融资租赁船舶出口企业,主管退税税务机关须进行发函调查,在确认发票真实、发票所列船舶已按照规定申报纳税后,方可办理退税。

Ⅵ 主管退税税务机关应通过出口退税审核系统受理企业申报,并按照《财政部 海关总署 国家税务总局关于在天津市开展融资租赁船舶出口退税试点的通知》(财税[2010]24 号)中规定的计算方法审核、审批融资租赁出口船舶退税。

Ⅶ 凡采取先期留购方式实行分批退税的,租赁期满后,融资租赁企业于 90 日内,持以下资料向主管退税税务机关办理退税核销手续:

a. 开具的租赁船舶销售发票;

b. 所有权转移证书以及海事局出具的该租赁船舶的过户手续;

c. 税务机关要求提供的其他资料。

Ⅷ 对于逾期未办理退税核销手续以及核销资料不齐备的,主管退税的税务机关应追缴已退税款。

Ⅸ 对承租期未满而发生退租的,主管税务机关应追缴已退税款,同时按当期活期存款利率收取利息。收取利息的计息期间由税款退付转讫之日起到补缴税款入库之日止。

③违章处罚

对融资租赁船舶出口企业采取假冒退税资格、伪造《融资租赁合同》、提供虚假退税申报资料等手段骗取退税款的,按照现行有关法律、法规处理。

5.2.5.10　境外旅客海南购物离境退税试点①

从 2011 年 1 月 1 日起,在海南省开展境外旅客购物离境退税政策(简称离境退税政策)试点,对境外旅客在退税定点商店购买的随身携运出境的退税物品,按规定予以退税。

(1)离境退税政策的基本流程和适用条件

①离境退税政策的基本流程。离境退税政策的基本流程包括购物申请退税、海关验核确认、代理机构退税和集中退税结算四个环节。

②离境退税政策的适用条件。境外旅客要取得退税,应当同时符合以下条件:

Ⅰ 在退税定点商店购买退税物品,购物金额达到起退点,并且按规定取得境外旅客购物离境退税申请单等退税凭证;

退税凭证包括境外旅客购物离境退税申请单(由海南省国家税务局统一印制)和销售发票。

Ⅱ 在离境口岸办理离境手续,离境前退税物品尚未启用或消费;

Ⅲ 离境日距退税物品购买日不超过 90 天;

Ⅳ 所购退税物品由境外旅客本人随身携运出境;

Ⅴ 所购退税物品经海关验核并在境外旅客购物离境退税申请单上签章;

Ⅵ 在指定的退税代理机构办理退税。

其中:境外旅客是指在我国境内连续居住不超过 183 天的外国人和港澳台同胞;

离境口岸暂为试点地区正式对外开放的空港口岸;

退税定点商店是指经相关部门认定的,按规定向境外旅客销售退税物品的商店;

退税物品是指国家允许携带出境并享受退税

政策的个人生活物品,但食品、饮料、水果、烟、酒、汽车、摩托车等不包括在内。退税物品目录详见《关于在海南开展境外旅客购物离境退税政策试点的公告》(中华人民共和国财政部公告 2010 年第 88 号附件)。

(2)应退税额计算和起退点

①退税税种、退税率和应退税额计算。离境退税税种为增值税,退税率统一为 11%。应退税额计算公式:

应退税额=普通销售发票金额(含增值税)×退税率

②起退点。起退点是指同一境外旅客同一日在同一退税定点商店购买退税物品可以享受退税的最低购物金额。起退点暂定为 800 元人民币。

(3)退税代理机构、退税方式和币种选择

①退税代理机构。退税代理机构是指经相关部门认定的,按规定为境外旅客办理退税的机构。

②退税方式和币种选择。境外旅客在办理退税时可按规定自行选择退税方式和币种。

退税方式包括现金退税和银行转账退税两种方式。

退税币种包括人民币或自由流通的主要外币。可选择的退税外币币种包括美元、欧元和日元。

(4)离境退税政策试点管理办法

①退税定点商店的认定、变更与终止

Ⅰ 退税定点商店应当同时符合以下条件:

ⅰ 中国境内注册的,具有独立法人资格的增值税一般纳税人;

ⅱ 具备境外旅客购物离境退税管理信息系统运行的条件,能够及时、准确地报送相关信息;

ⅲ 安装并使用增值税专用发票防伪税控机或者使用普通发票"网上开票系统";

ⅳ 营业面积超过 2000 平方米;

Ⅴ 遵守税收法律法规规定,申请资格认定前

① 《关于在海南开展境外旅客购物离境退税政策试点的公告》(中华人民共和国财政部公告 2010 年第 88 号,2010 年 12 月 21 日)。《国家税务总局关于发布〈境外旅客购物离境退税海南试点管理办法〉的公告》(国家税务总局公告 2010 年第 28 号,2010 年 12 月 24 日)。

两年内未发生偷税、逃避追缴欠税、骗取出口退税、抗税等涉税违法行为以及欠税行为；

ⅵ 商店经营管理服务规范，符合《百货店等级划分及评定》（国家标准）中达标百货店的要求；

ⅶ 具备涉外服务接待能力，能用外语提供服务，商品标签及公共设施同时标注中英文；

ⅷ 经营商品品种丰富，基本包含财政部公告2010年第88号附件《退税物品目录》中所列商品。

Ⅱ 符合以上规定条件的企业，可以向海南省国家税务局提出退税定点商店认定申请，并提交以下资料：

ⅰ 境外旅客购物离境退税定点商店认定申请表（详见国家税务总局公告2010年第28号附件）；

ⅱ 营业面积证明材料。

海南省国家税务局对企业提出的退税定点商店认定申请，会同海南省商务厅按规定的条件进行认定。

Ⅲ 退税定点商店认定资料所载内容发生变化的，应自有关管理机关批准变更之日起30日内，持相关证件及资料向海南省国家税务局申请办理变更手续。海南省国家税务局为其办理变更手续后，将有关情况通报海南省商务厅。

退税定点商店发生解散、破产、撤销以及其他情形，应在向工商行政管理机关或者其他机关办理注销登记前，持相关证件及资料向主管税务机关申请办理税务登记注销手续，由海南省国家税务局取消其退税定点商店资格，并将有关情况通报海南省商务厅。

Ⅳ 退税定点商店应当在其经营场所显著位置用中英文同时做出标识（中英文标识由海南省国家税务局会同海南省商务厅制定）。

②退税代理机构的认定、变更与终止

Ⅰ 退税代理机构应当同时符合以下条件：

ⅰ 具备独立法人资格，财务制度健全；

ⅱ 已在国税部门办理税务登记；

ⅲ 具备个人本外币兑换特许业务经营资格；

ⅳ 具备办理退税业务的场所和相关设施；

ⅴ 具备境外旅客购物离境退税管理信息系统运行的条件，能够及时、准确地报送相关信息；

ⅵ 遵守税收法律法规规定，申请资格认定前两年内未发生偷税、逃避追缴欠税、骗取出口退税、抗税等涉税违法行为以及欠税行为。

Ⅱ 符合以上规定条件的企业，可以向海南省国家税务局提出退税代理机构资格认定申请，并提交以下资料：

ⅰ 境外旅客购物离境退税代理机构认定申请表（详见国家税务总局公告2010年第28号附件）；

ⅱ 出口退（免）税认定表；

ⅲ 本外币特许经营证书原件、复印件。

Ⅲ 海南省国家税务局对企业提出的退税代理机构认定申请，会同海南省财政厅按规定的条件进行认定。

Ⅳ 退税代理机构认定后，其认定资料所载内容发生变化的，应自有关管理机关批准变更之日起30日内，持相关证件及资料向海南省国家税务局申请办理变更手续。海南省国家税务局为其办理变更手续后，将有关情况通报海南省财政厅。

退税代理机构认定后，发生解散、破产、撤销以及其他情形，应在向工商行政管理机关或者其他机关办理注销登记前，持有关证件及资料向主管税务机关申请办理税务登记注销手续，由海南省国家税务局取消其退税代理机构资格，并将有关情况通报海南省财政厅。

退税代理机构在离境机场隔离区内设置专用场所，应当征求海关意见，在显著位置用中英文做出标识。

③退税物品的销售管理

Ⅰ 境外旅客在退税定点商店购买退税物品，需要索取境外旅客购物离境退税申请单的，应当出示护照等有效身份证件。退税定点商店将境外旅客出示的护照等有效身份证件与境外旅客本人核对后，将境外旅客身份信息录入境外旅客购物离境退税管理信息系统进行校验。通过后按规定开具境外旅客购物离境退税申请单，加盖印章，交给境外旅客。

有效身份证件是指外籍旅客护照、港澳居民来往内地通行证、台湾居民来往大陆通行证等。

Ⅱ 具有以下情形之一的,退税定点商店不得开具境外旅客购物离境退税申请单:

ⅰ 境外旅客不能出示本人护照等有效身份证件;

ⅱ 销售给境外旅客的商品不属于退税物品范围;

ⅲ 同一境外旅客同一日在同一退税定点商店内购买退税物品的金额未达到起退点。

Ⅲ 退税定点商店应当建立境外旅客购物离境退税申请单使用登记制度,设置境外旅客购物离境退税申请单登记簿,并定期向海南省国家税务局报告境外旅客购物离境退税申请单使用情况。

退税定点商店应当单独设置退税物品销售明细账,并准确核算。

④退税业务的办理

Ⅰ 境外旅客离境时,应当主动向海关申报,并办理有关手续。凭以下资料向设在离境机场隔离区内的退税代理机构申请办理退税:

ⅰ 护照等本人有效身份证件;

ⅱ 经海关验核签章的境外旅客购物离境退税申请单;

ⅲ 退税物品销售发票;

ⅳ 离境航班登机牌。

Ⅱ 退税代理机构为境外旅客办理购物离境退税时,应当核对以下内容:

ⅰ 申请购物离境退税的境外旅客与境外旅客购物离境退税管理信息系统中记录的境外旅客身份信息是否相符;

ⅱ 境外旅客购物离境退税申请单是否经海关验核签章;

ⅲ 退税物品购买日距离境日是否超过 90 天;

ⅳ 境外旅客在我国境内连续居住是否超过183 天。

退税代理机构对上述信息核对无误后,根据境外旅客自行选择的退税方式和币种,按照规定为境外旅客办理退税。

境外旅客购物离境退税资金由退税代理机构先行向境外旅客垫付。

Ⅲ 退税代理机构应当于每月 15 日前向海南省国家税务局申请办理退税结算,并附送以下资料:

ⅰ 境外旅客购物离境退税结算申报表(见国家税务总局公告 2010 年第 28 号附件);

ⅱ 经海关验核签章的境外旅客购物离境退税申请单;

ⅲ 退税物品销售发票;

ⅳ 经境外旅客签字确认的境外旅客购物离境退税收款回执单(见国家税务总局公告 2010 年第28 号附件)。

Ⅳ 海南省国家税务局对退税代理机构申报的经海关验核签章的境外旅客购物离境退税申请单等有关资料审核无误后,按照规定向退税代理机构办理退付,并将退付情况通报海南省财政厅。

⑤信息传递与交换

Ⅰ 海南省国家税务局对境外旅客购物离境退税业务实行计算机化管理,使用境外旅客购物离境退税管理信息系统审核、审批离境退税相关事宜,并加强与退税定点商店、机场和退税代理机构的信息传递与交换。

Ⅱ 退税定点商店通过境外旅客购物离境退税管理信息系统开具境外旅客购物离境退税申请单,并实时向海南省国家税务局报送相关信息。

Ⅲ 机场根据境外旅客购物离境退税管理的需要,实时验证由海南省国家税务局提请验证的境外旅客的离境航班信息。

Ⅳ 退税代理机构通过境外旅客购物离境退税管理信息系统为境外旅客办理离境退税,并实时向海南省国家税务局报送相关信息。

⑥违章处罚

退税定点商店或退税代理机构违反本办法规定发生税收违法行为的,按照税收征收管理法及其实施细则的有关规定予以处理。

5.2.6 出口退税率的调整变化过程

5.2.6.1 1995 年出口退税率的调整

1994 年新税制实施后,出现了出口退税规模增长过猛、退税增长大大超过征税和出口额的增长、出口骗税严重等问题,致使大量财政收入流失,有些守法经营的出口企业应退税款不能及时到位。自 1995 年 7 月 1 日起,对出口货物根据实际税负情况适当调低出口退税率,并加强出口退税管理①:

(1)按出口货物实际税负分类设置退税率。调整后的出口退税率分别为:

①农产品、煤炭退税率为 3%;

②以农产品为原料加工生产的工业品和适用 13% 增值税税率的其他货物退税率为 10%。以农产品为原料加工的工业品包括:1)动植物油,2)食品与饮料(罐头除外),3)毛纱、麻纱、丝、毛条、麻条,4)经过加工的毛皮,5)木制品(家具除外)、木浆,6)藤、柳、竹、草制品;

③适用 17% 增值税税率的其他货物退税率为 14%;

④从小规模纳税人购进并按《国家税务总局关于印发〈出口货物退(免)税管理办法〉的通知》(国税发[1994]31 号)规定可以办理退税的上述第②、③项的货物退税率为 6%。

(2)1995 年 6 月 30 日前报关离境的出口货物,按原退税率退税;1995 年 7 月 1 日后报关离境的出口货物,按上述规定的退税率退税。

(3)在以上规定下达之前已对外签订的、价格不可更改的大型成套设备(指出口价值在 1000 万美元以上的成套设备)及大宗机电产品(指单台、件价值在 100 万美元以上的机电产品)的出口合同,经省级国家税务局、经委或经贸委(机电产品出口办公室)、外经贸委审核,并在 1995 年 7 月 1 日前将符合条件的出口合同及有关资料报国家税务总局批准后,由当地国家税务局按原退税率退税。

5.2.6.2 1996 年出口退税率的调整

1996 年 1 月 1 日(含 1 月 1 日)以后报关离境的出口货物,除已经国家税务总局批准按 14% 退税率退税的大型成套设备和大宗机电产品外,一律按下列税率计算退税②:

(1)煤炭、农产品出口退税率仍为 3%;

(2)以农产品为原料加工的工业品和按 13% 的税率征收增值税的其他货物,出口退税率由 10% 调减为 6%;

(3)按 17% 的税率征收增值税的其他货物,出口退税率由 14% 调减为 9%;

(4)从小规模纳税人购进的上述第(1)款的货物,退税率为 3%,购进上述第(2)、(3)款的货物,退税率为 6%。

1995 年 12 月 31 日(含 12 月 31 日)以前出口的货物未退税的,继续按原规定的退税率计算退税,并结转到 1996 年 1 月 1 日以后,经税务部门严格审核,按出口的时间先后办理退税。

1995 年 7 月 1 日、1996 年 1 月 1 日两次调整退税率后,出口货物新退税率执行时间以"出口货物报关单(出口退税专用)"上注明的海关离境日期为准。

对出口企业提供的未注明海关离境日期的"出口货物报关单(出口退税专用)",主管出口退税的税务机关应与国家税务总局传送的海关电子信息进行核对;对核对有误的,主管出口退税的税务机关应派人或发函进行调查,核对无误后,方可办理退税;否则不予退税③。

5.2.6.3 1998 年出口退税率的调整

(1)提高纺织品和纺织机械出口退税率。

从 1998 年 1 月 1 日起,将纺织原料及制品的

---

① 《国务院关于调低出口退税率加强出口退税管理的通知》(国发明电[1995]3 号,1995 年 5 月 25 日)。《财政部 国家税务总局关于印发〈出口货物退(免)税若干问题规定〉的通知》(财税字[1995]92 号,1995 年 7 月 8 日)。

② 《国务院关于调低出口货物退税率的通知》(国发[1995]29 号,1995 年 10 月 6 日);《财政部 国家税务总局关于出口货物税收若干问题的补充通知》(财税字[1997]14 号,1997 年 2 月 21 日)。

③ 《财政部 国家税务总局关于出口货物税收若干问题的补充通知》(财税字[1997]14 号,1997 年 2 月 21 日)。

出口退税率提高到11%。纺织原料及制品的范围包括:毛纱、麻纱(不包括废纱)、生丝(不包括废丝)、纯棉纱、化纤纱及各类混纺纱;印染布、坯布、纱布;针织品;地毯;各类以纺织原料制成的服装①。

从一般纳税人购进的上述货物按11%的退税率办理退税;从小规模纳税人购进的上述货物仍按6%的退税率办理退税②。

从1998年1月1日至2000年12月31日将纺织机械的出口退税率提高到17%③。

凡出口企业(1993年12月31日前成立的外商投资企业除外,下同)1998年1月1日至2000年12月31日间自营(委托)出口《财政部 国家税务总局关于提高纺织机械出口退税率的通知》(财税字[1998]107号)所列的纺织机构,一律按17%的退税率办理退税。对出口企业1998年1月1日以后出口且已按9%退税率办理退税手续的纺织机械,可按17%退税率计算退税并补退未退税款④。

(2)提高煤炭钢材水泥及船舶出口退税率

从1998年6月1日起,煤炭出口退税率调为9%,钢材出口退税率调为11%,水泥出口退税率调为11%,船舶出口退税率调为14%⑤。

从1998年10月1日起,船舶出口退税率调为16%⑥。

(3)提高机电产品出口退税率

从1998年7月1日起,将七类机电产品、五类轻工产品的出口退税率从9%提高到11%。七类机电产品包括:通信设备、发电及输变电设备、自动数据处理设备、高档家用电器、农机及工程机械、飞机及航空设备、汽车(含摩托车)及零部件。五类轻工商品包括:自行车、钟表、照明器具、鞋、陶瓷⑦。

(4)调整食糖出口退税率

从1998年8月1日起,恢复对食糖的出口退税政策、对出口食糖按9%的退税率办理退税⑧。

(5)提高铝、锌、铅出口退税率

从1998年9月1日起,铝、锌、铅出口退税率调为11%⑨。

5.2.6.4　1999年出口退税率的调整

从1999年1月1日起,机械及设备、电器及电子产品、运输工具、仪器仪表4大类机电产品的出口退税率提高到17%;农机的出口退税率提高到

---

① 《财政部 国家税务总局关于提高纺织原料及制品出口退税率的通知》(财税字[1998]27号,1998年2月12日)。

② 《国家税务总局关于调整纺织品出口退税率的补充通知》(国税函发[1998]164号,1998年3月23日)。

③ 《财政部 国家税务总局关于提高纺织机械出口退税率的通知》(财税字[1998]107号,1998年6月16日)。根据《财政部关于公布废止和失效的财政规章和规范性文件目录(第十批)的决定》(财政部令第48号,2008年1月31日),该文被公布废止。

④ 《国家税务总局关于出口纺织机械有关退税问题的通知》(国税函[1999]13号,1999年1月7日)。此文已失效,参见《国家税务总局关于发布已失效或废止的税收规范性文件目录的通知》(国税发[2006]62号),《财政部国家税务总局关于调整出口货物退税率的通知》(财税[2003]222号)。

⑤ 《财政部 国家税务总局关于提高煤炭钢材水泥及船舶出口退税率的通知》(财税字[1998]102号,1998年6月16日)。根据《财政部关于公布废止和失效的财政规章和规范性文件目录(第十批)的决定》(财政部令第48号,2008年1月31日),该文被公布废止。

⑥ 《国家税务总局关于提高船舶出口退税率的通知》(国税发[1998]207号,1998年12月2日)。此文已失效,参见《国家税务总局关于发布已失效或废止的税收规范性文件目录的通知》(国税发[2006]62号),《财政部国家税务总局关于调整出口货物退税率的通知》(财税[2003]222号)。

⑦ 《财政部 国家税务总局关于调高部分机电等产品出口退税率的通知》(财税明电[1998]2号,1998年8月7日)。

⑧ 《国家税务总局关于恢复食糖出口退税的通知》(国税发[1998]118号,1998年7月23日)。此文现已失效,参见《国家税务总局关于发布已失效或废止的税收规范性文件目录的通知》(国税发[2006]62号)和《财政部 国家税务总局关于调整出口货物退税率的通知》(财税[2003]222号)。

⑨ 《国家税务总局关于提高铝、锌、铅出口退税率的通知》(国税发[1998]152号,1998年9月23日)。此文已失效,参见《国家税务总局关于发布已失效或废止的税收规范性文件目录的通知》(国税发[2006]62号),《财政部 国家税务总局关于调整出口货物退税率的通知》(财税[2003]222号),《财政部 国家税务总局关于取消电解铝铁合金等商品出口退税的通知》(财税[2004]214号)。

13%;纺织原料及制品、钟表、鞋、陶瓷、钢材及其制品、水泥的出口退税率提高到13%;有机化工原料、无机化工原料、涂料、染料、颜料、橡胶制品、玩具及运动用品、塑料制品、旅行用品及箱包的出口退税率提高到11%;目前执行6%出口退税率的货物,包括以农产品为原料加工生产的工业品及其他货物的出口退税率提高到9%;农产品的出口退税率提高到5%①。

从1999年7月1日起,机械设备、电器及电子产品、运输工具、仪器仪表等四大类机电产品出口退税率维持17%不变,服装的出口退税率提高到17%;服装以外的纺织原料及制品、四大类机电产品以外的其他机电产品及法定征税率为17%且现行退税率为13%或11%的货物的出口退税率提高到15%;法定征税率17%且现行退税率为9%的其他货物和农产品以外的法定征税率为13%且现行退税率未达到13%的货物的出口退税率提高到13%;农产品的出口退税率维持5%不变②。

从1999年9月1日(含1日)起,对国家经贸委下达的国家计划内出口的原油,退税率为13%。不包括国家无偿援助出口的原油。国家无偿援助出口的原油继续实行出口不退税③。

5.2.6.5 2001年出口退税率的调整

(1)提高电解铜出口退税率

自2001年1月1日起,对出口电解铜按17%的退税率退还增值税④。

(2)提高棉纺织品出口退税率

自2001年7月1日起,将棉纱、棉布及其制品的出口退税率由15%提高到17%⑤。

5.2.6.6 2002年出口退税率的调整

(1)对出口棉花、大米、小麦、玉米实行零税率⑥

自2002年1月1日起,对出口棉花、大米、小麦、玉米实行增值税零税率。具体执行日期以“出口货物报关单(出口退税专用)”上海关注明的离境日期为准。其中大米、小麦、玉米具体包括硬粒小麦、种用小麦、其他小麦及混合麦、种用玉米、其他玉米、经其他加工的玉米、种用籼米稻谷、其他种用稻谷、其他籼米稻谷、其他稻谷、籼米糙米、其他糙米、籼米精米、其他精米、籼米碎米、其他碎米。

出口上述适用零税率的货物,在出口时免征销项税,应退税款按下列公式计算:

应退税款=出口货物计税价格×13%

出口货物计税价格=按企业成本核算办法计算确定的该批出口货物购进价格

具体计税价格由出口企业所在地主管出口退税的税务机关依据企业成本核算办法计算确定。

没有进出口经营权的企业委托外贸企业代理出口上述货物,应在发生第一笔委托出口业务之前,持代理出口协议等有关凭证向主管税务机关申

① 《财政部 国家税务总局关于提高部分货物出口退税率的通知》(财税字[1999]17号,1999年1月28日)。此文已失效,参见《财政部关于公布废止和失效的财政规章和规范性文件目录(第十批)的决定》(财政部令48号)。

② 《国家税务总局关于提高部分出口货物退税率的通知》(国税明电[1999]11号,1999年7月20日),《财政部 国家税务总局关于进一步提高部分货物出口退税率的通知》(财税字[1999]225号,1999年8月2日)。上述文件均已失效,参见《国家税务总局关于发布已失效或废止的税收规范性文件目录的通知》(国税发[2006]62号),《财政部国家税务总局关于调整出口货物退税率的通知》(财税[2003]222号)和《财政部关于公布废止和失效的财政规章和规范性文件目录(第十批)的决定》(财政部令48号)。

③ 《财政部 国家税务总局 海关总署关于对国家计划内出口的原油实行退税的通知》(财税字[1999]227号,1999年8月18日)。此文已废止,参见《财政部关于公布废止和失效的财政规章和规范性文件目录(第十批)的决定》(财政部令48号)。

④ 《财政部 国家税务总局关于出口电解铜退税问题的通知》(财税[2001]45号,2001年4月17日)。此文已失效,参见《财政部关于公布废止和失效的财政规章和规范性文件目录(第十批)的决定》(财政部令48号)。

⑤ 《国家税务总局关于提高部分棉纺织品出口退税率的通知》(国税发[2001]74号,2001年6月21日),《财政部 国家税务总局关于提高棉纱棉布及其制品出口退税率的通知》(财税[2001]208号,2001年12月11日)。以上文件均已失效,参见《国家税务总局关于发布已失效或废止的税收规范性文件目录的通知》(国税发[2006]62号),《财政部国家税务总局关于调整出口货物退税率的通知》(财税[2003]222号),《财政部关于公布废止和失效的财政规章和规范性文件目录(第十批)的决定》(财政部令48号)。《财政部 国家税务总局关于出口大米、小麦、玉米增值税实行零税率的通知》(财税[2002]46号,2002年3月18日)。

⑥ 《财政部 国家税务总局关于出口棉花实行零税率的通知》(财税[2002]28号,2002年2月25日)。

请办理出口退税登记手续。

出口企业在申报办理退税时，须提供下列凭证：

①出口货物报关单（出口退税专用）；

②出口发票；

③出口收汇核销单（出口退税专用）；

④代理出口证明。

（2）明确菠萝渣出口退税率①

从 2002 年 8 月 12 日起，菠萝渣属于工业产品，不属于农产品，无论是否农业生产者自产，均应按 17% 的税率征收增值税。对出口的菠萝渣，准予按 13% 的退税率办理退税。

5.2.6.7　2003 年出口退税率的调整

（1）维持出口退税率不变的货物②：

①出口退税率为 5% 和 13% 的农产品；

②除第（3）条和第（4）条外，出口退税率为 13% 的以农产品为原料加工生产的工业品；

③除第（3）条和第（4）条外，增值税征税税率为 17%、退税税率为 13% 的货物；

④船舶、汽车及其关键件零部件、航空航天器、数控机床、加工中心、印刷电路、铁道机车等现行出口退税率为 17% 的货物；

（2）小麦粉、玉米粉、分割鸭、分割兔等货物的出口退税率，由 5% 调高到 13%③。

（3）取消原油、木材、纸浆、山羊绒、鳗鱼苗、稀土金属矿、磷矿石、天然石墨等货物的出口退税政策。对其中属于应征消费税的货物，也相应取消出口退（免）消费税政策④。

（4）调低下列货物的出口退税率⑤：

①汽油、未锻轧锌的出口退税率调低到 11%；

②未锻轧铝、黄磷及其他磷、未锻轧镍、铁合金、钼矿砂及其精矿等货物的出口退税率调低到 8%；

③焦炭半焦炭、炼焦煤、轻重烧镁、莹石、滑石、冻石等货物的出口退税率调低到 5%；

④除上述第（1）条、第（2）条、第（3）条及本条第①～③项规定的货物外，凡出口退税率为 17% 和 15% 的货物，其出口退税率一律调低到 13%；凡征税税率和退税率均为 13% 的货物，其出口退税率一律调低到 11%。

（5）2003 年出口退税率文库的调整⑥：

①自 2003 年 1 月 1 日至 2003 年 12 月 31 日，将"每平米重≤250 克玻璃长丝平纹织物（宽度超过 30 厘米，单根纱线细度不超过 136 分特"（海关商品码 70195200）扩展为："其他"（海关商品码 701952001），增值税征税率 17%，增值税退税率 13%；"电子级玻璃纤维布"（海关商品码 701952008），增值税征税率 17%，增值税退税率 17%。

②自 2003 年 1 月 1 日至 2003 年 12 月 31 日，将"部分或全部去梗的其他烟草"（海关商品码 24012090）的增值税征税率调整为 17%，增值税退税率 13%。

③自 2003 年 1 月 1 日至 2003 年 12 月 31 日，将"均化或再造烟草"（海关商品码 24039100）的增值税征税率调整为 17%，增值税退税率 13%。

④自 2003 年 4 月 18 日至 2003 年 12 月 31 日，将"茴香油"（海关商品码 33012930）增值税征、

---

①　《国家税务总局关于出口菠萝渣有关退税问题的通知》（国税函〔2002〕715 号，2002 年 8 月 12 日）。此文已失效，参见《国家税务总局关于发布已失效或废止的税收规范性文件目录的通知》（国税发〔2006〕62 号），《财政部 国家税务总局关于调整出口货物退税率的通知》（财税〔2003〕222 号）。

②　《财政部 国家税务总局关于调整出口货物退税率的通知》（财税〔2003〕222 号，2003 年 10 月 13 日）。

③　《财政部 国家税务总局关于调整出口货物退税率的通知》（财税〔2003〕222 号，2003 年 10 月 13 日）。

④　《财政部 国家税务总局关于调整出口货物退税率的通知》（财税〔2003〕222 号，2003 年 10 月 13 日）。

⑤　《财政部 国家税务总局关于调整出口货物退税率的通知》（财税〔2003〕222 号，2003 年 10 月 13 日）。

⑥　《国家税务总局关于调整部分产品 2003 年、2004 年出口退税率文库的通知》（国税函〔2004〕969 号，2004 年 8 月 17 日）。根据《国家税务总局关于公布全文失效废止 部分条款失效废止的税收规范性文件目录的公告》（国家税务总局公告 2011 年第 2 号，2011 年 1 月 4 日），该文已被公布失效废止。

退税率调整为:增值税征税率13%,增值税退税率5%。2004年退税率文库仍按此执行。

(6)出口企业从小规模纳税人购进货物出口准予退税的,凡按上述规定出口退税率为5%的货物,按5%的退税率执行;凡上述规定出口退税率高于5%的货物一律按6%的退税率执行①。

(7)出口《高新技术产品出口目录》(2003年版)内的产品统一按上述规定的退税率执行。计算机软件出口实行免税,其进项税额不予抵扣或退税②。

(8)外国驻华使(领)馆及其外交代表购买中国产物品和劳务,《国家税务总局关于出口退税若干问题的通知》(国税发[2000]165号)文件规定的利用外国政府和国际金融组织贷款采用国际招标方式国内企业中标的机电产品,《财政部 国家税务总局关于海洋工程结构物增值税实行退税的通知》(财税[2003]46号)规定的生产企业向国内海上石油天然气开采企业销售的海洋工程结构物,继续按原政策规定办理退税或"免、抵、退"税③。

除此之外的其他国内销售、采购,视同出口准予退(免)税的货物,统一按上述第(1)—(4)项规定的退税率计算并办理"免、抵、退"税或"免、抵"税款,并应计算"不予免抵税额",转入成本。

不予免抵税额=普通发票列名的销售额×(销售货物的征税率–销售货物的退税率)④。

(9)出口企业在2003年10月15日前已对外签订的、价格不可更改的属于上述第(4)条第④项

范围的成套设备(指出口价值在200万美元以上的成套设备)及大型机电产品(指单台、件价值在100万美元以上的机电产品)的出口合同,按合同规定的出口日期在2004年1月1日以后出口的,必须在2003年11月15日前执出口合同正本和副本到主管退税机关登记备案,省国家税务局审核后,在2003年11月30日前将符合条件的出口合同及有关资料报国家税务总局。国家税务总局会同财政部审核批准后,由当地国家税务局按调整前的退税率办理退税。对未能在2003年11月15日前登记备案的成套设备和大宗机电产品,一律按调整后的退税率办理出口退税⑤。

(10)自2004年1月1日起,无论任何企业以何种贸易方式出口货物均按上述规定的出口退税率执行,具体执行日期以出口货物报关单上海关注明的离境日期为准。对第(7)项规定国内销售、采购视同出口准予退(免)税的货物,以销货方普通发票开具的时间为准⑥。

上述有关商品代码、名称及相关表格见《财政部 国家税务总局关于调整出口货物退税率的通知》(财税[2003]222号)附件。

5.2.6.8 2004年出口退税率的调整

(1)调整农药出口退税政策

从2004年1月1日起,对国产农药免征生产环节增值税的政策停止执行。对《财政部 国家税务总局关于若干农业生产资料征免增值税政策通知》(财税[2001]113号)第一条第三款规定的原

---

① 《财政部 国家税务总局关于调整出口货物退税率的补充通知》(财税[2003]238号,2003年12月2日)。
② 《财政部 国家税务总局关于调整出口货物退税率的补充通知》(财税[2003]238号,2003年12月2日)。《国家税务总局关于高纯银出口适用退税率问题的批复》(国税函[2003]1162号,2003年10月20日)曾规定:纯度大于3N(即纯度大于99.9%)的高纯银,在符合科技部、外经贸部、财政部、国家税务总局、海关总署《关于发布2003年〈中国高新技术产品出口目录〉的通知》(国科发计字[2003]38号)规定的条件下,可按高新技术产品退税率给予办理退(免)税手续。后此规定被《国家税务总局关于发布已失效或废止的税收规范性文件目录的通知》(国税发[2006]62号)公布失效。
③ 《财政部 国家税务总局关于调整出口货物退税率的补充通知》(财税[2003]238号,2003年12月2日)。原文中还包括了外商投资企业采购国产设备退税的若干规定,《财政部 国家税务总局关于出口货物退(免)税若干具体问题的通知》(财税[2004]116号)对国产设备范围进行了规定,因增值税转型后该政策的取消,所以此处将其内容删除。
④ 《财政部 国家税务总局关于调整出口货物退税率的补充通知》(财税[2003]238号,2003年12月2日)。
⑤ 《财政部 国家税务总局关于调整出口货物退税率的通知》(财税[2003]222号,2003年10月13日)。
⑥ 《财政部 国家税务总局关于调整出口货物退税率的通知》(财税[2003]222号,2003年10月13日)。《财政部 国家税务总局关于调整出口货物退税率的补充通知》(财税[2003]238号,2003年12月2日)。

免征增值税的 48 种农药出口,从 2004 年 1 月 1 日起,准予按出口货物退税有关规定办理退税,并适用 11% 的出口退税率①。

（2）明确植物性鲜奶油出口退税政策

植物性鲜奶油（油脂）不属于植物油范畴,从 2004 年 1 月 1 日起,植物性鲜奶油（油脂）适用 17% 的征税税率,退税率为 13%②。

（3）暂停尿素和磷酸氢二胺产品出口退税

自 2004 年 3 月 16 日至 2005 年 12 月 31 日,对尿素产品一律暂停增值税出口退税。在此期间凡出口尿素产品应按规定征收增值税。具体执行日期,以"出口货物报关单（出口退税专用）"上海关注明的出口日期为准。对 2004 年 3 月 16 日以前已经签订的出口尿素合同,在 2004 年 3 月 16 日以后出口的仍按 11% 的退税率执行,但已签订的合同须在 2004 年 3 月 25 日前报主管出口退税的税务机关备案③。2004 年该产品出口退税率文库相应调整④。

自 2004 年 4 月 2 日至 2005 年 12 月 31 日,对磷酸氢二铵产品暂停增值税出口退税;在此期间凡出口该类产品应按规定征收增值税。具体执行日期,以"出口货物报关单（出口退税专用）"上海关注明的出口日期为准。对 2004 年 4 月 2 日以前已经签订的出口磷酸氢二铵合同,在 2004 年 4 月 2 日以后出口的仍按 11% 的退税率执行,但已签订

的合同须在 2004 年 4 月 12 日前报主管出口退税的税务机关备案⑤。2004 年该产品出口退税率文库相应调整⑥。

自 2004 年 12 月 1 日起,对上述已报主管出口退税税务机关备案的尿素和磷酸氢二铵长期出口合同,凡未标明出口价格的,一律停止出口退税⑦。

自 2005 年 4 月 1 日起,上述尿素产品（出口商品代码为:3102100010、3102100090、31028000）和磷酸氢二铵产品（出口商品代码为:3105300010、3105300090、31054000）,不论出口合同是否备案,一律暂停出口退税。具体执行日期,以"出口货物报关单（出口退税专用）"上海关注明的出口日期为准⑧。

（4）停止焦炭和炼焦煤出口退税

从 2004 年 5 月 24 日起,对焦炭及半焦炭、炼焦煤,一律停止增值税出口退税。出口上述产品一律按规定征收增值税。具体执行日期,以"出口货物报关单（出口退税专用）"上海关注明的出口日期为准⑨。2004 年该产品出口退税率文库相应调整⑩。

（5）调整豆渣、烟草、桐木板等产品出口退税率

自 2004 年 1 月 1 日至 2004 年 12 月 31 日,将"提炼豆油所得的其他固体残渣"（如豆粕,海关商品码 23040090）征、退税率调整为:增值税征税率

---

① 《国家税务总局关于农药出口退税政策的通知》（国税函[2003]1158 号,2003 年 10 月 22 日）。

② 《国家税务总局关于天津南侨制品有限公司生产植物性鲜奶油（油脂）适用征退税率问题的批复》（国税函[2005]194 号,2005 年 3 月 8 日）。根据《国家税务总局关于公布全文失效废止 部分条款失效废止的税收规范性文件目录的公告》（国家税务总局公告 2011 年第 2 号,2011 年 1 月 4 日）,该文已被公布全文失效废止。

③ 《财政部 国家税务总局关于暂停尿素出口退税的紧急通知》（财税明电[2004]1 号,2004 年 3 月 15 日）。《财政部 国家税务总局关于继续停止化肥出口退税的紧急通知》（财税明电[2004]4 号,2004 年 11 月 25 日）。

④ 《国家税务总局关于调整部分产品 2003 年、2004 年出口退税率文库的通知》（国税函[2004]969 号,2004 年 8 月 17 日）。

⑤ 《财政部 国家税务总局关于暂停磷酸氢二铵出口退税的紧急通知》（财税明电[2004]2 号,2004 年 4 月 1 日）。《财政部 国家税务总局关于继续停止化肥出口退税的紧急通知》（财税明电[2004]4 号,2004 年 11 月 25 日）。

⑥ 《国家税务总局关于调整部分产品 2003 年、2004 年出口退税率文库的通知》（国税函[2004]969 号,2004 年 8 月 17 日）。

⑦ 《财政部 国家税务总局关于继续停止化肥出口退税的紧急通知》（财税明电[2004]4 号,2004 年 11 月 25 日）。

⑧ 《财政部 国家税务总局 国家发展改革委关于暂停尿素和磷酸氢二铵出口退税的补充通知》（财税[2005]51 号,2005 年 3 月 28 日）。

⑨ 《财政部 国家税务总局关于停止焦炭和炼焦煤出口退税的紧急通知》（财税明电[2004]3 号,2004 年 5 月 19 日）。

⑩ 《国家税务总局关于调整部分产品 2003 年、2004 年出口退税率文库的通知》（国税函[2004]969 号,2004 年 8 月 17 日）。

13%,增值税退税率13%①。

自2004年1月1日至2004年12月31日,将"部分或全部去梗的其他烟草"(海关商品码24012090)的增值税征税率调整为17%,增值税退税率13%②。

自2004年1月1日至2004年12月31日,将"均化或再造烟草"(海关商品码24039100)的增值税征税率调整为17%,增值税退税率13%③。

自2004年6月1日起,税号为44079920的桐木板材,出口退税率恢复为13%。具体实施时间按"出口货物报关单(出口退税专用)"上海关注明的出口日期为准④。

(6)提高部分信息技术产品出口退税率

自2004年11月1日起,对集成电路、分立器件(部分)、移动通讯基地站、以太网络交换机、路由器、手持(车载)无线电话、其他微型数字式自动数据处理机、系统形式的微型机、液晶显示器、阴极射线显示器、硬盘驱动器、未列名数字式自动数据处理机设备、其他存储部件、数控机床(具体产品见财税[2004]200号《财政部 国家税务总局关于提高部分信息技术(IT)产品出口退税率的通知》附件),出口退税率由13%提高到17%。具体实施时间按"出口货物报关单(出口退税专用)"上海关注明的出口日期为准⑤。

5.2.6.9 2005年出口退税率的调整

(1)取消电解铝铁合金、钢铁初级产品、稀土金属和下调钢材产品、煤炭等矿产品出口退税

①自2005年1月1日起,取消未锻轧非合金铝、未锻轧铝合金、未锻轧镍、锰铁、硅铁、硅锰铁、铬铁、硅铬铁、镍铁、钼铁、钨铁、硅钨铁、钛铁、硅钛铁、钒铁、铌铁、其他铁合金、磷、碳化钙等商品的出口退(免)税政策。具体执行时间按"出口货物报关单(出口退税专用)"上海关注明的出口日期为准⑥。

②自2005年4月1日起,对税则号为7203、7205、7206、7207、7218、7224项下的钢铁初级产品,停止执行出口退税政策。具体执行日期以"出口货物报关单(出口退税专用)"上海关注明的出口日期为准⑦。

③自2005年5月1日起,对税则号7208、7209、7210、7211、7212、7213、7214、7215、7216、7217、7219、7220、7221、7222、7223、7225、7226、7227、7228、7229项下的钢材,出口退税率下调为11%。具体执行时间按"出口货物报关(出口退税专用)"上海关注明的出口日期为准⑧。

④自2005年5月1日起,将煤炭,钨、锡、锌、锑及其制品的出口退税率下调为8%。取消稀土金属、稀土氧化物、稀土盐类,金属硅,钼矿砂及其精矿,轻重烧镁,氟石,滑石,碳化硅,木粒、木粉、木片的出口退税政策。具体执行时间按"出口货物报关(出口退税专用)"上海关注明的出口日期为准。具体税号见《财政部 国家税务总局关于调整部分产品出口退税率的通知》(财税[2005]75号)附表⑨。

⑤自2005年8月1日起取消税号为81110010未锻轧锰、锰废碎料、粉末的出口退税政策。具体执行时间按"出口货物报关单(出口退税专用)"上

---

① 《国家税务总局关于调整部分产品2003年、2004年出口退税率文库的通知》(国税函[2004]969号,2004年8月17日)。
② 《国家税务总局关于调整部分产品2003年、2004年出口退税率文库的通知》(国税函[2004]969号,2004年8月17日)。
③ 《国家税务总局关于调整部分产品2003年、2004年出口退税率文库的通知》(国税函[2004]969号,2004年8月17日)。
④ 《财政部 国家税务总局关于恢复桐木板材出口退税的通知》(财税[2004]201号,2004年12月17日)。
⑤ 《财政部 国家税务总局关于提高部分信息技术(IT)产品出口退税率的通知》(财税[2004]200号,2004年12月10日)。
⑥ 《财政部 国家税务总局关于取消电解铝铁合金等商品出口退税的通知》(财税[2004]214号,2004年12月22日)。《财政部 国家税务总局关于取消未锻轧镍出口退税的通知》(财税[2004]224号,2004年12月28日)。《财政部 国家税务总局关于铁合金取消出口退税的补充通知》(财税[2005]67号,2005年4月22日)。
⑦ 《财政部 国家税务总局关于钢坯等钢铁初级产品停止执行出口退税的通知》(财税[2005]57号,2005年3月28日)。
⑧ 《财政部 国家税务总局关于降低钢材产品出口退税率的通知》(财税[2005]73号,2005年4月27日)。
⑨ 《财政部 国家税务总局关于调整部分产品出口退税率的通知》(财税[2005]75号,2005年4月29日)。

海关注明的出口日期为准①。

（2）明确玉米、复合竹地板、亚麻油、硅酸锆、豆腐皮、液氮容器、部分应税消费品出口退税政策

①从 2005 年 1 月 1 日起,对列名企业(见国税函[2005]253 号《国家税务总局关于玉米出口有关退税问题的通知》附件)2005 年出口的配额计划内玉米,继续准予退税。出口玉米退税计税依据,按每吨 1100 元计算,出口退税率继续按 13% 执行。对列名企业是外贸企业的,从 2005 年 5 月 1 日起,申请退税时须提供增值税专用发票;对列名企业是国有粮库的,申请退税时可不提供增值税专用发票,但要按规定严格审核出口货物报关单和外汇核销单。具体执行日期以“出口货物报关单(出口退税专用)”上海关注明的出口日期为准②。

②从 2005 年 1 月 1 日起,对“一边或面制成连续形状的濒危竹地板条、块(海关商品码为 4409201110)”的出口退税率核定为 0%,将“一边或面制成连续形状的其他竹地板条、块(海关商品码为 4409201190)”的出口退税率核定为 13%③。

③亚麻油系亚麻籽经压榨或溶剂提取制成的干性油,不属于《农业产品征税范围注释》所规定的“农业产品”,适用的增值税税率应为 17%。对出口企业出口的增值税按 13% 税率征税的亚麻油,出口企业应到供货企业换开按 17% 税率征税的增值税专用发票,办理退税。否则,不予退税④。

④硅酸锆系含锆矿石经研磨、提纯等工艺加工生产的灰白粉末状产品,适用的增值税税率应为 17%。对出口企业出口的增值税按 13% 税率征税的硅酸锆,出口企业应到供货企业换开按 17% 税率征税的增值税专用发票,办理退税。否则,不予退税⑤。

⑤豆腐皮不属于农业产品的征税范围,应按 17% 的税率征收增值税。对出口企业已购买的按 13% 税率征税的用于出口的豆腐皮,出口企业应到供货企业换开按 17% 征税的增值税专用发票。否则,不予退税⑥。

⑥液氮容器,是以液氮(-196℃)为制冷剂,主要用于畜牧、医疗、科研部门对家畜冷冻精液及疫苗、细胞、微生物等的长期超低温储存和运输,也可用于国防、科研、机械、医疗、电子、冶金、能源等部门,不属于农机的征税范围,应按 17% 的税率征收增值税。对出口企业已购买的按 13% 税率征税的用于出口的液氮容器,出口企业应到供货企业换开按 17% 征税的增值税专用发票。否则,不予退税⑦。

⑦《2005 年出口商品消费税税率表》“8711100010”与“8711100090”商品代码中的“微马力摩托车及脚踏两用车(装有往复式发动机、微马力是指排气量≤50CC)”,属于消费税征税范围。对生产企业销售给出口企业用于出口的上述货物,应按规定征收消费税。出口企业出口的上述货物若不能提供消费税专用税票的,不退消费税,可按规定退还增值税⑧。

---

① 《财政部 国家税务总局关于取消未锻轧锰出口退税政策的通知》(财税[2005]119 号,2005 年 7 月 21 日)。
② 《国家税务总局关于玉米出口有关退税问题的通知》(国税函[2005]253 号,2005 年 3 月 25 日)。《国家税务总局关于玉米出口退税有关问题的批复》(国税函[2005]727 号,2005 年 7 月 13 日)。根据《国家税务总局关于公布全文失效废止 部分条款失效废止的税收规范性文件目录的公告》(国家税务总局公告 2011 年第 2 号,2011 年 1 月 4 日),国税函[2005]253 号已被公布全文失效废止。
③ 《国家税务总局关于出口复合竹地板有关退税问题的通知》(国税函[2005]417 号,2005 年 5 月 9 日)。《财政部 国家税务总局关于出口复合竹地板有关事宜的通知》(财税[2005]93 号,2005 年 5 月 23 日)。根据《国家税务总局关于公布全文失效废止 部分条款失效废止的税收规范性文件目录的公告》(国家税务总局公告 2011 年第 2 号,2011 年 1 月 4 日),国税函[2005]417 号已被公布全文失效废止。
④ 《国家税务总局关于亚麻油等出口货物退税问题的批复》(国税函[2005]974 号,2005 年 10 月 14 日)。
⑤ 《国家税务总局关于亚麻油等出口货物退税问题的批复》(国税函[2005]974 号,2005 年 10 月 14 日)。
⑥ 《国家税务总局关于出口豆腐皮等产品适用征、退税率问题的批复》(国税函[2005]944 号,2005 年 10 月 18 日)。
⑦ 《国家税务总局关于出口豆腐皮等产品适用征、退税率问题的批复》(国税函[2005]944 号,2005 年 10 月 18 日)。
⑧ 《国家税务总局关于出口豆腐皮等产品适用征、退税率问题的批复》(国税函[2005]944 号,2005 年 10 月 18 日)。

（3）停止执行加工出口专用钢材税收政策

自 2005 年 7 月 1 日起,《财政部 国家税务总局关于列名企业销售到保税区"以产顶进"国产钢材予以退税的通知》(财税字[1998]53 号),《财政部 国家经济贸易委员会 国家税务总局 海关总署关于改进钢材"以产顶进"办法的补充通知》(财税字[1999]34 号),《国家经济贸易委员会 财政部 国家税务总局 海关总署关于改进钢材"以产顶进"办法的通知》(国经贸贸[1999]144 号),《国家税务总局 国家经贸委 财政部 海关总署 国家外汇管理局关于印发〈钢材"以产顶进"改进办法实施细则〉的通知》(国税发[1999]68 号),《国家经济贸易委员会 财政部 国家税务总局 海关总署关于调整钢材"以产顶进"工作有关问题的通知》(国经贸外经[2002]381 号),《财政部 国家税务总局关于列名钢铁企业销售"加工出口专用钢材"适用退税率的通知》(财税[2004]15 号),《国家税务总局 商务部关于确定"加工出口专用钢材"列名钢铁企业有关问题的通知》(国税发[2004]102 号)停止执行。对列名钢铁企业销售给国内加工出口企业用于生产出口产品的国产钢材,一律按规定征收增值税并开具增值税专用发票,不再办理免、抵税①。

（4）暂停汽油、石脑油出口退税

自 2005 年 9 月 1 日起至 12 月 31 日,暂停税则号为 27101110 的车用汽油及航空汽油和税则号为 27101120 的石脑油的出口退税(含增值税和消费税)。原则上不再批准新的原油加工贸易合同。已批准并在海关备案的原油加工贸易合同汽、柴油

产品全部留在国内销售,不再出口,按原油办理加工贸易内销补税手续。对个别企业的加工贸易业务和中石化与境外企业签订的长期合同业务等确需履约出口的,需报国家发改委、商务部、海关总署批准,主管海关凭有关批件放行②。

5.2.6.10 2006 年出口退税率的调整

（1）取消或调低高能耗、高污染、资源性产品出口退税

自 2006 年 1 月 1 日起,取消煤焦油和生皮、生毛皮、蓝湿皮、湿革、干革的出口退税;将列入《PIC 公约》(《对某些危险化学品及农药在国际贸易中采用事先知情同意程序》)和《POPSP 公约》(《限制某些持久性有机污染物的具有法律约束力的国际文书》)中的 25 种农药品种,将分散染料,汞,钨、锌、锡、锑及其制品,金属镁及其初级产品,硫酸二钠,石蜡的出口退税率下调到 5%③。

（2）明确蛋粉出口退税率

蛋粉(包括全蛋粉、蛋白粉和蛋黄粉),征税率 17%,退税率 13%④。

（3）调整煤焦油、部分农产品、矿产品、未锻轧铝、部分化学制品出口退税率

从 2006 年 1 月 1 日起,取消煤焦油、生皮、生毛皮、蓝湿皮、湿革、干革的出口退税政策⑤。

从 2006 年 1 月 1 日起,将列入《关于在国际贸易中对某些危险化学品和农药采用预先知情同意的鹿特丹公约》(《PIC 公约》)和《关于持久性有机污染物的斯德哥尔摩公约》(《POPS 公约》)中的 25 种农药,分散染料,汞,钨、锌、锡、锑及其制品,金属镁及其初级产品,硫酸二钠,石蜡的出口退税

---

① 《财政部 国家税务总局关于停止执行加工出口专用钢材有关税收政策的通知》(财税[2005]105 号,2005 年 6 月 15 日)。

② 《国家发展改革委 财政部 商务部 海关总署 税务总局关于调整成品油出口政策有关问题的通知》(发改经贸[2005]1606 号,2005 年 8 月 24 日)。《财政部 国家税务总局关于暂停汽油、石脑油出口退税的通知》(财税[2005]133 号,2005 年 8 月 25 日)。

③ 《国家发展改革委 财政部 商务部 国土资源部 海关总署 国家税务总局 国家环保总局关于控制部分高耗能、高污染、资源性产品出口有关措施的通知》(发改经贸[2005]2595 号,2005 年 12 月 9 日)。

④ 《国家税务总局关于太阳食品(天津)有限公司出口各类蛋粉适用退税率问题的批复》(国税函[2005]1175 号,2005 年 12 月 13 日)。根据《国家税务总局关于公布全文失效废止 部分条款失效废止的税收规范性文件目录的公告》(国家税务总局公告 2011 年第 2 号,2011 年 1 月 4 日),该文已被公布失效废止。

⑤ 《财政部 国家税务总局关于调整煤焦油等产品出口退税率的通知》(财税[2005]184 号,2005 年 12 月 23 日)。

率下调为 5%①。

从 2006 年 1 月 1 日起,继续取消未锻轧铝的出口退税。对含锌量≥99.99% 但小于<99.995% 的未锻轧锌适用 5% 的出口退税率②。

从 2006 年 1 月 1 日起,对石蜡、久效磷、磷胺、硝酸汞、硝酸亚汞、氧化汞、氧化亚汞等适用 5% 的出口退税率。具体产品目录见《财政部 国家税务总局关于 2006 年部分出口商品适用退税率的通知》(财税[2006]6 号)③。

(4)继续暂停部分化肥、汽油、石脑油出口退税

①从 2006 年 1 月 1 日起,继续对出口商品代码为 3102100010、3102100090、31028000 的尿素产品和出口商品代码为 3105300010、3105300090、31054000 的磷酸氢二铵、磷酸氢一铵化肥产品,不论出口合同是否备案,一律暂停出口退税。具体执行日期,以"出口货物报关单(出口退税专用)"上海关注明的出口日期为准④。

②自 2006 年 3 月 14 日起,暂停税则号为 27101110 的车用汽油及航空汽油和税则号为 27101120 的石脑油的出口增值税退税政策。具体执行时间按"出口货物报关单(出口退税专用)"上海关注明的出口日期为准⑤。

(5)继续取消、降低和提高部分商品出口退税率

自 2006 年 9 月 15 日起(以报关出口日期为准),调整部分出口商品的出口退税率⑥:

①取消下列商品的出口退税。

Ⅰ 进出口税则第 25 章除盐、水泥以外的所有非金属类矿产品;煤炭,天然气,石蜡,沥青,硅,砷,石料材,有色金属及废料等。

Ⅱ 金属陶瓷,25 种农药及中间体,部分成品革,铅酸蓄电池,氧化汞电池等。

Ⅲ 细山羊毛、木炭、枕木、软木制品、部分木材初级制品等。

②降低下列商品的出口退税率。

Ⅰ 钢材(142 个税号)出口退税率由 11% 降至 8%。

Ⅱ 陶瓷、部分成品革和水泥、玻璃出口退税率分别由 13% 降至 8% 和 11%。

Ⅲ 部分有色金属材料的出口退税率由 13% 降至 5%、8% 和 11%。

Ⅳ 纺织品、家俱、塑料、打火机、个别木材制品的出口退税率,由 13% 降至 11%。

Ⅴ 非机械驱动车(手推车)及零部件由 17% 降至 13%。

③提高部分商品的出口退税率。

Ⅰ 重大技术装备、部分 IT 产品和生物医药产品以及部分国家产业政策鼓励出口的高科技产品等,出口退税率由 13% 提高到 17%。

Ⅱ 部分以农产品为原料的加工品,出口退税率由 5% 或 11% 提高到 13%。

上述具体商品名称及税号见《财政部 发展改革委 商务部 海关总署 国家税务总局关于调整部分商品出口退税率和增补加工贸易禁止类商品目录的通知》(财税[2006]139 号)附件及《财政部 海关总署 国家税务总局关于调整部分商品出口退税率有关问题的补充通知》(财税[2006]145 号)。

对 2006 年 9 月 15 日前已经取消出口退税以及上述取消出口退税的商品列入加工贸易禁止类目录。对列入加工贸易禁止类目录的商品进口一

---

① 《财政部 国家税务总局关于调整煤焦油等产品出口退税率的通知》(财税[2005]184 号,2005 年 12 月 23 日)。

② 《财政部 国家税务总局关于 2006 年部分出口商品适用退税率的通知》(财税[2006]6 号,2006 年 1 月 26 日)。

③ 《财政部 国家税务总局关于 2006 年部分出口商品适用退税率的通知》(财税[2006]6 号,2006 年 1 月 26 日)。

④ 《财政部 国家税务总局 国家发展改革委关于继续暂停部分化肥品种出口退税的通知》(财税[2005]192 号,2005 年 12 月 29 日)。

⑤ 《财政部 国家税务总局关于暂停汽油、石脑油出口退税的通知》(财税[2006]42 号,2006 年 3 月 21 日)。

⑥ 《财政部 发展改革委 商务部 海关总署 国家税务总局关于调整部分商品出口退税率和增补加工贸易禁止类商品目录的通知》(财税[2006]139 号,2006 年 9 月 14 日)。

律征收进口关税和进口环节税①。

④对 2006 年 9 月 14 日之前(含 14 日)已经签订的出口合同,凡在 2006 年 12 月 14 日之前(含 14 日)报关出口的上述调整出口退税率的货物,出口企业可以选择继续按调整之前的出口退税率办理退税。但是出口企业必须在 2006 年 9 月 30 日之前持合同文本到主管出口退税的税务机关登记备案,逾期未能备案的以及 2006 年 12 月 15 日以后报关出口的,一律按调整后的出口退税率执行②。

对 2006 年 9 月 14 日之前(含 14 日)已经签订的价格不可更改的煤炭出口商贸合同,在 2006 年 9 月 30 日之前持已经签订的合同文本到主管出口退税的税务机关登记备案。经备案后的出口合同,准予按调整前的出口退税率执行完毕③。

具体备案事宜按照《国家税务总局关于出口合同备案有关数据处理问题的通知》(国税函[2006]877 号)、《国家税务总局关于出口合同备案货物有关出口退税申报审核事项的通知》(国税函[2006]1057 号)等相关规定办理④。

上述出口合同是指:合同签订日期、商品名称、单价、数量、金额等内容明确,经出口企业和外商双方代表签字确认或盖章,符合《合同法》等相关法律法规规定,真实有效的书面出口合同,对不符合规定的合同一律不予备案。出口合同一经备案一律不得修改。出口企业采取涂改、伪造、倒签日期等手段谋取非法利益的,一经发现,税务机关不予退税,已退或多退税款予以追回,并按照有关法律法规的规定予以处罚⑤。

以上所述的报关出口时间均按出口货物报关单(出口退税专用)上海关注明的出口日期为准⑥。

(6)调整出口退税率文库

根据《财政部 国家税务总局关于调整和完善消费税政策的通知》(财税[2006]33 号)、《财政部 国家税务总局关于暂停汽油、石脑油出口退税的通知》(财税[2006]42 号)、《财政部、海关总署、国家税务总局关于调整钻石及上海钻石交易所有关税收政策的通知》(财税[2006]65 号)、《商务部 海关总署 质检总局公告 2006 年第 30 号》的有关规定,2006 年出口商品退税率文库相应进行了调整。出口退税申报系统(包括外贸企业申报系统、生产企业申报系统)的税率库升级程序放置在"中国出口退税咨询网"(www. taxrefund. com. cn)上,各出口企业可以自行下载、安装⑦。

从 2006 年 4 月 1 日起,将 2006 年退税率文库中的海关商品码 4202910090、4202920000、4202990000 进行扩展,解决高尔夫球包出口消费税退税问题。即:42029100901,商品名称"皮制高尔夫球包",增值税退税率 13%,消费税退税率为 10%,42029100902,商品名称"皮革、再生皮革、漆

---

① 《财政部 发展改革委 商务部 海关总署 国家税务总局关于调整部分商品出口退税率和增补加工贸易禁止类商品目录的通知》(财税[2006]139 号,2006 年 9 月 14 日)。《财政部 海关总署 国家税务总局关于调整部分商品出口退税率有关问题的补充通知》(财税[2006]145 号,2006 年 9 月 29 日)。

② 《财政部 发展改革委 商务部 海关总署 国家税务总局关于调整部分商品出口退税率和增补加工贸易禁止类商品目录的通知》(财税[2006]139 号,2006 年 9 月 14 日)。

③ 《财政部 发展改革委 商务部海关总署 国家税务总局关于调整部分商品出口退税率和增补加工贸易禁止类商品目录的通知》(财税[2006]139 号,2006 年 9 月 14 日)。

④ 此前,《国家税务总局关于出口合同备案有关问题的通知》(国税函[2006]847 号)被《国家税务总局关于发布已失效或废止的税收规范性文件目录(第二批)的通知》(国税发[2008]8 号,2008 年 1 月 17 日)公布废止。

⑤ 《财政部 发展改革委 商务部 海关总署 国家税务总局关于调整部分商品出口退税率和增补加工贸易禁止类商品目录的通知》(财税[2006]139 号,2006 年 9 月 14 日)。

⑥ 《财政部 发展改革委 商务部 海关总署 国家税务总局关于调整部分商品出口退税率和增补加工贸易禁止类商品目录的通知》(财税[2006]139 号,2006 年 9 月 14 日)。

⑦ 《国家税务总局关于下发 2006 年出口退税率文库(20060615B 版)的通知》(国税函[2006]674 号,2006 年 7 月 11 日)。根据《国家税务总局关于公布全文失效废止 部分条款失效废止的税收规范性文件目录的公告》(国家税务总局公告 2011 年第 2 号,2011 年 1 月 4 日),该文已被公布失效废止。

皮作面其他容器",增值税退税率13%;42029200001,商品名称"塑料或纺织面料制的高尔夫球包",增值税退税率13%,消费税退税率为10%,42029200002,商品名称"塑料或纺织材料作面的其他容器",增值税退税率13%;42029900001,商品名称"以钢纸或纸板作面的高尔夫球包",增值税退税率13%,消费税退税率为10%,42029900002,商品名称"以钢纸或纸板作面的其他容器",增值税退税率13%①。

5.2.6.11　2007 年出口退税率的调整

(1)调整部分商品出口退税率文库②

从 2007 年 1 月 1 日起,将海关进出口税则中商品编码 1602399100 项下的"其他方法制作或保藏的鸭"扩展为:16023991001—未经过熟制的,征税率为 13%、退税率为 5%;16023991002—经过熟制的,征税率为 17%、退税率为 13%。

从 2007 年 1 月 1 日起,将商品编码 1601003090 项下的"用含其他动物成分的香肠制的食品"扩展为:16010030901—未经过熟制的,征税率为 13%、退税率为 5%;16010030902—经过熟制的,征税率为 17%、退税率为 13%。

从 2007 年 1 月 1 日起,将商品编码 8543709990 项下的"其他未列名的具有独立功能的电气设备及装置"扩展为:85437099901—其他未列名的具有独立功能的电气设备及装置,征税率为 17%、退税率为 13%;85437099902—视频切换器、画面分割器,征税率为 17%、退税率为 17%。

从 2007 年 1 月 1 日起,将商品编码 8517709000 项下的"编号 8517 所列其他通信设备零件"扩展为:85177090001—无线寻呼机零件,征税率为 17%、退税率为 13%;85177090002—编号 8517 所列其他通信设备零件,征税率为 17%、退税率为 17%。

从 2007 年 7 月 1 日起,将商品编码项下的 8409919920"废气再循环(EGR)装置(专用或主要用于内燃发动机)"扩展为:84099199201—其他用,征税率为 17%、退税率为 17%,84099199202—摩托车引擎用,征税率为 17%、退税率为 9%;将商品编码 8409919930 项下的"连杆(专用或主要用于内燃发动机)"扩展为:84099199301—其他用,征税率为 17%、退税率为 17%,84099199302—摩托车引擎用,征税率为 17%、退税率为 9%;将商品编码项下的 8409919940"喷嘴(专用或主要用于内燃发动机)"扩展为:84099199401—其他用,征税率为 17%、退税率为 17%,84099199402—摩托车引擎用,征税率为 17%、退税率为 9%;将商品编码 8409919950 项下的"气门摇臂(专用或主要用于内燃发动机)"扩展为:84099199501—其他用,征税率为 17%、退税率为 17%,84099199502—摩托车引擎用,征税率为 17%、退税率为 9%;将商品编码 8409919990 项下的"其他点燃式活塞内燃发动机用零件"扩展为:84099199901—其他用,征税率为 17%、退税率为 17%,84099199902—摩托车引擎用,征税率为 17%、退税率为 9%。

(2)取消实木复合地板出口退税

从 2007 年 1 月 1 日起,取消实木复合地板的出口退税(增值税、消费税)。对以海关商品码 4412291090 报关出口的实木复合地板,从 2007 年 1 月 1 日起,将该商品码扩展为:44122910901,商品名称"实木复合地板",增值税退税率为 0,消费税退税率为 0;44122910902,商品名称"其他非针叶木面多层板",增值税退税率为 13%③。

(3)调整硝酸铵出口退税率④

自 2007 年 2 月 1 日起,硝酸铵适用的增值税

---

①　《国家税务总局关于出口实木复合地板等有关退税问题的通知》(国税函[2006]1263 号,2006 年 12 月 26 日)。

②　《国家税务总局关于调整出口退税率文库的通知》(国税函[2007]862 号,2007 年 7 月 31 日)。根据《国家税务总局关于公布全文失效废止 部分条款失效废止的税收规范性文件目录的公告》(国家税务总局公告 2011 年第 2 号,2011 年 1 月 4 日),该文已被公布失效废止。

③　《国家税务总局关于出口实木复合地板等有关退税问题的通知》(国税函[2006]1263 号,2006 年 12 月 26 日)。

④　《国家税务总局关于明确硝酸铵适用增值税税率的通知》(财税[2007]7 号,2007 年 1 月 10 日)。

税率统一调整为17%,同时不再享受化肥产品免征增值税政策。出口企业出口的硝酸铵(税号:31023000)统一执行13%的退税率(以出口退税专用的出口货物报关单上注明的出口日期为准)。在此之前,出口企业已经出口的硝酸铵,按17%计算征收增值税的,按13%计算办理退税(含免抵退税,下同);按13%计算征收增值税的,按11%计算办理退税。

外贸企业在2007年2月1日后出口的硝酸铵,取得的增值税专用发票是在2007年2月1日前开具,且注明的税率为13%的,准予继续按11%计算办理退税;增值税专用发票是在2007年2月1日后开具,且注明税率仍为13%的,不予办理退税。

(4)取消铬盐和松节油及其粗制品出口退税

从2007年4月1日起,取消税则号38051000、38059090、28332920、28413000、28415000产品的出口退税。具体以"出口货物报关单(出口退税专用)"上海关注明的出口日期为准①。

(5)调整钢材出口退税率

从2007年4月15日起,将部分特种钢材及不锈钢板、冷轧产品出口退税率降为5%;对部分钢材取消出口退税。具体钢材品种和适用退税率见《财政部 国家税务总局关于调整钢材出口退税率的通知》(财税[2007]64号)附件。具体执行时间,以海关"出口货物报关单(出口退税专用)"上注明的出口日期为准②。

(6)继续取消、调低部分商品出口退税率

从2007年7月1日起,调整以下商品出口退税率,具体执行时间以海关"出口货物报关单(出口退税专用)"上注明的出口日期为准。

①取消下列商品的出口退税③

Ⅰ 濒危动物、植物及其制品,商品代码为2932999091、3922200010和4412101911的商品④;

Ⅱ 盐(具体商品代码为25010011、25010019和25010020⑤)、溶剂油、水泥、液化丙烷、液化丁烷、液化石油气等矿产品;

Ⅲ 肥料(除已经取消退税的尿素和磷酸氢二铵);

Ⅳ 氯和染料等化工产品(精细化工产品除外);

Ⅴ 金属碳化物和活性碳产品;

Ⅵ 皮革;

Ⅶ 部分木板和一次性木制品;

Ⅷ 一般普碳焊管产品(石油套管除外);

Ⅸ 非合金铝制条杆等简单有色金属加工产品;

Ⅹ 分段船舶和非机动船舶;

②调低下列商品的出口退税率⑥

Ⅰ 植物油出口退税率下调至5%;

Ⅱ 部分化学品出口退税率下调至9%或5%;

Ⅲ 塑料、橡胶及其制品出口退税率下调至5%;

Ⅳ 箱包出口退税率下调至11%,其他皮革毛皮制品出口退税率下调至5%;

Ⅴ 纸制品出口退税率下调至5%;

Ⅵ 服装出口退税率下调至11%;

Ⅶ 鞋帽、雨伞、羽毛制品等出口退税率下调至11%;

Ⅷ 部分石料、陶瓷、玻璃、珍珠、宝石、贵金属及其制品出口退税率下调至5%;

Ⅸ 部分钢铁制品(石油套管除外)出口退税率下调至5%,《财政部 国家税务总局关于海洋工程结构物增值税实行退税的通知》(财税[2003]46

① 《财政部 国家税务总局关于取消铬盐和松节油及其粗制品出口退税的通知》(财税[2007]39号,2007年3月20日)。
② 《财政部 国家税务总局关于调整钢材出口退税率的通知》(财税[2007]64号,2007年4月9日)。
③ 《财政部 国家税务总局关于调低部分商品出口退税率的通知》(财税[2007]90号,2007年6月19日)。
④ 《财政部 国家税务总局关于调低部分商品出口退税率的补充通知》(财税[2007]97号,2007年7月10日)。
⑤ 《财政部 国家税务总局关于调低部分商品出口退税率的补充通知》(财税[2007]97号,2007年7月10日)。
⑥ 《财政部 国家税务总局关于调低部分商品出口退税率的通知》(财税[2007]90号,2007年6月19日)。

号)规定的内销海洋工程结构物仍按原退税率执行;

Ⅹ 其他贱金属及其制品(除已经取消和本次取消出口退税商品以及铝箔、铝管、铝制结构体等)出口退税率下调至 5% ;

ⅩⅠ 刨床、插床、切割机、拉床等出口退税率下调至 11% ,柴油机、泵、风扇、排气阀门及零件、回转炉、焦炉、缝纫机、订书机、高尔夫球车、雪地车、摩托车、自行车、挂车、升降器及其零件、龙头、钎焊机器等出口退税率下调至 9% ,回转炉、焦炉、订书机的具体商品代码为 84178010、84178030、84179010、84179020 和 84729022,额定电压≤80 伏有接头电导体的出口退税率也调整为 9%①。

ⅩⅡ 家具出口退税率下调至 11% 或 9% ;

ⅩⅢ 钟表、玩具和其他杂项制品等出口退税率下调至 11% ;

ⅩⅣ 部分木制品出口退税率下调至 5% ;

ⅩⅤ 粘胶纤维出口退税率下调至 5% ;

ⅩⅥ 环醇及其卤化、磺化、硝化或亚硝化衍生物(除 29061100、29061990)出口退税率调整为 5%②。

③下列商品改为出口免税③

花生果仁、油画、雕饰板、邮票、印花税票等。

上述具体商品名称及税则号见《财政部 国家税务总局关于调低部分商品出口退税率的通知》(财税〔2007〕90 号)附件和《财政部 国家税务总局关于调低部分商品出口退税率的补充通知》(财税〔2007〕97 号)。

④关于 2007 年 7 月 1 日前已签订外贸出口合同的处理

Ⅰ 出口企业在 2007 年 7 月 1 日之前已经签订的涉及取消出口退税的船舶出口合同,在 2007 年 7 月 20 日之前持出口合同(正本和副本)到主管出口退税的税务机关登记备案的,准予仍按原出口退税率执行完毕。对在 2007 年 7 月 20 日之前未办理备案手续的,一律按取消出口退税执行④。

Ⅱ 有对外承包工程资质的出口企业在 2007 年 7 月 1 日之前已经中标的长期对外承包工程或已经签订价格不能更改的长期对外承包工程合同所涉及的出口设备和建材,凡在 2007 年 7 月 20 日之前持有效中标证明(正本和副本)或已经签订的长期对外承包工程合同(正本和副本)及工程概算清单,到主管出口退税的税务机关登记备案的,准予仍按原出口退税率执行完毕。对在 2007 年 7 月 20 日之前未办理备案手续的,一律按调整后的出口退税率执行。其中:"长期对外承包工程"是指工程施工建设周期在一年及以上的对外承包工程项目;"设备"是指进出口税则中第 84 章、85 章和 87 章所涉及的商品;"建材"是指进出口税则中的下列商品:第 25 章中商品代码为"2523"项下的水泥;第 44 章的木材、地板、门窗等建筑用木工制品;第 39 章中商品代码为"3917"至"3918"项下的塑料管和塑料制墙品等;第 68 章的石材、水泥制品、石棉制品;第 69 章的陶瓷砖、套管、瓦、陶瓷卫生用具等;第 73 章的钢铁制品,第 76 章中商品代码为"7604"至"7605"项下的铝型材、铝丝⑤。

Ⅲ 2007 年 7 月 1 日前已经在建、中标的长期对外承包工程或已经签订价格不能更改的长期对外承包工程合同项下出口的建筑幕墙所涉及的玻璃材料(税则号:7007190090、70072900、70080010、70161000、70169090),可列入登记备案范围,备案后准予按原出口退税率执行完毕⑥。

Ⅳ 外国驻华使(领)馆及其外交代表购买中

① 《财政部 国家税务总局关于调低部分商品出口退税率的补充通知》(财税〔2007〕97 号,2007 年 7 月 10 日)。
② 《财政部 国家税务总局关于调低部分商品出口退税率的补充通知》(财税〔2007〕97 号,2007 年 7 月 10 日)。
③ 《财政部 国家税务总局关于调低部分商品出口退税率的通知》(财税〔2007〕90 号,2007 年 6 月 19 日)。
④ 《财政部 国家税务总局关于调低部分商品出口退税率的通知》(财税〔2007〕90 号,2007 年 6 月 19 日)。
⑤ 《财政部 国家税务总局关于调低部分商品出口退税率的通知》(财税〔2007〕90 号,2007 年 6 月 19 日)。《财政部 国家税务总局关于调低部分商品出口退税率的补充通知》(财税〔2007〕97 号,2007 年 7 月 10 日)。
⑥ 《国家税务总局关于对外承包工程建筑幕墙所用材料登记备案问题的批复》(国税函〔2007〕1045 号,2007 年 9 月 29 日)。

国产物品和劳务、外商投资企业采购符合退税条件的国产设备以及利用外国政府和国际金融组织贷款采用国际招标方式国内企业中标的机电产品或外国企业中标再分包给国内企业供应的机电产品，仍按原退税率执行①。

Ⅴ 对中汽凯瑞贸易有限公司、江苏亚星锚链有限公司、麦基嘉集团定牌生产企业、中国煤炭开发有限责任公司、新兴铸管股份有限公司、河南宝龙国际物流贸易有限公司、福建福耀玻璃集团股份有限公司、中国中化集团公司下属的中化宁波公司、石家庄鸿锐集团有限公司 9 个长期贸易合同，准予出口企业持已签合同或中标证明，于《财政部 商务部 国家税务总局关于老长贸合同适用出口退税政策的通知》（财税〔2008〕9 号）下发后 10 日内，到当地主管退税的税务机关备案，准予按 2007 年 7 月 1 日前的出口退税率将合同执行完毕。

Ⅵ 其他 2007 年 7 月 1 日前签订的、且合同金额超过 1 亿元人民币、合同期限超过 1 年，价格不可更改的长期出口合同，凡在 2008 年 2 月 15 日内以书面形式上报财政部、商务部和国家税务总局的，经审核无误，准予凭出口合同到当地主管出口退税的税务机关登记备案，按 2007 年 7 月 1 日前的出口退税率执行完毕。对 2008 年 2 月 15 日以后上报的一概不予受理②。

其中，第一批审核合格的长贸合同项目：青岛东平五矿有限公司、山东华岳五金有限公司、青岛即发进出口有限公司、青岛金王应用化学股份有限公司、山东省新迈特五金矿产有限公司共 12 个合同项目，详见《财政部 国家税务总局 商务部关于第一批老长贸合同审批合格名单的通知》（国税发〔2008〕103 号）。上述合同项下出口的货物，若属于《2008 年出口许可证管理货物目录》（商务部 海关总署公告 2007 年第 101 号）实行出口配额或出口许可证管理的，且合同执行日期超过 2008 年 12

月 31 日的，一律按调整前的退税率执行到 2008 年 12 月 31 日。除此之外，准予按《财政部、国家税务总局关于调低部分商品出口退税率的补充通知》（财税〔2007〕97 号）文件调整前的出口退税率执行完毕。对涉及上述合同的出口货物，此前未退税或因退税率差，需补退的退税款，税务机关经审核无误后，退付企业。税务机关在审批上述备案出口合同项下的货物出口退税时，除按现行规定正常审核出口企业必须提供的凭证外，还应对备案合同的主要内容与实际出口货物的相关内容重点进行审核。备案合同项下出口企业、外商、出口商品名称等其中一项内容发生变化的，该合同备案金额以内的出口货物按调整后的出口退税率计算办理退税。出口企业采取涂改、伪造合同等个各种手段牟取非法利益的，一经发现，税务机关不予退税，应追回已退税款或多退税款，并按照有关法律法规规定予以处罚③。

（7）取消部分粮食及其制粉出口退税④

从 2007 年 12 月 20 日起，取消小麦、稻谷、大米、玉米、大豆等原粮及其制粉的出口退税，具体商品名称和税则号见《财政部 国家税务总局关于取消小麦等原粮及其制粉出口退税的通知》（财税〔2007〕169 号）附件。具体执行时间，以"出口货物报关单（出口退税专用）"海关注明的出口日期为准。

对 2007 年 12 月 20 日以前已经签订的价格不可更改的出口合同，在 2007 年 12 月 31 日之前持已经签订的合同文本（正本和副本）到主管出口退税的税务机关登记备案。经备案后的出口合同，在 2008 年 2 月 29 日之前出口的准予按调整前的出口退税率执行；未经备案的出口合同一律按调整后的退税率执行。2008 年 3 月 1 日以后，无论新老合同一律按调整后的退税率执行。

---

① 《财政部 国家税务总局关于调低部分商品出口退税率的补充通知》（财税〔2007〕97 号，2007 年 7 月 10 日）。
② 《财政部 商务部 国家税务总局关于老长贸合同适用出口退税政策的通知》（财税〔2008〕9 号，2008 年 1 月 29 日）。
③ 《财政部 国家税务总局 商务部关于第一批老长贸合同审批合格名单的通知》（国税发〔2008〕103 号，2008 年 11 月 4 日）。
④ 《财政部 国家税务总局关于取消小麦等原粮及其制粉出口退税的通知》（财税〔2007〕169 号，2007 年 12 月 14 日）。

5.2.6.12　2008 年出口退税率的调整

(1)调整白银及其制品出口退税

从 2008 年 1 月 3 日起,对出口企业出口的白银及其初级制品(海关商品代码为:7106、7107、71123010、71129910、7113119090、71141100),出口企业所在地税务机关要向货源地税务机关进行函调。对回函确认出口上述产品或生产产品的主要原材料(银)已足额纳税的予以退税。对回函确认上述产品或生产产品的主要原材料(银)享受增值税先征后返或其他增值税税收优惠政策以及其他纳税不足情形的不予退税,实行出口环节免税。

对出口上述产品,特别是出口到香港或经香港转口的上述产品,税务机关应采取有效措施严格审核,除了核对相关凭证和电子信息外,还应对出口企业或供货企业生产的上述产品进行实地核查。对 2008 年 1 月 3 日以前已经出口但未办理退税的,按上述规定执行①。

(2)出口退税率文库调整②

①跨年度出口商品编码调整处理。企业在年底报关并于第二年结关的出口商品,如商品编码发生变化,企业在申报出口退税时,对上述商品按照新商品编码申报。由此造成的商品编码信息与海关报关单信息不一致的疑点,各地主管税务机关要认真审核出口商品退税率等信息,在排除其他原因的基础上,采取人工处理的办法通过运行。

②扩展个别商品编码。将 2001909090(用醋制作的其他果、菜及食用植物)扩展为:20019090901 按 13% 征税的用醋制作的其他果、菜及食用植物,退税率为 5%;20019090902 按 17% 征税的用醋制作的其他果、菜及食用植物,退税率为 13%。

(3)取消部分植物油出口退税③

从 2008 年 6 月 13 日起,取消 36 种植物油的出口退税,具体商品名称和税则号见《财政部 国家税务总局关于取消部分植物油出口退税的通知》(财税[2008]77 号)附件。

具体执行时间,以"出口货物报关单(出口退税专用)"海关注明的出口日期为准。

(4)明确生面食出口退税率④

自 2008 年 8 月 1 日起,对按 13% 征税的其他未包馅或未制作的生面食,按 5% 退税。对按 17% 征税的其他未包馅或未制作的生面食,按 13% 退税。

(5)提高纺织品服装等部分商品出口退税⑤

自 2008 年 8 月 1 日起,将部分纺织品、服装的出口退税率由 11% 提高到 13%;将部分竹制品的出口退税率提高到 11%。具体商品名称及税号见《财政部 国家税务总局关于调整纺织品服装等部分商品出口退税率的通知》(财税[2008]111 号)附件 1。具体执行时间,以"出口货物报关单(出口退税专用)"海关注明的出口日期为准。

自 2008 年 8 月 1 日起,取消红松子仁、部分农药产品、部分有机肿产品、紫杉醇及其制品、松香、白银、零号锌、部分涂料产品、部分电池产品、碳素阳极的出口退税。具体商品名称及税号见《财政部 国家税务总局关于调整纺织品服装等部分商品出口退税率的通知》(财税[2008]111 号)附件 2。凡企业在 2008 年 8 月 1 日之前已经签订出口合同且价格不能更改的,出口企业可在 2008 年 8 月 15 日之前持合同文本到当地主管出口退税的税务机关登记备案。经备案的出口合同,凡在 2009 年 1 月 1 日之前报关出口的,准予按调整前的退税率执行。逾期未能备案的以及 2008 年 12 月 31 日以后报关出口的,一律按调整后的出口退税率执行。上述出口合同是指:合同签订日期、商品名称、单价、数量、金额等内容明确,经出口企业和外商双方代

---

① 《国家税务总局关于白银及其制品出口有关退税问题的通知》(国税函[2008]2 号,2008 年 1 月 2 日)。
② 《国家税务总局关于出口退税率文库有关问题的通知》(国税函[2008]386 号,2008 年 5 月 6 日)。
③ 《财政部 国家税务总局关于取消部分植物油出口退税的通知》(财税[2008]77 号,2008 年 6 月 3 日)。
④ 《国家税务总局关于扩展出口退税率文库有关商品编码的通知》(国税函[2008]877 号,2008 年 10 月 31 日)。
⑤ 《财政部 国家税务总局关于调整纺织品服装等部分商品出口退税率的通知》(财税[2008]111 号,2008 年 7 月 30 日)。

表签字确认或盖章,符合《合同法》等相关法律法规规定,真实有效的书面出口合同,对不符合规定的合同一律不予备案。出口合同一经备案一律不得修改。

(6)继续提高部分商品出口退税①

自2008年11月1日起,将部分纺织品、服装、玩具出口退税率提高到14%;将日用及艺术陶瓷出口退税率提高到11%;将部分塑料制品出口退税率提高到9%;将部分家具出口退税率提高到11%、13%;将艾滋病药物、基因重组人胰岛素冻干粉、黄胶原、钢化安全玻璃、电容器用钽丝、船用锚链、缝纫机、风扇、数控机床硬质合金刀、部分书籍、笔记本等商品的出口退税率分别提高到9%、11%、13%。

上述提高出口退税率的具体商品名称及税号见《财政部 国家税务总局关于提高部分商品出口退税率的通知》(财税〔2008〕138号)附件。具体执行时间,以"出口货物报关单(出口退税专用)"海关注明的出口日期为准。

(7)提高部分劳动密集型产品和机电产品出口退税②

自2008年12月1日起,提高下列商品出口退税率:

将部分橡胶制品、林产品的退税率由5%提高到9%;

将部分模具、玻璃器皿的退税率由5%提高到11%;

将部分水产品的退税率由5%提高到13%;

将箱包、鞋、帽、伞、家具、寝具、灯具、钟表等商品的退税率由11%提高到13%;

将部分化工产品、石材、有色金属加工材等商品的退税率分别由5%、9%提高到11%、13%;

将部分机电产品的退税率分别由9%提高到11%,11%提高到13%,13%提高到14%。

上述提高退税率的具体商品名称、税号及退税率见《财政部 国家税务总局关于提高劳动密集型产品等商品增值税出口退税率的通知》(财税〔2008〕144号)附件。具体执行时间,以"出口货物报关单(出口退税专用)"海关注明的出口日期为准。

(8)明确对黑大豆出口免税③

从2008年12月1日起,对黑大豆(税则号为1201009200)出口免征增值税。具体执行时间,以"出口货物报关单(出口退税专用)"海关注明的出口日期为准。

5.2.6.13 2009年出口退税率的调整

(1)提高部分机电产品出口退税④

从2009年1月1日起,提高以下部分技术含量和附加值高的机电产品出口退税率,具体执行时间,以"出口货物报关单(出口退税专用)"海关注明的出口日期为准:

将航空惯性导航仪、陀螺仪、离子射线检测仪、核反应堆、工业机器人等产品的出口退税率由13%、14%提高到17%;

将摩托车、缝纫机、电导体等产品的出口退税率由11%、13%提高到14%。

具体产品清单见《财政部 国家税务总局关于提高部分机电产品出口退税率的通知》(财税〔2008〕177号)附件。

(2)提高纺织品服装出口退税⑤

从2009年2月1日起,将纺织品、服装出口退税率提高到15%。具体执行时间,以"出口货物报关单(出口退税专用)"海关注明的出口日期为准。具体商品清单见《财政部 国家税务总局关于提高

---

① 《财政部 国家税务总局关于提高部分商品出口退税率的通知》(财税〔2008〕138号,2008年10月21日)。

② 《财政部 国家税务总局关于提高劳动密集型产品等商品增值税出口退税率的通知》(财税〔2008〕144号,2008年11月17日)。

③ 《财政部 国家税务总局关于黑大豆出口免征增值税的通知》(财税〔2008〕154号,2008年12月3日)。

④ 《财政部 国家税务总局关于提高部分机电产品出口退税率的通知》(财税〔2008〕177号,2008年12月29日)。

⑤ 《财政部 国家税务总局关于提高纺织品服装出口退税率的通知》(财税〔2009〕14号,2009年2月5日)。

纺织品服装出口退税率的通知》（财税［2009］14号）附件。

（3）提高轻纺、电子信息等商品出口退税率①

自 2009 年 4 月 1 日起，提高下列商品出口退税率，具体执行时间，以"出口货物报关单（出口退税专用）"海关注明的出口日期为准：

①CRT 彩电、部分电视机零件、光缆、不间断供电电源（UPS）、有衬背的精炼铜制印刷电路用覆铜板等商品的出口退税率提高到 17%。

②将纺织品、服装的出口退税率提高到 16%。

③将六氟铝酸钠等化工制品、香水等香化洗涤、聚氯乙烯等塑料、部分橡胶及其制品、毛皮衣服等皮革制品、信封等纸制品、日用陶瓷、显像管玻壳等玻璃制品、精密焊钢管等钢材、单晶硅片、直径大于等于 30cm 的单晶硅棒、铝型材等有色金属材、部分凿岩工具、金属家具等商品的出口退税率提高到 13%。

④将甲醇、部分塑料及其制品、木制相框等木制品、车辆后视镜等玻璃制品等商品的出口退税率提高到 11%。

⑤将碳酸钠等化工制品、建筑陶瓷、卫生陶瓷、锁具等小五金、铜板带材、部分搪瓷制品、部分钢铁制品、仿真首饰等商品的出口退税率提高到 9%。

⑥将商品次氯酸钙及其他钙的次氯酸盐、硫酸锌的出口退税率提高到 5%。

（4）进一步提高部分商品出口退税率②

自 2009 年 6 月 1 日起，进一步提高部分商品的出口退税率。具体执行时间，以"出口货物报关单（出口退税专用）"海关注明的出口日期为准。

①电视用发送设备、缝纫机等商品的出口退税率提高到 17%。

②罐头、果汁、桑丝等农业深加工产品，电动齿轮泵、半挂车等机电产品，光学元件等仪器仪表，胰岛素制剂等药品，箱包，鞋帽，伞，毛发制品，玩具，

家具等商品的出口退税率提高到 15%。

③部分塑料、陶瓷、玻璃制品，部分水产品，车削工具等商品的出口退税率提高到 13%。

④合金钢异性材等钢材、钢铁结构体等钢铁制品、剪刀等商品的出口退税率提高到 9%。

⑤玉米淀粉、酒精的出口退税率提高到 5%。

具体商品清单见《财政部　国家税务总局关于进一步提高部分商品出口退税率的通知》（财税［2009］88 号）附件。

（5）出口退税率文库的调整③

根据《财政部　国家税务总局关于提高纺织品服装出口退税率的通知》（财税［2009］14 号）、《财政部　国家税务总局关于金属矿、非金属矿采选产品增值税税率的通知》（财税［2008］171 号）、《财政部　国家税务总局关于二甲醚增值税适用税率问题的通知》（财税［2008］72 号）的有关规定，20090301B 版出口商品退税率文库，对下列商品编码进行扩展：

①将其他无环醚、部分图书、含金产品和干制蔬菜的商品编码进行扩展，如：将商品编码 2909190090"其他无环醚及其卤化等衍生物，征 17% 退 13%"扩展为 29091900901"按 13% 征税的其他无环醚及其卤化等衍生物，征 13% 退 13%"和 29091900902"按 17% 征税的其他无环醚及其卤化等衍生物，征 17% 退 13%"。此次共调整 25 条海关 10 位商品编码，具体见《国家税务总局关于下发出口退税率文库 20090301B 版的通知》（国税函［2009］116 号）附件。

②自 2009 年 6 月 1 日起，将 0712909090"干制的其他蔬菜及什锦蔬菜，征 13% 退 5%"扩展调整为 07129090901"按 13% 征税的干制的其他蔬菜及什锦蔬菜，征 13% 退 5%"和 07129090902"按 17% 征税的干制的其他蔬菜及什锦蔬菜，征 17% 退 13%"。

---

①　《财政部　国家税务总局关于提高轻纺、电子信息等商品出口退税率的通知》（财税［2009］43 号，2009 年 3 月 27 日）。

②　《财政部　国家税务总局关于进一步提高部分商品出口退税率的通知》（财税［2009］88 号，2009 年 6 月 3 日）。

③　《国家税务总局关于下发出口退税率文库 20090301B 版的通知》（国税函［2009］116 号，2009 年 3 月 12 日）。

③设置商品编码4412390090"其他薄板制胶合板"的消费税退税率。

(6)老长贸合同出口退税率的适用调整

2008年下半年以来，由于国际金融危机的影响，国外需求萎缩，国内企业与外商签订的长贸合同的正常履约受到影响，对《国家税务总局、财政部、商务部关于第一批老长贸合同审批合格名单的通知》(国税发[2008]103号)和《国家税务总局、财政部、商务部关于老长贸合同审批结果的通知》(国税发[2008]130号)批准的长贸合同由于下述原因发生变化的，准予按原退税率执行完毕①：

Ⅰ受国际金融危机影响，由于外方原因，下调价格导致所签订合同执行金额不足1亿元；或下调价格，但合同执行金额仍在1亿元以上的；以及被迫中止出口合同的。

Ⅱ应外商要求，改变包装物形态，导致合同金额增加的。

Ⅲ批准合同为母公司签订，实际进出口为其子公司的。

5.2.6.14 2010年出口退税率的调整

自2010年7月15日起，取消部分钢材，部分有色金属加工材，银粉、酒精、玉米淀粉、部分农药、医药、化工产品，部分塑料及制品、橡胶及制品、玻璃及制品的出口退税。具体执行时间，以"出口货物报关单(出口退税专用)"海关注明的出口日期为准②。

具体商品名称和商品编码见《财政部 国家税务总局关于取消部分商品出口退税的通知》(财税[2010]57号)附件。

出口商品退税率文库相应调整为20100715B版③。

5.2.7 出口退税机制改革

我国从1985年开始实行出口退税政策，1994年财税体制改革以后继续对出口产品实行退税。2004年对出口退税机制进行了重大改革。主要内容是④：

(1)适当降低出口退税率。本着"适度、稳妥、可行"的原则，区别不同产品调整退税率：对国家鼓励出口产品不降或少降，对一般性出口产品适当降低，对国家限制出口产品和一些资源性产品多降或取消退税。

(2)加大中央财政对出口退税的支持力度。从2003年起，中央进口环节增值税、消费税收入增量首先用于出口退税。

(3)建立中央和地方共同负担出口退税的新机制。从2004年起，以2003年出口退税实退指标为基数，对超基数部分的应退税额，由中央和地方按75:25的比例共同负担。

从2005年1月1日起，调整中央与地方出口退税分担比例，国务院批准核定的各地出口退税基数不变，超基数部分中央与地方按照92.5:7.5的比例共同负担；规范地方出口退税分担办法，各省(区、市)根据实际情况，自行制定省以下出口退税分担办法，但不得将出口退税负担分解到乡镇和企业，不得采取限制外购产品出口等干预外贸正常发展的措施，所属市县出口退税负担不均衡等问题，由省级财政统筹解决；改进出口退税退库方式，出口退税改由中央统一退库，相应取消中央对地方的出口退税基数返还，地方负担部分年终专项上解⑤。

(4)推进外贸体制改革，调整出口产品结构。通过完善法律保障机制等，加快推进生产企业自营出口，积极引导外贸出口代理制发展，降低出口成本，进一步提升我国商品的国际竞争力。同时，结合调整出口退税率，促进出口产品结构优化，提高出口整体效益。

① 《国家税务总局 财政部 商务部关于老长贸合同有关问题的通知》(国税发[2009]102号,2009年6月4日)。
② 《财政部 国家税务总局关于取消部分商品出口退税的通知》(财税[2010]57号,2010年6月22日)。
③ 《国家税务总局关于下发出口商品退税率文库20100715B版的通知》(国税函[2010]375号,2010年7月28日)。
④ 《国务院关于改革现行出口退税机制的决定》(国发[2003]24号,2003年10月13日)。
⑤ 《国务院关于完善中央与地方出口退税负担机制的通知》(国发[2005]25号,2005年8月1日)。

（5）累计欠退税由中央财政负担。对截至2003年底累计欠企业的出口退税款和按增值税分享体制影响地方的财政收入，全部由中央财政负担。其中，对欠企业的出口退税款，中央财政从2004年起采取全额贴息等办法予以解决。

5.3　进出口货物减免税管理办法①

自2009年2月1日起，进出口货物减免税管理按以下办法执行：

5.3.1　一般规定

（1）进出口货物减征或者免征关税、进口环节海关代征税（简称"减免税"）事务，除法律、行政法规另有规定外，海关依照本办法实施管理。

（2）进出口货物减免税申请人（简称"减免税申请人"）应当向其所在地海关申请办理减免税备案、审批手续，特殊情况除外。

投资项目所在地海关与减免税申请人所在地海关不是同一海关的，减免税申请人应当向投资项目所在地海关申请办理减免税备案、审批手续。

投资项目所在地涉及多个海关的，减免税申请人可以向其所在地海关或者有关海关的共同上级海关申请办理减免税备案、审批手续。有关海关的共同上级海关可以指定相关海关办理减免税备案、审批手续。

投资项目由投资项目单位所属非法人分支机构具体实施的，在获得投资项目单位的授权并经投资项目所在地海关审核同意后，该非法人分支机构可以向投资项目所在地海关申请办理减免税备案、审批手续。

（3）减免税申请人可以自行向海关申请办理减免税备案、审批、税款担保和后续管理业务等相关手续，也可以委托他人办理前述手续。

委托他人办理的，应当由被委托人持减免税申请人出具的《减免税手续办理委托书》及其他相关材料向海关申请，海关审核同意后可准予被委托人办理相关手续。

（4）已经在海关办理注册登记并取得报关注册登记证书的报关企业或者进出口货物收发货人可以接受减免税申请人委托，代为办理减免税相关事宜。

5.3.2　减免税备案

（1）减免税申请人按照有关进出口税收优惠政策的规定申请减免税进出口相关货物，海关需要事先对减免税申请人的资格或者投资项目等情况进行确认的，减免税申请人应当在申请办理减免税审批手续前，向主管海关申请办理减免税备案手续，并同时提交下列材料：

①《进出口货物减免税备案申请表》；

②企业营业执照或者事业单位法人证书、国家机关设立文件、社团登记证书、民办非企业单位登记证书、基金会登记证书等证明材料；

③相关政策规定的享受进出口税收优惠政策资格的证明材料；

④海关认为需要提供的其他材料。

减免税申请人按照本条规定提交证明材料的，应当交验原件，同时提交加盖减免税申请人有效印章的复印件。

（2）海关收到减免税申请人的减免税备案申请后，应当审查确认所提交的申请材料是否齐全、有效，填报是否规范。

减免税申请人的申请材料符合规定的，海关应当予以受理，海关收到申请材料之日为受理之日；减免税申请人的申请材料不齐全或者不符合规定的，海关应当一次性告知减免税申请人需要补正的有关材料，海关收到全部补正的申请材料之日为受理之日。

不能按照规定向海关提交齐全、有效材料的，海关不予受理。

（3）海关受理减免税申请人的备案申请后，应当对其主体资格、投资项目等情况进行审核。

经审核符合有关进出口税收优惠政策规定的，应当准予备案；经审核不予备案的，应当书面通知

---

① 《中华人民共和国海关进出口货物减免税管理办法》（海关总署令2008年第179号，2008年12月29日）。

减免税申请人。

(4)海关应当自受理之日起10个工作日内作出是否准予备案的决定。

因政策规定不明确或者涉及其他部门管理职责需与相关部门进一步协商、核实有关情况等原因在10个工作日内不能作出决定的,海关应当书面向减免税申请人说明理由。

有上述规定情形的,海关应当自情形消除之日起15个工作日内作出是否准予备案的决定。

(5)减免税申请人要求变更或者撤销减免税备案的,应当向主管海关递交申请。经审核符合相关规定的,海关应当予以办理。

变更或者撤销减免税备案应当由项目审批部门出具意见的,减免税申请人应当在申请变更或者撤销时一并提供。

5.3.3 减免税审批

(1)减免税申请人应当在货物申报进出口前,向主管海关申请办理进出口货物减免税审批手续,并同时提交下列材料:

①《进出口货物征免税申请表》;

②企业营业执照或者事业单位法人证书、国家机关设立文件、社团登记证书、民办非企业单位登记证书、基金会登记证书等证明材料;

③进出口合同、发票以及相关货物的产品情况资料;

④相关政策规定的享受进出口税收优惠政策资格的证明材料;

⑤海关认为需要提供的其他材料。

减免税申请人按照规定提交证明材料的,应当交验原件,同时提交加盖减免税申请人有效印章的复印件。

(2)海关收到减免税申请人的减免税审批申请后,应当审核确认所提交的申请材料是否齐全、有效,填报是否规范。对应当进行减免税备案的,还应当审核是否已经按照规定办理备案手续。

减免税申请人的申请材料符合规定的,海关应当予以受理,海关收到申请材料之日为受理之日;减免税申请人提交的申请材料不齐全或者不符合

规定的,海关应当一次性告知减免税申请人需要补正的有关材料,海关收到全部补正的申请材料之日为受理之日。

不能按照规定向海关提交齐全、有效材料,或者未按照规定办理减免税备案手续的,海关不予受理。

(3)海关受理减免税申请人的减免税审批申请后,应当对进出口货物相关情况是否符合有关进出口税收优惠政策规定、进出口货物的金额、数量等是否在减免税额度内等情况进行审核。对应当进行减免税备案的,还需要对减免税申请人、进出口货物等是否符合备案情况进行审核。

经审核符合相关规定的,应当作出进出口货物征税、减税或者免税的决定,并签发《中华人民共和国海关进出口货物征免税证明》(简称《征免税证明》)。

(4)海关应当自受理减免税审批申请之日起10个工作日内作出是否准予减免税的决定。

有下列情形之一,不能在受理减免税审批申请之日起10个工作日内作出决定的,海关应当书面向减免税申请人说明理由:

①政策规定不明确或者涉及其他部门管理职责需要与相关部门进一步协商、核实有关情况的;

②需要对货物进行化验、鉴定以确定是否符合减免税政策规定的;

③因其他合理原因不能在本条第一款规定期限内作出决定的。

有本条第二款规定情形的,海关应当自情形消除之日起15个工作日内作出是否准予减免税的决定。

(5)减免税申请人申请变更或者撤销已签发的《征免税证明》的,应当在《征免税证明》有效期内向主管海关提出申请,说明理由,并提交相关材料。

经审核符合规定的,海关准予变更或者撤销。准予变更的,海关应当在变更完成后签发新的《征免税证明》,并收回原《征免税证明》。准予撤销的,海关应当收回原《征免税证明》。

(6)减免税申请人应当在《征免税证明》有效期内办理有关进出口货物通关手续。不能在有效期内办理,需要延期的,应当在《征免税证明》有效期内向海关提出延期申请。经海关审核同意,准予办理延长《征免税证明》有效期手续。

《征免税证明》可以延期一次,延期时间自有效期届满之日起算,延长期限不得超过 6 个月。海关总署批准的特殊情况除外。

《征免税证明》有效期限届满仍未使用的,该《征免税证明》效力终止。减免税申请人需要减免税进出口该《征免税证明》所列货物的,应当重新向海关申请办理。

(7)减免税申请人遗失《征免税证明》需要补办的,应当在《征免税证明》有效期内向主管海关提出申请。

经核实原《征免税证明》尚未使用的,主管海关应当重新签发《征免税证明》,原《征免税证明》同时作废。

原《征免税证明》已经使用的,不予补办。

(8)除国家政策调整等原因并经海关总署批准外,货物征税放行后,减免税申请人申请补办减免税审批手续的,海关不予受理。

5.3.4　减免税货物税款担保

(1)有下列情形之一的,减免税申请人可以向海关申请凭税款担保先予办理货物放行手续:

①主管海关按照规定已经受理减免税备案或者审批申请,尚未办理完毕的;

②有关进出口税收优惠政策已经国务院批准,具体实施措施尚未明确,海关总署已确认减免税申请人属于享受该政策范围的;

③其他经海关总署核准的情况。

(2)减免税申请人需要办理税款担保手续的,应当在货物申报进出口前向主管海关提出申请,并按照有关进出口税收优惠政策的规定向海关提交相关材料。

主管海关应当在受理申请之日起 7 个工作日内,作出是否准予担保的决定。准予担保的,应当出具《中华人民共和国海关准予办理减免税货物税款担保证明》(简称《准予担保证明》);不准予担保的,应当出具《中华人民共和国海关不准予办理减免税货物税款担保决定》。

(3)进出口地海关凭主管海关出具的《准予担保证明》,办理货物的税款担保和验放手续。

国家对进出口货物有限制性规定,应当提供许可证件而不能提供的,以及法律、行政法规规定不得担保的其他情形,进出口地海关不得办理减免税货物凭税款担保放行手续。

(4)税款担保期限不超过 6 个月,经直属海关关长或者其授权人批准可以予以延期,延期时间自税款担保期限届满之日起算,延长期限不超过 6 个月。

特殊情况仍需要延期的,应当经海关总署批准。

(5)海关依照本办法规定延长减免税备案、审批手续办理时限的,减免税货物税款担保时限可以相应延长,主管海关应当及时通知减免税申请人向海关申请办理减免税货物税款担保延期的手续。

(6)减免税申请人在减免税货物税款担保期限届满前未取得《征免税证明》,申请延长税款担保期限的,应当在《准予担保证明》规定期限届满的 10 个工作日以前向主管海关提出申请。主管海关应当在受理申请后 7 个工作日内,作出是否准予延长担保期限的决定。准予延长的,应当出具《中华人民共和国海关准予办理减免税货物税款担保延期证明》(简称《准予延期证明》);不准予延长的,应当出具《中华人民共和国海关不准予办理减免税货物税款担保延期决定》。

减免税申请人按照海关要求申请延长减免税货物税款担保期限的,比照上款规定办理。

进出口地海关凭《准予延期证明》办理减免税货物税款担保延期手续。

(7)减免税申请人在减免税货物税款担保期限届满前取得《征免税证明》的,海关应当解除税款担保,办理征免税进出口手续。担保期限届满,减免税申请人未按照规定申请办理减免税货物税款担保延期手续的,海关应当要求担保人履行相应的担保责任或者将税款保证金转为税款。

5.3.5 减免税货物的处置

（1）在进口减免税货物的海关监管年限内，未经海关许可，减免税申请人不得擅自将减免税货物转让、抵押、质押、移作他用或者进行其他处置。

（2）按照国家有关规定在进口时免予提交许可证件的进口减免税货物，减免税申请人向海关申请进行转让、抵押、质押、移作他用或者其他处置时，按照规定需要补办许可证件的，应当补办有关许可证件。

（3）在海关监管年限内，减免税申请人将进口减免税货物转让给进口同一货物享受同等减免税优惠待遇的其他单位的，应当按照下列规定办理减免税货物结转手续：

①减免税货物的转出申请人持有关单证向转出地主管海关提出申请，转出地主管海关审核同意后，通知转入地主管海关。

②减免税货物的转入申请人向转入地主管海关申请办理减免税审批手续。转入地主管海关审核无误后签发《征免税证明》。

③转出、转入减免税货物的申请人应当分别向各自的主管海关申请办理减免税货物的出口、进口报关手续。转出地主管海关办理转出减免税货物的解除监管手续。结转减免税货物的监管年限应当连续计算。转入地主管海关在剩余监管年限内对结转减免税货物继续实施后续监管。

转入地海关和转出地海关为同一海关的，按照前款规定办理。

（4）在海关监管年限内，减免税申请人将进口减免税货物转让给不享受进口税收优惠政策或者进口同一货物不享受同等减免税优惠待遇的其他单位的，应当事先向减免税申请人主管海关申请办理减免税货物补缴税款和解除监管手续。

（5）在海关监管年限内，减免税申请人需要将减免税货物移作他用的，应当事先向主管海关提出申请。经海关批准，减免税申请人可以按照海关批准的使用地区、用途、企业将减免税货物移作他用。

前款所称移作他用包括以下情形：

①将减免税货物交给减免税申请人以外的其他单位使用；

②未按照原定用途、地区使用减免税货物；

③未按照特定地区、特定企业或者特定用途使用减免税货物的其他情形。

除海关总署另有规定外，按照本条第一款规定将减免税货物移作他用的，减免税申请人还应当按照移作他用的时间补缴相应税款；移作他用时间不能确定的，应当提交相应的税款担保，税款担保不得低于剩余监管年限应补缴税款总额。

（6）在海关监管年限内，减免税申请人要求以减免税货物向金融机构办理贷款抵押的，应当向主管海关提出书面申请。经审核符合有关规定的，主管海关可以批准其办理贷款抵押手续。

减免税申请人不得以减免税货物向金融机构以外的公民、法人或者其他组织办理贷款抵押。

（7）减免税申请人以减免税货物向境内金融机构办理贷款抵押的，应当向海关提供下列形式的担保：

①与货物应缴税款等值的保证金；

②境内金融机构提供的相当于货物应缴税款的保函；

③减免税申请人、境内金融机构共同向海关提交《进口减免税货物贷款抵押承诺保证书》，书面承诺当减免税申请人抵押贷款无法清偿需要以抵押物抵偿时，抵押人或者抵押权人先补缴海关税款，或者从抵押物的折（变）价款中优先偿付海关税款。

减免税申请人以减免税货物向境外金融机构办理贷款抵押的，应当向海关提交本条第一款第①项或者第②项规定形式的担保。

（8）海关在收到贷款抵押申请材料后，应当审核申请材料是否齐全、有效，必要时可以实地核查减免税货物情况，了解减免税申请人经营状况。

经审核同意的，主管海关应当出具《中华人民共和国海关准予进口减免税货物贷款抵押通知》。

（9）海关同意以进口减免税货物办理贷款抵押的，减免税申请人应当于正式签订抵押合同、贷款合同之日起 30 日内将抵押合同、贷款合同正本或者复印件交海关备案。提交复印件备案的，减免税申请人应当在复印件上标注"与正本核实一致"，并予以签章。

抵押合同、贷款合同的签订日期不是同一日的，按照后签订的日期计算本条第一款规定的备案时限。

（10）贷款抵押需要延期的，减免税申请人应当在贷款期限届满前 20 日内向主管海关申请办理贷款抵押的延期手续。

经审核同意的，主管海关签发准予延期通知，并出具《中华人民共和国海关准予办理进口减免税货物贷款抵押延期通知》。

5.3.6　减免税货物的管理

（1）除海关总署另有规定外，在海关监管年限内，减免税申请人应当按照海关规定保管、使用进口减免税货物，并依法接受海关监管。

进口减免税货物的监管年限为：

①船舶、飞机：8 年；

②机动车辆：6 年；

③其他货物：5 年。

监管年限自货物进口放行之日起计算。

（2）在海关监管年限内，减免税申请人应当自进口减免税货物放行之日起，在每年的第 1 季度向主管海关递交《减免税货物使用状况报告书》，报告减免税货物使用状况。

减免税申请人未按照前款规定向海关报告其减免税货物状况，向海关申请办理减免税备案、审批手续的，海关不予受理。

（3）在海关监管年限内，减免税货物应当在主管海关核准的地点使用。需要变更使用地点的，减免税申请人应当向主管海关提出申请，说明理由，经海关批准后方可变更使用地点。

减免税货物需要移出主管海关管辖地使用的，减免税申请人应当事先持有关单证以及需要异地使用的说明材料向主管海关申请办理异地监管手续，经主管海关审核同意并通知转入地海关后，减免税申请人可以将减免税货物运至转入地海关管辖地，转入地海关确认减免税货物情况后进行异地监管。

减免税货物在异地使用结束后，减免税申请人应当及时向转入地海关申请办结异地监管手续，经转入地海关审核同意并通知主管海关后，减免税申请人应当将减免税货物运回主管海关管辖地。

（4）在海关监管年限内，减免税申请人发生分立、合并、股东变更、改制等变更情形的，权利义务承受人（简称"承受人"）应当自营业执照颁发之日起 30 日内，向原减免税申请人的主管海关报告主体变更情况及原减免税申请人进口减免税货物的情况。

经海关审核，需要补征税款的，承受人应当向原减免税申请人主管海关办理补税手续；可以继续享受减免税待遇的，承受人应当按照规定申请办理减免税备案变更或者减免税货物结转手续。

（5）在海关监管年限内，因破产、改制或者其他情形导致减免税申请人终止，没有承受人的，原减免税申请人或者其他依法应当承担关税及进口环节海关代征税缴纳义务的主体应当自资产清算之日起 30 日内向主管海关申请办理减免税货物的补缴税款和解除监管手续。

（6）在海关监管年限内，减免税申请人要求将进口减免税货物退运出境或者出口的，应当报主管海关核准。

减免税货物退运出境或者出口后，减免税申请人应当持出口报关单向主管海关办理原进口减免税货物的解除监管手续。

减免税货物退运出境或者出口的，海关不再对退运出境或者出口的减免税货物补征相关税款。

（7）减免税货物海关监管年限届满的，自动解除监管。

在海关监管年限内的进口减免税货物，减免税申请人书面申请提前解除监管的，应当向主管海关申请办理补缴税款和解除监管手续。按照国家有关规定在进口时免予提交许可证件的进口减免税货物，减免税申请人还应当补交有关许可证件。

减免税申请人需要海关出具解除监管证明的，

可以自办结补缴税款和解除监管等相关手续之日或者自海关监管年限届满之日起1年内,向主管海关申请领取解除监管证明。海关审核同意后出具《中华人民共和国海关进口减免税货物解除监管证明》。

(8)在海关监管年限及其后3年内,海关依照《海关法》和《中华人民共和国海关稽查条例》有关规定对减免税申请人进口和使用减免税货物情况实施稽查。

(9)减免税货物转让给进口同一货物享受同等减免税优惠待遇的其他单位的,不予恢复减免税货物转出申请人的减免税额度,减免税货物转入申请人的减免税额度按照海关审定的货物结转时的价格、数量或者应缴税款予以扣减。

减免税货物因品质或者规格原因原状退运出境,减免税申请人以无代价抵偿方式进口同一类型货物的,不予恢复其减免税额度;未以无代价抵偿方式进口同一类型货物的,减免税申请人在原减免税货物退运出境之日起3个月内向海关提出申请,经海关批准,可以恢复其减免税额度。

对于其他提前解除监管的情形,不予恢复减免税额度。

(10)减免税货物因转让或者其他原因需要补征税款的,补税的完税价格以海关审定的货物原进口时的价格为基础,按照减免税货物已进口时间与监管年限的比例进行折旧,其计算公式如下:

补税的完税价格＝海关审定的货物原进口时的价格×$\left[1-\dfrac{\text{减免税货物已进口时间}}{\text{监管年限}}\right]$×12

减免税货物已进口时间自减免税货物的放行之日起按月计算。不足1个月但超过15日的按1个月计算;不超过15日的,不予计算。

(11)按照以上第(10)条规定计算减免税货物补征税款的,已进口时间的截止日期按以下规定确定:

①转让减免税货物的,应当以海关接受减免税申请人申请办理补税手续之日作为计算其已进口时间的截止之日;

②减免税申请人未经海关批准,擅自转让减

税货物的,应当以货物实际转让之日作为计算其已进口时间的截止之日;转让之日不能确定的,应当以海关发现之日作为截止之日;

③在海关监管年限内,减免税申请人发生破产、撤销、解散或者其他依法终止经营情形的,已进口时间的截止日期应当为减免税申请人破产清算之日或者被依法认定终止生产经营活动的日期。

(12)减免税申请人将减免税货物移作他用,应当补缴税款的,税款的计算公式为:

补缴税款＝海关审定的货物原进口时的价格×税率×$\left[\dfrac{\text{需补缴税款的时间}}{\text{监管年限}}\right]$×12×30

上述计算公式中的税率,应当按照《关税条例》的有关规定,采用相应的适用税率;需补缴税款的时间是指减免税货物移作他用的实际时间,按日计算,每日实际生产不满8小时或者超过8小时的均按1日计算。

(13)海关在办理减免税货物异地监管、结转、主体变更、退运出口、解除监管、贷款抵押等后续管理事务时,应当自受理申请之日起10个工作日内作出是否同意的决定。

因特殊情形不能在10个工作日内作出决定的,海关应当书面向申请人说明理由。

(14)海关总署对重大减免税事项实施备案管理。

5.3.7 其他规定

(1)违反上述办法,构成走私行为、违反海关监管规定行为或者其他违反海关法行为的,由海关依照《海关法》和《中华人民共和国海关行政处罚实施条例》有关规定予以处理;构成犯罪的,依法追究刑事责任。

(2)有关用语的含义:

进出口货物减免税申请人,是指根据有关进出口税收优惠政策和有关法律法规的规定,可以享受进出口税收优惠,并依照本办法向海关申请办理减免税相关手续的具有独立法人资格的企事业单位、社会团体、国家机关;符合上述5.3.1第(2)条第四款规定的非法人分支机构;经海关总署审查确认的其他组织。

减免税申请人所在地海关,当减免税申请人为企业法人时,所在地海关是指其办理企业法人登记地的海关;当减免税申请人为国家机关、事业单位、社会团体等非企业法人组织时,所在地海关是指其住所地海关;当减免税申请人为符合上述 5.3.1 第(2)条第四款规定的非法人分支机构时,所在地海关是指该分支机构办理工商注册登记地的海关。

情形消除之日,是指因政策规定不明确等原因,海关总署或者直属海关发文明确之日。

减免税额度,是指根据有关进出口税收优惠政策规定确定的减免税申请人可以减税或者免税进出口货物的金额、数量,或者可以减征、免征的进出口关税及进口环节海关代征税的税款。

外贸企业出口货物退税汇总申报表
（适用于增值税一般纳税人）

申报年月：　　年　月　　　　申报批次

纳税人认别号　　　　　　海关代码：

纳税人名称（公章）　　　　申报年月：　　年　月　日　　　　金额单位：元（到角分、美元）

出口企业申报			主管退税机关审核	
出口退税出口明细申报表	份,记录	条	审单情况	机审情况
出口发票	张,出口额,	美元		本次机审通过退增值税额　　　　　　元
出口报关单	张,			其中:上期结转疑点退增值税　　　　元
代理出口货物证明	张,			本期申报数据退增值税　　　　元
收汇核销单	张,收汇额	美元		
远期收汇证明	张,其他凭证	张		本次机审通过退消费税额　　　　　　元
出口退税进货明细申报表	份,记录	条		其中:上期结转疑点退消费税　　　　元
增值税专用发票	张,其中非税控专用发票	张		本期申报数据退消费税　　　　元
普通发票	张,专用税票	张		本次机审通过退消费税额　　　　　　元
其他凭证	张,总进货金额	元		结余疑点数据退增值税　　　　　　　元
总进货税额	元,			结余疑点数据退消费税　　　　　　　元
其中:增值税	元,消费税	元		
本月申报退税额	元,			
其中:增值税	元,消费税,	元		
进料应抵扣税额	元,			授权人申明
申请开具单证				（如果你已委托代理申报人, 请填写下列资料）
代理出口货物证明	份,记录	条		
代理进口货物证明	份,记录	条		为代理出口货物退税申报事宜,现授权　　　为本纳税人的代理申报人,任何与本申报表有关的往来文件都可寄与此人。
进料加工免税证明	份,记录	条		
来料加工免税证明	份,记录	条		
出口货物转内销证明	份,记录	条		
初办报关单证明	份,记录	条		
补办收汇核销单证明	份,记录	条		授权人签字　　　　（盖章）
补办代理出口证明	份,记录	条		
内销抵扣专用发票	张,其他非退税专用发票	张	审单人:	审核人:
申报人申明				
此表各栏目填报内容是真实、合法的,与实际出口货物情况相符。此次申报的出口业务不属于"四自三不见"等违背正常出口经营程序的出口业务。否则,本企业愿承担由此产生的相关责任。 企业填表人: 财务负责人:　　　　　（公章） 企业负责人:　　　　　年　月　日				年　月　日 签批人: 　　　　　　（公章） 　　　　　年　月　日

受理人:　　　　　　　受理日期:　　年　月　日　　　　　　受理税务机关（签章）

《外贸企业出口退税汇总申报表(适用于增值税一般纳税人)》填表说明

(一)根据《中华人民共和国税收征收管理法实施细则》第三十八条及国家税务总局有关规定制定本表。

(二)本表适用于增值税一般纳税人填报。具备增值税一般纳税人资格的外贸企业自营或委托出口货物,其申报出口货物退税时,均使用本表。

(三)表内各项填写说明

1. 本表"申报年月"指外贸企业出口退税申报所属时间;"申报批次"指外贸企业出口退税申报所属时间内第几次申报。

2. 本表"纳税人识别号"即税务登记证号码。

3. 本表"海关代码"指外贸企业在海关的注册编号。

4. 本表"纳税人名称"应填写纳税人单位名称全称,不得填写简称。

5. 本表"申报日期"指外贸企业向主管退税机关申报退税的日期。

6. 表内各栏次内容根据现行退税审批政策相关规则填写。

生产企业出口货物免抵退税申报汇总表
（适用于增值税一般纳税人）

纳税人认别号　　　　纳税人名称(公章)：

海关代码：　　　　税款所属期：　　年　月至　　年　月　　　申报日期：　　　　年　月　日

金额单位:元(列至角分)

项目	栏次	当期	本年累计	与增值税纳税申报表差额
		(a)	(b)	(c)
免抵退出口货物销售额(美元)	1			—
免抵退出口货物销售额	2＝3+4			
其中：单证不齐销售额	3			—
单证齐全销售额	4			—
前期出口货物当期收齐单证销售额	5		—	—
单证齐全出口货物销售额	6＝4+5			—
不予免抵退出口货物销售额	7			
出口销售额乘征税率之差	8			
上期结转免抵退税不得免征和抵扣税额抵减额	9		—	—
免抵退税不得免征和抵扣税额抵减额	10			—
免抵退税不得免征和抵扣税额	11(如8>9+10 则为8-9-10,否则为0)			
结转下期免抵退税不得免征和抵扣税额抵减额	12(如9+10>8 则为9+10-8,否则为0)	—	—	
出口销售额乘退税率	13			—
上期结转免抵退税额抵减额	14		—	—
免抵退税额抵减额	15			—
免抵退税额	16(如13>14+15 则为13-14-15,否则为0)			—
结转下期免抵退税额抵减额	17(如14+15>13 则为14+15-13,否则为0)	—	—	—
增值税纳税申报表期末留抵税额	18		—	—
计算退税的期末留抵税额	19＝18-11c		—	—
当期应退税额	20(如16>19 则为19,否则为16)			—
当期免抵税额	21＝16-20			

续表

项目	栏次	当期	本年累计	与增值税纳税申报表差额
		(a)	(b)	(c)
出口企业申明：			退税部门	
此表各栏目填报内容是真实、合法的，与实际出口货物情况相符。此次申报的出口业务不属于"四自三不见"等违背正常出口经营程序的出口业务。否则，本企业愿承担由此产生的相关责任。 经　办　人： 财务负责人： 企业负责人：	（公章） 　年　月　日		经办人： 复核长：　　　　（章） 负责人：　年　月　日	

受理人：　　　　受理日期：　　　年　月　　　受理税务机关（签章）

注:1. 本表一式四联，退税部门审核签章后返给企业二联，其中一联作为下期《增值税纳税申报表》附表，退税部门留存一联，报上级退税机关一联；

　　2. 第（c）列"与增值税纳税申报表差额"为退税部门审核确认的第（b）列"累计"申报数减《增值税纳税申报表》对应项目的累计数的差额，企业应做相应财务调整并在下期增值税纳税申报时对《增值税纳税申报表》进行调整。

《生产企业出口货物免、抵、退税申报汇总表（适用于增值税一般纳税人）》填表说明

（一）根据《中华人民共和国税收征收管理法实施细则》第三十八条及国家税务总局有关规定制定本表。

（二）本表适用于增值税一般纳税人填报。具备增值税一般纳税人资格的生产企业自营或委托出口货物，其申报出口货物退税时，均使用本表。

（三）表内各项填写说明

1. 本表"纳税人识别号"即税务登记证号码。

2. 本表"海关代码"指生产企业在海关的注册编号。

3. 本表"纳税人名称"应填写纳税人单位名称全称，不得填写简称。

4. 本表"申报日期"指生产企业向主管退税机关申报退税的日期。

5. 本表"税款所属期"指生产企业应缴税款的月度时间。

6. 表内各栏次内容根据《国家税务总局关于印发〈生产企业出口货物"免、抵、退"税管理操作规程〉（试行）的通知》（国税发〔2002〕1号）相关规定填写。

第6章 车辆购置税制度

车辆购置税是指对购置车辆征收的一种税收。车辆购置税为中央税,由国家税务局负责征收,收入归中央政府所有,专门用于交通事业建设。2000年10月,国务院发布《中华人民共和国车辆购置税暂行条例》,从2001年1月1日起开征车辆购置税,取代1985年开征的车辆购置附加费。

6.1 纳税义务人

在中华人民共和国境内购置应税车辆的单位和个人,为车辆购置税的纳税人,应当缴纳车辆购置税[1]。

所称购置,包括购买、进口、自产、受赠、获奖或者以其他方式取得并自用应税车辆的行为[2]。

所称单位,包括国有企业、集体企业、私营企业、股份制企业、外商投资企业、外国企业以及其他企业和事业单位、社会团体、国家机关、部队以及其他单位;所称个人,包括个体工商户以及其他个人[3]。

6.2 征收范围

车辆购置税的征收范围包括汽车、摩托车、电车、挂车、农用运输车。具体征收范围依照车辆购置税暂行条例所附《车辆购置税征收范围表》执行。其征收范围的调整,由国务院决定并公布[4]。

车辆购置税征收范围表

应税车辆	具体范围	注释
汽车	各类汽车	
摩托车	轻便摩托车	最高设计时速不大于50km/h,发动机汽缸总排置不大于50cm³的两个或者三个车轮的机动车
	二轮摩托车	最高设计车速大于50km/h,或者发动机汽缸总排置大于50cm³的两个车轮的机动车
	三轮摩托车	最高设计车速大于50km/h,或者发动机汽缸总排置大于50cm³,空车重量不大于400kg的三个车轮的机动车
电车	无轨电车	以电能为动力,由专用输电电缆线供电的轮式公共车辆
	有轨电车	以电能为动力,在轨道上行驶的公共车辆
挂车	全挂车	无动力设备,独立承载,由牵引车辆牵引行驶的车辆
	半挂车	无动力设备,与牵引车辆共同承载,由牵引车辆牵引行驶的车辆

---

[1] 《中华人民共和国车辆购置税暂行条例》(中华人民共和国国务院令第294号,2000年10月22日)。
[2] 《中华人民共和国车辆购置税暂行条例》(中华人民共和国国务院令第294号,2000年10月22日)。
[3] 《中华人民共和国车辆购置税暂行条例》(中华人民共和国国务院令第294号,2000年10月22日)。
[4] 《中华人民共和国车辆购置税暂行条例》(中华人民共和国国务院令第294号,2000年10月22日)。

续表

应税车辆	具体范围	注释
农用运输车	三轮农用运输车	柴油发动机,功率不大于 7.4kw,载重量不大于 500kg,最高车速不大于 40km/h 的三个车轮的机动车
	四轮农用运输车	柴油发动机,功率不大于 28kw,载重量不大于 1500kg,最高车速不大于 40km/h 的三个车轮的机动车

(注:表中 50cm³ = 50 立方厘米)

6.3　税率

车辆购置税的税率为 10%[①]。

车辆购置税税率的调整,由国务院决定并公布。

6.4　应纳税额

6.4.1　一般规定

车辆购置税实行从价定率的办法计算应纳税额。应纳税额的计算公式为[②]:

应纳税额 = 计税价格 × 税率

纳税人以外汇结算应税车辆价款的,按照申报纳税之日中国人民银行公布的人民币基准汇价,折合成人民币计算应纳税额[③]。

6.4.2　计税依据

车辆购置税的计税价格根据不同情况,按照下列规定确定:

(1)纳税人购买自用的应税车辆的计税价格,为纳税人购买应税车辆而支付给销售者的全部价款和价外费用,不包括增值税税款[④]。

价外费用是指销售方价外向购买方收取的基金、集资费、返还利润、补贴、违约金(延期付款利息)和手续费、包装费、储存费、优质费、运输装卸费、保管费、代收款项、代垫款项以及其他各种性质的价外收费,但不包括增值税税款[⑤]。

主管税务机关在计征车辆购置税确定计税依据时,计算车辆不含增值税价格的计算方法与增值税相同,即[⑥]:

不含税价 = (全部价款 + 价外费用) ÷ (1 + 增值税税率或征收率)

(2)纳税人进口自用的应税车辆的计税价格的计算公式为[⑦]:

计税价格 = 关税完税价格 + 关税 + 消费税

(3)纳税人自产、受赠、获奖或者以其他方式取得并自用的应税车辆的计税价格,由车辆购置税征收管理办公室(简称车购办)参照国家税务总局核定的应税车辆最低计税价格核定[⑧]。

(4)纳税人购买自用或者进口自用应税车辆,申报的计税价格低于同类型应税车辆的最低计税价格,又无正当理由的,计税依据为最低计税价格[⑨]。

[①]　《中华人民共和国车辆购置税暂行条例》(中华人民共和国国务院令第 294 号,2000 年 10 月 22 日)。
[②]　《中华人民共和国车辆购置税暂行条例》(中华人民共和国国务院令第 294 号,2000 年 10 月 22 日)。
[③]　《中华人民共和国车辆购置税暂行条例》(中华人民共和国国务院令第 294 号,2000 年 10 月 22 日)。
[④]　《中华人民共和国车辆购置税暂行条例》(中华人民共和国国务院令第 294 号,2000 年 10 月 22 日)。
[⑤]　《国家税务总局 交通部关于车辆购置税若干政策及管理问题的通知》(国税发[2001]27 号,2001 年 3 月 27 日)。《国家税务总局关于车辆购置税税收政策及征收管理有关问题的通知》(国税发[2004]160 号,2004 年 12 月 17 日)。《车辆购置税征收管理办法》(国家税务总局令第 15 号,2005 年 11 月 15 日)。
[⑥]　《国家税务总局关于确定车辆购置税计税依据的通知》(国税函[2006]1139 号,2006 年 11 月 30 日)。
[⑦]　《中华人民共和国车辆购置税暂行条例》(中华人民共和国国务院令第 294 号,2000 年 10 月 22 日)。《国家税务总局关于车辆购置税税收政策及征收管理有关问题的通知》(国税发[2004]160 号,2004 年 12 月 17 日)。
[⑧]　《中华人民共和国车辆购置税暂行条例》(中华人民共和国国务院令第 294 号,2000 年 10 月 22 日)。《国家税务总局关于车辆购置税税收政策及征收管理有关问题的通知》(国税发[2004]160 号,2004 年 12 月 17 日)。
[⑨]　《中华人民共和国车辆购置税暂行条例》(中华人民共和国国务院令第 294 号,2000 年 10 月 22 日)。《国家税务总局关于车辆购置税税收政策及征收管理有关问题的通知》(国税发[2004]160 号,2004 年 12 月 17 日)。

申报的计税价格低于同类型应税车辆的最低计税价格又无正当理由的，是指纳税人申报的计税依据低于出厂价格或进口自用车辆的计税价格①。

主管税务机关发现纳税人申报的计税价格低于最低计税价格，除按照规定征收车购税外，还应采集并传递《机动车销售统一发票》价格异常信息②。

6.4.3　最低计税价格核定

6.4.3.1　新车最低计税价格的核定

最低计税价格是指国家税务总局依据车辆生产企业提供的车辆价格信息，参照市场平均交易价格核定的不同类型应税车辆的车辆购置税计税价格③。

对国家税务总局未核定最低计税价格的车辆，纳税人申报的计税价格低于同类型应税车辆最低计税价格，又无正当理由的，主管税务机关可比照已核定的同类型车辆最低计税价格征税④。

同类型车辆是指同国别、同排量、同车长、同吨位、配置近似等。同类型车辆由主管税务机关确

定，并报上级税务机关备案。各省、自治区、直辖市和计划单列市国家税务局应制定具体办法及时将备案的价格在本地区统一⑤。

非贸易渠道进口车辆的最低计税价格，为同类型新车的最低计税价格⑥。

6.4.3.2　旧车计税价格的核定

（1）对于交警部门查处的未缴纳车辆购置税或车辆购置附加费的车辆，凡属于1999年12月31日前购买且未上牌的，在补办上牌手续前应当补征车辆购置税。其最低计税价格为⑦：

最低计税价格=同类型新车最低计税价格×［1-（已使用年限÷规定使用年限）］×100%

对于交警部门查处的未缴纳车辆购置税或车辆购置附加费的车辆，凡属于达到报废年限或技术性能不符合安全要求、交警部门予以取缔的，不再补征车辆购置税。

（2）对已经缴纳车辆购置税并办理了登记注册手续的车辆，其发动机和底盘发生更换的，其最低计税价格按同类型新车最低计税价格的70%

---

① 《国家税务总局关于车辆购置税税收政策及征收管理有关问题的通知》（国税发［2004］160号，2004年12月17日）。《车辆购置税征收管理办法》（国家税务总局令第15号，2005年11月15日）。

② 《车辆购置税征收管理办法》（国家税务总局令第15号，2005年11月15日）。

③ 《中华人民共和国车辆购置税暂行条例》（中华人民共和国国务院令第294号，2000年10月22日）。《国家税务总局关于车辆购置税税收政策及征收管理有关问题的通知》（国税发［2004］160号，2004年12月17日）。《车辆购置税征收管理办法》（国家税务总局令第15号，2005年11月15日）。《中华人民共和国车辆购置税暂行条例》（中华人民共和国国务院令第294号）发布后，《国家税务总局 交通部关于车辆购置税若干政策及管理问题的通知》（国税发［2001］27号，2001年3月27日）曾规定：国产车辆的最低计税价格，暂按交通部《关于核定部分国产车辆和进口车辆计征车辆购置附加费最低征费额的通知》（交财发［2000］433号）中规定的最低征费额÷10%换算确定；进口车辆的最低计税价格，从2001年3月12日起，暂按《国家税务总局 交通部关于车辆购置税若干政策及管理问题的通知》（国税发［2001］27号）所附《进口车辆最低计税价格目录》执行。截至2010年年底，最新核定的车辆购置税最低计税价格有关数据详见《国家税务总局关于核定车辆购置税最低计税价格的通知》（国税函［2010］475号，2010年9月29日）。

④ 《国家税务总局关于车辆购置税税收政策及征收管理有关问题的通知》（国税发［2004］160号，2004年12月17日）。《车辆购置税征收管理办法》（国家税务总局令第15号，2005年11月15日）。

⑤ 《国家税务总局关于车辆购置税税收政策及征收管理有关问题的通知》（国税发［2004］160号，2004年12月17日）。《车辆购置税征收管理办法》（国家税务总局令第15号，2005年11月15日）。此前，《国家税务总局 交通部关于车辆购置税若干政策及管理问题的通知》（国税发［2001］27号，2001年3月27日）规定：对于国家税务总局未核定最低计税价格的车辆，代征机构可比照已核定最低计税价格的同类型车辆先行征税，并按照《交通部车辆购置附加费征收管理办公室关于报送车辆价格信息的通知》（交车购办字［2000］12号）规定的程序，由省级车购费征管部门将有关信息报交通部车购办。交通部车购办提出初步意见报国家税务总局，由国家税务总局审定后发布执行。

⑥ 《国家税务总局 交通部关于车辆购置税若干政策及管理问题的通知》（国税发［2001］27号，2001年3月27日）。

⑦ 《国家税务总局关于旧车计征车辆购置税问题的批复》（国税函［2001］641号，2001年8月15日）。

计算①。

（3）进口旧车、因不可抗力因素导致受损的车辆、库存超过三年的车辆、行驶 8 万公里以上的试验车辆、国家税务总局规定的其他车辆,计税依据为纳税人提供的《机动车销售统一发票》或有效凭证注明的价格②。

（4）非贸易渠道进口的旧车,车购税计税价格按下列公式确定③:

计税价格＝关税完税价格＋关税＋消费税

关税完税价格、关税和消费税的相关资料,可以凭海关相关的完税证明取得。

6.4.3.3　车辆价格信息采集

车辆价格信息按以下办法进行采集④:

（1）国家税务总局定期下发采集车辆价格信息通知。各省、自治区、直辖市、计划单列市国家税务局货物劳务税管理部门按要求组织车辆价格信息的采集。

（2）车辆价格信息采集的范围:

Ⅰ 国家税务总局未核定最低计税价格的应税车辆。

Ⅱ 已经国家税务总局核定了最低计税价格,但生产企业（含组装企业）名称、商标名称、产品型号、基本配置、市场平均交易价格任何一项发生变更的车辆。

Ⅲ 国家税务总局要求采集的其他车辆。

（3）车辆价格信息采集内容

①国产车辆价格信息采集内容包括:生产企业名称、车辆类别、商标名称、产品型号、基本配置、吨位、座位、排气量、出厂价格、市场平均交易价格等。

②进口车辆价格信息采集内容包括:国别、生产企业名称、车辆类别、车辆名称、产品型号、基本配置、吨位、座位、排气量、计税价格、市场平均交易价格等。

（4）国产车辆价格信息由车购办到车辆生产企业所在地和省、自治区、直辖市、计划单列市国家税务局货物劳务税管理部门指定的车辆交易市场采集。进口车辆价格信息由广东省国家税务局货物劳务税管理部门到国外车辆生产制造企业驻中国代表处、进口汽车品牌中国地区代理商及掌握进口车辆价格信息的有关单位或汽车交易市场采集。

（5）省、自治区、直辖市、计划单列市国家税务局货物劳务税管理部门将车辆价格信息汇总,在规定的时间内上报至国家税务总局。

6.5　税收优惠

6.5.1　减免税政策及管理规定

6.5.1.1　外交机构及人员自用车辆

（1）外国驻华使馆、领事馆和国际组织驻华机构及其外交人员自用的车辆,免税⑤。

外国驻华使馆、领事馆和国际组织驻华机构及其外交人员自用的车辆,车购办依据纳税人提供的资料直接办理免税手续⑥。

（2）自 2005 年 2 月 1 日起,我驻外使领馆工作人员离任回国入境携带的进口自用车辆（简称馆员进口自用车辆）,免征关税。馆员进口自用车辆在申报缴纳车辆购置税时,主管税务机关应按照海关《专用缴款书》核定的车辆完税价格,确定车辆购置税计税依据。馆员进口自用车辆如发生过户

---

① 《国家税务总局关于车辆购置税有关问题的通知》（国税发〔2002〕118 号,2002 年 9 月 11 日）。《国家税务总局关于车辆购置税税收政策及征收管理有关问题的通知》（国税发〔2004〕160 号,2004 年 12 月 17 日）。《车辆购置税征收管理办法》（国家税务总局令第 15 号,2005 年 11 月 15 日）。

② 《国家税务总局关于车辆购置税税收政策及征收管理有关问题的通知》（国税发〔2004〕160 号,2004 年 12 月 17 日）。《车辆购置税征收管理办法》（国家税务总局令第 15 号,2005 年 11 月 15 日）。

③ 《国家税务总局关于车辆购置税有关问题的通知》（国税发〔2002〕118 号,2002 年 9 月 11 日）。

④ 《国家税务总局关于车辆购置税税收政策及征收管理有关问题的通知》（国税发〔2004〕160 号,2004 年 12 月 17 日）。

⑤ 《中华人民共和国车辆购置税暂行条例》（中华人民共和国国务院令第 294 号,2000 年 10 月 22 日）。

⑥ 《国家税务总局关于车辆购置税税收政策及征收管理有关问题的通知》（国税发〔2004〕160 号,2004 年 12 月 17 日）。

或转籍行为,主管税务机关不再就关税差价补征车辆购置税①。

馆员是指我驻外使领馆享受常驻人员待遇的工作人员,不包括驻港澳地区内派机构的工作人员和其他我驻境外机构的工作人员②。

对我国驻外使领馆减编、退役后调运回国的车辆,按关税完税价格(即海关核定到岸价格)作为计税依据征收车辆购置税③。

6.5.1.2 军队及军队移交的保障性企业车辆

(1)中国人民解放军和中国人民武装警察部队列入军队武器装备订货计划的车辆,免税④;

中国人民解放军和中国人民武装警察部队列入军队武器装备订货计划的车辆,车购办依据纳税人提供的资料直接办理免税手续⑤。

(2)对军队移交的保障性企业符合规定的车辆,免征车辆购置税⑥:

Ⅰ 免税范围为列入《国家税务总局关于军队移交的保障性企业免征车辆购置税的通知》(国税函[2002]963号)所附《军队移交的保障性企业使用军车号牌车辆改挂地方车辆号牌汇总表》的车辆。对未列入《汇总表》的车辆,不得办理免税手续。

Ⅱ 对上述列入免税范围的车辆应按照《全国军队保障性企业交接工作部门联席会议办公室、公安部、交通部、国家税务总局、总后勤部关于做好军队移交的保障性企业使用军车号牌车辆改挂地方车辆号牌工作的通知》(国联席办[2001]6号)的规定审查,对不符合规定的车辆,一律不得办理免税手续。

Ⅲ 经审核符合免税条件的车辆,凭填写、盖章完毕的《军队移交的保障性企业使用军车号牌车辆改挂地方车辆号牌审批表》办理免征车辆购置税的手续。对《审批表》内容不全或《审批表》与《汇总表》内容不符的车辆,不予办理免征车辆购置税的手续。

Ⅳ 军车号牌改挂地方车辆号牌的车辆必须在其落籍地办理免征或者缴纳车辆购置税的手续。

6.5.1.3 设有固定装置的非运输车辆

(1)免税范围

设有固定装置的非运输车辆,免税⑦;

设有固定装置的非运输车辆是指,挖掘机、平地机、叉车、装载车(铲车)、起重机(吊车)、推土机等工程机械⑧。

主管税务机关可办理免税的设有固定装置的非运输车辆是指,列入国家税务总局印发的《设有固定装置免税车辆图册》(简称免税图册)的车辆和未列入免税图册但经国家税务总局批准免税的车辆。主管税务机关依据免税图册或国家税务总局批准的免税文件为设有固定装置的非运输车辆

---

① 《国家税务总局 外交部关于驻外使领馆工作人员离任回国进境自用车辆缴纳车辆购置税有关问题的通知》(国税发[2005]180号,2005年11月9日)。
② 《国家税务总局 外交部关于驻外使领馆工作人员离任回国进境自用车辆缴纳车辆购置税有关问题的通知》(国税发[2005]180号,2005年11月9日)。
③ 《国家税务总局关于我国驻外使领馆调回减编退役车辆征收车辆购置税的通知》(国税函[2001]693号,2001年9月14日)。
④ 《中华人民共和国车辆购置税暂行条例》(中华人民共和国国务院令第294号,2000年10月22日)。
⑤ 《国家税务总局关于车辆购置税税收政策及征收管理有关问题的通知》(国税发[2004]160号,2004年12月17日)。
⑥ 《国家税务总局关于军队移交的保障性企业免征车辆购置税的通知》(国税函[2002]963号,2002年11月12日)。
⑦ 《中华人民共和国车辆购置税暂行条例》(中华人民共和国国务院令第294号,2000年10月22日)。
⑧ 《国家税务总局关于车辆购置税税收政策及征收管理有关问题的通知》(国税发[2004]160号,2004年12月17日)。

办理免税①。

（2）免税车辆已征税款的退还

对设有固定装置的非运输车辆，在未接到国家税务总局批准的免税文件前，应先征税。纳税人购置的尚未列入免税图册的设有固定装置的非运输车辆，在规定的申报期限内，应先办理纳税申报，缴纳税款②。

符合免税条件但已征税的设有固定装置的非运输车辆，主管税务机关依据国家税务总局批准的免税图册或免税文件，办理退税③。

（3）列入免税图册车辆的申请认定

①需列入免税图册的车辆，由车辆生产企业或纳税人向主管税务机关提出申请，填写《车辆购置税免（减）税申请表》（见国家税务总局令第15号《车辆购置税征收管理办法》附件2），提供下列资料④：

Ⅰ 车辆合格证明原件、复印件；

Ⅱ 车辆内、外观彩色五寸照片1套；

Ⅲ 车辆内、外观彩色照片电子文档（标明车辆生产企业名称及车辆型号，仅限车辆生产企业提供）。

②主管税务机关将审核后的免税申请表及附列的车辆合格证明复印件（原件退回申请人）、照

---

① 《车辆购置税征收管理办法》（国家税务总局令第15号，2005年11月15日）。具体免税车辆名单详见《国家税务总局关于车辆购置税〈设有固定装置免税车辆图册〉有关问题的通知》（国税函[2005]1019号，2005年11月1日）、《国家税务总局关于印发〈设有固定装置免税车辆图册（第二册）的通知》（国税函[2005]1098号，2005年11月18日）、《国家税务总局关于印发〈设有固定装置免税车辆图册（第三册）〉的通知》（国税[2005]1268号，2005年12月30日）、《国家税务总局关于印发〈设有固定装置免税车辆图册（2006年第一册）〉的通知》（国税[2006]59号，2006年4月24日）、《国家税务总局关于印发〈设有固定装置免税车辆图册（2006年第二册、总第五册）〉的通知》（国税[2006]717号，2006年7月25日）、《国家税务总局关于印发〈设有固定装置免税车辆图册（2006年第三册、总第六册）〉的通知》（国税[2006]883号，2006年9月18日）、《国家税务总局关于印发〈设有固定装置免税车辆图册（2006年第四册、总第七册）〉的通知》（国税[2006]1246号，2006年12月14日）、《国家税务总局关于印发〈设有固定装置免税车辆图册（2007年第一册、总第八册）〉的通知》（国税[2007]448号，2007年4月30日）、《国家税务总局关于印发〈设有固定装置免税车辆图册（2007年第二册、总第九册）〉的通知》（国税[2007]604号，2004年5月30日）、《国家税务总局关于印发〈设有固定装置免税车辆图册（2007年第三册、总第十册）〉的通知》（国税[2007]1029号，2007年10月11日）、《国家税务总局关于印发〈设有固定装置免税车辆图册（2007年第四册、总第十一册）〉的通知》（国税[2007]1121号，2007年12月6日）、《国家税务总局关于印发〈设有固定装置免税车辆图册（2008年第一册、总第十二册）〉的通知》（国税[2008]317号，2008年4月9日）、《国家税务总局关于印发〈设有固定装置免税车辆图册（2008年第二册、总第十三册）〉的通知》（国税[2008]737号，2008年8月18日）、《国家税务总局关于印发〈设有固定装置免税车辆图册（2008年第三册、总第十四册）〉的通知》（国税[2008]854号，2008年10月21日）、《国家税务总局关于印发〈设有固定装置免税车辆图册（2008年第四册、总第十五册）〉的通知》（国税[2008]1031号，2008年12月16日）、《国家税务总局关于印发〈设有固定装置免税车辆图册（2009年第一册、总第十六册）〉的通知》（国税函[2009]140号，2009年3月20日）、《国家税务总局关于印发〈设有固定装置免税车辆图册（2009年第二册、总第十七册）〉的通知》（国税函[2009]351号，2009年7月2日）、《国家税务总局关于印发〈设有固定装置免税车辆图册（2009年第三册、总第十八册）〉的通知》（国税函[2009]544号，2009年9月25日）、《国家税务总局关于印发〈设有固定装置免税车辆图册（2009年第四册、总第十九册）〉的通知》（国税函[2010]22号，2010年1月14日）、《国家税务总局关于印发〈设有固定装置免税车辆图册（2010年第一册、总第二十册）〉的通知》（国税函[2010]129号，2010年4月6日）、《国家税务总局关于印发〈设有固定装置免税车辆图册（2010年第二册、总第二十一册）〉的通知》（国税函[2010]354号，2010年7月28日）、《国家税务总局关于印发〈设有固定装置免税车辆图册（2010年第三册、总第二十二册）〉的通知》（国税函[2010]460号，2010年9月16日）、《国家税务总局关于印发〈设有固定装置免税车辆图册（2010年第四册、总第二十三册）〉的通知》（国税函[2011]82号，2011年2月11日）。此前，《国家税务总局关于车辆购置税税收政策及征收管理有关问题的通知》（国税发[2004]160号，2004年12月17日）规定，交通部财务会计司、交通部车辆购置附加费征收管理办公室印发的《免征车辆购置附加费车辆图册》继续执行，作为设有固定装置车辆免征车辆购置税的依据。

② 《车辆购置税征收管理办法》（国家税务总局令第15号，2005年11月15日）。此前《国家税务总局 交通部关于车辆购置税若干政策及管理问题的通知》（国税发[2001]27号，2001年3月27日）规定：纳税人申报的挖掘机、平地机、叉车、装载车（铲车）、起重机（吊车）、推土机等工程机械及其他设有固定装置的非运输车辆，代征机构应严格按照交通部印发的《免征车辆购置附加费车辆图册》（简称免征图册）的范围，审核办理车购税免税手续；纳税人申报上述范围以外的其他设有固定装置的非运输车辆，其中：进口车由纳税人向代征机构申请并按规定填报《车辆购置税免税审批表》；未上免征图册的国产车，由车辆生产厂家向其所在地的征收机构申请列入免征图册，代征机构按规定将车辆的有关资料逐级上报至交通部车购办，由其转报国家税务总局，经国家税务总局审定后，列入免征图册，代征机构据此办理免税手续。

③ 《车辆购置税征收管理办法》（国家税务总局令第15号，2005年11月15日）。

④ 《车辆购置税征收管理办法》（国家税务总局令第15号，2005年11月15日）。

片及电子文档一并逐级上报。其中①：

Ⅰ 省、自治区、直辖市和计划单列市国家税务局分别于每年的3、6、9、12月将免税申请表及附列资料报送至国家税务总局。

Ⅱ 国家税务总局分别于申请当年的4、7、10月及次年1月将符合免税条件的车辆列入免税图册。

6.5.1.4 防汛和森林消防部门用车

自2001年3月16日起,对防汛部门和森林消防部门用于指挥、检查、调度、报汛(警)、联络的由指定厂家生产的设有固定装置的指定型号的专用车辆(简称防汛专用车和森林消防专用车)免税②；

防汛专用车和森林消防专用车的型号和配置数量、流向,每年由财政部和国家税务总局共同下达。车辆注册登记地车辆购置税征收部门据此办理免征车辆购置税手续③。

防汛专用车和森林消防专用车,主管税务机关依据国务院税务主管部门批准文件审核办理免税。

具体程序如下④：

Ⅰ 主管部门每年向国务院税务主管部门提出免税申请；

Ⅱ 国务院税务主管部门将审核后的车辆型号、数量、流向、照片及有关证单式样通知纳税人所在地主管税务机关；

Ⅲ 主管税务机关依据国务院税务主管部门批准文件审核办理免税。

6.5.1.5 留学回国人员和来华专家自用小汽车

自2001年3月16日起,对回国服务的在外留学人员(含香港、澳门地区),购买1辆个人自用国产小汽车免税⑤。

自2001年3月16日起,对长期来华定居专家进口1辆自用小汽车免税⑥。

留学人员购置的、来华专家进口自用的符合免税条件的车辆,主管税务机关可直接办理免税事宜⑦。

---

① 《车辆购置税征收管理办法》(国家税务总局令第15号,2005年11月15日)。此前,《国家税务总局关于车辆购置税税收政策及征收管理有关问题的通知》(国税发[2004]160号,2004年12月17日)规定:未列入免税车辆图册的设有固定装置的非运输车辆,车购办应在生产企业或纳税人填写的免税申请审批表签署意见;各级流转管理部门将免税申请审批表连同所附照片(1套)逐级上报至国家税务总局;国家税务总局在免税申请审批表签署意见后,将免税申请审批表逐级下发至车购办,同时国家税务总局将符合免税条件的车辆列入免税车辆图册;车购办依据免税申请审批表在纳税人办理纳税申报时直接办理免税事宜。

② 《财政部 国家税务总局关于防汛专用等车辆免征车辆购置税的通知》(财税[2001]39号,2001年3月16日)。《国家税务总局关于车辆购置税税收政策及征收管理有关问题的通知》(国税发[2004]160号,2004年12月17日)。

③ 《财政部 国家税务总局关于防汛专用等车辆免征车辆购置税的通知》(财税[2001]39号,2001年3月16日)。2010年防汛专用车免征车辆购置税指标分配详见《财政部 国家税务总局关于2010年防汛专用车免征车辆购置税的通知》(财税[2010]52号,2010年6月15日)。

④ 《车辆购置税征收管理办法》(国家税务总局令第15号,2005年11月15日)。此前,《国家税务总局关于车辆购置税税收政策及征收管理有关问题的通知》(国税发[2004]160号,2004年12月17日)规定:防汛专用车和森林消防专用车,申请免税部门应向国家税务总局提出免税申请,同时提供车辆内、外观彩色五寸照片;国家税务总局将审核后同意免税的批准文件下发至纳税人所在地省、自治区、直辖市、计划单列市国家税务局流转税管理部门;省、自治区、直辖市、计划单列市国家税务局逐级将免税车辆范围通知车购办;车购办依据通知为纳税人办理免税手续。

⑤ 《财政部 国家税务总局关于防汛专用等车辆免征车辆购置税的通知》(财税[2001]39号,2001年3月16日)。《国家税务总局关于车辆购置税税收政策及征收管理有关问题的通知》(国税发[2004]160号,2004年12月17日)。《车辆购置税征收管理办法》(国家税务总局令第15号,2005年11月15日)。

⑥ 《财政部 国家税务总局关于防汛专用等车辆免征车辆购置税的通知》(财税[2001]39号,2001年3月16日)。《国家税务总局关于车辆购置税税收政策及征收管理有关问题的通知》(国税发[2004]160号,2004年12月17日)。《车辆购置税征收管理办法》(国家税务总局令第15号,2005年11月15日)。

⑦ 《车辆购置税征收管理办法》(国家税务总局令第15号,2005年11月15日)。此前,《国家税务总局关于车辆购置税税收政策及征收管理有关问题的通知》(国税发[2004]160号,2004年12月17日)规定:留学人员购买的国产车辆、来华专家进口的自用车辆,车购办应在生产企业或纳税人填写的免税申请审批表签署意见;各级流转管理部门将免税申请审批表逐级上报至省、自治区、直辖市、计划单列市国家税务局流转税管理部门;省、自治区、直辖市、计划单列市国家税务局在免税申请审批表签署意见后,将免税申请审批表逐级下发至车购办;车购办依据免税申请审批表在纳税人办理纳税申报时直接办理免税事宜。

6.5.1.6　农用三轮车

自 2004 年 10 月 1 日起,对农用三轮车免征车辆购置税。农用三轮车是指:柴油发动机,功率不大于 7.4kw,载重量不大于 500kg,最高车速不大于 40km/h 的三个车轮的机动车①。

对动力装置和拖斗连接成整体、且以该整体进行车辆登记注册的各种变形拖拉机等农用车辆,按照"农用运输车"适用车购税政策;动力装置和拖斗不是连接成整体、且动力装置和拖斗是分别进行车辆登记注册的,只对拖斗部分按"挂车"征收车购税,动力部分不征税②。

纳税人购置的农用三轮车,主管税务机关可直接办理免税事宜③。

6.5.1.7　小排量乘用车

(1)自 2009 年 1 月 20 日至 12 月 31 日,购置 1.6 升及以下排量乘用车,暂减按 5% 的税率征收车辆购置税④。

(2)自 2010 年 1 月 1 日至 12 月 31 日购置 1.6 升及以下排量乘用车,暂减按 7.5% 的税率征收车辆购置税⑤。

所称乘用车,是指在设计和技术特性上主要用于载运乘客及其随身行李和(或)临时物品、含驾驶员座位在内最多不超过 9 个座位的汽车。具体包括⑥:

①国产轿车:"中华人民共和国机动车整车出厂合格证"(简称合格证)中"车辆型号"项的车辆类型代号为"7","排量和功率(ml/kw)"项中排量不超过 1600ml。

②国产客车:合格证中"车辆型号"项的车辆类型代号为"6","排量和功率(ml/kw)"项中排量不超过 1600ml,"额定载客(人)"项不超过 9 人。

③国产越野汽车:合格证中"车辆型号"项的车辆类型代号为"2","排量和功率(ml/kw)"项中排量不超过 1600ml,"额定载客(人)"项不超过 9 人,"额定载质量(kg)"项小于额定载客人数和 65kg 的乘积。

④国产专用车:合格证中"车辆型号"项的车辆类型代号为"5","排量和功率(ml/kw)"项中排量不超过 1600ml,"额定载客(人)"项不超过 9 人,"额定载质量(kg)"项小于额定载客人数和 65kg 的乘积。

⑤进口乘用车:参照国产同类车型技术参数认定。

乘用车购置日期按照《机动车销售统一发票》或《海关关税专用缴款书》等有效凭证的开具日期确定。

(3)自 2011 年 1 月 1 日起,对 1.6 升及以下排量乘用车减按 7.5% 的税率征收车辆购置税的政策于 2010 年 12 月 31 日到期后停止执行。对 1.6 升及以下排量乘用车恢复按 10% 的税率征收车辆购置税⑦。

6.5.1.8　计划生育服务流动车辆

(1)免税政策⑧

---

① 《财政部　国家税务总局关于农用三轮车免征车辆购置税的通知》(财税[2004]66 号,2004 年 9 月 7 日)。
② 《国家税务总局关于车辆购置税有关问题的通知》(国税发[2002]118 号,2002 年 9 月 11 日)。
③ 《车辆购置税征收管理办法》(国家税务总局令第 15 号,2005 年 11 月 15 日)。
④ 《财政部　国家税务总局关于减征 1.6 升及以下排量乘用车车辆购置税的通知》(财税[2009]12 号,2009 年 1 月 16 日)。
⑤ 《财政部　国家税务总局关于减征 1.6 升及以下排量乘用车车辆购置税的通知》(财税[2009]154 号,2009 年 12 月 22 日)。
⑥ 《财政部　国家税务总局关于减征 1.6 升及以下排量乘用车车辆购置税的通知》(财税[2009]12 号,2009 年 1 月 16 日)。《财政部　国家税务总局关于减征 1.6 升及以下排量乘用车车辆购置税的通知》(财税[2009]154 号,2009 年 12 月 22 日)。
⑦ 《财政部　国家税务总局关于 1.6 升及以下排量乘用车车辆购置税减征政策到期停止执行的通知》(财税[2010]127 号,2010 年 12 月 27 日)。
⑧ 《财政部　国家税务总局关于免征计划生育流动服务车车辆购置税的通知》(财税[2010]78 号,2010 年 9 月 25 日)。国家人口和计划生育委员会申请的"十一五"期间 1420 辆计划生育流动服务车免征车辆购置税指标详见该文附件。免税指标的使用截止期限为 2010 年 12 月 31 日,过期作废。《财政部　国家税务总局关于调整部分地区计划生育流动服务车免税车辆车型的通知》(财税[2010]123 号,2010 年 12 月 31 日)对部分车型进行了调整(详见该文附件),调整车型免税指标的使用截止期限延长至 2011 年 3 月 31 日。对下达的免税指标中已征税的车辆,主管税务机关按照《车辆购置税征收管理办法》(国家税务总局令第 15 号)第二十六条规定,为购车单位办理退税手续。

对国家人口和计划生育委员会统一购置的计划生育流动服务车免征车辆购置税。计划生育流动服务车的免税指标(包括车辆分配地区、车辆型号和车辆数量等),由财政部和国家税务总局不定期审核下达。车辆登记注册地主管税务机关据此办理免征车辆购置税手续。

(2)管理规定①

购车单位在办理车辆购置税纳税申报手续时,需向所在地主管税务机关提供车辆内观、外观彩色5寸照片,出示国家人口和计划生育委员会配发的"计划生育流动服务车专用车证"及国家人口和计划生育委员会和国家发展改革委下发的"计划生育流动服务车项目分配方案"。

主管税务机关依据免税车辆指标分配表以及车辆内观、外观彩色照片、"计划生育流动服务车专用车证"和"计划生育流动服务车项目分配方案"为购车单位办理免税手续②。

免税车辆因转让、改变用途等原因不再属于免税范围的,应按照条例规定补缴车辆购置税。

6.5.1.9 应对自然灾害恢复重建的特种车辆

(1)四川汶川地震灾后重建新购特种车辆③

对专项用于抗震救灾和灾后恢复重建、能够提供由县级以上(含县级)人民政府或其授权单位出具的抗震救灾证明的新购特种车辆,免征车辆购置税。符合免税条件但已经征税的特种车辆,退还已

征税款。

新购特种车辆是指2008年5月12日以后(含5月12日)购买的警车、消防车、救护车、工程救险车,且车辆的所有者是受灾地区单位或个人。

(2)青海玉树地震灾后重建新购特种车辆④

2012年12月31日前,对专项用于抗震救灾和灾后恢复重建、能够提供由县级以上人民政府或其授权单位出具的抗震救灾证明的新购特种车辆,免征车辆购置税。符合免税条件但已经征税的特种车辆,退还已征税款。

所称"受灾地区"是指青海省玉树藏族自治州玉树、称多、治多、杂多、囊谦、曲麻莱县和四川省甘孜藏族自治州石渠县等7个县的27个乡镇。具体受灾地区范围见《财政部 国家税务总局关于支持玉树地震灾后恢复重建有关税收政策问题的通知》(财税[2010]59号)附件。

(3)甘肃舟曲泥石流灾后重建新购特种车辆⑤

2012年12月31日前,对专项用于抢险救灾和灾后恢复重建、能够提供由县级以上(含县级)人民政府或其授权单位出具的抢险救灾证明的新购特种车辆,免征车辆购置税。符合免税条件但已经征税的特种车辆,退还已征税款。

6.5.1.10 国务院规定的其他减免税车辆

国务院规定予以免税或者减税的其他情形的,

---

① 《财政部 国家税务总局关于免征计划生育流动服务车车辆购置税的通知》(财税[2010]78号,2010年9月25日)。

② 免税车辆指标分配表详见财税[2010]78号附件,照片和表格式样见国家税局总局FTB服务器相关地址。

③ 《国务院关于支持汶川地震灾后恢复重建政策措施的意见》(国发[2008]21号,2008年6月29日)。《财政部 海关总署 国家税务总局关于支持汶川地震灾后恢复重建有关税收政策问题的通知》(财税[2008]104号,2008年8月1日)。《财政部 国家税务总局关于延长部分税收优惠政策执行期限的通知》(财税[2009]131号,2009年11月20日)。政策执行至2010年12月31日。

④ 《国务院关于支持玉树地震灾后恢复重建政策措施的意见》(国发[2010]16号,2010年5月27日)。《财政部 国家税务总局关于支持玉树地震灾后恢复重建有关税收政策问题的通知》(财税[2010]59号,2010年7月23日)。

⑤ 《国务院关于支持舟曲灾后恢复重建政策措施的意见》(国发[2010]34号,2010年10月18日)。《财政部 海关总署 国家税务总局关于支持舟曲灾后恢复重建有关税收政策问题的通知》(财税[2010]107号,2010年12月29日)。财税[2010]107号文件还规定,如果纳税人按规定既可享受本通知的税收优惠政策,也可享受国家支持汶川地震灾后恢复重建的税收优惠政策,可由纳税人自主选择适用的政策,但两项政策不得叠加使用。文中所称"灾区"包括甘肃省舟曲县城关镇和江盘乡的15个村、2个社区,灾区具体范围见财税[2010]107号附件。

按照规定免税或者减税①。

国务院批准免税的其他车辆办理减免税程序②：

Ⅰ　申请免税部门应向国家税务总局提出免税申请,同时提供车辆内、外观彩色五寸照片。

Ⅱ　国家税务总局将审核后同意免税的批准文件下发至纳税人所在地省、自治区、直辖市、计划单列市国家税务局货物劳务税管理部门。

Ⅲ　省、自治区、直辖市、计划单列市国家税务局逐级将免税车辆范围通知车购办。

Ⅳ　车购办依据通知为纳税人办理免税手续。

6.5.2　减免税车辆享受税收优惠条件改变后的征税规定

免税、减税车辆因转让、改变用途等原因不再属于免税、减税范围的,应当在办理车辆过户手续前或者办理变更车辆登记注册手续前缴纳车辆购置税③。

免税条件消失的车辆,自初次办理纳税申报之日起,使用年限未满10年的,计税依据为最新核发的同类型车辆最低计税价格按每满1年扣减10%,未满1年的计税依据为最新核发的同类型车辆最低计税价格;使用年限10年(含)以上的,计税依据为0④。

6.6　征收管理⑤

6.6.1　征管机构

车辆购置税由国家税务局征收⑥。

2005年前,车辆购置税由交通部门委托代征期间,车购税税收政策的解释,由国家税务总局、省级国家税务局负责。车购税的征收管理,由代征机构负责⑦。

自2005年1月1日起,车辆购置税由国家税务局负责征收⑧。

---

① 《中华人民共和国车辆购置税暂行条例》(中华人民共和国国务院令第294号,2000年10月22日)。此后,《国家税务总局关于北京市"母亲健康快车"免征车辆购置税的通知》(国税函[2003]809号,2003年7月7日)、《国家税务总局关于应急通信车辆免征车辆购置税的通知》(国税函[2004]304号,2004年2月25日)、《国家税务总局关于北京奥组委公务用车免征车辆购置税和车船使用税的通知》(国税函[2005]585号,2005年6月9日)、《财政部 国家税务总局关于农村巡回医疗车免征车辆购置税的通知》(财税[2007]35号,2007年3月9日)等文件陆续对一些设有固定装置或有特定用途的车辆予以免税,但均因免税期限已到,上述文件停止执行。

② 《国家税务总局关于车辆购置税税收政策及征收管理有关问题的通知》(国税发[2004]160号,2004年12月17日)。

③ 《中华人民共和国车辆购置税暂行条例》(中华人民共和国国务院令第294号,2000年10月22日)。

④ 《国家税务总局关于车辆购置税税收政策及征收管理有关问题的通知》(国税发[2004]160号,2004年12月17日)。《车辆购置税征收管理办法》(国家税务总局令第15号,2005年11月15日)。此前,《国家税务总局 交通部关于车辆购置税若干政策及管理问题的通知》(国税发[2001]27号,2001年3月27日)规定:享受减免税车辆转为应税车辆后,其最低计税价格=同类型新车最低计税价格×[1-(已使用年限÷规定使用年限)]×100%。其中,规定使用年限为:国产车辆按10年计算;进口车辆按15年计算。超过规定使用年限的车辆,不再征收车购税。

⑤ 《国家税务总局 交通部关于车辆购置税若干政策及管理问题的通知》(国税发[2001]27号,2001年3月27日)曾规定:自2001年1月1日起,车购税的征收管理除条例以及税收文件明确规定的以外,其他征管事宜可暂按下列原车辆购置附加费文件的有关规定继续执行,车辆购置附加费的其他相关文件一律废止,但下列文件凡与条例以及车购税文件的规定相抵触的,以条例和车购税文件规定为准:《关于发布〈车辆购置附加费征收业务规定〉的通知》(交财发[1994]1161号)、《关于发布〈车辆购置附加费档案管理办法〉的通知》(交财发[1994]1162号)、《关于转发财政部〈车辆购置附加费管理办法〉的通知》(交财发[1997]50号)、《关于发布〈车辆购置附加费统计管理暂行规定〉的通知》(交财发[1996]286号)、《关于修订"车辆购置附加费征收月报表"格式和做好月报编报工作的通知》(财公字[1995]35号)、《关于发布〈车辆购置附加费收支核算规程〉的通知》(交财发[1996]360号)、《关于发布〈车辆购置附加费征管经费使用管理暂行办法〉的通知》(财工字[1997]137号)、《关于发布〈车辆购置附加费票证管理规定〉的通知》(交财字[1990]376号)、《关于统一印制车辆购置附加费专用票据和修改凭证、票据样式及内容的通知》(交财发[1994]451号)、《关于进一步加强车购费票证管理工作的通知》(交车购办字[2000]8号)、《关于车辆购置附加费凭证遗失补办问题的补充规定》(交财发[1996]618号)、《关于印发〈征收车辆购置附加费车辆价格信息工作制度〉的通知》(交财发[1995]242号)、《关于报送车辆价格信息的通知》(交车购办字[2000]12号)、《关于印发宁波市车购办〈车购费计算机管理规定〉的通知》(财公字[1997]228号)。根据《国家税务总局关于车辆购置税税收政策及征收管理有关问题的通知》(国税发[2004]160号,2004年12月17日),自2005年1月1日起,上述可继续执行的车购费文件停止执行。

⑥ 《中华人民共和国车辆购置税暂行条例》(中华人民共和国国务院令第294号,2000年10月22日)。

⑦ 《国家税务总局 交通部关于车辆购置税若干政策及管理问题的通知》(国税发[2001]27号,2001年3月27日)。

⑧ 《国家税务总局关于车辆购置税税收政策及征收管理有关问题的通知》(国税发[2004]160号,2004年12月17日)。

6.6.2　纳税申报

6.6.2.1　一般规定

纳税人应到各省、自治区、直辖市和计划单列市国家税务局对外公告的办税地点（车辆购置税征收管理办公室）办理车辆购置税纳税申报①。

车辆购置税实行一车一申报制度②。

主管税务机关在为纳税人办理纳税申报手续时，应实地验车③。

车辆购置税纳税申报表及填报说明详见《车辆购置税征收管理办法》（国家税务总局令第15号）附件1④。

6.6.2.2　申报时间

纳税人购买自用应税车辆的，应当自购买之日起60日内申报纳税；进口自用应税车辆的，应当自进口之日起60日内申报纳税；自产、受赠、获奖或者以其他方式取得并自用应税车辆的，应当自取得之日起60日内申报纳税⑤。

纳税人应当在向公安机关车辆管理机构办理车辆登记注册前，缴纳车辆购置税⑥。

6.6.2.3　申报资料

（1）征税车辆纳税申报资料⑦

纳税人办理纳税申报时应如实填写《车辆购置税纳税申报表》（见国家税务总局令第15号《车辆购置税征收管理办法》附件1），同时提供以下资料的原件和复印件。复印件和《机动车销售统一发票》报税联由主管税务机关留存，其他原件经主管税务机关审核后退还纳税人⑧。

①车主身份证明

Ⅰ　内地居民，提供内地《居民身份证》（含居住、暂住证明）或《居民户口簿》或军人（含武警）身份证明；

Ⅱ　香港、澳门特别行政区、台湾地区居民，提供入境的身份证明和居留证明；

Ⅲ　外国人，提供入境的身份证明和居留证明；

Ⅳ　组织机构，提供《组织机构代码证书》。

②车辆价格证明

Ⅰ　境内购置车辆，提供《机动车销售统一发票》（发票联和报税联）或有效凭证；

Ⅱ　进口自用车辆，提供《海关关税专用缴款书》、《海关代征消费税专用缴款书》或海关《征免税证明》。

③车辆合格证明

Ⅰ　国产车辆，提供整车出厂合格证明；

Ⅱ　进口车辆，提供《中华人民共和国海关货物进口证明书》或《中华人民共和国海关监管车辆进（出）境领（销）牌照通知书》或《没收走私汽车、摩托车证明书》。

---

①　《国家税务总局关于车辆购置税税收政策及征收管理有关问题的通知》（国税发〔2004〕160号，2004年12月17日）。

②　《国家税务总局关于车辆购置税税收政策及征收管理有关问题的通知》（国税发〔2004〕160号，2004年12月17日）。《车辆购置税征收管理办法》（国家税务总局令第15号，2005年11月15日）。

③　《车辆购置税征收管理办法》（国家税务总局令第15号，2005年11月15日）。

④　《国家税务总局关于确定车辆购置税计税依据的通知》（国税函〔2006〕1139号，2006年11月30日）对车辆购置税纳税申报表填报说明第12条第1款和第3款进行了调整。

⑤　《中华人民共和国车辆购置税暂行条例》（中华人民共和国国务院令第294号，2000年10月22日）。此外，《国家税务总局关于确认国务院机关事务管理局调拨车辆购置日期的通知》（国税函〔2006〕1311号，2006年12月31日）规定，对经国务院机关事务管理局调拨的车辆，以该局开具给车辆使用单位的《国务院机关事务管理局财务管理司汽车调拨收据》（简称调拨单）的日期视同车辆的初始购置日期。调拨车辆的使用单位在办理车辆购置税纳税申报时，除按照《车辆购置税征收管理办法》的规定提供申报资料外，还应提供机动车经销商开具给国管局的《机动车销售统一发票》的报税联，同时提供国管局开具的调拨单。

⑥　《中华人民共和国车辆购置税暂行条例》（中华人民共和国国务院令第294号，2000年10月22日）。

⑦　《国家税务总局关于车辆购置税税收政策及征收管理有关问题的通知》（国税发〔2004〕160号，2004年12月17日）。《车辆购置税征收管理办法》（国家税务总局令第15号，2005年11月15日）。

⑧　《国家税务总局关于车辆购置税税收政策及征收管理有关问题的补充通知》（国税发〔2005〕47号，2005年3月29日）曾规定：已使用未完税车辆，如果纳税人主动申请补税，但缺少《机动车销售统一发票》或其他相应资料的，车购办应受理纳税申报。但根据《国家税务总局关于发布已失效或废止的税收规范性文件目录（第二批）的通知》（国税发〔2008〕8号），国税发〔2005〕47号被公布废止。

④税务机关要求提供的其他资料

(2)减免税车辆纳税申报资料①

符合减免税规定的车辆,纳税人在办理纳税申报时,除按上述规定提供资料外,还应根据不同情况,分别提供下列资料的原件、复印件及彩色照片。原件经主管税务机关审核后退还纳税人,复印件及彩色照片由主管税务机关留存。

①外国驻华使馆、领事馆和国际组织驻华机构的车辆,提供机构证明;

②外交人员自用车辆,提供外交部门出具的身份证明;

我驻外使领馆工作人员离任回国入境携带的进口自用车辆在办理车辆购置税纳税申报时,除按照法律、法规、规章及规范性文件规定提供相关资料外,还应提供以下资料②:

Ⅰ 我驻外使领馆出具的《驻外使领馆人员身份证明》第三联原件;

Ⅱ 本人有效护照的原件和复印件。

主管税务机关对纳税申报资料审核无误后,将《驻外使领馆人员身份证明》第三联原件、护照复印件以及其他资料一并留存,并为纳税人办理纳税申报事宜。

对于无《驻外使领馆人员身份证明》的馆员,应向主管税务机关提供《我国驻外使领馆人员离任回国证明书》"本人留存联"原件及复印件;对于无《驻外使领馆人员身份证明》"主管税务机关留存联"的馆员,应向主管税务机关提供《驻外使领馆人员身份证明》"本人留存联"原件及复印件。主管税务机关对原件审核无误后退回本人,复印件

与其他资料作为纳税申报的附报资料一并留存,并为纳税人办理申报纳税有关事宜③。

③中国人民解放军和中国人民武装警察部队列入军队武器装备订货计划的车辆,提供订货计划的证明;

④设有固定装置的非运输车辆,提供车辆内、外观彩色5寸照片;

⑤留学人员、来华专家在办理免税申报时,应分别下列情况提供资料:

Ⅰ 留学人员提供中华人民共和国驻留学生学习所在国的大使馆或领事馆(中央人民政府驻香港联络办公室教育科技部、中央人民政府驻澳门联络办公室宣传文化部)出具的留学证明;公安部门出具的境内居住证明、个人护照;海关核发的《回国人员购买国产小汽车准购单》④;

Ⅱ 来华专家提供国家外国专家局或其授权单位核发的专家证;公安部门出具的境内居住证明。

⑥其他车辆,提供国务院或国务院税务主管部门的批准文件。

6.6.2.4 需要重新或补办申报的情形

(1)需要重新申报的情形

已经办理纳税申报的车辆发生下列情形之一的,纳税人应重新办理纳税申报⑤:

Ⅰ 底盘(车架)发生更换。

Ⅱ 免税条件消失。

对于已税车辆车架发生更换的,不需重新办理车辆购置税纳税申报⑥。

(2)需要补办申报的情形

---

① 《国家税务总局关于车辆购置税税收政策及征收管理有关问题的通知》(国税发〔2004〕160号,2004年12月17日)。《车辆购置税征收管理办法》(国家税务总局令第15号,2005年11月15日)。

② 《国家税务总局 外交部关于驻外使领馆工作人员离任回国进境自用车辆缴纳车辆购置税有关问题的通知》(国税发〔2005〕180号,2005年11月9日)。

③ 《国家税务总局关于驻外使领馆工作人员离任回国进境自用车辆缴纳车辆购置税问题的补充通知》(国税函〔2006〕160号,2006年2月26日)。

④ 此前,《国家税务总局关于车辆购置税有关问题的通知》(国税发〔2002〕118号,2002年9月11日)规定:回国留学生购买国产小汽车办理免征车购税手续,还须提供国内用人单位的聘用证明、有效的入境申报单证和主管征收机关需要提供的其他证明。

⑤ 《国家税务总局关于车辆购置税税收政策及征收管理有关问题的通知》(国税发〔2004〕160号,2004年12月17日)。《车辆购置税征收管理办法》(国家税务总局令第15号,2005年11月15日)。

⑥ 《国家税务总局关于已税车辆更换车架征收车辆购置税问题的批复》(国税函〔2007〕224号,2007年2月15日)。

纳税人 2001 年 1 月 1 日以后购置的符合条例规定免税条件的车辆,凡 2005 年 1 月 1 日前未办理过纳税申报的,应到车购办补办纳税申报手续,确定初次申报日期。初次申报日期为车辆行驶证或行车执照标注的登记日期①。

6.6.3 税款征收

主管税务机关应对纳税申报资料进行审核,确定计税依据,征收税款,核发《车辆购置税完税证明》。征税车辆在完税证明征税栏加盖车购税征税专用章,免税车辆在完税证明免税栏加盖车购税征税专用章。主管税务机关开具的车购税完税凭证上的应纳税额保留到元②。

车辆购置税实行一次征收,税款一次缴清。购置已征车辆购置税的车辆,不再征收车辆购置税③。

6.6.4 完税证明管理

车辆购置税完税证明实行以下管理办法④:

(1)完税证明分正本和副本,按车核发、每车一证。正本由纳税人保管以备查验,副本用于办理车辆登记注册。完税证明不得转借、涂改、买卖或者伪造。

(2)完税证明发生损毁、丢失的,车主在申请补办完税证明前应在《中国税务报》或由省、自治区、直辖市国家税务局指定的公开发行的报刊上刊登遗失声明,填写《换(补)车辆购置税完税证明申请表》(见国家税务总局令第 15 号《车辆购置税征收管理办法》附件 3)。

(3)纳税人在办理车辆登记注册前完税证明发生损毁、丢失的,主管税务机关应依据纳税人提供的车购税缴税凭证或主管税务机关车购税缴税凭证留存联,车辆合格证明,遗失声明予以补办。

车主在办理车辆登记注册后完税证明发生损毁、丢失的,车主向原发证税务机关申请换、补,主管税务机关应依据车主提供的《机动车行驶证》,遗失声明核发完税证明正本(副本留存)⑤。

从 2005 年 1 月 1 日起,完税证明由国家税务总局规定统一样式、规格、统一编号并印制,并不再向纳税人收取完税证明工本费⑥。

6.6.5 纳税地点

纳税人购置应税车辆,需要办理车辆登记注册手续的纳税人,应当向车辆登记注册地的主管税务机关申报纳税;购置不需要办理车辆登记注册手续的应税车辆,应当向纳税人所在地车购税的主管税务机关申报纳税⑦。

6.6.6 车辆购置税征管与车辆登记管理的协调

(1)纳税人应当持主管税务机关出具的完税证明或者免税证明,向公安机关车辆管理机构办理车辆登记注册手续;没有完税证明或者免税证明的,公安机关车辆管理机构不得办理车辆登记注册手续⑧。

(2)税务机关应当及时向公安机关车辆管理机构通报纳税人缴纳车辆购置税的情况。公安机关车辆管理机构应当定期向税务机关通报车辆登记注册的情况⑨。

(3)税务机关发现纳税人未按照规定缴纳车

---

① 《国家税务总局关于车辆购置税收政策及征收管理有关问题的通知》(国税发[2004]160 号,2004 年 12 月 17 日)。

② 《国家税务总局关于车辆购置税收政策及征收管理有关问题的通知》(国税发[2004]160 号,2004 年 12 月 17 日)。《车辆购置税征收管理办法》(国家税务总局令第 15 号,2005 年 11 月 15 日)。

③ 《中华人民共和国车辆购置税暂行条例》(中华人民共和国国务院令第 294 号,2000 年 10 月 22 日)。

④ 《车辆购置税征收管理办法》(国家税务总局令第 15 号,2005 年 11 月 15 日)。

⑤ 《车辆购置税征收管理办法》(国家税务总局令第 15 号,2005 年 11 月 15 日)。

⑥ 《国家税务总局关于车辆购置税收政策及征收管理有关问题的通知》(国税发[2004]160 号,2004 年 12 月 17 日)。《车辆购置税征收管理办法》(国家税务总局令第 15 号,2005 年 11 月 15 日)。

⑦ 《中华人民共和国车辆购置税暂行条例》(中华人民共和国国务院令第 294 号,2000 年 10 月 22 日)。《车辆购置税征收管理办法》(国家税务总局令第 15 号,2005 年 11 月 15 日)。

⑧ 《中华人民共和国车辆购置税暂行条例》(中华人民共和国国务院令第 294 号,2000 年 10 月 22 日)。

⑨ 《中华人民共和国车辆购置税暂行条例》(中华人民共和国国务院令第 294 号,2000 年 10 月 22 日)。

辆购置税的,有权责令其补缴;纳税人拒绝缴纳的,税务机关可以通知公安机关车辆管理机构暂扣纳税人的车辆牌照[①]。

6.6.7　车辆退回或不予办理车辆登记的退税政策及管理

（1）退税范围

已缴车购税的车辆,发生下列情形之一的,准予纳税人申请退税[②]:

Ⅰ　因质量原因,车辆被退回生产企业或者经销商的;

Ⅱ　应当办理车辆登记注册的车辆,公安机关车辆管理机构不予办理车辆登记注册的。

（2）退税申请资料

纳税人申请退税时,应如实填写《车辆购置税退税申请表》（见国家税务总局令第 15 号《车辆购置税征收管理办法》附件 4）,分别下列情况提供资料[③]:

Ⅰ　未办理车辆登记注册的,提供生产企业或经销商开具的退车证明和退车发票、完税证明正本和副本;

Ⅱ　已办理车辆登记注册的,提供生产企业或经销商开具的退车证明和退车发票、完税证明正本、公安机关车辆管理机构出具的注销车辆号牌证明。

退税时必须交回该车车购税原始完税凭证;不能交回该车原始完税凭证的,不予退税[④]。

（3）退税标准

因质量原因,车辆被退回生产企业或者经销商的,纳税人申请退税时,主管税务机关依据自纳税人办理纳税申报之日起,按已缴税款每满 1 年扣减 10% 计算退税额;未满 1 年的,按已缴税款全额退税[⑤]。

公安机关车辆管理机构不予办理车辆登记注册的车辆,纳税人申请退税时,主管税务机关应退还全部已缴税款[⑥]。

6.6.8　车辆过户、转籍、变更手续

车购办依据档案办理车辆的过户、转籍、变更手续。车辆发生过户、转籍、变更等情况时,车主应在向公安机关车辆管理机构办理车辆变动手续之日起 30 日内,到主管税务机关办理档案变动手续[⑦]。

（1）过户手续及管理[⑧]

所称过户,是指车辆登记注册地未变而车主发生变动的情形。车主办理车辆过户手续时,应如实填写《车辆变动情况登记表》（见国家税务总局令第 15 号《车辆购置税征收管理办法》附件 5）,并提供完税证明正本和《机动车行驶证》原件及复印

---

① 《中华人民共和国车辆购置税暂行条例》（中华人民共和国国务院令第 294 号,2000 年 10 月 22 日）。

② 《国家税务总局关于车辆购置税税收政策及征收管理有关问题的通知》（国税发[2004]160 号,2004 年 12 月 17 日）。《车辆购置税征收管理办法》（国家税务总局令第 15 号,2005 年 11 月 15 日）。

③ 《国家税务总局关于车辆购置税有关问题的通知》（国税发[2002]118 号,2002 年 9 月 11 日）。《国家税务总局关于车辆购置税税收政策及征收管理有关问题的通知》（国税发[2004]160 号,2004 年 12 月 17 日）。《车辆购置税征收管理办法》（国家税务总局令第 15 号,2005 年 11 月 15 日）。此前,《国家税务总局　交通部关于车辆购置税若干政策及管理问题的通知》（国税发[2001]27 号,2001 年 3 月 27 日）规定:纳税人已经缴纳车购税但在办理车辆登记注册手续前,因公安机关车辆管理机构不予办理车辆登记注册手续的,凭公安机关车辆管理机构出具的证明办理退税手续;因质量等原因发生退回所购车辆的,凭经销商的退货证明办理退税手续;已经办理了车辆登记注册手续的车辆,不论出于何种原因,均不得退还已缴纳的车购税。

④ 《国家税务总局关于车辆购置税有关问题的通知》（国税发[2002]118 号,2002 年 9 月 11 日）。

⑤ 《国家税务总局关于车辆购置税税收政策及征收管理有关问题的通知》（国税发[2004]160 号,2004 年 12 月 17 日）。《车辆购置税征收管理办法》（国家税务总局令第 15 号,2005 年 11 月 15 日）。

⑥ 《国家税务总局关于车辆购置税税收政策及征收管理有关问题的通知》（国税发[2004]160 号,2004 年 12 月 17 日）。《车辆购置税征收管理办法》（国家税务总局令第 15 号,2005 年 11 月 15 日）。

⑦ 《国家税务总局关于车辆购置税税收政策及征收管理有关问题的通知》（国税发[2004]160 号,2004 年 12 月 17 日）。《车辆购置税征收管理办法》（国家税务总局令第 15 号,2005 年 11 月 15 日）。

⑧ 《国家税务总局关于车辆购置税税收政策及征收管理有关问题的通知》（国税发[2004]160 号,2004 年 12 月 17 日）。《车辆购置税征收管理办法》（国家税务总局令第 15 号,2005 年 11 月 15 日）。

件。《机动车行驶证》原件经主管税务机关审核后退还车主,复印件及完税证明正本由主管税务机关留存。主管税务机关对过户车辆核发新的完税证明正本(副本留存)。

(2)转籍手续及管理①

所称转籍,是指同一车辆的登记注册地发生变动的情形。车辆转籍分转出和转入。

车主办理车辆转出手续时,应如实填写变动表,提供公安机关车辆管理机构出具的车辆转出证明材料。转出地主管税务机关审核后,据此办理档案转出手续,向转入地主管税务机关开具《车辆购置税档案转移通知书》(见国家税务总局令第15号《车辆购置税征收管理办法》附件6)。

车主办理车辆转入手续时,应如实填写变动表,提供转出地主管税务机关核发的完税证明正本、档案转移通知书和档案。转入地主管税务机关审核后,将转出地主管税务机关核发的完税证明正本、档案转移通知书和档案留存。对转籍车辆核发新的完税证明正本(副本留存)。

既过户又转籍的车辆,主管税务机关按转籍办理档案变动手续。

(3)变更手续及管理

已经办理纳税申报的车辆,经公安机关车辆管理机构批准的车主名称、车辆识别代号(VIN,车架号码)发生变更的,办理车辆变更手续时,纳税人应填写变动表,提供完税证明正本和《机动车行驶证》原件及复印件。《机动车行驶证》原件经主管税务机关审核后退还车主,复印件及完税证明正本由主管税务机关留存。主管税务机关对变更车辆核发新的完税证明正本(副本留存)②。

已经缴纳车购税的车辆,因质量问题需由车辆生产厂家为车主更换车辆的,可凭生产厂家的换车证明及所更换的新车发票办理车购税变更手续,并交回原车车购税原始完税凭证,不能交回原始完税凭证的,不予办理车购税变更手续。更换新车后,当新车辆的计税价格等于原车辆的计税价格时,则只需办理车购税变更手续;当新车辆的计税价格高于或者低于原车辆计税价格的,则按差额补税或者退税后办理变更手续③。

6.6.9 征管档案管理

6.6.9.1 档案资料管理

主管税务机关应对已经办理纳税申报的车辆建立车辆购置税征收管理档案④。

档案内容包括⑤:

①征税车辆档案应包含纳税人身份证明、车辆价格证明、车辆合格证明、车辆购置税纳税申报表和税收完税凭证留存联。

②免税车辆档案应包含纳税人身份证明、车辆价格证明、车辆合格证明、车购税纳税申报表、车购税免(减)税申请表和车辆免(减)税证明资料。

③已建立征、免税车辆档案的车辆发生换(补)完税证明、转籍、过户和变更等情况的,应分别补充如下资料:

Ⅰ 换(补)完税证明车辆

换(补)车购税完税证明申请表;换发的完税证明副本、收回的原完税证明正本;补发的完税证明副本。

Ⅱ 转籍、过户、变更车辆

车辆变动情况登记表;换发的完税证明副本和

---

① 《国家税务总局关于车辆购置税税收政策及征收管理有关问题的通知》(国税发[2004]160号,2004年12月17日)。《车辆购置税征收管理办法》(国家税务总局令第15号,2005年11月15日)。

② 《国家税务总局关于车辆购置税税收政策及征收管理有关问题的通知》(国税发[2004]160号,2004年12月17日)。《车辆购置税征收管理办法》(国家税务总局令第15号,2005年11月15日)。此前,《国家税务总局关于车辆购置税有关问题的通知》(国税发[2002]118号,2002年9月11日)规定,已经缴纳车购税的车辆因被盗抢或者其他原因,车辆的发动机号、底盘号或车辆识别号被涂改、破坏的,凭该车车购税原始完税凭证、公安机关车辆管理机构的相关证明,办理车购税变更手续。

③ 《国家税务总局关于车辆购置税有关问题的通知》(国税发[2002]118号,2002年9月11日)。

④ 《车辆购置税征收管理办法》(国家税务总局令第15号,2005年11月15日)。

⑤ 《国家税务总局关于加强车辆购置税档案管理有关问题的通知》(国税函[2009]757号,2009年12月24日)。

收回的完税证明正本;档案转移通知书。

Ⅲ　更换底盘和免税条件消失的车辆

重新办理纳税申报的车购税征管资料;原核发的完税证明正本和新核发的完税证明副本。

6.6.9.2　档案电子化管理

各地税务机关可以将征管档案中机动车统一销售发票(报税联)、车辆购置税纳税申报表、税收通用完税证或税收通用缴款书(税务机关留存联)等原件,以及身份证明、车辆合格证明等复印件转换成电子图片方式。主管税务机关将原件集中保管备查①。

车购税征管档案电子化后,档案管理应按下列要求进行②:

①实行车购税征管档案电子化管理的税务机关在办理车购税业务时,应完整地采集上述规定的车购税征管档案信息,形成电子档案资料,集中存储在省级税务机关;申报资料中应留存的纸质原始征管资料的原件,保存在征收地税务机关。

②档案资料的转移及补充

Ⅰ　办理省内转籍、过户、变更和完税证明换(补)业务

在电子档案管理系统中完成车购税电子档案的转移、变更和补充。在办理转籍、过户业务时,应将档案转移通知书交由纳税人到转入地税务机关办理档案转入手续。

Ⅱ　办理省际间转籍业务

已实行车购税征管档案电子化管理的税务机关,可以通过电子档案资料交换的方式完成车购税档案资料的转移。

对尚未实行车购税征管档案电子化管理的省际间转籍业务,税务机关将车购税征管档案电子资料通过打印方式还原成纸质资料,形成纸质车购税征管档案,连同档案转移通知书签章后,一并交纳税人到转入地税务机关办理车购税征管档案转入手续③。

Ⅲ　在办理车购税转籍业务时,属于《车辆购置税征收管理办法》(国家税务总局令第 15 号)执行以前的车辆,车购税征管档案资料如有缺失的,转出地税务机关应在档案转移通知书上注明原因并加盖单位公章,转入地税务机关应予受理④。

Ⅳ　摩托车车购税征管档案资料可暂不实行电子化管理。

---

① 《国家税务总局关于车辆购置税征管档案管理有关问题的通知》(国税函[2008]122 号,2008 年 1 月 30 日)。

② 《国家税务总局关于加强车辆购置税档案管理有关问题的通知》(国税函[2009]757 号,2009 年 12 月 24 日)。

③ 此前,《国家税务总局关于车辆购置税征管档案管理有关问题的通知》(国税函[2008]122 号,2008 年 1 月 30 日)规定:在办理车辆购置税转籍业务时,转出地主管税务机关可以将征管档案电子图片按照原件大小、格式打印,并加盖主管税务机关公章,转入地主管税务机关据此办理落籍业务。

④ 此前,《国家税务总局关于车辆购置税税收政策及征收管理有关问题的通知》(国税发[2004]160 号,2004 年 12 月 17 日)和《车辆购置税征收管理办法》(国家税务总局令第 15 号,2005 年 11 月 15 日)规定,转籍车辆档案资料交接程序是:转出地主管税务机关将档案资料连同档案转移通知书,交由车主自带转籍。转出地主管税务机关复印留存转出的全部档案资料并保存 60 天;转入地主管税务机关按规定建立车辆购置税征收管理档案;转籍过程中档案丢失、损毁的,转出地主管税务机关在档案留存期限内,可向车主提供留存档案,每页加盖转出地主管税务机关印章。

第7章 企业所得税制度

企业所得税是国家对企业生产、经营所得和其他所得课征的税种。它是国家参与企业利润分配的重要手段。

2007年3月16日,第十届全国人民代表大会五次会议通过了《中华人民共和国企业所得税法》,自2008年1月1日起开始实施,原外资企业适用的《中华人民共和国外商投资企业和外国企业所得税法》和内资企业适用的《中华人民共和国企业所得税暂行条例》同时废止。内外资企业所得税"两法合并"适应了社会主义市场经济发展的要求,实现了统一税法、统一税率、统一税前扣除办法和标准、统一税收优惠政策的目标,公平了内外资企业之间的税收待遇,营造了平等竞争的税收环境。

7.1 纳税义务人

7.1.1 一般规定

(1)在中华人民共和国境内,企业和其他取得收入的组织(以下统称企业)为企业所得税的纳税人[1]。

企业分为居民企业和非居民企业[2]。

(2)个人独资、合伙企业不是企业所得税的纳税人[3]。

个人独资企业、合伙企业,是指依照中国法律、行政法规成立的个人独资企业、合伙企业[4]。

合伙企业生产经营所得和其他所得采取"先分后税"的原则。合伙人是法人和其他组织的,缴纳企业所得税。合伙企业的合伙人是法人和其他组织的,合伙人在计算其缴纳企业所得税时,不得用合伙企业的亏损抵减其盈利。合伙企业应纳税所得额的计算按照《关于个人独资企业和合伙企业投资者征收个人所得税的规定》(财税[2000]91号)及《财政部 国家税务总局关于调整个体工商户个人独资企业和合伙企业个人所得税税前扣除标准有关问题的通知》(财税[2008]65号)的有关规定执行[5]。

合伙企业的合伙人按照下列原则确定应纳税所得额[6]:

①合伙企业的合伙人以合伙企业的生产经营所得和其他所得,按照合伙协议约定的分配比例确定应纳税所得额。

②合伙协议未约定或者约定不明确的,以全部生产经营所得和其他所得,按照合伙人协商决定的分配比例确定应纳税所得额。

③协商不成的,以全部生产经营所得和其他所

---

① 《中华人民共和国企业所得税法》(2007年3月16日第十届全国人民代表大会第五次会议通过,中华人民共和国主席令第六十三号公布)第一条。

② 《中华人民共和国企业所得税法》(2007年3月16日第十届全国人民代表大会第五次会议通过,中华人民共和国主席令第六十三号公布)第二条。

③ 《中华人民共和国企业所得税法》(2007年3月16日第十届全国人民代表大会第五次会议通过,中华人民共和国主席令第六十三号公布)第一条。

④ 《中华人民共和国企业所得税法实施条例》(中华人民共和国国务院令第512号,2007年12月6日)第二条。

⑤ 《财政部 国家税务总局关于合伙企业合伙人所得税问题的通知》(财税[2008]159号,2008年12月23日)。

⑥ 《财政部 国家税务总局关于合伙企业合伙人所得税问题的通知》(财税[2008]159号,2008年12月23日)。

得,按照合伙人实缴出资比例确定应纳税所得额。

④无法确定出资比例的,以全部生产经营所得和其他所得,按照合伙人数量平均计算每个合伙人的应纳税所得额。合伙协议不得约定将全部利润分配给部分合伙人。

7.1.1.1　居民企业

（1）一般规定

居民企业是指依法在中国境内成立,或者依照外国（地区）法律成立但实际管理机构在中国境内的企业①。

实际管理机构,是指对企业的生产经营、人员、账务、财产等实施实质性全面管理和控制的机构②。

依法在中国境内成立的企业,包括依照中国法律、行政法规在中国境内成立的企业、事业单位、社会团体以及其他取得收入的组织③。

（2）境外中资企业的居民企业身份判定

境外中资企业是指由中国境内的企业或企业集团作为主要控股投资者,在境外依据外国（地区）法律注册成立的企业④。

①境外中资企业同时符合以下条件的,根据企业所得税法第二条第二款和实施条例第四条的规定,应判定其为实际管理机构在中国境内的居民企业（以下称非境内注册居民企业）,并实施相应的税收管理,就其来源于中国境内、境外的所得征收企业所得税⑤。

Ⅰ　企业负责实施日常生产经营管理运作的高层管理人员及其高层管理部门履行职责的场所主要位于中国境内;

Ⅱ　企业的财务决策（如借款、放款、融资、财务风险管理等）和人事决策（如任命、解聘和薪酬等）由位于中国境内的机构或人员决定,或需要得到位于中国境内的机构或人员批准;

Ⅲ　企业的主要财产、会计账簿、公司印章、董事会和股东会议纪要档案等位于或存放于中国境内;

Ⅳ　企业1/2（含1/2）以上有投票权的董事或高层管理人员经常居住于中国境内。

对于实际管理机构的判断,应当遵循实质重于形式的原则。

②非境内注册居民企业的税收待遇⑥

非境内注册居民企业从中国境内其他居民企业取得的股息、红利等权益性投资收益,按照企业所得税法第二十六条和实施条例第八十三条的规定,作为其免税收入。非境内注册居民企业的投资者从该居民企业分得的股息红利等权益性投资收益,根据实施条例第七条第（四）款的规定,属于来源于中国境内的所得,应当征收企业所得税;该权益性投资收益中符合企业所得税法第二十六条和实施条例第八十三条规定的部分,可作为收益人的免税收入。

非境内注册居民企业在中国境内投资设立的企业,其外商投资企业的税收法律地位不变。

境外中资企业被判定为非境内注册居民企业

---

①　《中华人民共和国企业所得税法》（2007年3月16日第十届全国人民代表大会第五次会议通过,中华人民共和国主席令第六十三号公布）第二条。

②　《中华人民共和国企业所得税法实施条例》（中华人民共和国国务院令第512号,2007年12月6日）第四条。

③　《中华人民共和国企业所得税法实施条例》（中华人民共和国国务院令第512号,2007年12月6日）第三条。

④　《国家税务总局关于境外注册中资控股企业依据实际管理机构标准认定为居民企业有关问题的通知》（国税发[2009]82号,2009年4月22日）。具体案例可参见《国家税务总局关于中国电力投资集团有关境外公司居民企业认定问题的批复》（国税函[2010]650号,2010年12月30日）;《国家税务总局关于深圳高速公路股份有限公司有关境外公司居民企业认定问题的批复》（国税函[2010]651号,2010年12月30日）;《国家税务总局关于中隆投资有限公司居民企业认定问题的批复》（国税函[2010]652号,2010年12月30日）等。

⑤　《国家税务总局关于境外注册中资控股企业依据实际管理机构标准认定为居民企业有关问题的通知》（国税发[2009]82号,2009年4月22日）。

⑥　《国家税务总局关于境外注册中资控股企业依据实际管理机构标准认定为居民企业有关问题的通知》（国税发[2009]82号,2009年4月22日）。

的,按照企业所得税法第四十五条以及受控外国企业管理的有关规定,不视为受控外国企业,但其所控制的其他受控外国企业仍应按照有关规定进行税务处理。

境外中资企业可向其实际管理机构所在地或中国主要投资者所在地主管税务机关提出居民企业申请,主管税务机关对其居民企业身份进行初步审核后,层报国家税务总局确认;境外中资企业未提出居民企业申请的,其中国主要投资者的主管税务机关可以根据所掌握的情况对其是否属于中国居民企业做出初步判定,层报国家税务总局确认。

③申请资料①

境外中资企业或其中国主要投资者向税务机关提出居民企业申请时,应同时向税务机关提供如下资料:

Ⅰ 企业法律身份证明文件;

Ⅱ 企业集团组织结构说明及生产经营概况;

Ⅲ 企业最近一个年度的公证会计师审计报告;

Ⅳ 负责企业生产经营等事项的高层管理机构履行职责的场所的地址证明;

Ⅴ 企业董事及高层管理人员在中国境内居住记录;

Ⅵ 企业重大事项的董事会决议及会议记录;

Ⅶ 主管税务机关要求的其他资料。

境外中资企业被认定为中国居民企业后成为双重居民身份的,按照中国与相关国家(或地区)签署的税收协定(或安排)的规定执行。

7.1.1.2 非居民企业

非居民企业是指依照外国(地区)法律成立且实际管理机构不在中国境内,但在中国境内设立机构、场所的,或者在中国境内未设立机构、场所,但有来源于中国境内所得的企业②。在香港特别行政区、澳门特别行政区和台湾地区成立的企业,参照适用上述规定③。

依照外国(地区)法律成立的企业,包括依照外国(地区)法律成立的企业和其他取得收入的组织④。

机构、场所,是指在中国境内从事生产经营活动的机构、场所,包括⑤:

(1)管理机构、营业机构、办事机构;

(2)工厂、农场、开采自然资源的场所;

(3)提供劳务的场所;

(4)从事建筑、安装、装配、修理、勘探等工程作业的场所;

(5)其他从事生产经营活动的机构、场所。

非居民企业委托营业代理人在中国境内从事生产经营活动的,包括委托单位或者个人经常代其签订合同,或者储存、交付货物等,该营业代理人视为非居民企业在中国境内设立的机构、场所⑥。

7.2 征税对象

7.2.1 居民企业的征税对象

居民企业应当就其来源于中国境内、境外的所得缴纳企业所得税⑦。上述所称所得,包括销售货物所得、提供劳务所得、转让财产所得、股息红利等权益性投资所得、利息所得、租金所得、特许权使用费所得、接受捐赠所得和其他所得⑧。来源于中国

---

① 《国家税务总局关于境外注册中资控股企业依据实际管理机构标准认定为居民企业有关问题的通知》(国税发〔2009〕82号,2009年4月22日)。

② 《中华人民共和国企业所得税法》(2007年3月16日第十届全国人民代表大会第五次会议通过,中华人民共和国主席令第六十三号公布)第二条。

③ 《中华人民共和国企业所得税法实施条例》(中华人民共和国国务院令第512号,2007年12月6日)第一百三十二条。

④ 《中华人民共和国企业所得税法实施条例》(中华人民共和国国务院令第512号,2007年12月6日)第三条。

⑤ 《中华人民共和国企业所得税法实施条例》(中华人民共和国国务院令第512号,2007年12月6日)第五条。

⑥ 《中华人民共和国企业所得税法实施条例》(中华人民共和国国务院令第512号,2007年12月6日)第五条。

⑦ 《中华人民共和国企业所得税法》(2007年3月16日第十届全国人民代表大会第五次会议通过,中华人民共和国主席令第六十三号公布)第三条。

⑧ 《中华人民共和国企业所得税法实施条例》(中华人民共和国国务院令第512号,2007年12月6日)第六条。

境内、境外的所得,按照以下原则确定①:

(1)销售货物所得,按照交易活动发生地确定;

(2)提供劳务所得,按照劳务发生地确定;

(3)转让财产所得,不动产转让所得按照不动产所在地确定,动产转让所得按照转让动产的企业或者机构、场所所在地确定,权益性投资资产转让所得按照被投资企业所在地确定;

(4)股息、红利等权益性投资所得,按照分配所得的企业所在地确定;

(5)利息所得、租金所得、特许权使用费所得,按照负担、支付所得的企业或者机构、场所所在地确定,或者按照负担、支付所得的个人的住所地确定;

(6)其他所得,由国务院财政、税务主管部门确定。

7.2.2 非居民企业的征税对象

非居民企业在中国境内设立机构、场所的,应当就其所设机构、场所取得的来源于中国境内的所得,以及发生在中国境外但与其所设机构、场所有实际联系的所得,缴纳企业所得税②。

非居民企业在中国境内未设立机构、场所的,或者虽设立机构、场所但取得的所得与其所设机构、场所没有实际联系的,应当就其来源于中国境内的所得缴纳企业所得税③。

上述所称实际联系,是指非居民企业在中国境内设立的机构、场所拥有据以取得所得的股权、债权,以及拥有、管理、控制据以取得所得的财产等④。

7.2.3 应纳税所得额

7.2.3.1 一般规定

(1)企业每一纳税年度的收入总额,减除不征税收入、免税收入、各项扣除以及允许弥补的以前年度亏损后的余额,为应纳税所得额⑤。上述所称亏损,是指企业依照企业所得税法和及其实施条例的规定将每一纳税年度的收入总额减除不征税收入、免税收入和各项扣除后小于零的数额⑥。

(2)企业应纳税所得额的计算,以权责发生制为原则,属于当期的收入和费用,不论款项是否收付,均作为当期的收入和费用;不属于当期的收入和费用,即使款项已经在当期收付,均不作为当期的收入和费用。税收法律、法规和国务院财政、税务主管部门另有规定的除外⑦。

(3)企业按原税法规定已作递延所得确认的项目,其余额可在原规定的递延期间的剩余期间内继续均匀计入各纳税期间的应纳税所得额⑧。

(4)在计算应纳税所得额时,企业财务、会计处理办法与税收法律、行政法规的规定不一致的,应当依照税收法律、行政法规的规定计算⑨。

---

① 《中华人民共和国企业所得税法实施条例》(中华人民共和国国务院令第 512 号,2007 年 12 月 6 日)第七条。

② 《中华人民共和国企业所得税法》(2007 年 3 月 16 日第十届全国人民代表大会第五次会议通过,中华人民共和国主席令第六十三号公布)第三条。

③ 《中华人民共和国企业所得税法》(2007 年 3 月 16 日第十届全国人民代表大会第五次会议通过,中华人民共和国主席令第六十三号公布)第三条。

④ 《中华人民共和国企业所得税法实施条例》(中华人民共和国国务院令第 512 号,2007 年 12 月 6 日)第八条。

⑤ 《中华人民共和国企业所得税法》(2007 年 3 月 16 日第十届全国人民代表大会第五次会议通过,中华人民共和国主席令第六十三号公布)第五条。

⑥ 《中华人民共和国企业所得税法实施条例》(中华人民共和国国务院令第 512 号,2007 年 12 月 6 日)第十条。

⑦ 《中华人民共和国企业所得税法实施条例》(中华人民共和国国务院令第 512 号,2007 年 12 月 6 日)第九条。如:《国家税务总局关于广西合山煤业有限责任公司取得补偿款有关所得税处理问题的批复》(国税函[2009]18 号,2009 年 1 月 8 日)根据权责发生制原则做出了个案规定,对煤业公司取得的未来煤矿开采期间因增加排水或防止浸没支出等而获得的补偿款,确认为递延收益,按直线法在取得补偿款当年及以后的 10 年内分期计入应纳税所得,如实际开采年限短于 10 年,应在最后一个开采年度将尚未计入应纳税所得的赔偿款全部计入应纳税所得。

⑧ 《国家税务总局关于企业所得税若干税务事项衔接问题的通知》(国税函[2009]98 号,2009 年 2 月 27 日)。

⑨ 《中华人民共和国企业所得税法》(2007 年 3 月 16 日第十届全国人民代表大会第五次会议通过,中华人民共和国主席令第六十三号公布)第二十一条。

7.2.3.2 非居民企业应纳税所得额的特殊规定

非居民企业在中国境内未设立机构、场所的,或者虽设立机构、场所但取得的所得与其所设机构、场所没有实际联系的,按照下列方法计算其应纳税所得额:

(1)来源于中国境内的股息、红利等权益性投资收益和利息、租金、特许权使用费所得,以收入全额为应纳税所得额①。

(2)来源于中国境内的转让财产所得,以收入全额减除财产净值后的余额为应纳税所得额②。

其中:财产净值,是指有关资产、财产的计税基础减除已经按照规定扣除的折旧、折耗、摊销、准备金等后的余额③。

(3)来源于中国境内的其他所得,参照前两项规定的方法计算应纳税所得额④。

上述收入全额是指非居民企业向支付人收取的全部价款和价外费用⑤。

自2008年1月1日起,根据企业所得税法第十九条及实施条例第一百零三条规定,在对非居民企业取得企业所得税法第三条第三款规定的所得计算征收企业所得税时,不得扣除上述条款规定以外的其他税费支出⑥。

7.2.4 收入的税务处理

7.2.4.1 一般规定

(1)企业以货币形式和非货币形式从各种来源取得的收入,为收入总额⑦。收入的货币形式,包括现金、存款、应收账款、应收票据、准备持有至到期的债券投资以及债务的豁免等。收入的非货币形式,包括固定资产、生物资产、无形资产、股权投资、存货、不准备持有至到期的债券投资、劳务以及有关权益等⑧。企业以非货币形式取得的收入,应当按照公允价值确定收入额。公允价值,是指按照市场价格确定的价值⑨。

(2)收入总额包括:

①销售货物收入,即企业销售商品、产品、原材料、包装物、低值易耗品以及其他存货取得的收入⑩。

②提供劳务收入,即企业从事建筑安装、修理修配、交通运输、仓储租赁、金融保险、邮电通信、咨询经纪、文化体育、科学研究、技术服务、教育培训、餐饮住宿、中介代理、卫生保健、社区服务、旅游、娱乐、加工以及其他劳务服务活动取得的收入⑪。

③转让财产收入,即企业转让固定资产、生物

① 《中华人民共和国企业所得税法》(2007年3月16日第十届全国人民代表大会第五次会议通过,中华人民共和国主席令第六十三号公布)第十九条。

② 《中华人民共和国企业所得税法》(2007年3月16日第十届全国人民代表大会第五次会议通过,中华人民共和国主席令第六十三号公布)第十九条。

③ 《中华人民共和国企业所得税法实施条例》(中华人民共和国国务院令第512号,2007年12月6日)第七十四条。

④ 《中华人民共和国企业所得税法》(2007年3月16日第十届全国人民代表大会第五次会议通过,中华人民共和国主席令第六十三号公布)第十九条。

⑤ 《中华人民共和国企业所得税法实施条例》(中华人民共和国国务院令第512号,2007年12月6日)第一百零三条。

⑥ 《财政部 国家税务总局关于非居民企业征收企业所得税有关问题的通知》(财税[2008]130号,2008年9月25日)。

⑦ 《中华人民共和国企业所得税法》(2007年3月16日第十届全国人民代表大会第五次会议通过,中华人民共和国主席令第六十三号公布)第六条。

⑧ 《中华人民共和国企业所得税法实施条例》(中华人民共和国国务院令第512号,2007年12月6日)第十二条。

⑨ 《中华人民共和国企业所得税法实施条例》(中华人民共和国国务院令第512号,2007年12月6日)第十三条。

⑩ 《中华人民共和国企业所得税法》(2007年3月16日第十届全国人民代表大会第五次会议通过,中华人民共和国主席令第六十三号公布)第六条。《中华人民共和国企业所得税法实施条例》(中华人民共和国国务院令第512号,2007年12月6日)第十四条。

⑪ 《中华人民共和国企业所得税法》(2007年3月16日第十届全国人民代表大会第五次会议通过,中华人民共和国主席令第六十三号公布)第六条。《中华人民共和国企业所得税法实施条例》(中华人民共和国国务院令第512号,2007年12月6日)第十五条。

资产、无形资产、股权、债权等财产取得的收入[①]。

④股息、红利等权益性投资收益,即企业因权益性投资从被投资方取得的收入[②]。

⑤利息收入,即企业将资金提供他人使用但不构成权益性投资,或者因他人占用本企业资金取得的收入,包括存款利息、贷款利息、债券利息、欠款利息等收入[③]。

⑥租金收入,即企业提供固定资产、包装物或者其他有形资产的使用权取得的收入[④]。

⑦特许权使用费收入,即企业提供专利权、非专利技术、商标权、著作权以及其他特许权的使用权取得的收入[⑤]。

⑧接受捐赠收入,企业接受的来自其他企业、组织或者个人无偿给予的货币性资产、非货币性资产[⑥]。

⑨其他收入,是指企业取得的除上述规定的收入外的其他收入,包括企业资产溢余收入、逾期未退包装物押金收入、确实无法偿付的应付款项、已作坏账损失处理后又收回的应收款项、债务重组收入、补贴收入、违约金收入、汇兑收益等[⑦]。

(3)企业取得财产(包括各类资产、股权、债权等)转让收入、债务重组收入、接受捐赠收入、无法偿付的应付款收入等,不论是以货币形式、还是非货币形式体现,除另有规定外,均应一次性计入确认收入的年度计算缴纳企业所得税[⑧]。

7.2.4.2　商品销售收入的确认

除企业所得税法及实施条例另有规定外,企业商品销售收入的确认,必须遵循权责发生制原则和实质重于形式原则[⑨]。

(1)商品销售收入确认条件

企业销售商品同时满足下列条件的,应确认收入的实现[⑩]:

---

① 《中华人民共和国企业所得税法》(2007 年 3 月 16 日第十届全国人民代表大会第五次会议通过,中华人民共和国主席令第六十三号公布)第六条。《中华人民共和国企业所得税法实施条例》(中华人民共和国国务院令第 512 号,2007 年 12 月 6 日)第十六条。

② 《中华人民共和国企业所得税法》(2007 年 3 月 16 日第十届全国人民代表大会第五次会议通过,中华人民共和国主席令第六十三号公布)第六条。《中华人民共和国企业所得税法实施条例》(中华人民共和国国务院令第 512 号,2007 年 12 月 6 日)第十七条。

③ 《中华人民共和国企业所得税法》(2007 年 3 月 16 日第十届全国人民代表大会第五次会议通过,中华人民共和国主席令第六十三号公布)第六条。《中华人民共和国企业所得税法实施条例》(中华人民共和国国务院令第 512 号,2007 年 12 月 6 日)第十八条。

④ 《中华人民共和国企业所得税法》(2007 年 3 月 16 日第十届全国人民代表大会第五次会议通过,中华人民共和国主席令第六十三号公布)第六条。《中华人民共和国企业所得税法实施条例》(中华人民共和国国务院令第 512 号,2007 年 12 月 6 日)第十九条。此前,《国家税务总局关于外国企业出租卫星通讯线路所取得的收入征税问题的通知》(国税发[1998]201 号,1998 年 11 月 12 日)规定,外国公司、企业或其他组织将其所拥有的卫星、电缆、光导纤维等通讯线路或其他类似设施,提供给中国境内企业、机构或个人使用所取得的收入,属于来源于中国境内的租金收入。该文件的依据为《中华人民共和国外商投资企业和外国企业所得税法》,但《国家税务总局关于公布现行有效的税收规范性文件目录的公告》(国家税务总局公告 2010 年第 26 号)仍公布其有效。

⑤ 《中华人民共和国企业所得税法》(2007 年 3 月 16 日第十届全国人民代表大会第五次会议通过,中华人民共和国主席令第六十三号公布)第六条。《中华人民共和国企业所得税法实施条例》(中华人民共和国国务院令第 512 号,2007 年 12 月 6 日)第二十条。

⑥ 《中华人民共和国企业所得税法》(2007 年 3 月 16 日第十届全国人民代表大会第五次会议通过,中华人民共和国主席令第六十三号公布)第六条。《中华人民共和国企业所得税法实施条例》(中华人民共和国国务院令第 512 号,2007 年 12 月 6 日)第二十一条。

⑦ 《中华人民共和国企业所得税法》(2007 年 3 月 16 日第十届全国人民代表大会第五次会议通过,中华人民共和国主席令第六十三号公布)第六条。《中华人民共和国企业所得税法实施条例》(中华人民共和国国务院令第 512 号,2007 年 12 月 6 日)第二十二条。

⑧ 《国家税务总局关于企业取得财产转让等所得企业所得税处理问题的公告》(国家税务总局公告 2010 年第 19 号,2010 年 10 月 27 日)。该公告自发布之日起 30 日后施行,2008 年 1 月 1 日至该公告施行前,各地就上述收入计算的所得,已分 5 年平均计入各年度应纳税所得额计算纳税的,在公告发布后,对尚未计算纳税的应纳税所得额,应一次性作为本年度应纳税所得额计算纳税。

⑨ 《国家税务总局关于确认企业所得税收入若干问题的通知》(国税函[2008]875 号,2008 年 10 月 30 日)。

⑩ 《国家税务总局关于确认企业所得税收入若干问题的通知》(国税函[2008]875 号,2008 年 10 月 30 日)。

Ⅰ 商品销售合同已经签订,企业已将商品所有权相关的主要风险和报酬转移给购货方;

Ⅱ 企业对已售出的商品既没有保留通常与所有权相联系的继续管理权,也没有实施有效控制;

Ⅲ 收入的金额能够可靠地计量;

Ⅳ 已发生或将发生的销售方的成本能够可靠地核算。

(2)商品销售收入确认时间

符合上述收入确认条件,采取下列商品销售方式的,应按以下规定确认收入实现时间①:

①销售商品采用托收承付方式的,在办妥托收手续时确认收入。

②销售商品采取预收款方式的,在发出商品时确认收入。

③销售商品需要安装和检验的,在购买方接受商品以及安装和检验完毕时确认收入。如果安装程序比较简单,可在发出商品时确认收入。

④销售商品采用支付手续费方式委托代销的,在收到代销清单时确认收入。

⑤以分期收款方式销售货物的,按照合同约定的收款日期确认收入的实现②。

(3)售后回购商品销售收入的确认

采用售后回购方式销售商品的,销售的商品按售价确认收入,回购的商品作为购进商品处理。有证据表明不符合销售收入确认条件的,如以销售商品方式进行融资,收到的款项应确认为负债,回购价格大于原售价的,差额应在回购期间确认为利息费用③。

(4)以旧换新销售商品收入的确认

销售商品以旧换新的,销售商品应当按照销售商品收入确认条件确认收入,回收的商品作为购进

商品处理④。

(5)组合销售收入的确认

企业以买一赠一等方式组合销售本企业商品的,不属于捐赠,应将总的销售金额按各项商品的公允价值的比例来分摊确认各项的销售收入⑤。

(6)商业折扣、现金折扣、销售折让和退回的确认⑥。

①企业为促进商品销售而在商品价格上给予的价格扣除属于商业折扣,商品销售涉及商业折扣的,应当按照扣除商业折扣后的金额确定销售商品收入金额。

②债权人为鼓励债务人在规定的期限内付款而向债务人提供的债务扣除属于现金折扣,销售商品涉及现金折扣的,应当按扣除现金折扣前的金额确定销售商品收入金额,现金折扣在实际发生时作为财务费用扣除。

③企业因售出商品的质量不合格等原因而在售价上给的减让属于销售折让;企业因售出商品质量、品种不符合要求等原因而发生的退货属于销售退回。企业已经确认销售收入的售出商品发生销售折让和销售退回,应当在发生当期冲减当期销售商品收入。

7.2.4.3 提供劳务收入的确认

企业在各个纳税期末,提供劳务交易的结果能够可靠估计的,应采用完工进度(完工百分比)法确认提供劳务收入⑦。

企业受托加工制造大型机械设备、船舶、飞机,以及从事建筑、安装、装配工程业务或者提供其他劳务等,持续时间超过12个月的,按照纳税年度内完工进度或者完成的工作量确认收入的实现⑧。

---

① 《国家税务总局关于确认企业所得税收入若干问题的通知》(国税函[2008]875号,2008年10月30日)。
② 《中华人民共和国企业所得税法实施条例》(中华人民共和国国务院令第512号,2007年12月6日)第二十三条。
③ 《国家税务总局关于确认企业所得税收入若干问题的通知》(国税函[2008]875号,2008年10月30日)。
④ 《国家税务总局关于确认企业所得税收入若干问题的通知》(国税函[2008]875号,2008年10月30日)。
⑤ 《国家税务总局关于确认企业所得税收入若干问题的通知》(国税函[2008]875号,2008年10月30日)。
⑥ 《国家税务总局关于确认企业所得税收入若干问题的通知》(国税函[2008]875号,2008年10月30日)。
⑦ 《国家税务总局关于确认企业所得税收入若干问题的通知》(国税函[2008]875号,2008年10月30日)。
⑧ 《中华人民共和国企业所得税法实施条例》(中华人民共和国国务院令第512号,2007年12月6日)第二十三条。

（1）提供劳务结果可靠估计的条件

提供劳务交易的结果能够可靠估计，是指同时满足下列条件①：

Ⅰ　收入的金额能够可靠地计量；

Ⅱ　交易的完工进度能够可靠地确定；

Ⅲ　交易中已发生和将发生的成本能够可靠地核算。

（2）劳务完工进度的确定

企业提供劳务完工进度的确定，可选用下列方法②：

Ⅰ　已完工作的测量；

Ⅱ　已提供劳务占劳务总量的比例；

Ⅲ　发生成本占总成本的比例。

（3）当期劳务收入与劳务成本的确认

企业应按照从接受劳务方已收或应收的合同或协议价款确定劳务收入总额，根据纳税期末提供劳务收入总额乘以完工进度扣除以前纳税年度累计已确认提供劳务收入后的金额，确认为当期劳务收入；同时，按照提供劳务估计总成本乘以完工进度扣除以前纳税期间累计已确认劳务成本后的金额，结转为当期劳务成本③。

（4）若干类型劳务收入的确认

下列提供劳务满足收入确认条件的，应按规定确认收入④：

①安装费。应根据安装完工进度确认收入。安装工作是商品销售附带条件的，安装费在确认商品销售实现时确认收入。

②宣传媒介的收费。应在相关的广告或商业行为出现于公众面前时确认收入。广告的制作费，应根据制作广告的完工进度确认收入。

③软件费。为特定客户开发软件的收费，应根据开发的完工进度确认收入。

④服务费。包含在商品售价内可区分的服务费，在提供服务的期间分期确认收入。

⑤艺术表演、招待宴会和其他特殊活动的收费。在相关活动发生时确认收入。收费涉及几项活动的，预收的款项应合理分配给每项活动，分别确认收入。

⑥会员费。申请入会或加入会员，只允许取得会籍，所有其他服务或商品都要另行收费的，在取得该会员费时确认收入。申请入会或加入会员后，会员在会员期内不再付费就可得到各种服务或商品，或者以低于非会员的价格销售商品或提供服务的，该会员费应在整个受益期内分期确认收入⑤。

⑦特许权费。属于提供设备和其他有形资产的特许权费，在交付资产或转移资产所有权时确认收入；属于提供初始及后续服务的特许权费，在提供服务时确认收入。

⑧劳务费。长期为客户提供重复的劳务收取的劳务费，在相关劳务活动发生时确认收入。

7.2.4.4　权益性投资收益和转让收入的确认

（1）权益性投资收益的确认

股息、红利等权益性投资收益，除国务院财政、税务主管部门另有规定外，按照被投资方作出利润分配决定的日期确认收入的实现⑥。

企业权益性投资取得股息、红利等收入实现的日期，应以被投资企业股东会或股东大会作出利润分配或转股决定的日期为准。被投资企业将股权

---

① 《国家税务总局关于确认企业所得税收入若干问题的通知》（国税函〔2008〕875 号，2008 年 10 月 30 日）。

② 《国家税务总局关于确认企业所得税收入若干问题的通知》（国税函〔2008〕875 号，2008 年 10 月 30 日）。

③ 《国家税务总局关于确认企业所得税收入若干问题的通知》（国税函〔2008〕875 号，2008 年 10 月 30 日）。

④ 《国家税务总局关于确认企业所得税收入若干问题的通知》（国税函〔2008〕875 号，2008 年 10 月 30 日）。

⑤ 新企业所得税法实施后，对企业在筹办期间取得会员费的收入确认问题没有明确规定。《国家税务总局关于外商投资企业在筹办期间取得的会员费有关税务处理问题的通知》（国税发〔1996〕84 号，1996 年 5 月 22 日）曾规定，外商投资企业在筹办期间对其会员入会时一次性收取的会员费、资格保证金或其他类似收费，在计算征收企业所得税时，可以从企业开始营业之日起分 5 年平均计入各期收入计算纳税。根据《国家税务总局关于公布现行有效的税收规范性文件目录的公告》（国家税务总局公告 2010 年第 26 号），国税发〔1996〕84 号文件仍然有效。

⑥ 《中华人民共和国企业所得税法实施条例》（中华人民共和国国务院令第 512 号，2007 年 12 月 6 日）第十七条。

(票)溢价所形成的资本公积转为股本的,不作为投资方企业的股息、红利收入,投资方企业也不得增加该项长期投资的计税基础①。

(2)权益性投资转让收入的确认

企业转让股权收入,应于转让协议生效、且完成股权变更手续时,确认收入的实现。转让股权收入扣除为取得该股权所发生的成本后,为股权转让所得。企业在计算股权转让所得时,不得扣除被投资企业未分配利润等股东留存收益中按该项股权所可能分配的金额②。

7.2.4.5 利息收入的确认

(1)一般规定

利息收入,按照合同约定的债务人应付利息的日期确认收入的实现③。

(2)金融企业利息收入的确认

金融企业按规定发放的贷款,属于未逾期贷款(含展期,下同),应根据先收利息后收本金的原则,按贷款合同确认的利率和结算利息的期限计算利息,并于债务人应付利息的日期确认收入的实现;属于逾期贷款,其逾期后发生的应收利息,应于实际收到的日期,或者虽未实际收到,但会计上确认为利息收入的日期,确认收入的实现④。

金融企业已确认为利息收入的应收利息,逾期90天仍未收回,且会计上已冲减了当期利息收入的,准予抵扣当期应纳税所得额。金融企业已冲减

了利息收入的应收未收利息,以后年度收回时,应计入当期应纳税所得额计算纳税⑤。

7.2.4.6 租金收入的确认

(1)一般规定

租金收入,企业提供固定资产、包装物或者其他有形资产的使用权取得的租金收入,按照合同或协议约定的承租人应付租金的日期确认收入的实现⑥。

(2)特殊规定

如果交易合同或协议中规定租赁期限跨年度,且租金提前一次性支付的,根据收入与费用配比原则,出租人可对上述已确认的收入,在租赁期内,分期均匀计入相关年度收入。出租方如为在我国境内设有机构场所、且采取据实申报缴纳企业所得的非居民企业,也照此执行⑦。

7.2.4.7 特许权使用费收入的确认

特许权使用费收入,按照合同约定的特许权使用人应付特许权使用费的日期确认收入的实现⑧。

新税法实施前已按其他方式计入当期收入的利息收入、租金收入、特许权使用费收入,在新税法实施后,凡与按合同约定支付时间确认的收入额发生变化的,应将该收入额减去以前年度已按照其他方式确认的收入额后的差额,确认为当期收入⑨。

7.2.4.8 接受捐赠收入和产品分成方式取得收入的确认

---

① 《国家税务总局关于贯彻落实企业所得税法若干税收问题的通知》(国税函〔2010〕79号,2010年2月22日)。

② 《国家税务总局关于贯彻落实企业所得税法若干税收问题的通知》(国税函〔2010〕79号,2010年2月22日)。

③ 《中华人民共和国企业所得税法实施条例》(中华人民共和国国务院令第512号,2007年12月6日)第十八条。此前,《财政部 国家税务总局关于执行〈企业会计准则〉有关企业所得税政策问题的通知》(财税〔2007〕80号,2007年7月7日)规定,企业对持有至到期投资、贷款等按照新会计准则规定采用实际利率法确认的利息收入,可计入当期应纳税所得额。根据《财政部关于公布废止和失效的财政规章和规范性文件目录(第十一批)的决定》(财政部令第62号,2011年2月21日),财税〔2007〕80号被公布废止。

④ 《国家税务总局关于金融企业贷款利息收入确认问题的公告》(国家税务总局公告2010年第23号,2010年11月5日)。该公告自发布之日起30日后施行。

⑤ 《国家税务总局关于金融企业贷款利息收入确认问题的公告》(国家税务总局公告2010年第23号,2010年11月5日)。该公告自发布之日起30日后施行。

⑥ 《中华人民共和国企业所得税法实施条例》(中华人民共和国国务院令第512号,2007年12月6日)第十九条。《国家税务总局关于贯彻落实企业所得税法若干税收问题的通知》(国税函〔2010〕79号,2010年2月22日)。

⑦ 《国家税务总局关于贯彻落实企业所得税法若干税收问题的通知》(国税函〔2010〕79号,2010年2月22日)。

⑧ 《中华人民共和国企业所得税法实施条例》(中华人民共和国国务院令第512号,2007年12月6日)第二十条。

⑨ 《国家税务总局关于企业所得税若干税务事项衔接问题的通知》(国税函〔2009〕98号,2009年2月27日)。

（1）接受捐赠收入的确认

接受捐赠收入，按照实际收到捐赠资产的日期确认收入的实现①。

（2）产品分成方式取得收入的确认

采取产品分成方式取得收入的，按照企业分得产品的日期确认收入的实现，其收入额按照产品的公允价值确定②。

7.2.4.9 视同销售收入和处置资产收入的确认

（1）视同销售收入确认的一般规定

企业发生非货币性资产交换，以及将货物、财产、劳务用于捐赠、偿债、赞助、集资、广告、样品、职工福利或者利润分配等用途的，应当视同销售货物、转让财产或者提供劳务，但国务院财政、税务主管部门另有规定的除外③。

（2）处置资产不视同销售的情形

企业发生下列情形的处置资产，除将资产转移至境外以外，由于资产所有权属在形式和实质上均不发生改变，可作为内部处置资产，不视同销售确认收入，相关资产的计税基础延续计算④：

Ⅰ 将资产用于生产、制造、加工另一产品；

Ⅱ 改变资产形状、结构或性能；

Ⅲ 改变资产用途（如，自建商品房转为自用或经营）；

Ⅳ 将资产在总机构及其分支机构之间转移；

Ⅴ 上述两种或两种以上情形的混合；

Ⅵ 其他不改变资产所有权属的用途。

（3）处置资产视同销售的情形

企业将资产移送他人的下列情形，因资产所有权属已发生改变而不属于内部处置资产，应按规定视同销售确定收入⑤：

Ⅰ 用于市场推广或销售；

Ⅱ 用于交际应酬；

Ⅲ 用于职工奖励或福利；

Ⅳ 用于股息分配；

Ⅴ 用于对外捐赠；

Ⅵ 其他改变资产所有权属的用途。

企业发生上述规定的视同销售情形时，属于企业自制的资产，应按企业同类资产同期对外销售价格确定销售收入；属于外购的资产，可按购入时的价格确定销售收入⑥。

企业处置外购资产按购入时的价格确定销售收入，是指企业处置该项资产不是以销售为目的，而是具有替代职工福利等费用支出性质，且购买后一般在一个纳税年度内处置⑦。

对 2008 年 1 月 1 日以前发生的处置资产，2008 年 1 月 1 日以后尚未进行税务处理的，按上述规定执行⑧。

7.2.4.10 企业政策性搬迁或处置收入的确认

企业政策性搬迁和处置收入，是指因政府城市规划、基础设施建设等政策性原因，企业需要整体搬迁（包括部分搬迁或部分拆除）或处置相关资产而按规定标准从政府取得的搬迁补偿收入或处置相关资产而取得的收入，以及通过市场（招标、拍卖、挂牌等形式）取得的土地使用权转让收入。对企业取得的政策性搬迁或处置收入，应按以下方式进行企业所得税处理⑨：

---

① 《中华人民共和国企业所得税法实施条例》（中华人民共和国国务院令第 512 号，2007 年 12 月 6 日）第二十一条。

② 《中华人民共和国企业所得税法实施条例》（中华人民共和国国务院令第 512 号，2007 年 12 月 6 日）第二十四条。

③ 《中华人民共和国企业所得税法实施条例》（中华人民共和国国务院令第 512 号，2007 年 12 月 6 日）第二十五条。

④ 《国家税务总局关于企业处置资产所得税处理问题的通知》（国税函〔2008〕828 号，2008 年 10 月 9 日）。

⑤ 《国家税务总局关于企业处置资产所得税处理问题的通知》（国税函〔2008〕828 号，2008 年 10 月 9 日）。

⑥ 《国家税务总局关于企业处置资产所得税处理问题的通知》（国税函〔2008〕828 号，2008 年 10 月 9 日）。

⑦ 《国家税务总局关于做好 2009 年度企业所得税汇算清缴工作的通知》（国税函〔2010〕148 号，2010 年 4 月 12 日）。

⑧ 《国家税务总局关于企业处置资产所得税处理问题的通知》（国税函〔2008〕828 号，2008 年 10 月 9 日）。

⑨ 《国家税务总局关于企业政策性搬迁或处置收入有关企业所得税处理问题的通知》（国税函〔2009〕118 号，2009 年 3 月 12 日）。

（1）企业根据搬迁规划，异地重建后恢复原有或转换新的生产经营业务，用企业搬迁或处置收入购置或建造与搬迁前相同或类似性质、用途或者新的固定资产和土地使用权（简称重置固定资产），或对其他固定资产进行改良，或进行技术改造，或安置职工的，准予其搬迁或处置收入扣除固定资产重置或改良支出、技术改造支出和职工安置支出后的余额，计入企业应纳税所得额①。

（2）企业没有重置或改良固定资产、技术改造或购置其他固定资产的计划或立项报告，应将搬迁收入加上各类拆迁固定资产的变卖收入、减除各类拆迁固定资产的折余价值和处置费用后的余额计入企业当年应纳税所得额，计算缴纳企业所得税②。

（3）企业利用政策性搬迁或处置收入购置或改良的固定资产，可以按照现行税收规定计算折旧或摊销，并在企业所得税税前扣除③。

（4）企业从规划搬迁次年起的五年内，其取得的搬迁收入或处置收入暂不计入企业当年应纳税所得额，在五年期内完成搬迁的，企业搬迁收入按上述规定处理④。

主管税务机关应对企业取得的政策性搬迁收入和原厂土地转让收入加强管理。重点审核有无政府搬迁文件或公告，有无搬迁协议和搬迁计划，有无企业技术改造、重置或改良固定资产的计划或立项，是否在规定期限内进行技术改造、重置或改良固定资产和购置其他固定资产等⑤。

7.2.4.11　不征税收入的税务处理

不征税收入包括：财政拨款、依法收取并纳入财政管理的行政事业性收费、政府性基金以及国务院规定的其他不征税收入⑥。

（1）财政拨款等财政性资金

财政拨款，是指各级人民政府对纳入预算管理的事业单位、社会团体等组织拨付的财政资金，但国务院和国务院财政、税务主管部门另有规定的除外⑦。

①企业取得的各类财政性资金，除属于国家投资和资金使用后要求归还本金的以外，均应计入企业当年收入总额⑧。

财政性资金，是指企业取得的来源于政府及其有关部门的财政补助、补贴、贷款贴息，以及其他各类财政专项资金，包括直接减免的增值税和即征即退、先征后退、先征后返的各种税收，但不包括企业按规定取得的出口退税款⑨。

国家投资，是指国家以投资者身份投入企业、并按有关规定相应增加企业实收资本（股本）的直

---

① 《国家税务总局关于企业政策性搬迁或处置收入有关企业所得税处理问题的通知》（国税函[2009]118号，2009年3月12日）。
② 《国家税务总局关于企业政策性搬迁或处置收入有关企业所得税处理问题的通知》（国税函[2009]118号，2009年3月12日）。
③ 《国家税务总局关于企业政策性搬迁或处置收入有关企业所得税处理问题的通知》（国税函[2009]118号，2009年3月12日）。
④ 《国家税务总局关于企业政策性搬迁或处置收入有关企业所得税处理问题的通知》（国税函[2009]118号，2009年3月12日）。
⑤ 《国家税务总局关于企业政策性搬迁或处置收入有关企业所得税处理问题的通知》（国税函[2009]118号，2009年3月12日）。
⑥ 《中华人民共和国企业所得税法》（2007年3月16日第十届全国人民代表大会第五次会议通过，中华人民共和国主席令第六十三号公布）第七条。
⑦ 《中华人民共和国企业所得税法实施条例》（中华人民共和国国务院令第512号，2007年12月6日）第二十六条。
⑧ 《财政部　国家税务总局关于财政性资金　行政事业性收费　政府性基金有关企业所得税政策问题的通知》（财税[2008]151号，2008年12月16日）。
⑨ 《财政部　国家税务总局关于财政性资金　行政事业性收费　政府性基金有关企业所得税政策问题的通知》（财税[2008]151号，2008年12月16日）。此前，《国家税务总局关于企业出口退税款税收处理问题的批复》（国税函[1997]21号，1997年1月14日）也规定，企业出口货物所获得的增值税退税款，应冲抵相应的进项税额或已交增值税税金，不并入利润征收企业所得税；生产企业委托外贸企业代理出口产品，凡按照财政部《关于消费税会计处理的规定》（财会字[1993]第83号），在计算消费税时做"应收账款"处理的，其所获得的消费税退税款，应冲抵"应收账款"，不并入利润征收企业所得税；外贸企业自营出口所获得的消费税退税款，应冲抵"商品销售成本"，不直接并入利润征收企业所得税。根据《国家税务总局关于公布现行有效的税收规范性文件目录的公告》（国家税务总局公告2010年第26号），国税函[1997]21号文件仍然有效。

接投资①。

②对企业取得的由国务院财政、税务主管部门规定专项用途并经国务院批准的财政性资金,准予作为不征税收入,在计算应纳税所得额时从收入总额中减除②。

对企业在2008年1月1日至2010年12月31日期间从县级以上各级人民政府财政部门及其他部门取得的应计入收入总额的财政性资金,凡同时符合以下条件的,可以作为有专项用途财政性资金,纳入不征税收入,在计算应纳税所得额时从收入总额中减除③:

Ⅰ 企业能够提供资金拨付文件,且文件中规定该资金的专项用途;

Ⅱ 财政部门或其他拨付资金的政府部门对该资金有专门的资金管理办法或具体管理要求;

Ⅲ 企业对该资金以及以该资金发生的支出单独进行核算。

企业将符合上述规定条件的专项用途财政性资金作不征税收入处理后,在5年(60个月)内未发生支出且未缴回财政或其他拨付资金的政府部门的部分,应重新计入取得该资金第六年的收入总额;重新计入收入总额的财政性资金发生的支出,允许在计算应纳税所得额时扣除④。

③纳入预算管理的事业单位、社会团体等组织按照核定的预算和经费报领关系收到的由财政部门或上级单位拨入的财政补助收入,准予作为不征税收入,在计算应纳税所得额时从收入总额中减除,但国务院和国务院财政、税务主管部门另有规定的除外⑤。

(2)政府性基金和行政事业性收费

政府性基金,是指企业依照法律、行政法规等有关规定,代政府收取的具有专项用途的财政资金⑥。

行政事业性收费,是指依照法律法规等有关规定,按照国务院规定程序批准,在实施社会公共管理以及在向公民、法人或者其他组织提供特定公共服务过程中,向特定对象收取并纳入财政管理的费用⑦。

企业按照规定缴纳的、由国务院或财政部批准设立的政府性基金以及由国务院和省、自治区、直辖市人民政府及其财政、价格主管部门批准设立的行政事业性收费,准予在计算应纳税所得额时扣除⑧。

企业收取的各种基金、收费,应计入企业当年收入总额。对企业依照法律法规及国务院有关规定收取并上缴财政的政府性基金和行政事业性收

---

① 《财政部 国家税务总局关于财政性资金 行政事业性收费 政府性基金有关企业所得税政策问题的通知》(财税[2008]151号,2008年12月16日)。

② 《中华人民共和国企业所得税法实施条例》(中华人民共和国国务院令第512号,2007年12月6日)第二十六条。《财政部 国家税务总局关于财政性资金 行政事业性收费 政府性基金有关企业所得税政策问题的通知》(财税[2008]151号,2008年12月16日)。此前,《财政部 国家税务总局关于执行〈企业会计准则〉有关企业所得税政策问题的通知》(财税[2007]80号,2007年7月7日)规定,企业按照国务院财政、税务主管部门有关文件规定,实际收到具有专门用途的先征后返所得税税款,按照会计准则规定应计入取得当期的利润总额,暂不计入取得当期的应纳税所得额。根据《财政部关于公布废止和失效的财政规章和规范性文件目录(第十一批)的决定》(财政部令第62号,2011年2月21日),财税[2007]80号被公布废止。

③ 《财政部 国家税务总局关于专项用途财政性资金有关企业所得税处理问题的通知》(财税[2009]87号,2009年6月16日)。

④ 《财政部 国家税务总局关于专项用途财政性资金有关企业所得税处理问题的通知》(财税[2009]87号,2009年6月16日)。

⑤ 《财政部 国家税务总局关于财政性资金 行政事业性收费 政府性基金有关企业所得税政策问题的通知》(财税[2008]151号,2008年12月16日)。

⑥ 《中华人民共和国企业所得税法实施条例》(中华人民共和国国务院令第512号,2007年12月6日)第二十六条。

⑦ 《中华人民共和国企业所得税法实施条例》(中华人民共和国国务院令第512号,2007年12月6日)第二十六条。

⑧ 《财政部 国家税务总局关于财政性资金 行政事业性收费 政府性基金有关企业所得税政策问题的通知》(财税[2008]151号,2008年12月16日)。《财政部 国家税务总局关于专项用途财政性资金有关企业所得税处理问题的通知》(财税[2009]87号,2009年6月16日)。

费,准予作为不征税收入,于上缴财政的当年在计算应纳税所得额时从收入总额中减除①;未上缴财政的部分,不得从收入总额中减除①。

(3)不征税收入形成费用支出的税务处理

企业的不征税收入用于支出所形成的费用,不得在计算应纳税所得额时扣除;企业的不征税收入用于支出所形成的资产,其计算的折旧、摊销不得在计算应纳税所得额时扣除②。

7.2.5 扣除项目的税务处理

7.2.5.1 一般规定

企业实际发生的与取得收入有关的、合理的支出,包括成本、费用、税金、损失和其他支出,可以在计算应纳税所得额时扣除③。

有关的支出,是指与取得收入直接相关的支出。合理的支出,是指符合生产经营活动常规,应当计入当期损益或者有关资产成本的必要和正常的支出④。

成本,是指企业在生产经营活动中发生的销售成本、销货成本、业务支出以及其他耗费⑤。

费用,是指企业在生产经营活动中发生的销售费用、管理费用和财务费用,已经计入成本的有关费用除外⑥。

税金,是指企业发生的除企业所得税和允许抵扣的增值税以外的各项税金及其附加⑦。

损失,是指企业在生产经营活动中发生的固定资产和存货的盘亏、毁损、报废损失,转让财产损失,呆账损失,坏账损失,自然灾害等不可抗力因素造成的损失以及其他损失。企业发生的损失,减除责任人赔偿和保险赔款后的余额,依照国务院财政、税务主管部门的规定扣除。企业已经作为损失处理的资产,在以后纳税年度又全部收回或者部分收回时,应当计入当期收入⑧。

其他支出,是指除成本、费用、税金、损失外,企业在生产经营活动中发生的与生产经营活动有关的、合理的支出⑨。

企业取得的各项免税收入所对应的各项成本费用,除另有规定者外,可以在计算企业应纳税所得额时扣除⑩。

7.2.5.2 工资薪金税前扣除

企业发生的合理的工资薪金支出,准予扣除。工资薪金,是指企业每一纳税年度支付给在本企业任职或者受雇的员工的所有现金形式或者非现金形式的劳动报酬,包括基本工资、奖金、津贴、补贴、年终加薪、加班工资,以及与员工任职或者受雇有关的其他支出⑪。

(1)合理工资薪金

企业所得税法实施条例第三十四条所称的"合理工资薪金",是指企业按照股东大会、董事会、薪酬委员会或相关管理机构制订的工资薪金制度规定实际发放给员工的工资薪金。税务机关在

① 《财政部 国家税务总局关于财政性资金 行政事业性收费 政府性基金有关企业所得税政策问题的通知》(财税〔2008〕151号,2008年12月16日)。
② 《财政部 国家税务总局关于财政性资金 行政事业性收费 政府性基金有关企业所得税政策问题的通知》(财税〔2008〕151号,2008年12月16日)。《财政部 国家税务总局关于专项用途财政性资金有关企业所得税处理问题的通知》(财税〔2009〕87号,2009年6月16日)。
③ 《中华人民共和国企业所得税法》(2007年3月16日第十届全国人民代表大会第五次会议通过,中华人民共和国主席令第六十三号公布)第八条。
④ 《中华人民共和国企业所得税法实施条例》(中华人民共和国国务院令第512号,2007年12月6日)第二十七条。
⑤ 《中华人民共和国企业所得税法实施条例》(中华人民共和国国务院令第512号,2007年12月6日)第二十九条。
⑥ 《中华人民共和国企业所得税法实施条例》(中华人民共和国国务院令第512号,2007年12月6日)第三十条。
⑦ 《中华人民共和国企业所得税法实施条例》(中华人民共和国国务院令第512号,2007年12月6日)第三十一条。
⑧ 《中华人民共和国企业所得税法实施条例》(中华人民共和国国务院令第512号,2007年12月6日)第三十二条。
⑨ 《中华人民共和国企业所得税法实施条例》(中华人民共和国国务院令第512号,2007年12月6日)第三十三条。
⑩ 《国家税务总局关于贯彻落实企业所得税法若干税收问题的通知》(国税函〔2010〕79号,2010年2月22日)。
⑪ 《中华人民共和国企业所得税法实施条例》(中华人民共和国国务院令第512号,2007年12月6日)第三十四条。

对工资薪金进行合理性确认时,可按以下原则掌握[1]:

Ⅰ 企业制定了较为规范的员工工资薪金制度;

Ⅱ 企业所制定的工资薪金制度符合行业及地区水平;

Ⅲ 企业在一定时期所发放的工资薪金是相对固定的,工资薪金的调整是有序进行的;

Ⅳ 企业对实际发放的工资薪金,已依法履行了代扣代缴个人所得税义务。

Ⅴ 有关工资薪金的安排,不以减少或逃避税款为目的。

（2）工资薪金总额

企业所得税法实施条例第四十、四十一、四十二条所称的"工资薪金总额",是指企业按照上述规定实际发放的工资薪金总和,不包括企业的职工福利费、职工教育经费、工会经费以及养老保险费、医疗保险费、失业保险费、工伤保险费、生育保险费等社会保险费和住房公积金。属于国有性质的企业,其工资薪金,不得超过政府有关部门给予的限定数额;超过部分,不得计入企业工资薪金总额,也不得在计算企业应纳税所得额时扣除[2]。

原执行工效挂钩办法的企业,在 2008 年 1 月 1 日以前已按规定提取,但因未实际发放而未在税前扣除的工资储备基金余额,2008 年及以后年度实际发放时,可在实际发放年度企业所得税前据实扣除[3]。

7.2.5.3 各类保险金、住房公积金及劳保支出税前扣除

（1）基本保险金和住房公积金税前扣除

企业依照国务院有关主管部门或者省级人民政府规定的范围和标准为职工缴纳的基本养老保险费、基本医疗保险费、失业保险费、工伤保险费、生育保险费等基本社会保险费和住房公积金,准予扣除[4]。

（2）补充保险费税前扣除

企业为投资者或者职工支付的补充养老保险费、补充医疗保险费,在国务院财政、税务主管部门规定的范围和标准内,准予扣除[5]。

自 2008 年 1 月 1 日起,企业根据国家有关政策规定,为在本企业任职或者受雇的全体员工支付的补充养老保险费、补充医疗保险费,分别在不超过职工工资总额 5% 标准内的部分,在计算应纳税所得额时准予扣除;超过的部分,不予扣除[6]。

（3）商业保险费税前扣除

①除企业依照国家有关规定为特殊工种职工支付的人身安全保险费和国务院财政、税务主管部门规定可以扣除的其他商业保险费外,企业为投资者或者职工支付的商业保险费,不得扣除[7]。

②企业参加财产保险,按照规定缴纳的保险费,准予扣除[8]。

（4）劳保支出税前扣除

企业发生的合理的劳动保护支出,准予扣除[9]。

---

① 《国家税务总局关于企业工资薪金及职工福利费扣除问题的通知》（国税函[2009]3 号,2009 年 1 月 4 日）。

② 《国家税务总局关于企业工资薪金及职工福利费扣除问题的通知》（国税函[2009]3 号,2009 年 1 月 4 日）。

③ 《国家税务总局关于企业所得税若干税务事项衔接问题的通知》（国税函[2009]98 号,2009 年 2 月 27 日）。此前,《国家税务总局关于做好 2007 年度企业所得税汇算清缴工作的补充通知》（国税函[2008]264 号,2008 年 3 月 24 日）、《国家税务总局关于 2007 年度企业所得税汇算清缴中金融企业应纳税所得额计算有关问题的通知》（国税函[2008]624 号,2008 年 6 月 27 日）对金融企业工效挂钩工资税前扣除问题进行了规定。

④ 《中华人民共和国企业所得税法实施条例》（中华人民共和国国务院令第 512 号,2007 年 12 月 6 日）第三十五条。

⑤ 《中华人民共和国企业所得税法实施条例》（中华人民共和国国务院令第 512 号,2007 年 12 月 6 日）第三十五条。

⑥ 《财政部 国家税务总局关于补充养老保险费 补充医疗保险费有关企业所得税政策问题的通知》（财税[2009]27 号,2009 年 6 月 2 日）。

⑦ 《中华人民共和国企业所得税法实施条例》（中华人民共和国国务院令第 512 号,2007 年 12 月 6 日）第三十六条。

⑧ 《中华人民共和国企业所得税法实施条例》（中华人民共和国国务院令第 512 号,2007 年 12 月 6 日）第四十六条。

⑨ 《中华人民共和国企业所得税法实施条例》（中华人民共和国国务院令第 512 号,2007 年 12 月 6 日）第四十八条。

7.2.5.4　财务费用税前扣除

（1）企业在生产经营活动中发生的合理的不需要资本化的借款费用，准予扣除。企业为购置、建造固定资产、无形资产和经过 12 个月以上的建造才能达到预定可销售状态的存货发生借款的，在有关资产购置、建造期间发生的合理的借款费用，应当作为资本性支出计入有关资产的成本，并依照企业所得税法及其实施条例的规定计算的折旧等成本费用可在税前扣除①。

（2）非金融企业向金融企业借款的利息支出、金融企业的各项存款利息支出和同业拆借利息支出、企业经批准发行债券的利息支出，准予扣除；非金融企业向非金融企业借款的利息支出，不超过按照金融企业同期同类贷款利率计算的数额的部分，准予扣除②。

（3）企业向股东或其他与企业有关联关系的自然人借款的利息支出，应根据企业所得税法第四十六条及《财政部 国家税务总局关于企业关联方利息支出税前扣除标准有关税收政策问题的通知》（财税〔2008〕121 号）规定的条件，计算企业所得税扣除额③。

（4）企业向股东或其他与企业有关联关系的自然人以外的内部职工或其他人员借款的利息支出，其借款情况同时符合以下条件的，其利息支出在不超过按照金融企业同期同类贷款利率计算的数额的部分，根据企业所得税法第八条和税法实施条例第二十七条规定，准予扣除④：

Ⅰ 企业与个人之间的借贷是真实、合法、有效的，并且不具有非法集资目的或其他违反法律、法规的行为；

Ⅱ 企业与个人之间签订了借款合同。

（5）企业在货币交易中，以及纳税年度终了时将人民币以外的货币性资产、负债按照期末即期人民币汇率中间价折算为人民币时产生的汇兑损失，除已经计入有关资产成本以及与向所有者进行利润分配相关的部分外，准予扣除⑤。

（6）企业与关联方利息支出税前扣除规定详见"资本弱化特别纳税调整"部分。

7.2.5.5　生态环境保护专项资金税前扣除

企业依照法律、行政法规有关规定提取的用于环境保护、生态恢复等方面的专项资金，准予扣除。上述专项资金提取后改变用途的，不得扣除⑥。

7.2.5.6　固定资产租赁费税前扣除

企业根据生产经营活动的需要租入固定资产支付的租赁费，按照以下方法扣除：

以经营租赁方式租入固定资产发生的租赁费支出，按照租赁期限均匀扣除；

以融资租赁方式租入固定资产发生的租赁费支出，按照规定构成融资租入固定资产价值的部分

① 《中华人民共和国企业所得税法实施条例》（中华人民共和国国务院令第 512 号，2007 年 12 月 6 日）第三十七条。此前，《财政部 国家税务总局关于执行〈企业会计准则〉有关企业所得税政策问题的通知》（财税〔2007〕80 号，2007 年 7 月 7 日）规定，企业发生的借款费用，符合会计准则规定的资本化条件的，应当资本化，计入相关资产成本，按税法规定计算的折旧等成本费用可在税前扣除。根据《财政部关于公布废止和失效的财政规章和规范性文件目录（第十一批）的决定》（财政部令第 62 号，2011 年 2 月 21 日），财税〔2007〕80 号被公布废止。

② 《中华人民共和国企业所得税法实施条例》（中华人民共和国国务院令第 512 号，2007 年 12 月 6 日）第三十八条。此前，《财政部 国家税务总局关于执行〈企业会计准则〉有关企业所得税政策问题的通知》（财税〔2007〕80 号，2007 年 7 月 7 日）规定，对于采用实际利率法确认的与金融负债相关的利息费用，应按照现行税收有关规定的条件，未超过同期银行贷款利率的部分，可在计算当期应纳税所得额时扣除，超过的部分不得扣除。根据《财政部关于公布废止和失效的财政规章和规范性文件目录（第十一批）的决定》（财政部令第 62 号，2011 年 2 月 21 日），财税〔2007〕80 号被公布废止。

③ 《国家税务总局关于企业向自然人借款的利息支出企业所得税税前扣除问题的通知》（国税函〔2009〕777 号，2009 年 12 月 31 日）。

④ 《国家税务总局关于企业向自然人借款的利息支出企业所得税税前扣除问题的通知》（国税函〔2009〕777 号，2009 年 12 月 31 日）。

⑤ 《中华人民共和国企业所得税法实施条例》（中华人民共和国国务院令第 512 号，2007 年 12 月 6 日）第三十九条。

⑥ 《中华人民共和国企业所得税法实施条例》（中华人民共和国国务院令第 512 号，2007 年 12 月 6 日）第四十五条。

应当提取折旧费用,分期扣除①。

7.2.5.7　再保险赔款支出税前扣除

从事再保险业务的保险公司(简称再保险公司)发生的再保险业务赔款支出,按照权责发生制的原则,应在收到从事直保业务公司(简称直保公司)再保险业务赔款账单时,作为企业当期成本费用扣除。凡在次年企业所得税汇算清缴前,再保险公司收到直保公司再保险业务赔款账单中属于上年度的赔款,准予调整作为上年度的成本费用扣除,同时调整已计提的未决赔款准备金;次年汇算清缴后收到直保公司再保险业务赔款账单的,按该赔款账单上发生的赔款支出,在收单年度作为成本费用扣除②。

7.2.5.8　非居民企业总机构管理费税前扣除

非居民企业在中国境内设立的机构、场所,就其中国境外总机构发生的与该机构、场所生产经营有关的费用,能够提供总机构出具的费用汇集范围、定额、分配依据和方法等证明文件,并合理分摊的,准予扣除③。

7.2.5.9　公益性捐赠税前扣除范围及标准

企业发生的公益性捐赠支出,在其年度利润总额 12% 以内的部分,准予在计算应纳税所得额时扣除④。

年度利润总额,是指企业依照国家统一会计制度的规定计算的年度会计利润且大于零的数额⑤。

(1)公益性捐赠的范围

公益性捐赠,是指企业通过公益性社会团体、公益性群众团体或者县级以上人民政府及其部门,用于《中华人民共和国公益事业捐赠法》规定的公益事业的捐赠⑥。

具体范围包括《中华人民共和国公益事业捐赠法》规定的下列事项⑦:

Ⅰ　救助灾害、救济贫困、扶助残疾人等困难的社会群体和个人的活动;

Ⅱ　教育、科学、文化、卫生、体育事业;

Ⅲ　环境保护、社会公共设施建设;

Ⅳ　促进社会发展和进步的其他社会公共和福利事业。

县级以上人民政府及其部门指县级(含县级)以上人民政府及其组成部门和直属机构。

(2)公益性社会团体、县级以上人民政府及其部门接受捐赠的税收管理

①公益性社会团体的条件

公益性社会团体指依据国务院发布的《基金会管理条例》和《社会团体登记管理条例》的规定,经民政部门依法登记、符合以下条件的基金会、慈善组织等公益性社会团体⑧:

Ⅰ　依法登记,具有法人资格;

Ⅱ　以发展公益事业为宗旨,且不以营利为

---

①　《中华人民共和国企业所得税法实施条例》(中华人民共和国国务院令第 512 号,2007 年 12 月 6 日)第四十七条。

②　《国家税务总局关于保险公司再保险业务赔款支出税前扣除问题的通知》(国税函[2009]313 号,2009 年 6 月 4 日)。

③　《中华人民共和国企业所得税法实施条例》(中华人民共和国国务院令第 512 号,2007 年 12 月 6 日)第五十条。

④　《中华人民共和国企业所得税法》(2007 年 3 月 16 日第十届全国人民代表大会第五次会议通过,中华人民共和国主席令第六十三号公布)第九条。《财政部　国家税务总局　民政部关于公益性捐赠税前扣除有关问题的通知》(财税[2008]160 号,2008 年 12 月 31 日)。《财政部　国家税务总局关于通过公益性群众团体的公益性捐赠税前扣除有关问题的通知》(财税[2009]124 号,2009 年 12 月 8 日)。

⑤　《中华人民共和国企业所得税法实施条例》(中华人民共和国国务院令第 512 号,2007 年 12 月 6 日)第五十三条。《财政部　国家税务总局　民政部关于公益性捐赠税前扣除有关问题的通知》(财税[2008]160 号,2008 年 12 月 31 日)。《财政部　国家税务总局关于通过公益性群众团体的公益性捐赠税前扣除有关问题的通知》(财税[2009]124 号,2009 年 12 月 8 日)。

⑥　《中华人民共和国企业所得税法实施条例》(中华人民共和国国务院令第 512 号,2007 年 12 月 6 日)第五十一条。《财政部　国家税务总局关于通过公益性群众团体的公益性捐赠税前扣除有关问题的通知》(财税[2009]124 号,2009 年 12 月 8 日)。

⑦　《财政部　国家税务总局　民政部关于公益性捐赠税前扣除有关问题的通知》(财税[2008]160 号,2008 年 12 月 31 日)。《财政部　国家税务总局关于通过公益性群众团体的公益性捐赠税前扣除有关问题的通知》(财税[2009]124 号,2009 年 12 月 8 日)。《财政部　国家税务总局　民政部关于公益性捐赠税前扣除有关问题的补充通知》(财税[2010]45 号,2010 年 7 月 21 日)。

⑧　《中华人民共和国企业所得税法实施条例》(中华人民共和国国务院令第 512 号,2007 年 12 月 6 日)第五十二条;《财政部　国家税务总局　民政部关于公益性捐赠税前扣除有关问题的通知》(财税[2008]160 号,2008 年 12 月 31 日)。

目的；

Ⅲ 全部资产及其增值为该法人所有；

Ⅳ 收益和营运结余主要用于符合该法人设立目的的事业；

Ⅴ 终止后的剩余财产不归属任何个人或者营利组织；

Ⅵ 不经营与其设立目的无关的业务；

Ⅶ 有健全的财务会计制度；

Ⅷ 捐赠者不以任何形式参与社会团体财产的分配；

Ⅸ 申请前3年内未受到行政处罚；

Ⅹ 基金会在民政部门依法登记3年以上（含3年）的，应当在申请前连续2年年度检查合格，或最近1年年度检查合格且社会组织评估等级在3A以上（含3A），登记3年以下1年以上（含1年）的，应当在申请前1年年度检查合格或社会组织评估等级在3A以上（含3A），登记1年以下的基金会具备上述Ⅰ~Ⅸ项规定的条件；

Ⅺ 公益性社会团体（不含基金会）在民政部门依法登记3年以上，净资产不低于登记的活动资金数额，申请前连续2年年度检查合格，或最近1年年度检查合格且社会组织评估等级在3A以上（含3A），申请前连续3年每年用于公益活动的支出不低于上年总收入的70%（含70%），同时需达到当年总支出的50%以上（含50%）。上述年度检查合格是指民政部门对基金会、公益性社会团体（不含基金会）进行年度检查，作出年度检查合格的结论；社会组织评估等级在3A以上（含3A）是指社会组织在民政部门主导的社会组织评估中被评为3A、4A、5A级别，且评估结果在有效期内。

②公益性社会团体接受捐赠税前扣除资格的申请

县级以上人民政府及其组成部门和直属机构的公益性捐赠税前扣除资格不需要认定①。

Ⅰ 符合上述条件的基金会、慈善组织等公益性社会团体，可按程序申请公益性捐赠税前扣除资格②：

ⅰ 经民政部批准成立的公益性社会团体，应同时向财政部、国家税务总局、民政部提出申请；

ⅱ 经省级民政部门批准成立的基金会，应同时向省级财政、税务（国、地税，下同）、民政部门提出申请。经地方县级以上人民政府民政部门批准成立的公益性社会团体（不含基金会），应同时向省、自治区、直辖市和计划单列市财政、税务、民政部门提出申请；

ⅲ 民政部门负责对公益性社会团体的资格进行初步审核，财政、税务部门会同民政部门对公益性社会团体的捐赠税前扣除资格联合进行审核确认；

ⅳ 对符合条件的公益性社会团体，按照上述管理权限，由财政部、国家税务总局和民政部及省、自治区、直辖市和计划单列市财政、税务和民政部门每年分别联合公布名单。名单应当包括当年继续获得公益性捐赠税前扣除资格和新获得公益性捐赠税前扣除资格的公益性社会团体③。

对于通过公益性社会团体发生的公益性捐赠支出，主管税务机关应对照财政、税务、民政部门联合公布的名单予以办理，即接受捐赠的公益性社会团体属于名单内的，企业或个人在名单所属年度向名单内的公益性社会团体进行的公益性捐赠支出可按规定进行税前扣除；接受捐赠的公益性社会团

---

① 《财政部 国家税务总局 民政部关于公益性捐赠税前扣除有关问题的补充通知》（财税〔2010〕45号,2010年7月21日）。

② 《财政部 国家税务总局 民政部关于公益性捐赠税前扣除有关问题的通知》（财税〔2008〕160号,2008年12月31日）。《财政部 国家税务总局 民政部关于公益性捐赠税前扣除有关问题的补充通知》（财税〔2010〕45号,2010年7月21日）。其中：〔2008〕160号规定,符合条件的基金会、慈善组织等公益性社会团体可分别向财政、税务、民政部门提出申请;财税〔2010〕45号规定,应同时向财政、税务、民政部门提出申请。

③ 名单参见《财政部 国家税务总局 民政部关于公布2008年度2009年度第一批获得公益性捐赠税前扣除资格的公益性社会团体名单的通知》（财税〔2009〕85号,2009年8月20日）;《财政部 国家税务总局关于公布2009年度第二批2010年度第一批公益性捐赠税前扣除资格的公益性社会团体名单的通知》（财税〔2010〕69号,2010年9月30日）。

体不在名单内,或虽在名单内但企业或个人发生的公益性捐赠支出不属于名单所属年度的,不得扣除①。

Ⅱ 申请捐赠税前扣除资格的公益性社会团体,需报送以下材料②:

ⅰ 申请报告;

ⅱ 民政部或地方县级以上人民政府民政部门颁发的登记证书复印件;

ⅲ 组织章程;

ⅳ 申请前相应年度的资金来源、使用情况,财务报告,公益活动的明细,注册会计师的审计报告;

ⅴ 民政部门出具的申请前相应年度的年度检查结论、社会组织评估结论。

③公益性社会团体接受捐赠税前扣除资格的后续管理

存在以下情形之一的公益性社会团体,应取消公益性捐赠税前扣除资格③:

Ⅰ 年度检查不合格或最近一次社会组织评估等级低于 3A 的;

对已经获得公益性捐赠税前扣除资格的公益性社会团体,其年度检查连续两年基本合格视同为年度检查不合格。

Ⅱ 在申请公益性捐赠税前扣除资格时有弄虚作假行为的;

Ⅲ 存在偷税行为或为他人偷税提供便利的;

Ⅳ 存在违反该组织章程的活动,或者接受的捐赠款项用于组织章程规定用途之外的支出等情况的;

Ⅴ 受到行政处罚的。

被取消公益性捐赠税前扣除资格的公益性社会团体,存在上述第Ⅰ项情形的,1 年内不得重新申请公益性捐赠税前扣除资格,存在第Ⅱ～Ⅴ项情形的,3 年内不得重新申请公益性捐赠税前扣除资格。对上述第Ⅲ项、第Ⅳ项情形,应对其接受捐赠收入和其他各项收入依法补征企业所得税。

对已经获得公益性捐赠税前扣除资格的公益性社会团体,发现其不再符合前述第①项规定条件之一,或存在上述第Ⅰ～Ⅴ项规定情形之一的,应自发现之日起 15 日内向主管税务机关报告,主管税务机关可暂时明确其获得资格的次年内企业或个人向该公益性社会团体的公益性捐赠支出,不得税前扣除。同时,提请审核确认其公益性捐赠税前扣除资格的财政、税务、民政部门明确其获得资格的次年不具有公益性捐赠税前扣除资格。税务机关在日常管理过程中发现的,也按此规定处理④。

④公益性社会团体、县级以上人民政府及其组成部门接受捐赠资产的价值确认及票据管理⑤

公益性社会团体和县级以上人民政府及其组成部门和直属机构在接受捐赠时,应按照行政管理级次分别使用由财政部或省、自治区、直辖市财政部门印制的公益性捐赠票据,并加盖本单位的印章;对个人索取捐赠票据的,应予以开具。

公益性社会团体和县级以上人民政府及其组成部门和直属机构在接受捐赠时,捐赠资产的价值,按以下原则确认:

Ⅰ 接受捐赠的货币性资产,应当按照实际收到的金额计算;

Ⅱ 接受捐赠的非货币性资产,应当以其公允价值计算。

捐赠方在向公益性社会团体和县级以上人民政府及其组成部门和直属机构捐赠时,应当提供注明捐赠非货币性资产公允价值的证明,如果不能提

---

① 《财政部 国家税务总局 民政部关于公益性捐赠税前扣除有关问题的通知》(财税〔2008〕160 号,2008 年 12 月 31 日)。《财政部 国家税务总局 民政部关于公益性捐赠税前扣除有关问题的补充通知》(财税〔2010〕45 号,2010 年 7 月 21 日)。

② 《财政部 国家税务总局 民政部关于公益性捐赠税前扣除有关问题的通知》(财税〔2008〕160 号,2008 年 12 月 31 日)。

③ 《财政部 国家税务总局 民政部关于公益性捐赠税前扣除有关问题的通知》(财税〔2008〕160 号,2008 年 12 月 31 日)。

④ 《财政部 国家税务总局 民政部关于公益性捐赠税前扣除有关问题的补充通知》(财税〔2010〕45 号,2010 年 7 月 21 日)。

⑤ 《财政部 国家税务总局 民政部关于公益性捐赠税前扣除有关问题的通知》(财税〔2008〕160 号,2008 年 12 月 31 日)。《财政部 国家税务总局 民政部关于公益性捐赠税前扣除有关问题的补充通知》(财税〔2010〕45 号,2010 年 7 月 21 日)。

供上述证明,公益性社会团体和县级以上人民政府及其组成部门和直属机构不得向其开具公益性捐赠票据。

对于通过公益性社会团体发生的公益性捐赠支出,企业或个人应提供省级以上(含省级)财政部门印制并加盖接受捐赠单位印章的公益性捐赠票据,或加盖接受捐赠单位印章的《非税收入一般缴款书》收据联,方可按规定进行税前扣除。

⑤新旧政策的衔接①

2008年12月31日前已经取得和未取得公益性捐赠税前扣除资格的公益性社会团体,均应按上述规定的条件和程序提出申请,通过认定后才能获得公益性捐赠税前扣除资格。

2008年1月1日以后成立的基金会,在首次获得公益性捐赠税前扣除资格后,原始基金的捐赠人在基金会首次获得公益性捐赠税前扣除资格的当年进行所得税汇算清缴时,可凭捐赠票据按规定进行税前扣除。

(3)公益性群众团体接受捐赠的税收管理

①公益性群众团体的条件

公益性群众团体是指依照《社会团体登记管理条例》规定不需进行社团登记的人民团体以及经国务院批准免予登记并同时符合以下条件的群众团体②:

Ⅰ 符合企业所得税法实施条例第五十二条第(一)项至第(八)项规定的条件;

Ⅱ 县级以上各级机构编制部门直接管理其机构编制;

Ⅲ 对接受捐赠的收入以及用捐赠收入进行的支出单独进行核算,且申请前连续3年接受捐赠的总收入中用于公益事业的支出比例不低于70%。

②公益性群众团体接受捐赠税前扣除资格的申请

Ⅰ 符合上述规定的公益性群众团体,可按程序申请公益性捐赠税前扣除资格③:

ⅰ 由中央机构编制部门直接管理其机构编制的群众团体,向财政部、国家税务总局提出申请;

ⅱ 由县级以上地方各级机构编制部门直接管理其机构编制的群众团体,向省、自治区、直辖市和计划单列市财政、税务部门提出申请;

ⅲ 对符合条件的公益性群众团体,按照上述管理权限,由财政部、国家税务总局和省、自治区、直辖市、计划单列市财政、税务部门分别每年联合公布名单。名单应当包括继续获得公益性捐赠税前扣除资格和新获得公益性捐赠税前扣除资格的群众团体④。

对通过公益性群众团体发生的公益性捐赠支出,主管税务机关应对照财政、税务部门联合发布的名单,接受捐赠的群众团体属于名单内,则企业在名单所属年度发生的公益性捐赠支出可按规定进行税前扣除;接受捐赠的群众团体不在名单内,或虽在名单内但企业发生的公益性捐赠支出不属于名单所属年度的,不得扣除。

Ⅱ 申请公益性捐赠税前扣除资格的群众团体,需报送以下材料⑤:

ⅰ 申请报告;

---

① 《财政部 国家税务总局 民政部关于公益性捐赠税前扣除有关问题的通知》(财税[2008]160号,2008年12月31日)。《财政部 国家税务总局 民政部关于公益性捐赠税前扣除有关问题的补充通知》(财税[2010]45号,2010年7月21日)。

② 《财政部 国家税务总局关于通过公益性群众团体的公益性捐赠税前扣除有关问题的通知》(财税[2009]124号,2009年12月8日)。

③ 《财政部 国家税务总局关于通过公益性群众团体的公益性捐赠税前扣除有关问题的通知》(财税[2009]124号,2009年12月8日)。

④ 现已发布《财政部 国家税务总局关于确认中国红十字会总会公益性捐赠税前扣除资格的通知》(财税[2010]37号,2010年4月26日),确认中国红十字会总会具有2008年度、2009年度和2010年度公益性捐赠税前扣除的资格;《财政部 国家税务总局关于中华全国总工会公益性捐赠税前扣除资格的通知》(财税[2010]97号,2010年10月25日),确认中华全国总工会具有2008年度、2009年度和2010年度公益性捐赠税前扣除的资格。

⑤ 《财政部 国家税务总局关于通过公益性群众团体的公益性捐赠税前扣除有关问题的通知》(财税[2009]124号,2009年12月8日)。

ⅱ 县级以上各级党委、政府或机构编制部门印发的"三定"规定；

ⅲ 组织章程；

ⅳ 申请前相应年度的受赠资金来源、使用情况,财务报告,公益活动的明细,注册会计师的审计报告或注册税务师的鉴证报告。

③公益性群众团体接受捐赠税前扣除资格的后续管理①

对存在以下情形之一的公益性群众团体,应取消其公益性捐赠税前扣除资格：

Ⅰ 前 3 年接受捐赠的总收入中用于公益事业的支出比例低于 70% 的；

Ⅱ 在申请公益性捐赠税前扣除资格时有弄虚作假行为的；

Ⅲ 存在逃避缴纳税款行为或为他人逃避缴纳税款提供便利的；

Ⅳ 存在违反该组织章程的活动,或者接受的捐赠款项用于组织章程规定用途之外的支出等情况的；

Ⅴ 受到行政处罚的。

被取消公益性捐赠税前扣除资格的公益性群众团体,存在第Ⅰ项、第Ⅱ项、第Ⅳ项、第Ⅴ项情形的,3 年内不得重新申请公益性捐赠税前扣除资格。对存在第Ⅲ项、第Ⅳ项情形的公益性群众团体,应对其接受捐赠收入和其他各项收入依法补征企业所得税。

获得公益性捐赠税前扣除资格的公益性群众团体,应自不符合规定条件之一或存在规定情形之一之日起 15 日内向主管税务机关报告,主管税务机关可暂时明确其获得资格的次年内企业向该群众团体的公益性捐赠支出,不得税前扣除,同时提请财政部、国家税务总局或省级财政、税务部门明

确其获得资格的次年不具有公益性捐赠税前扣除资格。

④公益性群众团体接受捐赠资产的价值确认及票据管理②

公益性群众团体在接受捐赠时,应按照行政管理级次分别使用由财政部或省、自治区、直辖市财政部门印制的公益性捐赠票据或者《非税收入一般缴款书》收据联,并加盖本单位的印章；对个人索取捐赠票据的,应予以开具。

公益性群众团体接受捐赠的资产价值,按以下原则确认：

Ⅰ 接受捐赠的货币性资产,应当按照实际收到的金额计算；

Ⅱ 接受捐赠的非货币性资产,应当以其公允价值计算。

捐赠方在向公益性群众团体捐赠时,应当提供注明捐赠非货币性资产公允价值的证明,如果不能提供上述证明,公益性群众团体不得向其开具公益性捐赠票据或者《非税收入一般缴款书》收据联。

(4)若干特殊公益性捐赠扣除规定

①企业发生为四川汶川地震灾后重建、举办北京奥运会和上海世博会等特定事项的捐赠,按照《财政部 海关总署 国家税务总局关于支持汶川地震灾后恢复重建有关税收政策问题的通知》(财税[2008]104 号)、《财政部 国家税务总局 海关总署关于 29 届奥运会税收政策问题的通知》(财税[2003]10 号)、《财政部 国家税务总局关于2010 年上海世博会有关税收政策问题的通知》(财税[2005]180 号)等相关规定,可以据实全额扣除③。

②对企业向青海玉树地震、甘肃舟曲泥石流受

---

① 《财政部 国家税务总局关于通过公益性群众团体的公益性捐赠税前扣除有关问题的通知》(财税[2009]124 号,2009 年 12 月 8 日)。

② 《财政部 国家税务总局关于通过公益性群众团体的公益性捐赠税前扣除有关问题的通知》(财税[2009]124 号,2009 年 12 月 8 日)。

③ 《国家税务总局关于企业所得税执行中若干税务处理问题的通知》(国税函[2009]202 号,2009 年 4 月 21 日)。该文件还规定,企业发生的其他捐赠应按《企业所得税法》第九条及《实施条例》第五十一、五十二、五十三条的规定计算扣除,但后来相关文件陆续对企业向玉树地震、舟曲泥石流灾后重建的捐赠,允许税前全额扣除。

灾地区的捐赠,按照《财政部 国家税务总局关于支持玉树地震灾后恢复重建有关税收政策问题的通知》(财税[2010]59号)、《财政部 海关总署 国家税务总局关于支持舟曲灾后恢复重建有关税收政策问题的通知》(财税[2010]107号)规定,允许在当年企业所得税前全额扣除。

③企事业单位、社会团体以及其他组织捐赠住房作为公租房,符合税收法律法规规定的,捐赠支出在年度利润总额12%以内的部分,准予在计算应纳税所得额时扣除①。

享受上述税收优惠政策的公租房是指纳入省、自治区、直辖市、计划单列市人民政府及新疆生产建设兵团批准的公租房发展规划和年度计划,以及按照《关于加快发展公共租赁住房的指导意见》(建保[2010]87号)和市、县人民政府制定的具体管理办法进行管理的公租房。不同时符合上述条件的公租房不得享受上述税收优惠政策。

7.2.5.10 职工福利费、职工教育经费、工会经费税前扣除范围及标准

(1)职工福利费

企业发生的职工福利费支出,不超过工资薪金总额14%的部分,准予扣除②。

①职工福利费范围

企业所得税法实施条例第四十条规定的企业职工福利费,包括以下内容③:

Ⅰ 尚未实行分离办社会职能的企业,其内设福利部门所发生的设备、设施和人员费用,包括职工食堂、职工浴室、理发室、医务所、托儿所、疗养院等集体福利部门的设备、设施及维修保养费用和福利部门工作人员的工资薪金、社会保险费、住房公积金、劳务费等④。

Ⅱ 为职工卫生保健、生活、住房、交通等所发放的各项补贴和非货币性福利,包括企业向职工发放的因公外地就医费用、未实行医疗统筹企业职工医疗费用、职工供养直系亲属医疗补贴、供暖费补贴、职工防暑降温费、职工困难补贴、救济费、职工食堂经费补贴、职工交通补贴等⑤。

Ⅲ 按照其他规定发生的其他职工福利费,包括丧葬补助费、抚恤费、安家费、探亲假路费等⑥。

企业发生的职工福利费,应该单独设置账册,进行准确核算。没有单独设置账册准确核算的,税务机关应责令企业在规定的期限内进行改正。逾期仍未改正的,税务机关可对企业发生的职工福利费进行合理的核定⑦。

②以前年度职工福利费的税前扣除处理

企业2008年以前按照规定计提但尚未使用的职工福利费余额,2008年及以后年度发生的职工福利费,应首先冲减上述的职工福利费余额,不足部分按新税法规定扣除;仍有余额的,继续留在以后年度使用。企业2008年以前节余的职工福利费,已在税前扣除,属于职工权益,如果改变用途的,应调整增加企业应纳税所得额⑧。

(2)职工教育经费

除国务院财政、税务主管部门另有规定外,企业发生的职工教育经费支出,不超过工资薪金总额2.5%的部分,准予扣除;超过部分,准予在以后纳税年度结转扣除⑨。

---

① 《财政部 国家税务总局关于支持公共租赁住房建设和运营有关税收优惠政策的通知》(财税[2010]88号,2010年9月27日)。该文件自发文之日起执行,执行期限暂定三年,政策到期后将根据公租房建设和运营情况对有关内容加以完善。

② 《中华人民共和国企业所得税法实施条例》(中华人民共和国国务院令第512号,2007年12月6日)第四十条。

③ 《国家税务总局关于企业工资薪金及职工福利费扣除问题的通知》(国税函[2009]3号,2009年1月4日)。

④ 《国家税务总局关于企业工资薪金及职工福利费扣除问题的通知》(国税函[2009]3号,2009年1月4日)。

⑤ 《国家税务总局关于企业工资薪金及职工福利费扣除问题的通知》(国税函[2009]3号,2009年1月4日)。

⑥ 《国家税务总局关于企业工资薪金及职工福利费扣除问题的通知》(国税函[2009]3号,2009年1月4日)。

⑦ 《国家税务总局关于企业工资薪金及职工福利费扣除问题的通知》(国税函[2009]3号,2009年1月4日)。

⑧ 《国家税务总局关于做好2007年度企业所得税汇算清缴工作的补充通知》(国税函[2008]264号,2008年3月24日)。《国家税务总局关于企业所得税若干税务事项衔接问题的通知》(国税函[2009]98号,2009年2月27日)。

⑨ 《中华人民共和国企业所得税法实施条例》(中华人民共和国国务院令第512号,2007年12月6日)第四十二条。

对于在 2008 年以前已经计提但尚未使用的职工教育经费余额,2008 年及以后新发生的职工教育经费应先从余额中冲减。仍有余额的,留在以后年度继续使用①。

(3)工会经费

企业拨缴的工会经费,不超过工资薪金总额 2%的部分,准予扣除②。

从 2010 年 7 月 1 日起,启用财政部统一印制并套印财政部票据监制章的《工会经费收入专用收据》,同时废止《工会经费拨缴款专用收据》,企业拨缴的职工工会经费,不超过工资薪金总额 2%的部分,须凭工会组织开具的《工会经费收入专用收据》在企业所得税税前扣除③。

7.2.5.11　业务招待费、广告费、业务宣传费税前扣除范围及标准

(1)业务招待费

①一般规定

企业发生的与生产经营活动有关的业务招待费支出,按照发生额的 60% 扣除,但最高不得超过当年销售(营业)收入的 5‰④。

企业在计算业务招待费时,其销售(营业)收入额应包括企业所得税法实施条例第二十五条规定的视同销售(营业)收入额⑤。

②部分行业特殊规定

对从事股权投资业务的企业(包括集团公司总部、创业投资企业等),其从被投资企业所分配的股息、红利以及股权转让收入,可以按规定的比例计算业务招待费扣除限额⑥。

(2)广告费和业务宣传费

①一般规定

企业发生的符合条件的广告费和业务宣传费支出,除国务院财政、税务主管部门另有规定外,不超过当年销售(营业)收入 15%的部分,准予扣除;超过部分,准予在以后纳税年度结转扣除⑦。

企业在计算广告费和业务宣传费等费用扣除限额时,其销售(营业)收入额应包括企业所得税法实施条例第二十五条规定的视同销售(营业)收入额⑧。

②部分行业特殊规定

2008 年 1 月 1 日至 2010 年 12 月 31 日,部分行业的广告费和业务宣传费税前扣除执行如下规定⑨:

Ⅰ　对化妆品制造、医药制造和饮料制造(不含酒类制造,下同)企业发生的广告费和业务宣传费支出,不超过当年销售(营业)收入 30%的部分,准予扣除;超过部分,准予在以后纳税年度结转扣除。

Ⅱ　对采取特许经营模式的饮料制造企业,饮料品牌使用方发生的不超过当年销售(营业)收入 30%的广告费和业务宣传费支出可以在本企业扣除,也可以将其中的部分或全部归集至饮料品牌持有方或管理方,由饮料品牌持有方或管理方作为销售费用据实在企业所得税前扣除。饮料品牌持有方或管理方在计算本企业广告费和业务宣传费支出企业所得税税前扣除限额时,可将饮料品牌使用方归集至本企业的广告费和业务宣传费剔除。饮料品牌持有方或管理方应当将上述广告费和业务宣传费单独核算,并将品牌使用方当年销售(营

---

① 《国家税务总局关于企业所得税若干税务事项衔接问题的通知》(国税函[2009]98 号,2009 年 2 月 27 日)。
② 《中华人民共和国企业所得税法实施条例》(中华人民共和国国务院令第 512 号,2007 年 12 月 6 日)第四十一条。
③ 《国家税务总局关于工会经费企业所得税税前扣除凭据问题的公告》(国家税务总局公告 2010 年第 24 号,2010 年 11 月 9 日)。
④ 《中华人民共和国企业所得税法实施条例》(中华人民共和国国务院令第 512 号,2007 年 12 月 6 日)第四十三条。
⑤ 《国家税务总局关于企业所得税执行中若干税务处理问题的通知》(国税函[2009]202 号,2009 年 4 月 21 日)。
⑥ 《国家税务总局关于贯彻落实企业所得税法若干税收问题的通知》(国税函[2010]79 号,2010 年 2 月 22 日)。
⑦ 《中华人民共和国企业所得税法实施条例》(中华人民共和国国务院令第 512 号,2007 年 12 月 6 日)第四十四条。
⑧ 《国家税务总局关于企业所得税执行中若干税务处理问题的通知》(国税函[2009]202 号,2009 年 4 月 21 日)。
⑨ 《财政部 国家税务总局关于部分行业广告费和业务宣传费税前扣除政策的通知》(财税[2009]72 号,2009 年 7 月 31 日)。

业)收入数据资料以及广告费和业务宣传费支出的证明材料专案保存以备检查。

上述所称饮料企业特许经营模式指由饮料品牌持有方或管理方授权品牌使用方在指定地区生产及销售其产成品,并将可以由双方共同为该品牌产品承担的广告费及业务宣传费用统一归集至品牌持有方或管理方承担的营业模式。

Ⅲ 烟草企业的烟草广告费和业务宣传费支出,一律不得在计算应纳税所得额时扣除。

③以前年度广告费的税前扣除处理

企业在 2008 年以前按照原政策规定已发生但尚未扣除的广告费,2008 年实行新税法后,其尚未扣除的余额,加上当年度新发生的广告费和业务宣传费后,按照新税法规定的比例计算扣除①。

7.2.5.12 佣金和手续费支出税前扣除范围及标准

(1)税前扣除限额标准

企业发生与生产经营有关的手续费及佣金支出,不超过以下规定限额以内的部分准予扣除,超过部分不得扣除②:

①保险企业

财产保险企业按当年全部保费收入扣除退保金等后余额的 15%(含本数,下同)计算限额;人身保险企业按当年全部保费收入扣除退保金等后余额的 10% 计算限额。

财产保险股份有限公司通过银行委托销售非寿险投资型保险产品而支付的手续费用,可在其全部应收取的全部款项 8% 的比例以内据实扣除③。

②其他企业

按与具有合法经营资格中介服务机构或个人(不含交易双方及其雇员、代理人和代表人等)所签订服务协议或合同确认的收入金额的 5% 计算

限额。

(2)税前扣除范围及管理规定④

①企业应与具有合法经营资格中介服务企业或个人签订代办协议或合同,并按国家有关规定支付手续费及佣金。除委托个人代理外,企业以现金等非转账方式支付的手续费及佣金不得在税前扣除。

②企业为发行权益性证券支付给有关证券承销机构的手续费及佣金不得在税前扣除。

③企业不得将手续费及佣金支出计入回扣、业务提成、返利、进场费等费用。

④企业已计入固定资产、无形资产等相关资产的手续费及佣金支出,应当通过折旧、摊销等方式分期扣除,不得在发生当期直接扣除。

⑤企业支付的手续费及佣金不得直接冲减服务协议或合同金额,并如实入账。

⑥企业应当如实向当地主管税务机关提供当年手续费及佣金计算分配表和其他相关资料,并依法取得合法真实凭证。

7.2.5.13 中小企业信用担保机构准备金税前扣除范围及标准⑤

中小企业信用担保机构可按照不超过当年年末担保责任余额 1% 的比例计提担保赔偿准备,允许在企业所得税税前扣除。

中小企业信用担保机构可按照不超过当年担保费收入 50% 的比例计提未到期责任准备,允许在企业所得税税前扣除,同时将上年度计提的未到期责任准备余额转为当期收入。

中小企业信用担保机构是指以中小企业为服务对象的信用担保机构。

中小企业信用担保机构实际发生的代偿损失,应依次冲减已在税前扣除的担保赔偿准备和在税

---

① 《国家税务总局关于企业所得税若干税务事项衔接问题的通知》(国税函〔2009〕98 号,2009 年 2 月 27 日)。
② 《财政部 国家税务总局关于企业手续费及佣金支出税前扣除政策的通知》(财税〔2009〕29 号,2009 年 3 月 19 日)。
③ 《国家税务总局关于财产保险公司非寿险投资型保险产品手续费支出税前扣除问题的批复》(国税函〔2008〕1069 号)。
④ 《财政部 国家税务总局关于企业手续费及佣金支出税前扣除政策的通知》(财税〔2009〕29 号,2009 年 3 月 19 日)。
⑤ 《财政部 国家税务总局关于中小企业信用担保机构有关准备金税前扣除问题的通知》(财税〔2009〕62 号,2009 年 6 月 1 日)。

后利润中提取的一般风险准备,不足冲减部分据实在企业所得税税前扣除。

7.2.5.14　保险公司准备金税前扣除范围及标准

2008 年 1 月 1 日至 2010 年 12 月 31 日,保险公司准备金支出税前扣除按下述规定执行[①]:

（1）保险保障基金税前扣除

①保险公司按下列规定缴纳的保险保障基金,准予据实税前扣除:

Ⅰ 非投资型财产保险业务,不得超过保费收入的 0.8%;投资型财产保险业务,有保证收益的,不得超过业务收入的 0.08%,无保证收益的,不得超过业务收入的 0.05%。

Ⅱ 有保证收益的人寿保险业务,不得超过业务收入的 0.15%;无保证收益的人寿保险业务,不得超过业务收入的 0.05%。

Ⅲ 短期健康保险业务,不得超过保费收入的 0.8%;长期健康保险业务,不得超过保费收入的 0.15%。

Ⅳ 非投资型意外伤害保险业务,不得超过保费收入的 0.8%;投资型意外伤害保险业务,有保证收益的,不得超过业务收入的 0.08%,无保证收益的,不得超过业务收入的 0.05%。

保险保障基金,是指按照《中华人民共和国保险法》和《保险保障基金管理办法》（保监会、财政部、人民银行令 2008 年第 2 号）规定缴纳形成的,在规定情形下用于救助保单持有人、保单受让公司或者处置保险业风险的非政府性行业风险救助基金。

保费收入,是指投保人按照保险合同约定,向保险公司支付的保险费。

业务收入,是指投保人按照保险合同约定,为购买相应的保险产品支付给保险公司的全部金额。

非投资型财产保险业务,是指仅具有保险保障功能而不具有投资理财功能的财产保险业务。

投资型财产保险业务,是指兼具有保险保障与投资理财功能的财产保险业务。

有保证收益,是指保险产品在投资收益方面提供固定收益或最低收益保障。

无保证收益,是指保险产品在投资收益方面不提供收益保证,投保人承担全部投资风险。

②保险公司有下列情形之一的,其缴纳的保险保障基金不得在税前扣除:

Ⅰ 财产保险公司的保险保障基金余额达到公司总资产 6% 的。

Ⅱ 人身保险公司的保险保障基金余额达到公司总资产 1% 的。

（2）未到期责任准备金、寿险责任准备金、长期健康险责任准备金、未决赔款准备金税前扣除

保险公司按规定提取的未到期责任准备金、寿险责任准备金、长期健康险责任准备金、未决赔款准备金,准予在税前扣除。

①未到期责任准备金、寿险责任准备金、长期健康险责任准备金依据精算师或出具专项审计报告的中介机构确定的金额提取。

未到期责任准备金,是指保险人为尚未终止的非寿险保险责任提取的准备金。

寿险责任准备金,是指保险人为尚未终止的人寿保险责任提取的准备金。

长期健康险责任准备金,是指保险人为尚未终止的长期健康保险责任提取的准备金。

②未决赔款准备金分已发生已报案未决赔款准备金、已发生未报案未决赔款准备金和理赔费用准备金。

已发生已报案未决赔款准备金,按最高不超过当期已经提出的保险赔款或者给付金额的 100% 提取;已发生未报案未决赔款准备金按不超过当年实际赔款支出额的 8% 提取。

未决赔款准备金,是指保险人为非寿险保险事故已发生尚未结案的赔案提取的准备金。

---

① 《财政部 国家税务总局关于保险公司准备金支出企业所得税税前扣除有关问题的通知》（财税［2009］48 号,2009 年 4 月 17 日）。

已发生已报案未决赔款准备金,是指保险人为非寿险保险事故已经发生并已向保险人提出索赔、尚未结案的赔案提取的准备金。

已发生未报案未决赔款准备金,是指保险人为非寿险保险事故已经发生、尚未向保险人提出索赔的赔案提取的准备金。

理赔费用准备金,是指保险人为非寿险保险事故已发生尚未结案的赔案可能发生的律师费、诉讼费、损失检验费、相关理赔人员薪酬等费用提取的准备金。

③保险公司实际发生的各种保险赔款、给付,应首先冲抵按规定提取的准备金,不足冲抵部分,准予在当年税前扣除。

(3)农业巨灾风险准备金

自 2008 年 1 月 1 日起至 2010 年 12 月 31 日止,保险公司经营中央财政和地方财政保费补贴的种植业险种(简称补贴险种)的,按不超过补贴险种当年保费收入 25% 的比例计提的巨灾风险准备金,准予在企业所得税前据实扣除。具体计算公式如下①:

本年度扣除的巨灾风险准备金 = 本年度保费收入×25% −上年度已在税前扣除的巨灾风险准备金结存余额。

按上述公式计算的数额如为负数,应调增当年应纳税所得额。

保险公司应当按专款专用原则建立健全巨灾风险准备金管理使用制度。在向主管税务机关报送企业所得税纳税申报表时,同时附送巨灾风险准备金提取、使用情况的说明和报表。

7.2.5.15 证券期货行业准备金税前扣除范围及标准

自 2008 年 1 月 1 日起至 2010 年 12 月 31 日,证券行业准备金支出税前扣除按下述规定执行②:

(1)证券类准备金

①证券交易所风险基金

上海、深圳证券交易所依据《证券交易所风险基金管理暂行办法》(证监发[2000]22 号)的有关规定,按证券交易所交易收取经手费的 20%、会员年费的 10% 提取的证券交易所风险基金,在各基金净资产不超过 10 亿元的额度内,准予在企业所得税税前扣除。

②证券结算风险基金

I 中国证券登记结算公司所属上海分公司、深圳分公司依据《证券结算风险基金管理办法》(证监发[2006]65 号)的有关规定,按证券登记结算公司业务收入的 20% 提取的证券结算风险基金,在各基金净资产不超过 30 亿元的额度内,准予在企业所得税税前扣除。

II 证券公司依据《证券结算风险基金管理办法》(证监发[2006]65 号)的有关规定,作为结算会员按人民币普通股和基金成交金额的十万分之三、国债现货成交金额的十万分之一、1 天期国债回购成交额的千万分之五、2 天期国债回购成交额的千万分之十、3 天期国债回购成交额的千万分之十五、4 天期国债回购成交额的千万分之二十、7 天期国债回购成交额的千万分之五十、14 天期国债回购成交额的十万分之一、28 天期国债回购成交额的十万分之二、91 天期国债回购成交额的十万分之六、182 天期国债回购成交额的十万分之十二逐日交纳的证券结算风险基金,准予在企业所得税税前扣除。

③证券投资者保护基金

I 上海、深圳证券交易所依据《证券投资者保护基金管理办法》(证监会令第 27 号)的有关规定,在风险基金分别达到规定的上限后,按交易经手费的 20% 缴纳的证券投资者保护基金,准予在企业所得税税前扣除。

---

① 《财政部 国家税务总局关于保险公司提取农业巨灾风险准备金企业所得税税前扣除问题的通知》(财税[2009]110 号,2009 年 8 月 21 日)。

② 《财政部 国家税务总局关于证券行业准备金支出企业所得税税前扣除有关问题的通知》(财税[2009]33 号,2009 年 4 月 9 日)。

Ⅱ　证券公司依据《证券投资者保护基金管理办法》(证监会令第 27 号)的有关规定,按其营业收入 0.5%—5% 缴纳的证券投资者保护基金,准予在企业所得税税前扣除。

(2)期货类准备金

①期货交易所风险准备金

上海期货交易所、大连商品交易所、郑州商品交易所和中国金融期货交易所依据《期货交易管理条例》(国务院令第 489 号)、《期货交易所管理办法》(证监会令第 42 号)和《商品期货交易财务管理暂行规定》(财商字〔1997〕44 号)的有关规定,分别按向会员收取手续费收入的 20% 计提的风险准备金,在风险准备金余额达到有关规定的额度内,准予在企业所得税税前扣除。

②期货公司风险准备金

期货公司依据《期货公司管理办法》(证监会令第 43 号)和《商品期货交易财务管理暂行规定》(财商字〔1997〕44 号)的有关规定,从其收取的交易手续费收入减去应付期货交易所手续费后的净收入的 5% 提取的期货公司风险准备金,准予在企业所得税税前扣除。

③期货投资者保障基金

Ⅰ　上海期货交易所、大连商品交易所、郑州商品交易所和中国金融期货交易所依据《期货投资者保障基金管理暂行办法》(证监会令第 38 号)的有关规定,按其向期货公司会员收取的交易手续费的 3% 缴纳的期货投资者保障基金,在基金总额达到有关规定的额度内,准予在企业所得税税前扣除。

Ⅱ　期货公司依据《期货投资者保障基金管理暂行办法》(证监会令第 38 号)的有关规定,从其收取的交易手续费中按照代理交易额的千万分之五至千万分之十的比例缴的期货投资者保障基金,在基金总额达到有关规定的额度内,准予在企业所得税税前扣除。

上述准备金如发生清算、退还,应按规定补征企业所得税。

7.2.5.16　金融企业贷款损失准备金和银联特别风险准备金税前扣除范围和标准

(1)一般贷款损失准备金①

自 2008 年 1 月 1 日起至 2010 年 12 月 31 日,政策性银行、商业银行、财务公司和城乡信用社等国家允许从事贷款业务的金融企业提取的贷款损失准备税前扣除政策执行如下规定:

①准予提取贷款损失准备的贷款资产范围

Ⅰ　贷款(含抵押、质押、担保等贷款);

Ⅱ　银行卡透支、贴现、信用垫款(含银行承兑汇票垫款、信用证垫款、担保垫款等)、进出口押汇、同业拆出等各项具有贷款特征的风险资产;

Ⅲ　由金融企业转贷并承担对外还款责任的国外贷款,包括国际金融组织贷款、外国买方信贷、外国政府贷款、日本国际协力银行不附条件贷款和外国政府混合贷款等资产。

金融企业的委托贷款、代理贷款、国债投资、应收股利、上交央行准备金、以及金融企业剥离的债权和股权、应收财政贴息、央行款项等不承担风险和损失的资产,不得提取贷款损失准备在税前扣除。

②金融企业准予当年税前扣除的贷款损失准备计算公式

准予当年税前扣除的贷款损失准备 = 本年末准予提取贷款损失准备的贷款资产余额×1% − 截至上年末已在税前扣除的贷款损失准备余额

金融企业按上述公式计算的数额如为负数,应当相应调增当年应纳税所得额。

③金融企业发生的符合条件的贷款损失,按规定报经税务机关审批后,应先冲减已在税前扣除的贷款损失准备,不足冲减部分可据实在计算当年应纳税所得额时扣除。

---

① 《财政部 国家税务总局关于金融企业贷款损失准备金企业所得税税前扣除有关问题的通知》(财税〔2009〕64 号,2009 年 4 月 30 日)。

（2）涉农贷款和中小企业贷款损失准备金①

自 2008 年 1 月 1 日起至 2010 年 12 月 31 日止，金融企业根据《贷款风险分类指导原则》（银发[2001]416 号），对其涉农贷款和中小企业贷款进行风险分类后，按照以下比例计提的贷款损失专项准备金，准予在计算应纳税所得额时扣除：

关注类贷款，计提比例为 2%；

次级类贷款，计提比例为 25%；

可疑类贷款，计提比例为 50%；

损失类贷款，计提比例为 100%。

①涉农贷款，是指《涉农贷款专项统计制度》（银发[2007]246 号）统计的以下贷款：

Ⅰ 农户贷款。农户贷款，是指金融企业发放给农户的所有贷款。农户贷款的判定应以贷款发放时的承贷主体是否属于农户为准。农户，是指长期（一年以上）居住在乡镇（不包括城关镇）行政管理区域内的住户，还包括长期居住在城关镇所辖行政村范围内的住户和户口不在本地而在本地居住一年以上的住户，国有农场的职工和农村个体工商户。位于乡镇（不包括城关镇）行政管理区域内和在城关镇所辖行政村范围内的国有经济的机关、团体、学校、企事业单位的集体户；有本地户口，但举家外出谋生一年以上的住户，无论是否保留承包耕地均不属于农户。农户以户为统计单位，既可以从事农业生产经营，也可以从事非农业生产经营。

Ⅱ 农村企业及各类组织贷款。农村企业及各类组织贷款，是指金融企业发放给注册地位于农村区域的企业及各类组织的所有贷款。农村区域，是指除地级及以上城市的城市行政区及其市辖建制镇之外的区域。

②中小企业贷款，是指金融企业对年销售额和资产总额均不超过 2 亿元的企业的贷款。

金融企业发生的符合条件的涉农贷款和中小企业贷款损失，应先冲减已在税前扣除的贷款损失

准备金，不足冲减部分可据实在计算应纳税所得额时扣除。

（3）中国银联特别风险准备金税前扣除②

自 2008 年 1 月 1 日至 2010 年 12 月 31 日，中国银联股份有限公司提取的特别风险准备金，按以下办法实行税前扣除：

①特别风险准备金扣除条件

特别风险准备金同时符合下列条件的，允许税前扣除：

Ⅰ 按可能承担风险和损失的银行卡跨行交易清算总额（简称清算总额）计算提取。

清算总额的具体范围包括：ATM 取现交易清算额、POS 消费交易清算额、网上交易清算额、跨行转账交易清算额和其他支付服务清算额。

Ⅱ 按照纳税年度末清算总额的 0.1‰计算提取。具体计算公式如下：

本年度提取的特别风险准备金 = 本年末清算总额×0.1‰ - 上年末已在税前扣除的特别风险准备金余额

中国银联按上述公式计算提取的特别风险准备金余额未超过注册资本 20%，可据实在税前扣除；超过注册资本的 20% 的部分不得在税前扣除。

Ⅲ 由中国银联总部统一计算提取。

Ⅳ 中国银联总部在向主管税务机关报送企业所得税纳税申报表时，同时附送特别风险准备金提取情况的说明和报表。

②特别风险准备金扣除管理

Ⅰ 中国银联发生的特别风险损失，由中国银联分公司在年度终了 45 日内按规定向当地主管税务机关申报。凡未申报或未按规定申报的，则视为其主动放弃权益，不得在以后年度再用特别风险准备金偿付。

Ⅱ 中国银联分公司发生的特别风险损失经当地主管税务机关审核确认后，报送中国银联总部，

① 《财政部 国家税务总局关于金融企业涉农贷款和中小企业贷款损失准备金税前扣除政策的通知》（财税[2009]99 号，2009 年 8 月 21 日）。

② 《财政部 国家税务总局关于中国银联股份有限公司特别风险准备金税前扣除问题的通知》（财税[2010]25 号，2010 年 5 月 14 日）。

由中国银联总部用税前提取的特别风险准备金统一计算扣除,税前提取的特别风险准备不足扣除的,其不足部分可直接在税前据实扣除。

Ⅲ 中国银联总部除提取的特别风险准备金可以在税前按规定扣除外,提取的其他资产减值准备金或风险准备金不得在税前扣除。

7.2.5.17　母子公司间提供服务支付费用税前扣除范围①

母公司为其子公司提供各种服务而发生的费用,应按照独立企业之间公平交易原则确定服务的价格,作为企业正常的劳务费用进行税务处理。母子公司未按照独立企业之间的业务往来收取价款的,税务机关有权予以调整。

母公司向其子公司提供各项服务,双方应签订服务合同或协议,明确规定提供服务的内容、收费标准及金额等,凡按上述合同或协议规定所发生的服务费,母公司应作为营业收入申报纳税;子公司作为成本费用在税前扣除。

母公司向其多个子公司提供同类项服务,其收取的服务费可以采取分项签订合同或协议收取;也可以采取服务分摊协议的方式,即,由母公司与各子公司签订服务费用分摊合同或协议,以母公司为其子公司提供服务所发生的实际费用并附加一定比例利润作为向子公司收取的总服务费,在各服务受益子公司(包括盈利企业、亏损企业和享受减免税企业)之间按企业所得税法第四十一条第二款规定合理分摊。

母公司以管理费形式向子公司提取费用,子公司因此支付给母公司的管理费,不得在税前扣除。

子公司申报税前扣除向母公司支付的服务费用,应向主管税务机关提供与母公司签订的服务合同或者协议等与税前扣除该项费用相关的材料。

不能提供相关材料的,支付的服务费用不得税前扣除。

7.2.5.18　石油石化企业办社会支出税前扣除范围②

自 2009 年 1 月 1 日至 2013 年 12 月 31 日,中国石油天然气集团公司(简称石油集团)、中国石油化工集团公司(简称石化集团)所属企业通过关联交易形式从其对应的中国石油天然气股份有限公司(简称石油股份)、中国石油化工股份有限公司(简称石化股份)所属分公司取得的用于企业矿区所在地市政、公交、环卫、非义务教育、医疗、消防、自有供暖、社区管理等社会性支出资金,应作为企业的收入计入当期应纳税所得额;石油股份、石化股份所属分公司以关联交易形式支付给其对应的石油集团、石化集团所属企业的上述社会性支出,在不高于关联交易协议规定限额内的部分,可以在当期计算应纳税所得额时扣除,超过部分不得扣除。

石油集团、石化集团所属企业发生的用于企业矿区所在地市政、公交、环卫、非义务教育、医疗、自有供暖、社区管理等社会性支出,可以在当期计算应纳税所得额时据实扣除。

7.2.5.19　不准予税前扣除的项目

在计算应纳税所得额时,下列支出不得扣除③:

(1)向投资者支付的股息、红利等权益性投资收益款项。

(2)企业所得税税款。

(3)税收滞纳金。

(4)罚金、罚款和被没收财物的损失。

(5)企业所得税法第九条规定以外的捐赠支出。

---

① 《国家税务总局关于母子公司间提供服务支付费用有关企业所得税处理问题的通知》(国税发〔2008〕86 号,2008 年 8 月 14 日)。

② 《财政部 国家税务总局关于石油石化企业办社会支出有关企业所得税政策的通知》(财税〔2010〕93 号,2010 年 10 月 25 日)。

③ 《中华人民共和国企业所得税法》(2007 年 3 月 16 日第十届全国人民代表大会第五次会议通过,中华人民共和国主席令第六十三号公布)第十条。

（6）赞助支出，即企业发生的与生产经营活动无关的各种非广告性质支出。

（7）未经核定的准备金支出。

未经核定的准备金支出，是指不符合国务院财政、税务主管部门规定的各项资产减值准备、风险准备等准备金支出①。

除财政部和国家税务总局核准计提的准备金可以税前扣除外，其他行业、企业计提的各项资产减值准备、风险准备等准备金均不得税前扣除②。

2008 年 1 月 1 日前按照原企业所得税法规定计提的各类准备金，2008 年 1 月 1 日以后，未经财政部和国家税务总局核准的，企业以后年度实际发生的相应损失，应先冲减各项准备金余额③。

（8）企业之间支付的管理费、企业内营业机构之间支付的租金和特许权使用费，以及非银行企业内营业机构之间支付的利息，不得扣除④。

（9）企业由于投资者投资未到位而发生的利息支出⑤。

凡企业投资者在规定期限内未缴足其应缴资本额的，该企业对外借款所发生的利息，相当于投资者实缴资本额与在规定期限内应缴资本额的差额应计付的利息，其不属于企业合理的支出，应由企业投资者负担，不得在计算企业应纳税所得额时扣除。

具体计算不得扣除的利息，应以企业一个年度内每一账面实收资本与借款余额保持不变的期间作为一个计算期，每一计算期内不得扣除的借款利息按该期间借款利息发生额乘以该期间企业未缴足的注册资本占借款总额的比例计算：

企业每一计算期不得扣除的借款利息 = 该期间借款利息额×该期间未缴足注册资本额÷该期间借款额

企业一个年度内不得扣除的借款利息总额为该年度内每一计算期不得扣除的借款利息额之和。

（10）与取得收入无关的其他支出⑥。

7.2.6 资产的税务处理

7.2.6.1 资产计税基础的一般规定

（1）企业的各项资产，包括固定资产、生物资产、无形资产、长期待摊费用、投资资产、存货等，以历史成本为计税基础。历史成本，是指企业取得该项资产时实际发生的支出。企业持有各项资产期间资产增值或者减值，除国务院财政、税务主管部门规定可以确认损益外，不得调整该资产的计税基础⑦。

企业以公允价值计量的金融资产、金融负债以及投资性房地产等，持有期间公允价值的变动不计入应纳税所得额，在实际处置或结算时，处置取得的价款扣除其历史成本后的差额应计入处置或结算期间的应纳税所得额⑧。

（2）企业转让资产，该项资产的净值，准予在

---

① 《中华人民共和国企业所得税法实施条例》（中华人民共和国国务院令第 512 号，2007 年 12 月 6 日）第五十五条。

② 《国家税务总局关于企业所得税执行中若干税务处理问题的通知》（国税函〔2009〕202 号，2009 年 4 月 21 日）。

③ 《国家税务总局关于企业所得税执行中若干税务处理问题的通知》（国税函〔2009〕202 号，2009 年 4 月 21 日）。

④ 《中华人民共和国企业所得税法实施条例》（中华人民共和国国务院令第 512 号，2007 年 12 月 6 日）第四十九条。

⑤ 《国家税务总局关于企业投资者投资未到位而发生的利息支出企业所得税前扣除问题的批复》（国税函〔2009〕312 号，2009 年 6 月 4 日）。

⑥ 《中华人民共和国企业所得税法》（2007 年 3 月 16 日第十届全国人民代表大会第五次会议通过，中华人民共和国主席令第六十三号公布）第十条。

⑦ 《中华人民共和国企业所得税法实施条例》（中华人民共和国国务院令第 512 号，2007 年 12 月 6 日）第五十六条。此前，《财政部 国家税务总局关于执行〈企业会计准则〉有关企业所得税政策问题的通知》（财税〔2007〕80 号，2007 年 7 月 7 日）规定，企业以公允价值计量的金融资产、金融负债以及投资性房地产等，持有期间公允价值的变动不计入应纳税所得额，在实际处置或结算时，处置取得的价款扣除其历史成本后的差额应计入处置或结算期间的应纳税所得额。根据《财政部关于公布废止和失效的财政规章和规范性文件目录（第十一批）的决定》（财政部令第 62 号，2011 年 2 月 21 日），财税〔2007〕80 号被公布废止。

⑧ 《财政部 国家税务总局关于〈企业会计准则〉有关企业所得税政策问题的通知》（财税〔2007〕80 号，2007 年 7 月 7 日）。

计算应纳税所得额时扣除①。

资产的净值是指有关资产、财产的计税基础减除已经按照规定扣除的折旧、折耗、摊销、准备金等后的余额②。

7.2.6.2　固定资产的税务处理

（1）固定资产的范围

固定资产，是指企业为生产产品、提供劳务、出租或者经营管理而持有的、使用时间超过 12 个月的非货币性资产，包括房屋、建筑物、机器、机械、运输工具以及其他与生产经营活动有关的设备、器具、工具等③。

（2）固定资产的计税基础

固定资产按照以下方法确定计税基础④：

①外购的固定资产，以购买价款和支付的相关税费以及直接归属于使该资产达到预定用途发生的其他支出为计税基础。

②自行建造的固定资产，以竣工结算前发生的支出为计税基础。

③融资租入的固定资产，以租赁合同约定的付款总额和承租人在签订租赁合同过程中发生的相关费用为计税基础，租赁合同未约定付款总额的，以该资产的公允价值和承租人在签订租赁合同过程中发生的相关费用为计税基础。

④盘盈的固定资产，以同类固定资产的重置完全价值为计税基础。

⑤通过捐赠、投资、非货币性资产交换、债务重组等方式取得的固定资产，以该资产的公允价值和支付的相关税费为计税基础。

⑥改建的固定资产，除已足额提取折旧的固定

资产的改建支出和租入固定资产的改建支出外，以改建过程中发生的改建支出增加计税基础。

⑦企业固定资产投入使用后，由于工程款项尚未结清未取得全额发票的，可暂按合同规定的金额计入固定资产计税基础计提折旧，待发票取得后进行调整。但该项调整应在固定资产投入使用后 12 个月内进行⑤。

（3）固定资产的折旧

①固定资产折旧范围

在计算应纳税所得额时，企业按照规定计算的固定资产折旧，准予扣除。下列固定资产不得计算折旧扣除⑥：

Ⅰ　房屋、建筑物以外未投入使用的固定资产；

Ⅱ　以经营租赁方式租入的固定资产；

Ⅲ　以融资租赁方式租出的固定资产；

Ⅳ　已足额提取折旧仍继续使用的固定资产；

Ⅴ　与经营活动无关的固定资产；

Ⅵ　单独估价作为固定资产入账的土地；

Ⅶ　其他不得计算折旧扣除的固定资产。

②固定资产折旧方法及年限

固定资产按照直线法计算的折旧，准予扣除⑦。

企业应当自固定资产投入使用月份的次月起计算折旧；停止使用的固定资产，应当自停止使用月份的次月起停止计算折旧⑧。

企业应当根据固定资产的性质和使用情况，合理确定固定资产的预计净残值。固定资产的预计净残值一经确定，不得变更⑨。

除国务院财政、税务主管部门另有规定外，固

①　《中华人民共和国企业所得税法》(2007 年 3 月 16 日第十届全国人民代表大会第五次会议通过，中华人民共和国主席令第六十三号公布)第十六条。

②　《中华人民共和国企业所得税法实施条例》(中华人民共和国国务院令第 512 号，2007 年 12 月 6 日)第七十四条。

③　《中华人民共和国企业所得税法实施条例》(中华人民共和国国务院令第 512 号，2007 年 12 月 6 日)第五十七条。

④　《中华人民共和国企业所得税法实施条例》(中华人民共和国国务院令第 512 号，2007 年 12 月 6 日)第五十八条。

⑤　《国家税务总局关于贯彻落实企业所得税法若干税收问题的通知》(国税函[2010]79 号，2010 年 2 月 22 日)。

⑥　《中华人民共和国企业所得税法》(2007 年 3 月 16 日第十届全国人民代表大会第五次会议通过，中华人民共和国主席令第六十三号公布)第十一条。

⑦　《中华人民共和国企业所得税法实施条例》(中华人民共和国国务院令第 512 号，2007 年 12 月 6 日)第五十九条。

⑧　《中华人民共和国企业所得税法实施条例》(中华人民共和国国务院令第 512 号，2007 年 12 月 6 日)第五十九条。

⑨　《中华人民共和国企业所得税法实施条例》(中华人民共和国国务院令第 512 号，2007 年 12 月 6 日)第五十九条。

定资产计算折旧的最低年限为①：

Ⅰ 房屋、建筑物，为 20 年；

Ⅱ 飞机、火车、轮船、机器、机械和其他生产设备，为 10 年；

Ⅲ 与生产经营活动有关的器具、工具、家具等，为 5 年；

Ⅳ 飞机、火车、轮船以外的运输工具，为 4 年；

Ⅴ 电子设备，为 3 年。

新税法实施前已投入使用的固定资产，企业已按原税法规定预计净残值并计提的折旧，不做调整。新税法实施后，对此类继续使用的固定资产，可以重新确定其残值，并就其尚未计提折旧的余额，按照新税法规定的折旧年限减去已经计提折旧的年限后的剩余年限，按照新税法规定的折旧方法计算折旧。新税法实施后，固定资产原确定的折旧年限不违背新税法规定原则的，也可以继续执行②。

（4）油（气）资源企业费用和有关固定资产折耗摊销、折旧的税务处理

从事开采石油、天然气等矿产资源的企业，在开始商业性生产前发生的费用和有关固定资产可按国务院财政、税务主管部门规定方法折耗、折旧③。

费用和有关固定资产，是指油气企业在开始商业性生产前取得矿区权益和勘探、开发的支出所形成的费用和固定资产。所称商业性生产，是指油（气）田（井）经过勘探、开发、稳定生产并商业销售石油、天然气的阶段。开采石油、天然气（包括煤层气，下同）的矿产资源油气企业（简称油气企业）在开始商业性生产前发生的费用和有关固定资产

的折耗、摊销、折旧方法按如下规定执行④：

①矿区权益支出的折耗

Ⅰ 矿区权益支出，是指油气企业为了取得在矿区内的探矿权、采矿权、土地或海域使用权等所发生的各项支出，包括有偿取得各类矿区权益的使用费、相关中介费或其他可直接归属于矿区权益的合理支出。

Ⅱ 油气企业在开始商业性生产前发生的矿区权益支出，可在发生的当期，从本企业其他油（气）田收入中扣除；或者自对应的油（气）田开始商业性生产月份的次月起，分 3 年按直线法计提的折耗准予扣除。

Ⅲ 油气企业对其发生的矿区权益支出未选择在发生的当期扣除的，由于未发现商业性油（气）构造而终止作业，其尚未计提折耗的剩余部分，可在终止作业的当年作为损失扣除。

②关于勘探支出的摊销

Ⅰ 勘探支出，是指油气企业为了识别勘探区域或探明油气储量而进行的地质调查、地球物理勘探、钻井勘探活动以及其他相关活动所发生的各项支出。

Ⅱ 油气企业在开始商业性生产前发生的勘探支出（不包括预计可形成资产的钻井勘探支出），可在发生的当期，从本企业其他油（气）田收入中扣除；或者自对应的油（气）田开始商业性生产月份的次月起，分 3 年按直线法计提的摊销准予扣除。

Ⅲ 油气企业对其发生的勘探支出未选择在发生的当期扣除的，由于未发现商业性油（气）构造而终止作业，其尚未摊销的剩余部分，可在终止作

① 《中华人民共和国企业所得税法实施条例》（中华人民共和国国务院令第 512 号，2007 年 12 月 6 日）第六十条。

② 《国家税务总局关于企业所得税若干税务事项衔接问题的通知》（国税函〔2009〕98 号，2009 年 2 月 27 日）。

③ 《中华人民共和国企业所得税法实施条例》（中华人民共和国国务院令第 512 号，2007 年 12 月 6 日）第六十一条。

④ 《财政部 国家税务总局关于开采油（气）资源企业费用和有关固定资产折耗 摊销 折旧税务处理问题的通知》（财税〔2009〕49 号，2009 年 4 月 12 日）。该文件自 2009 年 4 月 12 日起实施。《中华人民共和国企业所得税法实施条例》实施之日至 2009 年 4 月 12 日前，油气企业矿区权益、勘探、开发等费用和固定资产的折耗、摊销、折旧方法和年限事项按该文件规定处理。《中华人民共和国企业所得税法实施条例》实施之日前，油气企业矿区权益、勘探、开发等费用和固定资产已发生且开始摊销或计提的折耗、折旧，不做调整。对没有摊销完的费用和继续使用的矿区权益和有关固定资产，可以就其尚未摊销或计提折耗、折旧的余额，按该文件规定处理。

业的当年作为损失扣除。

Ⅳ　油气企业的钻井勘探支出,凡确定该井可作商业性生产,且该钻井勘探支出形成的资产符合企业所得税法实施条例第五十七条规定条件的,应当将该钻井勘探支出结转为开发资产的成本,按照上述第(3)条规定计提折旧。

③关于开发资产的折旧

Ⅰ　开发支出,是指油气企业为了取得已探明矿区中的油气而建造或更新井及相关设施活动所发生的各项支出。

Ⅱ　油气企业在开始商业性生产之前发生的开发支出,可不分用途,全部累计作为开发资产的成本,自对应的油(气)田开始商业性生产月份的次月起,可不留残值,按直线法计提的折旧准予扣除,其最低折旧年限为 8 年。

Ⅲ　油气企业终止本油(气)田生产的,其开发资产尚未计提折旧的剩余部分可在该油(气)田终止生产的当年作为损失扣除。

油气企业应按照规定选择有关费用和资产的折耗、摊销、折旧方法和年限,一经确定,不得变更。

油气企业在本油(气)田进入商业性生产之后对本油(气)田新发生的矿区权益、勘探支出、开发支出,按照上述规定处理。

7.2.6.3　生物资产的税务处理

(1)生产性生物资产范围及其计税基础

生产性生物资产,是指企业为生产农产品、提供劳务或者出租等而持有的生物资产,包括经济林、薪炭林、产畜和役畜等。生产性生物资产按照以下方法确定计税基础①:

①外购的生产性生物资产,以购买价款和支付的相关税费为计税基础;

②通过捐赠、投资、非货币性资产交换、债务重组等方式取得的生产性生物资产,以该资产的公允价值和支付的相关税费为计税基础。

(2)生产性生物资产的折旧方法和折旧年限

①生产性生物资产按照直线法计算的折旧,准予扣除。企业应当自生产性生物资产投入使用月份的次月起计算折旧;停止使用的生产性生物资产,应当自停止使用月份的次月起停止计算折旧。企业应当根据生产性生物资产的性质和使用情况,合理确定生产性生物资产的预计净残值。生产性生物资产的预计净残值一经确定,不得变更②。

②生产性生物资产计算折旧的最低年限为③:

Ⅰ　林木类生产性生物资产,为 10 年;

Ⅱ　畜类生产性生物资产,为 3 年。

7.2.6.4　无形资产的税务处理

(1)无形资产及其计税基础

无形资产,是指企业为生产产品、提供劳务、出租或者经营管理而持有的、没有实物形态的非货币性长期资产,包括专利权、商标权、著作权、土地使用权、非专利技术、商誉等④。

无形资产按照以下方法确定计税基础⑤:

①外购的无形资产,以购买价款和支付的相关税费以及直接归属于使该资产达到预定用途发生的其他支出为计税基础。

②自行开发的无形资产,以开发过程中该资产符合资本化条件后至达到预定用途前发生的支出为计税基础。

③通过捐赠、投资、非货币性资产交换、债务重组等方式取得的无形资产,以该资产的公允价值和支付的相关税费为计税基础。

(2)无形资产的摊销方法及年限

在计算应纳税所得额时,企业按照规定计算的

---

① 《中华人民共和国企业所得税法实施条例》(中华人民共和国国务院令第 512 号,2007 年 12 月 6 日)第六十二条。
② 《中华人民共和国企业所得税法实施条例》(中华人民共和国国务院令第 512 号,2007 年 12 月 6 日)第六十三条。
③ 《中华人民共和国企业所得税法实施条例》(中华人民共和国国务院令第 512 号,2007 年 12 月 6 日)第六十四条。
④ 《中华人民共和国企业所得税法实施条例》(中华人民共和国国务院令第 512 号,2007 年 12 月 6 日)第六十五条。
⑤ 《中华人民共和国企业所得税法实施条例》(中华人民共和国国务院令第 512 号,2007 年 12 月 6 日)第六十六条。

无形资产摊销费用,准予扣除①。

无形资产按照直线法计算的摊销费用,准予扣除②。

无形资产的摊销年限不得低于 10 年。作为投资或者受让的无形资产,有关法律规定或者合同约定了使用年限的,可以按照规定或者约定的使用年限分期摊销③。

(3)不得摊销费用扣除的无形资产

下列无形资产不得计算摊销费用扣除④:

Ⅰ 自行开发的支出已在计算应纳税所得额时扣除的无形资产。

Ⅱ 自创商誉。

外购商誉的支出,在企业整体转让或者清算时,准予扣除⑤。

Ⅲ 与经营活动无关的无形资产。

Ⅳ 其他不得计算摊销费用扣除的无形资产。

7.2.6.5 长期待摊费用的税务处理

(1)长期待摊费用摊销范围

在计算应纳税所得额时,企业发生的下列支出作为长期待摊费用,按照规定摊销的,准予扣除⑥:

Ⅰ 已足额提取折旧的固定资产的改建支出⑦;

Ⅱ 租入固定资产的改建支出⑧;

Ⅲ 固定资产的大修理支出⑨;

Ⅳ 其他应当作为长期待摊费用的支出⑩。

固定资产的改建支出,是指改变房屋或者建筑物结构、延长使用年限等发生的支出⑪。

固定资产的大修理支出,是指同时符合下列两个条件的支出:修理支出达到取得固定资产时的计税基础50%以上;修理后固定资产的使用年限延长 2 年以上⑫。

(2)长期待摊费用的摊销年限

①已足额提取折旧的固定资产的改建支出,按照固定资产预计尚可使用年限分期摊销⑬。

②租入固定资产的改建支出,按照合同约定的剩余租赁期限分期摊销⑭。

③改建的固定资产延长使用年限的,除上述两种情况外,应当适当延长折旧年限⑮。

④固定资产的大修理支出,按照固定资产尚可使用年限分期摊销⑯。

---

① 《中华人民共和国企业所得税法》(2007 年 3 月 16 日第十届全国人民代表大会第五次会议通过,中华人民共和国主席令第六十三号公布)第十二条。

② 《中华人民共和国企业所得税法实施条例》(中华人民共和国国务院令第 512 号,2007 年 12 月 6 日)第六十七条。

③ 《中华人民共和国企业所得税法实施条例》(中华人民共和国国务院令第 512 号,2007 年 12 月 6 日)第六十七条。

④ 《中华人民共和国企业所得税法》(2007 年 3 月 16 日第十届全国人民代表大会第五次会议通过,中华人民共和国主席令第六十三号公布)第十二条。

⑤ 《中华人民共和国企业所得税法实施条例》(中华人民共和国国务院令第 512 号,2007 年 12 月 6 日)第六十七条。

⑥ 《中华人民共和国企业所得税法》(2007 年 3 月 16 日第十届全国人民代表大会第五次会议通过,中华人民共和国主席令第六十三号公布)第十三条。

⑦ 《中华人民共和国企业所得税法》(2007 年 3 月 16 日第十届全国人民代表大会第五次会议通过,中华人民共和国主席令第六十三号公布)第十三条。

⑧ 《中华人民共和国企业所得税法》(2007 年 3 月 16 日第十届全国人民代表大会第五次会议通过,中华人民共和国主席令第六十三号公布)第十三条。

⑨ 《中华人民共和国企业所得税法》(2007 年 3 月 16 日第十届全国人民代表大会第五次会议通过,中华人民共和国主席令第六十三号公布)第十三条。

⑩ 《中华人民共和国企业所得税法》(2007 年 3 月 16 日第十届全国人民代表大会第五次会议通过,中华人民共和国主席令第六十三号公布)第十三条。

⑪ 《中华人民共和国企业所得税法实施条例》(中华人民共和国国务院令第 512 号,2007 年 12 月 6 日)第六十八条。

⑫ 《中华人民共和国企业所得税法实施条例》(中华人民共和国国务院令第 512 号,2007 年 12 月 6 日)第六十九条。

⑬ 《中华人民共和国企业所得税法实施条例》(中华人民共和国国务院令第 512 号,2007 年 12 月 6 日)第六十八条。

⑭ 《中华人民共和国企业所得税法实施条例》(中华人民共和国国务院令第 512 号,2007 年 12 月 6 日)第六十八条。

⑮ 《中华人民共和国企业所得税法实施条例》(中华人民共和国国务院令第 512 号,2007 年 12 月 6 日)第六十八条。

⑯ 《中华人民共和国企业所得税法实施条例》(中华人民共和国国务院令第 512 号,2007 年 12 月 6 日)第六十九条。

⑤其他应当作为长期待摊费用的支出,自支出发生月份的次月起,分期摊销,摊销年限不得低于3 年①。

（3）开办费的税务处理

新税法中开（筹）办费未明确列作长期待摊费用,企业可以在开始经营之日的当年一次性扣除,也可以按照新税法有关长期待摊费用的处理规定处理,但一经选定,不得改变。企业在新税法实施以前年度的未摊销完的开办费,也可根据上述规定处理②。

7.2.6.6　投资资产的税务处理

企业对外投资期间,投资资产的成本在计算应纳税所得额时不得扣除③。

投资资产是指企业对外进行权益性投资和债权性投资形成的资产④。

企业在转让或者处置投资资产时,投资资产的成本,准予扣除。投资资产按照以下方法确定成本⑤:

①通过支付现金方式取得的投资资产,以购买价款为成本。

②通过支付现金以外的方式取得的投资资产,以该资产的公允价值和支付的相关税费为成本。

7.2.6.7　存货资产的税务处理

企业使用或者销售存货,按照规定计算的存货成本,准予在计算应纳税所得额时扣除⑥。

存货,是指企业持有以备出售的产品或者商品、处在生产过程中的在产品、在生产或者提供劳务过程中耗用的材料和物料等。存货按照以下方法确定成本⑦:

①通过支付现金方式取得的存货,以购买价款和支付的相关税费为成本。

②通过支付现金以外的方式取得的存货,以该存货的公允价值和支付的相关税费为成本。

③生产性生物资产收获的农产品,以产出或者采收过程中发生的材料费、人工费和分摊的间接费用等必要支出为成本。

企业使用或者销售的存货的成本计算方法,可以在先进先出法、加权平均法、个别计价法中选用一种。计价方法一经选用,不得随意变更⑧。

7.2.6.8　资产损失税前扣除

（1）一般规定

资产,是指企业拥有或者控制的、用于经营管理活动相关的资产,包括现金、银行存款、应收及预付款项（包括应收票据、各类垫款、企业之间往来款项）等货币性资产,存货、固定资产、无形资产、在建工程、生产性生物资产等非货币性资产,以及债权性投资和股权（权益）性投资⑨。

资产损失,是指企业在生产经营活动中实际发生的、与取得应税收入有关的资产损失,包括现金损失,存款损失,坏账损失,贷款损失,股权投资损失,固定资产和存货的盘亏、毁损、报废、被盗损失,

①　《中华人民共和国企业所得税法实施条例》（中华人民共和国国务院令第 512 号,2007 年 12 月 6 日）第七十条。

②　《国家税务总局关于企业所得税若干税务事项衔接问题的通知》（国税函〔2009〕98 号,2009 年 2 月 27 日）。

③　《中华人民共和国企业所得税法》（2007 年 3 月 16 日第十届全国人民代表大会第五次会议通过,中华人民共和国主席令第六十三号公布）第十四条。

④　《中华人民共和国企业所得税法实施条例》（中华人民共和国国务院令第 512 号,2007 年 12 月 6 日）第七十一条。

⑤　《中华人民共和国企业所得税法实施条例》（中华人民共和国国务院令第 512 号,2007 年 12 月 6 日）第七十一条。

⑥　《中华人民共和国企业所得税法》（2007 年 3 月 16 日第十届全国人民代表大会第五次会议通过,中华人民共和国主席令第六十三号公布）第十五条。

⑦　《中华人民共和国企业所得税法实施条例》（中华人民共和国国务院令第 512 号,2007 年 12 月 6 日）第七十二条。

⑧　《中华人民共和国企业所得税法实施条例》（中华人民共和国国务院令第 512 号,2007 年 12 月 6 日）第七十三条。

⑨　《国家税务总局关于发布〈企业资产损失所得税税前扣除管理办法〉的公告》（国家税务总局公告 2011 年第 25 号,2011 年 3 月 31 日）。此前,《国家税务总局关于印发〈企业资产损失税前扣除管理办法〉的通知》（国税发〔2009〕88 号,2009 年 5 月 4 日）没有明确将无形资产、各类垫款、企业之间往来款项所发生损失的扣除纳入管理办法之中。根据国家税务总局公告 2011 年第 25 号,国税发〔2009〕88 号自 2011 年 1 月 1 日起废止。

自然灾害等不可抗力因素造成的损失以及其他损失①。

（2）现金及货币性资产损失税前扣除②

①企业清查出的现金短缺减除责任人赔偿后的余额，作为现金损失在计算应纳税所得额时扣除。

②企业将货币性资金存入法定具有吸收存款职能的机构，因该机构依法破产、清算，或者政府责令停业、关闭等原因，确实不能收回的部分，作为存款损失在计算应纳税所得额时扣除。

（3）非贷款类债权性资产损失税前扣除

企业除贷款类债权外的应收、预付账款符合下列条件之一的，减除可收回金额后确认的无法收回的应收、预付款项，可以作为坏账损失在计算应纳税所得额时扣除③：

Ⅰ 债务人依法宣告破产、关闭、解散、被撤销，或者被依法注销、吊销营业执照，其清算财产不足清偿的。

Ⅱ 债务人死亡，或者依法被宣告失踪、死亡，其财产或者遗产不足清偿的。

Ⅲ 债务人逾期3年以上未清偿，且有确凿证据证明已无力清偿债务的④。

Ⅳ 与债务人达成债务重组协议或法院批准破产重整计划后，无法追偿的。

Ⅴ 因自然灾害、战争等不可抗力导致无法收回的。

Ⅵ 国务院财政、税务主管部门规定的其他条件。

（4）贷款类债权性资产损失税前扣除

企业经采取所有可能的措施和实施必要的程序之后，符合下列条件之一的贷款类债权，可以作为贷款损失在计算应纳税所得额时扣除⑤：

Ⅰ 借款人和担保人依法宣告破产、关闭、解散、被撤销，并终止法人资格，或者已完全停止经营活动，被依法注销、吊销营业执照，对借款人和担保人进行追偿后，未能收回的债权。

Ⅱ 借款人死亡，或者依法被宣告失踪、死亡，依法对其财产或者遗产进行清偿，并对担保人进行追偿后，未能收回的债权。

Ⅲ 借款人遭受重大自然灾害或者意外事故，损失巨大且不能获得保险补偿，或者以保险赔偿后，确实无力偿还部分或者全部债务，对借款人财产进行清偿和对担保人进行追偿后，未能收回的债权。

Ⅳ 借款人触犯刑律，依法受到制裁，其财产不足归还所借债务，又无其他债务承担者，经追偿后确实无法收回的债权。

Ⅴ 由于借款人和担保人不能偿还到期债务，企业诉诸法律，经法院对借款人和担保人强制执行，借款人和担保人均无财产可执行，法院裁定执行程序终结或终止（中止）后，仍无法收回的债权。

Ⅵ 由于借款人和担保人不能偿还到期债务，企业诉诸法律后，经法院调解或经债权人会议通过，与借款人和担保人达成和解协议或重整协议，在借款人和担保人履行完还款义务后，无法追偿的剩余债权。

Ⅶ 由于上述Ⅰ至Ⅵ项原因借款人不能偿还到期债务，企业依法取得抵债资产，抵债金额小于

① 《财政部 国家税务总局关于企业资产损失税前扣除政策的通知》（财税〔2009〕57号，2009年4月16日）。
② 《财政部 国家税务总局关于企业资产损失税前扣除政策的通知》（财税〔2009〕57号，2009年4月16日）。
③ 《财政部 国家税务总局关于企业资产损失税前扣除政策的通知》（财税〔2009〕57号，2009年4月16日）。
④ 《国家税务总局关于电信企业坏账损失税前扣除问题的通知》（国税函〔2010〕196号，2010年5月12日）曾规定，从事电信业务的企业，其用户应收话费，凡单笔数额较小、拖欠时间超过1年以上没有收回的，由企业统一做出说明后，可作为坏账损失在企业所得税税前扣除。根据《国家税务总局关于发布〈企业资产损失所得税税前扣除管理办法〉的公告》（国家税务总局公告2011年第25号，2011年3月31日），该文自2011年1月1日起废止。
⑤ 《财政部 国家税务总局关于企业资产损失税前扣除政策的通知》（财税〔2009〕57号，2009年4月16日）。此前，《国家税务总局关于做好2007年度企业所得税汇算清缴工作的补充通知》（国税函〔2008〕264号，2008年3月24日）、《国家税务总局关于2007年度企业所得税汇算清缴中金融企业应纳税所得额计算有关问题的通知》》（国税函〔2008〕624号，2008年6月27日）对金融企业呆账损失税前扣除问题进行了规定。

贷款本息的差额,经追偿后仍无法收回的债权。

Ⅷ 开立信用证、办理承兑汇票、开具保函等发生垫款时,凡开证申请人和保证人由于上述 Ⅰ 至 Ⅶ 项原因,无法偿还垫款,金融企业经追偿后仍无法收回的垫款。

Ⅸ 银行卡持卡人和担保人由于上述 Ⅰ 至 Ⅶ 项原因,未能还清透支款项,金融企业经追偿后仍无法收回的透支款项。

Ⅹ 助学贷款逾期后,在金融企业确定的有效追索期限内,依法处置助学贷款抵押物(质押物),并向担保人追索连带责任后,仍无法收回的贷款。

Ⅺ 经国务院专案批准核销的贷款类债权。

Ⅻ 国务院财政、税务主管部门规定的其他条件。

(5)股权投资资产损失税前扣除

企业的股权投资符合下列条件之一的,减除可收回金额后确认的无法收回的股权投资,可以作为股权投资损失,在经确认的损失发生年度,作为企业损失在计算企业应纳税所得额时一次性扣除[①]:

Ⅰ 被投资方依法宣告破产、关闭、解散、被撤销,或者被依法注销、吊销营业执照的。

Ⅱ 被投资方财务状况严重恶化,累计发生巨额亏损,已连续停止经营 3 年以上,且无重新恢复经营改组计划的。

Ⅲ 对被投资方不具有控制权,投资期限届满或者投资期限已超过 10 年,且被投资单位因连续 3 年经营亏损导致资不抵债的。

Ⅳ 被投资方财务状况严重恶化,累计发生巨额亏损,已完成清算或清算期超过 3 年以上的。

Ⅴ 国务院财政、税务主管部门规定的其他条件。

(6)固定资产或存货损失税前扣除[②]

①一般规定

Ⅰ 对企业盘亏的固定资产或存货,以该固定资产的账面净值或存货的成本减除责任人赔偿后的余额,作为固定资产或存货盘亏损失在计算应纳税所得额时扣除。

Ⅱ 对企业毁损、报废的固定资产或存货,以该固定资产的账面净值或存货的成本减除残值、保险赔款和责任人赔偿后的余额,作为固定资产或存货毁损、报废损失在计算应纳税所得额时扣除。

Ⅲ 对企业被盗的固定资产或存货,以该固定资产的账面净值或存货的成本减除保险赔款和责任人赔偿后的余额,作为固定资产或存货被盗损失在计算应纳税所得额时扣除。

Ⅳ 企业因存货盘亏、毁损、报废、被盗等原因不得从增值税销项税额中抵扣的进项税额,可以与存货损失一起在计算应纳税所得额时扣除。

②行业性固定资产损失税前扣除规定[③]

电网企业因加大水电送出和增强电网抵御冰雪能力需要,对原有输电线路进行改造,部分铁塔和线路拆除报废,形成部分固定资产损失,可作为企业固定资产损失允许税前扣除。

上述部分固定资产损失,应按照该固定资产的总计税价格,计算每基铁塔和每公里线路的计税价格后,根据报废的铁塔数量和线路长度以及已计提折旧情况确定。

上述报废的部分固定资产,其中部分能够重新

---

① 《财政部 国家税务总局关于企业资产损失税前扣除政策的通知》(财税[2009]57 号,2009 年 4 月 16 日)。《国家税务总局关于企业股权投资损失所得税处理问题的公告》(国家税务总局公告 2010 年第 6 号,2010 年 7 月 28 日)。其中:国家税务总局公告 2010 年第 6 号自 2010 年 1 月 1 日起执行,该公告发布以前,企业发生的尚未处理的股权投资损失,准予在 2010 年度一次性扣除。此前,《国家税务总局关于做好 2007 年度企业所得税汇算清缴工作的补充通知》(国税函[2008]264 号,2008 年 3 月 24 日)规定,企业因收回、转让或清算处置股权投资而发生的权益性投资转让损失,可以在税前扣除,但每一纳税年度扣除的股权投资损失,不得超过当年实现的股权投资收益和股权投资转让所得,超过部分可向以后纳税年度结转扣除。企业股权投资转让损失连续向后结转 5 年仍不能从股权投资收益和股权投资转让所得中扣除的,准予在该股权投资转让年度后第 6 年一次性扣除。

② 《财政部 国家税务总局关于企业资产损失税前扣除政策的通知》(财税[2009]57 号,2009 年 4 月 16 日)。

③ 《国家税务总局关于电网企业输电线路部分报废损失税前扣除问题的公告》(国家税务总局公告 2010 年第 30 号,2010 年 12 月 27 日)。该公告自 2011 年 1 月 1 日起施行,2010 年度没有处理的事项,按照公告规定执行。

利用的,应合理计算价格,冲减当年度固定资产损失。

新投资建设的线路和铁塔,应单独作为固定资产,在投入使用后,按照税收规定计提折旧。

(7)境内外资产损失的核算处理

企业境内、境外营业机构发生的资产损失应分开核算,对境外营业机构由于发生资产损失而产生的亏损,不得在计算境内应纳税所得额时扣除①。

(8)资产损失收回的税务处理

企业在计算应纳税所得额时已经扣除的资产损失,在以后纳税年度全部或者部分收回时,其收回部分应当作为收入计入收回当期的应纳税所得额②。

(9)资产损失扣除管理办法③

准予在企业所得税税前扣除的资产损失,是指企业在实际处置、转让上述资产过程中发生的合理损失(简称实际资产损失),以及企业虽未实际处置、转让上述资产,但符合《财政部国家税务总局关于企业资产损失税前扣除政策的通知》(财税[2009]57号)和《国家税务总局关于发布〈企业资产损失所得税税前扣除管理办法〉的公告》(国家税务总局公告2011年第25号)规定条件计算确认的损失(简称法定资产损失)。

①资产损失的扣除时间

Ⅰ 企业实际资产损失,应当在其实际发生且会计上已作损失处理的年度申报扣除;法定资产损失,应当在企业向主管税务机关提供证据资料证明该项资产已符合法定资产损失确认条件,且会计上已作损失处理的年度申报扣除。

Ⅱ 企业以前年度发生的资产损失未能在当年税前扣除的,可以按照以下规定,向税务机关说明并进行专项申报扣除。其中,属于实际资产损失,准予追补至该项损失发生年度扣除,其追补确认期限一般不得超过五年,但因计划经济体制转轨过程中遗留的资产损失、企业重组上市过程中因权属不清出现争议而未能及时扣除的资产损失、因承担国家政策性任务而形成的资产损失以及政策定性不明确而形成资产损失等特殊原因形成的资产损失,其追补确认期限经国家税务总局批准后可适当延长。属于法定资产损失,应在申报年度扣除④。

企业因以前年度实际资产损失未在税前扣除而多缴的企业所得税税款,可在追补确认年度企业所得税应纳税款中予以抵扣,不足抵扣的,向以后年度递延抵扣。

企业实际资产损失发生年度扣除追补确认的损失后出现亏损的,应先调整资产损失发生年度的亏损额,再按弥补亏损的原则计算以后年度多缴的企业所得税税款,并按前款办法进行税务处理。

②资产损失扣除的申报与管理

企业发生的资产损失,应按规定的程序和要求向主管税务机关申报后方能在税前扣除。未经申报的损失,不得在税前扣除⑤。

企业在进行企业所得税年度汇算清缴申报时,可将资产损失申报材料和纳税资料作为企业所得税年度纳税申报表的附件一并向税务机关报送。

企业资产损失按其申报内容和要求的不同,分为清单申报和专项申报两种申报形式。其中,属于

① 《财政部 国家税务总局关于企业资产损失税前扣除政策的通知》(财税[2009]57号,2009年4月16日)。
② 《财政部 国家税务总局关于企业资产损失税前扣除政策的通知》(财税[2009]57号,2009年4月16日)。
③ 本部分内容如无专门标注,均出自《国家税务总局关于发布〈企业资产损失所得税税前扣除管理办法〉的公告》(国家税务总局公告2011年第25号,2011年3月31日)。该公告自2011年1月1日起实施,公告生效之日前尚未进行税务处理的资产损失事项,也应按该公告执行。
④ 此前,《国家税务总局关于印发〈企业资产损失税前扣除管理办法〉的通知》(国税发[2009]88号,2009年5月4日)和《国家税务总局关于企业以前年度未扣除资产损失企业所得税处理问题的通知》(国税函[2009]772号,2009年12月31日)均没有对追补扣除以前年度资产损失做出五年时限规定。根据国家税务总局公告2011年第25号,国税发[2009]88号和国税函[2009]772号均自2011年1月1日起废止。
⑤ 此前,《国家税务总局关于印发〈企业资产损失税前扣除管理办法〉的通知》(国税发[2009]88号,2009年5月4日)规定,企业发生的资产损失,按规定须经有关税务机关审批的,应在规定时间内按程序及时申报和审批。

清单申报的资产损失,企业可按会计核算科目进行归类、汇总,然后再将汇总清单报送税务机关,有关会计核算资料和纳税资料留存备查;属于专项申报的资产损失,企业应逐项(或逐笔)报送申请报告,同时附送会计核算资料及其他相关的纳税资料。企业在申报资产损失税前扣除过程中不符合上述要求的,税务机关应当要求其改正,企业拒绝改正的,税务机关有权不予受理。

Ⅰ 清单申报的资产损失①

下列资产损失,应以清单申报的方式向税务机关申报扣除:

ⅰ 企业在正常经营管理活动中,按照公允价格销售、转让、变卖非货币资产的损失;

ⅱ 企业各项存货发生的正常损耗;

ⅲ 企业固定资产达到或超过使用年限而正常报废清理的损失;

ⅳ 企业生产性生物资产达到或超过使用年限而正常死亡发生的资产损失;

ⅴ 企业按照市场公平交易原则,通过各种交易场所、市场等买卖债券、股票、期货、基金以及金融衍生产品等发生的损失。

Ⅱ 专项申报的资产损失

上述清单申报以外外的资产损失,应以专项申报的方式向税务机关申报扣除。企业无法准确判别是否属于清单申报扣除的资产损失,可以采取专项申报的形式申报扣除②。

企业因国务院决定事项形成的资产损失,应向国家税务总局提供有关资料。国家税务总局审核有关情况后,将损失情况通知相关税务机关。企业应按本办法的要求进行专项申报③。

属于专项申报的资产损失,企业因特殊原因不能在规定的时限内报送相关资料的,可以向主管税务机关提出申请,经主管税务机关同意后,可适当延期申报。

Ⅲ 跨地区经营企业资产损失的申报

在中国境内跨地区经营的汇总纳税企业发生的资产损失,应按以下规定申报扣除④:

ⅰ 总机构及其分支机构发生的资产损失,除应按专项申报和清单申报的有关规定,各自向当地主管税务机关申报外,各分支机构同时还应上报总机构;

ⅱ 总机构对各分支机构上报的资产损失,除税务机关另有规定外,应以清单申报的形式向当地主管税务机关进行申报;

---

① 此前,《国家税务总局关于印发〈企业资产损失税前扣除管理办法〉的通知》(国税发[2009]88号,2009年5月4日)对此类损失项目规定为企业自行计算扣除的资产损失。

② 此前,《国家税务总局关于印发〈企业资产损失税前扣除管理办法〉的通知》(国税发[2009]88号,2009年5月4日)对此类损失项目规定为属于需经税务机关审批后才能扣除的资产损失。

③ 此前,《国家税务总局关于印发〈企业资产损失税前扣除管理办法〉的通知》(国税发[2009]88号,2009年5月4日)规定,企业因国务院决定事项所形成的资产损失,由国家税务总局规定资产损失的具体审批事项后,报省级税务机关负责审批。

④ 此前,《国家税务总局关于印发〈企业资产损失税前扣除管理办法〉的通知》(国税发[2009]88号,2009年5月4日)规定,企业除因国务院决定事项所形成的资产损失外,其他资产损失按属地审批的原则,由企业所在地管辖的省级税务机关根据损失金额大小、证据涉及地区等因素,适当划分审批权限。企业捆绑资产所发生的损失,由企业总机构所在地税务机关审批。此外,《国家税务总局关于中国工商银行股份有限公司等企业企业所得税有关征管问题的通知》(国税函[2010]184号,2010年5月6日)规定,对铁路运输企业(包括广铁集团和大秦铁路公司)、国有邮政企业、中国工商银行股份有限公司、中国农业银行、中国银行股份有限公司、国家开发银行、中国农业发展银行、中国进出口银行、中央汇金投资有限责任公司、中国建设银行股份有限公司、中国建银投资有限责任公司、中国石油天然气股份有限公司、中国石油化工股份有限公司以及海洋石油天然气企业(包括港澳台和外商投资、外国海上石油天然气企业)等企业所得税收入全部归属中央的企业,从2010年第4季度起,其下属二级(含二级以下)分支机构发生的需要税务机关审批的财产损失,由二级分支机构将财产损失的有关资料上报其所在地主管税务机关,由二级分支机构所在省、自治区、直辖市和计划单列市税务机关按照规定的权限审批。上述企业下属二级分支机构名单详见《国家税务总局关于印发中国工商银行股份有限公司等企业所属二级分支机构名单的公告》(国家税务总局公告2010年第21号,2010年10月27日)附件;企业二级以下(不含二级)分支机构名单,由二级分支机构向所在地主管税务机关提供,经省级税务机关审核后发文明确并报总局备案;对不在总局及省级税务机关文件中明确的名单内的分支机构,不得作为所属企业的分支机构管理。国家税务总局公告2011年第25号对国税函[2010]184号没有明确废止。

ⅲ 总机构将跨地区分支机构所属资产捆绑打包转让所发生的资产损失,由总机构向当地主管税务机关进行专项申报。

Ⅳ 企业应当建立健全资产损失内部核销管理制度,及时收集、整理、编制、审核、申报、保存资产损失税前扣除证据材料,方便税务机关检查。

税务机关按分项建档、分级管理的原则,建立企业资产损失税前扣除管理台账和纳税档案,及时进行评估。对资产损失金额较大或经评估后发现不符合资产损失税前扣除规定、或存有疑点、异常情况的资产损失,及时进行核查。对有证据证明申报扣除的资产损失不真实、不合法的,应依法作出税收处理。

③资产损失的确认证据

企业资产损失相关的证据包括具有法律效力的外部证据和特定事项的企业内部证据①。

Ⅰ 具有法律效力的外部证据

具有法律效力的外部证据,是指司法机关、行政机关、专业技术鉴定部门等依法出具的与本企业资产损失相关的具有法律效力的书面文件,主要包括:

ⅰ 司法机关的判决或者裁定;

ⅱ 公安机关的立案结案证明、回复;

ⅲ 工商部门出具的注销、吊销及停业证明;

ⅳ 企业的破产清算公告或清偿文件;

ⅴ 行政机关的公文;

ⅵ 专业技术部门的鉴定报告;

ⅶ 具有法定资质的中介机构的经济鉴证证明;

ⅷ 仲裁机构的仲裁文书;

ⅸ 保险公司对投保资产出具的出险调查单、理赔计算单等保险单据;

ⅹ 符合法律规定的其他证据。

Ⅱ 特定事项的企业内部证据

特定事项的企业内部证据,是指会计核算制度健全、内部控制制度完善的企业,对各项资产发生毁损、报废、盘亏、死亡、变质等内部证明或承担责任的声明,主要包括:

ⅰ 有关会计核算资料和原始凭证;

ⅱ 资产盘点表;

ⅲ 相关经济行为的业务合同;

ⅳ 企业内部技术鉴定部门的鉴定文件或资料;

ⅴ 企业内部核批文件及有关情况说明;

ⅵ 对责任人由于经营管理责任造成损失的责任认定及赔偿情况说明;

ⅶ 法定代表人、企业负责人和企业财务负责人对特定事项真实性承担法律责任的声明。

④货币资产损失的确认

企业货币资产损失包括现金损失、银行存款损失和应收及预付款项损失等。

Ⅰ 现金损失应依据以下证据材料确认:

ⅰ 现金保管人确认的现金盘点表(包括倒推至基准日的记录);

ⅱ 现金保管人对于短缺的说明及相关核准文件;

ⅲ 对责任人由于管理责任造成损失的责任认定及赔偿情况的说明;

ⅳ 涉及刑事犯罪的,应有司法机关出具的相关材料;

ⅴ 金融机构出具的假币收缴证明。

Ⅱ 企业因金融机构清算而发生的存款类资产损失应依据以下证据材料确认:

ⅰ 企业存款类资产的原始凭据;

ⅱ 金融机构破产、清算的法律文件;

ⅲ 金融机构清算后剩余资产分配情况资料。

金融机构应清算而未清算超过三年的,企业可将该款项确认为资产损失,但应有法院或破产清算

① 《财政部 国家税务总关于企业资产损失税前扣除政策的通知》(财税〔2009〕57号,2009年4月16日)规定,企业对其扣除的各项资产损失,应当提供能够证明资产损失确属已实际发生的合法证据,包括具有法律效力的外部证据、具有法定资质的中介机构的经济鉴证证明、具有法定资质的专业机构的技术鉴定证明等。国家税务总局公告2011年第25号将具有法定资质的中介机构的经济鉴证证明、具有法定资质的专业机构的技术鉴定证明纳入了具有法律效力的外部证据之中。

管理人出具的未完成清算证明①。

Ⅲ 企业应收及预付款项坏账损失应依据以下相关证据材料确认：

ⅰ 相关事项合同、协议或说明；

ⅱ 属于债务人破产清算的，应有人民法院的破产、清算公告；

ⅲ 属于诉讼案件的，应出具人民法院的判决书或裁决书或仲裁机构的仲裁书，或者被法院裁定终（中）止执行的法律文书；

ⅳ 属于债务人停止营业的，应有工商部门注销、吊销营业执照证明；

ⅴ 属于债务人死亡、失踪的，应有公安机关等有关部门对债务人个人的死亡、失踪证明；

ⅵ 属于债务重组的，应有债务重组协议及其债务人重组收益纳税情况说明；

ⅶ 属于自然灾害、战争等不可抗力而无法收回的，应有债务人受灾情况说明以及放弃债权申明。

Ⅳ 逾期应收款项损失的确认②

企业逾期三年以上的应收款项在会计上已作为损失处理的，可以作为坏账损失，但应说明情况，并出具专项报告。

企业逾期一年以上，单笔数额不超过五万或者不超过企业年度收入总额万分之一的应收款项，会计上已经作为损失处理的，可以作为坏账损失，但应说明情况，并出具专项报告。

⑤非货币资产损失的确认

企业非货币资产损失包括存货损失、固定资产损失、无形资产损失、在建工程损失、生产性生物资产损失等。

Ⅰ 存货盘亏损失，为其盘亏金额扣除责任人赔偿后的余额，应依据以下证据材料确认：

ⅰ 存货计税成本确定依据；

ⅱ 企业内部有关责任认定、责任人赔偿说明和内部核批文件；

ⅲ 存货盘点表；

ⅳ 存货保管人对于盘亏的情况说明。

Ⅱ 存货报废、毁损或变质损失，为其计税成本扣除残值及责任人赔偿后的余额，应依据以下证据材料确认③：

ⅰ 存货计税成本的确定依据；

ⅱ 企业内部关于存货报废、毁损、变质、残值情况说明及核销资料；

ⅲ 涉及责任人赔偿的，应当有赔偿情况说明；

ⅳ 该项损失数额较大的（指占企业该类资产计税成本10%以上，或减少当年应纳税所得、增加亏损10%以上，下同），应有专业技术鉴定意见或法定资质中介机构出具的专项报告等。

Ⅲ 存货被盗损失，为其计税成本扣除保险理赔以及责任人赔偿后的余额，应依据以下证据材料确认：

ⅰ 存货计税成本的确定依据；

ⅱ 向公安机关的报案记录；

ⅲ 涉及责任人和保险公司赔偿的，应有赔偿情况说明等。

Ⅳ 固定资产盘亏、丢失损失，为其账面净值扣除责任人赔偿后的余额，应依据以下证据材料确认：

ⅰ 企业内部有关责任认定和核销资料；

ⅱ 固定资产盘点表；

ⅲ 固定资产的计税基础相关资料；

ⅳ 固定资产盘亏、丢失情况说明；

① 此前，《国家税务总局关于印发〈企业资产损失税前扣除管理办法〉的通知》（国税发〔2009〕88号，2009年5月4日）对金融机构应清算而未清算所发生的企业存货类资产损失确认未做出明确规定。

② 此前，《国家税务总局关于印发〈企业资产损失税前扣除管理办法〉的通知》（国税发〔2009〕88号，2009年5月4日）规定，逾期三年以上的应收款项，企业有依法催收磋商记录，确认债务人已资不抵债、连续三年亏损或连续停止经营三年以上的，并能认定三年内没有任何业务往来，可以认定为损失；逾期不能收回的应收款项中，单笔数额较小、不足以弥补清收成本的，由企业作出专项说明，对确实不能收回的部分，认定为损失。

③ 此前，《国家税务总局关于印发〈企业资产损失税前扣除管理办法〉的通知》（国税发〔2009〕88号，2009年5月4日）规定，存货报废、毁损和变质损失，其账面价值扣除残值及保险赔偿或责任赔偿后的余额部分，依据相关证据认定损失。

ⅴ 损失金额较大的,应有专业技术鉴定报告或法定资质中介机构出具的专项报告等。

Ⅴ 固定资产报废、毁损损失,为其账面净值扣除残值和责任人赔偿后的余额,应依据以下证据材料确认:

ⅰ 固定资产的计税基础相关资料;

ⅱ 企业内部有关责任认定和核销资料;

ⅲ 企业内部有关部门出具的鉴定材料;

ⅳ 涉及责任赔偿的,应当有赔偿情况的说明;

ⅴ 损失金额较大的或自然灾害等不可抗力原因造成固定资产毁损、报废的,应有专业技术鉴定意见或法定资质中介机构出具的专项报告等。

Ⅵ 固定资产被盗损失,为其账面净值扣除责任人赔偿后的余额,应依据以下证据材料确认:

ⅰ 固定资产计税基础相关资料;

ⅱ 公安机关的报案记录,公安机关立案、破案和结案的证明材料;

ⅲ 涉及责任赔偿的,应有赔偿责任的认定及赔偿情况的说明等。

Ⅶ 在建工程停建、报废损失,为其工程项目投资账面价值扣除残值后的余额,应依据以下证据材料确认:

ⅰ 工程项目投资账面价值确定依据;

ⅱ 工程项目停建原因说明及相关材料;

ⅲ 因质量原因停建、报废的工程项目和因自然灾害和意外事故停建、报废的工程项目,应出具专业技术鉴定意见和责任认定、赔偿情况的说明。

Ⅷ 工程物资发生损失,可比照本办法存货损失的规定确认。

Ⅸ 生产性生物资产盘亏损失,为其账面净值扣除责任人赔偿后的余额,应依据以下证据材料确认:

ⅰ 生产性生物资产盘点表;

ⅱ 生产性生物资产盘亏情况说明;

ⅲ 生产性生物资产损失金额较大的,企业应有专业技术鉴定意见和责任认定、赔偿情况的说明等①。

Ⅹ 因森林病虫害、疫情、死亡而产生的生产性生物资产损失,为其账面净值扣除残值、保险赔偿和责任人赔偿后的余额,应依据以下证据材料确认:

ⅰ 损失情况说明;

ⅱ 责任认定及其赔偿情况的说明;

ⅲ 损失金额较大的,应有专业技术鉴定意见。

ⅩⅠ 对被盗伐、被盗、丢失而产生的生产性生物资产损失,为其账面净值扣除保险赔偿以及责任人赔偿后的余额,应依据以下证据材料确认:

ⅰ 生产性生物资产被盗后,向公安机关的报案记录或公安机关立案、破案和结案的证明材料;

ⅱ 责任认定及其赔偿情况的说明。

ⅩⅡ 企业由于未能按期赎回抵押资产,使抵押资产被拍卖或变卖,其账面净值大于变卖价值的差额,可认定为资产损失,按以下证据材料确认②:

ⅰ 抵押合同或协议书;

ⅱ 拍卖或变卖证明、清单;

ⅲ 会计核算资料等其他相关证据材料。

ⅩⅢ 被其他新技术所代替或已经超过法律保护期限,已经丧失使用价值和转让价值,尚未摊销的无形资产损失,应提交以下证据备案:

ⅰ 会计核算资料;

ⅱ 企业内部核批文件及有关情况说明;

ⅲ 技术鉴定意见和企业法定代表人、主要负责人和财务负责人签章证实无形资产已无使用价值或转让价值的书面申明;

ⅳ 无形资产的法律保护期限文件。

⑥投资资产损失的确认

企业投资损失包括债权性投资损失和股权

---

① 此前,《国家税务总局关于印发〈企业资产损失税前扣除管理办法〉的通知》(国税发[2009]88号,2009年5月4日)规定,单项或批量金额较大的生产性生物资产,企业应逐项作出专项说明。

② 此前,《国家税务总局关于印发〈企业资产损失税前扣除管理办法〉的通知》(国税发[2009]88号,2009年5月4日)规定,依据拍卖或变卖证明,认定为资产损失。

（权益）性投资损失。

Ⅰ　企业债权投资损失应依据投资的原始凭证、合同或协议、会计核算资料等相关证据材料确认。下列情况债权投资损失的，还应出具相关证据材料：

ⅰ　债务人或担保人依法被宣告破产、关闭、被解散或撤销、被吊销营业执照、失踪或者死亡等，应出具资产清偿证明或者遗产清偿证明。无法出具资产清偿证明或者遗产清偿证明，且上述事项超过三年以上的，或债权投资（包括信用卡透支和助学贷款）余额在三百万元以下的，应出具对应的债务人和担保人破产、关闭、解散证明、撤销文件、工商行政管理部门注销证明或查询证明以及追索记录等（包括司法追索、电话追索、信件追索和上门追索等原始记录）①；

ⅱ　债务人遭受重大自然灾害或意外事故，企业对其资产进行清偿和对担保人进行追偿后，未能收回的债权，应出具债务人遭受重大自然灾害或意外事故证明、保险赔偿证明、资产清偿证明等；

ⅲ　债务人因承担法律责任，其资产不足归还所借债务，又无其他债务承担者的，应出具法院裁定证明和资产清偿证明；

ⅳ　债务人和担保人不能偿还到期债务，企业提出诉讼或仲裁的，经人民法院对债务人和担保人强制执行，债务人和担保人均无资产可执行，人民法院裁定终结或终止（中止）执行的，应出具人民法院裁定文书；

ⅴ　债务人和担保人不能偿还到期债务，企业提出诉讼后被驳回起诉的、人民法院不予受理或不予支持的，或经仲裁机构裁决免除（或部分免除）债务人责任，经追偿后无法收回的债权，应提交法院驳回起诉的证明，或法院不予受理或不予支持证明，或仲裁机构裁决免除债务人责任的文书；

ⅵ　经国务院专案批准核销的债权，应提供国务院批准文件或经国务院同意后由国务院有关部门批准的文件。

Ⅱ　企业股权投资损失应依据以下相关证据材料确认：

ⅰ　股权投资计税基础证明材料；

ⅱ　被投资企业破产公告、破产清偿文件；

ⅲ　工商行政管理部门注销、吊销被投资单位营业执照文件；

ⅳ　政府有关部门对被投资单位的行政处理决定文件；

ⅴ　被投资企业终止经营、停止交易的法律或其他证明文件；

ⅵ　被投资企业资产处置方案、成交及入账材料；

ⅶ　企业法定代表人、主要负责人和财务负责人签章证实有关投资（权益）性损失的书面申明；

ⅷ　会计核算资料等其他相关证据材料。

被投资企业依法宣告破产、关闭、解散或撤销、吊销营业执照、停止生产经营活动、失踪等，应出具资产清偿证明或者遗产清偿证明。上述事项超过三年以上且未能完成清算的，应出具被投资企业破产、关闭、解散或撤销、吊销等的证明以及不能清算的原因说明。

Ⅲ　企业委托金融机构向其他单位贷款，或委托其他经营机构进行理财，到期不能收回贷款或理财款项，按照上述投资资产有关规定进行处理。

Ⅳ　企业对外提供与本企业生产经营活动有关的担保，因被担保人不能按期偿还债务而承担连带责任，经追索，被担保人无偿还能力，对无法追回的金额，比照应收款项损失进行处理。

与本企业生产经营活动有关的担保是指企业对外提供的与本企业应税收入、投资、融资、材料采购、产品销售等生产经营活动相关的担保。

Ⅴ　企业按独立交易原则向关联企业转让资产而发生的损失，或向关联企业提供借款、担保而形成的债权损失，准予扣除，但企业应作专项说明，同

---

①　此前，《国家税务总局关于印发〈企业资产损失税前扣除管理办法〉的通知》（国税发〔2009〕88号，2009年5月4日）对符合坏账损失条件的债权投资和银行卡透支款项损失的确认，区分不同情形分别予以了较为细化的规定。

时出具中介机构出具的专项报告及其相关的证明材料。

Ⅵ 下列股权和债权不得作为损失在税前扣除：

ⅰ 债务人或者担保人有经济偿还能力，未按期偿还的企业债权；

ⅱ 违反法律、法规的规定，以各种形式、借口逃废或悬空的企业债权；

ⅲ 行政干预逃废或悬空的企业债权；

ⅳ 企业未向债务人和担保人追偿的债权；

ⅴ 企业发生非经营活动的债权；

ⅵ 其他不应当核销的企业债权和股权①。

⑦其他资产损失的确认

Ⅰ 企业将不同类别的资产捆绑（打包），以拍卖、询价、竞争性谈判、招标等市场方式出售，其出售价格低于计税成本的差额，可以作为资产损失并准予在税前申报扣除，但应出具资产处置方案、各类资产作价依据、出售过程的情况说明、出售合同或协议、成交及入账证明、资产计税基础等确定依据。

Ⅱ 企业正常经营业务因内部控制制度不健全而出现操作不当、不规范或因业务创新但政策不明确、不配套等原因形成的资产损失，应由企业承担的金额，可以作为资产损失并准予在税前申报扣除，但应出具损失原因证明材料或业务监管部门定性证明、损失专项说明。

Ⅲ 企业因刑事案件原因形成的损失，应由企业承担的金额，或经公安机关立案侦查两年以上仍未追回的金额，可以作为资产损失并准予在税前申报扣除，但应出具公安机关、人民检察院的立案侦查情况或人民法院的判决书等损失原因证明材料。

Ⅳ 以上没有涉及的其他资产损失事项，只要符合企业所得税法及其实施条例等法律、法规规定的，也可以向税务机关申报扣除。

7.2.7 亏损弥补

（1）企业纳税年度发生的亏损，准予向以后年度结转，用以后年度的所得弥补，但结转年限最长不得超过五年②。

（2）企业自开始生产经营的年度，为开始计算企业损益的年度。企业从事生产经营之前进行筹办活动期间发生筹办费用支出，不得计算为当期的亏损，应按照《国家税务总局关于企业所得税若干税务事项衔接问题的通知》（国税函〔2009〕98号）第九条的规定，可以在开始经营之日的当年一次性扣除，也可以作为长期待摊费用处理③。

（3）企业在汇总计算缴纳企业所得税时，其境外营业机构的亏损不得抵减境内营业机构的盈利④。

（4）对企业取得的免税收入、减计收入以及减征、免征所得额项目，不得弥补当期及以前年度应税项目亏损；当期形成亏损的减征、免征所得额项目，也不得用当期和以后纳税年度应税项目所得抵补⑤。

（5）税务机关对企业以前年度纳税情况进行检查时调增的应纳税所得额，凡企业以前年度发生亏损、且该亏损属于企业所得税法规定允许弥补的，应允许调增的应纳税所得额弥补该亏损。弥补该亏损后仍有余额的，按照企业所得税法规定计算缴纳企业所得税。对检查调增的应纳税所得额应

---

① 此前，《国家税务总局关于印发〈企业资产损失税前扣除管理办法〉的通知》（国税发〔2009〕88号，2009年5月4日）规定，国家规定可以从事贷款业务以外的企业因资金直接拆借而发生的损失，也不得扣除。

② 《中华人民共和国企业所得税法》（2007年3月16日第十届全国人民代表大会第五次会议通过，中华人民共和国主席令第六十三号公布）第十八条。

③ 《国家税务总局关于贯彻落实企业所得税法若干税收问题的通知》（国税函〔2010〕79号，2010年2月22日）。

④ 《中华人民共和国企业所得税法》（2007年3月16日第十届全国人民代表大会第五次会议通过，中华人民共和国主席令第六十三号公布）第十七条。

⑤ 《国家税务总局关于做好2009年度企业所得税汇算清缴工作的通知》（国税函〔2010〕148号，2010年4月12日）。

根据其情节,依照税收征收管理法有关规定进行处理或处罚①。

7.2.8　企业重组所得税处理

(1)企业重组的类型②

企业重组,是指企业在日常经营活动以外发生的法律结构或经济结构重大改变的交易,包括企业法律形式改变、债务重组、股权收购、资产收购、合并、分立等。

①企业法律形式改变,是指企业注册名称、住所以及企业组织形式等的简单改变,但符合规定其他重组的类型除外。

②债务重组,是指在债务人发生财务困难的情况下,债权人按照其与债务人达成的书面协议或者法院裁定书,就其债务人的债务作出让步的事项。

③股权收购,是指一家企业(以下称为收购企业)购买另一家企业(以下称为被收购企业)的股权,以实现对被收购企业控制的交易。收购企业支付对价的形式包括股权支付、非股权支付或两者的组合。

④资产收购,是指一家企业(以下称为受让企业)购买另一家企业(以下称为转让企业)实质经营性资产的交易。受让企业支付对价的形式包括股权支付、非股权支付或两者的组合。

⑤合并,是指一家或多家企业(以下称为被合并企业)将其全部资产和负债转让给另一家现存或新设企业(以下称为合并企业),被合并企业股东换取合并企业的股权或非股权支付,实现两个或两个以上企业的依法合并。

⑥分立,是指一家企业(以下称为被分立企业)将部分或全部资产分离转让给现存或新设的企业(以下称为分立企业),被分立企业股东换取分立企业的股权或非股权支付,实现企业的依法分立。

其中:

股权支付,是指企业重组中购买、换取资产的一方支付的对价中,以本企业或其控股企业的股权、股份作为支付的形式;非股权支付,是指以本企业的现金、银行存款、应收款项、本企业或其控股企业股权和股份以外的有价证券、存货、固定资产、其他资产以及承担债务等作为支付的形式③。

控股企业,是指由本企业直接持有股份的企业④。

实质经营性资产,是指企业用于从事生产经营活动、与产生经营收入直接相关的资产,包括经营所用各类资产、企业拥有的商业信息和技术、经营活动产生的应收款项、投资资产等⑤。

(2)企业重组当事各方和重组日的确定

企业发生各类重组业务,其当事各方和重组日,按重组类型分别确认⑥:

①债务重组中当事各方,指债务人及债权人。以债务重组合同或协议生效日为重组日。

②股权收购中当事各方,指收购方、转让方及

---

① 《国家税务总局关于查增应纳税所得额弥补以前年度亏损处理问题的公告》(国家税务总局公告 2010 年第 20 号,2010 年 10 月 27 日)。该公告自 2010 年 12 月 1 日开始执行,以前(含 2008 年度之前)没有处理的事项,按本规定执行。

② 《财政部 国家税务总局关于企业重组业务企业所得税处理若干问题的通知》(财税[2009]59 号,2009 年 4 月 30 日)。《国家税务总局关于发布〈企业重组业务企业所得税管理办法〉的公告》(国家税务总局公告 2010 年第 4 号,2010 年 7 月 26 日)。其中:财税[2009]59 号文件自 2008 年 1 月 1 日起执行,国家税务总局公告 2010 年第 4 号自 2010 年 1 月 1 日起施行。国家税务总局公告 2010 年第 4 号发布时企业已经完成重组业务的,如适用财税[2009]59 号特殊税务处理,企业没有按照第 4 号公告要求准备相关资料的,应补备相关资料;需要税务机关确认的,按照第 4 号公告要求补充确认。2008、2009 年度企业重组业务尚未进行税务处理的,可按第 4 号公告处理。

③ 《财政部 国家税务总局关于企业重组业务企业所得税处理若干问题的通知》(财税[2009]59 号,2009 年 4 月 30 日)。

④ 《国家税务总局关于发布〈企业重组业务企业所得税管理办法〉的公告》(国家税务总局公告 2010 年第 4 号,2010 年 7 月 26 日)。

⑤ 《国家税务总局关于发布〈企业重组业务企业所得税管理办法〉的公告》(国家税务总局公告 2010 年第 4 号,2010 年 7 月 26 日)。

⑥ 《国家税务总局关于发布〈企业重组业务企业所得税管理办法〉的公告》(国家税务总局公告 2010 年第 4 号,2010 年 7 月 26 日)。

被收购企业。以转让协议生效且完成股权变更手续日为重组日。

③资产收购中当事各方,指转让方、受让方。以转让协议生效且完成资产实际交割日为重组日。

④企业合并中当事各方,指合并企业、被合并企业及各方股东。以合并企业取得被合并企业资产所有权并完成工商登记变更日期为重组日。

⑤企业分立中当事各方,指分立企业、被分立企业及各方股东。以分立企业取得被分立企业资产所有权并完成工商登记变更日期为重组日。

(3)企业重组税务处理基本规定

①企业重组的税务处理区分不同条件分别适用一般性税务处理规定和特殊性税务处理规定①。

②同一重组业务的当事各方应采取一致税务处理原则,即统一按一般性或特殊性税务处理②。

③重组业务完成年度的确定,可以按各当事方适用的会计准则确定,具体参照各当事方经审计的年度财务报告。由于当事方适用的会计准则不同导致重组业务完成年度的判定有差异时,各当事方应协商一致,确定同一个纳税年度作为重组业务完成年度③。

(4)企业重组一般性税务处理

企业在重组过程中,除国务院财政、税务主管部门另有规定外,应当在交易发生时确认有关资产的转让所得或者损失,相关资产应当按照交易价格重新确定计税基础④。

除符合适用特殊性税务处理规定的外,企业重组按以下规定进行税务处理:

①企业由法人转变为个人独资企业、合伙企业等非法人组织,或将登记注册地转移至中华人民共和国境外(包括港澳台地区),应视同企业进行清算、分配,股东重新投资成立新企业。企业的全部资产以及股东投资的计税基础均应以公允价值为基础确定⑤。

企业发生上述情形,应按照《财政部 国家税务总局关于企业清算业务企业所得税处理若干问题的通知》(财税〔2009〕60 号)规定进行清算,报送《企业清算所得纳税申报表》,并附送以下资料⑥:

Ⅰ 企业改变法律形式的工商部门或其他政府部门的批准文件;

Ⅱ 企业全部资产的计税基础以及评估机构出具的资产评估报告;

Ⅲ 企业债权、债务处理或归属情况说明;

Ⅳ 主管税务机关要求提供的其他资料证明。

企业发生其他法律形式简单改变的,可直接变更税务登记,除另有规定外,有关企业所得税纳税事项(包括亏损结转、税收优惠等权益和义务)由变更后企业承继,但因住所发生变化而不符合税收优惠条件的除外⑦。

---

① 《财政部 国家税务总局关于企业重组业务企业所得税处理若干问题的通知》(财税〔2009〕59 号,2009 年 4 月 30 日)。

② 《国家税务总局关于发布〈企业重组业务企业所得税管理办法〉的公告》(国家税务总局公告 2010 年第 4 号,2010 年 7 月 26 日)。

③ 《国家税务总局关于发布〈企业重组业务企业所得税管理办法〉的公告》(国家税务总局公告 2010 年第 4 号,2010 年 7 月 26 日)。

④ 《中华人民共和国企业所得税法实施条例》(中华人民共和国国务院令第 512 号,2007 年 12 月 6 日)第七十五条。

⑤ 《财政部 国家税务总局关于企业重组业务企业所得税处理若干问题的通知》(财税〔2009〕59 号,2009 年 4 月 30 日)。

⑥ 《国家税务总局关于发布〈企业重组业务企业所得税管理办法〉的公告》(国家税务总局公告 2010 年第 4 号,2010 年 7 月 26 日)。《企业清算所得纳税申报表》详见《国家税务总局关于印发〈中华人民共和国企业清算所得税申报表〉的通知》(国税函〔2009〕388 号,2009 年 7 月 17 日)。

⑦ 《财政部 国家税务总局关于企业重组业务企业所得税处理若干问题的通知》(财税〔2009〕59 号,2009 年 4 月 30 日)。

②企业债务重组,相关交易应按以下规定处理①:

Ⅰ 以非货币资产清偿债务,应当分解为转让相关非货币性资产、按非货币性资产公允价值清偿债务两项业务,确认相关资产的所得或损失。

Ⅱ 发生债权转股权的,应当分解为债务清偿和股权投资两项业务,确认有关债务清偿所得或损失。

Ⅲ 债务人应当按照支付的债务清偿额低于债务计税基础的差额,确认债务重组所得;债权人应当按照收到的债务清偿额低于债权计税基础的差额,确认债务重组损失。

Ⅳ 债务人的相关所得税纳税事项原则上保持不变。

企业发生债务重组,应在债务重组合同或协议生效时确认收入的实现,并准备以下相关资料,以备税务机关检查②:

Ⅰ 以非货币资产清偿债务的,应保留当事各方签订的清偿债务的协议或合同,以及非货币资产公允价格确认的合法证据等;

Ⅱ 债权转股权的,应保留当事各方签订的债权转股权协议或合同。

③企业股权收购、资产收购重组交易,相关交易应按以下规定处理③:

Ⅰ 被收购方应确认股权、资产转让所得或损失。

Ⅱ 收购方取得股权或资产的计税基础应以公允价值为基础确定。

Ⅲ 被收购企业的相关所得税事项原则上保持不变。

企业发生上述股权收购、资产收购重组业务,应准备以下相关资料,以备税务机关检查④:

Ⅰ 当事各方所签订的股权收购、资产收购业务合同或协议;

Ⅱ 相关股权、资产公允价值的合法证据。

④企业合并,当事各方应按下列规定处理⑤:

Ⅰ 合并企业应按公允价值确定接受被合并企业各项资产和负债的计税基础。

Ⅱ 被合并企业及其股东都应按清算进行所得税处理。

Ⅲ 被合并企业的亏损不得在合并企业结转弥补。

企业发生上述合并,按照《财政部 国家税务总局关于企业清算业务企业所得税处理若干问题的通知》(财税〔2009〕60号)文件规定进行清算,报送《企业清算所得纳税申报表》,并附送以下资料⑥:

Ⅰ 企业合并的工商部门或其他政府部门的批准文件;

Ⅱ 企业全部资产和负债的计税基础以及评估机构出具的资产评估报告;

Ⅲ 企业债务处理或归属情况说明;

Ⅳ 主管税务机关要求提供的其他资料证明。

① 《财政部 国家税务总局关于企业重组业务企业所得税处理若干问题的通知》(财税〔2009〕59号,2009年4月30日)。新企业所得税法实施后,自2003年3月1日起实施的《企业债务重组业务所得税处理办法》(国家税务总局令第6号)相应废止,对2003年之前,企业债务重组中因豁免债务等取得的债务重组所得,根据《国家税务总局关于债务重组所得企业所得税处理问题的批复》(国税函〔2009〕1号,2009年1月4日),应按照当时的会计准则处理,即"以低于债务账面价值的现金清偿某项债务的,债务人应将重组债务的账面价值与支付的现金之间的差额;或以债务转为资本清偿某项债务的,债务人应将重组债务的账面价值与债权人因放弃债权而享有股权的份额之间的差额",确认为资本公积。

② 《国家税务总局关于贯彻落实企业所得税法若干税收问题的通知》(国税函〔2010〕79号,2010年2月22日)。《国家税务总局关于发布〈企业重组业务企业所得税管理办法〉的公告》(国家税务总局公告2010年第4号,2010年7月26日)。

③ 《财政部 国家税务总局关于企业重组业务企业所得税处理若干问题的通知》(财税〔2009〕59号,2009年4月30日)。

④ 《国家税务总局关于发布〈企业重组业务企业所得税管理办法〉的公告》(国家税务总局公告2010年第4号,2010年7月26日)。

⑤ 《财政部 国家税务总局关于企业重组业务企业所得税处理若干问题的通知》(财税〔2009〕59号,2009年4月30日)。

⑥ 《国家税务总局关于发布〈企业重组业务企业所得税管理办法〉的公告》(国家税务总局公告2010年第4号,2010年7月26日)。

⑤企业分立,当事各方应按下列规定处理①:

Ⅰ 被分立企业对分立出去资产应按公允价值确认资产转让所得或损失。

Ⅱ 分立企业应按公允价值确认接受资产的计税基础。

Ⅲ 被分立企业继续存在时,其股东取得的对价应视同被分立企业分配进行处理。

Ⅳ 被分立企业不再继续存在时,被分立企业及其股东都应按清算进行所得税处理。

Ⅴ 企业分立相关企业的亏损不得相互结转弥补。

企业发生上述分立,被分立企业不再继续存在,按照《财政部 国家税务总局关于企业清算业务企业所得税处理若干问题的通知》(财税[2009]60号)文件规定进行清算。被分立企业在报送《企业清算所得纳税申报表》时,应附送以下资料②:

Ⅰ 企业分立的工商部门或其他政府部门的批准文件;

Ⅱ 被分立企业全部资产的计税基础以及评估机构出具的资产评估报告;

Ⅲ 企业债务处理或归属情况说明;

Ⅳ 主管税务机关要求提供的其他资料证明。

(5)企业重组特殊性税务处理

①适用特殊性税务处理的条件

企业重组同时符合下列条件的,适用特殊性税务处理规定:

Ⅰ 具有合理的商业目的,且不以减少、免除或者推迟缴纳税款为主要目的③。

企业在备案或提交确认申请时应从以下方面说明企业重组具有合理的商业目的④:

ⅰ 重组活动的交易方式。即重组活动采取的具体形式、交易背景、交易时间、在交易之前和之后的运作方式和有关的商业常规。

ⅱ 该项交易的形式及实质。即形式上交易所产生的法律权利和责任,也是该项交易的法律后果;交易实际上或商业上产生的最终结果。

ⅲ 重组活动给交易各方税务状况带来的可能变化。

ⅳ 重组各方从交易中获得的财务状况变化;

ⅴ 重组活动是否给交易各方带来了在市场原则下不会产生的异常经济利益或潜在义务;

ⅵ 非居民企业参与重组活动的情况。

Ⅱ 被收购、合并或分立部分的资产或股权比例符合规定的比例⑤。

Ⅲ 企业重组后的连续12个月内不改变重组资产原来的实质性经营活动⑥。

Ⅳ 重组交易对价中涉及股权支付金额符合规定比例⑦。

Ⅴ 企业重组中取得股权支付的原主要股东,在重组后连续12个月内,不得转让所取得的股权⑧。

上述原主要股东,是指原持有转让企业或被收购企业20%以上股权的股东⑨。

上述企业重组后的连续12个月内,是指自重组日起计算的连续12个月内。当事各方应在完成重组业务后的下一年度的企业所得税年度申报时,

① 《财政部 国家税务总局关于企业重组业务企业所得税处理若干问题的通知》(财税[2009]59号,2009年4月30日)。
② 《国家税务总局关于发布〈企业重组业务企业所得税管理办法〉的公告》(国家税务总局公告2010年第4号,2010年7月26日)。
③ 《财政部 国家税务总局关于企业重组业务企业所得税处理若干问题的通知》(财税[2009]59号,2009年4月30日)。
④ 《国家税务总局关于发布〈企业重组业务企业所得税管理办法〉的公告》(国家税务总局公告2010年第4号,2010年7月26日)。
⑤ 《财政部 国家税务总局关于企业重组业务企业所得税处理若干问题的通知》(财税[2009]59号,2009年4月30日)。
⑥ 《财政部 国家税务总局关于企业重组业务企业所得税处理若干问题的通知》(财税[2009]59号,2009年4月30日)。
⑦ 《财政部 国家税务总局关于企业重组业务企业所得税处理若干问题的通知》(财税[2009]59号,2009年4月30日)。
⑧ 《财政部 国家税务总局关于企业重组业务企业所得税处理若干问题的通知》(财税[2009]59号,2009年4月30日)。
⑨ 《国家税务总局关于发布〈企业重组业务企业所得税管理办法〉的公告》(国家税务总局公告2010年第4号,2010年7月26日)。

向主管税务机关提交书面情况说明,以证明企业在重组后的连续 12 个月内,有关符合特殊性税务处理的条件未发生改变①。

当事方的其中一方在规定时间内发生生产经营业务、公司性质、资产或股权结构等情况变化,致使重组业务不再符合特殊性税务处理条件的,发生变化的当事方应在情况发生变化的 30 天内书面通知其他所有当事方。主导方在接到通知后 30 日内将有关变化通知其主管税务机关②。

上述情况发生变化后 60 日内,应按照一般性税务处理的规定调整重组业务的税务处理。原交易各方应各自按原交易完成时资产和负债的公允价值计算重组业务的收益或损失,调整交易完成纳税年度的应纳税所得额及相应的资产和负债的计税基础,并向各自主管税务机关申请调整交易完成纳税年度的企业所得税年度申报表。逾期不调整申报的,按照税收征管法的相关规定处理③。

各当事方的主管税务机关应当对企业申报或确认适用特殊性税务处理的重组业务进行跟踪监管,了解重组企业的动态变化情况。发现问题,应及时与其他当事方主管税务机关沟通联系,并按照规定给予调整。企业重组的当事各方应该取得并保管与该重组有关的凭证、资料,保管期限按照税收征管法的有关规定执行④。

②不同类型重组特殊性税务处理办法

企业重组符合上述规定条件的,交易各方对其交易中的股权支付部分,可以按以下规定进行特殊性税务处理:

Ⅰ 债务重组特殊性税收处理

企业债务重组确认的应纳税所得额占该企业当年应纳税所得额 50% 以上,可以在 5 个纳税年度的期间内,均匀计入各年度的应纳税所得额⑤。

企业选择上述税务处理,应准备以下资料⑥:

ⅰ 当事方的债务重组的总体情况说明(如果采取申请确认的,应为企业的申请,下同),情况说明中应包括债务重组的商业目的;

ⅱ 当事各方所签订的债务重组合同或协议;

ⅲ 债务重组所产生的应纳税所得额、企业当年应纳税所得额情况说明;

ⅳ 税务机关要求提供的其他资料证明。

企业发生债权转股权业务,对债务清偿和股权投资两项业务暂不确认有关债务清偿所得或损失,股权投资的计税基础以原债权的计税基础确定。企业的其他相关所得税事项保持不变⑦。

企业债转股业务适用上述特殊性税务处理,应准备以下资料⑧:

ⅰ 当事方的债务重组的总体情况说明。情况说明中应包括债务重组的商业目的;

ⅱ 双方所签订的债转股合同或协议;

---

① 《国家税务总局关于发布〈企业重组业务企业所得税管理办法〉的公告》(国家税务总局公告 2010 年第 4 号,2010 年 7 月 26 日)。

② 《国家税务总局关于发布〈企业重组业务企业所得税管理办法〉的公告》(国家税务总局公告 2010 年第 4 号,2010 年 7 月 26 日)。

③ 《国家税务总局关于发布〈企业重组业务企业所得税管理办法〉的公告》(国家税务总局公告 2010 年第 4 号,2010 年 7 月 26 日)。

④ 《国家税务总局关于发布〈企业重组业务企业所得税管理办法〉的公告》(国家税务总局公告 2010 年第 4 号,2010 年 7 月 26 日)。

⑤ 《财政部 国家税务总局关于企业重组业务企业所得税处理若干问题的通知》(财税〔2009〕59 号,2009 年 4 月 30 日)。此前,《国家税务总局关于做好 2007 年度企业所得税汇算清缴工作的补充通知》(国税函〔2008〕264 号,2008 年 3 月 24 日)规定,企业在一个纳税年度发生的转让、处置持有 5 年以上的股权投资所得、非货币性资产投资转让所得、债务重组所得和捐赠所得,占当年应纳税所得 50% 及以上的,可在不超过 5 年的期间均匀计入各年度的应纳税所得额。

⑥ 《国家税务总局关于发布〈企业重组业务企业所得税管理办法〉的公告》(国家税务总局公告 2010 年第 4 号,2010 年 7 月 26 日)。

⑦ 《财政部 国家税务总局关于企业重组业务企业所得税处理若干问题的通知》(财税〔2009〕59 号,2009 年 4 月 30 日)。

⑧ 《国家税务总局关于发布〈企业重组业务企业所得税管理办法〉的公告》(国家税务总局公告 2010 年第 4 号,2010 年 7 月 26 日)。

ⅲ 企业所转换的股权公允价格证明；

ⅳ 工商部门及有关部门核准相关企业股权变更事项证明材料；

ⅴ 税务机关要求提供的其他资料证明。

Ⅱ 股权收购特殊性税务处理

股权收购，收购企业购买的股权不低于被收购企业全部股权的75%，且收购企业在该股权收购发生时的股权支付金额不低于其交易支付总额的85%，可以选择按以下规定处理①：

ⅰ 被收购企业的股东取得收购企业股权的计税基础，以被收购股权的原有计税基础确定。

ⅱ 收购企业取得被收购企业股权的计税基础，以被收购股权的原有计税基础确定。

ⅲ 收购企业、被收购企业的原有各项资产和负债的计税基础和其他相关所得税事项保持不变。

企业发生上述股权收购业务，应准备以下资料②：

ⅰ 当事方的股权收购业务总体情况说明，情况说明中应包括股权收购的商业目的；

ⅱ 双方或多方所签订的股权收购业务合同或协议；

ⅲ 由评估机构出具的所转让及支付的股权公允价值；

ⅳ 证明重组符合特殊性税务处理条件的资料，包括股权比例，支付对价情况，以及12个月内不改变资产原来的实质性经营活动和原主要股东不转让所取得股权的承诺书等；

ⅴ 工商等相关部门核准相关企业股权变更事项证明材料；

ⅵ 税务机关要求的其他材料。

Ⅲ 资产收购特殊性税务处理

资产收购，受让企业收购的资产不低于转让企业全部资产的75%，且受让企业在该资产收购发生时的股权支付金额不低于其交易支付总额的85%，可以选择按以下规定处理③：

ⅰ 转让企业取得受让企业股权的计税基础，以被转让资产的原有计税基础确定。

ⅱ 受让企业取得转让企业资产的计税基础，以被转让资产的原有计税基础确定。

企业发生上述资产收购业务，应准备以下资料④：

ⅰ 当事方的资产收购业务总体情况说明，情况说明中应包括资产收购的商业目的；

ⅱ 当事各方所签订的资产收购业务合同或协议；

ⅲ 评估机构出具的资产收购所体现的资产评估报告；

ⅳ 受让企业股权的计税基础的有效凭证；

ⅴ 证明重组符合特殊性税务处理条件的资料，包括资产收购比例，支付对价情况，以及12个月内不改变资产原来的实质性经营活动、原主要股东不转让所取得股权的承诺书等；

ⅵ 工商部门核准相关企业股权变更事项证明材料；

ⅶ 税务机关要求提供的其他材料证明。

Ⅳ 企业合并特殊性税务处理

企业合并，企业股东在该企业合并发生时取得的股权支付金额不低于其交易支付总额的85%，以及同一控制下且不需要支付对价的企业合并，可以选择按以下规定处理⑤：

ⅰ 合并企业接受被合并企业资产和负债的计税基础，以被合并企业的原有计税基础确定。

ⅱ 被合并企业合并前的相关所得税事项由合

① 《财政部 国家税务总局关于企业重组业务企业所得税处理若干问题的通知》（财税〔2009〕59号，2009年4月30日）。

② 《国家税务总局关于发布〈企业重组业务企业所得税管理办法〉的公告》（国家税务总局公告2010年第4号，2010年7月26日）。

③ 《财政部 国家税务总局关于企业重组业务企业所得税处理若干问题的通知》（财税〔2009〕59号，2009年4月30日）。

④ 《国家税务总局关于发布〈企业重组业务企业所得税管理办法〉的公告》（国家税务总局公告2010年第4号，2010年7月26日）。

⑤ 《财政部 国家税务总局关于企业重组业务企业所得税处理若干问题的通知》（财税〔2009〕59号，2009年4月30日）。

并企业承继。

ⅲ 可由合并企业弥补的被合并企业亏损的限额＝被合并企业净资产公允价值×截至合并业务发生当年年末国家发行的最长期限的国债利率。

ⅳ 被合并企业股东取得合并企业股权的计税基础，以其原持有的被合并企业股权的计税基础确定。

上述同一控制，是指参与合并的企业在合并前后均受同一方或相同的多方最终控制，且该控制并非暂时性的。能够对参与合并的企业在合并前后均实施最终控制权的相同多方，是指根据合同或协议的约定，对参与合并企业的财务和经营政策拥有决定控制权的投资者群体。在企业合并前，参与合并各方受最终控制方的控制在 12 个月以上，企业合并后所形成的主体在最终控制方的控制时间也应达到连续 12 个月①。

上述相关所得税事项，包括尚未确认的资产损失、分期确认收入的处理以及尚未享受期满的税收优惠政策承继处理问题等②。

上述可由合并企业弥补的被合并企业亏损的限额，是指按税法规定的剩余结转年限内，每年可由合并企业弥补的被合并企业亏损的限额③。

企业发生上述规定的合并业务，应准备以下资料④：

ⅰ 当事方企业合并的总体情况说明。情况说明中应包括企业合并的商业目的；

ⅱ 企业合并的政府主管部门的批准文件；

ⅲ 企业合并各方当事人的股权关系说明；

ⅳ 被合并企业的净资产、各单项资产和负债

及其账面价值和计税基础等相关资料；

ⅴ 证明重组符合特殊性税务处理条件的资料，包括合并前企业各股东取得股权支付比例情况、以及 12 个月内不改变资产原来的实质性经营活动、原主要股东不转让所取得股权的承诺书等；

ⅵ 工商部门核准相关企业股权变更事项证明材料；

ⅶ 主管税务机关要求提供的其他资料证明。

Ⅴ 企业分立特殊性税务处理

企业分立，被分立企业所有股东按原持股比例取得分立企业的股权，分立企业和被分立企业均不改变原来的实质经营活动，且被分立企业股东在该企业分立发生时取得的股权支付金额不低于其交易支付总额的 85% ，可以选择按以下规定处理⑤：

ⅰ 分立企业接受被分立企业资产和负债的计税基础，以被分立企业的原有计税基础确定。

ⅱ 被分立企业已分立出去资产相应的所得税事项由分立企业承继。

上述相关所得税事项，包括尚未确认的资产损失、分期确认收入的处理以及尚未享受期满的税收优惠政策承继处理问题等⑥。

ⅲ 被分立企业未超过法定弥补期限的亏损额可按分立资产占全部资产的比例进行分配，由分立企业继续弥补。

ⅳ 被分立企业的股东取得分立企业的股权（简称"新股"），如需部分或全部放弃原持有的被分立企业的股权（简称"旧股"），"新股"的计税基础应以放弃"旧股"的计税基础确定。如不需放弃

---

① 《国家税务总局关于发布〈企业重组业务企业所得税管理办法〉的公告》（国家税务总局公告 2010 年第 4 号，2010 年 7 月 26 日）。

② 《国家税务总局关于发布〈企业重组业务企业所得税管理办法〉的公告》（国家税务总局公告 2010 年第 4 号，2010 年 7 月 26 日）。

③ 《国家税务总局关于发布〈企业重组业务企业所得税管理办法〉的公告》（国家税务总局公告 2010 年第 4 号，2010 年 7 月 26 日）。

④ 《国家税务总局关于发布〈企业重组业务企业所得税管理办法〉的公告》（国家税务总局公告 2010 年第 4 号，2010 年 7 月 26 日）。

⑤ 《财政部 国家税务总局关于企业重组业务企业所得税处理若干问题的通知》（财税〔2009〕59 号，2009 年 4 月 30 日）。

⑥ 《国家税务总局关于发布〈企业重组业务企业所得税管理办法〉的公告》（国家税务总局公告 2010 年第 4 号，2010 年 7 月 26 日）。

"旧股",则其取得"新股"的计税基础可从以下两种方法中选择确定:直接将"新股"的计税基础确定为零;或者以被分立企业分立出去的净资产占被分立企业全部净资产的比例先调减原持有的"旧股"的计税基础,再将调减的计税基础平均分配到"新股"上。

企业发生上述规定的分立业务,应准备以下资料①:

ⅰ 当事方企业分立的总体情况说明。情况说明中应包括企业分立的商业目的;

ⅱ 企业分立的政府主管部门的批准文件;

ⅲ 被分立企业的净资产、各单项资产和负债账面价值和计税基础等相关资料;

ⅳ 证明重组符合特殊性税务处理条件的资料,包括分立后企业各股东取得股权支付比例情况、以及12个月内不改变资产原来的实质性经营活动、原主要股东不转让所取得股权的承诺书等;

ⅴ 工商部门认定的分立和被分立企业股东股权比例证明材料;分立后,分立和被分立企业工商营业执照复印件;分立和被分立企业分立业务账务处理复印件;

ⅵ 税务机关要求提供的其他资料证明。

Ⅵ 特殊重组中非股权支付额的税务处理

重组交易各方按上述Ⅰ至Ⅴ项规定对交易中股权支付暂不确认有关资产的转让所得或损失的,其非股权支付仍应在交易当期确认相应的资产转让所得或损失,并调整相应资产的计税基础。

非股权支付对应的资产转让所得或损失=(被转让资产的公允价值-被转让资产的计税基础)×(非股权支付金额÷被转让资产的公允价值)

(6)企业重组税收优惠的结转处理

在企业吸收合并中,合并后的存续企业性质及适用税收优惠的条件未发生改变的,可以继续享受合并前该企业剩余期限的税收优惠,其优惠金额按存续企业合并前一年的应纳税所得额(亏损计为零)计算②。

在企业存续分立中,分立后的存续企业性质及适用税收优惠的条件未发生改变的,可以继续享受分立前该企业剩余期限的税收优惠,其优惠金额按该企业分立前一年的应纳税所得额(亏损计为零)乘以分立后存续企业资产占分立前该企业全部资产的比例计算③。

①在企业重组一般性税务处理中,企业合并或分立,合并各方企业或分立企业涉及税法第五十七条规定中就企业整体(即全部生产经营所得)享受的税收优惠过渡政策尚未期满的,仅就存续企业未享受完的税收优惠,按照上述规定执行;注销的被合并或被分立企业未享受完的税收优惠,不再由存续企业承继;合并或分立而新设的企业不得再承继或重新享受上述优惠。合并或分立各方企业按照税法的税收优惠规定和税收优惠过渡政策中就企业有关生产经营项目的所得享受的税收优惠承继问题,按照企业所得税法实施条例第八十九条规定执行(即享受减免税优惠的项目,在减免税期限内转让的,受让方自受让之日起,可以在剩余期限内享受规定的减免税优惠;减免税期届满后转让的,受让方不得就该项目重复享受减免税优惠)④。

②在企业重组特殊性税务处理中,对企业合并或分立前税收优惠政策,凡属于依照税法第五十七条规定中就企业整体(即全部生产经营所得)享受税收优惠过渡政策的,合并或分立后的企业性质及适用税收优惠条件未发生改变的,可以继续享受合并前各企业或分立前被分立企业剩余期限的税收优惠。合并前各企业剩余的税收优惠年限不一致

① 《国家税务总局关于发布〈企业重组业务企业所得税管理办法〉的公告》(国家税务总局公告2010年第4号,2010年7月26日)。

② 《财政部 国家税务总局关于企业重组业务企业所得税处理若干问题的通知》(财税〔2009〕59号,2009年4月30日)。

③ 《财政部 国家税务总局关于企业重组业务企业所得税处理若干问题的通知》(财税〔2009〕59号,2009年4月30日)。

④ 《国家税务总局关于发布〈企业重组业务企业所得税管理办法〉的公告》(国家税务总局公告2010年第4号,2010年7月26日)。

的,合并后企业每年度的应纳税所得额,应统一按合并日各合并前企业资产占合并后企业总资产的比例进行划分,再分别按相应的剩余优惠计算应纳税额。合并前各企业或分立前被分立企业按照税法的税收优惠规定以及税收优惠过渡政策中就有关生产经营项目所得享受的税收优惠承继问题,按照企业所得税法实施条例第八十九条规定执行(即享受减免税优惠的项目,在减免税期限内转让的,受让方自受让之日起,可以在剩余期限内享受规定的减免税优惠;减免税期届满后转让的,受让方不得就该项目重复享受减免税优惠)①。

(7)特殊性重组备案及确认

①特殊性重组的备案

企业发生符合规定的特殊性重组条件并选择特殊性税务处理的,当事各方应在该重组业务完成当年企业所得税年度申报时,向主管税务机关提交书面备案资料,证明其符合各类特殊性重组规定的条件。企业未按规定书面备案的,一律不得按特殊重组业务进行税务处理②。

②特殊性重组的确认③

Ⅰ 企业重组业务选择特殊性税务处理的,如重组各方需要税务机关确认,可以选择由重组主导方向主管税务机关提出申请,层报省税务机关给予确认。企业重组主导方,按以下原则确定:

ⅰ 债务重组为债务人;

ⅱ 股权收购为股权转让方;

ⅲ 资产收购为资产转让方;

ⅳ 吸收合并为合并后拟存续的企业,新设合并为合并前资产较大的企业;

Ⅴ 分立为被分立的企业或存续企业。

Ⅱ 采取申请确认的,主导方和其他当事方不在同一省(自治区、市)的,主导方省税务机关应将确认文件抄送其他当事方所在地省税务机关。

Ⅲ 省税务机关在收到确认申请时,原则上应在当年度企业所得税汇算清缴前完成确认。特殊情况,需要延长的,应将延长理由告知主导方。

(8)企业重组多步骤交易的税务处理

企业在重组发生前后连续 12 个月内分步对其资产、股权进行交易,应根据实质重于形式原则将上述交易作为一项企业重组交易进行处理④。

若同一项重组业务涉及在连续 12 个月内分步交易,且跨两个纳税年度,当事各方在第一步交易完成时预计整个交易可以符合特殊性税务处理条件,可以协商一致选择特殊性税务处理的,可在第一步交易完成后,适用特殊性税务处理。主管税务机关在审核有关资料后,符合条件的,可以暂认可适用特殊性税务处理。第二年进行下一步交易后,应按上述要求,准备相关资料确认适用特殊性税务处理⑤。

若当事方在首个纳税年度不能预计整个交易是否符合特殊性税务处理条件,应适用一般性税务处理。在下一纳税年度全部交易完成后,适用特殊性税务处理的,可以调整上一纳税年度的企业所得税年度申报表,涉及多缴税款的,各主管税务机关应退税,或抵缴当年应纳税款⑥。

(9)跨境重组的税务处理

①企业发生涉及中国境内与境外之间(包括港澳台地区)的股权和资产收购交易,除应符合上

---

① 《国家税务总局关于发布〈企业重组业务企业所得税管理办法〉的公告》(国家税务总局公告 2010 年第 4 号,2010 年 7 月 26 日)。

② 《财政部 国家税务总局关于企业重组业务企业所得税处理若干问题的通知》(财税[2009]59 号,2009 年 4 月 30 日)。

③ 《国家税务总局关于发布〈企业重组业务企业所得税管理办法〉的公告》(国家税务总局公告 2010 年第 4 号,2010 年 7 月 26 日)。

④ 《财政部 国家税务总局关于企业重组业务企业所得税处理若干问题的通知》(财税[2009]59 号,2009 年 4 月 30 日)。

⑤ 《国家税务总局关于发布〈企业重组业务企业所得税管理办法〉的公告》(国家税务总局公告 2010 年第 4 号,2010 年 7 月 26 日)。

⑥ 《国家税务总局关于发布〈企业重组业务企业所得税管理办法〉的公告》(国家税务总局公告 2010 年第 4 号,2010 年 7 月 26 日)。

述第(5)条第①项规定的条件外,还应同时符合下列条件,才可选择适用特殊性税务处理规定①:

Ⅰ 非居民企业向其100%直接控股的另一非居民企业转让其拥有的居民企业股权,没有因此造成以后该项股权转让所得预提税负担变化,且转让方非居民企业向主管税务机关书面承诺在3年(含3年)内不转让其拥有受让方非居民企业的股权;

Ⅱ 非居民企业向与其具有100%直接控股关系的居民企业转让其拥有的另一居民企业股权;

Ⅲ 居民企业以其拥有的资产或股权向其100%直接控股的非居民企业进行投资;

Ⅳ 财政部、国家税务总局核准的其他情形。

②发生上述第Ⅰ、Ⅱ项规定的情形,适用特殊税务处理的,应按照《国家税务总局关于印发〈非居民企业所得税源泉扣缴管理暂行办法〉的通知》(国税发[2009]3号)和《国家税务总局关于加强非居民企业股权转让所得企业所得税管理的通知》(国税函[2009]698号)要求,准备资料②。

③发生上述第Ⅲ项规定的情形,其资产或股权转让收益如选择特殊性税务处理,可以在10个纳税年度内均匀计入各年度应纳税所得额③。

上述情形中,居民企业应向其所在地主管税务机关报送以下资料④:

Ⅰ 当事方的重组情况说明,申请文件中应说明股权转让的商业目的;

Ⅱ 双方所签订的股权转让协议;

Ⅲ 双方控股情况说明;

Ⅳ 由评估机构出具的资产或股权评估报告。

报告中应分别列示涉及的各单项被转让资产和负债的公允价值;

Ⅴ 证明重组符合特殊性税务处理条件的资料,包括股权或资产转让比例,支付对价情况,以及12个月内不改变资产原来的实质性经营活动、不转让所取得股权的承诺书等;

Ⅵ 税务机关要求的其他材料。

7.2.9 企业清算的所得税处理

(1)企业清算所得税处理的适用情形

企业清算的所得税处理,是指企业在不再持续经营,发生结束自身业务、处置资产、偿还债务以及向所有者分配剩余财产等经济行为时,对清算所得、清算所得税、股息分配等事项的处理⑤。

下列企业应进行清算的所得税处理⑥:

Ⅰ 按《公司法》、《企业破产法》等规定需要进行清算的企业;

Ⅱ 企业重组中需要按清算处理的企业。

(2)企业清算所得税处理的主要事项

企业清算所得税处理包括以下内容⑦:

Ⅰ 全部资产均应按可变现价值或交易价格,确认资产转让所得或损失;

Ⅱ 确认债权清理、债务清偿的所得或损失;

Ⅲ 改变持续经营核算原则,对预提或待摊性质的费用进行处理;

Ⅳ 依法弥补亏损,确定清算所得;

Ⅴ 计算并缴纳清算所得税;

Ⅵ 确定可向股东分配的剩余财产、应付股息等。

(3)清算所得及纳税义务

---

① 《财政部 国家税务总局关于企业重组业务企业所得税处理若干问题的通知》(财税[2009]59号,2009年4月30日)。
② 《国家税务总局关于发布〈企业重组业务企业所得税管理办法〉的公告》(国家税务总局公告2010年第4号,2010年7月26日)。
③ 《财政部 国家税务总局关于企业重组业务企业所得税处理若干问题的通知》(财税[2009]59号,2009年4月30日)。
④ 《国家税务总局关于发布〈企业重组业务企业所得税管理办法〉的公告》(国家税务总局公告2010年第4号,2010年7月26日)。
⑤ 《财政部 国家税务总局关于企业清算业务企业所得税处理若干问题的通知》(财税[2009]60号,2009年4月30日)。本通知自2008年1月1日起执行。
⑥ 《财政部 国家税务总局关于企业清算业务企业所得税处理若干问题的通知》(财税[2009]60号,2009年4月30日)。
⑦ 《财政部 国家税务总局关于企业清算业务企业所得税处理若干问题的通知》(财税[2009]60号,2009年4月30日)。

企业的全部资产可变现价值或交易价格,减除资产的计税基础、清算费用、相关税费,加上债务清偿损益等后的余额,为清算所得①。

企业应将整个清算期作为一个独立的纳税年度计算清算所得②。

企业应当在办理注销登记前,就其清算所得向税务机关申报并依法缴纳企业所得税③。

(4)股东分得资产的所得税处理

企业全部资产的可变现价值或交易价格减除清算费用、职工的工资、社会保险费用和法定补偿金,结清清算所得税、以前年度欠税等税款,清偿企业债务,按规定计算可以向所有者分配的剩余资产④。

投资方企业从被清算企业分得的剩余资产,其中相当于从被清算企业累计未分配利润和累计盈余公积中按其所占股份比例计算应当分得的部分,应当确认为股息所得;剩余资产减除上述股息所得后的余额,超过或者低于投资成本的部分,应当确认为投资资产转让所得或者损失⑤。

被清算企业的股东从被清算企业分得的资产应按可变现价值或实际交易价格确定计税基础⑥。

7.3　税率

7.3.1　法定税率

企业所得税的税率为25%⑦。

非居民企业在中国境内未设立机构、场所的,或者虽设立机构、场所但取得的所得与其所设机构、场所没有实际联系的,其来源于中国境内的所得,适用税率为20%⑧。

7.3.2　协定税率

7.3.2.1　协定股息税率

(1)执行协定股息条款的规定

①享受协定股息协定待遇的一般条件

按照税收协定股息条款规定,中国居民公司向税收协定缔约对方税收居民支付股息,且该对方税收居民(或股息收取人)是该股息的受益所有人,则该对方税收居民取得的该项股息可享受税收协定待遇,即按税收协定规定的税率计算其在中国应缴纳的所得税。如果税收协定规定的税率高于中国国内税收法律规定的税率,则纳税人仍可按中国国内税收法律规定纳税。所称税收协定股息条款是指专门适用于股息所得的税收协定条款,不含按税收协定规定应作为营业利润处理的股息所得所适用的税收协定条款。纳税人需要享受上述税收协定待遇的,应同时符合以下条件⑨:

Ⅰ　可享受税收协定待遇的纳税人应是税收协定缔约对方税收居民;

Ⅱ　可享受税收协定待遇的纳税人应是相关股息的受益所有人;

Ⅲ　可享受税收协定待遇的股息应是按照中国国内税收法律规定确定的股息、红利等权益性投资收益;

①　《中华人民共和国企业所得税法实施条例》(中华人民共和国国务院令第512号,2007年12月6日)第十一条;《财政部 国家税务总局关于企业清算业务企业所得税处理若干问题的通知》(财税[2009]60号,2009年4月30日)。

②　《财政部 国家税务总局关于企业清算业务企业所得税处理若干问题的通知》(财税[2009]60号,2009年4月30日)。

③　《中华人民共和国企业所得税法》(2007年3月16日第十届全国人民代表大会第五次会议通过,中华人民共和国主席令第六十三号公布)第五十五条。

④　《财政部 国家税务总局关于企业清算业务企业所得税处理若干问题的通知》(财税[2009]60号,2009年4月30日)。

⑤　《中华人民共和国企业所得税法实施条例》(中华人民共和国国务院令第512号,2007年12月6日)第十一条;《财政部 国家税务总局关于企业清算业务企业所得税处理若干问题的通知》(财税[2009]60号,2009年4月30日)。《财政部 国家税务总局关于企业清算业务企业所得税处理若干问题的通知》(财税[2009]60号,2009年4月30日)。

⑥　《财政部 国家税务总局关于企业清算业务企业所得税处理若干问题的通知》(财税[2009]60号,2009年4月30日)。

⑦　《中华人民共和国企业所得税法》(2007年3月16日第十届全国人民代表大会第五次会议通过,中华人民共和国主席令第六十三号公布)第四条。

⑧　《中华人民共和国企业所得税法》(2007年3月16日第十届全国人民代表大会第五次会议通过,中华人民共和国主席令第六十三号公布)第四条。

⑨　《国家税务总局关于执行税收协定股息条款有关问题的通知》(国税函[2009]81号,2009年2月20日)。

Ⅳ 国家税务总局规定的其他条件。

②享受协定股息协定待遇的特殊条件规定

根据有关税收协定股息条款规定,凡税收协定缔约对方税收居民直接拥有支付股息的中国居民公司一定比例以上资本(一般为25%或10%)的,该对方税收居民取得的股息可按税收协定规定税率征税。该对方税收居民需要享受该税收协定待遇的,应同时符合以下条件①:

Ⅰ 取得股息的该对方税收居民根据税收协定规定应限于公司;

Ⅱ 在该中国居民公司的全部所有者权益和有表决权股份中,该对方税收居民直接拥有的比例均符合规定比例;

Ⅲ 该对方税收居民直接拥有该中国居民公司的资本比例,在取得股息前连续12个月以内任何时候均符合税收协定规定的比例;

Ⅳ 以获取优惠的税收地位为主要目的的交易或安排不应构成适用税收协定股息条款优惠规定的理由,纳税人因该交易或安排而不当享受税收协定待遇的,主管税务机关有权进行调整。

③享受协定条款税收待遇应提供的资料

纳税人需要按照税收协定股息条款规定纳税的,相关纳税人或扣缴义务人应该取得并保有支持其执行税收协定股息条款规定的信息资料,并按有关规定及时根据税务机关的要求报告或提供。有关的信息资料包括②:

Ⅰ 由协定缔约对方税务主管当局或其授权代表签发的税收居民身份证明以及支持该证明的税收协定缔约对方国内法律依据和相关事实证据;

Ⅱ 纳税人在税收协定缔约对方的纳税情况,特别是与取得由中国居民公司支付股息有关的纳税情况;

Ⅲ 纳税人是否构成任一第三方(国家或地区)税收居民;

Ⅳ 纳税人是否构成中国税收居民;

Ⅴ 纳税人据以取得中国居民公司所支付股息的相关投资(转让)合同、产权凭证、利润分配决议、支付凭证等权属证明;

Ⅵ 纳税人在中国居民公司的持股情况;

Ⅶ 其他与执行税收协定股息条款规定有关的信息资料。

(2)协定股息税率

2008年1月1日起,非居民企业从我国居民企业获得的股息将按照10%的税率征收预提所得税,但是,我国政府同外国政府订立的关于对所得避免双重征税和防止偷漏税的协定以及内地与香港、澳门间的税收安排(统称"协定"),与国内税法有不同规定的,依照协定的规定办理③。

我国对外订立的协定所规定的股息税率情况见《协定股息税率情况一览表》(附件一)。协定税率高于我国法律法规规定税率的,可以按国内法律法规规定的税率执行。纳税人申请执行协定税率时必须提交享受协定待遇申请表④。

7.3.2.2 协定利息税率

我国对外签署的协定对利息所得都规定来源国即支付利息的国家有权征税。税收协定此项税率要低于国内法税率,一般为10%。也有个别税率高于或低于10%的协定。

为鼓励缔约国双方资金流动及政府贷款等援助项目的实施,一些协定规定了缔约国一方中央银行、政府拥有的金融机构或其他组织从另一方取得的利息在另一方免予征税(即在来源国免税)。有些协定除对中央银行、政府拥有的或其担保的金融机构或其他组织取得的利息做出原则性免税规定

---

① 《国家税务总局关于执行税收协定股息条款有关问题的通知》(国税函〔2009〕81号,2009年2月20日)。
② 《国家税务总局关于执行税收协定股息条款有关问题的通知》(国税函〔2009〕81号,2009年2月20日)。
③ 《国家税务总局关于下发协定股息税率情况一览表的通知》(国税函〔2008〕112号,2008年1月29日)。
④ 《国家税务总局关于下发协定股息税率情况一览表的通知》(国税函〔2008〕112号,2008年1月29日)。

外,还专门对享受免税的银行或金融机构予以列名[1]。税收协定利息条款有关规定一览表见附件二。

7.3.2.3　协定特许权使用费税率

我国对外所签协定对特许权使用费一律规定来源国拥有一定的征税权,即使用某些权利并支付特许权使用费的国家有权对缔约国对方居民取得的该项所得征税。我国国内法对特许权使用费征税税率为20%,我国对外所签协定一般低于国内法税率,大部分协定此项税率为10%,也有个别协定低于10%。自2009年10月1日起,执行税收协定特许权使用费条款适用下列规定:

（1）特许权适用费范围[2]

凡税收协定特许权使用费定义中明确包括使用工业、商业、科学设备收取的款项（即我国税法有关租金所得）的,有关所得应适用税收协定特许权使用费条款的规定。税收协定对此规定的税率低于税收法律规定税率的,应适用税收协定规定的税率。

上述规定不适用于使用不动产产生的所得,使用不动产产生的所得适用税收协定不动产条款的规定。

税收协定特许权使用费条款定义中所列举的有关工业、商业或科学经验的情报应理解为专有技术,一般是指进行某项产品的生产或工序复制所必需的、未曾公开的、具有专有技术性质的信息或资料(简称专有技术)。

与专有技术有关的特许权使用费一般涉及技术许可方同意将其未公开的技术许可给另一方,使另一方能自由使用,技术许可方通常不亲自参与技术受让方对被许可技术的具体实施,并且不保证实施的结果。被许可的技术通常已经存在,但也包括应技术受让方的需求而研发后许可使用并在合同

中列有保密等使用限制的技术。

（2）在服务合同中,如果服务提供方提供服务过程中使用了某些专门知识和技术,但并不转让或许可这些技术,则此类服务不属于特许权使用费范围。但如果服务提供方提供服务形成的成果属于税收协定特许权使用费定义范围,并且服务提供方仍保有该项成果的所有权,服务接受方对此成果仅有使用权,则此类服务产生的所得,适用税收协定特许权使用费条款的规定[3]。

转让专有技术使用权涉及的技术服务活动应视为转让技术的一部分,由此产生的所得属于税收协定特许权使用费范围。在转让或许可专有技术使用权过程中如技术许可方派人员为该项技术的使用提供有关支持、指导等服务并收取服务费,无论是单独收取还是包括在技术价款中,均应视为特许权使用费,适用税收协定特许权使用费条款的规定。但根据协定关于特许权使用费受益所有人通过在特许权使用费发生国设立的常设机构进行营业,并且据以支付该特许权使用费的权利与常设机构有实际联系的相关规定,如果技术许可方派遣人员到技术使用方为转让的技术提供服务,并提供服务时间已达到按协定常设机构规定标准,构成了常设机构的情况下,对归属于常设机构部分的服务收入应执行协定第七条营业利润条款的规定,对提供服务的人员执行协定非独立个人劳务条款的相关规定;对未构成常设机构的或未归属于常设机构的服务收入仍按特许权使用费规定处理。如果纳税人不能准确计算应归属常设机构的营业利润,则税务机关可根据税收协定常设机构利润归属原则予以确定[4]。

如果技术受让方在合同签订后即支付费用,包括技术服务费,即事先不能确定提供服务时间是否

构成常设机构的,可暂执行特许权使用费条款的规定;待确定构成常设机构,且认定有关所得与该常设机构有实际联系后,按协定相关条款的规定,对归属常设机构利润征收企业所得税及对相关人员征收个人所得税时,应将已按特许权使用费条款规定所做的处理作相应调整[①]。

对2009年10月1日以前签订的技术转让及服务合同,凡相关服务活动跨10月1日并尚未对服务所得做出税务处理的,应执行上述规定。对涉及跨10月1日的技术服务判定是否构成常设机构时,其所有工作时间应作为计算构成常设机构的时间,但10月1日前对技术转让及相关服务收入执行特许权使用费条款规定已征收的税款部分,不再做调整[②]。

(3)下列款项或报酬不应是特许权使用费,应为劳务活动所得[③]:

①单纯货物贸易项下作为售后服务的报酬;

②产品保证期内卖方为买方提供服务所取得的报酬;

③专门从事工程、管理、咨询等专业服务的机构或个人提供的相关服务所取得的款项;

④国家税务总局规定的其他类似报酬。

上述劳务所得通常适用税收协定营业利润条款的规定,但个别税收协定对此另有特殊规定的除外(如中英税收协定专门列有技术费条款)。

(4)税收协定特许权使用费条款的规定应仅适用于缔约对方居民受益所有人,第三国设在缔约对方的常设机构从我国境内取得的特许权使用费应适用该第三国与我国的税收协定的规定;我国居民企业设在缔约对方的常设机构不属于对方居民,不应作为对方居民适用税收协定特许权使用费条款的规定;由位于我国境内的外国企业的机构、场所或常设机构负担并支付给与我国签有税收协定的缔约对方居民的特许权使用费,适用我国与该缔约国税收协定特许权使用费条款的规定[④]。

特许权使用费征税情况一览表见附件三[⑤]。

7.3.2.4 协定中股息、利息和特许权使用费受益所有人身份认定[⑥]

(1)受益所有人,是指对所得或所得据以产生的权利或财产具有所有权和支配权的人。受益所有人一般从事实质性的经营活动,可以是个人、公司或其他任何团体。

代理人、导管公司等不属于受益所有人。导管公司,是指通常以逃避或减少税收、转移或累积利润等为目的而设立的公司。这类公司仅在所在国登记注册,以满足法律所要求的组织形式,而不从事制造、经销、管理等实质性经营活动。

(2)在判定"受益所有人"身份时,不能仅从技术层面或国内法的角度理解,还应该从税收协定的目的(即避免双重征税和防止偷漏税)出发,按照实质重于形式的原则,结合具体案例的实际情况进行分析和判定。一般来说,下列因素不利于对申请人"受益所有人"身份的认定:

①申请人有义务在规定时间(比如在收到所得的12个月)内将所得的全部或绝大部分(比如60%以上)支付或派发给第三国(地区)居民。

②除持有所得据以产生的财产或权利外,申请人没有或几乎没有其他经营活动。

③在申请人是公司等实体的情况下,申请人的资产、规模和人员配置较小(或少),与所得数额难以匹配。

④对于所得或所得据以产生的财产或权利,申请人没有或几乎没有控制权或处置权,也不承担或

---

① 《国家税务总局关于税收协定有关条款执行问题的通知》(国税函[2010]46号,2010年1月26日)。
② 《国家税务总局关于税收协定有关条款执行问题的通知》(国税函[2010]46号,2010年1月26日)。
③ 《国家税务总局关于执行税收协定特许权使用费条款有关问题的通知》(国税函[2009]507号,2009年9月14日)。
④ 《国家税务总局关于执行税收协定特许权使用费条款有关问题的通知》(国税函[2009]507号,2009年9月14日)。
⑤ 参见国家税务总局国际税务司下发的《税收协定执行手册》(《国家税务总局国际税务司关于印发税收协定执行手册的通知》(际便函[2007]154号),具体内容以协定规定为准。
⑥ 《国家税务总局关于如何理解和认定税收协定中"受益所有人"的通知》(国税函[2009]601号,2009年10月27日)。

很少承担风险。

⑤缔约对方国家（地区）对有关所得不征税或免税，或征税但实际税率极低。

⑥在利息据以产生和支付的贷款合同之外，存在债权人与第三人之间在数额、利率和签订时间等方面相近的其他贷款或存款合同。

⑦在特许权使用费据以产生和支付的版权、专利、技术等使用权转让合同之外，存在申请人与第三人之间在有关版权、专利、技术等的使用权或所有权方面的转让合同。

针对不同性质的所得，通过对上述因素的综合分析，认为申请人不符合上述第（1）条规定的，不应将申请人认定为"受益所有人"。

（3）纳税人在申请享受税收协定待遇时，应提供能证明其具有受益所有人身份的相关资料。

7.4 应纳税额

7.4.1 应纳税额的计算

7.4.1.1 一般规定

应纳税额的计算公式为①：

应纳税额＝应纳税所得额×适用税率－减免税额－抵免税额＝（收入总额－不征税收入－免税收入－各项扣除－允许弥补的以前年度亏损）×适用税率－减免税额－抵免税额

公式中的减免税额和抵免税额，是指依照企业所得税法和国务院的税收优惠规定减征、免征和抵免的应纳税额②。

7.4.1.2 非居民企业所得税代扣代缴应纳税额

（1）一般规定

扣缴企业所得税应纳税额＝应纳税所得额×实际征收率③

应纳税所得额是指依照企业所得税法第十九条规定计算的下列应纳税所得额④：

①股息、红利等权益性投资收益和利息、租金、特许权使用费所得，以收入全额为应纳税所得额，不得扣除税法规定之外的税费支出。

②转让财产所得，以收入全额减除财产净值后的余额为应纳税所得额。

③其他所得，参照前两项规定的方法计算应纳税所得额。

实际征收率是指企业所得税法及其实施条例等相关法律法规规定的税率，或者税收协定规定的更低的税率。

扣缴义务人对外支付或者到期应支付的款项为人民币以外货币的，在申报扣缴企业所得税时，应当按照扣缴当日国家公布的人民币汇率中间价，折合成人民币计算应纳税所得额⑤。

扣缴义务人与非居民企业签订与上述各项所得有关的业务合同时，凡合同中约定由扣缴义务人负担应纳税款的，应将非居民企业取得的不含税所得换算为含税所得后计算征税⑥。

（2）特殊规定

从2008年1月1日起，非居民企业在我国境内从事船舶、航空等国际运输业务的，以其在中国境内起运客货收入总额的5%为应纳税所得额。纳税人的应纳税额，按照每次从中国境内起运旅客、货物出境取得的收入总额，依照1.25%的计征率计算征收企业所得税。调整后的综合计征率为

---

① 《中华人民共和国企业所得税法实施条例》（中华人民共和国国务院令第512号，2007年12月6日）第七十六条；《中华人民共和国企业所得税法》（2007年3月16日第十届全国人民代表大会第五次会议通过，中华人民共和国主席令第六十三号公布）第五、二十二条。

② 《中华人民共和国企业所得税法实施条例》（中华人民共和国国务院令第512号，2007年12月6日）第七十六条。

③ 《国家税务总局关于印发〈非居民企业所得税源泉扣缴管理暂行办法〉的通知》（国税发〔2009〕3号，2009年1月9日）。

④ 《国家税务总局关于印发〈非居民企业所得税源泉扣缴管理暂行办法〉的通知》（国税发〔2009〕3号，2009年1月9日）。

⑤ 《国家税务总局关于印发〈非居民企业所得税源泉扣缴管理暂行办法〉的通知》（国税发〔2009〕3号，2009年1月9日）。

⑥ 《国家税务总局关于印发〈非居民企业所得税源泉扣缴管理暂行办法〉的通知》（国税发〔2009〕3号，2009年1月9日）。

4.25%，其中营业税为 3%，企业所得税为 1.25%①。

7.4.2 境外所得税收抵免

7.4.2.1 适用范围

适用境外（包括港澳台地区，下同）所得税收抵免的纳税人包括两类②：

（1）居民企业（包括按境外法律设立但实际管理机构在中国，被判定为中国税收居民的企业）可以就其取得的境外所得直接缴纳和间接负担的境外企业所得税性质的税额进行抵免。

（2）非居民企业（外国企业）在中国境内设立的机构（场所）可以就其取得的发生在境外、但与其有实际联系的所得直接缴纳的境外企业所得税性质的税额进行抵免。即对此类非居民给予的境外税额抵免仅涉及直接抵免。

所谓实际联系是指，据以取得所得的权利、财产或服务活动由非居民企业在中国境内的分支机构拥有、控制或实施，如外国银行在中国境内分行以其可支配的资金向中国境外贷款，境外借款人就该笔贷款向其支付的利息，即属于发生在境外与该分行有实际联系的所得。

（3）企业取得来源于中国香港、澳门、台湾地区的应税所得，参照来源于其他国家应税所得的抵免办法执行③。

企业在计算境外所得税收抵免时，有关税收的协定与《财政部 国家税务总局关于企业境外所得税收抵免有关问题的通知》（财税〔2009〕125 号）和《国家税务总局关于发布〈企业境外所得税收抵免操作指南〉的公告》（国家税务总局公告 2010 年第 1 号）有不同规定的，依照协定的规定办理。其中：有关税收的协定包括内地与中国香港、澳门地区等签订的相关税收安排④。

7.4.2.2 直接抵免

直接抵免是指，企业直接作为纳税人就其境外所得在境外缴纳的所得税额在我国应纳税额中抵免。直接抵免主要适用于企业就来源于境外的营业利润所得在境外所缴纳的企业所得税，以及就来源于或发生于境外的股息、红利等权益性投资所得、利息、租金、特许权使用费、财产转让等所得在境外被源泉扣缴的预提所得税⑤。

企业取得的下列所得已在境外缴纳的所得税税额，可以从其当期应纳税额中抵免，抵免限额为该项所得依照税法规定计算的应纳税额；超过抵免限额的部分，可以在以后五个年度内，用每年度抵免限额抵免当年应抵税额后的余额进行抵补⑥：

Ⅰ 居民企业来源于中国境外的应税所得；

Ⅱ 非居民企业在中国境内设立机构、场所，取得发生在中国境外但与该机构、场所有实际联系的应税所得。

上述已在境外缴纳的所得税税额，是指企业来源于中国境外的所得依照中国境外税收法律以及相关规定应当缴纳并已经实际缴纳的企业所得税性质的税款⑦。

上述所称 5 个年度，是指从企业取得的来源于中国境外的所得，已经在中国境外缴纳的企业所得税性质的税额超过抵免限额的当年的次年起连续

---

① 《国家税务总局关于非居民企业船舶、航空运输收入计算征收企业所得税有关问题的通知》国税函〔2008〕952 号,2008 年 11 月 4 日）。

② 《国家税务总局关于发布〈企业境外所得税收抵免操作指南〉的公告》（国家税务总局公告 2010 年第 1 号,2010 年 7 月 2 日）。

③ 《财政部 国家税务总局关于企业境外所得税收抵免有关问题的通知》（财税〔2009〕125 号,2009 年 12 月 25 日）。

④ 《国家税务总局关于发布〈企业境外所得税收抵免操作指南〉的公告》（国家税务总局公告 2010 年第 1 号,2010 年 7 月 2 日）。

⑤ 《国家税务总局关于发布〈企业境外所得税收抵免操作指南〉的公告》（国家税务总局公告 2010 年第 1 号,2010 年 7 月 2 日）。

⑥ 《中华人民共和国企业所得税法》（2007 年 3 月 16 日第十届全国人民代表大会第五次会议通过,中华人民共和国主席令第六十三号公布）第二十三条。

⑦ 《中华人民共和国企业所得税法实施条例》（中华人民共和国国务院令第 512 号,2007 年 12 月 6 日）第七十七条。

5 个纳税年度[①]。

7.4.2.3　间接抵免

间接抵免是指,境外企业就分配股息前的利润缴纳的外国所得税额中由我国居民企业就该项分得的股息性质的所得间接负担的部分,在我国的应纳税额中抵免。如我国居民企业(母公司)的境外子公司在所在国(地区)缴纳企业所得税后,将税后利润的一部分作为股息、红利分配给该母公司,子公司在境外就其应税所得实际缴纳的企业所得税税额中按母公司所得股息占全部税后利润之比的部分即属于该母公司间接负担的境外企业所得税额。间接抵免的适用范围为居民企业从其符合《财政部　国家税务总局关于企业境外所得税收抵免有关问题的通知》(财税〔2009〕125 号)第五、六条规定的境外子公司取得的股息、红利等权益性投资收益所得[②]。

(1)基本规定

居民企业从其直接或者间接控制的外国企业分得的来源于中国境外的股息、红利等权益性投资收益,外国企业在境外实际缴纳的所得税税额中属于该项所得负担的部分,可以作为该居民企业的可抵免境外所得税税额,在抵免限额内抵免[③]。

直接控制,是指居民企业直接持有外国企业20% 以上股份[④]。

间接控制,是指居民企业以间接持股方式持有外国企业 20% 以上股份[⑤]。

(2)计算公式

居民企业在按照以上第(1)条规定用境外所得间接负担的税额进行税收抵免时,其取得的境外投资收益实际间接负担的税额,是指根据直接或者间接持股方式合计持股 20% 以上(含 20% ,下同)的规定层级的外国企业股份,由此应分得的股息、红利等权益性投资收益中,从最低一层外国企业起逐层计算的属于由上一层企业负担的税额,其计算公式如下[⑥]:

本层企业所纳税额属于由一家上一层企业负担的税额=(本层企业就利润和投资收益所实际缴纳的税额+符合规定的由本层企业间接负担的税额)×本层企业向一家上一层企业分配的股息(红利)÷本层企业所得税后利润额。

其中[⑦]:

本层企业是指实际分配股息(红利)的境外被投资企业;

本层企业就利润和投资收益所实际缴纳的税额是指,本层企业按所在国税法就利润缴纳的企业所得税和在被投资方所在国就分得的股息等权益性投资收益被源泉扣缴的预提所得税;

符合规定的由本层企业间接负担的税额是指该层企业由于从下一层企业分回股息(红利)而间接负担的由下一层企业就其利润缴纳的企业所得税税额;

本层企业向一家上一层企业分配的股息(红利)是指该层企业向上一层企业实际分配的扣缴预提所得税前的股息(红利)数额;

本层企业所得税后利润额是指该层企业实现的利润总额减去就其利润实际缴纳的企业所得税

---

①　《中华人民共和国企业所得税法实施条例》(中华人民共和国国务院令第 512 号,2007 年 12 月 6 日)第七十九条。

②　《国家税务总局关于发布〈企业境外所得税收抵免操作指南〉的公告》(国家税务总局公告 2010 年第 1 号,2010 年 7 月 2 日)。

③　《中华人民共和国企业所得税法》(2007 年 3 月 16 日第十届全国人民代表大会第五次会议通过,中华人民共和国主席令第六十三号公布)第二十四条。

④　《中华人民共和国企业所得税法实施条例》(中华人民共和国国务院令第 512 号,2007 年 12 月 6 日)第八十条。

⑤　《中华人民共和国企业所得税法实施条例》(中华人民共和国国务院令第 512 号,2007 年 12 月 6 日)第八十条。

⑥　《财政部　国家税务总局关于企业境外所得税收抵免有关问题的通知》(财税〔2009〕125 号,2009 年 12 月 25 日)。具体范例参见《国家税务总局关于发布〈企业境外所得税收抵免操作指南〉的公告》(国家税务总局公告 2010 年第 1 号,2010 年 7 月 2 日)示例三。

⑦　《国家税务总局关于发布〈企业境外所得税收抵免操作指南〉的公告》(国家税务总局公告 2010 年第 1 号,2010 年 7 月 2 日)。

后的余额。

每一层企业从其持股的下一层企业在一个年度中分得的股息（红利），若是由该下一层企业不同年度的税后未分配利润组成，则应按该股息（红利）对应的每一年度未分配利润，分别计算就该项分配利润所间接负担的税额；按各年度计算的间接负担税额之和，即为取得股息（红利）的企业该一个年度中分得的股息（红利）所得所间接负担的所得税额。

境外第二层及以下层级企业归属不同国家的，在计算居民企业负担境外税额时，均以境外第一层企业所在国（地区）为国别划分进行归集计算，而不论该第一层企业的下层企业归属何国（地区）。

（3）间接抵免层级

除国务院财政、税务主管部门另有规定外，上述由居民企业直接或者间接持有20%以上股份的外国企业，限于符合以下持股方式的三层外国企业①：

第一层：单一居民企业直接持有20%以上份的外国企业；

第二层：单一第一层外国企业直接持有20%以上股份，且由单一居民企业直接持有或通过一个或多个符合本条规定持股条件的外国企业间接持有总和达到20%以上股份的外国企业；

第三层：单一第二层外国企业直接持有20%以上股份，且由单一居民企业直接持有或通过一个或多个符合本条规定持股条件的外国企业间接持有总和达到20%以上股份的外国企业。

上述持股条件是指，各层企业直接持股、间接

持股以及为计算居民企业间接持股总和比例的每一个单一持股，均应达到20%的持股比例②。

7.4.2.4 境外应纳税所得额、可抵免所得税额与抵免限额

企业应按照企业所得税法及其实施条例、税收协定等规定，准确计算下列当期与抵免境外所得税有关的项目后，确定当期实际可抵免分国（地区）别的境外所得税税额和抵免限额③：

Ⅰ 境内所得的应纳税所得额（以下称境内应纳税所得额）和分国（地区）别的境外所得的应纳税所得额（以下称境外应纳税所得额）；

Ⅱ 分国（地区）别的可抵免境外所得税税额；

Ⅲ 分国（地区）别的境外所得税的抵免限额。

企业不能准确计算上述项目实际可抵免分国（地区）别的境外所得税税额的，在相应国家（地区）缴纳的税收均不得在该企业当期应纳税额中抵免，也不得结转以后年度抵免④。

（1）境外应纳税所得额

企业应就其按照企业所得税法实施条例第七条规定确定的中国境外所得（境外税前所得），按以下规定计算实施条例第七十八条规定的境外应纳税所得额⑤：

①居民企业在境外投资设立不具有独立纳税地位的分支机构，其来源于境外的所得，以境外收入总额扣除与取得境外收入有关的各项合理支出后的余额为应纳税所得额。各项收入、支出按企业所得税法及实施条例的有关规定确定⑥。

境外分支机构合理支出范围通常包括境外分支机构发生的人员工资、资产折旧、利息、相关税费

---

① 《财政部 国家税务总局关于企业境外所得税收抵免有关问题的通知》（财税〔2009〕125号，2009年12月25日）。具体范例参见《国家税务总局关于发布〈企业境外所得税收抵免操作指南〉的公告》（国家税务总局公告2010年第1号，2010年7月2日）示例四、五。

② 《国家税务总局关于发布〈企业境外所得税收抵免操作指南〉的公告》（国家税务总局公告2010年第1号，2010年7月2日）。

③ 《财政部 国家税务总局关于企业境外所得税收抵免有关问题的通知》（财税〔2009〕125号，2009年12月25日）。

④ 《财政部 国家税务总局关于企业境外所得税收抵免有关问题的通知》（财税〔2009〕125号，2009年12月25日）。《国家税务总局关于发布〈企业境外所得税收抵免操作指南〉的公告》（国家税务总局公告2010年第1号，2010年7月2日）。

⑤ 《财政部 国家税务总局关于企业境外所得税收抵免有关问题的通知》（财税〔2009〕125号，2009年12月25日）。

⑥ 《财政部 国家税务总局关于企业境外所得税收抵免有关问题的通知》（财税〔2009〕125号，2009年12月25日）。

和应分摊的总机构用于管理分支机构的管理费用等。与取得境外收入有关的合理支出,其确认和分摊方法应符合一般经营常规和我国税收法律规定的基本原则。企业已在计算应纳税所得总额时扣除的,但属于应由各分支机构合理分摊的总部管理费等有关成本费用应做出合理的对应调整分摊①。

居民企业在境外设立不具有独立纳税地位的分支机构因不具有分配利润职能,其取得的各项境外所得,无论是否汇回中国境内,均应计入该企业所属纳税年度的境外应纳税所得额。不具有独立纳税地位,是指根据企业设立地法律不具有独立法人地位或者按照税收协定规定不认定为对方国家(地区)的税收居民。如果一个企业同时被中国和其他国家认定为居民(即双重居民),应按中国与该国之间税收协定(或安排)的规定执行。不具有独立纳税地位的境外分支机构特别包括企业在境外设立的分公司、代表处、办事处、联络处,以及在境外提供劳务、被劳务发生地国家(地区)认定为负有企业所得税纳税义务的营业机构和场所等②。

②居民企业应就其来源于境外的股息、红利等权益性投资收益,以及利息、租金、特许权使用费、转让财产等收入,扣除按照企业所得税法及实施条例等规定计算的与取得该项收入有关的各项合理支出后的余额为应纳税所得额。来源于境外的股息、红利等权益性投资收益,应按被投资方作出利润分配决定的日期确认收入实现;来源于境外的利息、租金、特许权使用费、转让财产等收入,应按有关合同约定应付交易对价款的日期确认收入实现③。

从境外收到的股息、红利、利息等境外投资性所得一般表现为毛所得,应对在计算企业总所得额时已做统一扣除的成本费用中与境外所得有关的部分,在该境外所得中对应调整扣除后,才能作为计算境外税额抵免限额的境外应纳税所得额。其中④:

Ⅰ　股息、红利,应对应调整扣除与境外投资业务有关的项目研究、融资成本和管理费用。

Ⅱ　利息,应对应调整扣除为取得该项利息而发生的相应的融资成本和相关费用。

Ⅲ　租金,属于融资租赁业务的,应对应调整扣除其融资成本;属于经营租赁业务的,应对应调整扣除租赁物相应的折旧或折耗。

Ⅳ　特许权使用费,应对应调整扣除提供特许使用的资产的研发、摊销等费用。

Ⅴ　财产转让,应对应调整扣除被转让财产的成本净值和相关费用。

企业根据企业所得税法实施条例关于收入确认时间的规定确认上述境外所得实现年度,其中⑤:

Ⅰ　企业来源于境外的股息、红利等权益性投资收益所得,若实际收到所得的日期与境外被投资方作出利润分配决定的日期不在同一纳税年度的,应按被投资方作出利润分配日所在的纳税年度确认境外所得。

Ⅱ　企业来源于境外的利息、租金、特许权使用费、转让财产等收入,若未能在合同约定的付款日期当年收到上述所得,仍应按合同约定付款日期所属的纳税年度确认境外所得。

Ⅲ　属于企业所得税法第四十五条以及实施条例第一百一十七条和第一百一十八条规定情形的

---

① 《国家税务总局关于发布〈企业境外所得税收抵免操作指南〉的公告》(国家税务总局公告 2010 年第 1 号,2010 年 7 月 2 日)。

② 《财政部 国家税务总局关于企业境外所得税收抵免有关问题的通知》(财税[2009]125 号,2009 年 12 月 25 日)。《国家税务总局关于发布〈企业境外所得税收抵免操作指南〉的公告》(国家税务总局公告 2010 年第 1 号,2010 年 7 月 2 日)。

③ 《财政部 国家税务总局关于企业境外所得税收抵免有关问题的通知》(财税[2009]125 号,2009 年 12 月 25 日)。

④ 《国家税务总局关于发布〈企业境外所得税收抵免操作指南〉的公告》(国家税务总局公告 2010 年第 1 号,2010 年 7 月 2 日)。具体范例参见示例一。

⑤ 《国家税务总局关于发布〈企业境外所得税收抵免操作指南〉的公告》(国家税务总局公告 2010 年第 1 号,2010 年 7 月 2 日)。

（即受控外国公司利润不作分配而视同分配），应按照有关法律法规的规定确定境外所得的实现年度。

③非居民企业在境内设立机构、场所的，应就其发生在境外但与境内所设机构、场所有实际联系的各项应税所得，比照上述第②项的规定计算相应的应纳税所得额①。

④在计算境外应纳税所得额时，企业为取得境内、外所得而在境内、境外发生的共同支出，与取得境外应税所得有关的、合理的部分，应在境内、境外（分国别、分地区，下同）应税所得之间，按照合理比例进行分摊后扣除②。

所称共同支出，是指与取得境外所得有关但未直接计入境外所得应纳税所得额的成本费用支出，通常包括未直接计入境外所得的营业费用、管理费用和财务费用等支出③。

企业应对在计算总所得额时已统一归集并扣除的共同费用，按境外每一国家（地区）数额占企业全部数额的下列一种比例或几种比例的综合比例，在每一国家（地区）的境外所得中对应调整扣除，计算来自每一国家（地区）的应纳税所得额④：

Ⅰ 资产比例；

Ⅱ 收入比例；

Ⅲ 员工工资支出比例；

Ⅳ 其他合理比例。

上述分摊比例确定后应报送主管税务机关备案；无合理原因不得改变。

⑤在汇总计算境外应纳税所得额时，企业在境外同一国家（地区）设立不具有独立纳税地位的分支机构，按照企业所得税法及实施条例的有关规定计算的亏损，不得抵减其境内或他国（地区）的应纳税所得额，但可以用同一国家（地区）其他项目或以后年度的所得按规定弥补⑤。

若企业境内所得为亏损，境外所得为盈利，且企业已使用同期境外盈利全部或部分弥补了境内亏损，则境内已用境外盈利弥补的亏损不得再用以后年度境内盈利重复弥补。境外盈利分别来自多个国家的，弥补境内亏损时，企业可以自行选择弥补境内亏损的境外所得来源国家（地区）顺序⑥。

企业在同一纳税年度的境内外所得加总为正数的，其境外分支机构发生的亏损，由于上述结转弥补的限制而发生的未予弥补的部分（简称非实际亏损额），今后在该分支机构的结转弥补期限不受5年期限制。即⑦：

Ⅰ 如果企业当期境内外所得盈利额与亏损额加总后和为零或正数，则其当年度境外分支机构的非实际亏损额可无限期向后结转弥补；

Ⅱ 如果企业当期境内外所得盈利额与亏损额加总后和为负数，则以境外分支机构的亏损额超过企业盈利额部分的实际亏损额，按企业所得税法第十八条规定的期限进行亏损弥补，未超过企业盈利额部分的非实际亏损额仍可无限期向后结转弥补。

企业应对境外分支机构的实际亏损额与非实际亏损额不同的结转弥补情况做好记录。

⑥上述根据企业所得税法实施条例第七条规定确定的境外所得，在计算适用境外税额直接抵免的应纳税所得额时，应为将该项境外所得直接缴纳

① 《财政部 国家税务总局关于企业境外所得税收抵免有关问题的通知》（财税〔2009〕125号，2009年12月25日）。
② 《财政部 国家税务总局关于企业境外所得税收抵免有关问题的通知》（财税〔2009〕125号，2009年12月25日）。
③ 《国家税务总局关于发布〈企业境外所得税收抵免操作指南〉的公告》（国家税务总局公告2010年第1号，2010年7月2日）。
④ 《国家税务总局关于发布〈企业境外所得税收抵免操作指南〉的公告》（国家税务总局公告2010年第1号，2010年7月2日）。
⑤ 《财政部 国家税务总局关于企业境外所得税收抵免有关问题的通知》（财税〔2009〕125号，2009年12月25日）。
⑥ 《国家税务总局关于发布〈企业境外所得税收抵免操作指南〉的公告》（国家税务总局公告2010年第1号，2010年7月2日）。
⑦ 《国家税务总局关于发布〈企业境外所得税收抵免操作指南〉的公告》（国家税务总局公告2010年第1号，2010年7月2日）。具体范例参见示例二。

的境外所得税额还原计算后的境外税前所得;上述直接缴纳税额还原后的所得中属于股息、红利所得的,在计算适用境外税额间接抵免的境外所得时,应再将该项境外所得间接负担的税额还原计算,即该境外股息、红利所得应为境外股息、红利税后净所得与就该项所得直接缴纳和间接负担的税额之和①。

对上述税额还原后的境外税前所得,应再就计算企业应纳税所得总额时已按税法规定扣除的有关成本费用中与境外所得有关的部分进行对应调整扣除后,计算为境外应纳税所得额②。

(2)可抵免境外所得税税额

①可抵免境外所得税税额,是指企业来源于中国境外的所得依照中国境外税收法律以及相关规定应当缴纳并已实际缴纳的企业所得税性质的税款(除另有饶让抵免或其他规定外)③。

判定是否为企业所得税性质的税额不拘泥于名称,主要看其是否是针对企业净所得征收的税额。若是税收协定非适用所得税项目,或来自非协定国家的所得,无法判定是否属于对企业征收的所得税税额的,应层报国家税务总局裁定④。

②居民企业从与我国政府订立税收协定(或安排)的国家(地区)取得的所得,按照该国(地区)税收法律享受了免税或减税待遇,且该免税或减税的数额按照税收协定规定应视同已缴税额在中国的应纳税额中抵免的,该免税或减税数额可作为企

业实际缴纳的境外所得税额用于办理税收抵免⑤。

税收饶让抵免应区别下列情况进行计算⑥:

Ⅰ 税收协定规定定率饶让抵免的,饶让抵免税额为按该定率计算的应纳境外所得税额超过实际缴纳的境外所得税额的数额;

Ⅱ 税收协定规定列举一国税收优惠额给予饶让抵免的,饶让抵免税额为按协定国家(地区)税收法律规定税率计算的应纳所得税额超过实际缴纳税额的数额,即实际税收优惠额。

境外所得采用《财政部 国家税务总局关于企业境外所得税收抵免有关问题的通知》(财税[2009]125号)第十条规定的简易办法计算抵免额的,不适用饶让抵免。

企业取得的境外所得根据来源国税收法律法规不判定为所在国应税所得,而按中国税收法律法规规定属于应税所得的,不属于税收饶让抵免范畴,应按中国税收法律法规规定全额缴纳企业所得税。

③可抵免境外所得税额,不包括下列情形⑦:

Ⅰ 按照境外所得税法律及相关规定属于错缴或错征的境外所得税税款。

对上述企业不应缴纳而错缴的税额,企业应向境外税务机关申请予以退还,而不应作为境外已缴税额向中国申请抵免企业所得税。

Ⅱ 按照税收协定规定不应征收的境外所得税

---

① 《国家税务总局关于发布〈企业境外所得税收抵免操作指南〉的公告》(国家税务总局公告2010年第1号,2010年7月2日)。具体范例参见该文件示例一、示例七。

② 《国家税务总局关于发布〈企业境外所得税收抵免操作指南〉的公告》(国家税务总局公告2010年第1号,2010年7月2日)。

③ 《财政部 国家税务总局关于企业境外所得税收抵免有关问题的通知》(财税[2009]125号,2009年12月25日)。《国家税务总局关于发布〈企业境外所得税收抵免操作指南〉的公告》(国家税务总局公告2010年第1号,2010年7月2日)。

④ 《国家税务总局关于发布〈企业境外所得税收抵免操作指南〉的公告》(国家税务总局公告2010年第1号,2010年7月2日)。

⑤ 《财政部 国家税务总局关于企业境外所得税收抵免有关问题的通知》(财税[2009]125号,2009年12月25日)。具体范例参见《国家税务总局关于发布〈企业境外所得税收抵免操作指南〉的公告》(国家税务总局公告2010年第1号,2010年7月2日)示例六。

⑥ 《国家税务总局关于发布〈企业境外所得税收抵免操作指南〉的公告》(国家税务总局公告2010年第1号,2010年7月2日)。

⑦ 《财政部 国家税务总局关于企业境外所得税收抵免有关问题的通知》(财税[2009]125号,2009年12月25日)。《国家税务总局关于发布〈企业境外所得税收抵免操作指南〉的公告》(国家税务总局公告2010年第1号,2010年7月2日)。

税款。

根据中国政府与其他国家(地区)政府签订的税收协定(或安排)的规定不属于对方国家的应税项目,却被对方国家(地区)就其征收企业所得税的,企业应向征税国家申请退还不应征收的税额。该项税额还应包括,企业就境外所得在来源国纳税时适用税率高于税收协定限定税率所多缴纳的所得税税额。

Ⅲ 因少缴或迟缴境外所得税而追加的利息、滞纳金或罚款。

Ⅳ 境外所得税纳税人或者其利害关系人从境外征税主体得到实际返还或补偿的境外所得税税款。

如果有关国家为了实现特定目标而规定不同形式和程度的税收优惠,并采取征收后由政府予以返还或补偿方式退还的已缴税额,企业应从其境外所得可抵免税额中剔除该相应部分。

Ⅴ 按照我国企业所得税法及其实施条例规定,已经免征我国企业所得税的境外所得负担的境外所得税税款。

如果我国税收法律法规做出对某项境外所得给予免税优惠规定,企业取得免征我国企业所得税的境外所得的,该项所得的应纳税所得额及其缴纳的境外所得税额均应从计算境外所得税额抵免的境外应纳税所得额和境外已纳税额中减除。

Ⅵ 按照国务院财政、税务主管部门有关规定已经从企业境外应纳税所得额中扣除的境外所得税税款。

如果我国税法规定就一项境外所得的已纳所得税额仅作为费用从该项境外所得额中扣除的,就该项所得及其缴纳的境外所得税额不应再纳入境外税额抵免计算。

④企业依照税法规定抵免企业所得税税额时,应当提供中国境外税务机关出具的税款所属年度的有关纳税凭证[1]。

企业收到某一纳税年度的境外所得已纳税凭证时,凡是迟于次年5月31日汇算清缴终止日的,可以对该所得境外税额抵免追溯计算[2]。

⑤企业取得的境外所得已直接缴纳和间接负担的税额为人民币以外货币的,在以人民币计算可予抵免的境外税额时,凡企业记账本位币为人民币的,应按企业就该项境外所得记入账内时使用的人民币汇率进行换算;凡企业以人民币以外其他货币作为记账本位币的,应统一按实现该项境外所得对应的我国纳税年度最后一日的人民币汇率中间价进行换算[3]。

(3)境外所得税收抵免限额

①抵免限额的计算。抵免限额是指企业来源于中国境外的所得,依照企业所得税法及其实施条例的规定计算的应纳税额。除国务院财政、税务主管部门另有规定外,该抵免限额应当分国(地区)不分项计算,计算公式如下[4]:

抵免限额=中国境内、境外所得依照企业所得税法及其实施条例的规定计算的应纳税总额×来源于某国(地区)的应纳税所得额÷中国境内、境外应纳税所得总额

据以计算上述公式中"中国境内、境外所得依照企业所得税法及实施条例的规定计算的应纳税总额"的税率,除国务院财政、税务主管部门另有规定外,应为企业所得税法第四条第一款规定的25%税率。即使企业境内所得按税收法规规定享受企业所得税优惠的,在进行境外所得税额抵免限额计算中的中国境内、外所得应纳税总额所适用的税率也应为25%。若今后国务院财政、税务主管

---

① 《中华人民共和国企业所得税法实施条例》(中华人民共和国国务院令第512号,2007年12月6日)第八十一条。

② 《国家税务总局关于发布〈企业境外所得税收抵免操作指南〉的公告》(国家税务总局公告2010年第1号,2010年7月2日)。

③ 《国家税务总局关于发布〈企业境外所得税收抵免操作指南〉的公告》(国家税务总局公告2010年第1号,2010年7月2日)。

④ 《中华人民共和国企业所得税法实施条例》(中华人民共和国国务院令第512号,2007年12月6日)第七十八条。

部门规定境外所得与境内所得享受相同企业所得税优惠政策的,应按有关优惠政策的适用税率或税收负担率计算其应纳税总额和抵免限额,也可以按该境外应纳税所得额直接乘以其实际适用的税率或税收负担率简便计算得出抵免限额①。

②零抵免限额的处理。企业按照企业所得税法及其实施条例和有关规定计算的当期境内、境外应纳税所得总额小于零的,应以零计算当期境内、境外应纳税所得总额,其当期境外所得税的抵免限额也为零②。

企业使用同期境外盈利全部或部分弥补了境内亏损,形成当期境内、外应纳税所得总额小于零的。上述境外盈利在境外已纳的可予抵免但未能抵免的税额可以在以后 5 个纳税年度内进行结转抵免③。

7.4.2.5　境外实际抵免税额

在计算实际应抵免的境外已缴纳和间接负担的所得税税额时,企业在境外一国(地区)当年缴纳和间接负担的符合规定的所得税税额低于所计算的该国(地区)抵免限额的,应以该项税额作为境外所得税抵免额从企业应纳税总额中据实抵免;超过抵免限额的,当年应以抵免限额作为境外所得税抵免额进行抵免,超过抵免限额的余额允许从次年起在连续五个纳税年度内,用每年度抵免限额抵免当年应抵税额后的余额进行抵补④。

企业当年境外一国(地区)可抵免税额中既有属于当年已直接缴纳或间接负担的境外所得税额,又有以前年度结转的未逾期可抵免税额时,应首先抵免当年已直接缴纳或间接负担的境外所得税额,

抵免限额有余额的,可再抵免以前年度结转的未逾期可抵免税额,仍抵免不足的,继续向以后年度结转⑤。

7.4.2.6　境外税额抵免简易计算办法

属于下列情形的,经企业申请,主管税务机关核准,依照"分国不分项"原则,可以采取简易办法对境外所得已纳税额计算抵免⑥:

(1)企业从境外取得营业利润所得以及符合境外税额间接抵免条件的股息所得,虽有所得来源国(地区)政府机关核发的具有纳税性质的凭证或证明,但因客观原因无法真实、准确地确认应当缴纳并已经实际缴纳的境外所得税税额的,除就该所得直接缴纳及间接负担的税额在所得来源国(地区)的实际有效税率低于我国企业所得税法第四条第一款规定税率50%以上的外,可按境外应纳税所得额的12.5%作为抵免限额,企业按该国(地区)税务机关或政府机关核发具有纳税性质凭证或证明的金额,其不超过抵免限额的部分,准予抵免;超过的部分不得抵免。

其中:从所得来源国(地区)政府机关取得具有纳税性质的凭证或证明,是指向境外所在国家政府实际缴纳了具有综合税额(含企业所得税)性质的款项的有效凭证。

(2)企业从境外取得营业利润所得以及符合境外税额间接抵免条件的股息所得,凡就该所得缴纳及间接负担的税额在所得来源国(地区)的法定税率且其实际有效税率明显高于我国的,可直接以按规定计算的境外应纳税所得额和我国企业所得

---

①　《财政部 国家税务总局关于企业境外所得税收抵免有关问题的通知》(财税[2009]125 号,2009 年 12 月 25 日)。《国家税务总局关于发布〈企业境外所得税收抵免操作指南〉的公告》(国家税务总局公告 2010 年第 1 号,2010 年 7 月 2 日),具体范例参见示例七。

②　《财政部 国家税务总局关于企业境外所得税收抵免有关问题的通知》(财税[2009]125 号,2009 年 12 月 25 日)。

③　《国家税务总局关于发布〈企业境外所得税收抵免操作指南〉的公告》(国家税务总局公告 2010 年第 1 号,2010 年 7 月 2 日),具体范例参见示例八。

④　《财政部 国家税务总局关于企业境外所得税收抵免有关问题的通知》(财税[2009]125 号,2009 年 12 月 25 日)。

⑤　《国家税务总局关于发布〈企业境外所得税收抵免操作指南〉的公告》(国家税务总局公告 2010 年第 1 号,2010 年 7 月 2 日),具体范例参见示例九。

⑥　《财政部 国家税务总局关于企业境外所得税收抵免有关问题的通知》(财税[2009]125 号,2009 年 12 月 25 日)。《国家税务总局关于发布〈企业境外所得税收抵免操作指南〉的公告》(国家税务总局公告 2010 年第 1 号,2010 年 7 月 2 日)。

税法规定的税率计算的抵免限额作为可抵免的已在境外实际缴纳的企业所得税税额。

其中:实际有效税率,是指实际缴纳或负担的企业所得税税额与应纳税所得额的比率。

具体国家(地区)名单是:美国、阿根廷、布隆迪、喀麦隆、古巴、法国、日本、摩洛哥、巴基斯坦、赞比亚、科威特、孟加拉国、叙利亚、约旦、老挝。财政部、国家税务总局根据实际情况适时对名单进行调整。各地税务机关不能自行作出判定,发现名单所列国家抵免异常的,应立即向国家税务总局报告。

属于上述规定以外的股息、利息、租金、特许权使用费、转让财产等投资性所得,均应按规定计算境外税额抵免。具体是指,居民企业从境外未达到直接持股 20% 条件的境外子公司取得的股息所得,以及取得的利息、租金、特许权使用费、转让财产等所得,向所得来源国直接缴纳的预提所得税额,应按有关直接抵免的规定正常计算抵免。

7.4.2.7 境内外纳税年度不一致的处理

(1)企业在境外投资设立不具有独立纳税地位的分支机构,其计算生产、经营所得的纳税年度与我国规定的纳税年度不一致的,与我国纳税年度当年度相对应的境外纳税年度,应为在我国有关纳税年度中任何一日结束的境外纳税年度[1]。

(2)企业取得上款以外的境外所得实际缴纳或间接负担的境外所得税,应在该项境外所得实现日所在的我国对应纳税年度的应纳税额中计算抵免[2]。

企业取得境外股息所得实现日为被投资方做出利润分配决定的日期,不论该利润分配是否包括以前年度未分配利润,均应作为该股息所得实现日所在的我国纳税年度所得计算抵免[3]。

7.4.2.8 境外所得抵免后实际应纳所得税额

企业抵免境外所得税后实际应纳所得税额的计算公式为[4]:

企业实际应纳所得税额=企业境内外所得应纳税总额-企业所得税减免、抵免优惠税额-境外所得税抵免额

其中[5]:

抵免优惠税额,是指企业购置用于环境保护、节能节水、安全生产等专用设备的投资额,可以按税法规定比例实行的税额抵免。

境外所得税抵免额,是指按照上述规定计算的境外所得税额在抵免限额内实际可以抵免的税额。

7.4.2.9 境外所得税收抵免申请资料及台账管理

(1)申请资料

企业申报抵免境外所得税收(包括按简易办法进行的抵免)时应向其主管税务机关提交如下书面资料[6]:

①与境外所得相关的完税证明或纳税凭证(原件或复印件)。

②不同类型的境外所得申报税收抵免需分别提供:

Ⅰ 取得境外分支机构的营业利润所得,需提供境外分支机构会计报表;境外分支机构所得依照中国境内企业所得税法及实施条例的规定计算的应纳税额的计算过程及说明资料;具有资质的机构

---

① 《财政部 国家税务总局关于企业境外所得税收抵免有关问题的通知》(财税[2009]125号,2009年12月25日)。具体范例参见《国家税务总局关于发布〈企业境外所得税收抵免操作指南〉的公告》(国家税务总局公告2010年第1号,2010年7月2日)示例十。

② 《财政部 国家税务总局关于企业境外所得税收抵免有关问题的通知》(财税[2009]125号,2009年12月25日)。

③ 《国家税务总局关于发布〈企业境外所得税收抵免操作指南〉的公告》(国家税务总局公告2010年第1号,2010年7月2日)。具体范例参见示例十一。

④ 《财政部 国家税务总局关于企业境外所得税收抵免有关问题的通知》(财税[2009]125号,2009年12月25日)。

⑤ 《国家税务总局关于发布〈企业境外所得税收抵免操作指南〉的公告》(国家税务总局公告2010年第1号,2010年7月2日)。

⑥ 《国家税务总局关于发布〈企业境外所得税收抵免操作指南〉的公告》(国家税务总局公告2010年第1号,2010年7月2日)。

出具的有关分支机构审计报告等。

Ⅱ 取得境外股息、红利所得,需提供集团组织架构图;被投资公司章程复印件;境外企业有权决定利润分配的机构作出的决定书等。

Ⅲ 取得境外利息、租金、特许权使用费、转让财产等所得,需提供依照中国境内企业所得税法及实施条例规定计算的应纳税额的资料及计算过程;项目合同复印件等。

③申请享受税收饶让抵免的还需提供:

Ⅰ 本企业及其直接或间接控制的外国企业在境外所获免税及减税的依据及证明或有关审计报告披露该企业享受的优惠政策的复印件。

Ⅱ 企业在其直接或间接控制的外国企业的参股比例等情况的证明复印件。

Ⅲ 间接抵免税额或者饶让抵免税额的计算过程。

Ⅳ 由本企业直接或间接控制的外国企业的财务会计资料。

④采用简易办法计算抵免限额的还需提供:

Ⅰ 取得境外分支机构的营业利润所得,需提供企业申请及有关情况说明;来源国(地区)政府机关核发的具有纳税性质的凭证和证明复印件;

Ⅱ 取得符合境外税额间接抵免条件的股息所得,需提供企业申请及有关情况说明;符合企业所得税法第二十四条条件(直接或间接控制的外国企业)的有关股权证明的文件或凭证复印件。

⑤主管税务机关要求提供的其他资料。

以上提交备案资料使用非中文的,企业应同时提交中文译本复印件。

上述资料已向税务机关提供的,可不再提供;上述资料若有变更的,须重新提供;复印件须注明与原件一致,译本须注明与原本无异义,并加盖企业公章。

(2)台账管理

税务机关、企业在年度企业所得税汇算清缴时,应对结转以后年度抵免的境外所得税额分国别(地区)建立台账管理,准确填写逐年抵免情况[①]。

7.4.3　核定征收企业所得税

7.4.3.1　核定征收企业所得税的范围

(1)居民企业纳税人具有下列情形之一的,核定征收企业所得税[②]:

①依照法律、行政法规的规定可以不设置账簿的;

②依照法律、行政法规的规定应当设置但未设置账薄的;

③擅自销毁账簿或者拒不提供纳税资料的;

④虽设置账簿,但账目混乱或者成本资料、收入凭证、费用凭证残缺不全,难以查账的;

⑤发生纳税义务,未按照规定的期限办理纳税申报,经税务机关责令限期申报,逾期仍不申报的;

⑥申报的计税依据明显偏低,又无正当理由的。

(2)特殊行业、特殊类型的纳税人和一定规模以上的纳税人不适用核定征税办法[③]。

从 2009 年 1 月 1 日起,上述特定纳税人包括[④]:

①享受企业所得税法及其实施条例和国务院规定的一项或几项企业所得税优惠政策的企业(不包括仅享受企业所得税法第二十六条规定免税收入优惠政策的企业);

②汇总纳税企业;

③上市公司;

④银行、信用社、小额贷款公司、保险公司、证券公司、期货公司、信托投资公司、金融资产管理公司、融资租赁公司、担保公司、财务公司、典当公司等金融企业;

---

① 《国家税务总局关于发布〈企业境外所得税收抵免操作指南〉的公告》(国家税务总局公告 2010 年第 1 号,2010 年 7 月 2 日)。台账表格式样及填报说明详见该公告。

② 《国家税务总局关于印发〈企业所得税核定征收办法〉(试行)的通知》(国税发〔2008〕30 号,2008 年 3 月 6 日)。

③ 《国家税务总局关于印发〈企业所得税核定征收办法〉(试行)的通知》(国税发〔2008〕30 号,2008 年 3 月 6 日)。

④ 《国家税务总局关于企业所得税核定征收若干问题的通知》(国税函〔2009〕377 号,2009 年 7 月 14 日)。

⑤会计、审计、资产评估、税务、房地产估价、土地估价、工程造价、律师、价格鉴证、公证机构、基层法律服务机构、专利代理、商标代理以及其他经济鉴证类社会中介机构;

⑥国家税务总局规定的其他企业。

对上述规定之外的企业,主管税务机关要严格按照规定的范围和标准确定企业所得税的征收方式,不得违规扩大核定征收企业所得税范围;对其中达不到查账征收条件的企业核定征收企业所得税,并促使其完善会计核算和财务管理,达到查账征收条件后要及时转为查账征收①。

7.4.3.2 核定征收企业所得税的方法

税务机关应根据纳税人具体情况,对核定征收企业所得税的纳税人,核定应税所得率或者核定应纳所得税额②。

(1)核定应税所得率

①采用核定应税所得率方法的情形

具有下列情形之一的,核定其应税所得率:③

Ⅰ 能正确核算(查实)收入总额,但不能正确核算(查实)成本费用总额的;

Ⅱ 能正确核算(查实)成本费用总额,但不能正确核算(查实)收入总额的;

Ⅲ 通过合理方法,能计算和推定纳税人收入总额或成本费用总额的。

②计算公式

采用应税所得率方式核定征收企业所得税的,应纳所得税额计算公式如下④:

应纳所得税额=应纳税所得额×适用税率

应纳税所得额=应税收入额×应税所得率

或:应纳税所得额 = 成本(费用)支出额/

(1-应税所得率)×应税所得率

应税收入额等于收入总额减去不征税收入和免税收入后的余额。用公式表示为⑤:

应税收入额 = 收入总额-不征税收入-免税收入

其中,收入总额为企业以货币形式和非货币形式从各种来源取得的收入。

③应税所得率标准

应税所得率按下表规定的幅度标准确定⑥:

行业	应税所得率(%)
农、林、牧、渔业	3—10
制造业	5—15
批发和零售贸易业	4—15
交通运输业	7—15
建筑业	8—20
饮食业	8—25
娱乐业	15—30
其他行业	10—30

实行应税所得率方式核定征收企业所得税的纳税人,经营多业的,无论其经营项目是否单独核算,均由税务机关根据其主营项目确定适用的应税所得率⑦。

主营项目应为纳税人所有经营项目中,收入总额或者成本(费用)支出额或者耗用原材料、燃料、动力数量所占比重最大的项目⑧。

(2)纳税人不属于上述(1)①中所列情形的,核定其应纳所得税额。税务机关采用下列方法核定征收企业所得税⑨:

①参照当地同类行业或者类似行业中经营规

---

① 《国家税务总局关于企业所得税核定征收若干问题的通知》(国税函[2009]377号,2009年7月14日)。
② 《国家税务总局关于印发〈企业所得税核定征收办法〉(试行)的通知》(国税发[2008]30号,2008年3月6日)。
③ 《国家税务总局关于印发〈企业所得税核定征收办法〉(试行)的通知》(国税发[2008]30号,2008年3月6日)。
④ 《国家税务总局关于印发〈企业所得税核定征收办法〉(试行)的通知》(国税发[2008]30号,2008年3月6日)。
⑤ 《国家税务总局关于企业所得税核定征收若干问题的通知》(国税函[2009]377号,2009年7月14日)。
⑥ 《国家税务总局关于印发〈企业所得税核定征收办法〉(试行)的通知》(国税发[2008]30号,2008年3月6日)。
⑦ 《国家税务总局关于印发〈企业所得税核定征收办法〉(试行)的通知》(国税发[2008]30号,2008年3月6日)。
⑧ 《国家税务总局关于印发〈企业所得税核定征收办法〉(试行)的通知》(国税发[2008]30号,2008年3月6日)。
⑨ 《国家税务总局关于印发〈企业所得税核定征收办法〉(试行)的通知》(国税发[2008]30号,2008年3月6日)。

模和收入水平相近的纳税人的税负水平核定；

②按照应税收入额或成本费用支出额定率核定；

③按照耗用的原材料、燃料、动力等推算或测算核定；

④按照其他合理方法核定。

(3)采用上述所列一种方法不足以正确核定应纳税所得额或应纳税额的,可以同时采用两种以上的方法核定。采用两种以上方法测算的应纳税额不一致时,可按测算的应纳税额从高核定[1]。

7.4.3.3　核定征收企业所得税的程序[2]

(1)主管税务机关应及时向纳税人送达《企业所得税核定征收鉴定表》(表样略),及时完成对其核定征收企业所得税的鉴定工作。具体程序如下：

①纳税人应在收到《企业所得税核定征收鉴定表》后 10 个工作日内,填好该表并报送主管税务机关。《企业所得税核定征收鉴定表》一式三联,主管税务机关和县税务机关各执一联,另一联送达纳税人执行。主管税务机关还可根据实际工作需要,适当增加联次备用。

②主管税务机关应在受理《企业所得税核定征收鉴定表》后 20 个工作日内,分类逐户审查核实,提出鉴定意见,并报县税务机关复核、认定。

③县税务机关应在收到《企业所得税核定征收鉴定表》后 30 个工作日内,完成复核、认定工作。

纳税人收到《企业所得税核定征收鉴定表》后,未在规定期限内填列、报送的,税务机关视同纳税人已经报送,按上述程序进行复核认定。

(2)税务机关应在每年 6 月底前对上年度实行核定征收企业所得税的纳税人进行重新鉴定。重新鉴定工作完成前,纳税人可暂按上年度的核定征收方式预缴企业所得税;重新鉴定工作完成后,按重新鉴定的结果进行调整。

(3)主管税务机关应当分类逐户公示核定的应纳所得税额或应税所得率。主管税务机关应当按照便于纳税人及社会各界了解、监督的原则确定公示地点、方式。

(4)纳税人对税务机关确定的企业所得税征收方式、核定的应纳所得税额或应税所得率有异议的,应当提供合法、有效的相关证据,税务机关经核实认定后调整有异议的事项。

(5)纳税人的生产经营范围、主营业务发生重大变化,或者应纳所得税额或应纳税额增减变化达到20%的,应及时向税务机关申报调整已确定的应纳税额或应税所得率。

7.4.3.4　核定征收企业所得税的管理措施[3]

(1)各省、自治区、直辖市和计划单列市国家税务局、地方税务局,根据规定联合制定具体实施办法,并报国家税务总局备案。要联合开展核定征收企业所得税工作,共同确定分行业的应税所得率,共同协商确定分户的应纳所得税额,做到分属国家税务局和地方税务局管辖,生产经营地点、经营规模、经营范围基本相同的纳税人,核定的应纳所得税额和应税所得率基本一致。

(2)严格按照规定的范围和标准确定企业所得税的征收方式。不得违规扩大核定征收企业所得税范围。严禁按照行业或者企业规模大小,"一刀切"地搞企业所得税核定征收。

(3)按公平、公正、公开原则核定征收企业所得税。应根据纳税人的生产经营行业特点,综合考虑企业的地理位置、经营规模、收入水平、利润水平等因素,分类逐户核定应纳所得税额或者应税所得率,保证同一区域内规模相当的同类或者类似企业的所得税税负基本相当。

(4)做好核定征收企业所得税的服务工作。核定征收企业所得税的工作部署与安排要考虑方便纳税人,符合纳税人的实际情况,并在规定的时

---

① 《国家税务总局关于印发〈企业所得税核定征收办法〉(试行)的通知》(国税发[2008]30 号,2008 年 3 月 6 日)。
② 《国家税务总局关于印发〈企业所得税核定征收办法〉(试行)的通知》(国税发[2008]30 号,2008 年 3 月 6 日)。
③ 《国家税务总局关于印发〈企业所得税核定征收办法〉(试行)的通知》(国税发[2008]30 号,2008 年 3 月 6 日)。

限内及时办结鉴定和认定工作。

（5）推进纳税人建账建制工作。税务机关应积极督促核定征收企业所得税的纳税人建账建制，改善经营管理，引导纳税人向查账征收方式过渡。对符合查账征收条件的纳税人，要及时调整征收方式，实行查账征收。

（6）加强对核定征收方式纳税人的检查工作。对实行核定征收企业所得税方式的纳税人，要加大检查力度，将汇算清缴的审核检查和日常征管检查结合起来，合理确定年度稽查面，防止纳税人有意通过核定征收方式降低税负。

7.4.4 房地产开发经营业务应纳企业所得税的处理

7.4.4.1 基本规定

（1）房地产开发经营业务企业指中国境内从事房地产开发经营业务的企业①。

（2）企业房地产开发经营业务包括土地的开发，建造、销售住宅、商业用房以及其他建筑物、附着物、配套设施等开发产品。除土地开发之外，其他开发产品符合下列条件之一的，应视为已经完工②：

①开发产品竣工证明材料已报房地产管理部门备案。

②开发产品已开始投入使用。

房地产开发企业建造、开发的产品，无论工程质量是否通过验收或是否办理完工（竣工）备案手续以及会计决算手续，当企业开始办理开发产品交付手续（包括入住手续）、或已开始实际投入使用时，为开发产品开始投入使用，应视为开发产品已经完工。房地产开发企业应按规定及时结算开发

产品计税成本，并计算企业当年度应纳税所得额③。

③开发产品已取得了初始产权证明。

（3）企业出现税收征收管理法第三十五条规定的情形，税务机关可对其以往应缴的企业所得税按核定征收方式进行征收管理，并逐步规范，同时按税收征收管理法等税收法律、行政法规的规定进行处理，但不得事先确定企业的所得税按核定征收方式进行征收、管理④。

7.4.4.2 房地产开发经营企业收入的税务处理⑤

（1）收入范围

开发产品销售收入的范围为销售开发产品过程中取得的全部价款，包括现金、现金等价物及其他经济利益。企业代有关部门、单位和企业收取的各种基金、费用和附加等，凡纳入开发产品价内或由企业开具发票的，应按规定全部确认为销售收入；未纳入开发产品价内并由企业之外的其他收取部门、单位开具发票的，可作为代收代缴款项进行管理。

（2）收入确认

企业通过正式签订《房地产销售合同》或《房地产预售合同》所取得的收入，应确认为销售收入的实现，具体按以下规定确认：

①采取一次性全额收款方式销售开发产品的，应于实际收讫价款或取得索取价款凭据（权利）之日，确认收入的实现。

②采取分期收款方式销售开发产品的，应按销售合同或协议约定的价款和付款日确认收入的实现。付款方提前付款的，在实际付款日确认收入的

---

① 《国家税务总局关于印发〈房地产开发经营业务企业所得税处理办法〉的通知》（国税发〔2009〕31号，2009年3月6日）。此前，《国家税务总局关于房地产开发业务征收企业所得税问题的通知》（国税发〔2006〕31号，2006年3月6日）被《国家税务总局关于公布全文失效废止 部分条款失效废止的税收规范性文件目录的公告》（国家税务总局公告2011年第2号，2011年1月4日）公布全文失效废止。

② 《国家税务总局关于印发〈房地产开发经营业务企业所得税处理办法〉的通知》（国税发〔2009〕31号，2009年3月6日）。

③ 《国家税务总局关于房地产企业开发产品完工标准税务确认条件的批复》（国税函〔2009〕342号，2009年6月26日）。《国家税务总局关于房地产开发企业开发产品完工条件确认问题的通知》（国税函〔2010〕201号，2010年5月12日）。

④ 《国家税务总局关于印发〈房地产开发经营业务企业所得税处理办法〉的通知》（国税发〔2009〕31号，2009年3月6日）。

⑤ 《国家税务总局关于印发〈房地产开发经营业务企业所得税处理办法〉的通知》（国税发〔2009〕31号，2009年3月6日）。

实现。

③采取银行按揭方式销售开发产品的,应按销售合同或协议约定的价款确定收入额,其首付款应于实际收到日确认收入的实现,余款在银行按揭贷款办理转账之日确认收入的实现。

④采取委托方式销售开发产品的,应按以下原则确认收入的实现:

Ⅰ 采取支付手续费方式委托销售开发产品的,应按销售合同或协议中约定的价款于收到受托方已销开发产品清单之日确认收入的实现。

Ⅱ 采取视同买断方式委托销售开发产品的,属于企业与购买方签订销售合同或协议,或企业、受托方、购买方三方共同签订销售合同或协议的,如果销售合同或协议中约定的价格高于买断价格,则应按销售合同或协议中约定的价格计算的价款于收到受托方已销开发产品清单之日确认收入的实现;如果属于前两种情况中销售合同或协议中约定的价格低于买断价格,以及属于受托方与购买方签订销售合同或协议的,则应按买断价格计算的价款于收到受托方已销开发产品清单之日确认收入的实现。

Ⅲ 采取基价(保底价)并实行超基价双方分成方式委托销售开发产品的,属于由企业与购买方签订销售合同或协议,或企业、受托方、购买方三方共同签订销售合同或协议的,如果销售合同或协议中约定的价格高于基价,则应按销售合同或协议中约定的价格计算的价款于收到受托方已销开发产品清单之日确认收入的实现,企业按规定支付受托方的分成额,不得直接从销售收入中减除;如果销售合同或协议约定的价格低于基价的,则应按基价计算的价款于收到受托方已销开发产品清单之日确认收入的实现。属于由受托方与购买方直接签订销售合同的,则应按基价加上按规定取得的分成额于收到受托方已销开发产品清单之日确认收入的实现。

Ⅳ 采取包销方式委托销售开发产品的,包销期内可根据包销合同的有关约定,参照上述Ⅰ至Ⅲ项规定确认收入的实现;包销期满后尚未出售的开发产品,企业应根据包销合同或协议约定的价款和付款方式确认收入的实现。

(3)视同销售

企业将开发产品用于捐赠、赞助、职工福利、奖励、对外投资、分配给股东或投资人、抵偿债务、换取其他企事业单位和个人的非货币性资产等行为,应视同销售,于开发产品所有权或使用权转移,或于实际取得利益权利时确认收入(或利润)的实现。确认收入(或利润)的方法和顺序为:

①按本企业近期或本年度最近月份同类开发产品市场销售价格确定;

②由主管税务机关参照当地同类开发产品市场公允价值确定;

③按开发产品的成本利润率确定。开发产品的成本利润率不得低于15%,具体比例由主管税务机关确定。

(4)计税毛利率

企业销售未完工开发产品的计税毛利率由各省、自治区、直辖市国家税务局、地方税务局按下列规定进行确定:

①开发项目位于省、自治区、直辖市和计划单列市人民政府所在地城市城区和郊区的,不得低于15%。

②开发项目位于地及地级市城区及郊区的,不得低于10%。

③开发项目位于其他地区的,不得低于5%。

④属于经济适用房、限价房和危改房的,不得低于3%。

(5)应纳税所得额

企业销售未完工开发产品取得的收入,应先按预计计税毛利率分季(或月)计算出预计毛利额,计入当期应纳税所得额。开发产品完工后,企业应及时结算其计税成本并计算此前销售收入的实际毛利额,同时将其实际毛利额与其对应的预计毛利额之间的差额,计入当年度企业本项目与其他项目合并计算的应纳税所得额。

在年度纳税申报时,企业须出具对该项开发产品实际毛利额与预计毛利额之间差异调整情况的报告以及税务机关需要的其他相关资料。

从事房地产开发经营业务的外商投资企业在2007年12月31日前存有销售未完工开发产品取得的收入，至该项开发产品完工后，一律按上述规定进行税务处理。

(6)收入确认的特殊规定

企业新建的开发产品在尚未完工或办理房地产初始登记、取得产权证前，与承租人签订租赁预约协议的，自开发产品交付承租人使用之日起，出租方取得的预租价款按租金确认收入的实现。

7.4.4.3 房地产开发经营企业成本、费用扣除的税务处理①

(1)企业在进行成本、费用的核算与扣除时，必须按规定区分期间费用和开发产品计税成本、已销开发产品计税成本与未销开发产品计税成本。

(2)企业发生的期间费用、已销开发产品计税成本、营业税金及附加、土地增值税准予当期按规定扣除。

(3)开发产品计税成本的核算应按计税成本的规定进行处理。

(4)已销开发产品的计税成本，按当期已实现销售的可售面积和可售面积单位工程成本确认。可售面积单位工程成本和已销开发产品的计税成本按下列公式计算确定：

可售面积单位工程成本=成本对象总成本÷成本对象总可售面积

已销开发产品的计税成本=已实现销售的可售面积×可售面积单位工程成本

(5)企业对尚未出售的已完工开发产品和按照有关法律、法规或合同规定对已售开发产品(包括共用部位、共用设施设备)进行日常维护、保养、修理等实际发生的维修费用，准予在当期据实扣除。

(6)企业将已计入销售收入的共用部位、共用

设施设备维修基金按规定移交给有关部门、单位的，应于移交时扣除。

(7)企业在开发区内建造的会所、物业管理场所、电站、热力站、水厂、文体场馆、幼儿园等配套设施，按以下规定进行处理：

①属于非营利性且产权属于全体业主的，或无偿赠与地方政府、公用事业单位的，可将其视为公共配套设施，其建造费用按公共配套设施费的有关规定进行处理。

②属于营利性的，或产权归企业所有的，或未明确产权归属的，或无偿赠与地方政府、公用事业单位以外其他单位的，应当单独核算其成本。除企业自用应按建造固定资产进行处理外，其他一律按建造开发产品进行处理。

(8)企业在开发区内建造的邮电通讯、学校、医疗设施应单独核算成本，其中，由企业与国家有关业务管理部门、单位合资建设，完工后有偿移交的，国家有关业务管理部门、单位给予的经济补偿可直接抵扣该项目的建造成本，抵扣后的差额应调整当期应纳税所得额。

(9)企业采取银行按揭方式销售开发产品的，凡约定企业为购买方的按揭贷款提供担保的，其销售开发产品时向银行提供的保证金(担保金)不得从销售收入中减除，也不得作为费用在当期税前扣除，但实际发生损失时可据实扣除。

(10)企业委托境外机构销售开发产品的，其支付境外机构的销售费用(含佣金或手续费)不超过委托销售收入10%的部分，准予据实扣除。

(11)企业的利息支出按以下规定进行处理：

①企业为建造开发产品借入资金而发生的符合税收规定的借款费用，可按企业会计准则的规定进行归集和分配，其中属于财务费用性质的借款费用，可直接在税前扣除②。

②企业集团或其成员企业统一向金融机构借款分摊集团内部其他成员企业使用的，借入方凡能

① 《国家税务总局关于印发〈房地产开发经营业务企业所得税处理办法〉的通知》(国税发[2009]31号,2009年3月6日)。
② 《国家税务总局关于印发〈房地产开发经营业务企业所得税处理办法〉的通知》(国税发[2009]31号,2009年3月6日)。

出具从金融机构取得借款的证明文件,可以在使用借款的企业间合理的分摊利息费用,使用借款的企业分摊的合理利息准予在税前扣除①。

(12)企业因国家无偿收回土地使用权而形成的损失,可作为财产损失按有关规定在税前扣除。

(13)企业开发产品(以成本对象为计量单位)整体报废或毁损,其净损失按有关规定审核确认后准予在税前扣除。

(14)企业开发产品转为自用的,其实际使用时间累计未超过 12 个月又销售的,不得在税前扣除折旧费用。

7.4.4.4　房地产开发经营企业计税成本的核算②

计税成本是指企业在开发、建造开发产品(包括固定资产,下同)过程中所发生的按照税收规定进行核算与计量的应归入某项成本对象的各项费用。

(1)计税成本对象的确定原则

成本对象是指为归集和分配开发产品,开发、建造过程中的各项耗费而确定的费用承担项目。计税成本对象的确定原则如下:

①可否销售原则。开发产品能够对外经营销售的,应作为独立的计税成本对象进行成本核算;不能对外经营销售的,可先作为过渡性成本对象进行归集,然后再将其相关成本摊入能够对外经营销售的成本对象。

②分类归集原则。对同一开发地点、竣工时间相近、产品结构类型没有明显差异的群体开发的项目,可作为一个成本对象进行核算。

③功能区分原则。开发项目某组成部分相对独立,且具有不同使用功能时,可以作为独立的成本对象进行核算。

④定价差异原则。开发产品因其产品类型或功能不同等而导致其预期售价存在较大差异的,应分别作为成本对象进行核算。

⑤成本差异原则。开发产品因建筑上存在明显差异可能导致其建造成本出现较大差异的,要分别作为成本对象进行核算。

⑥权益区分原则。开发项目属于受托代建的或多方合作开发的,应结合上述原则分别划分成本对象进行核算。

成本对象由企业在开工之前合理确定,并报主管税务机关备案。成本对象一经确定,不能随意更改或相互混淆,如确需改变成本对象的,应征得主管税务机关同意。

(2)开发产品计税成本支出的内容

开发产品计税成本支出的内容如下:

①土地征用费及拆迁补偿费。指为取得土地开发使用权(或开发权)而发生的各项费用,主要包括土地买价或出让金、大市政配套费、契税、耕地占用税、土地使用费、土地闲置费、土地变更用途和超面积补交的地价及相关税费、拆迁补偿支出、安置及动迁支出、回迁房建造支出、农作物补偿费、危房补偿费等。

②前期工程费。指项目开发前期发生的水文地质勘察、测绘、规划、设计、可行性研究、筹建、场地通平等前期费用。

③建筑安装工程费。指开发项目开发过程中发生的各项建筑安装费用。主要包括开发项目建筑工程费和开发项目安装工程费等。

④基础设施建设费。指开发项目在开发过程中所发生的各项基础设施支出,主要包括开发项目内道路、供水、供电、供气、排污、排洪、通讯、照明等社区管网工程费和环境卫生、园林绿化等园林环境工程费。

⑤公共配套设施费:指开发项目内发生的、独立的、非营利性的,且产权属于全体业主的,或无偿赠与地方政府、政府公用事业单位的公共配套设施支出。

⑥开发间接费。指企业为直接组织和管理开

---

①　《国家税务总局关于印发〈房地产开发经营业务企业所得税处理办法〉的通知》(国税发[2009]31 号,2009 年 3 月 6 日)。
②　《国家税务总局关于印发〈房地产开发经营业务企业所得税处理办法〉的通知》(国税发[2009]31 号,2009 年 3 月 6 日)。

发项目所发生的,且不能将其归属于特定成本对象的成本费用性支出。主要包括管理人员工资、职工福利费、折旧费、修理费、办公费、水电费、劳动保护费、工程管理费、周转房摊销以及项目营销设施建造费等。

(3)计税成本核算的一般程序

企业计税成本核算的一般程序如下:

①对当期实际发生的各项支出,按其性质、经济用途及发生的地点、时间区进行整理、归类,并将其区分为应计入成本对象的成本和应在当期税前扣除的期间费用。同时还应按规定对在有关预提费用和待摊费用进行计量与确认。

②对应计入成本对象中的各项实际支出、预提费用、待摊费用等合理的划分为直接成本、间接成本和共同成本,并按规定将其合理的归集、分配至已完工成本对象、在建成本对象和未建成本对象。

③对期前已完工成本对象应负担的成本费用按已销开发产品、未销开发产品和固定资产进行分配,其中应由已销开发产品负担的部分,在当期纳税申报时进行扣除,未销开发产品应负担的成本费用待其实际销售时再予扣除。

④对本期已完工成本对象分类为开发产品和固定资产并对其计税成本进行结算。其中属于开发产品的,应按可售面积计算其单位工程成本,据此再计算已销开发产品计税成本和未销开发产品计税成本。对本期已销开发产品的计税成本,准予在当期扣除,未销开发产品计税成本待其实际销售时再予扣除。

⑤对本期未完工和尚未建造的成本对象应当负担的成本费用,应按分别建立明细台账,待开发产品完工后再予结算。

(4)开发产品成本的核算方法

企业开发、建造的开发产品应按制造成本法进行计量与核算。其中,应计入开发产品成本中的费用属于直接成本和能够分清成本对象的间接成本,直接计入成本对象,共同成本和不能分清负担对象的间接成本,应按受益的原则和配比的原则分配至各成本对象,具体分配方法可按以下规定选择

其一:

①占地面积法。指按已动工开发成本对象占地面积占开发用地总面积的比例进行分配。

Ⅰ 一次性开发的,按某一成本对象占地面积占全部成本对象占地总面积的比例进行分配。

Ⅱ 分期开发的,首先按本期全部成本对象占地面积占开发用地总面积的比例进行分配,然后再按某一成本对象占地面积占期内全部成本对象占地总面积的比例进行分配。

期内全部成本对象应负担的占地面积为期内开发用地占地面积减除应由各期成本对象共同负担的占地面积。

②建筑面积法。指按已动工开发成本对象建筑面积占开发用地总建筑面积的比例进行分配。

Ⅰ 一次性开发的,按某一成本对象建筑面积占全部成本对象建筑面积的比例进行分配。

Ⅱ 分期开发的,首先按期内成本对象建筑面积占开发用地计划建筑面积的比例进行分配,然后再按某一成本对象建筑面积占期内成本对象总建筑面积的比例进行分配。

③直接成本法。指按期内某一成本对象的直接开发成本占期内全部成本对象直接开发成本的比例进行分配。

④预算造价法。指按期内某一成本对象预算造价占期内全部成本对象预算造价的比例进行分配。

(5)成本分配方法

企业下列成本应按以下方法进行分配:

①土地成本,一般按占地面积法进行分配。如果确需结合其他方法进行分配的,应商税务机关同意。

土地开发同时联结房地产开发的,属于一次性取得土地分期开发房地产的情况,其土地开发成本经商税务机关同意后可先按土地整体预算成本进行分配,待土地整体开发完毕再行调整。

②单独作为过渡性成本对象核算的公共配套设施开发成本,应按建筑面积法进行分配。

③借款费用属于不同成本对象共同负担的,按

直接成本法或按预算造价法进行分配。

④其他成本项目的分配法由企业自行确定。

（6）非货币交易方式取得土地使用权的成本确定方法

企业以非货币交易方式取得土地使用权的，应按下列规定确定其成本：

①企业、单位以换取开发产品为目的，将土地使用权投资企业的，按下列规定进行处理：

Ⅰ 换取的开发产品如为该项土地开发、建造的，接受投资的企业在接受土地使用权时暂不确认其成本，待首次分出开发产品时，再按应分出开发产品（包括首次分出的和以后应分出的）的市场公允价值和土地使用权转移过程中应支付的相关税费计算确认该项土地使用权的成本。如涉及补价，土地使用权的取得成本还应加上应支付的补价款或减除应收到的补价款。

Ⅱ 换取的开发产品如为其他土地开发、建造的，接受投资的企业在投资交易发生时，按应付出开发产品市场公允价值和土地使用权转移过程中应支付的相关税费计算确认该项土地使用权的成本。如涉及补价，土地使用权的取得成本还应加上应支付的补价款或减除应收到的补价款。

②企业、单位以股权的形式，将土地使用权投资企业的，接受投资的企业应在投资交易发生时，按该项土地使用权的市场公允价值和土地使用权转移过程中应支付的相关税费计算确认该项土地使用权的取得成本。如涉及补价，土地使用权的取得成本还应加上应支付的补价款或减除应收到的补价款。

（7）预提（应付）费用的处理

除以下几项预提（应付）费用外，计税成本均应为实际发生的成本。

①出包工程未最终办理结算而未取得全额发票的，在证明资料充分的前提下，其发票不足金额可以预提，但最高不得超过合同总金额的10%。

②公共配套设施尚未建造或尚未完工的，可按预算造价合理预提建造费用。此类公共配套设施必须符合已在售房合同、协议或广告、模型中明确承诺建造且不可撤销，或按照法律法规规定必须配套建造的条件。

③应向政府上交但尚未上交的报批报建费用、物业完善费用可以按规定预提。物业完善费用是指按规定应由企业承担的物业管理基金、公建维修基金或其他专项基金。

（8）企业单独建造停车场所的处理办法

企业单独建造的停车场所，应作为成本对象单独核算。利用地下基础设施形成的停车场所，作为公共配套设施进行处理。

（9）企业在结算计税成本时其实际发生的支出应当取得但未取得合法凭据的，不得计入计税成本，待实际取得合法凭据时，再按规定计入计税成本。

（10）开发产品完工以后，企业可在完工年度企业所得税汇算清缴前选择确定计税成本核算的终止日，不得滞后。凡已完工开发产品在完工年度未按规定结算计税成本，主管税务机关有权确定或核定其计税成本，据此进行纳税调整，并按税收征收管理法的有关规定对其进行处理。

7.4.4.5 房地产开发经营企业特殊业务事项的税务处理[①]

（1）企业以本企业为主体联合其他企业、单位、个人合作或合资开发房地产项目，且该项目未成立独立法人公司的，按下列规定进行处理：

①凡开发合同或协议中约定向投资各方（即合作、合资方，下同）分配开发产品的，企业在首次分配开发产品时，如该项目已经结算计税成本，其应分配给投资方开发产品的计税成本与其投资额之间的差额计入当期应纳税所得额；如未结算计税成本，则将投资方的投资额视同销售收入进行相关的税务处理。

②凡开发合同或协议中约定分配项目利润的，

---

① 《国家税务总局关于印发〈房地产开发经营业务企业所得税处理办法〉的通知》（国税发〔2009〕31号，2009年3月6日）。

应按以下规定进行处理：

Ⅰ 企业应将该项目形成的营业利润额并入当期应纳税所得额统一申报缴纳企业所得税，不得在税前分配该项目的利润。同时不能因接受投资方投资额而在成本中摊销或在税前扣除相关的利息支出。

Ⅱ 投资方取得该项目的营业利润应视同股息、红利进行相关的税务处理。

（2）企业以换取开发产品为目的，将土地使用权投资其他企业房地产开发项目的，按以下规定进行处理：

企业应在首次取得开发产品时，将其分解为转让土地使用权和购入开发产品两项经济业务进行所得税处理，并按应从该项目取得的开发产品（包括首次取得的和以后应取得的）的市场公允价值计算确认土地使用权转让所得或损失。

7.4.4.6 房地产开发企业注销前因预征土地增值税而多缴企业所得税的退税处理①

自 2010 年 1 月 1 日起，房地产开发企业按规定对开发项目进行土地增值税清算后，在向税务机关申请办理注销税务登记时，如注销当年汇算清缴出现亏损，应按照以下方法计算出其在注销前项目开发各年度多缴的企业所得税税款，并申请退税：

（1）企业整个项目缴纳的土地增值税总额，应按照项目开发各年度实现的项目销售收入占整个项目销售收入总额的比例，在项目开发各年度进行分摊，具体按以下公式计算：

各年度应分摊的土地增值税 = 土地增值税总额×（项目年度销售收入÷整个项目销售收入总额）

所称销售收入包括视同销售房地产的收入，但不包括企业销售的增值额未超过扣除项目金额 20% 的普通标准住宅的销售收入。

（2）项目开发各年度应分摊的土地增值税减去该年度已经税前扣除的土地增值税后，余额属于

当年应补充扣除的土地增值税；企业应调整当年度的应纳税所得额，并按规定计算当年度应退的企业所得税税款；当年度已缴纳的企业所得税税款不足退税的，应作为亏损向以后年度结转，并调整以后年度的应纳税所得额。

（3）企业对项目进行土地增值税清算的当年，由于按照上述方法进行土地增值税分摊调整后，导致当年度应纳税所得额出现正数的，应按规定计算缴纳企业所得税。

（4）企业按上述方法计算的累计退税额，不得超过其在项目开发各年度累计实际缴纳的企业所得税。

（5）企业在申请退税时，应向主管税务机关提供书面材料证明应退企业所得税款的计算过程，包括企业整个项目缴纳的土地增值税总额、整个项目销售收入总额、项目年度销售收入、各年度应分摊的土地增值税和已经税前扣除的土地增值税、各年度的适用税率等。

（6）企业按规定对开发项目进行土地增值税清算后，在向税务机关申请办理注销税务登记时，如注销当年汇算清缴出现亏损，但土地增值税清算当年未出现亏损，或尽管土地增值税清算当年出现亏损，但在注销之前年度已按税法规定弥补完毕的，不执行上述规定。

主管税务机关应结合企业土地增值税清算年度至注销年度之间的汇算清缴情况，判断其是否应该执行上述规定，并对应退企业所得税款进行核实。

7.5 税收优惠

国家对重点扶持和鼓励发展的产业和项目，给予企业所得税优惠②。

企业同时从事适用不同企业所得税待遇的项目的，其优惠项目应当单独计算所得，并合理分摊

---

① 《国家税务总局关于房地产开发企业注销前有关企业所得税处理问题的公告》（国家税务总局公告 2010 年第 29 号，2010 年 12 月 27 日）。

② 《中华人民共和国企业所得税法》（2007 年 3 月 16 日第十届全国人民代表大会第五次会议通过，中华人民共和国主席令第六十三号公布）第二十五条。

企业的期间费用;没有单独计算的,不得享受企业所得税优惠①。

根据国民经济和社会发展的需要,或者由于突发事件等原因对企业经营活动产生重大影响的,国务院可以制定企业所得税专项优惠政策,报全国人民代表大会常务委员会备案②。

7.5.1 国债利息收入免税优惠

国债利息收入免税③。

国债利息收入,是指企业持有国务院财政部门发行的国债取得的利息收入④。

7.5.2 股息、红利收入免税优惠

7.5.2.1 居民企业之间的股息、红利收入免税规定

符合条件的居民企业之间的股息、红利收入免税⑤。

符合条件的居民企业之间的股息、红利等权益性投资收益,是指居民企业直接投资于其他居民企业取得的投资收益,但不包括连续持有居民企业公开发行并上市流通的股票不足 12 个月取得的投资收益⑥。

2008 年 1 月 1 日以后,居民企业之间分配属于 2007 年度及以前年度的累积未分配利润而形成的股息、红利等权益性投资收益,均应按照企业所得税法第二十六条及实施条例第十七条、第八十三条的规定处理⑦。

7.5.2.2 非居民企业从居民企业取得股息、红利收入免税规定

在中国境内设立机构、场所的非居民企业从居民企业取得与该机构、场所有实际联系的股息、红利收入免税⑧。

实际联系,是指非居民企业在中国境内设立的机构、场所拥有据以取得所得的股权、债权,以及拥有、管理、控制据以取得所得的财产等⑨。

上述股息、红利收入,不包括连续持有居民企业公开发行并上市流通的股票不足 12 个月取得的投资收益⑩。

7.5.3 非营利组织税收优惠

7.5.3.1 非营利组织收入免税规定

符合条件的非营利公益组织的收入免税⑪。

符合条件的非营利组织的收入,不包括非营利组织从事营利性活动取得的收入,但国务院财政、税务主管部门另有规定的除外⑫。

符合条件的非营利组织,是指同时符合下列条件的组织⑬:

(1)依法履行非营利组织登记手续;

(2)从事公益性或者非营利性活动;

---

① 《中华人民共和国企业所得税法实施条例》(中华人民共和国国务院令第 512 号,2007 年 12 月 6 日)第一百零二条。

② 《中华人民共和国企业所得税法》(2007 年 3 月 16 日第十届全国人民代表大会第五次会议通过,中华人民共和国主席令第六十三号公布)第三十六条。

③ 《中华人民共和国企业所得税法》(2007 年 3 月 16 日第十届全国人民代表大会第五次会议通过,中华人民共和国主席令第六十三号公布)第二十六条。

④ 《中华人民共和国企业所得税法实施条例》(中华人民共和国国务院令第 512 号,2007 年 12 月 6 日)第八十二条。

⑤ 《中华人民共和国企业所得税法》(2007 年 3 月 16 日第十届全国人民代表大会第五次会议通过,中华人民共和国主席令第六十三号公布)第二十六条。

⑥ 《中华人民共和国企业所得税法实施条例》(中华人民共和国国务院令第 512 号,2007 年 12 月 6 日)第八十三条。

⑦ 《财政部 国家税务总局关于执行企业所得税优惠政策若干问题的通知》(财税[2009]69 号,2009 年 4 月 24 日)。

⑧ 《中华人民共和国企业所得税法》(2007 年 3 月 16 日第十届全国人民代表大会第五次会议通过,中华人民共和国主席令第六十三号公布)第二十六条。

⑨ 《中华人民共和国企业所得税法实施条例》(中华人民共和国国务院令第 512 号,2007 年 12 月 6 日)第八条。

⑩ 《中华人民共和国企业所得税法实施条例》(中华人民共和国国务院令第 512 号,2007 年 12 月 6 日)第八十三条。

⑪ 《中华人民共和国企业所得税法》(2007 年 3 月 16 日第十届全国人民代表大会第五次会议通过,中华人民共和国主席令第六十三号公布)第二十六条。

⑫ 《中华人民共和国企业所得税法实施条例》(中华人民共和国国务院令第 512 号,2007 年 12 月 6 日)第八十五条。

⑬ 《中华人民共和国企业所得税法实施条例》(中华人民共和国国务院令第 512 号,2007 年 12 月 6 日)第八十四条。

（3）取得的收入除用于与该组织有关的、合理的支出外，全部用于登记核定或者章程规定的公益性或者非营利性事业；

（4）财产及其孳息不用于分配；

（5）按照登记核定或者章程规定，该组织注销后的剩余财产用于公益性或者非营利性目的，或者由登记管理机关转赠给与该组织性质、宗旨相同的组织，并向社会公告；

（6）投入人对投入该组织的财产不保留或者享有任何财产权利；

（7）工作人员工资福利开支控制在规定的比例内，不变相分配该组织的财产。

7.5.3.2　非营利组织的免税收入范围

非营利组织的下列收入为免税收入①：

（1）接受其他单位或者个人捐赠的收入；

（2）除企业所得税法第七条规定的财政拨款以外的其他政府补助收入，但不包括因政府购买服务取得的收入；

（3）按照省级以上民政、财政部门规定收取的会费；

（4）不征税收入和免税收入孳生的银行存款利息收入；

（5）财政部、国家税务总局规定的其他收入。

7.5.3.3　非营利组织的认定管理

非营利组织的认定管理办法由国务院财政、税务主管部门会同国务院有关部门制定②。

（1）非营利组织认定条件

经过认定的符合条件的非营利组织，必须同时满足以下条件③：

①依照国家有关法律法规设立或登记的事业单位、社会团体、基金会、民办非企业单位、宗教活动场所以及财政部、国家税务总局认定的其他组织；

②从事公益性或者非营利性活动，且活动范围主要在中国境内；

③取得的收入除用于与该组织有关的、合理的支出外，全部用于登记核定或者章程规定的公益性或者非营利性事业；

④财产及其孳息不用于分配，但不包括合理的工资薪金支出；

⑤按照登记核定或者章程规定，该组织注销后的剩余财产用于公益性或者非营利性目的，或者由登记管理机关转赠给与该组织性质、宗旨相同的组织，并向社会公告；

⑥投入人对投入该组织的财产不保留或者享有任何财产权利，本款所称投入人是指除各级人民政府及其部门外的法人、自然人和其他组织；

⑦工作人员工资福利开支控制在规定的比例内，不变相分配该组织的财产，其中：工作人员平均工资薪金水平不得超过上年度税务登记所在地人均工资水平的两倍，工作人员福利按照国家有关规定执行；

⑧除当年新设立或登记的事业单位、社会团体、基金会及民办非企业单位外，事业单位、社会团体、基金会及民办非企业单位申请前年度的检查结论为"合格"；

⑨对取得的应纳税收入及其有关的成本、费用、损失应与免税收入及其有关的成本、费用、损失分别核算。

（2）申请材料

申请享受免税资格的非营利组织，需报送以下材料④：

①申请报告；

②事业单位、社会团体、基金会、民办非企业单位的组织章程或宗教活动场所的管理制度；

③税务登记证复印件；

④非营利组织登记证复印件；

---

① 《财政部　国家税务总局关于非营利组织企业所得税免税收入问题的通知》（财税〔2009〕122号，2009年11月11日）。

② 《中华人民共和国企业所得税法实施条例》（中华人民共和国国务院令第512号，2007年12月6日）第八十四条。

③ 《财政部　国家税务总局关于非营利组织免税资格认定管理有关问题的通知》（财税〔2009〕123号，2009年11月11日）。

④ 《财政部　国家税务总局关于非营利组织免税资格认定管理有关问题的通知》（财税〔2009〕123号，2009年11月11日）。

⑤申请前年度的资金来源及使用情况、公益活动和非营利活动的明细情况;

⑥具有资质的中介机构鉴证的申请前会计年度的财务报表和审计报告;

⑦登记管理机关出具的事业单位、社会团体、基金会、民办非企业单位申请前年度的年度检查结论;

⑧财政、税务部门要求提供的其他材料。

(3)申请审核

经省级(含省级)以上登记管理机关批准设立或登记的非营利组织,凡符合规定条件的,应向其所在地省级税务主管机关提出免税资格申请,并提供规定的相关材料;经市(地)级或县级登记管理机关批准设立或登记的非营利组织,凡符合规定条件的,分别向其所在地市(地)级或县级税务主管机关提出免税资格申请,并提供规定的相关材料①。

财政、税务部门按照上述管理权限,对非营利组织享受免税的资格联合进行审核确认,并定期予以公布②。

非营利组织免税优惠资格的有效期为五年。非营利组织应在期满前三个月内提出复审申请,不提出复审申请或复审不合格的,其享受免税优惠的资格到期自动失效③。

非营利组织免税资格复审,按照初次申请免税优惠资格的规定办理④。

(4)后续管理⑤

非营利组织必须按照税收征收管理法及实施细则等有关规定,办理税务登记,按期进行纳税申报。取得免税资格的非营利组织应按照规定向主管税务机关办理免税手续,免税条件发生变化的,应当自发生变化之日起十五日内向主管税务机关

报告;不再符合免税条件的,应当依法履行纳税义务;未依法纳税的,主管税务机关应当予以追缴。取得免税资格的非营利组织注销时,剩余财产处置违反上述(1)⑤款规定的,主管税务机关应追缴其应纳企业所得税款。

主管税务机关应根据非营利组织报送的纳税申报表及有关资料进行审查,当年符合企业所得税法及其实施条例和有关规定免税条件的收入,免予征收企业所得税;当年不符合免税条件的收入,照章征收企业所得税。主管税务机关在执行税收优惠政策过程中,发现非营利组织不再具备规定的免税条件的,应及时报告核准该非营利组织免税资格的财政、税务部门,由其进行复核。

核准非营利组织免税资格的财政、税务部门根据规定的管理权限,对非营利组织的免税优惠资格进行复核,复核不合格的,取消其享受免税优惠的资格。

(5)免税资格的取消

已认定的享受免税优惠政策的非营利组织有下述情况之一的,应取消其资格⑥:

①事业单位、社会团体、基金会及民办非企业单位逾期未参加年检或年度检查结论为"不合格"的;

②在申请认定过程中提供虚假信息的;

③有逃避缴纳税款或帮助他人逃避缴纳税款行为的;

④通过关联交易或非关联交易和服务活动,变相转移、隐匿、分配该组织财产的;

⑤因违反税收征管法及其实施细则而受到税务机关处罚的;

⑥受到登记管理机关处罚的。

因上述第①项规定的情形被取消免税优惠资

①《财政　国家税务总局关于非营利组织免税资格认定管理有关问题的通知》(财税〔2009〕123号,2009年11月11日)。
②《财政　国家税务总局关于非营利组织免税资格认定管理有关问题的通知》(财税〔2009〕123号,2009年11月11日)。
③《财政　国家税务总局关于非营利组织免税资格认定管理有关问题的通知》(财税〔2009〕123号,2009年11月11日)。
④《财政　国家税务总局关于非营利组织免税资格认定管理有关问题的通知》(财税〔2009〕123号,2009年11月11日)。
⑤《财政　国家税务总局关于非营利组织免税资格认定管理有关问题的通知》(财税〔2009〕123号,2009年11月11日)。
⑥《财政　国家税务总局关于非营利组织免税资格认定管理有关问题的通知》(财税〔2009〕123号,2009年11月11日)。

格的非营利组织,财政、税务部门在一年内不再受理该组织的认定申请;因上述规定的除第①项以外的其他情形被取消免税优惠资格的非营利组织,财政、税务部门在五年内不再受理该组织的认定申请①。

7.5.4 涉农税收优惠②

7.5.4.1 农、林、牧、渔业项目税收优惠

从事农、林、牧、渔业项目的所得免征、减征所得税③。

(1)免税

企业从事下列项目的所得,免征企业所得税④:

①蔬菜、谷物、薯类、油料、豆类、棉花、麻类、糖料、水果、坚果的种植;

②农作物新品种的选育;

③中药材的种植;

④林木的培育和种植;

⑤牲畜、家禽的饲养;

⑥林产品的采集;

⑦灌溉、农产品初加工(目录见附件四)、兽医、农技推广、农机作业和维修等农、林、牧、渔服务业项目;

⑧远洋捕捞。

(2)减半征税

企业从事下列项目的所得,减半征收企业所得税⑤:

①花卉、茶以及其他饮料作物和香料作物的种植;

②海水养殖、内陆养殖。

上述减半征收企业所得税,是指居民企业应就该部分所得单独核算并依照25%的法定税率减半缴纳企业所得税⑥。

(3)"公司+农户"经营模式减免税优惠⑦

对采取"公司+农户"经营模式从事牲畜、家禽饲养等农、林、牧、渔业项目生产的企业,可享受上述第(1)、(2)条规定的减免税优惠政策。

其中,"公司+农户"经营模式从事牲畜、家禽饲养,是指公司与农户签订委托养殖合同,向农户提供畜禽苗、饲料、兽药及疫苗等(所有权或产权仍属于公司),农户将畜禽养大成为成品后交付公司回收。公司虽不直接从事畜禽的养殖,但系委托农户饲养,并承担诸如市场、管理、采购、销售等经营职责及绝大部分经营管理风险,公司和农户是劳务外包关系。

(4)不予减免税情形

企业从事国家限制和禁止发展的项目,不得享受上述免征或减半征收企业所得税优惠⑧。

(5)企业所得税法实施条例第八十六条规定的农、林、牧、渔业项目企业所得税优惠政策,各地可直接贯彻执行。对属已明确的免税项目,如有征税的,要及时退还税款。各地可暂按《国家税务总局关于印发〈税收减免管理办法(试行)〉的通知》(国税发〔2005〕129号)规定的程序,办理企业所得税法及其实施条例规定的从事农、林、牧、渔业项

---

① 《财政部 国家税务总局关于非营利组织免税资格认定管理有关问题的通知》(财税〔2009〕123号,2009年11月11日)。

② 有关涉农金融优惠政策详见本章"金融企业及资本市场税收优惠"部分。

③ 《中华人民共和国企业所得税法》(2007年3月16日第十届全国人民代表大会第五次会议通过,中华人民共和国主席令第六十三号公布)第二十七条。

④ 《中华人民共和国企业所得税法实施条例》(中华人民共和国国务院令第512号,2007年12月6日)第八十六条。

⑤ 《中华人民共和国企业所得税法实施条例》(中华人民共和国国务院令第512号,2007年12月6日)第八十六条。

⑥ 《国家税务总局关于进一步明确企业所得税过渡期优惠政策执行口径问题的通知》(国税函〔2010〕157号,2010年4月21日)。

⑦ 《国家税务总局关于"公司+农户"经营模式企业所得税优惠问题的公告》(国家税务总局公告2010年第2号,2010年7月9日)。

⑧ 《中华人民共和国企业所得税法实施条例》(中华人民共和国国务院令第512号,2007年12月6日)第八十六条。

目的企业所得税优惠政策事宜①。

（6）黑龙江垦区国有农场土地承包费享受税收优惠问题

黑龙江垦区国有农场实行以家庭承包经营为基础、统分结合的双层经营体制。国有农场作为法人单位，将所拥有的土地发包给农场职工经营，农场职工以家庭为单位成为家庭承包户，属于农场内部非法人组织。农场对家庭承包户实施农业生产经营和企业行政的统一管理，统一为农场职工上交养老、医疗、失业、工伤、生育五项社会保险和农业保险费；家庭承包户按内部合同规定承包，就其农、林、牧、渔业生产取得的收入，以土地承包费名义向农场上缴②。

上述承包形式属于农场内部承包经营的形式，黑龙江垦区国有农场从家庭农场承包户以"土地承包费"形式取得的从事农、林、牧、渔业生产的收入，属于农场"从事农、林、牧、渔业项目"的所得，可以适用企业所得税法第二十七条及企业所得税法实施条例第八十六条规定的企业所得税优惠政策③。

7.5.4.2　农产品连锁经营试点税收优惠

对纳入农产品连锁经营试点范围，且食用农产品收入设台账单独核算的企业（简称试点企业），自 2006 年 1 月 1 日起至 2008 年 12 月 31 日止经营食用农产品的收入可以减按 90% 计入企业所得税应税收入④。食用农产品范围注释见附件五。

试点企业建设的冷藏和低温仓储、运输为主的农产品冷链系统，可以采用双倍余额递减法或年数总和法计提折旧⑤。

7.5.4.3　广播电视村村通税收优惠

2007 年 1 月 1 日至 2009 年 12 月 31 日，对经营有线电视网络的事业单位从农村居民用户取得的有线电视收视费收入和安装费收入，不计征企业所得税；对经营有线电视网络的企业从农村居民用户取得的有线电视收视费收入和安装费收入，扣除相关成本费用后的所得，免征企业所得税。对于其取得的上述免税收入应当和应税收入分别核算；未分开核算的，不得享受上述税收优惠政策⑥。

7.5.5　公共基础设施项目税收优惠

从事国家重点扶持的公共基础设施项目投资经营的所得免征、减征所得税⑦。

（1）一般规定

对居民企业（简称企业）经有关部门批准，从事符合《公共基础设施项目企业所得税优惠目录》（见附件六）内符合相关条件和技术标准及国家投资管理相关规定、于 2008 年 1 月 1 日后经批准的公共基础设施项目，其投资经营的所得，自该项目取得第一笔生产经营收入所属纳税年度起，第一年至第三年免征企业所得税，第四年至第六年减半征

---

① 《国家税务总局关于贯彻落实从事农、林、牧、渔业项目企业所得税优惠政策有关事项的通知》（国税函〔2008〕850 号，2008 年 10 月 17 日）。

② 《国家税务总局关于黑龙江垦区国有农场土地承包费缴纳企业所得税问题的批复》（国税函〔2009〕779 号，2009 年 12 月 31 日）。

③ 《国家税务总局关于黑龙江垦区国有农场土地承包费缴纳企业所得税问题的批复》（国税函〔2009〕779 号，2009 年 12 月 31 日）。

④ 《财政部 国家税务总局关于企业所得税若干优惠政策的通知》（财税〔2008〕1 号，2008 年 2 月 22 日）；《财政部 国家税务总局关于促进农产品连锁经营试点税收优惠政策的通知》（财税〔2007〕10 号，2007 年 1 月 10 日）。

⑤ 《财政部 国家税务总局关于企业所得税若干优惠政策的通知》（财税〔2008〕1 号，2008 年 2 月 22 日）；《财政部 国家税务总局关于促进农产品连锁经营试点税收优惠政策的通知》（财税〔2007〕10 号，2007 年 1 月 10 日）。

⑥ 《财政部 国家税务总局关于企业所得税若干优惠政策的通知》（财税〔2008〕1 号，2008 年 2 月 22 日）。《财政部 国家税务总局关于广播电视村村通税收政策的通知》（财税〔2007〕17 号，2007 年 1 月 18 日）。根据《财政部关于公布废止和失效的财政规章和规范性文件目录（第十一批）的决定》（财政部令第 62 号，2011 年 2 月 21 日），财税〔2007〕17 号被公布失效。

⑦ 《中华人民共和国企业所得税法》（2007 年 3 月 16 日第十届全国人民代表大会第五次会议通过，中华人民共和国主席令第六十三号公布）第二十七条。

收企业所得税①。

国家重点扶持的公共基础设施项目,是指《公共基础设施项目企业所得税优惠目录》规定的港口码头、机场、铁路、公路、城市公共交通、电力、水利等项目②。

第一笔生产经营收入,是指公共基础设施项目已建成并投入运营(包括试运营)后所取得的第一笔主营业务收入③。

上述减半征收企业所得税,是指居民企业应就该部分所得单独核算并依照25%的法定税率减半缴纳企业所得税④。

(2)特殊规定

①企业承包经营、承包建设和内部自建自用公共基础设施项目,不得享受上述企业所得税优惠⑤。

承包经营,是指与从事该项目经营的法人主体相独立的另一法人经营主体,通过承包该项目的经营管理而取得劳务性收益的经营活动。承包建设,是指与从事该项目经营的法人主体相独立的另一法人经营主体,通过承包该项目的工程建设而取得建筑劳务收益的经营活动。内部自建自用,是指项目的建设仅作为本企业主体经营业务的设施,满足本企业自身的生产经营活动需要,而不属于向他人提供公共服务业务的公共基础设施建设项目⑥。

②企业同时从事不在《公共基础设施项目企业所得税优惠目录》范围内的项目取得的所得,应与享受优惠的公共基础设施项目所得分开核算,并合理分摊期间费用,没有分开核算的,不得享受上述企业所得税优惠政策⑦。

期间共同费用的合理分摊比例可以按照投资额、销售收入、资产额、人员工资等参数确定。上述比例一经确定,不得随意变更。凡特殊情况需要改变的,需报主管税务机关核准⑧。

③企业因生产经营发生变化或因《目录》调整,不再符合规定减免税条件的,企业应当自发生变化起15日内向主管税务机关提交书面报告并停止享受优惠,依法缴纳企业所得税⑨。上述享受减免税优惠的项目,在减免税期限内转让的,受让方自受让之日起,可以在剩余期限内享受规定的减免税优惠;减免税期限届满后转让的,受让方不得就该项目重复享受减免税优惠⑩。

(3)办理程序

从事《目录》范围项目投资的居民企业应于从

---

① 《中华人民共和国企业所得税法实施条例》(中华人民共和国国务院令第512号,2007年12月6日)第八十七条;《财政部 国家税务总局关于执行公共基础设施项目企业所得税优惠目录有关问题的通知》(财税[2008]46号,2008年9月23日);《国家税务总局关于实施国家重点扶持的公共基础设施项目企业所得税优惠问题的通知》(国税发[2009]80号,2009年4月16日)。

② 《中华人民共和国企业所得税法实施条例》(中华人民共和国国务院令第512号,2007年12月6日)第八十七条。

③ 《财政部 国家税务总局关于执行公共基础设施项目企业所得税优惠目录有关问题的通知》(财税[2008]46号,2008年9月23日);《国家税务总局关于实施国家重点扶持的公共基础设施项目企业所得税优惠问题的通知》(国税发[2009]80号,2009年4月16日)。

④ 《国家税务总局关于进一步明确企业所得税过渡期优惠政策执行口径问题的通知》(国税函[2010]157号,2010年4月21日)。

⑤ 《中华人民共和国企业所得税法实施条例》(中华人民共和国国务院令第512号,2007年12月6日)第八十七条;《财政部 国家税务总局关于执行公共基础设施项目企业所得税优惠目录有关问题的通知》(财税[2008]46号,2008年9月23日)。

⑥ 《国家税务总局关于实施国家重点扶持的公共基础设施项目企业所得税优惠问题的通知》(国税发[2009]80号,2009年4月16日)。

⑦ 《财政部 国家税务总局关于执行公共基础设施项目企业所得税优惠目录有关问题的通知》(财税[2008]46号,2008年9月23日);《国家税务总局关于实施国家重点扶持的公共基础设施项目企业所得税优惠问题的通知》(国税发[2009]80号,2009年4月16日)。

⑧ 《国家税务总局关于实施国家重点扶持的公共基础设施项目企业所得税优惠问题的通知》(国税发[2009]80号,2009年4月16日)。

⑨ 《国家税务总局关于实施国家重点扶持的公共基础设施项目企业所得税优惠问题的通知》(国税发[2009]80号,2009年4月16日)。

⑩ 《中华人民共和国企业所得税法实施条例》(中华人民共和国国务院令第512号,2007年12月6日)第八十九条。

该项目取得的第一笔生产经营收入后15日内向主管税务机关备案并报送如下材料后,方可享受有关企业所得税优惠[①]:

①有关部门批准该项目文件复印件;

②该项目完工验收报告复印件;

③该项目投资额验资报告复印件;

④税务机关要求提供的其他资料。

(4)征管及法律责任

税务机关应结合纳税检查、执法检查或其他专项检查,每年定期对企业享受公共基础设施项目企业所得税减免税款事项进行核查,核查的主要内容包括[②]:

①企业是否继续符合减免所得税的资格条件,所提供的有关情况证明材料是否真实。

②企业享受减免企业所得税的条件发生变化时,是否及时将变化情况报送税务机关,并根据上述规定对适用优惠进行了调整。

③企业实际经营情况不符合企业所得税减免税规定条件的或采取虚假申报等手段获取减免税的、享受减免税条件发生变化未及时向税务机关报告的,以及未按上述规定程序报送备案资料而自行减免税的,企业主管税务机关应按照税收征管法有关规定进行处理。

7.5.6　环境保护、节能节水、安全生产税收优惠

7.5.6.1　环境保护、节能节水项目减免税优惠

(1)从事符合条件的环境保护、节能节水项目的所得免征、减征所得税[③]。

企业从事符合条件的环境保护、节能节水项目的所得,自项目取得第一笔生产经营收入所属纳税年度起,第一年至第三年免征企业所得税,第四年至第六年减半征收企业所得税[④]。

(2)符合条件的环境保护、节能节水项目,包括公共污水处理、公共垃圾处理、沼气综合开发利用、节能减排技术改造、海水淡化等。项目的具体条件和范围由国务院财政、税务主管部门商国务院有关部门制订[⑤]。优惠目录见附件七。

(3)上述享受减免税优惠的项目,在减免税期限内转让的,受让方自受让之日起,可以在剩余期限内享受规定的减免税优惠;减免税期限届满后转让的,受让方不得就该项目重复享受减免税优惠[⑥]。

(4)上述减半征收企业所得税,是指居民企业应就该部分所得单独核算并依照25%的法定税率减半缴纳企业所得税[⑦]。

7.5.6.2　环境保护、节能节水、安全生产设备投资抵免

(1)企业自2008年1月1日起购置并实际使用列入《环境保护专用设备企业所得税优惠目录》(见附件八)、《节能节水专用设备企业所得税优惠目录》(见附件九)和《安全生产专用设备企业所得税优惠目录》(见附件十)规定的环境保护、节能节水、安全生产等专用设备的,该专用设备的投资额的10%可以从企业当年的应纳税额中抵免;当年

①　《国家税务总局关于实施国家重点扶持的公共基础设施项目企业所得税优惠问题的通知》(国税发〔2009〕80号,2009年4月16日)。

②　《国家税务总局关于实施国家重点扶持的公共基础设施项目企业所得税优惠问题的通知》(国税发〔2009〕80号,2009年4月16日)。

③　《中华人民共和国企业所得税法》(2007年3月16日第十届全国人民代表大会第五次会议通过,中华人民共和国主席令第六十三号公布)第二十七条。

④　《中华人民共和国企业所得税法实施条例》(中华人民共和国国务院令第512号,2007年12月6日)第八十八条。

⑤　《中华人民共和国企业所得税法实施条例》(中华人民共和国国务院令第512号,2007年12月6日)第八十八条。

⑥　《中华人民共和国企业所得税法实施条例》(中华人民共和国国务院令第512号,2007年12月6日)第八十九条。

⑦　《国家税务总局关于进一步明确企业所得税过渡优惠政策执行口径问题的通知》(国税函〔2010〕157号,2010年4月21日)。

不足抵免的，可以在以后 5 个纳税年度结转抵免①。

专用设备投资额，是指购买专用设备发票价税合计价格，但不包括按有关规定退还的增值税税款以及设备运输、安装和调试等费用②。

自 2009 年 1 月 1 日起，由于增值税一般纳税人购进固定资产发生的进项税额可从其销项税额中抵扣，纳税人购进并实际使用上述专用设备并取得增值税专用发票的，如增值税进项税额允许抵扣，其专用设备投资额不再包括增值税进项税额；如增值税进项税额不允许抵扣，其专用设备投资额应为增值税专用发票上注明的价税合计金额。企业购买专用设备取得普通发票的，其专用设备投资额为普通发票上注明的金额③。

当年应纳税额，是指企业当年的应纳税所得额乘以适用税率，扣除依照企业所得税法和国务院有关税收优惠规定以及税收过渡优惠规定减征、免征税额后的余额④。

（2）企业利用自筹资金和银行贷款购置专用设备的投资额，可以按企业所得税法的规定抵免企业应纳所得税额；企业利用财政拨款购置专用设备的投资额，不得抵免企业应纳所得税额⑤。

（3）企业购置并实际投入适用、已开始享受税收优惠的专用设备，如从购置之日起 5 个纳税年度内转让、出租的，应在该专用设备停止使用当月停止享受企业所得税优惠，并补缴已经抵免的企业所得税税款。转让的受让方可以按照该专用设备投资额的 10% 抵免当年企业所得税应纳税额；当年应纳税额不足抵免的，可以在以后 5 个纳税年度结转抵免⑥。

（4）购置并实际使用的环境保护、节能节水和安全生产专用设备，包括承租方企业以融资租赁方式租入的、并在融资租赁合同中约定租赁期届满时租赁设备所有权转移给承租方企业，且符合规定条件的上述专用设备。凡融资租赁期届满后租赁设备所有权未转移至承租方企业的，承租方企业应停止享受抵免企业所得税优惠，并补缴已经抵免的企业所得税税款⑦。

7.5.6.3 中国清洁发展机制基金和项目实施企业税收优惠

自 2007 年 1 月 1 日起，中国清洁发展机制基金（简称清洁基金）和清洁发展机制项目（简称 CDM 项目）实施企业执行如下企业所得税政策：

（1）关于清洁基金的企业所得税政策⑧

对清洁基金取得的下列收入，免征企业所得税：

①CDM 项目温室气体减排量转让收入上缴国家的部分；

---

① 《中华人民共和国企业所得税法》（2007 年 3 月 16 日第十届全国人民代表大会第五次会议通过，中华人民共和国主席令第六十三号公布）第三十四条；《中华人民共和国企业所得税法实施条例》（国务院令第 512 号，2007 年 12 月 6 日）第一百条；《财政部 国家税务总局关于执行环境保护专用设备企业所得税优惠目录、节能节水专用设备企业所得税优惠目录和安全生产专用设备企业所得税优惠目录有关问题的通知》（财税[2008]48 号，2008 年 9 月 23 日）。

② 《财政部 国家税务总局关于执行环境保护专用设备企业所得税优惠目录、节能节水专用设备企业所得税优惠目录和安全生产专用设备企业所得税优惠目录有关问题的通知》（财税[2008]48 号，2008 年 9 月 23 日）。

③ 《国家税务总局关于环境保护节能节水 安全生产等专用设备投资抵免企业所得税有关问题的通知》（国税函[2010]256 号，2010 年 6 月 2 日）。

④ 《财政部 国家税务总局关于执行环境保护专用设备企业所得税优惠目录、节能节水专用设备企业所得税优惠目录和安全生产专用设备企业所得税优惠目录有关问题的通知》（财税[2008]48 号，2008 年 9 月 23 日）。

⑤ 《财政部 国家税务总局关于执行环境保护专用设备企业所得税优惠目录、节能节水专用设备企业所得税优惠目录和安全生产专用设备企业所得税优惠目录有关问题的通知》（财税[2008]48 号，2008 年 9 月 23 日）。

⑥ 《中华人民共和国企业所得税法实施条例》（国务院令第 512 号，2007 年 12 月 6 日）第一百条；《财政部 国家税务总局关于执行环境保护专用设备企业所得税优惠目录、节能节水专用设备企业所得税优惠目录和安全生产专用设备企业所得税优惠目录有关问题的通知》（财税[2008]48 号，2008 年 9 月 23 日）。

⑦ 《财政部 国家税务总局关于执行企业所得税优惠政策若干问题的通知》（财税[2009]69 号，2009 年 4 月 24 日）。

⑧ 《财政部 国家税务总局关于中国清洁发展机制基金及清洁发展机制项目实施企业有关企业所得税政策问题的通知》（财税[2009]30 号，2009 年 3 月 23 日）。

②国际金融组织赠款收入；

③基金资金的存款利息收入、购买国债的利息收入；

④国内外机构、组织和个人的捐赠收入。

(2)关于 CDM 项目实施企业的企业所得税政策①

①CDM 项目实施企业按照《清洁发展机制项目运行管理办法》(发展改革委、科技部、外交部、财政部令第 37 号)的规定,将温室气体减排量的转让收入,按照以下比例上缴给国家的部分,准予在计算应纳税所得额时扣除：

Ⅰ 氢氟碳化物(HFC)和全氟碳化物(PFC)类项目,为温室气体减排量转让收入的 65%；

Ⅱ 氧化亚氮(N_2O)类项目,为温室气体减排量转让收入的 30%；

Ⅲ 《清洁发展机制项目运行管理办法》第四条规定的重点领域以及植树造林项目等类清洁发展机制项目,为温室气体减排量转让收入的 2%。

②对企业实施的将温室气体减排量转让收入的 65% 上缴给国家的 HFC 和 PFC 类 CDM 项目,以及将温室气体减排量转让收入的 30% 上缴给国家的 N_2O 类 CDM 项目,其实施该类 CDM 项目的所得,自项目取得第一笔减排量转让收入所属纳税年度起,第一年至第三年免征企业所得税,第四年至第六年减半征收企业所得税。

企业实施 CDM 项目的所得,是指企业实施 CDM 项目取得的温室气体减排量转让收入扣除上缴国家的部分,再扣除企业实施 CDM 项目发生的相关成本、费用后的净所得。

企业应单独核算其享受优惠的 CDM 项目的所得,并合理分摊有关期间费用,没有单独核算的,不得享受上述企业所得税优惠政策。

7.5.6.4　核力发电企业税收优惠

自 2008 年 1 月 1 日起,核力发电企业取得的增值税退税款,专项用于还本付息,不征收企业所得税②。

7.5.6.5　节能服务产业税收优惠

从 2011 年 1 月 1 日起,对节能服务公司实施合同能源管理项目实施以下企业所得税优惠③：

(1)政策规定

①对符合条件的节能服务公司实施合同能源管理项目,符合企业所得税法有关规定的,自项目取得第一笔生产经营收入所属纳税年度起,第一年至第三年免征企业所得税,第四年至第六年按照 25% 的法定税率减半征收企业所得税。

②对符合条件的节能服务公司,以及与其签订节能效益分享型合同的用能企业,实施合同能源管理项目有关资产的企业所得税税务处理按以下规定执行：

Ⅰ 用能企业按照能源管理合同实际支付给节能服务公司的合理支出,均可以在计算当期应纳税所得额时扣除,不再区分服务费用和资产价款进行税务处理。

Ⅱ 能源管理合同期满后,节能服务公司转让给用能企业的因实施合同能源管理项目形成的资产,按折旧或摊销期满的资产进行税务处理,用能企业从节能服务公司接受有关资产的计税基础也应按折旧或摊销期满的资产进行税务处理。

Ⅲ 能源管理合同期满后,节能服务公司与用能企业办理有关资产的权属转移时,用能企业已支付的资产价款,不再另行计入节能服务公司的收入。

(2)管理规定

①所称"符合条件"是指同时满足以下条件：

① 《财政部 国家税务总局关于中国清洁发展机制基金及清洁发展机制项目实施企业有关企业所得税政策问题的通知》(财税[2009]30 号,2009 年 3 月 23 日)。

② 《财政部 国家税务总局关于核电行业税收政策有关问题的通知》(财税[2008]38 号,2008 年 4 月 3 日)。

③ 《国务院办公厅转发发展改革委等部门关于加快推行合同能源管理促进节能服务产业发展意见的通知》(国办发[2010]25 号,2010 年 4 月 2 日)。《财政部 国家税务总局关于促进节能服务产业发展增值税 营业税和企业所得税政策问题的通知》(财税[2010]110 号,2010 年 12 月 30 日)。

Ⅰ 具有独立法人资格,注册资金不低于100万元,且能够单独提供用能状况诊断、节能项目设计、融资、改造(包括施工、设备安装、调试、验收等)、运行管理、人员培训等服务的专业化节能服务公司。

Ⅱ 节能服务公司实施合同能源管理项目相关技术应符合国家质量监督检验检疫总局和国家标准化管理委员会发布的《合同能源管理技术通则》(GB/T24915—2010)规定的技术要求。

Ⅲ 节能服务公司与用能企业签订《节能效益分享型》合同,其合同格式和内容,符合《合同法》和国家质量监督检验检疫总局和国家标准化管理委员会发布的《合同能源管理技术通则》(GB/T24915—2010)等规定。

Ⅳ 节能服务公司实施合同能源管理的项目符合《财政部 国家税务总局国家发展改革委关于公布环境保护节能节水项目企业所得税优惠目录(试行)的通知》(财税[2009]166号)"4、节能减排技术改造"类中第一项至第八项规定的项目和条件。

Ⅴ 节能服务公司投资额不低于实施合同能源管理项目投资总额的70%。

Ⅵ 节能服务公司拥有匹配的专职技术人员和合同能源管理人才,具有保障项目顺利实施和稳定运行的能力。

②节能服务公司与用能企业之间的业务往来,应当按照独立企业之间的业务往来收取或者支付价款、费用。不按照独立企业之间的业务往来收取或者支付价款、费用,而减少其应纳税所得额的,税务机关有权进行合理调整。

③用能企业对从节能服务公司取得的与实施合同能源管理项目有关的资产,应与企业其他资产分开核算,并建立辅助账或明细账。

节能服务公司同时从事适用不同税收政策待遇项目的,其享受税收优惠项目应当单独计算收入、扣除,并合理分摊企业的期间费用;没有单独计算的,不得享受税收优惠政策。

7.5.7 技术进步与创新产业税收优惠

7.5.7.1 技术转让所得税收优惠

符合条件的技术转让所得免征、减征所得税①。

符合条件的技术转让所得免征、减征企业所得税,是指一个纳税年度内,居民企业技术转让所得不超过500万元的部分,免征企业所得税;超过500万元的部分,减半征收企业所得税②。

(1)技术转让所得免征、减征所得税的条件

享受减免企业所得税优惠的技术转让应符合以下条件③:

①享受优惠的技术转让主体是企业所得税法规定的居民企业。

②技术转让属于财政部、国家税务总局规定的范围。

技术转让的范围,包括居民企业转让专利技术、计算机软件著作权、集成电路布图设计权、植物新品种、生物医药新品种,以及财政部和国家税务总局确定的其他技术。其中:专利技术,是指法律授予独占权的发明、实用新型和非简单改变产品图案的外观设计。

享受企业所得税减免优惠的技术转让,是指居民企业转让其拥有符合上述规定技术的所有权或5年以上(含5年)全球独占许可使用权的行为。技术转让应签订技术转让合同。

③境内技术转让经省级以上(含省级)科技部门认定登记。

④向境外转让技术经省级以上(含省级)商务部门认定登记,涉及财政经费支持产生技术的转

---

① 《中华人民共和国企业所得税法》(2007年3月16日第十届全国人民代表大会第五次会议通过,中华人民共和国主席令第六十三号公布)第二十七条。

② 《中华人民共和国企业所得税法实施条例》(中华人民共和国国务院令第512号,2007年12月6日)第九十条。

③ 《国家税务总局关于技术转让所得减免企业所得税有关问题的通知》(国税函[2009]212号,2009年4月24日)。《财政部 国家税务总局关于居民企业技术转让有关企业所得税政策问题的通知》(财税[2010]111号,2010年12月31日)。

让,需省级以上(含省级)科技部门审批。

居民企业技术出口应由有关部门按照商务部、科技部发布的《中国禁止出口限制出口技术目录》(商务部、科技部令 2008 年第 12 号)进行审查。居民企业取得禁止出口和限制出口技术转让所得,不享受技术转让减免企业所得税优惠政策。

⑤国务院税务主管部门规定的其他条件。

居民企业从直接或间接持有股权之和达到 100% 的关联方取得的技术转让所得,不享受技术转让减免企业所得税优惠政策。

(2)计算方法①

符合条件的技术转让所得应按以下方法计算:

技术转让所得＝技术转让收入－技术转让成本－相关税费

技术转让收入是指当事人履行技术转让合同后获得的价款,不包括销售或转让设备、仪器、零部件、原材料等非技术性收入。不属于与技术转让项目密不可分的技术咨询、技术服务、技术培训等收入,不得计入技术转让收入。

技术转让成本是指转让的无形资产的净值,即该无形资产的计税基础减除在资产使用期间按照规定计算的摊销扣除额后的余额。

相关税费是指技术转让过程中实际发生的有关税费,包括除企业所得税和允许抵扣的增值税以外的各项税金及其附加、合同签订费用、律师费等相关费用及其他支出。

(3)享受技术转让所得减免企业所得税优惠的企业,应单独计算技术转让所得,并合理分摊企业的期间费用;没有单独计算的,不得享受技术转让所得企业所得税优惠②。

(4)企业发生技术转让,应在纳税年度终了后至报送年度纳税申报表以前,向主管税务机关办理减免税备案手续,并区分境内外技术转让分别报送资料③。

①企业发生境内技术转让,向主管税务机关备案时应报送以下资料:

Ⅰ　技术转让合同(副本);

Ⅱ　省级以上科技部门出具的技术合同登记证明;

Ⅲ　技术转让所得归集、分摊、计算的相关资料;

Ⅳ　实际缴纳相关税费的证明资料;

Ⅴ　主管税务机关要求提供的其他资料。

②企业向境外转让技术,向主管税务机关备案时应报送以下资料:

Ⅰ　技术出口合同(副本);

Ⅱ　省级以上商务部门出具的技术出口合同登记证书或技术出口许可证;

Ⅲ　技术出口合同数据表;

Ⅳ　技术转让所得归集、分摊、计算的相关资料;

Ⅴ　实际缴纳相关税费的证明资料;

Ⅵ　主管税务机关要求提供的其他资料。

7.5.7.2 高新技术企业税收优惠

国家需要重点扶持的高新技术企业,减按 15% 的税率征收企业所得税④。

居民企业被认定为高新技术企业,同时又处于《国务院关于实施企业所得税过渡优惠政策的通知》(国发[2007]39 号)第一条第三款规定享受企业所得税"两免三减半"、"五免五减半"等定期减免税优惠过渡期的,该居民企业的所得税适用税率可以选择依照过渡期适用税率并适用减半征税至期满,或者选择适用高新技术企业的 15% 税率,但

---

① 《国家税务总局关于技术转让所得减免企业所得税有关问题的通知》(国税函[2009]212 号,2009 年 4 月 24 日)。
② 《国家税务总局关于技术转让所得减免企业所得税有关问题的通知》(国税函[2009]212 号,2009 年 4 月 24 日)。
③ 《国家税务总局关于技术转让所得减免企业所得税有关问题的通知》(国税函[2009]212 号,2009 年 4 月 24 日)。
④ 《中华人民共和国企业所得税法》(2007 年 3 月 16 日第十届全国人民代表大会第五次会议通过,中华人民共和国主席令第六十三号公布)第二十八条。

不能享受15%税率的减半征税①。

居民企业被认定为高新技术企业,同时又符合软件生产企业和集成电路生产企业定期减半征收企业所得税优惠条件的,该居民企业的所得税适用税率可以选择适用高新技术企业的15%税率,也可以选择依照25%的法定税率减半征税,但不能享受15%税率的减半征税②。

高新技术企业减低税率优惠属于变更适用条件的延续政策而未列入过渡政策,因此,凡居民企业经税务机关核准2007年度及以前享受高新技术企业或新技术企业所得税优惠,2008年及以后年度未被认定为高新技术企业的,自2008年起不得适用高新技术企业的15%税率,也不适用《国务院实施企业所得税过渡优惠政策的通知》(国发[2007]39号)第一条第二款规定的过渡税率,而应自2008年度起适用25%的法定税率③。

(1)高新技术企业标准

国家需要重点扶持的高新技术企业,是指在《国家重点支持的高新技术领域》(见附件十一)内,持续进行研究开发与技术成果转化,形成企业核心自主知识产权,并以此为基础开展经营活动,在中国境内(不包括港、澳、台地区)注册一年以上的居民企业④。

高新技术企业要同时符合下列条件:

①在中国境内(不含港、澳、台地区)注册的企业,近三年内通过自主研发、受让、受赠、并购等方式,或通过五年以上的独占许可方式,对其主要产品(服务)的核心技术拥有自主知识产权⑤。

在计算企业拥有的核心自主知识产权时,企业近3年内(至申报日前)获得的核心自主知识产权均视为有效⑥。

②产品(服务)属于《国家重点支持的高新技术领域》规定的范围⑦。

③企业为获得科学技术(不包括人文、社会科学)新知识,创造性运用科学技术新知识,或实质性改进技术、产品(服务)而持续进行了研究开发活动,且近三个会计年度的研究开发费用总额占销售收入总额的比例符合如下要求⑧:

Ⅰ 最近一年销售收入小于5000万元的企业,比例不低于6%;

Ⅱ 最近一年销售收入在5000万元至20000万元的企业,比例不低于4%;

Ⅲ 最近一年销售收入在20000万元以上的企业,比例不低于3%。

其中,企业在中国境内发生的研究开发费用总额占全部研究开发费用总额的比例不低于60%。企业注册成立时间不足三年的,按实际经营年限计算。

④高新技术产品(服务)收入占企业当年总收

---

① 《国家税务总局关于进一步明确企业所得税过渡期优惠政策执行口径问题的通知》(国税函[2010]157号,2010年4月21日)。

② 《国家税务总局关于进一步明确企业所得税过渡期优惠政策执行口径问题的通知》(国税函[2010]157号,2010年4月21日)。

③ 《国家税务总局关于进一步明确企业所得税过渡期优惠政策执行口径问题的通知》(国税函[2010]157号,2010年4月21日)。

④ 《科技部 财政部 国家税务总局关于印发〈高新技术企业认定管理办法〉的通知》(国科发火[2008]172号,2008年4月14日)。

⑤ 《科技部 财政部 国家税务总局关于印发〈高新技术企业认定管理办法〉的通知》(国科发火[2008]172号,2008年4月14日)。

⑥ 《科技部 财政部 国家税务总局关于认真做好2008年高新技术企业认定管理工作的通知》(国科发火[2008]705号,2008年11月27日)。

⑦ 《中华人民共和国企业所得税法实施条例》(国务院令第512号,2007年12月6日)第九十三条。

⑧ 《科技部 财政部 国家税务总局关于印发〈高新技术企业认定管理办法〉的通知》(国科发火[2008]172号,2008年4月14日)。

入的 60% 以上①。

⑤具有大学专科以上学历的科技人员占企业当年职工总数的 30% 以上,其中研发人员占企业当年职工总数的 10% 以上②。

⑥企业研究开发组织管理水平、科技成果转化能力、自主知识产权数量、销售与总资产成长性等指标符合《高新技术企业认定管理工作指引》(见附件十二)的要求③。

⑦高新技术企业认定管理办法规定的其他条件④。

(2)高新技术企业认定程序

高新技术企业认定分为四个步骤:

①企业自我评价及申请⑤

企业登录"高新技术企业认定管理工作网",对照规定条件,进行自我评价。认为符合认定条件的,企业可向认定机构提出认定申请。

②提交下列申请材料⑥:

Ⅰ 高新技术企业认定申请书;

Ⅱ 企业营业执照副本、税务登记证(复印件);

Ⅲ 知识产权证书(独占许可合同)、生产批文,新产品或新技术证明(查新)材料、产品质量检验报告、省级以上科技计划立项证明,以及其他相关证明材料;

Ⅳ 企业职工人数、学历结构以及研发人员占

企业职工的比例说明;

Ⅴ 经具有资质的中介机构鉴证的企业近三个会计年度研究开发费用情况表(实际年限不足三年的按实际经营年限),并附研究开发活动说明材料;

Ⅵ 经具有资质的中介机构鉴证的企业近三个会计年度的财务报表(含资产负债表、损益表、现金流量表,实际年限不足三年的按实际经营年限)以及技术性收入的情况表。

认定机构加强对中介机构的管理。中介机构严格按照《高新技术企业认定管理办法》和《高新技术企业认定管理工作指引》的规定,以及国家有关专项审计的要求,出具专项审计报告。2009 年,国家科技部、财政部和国家税务总局正式启用高新技术企业认定专项审计报告的统一格式,2008 年已经出具的审计报告不需要重做⑦。

③合规性审查

认定机构应建立高新技术企业认定评审专家库;依据企业的申请材料,抽取专家库内专家对申报企业进行审查,提出认定意见⑧。

④认定、公示与备案

认定机构对企业进行认定。经认定的高新技术企业在"高新技术企业认定管理工作网"上公示 15 个工作日,没有异议的,报送领导小组办公室备案,在"高新技术企业认定管理工作网"上公告认

---

① 《科技部 财政部 国家税务总局关于印发〈高新技术企业认定管理办法〉的通知》(国科发火[2008]172 号,2008 年 4 月 14 日)。

② 《科技部 财政部 国家税务总局关于印发〈高新技术企业认定管理办法〉的通知》(国科发火[2008]172 号,2008 年 4 月 14 日)。

③ 《科技部 财政部 国家税务总局关于印发〈高新技术企业认定管理办法〉的通知》(国科发火[2008]172 号,2008 年 4 月 14 日)。

④ 《中华人民共和国企业所得税法实施条例》(国务院令第 512 号,2007 年 12 月 6 日)第九十三条。

⑤ 《科技部 财政部 国家税务总局关于印发〈高新技术企业认定管理办法〉的通知》(国科发火[2008]172 号,2008 年 4 月 14 日)。

⑥ 《科技部 财政部 国家税务总局关于印发〈高新技术企业认定管理办法〉的通知》(国科发火[2008]172 号,2008 年 4 月 14 日)。

⑦ 《科技部 财政部 国家税务总局关于认真做好 2008 年高新技术企业认定管理工作的通知》(国科发火[2008]705 号,2008 年 11 月 27 日)。

⑧ 《科技部 财政部 国家税务总局关于印发〈高新技术企业认定管理办法〉的通知》(国科发火[2008]172 号,2008 年 4 月 14 日)。

定结果,并向企业颁发统一印制的"高新技术企业证书"①。

(3)高新技术企业复审及后续管理②

①高新技术企业资格有效期

高新技术企业资格自颁发证书之日起有效期为三年。企业应在期满前三个月内提出复审申请,不提出复审申请或复审不合格的,其高新技术企业资格到期自动失效。

②高新技术企业资格复审

高新技术企业复审须提交近三年开展研究开发等技术创新活动的报告。

复审时应重点审查研究开发费用总额占销售收入总额的比例,对符合条件的,在"高新技术企业认定管理工作网"上公示15个工作日,没有异议的,报送领导小组办公室备案。

通过复审的高新技术企业资格有效期为三年。期满后,企业再次提出认定申请的,按初次申请认定的程序办理。

③后续管理

Ⅰ 高新技术企业经营业务、生产技术活动等发生重大变化(如并购、重组、转业等)的,应在十五日内向认定管理机构报告;变化后不符合规定条件的,应自当年起终止其高新技术企业资格;需要申请高新技术企业认定的,按初次申请认定的规定办理③。

免税优惠的高新技术企业,减税、免税条件发生变化的,应当自发生变化之日起15日内向主管税务机关报告;不再符合减税、免税条件的,应当依法履行纳税义务;未依法纳税的,主管税务机关应当予以追缴。同时,主管税务机关在执行税收优惠政策过程中,发现企业不具备高新技术企业资格的,应提请认定机构复核。复核期间,可暂停企业享受减免税优惠④。

当年可减按15%的税率征收企业所得税或按照《国务院关于经济特区和上海浦东新区新设立高新技术企业实行过渡性税收优惠的通知》(国发[2007]40号)享受过渡性税收优惠的高新技术企业,在实际实施有关税收优惠的当年,减免税条件发生变化的,应按上述规定处理⑤。

高新技术企业更名的,由认定机构确认并经公示、备案后重新核发认定证书,编号与有效期不变⑥。

Ⅱ 已认定的高新技术企业有下述情况之一的,应取消其资格⑦:

ⅰ 在申请认定过程中提供虚假信息的;

ⅱ 有偷、骗税等行为的;

ⅲ 发生重大安全、质量事故的;

ⅳ 有环境等违法、违规行为,受到有关部门处罚的。

被取消高新技术企业资格的企业,认定机构在5年内不再受理该企业的认定申请⑧。

(4)原认定高新技术企业税收优惠政策的

---

① 《科技部 财政部 国家税务总局关于印发〈高新技术企业认定管理办法〉的通知》(国科发火[2008]172号,2008年4月14日)。

② 《科技部 财政部 国家税务总局关于印发〈高新技术企业认定管理办法〉的通知》(国科发火[2008]172号,2008年4月14日)。

③ 《科技部 财政部 国家税务总局关于印发〈高新技术企业认定管理办法〉的通知》(国科发火[2008]172号,2008年4月14日)。

④ 《科技部 财政部 国家税务总局关于印发〈高新技术企业认定管理办法〉的通知》(国科发火[2008]172号,2008年4月14日)。

⑤ 《国家税务总局关于实施高新技术企业所得税优惠有关问题的通知》(国税函[2009]203号,2009年4月22日)。

⑥ 《科技部 财政部 国家税务总局关于印发〈高新技术企业认定管理办法〉的通知》(国科发火[2008]172号,2008年4月14日)。

⑦ 《科技部 财政部 国家税务总局关于印发〈高新技术企业认定管理办法〉的通知》(国科发火[2008]172号,2008年4月14日)。

⑧ 《科技部 财政部 国家税务总局关于印发〈高新技术企业认定管理办法〉的通知》(国科发火[2008]172号,2008年4月14日)。

过渡

2007 年年底前国家高新技术产业开发区(包括北京市新技术产业开发试验区)内、外已按原认定办法认定的仍在有效期内的高新技术企业资格依然有效,但在按《认定办法》和《工作指引》重新认定合格后方可依照企业所得税法及其实施条例等有关规定享受企业所得税优惠政策。企业可提前按《认定办法》和《工作指引》申请重新认定,亦可在资格到期后申请重新认定①。

对原依法享受企业所得税定期减免税优惠未期满的高新技术企业,可依照《国务院关于实施企业所得税过渡优惠政策的通知》(国发[2007]39号)的有关规定执行②。

对经济特区和上海浦东新区内新设立并按《认定办法》和《工作指引》认定的高新技术企业,按《国务院关于经济特区和上海浦东新区新设立高新技术企业实行过渡性税收优惠的通知》(国发[2007]40 号)的有关规定执行③。

原依法享受企业所得税定期减免税优惠尚未期满,在实际实施有关税收优惠的当年,减免税条件发生变化的高新技术企业,根据《高新技术企业认定管理办法》以及《科学技术部 财政部 国家税务总局关于印发〈高新技术企业认定管理工作指引〉的通知》(国科发火[2008]362 号)的相关规定,在按照新标准取得认定机构颁发的高新技术企业资格证书之后,可以在 2008 年 1 月 1 日后,享受对尚未到期的定期减免税优惠执行到期满的过渡政策④。

2006 年 1 月 1 日至 2007 年 3 月 16 日期间成立,截止到 2007 年底仍未获利(弥补完以前年度亏损后应纳税所得额为零)的高新技术企业,根据《高新技术企业认定管理办法》以及《高新技术企业认定管理工作指引》的相关规定,按照新标准取得认定机构颁发的高新技术企业证书后,可依据企业所得税法第五十七条的规定,免税期限自 2008年 1 月 1 日起计算⑤。

(5)高新技术企业税收优惠办理程序

认定(复审)合格的高新技术企业,自认定(复审)批准的有效期当年开始,可申请享受企业所得税优惠。企业取得省、自治区、直辖市、计划单列市高新技术企业认定管理机构颁发的高新技术企业证书后,可持"高新技术企业证书"及其复印件和有关资料,向主管税务机关申请办理减免税手续。手续办理完毕后,高新技术企业可按 15% 的税率进行所得税预缴申报或享受过渡性税收优惠。纳税年度终了后至报送年度纳税申报表以前,已办理减免税手续的企业应向主管税务机关备案以下资料⑥:

①产品(服务)属于《国家重点支持的高新技术领域》规定的范围的说明;

②企业年度研究开发费用结构明细表;

③企业当年高新技术产品(服务)收入占企业总收入的比例说明;

④企业具有大学专科以上学历的科技人员占企业当年职工总数的比例说明、研发人员占企业当年职工总数的比例说明。

以上资料的计算、填报口径参照《高新技术企业认定管理工作指引》的有关规定执行。

未取得高新技术企业资格、或虽取得高新技术企业资格但不符合企业所得税法及实施条例以及

---

①　《科学技术部 财政部 国家税务总局关于印发〈高新技术企业认定管理工作指引〉的通知》(国科发火[2008]362 号,2008年 7 月 8 日)。

②　《科学技术部 财政部 国家税务总局关于印发〈高新技术企业认定管理工作指引〉的通知》(国科发火[2008]362 号,2008年 7 月 8 日)。

③　《科学技术部 财政部 国家税务总局关于印发〈高新技术企业认定管理工作指引〉的通知》(国科发火[2008]362 号,2008年 7 月 8 日)。

④　《国家税务总局关于实施高新技术企业所得税优惠有关问题的通知》(国税函[2009]203 号,2009 年 4 月 22 日)。

⑤　《国家税务总局关于实施高新技术企业所得税优惠有关问题的通知》(国税函[2009]203 号,2009 年 4 月 22 日)。

⑥　《国家税务总局关于实施高新技术企业所得税优惠有关问题的通知》(国税函[2009]203 号,2009 年 4 月 22 日)。

上述有关规定条件的企业,不得享受高新技术企业的优惠;已享受优惠的,应追缴其已减免的企业所得税税款。

7.5.7.3 研究开发费用加计扣除

企业为开发新技术、新产品、新工艺发生的研究开发费用,未形成无形资产计入当期损益的,在按照规定据实扣除的基础上,按照研究开发费用的50%加计扣除;形成无形资产的,按照无形资产成本的150%摊销①。

新税法实施前企业技术开发费加计扣除部分已形成企业年度亏损,可以用以后年度所得弥补,但结转年限最长不得超过5年②。

(1)研究开发活动的界定③

研究开发费用加计扣除办法适用于财务核算健全并能准确归集研究开发费用的居民企业。

研究开发活动是指企业为获得科学与技术(不包括人文、社会科学)新知识,创造性运用科学技术新知识,或实质性改进技术、工艺、产品(服务)而持续进行的具有明确目标的研究开发活动。

创造性运用科学技术新知识,或实质性改进技术、工艺、产品(服务),是指企业通过研究开发活动在技术、工艺、产品(服务)方面的创新取得了有价值的成果,对本地区(省、自治区、直辖市或计划单列市)相关行业的技术、工艺领先具有推动作用,不包括企业产品(服务)的常规性升级或对公开的科研成果直接应用等活动(如直接采用公开的新工艺、材料、装置、产品、服务或知识等)。

(2)允许加计扣除的研究开发费用范围④

企业从事《国家重点支持的高新技术领域》和国家发展改革委员会等部门公布的《当前优先发展的高技术产业化重点领域指南(2007年度)》规定项目的研究开发活动,其在一个纳税年度中实际发生的下列费用支出,允许在计算应纳税所得额时按照规定实行加计扣除:

①新产品设计费、新工艺规程制定费以及与研发活动直接相关的技术图书资料费、资料翻译费。

②从事研发活动直接消耗的材料、燃料和动力费用。

③在职直接从事研发活动人员的工资、薪金、奖金、津贴、补贴。

④专门用于研发活动的仪器、设备的折旧费或租赁费。

⑤专门用于研发活动的软件、专利权、非专利技术等无形资产的摊销费用。

⑥专门用于中间试验和产品试制的模具、工艺装备开发及制造费。

⑦勘探开发技术的现场试验费。

⑧研发成果的论证、评审、验收费用。

对企业共同合作开发的项目,凡符合上述条件的,由合作各方就自身承担的研发费用分别按照规定计算加计扣除。

对企业委托给外单位进行开发的研发费用,凡符合上述条件的,由委托方按照规定计算加计扣除,受托方不得再进行加计扣除。对委托开发的项目,受托方应向委托方提供该研发项目的费用支出明细情况,否则,该委托开发项目的费用支出不得实行加计扣除。

法律、行政法规和国家税务总局规定不允许企业所得税前扣除的费用和支出项目,均不允许计入研究开发费用。

---

① 《中华人民共和国企业所得税法》(2007年3月16日第十届全国人民代表大会第五次会议通过,中华人民共和国主席令第六十三号公布)第三十条;《中华人民共和国企业所得税法实施条例》(国务院令第512号,2007年12月6日)第九十五条。

② 《国家税务总局关于企业所得税若干税务事项衔接问题的通知》(国税函[2009]98号,2009年2月27日)。

③ 《国家税务总局关于印发〈企业研究开发费用税前扣除管理办法(试行)〉的通知》(国税发[2008]116号,2008年12月10日)。

④ 《国家税务总局关于印发〈企业研究开发费用税前扣除管理办法(试行)〉的通知》(国税发[2008]116号,2008年12月10日)。

（3）收益化或资本化的研究开发费用加计扣除办法①

企业根据财务会计核算和研发项目的实际情况，对发生的研发费用进行收益化或资本化处理的，可按下述规定计算加计扣除：

①研发费用计入当期损益未形成无形资产的，允许再按其当年研发费用实际发生额的50%，直接抵扣当年的应纳税所得额。

②研发费用形成无形资产的，按照该无形资产成本的150%在税前摊销。除法律另有规定外，摊销年限不得低于10年。

（4）管理规定②

①企业未设立专门的研发机构或企业研发机构同时承担生产经营任务的，应对研发费用和生产经营费用分开进行核算，准确、合理的计算各项研究开发费用支出，对划分不清的，不得实行加计扣除。

②企业必须对研究开发费用实行专账管理，同时必须准确按《可加计扣除研究开发费用情况归集表》（见附件十三）归集填写年度可加计扣除的各项研究开发费用实际发生金额。企业应于年度汇算清缴所得税申报时向主管税务机关报送规定的相应资料。申报的研究开发费用不真实或者资料不齐全的，不得享受研究开发费用加计扣除，主管税务机关有权对企业申报的结果进行合理调整。企业在一个纳税年度内进行多个研究开发活动的，应按照不同开发项目分别归集可加计扣除的研究开发费用额。

③企业申请研究开发费加计扣除时，应向主管税务机关报送如下资料：

Ⅰ 自主、委托、合作研究开发项目计划书和研究开发费预算。

Ⅱ 自主、委托、合作研究开发专门机构或项目组的编制情况和专业人员名单。

Ⅲ 自主、委托、合作研究开发项目当年研究开发费用发生情况归集表。

Ⅳ 企业总经理办公会或董事会关于自主、委托、合作研究开发项目立项的决议文件。

Ⅴ 委托、合作研究开发项目的合同或协议。

Ⅵ 研究开发项目的效用情况说明、研究成果报告等资料。

④企业实际发生的研究开发费，在年度中间预缴所得税时，允许据实计算扣除，在年度终了进行所得税年度申报和汇算清缴时，再依照规定计算加计扣除。

⑤主管税务机关对企业申报的研究开发项目有异议的，可要求企业提供政府科技部门的鉴定意见书。

⑥企业研究开发费各项目的实际发生额归集不准确、汇总额计算不准确的，主管税务机关有权调整其税前扣除额或加计扣除额。

（5）企业集团集中研发的研究开发费用的分摊③

①企业集团根据生产经营和科技开发的实际情况，对技术要求高、投资数额大，需要由集团公司进行集中开发的研究开发项目，其实际发生的研究开发费，可以按照合理的分摊方法在受益集团成员公司间进行分摊。

②企业集团采取合理分摊研究开发费的，企业集团应提供集中研究开发项目的协议或合同，该协议或合同应明确规定参与各方在该研究开发项目中的权利和义务、费用分摊方法等内容。如不提供协议或合同，研究开发费不得加计扣除。

③企业集团采取合理分摊研究开发费的，企业集团集中研究开发项目实际发生的研究开发费，应

---

① 《国家税务总局关于印发〈企业研究开发费用税前扣除管理办法（试行）〉的通知》（国税发〔2008〕116 号，2008 年 12 月 10 日）。

② 《国家税务总局关于印发〈企业研究开发费用税前扣除管理办法（试行）〉的通知》（国税发〔2008〕116 号，2008 年 12 月 10 日）。

③ 《国家税务总局关于印发〈企业研究开发费用税前扣除管理办法（试行）〉的通知》（国税发〔2008〕116 号，2008 年 12 月 10 日）。

当按照权利和义务、费用支出和收益分享一致的原则，合理确定研究开发费用的分摊方法。

④企业集团采取合理分摊研究开发费的，企业集团母公司负责编制集中研究开发项目的立项书、研究开发费用预算表、决算表和决算分摊表。

⑤税企双方对企业集团集中研究开发费的分摊方法和金额有争议的，如企业集团成员公司设在不同省、自治区、直辖市和计划单列市的，企业按照国家税务总局的裁决意见扣除实际分摊的研究开发费；企业集团成员公司在同一省、自治区、直辖市和计划单列市的，企业按照省税务机关的裁决意见扣除实际分摊的研究开发费。

7.5.7.4　创业投资企业税收优惠

创业投资企业采取股权投资方式投资于未上市的中小高新技术企业2年（24个月）以上，凡符合以下条件的，可以按照其对中小高新技术企业投资额的70%，在股权持有满2年的当年抵扣该创业投资企业的应纳税所得额；当年不足抵扣的，可以在以后纳税年度结转抵扣①。

（1）政策享受范围②

创业投资企业是指依照《创业投资企业管理暂行办法》（国家发展和改革委员会等10部委令2005年第39号，简称《暂行办法》）和《外商投资创业投资企业管理规定》（商务部等5部委令2003年第2号）在中华人民共和国境内设立的专门从事创业投资活动的企业或其他经济组织。

①经营范围符合《暂行办法》规定，且工商登记为"创业投资有限责任公司"、"创业投资股份有限公司"等专业性法人创业投资企业③。

②按照《暂行办法》规定的条件和程序完成备案，经备案管理部门年度检查核实，投资运作符合《暂行办法》的有关规定。

③创业投资企业投资的中小高新技术企业，除应按照科技部、财政部、国家税务总局《关于印发〈高新技术企业认定管理办法〉的通知》（国科发火[2008]172号）和《关于印发〈高新技术企业认定管理工作指引〉的通知》（国科发火[2008]362号）的规定，通过高新技术企业认定以外，还应符合职工人数不超过500人，年销售（营业）额不超过2亿元，资产总额不超过2亿元的条件。

2007年年底前按原有规定取得高新技术企业资格的中小高新技术企业，且在2008年继续符合新的高新技术企业标准的，向其投资满24个月的计算，可自创业投资企业实际向其投资的时间起计算。

④财政部、国家税务总局规定的其他条件。

上述所称投资于未上市的中小高新技术企业2年以上的，包括发生在2008年1月1日以前满2年的投资；所称中小高新技术企业是指按照《高新技术企业认定管理办法》（国科发火[2008]172号）和《高新技术企业认定管理工作指引》（国科发火[2008]362号）取得高新技术企业资格，且年销售额和资产总额均不超过2亿元、从业人数不超过500人的企业，其中2007年年底前已取得高新技术企业资格的，在其规定有效期内不需重新认定④。

中小企业接受创业投资之后，经认定符合高新技术企业标准的，应自其被认定为高新技术企业的年度起，计算创业投资企业的投资期限。该期限内中小企业接受创业投资后，企业规模超过中小企业标准，但仍符合高新技术企业标准的，不影响创业

---

①　《中华人民共和国企业所得税法》（2007年3月16日第十届全国人民代表大会第五次会议通过，中华人民共和国主席令第六十三号公布）第三十一条；《中华人民共和国企业所得税法实施条例》（国务院令512号，2007年12月6日）第九十七条；《国家税务总局关于实施创业投资企业所得税优惠问题的通知》（国税发[2009]87号，2009年4月30日）。

②　《国家税务总局关于实施创业投资企业所得税优惠问题的通知》（国税发[2009]87号，2009年4月30日）。

③　对非法人创业企业没有设立创投经营管理机构，不直接从事创业投资管理、咨询业务，而是将其日常投资经营权授予一家创业投资管理企业或另一家创投企业进行管理运作的，对此类创投企业的外方，根据《国家税务总局关于外商投资企业创业投资公司缴纳企业所得税有关税收问题的通知》（国税发[2003]61号，2003年6月4日）规定，可按在我国境内没有设立机构、场所的外国企业，申报缴纳企业所得税。

④　《财政部　国家税务总局关于执行企业所得税优惠政策若干问题的通知》（财税[2009]69号，2009年4月24日）。

投资企业享受有关税收优惠①。

（2）申请程序

创业投资企业申请享受投资抵扣应纳税所得额，应在其报送申请投资抵扣应纳税所得额年度纳税申报表以前，向主管税务机关报送以下资料备案②：

①经备案管理部门核实后出具的年检合格通知书（副本）；

②关于创业投资企业投资运作情况的说明；

③中小高新技术企业投资合同或章程的复印件、实际所投资金验资报告等相关材料；

④中小高新技术企业基本情况（包括企业职工人数、年销售（营业）额、资产总额等）说明；

⑤由省、自治区、直辖市和计划单列市高新技术企业认定管理机构出具的中小高新技术企业有效的高新技术企业证书（复印件）。

7.5.7.5　固定资产加速折旧或缩短折旧年限

（1）加速折旧或缩短折旧年限的适用范围

企业拥有并用于生产经营的主要或关键的固定资产，由于技术进步等原因，确需加速折旧的，可以缩短折旧年限或者采取加速折旧的方法③。

可以采取缩短折旧年限或者采取加速折旧的方法的固定资产，包括④：

①由于技术进步，产品更新换代较快的固定资产；

②常年处于强震动、高腐蚀状态的固定资产。

企业采取缩短折旧年限方法的，对其购置的新固定资产，最低折旧年限不得低于企业所得税法实施条例第六十条规定的折旧年限的 60%；若为购置已使用过的固定资产，其最低折旧年限不得低于企业所得税法实施条例规定的最低折旧年限减去已使用年限后剩余年限的 60%。最低折旧年限一经确定，一般不得变更⑤。

（2）加速折旧或缩短折旧年限的处理

符合条件的固定资产，可按以下情况分别处理⑥：

①企业过去没有使用过与该项固定资产功能相同或类似的固定资产，但有充分的证据证明该固定资产的预计使用年限短于企业所得税法实施条例规定的计算折旧最低年限的，企业可根据该固定资产的预计使用年限和相关规定，对该固定资产采取缩短折旧年限或者加速折旧的方法。

②企业在原有的固定资产未达到企业所得税法实施条例规定的最低折旧年限前，使用功能相同或类似的新固定资产替代旧固定资产的，企业可根据旧固定资产的实际使用年限和相关规定，对新替代的固定资产采取缩短折旧年限或者加速折旧的方法。

（3）加速折旧方法

采取加速折旧方法的，可以采取双倍余额递减法或者年数总和法⑦。

加速折旧方法一经确定，一般不得变更⑧：

①双倍余额递减法，是指在不考虑固定资产预计净残值的情况下，根据每期期初固定资产原值减去累计折旧后的金额和双倍的直线法折旧率计算固定资产折旧的一种方法。应用这种方法计算折旧额时，由于每年年初固定资产净值没有减去预计净残值，所以在计算固定资产折旧额时，应在其折

---

① 《国家税务总局关于实施创业投资企业所得税优惠问题的通知》（国税发〔2009〕87 号，2009 年 4 月 30 日）。
② 《国家税务总局关于实施创业投资企业所得税优惠问题的通知》（国税发〔2009〕87 号，2009 年 4 月 30 日）。
③ 《中华人民共和国企业所得税法》（2007 年 3 月 16 日第十届全国人民代表大会第五次会议通过，中华人民共和国主席令第六十三号公布）第三十二条；《国家税务总局关于企业固定资产加速折旧所得税处理有关问题的通知》（国税发〔2009〕81 号，2009 年 4 月 16 日）。
④ 《中华人民共和国企业所得税法实施条例》（中华人民共和国国务院令第 512 号，2007 年 12 月 6 日）第九十八条。
⑤ 《中华人民共和国企业所得税法实施条例》（中华人民共和国国务院令第 512 号，2007 年 12 月 6 日）第九十八条。《国家税务总局关于企业固定资产加速折旧所得税处理有关问题的通知》（国税发〔2009〕81 号，2009 年 4 月 16 日）。
⑥ 《国家税务总局关于企业固定资产加速折旧所得税处理有关问题的通知》（国税发〔2009〕81 号，2009 年 4 月 16 日）。
⑦ 《中华人民共和国企业所得税法实施条例》（中华人民共和国国务院令第 512 号，2007 年 12 月 6 日）第九十八条。
⑧ 《国家税务总局关于企业固定资产加速折旧所得税处理有关问题的通知》（国税发〔2009〕81 号，2009 年 4 月 16 日）。

旧年限到期前的两年期间,将固定资产净值减去预计净残值后的余额平均摊销。计算公式如下:

年折旧率=2÷预计使用寿命(年)×100%

月折旧率=年折旧率÷12

月折旧额=月初固定资产账面净值×月折旧率

②年数总和法,又称年限合计法,是指将固定资产的原值减去预计净残值后的余额,乘以一个以固定资产尚可使用寿命为分子、以预计使用寿命逐年数字之和为分母的逐年递减的分数计算每年的折旧额。计算公式如下:

年折旧率=尚可使用年限÷预计使用寿命的年数总和×100%

月折旧率=年折旧率÷12

月折旧额=(固定资产原值-预计净残值)×月折旧率

(4)办理程序①

企业确需对固定资产采取缩短折旧年限或者加速折旧方法的,应在取得该固定资产后一个月内,向其企业所得税主管税务机关备案,并报送以下资料:

①固定资产的功能、预计使用年限短于企业所得税法实施条例规定计算折旧的最低年限的理由、证明资料及有关情况的说明;

②被替代的旧固定资产的功能、使用及处置等情况的说明;

③固定资产加速折旧拟采用的方法和折旧额的说明;

④主管税务机关要求报送的其他资料。

企业主管税务机关应在企业所得税年度纳税评估时,对企业采取加速折旧的固定资产的使用环境及状况进行实地核查。对不符合加速折旧规定条件的,主管税务机关有权要求企业停止该项固定

资产加速折旧。

(5)法律责任及管理措施②

对于采取缩短折旧年限的固定资产,足额计提折旧后继续使用而未进行处置(包括报废等情形)超过12个月的,今后对其更新替代、改造改建后形成的功能相同或者类似的固定资产,不得再采取缩短折旧年限的方法。

对于企业采取缩短折旧年限或者采取加速折旧方法的,主管税务机关应设立相应的税收管理台账,并加强监督,实施跟踪管理。对发现不符合企业所得税法实施条例第九十八条及上述规定的,主管税务机关要及时责令企业进行纳税调整。

适用总、分机构汇总纳税的企业,对其所属分支机构使用的符合企业所得税法实施条例第九十八条及上述规定情形的固定资产采取缩短折旧年限或者采取加速折旧方法的,由其总机构向其所在地主管税务机关备案。分支机构所在地主管税务机关应负责配合总机构所在地主管税务机关实施跟踪管理。

7.5.7.6 软件、集成电路产业税收优惠

(1)2010年年底之前出台的税收优惠政策

①软件生产企业实行增值税即征即退政策所退还的税款,由企业用于研究开发软件产品和扩大再生产,不作为企业所得税应税收入,不予征收企业所得税③。

②我国境内新办软件生产企业经认定后,自获利年度起,第一年和第二年免征企业所得税,第三年至第五年减半征收企业所得税④。

③国家规划布局内的重点软件生产企业,如当年未享受免税优惠的,减按10%的税率征收企业所得税⑤。

① 《国家税务总局关于企业固定资产加速折旧所得税处理有关问题的通知》(国税发〔2009〕81号,2009年4月16日)。
② 《国家税务总局关于企业固定资产加速折旧所得税处理有关问题的通知》(国税发〔2009〕81号,2009年4月16日)。
③ 《财政部 国家税务总局关于企业所得税若干优惠政策的通知》(财税〔2008〕1号,2008年2月22日)。
④ 《财政部 国家税务总局关于企业所得税若干优惠政策的通知》(财税〔2008〕1号,2008年2月22日)。
⑤ 《财政部 国家税务总局关于企业所得税若干优惠政策的通知》(财税〔2008〕1号,2008年2月22日)。2008—2009年国家规划布局内重点软件企业名单详见国家发改委、工业信息化部、财政部、海关总署、国家税务总局《关于发布2008年度国家规划布局内重点软件企业名单的通知》(发改高技〔2008〕3700号)、《关于发布2009年国家规划布局内重点软件企业名单的通知》(发改高技〔2009〕3357号)、《关于公布2010年度国家规划布局内重点软件企业名单的通知》(发改高技〔2011〕342号,2011年2月21日)。

④软件生产企业的职工培训费用,可按实际发生额在计算应纳税所得额时扣除①。

软件生产企业发生的职工教育经费中的职工培训费用,根据《财政部 国家税务总局关于企业所得税若干优惠政策的通知》(财税〔2008〕1 号)规定,可以全额在企业所得税前扣除。软件生产企业应准确划分职工教育经费中的职工培训费支出,对于不能准确划分的,以及准确划分后职工教育经费中扣除职工培训费用的余额,一律按照企业所得税法实施条例第四十二条规定的比例扣除②。

⑤企事业单位购进软件,凡符合固定资产或无形资产确认条件的,可以按照固定资产或无形资产进行核算,经主管税务机关核准,其折旧或摊销年限可以适当缩短,最短可为 2 年③。

⑥集成电路设计企业视同软件企业,享受上述软件企业的有关企业所得税政策④。

⑦集成电路生产企业的生产性设备,经主管税务机关核准,其折旧年限可以适当缩短,最短可为 3 年⑤。

⑧投资额超过 80 亿元人民币或集成电路线宽小于 0.25um 的集成电路生产企业,可以减按 15% 的税率缴纳企业所得税,其中,经营期在 15 年以上的,从开始获利的年度起,第一年至第五年免征企业所得税,第六年至第十年减半征收企业所得税⑥。

对生产线宽小于 0.8um(含)集成电路产品的生产企业,经认定后,自获利年度起,第一年和第二年免征企业所得税,第三年至第五年减半征收企业所得税⑦。

已经享受自获利年度起企业所得税"两免三减半"政策的企业,不再重复执行本条规定⑧。

⑨自 2008 年 1 月 1 日起至 2010 年年底,对集成电路生产企业、封装企业的投资者,以其取得的缴纳企业所得税后的利润,直接投资于本企业增加注册资本,或作为资本投资开办其他集成电路生产企业、封装企业,经营期不少于 5 年的,按 40% 的比例退还其再投资部分已缴纳的企业所得税税款。再投资不满 5 年撤出该项投资的,追缴已退的企业所得税税款⑨。

自 2008 年 1 月 1 日起至 2010 年年底,对国内外经济组织作为投资者,以其在境内取得的缴纳企业所得税后的利润,作为资本投资于西部地区开办集成电路生产企业、封装企业或软件产品生产企业,经营期不少于 5 年的,按 80% 的比例退还其再投资部分已缴纳的企业所得税税款。再投资不满 5 年撤出该项投资的,追缴已退的企业所得税税款⑩。

2007 年年底前设立的软件生产企业和集成电路生产企业,经认定后可以按《财政部 国家税务总局关于企业所得税若干优惠政策的通知》(财税〔2008〕1 号)的规定享受企业所得税定期减免税优惠政策。在 2007 年度或以前年度已获利并开始享受定期减免税优惠政策的,可自 2008 年度起继续

---

① 《财政部 国家税务总局关于企业所得税若干优惠政策的通知》(财税〔2008〕1 号,2008 年 2 月 22 日)。
② 《国家税务总局关于企业所得税执行中若干税务处理问题的通知》(国税函〔2009〕202 号,2009 年 4 月 21 日)。
③ 《财政部 国家税务总局关于企业所得税若干优惠政策的通知》(财税〔2008〕1 号,2008 年 2 月 22 日)。
④ 《财政部 国家税务总局关于企业所得税若干优惠政策的通知》(财税〔2008〕1 号,2008 年 2 月 22 日)。
⑤ 《财政部 国家税务总局关于企业所得税若干优惠政策的通知》(财税〔2008〕1 号,2008 年 2 月 22 日)。
⑥ 《财政部 国家税务总局关于企业所得税若干优惠政策的通知》(财税〔2008〕1 号,2008 年 2 月 22 日)。
⑦ 《财政部 国家税务总局关于企业所得税若干优惠政策的通知》(财税〔2008〕1 号,2008 年 2 月 22 日)。
⑧ 《财政部 国家税务总局关于企业所得税若干优惠政策的通知》(财税〔2008〕1 号,2008 年 2 月 22 日)。2008—2009 国家鼓励的集成电路企业名单详见国家发改委、工业信息化部、财政部、海关总署、国家税务总局《关于印发 2008 年度国家鼓励的集成电路企业名单的通知》(发改高技〔2008〕3697 号)和《关于发布 2009 年国家鼓励的集成电路企业名单的通知》(发改高技〔2009〕2904 号)。
⑨ 《财政部 国家税务总局关于企业所得税若干优惠政策的通知》(财税〔2008〕1 号,2008 年 2 月 22 日)。
⑩ 《财政部 国家税务总局关于企业所得税若干优惠政策的通知》(财税〔2008〕1 号,2008 年 2 月 22 日)。

享受至期满为止①。

软件企业认定标准及管理办法、国家规划布局内重点软件企业认定管理办法见附件十四;国家鼓励的集成电路企业认定管理办法见附件十五②。

(2)2011 年以后新出台的税收优惠政策③

①对集成电路线宽小于 0.8 微米(含)的集成电路生产企业,经认定后,自获利年度起,第一年至第二年免征企业所得税,第三年至第五年按照 25% 的法定税率减半征收企业所得税。

对集成电路线宽小于 0.25 微米或投资额超过 80 亿元的集成电路生产企业,经认定后,减按 15% 的税率征收企业所得税,其中经营期在 15 年以上的,自获利年度起,第一年至第五年免征企业所得税,第六年至第十年按照 25% 的法定税率减半征收企业所得税。

②对我国境内新办集成电路设计企业和符合条件的软件企业,经认定后,自获利年度起,享受企业所得税"两免三减半"优惠政策。

国家规划布局内的集成电路设计企业符合相关条件的,可享受国家规划布局内重点软件企业所得税优惠政策(即:当年未享受免税优惠的,减按 10% 的税率征收企业所得税)。

③对符合条件的集成电路封装、测试、关键专用材料企业以及集成电路专用设备相关企业给予企业所得税优惠。

上述符合条件的软件企业和集成电路企业享受企业所得税"两免三减半"、"五免五减半"优惠政策,在 2017 年 12 月 31 日前自获利年度起计算优惠期,并享受至期满为止。符合条件的软件企业和集成电路企业所得税优惠政策与企业所得税其他优惠政策存在交叉的,由企业选择一项最优惠政策执行,不叠加享受。

7.5.7.7 动漫企业税收优惠

从 2009 年 1 月 1 日起,经认定的动漫企业自主开发、生产动漫产品,可申请享受国家现行鼓励软件产业发展的所得税优惠政策④。

经认定的动漫企业、重点动漫企业,凭本年度有效的"动漫企业证书"、"重点动漫企业证书",以及本年度自主开发生产的动漫产品列表、"重点动漫产品文书",向主管税务机关申请享受规定的有关税收优惠政策⑤。

①动漫企业范围

动漫企业包括⑥:

Ⅰ 漫画创作企业;

Ⅱ 动画创作、制作企业;

Ⅲ 网络动漫(含手机动漫)创作、制作企业;

Ⅳ 动漫舞台剧(节)目制作、演出企业;

Ⅴ 动漫软件开发企业;

Ⅵ 动漫衍生产品研发、设计企业。

上述所称动漫企业,不包括漫画出版、发行,动画播出、放映,网络动漫传播以及动漫衍生产品生产、销售等为主营业务的企业⑦。

②动漫产品范围

① 《财政部 国家税务总局关于执行企业所得税优惠政策若干问题的通知》(财税〔2009〕69 号,2009 年 4 月 24 日)。

② 2008—2009 年度国家鼓励的集成电路企业名单详见国家发改委、工业和信息化部、财政部、海关总署、税务总局《关于印发 2008 年度国家鼓励的集成电路企业名单的通知》(发改高技〔2008〕3697 号,2008 年 12 月 31 日)、《关于发布 2009 年国家鼓励的集成电路企业名单的通知》(发改高技〔2009〕2904 号,2009 年 12 月 31 日)。

③ 《国务院关于印发进一步鼓励软件产业和集成电路产业发展若干政策的通知》(国发〔2011〕4 号,2011 年 1 月 28 日)。

④ 《财政部 国家税务总局关于扶持动漫产业发展有关税收政策问题的通知》(财税〔2009〕65 号,2009 年 7 月 17 日)。

⑤ 《文化部 财政部 国家税务总局关于印发〈动漫企业认定管理办法(试行)〉的通知》(文市发〔2008〕51 号,2009 年 1 月 21 日)。

⑥ 《文化部 财政部 国家税务总局关于印发〈动漫企业认定管理办法(试行)〉的通知》(文市发〔2008〕51 号,2009 年 1 月 21 日)。

⑦ 《文化部 财政部 国家税务总局关于实施〈动漫企业认定管理办法(试行)〉有关问题的通知》(文产发〔2009〕18 号,2009 年 6 月 4 日)。

动漫产品包括①：

Ⅰ 漫画：单幅和多格漫画、插画、漫画图书、动画抓帧图书、漫画报刊、漫画原画等；

Ⅱ 动画：动画电影、动画电视剧、动画短片、动画音像制品，影视特效中的动画片段，科教、军事、气象、医疗等影视节目中的动画片段等；

Ⅲ 网络动漫（含手机动漫）：以计算机互联网和移动通信网等信息网络为主要传播平台，以电脑、手机及各种手持电子设备为接受终端的动画、漫画作品，包括 FLASH 动画、网络表情、手机动漫等；

Ⅳ 动漫舞台剧（节）目：改编自动漫平面与影视等形式作品的舞台演出剧（节）目、采用动漫造型或含有动漫形象的舞台演出剧（节）目等；

Ⅴ 动漫软件：漫画平面设计软件、动画制作专用软件、动画后期音视频制作工具软件等；

Ⅵ 动漫衍生产品：与动漫形象有关的服装、玩具、文具、电子游戏等。

③认定管理

文化部、财政部、国家税务总局共同确定全国动漫企业认定管理工作方向，负责指导、管理和监督全国动漫企业及其动漫产品的认定工作，并定期公布通过认定的动漫企业名单②。

Ⅰ 全国动漫企业认定管理工作办公室（以下称办公室）设在文化部，主要职责为③：

ⅰ 具体组织实施动漫企业认定管理工作；

ⅱ 协调、解决认定及相关政策落实中的重大问题；

ⅲ 组织建设和管理"动漫企业认定管理工作平台"；

ⅳ 负责对已认定的重点动漫企业进行监督检查和年审，根据情况变化和产业发展需要对重点动漫产品、重点动漫企业的具体认定标准进行动态调整；

ⅴ 受理、核实并处理有关举报。

Ⅱ 各省、自治区、直辖市文化行政部门与同级财政、税务部门组成本行政区域动漫企业认定管理机构（以下称省级认定机构），开展下列工作④：

ⅰ 负责本行政区域内动漫企业及其动漫产品的认定初审工作；

ⅱ 负责向本行政区域内通过认定的动漫企业颁发"动漫企业证书"；

ⅲ 负责对本行政区域内已认定的动漫企业进行监督检查和年审；

ⅳ 受理、核实并处理本行政区域内有关举报，必要时向办公室报告；

ⅴ 办公室委托的其他工作。

Ⅲ 各级认定机构应制订本辖区内的动漫企业认定工作规程，定期召开认定工作会议。推进认定工作电子政务建设，建立高效、便捷的认定工作机制⑤。

动漫企业认定管理工作所需经费由各级认定机构的同级财政部门拨付⑥。

Ⅳ 动漫企业认定年审受理申请时间为每年的

---

① 《文化部 财政部 国家税务总局关于印发〈动漫企业认定管理办法（试行）〉的通知》（文市发［2008］51 号,2009 年 1 月 21 日）。

② 《文化部 财政部 国家税务总局关于印发〈动漫企业认定管理办法（试行）〉的通知》（文市发［2008］51 号,2009 年 1 月 21 日）。

③ 《文化部 财政部 国家税务总局关于印发〈动漫企业认定管理办法（试行）〉的通知》（文市发［2008］51 号,2009 年 1 月 21 日）。

④ 《文化部 财政部 国家税务总局关于印发〈动漫企业认定管理办法（试行）〉的通知》（文市发［2008］51 号,2009 年 1 月 21 日）。

⑤ 《文化部 财政部 国家税务总局关于印发〈动漫企业认定管理办法（试行）〉的通知》（文市发［2008］51 号,2009 年 1 月 21 日）。

⑥ 《文化部 财政部 国家税务总局关于印发〈动漫企业认定管理办法（试行）〉的通知》（文市发［2008］51 号,2009 年 1 月 21 日）。

5月1日—7月31日①。

④动漫企业认定标准

申请认定为动漫企业的应同时符合以下标准②：

Ⅰ 在我国境内依法设立的企业；

Ⅱ 动漫企业经营动漫产品的主营收入占企业当年总收入的60%以上；

Ⅲ 自主开发生产的动漫产品收入占主营收入的50%以上；

Ⅳ 具有大学专科以上学历的或通过国家动漫人才专业认证的、从事动漫产品开发或技术服务的专业人员占企业当年职工总数的30%以上，其中研发人员占企业当年职工总数的10%以上；

Ⅴ 具有从事动漫产品开发或相应服务等业务所需的技术装备和工作场所；

Ⅵ 动漫产品的研究开发经费占企业当年营业收入8%以上；

Ⅶ 动漫产品内容积极健康，无法律法规禁止的内容；

Ⅷ 企业产权明晰，管理规范，守法经营。

自主开发、生产的动漫产品，是指动漫企业自主创作、研发、设计、生产、制作、表演的符合规定的动漫产品（不含动漫衍生产品）；仅对国外动漫创意进行简单外包、简单模仿或简单离岸制造，既无自主知识产权，也无核心竞争力的除外③。

企业拥有的自主知识产权是指企业近3年内（至申报日前）获得的自主知识产权④。

上述涉及数字的规定，表述为"以上"的，均含本数字在内⑤。

⑤重点动漫产品认定标准

申请认定为重点动漫产品的应符合以下标准之一⑥：

Ⅰ 漫画产品销售年收入在100万元（报刊300万元）人民币以上或年销售10万册（报纸1000万份、期刊100万册）以上的，动画产品销售年收入在1000万元人民币以上的，网络动漫（含手机动漫）产品销售年收入在100万元人民币以上的，动漫舞台剧（节）目演出年收入在100万元人民币以上或年演出场次50场以上的；

Ⅱ 动漫产品版权出口年收入100万元人民币以上的；

Ⅲ 获得国际、国家级专业奖项的；

Ⅳ 经省级认定机构、全国性动漫行业协会、国家动漫产业基地等推荐的在思想内涵、艺术风格、技术应用、市场营销、社会影响等方面具有示范意义的动漫产品。

⑥重点动漫企业认定标准

符合动漫企业认定标准的动漫企业申请认定为重点动漫企业的，应在申报前开发生产出1部以上重点动漫产品，并符合以下标准之一⑦：

Ⅰ 注册资本1000万元人民币以上的；

Ⅱ 动漫企业年营业收入500万元人民币以上，且连续2年不亏损的；

① 《文化部 财政部 国家税务总局关于实施〈动漫企业认定管理办法（试行）〉有关问题的通知》（文产发[2009]18号，2009年6月4日）。

② 《文化部 财政部 国家税务总局关于印发〈动漫企业认定管理办法（试行）〉的通知》（文市发[2008]51号，2009年1月21日）。

③ 《文化部 财政部 国家税务总局关于印发〈动漫企业认定管理办法（试行）〉的通知》（文市发[2008]51号，2009年1月21日）。

④ 《文化部 财政部 国家税务总局关于实施〈动漫企业认定管理办法（试行）〉有关问题的通知》（文产发[2009]18号，2009年6月4日）。

⑤ 《文化部 财政部 国家税务总局关于印发〈动漫企业认定管理办法（试行）〉的通知》（文市发[2008]51号，2009年1月21日）。

⑥ 《文化部 财政部 国家税务总局关于印发〈动漫企业认定管理办法（试行）〉的通知》（文市发[2008]51号，2009年1月21日）。

⑦ 《文化部 财政部 国家税务总局关于印发〈动漫企业认定管理办法（试行）〉的通知》（文市发[2008]51号，2009年1月21日）。

Ⅲ 动漫企业的动漫产品版权出口和对外贸易年收入 200 万元人民币以上,且自主知识产权动漫产品出口收入占总收入 30% 以上的;

Ⅳ 经省级认定机构、全国性动漫行业协会、国家动漫产业基地等推荐的在资金、人员规模、艺术创意、技术应用、市场营销、品牌价值、社会影响等方面具有示范意义的动漫企业。

上述涉及数字的规定,表述为"以上"的,均含本数字在内。

⑦认定程序

动漫企业认定的程序如下①:

Ⅰ 企业自我评价及申请

企业认为符合认定标准的,可向省级认定机构提出认定申请。

Ⅱ 提交下列申请材料

ⅰ 动漫企业认定申请书;

ⅱ 企业营业执照副本复印件、税务登记证复印件;

ⅲ 法定代表人或者主要负责人的身份证明材料;

ⅳ 企业职工人数、学历结构以及研发人员占企业职工的比例说明;

ⅴ 营业场所产权证明或者租赁意向书(含出租方的产权证明),营业场所为企业自有产权的,提供房产证复印件加盖企业公章;营业场所为企业租赁的,提供产权方房产证复印件加盖公章或房主签字,并提供房屋租赁合同加盖企业公章②;

ⅵ 开发、生产、创作、经营的动漫产品列表、销售合同及销售合同约定的款项银行入账证明;

ⅶ 自主开发、生产和拥有自主知识产权的动漫产品的情况说明及有关证明材料(包括版权登记证书或专利证书等知识产权证书的复印件);

ⅷ 由有关行政机关颁发的从事相关业务所涉及的行政许可证件复印件;

ⅸ 经具有资质的中介机构鉴证的企业财务年度报表(含资产负债表、损益表、现金流量表)等企业经营情况,以及企业年度研究开发费用情况表,并附研究开发活动说明材料;

ⅹ 认定机构要求出具的其他材料。

Ⅲ 材料审查、认定与公布

省级认定机构对申请材料进行初审,提出初审意见,将通过初审的动漫企业申请材料报送办公室。

文化部会同财政部、国家税务总局依据规定标准进行审核,审核合格的,由文化部、财政部、国家税务总局联合公布通过认定的动漫企业名单。

省级认定机构根据通过认定的动漫企业名单,向企业颁发"动漫企业证书"并附其本年度动漫产品列表;并根据规定,在动漫产品列表中,对动漫产品属性分类以及是否属于自主开发生产的动漫产品等情况予以标注。

动漫企业设有分支机构的,在企业法人注册地进行申报。

⑧重点动漫产品申报材料

已取得"动漫企业证书"的动漫企业生产的动漫产品符合规定标准的,可向办公室提出申请认定为重点动漫产品,并提交下列材料③:

Ⅰ 重点动漫产品认定申请书;

Ⅱ 企业营业执照副本复印件、税务登记证复印件、"动漫企业证书"复印件;

Ⅲ 符合规定标准的相关证明材料:经具有资质的中介机构鉴证的企业财务年度报表(含资产负债表、损益表、现金流量表)等企业经营情况,并附每项产品销售收入的情况说明;获奖证明复印件

① 《文化部 财政部 国家税务总局关于印发〈动漫企业认定管理办法(试行)〉的通知》(文市发〔2008〕51 号,2009 年 1 月 21 日)。

② 《文化部 财政部 国家税务总局关于实施〈动漫企业认定管理办法(试行)〉有关问题的通知》(文产发〔2009〕18 号,2009 年 6 月 4 日)。

③ 《文化部 财政部 国家税务总局关于印发〈动漫企业认定管理办法(试行)〉的通知》(文市发〔2008〕51 号,2009 年 1 月 21 日)。

或版权出口贸易合同复印件等版权出口收入证明；有关机构的推荐证明；

Ⅳ 认定机构要求出具的其他材料。

办公室收到申报材料后，参照以上办法规定的程序予以审核。符合标准的，由办公室颁发"重点动漫产品文书"。

⑨重点动漫企业申报材料

已取得"动漫企业证书"的动漫企业符合规定标准的，可向办公室提出申请认定为重点动漫企业，并提交下列材料①：

Ⅰ 重点动漫企业认定申请书；

Ⅱ 企业营业执照副本复印件、税务登记证复印件，"动漫企业证书"复印件，"重点动漫产品文书"复印件；

Ⅲ 符合规定标准的相关证明材料：经具有资质的中介机构鉴证的企业近两个会计年度财务报表(含资产负债表、损益表、现金流量表)等企业经营情况或版权出口贸易合同复印件等版权出口收入证明；有关机构的推荐证明；

Ⅳ 认定机构要求出具的其他材料。

办公室收到申报材料后，参照规定的程序予以审核。符合标准的，由文化部会同财政部、国家税务总局联合公布通过认定的重点动漫企业名单，并由办公室颁发"重点动漫企业证书"。

⑩年审②

动漫企业认定实行年审制度。各级认定机构应按规定的标准对已认定并发证的动漫企业、重点动漫企业进行年审。对年度认定合格的企业在证书和年度自主开发生产的动漫产品列表上加盖年审专用章。

不提出年审申请或年度认定不合格的企业，其动漫企业、重点动漫企业资格到期自动失效。

省级认定机构应将对动漫企业的年审情况、年度认定合格及不合格企业名单报办公室备案，并由办公室对外公布。

重点动漫企业通过办公室年审后，不再由省级认定机构进行年审。

动漫企业对年审结果有异议的，可在公布后20个工作日内，向办公室提出复核申请。

提请复核的企业应当提交复核申请书及有关证明材料。办公室收到复核申请后，对复核申请调查核实，由文化部、财政部、国家税务总局作出复核决定，通知省级认定机构并公布。

⑪动漫企业变更

经认定的动漫企业经营活动发生变化(如更名、调整、分立、合并、重组等)的，应在15个工作日内，向原发证单位办理变更手续，变化后不符合规定标准的，省级认定机构应报办公室审核同意后，撤销其"动漫企业证书"，终止其资格。不符合以上办法规定标准的重点动漫企业，由办公室直接撤销其"重点动漫企业证书"，终止其资格。动漫企业更名的，原认定机构为其办理变更手续后，重新核发证书，编号不变③。

⑫法律责任④

Ⅰ 申请认定和已认定的动漫企业有下述情况之一的，一经查实，认定机构停止受理其认定申请，或撤销其证(文)书，终止其资格并予以公布：

ⅰ 在申请认定过程中提供虚假信息的；

ⅱ 有偷税、骗税、抗税等税收违法行为的；

ⅲ 从事制作、生产、销售、传播存在违法内容或盗版侵权动漫产品的，或者使用未经授权许可的

---

① 《文化部 财政部 国家税务总局关于印发〈动漫企业认定管理办法(试行)〉的通知》(文市发[2008]51号,2009年1月21日)。

② 《文化部 财政部 国家税务总局关于印发〈动漫企业认定管理办法(试行)〉的通知》(文市发[2008]51号,2009年1月21日)。

③ 《文化部 财政部 国家税务总局关于印发〈动漫企业认定管理办法(试行)〉的通知》(文市发[2008]51号,2009年1月21日)。

④ 《文化部 财政部 国家税务总局关于印发〈动漫企业认定管理办法(试行)〉的通知》(文市发[2008]51号,2009年1月21日)。

动漫产品的;

ⅳ 有其他违法经营行为,受到有关部门处罚的。

被撤销证书的企业,认定机构在3年内不再受理该企业的认定申请。

Ⅱ 对被撤销证书和年度认定不合格的动漫企业,同时停止其享受规定的各项财税优惠政策。

Ⅲ 参与动漫企业认定工作的机构和人员对所承担的认定工作负有诚信以及合规义务,并对申报认定企业的有关资料信息负有保密义务。违反动漫企业认定工作相关要求和纪律的,依法追究责任。

7.5.7.8 技术先进型服务企业税收优惠①

(1)优惠政策内容

自2010年7月1日起至2013年12月31日止,在北京、天津、上海、重庆、大连、深圳、广州、武汉、哈尔滨、成都、南京、西安、济南、杭州、合肥、南昌、长沙、大庆、苏州、无锡、厦门21个中国服务外包示范城市(简称示范城市)实行以下企业所得税优惠政策:

①对经认定的技术先进型服务企业,减按15%的税率征收企业所得税。

②经认定的技术先进型服务企业发生的职工教育经费支出,不超过工资薪金总额8%的部分,准予在计算应纳税所得额时扣除;超过部分,准予在以后纳税年度结转扣除。

(2)享受优惠政策条件

享受上述企业所得税优惠政策的技术先进型服务企业必须同时符合以下条件:

①从事《财政部 国家税务总局关于技术先进型服务企业有关企业所得税政策问题的通知》(财税[2010]65号)附件《技术先进型服务业务认定

范围(试行)》中的一种或多种技术先进型服务业务,采用先进技术或具备较强的研发能力②;

②企业的注册地及生产经营地在示范城市(含所辖区、县、县级市等全部行政区划)内;

③企业具有法人资格,近两年在进出口业务管理、财务管理、税收管理、外汇管理、海关管理等方面无违法行为;

④具有大专以上学历的员工占企业职工总数的50%以上;

⑤从事《技术先进型服务业务认定范围(试行)》中的技术先进型服务业务取得的收入占企业当年总收入的50%以上;

⑥从事离岸服务外包业务取得的收入不低于企业当年总收入的50%。

从事离岸服务外包业务取得的收入,是指企业根据境外单位与其签订的委托合同,由本企业或其直接转包的企业为境外单位提供《技术先进型服务业务认定范围(试行)》中所规定的信息技术外包服务(ITO)、技术性业务流程外包服务(BPO)和技术性知识流程外包服务(KPO),而从上述境外单位取得的收入。

(3)技术先进型服务企业的认定管理

①示范城市人民政府科技部门会同本级商务、财政、税务和发展改革部门根据本通知规定制定具体管理办法,并报科技部、商务部、财政部、国家税务总局和国家发展改革委及所在省(直辖市、计划单列市)科技、商务、财政、税务和发展改革部门备案。

示范城市所在省(直辖市、计划单列市)科技部门会同本级商务、财政、税务和发展改革部门负责指导所辖示范城市的技术先进型服务企业认定

---

① 《财政部 国家税务总局关于技术先进型服务企业有关企业所得税政策问题的通知》(财税[2010]65号,2010年11月5日)。此前,《财政部 国家税务总局 商务部 科技部 国家发展改革委关于技术先进型服务企业有关税收政策问题的通知》(财税[2009]63号,2009年4月24日)规定,企业所得税优惠政策从2009年1月1日至2013年12月31日在20个试点城市实施,并要求技术先进型服务业务收入总和占本企业当年总收入的70%以上,技术先进型服务企业应由省(直辖市、计划单列市)科技、商务、财政、税务和发展改革部门联合评审认定。财税[2010]65号发布后,财税[2009]63号停止执行。

② 具体范围可参见本书营业税部分附件七。或《财政部 国家税务总局关于技术先进型服务企业有关企业所得税政策问题的通知》(财税[2010]65号)附件。

管理工作。

②符合条件的技术先进型服务企业应向所在示范城市人民政府科技部门提出申请,由示范城市人民政府科技部门会同本级商务、财政、税务和发展改革部门联合评审并发文认定。认定企业名单应及时报科技部、商务部、财政部、国家税务总局和国家发展改革委及所在省(直辖市、计划单列市)科技、商务、财政、税务和发展改革部门备案。

③经认定的技术先进型服务企业,持相关认定文件向当地主管税务机关办理享受上述企业所得税优惠政策事宜。享受企业所得税优惠的技术先进型服务企业条件发生变化的,应当自发生变化之日起15日内向主管税务机关报告;不再符合享受税收优惠条件的,应当依法履行纳税义务。主管税务机关在执行税收优惠政策过程中,发现企业不具备技术先进型服务企业资格的,应暂停企业享受税收优惠,并提请认定机构复核。

④示范城市人民政府科技、商务、财政、税务和发展改革部门及所在省(直辖市、计划单列市)科技、商务、财政、税务和发展改革部门对经认定并享受税收优惠政策的技术先进型服务企业应做好跟踪管理,对变更经营范围、合并、分立、转业、迁移的企业,如不符合认定条件的,应及时取消其享受税收优惠政策的资格。

7.5.7.9 中关村科技园区建设国家自主创新示范区税收优惠

(1)中关村科技园区建设国家自主创新示范区完善研究开发费用加计扣除试点政策①

自2010年1月1日起至2011年12月31日,对中关村科技园区建设国家自主创新示范区开展完善研究开发费用加计扣除政策试点。

①试点政策适用的企业范围

试点政策适用于示范区内的科技创新创业企业,即注册在示范区内、实行查账征收、经北京市高新技术企业认定管理机构认定的高新技术企业。

②试点政策涉及的研究开发活动范围

试点政策所称研究开发活动,是指企业为获得科学与技术(不包括人文、社会科学)新知识,创造性运用科学技术新知识,或实质性改进技术、工艺、产品(服务)而持续进行的具有明确目标的研究开发活动。

创造性运用科学技术新知识,或实质性改进技术、工艺、产品(服务),是指企业通过研究开发活动在技术、工艺、产品(服务)方面的创新取得了有价值的成果,对北京市相关行业的技术、工艺领先具有推动作用,不包括企业产品(服务)的常规性升级或对公开的科研成果直接应用等活动(如直接采用公开的新工艺、材料、装置、产品、服务或知识等)。

③试点政策涉及的研发费用加计扣除范围

企业在示范区内从事《国家重点支持的高新技术领域》、国家发展改革委等部门公布的《当前优先发展的高技术产业化重点领域指南(2007年度)》和中关村国家自主创新示范区当前重点发展的高新技术领域规定项目的研究开发活动,其在一个纳税年度中实际发生的下列费用支出,允许在计算应纳税所得额时按照规定实行加计扣除:

Ⅰ 新产品设计费、新工艺规程制定费以及与研发活动直接相关的技术图书资料费、资料翻译费。

Ⅱ 从事研发活动直接消耗的材料、燃料和动力费用。

Ⅲ 在职直接从事研发活动人员的工资、薪金、奖金、津贴、补贴,以及依照国务院有关主管部门或者北京市人民政府规定的范围和标准为在职直接从事研发活动人员缴纳的基本养老保险费、基本医疗保险费、失业保险费、工伤保险费、生育保险费和住房公积金。

Ⅳ 专门用于研发活动的仪器、设备的折旧费或租赁费以及运行、维护、调整、检验、维修等费用。

---

① 《财政部 国家税务总局对中关村科技园区建设国家自主创新示范区有关研究开发费用加计扣除试点政策的通知》(财税[2010]81号,2010年10月8日)。

Ⅴ 专门用于研发活动的软件、专利权、非专利技术等无形资产的摊销费用。

Ⅵ 专门用于中间试验和产品试制的不构成固定资产的模具、工艺装备开发及制造费,以及不构成固定资产的样品、样机及一般测试手段购置费。

Ⅶ 勘探开发技术的现场试验费,新药研制的临床试验费。

Ⅷ 研发成果的论证、鉴定、评审、验收费用。

对企业共同合作开发的项目,凡符合上述条件的,由合作各方就自身承担的研发费用分别按照规定计算加计扣除。

对企业委托给外单位进行开发的研发费用,凡符合上述条件的,由委托方按照规定计算加计扣除,受托方不得再进行加计扣除。

对委托开发的项目,受托方应向委托方提供该研发项目的费用支出明细情况,否则,该委托开发项目的费用支出不得实行加计扣除。

法律、行政法规和财政部、国家税务总局规定不允许在企业所得税前扣除的费用和支出项目,均不允许计入研究开发费用。

④收益化或资本化的研究开发费用加计扣除办法

企业根据财务会计核算和研发项目的实际情况,对发生的研发费用进行收益化或资本化处理的,可按下述规定计算加计扣除:

Ⅰ 研发费用计入当期损益未形成无形资产的,允许再按其当年研发费用实际发生额的50%,直接抵扣当年的应纳税所得额。

Ⅱ 研发费用形成无形资产的,按照该无形资产成本的150%在税前摊销。除法律另有规定外,摊销年限不得低于10年。

⑤试点政策的管理规定

Ⅰ 企业未设立专门的研发机构或企业研发机构同时承担生产经营任务的,应对研发费用和生产经营费用分开进行核算,准确、合理地计算各项研究开发费用支出,对划分不清的,不得实行加计扣除。

Ⅱ 企业必须对研究开发费用实行专账管理,同时必须按照《财政部 国家税务总局对中关村科技园区建设国家自主创新示范区有关研究开发费用加计扣除试点政策的通知》(财税[2010]81号)附件的规定项目,准确归集填写年度可加计扣除的各项研究开发费用实际发生金额。企业在一个纳税年度内进行多个研究开发活动的,应按照不同研发项目分别归集可加计扣除的研究开发费用额。

Ⅲ 企业应于年度终了办理企业所得税汇算清缴申报时向主管税务机关报送规定的各项资料。企业可以聘请具有资质的会计师事务所或税务师事务所,出具年度可加计扣除研究开发费用专项审计报告或鉴证报告。

企业申报的研究开发费用不真实或者资料不齐全的,不得享受研究开发费用加计扣除,主管税务机关有权对企业申报的结果进行合理调整。主管税务机关对企业申报的研究开发项目有异议的,可要求企业提供市级科技部门出具的研究开发项目鉴定意见书。

Ⅳ 企业申请研究开发费用加计扣除时,应向主管税务机关报送如下资料:

ⅰ 自主、委托、合作研究开发项目计划书和研究开发费预算。

ⅱ 自主、委托、合作研究开发专门机构或项目组的编制情况和专业人员名单。

ⅲ 《研发项目可加计扣除研究开发费用情况归集表》、《企业年度研究开发费用汇总表》(均见财税[2010]81号《财政部 国家税务总局对中关村科技园区建设国家自主创新示范区有关研究开发费用加计扣除试点政策的通知》附件)。

ⅳ 企业总经理办公会或董事会关于自主、委托、合作研究开发项目立项的决议文件。

ⅴ 委托、合作研究开发项目的合同或协议。

ⅵ 主管税务机关要求提供科技部门鉴定意见的,应提供市级科技部门出具的《企业研究开发项目鉴定意见书》(见财税[2010]81号《财政部 国家税务总局对中关村科技园区建设国家自主创新示范区有关研究开发费用加计扣除试点政策的通知》附件)。

ⅶ 研究开发项目的效用情况说明、研究成果报告等资料。

Ⅴ 企业实际发生的研究开发费用,在年度中间预缴所得税时,允许据实计算扣除,在年度终了进行所得税年度申报和汇算清缴时,再依照上述规定实行加计扣除。

Ⅵ 企业研究开发费用各项目的实际发生额归集不准确、汇总额计算不准确的,主管税务机关有权调整其税前扣除额或加计扣除额。

Ⅶ 企业集团根据生产经营和科技开发的实际情况,对技术要求高、投资数额大,需要由集团公司进行集中开发的研究开发项目,其实际发生的研究开发费用,可以按照合理的分摊方法在受益集团成员公司间进行分摊。

企业集团采取合理分摊研究开发费用的,企业集团应提供集中研究开发项目的协议或合同,该协议或合同应明确规定参与各方在该研究开发项目中的权利和义务、费用分摊方法等内容。如不提供协议或合同,研究开发费用不得加计扣除。

企业集团采取合理分摊研究开发费用的,企业集团集中研究开发项目实际发生的研究开发费,应当按照权利和义务相一致、费用支出和收益分享相配比的原则,合理确定研究开发费用的分摊方法。

企业集团采取合理分摊研究开发费用的,企业集团母公司负责编制集中研究开发项目的立项书、研究开发费用预算表、决算表和决算分摊表。

税企双方对企业集团集中研究开发费用的分摊方法和金额有争议的,如有关企业集团成员公司分别设在北京市和其他省、自治区、直辖市和计划单列市的,企业按照国家税务总局的裁决意见扣除实际分摊的研究开发费用;有关企业集团成员公司均设在北京市行政区域内的,企业按照北京市税务机关的裁决意见扣除实际分摊的研究开发费。

(2)中关村科技园区建设国家自主创新示范区职工教育经费税前扣除试点政策[1]

自 2010 年 1 月 1 日起至 2011 年 12 月 31 日止,对示范区内的科技创新创业企业发生的职工教育经费支出,不超过工资薪金总额 8% 的部分,准予在计算应纳税所得额时扣除;超过部分,准予在以后纳税年度结转扣除。

所称科技创新创业企业,是指注册在示范区内、实行查账征收、经北京市高新技术企业认定管理机构认定的高新技术企业。

7.5.8 小型微利企业税收优惠

(1)符合条件的小型微利企业,减按 20% 的税率征收企业所得税[2]。

自 2010 年 1 月 1 日至 2010 年 12 月 31 日,对年应纳税所得额低于 3 万元(含 3 万元)的小型微利企业,其所得减按 50% 计入应纳税所得额,按 20% 的税率缴纳企业所得税[3]。

(2)符合条件的小型微利企业,是指从事国家非限制和禁止行业,并符合下列条件的企业[4]:

①工业企业,年度应纳税所得额不超过 30 万元,从业人数不超过 100 人,资产总额不超过 3000 万元;

②其他企业,年度应纳税所得额不超过 30 万元,从业人数不超过 80 人,资产总额不超过 1000 万元。

所称从业人数,是指与企业建立劳动关系的职工人数和企业接受的劳务派遣用工人数之和;从业人数和资产总额指标,按企业全年月平均值确定,具体计算公式如下[5]:

月平均值=(月初值+月末值)÷2

---

① 《财政部 国家税务总局对中关村科技园区建设国家自主创新示范区有关职工教育经费税前扣除试点政策的通知》(财税〔2010〕82 号,2010 年 10 月 11 日)。

② 《中华人民共和国企业所得税法》(2007 年 3 月 16 日第十届全国人民代表大会第五次会议通过,中华人民共和国主席令第六十三号公布)第二十八条。

③ 《财政部 国家税务总局关于小型微利企业有关企业所得税政策的通知》(财税〔2009〕133 号,2009 年 12 月 2 日)。

④ 《中华人民共和国企业所得税法实施条例》(中华人民共和国国务院令第 512 号,2007 年 12 月 6 日)第九十二条。

⑤ 《财政部 国家税务总局关于执行企业所得税优惠政策若干问题的通知》(财税〔2009〕69 号,2009 年 4 月 24 日)。

全年月平均值＝全年各月平均值之和÷12

年度中间开业或者终止经营活动的，以其实际经营期作为一个纳税年度确定上述相关指标①。

（3）核定征收企业和非居民企业不得适用小型微利企业政策的规定

企业所得税法第二十八条规定的小型微利企业待遇，应适用于具备建账核算自身应纳税所得额条件的企业，按照《企业所得税核定征收办法》（国税发〔2008〕30 号）缴纳企业所得税的企业，在不具备准确核算应纳税所得额条件前，暂不适用小型微利企业适用税率②。

企业所得税法第二十八条规定的小型微利企业是指企业的全部生产经营活动产生的所得均负有我国企业所得税纳税义务的企业。因此，仅就来源于我国所得负有我国纳税义务的非居民企业，不适用该条规定的对符合条件的小型微利企业减按20%税率征收企业所得税的政策③。

7.5.9 资源综合利用税收优惠政策

（1）企业综合利用资源税收优惠

企业综合利用资源，生产符合国家产业政策规定的产品所取得的收入，可以在计算应纳税所得额时减计收入④。

企业自 2008 年 1 月 1 日起以《资源综合利用企业所得税优惠目录》（见附件十六）中所列资源为主要原材料，生产《资源综合利用企业所得税优惠目录》内符合国家或行业相关标准的产品取得的收入，在计算应纳税所得额时，减按 90% 计入当

年收入总额。享受上述税收优惠时，《资源综合利用企业所得税优惠目录》内所列资源占产品原料的比例应符合《资源综合利用企业所得税优惠目录》规定的技术标准⑤。

上述原材料占生产产品材料的比例不得低于《资源综合利用企业所得税优惠目录》规定的标准。企业从事不符合企业所得税法实施条例和《资源综合利用企业所得税优惠目录》规定范围、条件和技术标准的项目，不得享受资源综合利用企业所得税优惠政策⑥。

企业同时从事其他项目而取得的非资源综合利用收入，应与资源综合利用收入分开核算，没有分开核算的，不得享受优惠政策⑦。

（2）资源综合利用企业所得税优惠管理

①申请资格⑧

经资源综合利用主管部门按《资源综合利用企业所得税优惠目录》规定认定的生产资源综合利用产品的企业（不包括仅对资源综合利用工艺和技术进行认定的企业），取得《资源综合利用认定证书》，可按规定申请享受资源综合利用企业所得税优惠。

企业资源综合利用产品的认定程序，按《国家发展改革委 财政部 国家税务总局关于印发〈国家鼓励的资源综合利用认定管理办法〉的通知》（发改环资〔2006〕1864 号，见附件十七）的规定执行。

2008 年 1 月 1 日之前经资源综合利用主管部

---

① 《财政部 国家税务总局关于执行企业所得税优惠政策若干问题的通知》（财税〔2009〕69 号，2009 年 4 月 24 日）。

② 《财政部 国家税务总局关于执行企业所得税优惠政策若干问题的通知》（财税〔2009〕69 号，2009 年 4 月 24 日）。

③ 《国家税务总局关于非居民企业不享受小型微利企业所得税优惠政策问题的通知》（国税函〔2008〕650 号，2008 年 7 月 3 日）。

④ 《中华人民共和国企业所得税法》（2007 年 3 月 16 日第十届全国人民代表大会第五次会议通过，中华人民共和国主席令第六十三号公布）第三十三条。此外，《国家税务总局关于资源综合利用有关企业所得税优惠问题的批复》（国税函〔2009〕567 号，2009 年 10 月 10 日）针对个案做出规定，对企业内设非法人分支机构生产资源综合利用产品供本法人企业内部使用，不计入企业收入的，不能享受资源综合利用减计收入的企业所得税优惠政策。

⑤ 《中华人民共和国企业所得税法实施条例》（中华人民共和国国务院令第 512 号，2007 年 12 月 6 日）第九十九条；《财政部 国家税务总局关于执行资源综合利用企业所得税优惠目录有关问题的通知》（财税〔2008〕47 号，2008 年 9 月 23 日）。

⑥ 《中华人民共和国企业所得税法实施条例》（中华人民共和国国务院令第 512 号，2007 年 12 月 6 日）第九十九条。

⑦ 《财政部 国家税务总局关于执行资源综合利用企业所得税优惠目录有关问题的通知》（财税〔2008〕47 号，2008 年 9 月 23 日）。

⑧ 《国家税务总局关于资源综合利用企业所得税优惠管理问题的通知》（国税函〔2009〕185 号，2009 年 4 月 10 日）。

门认定取得《资源综合利用认定证书》的企业,应按上述规定,重新办理认定并取得《资源综合利用认定证书》,方可申请享受资源综合利用企业所得税优惠。

企业从事非资源综合利用项目取得的收入与生产资源综合利用产品取得的收入没有分开核算的,不得享受资源综合利用企业所得税优惠。

②管理程序①

税务机关对资源综合利用企业所得税优惠实行备案管理。备案管理的具体程序,按照国家税务总局的相关规定执行。

享受资源综合利用企业所得税优惠的企业因经营状况发生变化而不符合《目录》规定的条件的,应自发生变化之日起15个工作日内向主管税务机关报告,并停止享受资源综合利用企业所得税优惠。

③法律责任②

企业实际经营情况不符合《目录》规定条件,采用欺骗等手段获取企业所得税优惠,或者因经营状况发生变化而不符合享受优惠条件,但未及时向主管税务机关报告的,按照税收征管法及其实施细则的有关规定进行处理。

税务机关应对企业的实际经营情况进行监督检查。税务机关发现资源综合利用主管部门认定有误的,应停止企业享受资源综合利用企业所得税优惠,并及时与有关认定部门协调沟通,提请纠正,

已经享受的优惠税额应予追缴。

④各省、自治区、直辖市和计划单列市国家税务局、地方税务局可根据上述规定制定具体管理办法。

7.5.10 就业再就业税收优惠

企业安置国家鼓励安置的其他就业人员所支付的工资的准予加计扣除③。

7.5.10.1 促进残疾人就业税收优惠

(1)企业安置残疾人员的,在按照支付给残疾职工工资据实扣除的基础上,按照支付给残疾职工工资的100%加计扣除。残疾人员的范围适用《中华人民共和国残疾人保障法》的有关规定④。

(2)企业享受安置残疾职工工资100%加计扣除应同时具备如下条件⑤:

① 依法与安置的每位残疾人签订了1年以上(含1年)的劳动合同或服务协议,并且安置的每位残疾人在企业实际上岗工作。

② 为安置的每位残疾人按月足额缴纳了企业所在区县人民政府根据国家政策规定的基本养老保险、基本医疗保险、失业保险和工伤保险等社会保险。

③ 定期通过银行等金融机构向安置的每位残疾人实际支付了不低于企业所在区县适用的经省级人民政府批准的最低工资标准的工资。

④ 具备安置残疾人上岗工作的基本设施。

---

① 《国家税务总局关于资源综合利用企业所得税优惠管理问题的通知》(国税函[2009]185号,2009年4月10日)。

② 《国家税务总局关于资源综合利用企业所得税优惠管理问题的通知》(国税函[2009]185号,2009年4月10日)。

③ 《中华人民共和国企业所得税法》(2007年3月16日第十届全国人民代表大会第五次会议通过,中华人民共和国主席令第六十三号公布)第三十条;《中华人民共和国企业所得税法实施条例》(中华人民共和国国务院令第512号,2007年12月6日)第九十六条。

④ 《中华人民共和国企业所得税法》(2007年3月16日第十届全国人民代表大会第五次会议通过,中华人民共和国主席令第六十三号公布)第三十条;《中华人民共和国企业所得税法实施条例》(中华人民共和国国务院令第512号,2007年12月6日)第九十六条;《财政部 国家税务总局关于安置残疾人员就业有关企业所得税优惠政策问题的通知》(财税[2009]70号,2009年4月30日)。此前,《财政部 国家税务总局关于促进残疾人就业税收优惠政策的通知》(财税[2007]92号,2007年6月15日)规定,单位实际支付给残疾人的工资加计扣除部分,如大于本年度应纳税所得额的,可准予扣除其不超过应纳税所得额的部分,超过部分本年度和以后年度均不得扣除,亏损单位不适用上述工资加计扣除应纳税所得额的办法;符合条件的吸纳残疾人就业单位取得的增值税退税或营业税减税收入,免征企业所得税。新企业所得税法实施后,财税[2007]92号上述规定已停止执行。

⑤ 《财政部 国家税务总局关于安置残疾人员就业有关企业所得税优惠政策问题的通知》(财税[2009]70号,2009年4月30日)。

（3）管理规定①

企业就支付给残疾职工的工资,在进行企业所得税预缴申报时,允许据实计算扣除;在年度终了进行企业所得税年度申报和汇算清缴时,再依照规定计算加计扣除。

企业应在年度终了进行企业所得税年度申报和汇算清缴时,向主管税务机关报送上述规定的相关资料、已安置残疾职工名单及其《中华人民共和国残疾人证》或《中华人民共和国残疾军人证(1至8级)》复印件和主管税务机关要求提供的其他资料,办理享受企业所得税加计扣除优惠的备案手续。

在企业汇算清缴结束后,主管税务机关在对企业进行日常管理、纳税评估和纳税检查时,应对安置残疾人员企业所得税加计扣除优惠的情况进行核实。

7.5.10.2　2010年年底前下岗失业人员再就业税收优惠②

（1）下岗失业人员的范围③

下岗失业人员是指:

①国有企业下岗失业人员。

②国有企业关闭破产需要安置的人员。

③国有企业所办集体企业(即厂办大集体企业)下岗职工。国有企业所办集体企业(即厂办大集体企业)是指20世纪70、80年代,由国有企业批准或资助兴办的,以安置回城知识青年和国有企业职工子女就业为目的,主要向主办国有企业提供配套产品或劳务服务,在工商行政机关登记注册为集体所有制的企业。厂办大集体企业下岗职工包括在国有企业混岗工作的集体企业下岗职工。对特别困难的厂办大集体企业关闭或依法破产需要安置的人员,有条件的地区也可纳入《再就业优惠证》发放范围,具体办法由省级人民政府制定。

④享受最低生活保障且失业1年以上的城镇其他登记失业人员。

（2）招用下岗失业人员税收优惠④

对商贸企业、服务型企业(除广告业、房屋中介、典当、桑拿、按摩、氧吧外)、劳动就业服务企业中的加工型企业和街道社区具有加工性质的小型企业实体,在新增加的岗位中,当年新招用持《再就业优惠证》人员,与其签订1年以上期限劳动合同并依法缴纳社会保险费的,按实际招用人数予以定额依次扣减营业税、城市维护建设税、教育费附加和企业所得税优惠。定额标准为每人每年4000元,可上下浮动20%,由各省、自治区、直辖市人民政府根据本地区实际情况在此幅度内确定具体定额标准,并报财政部和国家税务总局备案⑤。

按上述标准计算的税收扣减额应在企业当年实际应缴纳的营业税、城市维护建设税、教育费附加和企业所得税税额中扣减,当年扣减不足的,不得结转下年使用。

服务型企业是指从事现行营业税"服务业"税目规定经营活动的企业。

---

① 《财政部 国家税务总局关于安置残疾人员就业有关企业所得税优惠政策问题的通知》(财税[2009]70号,2009年4月30日)。

② 《财政部 国家税务总局关于企业所得税若干优惠政策的通知》(财税[2008]1号,2008年2月22日)规定,下岗再就业税收优惠政策执行到期为止。

③ 《财政部 国家税务总局关于下岗失业人员再就业有关税收政策问题的通知》(财税[2005]186号,2006年1月23日)。

④ 《财政部 国家税务总局关于下岗失业人员再就业有关税收政策问题的通知》(财税[2005]186号,2006年1月23日)。

⑤ 此前,根据《财政部 劳动保障部 国家税务总局关于促进下岗失业人员再就业税收优惠及其他相关政策的补充通知》(财税[2003]192号,2003年8月28日)规定,对劳动就业服务企业中的加工型企业和街道社区具有加工性质的小型企业实体,凡安置下岗失业人员并签订一年以上期限劳动合同的,经劳动保障部门认定,税务机关审核,自2003年1月1日起,每吸纳1名下岗失业人员,每年可享受企业所得税2000元定额税收扣减优惠。当年不足扣减的,可结转至下一年继续扣减,但结转期不能超过两年。劳动就业服务企业中的加工型企业和街道社区具有加工性质的小型企业实体的认定、审核程序详见《国家税务总局 劳动和社会保障部关于落实劳动就业服务企业中的加工型企业和街道社区具有加工性质的小型企业实体再就业税收政策具体实施意见的通知》(国税发[2003]103号,2003年8月29日)。根据《财政部关于公布废止和失效的财政规章和规范性文件目录(第十一批)的决定》(财政部令第62号,2011年2月21日),财税[2003]192号已被公布失效。

对 2005 年年底前核准享受再就业减免税政策的企业,在剩余期限内仍按原优惠方式继续享受减免税政策至期满。即①:

①对新办的服务型企业(除广告业、桑拿、按摩、网吧、氧吧外)当年新招用下岗失业人员达到职工总数 30% 以上(含 30%),并与其签订 3 年以上期限劳动合同的,经劳动保障部门认定,税务机关审核,3 年内免征营业税、城市维护建设税、教育费附加和企业所得税。

企业当年新招用下岗失业人员不足职工总数 30%,但与其签订 3 年以上期限劳动合同的,经劳动保障部门认定,税务机关审核,3 年内可按计算的减征比例减征企业所得税。减征比例=(企业当年新招用的下岗失业人员÷企业职工总数×100%)×2。

②对新办的商贸企业(从事批发、批零兼营以及其他非零售业务的商贸企业除外),当年新招用下岗失业人员达到职工总数 30% 以上(含 30%),并与其签订 3 年以上期限劳动合同的,经劳动保障部门认定,税务机关审核,3 年内免征城市维护建设税、教育费附加和企业所得税。

企业当年新招用下岗失业人员不足职工总数 30%,但与其签订 3 年以上期限劳动合同的,经劳动保障部门认定,税务机关审核,3 年内可按计算的减征比例减征企业所得税。减征比例=(企业当年新招用的下岗失业人员÷企业职工总数×100%)×2。

③对现有的服务型企业(除广告业、桑拿、按摩、网吧、氧吧外)和现有的商贸企业(从事批发、批零兼营以及其他非零售业务的商贸企业除外)新增加的岗位,当年新招用下岗失业人员达到职工总数 30% 以上(含 30%),并与其签订 3 年以上期

限劳动合同的,经劳动保障部门认定,税务机关审核,3 年内对年度应缴纳的企业所得税额减征 30%。

(3)国有大中型企业通过主辅分离和辅业改制税收优惠②

对国有大中型企业通过主辅分离和辅业改制分流安置本企业富余人员兴办的经济实体(从事金融保险业、邮电通讯业、娱乐业以及销售不动产、转让土地使用权,服务型企业中的广告业、桑拿、按摩、氧吧,建筑业中从事工程总承包的除外),凡符合以下条件的,经有关部门认定,税务机关审核,3 年内免征企业所得税③:

①利用原企业的非主业资产、闲置资产或关闭破产企业的有效资产;

②独立核算、产权清晰并逐步实行产权主体多元化;

③吸纳原企业富余人员达到本企业职工总数 30% 以上(含 30%),从事工程总承包以外的建筑企业吸纳原企业富余人员达到本企业职工总数 70% 以上(含 70%);

④与安置的职工变更或签订新的劳动合同。

(4)下岗失业人员再就业税收政策执行期限

①上述优惠政策审批期限为 2006 年 1 月 1 日至 2008 年 12 月 31 日。政策审批时间截止到 2008 年年底,税收优惠政策在 2008 年年底之前执行未到期的,可继续享受至 3 年期满为止。如果企业既适用上述规定的优惠政策,又适用其他扶持就业的优惠政策,企业可选择适用最优惠的政策,但不能累加执行④。

②2009 年 1 月 1 日至 2010 年 12 月 31 日,对符合条件的企业在新增加的岗位中,当年新招用持

① 《财政部 国家税务总局关于企业所得税若干优惠政策的通知》(财税[2008]1 号,2008 年 2 月 22 日)。《财政部 国家税务总局关于下岗失业人员再就业有关税收政策问题的通知》(财税[2005]186 号,2006 年 1 月 23 日)。《财政部 国家税务总局关于下岗失业人员再就业有关税收政策问题的通知》(财税[2002]208 号,2002 年 12 月 27 日)。根据《财政部关于公布废止和失效的财政规章和规范性文件目录(第十一批)的决定》(财政部令第 62 号,2011 年 2 月 21 日),财税[2002]208 号已被公布失效。
② 《财政部 国家税务总局关于下岗失业人员再就业有关税收政策问题的通知》(财税[2005]186 号,2006 年 1 月 23 日)。
③ 《财政部 国家税务总局关于下岗失业人员再就业有关税收政策问题的通知》(财税[2005]186 号,2006 年 1 月 23 日)。
④ 《财政部 国家税务总局关于下岗失业人员再就业有关税收政策问题的通知》(财税[2005]186 号,2006 年 1 月 23 日)。

《再就业优惠证》人员,与其签订 1 年以上期限劳动合同并缴纳社会保险费的,3 年内按实际招用人数予以定额依次扣减营业税、城市维护建设税、教育费附加和企业所得税。定额标准为每人每年4000 元,可上下浮动 20% 。由各省、自治区、直辖市人民政府根据本地区实际情况在此幅度内确定具体定额标准,并报财政部和国家税务总局备案。具体操作办法继续按照《财政部国家税务总局关于下岗失业人员再就业有关税收政策问题的通知》(财税[2005]186 号)和《国家税务总局劳动和社会保障部关于下岗失业人员再就业有关税收政策具体实施意见的通知》(国税发[2006]8 号)的相关规定执行①。

(5)具体实施和管理办法

①企业吸纳下岗失业人员的认定、审核程序②

可申请享受再就业有关税收政策的企业实体包括服务型企业(除广告业、房屋中介、典当、桑拿、按摩、氧吧外)、商贸企业、劳动就业服务企业中的加工型企业和街道社区具有加工性质的小型企业实体。

Ⅰ 认定申请

企业吸纳下岗失业人员的认定工作由劳动保障部门负责。

企业在新增岗位中新招用持《再就业优惠证》人员,与其签订 1 年以上期限劳动合同并缴纳社会保险费的,可向当地县级以上(含县级,下同)劳动保障部门递交认定申请。企业认定申请时需报送下列材料:

ⅰ 新招用下岗失业人员持有的《再就业优惠证》;

ⅱ 企业工资支付凭证(工资表);

ⅲ 职工花名册(企业盖章);

ⅳ 企业与新招用持有《再就业优惠证》人员签订的劳动合同(副本);

ⅴ 企业为职工缴纳的社会保险费记录;

ⅵ 《持〈再就业优惠证〉人员本年度在企业预定(实际)工作时间表》;

ⅶ 劳动保障部门要求的其他材料。

其中,劳动就业服务企业要提交《劳动就业服务企业证书》。

Ⅱ 认定办法

县级以上劳动保障部门接到企业报送的材料后,重点核查下列材料:

ⅰ 核查当期新招用的人员是否属于财税[2005]186 号文件中规定的享受税收扶持政策对象,《再就业优惠证》是否已加盖税务部门戳记,已加盖税务部门戳记的新招用的人员不再另享受税收优惠政策;

ⅱ 核查企业是否与下岗失业人员签订了 1 年以上期限的劳动合同;

ⅲ 企业为新招用的下岗失业人员缴纳社会保险费的记录;

ⅳ 《持〈再就业优惠证〉人员本年度在企业预定(实际)工作时间表》和企业上年职工总数是否真实,企业是否用当年比上年新增岗位(职工总数增加部分)安置下岗失业人员。

经县级以上劳动保障部门核查属实,对符合条件的企业,核发《企业实体吸纳下岗失业人员认定证明》,并在《持〈再就业优惠证〉人员本年度在企业预定(实际)工作时间表》加盖认定戳记,作为认定证明的附表。

Ⅲ 企业申请税收减免程序

ⅰ 具有县级以上劳动保障部门核发的《企业实体吸纳下岗失业人员认定证明》及加盖劳动保障部门认定戳记的《持〈再就业优惠证〉人员本年度在企业预定(实际)工作时间表》的企业可依法向主管税务机关申请减免税,并同时报送下列

---

① 《财政部 国家税务总局关于延长下岗失业人员再就业有关税收政策的通知》(财税[2009]23 号,2009 年 3 月 3 日)。《财政部 国家税务总局关于延长下岗失业人员再就业有关税收政策审批期限的通知》(财税[2010]10 号,2010 年 3 月 4 日)。

② 《国家税务总局 劳动和社会保障部关于下岗失业人员再就业有关税收政策具体实施意见的通知》(国税发[2006]8 号,2006 年 1 月 18 日)。

材料:

a. 减免税申请表;

b.《企业实体吸纳下岗失业人员认定证明》及其附表;

c.《再就业优惠证》及主管税务机关要求的其他材料。

ⅱ 经县级以上主管税务机关按财税[2005]186号文件规定条件审核无误的,按下列办法确定减免税:

a. 营业税、城市维护建设税、教育费附加和企业所得税均由地方税务局征管的,由主管税务机关在审批时按劳动保障部门认定的企业吸纳人数和签订的劳动合同时间预核定企业减免税总额,在预核定减免税总额内每月依次预减营业税、城市维护建设税、教育费附加。纳税人实际应缴纳的营业税、城市维护建设税、教育费附加小于预核定减免税总额的,以实际应缴纳的营业税、城市维护建设税、教育费附加为限;实际应缴纳的营业税、城市维护建设税、教育费附加大于预核定减免税总额的,以预核定减免税总额为限。

年度终了,如果实际减免的营业税、城市维护建设税、教育费附加小于预核定的减免税总额,在企业所得税汇算清缴时扣减企业所得税。当年扣减不足的,不再结转以后年度扣减。

主管税务机关应当按照财税[2005]186号文件第一条规定,预核定企业减免税总额,其计算公式为:

企业预核定减免税总额＝Σ 每名下岗失业人员本年度在本企业预定工作月份÷12×定额

企业自吸纳下岗失业人员的次月起享受税收优惠政策。

b. 营业税、城市维护建设税、教育费附加与企业所得税分属国家税务局和地方税务局征管的,统一由企业所在地主管地方税务局按上述规定的办

法预核定企业减免税总额并将核定结果通报当地国家税务局。年度内先由主管地方税务局在核定的减免总额内每月依次预减营业税、城市维护建设税、教育费附加。如果企业实际减免的营业税、城市维护建设税、教育费附加小于核定的减免税总额的,县级地方税务局要在次年1月底之前将企业实际减免的营业税、城市维护建设税、教育费附加和剩余额度等信息交换给同级国家税务局,剩余额度由主管国家税务局在企业所得税汇算清缴时按企业所得税减免程序扣减企业所得税。当年扣减不足的,不再结转以后年度扣减。

Ⅳ 企业在认定或年度检查合格后,年度终了前招用下岗失业人员发生变化的,企业应当在人员变化次月按照上述Ⅰ、Ⅱ项的规定申请认定。对人员变动较大的企业,主管税务机关可按前两款的规定调整一次预核定,具体办法由省级税务机关制定。

企业应当于次年1月10日前按照上述Ⅲ的规定和劳动保障部门出具的《持〈再就业优惠证〉人员本年度在企业预定(实际)工作时间表》补充申请减免税。主管税务机关应当按照上述Ⅲ的规定重新核定企业年度减免税总额,税务机关根据企业实际减免营业税、城市维护建设税、教育费附加的情况,为企业办理减免企业所得税或追缴多减免的税款。

企业年度减免税总额的计算公式为:

企业年度减免税总额＝Σ 每名下岗失业人员本年度在本企业实际工作月份÷12×定额

Ⅴ 第二年及以后年度以当年新招用人员、原招用人员及其工作时间按上述程序和办法执行。每名下岗失业人员享受税收政策的期限最长不得超过3年。

②国有大中型企业通过主辅分离和辅业改制分流安置本企业富余人员兴办的经济实体的认定、审核程序①

---

① 《财政部 国家税务总局关于下岗失业人员再就业有关税收政策问题的通知》(财税[2005]186号,2006年1月23日);《国家税务总局 劳动和社会保障部关于促进下岗失业人员再就业税收政策具体实施意见的通知》(国税发[2002]160号,2002年12月24日)。

经县级以上税务机关审核同意,对符合条件的经济实体,3 年内免征企业所得税。经济实体的认定审核按照财税[2005]186 号文件第三条、《国家税务总局、劳动和社会保障部关于促进下岗失业人员再就业税收政策具体实施意见的通知》(国税发[2002]160 号)第五条的有关规定执行。其中企业认定的主管部门为财政部门、国有资产监督管理部门(经贸部门)和劳动保障部门。

Ⅰ　经济实体认定申请

经济实体,符合下列条件的,可向其主管财政部门、经贸部门和劳动保障部门申请认定:

ⅰ　利用原企业的非主业资产、闲置资产或政策性破产关闭企业的有效资产(简称“三类资产”);

ⅱ　独立核算,产权清晰并逐步实现产权主体多元化;

ⅲ　吸纳原企业富余人员占职工总数达到30% 以上(含 30%);

ⅳ　与安置的职工变更或签订新的劳动合同。

其中,地方企业“三类资产”的认定由财政部门出具证明;主辅分离、辅业改制的认定及其产权多元化的认定由经贸部门出具证明;富余人员的认定、签订劳动合同以及安置比例由劳动保障部门出具证明。中央企业需出具国家经贸委、财政部、劳动和社会保障部联合批复意见和集团公司(总公司)的认定证明,具体办法按国家经贸委等八部门联合下发的《关于国有大中型企业主辅分离辅业改制分流安置富余人员的实施办法》(国经贸企改[2002]859 号)执行。

Ⅱ　减免税申请

具有上述证明的经济实体申请减免税的,应向其当地主管税务机关报送下列材料:

ⅰ　营业执照副本;

ⅱ　税务登记证副本;

ⅲ　由财政部门出具的《“三类资产”认定证明》;

ⅳ　由经贸部门出具的主辅分离或辅业改制的证明;

ⅴ　由经贸部门出具的《产权结构证明》(或《产权变更证明》);

对中央企业兴办的经济实体,上述ⅲ、ⅳ、ⅴ项是指由国家经贸委、财政部、劳动和社会保障部联合出具的批复意见和集团公司(总公司)出具的认定证明。

ⅵ　由劳动保障部门出具《经济实体安置富余人员认定证明》;

ⅶ　经济实体职工花名册;

ⅷ　原企业与安置的富余人员劳动关系的变更协议及经济实体与富余人员签订的新的劳动合同(副本);

ⅸ　经济实体工资支付凭证(工资表);

ⅹ　经济实体为所安置的富余人员个人缴纳社会保险费的记录;

ⅺ　主管税务机关要求的其他材料。

Ⅲ　认定办法

ⅰ　核查材料

主管税务机关接到经济实体报送的材料后,重点核查下列材料:一是由经贸部门出具的主辅分离或辅业改制的证明和《产权结构证明》(或《产权变更证明》);二是由财政部门出具的国有企业的《“三类资产”认定证明》;三是由劳动保障部门出具的《经济实体安置富余人员认定证明》,具体包括:经济实体安置的富余人员是否属于《通知》中规定的享受税收扶持政策对象;经济实体安置的富余人员占企业职工总数的比例;经济实体是否与安置的富余人员签订了新的劳动合同;经济实体为安置的富余人员缴纳社会保险费的记录。必要时,应深入经济实体进行现场核实。

ⅱ　人员比例确定

经济实体当年安置本企业富余人员比例的计算公式为:当年安置本企业富余人员占职工总数的比例=当年安置本企业富余人员人数÷企业职工总数(上年年底职工总数+当年新安置富余人员人数)×100%。

③再就业优惠政策监督管理

主管税务机关应当在审批减免税时,在《再就业优惠证》中加盖戳记,注明减免税所属时间。

Ⅰ 年度检查制度①

各级劳动保障部门、税务部门共同负责本地区年检工作。年检的主要目的是检查企业是否符合国家规定,具备享受扶持政策的条件,防止和杜绝骗税、逃税情况的发生,凡经年检合格的,由税务部门核准继续给予企业或个人享受相关减免税待遇。

ⅰ 企业要按照年检内容和工作要求,首先做好自查自检。

ⅱ 参加年检的企业应向当地的劳动保障部门递交下列材料(一式两份):

a.《新办服务型企业吸纳下岗失业人员认定证明》、《新办商贸企业吸纳下岗失业人员认定证明》、《现有服务型企业吸纳下岗失业人员认定证明》、《现有商贸企业吸纳下岗失业人员认定证明》或《经济实体安置富余人员认定证明》(以下通称《认定证明》);

b. 新招用下岗失业人员的《再就业优惠证》;

c. 填写《年度检查报告书》(一式四份);

d. 上年度及本年度上半年财务报表;

e. 职工花名册;

f. 工资报表;

g. 与吸纳的下岗失业人员或被安置的富余人员签订的劳动合同;

h. 社会保险缴费记录。

商贸企业、服务型企业(除广告业、房屋中介、典当、桑拿、按摩、氧吧外)、劳动就业服务企业中的加工型企业和街道社区具有加工性质的小型企业实体,在新增加的岗位中,当年新招用持《再就业优惠证》人员,与其签订1年以上期限劳动合同并依法缴纳社会保险费的,年检需要报送材料中增加《持〈再就业优惠证〉人员本年度在企业预定(实

际)工作时间表》,《新办服务型企业吸纳下岗失业人员认定证明》、《现有商贸企业吸纳下岗失业人员认定证明》、《新办商贸企业吸纳下岗失业人员认定证明》、《现有服务型企业吸纳下岗失业人员认定证明》由《企业实体吸纳下岗失业人员认定证明》代替。

各级劳动保障部门、税务部门对企业报送的年检材料要及时认真审查。对不符合要求的,要尽快通知企业限期进行整改;对限期整改后,仍达不到要求的,不得继续享受减免税优惠政策,并追缴已减免税款。

对年检合格的企业,由劳动保障部门在《认定证明》上加盖"年检合格"印戳。

ⅲ 年检工作结束后,劳动保障部门、税务部门应将年检资料装订成册,分别归档备查。

不参加年检的企业不得继续享受税收优惠政策。

在年检中发现弄虚作假,伪造《认定证明》和骗取税收扶持政策的,应缴销《认定证明》、追缴所骗税款,情节严重的,应移交司法部门处理。

各省、自治区、直辖市和计划单列市劳动保障部门、税务部门应根据本地区的实际情况,联合做好重点抽查工作。抽查企业不得少于各类应享受税收优惠政策企业的15%。劳动和社会保障部与国家税务总局每年对各地年检认证及享受税收政策情况组织抽查,对抽查中发现的问题要全国通报。

对从事个体经营的下岗失业人员,申请继续享受税收扶持政策的,应持有经县以上劳动保障部门年检的《再就业优惠证》,申请办理本年度减免税手续。

Ⅱ 《认定证明》的管理②

---

① 《财政部 国家税务总局关于下岗失业人员再就业有关税收政策问题的通知》(财税[2005]186号,2006年1月23日);《国家税务总局 劳动和社会保障部关于促进下岗失业人员再就业税收政策具体实施意见的通知》(国税发[2002]160号,2002年12月24日)。

② 《财政部 国家税务总局关于下岗失业人员再就业有关税收政策问题的通知》(财税[2005]186号,2006年1月23日);《国家税务总局 劳动和社会保障部关于促进下岗失业人员再就业税收政策具体实施意见的通知》(国税发[2002]160号,2002年12月24日)。

ⅰ 《认定证明》由劳动和社会保障部制定统一式样,并负责监制。

ⅱ 《认定证明》由各省、自治区、直辖市劳动保障部门负责印制,统一编号备案。

ⅲ 企业关闭破产或改变其性质时,发证机关应及时收回《认定证明》。

ⅳ 任何单位或个人不得伪造、涂改、转让《认定证明》,违者将依法予以惩处。

Ⅲ 劳动保障部门和税务部门的监督职责①

ⅰ 县级以上劳动保障部门和税务部门要建立下岗失业人员再就业信息交换和协查制度。劳动保障部门要定期将《再就业优惠证》发放情况以电子、纸制文件等形式通报同级税务机关。省级劳动保障部门可根据实际情况,建立省内联网的《再就业优惠证》信息查询系统,也可采取其他形式与税务等部门建立《再就业优惠证》信息查询制度。

ⅱ 税务部门对《再就业优惠证》有疑问的,可提请同级劳动保障部门予以协查,同级劳动保障部门应根据具体情况规定合理的工作时限,在时限内将协查结果通报提请协查的税务机关。县级以上劳动保障部门和税务部门可就再就业税收政策执行中的其他相关问题建立通报、协查制度。

ⅲ 各级劳动保障部门要严格按照国家统一规定的范围和程序发放《再就业优惠证》。对已发放的《再就业优惠证》要及时汇总并注明领证人员的相关信息。劳动保障部门在审核、认定工作中,对已经被企业吸纳的下岗失业人员,应在其《再就业优惠证》上注明持证人已经就业的内容(印戳)。

ⅳ 税务部门在审批企业享受再就业税收优惠政策时,要严格审查《再就业优惠证》的使用情况,发现有疑问的,应按照规定,与劳动保障部门提供的《再就业优惠证》发放信息对照或提请劳动保障部门协查。对经审核,符合减免税条件的,主管税务部门要在各《再就业优惠证》上注明持证人已经享受了税收优惠政策的内容(印戳)。

ⅴ 经劳动保障等有关部门审核确认,确通过伪造、变造、买卖、借用等不正当手段取得《再就业优惠证》申请减免税的人员,主管税务机关不得批准其享受再就业优惠政策。对采取上述手段已经获取减免税的单位和个人,主管税务机关要追缴其已减免的税款,并依法予以处罚,涉嫌犯罪的移送司法机关追究其刑事责任。对出借、转让《再就业优惠证》的下岗失业人员,主管劳动保障部门要收回其《再就业优惠证》并记录在案。

ⅵ 税务和劳动保障部门要相互支持、紧密配合,切实做好信息交换和协查工作,确保各项再就业税收政策真正落到实处。

7.5.10.3　2011 年之后促进就业的税收优惠

从 2011 年起,原有下岗失业人员再就业税收优惠政策调整适用于所有符合条件的人员。具体内容详见本书第四章“促进就业再就业营业税优惠”部分。

7.5.11　金融企业及资本市场税收优惠

7.5.11.1　证券投资基金税收优惠②

(1)对证券投资基金从证券市场中取得的收入,包括买卖股票、债券的差价收入,股权的股息、红利收入,债券的利息收入及其他收入,暂不征收企业所得税。

(2)对投资者从证券投资基金分配中取得的收入,暂不征收企业所得税。

(3)对证券投资基金管理人运用基金买卖股票、债券的差价收入,暂不征收企业所得税。

7.5.11.2　社会保障基金税收优惠

从 2008 年 1 月 1 日起,对社保基金理事会、社保基金投资管理人管理的社保基金银行存款利息收入,社保基金从证券市场中取得的收入,包括买卖证券投资基金、股票、债券的差价收入,证券投资

---

① 《财政部 国家税务总局关于下岗失业人员再就业有关税收政策问题的通知》(财税[2005]186 号,2006 年 1 月 23 日);《国家税务总局、劳动和社会保障部关于加强〈再就业优惠证〉管理推进再就业税收政策落实的通知》(国税发[2005]46 号,2005 年 3 月 24 日)。
② 《财政部 国家税务总局关于企业所得税若干优惠政策的通知》(财税[2008]1 号,2008 年 2 月 22 日)。

基金红利收入,股票的股息、红利收入,债券的利息收入及产业投资基金收益、信托投资收益等其他投资收入,作为企业所得税不征税收入①。

在香港上市的境内居民企业派发股息时,可凭香港中央结算(代理人)有限公司确定的社保基金所持H股证明,不予代扣代缴企业所得税②。

在香港以外上市的境内居民企业向境外派发股息时,可凭有关证券结算公司确定的社保基金所持股证明,不予代扣代缴企业所得税③。

在境外上市的境内居民企业向其他经批准对股息不征企业所得税的机构派发股息时,可参照上述规定执行④。

对社保基金投资管理人、社保基金托管人从事社保基金管理活动取得的收入,依照税法的规定征收企业所得税⑤。

7.5.11.3 股权分置试点改革税收优惠⑥

对股权分置改革中非流通股股东通过对价方式向流通股股东支付的股份、现金等收入,暂免征收流通股股东应缴纳的企业所得税。

股权分置改革中,上市公司因股权分置改革而接受的非流通股股东作为对价注入资产和被非流通股股东豁免债务,上市公司应增加注册资本或资本公积,不征收企业所得税。

7.5.11.4 证券投资者保护基金税收优惠⑦

(1)从2006年1月1日起至2010年12月31日止,对中国证券投资者保护基金有限责任公司根据《证券投资者保护基金管理办法》(中国证监会、财政部和中国人民银行令2005年第27号)取得的证券交易所按其交易经手费20%和证券公司按其营业收入0.5%(从2007年1月1日起,这一比例调整为0.5%—5%)缴纳的证券投资者保护基金收入;申购冻结资金利息收入;向有关责任方追偿所得和破产清算所得以及获得的捐赠等,不计入其应征所得税收入。

对中国证券投资者保护基金有限责任公司取得的注册资本金收益、存款利息收入、购买中国人民银行债券和中央直属金融机构发行金融债券取得的利息收入,暂免征企业所得税。

(2)中国证券投资者保护基金有限责任公司在申报缴纳企业所得税时,应向所在地主管税务机关报告上述保护基金的计提、动用情况和净资产数额。

7.5.11.5 期货投资者保障基金税收优惠

自2008年1月1日起至2010年12月31日止,对期货投资者保障基金执行如下税收政策⑧:

(1)对中国期货保证金监控中心有限责任公司(简称期货保障基金公司)根据《期货投资者保

---

① 《财政部 国家税务总局关于全国社会保障基金有关企业所得税问题的通知》(财税[2008]136号,2008年11月21日)。

② 《国家税务总局关于中国居民企业向全国社会保障基金所持H股派发股息不予代扣代缴企业所得税的通知》(国税函[2009]173号,2009年4月1日)。

③ 《国家税务总局关于中国居民企业向全国社会保障基金所持H股派发股息不予代扣代缴企业所得税的通知》(国税函[2009]173号,2009年4月1日)。

④ 《国家税务总局关于中国居民企业向全国社会保障基金所持H股派发股息不予代扣代缴企业所得税的通知》(国税函[2009]173号,2009年4月1日)。

⑤ 《财政部 国家税务总局关于全国社会保障基金有关企业所得税问题的通知》(财税[2008]136号,2008年11月21日)。

⑥ 《财政部 国家税务总局关于企业所得税若干优惠政策的通知》(财税[2008]1号,2008年2月22日);《财政部 国家税务总局关于股权分置试点改革有关税收政策问题的通知》(财税[2005]103号,2005年6月13日)。《国家税务总局关于股权分置改革中上市公司取得资产及债务豁免对价收入征所得税问题的批复》(国税函[2009]375号,2009年7月13日)。根据财税[2008]1号文件规定,财税[2005]103号文件自2008年1月1日起继续执行到股权分置试点改革结束。

⑦ 《财政部 国家税务总局关于中国证券投资者保护基金有限责任公司有关税收问题的通知》(财税[2006]169号,2006年12月19日);《财政部 国家税务总局关于企业所得税若干优惠政策的通知》(财税[2008]1号,2008年2月22日);《财政部 国家税务总局关于中国证券投资者保护基金有限责任公司有关税收问题的补充通知》(财税[2008]78号,2008年7月14日);《财政部 国家税务总局关于证券行业准备金支出企业所得税前扣除有关问题的通知》(财税[2009]33号,2009年4月9日);《财政部 国家税务总局关于延长部分税收优惠政策执行期限的通知》(财税[2009]131号,2009年11月20日)。

⑧ 《财政部 国家税务总局关于期货投资者保障基金有关税收问题的通知》(财税[2009]68号,2009年8月31日)。

障基金管理暂行办法》(证监会令第 38 号,简称
《暂行办法》)取得的下列收入,不计入其应征企业
所得税收入①:

①期货交易所按风险准备金账户总额的 15%
和交易手续费的 3% 上缴的期货保障基金收入;

②期货公司按代理交易额的千万分之五至十
上缴的期货保障基金收入;

③依法向有关责任方追偿所得;

④期货公司破产清算所得;

⑤捐赠所得。

(2)对期货保障基金公司取得的银行存款利
息收入、购买国债、中央银行和中央级金融机构发
行债券的利息收入,以及证监会和财政部批准的其
他资金运用取得的收入,暂免征收企业所得税②。

7.5.11.6　保险保障基金税收优惠

自 2009 年 1 月 1 日起至 2011 年 12 月 31 日,
对中国保险保障基金有限责任公司根据《保险保
障基金管理办法》取得的下列收入,免征企业所
得税③:

Ⅰ　境内保险公司依法缴纳的保险保障基金;

Ⅱ　依法从撤销或破产保险公司清算财产中获
得的受偿收入和向有关责任方追偿所得,以及依法
从保险公司风险处置中获得的财产转让所得;

Ⅲ　捐赠所得;

Ⅳ　银行存款利息收入;

Ⅴ　购买政府债券、中央银行、中央企业和中央
级金融机构发行债券的利息收入;

Ⅵ　国务院批准的其他资金运用取得的收入。

7.5.11.7　涉农金融税收优惠

(1)金融机构农户小额贷款利息收入税收
优惠④

自 2009 年 1 月 1 日至 2013 年 12 月 31 日,对
金融机构农户小额贷款的利息收入在计算应纳税
所得额时,按 90% 计入收入总额。适用暂免或减
半征收企业所得税优惠政策至 2009 年底的农村信
用社执行原有减免税政策到期后,再执行本优惠
政策。

农户,是指长期(一年以上)居住在乡镇(不包
括城关镇)行政管理区域内的住户,还包括长期居
住在城关镇所辖行政村范围内的住户和户口不在
本地而在本地居住一年以上的住户,国有农场的职
工和农村个体工商户。位于乡镇(不包括城关镇)
行政管理区域内和在城关镇所辖行政村范围内的
国有经济的机关、团体、学校、企事业单位的集体
户;有本地户口,但举家外出谋生一年以上的住户,
无论是否保留承包耕地均不属于农户。农户以户
为统计单位,既可以从事农业生产经营,也可以从
事非农业生产经营。农户贷款的判定应以贷款发
放时的承贷主体是否属于农户为准。

小额贷款,是指单笔且该户贷款余额总额在 5
万元以下(含 5 万元)的贷款。

金融机构应对符合条件的农户小额贷款利息
收入进行单独核算,不能单独核算的不得适用优惠

① 《财政部　国家税务总局关于期货投资者保障基金有关税收问题的通知》(财税[2009]68 号,2009 年 8 月 31 日)。
② 《财政部　国家税务总局关于期货投资者保障基金有关税收问题的通知》(财税[2009]68 号,2009 年 8 月 31 日)。
③ 《财政部　国家税务总局关于保险保障基金有关税收问题的通知》(财税[2010]77 号,2010 年 9 月 6 日)。
④ 《财政部　国家税务总局关于农村金融有关税收政策的通知》(财税[2010]4 号,2010 年 5 月 13 日)。该文件自 2009 年 1 月 1 日起执行,自 2009 年 1 月 1 日至发文之日予以免征或者减征的营业税税款,在以后的应纳营业税税额中抵减或者予以退税。此前,《财政部　国家税务总局关于试点地区农村信用社税收政策的通知》(财税[2004]35 号,2004 年 1 月 2 日)、《财政部　国家税务总局关于进一步扩大试点地区农村信用社有关税收政策问题的通知》(财税[2004]177 号,2004 年 11 月 12 日)、《财政部　国家税务总局关于延长试点地区农村信用社有关税收政策期限的通知》(财税[2006]46 号,2006 年 5 月 14 日)、《财政部　国家税务总局关于海南省改革试点的农村信用社税收政策的通知》(财税[2007]18 号,2007 年 2 月 10 日)分别规定了到 2008 年或 2009 年底对中西部地区和海南实行改革试点的农村信用社免征企业所得税,对其他改革试点地区农村信用社减半征收企业所得税,免税收入专项用于核销挂账亏损或增加拨备,不得用于分红。新企业所得税法实施后,根据《财政部　国家税务总局关于企业所得税若干优惠政策的通知》(财税[2008]1 号,2008 年 2 月 22 日),上述农村信用社税收优惠执行到期满为止。根据《财政部关于公布废止和失效的财政规章和规范性文件目录(第十一批)的决定》(财政部令第 62 号,2011 年 2 月 21 日),上述财税[2004]35、财税[2004]177 号、财税[2006]46 号、财税[2007]18 号现均已到期被公布失效。

政策。

中和农信项目管理有限公司和中国扶贫基金会举办的农户自立服务社(中心)从事农户小额贷款取得的利息收入,也比照上述政策执行①。

(2)种植业和养殖业保费收入税收优惠②

自 2009 年 1 月 1 日至 2013 年 12 月 31 日,对保险公司为种植业、养殖业提供保险业务取得的保费收入,在计算应纳税所得额时,按 90% 比例减计收入。其中保费收入,是指原保险保费收入加上分保费收入减去分出保费后的余额。

7.5.11.8 融资性售后回租税收优惠③

融资性售后回租业务中,承租人出售资产的行为,不确认为销售收入,对融资性租赁的资产,仍按承租人出售前原账面价值作为计税基础计提折旧。租赁期间,承租人支付的属于融资利息的部分,作为企业财务费用在税前扣除。

融资性售后回租业务是指承租方以融资为目的将资产出售给经批准从事融资租赁业务的企业后,又将该项资产从该融资租赁企业租回的行为。

融资性售后回租业务中承租方出售资产时,资产所有权以及与资产所有权有关的全部报酬和风险并未完全转移。

7.5.12 重大国际体育赛事税收优惠

7.5.12.1 第 29 届奥运会税收优惠

(1)对 29 届奥运会组委会免征应缴纳的企业所得税④。

(2)对国际奥委会和奥运会参与者实行以下税收优惠政策⑤:

①对国际奥委会取得的来源于中国境内的、与第 29 届奥运会有关的收入免征相关税收。

②对中国奥委会取得按《联合市场开发协议》规定由组委会分期支付的补偿收入、按《举办城市合同》规定由组委会按比例支付的盈余分成收入免征相关税收。

③对企业、社会组织和团体捐赠、赞助第 29 届奥运会的资金、物资支出,在计算企业应纳税所得额时予以全额扣除⑥。

(3)对北京第 13 届残疾人奥运会(简称北京

---

① 《财政部 国家税务总局关于中国扶贫基金会小额信贷试点项目税收政策的通知》(财税[2010]35 号,2010 年 5 月 13 日)。

② 《财政部 国家税务总局关于农村金融有关税收政策的通知》(财税[2010]4 号,2010 年 5 月 13 日)。该文件自 2009 年 1 月 1 日起执行,自 2009 年 1 月 1 日至发文之日应予免征或者减征的营业税税款,在以后的应纳营业税税额中抵减或者予以退税。

③ 《国家税务总局关于融资性售后回租业务中承租方出售资产行为有关税收问题的公告》(国家税务总局公告 2010 年第 13 号,2010 年 9 月 8 日)。该公告自 2010 年 10 月 1 日起施行,此前因与该公告规定不一致而已征的税款予以退税。

④ 《财政部 国家税务总局关于企业所得税若干优惠政策的通知》(财税[2008]1 号,2008 年 2 月 22 日);《财政部 国家税务总局 海关总署关于第 29 届奥运会税收政策问题的通知》(财税[2003]10 号,2003 年 1 月 22 日)。根据《财政部关于公布废止和失效的财政规章和规范性文件目录(第十一批)的决定》(财政部令第 62 号,2011 年 2 月 21 日),财税[2003]10 已被公布失效。

⑤ 《财政部 国家税务总局关于企业所得税若干优惠政策的通知》(财税[2008]1 号,2008 年 2 月 22 日);《财政部 国家税务总局 海关总署关于第 29 届奥运会税收政策问题的通知》(财税[2003]10 号,2003 年 1 月 22 日)。财税[2003]10 号现已被公布失效。

⑥ 2008 年新企业所得税法实施后,《国家税务总局关于普华永道中天会计师事务所有限公司及其关联机构赞助第 29 届奥运会有关税收政策问题的通知》(国税函[2008]286 号,2008 年 3 月 30 日)就此做出了专门规定,对普华永道公司及其关联机构向北京奥组委提供的现金赞助支出以及按照市场价格确认的服务形式赞助支出,应先计入营业收入,同时可以当年实际发生数在计算企业应纳税所得额时予以全额扣除。2008 年新企业所得税法实施前,也有相关文件做出过专项规定,参见《财政部 国家税务总局关于中国国际航空公司对奥运会航空服务赞助有关税收问题的通知》(财税[2005]54 号,2005 年 4 月 4 日)、《国家税务总局关于中国网通(集团)有限公司赞助奥运会有关税收问题的通知》(国税发[2006]13 号,2006 年 1 月 24 日)、《国家税务总局关于中国移动通信集团公司和中国移动(香港)有限公司内地子公司对奥运会提供通信相关服务赞助有关税收问题的通知》(国税函[2006]671 号,2006 年 7 月 10 日)、《国家税务总局关于搜狐公司赞助第 29 届奥林匹克运动会有关税收问题的通知》(国税函[2006]771 号,2006 年 8 月 15 日)、《财政部 国家税务总局关于中国人民财产保险股份公司赞助北京第 29 届奥运会有关税收问题的通知》(财税[2006]36 号,2006 年 11 月 8 日)、《财政部 国家税务总局关于中国银行股份有限公司赞助第 29 届奥运会有关税收问题的通知》(财税[2006]163 号,2006 年 12 月 30 日)、《财政部 国家税务总局关于源讯(北京)公司和欧米茄(瑞士)公司对第 29 届奥运会服务赞助有关税收政策问题的通知》(财税[2007]38 号,2007 年 3 月 29 日)。

残奥会)实行以下税收优惠政策①：

①根据《举办城市合同》规定,北京奥运会组委会(简称北京奥组委)全面负责和组织举办北京残奥会,其取得的北京残奥会收入及其发生的涉税支出比照执行第 29 届奥运会的税收政策；

②对国际残疾人奥林匹克委员会(IPC)取得的来源于中国境内的、与北京残奥会有关的收入免征相关税收；

③对中国残疾人联合会根据《联合市场开发协议》取得的由北京奥组委分期支付的收入(包括现金、实物)免征相关税收。

(4)在中国境内兴办企业的港澳台同胞、海外侨胞,其举办的企业向北京市港澳台侨同胞共建北京奥运场馆委员会的捐赠,准予在计算企业应纳税所得额时全额扣除②。

上述奥运会税收政策在奥运会结束并且北京奥组委财务清算完结后停止执行③。

7.5.12.2 "好运北京"体育赛事税收优惠

"好运北京"赛事组委会全面负责和组织举办好运北京赛事,其取得的收入及发生的涉税支出比照执行北京奥组委的税收政策。企业、社会组织和团体捐赠、赞助第 13 届残奥会、"好运北京"体育赛事的资金和物资支出,比照执行第 29 届奥运会的税收优惠政策,在计算企业应缴纳所得额时全额扣除。对联想(北京)有限公司向国际奥委会提供的现金赞助予以所得税前全额扣除。在新的企业

所得税法及实施条例施行后,北京奥林匹克转播有限公司(BOB)的企业所得税的政策继续执行至期满为止。对上述税收优惠政策出台之前已征税款予以退还或允许抵扣以后税款④。

7.5.12.3 第 16 届亚运会、第 26 届大运会和第 24 届大冬会等体育赛事税收优惠

自 2008 年 1 月 1 日起,对企事业单位、社会团体和其他组织以及个人通过公益性社会团体或者县级以上人民政府及其部门捐赠 2010 年广州第 16 届亚洲运动会、2011 年深圳第 26 届世界大学生夏季运动会和 2009 年哈尔滨第 24 届世界大学生冬季运动会的资金、物资支出,在计算企业和个人应纳税所得额时按现行税收法律法规的有关规定予以税前扣除⑤。

7.5.13 上海世博会税收优惠

(1)对上海世博局取得的直接用于世博会的无偿捐赠收入、赞助收入、转让无形资产特许权收入以及世博会结束后出让资产等收入,免征上海世博局应缴纳的企业所得税⑥。

(2)对上海世博局委托上海世博(集团)公司、上海世博运营有限公司取得的世博会门票销售收入、场馆出租收入、在世博园区内销售世博会纪念品收入、再销售捐赠和赞助货物收入以及委托上海世博(集团)公司、上海世博运营有限公司出让归属于上海世博局的资产所取得的收入,免征上海世博(集团)公司、上海世博运营有限公司应缴纳的

---

① 《财政部 国家税务总局关于企业所得税若干优惠政策的通知》(财税[2008]1 号,2008 年 2 月 22 日);《财政部 国家税务总局关于第 29 届奥运会补充税收政策的通知》(财税[2006]128 号,2006 年 9 月 30 日)。根据《财政部关于公布废止和失效的财政规章和规范性文件目录(第十一批)的决定》(财政部令第 62 号,2011 年 2 月 21 日),财税[2006]128 已被公布失效。

② 《财政部 国家税务总局关于企业所得税若干优惠政策的通知》(财税[2008]1 号,2008 年 2 月 22 日);《财政部 国家税务总局关于第 29 届奥运会补充税收政策的通知》(财税[2006]128 号,2006 年 9 月 30 日)。财税[2006]128 号已被公布失效。

③ 《财政部 国家税务总局关于企业所得税若干优惠政策的通知》(财税[2008]1 号,2008 年 2 月 22 日)。

④ 《财政部 国家税务总局关于第 29 届奥运会、第 13 届残奥会和好运北京体育赛事有关税收政策问题的补充通知》(财税[2008]128 号,2008 年 9 月 28 日)。根据《财政部关于公布废止和失效的财政规章和规范性文件目录(第十一批)的决定》(财政部令第 62 号,2011 年 2 月 21 日),该文件已被公布失效。

⑤ 《财政部 海关总署 国家税务总局关于第 16 届亚洲运动会等三项国际综合运动会税收政策的通知》(财税[2009]94 号,2009 年 8 月 10 日)。

⑥ 《财政部 国家税务总局关于企业所得税若干优惠政策的通知》(财税[2008]1 号,2008 年 2 月 22 日);《财政部 国家税务总局关于 2010 年上海世博会有关税收政策问题的通知》(财税[2005]180 号,2005 年 12 月 31 日)。

企业所得税①。

上海世博(集团)公司享受税收优惠政策的收入应单独核算,不能单独核算或核算不全的,应按规定缴纳相关税收。上海世博(集团)公司、上海世博运营有限公司取得除上述免税收入以外的其他收入,按规定缴纳企业所得税②。

(3)对国际展览局和2010年上海世博会参与者实行以下税收优惠政策③:

①对国际展览局取得的本届世博会门票分成收入,免征国际展览局应缴纳的所得税。

②对企事业单位、社会团体、民办非企业单位或个人捐赠、赞助给上海世博局的资金、物资支出,在计算应纳税所得额时予以全额扣除④。

上海世博会税收政策在世博会结束并上海世博局财务清算完结后停止执行⑤。

7.5.14 若干行业(企业)改组改制税收优惠

7.5.14.1 债转股企业税收优惠⑥

(1)债转股企业应照章缴纳企业所得税。债转股新公司因停息而增加利润所计算的企业所得税,应按照现行企业所得税财政分享体制规定分别由中央与地方财政返还给债转股原企业,专项用于购买金融资产管理公司(简称"资产管理公司")持有的债转股新公司股权,并相应增加债转股原企业的国家资本金。资产管理公司对债转股企业股权回购事宜按财政部资产处理有关规定执行。

上述优惠政策执行期限暂为2004年1月1日

起至2008年12月31日止。

(2)相关涵义及范围

①债转股新公司,是指债转股企业按国家有关规定重新登记设立或变更登记设立的有限责任公司或股份有限公司。

②债转股原企业按以下规定确认:

Ⅰ 债转股企业在登记设立新公司后继续存在的,其存续企业为债转股原企业;

Ⅱ 债转股企业在登记设立新公司后注销的,其原出资人可视为债转股原企业。

Ⅲ 政府有关部门履行债转股企业出资人权利与义务的,政府有关部门所设立或指定的有关机构,可视为债转股原企业。

③因停息而增加的利润,是指实行债转股后债转股新公司由于减少利息支出扣除相应增加的利润。

利息支出数额根据国务院批准债转股方案中债转股企业与资产管理公司签订的协议明确的实际转股额乘以5%计算;以后年度利息支出数额根据协议实际转股额扣除历年已返还所得税款后的余额乘以5%计算。

④债转股新公司停息增加利润计算的企业所得税,是指其因停息而增加的利润额乘以适用税率。

实际退还企业所得税税额以债转股新公司停息增加利润所计算的所得税税额为限;债转股新公

---

① 《财政部 国家税务总局关于企业所得税若干优惠政策的通知》(财税〔2008〕1号,2008年2月22日);《财政部 国家税务总局关于2010年上海世博会有关税收政策问题的通知》(财税〔2005〕180号,2005年12月31日);《财政部 国家税务总局关于增补上海世博运营有限公司享受上海世博会有关税收优惠政策的批复》(财税〔2006〕155号,2006年11月13日)。

② 《财政部 国家税务总局关于企业所得税若干优惠政策的通知》(财税〔2008〕1号,2008年2月22日);《财政部 国家税务总局关于2010年上海世博会有关税收政策问题的通知》(财税〔2005〕180号,2005年12月31日);《财政部 国家税务总局关于增补上海世博运营有限公司享受上海世博会有关税收优惠政策的批复》(财税〔2006〕155号,2006年11月13日)。

③ 《财政部 国家税务总局关于企业所得税若干优惠政策的通知》(财税〔2008〕1号,2008年2月22日);《财政部 国家税务总局关于2010年上海世博会有关税收政策问题的通知》(财税〔2005〕180号,2005年12月31日)。

④ 《国家税务总局关于深圳市腾讯计算机系统有限公司赞助2010年上海世博会有关税收问题的通知》(国税函〔2008〕1065号,2008年12月25日)据此专门规定:对深圳市腾讯计算机系统有限公司向2010年上海世博会提供的现金赞助和现金等价物赞助支出,在计算企业应纳税所得额时予以全额扣除。

⑤ 《财政部 国家税务总局关于企业所得税若干优惠政策的通知》(财税〔2008〕1号,2008年2月22日)。

⑥ 《财政部 国家税务总局关于企业所得税若干优惠政策的通知》(财税〔2008〕1号,2008年2月22日)。《财政部 国家税务总局关于债转股企业有关税收政策的通知》(财税〔2005〕29号,2005年2月5日)。根据《财政部关于公布废止和失效的财政规章和规范性文件目录(第十一批)的决定》(财政部令第62号,2011年2月21日),财税〔2005〕29号被公布失效。

司当年实际上缴企业所得税少于其停息增加利润计算的所得税,则以债转股新公司实际上缴的企业所得税税额为限。

7.5.14.2　中央企业清产核资税收优惠①

2003 年至 2005 年中央企业清产核资涉及的资产盘盈(含负债潜盈)和资产损失(含负债潜失),其企业所得税按以下原则处理:企业清产核资中以独立纳税人为单位,全部资产盘盈与全部资产损失直接相冲抵,净盘盈可转增国家资本金,不计入应纳税所得额,同时允许相关资产按重新核定的入账价值计提折旧;资产净损失,可按规定先逐次冲减未分配利润、盈余公积、资本公积,冲减不足的,经批准可冲减实收资本(股本);对减资影响企业资信要求的企业,具体按照《中央企业纳税基本单位清产核资自列损益资产损失情况表》所列企业单位和金额,可分三年期限在企业所得税前均匀申报扣除。

主管税务机关按照上述要求对企业资产盘盈和资产损失的真实性、合理性和合法性进行核实和检查,及时办理企业清产核资资产盘盈和在损益中消化处理资产损失有关税收事宜,不符合规定的应做纳税调整并补缴税款。

上述政策自 2005 年 1 月 1 日起执行。

7.5.14.3　中央部门科研机构转制和后勤体制改革税收优惠

(1)转制科研机构②

对经国务院批准的原国家经贸委管理的 10 个国家局所属 242 个科研机构和建设部等 11 个部门(单位)所属 134 个科研机构中转为企业的科研机构和进入企业的科研机构,从转制注册之日起 5 年内免征科研开发自用土地、房产的城镇土地使用税、房产税和企业所得税政策执行到期后,再延长 2 年期限。

对上述转制科研院所享受的税收优惠期限,不论是从转制之日起计算,还是从转制注册之日起计算,均据实计算到期满为止。

转制科研机构要将上述免税收入主要用于研发条件建设和解决历史问题。

地方转制科研机构可参照执行上述优惠政策。参照执行的转制科研机构名单,由省级人民政府确定和公布。

(2)后勤体制改革

对在中央各部门机关后勤体制改革中,机关服务中心为机关内部提供的后勤保障服务所取得的收入,在 2006 年年底前免税,自 2007 年 1 月 1 日起,恢复征收企业所得税、营业税、城市维护建设税和教育费附加③。

2008 年 1 月 1 日起,中央各部门机关服务中心恢复征收企业所得税的规定被新企业所得税法第一条所废止④。

7.5.14.4　文化体制改革税收优惠

(1)经营性文化事业单位转制为企业税收政策

①2004 年 1 月 1 日至 2008 年 12 月 31 日,文化体制改革试点中经营性文化事业单位转制为企业享受如下税收政策⑤:

Ⅰ　经营性文化事业单位转制为企业后,免征

---

① 《财政部　国家税务总局关于企业所得税若干优惠政策的通知》(财税[2008]1 号,2008 年 2 月 22 日)。《财政部　国家税务总局关于中央企业清产核资有关税务处理问题的通知》(财税[2006]18 号,2006 年 2 月 21 日)。

② 《财政部　国家税务总局关于企业所得税若干优惠政策的通知》(财税[2008]1 号,2008 年 2 月 22 日)。《财政部　国家税务总局关于关于延长转制科研机构有关税收政策执行期限的通知》(财税[2005]14 号,2005 年 3 月 8 日)。

③ 《国家税务总局关于中央和国务院各部门机关服务中心恢复征税的通知》(国税发[2007]94 号,2007 年 8 月 1 日)。

④ 《国家税务总局关于公布全文失效废止　部分条款失效废止的税收规范性文件目录的公告》(国家税务总局公告 2011 年第 2 号,2011 年 1 月 4 日)。

⑤ 《财政部　国家税务总局关于企业所得税若干优惠政策的通知》(财税[2008]1 号,2008 年 2 月 22 日)。《财政部　海关总署国家税务总局关于文化体制改革中经营性文化事业单位转制为企业的若干税收政策问题的通知》(财税[2005]1 号,2005 年 3 月 29 日)。根据《财政部关于公布废止和失效的财政规章和规范性文件目录(第十一批)的决定》(财政部令第 62 号,2011 年 2 月 21 日),财税[2005]1 号被公布失效。

企业所得税。

对享受宣传文化发展专项资金优惠政策的转制单位和企业,2005年度照章征收企业所得税,从2006年度起免征企业所得税,上述单位和企业名单由当地财政部门向税务机关提供。

上述单位和企业,从2006年度起不再享受与所得税有关的宣传文化发展专项资金优惠政策。

Ⅱ 对在境外提供文化劳务取得的境外收入免征企业所得税。

Ⅲ 适用范围

经营性文化事业单位是指从事新闻出版、广播影视和文化艺术的事业单位;转制包括文化事业单位整体转为企业和文化事业单位中经营部分剥离转为企业。

上述政策适用于文化体制改革试点地区的所有转制文化单位和不在试点地区的转制试点单位。

试点地区包括北京市、上海市、重庆市、广东省、浙江省、深圳市、沈阳市、西安市、丽江市。

不在试点地区的试点单位名单由中央文化体制改革试点工作领导小组办公室提供,财政部、国家税务总局分批发布。

②2009年1月1日至2013年12月31日,经营性文化事业单位转制为企业享受如下税收政策①:

Ⅰ 经营性文化事业单位转制为企业,自转制注册之日起免征企业所得税。

Ⅱ 对经营性文化事业单位转制中资产评估增值涉及的企业所得税,给予适当的优惠政策,具体优惠政策出财政部、国家税务总局根据转制方案确定。

经营性文化事业单位是指从事新闻出版、广播影视和文化艺术的事业单位;转制包括文化事业单位整体转为企业和文化事业单位中经营部分剥离转为企业。

上述政策适用于文化体制改革地区的所有转制文化单位和不在文化体制改革地区的转制企业。有关名单由中央文化体制改革工作领导小组办公室提供,财政部、国家税务总局发布②。

(2)文化体制改革试点中支持文化发展的税收政策

2004年1月1日至2008年12月31日,在文化体制改革试点中实行支持文化发展的税收政策③:

①对政府鼓励的新办文化企业,自工商注册登记之日起,免征3年企业所得税。

新办文化企业,是指2004年1月1日以后登记注册,从无到有设立的文化企业。原有文化企业分立、改组、转产、合并、更名等形成的文化企业,都不能视为新办文化企业。

②试点文化集团的核心企业对其成员企业100%投资控股的,经国家税务总局批准后可合并缴纳企业所得税。

③对在境外提供文化劳务取得的境外收免征企业所得税。

④对从事数字广播影视、数据库、电子出版物等研发、生产、传播的文化企业,凡符合国家现行高新技术企业税收优惠政策规定的,可统一享受相应的税收优惠政策。

⑤适用范围

文化产业是指新闻出版业、广播影视业和文化艺术业,文化单位是指从事新闻出版、广播影视和文化艺术的企事业单位。

上述政策适用于文化体制改革试点地区的所有文化单位和不在试点地区的试点单位。

---

① 《财政部 国家税务总局关于文化体制改革中经营性文化事业单位转制为企业的若干税收优惠政策问题的通知》(财税[2009]34号,2009年3月26日)。

② 现已发布的中央所属转制文化企业名单详见《财政部 国家税务总局关于公布学习出版社等中央所属转制文化企业名单的通知》(财税[2010]29号,2010年4月23日)或本书增值税部分相关内容。

③ 《财政部 国家税务总局关于企业所得税若干优惠政策的通知》(财税[2008]1号,2008年2月22日)。《财政部 海关总署 国家税务总局关于文化体制改革试点中支持文化产业发展若干税收政策问题的通知》(财税[2005]2号,2005年3月29日)。

试点地区包括北京市、上海市、重庆市、广东省、浙江省、深圳市、沈阳市、西安市、丽江市。

不在试点地区的试点单位名单由中央文化体制改革试点工作领导小组办公室提供,财政部、国家税务总局分批发布。

(3)支持文化企业发展的税收政策

2009年1月1日至2013年12月31日前,文化企业享受下述税收政策①:

①在文化产业支撑技术等领域内,依据《关于印发〈高新技术企业认定管理办法〉的通知》(国科发火[2008]172号)和《关于印发〈高新技术企业认定管理工作指引〉的通知》(国科发火[2008]362号)的规定认定的高新技术企业,减按15%的税率征收企业所得税;文化企业开发新技术、新产品、新工艺发生的研究开发费用,允许按国家税法规定在计算应纳税所得额时加计扣除。文化产业支撑技术等领域的具体范围由科技部、财政部、国家税务总局和中宣部另行发文明确。

②出版、发行企业库存呆滞出版物,纸质图书超过五年(包括出版当年,下同)、音像制品、电子出版物和投影片(含缩微制品)超过两年、纸质期刊和挂历年画等超过一年的,可以作为财产损失在税前据实扣除。已作为财产损失税前扣除的呆滞出版物,以后年度处置的,其处置收入应纳入处置当年的应税收入。

③对2008年12月31日前新办文化企业,其企业所得税优惠政策可以按照财税[2005]2号文件规定执行到期。即:

对2008年12月31日前新办的政府鼓励的文化企业,自工商注册登记之日起,免征3年企业所得税,享受优惠的期限截止至2010年12月31日②。

上述政策适用于所有文化企业。文化企业是指从事新闻出版、广播影视和文化艺术的企业。文化企业具体范围见附件十八。

(4)转制文化企业名单及认定

①2008年12月31日之前已经审核批准执行《财政部 海关总署 国家税务总局关于文化体制改革中经营性文化事业单位转制后企业的若干税收政策问题的通知》(财税[2005]1号)的转制文化企业,2009年1月1日至2013年12月31日期间,相关税收政策按照财税[2009]34号文件的规定执行。所称转制文化企业包括③:

Ⅰ 根据《财政部 海关总署 国家税务总局关于发布第一批不在文化体制改革试点地区的文化体制改革试点单位名单的通知》(财税[2005]163号)、《财政部 海关总署 国家税务总局关于公布第二批不在试点地区的文化体制改革试点单位名单和新增试点地区名单的通知》(财税[2007]36号)和《财政部 海关总署 国家税务总局关于发布第三批不在试点地区的文化体制改革试点单位名单的通知》(财税[2008]25号),由财政部、海关总署、国家税务总局分批发布的不在试点地区的试点单位④。

Ⅱ 由北京市、上海市、重庆市、浙江省、广东省及深圳市、沈阳市、西安市、丽江市审核发布的试点单位,包括由中央文化体制改革工作领导小组办公室提供名单,由北京市发布的中央在京转制试点单位。

Ⅲ 财税[2007]36号文件规定的新增试点地区审核发布的试点单位。

上述转制文化企业名称发生变更的,如果主营业务未发生变化,持原认定的文化体制改革工作领

---

① 《财政部 海关总署 国家税务总局关于支持文化企业发展若干税收政策问题的通知》(财税[2009]31号,2009年3月27日)。

② 《国家税务总局关于新办文化企业企业所得税有关政策问题的通知》(国税函[2010]86号,2010年3月2日)。

③ 《财政部 国家税务总局 中共中央宣传部关于转制文化企业名单及认定问题的通知》(财税[2009]105号,2009年8月12日)。

④ 根据《财政部关于公布废止和失效的财政规章和规范性文件目录(第十一批)的决定》(财政部令第62号,2011年2月21日),财税[2005]163号被公布失效。

导小组办公室出具的同意更名函,到主管税务机关履行更名手续;如果主营业务发生变化,依照下述规定的条件重新认定。

②从 2009 年 1 月 1 日起,需认定享受财税[2009]34 号文件规定的相关税收优惠政策的转制文化企业应同时符合以下条件①:

Ⅰ 根据相关部门的批复进行转制。中央各部门各单位出版社转制方案,由中央各部门各单位出版社体制改革工作领导小组办公室批复;中央部委所属的高校出版社和非时政类报刊社的转制方案,由新闻出版总署批复;文化部、广电总局、新闻出版总署所属文化事业单位的转制方案,由上述三个部门批复;地方所属文化事业单位的转制方案,按照登记管理权限由各级文化体制改革工作领导小组办公室批复;

Ⅱ 转制文化企业已进行企业工商注册登记;

Ⅲ 整体转制前已进行事业单位法人登记的,转制后已核销事业编制、注销事业单位法人;

Ⅳ 已同在职职工全部签订劳动合同,按企业办法参加社会保险;

Ⅴ 文化企业具体范围符合《财政部 海关总署 国家税务总局关于支持文化企业发展若干税收政策问题的通知》(财税[2009]31 号)附件规定;

Ⅵ 转制文化企业引入非公有资本和境外资本的,须符合国家法律法规和政策规定;变更资本结构的,需经行业主管部门和国有文化资产监管部门批准。

中央所属转制文化企业的认定,由中宣部会同财政部、国家税务总局确定并发布名单;地方所属转制文化企业的认定,按照登记管理权限,由各级宣传部门会同同级财政厅(局)、国家税务局和地方税务局确定和发布名单,并逐级备案②。

③经认定的转制文化企业,可向主管税务机关申请办理减免税手续,并向主管税务机关备案以下材料③:

Ⅰ 转制方案批复函;

Ⅱ 企业工商营业执照;

Ⅲ 整体转制前已进行事业单位法人登记的,需提供同级机构编制管理机关核销事业编制、注销事业单位法人的证明;

Ⅳ 同在职职工签订劳动合同、按企业办法参加社会保险制度的证明;

Ⅴ 引入非公有资本和境外资本、变更资本结构的,需出具相关部门的批准函。

④未经认定的转制文化企业或转制文化企业不符合上述规定的,不得享受相关税收优惠政策。已享受优惠的,主管税务机关应追缴其已减免的税款④。

⑤上述规定适用于经营性文化事业单位整体转制和剥离转制两种类型⑤。

Ⅰ 整体转制包括:(图书、音像、电子)出版社、非时政类报刊社、新华书店、艺术院团、电影制片厂、电影(发行放映)公司、影剧院等整体转制为企业。

Ⅱ 剥离转制包括:新闻媒体中的广告、印刷、发行、传输网络部分,以及影视剧等节目制作与销售机构,从事业体制中剥离出来转制为企业。

7.5.14.5 部分企业重组改制税收优惠

---

① 《财政部 国家税务总局 中共中央宣传部关于转制文化企业名单及认定问题的通知》(财税[2009]105 号,2009 年 8 月 12 日)。

② 《财政部 国家税务总局 中共中央宣传部关于转制文化企业名单及认定问题的通知》(财税[2009]105 号,2009 年 8 月 12 日)。

③ 《财政部 国家税务总局 中共中央宣传部关于转制文化企业名单及认定问题的通知》(财税[2009]105 号,2009 年 8 月 12 日)。

④ 《财政部 国家税务总局 中共中央宣传部关于转制文化企业名单及认定问题的通知》(财税[2009]105 号,2009 年 8 月 12 日)。

⑤ 《财政部 国家税务总局 中共中央宣传部关于转制文化企业名单及认定问题的通知》(财税[2009]105 号,2009 年 8 月 12 日)。

（1）中国南方机车车辆工业集团公司重组改制上市税收政策

中国南方机车车辆工业集团公司在重组改制上市过程中发生的资产评估增值，直接转计中国南方机车车辆工业集团公司的资本公积，作为国有资本，不征收企业所得税。对上述经过评估的资产，中国南车股份有限公司及其所属企业可以按评估后的资产价值计提折旧或摊销，并在企业所得税税前扣除①。

（2）中国铁道建筑总公司重组改制上市税收政策

中国铁道建筑总公司在重组改制上市过程中发生的资产评估增值应缴纳的企业所得税不征收入库，直接转计中国铁道建筑总公司资本公职，作为国有资本。对上述经过评估的资产，中国铁建股份有限公司及其所属子公司可按评估后的资产价值计提折旧或摊销，并在企业所得税税前扣除②。

（3）中国铁路工程总公司重组改制上市税收政策

中国铁路工程总公司在重组改制上市过程中发生的资产评估增值，直接转计中国铁路工程总公司的资本公积，作为国资本，不征收企业所得税。对上述经过评估的资产，中国中铁股份有限公司及其全资和控股的子公司可按评估后的资产价值计提折旧或摊销，并在企业所得税税前扣除。请遵照执行③。

（4）中国国旅集团有限公司整体改制上市税收政策

中国国旅集团有限公司在整体改制上市过程中发生的资产评估增值，直接转计中国国旅集团有限公司的资本公积，作为国有资本，不征收企业所得税。对上述经过评估的资产，中国国旅股份有限公司及其所属子公司可按评估后的资产价值计提折旧或摊销，并在企业所得税税前扣除④。

（5）中国中钢集团公司重组改制上市税收政策

中国中钢集团公司在重组改制上市过程中发生的资产评估增值，直接转计中国中钢集团公司的资本公积，作为国有资本，不征收企业所得税。对上述经过评估的资产，中国中钢股份有限公司及属改制后的全资和控股子公司可以按评估后的资产价值计旧或摊销，并在企业所得税税前扣除⑤。

（6）中国邮政集团公司重组改制税收政策

中国邮政集团公司在重组改制过程中发生的资产评估净增值应缴纳的企业所得税不征收入库，直接转计中国邮政集团公司的资本公积，作为国有资本。对上述经过评估的资产，中国邮政储蓄银行有限责任公司及其所属分支结构可按评估后的资产价值计提折旧或摊销，并在企业所得税税前扣除⑥。

（7）中国对外贸易运输（集团）总公司资产评估增值有关税收政策

对中外运集团实施集团资源整合中第一批改制企业资产评估增值，在资产转让发生时，按照规定在集团总部所在地缴纳企业所得税。中国对外股份有限公司及其子公司收购中外运集团第一批

---

①　《财政部 国家税务总局关于中国南方机车车辆工业集团公司重组上市资产评估增值有关企业所得税政策问题的通知》（财税〔2008〕68 号，2008 年 9 月 10 日）。

②　《财政部 国家税务总局关于中国铁道建筑总公司重组改制过程中资产评估增值有关企业所得税政策问题的通知》（财税〔2008〕124 号，2008 年 9 月 19 日）。

③　《财政部 国家税务总局关于中国建筑工程总公司重组上市资产评估增值有关企业所得税政策问题的通知》（财税〔2008〕71 号，2008 年 9 月 10 日）。

④　《财政部 国家税务总局关于中国国旅集团有限公司重组上市资产评估增值有关企业所得税政策问题的通知》（财税〔2008〕82 号，2008 年 8 月 7 日）。

⑤　《财政部 国家税务总局关于中国中钢集团公司重组上市资产评估增值有关企业所得税政策问题的通知》（财税〔2008〕69 号，2008 年 9 月 10 日）。

⑥　《财政部 国家税务总局关于中国邮政集团公司重组改制过程中资产评估增值有关企业所得税政策问题的通知》（财税〔2009〕24 号，2009 年 3 月 23 日）。

改制企业的资产,可按评估后的价值计提折旧或摊销,并在企业所得税前扣除①。

(8)中国中材集团公司重组改制过程中资产评估增值有关税收政策

中国中材集团公司在重组改制上市过程中发生的资产评估增值,直接转计中国中材集团公司的资本公积,作为国有资本,不征收企业所得税。允许中国中材股份有限公司按评估后的资产价值计提折旧或摊销,并在企业所得税税前扣除②。

(9)铁路企业分离办社会职能税收政策

铁路企业在 2007 年 1 月 1 日至 2009 年 12 月 31 日期间,按照铁路企业与各地人民政府或有关部门签署协议,分离所属中小学、幼儿园、职业学校、医院职能发生的实际支出,允许在计算缴纳企业所得税时扣除。铁路企业在 2004 年 1 月 1 日至 2006 年 12 月 31 日期间,按照铁路企业与各地人民政府或有关部门签署协议,分离所属中小学、幼儿园、职业学校、医院职能发生的实际支出,超出《财政部 国家税务总局关于铁路企业分离办社会职能工作中有关费用支出税前扣除问题的通知》(财税〔2005〕60 号)规定标准,但低于铁路企业与各地人民政府或有关部门签署协议金额的部分,允许在计算缴纳企业所得税时扣除;上述费用支出部分进行纳税调增的,允许在计算缴纳企业所得税时予以调减。各地主管税务机关应核实铁路企业分离办社会职能工作中有关费用的支出,对不符合文件规定的支出,不得在税前扣除③。

(10)中国农业银行重组改制税收政策

中国农业银行对股改前没有提足的应付利息,可按照权责发生制的原则予以补提并准予在 2008 年度企业所得税前扣除④。

中国农业银行股改前须经主管税务机关审批但未审批就已在税前扣除的资产损失项目,应重新履行审批手续,经主管税务机关审核确认后,对符合损失确认条件的,可以按规定在损失发生年度企业所得税前扣除;对已在税前扣除但不符合损失确认条件的,统一调增 2008 年度的应纳税所得额⑤。

中国农业银行股改前少计的收益,在 2008 年度统一补缴企业所得税⑥。

(11)中国冶金科工集团公司改制上市资产评估有关企业所得税政策⑦

中国冶金科工集团公司在重组改制上市过程中发生的资产评估增值应缴纳的企业所得税不征收入库,直接转计中国冶金科工集团公司的国有资本金。

对上述经过评估的资产,中国冶金科工股份有限公司及其所属子公司可按评估后的资产价值计提折旧或摊销,并在企业所得税税前扣除。

(12)中国中化集团有限公司重组上市资产评估增值有关企业所得税政策⑧

中国中化集团有限公司在重组改制上市过程中发生的资产评估增值应缴纳的企业所得税不征收入库,直接转计中国中化集团有限公司的国有资

① 《财政部 国家税务总局关于中国对外贸易运输(集团)总公司资产评估增值有关企业所得税问题的通知》(财税〔2009〕56号,2009 年 4 月 7 日)。
② 《财政部 国家税务总局关于中国中材集团公司重组改制过程中资产评估增值有关企业所得税政策问题的通知》(财税〔2008〕42 号,2008 年 7 月 18 日)。
③ 《财政部 国家税务总局关于铁路企业分离办社会职能工作中有关费用支出税前扣除问题的通知》(财税〔2008〕122 号,2008 年 9 月 19 日)。根据《财政部关于公布废止和失效的财政规章和规范性文件目录(第十一批)的决定》(财政部令第 62 号,2011 年 2 月 21 日),该文件已被公布废止。
④ 《国家税务总局关于中国农业银行重组改制企业所得税有关问题的通知》(国税函〔2009〕374 号,2009 年 7 月 13 日)。
⑤ 《国家税务总局关于中国农业银行重组改制企业所得税有关问题的通知》(国税函〔2009〕374 号,2009 年 7 月 13 日)。
⑥ 《国家税务总局关于中国农业银行重组改制企业所得税有关问题的通知》(国税函〔2009〕374 号,2009 年 7 月 13 日)。
⑦ 《财政部 国家税务总局关于中国冶金科工集团公司重组改制上市资产评估增值有关企业所得税政策问题的通知》(财税〔2009〕47 号,2009 年 4 月 20 日)。
⑧ 《财政部 国家税务总局关于中国中化集团有限公司重组上市资产评估增值有关企业所得税政策问题的通知》(财税〔2010〕49 号,2010 年 6 月 30 日)。

本金。对上述经过评估的资产,中国中化集团有限公司及其所属子公司可按评估后的资产价值计提折旧或摊销,并在企业所得税税前扣除。

7.5.15　监狱劳教企业税收优惠①

(1)在2008年年底以前,对监狱、劳教企业继续实行免征企业所得税的政策。享受企业所税优惠政策的监狱、劳教企业是指:为罪犯、劳教人员提供生产项目和劳动对象,且全部产权属于监狱、劳教系统的生产单位,即全部产权属于司法部监狱管理局、劳教局,各省(自治区、直辖市)监狱管理局、劳教局,各地(设区的市)监狱、劳教所的生产单位。

(2)为了配合"监企分离"改革工作,对从监狱、劳教系统,生产单位分离出来的由工人组成的新的生产单位,凡全部产权属于监狱、劳教系统的,在2008年年底以前继续实行免征企业所得税的政策。对履行管理职能的省(自治区、直辖市)监狱管理局企业集团公司所集中的劳动补偿费、增值税退税款等收入免征企业所得税。

(3)免征的企业所得税专项用于企业对资源的补偿、环境的修复、科技创新和安全生产。

(4)对监狱、劳教系统为安置本系统家属、子女兴办的其他企业,监狱、劳教系统所属企业与外系统合资兴办的联营企业,以及挂靠监狱、劳教系统但没有产权关系的其他企业,不得享受上述企业所得税优惠政策。

(5)新疆生产建设兵团监狱局所属监狱企业比照上述规定执行。

7.5.16　商品储备税收优惠

7.5.16.1　国家储备商品税收优惠

自2006年1月1日起至2008年12月31日,执行下列税收政策②:

(1)对中国储备粮管理总公司及其直属粮库取得的财政补贴收入免征企业所得税。

(2)对中国储备棉管理总公司及其直属棉库取得的财政补贴收入免征企业所得税。

(3)对华商储备商品管理中心取得的财政补贴收入免征企业所得税。

(4)对中国糖业酒类集团公司、华商中心直属的国家储备糖库和中国食品集团公司直属的国家储备肉库取得的财政补贴收入免征企业所得税。

7.5.16.2　地方商品储备税收优惠

地方商品储备从2008年8月15日到2008年12月31日,实施以下政策③:

(1)对承担地方粮、油、棉、糖、肉等商品储备任务的地方商品储备管理公司及其直属库取得的财政补贴收入免征企业所得税。

(2)地方商品储备管理公司及其直属库,是指承担由省级人民政府批准、财政拨付储备经费的粮、油、棉、糖、肉等5种储备商品的地方商品储备企业。

7.5.17　海峡两岸直航税收优惠

(1)自2008年12月15日起,对台湾航运公司从事海峡两岸海上直航业务取得的来源于大陆的所得,免征企业所得税。

享受企业所得税免税政策的台湾航运公司应当按照企业所得税法实施条例的有关规定,单独核算其从事上述业务在大陆取得的收入和发生的成本、费用;未单独核算的,不得享受免征企业所得税政策。

台湾航运公司,是指取得交通运输部颁发的"台湾海峡两岸间水路运输许可证"且上述许可证上注明的公司登记地址在台湾的航运公司④。

---

①　《财政部　国家税务总局关于企业所得税若干优惠政策的通知》(财税[2008]1号,2008年2月22日);《财政部　国家税务总局关于继续执行监狱劳教企业有关税收政策的通知》(财税[2006]123号,2006年12月15日)。

②　《财政部　国家税务总局关于企业所得税若干优惠政策的通知》(财税[2008]1号,2008年2月22日)。《财政部　国家税务总局关于部分国家储备商品有关税收政策的通知》(财税[2006]105号,2006年9月7日)。根据《财政部　国家税务总局关于部分国家储备商品有关税收政策的通知》(财税[2009]151号,2009年12月22日),财税[2006]105号自2009年1月1日起废止。

③　《财政部　国家税务总局关于地方商品储备有关税收问题的通知》(财税[2008]719号,2008年8月15日)。

④　《财政部　国家税务总局关于海峡两岸海上直航营业税和企业所得税政策的通知》(财税[2009]4号,2009年1月19日)。

（2）自 2009 年 6 月 25 日起,对台湾航空公司从事海峡两岸空中直航业务取得的来源于大陆的所得,免征企业所得税。

享受企业所得税免税政策的台湾航空公司应当按照企业所得税法实施条例的有关规定,单独核算其从事上述业务在大陆取得的收入和发生的成本、费用;未单独核算的,不得享受免征企业所得税政策。

所称台湾航空公司,是指取得中国民用航空局颁发的"经营许可"或依据《海峡两岸空运协议》和《海峡两岸空运补充协议》规定,批准经营两岸旅客、货物和邮件不定期(包机)运输业务,且公司登记地址在台湾的航空公司①。

7.5.18 区域税收优惠

7.5.18.1 民族自治地区减免税

民族自治地方的自治机关对本民族自治地方的企业应缴纳的企业所得税中属于地方分享的部分,可以决定减征或者免征。自治州、自治县决定减征或者免征的,须报省、自治区、直辖市人民政府批准②。

民族自治地方,是指依照《中华人民共和国民族区域自治法》的规定,实行民族区域自治的自治区、自治州、自治县③。

对民族自治地方内国家限制和禁止行业的企业,不得减征或者免征企业所得税④。

7.5.18.2 经济特区和上海浦东新区过渡性税收优惠

法律设置的发展对外经济合作和技术交流的特定地区内,以及国务院已规定执行上述地区特殊政策的地区内新设立的国家需要重点扶持的高新技术企业,可以享受过渡性税收优惠⑤。

法律设置的发展对外经济合作和技术交流的特定地区,是指深圳、珠海、汕头、厦门和海南经济特区;国务院已规定执行上述地区特殊政策的地区,是指上海浦东新区⑥。

对经济特区和上海浦东新区内在 2008 年 1 月 1 日(含)之后完成登记注册的国家需要重点扶持的高新技术企业(简称新设高新技术企业),在经济特区和上海浦东新区内取得的所得,自取得第一笔生产经营收入所属纳税年度起,第一年至第二年免征企业所得税,第三年至第五年按照 25% 的法定税率减半征收企业所得税⑦。

国家需要重点扶持的高新技术企业,是指拥有核心自主知识产权,同时符合企业所得税法实施条例第九十三条规定的条件,并按照《高新技术企业认定管理办法》认定的高新技术企业⑧。

经济特区和上海浦东新区内新设高新技术企业同时在经济特区和上海浦东新区以外的地区从事生产经营的,应当单独计算其在经济特区和上海浦东新区内取得的所得,并合理分摊企业的期间费

---

① 《财政部 国家税务总局关于海峡两岸空中直航营业税和企业所得税政策的通知》(财税[2010]63 号,2010 年 9 月 6 日)。对台湾航空公司在 2009 年 6 月 25 日起至文到之日已缴纳应予免征的企业所得税,在 2010 年内予以退还。

② 《中华人民共和国企业所得税法》(2007 年 3 月 16 日第十届全国人民代表大会第五次会议通过,中华人民共和国主席令第六十三号公布)第二十九条。

③ 《中华人民共和国企业所得税法实施条例》(中华人民共和国国务院令第 512 号,2007 年 12 月 6 日)第九十四条。

④ 《中华人民共和国企业所得税法实施条例》(中华人民共和国国务院令第 512 号,2007 年 12 月 6 日)第九十四条。

⑤ 《中华人民共和国企业所得税法》(2007 年 3 月 16 日第十届全国人民代表大会第五次会议通过,中华人民共和国主席令第六十三号公布)第五十七条。

⑥ 《国务院关于经济特区和上海浦东新区新设立高新技术企业实行过渡性税收优惠的通知》(国发[2007]40 号,2007 年 12 月 29 日)。

⑦ 《国务院关于经济特区和上海浦东新区新设立高新技术企业实行过渡性税收优惠的通知》(国发[2007]40 号,2007 年 12 月 29 日)。

⑧ 《国务院关于经济特区和上海浦东新区新设立高新技术企业实行过渡性税收优惠的通知》(国发[2007]40 号,2007 年 12 月 29 日)。

用;没有单独计算的,不得享受企业所得税优惠①。

经济特区和上海浦东新区内新设高新技术企业在按照规定享受过渡性税收优惠期间,由于复审或抽查不合格而不再具有高新技术企业资格的,从其不再具有高新技术企业资格年度起,停止享受过渡性税收优惠;以后再次被认定为高新技术企业的,不得继续享受或者重新享受过渡性税收优惠②。

7.5.18.3　西部大开发税收优惠

财政部、税务总局和海关总署联合下发的《财政部、国家税务总局、海关总署关于西部大开发税收优惠政策问题的通知》(财税[2001]202号)中规定的西部大开发企业所得税优惠政策继续执行③。

西部大开发企业所得税优惠政策的适用范围包括重庆市、四川省、贵州省、云南省、西藏自治区、陕西省、甘肃省、宁夏回族自治区、青海省、新疆维吾尔自治区、新疆生产建设兵团、内蒙古自治区和广西壮族自治区(上述地区以下统称“西部地区”)。湖南省湘西土家族苗族自治州、湖北省恩施土家族苗族自治州、吉林省延边朝鲜族自治州,可以比照西部地区的税收优惠政策执行④。

(1)对设在西部地区国家鼓励类产业的内资企业和外商投资企业,在2001年至2010年期间,减按15%的税率征收企业所得税⑤。

①内资企业

享受西部大开发税收优惠政策的国家鼓励类产业内资企业是指以《产业结构调整指导目录(2005年本)》中鼓励类产业项目为主营业务且主营业务收入占企业总收入70%以上的企业⑥。

新企业所得税法实施后,享受西部大开发企业所得税优惠政策的国家鼓励类产业内资企业适用目录及衔接问题,继续按照《财政部 国家税务总局关于西部大开发税收优惠政策适用目录变更问题的通知》(财税[2006]165号)的规定执行⑦。

②外商投资企业

国家鼓励类的外商投资企业是指以《外商投资产业指导目录》中规定的鼓励类项目和由国家经济贸易委员会、国家发展计划委员会和对外经济贸易合作部联合发布的《中西部地区外商投资优势产业目录》(第18号令)中规定的产业项目为主营业务,其主营业务收入占企业总收入70%以上的企业⑧。

新企业所得税法实施后,享受西部大开发企业所得税优惠政策的国家鼓励类产业外商投资企业适用目录及衔接问题,按以下原则执行:

Ⅰ 自2008年1月1日起,财税[2001]202号文件中《外商投资产业指导目录》按国家发展和改革委员会公布的《外商投资产业指导目录(2007年修订)》执行。自2009年1月1日起,财税[2001]202号文件中《中西部地区外商投资优势产业目录》(第18号令)按国家发展和改革委员会与商务部发布的《中西部地区优势产业目录(2008年修订)》执行⑨。

Ⅱ 在相关目录变更前,已按财税[2001]202号文件规定的目录标准审核享受企业所得税优惠

---

①　《国务院关于经济特区和上海浦东新区新设立高新技术企业实行过渡性税收优惠的通知》(国发[2007]40号,2007年12月29日)。

②　《国务院关于经济特区和上海浦东新区新设立高新技术企业实行过渡性税收优惠的通知》(国发[2007]40号,2007年12月29日)。

③　《国务院关于实施企业所得税过渡优惠政策的通知》(国发[2007]39号,2007年12月29日)。

④　《财政部、国家税务总局、海关总署关于西部大开发税收优惠政策问题的通知》(财税[2001]202号,2001年12月30日)。

⑤　《财政部、国家税务总局、海关总署关于西部大开发税收优惠政策问题的通知》(财税[2001]202号,2001年12月30日)。

⑥　《国家税务总局关于进一步明确西部大开发税收优惠政策适用目录变更问题的通知》(国税函[2006]1231号,2006年12月20日)。

⑦　《国家税务总局关于西部大开发企业所得税优惠政策适用目录问题的批复》(国税函[2009]399号,2009年7月27日)。

⑧　《财政部、国家税务总局、海关总署关于西部大开发税收优惠政策问题的通知》(财税[2001]202号,2001年12月30日)。

⑨　《国家税务总局关于西部大开发企业所得税优惠政策适用目录问题的批复》(国税函[2009]399号,2009年7月27日)。

政策的外商投资企业,除属于《外商投资产业指导目录(2007 年修订)》中限制外商投资产业目录、禁止外商投资产业目录外,可继续执行到期满为止;对属于《外商投资产业指导目录(2007 年修订)》中限制外商投资产业目录、禁止外商投资产业目录的企业,应自执行新目录的年度起,停止执行西部大开发企业所得税优惠政策①。

对符合新目录鼓励类标准但不符合原目录标准的企业,应自执行新目录的年度起,就其按照西部大开发有关企业所得税优惠政策规定计算的税收优惠期的剩余优惠年限享受优惠②。

③从 2007 年 1 月 1 日起,设在西部地区的企业在西部大开发地区的旅游景点和景区从事下列经营活动取得的收入达到全部经营收入 70% 以上的,在 2001 年至 2010 年期间,也可享受减按 15% 税率征收企业所得税的优惠③:

Ⅰ 销售门票(包括景点和景区的大小门票、通票、月票、年票和门禁以内文艺、体育及其他综合艺术表演活动场所的门票)的经营活动;

Ⅱ 在景点和景区门禁以内区域提供导游服务的经营活动;

Ⅲ 在景点和景区门禁以内区域提供游客运输服务(包括利用各种车辆、游船、索道、滑道及其他交通工具向游客提供的服务)的经营活动。

以上所称旅游景点和景区,是指经县级以上(含县级)人民政府旅游主管部门认定的景点和景区。

(2)对在西部地区新办交通、电力、水利、邮政、广播电视企业,上述项目业务收入占企业总收入 70% 以上的,可以享受企业所得税如下优惠政策:内资企业自开始生产经营之日起,第一年至第二年免征企业所得税,第三年至第五年减半征收企业所得税;外商投资企业经营期在 10 年以上的,自获利年度起,第一年至第二年免征企业所得税,第三年至第五年减半征收企业所得税④。

新办交通企业是指投资新办从事公路、铁路、航空、港口、码头运营和管道运输的企业⑤。上述交通企业,是指投资于上述设施建设项目并运营该项目取得经营收入的企业⑥。

新办电力企业是指投资新办从事电力运营的企业⑦。

新办水利企业是指投资新办从事江河湖泊综合治理、防洪除涝、灌溉、供水、水资源保护、水力发电、水土保持、河道疏浚、河海堤防建设等开发水利、防治水害的企业⑧。

新办邮政企业是指投资新办从事邮政运营的企业。新办广播电视企业是指投资新办从事广播电视运营的企业⑨。

(3)根据企业所得税法第二十九条有关“民族自治地方的自治机关对本民族自治地方的企业应缴纳的企业所得税中属于地方分享的部分,可以决定减征或者免征”的规定,对 2008 年 1 月 1 日后民族自治地方批准享受减免税的企业,一律按新税法第二十九条的规定执行,即对民族自治地方的企业减免企业所得税,仅限于减免企业所得税中属于地方分享的部分,不得减免属于中央分享的部分。民族自治地方在新税法实施前已经按照《财政部 国家税务总局 海关总署总关于西部大开发税收优惠

① 《国家税务总局关于西部大开发企业所得税优惠政策适用目录问题的批复》(国税函[2009]399 号,2009 年 7 月 27 日)。
② 《国家税务总局关于西部大开发企业所得税优惠政策适用目录问题的批复》(国税函[2009]399 号,2009 年 7 月 27 日)。
③ 《财政部 国家税务总局关于将西部地区旅游景点和景区经营纳入西部大开发税收优惠政策范围的通知》(财税[2007]65 号,2007 年 5 月 22 日)。
④ 《财政部 国家税务总局 海关总署关于西部大开发税收优惠政策问题的通知》(财税[2001]202 号,2001 年 12 月 30 日)。
⑤ 《财政部 国家税务总局 海关总署关于西部大开发税收优惠政策问题的通知》(财税[2001]202 号,2001 年 12 月 30 日)。
⑥ 《国家税务总局关于执行西部大开发税收优惠政策有关问题的批复》(国税函[2009]411 号,2009 年 7 月 31 日)。
⑦ 《财政部 国家税务总局 海关总署关于西部大开发税收优惠政策问题的通知》(财税[2001]202 号,2001 年 12 月 30 日)。
⑧ 《财政部 国家税务总局 海关总署关于西部大开发税收优惠政策问题的通知》(财税[2001]202 号,2001 年 12 月 30 日)。
⑨ 《财政部 国家税务总局 海关总署关于西部大开发税收优惠政策问题的通知》(财税[2001]202 号,2001 年 12 月 30 日)。

政策问题的通知》(财税〔2001〕202号)第二条第2款有关减免税规定批准享受减免企业所得税(包括减免中央分享企业所得税的部分)的,自2008年1月1日起计算,对减免税期限在5年(含5年)以内的,继续执行至期满后停止;对减免税期限超过5年的,从第六年起按新税法第二十九条规定执行①。

7.5.19　打捞单位税收优惠

从2008年1月1日至2009年12月31日,继续免征交通运输部烟台、上海、广州打捞局企业所得税。免征的企业所得税税款应转增国家资本金(或企业公积金),专项用于打捞设备的更新,不得用于利润分配或其他用途②。

7.5.20　伤残人员专门用品税收优惠

(1)符合下列条件的企业,可在2006年1月1日至2010年12月31日免征企业所得税③:

①生产和装配伤残人员专门用品,且在《中国伤残人员专门用品目录(第一批)》范围之内;

②以销售本企业生产或者装配的伤残人员专门用品为主,且所取得的年度销售收入占企业全部收入50%以上(不含出口取得的收入);

③企业账证健全,能够准确、完整地向主管税务机关提供纳税资料,且本企业生产或者装配的伤残人员专门用品所取得的收入能够单独、准确核算;

④企业必须具备一定的生产和装配条件以及帮助伤残人员康复的其他辅助条件。其中:

Ⅰ企业拥有取得注册登记的假肢、矫形器制作师执业资格证书的专业技术人员不得少于2人;其企业生产人员如超过20人,则其拥有取得注册登记的假肢、矫形器制作师执业资格证书的专业技术人员占全部生产人员不得少于六分之一。

Ⅱ具有测量取型、石膏加工、抽真空成型、打磨修饰、钳工装配、对线调整、热塑成型、假肢功能训练等专用设备和工具。

Ⅲ残疾人接待室不少于15平方米,假肢、矫形器制作室不少于20平方米,假肢功能训练室不少于80平方米。

(2)符合前条规定的企业,可在年度终了2个月内向当地税务机关办理免税手续。办理免税手续时,企业应向主管税务机关提供下列资料④:

Ⅰ免税申请报告;

Ⅱ伤残人员专门用品制作师名册及其相关的执业证书(复印件);

Ⅲ收入明细资料;

Ⅳ税务机关要求的其他材料。

(3)税务机关收到企业的免税申请后,应严格按照规定的免税条件及减免税管理的有关规定⑤,对申请免税的企业进行认真审核,符合条件的应及时办理相关免税手续。企业在未办理免税手续前,必须按统一规定报送纳税申报表、相关的纳税资料以及财务会计报表,并按规定预缴企业所得税;企业办理免税手续后,税务机关应依法及时退回已经

---

① 《财政部　国家税务总局关于贯彻落实国务院关于实施企业所得税过渡优惠政策有关问题的通知》(财税〔2008〕21号,2008年2月4日)。

② 《财政部　国家税务总局关于打捞单位有关税收优惠政策的通知》(财税〔2009〕92号,2009年7月1日)。

③ 《财政部　国家税务总局关于企业所得税若干优惠政策的通知》(财税〔2008〕1号,2008年2月22日);《财政部　国家税务总局关于延长生产和装配伤残人员专门用品企业免征所得税执行期限的通知》(财税〔2006〕148号,2006年11月15日);《财政部　国家税务总局　民政部关于生产和装配伤残人员专门用品企业免征所得税的通知》(财税〔2004〕132号,2004年8月20日);《财政部　国家税务总局关于延长部分税收优惠政策执行期限的通知》(财税〔2009〕131号,2009年11月20日)。

④ 《财政部　国家税务总局关于企业所得税若干优惠政策的通知》(财税〔2008〕1号,2008年2月22日);《财政部　国家税务总局关于延长生产和装配伤残人员专门用品企业免征所得税执行期限的通知》(财税〔2006〕148号,2006年11月15日);《财政部　国家税务总局　民政部关于生产和装配伤残人员专门用品企业免征所得税的通知》(财税〔2004〕132号,2004年8月20日)。

⑤ 2005年之前,企业所得税减免税管理按照《国家税务总局关于印发〈企业所得税减免税管理办法〉的通知》(国税发〔1997〕99号)执行,后来《国家税务总局关于印发〈税收减免管理办法(试行)〉的通知》(国税发〔2005〕129号,2005年8月3日)将国税发〔1997〕99号予以了废止。

预缴的税款①。

（4）企业以隐瞒、欺骗等手段骗取免税的，按照税收征收管理法的有关规定进行处理②。

7.5.21　应对自然灾害及恢复重建税收优惠

7.5.21.1　四川汶川地震灾后恢复重建税收优惠

汶川特大地震地震灾区在企业所得税方面实行如下政策：

（1）对受灾严重地区损失严重的企业，免征2008年度企业所得税③。

（2）自2008年5月12日起，受灾地区企业通过公益性社会团体、县级以上人民政府及其部门取得的抗震救灾和灾后恢复重建款项和物资，以及税收法律、法规和《财政部 海关总署 国家税务总局关于支持汶川地震灾后恢复重建有关税收政策问题的通知》（财税〔2008〕104号）规定的减免税金及附加收入，免征企业所得税④。

（3）对企业通过公益性社会团体、县级以上人民政府及其部门向受灾地区的捐赠，允许在当年企业所得税前前全额扣除⑤。

（4）受灾严重地区的企业在新增加的就业岗位中，招用当地因地震灾害失去工作的城镇职工，经县级劳动保障部门认定，按实际招用人数予以定额依次扣减营业税、城市维护建设税、教育费附加和企业所得税。定额标准为每人每年4000元，可上下浮动20%，由灾区省级人民政府根据本地实际情况具体确定，并报财政部和国家税务总局备案⑥。

按上述标准计算的税收扣减额应在企业当年实际应缴纳的营业税、城市维护建设税、教育费附加和企业所得税税额中扣减，当年扣减不足的，不得结转下年使用⑦。

（5）从2009年1月1日至2013年12月31日，对四川、甘肃、陕西、重庆、云南、宁夏等6省（自治区、直辖市）汶川地震灾区农村信用社继续免征企业所得税⑧。

根据《民政部 发展改革委 财政部 国土资源部 地震局关于印发汶川地震灾害范围评估结果的通知》（民发〔2008〕105号）的规定，"受灾严重地区"是指极重灾区10个县（市）和重灾区41个县（市、区），"受灾地区"是指极重灾区10个县（市）、重灾区41个县（市、区）和一般灾区186个县（市、区）。以上政策措施，凡未注明期限的，一律执行至2010年12月31日⑨。

企业实际发生的因地震灾害造成的财产损失，

---

① 《财政部 国家税务总局关于企业所得税若干优惠政策的通知》（财税〔2008〕1号，2008年2月22日）；《财政部 国家税务总局关于延长生产和装配伤残人员专门用品企业免征所得税执行期限的通知》（财税〔2006〕148号，2006年11月15日）；《财政部 国家税务总局 民政部关于生产和装配伤残人员专门用品企业免征所得税的通知》（财税〔2004〕132号，2004年8月20日）。

② 《财政部 国家税务总局关于企业所得税若干优惠政策的通知》（财税〔2008〕1号，2008年2月22日）；《财政部 国家税务总局关于延长生产和装配伤残人员专门用品企业免征所得税执行期限的通知》（财税〔2006〕148号，2006年11月15日）；《财政部 国家税务总局 民政部关于生产和装配伤残人员专门用品企业免征所得税的通知》（财税〔2004〕132号，2004年8月20日）。

③ 《国务院关于支持汶川地震灾后恢复重建政策措施的意见》（国发〔2008〕21号，2008年6月29日）。

④ 《财政部 海关总署 国家税务总局关于支持汶川地震灾后恢复重建有关税收政策问题的通知》（财税〔2008〕104号，2008年8月1日）。

⑤ 《国务院关于支持汶川地震灾后恢复重建政策措施的意见》（国发〔2008〕21号，2008年6月29日）。

⑥ 《国务院关于支持汶川地震灾后恢复重建政策措施的意见》（国发〔2008〕21号，2008年6月29日）。

⑦ 《财政部 海关总署 国家税务总局关于支持汶川地震灾后恢复重建有关税收政策问题的通知》（财税〔2008〕104号，2008年8月1日）。

⑧ 《财政部 国家税务总局关于汶川地震灾区农村信用社企业所得税有关问题的通知》（财税〔2010〕3号，2010年1月5日）。根据《财政部 国家税务总局关于企业所得税若干优惠政策的通知》（财税〔2008〕1号）和《财政部 国家税务总局关于延长试点地区农村信用社有关税收政策期限的通知》（财税〔2006〕46号）规定，其他西部农村信用社改革试点地区农村信用社企业所得税优惠政策2009年底执行到期。

⑨ 《财政部 海关总署 国家税务总局关于支持汶川地震灾后恢复重建有关税收政策问题的通知》（财税〔2008〕104号，2008年8月1日）。《财政部 国家税务总局关于延长部分税收优惠政策执行期限的通知》（财税〔2009〕131号，2009年11月20日）。

准予在计算应纳税所得额时扣除①。

7.5.21.2　青海玉树地震灾后恢复重建税收优惠②

（1）对青海玉树地震受灾地区损失严重的企业，免征灾后恢复重建期所在年度的企业所得税。

（2）自 2010 年 4 月 14 日起，对受灾地区企业取得的抗震救灾和灾后恢复重建款项和物资，以及与抗震救灾有关的减免税金及附加收入，免征企业所得税。

（3）自 2010 年 1 月 1 日至 2014 年 12 月 31 日，在 5 年内免征受灾地区农村信用社企业所得税。

（4）自 2010 年 4 月 14 日起，对企业通过公益性社会团体、县级以上人民政府及其部门向受灾地区的捐赠，允许在当年企业所得税前全额扣除。

（5）受灾地区的企业在新增加的就业岗位中，招用当地因地震灾害失去工作的人员，与其签订 1 年以上期限劳动合同并依法缴纳社会保险费的，经县级人力资源社会保障部门认定，按实际招用人数和实际工作时间予以定额依次扣减营业税、城市维护建设税、教育费附加和企业所得税。定额标准为每人每年 4000 元，可上下浮动 20%，由灾区省级人民政府根据本地实际情况具体确定。

按上述标准计算的税收抵扣额应在企业当年实际应缴纳的营业税、城市维护建设税、教育费附加和企业所得税税额中扣减，当年扣减不足的，不得结转下年使用。

以上税收优惠政策，凡未注明具体期限的，一律执行至 2012 年 12 月 31 日。所称"受灾地区"是指青海省玉树藏族自治州玉树、称多、治多、杂多、囊谦、曲麻莱县和四川省甘孜藏族自治州石渠县等

7 个县的 27 个乡镇。具体受灾地区范围见《财政部 国家税务总局关于支持玉树地震灾后恢复重建有关税收政策问题的通知》（财税［2010］59 号）附件。

7.5.21.3　甘肃舟曲泥石流灾后重建税收优惠③

（1）对灾区损失严重的企业，免征企业所得税。

（2）自 2010 年 8 月 8 日起，对灾区企业通过公益性社会团体、县级以上人民政府及其部门取得的抢险救灾和灾后恢复重建款项和物资，以及税收法律、法规和国务院批准的减免税金及附加收入，免征企业所得税。

（3）自 2010 年 8 月 8 日起，对企业通过公益性社会团体、县级以上人民政府及其部门向灾区的捐赠，允许在当年企业所得税前全额扣除。

（4）自 2010 年 1 月 1 日至 2014 年 12 月 31 日，对灾区农村信用社免征企业所得税。

（5）灾区的商贸企业、服务型企业（除广告业、房屋中介、典当、桑拿、按摩、氧吧外）、劳动就业服务企业中的加工型企业和街道社区具有加工性质的小型企业实体在新增加的就业岗位中，招用当地因灾失去工作的人员，与其签订一年以上期限劳动合同并依法缴纳社会保险费的，经县级人力资源社会保障部门认定，按实际招用人数和实际工作时间予以定额依次扣减营业税、城市维护建设税、教育费附加和企业所得税。定额标准为每人每年 4000 元，可上下浮动 20%，由甘肃省人民政府根据本地实际情况具体确定。

按上述标准计算的税收抵扣额应在企业当年实际应缴纳的营业税、城市维护建设税、教育费附

---

① 《财政部 国家税务总局关于认真落实抗震救灾及灾后重建税收政策问题的通知》（财税［2008］62 号，2008 年 5 月 19 日）。
② 《国务院关于支持玉树地震灾后恢复重建政策措施的意见》（国发［2010］16 号，2010 年 5 月 27 日）。《财政部 国家税务总局关于支持玉树地震灾后恢复重建有关税收政策问题的通知》（财税［2010］59 号，2010 年 7 月 23 日）。
③ 《国务院关于支持舟曲灾后恢复重建政策措施的意见》（国发［2010］34 号，2010 年 10 月 18 日）。《财政部 海关总署 国家税务总局关于支持舟曲灾后恢复重建有关税收政策问题的通知》（财税［2010］107 号，2010 年 12 月 29 日）。文件所规定的税收优惠政策，凡未注明具体期限的，一律执行至 2012 年 12 月 31 日。如果纳税人按规定既可享受本通知的税收优惠政策，也可享受国家支持汶川地震灾后恢复重建的税收优惠政策，可由纳税人自主选择适用的政策，但两项政策不得叠加使用。文中所称"灾区"包括甘肃省舟曲县城关镇和江盘乡的 15 个村、2 个社区，灾区具体范围见财税［2010］107 号附件。

加和企业所得税税额中扣减,当年扣减不足的,不得结转下年使用。

7.5.22 非居民企业税收优惠

(1)非居民企业在中国境内未设立机构、场所的,或者虽设立机构、场所但取得的所得与其所设机构、场所没有实际联系的,其来源于中国境内的所得减按10%的税率征收企业所得税①。

(2)在中国境内外公开发行、上市股票(A股、B股和海外股)的中国居民企业,在向非居民企业股东派发2008年及以后年度股息时,应统一按10%的税率代扣代缴企业所得税。非居民企业股东需要享受税收协定待遇的,依照税收协定执行的有关规定办理②。

(3)非居民企业下列所得可以免征企业所得税③:

①外国政府向中国政府提供贷款取得的利息所得④。

②国际金融组织向中国政府和居民企业提供优惠贷款取得的利息所得⑤。

上述所称国际金融组织,包括国际货币基金组织、世界银行、亚洲开发银行、国际开发协会、国际农业发展基金、欧洲投资银行以及财政部和国家税

务总局确定的其他国际金融组织;所称优惠贷款,是指低于金融企业同期同类贷款利率水平的贷款⑥。

③经国务院批准的其他所得⑦。

7.5.23 上海合作组织秘书处税收优惠政策

对上海合作组织设在北京的秘书处及其资产、收入和其他财产,根据《中国政府与上海合作组织关于秘书处的东道国协定》免缴中国境内征收的一切直接税(包括按法律法规以返还形式免除),具体项目的服务费除外⑧。

7.5.24 新税法公布前税收优惠政策的过渡与衔接

7.5.24.1 新税法公布前批准成立企业税收优惠的过渡期安排

新企业所得税法公布前已经批准设立的企业,依照当时的税收法律、行政法规规定,享受低税率优惠的,按照国务院规定,可以在新税法施行后五年内,逐步过渡到新法规定的税率;享受定期减免税优惠的,按照国务院规定,可以在新法施行后继续享受到期满为止,但因未获利而尚未享受优惠的,优惠期限从新法施行年度起计算⑨。

---

① 《中华人民共和国企业所得税法》(2007年3月16日第十届全国人民代表大会第五次会议通过,中华人民共和国主席令第六十三号公布)第二十七条;《中华人民共和国企业所得税法实施条例》(中华人民共和国国务院令第512号,2007年12月6日)第九十一条。

② 《国家税务总局关于非居民企业取得B股等股票股息征收企业所得税问题的批复》(国税函[2009]394号,2009年7月24日)。

③ 《中华人民共和国企业所得税法实施条例》(中华人民共和国国务院令第512号,2007年12月6日)第九十一条。

④ 《中华人民共和国企业所得税法实施条例》(中华人民共和国国务院令第512号,2007年12月6日)第九十一条。

⑤ 《中华人民共和国企业所得税法实施条例》(中华人民共和国国务院令第512号,2007年12月6日)第九十一条。

⑥ 《财政部 国家税务总局关于执行企业所得税优惠政策若干问题的通知》(财税[2009]69号,2009年4月24日)。此前,《国家税务总局关于确认欧洲投资银行为国际金融组织的复函》(国税函[1995]328号,1995年6月12日)规定,欧洲投资银行属于《中华人民共和国外商投资企业和外国企业所得税法》第十九条所述的"国际金融组织"。根据《国家税务总局关于公布现行有效的税收规范性文件目录的公告》(国家税务总局公告2010年第26号,2010年12月13日),国税函发[1995]328号仍属有效文件。

⑦ 《中华人民共和国企业所得税法实施条例》(中华人民共和国国务院令第512号,2007年12月6日)第九十一条。根据《国家税务总局关于美国船级社企业所得税待遇问题的通知》(国税函[2010]612号,2010年12月8日)规定,《财政部 国家税务总局关于美国船级社继续享受免税待遇的通知》(财税字[1998]35号)文件中企业所得税部分,其效力至2007年12月31日终止,自2008年1月1日起,美国船级社应当依照企业所得税法第三条规定缴纳企业所得税,美国船级社如果依法取得我国非营利组织资格,可享受非营利组织相关税收优惠政策。根据《国家税务总局关于瑞典国际基金会利息所得享受税收协定待遇问题的批复》规定,对"瑞典国际基金会"在我国取得的利息所得,可根据中瑞税收协定第十一条第三款第(二)项的规定免征预提所得税。

⑧ 《国家税务总局关于上海合作组织秘书处有关税收问题的通知》(国税函[2004]951号,2004年8月4日)。

⑨ 《中华人民共和国企业所得税法》(2007年3月16日第十届全国人民代表大会第五次会议通过,中华人民共和国主席令第六十三号公布)第五十七条。

(1)过渡期税收优惠政策具体内容

①自 2008 年 1 月 1 日起,原享受低税率优惠政策的企业,在新税法施行后 5 年内逐步过渡到法定税率。其中:享受企业所得税 15% 税率的企业,2008 年按 18% 税率执行,2009 年按 20% 税率执行,2010 年按 22% 税率执行,2011 年按 24% 税率执行,2012 年按 25% 税率执行;原执行 24% 税率的企业,2008 年起按 25% 税率执行①。

②自 2008 年 1 月 1 日起,原享受企业所得税"两免三减半""五免五减半"等定期减免税优惠的企业,新税法施行后继续按原税收法律、行政法规及相关文件规定的优惠办法及年限享受至期满为止,但因未获利而尚未享受税收优惠的,其优惠期限从 2008 年度起计算②。

对按照上述规定适用 15% 企业所得税率并享受企业所得税定期减半优惠过渡的企业,应一律按照国发[2007]39 号文件第一条第二款规定的过渡税率计算的应纳税额实行减半征税,即 2008 年按 18% 税率计算的应纳税额实行减半征税,2009 年按 20% 税率计算的应纳税额实行减半征税,2010 年按 22% 税率计算的应纳税额实行减半征税,2011 年按 24% 税率计算的应纳税额实行减半征税,2012 年及以后年度按 25% 税率计算的应纳税额实行减半征税③。

对原适用 24% 或 33% 企业所得税率并享受国发[2007]39 号文件规定企业所得税定期减半优惠过渡的企业,2008 年及以后年度一律按 25% 税率计算的应纳税额实行减半征税④。

执行《国务院关于实施企业所得税过渡优惠政策的通知》(国发[2007]39 号)规定的过渡优惠政策及西部大开发优惠政策的企业,在定期减免税的减半期内,可以按照企业适用税率计算的应纳税额减半征税。其他各类情形的定期减免税,均应按照企业所得税 25% 的法定税率计算的应纳税额减半征税⑤。

(2)享受过渡期税收优惠政策的企业范围

享受上述过渡优惠政策的企业,是指 2007 年 3 月 16 日以前经工商等登记管理机关登记设立的企业;实施过渡优惠政策的项目和范围按《实施企业所得税过渡优惠政策表》执行(见附件十九)⑥。

7.5.24.2　税收优惠政策过渡的管理规定

享受企业所得税过渡优惠政策的企业,应按照新税法和实施条例中有关收入和扣除的规定计算应纳税所得额,并按过渡优惠办法计算享受税收优惠⑦。

企业所得税过渡优惠政策与新税法及实施条例规定的优惠政策存在交叉的,由企业选择最优惠的政策执行,不得叠加享受,且一经选择,不得改变⑧。

上述所称不得叠加享受,且一经选择,不得改变的税收优惠情形,限于企业所得税过渡优惠政策

---

① 《国务院关于实施企业所得税过渡优惠政策的通知》(国发[2007]39 号,2007 年 12 月 29 日)。

② 《国务院关于实施企业所得税过渡优惠政策的通知》(国发[2007]39 号,2007 年 12 月 29 日)。

③ 《财政部 国家税务总局关于贯彻落实国务院关于实施企业所得税过渡优惠政策有关问题的通知》(财税[2008]21 号,2008 年 2 月 4 日)。

④ 《财政部 国家税务总局关于贯彻落实国务院关于实施企业所得税过渡优惠政策有关问题的通知》(财税[2008]21 号,2008 年 2 月 4 日)。

⑤ 《财政部 国家税务总局关于执行企业所得税优惠政策若干问题的通知》(财税[2009]69 号,2009 年 4 月 24 日)。

⑥ 《国务院关于实施企业所得税过渡优惠政策的通知》(国发[2007]39 号,2007 年 12 月 29 日)。此前,《财政部 国家税务总局关于〈中华人民共和国企业所得税法〉公布后企业适用税收法律问题的通知》(财税[2007]115 号,2007 年 8 月 31 日)规定,2007 年 3 月 17 日至 2007 年 12 月 31 日期间经工商等登记管理机关登记成立的企业,在 2007 年 12 月 31 日前,分别依照原《中华人民共和国企业所得税暂行条例》和《中华人民共和国外商投资企业和外国企业所得税法》及其实施细则等相关规定缴纳企业所得税。自 2008 年 1 月 1 日起,上述企业统一适用新税法及国务院相关规定,不享受规定的过渡性税收优惠政策。根据《财政部关于公布废止和失效的财政规章和规范性文件目录(第十一批)的决定》(财政部令第 62 号,2011 年 2 月 21 日),财税[2007]115 号被公布失效。

⑦ 《国务院关于实施企业所得税过渡优惠政策的通知》(国发[2007]39 号,2007 年 12 月 29 日)。

⑧ 《国务院关于实施企业所得税过渡优惠政策的通知》(国发[2007]39 号,2007 年 12 月 29 日)。

与企业所得税法及其实施条例中规定的定期减免税和减低税率类的税收优惠。企业所得税法及其实施条例中规定的各项税收优惠,凡企业符合规定条件的,可以同时享受①。

企业在享受过渡税收优惠过程中发生合并、分立、重组等情形的,按照《财政部国家税务总局关于企业重组业务企业所得税处理若干问题的通知》(财税[2009]59号)的统一规定执行②。

企业在2007年3月16日之前设立的分支机构单独依据原内、外资企业所得税法的优惠规定已享受有关税收优惠的,凡符合《国务院关于实施企业所得税过渡优惠政策的通知》(国发[2007]39号)所列政策条件的,该分支机构可以单独享受国发[2007]39号规定的企业所得税过渡优惠政策③。

7.5.24.3 新税法实施前若干专项税收优惠政策的过渡办法

(1)关于外商投资企业对外国投资者分配利润的处理

2008年1月1日之前外商投资企业形成的累积未分配利润,在2008年以后分配给外国投资者的,免征企业所得税;2008年及以后年度外商投资企业新增利润分配给外国投资者的,依法缴纳企业所得税④。

(2)关于原外商投资企业的外国投资者再投资退税政策的处理

外国投资者从外商投资企业取得的税后利润直接再投资本企业增加注册资本,或者作为资本投资开办其他外商投资企业,凡在2007年年底以前完成再投资事项,并在国家工商管理部门完成变更或注册登记的,可以按照原《中华人民共和国外商投资企业和外国企业所得税法》及其有关规定,给予办理再投资退税。对在2007年底以前用2007年年度预分配利润进行再投资的,不给予退税⑤。

外商投资企业的外国投资者依照原《中华人民共和国外商投资企业和外国企业所得税法》第十条的规定,将从企业取得的利润于2007年12月31日前直接再投资于该企业,增加注册资本,或者作为资本投资开办其他外商投资企业,如经营期不少于五年并经税务机关批准已退还其再投资部分已缴纳所得税的40%税款,再投资不满五年撤出的,应当缴回已退的税款⑥。

(3)关于外国企业从我国取得的利息、特许权使用费等所得免征企业所得税的处理

外国企业向我国转让专有技术或提供贷款等取得所得,凡上述事项所涉及的合同是在2007年底以前签订,且符合原《中华人民共和国外商投资企业和外国企业所得税法》规定免税条件,经税务机关批准给予免税的,在合同有效期内可继续给予免税,但不包括延期、补充合同或扩大的条款。各主管税务机关应做好合同执行跟踪管理工作,及时开具完税证明⑦。

(4)关于享受定期减免税优惠的外商投资企业在2008年后条件发生变化的处理

外商投资企业按照原《中华人民共和国外商投资企业和外国企业所得税法》规定享受定期减免税优惠,2008年后,企业生产经营业务性质或经营期发生变化,导致其不符合《中华人民共和国外商投资企业和外国企业所得税法》规定条件的,仍应依据《中华人民共和国外商投资企业和外国企

---

① 《财政部 国家税务总局关于执行企业所得税优惠政策若干问题的通知》(财税[2009]69号,2009年4月24日)。
② 《财政部 国家税务总局关于执行企业所得税优惠政策若干问题的通知》(财税[2009]69号,2009年4月24日)。
③ 《财政部 国家税务总局关于执行企业所得税优惠政策若干问题的通知》(财税[2009]69号,2009年4月24日)。
④ 《财政部 国家税务总局关于企业所得税若干优惠政策的通知》(财税[2008]1号,2008年2月22日)。
⑤ 《国家税务总局关于外商投资企业和外国企业原有若干收优惠政策取消后有关事项处理的通知》(国税发[2008]23号,2008年2月27日)。
⑥ 《国家税务总局关于政府关停外商投资企业所得税优惠政策处理问题的批复》(国税函[2010]69号,2010年2月12日)。
⑦ 《国家税务总局关于外商投资企业和外国企业原有若干税收优惠政策取消后有关事项处理的通知》(国税发[2008]23号,2008年2月27日)。

业所得税法》规定补缴其此前(包括在优惠过渡期内)已经享受的定期减免税税款。各主管税务机关在每年对这类企业进行汇算清缴时,应对其经营业务内容和经营期限等变化情况进行审核①。

外商投资企业因国家发展规划调整(包括城市建设规划等)被实施关停并清算,导致其不符合原《中华人民共和国外商投资企业和外国企业所得税法》及过渡性政策规定条件,其所享受的定期减免税收优惠政策,也应按照原《中华人民共和国外商投资企业和外国企业所得税法实施细则》第七十九条的规定,补缴或缴回按该条规定已享受的企业所得税优惠税款②。

(5)关于国产设备投资抵免的处理

自2008年1月1日起,停止执行企业购买国产设备投资抵免企业所得税的政策③。

外商投资企业和外国企业依照原《财政部 国家税务总局关于外商投资企业和外国企业购买国产设备投资抵免企业所得税有关问题的通知》(财税字[2000]49号)有关规定,将已经享受投资抵免的2007年12月31日前购买的国产设备,在购置之日起五年内出租、转让,不论出租、转让行为发生在2008年1月1日之前或之后的,均应在出租、转让时补缴就该购买设备已抵免的企业所得税税款④。

(6)其他原有税收优惠政策的处理

除新企业所得税法及其实施条例、《国务院关于实施企业所得税过渡优惠政策的通知》(国发[2007]39号)、《国务院关于经济特区和上海浦东新区新设立高新技术企业实行过渡性税收优惠的通知》(国发[2007]40号)及《财政部 国家税务总局关于企业所得税若干优惠政策的通知》(财税[2008]1号)规定的优惠政策以外,2008年1月1日之前实施的其他企业所得税优惠政策一律废止。各地区、各部门一律不得越权制定企业所得税的优惠政策⑤。

7.5.25　减免税管理⑥

企业所得税的各类减免税应按照《国家税务总局关于印发〈税收减免管理办法(试行)〉的通知》(国税发[2005]129号,详见附件二十)的相关规定办理。国税发[2005]129号文件规定与企业所得税法及其实施条例规定不一致的,按企业所得税法及其实施条例的规定执行。

企业所得税减免税实行审批管理的,必须是企业所得税法及其实施条例等法律法规和国务院明确规定需要审批的内容。对列入备案管理的企业所得税减免的范围、方式,由各省、自治区、直辖市和计划单列市国家税务局、地方税务局(企业所得税管理部门)自行研究确定,但同一省、自治区、直辖市和计划单列市范围内必须一致。

企业所得税减免税期限超过一个纳税年度的,主管税务机关可以进行一次性确认,但每年必须对相关减免税条件进行审核,对情况变化导致不符合减免税条件的,应停止享受减免税政策。

---

① 《国家税务总局关于外商投资企业和外国企业原有若干税收优惠政策取消后有关事项处理的通知》(国税发[2008]23号,2008年2月27日)。

② 《国家税务总局关于政府关停外商投资企业所得税优惠政策处理问题的批复》(国税函[2010]69号,2010年2月12日)。

③ 《国家税务总局关于停止执行企业购买国产设备投资抵免企业所得税政策问题的通知》(国税发[2008]52号,2008年5月16日)。

④ 《国家税务总局关于政府关停外商投资企业所得税优惠政策处理问题的批复》(国税函[2010]69号,2010年2月12日)。

⑤ 《财政部 国家税务总局关于企业所得税若干优惠政策的通知》(财税[2008]1号,2008年2月22日)。此外,《国家税务总局关于依据〈中华人民共和国外商投资企业和外国企业所得税法〉规定的审批事项有关办理时限问题的通知》(国税函[2008]213号,2008年2月26日)规定,对企业在2007年12月31日以前发生的依据《中华人民共和国外商投资企业和外国企业所得税法》及相关规定的税收优惠事项,需报送税务机关审核、审批的,仍按照原规定履行相关审批程序,经批准后享受相应税收优惠,但原则上应在2007年度企业所得税汇算清缴期限前完成审批,对需要层报国家税务总局审批的事项,应在2008年4月30日以前上报国家税务总局。根据《国家税务总局关于公布全文失效废止 部分条款失效废止的税收规范性文件目录的公告》(国家税务总局公告2011年第2号,2011年1月4日),国税函[2008]213号已被公布全文失效废止。

⑥ 《国家税务总局关于企业所得税减免税管理问题的通知》(国税发[2008]111号,2008年12月1日)。

企业所得税减免税有资质认定要求的,纳税人须先取得有关资质认定,税务部门在办理减免税手续时,可进一步简化手续,具体认定方式由各省、自治区、直辖市和计划单列市国家税务局、地方税务局研究确定①。

7.6 特别纳税调整②

7.6.1 关联交易的调整

7.6.1.1 关联方及关联交易调整原则

(1)关联方

关联方,是指与企业有下列关联关系之一的企业、其他组织或者个人③:

①在资金、经营、购销等方面存在直接或者间接的控制关系;

②直接或者间接地同为第三者控制;

③在利益上具有相关联的其他关系。

(2)关联关系

上述所称关联关系,主要是指企业与其他企业、组织或个人具有下列之一关系④:

①一方直接或间接持有另一方的股份总和达到25%以上,或者双方直接或间接同为第三方所持有的股份达到25%以上。若一方通过中间方对另一方间接持有股份,只要一方对中间方持股比例达到25%以上,则一方对另一方的持股比例按照中间方对另一方的持股比例计算。

②一方与另一方(独立金融机构除外)之间借贷资金占一方实收资本50%以上,或者一方借贷资金总额的10%以上是由另一方(独立金融机构除外)担保。

③一方半数以上的高级管理人员(包括董事会成员和经理)或至少一名可以控制董事会的董事会高级成员是由另一方委派,或者双方半数以上的高级管理人员(包括董事会成员和经理)或至少一名可以控制董事会的董事会高级成员同为第三方委派。

④一方半数以上的高级管理人员(包括董事会成员和经理)同时担任另一方的高级管理人员(包括董事会成员和经理),或者一方至少一名可以控制董事会的董事会高级成员同时担任另一方的董事会高级成员。

⑤一方的生产经营活动必须由另一方提供的工业产权、专有技术等特许权才能正常进行。

⑥一方的购买或销售活动主要由另一方控制。

⑦一方接受或提供劳务主要由另一方控制。

⑧一方对另一方的生产经营、交易具有实质控制,或者双方在利益上具有相关联的其他关系,包括虽未达到上述第①项持股比例,但一方与另一方的主要持股方享受基本相同的经济利益,以及家族、亲属关系等。

(3)关联交易

关联交易主要包括以下类型⑤:

①有形资产的购销、转让和使用,包括房屋建筑物、交通工具、机器设备、工具、商品、产品等有形资产的购销、转让和租赁业务;

②无形资产的转让和使用,包括土地使用权、版权(著作权)、专利、商标、客户名单、营销渠道、牌号、商业秘密和专有技术等特许权,以及工业品外观设计或实用新型等工业产权的所有权转让和使用权的提供业务;

③融通资金,包括各类长短期资金拆借和担保以及各类计息预付款和延期付款等业务;

④提供劳务,包括市场调查、行销、管理、行政

①　《国家税务总局关于企业所得税减免税管理问题的通知》(国税发[2008]111号,2008年12月1日)。

②　自2008年1月1日起,《国家税务总局关于印发〈特别纳税调整实施办法(试行)〉的通知》(国税发[2009]2号,2009年1月8日)正式实施。原《国家税务总局关于关联企业间业务往来税务管理规程(试行)》(国税发[1998]59号)、《国家税务总局关于修订〈关联企业间业务往来税务管理规程〉(试行)的通知》(国税发[2004]143号)和《国家税务总局关于关联企业间业务往来预约定价实施规则》(国税发[2004]118号)同时废止。

③　《中华人民共和国企业所得税法实施条例》(中华人民共和国国务院令第512号,2007年12月6日)第一百零九条。

④　《国家税务总局关于印发〈特别纳税调整实施办法(试行)〉的通知》(国税发[2009]2号,2009年1月8日)。

⑤　《国家税务总局关于印发〈特别纳税调整实施办法(试行)〉的通知》(国税发[2009]2号,2009年1月8日)。

事务、技术服务、维修、设计、咨询、代理、科研、法律、会计事务等服务的提供。

（4）独立交易原则

企业与其关联方之间的业务往来,不符合独立交易原则而减少企业或者其关联方应纳税收入或者所得额的,税务机关有权按照合理方法调整[①]。独立交易原则,是指没有关联关系的交易各方,按照公平成交价格和营业常规进行业务往来遵循的原则[②]。

7.6.1.2　转让定价方法

（1）转让定价方法的选用

企业发生关联交易以及税务机关审核、评估关联交易均应遵循独立交易原则,选用合理的转让定价方法[③]。

转让定价方法包括可比非受控价格法、再销售价格法、成本加成法、交易净利润法、利润分割法和其他符合独立交易原则的方法[④]。

选用合理的转让定价方法应进行可比性分析。可比性分析因素主要包括以下五个方面[⑤]:

①交易资产或劳务特性,主要包括:有形资产的物理特性、质量、数量等,劳务的性质和范围,无形资产的类型、交易形式、期限、范围、预期收益等;

②交易各方功能和风险,功能主要包括:研发、设计、采购、加工、装配、制造、存货管理、分销、售后服务、广告、运输、仓储、融资、财务、会计、法律及人力资源管理等,在比较功能时,应关注企业为发挥功能所使用资产的相似程度;风险主要包括:研发风险,采购风险,生产风险,分销风险,市场推广风险,管理及财务风险等;

③合同条款,主要包括:交易标的,交易数量、价格,收付款方式和条件,交货条件,售后服务范围和条件,提供附加劳务的约定,变更、修改合同内容的权利,合同有效期,终止或续签合同的权利;

④经济环境,主要包括:行业概况,地理区域,市场规模,市场层级,市场占有率,市场竞争程度,消费者购买力,商品或劳务可替代性,生产要素价格,运输成本,政府管制等;

⑤经营策略,主要包括:创新和开发策略,多元化经营策略,风险规避策略,市场占有策略等。

（2）可比非受控价格法

可比非受控价格法,是指按照没有关联关系的交易各方进行相同或者类似业务往来的价格进行定价的方法[⑥]。

可比非受控价格法以非关联方之间进行的与关联交易相同或类似业务活动所收取的价格作为关联交易的公平成交价格[⑦]。

可比性分析应特别考察关联交易与非关联交易在交易资产或劳务的特性、合同条款及经济环境上的差异,按照不同交易类型具体包括如下

① 《中华人民共和国企业所得税法》(2007年3月16日第十届全国人民代表大会第五次会议通过,中华人民共和国主席令第六十三号公布)第四十一条。
② 《中华人民共和国企业所得税法实施条例》(中华人民共和国国务院令第512号,2007年12月6日)第一百一十条。
③ 《国家税务总局关于印发〈特别纳税调整实施办法(试行)〉的通知》(国税发〔2009〕2号,2009年1月8日)。
④ 《中华人民共和国企业所得税法实施条例》(中华人民共和国国务院令第512号,2007年12月6日)第一百一十一条;《国家税务总局关于印发〈特别纳税调整实施办法(试行)〉的通知》(国税发〔2009〕2号,2009年1月8日)。
⑤ 《国家税务总局关于印发〈特别纳税调整实施办法(试行)〉的通知》(国税发〔2009〕2号,2009年1月8日)。此外,对可比性分析中有关资本性调整问题,参见《国家税务总局关于转让定价税收管理工作中资本性调整问题的通知》(国税函〔2005〕745号,2005年7月28日)规定:在比较被调查企业与可比企业的利润水平时,当被调查企业与可比企业在营运资本(如应付账款、应收账款以及存货)水平上有一定差异的时候,应调整占用营运资本中隐含利息成本对利润水平的影响,以取得经济上较可靠的营业利润,提高可比企业利润水平的可比性,但考虑到目前我国上市公司发展还不完善,可比公司可比性差的实际情况,对可比企业进行可比性分析以不对可比企业进行资本性调整为宜,如果可比企业选取准确,可比性较高,报经总局批准后可以进行资本性调整。根据《国家税务总局关于公布现行有效的税收规范性文件目录的公告》(国家税务总局公告2010年第26号),国税函〔2005〕745号仍然有效。
⑥ 《中华人民共和国企业所得税法实施条例》(中华人民共和国国务院令第512号,2007年12月6日)第一百一十一条。
⑦ 《中华人民共和国企业所得税法实施条例》(中华人民共和国国务院令第512号,2007年12月6日)第一百一十一条。

内容①：

①有形资产的购销或转让

Ⅰ 购销或转让过程，包括交易的时间与地点、交货条件、交货手续、支付条件、交易数量、售后服务的时间和地点等；

Ⅱ 购销或转让环节，包括出厂环节、批发环节、零售环节、出口环节等；

Ⅲ 购销或转让货物，包括品名、品牌、规格、型号、性能、结构、外型、包装等；

Ⅳ 购销或转让环境，包括民族风俗、消费者偏好、政局稳定程度以及财政、税收、外汇政策等。

②有形资产的使用

Ⅰ 资产的性能、规格、型号、结构、类型、折旧方法；

Ⅱ 提供使用权的时间、期限、地点；

Ⅲ 资产所有者对资产的投资支出、维修费用等。

③无形资产的转让和使用

Ⅰ 无形资产类别、用途、适用行业、预期收益；

Ⅱ 无形资产的开发投资、转让条件、独占程度、受有关国家法律保护的程度及期限、受让成本和费用、功能风险情况、可替代性等。

④融通资金：融资的金额、币种、期限、担保、融资人的资信、还款方式、计息方法等。

⑤提供劳务：业务性质、技术要求、专业水准、承担责任、付款条件和方式、直接和间接成本等。

关联交易与非关联交易之间在以上方面存在重大差异的，应就该差异对价格的影响进行合理调整，无法合理调整的，应根据本章规定选择其他合理的转让定价方法。

可比非受控价格法可以适用于所有类型的关联交易。

（3）再销售价格法

再销售价格法，是指按照从关联方购进商品再销售给没有关联关系的交易方的价格，减除相同或者类似业务的销售毛利进行定价的方法②。

再销售价格法以关联方购进商品再销售给非关联方的价格减去可比非关联交易毛利后的金额作为关联方购进商品的公平成交价格。其计算公式如下③：

公平成交价格＝再销售给非关联方的价格×（1-可比非关联交易毛利率）

可比非关联交易毛利率＝可比非关联交易毛利/可比非关联交易收入净额×100%

可比性分析应特别考察关联交易与非关联交易在功能风险及合同条款上的差异以及影响毛利率的其他因素，具体包括销售、广告及服务功能，存货风险，机器、设备的价值及使用年限，无形资产的使用及价值，批发或零售环节，商业经验，会计处理及管理效率等。

关联交易与非关联交易之间在以上方面存在重大差异的，应就该差异对毛利率的影响进行合理调整，无法合理调整的，应根据本章规定选择其他合理的转让定价方法。

再销售价格法通常适用于再销售者未对商品进行改变外型、性能、结构或更换商标等实质性增值加工的简单加工或单纯购销业务。

（4）成本加成法

成本加成法，是指按照成本加合理的费用和利润进行定价的方法④。

成本加成法以关联交易发生的合理成本加上可比非关联交易毛利作为关联交易的公平成交价格。其计算公式如下⑤：

公平成交价格＝关联交易的合理成本×（1＋可比非关联交易成本加成率）

可比非关联交易成本加成率＝可比非关联交

① 《国家税务总局关于印发〈特别纳税调整实施办法（试行）〉的通知》（国税发[2009]2号,2009年1月8日）。
② 《中华人民共和国企业所得税法实施条例》（中华人民共和国国务院令第512号,2007年12月6日）第一百一十一条。
③ 《国家税务总局关于印发〈特别纳税调整实施办法（试行）〉的通知》（国税发[2009]2号,2009年1月8日）。
④ 《中华人民共和国企业所得税法实施条例》（中华人民共和国国务院令第512号,2007年12月6日）第一百一十一条。
⑤ 《国家税务总局关于印发〈特别纳税调整实施办法（试行）〉的通知》（国税发[2009]2号,2009年1月8日）。

易毛利/可比非关联交易成本×100%

可比性分析应特别考察关联交易与非关联交易在功能风险及合同条款上的差异以及影响成本加成率的其他因素,具体包括制造、加工、安装及测试功能,市场及汇兑风险,机器、设备的价值及使用年限,无形资产的使用及价值,商业经验,会计处理及管理效率等。

关联交易与非关联交易之间在以上方面存在重大差异的,应就该差异对成本加成率的影响进行合理调整,无法合理调整的,应根据本章规定选择其他合理的转让定价方法。

成本加成法通常适用于有形资产的购销、转让和使用,劳务提供或资金融通的关联交易。

(5)交易净利润法

交易净利润法,是指按照没有关联关系的交易各方进行相同或者类似业务往来取得的净利润水平确定利润的方法①。

交易净利润法以可比非关联交易的利润率指标确定关联交易的净利润。利润率指标包括资产收益率、销售利润率、完全成本加成率、贝里比率等②。

可比性分析应特别考察关联交易与非关联交易之间在功能风险及经济环境上的差异以及影响营业利润的其他因素,具体包括执行功能、承担风险和使用资产,行业和市场情况,经营规模,经济周期和产品生命周期,成本、费用、所得和资产在各交易间的分摊,会计处理及经营管理效率等。

关联交易与非关联交易之间在以上方面存在重大差异的,应就该差异对营业利润的影响进行合理调整,无法合理调整的,应根据本章规定选择其他合理的转让定价方法。

交易净利润法通常适用于有形资产的购销、转

让和使用,无形资产的转让和使用以及劳务提供等关联交易。

(6)利润分割法

利润分割法,是指将企业与其关联方的合并利润或者亏损在各方之间采用合理标准进行分配的方法③。

利润分割法根据企业与其关联方对关联交易合并利润的贡献计算各自应该分配的利润额。利润分割法分为一般利润分割法和剩余利润分割法④。

一般利润分割法根据关联交易各参与方所执行的功能、承担的风险以及使用的资产,确定各自应取得的利润。

剩余利润分割法将关联交易各参与方的合并利润减去分配给各方的常规利润的余额作为剩余利润,再根据各方对剩余利润的贡献程度进行分配。

可比性分析应特别考察交易各方执行的功能、承担的风险和使用的资产,成本、费用、所得和资产在各交易方之间的分摊,会计处理,确定交易各方对剩余利润贡献所使用信息和假设条件的可靠性等。

利润分割法通常适用于各参与方关联交易高度整合且难以单独评估各方交易结果的情况。

7.6.1.3　转让定价调查与调整

税务机关有权依据税收征管法及其实施细则有关税务检查的规定,确定调查企业,进行转让定价调查、调整。被调查企业必须据实报告其关联交易情况,并提供相关资料,不得拒绝或隐瞒⑤。

(1)转让定价调查的重点对象⑥

转让定价调查应重点选择以下企业:

①关联交易数额较大或类型较多的企业;

① 《中华人民共和国企业所得税法实施条例》(中华人民共和国国务院令第 512 号,2007 年 12 月 6 日)第一百一十一条。
② 《国家税务总局关于印发〈特别纳税调整实施办法(试行)〉的通知》(国税发[2009]2 号,2009 年 1 月 8 日)。
③ 《中华人民共和国企业所得税法实施条例》(中华人民共和国国务院令第 512 号,2007 年 12 月 6 日)第一百一十一条。
④ 《国家税务总局关于印发〈特别纳税调整实施办法(试行)〉的通知》(国税发[2009]2 号,2009 年 1 月 8 日)。
⑤ 《国家税务总局关于印发〈特别纳税调整实施办法(试行)〉的通知》(国税发[2009]2 号,2009 年 1 月 8 日)。
⑥ 《国家税务总局关于印发〈特别纳税调整实施办法(试行)〉的通知》(国税发[2009]2 号,2009 年 1 月 8 日)。

②长期亏损、微利或跳跃性盈利的企业;

③低于同行业利润水平的企业;

④利润水平与其所承担的功能风险明显不相匹配的企业;

⑤与避税港关联方发生业务往来的企业;

⑥未按规定进行关联申报或准备同期资料的企业;

⑦其他明显违背独立交易原则的企业。

实际税负相同的境内关联方之间的交易,只要该交易没有直接或间接导致国家总体税收收入的减少,原则上不做转让定价调查、调整。

(2)转让定价调查的程序①

①税务机关应结合日常征管工作,开展案头审核,确定调查企业。案头审核应主要根据被调查企业历年报送的年度所得税申报资料及关联业务往来报告表等纳税资料,对企业的生产经营状况、关联交易等情况进行综合评估分析。

企业可以在案头审核阶段向税务机关提供同期资料。

②税务机关对已确定的调查对象,应根据企业所得税法第六章及其实施条例第六章、税收征管法第四章及其实施细则第六章的规定,实施现场调查。

Ⅰ 现场调查人员须 2 名以上②。

Ⅱ 现场调查时调查人员应出示《税务检查证》,并送达《税务检查通知书》。

Ⅲ 现场调查可根据需要依法定程序采取询问、调取账簿资料和实地核查等方式。

Ⅳ 询问当事人应有专人记录《询问(调查)笔录》,并告知当事人不如实提供情况应当承担的法律责任。《询问(调查)笔录》应交当事人核对确认。

Ⅴ 需调取账簿及有关资料的,应按照征管法实施细则第八十六条的规定,填制《调取账簿资料通知书》、《调取账簿资料清单》,办理有关法定手续,调取的账簿、记账凭证等资料,应妥善保管,并按法定时限如数退还。

Ⅵ 实地核查过程中发现的问题和情况,由调查人员填写《询问(调查)笔录》。《询问(调查)笔录》应由 2 名以上调查人员签字,并根据需要由被调查企业核对确认,若被调查企业拒绝,可由 2 名以上调查人员签认备案。

Ⅶ 可以以记录、录音、录像、照相和复制的方式索取与案件有关的资料,但必须注明原件的保存方及出处,由原件保存或提供方核对签注"与原件核对无误"字样,并盖章或押印。

Ⅷ 需要证人作证的,应事先告知证人不如实提供情况应当承担的法律责任。证人的证言材料应由本人签字或押印。

③根据企业所得税法第四十三条第二款及税法实施条例第一百一十四条的规定,税务机关在实施转让定价调查时,有权要求企业及其关联方,以及与关联业务调查有关的其他企业(简称可比企业)提供相关资料,并送达《税务事项通知书》。

Ⅰ 企业应在《税务事项通知书》规定的期限内提供相关资料,因特殊情况不能按期提供的,应向税务机关提交书面延期申请,经批准,可以延期提供,但最长不得超过 30 日。税务机关应自收到企业延期申请之日起 15 日内函复,逾期未函复的,视同税务机关已同意企业的延期申请。

Ⅱ 企业的关联方以及可比企业应在与税务机关约定的期限内提供相关资料,约定期限一般不应超过 60 日。企业、关联方及可比企业应按税务机关要求提供真实、完整的相关资料。

④税务机关应按规定,核实企业申报信息,并要求企业填制《企业可比性因素分析表》。税务机关在企业关联申报和提供资料的基础上,填制《企业关联关系认定表》、《企业关联交易认定表》和《企业可比性因素分析认定表》,并由被调查企业核对确认。

---

① 《国家税务总局关于印发〈特别纳税调整实施办法(试行)〉的通知》(国税发[2009]2 号,2009 年 1 月 8 日)。

② 《国家税务总局关于印发〈特别纳税调整实施办法(试行)〉的通知》(国税发[2009]2 号,2009 年 1 月 8 日)。

⑤转让定价调查涉及向关联方和可比企业调查取证的，税务机关向企业送达《税务检查通知书》，进行调查取证。

⑥税务机关审核企业、关联方及可比企业提供的相关资料，可采用现场调查、发函协查和查阅公开信息等方式核实。需取得境外有关资料的，可按有关规定启动税收协定的情报交换程序，或通过我驻外机构调查收集有关信息。涉及境外关联方的相关资料，税务机关也可要求企业提供公证机构的证明。

⑦税务机关应选用规定的转让定价方法分析、评估企业关联交易是否符合独立交易原则，分析评估时可以使用公开信息资料，也可以使用非公开信息资料。

⑧税务机关分析、评估企业关联交易时，因企业与可比企业营运资本占用不同而对营业利润产生的差异原则上不做调整。确需调整的，须层报国家税务总局批准。

⑨按照关联方订单从事加工制造，不承担经营决策、产品研发、销售等功能的企业，不应承担由于决策失误、开工不足、产品滞销等原因带来的风险和损失，通常应保持一定的利润率水平。对出现亏损的企业，税务机关应在经济分析的基础上，选择适当的可比价格或可比企业，确定企业的利润水平。

⑩企业与关联方之间收取价款与支付价款的交易相互抵消的，税务机关在可比性分析和纳税调整时，原则上应还原抵消交易。

⑪税务机关采用四分位法分析、评估企业利润水平时，企业利润水平低于可比企业利润率区间中位值的，原则上应按照不低于中位值进行调整。

⑫经调查，企业关联交易符合独立交易原则的，税务机关应做出转让定价调查结论，并向企业送达《特别纳税调查结论通知书》。

⑬经调查，企业关联交易不符合独立交易原则而减少其应纳税收入或者所得额的，税务机关应按以下程序实施转让定价纳税调整：

Ⅰ 在测算、论证和可比性分析的基础上，拟定特别纳税调查初步调整方案；

Ⅱ 根据初步调整方案与企业协商谈判，税企双方均应指定主谈人，调查人员应做好《协商内容记录》，并由双方主谈人签字确认，若企业拒签，可由2名以上调查人员签认备案；

Ⅲ 企业对初步调整方案有异议的，应在税务机关规定的期限内进一步提供相关资料，税务机关收到资料后，应认真审核，并及时做出审议决定；

Ⅳ 根据审议决定，向企业送达《特别纳税调查初步调整通知书》，企业对初步调整意见有异议的，应自收到通知书之日起7日内书面提出，税务机关收到企业意见后，应再次协商审议；企业逾期未提出异议的，视为同意初步调整意见；

Ⅴ 确定最终调整方案，向企业送达《特别纳税调查调整通知书》。

⑭企业收到《特别纳税调查调整通知书》后，应按规定期限缴纳税款及利息。

⑮税务机关对企业实施转让定价纳税调整后，应自企业被调整的最后年度的下一年度起5年内实施跟踪管理。在跟踪管理期内，企业应在跟踪年度的次年6月20日之前向税务机关提供跟踪年度的同期资料，税务机关根据同期资料和纳税申报资料重点分析、评估以下内容：

Ⅰ 企业投资、经营状况及其变化情况；

Ⅱ 企业纳税申报额变化情况；

Ⅲ 企业经营成果变化情况；

Ⅳ 关联交易变化情况等。

税务机关在跟踪管理期内发现企业转让定价异常等情况，应及时与企业沟通，要求企业自行调整，或按照规定开展转让定价调查调整。

2008年1月1日以后结案的转让定价调整案件，税务机关应自企业被调整的最后年度的下一年度起5年内实施跟踪管理①。

---

① 《国家税务总局关于加强转让定价跟踪管理有关问题的通知》（国税函〔2009〕188号，2009年4月16日）。

跟踪管理期内,涉及 2008 年度的转让定价调整,企业应在 2009 年 12 月 31 日之前向税务机关提供年度同期资料;涉及 2009 年及以后年度的转让定价调整,企业应在跟踪年度的次年 6 月 20 日之前向税务机关提供年度同期资料。税务机关应根据同期资料和纳税申报资料做好分析、评估工作①。

税务机关应建立健全转让定价跟踪管理监控机制,对于在跟踪管理年度提出谈签预约定价安排申请的企业,在预约定价安排正式签署之前,税务机关应严格按照转让定价调整方案,对企业的关联交易实施跟踪管理,防止企业利润下滑保证税款及时足额入库②。

(3)转让定价调整后相关税收处理③

对企业与其境外关联企业之间的业务往来转让定价调增的应纳税所得(不含利息、租金或特许权使用费等所得),若企业未通过相应调整程序作相应账务调整的,其境外关联企业取得的超过没有关联关系所应取得的数额部分,应视同股息分配征收所得税。

对企业与其境外关联企业之间的业务往来转让定价调减的应纳税所得如为利息、租金或特许权使用费等,不得调整已扣缴的所得税。

7.6.1.4 成本分摊协议

(1)成本分摊协议的概念及适用范围

①企业与其关联方共同开发、受让无形资产,或者共同提供、接受劳务发生的成本,在计算应纳税所得额时应当按照独立交易原则进行分摊④。

②企业可以依照上述规定,按照独立交易原则与其关联方分摊共同发生的成本,达成成本分摊协议。企业与其关联方分摊成本时,应当按照成本与预期收益相配比的原则进行分摊,并在税务机关规定的期限内,按照税务机关的要求报送有关资料。企业与其关联方分摊成本时违反上述规定的,其自行分摊的成本不得在计算应纳税所得额时扣除⑤。

③成本分摊协议的参与方对开发、受让的无形资产或参与的劳务活动享有受益权,并承担相应的活动成本。关联方承担的成本应与非关联方在可比条件下为获得上述受益权而支付的成本相一致。参与方使用成本分摊协议所开发或受让的无形资产不需另支付特许权使用费⑥。

④企业对成本分摊协议所涉及无形资产或劳务的受益权应有合理的、可计量的预期收益,且以合理商业假设和营业常规为基础⑦。

⑤涉及劳务的成本分摊协议一般适用于集团采购和集团营销策划⑧。

(2)成本分摊协议的内容

成本分摊协议主要包括以下内容⑨:

①参与方的名称、所在国家(地区)、关联关系、在协议中的权利和义务;

②成本分摊协议所涉及的无形资产或劳务的内容、范围,协议涉及研发或劳务活动的具体承担者及其职责、任务;

③协议期限;

④参与方预期收益的计算方法和假设;

⑤参与方初始投入和后续成本支付的金额、形

---

① 《国家税务总局关于加强转让定价跟踪管理有关问题的通知》(国税函[2009]188 号,2009 年 4 月 16 日)。
② 《国家税务总局关于加强转让定价跟踪管理有关问题的通知》(国税函[2009]188 号,2009 年 4 月 16 日)。
③ 《国家税务总局关于关联企业间业务往来转让定价税收管理有关问题的通知》(国税函[2006]901 号,2006 年 9 月 28 日)。根据《国家税务总局关于公布现行有效的税收规范性文件目录的公告》(国家税务总局公告 2010 年第 26 号),国税函[2006]901 号仍属有效,但其中有关外资企业所得税法的内容,本书在收录时进行了删节。
④ 《中华人民共和国企业所得税法》(2007 年 3 月 16 日第十届全国人民代表大会第五次会议通过,中华人民共和国主席令第六十三号公布)第四十一条。
⑤ 《中华人民共和国企业所得税法实施条例》(中华人民共和国国务院令第 512 号,2007 年 12 月 6 日)第一百一十二条。
⑥ 《国家税务总局关于印发〈特别纳税调整实施办法(试行)〉的通知》(国税发[2009]2 号,2009 年 1 月 8 日)。
⑦ 《国家税务总局关于印发〈特别纳税调整实施办法(试行)〉的通知》(国税发[2009]2 号,2009 年 1 月 8 日)。
⑧ 《国家税务总局关于印发〈特别纳税调整实施办法(试行)〉的通知》(国税发[2009]2 号,2009 年 1 月 8 日)。
⑨ 《国家税务总局关于印发〈特别纳税调整实施办法(试行)〉的通知》(国税发[2009]2 号,2009 年 1 月 8 日)。

式、价值确认的方法以及符合独立交易原则的说明；

⑥参与方会计方法的运用及变更说明；

⑦参与方加入或退出协议的程序及处理规定；

⑧参与方之间补偿支付的条件及处理规定；

⑨协议变更或终止的条件及处理规定；

⑩非参与方使用协议成果的规定。

（3）成本分摊协议的管理①

①企业可根据预约定价安排的相关规定采取预约定价安排的方式达成成本分摊协议。

②企业应自成本分摊协议达成之日起 30 日内，层报国家税务总局备案。税务机关判定成本分摊协议是否符合独立交易原则须层报国家税务总局审核。

③对于符合独立交易原则的成本分摊协议，有关税务处理如下：

Ⅰ 企业按照协议分摊的成本，应在协议规定的各年度税前扣除；

Ⅱ 涉及补偿调整的，应在补偿调整的年度计入应纳税所得额；

Ⅲ 涉及无形资产的成本分摊协议，加入支付、退出补偿或终止协议时对协议成果分配的，应按资产购置或处置的有关规定处理。

④成本分摊协议执行期间，参与方实际分享的收益与分摊的成本不相配比的，应根据实际情况做出补偿调整。

（4）成本分摊协议的变更或终止②

已经执行并形成一定资产的成本分摊协议，参与方发生变更或协议终止执行，应根据独立交易原则做如下处理：

①加入支付，即新参与方为获得已有协议成果的受益权应做出合理的支付；

②退出补偿，即原参与方退出协议安排，将已有协议成果的受益权转让给其他参与方应获得合理的补偿；

③协议终止时，各参与方应对已有协议成果做出合理分配。

企业不按独立交易原则对上述情况做出处理而减少其应纳税所得额的，税务机关有权做出调整。

（5）成本分摊协议的同期资料③

企业执行成本分摊协议期间，除遵照关于关联业务申报同期资料的规定外，还应准备和保存以下成本分摊协议的同期资料：

①成本分摊协议副本；

②成本分摊协议各参与方之间达成的为实施该协议的其他协议；

③非参与方使用协议成果的情况、支付的金额及形式；

④本年度成本分摊协议的参与方加入或退出的情况，包括加入或退出的参与方名称、所在国家（地区）、关联关系，加入支付或退出补偿的金额及形式；

⑤成本分摊协议的变更或终止情况，包括变更或终止的原因、对已形成协议成果的处理或分配；

⑥本年度按照成本分摊协议发生的成本总额及构成情况；

⑦本年度各参与方成本分摊的情况，包括成本支付的金额、形式、对象，做出或接受补偿支付的金额、形式、对象；

⑧本年度协议预期收益与实际结果的比较及由此做出的调整。

企业执行成本分摊协议期间，无论成本分摊协议是否采取预约定价安排的方式，均应在本年度的次年 6 月 20 日之前向税务机关提供成本分摊协议的同期资料。

（6）成本分摊协议分摊成本不得扣除的情形④

---

① 《国家税务总局关于印发〈特别纳税调整实施办法（试行）〉的通知》（国税发［2009］2 号，2009 年 1 月 8 日）。

② 《国家税务总局关于印发〈特别纳税调整实施办法（试行）〉的通知》（国税发［2009］2 号，2009 年 1 月 8 日）。

③ 《国家税务总局关于印发〈特别纳税调整实施办法（试行）〉的通知》（国税发［2009］2 号，2009 年 1 月 8 日）。

④ 《国家税务总局关于印发〈特别纳税调整实施办法（试行）〉的通知》（国税发［2009］2 号，2009 年 1 月 8 日）。

企业与其关联方签署成本分摊协议,有下列情形之一的,其自行分摊的成本不得税前扣除:

①不具有合理商业目的和经济实质;

②不符合独立交易原则;

③没有遵循成本与收益配比原则;

④未按上述有关规定备案或准备、保存和提供有关成本分摊协议的同期资料;

⑤自签署成本分摊协议之日起经营期限少于20年。

(7)农村信用社省级联合社收取服务费有关成本分摊的税收处理①

自2009年1月1日起,省联社每年发生的服务性支出有关企业所得税处理,按以下办法执行:

①省联社每年度为履行其职能所发生的各项费用支出,包括人员费用、办公费用、差旅费、利息支出、研究与开发费以及固定资产折旧费、无形资产摊销费等,应统一归集,作为其基层社共同发生的费用,按合理比例分摊后由基层社税前扣除。

以上所指每年度固定资产折旧费、无形资产摊销费是指省联社购置的固定资产和无形资产按照税法规定每年度应提取的折旧额或摊销额。

②省联社发生的本年度各项费用,在分摊时,应根据本年度实际发生数,按照以下公式,分摊给其各基层社:

各基层社本年度应分摊的费用=省联社本年度发生的各项费用×本年度该基层社营业收入/本年度各基层社营业总收入

省联社由于特殊情况需要改变上述分摊方法的,由省联社提出申请,经省级税务机关确认后执行。

省联社分摊给各基层社的上述费用,在按季或按月申报预缴所得税时,可以按季或按月计算扣

除,年度汇算。

③省联社每年制定费用分摊方案后,应报省级国家税务局确认后执行。各省级国家税务局根据上述规定,实施具体管理。

④2009年1月1日前,经国家税务总局批准,有关省联社已向基层社收取专项资金购买固定资产、无形资产等,凡该项资金已按税务总局单项批复由各基层社分摊在税前扣除的,其相应资产不得再按照上述办法规定重复提取折旧费、摊销费,并向基层社分摊扣除。各基层社交付给省联社的上述专项资金的税务处理,仍按照国家税务总局已批准的专项文件规定继续执行到期满。

⑤省联社自身从事其他业务取得收入所发生的相应费用,应该单独核算,不能作为基层社共同发生的费用进行分摊。

⑥地市与县联社发生上述共同费用的税务处理,也应按照以上规定执行。

7.6.1.5 预约定价安排

(1)预约定价安排的内涵及适用范围

①预约定价安排的内涵

企业可以向税务机关提出与其关联方之间业务往来的定价原则和计算方法,税务机关与企业协商、确认后,达成预约定价安排②。

预约定价安排,是指企业就其未来年度关联交易的定价原则和计算方法,向税务机关提出申请,与税务机关按照独立交易原则协商、确认后达成的协议③。

预约定价安排的谈签与执行通常经过预备会谈、正式申请、审核评估、磋商、签订安排和监控执行6个阶段。预约定价安排包括单边、双边和多边3种类型④。

① 《国家税务总局关于农村信用社省级联合社收取服务费有关企业所得税税务处理问题的通知》(国税函[2010]80号,2010年2月22日)。

② 《中华人民共和国企业所得税法》(2007年3月16日第十届全国人民代表大会第五次会议通过,中华人民共和国主席令第六十三号公布)第四十二条。

③ 《中华人民共和国企业所得税法实施条例》(中华人民共和国国务院令第512号,2007年12月6日)第一百一十三条。

④ 《国家税务总局关于印发〈特别纳税调整实施办法(试行)〉的通知》(国税发[2009]2号,2009年1月8日)。

②预约定价安排适用的企业范围①

预约定价安排一般适用于同时满足以下条件的企业：

Ⅰ 年度发生的关联交易金额在 4000 万元人民币以上；

Ⅱ 依法履行关联申报义务；

Ⅲ 按规定准备、保存和提供同期资料。

③预约定价安排适用的关联交易范围②

预约定价安排适用于自企业提交正式书面申请年度的次年起 3 至 5 个连续年度的关联交易。

预约定价安排的谈签不影响税务机关对企业提交预约定价安排正式书面申请当年或以前年度关联交易的转让定价调查调整。

如果企业申请当年或以前年度的关联交易与预约定价安排适用年度相同或类似，经企业申请，税务机关批准，可将预约定价安排确定的定价原则和计算方法适用于申请当年或以前年度关联交易的评估和调整。

（2）预约定价安排的谈签③

①受理

预约定价安排应由设区的市、自治州以上的税务机关受理。

②预备会谈

企业正式申请谈签预约定价安排前，应向税务机关书面提出谈签意向，税务机关可以根据企业的书面要求，与企业就预约定价安排的相关内容及达成预约定价安排的可行性开展预备会谈，并填制《预约定价安排会谈记录》。预备会谈可以采用匿名的方式。

Ⅰ 企业申请单边预约定价安排的，应向税务机关书面提出谈签意向。在预备会谈期间，企业应就以下内容提供资料，并与税务机关进行讨论：

ⅰ 安排的适用年度；

ⅱ 安排涉及的关联方及关联交易；

ⅲ 企业以前年度生产经营情况；

ⅳ 安排涉及各关联方功能和风险的说明；

ⅴ 是否应用安排确定的方法解决以前年度的转让定价问题；

ⅵ 其他需要说明的情况。

Ⅱ 企业申请双边或多边预约定价安排的，应同时向国家税务总局和主管税务机关书面提出谈签意向，国家税务总局组织与企业开展预备会谈，预备会谈的内容除上述Ⅰ项外，还应特别包括：

ⅰ 向税收协定缔约对方税务主管当局提出预备会谈申请的情况；

ⅱ 安排涉及的关联方以前年度生产经营情况及关联交易情况；

ⅲ 向税收协定缔约对方税务主管当局提出的预约定价安排拟采用的定价原则和计算方法。

Ⅲ 预备会谈达成一致意见的，税务机关应自达成一致意见之日起 15 日内书面通知企业，可以就预约定价安排相关事宜进行正式谈判，并向企业送达《预约定价安排正式会谈通知书》；预备会谈不能达成一致意见的，税务机关应自最后一次预备会谈结束之日起 15 日内书面通知企业，向企业送达《拒绝企业申请预约定价安排通知书》，拒绝企业申请预约定价安排，并说明理由。

③正式申请

企业应在接到税务机关正式会谈通知之日起 3 个月内，向税务机关提出预约定价安排书面申请报告，并报送《预约定价安排正式申请书》。企业申请双边或多边预约定价安排的，应将《预约定价安排正式申请书》和《启动相互协商程序申请书》同时报送国家税务总局和主管税务机关。

Ⅰ 预约定价安排书面申请报告应包括如下内容：

ⅰ 相关的集团组织架构、公司内部结构、关联关系、关联交易情况；

ⅱ 企业近三年财务、会计报表资料，产品功能

---

① 《国家税务总局关于印发〈特别纳税调整实施办法（试行）〉的通知》（国税发〔2009〕2 号，2009 年 1 月 8 日）。

② 《国家税务总局关于印发〈特别纳税调整实施办法（试行）〉的通知》（国税发〔2009〕2 号，2009 年 1 月 8 日）。

③ 《国家税务总局关于印发〈特别纳税调整实施办法（试行）〉的通知》（国税发〔2009〕2 号，2009 年 1 月 8 日）。

和资产(包括无形资产和有形资产)的资料;

ⅲ 安排所涉及的关联交易类别和纳税年度;

ⅳ 关联方之间功能和风险划分,包括划分所依据的机构、人员、费用、资产等;

ⅴ 安排适用的转让定价原则和计算方法,以及支持这一原则和方法的功能风险分析、可比性分析和假设条件等;

ⅵ 市场情况的说明,包括行业发展趋势和竞争环境;

ⅶ 安排预约期间的年度经营规模、经营效益预测以及经营规划等;

ⅷ 与安排有关的关联交易、经营安排及利润水平等财务方面的信息;

ⅸ 是否涉及双重征税等问题;

ⅹ 涉及境内、外有关法律、税收协定等相关问题。

Ⅱ 企业因下列特殊原因无法按期提交书面申请报告的,可向税务机关提出书面延期申请,并报送《预约定价安排正式申请延期报送申请书》:

ⅰ 需要特别准备某些方面的资料;

ⅱ 需要对资料做技术上的处理,如文字翻译等;

ⅲ 其他非主观原因。

税务机关应自收到企业书面延期申请后15日内,对其延期事项做出书面答复,并向企业送达《预约定价安排正式申请延期报送答复书》。逾期未做出答复的,视同税务机关已同意企业的延期申请。

Ⅲ 上述申请内容所涉及的文件资料和情况说明,包括能够支持拟选用的定价原则、计算方法和能证实符合预约定价安排条件的所有文件资料,企业和税务机关均应妥善保存。

④审核评估

税务机关应自收到企业提交的预约定价安排正式书面申请及所需文件、资料之日起5个月内,进行审核和评估。根据审核和评估的具体情况可要求企业补充提供有关资料,形成审核评估结论。因特殊情况,需要延长审核评估时间的,税务机关应及时书面通知企业,并向企业送达《预约定价安排审核评估延期通知书》,延长期限不得超过3个月。

税务机关应主要审核和评估以下内容:

Ⅰ 历史经营状况,分析、评估企业的经营规划、发展趋势、经营范围等文件资料,重点审核可行性研究报告、投资预(决)算、董事会决议等,综合分析反映经营业绩的有关信息和资料,如财务、会计报表、审计报告等。

Ⅱ 功能和风险状况,分析、评估企业与其关联方之间在供货、生产、运输、销售等各环节以及在研究、开发无形资产等方面各自所拥有的份额,执行的功能以及在存货、信贷、外汇、市场等方面所承担的风险。

Ⅲ 可比信息,分析、评估企业提供的境内、外可比价格信息,说明可比企业和申请企业之间的实质性差异,并进行调整。若不能确认可比交易或经营活动的合理性,应明确企业须进一步提供的有关文件、资料,以证明其所选用的转让定价原则和计算方法公平地反映了被审核的关联交易和经营现状,并得到相关财务、经营等资料的证实。

Ⅳ 假设条件,分析、评估对行业盈利能力和对企业生产经营的影响因素及其影响程度,合理确定预约定价安排适用的假设条件。

Ⅴ 转让定价原则和计算方法,分析、评估企业在预约定价安排中选用的转让定价原则和计算方法是否以及如何真实地运用于以前、现在和未来年度的关联交易以及相关财务、经营资料之中,是否符合法律、法规的规定。

Ⅵ 预期的公平交易价格或利润区间,通过对确定的可比价格、利润率、可比企业交易等情况的进一步审核和评估,测算出税务机关和企业均可接受的价格或利润区间。

⑤磋商

税务机关应自单边预约定价安排形成审核评估结论之日起30日内,与企业进行预约定价安排磋商,磋商达成一致的,应将预约定价安排草案和审核评估报告一并层报国家税务总局审定。

国家税务总局与税收协定缔约对方税务主管当局开展双边或多边预约定价安排的磋商,磋商达成一致的,根据磋商备忘录拟定预约定价安排草案。

预约定价安排草案应包括如下内容:

Ⅰ　关联方名称、地址等基本信息;

Ⅱ　安排涉及的关联交易及适用年度;

Ⅲ　安排选定的可比价格或交易、转让定价原则和计算方法、预期经营结果等;

Ⅳ　与转让定价方法运用和计算基础相关的术语定义;

Ⅴ　假设条件;

Ⅵ　企业年度报告、记录保存、假设条件变动通知等义务;

Ⅶ　安排的法律效力,文件资料等信息的保密性;

Ⅷ　相互责任条款;

Ⅸ　安排的修订;

Ⅹ　解决争议的方法和途径;

Ⅺ　生效日期;

Ⅻ　附则。

⑥签订安排

税务机关与企业就单边预约定价安排草案内容达成一致后,双方的法定代表人或法定代表人授权的代表正式签订单边预约定价安排。国家税务总局与税收协定缔约对方税务主管当局就双边或多边预约定价安排草案内容达成一致后,双方或多方税务主管当局授权的代表正式签订双边或多边预约定价安排。主管税务机关根据双边或多边预约定价安排与企业签订《双边(多边)预约定价安排执行协议书》。

在预约定价安排正式谈判后和预约定价安排签订前,税务机关和企业均可暂停、终止谈判。涉及双边或多边预约定价安排的,经缔约各方税务主管当局协商,可暂停、终止谈判。终止谈判的,双方应将谈判中相互提供的全部资料退还给对方。

⑦监控执行

税务机关应建立监控管理制度,监控预约定价安排的执行情况。

Ⅰ　在预约定价安排执行期内,企业应完整保存与安排有关的文件和资料(包括账簿和有关记录等),不得丢失、销毁和转移;并在纳税年度终了后5个月内,向税务机关报送执行预约定价安排情况的年度报告。

年度报告应说明报告期内经营情况以及企业遵守预约定价安排的情况,包括预约定价安排要求的所有事项,以及是否有修订或实质上终止该预约定价安排的要求。如有未决问题或将要发生的问题,企业应在年度报告中予以说明,以便与税务机关协商是否修订或终止安排。

Ⅱ　在预约定价安排执行期内,税务机关应定期(一般为半年)检查企业履行安排的情况。检查内容主要包括:企业是否遵守了安排条款及要求;为谈签安排而提供的资料和年度报告是否反映了企业的实际经营情况;转让定价方法所依据的资料和计算方法是否正确;安排所描述的假设条件是否仍然有效;企业对转让定价方法的运用是否与假设条件相一致等。

税务机关如发现企业有违反安排的一般情况,可视情况进行处理,直至终止安排;如发现企业存在隐瞒或拒不执行安排的情况,税务机关应认定预约定价安排自始无效。

Ⅲ　在预约定价安排执行期内,如果企业发生实际经营结果不在安排所预期的价格或利润区间之内的情况,税务机关应在报经上一级税务机关核准后,将实际经营结果调整到安排所确定的价格或利润区间内。涉及双边或多边预约定价安排的,应当层报国家税务总局核准。

Ⅳ　在预约定价安排执行期内,企业发生影响预约定价安排的实质性变化,应在发生变化后30日内向税务机关书面报告,详细说明该变化对预约定价安排执行的影响,并附相关资料。由于非主观原因而无法按期报告的,可以延期报告,但延长期不得超过30日。

税务机关应在收到企业书面报告之日起60日内,予以审核和处理,包括审查企业变化情况、与企业协商修订预约定价安排条款和相关条件,或根据实质性变化对预约定价安排的影响程度采取修订或终止安排等措施。原预约定价安排终止执行后,税务机关可以和企业按照本章规定的程序和要求,重新谈签新的预约定价安排。

Ⅴ 国家税务局和地方税务局与企业共同签订的预约定价安排,在执行期内,企业应分别向国家税务局和地方税务局报送执行预约定价安排情况的年度报告和实质性变化报告。国家税务局和地方税务局应对企业执行安排的情况,实行联合检查和审核。

Ⅵ 预约定价安排期满后自动失效。如企业需要续签的,应在预约定价安排执行期满前90日内向税务机关提出续签申请,报送《预约定价安排续签申请书》,并提供可靠的证明材料,说明现行预约定价安排所述事实和相关环境没有发生实质性变化,并且一直遵守该预约定价安排中的各项条款和约定。税务机关应自收到企业续签申请之日起15日内做出是否受理的书面答复,向企业送达《预约定价安排申请续签答复书》。税务机关应审核、评估企业的续签申请资料,与企业协商拟定预约定价安排草案,并按双方商定的续签时间、地点等相关事宜,与企业完成续签工作。

Ⅶ 税务机关与企业达成的预约定价安排,只要企业遵守了安排的全部条款及其要求,各地国家税务局、地方税务局均应执行。

Ⅷ 税务机关应在与企业正式签订单边预约定价安排或双边或多边预约定价安排执行协议书后10日内,以及预约定价安排执行中发生修订、终止等情况后20日内,将单边预约定价安排正式文本、双边或多边预约定价安排执行协议书以及安排变动情况的说明层报国家税务总局备案。

⑧预约定价安排的协调及资料的利用

Ⅰ 预约定价安排的谈签或执行同时涉及两个

以上省、自治区、直辖市和计划单列市税务机关,或者同时涉及国家税务局和地方税务局的,由国家税务总局统一组织协调。企业可以直接向国家税务总局书面提出谈签意向。

Ⅱ 在预约定价安排执行期间,如果税务机关与企业发生分歧,双方应进行协商。协商不能解决的,可报上一级税务机关协调;涉及双边或多边预约定价安排的,须层报国家税务总局协调。对上一级税务机关或国家税务总局的协调结果或决定,下一级税务机关应当予以执行。但企业仍不能接受的,应当终止安排的执行。

Ⅲ 税务机关与企业在预约定价安排预备会谈、正式谈签、审核、分析等全过程中所获取或得到的所有信息资料,双方均负有保密义务。税务机关和企业每次会谈,均应对会谈内容进行书面记录,同时载明每次会谈时相互提供资料的份数和内容,并由双方主谈人员签字或盖章。

Ⅳ 税务机关与企业不能达成预约定价安排的,税务机关在会谈、协商过程中所获取的有关企业的提议、推理、观念和判断等非事实性信息,不得用于以后对该预约定价安排涉及交易行为的税务调查。

7.6.1.6 关联业务申报

(1)关联业务报告

实行查账征收的居民企业和在中国境内设立机构、场所并据实申报缴纳企业所得税的非居民企业向税务机关报送年度企业所得税纳税申报表时,应当就其与关联方之间的业务往来,附送年度关联业务往来报告表,包括《关联关系表》、《关联交易汇总表》、《购销表》、《劳务表》、《无形资产表》、《固定资产表》、《融通资金表》、《对外投资情况表》和《对外支付款项情况表》①。

企业按规定期限报送上述报告表确有困难,需

---

① 《中华人民共和国企业所得税法》(2007年3月16日第十届全国人民代表大会第五次会议通过,中华人民共和国主席令第六十三号公布)第四十三条;《国家税务总局关于印发〈特别纳税调整实施办法(试行)〉的通知》(国税发[2009]2号,2009年1月8日)。年度关联业务往来报告表详见《国家税务总局关于印发〈中华人民共和国企业年度关联业务往来报告表〉的通知》(国税发[2008]114号,2008年12月5日)。

要延期的,应按征管法及其实施细则的有关规定办理①。

(2)应提供的关联业务资料及其同期资料

①税务机关在进行关联业务调查时,企业及其关联方,以及与关联业务调查有关的其他企业,应当按照规定提供相关资料②。

资料包括③:

Ⅰ 与关联业务往来有关的价格、费用的制定标准、计算方法和说明等同期资料;

Ⅱ 关联业务往来所涉及的财产、财产使用权、劳务等的再销售(转让)价格或者最终销售(转让)价格的相关资料;

Ⅲ 与关联业务调查有关的其他企业应当提供的与被调查企业可比的产品价格、定价方式以及利润水平等资料;

Ⅳ 其他与关联业务往来有关的资料。

与关联业务调查有关的其他企业,是指与被调查企业在生产经营内容和方式上相类似的企业。

企业应当在税务机关规定的期限内提供与关联业务往来有关的价格、费用的制定标准、计算方法和说明等资料。关联方以及与关联业务调查有关的其他企业应当在税务机关与其约定的期限内提供相关资料。

②同期资料

企业应根据上述规定,按纳税年度准备、保存、并按税务机关要求提供其关联交易的同期资料。同期资料主要包括以下内容④:

Ⅰ 组织结构

ⅰ 企业所属的企业集团相关组织结构及股权结构;

ⅱ 企业关联关系的年度变化情况;

ⅲ 与企业发生交易的关联方信息,包括关联企业的名称、法定代表人、董事和经理等高级管理人员构成情况、注册地址及实际经营地址,以及关联个人的名称、国籍、居住地、家庭成员构成等情况,并注明对企业关联交易定价具有直接影响的关联方;

ⅳ 各关联方适用的具有所得税性质的税种、税率及相应可享受的税收优惠。

Ⅱ 生产经营情况

ⅰ 企业的业务概况,包括企业发展变化概况、所处的行业及发展概况、经营策略、产业政策、行业限制等影响企业和行业的主要经济和法律问题,集团产业链以及企业所处地位;

ⅱ 企业的主营业务构成,主营业务收入及其占收入总额的比重,主营业务利润及其占利润总额的比重;

ⅲ 企业所处的行业地位及相关市场竞争环境的分析;

ⅳ 企业内部组织结构,企业及其关联方在关联交易中执行的功能、承担的风险以及使用的资产等相关信息,并参照填写《企业功能风险分析表》(本表及其他特别纳税调整表证单书样式略);

ⅴ 企业集团合并财务报表,可视企业集团会计年度情况延期准备,但最迟不得超过关联交易发生年度的次年 12 月 31 日。

Ⅲ 关联交易情况

ⅰ 关联交易类型、参与方、时间、金额、结算货币、交易条件等;

ⅱ 关联交易所采用的贸易方式、年度变化情况及其理由;

ⅲ 关联交易的业务流程,包括各个环节的信息流、物流和资金流,与非关联交易业务流程的异同;

ⅳ 关联交易所涉及的无形资产及其对定价的影响;

① 《国家税务总局关于印发〈特别纳税调整实施办法(试行)〉的通知》(国税发[2009]2 号,2009 年 1 月 8 日)。
② 《中华人民共和国企业所得税法》(2007 年 3 月 16 日第十届全国人民代表大会第五次会议通过,中华人民共和国主席令第六十三号公布)第四十三条。
③ 《中华人民共和国企业所得税法实施条例》(中华人民共和国国务院令第 512 号,2007 年 12 月 6 日)第一百一十四条。
④ 《国家税务总局关于印发〈特别纳税调整实施办法(试行)〉的通知》(国税发[2009]2 号,2009 年 1 月 8 日)。

ⅴ 与关联交易相关的合同或协议副本及其履行情况的说明;

ⅵ 对影响关联交易定价的主要经济和法律因素的分析;

ⅶ 关联交易和非关联交易的收入、成本、费用和利润的划分情况,不能直接划分的,按照合理比例划分,说明确定该划分比例的理由,并参照填写《企业年度关联交易财务状况分析表》。

Ⅳ 可比性分析

ⅰ 可比性分析所考虑的因素,包括交易资产或劳务特性、交易各方功能和风险、合同条款、经济环境、经营策略等;

ⅱ 可比企业执行的功能、承担的风险以及使用的资产等相关信息;

ⅲ 可比交易的说明,如:有形资产的物理特性、质量及其效用;融资业务的正常利率水平、金额、币种、期限、担保、融资人的资信、还款方式、计息方法等;劳务的性质与程度;无形资产的类型及交易形式,通过交易获得的使用无形资产的权利,使用无形资产获得的收益;

ⅳ 可比信息来源、选择条件及理由;

ⅴ 可比数据的差异调整及理由。

Ⅴ 转让定价方法的选择和使用

ⅰ 转让定价方法的选用及理由,企业选择利润法时,须说明对企业集团整体利润或剩余利润水平所作的贡献;

ⅱ 可比信息如何支持所选用的转让定价方法;

ⅲ 确定可比非关联交易价格或利润的过程中所做的假设和判断;

ⅳ 运用合理的转让定价方法和可比性分析结果,确定可比非关联交易价格或利润,以及遵循独立交易原则的说明;

ⅴ 其他支持所选用转让定价方法的资料。

③免于准备同期资料

属于下列情形之一的企业,可免于准备同期资料①:

Ⅰ 年度发生的关联购销金额(来料加工业务按年度进出口报关价格计算)在 2 亿元人民币以下且其他关联交易金额(关联融通资金按利息收付金额计算)在 4000 万元人民币以下,上述金额不包括企业在年度内执行成本分摊协议或预约定价安排所涉及的关联交易金额;

Ⅱ 关联交易属于执行预约定价安排所涉及的范围;

Ⅲ 外资股份低于 50% 且仅与境内关联方发生关联交易。

④同期资料的提供②

Ⅰ 除成本分摊协议外,企业应在关联交易发生年度的次年 5 月 31 日之前准备完毕该年度同期资料,并自税务机关要求之日起 20 日内提供。

Ⅱ 企业因不可抗力无法按期提供同期资料的,应在不可抗力消除后 20 日内提供同期资料。

Ⅲ 企业按照税务机关要求提供的同期资料,须加盖公章,并由法定代表人或法定代表人授权的代表签字或盖章。同期资料涉及引用的信息资料,应标明出处来源。

Ⅳ 企业因合并、分立等原因变更或注销税务登记的,应由合并、分立后的企业保存同期资料。

Ⅴ 同期资料应使用中文。如原始资料为外文的,应附送中文副本。

Ⅵ 同期资料应自企业关联交易发生年度的次年 6 月 1 日起保存 10 年。

(3)关联企业应纳税所得额的核定

企业不提供与其关联方之间业务往来资料,或者提供虚假、不完整资料,未能真实反映其关联业务往来情况的,税务机关有权依法核定其应纳税所

---

① 《国家税务总局关于印发〈特别纳税调整实施办法(试行)〉的通知》(国税发〔2009〕2 号,2009 年 1 月 8 日)。
② 《国家税务总局关于印发〈特别纳税调整实施办法(试行)〉的通知》(国税发〔2009〕2 号,2009 年 1 月 8 日)。

得额①。

税务机关核定企业的应纳税所得额时,可以采用下列方法②:

①参照同类或者类似企业的利润率水平核定;

②按照企业成本加合理的费用和利润的方法核定;

③按照关联企业集团整体利润的合理比例核定;

④按照其他合理方法核定。

企业对税务机关按照上述规定的方法核定的应纳税所得额有异议的,应当提供相关证据,经税务机关认定后,调整核定的应纳税所得额。

7.6.2　其他特别纳税调整

7.6.2.1　受控外国企业特别纳税调整

（1）受控外国企业的界定

由居民企业,或者由居民企业和中国居民控制的设立在实际税负低于 12.5% 税率水平③的国家（地区）的企业,并非由于合理的经营需要而对利润不作分配或者减少分配的,上述利润中应归属于该居民企业的部分,应当计入该居民企业的当期收入④。

受控外国企业是指根据上述规定,由居民企业,或者由居民企业和居民个人（以下统称中国居民股东,包括中国居民企业股东和中国居民个人股东）控制的设立在实际税负低于 12.5% 税率水平的国家（地区）,并非出于合理经营需要对利润不作分配或减少分配的外国企业⑤。

（2）与受控外国企业相关的概念界定

①中国居民

中国居民,是指根据《中华人民共和国个人所得税法》的规定,就其从中国境内、境外取得的所得在中国缴纳个人所得税的个人⑥。

②控制

控制,是指在股份、资金、经营、购销等方面构成实质控制。控制,包括:

Ⅰ 居民企业或者中国居民直接或者间接单一持有外国企业 10% 以上有表决权股份,且由其共同持有该外国企业 50% 以上股份,即由中国居民股东在纳税年度任何一天单层直接或多层间接单一持有外国企业 10% 以上有表决权股份,且共同持有该外国企业 50% 以上股份,中国居民股东多层间接持有股份按各层持股比例相乘计算,中间层持有股份超过 50% 的,按 100% 计算⑦;

Ⅱ 居民企业,或者居民企业和中国居民持股比例没有达到第 Ⅰ 项规定的标准,但在股份、资金、经营、购销等方面对该外国企业构成实质控制⑧。

（3）对外投资信息报送及审核⑨

①中国居民企业股东应在年度企业所得税纳税申报时提供对外投资信息,附送《对外投资情况表》。

②税务机关应汇总、审核中国居民企业股东申报的对外投资信息,向受控外国企业的中国居民企业股东送达《受控外国企业中国居民股东确认通知书》。中国居民企业股东符合所得税法第四十五条征税条件的,按照有关规定征税。

①《中华人民共和国企业所得税法》(2007 年 3 月 16 日第十届全国人民代表大会第五次会议通过,中华人民共和国主席令第六十三号公布)第四十四条。
②《中华人民共和国企业所得税法实施条例》(中华人民共和国国务院令第 512 号,2007 年 12 月 6 日)第一百一十五条。
③《中华人民共和国企业所得税法实施条例》(中华人民共和国国务院令第 512 号,2007 年 12 月 6 日)第一百一十八条。
④《中华人民共和国企业所得税法》(2007 年 3 月 16 日第十届全国人民代表大会第五次会议通过,中华人民共和国主席令第六十三号公布)第四十五条。
⑤《国家税务总局关于印发〈特别纳税调整实施办法(试行)〉的通知》(国税发[2009]2 号,2009 年 1 月 8 日)。
⑥《中华人民共和国企业所得税法实施条例》(中华人民共和国国务院令第 512 号,2007 年 12 月 6 日)第一百一十六条。
⑦《中华人民共和国企业所得税法实施条例》(中华人民共和国国务院令第 512 号,2007 年 12 月 6 日)第一百一十七条;《国家税务总局关于印发〈特别纳税调整实施办法(试行)〉的通知》(国税发[2009]2 号,2009 年 1 月 8 日)。
⑧《中华人民共和国企业所得税法实施条例》(中华人民共和国国务院令第 512 号,2007 年 12 月 6 日)第一百一十七条。
⑨《国家税务总局关于印发〈特别纳税调整实施办法(试行)〉的通知》(国税发[2009]2 号,2009 年 1 月 8 日)。

（4）受控外国企业征税规定①

①中国居民企业股东当期所得的计算

Ⅰ 计入中国居民企业股东当期的视同受控外国企业股息分配的所得,应按以下公式计算:

中国居民企业股东当期所得＝视同股息分配额×实际持股天数÷受控外国企业纳税年度天数×股东持股比例

中国居民股东多层间接持有股份的,股东持股比例按各层持股比例相乘计算。

Ⅱ 受控外国企业与中国居民企业股东纳税年度存在差异的,应将视同股息分配所得计入受控外国企业纳税年度终止日所属的中国居民企业股东的纳税年度。

Ⅲ 计入中国居民企业股东当期所得已在境外缴纳的企业所得税税款,可按照所得税法或税收协定的有关规定抵免。

Ⅳ 受控外国企业实际分配的利润已根据所得税法关于受控外国企业征税规定征税的,不再计入中国居民企业股东的当期所得。

（5）受控外国企业免予征税规定②

中国居民企业股东能够提供资料证明其控制的外国企业满足以下条件之一的,可免予将外国企业不作分配或减少分配的利润视同股息分配额,计入中国居民企业股东的当期所得:

①设立在国家税务总局指定的非低税率国家（地区）。目前,根据国家税务总局规定,中国居民企业或居民个人能够提供资料证明其控制的外国企业设立在美国、英国、法国、德国、日本、意大利、加拿大、澳大利亚、印度、南非、新西兰和挪威的,可免予将该外国企业不作分配或者减少分配的利润视同股息分配额,计入中国居民企业的当期所得③;

②主要取得积极经营活动所得;

③年度利润总额低于 500 万元人民币。

7.6.2.2 资本弱化特别纳税调整

（1）资本弱化的界定及扣除规定

企业从其关联方接受的债权性投资与权益性投资的比例超过规定标准而发生的利息支出,不得在计算应纳税所得额时扣除④。

上述接受关联方债权性投资与其权益性投资比例标准为:金融企业,为 5∶1;其他企业,为 2∶1。企业同时从事金融业务和非金融业务,其实际支付给关联方的利息支出,应按照合理方法分开计算;没有按照合理方法分开计算的,一律按其他企业的比例计算准予税前扣除的利息支出⑤。

在计算应纳税所得额时,企业实际支付给关联方的利息支出,不超过上述规定比例和企业所得税法及其实施条例有关规定计算的部分,准予扣除,超过的部分不得在发生当期和以后年度扣除⑥。

上述利息支出包括直接或间接关联债权投资实际支付的利息、担保费、抵押费和其他具有利息性质的费用⑦。

（2）资本弱化相关概念的界定

①债权性投资。债权性投资,是指企业直接或者间接从关联方获得的,需要偿还本金和支付利息或者需要以其他具有支付利息性质的方式予以补

---

① 《国家税务总局关于印发〈特别纳税调整实施办法（试行）〉的通知》（国税发［2009］2 号,2009 年 1 月 8 日）。

② 《国家税务总局关于印发〈特别纳税调整实施办法（试行）〉的通知》（国税发［2009］2 号,2009 年 1 月 8 日）。

③ 《国家税务总局关于简化判定中国居民股东控制外国企业所在国实际税负的通知》（国税函［2009］37 号,2009 年 1 月 21 日）。

④ 《中华人民共和国企业所得税法》（2007 年 3 月 16 日第十届全国人民代表大会第五次会议通过,中华人民共和国主席令第六十三号公布）第四十六条。

⑤ 《财政部 国家税务总局关于企业关联方利息支出税前扣除标准有关税收政策问题的通知》（财税［2008］121 号,2008 年 9 月 19 日）。

⑥ 《财政部 国家税务总局关于企业关联方利息支出税前扣除标准有关税收政策问题的通知》（财税［2008］121 号,2008 年 9 月 19 日）。

⑦ 《国家税务总局关于印发〈特别纳税调整实施办法（试行）〉的通知》（国税发［2009］2 号,2009 年 1 月 8 日）。

偿的融资①。

企业间接从关联方获得的债权性投资，包括②：

Ⅰ　关联方通过无关联第三方提供的债权性投资；

Ⅱ　无关联第三方提供的、由关联方担保且负有连带责任的债权性投资；

Ⅲ　其他间接从关联方获得的具有负债实质的债权性投资。

②权益性投资。权益性投资，是指企业接受的不需要偿还本金和支付利息，投资人对企业净资产拥有所有权的投资③。

③实际支付利息

"实际支付利息"是指企业按照权责发生制原则计入相关成本、费用的利息④。

企业实际支付关联方利息存在转让定价问题的，税务机关应首先按照规定实施转让定价调查调整⑤。

（3）不得扣除利息支出的计算

上述不得在计算应纳税所得额时扣除的利息支出应按以下公式计算⑥：

不得扣除利息支出 = 年度实际支付的全部关联方利息×(1-标准比例/关联债资比例)

其中：

标准比例：金融企业，为 5∶1；其他企业，为 2∶1⑦。

关联债资比例是指根据上述规定，企业从其全部关联方接受的债权性投资（简称关联债权投资）

占企业接受的权益性投资（简称权益投资）的比例，关联债权投资包括关联方以各种形式提供担保的债权性投资⑧。

（4）关联债资比例的计算

关联债资比例的具体计算方法如下⑨：

关联债资比例 = 年度各月平均关联债权投资之和/年度各月平均权益投资之和

其中：

各月平均关联债权投资 = (关联债权投资月初账面余额+月末账面余额)/2

各月平均权益投资 = (权益投资月初账面余额+月末账面余额)/2

权益投资为企业资产负债表所列示的所有者权益金额。如果所有者权益小于实收资本（股本）与资本公积之和，则权益投资为实收资本（股本）与资本公积之和；如果实收资本（股本）与资本公积之和小于实收资本（股本）金额，则权益投资为实收资本（股本）金额。

（5）不得扣除利息的处理

企业自关联方取得的不符合规定的利息收入应按照有关规定缴纳企业所得税⑩。

根据上述规定不得在计算应纳税所得额时扣除的利息支出，不得结转到以后纳税年度；应按照实际支付给各关联方利息占关联方利息总额的比例，在各关联方之间进行分配，其中，分配给实际税负高于企业的境内关联方的利息准予扣除；直接或间接实际支付给境外关联方的利息应视同分配的股息，按照股息和利息分别适用的所得税税率差补

---

① 《中华人民共和国企业所得税法实施条例》（中华人民共和国国务院令第 512 号，2007 年 12 月 6 日）第一百一十九条。

② 《中华人民共和国企业所得税法实施条例》（中华人民共和国国务院令第 512 号，2007 年 12 月 6 日）第一百一十九条。

③ 《中华人民共和国企业所得税法实施条例》（中华人民共和国国务院令第 512 号，2007 年 12 月 6 日）第一百一十九条。

④ 《国家税务总局关于印发〈特别纳税调整实施办法（试行）〉的通知》（国税发〔2009〕2 号，2009 年 1 月 8 日）。

⑤ 《国家税务总局关于印发〈特别纳税调整实施办法（试行）〉的通知》（国税发〔2009〕2 号，2009 年 1 月 8 日）。

⑥ 《国家税务总局关于印发〈特别纳税调整实施办法（试行）〉的通知》（国税发〔2009〕2 号，2009 年 1 月 8 日）。

⑦ 《国家税务总局关于印发〈特别纳税调整实施办法（试行）〉的通知》（国税发〔2009〕2 号，2009 年 1 月 8 日）；《财政部 国家税务总局关于企业关联方利息支出税前扣除标准有关税收政策问题的通知》（财税〔2008〕121 号，2008 年 9 月 19 日）。

⑧ 《国家税务总局关于印发〈特别纳税调整实施办法（试行）〉的通知》（国税发〔2009〕2 号，2009 年 1 月 8 日）。

⑨ 《国家税务总局关于印发〈特别纳税调整实施办法（试行）〉的通知》（国税发〔2009〕2 号，2009 年 1 月 8 日）。

⑩ 《财政部 国家税务总局关于企业关联方利息支出税前扣除标准有关税收政策问题的通知》（财税〔2008〕121 号，2008 年 9 月 19 日）。

征企业所得税,如已扣缴的所得税税款多于按股息计算应征所得税税款,多出的部分不予退税①。

(6)企业关联债资比例超过标准比例的利息支出扣除的特殊规定

企业如果能够按照企业所得税法及其实施条例的有关规定提供相关资料,并证明相关交易活动符合独立交易原则的;或者该企业的实际税负不高于境内关联方的,其实际支付给境内关联方的利息支出,在计算应纳税所得额时准予扣除②。

企业关联债资比例超过标准比例的利息支出,如要在计算应纳税所得额时扣除,除遵照同期资料有关规定外,还应准备、保存、并按税务机关要求提供以下同期资料,证明关联债权投资金额、利率、期限、融资条件以及债资比例等均符合独立交易原则③:

①企业偿债能力和举债能力分析;

②企业集团举债能力及融资结构情况分析;

③企业注册资本等权益投资的变动情况说明;

④关联债权投资的性质、目的及取得时的市场状况;

⑤关联债权投资的货币种类、金额、利率、期限及融资条件;

⑥企业提供的抵押品情况及条件;

⑦担保人状况及担保条件;

⑧同类同期贷款的利率情况及融资条件;

⑨可转换公司债券的转换条件;

⑩其他能够证明符合独立交易原则的资料。

企业未按规定准备、保存和提供同期资料证明关联债权投资金额、利率、期限、融资条件以及债资

比例等符合独立交易原则的,其超过标准比例的关联方利息支出,不得在计算应纳税所得额时扣除④。

7.6.3 一般反避税管理

(1)一般反避税调查的内容

企业实施其他不具有合理商业目的的安排而减少其应纳税收入或者所得额的,税务机关有权按照合理方法调整⑤。

不具有合理商业目的,是指以减少、免除或者推迟缴纳税款为主要目的⑥。

税务机关可依据上述规定对存在以下避税安排的企业,启动一般反避税调查⑦:

①滥用税收优惠;

②滥用税收协定;

③滥用公司组织形式;

④利用避税港避税;

⑤其他不具有合理商业目的的安排。

(2)一般反避税调整的程序⑧

①税务机关应按照实质重于形式的原则审核企业是否存在避税安排,并综合考虑安排的以下内容:

Ⅰ 安排的形式和实质;

Ⅱ 安排订立的时间和执行期间;

Ⅲ 安排实现的方式;

Ⅳ 安排各个步骤或组成部分之间的联系;

Ⅴ 安排涉及各方财务状况的变化;

Ⅵ 安排的税收结果。

②税务机关应按照经济实质对企业的避税安排重新定性,取消企业从避税安排获得的税收利

---

① 《国家税务总局关于印发〈特别纳税调整实施办法(试行)〉的通知》(国税发[2009]2号,2009年1月8日)。

② 《财政部 国家税务总局关于企业关联方利息支出税前扣除标准有关税收政策问题的通知》(财税[2008]121号,2008年9月19日)。

③ 《国家税务总局关于印发〈特别纳税调整实施办法(试行)〉的通知》(国税发[2009]2号,2009年1月8日)。

④ 《国家税务总局关于印发〈特别纳税调整实施办法(试行)〉的通知》(国税发[2009]2号,2009年1月8日)。

⑤ 《中华人民共和国企业所得税法》(2007年3月16日第十届全国人民代表大会第五次会议通过,中华人民共和国主席令第六十三号公布)第四十七条。

⑥ 《中华人民共和国企业所得税法实施条例》(中华人民共和国国务院令第512号,2007年12月6日)第一百二十条。

⑦ 《国家税务总局关于印发〈特别纳税调整实施办法(试行)〉的通知》(国税发[2009]2号,2009年1月8日)。

⑧ 《国家税务总局关于印发〈特别纳税调整实施办法(试行)〉的通知》(国税发[2009]2号,2009年1月8日)。

益。对于没有经济实质的企业,特别是设在避税港并导致其关联或非关联方避税的企业,可在税收上否定该企业的存在。

③税务机关启动一般反避税调查时,应按照征管法及其实施细则的有关规定向企业送达《税务检查通知书》。企业应自收到通知书之日起 60 日内提供资料证明其安排具有合理的商业目的。企业未在规定期限内提供资料,或提供资料不能证明安排具有合理商业目的的,税务机关可根据已掌握的信息实施纳税调整,并向企业送达《特别纳税调查调整通知书》。

④税务机关实施一般反避税调查,可按照征管法第五十七条的规定要求避税安排的筹划方如实提供有关资料及证明材料。

⑤一般反避税调查及调整须层报国家税务总局批准。

7.6.4　特别纳税调整的协调及国际磋商[①]

(1)关联交易一方被实施转让定价调查调整的,应允许另一方做相应调整,以消除双重征税。相应调整涉及税收协定国家(地区)关联方的,经企业申请,国家税务总局与税收协定缔约对方税务主管当局根据税收协定有关相互协商程序的规定开展磋商谈判。

(2)涉及税收协定国家(地区)关联方的转让定价相应调整,企业应同时向国家税务总局和主管税务机关提出书面申请,报送《启动相互协商程序申请书》,并提供企业或其关联方被转让定价调整的通知书复印件等有关资料。

(3)企业应自企业或其关联方收到转让定价调整通知书之日起三年内提出相应调整的申请,超过三年的,税务机关不予受理。

(4)税务机关对企业实施转让定价调整,涉及

企业向境外关联方支付利息、租金、特许权使用费等已扣缴的税款,不再做相应调整。

(5)国家税务总局按照规定接受企业谈签双边或多边预约定价安排申请的,应与税收协定缔约对方税务主管当局根据税收协定相互协商程序的有关规定开展磋商谈判。

(6)相应调整或相互磋商的结果,由国家税务总局以书面形式经主管税务机关送达企业。

(7)资本弱化调整中不得在计算应纳税所得额时扣除的利息支出以及视同股息分配的利息支出,不适用上述相应调整的规定。

7.6.5　特别纳税调整的法律责任

7.6.5.1　加收利息

税务机关依照税法规定作出纳税调整,需要补征税款的,应当补征税款,并按照国务院规定加收利息[②]。

(1)计息期间

税务机关根据税收法律、行政法规的规定,对企业作出特别纳税调整的,应当对 2008 年 1 月 1 日以后发生交易补征的企业所得税税款,自税款所属纳税年度的次年 6 月 1 日起至补缴税款之日止的期间,按日加收利息[③]。

计息期间自税款所属纳税年度的次年 6 月 1 日起至补缴(预缴)税款入库之日止。企业在税务机关做出特别纳税调整决定前预缴税款的,收到调整补税通知书后补缴税款时,按照应补缴税款所属年度的先后顺序确定已预缴税款的所属年度,以预缴入库日为截止日,分别计算应加收的利息额[④]。

(2)利息水平

①利息率按照税款所属纳税年度 12 月 31 日实行的与补税期间同期的中国人民银行人民币贷款基准利率(简称基准利率)加 5 个百分点计算,

①《国家税务总局关于印发〈特别纳税调整实施办法(试行)〉的通知》(国税发[2009]2 号,2009 年 1 月 8 日)。
②《中华人民共和国企业所得税法》(2007 年 3 月 16 日第十届全国人民代表大会第五次会议通过,中华人民共和国主席令第六十三号公布)第四十八条。
③《中华人民共和国企业所得税法实施条例》(中华人民共和国国务院令第 512 号,2007 年 12 月 6 日)第一百二十一条;《国家税务总局关于印发〈特别纳税调整实施办法(试行)〉的通知》(国税发[2009]2 号,2009 年 1 月 8 日)。
④《国家税务总局关于印发〈特别纳税调整实施办法(试行)〉的通知》(国税发[2009]2 号,2009 年 1 月 8 日)。

并按一年365天折算日利息率①。

②企业依照税法规定提供有关资料的,可以只按上述规定的人民币贷款基准利率计算利息②。

企业按照《国家税务总局关于印发〈特别纳税调整实施办法(试行)〉的通知》(国税发[2009]2号)的规定提供同期资料和其他相关资料的,或者企业符合《国家税务总局关于印发〈特别纳税调整实施办法(试行)〉的通知》(国税发[2009]2号)第十五条的规定免于准备同期资料但根据税务机关要求提供其他相关资料的,可以只按基准利率计算加收利息③。

③企业按照《国家税务总局关于印发〈特别纳税调整实施办法(试行)〉的通知》(国税发[2009]2号)第十五条第(一)项的规定免于准备同期资料,但经税务机关调查,其实际关联交易额达到必须准备同期资料的标准的,税务机关对补征税款加收利息,按基准利率加5个百分点计算加收利息④。

(3)加收的利息所得税前扣除规定

规定加收的利息,不得在计算应纳税所得额时扣除⑤。

7.6.5.2 特别纳税调整追溯时限

企业与其关联方之间的业务往来,不符合独立交易原则,或者企业实施其他不具有合理商业目的安排的,税务机关有权在该业务发生的纳税年度起10年内,进行纳税调整⑥。

7.6.5.3 未按规定报送或提供资料的处理⑦

(1)企业未按照上述规定向税务机关报送企业年度关联业务往来报告表,或者未保存同期资料或其他相关资料的,依照征管法第六十条和第六十二条的规定处理。

(2)企业拒绝提供同期资料等关联交易的相关资料,或者提供虚假、不完整资料,未能真实反映其关联业务往来情况的,依照征管法第七十条、征管法实施细则第九十六条、所得税法第四十四条及所得税法实施条例第一百一十五条的规定处理。

7.6.5.4 特别纳税调整补征税款及利息的征缴

企业对特别纳税调整应补征的税款及利息,应在税务机关调整通知书规定的期限内缴纳入库。企业有特殊困难,不能按期缴纳税款的,应依照征管法第三十一条及征管法实施细则第四十一条和第四十二条的有关规定办理延期缴纳税款。逾期不申请延期又不缴纳税款的,税务机关应按照征管法第三十二条及其他有关规定处理⑧。

7.6.6 其他相关规定⑨

(1)税务机关对转让定价管理和预约定价安排管理以外的其他特别纳税调整事项实施的调查调整程序可参照适用《国家税务总局关于印发〈特别纳税调整实施办法(试行)〉的通知》(国税发[2009]2号)第五章的有关转让定价调查及调整的规定。

(2)各级国家税务局和地方税务局对企业实施特别纳税调查调整要加强联系,可根据需要组成联合调查组进行调查。

(3)税务机关及其工作人员应依据《国家税务总局关于纳税人涉税保密信息管理暂行办法》(国税发[2008]93号)等有关保密的规定保管、使用企

---

① 《中华人民共和国企业所得税法实施条例》(中华人民共和国国务院令第512号,2007年12月6日)第一百二十二条;《国家税务总局关于印发〈特别纳税调整实施办法(试行)〉的通知》(国税发[2009]2号,2009年1月8日)。

② 《中华人民共和国企业所得税法实施条例》(中华人民共和国国务院令第512号,2007年12月6日)第一百二十二条。

③ 《国家税务总局关于印发〈特别纳税调整实施办法(试行)〉的通知》(国税发[2009]2号,2009年1月8日)。

④ 《国家税务总局关于印发〈特别纳税调整实施办法(试行)〉的通知》(国税发[2009]2号,2009年1月8日)。

⑤ 《中华人民共和国企业所得税法实施条例》(中华人民共和国国务院令第512号,2007年12月6日)第一百二十一条;《国家税务总局关于印发〈特别纳税调整实施办法(试行)〉的通知》(国税发[2009]2号,2009年1月8日)。

⑥ 《中华人民共和国企业所得税法实施条例》(中华人民共和国国务院令第512号,2007年12月6日)第一百二十三条。

⑦ 《国家税务总局关于印发〈特别纳税调整实施办法(试行)〉的通知》(国税发[2009]2号,2009年1月8日)。

⑧ 《国家税务总局关于印发〈特别纳税调整实施办法(试行)〉的通知》(国税发[2009]2号,2009年1月8日)。

⑨ 《国家税务总局关于印发〈特别纳税调整实施办法(试行)〉的通知》(国税发[2009]2号,2009年1月8日)。

业提供的信息资料。

（4）《国家税务总局关于纳税人涉税保密信息管理暂行办法》（国税发〔2008〕93 号）所规定期限的最后一日是法定休假日的，以休假日期满的次日为期限的最后一日；在期限内有连续 3 日以上法定休假日的，按休假日天数顺延。

《国家税务总局关于纳税人涉税保密信息管理暂行办法》（国税发〔2008〕93 号）所涉及的"以上"、"以下"、"日内"、"之日"、"之前"、"少于"、"低于"、"超过"等均包含本数。

（5）被调查企业在税务机关实施特别纳税调查调整期间申请变更经营地址或注销税务登记的，税务机关在调查结案前原则上不予办理税务变更、注销手续。

7.7 征收管理

7.7.1 征管范围划分

1994 年至 2001 年，企业所得税按企业的行政隶属关系分别由国家税务局和地方税务局征管。中央企业缴纳的所得税，地方银行、非银行金融企业缴纳的所得税，海洋石油企业缴纳的所得税①，中央与地方所属企业、事业单位组成的联营企业、股份制企业缴纳的所得税②，中央企事业单位参股的股份制企业再投资与地方企事业单位组成的股份制企业的所得税，金融保险企业（包括地方金融保险企业，不包括城乡信用社）投资组成的股份制企业的所得税，由国家税务局负责征收管理③。其他地方国有企业、集体企业、私营企业的所得税由地方税务局系统负责征收管理④。

2002 年所得税收入分享体制改革后，中央对税收征管范围划分进行了调整。2008 年底，国务院再次对 2009 年以后新增企业的征管范围作出了调整。

7.7.1.1 2008 年底以前成立企业的征管范围规定

（1）一般规定⑤

①2001 年 12 月 31 日前国家税务局、地方税务局征收管理的企业所得税、个人所得税（包括储蓄存款利息所得个人所得税），以及按原有规定征收管理的外商投资企业和外国企业所得税，仍由原征管机关征收管理，不作变动。

②自 2002 年 1 月 1 日起，按国家工商行政管理总局的有关规定，在各级工商行政管理部门办理设立（开业）登记的企业，其企业所得税由国家税务局负责征收管理。但下列办理设立（开业）登记的企业仍由地方税务局负责征收管理：

Ⅰ 两个以上企业合并设立一个新的企业，合并各方解散，但合并各方原均为地方税务局征收管理的；

Ⅱ 因分立而新设立的企业，但原企业由地方税务局负责征收管理的；

Ⅲ 原缴纳企业所得税的事业单位改制为企业办理设立登记，但原事业单位由地方税务局负责征收管理的。

在工商行政管理部门办理变更登记的企业，其企业所得税仍由原征收机关负责征收管理。

③自 2002 年 1 月 1 日起，在其他行政管理部门新登记注册、领取许可证的事业单位、社会团体、律师事务所、医院、学校等缴纳企业所得税的其他

---

① 《国务院办公厅转发国家税务总局关于组建在各地的直属税务机构和地方税务局实施意见的通知》（国办发〔1993〕87 号，1993 年 12 月 9 日）。

② 《国务院办公厅关于转发〈国家税务总局关于调整国家税务局、地方税务局税收征管范围的意见〉的通知》（国办发〔1996〕4 号，1996 年 1 月 24 日）。

③ 《财政部 国家税务总局关于股份制企业所得税征管和收入级次划分有关问题的补充通知》（财税〔2000〕74 号，2000 年 5 月 10 日）。

④ 《国务院办公厅转发国家税务总局关于组建在各地的直属税务机构和地方税务局实施意见的通知》（国办发〔1993〕87 号，1993 年 12 月 9 日）。

⑤ 《国家税务总局关于所得税收入分享体制改革后税收征管范围的通知》（国税发〔2002〕8 号，2002 年 1 月 24 日）。新税法实施后，仍然适用此征管范围划分的原则。

组织,其企业所得税由国家税务局负责征收管理。

④2001年12月31日前已在工商行政管理部门和其他行政管理部门登记注册,但未进行税务登记的企事业单位及其他组织,在2002年1月1日后进行税务登记的,其企业所得税按原规定的征管范围,由国家税务局、地方税务局分别征收管理。

⑤2001年底前的债转股企业、中央企事业单位参股的股份制企业和联营企业,仍由原征管机关征收管理,不再调整。

⑥不实行所得税分享的铁路运输(包括广铁集团)、国家邮政、中国工商银行、中国农业银行、中国银行、中国建设银行、国家开发银行、中国农业发展银行、中国进出口银行以及海洋石油天然气企业,由国家税务局负责征收管理。

(2)原有企业并购或改组改制情况下征管范围的确定①

①原有企业凡属下列情况者,即使办理了设立(开业)登记,其企业所得税仍由原征管机关征管:

Ⅰ 原有企业整体转让出售(拍卖),原有企业仍继续存在并具备独立纳税人资格的。但如原有企业整体转让出售(拍卖)后成为收购企业的全资子公司,且纳入收购企业合并纳税范围的,则整体转让出售(拍卖)企业的所得税应当由负责收购企业的所得税征管的税务机关征管。

Ⅱ 企业采用吸收合并方式合并其他企业(被合并企业注销)而存续的。

Ⅲ 合伙企业改组为有限责任公司或股份有限公司,且改组时没有吸收外来投资的。

Ⅳ 按国家工商行政管理总局的规定应当办理变更登记的,如企业扩建、改变领导(隶属)关系、企业名称、企业类型、经济性质、经营范围、经营期限、经营方式、法定代表人、股东、股东或公司发起人姓名(名称)、注册资本、增设或撤销分支机构以

及住所、经营场所变更等有关事项的。

②事业单位、社会团体的征管范围,按照国家税务总局国税发[2002]8号文件和上述规定精神执行。

③上述规定自2003年7月1日起执行。2003年7月1日之前已由国家税务局或地方税务局实际征管的内资企业,征管范围与上述不符的,也不再调整。

(3)2006年至2008年底不符合新办标准的企业征管范围的确定

①《财政部 国家税务总局关于享受企业所得税优惠政策的新办企业认定标准的通知》(财税[2006]1号)发布之日起,按照国家法律、法规及有关规定在工商行政主管部门办理设立登记的企业,不符合新办企业认定标准的,按照企业注册资本中权益性投资者的投资比例(包括货币投资和非货币投资,下同)确定征管范围归属。即:办理了设立登记但不符合新办企业标准的企业,其投资者中,凡原属于国家税务局征管的企业投资比例高于地方税务局征管的企业投资比例的,该企业的所得税由所在地国家税务局负责征收管理;反之,由企业所在地的地方税务局负责征收管理;国家税务局征管的企业和地方税务局征管的企业投资比例相等的,由企业所在地的地方税务局负责征收管理。企业权益性投资者全部是自然人的,由企业所在地的地方税务局负责征收管理②。

②《财政部 国家税务总局关于享受企业所得税优惠政策的新办企业认定标准的通知》(财税[2006]1号)和《国家税务总局关于缴纳企业所得税的新办企业认定标准执行口径等问题的补充通知》(国税发[2006]103号)发布之前,国家税务局或地方税务局实际征管的企业,其征管范围不作调整③。

---

① 《国家税务总局关于所得税收入分享体制改革后税收征管范围的补充通知》(国税发[2003]76号,2003年6月25日)。

② 《国家税务总局关于缴纳企业所得税的新办企业认定标准执行口径等问题的补充通知》(国税发[2006]103号,2006年7月13日)。

③ 《财政部 国家税务总局关于享受企业所得税优惠政策的新办企业认定标准的通知》(财税[2006]1号,2006年1月9日)。

7.7.1.2　2009 年以后新增企业的征管范围规定

（1）一般规定

以 2008 年为基年，2008 年底之前国家税务局、地方税务局各自管理的企业所得税纳税人不作调整。2009 年起新增企业所得税纳税人中，应缴纳增值税的企业，其企业所得税由国家税务局管理；应缴纳营业税的企业，其企业所得税由地方税务局管理。同时，2009 年起下列新增企业的所得税征管范围实行以下规定①：

①企业所得税全额为中央收入的企业和在国家税务局缴纳营业税的企业，其企业所得税由国家税务局管理。

②银行（信用社）、保险公司的企业所得税由国家税务局管理，除上述规定外的其他各类金融企业的企业所得税由地方税务局管理。

③外商投资企业和外国企业常驻代表机构的企业所得税仍由国家税务局管理。

除外国企业常驻代表机构外，在中国境内设立机构、场所的其他非居民企业也由国家税务局管理②。

（2）特殊规定

①境内单位和个人向非居民企业支付企业所得税法第三条第三款规定的所得的，该项所得应扣缴的企业所得税的征管，分别由支付该项所得的境内单位和个人的所得税主管国家税务局或地方税务局负责③。

除上款规定的情形外，不缴纳企业所得税的境内单位，其发生的企业所得税源泉扣缴管理工作仍由国家税务局负责④。

②2008 年底之前已成立跨区经营汇总纳税企业，2009 年起新设立的分支机构，其企业所得税的征管部门应与总机构企业所得税征管部门相一致；2009 年起新增跨区经营汇总纳税企业，总机构按基本规定确定的原则划分征管归属，其分支机构企业所得税的管理部门也应与总机构企业所得税管理部门相一致⑤。

③按税法规定免缴流转税的企业，按其免缴的流转税税种确定企业所得税征管归属；既不缴纳增值税也不缴纳营业税的企业，其企业所得税暂由地方税务局管理⑥。

④既缴纳增值税又缴纳营业税的企业，原则上按照其税务登记时自行申报的主营业务应缴纳的流转税税种确定征管归属；企业税务登记时无法确定主营业务的，一般以工商登记注明的第一项业务为准；一经确定，原则上不再调整⑦。

（3）新增企业的界定

2009 年起新增企业，是指按照《财政部　国家税务总局关于享受企业所得税优惠政策的新办企业认定标准的通知》（财税〔2006〕1 号）及有关规定的新办企业认定标准成立的企业⑧。

①按照国家法律、法规以及有关规定在工商行政主管部门办理设立登记，新注册成立的企业⑨。

②新办企业的权益性出资人（股东或其他权益投资方）实际出资中固定资产、无形资产等非货币性资产的累计出资额占新办企业注册资金的比例一般不得超过 25%⑩。

其中，新办企业的注册资金为企业在工商行政

---

① 《国家税务总局关于调整新增企业所得税征管范围问题的通知》（国税发〔2008〕120 号，2008 年 12 月 16 日）。
② 《国家税务总局关于明确非居民企业所得税征管范围的补充通知》（国税函〔2009〕50 号，2009 年 1 月 23 日）。
③ 《国家税务总局关于调整新增企业所得税征管范围问题的通知》（国税发〔2008〕120 号，2008 年 12 月 16 日）。
④ 《国家税务总局关于明确非居民企业所得税征管范围的补充通知》（国税函〔2009〕50 号，2009 年 1 月 23 日）。
⑤ 《国家税务总局关于调整新增企业所得税征管范围问题的通知》（国税发〔2008〕120 号，2008 年 12 月 16 日）。
⑥ 《国家税务总局关于调整新增企业所得税征管范围问题的通知》（国税发〔2008〕120 号，2008 年 12 月 16 日）。
⑦ 《国家税务总局关于调整新增企业所得税征管范围问题的通知》（国税发〔2008〕120 号，2008 年 12 月 16 日）。
⑧ 《国家税务总局关于调整新增企业所得税征管范围问题的通知》（国税发〔2008〕120 号，2008 年 12 月 16 日）。
⑨ 《财政部　国家税务总局关于享受企业所得税优惠政策的新办企业认定标准的通知》（财税〔2006〕1 号，2006 年 1 月 9 日）。
⑩ 《财政部　国家税务总局关于享受企业所得税优惠政策的新办企业认定标准的通知》（财税〔2006〕1 号，2006 年 1 月 9 日）。

主管部门登记的实收资本或股本。非货币性资产包括建筑物、机器、设备等固定资产，以及专利权、商标权、非专利技术等无形资产。新办企业的权益性投资人以非货币性资产进行出资的，经有资质的会计（审计、税务）事务所进行评估的，以评估后的价值作为出资金额；未经评估的，由纳税人提供同类资产或类似资产当日或最近月份的市场价格，由主管税务机关核定①。

非货币性资产，是指存货、固定资产、无形资产、不准备持有到期的债券投资和长期投资等②。

7.7.2 申报和缴纳

7.7.2.1 纳税年度

（1）企业所得税按纳税年度计算。纳税年度，自公历1月1日起至12月31日止③。

（2）纳税人在一个纳税年度的中间开业，或者由于合并、关闭等原因，使该纳税年度的实际经营期不足十二个月的，应当以其实际经营期为一个纳税年度④。

（3）纳税人清算时，应当以清算期间作为一个纳税年度。企业应当自清算结束之日起15日内，向主管税务机关报送企业清算所得税纳税申报表，结清税款。企业未按照规定的期限办理纳税申报或者未按照规定期限缴纳税款的，应根据税收征管法相关规定加收滞纳金。进入清算期的企业应对清算事项，报主管税务机关备案⑤。

（4）自2008年1月1日起，外国企业一律以公历年度为纳税年度，按照税法规定的税率计算缴纳企业所得税⑥。

7.7.2.2 纳税期限

纳税人应当在月份或者季度终了后十五天内，向其主管税务机关报送预缴企业所得税纳税申报表，并预缴得税款⑦。

企业应当自年度终了之日起五个月内，向税务机关报送年度企业所得税纳税申报表，并汇算清缴，结清应缴应退税款⑧。

7.7.2.3 纳税地点

（1）居民企业的纳税地点

除税收法律、行政法规另有规定外，居民企业以企业登记注册地为纳税地点；但登记注册地在境外的，以实际管理机构所在地为纳税地点⑨。

企业登记注册地，是指企业依照国家有关规定登记注册的住所地⑩。

（2）非居民企业的纳税地点

非居民企业在中国境内设立机构、场所的，以及发生在中国境外但与其所设机构、场所有实际联系的所得，以机构、场所所在地为纳税地点⑪。

---

① 《财政部 国家税务总局关于享受企业所得税优惠政策的新办企业认定标准的通知》（财税［2006］1号，2006年1月9日）。
② 《国家税务总局关于缴纳企业所得税的新办企业认定标准执行口径等问题的补充通知》（国税发［2006］103号，2006年7月13日）。
③ 《中华人民共和国企业所得税法》（2007年3月16日第十届全国人民代表大会第五次会议通过，中华人民共和国主席令第六十三号公布）第五十三条。
④ 《中华人民共和国企业所得税法》（2007年3月16日第十届全国人民代表大会第五次会议通过，中华人民共和国主席令第六十三号公布）第五十三条。
⑤ 《中华人民共和国企业所得税法》（2007年3月16日第十届全国人民代表大会第五次会议通过，中华人民共和国主席令第六十三号公布）第五十三条。《国家税务总局关于企业清算所得税有关问题的通知》（国税函［2009］684号，2009年12月4日）。
⑥ 《国家税务总局关于外国企业所得税纳税年度有关问题的通知》（国税函［2008］301号，2008年4月3日）。
⑦ 《中华人民共和国企业所得税法》（2007年3月16日第十届全国人民代表大会第五次会议通过，中华人民共和国主席令第六十三号公布）第五十二条。
⑧ 《中华人民共和国企业所得税法》（2007年3月16日第十届全国人民代表大会第五次会议通过，中华人民共和国主席令第六十三号公布）第五十二条。
⑨ 《中华人民共和国企业所得税法》（2007年3月16日第十届全国人民代表大会第五次会议通过，中华人民共和国主席令第六十三号公布）第五十条。
⑩ 《中华人民共和国企业所得税法实施条例》（中华人民共和国国务院令第512号，2007年12月6日）第一百二十四条。
⑪ 《中华人民共和国企业所得税法》（2007年3月16日第十届全国人民代表大会第五次会议通过，中华人民共和国主席令第六十三号公布）第五十一条。

非居民企业在中国境内未设立机构、场所的，或者虽设立机构、场所但取得的所得与其所设机构、场所没有实际联系的，其来源于中国境内的所得以扣缴义务人所在地为纳税地点①。

7.7.2.4　纳税申报

（1）一般规定

企业在纳税年度内无论盈利或者亏损，都应当依照企业所得税法规定的期限，向税务机关报送预缴企业所得税纳税申报表、年度企业所得税纳税申报表、财务会计报告和税务机关规定应当报送的其他有关资料②。

企业所得税月（季）度预缴纳税申报表（A 类和 B 类）、扣缴企业所得税报告表、汇总纳税分支机构企业所得税分配表及填报说明见附件二十一；企业所得税年度申报表及填报说明见附件二十二。

（2）核定征税的申报规定

①纳税人实行核定应税所得率方式的，按下列规定申报纳税③：

Ⅰ　主管税务机关根据纳税人应纳税额的大小确定纳税人按月或者按季预缴，年终汇算清缴。预缴方法一经确定，一个纳税年度内不得改变。

Ⅱ　纳税人应依照确定的应税所得率计算纳税期间实际应缴纳的税额，进行预缴。按实际数额预缴有困难的，经主管税务机关同意，可按上一年度应纳税额的 1/12 或 1/4 预缴，或者按经主管税务机关认可的其他方法预缴。

Ⅲ　纳税人预缴税款或年终进行汇算清缴时，应按规定填写《中华人民共和国企业所得税月（季）度预缴纳税申报表（B 类）》，在规定的纳税申报时限内报送主管税务机关。

②纳税人实行核定应纳所得税额方式的，按下列规定申报纳税④：

Ⅰ　纳税人在应纳所得税额尚未确定之前，可暂按上年度应纳所得税额的 1/12 或 1/4 预缴，或者按经主管税务机关认可的其他方法，按月或按季分期预缴。

Ⅱ　在应纳所得税额确定以后，减除当年已预缴的所得税额，余额按剩余月份或季度均分，以此确定以后各月或各季的应纳税额，由纳税人按月或按季填写《中华人民共和国企业所得税月（季）度预缴纳税申报表（B 类）》，在规定的纳税申报期限内进行纳税申报。

Ⅲ　纳税人年度终了后，在规定的时限内按照实际经营额或实际应纳税额向税务机关申报纳税。申报额超过核定经营额或应纳税额的，按申报额缴纳税款；申报额低于核定经营额或应纳税额的，按核定经营额或应纳税额缴纳税款。

③核定征收办法缴纳企业所得税的纳税人年度申报

按照企业所得税核定征收办法缴纳企业所得税的纳税人在年度申报缴纳企业所得税时，使用《国家税务总局关于印发〈中华人民共和国企业所得税月（季）度预缴纳税申报表〉等报表的通知》（国税函［2008］44 号）附件 2 中华人民共和国企业所得税月（季）度预缴纳税申报表（B 类）⑤。

（3）非居民企业纳税申报

非居民企业所得税申报表按申报时间分为年报和季报两种，按征收方式分为据实征收和核定征收两类。申报表式样详见《国家税务总局关于印发〈中华人民共和国非居民企业所得税申报表〉等

---

① 《中华人民共和国企业所得税法》（2007 年 3 月 16 日第十届全国人民代表大会第五次会议通过，中华人民共和国主席令第六十三号公布）第五十一条。

② 《中华人民共和国企业所得税法》（2007 年 3 月 16 日第十届全国人民代表大会第五次会议通过，中华人民共和国主席令第六十三号公布）第五十四条；《中华人民共和国企业所得税法实施条例》（中华人民共和国国务院令第 512 号，2007 年 12 月 6 日）第一百二十九条。

③ 《国家税务总局关于印发〈企业所得税核定征收办法〉（试行）的通知》（国税发［2008］30 号，2008 年 3 月 6 日）。

④ 《国家税务总局关于印发〈企业所得税核定征收办法〉（试行）的通知》（国税发［2008］30 号，2008 年 3 月 6 日）。

⑤ 《国家税务总局关于〈中华人民共和国企业所得税年度纳税申报表〉的补充通知》（国税函［2008］1081 号，2008 年 12 月 31 日）。

报表的通知》(国税函[2008]801号)。

7.7.2.5　预缴和汇算清缴

(1)预缴

①一般规定

企业所得税分月或者分季预缴,由税务机关具体核定①。

企业根据企业所得税法规定分月或者分季预缴企业所得税时,应当按照月度或者季度的实际利润额预缴;按照月度或者季度的实际利润额预缴有困难的,可以按照上一纳税年度应纳税所得额的月度或者季度平均额预缴,或者按照经税务机关认可的其他方法预缴。预缴方法一经确定,该纳税年度内不得随意变更②。

原则上各地企业所得税年度预缴税款占当年企业所得税入库税款(预缴数+汇算清缴数)应不少于70%③。

②特殊规定

Ⅰ　2008年1月1日之前已经被认定为高新技术企业的,在按照新税法有关规定重新认定之前,暂按25%的税率预缴企业所得税④。

上述企业如果享受新税法中其他优惠政策和国务院规定的过渡优惠政策,按有关规定执行⑤。

Ⅱ　深圳市、厦门市经济特区以外的企业以及上海浦东新区内非生产性外商投资企业和内资企业,原采取按月预缴方式的,2008年一季度改为按季度预缴⑥。

Ⅲ　原经批准实行合并纳税的企业,采取按月预缴方式的,2008年一季度改为按季度预缴⑦。

Ⅳ　小型微利企业预缴规定

ⅰ　企业按当年实际利润预缴所得税的,如上年度符合企业所得税法实施条例第九十二条规定的小型微利企业条件,在本年度填写《中华人民共和国企业所得税月(季)度纳税申报表(A类)》(国税函[2008]44号文件附件1)时,第4行"利润总额"与5%的乘积,暂填入第7行"减免所得税额"内⑧。

根据《财政部　国家税务总局关于小型微利企业有关企业所得税政策的通知》(财税[2009]133号)的规定,适用所得减按50%计入应纳税所得额,按20%的税率缴纳企业所得税的小型微利企业,如按实际利润额预缴所得税的,在预缴申报时,将《国家税务总局关于印发〈中华人民共和国企业所得税月(季)度预缴纳税申报表〉等报表的通知》(国税函[2008]44号)附件1第4行"利润总额"与15%的乘积,暂填入第7行"减免所得税额"内⑨。

ⅱ　小型微利企业条件中,"从业人数"按企业全年平均从业人数计算,"资产总额"按企业年初和年末的资产总额平均计算⑩。

ⅲ　企业在当年首次预缴企业所得税时,须向主管税务机关提供企业上年度符合小型微利企业条件的相关证明材料。主管税务机关对企业提供的相关证明材料核实后,认定企业上年度不符合小型微利企业条件的,该企业当年不得按上述第ⅰ条规定填报纳税申报表⑪。

ⅳ　纳税年度终了后,主管税务机关要根据企

---

① 《中华人民共和国企业所得税法实施条例》(中华人民共和国国务院令第512号,2007年12月6日)第一百二十八条。
② 《中华人民共和国企业所得税法实施条例》(中华人民共和国国务院令第512号,2007年12月6日)第一百二十八条。
③ 《国家税务总局关于加强企业所得税预缴工作的通知》(国税函[2009]34号,2009年1月20日)。
④ 《国家税务总局关于企业所得税预缴问题的通知》(国税发[2008]17号,2008年1月31日)。
⑤ 《国家税务总局关于企业所得税预缴问题的通知》(国税发[2008]17号,2008年1月31日)。
⑥ 《国家税务总局关于企业所得税预缴问题的通知》(国税发[2008]17号,2008年1月31日)。
⑦ 《国家税务总局关于企业所得税预缴问题的通知》(国税发[2008]17号,2008年1月31日)。
⑧ 《国家税务总局关于小型微利企业所得税预缴问题的通知》(国税函[2008]251号,2008年3月21日)。
⑨ 《国家税务总局关于小型微利企业预缴2010年度企业所得税有关问题的通知》(国税函[2010]185号,2010年5月6日)。
⑩ 《国家税务总局关于小型微利企业所得税预缴问题的通知》(国税函[2008]251号,2008年3月21日)。
⑪ 《国家税务总局关于小型微利企业所得税预缴问题的通知》(国税函[2008]251号,2008年3月21日)。《国家税务总局关于小型微利企业预缴2010年度企业所得税有关问题的通知》(国税函[2010]185号,2010年5月6日)。

业当年有关指标,核实企业当年是否符合小型微利企业条件。企业当年有关指标不符合小型微利企业条件,但已按上述第 i 条规定规定计算减免所得税额的,在年度汇算清缴时要补缴按上述第 i 条规定规定计算的减免所得税额①。

Ⅴ　房地产开发企业预缴规定

房地产开发企业按当年实际利润据实分季(或月)预缴企业所得税的,对开发、建造的住宅、商业用房以及其他建筑物、附着物、配套设施等开发产品,在未完工前采取预售方式销售取得的预售收入,按照规定的预计利润率分季(或月)计算出预计利润额,计入利润总额预缴,开发产品完工、结算计税成本后按照实际利润再行调整②。

企业销售未完工开发产品的计税毛利率由各省、自治区、直辖市国家税务局、地方税务局按下列规定进行确定③:

ⅰ　开发项目位于省、自治区、直辖市和计划单列市人民政府所在地城市城区和郊区的,不得低于 15%。

ⅱ　开发项目位于地及地级市城区及郊区的,不得低于 10%。

ⅲ　开发项目位于其他地区的,不得低于 5%。

ⅳ　属于经济适用房、限价房和危改房的,不得低于 3%。

房地产开发企业按当年实际利润据实预缴企业所得税的,对开发、建造的住宅、商业用房以及其他建筑物、附着物、配套设施等开发产品,在未完工前采取预售方式销售取得的预售收入,按照规定的预计利润率分季(或月)计算出预计利润额,填报在《中华人民共和国企业所得税月(季)度预缴纳税申报表(A 类)》(国税函[2008]44 号文件附件1)第 4 行“利润总额”内④。

房地产开发企业对经济适用房项目的预售收入进行初始纳税申报时,必须附送有关部门批准经济适用房项目开发、销售的文件以及其他相关证明材料。凡不符合规定或未附送有关部门的批准文件以及其他相关证明材料的,一律按销售非经济适用房的规定执行⑤。

Ⅵ　代开货物运输业发票的企业

从 2008 年 1 月 1 日起,代开货物运输业发票的企业,按开票金额 2.5% 预征企业所得税⑥。

(2)汇算清缴

①一般规定

企业所得税汇算清缴,是指纳税人自纳税年度终了之日起 5 个月内或实际经营终止之日起 60 日内,依照税收法律、法规、规章及其他有关企业所得税的规定,自行计算本纳税年度应纳税所得额和应纳所得税额,根据月度或季度预缴企业所得税的数额,确定该纳税年度应补或者应退税额,并填写企业所得税年度纳税申报表,向主管税务机关办理企业所得税年度纳税申报、提供税务机关要求提供的

---

① 《国家税务总局关于小型微利企业所得税预缴问题的通知》(国税函[2008]251 号,2008 年 3 月 21 日)。《国家税务总局关于小型微利企业预缴 2010 年度企业所得税有关问题的通知》(国税函[2010]185 号,2010 年 5 月 6 日)。

② 《国家税务总局关于房地产开发企业所得税预缴问题的通知》(国税函[2008]299 号,2008 年 4 月 7 日)。

③ 《国家税务总局关于印发〈房地产开发经营业务企业所得税处理办法〉的通知》(国税发[2009]31 号,2009 年 3 月 6 日)。此前,《国家税务总局关于房地产开发企业所得税预缴问题的通知》(国税函[2008]299 号)关于预计利润率的规定为:“非经济适用房开发项目:位于省、自治区、直辖市和计划单列市人民政府所在地城区和郊区的,不得低于 20%;位于地级市、地区、盟、州城区及郊区的,不得低于 15%;位于其他地区的,不得低于 10%。经济适用房开发项目:经济适用房开发项目符合建设部、国家发展改革委员会、国土资源部、中国人民银行《关于印发〈经济适用房管理办法〉的通知》(建住房[2004]77 号)等有关规定的,不得低于 3%。”

④ 《国家税务总局关于房地产开发企业所得税预缴问题的通知》(国税函[2008]299 号,2008 年 4 月 7 日)。

⑤ 《国家税务总局关于房地产开发企业所得税预缴问题的通知》(国税函[2008]299 号,2008 年 4 月 7 日)。

⑥ 《国家税务总局关于调整代开货物运输业发票企业所得税预征率的通知》(国税函[2008]819 号,2008 年 10 月 6 日)。《国家税务总局关于货物运输业若干税收问题的通知》(国税发[2004]88 号)第四条(一)项中“按开票金额 3.3% 预征所得税”同时废止。

有关资料、结清全年企业所得税税款的行为①。

实行核定定额征收企业所得税的纳税人,不进行汇算清缴②。

企业应当自年度终了之日起5个月内,向税务机关报送年度企业所得税纳税申报表,并汇算清缴,结清应缴应退税款③。

企业在年度中间终止经营活动的,应当自实际经营终止之日起60日内,向税务机关办理当期企业所得税汇算清缴④。

企业应当在办理注销登记前,就其清算所得向税务机关申报并依法缴纳企业所得税⑤。

②居民企业汇算清缴⑥

Ⅰ 汇算清缴时间

凡在纳税年度内从事生产、经营(包括试生产、试经营),或在纳税年度中间终止经营活动的纳税人,无论是否在减税、免税期间,也无论盈利或亏损,均应按照企业所得税法及其实施条例和汇算清缴管理办法的有关规定进行企业所得税汇算清缴。

纳税人12月份或者第四季度的企业所得税预缴纳税申报,应在纳税年度终了后15日内完成,预缴申报后进行当年企业所得税汇算清缴。

纳税人在年度中间发生解散、破产、撤销等终止生产经营情形,需进行企业所得税清算的,应在清算前报告主管税务机关,并自实际经营终止之日起60日内进行汇算清缴,结清应缴应退企业所得税款;纳税人有其他情形依法终止纳税义务的,应当自停止生产、经营之日起60日内,向主管税务机关办理当期企业所得税汇算清缴。

纳税人需要报经税务机关审批、审核或备案的事项,应按有关程序、时限和要求报送材料等有关规定,在办理企业所得税年度纳税申报前及时办理。

Ⅱ 汇算清缴提供的资料

纳税人应当按照企业所得税法及其实施条例和企业所得税的有关规定,正确计算应纳税所得额和应纳所得税额,如实、正确填写企业所得税年度纳税申报表及其附表,完整、及时报送相关资料,并对纳税申报的真实性、准确性和完整性负法律责任。纳税人办理企业所得税年度纳税申报时,应如实填写和报送下列有关资料:

ⅰ 企业所得税年度纳税申报表及其附表;

ⅱ 财务报表;

ⅲ 备案事项相关资料;

ⅳ 总机构及分支机构基本情况、分支机构征税方式、分支机构的预缴税情况;

ⅴ 委托中介机构代理纳税申报的,应出具双方签订的代理合同,并附送中介机构出具的包括纳税调整的项目、原因、依据、计算过程、调整金额等内容的报告;

---

① 《国家税务总局关于〈印发企业所得税汇算清缴管理办法〉的通知》(国税发[2009]79号,2009年4月16日)。此外,根据新税法实施后配套政策制定和完善的进展情况,《国家税务总局关于2008年度企业所得税纳税申报有关问题的通知》(国税函[2009]286号,2009年5月31日)规定,对于2009年5月31日后确定的个别政策,如涉及纳税调整需要补退企业所得税款的,纳税人可以在2009年12月31日前自行到税务机关补正申报,不加收滞纳金和追究法律责任;《国家税务总局关于2009年度企业所得税纳税申报有关问题的通知》(国税函[2010]249号,2010年5月28日)规定,因2010年5月31日后出台的个别企业所得税政策,涉及2009年度企业所得税纳税申报调整、需要补(退)企业所得税款的少数纳税人,可以在2010年12月31日前自行到税务机关补正申报企业所得税,相应所补企业所得税款不予加收滞纳金。

② 《国家税务总局关于〈印发企业所得税汇算清缴管理办法〉的通知》(国税发[2009]79号,2009年4月16日)。

③ 《中华人民共和国企业所得税法》(2007年3月16日第十届全国人民代表大会第五次会议通过,中华人民共和国主席令第六十三号公布)第五十二条;《国家税务总局关于〈印发企业所得税汇算清缴管理办法〉的通知》(国税发[2009]79号,2009年4月16日)。

④ 《中华人民共和国企业所得税法》(2007年3月16日第十届全国人民代表大会第五次会议通过,中华人民共和国主席令第六十三号公布)第五十五条。

⑤ 《中华人民共和国企业所得税法》(2007年3月16日第十届全国人民代表大会第五次会议通过,中华人民共和国主席令第六十三号公布)第五十五条。

⑥ 《国家税务总局关于〈印发企业所得税汇算清缴管理办法〉的通知》(国税发[2009]79号,2009年4月16日)。

ⅵ 涉及关联方业务往来的,同时报送《中华人民共和国企业年度关联业务往来报告表》;

ⅶ 主管税务机关要求报送的其他有关资料。

纳税人采用电子方式办理企业所得税年度纳税申报的,应按照有关规定保存有关资料或附报纸质纳税申报资料。

纳税人未按规定期限进行汇算清缴,或者未报送上述资料的,按照税收征管法及其实施细则的有关规定处理。

Ⅲ 汇算清缴特殊事项的处理

纳税人因不可抗力,不能在汇算清缴期内办理企业所得税年度纳税申报或备齐企业所得税年度纳税申报资料的,应按照税收征管法及其实施细则的规定,申请办理延期纳税申报。

纳税人在汇算清缴期内发现当年企业所得税申报有误的,可在汇算清缴期内重新办理企业所得税年度纳税申报。

纳税人在纳税年度内预缴企业所得税税款少于应缴企业所得税税款的,应在汇算清缴期内结清应补缴的企业所得税税款;预缴税款超过应纳税款的,主管税务机关应及时按有关规定办理退税,或者经纳税人同意后抵缴其下一年度应缴企业所得税税款。

纳税人因有特殊困难,不能在汇算清缴期内补缴企业所得税款的,应按照税收征管法及其实施细则的有关规定,办理申请延期缴纳税款手续。

Ⅳ 汇总纳税企业和合并纳税企业的汇算清缴

实行跨地区经营汇总缴纳企业所得税的纳税人,由统一计算应纳税所得额和应纳所得税额的总机构,按照上述规定,在汇算清缴期内向所在地主管税务机关办理企业所得税年度纳税申报,进行汇算清缴。分支机构不进行汇算清缴,但应将分支机构的营业收支等情况在报总机构统一汇算清缴前报送分支机构所在地主管税务机关。总机构应将分支机构及其所属机构的营业收支纳入总机构汇算清缴等情况报送各分支机构所在地主管税务机关。

经批准实行合并缴纳企业所得税的企业集团,由集团母公司(简称汇缴企业)在汇算清缴期内,向汇缴企业所在地主管税务机关报送汇缴企业及各个成员企业合并计算填写的企业所得税年度纳税申报表,以及年度申报有关资料及各个成员企业的企业所得税年度纳税申报表,统一办理汇缴企业及其成员企业的企业所得税汇算清缴。

汇缴企业应根据汇算清缴的期限要求,自行确定其成员企业向汇缴企业报送年度纳税申报有关资料的期限。成员企业向汇缴企业报送的上述资料,应经成员企业所在地的主管税务机关审核。

Ⅴ 税务机关的服务和管理职责

税务机关要结合当地实际,对每一纳税年度的汇算清缴工作进行统一安排和组织部署。汇算清缴管理工作由具体负责企业所得税日常管理的部门组织实施。税务机关内部各职能部门应充分协调和配合,共同做好汇算清缴的管理工作。

税务机关应在汇算清缴开始之前和汇算清缴期间,主动为纳税人提供税收服务:采用多种形式进行宣传,帮助纳税人了解企业所得税政策、征管制度和办税程序;积极开展纳税辅导,帮助纳税人知晓汇算清缴范围、时间要求、报送资料及其他应注意的事项;必要时组织纳税培训,帮助纳税人进行企业所得税自核自缴。

主管税务机关应及时向纳税人发放汇算清缴的表、证、单、书。

主管税务机关受理纳税人企业所得税年度纳税申报表及有关资料时,如发现企业未按规定报齐有关资料或填报项目不完整的,应及时告知企业在汇算清缴期内补齐补正。

主管税务机关受理纳税人企业所得税年度纳税申报表及有关资料时,如发现企业未按规定报齐有关资料或填报项目不完整的,应及时告知企业在汇算清缴期内补齐补正。

主管税务机关受理纳税人年度纳税申报后,应对纳税人年度纳税申报表的逻辑性和有关资料的完整性、准确性进行审核。审核重点主要包括:

——纳税人企业所得税年度纳税申报表及其附表与企业财务报表有关项目的数字是否相符,各项目之间的逻辑关系是否对应,计算是否正确。

——纳税人是否按规定弥补以前年度亏损额和结转以后年度待弥补的亏损额。

——纳税人是否符合税收优惠条件、税收优惠的确认和申请是否符合规定程序。

——纳税人税前扣除的财产损失是否真实、是否符合有关规定程序。跨地区经营汇总缴纳企业所得税的纳税人,其分支机构税前扣除的财产损失是否由分支机构所在地主管税务机关出具证明。

——纳税人有无预缴企业所得税的完税凭证,完税凭证上填列的预缴数额是否真实。跨地区经营汇总缴纳企业所得税的纳税人及其所属分支机构预缴的税款是否与《中华人民共和国企业所得税汇总纳税分支机构分配表》中分配的数额一致。

——纳税人企业所得税和其他各税种之间的数据是否相符、逻辑关系是否吻合。

主管税务机关应结合纳税人企业所得税预缴情况及日常征管情况,对纳税人报送的企业所得税年度纳税申报表及其附表和其他有关资料进行初步审核后,按规定程序及时办理企业所得税补、退税或抵缴其下一年度应纳所得税款等事项。

税务机关应做好跨地区经营汇总纳税企业和合并纳税企业汇算清缴的协同管理。

——总机构和汇缴企业所在地主管税务机关在对企业的汇总或合并纳税申报资料审核时,发现其分支机构或成员企业申报内容有疑点需进一步核实的,应向其分支机构或成员企业所在地主管税务机关发出有关税务事项协查函;该分支机构或成员企业所在地主管税务机关应在要求的时限内就协查事项进行调查核实,并将核查结果函复总机构或汇缴企业所在地主管税务机关。

——总机构和汇缴企业所在地主管税务机关收到分支机构或成员企业所在地主管税务机关反馈的核查结果后,应对总机构和汇缴企业申报的应纳税所得额及应纳所得税额作相应调整。

汇算清缴工作结束后,税务机关应组织开展汇算清缴数据分析、纳税评估和检查。纳税评估和检查的对象、内容、方法、程序等按照国家税务总局的有关规定执行。

汇算清缴工作结束后,税务机关应认真总结,写出书面总结报告逐级上报。各省、自治区、直辖市和计划单列市国家税务局、地方税务局应在每年7月底前将汇算清缴工作总结报告、年度企业所得税汇总报表报送国家税务总局(所得税司)。总结报告的内容应包括:

——汇算清缴工作的基本情况;

——企业所得税税源结构的分布情况;

——企业所得税收入增减变化及原因;

——企业所得税政策和征管制度贯彻落实中存在的问题和改进建议。

③非居民企业汇算清缴①

Ⅰ 汇算清缴对象

ⅰ 依照外国(地区)法律成立且实际管理机构不在中国境内,但在中国境内设立机构、场所的非居民企业(简称为企业),无论盈利或者亏损,均应按照规定参加所得税汇算清缴。

ⅱ 企业具有下列情形之一的,可不参加当年度的所得税汇算清缴:

——临时来华承包工程和提供劳务不足1年,在年度中间终止经营活动,且已经结清税款;

——汇算清缴期内已办理注销;

——其他经主管税务机关批准可不参加当年度所得税汇算清缴。

Ⅱ 汇算清缴时限

ⅰ 企业应当自年度终了之日起5个月内,向税务机关报送年度企业所得税纳税申报表,并汇算清缴,结清应缴应退税款。

ⅱ 企业在年度中间终止经营活动的,应当自实际经营终止之日起60日内,向税务机关办理当期企业所得税汇算清缴。

Ⅲ 申报纳税

---

① 《国家税务总局关于印发〈非居民企业所得税汇算清缴管理办法〉的通知》(国税发〔2009〕6号,2009年1月22日)。

ⅰ　企业办理所得税年度申报时,应当如实填写和报送下列报表、资料:

——年度企业所得税纳税申报表及其附表;

——年度财务会计报告;

——税务机关规定应当报送的其他有关资料。

ⅱ　企业因特殊原因,不能在规定期限内办理年度所得税申报,应当在年度终了之日起5个月内,向主管税务机关提出延期申报申请。主管税务机关批准后,可以适当延长申报期限。

ⅲ　企业采用电子方式办理纳税申报的,应附报纸质纳税申报资料。

ⅳ　企业委托中介机构代理年度企业所得税纳税申报的,应附送委托人签章的委托书原件。

ⅴ　企业申报年度所得税后,经主管税务机关审核,需补缴或退还所得税的,应在收到主管税务机关送达的《非居民企业所得税汇算清缴涉税事宜通知书》后,按规定时限将税款补缴入库,或按照主管税务机关的要求办理退税手续。

ⅵ　经批准采取汇总申报缴纳所得税的企业,其履行汇总纳税的机构、场所(简称汇缴机构),应当于每年5月31日前,向汇缴机构所在地主管税务机关索取《非居民企业汇总申报企业所得税证明》(以下称为《汇总申报纳税证明》);企业其他机构、场所(简称其他机构)应当于每年6月30日前将《汇总申报纳税证明》及其财务会计报告送交其所在地主管税务机关。

在上述规定期限内,其他机构未向其所在地主管税务机关提供《汇总申报纳税证明》,且又无汇缴机构延期申报批准文件的,其他机构所在地主管税务机关应负责检查核实或核定该其他机构应纳税所得额,计算征收应补缴税款并实施处罚。

ⅶ　企业补缴税款确因特殊困难需延期缴纳的,按税收征管法及其实施细则的有关规定办理。

ⅷ　企业在所得税汇算清缴期限内,发现当年度所得税申报有误的,应当在年度终了之日起5个月内向主管税务机关重新办理年度所得税申报。

ⅸ　企业报送报表期限的最后一日是法定休假日的,以休假日期满的次日为期限的最后一日;在期限内有连续三日以上法定休假日的,按休假日天数顺延。

Ⅳ　法律责任

ⅰ　企业未按规定期限办理年度所得税申报,且未经主管税务机关批准延期申报,或报送资料不全、不符合要求的,应在收到主管税务机关送达的《责令限期改正通知书》后按规定时限补报。

企业未按规定期限办理年度所得税申报,且未经主管税务机关批准延期申报的,主管税务机关除责令其限期申报外,可按照税收征管法的规定处以2000元以下的罚款,逾期仍不申报的,可处以2000元以上10000元以下的罚款,同时核定其年度应纳税额,责令其限期缴纳。企业在收到主管税务机关送达的《非居民企业所得税应纳税款核定通知书》后,应在规定时限内缴纳税款。

ⅱ　企业未按规定期限办理所得税汇算清缴,主管税务机关除责令其限期办理外,对发生税款滞纳的,按照税收征管法的规定,加收滞纳金。

ⅲ　企业同税务机关在纳税上发生争议时,依照税收征管法相关规定执行。

税务机关汇算清缴具体操作办法,详见《国家税务总局关于印发〈非居民企业所得税汇算清缴工作规程〉的通知》(国税发〔2009〕11号)。

7.7.2.6　货币计量

企业所得税,以人民币计算。所得以人民币以外的货币计算的,应当折合成人民币计算并缴纳税款[①]。

企业所得以人民币以外的货币计算的,预缴企业所得税时,应当按照月度或者季度最后一日的人民币汇率中间价,折合成人民币计算应纳税所得额。年度终了汇算清缴时,对已经按照月度或者季度预缴税款的,不再重新折合计算,只就该纳税年

---

① 《中华人民共和国企业所得税法》(2007年3月16日第十届全国人民代表大会第五次会议通过,中华人民共和国主席令第六十三号公布)第五十六条。纳税人取得不同币种的折算问题,详见本书第8章个人所得税部分"外币形式所得的折算处理"。

度内未缴纳企业所得税的部分,按照纳税年度最后一日的人民币汇率中间价,折合成人民币计算应纳税所得额①。

经税务机关检查确认,企业少计或者多计上述规定的所得的,应当按照检查确认补税或者退税时的上一个月最后一日的人民币汇率中间价,将少计或者多计的所得折合成人民币计算应纳税所得额,再计算应补缴或者应退的税款②。

企业外币货币性项目因汇率变动导致的计入当期损益的汇率差额部分,相当于公允价值变动,按照《财政部 国家税务总局关于执行〈企业会计准则〉有关企业所得税政策问题的通知》(财税[2007]80号)第三条规定执行,在未实际处置或结算时不计入当期应纳税所得额。在实际处置或结算时,处置或结算取得的价款扣除其历史成本后的差额,计入处置或结算期间的应纳税所得额③。

7.7.2.7 居民企业汇总纳税

居民企业在中国境内设立不具有法人资格的营业机构的,应当汇总计算并缴纳企业所得税④。

(1)基本方法⑤

属于中央与地方共享收入范围的跨省市总分机构企业缴纳的企业所得税,按照统一规范、兼顾总机构和分支机构所在地利益的原则,实行"统一计算、分级管理、就地预缴、汇总清算、财政调库"的处理办法,总分机构统一计算的当期应纳税额的地方分享部分,25%由总机构所在地分享,50%由各分支机构所在地分享,25%按一定比例在各地间进行分配。

统一计算,是指居民企业应统一计算包括各个

不具有法人资格营业机构在内的企业全部应纳税所得额、应纳税额。总机构和分支机构适用税率不一致的,应分别计算应纳税所得额、应纳税额,分别按适用税率缴纳。

分级管理,是指居民企业总机构、分支机构,分别由所在地主管税务机关属地进行监督和管理。居民企业总机构、分支机构的所在地主管税务机关都有监管的责任,居民企业总机构、分支机构都要办理税务登记并接受所在地主管税务机关的监管。

就地预缴,是指居民企业总机构、分支机构,应按规定的比例分别就地按月或者按季向所在地主管税务机关申报、预缴企业所得税。

汇总清算,是指在年度终了后,总机构负责进行企业所得税的年度汇算清缴。总分机构企业根据统一计算的年度应纳税所得额、应纳税额,抵减总机构、分支机构当年已就地分期预缴的企业所得税款后,多退少补。

财政调库,是指财政部定期将缴入中央总金库的跨省市总分机构企业所得税待分配收入,按照核定的系数调整至地方金库。

(2)适用范围

跨省市总分机构企业是指跨省(自治区、直辖市和计划单列市,下同)设立不具有法人资格营业机构的企业,该居民企业为汇总纳税企业(以下称企业)⑥。

①实行就地预缴企业所得税办法的企业为总机构和具有主体生产经营职能的二级分支机构。二级分支机构及其下属机构均由二级分支机构集

---

① 《中华人民共和国企业所得税法实施条例》(中华人民共和国国务院令第512号,2007年12月6日)第一百三十条。
② 《中华人民共和国企业所得税法实施条例》(中华人民共和国国务院令第512号,2007年12月6日)第一百三十条。
③ 《国家税务总局关于做好2007年度企业所得税汇算清缴工作的补充通知》(国税函[2008]264号,2008年3月24日)。
④ 《中华人民共和国企业所得税法》(2007年3月16日第十届全国人民代表大会第五次会议通过,中华人民共和国主席令第六十三号公布)第五十条。
⑤ 《财政部 国家税务总局 中国人民银行关于印发〈跨省市总分机构企业所得税分配及预算管理暂行办法〉的通知》(财预[2008]10号,2008年1月15日)。
⑥ 《财政部 国家税务总局 中国人民银行关于印发〈跨省市总分机构企业所得税分配及预算管理暂行办法〉的通知》(财预[2008]10号,2008年1月15日)。《国家税务总局关于印发〈跨地区经营汇总纳税企业所得税征收管理暂行办法〉的通知》(国税发[2008]28号,2008年3月10日)。

中就地预缴企业所得税①。三级及三级以下分支机构,其经营收入、职工工资和资产总额等统一计入二级机构测算②。

二级分支机构是指总机构对其财务、业务、人员等直接进行统一核算和管理的领取非法人营业执照的分支机构③。

以总机构名义进行生产经营的非法人分支机构,无法提供有效证据证明其二级及二级以下分支机构身份的,应视同独立纳税人计算并就地缴纳企业所得税,不执行《国家税务总局关于印发〈跨地区经营汇总纳税企业所得税征收管理暂行办法〉的通知》(国税发[2008]28 号)的相关规定④。

②总机构设立具有独立生产经营职能部门,且具有独立生产经营职能部门的经营收入、职工工资和资产总额与管理职能部门分开核算的,可将具有独立生产经营职能的部门视同一个分支机构,就地预缴企业所得税。具有独立生产经营职能部门与管理职能部门的经营收入、职工工资和资产总额不能分开核算的,具有独立生产经营职能的部门不得视同一个分支机构,不就地预缴企业所得税⑤。

③不具有主体生产经营职能,且在当地不缴纳增值税、营业税的产品售后服务、内部研发、仓储等企业内部辅助性的二级及以下分支机构,不就地预缴企业所得税⑥。

④上年度认定为小型微利企业的,其分支机构不就地预缴企业所得税⑦。

⑤新设立的分支机构,设立当年不就地预缴企业所得税⑧。撤销的分支机构,撤销当年剩余期限内应分摊的企业所得税款由总机构缴入中央国库⑨。

⑥企业在中国境外设立的不具有法人资格的营业机构,不就地预缴企业所得税。企业计算分期预缴的所得税时,其实际利润额、应纳税额及分摊因素数额,均不包括其在中国境外设立的营业机构⑩。

⑦属于铁路运输企业(包括广铁集团和大秦铁路公司)、国有邮政企业、中国工商银行股份有限公司、中国农业银行、中国银行股份有限公司、国家开发银行、中国农业发展银行、中国进出口银行、中央汇金投资有限责任公司、中国建设银行股份有限公司、中国建银投资有限责任公司、中国石油天然气股份有限公司、中国石油化工股份有限公司以及海洋石油天然气企业(包括港澳台和外商投资、外国海上石油天然气企业)等企业总分机构缴纳的企业所得税(包括滞纳金、罚款收入)为中央收

---

① 《国家税务总局关于印发〈跨地区经营汇总纳税企业所得税征收管理暂行办法〉的通知》(国税发[2008]28 号,2008 年 3 月 10 日)。

② 《财政部 国家税务总局 中国人民银行关于印发〈跨省市总分机构企业所得税分配及预算管理暂行办法〉的通知》(财预[2008]10 号,2008 年 1 月 15 日)。

③ 《国家税务总局关于跨地区经营汇总纳税企业所得税征收管理若干问题的通知》(国税函[2009]221 号,2009 年 4 月 29 日)。

④ 《国家税务总局关于跨地区经营汇总纳税企业所得税征收管理若干问题的通知》(国税函[2009]221 号,2009 年 4 月 29 日)。

⑤ 《国家税务总局关于印发〈跨地区经营汇总纳税企业所得税征收管理暂行办法〉的通知》(国税发[2008]28 号,2008 年 3 月 10 日)。

⑥ 《国家税务总局关于印发〈跨地区经营汇总纳税企业所得税征收管理暂行办法〉的通知》(国税发[2008]28 号,2008 年 3 月 10 日)。

⑦ 《国家税务总局关于印发〈跨地区经营汇总纳税企业所得税征收管理暂行办法〉的通知》(国税发[2008]28 号,2008 年 3 月 10 日)。

⑧ 《国家税务总局关于印发〈跨地区经营汇总纳税企业所得税征收管理暂行办法〉的通知》(国税发[2008]28 号,2008 年 3 月 10 日)。

⑨ 《国家税务总局关于印发〈跨地区经营汇总纳税企业所得税征收管理暂行办法〉的通知》(国税发[2008]28 号,2008 年 3 月 10 日)。

⑩ 《国家税务总局关于印发〈跨地区经营汇总纳税企业所得税征收管理暂行办法〉的通知》(国税发[2008]28 号,2008 年 3 月 10 日)。

入,全额上缴中央国库,不实行"统一计算、分级管理、就地预缴、汇总清算、财政调库"办法①。

对上述企业所得税收入全部归属中央的企业,从2010年第4季度起,其下属二级分支机构均应按照企业所得税的有关规定向当地主管税务机关报送企业所得税预缴申报表或其他相关资料,但其税款由总机构统一汇总计算后向总机构所在地主管税务机关缴纳②。

⑧在中国境内未跨省市设立不具有法人资格营业机构的居民企业,其企业所得税征收管理及收入分配办法,仍按原规定执行,不实行"统一计算、分级管理、就地预缴、汇总清算、财政调库"办法③。居民企业在同一省、自治区、直辖市和计划单列市内跨地、市(区、县)设立不具有法人资格营业机构、场所的,其企业所得税征收管理办法,由各省、自治区、直辖市和计划单列市国家税务局、地方税务局参照《跨地区经营汇总纳税企业所得税征收管理暂行办法》联合制定④。

(3)就地预缴办法

①就地预缴方式

跨省市总分机构企业应根据核定的应纳税额,分别由总机构、分支机构按月或按季就地预缴⑤。

企业应根据当期实际利润额,按照规定的预缴分摊方法计算总机构和分支机构的企业所得税预缴额,分别由总机构和分支机构分月或者分季就地预缴⑥。

在规定期限内按实际利润额预缴有困难的,经总机构所在地主管税务机关认可,可以按照上一年度应纳税所得额的1/12或1/4,由总机构、分支机构就地预缴企业所得税⑦。

预缴方式一经确定,当年度不得变更⑧。

②就地预缴

Ⅰ 按照当期实际利润额预缴的税款分摊方法

由总机构根据企业本期累计实际经营结果统一计算企业实际利润额、应纳税额,并分别由总机构、分支机构分期预缴⑨。

ⅰ 分支机构分摊的预缴税款

总机构在每月或每季终了之日起十日内,按照以前年度(1—6月份按上上年,7—12月份按上年)各省市分支机构的经营收入、职工工资和资产总额三个因素,将统一计算的企业当期应纳税额的50%在各分支机构之间进行分摊(总机构所在省市同时设有分支机构的,同样按三个因素分摊)并通知到各

① 《财政部 国家税务总局 中国人民银行关于印发〈跨省市总分机构企业所得税分配及预算管理暂行办法〉的通知》(财预[2008]10号,2008年1月15日)。

② 《国家税务总局关于中国工商银行股份有限公司等企业企业所得税有关征管问题的通知》(国税函[2010]184号,2010年5月6日)。所述企业下属二级分支机构名单详见《国家税务总局关于印发中国工商银行股份有限公司等企业所属二级分支机构名单的公告》(国家税务总局公告2010年第21号,2010年10月27日)附件。企业二级以下(不含二级)分支机构名单,由二级分支机构向所在地主管税务机关提供,经省级税务机关审核后发文明确并报总局备案。对不在总局及省级税务机关文件中明确的名单内的分支机构,不得作为所属企业的分支机构管理。

③ 《财政部 国家税务总局 中国人民银行关于印发〈跨省市总分机构企业所得税分配及预算管理暂行办法〉的通知》(财预[2008]10号,2008年1月15日)。

④ 《国家税务总局关于印发〈跨地区经营汇总纳税企业所得税征收管理暂行办法〉的通知》(国税发[2008]28号,2008年3月10日)。

⑤ 《财政部 国家税务总局 中国人民银行关于印发〈跨省市总分机构企业所得税分配及预算管理暂行办法〉的通知》(财预[2008]10号,2008年1月15日)。

⑥ 《国家税务总局关于印发〈跨地区经营汇总纳税企业所得税征收管理暂行办法〉的通知》(国税发[2008]28号,2008年3月10日)。

⑦ 《国家税务总局关于印发〈跨地区经营汇总纳税企业所得税征收管理暂行办法〉的通知》(国税发[2008]28号,2008年3月10日)。

⑧ 《财政部 国家税务总局 中国人民银行关于印发〈跨省市总分机构企业所得税分配及预算管理暂行办法〉的通知》(财预[2008]10号,2008年1月15日)。

⑨ 《财政部 国家税务总局 中国人民银行关于印发〈跨省市总分机构企业所得税分配及预算管理暂行办法〉的通知》(财预[2008]10号,2008年1月15日)。

分支机构,各分支机构根据分摊税款就地办理缴库,所缴纳税款收入由中央与分支机构所在地按 60∶40 分享。分摊时三个因素权重依次为 0.35、0.35 和 0.3。当年新设立的分支机构第二年起参与分摊;当年撤销的分支机构第二年起不参与分摊①。

各分支机构应在每月或季度终了之日起 15 日内,就其分摊的所得税额向所在地主管税务机关申报预缴②。

各分支机构分摊预缴额按下列公式计算③:

各分支机构分摊预缴额 = 所有分支机构应分摊的预缴总额×该分支机构分摊比例

其中:

所有分支机构应分摊的预缴总额 = 统一计算的企业当期应纳税额×50%

该分支机构分摊比例 =(该分支机构经营收入/各分支机构经营收入总额)×0.35+(该分支机构职工工资/各分支机构职工工资总额)×0.35+(该分支机构资产总额/各分支机构资产总额之和)×0.30

——分支机构经营收入,是指分支机构在销售商品或者提供劳务等经营业务中实现的全部营业收入。其中,生产经营企业经营收入是指生产经营企业销售商品、提供劳务等取得的全部收入;金融企业经营收入是指金融企业取得的利息和手续费等全部收入;保险企业经营收入是指保险企业取得的保费等全部收入。

——分支机构职工工资,是指分支机构为获得职工提供的服务而给予各种形式的报酬及其他相关支出。

——分支机构资产总额,是指分支机构拥有或者控制的除无形资产外能以货币计量的经济资源总额。

以上公式中,分支机构仅指需要参与就地预缴的分支机构。

各分支机构的经营收入、职工工资和资产总额的数据均以企业财务会计决算报告数据为准。该税款分摊比例按上述方法一经确定后,当年不作调整④。

分支机构所在地主管税务机关对总机构计算确定的分摊所得税款比例有异议的,应于收到《中华人民共和国企业所得税汇总纳税分支机构分配表》后 30 日内向企业总机构所在地主管税务机关提出书面复核建议,并附送相关数据资料。总机构所在地主管税务机关必须于收到复核建议后 30 日内,对分摊税款的比例进行复核,并作出调整或维持原比例的决定。分支机构所在地主管税务机关应执行总机构所在地主管税务机关的复核决定。分摊所得税款比例复核期间,分支机构应先按总机构确定的分摊比例申报预缴税款⑤。

ⅱ 总机构就地预缴税款。总机构应将统一计算的企业当期应纳税额的 25%,在每月或季度终了后 15 日内自行就地申报预缴,就地办理缴库,所缴纳税款收入由中央与总机构所在地按 60∶40 分享⑥。

---

① 《财政部 国家税务总局 中国人民银行关于印发〈跨省市总分机构企业所得税分配及预算管理暂行办法〉的通知》(财预[2008]10 号,2008 年 1 月 15 日)。

② 《国家税务总局关于印发〈跨地区经营汇总纳税企业所得税征收管理暂行办法〉的通知》(国税发[2008]28 号,2008 年 3 月 10 日)。

③ 《财政部 国家税务总局 中国人民银行关于印发〈跨省市总分机构企业所得税分配及预算管理暂行办法〉的通知》(财预[2008]10 号,2008 年 1 月 15 日)。

④ 《国家税务总局关于印发〈跨地区经营汇总纳税企业所得税征收管理暂行办法〉的通知》(国税发[2008]28 号,2008 年 3 月 10 日)。

⑤ 《国家税务总局关于印发〈跨地区经营汇总纳税企业所得税征收管理暂行办法〉的通知》(国税发[2008]28 号,2008 年 3 月 10 日)。

⑥ 《财政部 国家税务总局 中国人民银行关于印发〈跨省市总分机构企业所得税分配及预算管理暂行办法〉的通知》(财预[2008]10 号,2008 年 1 月 15 日);《国家税务总局关于印发〈跨地区经营汇总纳税企业所得税征收管理暂行办法〉的通知》(国税发[2008]28 号,2008 年 3 月 10 日)。

ⅲ 总机构预缴中央国库税款。总机构应将统一计算的企业当期应纳税额的剩余 25%,在每月或季度终了后 15 日内自行就地申报预缴,就地全额缴入中央国库,所缴纳税款收入 60% 为中央收入,40% 由财政部按照 2004 年至 2006 年各省市三年实际分享企业所得税占地方分享总额的比例定期向各省市分配。①

Ⅱ 按照上一年度应纳税所得额的 1/12 或 1/4 预缴的税款分摊方法

ⅰ 分支机构应分摊的预缴数

总机构根据上年汇算清缴统一计算应缴纳所得税额的 1/12 或 1/4,在每月或季度终了之日起 10 日内,按照各分支机构应分摊的比例,将本期企业全部应纳所得税额的 50% 在各分支机构之间进行分摊并通知到各分支机构;各分支机构应在每月或季度终了之日起 15 日内,就其分摊的所得税额向所在地主管税务机关申报预缴。②

ⅱ 总机构应分摊的预缴数

总机构根据上年汇算清缴统一计算应缴纳所得税额的 1/12 或 1/4,将企业全部应纳所得税额的 25% 部分,在每月或季度终了后 15 日内自行向所在地主管税务机关申报预缴。③

ⅲ 总机构缴入中央国库分配税款的预缴数

总机构根据上年汇算清缴统一计算应缴纳所得税额的 1/12 或 1/4,将企业全部应纳所得税额的 25% 部分,在每月或季度终了后 15 日内,自行向所在地主管税务机关申报预缴。④

(4)汇总清算

总机构在年度终了后 5 个月内,应依照法律、法规和其他有关规定进行汇总纳税企业的所得税年度汇算清缴。各分支机构不进行企业所得税汇算清缴,统一由总机构按照相关规定进行。总机构所在地税务机关根据汇总计算的企业年度全部应纳税额,扣除总机构和各境内分支机构已预缴的税款,多退少补。当年应补缴的所得税款,由总机构缴入中央国库。当年多缴的所得税款,由总机构所在地主管税务机关开具"税收收入退还书"等凭证,按规定程序从中央国库办理退库。⑤

①补缴的税款由总机构全额就地缴入中央国库,不实行与总机构所在地分享。总机构所在地税务机关开具税收缴款书,预算科目按企业所有制性质对应填写 1010442 项"总机构汇算清缴所得税"下的有关目级科目名称及代码,"级次"栏填写"中央 60%,中央 40%(待分配)"。⑥

②多缴的税款由总机构所在地税务机关开具收入退还书并按规定办理退库。收入退还书预算科目按企业所有制性质对应填写 1010442 项"总机构汇算清缴所得税"下的有关目级科目名称及代码,"级次"栏填写"中央 60%、中央 40%(待分配)"。⑦

③跨省市总分机构企业缴纳的所得税税款滞

---

① 《财政部 国家税务总局 中国人民银行关于印发〈跨省市总分机构企业所得税分配及预算管理暂行办法〉的通知》(财预[2008]10 号,2008 年 1 月 15 日);《国家税务总局关于印发〈跨地区经营汇总纳税企业所得税征收管理暂行办法〉的通知》(国税发[2008]28 号,2008 年 3 月 10 日)。

② 《国家税务总局关于印发〈跨地区经营汇总纳税企业所得税征收管理暂行办法〉的通知》(国税发[2008]28 号,2008 年 3 月 10 日)。

③ 《国家税务总局关于印发〈跨地区经营汇总纳税企业所得税征收管理暂行办法〉的通知》(国税发[2008]28 号,2008 年 3 月 10 日)。

④ 《国家税务总局关于印发〈跨地区经营汇总纳税企业所得税征收管理暂行办法〉的通知》(国税发[2008]28 号,2008 年 3 月 10 日)。

⑤ 《国家税务总局关于印发〈跨地区经营汇总纳税企业所得税征收管理暂行办法〉的通知》(国税发[2008]28 号,2008 年 3 月 10 日)。

⑥ 《财政部 国家税务总局 中国人民银行关于印发〈跨省市总分机构企业所得税分配及预算管理暂行办法〉的通知》(财预[2008]10 号,2008 年 1 月 15 日)。

⑦ 《财政部 国家税务总局 中国人民银行关于印发〈跨省市总分机构企业所得税分配及预算管理暂行办法〉的通知》(财预[2008]10 号,2008 年 1 月 15 日)。

纳金、罚款收入,不实行跨地区分享,按中央与地方60∶40分成比例就地缴库。需要退还的所得税税款滞纳金和罚款收入仍按现行管理办法办理审批退库手续①。

④总机构和分支机构2007年及以前年度按独立纳税人计缴所得税尚未弥补完的亏损,允许在法定剩余年限内继续弥补②。

(5)财政调库

①财政部于每年1月初按中央总金库截至上年12月31日的跨省市总分机构企业所得税待分配收入进行分配,并在库款报解整理期(1月1日至1月10日)内划转至地方金库;地方金库收到下划资金后,金额纳入上年度地方预算收入。地方财政列入上年度收入决算。各省市分库在12月31日向中央总金库报解最后一份中央预算收入日报表后,整理期内再收纳的跨省市总分机构企业缴纳的所得税,统一作为新年度的缴库收入处理③。

②税务机关与国库部门在办理总机构缴纳的所得税对账时,需要将1010441项"总机构预缴所得税"、42项"总机构汇算清缴所得税"、43项"企业所得税待分配收入"下设的目级科目按级次核对一致④。

③"统一计算、分级管理、就地预缴、汇总清算、财政调库"办法实施后,缴纳和退还2007年及

以前年度的企业所得税,仍按原办法执行⑤。

(6)关于总分支机构适用不同税率时企业所得税款计算和缴纳问题

预缴时,总机构和分支机构处于不同税率地区的,先由总机构统一计算全部应纳税所得额,然后按照国税发[2008]28号文件第十九条规定的比例和第二十三条规定的三因素及其权重,计算划分不同税率地区机构的应纳税所得额,再分别按各自的适用税率计算应纳税额后加总计算出企业的应纳所得税总额。再按照规定的比例和三因素及其权重,向总机构和分支机构分摊就地预缴的企业所得税款⑥。

汇缴时,企业年度应纳所得税额应按上述方法并采用各分支机构汇算清缴所属年度的三因素计算确定⑦。

除《国务院关于实施企业所得税过渡优惠政策的通知》(国发[2007]39号)、《财政部 国家税务总局关于企业所得税若干优惠政策的通知》(财税[2008]1号)和《财政部 国家税务总局关于贯彻落实国务院关于实施企业所得税过渡优惠政策有关问题的通知》(财税[2008]21号)有关规定外,跨地区经营汇总纳税企业不得按照上述总分支机构处于不同税率地区的计算方法计算并缴纳企业所得税,应按照企业适用统一的税率计算并缴纳

---

① 《财政部 国家税务总局 中国人民银行关于印发〈跨省市总分机构企业所得税分配及预算管理暂行办法〉的通知》(财预[2008]10号,2008年1月15日)。

② 《国家税务总局关于印发〈跨地区经营汇总纳税企业所得税征收管理暂行办法〉的通知》(国税发[2008]28号,2008年3月10日)。

③ 《财政部 国家税务总局 中国人民银行关于印发〈跨省市总分机构企业所得税分配及预算管理暂行办法〉的通知》(财预[2008]10号,2008年1月15日)。

④ 《财政部 国家税务总局 中国人民银行关于印发〈跨省市总分机构企业所得税分配及预算管理暂行办法〉的通知》(财预[2008]10号,2008年1月15日)。

⑤ 《财政部 国家税务总局 中国人民银行关于印发〈跨省市总分机构企业所得税分配及预算管理暂行办法〉的通知》(财预[2008]10号,2008年1月15日)。

⑥ 《国家税务总局关于跨地区经营汇总纳税企业所得税征收管理若干问题的通知》(国税函[2009]221号,2009年4月29日)。此前,《国家税务总局关于印发〈跨地区经营汇总纳税企业所得税征收管理暂行办法〉的通知》(国税发[2008]28号,2008年3月10日)规定,总机构和分支机构处于不同税率地区的,先由总机构统一计算全部应纳税所得额,然后依照规定的三因素及其权重,计算划分不同税率地区机构的应纳税所得额后,再分别按总机构和分支机构所在地的适用税率计算应纳税额。

⑦ 《国家税务总局关于跨地区经营汇总纳税企业所得税征收管理若干问题的通知》(国税函[2009]221号,2009年4月29日)。

企业所得税①。

居民企业经税务机关核准2007年度以前依照《国家税务总局关于外商投资企业分支机构适用所得税税率问题的通知》(国税发[1997]49号)规定,其处于不同税率地区的分支机构可以单独享受所得税减低税率优惠的,仍可继续单独适用减低税率优惠过渡政策;优惠过渡期结束后,统一依照《国家税务总局关于印发〈跨地区经营汇总纳税企业所得税征收管理暂行办法〉的通知》(国税发[2008]28号)的规定执行②。

(7)跨地区经营外商独资银行的汇总纳税③

由外国银行在中国设立的分行改制而成的跨地区经营外商独资银行,其所属跨地区经营分支机构应按照《国家税务总局关于印发〈跨地区经营汇总纳税企业所得税征收管理暂行办法〉的通知》(国税发[2008]28号)的规定就地预缴企业所得税。

对外商独资银行当年新设立的跨地区经营分支机构,因总机构无法获得新设分支机构上上年度的经营收入、职工工资和资产总额三个因素的相关数据而未分配税金的,新设分支机构在次年上半年可不就地预缴企业所得税。

2008年11月26日之前,外商独资银行总行没有向所属的跨地区经营分支机构分配应就地预缴税款的,所属的跨地区经营分支机构在以后预缴期间不再就地补缴。外商独资银行2007年新设立的跨地区经营分支机构,已就地预缴企业所得税的,在以后预缴期间也不再进行调整。

其他跨地区经营汇总纳税企业,符合上述情况的,参照上述规定执行。

(8)跨地区经营建筑企业的汇总纳税

自2010年1月1日起,实行总、分机构体制的跨地区经营建筑企业,应严格按照国税发[2008]28号文件"统一计算、分级管理、就地预缴、汇总清算、财政调库"的规定,根据以下办法计算缴纳企业所得税④。

①建筑企业跨地区所属二级或二级以下分支机构直接管理的项目部(包括与项目经理部性质相同的工程指挥部、合同段等),不就地预缴企业所得税,其经营收入、职工工资和资产总额应汇总到二级分支机构统一核算,按规定缴纳企业所得税⑤。

建筑企业总机构直接管理的跨地区设立的项目部,应按项目实际经营收入的0.2%按月或按季由总机构向项目所在地预分企业所得税,并由项目部向所在地主管税务机关预缴⑥。

②建筑企业总机构应汇总计算企业应纳所得税,按照以下方法进行预缴⑦:

Ⅰ 总机构只设跨地区项目部的,扣除已由项

---

① 《国家税务总局关于跨地区经营汇总纳税企业所得税征收管理若干问题的通知》(国税函[2009]221号,2009年4月29日)。

② 《国家税务总局关于进一步明确企业所得税过渡期优惠政策执行口径问题的通知》(国税函[2010]157号,2010年4月21日)。此处涉及的《国家税务总局关于外商投资企业分支机构适用所得税税率问题的通知》(国税发[1997]49号,1997年4月9日)被《国家税务总局关于公布全文失效废止 部分条款失效废止的税收规范性文件目录的公告》(国家税务总局公告2011年第2号,2011年1月4日)公布全文失效废止。

③ 《国家税务总局关于跨地区经营外商独资银行汇总纳税问题的通知》(国税函[2008]958号,2008年11月26日)。

④ 《国家税务总局关于建筑企业所得税征管有关问题的通知》(国税函[2010]39号,2010年1月26日)。《国家税务总局关于跨地区经营建筑企业所得税征收管理问题的通知》(国税函[2010]156号,2010年4月19日)。

⑤ 《国家税务总局关于跨地区经营建筑企业所得税征收管理问题的通知》(国税函[2010]156号,2010年4月19日)。

⑥ 《国家税务总局关于跨地区经营建筑企业所得税征收管理问题的通知》(国税函[2010]156号,2010年4月19日)。此前,《国家税务总局关于建筑企业所得税征管有关问题的通知》(国税函[2010]39号,2010年1月26日)规定,建筑企业跨地区设立的不符合二级分支机构条件的项目经理部(包括与项目经理部性质相同的工程指挥部、合同段等),应汇总到总机构或二级分支机构统一计算,按照国税发[2008]28号文件规定的办法计算缴纳企业所得税;对按照规定不应就地预缴而征收了企业所得税的,要及时将税款返还给企业。根据《国家税务总局关于公布全文失效废止 部分条款失效废止的税收规范性文件目录的公告》(国家税务总局公告2011年第2号),国税函[2010]39号上述内容被废止。

⑦ 《国家税务总局关于跨地区经营建筑企业所得税征收管理问题的通知》(国税函[2010]156号,2010年4月19日)。

目部预缴的企业所得税后,按照其余额就地缴纳;

Ⅱ 总机构只设二级分支机构的,按照国税发[2008]28 号文件规定计算总、分支机构应缴纳的税款;

Ⅲ 总机构既有直接管理的跨地区项目部,又有跨地区二级分支机构的,先扣除已由项目部预缴的企业所得税后,再按照国税发[2008]28 号文件规定计算总、分支机构应缴纳的税款。

③建筑企业总机构应按照有关规定办理企业所得税年度汇算清缴,各分支机构和项目部不进行汇算清缴。总机构年终汇算清缴后应纳所得税额小于已预缴的税款时,由总机构主管税务机关办理退税或抵扣以后年度的应缴企业所得税[1]。

④跨地区经营的项目部(包括二级以下分支机构管理的项目部)应向项目所在地主管税务机关出具总机构所在地主管税务机关开具的《外出经营活动税收管理证明》,未提供上述证明的,项目部所在地主管税务机关应督促其限期补办;不能提供上述证明的,应作为独立纳税人就地缴纳企业所得税。同时,项目部应向所在地主管税务机关提供总机构出具的证明该项目部属于总机构或二级分支机构管理的证明文件[2]。

⑤建筑企业总机构在办理企业所得税预缴和汇算清缴时,应附送其所直接管理的跨地区经营项目部就地预缴税款的完税证明[3]。

⑥建筑企业在同一省、自治区、直辖市和计划单列市设立的跨地(市、县)项目部,其企业所得税的征收管理办法,由各省、自治区、直辖市和计划单列市国家税务局、地方税务局共同制定,并报国家税务总局备案[4]。

(9)汇总缴纳企业的征收管理

①总机构和分支机构均应依法办理税务登记,接受所在地税务机关监督管理[5]。

②总机构应在每年 6 月 20 日前,将依照规定方法计算确定的各分支机构当年应分摊税款的比例,填入《中华人民共和国企业所得税汇总纳税分支机构分配表》,报送总机构所在地主管税务机关,同时下发各分支机构[6]。

对总机构不向分支机构提供企业所得税分配表,导致分支机构无法正常就地申报预缴企业所得税的,分支机构主管税务机关要对二级分支机构进行审核鉴定,如该二级分支机构具有主体生产经营职能,可以确定为应就地申报预缴所得税的二级分支机构;对确定为就地申报预缴所得税的二级分支机构,主管税务机关应责成该分支机构督促总机构限期提供税款分配表,同时函请总机构主管税务机关责成总机构限期提供税款分配表,并由总机构主管税务机关对总机构按照税收征收管理法的有关规定予以处罚;总机构主管税务机关未尽责的,由上级税务机关对总机构主管税务机关依照税收执法责任制的规定严肃处理[7]。

③总机构所在地主管税务机关收到总机构报送的《中华人民共和国企业所得税汇总纳税分支机构分配表》后 10 日内,应通过国家税务总局跨地区经营汇总纳税企业信息交换平台或邮寄等方式,及时传送给各分支机构所在地主管税务

---

① 《国家税务总局关于跨地区经营建筑企业所得税征收管理问题的通知》(国税函[2010]156 号,2010 年 4 月 19 日)。

② 《国家税务总局关于跨地区经营建筑企业所得税征收管理问题的通知》(国税函[2010]156 号,2010 年 4 月 19 日)。

③ 《国家税务总局关于跨地区经营建筑企业所得税征收管理问题的通知》(国税函[2010]156 号,2010 年 4 月 19 日)。

④ 《国家税务总局关于跨地区经营建筑企业所得税征收管理问题的通知》(国税函[2010]156 号,2010 年 4 月 19 日)。

⑤ 《国家税务总局关于印发〈跨地区经营汇总纳税企业所得税征收管理暂行办法〉的通知》(国税发[2008]28 号,2008 年 3 月 10 日)。

⑥ 《国家税务总局关于印发〈跨地区经营汇总纳税企业所得税征收管理暂行办法〉的通知》(国税发[2008]28 号,2008 年 3 月 10 日)。

⑦ 《国家税务总局关于跨地区经营汇总纳税企业所得税征收管理有关问题的通知》(国税函[2008]747 号,2008 年 8 月 21 日)。

机关①。

④总机构应当将其所有二级分支机构(包括不参与就地预缴分支机构)的信息及二级分支机构主管税务机关的邮编、地址报主管税务机关备案②。

总机构应及时将其所属二级分支机构名单报送总机构所在地主管税务机关,并向其所属二级分支机构及时出具有效证明(支持证明的材料包括总机构拨款证明、总分机构协议或合同、公司章程、管理制度等)③。

⑤分支机构应将总机构信息、上级机构、下属分支机构信息报主管税务机关备案④。

二级分支机构在办理税务登记时应向其所在地主管税务机关报送非法人营业执照(复印件)和由总机构出具的二级分支机构的有效证明。其所在地主管税务机关应对二级分支机构进行审核鉴定,督促其及时预缴企业所得税⑤。

跨地区经营汇总纳税企业在进行企业所得税预缴和年度汇算清缴时,二级分支机构应向其所在地主管税务机关报送其本级及以下分支机构的生产经营情况,主管税务机关应对报送资料加强审核,并作为对二级分支机构计算分摊税款比例的三项指标和应分摊入库所得税税款进行查验核对的依据⑥。

⑥分支机构注销后 15 日内,总机构应将分支

机构注销情况报主管税务机关备案⑦。

⑦总机构及其分支机构除按纳税申报规定向主管税务机关报送相关资料外,还应报送《中华人民共和国企业所得税汇总纳税分支机构分配表》、《财务会计决算报告和职工工资总额情况表》⑧。

⑧分支机构的各项财产损失,应由分支机构所在地主管税务机关审核并出具证明后,再由总机构向所在地主管税务机关申报扣除⑨。

⑨各分支机构主管税务机关应根据总机构主管税务机关反馈的《中华人民共和国企业所得税汇总纳税分支机构分配表》,对其主管分支机构应分摊入库的所得税税款和计算分摊税款比例的 3 项指标进行查验核对。发现计算分摊税款比例的 3 项指标有问题的,应及时将相关情况通报总机构主管税务机关。分支机构未按税款分配数额预缴所得税造成少缴税款的,主管税务机关应按照税收征收管理法及其实施细则的有关规定对其处罚,并将处罚结果通知总机构主管税务机关⑩。

⑩跨地区汇总纳税企业的所得税收入涉及到跨区利益,跨区法人应健全财务核算制度并准确计算经营成果,不适用《国家税务总局关于印发〈企业所得税核定征收办法(试行)〉的通知》(国税发

① 《国家税务总局关于印发〈跨地区经营汇总纳税企业所得税征收管理暂行办法〉的通知》(国税发[2008]28 号,2008 年 3 月 10 日)。

② 《国家税务总局关于印发〈跨地区经营汇总纳税企业所得税征收管理暂行办法〉的通知》(国税发[2008]28 号,2008 年 3 月 10 日)。

③ 《国家税务总局关于跨地区经营汇总纳税企业所得税征收管理若干问题的通知》(国税函[2009]221 号,2009 年 4 月 29 日)。

④ 《国家税务总局关于印发〈跨地区经营汇总纳税企业所得税征收管理暂行办法〉的通知》(国税发[2008]28 号,2008 年 3 月 10 日)。

⑤ 《国家税务总局关于跨地区经营汇总纳税企业所得税征收管理若干问题的通知》(国税函[2009]221 号,2009 年 4 月 29 日)。

⑥ 《国家税务总局关于跨地区经营汇总纳税企业所得税征收管理若干问题的通知》(国税函[2009]221 号,2009 年 4 月 29 日)。

⑦ 《国家税务总局关于印发〈跨地区经营汇总纳税企业所得税征收管理暂行办法〉的通知》(国税发[2008]28 号,2008 年 3 月 10 日)。

⑧ 《国家税务总局关于印发〈跨地区经营汇总纳税企业所得税征收管理暂行办法〉的通知》(国税发[2008]28 号,2008 年 3 月 10 日)。

⑨ 《国家税务总局关于印发〈跨地区经营汇总纳税企业所得税征收管理暂行办法〉的通知》(国税发[2008]28 号,2008 年 3 月 10 日)。

⑩ 《国家税务总局关于印发〈跨地区经营汇总纳税企业所得税征收管理暂行办法〉的通知》(国税发[2008]28 号,2008 年 3 月 10 日)。

［2008］30 号）①。

⑪对应执行国税发［2008］28 号文件规定而未执行或未正确执行上述文件规定的跨地区经营汇总纳税企业，在预缴企业所得税时造成总机构与分支机构之间同时存在一方（或几方）多预缴另一方（或几方）少预缴税款的，其总机构或分支机构就地预缴的企业所得税低于按上述文件规定计算分配的数额的，应在随后的预缴期间内，由总机构将按上述文件规定计算分配的税款差额分配到总机构或分支机构补缴；其总机构或分支机构就地预缴的企业所得税高于按上述文件规定计算分配的数额的，应在随后的预缴期间内，由总机构将按上述文件规定计算分配的税款差额从总机构或分支机构的预缴数中扣减②。

7.7.2.8　非居民企业汇总纳税

（1）非居民企业在中国境内设立两个或者两个以上机构、场所的，经各机构、场所所在地税务机关的共同上级税务机关审核批准，可以选择由其主要机构、场所汇总缴纳企业所得税③。

（2）主要机构、场所，应当同时符合下列条件④：

①对其他各机构、场所的生产经营活动负有监督管理责任；

②设有完整的账簿、凭证，能够准确反映各机构、场所的收入、成本、费用和盈亏情况。

（3）非居民企业经批准汇总缴纳企业所得税后，需要增设、合并、迁移、关闭机构、场所或者停止

机构、场所业务的，应当事先由负责汇总申报缴纳企业所得税的主要机构、场所向其所在地税务机关报告；需要变更汇总缴纳企业所得税的主要机构、场所的，依照上述规定办理⑤。

7.7.2.9　合并纳税取消后的相关税务处理

（1）一般规定

除国务院另有规定外，企业之间不得合并缴纳企业所得税⑥。

对 2007 年 12 月 31 日前经国务院批准或按国务院规定条件批准实行合并缴纳企业所得税的 106 家企业集团（具体名单见附件二十三），在 2008 年度继续按原规定执行。从 2009 年 1 月 1 日起，上述企业集团一律停止执行合并缴纳企业所得税政策⑦。

（2）合并纳税企业以前年度亏损弥补的结转⑧

自 2009 年 1 月 1 日起，企业集团取消了合并申报缴纳企业所得税后，截至 2008 年底，企业集团合并计算的累计亏损，属于 5 年结转期限内的，可分配给其合并成员企业（包括企业集团总部）在剩余结转期限内，结转弥补。

企业集团应根据各成员企业截至 2008 年底的年度所得税申报表中的盈亏情况，凡单独计算是亏损的各成员企业，参与分配可继续弥补的亏损；盈利企业不参与分配。具体分配公式如下：

成员企业分配的亏损额＝（某成员企业单独计算盈亏尚未弥补的亏损额÷各成员企业单独计算盈亏尚未弥补的亏损额之和）×集团公司合并计算

---

① 《国家税务总局关于跨地区经营汇总纳税企业所得税征收管理有关问题的通知》（国税函［2008］747 号，2008 年 8 月 21 日）。

② 《国家税务总局关于跨地区经营汇总纳税企业所得税征收管理若干问题的通知》（国税函［2009］221 号，2009 年 4 月 29 日）。

③ 《中华人民共和国企业所得税法》（2007 年 3 月 16 日第十届全国人民代表大会第五次会议通过，中华人民共和国主席令第六十三号公布）第五十一条；《中华人民共和国企业所得税法实施条例》（中华人民共和国国务院令第 512 号，2007 年 12 月 6 日）第一百二十七条。

④ 《中华人民共和国企业所得税法实施条例》（中华人民共和国国务院令第 512 号，2007 年 12 月 6 日）第一百二十六条。

⑤ 《中华人民共和国企业所得税法实施条例》（中华人民共和国国务院令第 512 号，2007 年 12 月 6 日）第一百二十七条。

⑥ 《中华人民共和国企业所得税法》（2007 年 3 月 16 日第十届全国人民代表大会第五次会议通过，中华人民共和国主席令第六十三号公布）第五十二条。

⑦ 《财政部 国家税务总局关于试点企业集团缴纳企业所得税有关问题的通知》（财税［2008］119 号，2008 年 10 月 17 日）。

⑧ 《国家税务总局关于取消合并纳税后以前年度尚未弥补亏损有关企业所得税问题的公告》（国家税务总局公告 2010 年第 7 号，2010 年 7 月 30 日）。

累计可继续弥补的亏损额

企业集团在按照上述方法分配亏损时,应根据集团每年汇总计算中这些亏损发生的实际所属年度,确定各成员企业所分配的亏损额中具体所属年度及剩余结转期限,并填写《企业集团公司累计亏损分配表》(见国家税务总局公告 2010 年第 7 号附件)并下发给各成员企业,同时抄送企业集团主管税务机关。

(3)中石油、中石化取消合并纳税后的相关纳税事项处理①

中国石油天然气股份有限公司(简称中石油)、中国石油化工股份有限公司(简称中石化)下属具有独立法人资格的子公司应按照企业所得税法的有关规定,向所在地主管税务机关申报并计算缴纳企业所得税;上述子公司下设的不具有法人资格的分支机构,由该子公司汇总申报并计算缴纳企业所得税,不就地预缴。

中石油、中石化下属不具有法人资格的二级分支机构企业所得税的申报方式及就地预缴比例,暂维持不变。三级以下分支机构不就地申报、预缴企业所得税。

中石油、中石化下属二级以下分支机构发生的需要在税务机关备案或由税务机关审批的研发费用、财产损失等事项,由其二级分支机构所在省、自治区、直辖市和计划单列市国税机关按照相关规定的权限予以备案或审批。

中石油、中石化实行就地预缴的二级分支机构购置用于环境保护、节能节水、安全生产等专用设备的投资额,符合企业所得税法规定的抵免企业所得税条件的,应先用该分支机构就地预缴的税款进

行抵免,不足部分在总部抵免。

7.7.2.10 源泉扣缴

(1)法定扣缴

①一般规定

对非居民企业取得来源于中国境内的股息、红利等权益性投资收益和利息、租金、特许权使用费所得、转让财产所得以及其他所得应当缴纳的企业所得税,实行源泉扣缴,以依照有关法律规定或者合同约定对非居民企业直接负有支付相关款项义务的单位或者个人为扣缴义务人②。

非居民企业在中国境内未设立机构、场所的,或者虽设立机构、场所但取得的所得与其所设机构、场所没有实际联系的,其应缴纳的所得税,实行源泉扣缴,以支付人为扣缴义务人。税款由扣缴义务人在每次支付或者到期应支付时,从支付或者到期应支付的款项中扣缴③。

支付人,是指依照有关法律规定或者合同约定对非居民企业直接负有支付相关款项义务的单位或者个人④。

支付,包括现金支付、汇拨支付、转账支付和权益兑价支付等货币支付和非货币支付⑤。

到期应支付的款项,是指支付人按照权责发生制原则应当计入相关成本、费用的应付款项⑥。

②源泉扣缴的征管⑦

Ⅰ 扣缴义务人与非居民企业首次签订与来源于中国境内的股息、红利等权益性投资收益和利息、租金、特许权使用费所得、转让财产所得以及其他所得有关的业务合同或协议的,扣缴义务人应当

---

① 《国家税务总局关于中国石油天然气股份有限公司中国石油化工股份有限公司企业所得税征管问题的通知》(国税函[2010]623 号,2010 年 12 月 14 日)。《国家税务总局关于中国石油天然气股份有限公司、中国石油化工股份有限公司缴纳企业所得税问题的通知》(国税函[2009]573 号,2009 年 10 月 19 日)。

② 《国家税务总局关于印发〈非居民企业所得税源泉扣缴管理暂行办法〉的通知》(国税发[2009]3 号,2009 年 1 月 9 日)。

③ 《中华人民共和国企业所得税法》(2007 年 3 月 16 日第十届全国人民代表大会第五次会议通过,中华人民共和国主席令第六十三号公布)第三十七条。

④ 《中华人民共和国企业所得税法实施条例》(中华人民共和国国务院令第 512 号,2007 年 12 月 6 日)第一百零四条。

⑤ 《中华人民共和国企业所得税法实施条例》(中华人民共和国国务院令第 512 号,2007 年 12 月 6 日)第一百零五条。

⑥ 《中华人民共和国企业所得税法实施条例》(中华人民共和国国务院令第 512 号,2007 年 12 月 6 日)第一百零五条;《国家税务总局关于印发〈非居民企业所得税源泉扣缴管理暂行办法〉的通知》(国税发[2009]3 号,2009 年 1 月 9 日)。

⑦ 《国家税务总局关于印发〈非居民企业所得税源泉扣缴管理暂行办法〉的通知》(国税发[2009]3 号,2009 年 1 月 9 日)。

自合同签订之日起 30 日内,向其主管税务机关申报办理扣缴税款登记。

Ⅱ 扣缴义务人每次与非居民企业签订与来源于中国境内的股息、红利等权益性投资收益和利息、租金、特许权使用费所得、转让财产所得以及其他所得有关的业务合同或协议时,应当自签订合同(包括修改、补充、延期合同)之日起 30 日内,向其主管税务机关报送《扣缴企业所得税合同备案登记表》、合同复印件及相关资料。文本为外文的应同时附送中文译本。

Ⅲ 对多次付款的合同项目,扣缴义务人应当在履行合同最后一次付款前 15 日内,向主管税务机关报送合同全部付款明细、前期扣缴表和完税凭证等资料,办理扣缴税款清算手续。

Ⅳ 股权转让交易双方为非居民企业且在境外交易的,由取得所得的非居民企业自行或委托代理人向被转让股权的境内企业所在地主管税务机关申报纳税。被转让股权的境内企业应协助税务机关向非居民企业征缴税款,在依法变更税务登记时,应将股权转让合同复印件报送主管税务机关。

Ⅴ 扣缴义务人应当设立代扣代缴税款账簿和合同资料档案,准确记录企业所得税的扣缴情况,并接受税务机关的检查。

Ⅵ 扣缴义务人所在地与所得发生地不在一地的,扣缴义务人所在地主管税务机关应自确定扣缴义务人未依法扣缴或者无法履行扣缴义务之日起 5 个工作日内,向所得发生地主管税务机关发送《非居民企业税务事项联络函》,告知非居民企业的申报纳税事项。

Ⅶ 按照企业所得税法及其实施条例和相关税收法规规定,给予非居民企业减免税优惠的,应按相关税收减免管理办法和行政审批程序的规定办理。对未经审批或者减免税申请未得到批准之前,扣缴义务人发生支付款项的,应按规定代扣代缴企业所得税。

Ⅷ 非居民企业可以适用的税收协定与《非居民企业所得税源泉扣缴管理暂行办法》有不同规定的,可申请执行税收协定规定;非居民企业未提出执行税收协定规定申请的,按国内税收法律法规的有关规定执行。

Ⅸ 非居民企业已按国内税收法律法规的有关规定征税后,提出享受减免税或税收协定待遇申请的,主管税务机关经审核确认应享受减免税或税收协定待遇的,对多缴纳的税款应依据税收征管法及其实施细则的有关规定予以退税。

③专项规定

Ⅰ 我国金融机构向境外外国银行支付贷款利息扣缴企业所得税。自 2008 年 1 月 1 日起,我国金融机构向境外外国银行支付贷款利息、我国境内外资金融机构向境外支付贷款利息,应按照企业所得税法及其实施条例规定代扣代缴企业所得税。我国境内机构向我国银行的境外分行支付的贷款利息,应按照企业所得税法及其实施条例规定代扣代缴企业所得税。各地应建立健全非居民企业利息所得源泉扣缴企业所得税监控机制,确保及时足额扣缴税款①。

---

① 《国家税务总局关于加强非居民企业来源于我国利息所得扣缴企业所得税工作的通知》(国税函[2008]955 号,2008 年 11 月 24 日)。此前,《国家税务总局关于外资金融机构有关税收业务问题的通知》(国税发[1997]123 号)规定,外国银行在中国境内的分行向境外总行及其他金融机构筹措借款所支付的利息,属于外国银行及其他金融机构取得的来源于我国的利息所得,应依法缴纳企业所得税;《国家税务总局关于外国银行从我国外资金融机构取得的利息所得征税的通知》(国税函[1997]372 号)规定,外资金融机构不属于原外资企业所得税法所指的中国国家银行,外国银行贷款给中国境内的外资金融机构所取得的利息所得,应予征收所得税;《国家税务总局关于外资金融机构支付利息暂缓征收预提所得税的通知》(国税发[1997]186 号)鉴于当时国际经济形势及加强宏观调控的需要,规定对外资金融机构向境外支付的贷款利息暂缓征收;《国家税务总局关于中国银行海外分行取得来源于境内利息收入税务处理问题的函》(国税函[2001]189 号,2001 年 3 月 8 日)规定,中国银行海外分行虽是在海外的分支机构,在当地不具有居民身份,但也是依照分行所在国法律成立的企业,受所在国法律的保护,其向国内企业提供贷款所取得的利息收入,应作为外国企业来源于我国境内的收入,依法缴纳企业所得税。根据《国家税务总局关于公布全文失效废止 部分条款失效废止的税收规范性文件目录的公告》(国家税务总局公告 2011 年第 2 号,2011 年 1 月 4 日),国税发[1997]123 号、国税函[1997]372 号和国税函[2001]189 号被公布失效废止。

属于我国居民企业的银行在境外设立的非法人分支机构同样是我国的居民，该分支机构取得的来源于我国的利息，不论是由我国居民还是外国居民设在中国的常设机构支付，均不适用我国与该分支机构所在国签订的税收协定，应适用《国家税务总局关于加强非居民企业来源于我国利息所得扣缴企业所得税工作的通知》（国税函〔2008〕955号）文件的上述规定[①]。

税收协定列名的免税外国金融机构设在第三国的非法人分支机构与其总机构属于同一法人，除税收协定中明确规定只有列名金融机构的总机构可以享受免税待遇情况外，该分支机构取得的利息可以享受中国与其总机构所在国签订的税收协定中规定的免税待遇，并按照《国家税务总局关于印发〈非居民享受税收协定待遇管理办法（试行）〉的通知》（国税发〔2009〕124号）有关规定办理审批手续[②]。

Ⅱ 中国居民企业向境外 H 股非居民企业股东派发股息扣缴企业所得税。中国居民企业向境外 H 股非居民企业股东派发 2008 年及以后年度股息时，统一按 10% 的税率代扣代缴企业所得税。非居民企业股东在获得股息之后，可以自行或通过委托代理人或代扣代缴义务人，向主管税务机关提出享受税收协定（安排）待遇的申请，提供证明自己为符合税收协定（安排）规定的实际受益所有人的资料。主管税务机关审核无误后，应就已征税款和根据税收协定（安排）规定税率计算的应纳税款的差额予以退税。各地应加强对我国境外上市企业派发股息情况的了解，并发挥售付汇凭证的作用，确保代扣代缴税款及时足额入库[③]。

Ⅲ 中国居民企业向合格境外机构投资者（简称为 QFII）支付股息、红利、利息扣缴企业所得税。QFII 取得来源于中国境内的股息、红利和利息收入，应当按照企业所得税法规定缴纳 10% 的企业所得税。如果是股息、红利，则由派发股息、红利的企业代扣代缴；如果是利息，则由企业在支付或到期应支付时代扣代缴。QFII 取得股息、红利和利息收入，需要享受税收协定（安排）待遇的，可向主管税务机关提出申请，主管税务机关审核无误后按照税收协定的规定执行；涉及退税的，应及时予以办理。各地税务机关应了解 QFII 在我国从事投资的情况，及时提供税收服务，建立税收管理档案，确保代扣代缴税款及时足额入库[④]。

（2）指定扣缴

对非居民企业在中国境内取得工程作业和劳务所得应缴纳的所得税，税务机关可以指定工程价款或者劳务费的支付人为扣缴义务人[⑤]。

可以指定扣缴义务人的情形，包括[⑥]：

①预计工程作业或者提供劳务期限不足一个纳税年度，且有证据表明不履行纳税义务的；

②没有办理税务登记或者临时税务登记，且未委托中国境内的代理人履行纳税义务的；

③未按照规定期限办理企业所得税纳税申报或者预缴申报的。

上述规定的扣缴义务人，由县级以上税务机关指定，并同时告知扣缴义务人所扣税款的计算依据、计算方法、扣缴期限和扣缴方式。

① 《国家税务总局关于境外分行取得来源于境内利息所得扣缴企业所得税问题的通知》（国税函〔2010〕266 号，2010 年 6 月 2 日）。

② 《国家税务总局关于境外分行取得来源于境内利息所得扣缴企业所得税问题的通知》（国税函〔2010〕266 号，2010 年 6 月 2 日）。

③ 《国家税务总局关于中国居民企业向境外 H 股非居民企业股东派发股息代扣代缴企业所得税有关问题的通知》（国税函〔2008〕897 号，2008 年 11 月 6 日）。

④ 《国家税务总局关于中国居民企业向 QFII 支付股息、红利、利息代扣代缴企业所得税有关问题的通知》（国税函〔2009〕47 号，2009 年 1 月 23 日）。

⑤ 《中华人民共和国企业所得税法》（2007 年 3 月 16 日第十届全国人民代表大会第五次会议通过，中华人民共和国主席令第六十三号公布）第三十八条。

⑥ 《中华人民共和国企业所得税法实施条例》（中华人民共和国国务院令第 512 号，2007 年 12 月 6 日）第一百零六条。

（3）扣缴税款的缴纳

扣缴义务人在每次向非居民企业支付或者到期应支付来源于中国境内的股息、红利等权益性投资收益和利息、租金、特许权使用费所得、转让财产所得以及其他所得时，应从支付或者到期应支付的款项中扣缴企业所得税①。

扣缴义务人每次代扣代缴税款时，应当向其主管税务机关报送《中华人民共和国扣缴企业所得税报告表》（简称扣缴表）及相关资料，并自代扣之日起7日内缴入国库②。

（4）税款追缴

因非居民企业拒绝代扣税款的，扣缴义务人应当暂停支付相当于非居民企业应纳税款的款项，并在1日之内向其主管税务机关报告，并报送书面情况说明③。

依照税法规定应当扣缴的所得税，扣缴义务人未依法扣缴或者无法履行扣缴义务的，非居民企业应于扣缴义务人支付或者到期应支付之日起7日内，到所得发生地主管税务机关申报缴纳企业所得税④。

非居民企业未依照规定申报缴纳企业所得税，由申报纳税所在地主管税务机关责令限期缴纳，逾期仍未缴纳的，申报纳税所在地主管税务机关可以收集、查实该非居民企业在中国境内其他收入项目及其支付人（简称其他支付人）的相关信息，并向其他支付人发出《税务事项通知书》，从其他支付人应付的款项中，追缴该非居民企业的应纳税款和滞纳金⑤。

其他支付人所在地与申报纳税所在地不在一地的，其他支付人所在地主管税务机关应给予配合和协助⑥。

发生地，是指依照企业所得税法实施条例第七条规定的原则确定的所得发生地。在中国境内存在多处所得发生地的，由纳税人选择其中之一申报缴纳企业所得税⑦。非居民企业依照规定申报缴纳企业所得税，但在中国境内存在多处所得发生地，并选定其中之一申报缴纳企业所得税的，应向申报纳税所在地主管税务机关如实报告有关情况。申报纳税所在地主管税务机关在受理申报纳税后，应将非居民企业申报缴纳所得税情况书面通知扣缴义务人所在地和其他所得发生地主管税务机关⑧。

该非居民企业在中国境内其他收入，是指该纳税人在中国境内取得的其他各种来源的收入⑨。

税务机关在追缴该纳税人应纳税款时，应当将追缴理由、追缴数额、缴纳期限和缴纳方式等告知该纳税人⑩。

---

① 《国家税务总局关于印发〈非居民企业所得税源泉扣缴管理暂行办法〉的通知》（国税发[2009]3号，2009年1月9日）。

② 《中华人民共和国企业所得税法》（2007年3月16日第十届全国人民代表大会第五次会议通过，中华人民共和国主席令第六十三号公布）第四十条；《国家税务总局关于印发〈非居民企业所得税源泉扣缴管理暂行办法〉的通知》（国税发[2009]3号，2009年1月9日）。自2009年1月1日起，使用修订后的《中华人民共和国企业所得税扣缴报告表》，其式样详见《国家税务总局关于印发〈中华人民共和国非居民企业所得税申报表〉等报表的通知》（国税函[2008]801号，2008年9月22日）。

③ 《国家税务总局关于印发〈非居民企业所得税源泉扣缴管理暂行办法〉的通知》（国税发[2009]3号，2009年1月9日）。

④ 《中华人民共和国企业所得税法》（2007年3月16日第十届全国人民代表大会第五次会议通过，中华人民共和国主席令第六十三号公布）第三十九条；《国家税务总局关于印发〈非居民企业所得税源泉扣缴管理暂行办法〉的通知》（国税发[2009]3号，2009年1月9日）。

⑤ 《中华人民共和国企业所得税法》（2007年3月16日第十届全国人民代表大会第五次会议通过，中华人民共和国主席令第六十三号公布）第三十九条；《国家税务总局关于印发〈非居民企业所得税源泉扣缴管理暂行办法〉的通知》（国税发[2009]3号，2009年1月9日）。

⑥ 《中华人民共和国企业所得税法》（2007年3月16日第十届全国人民代表大会第五次会议通过，中华人民共和国主席令第六十三号公布）第三十九条；《国家税务总局关于印发〈非居民企业所得税源泉扣缴管理暂行办法〉的通知》（国税发[2009]3号，2009年1月9日）。

⑦ 《中华人民共和国企业所得税法实施条例》（中华人民共和国国务院令第512号，2007年12月6日）第一百零七条。

⑧ 《国家税务总局关于印发〈非居民企业所得税源泉扣缴管理暂行办法〉的通知》（国税发[2009]3号，2009年1月9日）。

⑨ 《中华人民共和国企业所得税法实施条例》（中华人民共和国国务院令第512号，2007年12月6日）第一百零八条。

⑩ 《中华人民共和国企业所得税法实施条例》（中华人民共和国国务院令第512号，2007年12月6日）第一百零八条。

（5）后续管理①

①主管税务机关应当建立《扣缴企业所得税管理台账》，加强合同履行情况的跟踪监管，及时了解合同签约内容与实际履行中的动态变化，监控合同款项支付、代扣代缴税款等情况。必要时应查核企业相关账簿，掌握股息、利息、租金、特许权使用费、转让财产收益等支付和列支情况，特别是未实际支付但已计入成本费用的利息、租金、特许权使用费等情况，有否漏扣企业所得税问题。

主管税务机关应根据备案合同资料、扣缴企业所得税管理台账记录、对外售付汇开具税务证明等监管资料和已申报扣缴税款情况，核对办理税款清算手续②。

②主管税务机关可根据需要对代扣代缴企业所得税的情况实施专项检查，实施检查的主管税务机关应将检查结果及时传递给同级国家税务局或地方税务局。专项检查可以采取国、地税联合检查的方式。

③税务机关在企业所得税源泉扣缴管理中，遇有需要向税收协定缔约对方获取涉税信息或告知非居民企业在中国境内的税收违法行为时，可按照《国家税务总局关于印发〈国际税收情报交换工作规程〉的通知》（国税发〔2006〕70号）规定办理。

（6）法律责任③

扣缴义务人未按照规定办理扣缴税款登记的，主管税务机关应当按照《税务登记管理办法》第四十五条、四十六条的规定处理。

股权转让交易双方均为非居民企业且在境外交易的，被转让股权的境内企业未依法变更税务登记的，主管税务机关应当按照《税务登记管理办法》第四十二条的规定处理。

扣缴义务人未按上述规定的期限向主管税务机关报送《扣缴企业所得税合同备案登记表》、合同复印件及相关资料的，未按规定期限向主管税务机关报送扣缴表的，未履行扣缴义务不缴或者少缴

已扣税款的、或者应扣未扣税款的，非居民企业未按规定期限申报纳税的、不缴或者少缴应纳税款的，主管税务机关应当按照税收征管法及其实施细则的有关规定处理。

7.7.3 非居民企业承包工程和提供劳务税收管理④

（1）登记备案

①非居民企业在中国境内承包工程作业或提供劳务的，应当自项目合同或协议（简称合同）签订之日起30日内，向项目所在地主管税务机关办理税务登记手续。

②依照法律、行政法规规定负有税款扣缴义务的境内机构和个人，应当自扣缴义务发生之日起30日内，向所在地主管税务机关办理扣缴税款登记手续。

③境内机构和个人向非居民企业发包工程作业或劳务项目的，应当自项目合同签订之日起30日内，向主管税务机关报送《境内机构和个人发包工程作业或劳务项目报告表》，并附送非居民企业的税务登记证、合同、税务代理委托书复印件或非居民企业对有关事项的书面说明等资料。

④非居民企业在中国境内承包工程作业或提供劳务的，应当在项目完工后15日内，向项目所在地主管税务机关报送项目完工证明、验收证明等相关文件复印件，并依据《税务登记管理办法》的有关规定申报办理注销税务登记。

⑤境内机构和个人向非居民企业发包工程作业或劳务项目合同发生变更的，发包方或劳务受让方应自变更之日起10日内向所在地主管税务机关报送《非居民项目合同变更情况报告表》。

境内机构和个人向非居民企业发包工程作业或劳务项目，从境外取得的与项目款项支付有关的发票和其他付款凭证，应在自取得之日起30日内向所在地主管税务机关报送《非居民项目合同款项支付情况报告表》及付款凭证复印件。

① 《国家税务总局关于印发〈非居民企业所得税源泉扣缴管理暂行办法〉的通知》（国税发〔2009〕3号，2009年1月9日）。
② 《国家税务总局关于印发〈非居民企业所得税源泉扣缴管理暂行办法〉的通知》（国税发〔2009〕3号，2009年1月9日）。
③ 《国家税务总局关于印发〈非居民企业所得税源泉扣缴管理暂行办法〉的通知》（国税发〔2009〕3号，2009年1月9日）。
④ 《非居民承包工程作业和提供劳务税收管理暂行办法》（国家税务总局令第19号，2009年1月20日）。

⑥境内机构和个人不向非居民支付工程价款或劳务费的,应当在项目完工开具验收证明前,向其主管税务机关报告非居民在项目所在地的项目执行进度、支付人名称及其支付款项金额、支付日期等相关情况。

⑦境内机构和个人向非居民企业发包工程作业或劳务项目,与非居民企业的主管税务机关不一致的,应当自非居民企业申报期限届满之日起15日内向境内机构和个人的主管税务机关报送非居民申报纳税证明资料复印件。

(2)税源信息管理

①税务机关应当建立税源监控机制,获取并利用发改委、建设、外汇管理、商务、教育、文化、体育等部门关于非居民企业在中国境内承包工程作业和提供劳务的相关信息,并可根据工作需要,将信息使用情况反馈给有关部门。

②非居民企业或境内机构和个人的同一涉税事项同时涉及国家税务局和地方税务局的,各主管税务机关办理涉税事项后应当制作《非居民承包工程作业和提供劳务项目信息传递表》,并按月传递给对方纳入非居民税收管理档案。

(3)申报征收

①非居民企业在中国境内承包工程作业或提供劳务项目的,企业所得税按纳税年度计算、分季预缴,年终汇算清缴,并在工程项目完工或劳务合同履行完毕后结清税款。

②非居民企业进行企业所得税纳税申报时,应当如实报送纳税申报表,并附送下列资料:

Ⅰ 工程作业(劳务)决算(结算)报告或其他说明材料;

Ⅱ 参与工程作业或劳务项目外籍人员姓名、国籍、出入境时间、在华工作时间、地点、内容、报酬标准、支付方式、相关费用等情况的书面报告;

Ⅲ 财务会计报告或财务情况说明;

Ⅳ 非居民企业依据税收协定在中国境内未构成常设机构,需要享受税收协定待遇的,应提交《非居民企业承包工程作业和提供劳务享受税收协定待遇报告表》(简称报告表),并附送居民身份证明及税务机关要求提交的其他证明资料。

非居民企业未按上述规定提交报告表及有关证明资料,或因项目执行发生变更等情形不符合享受税收协定待遇条件的,不得享受税收协定待遇,应依照企业所得税法规定缴纳税款。

③工程价款或劳务费的支付人所在地县(区)以上主管税务机关根据《境内机构和个人发包工程作业或劳务项目报告表》及非居民企业申报纳税证明资料或其他信息,确定符合企业所得税法实施条例第一百零六条所列指定扣缴的三种情形之一的,可指定工程价款或劳务费的支付人为扣缴义务人,并将《非居民企业承包工程作业和提供劳务企业所得税扣缴义务通知书》送达被指定方。

④指定扣缴义务人应当在申报期限内向主管税务机关报送扣缴企业所得税报告表及其他有关资料。

⑤扣缴义务人未依法履行扣缴义务或无法履行扣缴义务的,由非居民企业在项目所在地申报缴纳。主管税务机关应自确定未履行扣缴义务之日起15日内通知非居民企业在项目所在地申报纳税。

⑥非居民企业逾期仍未缴纳税款的,项目所在地主管税务机关应自逾期之日起15日内,收集该非居民企业从中国境内取得其他收入项目的信息,包括收入类型,支付人的名称、地址,支付金额、方式和日期等,并向其他收入项目支付人(简称其他支付人)发出《非居民企业欠税追缴告知书》,并依法追缴税款和滞纳金。

非居民企业从中国境内取得其他收入项目,包括非居民企业从事其他工程作业或劳务项目所得,以及企业所得税法第三条第二、三款规定的其他收入项目。非居民企业有多个其他支付人的,项目所在地主管税务机关应根据信息准确性、收入金额、追缴成本等因素确定追缴顺序。

⑦其他支付人主管税务机关应当提供必要的信息,协助项目所在地主管税务机关执行追缴事宜。

(4)跟踪管理

①主管税务机关应当按项目建档、分项管理的原则,建立非居民承包工程作业和提供劳务项目的管理台账和纳税档案,及时准确掌握工程和劳务项

目的合同执行、施工进度、价款支付、对外付汇、税款缴纳等情况。

②境内机构和个人从境外取得的付款凭证，主管税务机关对其真实性有疑义的，可要求其提供境外公证机构或者注册会计师的确认证明，经税务机关审核认可后，方可作为计账核算的凭证。

③主管税务机关应对非居民享受协定待遇进行事后管理，审核其提交的报告表和证明资料的真实性和准确性，对其不构成常设机构的情形进行认定。对于不符合享受协定待遇条件且未履行纳税义务的情形，税务机关应该依法追缴其应纳税款、滞纳金及罚款。

④税务机关应当利用售付汇信息，包括境内机构和个人向非居民支付服务贸易款项的历史记录，以及当年新增发包项目付款计划等信息，对承包工程作业和提供劳务项目实施监控。对于付汇前有欠税情形的，应当及时通知纳税人或扣缴义务人缴纳，必要时可以告知有关外汇管理部门或指定外汇支付银行依法暂停付汇。

⑤主管税务机关应对非居民参与国家、省、地市级重点建设项目，包括城市基础设施建设、能源建设、企业技术设备引进等项目中涉及的承包工程作业或提供劳务，以及其他有非居民参与的合同金额超过5000万元人民币的，实施重点税源监控管理；对承包方和发包方是否存在关联关系、合同实际执行情况、常设机构判定、境内外劳务收入划分等事项进行重点跟踪核查，对发现的问题，可以实施情报交换、反避税调查或税务稽查。

⑥省（自治区、直辖市和计划单列市）税务机关应当于年度终了后45日内，将《非居民承包工程作业和提供劳务重点建设项目统计表》，以及项目涉及的企业所得税、增值税、营业税、印花税、个人所得税等税收收入和税源变动情况的分析报告报送国家税务总局（国际税务司）。

⑦主管税务机关可根据需要对非居民承包工程作业和提供劳务的纳税情况实施税务审计，必要

时应将审计结果及时传递给同级国家税务局或地方税务局。税务审计可以采取国家税务局、地方税务局联合审计的方式进行。

⑧主管税务机关在境内难以获取涉税信息时，可以制作专项情报，由国家税务总局（国际税务司）向税收协定缔约国对方提出专项情报请求；非居民在中国境内未依法履行纳税义务的，主管税务机关可制作自动或自发情报，提交国家税务总局依照有关规定将非居民在中国境内的税收违法行为告知协定缔约国对方主管税务当局；对非居民承包工程作业和提供劳务有必要进行境外审计的，可根据税收情报交换有关规定，经国家税务总局批准后组织实施。

⑨欠缴税款的非居民企业法定代表人或非居民个人在出境前未按照规定结清应纳税款、滞纳金又不提供纳税担保的，税务机关可以通知出入境管理机关阻止其出境。

⑩对于非居民工程或劳务项目完毕，未按期结清税款并已离境的，主管税务机关可制作《税务事项告知书》，通过信函、电子邮件、传真等方式，告知该非居民限期履行纳税义务，同时通知境内发包方或劳务受让者协助追缴税款。

（5）法律责任

①非居民、扣缴义务人或代理人实施承包工程作业和提供劳务有关事项存在税收违法行为的，税务机关应按照税收征管法及其实施细则的有关规定处理。

②境内机构或个人发包工程作业或劳务项目，未按规定向主管税务机关报告有关事项的，由税务机关责令限期改正，可以处2000元以下的罚款；情节严重的，处2000元以上10000元以下的罚款。

7.7.4　非居民企业股权转让所得税收管理①

从2008年1月1日起，非居民企业转让中国居民企业的股权（不包括在公开的证券市场上买入并卖出中国居民企业的股票）所取得的所得，按照以下办法进行企业所得税管理：

---

① 《国家税务总局关于加强非居民企业股权转让所得企业所得税管理的通知》（国税函[2009]698号，2009年12月10日）。

（1）扣缴义务人未依法履行扣缴义务的情形

扣缴义务人未依法扣缴或者无法履行扣缴义务的，非居民企业应自合同、协议约定的股权转让之日（如果转让方提前取得股权转让收入的，应自实际取得股权转让收入之日）起 7 日内，到被转让股权的中国居民企业所在地主管税务机关（负责该居民企业所得税征管的税务机关）申报缴纳企业所得税。非居民企业未按期如实申报的，依照税收征管法有关规定处理。

（2）股权转让所得的计算

股权转让所得是指股权转让价减除股权成本价后的差额。

股权转让价是指股权转让人就转让的股权所收取的包括现金、非货币资产或者权益等形式的金额。如被持股企业有未分配利润或税后提存的各项基金等，股权转让人随股权一并转让该股东留存收益权的金额，不得从股权转让价中扣除。

股权成本价是指股权转让人投资入股时向中国居民企业实际交付的出资金额，或购买该项股权时向该股权的原转让人实际支付的股权转让金额。

在计算股权转让所得时，以非居民企业向被转让股权的中国居民企业投资时或向原投资方购买该股权时的币种计算股权转让价和股权成本价。如果同一非居民企业存在多次投资的，以首次投入资本时的币种计算股权转让价和股权成本价，以加权平均法计算股权成本价；多次投资时币种不一致的，则应按照每次投入资本当日的汇率换算成首次投资时的币种。

（3）境外间接转让股权的税务处理

①境外投资方（实际控制方）间接转让中国居民企业股权，如果被转让的境外控股公司所在国（地区）实际税负低于 12.5% 或者对其居民境外所得不征所得税的，应自股权转让合同签订之日起 30 日内，向被转让股权的中国居民企业所在地主管税务机关提供以下资料：

Ⅰ 股权转让合同或协议；

Ⅱ 境外投资方与其所转让的境外控股公司在资金、经营、购销等方面的关系；

Ⅲ 境外投资方所转让的境外控股公司的生产经营、人员、账务、财产等情况；

Ⅳ 境外投资方所转让的境外控股公司与中国居民企业在资金、经营、购销等方面的关系；

Ⅴ 境外投资方设立被转让的境外控股公司具有合理商业目的的说明；

Ⅵ 税务机关要求的其他相关资料。

②境外投资方（实际控制方）通过滥用组织形式等安排间接转让中国居民企业股权，且不具有合理的商业目的，规避企业所得税纳税义务的，主管税务机关层报税务总局审核后可以按照经济实质对该股权转让交易重新定性，否定被用作税收安排的境外控股公司的存在。

（4）境外投资方同时转让境内或境外多个控股公司股权的税务处理

境外投资方（实际控制方）同时转让境内或境外多个控股公司股权的，被转让股权的中国居民企业应将整体转让合同和涉及本企业的分部合同提供给主管税务机关。如果没有分部合同的，被转让股权的中国居民企业应向主管税务机关提供被整体转让的各个控股公司的详细资料，准确划分境内被转让企业的转让价格。如果不能准确划分的，主管税务机关有权选择合理的方法对转让价格进行调整。

（5）关联方转让股权的管理

非居民企业向其关联方转让中国居民企业股权，其转让价格不符合独立交易原则而减少应纳税所得额的，税务机关有权按照合理方法进行调整。

（6）特殊税务处理的核准

非居民企业取得股权转让所得，符合财税〔2009〕59 号文件规定的特殊性重组条件并选择特殊性税务处理的，应向主管税务机关提交书面备案资料，证明其符合特殊性重组规定的条件，并经省级税务机关核准。

7.7.5　非居民企业所得税核定征收管理办法①

---

① 《国家税务总局关于印发〈非居民企业所得税核定征收管理办法〉的通知》（国税发〔2010〕19 号，2010 年 2 月 20 日）。

非居民企业应当按照税收征管法及有关法律法规设置账簿，根据合法、有效凭证记账，进行核算，并应按照其实际履行的功能与承担的风险相匹配的原则，准确计算应纳税所得额，据实申报缴纳企业所得税。对企业所得税法第三条第二款规定的非居民企业，因会计账簿不健全，资料残缺难以查账，或者其他原因不能准确计算并据实申报其应纳税所得额的，按以下办法实行核定征收：

（1）应纳税所得额核定方法

税务机关有权采取以下方法核定其应纳税所得额：

①按收入总额核定应纳税所得额：适用于能够正确核算收入或通过合理方法推定收入总额，但不能正确核算成本费用的非居民企业。

应纳税所得额＝收入总额×经税务机关核定的利润率

②按成本费用核定应纳税所得额：适用于能够正确核算成本费用，但不能正确核算收入总额的非居民企业。

应纳税所得额＝成本费用总额/（1-经税务机关核定的利润率）×经税务机关核定的利润率

③按经费支出换算收入核定应纳税所得额：适用于能够正确核算经费支出总额，但不能正确核算收入总额和成本费用的非居民企业。

应纳税所得额＝经费支出总额/（1-经税务机关核定的利润率-营业税税率）×经税务机关核定的利润率

（2）利润率的确定

税务机关可按照以下标准确定非居民企业的利润率：

①从事承包工程作业、设计和咨询劳务的，利润率为15%—30%；

②从事管理服务的，利润率为30%—50%；

③从事其他劳务或劳务以外经营活动的，利润率不低于15%。

具体适用的核定利润率幅度由各省、自治区、直辖市和计划单列市国家税务局和地方税务局按照上述标准确定。税务机关有根据认为非居民企业的实际利润率明显高于上述标准的，可以按照比上述标准更高的利润率核定其应纳税所得额。

采取核定征收方式征收企业所得税的非居民企业，在中国境内从事适用不同核定利润率的经营活动，并取得应税所得的，应分别核算并适用相应的利润率计算缴纳企业所得税；凡不能分别核算的，应从高适用利润率，计算缴纳企业所得税。

（3）特殊情形劳务收入的确定

①非居民企业与中国居民企业签订机器设备或货物销售合同，同时提供设备安装、装配、技术培训、指导、监督服务等劳务，其销售货物合同中未列明提供上述劳务服务收费金额，或者计价不合理的，主管税务机关可以根据实际情况，参照相同或相近业务的计价标准核定劳务收入。无参照标准的，以不低于销售货物合同总价款的10%为原则，确定非居民企业的劳务收入。

②非居民企业为中国境内客户提供劳务取得的收入，凡其提供的服务全部发生在中国境内的，应全额在中国境内申报缴纳企业所得税。凡其提供的服务同时发生在中国境内外的，应以劳务发生地为原则划分其境内外收入，并就其在中国境内取得的劳务收入申报缴纳企业所得税。税务机关对其境内外收入划分的合理性和真实性有疑义的，可以要求非居民企业提供真实有效的证明，并根据工作量、工作时间、成本费用等因素合理划分其境内外收入；如非居民企业不能提供真实有效的证明，税务机关可视同其提供的服务全部发生在中国境内，确定其劳务收入并据以征收企业所得税。

（4）核定程序

①拟采取核定征收方式的非居民企业应填写《非居民企业所得税征收方式鉴定表》（简称《鉴定表》，见国税发［2010］19号《国家税务总局关于印发〈非居民企业所得税核定征收管理办法〉的通知》），报送主管税务机关。主管税务机关应对企业报送的《鉴定表》的适用行业及所适用的利润率进行审核，并签注意见。

②对经审核不符合核定征收条件的非居民企业，主管税务机关应自收到企业提交的《鉴定表》后15个

工作日内向其下达《税务事项通知书》,将鉴定结果告知企业。非居民企业未在上述期限内收到《税务事项通知书》的,其征收方式视同已被认可。

③税务机关发现非居民企业采用核定征收方式计算申报的应纳税所得额不真实,或者明显与其承担的功能风险不相匹配的,有权予以调整。

7.7.6　外国企业及其他组织常驻代表机构税收管理①

从 2010 年 1 月 1 日起,对按照国务院有关规定,在工商行政管理部门登记或经有关部门批准,设立在中国境内的外国企业(包括港澳台企业)及其他组织的常驻代表机构(简称代表机构),实行以下税收管理办法②。

（1）适用税种

---

① 《国家税务总局关于印发〈外国企业常驻代表机构税收管理暂行办法〉的通知》(国税发[2010]18 号,2010 年 2 月 20 日)。此前,《国家税务总局关于加强外国企业常驻代表机构税收征管有关问题的通知》(国税发[1996]165 号)、《国家税务总局关于外国企业常驻代表机构有关税收管理问题的通知》(国税发[2003]28 号)以及《国家税务总局关于外国政府等在我国设立代表机构免税审批程序有关问题的通知》(国税函[2008]945 号)同时废止。此外,《国家税务局关于对外国企业常驻代表机构为其总机构垫付的部分费用可不作为常驻代表机构的费用换算收入征税的通知》(国税外字[1988]333 号,1988 年 12 月 5 日)、《国家税务局关于采用按经费支出额换算收入征税的外国企业常驻代表机构交际应酬费列支问题处理的通知》(国税外字[1988]338 号,1988 年 12 月 12 日)、《国家税务局关于外国企业常驻代表机构的滞纳金、罚款不列入其经费支出额换算收入征税的批复》(国税函发[1991]726 号,1991 年 6 月 3 日)、《国家税务局关于采用按经费支出额换算收入征税的外国企业常驻代表机构发生的利息收入不得冲减其经费支出的批复》(国税函发[1991]1303 号,1991 年 10 月 10 日)、《国家税务总局关于 1993 年 12 月 31 日前公布的有关外国企业常驻代表机构计征流转税的规定处理办法的通知》(国税发[1994]70 号,1994 年 3 月 16 日)、《国家税务总局关于外国企业常驻代表机构税收若干具体问题的通知》(国税发[1997]2 号,1997 年 1 月 2 日)、《国家税务总局关于外国企业常驻代表机构若干税务处理问题的通知》(国税函[1997]477 号,1997 年 8 月 22 日)、《国家税务总局关于外国企业常驻代表机构若干税务处理问题的通知》(国税发[1998]63 号,1998 年 4 月 30 日)、《国家税务总局关于外国企业代表机构有关税务处理问题的批复》(国税函[2004]568 号,2004 年 5 月 17 日),均被《国家税务总局关于公布全文失效废止 部分条款失效废止的税收规范性文件目录的公告》(国家税务总局公告 2011 年第 2 号,2011 年 1 月 4 日)公布全文失效废止。

② 对外国政府或其他组织派驻中国不从事中国税收法律、法规规定应税活动的代表机构,部分文件做出专项规定予以免税。如:《国家税务总局关于日本国税厅驻北京代表处有关税收处理问题的通知》(国税函[1998]759 号,1998 年 12 月 11 日)规定,对日本国税厅驻北京代表处不从事我国税收法律、法规规定的应税业务活动,可予以免税,对该代表处日方派遣的工作人员免征个人所得税;《国家税务总局关于国际航空运输协会北京办事处等 51 家外国常驻代表机构免税问题的批复》(国税函[2004]229 号,2004 年 2 月 16 日)、《国家税务总局关于美国福特基金会北京办事处等 33 家外国企业常驻代表机构免税问题的批复》(国税函[2004]777 号,2004 年 6 月 11 日)、《国家税务总局关于意大利对外贸易委员会广州代表处免税问题的批复》(国税函[2005]208 号,2005 年 3 月 31 日)、《国家税务总局关于韩国电子部品研究院北京代表处免税问题的批复》(国税函[2005]412 号,2005 年 5 月 9 日)、《国家税务总局关于世界自然基金会北京代表处免税问题的批复》(国税函[2005]472 号,2005 年 5 月 17 日)、《国家税务总局关于香港工业总会东莞代表处免税问题的批复》(国税函[2005]659 号,2005 年 6 月 24 日)、《国家税务总局关于美国华盛顿州贸易经济发展厅广州代表处免税问题的批复》(国税函[2005]660 号,2005 年 6 月 24 日)、《国家税务总局关于奥地利联邦商会广州代表处免税问题的批复》(国税函[2005]473 号,2005 年 6 月 29 日)、《国家税务总局关于香港管理专业协会广州代表处免税问题的批复》(国税函[2005]803 号,2005 年 8 月 16 日)、《国家税务总局关于韩国铁道施设公团北京代表处免税问题的批复》(国税函[2005]804 号,2005 年 8 月 16 日)、《国家税务总局关于澳大利亚南澳洲政府贸易与经济发展部上海代表处免税问题的批复》(国税函[2005]817 号,2005 年 8 月 22 日)、《国家税务总局关于香港旅游发展局北京办事处免税问题的批复》(国税函[2005]988 号,2005 年 10 月 20 日)、《国家税务总局关于美国机械制造技术协会广州代表处免税问题的批复》(国税函[2005]1132 号,2005 年 12 月 9 日)、《国家税务总局关于世界旅游组织在华取得收入征税问题的批复》(国税函[2006]35 号,2006 年 1 月 12 日)、《国家税务总局关于香港特别行政区政府驻内地经济贸易办事处有关税收问题的通知》(国税函[2006]494 号,2006 年 5 月 24 日)、《国家税务总局关于爱尔兰贸易与科技局广州代表处免税问题的批复》(国税函[2006]1048 号,2006 年 11 月 8 日)、《国家税务总局关于大韩贸易投资振兴公社广州办事处免税问题的批复》(国税函[2006]1117 号,2006 年 11 月 20 日)、《国家税务总局关于英国英中贸易协会南京代表处免税问题的批复》(国税函[2006]1238 号,2006 年 12 月 22 日)、《国家税务总局关于香港生产力促进局广州办事处免税问题的批复》(国税函[2007]191 号,2007 年 2 月 13 日)、《国家税务总局关于香港中华厂商联合会广州代表处免税问题的批复》(国税函[2007]196 号,2007 年 2 月 13 日)、《国家税务总局关于香港海洋公园公司广州代表处免税问题的批复》(国税函[2007]273 号,2007 年 3 月 6 日)、《国家税务总局关于香港贸易发展局杭州代表处免税问题的批复》(国税函[2007]1157 号,2007 年 11 月 26 日)分别做出相关免税规定。上述文件,除国税函[1998]759 号根据《国家税务总局关于公布现行有效的税收规范性文件目录的公告》(国家税务总局公告 2010 年第 26 号)仍然有效外,其他文件根据《国家税务总局关于公布全文失效废止 部分条款失效废止的税收规范性文件目录的公告》(国家税务总局公告 2011 年第 2 号,2011 年 1 月 4 日)均被公布失效废止。

代表机构应当就其归属所得依法申报缴纳企业所得税,就其应税收入依法申报缴纳营业税和增值税。

(2)税务登记管理

①代表机构应当自领取工商登记证件(或有关部门批准)之日起30日内,持以下资料,向其所在地主管税务机关申报办理税务登记:

Ⅰ 工商营业执照副本或主管部门批准文件的原件及复印件;

Ⅱ 组织机构代码证书副本原件及复印件;

Ⅲ 注册地址及经营地址证明(产权证、租赁协议)原件及其复印件;如为自有房产,应提供产权证或买卖契约等合法的产权证明原件及其复印件;如为租赁的场所,应提供租赁协议原件及其复印件,出租人为自然人的还应提供产权证明的原件及复印件;

Ⅳ 首席代表(负责人)护照或其他合法身份证件的原件及复印件;

Ⅴ 外国企业设立代表机构的相关决议文件及在中国境内设立的其他代表机构名单(包括名称、地址、联系方式、首席代表姓名等);

Ⅵ 税务机关要求提供的其他资料。

②代表机构税务登记内容发生变化或者驻在期届满、提前终止业务活动的,应当按照税收征管法及相关规定,向主管税务机关申报办理变更登记或者注销登记;代表机构应当在办理注销登记前,就其清算所得向主管税务机关申报并依法缴纳企业所得税。

(3)纳税义务确定

①代表机构应当按照有关法律、行政法规和国务院财政、税务主管部门的规定设置账簿,根据合法、有效凭证记账,进行核算,并应按照实际履行的功能和承担的风险相配比的原则,准确计算其应税收入和应纳税所得额,在季度终了之日起15日内向主管税务机关据实申报缴纳企业所得税、营业税,并按照《中华人民共和国增值税暂行条例》及其实施细则规定的纳税期限,向主管税务机关据实申报缴纳增值税。

②对账簿不健全,不能准确核算收入或成本费用,以及无法按照本办法第六条规定据实申报的代表机构,税务机关有权采取以下两种方式核定其应纳税所得额:

Ⅰ 按经费支出换算收入:适用于能够准确反映经费支出但不能准确反映收入或成本费用的代表机构。

收入额 = 本期经费支出额/(1 - 核定利润率-营业税税率)

应纳企业所得税额 = 收入额×核定利润率×企业所得税税率

代表机构的经费支出额包括:在中国境内、外支付给工作人员的工资薪金、奖金、津贴、福利费、物品采购费(包括汽车、办公设备等固定资产)、通讯费、差旅费、房租、设备租赁费、交通费、交际费、其他费用等。其中:

购置固定资产所发生的支出,以及代表机构设立时或者搬迁等原因所发生的装修费支出,应在发生时一次性作为经费支出额换算收入计税;

利息收入不得冲抵经费支出额;

发生的交际应酬费,以实际发生数额计入经费支出额;

以货币形式用于我国境内的公益、救济性质的捐赠、滞纳金、罚款,以及为其总机构垫付的不属于其自身业务活动所发生的费用,不应作为代表机构的经费支出额;

其他费用包括为总机构从中国境内购买样品所支付的样品费和运输费用,国外样品运往中国发生的中国境内的仓储费用、报关费用,总机构人员来华访问聘用翻译的费用,总机构为中国某个项目投标由代表机构支付的购买标书的费用,等等。

Ⅱ 按收入总额核定应纳税所得额:适用于可以准确反映收入但不能准确反映成本费用的代表机构。计算公式:

应纳企业所得税额 = 收入总额×核定利润率×企业所得税税率

代表机构的核定利润率不应低于15%。采取核定征收方式的代表机构,如能建立健全会计账簿,准确计算其应税收入和应纳税所得额,报主管税务机关备案,可调整为据实申报方式。

③代表机构发生增值税、营业税应税行为,应按照增值税和营业税的相关法规计算缴纳应纳税款。

(4)其他涉税管理事项

①代表机构需要享受税收协定待遇,应依照税收协定以及《国家税务总局关于印发〈非居民享受税收协定待遇管理办法(试行)〉的通知》(国税发[2009]124号)的有关规定办理,并应按上述第(3)条第①项规定的时限办理纳税申报事宜。

②各地不再受理审批代表机构企业所得税免税申请,并按照以上规定对已核准免税的代表机构进行清理①。

7.7.7　非居民企业协同税收管理

自2011年1月1日起,对非居民企业税收实行协同管理。各级税务机关之间、国税机关和地税机关之间、税务机关内部各部门之间在非居民企业税收管理方面的加强协调配合。具体办法详见附件二十四。

7.8　税收协定与税法的协调

中华人民共和国政府同外国政府订立的有关税收的协定与税法有不同规定的,依照协定的规定办理②。

1981年1月我国与日本国首开避免双重征税和防止偷漏税协定的谈判。截至目前,我国共对外正式签署了90余个避免双征税和防止偷漏税的协定或安排。

7.8.1　协定适用范围

7.8.1.1　中国法人居民

(1)中国法人居民的界定

税收协定适用于缔约国一方或同时为双方居民的人。包括自然人和法人③。

法人居民是指按缔约国法律由于实际管理机构所在地、注册地或其他类似标准在该缔约国负有纳税义务的公司和其他团体④。

中国法人居民是指依照中国法律在中国境内成立的公司和其他团体,或依照外国(地区)法律成立,但其实际经营管理与控制的中心机构设在中国境内的公司和其他团体⑤。

(2)中国居民享受协定待遇规定

凡中国居民到境外从事经营活动,如所从事活动的国家与我国有税收协定,可向对方国家申请享受税收协定规定的相关待遇,申请时一般情况下需要向对方国家提供中国居民身份证明表⑥。

外国企业或个人到中国境内从事经营活动,凡按中国法律规定已构成中国居民的,在其向本国提出享受协定有关待遇时,可向其提供适用于外国个人和企业的中国居民身份证明表⑦。

7.8.1.2　非居民享受税收协定待遇管理办法

自2009年10月1日起,非居民享受税收协定

---

①　在《国家税务总局关于印发〈外国企业常驻代表机构税收管理暂行办法〉的通知》(国税发[2010]18号,2010年2月20日)发布前,按照《国务院关于第四批取消和调整行政审批项目的决定》(国发[2007]33号,2007年10月9日)和《国家税务总局关于外国政府等在我国设立代表机构免税审批程序有关问题的通知》(国税函[2008]945号,2008年11月21日)规定,外国政府、国际组织、非营利机构、各民间团体等在我国设立的代表机构给予免税待遇审批的管理层级由国家税务总局调整为各省、自治区、直辖市和计划单列市国家税务局。《国家税务总局关于加强外国企业常驻代表机构税收征管有关问题的通知》(国税发[1996]165号)和《国家税务总局关于外国企业常驻代表机构有关税收管理问题的通知》(国税发[2003]28号)曾将该免税审批权限设定于国家税务总局。国税发[2010]18号发布后,国税发[1996]165号、国税发[2003]28号和国税函[2008]945号同时废止。

②　《中华人民共和国企业所得税法》(2007年3月16日第十届全国人民代表大会第五次会议通过,中华人民共和国主席令第六十三号公布)第五十八条。本部分一些内容来自《国家税务总局国际税务司关于印发税收协定执行手册的通知》(际便函[2007]154号,2007年8月8日)。该手册不具有法律效力,仅做参考。具体适用应依照协定正式文本。

③　《国家税务总局国际税务司关于印发税收协定执行手册的通知》(际便函[2007]154号,2007年8月8日)。

④　《国家税务总局国际税务司关于印发税收协定执行手册的通知》(际便函[2007]154号,2007年8月8日)。

⑤　《国家税务总局国际税务司关于印发税收协定执行手册的通知》(际便函[2007]154号,2007年8月8日)。

⑥　《国家税务局关于印制、使用〈中国居民身份证明〉的通知》(国税发[1994]255号)。

⑦　《国家税务局关于印制、使用〈中国居民身份证明〉的通知》(国税发[1994]255号)。

待遇按以下办法执行①：

（1）相关概念的内涵

非居民是指，按有关国内税收法律规定或税收协定不属于中国税收居民的纳税人（含非居民企业和非居民个人）。

税收协定待遇是指按照税收协定可以减轻或者免除按照国内税收法律规定应该履行的纳税义务。

非居民需要享受税收协定待遇的，应按照规定办理审批或备案手续。凡未办理审批或备案手续的，不得享受有关税收协定待遇。

主管税务机关是指，对非居民在中国的纳税义务，按税收法律规定负有征管职责的国家税务局或地方税务局。

包括符合税收征收管理法第十四条规定的各级税务机关。

（2）审批申请和备案报告②

①非居民需要享受以下税收协定条款规定的税收协定待遇的，应向主管税务机关或者有权审批的税务机关提出享受税收协定待遇审批申请：

Ⅰ　税收协定股息条款；

Ⅱ　税收协定利息条款；

Ⅲ　税收协定特许权使用费条款；

Ⅳ　税收协定财产收益条款。

有权审批的税务机关由省、自治区、直辖市和计划单列市税务机关（以下称省级税务机关）根据本地机构设置、人员配备和工作负荷等实际情况确定后及时公布，并报国家税务总局备案。

②按上述规定提出非居民享受税收协定待遇审批申请时，纳税人应填报并提交以下资料：

Ⅰ　《非居民享受税收协定待遇审批申请表》；

Ⅱ　《非居民享受税收协定待遇身份信息报告表》；

Ⅲ　由税收协定缔约对方主管当局在上一公历年度开始以后出具的税收居民身份证明（包括税收协定缔约对方主管当局单独出具的专用证明或按照国税发〔2009〕124号附件《非居民享受税收协定待遇备案报告表》（第27栏）和《非居民享受税收协定待遇审批申请表》（第25栏）的要求填写的相关内容，下同）；

Ⅳ　与取得相关所得有关的产权书据、合同、协议、支付凭证等权属证明或者中介、公证机构出具的相关证明；

Ⅴ　税务机关要求提供的与享受税收协定待遇有关的其他资料。

在按上述规定提交资料时，非居民可免予提交已经向主管税务机关提交的资料，但应报告接受的主管税务机关名称和接受时间（仅限于该非居民向同一主管税务机关已经提交的资料，非居民需要向不同主管税务机关提出审批申请或备案报告的，应分别向不同主管税务机关提交相关资料）。

③同一非居民的同一项所得需要多次享受应提请审批的同一项税收协定待遇的，在首次办理享受税收协定待遇审批后的3个公历年度内（含本年度）可免予向同一主管税务机关就同一项所得重复提出审批申请。同一项所得是指下列之一项所得：

Ⅰ　持有在同一企业的同一项权益性投资所得的股息；

Ⅱ　持有同一债务人的同一项债权所取得的

---

①《国家税务总局关于印发〈非居民享受税收协定待遇管理办法（试行）〉的通知》（国税发〔2009〕124号，2009年8月24日）。《国家税务总局关于〈非居民享受税收协定待遇管理办法（试行）〉有关问题的补充通知》（国税函〔2010〕290号，2010年6月21日）。此前，《国家税务总局关于修改〈外国居民享受避免双重征税协定待遇申请表〉的通知》（国税函发〔1995〕89号）同时废止。需要享受税收协定待遇的纳税义务发生在2009年10月1日之后（含当日）的，一律按国税发〔2009〕124号和国税函〔2010〕290号执行；在2009年10月1日之前发生的纳税义务在2009年10月1日之后需要追补享受税收协定待遇的，也应按国税发〔2009〕124号和国税函〔2010〕290号规定执行。此外，国税函〔2010〕290号对国税发〔2009〕124号相关附件格式及填报说明做了进一步修订，所涉及附件表格以国税函〔2010〕290号为准。

②《国家税务总局关于印发〈非居民享受税收协定待遇管理办法（试行）〉的通知》（国税发〔2009〕124号，2009年8月24日）。

利息;

Ⅲ 向同一人许可同一项权利所取得的特许权使用费。

上述同一项税收协定待遇是指同一税收协定的同一条款规定的税收协定待遇,不包括不同税收协定的相同条款或者相同税收协定的不同条款规定的税收协定待遇。

④非居民需要享受以下税收协定条款规定的税收协定待遇的,在发生纳税义务之前或者申报相关纳税义务时,纳税人或者扣缴义务人应向主管税务机关备案:

Ⅰ 税收协定常设机构以及营业利润条款;

Ⅱ 税收协定独立个人劳务条款;

Ⅲ 税收协定非独立个人劳务条款;

Ⅳ 除上述Ⅰ～Ⅱ和第①条所列税收协定条款以外的其他税收协定条款。

纳税人或者扣缴义务人在备案填写国税发[2009]124 号附件《非居民享受税收协定待遇备案报告表》时,第 20 栏"收入额或应纳税所得额"和第 21 栏"减免税额"暂按合同约定数或预计数填写;待按国内法规定申报该已备案的纳税义务时,纳税人或者扣缴义务人再向主管税务机关填报国税函[2010]290 号附件《非居民享受税收协定待遇执行情况报告表》,报告已备案的税收协定待遇实际执行情况。

⑤在规定备案时,纳税人应填报并提交以下资料:

Ⅰ 《非居民享受税收协定待遇备案报告表》;

Ⅱ 由税收协定缔约对方主管当局在上一公历年度开始以后出具的税收居民身份证明;

Ⅲ 税务机关要求提供的与享受税收协定待遇有关的其他资料。

在按规定提交资料时,纳税人或扣缴义务人可不再填报《非居民承包工程作业和提供劳务税收管理暂行办法》(国家税务总局令第 19 号)第十三条第一款第(四)项规定的《非居民企业承包工程作业和提供劳务享受税收协定待遇报告表》以及其他已经向主管税务机关提交的资料(仅限于该

非居民向同一主管税务机关已经提交的资料,非居民需要向不同主管税务机关提出审批申请或备案报告的,应分别向不同主管税务机关提交相关资料)。

⑥非居民发生的纳税义务按国内税收法律规定实行源泉扣缴的,在按规定备案时,纳税人应向扣缴义务人提交按规定应该填报、提交的资料,由扣缴义务人作为扣缴报告的附报资料,向主管税务机关备案。扣缴义务人在执行需要备案的税收协定待遇时,无论纳税人是否已经向主管税务机关提供相关资料,均应按此规定完成备案程序。纳税人拒绝向扣缴义务人提供相关资料的,扣缴义务人不得执行相关税收协定待遇。

采用扣缴形式的备案类所得,不包括按照国内税收法律规定实行源泉扣缴,且根据上述第①条规定属于审批类的所得。

(3)审批与执行

①税务机关在接受非居民享受税收协定待遇审批申请后,应分别情况进行以下处理:

Ⅰ 主管税务机关不是有权审批的税务机关但接受非居民享受税收协定待遇审批申请的,由主管税务机关按照有权审批的税务机关的规定直接上报或层报有权审批的税务机关。

Ⅱ 有权审批的税务机关可以要求或委托下级税务机关调查核实有关的情况;

Ⅲ 对按规定不予受理的审批申请,有权审批的税务机关应当及时书面告知申请人不予受理决定及理由;

Ⅳ 审批申请及提供的有关资料存在不准确、不齐全等不能满足审批需要情形的,有权审批的税务机关应当告知并允许申请人更正或补正。

②属于以下情形之一的,有权审批的税务机关可不予受理非居民享受税收协定待遇审批申请:

Ⅰ 按国内税收法律规定不构成纳税义务的所得事项;

Ⅱ 申请享受的税收协定待遇不属于以上第(2)条第①款规定的应该审批的范围;

Ⅲ 提出审批申请的时间已经超过了规定可以

追补享受税收协定待遇的时限;

Ⅳ 未按照规定提供与享受税收协定待遇有关的资料,或者提供的资料不符合要求,且在有权审批的税务机关通知更正或补正后 90 日内仍不补正或更正,又无正当理由的;

Ⅴ 其他不应受理的情形。

③在有权审批的税务机关或者主管税务机关接受非居民享受税收协定待遇申请之日起的下列时间内,有权审批的税务机关应做出审批决定(包括不予受理决定),并书面通知申请人审批结果;做出不予享受税收协定待遇或者按规定暂不享受税收协定待遇决定的,应说明理由:

Ⅰ 由县、区级及以下税务机关负责审批的,为 20 个工作日;

Ⅱ 由地、市级税务机关负责审批的,为 30 个工作日;

Ⅲ 由省级税务机关负责审批的,为 40 个工作日。

在前款规定期限内不能做出决定的,经有权审批的税务机关负责人批准,可以延长 10 个工作日,并将延长期限的理由告知申请人。

有权审批的税务机关在规定的时限内未书面通知申请人审批结果的,视同有权审批的税务机关已做出准予非居民享受税收协定待遇的审批。

④在审查非居民享受税收协定待遇审批申请时,有权审批的税务机关发现不能准确判定非居民是否可以享受有关税收协定待遇的,应书面通知申请人暂不执行有关税收协定待遇及理由,并将有关情况向上级税务机关报告;需要启动相互协商或情报交换程序的,应同时按有关规定启动相应程序。

处理前款所述上报情况的税务机关应自收到上报情况之日起 20 个工作日内做出处理决定并直接或逐级通知有权审批的税务机关;或者完成再上报程序,直至层报国家税务总局。

⑤在取得准予享受税收协定待遇审批后,纳税人或者扣缴义务人可在申报纳税时按照审批决定执行,但应填报《非居民享受税收协定待遇执行情况报告表》,向主管税务机关报告实际执行情况。

(4)后续管理

①非居民已经按照规定完成备案或审批程序,并已实际享受税收协定待遇的,纳税人、扣缴义务人和税务机关应按本章规定继续做好非居民享受税收协定待遇后续管理工作。

②纳税人或者扣缴义务人按照以上办法规定已报告的信息发生变化的,应分别以下情况处理:

Ⅰ 发生变化的信息不影响非居民继续享受相关税收协定待遇的,可继续享受或执行相关税收协定待遇;

Ⅱ 发生变化的信息导致非居民改变享受相关税收协定待遇的,应重新按以上办法规定办理备案或审批手续;

Ⅲ 发生变化的信息导致非居民不应继续享受相关税收协定待遇的,应自发生变化之日起立即停止享受或执行相关税收协定待遇,并按国内税收法律规定申报纳税或执行扣缴义务。

③在中国发生纳税义务的非居民可享受但未曾享受税收协定待遇,且因未享受该本可享受的税收协定待遇而多缴税款的,可自结算缴纳该多缴税款之日起 3 年内向主管税务机关提出追补享受税收协定待遇的申请,在按以上办法规定补办备案或审批手续,并经主管税务机关核准后追补享受税收协定待遇,退还多缴的税款;超过前述规定时限的申请,主管税务机关不予受理。

按前款规定取得的退税款属于征管法实施细则第七十八条第二款规定的减免退税,不退还利息。

④纳税人或者扣缴义务人已经享受或者执行了有关税收协定待遇的,应该取得并保管与非居民享受税收协定待遇有关的凭证、资料,保管期限不得短于 10 年。

⑤主管税务机关应收集和保管与非居民享受税收协定待遇审批、备案以及执行情况有关的信息,确保有关数据完整和准确,并建立与反避税调查、税收情报交换、税务检查和相互协商等国际税收管理程序间信息共享和互动的动态管理监控机制。

税务机关应做好所负责辖区内非居民享受税收协定待遇情况汇总统计工作,按年向上级税务机关填报《非居民享受税收协定待遇执行情况汇总表》。

税务机关应通过审核评税、纳税检查、执法检查等征管或监督环节,根据执行税收协定风险,每年定期或不定期地从非居民已享受税收协定待遇(含备案类和审批类)中随机选取一定数量的样本进行审核、复核或复查,审核、复核或复查内容包括:

Ⅰ 非居民是否符合享受税收协定待遇的条件,是否以隐瞒有关情况或者提供虚假材料等手段骗取税收协定待遇;

Ⅱ 非居民享受税收协定待遇的条件发生变化的,是否按照规定进行了正确的税务处理;

Ⅲ 是否存在未经税务机关审批或备案自行享受协定待遇的情况;

Ⅳ 有权审批的税务机关是否正确履行了规定的审批职责,审批决定是否恰当;

Ⅴ 是否存在其他未正确执行本办法规定的情况。

⑥在审查非居民已享受税收协定待遇情况时,主管税务机关发现报告责任人未履行或未全部履行规定的报告义务;或者需要报告责任人在其已提供资料以外补充提供与非居民享受税收协定待遇有关的其他资料的,可限期要求报告责任人提供相关资料。

报告责任人包括按有关规定应向税务机关报告信息或提供资料的纳税人、扣缴义务人或其他相关责任人。

在处理非居民享受税收协定待遇的各项工作中,税务机关之间(含国家税务机关与地方税务机关之间以及跨地税务机关之间)应相互支持和协助,努力实现信息共享。

有关非居民享受税收协定待遇的信息管理涉及多个主管税务机关或有权审批的税务机关的,各税务机关可要求其他相关税务机关协助查证信息;被要求的税务机关应自接到协助查证要求之日起

20 日内回复办理情况。

不同主管税务机关或有权审批的税务机关涉及同一非居民享受税收协定待遇同一事项的处理,应力求协调一致;不能协调一致的,报共同的上级税务机关裁定。

⑦主管税务机关发现非居民已享受税收协定待遇但存在以下情形之一的,应做出不予非居民享受税收协定待遇的处理决定:

Ⅰ 未按以上办法规定提出审批申请,或者虽已提出审批申请但有权审批的税务机关未做出或未被视同做出准予非居民享受税收协定待遇决定,且经主管税务机关限期改正但仍未改正,又无正当理由的;

Ⅱ 未按以上办法规定办理备案报告,且经主管税务机关限期改正但仍未改正,又无正当理由的;

Ⅲ 未按以上办法规定提供相关资料,且经主管税务机关限期改正但仍未改正,又无正当理由的;

Ⅳ 未在主管税务机关要求的限期内补充提供有关资料,又无正当理由的;

Ⅴ 因情况变化应停止享受税收协定待遇但未按规定立即停止享受相关税收协定待遇的;

Ⅵ 经调查核实不应享受相关税收协定待遇的其他情形。

属于上述第Ⅰ项至第Ⅳ项情形的非居民可自结算缴纳补征税款之日起三年内向主管税务机关提出追补享受税收协定待遇的申请,并按照主管税务机关要求改正违反本办法的行为,经税务机关核实确可以享受有关税收协定待遇后追补享受相关税收协定待遇,退还补征税款,但不退还相关滞纳金、罚款和利息。

纳税人提请税务主管当局相互协商的,按照税收协定相互协商程序条款及其有关规定执行,可不受第③条和前款规定的时间限制。

⑧在审查非居民已享受税收协定待遇情况或追补享受税收协定待遇申请时,主管税务机关发现不能准确判定非居民是否可以享受相关税收协定

待遇的,应将有关情况向上级税务机关报告;需要启动相互协商或情报交换程序的,应同时按有关规定启动相应程序;决定暂不退税,或者要求纳税人或扣缴义务人暂不享受或执行税收协定待遇,或者按有关规定提供纳税担保的,应将处理决定及理由书面通知纳税人或扣缴义务人。

⑨税务机关应将非居民享受税收协定待遇管理工作纳入岗位责任制考核体系,根据税收行政执法责任追究制度,补充完善以下内容:

Ⅰ 建立健全跟踪反馈制度。税务机关应当定期或不定期对非居民享受税收协定待遇审批或备案工作情况进行跟踪与反馈,适时完善工作机制。

Ⅱ 建立档案评查制度。税务机关应当建立、健全反映非居民享受税收协定待遇过程和结果的档案,妥善保管各类档案资料,上级税务机关应定期对档案资料进行评查。

Ⅲ 建立层级监督制度。上级税务机关应建立经常性的监督制度,加强对下级税务机关执行税收协定情况的监督,不断提高执行税收协定的准确度。

(5)法律责任

①主管税务机关发现非居民已享受的税收协定待遇存在以下情形之一的,按税收征管法第六十二条规定处理:

Ⅰ 未按以上办法规定提出审批申请;或者虽已提出审批申请但有权审批的税务机关未做出或未被视同做出准予非居民享受税收协定待遇决定的;

Ⅱ 未按以上办法规定办理备案报告的;

Ⅲ 未按以上办法规定或者主管税务机关要求提供相关资料的。

②按规定应填报或提交的资料与同一报告责任人以前已经向同一主管税务机关填报或提交的资料相同的,该同一报告责任人可免予重复填报或提交相关资料。

③主管税务机关在执行第(4)⑦条规定时,对纳税人和扣缴义务人分别以下情形处理:

Ⅰ 对按国内税收法律规定应实行自行申报纳税的,按照征管法有关规定向纳税人补征税款,加收滞纳金。其中纳税人伪造、变造、隐匿、擅自销毁账簿、记账凭证,或者在账簿上多列支出或者不列、少列收入,或者经税务机关通知申报而拒不申报或者进行虚假的纳税申报,构成不当享受税收协定待遇而不缴或者少缴应纳税款的,按照征管法第六十三条第一款规定处罚;

Ⅱ 对按国内税收法律规定应实行源泉扣缴的,按照征管法有关规定向纳税人补征税款;对扣缴义务人按照征管法第六十九条规定处理。

④税务机关应按照以上规定及时办理非居民享受税收协定待遇相关事项。因税务机关责任造成处理错误的,应按征管法和税收执法责任制的有关规定追究责任。下列时间不计入税务机关按以上办法规定处理有关事项所占用的工作时间:

Ⅰ 纳税人或扣缴义务人按要求补充提供资料的时间;

Ⅱ 与协定缔约对方主管当局进行情报交换或相互协商的时间。

⑤非居民享受税收协定待遇审批是对纳税人或者扣缴义务人提供的资料与税收协定规定条件的相关性进行的审核,不改变纳税人或者扣缴义务人真实申报责任。有权审批的税务机关因纳税人或扣缴义务人提供虚假的信息资料做出准予享受税收协定待遇审批决定的,有权审批的税务机关或其上级税务机关经核实后有权撤销原审批决定,并分别以下情形处理:

Ⅰ 纳税人或者扣缴义务人尚未执行原审批决定,但非居民仍需享受相关税收协定待遇的,可要求其重新办理审批手续。

Ⅱ 纳税人或者扣缴义务人已经执行原审批决定,但根据核实的情况不能认定非居民不应享受相关税收协定待遇的,按照第(5)①条规定处理,并责令限期重新办理审批手续;

Ⅲ 纳税人或者扣缴义务人已经执行原审批决定,且根据核实的情况能够认定非居民不能享受相关税收协定待遇的,按第(4)⑦和第(5)③规定处理。

因税务机关审批不当造成非居民不应享受而实际享受税收协定待遇的,除因纳税人或扣缴义务人提供虚假信息资料所致情形外,按照征管法第五十二条第一款规定处理。

纳税人或者扣缴义务人违反规定的行为被认定为违反国内税收法律规定的行为,并按国内税收法律规定已作追究责任处理的,不再重复追究责任。

⑥纳税人或者扣缴义务人对主管税务机关或有权审批的税务机关做出涉及本办法规定的各种处理决定不服的,可以按照有关规定陈述理由、申辩意见、要求听证、提起行政复议或者诉讼。

(6)其他相关规定

①非居民可以委托代理人办理按以上办法规定应由其办理的事项;代理人在代为办理非居民的委托事项时,应出具非居民的书面授权委托书。

②纳税人或者扣缴义务人可以复印件向税务机关提交按规定应该提交的凭证或者证明,但应标注原件存放处,加盖报告责任人印章,并按税务机关要求报验原件。

③按规定填报或提交的资料应采用中文文本。相关资料原件为外文文本且税务机关根据有关规定要求翻译成中文文本的,报告责任人应按照税务机关的要求翻译成中文文本。

④税收协定或国家税务总局与协定缔约对方税务主管当局通过相互协商形成的有关执行税收协定的协议与上述办法规定不同的,按税收协定或

协议执行①。

7.8.1.3　执行双边税收协定时涉及第三国居民的处理

第三国居民公司在某与中国签有税收协定国家设立的分支机构不能享受中国与该国家间的税收协定待遇②。

缔约国对方居民公司设在第三国的分支机构,是该居民公司的组成部分,属于同一法律实体,该分支机构可以享受其总公司所在国与中国间税收协定待遇。但设在第三国的子公司不能享受其母公司所在国与中国间税收协定待遇③。

7.8.2　常设机构

常设机构是指企业进行全部或部分营业的固定营业场所。外国企业如在中国设有常设机构,则构成在华纳税义务④。

对常设机构在具体判定时要考虑其营业性、固定性和长期性等几项因素。其中"营业"一语是对英语"business"一词的翻译,实际含义不仅仅包括生产经营活动,还包括非营利机构从事的一般业务活动⑤。

对"固定营业场所"的理解应包括不仅指一方企业在另一方从事经营活动设立的办事处、分支机构等,也包括由于为另一方企业提供长期服务而使用的办公室或其他类似的办公设施⑥。

(1)常设机构的判定一般标准

从构成常设机构的几项因素考虑,常设机构一般指以下机构或场所⑦:

① 据此规定,《国家税务总局关于〈内地和香港特别行政区关于对所得避免双重征税的安排〉有关条文解释和执行问题的通知》(国税函[1998]381号)第二条和《国家税务总局关于〈内地和香港特别行政区关于对所得避免双重征税和防止偷漏税的安排〉有关条文解释和执行问题的通知》(国税函[2007]403号)第三条第(三)项,是依据国家税务总局与香港特别行政区税务局通过相互协商形成的有关执行税收安排的协议而制定的,其与《国家税务总局关于印发〈非居民享受税收协定待遇管理办法(试行)〉的通知》(国税发[2009]124号)有不同的,应按其规定执行。参见《国家税务总局关于〈非居民享受税收协定待遇管理办法(试行)〉有关问题的补充通知》(国税函[2010]290号,2010年6月21日)。但根据《国家税务总局关于公布全文失效废止 部分条款失效废止的税收规范性文件目录的公告》(国家税务总局公告2011年第2号,2011年1月4日),国税函[1998]381号被公布全文失效废止。
② 《财政部税务总局关于执行税收协定若干条文解释的通知》(财税协字[1986]15号,1986年9月10日)。
③ 《财政部税务总局关于执行税收协定若干条文解释的通知》(财税协字[1986]15号,1986年9月10日)。
④ 《国家税务总局关于税收协定常设机构认定等有关问题的通知》(国税发[2006]35号,2006年3月14日)。
⑤ 《国家税务总局关于税收协定常设机构认定等有关问题的通知》(国税发[2006]35号,2006年3月14日)。
⑥ 《国家税务总局国际税务司关于印发税收协定执行手册的通知》(际便函[2007]154号,2007年8月8日)。
⑦ 《国家税务总局关于税收协定常设机构认定等有关问题的通知》(国税发[2006]35号,2006年3月14日)。

①管理场所；

②分支机构；

③办事处；

④工厂；

⑤作业场所；

⑥矿场、油井或气井、采石场或者其他开采（个别协定还包括勘探）自然资源的场所。

此类场所是指经过投资，拥有开采权，从事生产经营而言，不包括为上述场所的开发建设承包工程作业的承包商。

⑦个别协定还包括种植园或农场、林场以及勘探或开采自然资源所使用的设备或装置等等。

常设机构列举情况一览表详见《国家税务总局国际税务司关于印发税收协定执行手册的通知》（际便函〔2007〕154号）。

（2）常设机构判定的特殊情况

①承包工程与服务活动

外国企业在中国境内未设立上述所列各种场所，但在中国境内从事（承包）了某些如建筑、安装等工程项目及相关活动，如果这类工程项目或活动超过一定时间（以该工地、工程或活动连续超过一定月份以上为限，具体月份见际便函〔2007〕154号《国家税务总局国际税务司关于印发税收协定执行手册的通知》附件《我国对外签署协定常设机构判定标准一览表》），也构成常设机构。在执行此项规定时应掌握以下几种情况①：

Ⅰ 确定工地、工程或者与其有关的监督管理活动开始的日期，可以按其所签订的合同，从第一次派员进入现场开始实施合同或项目动工之日起开始计算，直至作业全部结束交付使用之日止。

Ⅱ 外国企业在我国一个工地或同一工程连续承包两个或两个以上作业项目，应从第一个项目作业开始至最后完成的作业项目止计算其在我国进行工程作业的连续日期。不以每个工程作业项目分别计算。

Ⅲ 对工地、工程或与其有关的监督管理活动开始计算其连续日期以后，因故（如设备、材料未运到或季节气候等原因）中途停顿作业，但所承包工程作业项目并未终止或结束，人员和设备等也未全部撤出，应持续计算其连续日期。

Ⅳ 外国企业将承包工程作业的一部分转包给其他企业，如果分包商实施合同的日期在前，可自分包商开始实施合同或项目动工之日起计算该企业承包工程作业的连续日期。但不影响对分包商本身就其所承担的工程作业单独计算征税。

②劳务活动的常设机构判定

缔约国一方企业通过雇员或者雇用的其他人员，在另一方为同一个项目或相关联的项目提供的劳务，包括咨询劳务，仅以连续一定月份以上的为限。具体月份见《国家税务总局国际税务司关于印发税收协定执行手册的通知》（际便函〔2007〕154号）所附《我国对外签署协定常设机构判定标准一览表》。在执行此项规定时应掌握以下几种情况②：

Ⅰ 对于为工程项目提供咨询劳务与承包工程作业的划分问题

原则上应视其是否承担施工作业来确定。承包工程项目作业，一般都要承担施工责任。咨询劳务是指对已有的工程作业项目的进行提供技术指导、技术协助、技术咨询等技术服务性的劳务，只是从中协助，仅负技术上的指导责任，不负责具体的施工和劳动作业。

Ⅱ 咨询劳务的范围问题

咨询劳务的范围应作广义解释，包括对我国工程建设或企业现有生产技术的改革、经营管理的改进和技术选择、投资项目可行性分析以及设计方案的选择等提供咨询服务；也包括对我国企业现有设备或产品，根据我方在性能、效率、质量以及可靠性、耐久性等方面提出的特定技术目标，提供技术协助，对需要改进的部位或零部件重新进行设计、

---

① 《财政部税务总局关于执行税收协定若干条文解释的通知》（财税协字〔1986〕15号，1986年9月10日）。

② 《财政部税务总局关于执行税收协定若干条文解释的通知》（财税协字〔1986〕15号，1986年9月10日）。

调试或试制,以达到合同所规定的技术目标等。

Ⅲ　咨询劳务的提供及实施中构成常设机构问题

所谓咨询劳务活动达到一定月份构成常设机构,执行中是指外国企业派其雇员来华提供上述劳务活动在中国境内实际停留的时间。但协定此项时间的规定是以"月"为单位,并未对月按天数做出解释。因此,执行此规定时可不考虑具体天数。但为便于操作,对协定此项规定中"月份"在计算时暂按以下方法掌握:

外国企业为境内某项目提供服务(包括咨询服务),以该企业派其雇员为实施服务项目第一次抵达境内的月份起直到完成服务项目雇员最后离开境内的月份作为计算期间,在此期间如连续30天没有雇员在境内从事服务活动,可扣除一个月,按此计算超过6个月的,即为在华构成常设机构。对超过12个月的服务项目,应以雇员在该项目总延续期间中任何抵达月份或离开月份推算的12个月为一个计算期间。如果该项超过12个月的项目历经数年,而外国企业的雇员只在某一个12个月期间来华提供劳务活动时间超过6个月,而在项目其他时间内派人来华提供劳务均未超过6个月,仍应判定该项外国企业在华构成常设机构。常设机构是指该外国企业为我国境内某项目提供劳务活动而形成的机构的判定,而不是单指某一期间提供的劳务是否构成常设机构。按上述标准,外国企业通过其雇员在中国境内为某项目提供劳务构成常设机构的,其源自有关项目境内劳务的利润应视为该常设机构的利润予以征税①。

对上述时间具体计算时应按所有雇员为同一项目提供劳务活动不同时期在华连续或累计停留的时间掌握,对同一时期的同批人员的工作不能分开计算。如三十人为某项目在华同时工作三天,即

在华工作时间即为三天,而不是按每人三天共九十天来计算。同时在计算时也不应包括其在中国境外为同一项目提供劳务所花费的时间。

(3)协定议定书关于常设机构的特别规定②

虽有上述通过雇员的劳务活动构成常设机构的规定,但个别协定在议定书中对雇员的劳务活动构成常设机构做了特别规定。

中日协定议定书规定:缔约国一方企业通过雇员或其他人员在缔约国另一方提供与销售或者出租机器设备有关的劳务活动,不视为在该缔约国另一方设有常设机构。执行该议定书规定时应注意《国家税务总局关于中日税收协定及其议定书有关条文解释的通知》(国税函〔1997〕429号)的规定。

中法协定议定书规定:关于第五条第三款,对由销售工业、商业设备或器材的企业提供的为装配或安装该设备或器材的监督管理活动,如果其监督管理费用少于销售总额5%的,应认为是附属于该项销售,不构成该企业的常设机构。

中瑞士协定议定书规定:缔约国一方企业雇员或其他人员在缔约国另一方提供与销售或出租机器或设备有关的劳务活动,不视为在该缔约国另一方设有常设机构;该项咨询劳务包括对机器或设备安装的指导、技术资料的咨询、人员培训以及提供与安装和使用机器设备有关的设计劳务。

(4)不构成常设机构的情况③

协定对不构成常设机构的场所、设施或活动做了如下列举:

①专为储存、陈列或者交付本企业货物或者商品的目的而使用的设施;

②专为储存、陈列或者交付的目的而保存本企业货物或者商品的库存;

③专为另一企业加工的目的而保存本企业货

---

① 《国家税务总局关于外国企业在中国境内提供劳务活动常设机构判定及利润归属问题的批复》(国税函〔2006〕694号,2006年7月19日)。《国家税务总局关于〈内地和香港关于对所得避免双重征税和防止偷漏税安排〉有关条款的解释》(国税函〔2007〕403号,2007年4月4日)。

② 《国家税务总局国际税务司关于印发税收协定执行手册的通知》(际便函〔2007〕154号,2007年8月8日)。

③ 《国家税务总局国际税务司关于印发税收协定执行手册的通知》(际便函〔2007〕154号,2007年8月8日)。

物或者商品的库存；

④专为本企业采购货物或者商品，或者搜集情报的目的所设的固定营业场所；

⑤专为本企业进行其他准备性或辅助性活动的目的所设的固定营业场所；

⑥专为上述各项活动的结合所设的固定营业场所，如果由于这种结合使该固定营业场所全部活动属于准备性质或辅助性质①。

对上述"准备性质或辅助性质"活动进行判定时，应注意以下原则：

——所设的固定场所是否仅为总机构提供服务，或者是否与其他机构有业务往来；

——固定场所的业务活动是否与总机构的业务性质一致；

——固定场所的业务活动是否为总机构业务的重要组成部分。即：如果固定场所不仅为总机构服务，而且与其他机构有业务往来，或固定场所的业务性质与总机构的业务性质一致，且其业务为总机构业务的重要组成部分，则不能认为该固定场所的活动是准备性或辅助性的。

7.8.3 税收协定对各类所得的处理

7.8.3.1 经营所得②

（1）经营所得范围

经营所得在协定中一般称营业利润，执行中是指某外国企业在华设立常设机构并通过常设机构的营业活动所取得的利润。

（2）对经营所得的税务处理

①征税权的划分：常设机构所在国有权对其取得的营业利润进行征税。

②确定营业利润的原则

Ⅰ 归属原则：即对外国企业通过常设机构取得的利润，常设机构所在国进行征税时，应仅限于对该常设机构取得的利润征税。

Ⅱ 独立企业原则：对外国企业在本国的常设

机构进行税务处理时，要将该常设机构视同本国的独立企业对待。即对常设机构与其隶属的企业及其他分支机构进行交易时，应按独立企业原则，正确计算常设机构在各方取得或可能取得的所有利润。

（3）经营活动中的费用处理

①允许扣除的费用

在确定常设机构利润时，对下列费用允许予以扣除：

经营活动中发生的各项费用，包括管理和一般行政费用。

②不允许扣除的费用

常设机构使用总机构或总机构其他办事处的专利或其他权利支付的特许权使用费；因使用总机构或总机构其他办事处的资金而支付的利息（该企业是银行机构的除外）。同样，如常设机构与其总机构或其他办事处发生上述业务往来取得特许权使用费或利息收入时也不视为常设机构的利润予以征税。

7.8.3.2 投资所得③

投资所得在税收协定中由三个条款做出规定。即股息、利息和特许权使用费。

（1）股息

①股息定义

"股息"是指从股份或者非债权关系分享利润的权利取得的所得，以及按照分配利润的公司是其居民的缔约国法律，视同股份所得同样征税的其他公司权利取得的所得。

②对股息征税规定

我国对外所签协定中一般都规定来源国对支付的股息拥有一定的征税权。税率相应低于国内法规定税率。目前大部分协定此税率为10%，也有个别低于或高于10%的情况。协定规定来源国对股息拥有征税权，并不影响上述国内法对有关股

---

① 《国家税务总局国际税务司关于印发税收协定执行手册的通知》（际便函〔2007〕154号，2007年8月8日）。
② 《国家税务总局国际税务司关于印发税收协定执行手册的通知》（际便函〔2007〕154号，2007年8月8日）。
③ 《国家税务总局国际税务司关于印发税收协定执行手册的通知》（际便函〔2007〕154号，2007年8月8日）。

息的免税规定。

（2）利息

①利息定义

"利息"是指从各种债权取得的所得,不论其有无抵押担保或者是否有权分享债务人的利润;特别是从公债、债券或者信用债券取得的所得,包括其溢价和奖金。由于延期支付的罚款,不应视为利息。

②对利息征税规定

我国对外签署的协定对利息所得都规定来源国即支付利息的国家有权征税。国内税法对利息所得的征税税率为 20%。税收协定此项税率要低于国内法税率,一般为 10%。也有个别税率高于或低于 10% 的协定。

为鼓励缔约国双方资金流动及政府贷款等援助项目的实施,一些协定规定了缔约国一方中央银行、政府拥有的金融机构或其他组织从另一方取得的利息在另一方免予征税(即在来源国免税)。有些协定除对中央银行、政府拥有的或其担保的金融机构或其他组织取得的利息做出原则性免税规定外,还专门对享受免税的银行或金融机构予以列名。

凡协定利息条款中规定缔约国对方中央银行、政府拥有的金融机构或其他组织从我国取得的利息应在我国免予征税的,上述有关银行(机构)可在每项贷款合同签署后,向利息发生地主管税务机关申请享受有关协定待遇。利息发生地主管税务机关应为其办理免征利息所得税手续。纳税人申请免征利息所得税时,应附报缔约国对方税务主管当局出具的其属于政府拥有银行或金融机构的证明及有关贷款合同副本。

凡协定有关条文、议定书、会谈纪要或换函等已列名缔约国对方在我国免征利息所得税具体银行、金融机构的,纳税人可按上述规定办理免征利息所得税手续,仅附报有关合同副本即可①。

（3）特许权使用费

①特许权使用费定义

"特许权使用费"是指一国居民将自己的财产,包括无形财产和有形财产,如专利、专有技术、商标、版权等(或机器设备等)特许给缔约国对方使用而收取的使用费。协定条款对此有专门的定义。

对某项使用权收入按特许权使用费征税时,应确保其属于特许权使用费定义范围。即本条是围绕对财产使用的权利产生所得的税收处理,而不是对某项财产所有权的变化所做的规定。如定义中提及的"设计"、"商标"等,是指某外国企业或个人已经拥有的某项设计方案或计划或某项著名商标,允许缔约国对方企业或个人使用而收取费用应属特许权使用费。如外国企业或个人应缔约国对方客户要求,按其需求专门进行的有关设计则不属于特许权使用费定义范围。此类设计是一种劳务活动,按设计人员从事此项设计工作的场所决定其劳务活动发生地,从而确定征税权。

②有关资质证明等收费问题

某些外国公司通过网络、通讯等手段为我国企业提供服务,包括为我国企业提供某些资质证明等,并收取费用,此类活动一般应属劳务性质,如果所提供证明前的有关检验等劳务活动在境外该外国公司所在国进行,则所得发生国应为外国公司所在国。但如果上述资质证明无需对产品进行专门检验,而是用户通过加盟会员或交费购买的形式,则应视其为商标或商誉的转让属于特许权使用费定义的范围,对收取的费用按特许权使用费条款规定征税。

③对特许权使用费征税规定

Ⅰ 使用对方无形财产支付特许权使用费的税收处理

我国对外所签协定对特许权使用费一律规定来源国拥有一定的征税权。即,使用某些权利并支付特许权使用费的国家有权对缔约国对方居民取得的该项所得征税。我国国内法对特许权使用费

---

① 《国家税务总局关于执行税收协定利息条款有关问题的通知》(国税函〔2006〕229 号,2006 年 3 月 1 日)。

征税税率为 20% ,我国对外所签协定一般低于国内法税率,大部分协定此项税率为 10% ,也有个别协定低于 10% 。

Ⅱ 使用对方有形财产支付特许权使用费的税收处理

我国与有些国家协定对特许权使用费还规定包括"使用或有权使用工业、商业、科学设备所支付的款项"。即指使用(租用)对方机器设备支付费用的情况。我国国内法对此规定为租金收入,按 20% 税率征税。协定税率一般为 10% 。考虑到机器设备使用过程中存在的损耗情况,在有些协定中,对此项收入最终征税税率定为 7% 或 6% 。

④转让技术和提供服务的区别

Ⅰ 转让技术合同和提供服务合同

在专有技术合同中,通常一方同意将其技术传授给另一方,使另一方能自由地使用该项未被公开过的特殊知识和经验。一般都认可技术授予方不参与技术许可一方的活动,并不保证技术实施的后果。因此,这种合同与服务性合同不同。

在服务性合同中,一方使用其行业的习惯技巧,独立承担为另一方服务的工作,而并非将其拥有的技术提供给服务对象使用。因而,对于此类形式的包括售后服务、卖方保证给买方提供的服务、单纯的技术服务或工程师、律师或会计师提供的咨询等服务取得的报酬不属于协定第十二条所指的特许权使用费的范围,而应属于协定第七条或第十四条的规定范畴。

Ⅱ 转让技术与提供服务混合合同

外国企业转让技术的同时也通常提供技术服务,有时二项业务分别签订合同,有时只签一个合同,价款分别列出。对此类混合合同中哪些属于转让技术性质哪些属于提供服务性质通常较难判定。OECD 协定范本提供以下判定标准供执行中掌握:

ⅰ 虽然是混合业务,但如果合同主要内容及收取的费用属于上述专有技术转让合同表述的内容,仅有很小部分需要供应商提供服务支持并支持

的范围不属于上述服务性合同所述的内容情况下,该项混合合同应视为专有技术的转让按协定第十二条特许权使用费处理;

ⅱ 但如果一项混合合同主要内容及收取的费用属于上述服务合同所述内容,并转让的技术主要体现为技术人员自身的技术活动,收取费用的标准也以人员工作时间及工资标准约定,对该项混合合同应视为提供服务按第七条营业利润处理。

7.8.3.3 财产所得①

协定对财产所得分两个方面予以规定,即第六条不动产所得和第十三条财产收益。

(1)不动产所得(第六条)

①不动产定义:"不动产"一语首先应具有财产所在地国家的法律所规定的含义。并应包括附属于不动产的财产、农业和林业所使用的牲畜和设备,有关地产的一般法律规定所适用的权利,不动产的用益权以及由于开采或有权开采矿藏、水源和其他自然资源取得的不固定或固定收入的权利。船舶和飞机不应视为不动产。

②不动产所得的形式:在所有权不变的情况下使用、出租或以其他形式取得的不动产所得。

③征税权的划分:不动产所在国拥有征税权。

(2)财产收益(第十三条)

此条所指财产包括不动产和动产。收益形式指财产的转让所得,即在对财产所有权的转移过程中取得的收益。

(3)财产收益的税收处理

①关于不动产转让的税收处理

对转让不动产取得的收益,不动产所在国拥有征税权。

②关于动产转让的税收处理

Ⅰ 转让常设机构营业财产部分的动产取得的收益,在常设机构所在国征税。

Ⅱ 转让从事国际运输的船舶或飞机,在经营该船舶或飞机的公司所在国征税。

---

① 《国家税务总局国际税务司关于印发税收协定执行手册的通知》(际便函[2007]154 号,2007 年 8 月 8 日)。

③关于股份转让的税收处理

Ⅰ 转让不动产公司股份

协定一般规定,转让一个公司财产股份的股票取得的收益,该公司的财产又主要直接或者间接由位于缔约国一方的不动产所组成,可以在缔约国一方征税。

该项规定的目的,是防止在对不动产转让过程中通过以转让公司股份的形式转让不动产所产生的避税。

对该项规定的解释,上述"该公司的财产又主要直接或间接由位于缔约国一方的不动产组成"一语执行中暂按以下原则掌握,即股份持有人持有公司股份期间公司账面资产曾经达到50%以上为不动产。

Ⅱ 转让其他公司股份

一些财产收益条款还规定:转让公司股份取得的收益,该项股份又相当于参与缔约国一方居民公司的股权的25%时,可以在该缔约国征税。

在对外国投资者转让中国境内企业股份取得收益执行该款规定时暂按以下原则掌握,即外国投资者曾经拥有中国境内被转让股份公司25%以上股份,当其将该股份全部或部分转让并取得收益时,应对其收益征税①。

④关于转让其他财产的税收处理

财产收益条款最后一款为转让该条款已明确的各项财产收益以外的其他财产收益的税收规定。凡在财产收益条款中没有对转让主要财产为不动产公司股份或参股25%情况下转让公司股份取得收益专列规定的,应执行该款规定,反之,应按各专项规定处理。不同协定此款规定不同,有些规定转让者为居民的国家拥有征税权;有些则规定收益发生国拥有征税权。具体执行时应注意不同协定的规定。凡按中国税法规定,财产转让收益属于来源于中国境内所得的,发生国为中国。

⑤我国对外签订税收协定"财产收益"条款有

关规定总体情况②

Ⅰ 转让主要财产为不动产的公司股份取得的收益

ⅰ 来源国征税

与下列国家(地区)的税收协定(安排)规定主要财产为不动产的公司所在国征税:

日本、美国、法国、英国、比利时、德国、挪威、丹麦、新加坡、瑞典、新西兰、泰国、意大利、荷兰、捷克、波兰、巴基斯坦、塞浦路斯、西班牙、罗马尼亚、巴西、蒙古、马耳他、卢森堡、俄罗斯、越南、乌克兰、牙买加、冰岛、乌兹别克、摩尔多瓦、克罗地亚、苏丹、老挝、埃及、南非、奥地利、土耳其、塞舌尔、马其顿、巴新、阿曼、巴林、吉尔吉斯斯坦、斯里兰卡、马来西亚、芬兰、加拿大、澳大利亚、保加利亚、印度、匈牙利、瑞士、韩国、毛里求斯、以色列、立陶宛、拉脱维亚、塞黑(南斯拉夫)、爱沙尼亚、葡萄牙、爱尔兰、菲律宾、阿联酋、哈萨克斯坦、印尼、伊朗、阿尔巴尼亚、阿塞拜疆、墨西哥、摩洛哥、香港、澳门

ⅱ 居民国征税

与下列国家协定规定转让者为居民的国家征税:

白俄罗斯＊、斯洛文尼亚＊、科威特＊、亚美尼亚＊、孟加拉国＊、巴巴多斯＊、古巴＊、委内瑞拉＊、突尼斯＊、格鲁吉亚＊、特米尼达和多巴哥。

Ⅱ 转让主要财产为不动产以外的其他公司股份取得收益

ⅰ 来源国征税

与下列国家(地区)税收协定(安排)规定被转让股份的公司所在国征税(转让者参股至少25%情况下):

日本＊、美国、法国、英国＊、比利时、德国＊、挪威、丹麦＊、新加坡、瑞典、新西兰＊、泰国、意大利、荷兰＊、捷克、波兰＊、巴基斯坦、塞浦路斯、西班牙、罗马尼亚、巴西＊、蒙古、马耳他、卢森堡、俄

① 《国家税务总局关于〈内地和香港关于对所得避免双重征税和防止偷漏税安排〉有关条款的解释》(国税函[2007]403号,2007年4月4日)。

② 《国家税务总局国际税务司关于印发税收协定执行手册的通知》(际便函[2007]154号,2007年8月8日)。

罗斯、越南、乌克兰、牙买加、冰岛、乌兹别克、摩尔多瓦、克罗地亚、苏丹、老挝、埃及、南非、奥地利（无25%限定）、土耳其、塞舌尔、马其顿、巴新、阿曼、巴林、吉尔吉斯斯坦、斯里兰卡、马来西亚*、芬兰*、加拿大*澳大利亚*、保加利亚（未明确）、印度*、匈牙利*、毛里求斯、阿联酋（未明确）、墨西哥（无25%限定）、香港、澳门。

ⅱ 居民国征税

与下列国家协定规定转让者为居民的国家征税：

瑞士*、韩国*、以色列*、立陶宛*、拉托维亚*、塞黑（南斯拉夫）*、爱沙尼亚*、葡萄牙*、爱尔兰*、菲律宾*、哈萨克斯坦、白俄罗斯*、斯洛文尼亚*、科威特*、亚美尼亚*、孟加拉国*、巴巴多斯*、古巴*、委内瑞拉*、突尼斯*、格鲁吉亚*、印尼*、伊朗*、阿尔巴尼亚*、阿塞拜疆*、特米尼达和多巴哥*、摩洛哥*。

Ⅲ 转让"其他财产"取得的收益

ⅰ 来源国征税

与下列国家协定规定转让收益发生国征税：

日本、美国、法国、英国、比利时、德国、马来西亚、挪威、丹麦、新加坡、芬兰、加拿大、瑞典、新西兰、泰国、意大利、荷兰、捷克、波兰、澳大利亚、保加利亚（未明确）、巴基斯坦、西班牙、罗马尼亚、奥地利、巴西（规定双方都有征税权）、匈牙利、印度、阿联酋（未明确）。

ⅱ 居民国征税

与下列国家（地区）税收协定（安排）规定转让者为居民的国家征税：

科威特、瑞士、塞浦路斯、蒙古、马耳他、卢森堡、韩国、俄罗斯、毛里求斯、白俄、斯洛文尼亚、以色列、越南、土耳其、乌克兰、亚美尼亚、牙买加、冰岛、乌兹别克、塞黑（南斯拉夫）、立陶宛、拉托维亚、爱沙尼亚、葡萄牙、爱尔兰、菲律宾、苏丹、老挝、埃及、南非、摩尔多瓦、克罗地亚、孟加拉、巴巴多斯、塞舌尔、马其顿、巴新、阿曼、巴林、吉尔吉斯、斯里兰卡、哈萨克斯坦、印尼、伊朗、阿尔巴尼亚、古巴、委内瑞拉、突尼斯、格鲁吉亚、阿塞拜疆、墨西哥、特多、摩洛哥、香港、澳门。

其中：

来源国拥有征税权，指被转让股份的公司所在国拥有征税权。

居民国拥有征税权，指转让股份取得收益的人（法人及自然人）为居民的国家拥有征税权；

财产转让收益发生国拥有征税权，指有些协定在对转让"其他财产"时规定，发生于缔约国一方的财产转让收益可以在该缔约国征税。所谓"发生国"应理解为收益发生时的财产所在国或转让行为发生国。

带*号是指与这些国家的协定"财产收益"条款没有单列"对转让主要财产为不动产公司股份取得收益"或"对参股25%情况下转让公司股份取得收益"的税收处理规定，对这些协定涉及的有关股份转让收益按"其他财产收益"款项的规定确定征税权。

7.8.3.4 国际运输所得①

(1)国际运输范围

---

① 《国家税务总局国际税务司关于印发税收协定执行手册的通知》（际便函[2007]154号,2007年8月8日）。此外,对外国公司船舶在我国港口从事运输业务收入的企业所得税政策和管理问题,《财政部 国家税务总局关于发布〈外国公司船舶运输收入征税办法〉的通知》（财税字[1996]87号,1996年10月24日）、《国家税务总局 国家外汇管理局关于加强外国公司船舶运输收入税收管理及国际海运业对外支付管理的通知》（国税发[2001]139号,2001年12月4日）、《国家税务总局 国家外汇管理局关于加强外国公司船舶运输收入税收管理及国际海运业对外支付管理的补充通知》（国税发[2002]107号,2002年8月15日）分别进行了规定。新企业所得税法实施后,上述文件有关企业所得税政策规定相应废止。对外国公司以船舶从中国港口运载旅客、货物或者邮件出境取得运输收入享受免税的有关程序性管理规定,可参考上述文件。同时,根据《国家税务总局关于公布现行有效的税收规范性文件目录的公告》（国家税务总局公告2010年第26号）、《国家税务总局关于印制使用〈外轮运输收入税收报告表〉的通知》（国税函发[1996]729号,1996年12月23日）、《国家税务总局关于印制使用〈外国公司船舶运输收入免征企业所得税证明表〉和〈外国公司船舶运输收入免征营业税证明表〉的通知》（国税函[2002]160号,2002年2月20日）、《国家税务总局关于印制外国公司有关船舶运输税收情况报告表格的通知》（国税函[2002]384号,2002年5月8日）仍然有效。

协定中国际运输一般指空运和海运,个别协定包括陆路运输。

（2）对国际运输所得的税收处理

我国对外所签税收协定一般规定对从事国际运输企业取得的所得（利润）该企业所在国拥有征税权。个别协定规定利润产生国即来源国拥有部分征税权。

（3）国际运输所得范围

税收协定国际运输条款所述从事国际运输业务取得的所得,是指企业以船舶或飞机经营客运或货运取得的所得,包括该企业从事的附属于其国际运输业务取得的所得。所谓附属于其国际运输业务取得的所得主要包括①:

①以湿租形式出租船舶或飞机（包括所有设备、人员及供应）取得的租赁所得;

②为其他企业代售客票取得的所得;

③从市区至机场运送旅客取得的所得;

④通过货车从事货仓运至机场、码头或者后者至购货者间的运输,以及直接将货物发送至购货者所取得的运输所得;

⑤以船舶或飞机从事国际运输的企业附营或临时性经营集装箱租赁取得的所得;

⑥企业仅为其承运旅客提供中转住宿而设置的旅馆取得的所得;

⑦非专门从事国际船运或空运业务的企业,以其本企业所拥有的船舶或飞机经营国际运输业务所取得的所得。

（4）与我国签订的税收协定对国际运输收入税收处理总体情况②

①空运

Ⅰ 互征企业所得税

菲律宾（税款不超过总收入的 1.5%）,依据为

避免双重征税协定。

Ⅱ 互免企业所得税

除上述 Ⅰ 所列国家外其他所有与我有税收协定的国家（地区）,依据为避免双重征税协定（安排）。

津巴布韦、土库曼斯坦、叙利亚、秘鲁、马达加斯加、黎巴嫩、朝鲜、阿富汗、扎伊尔、埃塞俄比亚、文莱,依据为国际航空协定税收条款。

Ⅲ 互免个人所得税

津巴布韦、俄罗斯、越南、蒙古、朝鲜、老挝、科威特、孟加拉国、阿曼、马绍尔、文莱、古巴、乌克兰、哈萨克斯坦、马尔代夫、乌兹别克斯坦、土库曼斯坦、苏联、黎巴嫩、吉尔吉斯斯坦、白俄罗斯,依据为国际航空协定税收条款。

韩国,依据为税收协定议定书。

法国、英国,依据为双边专项国际运输互免税协议。

Ⅳ 互免间接税

日本、丹麦、新加坡、阿联酋、韩国、印度、毛里求斯、斯洛文尼亚、以色列、乌克兰、牙买加、马来西亚（2000 年议定书）、香港、澳门,依据为避免双重征税协定（安排）。

津巴布韦、越南、乌兹别克斯坦、美国、乌克兰、土库曼斯坦、叙利亚、罗马尼亚、秘鲁、阿曼、新西兰、马达加斯加、黎巴嫩、吉尔吉斯斯坦、科威特、哈萨克斯坦、以色列、爱沙尼亚、朝鲜、加拿大、古巴、文莱、比利时、白俄罗斯,依据为国际航空协定税收条款。

法国、德国、泰国、英国、澳大利亚、美国、巴林、土耳其、卢森堡、荷兰、奥地利、斯里兰卡、新加坡,依据为互免国际运输收入税收协议或换函（税务主管当局）。

---

① 《国家税务总局关于税收协定中有关国际运输问题解释的通知》（国税函〔1998〕241 号,1998 年 4 月 17 日）。

② 《国家税务总局国际税务司关于印发税收协定执行手册的通知》（际便函〔2007〕154 号,2007 年 8 月 8 日）。有关国际海运减免税企业所得税情况还可参见《国家税务总局关于印发国际海运税收问题一览表的通知》（国税函发〔1994〕237 号,1994 年 5 月 31 日）。

Ⅴ 专项免税规定①

ⅰ 对以色列航空公司在我国境内经营协议航班所取得的收入和利润,免予征收企业所得税②。

ⅱ 对哈萨克斯坦航空公司在我国境内从事国际运输所取得的收入和利润,免予征收企业所得税;对其在我国领土内与经营协议航班有关的财产,免予征收一切税收③。

ⅲ 自1994年4月19日起对乌兹别克斯坦航空公司在我国境内从事国际运输取得的收入和利润,免予征收企业所得税;对其在我国境内的财产,免予征收一切税收④。

ⅳ 对奥地利航空公司在我国经营国际运输业务所取得的利润,免予征收企业所得税⑤。

ⅴ 对澳大利亚快达航空公司从事国际运输业务取得的利润和收入,免予征收企业所得税⑥。

ⅵ 对德国汉莎航空公司从我国取得的国际运输收入免予征收企业所得税⑦。

ⅶ 对瑞士航空公司在我国经营国际运输业务所取得的收入和利润,免予征收企业所得税⑧。

ⅷ 对意大利航空公司在我国经营国际运输业务所取得的利润,免予征收企业所得税⑨。

ⅸ 对新加坡航空公司在我国从事国际运输业务取得的收入和利润,免予征收企业所得税⑩。

ⅹ 对美国西北航空公司在我国经营国际运输业务所取得的利润和收入,免予征收企业所

---

① 除本处所列各专项免税规定外,国家税务总局先后发布《国家税务总局关于尼泊尔航空公司开航中国有关税收问题的通知》(国税函[1994]582号,1994年11月1日)、《国家税务总局转发民航总局关于澳大利亚快达航空公司开通悉尼—上海—北京航线的通知》(国税函[1996]472号,1996年8月6日)、《国家税务总局转发民航总局关于韩国亚洲航空公司开通釜山—北京往返定期航班的通知》(国税函[1996]443号,1996年8月28日)、《国家税务总局转发民航总局关于荷兰皇家航空公司开通阿姆斯特丹—北京往返定期航班的通知》(国税函[1996]444号,1996年8月28日)、《国家税务总局关于吉尔吉斯航空公司有关税收问题的通知》(国税函[1998]191号,1998年4月14日)、《国家税务总局关于匈牙利航空公司有关税收问题的通知》(国税函[1998]472号,1998年10月17日)、《国家税务总局关于大韩航空公司有关税收问题的通知》(国税函[1998]537号、1998年10月10日)、《国家税务总局关于大韩航空公司有关税收问题的通知》(国税函[1998]539号,1998年9月10日)、《国家税务总局关于俄罗斯新西伯利亚航空公司有关税收问题的通知》(国税函[1998]824号,1998年12月24日)、《国家税务总局关于土耳其航空公司有关税收问题的通知》(国税函[1999]216号,1999年5月24日)、《国家税务总局关于蒙古航空公司有关税收问题的通知》(国税函[2000]197号,2000年6月9日)、《国家税务总局关于加拿大航空公司有关税收问题的通知》(国税函[2000]767号,2000年9月29日)、《国家税务总局转发民航总局〈关于韩亚航空公司开通汉城至北京往返定期全货运航线的通知〉的通知》(国税函[2001]1012号,2001年12月31日)、《国家税务总局关于瑞士十字航空公司有关税收问题的通知》(国税函[2002]1003号,2002年11月25日)、《国家税务总局关于埃及航空公司有关税收问题的通知》(国税函[2003]45号,2003年1月15日)、《国家税务总局关于德国汉莎航空公司有关税收问题的通知》(国税函[2003]272号,2003年3月20日)、《国家税务总局关于哈萨克斯坦阿斯塔纳航空公司有关税收问题的通知》(国税函[2003]374号,2003年4月4日)、《国家税务总局关于印度尼西亚鹰航空公司有关税收问题的通知》(国税函[2003]375号,2003年4月25日)、《国家税务总局关于港联航空有限公司开通广州杭州航线有关税收问题的通知》(国税函[2006]198号,2006年2月27日),明确对若干专线国际航空业务所涉及的税收问题,分别根据我国税法及我国与相关国家签署的互免空运企业税收协定、民用航空运输协定或避免双重征税协定的规定执行。具体内容参见上述相关文件。

② 《国家税务总局关于以色列航空公司开航中国有关税收问题的通知》(国税函发[1994]278号,1994年6月4日)。

③ 《国家税务总局关于哈萨克斯坦航空公司开航中国有关税收问题的通知》(国税函发[1994]351号,1994年6月24日)。

④ 《国家税务总局关于乌兹别克斯坦航空公司开航中国有关税收问题的通知》(国税函发[1994]377号,1994年6月30日)。

⑤ 《国家税务总局关于奥地利航空公司有关税收问题的通知》(国税函发[1995]112号,1995年3月20日)。此外,根据《国家税务总局关于奥地利航空公司、中国国际航空公司将维也纳—北京航班延至上海的通知》(国税函[1997]369号,1997年8月19日)规定,该航班有关税收问题,也依照国税函发[1995]112号规定办理。

⑥ 《国家税务总局关于澳大利亚快达航空公司有关税收问题的通知》(国税函发[1995]114号,1995年2月24日)。

⑦ 《国家税务总局关于德国汉莎航空公司开航中国有关税收问题的通知》(国税函发[1994]117号,1994年4月9日)。《国家税务总局关于德国汉莎航空公司有关税收问题的通知》(国税函发[1996]214号,1996年5月7日)。

⑧ 《国家税务总局关于瑞士航空公司有关税收问题的通知》(国税函发[1995]168号,1995年4月24日)。该文还规定对瑞士航空公司予以免征营业税,但根据《国家税务总局关于更正〈国家税务总局关于瑞士航空公司有关税收问题的通知〉的通知》(国税函[1998]494号,1998年10月9日),国税函发[1995]168号中"对瑞士航空公司在我国经营国际运输业务所取得的收入和利润,免予征收营业税和企业所得税"一语,更正为"对瑞士航空公司在我国经营国际运输业务所取得的利润,免予征收企业所得税"。

⑨ 《国家税务总局关于意大利航空公司有关税收问题的通知》(国税函发[1995]349号,1995年6月13日)。

⑩ 《国家税务总局关于新加坡航空公司有关税收问题的通知》(国税函发[1995]681号,1995年1月7日)。

得税①。

对美国联邦快运公司在我国经营国际运输业务所取得的利润收入，免予征收企业所得税②。

ⅺ 对俄罗斯东方航线航空公司在我国经营国际运输业务取得的利润和收入，免征企业所得税③。

对俄罗斯东方航线航空公司在我国经营国际运输业务取得的利润和收入，免征企业所得税④。

ⅻ 内地对澳门航空公司于 1998 年 1 月 1 日或以后在内地经营协议航班取得的收入和利润，免征企业所得税⑤。

ⅹⅲ 对全日空航空公司在我国经营国际运输所取得的收入和利润，免予征收企业所得税⑥。

ⅹⅳ 对大韩航空公司在我国经营国际运输业务所取得的收入和利润，免予征收企业所得税⑦。

ⅹⅴ 对白俄罗斯航空公司在我国经营国际运输业务所取得的利润和收入，免征企业所得税⑧。

②海运

Ⅰ 互征企业所得税

泰国（减半征收）、马来西亚（减半征收）、孟加拉（减半征收）、印尼（减半征收）、斯里兰卡（减半征收）、菲律宾（税款不超过总收入的 1.5%），依据为避免双重征税协定。

Ⅱ 互免企业所得税

除上述 Ⅰ 所列国家外其他所有与我有税收协定（或安排）的国家（或地区），依据为避免双重征税协定。

智利、朝鲜、黎巴嫩、希腊（未生效）、阿尔及利亚（未生效）、缅甸（河运协定），依据为国际海运协定税收条款。

阿根廷，依据为互免国际运输收入税收协议或换函（税务主管当局）。

Ⅲ 互免个人所得税

南斯拉夫、克罗地亚、希腊、黎巴嫩，依据为国际海运税收条款。

韩国，依据为税收协定议定书。

Ⅳ 互免间接税

日本、丹麦、新加坡（第 8 条及议定书）、阿联酋、韩国（第 8 条及议定书）、印度（第 8 条及议定书）、毛里求斯、斯洛文尼亚、以色列、乌克兰、牙买加、马来西亚（2000 年议定书）、香港，依据为避免双重征税协定（安排）。

日本、比利时、德国、挪威、丹麦、芬兰、瑞典、荷兰、保加利亚、巴基斯坦、塞浦路斯、罗马尼亚、巴西、马耳他、卢森堡（适用比利时海运协定）、克罗地亚、越南、乌克兰、希腊、古巴、阿尔巴尼亚、格鲁吉亚、阿尔及利亚、摩洛哥、智利、墨西哥、朝鲜、意大利，依据为国际海运税收条款。

美国、南斯拉夫（互免海运收入税收协议）、俄罗斯（海运合作协定）、老挝（河运协定）、缅甸（河运协定）、波兰、法国、斯里兰卡、阿根廷、智利、泰国，依据为互免国际运输收入税收协议或换函（税务主管当局）。

Ⅴ 专项免税或减税规定

ⅰ 对德国（原文为德意志联邦共和国）航运

① 《国家税务总局关于美国西北航空公司有关税收问题的通知》（国税函[1996]213 号,1996 年 5 月 7 日）。
② 《国家税务总局关于美国联邦快运公司有关税收问题的通知》（国税函[1996]107 号,1996 年 3 月 14 日）。
③ 《国家税务总局关于俄罗斯东方航线航空公司有关税收问题的通知》（国税函[1998]146 号,1998 年 3 月 11 日）。
④ 《国家税务总局关于俄罗斯东方航线航空公司有关税收问题的通知》（国税函[1998]146 号,1998 年 3 月 11 日）。
⑤ 《国家税务总局关于互免内地、澳门航空公司运输收入有关税收的通知》（国税发[1997]107 号,1997 年 6 月 26 日）。该文还规定,澳门对内地航空公司于 1998 年 1 月 1 日或以后在澳门经营协议航班取得的收入和利润,应免征所得补充税以及随同所得补充税征收的印花税和类似内地营业税的税收。此外,《国家税务总局关于澳门航空公司有关税收问题的通知》（国税函[1998]477 号,1998 年 8 月 18 日）、《国家税务总局关于澳门航空公司有关税收问题的通知》（国税函[1999]464 号,1999 年 7 月 9 日）分别规定,澳门航空公司开通澳门至南京、澳门至昆明往返定期航班的相关税收问题,按照国税发[1997]107 号文件处理。
⑥ 《国家税务总局关于全日空航空公司有关税收问题的通知》（国税函发[1994]521 号,1994 年 9 月 15 日）。
⑦ 《国家税务总局关于大韩航空公司税收问题的通知》（国税函发[1994]595 号,1994 年 11 月 1 日）。《国家税务总局关于大韩航空公司有关税收问题的通知》（国税函发[1994]688 号,1994 年 12 月 30 日）。
⑧ 《国家税务总局关于白俄罗斯航空公司有关税收问题的通知》（国税函[1997]428 号,1997 年 7 月 24 日）。

企业经营的船舶(包括其经营的悬挂第三国国旗的租船)来我国从事国际运输所取得的收入,凡按照双方签订的海运协定和关于对所得和财产避免双重征税协定享受免税的,必须提交该缔约国税务当局出具的证明该企业总机构所在地的证明文件(原件),不能提交证明文件的,不得享受免税待遇①。

ii 对泰国船舶公司因从事国际运输业务而从我国境内取得的运输收入,减半征收企业所得税②。

③其他国际运输协定

I 自1994年6月4日起,对吉尔吉斯承运人从事《中华人民共和国政府和吉尔吉斯共和国政府汽车运输协定》范围内的客、货运输业务的车辆及从我国取得的运输收入和利润,免征所得税③。

II 自1994年11月9日起,对澜沧江—湄公河客货运输有关税收问题按照《中华人民共和国政府和老挝人民民主共和国政府关于澜沧江—湄公河客货运输协定》的规定执行④。

7.8.4 消除双重征税方法⑤

税收协定的缔约双方为了消除双重征税,规定对各自居民来源于缔约国对方并在缔约国对方缴纳了税收的所得,在计算国内应纳税额时,应通过免税、抵免或扣除等方式处理在境外已纳税款。不同的国家消除双重征税的方法不同,协定一般将各自国内法所规定的消除双重征税方法直接列出。概括起来主要有以下几种方式。

(1)免税法:即对本国居民的境外所得免予征税。但这种办法一般只限于营业利润和个人劳务所得,对投资所得仍采用抵免法对境外已纳税款计算抵免。

(2)抵免法:即对本国居民的境外所得汇总国内所得按国内税法规定税率计算在本国应纳税额,并对境外已纳税款不超过按国内税率计算的税额予以抵免。一般称为限额抵免。

①直接抵免:对本国居民就境外取得的所得在境外所纳税款给予抵免。

②间接抵免:除对本国居民就境外所得在境外已纳税款给予抵免外,如该项所得是从缔约国对方居民企业的税后利润中取得的,则对该项所得中所含的对方居民企业已纳的企业所得税税款部分也给予抵免。

③饶让抵免:在对本国居民境外所得给予抵免时,对其在对方国家享受到的减税或免税视同按对方国家法律规定已被征税给予抵免。抵免方式包括限额抵免或按一定比例抵免。

(3)我国对外所签协定关于抵免的一般规定

①我国对本国居民采取全球所得征税的管理办法。对中国居民境外取得所得及已缴税款,在计算国内应纳税额时,采用抵免法处理。与有些国家协定仅规定直接抵免,即仅对我国居民从这些国家取得的所得被直接征税部分给予抵免。与有些国家协定列有间接抵免的规定,即除对我国居民从这些国家取得的股息被征收的税额给予抵免外,还对该项股息所含对方国家居民企业已缴纳的企业所得税部分给予抵免,但一般规定是在参股对方居民企业10%以上的情况下给予间接抵免。我与个别国家协定也列有饶让抵免的规定。即中国居民从这些国家取得的所得如对方国家给予减税或免税,回国仍按抵免法视同已征税给予抵免。

---

① 《国家税务局关于对联邦德国船舶在我国港口取得的运输收入免税需提供证明文件问题的通知》(国税协字[1988]第37号,1988年10月12日)。根据《国家税务局关于终止我与原民德签订的避免双重征税协定的通知》(国税发[1991]203号,1991年12月6日),1985年6月10日签订的《中华人民共和国和德意志联邦共和国关于对所得和财产避免双重征税的协定》,原则上可以自1990年10月3日起适用于统一的德国,由中德双方主管当局将该协定举行进一步的磋商。

② 《国家税务总局关于泰国船舶公司征免税问题的通知》(国税函[2005]134号,2005年1月31日)。

③ 《国家税务总局关于执行中国与吉尔吉斯汽车运输协定的通知》(国税函发[1994]449号,1994年8月1日)。

④ 《国家税务总局关于执行中老澜沧江——湄公河客货运输协定有关税收规定的通知》(国税函发[1995]85号,1995年3月6日)。

⑤ 《国家税务总局国际税务司关于印发税收协定执行手册的通知》(际便函[2007]154号,2007年8月8日)。

②外国居民从我国境内取得所得及已缴税款，其本国给予抵免时，不同协定规定不同。有的国家采取免税法，大部分采取抵免法（有的也包括间接抵免）。为保证优惠政策的落实，在与发达国家谈签税收协定时，我国一般要求对方对其居民从我国取得的所得给予饶让抵免，对其居民从我国享受到的减免税按已征税给予抵免。我国与大部分发达国家协定都包括了饶让抵免。并且有的国家对投资所得的饶让抵免超出协定规定税率给予抵免。但很多协定对饶让抵免都规定了十年期限，即只承诺协定签订的十年间给予饶让，十年后不再予以饶让。目前我国与大部分发达国家间协定规定的饶让已过期。

③外国居民从我国境内居民企业取得的所得已纳税款回国抵免时可向我国税务机关要求提供其在中国境内的完税证明及构成中国税收居民的身份证明表。

（4）我国对外所签协定关于税收抵免的具体规定①

①中国居民从下列国家（地区）取得所得已征税款在中国按限额抵免

包括间接抵免（条件：股份 10%）：日本、美国、英国、法国、比利时、德国、马来西亚、挪威、丹麦、新加坡、芬兰、加拿大、瑞典、泰国、意大利、荷兰、捷克、斯洛伐克、波兰、澳大利亚、保加利亚、巴基斯坦、科威特、瑞士、塞浦路斯、西班牙、罗马尼亚、奥地利、巴西、蒙古、匈牙利、马耳他、卢森堡、韩国、俄罗斯、印度、毛里求斯、白俄罗斯、斯洛文尼亚、以色列、越南、土耳其、乌克兰、牙买加、冰岛、立陶宛、拉脱维亚、爱沙尼亚、苏丹、葡萄牙、爱尔兰、克罗地亚、阿联酋、巴新、孟加拉、印尼、突尼斯、墨西哥、特多、香港。

不包括间接抵免（一般抵免）：新西兰、亚美尼亚、乌兹别克斯坦、南斯拉夫、老挝、埃及、南非、菲律宾、摩尔多瓦、马其顿、塞舌尔、巴巴多斯、古巴、哈萨克斯坦、阿曼、伊朗、巴林、吉尔吉斯斯坦、委内瑞拉、斯里兰卡、阿尔巴尼亚、阿塞拜疆、格鲁吉亚、摩洛哥、文莱。

②缔约国（地区）对方居民从中国境内取得所得已征税款在对方国家（地区）按限额抵免

包括间接抵免（条件：股份 10%）：日本（25%）、美国、英国、新加坡、马来西亚、捷克、澳大利亚（不限额）、巴基斯坦、蒙古、毛里求斯、以色列、牙买加、拉脱维亚、爱沙尼亚、苏丹、爱尔兰（不限额）、巴巴多斯、突尼斯、墨西哥、韩国、香港。

不包括间接抵免（一般抵免）：法国、德国、比利时、挪威、丹麦、新加坡、芬兰、加拿大、瑞典、新西兰、泰国、意大利、波兰、保加利亚、科威特、瑞士、塞浦路斯、西班牙、罗马尼亚、巴西、匈牙利、马耳他、卢森堡、俄罗斯、印度、白俄罗斯、斯洛文尼亚、越南、土耳其、乌克兰、亚美尼亚、冰岛、立陶宛、乌兹别克斯坦、南斯拉夫、老挝、埃及、葡萄牙、南非、菲律宾、摩尔多瓦、克罗地亚、阿联酋、巴新、孟加拉、马其顿、塞舌尔、古巴、哈萨克、印尼、阿曼、伊朗、巴林、吉尔吉斯斯坦、委内瑞拉、斯里兰卡、阿尔巴尼亚、阿塞拜疆、格鲁吉亚、澳门。

③缔约国（地区）对方居民从中国境内取得所得已征税款在对方国家（地区）免税

仅就部分所得征收：法国、比利时、德国、挪威、加拿大、芬兰、瑞典、荷兰、捷克、波兰、保加利亚、瑞士、西班牙、奥地利、匈牙利、卢森堡、澳门。

④税收饶让规定（互相给予饶让抵免）

普通饶让抵免：马来西亚、泰国、巴基斯坦、保加利亚、塞浦路斯、马耳他、韩国、印度、越南、牙买加、毛里求斯、南斯拉夫、巴新、马其顿、塞舌尔、爱尔兰、葡萄牙、古巴、阿曼、突尼斯、古巴、斯里兰卡、墨西哥、特多、摩洛哥、文莱。

投资所得定率抵免：意大利（股息：10%；利息：10%；特许权：15%）、捷克（股息：10%；利息：10%；特许权：20%）、巴基斯坦（股息：15%；利息：10%；特许权：15%；技术服务费：15%）、塞浦路斯

---

①　《国家税务总局国际税务司关于印发税收协定执行手册的通知》(际便函[2007]154 号,2007 年 8 月 8 日)。

（股息:10%;利息:10%;特许权:10%）、马耳他（股息:10%;利息:10%;特许权:20%）、韩国（股息:10%;利息:10%;特许权:10%）、越南（股息:10%;利息 10%;特许权:10%）、牙买加（股息:5%;利息:7.5%;特许权:10%）、葡萄牙（股息:10%;利息:10%;特许权:10%;期限至 2010 年）、科威特（股息 10%—20%、利息 20% 特许权 20%）。

⑤对方国家给予单方面饶让（即对方国家居民从中国取得的所得对方国家单方面给予税收饶让抵免）

一般仅限于对投资所得税收的饶让（专指股息、利息及特许权使用费的定率饶让）:日本（股息:(饶让已到期);利息:10%;特许权:20%;）、法国（股息:根据投资比例分别按 10%和 20%饶让;利息:20%;特许权:20%）、比利时（股息:15%;利息:10%;特许权:15%;期限至 2010 年）、德国（股息:10%,符合规定免税除外;利息:15%;特许权:15%）、丹麦（股息:10%;利息:10%;特许权:20%）、新加坡（股息:根据投资比例分别按 10%和 20%饶让;利息:20%;特许权:20%）、加拿大（股息:根据投资比例分别 10%、15%;利息:10%;特许权:20%;合营企业股息不征税）、新西兰（股息:15%;利息:10%;特许权:10%）、荷兰（利息:10%;特许权:15%）、波兰（股息:10%;利息:10%;特许权:10%）、瑞士（利息:10%;特许权:10%）、西班牙（股息:15%;利息:10%;特许权:15%）、奥地利（股息:10%;利息:10%;特许权:20%）、匈牙利（股息:20%）、卢森堡（股息:10%;利息:10%;特许权:10%;期限至 2011 年）、冰岛（股息:根据投资比例分别按 5%、10%饶让;利息:10%;特许权:10%;期限至 2008 年）、阿联酋（股息 20%;利息 20%;特许权:20%）

7.8.5 特别规定

7.8.5.1 相互协商程序

避免双重征税协定是对缔约双方税收管辖权的协调。很多条款都是原则性规定。执行还要与国内法衔接,此外缔约双方对同一条款可能存在不同理解,因此在一定程度上存在不确定性。这种不确定性可能导致争端。为此,协定专门列有相互协商程序条款,该条款确立了缔约双方主管当局相互协商的程序[1]。

申请启动相互协商程序,是指中国居民（国民）认为,缔约对方所采取的措施,已经或将会导致不符合税收协定所规定的征税行为,向国家税务总局（简称总局）提出申请,请求总局与缔约对方主管当局通过相互协商解决有关问题。相互协商程序适用的税种按照税收协定的有关规定确定,一般为涉及所得或财产的税收。相互协商程序适用的税种不限于税种范围条款所规定的税种的,中国居民（国民）也可以就其他税种引起的争议申请启动相互协商程序[2]。

（1）协商的主要问题[3]:

①在解释及执行协定时发生的困难或疑义;

②对协定未做规定的其他消除双重征税问题;

③对协定不正确执行或违背协定条款的规定等。

（2）协商程序的时限

一启动相互协商程序的申请,应在有关税收协定规定的期限内（一般为在下达不符合税收协定规定的第一次征税通知之日起三年内）,以书面形式向主管的省、自治区、直辖市和计划单列市国家税务局或地方税务局提出[4]。

（3）中国居民凡遇有下列情况之一的,可以要

---

[1] 《国家税务总局国际税务司关于印发税收协定执行手册的通知》（际便函[2007]154 号,2007 年 8 月 8 日）。

[2] 《国家税务总局关于印发〈中国居民(国民)申请启动税务相互协商程序暂行办法〉的通知》（国税发[2005]115 号,2005 年 7 月 7 日）。

[3] 《国家税务总局国际税务司关于印发税收协定执行手册的通知》（际便函[2007]154 号,2007 年 8 月 8 日）。

[4] 《国家税务总局关于印发〈中国居民(国民)申请启动税务相互协商程序暂行办法〉的通知》（国税发[2005]115 号,2005 年 7 月 7 日）。

求申请启动相互协商程序①：

①需申请双边预约定价安排的；

②对联属企业间业务往来利润调整征税，可能或已经导致不同税收管辖权之间重复征税的；

③对股息、利息、特许权使用费等的征税和适用税率存有异议的；

④违背了税收协定无差别待遇条款的规定，可能或已经形成歧视待遇的；

⑤对常设机构和居民身份的认定，以及常设机构的利润归属和费用扣除存有异议的；

⑥在税收协定的理解和执行上出现了争议而不能自行解决的其他问题；

⑦其他可能或已经形成不同税收管辖权之间重复征税的。

中国国民认为缔约对方违背了税收协定无差别待遇条款的规定，对其可能或已经形成歧视待遇时，可以申请启动相互协商程序。

（4）申请协商的程序

①申请内容

申请应包括以下内容②：

Ⅰ 申请者基本情况。包括：相关中国居民（国民）在缔约对方的姓名或名称、纳税识别号或登记号、详细地址、邮政编码、联系人、联系电话、主管税务机关名称及其地址（用中、英文书写）；相关中国居民（国民）在中国的姓名或名称、详细地址、邮政编码、联系人、联系电话和主管税务机关名称。

Ⅱ 案件事实。一般应包括：案件涉及的国家（地区）、人及其关系、经济活动、纳税年度、所得（收入）类型、税种、税额、税收协定（和其他法律）相关条款。

Ⅲ 申请者与缔约对方主管当局的争议焦点。

Ⅳ 缔约对方主管当局对争议点的看法、理由和依据。可视情况附缔约对方税务主管机关的税务处理决定或通知。

Ⅴ 申请者对争议点的看法、理由和依据。如果所涉及的案件已经或将要交付诉讼或其他法律救济，需说明有关经过并附相关决定、判决复印件及其中文翻译件。

Ⅵ 申请者所了解到的，在缔约对方的相关、类似或相同案件的判例。

Ⅶ 说明：申请和所附材料是否应予保密及其所属秘密级别（秘密、机密、绝密）。

Ⅷ 最终声明："我谨郑重声明，本申请及其附件所提供的信息是真实的、完整的和准确的。"

Ⅸ 税务机关认为有必要提供的其他材料。

②受理及初审。受理申请的税务机关在接到申请并经过初步审理后，应在 15 个工作日内上报总局③。

③协商。总局审理后，对具备相互协商条件的，将与有关缔约对方主管当局进行相互协商；对完全不具备相互协商条件的，将以书面形式经受理申请机关告知申请者；对不完全具备相互协商条件，但进一步补充材料或说明情况后可以进行相互协商的，总局将通过受理申请机关与申请者联系。对于紧迫案件，总局可以直接与申请者联系。

对于相互协商结果，国家税务总局将以书面形式经受理申请机关转达申请者④。

7.8.5.2　情报交换

我国对外所签协定都列有税收情报交换条款。该条款是缔约国双方相互承担的一项义务，也是双方税务主管当局之间进行国际税收征管以及保护

---

① 《国家税务总局关于印发〈中国居民（国民）申请启动税务相互协商程序暂行办法〉的通知》（国税发［2005］115 号，2005 年 7 月 7 日）。

② 《国家税务总局关于印发〈中国居民（国民）申请启动税务相互协商程序暂行办法〉的通知》（国税发［2005］115 号，2005 年 7 月 7 日）。

③ 《国家税务总局关于印发〈中国居民（国民）申请启动税务相互协商程序暂行办法〉的通知》（国税发［2005］115 号，2005 年 7 月 7 日）。

④ 《国家税务总局关于印发〈中国居民（国民）申请启动税务相互协商程序暂行办法〉的通知》（国税发［2005］115 号，2005 年 7 月 7 日）。

本国合法税收权益方面的重要合作方式①。

(1)情报交换的内容

交换为实施税收协定规定所需要的情报②。

(2)情报交换的范围③

①情报交换涉及的税种:一些协定规定交换的情报只限于协定适用的税种,即只限于涉及所得税的有关情报;有些协定规定所交换的情报不仅限于协定所规定的税种,即可以是涉及缔约国双方居民的所有与税收相关的情报。

②情报交换涉及的人:一些协定规定缔约国双方所要求交换的情报只涉及协定适用人的情况,即只能要求涉及缔约国双方居民的情报;有些协定规定所要求交换的情报不仅限于缔约国双方居民,即也包括在缔约国双方从事经营活动的第三方居民。

③国家范围:国家范围应仅限于与我国正式签订含有情报交换条款的税收协定并生效执行的国家。

④地域范围:地域范围应仅限于缔约国双方有效行使税收管辖权的区域。

⑤时间范围:情报交换应在税收协定生效并执行以后进行,税收情报涉及的事项可以溯及税收协定生效并执行之前。

(3)开展情报交换的机构④

情报交换通过税收协定确定的主管当局或其授权代表进行。我国主管当局为国家税务总局。

省以下税务机关(含省)协助总局负责管理本辖区内的情报交换工作,具体工作由国际税务管理部门或其他相关管理部门承办。

(4)情报交换的类型⑤

情报交换的类型包括专项情报交换、自动情报交换、自发情报交换以及同期税务检查、授权代表访问和行业范围情报交换等。

①专项情报交换,是指缔约国一方主管当局就

国内某一税务案件提出具体问题,并依据税收协定请求缔约国另一方主管当局提供相关情报,协助查证的行为。包括:获取、查证或核实公司或个人居民身份,收取或支付价款、费用,转让财产或提供财产的使用等与纳税有关的情况、资料、凭证等。

②自动情报交换,是指缔约国双方主管当局之间根据约定,以批量形式自动提供有关纳税人取得专项收入的税收情报的行为。专项收入主要包括:利息、股息、特许权使用费收入;工资薪金,各类津贴、奖金、退休金收入;佣金、劳务报酬收入;财产收益和经营收入等。

③自发情报交换,是指缔约国一方主管当局将在税收执法过程中获取的其认为有助于缔约国另一方主管当局执行税收协定及其所涉及税种的国内法的信息,主动提供给缔约国另一方主管当局的行为。包括公司或个人收取或支付价款、费用,转让财产或提供财产使用等与纳税有关的情况、资料等。

④同期税务检查,是指缔约国主管当局之间根据同期检查协议,独立地在各自有效行使税收管辖权的区域内,对有共同或相关利益的纳税人的涉税事项同时进行检查,并互相交流或交换检查中获取的税收情报的行为。

⑤授权代表访问,是指缔约国双方主管当局根据授权代表的访问协议,经双方主管当局同意,相互间到对方有效行使税收管辖权的区域进行实地访问,以获取、查证税收情报的行为。

⑥行业范围情报交换,是指缔约国双方主管当局共同对某一行业的运营方式、资金运作模式、价格决定方式及偷税方法等进行调查、研究和分析,并相互交换有关税收情报的行为。

(5)情报交换的程序⑥

① 《国家税务总局国际税务司关于印发税收协定执行手册的通知》(际便函[2007]154号,2007年8月8日)。
② 《国家税务总局国际税务司关于印发税收协定执行手册的通知》(际便函[2007]154号,2007年8月8日)。
③ 《国家税务总局国际税务司关于印发税收协定执行手册的通知》(际便函[2007]154号,2007年8月8日)。
④ 《国家税务总局国际税务司关于印发税收协定执行手册的通知》(际便函[2007]154号,2007年8月8日)。
⑤ 《国家税务总局国际税务司关于印发税收协定执行手册的通知》(际便函[2007]154号,2007年8月8日)。
⑥ 《国家税务总局关于印发〈国际税收情报交换工作规程〉的通知》(国税发[2006]70号,2006年5月18日)。

我国税务机关收集、调查或核查处理税收情报,适用税收征管法的有关规定。

①有下列情况之一的,国家税务总局可以拒绝缔约国主管当局的情报请求:

Ⅰ 情报请求与税收目的无关;

Ⅱ 情报请求缺乏针对性;

Ⅲ 情报请求未经缔约国主管当局或者其授权代表签字;

Ⅳ 请求的税收情报超出税收协定规定的人、税种、地域等范围;

Ⅴ 缔约国一方为执行其国内法有关规定请求提供情报,但该国内法规定与税收协定相抵触;

Ⅵ 提供情报可能损害我国的国家利益;

Ⅶ 提供情报可能导致泄露商业秘密;

Ⅷ 提供情报可能导致我国公民或居民受到歧视待遇;

Ⅸ 按照我国法律法规、正常行政程序无法取得所请求的情报;

Ⅹ 在缔约国国内可以通过正常行政程序、经过努力获得所请求的情报;

Ⅺ 总局认定的其他违反税收协定情报交换条款规定的情形。

②省以下税务机关不得以下述理由拒绝向国家税务总局提供情报,总局不得以下述理由拒绝向缔约国提供情报:

Ⅰ 情报请求与我国的税收利益无关;

Ⅱ 缔约国双方情报交换在数量、质量上不对等;

Ⅲ 税务机关对纳税人的信息有保密义务;

Ⅳ 银行对储户的信息有保密义务;

Ⅴ 税收情报由代理人、中介机构或其他第三方所掌握;

Ⅵ 总局认定的其他类似情形。

③省以下税务机关为执行税收协定及其所涉及税种的国内法,需要相关缔约国主管当局协助提供税收情报时,可以提出专项情报交换请求,逐级上报总局:

Ⅰ 需要获取或核实交易另一方或国外分支机构保存的账册凭证,而交易另一方或国外分支机构在缔约国另一方的;

Ⅱ 需要获取或核实纳税人与境外公司交易或从境外取得收入过程中支付款项使用的银行账号、金额、资金往来记录等,而该金融机构在缔约国另一方的;

Ⅲ 需要获取或核实交易另一方等的纳税申报资料,而交易另一方在缔约国另一方的;

Ⅳ 需要了解纳税人或与纳税人交易、取得收入有关的另一方的基本情况,包括个人或公司的实际地址及居民身份、公司注册地、公司控股情况等,而这些资料在缔约国另一方的;

Ⅴ 需要证实纳税人提供的与纳税有关的资料的真实性和合法性;

Ⅵ 需要证实纳税人与境外关联企业的关联关系,以及获取纳税人境外关联企业的基本资料,包括非上市关联企业的合同、章程、财务报表、申报表、会计师查账报告,以及纳税人与其关联企业的交易情况等;

Ⅶ 需要了解纳税人从境外取得或向境外支付股息、利息、特许权使用费、财产收益、津贴、奖金、佣金等各种收入款项的性质和金额等情况;

Ⅷ 需要核实纳税人与境外公司交易价格和金额的真实性;

Ⅸ 需要核实纳税人申报的收入或费用的真实性;

Ⅹ 需要证实纳税人境外纳税的真实性和合法性;

Ⅺ 需要获取税务机关在涉税案件调查或征管中所必需且可能存在于缔约国另一方的其他资料。

提出专项情报交换请求应采取书面形式,并附送英文函;同时,一并报送电子文档。

④国家税务总局收到省以下税务机关请求缔约国主管当局提供专项情报交换的请求后,应进行认真审核。有下列情形的专项情报交换请求,总局不予批准或责成重新办理。

Ⅰ 有上述①所列情形之一;

Ⅱ 所提供的信息无法让缔约国主管当局有效

启动情报收集和调查程序；

Ⅲ 英文函表述不够准确、规范；

Ⅳ 国家税务总局审核认定的其他情形。

⑤税收情报的法律效力

Ⅰ 我国从缔约国主管当局获取的税收情报可以作为税收执法行为的依据，并可以在诉讼程序中出示。但是缔约国主管当局明确要求我国税务机关在诉讼程序中出示其提供的税收情报应事先征得其同意的，主管税务机关应当逐级上报，由总局与缔约国主管当局协商处理。

Ⅱ 我国国内法对缔约国主管当局提供的税收情报作为证据出示在格式或其他方面有特殊要求的，主管税务机关应逐级上报，由总局与缔约国主管当局协商处理。缔约国国内法对我国提供的税收情报作为证据出示在格式或其他方面有特殊要求的，由总局与缔约国主管当局协商并协调主管税务机关办理。

Ⅲ 涉嫌犯罪的税务案件依法移送司法部门后，司法部门需使用缔约国提供的税收情报作为定案证据而缔约国主管当局明确要求需事先征得其同意的，税务机关应告知司法部门并逐级上报总局，由总局与缔约国主管当局协商，决定该税收情报的使用范围和程度。

⑥税收情报的保密

税收情报应作密件处理。制作、收发、传递、使用、保存或销毁税收情报，应按照《中华人民共和国保守国家秘密法》、《中共中央保密委员会办公室、国家保密局关于国家秘密载体保密管理的规定》、《经济工作中国家秘密及其密级具体范围的规定》以及有关法律法规的规定执行。

Ⅰ 税收情报密级的确定

确定税收情报密级的原则如下：

ⅰ 税收情报一般应确定为秘密级。

ⅱ 属以下情形的，应确定为机密级：

a.税收情报事项涉及偷税、骗税或其他严重违反税收法律法规的行为；

b.缔约国主管当局对税收情报有特殊保密要求的。

ⅲ 税收情报事项涉及最重要的国家秘密，泄露会使国家的安全和利益遭受特别严重的损害，应确定为绝密级。

ⅳ 税收情报的内容涉及其他部门或行业的秘密事项，按有关主管部门的保密范围确定密级。

对于难以确定密级的情报，主管税务机关应逐级上报国家税务总局决定。

Ⅱ 税收情报保密期限的确定

在确定密级时，应该同时确定保密期限。绝密级情报保密期限一般为30年，机密级情报保密期限一般为20年，秘密级情报保密期限一般为10年。对保密期限有特殊要求或者需要变更密级或保密期限的，主管税务机关应报送上一级税务机关批准，并在税收情报密件中标明。

Ⅲ 相关情况的处理

ⅰ 税务机关在调查、收集、制作税收情报时，遇有纳税人、扣缴义务人或其他当事人申明被调查的事项涉及国家秘密并拒绝提供有关资料的，税务机关应要求其提供由国家保密主管部门出具的国家秘密鉴定证明。税务机关在上报税收情报时，应对上述情况作出说明。

ⅱ 税务机关可以将收集情报的目的、情报的来源和内容告知相关纳税人、扣缴义务人或其他当事人，以及执行税收协定所含税种相应的国内法有关的部门或人员，并同时告知其保密义务。但是有下列情形之一的，未经总局批准，税务机关不得告知：

a.纳税人、扣缴义务人或其他当事人有重大税收违法犯罪嫌疑，告知后会影响案件调查的；

b.缔约国一方声明不得将情报的来源和内容告知纳税人、扣缴义务人或其他当事人的。

ⅲ 税收情报在诉讼程序中作为证据使用时，税务机关应根据行政诉讼法等法律规定，向法庭申请不在开庭时公开质证。

ⅳ 除税收协定另有规定外，缔约国双方交换的税收情报不得转交或透露给与税收无关的其他人员或部门。国家审计部门、纪律检查部门、反金融犯罪部门需要相关税收情报的，应经总局批准后方可提供。

ⅴ 税务机关不得在税收情报涉及的税收违法案件公告、通告，以及《税务处理决定书》或《税务处罚决定书》等税务文书中披露税收情报的来源和内容。

ⅵ 对情报交换的一般性工作和利用税收情报查处的税收违法案件，一般不在广播、电视、网站和刊物等各种新闻媒体上宣传报道；如确有必要进行宣传报道的，必须逐级上报总局批准，且不得在宣传材料中披露税收情报的来源和内容。

⑦情报交换的管理程序

Ⅰ 总局向缔约国主管当局请求、提供或者总局收到缔约国主管当局提供、请求的专项情报、自动情报或自发情报（以下统称三类情报），应按下列程序办理：

ⅰ 登记建档。内容包括三类情报涉及的缔约国主管当局名称、份数、日期和介质等。登记可以采取纸质形式，也可以电子形式进行。

登记完毕后，应将缔约国主管当局来函、复函原件或向缔约国主管当局发函、复函复印件以及情报原件立卷归档。

ⅱ 分类审核。审核三类情报是否满足收集或调查的要求，包括信息是否完整、特别是收集或调查的事项和年度是否明确，线索是否清晰，是否有上述①、②、③、④所列情形等。对自动情报，应将其转换为可识别的格式，然后按不同地区对情报进行分类和统计，并登记入册。

具备使用、查处与互相交换条件的，归类为可用情报；反之，归类为不可用情报。对不可用情报，若从涉税事项和金额判断，需进一步调查核实的，可由总局与缔约国主管当局协商并提出补充相关情报信息的请求，或要求省局提供相关补充信息。

ⅲ 转发查证。对可用的三类情报，以秘密件通过邮寄或网络系统，转发至省局，并以公文说明上述情报转发日期、方式、涉及的国家、数量（份数）、要求查复的限期等。

ⅳ 请求（提供）情报。向缔约国主管当局请求（提供）的三类情报以及核查情况，应进行加密处理，并加盖英文保密章。

Ⅱ 对省以下税务机关上报的提供给缔约国的专项情报核查报告和英文函，总局应进行认真审核。对没有按照缔约国专项情报请求事项要求查实的情报，应退回核查单位重新核查。审核的内容主要包括：

ⅰ 提供该专项情报是否具有法律依据；

ⅱ 是否满足专项情报请求函提及的内容要求，包括：来函编号、日期以及要求调查的人等；

ⅲ 根据专项情报请求事项所提供的相关信息以及资料，如合同、财务报表、发票、完税凭证复印件等进行核查处理过程中，是否对有关国内法律、法规予以适当解释并提供相关法律、法规名称、生效日期和相关条款；

ⅳ 专项情报所请求的事项没有满足的，是否列明未满足事项及说明未满足的原因；

ⅴ 是否注明货币和计量单位；

ⅵ 涉及纳税情况时，是否已说明在我国纳税情况，包括税率、缴纳或扣缴税额等；

ⅶ 是否注明纳税年度或期间；

ⅷ 是否说明同意将交换的情报（证明文件或支持材料）全部或部分告知情报接收方纳税人或其他相关当事人；

ⅸ 是否说明需要对方将情报的使用情况反馈给我方；

ⅹ 是否加盖英文保密章。

Ⅲ 省以下税务机关收到缔约国请求、提供或者我国向缔约国请求、提供的三类情报后，应按下列程序办理：

ⅰ 登记建档。内容包括：收文文号、情报类型、数量（份数）、缔约国国别、要求查处期限等；同时，需在三类情报处理过程中的每一个环节补充登记相关内容，并填写《国际税收情报交换统计表》，年终报送总局。

登记建档，应坚持一文一档的原则。

ⅱ 分类审核。审核请求或提供的三类情报是否符合相关要求，包括信息是否完整、特别是收集或调查的事项和年度是否明确，线索是否清晰，请求是否有①、②、③所列情形等。

对不可用情报或出现①、②、③所列情况之一的,属转发情报的应逐级上报总局处理;属对外请求情报的,应要求有关税务机关提供补充资料或对情报请求不予批准。

ⅲ 调查使用:按调查要求和时限,将三类情报与税收征管信息比对;凡发现有疑点或有税收违法嫌疑的,应依照税收法律、法规的规定,通过询问、检查、稽查等手段进行核查。

在核查过程中,应分别填写《核查缔约国专项情报工作情况底稿》、《核查缔约国自发情报工作情况底稿》、《核查自动情报情况汇总表》,按其要求核查后将工作情况底稿随正式报告一并报送总局,并附送英文回复函。

ⅳ 异地转发。省局收到的三类情报如不属本机关管辖的,应办理《国际税收情报转送函》,加盖本税务机关公章后将有关情报转发至相关省局并抄报总局。相关省局接到此类情报后应视同总局直接下发的情报予以查处。并按要求,向总局上报核查报告。

ⅴ 协查联查。省局收到的三类情报需要其他省局协助核查或联查的,应办理《国际税收情报协查函》,并报总局备案。

ⅵ 请求(提供)情报。省级以下税务机关需向缔约国主管当局请求或提供三类情报的,应填写《向缔约国请求专项情报工作情况底稿》、《向缔约国提供自发情报工作情况底稿》、《向缔约国提供自动情报情况表》,并按相关要求办理。

Ⅳ 请求情报的税务机关收到总局转发的情报后,对线索不清楚、需要向缔约国主管当局进一步请求相关情报信息的,应将请求事项、原因和要求回复的日期等,逐级书面上报总局,同时附送英文函件。对于缔约国未按要求内容或期限回复的,总局应及时发函催办。

Ⅴ 省以下税务机关在三类情报调查和使用完毕,包括在纳税评估、涉外税务审计以及其他税源管理工作中利用三类情报后,应对调查和使用情况加以总结,并形成书面文字存档备查。对总局要求上报调查和使用情况的,应以正式文件逐级上报总局。上报内容主要包括与情报相关的纳税人收入及纳税情况、处理结论及相关证明文件资料等。同时,随附英文回复函。对于三类情报核查、处理过程中所涉及的当事人已经离境或因其他原因无法直接接触的,可将《税务事项告知书》交其同住成年家属或其代理人签收。

Ⅵ 对缔约国主管当局提出的同期税务检查、授权代表访问或行业范围情报交换请求等,由总局决定并组织、指导实施。

Ⅶ 省以下税务机关确因税款征收、管理和检查的需要,需向缔约国主管当局提出同期税务检查、授权代表访问或行业范围税收情报交换请求的,应逐级上报总局批准。

(6)税收协定(安排)涉及情报交换范围的具体规定①

①情报交换只限于协定规定税种的国家或地区

日本、美国、法国、英国、德国、马来西亚、挪威、丹麦、新加坡、芬兰、瑞典、新西兰、泰国、意大利、荷兰、捷克、波兰、澳大利亚、保加利亚、巴基斯坦、科威特、瑞士、塞浦路斯、西班牙、罗马尼亚、奥地利、巴西、蒙古、匈牙利、马耳他、卢森堡、韩国、俄罗斯、印度、白俄罗斯、斯洛文尼亚、以色列、越南、土耳其、乌克兰、亚美尼亚、牙买加、冰岛、立陶宛、拉脱维亚、乌兹别克斯坦、南斯拉夫、爱沙尼亚、苏丹、老挝、埃及、葡萄牙、爱尔兰、南非、菲律宾、摩尔多瓦、克罗地亚、阿联酋、巴布亚新几内亚、孟加拉、马其顿、塞舌尔、巴巴多斯、哈萨克、阿曼、突尼斯、伊朗、巴林、吉尔吉斯斯坦、委内瑞拉、斯里兰卡、阿尔巴尼亚、格鲁吉亚、墨西哥、特立尼达多巴哥、摩洛哥、古巴、印度尼西亚、突尼斯、希腊、沙特阿拉伯。

②情报交换不仅限于协定规定税种的国家或地区

---

① 《国家税务总局国际税务司关于印发税收协定执行手册的通知》(际便函[2007]154号,2007年8月8日)。

毛里求斯、阿塞拜疆、澳门。

③情报交换涉及的人的范围只限于协定所适用的双方居民的国家或地区

德国、马来西亚、新加坡、泰国、意大利、荷兰、瑞士、土耳其。

④情报交换涉及的人的范围不仅限于协定所适用的双方居民的国家或地区

日本、美国、法国、英国、比利时、挪威、丹麦、芬兰、瑞典、新西兰、捷克、波兰、澳大利亚、保加利亚、巴基斯坦、科威特、塞浦路斯、西班牙、罗马尼亚、奥地利、巴西、蒙古、匈牙利、马耳他、卢森堡、韩国、俄罗斯、印度、毛里求斯、白俄罗斯、斯洛文尼亚、以色列、越南、乌克兰、亚美尼亚、牙买加、冰岛、立陶宛、拉脱维亚、乌兹别克、南斯拉夫、爱沙尼亚、苏丹、老挝、埃及、葡萄牙、爱尔兰、南非、菲律宾、摩尔多瓦、克罗地亚、阿联酋、巴布亚新几内亚、孟加拉、马其顿、塞舌尔、巴巴多斯、哈萨克、阿曼、突尼斯、伊朗、巴林、吉尔吉斯斯坦、委内瑞拉、斯里兰卡、阿尔巴尼亚、阿塞拜疆、格鲁吉亚、墨西哥、特立尼达多巴哥、摩洛哥、古巴、印度尼西亚、突尼斯、希腊、沙特阿拉伯、澳门、香港。

⑤情报交换条款采用 OECD2005 年范本规定的协定的国家

毛里求斯(其他协定均采用 OECD 范本 2003 年版的规定)。

7.8.6 若干税收协定的解释及适用规定

2010 年,《国家税务总局关于公布现行有效的税收规范性文件目录的公告》(国家税务总局公告 2010 年第 26 号)公布了以下有关税收协定解释及适用的现行有效规范性文件:

(1)中国—美国税收协定

《财政部税务总局关于执行中美避免双重征税协定若干条文解释的通知》(财税协字[1986]第 33 号,1986 年 12 月 10 日)。

(2)中国—加拿大税收协定

《财政部税务总局关于执行我国政府和加拿大政府避免双重征税协定若干条文解释的通知》(财税协字[1986]第 36 号,1986 年 12 月 30 日)。

《国家税务局关于中国银行适用中加税收协定对利息免税待遇起始日期的函》(国税函发[1990]第 1063 号,1990 年 8 月 23 日)。

《国家税务总局关于执行中国—加拿大税收协定利息条款有关问题的通知》(国税发[2006]126 号,2006 年 8 月 18 日)。

《国家税务总局关于中国—加拿大税收协定中增列利息免税机构的通知》(国税函[2008]460 号,2008 年 5 月 22 日)。

(3)中国—英国税收协定

《财政部海洋石油税务局关于执行中英税收协定若干问题的复函》(财税油政字[1985]第 16 号,1985 年 9 月 21 日)。

《国家税务局关于中英税收协定若干条款解释的通知》(国税函发[1990]第 1097 号,1990 年 8 月 28 日)。

(4)中国—瑞典税收协定

《财政部税务总局关于执行中瑞(典)税务协定若干条文解释的通知》(财税协字[1986]第 34 号,1986 年 12 月 15 日)。

(5)中国—丹麦税收协定

《财政部税务总局关于执行中丹两国政府对所得避免双重征税和防止偷漏税的协定有关条文解释的通知》(财税协字[1986]第 38 号,1986 年 12 月 31 日)。

(6)中国—挪威税收协定

《财政部税务总局关于执行中挪避免双重征税协定若干条文解释的通知》(财税协字[1987]第 18 号,1987 年 7 月 1 日)。

《财政部海洋石油税务局关于中挪税收协定中"近海"一词含义问题的批复》(财税油政字[1988]第 14 号,1988 年 5 月 5 日)。

《财政部海洋石油税务局关于挪威居民参与我国近海活动征免所得税问题的批复》(财税油政字[1988]第 24 号,1988 年 10 月 17 日)。

(7)中国—芬兰税收协定

《财政部税务总局关于执行中芬避免双重征税协定有关条文解释的通知》(财税协字[1988]第

7 号,1988 年 2 月 1 日)。

《国家税务总局关于〈中华人民共和国政府和芬兰共和国政府对所得避免双重征税和防止偷漏税的协定〉及议定书生效执行的公告》(国家税务总局公告 2010 年第 22 号,2010 年 11 月 29 日)①。

(8)中国—荷兰税收协定

《国家税务局关于执行我国政府和荷兰政府避免双重征税协定若干条文解释的通知》(国税外字[1989]第 38 号,1989 年 2 月 22 日)。

(9)中国—意大利税收协定

《国家税务局关于执行中意两国政府对所得避免双重征税和防止偷漏税的协定有关条文解释的通知》(国税外字[1989]第 380 号,1989 年 12 月 31 日)。

(10)中国—德国税收协定

《国家税务局关于执行中德税收协定议定书第三款有关问题的通知》(国税函发[1990]第 435 号,1990 年 5 月 3 日)。

(11)中国—瑞士税收协定

《国家税务局关于执行中瑞(瑞士)避免双重征税协定有关条文解释的通知》(国税函发[1990]第 961 号,1990 年 8 月 7 日)。

(12)中国—捷克和斯洛伐克税收协定

《国家税务局关于捷克共和国和斯洛伐克共和国继承原捷克斯洛伐克同我国签署的税收协定的通知》(国税发[1993]68 号,1993 年 4 月 1 日)。

(13)中国—南联盟税收协定

《国家税务局关于南斯拉夫联盟共和国继承原南斯拉夫社会主义联邦共和国议会联邦执行委员会和中华人民共和国避免双重征税协定的通知》(国税发[1993]71 号,1993 年 4 月 5 日)②。

(14)中国—法国税收协定

《国家税务总局关于执行中法税收协定议定

书第一条规定有关问题的通知》(国税函[2008]946 号,2008 年 11 月 21 日)。

(15)中国—马耳他税收协定

《国家税务总局关于我国政府和马耳他政府避免双重征税协定若干条文解释与执行的通知》(国税发[1994]266 号,1994 年 12 月 19 日)。

(16)中国—马来西亚税收协定

《财政部税务总局关于执行我国同马来西亚避免双重征税协定若干问题的通知》(财税协字[1986]第 22 号,1986 年 11 月 20 日)。

(17)中国—泰国税收协定

《财政部税务总局关于执行中泰两国政府对所得避免双重征税和防止偷税的协定若干条文解释的通知》(财税协字[1986]第 37 号,1986 年 12 月 31 日)。

(18)中国—日本税收协定

《财政部税务总局关于转发中日双方主管当局对避免双重征税协定第二十条解释的确认的通知》(财税协字[1988]第 20 号,1988 年 4 月 25 日)。

《国家税务局关于对日本输出入银行取得的利息可准予享受中日税收协定免税待遇的通知》(国税外字[1989]第 193 号,1989 年 7 月 12 日)。

《国家税务总局关于中日税收协定及其议定书有关条文解释的通知》(国税发[1997]429 号,1997 年 7 月 25 日)。

《国家税务总局关于日本政策金融公库享受协定待遇的通知》(国税函[2010]68 号,2010 年 2 月 11 日)。

(19)中国—巴基斯坦税收协定

《国家税务局关于执行中巴避免双重征税协定有关条文解释的通知》(国税外字[1990]第 142 号,1990 年 2 月 2 日)。

① 该协定及议定书已于 2010 年 5 月 25 日在北京正式签署,自 2010 年 11 月 25 日起生效,并适用于 2011 年 1 月 1 日或以后取得的所得。

② 此外,《国家税务总局关于我国同原南斯拉夫签署的有关税收协定在我国与克罗地亚之间继续适用的通知》,被《国家税务总局关于公布全文失效废止 部分条款失效废止的税收规范性文件目录的公告》(国家税务总局公告 2011 年第 2 号,2011 年 1 月 4 日)公布全文失效废止。

（20）中国—韩国税收协定

《国家税务总局关于中韩两国政府避免双重征税协定有关条文解释的通知》（国税发〔1994〕687 号,1994 年 11 月 18 日）。

《国家税务总局关于中韩税收协定第二议定书有关条款解释的通知》（国税函〔2007〕334 号,2007 年 3 月 16 日）。

《国家税务总局关于韩国金融公司适用中韩税收协定利息条款免税待遇的通知》（国税函〔2010〕273 号,2010 年 6 月 11 日）。

（21）中国—印度税收协定

《国家税务总局关于中印两国政府避免双重征税协定若干条文解释与执行的通知》（国税发〔1994〕257 号,1994 年 12 月 9 日）。

（22）中国—以色列税收协定

《国家税务总局关于中以两国政府避免双重征税协定若干条文解释的通知》（国税函发〔1995〕677 号,1995 年 12 月 28 日）。

（23）中国—科威特税收协定

《国家税务总局关于中科避免双重征税协定第十一条第三款第（四）项解释的通知》（国税函〔2000〕163 号,2000 年 1 月 18 日）。

（24）中国—格鲁吉亚税收协定

《国家税务总局关于更正中格两国税收协定中文文本有关条款的通知》（国税发〔2006〕124 号,2006 年 8 月 16 日）。

（25）中国—新加坡税收协定

《国家税务总局关于我国和新加坡避免双重征税协定有关条文解释和执行问题的通知》（国税函〔2007〕1212 号,2007 年 12 月 6 日）。

《国家税务总局关于执行〈中华人民共和国政府和新加坡共和国政府关于对所得避免双重征税和防止偷漏税的协定〉第二议定书有关问题的通知》（国税函〔2010〕9 号,2010 年 1 月 5 日）①。

《国家税务总局关于印发〈中华人民共和国政府和新加坡共和国政府关于对所得避免双重征税和防止偷漏税的协定〉及议定书条文解释的通知》（国税发〔2010〕75 号,2010 年 7 月 26 日）②。

（26）中国—新西兰税收协定

《财政部税务总局关于执行我国和新西兰避免双重征税协定若干条文解释的通知》（财税协字〔1987〕第 15 号,1987 年 6 月 30 日）。

（27）中国—毛里求斯税收协定

《国家税务总局关于我国政府和毛里求斯政府避免双重征税协定若干条文解释的通知》（国税发〔1995〕112 号,1995 年 6 月 16 日）。

（28）中国—牙买加税收协定

《国家税务总局关于中牙（牙买加）两国政府避免双重征税协定若干条文解释的通知》（国税发〔1996〕96 号,1996 年 11 月 19 日）。

（29）中国—墨西哥税收协定

《国家税务总局关于中墨两国政府税收协定及其议定书若干条文解释的通知》（国税函〔2007〕131 号,2007 年 1 月 28 日）。

（30）中国—巴巴多斯税收协定

《国家税务总局关于印发〈中华人民共和国政府和巴巴多斯政府关于对所得避免双重征税和防止偷漏税的协定议定书〉文本并请做好执行准备的通知》（国税函〔2010〕88 号,2010 年 3 月 2 日）。

《国家税务总局关于〈中华人民共和国政府和巴巴多斯政府关于对所得避免双重征税和防止偷漏税的协定议定书〉生效执行的通知》（国税发〔2010〕64 号,2010 年 6 月 28 日）③。

（31）内地—香港税收安排

《国家税务总局关于〈内地和香港特别行政区关于对所得避免双重征税和防止偷漏税的安排〉有关条文解释和执行问题的通知》（国税函〔2007〕

---

① 该议定书自 2009 年 12 月 11 日起生效,主要对有关常设机构、互免利息所得税机构、利息免税问题做了进一步明确。

② 该文明确,我国对外所签协定有关条款规定与中新协定条款规定内容一致的,中新协定条文解释规定同样适用于其他协定相同条款的解释及执行;中新协定条文解释与此前下发的有关税收协定解释与执行文件不同的,以中新协定条文解释为准。

③ 该协定已于 2010 年 2 月 10 日由中巴双方签署,自 2010 年 6 月 9 日起生效,2011 年 1 月 1 日起执行。

403 号,2007 年 4 月 6 日)①。

《国家税务总局关于执行〈内地和香港特别行政区关于对所得避免双重征税和防止偷漏税的安排〉第二议定书有关问题的通知》(国税函〔2008〕685 号,2008 年 7 月 25 日)。

（32）内地—澳门税收安排

《国家税务总局关于〈内地和澳门特别行政区关于对所得避免双重征税和防止偷漏税的安排〉议定书生效执行的公告》(国家税务总局公告 2010 年第 15 号,2010 年 10 月 8 日)②。

---

① 该通知第四条第二款、第十四条被《国家税务总局关于公布全文失效废止 部分条款失效废止的税收规范性文件目录的公告》(国家税务总局公告 2011 年第 2 号,2011 年 1 月 4 日)公布废止。
② 该议定书自 2010 年 9 月 15 日起生效,并适用于 2011 年 1 月 1 日或以后开始的纳税年度中取得的所得。

782

附件一：

协定股息税率情况一览表①

税率	与下列国家（地区）协定规定
0%	格鲁吉亚（直接拥有支付股息公司至少50%股份并在该公司投资达到200万欧元情况下）
5%	科威特、蒙古、毛里求斯、斯洛文尼亚、牙买加、南斯拉夫、苏丹、老挝、南非、克罗地亚、马其顿、塞舌尔、巴巴多斯、阿曼、巴林、沙特、文莱、墨西哥
5%（直接拥有支付股息公司至少10%股份情况下）	委内瑞拉、格鲁吉亚（并在该公司投资达到10万欧元）（与上述国家协定规定直接拥有支付股息公司股份低于10%情况下税率为10%）
5%（直接拥有支付股息公司至少25%股份情况下）	卢森堡、韩国、乌克兰、亚美尼亚、冰岛、立陶宛、拉脱维亚、爱沙尼亚、爱尔兰、摩尔多瓦、古巴、特多、香港、新加坡、希腊、阿尔及利亚（与上述国家（地区）协定规定直接拥有支付股息公司股份低于25%情况下税率为10%）
7%	阿联酋
7%（直接拥有支付股息公司至少25%股份情况下）	奥地利（直接拥有支付股息公司股份低于25%情况下税率为10%）
8%	埃及、突尼斯②
10%	日本、美国、法国、英国、比利时、德国、马来西亚、丹麦、芬兰、瑞典、意大利、荷兰、捷克、波兰、保加利亚、巴基斯坦、瑞士、塞浦路斯、西班牙、罗马尼亚、奥地利、匈牙利、马耳他、俄罗斯、印度、白俄罗斯、以色列、越南、土耳其、乌兹别克斯坦、葡萄牙、孟加拉、哈萨克斯坦、印尼、伊朗、吉尔吉斯斯坦、斯里兰卡、阿尔巴尼亚、阿塞拜疆、摩洛哥、澳门、加拿大、菲律宾（与上述国家（地区）协定规定直接拥有支付股息公司股份低于10%情况下税率为15%）
10%（直接拥有支付股息公司至少10%股份情况下） 15%	挪威、新西兰、巴西、巴布亚新几内亚、澳大利亚③
15%（直接拥有支付股息公司至少25%股份情况下）	泰国（直接拥有支付股息公司股份低于25%情况下税率为20%）

---

① 《国家税务总局关于下发协定股息税率情况一览表的通知》（国税函〔2008〕112号，2008年1月29日）。

② 国税函〔2008〕112号文原将墨西哥列为8%，后国际税务司予以更正为5%（见《国家税务总局国际税务司关于补充及更正协定股息税率情况一览表的通知》（际便函〔2008〕35号））。

③ 国家税务总局国际税务司对国税函〔2008〕112号遗漏的澳大利亚进行的补充（见《国家税务总局国际税务司关于补充及更正协定股息税率情况一览表的通知》（际便函〔2008〕35号））。

税收协定利息条款有关规定一览表①

项　目	与下列国家（地区）协定规定
对利息征税税率低于或高于10%	香港:7% 新加坡:7%（限于银行或金融机构）、科威特:5% 奥地利:7%（限于银行或金融机构）、以色列:7%（限于银行或金融机构） 牙买加:7.5%、阿联酋:7%、古巴:7.5% 委内瑞拉:5%（限于银行或金融机构）、巴西:15%
对国家（中央）银行或政府拥有金融机构贷款利息免予征税	日本、美国、法国、英国、比利时、马来西亚、挪威、丹麦、芬兰、加拿大、新西兰、意大利、捷克、波兰、保加利亚、巴基斯坦、科威特、瑞士、罗马尼亚、巴西、蒙古、匈牙利、马耳他、卢森堡、韩国、俄罗斯、印度、毛里求斯、白俄罗斯、越南、乌克兰、亚美尼亚、牙买加、立陶宛、拉脱维亚、乌兹别克斯坦、塞黑、爱沙尼亚、苏丹、埃及、爱尔兰、南非、菲律宾、摩尔多瓦、克罗地亚、阿联酋、巴布亚新几内亚、孟加拉、马其顿、塞舌尔、古巴、哈萨克、印尼、突尼斯、吉尔吉斯斯坦、巴林、斯里兰卡、阿尔巴尼亚、格鲁吉亚、墨西哥、阿塞拜疆、特多、摩洛哥、巴巴多斯、沙特阿拉伯、香港、澳门
与下列国家的协定或议定书中列名的免税银行或金融机构	日本:日本银行、日本输出入银行、海外经济协力基金、国际协力事业团 法国:法兰西银行、法国对外贸易银行、法国对外贸易保险公司 德国:德意志联邦银行、重建供求银行、德国在发展中国家投资金融公司、赫尔梅斯担保公司 马来西亚:马来西亚挪格拉银行 新加坡:新加坡金融管理局、新加坡政府投资公司、新加坡星展银行有限公司 芬兰:芬兰出口信贷有限公司、芬兰工业发展合作基金会 加拿大:加拿大银行、加拿大出口开发公司 瑞典:瑞典银行、瑞典出口信贷担保局、国家债务局、瑞典与发展中国家工业合作基金会 泰国:泰国银行、泰国进出口银行、政府储蓄银行、政府住房银行 荷兰:荷兰银行(中央银行)、荷兰发展中国家金融公司、荷兰发展中国家投资银行 巴基斯坦:国家银行 奥地利:奥地利国家银行、奥地利控制银行公司 韩国:韩国银行、韩国产业银行、韩国输出入银行 越南:越南国有银行 土耳其:土耳其中央银行、土耳其进出口银行、土耳其发展银行 冰岛:冰岛中央银行、工业贷款基金、工业开发基金 老挝:老挝银行、老挝对外贸易银行 葡萄牙:储蓄总行、国家海外银行、葡萄牙投资贸易和旅游协会 巴巴多斯:巴巴多斯中央银行 阿曼:阿曼中央银行、国家总储备基金、阿发展银行 委内瑞拉:委内瑞拉中央银行 墨西哥:墨西哥银行、国家外贸银行、国家财务银行、国家公共建设和服务银行 阿塞拜疆:阿塞拜疆共和国国家银行和国家石油基金会 特多:中央银行、农业发展银行、出口保险公司、国家住房管理局、国家保险管理委员会、住房抵押银行、存款保险公司、小企业发展公司、发展融资有限公司、抵押金融公司 摩洛哥:中央银行

---

① 参见国家税务总局国际税务司下发的《税收协定执行手册》(《国家税务总局国际税务司关于印发税收协定执行手册的通知》(际便函〔2007〕154号)，具体内容以协定规定为准。

续表

项　目	与下列国家(地区)协定规定
与下列国家的协定对利息无免税规定	澳大利亚、塞浦路斯、西班牙、斯洛文尼亚
与下列国家协定中列名的在对方予以免税的我国金融机构	法国:中国人民银行、直接或间接贷款或担保的中国银行或中国国际信托投资公司 德国:中国人民银行、中国农业银行、中国人民建设银行、中国投资银行、中国工商银行、由中国银行和中国国际信托投资公司直接担保或提供的贷款 马来西亚:中国人民银行、中国银行总行、中国国际信托投资公司 新加坡:中国人民银行、中国国际信托投资公司、中国银行总行 加拿大:中国人民银行、直接或间接贷款或担保的中国银行或中国国际信托投资公司 瑞典:中国人民银行、直接或间接贷款或担保的中国银行或中国国际信托投资公司 泰国:中国人民银行、在中央银行一般授权的范围内进行活动的中国银行 荷兰:中国人民银行、中国银行、中国国际信托投资公司 巴基斯坦:中国人民银行、中国银行 奥地利:中国人民银行、直接或间接贷款的中国银行或中国国际信托投资公司 韩国:中国人民银行、中国国家开发银行、中国进出口银行、中国农业发展银行 土耳其:中国人民银行、中国银行、中国国际信托投资公司实业银行 冰岛:中国人民银行、国家开发银行、中国进出口银行、中国农业开发银行 老挝:中国人民银行、中国国家开发银行、中国进出口银行、中国农业发展银行 葡萄牙:中国人民银行、国家开发银行、中国进出口银行、中国农业发展银行 巴巴多斯:中国人民银行、国家开发银行、中国进出口银行、中国农业开发银行 阿曼、苏丹:中国人民银行、国家开发银行、中国进出口银行、中国农业开发银行 委内瑞拉:中国人民银行、中国开发银行、中国进出口银行、中国农业银行 摩洛哥:中国人民银行、中国国家开发银行、中国进出口银行、中国农业发展银行 特多:中国人民银行、国家开发银行、中国进出口银行、中国农业发展银行 阿塞拜疆:中国国家发展银行、中国进出口银行、中国农业发展银行、社会保险基金理事会、中国银行、中国建设银行、中国工商银行、中国农业银行 墨西哥:中国人民银行、国家开发银行、中国进出口发展银行、中国出口信用保险公司

注:除表中栏目 1 所列国家外,与其他国家协定对利息征税税率均为 10% 。

附件三：

特许权使用费征税情况一览表[①]

项目	与下列国家（地区）协定
特许权使用费税率低于或高于10%*	5%：古巴、格鲁吉亚 7%：香港、罗马尼亚 8%：埃及 12.5%：巴基斯坦 15%：泰国 其他特殊规定： 巴西：25%（仅限商标）、15%（其他） 老挝：5%（在老挝）、10%（在中国） 菲律宾：15%（文学、艺术或科学著作）、10%（其他） 突尼斯：5%（技术或经济研究或技术援助）、10%（其他*）
与下列国家协定规定对使用对方机器设备支付的特许权使用费征税税率为6%	法国、比利时、荷兰、瑞士、西班牙、奥地利、卢森堡、爱尔兰
与下列国家协定规定对使用对方机器设备支付的特许权使用费税率为7%	美国、英国、德国、丹麦、芬兰、意大利、波兰、保加利亚、南非
与下列国家协定规定特许权使用费不包括使用对方机器设备支付的款项	突尼斯、吉尔吉斯斯坦、格鲁吉亚
与下列国家协定规定我国居民从对方国家取得的特许权使用费对方给予单方面免税	马来西亚（限于电影影片）

注：除表中栏目1所列国家外，与其他国家协定特许权使用费税率均为10%。

[①] 参见国家税务总局国际税务司下发的《税收协定执行手册》（《国家税务总局国际税务司关于印发税收协定执行手册的通知》（际便函〔2007〕154号），具体内容以协定规定为准。

786

附件四：

享受企业所得税优惠政策的
农产品初加工范围(试行)①
(2008 年版)

一、种植业类

(一)粮食初加工

1. 小麦初加工。通过对小麦进行清理、配麦、磨粉、筛理、分级、包装等简单加工处理,制成的小麦面粉及各种专用粉。

2. 稻米初加工。通过对稻谷进行清理、脱壳、碾米(或不碾米)、烘干、分级、包装等简单加工处理,制成的成品粮及其初制品,具体包括大米、蒸谷米。

3. 玉米初加工。通过对玉米籽粒进行清理、浸泡、粉碎、分离、脱水、干燥、分级、包装等简单加工处理,生产的玉米粉、玉米碴、玉米片等;鲜嫩玉米经筛选、脱皮、洗涤、速冻、分级、包装等简单加工处理,生产的鲜食玉米(速冻粘玉米、甜玉米、花色玉米、玉米籽粒)。

4. 薯类初加工。通过对马铃薯、甘薯等薯类进行清洗、去皮、磋磨、切制、干燥、冷冻、分级、包装等简单加工处理,制成薯类初级制品。具体包括:薯粉、薯片、薯条。

5. 食用豆类初加工。通过对大豆、绿豆、红小豆等食用豆类进行清理去杂、浸洗、晾晒、分级、包装等简单加工处理,制成的豆面粉、黄豆芽、绿豆芽。

6. 其他类粮食初加工。通过对燕麦、荞麦、高粱、谷子等杂粮进行清理去杂、脱壳、烘干、磨粉、轧片、冷却、包装等简单加工处理,制成的燕麦米、燕麦粉、燕麦麸皮、燕麦片、荞麦米、荞麦面、小米、小米面、高粱米、高粱面。

(二)林木产品初加工

通过将伐倒的乔木、竹(含活立木、竹)去枝、去梢、去皮、去叶、锯段等简单加工处理,制成的原木、原竹、锯材。

(三)园艺植物初加工

1. 蔬菜初加工

(1)将新鲜蔬菜通过清洗、挑选、切割、预冷、分级、包装等简单加工处理,制成净菜、切割蔬菜。

(2)利用冷藏设施,将新鲜蔬菜通过低温贮藏,以备淡季供应的速冻蔬菜,如速冻茄果类、叶类、豆类、瓜类、葱蒜类、柿子椒、蒜苔。

(3)将植物的根、茎、叶、花、果、种子和食用菌通过干制等简单加工处理,制成的初制干菜,如黄花菜、玉兰片、萝卜干、冬菜、梅干菜、木耳、香菇、平菇。

*以蔬菜为原料制作的各类蔬菜罐头(罐头是指以金属罐、玻璃瓶、经排气密封的各种食品。下同)及碾磨后的园艺植物(如胡椒粉、花椒粉等)不属于初加工范围。

2. 水果初加工。通过对新鲜水果(含各类山

---

① 《财政部 国家税务总局关于发布享受企业所得税优惠政策的农产品初加工范围(试行)的通知》(财税[2008]149 号,2008 年11 月20 日)。

野果)清洗、脱壳、切块(片)、分类、储藏保鲜、速冻、干燥、分级、包装等简单加工处理,制成的各类水果、果干、原浆果汁、果仁、坚果。

3. 花卉及观赏植物初加工。通过对观赏用、绿化及其他各种用途的花卉及植物进行保鲜、储藏、烘干、分级、包装等简单加工处理,制成的各类鲜、干花。

(四)油料植物初加工

通过对菜籽、花生、大豆、葵花籽、蓖麻籽、芝麻、胡麻籽、茶子、桐子、棉籽、红花籽及米糠等粮食的副产品等,进行清理、热炒、磨坯、榨油(搅油、墩油)、浸出等简单加工处理,制成的植物毛油和饼粕等副产品。具体包括菜籽油、花生油、豆油、葵花油、蓖麻籽油、芝麻油、胡麻籽油、茶子油、桐子油、棉籽油、红花油、米糠油以及油料饼粕、豆饼、棉籽饼。

＊精炼植物油不属于初加工范围。

(五)糖料植物初加工

通过对各种糖料植物,如甘蔗、甜菜、甜菊等,进行清洗、切割、压榨等简单加工处理,制成的制糖初级原料产品。

(六)茶叶初加工

通过对茶树上采摘下来的鲜叶和嫩芽进行杀青(萎凋、摇青)、揉捻、发酵、烘干、分级、包装等简单加工处理,制成的初制毛茶。

＊精制茶、边销茶、紧压茶和掺兑各种药物的茶及茶饮料不属于初加工范围。

(七)药用植物初加工

通过对各种药用植物的根、茎、皮、叶、花、果实、种子等,进行挑选、整理、捆扎、清洗、晾晒、切碎、蒸煮、炒制等简单加工处理,制成的片、丝、块、段等中药材。

＊加工的各类中成药不属于初加工范围。

(八)纤维植物初加工

1. 棉花初加工。通过轧花、剥绒等脱绒工序简单加工处理,制成的皮棉、短绒、棉籽。

2. 麻类初加工。通过对各种麻类作物(大麻、黄麻、槿麻、苎麻、苘麻、亚麻、罗布麻、蕉麻、剑麻等)进行脱胶、抽丝等简单加工处理,制成的干(洗)麻、纱条、丝、绳。

3. 蚕茧初加工。通过烘干、杀蛹、缫丝、煮剥、拉丝等简单加工处理,制成的蚕、蛹、生丝、丝棉。

(九)热带、南亚热带作物初加工

通过对热带、南亚热带作物去除杂质、脱水、干燥、分级、包装等简单加工处理,制成的工业初级原料。具体包括:天然橡胶生胶和天然浓缩胶乳、生咖啡豆、胡椒籽、肉桂油、桉油、香茅油、木薯淀粉、木薯干片、坚果。

二、畜牧业类

(一)畜禽类初加工

1. 肉类初加工。通过对畜禽类动物(包括各类牲畜、家禽和人工驯养、繁殖的野生动物以及其他经济动物)宰杀、去头、去蹄、去皮、去内脏、分割、切块或切片、冷藏或冷冻、分级、包装等简单加工处理,制成的分割肉、保鲜肉、冷藏肉、冷冻肉、绞肉、肉块、肉片、肉丁。

2. 蛋类初加工。通过对鲜蛋进行清洗、干燥、分级、包装、冷藏等简单加工处理,制成的各种分级、包装的鲜蛋、冷藏蛋。

3. 奶类初加工。通过对鲜奶进行净化、均质、杀菌或灭菌、灌装等简单加工处理,制成的巴氏杀菌奶、超高温灭菌奶。

4. 皮类初加工。通过对畜禽类动物皮张剥取、浸泡、刮里、晾干或熏干等简单加工处理,制成的生皮、生皮张。

5. 毛类初加工。通过对畜禽类动物毛、绒或羽绒分级、去杂、清洗等简单加工处理,制成的洗净毛、洗净绒或羽绒。

6. 蜂产品初加工。通过去杂、过滤、浓缩、熔化、磨碎、冷冻简单加工处理,制成的蜂蜜、蜂蜡、蜂胶、蜂花粉。

＊肉类罐头、肉类熟制品、蛋类罐头、各类酸奶、奶酪、奶油、王浆粉、各种蜂产品口服液、胶囊不属于初加工范围。

(二)饲料类初加工

1. 植物类饲料初加工。通过碾磨、破碎、压榨、干燥、酿制、发酵等简单加工处理,制成的糠麸、饼粕、糟渣、树叶粉。

2. 动物类饲料初加工。通过破碎、烘干、制粉等简单加工处理,制成的鱼粉、虾粉、骨粉、肉粉、血粉、羽毛粉、乳清粉。

3. 添加剂类初加工。通过粉碎、发酵、干燥等简单加工处理,制成的矿石粉、饲用酵母。

(三)牧草类初加工

通过对牧草、牧草种籽、农作物秸秆等,进行收割、打捆、粉碎、压块、成粒、分选、青贮、氨化、微化等简单加工处理,制成的干草、草捆、草粉、草块或草饼、草颗粒、牧草种籽以及草皮、秸秆粉(块、粒)。

三、渔业类

(一)水生动物初加工

将水产动物(鱼、虾、蟹、鳖、贝、棘皮类、软体类、腔肠类、两栖类、海兽类动物等)整体或去头、去鳞(皮、壳)、去内脏、去骨(刺)、擂溃或切块、切片,经冰鲜、冷冻、冷藏等保鲜防腐处理、包装等简单加工处理,制成的水产动物初制品。

* 熟制的水产品和各类水产品的罐头以及调味烤制的水产食品不属于初加工范围。

(二)水生植物初加工

将水生植物(海带、裙带菜、紫菜、龙须菜、麒麟菜、江篱、浒苔、羊栖菜、莼菜等)整体或去根、去边梢、切段,经热烫、冷冻、冷藏等保鲜防腐处理、包装等简单加工处理的初制品,以及整体或去根、去边梢、切段,经晾晒、干燥(脱水)、包装、粉碎等简单加工处理的初制品。

* 罐装(包括软罐)产品不属于初加工范围。

附件五：

食用农产品范围注释^①

食用农产品是指可供食用的各种植物、畜牧、渔业产品及其初级加工产品。范围包括：

一、植物类

植物类包括人工种植和天然生长的各种植物的初级产品及其初加工品。范围包括：

（一）粮食

粮食是指供食用的谷类、豆类、薯类的统称。范围包括：

1. 小麦、稻谷、玉米、高粱、谷子、杂粮（如：大麦、燕麦等）及其他粮食作物。

2. 对上述粮食进行淘洗、碾磨、脱壳、分级包装、装缸发制等加工处理，制成的成品粮及其初制品，如大米、小米、面粉、玉米粉、豆面粉、米粉、荞麦面粉、小米面粉、莜麦面粉、薯粉、玉米片、玉米米、燕麦片、甘薯片、黄豆芽、绿豆芽等。

3. 切面、饺子皮、馄饨皮、面皮、米粉等粮食复制品。

以粮食为原料加工的速冻食品、方便面、副食品和各种熟食品，不属于食用农产品范围。

（二）园艺植物

1. 蔬菜

蔬菜是指可作副食的草本、木本植物的总称。范围包括：

（1）各种蔬菜（含山野菜）、菌类植物和少数可作副食的木本植物。

（2）对各类蔬菜经晾晒、冷藏、冷冻、包装、脱水等工序加工的蔬菜。

（3）将植物的根、茎、叶、花、果、种子和食用菌通过干制加工处理后，制成的各类干菜，如黄花菜、玉兰片、萝卜干、冬菜、梅干菜、木耳、香菇、平菇等。

（4）腌菜、咸菜、酱菜和盐渍菜等也属于食用农产品范围。

各种蔬菜罐头（罐头是指以金属罐、玻璃瓶、经排气密封的各种食品。下同）及碾磨后的园艺植物（如胡椒粉、花椒粉等），不属于食用农产品范围。

2. 水果及坚果

（1）新鲜水果

（2）通过对新鲜水果（含各类山野果）清洗、脱壳、分类、包装、储藏、保鲜、干燥、炒制等加工处理，制成的各类水果、果干（如荔枝干、桂圆干、葡萄干等）、果仁、坚果等。

（3）经冷冻、冷藏等工序加工的水果。

各种水果罐头，果脯，蜜饯，炒制的果仁、坚果，不属于食用农产品范围。

3. 花卉及观赏植物

通过对花卉及观赏植物进行保鲜、储蓄、分级包装等加工处理，制成的各类用于食用的鲜、干花，晒制的药材等。

（三）茶叶

茶叶是指从茶树上采摘下来的鲜叶和嫩芽（即茶青），以及经吹干、揉拌、发酵、烘干等工序初

_____

① 《商务部 财政部 税务总局关于开展农产品连锁经营试点的通知》（商建发〔2005〕1号，2005年4月4日）。

制的茶。范围包括各种毛茶(如红毛茶、绿毛茶、乌龙毛茶、白毛茶、黑毛茶等)。

精制茶、边销茶及掺兑各种药物的茶和茶饮料,不属于食用农产品范围。

(四)油料植物

1. 油料植物是指主要用作榨取油脂的各种植物的根、茎、叶、果实、花或者胚芽组织等初级产品,如菜籽(包括芥菜籽)、花生、大豆、葵花籽、蓖麻籽、芝麻籽、胡麻籽、茶籽、桐籽、橄榄仁、棕榈仁、棉籽等。

2. 通过对菜籽、花生、大豆、葵花籽、蓖麻籽、芝麻、胡麻籽、茶籽、桐籽、棉籽及粮食的副产品等,进行清理、热炒、磨坯、榨油(搅油、墩油)等加工处理,制成的植物油(毛油)和饼粕等副产品,具体包括菜籽油、花生油、小磨香油、豆油、棉籽油、葵花籽油、米糠油以及油料饼粕、豆饼等。

3. 提取芳香油的芳香油料植物。

精炼植物油不属于食用农产品范围。

(五)药用植物

1. 药用植物是指用作中药原药的各种植物的根、茎、皮、叶、花、果实等。

2. 通过对各种药用植物的根、茎、皮、叶、花、果实等进行挑选、整理、捆扎、清洗、晾晒、切碎、蒸煮、密炒等处理过程,制成的片、丝、块、段等中药材。

3. 利用上述药用植物加工制成的片、丝、块、段等中药饮片。

中成药不属于食用农产品范围。

(六)糖料植物

1. 糖料植物是指主要用作制糖的各种植物,如甘蔗、甜菜等。

2. 通过对各种糖料植物,如甘蔗、甜菜等,进行清洗、切割、包装等加工处理的初级产品。

(七)热带、南亚热带作物初加工

通过对热带、南亚热带作物去除杂质、脱水、干燥等加工处理,制成的半成品或初级食品。具体包括:天然生胶和天然浓缩胶乳、生熟咖啡豆、胡椒籽、肉桂油、桉油、香茅油、木薯淀粉、腰果仁、坚果仁等。

(八)其他植物

其他植物是指除上述列举植物以外的其他各种可食用的人工种植和野生的植物及其初加工产品,如谷类、薯类、豆类、油料植物、糖料植物、蔬菜、花卉、植物种子、植物叶子、草、藻类植物等。

可食用的干花、干草、薯干、干制的藻类植物,也属于食用农产品范围。

二、畜牧类

畜牧类产品是指人工饲养、繁殖取得和捕获的各种畜禽及初加工品。范围包括:

(一)肉类产品

1. 兽类、禽类和爬行类动物(包括各类牲畜、家禽和人工驯养、繁殖的野生动物以及其他经济动物),如牛、马、猪、羊、鸡、鸭等。

2. 兽类、禽类和爬行类动物的肉产品。通过对畜禽类动物宰杀、去头、去蹄、去皮、去内脏、分割、切块或切片、冷藏或冷冻等加工处理,制成的分割肉、保鲜肉、冷藏肉、冷冻肉、冷却肉、盐渍肉,绞肉、肉块、肉片、肉丁等。

3. 兽类、禽类和爬行类动物的内脏、头、尾、蹄等组织。

4. 各种兽类、禽类和爬行类动物的肉类生制品,如腊肉、腌肉、熏肉等。

各种肉类罐头、肉类熟制品,不属于食用农产品范围。

(二)蛋类产品

1. 蛋类产品。是指各种禽类动物和爬行类动物的卵,包括鲜蛋、冷藏蛋。

2. 蛋类初加工品。通过对鲜蛋进行清洗、干燥、分级、包装、冷藏等加工处理,制成的各种分级、包装的鲜蛋、冷藏蛋等。

3. 经加工的咸蛋、松花蛋、腌制的蛋等。

各种蛋类的罐头不属于食用农产品范围。

(三)奶制品

(1)鲜奶。是指各种哺乳类动物的乳汁和经净化、杀菌等加工工序生产的乳汁。

(2)通过对鲜奶进行净化、均质、杀菌或灭菌、灌装等,制成的巴氏杀菌奶、超高温灭菌奶、花色奶等。

用鲜奶加工的各种奶制品,如酸奶、奶酪、奶油等,不属于食用农产品范围。

(四)蜂类产品

1. 是指采集的未经加工的天然蜂蜜、鲜蜂王浆等。

2. 通过去杂、浓缩、熔化、磨碎、冷冻等加工处理,制成的蜂蜜、鲜王浆以及蜂蜡、蜂胶、蜂花粉等。

各种蜂产品口服液、王浆粉不属于食用农产品范围。

(五)其他畜牧产品

其他畜牧产品是指上述列举以外的可食用的兽类、禽类、爬行类动物的其他组织,以及昆虫类动物。如动物骨、壳、动物血液、动物分泌物、蚕种、动物树脂等。

三、渔业类

(一)水产动物产品

水产动物是指人工放养和人工捕捞的鱼、虾、蟹、鳖、贝类、棘皮类、软体类、腔肠类、两栖类、海兽及其他水产动物。范围包括:

1. 鱼、虾、蟹、鳖、贝类、棘皮类、软体类、腔肠类、海兽类、鱼苗(卵)、虾苗、蟹苗、贝苗(秧)等。

2. 将水产动物整体或去头、去鳞(皮、壳)、去内脏、去骨(刺)、擂溃或切块、切片,经冰鲜、冷冻、冷藏、盐渍、干制等保鲜防腐处理和包装的水产动物初加工品。

熟制的水产品和各类水产品的罐头,不属于食用农产品范围。

(二)水生植物

1. 海带、裙带菜、紫菜、龙须菜、麒麟菜、江篱、浒苔、羊栖菜、莼菜等。

2. 将上述水生植物整体或去根、去边梢、切段,经热烫、冷冻、冷藏等保鲜防腐处理和包装的产品,以及整体或去根、去边梢、切段,经晾晒、干燥(脱水)、粉碎等处理和包装的产品。

罐装(包括软罐)产品不属于食用农产品范围。

(三)水产综合利用初加工品

通过对食用价值较低的鱼类、虾类、贝类、藻类以及水产品加工下脚料等,进行压榨(分离)、浓缩、烘干、粉碎、冷冻、冷藏等加工处理制成的可食用的初制品。如鱼粉、鱼油、海藻胶、鱼鳞胶、鱼露(汁)、虾酱、鱼籽、鱼肝酱等。

以鱼油、海兽油脂为原料生产的各类乳剂、胶丸、滴剂等制品不属于食用农产品范围。

附件六：

公共基础设施项目企业所得税优惠目录
（2008 年版）[①]

序号	类别	项目	范围、条件及技术标准
1	港口码头	码头、泊位、通航建筑物新建项目	由省级以上政府投资主管部门核准的沿海港口万吨级及以上泊位、内河千吨级及以上泊位、滚装泊位、内河航运枢纽新建项目
2	机场	民用机场新建项目	由国务院核准的民用机场新建项目,包括民用机场迁建、军航机场军民合用改造项目
3	铁路	铁路新线建设项目	由省级以上政府投资主管部门或国务院行业主管部门核准的客运专线、城际轨道交通和Ⅲ级及以上铁路建设项目
4		既有线路改造项目	由省级以上政府投资主管部门或国务院行业主管部门核准的铁路电气化改造、增建二线项目以及其他改造投入达到项目固定资产账面原值 75% 以上的改造项目
5	公路	公路新建项目	由省级以上政府投资主管部门核准的一级以上的公路建设项目
6	城市公共交通	城市快速轨道交通新建项目	由国务院核准的城市地铁、轻轨新建项目
7	电力	水力发电新建项目（包括控制性水利枢纽工程）	由国务院投资主管部门核准的在主要河流上新建的水电项目,总装机容量在 25 万千瓦及以上的新建水电项目,以及抽水蓄能电站项目
8		核电站新建项目	由国务院核准的核电站新建项目
9		电网（输变电设施）新建项目	由国务院投资主管部门核准的 330kv 及以上跨省及长度超过 200km 的交流输变电新建项目,500kv 及以上直流输变电新建项目；由省级以上政府投资主管部门核准的革命老区、老少边穷地区电网新建工程项目；农网输变电新建项目
10		风力发电新建项目	由政府投资主管部门核准的风力发电新建项目
11		海洋能发电新建项目	由省级以上政府投资主管部门核准的海洋能发电新建项目
12		太阳能发电新建项目	由政府投资主管部门核准的太阳能发电新建项目
13		地热发电新建项目	由政府投资主管部门核准的地热发电新建项目

[①] 财政部 国家税务总局 国家发展改革委《关于公布公共基础设施项目企业所得税优惠目录（2008 年版）的通知》（财税 [2008]116 号,2008 年 9 月 8 日）。

序号	类别	项目	范围、条件及技术标准
14	水利	灌区配套设施及农业节水灌溉工程新建项目	由政府投资主管部门核准的灌区水源工程、灌排系统工程、节水工程
15		地表水水源工程新建项目	由政府投资主管部门核准的水库、塘堰、水窖及配套工程
16		调水工程新建项目	由政府投资主管部门核准的取水、输水、配水工程
17		农村人畜饮水工程新建项目	由政府投资主管部门核准的农村人畜饮水工程中取水、输水、净化水、配水工程
18		牧区水利工程新建项目	由政府投资主管部门核准的牧区水利工程中的取水、输配水、节水灌溉及配套工程

附件七:

环境保护、节能节水项目企业所得税
优惠目录(试行)^①

序号	类别	项目	条件
1	公共污水处理	城镇污水处理项目	1. 根据全国城镇污水处理设施建设规划等全国性规划设立; 2. 专门从事城镇污水的收集、贮存、运输、处置以及污泥处置(含符合国家产业政策和准入条件的水泥窑协同处置); 3. 根据国家规定获得污水处理特许经营权,或符合环境保护行政主管部门规定的生活污水类污染治理设施运营资质条件; 4. 项目设计、施工和运行管理人员具备国家相应职业资格; 5. 项目按照国家法律法规要求,通过相关验收; 6. 项目经设区的市或者市级以上环境保护行政主管部门总量核查; 7. 排放水符合国家及地方规定的水污染物排放标准和重点水污染物排放总量控制指标; 8. 国务院财政、税务主管部门规定的其他条件。
		工业废水处理项目	1. 根据全国重点流域水污染防治规划等全国性规划设立,但按照国家规定作为企业必备配套设施的自用的污水处理项目除外; 2. 专门从事工业污水的收集、贮存、运输、处置以及污泥处置(含符合国家产业政策和准入条件的水泥窑协同处置); 3. 符合环境保护行政主管部门规定的工业废水类污染治理设施运营资质条件; 4. 项目设计、施工和运行管理人员具备国家相应职业资格; 5. 项目按照国家法律法规要求,通过相关验收; 6. 项目经设区的市或者市级以上环境保护行政主管部门总量核查; 7. 排放水符合国家及地方规定的水污染物排放标准和重点水污染物排放总量控制指标; 8. 国务院财政、税务主管部门规定的其他条件。
2	公共垃圾处理	生活垃圾处理项目	1. 根据全国城镇垃圾处理设施建设规划等全国性规划设立; 2. 专门从事生活垃圾的收集、贮存、运输、处置; 3. 采用符合国家规定标准的卫生填埋、焚烧、热解、堆肥、水泥窑协同处置等工艺,其中:水泥窑协同处置要符合国家产业政策和准入条件; 4. 根据国家规定获得垃圾处理特许经营权,或符合环境保护行政主管部门规定的生活垃圾类污染治理设施运营资质条件; 5. 项目设计、施工和运行管理人员具备国家相应职业资格; 6. 按照国家法律法规要求,通过相关验收; 7. 项目经设区的市或者市级以上环境保护行政主管部门总量核查; 8. 国务院财政、税务主管部门规定的其他条件。

---

① 《财政部 国家税务总局 国家发展改革委关于公布环境保护节能节水项目企业所得税优惠目录(试行)的通知》(财税〔2009〕166号,2009年12月31日)。

序号	类别	项目	条件
2	公共垃圾处理	工业固体废物处理项目	1. 根据全国危险废物处置设施建设规划等全国性规划设立,但按照国家规定作为企业必备配套设施的自用的废弃物处理项目除外; 2. 专门从事工业固体废物或危险废物的收集、贮存、运输、处置; 3. 采用符合国家规定标准的卫生填埋、焚烧、热解、堆肥、水泥窑协同处置等工艺,其中:水泥窑协同处置要符合国家产业政策和准入条件; 4. 工业固体废物处理项目符合环境保护行政主管部门规定的工业固体废物类污染治理设施运营资质条件,危险废物处理项目取得县级以上人民政府环境保护行政主管部门颁发的危险废物经营许可证; 5. 项目设计、施工和运行管理人员具备国家相应职业资格; 6. 按照国家法律法规要求,通过相关验收; 7. 项目经设区的市或者市级以上环境保护行政主管部门总量核查; 8. 国务院财政、税务主管部门规定的其他条件。
		危险废物处理项目	
3	沼气综合开发利用	畜禽养殖场和养殖小区沼气工程项目	1. 单体装置容积不小于 300 立方米,年平均日产沼气量不低于 300 立方米/天,且符合国家有关沼气工程技术规范的项目; 2. 废水排放、废渣处置、沼气利用符合国家和地方有关标准,不产生二次污染; 3. 项目包括完整的发酵原料的预处理设施、沼渣和沼液的综合利用或进一步处理系统,沼气净化、储存、输配和利用系统; 4. 项目设计、施工和运行管理人员具备国家相应职业资格; 5. 项目按照国家法律法规要求,通过相关验收; 6. 国务院财政、税务主管部门规定的其他条件。
4	节能减排技术改造	1. 既有高能耗建筑节能改造项目 2. 既有建筑太阳能光热、光电建筑一体化技术或浅层地能热泵技术改造项目 3. 既有居住建筑供热计量及节能改造项目 4. 工业锅炉、工业窑炉节能技术改造项目 5. 电机系统节能、能量系统优化技术改造项目 6. 煤炭工业复合式干法选煤技术改造项目 7. 钢铁行业干式除尘技术改造项目 8. 有色金属行业干式除尘净化技术改造项目	1. 具有独立法人资质,且注册资金不低于 100 万元的节能减排技术服务公司以合同能源管理的形式,通过以节省能源费用或节能量来支付项目成本的节能减排技术改造项目; 2. 项目应符合国家产业政策,并达到国家有关节能和环境标准; 3. 经建筑能效测评机构检测,既有高能耗建筑节能改造和北方既有居住建筑供热计量及节能改造达到现行节能强制性标准要求,既有建筑太阳能光热、光电建筑一体化技术或浅层地能热泵技术改造后达到现行国家有关标准要求; 4. 经省级节能节水主管部门验收,工业锅炉、工业窑炉技术改造和电机系统节能、能量系统优化技术改造项目年节能量折算后不小于 1000 吨标准煤,煤炭工业复合式干法选煤技术改造、钢铁行业干式除尘技术改造和有色金属行业干式除尘净化技术改造项目年节水量不小于 200 万立方米; 5. 项目应纳税所得额的计算应符合独立交易原则; 6. 国务院财政、税务主管部门规定的其他条件。

续表

序号	类别	项目	条件
4	节能减排技术改造	9. 燃煤电厂烟气脱硫技术改造项目	1. 按照国家有关法律法规设立的,具有独立法人资质,且注册资金不低于500万元的专门从事脱硫服务的公司从事的符合规定的脱硫技术改造项目; 2. 改造后,采用干法或半干法脱硫的项目脱硫效率应高于85%,采用湿法或其他方法脱硫的项目脱硫效率应高于98%; 3. 项目改造后经国家有关部门评估,综合效益良好; 4. 设施能够稳定运行,达到环境保护行政主管部门对二氧化硫的排放总量及浓度控制要求; 5. 项目应纳税所得额的计算应符合独立交易原则; 6. 国务院财政、税务主管部门规定的其他条件。
5	海水淡化	用作工业、生活用水的海水淡化项目	1. 符合《海水利用专项规划》中规定的发展重点以及区域布局等要求; 2. 规模不小于淡水产量10000吨/日; 3. 热法海水淡化项目的物能消耗指标为吨水耗电量小于1.8千瓦时/吨、造水比大于8,膜法海水淡化项目的能耗指标为吨水耗电量小于4.0千瓦时/吨; 4. 国务院财政、税务主管部门规定的其他条件。
		用作海岛军民饮用水的海水淡化项目	1. 符合《海水利用专项规划》中规定的发展重点以及区域布局等要求; 2. 热法海水淡化项目的物能消耗指标为吨水耗电量小于1.8千瓦时/吨、造水比大于8,膜法海水淡化项目的能耗指标为吨水耗电量小于4.0千瓦时/吨; 3. 国务院财政、税务主管部门规定的其他条件。

附件八：

环境保护专用设备企业所得税优惠目录

（2008 年版）[①]

序号	类别	设备名称	性能参数	应用领域
1	一、水污染治理设备	高负荷厌氧EGSB 反应器	有机负荷≥20kg/m³.d；BOD₅去除率≥90%	工业废水处理和垃圾渗滤液处理
2		膜生物反应器	进水水质：COD＜400mg/l；BOD₅＜200mg/l；PH 值：6～9；NH₄-N≤20mg/l；工作通量≥120l/㎡.h；水回收率≥95%；出水达到《城市污水再生利用城市杂用水水质》（GB/T18920）。使用寿命≥5 年	生活污水处理和中水回用处理
3		反渗透过滤器	采用聚酰胺复合反渗透膜，净水寿命（膜材料的更换周期）≥2 年；对规定分子量物质的截留率应达到设计的额定制	工业废水处理
4		重金属离子去除器	对重金属离子（Cr³⁺、Cu²⁺、Ni²⁺、Pb²⁺、Cd²⁺、Hg²⁺等）去除率≥99.9%，废渣达到无害化处理	工业废水处理
5		紫外消毒灯	杀菌效率≥99.99%；紫外剂量≥16mj/cm2；灯管寿命≥9000h；设备耐压：0.1—0.8MPa/cm2；使用寿命≥10 年	城市污水处理和工业废水处理
6		污泥浓缩脱水一体机	脱水后泥饼含固率≥25%	城市污水处理和工业废水处理
7		污泥干化机	单台蒸发水量1t/h～15t/h；单台污泥日处理能力≥100t；干化后污泥固含量≥80%	污水处理
8	二、大气污染防治设备	湿法脱硫专用喷嘴	流量≥40m³/h；雾化浆滴平均直径≤2100μm；流速：额定值±10%；喷雾角：额定值±10%；粒径分布均匀度：0.8—1.2；流量密度变化幅度：±10%	燃煤发电机组脱硫
9		湿法脱硫专用除雾器	在除雾器出口雾滴夹带的浓度≤75mg/Nm³，除雾器阻力≤150Pa；临界分离粒径≤25～35μm。	燃煤发电机组脱硫
10		袋式除尘器	除尘效率≥99.5%；排放浓度≤40mg/m³；出口温度≤120℃；林格曼一级；设备阻力低＜1200Pa；漏风率＜3%；耐压强度＞5kPa；滤带寿命≥3 年；耐高温、高湿、耐腐蚀	发电机组、工业锅炉、工业窑炉除尘
11		型煤锅炉	热效率＞80%，煤渣含炭量≤2%；低热负荷燃烧运行良好；各项污染物排放指标均低于《锅炉大气污染物排放标准》（GB13271）。	用于采暖、洗浴、饮用水、制冷的热水锅炉

[①] 《财政部 国家税务总局 国家发展改革委关于公布节能节水专用设备企业所得税优惠目录（2008 年版）和环境保护专用设备企业所得税优惠目录（2008 年版）的通知》（财税〔2008〕115 号，2008 年 8 月 20 日）。

序号	类别	设备名称	性能参数	应用领域
12	三、固体废物处置设备	危险废弃物焚烧炉	处理量>10t/d;焚烧温度:危险废物≥1100℃、多氯联苯≥1200℃、医院临床废物≥850℃;烟气停留时间>2s;残渣热灼减率<5%;焚烧炉燃烧效率>65%;烟气排放达到《危险废物焚烧污染控制标准》(GB 18484)	工业、医疗垃圾和危险废弃物焚烧处理
13		医疗废物高温高压灭菌锅	灭菌温度≥1100℃,压力≥200kPa,灭菌时间 25min,干燥时间≤15min。灭菌效率 99.99%,气体中的微生物被截流的效率 99.99%。达到 100%灭活,排水排气均达到国家相应的排放标准。	医疗废物处理
14	四、环境监测仪器仪表	在线固定污染源排放烟气连续监测仪	含尘量测量范围:0—200—2000mg/m³;精度:±2%;气体污染物测量范围:SO_2/NO_x:0—250—2500mg/m³;CO:0—500—5000mg/m³;气体污染物测量精度:±1%满量程;流速测量范围:0—35m/s;流速测量精度:±0.2m/s;压力:±3000Pa;精度:±1%;温度:0—200℃;精度:±1℃;湿度:0—20%;精度:±2%满量程。	大气污染源监测
15		化学需氧量水质在线自动监测仪	COD:0—20000mg/l;具有数据远程传输功能;精度:±2%;分辨率:1mg/l;误差:<5%;最短测量周期:5min。	水质污染监测
16		五日生物需氧量水质自动分析仪	BOD_5:0—500mg/l;精度:±2%;分辨率:15ppm;具有数据远程传输功能。	水质污染监测
17	五、清洁生产设备	WSA 冷凝器(湿式催化转化冷凝器)	用低浓度(1~4%)二氧化硫烟气制硫酸,产出硫酸浓度>96%,二氧化硫转化率>99%,设备使用寿命 10 至 15 年	有色金属冶炼和化工生产
18		电热回转窑	日处理高砷烟尘物料 4~9t,电功率 189KW,窑内温度456℃,砷直接回收率 92~96%,生产白砷质量为三氧化二砷含量大于 95%	有色金属冶炼
19		少空气干燥器	工业用干燥器节能效果 50%以上,具备可调控的干燥曲线设置系统,启动程序和干燥过程自动完成。	陶瓷、电瓷、耐火材料生产

附件九：

节能节水专用设备企业所得税优惠目录

（2008 年版）①

设备类别	设备名称	性能参数	应用领域	能效标准
节能设备				
中小型三相电动机	节能中小型三相异步电动机	电压 660w 及以下、额定功率 0.55w ~ 315kw 范围内，单速封扇冷式、N 设计的一般用途、防爆电动机。效率指标不小于节能评价值	工业生产电力拖动	GB 18613—2002
空调调节设备	能效等级 I 级的单元式空气调节机	名义制冷量大于 7000W,能效比达到能效等级 I 级要求	工业制冷	GB 19576—2004
	能效等级 I 级的送风式空调(热泵)机组	能效比达到能效等级 I 级要求	工业制冷	GB 19576—2004
	能效等级 I 级的屋顶式空调(热泵)机组	制冷量为 28 ~ 420kw,能效比达到能效等级 I 级要求	工业制冷	GB 19576—2004
	能效等级 I 级的冷水机组	能效比达到能效等级 I 级要求	工业制冷	GB 19577—2004
	能效等级 I 级的房间空气调节器	名义制冷量大于 14000W,能效比达到能效等级 I 级要求	工业制冷	GB12021.3—2004
通风机	节能型离心通风机	效率达到节能评价要求	工业生产传输	GB19761—2005
	节能型轴流通风机	效率达到节能评价要求	工业生产传输	
	节能型空调离心通风机	效率达到节能评价要求	工业生产传输	
水泵	节能型单级清水离心泵	单级清水离心泵(单吸和双吸),效率达到节能评价值要求	工业生产传输	GB19762—2005
	节能型多级清水离心泵	多级清水离心泵,效率达到节能评价值要求	工业生产传输	
空气压缩机	高效空气压缩机	输入比功率应不小于节能评价值的 100%	工业生产	GB 19153—2003
变频器	高压大容量变频器	额定电压不超过 10kv、额定容量 500KVA 以上	高压大电动机	

---

① 《财政部 国家税务总局 国家发展改革委关于公布节能节水专用设备企业所得税优惠目录(2008 年版)和环境保护专用设备企业所得税优惠目录(2008 年版)的通知》(财税[2008]115 号,2008 年 8 月 20 日)。

续表

设备类别	设备名称	性能参数	应用领域	能效标准
配电变压器	高效油浸式配电变压器	三相 10KV,无励磁调压额定容量 30KVA—1600KVA 的油浸式,空载损耗和负载损耗应不大于节能评价值的 36%	电力配电器	GB 20052—2006
	高效干式配电变压器	三相 10KV,无励磁调压额定容量 30KVA—2500KVA 的油浸式,空载损耗和负载损耗应不大于节能评价值的 36%	电力输配器	
高压电动机	节能型三相异步高压电动机	机座号 355—560,效率指标不小于节能评价值	工业生产电力拖动	
节电器	电机轻载节电器	额定电压不超过 10KV、50/60HZ、额定电流 500KVA ~ 2500KVA,节电率达到 30% 以上	工业生产电力拖动	
交流接触器	永磁式交流接触器	1000V 及以下的电压;50HZ 交流电源供电、额定电流 1000A 及以下的接触器。功率小于 0.5VA	电力控制	
用电过程优化控制器	配电系统节电设备	额定电压不超过 10KV、50/60HZ、额定电流不超过 2500KVA。采用微电脑实时控制。具有电压自动检测控制、时间+电压控制、电压梯度控制模式,可根据不贩输入电压、不同时间及工艺要求进行过程能量优化控制的功能	工业生产及商用配电系统	
工业锅炉	热水锅炉	热效率在 GB/T17954—2000 表 2 中一级指标的基础上再提高 5%	工业生产	GB/T17954—2000
	热汽锅炉			
工业加热装置	钢锭感应回执炉	额定功率 1600KW,加热处理每吨钢锭,单耗电量从 250KW.h/t 降到 180kw.h/t	铜加工业	GB5959.3—1988 GB/10067.3—2005
	高阻抗电弧炉	容量 40T,熔炼每吨钢节能 20kw.h/t,电极消耗降低 15% ~ 20%	钢铁冶炼	GB5959.2—1988 GB/10067.2—2005
节煤、节油、节气关键件	汽车电磁风扇离合器	不少于 3 级变速;第 2 级变速是柔性联接	汽车节能	QC/T777—2007
节水设备				
洗衣机	工业洗衣机	单位洗涤容量用水量≤15/kg,洗涤率>35%	适用于商业用工业洗衣机（水洗机）,不包括干洗机和隧道式洗涤机组	QB/T2323—2004 工业洗衣机中 6.3.10 条, 6.3.8a) 条
换热器	空冷式换热器	强度和密封性能: 经管束压力试验符合 GB/T15386—1994 的要求	适用于设计压力 35MPa 的空冷式换热器。不适用于铝或其他有色金属制受压元件的空冷式换热器	QB/T 15386—1994 中 8.3 条

设备类别	设备名称	性能参数	应用领域	能效标准
冷却塔	冷却塔	冷却能力:实测冷却能力与设计冷却能力的百分比≥95%,飘水率:冷却水量≤1000立方米/h的冷却塔不得有明显飘水现象,冷却水量>1000立方米/h的冷却塔飘水率<0.01%	适用于用水冷却的冷却塔	GB7190.1—1997 GB7190.2—1997
灌溉机具	喷灌机	机械行业标准	农业、园林、林业灌溉	机械行业标准
	滴灌带(管)	铺设长度80m以上,滴水均匀度>90%,工作压力>0.1MPa,滴灌带能够承受130N(滴灌带能够承受180N)的拉力不破裂、不渗漏	适用于梅花、蔬菜、果树等经济作物的滴灌	

附件十：

安全生产专用设备企业所得税优惠目录

（2008 年版）①

序号	设备名称	技术指标	参照标准	功能及作用	适用范围
一、煤矿					
01	瓦斯含量、压力测试设备		国家煤矿安全监察局强制执行安全标志管理检验标准	随时监测煤矿瓦斯含量及涌出量，防止发生瓦斯事故	有有害气体的矿井
02	瓦斯突出预测预报设备		国家煤矿安全监察局强制执行安全标志管理检验标准	预测高瓦斯矿井瓦斯变化情况，防止瓦斯突出	有有害气体的矿井
03	瓦斯抽放监测设备		国家煤矿安全监察局强制执行安全标志管理检验标准	降低煤矿瓦斯含量，保证瓦斯不超标，确保安全生产	有有害气体的矿井
04	煤矿井下瓦斯抽采用钻机		国家煤矿安全监察局强制执行安全标志管理检验标准	抽采煤矿瓦斯，防止瓦斯事故	有瓦斯灾害的矿井
05	瓦斯抽放泵		国家煤矿安全监察局强制执行安全标志管理检验标准	降低煤矿瓦斯含量，保证瓦斯不超标，确保安全生产	有瓦期灾害的矿井
06	瓦斯抽放封孔泵		国家煤矿安全监察局强制执行安全标志管理检验标准	降低煤矿瓦斯含量，保证瓦斯不超标，确保安全生产	有瓦斯灾害的矿井
07	矿井井下超前探测设备		国家煤矿安全监察局强制执行安全标志管理检验标准	探测断层、含水层等地质构造，防治突出、冲击地压、透水事故	有瓦斯、冲击地压和水害的矿井
08	矿井井下安全监测监控及人员定位监测设备		国家煤矿安全监察局强制执行安全标志管理检验标准	监测煤矿井下动态，防止违章作业	用于煤矿安全监测监控
09	一氧化碳检测警报仪器		国家煤矿安全监察局强制执行安全标志管理检验标准	防止一氧化炭超标	用于煤矿安全监测

---

① 《财政部 国家税务总局 安全监管总局关于公布安全生产专用设备企业所得税优惠目录（2008 年版）的通知》（财税〔2008〕118 号，2008 年 8 月 20 日）。

序号	设备名称	技术指标	参照标准	功能及作用	适用范围
10	粉尘监测仪表及降尘设备		国家煤矿安全监察局强制执行安全标志管理检验标准	监测煤矿地下煤尘变化情况,防止发生煤尘爆炸事故	有粉尘灾害的矿井
11	煤层火灾预测预报设备		国家煤矿安全监察局强制执行安全标志管理检验标准	预测煤矿火灾事故	有火灾危险的矿井
12	采煤工作面矿压监测装备		国家煤矿安全监察局强制执行安全标志管理检验标准	检测煤矿地下顶板压力,防止发生冒顶事故	易发生顶板事故的矿井
13	矿井自动化排水监控设备		国家煤矿安全监察局强制执行安全标志管理检验标准	监测煤矿地下涌水量,防止发生透水事故	有水患威胁的矿井
14	煤矿井下通讯设备		国家煤矿安全监察局强制执行安全标志管理检验标准	确保井下通讯畅通,防止因通讯不畅发生事故	煤矿安全生产调度
15	隔爆型低压检漏设备	GB3836.1—4—2000爆炸性气体环境用电气设备	国家煤矿安全监察局强制执行安全标志管理检验标准	检测煤矿地下电器设备,防止漏电产生电火花	有爆炸性气体环境的矿井
16	隔爆型电气综合保护设备	GB3836.1—4—2000爆炸性气体环境用电气设备	国家煤矿安全监察局强制执行安全标志管理检验标准	检测煤矿地下电器设备,防止漏电产生电火花	有爆炸性气体环境的矿井
17	防爆型功率因数补偿设备	GB3836.1—4—2000爆炸性气体环境用电气设备	国家煤矿安全监察局强制执行安全标志管理检验标准	防止煤矿设备因电压不足,影响通风、排水	有爆炸性气体环境的矿井
18	矿用隔爆移动变电站	GB3836.1—4—2000爆炸性气体环境用电气设备	国家煤矿安全监察局强制执行安全标志管理检验标准	防止煤矿爆炸性气体发生爆炸	有爆炸性气体环境的矿井
19	矿井供电电容电流自动补偿设备	GB3836.1—4—2000爆炸性气体环境用电气设备	国家煤矿安全监察局强制执行安全标志管理检验标准	防止煤矿设备因电压、电流不足,影响设备正常运行	有爆炸性气体环境的矿井
二、非煤矿山					
20	无轨设备自动灭火系统			在无轨设备作业过程中发生火灾时,自动灭火保证人身和设备安全	适用露天矿山作业
21	烟雾传感器			检测坑内烟尘的浓度,并报警	适用于产生烟雾的矿山作业
22	斜井提升用捞车器			当斜井提升钢丝绳断绳时,可以捞住人车,防止坠入井底,造成人身事故	矿山斜井提升
23	70℃防火调节阀			炸药库通风管路调节	矿山企业炸药库监测
24	井下低压不接地系统绝缘检漏装置			对井下低压IT系统进行漏电监视,保证井下作业人员人身安全	矿山井下

续表

序号	设备名称	技术指标	参照标准	功能及作用	适用范围
25	带张力自动平衡悬挂装置的多绳提升容器			提升过程中，自动平衡各钢丝绳张力，防止钢丝绳张力过大造成断绳和人身伤亡事故	矿井提升设备保护
26	带 BF 型钢丝绳罐道罐笼防坠器的罐笼			确保钢丝绳断绳时能够抓住钢丝绳，避免人身伤亡	带 BF 型钢丝绳罐道罐笼保护
27	带木罐道罐笼防坠器的罐笼			确保钢丝绳断绳时能够抓住钢丝绳，避免人身伤亡	带木罐道罐笼保护
28	带制动器的斜井人车			当钢丝绳断绳时，人车立即在轨道上制动，避免人身伤亡事故	矿山斜井提升
三、危险化学品					
29	毒性气体检测报警器	毒性气体浓度超限报警	《作业环境气体检测报警仪通用技术要求》GBl2358—1990	测定作业环境毒气含量，防止发生中毒事故	含有毒性气体的作业环境
30	地下管道探测器	埋地管道泄漏检测报警		检测埋地管道泄漏情况	探测埋地管道泄漏点专用设备
31	管道防腐检测仪	检测管道防腐涂层厚度的变化		检测管道腐蚀情况	生产装置、井场、长输管线
32	氧气检测报警器	氧气超低、超高浓度报警	《作业环境气体检测报警仪通用技术要求》GBl2358—1990	检测密闭作业空间氧气含量，防止含量过低或过高引发事故	密闭空间作业
33	便携式二氧化碳检测报警器	二氧化碳气体超高浓度报警	《作业环境气体检测报警仪通用技术要求》GB12358—1990	检测密闭作业空间二氧化碳含量	密闭空间作业
34	便携式可燃气体检测报警器	可燃气体浓度超限报警	《可燃气体探测器》GB15322—2003	检测作业场所可燃气体含量	可燃气体是指列入《危险化学品名录》（2002 年版本，国家安全生产监督管理局公告[2003] 第 1 号，如有更新版本以最新版本为准）中的可燃气体
35	送风式长管呼吸器	正压送风，防止作业环境气体被劳动者吸入	《长管面具》GB6220—86	有毒有害物质作业和救援场所作业人员防护	有毒有害物质作业和救援场所
四、烟花爆竹行业					
36	静电火花感度仪	火工药品及电火工品静电放电火花敏感度		监测并预防静电火花的产生	烟花爆竹生产
五、公路行业					

序号	设备名称	技术指标	参照标准	功能及作用	适用范围
37	路况快速检测系统（CiCS）	以车流速度（0—100Km/h）快速检测路况指标:路面损坏（裂缝）等数据、道路平整度、路面车辙、路面纹理深度、道路前方图像。自动采集上述5项路面状况指标;对检测数据自动处理识别;路面裂缝等识别准确率达到95%以上	《公路技术状况评定标准》	用于道路缺陷及安全隐患检测	用于道路施工
六、铁路行业					
38	红外线轴温探测智能跟踪设备（THDS）	适应列车运行速度5～160公里/小时;自动计轴计辆:计轴误差<3×10−6,计辆误差<3×10−5;热轴故障预报兑现率:区间探测站:>60%;系统可维护性:机械部分<10分钟,电气部分<3分钟;适应温湿度工作条件:室外设备环温−40℃～+60℃,室内温度0～+40℃,室内相对湿度<95%,室外相对湿度<85%	运装管验〔2003〕276号	车辆轴温监测,防止轴温过高发生事故	车辆热轴
39	货车运行故障动态检测成套设备（TFDS）	适应车速（公里/小时）5～140km/h,自动计轴计辆计轴误差:<3×10−6,计辆误差:<3×10−5,故障信息存储容量≥两年（一个段修期）,图像传输速率≤2分钟/百辆,摄像机分辨率≥640×480,抓拍速率≥50帧/秒,补偿光源开启关闭响应时间≤1秒,保护门开启、关闭反应时间≤2秒,室外设备适应温度−40～70℃	运装管验〔2004〕141号	货车运行故障动态监测,预防事故发生	货车

续表

序号	设备名称	技术指标	参照标准	功能及作用	适用范围
40	货车运行状态地面安全监测成套设备（TPDS）	称重范围:最大轴重25t;计量方式:双向全自动轴、转向架动态计量;通过速度不限;检测精度:列车以45km/h及以下速度通过时超载检测精度优于5‰,45~60km/h速度通过时超载检测精度优于1%,60km/h以上重车超载检测准确度优于3%;识别车轮踏面擦伤;监测速度范围20~90km/h;识别车辆蛇行运动失稳:车辆运行速度不限;允许超载:为额定载荷的250%;	运装管验〔2002〕306号	货车最大轴重、转向动态、通过速度等方面监测	货车运行状态
七、民航行业					
41	发动机火警探测器	10—61096—97/899315—05/473597—5	FAR23	设备校准灭火、火警探测	飞机发动机
42	防冰控制系统温度控制器	2915—5	FAA TSO - C43,C16	防冰、防水控制系统温度控制	利用发动机引气给飞机大翼和发动机整流包皮提供防冰防止这些部位结冰使飞机失去控制
	防冰控制系统温度控制面板	233W、233N、69、233A系列		同上	
	防冰面板	233N3204—1019		同上	
	防冰活门	C146009—2/3215618—4/172625—7/810502—3/7612B000/7646B000/326975/38E93—5		同上	
	防冰控制系统结冰探测器	0871HT3/0871DL6		同上	
	防冰控制系统窗温控制器	S283T007—3/785897—2/785897—3/624066—3/624066—5/83000—05602/83000—05604		同上	
八、应急救援设备类					
43	正压式空气呼吸器	具有耐高温、阻燃、绝缘、防腐、防水、重量轻、气密性好等性能气瓶工作压力30MPa,背架应为高强度的非金属材料制成,面罩防结雾,一级减压阀输出端应具有他救接口,使用时间不得低于45分钟	GA124—2004《正压式消防空气呼吸器》	对人体呼吸器官的防护	用于现场作业时,对人体呼吸器官的防护装具,供作业人员在浓烟、毒性气体或严重缺氧的环境中使用

序号	设备名称	技术指标	参照标准	功能及作用	适用范围
44	隔绝式正压氧气呼吸器	防护时间1h以上,氧浓度不得低于21%	MT86—2000《隔绝式正压氧气呼吸器》	煤矿井下危险场所救护人员防护	煤矿井下
45	全防型滤毒罐	对有毒气体和蒸气、有毒颗粒及放射性粒子、细菌具有良好的过滤性能 NBC 防护标准储存期限不低于5年	GB/T2892—1995《过滤式防毒面具滤毒罐性能试验方法》	对危险作业人员呼吸保护	用于危险场所呼吸保护与防毒面罩配套使用
46	消防报警机		GBJ 116—88	初期火灾报警	用于机库、器材库及厂房内预报初期火灾,提示人员疏散
47	核放射探测仪	可自动声光报警、显示所检测射线的强度持续工作时间不少于70小时	GB10257—1988《核仪器与核辐射探测器质量检验规则》	快速寻找并确定 α、β、r 射线污染源的位置	用于有 α、β、r 射线污染源的作业环境
48	可燃气体检测仪	可检测10种以上易燃易爆气体的体积浓度	GB15322—2003《可燃气体探测器》	易燃易爆气体检测	用于检测事故现场易燃易爆气体
49	压缩氧自救器	具有防爆合格证和MA标志定量供氧量1.2~1.6L/min、通气阻力196pa、吸气温度45℃、手动补给60L/min、二氧化碳吸收剂用量350g、氧气瓶额定充气压力20Mpa、排气阀开启压力200~400pa	MT711—1997《隔绝式压缩氧自救器》	发生缺氧或在有毒有害气体环境中工作人员佩用自救逃生	用于煤矿井下发生缺氧或在有毒有害气体环境中矿工佩用它可以自身逃生。
50	矿山救护指挥车	具有高地盘,功率大,起步快,越野性能好汽车性能应达到:爬坡度在30%以上;最小离地间隙在220mm以上;行车速度在120km/h以上配有无线通讯系统、卫星定位系统和警灯警报装置	QC/T457—2002《救护车汽车标准》GA 14—91《用无线电话机技术要求和试验方法》GB50313—2000《城市通讯指挥系统设计规范》	矿山发生事故救援指挥	用于矿山事故抢险的救援指挥

附件十一：

国家重点支持的高新技术领域[①]

一、电子信息技术

二、生物与新医药技术

三、航空航天技术

四、新材料技术

五、高技术服务业

六、新能源及节能技术

七、资源与环境技术

八、高新技术改造传统产业

一、电子信息技术

（一）软件

1. 系统软件

操作系统软件技术，包括实时操作系统技术；小型专用操作系统技术；数据库管理系统技术；基于 EFI 的通用或专用 BIOS 系统技术等。

2. 支撑软件

测试支撑环境与平台技术；软件管理工具套件技术；数据挖掘与数据呈现、分析工具技术；虚拟现实（包括游戏类）的软件开发环境与工具技术；面向特定应用领域的软件生成环境与工具套件技术；模块封装、企业服务总线（ESB）、服务绑定等的工具软件技术；面向行业应用及基于相关封装技术的软件构件库技术等。

3. 中间件软件

中间件软件包括：行业应用的关键业务控制；基于浏览器/服务器（B/S）和面向 Web 服务及 SOA 架构的应用服务器；面向业务流程再造；支持异种智能终端间数据传输的控制等。

4. 嵌入式软件

嵌入式图形用户界面技术；嵌入式数据库管理技术；嵌入式网络技术；嵌入式 Java 平台技术；嵌入式软件开发环境构建技术；嵌入式支撑软件层中的其他关键软件模块研发及生成技术；面向特定应用领域的嵌入式软件支撑平台（包括：智能手机软件平台、信息家电软件平台、汽车电子软件平台等）技术；嵌入式系统整体解决方案的技术研发等。

5. 计算机辅助工程管理软件

用于工程规划、工程管理/产品设计、开发、生产制造等过程中使用的软件工作平台或软件工具。包括：基于模型数字化定义（MBD）技术的计算机辅助产品设计、制造及工艺软件技术；面向行业的产品数据分析和管理软件技术；基于计算机协同工作的辅助设计软件技术；快速成型的产品设计和制造软件技术；具有行业特色的专用计算机辅助工程管理/产品开发工具技术；产品全生命周期管理（PLM）系统软件技术；计算机辅助工程（CAE）相关软件技术等。

6. 中文及多语种处理软件

中文及多语种处理软件是指针对中国语言文字（包括汉语和少数民族语言文字）和外国语言文字开发的识别、编辑、翻译、印刷等方面的应用软件。包括：基于智能技术的中、外文字识别软件技

[①] 《科技部 财政部 国家税务总局关于印发〈高新技术企业认定管理办法〉的通知》（国科发火〔2008〕172 号，2008 年 4 月 14 日）。

术;字处理类(包括少数民族语言)文字处理软件技术;基于先进语言学理论的中文翻译软件技术;语音识别软件和语音合成软件技术;集成中文手写识别、语音识别/合成、机器翻译等多项智能中文处理技术的应用软件技术;具有多语种交叉的软件应用开发环境和平台构建技术等。

7. 图形和图像软件

支持多通道输入/输出的用户界面软件技术;基于内容的图形图像检索及管理软件技术;基于海量图像数据的服务软件技术;具有交互功能与可量测计算能力的 3D 软件技术;具有真实感的 3D 模型与 3D 景观生成软件技术;遥感图像处理与分析软件技术等。

8. 金融信息化软件

金融信息化软件是指面向银行、证券、保险行业等金融领域服务业务创新的软件。包括:支持网上财、税、库、行、海关等联网业务运作的软件技术;基于金融领域管理主题的数据仓库或数据集市及其应用等技术;金融行业领域的财务评估、评级软件技术;金融领域新型服务模式的软件技术等。

9. 地理信息系统

网络环境下多系统运行的 GIS 软件平台构建技术;基于 3D/4D(即带有时间标识)技术的 GIS 开发平台构建技术;组件式和可移动应用的 GIS 软件包技术等。

10. 电子商务软件

基于 Web 服务(Web Services)及面向服务体系架构(SOA)的电子商务应用集成环境及其生成工具软件或套件的技术;面向电子交易或事务处理服务的各类支持平台、软件工具或套件的技术;支持电子商务协同应用的软件环境、平台、或工具套件的技术;面向桌面和移动终端设备应用的信息搜索与服务软件或工具的技术;面向行业的电子商务评估软件或工具的技术;支持新的交易模式的工具软件和应用软件技术等。

11. 电子政务软件

用于构建电子政务系统或平台的软件构件及工具套件技术;跨系统的电子政务协同应用软件环境、平台、工具等技术;应急事件联动系统的应用软件技术;面向电子政务应用的现场及移动监管稽核软件和工具技术;面向电子政务应用的跨业务系统工作流软件技术;异构系统下政务信息交换及共享软件技术;面向电子政务应用的决策支持软件和工具技术等。

12. 企业管理软件

数据分析与决策支持的商业智能(BI)软件技术;基于 RFID 和 GPS 应用的现代物流管理软件技术;企业集群协同的供应链管理(SCM)软件技术;面向客户个性化服务的客户关系管理(CRM)软件技术等。

(二)微电子技术

1. 集成电路设计技术

自主品牌 ICCAD 工具版本优化和技术提升,包括设计环境管理器、原理图编辑、版图编辑、自动版图生成、版图验证以及参数提取与反标等工具;器件模型、参数提取以及仿真工具等专用技术。

2. 集成电路产品设计技术

音视频电路、电源电路等量大面广的集成电路产品设计开发;专用集成电路芯片开发;具有自主知识产权的高端通用芯片 CPU、DSP 等的开发与产业化;符合国家标准、具有自主知识产权、重点整机配套的集成电路产品,3G 移动终端电路、数字电视电路、无线局域网电路等。

3. 集成电路封装技术

小外型有引线扁平封装(SOP)、四边有引线塑料扁平封装(PQFP)、有引线塑封芯片载体(PLCC)等高密度塑封的大生产技术研究,成品率达到 99%以上;新型的封装形式,包括采用薄型载带封装、塑料针栅阵列(PGA)、球栅阵列(PBGA)、多芯片组装(MCM)、芯片倒装焊(FlipChip)、WLP(Wafer Level Package),CSMP(Chip Size Module Package),3D(3 Dimension)等封装工艺技术。

4. 集成电路测试技术

集成电路品种的测试软件,包括圆片(Wafer)测试及成品测试。芯片设计分析验证测试软件;提高集成电路测试系统使用效率的软/硬件工具、设计测试自动连接工具等。

5. 集成电路芯片制造技术

CMOS 工艺技术、CMOS 加工技术、BiCMOS 技术、以及各种与 CMOS 兼容工艺的 SoC 产品的工业化技术；双极型工艺技术，CMOS 加工技术与 BiCMOS 加工技术；宽带隙半导体基集成电路工艺技术；电力电子集成器件工艺技术。

6. 集成光电子器件技术

半导体大功率高速激光器；大功率泵浦激光器；高速 PIN－FET 模块；阵列探测器；10Gbit/s－40Gbit/s 光发射及接收模块；用于高传输速率多模光纤技术的光发射与接收器件；非线性光电器件；平面波导器件（PLC）（包括 CWDM 复用/解复用、OADM 分插复用、光开关、可调光衰减器等）。

（三）计算机及网络技术

1. 计算机及终端技术

手持和移动计算机（HPC、PPC、PDA）；具有特定功能的行业应用终端，包括金融、公安、税务、教育、交通、民政等行业的应用中，集信息采集（包括条形码、RFID、视频等）、认证支付和无线连接等功能的便携式智能终端等；基于电信网络或/和计算机网络的智能终端等。

2. 各类计算机外围设备技术

具有自主知识产权的计算机外围设备，包括打印机、复印机等；计算机外围设备的关键部件，包括打印机硒鼓、墨盒、色带等；计算机使用的安全存储设备，存储、移动存储设备等；基于 USB 技术、蓝牙技术、闪联技术标准的各类外部设备及器材；基于标识管理和强认证技术；基于视频、射频等识别技术。

3. 网络技术

基于标准协议的（如 SNMP 和 ITSM 等）的应用于企业网和行业专网的信息服务管理和网络管理软件，包括监控软件、IP 业务管理软件等；ISP、ICP 的增值业务软件和应用平台等；用于企业和家庭的中、低端无线网络设备，包括无线接入点、无线网关、无线网桥、无线路由器、无线网卡等；以及符合蓝牙、UWB 标准的近距离（几米到十几米）无线

收发技术等；向 IPv4 向 IPv6 过渡的中、低端网络设备和终端。

4. 空间信息获取及综合应用集成系统

空间数据获取系统，包括低空遥感系统、基于导航定位的精密测量与检测系统、与 PDA 及移动通信部件一体化的数据获取设备等；导航定位综合应用集成系统，包括基于"北斗一号"卫星导航定位应用的主动/被动的导航、定位设备及公众服务系统；基于位置服务（LBS）技术的应用系统平台；时空数据库的构建及其应用技术等。

5. 面向行业及企业信息化的应用系统

融合多种通信手段的企业信息通信集成技术；智能化的知识管理；工作流、多媒体；基于 SOA 架构建立的企业信息化集成应用。

6. 传感器网络节点、软件和系统

面向特定行业的传感器网络节点、软件或应用系统；传感器网络节点的硬件平台和模块、嵌入式软件平台及协议软件等；传感器网络节点的网络接口产品模块、软件等。

＊采用 OEM 或 CKD 方式的集成生产项目除外。

（四）通信技术

1. 光传输技术

可用于城域网和接入网的新型光传输设备技术，包括：中/低端新型多业务光传输设备和系统；新型光接入设备和系统；新型低成本小型化波分复用传输设备和系统；光传输设备中新型关键模块光传输系统仿真计算等专用软件。

2. 小型接入设备技术

适合国内的网络状况和用户特殊应用需求的小型接入设备技术，包括：各类综合接入设备，各种互联网接入设备（IAD）；利用无线接入、电力线接入、CATV 接入等的行业专用接入设备（包括远程监控等）；其它新型中小型综合接入设备。

3. 无线接入技术

调制方式多样、能适应复杂使用环境的移动通信接入技术的无线接入设备及其关键部件，包括：宽带无线接入设备，如包括基站、终端、网关等；基

于IEEE802.11等协议的基站与无线局域网终端设备;基于IEEE802.16等协议的宽带无线城域网终端设备、系统和技术;各类高效率天线终端设备和特种天线技术和设备等;固定无线接入设备;各种无线城域网设备和系统,包括增强型WLAN基站和终端等。

4. 移动通信系统的配套技术

适用于移动通信网络等的系列配套技术,包括:3G系统的直放站(含天线)配套设备;用于各种基站间互联的各种传输设备;移动通信网络规划优化软件与工具;基站与天线的RF信号光纤拉远传输设备;移动通信的网络测试、监视和分析仪表等;数字集群系统的配套技术;其他基于移动通信网络的行业应用的配套技术。

5. 软交换和VoIP系统

基于分组交换原理的下一代网络系统和设备技术,包括:中小型IP电话系统及设备;面向特定行业和企业应用、集成VoIP功能的呼叫中心系统及设备;VoIP系统的监测和监控技术等。

6. 业务运营支撑管理系统

网络和资源管理系统;结算和计费系统;业务管理和性能分析系统;经营分析与决策支持系统;客户服务管理系统;服务质量管理系统;各类通信设备的测试系统;适用于上述系统的组件产品,包括各类中间件等。

7. 电信网络增值业务应用系统

固定网、2.5G/3G移动、互联网等网络的增值业务应用软件技术,包括:各类增值业务的综合开发平台;流媒体、手机可视电话、手机QQ、IPTV等的应用系统;基于电信网、互联网等的增值业务和应用系统;基于P2P技术的各类应用系统,包括即时通信系统等;基于现有网络技术的增值业务平台;支持网络融合和业务融合的增值业务应用平台及系统。

(五)广播电视技术

1. 演播室设备技术

与数字电视系统相适应的各类数字化电子设备技术,包括:演播室数字视频服务器、数字视频切换控制台、数字音视频非线性编辑服务器;节目的电子交换、节目制播系统软件、面向数字媒体版权保护的加解密和密钥管理、数字版权保护等系统;适合我国地面电视标准的地面数字电视传输设备;地面—有线合一的数字电视传输设备;符合我国标准的具有自主知识产权的数字电视发射与转发设备;卫星数字电视调制器、有线数字电视调制器、地面数字电视调制器;广播电视监控系统及设备;用于IP网络、移动接收服务网络的数据网关,数据协议转发服务器;有线数字电视和卫星数字电视运营商的运营支撑系统;以电子节目指南、综合信息发布、数据广播、以及交互电视等构成的业务应用系统。

2. 交互信息处理系统

能够实现交互式控制的服务端系统技术。

3. 信息保护系统

能够实现各种信息媒体整体版权保护的系统技术。

4. 数字地面电视技术

可提高收发机性能的技术,与单频组网、覆盖补点、专用测试等应用相关的技术,包括:数字电视单频网适配器;广播信号覆盖补点器;GB20600—2006广播信号发生器;GB20600—2006广播信号分析仪等。

5. 地面无线数字广播电视技术

符合国家《地面数字电视广播传输标准》的设备技术,包括:数字广播电视发射机;数字广播电视复用器;数字广播电视信道编码调制器;无线地面数字广播技术。

6. 专业音视频信息处理系统

公共交通、公共场所等各类专业级网络化的音视频处理系统技术。

7. 光发射、接收技术

具备自主知识产权的光发射和光接收设备的技术,包括:激光器模块;光电转换模块;调幅返送光发射机;室外型宽带光接收机等。

8. 电台、电视台自动化技术

适合电台、电视台开展音频及视像节目编、采、播业务的技术,包括:具备发射机单机模拟量、开关量的选择与采集,控制信号接口选择功能的设备;能对发射机工作状态实现控制、监测、记录、分析、诊断、显示、报警等功能的设备;能对全系统实现数据处理的计算机设备;能对发射机房多机系统实现自动化控制管理的设备等。

9. 网络运营综合管理系统

基于卫星、有线、无线电视传输的、能实现分级网络运营管理、能实现全网传输设备的维护、设置及业务管理一体化的软件系统的技术,包括:广播影视传输覆盖网的管理系统;有线电视分配网网络管理系统等。

10. IPTV 技术

电信、计算机和广电三大网络的业务应用融合的技术,包括:IPTV 路由器和交换器;IPTV 终端设备;IPTV 监管系统和设备;IPTV 前端设备等。

11. 高端个人媒体信息服务平台

移动办公软件技术,包括:个人信息综合处理平台;便携式个人信息综合处理终端等。

＊采用 OEM 或 CKD 方式的集成生产项目除外。

(六)新型电子元器件

1. 半导体发光技术

半导体发光二极管用外延片制造技术,生长高效高亮度低光衰高抗静电的外延片技术,包括:采用 GaN 基外延片/Si 基外延片/蓝宝石衬底外延片技术;半导体发光二极管制作技术;大功率高效高亮度低光衰高抗静电的发光二极管技术;高效高亮度低光衰高抗静电的发光二极管技术;半导体照明用长寿命高效荧光粉、热匹配性能和密封性能好的封装树脂材料和热沉材料技术等。

2. 片式和集成无源元件技术

片式复合网络、片式 EMI/EMP 复合元件和 LTCC 集成无源元件;片式高温、高频、大容量多层陶瓷电容器(MLCC);片式 NTC、PTC 热敏电阻和片式多层压敏电阻;片式高频、高稳定、高精度频率器件等。

3. 片式半导体器件技术

小型、超小型有引线及无引线产品;采用低弧度键合、超薄封装的相关产品;功率型有引线及无引线产品等。

4. 中高档机电组件技术

符合工业标准的超小型高密度高传输速度的连接器;新一代通信继电器,小体积、大电流、组合式继电器和固体光 MOS 继电器;高保真、高灵敏度、低功耗电声器件;刚挠结合板和 HDI 高密度积层板等。

(七)信息安全技术

1. 安全测评类

网络与系统的安全性能进行测试与评估技术;对安全产品的功能、性能进行测试与评估,能满足行业或用户对安全产品自测评需求的技术等。

2. 安全管理类

具备安全集中管理、控制与审计分析等功能的综合安全管理类技术;具备安全策略、安全控制措施的统一配置、分发和审核功能的安全管理类技术等。

3. 安全应用类

具有电子政务相关应用安全软件及相关技术;具有电子商务相关应用安全软件及相关技术;具有公众信息服务相关应用安全软件及相关技术等。

4. 安全基础类

操作系统安全的相关支撑技术;数据库安全管理的相关支撑技术;安全路由和交换设备的研发和生产技术;安全中间件技术;可信计算和标识认证相关支撑技术等。

5. 网络安全类

网络攻击防护技术;网络异常监控技术;无线与移动安全接入技术;恶意代码防护技术;网络内容安全管理技术等。

6. 专用安全类

密码及其应用技术;安全隔离与交换等边界防护技术;屏蔽、抑制及干扰类电磁泄漏发射防护和检测技术;存储设备和介质中信息的防护、销毁及存储介质的使用管理技术;高速安全芯片技术;安全事件取证和证据保全技术等。

＊市场前景不明朗、低水平重复，以及简单的技术引进类信息安全软件及其相关产品除外。

（八）智能交通技术

1. 先进的交通管理和控制技术

具备可扩展性的适于中小城市信号设备和控制技术；可支持多种下端协议的上端控制系统的软件技术研发；交通应急指挥管理相关设备的技术研发和生产；网络环境下的外场交通数据综合接入设备的技术研发和生产；交通事件自动检测和事件管理的软件技术研发等。

2. 交通基础信息采集、处理设备及相关软件技术

采用微波、主被动红外、激光、超声波技术（不含视频）设备，可用于采集交通量、速度、车型、占有率、车头时距等交通流参数；车辆、站场枢纽客流统计检测设备生产及分析技术；用于公众服务的动态交通信息融合、处理软件技术研发；交通基础设施状态监测设备的软件研发和生产技术；内河船舶交通量自动检测设备技术研发等。

3. 先进的公共交通管理设备和系统技术

大容量快速公交系统（BRT）运营调度管理系统（含车、路边设备）技术研发；公交（含大容量公交）自动售检票系统技术研发，要能够支持现金、信用卡、预付费卡等多种支付方式；大中城市公共交通运营组织与调度管理相关设备和系统的技术研发等。

4. 车载电子设备和系统技术

具有实时接收数据能力，并可进行本地路径动态规划功能的车载导航设备的研发及生产；符合国家标准的电子不停车收费系统技术研发；车载安全驾驶辅助产品生产技术等。

二、生物与新医药技术

（一）医药生物技术

1. 新型疫苗

具有自主知识产权且未曾在国内外上市销售的、预防重大疾病的新型高效基因工程疫苗，包括：预防流行性呼吸系统疾病、艾滋病、肝炎、出血热、大流行感冒、疟疾、狂犬病、钩虫病、血吸虫病等人类疾病和肿瘤的新型疫苗、联合疫苗等，疫苗生产用合格实验动物，培养细胞及菌种等。

2. 基因工程药物

具有自主知识产权，用于心脑血管疾病、肿瘤、艾滋病、血友病等重大疾病以及其他单基因遗传病治疗的基因工程药物、基因治疗药物、靶向药物，重组人血白蛋白制品等。

3. 重大疾病的基因治疗

用于恶性肿瘤、心血管疾病、神经性疾病的基因治疗及其关键技术和产品，具有自主知识产权的重大疾病基因治疗类产品，包括：恶性肿瘤、遗传性疾病、自身免疫性疾病、神经性疾病、心血管疾病和糖尿病等的基因治疗产品；基因治疗药物输送系统等。

4. 单克隆抗体系列产品与检测试剂

用于肝炎、艾滋病、血吸虫病、人禽流感、性病等传染性疾病和肿瘤、出生缺陷及吸毒等早期检测、诊断的单克隆抗体试剂，食品中微生物、生物毒素、农药兽药残留检测用单克隆抗体及试剂盒；重大动植物疫病、转基因生物检测用单克隆抗体及试剂盒，造血干细胞移植的分离、纯化和检测所需的单克隆抗体系列产品；抗肿瘤及抗表皮生长因子单克隆抗体药物；单克隆抗体药物研究关键技术和系统；先进的单克隆抗体规模化制备集成技术、工艺和成套设备；新型基因扩增（PCR）诊断试剂及检测试剂盒和人源化/性基因工程抗体。

5. 蛋白质/多肽/核酸类药物

面向重大疾病——抗肿瘤蛋白药物（如肿瘤坏死因子），心脑血管系统蛋白药物（如纤溶酶原，重组溶血栓），神经系统蛋白药物尤其是抑郁药物，老年痴呆药物，肌肉关节疾病的蛋白质治疗药物，以及抗病毒等严重传染病蛋白药物的研究与产业化技术；各类细胞因子（如促红细胞生成素，促人血小板生长因子，干扰素，集落刺激因子，白细胞介素，肿瘤坏死因子，趋化因子，转化生长因子，生长因子）等多肽药物的开发技术；抗病毒、抗肿瘤及治疗自身免疫病的核酸类药物及相关中间体的研究及产业化技术等。

6. 生物芯片

重大疾病、传染病、遗传病、地方病等诊断用芯片,生物安全检测用芯片,研究用芯片,进出口检验检疫芯片、生物芯片数据获取、处理和分析设备及软件等。

7. 生物技术加工天然药物

采用细胞大规模培养、生物转化技术开发生物资源和中药资源,包括:动植物细胞大规模培养技术、发酵法生产濒危、名贵、紧缺药用原料和动植物组织中分离提取生物活性物质原料及新药等。

8. 生物分离、装置、试剂及相关检测试剂

适用于基因工程、细胞工程、发酵工程、天然药物的生产、药物活性成份等分离用的高精度、自动化、程序化、连续高效的设备和介质,以及适用于生物制品厂的生产装置等,包括:生物、医药用新型高效分离介质及装置;生物、医药用新型高效膜分离组件及装置;生物、医药用新型高效层析介质及装置;生物、医药用新型发酵技术与装置;生物反应和生物分离的过程集成技术;生物、医药研究、生产及其检测用试剂、试剂盒等。

9. 新生物技术

具有明确应用前景的新生物技术,包括:治疗疾病的干细胞技术及用于基因治疗、新药开发和生物医学的 RNAi 技术;用于生物医药研究的纳米技术;能提高多肽药物的稳定性和半衰期,降低免疫原性的多肽修饰技术;海洋生物技术。

(二)中药、天然药物

1. 创新药物

拥有自主知识产权、符合现代新药开发技术要求的中药、天然药物新药,包括:从中药、天然药物中提取的有效成份、有效部位,以及新发现的中药材和中药材新的药用部位及制剂等。

2. 中药新品种的开发

由中药、天然药物制成的新的复方制剂,对名优中成药及民族药的二次开发,以及新型中药给药系统品种,包括:透皮制剂、缓控速释制剂、靶向制剂、定位制剂等;作为中药质量控制所必需的中药标准品的开发与应用技术。

3. 中药资源可持续利用

珍贵和濒危野生动植物资源的种植(养殖)、良种选育技术;珍贵和濒危野生药材代用品及人工制品;符合种植规范和管理要求的中药材;中药材去除重金属和农药残留新技术、新产品的研究等。

(三)化学药

1. 创新药物

拥有自主知识产权的创新药物,包括:通过合成或半合成的方法制得的原料药及其制剂;天然物质中提取或通过发酵提取的新的有效单体及其制剂;用拆分或合成等方法制得的已知药物中的单一光学异构体及其制剂;由已上市销售的多组份药物制备为较少组份的药物;新的复方制剂;已有药物新的适应症等。

2. 心脑血管疾病治疗药物

抗高血压药物;抗冠心病药物;抗心衰药物;抗血栓药物;治疗脑卒中新药等。

3. 抗肿瘤药物

抗恶性肿瘤细胞侵袭转移药物;放化疗增敏药物;肿瘤化学预防及用于癌前病变治疗的药物;作用于肿瘤细胞信号传递系统的新药;其他新型抗肿瘤药物;肿瘤辅助治疗(包括镇痛、止吐、增强免疫功能、肿瘤引起的高钙血症等)药物等。

4. 抗感染药物(包括抗细菌、抗真菌、抗原虫药等)

大环内酯类抗生素;头孢菌素抗生素;非典型 β-内酰胺类抗生素;抗真菌药物;喹诺酮类抗菌药;四环素类抗菌药;手性硝基咪唑类抗原虫、抗厌氧菌药物;多肽类抗生素等。

5. 老年病治疗药物

防治骨质疏松新药;老年痴呆治疗新药;慢性阻塞性肺病治疗新药;前列腺炎及前列腺肥大治疗药物;帕金森氏病治疗药物;便秘治疗药物等。

6. 精神神经系统药物

抗郁抑药;抗焦虑药;精神病治疗药;偏头痛治疗药;儿童注意力缺乏综合症治疗药;癫痫治疗药等。

7. 计划生育药物

女用避孕药;男用避孕药;事后避孕药;抗早孕药等。

8. 重大传染病治疗药物

艾滋病治疗药物;传染性肝炎治疗药物;结核病防治药物;血吸虫病防治药物;流感、禽流感、非典型肺炎等呼吸道传染病的防治药物等。

9. 治疗代谢综合症的药物

糖尿病及其并发症治疗药物;血脂调节药;脂肪肝治疗药物;肥胖症治疗药物等。

10. 罕见病用药(Orphan Drugs)及诊断用药

罕见病用药;解毒药;诊断用药等(包括 X-射线、超声、CT、NMR 对比增强剂等)。

11. 手性药物和重大工艺创新的药物及药物中间体

手性药物技术(包括:外消旋药物的拆分,无效对映体的转化及生物转化合成技术;包结拆分和手性药物的制备技术;手性药物的生物催化合成技术;新型手性体的设计与合成技术;工业化不对称催化技术;由糖合成手性纯天然化合物和其类似物的开发技术;拆分试剂,手性辅助剂,手性分析用试剂,手性源化合物的开发与应用技术等);能大幅度降低现有药物生产成本的重大工艺创新;节能降耗明显的重大工艺改进;能大幅度减少环境污染的重大工艺改进;市场急需的、有较大出口创汇潜力的药物及药物中间体;改进药物晶型的重大工艺改进等。

＊简单的改变制备工艺的品种除外。

(四)新剂型及制剂技术

1. 缓、控、速释制剂技术——固体、液体及复方

具有控制药物释放速度的缓、控、速释制剂技术,包括:透皮吸收制剂技术;注射缓、控释制剂(长效储库型注射剂)技术;口服(含舌下)缓、控、速释制剂技术;缓释微丸胶囊(直径为 5～250μm)制剂技术;粘膜、腔道、眼用等其他缓、控释制剂技术等。

2. 靶向给药系统

采用脂类、类脂蛋白质及生物降解高分子成分

作为载体,将药物包封或嵌构而成的各种类型的新型靶向给药系统,包括:结肠靶向给药(口服)系统及技术;心脑靶向给药(口服、注射)系统及技术;淋巴靶向给药(注射)系统及技术;能实现 2 级靶向,3 级靶向药物制剂的系统及技术等。

3. 给药新技术及药物新剂型

高效、速效、长效、靶向给药新型药物,药物控释纳米材料,新型给药技术和装备,缓释、控释、透皮吸收制剂技术,蛋白或多肽类药物的口服制剂技术。包括:纳米技术、脂质体技术、微囊释放新技术等。

4. 制剂新辅料

β-环糊精衍生物、微晶纤维素和微粉硅胶等固体制剂用辅料,具有掩盖药物的不良口感、提高光敏药物的稳定性、减少药物对胃肠道的刺激性、使药物在指定部位释放等作用的包衣材料,包括:纤维素衍生物和丙烯酸树脂类衍生物等;注射用辅料,包括:注射用 β-环糊精衍生物、注射用卵磷脂和注射用豆磷脂等。控、缓释口服制剂,粘膜给药和靶向给药制剂,眼用药物,皮肤给药等特殊药用辅料。

＊简单改变剂型和给药途径的技术除外。

(五)医疗仪器技术、设备与医学专用软件

1. 医学影像技术

X 射线摄影成像技术(高频,中频)、新型高性能超声诊断技术(彩色 B 超)、功能影像和分子影像成像技术、新型图像识别和分析系统以及其它新型医学成像技术,包括:电阻抗成像技术,光 CT 技术等。

2. 治疗、急救及康复技术

新型微创外科手术器具及其配套装置;植入式电子刺激装置;新型急救装置;各类介入式治疗技术与设备;以治疗计划系统为核心的数字化精确放射治疗技术以及医用激光设备等。

3. 电生理检测、监护技术

数字化新型电生理检测和监护设备技术;适用于基层医院、社区医疗、生殖健康服务机构,以及能面向家庭的各类新型无创和微创检测诊断技术、监

护设备和康复设备;高灵敏度、高可靠性的新型医用传感器及其模块组件等。

4. 医学检验技术

体现自动化和信息化的应急生化检验装置、常规生化分析仪器、常规临床检验仪器以及具有明确的临床诊断价值的新技术,采用新工艺、新方法或新材料的其他医学检验技术和设备等。

5. 医学专用网络环境下的软件

医用标准化语言编译及电子病历(EMR)系统;电子健康档案系统;重大疾病专科临床信息系统;社区医疗健康信息系统以及实用三维数字医学影像后处理系统等。

＊机理不清、治疗效果不确定的产品除外。

(六)轻工和化工生物技术

1. 生物催化技术

具有重要市场前景及自主知识产权的生物催化技术,包括:用于合成精细化学品的生物催化技术;新型高效酶催化剂品种和新用途;新型酶和细胞固定化方法及反应器;生物手性化学品的合成;生物法合成多肽类物质;有生物活性的新型糖类和糖醇类等。

2. 微生物发酵新技术

高效菌种的选育和新型发酵工程和代谢工程技术,包括:微生物发酵生产的新产品及其化学改性新产品;微生物发酵新技术和新型反应器;新功能微生物的选育方法和发酵过程的优化、控制新方法以及采用代谢工程手段提高发酵水平的新方法;传统发酵产品的技术改造和生产新工艺等;重大发酵产品中可提高资源利用度,减少排污量的清洁生产新技术和新工艺等。

3. 新型、高效工业酶制剂

对提高效率、降低能耗和减少排污有显著效果的绿色化学处理工艺及新型、高效工业酶制剂,包括:有机合成用酶制剂;纺织工业用酶、洗涤剂用酶、食品用酶、制药工业用酶、饲料用酶、环保用酶等酶制剂,酶制剂质量评价技术及标准;生物新材料用酶;生物新能源用酶等。

4. 天然产物有效成份的分离提取技术

可提高资源利用率的、从天然动植物中提取有效成份制备高附加值精细化学品的分离提取技术,包括:天然产物有效成份的分离提取新技术;天然产物有效成份的全合成、化学改性及深加工新技术;天然产物中分离高附加值的新产品;高效分离纯化技术集成及装备的开发与生产;从动植物原料加工废弃物中进一步分离提取有效成份的新技术等。

5. 生物反应及分离技术

高效生物反应器,高密度表达系统技术,大规模高效分离技术、介质和设备,大型分离系统及在线检测控制装置,基因工程、细胞工程和蛋白质工程产品专用分离设备,生物过程参数传感器和自控系统。

6. 功能性食品及生物技术在食品安全领域的应用

辅助降血脂、降血压、降血糖功能食品;抗氧化功能食品;减肥功能食品;辅助改善老年记忆功能食品;功能化传统食品;以及功能性食品有效成份检测技术和功能因子生物活性稳态化技术;食品安全的生物检测技术等。

(七)现代农业技术

1. 农林植物优良新品种与优质高效安全生产技术

优质、高效、高产优良新品种技术;水肥资源高效利用型新品种技术;抗病虫、抗寒、抗旱、耐盐碱等抗逆新品种技术;新型、环保肥料与植物生长调节剂及高效安全施用技术。

2. 畜禽水产优良新品种与健康养殖技术

畜禽水产优良新品种及快繁技术;珍稀动物、珍稀水产养殖技术;畜牧业、水产业健康养殖技术和模式;畜牧水产业环境调控和修复技术与模式;安全、优质、专用、新型饲料及饲料添加剂生产和高效利用技术;畜牧水产业质量安全监控、评价、检测技术;优质奶牛新品种及规模化、集约化饲养与管理技术。

3. 重大农林植物灾害与动物疫病防控技术

重大农林植物病虫鼠草害、重大旱涝等气象灾害以及森林火灾监测、预警、防控新技术;主要植物病虫害及抗药性检测、诊断技术;环保型农药创制、高效安全施用与区域性农林重大生物灾害可持续控制技术;畜禽水产重大疾病监测预警、预防控制、快速诊断、应急处理技术;烈性动物传染病、动物源性人畜共患病高效特异性疫苗生产技术;高效安全新型兽药及技术质量监测等技术。

4. 农产品精深加工与现代储运

农业产业链综合开发和利用技术;农产品加工资源节约和综合利用技术;农产品分级、包装和品牌管理技术;农业产业链标准化管理技术;大宗粮油绿色储运、鲜活农产品保鲜及物流配送、农林产品及特种资源增值加工、农林副产品资源化利用;农副产品精深加工和清洁生态型加工技术与设备;农产品质量安全评价、快速检测、全程质量控制等技术。

5. 现代农业装备与信息化技术

新型农作物、牧草、林木种子收获、清选、加工设备;新型农田作业机械、设施农业技术装备与高效施肥、施药机械和设备;新型畜禽、水产规模化养殖以及牧草、饲料加工、林产机械和新型农产品产地处理技术装备;农业生产过程监测、控制及决策系统与技术;精准农业技术、遥感技术与估产及农村信息化服务系统与技术。

6. 水资源可持续利用与节水农业

水源保护、水环境修复、节水灌溉、非常规水源灌溉利用、旱作节水和农作物高效保水等新技术、新材料、新工艺和新产品。

7. 农业生物技术

新型畜禽生物兽药和生物疫苗,生物肥料,生物农药及生物饲料等。

三、航空航天技术

1. 民用飞机技术

民用飞机综合航空电子、飞行控制技术;安全及救生技术;民用航空发动机及重要部件;小型、超小型飞机(含无人驾驶飞机)专用发动机及重要部件。

*无动力运动滑翔机、教练机等除外。

2. 空中管制系统

民用航空卫星通信、导航、监视及航空交通管理系统(CNS/ATM)管制工作站系统、CNS/ATM网关系统、飞行流量管理系统和自动化管制系统等;先进的空中管制空域设计与评估系统,数字化放行(PDC)系统,自动终端信息服务(D-ATIS)系统,空中交通进离港排序辅助决策系统,空管监视数据融合处理系统,飞行计划集成系统,卫星导航地面增强系统,自动相关监视系统和多点相关定位系统等。

3. 新一代民用航空运行保障系统

新型民用航空综合性公共信息网络平台、安全管理系统、天气观测和预报系统、适航审定系统;新型先进的机场安全检查系统、货物及行李自动运检系统、机场运行保障系统。

*通用独立的机场运行保障信息显示、控制设备及仪器除外。

4. 卫星通信应用系统

通信卫星地面用户终端、便携式多媒体终端、卫星地面上行系统、卫星地面差放站以及采用卫星通信新技术(新协议)的高性价比地面通信系统,宽带/高频/激光卫星通信系统等;与卫星固定通信业务、卫星移动通信业务、电视卫星直播业务(卫星数字音频广播)和互联网宽带接入业务相关的四大业务地面终端设备及关键配套部件;高精度地面终端综合检测仪器与系统。

*3位半以下便携式通用测试仪表等除外。

5. 卫星导航应用服务系统

卫星导航多模增强应用服务系统(含连续观测网络、实时通信网络、数据处理中心和公共服务平台)、基于位置信息的综合服务系统及其应用服务终端(与无线通信网络结合的全球导航卫星系统技术和室内定位技术)、具有导航、通信、视听等多种功能的车载、船载等移动信息系统;个人导航信息终端;兼容型卫星导航接收机;卫星导航专用芯片、SOC系统、小型嵌入系统;嵌入式软件。

四、新材料技术

(一)金属材料

1. 铝、镁、钛轻合金材料深加工技术

环保、节能新工艺新技术生产高纯金属镁、高洁净镁合金和高强度、高韧性、耐腐蚀铝合金、镁合金、钛合金材料，及其在航空、汽车、信息、高速列车等行业的应用技术；大断面、中空大型钛合金及铝合金板材，镁及镁合金的液态铸轧技术，镁、铝、钛合金的线、板、带、薄板（箔）、铸件、锻件、异型材等系列化产品的加工与焊接技术，后加工成型技术和着色、防腐技术以及相关的配套设备；精密压铸技术生产高性能铝合金、镁合金材及铸件；钛及钛合金低成本生产技术及其应用技术，钛及钛合金焊接管生产技术。

＊高污染高能耗皮江法生产金属镁及镁合金、常规铝合金、仿不锈钢铝建材和一般民用铝制品除外。

2. 高性能金属材料及特殊合金材料生产技术

先进高温合金材料及其民用制品生产技术；超细晶粒的高强度、高韧性、强耐蚀钢铁材料生产技术；为提高钢铁材料洁净度、均匀度、组织细度等影响材料性能，提高冶金行业资源、能源利用效率，实现节能、环保，促进钢铁行业可持续发展的配套相关材料、部件制造技术；高强度、高韧性、高导性、耐腐蚀、高抗磨、耐高（低）温等特殊钢材料、高温合金材料、工模具材料制造技术；超细组织钢铁材料的轧制工艺、先进微合金化、高均质连铸坯、高洁净钢的冶炼工艺，高强度耐热合金钢及铸锻工艺和焊接技术，高性能碳素结构钢、高强度低合金钢、超高强度钢、高牌号冷轧硅钢生产工艺；高性能铜合金材（高强、高导、无铅黄铜等）生产技术、采用金属横向强迫塑性变形和冷轧一次成型工艺生产热交换器用铜及铜合金无缝高翅片管技术；通过连铸、拉拔制成合金管线材技术。

＊高能耗、高污染的"地条钢"和一般建筑用钢、常规铸造、常规机加工项目除外。

3. 超细及纳米粉体及粉末冶金新材料工艺技术

高纯超细粉、纳米粉体和多功能金属复合粉生产技术，包括铜、镍、钴、铝、镁、钛等有色金属和特殊铁基合金粉末冶金材料粉体成型和烧结致密化技术；采用粉末预处理、烧结扩散制成高性能铜等有色金属预合金粉制造技术；高性能、特殊用途钨、钼深加工材料及应用技术，超细晶粒（纳米晶）硬质合金材料及高端硬质合金刀具等制造技术。

＊超细钨粉及碳化钨粉和传统工艺生产常规粉末冶金材料及制品除外。

4. 低成本、高性能金属复合材料加工成型技术

耐高压、耐磨损、抗腐蚀、改善导电、导热性等方面具有明显优势的金属与多种材料复合的新材料及结构件制、热交换器用铜铝复合管材新工艺；低密度、高强度、高弹性模量、耐疲劳的颗粒增强、纤维增强的铝基复合材料产业化的成型加工技术以及低成本高性能的增强剂生产技术。

＊铝塑复合管材、钢（铝）塑门窗等一般民用产品除外。

5. 电子元器件用金属功能材料制造技术

制取电容器用高压、超高比容钽粉的金属热还原、球团化造粒、热处理、脱氧等技术；制成超细径电容器用钽丝的粉末冶金方法成型烧结技术；特种导电和焊接用集成电路引线及引线框架材料、电子级无铅焊料、焊球、焊粉、焊膏、贱金属专用电子浆料制造技术；异形接触点材料和大功率无银触头材料制造技术；高磁能积、高内禀矫顽力高性能铁氧体永磁材料和高导磁、低功耗、抗电磁干扰的软磁体材料（高于 OP8F、CL11F、PW40 牌号性能）制造技术，片式电感器用高磁导率、低温烧结铁氧体（NiCuZn）、高性能屏蔽材料、锂离子电池负极载体、覆铜板用的高均匀性超薄铜薄制造技术；电真空用无夹杂、无气孔不锈钢及无氧铜材料规模化生产技术。

＊常规电力电工用金属电线、电缆及漆包线材料，贵金属浆料及阴极、阳极铝箔等除外。

6. 半导体材料生产技术

经拉晶、切割、研磨、抛光、清洗加工制成的直径大于 8 英寸超大规模集成电路用硅单晶及抛光片和外延片加工技术；太阳能电池用大直径（8 英

寸)硅单晶片拉晶技术;低成本、低能耗多晶硅材料及产品产业化技术;大直径红外光学锗单晶材料及大面积宽带隙半导体(氮化镓、碳化硅、氧化锌等)单晶和外延材料制造技术。高纯铜、高纯镍、高纯钴、高纯银、高纯铑、高纯铋、高纯锑、高纯铟、高纯镓等高纯及超纯有色金属材料精炼提纯技术等。

7. 低成本超导材料实用化技术

实用化超导线材、块材、薄膜的制备技术和应用技术。

8. 特殊功能有色金属材料及应用技术

形状记忆钛镍合金、铜合金材及制品;高阻尼铜合金材;高电位、高电容量镁牺牲阳极;高性能新型释汞、吸汞、吸气材料等。

9. 高性能稀土功能材料及其应用技术

高纯度稀土氧化物和稀土单质分离、提取的无污染、生产过程废弃物综合回收的新工艺技术;生产高性能烧结钕铁硼永磁材料和各向异性粘结钕铁硼永磁材料及新型稀土永磁材料新工艺技术;新型高性能稀土发光显示材料,LCD 显示器用稀土荧光粉、PDP 显示器用低压(电压几百伏)荧光粉和绿色节能电光源材料制备和应用技术,高亮度、长余辉红色稀土贮光荧光粉制备和应用技术;大尺寸稀土超磁致伸缩材料及应用技术;稀土激光晶体和玻璃稀土精密陶瓷材料,稀土磁光存储材料,稀土磁致冷材料和巨磁阻材料,稀土生物功能材料制备和应用技术。应用于燃气、石化和环保领域的新型高效稀土催化剂和满足欧 IV 标准的稀土汽车尾气催化剂制造技术;高性能稀土镁、铝、铜等有色金属材料熔铸加工技术;用于集成电路、平面显示、光学玻璃的高纯、超细稀土抛光材料制备技术。

* 性能为 N45 以下和磁能积加内禀矫顽力之和小于 60 的常规烧结 NdFeB 永磁体,灯用三基色荧光粉、绿黄色长余辉稀土发光粉和普通 CRT 荧光粉除外。

10. 金属及非金属材料先进制备、加工和成型技术

用来制造高性能、多功能的高精、超宽、薄壁、特细、超长的新型材料及先进加工和成型技术;超细和纳米晶粒组织的快速凝固制造技术及超大型变加工技术;高速、高精、超宽、薄壁连铸连轧和高度自动化生产板、带、箔技术;金属半固态成型和近终成型技术;短流程生产工艺技术;超细、高纯、低氧含量、无(少)夹杂合金粉末的制备技术,以及实现致密化、组织均匀化、结构功能一体化或梯度化的粉末冶金成型与烧结技术(包括机械合金化粉末,快速凝固非晶纳米晶粉末,高压水及限制式惰性气体气雾化粉末;温压成型、注射成型、喷射成型、热等静压成型、高速压制等成型;压力烧结、微波、激光、放电、等离子等快速致密化烧结技术及低温烧结);摩擦焊接技术;物理和化学表面改性技术。

* 常规铸造、常规机加工项目,电弧喷涂、镀锌磷化、电镀硬铬(铜)、火焰喷涂、喷焊、渗氮渗碳等中低档表面工程技术用以修复部件的项目除外。

(二)无机非金属材料

1. 高性能结构陶瓷强化增韧技术

制造强度高、耐高温、耐磨损、耐腐蚀、耐冲刷、抗氧化、耐烧蚀等优越性能结构陶瓷的超细粉末制备技术、控制烧结工艺和晶界工程及强化、增韧技术;现代工业用陶瓷结构件制备技术;可替代进口和特殊用途的高性能陶瓷结构件制备技术;有重要应用前景的高性能陶瓷基复合材料和超硬复合材料制备技术;陶瓷—金属复合材料,高温过滤及净化用多孔陶瓷材料,连续陶瓷纤维及其复合材料制备技术,高性能、细晶氧化铝产品,低温复相陶瓷产品、碳化硅陶瓷产品等制备技术。

2. 高性能功能陶瓷制造技术

通过成份优化调节,生产高性能功能陶瓷的粉末制备、成型及烧结工艺控制技术,包括大规模集成电路封装、贴片专用高性能电子陶瓷材料制造技术;微电子和真空电子用新型高频高导热绝缘陶瓷材料制造技术;新型微波器件及电容器用介电陶瓷和铁电陶瓷材料制造技术;传感器和执行器用各类敏感功能陶瓷材料制造技术;激光元件(激光调制、激光窗口等)用功能陶瓷材料制造技术;光传

输、光转换、光放大、红外透过、光开关、光存储、光电耦合等用途的光功能陶瓷、薄膜制造技术等。

3. 人工晶体生长技术

新型非线性光学晶体、激光晶体材料制备技术;高机电耦合系数、高稳定性铁电、压电晶体材料制备技术;特殊应用的光学晶体材料制备技术;低成本高性能的类金刚石膜和金刚石膜制品制备技术;衰减时间短、能量分辨率高、光产额高的新型闪烁晶体材料制备技术等。

* 钽酸锂、铌酸锂、钒酸钇、六面顶金刚石、蓝宝石和石英晶体除外。

4. 功能玻璃制造技术

具有特殊性能和功能的玻璃或无机非晶态材料的制造技术。包括光传输或成像用玻璃制造技术;光电、压电、激光、电磁、耐辐射、闪烁体等功能玻璃制造技术;屏蔽电磁波玻璃制造技术;新型高强度玻璃制造技术;生物体和固定酶生物化学功能玻璃制造技术;新型玻璃滤光片、光学纤维面板、光学纤维倒像器、X射线像增强器用微通道板制造技术等。

5. 节能与环保用新型无机非金属材料制造技术

替代传统材料,可显著降低能源消耗的无污染节能材料制造技术;与新能源开发和利用相关的无机非金属材料制造技术;高透光新型透明陶瓷制造技术;环保用高性能多孔陶瓷材料制造技术;低辐射镀膜玻璃及多层膜结构玻璃及高强单片铯钾防火玻璃制造技术等。

(三)高分子材料

1. 高性能高分子结构材料的制备技术

高强、耐高温、耐磨、超韧的高性能高分子结构材料的聚合物合成技术,分子设计技术,先进的改性技术等,包括特种工程塑料制备技术;具有特殊功能、特殊用途的高附加值热塑性树脂制备技术;关键的聚合物单体制备技术等,如:有机硅、有机氟等聚合物的单体制造技术。

2. 新型高分子功能材料的制备及应用技术

新化合物的合成、物理及化学改性等先进的加工成型技术,膜组件;光电信息,高分子材料;液晶高分子材料;形状记忆高分子材料;高分子相变材料,高分子转光材料;具有特殊功能,高附加值的特种高分子材料及以上材料的应用技术。

3. 高分子材料的低成本、高性能化技术

高分子化合物或新的复合材料的改性技术、共混技术等;高刚性、高韧性、高电性、高耐热的聚合物合金或改性材料技术;新型热塑性弹性体;具有特殊用途、高附加值的新型改性高分子材料技术。

* 以下普通材料除外:普通塑料的一般改性专用料;普通电线、电缆专用料;流延、吹塑、拉伸法生产的通用薄膜;普通管材、管件异型材;普通橡胶制品;以聚乙烯、聚丙烯为基材的降解材料;普通PS、PU发泡材料;普通塑料板材等。

4. 新型橡胶的合成技术及橡胶新材料

橡胶新品种的分子设计技术;接枝、共聚技术;卤化技术;充油、充碳黑技术等;特种合成橡胶材料;新型橡胶功能材料及制品;重大的橡胶基复合新材料技术。

5. 新型纤维材料

成纤聚合物的接枝、共聚、改性及纺丝新技术;成纤聚合物制备的具有特殊性能或功能化纤维;高性能纤维产品;环境友好及可降解型纤维。

* 服装面料、衬布、纱线、常规或性能仅略有改善的纤维及服装;常规的非织造布、涂层布或压层纺织品、一般功能性纤维产品等除外。

6. 环境友好型高分子材料的制备技术及高分子材料的循环再利用技术

以可再生的生物质为原料制备新型高分子材料技术;全降解塑料制备技术;子午线轮胎翻新工艺;废弃橡胶循环再利用技术。

* 淀粉填充的不完全降解塑料及制品;单纯填充材料;废旧高分子直接回用、单纯降解塑料制品等除外。

7. 高分子材料的加工应用技术

采用现代橡胶加工设备和现代加工工艺的共混、改性、配方技术;高比强度、大型、外型结构复杂的热塑性塑料制备技术;大型先进的橡塑加工设备、高精密的橡塑设备技术;先进的模具设计和制造技术等。

(四)生物医用材料

1. 介入治疗器具材料

可降解血管内支架;减少血栓形成或再狭窄的表面涂层或改性的血管内支架;具有特殊功能的非血管管腔支架;介入导管,包括 PTCA 导管(导丝)等;介入栓塞式封堵器械及基栓塞剂等。

*一般性能的支架和导管(包括导丝)除外。

2. 心血管外科用新型生物材料及产品

材料编织的人工血管;生物复合型人工血管;人工心脏瓣膜或瓣膜成形环等。

*性能一般的单叶、双叶金属人工心脏瓣膜及传统生化改性技术处理的生物瓣膜或其他产品除外。

3. 骨科内置物

可降解固定材料;可降解人工骨移植材料;可生物降解的骨、神经修复生物活性材料等。

*一般性人工关节和骨科内固定材料除外。

4. 口腔材料

牙种植体;高耐磨复合树脂充填材料;非创伤性牙体修复材料(ART);金属烤瓷制品;硅橡胶类印模材料等。

*一般的复合树脂充填材料、种植体、银汞合金、藻酸盐印模材料除外。

5. 组织工程用材料及产品

组织器官缺损修复用可降解材料;组织工程技术产品,包括组织工程骨、皮肤等;组织诱导性支架材料等。

6. 载体材料、控释系统用材料

生物活性物质载体材料;药物控释系统用材料等。

7. 专用手术器械及材料

微创外科器械;手术各科的专用或精细手术器械;外科手术灌洗液等。

(五)、精细化学品

1. 电子化学品

集成电路和分立器件用化学品;印刷线路板生产和组装用化学品;显示器件用化学品。包括高分辨率光刻胶及配套化学品;印制电路板(PCB)加工用化学品;超净高纯试剂及特种(电子)气体;先进的封装材料;彩色液晶显示器用化学品;研磨抛光用化学品等。

2. 新型催化剂技术

重要精细化学品合成催化剂;新型石油加工催化剂;新型生物催化技术及催化剂;环保用新型、高效催化剂;有机合成新型催化剂;聚烯烃用新型高效催化剂;催化剂载体用新材料及各种新型助催化材料等。

3. 新型橡塑助剂技术

新型环保型橡胶助剂;加工型助剂新品种;新型、高效、复合橡塑助剂新产品。

4. 超细功能材料技术

采用最新粉体材料的结构、形态、尺寸控制技术、粒子表面处理和改性技术、高分散均匀复合技术等。

*常规的粉体材料除外。

5. 功能精细化学品

环境友好的新型水处理剂及其他高效水处理材料;新型造纸专用化学品;适用于保护性开采和提高石油采收率的新型油田化学品;新型表面活性剂;高性能、水性化功能涂料及助剂;新型纺织染整助剂;高性能环保型胶粘剂;新型安全环保颜料和染料;高性能环境友好型皮革化学品。

*以下产品除外:生物降解功能差或毒性大的表面活性剂;通用溶剂型涂料,通用水性建筑涂料及普通防锈涂料,低档涂料及助剂;普通打印墨水;低水平重复生产的精细化学品等。

五、高技术服务业

1. 共性技术

具有自主知识产权、面向行业特定需求的共性技术,包括:行业共性技术标准研究、制定与推广业务,专利分析等。

2. 现代物流

具备自主知识产权的现代物流管理系统或平台技术;具备自主知识产权的供应链管理系统或平

台技术等。

3. 集成电路

基于具有自主知识产权的集成电路产品专有设计技术(含掩模版制作专有技术),包括:芯片设计软件、IP 核、布图等,提供专业化的集成电路产品设计与掩模版制作服务;基于具有自主知识产权的集成电路产品测试软、硬件技术,为客户的集成电路产品(含对圆片和半成品)研发和生产提供测试;基于具有自主知识产权的集成电路芯片加工及封装技术与生产设备,为客户提供圆片加工和封装加工。

＊双列直插(DIP)、金属封装、陶瓷封装技术除外。

4. 业务流程外包(BPO)

依托行业,利用其自有技术,为行业内企业提供有一定规模的、高度知识和技术密集型的服务;面向行业、产业以及政府的特定业务,基于自主知识产权的服务平台,为客户提供高度知识和技术密集型的业务整体解决方案等。

5. 文化创意产业支撑技术

具有自主知识产权的文化创意产业支撑技术。包括:终端播放技术、后台服务和运营管理平台支撑技术、内容制作技术(虚拟现实、三维重构等)、移动通信服务技术等。

＊仅仅对国外创意进行简单外包、简单模仿或简单离岸制造,既无知识产权,也无核心竞争力,产品内容涉及色情、暴力、意识形态、造成文化侵蚀、有害青少年身心健康的除外。

6. 公共服务

有明显行业特色和广泛用户群基础的信息化共性服务,包括:客户信息化规划咨询、信息化系统的运行维护、网络信息安全服务等。

7. 技术咨询服务

信息化系统咨询服务、方案设计、集成性规划等。

8. 精密复杂模具设计

具备一定的信息化、数字化高端技术条件,为中小企业提供先进精密复杂模具制造技术、设计服务(包括汽车等相关产品高精密模具设计等)。

9. 生物医药技术

为生物、医药的研究提供符合国家新药研究规范的高水平的安全、有效、可控性评价服务。包括:毒理、药理、药代、毒代、药物筛选与评价,以及药物质量标准的制定、杂质对照品的制备及标化;为研究药物缓、控释等新型制剂提供先进的技术服务,中试放大的技术服务等。

10. 工业设计

能够创造和发展产品或系统的概念和规格,使其功能、价值和外观达到最优化,同时满足用户与生产商的要求。

六、新能源及节能技术

(一)可再生清洁能源技术

1. 太阳能

(1)太阳能热利用技术

包括新型高效、低成本的太阳能热水器技术;太阳能建筑一体化技术及热水器建筑模块技术;太阳能采暖和制冷技术;太阳能中高温(80—200℃)利用技术等。

＊简单重复生产的产品除外。

(2)太阳能光伏发电技术

包括高效、低成本晶体硅太阳光伏电池技术(包括厚度 250 微米以下的薄片电池和效率≥16%的高效电池)。新型高效、低成本新型及薄膜太阳能电池技术,包括非晶硅薄膜电池,化合物薄膜电池,纳米染料电池,异质结太阳电池,有机太阳电池,低倍和高倍聚光太阳电池,第三代新型太阳电池等。并网光伏技术,包括与建筑结合的光伏发电(BIPV)技术,大型(MW 级以上)荒漠光伏电站技术,光伏建筑专用模块,并网逆变器,专用控制、监测系统,自动向日跟踪系统等。光伏发电综合利用技术,包括太阳能照明产品(包括 LED 产品),太阳能制氢,太阳能水泵,太阳能空调,太阳能动力车、船,太阳能工业和通信电源、太阳能光伏村落和户用成套电源等。

＊简单太阳电池组件的封装和低水平的重复性生产除外。

（3）太阳能热发电技术

高温（300—1500℃）太阳能热发电技术、产品和工程开发，包括塔式热发电、槽式热发电、碟式热发电和菲涅尔透镜聚光式太阳能热发电等。

2. 风能

（1）1.5MW 以上风力发电技术

适应中国气候、复杂地形条件的 1.5MW 以上风力发电机组的总体设计、总装技术及关键部件的设计制造技术等。

（2）风电场配套技术

风资源评估分析、风电场设计和优化、风电场监视与控制、风电接入系统设计及电网稳定性分析、短期发电量预测及调度匹配、风电场平稳过渡及控制等技术。

3. 生物质能

（1）生物质发电关键技术及发电原料预处理技术

包括直燃（混燃）发电系统耦合技术，蒸汽余热回收技术，热效率≥85%、燃烧过程不结渣、不产生新污染，具有广泛原料适应性的生物质直燃发电装置；能保证生物质在燃烧设备中充分燃烧的原料装卸、输送技术，能有效分离生物质中的 Cl 等腐蚀性物质的预处理技术等。

（2）生物质固体燃料致密加工成型技术

吨成型燃料的加工过程能耗低于 80Kwh/t，成型燃料密度 1～1.4g/cm³，水分小于 12%，加工过程机械化和自动化的生物质致密加工成型技术。包括木质纤维碾切搭接技术，成型模板设计技术，一体化、可移动颗粒燃料生产设备的系统耦合技术等。

（3）生物质固体燃料高效燃烧技术

热效率≥85%、不结渣、废气符合排放标准的生物质固体燃料高效燃烧技术与装置等。

（4）生物质气化和液化技术

高转化率热解气化、热解过程工艺条件的系统优化耦合及控制、可凝性有机物（焦油）高效净化处理、生物质气化过程液体、固体产品综合利用技术与装置，生物质气化效率≥70%；燃气热值≥

5.0MJ/Nm³；燃气中可凝性有机物≤10mg/Nm³。高效厌氧发酵、有机肥生产、无废水排放技术与装置，有机废弃物产气率≥200L/Kg。

以流化床为基础的生物质热裂解、催化裂解提升液化产品热值技术与装置；生物质直接催化热裂解生产生物柴油技术与装置等。

（5）非粮生物液体燃料生产技术

非粮生物液体燃料包括非粮（糖）的甜高粱、薯类原料生产的乙醇，以及用非食用油原料生产的生物柴油。

甜高粱生产乙醇技术包括原料保存技术，高效产乙醇菌种的筛选与构建技术，快速固体发酵技术与机械化生产和自动化控制装置；低能耗的高粱秆榨汁、保存与发酵技术；发酵时间≤48 小时，糖转化率≥92%，乙醇收率≥90%（相对于理论值），吨燃料乙醇能耗≤500Kg，水耗≤5 吨，无废水排放。

薯类淀粉原料生产乙醇技术包括无蒸煮糖化技术、浓醪发酵技术、纤维素利用技术、废水处理技术；发酵时间≤60 小时，糖转化率≥95%，乙醇收率≥92%（相对于理论值），吨燃料乙醇能耗≤500Kg，水耗≤8 吨，废水 COD≤100ppm。

非食用油原料生产的生物柴油技术包括超临界、亚临界、共溶剂、固体碱（酸）催化、酶催化技术与装置；生物柴油收率≥99.6%（相对于理论转化率），甘油纯度≥99%，吨生物柴油水耗≤0.35 吨，能耗≤20Kg 标煤。

（6）大中型生物质能利用技术

生物质固体燃料致密加工成型设备能力≥500Kg/h，沼气装置日生产能力≥1000M³，甜高粱燃料乙醇厂生产能力≥5 万吨/年，薯类燃料乙醇厂生产能力≥10 万吨/年，生物柴油厂生产能力≥3 万吨/年。

4. 地热能利用

高温地热能发电和地热能综合利用技术，包括：地热采暖，地热工业加工，地热供热水，地热养殖、种植，地热洗浴、医疗等；以及利用地源热泵实现采暖、空调的技术。

（二）核能及氢能

1. 核能技术

百万千瓦级先进压水堆核电站关键技术,铀浓缩技术及关键设备、高性能燃料零件技术、铀钚混合氧化物燃料技术,先进乏燃料后处理技术,核辐射安全与监测技术,放射性废物处理和处置技术,快中子堆和高温气冷堆核电站技术。

2. 氢能技术

天然气制氢技术,化工、冶金副产煤气制氢技术,低成本电解水制氢技术,生物质制氢、微生物制氢技术,金属贮氢、高压容器贮氢、化合物贮氢技术,氢加注设备和加氢站技术,超高纯度氢的制备技术,以氢为燃料的发动机与发电系统。

(三)新型高效能量转换与储存技术

1. 新型动力电池(组)、高性能电池(组)

已有研究工作基础、并可实现中试或产业化生产的动力电池(组)、高性能电池(组)和相关技术产品的研究,包括:镍氢电池(组)与相关产品;锂离子动力电池(组)与相关产品;新型高容量、高功率电池与相关产品;电池管理系统;动力电池高性价比关键材料等。

2. 燃料电池、热电转换技术

小型燃料电池的关键部件及相关产品;直接醇类燃料电池的关键部件;实现热电转换技术的关键部件及其相关产品等。

(四)高效节能技术

1. 钢铁企业低热值煤气发电技术

钢铁企业余压、余热、余能回收利用关键技术,包括高炉煤气余压能量回收透平发电技术(TRT)、低热值煤气燃气轮机联合循环发电技术(CCPP)等。

2. 蓄热式燃烧技术

工业炉窑和电站、民用锅炉的高效蓄热式燃烧技术等。

3. 低温余热发电技术

水泥、冶金、石油化工等行业低温余热蒸汽发电关键技术。

4. 废弃燃气发电技术

沼气、煤层气、高炉煤气、焦炉尾气等工业废弃燃气发电关键技术。

* 高热值燃气发电技术及产品除外。

5. 蒸汽余压、余热、余能回收利用技术

冷凝水、低参数蒸汽等回收利用新技术。

6. 输配电系统优化技术

电能质量优化(包括在先动态谐波治理、先进无功功率补偿等)新技术,电网优化运行分析、设计、管理(包括企业电网优化配置、用电设备功率合理分配等)软件及硬件新技术。

7. 高泵热泵技术

地源、水源、空气源、太阳能复合式等高温热泵技术;空调冷凝热回收利用等技术。

8. 蓄冷蓄热技术

用于剩余能量储存(包括与之相关转化、移送、利用)新技术。

9. 能源系统管理、优化与控制技术

工业、建筑领域的能量系统优化设计、能源审计、优化控制、优化运行管理软件技术,特别是能量系统节能综合优化技术。

10. 节能监测技术

自动化、智能化、网络化、功能全、测量范围广、适应性强的能源测量、记录和节能检测新技术。

11. 节能量检测与节能效果确认技术

工业、建筑领域节能改造项目节能量检测与节能效果确认(M&V)软件技术。

七、资源与环境技术

(一)水污染控制技术

1. 城镇污水处理技术

城市污水生物处理新技术及生物与化学联合处理技术;中、小城镇生活污水低能耗处理技术;村镇生活污水;村镇小型源分离处理技术,低能耗生活污水处理技术。

2. 工业废水处理技术

有毒难降解工业废水处理技术,有毒有害化工和放射性废水处理技术,湿式催化氧化技术;重金属废水集成化处理和回收技术与成套装置,煤化工等行业高氨氮废水处理技术与装置,固定化微生物高效脱氮技术;采油废水处理及回注,高含盐废水处理工艺与技术;高浓度工业有机废水处理工艺与技术,高效厌氧生物反应器;高效生物填料,薄膜负载型光催化材料,膜材料及组件,高效水处理药剂的研制,新型复合型絮凝剂处理高浓度、高色度印染废水技术。

3. 城市和工业节水和废水资源化技术

生产过程工业冷却水重复利用药剂、技术,管网水质在线检测和防漏技术;各类工业废水深度处理回用集成技术;城市污水处理再生水生产的集成技术;工业、城市废水处理中污泥的处理、处置和资源化技术。

4. 面源水污染的控制技术

规模化农业面源污染控制技术及生态处理技术;水产养殖水循环利用和污染控制技术;畜禽养殖场废水厌氧处理沼气高效利用技术。

5. 雨水、海水、苦咸水利用技术

雨水收集利用与回渗技术与装置,苦咸水淡化技术;海水膜法低成本淡化技术及关键材料,规模化海水淡化技术;海水、卤水直接利用及综合利用技术。

6. 饮用水安全保障技术

灵敏、快速水质在线检测技术;饮用水有机物的高级催化氧化技术,高效膜过滤技术,安全消毒技术,高效控藻、除藻和藻毒素去除技术;饮用水有机物高效吸附剂、高效混凝剂及强化混凝技术;农村饮用水除氟、除砷技术与装置,边远地区和农村饮用水安全消毒小型设备和技术。

(二)大气污染控制技术

1. 煤燃烧污染防治技术

高效低耗烟气脱硫、脱硝技术:燃煤电厂烟气脱硫技术及副产品综合利用技术,烟气脱硫关键技术,烟气脱硝选择性催化还原技术;煤、煤化工转化过程中的废气污染防治技术;高效长寿命除尘技术。

2. 机动车排放控制技术

机动车控制用高性能蜂窝载体、满足欧Ⅲ、Ⅳ标准汽车净化技术;满足欧Ⅲ、Ⅳ标准的柴油车净化技术:颗粒物捕集器及再生技术;催化氧化与还原技术;满足欧Ⅱ、Ⅲ标准摩托车净化技术。

3. 工业可挥发性有机污染物防治技术

高效长寿命的吸附材料和吸附回收装置;高效低耗催化材料与燃烧装置;低浓度污染物的高效吸附—催化技术及联合燃烧装置;恶臭废气的捕集与防治技术;油气回收分离技术:针对油库、加油站油气的挥发性有机化合物(VOCs)控制技术。

4. 局部环境空气质量提高与污染防治技术

城市公共设施空气环境的消毒杀菌、除尘、净化和提高空气氧含量技术。

5. 其他重污染行业空气污染防治技术

高性能除尘滤料和高性能电、袋组合式除尘技术;特殊行业工业排放的有毒有害废气、二噁英、恶臭气体的控制技术;工业排放温室气体的减排技术,碳减排及碳转化利用技术。

(三)固体废弃物的处理与综合利用技术

1. 危险固体废弃物的处置技术

危险废物高效焚烧技术,焚烧渣、飞灰熔融技术;危险废物安全填埋处置技术,危险废物固化技术、设备和固化药剂;医疗废物收运、高温消毒处理技术;有害化学品处理技术,放射性废物处理与整备技术与装备;电子废物处置、回收和再利用技术。

2. 工业固体废弃物的资源综合利用技术

利用工业固体废弃物生产复合材料、尾矿微晶玻璃、轻质建材、地膜、水泥替代物、工程结构制品等技术;电厂粉煤灰及煤矿矸石、冶金废渣等废弃物的资源回收与综合利用技术;废弃物资源化处理技术。

3. 有机固体废物的处理和资源化技术

利用农作物秸秆等废弃植物纤维生产复合板材及其他建材制品的技术;有机垃圾破碎、分选等预处理技术;填埋物气体回收利用技术;填埋场高效防渗技术;小城镇垃圾处理适用技术。

(四)环境监测技术

1. 在线连续自动监测技术

环境空气质量自动监测系统(粉尘、细颗粒物、二氧化硫、氮氧化物、酸沉降、沙尘天气、机动车排气等);地表水水质自动监测系统(化学需氧量、余氯、BOD 水质、氨氮、石油类、挥发酚、微量有机污染物、总氮、总磷等等）；污染源自动监测系统（傅立叶红外测量烟气污染物、烟气含湿量；砷、总铅、总锌；氰化物、氟化物等）；大气中超细颗粒物、有机污染物等采样分析技术。

2. 应急监测技术

便携式现场快速测定技术，污染事故应急监测等危险废物特性鉴别、环境监控及灾害预警技术；移动式应急环境监测技术（便携式快速有毒有害气体监测仪及测试组件；便携式水质监测仪与测试组件；便携式工业危险物、重金属、有毒有害化合物的快速监测专用仪器及系统）；应急安全供水技术；应急处理火灾、泄漏造成的环境污染技术。

3. 生态环境监测技术

海洋环境监测技术，环境遥感监测系统；脆弱生态资源环境监控及灾害预警技术；多物种生物在线检测技术，水中微量有机污染物的富集技术，持久性有机污染物采样、分析技术。

（五）生态环境建设与保护技术

水土流失防治技术，沙漠化防治技术，天然林保护、植被恢复和重建技术，林草综合加工技术及配套机械设备；湿地保护、恢复与利用及其监测技术，矿山生态恢复、污染土壤修复，非点源污染控制技术；持久性有机污染物（POPs）替代技术；国家生物多样性预警监测和评价技术，系统生态功能区恢复与重建技术。

（六）清洁生产与循环经济技术

1. 重点行业污染减排和"零排放"关键技术

电镀、皮革、酿造、化工、冶金、造纸、钢铁、电子等行业污染减排关键技术；上述行业工艺过程中废气、废水、废物资源化回收利用技术。

2. 污水和固体废物回收利用技术

污水深度处理安全消毒和高值利用技术；城市景观水深度脱氮除磷处理技术；矿产废渣资源化利用技术；工业无机、有机固体废物资源化处理技术。

3. 清洁生产关键技术

煤洁净燃烧、能量梯级利用技术；有毒有害原材料、破坏臭氧层物质替代技术。

4. 绿色制造关键技术

绿色基础材料及其制备技术，高效、节能、环保和可循环的新型制造工艺及装备，机电产品表面修复和再制造技术，绿色制造技术在产品开发、加工制造、销售服务及回收利用等产品全生命周期中的应用。

（七）资源高效开发与综合利用技术

1. 提高资源回收利用率的采矿、选矿技术

复杂难采矿床规模化开采及开发利用产业化技术；复杂多金属矿高效分离技术；难处理氧化矿高效分离与提取技术；多金属硫化矿电化学控制浮选技术；就地浸矿及生物提取技术；采选过程智能控制及信息化技术。

2. 共、伴生矿产的分选提取技术

综合回收共伴生矿物的联合选矿技术；共伴生非金属矿物的回收深加工技术；伴生稀贵金属元素富集提取分离技术。

3. 极低品位资源和尾矿资源综合利用技术

极低品位、难选冶金属矿有价金属综合回收利用技术；大用量、低成本、高附加值尾矿微晶玻璃技术；尾矿中有价元素综合回收技术。

*一些常规的污染控制技术除外：1. 常规工艺技术装备组合的水处理技术；2. 城市混合垃圾和畜禽粪便制肥技术；3. 20 吨以下的锅炉脱硫除尘技术；4. 油烟净化技术（吸附、静电、喷淋）；5. 技术含量低的用工业废物制造建材项目；6. 一次性餐具及相关材料技术；7. 未经安全评价的用于治理环境污染的生物菌剂技术；8. 室内空气净化空气清新剂及常规消毒技术。

八、高新技术改造传统产业

（一）工业生产过程控制系统

1. 现场总线及工业以太网技术

符合国际、国内自动化行业普遍采用的主流技术标准（包括：IEC61158、PROFIBUS、FF、DeviceNet、PROFINET、EtherNet/IP、EPA、MODBUS/TCP 等）的现场总线及工业以太网技术。

2. 可编程序控制器（PLC）

包括符合 IEC61131 标准、可靠性高、具有新技

术特点的 PLC 技术;集成了嵌入式系统、单片机、数模混合等新技术成果的 PLC 技术等。

　　＊以 OEM 方式集成的 PLC 产品除外。

　　3. 基于 PC 的控制系统

　　以"工业 PC 机+软逻辑(SoftPLC)"、可编程序先进控制器(PAC)、现场总线及工业以太网为网络、连接远程 I/O 及其他现场设备组成的分布式控制系统。

　　4. 新一代的工业控制计算机

　　面向图形的操作系统和应用要求,能够解决处理器和显示设备瓶颈问题,采用地址、数据多路复用的高性能 32 位和 64 位总线技术,具有在不关闭系统的情况下"即插即用"功能的高可用系统和容错系统。

　　(二)高性能、智能化仪器仪表

　　1. 新型自动化仪表技术

　　适用于实时在线分析、新型现场控制系统、e 网控制系统、基于工业控制计算机和可编程控制的开放式控制系统和特种测控装备,能满足重大工程项目在智能化、高精度、高可靠性、大量程、耐腐蚀、全密封和防爆等特殊要求的新型自动化仪器仪表技术。

　　＊一般传统的流量、温度、物位、压力计或变送器除外。

　　2. 面向行业的传感器技术

　　面向行业和重大工程配套,采用新工艺、新结构,具有高稳定性、高可靠性、高精度、智能化的专用传感器技术。

　　3. 新型传感器技术

　　包括阵列传感器、多维传感器、复合型传感器、直接输出数字量或频率量的新型敏感器以及采用新传感转换原理的新型传感器等。

　　＊采用传统工艺且性能没有显著提高的传感器(包括:热电偶、热电阻、电位器、电容、电感、差动变压器、电涡流、应变、压电、磁电等原理的传感器)除外。

　　4. 科学分析仪器、检测仪器技术

　　等离子光谱仪、近红外光谱仪、非制冷红外焦平面热像仪、微型专用色谱仪;特定领域的专用仪器,包括:农业技术品质和食品营养成分检测、农药及残留量检测、土壤速测等农业和食品专用仪器;海洋仪器;大气、水和固体废弃物安全监测和预警等核心专用仪器,各种灾害监测仪器;生命科学用分离分析仪器等。

　　＊传统的气相色谱仪除外。

　　5. 精确制造中的测控仪器技术

　　包括网络化、协同化、开放型的测控系统;精密成型制造及超精密加工制造中的测控仪器仪表;亚微米到纳米级制造中的测控仪器仪表;制造过程中的无损检测仪器仪表;激光加工中的测控仪器仪表等。

　　(三)先进制造技术

　　1. 先进制造系统及数控加工技术

　　具有先进制造技术和制造工艺的单元设备、制造系统、生产线等,包括:复合加工、组合加工、绿色制造、快速制造、微米/纳米制造等相关装备和系统;CAD/CAPP/CAM/PDM 技术在内的数字化设计制造系统,现代集成制造系统应用软件、平台及工具,生产计划与实时优化调度系统/ERP 管理软件,虚拟制造(VM)技术,网络制造系统;智能型开放式数控系统、伺服驱动、数控装备、数控编程软件和应用软件、数控加工、数控工艺在内的先进数控技术;中高档数控设备和关键功能部件及关键配套零部件技术等。

　　＊低附加值的和低技术含量的零部件加工技术除外。

　　2. 机器人技术

　　新一代工业机器人;服务机器人;医疗机器人;水切割机器人;激光切割机器人;AGV 以及制造工厂的仓储物流设备;机器人周边设备;特种机器人;开放式机器人控制技术;虚拟现实(VR)技术;机器人伺服驱动技术;基于机器人的自动加工成套技术;信息机器人技术等。

　　＊性能和结构一般的没有知识产权的普通机器人除外。

　　3. 激光加工技术

激光切割加工技术;激光焊接加工技术;材料激光表面改性处理技术;激光雕刻技术和激光三维制造技术以及激光发生器制造和控制系统技术等。

4. 电力电子技术

包括具有节能、高效、良好的控制性能和特种传动技术的应用系统;大容量化、高频化、智能化、小功率器件芯片方片化的电力半导体器件;多功能化、智能控制化、绿色环保化的模块;面向工业设备、物流系统、城市交通系统、信息与自动化系统等的高性能特种电机及其控制和驱动技术等。

＊性能一般的电源变换产品除外。

5. 纺织及轻工行业专用设备技术

包括采用高精度驱动、智能化控制、高可靠性技术等开发的纺织机械专用配套部件;建立在计算机及网络技术应用基础上的在线检测控制系统和高性能的产品检测仪器;以控制、计量、检测、调整为一体的、带有闭环控制的环保型包装机械,袋成型、充填、封口设备,无菌包装设备;具有辅助操作自动化和联机自动化的柔性版印刷、防伪印刷、条形码印刷设备、数字直接制版机;精密型注塑机、精密挤出成型及复合挤出成型装备等。

＊性能一般的普通纺织机械、性能一般的包装机械及柔性版印刷机、卷筒进料多色凹版印刷机、不干胶商标印刷机除外。

(四)新型机械

1. 机械基础件及模具技术

包括数控机床等重点主机配套用精密轴承;高性能、高可靠性、长寿命液压、气动控制元件;精密、复杂、长寿命塑料模具及冲压模具;快速原型和快速经济模具制造新技术等。

＊常规通用工艺技术,性能、结构、精度、寿命一般的普通机械基础件、普通塑料模具和冷冲压模具除外。

2. 通用机械和新型机械

包括采用新原理,在功能、结构上有重大创新的新型阀门技术和新型泵技术;有核心专利技术或自主知识产权,利用新传动原理、新机械结构和新加工工艺的新型机械技术等。

＊性能一般的各类普通泵和阀门除外。

(五)电力系统信息化与自动化技术

1. 采用新型原理、新型元器件的电力自动化装置

包括采用新型原理、新型元器件和计算机技术开发用于电力生产、输送和供用电各环节的自动化装置;可明显提高系统可靠性、提高生产效率、保证系统安全和供电质量的技术。包括:发电机组新型励磁装置和调速装置,新型安全监控装置和采用新技术的电网监测、控制装置等。

2. 采用数字化、信息化技术,提高设备性能及自动化水平的技术

采用数字化和信息化技术,符合国际标准、具有开放性和通用性、高精度和高可靠的新型装置,包括:采用现场总线技术、具有综合状态检测功能的智能化开关柜;具有控制、保护和监测功能的数字化、智能化、集成化和网络化的终端装置;电力设备在线数字化状态检测与监控装置;电能质量检测、控制与综合治理装置;基于 IEC61850 通信协议的变电站综合自动化系统;采用虚拟仪器技术的电力系统用仪器设备;用于新型电能(包括核能发电)系统的连续、高效、安全、可靠的发、输、配电设备中的新技术和新装置等。

3. 电力系统应用软件

与发电、变电、输电、配电和用电各领域有关的控制、调度、管理和故障诊断等方面的高级应用软件,以提高电力系统和电力设备的自动化水平、保障安全经济运行、提高设备效率及管理水平,包括:电力系统优化控制软件;新型输配电在线安全监控及决策软件;电力系统调度自动化软件;电力设备管理及状态检修软件,继电保护信息管理及故障诊断专家系统软件;电力建设工程项目管理软件;节能运行管理专家系统软件;用电管理软件以及电能质量在线评估、仿真分析软件等。

4. 用于输配电系统和企业的新型节电装置

采用新原理、新技术和新型元器件,能够补偿无功功率、提高功率因数、减少电能损耗、改善电能质量的新型节电装置,包括:用于企业的新型节电

装置;用于企业的节能、节电控制装置及其综合管理系统,用于输配电系统的先进无功功率控制装置以及区域的在线动态谐波治理装置等。

* 传统的高、低压开关设备,常规的发、供、配电设备除外。

(六)汽车行业相关技术

1. 汽车发动机零部件技术

用于乘用车汽油机、乘用车柴油机、商用车柴油机等,具有自主知识产权的先进汽车发动机零部件技术,包括:汽油机电控燃油喷射系统、稀薄燃烧技术、可变进气技术、增压技术、排气净化技术;柴油机电控高压喷射技术、增压中冷技术、排气净化技术,新型代用燃料发动机技术等;新型混合动力驱动系统技术;新型电动驱动系统技术;氢发动机技术、燃料电池动力系统技术;新型动力电池组合技术等。

2. 汽车关键零部件技术

具有自主知识产权的新型汽车关键零部件,包括:传动系统、制动系统、转向系统、悬挂系统、车身附件、汽车电器、进排气系统、新型混合动力传动系统、新型纯电动传动系统、轮毂电机、新型代用燃料发动机转换器、新型动力电池等。

3. 汽车电子技术

汽车电子控制系统,包括:车身稳定系统、悬架控制系统、驱动力分配系统、制动力分配系统、制动防抱死系统、安全气囊、自动避障系统、自动停车系统、车载故障诊断系统、车身总线系统、智能雨刷、智能防盗系统等。

新型混合动力驱动管理系统、车用动力电池组管理系统、新型电动车用传感器、电动车用大功率电子器件、电动车用新型集成芯片、电动车电器系统用安全保护部件等。

4. 汽车零部件前端技术

新能源汽车的配套零部件技术,包括:混合动力系统技术;燃料电池动力系统技术;氢发动机技术;合成燃料技术等。

附件十二：

高新技术企业认定管理工作指引[①]

根据《高新技术企业认定管理办法》（以下称《认定办法》）和《国家重点支持的高新技术领域》（以下称《重点领域》）的规定，为明确高新技术企业认定管理工作中各相关单位的职责，确定企业研究开发活动及费用归集标准，明晰各指标内涵及其测度方法，确保认定管理工作规范、高效地开展，特制定《高新技术企业认定管理工作指引》（以下称《工作指引》）。各相关单位应依据《认定办法》、《重点领域》，结合本《工作指引》，开展高新技术企业认定管理工作。

依照《认定办法》、《重点领域》，结合本《工作指引》所认定的高新技术企业即为《中华人民共和国企业所得税法》（以下称《企业所得税法》）第二十八条所称国家需要重点扶持的高新技术企业。

一、领导小组和认定机构

科技部、财政部、税务总局组成全国高新技术企业认定管理工作领导小组（以下称"领导小组"）领导小组下设办公室（设在科技部火炬高技术产业开发中心），负责处理日常工作。

省、自治区、直辖市、计划单列市科技行政管理部门同本级财政部门、税务部门组成本地区高新技术企业认定管理机构（以下称"认定机构"），认定机构下设办公室（设在省级、计划单列市科技行政主管部门），由科技、财政、税务部门相关人员组成，负责处理日常工作。

领导小组和办公室及认定机构的主要职责见

《认定办法》。

二、认定与申请享受税收政策的有关程序

（一）认定

1. 自我评价。企业应对照《认定办法》第十条进行自我评价。认为符合条件的在"高新技术企业认定管理工作网"（网址：www.innocom.gov.cn）进行注册登记。

2. 注册登记。企业登录"高新技术企业认定管理工作网"，按要求填写《企业注册登记表》（附1），并通过网络系统上传至认定机构。

认定机构应及时完成企业身份确认并将用户名和密码告知企业。

3. 准备并提交材料。企业根据获得的用户名和密码进入网上认定管理系统，按要求将下列材料提交认定机构：

（1）《高新技术企业认定申请书》（附2）；

（2）企业营业执照副本、税务登记证书（复印件）；

（3）经具有资质并符合本《工作指引》相关条件的中介机构鉴证的企业近三个会计年度研究开发费用（实际年限不足三年的按实际经营年限）、近一个会计年度高新技术产品（服务）收入专项审计报告；

（4）经具有资质的中介机构鉴证的企业近三个会计年度的财务报表（含资产负债表、利润及利润分配表、现金流量表，实际年限不足三年的按实

[①] 《科技部 财政部 国家税务总局关于印发〈高新技术企业认定管理工作指引〉的通知》（国科发火〔2008〕362号，2008年7月8日）。

际经营年限);

(5)技术创新活动证明材料,包括知识产权证书、独占许可协议、生产批文,新产品或新技术证明(查新)材料、产品质量检验报告,省级(含计划单列市)以上科技计划立项证明,以及其他相关证明材料。

4. 组织审查与认定

(1)认定机构收到企业申请材料后,按技术领域从专家库中随机抽取不少于5名相关专家,并将电子材料(隐去企业身份信息)通过网络工作系统分发给所选专家。

(2)认定机构收到专家的评价意见和中介机构的专项审计报告后,对申请企业提出认定意见,并确定高新技术企业认定名单。

上述工作应在收到企业申请材料后60个工作日内完成。

5. 公示及颁发证书

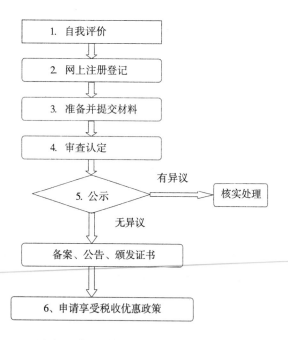

经认定的高新技术企业,在"高新技术企业认定管理工作网"上公示15个工作日。公示有异议的,由认定机构对有关问题进行查实处理,属实的应取消高新技术企业资格;公示无异议的,填写高新技术企业认定机构审批备案汇总表,报领导小组办公室备案后,在"高新技术企业认定管理工作网"上公告认定结果,并由认定机构颁发"高新技

术企业证书"(加盖科技、财政、税务部门公章)。

具体认定流程如上图所示。

6. 高新技术企业资格自颁发证书之日起生效,有效期为三年。

(二)复审

1. 高新技术企业资格期满前三个月内企业应提出复审申请(复审申请书同附2),不提出复审申请或复审不合格的,其高新技术企业资格到期自动失效。

2. 高新技术企业复审须提交近三个会计年度开展研究开发等技术创新活动的报告,经具有资质并符合本《工作指引》相关条件的中介机构出具的近三个会计年度企业研究与开发费用、近一个会计年度高新技术产品(服务)收入专项审计报告。

复审时应对照《认定办法》第十条进行审查,重点审查第(四)款。对符合条件的企业,按照第十一条(四)款进行公示与备案,并由认定机构重新颁发"高新技术企业证书"(加盖科技、财政、税务部门公章)。

通过复审的高新技术企业资格自颁发"高新技术企业证书"之日起有效期为三年。有效期满后,企业再次提出认定申请的,按初次申请办理。

(三)申请享受税收政策

1. 认定(复审)合格的高新技术企业,自认定(复审)当年起可依照《企业所得税法》及《中华人民共和国企业所得税法实施条例》(以下称《实施条例》)、《中华人民共和国税收征收管理法》(以下称《税收征管法》)、《中华人民共和国税收征收管理法实施细则》(以下称《实施细则》)和《认定办法》等有关规定,申请享受税收优惠政策。

2. 未取得高新技术企业资格或不符合《企业所得税法》及其《实施条例》、《税收征管法》及其《实施细则》,以及《认定办法》等有关规定条件的企业,不得享受税收优惠。

(四)复核

对高新技术企业资格及其相关税收政策落实产生争议的,凡属于《认定办法》第十四条、第十五条情况的企业,按《认定办法》规定办理;属于对是否符合第十条(四)款产生争议的,应组织复核,即采用企业自认定前三个会计年度(企业实际经营不满三年的,按实际经营时间)至争议发生之日的研究开发费用总额与同期销售收入总额之比是否符合《认定办法》第十条(四)款规定,判别企业是否应继续保留高新技术企业资格和享受税收优惠政策。

三、中介机构和专家

(一)中介机构

1. 中介机构的条件

(1)具备独立执业资格,成立3年以上,近3年内无不良记录;

(2)承担认定工作当年的注册会计师人数占职工全年月平均人数的比例不低于20%,全年月平均职工人数在20人以上;

(3)熟悉高新技术企业认定工作的相关政策。

2. 中介机构的职责

(1)接受企业委托,依据《认定办法》和《工作指引》客观公正地对企业的研究开发费用和高新技术产品(服务)收入进行专项审计,出具审计报告。

(2)中介机构应据实出具专项审计报告,发现有弄虚作假等行为的,取消其参与认定工作资格,并在"高新技术企业认定管理工作网"上公告。

(二)专家

1. 专家条件

(1)具有中华人民共和国公民资格,在中国大陆境内居住和工作。

(2)具有高级技术职称,并具有《重点领域》内相关专业背景和实践经验,对该技术领域的发展及市场状况有较全面的了解。

(3)具有良好的职业道德,坚持原则,办事公正。

(4)了解国家科技、经济及产业政策,熟悉高新技术企业认定工作有关要求。

2. 专家库及专家选取办法

(1)专家库内的专家应具备《重点领域》内相关技术专长。应结合当地实际情况,在相关技术领域内熟悉子领域技术的专家数量不少于评审所需专家的5倍。

(2)建立专家聘任制度,专家库内的专家实行动态管理,并由认定机构将专家备案表(附3)统一报领导小组办公室备案。

(3)认定机构根据企业主营产品(服务)所属技术领域,随机抽取该领域专家开展认定工作。

3. 专家职责

(1)审查企业申报的研究开发项目是否符合《认定办法》及《工作指引》的要求。

(2)按照独立公正的原则对企业的研究开发活动情况、核心自主知识产权及主营业务等进行评价,并填写《高新技术企业认定专家评价表》(附4),按要求上传给认定机构。

(3)填写《高新技术企业认定专家组综合评价表》(附5),按要求上传给认定机构,为认定机构提供咨询意见。

4. 专家纪律

(1)应按照《认定办法》、《工作指引》的要求,独立、客观、公正地对企业进行评价。

(2)不得压制不同观点和其他专家意见,不得做出与客观事实不符的评价。

(3)不得披露、使用申请企业的技术经济信息和商业秘密,不得复制保留或向他人扩散评审材料,不得泄露评审结果。

(4)不得利用其特殊身份和影响,采取非正常手段为申请企业认定提供便利。

(5)未经认定机构许可不得擅自进入企业调查。

(6)不得收受申请企业给予的任何好处和利益。

四、研究开发活动确认及研究开发费用归集

测度企业研究开发费用强度是高新技术企业认定中的重要环节之一。企业须按规定如实填报研究开发活动(项目)情况表;同时企业应正确归集研发经费,由具有资质并符合本《工作指引》相关条件的中介机构进行专项审计。

(一)研究开发活动的确认

1. 研究开发活动定义

为获得科学与技术(不包括人文、社会科学)新知识,创造性运用科学技术新知识,或实质性改进技术、产品(服务)而持续进行的具有明确目标的活动。

创造性运用科学技术新知识,或实质性改进技术、产品(服务),是指企业在技术、产品(服务)方面的创新取得了有价值的进步,对本地区(省、自治区、直辖市或计划单列市)相关行业的技术进步具有推动作用,不包括企业从事的常规性升级或对某项科研成果直接应用等活动(如直接采用新的工艺、材料、装置、产品、服务或知识等)。

企业按照上述定义判断是否进行了研究开发活动(项目),并填写附2《高新技术企业认定申请书》中的"二、企业研究开发项目情况表"。

2. 判断依据和方法

认定机构在组织专家评价过程中,可参考如下方法对企业申报的研发活动(项目)进行判断:

(1)行业标准判断法。若国家有关部门、全国(世界)性行业协会等具备相应资质的机构提供了测定科技"新知识"、"创造性运用科学技术新知识"或"具有实质性改进的技术、产品(服务)"等技术参数(标准),则优先按此参数(标准)来判断企业所进行项目是否为研究开发活动。

(2)专家判断法。如果企业所在行业中没有发布公认的研发活动测度标准,则通过本行业专家进行判断。判断的原则是:获得新知识、创造性运用新知识以及技术的实质改进应当是企业所在技术(行业)领域内可被同行业专家公认的、有价值的进步。

(3)目标或结果判定法(辅助标准)。检查研发活动(项目)的立项及预算报告,重点了解进行研发活动的目的(创新性)、计划投入资源(预算);研发活动是否形成了最终成果或中间性成果,如专利等知识产权或其他形式的科技成果。

在采用行业标准判断法和专家判断法不易判断企业是否发生了研发活动时,以本方法作为辅助。

3. 高技术服务业的企业研究开发活动

企业为支持其在高新技术服务业领域内开发新产品(服务)、采用新工艺等,而在自然科学和工程技术方面取得新知识或实质性改进的活动;或从事国家级科技计划列入的服务业关键技术项目的开发活动。对其判断标准与四、(一)、1 及 2 款定义的一般性研究开发活动(项目)标准相同。

4. 研究开发项目的确定

研究开发项目是指"不重复的,具有独立时间、财务安排和人员配置的研究开发活动"。企业的研究开发费用是以各个研发项目为基本单位分别进行测度并加总计算的。

(二)研究开发费用的归集

企业应对包括直接研究开发活动和可以计入的间接研究开发活动所发生的费用进行归集,并填写附2《高新技术企业认定申请书》中的"五、企业年度研究开发费用结构明细表"。

1. 企业研究开发费用的核算

企业应按照下列样表设置高新技术企业认定专用研究开发费用辅助核算账目,提供相关凭证及明细表,并按本《工作指引》要求进行核算。

企业研究开发费用结构归集(样表)

科目 ＼ 研发项目 累计发生额	A	B	C	D	E	F	G	…	n	各科目小计
研发投入额										
●内部研究开发投入	A1	B1	C1	D1	E1	F1	G1	…	n1	A1+…+n1
●人员人工	A2	B2	C2	D2	E2	F2	G2	…	n2	A1+…+n2
●直接投入	A3	B3	C3	D3	E3	F3	G3	…	n3	A1+…+n3
●折旧费用与长期费用摊销	A4	B4	C4	D4	E4	F4	G4	…	n4	A1+…+n4
●设计费	A5	B5	C5	D5	E5	F5	G5	…	n5	A1+…+n5
●装备调试费	A6	B6	C6	D6	E6	F6	G6	…	n6	A1+…+n6
●无形资产摊销	A7	B7	C7	D7	E7	F7	G7	…	n7	A1+…+n7
●其他费用	A8	B8	C8	D8	E8	F8	G8	…	n8	A1+…+n8
内部研究开发各项目费用小计:	ΣA	ΣB	ΣC	ΣD	ΣE	ΣF	ΣG		Σn	
内部研究开发费用总计	ΣA+ΣB+ΣC+ΣD+ΣE+ΣF+ΣG+…+Σn									
委托外部研究开发项目 ＼ ●委托外部研究开发投入额	A	B	C	D	E	F	G	…	n	合计:A+…+n
●其中,境内的外部研发投入额										
研究开发投入额合计	=内部研究开发费用总计+委托外部研究开发费用									

注:A、B、C、D等代表企业所申报的不同研究开发项目

2. 各项费用科目的归集范围

(1)人员人工

从事研究开发活动人员(也称研发人员)全年工资薪金,包括基本工资、奖金、津贴、补贴、年终加薪、加班工资以及与其任职或者受雇有关的其他支出。

(2)直接投入

企业为实施研究开发项目而购买的原材料等相关支出。如:水和燃料(包括煤气和电)使用费等;用于中间试验和产品试制达不到固定资产标准的模具、样品、样机及一般测试手段购置费、试制产品的检验费等;用于研究开发活动的仪器设备的简单维护费;以经营租赁方式租入的固定资产发生的租赁费等。

(3)折旧费用与长期待摊费用

包括为执行研究开发活动而购置的仪器和设备以及研究开发项目在用建筑物的折旧费用,包括研发设施改建、改装、装修和修理过程中发生的长期待摊费用。

(4)设计费用

为新产品和新工艺的构思、开发和制造,进行工序、技术规范、操作特性方面的设计等发生的费用。

(5)装备调试费

主要包括工装准备过程中研究开发活动所发生的费用(如研制生产机器、模具和工具,改变生产和质量控制程序,或制定新方法及标准等)。

为大规模批量化和商业化生产所进行的常规性工装准备和工业工程发生的费用不能计入。

(6)无形资产摊销

因研究开发活动需要购入的专有技术(包括专利、非专利发明、许可证、专有技术、设计和计算方法等)所发生的费用摊销。

(7)委托外部研究开发费用

是指企业委托境内其他企业、大学、研究机构、转制院所、技术专业服务机构和境外机构进行研究开发活动所发生的费用(项目成果为企业拥有,且与企业的主要经营业务紧密相关)。委托外部研究开发费用的发生金额应按照独立交易原则确定。

认定过程中,按照委托外部研究开发费用发生

额的 80% 计入研发费用总额。

（8）其他费用

为研究开发活动所发生的其他费用,如办公费、通讯费、专利申请维护费、高新科技研发保险费等。此项费用一般不得超过研究开发总费用的 10% ,另有规定的除外。

3. 企业在中国境内发生的研究开发费用

是指企业内部研究开发活动实际支出的全部费用与委托境内的企业、大学、转制院所、研究机构、技术专业服务机构等进行的研究开发活动所支出的费用之和,不包括委托境外机构完成的研究开发活动所发生的费用。

五、其他重要指标

（一）核心自主知识产权

《认定办法》规定的核心自主知识产权包括:发明、实用新型、以及非简单改变产品图案和形状的外观设计（主要是指:运用科学和工程技术的方法,经过研究与开发过程得到的外观设计）、软件著作权、集成电路布图设计专有权、植物新品种。

发明、实用新型、外观设计专利可以到国家知识产权局网站（http://www.sipo.gov.cn）查询专利标记和专利号来检验专利的真实性。

对于软件著作权,可以到国家版权局中国版权保护中心的网站（http://www.ccopyright.com.cn）查询软件著作权标记（亦称版权标记）,表明作品受著作权保护的记号,检验其真伪。

本《工作指引》所称的独占许可是指在全球范围内技术接受方对协议约定的知识产权（专利、软件著作权、集成电路布图设计专有权、植物新品种等）享有五年以上排他的使用权,在此期间内技术供应方和任何第三方都不得使用该项技术。

高新技术企业认定所指的核心自主知识产权须在中国境内注册,或享有五年以上的全球范围内独占许可权利（高新技术企业的有效期应在五年以上的独占许可期内）,并在中国法律的有效保护期内。

（二）企业科技人员和研究开发人员

1. 企业科技人员

是指在企业从事研发活动和其他技术活动的,累计实际工作时间在 183 天以上的人员。包括:直接科技人员及科技辅助人员。

2. 企业研究开发人员

企业研究开发人员主要包括研究人员、技术人员和辅助人员三类。

（1）研究人员

是指企业内主要从事研究开发项目的专业人员。

（2）技术人员

具有工程技术、自然科学和生命科学中一个或一个以上领域的技术知识和经验,在研究人员指导下参与下述工作的人员:

——关键资料的收集整理;

——编制计算机程序;

——进行实验、测试和分析;

——为实验、测试和分析准备材料和设备;

——记录测量数据、进行计算和编制图表;从事统计调查等。

（3）辅助人员

是指参与研究开发活动的熟练技工。

3. 研究开发人数的统计

主要统计企业的全时工作人员,可以通过企业是否签订了劳动合同来鉴别。对于兼职或临时聘用人员,全年须在企业累计工作 183 天以上。

（三）高新技术产品（服务）收入

企业通过技术创新、开展研发活动,形成符合《重点领域》要求的产品（服务）收入与技术性收入的总和。

技术性收入主要包括以下几个部分:

1. 技术转让收入:指企业技术创新成果通过技术贸易、技术转让所获得的收入;

2. 技术承包收入:包括技术项目设计、技术工程实施所获得的收入;

3. 技术服务收入:指企业利用自己的人力、物力和数据系统等为社会和本企业外的用户提供技术方案、数据处理、测试分析及其他类型的服务所获得的收入;

4. 接受委托科研收入：指企业承担社会各方面委托研究开发、中间试验及新产品开发所获得的收入。

六、自主知识产权、研究开发组织管理水平、科技成果转化能力、以及资产与销售额成长性的具体评价方法

知识产权、科技成果转化能力、研究开发的组织管理水平、成长性指标等四项指标，用于评价企业利用科技资源进行创新、经营创新和取得创新成果等方面的情况。该四项指标采取加权记分方式，须达到 70 分以上（不含 70 分）。四项指标权重结构详见下表：

序号	指标	赋值
1	核心自主知识产权	30
2	科技成果转化能力	30
3	研究开发的组织管理水平	20
4	成长性指标	20
合计		100

（一）指标计算与赋值说明

1. 四项指标赋予不同的数值（简称"赋值"）；企业不拥有核心自主知识产权的赋值为零。

2. 每项指标分数比例分为六个档次（A，B，C，D，E，F），分别是：0.80—1.0、0.60—0.79、0.40—0.59、0.20—0.39、0.01—0.19、0；

3. 各项指标实际得分 = 本指标赋值×分数比例；

［例］某指标赋值 20，指标评价档次为"B"，分数比例评为 0.7，

则：实际得分 = 20 分×0.7 = 14 分

4. 评价指标以申报之日前 3 个年度的数据为准。如企业创办期不足 3 年，以实际经营年限为准。

5. 各项指标的选择均为单选。

（二）各单项指标的测算依据

1. 核心自主知识产权（30）

企业拥有的专利、软件著作权、集成电路布图设计专有权、植物新品种等核心自主知识产权的数量（不含商标）。

□A.6 项，或 1 项发明专利　□B.5 项
□C.4 项，　　　　　　　　□D.3 项
□E.1～2 项　　　　　　　　□F.0 项

［说明］
1. 由专家对企业申报的核心自主知识产权是否符合《工作指引》要求进行评判。
2. 同一知识产权在国内外的申请、登记只记为一项。
3. 若知识产权的创造人与知识产权权属人分离，在计算知识产权数量时可分别计算。
4. 专利以获得授权证书为准。
5. 企业不具备核心自主知识产权的不能认定为高新技术企业。

2. 科技成果转化能力（30）
最近 3 年内科技成果转化的年平均数。
□A.4 项以上
□B.3～4 项（不含 3 项）
□C.2～3 项（不含 2 项）
□D.1～2 项（不含 1 项）
□E.1 项
□F.0 项

［说明］
1. 同一科学技术成果（专利、版权、技术使用许可证、注册的软件版权、集成电路布图设计）在国内外的申请只记为一项。
2. 购入或出售技术成果以正式技术合同为准。
3. 此项评价可计入技术诀窍，但价值较小的不算在内。从产品或工艺的改进表现来评价技术诀窍等的价值大小（企业可以不披露具体内容）。
4. 技术成果转化的判断依据是：企业以技术成果形成产品、服务、样品、样机等。

3. 研究开发的组织管理水平(20)

(1)制定了研究开发项目立项报告;(2)建立了研发投入核算体系;(3)开展了产学研合作的研发活动;(4)设有研发机构并具备相应的设施和设备;(5)建立了研发人员的绩效考核奖励制度。

□A. 5 项都符合要求　　□B. 4 项符合要求

□C. 3 项符合要求　　□D. 2 项符合要求

□E. 1 项符合要求　　□F. 均不符合要求

4. 总资产和销售额成长性指标(20)

此项指标是对反映企业经营绩效的总资产增长率和销售增长率的评价(各占 10 分),具体计算方法如下:

总资产增长率 = 1/2 × (第二年总资产额÷第一年总资产额+第三年总资产额÷第二年总资产额) - 1。

销售增长率 = 1/2 × (第二年销售额÷第一年销售额+第三年销售额÷第二年销售额) - 1;

用计算所得的总资产增长率和销售增长率分别对照下表指标评价档次(ABCDE)评出分数比例,用分数比例乘以赋值计算出每项得分,两项得分相加计算出总资产和销售额成长性指标实际得分。

成长性指标 (20分)	得分	指标赋值	≥0.35	≥0.25	≥0.15	≥0.05	<0.05
			A	B	C	D	E
		总资产增长率赋值 (10分)					
		销售增长率赋值(10分)					

说明:1. 在计算会计年度内企业未产生销售收入或成长性指标为负的按 0 计算;第一年销售收入为 0 的,按两年计算;第二年销售收入为 0 的,都按 0 计算。

2. 此项指标计算所依据的数据应以具有资质的中介机构鉴证的企业财务报表为准。

附件十三：

研发项目可加计扣除研究开发费用情况归集表

（已计入无形资产成本的费用除外）①

纳税人名称（公章）： 　　　　　纳税人识别号：

＿＿＿＿＿年度（　　季度）

金额单位：元

序号	费用项目	发生额
1	一、研发活动直接消耗的材料、燃料和动力费用	
2	1. 材料	
3	2. 燃料	
4	3. 动力费用	
5		
6	二、直接从事研发活动的本企业在职人员费用	
7	1. 工资、薪金	
8	2. 津贴、补贴	
9	3. 奖金	
10		
11		
12	三、专门用于研发活动的有关折旧费 （按规定一次或分次摊入管理费的仪器和设备除外）	
13	1. 仪器	
14	2. 设备	
15		
16	四、专门用于研发活动的有关租赁费	
17	1. 仪器	
18	2. 设备	
19		
20	五、专门用于研发活动的有关无形资产摊销费	
21	1. 软件	

---

① 《国家税务总局关于印发〈企业研究开发费用税前扣除管理办法（试行）〉的通知》（国税发〔2008〕116号，2008年12月10日）。

续表

序号	费用项目	发生额
22	2. 专利权	
23	3. 非专利技术	
24		
25	六、专门用于中间试验和产品试制的模具、工艺装备开发及制造费	
26		
27	七、研发成果论证、鉴定、评审、验收费用	
28		
29	八、与研发活动直接相关的其他费用	
30	1. 新产品设计费	
31	2. 新工艺规程制定费	
32	3. 技术图书资料费	
33	4. 资料翻译费	
34		
35	合计数(1+2+3…+34)	
36	从有关部门和母公司取得的研究开发费专项拨款	
37	加计扣除额(35−36)×50%	

软件企业认定标准及管理办法(试行)^①

第一条　为了加速我国软件产业的发展,增强信息产业创新能力和国际竞争力,根据国务院《鼓励软件产业和集成电路产业发展的若干政策》(以下简称《政策》),制定本办法。

第二条　凡按照本办法规定的标准和程序认定的软件企业,均可享受《政策》规定的有关鼓励政策。

第三条　本办法所称软件产品,是指向用户提供的计算机软件、信息系统或设备中嵌入的软件或在提供计算机信息系统集成、应用服务等技术服务时提供的计算机软件。

第四条　信息产业部会同教育部、科技部、国家税务总局等有关部门制定软件企业认定标准及管理办法,信息产业部对全国软件产业实行行业管理和监督,组织协调并管理全国软件企业认定工作。其主要职责是:

(一)根据各省、自治区、直辖市信息产业主管部门的建议,确定各地省级软件企业认定机构,向其授权或撤销对其授权,并公布软件企业认定机构名单;

(二)指导并监督、检查全国软件企业认定工作;

(三)受理对认定结果和年审结果的复审申请。

第五条　各省、自治区、直辖市信息产业主管部门负责管理本行政区域内的软件企业认定工作,

其职责是:

(一)监督检查本行政区域内的软件企业认定工作,确定本行政区域地(市)级软件企业认定机构;

(二)会同同级税务部门审核批准本行政区域内软件企业认定机构的认定结果;

(三)公布本行政区域内软件企业认定名单,并颁发软件企业认定证书;

(四)受理本行政区域内对认定结果和年审结果的复审申请。

第六条　经省、自治区、直辖市信息产业主管部门审查推荐,信息产业部授权的软件行业协会或相关协会为软件企业认定机构。

软件企业认定机构应当符合下列条件:

(一)经民政部门注册登记的地(市)级以上软件行业协会或相关协会;

(二)会员以企业为主,其中,软件企业在30家以上;

(三)有固定的办公场所;

(四)有不少于5名熟悉软件行业情况的专职工作人员,并可安排专人负责软件企业认定和年审的组织工作。

第七条　不具备本办法第六条规定设立软件企业认定机构基本条件的省、自治区、直辖市,可暂由中国软件行业协会代理有关认定工作。

第八条　软件企业认定机构负责授权区域内

---

① 《信息产业部　教育部　科学技术部　国家税务总局文件关于印发〈软件企业认定标准及管理办法〉(试行)的通知》(信部联产〔2000〕968号,2000年10月16日)。

软件企业的认定和年审的组织工作。其职责是：

（一）受理、授权区域内软件企业的认定申请；

（二）组织软件企业认定的评审与年审；

（三）提出授权区域内软件企业认定和年审的初选名单；

（四）将初选名单报当地信息产业主管部门审核；

（五）信息产业主管部门委托的其他认定工作。

第九条 符合下列情况之一的软件企业的认定和年审的组织工作由中国软件行业协会负责,初选名单报信息产业部审核：

（一）注册资本在 1000 万美元以上、且外资股份占 50% 以上的；

（二）年营业收入在 3 亿元人民币以上的分支机构跨省、自治区、直辖市的企业。

第十条 中国软件行业协会受信息产业部委托对各地软件企业认定机构的认定工作进行业务指导、监督和检查。

第十一条 软件企业认定机构必须坚持为软件企业服务、促进软件产业发展的宗旨,遵循公开、公正、公平的原则,认真履行所承担的软件企业认定职责。

软件企业认定的收费标准由信息产业部商国务院价格主管部门确定。

第十二条 软件企业的认定标准是：

（一）在我国境内依法设立的企业法人；

（二）以计算机软件开发生产、系统集成、应用服务和其他相应技术服务为其经营业务和主要经营收入；

（三）具有一种以上由本企业开发或由本企业拥有知识产权的软件产品,或者提供通过资质等级认证的计算机信息系统集成等技术服务；

（四）从事软件产品开发和技术服务的技术人员占企业职工总数的比例不低于 50%；

（五）具有从事软件开发和相应技术服务等业务所需的技术装备和经营场所；

（六）具有软件产品质量和技术服务质量保证

的手段与能力；

（七）软件技术及产品的研究开发经费占企业年软件收入 8% 以上；

（八）年软件销售收入占企业年总收入的 35% 以上。其中,自产软件收入占软件销售收入的 50% 以上；

（九）企业产权明晰,管理规范,遵纪守法。

第十三条 申请认定的企业应向软件企业认定机构提交下列材料：

（一）软件企业认定申请表,包括资产负债表、损益表、现金流量表、人员配置及学历构成、软件开发环境和企业经营情况等有关内容；

（二）企业法人营业执照副本及复印件；

（三）企业开发、生产或经营的软件产品列表,包括本企业开发和代理销售的软件产品；

（四）本企业开发或拥有知识产权的软件产品的证明材料,包括软件产品登记证书、软件著作权登记证书或专利证书等；

（五）系统集成企业须提交由信息产业部颁发的资质等级证明材料；

（六）信息产业部要求出具的其他材料。

第十四条 软件企业认定机构依据第十二条的标准组织对软件企业的认定申请材料进行评审。评审以形式审查为主,必要时可组织专家进行评审。对审查合格的软件企业,由认定机构提出初选名单,报同级信息产业主管部门审核。

第十五条 软件企业认定名单由认定机构的同级信息产业主管部门审核并会签税务部门批准公布,并颁发软件企业认定证书,报上级信息产业主管部门备案。

第十六条 软件企业认定实行年审制度。各地认定机构应按本办法第十二条规定的标准对授权区域内的软件企业进行年审,年审结果由认定机构的同级信息产业主管部门审核并会签同级税务部门批准,并报上级信息产业部门备案。

年审合格的软件企业,由信息产业主管部门公布,并在软件企业认定证书上加盖年审合格章；年审不合格的企业,当年不再享受"政策"规定的有关鼓励政策。

第十七条　经认定的软件企业可凭本年度有效的软件企业认定证书,向有关部门办理相应手续并享受"政策"规定的有关鼓励政策。

第十八条　企业对认定结果或年审结果有异议时,可在公告发布后一个月内,向所在的省、自治区、直辖市信息产业主管部门或信息产业部提出复审申请。

提请复审的软件企业应当提交复审申请书及有关证明材料;受理机关应在收到复审申请后十五日内答复是否受理该申请。

受理机关应对复审申请进行认真调查核实,并在受理后三个月内作出复审决定。

第十九条　经认定的软件企业因调整、分立、合并、重组等原因发生变更的,应在变更事实发生后三个月内,向其所在地认定机构办理变更手续或重新办理认定申请。

第二十条　集成电路设计企业视同软件企业。集成电路设计企业的认定除要求其生产过程应符合集成电路设计的流程和管理规范外,比照本办法规定的软件企业认定标准和程序执行。

第二十一条　软件企业从事制作、生产、销售盗版软件活动,或者使用未经授权许可的软件产品的,除由有关机关依法处理外,认定机构应报请同级信息产业主管部门取消其软件企业认定资格,并报上级信息产业部门备案。

认定机构对本条前款所列的软件企业可视其情节轻重,在一至三年内不受理其认定申请。

第二十二条　企业在申请软件企业认定或年审时,应当如实提供本办法所要求的材料和内容。如提供虚假材料或虚假内容,一经查实,认定机构应停止受理其认定申请,或报请信息产业主管部门撤销该企业当年享受鼓励"政策"的资格,并报上级信息产业部门备案。

第二十三条　对违反本办法规定的认定机构,由授权的信息产业主管部门责令限期整改,逾期仍不改正的,撤销其认定机构的资格。

第二十四条　软件企业认定机构工作人员在认定工作中,滥用职权,徇私舞弊,侵害企业合法权益的,由所在单位给予行政处分;情节严重构成犯罪的,依法追究其刑事责任。

第二十五条　软件企业认定申请表、年审申请表等表格及软件企业认定证书由信息产业部统一印制。

第二十六条　本办法由信息产业部负责解释。

第二十七条　本办法自发布之日起实施。

国家规划布局内重点软件企业认定管理办法①

第一条 根据国务院《鼓励软件产业和集成电路产业发展的若干政策》(国发[2000]18号)第七条及有关规定,为合理确定国家规划布局内重点软件企业,带动我国软件产业快速发展,制定本办法。

第二条 国家规划布局内重点软件企业是指业经软件企业认定机构认定,且符合下列条件之一的软件企业:

(一)软件年营业收入超过1亿元人民币且当年不亏损。

(二)年出口额超过100万美元,且软件出口额占本企业年营业收入50%以上。

(三)在年度重点支持软件领域内销售收入列前五位。

本条第一款和第二款所规定的软件营业收入和出口额标准、第三款所指的年度重点支持软件领域,由国家规划布局内重点软件企业认定主管部门根据有关规划及产业发展情况动态研究调整,并在中国软件行业协会网站(http://www.csia.org.en)上公布。国家规划布局内重点软件企业认定主管部门在确定总量的基础上进行审核认定。

国家规划布局内重点软件企业认定主管部门是指国家发展和改革委员会、信息产业部、商务部和国家税务总局(以下简称主管部门)。

第三条 主管部门共同委托中国软件行业协会为国家规划布局内重点软件企业认定机构(以下简称认定机构),具体组织国家规划布局内重点软件企业的年度认定工作。其职责是:

(一)受理国家规划布局内重点软件企业认定申请;

(二)具体组织国家规划布局内重点软件企业年度认定,提出认定意见。

第四条 申报国家规划布局内重点软件企业,由申报单位直接向认定机构提出申请,并提交下列材料:

(一)国家规划布局内重点软件企业认定申请表;

(二)软件企业认定证书;

(三)企业资产负债表、损益表、现金流量表、上年度企业所得税纳税申报表、人员配置表,以及学历构成、软件开发环境和企业经营情况等材料;

(四)按本办法第二条第二款申报国家规划布局内重点软件企业的,应提供本企业上年度软件出口证明,如出口合同登记证书、有效出口合同、收汇证明等材料或海关统计材料。

(五)企业主管税务机关认定企业无恶意欠税或偷税骗税等违法行为的证明材料。

(六)主管部门要求出具的其他材料。

申报国家规划布局内重点软件企业的截止时间为当年5月30日。

国家规划布局内重点软件企业认定申请表可从中国软件行业协会网站上下载。

第五条 认定机构审查申报企业提供的材料的真实性,判断其是否符合国家规划布局内重点软

---

① 《国家发展改革委 信息产业部 商务部 国家税务总局关于印发〈国家规划布局内重点软件企业认定管理办法〉的通知》(发改高技[2005]2669号,2005年12月20日)。

件企业的认定条件。对按本办法第二条第三款申报国家规划布局内重点软件企业的,认定机构应组织专家进行研究。认定机构根据审查情况,于当年8月底前向主管部门提交国家规划布局内重点软件企业年度认定的企业初选名单及相关资料。

第六条　国家发展和改革委员会会同信息产业部、商务部、国家税务总局,采取联席会议等形式审核认定机构提出的初选名单,于当年10月底前联合发文确定,并向认定的企业颁发年度认定证书。

第七条　年度国家规划布局内重点软件企业名单应在认定机构的网站及有关媒体上发布,接受社会监督。

第八条　国家规划布局内重点软件企业实行逐年认定制度。经认定的年度国家规划布局内重点软件企业,当年未享受免税优惠的减按10%的税率征收企业所得税,企业可凭当年颁发的认定证书,向税务部门办理当年度所得税减免手续。年度国家规划布局内重点软件企业未通过下一年度认定的,下一年度不再享受所得税优惠政策。

第九条　经认定的国家规划布局内重点软件企业发生调整、分立、合并、重组等变更事项时,须在作出变更决定之日起30日内,向认定机构办理变更认定或重新申报手续。未经批准同意变更认定的,企业不得自行承继国家规划布局内重点软件企业称号和所享受的优惠政策。

第十条　国家规划布局内重点软件企业应依法纳税。国家规划布局内重点软件企业一经发现有偷税漏税等违法行为的,经核实后取消该企业享受税收优惠政策的资格。

第十一条　企业申报国家规划布局内重点软件企业,应当如实提供材料,并保证内容和数据真实可靠。提供虚假材料或内容、数据失实的,中止其认定申请;已获得认定的,撤销其国家规划布局内重点软件企业资格,同时追回已减免税收款项;认定机构3年内不再受理其认定申请。

第十二条　国家规划布局内重点软件企业认定证书由信息产业部统一印制。

第十三条　本办法由国家发展和改革委员会会同信息产业部、商务部、国家税务总局负责解释。

第十四条　本办法自2006年1月1日起施行。

国家鼓励的集成电路企业认定管理办法（试行）①

第一条 为使企业享受国务院《鼓励软件产业和集成电路产业发展的若干政策》（国发〔2000〕18 号，简称《若干政策》）及其配套的优惠政策，加速我国集成电路产业发展，根据《若干政策》第四十九条和有关规定，制定本办法。

第二条 本办法所指的集成电路企业，是指在中国境内（不含香港、澳门、台湾）依法设立的从事集成电路芯片制造、封装、测试以及 6 英寸（含）以上硅单晶材料生产的具有独立法人资格的组织，不包括集成电路设计企业。

第三条 国家发展和改革委员会、信息产业部、国家税务总局和海关总署为集成电路企业认定主管部门（以下简称主管部门），负责全国集成电路企业的认定管理工作，其职责是：

（一）组织集成电路企业认定机构（以下简称认定机构）开展认定工作；

（二）监督检查全国集成电路企业的认定工作，审核批准认定结果；

（三）受理对认定结果、年审结果以及有关认定决定的异议申诉。

第四条 主管部门共同委托中国半导体行业协会为集成电路企业认定机构，负责集成电路企业认定和年审工作。其职责是：

（一）受理集成电路企业认定申请；

（二）具体组织集成电路企业认定工作，提出认定意见；

（三）负责集成电路企业年度审查，并将结果报主管部门备案。

第五条 申请认定的集成电路企业须满足下列条件：

（一）是依法成立的从事集成电路芯片制造、封装、测试以及 6 英寸（含）以上硅单晶材料生产的法人单位；

（二）具有与集成电路产品生产相适应的生产经营场所、软硬件设施和人员等基本条件，其生产过程符合集成电路产品生产的基本流程、管理规范，具有保证产品生产的手段与能力；

（三）自产（含代工）集成电路产品销售收入占企业当年总收入的 60% 以上（新建企业除外）；

（四）企业主管税务机关认定企业无恶意欠税或偷税骗税等违法行为。

第六条 企业在申请集成电路企业认定时，须按认定实施细则要求提供相关资料，提交的资料及其内容必须真实有效。

第七条 集成电路企业的认定，由企业向认定机构提出申请。认定机构应依照相关实施细则进行审理，并于 15 个工作日内向主管部门提出认定意见及相关资料。国家发展和改革委员会会同信息产业部、国家税务总局、海关总署，于 45 个工作日内联合发文确定或将否定意见告认定机构。

第八条 认定结果在认定机构的网站及有关媒体上发布，接受社会监督。

---

① 《国家发展改革委 信息产业部 税务总局 海关总署关于印发〈国家鼓励的集成电路企业认定管理办法（试行）〉的通知》（发改高技〔2005〕2136 号，2005 年 10 月 21 日）。

第九条　国家对认定的集成电路企业实行年度审查制度。企业向认定机构提交年度审查报告,认定机构出具年审意见报主管部门备案。

第十条　企业应按规定的时限向认定机构提交年度审查报告,逾期未报的企业视为自动放弃认定资格;年审不合格的集成电路企业,其认定资格自下一年度起取消。

第十一条　经认定的集成电路企业发生调整、分立、合并、重组等变更情况时,须在作出变更决定之日起 30 日内,向原认定机构办理变更认定或重新申报手续。未经国家发展和改革委员会与有关部门批准同意变更认定的,取消企业的认定资格,停止享受有关优惠政策。

第十二条　集成电路企业一经发现有偷税等违法行为的,经核实后取消该企业认定资格,停止享受有关优惠政策。

第十三条　经查明企业在申请集成电路企业认定时提供虚假材料及内容的,中止其认定申请;已认定的,撤销其集成电路企业的认定资格,并予以通报,同时追回已减免税收款项;认定机构 3 年内不再受理其认定申请。

第十四条　经认定的集成电路企业,凭主管部门共同签发的认定文件,到有关部门办理享受有关优惠政策的手续。

第十五条　本办法由国家发展和改革委员会会同信息产业部、国家税务总局、海关总署负责解释。

第十六条　本办法自印发之日起施行。

附件十六：

资源综合利用企业所得税优惠目录
（2008 年版）①

类别	序号	综合利用的资源	生产的产品	技术标准
一、共生、伴生矿产资源	1	煤系共生、伴生矿产资源、瓦斯	高岭岩、铝钒土、膨润土，电力、热力及燃气	1. 产品原料100%来自所列资源 2. 煤炭开发中的废弃物 3. 产品符合国家和行业标准
二、废水（液）、废气、废渣	2	煤矸石、石煤、粉煤灰、采矿和选矿废渣、冶炼废渣、工业炉渣、脱硫石膏、磷石膏、江河（渠）道的清淤（淤沙）、风积沙、建筑垃圾、生活垃圾焚烧余渣、化工废渣、工业废渣	砖（瓦）、砌块、墙板类产品、石膏类制品以及商品粉煤灰	产品原料70%以上来自所列资源
	3	转炉渣、电炉渣、铁合金炉渣、氧化铝赤泥、化工废渣、工业废渣	铁、铁合金料、精矿粉、稀土	产品原料100%来自所列资源
	4	化工、纺织、造纸工业废液及废渣	银、盐、锌、纤维、碱、羊毛脂、聚乙烯醇、硫化钠、亚硫酸钠、硫氰酸钠、硝酸、铁盐、铬盐、木素磺酸盐、乙酸、乙二酸、乙酸钠、盐酸、粘合剂、酒精、香兰素、饲料酵母、肥料、甘油、乙氰	产品原料70%以上来自所列资源
	5	制盐液（苦卤）及硼酸废液	氯化钾、硝酸钾、溴素、氯化镁、氢氧化镁、无水硝、石膏、硫酸镁、硫酸钾、肥料	产品原料70%以上来自所列资源
	6	工矿废水、城市污水	再生水	1. 产品原料100%来自所列资源 2. 达到国家有关标准
	7	废生物质油，废弃润滑油	生物柴油及工业油料	产品原料100%来自所列资源
	8	焦炉煤气，化工、石油（炼油）化工废气、发酵废气、火炬气、炭黑尾气	硫磺、硫酸、磷铵、硫铵、脱硫石膏，可燃气、轻烃、氢气，硫酸亚铁、有色金属，二氧化碳、干冰、甲醇、合成氨	

___

① 《财政部 国家税务总局 国家发展改革委关于公布资源综合利用企业所得税优惠目录（2008 年版）的通知》（财税〔2008〕117 号,2008 年 8 月 20 日）。

续表

类别	序号	综合利用的资源	生产的产品	技术标准
二、废水（液）、废气、废渣	9	转炉煤气、高炉煤气、火炬气以及除焦炉煤气以外的工业炉气,工业过程中的余热、余压	电力、热力	
三、再生资源	10	废旧电池、电子电器产品	金属(包括稀贵金属)、非金属	产品原料100%来自所列资源
	11	废感光材料、废灯泡(管)	有色(稀贵)金属及其产品	产品原料100%来自所列资源
	12	锯末、树皮、枝丫材	人造板及其制品	1. 符合产品标准 2. 产品原料100%来自所列资源
	13	废塑料	塑料制品	产品原料100%来自所列资源
	14	废、旧轮胎	翻新轮胎,胶粉	1. 产品符合GB9037和GB14646标准 2. 产品原料100%来自所列资源; 3. 符合GB/T19208等标准规定的性能指标。
	15	废弃天然纤维;化学纤维及其制品	造纸原料、纤维纱及织物、无纺布、毡、粘合剂、再生聚酯	产品原料100%来自所列资源
	16	农作物秸秆及壳皮(包括粮食作物秸秆、农业经济作物秸秆、粮食壳皮、玉米芯)	代木产品,电力、热力及燃气	产品原料70%以上来自所列资源

附件十七：

国家鼓励的资源综合利用认定管理办法^①

第一章 总 则

第一条 为贯彻落实国家资源综合利用的鼓励和扶持政策,加强资源综合利用管理,鼓励企业开展资源综合利用,促进经济社会可持续发展,根据《国务院办公厅关于保留部分非行政许可审批项目的通知》(国办发[2004]62号)和国家有关政策法规精神,制定本办法。

第二条 本办法所指国家鼓励的资源综合利用认定,是指对符合国家资源综合利用鼓励和扶持政策的资源综合利用工艺、技术或产品进行认定(以下简称资源综合利用认定)。

第三条 国家发展改革委负责资源综合利用认定的组织协调和监督管理。

各省、自治区、直辖市及计划单列市资源综合利用行政主管部门(以下简称省级资源综合利用主管部门)负责本辖区内的资源综合利用认定与监督管理工作;财政行政主管机关要加强对认定企业财政方面的监督管理;税务行政主管机关要加强税收监督管理,认真落实国家资源综合利用税收优惠政策。

第四条 经认定的生产资源综合利用产品或采用资源综合利用工艺和技术的企业,按国家有关规定申请享受税收、运行等优惠政策。

第二章 申报条件和认定内容

第五条 申报资源综合利用认定的企业,必须具备以下条件:

(一)生产工艺、技术或产品符合国家产业政策和相关标准;

(二)资源综合利用产品能独立计算盈亏;

(三)所用原(燃)料来源稳定、可靠,数量及品质满足相关要求,以及水、电等配套条件的落实;

(四)符合环保要求,不产生二次污染。

第六条 申报资源综合利用认定的综合利用发电单位,还应具备以下条件:

(一)按照国家审批或核准权限规定,经政府主管部门核准(审批)建设的电站。

(二)利用煤矸石(石煤、油母页岩)、煤泥发电的,必须以燃用煤矸石(石煤、油母页岩)、煤泥为主,其使用量不低于入炉燃料的60%(重量比);利用煤矸石(石煤、油母页岩)发电的入炉燃料应用基低位发热量不大于12550千焦/千克;必须配备原煤、煤矸石、煤泥自动给料显示、记录装置。

(三)城市生活垃圾(含污泥)发电应当符合以下条件:垃圾焚烧炉建设及其运行符合国家或行业有关标准或规范;使用的垃圾数量及品质需有地(市)级环卫主管部门出具的证明材料;每月垃圾的实际使用量不低于设计额定值的90%;垃圾焚烧发电采用流化床锅炉掺烧原煤的,垃圾使用量应不低于入炉燃料的80%(重量比),必须配备垃圾与原煤自动给料显示、记录装置。

(四)以工业生产过程中产生的可利用的热能

---

① 《国家发展改革委 财政部 国家税务总局关于印发〈国家鼓励的资源综合利用认定管理办法〉的通知》(发改环资[2006]1864号,2006年9月7日)。

及压差发电的企业（分厂、车间），应根据产生余热、余压的品质和余热量或生产工艺耗气量和可利用的工质参数确定工业余热、余压电厂的装机容量。

（五）回收利用煤层气（煤矿瓦斯）、沼气（城市生活垃圾填埋气）、转炉煤气、高炉煤气和生物质能等作为燃料发电的，必须有充足、稳定的资源，并依据资源量合理配置装机容量。

第七条　认定内容

（一）审定申报综合利用认定的企业或单位是否执行政府审批或核准程序，项目建设是否符合审批或核准要求，资源综合利用产品、工艺是否符合国家产业政策、技术规范和认定申报条件；

（二）审定申报资源综合利用产品是否在《资源综合利用目录》范围之内，以及综合利用资源来源和可靠性；

（三）审定是否符合国家资源综合利用优惠政策所规定的条件。

第三章　申报及认定程序

第八条　资源综合利用认定实行由企业申报，所在地市（地）级人民政府资源综合利用管理部门（以下简称市级资源综合利用主管部门）初审，省级资源综合利用主管部门会同有关部门集中审定的制度。省级资源综合利用主管部门应提前一个月向社会公布每年年度资源综合利用认定的具体时间安排。

第九条　凡申请享受资源综合利用优惠政策的企业，应向市级资源综合利用主管部门提出书面申请，并提供规定的相关材料。市级资源综合利用主管部门在征求同级财政等有关部门意见后，自规定受理之日起在 30 日内完成初审，提出初审意见报省级资源综合利用主管部门。

第十条　市级资源综合利用主管部门对申请单位提出的资源综合利用认定申请，应当根据下列情况分别做出处理：

（一）属于资源综合利用认定范围、申请材料齐全，应当受理并提出初审意见。

（二）不属于资源综合利用认定范围的，应当即时将不予受理的意见告知申请单位，并说明理由。

（三）申请材料不齐全或者不符合规定要求的，应当场或者在五日内一次告知申请单位需要补充的全部内容。

第十一条　省级资源综合利用主管部门会同同级财政等相关管理部门及行业专家，组成资源综合利用认定委员会（以下简称综合利用认定委员会），按照第二章规定的认定条件和内容，在 45 日内完成认定审查。

第十二条　属于以下情况之一的，由省级资源综合利用主管部门提出初审意见，报国家发展改革委审核。

（一）单机容量在 25MW 以上的资源综合利用发电机组工艺；

（二）煤矸石（煤泥、石煤、油母页岩）综合利用发电工艺；

（三）垃圾（含污泥）发电工艺。

以上情况的审核，每年受理一次，受理时间为每年 7 月底前，审核工作在受理截止之日起 60 日内完成。

第十三条　省级资源综合利用主管部门根据综合利用认定委员会的认定结论或国家发展改革委的审核意见，对审定合格的资源综合利用企业予以公告，自发布公告之日起 10 日内无异议的，由省级资源综合利用主管部门颁发《资源综合利用认定证书》，报国家发展改革委备案，同时将相关信息通报同级财政、税务部门。未通过认定的企业，由省级资源综合利用主管部门书面通知，并说明理由。

第十四条　企业对综合利用认定委员会的认定结论有异议的，可向原作出认定结论的综合利用认定委员会提出重新审议，综合利用认定委员会应予受理。企业对重新审议结论仍有异议的，可直接向上一级资源综合利用主管部门提出申诉；上一级资源综合利用主管部门根据调查核实的情况，会同有关部门组织提出论证意见，并有权变更下一级的认定结论。

第十五条 《资源综合利用认定证书》由国家发展改革委统一制定样式,各省级资源综合利用主管部门印制。认定证书有效期为两年。

第十六条 获得《资源综合利用认定证书》的单位,因故变更企业名称或者产品、工艺等内容的,应向市级资源综合利用主管部门提出申请,并提供相关证明材料。市级资源综合利用主管部门提出意见,报省级资源综合利用主管部门认定审查后,将相关信息及时通报同级财政、税务部门。

第四章 监督管理

第十七条 国家发展改革委、财政部、国家税务总局要加强对资源综合利用认定管理工作和优惠政策实施情况的监督检查,并根据资源综合利用发展状况、国家产业政策调整、技术进步水平等,适时修改资源综合利用认定条件。

第十八条 各级资源综合利用主管部门应采取切实措施加强对认定企业的监督管理,尤其要加强大宗综合利用资源来源的动态监管,对综合利用资源无法稳定供应的,要及时清理。在不妨碍企业正常生产经营活动的情况下,每年应对认定企业和关联单位进行监督检查和了解。

各级财政、税务行政主管部门要加强与同级资源综合利用主管部门的信息沟通,尤其对在监督检查过程中发现的问题要及时交换意见,协调解决。

第十九条 省级资源综合利用主管部门应于每年5月底前将上一年度的资源综合利用认定的基本情况报告国家发展改革委、财政部和国家税务总局。主要包括:

(一)认定工作情况(包括资源综合利用企业(电厂)认定数量、认定发电机组的装机容量等情况)

(二)获认定企业综合利用大宗资源情况及来源情况(包括资源品种、综合利用量、供应等情况)。

(三)资源综合利用认定企业的监管情况(包括年检、抽查及处罚情况等)。

(四)资源综合利用优惠政策落实情况。

第二十条 获得资源综合利用产品或工艺认定的企业(电厂),应当严格按照资源综合利用认定条件的要求,组织生产,健全管理制度,完善统计报表,按期上报统计资料和经审计的财务报表。

第二十一条 获得资源综合利用产品或工艺认定的企业,因综合利用资源原料来源等原因,不能达到认定所要求的资源综合利用条件的,应主动向市级资源综合利用主管部门报告,由省级认定、审批部门终止其认定证书,并予以公告。

第二十二条 《资源综合利用认定证书》是各级主管税务机关审批资源综合利用减免税的必要条件,凡未取得认定证书的企业,一律不得办理税收减免手续。

第二十三条 参与认定的工作人员要严守资源综合利用认定企业的商业和技术秘密。

第二十四条 任何单位和个人,有权检举揭发通过弄虚作假等手段骗取资源综合利用认定资格和优惠政策的行为。

第五章 罚 则

第二十五条 对弄虚作假,骗取资源综合利用优惠政策的企业,或违反本办法第二十一条未及时申报终止认定证书的,一经发现,取消享受优惠政策的资格,省级资源综合利用主管部门收回认定证书,三年内不得再申报认定,对已享受税收优惠政策的企业,主管税务机关应当依照《中华人民共和国税收征收管理法》及有关规定追缴税款并给予处罚。

第二十六条 有下列情形之一的,由省级资源综合利用主管部门撤销资源综合利用认定资格并抄报同级财政和税务部门:

(一)行政机关工作人员滥用职权、玩忽职守做出不合条件的资源综合利用认定的;

(二)超越法定职权或者违反法定程序做出资源综合利用认定的;

(三)对不具备申请资格或者不符合法定条件的申请企业予以资源综合利用认定的;

（四）隐瞒有关情况、提供虚假材料或者拒绝提供反映其活动情况真实材料的；以欺骗、贿赂等不正当手段取得资源综合利用认定的；

（五）年检、抽查达不到资源综合利用认定条件，在规定期限不整改或者整改后仍达不到认定条件的。

第二十七条 行政机关工作人员在办理资源综合利用认定、实施监督检查过程中有滥用职权、玩忽职守、弄虚作假行为的，由其所在部门给予行政处分；构成犯罪的，依法追究刑事责任。

第二十八条 对伪造资源综合利用认定证书者，依据国家有关法律法规追究其责任。

第六章 附 则

第二十九条 本办法所称资源综合利用优惠政策是指：经认定具备资源综合利用产品或工艺、技术的企业按规定可享受的国家资源综合利用优惠政策。

第三十条 申请享受资源综合利用税收优惠政策的企业（单位）须持认定证书向主管税务机关提出减免税申请。主管税务机关根据有关税收政策规定，办理减免税手续。

申请享受其他优惠政策的企业，须持认定证书到有关部门办理相关优惠政策手续。

第三十一条 本办法涉及的有关规定及资源综合利用优惠政策如有修订，按修订后的执行。

第三十二条 各地可根据本办法，结合地方具体情况制定实施细则，并报国家发展和改革委员会、财政部和国家税务总局备案。

第三十三条 本办法由国家发展和改革委员会会同财政部、国家税务总局负责解释。

第三十四条 本办法自 2006 年 10 月 1 日起施行。原国家经贸委、国家税务总局发布的《资源综合利用认定管理办法》（国经贸资源〔1998〕716 号）和《资源综合利用电厂（机组）认定管理办法》（国经贸资源〔2000〕660 号）同时废止。

附件十八：

文化企业的具体范围①

1. 文艺表演团体；

2. 文化、艺术、演出经纪企业；

3. 从事新闻出版、广播影视和文化艺术展览的企业；

4. 从事演出活动的剧场（院）、音乐厅等专业演出场所；

5. 经国家文化行政主管部门许可设立的文物商店；

6. 从事动画、漫画创作、出版和生产以及动画片制作、发行的企业；

7. 从事广播电视（含付费和数字广播电视）节目制作、发行的企业，从事广播影视节目及电影出口贸易的企业；

8. 从事电影（含数字电影）制作、洗印、发行、放映的企业；

9. 从事付费广播电视频道经营、节目集成播出推广以及接入服务推广的企业；

10. 从事广播电影电视有线、无线、卫星传输的企业；

11. 从事移动电视、手机电视、网络电视、视频点播等视听节目业务的企业；

12. 从事与文化艺术、广播影视、出版物相关的知识产权自主开发和转让的企业；从事著作权代理、贸易的企业；

13. 经国家行政主管部门许可从事网络图书、网络报纸、网络期刊、网络音像制品、网络电子出版物、网络游戏软件、网络美术作品、网络视听产品开发和运营的企业；以互联网为手段的出版物销售企业；

14. 从事出版物、影视、剧目作品、音乐、美术作品及其他文化资源数字化加工的企业；

15. 图书、报纸、期刊、音像制品、电子出版物出版企业；

16. 出版物物流配送企业，经国家行政主管部门许可设立的全国或区域出版物发行连锁经营企业、出版物进出口贸易企业、建立在县及县以下以零售为主的出版物发行企业；

17. 经新闻出版行政主管部门许可设立的只读类光盘复制企业、可录类光盘生产企业；

18. 采用数字化印刷技术、电脑直接制版技术（CTP）、高速全自动多色印刷机、高速书刊装订联动线等高新技术和装备的图书、报纸、期刊、音像制品、电子出版物印刷企业。

---

① 《财政部 海关总署 国家税务总局关于支持文化企业发展若干税收政策问题的通知》（财税〔2009〕31 号,2009 年 3 月 27日）;《财政部 海关总署 国家税务总局关于文化体制改革试点中支持文化产业发展若干税收政策问题的通知》（财税〔2005〕2 号,2005 年 3 月 29 日）。

附件十九：

实施企业所得税过渡优惠政策表^①

序号	文件名称	相关政策内容
1	《中华人民共和国外商投资企业和外国企业所得税法》第七条第一款	设在经济特区的外商投资企业、在经济特区设立机构、场所从事生产、经营的外国企业和设在经济技术开发区的生产性外商投资企业,减按15%的税率征收企业所得税。
2	《中华人民共和国外商投资企业和外国企业所得税法》第七条第三款	设在沿海经济开放区和经济特区、经济技术开发区所在城市的老市区或者设在国务院规定的其他地区的外商投资企业,属于能源、交通、港口、码头或者国家鼓励的其他项目的,可以减按15%的税率征收企业所得税。
3	《中华人民共和国外商投资企业和外国企业所得税法实施细则》第七十三条第一款第一项	在沿海经济开放区和经济特区、经济技术开发区所在城市的老市区设立的从事下列项目的生产性外资企业,可以减按15%的税率征收企业所得税:技术密集、知识密集型的项目;外商投资在3000万美元以上,回收投资时间长的项目;能源、交通、港口建设的项目。
4	《中华人民共和国外商投资企业和外国企业所得税法实施细则》第七十三条第一款第二项	从事港口、码头建设的中外合资经营企业,可以减按15%的税率征收企业所得税。
5	《中华人民共和国外商投资企业和外国企业所得税法实施细则》第七十三条第一款第四项	在上海浦东新区设立的生产性外商投资企业,以及从事机场、港口、铁路、公路、电站等能源、交通建设项目的外商投资企业,可以减按15%的税率征收企业所得税。
6	国务院关于上海外高桥、天津港、深圳福田、深圳沙头角、大连、广州、厦门象屿、张家港、海口、青岛、宁波、福州、汕头、珠海、深圳盐田保税区的批复(国函[1991]26号、国函[1991]32号、国函[1992]43号、国函[1992]44号、国函[1992]148号、国函[1992]150号、国函[1992]159号、国函[1992]179号、国函[1992]180号、国函[1992]181号、国函[1993]3号等)	生产性外商投资企业,减按15%的税率征收企业所得税。
7	《国务院关于在福建省沿海地区设立台商投资区的批复》(国函[1989]35号)	厦门台商投资区内设立的台商投资企业,减按15%税率征收企业所得税;福州台商投资区内设立的生产性台商投资企业,减按15%税率征收企业所得税,非生产性台资企业,减按24%税率征收企业所得税。

---

① 《国务院关于实施企业所得税过渡优惠政策的通知》(国发[2007]39号,2007年12月29日)。

855

序号	文件名称	相关政策内容
8	国务院关于进一步对外开放南宁、重庆、黄石、长江三峡经济开放区、北京等城市的通知（国函〔1992〕62号、国函〔1992〕93号、国函〔1993〕19号、国函〔1994〕92号、国函〔1995〕16号）	省会（首府）城市及沿江开放城市从事下列项目的生产性外资企业，减按15%的税率征收企业所得税：技术密集、知识密集型的项目；外商投资在3000万美元以上，回收投资时间长的项目；能源、交通、港口建设的项目。
9	《国务院关于开发建设苏州工业园区有关问题的批复》（国函〔1994〕9号）	在苏州工业园区设立的生产性外商投资企业，减按15%税率征收企业所得税。
10	《国务院关于扩大外商投资企业从事能源交通基础设施项目税收优惠规定适用范围的通知》（国发（1999）13号）	自1999年1月1日起，将外资税法实施细则第七十三条第一款第（一）项第3目关于从事能源、交通基础设施建设的生产性外商投资企业，减按15%征收企业所得税的规定扩大到全国。
11	《广东省经济特区条例》（1980年8月26日第五届全国人民代表大会常务委员会第十五次会议批准施行）	广东省深圳、珠海、汕头经济特区的企业所得税率为15%。
12	《对福建省关于建设厦门经济特区的批复》（〔80〕国函字88号）	厦门经济特区所得税率按15%执行。
13	《国务院关于鼓励投资开发海南岛的规定》（国发〔1988〕26号）	在海南岛举办的企业（国家银行和保险公司除外），从事生产、经营所得税和其他所得，均按15%的税率征收企业所得税。
14	《中华人民共和国外商投资企业和外国企业所得税法》第七条第二款	设在沿海经济开放区和经济特区、经济技术开发区所在城市的老市区的生产性外商投资企业，减按24%的税率征收企业所得税。
15	《国务院关于试办国家旅游度假区有关问题的通知》（国发〔1992〕46号）	国家旅游度假区内的外商投资企业，减按24%税率征收企业所得税。
16	国务院关于进一步对外开放黑河、伊宁、凭祥、二连浩特市等边境城市的通知（国函〔1992〕21号、国函〔1992〕61号、国函〔1992〕62号、国函〔1992〕94号）	沿边开放城市的生产性外商投资企业，减按24%税率征收企业所得税。
17	《国务院关于进一步对外开放南宁、昆明市及凭祥等五个边境城镇的通知》（国函〔1992〕62号）	允许凭祥、东兴、畹町、瑞丽、河口五市（县、镇）在具备条件的市（县、镇）兴办边境经济合作区，对边境经济合作区内以出口为主的生产性内联企业，减按24%的税率征收。
18	国务院关于进一步对外开放南宁、重庆、黄石、长江三峡经济开放区、北京等城市的通知（国函〔1992〕62号、国函〔1992〕93号、国函〔1993〕19号、国函〔1994〕92号、国函〔1995〕16号）	省会（首府）城市及沿江开放城市的生产性外商投资企业，减按24%税率征收企业所得税。
19	《中华人民共和国外商投资企业和外国企业所得税法》第八条第一款	对生产性外商投资企业，经营期在十年以上的，从开始获利的年度起，第一年和第二年免征企业所得税，第三年至第五年减半征收企业所得税。
20	《中华人民共和国外商投资企业和外国企业所得税法实施细则》第七十五条第一款第一项	从事港口码头建设的中外合资经营企业，经营期在15年以上的，经企业申请，所在地的省、自治区、直辖市税务机关批准，从开始获利的年度起，第一年至第五年免征企业所得税，第六年至第十年减半征收企业所得税。
21	《中华人民共和国外商投资企业和外国企业所得税法实施细则》第七十五条第一款第二项	在海南经济特区设立的从事机场、港口、码头、铁路、公路、电站、煤矿、水利等基础设施项目的外商投资企业和从事农业开发经营的外商投资企业，经营期在15年以上的，经企业申请，海南省税务机关批准，从开始获利的年度起，第一年至第五年免征企业所得税，第六年至第十年减半征收企业所得税。

序号	文件名称	相关政策内容
22	《中华人民共和国外商投资企业和外国企业所得税法实施细则》第七十五条第一款第三项	在上海浦东新区设立的从事机场、港口、铁路、公路、电站等能源、交通建设项目的外商投资企业,经营期在15年以上的,经企业申请,上海市税务机关批准,从开始获利的年度起,第一年至第五年免征企业所得税,第六年至第十年减半征收企业所得税。
23	《中华人民共和国外商投资企业和外国企业所得税法实施细则》第七十五条第一款第四项	在经济特区设立的从事服务性行业的外商投资企业,外商投资超过500万美元,经营期在十年以上的,经企业申请,经济特区税务机关批准,从开始获利的年度起,第一年免征企业所得税,第二年和第三年减半征收企业所得税。
24	《中华人民共和国外商投资企业和外国企业所得税法实施细则》第七十五条第一款第六项	在国务院确定的国家高新技术产业开发区设立的被认定为高新技术企业的中外合资经营企业,经营期在十年以上的,经企业申请,当地税务机关批准,从开始获利的年度起,第一年和第二年免征企业所得税。
25	《中华人民共和国外商投资企业和外国企业所得税法实施细则》第七十五条第一款第六项《国务院关于〈北京市新技术产业开发试验区暂行条例〉的批复》(国函[1988]74号)	设在北京市新技术产业开发试验区的外商投资企业,依照北京市新技术产业开发试验区的税收优惠规定执行。 对试验区的新技术企业自开办之日起,三年内免征所得税。经北京市人民政府指定的部门批准,第四至六年可按15%或10%的税率,减半征收所得税。
26	《中华人民共和国企业所得税暂行条例》第八条第一款	需要照顾和鼓励的民族自治地方的企业,经省级人民政府批准实行定期减税或免税的,过渡优惠执行期限不超过5年。
27	《国务院关于鼓励投资开发海南岛的规定》(国发[1988]26号)	在海南岛举办的企业(国家银行和保险公司除外),从事港口、码头、机场、公路、铁路、电站、煤矿、水利等基础设施开发经营的企业和从事农业开发经营的企业,经营期限在十五年以上的,从开始获利的年度起,第一年至第五年免征所得税,第六年至第十年减半征收所得税。
28		在海南岛举办的企业(国家银行和保险公司除外),从事工业、交通运输业等生产性行业的企业,经营期限在十年以上的,从开始获利的年度起,第一年和第二年免征所得税,第三年至第五年减半征收所得税。
29		在海南岛举办的企业(国家银行和保险公司除外),从事服务性行业的企业,投资总额超过500万美元或者2000万人民币,经营期限在十年以上的,从开始获利的年度起,第一年免征所得税,第二年和第三年减半征收所得税。
30	《国务院关于实施〈国家中长期科学和技术发展规划纲要(2006—2020年)若干配套政策的通知〉》(国发[2006]6号)	国家高新技术产业开发区内新创办的高新技术企业经严格认定后,自获利年度起两年内免征所得税。

附件二十：

税收减免管理办法(试行)^①

第一章 总 则

第一条 为规范和加强减免税管理工作，根据《中华人民共和国税收征收管理法》(以下简称税收征管法)及其实施细则和有关税收法律、法规、规章对减免税的规定，制定本办法。

第二条 本办法所称的减免税是指依据税收法律、法规以及国家有关税收规定(以下简称税法规定)给予纳税人减税、免税。减税是指从应纳税款中减征部分税款；免税是指免征某一税种、某一项目的税款。

第三条 各级税务机关应遵循依法、公开、公正、高效、便利的原则，规范减免税管理。

第四条 减免税分为报批类减免税和备案类减免税。报批类减免税是指应由税务机关审批的减免税项目；备案类减免税是指取消审批手续的减免税项目和不需税务机关审批的减免税项目。

第五条 纳税人享受报批类减免税，应提交相应资料，提出申请，经按本办法规定具有审批权限的税务机关(以下简称有权税务机关)审批确认后执行。未按规定申请或虽申请但未经有权税务机关审批确认的，纳税人不得享受减免税。

纳税人享受备案类减免税，应提请备案，经税务机关登记备案后，自登记备案之日起执行。纳税人未按规定备案的，一律不得减免税。

第六条 纳税人同时从事减免项目与非减免项目的，应分别核算，独立计算减免项目的计税依据以及减免税额度。不能分别核算的，不能享受减免税；核算不清的，由税务机关按合理方法核定。

第七条 纳税人依法可以享受减免税待遇，但未享受而多缴税款的，凡属于无明确规定需经税务机关审批或没有规定申请期限的，纳税人可以在税收征管法第五十一条规定的期限内申请减免税，要求退还多缴的税款，但不加算银行同期存款利息。

第八条 减免税审批机关由税收法律、法规、规章设定。

凡规定应由国家税务总局审批的，经由各省、自治区、直辖市和计划单列市税务机关上报国家税务总局；凡规定应由省级税务机关及省级以下税务机关审批的，由各省级税务机关审批或确定审批权限，原则上由纳税人所在地的县(区)税务机关审批；对减免税金额较大或减免税条件复杂的项目，各省、自治区、直辖市和计划单列市税务机关可根据效能与便民、监督与责任的原则适当划分审批权限。

各级税务机关应按照规定的权限和程序进行减免税审批，禁止越权和违规审批减免税。

第二章 减免税的申请、申报和审批实施

第九条 纳税人申请报批类减免税的，应当在

① 《国家税务总局关于印发〈税收减免管理办法(试行)〉的通知》(国税发[2005]129号，2005年8月3日)。该办法适用于包括企业所得税在内的所有税种减免税管理，但原文附件"企业所得税减免税审批条件"被《国家税务总局关于公布全文失效废止部分条款失效废止的税收规范性文件目录的公告》(国家税务总局公告2011年第2号，2011年1月4日)公布废止。

政策规定的减免税期限内,向主管税务机关提出书面申请,并报送以下资料:

(一)减免税申请报告,列明减免税理由、依据、范围、期限、数量、金额等。

(二)财务会计报表、纳税申报表。

(三)有关部门出具的证明材料。

(四)税务机关要求提供的其他资料。

纳税人报送的材料应真实、准确、齐全。税务机关不得要求纳税人提交与其申请的减免税项目无关的技术资料和其他材料。

第十条 纳税人可以向主管税务机关申请减免税,也可以直接向有权审批的税务机关申请。

由纳税人所在地主管税务机关受理、应当由上级税务机关审批的减免税申请,主管税务机关应当自受理申请之日起 10 个工作日内直接上报有权审批的上级税务机关。

第十一条 税务机关对纳税人提出的减免税申请,应当根据以下情况分别作出处理:

(一)申请的减免税项目,依法不需要由税务机关审查后执行的,应当即时告知纳税人不受理。

(二)申请的减免税材料不详或存在错误的,应当告知并允许纳税人更正。

(三)申请的减免税材料不齐全或者不符合法定形式的,应在 5 个工作日内一次告知纳税人需要补正的全部内容。

(四)申请的减免税材料齐全、符合法定形式的,或者纳税人按照税务机关的要求提交全部补正减免税材料的,应当受理纳税人的申请。

第十二条 税务机关受理或者不予受理减免税申请,应当出具加盖本机关专用印章和注明日期的书面凭证。

第十三条 减免税审批是对纳税人提供的资料与减免税法定条件的相关性进行的审核,不改变纳税人真实申报责任。

税务机关需要对申请材料的内容进行实地核实的,应当指派 2 名以上工作人员按规定程序进行实地核查,并将核查情况记录在案。上级税务机关对减免税实地核查工作量大、耗时长的,可委托企业所在地区县级税务机关具体组织实施。

第十四条 减免税期限超过 1 个纳税年度的,进行一次性审批。

纳税人享受减免税的条件发生变化的,应自发生变化之日起 15 个工作日内向税务机关报告,经税务机关审核后,停止其减免税。

第十五条 有审批权的税务机关对纳税人的减免税申请,应按以下规定时限及时完成审批工作,作出审批决定:

县、区级税务机关负责审批的减免税,必须在 20 个工作日作出审批决定;地市级税务机关负责审批的,必须在 30 个工作日内作出审批决定;省级税务机关负责审批的,必须在 60 个工作日内作出审批决定。在规定期限内不能作出决定的,经本级税务机关负责人批准,可以延长 10 个工作日,并将延长期限的理由告知纳税人。

第十六条 减免税申请符合法定条件、标准的,有权税务机关应当在规定的期限内作出准予减免税的书面决定。依法不予减免的,应当说明理由,并告知纳税人享有依法申请行政复议或者提起行政诉讼的权利。

第十七条 税务机关作出的减免税审批决定,应当自作出决定之日起 10 个工作日内向纳税人送达减免税审批书面决定。

第十八条 减免税批复未下达前,纳税人应按规定办理申报缴纳税款。

第十九条 纳税人在执行备案类减免税之前,必须向主管税务机关申报以下资料备案:

(一)减免税政策的执行情况。

(二)主管税务机关要求提供的有关资料。

主管税务机关应在受理纳税人减免税备案后 7 个工作日内完成登记备案工作,并告知纳税人执行。

第三章 减免税的监督管理

第二十条 纳税人已享受减免税的,应当纳入正常申报,进行减免税申报。

纳税人享受减免税到期的,应当申报缴纳

税款。

税务机关和税收管理员应当对纳税人已享受减免税情况加强管理监督。

第二十一条 税务机关应结合纳税检查、执法检查或其他专项检查,每年定期对纳税人减免税事项进行清查、清理,加强监督检查,主要内容包括:

(一)纳税人是否符合减免税的资格条件,是否以隐瞒有关情况或者提供虚假材料等手段骗取减免税。

(二)纳税人享受减免税的条件发生变化时,是否根据变化情况经税务机关重新审查后办理减免税。

(三)减免税税款有规定用途的,纳税人是否按规定用途使用减免税款;有规定减免税期限的,是否到期恢复纳税。

(四)是否存在纳税人未经税务机关批准自行享受减免税的情况。

(五)已享受减免税是否未申报。

第二十二条 减免税的审批采取谁审批谁负责制度,各级税务机关应将减免税审批纳入岗位责任制考核体系中,建立税收行政执法责任追究制度。

(一)建立健全审批跟踪反馈制度。各级税务机关应当定期对审批工作情况进行跟踪与反馈,适时完善审批工作机制。

(二)建立审批案卷评查制度。各级审批机关应当建立各类审批资料案卷,妥善保管各类案卷资料,上级税务机关应定期对案卷资料进行评查。

(三)建立层级监督制度。上级税务机关应建立经常性的监督的制度,加强对下级税务机关减免税审批工作的监督,包括是否按本办法规定的权限、条件、时限等实施减免税审批工作。

第二十三条 税务机关应按本办法规定的时间和程序,按照公正透明、廉洁高效和方便纳税人的原则,及时受理和审批纳税人申请的减免税事项。

非因客观原因未能及时受理或审批的,或者未按规定程序审批和核实造成审批错误的,应按税收

征管法和税收执法责任制的有关规定追究责任。

第二十四条 纳税人实际经营情况不符合减免税规定条件的或采用欺骗手段获取减免税的、享受减免税条件发生变化未及时向税务机关报告的,以及未按本办法规定程序报批而自行减免税的,税务机关按照税收征管法有关规定予以处理。

因税务机关责任审批或核实错误,造成企业未缴或少缴税款,应按税收征管法第五十二条规定执行。

税务机关越权减免税的,按照税收征管法第八十四条的规定处理。

第二十五条 税务机关应按照实质重于形式原则对企业的实际经营情况进行事后监督检查。检查中,发现有关专业技术或经济鉴证部门认定失误的,应及时与有关认定部门协调沟通,提请纠正,及时取消有关纳税人的优惠资格,督促追究有关责任人的法律责任。

有关部门非法提供证明的,导致未缴、少缴税款的,按《中华人民共和国税收征收管理法实施细则》第九十三条规定予以处理。

第四章 减免税的备案

第二十六条 主管税务机关应设立纳税人减免税管理台账,详细登记减免税的批准时间、项目、年限、金额,建立减免税动态管理监控机制。

第二十七条 属于"风、火、水、震"等严重自然灾害及国家确定的"老、少、边、穷"地区以及西部地区新办企业年度减免属于中央收入的税收达到或超过100万元的,国家税务总局不再审批,审批权限由各省级税务机关具体确定。审批税务机关应分户将减免税情况(包括减免税项目、减免依据、减免金额等)报省级税务机关备案。

第二十八条 各省、自治区、直辖市和计划单列市税务机关应在每年6月底前书面向国家税务总局报送上年度减免税情况和总结报告。

由国家税务总局审批的减免税事项的落实情况应由省级税务机关书面报告。

减免税总结报告内容包括:减免税基本情况和

分析;减免税政策落实情况及存在问题;减免税管理经验以及建议。

第二十九条　减免税的核算统计办法另行规定下发。

第五章　附　　则

第三十条　本办法自 2005 年 10 月 1 日起执

行。以前规定与本办法相抵触的,按本办法执行。

第三十一条　各省、自治区、直辖市和计划单列市国家税务局、地方税务局可根据本办法制定具体实施方案。

附件二十一：

中华人民共和国企业所得税月（季）度
预缴纳税申报表（A 类）①

税款所属期间： 年 月 日至 年 月 日

纳税人识别号：□□□□□□□□□□□□□□□

纳税人名称：

金额单位：人民币元（列至角分）

行次	项目	本期金额	累计金额
1	一、据实预缴		
2	营业收入		
3	营业成本		
4	利润总额		
5	税率（25%）		
6	应纳所得税额（4 行×5 行）		
7	减免所得税额		
8	实际已缴所得税额	——	
9	应补（退）的所得税额（6 行－7 行－8 行）	——	
10	二、按照上一纳税年度应纳税所得额的平均额预缴		
11	上一纳税年度应纳税所得额	——	
12	本月（季）应纳税所得额（11 行÷12 或 11 行÷4）		
13	税率（25%）	——	——
14	本月（季）应纳所得税额（12 行×13 行）		
15	三、按照税务机关确定的其他方法预缴		
16	本月（季）确定预缴的所得税额		
17	总分机构纳税人		

---

① 《国家税务总局关于印发〈中华人民共和国企业所得税月（季）度预缴纳税申报表〉等报表的通知》（国税函〔2008〕44 号，2008 年 1 月 23 日）。

续表

行次	项目		本期金额	累计金额
18	总机构	总机构应分摊的所得税额（9 行或 14 行或 16 行×25%）		
19		中央财政集中分配的所得税额（9 行或 14 行或 16 行×25%）		
20		分支机构分摊的所得税额（9 行或 14 行或 16 行×50%）		
21	分支机构	分配比例		
22		分配的所得税额（20 行×21 行）		

　　谨声明:此纳税申报表是根据《中华人民共和国企业所得税法》、《中华人民共和国企业所得税法实施条例》和国家有关税收规定填报的,是真实的、可靠的、完整的。

法定代表人(签字):
年　　月　　日

纳税人公章: 会计主管: 填表日期:　年 月 日	代理申报中介机构公章: 经办人: 经办人执业证件号码: 代理申报日期:　　年　　月　　日	主管税务机关受理专用章: 受理人: 受理日期:　年　月　日

中华人民共和国企业所得税月(季)度预缴纳税申报表(A 类)填报说明①

　　一、本表适用于实行查账征收方式申报企业所得税的居民纳税人及在中国境内设立机构的非居民纳税人在月(季)度预缴企业所得税时使用。

　　二、本表表头项目

　　1.“税款所属期间”:纳税人填写的“税款所属期间”为公历 1 月 1 日至所属月(季)度最后一日。

　　企业年度中间开业的纳税人填写的“税款所属期间”为当月(季)开始经营之日至所属季度的最后一日,自次月(季)度起按正常情况填报。

　　2.“纳税人识别号”:填报税务机关核发的税务登记证号码(15 位)。

　　3.“纳税人名称”:填报税务登记证中的纳税人全称。

　　三、各列的填报

　　1.“据实预缴”的纳税人第 2 行—第 9 行:填报“本期金额”列,数据为所属月(季)度第一日至最后一日;填报“累计金额”列,数据为纳税人所属年度 1 月 1 日至所属季度(或月份)最后一日的累计数。纳税人当期应补(退)所得税额为“累计金额”列第 9 行“应补(退)所得税额”的数据。

　　2.“按照上一纳税年度应纳税所得额的平均额预缴”的纳税人第 11 行至 14 行及“按照税务机关确定的其他方法预缴”的纳税人第 16 行:填报表内第 11 行至第 14 行、第 16 行“本期金额”列,数据为所属月(季)度第一日至最后一日。

　　四、各行的填报

---

　　① 《国家税务总局关于印发〈中华人民共和国企业所得税月(季)度预缴纳税申报表〉等报表的通知》(国税函〔2008〕44 号,2008 年 1 月 23 日),本说明中除特别注明外,均来自国税函〔2008〕44 号文。

本表结构分为两部分:

1. 第一部分为第1行至第16行,纳税人根据自身的预缴申报方式分别填报,包括非居民企业设立的分支机构:实行据实预缴的纳税人填报第2至9行;实行按上一年度应纳税所得额的月度或季度平均额预缴的纳税人填报第11至14行;实行经税务机关认可的其他方法预缴的纳税人填报第16行。

2. 第二部分为第17行至第22行,由实行汇总纳税的总机构在填报第一部分的基础上填报第18至20行;分支机构填报第20至22行。

五、具体项目填报说明:

1. 第2行"营业收入":填报会计制度核算的营业收入,事业单位、社会团体、民办非企业单位按其会计制度核算的收入填报。

2. 第3行"营业成本":填报会计制度核算的营业成本,事业单位、社会团体、民办非企业单位按其会计制度核算的成本(费用)填报。

3. 第4行"利润总额":填报按会计制度核算的利润总额减除以前年度待弥补亏损以及不征税收入、免税收入后的余额。事业单位、社会团体、民办非企业单位比照填报。房地产开发企业本期取得预售收入按规定计算出的预计利润额计入本行①。

4. 第5行"税率(25%)":按照《企业所得税法》第四条规定的25%税率计算应纳所得税额。

5. 第6行"应纳所得税额":填报计算出的当期应纳所得税额。第6行=第4行×第5行,且第6行≥0。

6. 第7行"减免所得税额":填报当期实际享受的减免所得税额,包括享受减免税优惠过渡期的税收优惠、小型微利企业优惠、高新技术企业优惠及经税务机关审批或备案的其他减免税优惠。第7行≤第6行。

7. 第8行"实际已缴所得税额":填报累计已预缴的企业所得税税额,"本期金额"列不填。

8. 第9行"应补(退)的所得税额":填报按照税法规定计算的本次应补(退)预缴所得税额。第9行=第6行-第7行-第8行,且第9行<0时,填0,"本期金额"列不填。

9. 第11行"上一纳税年度应纳税所得额":填报上一纳税年度申报的应纳税所得额。本行不包括纳税人的境外所得。

10. 第12行"本月(季)应纳税所得额":填报纳税人依据上一纳税年度申报的应纳税所得额计算的当期应纳税所得额。

按季预缴企业:第12行=第11行×1/4。

按月预缴企业:第12行=第11行×1/12。

11. 第13行"税率(25%)":按照《企业所得税法》第四条规定的25%税率计算应纳所得税额。

12. 第14行"本月(季)应纳税所得额":填报计算的本月(季)应纳税所得额。第14行=第12行×第13行。

13. 第16行"本月(季)确定预缴的所得税额":填报依据税务机关认定的应纳税所得额计算出的本月(季)应缴纳所得税额。

14. 第18行"总机构应分摊的所得税额":填报汇总纳税总机构以本表第一部分(第1—16行)本月或

---

① 《国家税务总局关于填报企业所得税月(季)度预缴纳税申报表有关问题的通知》(国税函〔2008〕635号,2008年6月30日)。

本季预缴所得税额为基数,按总机构应分摊的预缴比例计算出的本期预缴所得税额。

(1)据实预缴的汇总纳税企业总机构:

第 9 行×总机构应分摊的预缴比例 25% 。

(2)按上一纳税年度应纳税所得额的月度或季度平均额预缴的汇总纳税企业总机构:

第 14 行×总机构应分摊的预缴比例 25%

(3)经税务机关认可的其他方法预缴的汇总纳税企业总机构:

第 16 行×总机构应分摊的预缴比例 25%

15. 第 19 行"中央财政集中分配的所得税额":填报汇总纳税总机构以本表第一部分(第 1—16 行)本月或本季预缴所得税额为基数,按中央财政集中分配税款的预缴比例计算出的本期预缴所得税额。

(1)据实预缴的汇总纳税企业总机构:

第 9 行×中央财政集中分配税款的预缴比例 25%

(2)按上一纳税年度应纳税所得额的月度或季度平均额预缴的汇总纳税企业总机构:

第 14 行×中央财政集中分配税款的预缴比例 25%

(3)经税务机关认可的其他方法预缴的汇总纳税企业总机构:

第 16 行×中央财政集中分配税款的预缴比例 25%

16. 第 20 行"分支机构分摊的所得税额":填报汇总纳税总机构以本表第一部分(第 1—16 行)本月或本季预缴所得税额为基数,按分支机构分摊的预缴比例计算出的本期预缴所得税额。

(1)据实预缴的汇总纳税企业总机构:

第 9 行×分支机构分摊的预缴比例 50%

(2)按上一纳税年度应纳税所得额的月度或季度平均额预缴的汇总纳税企业总机构:

第 14 行×分支机构分摊的预缴比例 50%

(3)经税务机关认可的其他方法预缴的汇总纳税企业总机构:

第 16 行×分支机构分摊的预缴比例 50%

(分支机构本行填报总机构申报的第 20 行"分支机构分摊的所得税额")

上述第 18 至 20 行,汇总纳税总、分机构税率一致的,按《通知》填报;汇总纳税总、分机构税率不一致的,按《国家税务总局关于印发〈跨地区经营汇总纳税企业所得税征收管理暂行办法〉的通知》(国税发[2008]28 号)及相关补充文件的规定计算填报。即第 9 行或 14 行或 16 行与第 18—20 行关系不成立,且《中华人民共和国企业所得税汇总纳税分支机构分配表》中分支机构分摊的所得税额×分配比例=分配税额计算关系不成立①。

17. 第 21 行"分配比例":填报汇总纳税分支机构依据《汇总纳税企业所得税分配表》中确定的分配比例。

18. 第 22 行"分配的所得税额":填报汇总纳税分支机构依据当期总机构申报表中第 20 行"分支机构分摊的所得税额"×本表第 21 行"分配比例"的数额。

---

① 《国家税务总局关于填报企业所得税月(季)度预缴纳税申报表有关问题的通知》(国税函[2008]635 号,2008 年 6 月 30 日)。

中华人民共和国企业所得税月(季)度
预缴纳税申报表(B类)^①

税款所属期间: 　年　月　日至　年　月　日

纳税人识别号:□□□□□□□□□□□□□□□

纳税人名称:

金额单位:人民币元(列至角分)

项目			行次	累计金额
应纳税所得额的计算	按收入总额核定应纳税所得额	收入总额	1	
		税务机关核定的应税所得率(%)	2	
		应纳税所得额(1行×2行)	3	
	按成本费用核定应纳税所得额	成本费用总额	4	
		税务机关核定的应税所得率(%)	5	
		应纳税所得额[4行÷(1−5行)×5行]	6	
	按经费支出换算应纳税所得额	经费支出总额	7	
		税务机关核定的应税所得率(%)	8	
		换算的收入额[7行÷(1−8行)]	9	
		应纳税所得额(8行×9行)	10	
应纳所得税额的计算		税率(25%)	11	
		应纳所得税额(3行×11行或6行×11行或10行×11行)	12	
		减免所得税额	13	
应补(退)所得税额的计算		已预缴所得税额	14	
		应补(退)所得税额(12行−13行−14行)	15	

谨声明:此纳税申报表是根据《中华人民共和国企业所得税法》、《中华人民共和国企业所得税法实施条例》和国家有关税收规定填报的,是真实的、可靠的、完整的。

法定代表人(签字):
　年　月　日

纳税人公章:	代理申报中介机构公章:	主管税务机关受理专用章:
会计主管:	经办人: 经办人执业证件号码:	受理人:
填表日期: 　年 月 日	代理申报日期: 　年 月 日	受理日期: 　年 月 日

---

① 《国家税务总局关于印发〈中华人民共和国企业所得税月(季)度预缴纳税申报表〉等报表的通知》(国税函[2008]44号,2008年1月23日),本说明中除特别注明外,均来自国税函[2008]44号文。

中华人民共和国企业所得税月(季)度预缴纳税申报表(B 类)填报说明①

一、本表为按照核定征收管理办法(包括核定应税所得率和核定税额征收方式)缴纳企业所得税的纳税人在月(季)度申报缴纳企业所得税时使用,包括依法被税务机关指定的扣缴义务人。其中:核定应税所得率的纳税人按收入总额核定、按成本费用核定、按经费支出换算分别填写。

二、本表表头项目

1."税款所属期间":纳税人填报的"税款所属期间"为公历 1 月 1 日至所属季(月)度最后一日。

企业年度中间开业的纳税人填报的"税款所属期间"为当月(季)度第一日至所属月(季)度的最后一日,自次月(季)度起按正常情况填报。

2."纳税人识别号":填报税务机关核发的税务登记证号码(15 位)。

3."纳税人名称":填报税务登记证中的纳税人全称。

三、具体项目填报说明

1. 第 1 行"收入总额":按照收入总额核定应税所得率的纳税人填报此行。填写本年度累计取得的各项收入金额。

2. 第 2 行"税务机关核定的应税所得率":填报主管税务机关核定的应税所得率。

3. 第 3 行"应纳税所得额":填报计算结果。

计算公式:应纳税所得额=第 1 行"收入总额"×第 2 行"税务机关核定的应税所得率"。

4. 第 4 行"成本费用总额":按照成本费用核定应税所得率的纳税人填报此行。填写本年度累计发生的各项成本费用金额。

5. 第 5 行"税务机关核定的应税所得率":填报主管税务机关核定的应税所得率。

6. 第 6 行"应纳税所得额":填报计算结果。计算公式:应纳税所得额=第 4 行"成本费用总额"÷(1-第 5 行"税务机关核定的应税所得率")×第 5 行"税务机关核定的应税所得率"。

7. 第 7 行"经费支出总额":按照经费支出换算收入方式缴纳所得税的纳税人填报此行。填报累计发生的各项经费支出金额。

8. 第 8 行"税务机关核定的应税所得率":填报主管税务机关核定的应税所得率。

9. 第 9 行"换算的收入额":填报计算结果。

计算公式:换算的收入额=第 7 行"经费支出总额"÷(1-第 8 行"税务机关核定的应税所得率")。

10. 第 10 行"应纳税所得额":填报计算结果。

计算公式:应纳税所得额=第 8 行"税务机关核定的应税所得率"×第 9 行"换算的收入额"。

11. 第 11 行"税率":填写《企业所得税法》第四条规定的 25% 税率。

12. 第 12 行"应纳所得税额"。

(1)核定应税所得率的纳税人填报计算结果:

按照收入总额核定应税所得率的纳税人,应纳所得税额=第 3 行"应纳税所得额"×第 11 行"税率"。

按照成本费用核定应税所得率的纳税人,应纳所得税额=第 6 行"应纳税所得额"×第 11 行"税率"。

按照经费支出换算应纳税所得额的纳税人,应纳所得税额=第 10 行"应纳税所得额"×第 11 行"税

① 《国家税务总局关于印发〈中华人民共和国企业所得税月(季)度预缴纳税申报表〉等报表的通知》(国税函[2008]44 号,2008 年 1 月 23 日),本说明中除特别注明外,均来自国税函[2008]44 号文。

率"。

（2）实行核定税额征收的纳税人,填报税务机关核定的应纳所得税额。

13. 第13行"减免所得税额":填报当期实际享受的减免所得税额,第13行≤第12行。包括享受减免税优惠过渡期的税收优惠、小型微利企业优惠、高新技术企业优惠及经税务机关审批或备案的其他减免税优惠。

14. 第14行"已预缴所得税额":填报当年累计已预缴的企业所得税额。

15. 第15行"应补(退)所得税额":填报计算结果。计算公式:应补(退)所得税额＝第12行"应纳所得税额"－第13行"减免所得税额"－第14行"已预缴的所得税额";当第15行≤0时,本行填0。

中华人民共和国企业所得税汇总纳税分支机构分配表①

税款所属期间： 年 月 日至 年 月 日

分配比例有效期： 年 月 日至 年 月 日

金额单位:人民币元(列至角分)

总机构情况	纳税人识别号	总机构名称	三项因素				分支机构分摊的所得税额
			收入总额	工资总额	资产总额	合计	
分支机构情况	纳税人识别号	分支机构名称	三项因素				分配比例	分配税额
			收入总额	工资总额	资产总额	合计		

纳税人公章：
会计主管：
填表日期： 年 月 日

主管税务机关受理专用章：
受理人：
受理日期： 年 月 日

中华人民共和国企业所得税汇总纳税分支机构分配表填报说明②

一、使用对象及报送时间

1. 使用对象

本表适用于在中国境内跨省、自治区、直辖市设立不具有法人资格的营业机构,并实行"统一计算、分级管理、就地预缴、汇总清算、财政调节"汇总纳税办法的居民企业填报。

---

① 《国家税务总局关于印发〈中华人民共和国企业所得税月(季)度预缴纳税申报表〉等报表的通知》(国税函〔2008〕44 号,2008 年 1 月 23 日),本说明中除特别注明外,均来自国税函〔2008〕44 号文。

② 《国家税务总局关于印发〈中华人民共和国企业所得税月(季)度预缴纳税申报表〉等报表的通知》(国税函〔2008〕44 号,2008 年 1 月 23 日),本说明中除特别注明外,均来自国税函〔2008〕44 号文。

2. 报送要求

季度终了之日起十日内,由实行汇总纳税的总机构随同《中华人民共和国企业所得税月(季)度纳税申报表(A 类)》报送;

季度终了之日起十五日内,由实行汇总纳税,具有主体生产经营职能的分支机构随同《中华人民共和国企业所得税月(季)度纳税申报表(A 类)》报送总机构申报后加盖有主管税务机关受理专用章的《中华人民共和国汇总纳税分支机构企业所得税分配表》(复印件);

年度终了之日起五个月内,由实行汇总纳税的总机构随同《中华人民共和国企业所得税年度纳税申报表(A 类)》报送。

二、分配表项目填报说明

1.“税款所属时期”:季度申报填写季度起始日期至所属季度的最后一日。年度申报填写公历 1 月 1 日至 12 月 31 日。

2.“分配比例有效期”:填写经企业总机构所在地主管税务机关审批确认的分配比例有效期起及有效期止。

3.“纳税人识别号”:填写税务机关统一核发的税务登记证号码。

4.“纳税人名称”:填写税务登记证所载纳税人的全称。

5.“收入总额”:填写基期年度总机构、各分支机构的经营收入总额。

6.“工资总额”:填写基期年度总机构、各分支机构的工资总额。

7.“资产总额”:填写基期年度总机构、各分支机构的资产总额,不包括无形资产。

8.“合计”:填写基期年度总机构、各分支机构的经营收入总额、工资总额和资产总额三项因素的合计数。

9.“分支机构分摊的所得税额”:填写本所属时期总机构根据税务机关确定的分摊方法计算,由各分支机构进行分摊的所得税额。

10.“分配比例”:填写经企业总机构所在地主管税务机关审批确认的各分支机构分配比例。

各分支机构分配比例=(基期年各分支机构的经营收入总额、工资总额和资产总额三项因素合计数÷总机构的经营收入总额、工资总额和资产总额三项因素合计数)×100% 。

11.“分配税额”:填写本所属时期根据税务机关确定的分摊方法计算,分配给各分支机构缴纳的所得税额。

中华人民共和国企业所得税扣缴报告表①

税款所属期间：　　　年　月　日至　　　年　月　日

扣缴义务人识别号：□□□□□□□□□□□□□□□

金额单位:人民币元(列至角分)

扣缴义务人名称															
纳税人识别号	纳税人名称	国家或地区	所得项目	合同号	合同名称	取得所得日期	收入额				扣除额	应纳税所得额	税率	扣缴所得税额	
							人民币金额	外币额			人民币金额合计				
								外币名称金额	汇率	折人民币					

谨声明:此扣缴所得税报告表是根据《中华人民共和国企业所得税法》、《中华人民共和国企业所得税法实施条例》和国家有关税收规定填报的,是真实的、可靠的、完整的。

法定代表人(签字)：
　　　年　月　日

扣缴义务人公章：	代理申报中介机构公章：	主管税务机关受理专用章：
会计主管： 填表日期： 　年　月　日	经办人： 经办人执业证件号码： 代理申报日期： 　年　月　日	受理人： 受理日期： 　年　月　日

中华人民共和国企业所得税扣缴报告表填表说明②

一、本表适用于扣缴义务人按照《中华人民共和国企业所得税法》及其实施条例的规定,对下列所得,按次或按期扣缴所得税税款的报告。

1. 非居民企业在中国境内未设立机构、场所的,应当就其来源于中国境内的所得缴纳企业所得税。

2. 非居民企业虽设立机构、场所但取得的所得与其所设机构、场所没有实际联系的,应当就其来源于

---

① 《国家税务总局关于印发〈中华人民共和国企业所得税月(季)度预缴纳税申报表〉等报表的通知》(国税函[2008]44号,2008年1月23日),本说明中除特别注明外,均来自国税函[2008]44号文。

② 《国家税务总局关于印发〈中华人民共和国企业所得税月(季)度预缴纳税申报表〉等报表的通知》(国税函[2008]44号,2008年1月23日),本说明中除特别注明外,均来自国税函[2008]44号文。

中国境内的所得缴纳企业所得税。

二、扣缴义务人应当于签订合同或协议后二十日内将合同或协议副本,报送主管税务机关备案,并办理有关扣缴手续。

三、签订合同或协议后,合同或协议规定的支付款额如有变动,应于变动后十日内,将变动情况书面报告税务机构。

四、扣缴义务人不能按规定期限报送本表时,应当在规定的报送期限内提出申请,经当地税务机构批准,可以适当延长期。

五、扣缴义务人不按规定期限将已扣税款缴入国库以及不履行税法规定的扣缴义务,将分别按《中华人民共和国税收征收管理法》第六十八条、第六十九条的规定,予以处罚。

六、本表填写要用中、外两种文字填写。

七、本表各栏填写如下:

1. 扣缴义务人识别号:填写办理税务登记时,由主管税务机构所确定的扣缴义务人的税务编码。

2. 扣缴义务人名称:填写实际支付外国企业款项的单位和个人名称。

3. 纳税人识别号:填写非居民企业在其居民国的纳税识别代码。

4. 所得项目:填写转让财产所得、股息红利等权益性投资所得、利息所得、租金所得、特许权使用费所得、其他所得。

中华人民共和国企业所得税
年度纳税申报表（A 类）①

税款所属期间： 年 月 日至 年 月 日

纳税人名称：

纳税人识别号：□□□□□□□□□□□□□□□

金额单位:元(列至角分)

类别	行次	项目	金额
利润总额计算	1	一、营业收入(填附表一)	
	2	减：营业成本(填附表二)	
	3	营业税金及附加	
	4	销售费用(填附表二)	
	5	管理费用(填附表二)	
	6	财务费用(填附表二)	
	7	资产减值损失	
	8	加：公允价值变动收益	
	9	投资收益	
	10	二、营业利润	
	11	加：营业外收入(填附表一)	
	12	减：营业外支出(填附表二)	
	13	三、利润总额(10+11-12)	
应纳税所得额计算	14	加：纳税调整增加额(填附表三)	
	15	减：纳税调整减少额(填附表三)	
	16	其中：不征税收入	
	17	免税收入	
	18	减计收入	
	19	减、免税项目所得	
	20	加计扣除	
	21	抵扣应纳税所得额	
	22	加：境外应税所得弥补境内亏损	
	23	纳税调整后所得(13+14-15+22)	
	24	减：弥补以前年度亏损(填附表四)	
	25	应纳税所得额(23-24)	

---

① 《国家税务总局关于印发〈中华人民共和国企业所得税年度纳税申报表〉的通知》(国税发[2008]101 号,2008 年 10 月 30 日)。

续表

类别	行次	项目	金额
应纳税额计算	26	税率(25%)	
	27	应纳所得税额(25×26)	
	28	减:减免所得税额(填附表五)	
	29	减:抵免所得税额(填附表五)	
	30	应纳税额(27-28-29)	
	31	加:境外所得应纳所得税额(填附表六)	
	32	减:境外所得抵免所得税额(填附表六)	
	33	实际应纳所得税额(30+31-32)	
	34	减:本年累计实际已预缴的所得税额	
	35	其中:汇总纳税的总机构分摊预缴的税额	
	36	汇总纳税的总机构财政调库预缴的税额	
	37	汇总纳税的总机构所属分支机构分摊的预缴税额	
	38	合并纳税(母子体制)成员企业就地预缴比例	
	39	合并纳税企业就地预缴的所得税额	
	40	本年应补(退)的所得税额(33-34)	
附列资料	41	以前年度多缴的所得税额在本年抵减额	
	42	以前年度应缴未缴在本年入库所得税额	

纳税人公章: 经办人: 申报日期:　年　月　日	代理申报中介机构公章: 经办人及执业证件号码: 代理申报日期:　年　月　日	主管税务机关受理专用章: 受理人: 受理日期:　年　月　日

中华人民共和国企业所得税年度纳税申报表(A 类)填报说明[①]

一、适用范围

本表适用于实行查账征收企业所得税的居民纳税人(以下简称纳税人)填报。

二、填报依据及内容

根据《中华人民共和国企业所得税法》及其实施条例、相关税收政策以及国家统一会计制度(企业会计制度、企业会计准则、小企业会计制度、分行业会计制度、事业单位会计制度和民间非营利组织会计制度)的规定,填报计算纳税人利润总额、应纳税所得额、应纳税额和附列资料等有关项目。

三、有关项目填报说明

(一)表头项目

1."税款所属期间":正常经营的纳税人,填报公历当年 1 月 1 日至 12 月 31 日;纳税人年度中间开业的,填报实际生产经营之日的当月 1 日至同年 12 月 31 日;纳税人年度中间发生合并、分立、破产、停业等情况的,填报公历当年 1 月 1 日至实际停业或法院裁定并宣告破产之日的当月月末;纳税人年度中间开业且年度中间又发生合并、分立、破产、停业等情况的,填报实际生产经营之日的当月 1 日至实际停业或法院

[①] 《国家税务总局关于〈中华人民共和国企业所得税年度纳税申报表〉的补充通知》(国税函[2008]1081 号,2008 年 12 月 31 日)。

裁定并宣告破产之日的当月月末。

2."纳税人识别号":填报税务机关统一核发的税务登记证号码。

3."纳税人名称":填报税务登记证所载纳税人的全称。

(二)表体项目

本表是在纳税人会计利润总额的基础上,加减纳税调整额后计算出"纳税调整后所得"(应纳税所得额)。会计与税法的差异(包括收入类、扣除类、资产类等差异)通过纳税调整项目明细表(附表三)集中体现。

本表包括利润总额计算、应纳税所得额计算、应纳税额计算和附列资料四个部分。

1."利润总额计算"中的项目,按照国家统一会计制度口径计算填报。实行企业会计准则的纳税人,其数据直接取自损益表;实行其他国家统一会计制度的纳税人,与本表不一致的项目,按照其利润表项目进行分析填报。

利润总额部分的收入、成本、费用明细项目,一般工商企业纳税人,通过附表一(1)《收入明细表》和附表二(1)《成本费用明细表》相应栏次填报;金融企业纳税人,通过附表一(2)《金融企业收入明细表》、附表二(2)《金融企业成本费用明细表》相应栏次填报;事业单位、社会团体、民办非企业单位、非营利组织等纳税人,通过附表一(3)《事业单位、社会团体、民办非企业单位收入项目明细表》和附表二(3)《事业单位、社会团体、民办非企业单位支出项目明细表》相应栏次填报。

2."应纳税所得额计算"和"应纳税额计算"中的项目,除根据主表逻辑关系计算外,通过附表相应栏次填报。

3."附列资料"填报用于税源统计分析的上一纳税年度税款在本纳税年度抵减或入库金额。

(三)行次说明

1.第1行"营业收入":填报纳税人主要经营业务和其他经营业务取得的收入总额。本行根据"主营业务收入"和"其他业务收入"科目的数额计算填报。一般工商企业纳税人,通过附表一(1)《收入明细表》计算填报;金融企业纳税人,通过附表一(2)《金融企业收入明细表》计算填报;事业单位、社会团体、民办非企业单位、非营利组织等纳税人,通过附表一(3)《事业单位、社会团体、民办非企业单位收入明细表》计算填报。

2.第2行"营业成本"项目:填报纳税人主要经营业务和其他经营业务发生的成本总额。本行根据"主营业务成本"和"其他业务成本"科目的数额计算填报。一般工商企业纳税人,通过附表二(1)《成本费用明细表》计算填报;金融企业纳税人,通过附表二(2)《金融企业成本费用明细表》计算填报;事业单位、社会团体、民办非企业单位、非营利组织等纳税人,通过附表二(3)《事业单位、社会团体、民办非企业单位支出明细表》计算填报。

3.第3行"营业税金及附加":填报纳税人经营活动发生的营业税、消费税、城市维护建设税、资源税、土地增值税和教育费附加等相关税费。本行根据"营业税金及附加"科目的数额计算填报。

4.第4行"销售费用":填报纳税人在销售商品和材料、提供劳务的过程中发生的各种费用。本行根据"销售费用"科目的数额计算填报。

5.第5行"管理费用":填报纳税人为组织和管理企业生产经营发生的管理费用。本行根据"管理费用"科目的数额计算填报。

6.第6行"财务费用":填报纳税人为筹集生产经营所需资金等发生的筹资费用。本行根据"财务费用"科目的数额计算填报。

7. 第7行"资产减值损失":填报纳税人计提各项资产准备发生的减值损失。本行根据"资产减值损失"科目的数额计算填报。

8. 第8行"公允价值变动收益":填报纳税人交易性金融资产、交易性金融负债以及采用公允价值模式计量的投资性房地产、衍生工具、套期保值业务等公允价值变动形成的应计入当期损益的利得或损失。本行根据"公允价值变动损益"科目的数额计算填报。

9. 第9行"投资收益":填报纳税人以各种方式对外投资确认所取得的收益或发生的损失。本行根据"投资收益"科目的数额计算填报。

10. 第10行"营业利润":填报纳税人当期的营业利润。根据上述项目计算填列。

11. 第11行"营业外收入":填报纳税人发生的与其经营活动无直接关系的各项收入。本行根据"营业外收入"科目的数额计算填报。一般工商企业纳税人,通过附表一(1)《收入明细表》相关项目计算填报;金融企业纳税人,通过附表一(2)《金融企业收入明细表》相关项目计算填报;事业单位、社会团体、民办非企业单位、非营利组织等纳税人,通过附表一(3)《事业单位、社会团体、民办非企业单位收入明细表》计算填报。

12. 第12行"营业外支出":填报纳税人发生的与其经营活动无直接关系的各项支出。本行根据"营业外支出"科目的数额计算填报。一般工商企业纳税人,通过附表二(1)《成本费用明细表》相关项目计算填报;金融企业纳税人,通过附表二(2)《金融企业成本费用明细表》相关项目计算填报;事业单位、社会团体、民办非企业单位、非营利组织等纳税人,通过附表一(3)《事业单位、社会团体、民办非企业单位支出明细表》计算填报。

13. 第13行"利润总额":填报纳税人当期的利润总额。

14. 第14行"纳税调整增加额":填报纳税人会计处理与税收规定不一致,进行纳税调整增加的金额。本行通过附表三《纳税调整项目明细表》"调增金额"列计算填报。

15. 第15行"纳税调整减少额":填报纳税人会计处理与税收规定不一致,进行纳税调整减少的金额。本行通过附表三《纳税调整项目明细表》"调减金额"列计算填报。

16. 第16行"不征税收入":填报纳税人计入利润总额但属于税收规定不征税的财政拨款、依法收取并纳入财政管理的行政事业性收费、政府性基金以及国务院规定的其他不征税收入。本行通过附表一(3)《事业单位、社会团体、民办非企业单位收入明细表》计算填报。

17. 第17行"免税收入":填报纳税人计入利润总额但属于税收规定免税的收入或收益,包括国债利息收入;符合条件的居民企业之间的股息、红利等权益性投资收益;从居民企业取得与该机构、场所有实际联系的股息、红利等权益性投资收益;符合条件的非营利组织的收入。本行通过附表五《税收优惠明细表》第1行计算填报。

18. 第18行"减计收入":填报纳税人以《资源综合利用企业所得税优惠目录》规定的资源作为主要原材料,生产国家非限制和禁止并符合国家和行业相关标准的产品取得收入10%的数额。本行通过附表五《税收优惠明细表》第6行计算填报。

19. 第19行"减、免税项目所得":填报纳税人按照税收规定减征、免征企业所得税的所得额。本行通过附表五《税收优惠明细表》第14行计算填报。

20. 第20行"加计扣除":填报纳税人开发新技术、新产品、新工艺发生的研究开发费用以及安置残疾人员及国家鼓励安置的其他就业人员所支付的工资,符合税收规定条件的准予按照支出额一定比例,在计算应纳税所得额时加计扣除的金额。本行通过附表五《税收优惠明细表》第9行计算填报。

21. 第 21 行"抵扣应纳税所得额":填报创业投资企业采取股权投资方式投资于未上市的中小高新技术企业 2 年以上的,可以按照其投资额的 70% 在股权持有满 2 年的当年抵扣该创业投资企业的应纳税所得额。当年不足抵扣的,可以在以后纳税年度结转抵扣。本行通过附表五《税收优惠明细表》第 39 行计算填报。

22. 第 22 行"境外应税所得弥补境内亏损":填报纳税人根据税收规定,境外所得可以弥补境内亏损的数额。

23. 第 23 行"纳税调整后所得":填报纳税人经过纳税调整计算后的所得额。

当本表第 23 行<0 时,即为可结转以后年度弥补的亏损额;如本表第 23 行>0 时,继续计算应纳税所得额。

24. 第 24 行"弥补以前年度亏损":填报纳税人按照税收规定可在税前弥补的以前年度亏损的数额。

本行通过附表四《企业所得税弥补亏损明细表》第 6 行第 10 列填报。但不得超过本表第 23 行"纳税调整后所得"。

25. 第 25 行"应纳税所得额":金额等于本表第 23—24 行。

本行不得为负数。本表第 23 行或者按照上述行次顺序计算结果本行为负数,本行金额填零。

26. 第 26 行"税率":填报税法规定的税率 25% 。

27. 第 27 行"应纳所得税额":金额等于本表第 25×26 行。

28. 第 28 行"减免所得税额":填报纳税人按税收规定实际减免的企业所得税额,包括小型微利企业、国家需要重点扶持的高新技术企业、享受减免税优惠过渡政策的企业,其法定税率与实际执行税率的差额以及其他享受企业所得税减免税的数额。本行通过附表五《税收优惠明细表》第 33 行计算填报。

29. 第 29 行"抵免所得税额":填报纳税人购置用于环境保护、节能节水、安全生产等专用设备的投资额,其设备投资额的 10% 可以从企业当年的应纳所得税额中抵免的金额;当年不足抵免的,可以在以后 5 个纳税年度结转抵免。本行通过附表五《税收优惠明细表》第 40 行计算填报。

30. 第 30 行"应纳税额":金额等于本表第 27−28−29 行。

31. 第 31 行"境外所得应纳所得税额":填报纳税人来源于中国境外的所得,按照企业所得税法及其实施条例以及相关税收规定计算的应纳所得税额。

32. 第 32 行"境外所得抵免所得税额":填报纳税人来源于中国境外所得依照中国境外税收法律以及相关规定应缴纳并实际缴纳的企业所得税性质的税款,准予抵免的数额。

企业已在境外缴纳的所得税额,小于抵免限额的,"境外所得抵免所得税额"按其在境外实际缴纳的所得税额填报;大于抵免限额的,按抵免限额填报,超过抵免限额的部分,可以在以后五个年度内,用每年度抵免限额抵免当年应抵税额后的余额进行抵补。

33. 第 33 行"实际应纳所得税额":填报纳税人当期的实际应纳所得税额。

34. 第 34 行"本年累计实际已预缴的所得税额":填报纳税人按照税收规定本纳税年度已在月(季)度累计预缴的所得税款。

35. 第 35 行"汇总纳税的总机构分摊预缴的税额":填报汇总纳税的总机构按照税收规定已在月(季)度在总机构所在地累计预缴的所得税款。

附报《中华人民共和国企业所得税汇总纳税分支机构企业所得税分配表》。

36. 第 36 行"汇总纳税的总机构财政调库预缴的税额":填报汇总纳税的总机构按照税收规定已在月(季)度在总机构所在地累计预缴在财政调节专户的所得税款。

附报《中华人民共和国企业所得税汇总纳税分支机构企业所得税分配表》。

37. 第 37 行"汇总纳税的总机构所属分支机构分摊的预缴税额":填报汇总纳税的分支机构已在月(季)度在分支机构所在地累计分摊预缴的所得税款。

附报《中华人民共和国企业所得税汇总纳税分支机构企业所得税分配表》。

38. 第 38 行"合并纳税(母子体制)成员企业就地预缴比例":填报经国务院批准的实行合并纳税(母子体制)的成员企业按照税收规定就地预缴税款的比例。

39. 第 39 行"合并纳税企业就地预缴的所得税额":填报合并纳税的成员企业已在月(季)度累计预缴的所得税款。

40. 第 40 行"本年应补(退)的所得税额":填报纳税人当期应补(退)的所得税额。

41. 第 41 行"以前年度多缴的所得税额在本年抵减额":填报纳税人以前纳税年度汇算清缴多缴的税款尚未办理退税、并在本纳税年度抵缴的所得税额。

42. 第 42 行"以前年度应缴未缴在本年入库所得税额":填报纳税人以前纳税年度损益调整税款、上一纳税年度第四季度预缴税款和汇算清缴的税款,在本纳税年度入库所得税额。

四、表内及表间关系

1. 第 1 行=附表一(1)第 2 行或附表一(2)第 1 行或附表一(3)第 2 行至 7 行合计。

2. 第 2 行=附表二(1)第 2+7 行或附表二(2)第 1 行或附表二(3)第 2 至 9 行合计。

3. 第 10 行=本表第 1-2-3-4-5-6-7+8+9 行。

4. 第 11 行=附表一(1)第 17 行或附表一(2)第 42 行或附表一(3)第 9 行。

5. 第 12 行=附表二(1)第 16 行或附表二(2)第 45 行或附表二(3)第 10 行。

6. 第 13 行=本表第 10+11-12 行。

7. 第 14 行=附表三第 55 行第 3 列合计。

8. 第 15 行=附表三第 55 行第 4 列合计。

9. 第 16 行=附表一(3)10 行或附表三第 14 行第 4 列。

10. 第 17 行=附表五第 1 行。

11. 第 18 行=附表五第 6 行。

12. 第 19 行=附表五第 14 行。

13. 第 20 行=附表五第 9 行。

14. 第 21 行=附表五第 39 行。

15. 第 22 行=附表六第 7 列合计。(当本表第 13+14-15 行≥0 时,本行=0)

16. 第 23 行=本表第 13+14-15+22 行。

17. 第 24 行=附表四第 6 行第 10 列。

18. 第 25 行=本表第 23-24 行(当本行<0 时,则先调整 21 行的数据,使其本行≥0;当 21 行=0 时,23-24 行≥0)。

19. 第 26 行填报 25%。

20. 第 27 行=本表第 25×26 行。

21. 第 28 行=附表五第 33 行。

22. 第 29 行=附表五第 40 行。

23. 第 30 行=本表第 27-28-29 行。

24. 第 31 行 = 附表六第 10 列合计。

25. 第 32 行 = 附表六第 13 列合计 + 第 15 列合计或附表六第 17 列合计。

26. 第 33 行 = 本表第 30+31−32 行。

27. 第 40 行 = 本表第 33−34 行。

企业所得税年度纳税申报表附表一(1)[①]

收入明细表

填报时间: 年 月 日　　　　　　　　　　　　　　　　金额单位:元(列至角分)

行次	项目	金额
1	一、销售(营业)收入合计(2+13)	
2	(一)营业收入合计(3+8)	
3	1. 主营业务收入(4+5+6+7)	
4	(1)销售货物	
5	(2)提供劳务	
6	(3)让渡资产使用权	
7	(4)建造合同	
8	2. 其他业务收入(9+10+11+12)	
9	(1)材料销售收入	
10	(2)代购代销手续费收入	
11	(3)包装物出租收入	
12	(4)其他	
13	(二)视同销售收入(14+15+16)	
14	(1)非货币性交易视同销售收入	
15	(2)货物、财产、劳务视同销售收入	
16	(3)其他视同销售收入	
17	二、营业外收入(18+19+20+21+22+23+24+25+26)	
18	1. 固定资产盘盈	
19	2. 处置固定资产净收益	
20	3. 非货币性资产交易收益	
21	4. 出售无形资产收益	
22	5. 罚款净收入	
23	6. 债务重组收益	
24	7. 政府补助收入	

[①] 《国家税务总局关于印发〈中华人民共和国企业所得税年度纳税申报表〉的通知》(国税发[2008]101号,2008年10月30日)。

续表

行次	项目	金额
25	8. 捐赠收入	
26	9. 其他	

经办人(签章):   法定代表人(签章):

收入明细表填报说明①

一、适用范围

本表适用于执行企业会计制度、小企业会计制度、企业会计准则以及分行业会计制度的一般工商企业的居民纳税人填报。

二、填报依据和内容

根据《中华人民共和国企业所得税法》及其实施条例、相关税收政策以及企业会计制度、小企业会计制度、企业会计准则以及分行业会计制度规定,填报"主营业务收入"、"其他业务收入"和"营业外收入"以及根据税收规定确认的"视同销售收入"。

三、有关项目填报说明

1. 第1行"销售(营业)收入合计":填报纳税人根据国家统一会计制度确认的主营业务收入、其他业务收入以及根据税收规定确认的视同销售收入。

本行数据作为计算业务招待费、广告费和业务宣传费支出扣除限额的计算基数。

2. 第2行"营业收入合计":填报纳税人根据国家统一会计制度确认的主营业务收入和其他业务收入。

本行数额填入主表第1行。

3. 第3行"主营业务收入":根据不同行业的业务性质分别填报纳税人按照国家统一会计制度核算的主营业务收入。

(1)第4行"销售货物":填报从事工业制造、商品流通、农业生产以及其他商品销售企业取得的主营业务收入。

(2)第5行"提供劳务":填报从事提供旅游饮食服务、交通运输、邮政通信、对外经济合作等劳务、开展其他服务的纳税人取得的主营业务收入。

(3)第6行"让渡资产使用权":填报让渡无形资产使用权(如商标权、专利权、专有技术使用权、版权、专营权等)而取得的使用费收入以及以租赁业务为基本业务的出租固定资产、无形资产、投资性房地产在主营业务收入中核算取得的租金收入。

(4)第7行"建造合同":填报纳税人建造房屋、道路、桥梁、水坝等建筑物以及船舶、飞机、大型机械设备等取得的主营业务收入。

4. 第8行"其他业务收入":根据不同行业的业务性质分别填报纳税人按照国家统一会计制度核算的其他业务收入。

---

① 《国家税务总局关于〈中华人民共和国企业所得税年度纳税申报表〉的补充通知》(国税函[2008]1081号,2008年12月31日)。

（1）第 9 行"材料销售收入"：填报纳税人销售材料、下脚料、废料、废旧物资等取得的收入。

（2）第 10 行"代购代销手续费收入"：填报纳税人从事代购代销、受托代销商品取得的手续费收入。

（3）第 11 行"包装物出租收入"：填报纳税人出租、出借包装物取得的租金和逾期未退包装物没收的押金。

（4）第 12 行"其他"：填报纳税人按照国家统一会计制度核算、上述未列举的其他业务收入。

5. 第 13 行"视同销售收入"：填报纳税人会计上不作为销售核算，但按照税收规定视同销售确认的应税收入。

（1）第 14 行"非货币性交易视同销售收入"：填报纳税人发生非货币性交易行为，会计核算未确认或未全部确认损益，按照税收规定应视同销售确认应税收入。

纳税人按照国家统一会计制度已确认的非货币性交易损益的，直接填报非货币性交易换出资产公允价值与已确认的非货币交易收益的差额。

（2）第 15 行"货物、财产、劳务视同销售收入"：填报纳税人将货物、财产、劳务用于捐赠、偿债、赞助、集资、广告、样品、职工福利或者利润分配等用途的，按照税收规定应视同销售确认应税收入。

（3）第 16 行"其他视同销售收入"：填报除上述项目外，按照税收规定其他视同销售确认应税收入。

6. 第 17 行"营业外收入"：填报纳税人与生产经营无直接关系的各项收入的金额。本行数据填入主表第 11 行。

（1）第 18 行"固定资产盘盈"：填报纳税人在资产清查中发生的固定资产盘盈。

（2）第 19 行"处置固定资产净收益"：填报纳税人因处置固定资产而取得的净收益。

（3）第 20 行"非货币性资产交易收益"：填报纳税人发生的非货币性交易按照国家统一会计制度确认为损益的金额。执行企业会计准则的纳税人，发生具有商业实质且换出资产为固定资产、无形资产的非货币性交易，填报其换出资产公允价值和换出资产账面价值的差额；执行企业会计制度和小企业会计制度的纳税人，填报与收到补价相对应的收益额。

（4）第 21 行"出售无形资产收益"：填报纳税人处置无形资产而取得净收益的金额。

（5）第 22 行"罚款净收入"：填报纳税人在日常经营管理活动中取得的罚款收入。

（6）第 23 行"债务重组收益"：填报纳税人发生的债务重组行为确认的债务重组利得。

（7）第 24 行"政府补助收入"：填报纳税人从政府无偿取得的货币性资产或非货币性资产的金额，包括补贴收入。

（8）第 25 行"捐赠收入"：填报纳税人接受的来自其他企业、组织或者个人无偿给予的货币性资产、非货币性资产捐赠，确认的收入。

（9）第 26 行"其他"：填报纳税人按照国家统一会计制度核算、上述项目未列举的其他营业外收入。

四、表内、表间关系

（一）表内关系

1. 第 1 行 = 本表第 2+13 行。

2. 第 2 行 = 本表第 3+8 行。

3. 第 3 行 = 本表第 4+5+6+7 行。

4. 第 8 行 = 本表第 9+10+11+12 行。

5. 第 13 行 = 本表第 14+15+16 行。

6. 第 17 行 = 本表第 18 至 26 行合计。

（二）表间关系

1. 第 1 行 = 附表八第 4 行。

2. 第 2 行 = 主表第 1 行。

3. 第 13 行 = 附表三第 2 行第 3 列。

4. 第 17 行 = 主表第 11 行。

企业所得税年度纳税申报表附表一(2)[①]

金融企业收入明细表

填报时间： 年 月 日 金额单位:元(列至角分)

行次	项目	金额
1	一、营业收入(2+19+25+35)	
2	(一)银行业务收入(3+10+18)	
3	1. 银行业利息收入(4+5+6+7+8+9)	
4	(1)存放同业	
5	(2)存放中央银行	
6	(3)拆出资金	
7	(4)发放贷款及垫款	
8	(5)买入返售金融资产	
9	(6)其他	
10	2. 银行业手续费及佣金收入(11+12+13+14+15+16+17)	
11	(1)结算与清算手续费	
12	(2)代理业务手续费	
13	(3)信用承诺手续费及佣金	
14	(4)银行卡手续费	
15	(5)顾问和咨询费	
16	(6)托管及其他受托业务佣金	
17	(7)其他	
18	3. 其他业务收入	
19	(二)保险业务收入(20+24)	
20	1. 已赚保费(21-22-23)	
21	保费收入	
22	减：分出保费	
23	提取未到期责任准备金	
24	2. 其他业务收入	
25	(三)证券业务收入(26+33+34)	
26	1. 手续费及佣金收入(27+28+29+30+31+32)	

---

① 《国家税务总局关于印发〈中华人民共和国企业所得税年度纳税申报表〉的通知》(国税发[2008]101号,2008年10月30日)。

884

行次	项目	金额
27	（1）证券承销业务收入	
28	（2）证券经纪业务收入	
29	（3）受托客户资产管理业务收入	
30	（4）代理兑付证券业务收入	
31	（5）代理保管证券业务收入	
32	（6）其他	
33	2. 利息净收入	
34	3. 其他业务收入	
35	（四）其他金融业务收入（36+37）	
36	1. 业务收入	
37	2. 其他业务收入	
38	二、视同销售收入（39+40+41）	
39	1. 非货币性资产交换	
40	2. 货物、财产、劳务视同销售收入	
41	3. 其他视同销售收入	
42	三、营业外收入（43+44+45+46+47+48）	
43	1. 固定资产盘盈	
44	2. 处置固定资产净收益	
45	3. 非货币性资产交易收益	
46	4. 出售无形资产收益	
47	5. 罚款净收入	
48	6. 其他	

经办人（签章）：　　　　　　　　　　　法定代表人（签章）：

金融企业收入明细表填报说明①

一、适用范围

本表适用于执行金融企业会计制度、企业会计准则的金融行业的居民纳税人，包括商业银行、政策性银行、保险公司、证券公司、信托投资公司、租赁公司、担保公司、财务公司、典当公司等金融企业。

二、填报依据和内容

根据《中华人民共和国企业所得税法》及其实施条例、相关税收政策以及金融企业会计制度、企业会计准则的规定，填报"营业收入"、"营业外收入"以及根据税收规定确认的"视同销售收入"。

三、有关项目填报说明

1. 第1行"营业收入"：填报纳税人提供金融商品服务所取得的收入。

2. 第2行"银行业务收入"：填报纳税人从事银行业务取得的收入。

---

① 《国家税务总局关于〈中华人民共和国企业所得税年度纳税申报表〉的补充通知》（国税函〔2008〕1081号，2008年12月31日）。

3. 第 3 行"银行业利息收入"：填报纳税人存贷款业务等取得的各项利息收入,包括存放同业、存放中央银行、发放贷款及垫款、买入返售金融资产等利息收入。

4. 第 4 行"存放同业"：填报纳税人存放于境内、境外银行和非银行金融机构款项取得的利息收入。

5. 第 5 行"存放中央银行"：填报纳税人存放于中国人民银行的各种款项利息收入。

6. 第 6 行"拆出资金"：填报纳税人拆借给境内、境外其他金融机构款项的利息收入。

7. 第 8 行"买入返售金融资产"：填报纳税人按照返售协议约定先买入再按固定价格返售的票据、证券、贷款等金融资产所融出资金的利息收入。

8. 第 9 行"其他"：填报纳税人除本表第 4 行至第 8 行以外的其他利息收入,包括债券投资利息等收入。

9. 第 10 行"银行业手续费及佣金收入"：填报纳税人在提供相关金融业务服务时向客户收取的收入,包括结算与清算手续费、代理业务手续费、信用承诺手续费及佣金、银行卡手续费、顾问和咨询费、托管及其他受托业务佣金等。

10. 第 21 行"保费收入"：填报纳税人从事保险业务确认的原保费收入和分保费收入。

11. 第 22 行"分出保费"：填报纳税人发生分保业务支付的保费。

12. 第 23 行"提取未到期责任准备金"：填报纳税人提取的非寿险原保险合同未到期责任准备金和再保险合同分保未到期责任准备金。

13. 第 25 行"证券业务收入"：填报纳税人从事证券业务取得的各项收入。

14. 第 26 行"手续费及佣金收入"：填报纳税人承销、代理兑付等业务取得的手续费收入和各项手续费、佣金等,包括证券承销业务、证券经纪业务、客户资产管理业务、代理兑付证券、代理保管证券、证券委托管理资产手续费等收入。

15. 第 33 行"利息净收入"：填报纳税人从事证券业务取得的利息净收入。

16. 第 34 行"其他业务收入"：填报纳税人取得的投资收益、汇兑收益等。

17. 第 35 行"其他金融业务收入"：填报纳税人核算的除上述金融业务外取得的收入的金额,包括业务收入和其他业务收入。

18. 第 38 行"视同销售收入"：填报纳税人会计上不作为销售核算,但按照税收规定视同销售确认的应税收入。

19. 第 39 行"非货币性资产交换"：填报纳税人发生非货币性交易行为,会计核算未确认或未全部确认损益,按照税收规定应视同销售确认应税收入。

20. 第 40 行"货物、财产、劳务视同销售收入"：填报纳税人将货物、财产、劳务用于捐赠、偿债、赞助、集资、广告、样品、职工福利或者利润分配等用途的,按照税收规定应视同销售确认应税收入。

21. 第 41 行"其他视同销售收入"：填报除上述项目外按照税收规定其他视同销售确认应税收入。

22. 第 42 行"营业外收入"：填报纳税人与生产经营无直接关系的各项收入。

第 43 行"固定资产盘盈"：填报纳税人在资产清查中发生的固定资产盘盈。

第 44 行"处置固定资产净收益"：填报纳税人因处置固定资产取得的净收益。

第 45 行"非货币性资产交易收益"：填报纳税人发生的非货币性交易按照国家统一会计制度确认为损益。执行企业会计准则的纳税人,发生具有商业实质且换出资产为固定资产、无形资产的非货币性交易,填报其换出资产公允价值和换出资产账面价值的差额;执行金融企业会计制度的纳税人,填报与收到补价相对应的收益额。

第 46 行"出售无形资产收益":填报纳税人因处置无形资产取得净收益。

第 47 行"罚款净收入":填报纳税人在日常经营管理活动中取得的罚款收入。

第 48 行"其他":填报纳税人按照国家统一会计制度核算、上述项目未列举的其他营业外收入的金额。

四、表内、表间关系

(一)表内关系

1. 第 1 行=本表第 2+19+25+35 行。

2. 第 2 行=本表第 3+10+18 行。

3. 第 3 行=本表第 4 至 9 行合计。

4. 第 10 行=本表第 11 至 17 行合计。

5. 第 19 行=本表第 20+24 行。

6. 第 20 行=本表第 21-22-23 行。

7. 第 25 行=本表第 26+33+34 行。

8. 第 26 行=本表第 27+28+29+30+31+32 行。

9. 第 35 行=本表第 36+37 行。

10. 第 38 行=本表第 39+40+41 行。

11. 第 42 行=本表第 43 至 48 行合计。

(二)表间关系

1. 第 1 行=主表第 1 行。

2. 第 1+38 行=附表八第 4 行。

3. 第 38 行=附表三第 2 行第 3 列。

4. 第 42 行=主表第 11 行。

事业单位、社会团体、民办非企业单位收入明细表

填报时间：　年　月　日　　　　　　　　　　　　　　　金额单位:元(列至角分)

行次	项目	金额
1	一、收入总额(2+3+……+9)	
2	财政补助收入	
3	上级补助收入	
4	拨入专款	
5	事业收入	
6	经营收入	
7	附属单位缴款	
8	投资收益	
9	其他收入	
10	二、不征税收入总额(11+12+13+14)	
11	财政拨款	
12	行政事业性收费	
13	政府性基金	
14	其他	
15	三、应纳税收入总额(1−10)	
16	四、应纳税收入总额占全部收入总额比重(15÷1)	

经办人(签章)：　　　　　　　　　　　　法定代表人(签章)：

事业单位、社会团体、民办非企业单位收入明细表填报说明②

一、适用范围

本表适用于执行事业单位会计制度、民间非营利组织会计制度的事业单位、社会团体、民办非企业单位、非营利性组织等居民纳税人填报。

二、填报依据和内容

---

① 《国家税务总局关于印发〈中华人民共和国企业所得税年度纳税申报表〉的通知》(国税发[2008]101号,2008年10月30日)。

② 《国家税务总局关于〈中华人民共和国企业所得税年度纳税申报表〉的补充通知》(国税函[2008]1081号,2008年12月31日)。

根据《中华人民共和国企业所得税法》及其实施条例、相关税收政策以及事业单位会计制度、民间非营利组织会计制度的规定,填报"收入总额"、"不征税收入"等。

三、有关项目填报说明

1. 第 1 行"收入总额":填报纳税人取得的所有收入的金额(包括不征税收入和免税收入),按照会计核算口径填报。

2. 第 2 行"财政补助收入":填报纳税人直接从财政部门取得的和通过主管部门从财政部门取得的各类事业经费,包括正常经费和专项资金。

3. 第 3 行"上级补助收入":填报纳税人通过主管部门从财政部门取得的非财政补助收入。

4. 第 4 行"拨入专款":填报纳税人从财政部门取得的和通过主管部门从财政部门取得的专项资金。

5. 第 5 行"事业收入":填报纳税人开展专业业务活动及其辅助活动取得的收入。

6. 第 6 行"经营收入":填报纳税人开展除专业业务活动及其辅助活动以外取得的收入。

7. 第 7 行"附属单位缴款":填报纳税人附属独立核算单位按有关规定上缴的收入。包括附属事业单位上缴的收入和附属的企业上缴的利润等。

8. 第 8 行"投资收益":填报纳税人取得的债权性投资的利息收入、权益性投资的股息红利收入和投资转让净收入。

9. 第 9 行"其他收入":填报纳税人取得的除本表第 2 至 8 行项目以外的收入,包括盘盈收入、处置固定资产净收益、无形资产转让、非货币性资产交易收益、罚款净收入、其他单位对本单位的补助以及其他零星杂项收入等。按照会计核算"营业外收入"口径填报。

10. 第 10 行"不征税收入总额":填报纳税人计入利润总额但属于税收规定不征税的财政拨款、依法收取并纳入财政管理的行政事业性收费、政府性基金以及国务院规定的其他不征税收入。本行数据填入主表第 16 行和附表三第 14 行第 4 列。

11. 第 11 行"财政拨款":填报各级人民政府对纳入预算管理的事业单位、社会团体等组织拨付的财政资金,但国务院和国务院财政、税务主管部门另有规定的除外。

12. 第 12 行"行政事业性收费":填报依照法律行政法规等有关规定,按照国务院规定程序批准,在实施社会公共管理以及在向公民、法人或者其他组织提供特定公共服务过程中,向特定对象收取并纳入财政管理的费用。

13. 第 13 行"政府性基金":填报纳税人依照法律、行政法规等有关规定,代政府收取的具有专项用途的财政资金。

14. 第 14 行"其他":填报纳税人取得的,由国务院财政、税务主管部门规定专项用途并经国务院批准的财政性资金。

15. 第 15 行"应纳税收入总额":金额等于本表第 1-10 行。

16. 第 16 行"应纳税收入总额占全部收入总额比重":数额等于本表第 15÷1 行。

四、表内、表间关系

(一)表内关系

1. 第 1 行 = 本表第 2 行至 9 行合计。

2. 第 10 行 = 本表第 11 至 14 行合计。

3. 第 15 行 = 本表第 1-10 行。

4. 第 16 行 = 本表第 15÷1 行。

（二）表间关系

1. 第 2+3+4+5+6+7 行 = 主表第 1 行。

2. 第 8 行 = 主表第 9 行。

3. 第 9 行 = 主表第 11 行。

4. 第 10 行 = 主表第 16 行 = 附表三第 14 行第 4 列。

企业所得税年度纳税申报表附表二(1)[①]

成本费用明细表

填报时间：　年　月　日　　　　　　　　　　　　　　　　金额单位:元(列至角分)

行次	项目	金额
1	一、销售(营业)成本合计(2+7+12)	
2	(一)主营业务成本(3+4+5+6)	
3	(1)销售货物成本	
4	(2)提供劳务成本	
5	(3)让渡资产使用权成本	
6	(4)建造合同成本	
7	(二)其他业务成本(8+9+10+11)	
8	(1)材料销售成本	
9	(2)代购代销费用	
10	(3)包装物出租成本	
11	(4)其他	
12	(三)视同销售成本(13+14+15)	
13	(1)非货币性交易视同销售成本	
14	(2)货物、财产、劳务视同销售成本	
15	(3)其他视同销售成本	
16	二、营业外支出(17+18+……+24)	
17	1. 固定资产盘亏	
18	2. 处置固定资产净损失	
19	3. 出售无形资产损失	
20	4. 债务重组损失	
21	5. 罚款支出	
22	6. 非常损失	
23	7. 捐赠支出	
24	8. 其他	
25	三、期间费用(26+27+28)	
26	1. 销售(营业)费用	
27	2. 管理费用	
28	3. 财务费用	

经办人(签章):　　　　　　　　　　法定代表人(签章):

①《国家税务总局关于印发〈中华人民共和国企业所得税年度纳税申报表〉的通知》(国税发[2008]101号,2008年10月30日)。

成本费用明细表填报说明①

一、适用范围

本表适用于执行企业会计制度、小企业会计制度、企业会计准则以及分行业会计制度的一般工商企业的居民纳税人填报。

二、填报依据和内容

根据《中华人民共和国企业所得税法》及其实施条例、相关税收政策以及企业会计制度、小企业会计制度、企业会计准则以及分行业会计制度的规定,填报"主营业务成本"、"其他业务成本"和"营业外支出"以及根据税收规定确认的"视同销售成本"。

三、有关项目填报说明

1. 第1行"销售(营业)成本合计":填报纳税人根据国家统一会计制度确认的主营业务成本、其他业务成本和按税收规定视同销售确认的成本。

2. 第2行"主营业务成本":根据不同行业的业务性质分别填报纳税人按照国家统一会计制度核算的主营业务成本。

(1)第3行"销售货物成本":填报从事工业制造、商品流通、农业生产以及其他商品销售企业发生的主营业务成本。

(2)第4行"提供劳务成本":填报从事提供旅游饮食服务、交通运输、邮政通信、对外经济合作等劳务、开展其他服务的纳税人发生的主营业务成本。

(3)第5行"让渡资产使用权成本":填报让渡无形资产使用权(如商标权、专利权、专有技术使用权、版权、专营权等)发生的使用费成本以及以租赁业务为基本业务的出租固定资产、无形资产、投资性房地产在主营业务收入中核算发生的租金成本。

(4)第6行"建造合同成本":填报纳税人建造房屋、道路、桥梁、水坝等建筑物以及船舶、飞机、大型机械设备等发生的主营业务成本。

3. 第7行"其他业务成本":根据不同行业的业务性质分别填报纳税人按照国家统一会计制度核算的其他业务成本。

(1)第8行"材料销售成本":填报纳税人销售材料、下脚料、废料、废旧物资等发生的支出。

(2)第9行"代购代销费用":填报纳税人从事代购代销、受托代销商品发生的支出。

(3)第10行"包装物出租成本":填报纳税人出租、出借包装物发生的租金支出和逾期未退包装物发生的支出。

(4)第11行"其他":填报纳税人按照国家统一会计制度核算、上述项目未列举的其他业务成本。

4. 第12行"视同销售成本":填报纳税人会计上不作为销售核算、但按照税收规定视同销售确认的应税成本。

本行数据填入附表三第21行第4列。

5. 第16至24行"营业外支出":填报纳税人与生产经营无直接关系的各项支出。

本行数据填入主表第12行。

---

① 《国家税务总局关于〈中华人民共和国企业所得税年度纳税申报表〉的补充通知》(国税函[2008]1081号,2008年12月31日)。

（1）第 17 行"固定资产盘亏"：填报纳税人在资产清查中发生的固定资产盘亏。

（2）第 18 行"处置固定资产净损失"：填报纳税人因处置固定资产发生的净损失。

（3）第 19 行"出售无形资产损失"：填报纳税人因处置无形资产而发生的净损失。

（4）第 20 行"债务重组损失"：填报纳税人发生的债务重组行为按照国家统一会计制度确认的债务重组损失。

（5）第 21 行"罚款支出"：填报纳税人在日常经营管理活动中发生的罚款支出。

（6）第 22 行"非常损失"：填报纳税人按照国家统一会计制度规定在营业外支出中核算的各项非正常的财产损失。

（7）第 23 行"捐赠支出"：填报纳税人实际发生的货币性资产、非货币性资产捐赠支出。

（8）第 24 行"其他"：填报纳税人按照国家统一会计制度核算、上述项目未列举的其他营业外支出。

6. 第 25 至 28 行"期间费用"：填报纳税人按照国家统一会计制度核算的销售（营业）费用、管理费用和财务费用的数额。

（1）第 26 行"销售（营业）费用"：填报纳税人在销售商品和材料、提供劳务的过程中发生的各种费用。本行根据"销售费用"科目的数额计算填报。本行数据填入主表第 4 行。

（2）第 27 行"管理费用"：填报纳税人为组织和管理企业生产经营发生的管理费用。本行根据"管理费用"科目的数额计算填报。本行数据填入主表第 5 行。

（3）第 28 行"财务费用"：填报纳税人为筹集生产经营所需资金等发生的筹资费用。本行根据"财务费用"科目的数额计算填报。本行数据填入主表第 6 行。

四、表内、表间关系

（一）表内关系

1. 第 1 行 = 本表第 2+7+12 行。

2. 第 2 行 = 本表第 3 行至 6 行合计

3. 第 7 行 = 本表第 8 行至 11 行合计。

4. 第 12 行 = 本表第 13+14+15 行。

5. 第 16 行 = 本表第 17 至 24 行合计。

6. 第 25 行 = 本表第 26+27+28 行。

（二）表间关系

1. 第 2+7 行 = 主表第 2 行。

2. 第 12 行 = 附表三第 21 行第 4 列。

3. 第 16 行 = 主表第 12 行。

4. 第 26 行 = 主表第 4 行。

5. 第 27 行 = 主表第 5 行。

6. 第 28 行 = 主表第 6 行。

金融企业成本费用明细表

填报时间： 年 月 日 金额单位:元(列至角分)

行次	项目	金额
1	一、营业成本(2+17+31+38)	
2	（一）银行业务成本(3+11+15+16)	
3	1. 银行利息支出(4+5+…+10)	
4	(1)同业存放	
5	(2)向中央银行借款	
6	(3)拆入资金	
7	(4)吸收存款	
8	(5)卖出回购金融资产	
9	(6)发行债券	
10	(7)其他	
11	2. 银行手续费及佣金支出(12+13+14)	
12	(1)手续费支出	
13	(2)佣金支出	
14	(3)其他	
15	3. 业务及管理费	
16	4. 其他业务成本	
17	（二）保险业务支出(18+30)	
18	1. 业务支出(19+20-21+22-23+24+25+26+27-28+29)	
19	(1)退保金	
20	(2)赔付支出	
21	减:摊回赔付支出	
22	(3)提取保险责任准备金	
23	减:摊回保险责任准备金	
24	(4)保单红利支出	
25	(5)分保费用	
26	(6)手续费及佣金支出	

---

① 《国家税务总局关于印发〈中华人民共和国企业所得税年度纳税申报表〉的通知》（国税发〔2008〕101 号,2008 年 10 月 30 日）。

行次	项目	金额
27	（7）业务及管理费	
28	减：摊回分保费用	
29	（8）其他	
30	2. 其他业务成本	
31	（三）证券业务支出（32＋36＋37）	
32	1. 证券手续费支出（33＋34＋35）	
33	（1）证券经纪业务支出	
34	（2）佣金	
35	（3）其他	
36	2. 业务及管理费	
37	3. 其他业务成本	
38	（四）其他金融业务支出（39＋40）	
39	1. 业务支出	
40	2. 其他业务成本	
41	二、视同销售应确认成本（42＋43＋44）	
42	1. 非货币性资产交换成本	
43	2. 货物、财产、劳务视同销售成本	
44	3. 其他视同销售成本	
45	三、营业外支出（46＋47＋48＋49＋50）	
46	1. 固定资产盘亏	
47	2. 处置固定资产净损失	
48	3. 非货币性资产交易损失	
49	4. 出售无形资产损失	
50	5. 其他	

经办人（签章）：　　　　　　　　　　　　　　法定代表人（签章）：

金融企业成本费用明细表填报说明①

一、适用范围

本表适用于执行金融企业会计制度、企业会计准则的金融行业的居民纳税人，包括商业银行、政策性银行、保险公司、证券公司、信托投资公司、租赁公司、担保公司、财务公司、典当公司等金融企业。

二、填报依据和内容

根据《中华人民共和国企业所得税法》及其实施条例、相关税收政策以及金融企业会计制度、企业会计准则的规定，填报"营业成本"、"营业外支出"以及根据税收规定确认的"视同销售成本"。

三、有关项目填报说明

1. 第 1 行"营业成本"：填报金融企业提供金融商品服务所发生的成本。

---

① 《国家税务总局关于〈中华人民共和国企业所得税年度纳税申报表〉的补充通知》（国税函〔2008〕1081 号，2008 年 12 月 31 日）。

2. 第 2 行"银行业务成本":填报纳税人从事银行业务发生的支出。

3. 第 3 行"银行利息支出":填报纳税人经营存贷款业务等发生的利息支出,包括同业存放、向中央银行借款、拆入资金、吸收存款、卖出回购金融资产、发行债券和其他业务利息支出。

4. 第 11 行"银行手续费及佣金支出":填报纳税人发生的与其经营业务活动相关的各项手续费、佣金等支出。

5. 第 17 行"保险业务支出":填报纳税人从事保险业务发生的赔付支出、提取保险责任准备金、手续费支出、分保费用、退保金、保户红利支出业务及管理费等支出总额,扣减摊回赔付支出、摊回保险责任准备金、摊回分保费用等项目后的支出。

6. 第 19 行"退保金":填报纳税人寿险原保险合同提前解除时按照约定应当退还投保人的保单现金价值。

7. 第 20 行"赔付支出":填报纳税人支付的原保险合同赔付款项和再保险赔付款项的支出。

8. 第 21 行"摊回赔付支出":填报纳税人向再保险接受人摊回的赔付成本。

9. 第 22 行"提取保险责任准备金":填报纳税人提取的原保险合同保险责任准备金,包括提取的未决赔款准备金、寿险责任准备金、长期健康险责任准备金。

10. 第 23 行"摊回保险责任准备金":填报纳税人从事再保险业务向再保险接受人摊回的保险责任准备金,包括未决赔款准备金、寿险责任准备金、长期健康险责任准备金。

11. 第 24 行"保单红利支出":填报纳税人按原保险合同约定支付给投保人的红利。

12. 第 25 行"分保费用":填报纳税人向再保险分出人支付的分保费用。

13. 第 26 行"手续费及佣金支出":填报纳税人发生的与其经营活动相关的手续费、佣金支出。

14. 第 28 行"摊回分保费用":填报纳税人向再保险接受人摊回的分保费用。

15. 第 31 行"证券业务支出":填报纳税人从事证券业务发生的证券手续费支出和证券其他业务支出。

16. 第 32 行"证券手续费支出":填报纳税人代理承销、兑付和买卖证券等业务发生的各项手续费、风险结算金、承销业务直接相关的各项费用及佣金支出。

17. 第 38 行"其他金融业务支出":填报纳税人核算的除上述金融业务外与其他金融业务收入对应的其他业务支出的金额,包括业务支出和其他业务支出。

18. 第 41 行"视同销售应确认成本":填报纳税人会计上不作为销售核算,但按照税收规定视同销售确认的应税成本。

19. 第 45 行"营业外支出":填报纳税人发生的各项营业外支出的金额,包括非流动资产处置损失、非货币性资产交换损失、债务重组损失、捐赠支出、非常损失、盘亏损失等。

四、表内、表间关系

(一)表内关系

1. 第 1 行 = 本表第 2+17+31+38 行。

2. 第 2 行 = 本表第 3+11+15+16 行。

3. 第 3 行 = 本表第 4 至 10 行合计。

4. 第 11 行 = 本表第 12+13+14 行。

5. 第 17 行 = 本表第 18+30 行。

6. 第 18 行 = 本表第 19+20−21+22−23+24+25+26+27−28+29 行。

7. 第 31 行=本表第 32+36+37 行。

8. 第 32 行=本表第 33+34+35 行。

9. 第 38 行=本表第 39+40 行。

10. 第 41 行=本表第 42+43+44 行。

11. 第 45 行=本表第 46 至 50 行合计。

(二)表间关系

1. 第 1 行=主表第 2 行。

2. 第 41 行=附表三第 21 行第 4 列。

3. 第 45 行=主表第 12 行。

企业所得税年度纳税申报表附表二(3)①

事业单位、社会团体、民办非企业单位支出明细表

填报时间： 年 月 日 金额单位:元(列至角分)

行次	项目	金额
1	一、支出总额(2+3+……+10)	
2	拨出经费	
3	上缴上级支出	
4	拨出专款	
5	专款支出	
6	事业支出	
7	经营支出	
8	对附属单位补助	
9	结转自筹基建	
10	其他支出	
11	二、不准扣除的支出总额	
12	(1)税收规定不允许扣除的支出项目金额	
13	(2)按分摊比例计算的支出项目金额	
14	三、准予扣除的支出总额	

经办人(签章)： 法定代表人(签章)：

事业单位、社会团体、民办非企业单位支出明细表填报说明②

一、适用范围

本表适用于执行事业单位会计制度、民间非营利组织会计制度的事业单位、社会团体、民办非企业单位、非营利性组织等居民纳税人填报。

二、填报依据和内容

根据《中华人民共和国企业所得税法》及其实施条例、相关税收政策以及事业单位会计制度、民间非营利组织会计制度的规定,填报"支出总额"、"不准扣除的支出总额"等。

---

① 《国家税务总局关于印发〈中华人民共和国企业所得税年度纳税申报表〉的通知》(国税发[2008]101号,2008年10月30日)。

② 《国家税务总局关于〈中华人民共和国企业所得税年度纳税申报表〉的补充通知》(国税函[2008]1081号,2008年12月31日)。

三、有关项目填报说明

1. 第 1 行"支出总额":纳税人发生的所有支出总额(含不征税收入形成的支出),按照会计核算口径填报。

2. 第 2 行"拨出经费":填报纳税人拨出经费支出。

3. 第 3 行"上缴上级支出":填报纳税人实行收入上缴办法的事业单位按照规定的定额或者比例上缴上级单位的支出。

4. 第 4 行"拨出专款":填报纳税人按照规定或批准的项目拨出具有专项用途的资金。

5. 第 5 行"专款支出":填报国家财政、主管部门或上级单位拨入的指定项目或用途并需要单独报账的专项资金的实际支出。

6. 第 6 行"事业支出":填报纳税人开展专业业务活动及其辅助活动发生的支出。包括工资、补助工资、职工福利费、社会保障费、助学金,公务费、业务费、设备购置费、修缮费和其他费用。

7. 第 7 行"经营支出":填报纳税人在专业业务活动及其辅助活动之外开展非独立核算经营活动发生的支出。

8. 第 8 行"对附属单位补助":填报纳税人用财政补助收入之外的收入对附属单位补助发生的支出。

9. 第 9 行"结转自筹基建":填报纳税人达到基建额度的支出。

10. 第 10 行"其他支出":填报上述第 2 行至第 9 行项目之外的其他支出的金额,包括非常损失、捐赠支出、赔偿金、违约金等。按照会计核算"营业外收入"口径填报。

12. 第 11 行"不准扣除的支出总额":填报纳税人按照税收规定不允许税前扣除的支出总额,包括纳税人的不征税收入用于支出所形成的费用或者财产,不得扣除或者计算对应的折旧、摊销扣除。

13. 第 14 行"准予扣除的支出总额":金额等于第 1–11 行。

四、表内、表间关系

(一)表内关系

1. 第 1 行 = 本表第 2 行至 10 行合计。

2. 第 14 行 = 本表第 1–11 行。

(二)表间关系

1. 第 2 至 9 行合计 = 主表第 2 行。

2. 第 10 行 = 主表第 12 行。

企业所得税年度纳税申报表附表三①

纳税调整项目明细表

填报时间：　　　年　　月　　日

金额单位:元(列至角分)

表1

	行次	项目	账载金额	税收金额	调增金额	调减金额
			1	2	3	4
	1	一、收入类调整项目	*	*		
	2	1. 视同销售收入(填写附表一)	*	*		*
#	3	2. 接受捐赠收入	*			*
	4	3. 不符合税收规定的销售折扣和折让				*
*	5	4. 未按权责发生制原则确认的收入				
*	6	5. 按权益法核算长期股权投资对初始投资成本调整确认收益	*	*	*	
	7	6. 按权益法核算的长期股权投资持有期间的投资损益	*	*		
*	8	7. 特殊重组				
*	9	8. 一般重组				
*	10	9. 公允价值变动净收益(填写附表七)	*	*		
	11	10. 确认为递延收益的政府补助				
	12	11. 境外应税所得(填写附表六)	*	*	*	
	13	12. 不允许扣除的境外投资损失	*	*		*
	14	13. 不征税收入(填附表一〔3〕)	*	*	*	
	15	14. 免税收入(填附表五)	*	*	*	
	16	15. 减计收入(填附表五)	*	*	*	
	17	16. 减、免项目所得(填附表五)	*	*	*	
	18	17. 抵扣应纳税所得额(填附表五)	*	*	*	
	19	18. 其他				
	20	二、扣除类调整项目	*	*		
	21	1. 视同销售成本(填写附表二)	*	*	*	

_____

① 《国家税务总局关于印发〈中华人民共和国企业所得税年度纳税申报表〉的通知》(国税发〔2008〕101号,2008年10月30日)。

第 7 章 企业所得税制度

续表

行次	项目	账载金额 1	税收金额 2	调增金额 3	调减金额 4
22	2. 工资薪金支出				
23	3. 职工福利费支出				
24	4. 职工教育经费支出				
25	5. 工会经费支出				
26	6. 业务招待费支出				*
27	7. 广告费和业务宣传费支出(填写附表八)	*	*		
28	8. 捐赠支出				*
29	9. 利息支出				
30	10. 住房公积金				*
31	11. 罚金、罚款和被没收财物的损失		*		*
32	12. 税收滞纳金		*		*
33	13. 赞助支出		*		*
34	14. 各类基本社会保障性缴款				
35	15. 补充养老保险、补充医疗保险				
36	16. 与未实现融资收益相关在当期确认的财务费用				
37	17. 与取得收入无关的支出		*		*
38	18. 不征税收入用于支出所形成的费用		*		*
39	19. 加计扣除(填附表五)	*	*	*	
40	20. 其他				
41	三、资产类调整项目	*	*		
42	1. 财产损失				
43	2. 固定资产折旧(填写附表九)	*	*		
44	3. 生产性生物资产折旧(填写附表九)	*	*		
45	4. 长期待摊费用的摊销(填写附表九)	*	*		
46	5. 无形资产摊销(填写附表九)	*	*		
47	6. 投资转让、处置所得(填写附表十一)	*	*		
48	7. 油气勘探投资(填写附表九)	*	*		
49	8. 油气开发投资(填写附表九)	*	*		
50	9. 其他				
51	四、准备金调整项目(填写附表十)	*	*		
52	五、房地产企业预售收入计算的预计利润	*	*		
53	六、特别纳税调整应税所得	*	*		*
54	七、其他	*	*		
55	合　计	*	*		

经办人(签章)：　　　　　　　　　　　　法定代表人(签章)：

注:1. 标有 * 或#的行次,纳税人分别按照适用的国家统一会计制度填报①。

2. 没有标注的行次,无论执行何种会计核算办法,有差异就填报相应行次,填 * 号不可填列。

3. 有二级附表的项目只填调增、调减金额,账载金额、税收金额不再填写。

---

① 《国家税务总局关于印发〈中华人民共和国企业所得税年度纳税申报表〉的通知》(国税发[2008]101 号,2008 年 10 月 30 日)原规定:标有 * 的行次为执行新会计准则的企业填列,标有#的行次为除执行新会计准则以外的企业填列。后经《国家税务总局关于〈中华人民共和国企业所得税年度纳税申报表〉的补充通知》(国税函[2008]1081 号,2008 年 12 月 31 日)修改为此注内容。

纳税调整项目明细表填报说明①

一、适用范围

本表适用于实行查账征收企业所得税的居民纳税人填报。

二、填报依据和内容

根据《中华人民共和国企业所得税法》及其实施条例、相关税收政策以及国家统一会计制度的规定，填报企业财务会计处理与税收规定不一致、进行纳税调整项目的金额。

三、有关项目填报说明

本表纳税调整项目按照"收入类调整项目"、"扣除类调整项目"、"资产类调整调整项目"、"准备金调整项目"、"房地产企业预售收入计算的预计利润"、"特别纳税调整应税所得"、"其他"七大项分类汇总填报，并计算纳税调整项目的"调增金额"和"调减金额"的合计数。

数据栏分别设置"账载金额"、"税收金额"、"调增金额"、"调减金额"四个栏次。"账载金额"是指纳税人按照国家统一会计制度规定核算的项目金额。"税收金额"是指纳税人按照税收规定计算的项目金额。

"收入类调整项目"："税收金额"扣减"账载金额"后的余额为正，填报在"调增金额"，余额如为负数，将其绝对值填报在"调减金额"。其中第4行"3. 不符合税收规定的销售折扣和折让"，按"扣除类调整项目"处理。

"扣除类调整项目"、"资产类调整项目"："账载金额"扣减"税收金额"后的余额为正，填报在"调增金额"，余额如为负数，将其绝对值填报在"调减金额"。

其他项目的"调增金额"、"调减金额"按上述原则计算填报。

本表打＊号的栏次均不填报。

本表"注：1……"修改为："1. 标有＊或#的行次，纳税人分别按照适用的国家统一会计制度填报"

（一）收入类调整项目

1. 第1行"一、收入类调整项目"：填报收入类调整项目第2行至第19行的合计数。第1列"账载金额"、第2列"税收金额"不填报。

2. 第2行"1. 视同销售收入"：填报纳税人会计上不作为销售核算、税收上应确认为应税收入的金额。

（1）事业单位、社会团体、民办非企业单位直接填报第3列"调增金额"。

（2）金融企业第3列"调增金额"取自附表一（2）《金融企业收入明细表》第38行。

（3）一般工商企业第3列"调增金额"取自附表一（1）《收入明细表》第13行。

（4）第1列"账载金额"、第2列"税收金额"和第4列"调减金额"不填。

3. 第3行"2. 接受捐赠收入"：第2列"税收金额"填报纳税人按照国家统一会计制度规定，将接受捐赠直接计入资本公积核算、进行纳税调整的金额。第3列"调增金额"等于第2列"税收金额"。第1列"账载金额"和第4列"调减金额"不填。

4. 第4行"3. 不符合税收规定的销售折扣和折让"：填报纳税人不符合税收规定的销售折扣和折让

---

① 《国家税务总局关于〈中华人民共和国企业所得税年度纳税申报表〉的补充通知》（国税函〔2008〕1081号，2008年12月31日）。

应进行纳税调整的金额。第 1 列"账载金额"填报纳税人按照国家统一会计制度规定,销售货物给购货方的销售折扣和折让金额。第 2 列"税收金额"填报纳税人按照税收规定可以税前扣除的销售折扣和折让的金额。第 3 列"调增金额"填报第 1 列与第 2 列的差额。第 4 列"调减金额"不填。

5. 第 5 行"4. 未按权责发生制原则确认的收入":填报纳税人会计上按照权责发生制原则确认收入,但按照税收规定不按照权责发生制确认收入,进行纳税调整的金额。

第 1 列"账载金额"填报纳税人按照国家统一会计制度确认的收入;第 2 列"税收金额"填报纳税人按照税收规定确认的应纳税收入;第 3 列"调增金额"填报纳税人纳税调整的金额;第 4 列"调减金额"填报纳税人纳税调减的金额。

6. 第 6 行"5. 按权益法核算长期股权投资对初始投资成本调整确认收益":填报纳税人采取权益法核算,初始投资成本小于取得投资时应享有被投资单位可辨认净资产公允价值份额的差额计入取得投资当期的营业外收入。本行"调减金额"数据通过附表十一《长期股权投资所得(损失)明细表》第 5 列"合计"填报。第 1 列"账载金额"、第 2 列"税收金额"和第 3 列"调增金额"不填。

7. 第 7 行"6. 按权益法核算的长期股权投资持有期间的投资损益":第 3 列"调增金额"填报纳税人应分担被投资单位发生的净亏损、确认为投资损失的金额;第 4 列"调减金额"填报纳税人应分享被投资单位发生的净利润、确认为投资收益的金额。本行根据附表十一《长期股权投资所得(损失)明细表》分析填列。

8. 第 8 行"7. 特殊重组":填报纳税人按照税收规定作为特殊重组处理,导致财务会计处理与税收规定不一致进行纳税调整的金额。

第 1 列"账载金额"填报纳税人按照国家统一会计制度确认的账面金额;第 2 列"税收金额"填报纳税人按照税收规定确认的应税收入金额;第 3 列"调增金额"填报纳税人进行纳税调整增加的金额;第 4 列"调减金额"填报纳税人进行纳税调整减少的金额。

9. 第 9 行"8. 一般重组":填报纳税人按照税收规定作为一般重组处理,导致财务会计处理与税收规定不一致进行纳税调整的金额。

第 1 列"账载金额"填报纳税人按照国家统一会计制度确认的账面金额;第 2 列"税收金额"填报纳税人按照税收规定确认的应税收入金额;第 3 列"调增金额"填报纳税人进行纳税调整增加的金额;第 4 列"调减金额"填报纳税人进行纳税调整减少的金额。

10. 第 10 行"9. 公允价值变动净收益":第 3 列"调增金额"或第 4 列"调减金额"通过附表七《以公允价值计量资产纳税调整表》第 10 行第 5 列数据填报。

附表七第 5 列"纳税调整额"第 10 行"合计"数为正数时,填入附表三第 10 行本行第 3 列"调增金额";为负数时,将其绝对值填入本行第 4 列"调减金额"。

11. 第 11 行"10. 确认为递延收益的政府补助":填报纳税人取得的不属于税收规定的不征税收入、免税收入以外的其他政府补助,按照国家统一会计制度确认为递延收益,税收处理应计入应纳税所得额应进行纳税调整的数额。

第 1 列"账载金额"填报纳税人按照国家统一会计制度确认的账面金额;第 2 列"税收金额"填报纳税人按照税收规定确认的应税收入金额;第 3 列"调增金额"填报纳税人进行纳税调整增加的金额;第 4 列"调减金额"填报纳税人进行纳税调整减少的金额。

12. 第 12 行"11. 境外应税所得":第 3 列"调增金额"填报纳税人并入利润总额的成本费用或确认的境外投资损失。第 4 列"调减金额"填报纳税人并入利润总额的境外收入、投资收益等。第 1 列"账载金额"、第 2 列"税收金额"不填。

13. 第 13 行"12. 不允许扣除的境外投资损失":第 3 列"调增金额"填报纳税人境外投资除合并、撤销、依法清算外形成的损失。第 1 列"账载金额"、第 2 列"税收金额"和第 4 列"调减金额"不填。

14. 第 14 行"13. 不征税收入":第 4 列"调减金额"通过附表一(3)《事业单位、社会团体、民办非企业单位收入项目明细表》第 12 行"不征税收入总额"填报。第 1 列"账载金额"、第 2 列"税收金额"和第 3 列"调增金额"不填。

不征税收入的填报口径:根据《财政部 国家税务总局关于财政性资金 行政事业性收费 政府性基金有关企业所得税政策问题的通知》(财税[2008]151 号)、《财政部 国家税务总局关于全国社会保障基金有关企业所得税问题的通知》(财税[2008]136 号)、《财政部 国家税务总局关于专项用途财政性资金有关企业所得税处理问题的通知》(财税[2009]87 号)规定,企业符合上述文件规定的不征税收入,填报本行对应列次。上述不征税收入用于支出形成的费用和资产,不得税前扣除或折旧、摊销,作相应纳税调整。其中,用于支出形成的费用,填报本表第 38 行"不征税收入用于所支出形成的费用";其用于支出形成的资产,填报本表第 41 行项目下对应行次①。

15. 第 15 行"14. 免税收入":第 4 列"调减金额"通过附表五《税收优惠明细表》第 1 行"免税收入"填报。第 1 列"账载金额"、第 2 列"税收金额"和第 3 列"调增金额"不填。

16. 第 16 行"15. 减计收入":第 4 列"调减金额"通过取自附表五《税收优惠明细表》第 6 行"减计收入"填报。第 1 列"账载金额"、第 2 列"税收金额"和第 3 列"调增金额"不填。

17. 第 17 行"16. 减、免税项目所得":第 4 列"调减金额"通过取自附表五《税收优惠明细表》第 14 行"减免所得额合计"填报。第 1 列"账载金额"、第 2 列"税收金额"和第 3 列"调增金额"不填。

18. 第 18 行"17. 抵扣应纳税所得额":第 4 列"调减金额"通过取自附表五《税收优惠明细表》第 39 行"创业投资企业抵扣应纳税所得额"填报。第 1 列"账载金额"、第 2 列"税收金额"和第 3 列"调增金额"不填。

19. 第 19 行"18. 其他":填报企业财务会计处理与税收规定不一致、进行纳税调整的其他收入类项目金额。

(二)扣除类调整项目

1. 第 20 行"二、扣除类调整项目":填报扣除类调整项目第 21 行至第 40 行的合计数。第 1 列"账载金额"、第 2 列"税收金额"不填报。

2. 第 21 行"1. 视同销售成本":第 2 列"税收金额"填报按照税收规定视同销售应确认的成本。

(1)事业单位、社会团体、民办非企业单位直接填报第 4 列"调减金额"。

(2)金融企业第 4 列"调减金额"取自附表二(2)《金融企业成本费用明细表》第 41 行。

(3)一般工商企业第 4 列"调减金额"取自附表二(1)《成本费用明细表》第 12 行。

(4)第 1 列"账载金额"、第 2 列"税收金额"和第 3 列"调增金额"不填。

3. 第 22 行"2. 工资薪金支出":第 1 列"账载金额"填报纳税人按照国家统一会计制度计入成本费用的职工工资、奖金、津贴和补贴;第 2 列"税收金额"填报纳税人按照税收规定允许税前扣除的工资薪金。如本行第 1 列≥第 2 列,第 1 列减去第 2 列的差额填入本行第 3 列"调增金额";如本行第 1 列<第 2 列,第 2 列减去第 1 列的差额填入本行第 4 列"调增金额"。

① 《国家税务总局关于做好 2009 年度企业所得税汇算清缴工作的通知》(国税函[2010]148 号,2010 年 4 月 12 日)。

4. 第 23 行"3. 职工福利费支出":第 1 列"账载金额"填报纳税人按照国家统一会计制度计入成本费用的职工福利费;第 2 列"税收金额"填报纳税人按照税收规定允许税前扣除的职工福利费,金额小于等于第 22 行"工资薪金支出"第 2 列"税收金额"×14% 。如本行第 1 列≥第 2 列,第 1 列减去第 2 列的差额填入本行第 3 列"调增金额";如本行第 1 列<第 2 列,第 2 列减去第 1 列的差额填入本行第 4 列"调增金额"。

5. 第 24 行"4. 职工教育经费支出":第 1 列"账载金额"填报纳税人按照国家统一会计制度计入成本费用的教育经费支出;第 2 列"税收金额"填报纳税人按照税收规定允许税前扣除的职工教育经费,金额≤第 22 行"工资薪金支出"第 2 列"税收金额"×2.5% ,或国务院财政、税务主管部门另有规定的金额。如本行第 1 列≥第 2 列,第 1 列减去第 2 列的差额填入本行第 3 列"调增金额";如本行第 1 列<第 2 列,第 2 列减去第 1 列的差额填入本行第 4 列"调增金额"。

6. 第 25 行"5. 工会经费支出":第 1 列"账载金额"填报纳税人按照国家统一会计制度计入成本费用的工会经费;第 2 列"税收金额"填报纳税人按照税收规定允许税前扣除的工会经费,金额等于第 22 行"工资薪金支出"第 2 列"税收金额"×2% 减去没有工会专用凭据列支的工会经费后的余额。如本行第 1 列≥第 2 列,第 1 列减去第 2 列的差额填入本行第 3 列"调增金额";如本行第 1 列<第 2 列,第 2 列减去第 1 列的差额填入本行第 4 列"调增金额"。

7. 第 26 行"6. 业务招待费支出":第 1 列"账载金额"填报纳税人按照国家统一会计制度计入成本费用的业务招待费支出;第 2 列"税收金额"填报纳税人按照税收规定允许税前扣除的业务招待费支出的金额。比较"本行第 1 列×60% "与"附表一(1)《收入明细表》第 1 行×5‰"或"附表一(2)《金融企业收入明细表》第 1+38 行合计×5‰"或"本行第 1 列×60% "两数,孰小者填入本行第 2 列。如本行第 1 列≥第 2 列,本行第 1 列减去第 2 列的余额填入本行第 3 列"调增金额",第 4 列"调减金额"不填;如本行第 1 列<第 2 列,第 3 列"调增金额"、第 4 列"调减金额"均不填。

8. 第 27 行"7. 广告费与业务宣传费支出":第 3 列"调增金额"取自附表八《广告费和业务宣传费跨年度纳税调整表》第 7 行"本年广告费和业务宣传费支出纳税调整额";第 4 列"调减金额"取自附表八《广告费和业务宣传费跨年度纳税调整表》第 10 行"本年扣除的以前年度结转额"。第 1 列"账载金额"和第 2 列"税收金额"不填。

9. 第 28 行"8. 捐赠支出":第 1 列"账载金额"填报纳税人按照国家统一会计制度实际发生的捐赠支出;第 2 列"税收金额"填报纳税人按照税收规定允许税前扣除的捐赠支出的金额。如本行第 1 列≥第 2 列,第 1 列减去第 2 列的差额填入本行第 3 列"调增金额",第 4 列"调减金额"不填;如本行第 1 列<第 2 列,第 3 列"调增金额"、第 4 列"调减金额"均不填。

10. 第 29 行"9. 利息支出":第 1 列"账载金额"填报纳税人按照国家统一会计制度实际发生的向非金融企业借款计入财务费用的利息支出的金额;第 2 列"税收金额"填报纳税人按照税收规定允许税前扣除的利息支出的金额。如本行第 1 列≥第 2 列,第 1 列减去第 2 列的差额填入本行第 3 列"调增金额",第 4 列"调减金额"不填;如本行第 1 列<第 2 列,第 3 列"调增金额"、第 4 列"调减金额"均不填。

11. 第 30 行"10. 住房公积金":第 1 列"账载金额"填报纳税人按照国家统一会计制度实际发生的住房公积金的金额;第 2 列"税收金额"填报纳税人按照税收规定允许税前扣除的住房公积金的金额。如本行第 1 列≥第 2 列,第 1 列减去第 2 列的差额填入本行第 3 列"调增金额",第 4 列"调减金额"不填;如本行第 1 列<第 2 列,第 3 列"调增金额"、第 4 列"调减金额"均不填。

12. 第 31 行"11. 罚金、罚款和被没收财物的损失":第 1 列"账载金额"填报纳税人按照国家统一会计制度实际发生的罚金、罚款和被罚没财物损失的金额,不包括纳税人按照经济合同规定支付的违约金(包括银行罚息)、罚款和诉讼费;第3列"调增金额"等于第1列;第2列"税收金额"和第4列"调减金额"不填。

13. 第32行"12. 税收滞纳金":第1列"账载金额"填报纳税人按照国家统一会计制度实际发生的税收滞纳金的金额;第3列"调增金额"等于第1列;第2列"税收金额"和第4列"调减金额"不填。

14. 第33行"13. 赞助支出":第1列"账载金额"填报纳税人按照国家统一会计制度实际发生且不符合税收规定的公益性捐赠的赞助支出的金额;第3列"调增金额"等于第1列;第2列"税收金额"和第4列"调减金额"不填。

广告性的赞助支出按广告费和业务宣传费的规定处理,在第27行"广告费与业务宣传费支出"中填报。

15. 第34行"14. 各类基本社会保障性缴款":第1列"账载金额"填报纳税人按照国家统一会计制度实际发生的各类基本社会保障性缴款的金额,包括基本医疗保险费、基本养老保险费、失业保险费、工伤保险费和生育保险费;第2列"税收金额"填报纳税人按照税收规定允许税前扣除的各类基本社会保障性缴款的金额。如本行第1列≥第2列,第1列减去第2列的差额填入本行第3列"调增金额";如本行第1列<第2列,第3列"调增金额"、第4列"调减金额"均不填。

16. 第35行"15. 补充养老保险、补充医疗保险":第1列"账载金额"填报纳税人按照国家统一会计制度实际发生的补充养老保险、补充医疗保险的金额;第2列"税收金额"填报纳税人按照税收规定允许税前扣除的补充养老保险、补充医疗保险的金额。如本行第1列≥第2列,第1列减去第2列的差额填入本行第3列"调增金额";如本行第1列<第2列,则第3列"调增金额"、第4列"调减金额"均不填。

17. 第36行"16. 与未实现融资收益相关在当期确认的财务费用":第1列"账载金额"填报纳税人按照国家统一会计制度实际发生的、与未实现融资收益相关并在当期确认的财务费用的金额;第2列"税收金额"填报纳税人按照税收规定允许税前扣除的相关金额。

18. 第37行"17. 与取得收入无关的支出":第1列"账载金额"填报纳税人按照国家统一会计制度实际发生的、与取得收入无关的支出的金额;第3列"调增金额"等于第1列;第2列"税收金额"和第4列"调减金额"不填。

19. 第38行"18. 不征税收入用于支出所形成的费用":第1列"账载金额"填报纳税人按照国家统一会计制度实际发生的、不征税收入用于支出形成的费用的金额;第3列"调增金额"等于第1列;第2列"税收金额"和第4列"调减金额"不填。

20. 第39行"19. 加计扣除":第4列"调减金额"取自附表五《税收优惠明细表》第9行"加计扣除额合计"金额。第1列"账载金额"、第2列"税收金额"和第3列"调增金额"不填。

21. 第40行"20. 其他":填报企业财务会计处理与税收规定不一致、进行纳税调整的其他扣除类项目金额。

(三)资产类调整项目

1. 第41行"三、资产类调整项目":填报资产类调整项目第42行至第50行的合计数。第1列"账载金额"、第2列"税收金额"不填报。

2. 第42行"1. 财产损失":第1列"账载金额"填报纳税人按照国家统一会计制度确认的财产损失金额;第2列"税收金额"填报纳税人按照税收规定允许税前扣除的财产损失金额。如本行第1列≥第2列,第1列减去第2列的差额填入本行第3列"调增金额";如本行第1列<第2列,第1列减去第2列的差额

的绝对值填入第 4 列"调减金额"。

3. 第 43 行"2. 固定资产折旧"：通过附表九《资产折旧、摊销纳税调整明细表》填报。附表九《资产折旧、摊销纳税调整明细表》第 1 行"固定资产"第 7 列"纳税调整额"的正数填入本行第 3 列"调增金额"；附表九《资产折旧、摊销纳税调整明细表》第 1 行"固定资产"第 7 列"纳税调整额"负数的绝对值填入本行第 4 列"调减金额"。第 1 列"账载金额"、第 2 列"税收金额"不填。

4. 第 44 行"3. 生产性生物资产折旧"：通过附表九《资产折旧、摊销纳税调整明细表》填报。附表九《资产折旧、摊销纳税调整明细表》第 7 行"生产性生物资产"第 7 列"纳税调整额"的正数填入本行第 3 列"调增金额"；附表九《资产折旧、摊销纳税调整明细表》第 7 行"生产性生物资产"第 7 列"纳税调整额"的负数的绝对值填入本行第 4 列"调减金额"。第 1 列"账载金额"、第 2 列"税收金额"不填。

5. 第 45 行"4. 长期待摊费用的摊销"：通过附表九《资产折旧、摊销纳税调整明细表》填报。附表九《资产折旧、摊销纳税调整明细表》第 10 行"长期待摊费用"第 7 列"纳税调整额"的正数填入本行第 3 列"调增金额"；附表九《资产折旧、摊销纳税调整明细表》第 10 行"长期待摊费用"第 7 列"纳税调整额"的负数的绝对值填入本行第 4 列"调减金额"。第 1 列"账载金额"、第 2 列"税收金额"不填。

6. 第 46 行"5. 无形资产摊销"：通过附表九《资产折旧、摊销纳税调整明细表》填报。附表九《资产折旧、摊销纳税调整明细表》第 15 行"无形资产"第 7 列"纳税调整额"的正数填入本行第 3 列"调增金额"；附表九《资产折旧、摊销纳税调整明细表》第 15 行"无形资产"第 7 列"纳税调整额"的负数的绝对值填入本行第 4 列"调减金额"。第 1 列"账载金额"、第 2 列"税收金额"不填。

7. 第 47 行"6. 投资转让、处置所得"：第 3 列"调增金额"和第 4 列"调减金额"通过附表十一《股权投资所得（损失）明细表》分析填报。第 1 列"账载金额"、第 2 列"税收金额"不填。

8. 第 48 行"7. 油气勘探投资"：通过附表九《资产折旧、摊销纳税调整明细表》填报。附表九《资产折旧、摊销纳税调整明细表》第 16 行"油气勘探投资"第 7 列"纳税调整额"的正数填入本行第 3 列；附表九《资产折旧、摊销纳税调整明细表》第 16 行"油气勘探投资"第 7 列"纳税调整额"负数的绝对值填入本行第 4 列"调减金额"。第 1 列"账载金额"、第 2 列"税收金额"不填。

9. 第 49 行"油气开发投资"：通过附表九《资产折旧、摊销纳税调整明细表》填报。附表九《资产折旧、摊销纳税调整明细表》第 17 行"油气开发投资"第 7 列"纳税调整额"的正数填入本行第 3 列；附表九《资产折旧、摊销纳税调整明细表》第 17 行"油气开发投资"第 7 列"纳税调整额"负数的绝对值填入本表第 4 列"调减金额"。第 1 列"账载金额"、第 2 列"税收金额"不填。

10. 第 50 行"7. 其他"：填报企业财务会计处理与税收规定不一致、进行纳税调整的其他资产类项目金额。

（四）准备金调整项目

第 51 行"四、准备金调整项目"：通过附表十《资产减值准备项目调整明细表》填报。附表十《资产减值准备项目调整明细表》第 17 行"合计"第 5 列"纳税调整额"的正数填入本行第 3 列"调增金额"；附表十《资产减值准备项目调整明细表》第 17 行"合计"第 5 列"纳税调整额"的负数的绝对值填入本行第 4 列"调减金额"。第 1 列"账载金额"、第 2 列"税收金额"不填。

准备金税前扣除的填报口径：根据《财政部 国家税务总局关于证券行业准备金支出企业所得税税前扣除有关问题的通知》（财税〔2009〕33 号）、《财政部 国家税务总局关于保险公司准备金支出企业所得税税前扣除有关问题的通知》（财税〔2009〕48 号）、《财政部 国家税务总局关于中小企业信用担保机构有关准备金税前扣除问题的通知》（财税〔2009〕62 号）、《财政部 国家税务总局关于金融企业贷款损失准备金企业所得税税前扣除有关问题的通知》（财税[2009]64号）、《财政部 国家税务总局关于金融企业涉农贷款和中小企业贷款损失准备金税前扣除政策的通知》（财税[2009]99号）、《财政部 国家税务总局关于保险公司提取农业巨灾风险准备金企业所得税税前扣除问题的通知》（财税[2009]110号）的规定，允许在企业所得税税前扣除的各类准备金，填报在企业所得税年度纳税申报表附表三"纳税调整项目明细表"第40行"20、其他"第4列"调减金额"。企业所得税年度纳税申报表附表十"资产减值准备项目调整明细表"填报口径不变①。

（五）房地产企业预售收入计算的预计利润

第52行"五、房地产企业预售收入计算的预计利润"：第3列"调增金额"填报从事房地产开发业务的纳税人本期取得的预售收入，按照税收规定的预计利润率计算的预计利润的金额；第4列"调减金额"填报从事房地产开发业务的纳税人本期将预售收入转为销售收入，转回已按税收规定征税的预计利润的数额。第1列"账载金额"、第2列"税收金额"不填。

（六）特别纳税调整应税所得

第53行"六、特别纳税调整应税所得"：第3列"调增金额"填报纳税人按特别纳税调整规定，自行调增的当年应纳税所得。第1列"账载金额"、第2列"税收金额"、第4列"调减金额"不填。

（七）其他

第54行"六、其他"：填报企业财务会计处理与税收规定不一致、进行纳税调整的其他项目金额。第1列"账载金额"、第2列"税收金额"不填报。

第55行"合计"："调增金额"等于本表第1、20、41、51、52、53、54行第3列合计；"调减金额"分别等于本表第1、20、41、51、52、53、54行第4列合计。

四、表内及表间关系

（一）表内关系

1. 第1行=本表第2+3+…+19行。

2. 第20行=本表第21+22+…+40行。

3. 第41行=本表第42+43+…+50行。

（二）表间关系

1. 一般工商企业：第2行第3列=附表一(1)第13行。

金融企业：第2行第3列=附表一(2)第38行。

2. 第6行第4列=附表十一第5列"合计"行的绝对值。

3. 当附表七第10行第5列为正数时：第10行第3列=附表七第10行第5列；附表七第10行第5列为负数时：第10行第4列=附表七第10行第5列负数的绝对值。

4. 第14行第4列=附表一(3)第10行。

5. 第15行第4列=附表五第1行。

6. 第16行第4列=附表五第6行。

7. 第17行第4列=附表五第14行。

8. 第18行第4列=附表五第39行。

9. 一般工商企业：第21行第4列=附表二(1)第12行。

① 《国家税务总局关于做好2009年度企业所得税汇算清缴工作的通知》（国税函[2010]148号，2010年4月12日）。

金融企业:第 21 行第 4 列 = 附表二(2)第 41 行。

10. 第 27 行第 3 列 = 附表八第 7 行。第 27 行第 4 列 = 附表八第 10 行。

11. 第 39 行第 4 列 = 附表五第 9 行。

12. 附表九第 1 行第 7 列为正数时:第 43 行第 3 列 = 附表九第 1 行第 7 列;附表九第 1 行第 7 列为负数时:第 43 行第 4 列 = 附表九第 1 行第 7 列负数的绝对值。

13. 附表九第 7 行第 7 列为正数时:第 44 行第 3 列 = 附表九第 7 行第 7 列;附表九第 7 行第 7 列为负数时:第 44 行第 4 列 = 附表九第 7 行第 7 列负数的绝对值。

14. 附表九第 10 行第 7 列为正数时:第 45 行第 3 列 = 附表九第 10 行第 7 列;附表九第 10 行第 7 列为负数时:第 45 行第 4 列 = 附表九第 10 行第 7 列负数的绝对值。

15. 附表九第 15 行第 7 列为正数时:第 46 行第 3 列 = 附表九第 15 行第 7 列;附表九第 15 行第 7 列为负数时:第 46 行第 4 列 = 附表九第 15 行第 7 列负数的绝对值。

16. 附表九第 16 行第 7 列为正数时:第 48 行第 3 列 = 附表九第 16 行第 7 列;附表九第 16 行第 7 列为负数时:第 48 行第 4 列 = 附表九第 16 行第 7 列负数的绝对值。

17. 附表九第 17 行第 7 列为正数时:第 49 行第 3 列 = 附表九第 17 行第 7 列;附表九第 17 行第 7 列为负数时:第 49 行第 4 列 = 附表九第 17 行第 7 列负数的绝对值。

18. 附表十第 17 行第 5 列合计数为正数时:第 51 行第 3 列 = 附表十第 17 行第 5 列;附表十第 17 行第 5 列合计数为负数时:第 51 行第 4 列 = 附表十第 17 行第 5 列的绝对值。

19. 第 55 行第 3 列 = 主表第 14 行。

20. 第 55 行第 4 列 = 主表第 15 行。

企业所得税年度纳税申报表附表四①：

企业所得税弥补亏损明细表

填报时间：　　　年　　月　　日

金额单位:元(列至角分)

行次	项目	年度	盈利额或亏损额	合并分立企业转入可弥补亏损额	当年可弥补的所得额	以前年度亏损弥补额					本年度实际弥补的以前年度亏损额	可结转以后年度弥补的亏损额
						前四年度	前三年度	前二年度	前一年度	合计		
		1	2	3	4	5	6	7	8	9	10	11
1	第一年											*
2	第二年					*						
3	第三年					*	*					
4	第四年					*	*	*				
5	第五年					*	*	*	*			
6	本年					*	*	*	*	*		
7	可结转以后年度弥补的亏损额合计											

经办人(签章)：　　　　　　　　　　法定代表人(签章)：

企业所得税弥补亏损明细表填报说明②

一、适用范围

本表适用于实行查账征收企业所得税的居民纳税人填报。

二、填报依据及内容

根据《中华人民共和国企业所得税法》及其实施条例、相关税收政策规定,填报本纳税年度及本纳税年度前5年度发生的税前尚未弥补的亏损额。

三、有关项目填报说明

1. 第1列"年度":填报公历年度。第1至5行依次从6行往前倒推5年,第6行为申报年度。

---

① 《国家税务总局关于印发〈中华人民共和国企业所得税年度纳税申报表〉的通知》(国税发[2008]101号,2008年10月30日)。

② 《国家税务总局关于〈中华人民共和国企业所得税年度纳税申报表〉的补充通知》(国税函[2008]1081号,2008年12月31日)。

2. 第 2 列"盈利额或亏损额":填报主表的第 23 行"纳税调整后所得"的金额(亏损额以"－"表示)。

根据《国家税务总局关于印发〈跨地区经营汇总纳税企业所得税征收管理暂行办法〉的通知》(国税发〔2008〕28 号)规定,总机构弥补分支机构 2007 年及以前年度尚未弥补完的亏损时,填报本列对应行次①。

3. 第 3 列"合并分立企业转入可弥补亏损额":填报按照税收规定企业合并、分立允许税前扣除的亏损额以及按税收规定汇总纳税后分支机构在 2008 年以前按独立纳税人计算缴纳企业所得税尚未弥补完的亏损额。(以"－"表示)。

4. 第 4 列"当年可弥补的所得额":金额等于第 2+3 列合计。

5. 第 9 列"以前年度亏损弥补额":金额等于第 5+6+7+8 列合计。(第 4 列为正数的不填)。

6. 第 10 列第 1 至 5 行"本年度实际弥补的以前年度亏损额":填报主表第 24 行金额,用于依次弥补前 5 年度的尚未弥补的亏损额。

7. 第 6 行第 10 列"本年度实际弥补的以前年度亏损额":金额等于第 1 至 5 行第 10 列的合计数(6 行 10 列的合计数≤6 行 4 列的合计数)。

8. 第 11 列第 2 至 6 行"可结转以后年度弥补的亏损额":填报前 5 年度的亏损额被本年主表中第 24 行数据依次弥补后,各年度仍未弥补完的亏损额以及本年度尚未弥补的亏损额。11 列＝4 列的绝对值－9 列－10 列(第四列大于零的行次不填报)。

9. 第 7 行第 11 列"可结转以后年度弥补的亏损额合计":填报第 2 至 6 行第 11 列的合计数。

根据《国家税务总局关于以前年度未扣除的资产损失企业所得税处理问题的通知》(国税函〔2009〕772 号)规定,企业资产损失发生年度扣除追补确认的损失后如出现亏损,应调整资产损失发生年度的亏损额,并填报本表对应亏损年度的相应行次②。

四、表间关系

第 6 行第 10 列＝主表第 24 行。

---

① 《国家税务总局关于做好 2009 年度企业所得税汇算清缴工作的通知》(国税函〔2010〕148 号,2010 年 4 月 12 日)。
② 《国家税务总局关于做好 2009 年度企业所得税汇算清缴工作的通知》(国税函〔2010〕148 号,2010 年 4 月 12 日)。

企业所得税年度纳税申报表附表五①

税收优惠明细表

填报时间：　　年　月　日　　　　　　　　　　　　金额单位：元（列至角分）

行次	项目	金额
1	一、免税收入（2+3+4+5）	
2	1. 国债利息收入	
3	2. 符合条件的居民企业之间的股息、红利等权益性投资收益	
4	3. 符合条件的非营利组织的收入	
5	4. 其他	
6	二、减计收入（7+8）	
7	1. 企业综合利用资源，生产符合国家产业政策规定的产品所取得的收入	
8	2. 其他	
9	三、加计扣除额合计（10+11+12+13）	
10	1. 开发新技术、新产品、新工艺发生的研究开发费用	
11	2. 安置残疾人员所支付的工资	
12	3. 国家鼓励安置的其他就业人员支付的工资	
13	4. 其他	
14	四、减免所得额合计（15+25+29+30+31+32）	
15	（一）免税所得（16+17+…+24）	
16	1. 蔬菜、谷物、薯类、油料、豆类、棉花、麻类、糖料、水果、坚果的种植	
17	2. 农作物新品种的选育	
18	3. 中药材的种植	
19	4. 林木的培育和种植	
20	5. 牲畜、家禽的饲养	
21	6. 林产品的采集	
22	7. 灌溉、农产品初加工、兽医、农技推广、农机作业和维修等农、林、牧、渔服务业项目	
23	8. 远洋捕捞	
24	9. 其他	
25	（二）减税所得（26+27+28）	

---

① 《国家税务总局关于印发〈中华人民共和国企业所得税年度纳税申报表〉的通知》（国税发〔2008〕101号，2008年10月30日）。

行次	项目	金额
26	1. 花卉、茶以及其他饮料作物和香料作物的种植	
27	2. 海水养殖、内陆养殖	
28	3. 其他	
29	(三)从事国家重点扶持的公共基础设施项目投资经营的所得	
30	(四)从事符合条件的环境保护、节能节水项目的所得	
31	(五)符合条件的技术转让所得	
32	(六)其他	
33	五、减免税合计(34+35+36+37+38)	
34	(一)符合条件的小型微利企业	
35	(二)国家需要重点扶持的高新技术企业	
36	(三)民族自治地方的企业应缴纳的企业所得税中属于地方分享的部分	
37	(四)过渡期税收优惠	
38	(五)其他	
39	六、创业投资企业抵扣的应纳税所得额	
40	七、抵免所得税额合计(41+42+43+44)	
41	(一)企业购置用于环境保护专用设备的投资额抵免的税额	
42	(二)企业购置用于节能节水专用设备的投资额抵免的税额	
43	(三)企业购置用于安全生产专用设备的投资额抵免的税额	
44	(四)其他	
45	企业从业人数(全年平均人数)	
46	资产总额(全年平均数)	
47	所属行业(工业企业　　　其他企业　　　　)	

经办人(签章)：　　　　　　　　　　　　　法定代表人(签章)：

税收优惠明细表填报说明①

一、适用范围

本表适用于实行查账征收企业所得税的居民纳税人填报。

二、填报依据和内容

根据《中华人民共和国企业所得税法》及其实施条例、相关税收政策规定,填报纳税人本纳税年度发生的免税收入、减计收入、加计扣除、减免所得、减免税、抵扣的应纳税所得额和抵免税额。

三、有关项目填报说明

(一)免税收入

1. 第 2 行"国债利息收入"：填报纳税人持有国务院财政部门发行的国债取得的利息收入。

2. 第 3 行"符合条件的居民企业之间的股息、红利等权益性投资收益"：填报居民企业直接投资于其

---

　　①　《国家税务总局关于〈中华人民共和国企业所得税年度纳税申报表〉的补充通知》(国税函[2008]1081 号,2008 年 12 月 31 日)。

他居民企业所取得的投资收益,不包括连续持有居民企业公开发行并上市流通的股票不足 12 个月取得的投资收益。

3. 第 4 行"符合条件的非营利组织的收入":填报符合条件的非营利组织的收入,不包括除国务院财政、税务主管部门另有规定外的从事营利性活动所取得的收入。

4. 第 5 行"其他":填报国务院根据税法授权制定的其他免税收入。

根据《财政部 国家税务总局关于期货投资者保障基金有关税收问题的通知》(财税[2009]68 号)规定,确认为免税收入的期货保障基金公司取得的相关收入,在本行填报①。

(二)减计收入

1. 第 7 行"企业综合利用资源,生产符合国家产业政策规定的产品所取得的收入":填报纳税人以《资源综合利用企业所得税优惠目录》内的资源作为主要原材料,生产非国家限制和禁止并符合国家和行业相关标准的产品所取得的收入减计 10% 部分的数额。

2. 第 8 行"其他":填报国务院根据税法授权制定的其他减计收入的数额。

(三)加计扣除额合计

1. 第 10 行"开发新技术、新产品、新工艺发生的研究开发费用":填报纳税人为开发新技术、新产品、新工艺发生的研究开发费用,未形成无形资产计入当期损益的,按研究开发费用的 50% 加计扣除的金额。

2. 第 11 行"安置残疾人员所支付的工资":填报纳税人按照有关规定条件安置残疾人员,支付给残疾职工工资的 100% 加计扣除额。

3. 第 12 行"国家鼓励安置的其他就业人员支付的工资":填报国务院根据税法授权制定的其他就业人员支付工资的加计扣除额。

4. 第 13 行"其他":填报国务院根据税法授权制定的其他加计扣除额。

(四)减免所得额合计

1. 第 16 行"蔬菜、谷物、薯类、油料、豆类、棉花、麻类、糖料、水果、坚果的种植":填报纳税人种植蔬菜、谷物、薯类、油料、豆类、棉花、麻类、糖料、水果、坚果的免征的所得额。

2. 第 17 行"农作物新品种的选育":填报纳税人从事农作物新品种的选育免征的所得额。

3. 第 18 行"中药材的种植":填报纳税人从事中药材的种植免征的所得额。

4. 第 19 行"林木的培育和种植":填报纳税人从事林木的培育和种植免征的所得额。

5. 第 20 行"牲畜、家禽的饲养":填报纳税人从事牲畜、家禽的饲养免征的所得额。

6. 第 21 行"林产品的采集":填报纳税人从事采集林产品的采集免征的所得额。

7. 第 22 行"灌溉、农产品初加工、兽医、农技推广、农机作业和维修等农、林、牧、渔服务业项目":填报纳税人从事灌溉、农产品初加工、兽医、农技推广、农机作业和维修等农、林、牧、渔服务业免征的所得额。

8. 第 23 行"远洋捕捞":填报纳税人从事远洋捕捞免征的所得额。

9. 第 24 行"其他":填报国务院根据税法授权制定的其他免税所得额。

10. 第 26 行"花卉、茶以及其他饮料作物和香料作物的种植":填报纳税人从事花卉、茶以及其他饮料作物和香料作物种植取得的所得减半征收的部分。

11. 第 27 行"海水养殖、内陆养殖":填报纳税人从事海水养殖、内陆养殖取得的所得减半征收的部分。

---

① 《国家税务总局关于做好 2009 年度企业所得税汇算清缴工作的通知》(国税函[2010]148 号,2010 年 4 月 12 日)。

12. 第 28 行"其他":填报国务院根据税法授权制定的其他减税所得额。

13. 第 29 行"从事国家重点扶持的公共基础设施项目投资经营的所得":填报纳税人从事《公共基础设施项目企业所得税优惠目录》规定的港口码头、机场、铁路、公路、城市公共交通、电力、水利等项目的投资经营的所得额。不包括企业承包经营、承包建设和内部自建自用该项目的所得。

14. 第 30 行"从事符合条件的环境保护、节能节水项目的所得":填报纳税人从事公共污水处理、公共垃圾处理、沼气综合开发利用、节能减排技术改造、海水淡化等项目减征、免征的所得额。

15. 第 31 行"符合条件的技术转让所得":填报居民企业技术转让所得免征、减征的部分(技术转让所得不超过 500 万元的部分,免征企业所得税;超过 500 万元的部分,减半征收企业所得税)。

16. 第 32 行"其他":填报国务院根据税法授权制定的其他减免所得。

(五)减免税合计

1. 第 34 行"符合规定条件的小型微利企业":填报纳税人从事国家非限制和禁止行业并符合规定条件的小型微利企业享受优惠税率减征的企业所得税税额。

2. 第 35 行"国家需要重点扶持的高新技术企业":填报纳税人从事国家需要重点扶持拥有核心自主知识产权等条件的高新技术企业享受减征企业所得税税额。

3. 第 36 行"民族自治地方的企业应缴纳的企业所得税中属于地方分享的部分":填报纳税人经民族自治地方所在省、自治区、直辖市人民政府批准,减征或者免征民族自治地方的企业缴纳的企业所得税中属于地方分享的企业所得税税额。

4. 第 37 行"过渡期税收优惠":填报纳税人符合国务院规定以及经国务院批准享受过渡期税收优惠政策的金额。

5. 第 38 行"其他":填报国务院根据税法授权制定的其他减免税额。

(六)第 39 行"创业投资企业抵扣的应纳税所得额":填报创业投资企业采取股权投资方式投资于未上市的中小高新技术企业 2 年以上的,可以按照其投资额的 70% 在股权持有满 2 年的当年抵扣该创业投资企业的应纳税所得额;当年不足抵扣的,可以在以后纳税年度结转抵扣。

(七)抵免所得税额合计

1. 第 41~43 行,填报纳税人购置并实际使用《环境保护专用设备企业所得税优惠目录》、《节能节水专用设备企业所得税优惠目录》和《安全生产专用设备企业所得税优惠目录》规定的环境保护、节能节水、安全生产等专用设备的,允许从企业当年的应纳税额中抵免的投资额 10% 的部分。当年不足抵免的,可以在以后 5 个纳税年度结转抵免。

2. 第 44 行"其他":填报国务院根据税法授权制定的其他抵免所得税额部分。

(八)减免税附列资料

1. 第 45 行"企业从业人数":填报纳税人全年平均从业人员,按照纳税人年初和年末的从业人员平均计算,用于判断是否为税收规定的小型微利企业。

2. 第 46 行"资产总额":填报纳税人全年资产总额平均数,按照纳税人年初和年末的资产总额平均计算,用于判断是否为税收规定的小型微利企业。

3. 第 47 行"所属行业(工业企业或其他企业)"项目,填报纳税人所属的行业,用于判断是否为税收规定的小型微利企业。

四、表内及表间关系

(一)表内关系

1. 第 1 行＝本表第 2+3+4+5 行。

2. 第 6 行＝本表第 7+8 行。

3. 第 9 行＝本表第 10+11+12+13 行。

4. 第 14 行＝本表第 15+25+29+30+31+32 行。

5. 第 15 行＝本表第 16 至 24 行合计。

6. 第 25 行＝本表第 26+27+28 行。

7. 第 33 行＝本表第 34+35+36+37+38 行。

8. 第 40 行＝本表第 41+42+43+44 行。

（二）表间关系

1. 第 1 行＝附表三第 15 行第 4 列＝主表第 17 行。

2. 第 6 行＝附表三第 16 行第 4 列＝主表第 18 行。

3. 第 9 行＝附表三第 39 行第 4 列＝主表第 20 行。

4. 第 14 行＝附表三第 17 行第 4 列＝主表第 19 行。

5. 第 39 行＝附表三第 18 行第 4 列。

6. 第 33 行＝主表第 28 行。

7. 第 40 行＝主表第 29 行。

企业所得税年度纳税申报表附表六①

境外所得税抵免计算明细表

填报时间：　年　月　日　　　　　　　　　　　　　　　　　　　　　　　金额单位:元(列至角分)

抵免方式	国家或地区	境外所得	境外所得换算含税所得	弥补以前年度亏损	免税所得	弥补亏损前境外应税所得额	可弥补境内亏损	境外应纳税所得额	税率	境外所得应纳税额	境外所得可抵免税额	境外所得税款抵免限额	本年可抵免的境外所得税款	未超过境外所得税款抵免限额的余额	本年可抵免以前年度所得额	前五年境外所得已缴税款未抵免余额	定率抵免
	1	2	3	4	5	6(3-4-5)	7	8(6-7)	9	10(8×9)	11	12	13	14(12-13)	15	16	17
直接抵免																	
间接抵免				*	*									*	*	*	
				*	*									*	*	*	
				*	*									*	*	*	
				*	*									*	*	*	
	合计																

　　　　　　经办人(签章)：　　　　　　　　　　　　　　法定代表人(签章)：

境外所得税抵免计算明细表填报说明②

一、适用范围

本表适用于实行查账征收企业所得税的居民纳税人填报。

二、填报依据和内容

根据《中华人民共和国企业所得税法》及其实施条例、相关税收政策的规定,填报纳税人本纳税年度来源于不同国家或地区的境外所得,按照税收规定应缴纳和应抵免的企业所得税额。

三、各项目填报说明

1. 第1列"国家或地区":填报境外所得来源的国家或地区的名称。来源于同一国家或地区的境外所

---

　　① 《国家税务总局关于印发〈中华人民共和国企业所得税年度纳税申报表〉的通知》(国税发[2008]101号,2008年10月30日)。

　　② 《国家税务总局关于〈中华人民共和国企业所得税年度纳税申报表〉的补充通知》(国税函[2008]1081号,2008年12月31日)。

917

得可合并到一行填报。

2. 第2列"境外所得":填报来自境外的税后境外所得的金额。

3. 第3列"境外所得换算含税所得":填报第2列境外所得换算成包含在境外缴纳企业所得税以及按照我国税收规定计算的所得。

4. 第4列"弥补以前年度亏损":填报境外所得按税收规定弥补以前年度境外亏损额。

5. 第5列"免税所得":填报按照税收规定予以免税的境外所得。

6. 第6列"弥补亏损前境外应税所得额":填报境外所得弥补境内亏损前的应税所得额。第6列=3列-4列-5列

7. 第7列"可弥补境内亏损":填报境外所得按税收规定弥补境内亏损额。

8. 第8列"境外应纳税所得额":填报弥补亏损前境外应纳税所得额扣除可弥补境内亏损后的金额。

9. 第9列"税率":填报纳税人境内税法规定的税率25%。

10. 第10列"境外所得应纳税额":填报境外应纳税所得额与境内税法规定税率的乘积的金额。

11. 第11列"境外所得可抵免税额":填报纳税人已在境外缴纳的所得税税款的金额。

12. 第12列"境外所得税款抵免限额":抵免限额=中国境内、境外所得依照企业所得税法和实施条例的规定计算的应纳税总额×来源于某国(地区)的应纳税所得额÷中国境内、境外应纳税所得总额。

13. 第13列"本年可抵免的境外所得税款":填报本年来源于境外的所得已缴纳所得税,在本年度允许抵免的金额。

14. 第14列"未超过境外所得税款抵免限额的余额":填报本年度在抵免限额内抵免完境外所得税后,可用于抵免以前年度结转的待抵免的所得税额。

15. 第15列"本年可抵免以前年度所得税额":填报本年可抵免以前年度未抵免、结转到本年度抵免的境外所得税额。

16. 第16列"前五年境外所得已缴税款未抵免余额":填报可结转以后年度抵免的境外所得税未抵免余额。

17. 第17列"定率抵免":本列适用于实行定率抵免境外所得税款的纳税人,填报此列的纳税人不填报第11至16列。

四、表内及表间关系

(一)表内关系

1. 第6列=本表第3-4-5列。

2. 第8列=本表第6-7列。

3. 第10列=本表第8×9列。

4. 第14列=本表第12-13列。

5. 第13列"本年可抵免的境外所得税款"。第12列某行≤同一行次的第11列,第13列=第12列;当第12列某行≥同一行次的第11列,第13列=第11列。

6. 第14列"未超过境外所得税款抵免限额的余额"各行=同一行次的第12-13列,当计算出的值≤0时,本列该行为0;当计算出的值≥0时,第14列=第15列。

7. 第15列"本年可抵免以前年度所得税额"各行≤同一行次的第14列;第13列合计行+第15列合计行=主表第32行。

(二)表间关系

1. 第 10 列合计数 = 主表第 31 行。

2. 第 13 列合计行 + 第 15 列合计行 = 主表第 32 行。

3. 第 17 列合计行 = 主表第 32 行。

企业所得税年度纳税申报表附表七①

以公允价值计量资产纳税调整表

填报时间：　年　月　日　　　　　　　　　　　　　　　金额单位:元(列至角分)

行次	资产种类	期初金额		期末金额		纳税调整额（纳税调减以"－"表示）
		账载金额（公允价值）	计税基础	账载金额（公允价值）	计税基础	
		1	2	3	4	5
1	一、公允价值计量且其变动计入当期损益的金融资产					
2	1.交易性金融资产					
3	2.衍生金融工具					
4	3.其他以公允价值计量的金融资产					
5	二、公允价值计量且其变动计入当期损益的金融负债					
6	1.交易性金融负债					
7	2.衍生金融工具					
8	3.其他以公允价值计量的金融负债					
9	三、投资性房地产					
10	合计					

经办人(签章)：　　　　　　　　　　　　法定代表人(签章)：

以公允价值计量资产纳税调整表填报说明②

一、适用范围

本表适用于实行查账征收企业所得税的居民纳税人填报。

二、填报依据和内容

根据《中华人民共和国企业所得税法》及其实施条例、相关税收政策以及企业会计准则的规定,填报纳税人以公允价值计量且其变动计入当期损益的金融资产、金融负债、投资性房地产的期初、期末的公允价值、计税基础以及纳税调整额。

---

① 《国家税务总局关于印发〈中华人民共和国企业所得税年度纳税申报表〉的通知》(国税发[2008]101号,2008年10月30日)。

② 《国家税务总局关于〈中华人民共和国企业所得税年度纳税申报表〉的补充通知》(国税函[2008]1081号,2008年12月31日)。

三、各项目填报说明

1. 第1列、第3列"账载金额（公允价值）"：填报纳税人根据会计准则规定以公允价值计量且其变动计入当期损益的金融资产、金融负债以及投资性房地产的期初、期末账面金额。

2. 第2列、第4列"计税基础"：填报纳税人以公允价值计量且其变动计入当期损益的金融资产、金融负债以及投资性房地产按照税收规定确定的计税基础的金额。

3. 对第6行第5列交易性金融负债的"纳税调整额"＝本表（第2列－第4列）－（第1列－第3列）。其他行次第5列"纳税调整额"＝本表（第4列－第2列）－（第3列－第1列）。

四、表间关系

第10行第5列为正数时：第10行第5列＝附表三第10行第3列；第10行第5列为负数时：第10行第5列负数的绝对值＝附表三第10行第4列。

企业所得税年度纳税申报表附表八①

广告费和业务宣传费跨年度纳税调整表

填报时间:　　年　月　日　　　　　　　　　　　　　　　　　　　　金额单位:元(列至角分)

行次	项目	金额
1	本年度广告费和业务宣传费支出	
2	其中:不允许扣除的广告费和业务宣传费支出	
3	本年度符合条件的广告费和业务宣传费支出(1-2)	
4	本年计算广告费和业务宣传费扣除限额的销售(营业)收入	
5	税收规定的扣除率	
6	本年广告费和业务宣传费扣除限额(4×5)	
7	本年广告费和业务宣传费支出纳税调整额(3≤6,本行=2行;3>6,本行=1-6)	
8	本年结转以后年度扣除额(3>6,本行=3-6;3≤6,本行=0)	
9	加:以前年度累计结转扣除额	
10	减:本年扣除的以前年度结转额	
11	累计结转以后年度扣除额(8+9-10)	

　　　　　经办人(签章):　　　　　　　　　　　　法定代表人(签章):

广告费和业务宣传费跨年度纳税调整表填报说明②

一、适用范围

本表适用于实行查账征收企业所得税的居民纳税人填报。

二、填报依据和内容

　　根据《中华人民共和国企业所得税法》及其实施条例、相关税收政策以及国家统一企业会计制度的规定,填报纳税人本年发生的全部广告费和业务宣传费支出的有关情况、按税收规定可扣除额、本年结转以后年度扣除额及以前年度累计结转扣除额等。

三、有关项目填报说明

1. 第1行"本年度广告费和业务宣传费支出":填报纳税人本期实际发生的广告费和业务宣传费用的

---

① 《国家税务总局关于印发〈中华人民共和国企业所得税年度纳税申报表〉的通知》(国税发[2008]101号,2008年10月30日)。

② 《国家税务总局关于〈中华人民共和国企业所得税年度纳税申报表〉的补充通知》(国税函[2008]1081号,2008年12月31日)。

金额。

2. 第 2 行"不允许扣除的广告费和业务宣传费支出"：填报税收规定不允许扣除的广告费和业务宣传费支出的金额。

3. 第 3 行"本年度符合条件的广告费和业务宣传费支出"：本行等于本表第 1-2 行。

4. 第 4 行"本年计算广告费和业务宣传费扣除限额的销售（营业）收入"：一般工商企业：填报附表一（1）第 1 行的"销售（营业）收入合计"数额；金融企业：填报附表一（2）第 1 行"营业收入"+第 38 行"按税法规定视同销售的收入"；事业单位、社会团体、民办非企业单位：填报主表第 1 行"营业收入"。

5. 第 5 行"税收规定的扣除率"：填报按照税收规定纳税人适用的扣除率。

6. 第 6 行"本年广告费和业务宣传费扣除限额"：金额等于本表第 4×5 行。

7. 第 7 行"本年广告费和业务宣传费支出纳税调整额"：当第 3 行≤第 6 行，本行=本表第 2 行；当第 3 行>第 6 行，本行=本表第 1-6 行。

8. 第 8 行"本年结转以后年度扣除额"：当第 3 行>第 6 行，本行=本表第 3-6 行；当第 3 行≤第 6 行，本行填 0。

9. 第 9 行"加：以前年度累计结转扣除额"：填报以前年度允许税前扣除但超过扣除限额未扣除、结转扣除的广告费和业务宣传费的金额。

10. 第 10 行"减：本年扣除的以前年度结转额"：当第 3 行≥第 6 行，本行填 0；当第 3 行<第 6 行，第 3-6 行差额如果小于或者等于第 9 行"以前年度累计结转扣除额"，直接将差额填入本行；其差额如果大于第 9 行"以前年度累计结转扣除额"，本行=第 9 行。

11. 第 11 行"累计结转以后年度扣除额"：本行=本表第 8+9-10 行。

四、表间关系

第 7 行=附表三第 27 行第 3 列。

第 10 行=附表三第 27 行第 4 列。

企业所得税年度纳税申报表附表九①

资产折旧、摊销纳税调整明细表

填报时间: 年 月 日　　　　　　　　　　　　　　　金额单位:元(列至角分)

行次	资产类别	资产原值		折旧、摊销年限		本期折旧、摊销额		纳税调整额
		账载金额	计税基础	会计	税收	会计	税收	
		1	2	3	4	5	6	7
1	一、固定资产			*	*			
2	1. 房屋建筑物							
3	2. 飞机、火车、轮船、机器、机械和其他生产设备							
4	3. 与生产经营有关的器具、工具、家具							
5	4. 飞机、火车、轮船以外的运输工具							
6	5. 电子设备							
7	二、生产性生物资产			*	*			
8	1. 林木类							
9	2. 畜类							
10	三、长期待摊费用			*	*			
11	1. 已足额提取折旧的固定资产的改建支出							
12	2. 租入固定资产的改建支出							
13	3. 固定资产大修理支出							
14	4. 其他长期待摊费用							
15	四、无形资产							
16	五、油气勘探投资							
17	六、油气开发投资							
18	合计			*	*			

经办人(签章):　　　　　　　　　　　　法定代表人(签章):

---

① 《国家税务总局关于印发〈中华人民共和国企业所得税年度纳税申报表〉的通知》(国税发[2008]101号,2008年10月30日)。

资产折旧、摊销纳税调整明细表填报说明①

一、适用范围

本表适用于实行查账征收企业所得税的居民纳税人填报。

二、填报依据和内容

根据《中华人民共和国企业所得税法》及其实施条例、相关税收政策以及国家统一会计制度的规定，填报固定资产、生产性生物资产、长期待摊费用、无形资产、油气勘探投资、油气开发投资会计处理与税收处理的折旧、摊销以及纳税调整额。

三、各项目填报说明

1. 第 1 列"账载金额"：填报纳税人按照国家统一会计制度计算提取折旧、摊销的资产原值（或历史成本）的金额。

2. 第 2 列"计税基础"：填报纳税人按照税收规定计算税前扣除折旧、摊销的金额。

3. 第 3 列：填报纳税人按照国家统一会计制度计算提取折旧、摊销额的年限。

4. 第 4 列：填报纳税人按照税收规定计算税前扣除折旧、摊销额的年限。

5. 第 5 列：填报纳税人按照国家统一会计制度计算本纳税年度的折旧、摊销额。

6. 第 6 列：填报纳税人按照税收规定计算税前扣除的折旧、摊销额。

7. 第 7 列：纳税调整额＝第 5-6 列。如本列为正数，进行纳税调增；如本列为负数，进行纳税调减。

四、表间关系

1. 第 1 行第 7 列>0 时：第 1 行第 7 列＝附表三第 43 行第 3 列；第 1 行第 7 列<0 时：第 1 行第 7 列负数的绝对值＝附表三第 43 行第 4 列。

2. 第 7 行第 7 列>0 时：第 7 行第 7 列＝附表三第 44 行第 3 列；第 7 行第 7 列<0 时：第 7 行第 7 列负数的绝对值＝附表三第 44 行第 4 列。

3. 第 10 行第 7 列>0 时：第 10 行第 7 列＝附表三第 45 行第 3 列；第 10 行第 7 列<0 时：第 10 行第 7 列负数的绝对值＝附表三第 45 行第 4 列。

4. 第 15 行第 7 列>0 时：第 15 行第 7 列＝附表三第 46 行第 3 列；第 15 行第 7 列<0 时：第 15 行第 7 列负数的绝对值＝附表三第 46 行第 4 列。

5. 第 16 行第 7 列>0 时：第 16 行第 7 列＝附表三第 48 行第 3 列；第 16 行第 7 列<0 时：第 16 行第 7 列负数的绝对值＝附表三第 48 行第 4 列。

6. 第 17 行第 7 列>0 时：第 17 行第 7 列＝附表三第 49 行第 3 列；第 17 行第 7 列<0 时：第 17 行第 7 列负数的绝对值＝附表三第 49 行第 4 列。

---

① 《国家税务总局关于〈中华人民共和国企业所得税年度纳税申报表〉的补充通知》（国税函［2008］1081 号，2008 年 12 月 31 日）。

资产减值准备项目调整明细表

填报日期： 年 月 日   金额单位:元(列至角分)

行次	准备金类别	期初余额	本期转回额	本期计提额	期末余额	纳税调整额
		1	2	3	4	5
1	坏(呆)账准备					
2	存货跌价准备					
3	*其中:消耗性生物资产减值准备					
4	*持有至到期投资减值准备					
5	*可供出售金融资产减值准备		——			
6	# 短期投资跌价准备					
7	长期股权投资减值准备					
8	*投资性房地产减值准备					
9	固定资产减值准备					
10	在建工程(工程物资)减值准备					
11	*生产性生物资产减值准备					
12	无形资产减值准备					
13	商誉减值准备					
14	贷款损失准备					
15	矿区权益减值准备					
16	其他					
17	合计					

经办人(签章)：   法定代表人(签章)：

注:表中 * 项目为执行新会计准则的企业专用;表中加 # 项目为执行企业会计制度、小企业会计制度的企业专用。

资产减值准备项目调整明细表填报说明②

一、适用范围

本表适用于实行查账征收企业所得税的居民纳税人填报。

---

① 《国家税务总局关于印发〈中华人民共和国企业所得税年度纳税申报表〉的通知》(国税发[2008]101 号,2008 年 10 月 30 日)。

② 《国家税务总局关于〈中华人民共和国企业所得税年度纳税申报表〉的补充通知》(国税函[2008]1081 号,2008 年 12 月 31 日)。

二、填报依据和内容

根据《中华人民共和国企业所得税法》及其实施条例、相关税收政策以及国家统一会计制度的规定,填报各项资产减值准备、风险准备等准备金支出以及会计处理与税收处理差异的纳税调整额。

三、各项目填报说明

本表"注:……"修改为:"1. 标有 * 或#的行次,纳税人分别按照适用的国家统一会计制度填报"。

1. 第 1 列"期初余额":填报纳税人按照国家统一会计制度核算的各项准备金期初数金额。

2. 第 2 列"本期转回额":填报纳税人按照国家统一会计制度核算价值恢复、资产转让等原因转回的准备金本期转回金额。

3. 第 3 列"本期计提额":填报纳税人按照国家统一会计制度核算资产减值的准备金本期计提数的金额。

4. 第 4 列"期末余额":填报纳税人按照国家统一会计制度核算的各项准备金期末数的金额。

5. 第 5 列"纳税调整额":金额等于本表第 3 列-第 2 列。当第 5 列>0 时,进行纳税调增;第 5 列<0 时,进行纳税调减。

四、表间关系

第 17 行第 5 列>0 时,第 17 行第 5 列=附表三第 51 行第 3 列;第 17 行第 5 列<0 时,第 17 行第 5 列=附表三第 51 行第 4 列。

企业所得税年度纳税申报表附表十一—①

长期股权投资所得（损失）明细表

填报时间：　　年　　月　　日　　　　　　　　　　　　　　　　　　金额单位：元（列至角分）

行次	被投资企业	期初投资额	本年度增（减）投资额	投资成本		股息红利					投资转让所得（损失）					
				初始投资成本	权益法核算对初始投资成本调整产生的收益	会计核算投资收益	会计投资损益	税收确认的股息红利		会计与税收的差异	投资转让净收入	投资转让的会计成本	投资转让的税收成本	会计上确认的转让所得或损失	按税收计算的投资转让所得或损失	会计与税收的差异
								免税收入	全额征税收入							
	1	2	3	4	5	6(7+14)	7	8	9	10(7-8-9)	11	12	13	14(11-12)	15(11-13)	16(14-15)
1																
2																
合计																

投资损失补充资料							
行次	项目	年度	当年度结转金额	已弥补金额	本年度弥补金额	结转以后年度待弥补金额	备注：
1	第一年						
2	第二年						
3	第三年						
4	第四年						
5	第五年						
以前年度结转在本年度税前扣除的股权投资转让损失							

经办人（签章）：　　　　　　　　　　　　　　　　法定代表人（签章）：

长期股权投资所得（损失）明细表填报说明②

一、适用范围

本表适用于实行查账征收企业所得税的居民纳税人填报。

二、填报依据和内容

根据《中华人民共和国企业所得税法》及其实施条例、相关税收政策以及国家统一企业会计制度的规

①《国家税务总局关于印发〈中华人民共和国企业所得税年度纳税申报表〉的通知》（国税发〔2008〕101号，2008年10月30日）。

②《国家税务总局关于〈中华人民共和国企业所得税年度纳税申报表〉的补充通知》（国税函〔2008〕1081号，2008年12月31日）。

定,填报会计核算的长期股权投资成本、投资收益及其税收处理以及会计处理与税收处理差异的纳税调整额。

三、有关项目填报说明

1. 第2列"期初投资额":填报对被投资企业的投资的期初余额。

2. 第3列"本年度增(减)投资额":填报本纳税年度内对同一企业股权投资增减变化金额。

3. 第4列"初始投资成本":填报纳税人取得长期股权投资的所有支出的金额,包括支付的货币性资产、非货币性资产的公允价值及支付的相关税费。

4. 第5列"权益法核算对初始投资成本调整产生的收益":填报纳税人采取权益法核算,初始投资成本小于取得投资时应享有被投资单位可辨认净资产公允价值份额的差额计入取得投资当期的营业外收入的金额。

5. 第6列"会计核算投资收益":填报纳税人按照国家统一会计制度核算的投资收益的金额。本行根据"投资收益"科目的数额计算填报。

6. 第7列"会计投资损益":填报纳税人按照国家统一会计制度核算的扣除投资转让损益后的金额。

7. 第8、9列"税收确认的股息红利":填报纳税人在纳税本年度取得按照税收规定确认的股息红利的金额。对于符合税收免税规定条件的股息红利,填入第8列"免税收入",不符合的填入第9列"全额征税收入"。

8. 第11列"投资转让净收入":填报纳税人因收回、转让或清算处置股权投资时,转让收入扣除相关税费后的金额。

9. 第12列"投资转让的会计成本":填报纳税人因收回、转让或清算处置股权投资时,按照国家统一会计制度核算的投资转让成本的金额。

10. 第13列"投资转让的税收成本":填报纳税人因收回、转让或清算处置股权投资时,按税收规定计算的投资转让成本的金额。

11. 第14列"会计上确认的转让所得或损失":填报纳税人按照国家统一会计制度核算的长期股权投资转让所得或损失的金额。

12. 第15列"按税收计算的投资转让所得或损失":填报纳税人因收回、转让或清算处置股权投资时,按税收规定计算的投资转让所得或损失。

四、"投资损失补充资料"填报说明

本部分主要反映投资转让损失历年弥补情况。如"按税收计算投资转让所得或损失"与"税收确认的股息红利"合计数大于零,可弥补以前年度投资损失。

1. "年度":分别填报本年度前5年自然年度。

2. "当年度结转金额":当年投资转让损失需结转以后年度弥补的金额。

3. "已弥补金额":已经用历年投资收益弥补的金额。

4. "本年度弥补金额":本年投资所得(损失)合计数为正数时,可按顺序弥补以前年度投资损失。

5. "以前年度结转在本年度税前扣除的股权投资转让损失":填报本年度弥补金额合计数+第一年结转填入附三表中"投资转让所得、处置所得"调减项目中。

根据《国家税务总局关于印发〈企业资产损失税前扣除管理办法〉的通知》(国税发〔2009〕88号)的规定,企业发生的投资(转让)损失应按实际确认或发生的当期扣除,填报企业所得税年度纳税申报表附表三"纳税调整明细表"相关行次,对于长期股权投资发生的损失,本表"投资损失补充资料"的相关内容不再填报①。

五、表间关系

第5列"合计"行=附表三第6行第4列。

---

① 《国家税务总局关于做好2009年度企业所得税汇算清缴工作的通知》(国税函[2010]148号,2010年4月12日)。根据《国家税务总局关于发布〈企业资产损失所得税税前扣除管理办法〉的公告》(国家税务总局公告2011年第25号,2011年3月31日),《国家税务总局关于印发〈企业资产损失税前扣除管理办法〉的通知》(国税发[2009]88号,2009年5月4日)现已被废止,但按照《财政部 国家税务总局关于企业资产损失税前扣除政策的通知》(财税[2009]57号,2009年4月16日)和《国家税务总局关于企业股权投资损失所得税处理问题的公告》(国家税务总局公告2010年第6号,2010年7月28日),对企业发生的投资(转让)损失仍可在实际确认或发生的当期扣除。

2008 年实行合并纳税企业集团名单[①]

序号	企业集团名称
1	中国五矿集团
2	中艺进出口集团
3	中粮集团
4	中纺集团
5	中化集团
6	中国外运集团
7	中国通用集团
8	国家开发投资公司
9	中国第一汽车集团
10	南京汽车集团
11	东风汽车集团
12	奇瑞汽车有限公司
13	中国重型汽车集团
14	中国东方电气集团公司
15	西电集团
16	华能集团
17	葛洲坝集团
18	中国国电集团公司
19	中国华电集团公司
20	中国电力投资集团公司
21	中国大唐电力集团公司
22	南方电网公司
23	吉林农电有限公司
24	中国第一重型机械集团
25	中国第二重型机械集团
26	万向集团
27	民用航空总局
28	中国航空集团

[①] 《财政部 国家税务总局关于试点企业集团缴纳企业所得税有关问题的通知》(财税〔2008〕119 号,2008 年 10 月 17 日)

序号	企业集团名称
29	中国国际航空股份有限公司
30	中国南方航空集团公司
31	中国南方航空股份有限公司
32	中国东方航空集团公司
33	中国东方航空股份有限公司
34	海航集团
35	中国海运集团
36	中远集团
37	长航集团
38	武钢集团
39	攀钢集团
40	鞍钢集团
41	首钢总公司
42	太原钢铁集团
43	本溪钢铁(集团)有限公司
44	广东佛陶集团
45	铁道部(含广铁集团)
46	中国北方机车车辆集团公司
47	中国南方机车车辆集团公司
48	中国铁路物资总公司
49	中国铝业股份有限公司
50	哈药集团
51	中国电影集团
52	上海新华发行集团
53	解放日报报业集团
54	文汇新民联合报业集团
55	上海世纪出版集团
56	上海文艺出版总社
57	上海文化广播影视集团
58	上海印刷(集团)有限公司
59	河南有线电视网络集团有限公司
60	江苏省演艺集团公司
61	中国乐凯胶片集团
62	仪征化纤集团
63	巨化集团
64	吉化集团
65	南京化学工业有限公司
66	中国石油天然气股份有限公司
67	中国石油化工股份有限公司
68	中国振华电子集团公司

序号	企业集团名称
69	中国航空工业第一集团公司
70	中国航空工业第二集团公司
71	中国船舶重工集团公司
72	中国船舶工业集团公司
73	中国兵器装备集团公司
74	中国兵器工业集团公司
75	中国核工业集团公司
76	中国核工业建设集团公司
77	中国三江航天集团
78	中国江南航天集团
79	中国邮政集团公司
80	中国电信集团
81	中国移动通信集团
82	中国联合通信有限公司
83	中国铁通集团
84	中国网通集团
85	中国卫通集团
86	神华集团
87	同煤集团
88	兖矿集团
89	中国中信集团公司
90	中国保利集团公司
91	中国轻工集团公司
92	中国华星集团公司
93	中国农业发展集团总公司
94	中国农垦(集团)总公司
95	中谷粮油集团公司
96	新疆生产建设兵团
97	黑龙江农垦总局
98	吉林森林工业集团
99	中国龙江森工(集团)总公司
100	大兴安岭林业集团公司
101	内蒙古森林工业集团
102	中国投资有限责任公司
103	中国海洋石油总公司
104	中港集团
105	中国一拖集团有限公司
106	国家核电技术公司

附件二十四：

非居民企业税收协同管理办法（试行）①

第一章　总　则

第一条　为规范和加强非居民企业税收协同管理,提高非居民税收管理质量和效率,根据《中华人民共和国企业所得税法》及其实施条例(以下统称企业所得税法)和《中华人民共和国税收征收管理法》及其实施细则(以下统称税收征管法),制定本办法。

第二条　本办法所称协同管理是指各级税务机关之间、国税机关和地税机关之间、税务机关内部各部门之间在非居民企业税收管理方面的协调配合工作。

第三条　各级税务机关应设立非居民企业税收管理岗位,配备专业人员,负责非居民企业税收管理日常事务,承办非居民企业税收协同管理。各省(含自治区、直辖市和计划单列市,下同)级税务局国际税务管理部门应指定专人负责非居民企业税收协同管理事宜。

第二章　一般协同管理

第四条　对于需要跨省查询异地非居民企业税务登记或申报纳税等已有涉税信息资料的,主管税务机关应把需要查询的具体内容层报省级税务局,由省级税务局通过书面或电话等方式告知异地省级税务局,异地省级税务局应在收到对方请求后10个工作日内予以回复。

第五条　对于需要跨省调查取证的,主管税务机关应制作包括具体背景情况及联系人的专函,层报省级税务局,由省级税务局转发异地省级税务局,异地省级税务局应予配合,协助对方税务局做好相关工作;如有异议,可提请税务总局(国际税务司,下同)协调。

第三章　机构场所汇总纳税协同管理

第六条　非居民企业在中国境内设立两个或两个以上机构、场所,需要选择由其主要机构、场所汇总缴纳企业所得税的,主要机构、场所主管税务机关负责受理企业申请,并报经各机构场所主管税务机关的共同上级税务机关审核批准。

第七条　共同上级税务机关接受主要机构、场所主管税务机关的书面请示后,应采取书面或电话方式征求其他机构、场所主管税务机关意见,其他机构、场所主管税务机关应及时回复,采取电话方式的应作电话笔录。共同上级税务机关应根据企业所得税法规定,在征求其他机构、场所主管税务机关意见后,作出是否同意非居民企业汇总缴纳企业所得税的批复。

第八条　主要机构、场所主管税务机关拟对经批准汇总缴纳企业所得税的非居民企业实施税务检查时,需要同时对其他机构、场所进行检查的,应报请共同上级税务机关组织实施联合税务检查。

---

① 《国家税务总局关于印发〈非居民企业税收协同管理办法(试行)〉的通知》(国税发[2010]119号,2010年12月20日)。

第四章　股权转让协同管理

第九条　非居民企业发生股权转让行为，如果扣缴义务人与被转让股权企业不在同一地的，扣缴义务人主管税务机关应按照《国家税务总局关于印发〈非居民企业所得税源泉扣缴管理暂行办法〉的通知》（国税发[2009]3号）第十五条第三款规定向被转让股权企业所在地主管税务机关发送《非居民企业税务事项联络函》（以下简称《联络函》），被转让股权企业所在地主管税务机关在扣缴义务发生之日起3个月内未收到《联络函》的，可按照企业所得税法规定直接向非居民企业追缴税款。

被转让股权企业所在地主管税务机关未在上述规定期限内收到《联络函》也未向非居民企业追缴税款的，扣缴义务人主管税务机关仍应负责督促扣缴义务人扣缴税款。

第十条　非居民企业整体转让两个或两个以上中国居民企业股权，如果中国居民企业不在同一地的，各主管税务机关应相互告知税款计算方法并取得一致意见后组织税款入库；如不能取得一致意见的，应报其共同上一级税务机关协调。

第五章　异地从事经营活动协同管理

第十一条　主管税务机关发现同一非居民企业同时在异地从事相同或类似承包工程作业或提供劳务以及提供特许权许可使用的，应及时把征免税判定、常设机构判定、核定利润率、税款计算缴纳、外籍人员停留时间等信息告知异地主管税务机关，异地主管税务机关应把非居民企业的上述信息及时告知对方主管税务机关。各地主管税务机关应就非居民企业的纳税义务判定及理由、应纳税款计算等税务处理结论取得一致意见；如不能取得一致意见的，应报其共同上一级税务机关协调。

第六章　国税机关和地税机关协同管理

第十二条　非居民企业取得企业所得税法第三条第二款规定的所得，由机构、场所所在地国税机关负责管理。

非居民企业取得企业所得税法第三条第三款规定的所得，由支付该项所得的境内单位和个人的所得税主管税务机关负责管理。

第十三条　主管国税机关或地税机关在非居民企业税收管理中，发现属于对方管理的税源，不得自行组织入库，应及时把相关信息告知对方处理。

第十四条　主管国税机关或地税机关在非居民企业税收管理中，发现既有自身管理的税源又有对方管理的税源，应该相互通报情况，并就非居民企业构成常设机构、所得性质划分等税务处理形成一致意见；如不能达成一致意见的，应分别逐级报请各自上一级税务机关相互协调；如省级国税局与地税局仍存有异议的，报请税务总局协调。

第七章　对外支付出具税务证明协同管理

第十五条　税务机关内部非居民企业税源管理环节与对外支付税务证明出具环节应紧密衔接。税源管理环节应督促非居民企业和境内支付单位及个人按照《非居民承包工程作业和提供劳务税收管理暂行办法》（国家税务总局令第19号）和《国家税务总局关于印发〈非居民企业所得税源泉扣缴管理暂行办法〉的通知》（国税发[2009]3号）规定办理税务登记、扣缴登记、资料报备及申报纳税等事宜，并依照税收征管法及相关规定处罚税务违章行为；在此基础上，对外支付税务证明出具环节应按照《国家税务总局关于印发〈服务贸易等项目对外支付出具税务证明管理办法〉的通知》（国税发[2008]122号）规定，为境内机构和个人出具对外支付税务证明①。

第十六条　境内机构和个人需对外支付，尽管提交资料齐全，但是征纳双方对税务处理存有异议的，如果主管税务机关能够确保税收收入不致流

---

① 《服务贸易等项目对外支付出具税务证明管理办法》具体内容详见本书个人所得税部分。

失,可以先行为境内机构和个人出具对外支付税务证明。

第十七条 对外支付税务证明中的税源仅由国税机关或地税机关管辖的,未管辖的国税机关或地税机关均应按规定及时出具对外支付税务证明。

第八章 附 则

第十八条 各省、自治区、直辖市和计划单列

市国家税务局和地方税务局可根据本办法制定操作规程。

第十九条 税务总局将适时考核各地非居民企业税收协同管理工作。

第二十条 本办法自 2011 年 1 月 1 日起施行。

第8章　个人所得税制度

个人所得税是以个人取得的各项应税所得为征税对象所征收的一个税种。我国首部《中华人民共和国个人所得税法》是 1980 年 9 月 10 日第五届全国人民代表大会第三次会议审议通过的。1986 年和 1987 年,国务院分别发布了《中华人民共和国城乡个体工商户所得税暂行条例》和《中华人民共和国个人收入调节税暂行条例》。1993 年,我国个人所得课税制度作了一次重大修订,对原《中华人民共和国个人所得税法》、《中华人民共和国城乡个体工商户所得税暂行条例》和《中华人民共和国个人收入调节税暂行条例》进行修订合并,10 月 31 日第八届全国人民代表大会常务委员会第四次会议通过了新的《中华人民共和国个人所得税法》。1994 年 1 月 28 日国务院第 142 号令发布《中华人民共和国个人所得税法实施条例》。1999 年 8 月 30 日第九届全国人民代表大会常务委员会第十一次会议对《中华人民共和国个人所得税法》进行第二次修订,决定对储蓄存款利息所得恢复征收个人所得税。2005 年 10 月 27 日第十届全国人民代表大会常务委员会第十八次会议对《中华人民共和国个人所得税法》进行第三次修订,将工薪所得扣除标准由 800 元提高到 1600 元。2007 年 6 月 29 日第十届全国人民代表大会常务委员会第二十八次会议对《中华人民共和国个人所得税法》进行第四次修订,决定对储蓄存款利息所得开征、减征、停征个人所得税及其具体办法,由国务院规定。2007 年 12 月 29 日第十届全国人民代表大会常务委员会第三十一次会议对《中华人民共和国个人所得税法》进行了第五次修订,自 2008 年 3 月 1 日起将工薪所得扣除标准由 1600 元提高到 2000 元。国务院相应于 2008 年 2 月 18 日修订并颁布了《中华人民共和国个人所得税法实施条例》。

8.1　纳税义务人

个人所得税的纳税人是指在中国境内有住所,或者虽无住所但在境内居住满一年,以及无住所又不居住或居住不满一年但有从中国境内取得所得的个人[1]。

8.1.1　居民纳税人

(1)一般规定

在中国境内有住所,或者无住所而在境内居住满一年的个人,从中国境内和境外取得的收入,应依法缴纳个人所得税[2]。

其中:在中国境内有住所的个人,是指因户籍、家庭、经济利益关系而在中国境内习惯性居住的个人[3]。

习惯性居住是判定纳税义务人为居民或非居民的一个法律意义上的标准,不是指实际居住或在某一个特定时期内的居住地。如因学习、工作、探亲、旅游等而在中国境外居住的,在上述原因消除之后,必须回到中国境内居住的个人,则中国即为

---

①　《中华人民共和国个人所得税法》(中华人民共和国主席令第 85 号,2007 年 12 月 29 日)。
②　《中华人民共和国个人所得税法》(中华人民共和国主席令第 85 号,2007 年 12 月 29 日)。
③　《中华人民共和国个人所得税法实施条例》(中华人民共和国国务院令第 519 号,2008 年 2 月 18 日)。

该纳税人习惯性居住地①。

在境内居住满一年，是指在一个纳税年度中在中国境内居住365日。临时离境的，不扣减日数②。

临时离境，是指在一个纳税年度中一次不超过30日或者多次累计不超过90日的离境。纳税年度，自公历1月1日起至12月31日止③。

（2）在中国境内无住所但居住一年以上五年以下个人的纳税义务范围

①上述个人在中国境内工作期间取得的由中国境内企业或个人雇主支付和由中国境外企业或个人雇主支付的工资薪金，均应申报缴纳个人所得税；其在上述临时离境工作期间的工资薪金所得，仅就由中国境内企业或个人雇主支付的部分申报纳税，凡是该中国境内企业、机构属于采取核定利润方法计征企业所得税或没有营业收入而不征收企业所得税的，在该中国境内企业、机构任职、受雇的个人取得的工资薪金，不论是否在中国境内企业、机构会计账簿中有记载，均应视为由其任职的中国境内企业、机构支付。如在一个月中既有在中国境内工作期间的工资薪金所得，也有在临时离境期间由境内企业或个人雇主支付的工资薪金所得的，应合并计算当月应纳税款，并按税法规定的期限申报缴纳④。

②上述个人来源于中国境外的所得，经主管税务机关批准，可以只就由中国境内公司、企业以及其他经济组织或者个人支付的部分缴纳个人所得税⑤。

凡上述个人工资薪金是由境内雇主和境外雇主分别支付的，并且在一个月中有境外工作天数的，对其境外雇主支付的工资中属于境外工作天数部分不予征税⑥。

（3）在中国境内无住所但居住五年以上个人的纳税义务范围

上述个人，从第六年起，应当就其来源于中国境外的全部所得缴纳个人所得税⑦。

其中：个人在中国境内居住满五年，是指个人自1994年1月1日起在中国境内连续居住满五年，即在连续五年中的每一纳税年度内均居住满一年⑧。

个人在中国境内居住满五年后，从第六年起的以后各年度中，凡在境内居住满一年的，应当就其来源于境内、境外的所得申报纳税；凡在境内居住不满一年的，则仅就该年内来源于境内的所得申报纳税。如该个人在第六年起以后的某一纳税年度内在境内居住不足90天，可以按个人所得税法实施条例第七条的规定确定纳税义务（即来源于中国境内的所得，由境外雇主支付并且不由该雇主在中国境内的机构、场所负担的部分，免予缴纳个人

---

① 《国家税务总局关于印发〈征收个人所得税若干问题的规定〉的通知》（国税发[1994]89号，1994年3月31日）。此前，《财政部 税务总局关于执行税收协定若干条文解释的通知》（财税协字[1986]15号，1986年9月10日）规定，住所，一般是指配偶或家庭所在地，具有永久性；居所，一般是指短期停留并达到一定日期的所在地。根据《国家税务总局关于公布全文失效废止 部分条款失效废止的税收规范性文件目录的公告》（国家税务总局公告2011年第2号，2011年1月4日），财税协字[1986]15号现已全文废止。

② 《中华人民共和国个人所得税法实施条例》（中华人民共和国国务院令第519号，2008年2月18日）。

③ 《中华人民共和国个人所得税法实施条例》（中华人民共和国国务院令第519号，2008年2月18日）。

④ 《国家税务总局关于在中国境内无住所的个人取得工资薪金所得纳税义务问题的通知》（国税发[1994]148号，1994年6月30日）。

⑤ 《中华人民共和国个人所得税法实施条例》（中华人民共和国国务院令第519号，2008年2月18日）。

⑥ 《国家税务总局关于在中国境内无住所的个人计算缴纳个人所得税若干具体问题的通知》（国税函[1995]125号，1995年3月23日）。

⑦ 《中华人民共和国个人所得税法实施条例》（中华人民共和国国务院令第519号，2008年2月18日）。

⑧ 《财政部 国家税务总局关于在华无住所的个人如何计算在华居住满五年问题的通知》（财税字[1995]98号，1995年9月16日）。

所得税),并从再次居住满一年的年度起重新计算五年期限①。

8.1.2　非居民纳税人

（1）一般规定

在中国境内无住所又不居住或者无住所而在境内居住不满一年的个人,从中国境内取得的所得,应依法缴纳个人所得税②。

其中:从中国境内取得的所得,是指来源于中国境内的所得;从中国境外取得的所得,是指来源于中国境外的所得③。

（2）在中国境内无住所而在一个纳税年度中在中国境内连续或累计居住不超过 90 日,或在税收协定规定的期间中在中国境内连续或累计居住不超过 183 日的个人纳税义务范围

①上述个人来源于中国境内的工资、薪金所得,由境外雇主支付并且不由该雇主在中国境内的机构、场所负担的部分,免予申报缴纳个人所得税④。

②上述个人仅就其实际在中国境内工作期间由中国境内企业或个人雇主支付或者由中国境内机构负担的工资薪金所得申报纳税。凡是该中国

境内企业、机构属于采取核定利润方法计征企业所得税或没有营业收入而不征收企业所得税的,在该中国境内企业、机构任职、受雇的个人实际在中国境内工作期间取得的工资薪金,不论是否在该中国境内企业、机构会计账簿中有记载,均应视为该中国境内企业支付或由该中国境内机构负担的工资薪金。其每月应纳的税款应按税法规定的期限申报缴纳⑤。

凡涉及税收协定的,是指上述中国境内机构已构成常设机构,且在据实计算征收企业所得税,或采取核定利润方法计征企业所得税或采取按经费支出额核定方法计征企业所得税时,该机构已负担的有关人员的工资薪金所得⑥。

③税收协定规定的期间中在中国境内是否连续或累计居住超过 183 日,应按有关出入境证明,依据各税收协定具体规定予以计算。凡税收协定规定的停留期间以历年或纳税年度计算的,应自当年 1 月 1 日起至 12 月 31 日止的期间计算居住时间;凡税收协定规定的停留期间以任何 12 个月或 365 天计算的,应自缔约国对方居民个人来华之日起,跨年度在任何 12 个月或 365 天内计算其居住

---

① 《财政部 国家税务总局关于在华无住所的个人如何计算在华居住满五年问题的通知》(财税字[1995]98 号,1995 年 9 月 16 日)。

② 《中华人民共和国个人所得税法》(中华人民共和国主席令第 85 号,2007 年 12 月 29 日)。

③ 《中华人民共和国个人所得税法实施条例》(中华人民共和国国务院令第 519 号,2008 年 2 月 18 日)。

④ 《中华人民共和国个人所得税法实施条例》(中华人民共和国国务院令第 519 号,2008 年 2 月 18 日)。《国家税务总局关于在中国境内无住所的个人取得工资薪金所得纳税义务问题的通知》(国税发[1994]148 号,1994 年 6 月 30 日)。此前,《财政部 税务总局关于执行税收协定若干条文解释的通知》(财税协字[1986]15 号,1986 年 9 月 10 日)规定,缔约对方国家的居民个人被派来华担任企业常驻代表处的代表或工作人员,属于在华有固定工作的常驻人员,其工资薪金不论在何地支付,都不适用停留期不超过 183 天的免税规定。对于在被明确为常驻代表之前,已经先期来华为筹备设立代表处进行工作,或者在代表处先行工作,后被正式委任,属于这类情况的,也不适用停留期不超过 183 天的免税规定。如果该个人最后没有被委任为常驻代表或者确定为代表处常驻工作人员,则可以按短期逗留人员对待,符合协定限定停留天数等条件的,对其工资薪金所得免予征收。同时,该文还规定,对缔约国对方居民派往第三国或地区工作的人员,如已在第三国或地区负有居民纳税义务,即不再享受该缔约国家同我国签订的避免双重征税协定的待遇。根据《国家税务总局关于公布全文失效废止 部分条款失效废止的税收规范性文件目录的公告》(国家税务总局公告 2011 年第 2 号,2011 年 1 月 4 日),财税协字[1986]15 号现已全文废止。

⑤ 《国家税务总局关于在中国境内无住所的个人取得工资薪金所得纳税义务问题的通知》(国税发[1994]148 号,1994 年 6 月 30 日)。

⑥ 《国家税务总局关于在中国境内无住所的个人缴纳所得税涉及税收协定若干问题的通知》(国税发[1995]155 号,1995 年 8 月 3 日)。

时间（详见附件一）①。

（3）在中国境内无住所而在一个纳税年度中在中国境内连续或累计居住超过90日或在税收协定的期间中在中国境内连续或累计居住超过183日但不满一年的个人纳税义务范围②

①上述个人实际在中国境内工作期间取得的由中国境内企业或个人雇主支付和由境外企业或个人雇主支付的工资薪金所得，均应申报缴纳个人所得税；其在中国境外工作期间取得的工资薪金所得，除属于担任中国境内企业董事或高层管理职务而取得的由该中国境内企业支付的董事费或工资薪金外（参见本章8.7.4），不予征收个人所得税。

②上述个人每月应纳的税款应按税法规定的期限申报缴纳。其中，取得的工资薪金所得是由境外雇主支付并且不是由中国境内机构负担的个人，事先可预定在一个纳税年度中连续或累计居住超过90日或在税收协定规定期间中连续或累计居住超过183日的，其每月应纳的税款应按税法规定期限申报纳税；对事先不能预定在一个纳税年度或税收协定规定的有关期间中连续或累计居住超过90日或183日的，可以待达到90日或183日后的次月7日内，就其以前月份应纳的税款一并申报缴纳。

（4）外国企业常驻代表机构构成常设机构的判定③

税收协定规定的常设机构包括办事处，但不包括：

①专为储存、陈列或者交付本企业货物或者商品的目的而使用的设施；

②专为储存、陈列或者交付的目的而保存本企业货物或者商品的库存；

③专为另一企业加工的目的而保存本企业货物或者商品的库存；

④专为本企业采购货物或者商品，或者搜集情报的目的所设的固定营业场所；

⑤专为本企业进行其他准备性或辅助性活动的目的所设的固定营业场所；

⑥专为上述第①项至第⑤项活动的结合所设的固定营业场所，如果由于这种结合使该固定营业场所全部活动属于准备性质或辅助性质。

代表机构除专门从事上述列举的6项业务活动的以外，均属构成税收协定及安排所说的常设机构。

上述"其他准备性或辅助性活动"包括的内容，应由税收协定及安排限定的主管当局确定。凡国家税务总局对此未予明确的，各地税务机关不得自行认定"其他准备性或辅助性活动"的内容。

对虽然根据我国内地有关对代表机构征税的法律法规，对一部分从事我国内地税收法规规定非应税营业活动的代表机构，不予征税或免税，但并不影响对其依照税收协定及安排的规定判定为在我国构成常设机构，以及依据有关规定对其非中国居民雇员的工资薪金确定是否为常设机构负担。

8.1.3 若干应税项目纳税义务人的具体规定

（1）工资、薪金所得项目的纳税义务人

在机关、团体、学校、部队、企事业单位及其他组织中任职、受雇、存在雇佣与被雇佣关系而取得所得的个人为工资、薪金所得项目的纳税义

---

① 《国家税务总局关于在中国境内无住所的个人缴纳所得税涉及税收协定若干问题的通知》（国税发〔1995〕155号，1995年8月3日）。此前，《财政部 税务总局关于执行税收协定若干条文解释的通知》（财税协字〔1986〕15号，1986年9月10日）规定，183天是指在一个公历年度内，从1月1日起至12月31日止，在我国停留日期，不论是连续计算或者是累计计算都不超过183天。中途离境包括在签证有效期内离境又入境，都应准予扣除离境的天数，按在华的实际停留天数计算其是否超过183天。根据《国家税务总局关于公布全文失效废止 部分条款失效废止的税收规范性文件目录的公告》（国家税务总局公告2011年第2号，2011年1月4日），财税协字〔1986〕15号现已全文废止。

② 《国家税务总局关于在中国境内无住所的个人取得工资薪金所得纳税义务问题的通知》（国税发〔1994〕148号，1994年6月30日）。

③ 《国家税务总局关于外国企业常驻代表机构是否构成税收协定所述常设机构问题的解释的通知》（国税函〔1999〕607号，1999年9月13日）。

务人①。

（2）个体工商户的生产经营所得项目的纳税义务人

①个体工商户为纳税义务人，包括从事工业、手工业、建筑业、交通运输业、商业、饮食业、服务业、修理业以及其他行业生产、经营取得的所得的个体工商户；经政府有关部门批准，取得执照，从事办学、医疗、咨询以及其他有偿服务活动取得所得的个人；其他从事个体工商业生产、经营取得所得的个人②。

②自 2000 年 1 月 1 日起，对个人独资企业和合伙企业停止征收企业所得税，其投资者的生产经营所得，比照个体工商户的生产、经营所得征收个人所得税。个人独资企业和合伙企业投资者也为个人所得税的纳税义务人③。

个人独资企业以投资者为纳税义务人，合伙企业以每一个合伙人为纳税义务人④。

个人独资企业和合伙企业是指⑤：

Ⅰ 依照《中华人民共和国个人独资企业法》和《中华人民共和国合伙企业法》登记成立的个人独资企业、合伙企业；

Ⅱ 依照《中华人民共和国私营企业暂行条例》登记成立的独资、合伙性质的私营企业；

Ⅲ 依照《中华人民共和国律师法》登记成立的合伙制律师事务所；

Ⅳ 经政府有关部门依照法律法规批准成立的负无限责任和无限连带责任的其他个人独资、个人合伙性质的机构或组织。

（3）财产租赁所得的纳税义务人

确认财产租赁所得的纳税义务人，应以产权凭证为依据。无产权凭证的，由主管税务机关根据实际情况确定纳税义务人⑥。

产权所有人死亡，在未办理产权继承手续期间，该财产出租而有租金收入的，以领取租金的个人为纳税义务人⑦。

（4）其他所得纳税义务人

对企事业单位的承包经营、承租经营所得、劳务报酬所得、稿酬所得、特许权使用费所得、利息股息红利所得、财产转让所得、偶然所得、经国务院财政部门确定征税的其他所得，均以取得所得的个人为纳税义务人。

8.2　所得来源地的确定

下列所得，不论支付地点是否在中国境内，均为来源于中国境内的所得⑧：

Ⅰ 因任职、受雇、履约等在中国境内提供劳务取得的所得；

Ⅱ 将财产出租给承租人在中国境内使用而取得的所得；

Ⅲ 转让中国境内的建筑物、土地使用权等财产或者在中国境内转让其他财产取得的所得；

Ⅳ 许可各种特许权在中国境内使用而取得的所得；

Ⅴ 从中国境内的公司、企业以及其他经济组织或者个人取得的利息、股息、红利所得。

属于来源于中国境内的工资薪金所得应为个人实际在中国境内工作期间取得的工资薪金，即：个人实际在中国境内工作期间取得的工资薪金，不论是由中国境内还是境外企业或个人雇主支付的，均属来源于中国境内的所得；个人实际在中国境外

---

① 《国家税务总局关于印发〈征收个人所得税若干问题的规定〉的通知》（国税发〔1994〕89 号，1994 年 3 月 31 日）。
② 《中华人民共和国个人所得税法实施条例》（中华人民共和国国务院令第 519 号，2008 年 2 月 18 日）。
③ 《国务院关于个人独资企业和合伙企业征收所得税问题的通知》（国发〔2000〕16 号，2000 年 6 月 20 日）。
④ 《财政部 国家税务总局关于印发〈关于个人独资企业和合伙企业投资者征收个人所得税的规定〉的通知》（财税〔2000〕91 号，2000 年 9 月 19 日）。
⑤ 《财政部 国家税务总局关于印发〈关于个人独资企业和合伙企业投资者征收个人所得税的规定〉的通知》（财税〔2000〕91 号，2000 年 9 月 19 日）。
⑥ 《国家税务总局关于印发〈征收个人所得税若干问题的规定〉的通知》（国税发〔1994〕89 号，1994 年 3 月 31 日）。
⑦ 《国家税务总局关于印发〈征收个人所得税若干问题的规定〉的通知》（国税发〔1994〕89 号，1994 年 3 月 31 日）。
⑧ 《中华人民共和国个人所得税法实施条例》（中华人民共和国国务院令第 519 号，2008 年 2 月 18 日）。

工作期间取得的工资薪金,不论是由中国境内还是境外企业或个人雇主支付的,均属于来源于中国境外的所得①。

8.3 应税所得项目

下列各项个人所得,应纳个人所得税②:

Ⅰ 工资、薪金所得;

Ⅱ 个体工商户的生产、经营所得;

Ⅲ 对企事业单位的承包经营、承租经营所得;

Ⅳ 劳务报酬所得;

Ⅴ 稿酬所得;

Ⅵ 特许权使用费所得;

Ⅶ 利息、股息、红利所得;

Ⅷ 财产租赁所得;

Ⅸ 财产转让所得;

Ⅹ 偶然所得;

Ⅺ 经国务院财政部门确定征税的其他所得。

8.3.1 工资、薪金所得

工资、薪金所得,是指个人因任职或者受雇而取得的工资、薪金、奖金、年终加薪、劳动分红、津贴、补贴以及与任职或者受雇有关的其他所得③。

对于补贴、津贴等一些具体收入项目应否计入工资、薪金所得的征税范围,按下述情况掌握执行④:

(1)对按照国务院规定发给的政府特殊津贴、院士津贴、资深院士津贴,以及国务院规定免纳个人所得税的补贴、津贴,免纳个人所得税。其他各种补贴、津贴均应计入工资、薪金所得项目征税。

(2)下列不属于工资、薪金性质的补贴、津贴或者不属于纳税人本人工资、薪金所得项目的收入,不征税:

①独生子女补贴;

②执行公务员工资制度未纳入基本工资总额

的补贴、津贴差额和家属成员的副食品补贴;

③托儿补助费;

④差旅费津贴、误餐补助。

其中:不征税的误餐补助,是指按财政部门规定,个人因公在城区、郊区工作,不能在工作单位或返回就餐,确实需要在外就餐的,根据实际误餐顿数,按规定的标准领取的误餐费。一些单位以误餐补助名义发给职工的补贴、津贴,应当并入当月工资、薪金所得计征个人所得税⑤。

8.3.1.1 单位内部退养人员取得的工资、薪金所得⑥

企业减员增效和行政、事业单位、社会团体在机构改革过程中,实行内部退养的个人在其办理内部退养手续后至法定离退休年龄之间,从原任职单位取得的工资、薪金,不属于离退休工资,应按"工资、薪金所得"项目计征个人所得税。

个人在办理内部退养手续后从原任职单位取得的一次性收入,应按办理内部退养手续后至法定离退休年龄之间的所属月份进行平均,并与领取当月的"工资、薪金"所得合并后减除当月费用扣除标准,以余额为基数确定适用税率,再将当月工资、薪金加上取得的一次性收入,减去费用扣除标准,按适用税率计征个人所得税。

个人在办理内部退养手续后至法定离退休年龄之间,重新就业取得的"工资、薪金"所得,应与其从原任职单位取得的同一月份的"工资、薪金"所得合并,并依法自行向主管税务机关申报缴纳个人所得税。

8.3.1.2 离退休人员取得单位发放的离退休工资以外的奖金补贴

离退休人员除按规定领取离退休工资或养老

---

① 《国家税务总局关于在中国境内无住所的个人取得工资薪金所得纳税义务问题的通知》(国税发[1994]148号,1994年6月30日)。

② 《中华人民共和国个人所得税法》(中华人民共和国主席令第85号,2007年12月29日)。

③ 《中华人民共和国个人所得税法实施条例》(中华人民共和国国务院令第519号,2008年2月18日)。

④ 《国家税务总局关于印发〈征收个人所得税若干问题的规定〉的通知》(国税发[1994]89号,1994年3月31日)。

⑤ 《财政部 国家税务总局关于误餐补助范围确定问题的通知》(财税[1995]82号,1995年8月21日)。

⑥ 《国家税务总局关于个人所得税有关政策问题的通知》(国税发[1999]58号,1999年4月9日)。

金外,另从原任职单位取得的各类补贴、奖金、实物,不属于个人所得税法第四条规定可以免税的退休工资、离休工资、离休生活补助费,应在减除费用扣除标准后,按"工资、薪金所得"应税项目缴纳个人所得税①。

8.3.1.3　退休人员再任职取得的收入

退休人员再任职取得的收入,在减除按个人所得税法规定的费用扣除标准后,按"工资、薪金所得"应税项目缴纳个人所得税②。

上述所称的"退休人员再任职",应同时符合下列条件③:

(1)受雇人员与用人单位签订一年以上(含一年)劳动合同(协议),存在长期或连续的雇用与被雇用关系;

(2)受雇人员因事假、病假、休假等原因不能正常出勤时,仍享受固定或基本工资收入;

(3)受雇人员与单位其他正式职工享受同等福利、社保、培训及其他待遇;

(4)受雇人员的职务晋升、职称评定等工作由用人单位负责组织。

8.3.1.4　记者、编辑在本单位的报纸、杂志发表作品取得的收入

任职、受雇于报纸、杂志等单位的记者、编辑等专业人员,因在本单位的报纸、杂志上发表作品取得的所得,属于因任职、受雇而取得的所得,应与其当月工资收入合并,按"工资、薪金所得"项目征收个人所得税④。

8.3.1.5　画家从画院领取的工资收入

画家因任职或受雇于画院,从事绘画创作,从画院领取工资收入,按"工资、薪金所得"计征个人所得税⑤。

8.3.1.6　个人取得用于购买企业国有股权的工资、薪金性质劳动分红

企业将多年留存的应分配给职工的劳动分红划分给职工个人,用于购买企业的国有股权,实际上是将多年留存在企业应分未分的劳动分红在职工之间进行了分配,职工个人再将分得的部分用于购买企业的国有股权。对于这种劳动分红,应按"工资、薪金所得"项目计征个人所得税,税款由企业代扣代缴⑥。

8.3.1.7　企业以免费旅游方式提供雇员制营销人员个人奖励

自2004年1月20日起,对商品营销活动中,企业和单位对营销业绩突出人员以培训班、研讨会、工作考察等名义组织旅游活动,通过免收差旅费、旅游费对个人实行的营销业绩奖励(包括实物、有价证券等),应根据所发生费用全额计入营销人员应税所得,依法征收个人所得税,并由提供上述费用的企业和单位代扣代缴。其中,对企业雇员享受的此类奖励,应与当期的工资薪金合并,按照"工资、薪金所得"项目征收个人所得税⑦。

8.3.1.8　民航空地勤人员补贴、津贴

民航空地勤人员的伙食费应当按照税法规定,并入"工资、薪金所得",计算征收个人所得税,并由支付单位负责代扣代缴⑧。

空勤人员的飞行小时费和伙食费收入,应全额

---

① 《国家税务总局关于离退休人员取得单位发放离退休工资以外奖金补贴征收个人所得税的批复》(国税函[2008]723号,2008年8月7日)。
② 《国家税务总局关于个人兼职和退休人员再任职取得收入如何计算征收个人所得税问题的批复》(国税函[2005]382号,2005年4月26日)。
③ 《国家税务总局关于离退休人员再任职界定问题的批复》(国税函[2006]526号,2006年6月5日)。
④ 《国家税务总局关于个人所得税若干业务问题的批复》(国税函[2002]146号,2002年2月9日)。
⑤ 《财政部对九届全国人大一次会议第718号建议的答复》(1998年5月19日)。
⑥ 《国家税务总局关于联想集团改制员工取得的用于购买企业国有股权的劳动分红征收个人所得税问题的批复》(国税函[2001]832号,2001年11月9日)。
⑦ 《财政部 国家税务总局关于企业以免费旅游方式提供对营销人员个人奖励有关个人所得税政策的通知》(财税[2004]11号,2004年1月20日)。
⑧ 《财政部 国家税务总局关于民航空地勤人员的伙食费征收个人所得税的通知》(财税[1995]077号,1995年10月5日)。

计入"工资、薪金所得"计征个人所得税,不能给予扣除①。

8.3.2 个体工商户的生产、经营所得

个体工商户的生产、经营所得,是指②:

Ⅰ 个体工商户从事工业、手工业、建筑业、交通运输业、商业、饮食业、服务业、修理业以及其他行业生产、经营取得的所得;

Ⅱ 个人经政府有关部门批准,取得执照,从事办学、医疗、咨询以及其他有偿服务活动取得的所得;

Ⅲ 其他个人从事个体工商业生产、经营取得的所得;

Ⅳ 上述个体工商户和个人取得的与生产、经营有关的各项应纳税所得。

8.3.2.1 个人经批准举办学习班、培训班取得的收入

个人经政府有关部门批准并取得执照举办学习班、培训班的,其取得的办班收入属于"个体工商户的生产、经营所得"应税项目,应按规定计征个人所得税③。

对个人办学者取得的办学所得用于个人消费的部分,应依法计征个人所得税④。

8.3.2.2 从事彩票代销业务取得的所得

个人因从事彩票代销业务而取得所得,应按照"个体工商户的生产、经营所得"项目计征个人所得税⑤。

8.3.2.3 农场职工为他人提供农用机械服务取得的所得

农场职工为他人有偿提供农用机械服务取得的所得,应按"个体工商户的生产、经营所得"应税项目,计算缴纳个人所得税⑥。

8.3.2.4 个人或个人合伙取得的吸存放贷收入

对个人或个人合伙取得的吸存放贷收入,应按照"个体工商户的生产、经营所得"应税项目征收个人所得税⑦。

8.3.2.5 企业实行个人承包、承租经营后工商登记变更为个体工商户的应税所得

企业实行个人承包、承租经营后,如工商登记改变为个体工商户的,应依照"个体工商户的生产、经营所得"项目计征个人所得税,不再征收企业所得税⑧。

8.3.3 对企事业单位的承包经营、承租经营所得

对企事业单位的承包经营、承租经营所得,是指个人承包经营、承租经营以及转包、转租取得的所得,包括个人按月或者按次取得的工资、薪金性质的所得⑨。

8.3.3.1 个人承包、承租经营后工商登记仍为企业的应税所得

企业实行个人承包、承租经营后,如果工商登记仍为企业的,不管其分配方式如何,均应先按照企业所得税的有关规定缴纳企业所得税。承包经

① 《国家税务总局关于新疆航空公司空勤人员飞行小时费和伙食费收入征收个人所得税的批复》(国税函发[1995]554号,1995年10月10日)。
② 《中华人民共和国个人所得税法实施条例》(中华人民共和国国务院令第519号,2008年2月18日)。
③ 《国家税务总局关于个人举办各类学习班取得的收入征收个人所得税问题的批复》(国税函发[1996]658号,1996年11月13日)。
④ 《国家税务总局关于社会力量办学征收个人所得税问题的批复》(国税函[1998]738号,1998年12月7日)。
⑤ 《国家税务总局关于个人所得税若干政策问题的批复》(国税函[2002]629号,2002年7月12日)。
⑥ 《国家税务总局关于农场职工个人提供农用机械服务取得所得征收个人所得税问题的批复》(国税函[1998]85号,1998年2月10日)。
⑦ 《国家税务总局关于个人或合伙吸储放贷取得的收入征收个人所得税问题的批复》(国税函[2000]516号,2000年7月7日)。
⑧ 《国家税务总局关于个人对企事业单位实行承包经营、承租经营取得所得征税问题的通知》(国税发[1994]179号,1994年8月1日)。
⑨ 《中华人民共和国个人所得税法实施条例》(中华人民共和国国务院令第519号,2008年2月18日)。

营、承租经营者按照承包、承租经营合同（协议）规定取得的所得，依照个人所得税法的有关规定缴纳个人所得税，具体为①：

（1）承包、承租人对企业经营成果不拥有所有权，仅是按合同（协议）规定取得一定所得的，其所得按"工资、薪金所得"项目征税。

（2）承包、承租人按合同（协议）的规定只向发包、出租方缴纳一定费用后，企业经营成果归其所有的，承包、承租人取得的所得，按"对企事业单位的承包经营、承租经营所得"项目征税。

8.3.3.2　职工对企业下属部门的承包、承租经营所得

商业企业在职职工对企业下属部门实行自筹资金、自主经营、独立核算、自负盈亏的承包经营方式，虽不是对整个企业的承包、承租经营，但其承包和经营的方式基本与对整个企业承包经营、承租经营相同。对在职职工从事上述承包、承租经营活动取得的所得，应比照"对企事业单位的承包经营、承租经营所得"项目征收个人所得税②。

8.3.4　劳务报酬所得

劳务报酬所得，是指个人从事设计、装潢、安装、制图、化验、测试、医疗、法律、会计、咨询、讲学、新闻、广播、翻译、审稿、书画、雕刻、影视、录音、录像、演出、表演、广告、展览、技术服务、介绍服务、经纪服务、代办服务以及其他劳务取得的所得③。

8.3.4.1　工资、薪金所得与劳务报酬所得的区分

工资、薪金所得是属于非独立个人劳务活动，即在机关、团体、学校、部队、企事业单位及其他组织中任职、受雇而得到的报酬；劳务报酬所得则是个人独立从事各种技艺、提供各项劳务取得的报酬。两者的主要区别在于，前者存在雇佣与被雇佣关系，后者则不存在这种关系④。

8.3.4.2　董事费收入

个人由于担任董事职务所取得的董事费收入，属于劳务报酬所得性质，按照"劳务报酬所得"项目征收个人所得税⑤。

上述董事费收入按"劳务报酬所得"项目征税方法，仅适用于个人担任公司董事、监事，且不在公司任职、受雇的情形⑥。

个人在公司（包括关联公司）任职、受雇，同时兼任董事、监事的，应将董事、监事费与个人工资收入合并，统一按"工资、薪金所得"项目缴纳个人所得税⑦。

8.3.4.3　个人未经批准举办学习班取得的收入

个人无须经政府有关部门批准并取得执照举办学习班、培训班的，其取得的办班收入属于"劳务报酬所得"应税项目，应按税法规定计征个人所得税。其中：办班者一次收取学费的，以一期取得的收入为一次；分次收取学费的，以每月取得的收入为一次⑧。

8.3.4.4　个人独立从事绘画劳务取得的收入

个人独立从事绘画劳务取得的报酬，按"劳务报酬所得"征收个人所得税⑨。

8.3.4.5　个人取得兼职收入

个人兼职取得的收入，应按照"劳务报酬所

①　《国家税务总局关于个人对企事业单位实行承包经营、承租经营取得所得征税问题的通知》（国税发〔1994〕179 号，1994 年 8 月 1 日）。

②　《国家税务总局关于个人承包承租经营所得征收个人所得税问题的批复》（国税函〔2000〕395 号，2000 年 5 月 3 日）。

③　《中华人民共和国个人所得税法实施条例》（中华人民共和国国务院令第 519 号，2008 年 2 月 18 日）。

④　《国家税务总局关于印发〈征收个人所得税若干问题的规定〉的通知》（国税发〔1994〕89 号，1994 年 3 月 31 日）。

⑤　《国家税务总局关于印发〈征收个人所得税若干问题的规定〉的通知》（国税发〔1994〕89 号，1994 年 3 月 31 日）。

⑥　《国家税务总局关于明确个人所得税若干政策执行问题的通知》（国税发〔2009〕121 号，2009 年 8 月 17 日）。

⑦　《国家税务总局关于明确个人所得税若干政策执行问题的通知》（国税发〔2009〕121 号，2009 年 8 月 17 日）。

⑧　《国家税务总局关于个人举办各类学习班取得的收入征收个人所得税问题的批复》（国税函发〔1996〕658 号，1996 年 11 月 13 日）。

⑨　《财政部对九届全国人大一次会议第 718 号建议的答复》（1998 年 5 月 19 日）。

得"应税项目缴纳个人所得税①。

8.3.4.6 企业以免费旅游方式提供非雇员制营销人员个人奖励

自2004年1月20日起,对商品营销活动中,企业和单位对营销业绩突出人员以培训班、研讨会、工作考察等名义组织旅游活动,通过免收差旅费、旅游费对个人实行的营销业绩奖励(包括实物、有价证券等),应根据所发生费用全额计入营销人员应税所得,依法征收个人所得税,并由提供上述费用的企业和单位代扣代缴。对非企业雇员享受的此类奖励,应作为当期的劳务收入,按照"劳务报酬所得"项目征收个人所得税②。

8.3.5 稿酬所得

稿酬所得,是指个人因其作品以图书,报刊形式出版、发表而取得的所得③。

8.3.5.1 非专业人员在本单位的报纸、杂志上发表作品取得的所得

除任职、受雇于报纸、杂志等单位的记者、编辑等专业人员以外,其他人员在本单位的报纸、杂志上发表作品取得的所得,应按"稿酬所得"项目征收个人所得税④。

8.3.5.2 个人取得遗作稿酬所得

作者去世后,对取得其遗作稿酬的个人,按"稿酬所得"征收个人所得税⑤。

8.3.5.3 个人影视作品在书报杂志上出版发行所得

创作的影视分镜头剧本,作为文学创作在书报杂志上出版、发表取得的所得,应按"稿酬所得"应

税项目计征个人所得税。电影文学剧本以图书、报刊形式出版、发表而取得的所得,应按"稿酬所得"应税项目计征个人所得税⑥。

8.3.5.4 画家以图书、报刊形式出版、发表其创作作品所取得的收入

画家以图书、报刊形式出版、发表其创作作品所取得的收入,按"稿酬所得"计征个人所得税⑦。

8.3.5.5 专业作者撰写、编写或翻译的作品出版取得的稿费

出版社的专业作者撰写、编写或翻译的作品,由本社以图书形式出版而取得的稿费收入,应按"稿酬所得"项目计算缴纳个人所得税⑧。

8.3.6 特许权使用费所得

特许权使用费所得,是指个人提供专利权、商标权、著作权、非专利技术以及其他特许权的使用权取得的所得;提供著作权的使用权取得的所得,不包括稿酬所得⑨。

8.3.6.1 拍卖文稿所得

作者将自己的文字作品手稿原件或复印件公开拍卖(竞价)取得的所得,应按"特许权使用费所得"项目征收个人所得税⑩。

8.3.6.2 专利赔偿所得

因专利被其他单位使用而取得的经济赔偿收入,应按"特许权使用费所得"应税项目缴纳个人所得税,税款由支付赔款的使用单位代扣代缴⑪。

8.3.6.3 剧本使用费所得

自2002年5月1日起,对于剧本作者从电影、

---

① 《国家税务总局关于个人兼职和退休人员再任职取得收入如何计算征收个人所得税问题的批复》(国税函[2005]382号,2005年4月26日)。

② 《财政部 国家税务总局关于企业以免费旅游方式提供对营销人员个人奖励有关个人所得税政策的通知》(财税[2004]11号,2004年1月20日)。

③ 《中华人民共和国个人所得税法实施条例》(中华人民共和国国务院令第519号,2008年2月18日)。

④ 《国家税务总局关于个人所得税若干业务问题的批复》(国税函[2002]146号,2002年2月9日)。

⑤ 《国家税务总局关于印发〈征收个人所得税若干问题的规定〉的通知》(国税发[1994]89号,1994年3月31日)。

⑥ 《国家税务总局关于影视演职人员个人所得税问题的批复》(国税函[1997]385号,1997年6月27日)。

⑦ 《财政部对九届全国人大一次会议第718号建议的答复》(1998年5月19日)。

⑧ 《国家税务总局关于个人所得税若干业务问题的批复》(国税函[2002]146号,2002年2月9日)。

⑨ 《中华人民共和国个人所得税法实施条例》(中华人民共和国国务院令第519号,2008年2月18日)。

⑩ 《国家税务总局关于印发〈征收个人所得税若干问题的规定〉的通知》(国税发[1994]89号,1994年3月31日)。

⑪ 《国家税务总局关于个人取得专利赔偿所得征收个人所得税问题的批复》(国税函[2000]257号,2000年4月24日)。

电视剧的制作单位取得的剧本使用费,不再区分剧本的使用方是否为其任职单位,统一按"特许权使用费所得"项目计征个人所得税①。

电影制片厂买断已出版的作品或向作者征稿而支付给作者的报酬,属于提供著作权的使用权而取得的所得,应按"特许权使用费所得"应税项目计征个人所得税②。

8.3.6.4　企业员工向本企业提供非专利技术取得的收入

企业员工,在其工资福利待遇与其工作大致相当及与企业其他员工相比没有异常的情况下,由于向本企业提供所需相关技术而取得本企业支付的按不超过20%全部可分配利润的收入,与其任职、受雇无关,而与其提供有关技术直接相关,属于非专利技术所得,应按"特许权使用费所得"项目缴纳个人所得税,税款由该企业在支付时代扣代缴③。

8.3.7　股息、利息、红利所得

利息、股息、红利所得,是指个人拥有债权、股权而取得的利息、股息、红利所得④。

8.3.7.1　个体工商户与企业联营分得的利润

个体工商户与企业联营而分得的利润,按"利息、股息、红利所得"项目征收个人所得税⑤。

8.3.7.2　职工个人取得企业量化资产参与分配的所得

在集体所有制企业改制为股份合作制企业时,对职工个人以股份形式取得的仅作为分红依据,不拥有所有权的企业量化资产,不征收个人所得税。对职工个人以股份形式取得的企业量化资产参与企业分配而获得的股息、红利,应按"利息、股息、红利"项目征收个人所得税⑥。

8.3.7.3　个人从股份制企业转增股本和派发红股中分得的所得

(1)资本公积金转增股本

股份制企业用资本公积金转增股本不属于股息、红利性质的分配,对个人取得的转增股本数额,不作为个人所得,不征收个人所得税⑦。

上述资本公积金是指股份制企业股票溢价发行收入所形成的资本公积金。将此转增股本由个人取得的数额,不作为应税所得征收个人所得税。对以未分配利润、盈余公积和除股票溢价发行外的其他资本公积转增注册资本和股本的,按照"利

---

① 《国家税务总局关于剧本使用费征收个人所得税问题的通知》(国税发[2002]52号,2002年5月9日)。此前,《国家税务总局关于影视演职人员个人所得税问题的批复》(国税函[1997]385号,1997年6月27日)规定,创作的影视分镜头剧本,用于拍摄影视片取得的所得,不能按照稿酬所得计征个人所得税,应比照该文件第一条的有关原则确定应税项目征个人所得税,即:凡与单位存在工资、人事方面关系的人员,其为本单位工作所取得的报酬,属于"工资、薪金所得"应税项目征税范围;而其因某一特定事项临时为外单位工作所取得报酬,不属于税法中所说的"受雇",应是"劳务报酬所得"应税项目征税范围。上述规定因与国税发[2002]52号规定不符而废止。此外,国税函[1997]385号还规定,电影制片厂买断已出版的作品或向作者征稿而支付给作者的报酬,属于提供著作权的使用权而取得的所得,应按"特许权使用费所得"应税项目计征个人所得税;如电影文学剧本以图书、报刊形式出版、发表而取得的所得,应按"稿酬所得"应税项目计征个人所得税。根据《国家税务总局关于公布全文失效废止 部分条款失效废止的税收规范性文件目录的公告》(国家税务总局公告2011年第2号,2011年1月4日),国税函[1997]385号上述规定也被废止。

② 《国家税务总局关于影视演职人员个人所得税问题的批复》(国税函[1997]385号,1997年6月27日)。

③ 《国家税务总局关于企业员工向本企业提供非专利技术取得收入征收个人所得税问题的批复》(国税函[2004]952号,2004年8月9日)。

④ 《中华人民共和国个人所得税法实施条例》(中华人民共和国国务院令第519号,2008年2月18日)。

⑤ 《财政部 国家税务总局关于个人所得税若干政策问题的通知》(财税[1994]20号,1994年5月13日)。

⑥ 《国家税务总局关于企业改组改制过程中个人取得的量化资产征收个人所得税问题的通知》(国税发[2000]060号,2000年3月29日)。

⑦ 《国家税务总局关于股份制企业转增股本和派发红股征免个人所得税的通知》(国税发[1997]198号,1997年12月25日)。

息、股息、红利所得"项目,依法征收个人所得税①。

(2)盈余公积金转增注册资本(派发红股)

股份制企业用盈余公积金派发红股属于股息、红利性质的分配,对个人取得的红股数额,应作为个人所得征税。派发红股的股份制企业作为支付所得的单位应按照税法规定履行扣缴义务②。

企业将从税后利润中提取的法定公积金和任意公积金转增注册资本,实际上是该公司将盈余公积金向股东分配了股息、红利,股东再以分得的股息、红利增加注册资本。对属于个人股东分得并再投入公司(转增注册资本)的部分应按照"利息、股息、红利所得"项目征收个人所得税,税款由该企业在有关部门批准增资、公司股东会决议通过后代扣代缴③。

8.3.7.4　个人投资者从其投资企业借款长期不还的税务处理

纳税年度内个人投资者从其投资企业(个人独资企业、合伙企业除外)借款,在该纳税年度终了后既不归还,又未用于企业生产经营的,其未归还的借款可视为企业对个人投资者的红利分配,依照"利息、股息、红利所得"项目计征个人所得税④。

8.3.7.5　个人投资者以企业资金支付本人及家庭成员消费性支出的税务处理

除个人独资企业、合伙企业以外的其他企业的个人投资者,以企业资金为本人、家庭成员及其相关人员支付与企业经营无关的消费性支出及购买汽车、住房等财产性支出,视为企业对个人投资者的红利分配,依照"利息、股息、红利所得"项目计征个人所得税,且企业的上述支出不允许在所得税前扣除⑤。

8.3.7.6　科技成果转化获奖个人按股份、出资比例获得的分红

科研机构、高等学校转化职务科技成果以股份或出资比例等股权形式给予科技人员个人奖励,经主管税务机关审核后,暂不征收个人所得税。在获奖人按股份、出资比例获得分红时,对其所得按"利息、股息、红利所得"应税项目征收个人所得税⑥。

上述审核权自 2007 年 8 月 1 日起停止执行⑦。

8.3.7.7　个人银行结算账户取得的利息所得

自 2003 年 9 月 1 日起,个人可凭其居民身份证件在银行(包括政策性银行、商业银行、城市信

---

① 《国家税务总局关于原城市信用社在转制为城市合作银行过程中个人股增值所得应纳个人所得税的批复》(国税函发[1998]289 号,1998 年 5 月 15 日)。《国家税务总局关于进一步加强高收入者个人所得税征收管理的通知》(国税发[2010]54 号,2010 年 5 月 31 日)。

② 《国家税务总局关于股份制企业转增股本和派发红股征免个人所得税的通知》(国税发[1997]198 号,1997 年 12 月 25 日)。

③ 《国家税务总局关于盈余公积金转增注册资本征收个人所得税问题的批复》(国税函发[1998]333 号,1998 年 6 月 4 日)。

④ 《财政部 国家税务总局关于规范个人投资者个人所得税征收管理的通知》(财税[2003]158 号,2003 年 7 月 11 日)。此前,《国家税务总局关于进一步加强对高收入者个人所得税征收管理的通知》(国税发[2001]57 号,2001 年 6 月 1 日)规定,对私营有限责任公司的企业所得税后剩余利润、不分配、不投资、挂账达 1 年的,从挂账的第 2 年起,依照投资者(股东)出资比例计算分配征收个人所得税。根据《国家税务总局关于公布全文失效废止 部分条款失效废止的税收规范性文件目录的公告》(国家税务总局公告 2011 年第 2 号,2011 年 1 月 4 日),国税发[2001]57 号被公布全文失效废止。

⑤ 《财政部 国家税务总局关于规范个人投资者个人所得税征收管理的通知》(财税[2003]158 号,2003 年 7 月 11 日)。此前,《国家税务总局关于未分配的投资者收益和个人人寿保险收入征收个人所得税问题的批复》(国税函发[1998]546 号,1998 年 9 月 16 日)曾个案规定,由个人共同投资与其他方组建的企业,且协议规定投资各方按其出资额在注册资本中的比例分享利润,如企业未按规定将实现的利润作必要留存后进行分配,而是用于兴建厂房、个人宿舍、购买汽车和其他消费。应根据个人所得税的收入实现原则,认定该企业的税后利润已在个人投资者之间进行了分配,个人投资者按投资比例分得的部分,须按照"利息、股息、红利所得"应税项目缴纳个人所得税,税款由该企业代扣代缴。根据《国家税务总局关于公布全文失效废止 部分条款失效废止的税收规范性文件目录的公告》(国家税务总局公告 2011 年第 2 号,2011 年 1 月 4 日),国税函发[1998]546 号上述规定现已失效。

⑥ 《国家税务总局关于促进科技成果转化有关个人所得税问题的通知》(国税发[1999]125 号,1999 年 7 月 1 日)。

⑦ 《国家税务总局关于取消促进科技成果转化暂不征收个人所得税审核权有关问题的通知》(国税发[2007]833 号,2007 年 8 月 1 日)。

用社、农村信用社、邮政储蓄机构）开立个人银行结算账户，银行按活期存款利率向存款人支付利息。个人在个人银行结算账户的存款，自 2003 年 9 月 1 日起孳生的利息，应按"利息、股息、红利所得"项目计征个人所得税，税款由办理个人银行结算账户业务的储蓄机构在结付利息时代扣代缴①。

8.3.7.8 个人将资金提供给他人放贷而取得的利息所得

个人将资金提供给个人或个人合伙放贷而取得的利息收入，应作为集资利息收入，按照"利息、股息、红利所得"应税项目征收个人所得税，税款由利息所得支付者代扣代缴②。

8.3.7.9 个人从证券公司股东账户取得的利息所得

个人从证券公司股东账户取得的利息所得，应按照个人所得税法规定的"利息、股息、红利所得"应税项目缴纳个人所得税，税款由其开立股东账户的证券公司代扣代缴，征收管理由地方税务局负责③。

8.3.7.10 个人取得中国铁路建设债券等企业债券利息所得

"中国铁路建设债券"属于企业债券，不属于财政部发行的债券和国务院批准发行的金融债券，个人持有该债券而取得的利息不属于可以免纳个人所得税的"国债和国家发行的金融债券利息"，必须依照个人所得税法的规定，按"利息、股息、红利所得"应税项目缴纳个人所得税④。

债券持有人应缴纳的个人所得税税款由发行债券的单位向债券持有人兑现时代扣代缴。发行债券的单位没有代扣代缴税款或为纳税人承担税款的，按照税收征收管理法的规定，由发行债券的单位缴纳应扣税款⑤。

8.3.7.11 个人从中国职工保险互助会分配的红利所得

对职工个人 2000 年及以前年度从中国职工保险互助会取得的红利所得免征个人所得税。从 2001 年 1 月 1 日起，职工个人从中国职工保险互助会取得的红利所得应依法缴纳个人所得税；中国职工保险互助会应严格履行扣缴会员红利所得个人所得税的义务⑥。

8.3.7.12 个人从城市信用社资产评估增值中取得的收入

在城市信用社改制为城市合作银行过程中，个人以现金或股份及其他形式取得的资产评估增值数额，应当按"利息、股息、红利所得"项目计征个人所得税，税款由城市合作银行负责代扣代缴⑦。

8.3.8 财产租赁所得

财产租赁所得，是指个人出租建筑物、土地使

---

① 《国家税务总局 中国人民银行关于个人银行结算账户利息所得征收个人所得税问题的通知》（国税发［2004］6 号，2004 年 1 月 12 日）。

② 《国家税务总局关于个人或合伙吸储放贷取得的收入征收个人所得税问题的批复》（国税函［2000］516 号，2000 年 7 月 7 日）。

③ 《国家税务总局关于加强个人股东账户资金利息所得个人所得税征收管理工作的通知》（国税函［1999］697 号，1999 年 10 月 25 日）。

④ 《国家税务总局关于中国铁路建设债券利息征收个人所得税问题的批复》（国税函［1999］738 号，1999 年 11 月 11 日）。该文件还规定，债券持有人应缴纳的个人所得税税款由发行债券的单位向债券持有人兑现时代扣代缴。发行债券的单位没有代扣代缴税款或为纳税人承担税款的，按照税收征收管理法第四十七条的规定，由发行债券的单位缴纳应扣税款。根据《国家税务总局关于加强企业债券利息个人所得税代扣代缴工作的通知》（国税函［2003］612 号，2003 年 6 月 6 日），自 2003 年 6 月 6 日起，企业债券利息个人所得税统一由各兑付机构在向持有债券的个人兑付利息时负责代扣代缴，就地入库；另外，税收征收管理法已于 2001 年 4 月 28 日做了修改。据此，《国家税务总局关于公布全文失效废止 部分条款失效废止的税收规范性文件目录的公告》（国家税务总局公告 2011 年第 2 号，2011 年 1 月 4 日）对国税函［1999］738 号上述规定予以废止。

⑤ 《国家税务总局关于中国铁路建设债券利息征收个人所得税问题的批复》（国税函［1999］738 号，1999 年 11 月 11 日）。

⑥ 《财政部 国家税务总局关于职工个人取得中国职工保险互助会分配的红利所得征免个人所得税问题的通知》（财税［2000］137 号，2000 年 1 月 1 日）。

⑦ 《国家税务总局关于原城市信用社在转制为城市合作银行过程中个人股增值所得应纳个人所得税的批复》（国税函发［1998］289 号，1998 年 5 月 15 日）。

用权、机器设备、车船以及其他财产取得的所得①。

8.3.8.1 转租浅海滩涂使用权收入

个人转租滩涂使用权取得的收入，应按照"财产租赁所得"应税项目征收个人所得税，其每年实际上交村委会的承包费可以在税前扣除②。

8.3.8.2 个人投资设备转租使用所得

由个人出资购买医疗仪器或设备交医院使用，取得的收入扣除有关费用后，剩余部分双方按一定比例分成；医疗仪器或设备使用达到一定年限后，产权归医院所有，但收入继续分成。对上述个人取得的分成所得，应按照"财产租赁所得"项目征收个人所得税，具体计征办法为：自合同生效之日起至财产产权发生转移之日止，个人取得的分成所得可在上述年限内按月平均扣除设备投资后，就其余额按税法规定计征个人所得税；产权转移后，个人取得的全部分成收入应按税法规定计征个人所得税。税款由医院在向个人支付所得时代扣代缴③。

8.3.8.3 酒店产权式经营业主所得

酒店产权式经营业主（简称业主）在约定的时间内提供房产使用权与酒店进行合作经营，如房产产权并未归属新的经济实体，业主按照约定取得的固定收入和分红收入均应视为租金收入，根据有关税收法律、行政法规的规定，应按照"服务业—租赁业"征收营业税，按照"财产租赁所得"项目征收个人所得税④。

8.3.8.4 个人购房或承租房屋转租所得

（1）个人购房转租所得⑤

房地产开发企业与商店购买者个人签订协议规定，房地产开发企业按优惠价格出售其开发的商店给购买者个人，但购买者个人在一定期限内必须将购买的商店无偿提供给房地产开发企业对外出租使用。其实质是购买者个人以所购商店交由房地产开发企业出租而取得的房屋租赁收入支付了部分购房价款。

对上述情形的购买者个人少支出的购房价款，应视同个人财产租赁所得，按照"财产租赁所得"项目征收个人所得税。每次财产租赁所得的收入额，按照少支出的购房价款和协议规定的租赁月份数平均计算确定。

（2）个人承租房屋转租所得⑥

个人将承租房屋转租取得的租金收入，属于个人所得税应税所得，应按"财产租赁所得"项目计算缴纳个人所得税。

取得转租收入的个人向房屋出租方支付的租金，凭房屋租赁合同和合法支付凭据允许在计算个人所得税时，从该项转租收入中扣除。

8.3.9 财产转让所得

财产转让所得，是指个人转让有价证券、股权、建筑物、土地使用权、机器设备、车船以及其他财产取得的所得⑦。

8.3.9.1 科技成果转化获奖个人转让股权或出资比例所得

科研机构、高等学校转化职务科技成果以股份或出资比例等股权形式给予科技人员个人奖励，经主管税务机关审核后，暂不征收个人所得税。获奖人转让股权、出资比例，对其所得按"财产转让所

---

① 《中华人民共和国个人所得税法实施条例》（中华人民共和国国务院令第519号,2008年2月18日）。

② 《国家税务总局关于转租浅海滩涂使用权收入征收个人所得税问题的批复》（国税函[2002]1158号,2002年12月30日）。

③ 《国家税务总局关于个人投资设备取得所得征收个人所得税问题的批复》（国税函[2000]540号,2000年7月14日）。

④ 《国家税务总局关于酒店产权式经营业主税收问题的批复》（国税函[2006]478号,2006年5月22日）。

⑤ 《国家税务总局关于个人与房地产开发企业签订有条件优惠价格协议购买商店征收个人所得税问题的批复》（国税函[2008]576号,2008年6月15日）。

⑥ 《国家税务总局关于个人转租房屋取得收入征收个人所得税问题的通知》（国税函[2009]639号,2009年11月24日）。

⑦ 《中华人民共和国个人所得税法实施条例》（中华人民共和国国务院令第519号,2008年2月18日）。此外,《国家税务总局关于征用土地过程中征地单位支付给土地承包人员的补偿费如何征税问题的批复》（国税函发[1997]87号,1997年2月13日）规定,对征地过程中,土地承包人取得的青苗补偿费收入,暂免征收个人所得税,取得的转让建筑物等财产性质的其他补偿费收入,应按照"财产转让所得"应税项目计征个人所得税。根据《国家税务总局关于公布全文失效废止 部分条款失效废止的税收规范性文件目录的公告》（国家税务总局公告2011年第2号,2011年1月4日）,国税函发[1997]87号被公布全文失效废止。

得"应税项目征收个人所得税,财产原值为零①。

上述审核权自 2007 年 8 月 1 日起停止执行②。

8.3.9.2　职工个人取得企业量化资产转让所得

集体所有制企业在改制为股份制企业时,对职工个人以股份形式取得的拥有所有权的企业量化资产,暂缓征收个人所得税;待个人将股份转让时,就其转让收入额,减除个人取得该股份时实际支付的费用支出和合理转让费用后的余额,按"财产转让所得"项目计征个人所得税③。

8.3.9.3　个人转让汽车所有权、营运权、线路牌等取得的所得

个人集资购买汽车,将其转让给汽车运输公司从事营运,转让期满后,汽车的所有权、营运权、线路牌等均归汽车运输公司所有。上述交易属于财产转让。获得的收入应按"财产转让所得"项目计算缴纳个人所得税④。

8.3.9.4　个人转租滩涂时一并转让原海滩的设施等取得的所得

个人转租滩涂使用权时一并转让原海滩的设施和剩余文蛤的所得,应按照"财产转让所得"应税项目征收个人所得税⑤。

8.3.10　偶然所得

偶然所得,是指个人得奖、中奖、中彩以及其他偶然性质的所得⑥。

8.3.10.1　个人在境外取得的博彩收入

在中国境内有住所,或者无住所而在境内居住满一年的个人在境外博彩所得,应按照"偶然所得"适用 20% 比例税率计算缴纳个人所得税⑦。

8.3.10.2　个人有奖储蓄中奖收入

个人参加有奖储蓄取得的各种形式的中奖所得,属于机遇性的所得,应按照"偶然所得"应税项目的规定征收个人所得税。支付该项所得的各级银行部门是税法规定的代扣代缴义务人,在其向个人支付有奖储蓄中奖所得时,应按照"偶然所得"应税项目扣缴个人所得税税款⑧。

8.3.10.3　个人参加有奖销售活动而取得的赠品所得

个人因参加企业的有奖销售活动而取得的赠品所得,应按"偶然所得"项目计征个人所得税。赠品所得为实物的,应以个人所得税法实施条例第十条规定的方法确定应纳税所得额,计算缴纳个人所得税。税款由举办有奖销售活动的企业(单位)负责代扣代缴⑨。

8.3.10.4　个人参加有奖购物活动取得的免费使用权所得

个人取得的实物所得含取得所有权和使用权的所得。消费者参加购物有奖活动取得住房、轿车等实物的使用权,因其可以运用该使用权获取收入或节省费用,使用权实质上是实物形态所得的表现形式,应按照"偶然所得"应税项目缴纳个人所得税,税款由提供住房、轿车等的企业代扣代缴。主管税务机关可根据个人所得税法实施条例第十条

---

①　《财政部　国家税务总局关于促进科技成果转化有关税收政策的通知》(财税[1999]45 号,1999 年 5 月 27 日)。《国家税务总局关于促进科技成果转化有关个人所得税问题的通知》(国税发[1999]125 号,1999 年 7 月 1 日)。

②　《国家税务总局关于取消促进科技成果转化暂不征收个人所得税审核权有关问题的通知》(国税发[2007]833 号,2007 年 8 月 1 日)。

③　《国家税务总局关于企业改组改制过程中个人取得的量化资产征收个人所得税问题的通知》(国税发[2000]60 号,2000 年 3 月 29 日)。

④　《国家税务总局关于个人转让汽车所得征收个人所得税问题的批复》(国税函[1997]35 号,1997 年 1 月 17 日)。

⑤　《国家税务总局关于转租浅海滩涂使用权收入征收个人所得税问题的批复》(国税函[2002]1158 号,2002 年 12 月 30 日)。

⑥　《中华人民共和国个人所得税法实施条例》(中华人民共和国国务院令第 519 号,2008 年 2 月 18 日)。

⑦　《国家税务总局关于个人在境外取得博彩所得征收个人所得税问题的批复》(国税函发[1995]663 号,1995 年 12 月 23 日)。

⑧　《国家税务总局关于有奖储蓄中奖收入征收个人所得税问题的批复》(国税函发[1995]98 号,1995 年 3 月 13 日)。

⑨　《国家税务总局关于个人所得税若干政策问题的批复》(国税函[2002]629 号,2002 年 7 月 12 日)。

规定的原则,结合当地实际情况和所获奖品合理确定应纳税所得额①。

8.3.10.5 个人取得不竞争款项所得②

不竞争款项是指资产购买方企业与资产出售方企业自然人股东之间在资产购买交易中,通过签订保密和不竞争协议等方式,约定资产出售方企业自然人股东在交易完成后一定期限内,承诺不从事有市场竞争的相关业务,并负有相关技术资料的保密义务,资产购买方企业则在约定期限内,按一定方式向资产出售方企业自然人股东所支付的款项。

根据个人所得税法第二条第十一项有关规定,鉴于资产购买方企业向个人支付的不竞争款项,属于个人因偶然因素取得的一次性所得,为此,资产出售方企业自然人股东取得的所得,应按照"偶然所得"项目计算缴纳个人所得税,税款由资产购买方企业在向资产出售方企业自然人股东支付不竞争款项时代扣代缴。

8.3.10.6 个人取得省级以下一次性奖励所得

个人因在各行各业做出突出贡献而从省级以下人民政府及其所属部门取得的一次性奖励收入,不论其奖金来源于何处,均不属于税法所规定的免税范畴,应按"偶然所得"项目征收个人所得税③。

8.3.11 经国务院财政部门确定征税的其他所得

指除上述列举的各项个人所得外,其他经国务院财政部门确定征税的其他所得④。

个人取得的所得,难以界定应纳税所得项目的,由主管税务机关确定⑤。

8.3.11.1 中国科学院院士荣誉奖金

对"蔡冠深中国科学院院士荣誉基金会"颁发的中国科学院院士荣誉奖金,应按"其他所得"应税项目,依20%的比例税率计征个人所得税,税款由该基金会在颁发奖金时代扣代缴⑥。

8.3.11.2 个人参加庆典、业务往来及其他活动取得所得

部分单位和部门在年终总结、各种庆典、业务往来及其他活动中,为其他单位和部门的有关人员发放现金、实物或有价证券。对个人取得该项所得,应按照"其他所得"项目计算缴纳个人所得税,税款由支付所得的单位代扣代缴⑦。

8.3.11.3 个人取得的保险无赔款优待收入

对个人因任职单位缴纳有关保险费用而取得的无赔款优待收入,按照"其他所得"应税项目计征个人所得税⑧。

对个人自己缴纳有关商业保险费(保费全部返还个人的保险除外)而取得的无赔款优待收入,不作为个人的应纳税收入,不征收个人所得税⑨。

8.3.11.4 个人购买人寿保险取得的收益

对保险公司按投保金额,以银行同期储蓄存款利率支付给在保期内未出险的人寿保险保户的利息(或以其他名义支付的类似收入),按"其他所得"应税项目征收个人所得税,税款由支付利息的

---

① 《国家税务总局关于用使用权作奖项征收个人所得税问题的批复》(国税函[1999]549号,1999年8月11日)。
② 《财政部 国家税务总局关于企业向个人支付不竞争款项征收个人所得税问题的批复》(财税[2007]102号,2007年9月27日)。
③ 《国家税务总局关于个人取得的奖金收入征收个人所得税问题的批复》(国税函[1998]293号,1998年5月13日)。
④ 《中华人民共和国个人所得税法》(中华人民共和国主席令第85号,2007年12月29日)。
⑤ 《中华人民共和国个人所得税法实施条例》(中华人民共和国国务院令第519号,2008年2月18日)。
⑥ 《国家税务总局关于对中国科学院院士荣誉奖金征收个人所得税问题的复函》(国税函发[1995]351号,1995年6月29日)。
⑦ 《国家税务总局关于个人所得税有关问题的批复》(国税函[2000]57号,2000年1月18日)。
⑧ 《国家税务总局关于个人所得税有关政策问题的通知》(国税发[1999]58号,1999年4月9日)。
⑨ 《国家税务总局关于个人所得税有关政策问题的通知》(国税发[1999]58号,1999年4月9日)。

保险公司代扣代缴①。

分红型保险是人寿保险公司将分红型保险实际经营成果大于定价假设的盈余,按一定比例向保单持有人进行分配的人寿保险产品。保险公司在销售分红型保险时假设一定的"死差、利差、费差",根据目标年度实际"三差"和预计"三差"不同所产生的可分配盈余,将差额回馈给保单持有人,具有部分资金返还性质,有别于传统的险种,也不同于上述保险公司按照同期银行存款利率向保期内未出险的人寿保户支付利息的情形,不能据以作为个人投保分红型保险收益征收个人所得税的依据②。

8.3.11.5 股民个人从证券公司取得的回扣收入或交易手续费返还收入

对股民个人从证券公司取得的回扣收入或交易手续费返还收入,应按照"其他所得"项目征收个人所得税,税款由证券公司在向股民支付回扣收入或交易手续费返还收入时代扣代缴③。

8.3.11.6 个人提供担保取得收入

个人为单位或他人提供担保获得报酬,应按照"其他所得"项目缴纳个人所得税,税款由支付所得的单位或个人代扣代缴④。

8.3.11.7 个体工商户、个人独资和合伙企业取得的与生产经营活动无关的所得

个体工商户和从事生产、经营的个人,取得与生产、经营活动无关的各项应税所得,应按规定分别计算征收个人所得税⑤。

8.3.11.8 学生勤工俭学所得

在校学生因参与勤工俭学活动(包括参与学校组织的勤工俭学活动)而取得属于个人所得税法规定的应税项目的所得,应依法缴纳个人所得税⑥。

8.4 税率

个人所得税分别根据不同个人所得项目,规定了超额累进税率和比例税率两种形式。

8.4.1 工资、薪金所得的税率

工资、薪金所得,适用九级超额累进税率,税率为5%—45%⑦。(见表8-1)。

表8-1 工资、薪金所得适用税率表⑧

级数	全月应纳税所得额(含税)	税率(%)
1	不超过500元的部分	5
2	超过500元至2000元的部分	10
3	超过2000元至5000元的部分	15
4	超过5000元至20000元的部分	20
5	超过20000元至40000元的部分	25
6	超过40000元至60000元的部分	30
7	超过60000元至80000元的部分	35
8	超过80000元至100000元的部分	40
9	超过100000元的部分	45

注:本表所称全月应纳税所得额是指依照税法第六条的规定,以每月收入额减除费用2000元后的余额或者减除附加减除费用后的余额。

8.4.2 个体工商户的生产经营所得和对企事业单位的承包经营、承租经营所得的税率

个体工商户的生产、经营所得和对企事业单位的承包经营、承租经营所得,适用5%—35%的超

---

① 《国家税务总局关于未分配的投资者收益和个人人寿保险收入征收个人所得税问题的批复》(国税函〔1998〕546号,1998年9月16日)。

② 《国家税务总局关于分红型保险有关个人所得税问题的批复》(国税函〔2008〕778号,2008年9月12日)。

③ 《国家税务总局关于股民从证券公司取得的回扣收入征收个人所得税问题的批复》(国税函〔1999〕627号,1999年9月20日)。

④ 《财政部 国家税务总局关于个人所得税有关问题的批复》(财税〔2005〕94号,2005年6月2日)。

⑤ 《财政部 国家税务总局关于个人所得税若干政策问题的通知》(财税〔1994〕20号,1994年5月13日)。

⑥ 《国家税务总局关于个人所得税若干业务问题的批复》(国税函〔2002〕146号,2002年2月9日)。

⑦ 《中华人民共和国个人所得税法》(中华人民共和国主席令第85号,2007年12月29日)。

⑧ 《中华人民共和国个人所得税法》(中华人民共和国主席令第85号,2007年12月29日)。

额累进税率①(见表8-2)。

表8-2 个体工商户的生产、经营所得和对企事业单位
的承包经营、承租经营所得适用税率表②

级数	全年应纳税所得额	税率(%)
1	不超过5000元的部分	5
2	超过5000元至10000元的部分	10
3	超过10000元至30000元的部分	20
4	超过30000元至50000元的部分	30
5	超过50000元的部分	35

注:本表所称全年应纳税所得额是指依照税法第六条的规定,以每
一纳税年度的收入总额,减除成本、费用以及损失后的余额。

个人独资企业和合伙企业(简称企业)每一纳
税年度的收入总额减除成本、费用以及损失后的余
额,作为投资者个人的生产经营所得,比照个人所
得税法的"个体工商户的生产经营所得"应税项
目,适用5%—35%的五级超额累进税率,计算征
收个人所得税③。

8.4.3 稿酬所得的税率

稿酬所得,适用比例税率,税率为20%,并按
应纳税额减征30%④。

8.4.4 劳务报酬所得的税率

劳务报酬所得,适用比例税率,税率为20%。
对劳务报酬所得一次收入畸高的,可以实行加成征
收,具体办法由国务院规定⑤。

其中:劳务报酬所得一次收入畸高,是指个人
一次取得劳务报酬,其应纳税所得额超过20000
元。对应纳税所得额超过20000元至50000元的

部分,依照税法规定计算应纳税额后再按照应纳税
额加征五成;超过50000元的部分,加征十成⑥(见
表8-3)。

表8-3 劳务报酬所得适用税率表⑦

级数	含税级距(每次应纳税所得额)	税率(%)
1	不超过20000元的部分	20
2	超过20000元至50000元的部分	30
3	超过50000元的部分	40

注:1. 表中的含税级距为按照税法规定减除有关费用后的所得额。
2. 含税级距适用于由纳税人负担税款的劳务报酬所得。

8.4.5 特许权使用费所得,股息、利息、红利所得,财产租赁所得,财产转让所得,偶然所得和其他所得的税率

特许权使用费所得,利息、股息、红利所得,财
产租赁所得,财产转让所得,偶然所得和其他所得,
适用比例税率,税率为20%⑧。

8.5 计税依据

8.5.1 一般规定

(1)收入形式

个人所得的形式,包括现金、实物、有价证券和
其他形式的经济利益。所得为实物的,应当按照取
得的凭证上所注明的价格计算应纳税所得额;无凭
证的实物或者凭证上所注明的价格明显偏低的,参
照市场价格核定应纳税所得额。所得为有价证券
的,根据票面价格和市场价格核定应纳税所得额。
所得为其他形式的经济利益的,参照市场价格核定

---

① 《中华人民共和国个人所得税法》(中华人民共和国主席令第85号,2007年12月29日)。
② 《中华人民共和国个人所得税法》(中华人民共和国主席令第85号,2007年12月29日)。
③ 《财政部 国家税务总局关于印发〈关于个人独资企业和合伙企业投资者征收个人所得税的规定〉的通知》(财税[2000]91号,2000年9月19日)。
④ 《中华人民共和国个人所得税法》(中华人民共和国主席令第85号,2007年12月29日)。
⑤ 《中华人民共和国个人所得税法》(中华人民共和国主席令第85号,2007年12月29日)。
⑥ 《中华人民共和国个人所得税法实施条例》(中华人民共和国国务院令第519号,2008年2月18日)。
⑦ 《国家税务总局关于印发〈征收个人所得税若干问题的规定〉的通知》(国税发[1994]89号,1994年3月31日)。该文中关于劳务报酬所得不含税级距的规定,后来在以下两个文件中有修改或进一步明确:《国家税务总局关于明确单位或个人为纳税义务人的劳务报酬所得代付税款计算公式的通知》(国税发[1996]161号,1996年9月17日)、《国家税务总局关于明确单位或个人为纳税义务人的劳务报酬所得代付税款计算公式对应税率表的通知》(国税发[2000]192号,2000年11月24日),详见表8-10。
⑧ 《中华人民共和国个人所得税法》(中华人民共和国主席令第85号,2007年12月29日)。

应纳税所得额①。

（2）费用扣除方法②

①对工资、薪金所得，采用定额扣除的办法。

②对个体工商户的生产、经营所得和对企事业单位的承包经营、承租经营所得及财产转让所得，减除成本、费用以及损失或必要的费用。

③对劳务报酬所得、稿酬所得、特许权使用费所得、财产租赁所得，采取定额和定率两种扣除办法。

④利息、股息、红利所得和偶然所得，不得扣除任何费用。

8.5.2　捐赠支出税前扣除

8.5.2.1　捐赠支出税前扣除的一般规定

（1）教育事业和其他公益事业捐赠个人所得税税前扣除的比例

个人将其所得对教育事业和其他公益事业捐赠的部分，按照国务院有关规定从应纳税所得中扣除③。

个人将其所得对教育事业和其他公益事业的捐赠，是指个人将其所得通过中国境内的社会团体、国家机关向教育和其他社会公益事业以及遭受严重自然灾害地区、贫困地区的捐赠。捐赠额未超过纳税义务人申报的应纳税所得额 30% 的部分，可以从其应纳税所得额中扣除④。

经国务院批准，纳税人通过中国境内非营利的

社会团体、国家机关向教育事业的捐赠，准予在个人所得税前全额扣除⑤。

允许个人在税前扣除的对教育事业和其他公益事业的捐赠，其捐赠资金应属于其纳税申报期当期的应纳税所得；当期扣除不完的捐赠余额，不得转到其他应税所得项目以及以后纳税申报期的应纳税所得中继续扣除，也不允许将当期捐赠在属于以前纳税申报期的应纳税所得中追溯扣除⑥。

（2）公益性捐赠税前扣除的管理规定

详见本书企业所得税部分相关内容⑦。

8.5.2.2　捐赠支出税前扣除的特殊规定

（1）完善城镇社会保障体系试点中纳税人向慈善机构、基金会等非营利性机构公益救济性捐赠的税前扣除

对辽宁全省以及其他省、自治区、直辖市按规定确定的完善城镇社会保障体系试点地区缴纳个人所得税的纳税人，自各地区试点实施之日起，向慈善机构、基金会等非营利性机构的公益、救济性捐赠，准予在缴纳个人所得税前全额扣除。慈善机构、基金会等非营利性机构，是指依照国务院《社会团体登记管理条例》及《民办非企业单位登记管理暂行条例》规定设立的公益性、非营利性组织⑧。

（2）纳税人向红十字事业捐赠的税前扣除

自 2000 年 1 月 1 日起，个人通过非营利性的社会团体和国家机关（包括中国红十字会）向红十

---

① 《中华人民共和国个人所得税法实施条例》（中华人民共和国国务院令第 519 号，2008 年 2 月 18 日）。此前，《中华人民共和国个人所得税法实施条例》（中华人民共和国国务院令第 452 号，2005 年 12 月 19 日）规定：个人取得的应纳税所得，包括现金、实物和有价证券。所得为实物的，应当按照取得的凭证上所注明的价格计算应纳税所得额；无凭证的实物或者凭证上所注明的价格明显偏低的，由主管税务机关参照当地的市场价格核定应纳税所得额。所得为有价证券的，由主管税务机关根据票面价格和市场价格核定应纳税所得额。

② 《中华人民共和国个人所得税法》（中华人民共和国主席令第 85 号，2007 年 12 月 29 日）。

③ 《中华人民共和国个人所得税法》（中华人民共和国主席令第 89 号，2007 年 12 月 29 日）。

④ 《中华人民共和国个人所得税法实施条例》（中华人民共和国国务院令第 519 号，2008 年 2 月 18 日）。

⑤ 《财政部 国家税务总局关于教育税收政策的通知》（财税〔2004〕39 号，2004 年 2 月 5 日）。

⑥ 《国家税务总局关于个人捐赠后申请退还已缴纳个人所得税问题的批复》（国税函〔2004〕865 号，2004 年 7 月 2 日）。

⑦ 相关文件分别是：《财政部 国家税务总局 民政部关于公益性捐赠税前扣除有关问题的通知》（财税〔2008〕160 号，2008 年 12 月 31 日）；《财政部 国家税务总局关于通过公益性群众团体的公益性捐赠税前扣除有关问题的通知》（财税〔2009〕124 号，2009 年 12 月 8 日）；《财政部 国家税务总局 民政部关于公益性捐赠税前扣除有关问题的补充通知》（财税〔2010〕45 号，2010 年 7 月 21 日）。

⑧ 《财政部 国家税务总局关于完善城镇社会保障体系试点中有关所得税政策问题的通知》（财税〔2001〕9 号，2001 年 3 月 8 日）。

字事业的捐赠,在计算缴纳个人所得税时准予全额扣除①。

①"红十字事业"的认定

县级以上(含县级)红十字会,按照《中华人民共和国红十字会法》和《中国红十字会章程》所赋予的职责开展的相关活动为"红十字事业"。具体有以下十项②:

Ⅰ 红十字会为开展救灾工作兴建和管理备灾救灾设施;自然灾害和突发事件中,红十字会开展的救护和救助活动。

Ⅱ 红十字会开展的卫生救护和防病知识的宣传普及;对易发生意外伤害的行业和人群开展的初级卫生救护培训,以及意外伤害、自然灾害和现场救护。

Ⅲ 无偿献血的宣传、发动及表彰工作。

Ⅳ 中国造血干细胞捐赠者资料库(中华骨髓库)的建设与管理,以及其他有关人道主义服务工作。

Ⅴ 各级红十字会兴办的符合红十字会宗旨的社会福利事业;红十字会的人员培训、机关建设等。

Ⅵ 红十字青少年工作及其开展的活动。

Ⅶ 国际人道主义救援工作。

Ⅷ 依法开展的募捐活动。

Ⅸ 宣传国际人道主义法、红十字与红新月运动基本原则和《中华人民共和国红十字会法》。

Ⅹ 县级以上(含县级)人民政府委托红十字会办理的其他"红十字事业"。

②受赠者和转赠者的资格认定

根据各级地方红十字会机构管理体制多元化的情况,对受赠者、转赠者的资格认定为③:

Ⅰ 完全具有受赠、转赠资格的红十字会

县级以上(含县级)红十字会的管理体制及办事机构、编制经同级编制部门核定,由同级政府领导联系者为完全具有受赠者、转赠者资格的红十字会。捐赠给这些红十字会及其"红十字事业",捐赠者准予享受在计算缴纳个人所得税时全额扣除的优惠政策。

Ⅱ 部分具有受赠和转赠资格的红十字会

由政府某部门代管或挂靠在政府某一部门的县级以上(含县级)红十字会为部分具有受赠者、转赠者资格的红十字会。这些红十字会及其"红十字事业",只有在中国红十字会总会号召开展重大活动(以总会文件为准)时接受的捐赠和转赠,捐赠者方可享受在计算缴纳个人所得税时全额扣除的优惠政策。除此这外,接受定向捐赠或转赠,必须经中国红十字会总会认可,捐赠者方可享受在计算缴纳个人所得税时全额扣除的优惠政策。

③接受捐赠的红十字会应按照财务隶属关系分别使用由中央或省级财政部门统一印(监)制的捐赠票据,并加盖接受捐赠或转赠的红十字会的财务专用印章④。

(3)纳税人向农村义务教育捐赠的税前扣除⑤

自2001年7月1日起,个人通过非营利性的社会团体和国家机关向农村义务教育的捐赠,准予在缴纳个人所得税前的所得额中全额扣除。

以上所称农村义务教育的范围,是指政府和社会力量举办的农村乡镇(不含县和县级市政府所在地的镇)、村的小学和初中以及属于这一阶段的特殊教育学校。纳税人对农村义务教育与高中在一起的学校的捐赠,也享受上述的所得税前扣除政策。

接受捐赠或办理转赠的非营利性社会团体和国家机关,应按照财务隶属关系分别使用由中央或

---

① 《财政部 国家税务总局关于企业等社会力量向红十字事业捐赠有关所得税政策问题的通知》(财税[2000]30号,2000年7月12日)。

② 《财政部 国家税务总局关于企业等社会力量向红十字事业捐赠有关问题的通知》(财税[2001]28号,2001年3月8日)。

③ 《财政部 国家税务总局关于企业等社会力量向红十字事业捐赠有关问题的通知》(财税[2001]28号,2001年3月8日)。

④ 《财政部 国家税务总局关于企业等社会力量向红十字事业捐赠有关问题的通知》(财税[2001]28号,2001年3月8日)。

⑤ 《财政部 国家税务总局关于纳税人向农村义务教育捐赠有关所得税政策的通知》(财税[2001]103号,2001年6月21日)。

省级财政部门统一印(监)制的捐赠票据,并加盖接受捐赠或转赠单位的财务专用印章。税务机关据此对捐赠单位和个人进行税前扣除。

(4)纳税人向公益性青少年活动场所捐赠的税前扣除①

个人通过非营利性社会团体和国家机关对公益性青少年活动场所(其中包括新建)的捐赠,在缴纳个人所得税前准予全额扣除。

以上所称公益性青少年活动场所,是指专门为青少年学生提供科技、文化、德育、爱国主义教育、体育活动的青少年宫、青少年活动中心等校外活动的公益性场所。

(5)纳税人向非营利性老年服务机构捐赠的税前扣除②

自 2000 年 10 月 1 日起,对个人通过非营利性社会团体和政府部门向福利性、非营利性老年服务机构的捐赠,在缴纳个人所得税前准予全额扣除。

以上所称老年服务机构,是指专门为老年人提供生活照料、文化、护理、健身等多方面服务的福利性、非营利性机构,主要包括:老年社会福利院、敬老院(养老院)、老年服务中心、老年公寓(含老年护理院、康复中心、托老所)等。

(6)纳税人通过中国老龄事业发展基金会等 8 家单位用于公益救济性捐赠的税前扣除

从 2006 年 1 月 1 日起,对个人通过中国老龄事业发展基金会、中国华文教育基金会、中国绿化基金会、中国妇女发展基金会、中国关心下一代健康体育基金会、中国生物多样性保护基金会、中国儿童少年基金会和中国光彩事业基金会用于公益救济性捐赠,准予在缴纳个人所得税前全额扣除③。

(7)纳税人通过宋庆龄基金会等 6 家单位用于公益救济性捐赠的税前扣除

从 2004 年 1 月 1 日起,对个人通过宋庆龄基金会、中国福利会、中国残疾人福利基金会、中国扶贫基金会、中国煤矿尘肺病治疗基金会、中华环境保护基金会用于公益救济性的捐赠,准予在缴纳个人所得税前全额扣除④。

(8)纳税人通过中国医药卫生事业发展基金会用于公益救济性捐赠的税前扣除

自 2006 年 1 月 1 日起,个人通过中国医药卫生事业发展基金会用于公益救济性的捐赠,准予在缴纳个人所得税前全额扣除⑤。

(9)纳税人通过中国教育发展基金会用于公益救济性捐赠的税前扣除

自 2006 年 1 月 1 日起,个人通过中国教育发展基金会用于公益救济性捐赠,准予在缴纳个人所得税前全额扣除⑥。

(10)纳税人向中华健康快车基金会等 5 家单位捐赠的税前扣除

---

① 《财政部 国家税务总局关于对青少年活动场所、电子游戏厅有关所得税和营业税政策问题的通知》(财税[2000]21 号,2000 年 7 月 18 日)。

② 《财政部 国家税务总局关于对老年服务机构有关税收政策问题的通知》(财税[2000]97 号,2000 年 11 月 24 日)。

③ 《财政部 国家税务总局关于中国老龄事业发展基金会等 8 家单位捐赠所得税政策问题的通知》(财税[2006]66 号,2006 年 6 月 6 日)。此前,《国家税务总局关于纳税人通过中国妇女发展基金会的公益救济性捐赠税前扣除问题的通知》(国税函[2002] 973 号,2002 年 11 月 19 日)规定,对纳税人通过中国妇女发展基金会的公益救济性捐赠,个人所得税纳税人在应纳税所得额 30% 以内的部分,允许在税前扣除。根据《国家税务总局关于公布全文失效废止 部分条款失效废止的税收规范性文件目录的公告》(国家税务总局公告 2011 年第 2 号,2011 年 1 月 4 日),国税函[2002]973 号被公布全文失效废止。

④ 《财政部 国家税务总局关于向宋庆龄基金会等 6 家单位捐赠所得税政策问题的通知》(财税[2004]172 号,2004 年 10 月 15 日)。此前,《国家税务总局关于纳税人向中华环境保护基金会的捐赠税前扣除问题的通知》(国税函[2003]762 号,2003 年 6 月 30 日)规定,对纳税人向中华环境保护基金会的捐赠,可纳入公益救济性捐赠范围,个人所得税纳税人捐赠额不超过应纳税所得额 30% 的部分,允许在税前扣除。根据《国家税务总局关于公布全文失效废止 部分条款失效废止的税收规范性文件目录的公告》(国家税务总局公告 2011 年第 2 号,2011 年 1 月 4 日),国税函[2003]762 号被公布全文失效废止。

⑤ 《财政部 国家税务总局关于中国医药卫生事业发展基金会捐赠所得税政策问题的通知》(财税[2006]67 号,2006 年 6 月 6 日)。

⑥ 《财政部 国家税务总局关于中国教育发展基金会捐赠所得税政策问题的通知》(财税[2006]68 号,2006 年 6 月 6 日)。

自 2003 年 1 月 1 日起,个人向中华健康快车基金会、孙冶方经济科学基金会、中华慈善总会、中国法律援助基金会和中华见义勇为基金会的捐赠,准予在缴纳个人所得税前全额扣除①。

(11)纳税人对研究机构、高等院校研发资助的税前扣除

从 1999 年 10 月 1 日起,社会力量资助科研机构、高等学校的研究开发经费个人所得税税前扣除按以下规定执行②:

①社会力量对科研机构、高等学校研究开发经费的税前扣除,是指个人和个体工商业户对非关联的科研机构和高等学校研究开发新产品、新技术、新工艺所发生的研究开发经费的资助。

②社会力量资助研究开发经费的支出,是指纳税人通过中国境内非营利性社会团体、国家机关向科研机构和高等学校研究开发经费的资助。纳税人直接向科研机构和高等学校的资助不允许在税前扣除。

③个人的所得(不含偶然所得,经国务院财政部门确定征税的其他所得)用于资助的,可以全额在下月(工资薪金所得)或下次(按次计征的所得)或当年(按年计征的所得)计征个人所得税时,从应纳税所得额中扣除,不足抵扣的,不得结转抵扣。

④社会力量向科研机构和高等学校资助研究开发经费申请抵扣应纳税所得额时,须提供以下资料:

Ⅰ 中国境内非营利性社会团体、国家机关出具的收到资助资金和用途的书面证明;

Ⅱ 科研机构和高等学校研究开发新产品、新技术、新工艺的项目计划;

Ⅲ 科研机构和高等学校开具的资金收款证明;

Ⅳ 税务机关要求提供的其他相关资料。

纳税人不能提供以上资料的,税务机关不予受理。

(12)纳税人对宣传文化事业捐赠的税前扣除

社会力量通过国家批准成立的中华社会文化发展基金会等非营利性的公益组织或国家机关对下列宣传文化事业的捐赠,纳入公益性捐赠范围,经税务机关审核后,纳税人缴纳个人所得税时,捐赠额未超过申报的应纳税所得额 30% 的部分,可从其应纳税所得额中扣除③:

①对国家重点交响乐团、芭蕾舞团、歌剧团、京剧团和其他民族艺术表演团体的捐赠。

②对公益性的图书馆、博物馆、科技馆、美术馆、革命历史纪念馆的捐赠。

③对重点文物保护单位的捐赠。

④对文化行政管理部门所属的非生产经营性的文化馆或群众艺术馆接受的社会公益性活动、项目和文化设施等方面的捐赠。

(13)纳税人通过光华科技基金会用于公益救济性捐赠的税前扣除

纳税人将其应纳税所得通过光华科技基金会向教育、民政部门以及遭受自然灾害地区、贫困地区的公益、救济性捐赠,个人在应纳税所得额 30%

---

① 《财政部 国家税务总局关于向中华健康快车基金会等 5 家单位的捐赠所得税税前扣除问题的通知》(财税[2003]204 号,2003 年 9 月 22 日)。此前,《国家税务总局关于纳税人向中国法律援助基金会捐赠税前扣除问题的通知》(国税函[2003]722 号,2003 年 6 月 24 日)规定,纳税人向中国法律援助基金会的捐赠,并用于法律援助事业的,可按税收法律、法规规定的比例在所得税前扣除。根据《国家税务总局关于公布全文失效废止 部分条款失效废止的税收规范性文件目录的公告》(国家税务总局公告 2011 年第 2 号,2011 年 1 月 4 日),国税函[2003]722 号被公布全文失效废止。

② 《国家税务总局关于贯彻落实〈中共中央国务院关于加强技术创新,发展高科技,实现产业化的决定〉有关所得税问题的通知》(国税发[2000]24 号,2000 年 2 月 1 日)。

③ 《国务院关于支持文化事业发展若干经济政策的通知》(国发[2000]41 号,2000 年 12 月 18 日)。《国家税务总局关于企业等社会力量向中华社会文化发展基金会的公益救济性捐赠税前扣除问题的通知》(国税发[2002]890 号,2002 年 10 月 8 日)。但根据《国家税务总局关于公布全文失效废止 部分条款失效废止的税收规范性文件目录的公告》(国家税务总局公告 2011 年第 2 号,2011 年 1 月 4 日),国税发[2002]890 号已被公布全文失效废止。

以内的部分,准予在税前扣除①。

(14)纳税人对中国人口福利基金会捐赠的税前扣除

纳税人向中国人口福利基金会的公益、救济性捐赠,个人在申报应纳税所得额30%以内的部分,准予在税前扣除②。

(15)纳税人通过中国光彩事业促进会用于公益救济性捐赠的税前扣除

对纳税人通过中国光彩事业促进会的公益救济性捐赠,个人所得税纳税人在应纳税所得额30%以内的部分,允许在缴纳所得税前扣除③。

(16)纳税人通过中国初级卫生保健基金会用于公益救济性捐赠的税前扣除

对纳税人通过中国初级卫生保健基金会的捐赠,个人不超过应纳税所得额30%的部分,允许在所得税前扣除④。

(17)纳税人通过阎宝航教育基金会用于公益救济性捐赠的税前扣除

纳税人通过阎宝航教育基金会的公益救济性捐赠,个人在申报应纳税所得额30%以内部分,准予在税前扣除⑤。

(18)纳税人订阅《人民日报》、《求是》杂志向贫困地区捐赠的税前扣除

对工商企业订阅《人民日报》、《求是》杂志捐赠给贫困地区的费用支出,视同公益救济性捐赠,可按个人所得税法及其实施条例规定的比例,在缴纳个人所得税时予以税前扣除⑥。

(19)纳税人向中国高级检察官教育基金会捐赠的税前扣除

对纳税人向中国高级检察官教育基金会的捐赠,捐赠额在个人所得税应纳税所得额30%以内的部分,准予税前扣除⑦。

(20)纳税人向民政部紧急救援促进中心捐赠的税前扣除

对纳税人向民政部紧急救援促进中心的捐赠,捐赠额在个人所得税应纳税所得额30%以内的部分,准予税前扣除⑧。

(21)纳税人通过中国经济改革研究基金会捐赠的税前扣除

纳税人通过中国经济改革研究基金会捐赠的公益、救济性捐赠,未超过申报的个人所得税应纳

---

① 《国家税务总局关于纳税人通过光华科技基金会的公益、救济性捐赠税前扣除问题的通知》(国税函〔2001〕164号,2001年2月27日)。根据《国家税务总局关于公布全文失效废止 部分条款失效废止的税收规范性文件目录的公告》(国家税务总局公告2011年第2号,2011年1月4日),该文已被公布失效废止。

② 《国家税务总局关于纳税人向中国人口福利基金会捐赠税前扣除问题的通知》(国税函〔2001〕214号,2001年3月22日)。根据《国家税务总局关于公布全文失效废止 部分条款失效废止的税收规范性文件目录的公告》(国家税务总局公告2011年第2号,2011年1月4日),该文已被公布失效废止。

③ 《国家税务总局关于纳税人通过中国光彩事业促进会的公益救济性捐赠税前扣除问题的通知》(国税函〔2003〕78号,2003年1月23日)。根据《国家税务总局关于公布全文失效废止 部分条款失效废止的税收规范性文件目录的公告》(国家税务总局公告2011年第2号,2011年1月4日),该文已被公布失效废止。

④ 《国家税务总局关于纳税人通过中国初级卫生保健基金会的公益救济性捐赠税前扣除问题的通知》(国税函〔2003〕763号,2003年6月30日)。

⑤ 《国家税务总局关于纳税人通过阎宝航教育基金会的公益救济性捐赠税前扣除问题的通知》(国税函〔2004〕341号,2004年3月8日)。根据《国家税务总局关于公布全文失效废止 部分条款失效废止的税收规范性文件目录的公告》(国家税务总局公告2011年第2号,2011年1月4日),该文已被公布失效废止。

⑥ 《财政部 国家税务总局关于工商企业订阅党报党刊有关所得税税前扣除问题的通知》(财税〔2003〕224号,2003年11月10日)。

⑦ 《国家税务总局关于纳税人向中国高级检察官教育基金会的捐赠所得税税前扣除问题的通知》(国税函〔2005〕952号,2005年10月13日)。根据《国家税务总局关于公布全文失效废止 部分条款失效废止的税收规范性文件目录的公告》(国家税务总局公告2011年第2号,2011年1月4日),该文已被公布失效废止。

⑧ 《国家税务总局关于纳税人向民政部紧急救援促进中心的捐赠所得税税前扣除问题的通知》(国税函〔2005〕953号,2005年10月13日)。根据《国家税务总局关于公布全文失效废止 部分条款失效废止的税收规范性文件目录的公告》(国家税务总局公告2011年第2号,2011年1月4日),该文已被公布失效废止。

税所得额 30% 的部分,准予在缴纳个人所得税前据实扣除①。

(22)纳税人通过香江社会救助基金会用于公益救济性捐赠的税前扣除

纳税人通过香江社会救助基金会捐赠的公益、救济性捐赠,未超过申报的个人所得税应纳税所得额 30% 的部分,准予在缴纳个人所得税前据实扣除②。

(23)纳税人通过中国金融教育发展基金会等10 家单位用于公益救济性捐赠的税前扣除

从 2006 年 1 月 1 日起,对个人通过中国金融教育发展基金会、中国国际民间组织合作促进会、中国社会工作协会孤残儿童救助基金管理委员会、中国发展研究基金会、陈嘉庚科学奖基金会、中国友好和平发展基金会、中华文学基金会、中华农业科教基金会、中国少年儿童文化艺术基金会和中国公安英烈基金会用于公益救济性捐赠,在申报应纳税所得额 30% 以内的部分,准予在计算缴纳个人所得税税前扣除③。

(24)纳税人通过中国青少年社会教育基金会等 16 家单位用于公益救济性捐赠的税前扣除

自 2007 年 1 月 1 日起,对企业、事业单位、社会团体和个人等社会力量通过中国青少年社会教育基金会、中国职工发展基金会、中国西部人才开发基金会、中远慈善基金会、张学良基金会、周培源基金会、中国孔子基金会、中华思源工程扶贫基金会、中国交响乐发展基金会、中国肝炎防治基金会、

中国电影基金会、中华环保联合会、中国社会工作协会、中国麻风防治协会、中国扶贫开发协会和中国国际战略研究基金会等16 家单位用于公益救济性的捐赠,个人在申报应纳税所得额 30% 以内的部分,准予在计算缴纳个人所得税税前扣除④。

(25)纳税人捐赠住房作为廉租住房的税前扣除

个人捐赠住房作为廉租住房的,捐赠额未超过其申报的应纳税所得额 30% 的部分,准予从其应纳税所得额中扣除。廉租住房须符合《国务院关于解决城市低收入家庭住房困难的若干意见》(国发〔2007〕24 号)及《廉租住房保障办法》(建设部等 9 部委令第 162 号)的规定;廉租住房经营管理单位为县级以上人民政府主办或确定的单位⑤。

8.6 应纳税额

8.6.1 工资、薪金所得的计税方法

8.6.1.1 应纳税所得额

(1)基本费用扣除

自 2008 年 3 月 1 日起,工资、薪金所得,以每月收入额减除费用 2000 元后的余额,为应纳税所得额⑥。

纳税人 2008 年 3 月 1 日前实际取得的工资、薪金所得,无论税款是否在 2008 年 3 月 1 日以后入库,均应适用每月 1600 元的减除费用标准,计算缴纳个人所得税;2008 年 3 月 1 日(含)起,纳税人实际取得的工资、薪金所得,适用每月 2000 元的减

---

① 《国家税务总局关于纳税人通过中国经济改革研究基金会捐赠所得税前扣除问题的通知》(国税函〔2006〕326 号,2006 年 4 月 3 日)。根据《国家税务总局关于公布全文失效废止 部分条款失效废止的税收规范性文件目录的公告》(国家税务总局公告 2011 年第 2 号,2011 年 1 月 4 日),该文已被公布失效废止。

② 《国家税务总局关于纳税人通过香江社会救助基金会捐赠所得税前扣除问题的通知》(国税函〔2006〕324 号,2006 年 4 月 4 日)。根据《国家税务总局关于公布全文失效废止 部分条款失效废止的税收规范性文件目录的公告》(国家税务总局公告 2011 年第 2 号,2011 年 1 月 4 日),该文已被公布失效废止。

③ 《财政部 国家税务总局关于中国金融教育发展基金会等 10 家单位公益救济性捐赠所得税税前扣除问题的通知》(财税〔2006〕73 号,2006 年 6 月 27 日)。

④ 《财政部 国家税务总局关于中国青少年社会教育基金会等 16 家单位公益救济性捐赠所得税税前扣除问题的通知》(财税〔2007〕112 号,2007 年 7 月 31 日)。

⑤ 《财政部 国家税务总局关于廉租住房经济适用住房和住房租赁有关税收政策的通知》(财税〔2008〕24 号,2008 年 3 月 3 日)。上述政策自 2007 年 8 月 1 日起执行,文到之日前已征税款在以后应缴税款中抵减。

⑥ 《中华人民共和国个人所得税法》(中华人民共和国主席令第 85 号,2007 年 12 月 29 日)。

除费用标准,计算缴纳个人所得税①。

(2)附加减除费用

对在中国境内无住所而在中国境内取得工资、薪金所得的纳税义务人和在中国境内有住所而在中国境外取得工资、薪金所得的纳税义务人,可以根据其平均收入水平、生活水平以及汇率变化情况确定附加减除费用,附加减除费用适用的范围和标准由国务院规定②。

上述在中国境外取得工资、薪金所得,是指在中国境外任职或者受雇而取得的工资、薪金所得③。

其中:附加减除费用,是指每月在减除 2000 元费用的基础上,再减除 2800 元④。

以上所说的附加减除费用适用的范围,是指⑤:

①在中国境内的外商投资企业和外国企业中工作的外籍人员;

②应聘在中国境内的企业、事业单位、社会团体、国家机关中工作的外籍专家;

③在中国境内有住所而在中国境外任职或者受雇取得工资、薪金所得的个人;

④国务院财政、税务主管部门确定的其他人员。

华侨和香港、澳门、台湾同胞,参照上述规定执行。

根据《国务院侨务办公室关于印发〈关于界定华侨外籍华人归侨侨眷身份的规定〉的通知》(国侨发[2009]5 号)的规定,华侨是指定居在国外的中国公民。具体界定如下⑥:

①定居是指中国公民已取得住在国长期或者永久居留权,并已在住在国连续居留两年,两年内累计居留不少于 18 个月。

②中国公民虽未取得住在国长期或者永久居留权,但已取得住在国连续 5 年以上(含 5 年)合法居留资格,5 年内在住在国累计居留不少于 30 个月,视为华侨。

③中国公民出国留学(包括公派和自费)在外学习期间,或因公务出国(包括外派劳务人员)在外工作期间,均不视为华侨。

对符合上述规定的华侨身份的人员,其在中国工作期间取得的工资、薪金所得,税务机关可根据纳税人提供的证明其华侨身份的有关证明材料,按照个人所得税法实施条例第三十条规定在计算征收个人所得税时,适用附加减除费用⑦。

8.6.1.2　应纳税额的计算

对适用超额累进税率的工资、薪金所得,可运用速算扣除数法计算应纳税额的公式为⑧:

应纳税额=应纳税所得额×适用税率-速算扣除数

适用超额累进税率的应税所得计算应纳税额的速算扣除数,详见表 8-4。

---

① 《国家税务总局关于个人所得税工资、薪金所得减除费用标准政策衔接问题的通知》(国税发[2008]20 号,2008 年 2 月 20 日)。根据《国家税务总局关于公布全文失效废止 部分条款失效废止的税收规范性文件目录的公告》(国家税务总局公告 2011 年第 2 号,2011 年 1 月 4 日),该文件已被公布全文失效废止,但个人所得税工资、薪金所得基本费用扣除标准仍为每月 2000 元。
② 《中华人民共和国个人所得税法》(中华人民共和国主席令第 85 号,2007 年 12 月 29 日)。
③ 《中华人民共和国个人所得税法实施条例》(中华人民共和国国务院令第 519 号,2008 年 2 月 18 日)。
④ 《中华人民共和国个人所得税法实施条例》(中华人民共和国国务院令第 519 号,2008 年 2 月 18 日)。此前的《中华人民共和国个人所得税法实施条例》(中华人民共和国国务院令第 142 号,1994 年 1 月 28 日)规定附加减除费用,是指每月在减除 800 元费用的基础上,再减除 3200 元。《中华人民共和国个人所得税法实施条例》(中华人民共和国国务院令第 452 号,2005 年 12 月 19 日)规定附加减除费用,是指每月在减除 1600 元费用的基础上,再减除 3200 元。
⑤ 《中华人民共和国个人所得税法实施条例》(中华人民共和国国务院令第 519 号,2008 年 2 月 18 日)。此前的《中华人民共和国个人所得税法实施条例》(中华人民共和国国务院令第 452 号,2005 年 12 月 19 日)规定第④项为:财政部确定的其他人员。
⑥ 《国家税务总局关于明确个人所得税若干政策执行问题的通知》(国税发[2009]121 号,2009 年 8 月 17 日)。
⑦ 《国家税务总局关于明确个人所得税若干政策执行问题的通知》(国税发[2009]121 号,2009 年 8 月 17 日)。
⑧ 《国家税务总局关于印发〈征收个人所得税若干问题的规定〉的通知》(国税发[1994]89 号,1994 年 3 月 31 日)。

表 8-4　工资、薪金所得不含税收入适用税率表①
（工资、薪金所得适用）

级数	含税级距	不含税级距	税率（%）	速算扣除数
1	不超过 500 元的部分	不超过 475 元的部分	5	0
2	超过 500 元至 2000 元的部分	超过 475 元至 1825 元的部分	10	25
3	超过 2000 元至 5000 元的部分	超过 1825 元至 4375 元的部分	15	125
4	超过 5000 元至 20000 元的部分	超过 4375 元至 16375 元的部分	20	375
5	超过 20000 元至 40000 元的部分	超过 16375 元至 31375 元的部分	25	1375
6	超过 40000 元至 60000 元的部分	超过 31375 元至 45375 元的部分	30	3375
7	超过 60000 元至 80000 元的部分	超过 45375 元至 58375 元的部分	35	6375
8	超过 80000 元至 100000 元的部分	超过 58375 元至 70375 元的部分	40	10375
9	超过 100000 元的部分	超过 70375 元的部分	45	15375

注：1. 表中所列含税级距与不含税级距，均为按照税法规定减除有关费用后的所得额。

　　2. 含税级距适用于由纳税人负担税款的工资、薪金所得；不含税级距适用于由他人（单位）代付税款的工资、薪金所得。

8.6.1.3　雇主为其雇员负担工资、薪金个人所得税的处理

（1）雇主全额为其雇员负担税款的情形

雇主（单位或个人）为纳税义务人负担全部个人所得税税款，应将纳税义务人取得的不含税收入换算为应纳税所得额，计算征收个人所得税。计算公式如下②：

公式 1：应纳税所得额 =（不含税收入额−费用扣除标准−速算扣除数）÷（1−税率）

公式 2：应纳税额 = 应纳税所得额×适用税率−速算扣除数

公式 1 中的税率，是指不含税所得按不含税级距对应的税率；公式 2 中的税率，是指应纳税所得额按含税级距对应的税率。

（2）雇主为其雇员负担部分税款的情形

①雇主为其雇员定额负担税款的，应将雇员取得的工资薪金所得换算成应纳税所得额后，计算征收个人所得税。工资薪金收入换算成应纳税所得额的计算公式为③：

应纳税所得额 = 雇员取得的工资+雇主代雇员

负担的税款−费用扣除标准

②雇主为其雇员负担一定比例的工资应纳的税款或者负担一定比例的实际应纳税款的，应将上述公式 1 中"不含税收入额"替换为"未含雇主负担的税款的收入额"，同时将速算扣除数和税率二项分别乘以雇主"负担比例"，以其未含雇主负担税款的收入额换算成应纳税所得额，并计算应纳税款。即④：

应纳税所得额 =（未含雇主负担的税款的收入额−费用扣除标准−速算扣除数×负担比例）÷（1−税率×负担比例）

应纳税额 = 应纳税所得额×适用税率−速算扣除数

（3）雇主为其雇员负担超过原居住国税款的情形

一些外商投资企业和外国企业在华的机构场所，为其受派到中国境内工作的雇员负担超过原居住国的税款。如：雇员在华应纳税额中相当于按其在原居住国税法计算的应纳税额部分（简称原居住国税额），仍由雇员负担并由雇主在支付雇员工

---

① 《国家税务总局关于印发〈征收个人所得税若干问题的规定〉的通知》（国税发〔1994〕89 号，1994 年 3 月 31 日）。

② 《国家税务总局关于印发〈征收个人所得税若干问题的规定〉的通知》（国税发〔1994〕89 号，1994 年 3 月 31 日）。

③ 《国家税务总局关于雇主为其雇员负担个人所得税税款计征问题的通知》（国税发〔1996〕199 号，1996 年 11 月 8 日）。

④ 《国家税务总局关于雇主为其雇员负担个人所得税税款计征问题的通知》（国税发〔1996〕199 号，1996 年 11 月 8 日）。

资时从工资中扣除,代为缴税;若按中国税法计算的税款超过雇员原居住国税额的,超过部分另外由其雇主负担。对此类情况,按下列原则处理①:

将雇员取得的不含税工资(即:扣除了原居住国税额的工资),按上述公式1,换算成应纳税所得额,计算征收个人所得税;如果计算出的应纳税所得额小于按该雇员的实际工资、薪金收入(即:未扣除原居住国税额的工资)计算的应纳税所得额的,应按其雇员的实际工资薪金收入计算征收个人所得税。

8.6.1.4　境内、境外分别取得工资、薪金所得的税务处理

在中国境内有住所,或者无住所而在境内居住满一年的个人,从中国境内和境外取得的所得,应当分别计算应纳税额②。

纳税义务人在境内、境外同时取得工资、薪金所得的,应根据个人所得税法实施条例第五条规定的原则,判断其境内、境外取得的所得是否来源于一国的所得。纳税义务人能够提供在境内、境外同时任职或者受雇及其工资、薪金标准的有效证明文件,可判定其所得是来源于境内和境外所得,应按税法和条例的规定分别减除费用并计算纳税;不能提供上述证明文件的,应视为来源于一国的所得,如其任职或者受雇单位在中国境内,应为来源于中国境内的所得,如其任职或受雇单位在中国境外,应为来源于中国境外的所得③。

8.6.1.5　雇佣和派遣单位分别向个人支付工资、薪金的税务处理④

(1)在外商投资企业、外国企业和外国驻华机构工作的中方人员取得的工资、薪金收入,凡是由雇佣单位和派遣单位分别支付的,支付单位应按规定代扣代缴个人所得税。纳税义务人应以每月全部工资、薪金收入减除规定费用后的余额为应纳税所得额。对雇佣单位和派遣单位分别支付工资、薪金的,采取由支付者中的一方减除费用的方法,即只由雇佣单位在支付工资、薪金时,按税法规定减除费用,计算扣缴个人所得税;派遣单位支付的工资、薪金不再减除费用,以支付全额直接确定适用税率,计算扣缴个人所得税。

上述纳税义务人,应持两处支付单位提供的原始明细工资、薪金单(书)和完税凭证原件,选择并固定到一地税务机关申报每月工资、薪金收入,汇算清缴其工资、薪金收入的个人所得税,多退少补。具体申报期限,由各省、自治区、直辖市地方税务局确定。

(2)对外商投资企业、外国企业和外国驻华机构发放给中方工作人员的工资、薪金所得,应全额征税。但对可以提供有效合同或有关凭证,能够证明其工资、薪金所得的一部分按照有关规定上缴派遣(介绍)单位的,可扣除其实际上缴的部分,按其余额计征个人所得税。

8.6.1.6　个人取得全年一次性奖金的税务处理

(1)个人取得含税全年一次性奖金的计税方法

全年一次性奖金是指行政机关、企事业单位等扣缴义务人根据其全年经济效益和对雇员全年工作业绩的综合考核情况,向雇员发放的一次性奖金。一次性奖金也包括年终加薪、实行年薪制和绩效工资办法的单位根据考核情况兑现的年薪和绩效工资。自2005年1月1日起,个人取得全年一

---

① 《国家税务总局关于雇主为其雇员负担个人所得税税款计征问题的通知》(国税发〔1996〕199号,1996年11月8日)。
② 《中华人民共和国个人所得税法实施条例》(中华人民共和国国务院令第519号,2008年2月18日)。
③ 《国家税务总局关于印发〈征收个人所得税若干问题的规定〉的通知》(国税发〔1994〕89号,1994年3月31日)。
④ 《国家税务总局关于印发〈征收个人所得税若干问题的规定〉的通知》(国税发〔1994〕89号,1994年3月31日)。此外,《国家税务总局海洋石油税务管理局关于中国海洋石油总公司取得的服务收入征税问题的通知》(国税油发〔1994〕11号,1994年5月16日)规定,对中国海洋石油公司派出人员个人从雇佣单位和中国海洋石油公司实际取得的工资、薪金所得,也照此缴纳个人所得税。

次性奖金按以下规定纳税①：

纳税人取得全年一次性奖金，单独作为一个月工资、薪金所得计算纳税，由扣缴义务人发放时代扣代缴。

①先将雇员当月内取得的全年一次性奖金，除以12个月，按其商数确定适用税率和速算扣除数。

如果在发放年终一次性奖金的当月，雇员当月工资薪金所得低于税法规定的费用扣除额，应将全年一次性奖金减除"雇员当月工资薪金所得与费用扣除额的差额"后的余额，按上述办法确定全年一次性奖金的适用税率和速算扣除数。

②将雇员个人当月内取得的全年一次性奖金，按①确定的适用税率和速算扣除数计算征税，计算公式如下：

Ⅰ 如果雇员当月工资、薪金所得高于（或等于）税法规定的费用扣除额的，适用公式为：

应纳税额＝雇员当月取得全年一次性奖金×适用税率－速算扣除数

Ⅱ 如果雇员当月工资薪金所得低于税法规定的费用扣除额的，适用公式为：

应纳税额＝（雇员当月取得全年一次性奖金－雇员当月工资、薪金所得与费用扣除额的差额）×适用税率－速算扣除数

③在一个纳税年度内，对每一个纳税人，该计税办法只允许采用一次。

④实行年薪制和绩效工资的单位，个人取得年终兑现的年薪和绩效工资按上述第②条、第③条执行。

⑤雇员取得除全年一次性奖金以外的其他各种名目奖金，如半年奖、季度奖、加班奖、先进奖、考勤奖等，一律与当月工资、薪金收入合并，按税法规定缴纳个人所得税。

⑥对无住所个人取得第⑤条所述的各种名目奖金，如果该个人当月在我国境内没有纳税义务，或者该个人由于出入境原因导致当月在我国工作时间不满一个月的，按照《国家税务总局关于在中国境内无住所的个人取得奖金征税问题的通知》（国税发〔1996〕183号）计算纳税，即：对上述个人取得的奖金，可单独作为一个月的工资，薪金所得，并不再减除费用，全额作为应纳税所得额直接按适

---

① 《国家税务总局关于调整个人取得全年一次性奖金等计算征收个人所得税方法问题的通知》（国税发〔2005〕9号，2005年1月21日）。此前，《国家税务总局关于印发〈征收个人所得税若干问题的规定〉的通知》（国税发〔1994〕89号，1994年3月31日）规定，纳税人一次取得属于数月的奖金或年终加薪、劳动分红，一般应将全部奖金或年终加薪、劳动分红同当月份的工资、薪金合并计征个人所得税。但对于合并计算后提高适用税率的，可采取以月份所属奖金或年终加薪、劳动分红加当月份工资、薪金，减去当月份费用扣除标准后的余额为基数确定适用税率，然后，将当月份工资、薪金加上全部奖金或年终加薪、劳动分红，减去当月份费用扣除标准后的余额，按适用税率计算征收个人所得税。对按上述方法计算无应纳税所得额的，免予征税；《国家税务总局关于在中国境内有住所的个人取得奖金征税问题的通知》（国税发〔1996〕206号，1996年11月13日）规定：对在中国境内有住所的个人一次取得数月奖金或年终加薪、劳动分红（简称奖金，不包括应按月支付的奖金）可单独作为一个月的工资、薪金所得计算纳税。由于对每月的工资、薪金所得计税时已按月扣除了费用，因此，对上述奖金原则上不再减除费用，全额作为应纳税所得额直接按适用税率计算应纳税款。如果纳税人取得奖金当月的工资、薪金所得不足800元的，可将奖金收入减除"当月工资与800元的差额"后的余额作为应纳税所得额，并据以计算应纳税款。上述规定自1996年11月1日起执行，凡以前规定与本规定不一致的，按本规定执行；《国家税务总局关于企业经营者试行年薪制后如何计征个人所得税的通知》（国税发〔1996〕107号，1996年6月20日）规定：自1996年1月1日起，对试行年薪制的企业经营者取得的工资、薪金所得应纳的税款，可以实行按年计算、分月预缴的方式计征，即企业经营者按月领取的基本收入，应在减除800元的费用后，按适用税率计算应纳税款并预缴，年度终了领取效益收入后，合计其全年基本收入和效益收入，再按12个月平均计算实际应纳的税款。用公式表示为：应纳税额＝（全年基本收入和效益收入/12－费用扣除标准）×税率－速算扣除数）×12。国税发〔2005〕9号实施后，国税发〔1996〕206号和国税发〔1996〕107号同时废止。此外，《国家税务总局关于个人所得税若干政策问题的批复》（国税函〔2002〕629号，2002年7月12日）规定，国家机关、事业单位、企业和其他单位在实行"双薪制"（按国家规定为雇员多发放一个月的工资）后，个人因此而取得的"双薪"，应单独作为一个月工资、薪金所得计征个人所得税。对"双薪"所得原则上不再扣除费用，应全额作为应纳税所得额按适用税率计算纳税，但如果纳税人取得"双薪"当月的工资、薪金所得不足800元的，应以"双薪"所得与当月工资、薪金所得合并减除800元后的余额作为应纳税所得额，计算缴纳个人所得税。根据《国家税务总局关于明确个人所得税若干政策执行问题的通知》（国税发〔2009〕121号，2009年8月17日）和《国家税务总局关于公布全文失效废止 部分条款失效废止的税收规范性文件目录的公告》（国家税务总局公告2011年第2号，2011年1月4日），国税函〔2002〕629号上述规定失效。

用税率计算应纳税款,并且不再按居住天数进行划分计算。

(2)个人取得不含税全年一次性奖金的计税方法

企业所得税的纳税人、个人独资和合伙企业、个体工商户为个人支付的个人所得税款,不得在所得税前扣除。根据《国家税务总局关于印发〈征收个人所得税若干问题的规定〉的通知》(国税发[1994]89号)第十四条的规定,不含税全年一次性奖金换算为含税奖金计征个人所得税的具体方法为①:

①按照不含税的全年一次性奖金收入除以12的商数,查找相应适用税率A和速算扣除数A;

②含税的全年一次性奖金收入=(不含税的全年一次性奖金收入-速算扣除数A)÷(1-适用税率A);

③按含税的全年一次性奖金收入除以12的商数,重新查找适用税率B和速算扣除数B;

④应纳税额=含税的全年一次性奖金收入×适用税率B-速算扣除数B

如果纳税人取得不含税全年一次性奖金收入的当月工资薪金所得,低于税法规定的费用扣除额,应先将不含税全年一次性奖金减去当月工资薪金所得低于税法规定费用扣除额的差额部分后,再按照上述规定处理。

8.6.1.7　个人与用人单位解除劳动合同取得一次性补偿收入的税务处理

(1)个人因与用人单位解除劳动关系而取得的一次性补偿收入(包括用人单位发放的经济补偿金、生活补助费和其他补助费用),其收入在当地上年职工平均工资3倍数额以内的部分,免征个人所得税;超过的部分按照以下规定,计算征收个人所得税。此前已发生而尚未进行税务处理的一次性补偿收入也按此规定执行②:

①对个人因解除劳动合同而取得一次性经济补偿收入,应按"工资、薪金所得"项目计征个人所得税③。

②鉴于个人取得的一次性经济补偿收入数额较大,且被解聘的人员可能在一段时间内没有固定收入,对于个人取得的一次性经济补偿收入,可视为一次取得数月的工资、薪金收入,允许在一定期限内进行平均。具体平均办法为:以个人取得的一次性经济补偿收入,除以个人在本企业的工作年限数,以其商数作为个人的月工资、薪金收入,按照税法规定计算缴纳个人所得税。个人在本企业的工作年限数按实际工作年限数计算,超过12年的按12计算④。

③按照上述方法计算的个人一次性经济补偿收入应纳的个人所得税税款,由支付单位在支付时一次性代扣,并于次月7日内缴入国库⑤。

---

①　《国家税务总局关于纳税人取得不含税全年一次性奖金收入计征个人所得税问题的批复》(国税函[2005]715号,2005年7月7日)。

②　《财政部　国家税务总局关于个人与用人单位解除劳动关系取得的一次性补偿收入征免个人所得税问题的通知》(财税[2001]157号,2001年9月10日)。该文件自2001年10月1日起执行。此前,《国家税务总局关于个人因解除劳动合同取得经济补偿金免征个人所得税问题的通知》(国税发[1999]178号,1999年9月23日)规定:自1999年10月1日起,对于个人因解除劳动合同而取得一次性经济补偿收入,应按"工资、薪金所得"项目计征个人所得税。《国家税务总局关于国有企业职工因解除劳动合同取得一次性补偿收入征免个人所得税问题的通知》(国税发[2000]77号,2000年5月8日)规定:自2000年6月1日起,对国有企业职工与企业解除劳动合同取得的一次性补偿收入,在当地上年企业职工年平均工资的3倍数额内,可免征个人所得税。具体免征标准由各省、自治区、直辖市和计划单列市地方税务局规定。超过该标准的一次性补偿收入,应按照《国家税务总局关于个人因解除劳动合同取得经济补偿金征收个人所得税问题的通知》(国税发[1999]178号)的有关规定,全额计算征收个人所得税。

③　《国家税务总局关于个人因解除劳动合同取得经济补偿金免征个人所得税问题的通知》(国税发[1999]178号,1999年9月23日)。

④　《国家税务总局关于个人因解除劳动合同取得经济补偿金免征个人所得税问题的通知》(国税发[1999]178号,1999年9月23日)。

⑤　《国家税务总局关于个人因解除劳动合同取得经济补偿金免征个人所得税问题的通知》(国税发[1999]178号,1999年9月23日)。

④个人在解除劳动合同后又再次任职、受雇的,对个人已缴纳个人所得税的一次性经济补偿收入,不再与再次任职、受雇的工资、薪金所得合并计算补缴个人所得税①。

⑤个人领取一次性补偿收入时按照国家和地方政府规定的比例实际缴纳的住房公积金、医疗保险费、基本养老保险费、失业保险费,可以在计征其一次性补偿收入的个人所得税时予以扣除②。

8.6.1.8 个人取得公务交通、通讯补贴收入的税务处理

(1)个人因公务用车和通讯制度改革而取得的公务用车、通讯补贴收入,扣除一定标准的公务费用后,按照"工资、薪金所得"项目计征个人所得税。按月发放的,并入当月"工资、薪金所得"计征个人所得税;不按月发放的,分解所属月份并与该月份"工资、薪金"所得合并后计征个人所得税③。

公务费用的扣除标准,由省级地方税务局根据纳税人公务交通、通讯费用的实际发生情况调查测算,报经省级人民政府批准后确定,并报国家税务总局备案④。

(2)部分单位因公务用车制度改革,以现金、报销等形式向职工个人支付的各种形式补偿收入:包括直接以现金形式发放、在限额内据实报销用车支出、单位反租职工个人的车辆支付车辆租赁费("私车公用")、单位向用车人支付车辆使用过程中的有关费用等,均应视为个人取得公务用车补贴收入,按照"工资、薪金所得"项目计征个人所得

税。具体计征方法按上述第(1)项规定执行⑤。

8.6.1.9 企业为个人支付各类社会保险、住房公积金的税务处理

(1)基本养老保险费、基本医疗保险费、失业保险费、住房公积金

①按照国家规定,单位为个人缴付和个人缴付的基本养老保险费、基本医疗保险费、失业保险费、住房公积金,从纳税义务人的应纳税所得额中扣除⑥。

②企事业单位按照国家或省(自治区、直辖市)人民政府规定的缴费比例或办法实际缴付的基本养老保险费、基本医疗保险费和失业保险费,免征个人所得税;个人按照国家或省(自治区、直辖市)人民政府规定的缴费比例或办法实际缴付的基本养老保险费、基本医疗保险费和失业保险费,允许在个人应纳税所得额中扣除⑦。

企事业单位和个人超过规定的比例和标准缴付的基本养老保险费、基本医疗保险费和失业保险费,应将超过部分并入个人当期的工资、薪金收入,计征个人所得税⑧。

③根据《住房公积金管理条例》、《建设部 财政部 中国人民银行关于住房公积金管理若干具体问题的指导意见》(建金管[2005]5号)等规定,单位和个人分别在不超过职工本人上一年度月平均工资12%的幅度内,其实际缴存的住房公积金,允许在个人应纳税所得额中扣除。单位和职工个人

① 《国家税务总局关于个人因解除劳动合同取得经济补偿金免征个人所得税问题的通知》(国税发[1999]178号,1999年9月23日)。
② 《国家税务总局关于个人因解除劳动合同取得经济补偿金免征个人所得税问题的通知》(国税发[1999]178号,1999年9月23日)。《财政部 国家税务总局关于个人与用人单位解除劳动关系取得的一次性补偿收入征免个人所得税问题的通知》(财税[2001]157号,2001年9月10日)。
③ 《国家税务总局关于个人所得税有关政策问题的通知》(国税发[1999]58号,1999年4月9日)。
④ 《国家税务总局关于个人所得税有关政策问题的通知》(国税发[1999]58号,1999年4月9日)。
⑤ 《国家税务总局关于个人因公务用车制度改革取得补贴收入征收个人所得税问题的通知》(国税函[2006]245号,2006年3月6日)。
⑥ 《中华人民共和国个人所得税法实施条例》(中华人民共和国国务院令第519号,2008年2月18日)。
⑦ 《财政部 国家税务总局关于基本养老保险费 基本医疗保险费 失业保险费 住房公积金有关个人所得税政策的通知》(财税[2006]10号,2006年6月27日)。
⑧ 《财政部 国家税务总局关于基本养老保险费 基本医疗保险费 失业保险费 住房公积金有关个人所得税政策的通知》(财税[2006]10号,2006年6月27日)。

缴存住房公积金的月平均工资不得超过职工工作地所在设区城市上一年度职工月平均工资的 3 倍，具体标准按照各地有关规定执行①。

单位和个人超过上述规定比例和标准缴付的住房公积金，应将超过部分并入个人当期的工资、薪金收入，计征个人所得税②。

个人实际领（支）取原提存的基本养老保险金、基本医疗保险金、失业保险金和住房公积金时，免征个人所得税。上述职工工资口径按照国家统计局规定列入工资总额统计的项目计算③。

④企业以现金形式发给个人的住房补贴、医疗补助费，应全额计入领取人的当期工资、薪金收入计征个人所得税。但对外籍个人以非现金形式或实报实销形式取得的住房补贴、伙食补贴、搬迁费、洗衣费可暂免征收个人所得税④。

（2）补充养老保险

单位为职工个人购买商业性补充养老保险等，在办理投保手续时应作为个人所得税的"工资、薪金所得"项目，按税法规定缴纳个人所得税；因各种原因退保，个人未取得实际收入的，已缴纳的个人所得税应予以退回⑤。

（3）企业年金⑥

自 2009 年 12 月 10 日，对个人取得企业年金按以下办法缴纳个人所得税：

①企业年金的个人缴费部分，不得在个人当月工资、薪金计算个人所得税时扣除。

②企业年金的企业缴费计入个人账户的部分（简称企业缴费）是个人因任职或受雇而取得的所得，属于个人所得税应税收入，在计入个人账户时，应视为个人一个月的工资、薪金（不与正常工资、薪金合并），不扣除任何费用，按照"工资、薪金所得"项目计算当期应纳个人所得税款，并由企业在缴费时代扣代缴。

对企业按季度、半年或年度缴纳企业缴费的，在计税时不得还原至所属月份，均作为一个月的工资、薪金，不扣除任何费用，按照适用税率计算扣缴个人所得税。

③对因年金设置条件导致的已经计入个人账户的企业缴费不能归属个人的部分，其已扣缴的个人所得税应予以退还。具体计算公式如下：

应退税款＝企业缴费已纳税款×（1－实际领取企业缴费/已纳税企业缴费的累计额）

参加年金计划的个人在办理退税时，应持居民身份证、企业以前月度申报的含有个人明细信息的《年金企业缴费扣缴个人所得税报告表》复印件、解缴税款的《税收缴款书》复印件等资料，以及由企业出具的个人实际可领取的年金企业缴费额与已缴纳税款的年金企业缴费额的差额证明，向主管税务机关申报，经主管税务机关核实后，予以退税。

④设立企业年金计划的企业，应按照个人所得税法和税收征收管理法的有关规定，实行全员全额扣缴明细申报制度。企业要加强与其受托人的信息传递，并按照主管税务机关的要求提供相关信

---

① 《财政部 国家税务总局关于基本养老保险费基本医疗保险费 失业保险费 住房公积金有关个人所得税政策的通知》（财税〔2006〕10 号，2006 年 6 月 27 日）。

② 《财政部 国家税务总局关于基本养老保险费基本医疗保险费 失业保险费 住房公积金有关个人所得税政策的通知》（财税〔2006〕10 号，2006 年 6 月 27 日）。

③ 《财政部 国家税务总局关于基本养老保险费基本医疗保险费 失业保险费 住房公积金有关个人所得税政策的通知》（财税〔2006〕10 号，2006 年 6 月 27 日）。

④ 《财政部 国家税务总局关于住房公积金医疗保险金养老保险金征收个人所得税问题的通知》（财税〔1997〕144 号，1997 年 11 月 7 日）。

⑤ 《财政部 国家税务总局关于个人所得税有关问题的批复》（财税〔2005〕94 号，2005 年 6 月 2 日）。此前，《国家税务总局关于企业发放补充养老保险金征收个人所得税问题的批复》（国税函〔1999〕615 号，1999 年 9 月 16 日）规定，对在职职工取得的补充养老保险金所得，应全额计入发放当月个人的工资、薪金收入，合并计征个人所得税；对离退休职工取得的该笔所得，应单独作为 1 个月的工资、薪金收入，按税法规定计征个人所得税。根据《国家税务总局关于公布全文失效废止 部分条款失效废止的税收规范性文件目录的公告》（国家税务总局公告 2011 年第 2 号，2011 年 1 月 4 日），国税函〔1999〕615 号被公布全文失效废止。

⑥ 《国家税务总局关于企业年金个人所得税征收管理有关问题的通知》（国税函〔2009〕694 号，2009 年 12 月 10 日）。

息。对违反有关税收法律法规规定的,按照税收征管法有关规定予以处理。

⑤2009 年 12 月 10 日之前,企业已按规定对企业缴费部分依法扣缴个人所得税的,税务机关不再退税;企业未扣缴企业缴费部分个人所得税的,税务机关应限期责令企业以每年度未扣缴企业缴费部分为应纳税所得额,以当年每个职工月平均工资额的适用税率为所属期企业缴费的适用税率,汇总计算各年度应扣缴税款。

⑥上述企业年金是指企业及其职工按照《企业年金试行办法》的规定,在依法参加基本养老保险的基础上,自愿建立的补充养老保险。对个人取得上述规定之外的其他补充养老保险收入,应全额并入当月工资、薪金所得依法征收个人所得税。

(4)企业为员工支付各项免税之外的保险金

对企业为员工支付各项免税之外的保险金,应在企业向保险公司缴付时(即该保险落到被保险人的保险账户)并入员工当期的工资收入,按"工资、薪金所得"项目计征个人所得税,税款由企业负责代扣代缴①。

8.6.1.10 企业负责人年度绩效薪金延期兑现收入和任期奖励的税务处理

根据《中央企业负责人经营业绩考核暂行办法》、《中央企业负责人薪酬管理暂行办法》规定,中央企业负责人薪酬由基薪、绩效薪金和任期奖励构成,其中基薪和绩效薪金的 60% 在当年度发放,绩效薪金的 40% 和任期奖励于任期结束后发放。对中央企业负责人于任期结束后取得的绩效薪金的 40% 和任期奖励收入,按以下规定征收个人所得税②:

(1)中央企业负责人任期结束后取得的绩效薪金 40% 部分和任期奖励,按照前述个人取得含税全年一次性奖金的计税方法(即国税发[2005]9

号《国家税务总局关于调整个人取得全年一次性奖金等计算征收个人所得税方法问题的通知》第二条规定的方法),合并计算缴纳个人所得税。

(2)根据《中央企业负责人经营业绩考核暂行办法》等规定,对国资委管理的中央企业中的下列人员,适用上述第(1)条规定,其他人员不得比照执行:

Ⅰ 国有独资企业和未设董事会的国有独资公司的总经理(总裁)、副总经理(副总裁)、总会计师;

Ⅱ 设董事会的国有独资公司(国资委确定的董事会试点企业除外)的董事长、副董事长、董事、总经理(总裁)、副总经理(副总裁)、总会计师;

Ⅲ 国有控股公司国有股权代表出任的董事长、副董事长、董事、总经理(总裁),列入国资委党委管理的副总经理(副总裁)、总会计师;

Ⅳ 国有独资企业、国有独资公司和国有控股公司党委(党组)书记、副书记、常委(党组成员)、纪委书记(纪检组长)。

8.6.1.11 职工低价从单位购房差价收益视同工资、薪金所得的税务处理③

除住房制度改革期间,职工以房改成本价从单位购房可享受免税优惠外(见本章税收优惠部分),单位按低于购置或建造成本价格出售住房给职工,职工因此而少支出的差价部分,属于个人所得税应税所得,应按照"工资、薪金所得"项目缴纳个人所得税。

上述差价部分,是指职工实际支付的购房价款低于该房屋的购置或建造成本价格的差额。

对职工取得的上述应税所得,比照《国家税务总局关于调整个人取得全年一次性奖金等计算征收个人所得税方法问题的通知》(国税发[2005]9号)规定的全年一次性奖金的征税办法,计算征收

---

① 《国家税务总局关于单位为员工支付有关保险缴纳个人所得税问题的批复》(国税函[2005]318 号,2005 年 4 月 13 日)。
② 《国家税务总局关于中央企业负责人年度绩效薪金延期兑现收入和任期奖励征收个人所得税问题的通知》(国税发[2007]118 号,2007 年 10 月 29 日)。
③ 《财政部 国家税务总局关于单位低价向职工售房有关个人所得税问题的通知》(财税[2007]13 号,2007 年 2 月 8 日)。此文件自 2007 年 2 月 8 日起执行,此前未征税款不再追征,已征税款不予退还。

个人所得税,即先将全部所得数额除以 12,按其商数并根据个人所得税法规定的税率表确定适用的税率和速算扣除数,再根据全部所得数额、适用的税率和速算扣除数,按照税法规定计算征税。

8.6.1.12 若干行业职工工资、薪金所得税务处理的专门规定

(1)特定行业工资、薪金所得个人所得税计征方式

特定行业的工资、薪金所得应纳的税款,可以实行按年计算、分月预缴的方式计征。自年度终了之日起 30 日内,合计其全年工资、薪金所得,再按 12 个月平均并计算实际应纳的税款,多退少补①。

特定行业,是指采掘业、远洋运输业、远洋捕捞业以及国务院财政、税务主管部门确定的其他行业②。

用公式可表示为:

年应纳所得税额 =[(全年工资、薪金收入÷12-费用扣除标准)×税率-速算扣除数]×12

(2)远洋运输行业工资、薪金所得扣除项目的特殊规定

自 2000 年 1 月 1 日起,针对远洋运输具有跨国流动的特性,对远洋运输船员每月的工资、薪金收入在统一扣除 2000 元费用的基础上,准予再扣除税法规定的附加减除费用标准。对统一用于集体用餐、不发给个人的船员伙食费补贴,允许不计入船员个人的应纳税工资、薪金收入③。

(3)海洋石油系统工资、薪金所得税务处理的特殊规定

①海洋石油系统深化薪酬制度改革的个人所得税处理④

自 2003 年 3 月 1 日起,对中国海洋石油总公司及其投资控股公司(简称中油公司系统)经国家有关部门批准实行用工薪酬改革所涉及的职工个人所得税问题,按以下规定处理:

Ⅰ 基本工资奖金的税务处理

中油公司系统用工薪酬改革后,职工个人取得的岗位工资(岗位薪点工资)、工龄工资、效益奖金等基本工资奖金收入,应作为个人收入申报缴纳个人所得税。

Ⅱ 交通、通讯补贴的税务处理⑤

中油公司系统公务用车、通讯制度改革后,其发放给职工的公务用车、通讯补贴收入,根据《国家税务总局关于个人所得税有关政策问题的通知》(国税发[1999]58 号)第二条的规定,可按公司所在省级政府统一规定或批准的公务费用扣除标准扣除公务费用后,计入职工个人工资、薪金所得计算缴纳个人所得税。凡中油公司系统各公司所在省级政府尚未规定扣除标准的,可暂按各公司 2002 年公务费用实际发生数为扣除基数;超过扣除基数的补贴,应计入个人所得征税;具体扣除基数,由各公司报所在地海洋石油税务局核备。

Ⅲ 终止用工合同补偿收入税务处理

对职工因终止用工合同而一次性取得的补偿

① 《中华人民共和国个人所得税法》(中华人民共和国主席令第 85 号,2007 年 12 月 29 日)。《中华人民共和国个人所得税法实施条例》(中华人民共和国国务院令第 519 号,2008 年 2 月 18 日)。

② 《中华人民共和国个人所得税法实施条例》(中华人民共和国国务院令第 519 号,2008 年 2 月 18 日)。此前的《中华人民共和国个人所得税法实施条例》(中华人民共和国国务院令第 452 号,2005 年 12 月 19 日)规定:特定行业,是指采掘业、远洋运输业、远洋捕捞业以及财政部确定的其他行业。

③ 《国家税务总局关于远洋运输船员工资薪金所得个人所得税费用扣除问题的通知》(国税发[1999]202 号,1999 年 10 月 25 日)。关于基本费用扣除标准,原文是 800 元,编者根据《中华人民共和国个人所得税法》(中华人民共和国主席令第 85 号,2007 年 12 月 29 日)修改。

④ 《国家税务总局关于中国海洋石油总公司系统深化用工薪酬制度改革有关个人所得税问题的通知》(国税函[2003]330 号,2003 年 3 月 26 日)。

⑤ 除此处交通、通讯补贴外,《国家税务总局关于中国海洋石油总公司系统深化用工薪酬制度改革有关个人所得税问题的通知》(国税函[2003]330 号,2003 年 3 月 26 日)还规定,在国家统一规定出台之前,对中油公司系统按照有关规定发放给一些符合条件职工的住房补贴,暂免予征收个人所得税。根据《国家税务总局关于公布全文失效废止 部分条款失效废止的税收规范性文件目录的公告》(国家税务总局公告 2011 年第 2 号,2011 年 1 月 4 日),国税函[2003]330 号上述住房补贴政策已废止。

收入,根据《财政部 国家税务总局关于个人与用人单位解除劳动关系取得的一次性补偿收入征免个人所得税问题的通知》(财税[2001]157号)的规定,其收入在当地上年职工平均工资3倍数额以内的部分,免征个人所得税;超过的部分,按照《国家税务总局关于个人因解除劳动合同取得经济补偿征收个人所所得税问题的通知》(国税发[1999]178号)的有关规定,计算征收个人所得税。鉴于中油公司系统人员流动性较强,且解除用工合同后的生活地与劳务地经常不在同一地区的情况,上述"当地上年职工平均工资"可用中油公司系统上年职工平均工资标准确定。

Ⅳ 其他各项福利补贴的税务处理

除上述规定外,中油公司系统职工取得的其他福利补贴收入的税务处理,按照税法及其有关规定执行。

②海洋石油系统职工养老保险金的个人所得税处理①

Ⅰ 企业按国家规定为职工缴纳的基本养老保险费不计入职工个人所得,允许企业在税前列支;个人缴纳的基本养老保险费,不计征个人所得税。

Ⅱ 海洋石油企业根据自身经济能力为本企业职工建立的企业补充养老保险,保险费用从企业自有资金中的奖励、福利基金内提取。保险费支出并入职工个人所得征税。

Ⅲ 海洋石油企业为职工以社会保险津贴统一认购的储蓄性养老保险,保险费用应从企业自有资金中的奖励、福利基金内提取,并入职工所得征税。

8.6.2 个体工商户的生产、经营所得的计税方法

8.6.2.1 应纳税所得额②

个体工商户的生产、经营所得,以每一纳税年度的收入总额,减除成本、费用以及损失后的余额,为应纳税所得额③。

从事生产、经营的纳税义务人未提供完整、准确的纳税资料,不能正确计算应纳税所得额的,由主管税务机关核定其应纳税所得额④。

凡实行查账征收的个体工商户,均应当按以下办法计算应纳税所得额:

(1)收入总额

个体工商户的收入总额是指其从事生产、经营以及与生产、经营有关的活动所取得的各项收入,包括商品(产品)销售收入、营运收入、劳务服务收入、工程价款收入、财产出租或转让收入、利息收入、其他业务收入和营业外收入。

以上各项收入应当按权责发生制原则确定。

(2)准予扣除的项目

Ⅰ 成本、费用

成本、费用是指个体工商户从事生产、经营所发生的各项直接支出和分配计入成本的间接费用以及销售费用、管理费用、财务费用。损失是指个体工商户在生产、经营过程中发生的各项营业外支出⑤。

直接支出和分配计入成本的间接费用是指个体工商户在生产、经营过程中实际消耗的各种原材料、辅助材料、备品配件、外购半成品、燃料、动力、包装物等直接材料和发生的商品进价成本、运输费、装卸费、包装费、折旧费、修理费、水电费、差旅费、租赁费(不包括融资租赁费)、低值易耗品等,以及支付给生产经营从业人员的工资。

销售费用是指个体工商户在销售产品、自制半成品和提供劳务过程中发生的各项费用,包括:运输费、装卸费、包装费、委托代销手续费、广告费、展

---

① 《国家税务总局关于海洋石油若干政策问题的通知》(国税发[1997]44号,1997年3月27日)。

② 本部分未专门注释的内容,均出自《国家税务总局关于印发〈个体工商户个人所得税计税办法(试行)〉的通知》(国税发[1997]43号,1997年3月26日)。

③ 《中华人民共和国个人所得税法》(中华人民共和国主席令第85号,2007年12月29日)。

④ 《中华人民共和国个人所得税法实施条例》(中华人民共和国国务院令第519号,2008年2月18日)。

⑤ 《中华人民共和国个人所得税法实施条例》(中华人民共和国国务院令第519号,2008年2月18日)。《国家税务总局关于印发〈个体工商户个人所得税计税办法(试行)〉的通知》(国税发[1997]43号,1997年3月26日)。

览费、销售服务费用以及其他销售费用。

管理费用是指个体工商户为管理和组织生产经营活动而发生的各项费用,包括:劳动保险费、咨询费、诉讼费、审计费、土地使用费、低值易耗品摊销、无形资产摊销、开办费摊销、无法收回的账款(坏账损失)、业务招待费、缴纳的税金以及其他管理费用。

财务费用是指个体工商户为筹集生产经营资金而发生的各项费用,包括:利息净支出、汇兑净损失、金融机构手续费以及筹资中的其他财务费用等。

个体工商户的营业外支出包括:固定资产盘亏、报废、毁损和出售的净损失、自然灾害或者意外事故损失、公益救济性捐赠、赔偿金、违约金等。

Ⅱ　开办费

个体工商户自申请营业执照之日起至开始生产、经营之日止所发生符合规定的费用,除为取得固定资产、无形资产的支出以及应计入资产价值的汇兑损益、利息支出外,可作为开办费,并自开始生产经营之日起于不短于 5 年的期限分期均额扣除。

Ⅲ　借款利息支出

个体工商户在生产经营过程中的借款利息支出,未超过按中国人民银行规定的同类、同期贷款利率计算的数额部分,准予扣除①。

Ⅳ　保险支出

个体工商户发生的与生产经营有关的财产保险、运输保险以及从业人员的养老、医疗及其他保险费用支出,按国家有关规定的标准计算扣除。

Ⅴ　与生产经营有关的修理费用

个体工商户发生的与生产经营有关的修理费用,可据实扣除。修理费用发生不均衡或数额较大的,应分期扣除。分期扣除标准和期限由各省、自治区、直辖市地方税务局确定。

Ⅵ　税金

个体工商户按规定缴纳的消费税、营业税、城市维护建设税、资源税、城镇土地使用税、土地增值税、房产税、车船税、印花税、耕地占用税以及教育费附加准予扣除②。

Ⅶ　其他相关费用

个体工商户按规定缴纳的工商管理费、个体劳动者协会会费、摊位费,按实际发生数扣除。缴纳的其他规费,其扣除项目和标准,由各省、自治区、直辖市地方税务局根据当地实际情况确定。

Ⅷ　租入固定资产而支付的费用

个体工商户在生产经营过程中租入固定资产而支付的费用,其扣除分两种情况处理:

以融资租赁方式(即出租人和承租人事先约定,在承租人付清最后一笔租金后,该固定资产即归承租人所有)租入固定资产而发生的租赁费,应计入固定资产价值,不得直接扣除。

以经营租赁方式(即因生产经营需要临时租入固定资产,租赁期满后,该固定资产应归还出租人)租入固定资产的租赁费,可以据实扣除。

Ⅸ　研发费用

个体工商户研究开发新产品、新技术、新工艺所发生的开发费用,以及研究开发新产品、新技术而购置单台价值在 5 万元以下的测试仪器和试验性装置的购置费准予扣除。单台价值在 5 万元以上的测试仪器和试验性装置,以及购置费达到固定资产标准的其他设备,按固定资产管理,不得在当期扣除。

Ⅹ　固定资产和流动资产盘亏及毁损净损失

个体工商户在生产经营过程中发生的固定资产和流动资产盘亏及毁损净损失,由个体工商户提供清查盘存资料,经主管税务机关审核后,可以在当期扣除。

---

① 此前,《财政部 国家税务总局关于个人所得税若干政策问题的通知》(财税〔1994〕20 号,1994 年 5 月 13 日)规定:个体工商户在生产、经营期间借款的利息支出,凡有合法证明的,不高于按金融机构同类、同期贷款利率计算的数额的部分,准予扣除。

② 根据《中华人民共和国城镇土地使用税暂行条例》(中华人民共和国国务院令第 483 号,2006 年 12 月 31 日),此条原文"土地使用税"修改为"城镇土地使用税"。根据《中华人民共和国车船税暂行条例》(中国人民共和国国务院令第 482 号,2006 年 12 月 29 日),此条原文"车船使用税"修改为"车船税"。

XI 汇兑损益

个体工商户在生产经营过程中发生的以外币结算的往来款项增减变动时,由于汇率变动而发生折合人民币的差额,作为汇兑损益,计入当期所得或在当期扣除。

XII 无法收回的账款

个体工商户发生的与生产经营有关的无法收回的账款(包括因债务人破产或者死亡,以其破产财产或者遗产清偿后,仍然不能收回的应收账款,或者因债务人逾期未履行还债义务超过 3 年仍然不能收回的应收账款),应由其提供有效证明,报经主管税务机关审核后,按实际发生数扣除。

上述已予扣除的账款在以后年度收回时,应直接作收入处理。

XIII 业务招待费

自 2008 年 1 月 1 日起,个体工商户每一纳税年度发生的与其生产经营业务直接相关的业务招待费支出,按照发生额的 60% 扣除,但最高不得超过当年销售(营业)收入的 5‰①。

XIV 公益、救济性捐赠

个体工商户将其所得通过中国境内的社会团体、国家机关向教育和其他社会公益事业以及遭受严重自然灾害地区、贫困地区的捐赠,捐赠额不超过其应纳税所得额 30% 的部分可以据实扣除。纳税人直接给受益人的捐赠不得扣除②。

XV 与家庭生活混用的费用

个体工商户在生产经营过程中发生与家庭生活混用的费用,由主管税务机关核定分摊比例,据此计算确定的属于生产、经营过程中发生的费用,准予扣除。

XVI 亏损弥补

个体工商户的年度经营亏损,经申报主管税务机关审核后,允许用下一年度的经营所得弥补。下一年度所得不足弥补的,允许逐年延续弥补,但最长不得超过 5 年。

XVII 低值易耗品摊销

个体工商户购入低值易耗品的支出,原则上一次摊销,但一次性购入价值较大的,应分期摊销。分期摊销的价值标准和期限由各省、自治区、直辖市地方税务局确定。

XVIII 业主个人费用和从业人员工资

自 2008 年 3 月 1 日起,对个体工商户业主的生产经营所得依法计征个人所得税时,个体工商户业主本人的费用扣除标准统一确定为 24000 元/年(2000 元/月)③。

自 2008 年 1 月 1 日起,个体工商户向其从业人员实际支付的合理的工资、薪金支出,允许在税前据实扣除④。

XIX 工会经费、职工福利费和职工教育经费

自 2008 年 1 月 1 日起,个体工商户拨缴的工会经费、发生的职工福利费、职工教育经费支出分

---

① 《财政部 国家税务总局关于调整个体工商户个人独资企业和合伙企业个人所得税税前扣除标准有关问题的通知》(财税[2008]65 号,2008 年 6 月 3 日)。此前,《国家税务总局关于印发〈个体工商户个人所得税计税办法(试行)〉的通知》(国税发[1997]43 号,1997 年 3 月 26 日)规定:个体工商户发生的与生产经营有关的业务招待费,由其提供合法凭证或单据,经主管税务机关审核后,在其收入总额 5‰以内据实扣除。

② 现对部分教育、科研、医疗、慈善等机构提供捐赠或资助,可予以全额扣除。具体参见本章"捐赠支出税前扣除"部分。

③ 《财政部 国家税务总局关于调整个体工商户个人独资企业和合伙企业个人所得税税前扣除标准有关问题的通知》(财税[2008]65 号,2008 年 6 月 3 日)。此前,《国家税务总局关于印发〈个体工商户个人所得税计税办法(试行)〉的通知》(国税发[1997]43 号,1997 年 3 月 26 日)规定:个体工商户业主的费用扣除标准和从业人员的工资扣除标准,由各省、自治区、直辖市税务局确定。《财政部 国家税务总局关于调整个体工商户业主、个人独资企业和合伙企业投资者个人所得税费用扣除标准的通知》(财税[2006]44 号,2006 年 4 月 10 日)规定:个体工商户业主的费用扣除标准为 19200 元/年(1600 元/月);从业人员的工资扣除标准,由各省、自治区、直辖市地方税务局根据当地实际情况确定,并报国家税务总局备案。

④ 《财政部 国家税务总局关于调整个体工商户个人独资企业和合伙企业个人所得税税前扣除标准有关问题的通知》(财税[2008]65 号,2008 年 6 月 3 日)。

别在工资薪金总额 2%、14%、2.5% 的标准内据实扣除①。

XX　广告费和业务宣传费

自 2008 年 1 月 1 日起,个体工商户每一纳税年度发生的广告费和业务宣传费用不超过当年销售(营业)收入 15% 的部分,可据实扣除;超过部分,准予在以后纳税年度结转扣除②。

(3)不得在所得税前列支的项目

个体工商户的下列支出不得扣除:

Ⅰ　资本性支出,包括:为购置和建造固定资产、无形资产以及其他资产的支出,对外投资的支出;

Ⅱ　被没收的财物、支付的罚款;

Ⅲ　缴纳的个人所得税、固定资产投资方向调节税、以及各种税收的滞纳金、罚金和罚款③;

Ⅳ　各种赞助支出;

Ⅴ　自然灾害或者意外事故损失有赔偿的部分;

Ⅵ　分配给投资者的股利;

Ⅶ　用于个人和家庭的支出;

Ⅷ　与生产经营无关的其他支出;

Ⅸ　个体工商户业主的工资支出;

Ⅹ　国家税务总局规定不准扣除的其他支出。

Ⅺ　在资产尚未交付使用之前发生的用于与取得固定资产有关的利息支出;应计入购建资产的价值,不得作为费用扣除。

8.6.2.2　资产的税务处理④

(1)固定资产的税务处理

个体工商户在生产经营过程中使用的期限超过 1 年且单位价值在 1000 元以上的房屋、建筑物、机器、设备、运输工具及其他与生产经营有关的设备、工器具等为固定资产。

①固定资产计税基础

固定资产按以下方式计价:

Ⅰ　购入的,按实际支付的买价、包装费、运杂费和安装费等计价;

Ⅱ　自行建造的,按建造过程中实际发生的全部支出计价;

Ⅲ　实物投资的,按评估确认或者合同、协议约定的价值计价;

Ⅳ　在原有固定资产基础上进行改扩建的,按账面原价减去改扩建工程中发生的变价收入加上改扩建增加的支出计价;

Ⅴ　盘盈的,按同类固定资产的重估完全价值计价;

Ⅵ　融资租入的,按照租赁协议或者合同确定的租赁费加运输费、保险费、安装调试费等计价。

②固定资产折旧

Ⅰ　允许计提折旧的固定资产

ⅰ　房屋和建筑物;

ⅱ　在用机械设备、仪器仪表;

ⅲ　各种工器具;

ⅳ　季节性停用和修理停用的设备,以及以经营方式租出和以融资租赁方式租入的固定资产。

Ⅱ　不允许计提折旧的固定资产

ⅰ　房屋、建筑物以外的未使用、不需用的固定资产;

ⅱ　以经营方式租入的固定资产;

ⅲ　已提足折旧继续使用的固定资产。

Ⅲ　预计净残值

固定资产在计算折旧前,应当估计残值,从固定资产原价中减除。残值按固定资产原价的 5% 确定。

---

①　《财政部　国家税务总局关于调整个体工商户个人独资企业和合伙企业个人所得税税前扣除标准有关问题的通知》(财税[2008]65 号,2008 年 6 月 3 日)。

②　《财政部　国家税务总局关于调整个体工商户个人独资企业和合伙企业个人所得税税前扣除标准有关问题的通知》(财税[2008]65 号,2008 年 6 月 3 日)。

③　固定资产投资方向调节税已从 2000 年起暂停征收。

④　本部分未专门注释的内容,均出自《国家税务总局关于印发〈个体工商户个人所得税计税办法(试行)〉的通知》(国税发[1997]43 号,1997 年 3 月 26 日)。

Ⅳ 折旧年限

个体工商户按规定计提的固定资产折旧允许扣除。固定资产折旧年限在不短于以下规定年限内,可根据不同情况,经主管税务机关审核后执行:

ⅰ 房屋、建筑物,为 20 年;

ⅱ 轮船、机器、机械和其他生产设备,为 10 年;

ⅲ 电子设备和轮船以外的运输工具以及与生产经营有关的器具、工具、家具等,为 5 年。

固定资产由于特殊原因需要缩短折旧年限的,如受酸、碱等强烈腐蚀的机器设备和简易设备或常年处于震撼、颤动状态的房屋和建筑物,以及技术更新变化快等原因,可由个体工商户提出申请,报省级税务机关审核批准后执行。

Ⅴ 折旧方法

固定资产折旧按平均年限法和工作量法计算提取。按平均年限法的固定资产折旧计算公式如下:

固定资产年折旧率=[1-5%(残值率)]/折旧年限×100%

月折旧率=年折旧率/12

月折旧额=固定资产原值×月折旧率

按工作量法固定资产折旧计算公式如下:

单位里程(每工作小时)折旧额=(原价-残值)/总行驶里程(总工作时间)

(2)无形资产的税务处理

个体工商户在生产经营过程中长期使用但是没有实物形态的资产为无形资产,包括专利权、非专利技术、商标权、商誉、著作权、场地使用权等。无形资产的计价,应当按照取得的实际成本为准。具体是:

①作为投资的无形资产,以协议、合同规定的合理价格为原价;

②购入的无形资产按实际支付的价款为原价;

③按受捐赠的无形资产,按所附单据或参照同类无形资产市场价格确定原价;

非专利技术和商誉的计价应经法定评估机构评估后确认。

无形资产从开始使用之日起,在有效使用期内分期均额扣除。

作为投资或受让的无形资产,在法律、合同和协议中规定了使用年限的,可按该使用年限分期扣除;没有规定使用年限或是自行开发的无形资产,扣除期限不得少于 10 年。

(3)存货的税务处理

个体工商户在生产经营过程中为销售或者耗用而储备的物资为存货,包括各种原材料、辅助材料、燃料、低值易耗品、包装物、在产品、外购商品、自制半成品、产成品等。存货应按实际成本计价。领用或发出存货的核算,原则上采用加权平均法。

(4)购置税控收款机的支出

自 2004 年 12 月 1 日起,税控收款机达到固定资产标准的,应按固定资产管理,其按规定提取的折旧额可在企业计算缴纳所得税前扣除;达不到固定资产标准的,购置费用可在所得税前一次性扣除①。

8.6.2.3 应纳税额的计算

个体工商户的生产、经营所得应纳税额的计算公式为:

应纳税额=应纳税所得额×适用税率-速算扣除数②

或=(收入总额-成本、费用以及损失)×适用税率-速算扣除数③

---

① 《财政部 国家税务总局关于推广税控收款机有关税收政策的通知》(财税〔2004〕167 号,2004 年 11 月 9 日)。此前,《国家税务总局关于印发〈个体工商户个人所得税计税办法(试行)〉的通知》(国税发〔1997〕43 号,1997 年 3 月 26 日)规定:个体工商户购置税控收款机的支出,应在 2—5 年内分期扣除。具体期限由各省、自治区、直辖市地方税务局确定。

② 《国家税务总局关于印发〈征收个人所得税若干问题的规定〉的通知》(国税发〔1994〕89 号,1994 年 3 月 31 日)。

③ 《国家税务总局关于印发〈个体工商户个人所得税计税办法(试行)〉的通知》(国税发〔1997〕43 号,1997 年 3 月 26 日)。

表 8－5　个体工商户的生产、经营所得和对企事业单位的
承包经营、承租经营不含税收入适用税率表①

级数	含税级距	不含税级距	税率(%)	速算扣除数
1	不超过 5000 元的	不超过 4750 元的	5	0
2	超过 5000 元至 10000 元的部分	超过 4750 元至 9250 元的部分	10	250
3	超过 10000 元至 30000 元的部分	超过 9250 元至 25250 元的部分	20	1250
4	超过 30000 元至 50000 元的部分	超过 25250 元至 39250 元的部分	30	4250
5	超过 50000 元的部分	超过 39250 元的部分	35	6750

注:1. 表中所列含税级距与不含税级距,均为按照税法规定减除有关费用(成本、损失)后的所得额。

　2. 含税级距适用于个体工商户的生产、经营所得和由纳税人负担税款的承包经营、承租经营所得;不含税级距适用于由他人(单位)代付税款的承包经营、承租经营所得。

8.6.3　个人独资企业和合伙企业投资者个人所得税的计税方法

自 2000 年 1 月 1 日起,对个人独资企业和合伙企业停止征收企业所得税,其投资者的生产经营所得,比照个体工商户的生产、经营所得征收个人所得税②。

8.6.3.1　个人独资企业、合伙企业纳税义务人③

个人独资企业和合伙企业是指:

①依照《中华人民共和国个人独资企业法》和《中华人民共和国合伙企业法》登记成立的个人独资企业、合伙企业;

②依照《中华人民共和国私营企业暂行条例》登记成立的独资、合伙性质的私营企业;

③依照《中华人民共和国律师法》登记成立的合伙制律师事务所;

④经政府有关部门依照法律法规批准成立的负无限责任和无限连带责任的其他个人独资、个人合伙性质的机构或组织。

个人独资企业以投资者为纳税义务人,合伙企业以每一个合伙人为纳税义务人(简称投资者)。

8.6.3.2　个人独资企业和合伙企业个人所得税适用税率④

实行查账征税办法的,其税率比照"个体工商户的生产、经营所得"应税项目,适用 5% —35% 的五级超额累进税率,计算征收个人所得税。

实行核定征收办法的,先按照应税所得率计算其应纳税所得额,再按其应纳税所得额的大小,适用 5% —35% 的五级超额累进税率计算征收个人所得税。

8.6.3.3　个人独资企业和合伙企业个人所得税查账征收的相关规定⑤

企业每一纳税年度的收入总额减除成本、费用以及损失后的余额,作为投资者个人的生产经营所得。

(1)收入总额

收入总额,是指企业从事生产经营以及与生产经营有关的活动所取得的各项收入,包括商品(产品)销售收入、营运收入、劳务服务收入、工程价款收入、财产出租或转让收入、利息收入、其他业务收

---

① 《国家税务总局关于印发〈征收个人所得税若干问题的规定〉的通知》(国税发[1994]89 号,1994 年 3 月 31 日)。

② 《国务院关于个人独资企业和合伙企业征收所得税问题的通知》(国发[2000]16 号,2000 年 6 月 20 日)。

③ 《财政部 国家税务总局关于印发〈关于个人独资企业和合伙企业投资者征收个人所得税的规定〉的通知》(财税[2000]91 号,2000 年 9 月 19 日)。

④ 《财政部 国家税务总局关于印发〈关于个人独资企业和合伙企业投资者征收个人所得税的规定〉的通知》(财税[2000]91 号,2000 年 9 月 19 日)。

⑤ 本部分未专门注释的内容,均出自《财政部 国家税务总局关于印发〈关于个人独资企业和合伙企业投资者征收个人所得税的规定〉的通知》(财税[2000]91 号,2000 年 9 月 19 日)。

入和营业外收入。

(2)扣除项目

①自2008年3月1日起,对个人独资企业和合伙企业投资者的生产经营所得依法计征个人所得税时,个人独资企业和合伙企业投资者本人的费用扣除标准统一确定为24000元/年(2000元/月)①。

投资者的工资不得在税前扣除。

②自2008年1月1日起,个人独资企业和合伙企业向其从业人员实际支付的合理的工资、薪金支出,允许在税前据实扣除②。

③投资者及其家庭发生的生活费用不允许在税前扣除。投资者及其家庭发生的生活费用与企业生产经营费用混合在一起,并且难以划分的,全部视为投资者个人及其家庭发生的生活费用,不允许在税前扣除。

企业生产经营和投资者及其家庭生活共用的固定资产,难以划分的,由主管税务机关根据企业的生产经营类型、规模等具体情况,核定准予在税前扣除的折旧费用的数额或比例。

④自2008年1月1日起,个人独资企业和合伙企业拨缴的工会经费、发生的职工福利费、职工教育经费支出分别在工资薪金总额2%、14%、2.5%的标准内据实扣除③。

⑤自2008年1月1日起,个人独资企业和合伙企业每一纳税年度发生的广告费和业务宣传费用不超过当年销售(营业)收入15%的部分,可据实扣除;超过部分,准予在以后纳税年度结转扣除④。

⑥自2008年1月1日起,个人独资企业和合伙企业每一纳税年度发生的与其生产经营业务直接相关的业务招待费支出,按照发生额的60%扣除,但最高不得超过当年销售(营业)收入的5‰⑤。

⑦企业计提的各种准备金不得扣除。

⑧企业与其关联企业之间的业务往来,应当按照独立企业之间的业务往来收取或者支付价款、费用。不按照独立企业之间的业务往来收取或者支付价款、费用,而减少其应纳税所得额的,主管税务机关有权进行合理调整。

---

① 《财政部 国家税务总局关于调整个体工商户个人独资企业和合伙企业个人所得税税前扣除标准有关问题的通知》(财税[2008]65号,2008年6月3日)。此前,《财政部 国家税务总局关于印发〈关于个人独资企业和合伙企业投资者征收个人所得税的规定〉的通知》(财税[2000]91号,2000年9月19日)规定:投资者的费用扣除标准,由各省、自治区、直辖市地方税务局参照个人所得税法"工资、薪金所得"项目的费用扣除标准确定;《财政部 国家税务总局关于调整个体工商户业主、个人独资企业和合伙企业投资者个人所得税费用扣除标准的通知》(财税[2006]44号,2006年4月10日)规定:投资者的费用扣除标准为19200元/年(1600元/月)。

② 《财政部 国家税务总局关于调整个体工商户个人独资企业和合伙企业个人所得税税前扣除标准有关问题的通知》(财税[2008]65号,2008年6月3日)。此前,《财政部 国家税务总局关于印发〈关于个人独资企业和合伙企业投资者征收个人所得税的法规〉的通知》(财税[2000]91号,2000年9月19日)规定:企业从业人员工资支出按标准在税前扣除,具体标准由各省、自治区、直辖市地方税务局参照企业所得税计税工资标准确定。

③ 《财政部 国家税务总局关于调整个体工商户个人独资企业和合伙企业个人所得税税前扣除标准有关问题的通知》(财税[2008]65号,2008年6月3日)。此前,《财政部 国家税务总局关于印发〈关于个人独资企业和合伙企业投资者征收个人所得税的法规〉的通知》(财税[2000]91号,2000年9月19日)规定:企业实际发生的工会经费、职工福利费、职工教育经费分别在其计税工资总额的2%、14%、1.5%的标准内据实扣除。

④ 《财政部 国家税务总局关于调整个体工商户个人独资企业和合伙企业个人所得税税前扣除标准有关问题的通知》(财税[2008]65号,2008年6月3日)。此前,《财政部 国家税务总局关于印发〈关于个人独资企业和合伙企业投资者征收个人所得税的规定〉的通知》(财税[2000]91号,2000年9月19日)规定:企业每一纳税年度发生的广告和业务宣传费用不超过当年销售(营业)收入2%的部分,可据实扣除;超过部分可无限期向以后纳税年度结转。

⑤ 《财政部 国家税务总局关于调整个体工商户个人独资企业和合伙企业个人所得税税前扣除标准有关问题的通知》(财税[2008]65号,2008年6月3日)。此前,《财政部 国家税务总局关于印发〈关于个人独资企业和合伙企业投资者征收个人所得税的规定〉的通知》(财税[2000]91号,2000年9月19日)规定:企业每一纳税年度发生的与其生产经营业务直接相关的业务招待费,在以下规定比例范围内,可据实扣除:全年销售(营业)收入净额在1500万元及其以下的,不超过销售(营业)收入净额的5‰;全年销售(营业)收入净额超过1500万元的,不超过该部分的3‰。

所称关联企业,其认定条件及税务机关调整其价款、费用的方法,按照税收征收管理法及其实施细则的有关规定执行。

⑨固定资产折旧的扣除。个人独资企业在计算缴纳投资者个人所得税时,应遵循历史成本原则,按照购入固定资产的实际支出计提固定资产折旧费用,并准予在税前扣除。按照固定资产评估价值计提的折旧可以作为企业成本核算的依据,但不允许在税前扣除①。

(3)亏损弥补

企业的年度亏损,允许用本企业下一年度的生产经营所得弥补,下一年度所得不足弥补的,允许逐年延续弥补,但最长不得超过 5 年。

实行查账征税方式的个人独资企业和合伙企业改为核定征税方式后,在查账征税方式下认定的年度经营亏损未弥补完的部分,不得再继续弥补②。

(4)境外所得和清算所得

投资者来源于中国境外的生产经营所得,已在境外缴纳所得税的,可以按照个人所得税法的有关规定计算扣除已在境外缴纳的所得税。

企业进行清算时,投资者应当在注销工商登记之前,向主管税务机关结清有关税务事宜。企业的清算所得应当视为年度生产经营所得,由投资者依法缴纳个人所得税。

清算所得,是指企业清算时的全部资产或者财产的公允价值扣除各项清算费用、损失、负债、以前年度留存的利润后,超过实缴资本的部分。

(5)对外投资分回利息或者股息、红利

个人独资企业和合伙企业对外投资分回的利息或者股息、红利,不并入企业的收入,而应单独作为投资者个人取得的利息、股息、红利所得,按"利息、股息、红利所得"应税项目计算缴纳个人所得税。以合伙企业名义对外投资分回利息或者股息、红利的,应按合伙协议约定的分配比例,确定各个投资者的利息、股息、红利所得,分别按"利息、股息、红利所得"应税项目计算缴纳个人所得税,合伙协议没有约定分配比例的,以对外投资分回全部利息、股息、红利所得和合伙人数量平均计算每个投资者的应纳税所得额③。

(6)企业为个人家庭成员的消费性支出及购买家庭财产的处理④

个人独资企业、合伙企业的个人投资者以企业资金为本人、家庭及相关人员支付与企业生产、经营无关的消费性支出及购买汽车、住房等财产性支出,视为企业对个人投资者的利润分配,并入投资者个人的生产、经营所得,依照"个体工商户的生产、经营所得"项目计征个人所得税。企业的上述支出不允许在所得税前扣除。

8.6.3.4　个人独资企业和合伙企业个人所得税核定征收的相关规定⑤

(1)核定征收的范围

有下列情形之一的,主管税务机关应采取核定征收方式征收个人所得税:

①企业依照国家有关规定应当设置但未设置账簿的;

②企业虽设置账簿,但账目混乱或者成本资料、收入凭证、费用凭证残缺不全,难以查账的;

③纳税人发生纳税义务,未按照规定的期限办理纳税申报,经税务机关责令限期申报,逾期仍不申报的。

①　《国家税务总局关于个人独资企业个人所得税税前固定资产折旧费扣除问题的批复》(国税发[2002]1090 号,2002 年 12 月 18 日)。
②　《国家税务总局关于〈关于个人独资企业和合伙企业投资者征收个人所得税的规定〉执行口径的通知》(国税函[2001]84 号,2001 年 1 月 17 日)。
③　《国家税务总局关于〈关于个人独资企业和合伙企业投资者征收个人所得税的规定〉执行口径的通知》(国税函[2001]84 号,2001 年 1 月 17 日)。
④　《财政部 国家税务总局关于规范个人投资者个人所得税征收管理的通知》(财税[2003]158 号,2003 年 7 月 11 日)。
⑤　《财政部 国家税务总局关于印发〈关于个人独资企业和合伙企业投资者征收个人所得税的规定〉的通知》(财税[2000]91 号,2000 年 9 月 19 日)。

（2）核定征收的方法

核定征收方式，包括定额征收、核定应税所得率征收以及其他合理的征收方式。

实行核定应税所得率征收方式的，应纳所得税额的计算公式如下：

应纳所得税额＝应纳税所得额×适用税率

应纳税所得额＝收入总额×应税所得率

或＝成本费用支出额／（1－应税所得率）×应税所得率

各行业的应税所得率见表8－6。

表8－6　应税所得率表

行业	应税所得率(%)
工业、交通运输业、商业	5—20
建筑业、房地产开发业	7—20
饮食服务业	7—25
娱乐业	20—40
其他行业	10—30

企业经营多业的，无论其经营项目是否单独核算，均应根据其主营项目确定其适用的应税所得率。

8.6.3.5　个人独资企业投资者和合伙企业合伙人应纳税所得额的确定

（1）个人独资企业的投资者以全部生产经营所得为应纳税所得额①。

（2）合伙企业生产经营所得和其他所得采取"先分后税"的原则。具体应纳税所得额的计算按照上述《财政部　国家税务总局关于个人独资企业和合伙企业投资者征收个人所得税的规定》（财税［2000］91号）及《财政部　国家税务总局关于调整个体工商户个人独资企业和合伙企业个人所得税税前扣除标准有关问题的通知》（财税［2008］65号）的规定执行。合伙企业的合伙人按照下列原则确定应纳税所得额②：

①合伙企业的合伙人以合伙企业的生产经营所得和其他所得，按照合伙协议约定的分配比例确定应纳税所得额。

②合伙协议未约定或者约定不明确的，以全部生产经营所得和其他所得，按照合伙人协商决定的分配比例确定应纳税所得额。

③协商不成的，以全部生产经营所得和其他所得，按照合伙人实缴出资比例确定应纳税所得额。

④无法确定出资比例的，以全部生产经营所得和其他所得，按照合伙人数量平均计算每个合伙人的应纳税所得额。

合伙协议不得约定将全部利润分配给部分合伙人。

上述生产经营所得和其他所得，包括企业分配给所有合伙人（投资者个人）的所得和企业当年留存的所得（利润）③。

8.6.3.6　投资者兴办两个或两个以上个人独资或合伙企业的应纳税额计算方法

（1）投资者兴办两个或两个以上个人独资企业或合伙企业（包括参与兴办），年度终了时，应汇总从所有企业取得的应纳税所得额，据以确定适用税率并计算缴纳应纳税款。其中准予扣除的个人费用，由投资者选择在一个企业的生产经营所得中扣除④。

（2）投资者兴办两个或两个以上企业，并且企

---

① 《财政部　国家税务总局关于印发〈关于个人独资企业和合伙企业投资者征收个人所得税的规定〉的通知》（财税［2000］91号，2000年9月19日）。

② 《财政部　国家税务总局关于合伙企业合伙人所得税问题的通知》（财税［2008］159号，2008年12月23日）。该文件自2008年1月1日起执行。此前，《财政部　国家税务总局关于印发〈关于个人独资企业和合伙企业投资者征收个人所得税的规定〉的通知》（财税［2000］91号，2000年9月19日）规定，合伙企业的投资者按照合伙企业的全部生产经营所得和合伙协议约定的分配比例确定应纳税所得额，合伙协议没有约定分配比例的，以全部生产经营所得和合伙人数量平均计算每个投资者的应纳税所得额。

③ 《财政部　国家税务总局关于印发〈关于个人独资企业和合伙企业投资者征收个人所得税的规定〉的通知》（财税［2000］91号，2000年9月19日）。《财政部　国家税务总局关于合伙企业合伙人所得税问题的通知》（财税［2008］159号，2008年12月23日）。

④ 《财政部　国家税务总局关于印发〈关于个人独资企业和合伙企业投资者征收个人所得税的规定〉的通知》（财税［2000］91号，2000年9月19日）。

业性质全部是独资的,年度终了后汇算清缴时,应纳税款的计算按以下方法进行[①]:

汇总其投资兴办的所有企业的经营所得作为应纳税所得额,以此确定适用税率,计算出全年经营所得的应纳税额,再根据每个企业的经营所得占所有企业经营所得的比例,分别计算出每个企业的应纳税额和应补缴税额。计算公式如下:

应纳税所得额=∑各个企业的经营所得

应纳税额=应纳税所得额×税率-速算扣除数

本企业应纳税额=应纳税额×本企业的经营所得/∑各个企业的经营所得

本企业应补缴的税额=本企业应纳税额-本企业预缴的税额

(3)投资者兴办两个或两个以上企业的,企业的年度经营亏损不能跨企业弥补[②]。

8.6.4　对企事业单位承包经营、承租经营所得的计税方法

8.6.4.1　应纳税所得额

对企事业单位的承包经营、承租经营所得,以每一纳税年度的收入总额,减除必要费用后的余额,为应纳税所得额[③]。

其中:对企事业单位的承包经营、承租经营所得,是指个人承包经营、承租经营以及转包、转租取得的所得,包括个人按月或者按次取得的工资、薪金性质的所得;每一纳税年度的收入总额,是指纳税义务人按照承包经营、承租经营合同规定分得的经营利润和工资、薪金性质的所得;减除必要费用,是指按月减除 2000 元[④]。

企业实行承包经营、承租经营后,不能提供完整、准确的纳税资料、正确计算应纳税所得额的,由主管税务机关核定其应纳税所得额,并依据税收征收管理法规定,确定征收方式[⑤]。

8.6.4.2　应纳税额的计算

(1)由纳税人负担税款的承包经营、承租经营所得应纳税额的计算

对企事业单位的承包经营、承租经营所得,由纳税人自行负担税款的,可运用速算扣除数法计算其应纳税额。应纳税额的计算公式为[⑥]:

应纳税额=应纳税所得额×适用税率-速算扣除数

或=(纳税年度收入总额-必要费用)×适用税率-速算扣除数

(2)由他人(单位)代付税款的承包经营、承租经营所得应纳税额的计算

由他人(单位)代付税款的承包经营、承租经营所得,应换算为应纳税所得额,计算征收个人所得税。计算公式如下[⑦]:

公式 1:应纳税所得额=(不含税收入额-费用扣除标准-速算扣除数)÷(1-税率)

公式 2:应纳税额=应纳税所得额×适用税率-速算扣除数

公式 1 中的税率,是指不含税所得按不含税级距对应的税率;公式 2 中的税率,是指应纳税所得

---

①　《国家税务总局关于〈关于个人独资企业和合伙企业投资者征收个人所得税的规定〉执行口径的通知》(国税函[2001]84号,2001 年 1 月 17 日)。

②　《财政部 国家税务总局关于印发〈关于个人独资企业和合伙企业投资者征收个人所得税的规定〉的通知》(财税[2000]91号,2000 年 9 月 19 日)。

③　《中华人民共和国个人所得税法》(中华人民共和国主席令第 85 号,2007 年 12 月 29 日)。

④　《中华人民共和国个人所得税法实施条例》(中华人民共和国国务院令第 519 号,2008 年 2 月 18 日)。此前,原《中华人民共和国个人所得税法实施条例》(中华人民共和国国务院令第 452 号,2005 年 12 月 19 日)规定:减除必要费用,是指按月减除 1600元;原《中华人民共和国个人所得税法实施条例》(中华人民共和国国务院令第 142 号,1994 年 1 月 28 日)规定:减除必要费用,是指按月减除 800 元。

⑤　《国家税务总局关于个人对企事业单位实行承包经营、承租经营取得所得征税问题的通知》(国税发[1994]179 号,1994 年8 月 1 日)。

⑥　《国家税务总局关于印发〈征收个人所得税若干问题的规定〉的通知》(国税发[1994]89 号,1994 年 3 月 31 日)。《国家税务总局关于印发〈个体工商户个人所得税计税办法(试行)〉的通知》(国税发[1997]43 号,1997 年 3 月 26 日)。

⑦　《国家税务总局关于印发〈征收个人所得税若干问题的规定〉的通知》(国税发[1994]89 号,1994 年 3 月 31 日)。

额按含税级距对应的税率。见表 8-5。

（3）承包、承租期不足一年应纳税额的计算

实行承包、承租经营的纳税义务人，应以每一纳税年度取得的承包、承租经营所得计算纳税，在一个纳税年度内，承包、承租经营不足 12 个月的，以其实际承包、承租经营的月份数为一个纳税年度计算纳税。计算公式为①：

应纳税所得额 = 该年度承包、承租经营收入额 − (2000 元 × 该年度实际承包、承租经营月份数)②

应纳税额 = 应纳税所得额 × 适用税率 − 速算扣除数

8.6.5 劳务报酬所得的计税方法

8.6.5.1 应纳税所得额

（1）劳务报酬所得每次收入不超过 4000 元的，减除费用 800 元；4000 元以上的，减除 20% 的费用，其余额为应纳税所得额③。

劳务报酬所得，属于一次性收入的，以取得该项收入为一次；属于同一项目连续性收入的，以一个月内取得的收入为一次④。

其中：同一项目，是指劳务报酬所得列举具体劳务项目中的某一单项，个人兼有不同的劳务报酬所得，应当分别减除费用，计算缴纳个人所得税⑤。

鉴于属地管辖与时间划定有交叉的特殊情况，对属于同一项目连续性收入的，以一个月内取得的收入为一次，统一规定以县（含县级市、区）为一地，其管辖区一个月内的劳务服务为一次；当月跨县地域的，则应分别计算⑥。

（2）获得劳务报酬所得的纳税义务人从其收入中支付给中介人和相关人员的报酬，在定率扣除 20% 的费用后，一律不再扣除。对中介人和相关人员取得的上述报酬，应分别计征个人所得税⑦。

8.6.5.2 应纳税额的计算

（1）纳税人自行负担税款的劳务报酬所得应纳税额计算

①每次收入不足 4000 元的

应纳税额 = 应纳税所得额 × 适用税率

或 = (每次收入额 − 800) × 20%

②每次收入在 4000 元以上的

应纳税额 = 应纳税所得额 × 适用税率

或 = 每次收入额 × (1 − 20%) × 20%

③每次收入的应纳税所得额超过 20000 元的

应纳税额 = 应纳税所得额 × 适用税率 − 速算扣除数

或 = 每次收入额 × (1 − 20%) × 适用税率 − 速算扣除数

具体适用税率及速算扣除数，见表 8-9。

表 8-9　劳务报酬所得含税收入适用税率表⑧

级数	含税级距	税率(%)	速算扣除数
1	不超过 20000 元的	20	0
2	超过 20000 元至 50000 元的部分	30	2000

---

① 《国家税务总局关于印发〈征收个人所得税若干问题的规定〉的通知》(国税发[1994]89 号,1994 年 3 月 31 日)。

② 此公式中每月费用扣除标准"2000 元"在国税发[1994]89 号文件原文中是"800 元",编者根据《中华人民共和国个人所得税法实施条例》(中华人民共和国国务院令第 519 号,2008 年 2 月 18 日)修改。

③ 《中华人民共和国个人所得税法》(中华人民共和国主席令第 85 号,2007 年 12 月 29 日)。

④ 《中华人民共和国个人所得税法实施条例》(中华人民共和国国务院令第 519 号,2008 年 2 月 18 日)。

⑤ 《国家税务总局关于印发〈征收个人所得税若干问题的规定〉的通知》(国税发[1994]89 号,1994 年 3 月 31 日)。

⑥ 《国家税务总局关于个人所得税偷税案件查处中有关问题的补充通知》(国税函发[1996]602 号,1996 年 9 月 17 日)。

⑦ 《国家税务总局关于个人所得税偷税案件查处中有关问题的补充通知》(国税函发[1996]602 号,1996 年 9 月 17 日)。此前,根据《财政部 国家税务总局关于个人所得税若干政策问题的通知》(财税字[1994]20 号,1994 年 5 月 13 日)规定,对个人从事技术转让、提供劳务等过程中所支付的中介费,如能提供有效、合法凭证的,允许从其所得中扣除。

⑧ 《国家税务总局关于印发〈征收个人所得税若干问题的规定〉的通知》(国税发[1994]89 号,1994 年 3 月 31 日)。

级数	含税级距	税率(%)	速算扣除数
3	超过 50000 元的部分	40	7000

注:表中的含税级距为按照税法规定减除有关费用后的所得额,适用于由纳税人负担税款的劳务报酬所得。

(2)由他人(单位)代付税款的劳务报酬所得应纳税额的计算

单位或个人为纳税义务人负担个人所得税税款的,应将纳税义务人取得的不含税收入额换算为应纳税所得额,计算征收个人所得税。计算公式如下①:

①不含税收入额为 3360 元(即含税收入额 4000 元)以下的:

应纳税所得额=(不含税收入额-800)÷(1-税率)

②不含税收入额为 3360 元(即含税收入额 4000 元)以上的:

应纳税所得额=[(不含税收入额-速算扣除数)×(1-20%)]÷[1-税率×(1-20%)]

③应纳税额=应纳税所得额×适用税率-速算扣除数

上述公式①和②中的税率,是指不含税所得按不含税级距对应的税率(见表 8-10);公式③中的税率,是指应纳税所得额按含税级距对应的税率(见表 8-9)。

表 8-10 劳务报酬所得不含税收入适用税率表②

不含税劳务报酬收入额	税率	速算扣除数
21000 元以下的部分	20%	0
超过 21000 元至 49500 元的部分	30%	2000
超过 49500 元的部分	40%	7000

8.6.6 稿酬所得的计税方法

8.6.6.1 应纳税所得额

稿酬所得每次收入不超过 4000 元的,减除费用 800 元;4000 元以上的,减除 20% 的费用,其余额为应纳税所得额③。

稿酬所得,以每次出版、发表取得的收入为一次④。

(1)个人每次以图书、报刊方式出版、发表同一作品(文字作品、书画作品、摄影作品以及其他作品),不论出版单位是预付还是分笔支付稿酬,或者加印该作品后再付稿酬,均应合并其稿酬所得按一次计征个人所得税。在两处或两处以上出版、发表或再版同一作品而取得稿酬所得,则可分别各处取得的所得或再版所得按分次所得计征个人所得税⑤。

(2)个人的同一作品在报刊上连载,应合并其因连载而取得的所有稿酬所得为一次,按税法规定计征个人所得税。在其连载之后又出书取得稿酬所得,或先出书后连载取得稿酬所得,应视同再版稿酬分次计征个人所得税⑥。

8.6.6.2 应纳税额的计算

稿酬所得,适用比例税率,税率 20%,并按应纳税额减征 30%⑦。

---

① 《国家税务总局关于明确单位或个人为纳税义务人的劳务报酬所得代付税款计算公式的通知》(国税发[1996]161 号,1996 年 9 月 17 日)。

② 《国家税务总局关于明确单位或个人为纳税义务人的劳务报酬所得代付税款计算公式对应税率表的通知》(国税发[2000]192 号,2000 年 11 月 24 日)。此表对《国家税务总局关于印发〈征收个人所得税若干问题的规定〉的通知》(国税发[1994]89 号)附表三不含税级距标准进行了修改调整。

③ 《中华人民共和国个人所得税法》(中华人民共和国主席令第 85 号,2007 年 12 月 29 日)。

④ 《中华人民共和国个人所得税法实施条例》(中华人民共和国国务院令第 519 号,2008 年 2 月 18 日)。

⑤ 《国家税务总局关于印发〈征收个人所得税若干问题的规定〉的通知》(国税发[1994]89 号,1994 年 3 月 31 日)。

⑥ 《国家税务总局关于印发〈征收个人所得税若干问题的规定〉的通知》(国税发[1994]89 号,1994 年 3 月 31 日)。

⑦ 《中华人民共和国个人所得税法》(中华人民共和国主席令第 85 号,2007 年 12 月 29 日)。

(1)每次收入不足4000元的

应纳税额 = 应纳税所得额×适用税率×(1 -30%)

= (每次收入额-800)×20%×(1-30%)

(2)每次收入在4000元以上的

应纳税额 = 应纳税所得额×适用税率×(1 -30%)

= 每次收入额×(1-20%)×20%×(1-30%)

8.6.7 特许权使用费所得的计税方法

8.6.7.1 应纳税所得额

特许权使用费所得每次收入不超过4000元的,减除费用800元;4000元以上的,减除20%的费用,其余额为应纳税所得额①。

特许权使用费所得,以一项特许权的一次许可使用所取得的收入为一次②。

对个人从事技术转让中所支付的中介费,如能提供有效、合法凭证的,允许从其所得中扣除③。

8.6.7.2 应纳税额的计算

特许权使用费所得,适用20%比例税率计算应纳税额④。

应纳税额 = 应纳税所得额×适用税率

8.6.8 利息、股息、红利所得的计税方法

8.6.8.1 应纳税所得额

利息、股息、红利以每次收入额为应纳税所得额。企业分配的股息、红利和企业债券利息以及企事业单位集资利息,不得扣除同期银行储蓄存款利息后征收个人所得税⑤。

利息、股息、红利所得,以支付利息、股息、红利时取得的收入为一次⑥。

股份制企业在分配股息、红利时,以股票形式向股东个人支付应得的股息、红利(即派发红股),应以派发红股的股票票面金额为收入额,按"利息、股息、红利"项目计征个人所得税⑦。

8.6.8.2 应纳税额的计算

利息、股息、红利所得,适用20%比例税率计算应纳税额⑧。

应纳税额 = 应纳税所得额×适用税率 = 每次收入额×适用税率

8.6.9 财产租赁所得的计税方法

8.6.9.1 应纳税所得额

(1)财产租赁所得,每次收入不超过4000元的,减除费用800元;4000元以上的,减除20%的费用,其余额为应纳税所得额⑨。

财产租赁所得,以一个月内取得的收入为一次⑩。

纳税义务人在出租财产过程中缴纳的税金和教育费附加,可持完税(缴款)凭证,从其财产租赁收入中扣除⑪。

纳税义务人出租财产取得财产租赁收入,在计算征税时,除可依法减除规定费用和有关税费外,还准予扣除能够提供有效、准确凭证,证明由纳税义务人负担的该出租财产实际开支的修缮费用。允许扣除的修缮费用,以每次800元为限,一次扣

---

① 《中华人民共和国个人所得税法》(中华人民共和国主席令第85号,2007年12月29日)。
② 《中华人民共和国个人所得税法实施条例》(中华人民共和国国务院令第519号,2008年2月18日)。
③ 《财政部 国家税务总局关于个人所得税若干政策问题的通知》(财税字[1994]20号,1994年5月13日)。
④ 《中华人民共和国个人所得税法》(中华人民共和国主席令第85号,2007年12月29日)。
⑤ 《中华人民共和国个人所得税法》(中华人民共和国主席令第85号,2007年12月29日)。《国家税务总局关于纠正在征收利息、股息、红利所得个人所得税时扣除同期银行储蓄存款利息做法的通知》(国税发[1999]181号,1999年9月28日)。
⑥ 《中华人民共和国个人所得税法实施条例》(中华人民共和国国务院令第519号,2008年2月18日)。
⑦ 《国家税务总局关于印发〈征收个人所得税若干问题的规定〉的通知》(国税发[1994]89号,1994年3月31日)。
⑧ 《中华人民共和国个人所得税法》(中华人民共和国主席令第85号,2007年12月29日)。
⑨ 《中华人民共和国个人所得税法》(中华人民共和国主席令第85号,2007年12月29日)。
⑩ 《中华人民共和国个人所得税法实施条例》(中华人民共和国国务院令第519号,2008年2月18日)。
⑪ 《国家税务总局关于印发〈征收个人所得税若干问题的规定〉的通知》(国税发[1994]89号,1994年3月31日)。

除不完的,准予在下一次继续扣除,直至扣完为止①。

(2)个人出租财产取得的财产租赁收入,在计算缴纳个人所得税时,应依次扣除以下费用②:

①财产租赁过程中缴纳的税费;

②向出租方支付的租金;

③由纳税人负担的该出租财产实际开支的修缮费用;

④税法规定的费用扣除标准。

8.6.9.2　应纳税额的计算

财产租赁所得,适用 20% 比例税率计算应纳税额③。

(1)每次(月)收入不超过 4000 元

应纳税额=应纳税所得额×适用税率=[每次(月)收入额-准予扣除项目-修缮费用(800 元为限)-800 元]×20%

(2)每次(月)收入超过 4000 元

应纳税额=应纳税所得额×适用税率=[每次(月)收入额-准予扣除项目-修缮费用(800 元为限)]×(1-20%)×20%

8.6.10　财产转让所得的计税方法

8.6.10.1　应纳税所得额

(1)一般规定

财产转让所得,以转让财产的收入额减除财产原值和合理费用后的余额,为应纳税所得额④。

财产转让所得,按照一次转让财产的收入额减除财产原值和合理费用后的余额计算纳税⑤。

财产原值,是指⑥:

①有价证券,为买入价以及买入时按照规定缴纳的有关费用;

②建筑物,为建造费或者购进价格以及其他有关费用;

③土地使用权,为取得土地使用权所支付的金额、开发土地的费用以及其他有关费用;

④机器设备、车船,为购进价格、运输费、安装费以及其他有关费用;

⑤其他财产,参照以上方法确定。

纳税义务人未提供完整、准确的财产原值凭证,不能正确计算财产原值的,由主管税务机关核定其财产原值⑦。

财产转让所得中允许减除的合理费用,是指卖出财产时按照规定支付的有关费用⑧。

(2)转让债券的应纳税所得额

转让债券,采用"加权平均法"确定其应予减除的财产原值和合理费用。即以纳税人购进的同一种类债券买入价和买进过程中缴纳的税费总和,除以纳税人购进的该种类债券数量之和,乘以纳税人卖出的该种类债券数量,再加上卖出的该种类债券过程中缴纳的税费。用公式表示为⑨:

①　《国家税务总局关于印发〈征收个人所得税若干问题的规定〉的通知》(国税发[1994]89 号,1994 年 3 月 31 日)。此外,《国家税务总局关于个人出租中国境内房屋取得租金收入税务处理问题的通知》(国税函[1995]134 号,1995 年 3 月 23 日)规定,对个人出租中国境内房屋取得的房屋租金收入,不论其是否在中国境内居住,均允许扣除上述税费后,就其余额征收个人所得税。根据《国家税务总局关于公布全文失效废止 部分条款失效废止的税收规范性文件目录的公告》(国家税务总局公告 2011 年第 2 号,2011 年 1 月 4 日),国税函发[1995]134 号被公布全文失效或废止。

②　《国家税务总局关于个人转租房屋取得收入征收个人所得税问题的通知》(国税函[2009]639 号,2009 年 11 月 18 日)。此前,《国家税务总局关于个人所得税若干业务问题的批复》(国税函[2002]146 号,2002 年 2 月 9 日)规定的顺序中没有向出租方支付的租金。根据拖拉机底盘属于农机零部件,不属于农机产品,因此,拖拉机底盘应按17%的税率征收增值税。根据《国家税务总局关于公布全文失效废止 部分条款失效废止的税收规范性文件目录的公告》(国家税务总局公告 2011 年第 2 号,2011 年 1 月 4 日),国税函[2002]146 号该规定失效。

③　《中华人民共和国个人所得税法》(中华人民共和国主席令第 85 号,2007 年 12 月 29 日)。

④　《中华人民共和国个人所得税法》(中华人民共和国主席令第 85 号,2007 年 12 月 29 日)。

⑤　《中华人民共和国个人所得税法实施条例》(中华人民共和国国务院令第 519 号,2008 年 2 月 18 日)。

⑥　《中华人民共和国个人所得税法实施条例》(中华人民共和国国务院令第 519 号,2008 年 2 月 18 日)。

⑦　《中华人民共和国个人所得税法实施条例》(中华人民共和国国务院令第 519 号,2008 年 2 月 18 日)。

⑧　《中华人民共和国个人所得税法实施条例》(中华人民共和国国务院令第 519 号,2008 年 2 月 18 日)。

⑨　《国家税务总局关于印发〈征收个人所得税若干问题的规定〉的通知》(国税发[1994]89 号,1994 年 3 月 31 日)。

一次卖出某一种类的债券允许扣除的买入价和费用=纳税人购进的该种类债券买入价和买进过程中缴纳的税费总和÷纳税人购进的该种类债券总数量×一次卖出该种类债券的数量+卖出该种类债券过程中缴纳的税费

（3）购买和处置债权的应纳税所得额①

①个人通过招标、竞拍或其他方式购置债权以后，通过相关司法或行政程序主张债权而取得的所得，应按照"财产转让所得"项目缴纳个人所得税。

②个人通过上述方式取得"打包"债权，只处置部分债权的，其应纳税所得额按以下方式确定：

Ⅰ 以每次处置部分债权的所得，作为一次财产转让所得征税。

Ⅱ 其应税收入按照个人取得的货币资产和非货币资产的评估价值或市场价值的合计数确定。

Ⅲ 所处置债权成本费用（即财产原值），按下列公式计算：

当次处置债权成本费用=个人购置"打包"债权实际支出×当次处置债权账面价值（或拍卖机构公布价值）÷"打包"债权账面价值（或拍卖机构公布价值）。

Ⅳ 个人购买和和处置债权过程中发生的拍卖招标手续费、诉讼费、审计评估费以及缴纳的税金等合理税费，在计算个人所得税时允许扣除。

8.6.10.2 应纳税额的计算

财产转让所得，适用20%的比例税率计算应纳税额②。

应纳税额=应纳税所得额×适用税率=每次财产转让所得×20%

8.6.10.3 个人住房转让所得的税务处理

个人出售自有住房取得的所得应按照"财产转让所得"项目征收个人所得税③。

（1）个人出售自有住房应纳税所得额确定的原则

个人出售自有住房的应纳税所得额，按下列原则确定④：

①个人出售除已购公有住房以外的其他自有住房，其应纳税所得额按照个人所得税法"财产转让所得"的有关规定确定。

②个人出售已购公有住房，其应纳税所得额为个人出售已购公有住房的销售价，减除住房面积标准的经济适用住房价款、原支付超过住房面积标准的房价款、向财政或原产权单位缴纳的所得收益以及税法规定的合理费用后的余额。

已购公有住房是指城镇职工根据国家和县级（含县级）以上人民政府有关城镇住房制度改革政策规定，按照成本价（或标准价）购买的公有住房。

经济适用住房价格按县级（含县级）以上地方人民政府规定的标准确定。

③职工以成本价（或标准价）出资的集资合作建房、安居工程住房、经济适用住房以及拆迁安置住房，比照已购公有住房确定应纳税所得额。

（2）个人住房转让所得计算的具体规定⑤

①住房转让收入

对住房转让所得征收个人所得税时，以实际成交价格为转让收入。纳税人申报的住房成交价格明显低于市场价格且无正当理由的，征收机关依法有权根据有关信息核定其转让收入，但必须保证各税种计税价格一致。

②住房转让所得

---

① 《国家税务总局关于个人因购买和处置债权取得所得征收个人所得税问题的批复》（国税函〔2005〕655号，2005年6月24日）。

② 《中华人民共和国个人所得税法》（中华人民共和国主席令第85号，2007年12月29日）。

③ 《财政部 国家税务总局 建设部关于个人出售住房所得征收个人所得税有关问题的通知》（财税〔1999〕278号，1999年12月2日）。

④ 《财政部 国家税务总局 建设部关于个人出售住房所得征收个人所得税有关问题的通知》（财税〔1999〕278号，1999年12月2日）。

⑤ 本部分除另有注释外，均出自《国家税务总局关于个人住房转让所得征收个人所得税有关问题的通知》（国税发〔2006〕108号，2006年7月21日）。

自 2006 年 8 月 1 日起,对转让住房收入计算个人所得税应纳税所得额时,纳税人可凭原购房合同、发票等有效凭证,经税务机关审核后,允许从其转让收入中减除房屋原值、转让住房过程中缴纳的税金及有关合理费用。

Ⅰ　房屋原值

不同类型房屋原值分别为:

ⅰ　商品房:购置该房屋时实际支付的房价款及缴纳的相关税费。

ⅱ　自建住房:实际发生的建造费用及建造和取得产权时实际缴纳的相关税费。

ⅲ　经济适用房(含集资合作建房、安居工程住房):原购房人实际支付的房价款及相关税费,以及按规定缴纳的土地出让金。

ⅳ　已购公有住房:原购公有住房标准面积按当地经济适用房价格计算的房价款,加上原购公有住房超标准面积实际支付的房价款以及按规定向财政部门(或原产权单位)缴纳的所得收益及相关税费。

ⅴ　城镇拆迁安置住房:根据《城市房屋拆迁管理条例》(国务院令第 305 号)和《建设部关于印发〈城市房屋拆迁估价指导意见〉的通知》(建住房[2003]234 号)等有关规定,其原值分别为:

房屋拆迁取得货币补偿后购置房屋的,为购置该房屋实际支付的房价款及缴纳的相关税费;

房屋拆迁采取产权调换方式的,所调换房屋原值为《房屋拆迁补偿安置协议》注明的价款及缴纳的相关税费;

房屋拆迁采取产权调换方式,被拆迁人除取得所调换房屋,又取得部分货币补偿的,所调换房屋原值为《房屋拆迁补偿安置协议》注明的价款和缴纳的相关税费,减去货币补偿后的余额;

房屋拆迁采取产权调换方式,被拆迁人取得所调换房屋,又支付部分货币的,所调换房屋原值为《房屋拆迁补偿安置协议》注明的价款,加上所支付的货币及缴纳的相关税费。

Ⅱ　转让住房过程中缴纳的税金

包括纳税人在转让住房时实际缴纳的营业税、城市维护建设税、教育费附加、土地增值税、印花税等税金。

Ⅲ　合理费用

包括纳税人按照规定实际支付的住房装修费用、住房贷款利息、手续费、公证费等费用。

ⅰ　支付的住房装修费用。纳税人能提供实际支付装修费用的税务统一发票,并且发票上所列付款人姓名与转让房屋产权人一致的,经税务机关审核,其转让的住房在转让前实际发生的装修费用,可在以下规定比例内扣除:

已购公有住房、经济适用房:最高扣除限额为房屋原值的 15% ;

商品房及其他住房:最高扣除限额为房屋原值的 10% 。

纳税人原购房为装修房,即合同注明房价款中含有装修费(铺装了地板,装配了洁具、厨具等)的,不得再重复扣除装修费用。

凡有下列情况之一的,在计算缴纳转让住房所得个人所得税时不得扣除装修费用[①]:

纳税人提供的装修费用凭证不是有效发票的;

发票上注明的付款人姓名与房屋产权人或产权共有人的姓名不一致的;

发票由建材市场、批发市场管理机构开具,且未附所购商品清单的。

纳税人申报扣除装修费用,应当填写《房屋装修费用发票汇总表》,在《房屋装修费用发票汇总表》上如实、完整地填写每份发票的开具人、受领人、发票字号、建材产品或服务项目、发票金额等信息。同时将有关装修发票原件提交征收人员审核[②]。

征收人员受理申报时,应认真审核装修费用发票真伪、《房屋装修费用发票汇总表》与有关装修

---

① 《国家税务总局关于个人转让房屋有关税收征管问题的通知》(国税发[2007]33 号,2007 年 3 月 21 日)。
② 《国家税务总局关于个人转让房屋有关税收征管问题的通知》(国税发[2007]33 号,2007 年 3 月 21 日)。

发票信息是否一致,对不符合要求的发票不准扣除装修费用。审核完毕后,有关装修发票退还纳税人。

主管税务机关定期对《房屋装修费用发票汇总表》所记载有关发票信息进行分析,视情况选取一些发票到开票单位比对核实,对疑点较大的发票移交稽查部门实施稽查,并加强对建材市场和装修单位的税收管理①。

ⅱ 支付的住房贷款利息。纳税人出售以按揭贷款方式购置的住房的,其向贷款银行实际支付的住房贷款利息,凭贷款银行出具的有效证明据实扣除。

ⅲ 纳税人按照有关规定实际支付的手续费、公证费等,凭有关部门出具的有效证明据实扣除。

③核定应纳税所得额

Ⅰ 纳税人未提供完整、准确的房屋原值凭证,不能正确计算房屋原值和应纳税额的,税务机关可根据税收征收管理法第三十五条的规定,对其实行核定征税,即按纳税人住房转让收入的一定比例核定应纳个人所得税额。具体比例由省级地方税务局或者省级地方税务局授权的地市级地方税务局根据纳税人出售住房的所处区域、地理位置、建造时间、房屋类型、住房平均价格水平等因素,在住房转让收入1%~3%的幅度内确定。

上述"未提供完整、准确的房屋原值凭证",是指纳税人不能提供房屋购买合同、发票或建造成本、费用支出的有效凭证,或契税征管档案中没有上次交易价格或建造成本、费用支出金额等记录。凡纳税人能提供房屋购买合同、发票或建造成本、费用支出的有效凭证,或契税征管档案中有上次交

易价格或建造成本、费用支出金额等记录的,均应按照核实征收方式计征个人所得税②。

Ⅱ 个人通过拍卖市场取得的房屋拍卖收入在计征个人所得税时,其房屋原值应按照纳税人提供的合法、完整、准确的凭证予以扣除;不能提供完整、准确的房屋原值凭证,不能正确计算房屋原值和应纳税额的,统一按转让收入全额的3%计算缴纳个人所得税③。

④税款征收

主管税务机关要在房地产交易场所设置税收征收窗口,个人转让住房应缴纳的个人所得税,应与转让环节应缴纳的营业税、契税、土地增值税等税收一并办理;地方税务机关暂没有条件在房地产交易场所设置税收征收窗口的,应委托契税征收部门一并征收个人所得税等税收。

个人通过拍卖市场取得的房屋拍卖收入,在房屋拍卖后缴纳营业税、契税、土地增值税等税收的同时,一并申报缴纳个人所得税④。

(3)华侨转让自有房产计征个人所得税的特殊规定

考虑到有些华侨转让自有房产时,因购买时间较早(有些是解放前购买的),难以提供购买房产时所支付价款的有关凭证,或虽能提供有关凭证,但因当时使用的货币价值不同,目前审核确定房价也很困难的实际情况,对此类房屋转让时的价值,可由当地房管部门进行重估,并经税务部门审核同意后,对其取得的收入扣除重估房价后的差额计征个人所得税⑤。

8.6.10.4 个人股权转让所得的若干税务处理

---

① 《国家税务总局关于个人转让房屋有关税收征管问题的通知》(国税发[2007]33号,2007年3月21日)。
② 《国家税务总局关于个人转让房屋有关税收征管问题的通知》(国税发[2007]33号,2007年3月21日)。
③ 《国家税务总局关于个人取得房屋拍卖收入征收个人所得税问题的批复》(国税函[2007]1145号,2007年11月20日)。
④ 《国家税务总局关于个人取得房屋拍卖收入征收个人所得税问题的批复》(国税函[2007]1145号,2007年11月20日)。
⑤ 《国家税务局关于华侨转让房产所得计征个人所得税问题的批复》(国税函发[1990]1199号,1990年9月24日)。关于华侨身份的界定,参见《国家税务总局关于明确个人所得税若干政策执行问题的通知》(国税发[2009]121号,2009年8月17日)。

（1）个人股权转让计税依据核定①

自然人转让所投资企业股权（份）（简称股权转让，不包括上市公司股份转让）取得所得，按照公平交易价格计算并确定计税依据。

计税依据明显偏低且无正当理由的，主管税务机关可采用以下列举的方法核定。

①计税依据明显偏低且无正当理由的判定方法

符合下列情形之一且无正当理由的，可视为计税依据明显偏低：

Ⅰ 申报的股权转让价格低于初始投资成本或低于取得该股权所支付的价款及相关税费的；

Ⅱ 申报的股权转让价格低于对应的净资产份额的；

Ⅲ 申报的股权转让价格低于相同或类似条件下同一企业同一股东或其他股东股权转让价格的；

Ⅳ 申报的股权转让价格低于相同或类似条件下同类行业的企业股权转让价格的；

Ⅴ 经主管税务机关认定的其他情形。

上述正当理由，是指以下情形：

Ⅰ 所投资企业连续三年以上（含三年）亏损；

Ⅱ 因国家政策调整的原因而低价转让股权；

Ⅲ 将股权转让给配偶、父母、子女、祖父母、外祖父母、孙子女、外孙子女、兄弟姐妹以及对转让人承担直接抚养或者赡养义务的抚养人或者赡养人；

Ⅳ 经主管税务机关认定的其他合理情形。

②申报的计税依据明显偏低且无正当理由的，可采取以下核定方法②：

Ⅰ 参照每股净资产或纳税人享有的股权比例所对应的净资产份额核定股权转让收入。

对知识产权、土地使用权、房屋、探矿权、采矿权、股权等合计占资产总额比例达 50% 以上的企业，净资产额须经中介机构评估核实。

Ⅱ 参照相同或类似条件下同一企业同一股东或其他股东股权转让价格核定股权转让收入。

Ⅲ 参照相同或类似条件下同类行业的企业股权转让价格核定股权转让收入。

Ⅳ 纳税人对主管税务机关采取的上述核定方法有异议的，应当提供相关证据，主管税务机关认定属实后，可采取其他合理的核定方法。

③纳税人再次转让所受让的股权的，股权转让的成本为前次转让的交易价格及买方负担的相关税费。

（2）个人股权转让取得违约金收入的税务处理

股权成功转让后，转让方个人因受让方个人未按规定期限支付价款而取得的违约金收入，属于因财产转让而产生的收入。转让方个人取得的该违约金应并入财产转让收入，按照"财产转让所得"项目计算缴纳个人所得税，税款由取得所得的转让方个人向主管税务机关自行申报缴纳③。

（3）个人收回转让股权的税务处理④

对股权转让合同履行完毕、股权已作变更登记，且所得已经实现的，转让人取得的股权转让收入应当依法缴纳个人所得税。转让行为结束后，当

---

① 《国家税务总局关于股权转让所得个人所得税计税依据核定问题的公告》（国家税务总局公告 2010 年第 27 号，2010 年 12 月 14 日）。该公告自发布之日起 30 天后施行。此前，《国家税务总局关于非货币性资产评估增值暂不征收个人所得税的批复》（国税函〔2005〕319 号，2005 年 4 月 13 日）规定，对个人将非货币性资产进行评估后投资于企业，其评估增值取得的所得在投资取得企业股权时，暂不征收个人所得税。在投资收回、转让或清算股权时如有所得，再按规定征收个人所得税，其"财产原值"为资产评估前的价值。根据《国家税务总局关于公布全文失效废止 部分条款失效废止的税收规范性文件目录的公告》（国家税务总局公告 2011 年第 2 号，2011 年 1 月 4 日），国税函〔2005〕319 号被公布失效废止。

② 《国家税务总局关于股权转让所得个人所得税计税依据核定问题的公告》（国家税务总局公告 2010 年第 27 号，2010 年 12 月 14 日）。此前，《国家税务总局关于加强股权转让所得征收个人所得税管理的通知》（国税函〔2009〕285 号，2009 年 5 月 28 日）仅规定对申报的计税依据明显偏低（如平价和低价转让等）且无正当理由的，主管税务机关可参照每股净资产或个人股东享有的股权比例所对应的净资产份额核定。

③ 《国家税务总局关于个人股权转让过程中取得违约金收入征收个人所得税问题的批复》（国税函〔2006〕866 号，2006 年 9 月 19 日）。

④ 《国家税务总局关于纳税人收回转让的股权征收个人所得税问题的批复》（国税函〔2005〕130 号，2005 年 1 月 28 日）。

事人双方签订并执行解除原股权转让合同、退回股权的协议,是另一次股权转让行为,对前次转让行为征收的个人所得税款不予退回。

股权转让合同未履行完毕,因执行仲裁委员会作出的解除股权转让合同及补充协议的裁决、停止执行原股权转让合同,并原价收回已转让股权的,由于其股权转让行为尚未完成、收入未完全实现,随着股权转让关系的解除,股权收益不复存在,根据税法规定及行政行为合理性原则,纳税人不应缴纳个人所得税。

8.6.10.5 个人网络买卖虚拟货币取得收入的税务处理

个人通过网络收购玩家的虚拟货币,加价后向他人出售取得的收入,属于个人所得税应税所得,应按照"财产转让所得"项目计算缴纳个人所得税。个人销售虚拟货币的财产原值为其收购网络虚拟货币所支付的价款和相关税费。对于个人不能提供有关财产原值凭证的,由主管税务机关核定其财产原值①。

8.6.10.6 个人转让离婚析产房屋所得的税务处理②

(1)通过离婚析产的方式分割房屋产权是夫妻双方对共同共有财产的处置,个人因离婚办理房屋产权过户手续,不征收个人所得税。

(2)个人转让离婚析产房屋所取得的收入,允许扣除其相应的财产原值和合理费用后,余额按照规定的税率缴纳个人所得税;其相应的财产原值,为房屋初次购置全部原值和相关税费之和乘以转让者占房屋所有权的比例。

(3)个人转让离婚析产房屋所取得的收入,符合家庭生活自用五年以上唯一住房的,可以申请免征个人所得税,其购置时间按照《国家税务总局关于房地产税收政策执行中几个具体问题的通知》(国税发〔2005〕172号)规定执行,即按离婚财产分割行为前的购房时间确定。

8.6.11 偶然所得和其他所得的计税方法

8.6.11.1 应纳税所得额

偶然所得和其他所得,以每次收入额为应纳税所得额③。

偶然所得,以每次取得该项收入为一次④。

8.6.11.2 应纳税额的计算

偶然所得和其他所得,适用20%的比例税率计算应纳税额⑤。

应纳税额=应纳税所得额×适用税率=每次收入额×20%

8.6.12 若干所得项目征税的特殊规定

8.6.12.1 个人转让上市公司限售股所得的征税规定

(1)个人转让上市公司限售股所得个人所得税政策⑥

①自2010年1月1日起,对个人转让限售股取得的所得,按照"财产转让所得",适用20%的比例税率征收个人所得税。

所称限售股,包括:

Ⅰ 上市公司股权分置改革完成后股票复牌日之前股东所持原非流通股股份,以及股票复牌日至解禁日期间由上述股份孳生的送、转股(统称股改限售股)。

Ⅱ 2006年股权分置改革新老划断后,首次公开发行股票并上市的公司形成的限售股,以及上市

---

① 《国家税务总局关于个人通过网络买卖虚拟货币取得收入征收个人所得税问题的批复》(国税函〔2008〕818号,2008年9月28日)。

② 《国家税务总局关于明确个人所得税若干政策执行问题的通知》(国税发〔2009〕121号,2009年8月17日)。

③ 《中华人民共和国个人所得税法》(中华人民共和国主席令第85号,2007年12月29日)。

④ 《中华人民共和国个人所得税法实施条例》(中华人民共和国国务院令第519号,2008年2月18日)。

⑤ 《中华人民共和国个人所得税法》(中华人民共和国主席令第85号,2007年12月29日)。

⑥ 《财政部 国家税务总局 证监会关于个人转让上市公司限售股所得征收个人所得税有关问题的通知》(财税〔2009〕167号,2009年12月31日)。《财政部 国家税务总局关于个人转让上市公司限售股所得征收个人所得税有关问题的补充通知》(财税〔2010〕70号,2010年11月10日)。

首日至解禁日期间由上述股份孳生的送、转股(统称新股限售股)。

Ⅲ　财政部、税务总局、法制办和证监会共同确定的其他限售股,包括:

ⅰ　个人从机构或其他个人受让的未解禁限售股;

ⅱ　个人因依法继承或家庭财产依法分割取得的限售股;

ⅲ　个人持有的从代办股份转让系统转到主板市场(或中小板、创业板市场)的限售股;

ⅳ　上市公司吸收合并中,个人持有的原被合并方公司限售股所转换的合并方公司股份;

ⅴ　上市公司分立中,个人持有的被分立方公司限售股所转换的分立后公司股份;

ⅵ　其他限售股。

②个人转让限售股,以每次限售股转让收入,减除股票原值和合理税费后的余额,为应纳税所得额。即:

应纳税所得额=限售股转让收入-(限售股原值+合理税费)

应纳税额=应纳税所得额×20%

所称的限售股转让收入,是指转让限售股股票实际取得的收入。限售股原值,是指限售股买入时的买入价及按照规定缴纳的有关费用。合理税费,是指转让限售股过程中发生的印花税、佣金、过户费等与交易相关的税费。

如果纳税人未能提供完整、真实的限售股原值凭证的,不能准确计算限售股原值的,主管税务机关一律按限售股转让收入的15%核定限售股原值及合理税费。

③纳税人同时持有限售股及该股流通股的,其股票转让所得,按照限售股优先原则,即:转让股票视同为先转让限售股,按规定计算缴纳个人所得税。

对个人在上海证券交易所、深圳证券交易所转让从上市公司公开发行和转让市场取得的上市公司股票所得,继续免征个人所得税[①]。

(2)个人转让上市公司限售股所得个人所得税征管规定[②]

限售股转让所得个人所得税,以限售股持有者为纳税义务人,以个人股东开户的证券机构为扣缴义务人。限售股个人所得税由证券机构所在地主管税务机关负责征收管理。

限售股转让所得个人所得税,采取证券机构预扣预缴、纳税人自行申报清算和证券机构直接扣缴相结合的方式征收。证券机构等应积极配合税务机关做好各项征收管理工作,并于每月15日前,将上月限售股减持的有关信息传递至主管税务机关。限售股减持信息包括:股东姓名、公民身份号码、开户证券公司名称及地址、限售股股票代码、本期减持股数及减持取得的收入总额。证券机构有义务向纳税人提供加盖印章的限售股交易记录。

根据证券机构技术和制度准备完成情况,对不同阶段形成的限售股,采取不同的征收管理办法。

①证券机构技术和制度准备完成前形成的限售股,转让所得应缴纳的个人所得税,采取证券机构预扣预缴和纳税人自行申报清算相结合的方式征收。

Ⅰ　证券机构的预扣预缴申报

纳税人转让股改限售股的,证券机构按照该股

---

①　财政部、国家税务总局曾就此颁发以下几个文件:《财政部　国家税务总局关于股票转让所得暂不征收个人所得税的通知》(财税字[1994]40号,1994年6月20日)、《财政部　国家税务总局关于股票转让所得1996年暂不征收个人所得税的通知》(财税[1996]12号,1996年2月9日)和《财政部　国家税务总局关于个人转让股票所得继续暂免征收个人所得税的通知》(财税字[1998]61号,1998年3月30日)。

②　《财政部　国家税务总局　证监会关于个人转让上市公司限售股所得征收个人所得税有关问题的通知》(财税[2009]167号,2009年12月31日)。《国家税务总局关于做好限售股转让所得个人所得税征收管理工作的通知》(国税发[2010]8号,2010年1月15日)。《国家税务总局关于限售股转让所得个人所得税征缴有关问题的通知》(国税函[2010]23号,2010年1月18日)。《财政部　国家税务总局关于个人转让上市公司限售股所得征收个人所得税有关问题的补充通知》(财税[2010]70号,2010年11月10日)。

票股改复牌日收盘价计算转让收入,纳税人转让新股限售股的,证券机构按照该股票上市首日收盘价计算转让收入,并按照计算出的转让收入的15%确定限售股原值和合理税费,以转让收入减去原值和合理税费后的余额为应纳税所得额,按20%税率,计算并预扣个人所得税。

证券机构应将已扣的个人所得税款,于次月7日内向主管税务机关缴纳,并报送《限售股转让所得扣缴个人所得税报告表》(见国税发〔2010〕8号《国家税务总局关于做好限售股转让所得个人所得税征收管理工作的通知》附件)及税务机关要求报送的其他资料。《限售股转让所得扣缴个人所得税报告表》应按每个纳税人区分不同股票分别填写;同一支股票的转让所得,按当月取得的累计发生额填写。

各地税务机关可根据当地税务代保管资金账户的开立与否、个人退税的简便与否等实际情况综合考虑,在下列方式中确定一种征缴方式:

ⅰ 纳税保证金方式。证券机构将已扣的个人所得税款,于次月7日内以纳税保证金形式向主管税务机关缴纳,并报送《限售股转让所得扣缴个人所得税报告表》及税务机关要求报送的其他资料。主管税务机关收取纳税保证金时,应向证券机构开具有关凭证(凭证种类由各地自定),作为证券机构代缴个人所得税的凭证,凭证"类别"或"品目"栏写明"代扣个人所得税"。同时,税务机关根据《限售股转让所得扣缴个人所得税报告表》分纳税人开具《税务代保管资金专用收据》,作为纳税人预缴个人所得税的凭证,凭证"类别"栏写明"预缴个人所得税"。纳税保证金缴入税务机关在当地商业银行开设的"税务代保管资金"账户存储。

ⅱ 预缴税款方式。证券机构将已扣的个人所得税款,于次月7日内直接缴入国库,并向主管税务机关报送《限售股转让所得扣缴个人所得税报告表》及税务机关要求报送的其他资料。主管税务机关向证券机构开具《税收通用缴款书》或以横向联网电子缴税方式将证券机构预扣预缴的个人所得税税款缴入国库。同时,主管税务机关应根据

《限售股转让所得扣缴个人所得税报告表》分纳税人开具《税收转账专用完税证》,作为纳税人预缴个人所得税的完税凭证。

Ⅱ 采取证券机构预扣预缴、纳税人自行申报清算方式下的税款结算和退税管理

ⅰ 采用纳税保证金方式征缴税款的结算

证券机构以纳税保证金方式代缴个人所得税的,纳税人办理清算申报后,经主管税务机关审核重新计算的应纳税额低于已缴纳税保证金的,多缴部分税务机关应及时从"税务代保管资金"账户退还纳税人。同时,税务机关应开具《税收通用缴款书》将应纳部分作为个人所得税从"税务代保管资金"账户缴入国库,并将《税收通用缴款书》相应联次缴纳税人,同时收回《税务代保管资金专用收据》。经主管税务机关审核重新计算的应纳税额高于已缴纳税保证金的,税务机关就纳税人应补缴税款部分开具相应凭证直接补缴入库;同时税务机关应开具《税收通用缴款书》将已缴纳的纳税保证金从"税务代保管资金"账户全额缴入国库,并将《税收通用缴款书》相应联次缴纳税人,同时收回《税务代保管资金专用收据》。纳税人未在规定期限内办理清算事宜的,期限届满后,所缴纳的纳税保证金全部作为个人所得税缴入国库。横向联网电子缴税的地区,税务机关可通过联网系统办理税款缴库。

纳税保证金的收纳缴库、退还办法,按照《国家税务总局 财政部 中国人民银行关于印发〈税务代保管资金账户管理办法〉的通知》(国税发〔2005〕181号)、《国家税务总局 财政部 中国人民银行关于税务代保管资金账户管理有关问题的通知》(国税发〔2007〕12号)有关规定执行。

ⅱ 采用预缴税款方式征缴税款的结算

证券机构以预缴税款方式代缴个人所得税的,纳税人办理清算申报后,经主管税务机关审核应补(退)税款的,由主管税务机关按照有关规定办理税款补缴入库或税款退库。

个人转让限售股所得需由证券机构预扣预缴税款的,应在客户资金账户留足资金供证券机构扣

缴税款,依法履行纳税义务。证券机构应采取积极、有效措施依法履行扣缴税款义务,对纳税人资金账户暂无资金或资金不足的,证券机构应当及时通知个人投资者补足资金,并扣缴税款。个人投资者未补足资金的,证券机构应当及时报告相关主管税务机关,并依法提供纳税人相关资料。

Ⅲ　纳税人的自行申报清算

纳税人按照实际转让收入与实际成本计算出的应纳税额,与证券机构预扣预缴税额有差异的,纳税人应自证券机构代扣并解缴税款的次月1日起3个月内,持加盖证券机构印章的交易记录和相关完整、真实凭证,到证券机构所在地主管税务机关提出清算申请,办理清算申报事宜。纳税人在规定期限内未到主管税务机关办理清算事宜的,期限届满后税务机关不再办理,已预扣预缴的税款从纳税保证金账户全额缴入国库。

纳税人办理清算时,应按照收入与成本相匹配的原则计算应纳税所得额。即限售股转让收入必须按照实际转让收入计算,限售股原值按照实际成本计算;如果纳税人未能提供完整、真实的限售股原值凭证,不能正确计算限售股原值的,主管税务机关一律按限售股实际转让收入的15%核定限售股原值及合理税费。

纳税人办理清算时,按照当月取得的全部转让所得,填报《限售股转让所得个人所得税清算申报表》(见国税发[2010]8号《国家税务总局关于做好限售股转让所得个人所得税征收管理工作的通知》附件),并出示个人有效身份证照原件,附送加盖开户证券机构印章的限售股交易明细记录、相关完整真实的财产原值凭证、缴纳税款凭证(《税务代保管资金专用收据》或《税收转账专用完税证》),以及税务机关要求报送的其他资料。

限售股交易明细记录应包括:限售股每笔成交日期、成交时间、成交价格、成交数量、成交金额、佣金、印花税、过户费、其他费等信息。

纳税人委托中介机构或者他人代为办理纳税申报的,代理人在申报时,除提供上述资料外,还应出示代理人本人的有效身份证照原件,并附送纳税人委托代理申报的授权书。

税务机关对纳税人申报的资料审核确认后,按照上述原则重新计算应纳税额,并办理退(补)税手续。重新计算的应纳税额,低于预扣预缴的部分,税务机关应予以退还;高于预扣预缴的部分,纳税人应补缴税款。

②证券机构技术和制度准备完成后,新上市公司的限售股,纳税人在转让时应缴纳的个人所得税,采取证券机构直接代扣代缴的方式征收。

证券机构按照限售股的实际转让收入,减去事先输入结算系统的限售股成本原值、转让时发生的合理税费后的余额,适用20%税率计算并直接扣缴个人所得税。

个人持有在证券机构技术和制度准备完成后形成的拟上市公司限售股,在公司上市前,个人应委托拟上市公司向证券登记结算公司提供有关限售股成本原值详细资料,以及会计师事务所或税务师事务所对该资料出具的鉴证报告。逾期未提供的,证券登记结算公司以实际转让收入的15%核定限售股原值和合理税费。

证券机构应将每月扣个人所得税款,于次月7日内缴入国库,并向当地主管税务机关报送《限售股转让所得扣缴个人所得税报告表》及税务机关要求报送的其他资料。主管税务机关按照代扣代缴税款有关规定办理税款入库,并为纳税人开具《税收转账专用完税证》,作为纳税人的完税凭证。

上述《税务代保管资金专用收据》、《税收转账专用完税证》可由代扣代缴税款的证券机构或由主管税务机关缴纳税人。各地税务机关应通过适当途径将缴款凭证取得方式预先告知纳税人。

(3)不同情形转让限售股应纳税所得额的计算及征管规定①

---

①　《财政部 国家税务总局关于个人转让上市公司限售股所得征收个人所得税有关问题的补充通知》(财税[2010]70号,2010年11月10日)。

个人转让限售股或发生具有转让限售股实质的其他交易,取得现金、实物、有价证券和其他形式的经济利益均应缴纳个人所得税。限售股在解禁前被多次转让的,转让方对每一次转让所得均应按规定缴纳个人所得税。包括下列情形:

Ⅰ 个人通过证券交易所集中交易系统或大宗交易系统转让限售股。

Ⅱ 个人用限售股认购或申购交易型开放式指数基金(ETF)份额。

Ⅲ 个人用限售股接受要约收购。

Ⅳ 个人行使现金选择权将限售股转让给提供现金选择权的第三方。

Ⅴ 个人协议转让限售股。

Ⅵ 个人持有的限售股被司法扣划。

Ⅶ 个人因依法继承或家庭财产分割让渡限售股所有权。

Ⅷ 个人用限售股偿还上市公司股权分置改革中由大股东代其向流通股股东支付的对价。

Ⅸ 其他具有转让实质的情形。

①个人发生第Ⅰ~Ⅳ情形、由证券机构扣缴税款的,扣缴税款的计算按照前述第(2)条有关规定执行。纳税人申报清算时,实际转让收入按照下列原则计算:

第Ⅰ项的转让收入,以转让当日该股份实际转让价格计算,证券公司在扣缴税款时,佣金支出统一按照证券主管部门规定的行业最高佣金费率计算;

第Ⅱ项的转让收入,通过认购 ETF 份额方式转让限售股的,以股份过户日的前一交易日该股份收盘价计算,通过申购 ETF 份额方式转让限售股的,以申购日的前一交易日该股份收盘价计算;

第Ⅲ项的转让收入,以要约收购的价格计算;

第Ⅳ项的转让收入,以实际行权价格计算。

纳税人发生上述第Ⅰ~Ⅳ情形,其应纳个人所得税采取证券机构预扣预缴、纳税人自行申报清算和证券机构直接扣缴相结合的方式征收。

所称的证券机构,包括证券登记结算公司、证券公司及其分支机构。其中,证券登记结算公司以证券账户为单位计算个人应纳税额,证券公司及其分支机构依据证券登记结算公司提供的数据负责对个人应缴纳的个人所得税以证券账户为单位进行预扣预缴。纳税人对证券登记结算公司计算的应纳税额有异议的,可持相关完整、真实凭证,向主管税务机关提出清算申报并办理清算事宜。主管税务机构审核确认后,按照重新计算的应纳税额,办理退(补)税手续。

②个人发生第Ⅴ~Ⅷ 项情形、需向主管税务机关申报纳税的,转让收入按照下列原则计算:

第Ⅴ项的转让收入,按照实际转让收入计算,转让价格明显偏低且无正当理由的,主管税务机关可以依据协议签订日的前一交易日该股收盘价或其他合理方式核定其转让收入;

第Ⅵ项的转让收入,以司法执行日的前一交易日该股收盘价计算;

第Ⅶ、Ⅷ 项的转让收入,以转让方取得该股时支付的成本计算。

纳税人发生上述第Ⅴ~Ⅷ 情形,采取纳税人自行申报纳税的方式。纳税人转让限售股后,应在次月 7 日内到主管税务机关填报《限售股转让所得个人所得税清算申报表》,自行申报纳税。主管税务机关审核确认后应开具完税凭证,纳税人应持完税凭证、《限售股转让所得个人所得税清算申报表》复印件到证券登记结算公司办理限售股过户手续。纳税人未提供完税凭证和《限售股转让所得个人所得税清算申报表》复印件的,证券登记结算公司不予办理过户。

纳税人自行申报的,应一次办结相关涉税事宜,不再执行财税〔2009〕167 号文件中有关纳税人自行申报清算的规定。对上述第Ⅵ项情形,如国家有权机关要求强制执行的,证券登记结算公司在履行告知义务后予以协助执行,并报告相关主管税务机关。

③个人转让因协议受让、司法扣划等情形取得未解禁限售股的,成本按照主管税务机关认可的协议受让价格、司法扣划价格核定,无法提供相关资料的,按照计算出的转让收入的 15% 确定;个人转

让因依法继承或家庭财产依法分割取得的限售股的,成本按照该限售股前一持有人取得该股时实际成本及税费计算。

④在证券机构技术和制度准备完成后形成的限售股,自股票上市首日至解禁日期间发生送、转、缩股的,证券登记结算公司应依据送、转、缩股比例对限售股成本原值进行调整;而对于其他权益分派的情形(如现金分红、配股等),不对限售股的成本原值进行调整。

⑤因个人持有限售股中存在部分限售股成本原值不明确,导致无法准确计算全部限售股成本原值的,证券登记结算公司一律以实际转让收入的15%作为限售股成本原值和合理税费。

8.6.12.2　个人股票期权所得的征税规定

自 2005 年 7 月 1 日起,实施股票期权计划企业授予该企业员工(包括在中国境内有住所和无住所的个人)的股票期权所得,按以下规定征收个人所得税①。

(1)上市公司股票期权所得界定

①本公司股票期权②

企业员工股票期权是指上市公司按照规定的程序授予本公司及其控股企业员工的一项权利,该权利允许被授权员工在未来时间内以某一特定价格购买本公司一定数量的股票。

上述"某一特定价格"被称为"授予价"或"施权价",即根据股票期权计划可以购买股票的价格,一般为股票期权授予日的市场价格或该价格的折扣价格,也可以是按照事先设定的计算方法约定

的价格;"授予日",也称"授权日",是指公司授予员工上述权利的日期;"行权",也称"执行",是指员工根据股票期权计划选择购买股票的过程;员工行使上述权利的当日为"行权日",也称"购买日"。

②非本公司股票期权③

员工接受雇主(含上市公司和非上市公司)授予的股票期权,凡该股票期权指定的股票为上市公司(含境内、外上市公司)股票的,均适用与上述本公司股票期权同样的税务处理。

(2)上市公司股票期权所得具体征税规定

①接受股票期权时的税收处理

员工接受实施股票期权计划企业授予的股票期权时,除另有规定外,一般不作为应税所得征税④。

部分股票期权在授权时即约定可以转让,且在境内或境外存在公开市场及挂牌价格(简称可公开交易的股票期权)。员工接受该可公开交易的股票期权时,应作为上述的另有规定情形,按以下规定进行税务处理⑤:

Ⅰ 员工取得可公开交易的股票期权,属于员工已实际取得有确定价值的财产,应按授权日股票期权的市场价格,作为员工授权日所在月份的工资薪金所得,并按下述第⑤项第Ⅰ款"认购股票所得(行权所得)"计算缴纳个人所得税。如果员工以折价购入方式取得股票期权的,可以授权日股票期权的市场价格扣除折价购入股票期权时实际支付的价款后的余额,作为授权日所在月份的工资薪金所得。

---

① 《财政部 国家税务总局关于个人股票期权所得征收个人所得税问题的通知》(财税[2005]35 号,2005 年 3 月 28 日)。此外,《国家税务总局关于阿里巴巴(中国)网络技术有限公司雇员非上市公司股票期权所得个人所得税问题的批复》(国税函[2007]1030 号,2007 年 10 月 9 日)曾个案批复规定,现行有关个人股票期权所得征收个人所得税的规定,仅适用于以上市发行的股票为内容,按照规定的程序对员工实施的期权奖励计划。公司雇员以非上市公司股票期权形式取得的工资薪金所得,不能按照财税[2005]35 号规定缴纳个人所得税。公司雇员以非上市公司股票期权形式取得的工资薪金所得,在计算缴纳个人所得税时,因一次收入较多,可比照《国家税务总局关于调整个人取得全年一次性奖金等计算征收个人所得税方法问题的通知》(国税发[2005]9 号)规定的全年一次性奖金的征收办法,计算征收个人所得税。根据《国家税务总局关于公布全文失效废止 部分条款失效废止的税收规范性文件目录的公告》(国家税务总局公告 2011 年第 2 号,2011 年 1 月 4 日),国税函[2007]1030 号被公布失效废止。
② 《财政部 国家税务总局关于个人股票期权所得征收个人所得税问题的通知》(财税[2005]35 号,2005 年 3 月 28 日)。
③ 《国家税务总局关于个人股票期权所得缴纳个人所得税有关问题的补充通知》(国税函[2006]902 号,2006 年 9 月 30 日)。
④ 《财政部 国家税务总局关于个人股票期权所得征收个人所得税问题的通知》(财税[2005]35 号,2005 年 3 月 28 日)。
⑤ 《国家税务总局关于个人股票期权所得缴纳个人所得税有关问题的补充通知》(国税函[2006]902 号,2006 年 9 月 30 日)。

Ⅱ 员工取得上述可公开交易的股票期权后，转让该股票期权所取得的所得，属于财产转让所得，按下述第⑤项第Ⅱ款"转让股票（销售）取得所得"进行税务处理。

Ⅲ 员工取得可公开交易的股票期权后，实际行使该股票期权购买股票时，不再计算缴纳个人所得税。

②行权前股票期权转让的税收处理

对因特殊情况，员工在行权日之前将股票期权转让的，以股票期权的转让净收入，作为工资薪金所得征收个人所得税①。

股票期权的转让净收入，一般是指股票期权转让收入。如果员工以折价购入方式取得股票期权的，可以股票期权转让收入扣除折价购入股票期权时实际支付的价款后的余额，作为股票期权的转让净收入②。

③行权日的税收处理

Ⅰ 员工行权时，其从企业取得股票的实际购买价（施权价）低于购买日公平市场价（指该股票当日的收盘价）的差额，是因员工在企业的表现和业绩情况而取得的与任职、受雇有关的所得，应按"工资、薪金所得"适用的规定计算缴纳个人所得税③。

员工行权日所在期间的工资薪金所得，应按下列公式计算应纳税所得额④：

股票期权形式的工资薪金应纳税所得额＝（行权股票的每股市场价－员工取得该股票期权支付的每股施权价）×股票数量

员工取得该股票期权支付的每股施权价，一般是指员工行使股票期权购买股票实际支付的每股价格。如果员工以折价购入方式取得股票期权的，上述施权价可包括员工折价购入股票期权时实际支付的价格⑤。

Ⅱ 凡取得股票期权的员工在行权日不实际买卖股票，而按行权日股票期权所指定股票的市场价与施权价之间的差额，直接从授权企业取得价差收益的，该项价差收益也应作为员工取得的股票期权形式的工资薪金所得，按上述规定进行税务处理⑥。

Ⅲ 按照《国家税务总局关于在中国境内无住所个人以有价证券形式取得工资薪金所得确定纳税义务有关问题的通知》（国税函［2000］190号）规定，需对员工因参加企业股票期权计划而取得的工资、薪金所得确定境内或境外来源的，应按照该员工据以取得上述工资、薪金所得的境内、外工作

---

① 《财政部 国家税务总局关于个人股票期权所得征收个人所得税问题的通知》（财税［2005］35号，2005年3月28日）。此前，《国家税务总局关于企业高级管理人员行使股票认购权取得所得征收个人所得税问题的批复》（国税函［2005］482号，2005年5月19日）规定，个人在股票认购权行使前，将其股票认购权转让所取得的所得，应并入其当月工资收入，按照"工资、薪金所得"项目缴纳个人所得税，该所得由境内受雇企业或机构支付的，或者属于本应由境内受雇企业或机构支付但实际由其境外母公司（总机构）或境外关联企业支付情形的，相应所得的应纳税款由境内受雇企业或机构负责代扣代缴，上述应纳税款在境内没有扣缴义务人的，取得所得的个人应按税法规定自行申报纳税。根据《国家税务总局关于公布全文失效废止部分条款失效废止的税收规范性文件目录的公告》（国家税务总局公告2011年第2号，2011年1月4日），国税函［2005］482号被公布失效废止。

② 《国家税务总局关于个人股票期权所得缴纳个人所得税有关问题的补充通知》（国税函［2006］902号，2006年9月30日）。

③ 《国家税务总局关于个人认购股票等有价证券而从雇主取得折扣或补贴收入有关征收个人所得税问题的通知》（国税发［1998］9号，1998年1月20日）。《财政部 国家税务总局关于个人股票期权所得征收个人所得税问题的通知》（财税［2005］35号，2005年3月28日）。此外，《国家税务总局关于企业高级管理人员行使股票认购权取得所得征收个人所得税问题的批复》（国税函［2005］482号，2005年5月19日）对此也有类似规定，根据《国家税务总局关于公布全文失效废止部分条款失效废止的税收规范性文件目录的公告》（国家税务总局公告2011年第2号，2011年1月4日），国税函［2005］482号被公布失效废止。

④ 《财政部 国家税务总局关于个人股票期权所得征收个人所得税问题的通知》（财税［2005］35号，2005年3月28日）。

⑤ 《国家税务总局关于个人股票期权所得缴纳个人所得税有关问题的补充通知》（国税函［2006］902号，2006年9月30日）。

⑥ 《国家税务总局关于个人股票期权所得缴纳个人所得税有关问题的补充通知》（国税函［2006］902号，2006年9月30日）。

期间月份数比例计算划分①。

境、内外工作期间月份总数是指员工按企业股票期权计划规定,在可行权以前须履行工作义务的月份总数②。

④行权后拥有股权和股票转让所得的税收处理③

Ⅰ 员工将行权后的股票再转让时获得的高于购买日公平市场价的差额,是因个人在证券二级市场上转让股票等有价证券而获得的所得,应按照"财产转让所得"适用的征免规定计算缴纳个人所得税。

Ⅱ 员工因拥有股权而参与企业税后利润分配取得的所得,应按照"利息、股息、红利所得"适用的规定计算缴纳个人所得税。

⑤股票期权所得应纳税款的计算

Ⅰ 认购股票所得(行权所得)的税款计算

ⅰ 员工因参加股票期权计划而从中国境内取得的所得,应按工资薪金所得计算纳税的,对该股票期权形式的工资、薪金所得可区别于所在月份的其他工资、薪金所得,单独按下列公式计算当月应纳税款④:

应纳税额=(股票期权形式的工资、薪金应纳税所得额÷规定月份数×适用税率-速算扣除数)×规定月份数

公式中的规定月份数,是指员工取得来源于中国境内的股票期权形式工资、薪金所得的境内工作期间月份数,长于 12 个月的,按 12 个月计算⑤;

公式中的适用税率和速算扣除数,以股票期权形式的工资、薪金应纳税所得额除以规定月份数后的商数,对照表 8-4 确定。

ⅱ 员工以在一个公历月份中取得的股票期权形式工资薪金所得为一次。员工在一个纳税年度中多次取得股票期权形式工资薪金所得的,其在该纳税年度内首次取得股票期权形式的工资薪金所

---

① 《财政部 国家税务总局关于个人股票期权所得征收个人所得税问题的通知》(财税[2005]35 号,2005 年 3 月 28 日)。《国家税务总局关于在中国境内无住所个人以有价证券形式取得工资薪金所得确定纳税义务有关问题的通知》(国税函[2000]190 号,2000 年 3 月 17 日)的规定是,在中国境内无住所的个人在华工作期间或离华后以折扣认购股票等有价证券形式取得工资薪金所得,仍应依照劳务发生地原则判定其来源地及纳税义务。上述个人来华后以折扣认购股票等形式收到的工资薪金性质所得,凡能够提供雇佣单位有关工资制度及折扣认购有价证券办法,证明上述所得含有属于该个人来华之前工作所得的,可仅就其中属于在华工作期间的所得征收个人所得税。与此相应,上述个人停止在华履约或执行职务离境后收到的属于在华工作期间的所得,也应确定为来源于我国的所得,但该项工资薪金性质所得未在中国境内的企业或机构、场所负担的,可免予扣缴个人所得税。

② 《国家税务总局关于个人股票期权所得缴纳个人所得税有关问题的补充通知》(国税函[2006]902 号,2006 年 9 月 30 日)。

③ 《国家税务总局关于个人认购股票等有价证券而从雇主取得折扣或补贴收入有关征收个人所得税问题的通知》(国税发[1998]9 号,1998 年 1 月 20 日)。《财政部 国家税务总局关于个人股票期权所得征收个人所得税问题的通知》(财税[2005]35 号,2005 年 3 月 28 日)。此前,《国家税务总局关于企业高级管理人员行使股票认购权取得所得征收个人所得税问题的批复》(国税函[2005]482 号,2005 年 5 月 19 日)规定,对个人在行使股票认购权后,将已认购的股票(不包括境内上市公司股票)转让所取得的所得,应按"财产转让所得"项目缴纳个人所得税,其应缴纳的税款由直接向个人支付转让收入的单位(不包括境外企业)负责代扣代缴,直接向个人支付转让收入的单位为境外企业的,取得收入的个人应按税法规定自行申报纳税。根据《国家税务总局关于公布全文失效废止 部分条款失效废止的税收规范性文件目录的公告》(国家税务总局公告 2011 年第 2 号,2011 年 1 月 4 日),国税函[2005]482 号被公布失效废止。

④ 《财政部 国家税务总局关于个人股票期权所得征收个人所得税问题的通知》(财税[2005]35 号,2005 年 3 月 28 日)。

⑤ 此前,《国家税务总局关于个人认购股票等有价证券而从雇主取得折扣或补贴收入有关征收个人所得税问题的通知》(国税发[1998]9 号)规定:个人认购股票等有价证券而从雇主取得的折扣或补贴,在计算缴纳个人所得税时,因一次收入较多,全部计入当月工资、薪金所得计算缴纳个人所得税有困难的,需报经当地主管税务机关批准后,自其实际认购股票等有价证券的当月起,在不超过 6 个月的期限内平均分月计入工资、薪金所得计算缴纳个人所得税。根据《国务院关于第三批取消和调整行政审批项目的决定》(国发[2004]16 号)的规定,自 2004 年起取消个人认购股票等有价证券分期纳税的审批,《国家税务总局关于取消及下放外商投资企业和外国企业以及外籍个人若干税务行政审批项目的后续管理问题的通知》(国税发[2004]80 号,2004 年 6 月 25 日)据此规定,对个人认购股票纳税有困难的,可由个人自行选择,在不超过六个月的期限内,将取得折扣或补贴所得平均分月计入个人工资、薪金所得计算缴纳个人所得税,同时在纳税申报时应做出说明,上述计算纳税的期限一经选定,不得变更。根据《国家税务总局关于公布全文失效废止 部分条款失效废止的税收规范性文件目录的公告》(国家税务总局公告 2011 年第 2 号,2011 年 1 月 4 日),国税函[2005]482 号被公布失效废止。

得应按上述公式计算应纳税款；本年度内以后每次取得股票期权形式的工资薪金所得,应按以下公式计算应纳税款①：

应纳税款=（本纳税年度内取得的股票期权形式工资薪金所得累计应纳税所得额÷规定月份数×适用税率-速算扣除数）×规定月份数-本纳税年度内股票期权形式的工资薪金所得累计已纳税款

公式中的本纳税年度内取得的股票期权形式工资薪金所得累计应纳税所得额,包括本次及本次以前各次取得的股票期权形式工资薪金所得应纳税所得额；公式中的规定月份数,是指员工取得来源于中国境内的股票期权形式工资薪金所得的境内工作期间月份数,长于 12 个月的,按 12 个月计算；公式中的适用税率和速算扣除数,以本纳税年度内取得的股票期权形式工资薪金所得累计应纳税所得额除以规定月份数后的商数,对照表 8 - 4 确定；公式中的本纳税年度内股票期权形式的工资薪金所得累计已纳税款,不含本次股票期权形式的工资薪金所得应纳税款。

ⅲ 员工多次取得或者一次取得多项来源于中国境内的股票期权形式工资薪金所得,而且各次或各项股票期权形式工资薪金所得的境内工作期间月份数不相同的,以境内工作期间月份数的加权平均数为上述第 ⅰ 款和第 ⅱ 款公式中的规定月份数,但最长不超过 12 个月,计算公式如下②：

规定月份数=∑各次或各项股票期权形式工资薪金应纳税所得额与该次或该项所得境内工作期间月份数的乘积÷∑各次或各项股票期权形式工资薪金应纳税所得额

Ⅱ 转让股票（销售）取得所得的税款计算

对于员工转让股票等有价证券取得的所得,应按税法和政策规定征免个人所得税。即：个人将行权后的境内上市公司股票再行转让而取得的所得,暂不征收个人所得税；个人转让境外上市公司的股票而取得的所得,应按税法的规定计算应纳税所得额和应纳税额,依法缴纳税款③。

被激励对象为缴纳个人所得税款而出售股票,其出售价格与原计税价格不一致的,按原计税价格计算其应纳税所得额和税额④。

Ⅲ 参与税后利润分配取得所得的税款计算

员工因拥有股权参与税后利润分配而取得的股息、红利所得,除依照有关规定可以免税或减税的外,应全额按规定税率计算纳税⑤。

（3）上市公司股票期权所得个人所得税政策的管理规定⑥

①扣缴义务人

实施股票期权计划的境内企业为个人所得税的扣缴义务人,应按税法规定履行代扣代缴个人所得税的义务。

②自行申报纳税

员工从两处或两处以上取得股票期权形式的工资薪金所得和没有扣缴义务人的,该个人应在税法规定的纳税申报期限内自行申报缴纳税款。

③资料报送

实施股票期权计划的境内企业,应在股票期权计划实施之前,将企业的股票期权计划或实施方案、股票期权协议书、授权通知书等资料报送主管税务机关；应在员工行权之前,将股票期权行权通知书和行权调整通知书等资料报送主管税务机关。

扣缴义务人和自行申报纳税的个人在申报纳税或代扣代缴税款时,应在税法规定的纳税申报期

---

① 《国家税务总局关于个人股票期权所得缴纳个人所得税有关问题的补充通知》（国税函[2006]902 号,2006 年 9 月 30 日）。
② 《国家税务总局关于个人股票期权所得缴纳个人所得税有关问题的补充通知》（国税函[2006]902 号,2006 年 9 月 30 日）。
③ 《财政部 国家税务总局关于个人股票期权所得征收个人所得税问题的通知》（财税[2005]35 号,2005 年 3 月 28 日）。
④ 《国家税务总局关于股权激励有关个人所得税问题的通知》（国税函[2009]461 号,2009 年 8 月 24 日）。
⑤ 《财政部 国家税务总局关于个人股票期权所得征收个人所得税问题的通知》（财税[2005]35 号,2005 年 3 月 28 日）。
⑥ 《国家税务总局关于个人认购股票等有价证券而从雇主取得折扣或补贴收入有关征收个人所得税问题的通知》（国税发[1998]9 号,1998 年 1 月 20 日）。《财政部 国家税务总局关于个人股票期权所得征收个人所得税问题的通知》（财税[2005]35 号,2005 年 3 月 28 日）。

限内,将个人接受或转让的股票期权以及认购的股票情况(包括种类、数量、施权价格、行权价格、市场价格、转让价格等)报送主管税务机关。

④违章处罚

实施股票期权计划的企业和因股票期权计划而取得应税所得的自行申报员工,未按规定报送上述有关报表和资料,未履行申报纳税义务或者扣缴税款义务的,按税收征收管理法及其实施细则的有关规定进行处理。

(4)上市公司股票期权所得个人所得税政策适用范围①

①上述政策适用于上市公司(含所属分支机构)和上市公司控股企业的员工,其中上市公司占控股企业股份比例最低为30%。

间接持股比例,按各层持股比例相乘计算,上市公司对一级子公司持股比例超过50%的,按100%计算。

②具有下列情形之一的股权激励所得,不适用上述规定的优惠计税方法,直接计入个人当期所得征收个人所得税:

Ⅰ 除上述第①项规定之外的集团公司、非上市公司员工取得的股权激励所得;

Ⅱ 公司上市之前设立股权激励计划,待公司上市后取得的股权激励所得;

Ⅲ 上市公司未按照规定向其主管税务机关报备有关资料的。

(5)上市公司高管股票期权所得缴纳个人所得税的规定②

上市公司高管人员取得股票期权所得,应按照

上述规定,计算个人所得税应纳税额,但鉴于《中华人民共和国公司法》和《中华人民共和国证券法》对上市公司高管人员(包括董事、监事、高级管理人员等)转让本公司股票在期限和数量比例上存在一定限制,导致其股票期权行权时无足额资金及时纳税问题,自2009年5月4日起,对上市公司高管人员取得股票期权在行权时,纳税确有困难的,经主管税务机关审核,可自其股票期权行权之日起,在不超过6个月的期限内分期缴纳个人所得税。

8.6.12.3　个人股票增值权所得和限制性股票所得的征税规定

(1)上市公司股票增值权所得和限制性股票所得的界定

对个人从上市公司(含境内、外上市公司)取得的股票增值权所得和限制性股票所得,由上市公司或其境内机构按照"工资、薪金所得"项目和股票期权所得的有关规定,计算征收个人所得税③。

股票增值权,是指上市公司授予公司员工在未来一定时期和约定条件下,获得规定数量的股票价格上升所带来收益的权利。被授权人在约定条件下行权,上市公司按照行权日与授权日二级市场股票差价乘以授权股票数量,发放给被授权人现金④。

限制性股票,是指上市公司按照股权激励计划约定的条件,授予公司员工一定数量本公司的股票⑤。

(2)上市公司股票增值权和限制性股票应纳

①《国家税务总局关于股权激励有关个人所得税问题的通知》(国税函[2009]461号,2009年8月24日)。

②《财政部 国家税务总局关于上市公司高管人员股票期权所得缴纳个人所得税有关问题的通知》(财税[2009]40号,2009年5月4日)。

③《财政部 国家税务总局关于股票增值权所得和限制性股票所得征收个人所得税有关问题的通知》(财税[2009]5号,2009年1月7日)。《国家税务总局关于股权激励有关个人所得税问题的通知》(国税函[2009]461号,2009年8月24日)。

④《财政部 国家税务总局关于股票增值权所得和限制性股票所得征收个人所得税有关问题的通知》(财税[2009]5号,2009年1月7日)。

⑤《财政部 国家税务总局关于股票增值权所得和限制性股票所得征收个人所得税有关问题的通知》(财税[2009]5号,2009年1月7日)。

税所得额的确定①

①股票增值权被授权人获取的收益，是由上市公司直接向被授权人支付的现金。上市公司应于向股票增值权被授权人兑现时依法扣缴其个人所得税。被授权人股票增值权应纳税所得额计算公式为：

股票增值权某次行权应纳税所得额＝（行权日股票价格－授权日股票价格）×行权股票份数。

②限制性股票所有权归属于被激励对象时，原则上应确认其限制性股票所得的应纳税所得额。即：上市公司实施限制性股票计划时，应以被激励对象限制性股票在中国证券登记结算公司（境外为证券登记托管机构）进行股票登记日期的股票市价（指当日收盘价）和本批次解禁股票当日市价（指当日收盘价）的平均价格乘以本批次解禁股票份数，减去被激励对象本批次解禁股份数所对应的为获取限制性股票实际支付资金数额，其差额为应纳税所得额。被激励对象限制性股票应纳税所得额计算公式为：

应纳税所得额＝（股票登记日股票市价＋本批次解禁股票当日市价）÷2×本批次解禁股票份数－被激励对象实际支付的资金总额×（本批次解禁股票份数÷被激励对象获取的限制性股票总份数）

（3）上市公司股票增值权所得和限制性股票所得应纳税额的计算

①个人在纳税年度内第一次取得股票增值权所得和限制性股票所得的，上市公司应按照《财政部 国家税务总局关于个人股票期权所得征收个人所得税问题的通知》（财税〔2005〕35号）文件第四条第一项所列公式计算扣缴其个人所得税，即②：

应纳税额＝（股票增值权和限制性股票形式的工资薪金应纳税所得额÷规定月份数×适用税率－速算扣除数）×规定月份数

公式中的规定月份数，是指员工取得来源于中国境内的股票增值权和限制性股票形式工资薪金所得的境内工作期间月份数，长于12个月的，按12个月计算；公式中的适用税率和速算扣除数，以股票增值权和限制性股票形式的工资薪金应纳税所得额除以规定月份数后的商数，对照表8－4确定。

②个人在纳税年度内两次以上（含两次）取得股票增值权和限制性股票等所得，包括两次以上（含两次）取得同一种股权激励形式所得或者同时兼有不同股权激励形式所得的，上市公司应将其纳税年度内各次股权激励所得合并，按照《国家税务总局关于个人股票期权所得缴纳个人所得税有关问题的补充通知》（国税函〔2006〕902号）第七条、第八条所列公式计算扣缴个人所得税，即③：

应纳税款＝（本纳税年度内取得的股票增值权和限制性股票形式工资薪金所得累计应纳税所得额÷规定月份数×适用税率－速算扣除数）×规定月份数－本纳税年度内股票增值权和限制性股票形式的工资薪金所得累计已纳税款

公式中的本纳税年度内取得的股票增值权和限制性股票形式工资薪金所得累计应纳税所得额，包括本次及本次以前各次取得的股票增值权和限制性股票形式工资薪金所得应纳税所得额；公式中的规定月份数，是指员工取得来源于中国境内的股票增值权和限制性股票形式工资薪金所得的境内工作期间月份数，长于12个月的，按12个月计算；公式中的适用税率和速算扣除数，以本纳税年度内取得的股票增值权和限制性股票形式工资薪金所得累计应纳税所得额除以规定月份数后的商数，对照表8－4确定；公式中的本纳税年度内股票增值权和限制性股票形式的工资薪金所得累计已纳税款，不含本次股票增值权和限制性股票形式的工资薪金所得应纳税款。

各次或各项股票增值权和限制性股票形式工

---

① 《国家税务总局关于股权激励有关个人所得税问题的通知》（国税函〔2009〕461号,2009年8月24日）。
② 《国家税务总局关于股权激励有关个人所得税问题的通知》（国税函〔2009〕461号,2009年8月24日）。
③ 《国家税务总局关于股权激励有关个人所得税问题的通知》（国税函〔2009〕461号,2009年8月24日）。

资薪金所得的境内工作期间月份数不相同的,以境内工作期间月份数的加权平均数确定以上公式中规定月份数:

规定月份数=∑各次或各项股票增值权和限制性股票形式工资薪金应纳税所得额与该次或该项所得境内工作期间月份数的乘积÷∑各次或各项股票增值权和限制性股票形式工资薪金应纳税所得额

③被激励对象为缴纳个人所得税款而出售股票,其出售价格与原计税价格不一致的,按原计税价格计算其应纳税所得额和税额①。

(4)上市公司股票增值权所得和限制性股票所得纳税义务发生时间②

①股票增值权个人所得税纳税义务发生时间为上市公司向被授权人兑现股票增值权所得的日期;

②限制性股票个人所得税纳税义务发生时间为每一批次限制性股票解禁的日期。

(5)上市公司股票增值权所得和限制性股票所得个人所得税政策的管理规定

①实施股票增值权计划的境内上市公司,应按照上述股票期权所得个人所得税管理规定报送有关资料③。

②实施限制性股票计划的境内上市公司,应在中国证券登记结算公司(境外为证券登记托管机构)进行股票登记、并经上市公司公示后15日内,将本公司限制性股票计划或实施方案、协议书、授权通知书、股票登记日期及当日收盘价、禁售期限和股权激励人员名单等资料报送主管税务机关备

案。境外上市公司的境内机构,应向其主管税务机关报送境外上市公司实施股权激励计划的中(外)文资料备案④。

③实施股票增值权计划或限制性股票计划的境内上市公司,应在做好个人所得税扣缴工作的同时,按照《国家税务总局关于印发〈个人所得税全员全额扣缴申报管理暂行办法〉的通知》(国税发[2005]205号)的有关规定,向主管税务机关报送其员工行权等涉税信息⑤。

扣缴义务人和自行申报纳税的个人在代扣代缴税款或申报纳税时,应在税法规定的纳税申报期限内,将个人接受或转让的股权以及认购的股票情况(包括种类、数量、施权价格、行权价格、市场价格、转让价格等)、股权激励人员名单、应纳税所得额、应纳税额等资料报送主管税务机关⑥。

(6)上市公司股票增值权所得和限制性股票所得个人所得税政策适用范围⑦

上述政策适用范围比照前述"股票期权所得个人所得税政策适用范围"执行。

8.6.12.4 个人无偿受赠房屋及将受赠不动产对外销售的征税规定

(1)个人无偿受赠房屋所得的征税规定⑧

自2009年5月25日起,房屋产权所有人将房屋产权无偿赠与他人,除本章税收优惠部分规定的不征税情形外,受赠人因无偿受赠房屋取得的受赠所得,按照"经国务院财政部门确定征税的其他所得"项目缴纳个人所得税,税率为20%。

对受赠人无偿受赠房屋计征个人所得税时,其

---

① 《国家税务总局关于股权激励有关个人所得税问题的通知》(国税函[2009]461号,2009年8月24日)。
② 《国家税务总局关于股权激励有关个人所得税问题的通知》(国税函[2009]461号,2009年8月24日)。
③ 《财政部 国家税务总局关于股票增值权所得和限制性股票所得征收个人所得税有关问题的通知》(财税[2009]5号,2009年1月7日)。《国家税务总局关于股权激励有关个人所得税问题的通知》(国税函[2009]461号,2009年8月24日)。
④ 《财政部 国家税务总局关于股票增值权所得和限制性股票所得征收个人所得税有关问题的通知》(财税[2009]5号,2009年1月7日)。《国家税务总局关于股权激励有关个人所得税问题的通知》(国税函[2009]461号,2009年8月24日)。
⑤ 《财政部 国家税务总局关于股票增值权所得和限制性股票所得征收个人所得税有关问题的通知》(财税[2009]5号,2009年1月7日)。
⑥ 《国家税务总局关于股权激励有关个人所得税问题的通知》(国税函[2009]461号,2009年8月24日)。
⑦ 《国家税务总局关于股权激励有关个人所得税问题的通知》(国税函[2009]461号,2009年8月24日)。
⑧ 《财政部 国家税务总局关于个人无偿受赠房屋有关个人所得税问题的通知》(财税[2009]78号,2009年5月25日)。

应纳税所得额为房地产赠与合同上标明的赠与房屋价值减除赠与过程中受赠人支付的相关税费后的余额。赠与合同标明的房屋价值明显低于市场价格或房地产赠与合同未标明赠与房屋价值的,税务机关可依据受赠房屋的市场评估价格或采取其他合理方式确定受赠人的应纳税所得额。

(2)受赠人转让受赠房屋的征税规定①

受赠人转让受赠房屋的,以其转让受赠房屋的收入减除原捐赠人取得该房屋的实际购置成本以及赠与和转让过程中受赠人支付的相关税费后的余额,为受赠人的应纳税所得额,依法计征个人所得税。受赠人转让受赠房屋价格明显偏低且无正当理由的,税务机关可以依据该房屋的市场评估价格或其他合理方式确定的价格核定其转让收入。

8.6.12.5　个人拍卖财产所得的征税规定

自2007年5月1日起,个人拍卖财产所得按以下规定征税②:

(1)个人拍卖文字作品所得的征税规定

作者将自己的文字作品手稿原件或复印件拍卖取得的所得,应以其转让收入额减除800元(转让收入额4000元以下)或者20%(转让收入额4000元以上)后的余额为应纳税所得额,按照"特许权使用费"所得项目适用20%税率缴纳个人所得税。

(2)个人拍卖文字作品外的财产所得征税规定

个人拍卖除文字作品原稿及复印件外的其他财产,应以其转让收入额减除财产原值和合理费用后的余额为应纳税所得额,按照"财产转让所得"项目适用20%税率缴纳个人所得税。

个人财产拍卖所得适用"财产转让所得"项目计算应纳税所得额时,纳税人凭合法有效凭证(税务机关监制的正式发票、相关境外交易单据或海关报关单据、完税证明等),从其转让收入额中减除相应的财产原值、拍卖财产过程中缴纳的税金及有关合理费用。

①财产原值,是指售出方个人取得该拍卖品的价格(以合法有效凭证为准)。具体为:

Ⅰ　通过商店、画廊等途径购买的,为购买该拍卖品时实际支付的价款;

Ⅱ　通过拍卖行拍得的,为拍得该拍卖品实际支付的价款及缴纳的相关税费;

Ⅲ　通过祖传收藏的,为其收藏该拍卖品而发生的费用;

Ⅳ　通过赠送取得的,为其受赠该拍卖品时发生的相关税费;

Ⅴ　通过其他形式取得的,参照以上原则确定财产原值。

②拍卖财产过程中缴纳的税金,是指在拍卖财产时纳税人实际缴纳的相关税金及附加。

③有关合理费用,是指拍卖财产时纳税人按照规定实际支付的拍卖费(佣金)、鉴定费、评估费、图录费、证书费等费用。

(3)拍卖财产转让收入的确定

对个人财产拍卖所得征收个人所得税时,以该项财产最终拍卖成交价格为其转让收入额。

---

①　《财政部 国家税务总局关于个人无偿受赠房屋有关个人所得税问题的通知》(财税[2009]78号,2009年5月25日)。此前,《国家税务总局关于加强房地产交易个人无偿赠与不动产税收管理有关问题的通知》(国税发[2006]144号,2006年9月14日)规定:受赠人取得赠与人无偿赠与的不动产后,再次转让该项不动产的,在缴纳个人所得税时,以财产转让收入减除受赠、转让住房过程中缴纳的税金及有关合理费用后的余额为应纳税所得额,按20%的适用税率计算缴纳个人所得税。在计征个人受赠不动产个人所得税时,不得核定征收,必须严格按照税法规定据实征收。根据《国家税务总局关于公布全文失效废止 部分条款失效废止的税收规范性文件目录的公告》(国家税务总局公告2011年第2号,2011年1月4日),国税发[2006]144号该规定现已废止。

②　《国家税务总局关于加强和规范个人取得拍卖收入征收个人所得税有关问题的通知》(国税发[2007]38号,2007年4月4日)。此前,《国家税务总局关于书画作品古玩等拍卖收入征收个人所得税问题的通知》(国税发[1997]154号,1997年9月23日)规定:个人将书画作品、古玩等公开拍卖取得的收入减除其财产原值和合理费用后的余额,按"财产转让所得"项目计征个人所得税。其财产原值确定方法为:能提供完整、准确的财产原值凭证的,以凭证上注明的价格为其财产原值;不能提供完整、准确的财产原值凭证的,由主管税务机关核定或由主管税务机关认可的机构所评估的价格确定。税款由拍卖单位负责代扣代缴。国税发[2007]38号发布后国税发[1997]154号同时废止。

（4）拍卖财产不能按规定提供财产原值及相关税费凭证的处理

①纳税人如不能提供合法、完整、准确的财产原值凭证，不能正确计算财产原值的，按转让收入额的3%征收率计算缴纳个人所得税；拍卖品为经文物部门认定是海外回流文物的，按转让收入额的2%征收率计算缴纳个人所得税。

②纳税人的财产原值凭证内容填写不规范，或者一份财产原值凭证包括多件拍卖品且无法确认每件拍卖品一一对应原值的，不得将其作为扣除财产原值的计算依据，应视为不能提供合法、完整、准确的财产原值凭证，并按上述规定的征收率计算缴纳个人所得税。

③纳税人能够提供合法、完整、准确的财产原值凭证，但不能提供有关税费凭证的，不得按征收率计算纳税，应当就财产原值凭证上注明的金额据实扣除，并按照税法规定计算缴纳个人所得税。

（5）税款征收

①个人财产拍卖所得应纳的个人所得税税款，由拍卖单位负责代扣代缴，并按规定向拍卖单位所在地主管税务机关办理纳税申报。

②拍卖单位代扣代缴个人财产拍卖所得应纳的个人所得税税款时，应给纳税人填开完税凭证，并详细标明每件拍卖品的名称、拍卖成交价格、扣缴税款额。

8.6.12.6 个人从企业取得实物性分配所得的征税规定

（1）一般规定①

①符合以下情形的房屋或其他财产，不论所有权人是否将财产无偿或有偿交付企业使用，其实质均为企业对个人进行了实物性质的分配，应依法计征个人所得税。

Ⅰ 企业出资购买房屋及其他财产，将所有权登记为投资者个人、投资者家庭成员或企业其他人员的；

Ⅱ 企业投资者个人、投资者家庭成员或企业其他人员向企业借款用于购买房屋及其他财产，将所有权登记为投资者、投资者家庭成员或企业其他人员，且借款年度终了后未归还借款的。

②对个人独资企业、合伙企业的个人投资者或其家庭成员取得的上述所得，视为企业对个人投资者的利润分配，按照"个体工商户的生产、经营所得"项目计征个人所得税；对除个人独资企业、合伙企业以外其他企业的个人投资者或其家庭成员取得的上述所得，视为企业对个人投资者的红利分配，按照"利息、股息、红利所得"项目计征个人所得税；对企业其他人员取得的上述所得，按照"工资、薪金所得"项目计征个人所得税。

（2）企业为个人股东购买车辆的征税规定②

企业购买车辆并将车辆所有权办到股东个人名下，其实质为企业对股东进行了红利性质的实物分配，应按照"利息、股息、红利所得"项目征收个人所得税。如果股东个人名下的车辆同时也为企业经营使用，允许合理减除部分所得，减除的具体数额由主管税务机关根据车辆的实际使用情况合理确定。

8.6.12.7 导演、演职人员参加影视拍摄取得报酬的征税规定③

凡与单位存在工资、人事方面关系的人员，其为本单位工作所取得的报酬，属于"工资、薪金所

---

① 《财政部 国家税务总局关于企业为个人购买房屋或其他财产征收个人所得税问题的批复》（财税〔2008〕83号，2008年6月10日）。此前，《国家税务总局关于外商投资企业和外国企业以实物向雇员提供福利如何计征个人所得税问题的通知》（国税发〔1995〕115号，1995年6月22日）规定，企业为符合一定条件的雇员购买住房、汽车等个人消费品，所购房屋产权证和车辆发票均填写雇员姓名，并商定该雇员在企业工作达到一定年限或满足其他条件后，该住房、汽车的所有权完全归雇员个人所有，对于个人取得这类实物福利可按企业规定取得该财产所有权需达到的工作年限内（高于五年的按五年计算）平均分月计入"工资、薪金所得"征收个人所得税。根据《国家税务总局关于公布全文失效废止部分条款失效废止的税收规范性文件目录的公告》（国家税务总局公告2011年第2号，2011年1月4日），国税发〔1995〕115号被公布全文失效或废止。

② 《国家税务总局关于企业为股东个人购买汽车征收个人所得税的批复》（国税函〔2005〕364号，2005年4月22日）。

③ 《国家税务总局关于影视演职人员个人所得税问题的批复》（国税函〔1997〕385号，1997年6月27日）。

得"应税项目征税范围;因某一特定事项临时为外单位工作所取得报酬,不属于税法中所说的"受雇",而属于"劳务报酬所得"应税项目征税范围。

对电影制片厂导演、演职人员参加本单位的影视拍摄所取得的报酬,应按"工资、薪金所得"应税项目计征个人所得税。

对电影制片厂为了拍摄影视片而临时聘请非本厂导演、演职人员,其所取得的报酬,应按"劳务报酬所得"应税项目计征个人所得税。

8.6.12.8 多人共同取得同一项所得与个人从两处以上取得所得的征税规定①

(1)两个或者两个以上的个人共同取得同一项目收入的,应当对每个人取得的收入分别按照税法规定减除费用后计算纳税。

(2)纳税义务人兼有二项或者二项以上的所得的,按项分别计算纳税。

(3)在中国境内两处或者两处以上取得"工资、薪金所得"、"个体工商户的生产、经营所得"、"对企事业单位的承包经营、承租经营所得"的,同项所得合并计算纳税。

8.7 涉外个人所得税若干具体问题的税务处理

8.7.1 在中国境内无住所个人工资薪金所得的应纳税额②

(1)在中国境内无住所而在一个纳税年度中在中国境内连续或累计居住不超过90日或在税收协定规定的期间中在中国境内连续或累计居住不超过183日的个人工资薪金所得应纳税额

应纳税额=(当月境内外工资薪金应纳税所得额×适用税率-速算扣除数)×(当月境内支付工资÷当月境内外支付工资总额)×(当月境内工作天数÷当月天数)

(2)在中国境内无住所而在一个纳税年度中在中国境内连续或累计居住超过90日或在税收协定规定的期间中在中国境内连续或累计居住超过183日但不满一年的个人工资薪金所得应纳税额

应纳税额=(当月境内外工资薪金应纳税所得额×适用税率-速算扣除数)×(当月境内工作天数÷当月天数)

(3)在中国境内无住所但在境内居住满一年而不超过5年的个人或中国境内企业董事、高层管理人员工资薪金所得应纳税额:

应纳税额=(当月境内外工资薪金应纳税所得额×适用税率-速算扣除数)×[1-(当月境外支付工资÷当月境内外支付工资总额)×(当月境外工作天数÷当月天数)]③

8.7.2 在中国境内无住所个人取得日工资薪金或不满一个月工资薪金所得的应纳税额

在中国境内无住所个人取得日工资薪金或者不满一个月工资薪金,应以日工资薪金乘以当月天数换算成月工资薪金后,按照8.7.1规定的公式计

---

① 《中华人民共和国个人所得税法实施条例》(中华人民共和国国务院令第519号,2008年2月18日)。
② 《国家税务总局关于在中国境内无住所的个人执行税收协定和个人所得税法若干问题的通知》(国税发[2004]97号,2004年7月23日)。
③ 此前,《国家税务总局关于在中国境内无住所的个人计算缴纳个人所得税若干具体问题的通知》(国税函[1995]125号,1995年3月23日)规定的公式为:当月应纳税款=按当月境内外工资总额计算的税额×[1-(当月境外支付工资÷当月工资总额)×(当月境外工作天数÷当月天数)]。

算其应纳税额①。

8.7.3 在中国境内无住所的个人一次性取得数月奖金或年终加薪的税务处理

（1）对在中国境内无住所的个人一次取得数月奖金或年终加薪、劳动分红（简称奖金，不包括应按月支付的奖金），可单独作为一个月的工资、薪金所得计算纳税。由于对每月的工资、薪金所得计税时已按月扣除了费用，因此对上述奖金不再减除费用，全额作为应纳税所得额直接按适用税率计算应纳税款，并且不再按居住天数进行划分计算。上述个人应在取得奖金月份的次月7日内申报纳税②。

（2）在中国境内无住所的个人来华工作后或离华后，一次取得数月奖金，对其来源地及纳税义务的判定，应依照个人所得税法及其实施条例、政府间税收协定和《国家税务总局关于在中国境内无住所的个人取得工资薪金所得纳税义务问题的通知》（国税发〔1994〕148号）等有关规定确定的劳务发生地原则进行。上述个人来华后收到的数月奖金，凡能够提供雇佣单位有关奖励制度，证明上述数月奖金含有属于该个人来华之前在我国境外工作月份奖金的，可将有关证明材料报主管税务机关核准后，仅就其中属于来华后工作月份的奖金，依照上述有关规定确定中国纳税义务。但上述个人停止在华履约或执行职务离境后收到的属于在华工作月份的奖金，也应在取得该项所得时，向中国主管税务机关申报纳税③。

自2004年起，根据《国务院关于第三批取消和调整行政审批项目的决定》（国发〔2004〕16号）的规定，取消外籍个人在中国期间取得来华之前的工资薪金所得不予征税的审批。取消上述核准后，在我国境内无住所的个人取得上述数月奖金，在申报纳税时，应就取得的上述不予征税的奖金作出说明，并附送雇佣单位有关奖励制度，证明其上述奖金有属于来我国之前在我国境外工作月份奖金的，可以扣除并不予征税。否则，税务机关有权进行纳税调整④。

在中国境内无住所的个人取得按上述规定判定负有中国纳税义务的数月奖金，其应纳个人所得税税额应按照本节第（1）条规定的计算方法计算，不按来华工作后的每月实际在华工作天数划分计算应纳税额⑤。

（3）在中国境内无住所的个人在担任境外企业职务的同时，兼任该外国企业在华机构的职务，但并不实际或并不经常到华履行该在华机构职务，对其一次取得的数月奖金中属于全月未在华工作

① 《国家税务总局关于在中国境内无住所的个人执行税收协定和个人所得税法若干问题的通知》（国税发〔2004〕97号，2004年7月23日）。此前，《财政部海洋石油税务局关于外籍来华工作不足一个月而取得的全月工资、薪金如何征税问题的批复》（财税油政字〔1988〕第17号，1988年6月26日）规定，在华合作开采石油资源的外国石油公司或承包作业的公司派遣来华工作的人员，由其雇主公司在华机构支付或负担的工资、薪金属于来源于我国的所得，对其在入、离境的月份在华工作不足一个月，但其雇主公司在华机构仍支付或负担全月工资、薪金的，应就其取得的全月工资、薪金所得征税。对于从我国境外雇主取得工资、薪金的临时来华外籍人员，在一个历年中在华居住连续或累计超过90日的，仅就其在华实际居住期间应得的工资、薪金所得，计征个人所得税。《国家税务总局关于在中国境内无住所的个人取得工资薪金所得纳税义务问题的通知》（国税发〔1994〕148号，1994年6月30日）规定，在中国境内无住所的个人，在中国境内不满一个月，凡应仅就不满一个月期间的工资薪金所得申报纳税的，均应按全月工资薪金所得计算实际应纳税额，其应纳税额＝（当月工资薪金应纳税所得额×适用税率－速算扣除数）×当月实际在中国天数÷当月天数。
② 《国家税务总局关于在中国境内无住所的个人取得奖金征税问题的通知》（国税发〔1996〕183号，1996年10月18日）。
③ 《国家税务总局关于三井物产（株）大连事务所外籍雇员取得数月奖金确定纳税义务问题的批复》（国税函〔1997〕546号，1997年10月13日）。该文将《财政部 税务总局关于执行税收协定有关征收个人所得税的计算问题的批复》（财税协字〔1986〕29号）也作为确定劳务发生地的文件依据，但根据《国家税务总局关于公布全文失效废止 部分条款失效废止的税收规范性文件目录的公告》（国家税务总局公告2011年第2号，2011年1月4日），财税协字〔1986〕29号现已全文废止。
④ 《国家税务总局关于取消及下放外商投资企业和外国企业以及外籍个人若干税务行政审批项目的后续管理问题的通知》（国税发〔2004〕80号，2004年6月25日）。
⑤ 《国家税务总局关于三井物产（株）大连事务所外籍雇员取得数月奖金确定纳税义务问题的批复》（国税函〔1997〕546号，1997年10月13日）。

的月份奖金,依照劳动发生地原则,可不作为来源于中国境内的奖金收入计算纳税;对其取得的有到华工作天数的各月份奖金,应全额依照本节第(1)条规定的方法计算纳税,不按该月份实际在华天数划分计算应纳税额①。

8.7.4 在中国境内无住所人员以有价证券等形式取得工资薪金所得的征税规定

根据个人所得税法及其实施条例、政府间税收协定和有关税收规定,在中国境内无住所的个人在华工作期间或离华后以折扣认购股票等有价证券形式取得工资薪金所得,仍应依照劳务发生地原则判定其来源地及纳税义务。上述个人来华后以折扣认购股票等形式收到的工资薪金性质所得,凡能够提供雇佣单位有关工资制度及折扣认购有价证券办法,证明上述所得含有属于该个人来华之前工作所得的,可仅就其中属于在华工作期间的所得征收个人所得税。与此相应,上述个人停止在华履约或执行职务离境后收到的属于在华工作期间的所得,也应确定为来源于我国的所得,但该项工资薪金性质所得未在中国境内的企业或机构、场所负担的,可免予扣缴个人所得税②。

8.7.5 境外企业为境内企业支付其雇员工资薪金的个人所得税代扣代缴问题

自2000年1月1日起,个人在中国境内外商投资企业中任职、受雇应取得的工资、薪金,应由该外商投资企业支付。凡由于该外商投资企业与境外企业存在关联关系,上述本应由外商投资企业支付的工资、薪金中部分或全部由境外关联企业支付的,对该部分由境外关联企业支付的工资、薪金,境内外商投资企业仍应依照个人所得税法的规定,据

实汇集申报有关资料,负责代扣代缴个人所得税③。

在中国境内设有机构、场所的外国企业,对其雇员所取得的由境外总机构或关联企业支付的工资、薪金,也应比照上述规定,负责代扣代缴个人所得税④。

8.7.6 外籍在华工作人员和国际劳务雇用中雇主的界定及其纳税义务

(1)外籍在华工作人员雇主的确定及其纳税义务⑤

与我国政府订有避免双重征税协定国家(简称对方缔约国)的居民个人,受雇于我国公司、企业(包括中外合资经营企业),其工资、薪金不论是由我国公司、企业直接支付,还是通过另一公司支付,都应认为是由我国居民雇主支付的。根据协定的有关规定,均应按照我国个人所得税法的规定征收,不受时间限制。

对方缔约国公司向在我国境内作业的公司销售机器设备,派其雇员来华从事安装、调试、试生产等项技术服务,对其来华人员按照有关税收协定的规定判定征税时,准其享受在华停留期不满183天的免税待遇。但是,如果对方缔约国公司提供的上述安装、调试、试生产等项服务,已构成在华设有常设机构,并且来华人员的工资、薪金是由该常设机构负担的,则不应享受停留期不满183天的免税待遇。

对方缔约国的居民个人受雇于外国承包商来华工作,如果其工资、薪金是由雇主公司在华的常设机构负担的,应按照我国个人所得税法的规定征税,不受停留天数的限制;如果其雇主公司在华的

---

① 《国家税务总局关于在中国境内无住所个人取得不在华履行职务的月份奖金确定纳税义务问题的通知》(国税函[1999]245号,1999年5月4日)。

② 《国家税务总局关于在中国境内无住所个人以有价证券形式取得工资薪金所得确定纳税义务有关问题的通知》(国税函[2000]190号,2000年3月17日)。

③ 《国家税务总局关于外商投资企业和外国企业对境外企业支付其雇员的工资薪金代扣代缴个人所得税问题的通知》(国税发[1999]241号,1999年12月21日)。

④ 《国家税务总局关于外商投资企业和外国企业对境外企业支付其雇员工资薪金代扣代缴个人所得税问题的通知》(国税发[1999]241号,1999年12月21日)。

⑤ 《财政部海洋石油税务局关于判定在华工作的外籍人员雇主问题的批复》(财税油政字[1988]第1号,1988年1月7日)。

经营活动,根据有关税收协定的规定判定在华不构成常设机构,而且该居民个人在华停留连续或累计不超过 183 天的,免于征收个人所得税。不能由于出包公司在华设有常设机构或承包、服务合同价款包括人员工资、薪金,而据以征税①。

(2)国际劳务雇用中雇主的确定及其纳税义务

我国公司或企业采用"国际劳务雇用"方式,通过设在境外的劳务雇用中介机构(简称中介机构)聘用所需人员来我国为其从事有关劳务活动,其中涉及税收协定"非独立个人劳务"个人所得税问题,按以下规定执行②:

①税收协定"非独立个人劳务"条文中所述"雇主",是指对聘用人员的工作拥有权利并承担该项工作所产生的相应责任和风险的人。凡我国公司或企业采用"国际劳务雇用"方式,通过境外中介机构聘用人员来我国为其从事有关劳务活动,并且主要是由其承担上述受聘人员工作所产生的责任和风险,应认为我国公司或企业为上述受聘人员的实际雇主。上述受聘人员在我国从事受雇活动取得的报酬应在我国纳税,不适用我国与中介机构所在国税收协定中有关"非独立个人劳务"在我国取得报酬免予征税的规定。

②对上述情形确定雇主为我国公司或企业时,还可以参考下列情况:

Ⅰ 我国公司或企业对上述人员的工作拥有指挥权;

Ⅱ 上述人员在我国工作地点由我国公司或企业控制和负责;

Ⅲ 我国公司或企业支付给中介机构的报酬是

以上述人员工作时间计算,或者以上述人员取得工资和该报酬具有联系的其他方式支付的;

Ⅳ 上述人员工作使用的工具和材料主要是由我国公司或企业提供的;

Ⅴ 我国公司或企业所需聘用人员的数量和标准并非仅由中介机构确定。

③非协定国家的个人以上述"国际劳务雇用"方式来华提供劳务,其雇主的判定也按上述规定执行。

8.7.7　缔约国对方居民个人为常设机构工作和为政府提供服务所得的征税规定

对于缔约国对方居民个人为常设机构工作取得的工资、薪金所得,应按照税收协定"非独立个人劳务"(或"受雇所得")条款和相关国内税法的规定,计算征收个人所得税。对于涉及为缔约国对方政府提供服务的,按照税收协定"政府服务"条款的规定确定征免税③。

8.7.8　外商来华承包工程或提供劳务构成常设机构的征税规定④

依据税收协定有关营业利润的归属原则和合理计算原则,外商来华承包工程作业或提供劳务,如果其承包工程或作业劳务持续日期超过 6 个月,已构成在我国设有常设机构,其人员工资、薪金是常设机构计算其应纳税所得额的扣除项目,应认为其来华人员的工资、薪金是由常设机构负担的,不应享受停留期不超过 183 天的免税待遇。常设机构负有代扣代缴其来华人员个人所得税的义务。

在确定常设机构利润时,应允许扣除其进行营业发生的各项费用,包括行政和一般管理费用,不论其发生于该常设机构所在国或者其他任何地方。

---

① 《财政部海洋石油税务局关于对方缔约国居民个人受雇于外国公司来华工作如何判定征税问题的批复》(财税油政字[1988]第 2 号,1988 年 1 月 10 日)。

② 《国家税务总局关于税收协定中有关确定雇主问题的通知》(国税发[1997]124 号,1997 年 7 月 30 日)。

③ 《国家税务总局关于税收协定常设机构认定等有关问题的通知》(国税发[2006]35 号,2006 年 3 月 14 日)。

④ 《国家税务局关于外商人员来华提供劳务应如何依照税收协定所确定的原则进行征税问题的批复》(国税外字[1989]91 号,1989 年 4 月 1 日)。《国家税务总局关于南阳鸭河火力发电有限公司纳税事宜的批复》(国税函[1997]389 号,1997 年 7 月 4 日)。此前,《财政部税务总局关于对外国承包商派雇员来中国从事承包作业的工资、薪金收入征收个人所得税问题的通知》(财税外字[1984]14 号,1984 年 1 月 18 日)规定:外国公司在中国承包工程作业,其作业场所应视为在中国设有营业机构。对其雇员的工资、薪金所得,属于从中国境内取得的报酬,应当根据个人所得税法征税,不适用居住时间是否 90 天的征免税规定。

通过人员提供劳务取得的营业利润,应归属于常设机构,而该人员由于从事上述劳务而取得的工资、薪金,也应依循通常的会计原则列为常设机构的营利支出,而不论其人员工资、薪金是在何处支付。对采取核定利率计算应纳税所得额,同样应在考虑合理扣除人员费用的基础上确定。

8.7.9 在中国境内企业担任董事或高层管理职务而无住所个人的征税规定

(1)一般规定

在中国境内企业担任董事或高层管理职务而无住所的个人,其取得的由该中国境内企业支付的董事费或工资薪金,不适用一个纳税年度或税收协定规定的期间中在中国境内连续或累计居住不超过 90 日,或不超过 183 日,或不超过一年的有关所得免予征税规定(即本章 8.1.2 第(2)条第①项和第(3)条第①项),而应自其担任该中国境内企业董事或高层管理职务起,至其解除上述职务止的期间,不论其是否在中国境外履行职务,均应申报缴纳个人所得税;其取得的由中国境外企业支付的工资薪金,应依照本章 8.1.1 第(2)条和 8.1.2 第(2)条、第(3)条规定确定纳税义务①。

上述中国境内企业高层管理职务,是指公司正、副(总)经理、各职能总师、总监及其他类似公司管理层的职务②。

(2)适用税收协定或安排的特殊规定③

自 2004 年 7 月 1 日起,在中国境内无住所的个人担任中国境内企业高层管理职务的,该个人所在国或地区与我国签订的税收协定或安排中有关董事费条款未明确表述包括企业高层管理人员的,对其取得的报酬可按该协定或安排中有关非独立个人劳务条款和本章 8.1.1 第(2)条和 8.1.2 第

(2)条、第(3)条的规定,判定纳税义务。

在中国境内无住所的个人担任中国境内企业高层管理职务同时又担任企业董事,或者虽名义上不担任董事但实际上享有董事权益或履行董事职责的,其从该中国境内企业取得的报酬,包括以董事名义取得的报酬和以高层管理人员名义取得的报酬,均应适用税收协定或安排中有关董事费条款和本节第(1)条规定,判定纳税义务。

(3)境内外兼职所得不能合理归属境内外来源的税务处理

在中国境内无住所的个人担任中国境内企业董事或高层管理人员,同时兼任中国境内、外的职务,其从中国境内、外收取的当月全部报酬不能合理地归属为境内或境外工作报酬的,分别按照下列规定计算缴纳其工资薪金所得应纳的个人所得税:

①无税收协定(安排)适用的企业高管人员,在一个纳税年度中在中国境内连续或累计居住不超过 90 天,或者按税收协定(安排)规定应认定为对方税收居民,但按税收协定(安排)及本节第(2)条规定应适用税收协定(安排)董事费条款的企业高管人员,在税收协定(安排)规定的期间在中国境内连续或累计居住不超过 183 天,均应按照本章 8.1.2 第(2)条和本节第(1)条确定纳税义务,无论其在中国境内或境外的工作期间长短,按下列公式计算其取得的工资薪金所得应纳的个人所得税④:

应纳税额 = (当月境内外工资薪金应纳税所得额 × 适用税率 − 速算扣除数) × (当月境内支付工资 ÷ 当月境内外支付工资总额)

如果上述各类人员取得的是日工资或者不满

---

① 《国家税务总局关于在中国境内无住所的个人取得工资薪金所得纳税义务问题的通知》(国税发〔1994〕148 号,1994 年 6 月 30 日)。

② 《国家税务总局关于在中国境内无住所的个人计算缴纳个人所得税若干具体问题的通知》(国税函〔1995〕125 号,1995 年 3 月 23 日)。

③ 《国家税务总局关于在中国境内无住所的个人执行税收协定和个人所得税法若干问题的通知》(国税发〔2004〕97 号,2004 年 7 月 23 日)。

④ 《国家税务总局关于在中国境内担任董事或高层管理职务无住所个人计算个人所得税适用公式的批复》(国税函〔2007〕946 号,2007 年 8 月 31 日)。

一个月工资,应以日工资薪金乘以当月天数换算成月工资薪金后,再按上述公式计算其应纳税额。

上述公式中"当月境内外工资薪金应纳税所得额",是指当月按中国税法规定计算的工资薪金收入全额(包括由境内、外各种来源支付或负担的数额),减除准予扣除的费用后的余额。上述公式仅用于计算符合规定条件的无住所个人取得的来源于中国境内工资薪金所得所应缴纳的税款,与个人所得税法实施条例第七条和有关税收协定规定的纳税义务并不冲突。符合上述规定条件的个人,包括在一个纳税年度中在中国境内连续或累计居住不超过90日的在中国无住所个人以及在税收协定规定的期间中在中国境内连续或累计居住不超过183天的可以享受协定待遇的外国个人居民①。

②无税收协定(安排)适用,或按税收协定(安排)规定应认定为我方税收居民的企业高管人员,在一个纳税年度在中国境内连续或累计居住超过90天,但不满五年的(即不符合财税字[1995]98号《财政部　国家税务总局关于在华无住所的个人如何计算在华居住满五年问题的通知》规定在连续五年中的每一纳税年度内均居住满一年的),以及按税收协定(安排)规定应认定为对方税收居民,但按税收协定(安排)及本节第(2)条规定应适用税收协定(安排)董事费条款的企业高管人员,在税收协定规定的期间在中国境内连续或累计居住超过183天的,按下列公式计算其取得的工资薪金所得应纳个人所得税②:

应纳税额=(当月境内外工资薪金应纳税所得额×适用税率-速算扣除数)×[1-(当月境外支付工资÷当月境内外支付工资总额)×(当月境外工作天数÷当月天数)]

③无税收协定(安排)适用,或按税收协定(安排)应认定为我方税收居民的企业高管人员,依照《财政部　国家税务总局关于在华无住所的个人如何计算在华居住满五年问题的通知》(财税字[1995]98号)有关规定,构成在中国境内连续居住满五年后的纳税年度中,仍在中国境内居住满一年的,应按下列公式计算其取得的工资薪金所得应纳的个人所得税③:

应纳税额=当月境内外的工资薪金应纳税所得额×适用税率-速算扣除数

8.7.10　外商投资企业和外国企业董事担任中国境内企业直接管理职务的征税规定

(1)对于外商投资企业的董事(长)同时担任企业直接管理职务,或者名义上不担任企业的直接管理职务,但实际上从事企业日常管理工作的,个人在该企业仅以董事费名义或分红形式取得收入的,应主动申报从事企业日常管理工作每月应取得的工资、薪金收入额,或者由主管税务机关参照同类地区、同类行业和相近规模企业中类似职务的工资、薪金收入水平核定其每月应取得的工资、薪金收入额,并依照个人所得税法以及《国家税务总局关于在中国境内无住所的个人取得工资薪金所得纳税义务问题的通知》(国税发[1994]148号)和《国家税务总局关于在中国境内无住所的个人计算缴纳个人所得税若干具体问题的通知》(国税函

---

① 《国家税务总局关于在中国境内无住所个人计算工资薪金所得缴纳个人所得税有关问题的批复》(国税函[2005]1041号,2005年11月3日)。

② 《国家税务总局关于在中国境内担任董事或高层管理职务无住所个人计算个人所得税适用公式的批复》(国税函[2007]946号,2007年8月31日)。此前,《国家税务总局关于在中国境内无住所的个人计算缴纳个人所得税若干具体问题的通知》(国税函[1995]125号,1995年3月23日)规定:凡在中国境内企业担任高层管理职务的个人,其工资是由境内雇主和境外雇主分别支付的,并且在一个月中有境外工作天数的,对其境外雇主支付的工资中属于境外工作天数部分不予征税。其应纳税额计算公式为:当月应纳税款=按当月境内外工资总额计算的税额×[1-(当月境外支付工资÷当月工资总额)×(当月境外工作天数÷当月天数)]。

③ 《国家税务总局关于在中国境内担任董事或高层管理职务无住所个人计算个人所得税适用公式的批复》(国税函[2007]946号,2007年8月31日)。

［1995］125号）的有关规定征收个人所得税①。

其中，由个人所得税主管税务机关核定上述个人的工资、薪金收入额，需要相应调整外商投资企业应纳税所得额的，对核定的工资薪金数额，应由个人所得税主管税务机关会同企业所得税主管税务机关确定②。

（2）外国企业的董事或合伙人担任该企业设在中国境内的机构、场所的职务，或者名义上不担任该机构、场所的职务，但实际上从事日常经营、管理工作，其在中国境内从事上述工作取得的工资、薪金所得，属于来源于中国境内的所得，应按照个人所得税法及其实施条例和其他有关规定计算缴纳个人所得税。上述个人凡未申报或未如实申报其工资、薪金所得的，可比照上述第（1）条规定，核定其应取得的工资、薪金所得，并作为该中国境内的机构、场所应负担的工资、薪金确定纳税义务，计算应纳税额③。

8.7.11　个人在中国境内工作（居住）时间证明与境内外公休假日、出入境当日的税务处理

（1）境内工作（居住）时间及工资薪金的凭据证明④

就境外雇主支付的工资薪金申报纳税的个人，或者应就视为由中国境内企业、机构支付或负担的工资薪金申报纳税的个人，应如实申报上述工资薪金数额及在中国境内的工作期间，并提供支付工资证明及必要的公证证明和居住时间的有效凭证。

上述居住时间的有效凭证，包括护照、港澳同胞还乡证、台湾同胞"往来大陆通行证"以及主管税务机关认为有必要提供的其他证明凭据。

（2）公休假日的税务处理⑤

在中国境内企业、机构中任职（包括兼职）、受雇的个人，其实际在中国境内工作期间，应包括在中国境内工作期间在境内、外享受的公休假日、个人休假日以及接受培训的天数；其在境外营业机构中任职并在境外履行该项职务或在境外营业场所中提供劳务的期间，包括该期间的公休假日，为在中国境外的工作期间。税务机关在核实个人申报的境外工作期间时，可要求纳税人提供派遣单位出具的其在境外营业机构任职的证明，或者企业在境外设有营业场所的项目合同书及派往该营业场所工作的证明。

不在中国境内企业、机构中任职、受雇的个人受派来华工作，其实际在中国境内工作期间应包括来华工作期间在中国境内所享受的公休假日。

（3）出入境当日的税务处理

---

① 《国家税务总局关于外商投资企业的董事担任直接管理职务征收个人所得税问题的通知》（国税发［1996］214号，1996年11月21日）。该文还规定："对于外商投资企业的董事（长）同时担任企业直接管理职务，或者名义上不担任企业的直接管理职务，但实际上从事企业日常管理工作的，应判定其在该企业具有董事（长）和雇员的双重身份，除其取得的属于股息、红利性质的所得应依照《国家税务总局关于外商投资企业、外国企业和外籍个人取得股票（股权）转让收益和股息所得税收问题的通知》（国税发［1993］45号）有关规定免征个人所得税以外，应分别就其以董事（长）身份取得的董事费收入和以雇员身份应取得的工资、薪金所得征收个人所得税"。根据《国家税务总局关于明确个人所得税若干政策执行问题的通知》（国税发［2009］121号），上述规定现已停止执行。国税发［1993］45号也被《国家税务总局关于公布全文失效废止 部分条款失效废止的税收规范性文件目录的公告》（国家税务总局公告2011年第2号，2011年1月4日）公布全文失效或废止。

② 《国家税务总局关于外商投资企业的董事担任直接管理职务征收个人所得税问题的通知》（国税发［1996］214号，1996年11月21日）。

③ 《国家税务总局关于外国企业的董事在中国境内兼任职务有关税收问题的通知》（国税发［1999］284号，1999年5月17日）。

④ 《国家税务总局关于在中国境内无住所的个人计算缴纳个人所得税若干具体问题的通知》（国税函［1995］125号，1995年3月23日）。

⑤ 《国家税务总局关于在中国境内无住所的个人计算缴纳个人所得税若干具体问题的通知》（国税函［1995］125号，1995年3月23日）。此外，《财政部海洋石油税务局关于对方缔约国居民个人在华停留天数计算问题的批复》（财税油政字［1987］第26号，1987年12月10日）也有类似规定：对缔约国居民在华实行工作几周休息几周的制度，休息期间照付工资的，其离境休息不是在华停留的终止而是在华工作的延续，在计算确定这类人员在我国的停留天数时，不扣减离境休息的天数；对方缔约国公司派其雇员来华为我国公司（包括中外合资经营企业）提供服务或培训人员，有的工作在境内，居住在香港，平时早晨来晚上回港，周末星期六晚上回港，星期一早晨来，此种情况应认为是连续在我国停留，不扣减天数。

①自 2004 年 7 月 1 日起,对在中国境内无住所的个人,需要计算确定其在中国境内居住天数,以判定其在华纳税义务时,均应以该个人实际在华逗留天数计算。上述个人入境、离境、往返或多次往返境内外的当日,均按一天计算其在华实际逗留天数①。

②对在中国境内、境外机构同时担任职务或仅在境外机构任职的境内无住所个人,在按本节第(2)条的规定计算其境内工作期间时,对其入境、离境、往返或多次往返境内外的当日,均按半天计算为在华实际工作天数②。

8.7.12 境外保险费涉税问题的处理

从 2003 年起,根据《国务院关于取消第二批行政审批项目和改变一批行政审批项目管理方式的决定》(国发[2003]5 号),外商投资企业和外国企业雇员境外社会保险费免征个人所得税核准的行政审批项目取消。取消核准后,凡企业未在其应纳税所得额中扣除而支付或负担的其中国境内工作雇员的境外保险费,确属于按照有关国家法律规定应由雇主负担的社会保障性质的费用,企业在向当地主管税务机关报送雇员个人所得税代扣代缴税款报告时,应同时报送其居民身份和所在国法律规定应由雇主负担的社会保障性质费用的法律文件复印件。当地税务机关应对企业所报送的上述资料进行审核,凡符合规定要求的,可不计入雇员个人的应纳税所得额③。

8.7.13 外商投资企业、驻华机构和外国公司职员在华住房费用补贴的税务处理

(1)自 1988 年 1 月起,对外商投资企业和外商驻华机构工作的外籍职员的住房费用,暂按如下规定处理④:

①外商投资企业和外商驻华机构租房或购买房屋免费供外籍职员居住,可以不计入其职员的工资、薪金所得缴纳个人所得税。在缴纳企业所得税时,其购买的房屋可以提取折旧计入费用,租房的租金可列为费用支出。

②外商投资企业和外商驻华机构将住房费定额发给外籍职员,可以列为费用支出,但应计入其职员的工资、薪金所得。该职员能够提供准确的住房费用凭证单据的,可准其按实际支出额,从应纳税所得额中扣除。

(2)外国公司驻华人员假设房租费用的征税规定。假设房租,是指一些外国公司在向其他国家派驻工作人员时,考虑到不增加派驻人员的个人房租负担,由公司支付其所在派驻国的住房费用。但公司在支付该派驻人员工资时,为不使其因不需支付房租而获得利益,扣除掉该派驻人员在其本国按照一般住房水平应由个人负担的住房费用。根据个人所得税税法及有关法规,外国公司为其驻华工作人员支付的住房费用如能提供有关证明文件,可不并入个人所得征收所得税。因此,假设房租作为

---

① 《国家税务总局关于在中国境内无住所的个人执行税收协定和个人所得税法若干问题的通知》(国税发[2004]97 号,2004 年 7 月 23 日)。

② 《国家税务总局关于在中国境内无住所的个人执行税收协定和个人所得税法若干问题的通知》(国税发[2004]97 号,2004 年 7 月 23 日)。

③ 《国家税务总局关于取消外商投资企业和外国企业所得税若干审批项目后续管理有关问题的通知》(国税发[2003]127 号,2003 年 10 月 24 日)。此前,《国家税务总局关于外商投资企业和外国企业的雇员的境外保险费有关所得税处理问题的通知》(国税发[1998]101 号,1998 年 6 月 26 日)曾规定,对企业为其在中国境内工作的雇员个人支付或负担的各类境外保险费,凡以支付其雇员工资、薪金的名义已在企业应纳税所得额中扣除的,均应计入该雇员个人的工资、薪金所得,适用个人所得税法和国际税收协定的有关规定申报缴纳个人所得税;对企业未在其应纳税所得额中扣除而支付或负担的其中国境内工作雇员的境外保险费,原则上应计入该雇员个人的工资、薪金所得,适用人所得税法和国际税收协定的有关规定申报缴纳个人所得税,但对其中确属于按照有关国家法律规定应由雇主负担的社会保障性质的费用,报经当地税务主管机关核准后,可不计入雇员个人的应纳税所得额;对在中国境内工作的雇员个人支付的各类境外保险费,均不得从该雇员个人的应纳税所得额中扣除。根据《国家税务总局关于公布全文失效废止 部分条款失效废止的税收规范性文件目录的公告》(国家税务总局公告 2011 年第 2 号,2011 年 1 月 4 日),国税发[1998]101 号上述规定被废止。

④ 《财政部税务总局关于对外籍职员的在华住房费准予扣除计算纳税的通知》(财税外字[1988]21 号,1988 年 1 月 20 日)。

个人应负担的住房费用,应作为个人所得一并征收所得税,而不宜再作扣除①。

8.7.14 外国来华工作人员取得派出单位包干款项的税务处理

外国来华工作人员,由外国派出单位发给包干款项,其中包括个人工资、公用经费(邮电费、办公费、广告费、业务上往来必要的交际费)、生活津贴费(住房费、差旅费),凡对上述所得能够划分清楚的,可只就工资、薪金所得部分按照规定征收个人所得税②。

8.7.15 外籍人员在中国居住期间临时离境个人所得税的预缴规定

外籍人员在中国居住期间临时离境,如不能在规定的申报纳税期限内返回中国的,经过本人提出申请,报当地税务机关批准,可在离华前,暂按上月工资薪金所得申报纳税,待返华后,再办理多退少补手续③。

8.7.16 国际组织驻华机构、外国政府驻华使领馆和驻华新闻机构雇员个人所得税征收方式④

(1)根据《维也纳外交关系公约》和国际组织有关章程规定,对于在国际组织驻华机构、外国政府驻华使领馆中工作的中方雇员和在外国驻华新闻机构的中外籍雇员,均应按照我国个人所得税法规定缴纳个人所得税。

(2)根据国际惯例,在国际组织驻华机构、外国政府驻华使领馆中工作的非外交官身份的外籍雇员,如是"永久居留"者,亦应在驻在国缴纳个人所得税,但由于我国税法对"永久居留"者尚未做出明确的法律定义和解释,因此,对于仅在国际组织驻华机构和外国政府驻华使领馆中工作的外籍雇员,暂不征收个人所得税。

在中国境内,若国际驻华机构和外国政府驻华使领馆中工作的外交人员、外籍雇员在该机构或使领馆之外,从事非公务活动所取得的收入,应缴纳个人所得税。

(3)根据我国个人所得税法规定,对于在国际组织驻华机构和外国政府驻华使领馆中工作的中方雇员的个人所得税,应以直接支付所得的单位或者个人作为代扣代缴义务人。考虑到国际组织驻华机构和外国政府驻华使领馆的特殊性,各级地方税务机关可暂不要求国际组织驻华机构和外国政府驻华使领馆履行个人所得税代扣代缴义务。

鉴于北京外交人员服务局和各省(市)省级人民政府指定的外事服务单位等机构,通过一定途径能够掌握在国际组织驻华机构、外国政府驻华使领馆工作的中方雇员受雇情况,根据税收征收管理法实施细则第四十四条规定,各主管税务机关可委托外交人员服务机构代征上述中方雇员的个人所得税。各主管税务机关应加强与外事服务单位联系,及时办理国际组织驻华机构和外国政府驻华使领馆中方雇员个人所得税委托代征手续。

(4)接受委托代征个人所得税的各外事服务单位应采取有效措施,掌握国际组织驻华机构和外国政府驻华使领馆中方雇员受雇及收入情况,严格依照法律规定征收解缴税款,按月向主管税务机关通报有关信息。

(5)北京、上海、广东、重庆等有外国驻当地新闻媒体机构的省(市)地方税务局应定期向省级人民政府外事办公室索要《外国驻华新闻媒体名册》,了解、掌握外国驻当地新闻媒体机构以及外籍人员变动情况,并据此要求上述驻华新闻机构做好中外籍记者、雇员个人所得税扣缴工作。

---

① 《国家税务局关于外籍人员 XXX 先生的工资、薪金含有假设房租,如何计征个人所得税问题的函》(国税外字[1989]52号,1989年3月11日)。

② 《财政部关于外国来华工作人员缴纳个人所得税问题的通知》(财税字[1980]189号,1980年11月24日)。

③ 《财政部税务总局关于外籍人员在中国居住期间临时离境缴纳个人所得税问题的批复》(财税外字[1981]66号,1981年7月18日)。

④ 《国家税务总局关于国际组织驻华机构、外国政府驻华使领馆和驻华新闻机构雇员个人所得税征收方式的通知》(国税函[2004]808号,2004年6月23日)。

8.7.17 境外来华从事文艺及体育活动的演员、运动员个人所得所得的征免税规定

（1）凡外国或港、澳、台演员、运动员来华、来大陆从事文艺、体育活动,符合我国对外签署的避免双重征税协定免税条件的,应由主办单位提供我国同对方国家政府间文化、体育交流协定或计划（含由中国各单项体育协会对外签定的在我国举办的国际性体育比赛或体育表演的协定或计划）,并附报按照上述协定或计划签署的演出或表演合同,经当地税务机关审核同意后,可按税收协定有关规定免予征收个人所得税①。

（2）外国或港、澳、台演员、运动员来华、来大陆从事演出或表演,对其取得的收入,凡不符合免税条件的,依照税法及我国政府同有关国家（地区）政府签订的税收协定（安排）的有关规定征税②。

①演出团体支付给演员、运动员个人的报酬,凡是演员、运动员属于临时聘请,不是该演出团体雇员的,应依照个人所得税法的规定,按劳务报酬所得,减除规定费用后,征收个人所得税;凡是演员、运动员属该演出团体雇员的,应依照个人所得税法的规定,按工资、薪金所得,减除规定费用后,征收个人所得税。

②对外国或港、澳、台地区演员、运动员以个人名义在我国（大陆）从事演出、表演所取得的收入,依照个人所得税法的有关规定,按劳务报酬所得征收个人所得税。

③演员、运动员个人应缴纳的个人所得税,应以其在一地演出所得报酬,依照个人所得税法的有关规定,在演出所在地主管税务机关申报缴纳。属于劳务报酬所得的,在一地演出多场的,以在一地多场演出取得的总收入为一次收入,计算征收个人所得税。

④主管税务机关可以指定各承包外国、港、澳、台地区演出,表演活动的演出场、馆、院或中方接待单位,在其向演出团体、个人结算收入中代扣代缴该演出团体或个人的各项应纳税款。凡演出团体或个人未在演出所在地结清各项应纳税款的,其中方接待单位应在对外支付演出收入时代扣代缴该演出团体或个人所欠应纳税款。未按规定代扣代缴应纳税款的单位,应严格依照税收征收管理法的规定予以处理。

（3）有关单位在对外签订演出或表演合同前,应主动同当地税务机关联系,了解我国税法及有关税收协定的规定。任何单位对外签订的演出或表演合同中,不得列入包税条文。凡违反税法或税收协定的规定,在合同中擅自列入的包税条款,一律无效③。

8.7.18 外国石油公司在华雇员和外国航空公司代表机构外籍雇员个人所得税的征免规定

（1）外国石油公司在华雇员的征税规定

①外国石油公司工作的中方人员分别从外国石油公司和地方劳务公司取得工资、薪金、伙食、交通补贴,属在两处以上取得所得,应将两处所得合并计算,选择在一处税务机关自行申报纳税。申报纳税时,其已扣缴的税款,准予从应纳税额中扣除。向中方人员支付上述所得的外国石油公司和地方劳务公司,均为中方人员个人所得税扣缴义务人,

---

① 《国家税务总局 文化部 国家体委关于来我国从事文艺演出及体育表演收入应严格依照税法规定征税的通知》（国税发〔1993〕89 号,1993 年 9 月 20 日）。该文还规定,可按税收协定有关规定免予征收个人所得税。

② 《国家税务总局 文化部 国家体委关于来我国从事文艺演出及体育表演收入应严格依照税法规定征税的通知》（国税发〔1993〕89 号,1993 年 9 月 20 日）。《国家税务总局关于境外团体或个人在我国从事文艺及体育演出有关税收问题的通知》（国税发〔1994〕106 号,1994 年 4 月 21 日）。

③ 《国家税务总局 文化部 国家体委关于来我国从事文艺演出及体育表演收入应严格依照税法规定征税的通知》（国税发〔1993〕89 号,1993 年 9 月 20 日）。

应按税法规定履行各自的扣缴义务①。

②与我国签订避免双重征税协定国家(简称对方缔约国)的石油公司来华合作开采石油资源,按照税收协定第五条第二款的规定判定,应认为在华设有常设机构。其派遣来华雇员的工资、薪金不论是由合同区联合账簿支付,还是作为公司单独发生的费用记账,凡是由在华的常设机构负担的,均应按照我国个人所得税法的规定征税,不受停留天数的限制②。

根据税收协定第五条第二款的有关规定,对方缔约国的石油公司在华设立的开采石油资源的管理机构,也可认为是该公司在华的常设机构。对方缔约国的石油公司来华既合作开采石油资源,又为合作开采石油资源提供劳务服务(包括为本公司的合同区提供劳务服务)的,应根据有关税收协定的规定,对其合作开采石油资源的活动和提供劳务服务的活动,分别判定在华是否设有常设机构③。

(2)若干外国航空公司代表机构外籍雇员的征免税规定

①根据中、哈两国政府签署的民用航空运输协定,对哈萨克斯坦航空公司在我国领土内与经营协议航班有关的财产,免予征收一切税收;对其在我国境内设立的代表机构中为哈萨克斯坦国民的雇员所取得的工资、薪金和其他类似报酬,免予征收个人所得税④。

②自1994年4月19日起对乌兹别克斯坦航空公司在我国境内的财产,免予征收一切税收;对其在我国境内的代表机构人员为乌兹别克斯坦国民的所取得的工资、薪金和其他类似报酬,免予征收个人所得税⑤。

③对奥地利航空公司在我国经营国际运输业务派驻中国雇员所取得的报酬,征收个人所得税⑥。

④对俄罗斯伏尔加—第聂伯航空公司在我国从事运输活动设立的代表机构中属于俄罗斯国民的雇员取得的工资,免予征收个人所得税⑦。

对俄罗斯国际航空公司在我国领土内经营协议航班所设立的代表机构中属于俄罗斯国民的雇员取得的工资,免予个人所得税⑧。

对俄罗斯东方航线航空公司在我国经营国际运输业务所设立的代表机构中属于俄罗斯国民的雇员取得的工资,免征个人所得税⑨。

对俄罗斯东方航线航空公司在我国经营国际

---

① 《国家税务总局海洋石油税务管理局关于地方劳务公司为外国石油公司提供劳务服务税收征收管理问题的批复》(国税油函[1994]8号,1994年2月3日)。此前,《财政部关于对外国公司临时派来我国为海洋石油作业进行工作的雇员征收个人所得税问题的批复》(财税油政字[1984]3号,1984年4月3日)、《财政部海洋石油税务管理局与我公司签订石油合同前来华人员征免个人所得税问题的批复》(国税油政字[1989]33号,1989年8月28日)、《国家税务局海洋石油税务管理局关于XXXX公司雇员个人应纳税所得额问题的批复》(国税油函[1990]8号,1990年1月24日)、《国家税务局关于对外籍雇员若干所得项目征免个人所得税问题的通知》(国税函发[1990]345号,1990年4月4日)、《国家税务局海洋石油税务管理局关于确定外国石油公司在华机构外籍雇员个人应税所得额的通知》(国税油发[1990]12号,1990年7月20日)分别对外国石油公司在华雇员征免问题进行了规定,但根据《国家税务总局关于公布全文失效废止 部分条款失效废止的税收规范性文件目录的公告》(国家税务总局公告2011年第2号,2011年1月4日),财税油政字[1984]3号、国税油政字[1989]33号、国税油函[1990]8号、国税函发[1990]345号、国税油发[1990]12号现均已全文废止失效。

② 《财政部海洋石油税务局关于对方缔约国居民个人受雇于外国公司来华工作如何判定征税问题的批复》(财税油政字[1988]第2号,1988年1月10日)。

③ 《财政部海洋石油税务局关于对在华从事经营活动的对方缔约国石油公司判定常设机构问题的批复》(财税油政字[1988]第3号,1988年2月2日)。

④ 《国家税务总局关于哈萨克斯坦航空公司开航中国有关税收问题的通知》(国税函发[1994]351号,1994年6月24日)。

⑤ 《国家税务总局关于乌兹别克斯坦航空公司开航中国有关税收问题的通知》(国税函发[1994]377号,1994年6月30日)。

⑥ 《国家税务总局关于奥地利航空公司有关税收问题的通知》(国税函发[1995]112号,1995年3月20日)。

⑦ 《国家税务总局关于伏尔加—第聂伯航空公司有关税收问题的通知》(国税函发[1994]第689号,1994年12月30日)。《国家税务总局关于俄罗斯伏尔加—第聂伯航空公司有关税收问题的通知》(国税函发[1995]627号,1995年9月20日)。

⑧ 《国家税务总局关于俄罗斯国际航空公司有关税收问题的通知》(国税函发[1995]113号,1995年2月28日)。

⑨ 《国家税务总局关于俄罗斯东方航线航空公司有关税收问题的通知》(国税函[1998]146号,1998年3月11日)。

运输业务所设立的代表机构中属于俄罗斯国民的雇员取得的工资,免征个人所得税①。

⑤对美国西北航空公司在我国经营国际运输业务,其派驻中国雇员所取得的报酬,应按有关规定征收个人所得税②。

对美国联邦快运公司在我国经营国际运输业务派驻中国雇员所取得的报酬,应当征收个人所得税③。

⑥对德国汉莎航空公司从事国际运输业务派驻中国雇员所取得的报酬,应当按规定征收个人所得税④。

⑦对大韩航空公司在我国经营国际运输业务派驻中国雇员的报酬,免予征收个人所得税⑤。

⑧对尼泊尔航空公司及其在我国境内的代表机构人员,根据我国税法规定计征各项税收⑥。

⑨对白俄罗斯航空公司在我国经营国际运输业务派驻中国的雇员(白俄罗斯国民)所取得的报酬,免征个人所得税⑦。

8.7.19 由在华机构(企业)发放工资薪金的外籍纳税人及在多处工作或提供劳务的临时来华人员纳税地点的确定

(1)凡由在华企业或办事机构发放工资、薪金的外籍纳税人,由在华企业或办事机构集中向当地税务机关申报纳税⑧。

(2)在几地工作或提供劳务的临时来华人员,应以税法所规定的申报纳税的日期为准,在某一地达到申报纳税的日期,即在该地申报纳税。但准予其提出申请,经批准后,也可固定在一地申报纳税⑨。

根据《国务院关于第三批取消和调整行政审批项目的决定》(国发〔2004〕16 号)的规定,从 2004 年 7 月 1 日起,取消外籍纳税人固定在一地申报缴纳个人所得税的审批。取消审批后,外籍纳税人临时来华在我国几地工作或提供劳务的,统一按纳税人在税法规定的申报纳税日期时所在实际工作地为申报纳税地,即:在某一地达到申报纳税日期的,即在该地申报纳税⑩。

8.7.20 服务贸易及部分资本项目对外支付提交税务凭证的处理

自 2009 年 1 月 1 日起,服务贸易、收益、经常转移和部分资本项目对外支付提交税务证明,按以

---

① 《国家税务总局关于俄罗斯东方航线航空公司有关税收问题的通知》(国税函〔1998〕146 号,1998 年 3 月 11 日)。

② 《国家税务总局关于美国西北航空公司有关税收问题的通知》(国税函〔1996〕213 号,1996 年 5 月 7 日)。

③ 《国家税务总局关于美国联邦快运公司有关税收问题的通知》(国税函〔1996〕107 号,1996 年 3 月 14 日)。

④ 《国家税务总局关于德国汉莎航空公司有关税收问题的通知》(国税函发〔1996〕214 号,1996 年 5 月 7 日)。

⑤ 《国家税务总局关于大韩航空公司税收问题的通知》(国税函发〔1994〕595 号,1994 年 11 月 1 日)。《国家税务总局关于大韩航空公司有关税收问题的通知》(国税函发〔1994〕688 号,1994 年 12 月 30 日)。

⑥ 《国家税务总局关于尼泊尔航空公司开航中国有关税收问题的通知》(国税函发〔1994〕582 号,1994 年 11 月 1 日)。

⑦ 《国家税务总局关于白俄罗斯航空公司有关税收问题的通知》(国税函〔1997〕428 号,1997 年 7 月 24 日)。

⑧ 《国家税务总局关于印发〈征收个人所得税若干问题的规定〉的通知》(国税发〔1994〕89 号,1994 年 3 月 31 日)。

⑨ 《国家税务总局关于印发〈征收个人所得税若干问题的规定〉的通知》(国税发〔1994〕89 号,1994 年 3 月 31 日)。此前,《财政部关于个人所得税若干问题的通知》(财税字〔1981〕185 号,1981 年 6 月 2 日)规定,纳税义务人在中国境内工作、提供劳务、时间超过九十天,其从国外雇主取得的所得,应按规定在其工作或提供劳务所在地征税,如果其工作或提供劳务地点不只一地,可在税法规定申报纳税日期内向工作地的税务机关报缴税款;也可向工作地税务机关申请,固定每月在该地缴税。

⑩ 《国家税务总局关于取消及下放外商投资企业和外国企业以及外籍个人若干税务行政审批项目的后续管理问题的通知》(国税发〔2004〕80 号,2004 年 6 月 25 日)。

下规定执行①：

（1）境内机构或个人向境外单笔支付等值3万美元以上（不含等值3万美元）下列服务贸易、收益、经常转移和资本项目外汇资金，应当按国家有关规定向主管税务机关申请办理《服务贸易、收益、经常转移和部分资本项目对外支付税务证明》（简称《税务证明》，详见汇发［2008］64号《国家外汇管理局 国家税务总局关于服务贸易等项目对外支付提交税务证明有关问题的通知》附件）：

①境外机构或个人从境内获得的服务贸易收入；

②境外个人在境内的工作报酬、境外机构或个人从境内获得的股息、红利、利润、直接债务利息、担保费等收益和经常转移项目收入；

③境外机构或个人从境内获得的融资租赁租金、不动产的转让收入、股权转让收益。

所称服务贸易，包括运输、旅游、通信、建筑安装及劳务承包、保险服务、金融服务、计算机和信息服务、专有权利使用和特许、体育文化和娱乐服务、其他商业服务、政府服务等交易行为。

所称收益，包括职工报酬、投资收益等。

所称经常转移，包括非资本转移的捐赠、赔偿、税收、偶然性所得等。

所称主管税务机关是指支付地主管税务机关。境内机构和个人对外支付前，应当首先向主管国税机关提出申请办理《税务证明》，在取得主管国税机关出具的《税务证明》后，再向主管地税机关提出申请。支付地主管税务机关与征税机关不在同一地区的，境内机构和个人应当持征税机关的完税证明，按照以下规定到支付地主管税务机关申请办理《税务证明》。

（2）境内机构和个人在向主管税务机关提出申请时，应当填写《服务贸易等项目对外支付出具〈税务证明〉申请表》（简称《申请表》），并附送下列资料：

①合同、协议或其他能证明双方权利义务的书面资料（复印件）；

②发票或境外机构付汇要求文书（复印件）；

③完税证明或批准免税文件（复印件）；

④税务机关要求提供的其他资料。

境内机构和个人已将上述资料报送过主管税务机关的，申请对外支付时不再重复报送。

境内机构和个人提交的资料应为中文，如为中文以外的文字，须同时提交境内机构和个人签章的中文文本。

境内机构和个人提交上述条款中规定的资料为复印件的，应加盖印章。境内机构和个人可通过以下方法获取《申请表》：

①在主管税务机关办税服务厅窗口领取；

②从主管税务机关官方网站下载。

（3）主管税务机关应该审核境内机构和个人提交的《申请表》及相关资料。《申请表》项目填写完整、所附资料齐全的，主管国税机关应当场为其出具《税务证明》；主管地税机关在收到主管国税机关出具的《税务证明》时，应当场在《税务证明》上填注相关栏目并签章。

境内机构和个人提交的《申请表》项目填写不完整或所附资料不齐全的，主管税务机关应当即告知境内机构和个人予以补正。

对于涉及境外劳务不予征税的支付项目，主管

---

① 《国家外汇管理局 国家税务总局关于服务贸易等项目对外支付提交税务证明有关问题的通知》（汇发［2008］64号，2008年11月25日）。《国家税务总局关于印发〈服务贸易等项目对外支付出具税务证明管理办法〉的通知》（国税发［2008］122号，2008年12月28日）。此前，《国家外汇管理局 国家税务总局关于非贸易及部分资本项目项下售付汇提交税务凭证有关问题的通知》（汇发［1999］372号）、《国家税务总局关于非贸易及部分资本项目项下售付汇提交税务凭证有关问题的通知》（国税发［2000］66号）、《国家外汇管理局 国家税务总局关于试行服务贸易对外支付税务备案有关问题的通知》（汇发［2008］8号）、《国家税务总局关于服务贸易对外支付税收征管有关问题的通知》（国税函［2008］219号）、《国家税务总局关于服务贸易对外支付税收征管有关问题的补充通知》（国税函［2008］258号）同时废止。此外，《国家税务总局关于做好非贸易及部分资本项目项下售付汇税务凭证的出具工作等有关问题的紧急通知》（国税函［2000］186号，2000年3月15日）被《国家税务总局关于公布全文失效废止 部分条款失效废止的税收规范性文件目录的公告》（国家税务总局公告2011年第2号，2011年1月4日）公布全文失效废止。

税务机关应予以审核,并于 5 个工作日内为境内机构和个人出具《税务证明》或填写相关栏目。

主管国税机关负责出具《税务证明》(一式三份)并编码,加盖"对外支付税务证明专用章"后,自行留存一份,另两份交境内机构和个人到主管地税机关办理相关手续。

主管地税机关负责在主管国税机关出具的《税务证明》上填写相关项目并加盖"对外支付税务证明专用章",留存一份,另一份交境内机构和个人到外汇指定银行办理付汇手续。

主管国税机关和主管地税机关应当在出具《税务证明》后 15 个工作日内,对境内机构和个人提交的《申请表》及所附资料进行复核。复核的内容包括:

①境内机构和个人申请的内容与实际支付的项目是否一致;

②支付项目的税收处理是否正确,是否符合相关税收法律法规和税收协定(安排)的规定。

主管税务机关在复核时发现已支付的项目在税收判断上有差错的,应当及时纠正,并追缴税款或为纳税人办理退税。

主管国税机关和主管地税机关应定期就《税务证明》出具情况交换信息,并应按规定规格刻制"对外支付税务证明专用章",并由地(市)税务机关向同级外汇管理部门备案。

(4)上述所列的对外支付,外汇指定银行应当审核境内机构或个人提交的由主管税务机关签章的《税务证明》以及国家规定的其他有效单证,并在《税务证明》原件上签注支付金额、日期后加盖业务印章,留存原件五年备查。

按规定由外汇局审核的上述对外支付,外汇指定银行凭外汇局出具的核准文件办理,无需审核及留存《税务证明》。

(5)境内机构或个人对外支付下列项目,无须办理和提交《税务证明》:

①境内机构在境外发生的差旅、会议、商品展销等各项费用;

②境内机构在境外代表机构的办公经费,以及境内机构在境外承包工程所垫付的工程款;

③境内机构发生在境外的进出口贸易佣金、保险费、赔偿款;

④进口贸易项下境外机构获得的国际运输费用;

⑤境内运输企业在境外从事运输业务发生的修理、油料、港杂等各项费用;

⑥境内个人境外留学、旅游、探亲等因私用汇;

⑦国家规定的其他情形。

8.7.21　适用税收协定独立个人劳务条款的判定①

根据税收协定关于独立个人劳务的定义规定,所谓"独立个人劳务"是指以独立的个人身份从事科学、文学、艺术、教育或教学活动以及医师、律师、工程师、建筑师、牙医师和会计师等专业性劳务人员,没有固定的雇主,可以多方面提供服务。对在缔约国对方应聘来华从事劳务的人员提出要求对其适用税收协定独立个人劳务条款规定的,须向我国主管税务机关提交如下证明:

(1)职业证件,包括登记注册证件和能证明其身份的证件,或者由其为居民的缔约国税务当局在出具居民证明中注明其现时从事专业性劳务的职业。

(2)提供其与有关公司签订的劳务合同,表明其与该公司的关系是劳务服务关系,不是雇主与雇员关系。应着重审核合同以下几点:

①医疗保险、社会保险、假期工资、海外津贴等方面不享受公司雇员待遇。

②其从事劳务服务所取得的劳务报酬,是按相对的小时、周、月或一次性计算支付。

③其劳务服务的范围是固定的或有限的,并对其完成的工作负有质量责任。

④其为提供合同规定的劳务所相应发生的各

---

① 《国家税务局关于税收协定独立个人劳务条款执行解释问题的通知》(国税函发[1990]609 号,1990 年 6 月 12 日)。

项费用,由其个人负担。

对于不能提供上述证明,或在劳务合同中未载明有关事项或难于区别的,仍应视其所从事的劳务为非独立个人劳务。

8.7.22 个人财产对外转移提交税收证明或者完税凭证的处理

根据《个人财产对外转移售付汇管理暂行办法》(中国人民银行公告〔2004〕第16号,简称《办法》),对个人财产对外转移提交税收证明或完税凭证的有关问题,按以下规定执行①:

(1)税务机关对申请人缴纳税款情况进行证明。税务机关在为申请人开具税收证明时,应当按其收入或财产不同类别、来源,由收入来源地或者财产所在地国家税务局、地方税务局分别开具。

(2)申请人拟转移的财产已取得完税凭证的,可直接向外汇管理部门提供完税凭证,不需向税务机关另外申请税收证明。

申请人拟转移的财产总价值在人民币15万元以下的,可不需向税务机关申请税收证明。

(3)申请人申请领取税收证明的程序如下:

①申请人按照以下第(4)条的规定提交相关资料,按财产类别和来源地,分别向国税局、地税局申请开具税收证明。

开具税收证明的税务机关为县级或者县级以上国家税务局、地方税务局。

②申请人资料齐全的,税务机关应当在15日内开具税收证明;申请人提供资料不全的,可要求其补正,待补正后开具。

③申请人有未完税事项的,允许补办申报纳税后开具税收证明。

④税务机关有根据认为申请人有偷税、骗税等情形,需要立案稽查的,在稽查结案并完税后可开具税收证明。

申请人与纳税人姓名、名称不一致的,税务机

关只对纳税人出具证明,申请人应向外汇管理部门提供其与纳税人关系的证明。

(4)申请人向税务机关申请税收证明时,应当提交的资料分别为:

①代扣代缴单位报送的含有申请人明细资料的《扣缴个人所得税报告表》复印件,《个体工商户所得税年度申报表》、《个人承包承租经营所得税年度申报表》原件,有关合同、协议原件,取得有关所得的凭证,以及税务机关要求报送的其他有关资料。

②申请人发生财产变现的,应当提供交易合同、发票等资料。

必要时税务机关应当对以上资料进行核实;对申请人没有缴税的应税行为,应当责成纳税人缴清税款并按照税收征管法的规定处理后开具税收证明。

(5)税务机关必须按照申请人实际入库税额如实开具证明,并审查其有无欠税情况,严禁开具虚假证明。

申请人编造虚假的计税依据骗取税收证明的,伪造、变造、涂改税收证明的,按照税收征管法及其实施细则的规定处理。

(6)税务机关应当将有税收违法行为且可能转移财产的纳税人情况向外汇管理部门通报,以防止申请人非法对外转移财产。外汇管理部门审核过程中,发现申请人有偷税嫌疑的,应当及时向相应税务机关通报。有条件的地方,税务机关应当与外汇管理部门建立电子信息交换制度,建立税收证明的电子传递、比对、统计、分析评估制度。

8.7.23 外币形式所得的折算处理

(1)各项所得的计算,以人民币为单位。所得为外国货币的,按照国家外汇管理机关规定的外汇牌价折合成人民币缴纳税款②。

(2)所得为外国货币的,应当按照填开完税凭

---

① 《国家税务总局 国家外汇管理局关于个人财产对外转移提交税收证明或者完税凭证有关问题的通知》(国税发〔2005〕13号,2005年1月31日)。税收证明格式及填表说明详见该文附件。

② 《中华人民共和国个人所得税法》(中华人民共和国主席令第85号,2007年12月29日)。

证的上一月最后一日中国人民银行公布的外汇牌价,折合成人民币计算应纳税所得额。依照税法规定,在年度终了后汇算清缴的,对已经按月或者按次预缴税款的外国货币所得,不再重新折算;对应当补缴税款的所得部分,按照上一纳税年度最后一日中国人民银行公布的外汇牌价,折合成人民币计算应纳税所得额①。

(3)自 1995 年 4 月 1 日起,中国人民银行只公布人民币对美元、日元和港币等三种货币的基准汇价,人民币对其他货币的基准汇价不再公布。企业和个人计税时使用的外汇牌价问题按以下规定执行②:

①个人取得的收入和所得为美元、日元和港币的,仍统一使用中国人民银行公布的人民币对上述三种货币的基准汇价,折合成人民币计算缴纳税款③。

②个人取得的收入和所得为上述三种货币以外的其他货币的,应根据美元对人民币的基准汇价和国家外汇管理局提供的纽约外汇市场美元对主要外币的汇价进行套算,按套算后的汇价作为折合汇率计算缴纳税款。套算公式为④:

某种货币对人民币的汇价 = 美元对人民币的基准汇价÷纽约外汇市场美元对该种货币的汇价

③个人在报送纳税申报表时,应当附送汇价折算的计算过程⑤。

(4)纳税人所得为外国货币并已按照中国人民银行公布的外汇牌价以外国货币兑换成人民币缴纳税款后,如发生多缴税款需要办理退税,凡属于 1993 年 12 月 31 日以前取得应税所得的,可以将应退的人民币税款,按照缴纳税款时的外汇牌价(买入价)折合成外国货币,再将该外国货币数额按照填开退税凭证当日的外汇牌价折合成人民币退还税款;凡属于 1994 年 1 月 1 日以后取得应税所得的,应直接退还多缴的人民币税款⑥。

(5)纳税人所得为外国货币的,发生少缴税款需要办理补税时,除依照税法规定汇算清缴以外的,应当按照填开补税凭证前一月最后一日的外汇牌价折合成人民币计算应纳税所得额补缴税款⑦。

8.7.24 非居民享受税收协定待遇管理办法

根据《国家税务总局关于印发〈非居民享受税收协定待遇管理办法(试行)〉的通知》(国税发〔2009〕124 号)和《国家税务总局关于〈非居民享受税收协定待遇管理办法(试行)〉有关问题的补充通知》(国税函〔2010〕290 号)的规定执行,具体内容详见企业所得税相关部分。

8.7.25 境外所得个人所得税征收管理办法

在中国境内有住所,并有来源于中国境外所得的个人纳税人,其来源于中国境外的各项应纳税所得(简称境外所得),应依照税法和以下规定缴纳个人所得税⑧。

---

① 《中华人民共和国个人所得税法实施条例》(中华人民共和国国务院令第 519 号,2008 年 2 月 18 日)。《国家税务总局关于印发〈境外所得个人所得税征收管理暂行办法〉的通知》(国税发〔1998〕126 号,1998 年 8 月 12 日)。

② 《国家税务总局关于企业和个人的外币收入如何折合为人民币计算缴纳税款问题的通知》(国税发〔1995〕173 号,1995 年 9 月 12 日)。

③ 《国家税务总局关于企业和个人的外币收入如何折合为人民币计算缴纳税款问题的通知》(国税发〔1995〕173 号,1995 年 9 月 12 日)。

④ 《国家税务总局关于企业和个人的外币收入如何折合为人民币计算缴纳税款问题的通知》(国税发〔1995〕173 号,1995 年 9 月 12 日)。《国家税务总局关于印发〈境外所得个人所得税征收管理暂行办法〉的通知》(国税发〔1998〕126 号,1998 年 8 月 12 日)。此前,根据《国家税务总局关于外商投资企业和外国企业及外籍个人的外币收入如何折合成人民币计算缴纳税款问题的通知》(国税发〔1995〕70 号,1995 年 4 月 13 日),外商投资企业和外国企业及外籍个人取得的收入和所得为美元、港币和日元的,统一使用中国人民银行公布的外汇牌价;其他可兑换货币的外汇统一使用中国银行公布的挂牌价格,折合成人民币收入和所得计算纳税。

⑤ 《国家税务总局关于企业和个人的外币收入如何折合为人民币计算缴纳税款问题的通知》(国税发〔1995〕173 号,1995 年 9 月 12 日)。

⑥ 《国家税务总局关于印发〈征收个人所得税若干问题的规定〉的通知》(国税发〔1994〕89 号,1994 年 3 月 31 日)。

⑦ 《国家税务总局关于印发〈征收个人所得税若干问题的规定〉的通知》(国税发〔1994〕89 号,1994 年 3 月 31 日)。

⑧ 《国家税务总局关于印发〈境外所得个人所得税征收管理暂行办法〉的通知》(国税发〔1998〕126 号,1998 年 8 月 12 日)。

8.7.25.1 境外所得界定①

下列所得,不论支付地点是否在中国境外,均为来源于中国境外的所得:

(1)因任职、受雇、履约等而在中国境外提供劳务取得的所得;

(2)将财产出租给承租人在中国境外使用而取得的所得;

(3)转让中国境外的建筑物、土地使用权等财产或者在中国境外转让其他财产取得的所得;

(4)许可各种特许权在中国境外使用而取得的所得;

(5)从中国境外的公司、企业以及其他经济组织或者个人取得的利息、股息、红利所得。

纳税人的境外所得,包括现金、实物和有价证券。

8.7.25.2 应纳税额②

纳税人的境外所得,应按税法及其实施条例的规定确定应税项目,并分别计算其应纳税额。

纳税人的境外所得按照有关规定交付给派出单位的部分,凡能提供有效合同或有关凭证的,经主管税务机关审核后,允许从其境外所得中扣除。

主管税务机关是指派出单位所在地的税务机关。无派出单位的,是指纳税人离境前户籍所在地的税务机关。户籍所在地与经常居住地不一致的,是指经常居住地税务机关。

纳税人兼有来源于中国境内、境外所得的,应按税法规定分别减除费用并计算纳税。

纳税人在境外已缴纳的个人所得税税额,能提供境外税务机关填发的完税凭证原件的,准予按照税法及其实施条例的规定从应纳税额中抵扣(详见本节"境外缴纳税款的抵免")。

8.7.25.3 纳税申报

(1)纳税人从中国境外取得所得,应当按照规定到主管税务机关办理纳税申报③。

(2)纳税人在规定的申报期限内不能到主管税务机关申报纳税的,应委托他人申报纳税或者邮寄申报纳税。邮寄申报纳税的,以寄出地的邮戳日期为实际申报日期④。

(3)纳税人应按照税法规定如实申报其从中国境内和境外雇主取得的收入,并向税务机关报送派遣公司单位开具的原始明细工资单(书)(包括奖金、津贴证明资料),或提供派遣公司、单位委托在中国注册会计师出具的证明。对一些国家的纳税义务人,还应提供"海外驻在规定"、"出差规定"等与征税有直接关系的必要的证明资料。税务机关和主管人员对纳税义务人申报的纳税申报表和提供的有关证明资料,应负责保密,不得对外泄露⑤。

8.7.25.4 代扣代缴

纳税人受雇于中国境内的公司、企业和其他经济组织以及政府部门并派往境外工作,其所得由境内派出单位支付或负担的,境内派出单位为个人所得税扣缴义务人,税款由境内派出单位负责代扣代缴。其所得由境外任职、受雇的中方机构支付、负担的,可委托其境内派出(投资)机构代征税款⑥。

上述境外任职、受雇的中方机构是指中国境内

① 《国家税务总局关于印发〈境外所得个人所得税征收管理暂行办法〉的通知》(国税发[1998]126号,1998年8月12日)。

② 《国家税务总局关于印发〈境外所得个人所得税征收管理暂行办法〉的通知》(国税发[1998]126号,1998年8月12日)。

③ 《中华人民共和国个人所得税法实施条例》(中华人民共和国国务院令第519号,2008年2月18日)。此前,《国家税务总局关于印发〈境外所得个人所得税征收管理暂行办法〉的通知》(国税发[1998]126号,1998年8月12日)规定:纳税人境外所得来源于两处以上的或取得境外所得没有扣缴义务人、代征人的(包括扣缴义务人、代征人未按规定扣缴或征缴税款的)应自行申报纳税。

④ 《国家税务总局关于境外所得征收个人所得税若干问题的通知》(国税发[1994]44号,1994年3月8日)。

⑤ 《财政部税务总局关于纳税义务人申报个人所得税应提供证明资料问题的通知》(财税外字[1986]27号,1986年2月14日)。

⑥ 《国家税务总局关于印发〈境外所得个人所得税征收管理暂行办法〉的通知》(国税发[1998]126号,1998年8月12日)。此前,《国家税务总局关于境外所得征收个人所得税若干问题的通知》(国税发[1994]44号,1994年3月8日)规定:纳税人任职或受雇于中国的公司、企业和其他经济组织或单位派驻境外的机构的,可由境外该任职、受雇机构集中申报,并代扣代缴税款。

的公司、企业和其他经济组织以及政府部门所属的境外分支机构、使(领)馆、子公司、代表处等①。

中国境内的公司、企业和其他经济组织以及政府部门,凡有外派人员的,应在每一公历年度终了后 30 日内向主管税务机关报送外派人员情况。内容主要包括:外派人员的姓名、身份证或护照号码、职务、派往国家和地区、境外工作单位名称和地址、合同期限、境内外收入状况、境内住所及缴纳税收情况等②。

8.7.25.5　纳税期限

从中国境外取得所得的纳税义务人,应当在年度终了后 30 日内,将应纳的税款缴入国库,并向税务机关报送纳税申报表③。

如所得来源国与中国的纳税年度不一致,年度终了后 30 日内申报纳税有困难的,可报经中国主管税务机关批准,在所得来源国的纳税年度终了、结清税款后 30 日内申报纳税④。

纳税人如在税法规定的纳税年度期间结束境外工作任务回国,应当在回国后的次月 7 日内,向主管税务机关申报缴纳个人所得税⑤。

扣缴义务人、代征人所扣(征)的税款,应当在次月 7 日内缴入国库,并向主管税务机关报送扣(征)缴个人所得税报告表以及税务机关要求报送的其他资料⑥。

8.7.25.6　违规处罚

纳税人和扣缴义务人未按规定申报缴纳、扣缴个人所得税以及未按规定报送资料的,主管税务机关应按征管法及有关规定予以处罚,涉嫌犯罪的依法移送公安机关处理⑦。

8.7.26　境外缴纳税款的抵免

纳税义务人从中国境外取得的所得,准予其在应纳税额中扣除已在境外缴纳的个人所得税税额。但扣除额不得超过该纳税义务人境外所得依照我国个人所得税法规定计算的应纳税额⑧。

(1)境外已缴税款

已在境外缴纳的个人所得税税额,是指纳税义务人从中国境外取得的所得,依照该所得来源国家或者地区的法律应当缴纳并且实际已经缴纳的税额⑨。

(2)扣除限额

纳税人从中国境外取得应税所得,应区别不同国家或者地区和不同应税项目,依照税法规定的费用减除标准和适用税率,计算应纳税额。同一国家或者地区内不同应税项目的应纳税额之和,为该国家或者地区的扣除限额⑩。

(3)应补税款与超限额结转

纳税义务人在中国境外一个国家或者地区实际已经缴纳的个人所得税税额,低于按我国税法计算的该国家或者地区扣除限额的,应当在中国缴纳差额部分的税款;超过该国家或者地区扣除限额

---

① 《国家税务总局关于印发〈境外所得个人所得税征收管理暂行办法〉的通知》(国税发[1998]126 号,1998 年 8 月 12 日)。
② 《国家税务总局关于印发〈境外所得个人所得税征收管理暂行办法〉的通知》(国税发[1998]126 号,1998 年 8 月 12 日)。
③ 《中华人民共和国个人所得税法》(中华人民共和国主席令第 85 号,2007 年 12 月 29 日)。此前,《国家税务总局关于境外所得征收个人所得税若干问题的通知》(国税发[1994]44 号,1994 年 3 月 8 日)和《国家税务总局关于印发〈个人所得税自行申报纳税暂行办法〉的通知》(国税发[1995]77 号,1995 年 4 月 28 日)均规定:从中国境外取得所得的纳税人,其来源于中国境外的应纳税所得,如在境外以纳税年度计算缴纳个人所得税的,应在所得来源国的纳税年度终了、结清税款后的 30 日内,向中国主管税务机关申报纳税;如在取得境外所得时结清税款的,或者在境外按所得来源国税法规定免予缴纳个人所得税的,应在次年 1 月 1 日起 30 日内向中国主管税务机关申报纳税。根据《国家税务总局关于印发〈个人所得税自行纳税申报办法(试行)〉的通知》(国税发[2006]162 号,2006 年 11 月 6 日),国税发[1995]77 号现已失效,但根据《国家税务总局关于公布现行有效的税收规范性文件目录的公告》(国家税务总局公告 2010 年第 26 号),国税发[1994]44 号文件仍然有效。
④ 《国家税务总局关于印发〈境外所得个人所得税征收管理暂行办法〉的通知》(国税发[1998]126 号,1998 年 8 月 12 日)。
⑤ 《国家税务总局关于印发〈境外所得个人所得税征收管理暂行办法〉的通知》(国税发[1998]126 号,1998 年 8 月 12 日)。
⑥ 《国家税务总局关于印发〈境外所得个人所得税征收管理暂行办法〉的通知》(国税发[1998]126 号,1998 年 8 月 12 日)。
⑦ 《国家税务总局关于印发〈境外所得个人所得税征收管理暂行办法〉的通知》(国税发[1998]126 号,1998 年 8 月 12 日)。
⑧ 《中华人民共和国个人所得税法》(中华人民共和国主席令第 85 号,2007 年 12 月 29 日)。
⑨ 《中华人民共和国个人所得税法实施条例》(中华人民共和国国务院令第 519 号,2008 年 2 月 18 日)。
⑩ 《中华人民共和国个人所得税法实施条例》(中华人民共和国国务院令第 519 号,2008 年 2 月 18 日)。

的,其超过部分不得在本纳税年度的应纳税额中扣除,但是可以在以后纳税年度的该国家或者地区扣除限额的余额中补扣,补扣期限最长不得超过五年①。

(4)抵免凭证

纳税人申请扣除已在境外缴纳的个人所得税税额时,应当提供境外税务机关填发的完税凭证原件②。

(5)境外所得税款抵扣举例③

某纳税人某年1月至12月在A国取得工薪收入60000元(人民币,下同),特许权使用费收入7000元;同时,又在B国取得利息收入1000元。该纳税人已分别按A国和B国税法规定,缴纳了个人所得税1150元和250元。其抵扣计算方法如下:

①在A国所得缴纳税款的抵扣

Ⅰ 工资、薪金所得按我国税法规定计算的应纳税额:

$$[(60000÷12-4000④)×税率-速算扣除数]×12(月份数)$$

$$=(1000×10\%-25)×12=900 元$$

Ⅱ 特许权使用费所得按我国税法规定计算的应纳税额:

$$7000×(1-20\%)×20\%=1120 元$$

Ⅲ 抵扣限额:900+1120=2020元

Ⅳ 该纳税人在A国所得缴纳个人所得税1150元,低于抵扣限额,可全额抵扣,并需在中国补缴税款870元(2020-1150)。

②在B国所得缴纳税款的抵扣

纳税人在B国取得的利息所得按我国税法规定计算的应纳税额,即抵扣限额:1000×20%=200元

该纳税人在B国实际缴纳的税款超出了抵扣限额,只能在限额内抵扣200元,不用补缴税款。

③在A、B两国所得缴纳税款抵扣结果

根据上述计算结果,该纳税人当年度的境外所得应在中国补缴个人所得税870元,B国缴纳税款未抵扣完的50元,可在以后5年内该纳税人从B国取得所得计算的抵扣限额余额中补扣。

8.8 税收优惠

8.8.1 省部(军)级以上及国际组织颁发的科教文卫体、环境保护等方面奖金的免税优惠

8.8.1.1 一般规定

省级人民政府、国务院部委和中国人民解放军军以上单位,以及外国组织、国际组织颁发的科学、教育、技术、卫生、体育、环境保护等方面的奖金,免征个人所得税⑤。

8.8.1.2 若干奖励基金免税的具体规定

(1)长江学者成就奖

教育部和香港实业家李嘉诚先生共同筹资建立了"长江学者奖励计划"。该计划包括实行特聘教授岗位制度和设立长江学者成就奖两项内容。特聘教授取得的岗位津贴应并入其当月的工资、薪金所得计征个人所得税,税款由所在学校代扣代缴。对特聘教授获得长江学者成就奖的奖金,根据个人所得税法第四条关于省部级和国际组织颁发的科教文卫等方面的奖金免税的规定,可视为国务

---

① 《中华人民共和国个人所得税法实施条例》(中华人民共和国国务院令第519号,2008年2月18日)。此前,《财政部关于个人所得税若干问题的通知》(财税字[1981]185号,1981年6月2日)规定,纳税义务人在本国缴纳的税收,在中国申请抵免,只能按照中国税法规定税率计算的应纳所得税额内抵免。如果在外国缴纳的所得税额超过抵免限额的,不得给予抵免,也不能结转计算。纳税义务人如在外国缴纳的所得税额低于按照我国税法规定计算的抵免限额,应将差额部分税款在我国补缴。但如外国所征税额低于上述抵免限额的是由于生计费较多或其他特殊原因所造成,在我国补缴税款确有困难,可检附证明向当地税务机关申请减免,但减免税的金额不得超过其应补缴税款的差额。

② 《中华人民共和国个人所得税法实施条例》(中华人民共和国国务院令第519号,2008年2月18日)。

③ 《国家税务总局关于境外所得征收个人所得税若干问题的通知》(国税发[1994]44号,1994年3月8日)。

④ 根据《中华人民共和国个人所得税法》(中华人民共和国主席令第85号,2007年12月29日)和《中华人民共和国个人所得税法实施条例》(中华人民共和国国务院令第519号,2008年2月18日),自2006年1月1日起,费用扣除标准为4800元。

⑤ 《中华人民共和国个人所得税法》(中华人民共和国主席令第85号,2007年12月29日)。

院部委颁发的教育方面的奖金,免予征收个人所得税①。

"长江学者奖励计划"实施高等教育特聘教授岗位制,特聘教授在聘期内享受"特聘教授奖金"。根据个人所得税法第四条关于省部级和国际组织颁发的科教文卫等方面的奖金免税的规定,对教育部颁发的"特聘教授奖金"免予征收个人所得税②。

(2)长江小小科学家奖

由教育部和李嘉诚基金会主办、中国科协承办的"长江小小科学家"活动,奖励全国(包括香港、澳门特别行政区)初中、高中、中等师范学校、中等专业学校、职业中学、技工学校的在校学生近年来完成的,并申报参加全国评选和展示的获奖优秀科技创新和科学研究项目。根据个人所得税法第四条关于省部级和国际组织颁发的科教文卫等方面的奖金免税的规定,对学生个人参与"长江小小科学家"活动并获得的奖金,免予征收个人所得税③。

(3)曾宪梓教育基金会教师奖和曾宪梓载人航天基金奖

曾宪梓教育基金会致力于发展中国的教育事业,评选教师奖具有严格的程序,奖金由国家教委颁发。根据个人所得税法第四条关于省部级和国际组织颁发的科教文卫等方面的奖金免税的规定,对个人获得曾宪梓教育基金会教师奖的奖金,可视为国务院部委颁发的教育方面的奖金,免予征收个人所得税④。

曾宪梓先生捐资在香港成立"曾宪梓载人航天基金会",设立载人航天基金奖,奖励为载人航天事业作出重要贡献的优秀科技工作者。按照个人所得税法第四条关于省部级和国际组织颁发的科教文卫等方面的奖金免税的规定,对曾宪梓载人航天基金奖获奖者取得的奖金收入,视为外国组织颁发的科学、技术方面的奖金,免予征收个人所得税⑤。

(4)国际青少年消除贫困奖

"国际青少年消除贫困奖"是由联合国开发计划署和中国青少年发展基金会共同设立,旨在表彰奖励在与贫困作斗争中取得突出成绩的青少年,根据个人所得税法第四条关于省部级和国际组织颁发的科教文卫等方面的奖金免税的规定,对个人取得的"国际青少年消除贫困奖",视同从国际组织取得的教育、文化方面的奖金,免予征收个人所得税⑥。

(5)孺子牛金球奖

香港柏宁顿(中国)教育基金会"孺子牛金球奖"是为了奖励内地长期从事教育事业,在教书育人工作中取得突出成绩的教师。根据个人所得税法第四条关于省部级和国际组织颁发的科教文卫等方面的奖金免税的规定,对个人获得香港柏宁顿(中国)教育基金会首届"孺子牛金球奖"的奖金,可视为国务院部委颁发的教育方面的奖金,免予征收个人所得税⑦。

(6)光华科技基金会奖

对获得光华科技基金会奖励科技人员的奖金,可视同中国人民解放军军以上单位颁发的科学、技术奖金,暂予免征个人所得税⑧。

(7)孙平化日本学学术奖

---

① 《国家税务总局关于"长江学者奖励计划"有关个人收入免征个人所得税的通知》(国税函发[1998]632号,1998年10月27日)。

② 《国家税务总局关于"特聘教授奖金"免征个人所得税的通知》(国税函[1999]525号,1999年8月3日)。

③ 《国家税务总局关于"长江小小科学家"奖金免征个人所得税的通知》(国税函[2000]688号,2000年9月4日)。

④ 《国家税务总局关于曾宪梓教育基金会教师奖免征个人所得税的函》(国税函[1994]376号,1994年6月29日)。

⑤ 《国家税务总局关于曾宪梓载人航天基金奖获奖者取得的奖金收入免征个人所得税的通知》(国税函[2005]116号,2005年1月28日)。

⑥ 《财政部 国家税务总局关于国际青少年消除贫困奖免征个人所得税的通知》(财税字[1997]51号,1997年3月21日)。

⑦ 《国家税务总局关于香港柏宁顿(中国)教育基金会首届"孺子牛金球奖"获得者免征个人所得税的函》(国税函发[1995]501号,1995年9月8日)。根据《国家税务总局关于公布全文失效废止 部分条款失效废止的税收规范性文件目录的公告》(国家税务总局公告2011年第2号,2011年1月4日),该文已被公布失效或废止。

⑧ 《国家税务总局关于个人获得光华科技基金会奖励金免征个人所得税的批复》(国税函[1994]48号,1994年3月10日)。

宋庆龄基金会颁发的《孙平化日本学学术奖励基金》(简称《基金》)奖金,旨在对我国年轻一代在对日学术交流中作出突出成绩的人员进行奖励。根据个人所得税法第四条关于省部级和国际组织颁发的科教文卫等方面的奖金免税的规定,个人获得《基金》的奖金,属于国务院部委颁发的文化方面的奖金,免予征收个人所得税①。

(8)见义勇为奖

对乡、镇(含乡、镇)以上人民政府或经县(含县)以上人民政府主管部门批准成立的有机构、有章程的见义勇为基金会或者类似组织,奖励见义勇为者的奖金或奖品,经主管税务机关核准,免予征收个人所得税②。

(9)宏观经济专项奖

宏观经济专项奖励基金所颁奖励属于部级奖励,根据个人所得税法第四条关于省部级和国际组织颁发的科教文卫等方面的奖金免税的规定,对个人获得的宏观经济专项奖励基金颁发的"杰出贡献奖"和"优秀人才奖"奖金,免于征收个人所得税③。

(10)明天小小科学家奖

根据个人所得税法第四条关于省部级和国际组织颁发的科教文卫等方面的奖金免税的规定,对学生个人参与"明天小小科学家"活动获得的奖金,免予征收个人所得税④。

(11)母亲河(波司登)奖

中国青年乡镇企业家协会是共青团中央直属的社会团体,其组织评选的"母亲河(波司登)奖"是经共青团中央、全国人大环资委、国家环保总局等九部门联合批准设立的环境保护方面的奖项。依据个人所得税法第四条关于省部级和国际组织颁发的科教文卫等方面的奖金免税的规定,该奖项可以认定为国务院部委颁发的环境保护方面的奖金。个人取得的上述奖金收入,免予征收个人所得税⑤。

(12)中华环境奖

对于国家环保总局批准设立的"中华环境奖",根据个人所得税法第四条关于省部级和国际组织颁发的科教文卫等方面的奖金免税的规定,对"中华环境奖"获奖者和提名奖获得者所得奖金、"中华环境奖—绿色东方奖"获奖者个人所获奖金、"中华宝钢环境奖"和"中华宝钢环境优秀奖"

---

① 《国家税务总局关于第三届〈孙平化日本学学术奖励基金〉获得者的奖金免征个人所得税的通知》(国税函[2002]769号,2002年8月22日)。《国家税务总局关于第四届孙平化日本学学术奖励基金获奖奖金收入免征个人所得税的通知》(国税函[2004]917号,2004年7月23日)。

② 《财政部 国家税务总局关于发给见义勇为者的奖金免征个人所得税问题的通知》(财税字[1995]25号,1995年8月20日)。

③ 《国家税务总局关于宏观经济专项奖励基金颁发的奖金免征个人所得税的通知》(国税函[2001]759号,2001年10月17日)。

④ 《国家税务总局关于"明天小小科学家"奖金免征所得税的通知》(国税函[2001]692号,2001年9月10日)。《国家税务总局关于"明天小小科学家"奖金免征所得税的通知》(国税函[2002]1087号,2002年12月17日)。《国家税务总局关于2005年度"明天小小科学家"奖金免征所得税问题的通知》(国税函[2006]459号,2006年5月16日)。《国家税务总局关于2006年度"明天小小科学家"奖金免征所得税问题的通知》(国税函[2007]375号,2007年3月27日)。《国家税务总局关于2007年度明天小小科学家奖金免征所得税问题的通知》(国税函[2008]389号,2008年5月6日)。《国家税务总局关于2008年度"明天小小科学家"奖金免征个人所得税问题的通知》(国税函[2009]243号,2009年5月11日)。《国家税务总局关于明天小小科学家奖金免征个人所得税问题的通知》(国税函[2010]538号,2010年11月10日)。根据《国家税务总局关于公布全文失效废止 部分条款失效废止的税收规范性文件目录的公告》(国家税务总局公告2011年第2号,2011年1月4日),上述文件均已被公布全文失效废止。

⑤ 《国家税务总局关于个人取得"母亲河(波司登)奖"奖金所得免征个人所得税问题的批复》(国税函[2003]961号,2003年8月18日)。

获奖者个人所获奖金,免予征收个人所得税①。

(13)西部地区重点建设高校重点课程教师岗位计划任课教师奖

由香港李嘉诚基金会和教育部合作设立并组织实施"西部地区十四所重点建设高校重点课程教师岗位计划",该计划由北京大学等十四所支援高校派遣副教授以上的优秀教师,到西部地区十四所重点建设高校,从事重点基础课和专业课教学。教育部将香港李嘉诚基金会赠款作为奖金。根据个人所得税法第四条关于省部级和国际组织颁发的科教文卫等方面的奖金免税的规定,对十四所支援高校派往西部地区高校教学的任课教师取得的上述奖金,免予征收个人所得税②。

(14)教育奖学金

对省级人民政府、国务院各部委和中国人民解放军军以上单位,以及外国组织、国际组织颁布的教育方面的奖学金,免征个人所得税③。

(15)卫星发射成功奖

香港亚洲卫星公司为奖励成功发射亚洲卫星二号有功人员而向中国长城工业总公司等有关单位颁发的奖金,属于外国组织、国际组织颁布的科学技术方面的奖金。根据个人所得税法第四条关于省部级和国际组织颁发的科教文卫等方面的奖金免税的规定,获奖人员所获该项奖金免纳个人所得税④。

(16)宋庆龄儿童文学奖

宋庆龄基金会和文化部、教育部等部门共同主办"宋庆龄儿童文学奖"活动。依照个人所得税法第四条关于省部级和国际组织颁发的科教文卫方面的奖金免税的规定,对"宋庆龄儿童文学奖"获奖者的奖金收入,可视同国务院部委颁发的文化方面的奖金,免予征收个人所得税⑤。

(17)高等学校教学名师奖

根据个人所得税法第四条关于省部级和国际组织颁发的科教文卫等方面的奖金免税的规定,对教育部设立并组织评选颁发的高等学校教学名师奖奖金免予征收个人所得税⑥。

(18)全国职工技术创新成果奖

中华全国总工会与科学技术部、劳动和社会保障部共同在全国职工中开展评选优秀技术创新成果活动。根据个人所得税法第四条关于省部级和国际组织颁发的科教文卫等方面的奖金免税的规

---

① 《国家税务总局关于第二届"中华环境奖"获奖者的奖金收入免征个人所得税的通知》(国税函[2004]145 号,2004 年 1 月 20 日)。《国家税务总局关于第三届"中华环境奖"和"中华环境奖—绿色东方奖"获奖者奖金收入免征个人所得税的通知》(国税函[2006]323 号,2006 年 4 月 4 日)。《国家税务总局关于第四届"中华宝钢环境奖"和"中华宝钢环境优秀奖"获奖者奖金免征个人所得税问题的通知》(国税函[2007]764 号,2007 年 7 月 13 日)。《国家税务总局关于第五届中华宝钢环境奖和中华宝钢环境优秀奖奖金免征个人所得税问题的通知》(国税函[2009]169 号,2009 年 3 月 19 日)。《国家税务总局关于中华宝钢环境优秀奖奖金免征个人所得税问题的通知》(国税函[2010]130 号,2010 年 4 月 6 日)。上述文件除国税函[2010]130 号外,根据《国家税务总局关于公布全文失效废止 部分条款失效废止的税收规范性文件目录的公告》(国家税务总局公告 2011 年第 2 号,2011 年 1 月 4 日),均已被公布失效废止。

② 《国家税务总局关于"西部地区十四所重点建设高校重点课程教师岗位计划"任课教师奖金免征个人所得税的通知》(国税函[2002]737 号,2002 年 8 月 9 日)。

③ 《财政部 国家税务总局关于教育税收政策的通知》(财税[2004]39 号,2004 年 2 月 5 日)。

④ 《国家税务总局关于卫星发射成功奖免纳个人所得税的函》(国税函[1996]82 号,1996 年 2 月 16 日)。

⑤ 《国家税务总局关于第五届"宋庆龄儿童文学奖"获奖者的奖金收入免征个人所得税的通知》(国税函[2000]663 号,2000 年 8 月 25 日)。《国家税务总局关于第六届"宋庆龄儿童文学奖"获奖者的奖金收入免征个人所得税问题的通知》(国税函[2003]572 号,2003 年 5 月 29 日)。根据《国家税务总局关于公布全文失效废止 部分条款失效废止的税收规范性文件目录的公告》(国家税务总局公告 2011 年第 2 号,2011 年 1 月 4 日),上述文件被公布全文失效废止。

⑥ 《国家税务总局关于第一届高等学校教学名师奖奖金免征个人所得税的问题》(国税函[2003]1294 号,2003 年 12 月 4 日)。《国家税务总局关于第二届高等学校教学名师奖奖金免征个人所得税的问题》(国税函[2007]118 号,2007 年 1 月 19 日)。《国家税务总局关于第三届高等学校教学名师奖奖金免征个人所得税问题的通知》(国税函[2008]293 号,2008 年 4 月 3 日)。《国家税务总局关于第四届高等学校教学名师奖奖金免征个人所得税问题的通知》(国税函[2009]39 号,2009 年 1 月 21 日)。根据《国家税务总局关于公布全文失效废止 部分条款失效废止的税收规范性文件目录的公告》(国家税务总局公告 2011 年第 2 号,2011 年 1 月 4 日),上述文件均已被公布失效废止。

定,对全国职工技术创新成果获奖者所得奖金,免予征收个人所得税①。

(19)陈嘉庚科学奖

陈嘉庚基金会由中国科学院为业务主管部门,实行理事会负责制,由科技部、财政部、教育部、中国科学院、中国工程院、国家自然科学基金委员会、中国科学技术协会、中国银行等部门及中国科学院各学部主任和院士组成理事会,下设评选委员会。该基金会的主要职责是设立陈嘉庚科学奖,以奖励取得杰出科技成果的我国优秀科学家,促进中国科学技术事业的发展。根据个人所得税法第四条关于省部级和国际组织颁发的科教文卫等方面的奖金免税的规定,对陈嘉庚科学奖在业务主管、组织结构、评选办法不变的情况下,获奖者个人取得的奖金收入,免征收个人所得税②。

(20)李四光地质科学奖

根据个人所得税法第四条关于省部级和国际组织颁发的科教文卫等方面的奖金免税的规定,对李四光地质科学奖获奖者个人所获奖金,免予征收个人所得税③。

(21)福特基金会项目奖

1987年中国社会科学院代表中国政府同美国福特基金会签署了《中国社会科学院与福特基金会协议备忘录》(简称《备忘录》)。《备忘录》第七条规定,对福特基金会北京办事处常驻工作人员及其家属来源于基金会的收入,在我国免予征收个人所得税④。

(22)刘东生青年科学家奖和刘东生地球科学奖

中国科学院设立刘东生地球科学基金用于奖励在第四纪、新生代古生物、青藏高原和环境地质研究领域做出创新性学术成果和取得优秀学术成果的国内青年科学家。根据个人所得税法第四条关于省部级和国际组织颁发的科教文卫等方面的奖金免税的规定,对中国科学院首届"刘东生青年科学家奖"、"刘东生地球科学奖学金"获奖者的奖金收入,免予征收个人所得税⑤。

8.8.2 国家统一发给的特殊补贴津贴免税优惠

按照国家统一规定发给的补贴、津贴,免征个人所得税⑥。

按照国家统一规定发给的补贴、津贴,是指按照国务院规定发给的政府特殊津贴、院士津贴、资深院士津贴,以及国务院规定免纳个人所得税的其

---

① 《国家税务总局关于全国职工技术创新成果获奖者奖金收入免征个人所得税的通知》(国税函[2004]1204号,2004年11月2日)。《国家税务总局关于全国职工职业技能大赛奖金免征个人所得税的通知》(国税函[2007]217号,2007年2月15日)。《国家税务总局关于第二届全国职工技术创新成果获奖者奖金免征个人所得税的通知》(国税函[2008]536号,2008年5月29日)。《国家税务总局关于全国职工职业技能大赛奖金免征个人所得税的通知》(国税函[2010]78号,2010年2月21日)。根据《国家税务总局关于公布全文失效废止 部分条款失效废止的税收规范性文件目录的公告》(国家税务总局公告2011年第2号,2011年1月4日),上述国税函[2004]1204号、国税函[2007]217号、国税函[2008]536号被公布全文失效废止。

② 《国家税务总局关于陈嘉庚科学奖获奖个人取得的奖金收入免征个人所得税的通知》(国税函[2006]561号,2006年6月9日)。

③ 《国家税务总局关于2007年度李四光地质科学奖奖金免征个人所得税问题的通知》(国税函[2007]1306号,2007年12月26日)。《国家税务总局关于2009年度李四光地质科学奖奖金免征个人所得税的通知》(国税函[2010]37号,2010年1月26日)。根据《国家税务总局关于公布全文失效废止 部分条款失效废止的税收规范性文件目录的公告》(国家税务总局公告2011年第2号,2011年1月4日),国税函[2007]1306号被公布全文失效废止。

④ 《国家税务总局关于福特基金会北京办事处常驻人员及其家属免征个人所得税的通知》(国税函[2002]402号,2002年5月13日)。

⑤ 《国家税务总局关于刘东生青年科学家奖和刘东生地球科学奖学金获奖者奖金免征个人所得税的通知》(国税函[2010]74号,2010年2月11日)。

⑥ 《中华人民共和国个人所得税法》(中华人民共和国主席令第85号,2007年12月29日)。

他补贴、津贴[1]。

8.8.2.1　资深院士津贴

对依据《国务院关于在中国科学院、中国工程院院士中实行资深院士制度的通知》(国发[1998]8号)的规定,发给中国科学院资深院士和中国工程院资深院士每人每年1万元的资深院士津贴,免予征收个人所得税[2]。

8.8.2.2　西藏特殊津贴

自1994年1月1日起,对在西藏自治区区域内工作的机关、事业单位职工,按照国家统一规定取得的西藏特殊津贴,免征个人所得税[3]。

8.8.3　基本社会保险费、住房公积金及保险赔款收入的免税优惠

8.8.3.1　基本社会保险费

企事业单位按照国家或省(自治区、直辖市)人民政府规定的缴费比例或办法实际缴付的基本养老保险费、基本医疗保险费和失业保险费,免征个人所得税;个人按照国家或省(自治区、直辖市)人民政府规定的缴费比例或办法实际缴付的基本养老保险费、基本医疗保险费和失业保险费,允许在个人应纳税所得额中扣除[4]。

8.8.3.2　住房公积金

单位和个人分别在不超过职工本人上一年度月平均工资12%的幅度内,其实际缴存的住房公积金,允许在个人应纳税所得额中扣除。单位和职工个人缴存住房公积金的月平均工资不得超过职工工作地所在设区城市上一年度职工月平均工资的3倍,具体标准按照各地有关规定执行[5]。

8.8.3.3　保险赔款收入

保险赔款收入,免征个人所得税[6]。

8.8.4　职工安家费、退职费、离退休工资及生活补助的免税优惠

8.8.4.1　一般规定

按照国家统一规定发给干部、职工的安家费、退职费、退休工资、离休工资、离休生活补助费,免

---

① 《中华人民共和国个人所得税法实施条例》(中华人民共和国国务院令第519号,2008年2月18日)。此前,《国家税务总局关于高寒边境地区津贴征收个人所得税问题的批复》(国税函发[1996]399号,1996年7月1日)规定,免征个人所得税的政府特殊津贴,是指国家对为社会各项事业的发展做出突出贡献的人员颁发的一项特定津贴,并非泛指国务院批准发给的其他各项补贴、津贴。高寒边境地区津贴不属于免税所得,对职工个人取得的高寒边境津贴应全额计入"工资、薪金所得"计征个人所得税。根据《国家税务总局关于公布全文失效废止 部分条款失效废止的税收规范性文件目录的公告》(国家税务总局公告2011年第2号,2011年1月4日),国税函发[1996]399号被公布全文失效废止。

② 《财政部 国家税务总局关于对中国科学院 中国工程院资深院士津贴免征个人所得税的通知》(财税[1998]118号,1998年7月2日)。此前,《国家税务总局关于中国科学院院士津贴免征个人所得税的通知》(国税发[1994]118号,1994年5月4日)规定,对中国科学院学部委员津贴,按每人每月200元发给,免征个人所得税。根据《国家税务总局关于公布全文失效废止 部分条款失效废止的税收规范性文件目录的公告》(国家税务总局公告2011年第2号,2011年1月4日),该文件被公布全文失效废止。

③ 《财政部 国家税务总局关于西藏特殊津贴免征个人所得税的批复》(财税字[1996]91号,1996年10月30日)。

④ 《财政部 国家税务总局关于基本养老保险费 基本医疗保险费 失业保险费 住房公积金有关个人所得税政策的通知》(财税[2006]10号,2006年6月27日)。此前,《国家税务总局关于失业保险费(金)征免个人所得税问题的通知》(国税发[2000]83号)规定:自2000年6月1日起,城镇企业事业单位及其职工个人按照《失业保险条例》(1999年1月22日国务院令第258号)规定的比例,实际缴付的失业保险费,均不计入职工个人当期的工资、薪金收入,免予征收个人所得税。城镇企业事业单位和职工个人超过上述规定的比例缴付失业保险费的,应将其超过规定比例缴付的部分计入职工个人当期的工资、薪金收入、依法计征个人所得税。具备《失业保险条例》规定条件的失业人员,领取的失业保险金,免予征收个人所得税。该文根据《财政部 国家税务总局关于基本养老保险费基本医疗保险费 失业保险费 住房公积金有关个人所得税政策的通知》(财税[2006]10号)失效。同时废止的还有《财政部 国家税务总局关于住房公积金 医疗保险金 养老保险金征收个人所得税问题的通知》(财税字[1997]144号)第一条、第二条:企业和个人按照国家或地方政府规定的比例提取并向指定金融机构实际缴付的住房公积金、医疗保险金、基本养老保险金,不计个人当期的工资、薪金收入,免予征收个人所得税。超过国家或地方政府规定的比例缴付的住房公积金、医疗保险金、基本养老保险金,应将其超过部分并入个人当期的工资、薪金收入,计征个人所得税。个人领取原提存的住房公积金、医疗保险金、基本养老保险金时,免予征收个人所得税。

⑤ 《财政部 国家税务总局关于基本养老保险费基本医疗保险费 失业保险费 住房公积金有关个人所得税政策的通知》(财税[2006]10号,2006年6月27日)。

⑥ 《中华人民共和国个人所得税法》(中华人民共和国主席令第85号,2007年12月29日)。

征个人所得税①。

8.8.4.2 高级专家延长离退休时间工资薪金所得

对按《国务院关于高级专家离休退休若干问题的暂行规定》(国发[1983]141号)和《国务院办公厅关于杰出高级专家暂缓离退休审批问题的通知》(国办发[1991]40号)精神,达到离休、退休年龄,但确因工作需要,适当延长离休退休年龄的高级专家(指享受国家发放的政府特殊津贴的专家、学者),其在延长离休退休期间的工资、薪金所得,视同退休工资、离休工资免征个人所得税②。

(1)上述延长离休退休年龄的高级专家是指③:

①享受国家发放的政府特殊津贴的专家、学者;

②中国科学院、中国工程院院士。

(2)高级专家延长离休退休期间取得的工资、薪金所得,其免征个人所得税政策口径按下列标准执行④:

①对高级专家从其劳动人事关系所在单位取得的,单位按国家有关规定向职工统一发放的工资、薪金、奖金、津贴、补贴等收入,视同离休、退休工资,免征个人所得税;

②除上述第①项所述收入以外各种名目的津补贴收入等,以及高级专家从其劳动人事关系所在单位之外的其他地方取得的培训费、讲课费、顾问费、稿酬等各种收入,依法计征个人所得税。

(3)高级专家从两处以上取得应税工资、薪金所得以及具有税法规定应当自行纳税申报的其他情形的,应在税法规定的期限内自行向主管税务机关办理纳税申报⑤。

8.8.5 福利费、抚恤金、救济金、生育津贴补贴和残疾、孤老、烈属所得的减免税优惠

8.8.5.1 福利费、抚恤金、救济金

(1)福利费、抚恤金、救济金,免征个人所得税⑥。

福利费,是指根据国家有关规定,从企业、事业单位、国家机关、社会团体提留的福利费或者工会经费中支付给个人的生活补助费;救济金,是指国家民政部门支付给个人的生活困难补助费⑦。

上述从福利费或者工会经费中支付给个人的生活补助费,是指由于某些特定事件或原因而给纳税人或其家庭的正常生活造成一定困难,其任职单位按国家规定从提留的福利费或者工会经费中向其支付的临时性生活困难补助⑧。

(2)下列收入不属于免税的福利费范围,从1998年11月1日起,应当并入纳税人的"工资、薪金所得"计征个人所得税⑨:

①从超出国家规定的比例或基数计提的福利费、工会经费中支付给个人的各种补贴、补助;

②从福利费和工会经费中支付给本单位职工的人人有份的补贴、补助;

③单位为个人购买汽车、住房、电子计算机等不属于临时性生活困难补助性质的支出。

8.8.5.2 生育津贴补贴

自2008年3月7日起,生育妇女按照县级以

---

① 《中华人民共和国个人所得税法》(中华人民共和国主席令第85号,2007年12月29日)。此前,《国家税务总局关于个人取得退职费收入征免个人所得税问题的通知》(国税发[1996]203号,1996年11月12日)被《国家税务总局关于公布现行有效的税收规范性文件目录的公告》(国家税务总局公告2010年第26号)公布失效废止。

② 《财政部 国家税务总局关于个人所得税若干政策问题的通知》(财税[1994]20号,1994年5月13日)。

③ 《财政部 国家税务总局关于高级专家延长离休退休期间取得工资薪金所得有关个人所得税问题的通知》(财税[2008]7号),2008年7月1日)。

④ 《财政部 国家税务总局关于高级专家延长离休退休期间取得工资薪金所得有关个人所得税问题的通知》(财税[2008]7号),2008年7月1日)。

⑤ 《财政部 国家税务总局关于高级专家延长离休退休期间取得工资薪金所得有关个人所得税问题的通知》(财税[2008]7号),2008年7月1日)。

⑥ 《中华人民共和国个人所得税法》(中华人民共和国主席令第85号,2007年12月29日)。

⑦ 《中华人民共和国个人所得税法实施条例》(中华人民共和国国务院令第519号,2008年2月18日)。

⑧ 《国家税务总局关于生活补助费范围确定问题的通知》(国税发[1998]155号,1998年9月25日)。

⑨ 《国家税务总局关于生活补助费范围确定问题的通知》(国税发[1998]155号,1998年9月25日)。

上人民政府根据国家有关规定制定的生育保险办法,取得的生育津贴、生育医疗费或其他属于生育保险性质的津贴、补贴,免征个人所得税①。

8.8.5.3　残疾、孤老人员和烈属所得

(1)残疾、孤老人员和烈属的所得,经批准可以减征个人所得税②。

上述减征个人所得税的减征幅度和期限由省、自治区、直辖市人民政府规定③。

经省级人民政府批准可减征个人所得税的残疾、孤老人员和烈属的所得仅限于劳动所得,具体所得项目为:工资、薪金所得;个体工商户的生产经营所得;对企事业单位的承包经营、承租经营所得;劳务报酬所得;稿酬所得;特许权使用费所得。其他各项所得,不属减征照顾的范围④。

"残疾人",是指持有《中华人民共和国残疾人证》上注明属于视力残疾、听力残疾、言语残疾、肢体残疾、智力残疾和精神残疾的人员和持有《中华人民共和国残疾军人证(1 至 8 级)》的人员⑤。

(2)残疾人员投资兴办或参与投资兴办个人独资企业和合伙企业的,残疾人员取得的生产经营所得,符合各省、自治区、直辖市人民政府规定的减征个人所得税条件的,经本人申请、主管税务机关审核批准,可按各省、自治区、直辖市人民政府规定减征的范围和幅度,减征个人所得税⑥。

8.8.6　体育彩票、有奖发票所得的减免税优惠

8.8.6.1　体育彩票

从 1998 年 4 月 1 日起,对个人购买体育彩票中奖收入的所得,凡一次中奖收入不超过 1 万元的,暂免征收个人所得税;超过 1 万元的,按税法规定全额征收个人所得税⑦。

8.8.6.2　有奖发票⑧

个人取得单张有奖发票奖金所得不超过 800 元(含 800 元)的,暂免征收个人所得税;个人取得单张有奖发票奖金所得超过 800 元的,应全额按照个人所得税法规定的"偶然所得"项目征收个人所得税。

税务机关或其指定的有奖发票兑奖机构,是有奖发票奖金所得个人所得税的扣缴义务人,应依法认真做好个人所得税代扣代缴工作。

8.8.6.3　社会福利有奖募捐

从 1994 年 6 月 1 日起,对个人购买社会福利有奖募捐奖券一次中奖收入不超过 10000 元的暂免征收个人所得税,对一次中奖收入超过 10000 元的,应按税法规定全额征税⑨。

8.8.7　科技人员或企业管理人员股权奖励所得的优惠政策

8.8.7.1　科研机构、高等学校转化科技成果给予科技人员的股权奖励

(1)科研机构、高等学校转化职务科技成果以股份或出资比例等股权形式给予科技人员个人奖励,经

①　《财政部　国家税务总局关于生育津贴和生育医疗费有关个人所得税政策的通知》(财税[2008]8 号,2008 年 3 月 7 日)。

②　《中华人民共和国个人所得税法》(中华人民共和国主席令第 85 号,2007 年 12 月 29 日)。

③　《中华人民共和国个人所得税法实施条例》(中华人民共和国国务院令第 519 号,2008 年 2 月 18 日)。

④　《国家税务总局关于明确残疾人所得征免个人所得税范围的批复》(国税函[1999]329 号,1999 年 5 月 21 日)。《财政部　国家税务总局关于促进残疾人就业税收优惠政策的通知》(财税[2007]92 号,2007 年 6 月 15 日)。

⑤　《财政部　国家税务总局关于促进残疾人就业税收优惠政策的通知》(财税[2007]92 号,2007 年 6 月 15 日)。

⑥　《国家税务总局关于〈关于个人独资企业和合伙企业投资者征收个人所得税的规定〉执行口径的通知》(国税函[2001]84 号,2001 年 1 月 17 日)。

⑦　《财政部　国家税务总局关于个人取得体育彩票中奖所得征免个人所得税问题的通知》(财税字[1998]12 号,1998 年 4 月 27 日)。

⑧　《财政部　国家税务总局关于个人取得有奖发票奖金征免个人所得税问题的通知》(财税字[2007]34 号,2007 年 2 月 27 日)。

⑨　《国家税务总局关于社会福利有奖募捐发行的收入税收问题的通知》(国税发[1994]127 号,1994 年 5 月 23 日)。此后,《国家税务总局关于中国福利赈灾彩票征免个人所得税的通知》(国税函发[1998]803 号,1998 年 12 月 17 日)规定:对个人购买民政部分配的中国福利彩票赈灾专项募集额度内的福利彩票而取得的中奖所得,按国税发[1994]127 号的有关规定执行,即一次中奖收入在 1 万元以下的(含 1 万元)暂免征个人所得税,超过 1 万元的全额征收个人所得税。根据《国家税务总局关于发布已失效或废止的税收规范性文件目录的通知》(国税发[2006]62 号,2006 年 5 月 12 日),国税函发[1998]803 号被公布失效。

主管税务机关审核后,暂不征收个人所得税①。

奖励单位或获奖人应向主管税务机关提供有关部门根据国家科委和国家工商行政管理局联合制定的《关于以高新技术成果出资入股若干问题的规定》(国科发政字[1997]326 号)、科学技术部和国家工商行政管理局联合制定的《关于以高新技术成果出资入股若干问题的规定实施办法》(国科发政字[1998]171 号)出具的《出资入股高新技术成果认定书》、工商行政管理部门办理的企业登记手续及经工商行政管理机关登记注册的评估机构的技术成果价值评估报告和确认书。不提供上述资料的,不得享受暂不征收个人所得税优惠政策②。

上述审核权自 2007 年 8 月 1 日起停止执行。取消主管税务机关审核权后,将职务科技成果转化为股份、投资比例的科研机构、高等学校或者获奖人员,应在授(获)奖后 30 日内,向主管税务机关提交相关部门出具的《出资入股高新技术成果认定书》、技术成果价值评估报告和确认书,以及奖励的其他相关详细资料。科研机构、高等学校和获奖人不能提供上述资料,或者报送虚假资料,故意隐瞒有关情况的,获奖人不得享受暂不征收个人所得税的优惠政策,税务机关应按照税收征管法的有关规定对报送虚假资料,故意隐瞒有关情况的科研机构、高等学校和获奖人进行处理③。

其中,科研机构是指按中央机构编制委员会和国家科学技术委员会《关于科研事业单位机构设置审批事项的通知》(中编办发[1997]14 号)的规定设置审批的自然科学研究事业单位机构。高等学校是

指全日制普通高等学校(包括大学、专门学院和高等专科学校)。享受上述优惠政策的科技人员必须是科研机构和高等学校的在编正式职工④。

(2)在获奖人按股份、出资比例获得分红时,对其所得按"利息、股息、红利所得"应税项目征收个人所得税。获奖人转让股权、出资比例,对其所得按"财产转让所得"应税项目征收个人所得税,财产原值为零⑤。

8.8.7.2　中关村科技园区建设国家自主创新示范区转化科技成果给予科技人员的股权奖励⑥

(1)在 2010 年 1 月 1 日至 2011 年 12 月 31 日期间,对中关村国家自主创新示范区内科技创新创业企业转化科技成果,经有关部门批准以股份或出资比例等股权形式给予本企业相关技术人员的奖励,技术人员一次缴纳税款有困难的,经主管税务机关审核,可分期缴纳个人所得税,但最长不得超过 5 年。

上述科技创新创业企业,是指注册在示范区内、实行查账征收、经北京市高新技术企业认定管理机构认定的高新技术企业。

企业相关技术人员,是指企业重要的技术人员和企业经营管理人员,包括以下人员:

①对企业科技成果研发和产业化作出突出贡献的技术人员,包括企业内关键职务科技成果的主要完成人、重大开发项目的负责人、对主导产品或者核心技术、工艺流程作出重大创新或者改进的主要技术人员,高等院校和科研院所研究开发和向企业转移转化科技成果的主要技术人员。

②对企业发展作出突出贡献的经营管理人员,

---

①《国家税务总局关于促进科技成果转化有关个人所得税问题的通知》(国税发[1999]125 号,1999 年 7 月 1 日)。《财政部 国家税务总局关于教育税收政策的通知》(财税[2004]39 号,2004 年 2 月 5 日)。此前,《财政部 国家税务总局关于促进科技成果转化有关税收政策的通知》(财税[1999]45 号,1999 年 5 月 27 日)规定:自 1999 年 7 月 1 日起,科研机构、高等学校转化职务科技成果以股份或出资比例等股权形式给予个人奖励,获奖人在取得股份、出资比例时,暂不缴纳个人所得税。

②《国家税务总局关于促进科技成果转化有关个人所得税问题的通知》(国税发[1999]125 号,1999 年 7 月 1 日)。

③《国家税务总局关于取消促进科技成果转化暂不征收个人所得税审核权有关问题的通知》(国税发[2007]833 号,2007 年 8 月 1 日)

④《国家税务总局关于促进科技成果转化有关个人所得税问题的通知》(国税发[1999]125 号,1999 年 7 月 1 日)。

⑤《国家税务总局关于促进科技成果转化有关个人所得税问题的通知》(国税发[1999]125 号,1999 年 7 月 1 日)。《财政部 国家税务总局关于教育税收政策的通知》(财税[2004]39 号,2004 年 2 月 5 日)。

⑥《财政部 国家税务总局对中关村科技园区建设国家自主创新示范区有关股权奖励个人所得税试点政策的通知》(财税[2010]83 号,2010 年 9 月 20 日)。

包括主持企业全面生产经营工作的高级管理人员，负责企业主要产品（服务）生产经营合计占主营业务收入（或者主营业务利润）50％以上的中、高级经营管理人员。

（2）对技术人员的股权奖励，应按照现行有关政策规定计算征收个人所得税。股权奖励的计税价格参照获得股权时的公平市场价格确定。

（3）技术人员获得股权后再转让时，对转让的差价收入，即转让收入高于获得时的公平市场价格的部分，应按照"财产转让所得"适用的规定计算征收个人所得税。

8.8.7.3　国有企业授权经营期间股权奖励①

对企业实行国有资产授权经营期间，经营管理成员获得的股权奖励，应按一次性工资薪金性质的奖金收入计征个人所得税，以个人获得股权的票面值为应纳税收入额。

鉴于一些企业对该项收入在 5 年经营期满后才能变现、转让，如在取得股权时全额征税确实存在纳税困难。经特案批准，可对纳税人第 1 年取得的奖励收入允许在自取得收入当年起的 5 年内平均分摊，分年计算征收个人所得税；对纳税人第 2 年取得的奖励收入允许在自取得收入当年起的 4 年内平均分摊，分年计算征收个人所得税；以此类推，对纳税人第 5 年取得的奖励收入应一次性全额计算征收个人所得税。

所奖股权参与企业分红，应在取得股息、红利时，按"利息、股息、红利"项目征收个人所得税。

8.8.8　下岗失业人员再就业的优惠政策

8.8.8.1　2010 年底之前下岗失业人员再就业的优惠政策

（1）自 2003 年 1 月 1 日至 2005 年 12 月 31 日下岗失业人员再就业个人所得税优惠政策

对下岗失业人员从事个体经营（除建筑业、娱乐业以及广告业、桑拿、按摩、网吧、氧吧外）的，自领取税务登记证之日起，3 年内免征营业税、城市维护建设税、教育费附加和个人所得税②。

下岗失业人员从事增值税应税项目的个体经营活动，按照上述规定免征城市维护建设税、教育费附加和个人所得税，照章征收增值税③。

上述规定中享受优惠政策的下岗失业人员是指：国有企业的下岗职工；国有企业的失业人员；国有企业关闭破产需要安置的人员；享受最低生活保障并且失业 1 年以上的城镇其他失业人员④。

上述"自领取税务登记证之日起，3 年内免征营业税、城市维护建设税、教育费附加和个人所得税"是指，符合条件的个体经营者，自领取税务登记证之日起，可向税务机关提出减免税申请，对经主管税务机关审核批准的，其免税的起始时间自领取税务登记证之日起计算⑤。

对下岗失业人员持同一《再就业优惠证》开办多个有营业执照的经营项目，如连锁经营门店或门市部。该类下岗失业人员只能选择其中一个营业执照的经营项目申请减免税，其他具有营业执照的

① 《国家税务总局关于国有资产授权经营奖励收入征收个人所得税问题的批复》（国税函〔1998〕804 号，1998 年 12 月 22 日）。该文件仅是针对个别企业的个案批复。

② 《财政部 国家税务总局关于下岗失业人员再就业有关税收政策问题的通知》（财税〔2002〕208 号，2002 年 12 月 27 日）。此前，《国家税务总局关于下岗职工从事社区居民服务业享受有关税收优惠政策问题的通知》（国税发〔1999〕43 号）根据《国家税务总局关于发布已失效或废止的税收规范性文件目录的通知》（国税发〔2006〕62 号，2006 年 5 月 12 日）失效。根据《财政部关于公布废止和失效的财政规章和规范性文件目录（第十一批）的决定》（财政部令第 62 号，2011 年 2 月 21 日），财税〔2002〕208 号已被公布失效。

③ 《国家税务总局关于进一步明确若干再就业税收政策问题的通知》（财税〔2003〕119 号，2003 年 10 月 18 日）。根据《国家税务总局关于公布全文失效废止 部分条款失效废止的税收规范性文件目录的公告》（国家税务总局公告 2011 年第 2 号，2011 年 1 月 4 日），该文件已被公布失效废止。

④ 《财政部 国家税务总局关于下岗失业人员再就业有关税收政策问题的通知》（财税〔2002〕208 号，2002 年 12 月 27 日）。根据财政部令第 62 号，该文已被公布失效。

⑤ 《国家税务总局关于进一步明确若干再就业税收政策问题的通知》（财税〔2003〕119 号，2003 年 10 月 18 日）。根据国家税务总局公告 2011 年第 2 号，该文件已被公布失效废止。

经营项目不得重复享受税收优惠政策①。

对服务型企业兼营桑拿、按摩等不予免税项目的,企业应当将不予免税项目与免税项目收入分别核算,不能分别核算的,免税项目收入不得享受税收优惠政策②。

(2)2006年1月1日至2008年12月31日下岗失业人员再就业个人所得税优惠政策

对持《再就业优惠证》人员从事个体经营的(除建筑业、娱乐业以及销售不动产、转让土地使用权、广告业、房屋中介、桑拿、按摩、网吧、氧吧外),按每户每年8000元为限额依次扣减其当年实际应缴纳的营业税、城市维护建设税、教育费附加和个人所得税。纳税人年度应缴纳税款小于上述扣减限额的以其实际缴纳的税款为限;大于上述扣减限额的应以上述扣减限额为限③。

上述规定中享受优惠政策的的下岗失业人员是指:国有企业下岗失业人员;国有企业关闭破产需要安置的人员;国有企业所办集体企业(即厂办大集体企业)下岗职工;享受最低生活保障且失业1年以上的城镇其他登记失业人员④。

上述国有企业所办集体企业(即厂办大集体企业)是指20世纪70、80年代,由国有企业批准或资助兴办的,以安置回城知识青年和国有企业职工子女就业为目的,主要向主办国有企业提供配套产品或劳务服务,在工商行政机关登记注册为集体所有制的企业⑤。

厂办大集体企业下岗职工包括在国有企业混岗工作的集体企业下岗职工。对特别困难的厂办大集体企业关闭或依法破产需要安置的人员,有条件的地区也可纳入《再就业优惠证》发放范围,具体办法由省级人民政府制定⑥。

对2005年底前核准享受再就业减免税优惠的个体经营人员,从2006年1月1日起按上述政策规定执行,原政策优惠规定停止执行。

上述新的优惠政策审批期限为2006年1月1日至2008年12月31日。税收优惠政策在2008年底之前执行未到期的,可继续享受至3年期满为止⑦。

(3)2009年1月1日至2010年12月31日下岗失业人员再就业个人所得税优惠政策

对持《再就业优惠证》人员从事个体经营的,3年内按每户每年8000元为限额依次扣减其当年实际应缴纳的营业税、城市维护建设税、教育费附加和个人所得税⑧。

上述税收优惠政策的审批期限为2009年1月1日至2009年12月31日。具体操作办法继续按

---

① 《国家税务总局关于进一步明确若干再就业税收政策问题的通知》(财税[2003]119号,2003年10月18日)。根据国家税务总局公告2011年第2号,该文件已被公布失效废止。

② 《国家税务总局关于进一步明确若干再就业税收政策问题的通知》(财税[2003]119号,2003年10月18日)。根据国家税务总局公告2011年第2号,该文件已被公布失效废止。

③ 《财政部 国家税务总局关于下岗失业人员再就业有关税收政策问题的通知》(财税[2005]186号,2006年1月23日)。该文件依据《国务院关于进一步加强就业再就业工作的通知》(国发[2005]36号)制定。此外,根据《国家税务总局关于个人独资企业变更为个体经营户是否享受个人所得税再就业优惠政策的批复》(国税函[2006]39号,2006年1月13日),个人独资企业变更为个体经营户不符合《国家税务总局关于下岗失业人员从事个体经营有关税收政策问题的通知》(国税发[2004]93号)"必须是2002年9月30日以后从无到有建立起来的新办个体经营户"的要求,不得享受个人所得税再就业优惠政策。由于国税发[2004]93号仅适用于2005年12月31日以前,后被《国家税务总局 劳动和社会保障部关于下岗失业人员再就业有关税收政策具体实施意见的通知》(国税发[2006]8号,2006年1月18日)公布废止,因此,国税函[2006]39号还规定,自2006年1月1日起,个体经营户可按照《国务院关于进一步加强就业再就业工作的通知》(国发[2005]36号)规定,申请享受个人所得税再就业优惠政策。

④ 《财政部 国家税务总局关于下岗失业人员再就业有关税收政策问题的通知》(财税[2005]186号,2006年1月23日)。

⑤ 《财政部 国家税务总局关于下岗失业人员再就业有关税收政策问题的通知》(财税[2005]186号,2006年1月23日)。

⑥ 《财政部 国家税务总局关于下岗失业人员再就业有关税收政策问题的通知》(财税[2005]186号,2006年1月23日)。

⑦ 《财政部 国家税务总局关于下岗失业人员再就业有关税收政策问题的通知》(财税[2005]186号,2006年1月23日)。

⑧ 《财政部 国家税务总局关于延长下岗失业人员再就业有关税收政策的通知》(财税[2009]23号,2009年3月3日)。《财政部 国家税务总局关于延长下岗失业人员再就业有关税收政策审批期限的通知》(财税[2010]10号,2010年3月4日)。此前,《财政部 国家税务总局关于下岗失业人员再就业有关税收政策问题的补充通知》(财税[2003]12号)被《财政部 国家税务总局关于公布若干废止和失效的营业税规范性文件的通知》(财税[2009]61号,2009年5月18日)公布废止。

照《财政部国家税务总局关于下岗失业人员再就业有关税收政策问题的通知》(财税〔2005〕186号)和《国家税务总局劳动和社会保障部关于下岗失业人员再就业有关税收政策具体实施意见的通知》(国税发〔2006〕8号)的相关规定执行①。

8.8.8.2 2011年之后促进就业的优惠政策

从2011年起,原有下岗失业人员再就业税收优惠政策调整适用于所有符合条件的人员。具体内容详见本书第四章"促进就业再就业营业税优惠"部分。

8.8.9 个人从破产国有企业和解除劳动关系用人单位一次性取得补偿收入的优惠政策

8.8.9.1 国有企业破产一次性支付职工的安置费

对国有企业职工,因企业依法宣告破产,从破产企业取得的一次性安置费收入,免予征收个人所得税②。

8.8.9.2 用人单位解除劳动关系一次性支付职工的补偿收入

个人因与用人单位解除劳动关系而取得的一次性补偿收入(包括用人单位发放的经济补偿金、生活补助费和其他补助费用),其收入在当地上年职工平均工资3倍数额以内的部分,免征个人所得税③。

8.8.10 涉农个人所得税优惠政策

(1)自2004年1月1日起,取消农业特产税、减征或免征农业税后,对个人或个体工商户从事种植业、养殖业、饲养业、捕捞业,且经营项目属于农业税(包括农业特产税)、牧业税征税范围的,其取得的"四业"所得暂不征收个人所得税④。

---

① 《财政部 国家税务总局关于延长下岗失业人员再就业有关税收政策的通知》(财税〔2009〕23号,2009年3月3日)。具体管理程序规定详见本书营业税部分中"促进就业再就业营业税优惠"。

② 《财政部 国家税务总局关于个人与用人单位解除劳动关系取得的一次性补偿收入征免个人所得税问题的通知》(财税〔2001〕157号,2001年9月10日)。该文件自2001年10月1日起执行。此前,《国家税务总局关于个人因解除劳动合同取得经济补偿金免征个人所得税问题的通知》(国税发〔1999〕178号,1999年9月23日)规定:对于个人因解除劳动合同而取得一次性经济补偿收入,应按"工资、薪金所得"项目计征个人所得税。《国家税务总局关于国有企业职工因解除劳动合同取得一次性补偿收入征免个人所得税问题的通知》(国税发〔2000〕77号,2000年5月8日)规定:对国有企业职工与企业解除劳动合同取得的一次性补偿收入,在当地上年企业职工年平均工资的3倍数额内,可免征个人所得税。具体免征标准由各省、自治区、直辖市和计划单列市地方税务局规定。

③ 《国家税务总局关于国有企业职工因解除劳动合同取得一次性补偿收入征免个人所得税问题的通知》(国税发〔2000〕77号,2000年5月8日)。《财政部 国家税务总局关于个人与用人单位解除劳动关系取得的一次性补偿收入征免个人所得税问题的通知》(财税〔2001〕157号,2001年9月10日)。

④ 《财政部 国家税务总局关于农村税费改革试点地区有关个人所得税问题的通知》(财税〔2004〕30号,2004年1月17日)。《国家税务总局关于贯彻〈中共中央、国务院关于促进农民增加收入若干政策的意见〉落实有关税收优惠政策的公告》(2004年1月20日)。此前,《财政部 国家税务总局关于个人所得税若干政策问题的通知》(财税字〔1994〕20号,1994年5月13日)规定,个体工商户或个人专营种植业、养殖业、饲养业、捕捞业,其经营项目属于农业税(包括农业特产税,下同)、牧业税征税范围并已征收了农业税、牧业税的,不再征收个人所得税;不属于农业税、牧业税征税范围的,比照上述原则办理,对于属于征收个人所得税的,应与其他行业的生产、经营所得合并计征个人所得税;对于"四业"的所得不能单独核算的,应就其全部所得计征个人所得税。《国家税务总局关于以家庭或几人合伙为生产经营单位从事饲养业所得计征个人所得税问题的批复》(国税函〔1997〕451号,1997年8月6日)规定,以家庭或几个人合伙为生产经营单位从事饲养业,其经营项目属于农业税(包括农业特产税,下同)、牧业税征税范围并已征收了农业税、牧业税的,不再征收个人所得税;不属于农业税、牧业税征税范围的,对其所得应按照"个体工商户的生产、经营所得"应税项目计征个人所得税。对按照"个体工商户的生产、经营所得"应税项目计征个人所得税的个体工商户(包括家庭经营和合伙经营户,下同),应以经营户为单位,就其取得的所得征收个人所得税。《中华人民共和国个人所得税法实施条例》第二十三条关于两个或两个以上个人共同经营同一项目分别核算纳税的规定,不适用于"个体工商户的生产、经营所得"应税项目。《国家税务总局关于生猪生产流通过程中有关税收问题的通知》(国税发〔1999〕113号,1999年6月9日)规定,专业养猪取得的养猪收入,减除成本、费用及损失后的余额,按照"个体工商户生产、经营所得"项目计征个人所得税。无法准确核算其收入、成本、费用及损失的,由主管税务机关依照税法核定其应纳税所得额,计征个人所得税。非专业养猪户取得的养猪收入,暂不征收个人所得税。《国家税务总局关于农村税费改革试点地区个人取得农业特产所得征免个人所得税问题的通知》(财税〔2003〕157号,2003年7月11日)规定:农村税费改革试点地区停止征收农业特产税,改为征收农业税后对个体工商户或个人取得的农业特产所得,按照《财政部 国家税务总局关于个人所得税若干政策问题的通知》(财税字〔1994〕20号)的有关规定,不再征收个人所得税。根据《国家税务总局关于公布全文失效废止 部分条款失效废止的税收规范性文件目录的公告》(国家税务总局公告2011年第2号,2011年1月4日),国税函〔1997〕451号被公布全文失效废止。

（2）对个人独资企业和合伙企业从事种植业、养殖业、饲养业和捕捞业（简称"四业"），其投资者取得的"四业"所得暂不征收个人所得税①。

（3）取消农业特产税，减征、免征农业税或牧业税后，农民销售自产农产品的所得，仍暂不缴纳个人所得税。无固定生产经营场所的流动性农村小商小贩，不必办理税务登记②。

8.8.11　军队人员补贴、津贴、转业费、复员费及随军家属、军转干部、退役士兵自主择业优惠政策

8.8.11.1　军队人员补贴、津贴、转业费、复员费

从 1994 年 1 月 1 日起，对军队干部下列补贴、津贴收入暂不征收个人所得税③：

（1）属于免税项目或不属本人所得的下列 8 项补贴、津贴，不计入工资、薪金所得项目征税：

政府特殊津贴；福利补助；夫妻分居补助费；随军家属无工作生活困难补助；独生子女保健费；子女保教补助费；机关在职军以上干部公勤费（保姆费）；军粮差价补贴。

（2）以下 5 项补贴、津贴，暂不征税：

军人职业津贴；军队设立的艰苦地区补助；专业性补助；基层军官岗位津贴（营连排长岗位津贴）；伙食补贴。

（3）军人转业费、复员费，免征个人所得税④；

8.8.11.2　随军家属、军转干部、退役士兵自

主择业优惠政策

（1）从事个体经营的随军家属⑤

从 2000 年 1 月 1 日起，对从事个体经营的随军家属，自领取税务登记证之日起，3 年内免征营业税和个人所得税。

主管税务机关在个人享受免税期间，应按现行有关税收规定，对此类企业进行年度检查，凡不符合条件的，应取消其免税政策。

每一随军家属只能按上述规定，享受一次免税政策。

（2）自主择业军队转业干部税收优惠⑥

自 2003 年 5 月 1 日起，对自主择业的军队转业干部实行以下税收优惠：

①从事个体经营的军队转业干部，经主管税务机关批准，自领取税务登记证之日起，3 年内免征个人所得税。

②自主择业的军队转业干部必须持有师以上部队颁发的转业证件。

2003 年 5 月 1 日前，已经从事个体经营的军队转业干部和符合以上规定条件的企业，如果已经按《关于自主择业的军队转业干部安置管理若干问题的意见》（国转联［2001］8 号）的规定，享受了税收优惠政策，可以继续执行到期满为止；如果没有享受上述文件规定的税收优惠政策，可自 2003 年 5 月 1 日起，3 年内免征个人所得税。

---

① 《财政部 国家税务总局关于个人独资企业和合伙企业投资者取得种植业 养殖业饲养业 捕捞业所得有关个人所得税问题的批复》（财税［2010］96 号，2010 年 11 月 2 日）。

② 《国家税务总局关于贯彻〈中共中央、国务院关于促进农民增加收入若干政策的意见〉落实有关税收优惠政策的公告》（2004 年 1 月 20 日）。

③ 《财政部 国家税务总局关于军队干部工资薪金收入征收个人所得税的通知》（财税字［1996］14 号，1996 年 2 月 14 日）。该文还规定："军队干部个人所得税税款由部队按法规向个人扣缴，然后逐级上交总后勤部，并于 1 月 7 日和 7 月 7 日之前，每年两次统一向国家税务总局直属征收局缴纳，同时提供各省（含计划单列市和 4 个省会城市）的纳税人数和税额，由国家税务总局每年一次返还各地。"后来，《财政部 国家税务总局 中国人民银行关于调整军队系统个人所得税征缴办法及有关预算管理的通知》（财预［2007］402 号，2007 年 10 月 8 日）将此条予以了废止。

④ 《中华人民共和国个人所得税法》（中华人民共和国主席令第 85 号，2007 年 12 月 29 日）。

⑤ 《财政部 国家税务总局关于随军家属就业有关税收政策的通知》（财税［2000］84 号，2000 年 9 月 27 日）。

⑥ 《财政部 国家税务总局关于自主择业的军队转业干部有关税收政策问题的通知》（财税［2003］26 号，2003 年 4 月 9 日）。

（3）退役士兵自谋职业的优惠政策①

自 2004 年 1 月 1 日起，对自谋职业的城镇退役士兵在《国务院办公厅转发民政部等部门关于扶持城镇退役士兵自谋职业优惠政策意见的通知》（国办发〔2004〕10 号）下发后从事下列行业的，可以享受如下税收优惠政策：

从事个体经营（除建筑业、娱乐业以及广告业、桑拿、按摩、网吧、氧吧外）的，自领取税务登记证之日起，3 年内免征营业税、城市维护建设税、教育费附加和个人所得税。

从事种植、养殖业的，其应缴纳的个人所得税按照国家有关种植、养殖业个人所得税的规定执行。

上述所称自谋职业的城镇退役士兵是指符合城镇安置条件，并与安置地民政部门签订《退役士兵自谋职业协议书》，领取《城镇退役士兵自谋职业证》的士官和义务兵。

8.8.12 个人金融投资业务的优惠政策

8.8.12.1 国债和国家金融债券利息所得的免税优惠

国债和国家发行的金融债券利息所得，免征个人所得税②。

国债利息，是指个人持有中华人民共和国财政部发行的债券而取得的利息所得；所说的国家发行的金融债券利息，是指个人持有经国务院批准发行的金融债券而取得的利息所得③。

8.8.12.2 个人转让上市公司股票和取得上市公司股息所得的减免税优惠

（1）鉴于我国证券市场发育还不成熟，股份制尚处于试点阶段，对个人转让上市公司股票取得的所得暂免征收个人所得税④。

自 2010 年 1 月 1 日起，对个人转让限售股取得的所得，按照"财产转让所得"，适用 20% 的比例税率征收个人所得税。详见本章相关部分⑤。

（2）自 2005 年 6 月 13 日起，对个人投资者从上市公司取得的股息红利所得，暂减按 50% 计入个人所得税应纳税所得额，依照税法规定计征个人所得税⑥。

所称上市公司，是指在上海证券交易所、深圳证券交易所挂牌交易的上市公司⑦。

符合上述规定的上市公司，已按股息红利全额计算扣缴个人所得税的，可按上述规定的减税政策将多扣缴的税款退还个人投资者；税款已缴入国库的，由财税部门按规定程序办理退税⑧：

Ⅰ 扣缴义务人应向主管税务机关提出退税

---

① 《财政部 国家税务总局关于扶持城镇退役士兵自谋职业有关税收优惠政策的通知》（财税〔2004〕93 号，2004 年 6 月 9 日）。此前，《国家税务总局关于退役士兵自谋职业享受有关税收优惠政策问题的通知》（国税发〔2001〕11 号，2001 年 1 月 20 日）规定，自谋职业享受有关税收优惠政策的退役士兵是指：退出现役后按有关规定符合在城镇安置就业条件的自谋职业的士官和义务兵。自谋职业的退役士兵享受税收优惠政策，必须持当地人民政府退役士兵安置部门核发的自谋职业证明材料到当地主管税务机关按规定办理减免税手续。退役士兵自谋职业享受税收优惠政策的相关内容，按照《国家税务总局关于下岗职工从事社区居民服务业享受有关税收优惠政策问题的通知》（国税发〔1999〕43 号）的规定执行。根据《国家税务总局关于发布已失效或废止的税收规范性文件目录的通知》（国税发〔2006〕62 号），国税发〔2001〕11 号和国税发〔1999〕43 号现均已失效。

② 《中华人民共和国个人所得税法》（中华人民共和国主席令第 85 号，2007 年 12 月 29 日）。此前的《中华人民共和国个人所得税法》（中华人民共和国主席令第 12 号，1993 年 10 月 31 日）规定：储蓄存款利息、国债和国家发行的金融债券利息免纳个人所得税。

③ 《中华人民共和国个人所得税法实施条例》（中华人民共和国国务院令第 519 号，2008 年 2 月 18 日）。

④ 《财政部 国家税务总局关于股票转让所得暂不征收个人所得税的通知》（财税字〔1994〕40 号，1994 年 6 月 20 日）。《财政部 国家税务总局关于股票转让所得 1996 年暂不征收个人所得税的通知》（财税〔1996〕12 号，1996 年 2 月 9 日）。《财政部 国家税务总局关于个人转让股票所得继续暂免征收个人所得税的通知》（财税字〔1998〕61 号，1998 年 3 月 30 日）。

⑤ 《财政部 国家税务总局 证监会关于个人转让上市公司限售股所得征收个人所得税有关问题的通知》（财税〔2009〕167 号，2009 年 12 月 31 日）。

⑥ 《财政部 国家税务总局关于股息红利个人所得税有关政策的通知》（财税〔2005〕102 号，2005 年 6 月 13 日）。

⑦ 《财政部 国家税务总局关于股息红利有关个人所得税政策的补充通知》（财税〔2005〕107 号，2005 年 6 月 24 日）。

⑧ 《财政部 国家税务总局关于股息红利有关个人所得税政策的补充通知》（财税〔2005〕107 号，2005 年 6 月 24 日）。《财政部 国家税务总局 中国人民银行关于股息红利个人所得税退库的补充通知》（财库〔2005〕187 号，2005 年 6 月 24 日）。

申请;

Ⅱ 主管税务机关根据原缴款书,开具税收收入退还书,并在"收款单位"栏填写扣缴义务人名称;

Ⅲ 人民银行国库部门按规定办理退库,将应退税款退至扣缴义务人账户;

Ⅳ 扣缴义务人根据现行的结算规则及时退至纳税人账户。

8.8.12.3 证券投资基金相关的个人所得税优惠政策

(1)对中国证监会批准设立的封闭式证券投资基金(简称基金)的有关税收政策如下:

对个人投资者买卖基金单位获得的差价收入,在对个人买卖股票的差价收入未恢复征收个人所得税以前,暂不征收个人所得税①。

对投资者从基金分配中获得的股票的股息、红利收入以及企业债券的利息收入,由上市公司和发行债券的企业在向基金派发股息、红利、利息时代扣代缴20%的个人所得税,基金向个人投资者分配股息、红利、利息时,不再代扣代缴个人所得税②。

对投资者从基金分配中获得的国债利息、储蓄存款利息以及买卖股票价差收入,在国债利息收入、个人储蓄存款利息收入以及个人买卖股票差价收入未恢复征收所得税以前,暂不征收所得税③。

对个人投资者从基金分配中获得的企业债券差价收入,应按税法规定对个人投资者征收个人所得税,税款由基金在分配时依法代扣代缴④。

(2)对中国证监会批准设立的开放式证券投资基金(简称基金)的有关税收政策如下:

对个人投资者申购和赎回基金单位取得的差价收入,在对个人买卖股票的差价收入未恢复征收个人所得税以前,暂不征收个人所得税⑤。

对基金取得的股票的股息、红利收入,债券的利息收入、储蓄存款利息收入,由上市公司、发行债券的企业和银行在向基金支付上述收入时代扣代缴20%的个人所得税;对投资者(个人)从基金分配中取得的收入,暂不征收个人所得税⑥。

(3)自2005年6月13日起,对证券投资基金从上市公司取得的股息红利所得,扣缴义务人在代扣代缴个人所得税时,减按50%计算应纳税所得额⑦。

8.8.12.4 股权分置改革中非流通股股东向流通股股东支付对价的免税优惠

股权分置改革中非流通股股东通过对价方式向流通股股东支付的股份、现金等收入,暂免征收流通股股东应缴纳的个人所得税⑧。

8.8.12.5 个人投资者证券交易结算资金利息所得的免税优惠

自2008年10月9日起,对证券市场个人投资者取得的证券交易结算资金利息所得,暂免征收个人所得税,即证券市场个人投资者的证券交易结算资金在2008年10月9日后(含10月9日)孳生的利息所得,暂免征收个人所得税⑨。

---

① 《财政部 国家税务总局关于证券投资基金税收问题的通知》(财税〔1998〕55号,1998年8月6日)。

② 《财政部 国家税务总局关于证券投资基金税收问题的通知》(财税〔1998〕55号,1998年8月6日)。此前,《国家税务总局关于个人从投资基金管理公司取得的派息分红所得征收个人所得税问题的通知》(国税发〔1996〕221号)规定:个人从投资基金管理公司取得的派息分红所得属于个人所得税法的"利息、股息、红利所得"应税项目,应按20%的比例税率全额征收个人所得税。投资基金管理公司为扣缴义务人,应在向个人派息分红时代扣代缴个人所得税税款。根据《国家税务总局关于发布已失效或废止的税收规范性文件目录的通知》(国税发〔2006〕62号,2006年5月12日),国税发〔1996〕221号现已失效。

③ 《财政部 国家税务总局关于证券投资基金税收问题的通知》(财税〔1998〕55号,1998年8月6日)。

④ 《财政部 国家税务总局关于证券投资基金税收问题的通知》(财税〔1998〕55号,1998年8月6日)。

⑤ 《财政部 国家税务总局关于开放式证券投资基金有关税收问题的通知》(财税〔2002〕128号,2002年8月30日)。

⑥ 《财政部 国家税务总局关于开放式证券投资基金有关税收问题的通知》(财税〔2002〕128号,2002年8月30日)。

⑦ 《财政部 国家税务总局关于股息红利个人所得税有关政策的补充通知》(财税〔2005〕107号,2005年6月24日)。

⑧ 《财政部 国家税务总局关于股权分置试点改革有关税收政策问题的通知》(财税〔2005〕103号,2005年6月13日)。

⑨ 《财政部 国家税务总局关于证券市场个人投资者证券交易结算资金利息所得有关个人所得税政策的通知》(财税〔2008〕140号,2008年10月26日)。

上述免税利息所得不是从 10 月 9 日后实际取得的全部利息,而是根据利息孳生时间分段计税,即个人投资者证券交易结算资金从 2008 年 10 月 9 日(含该日)之后孳生的利息,才暂免征收个人所得税[①]。

8.8.12.6　个人储蓄存款利息所得减免税优惠

(1)一般储蓄存款利息所得的减免税优惠

个人储蓄存款在 1999 年 10 月 31 日前孳生的利息所得,不征收个人所得税;储蓄存款在 1999 年 11 月 1 日至 2007 年 8 月 14 日孳生的利息所得,按照 20% 的比例税率征收个人所得税;储蓄存款在 2007 年 8 月 15 日至 2008 年 10 月 8 日孳生的利息所得,按照 5% 的比例税率征收个人所得税;储蓄存款在 2008 年 10 月 9 日后(含 10 月 9 日)孳生的利息所得,暂免征收个人所得税[②]。

(2)教育储蓄存款利息所得的免税优惠

对个人取得的教育储蓄存款利息所得以及国务院财政部门确定的其他专项储蓄存款或者储蓄性专项基金存款的利息所得,免征个人所得税。上述教育储蓄是指个人按照国家有关规定在指定银行开户、存入规定数额资金、用于教育目的的专项储蓄[③]。

2005 年 12 月 1 日起,个人教育储蓄利息所得按以下办法实行免征个人所得税管理[④]:

①教育储蓄利息免税的具体规定

个人为其子女(或被监护人)接受非义务教育(指九年义务教育之外的全日制高中、大中专、大学本科、硕士和博士研究生)在储蓄机构开立教育储蓄专户,并享受利率优惠的存款,其所取得的利息免征个人所得税(简称利息税)。

开立教育储蓄的对象(即储户)为在校小学 4 年级(含 4 年级)以上学生;享受免征利息税优惠政策的对象必须是正在接受非义务教育的在校学生,其在就读全日制高中(中专)、大专和大学本科、硕士和博士研究生时,每个学习阶段可分别享受一次 2 万元教育储蓄的免税优惠。

②享受税收优惠政策的条件

教育储蓄采用实名制,办理开户时,须凭储户本人户口簿(户籍证明)或居民身份证到储蓄机构以储户本人的姓名开立存款账户。

教育储蓄为一年、三年和六年期零存整取定期储蓄存款,每份本金合计不得超过 2 万元;每份本金合计超过 2 万元或一次性趸存本金的,一律不得享受教育储蓄免税的优惠政策,其取得的利息,应征收利息税。不按规定计付利息的教育储蓄,不得

---

① 《国家税务总局关于做好证券市场个人投资者证券交易结算资金利息所得免征个人所得税工作的通知》(国税函〔2008〕870 号,2008 年 10 月 30 日)。

② 《财政部 国家税务总局关于储蓄存款利息所得有关个人所得税政策的通知》(财税〔2008〕132 号,2008 年 10 月 9 日)。此前,《国务院关于对储蓄存款利息所得征收个人所得税的实施办法》(中华人民共和国国务院令第 272 号,1999 年 9 月 30 日)规定:储蓄存款在 1999 年 10 月 31 日前孳生的利息所得,不征收个人所得税;储蓄存款在 1999 年 11 月 1 日后孳生的利息所得,应当依法征收个人所得税。后来,《国务院关于对储蓄存款利息所得征收个人所得税的实施办法》(中华人民共和国国务院令第 502 号,2007 年 7 月 30 日)和《国家税务总局关于做好对储蓄存款利息所得减征个人所得税有关工作的通知》(国税发〔2007〕88 号,2007 年 7 月 26 日)规定:储蓄存款在 2007 年 8 月 15 日以后孳生的利息所得,按照 5% 的比例税率征收个人所得税。根据《国家税务总局关于公布全文失效废止 部分条款失效废止的税收规范性文件目录的公告》(国家税务总局公告 2011 年第 2 号,2011 年 1 月 4 日),国税发〔2007〕88 号现已全文废止。

③ 《财政部 国家税务总局关于教育税收政策的通知》(财税〔2004〕39 号,2004 年 2 月 5 日)。《对储蓄存款利息所得征收个人所得税的实施办法》(中华人民共和国国务院令第 502 号,2007 年 7 月 20 日)。此前,《国家税务总局关于储蓄存款利息所得征收个人所得税若干业务问题的通知》(国税发〔1999〕180 号,1999 年 10 月 8 日)规定:个人按照中国人民银行《关于同意〈中国工商银行教育储蓄试行办法〉的批复》(银复〔1999〕124 号)的规定,在中国工商银行开设教育储蓄存款专户,并享受利率优惠的存款,其所取得的利息免征储蓄存款利息所得个人所得税。有关储蓄机构应对教育储蓄情况进行详细记录,以备税务机关查核。记录的内容应包括:储户名称、证件名称及号码、储蓄金额、储蓄起止日期、利率、利息。

④ 《国家税务总局 中国人民银行 教育部关于印发〈教育储蓄存款利息免征个人所得税实施办法〉的通知》(国税发〔2005〕148 号,2005 年 9 月 14 日)。《国家税务总局 中国人民银行 教育部关于〈教育储蓄存款利息所得免征个人所得税实施办法〉有关问题的补充通知》(国税发〔2005〕155 号,2005 年 9 月 30 日)。

享受免税优惠,应按支付的利息全额征收利息税。

③免税办理及相关证明材料的管理

教育储蓄到期前,储户必须持存折、户口簿(户籍证明)或居民身份证到所在学校开具正在接受非义务教育的学生身份证明(简称"证明")。

"证明"样式由国家税务总局制定,各省、自治区、直辖市和计划单列市国家税务局印制,由学校到所在地主管税务机关领取。

储户到所在学校开具"证明"时,应在"证明"中填列本人居民身份证号码;无居民身份证号码的,应持本人户口簿(户籍证明)复印件三份,分别附在三联"证明"之后。

教育储蓄到期时,储户必须持存折、居民身份证或户口簿(户籍证明)和"证明"支取本息。储蓄机构应认真审核储户所持存折、身份证或户口簿(户籍证明)和"证明",对符合条件的,给予免税优惠,并在"证明"(第二、三联)上加盖"已享受教育储蓄优惠"印章;不能提供"证明"的,均应按有关规定扣缴利息税。

储蓄机构应对教育储蓄情况进行详细记录,以备税务机关核查。记录的内容应包括:储户姓名、证件名称及号码、开具"证明"的学校、"证明"编号、存款额度、储蓄起止日期、利率、利息。

主管税务机关应设立教育储蓄利息所得免征个人所得税台账,对储户享受优惠情况进行详细登记。登记内容包括:储户姓名、证件名称及号码、"证明"编号、开具"证明"的学校、开户银行、存款额度、储蓄起止日期、利率、利息。

主管税务机关应依法定期对储蓄机构的教育储蓄存款利息所得免税情况开展检查。

从事非义务教育的学校应主动向所在地国税机关领取"证明",并严格按照规定填开"证明",不得重复填开或虚开,对填开的"证明"必须建立备案存查制度。

④处罚规定

对违反规定向纳税人、扣缴义务人提供"证明",导致未缴、少缴个人所得税款的学校,按税收征管法及其实施细则的规定,税务机关可以处未缴、少缴税款1倍以下的罚款。

对储蓄机构以教育储蓄名义进行揽储,没有按规定办理教育储蓄,而造成应扣未扣税款的,应按税收征管法的规定,向纳税人追缴应纳税款,并对扣缴义务人处应扣未扣税款50%以上3倍以下的罚款。税务机关在向纳税人追缴税款时,可责成扣缴义务人从纳税人的储蓄账户上限期补扣应扣未扣的税款。

对储户采取欺骗手段办理教育储蓄的,一经发现,应对其征收利息税,并按税收征管法的规定予以处理。

(3)社保专项资金和住房公积金利息所得的免税优惠

根据国务院《对储蓄存款利息所得征收个人所得税的实施办法》(中华人民共和国国务院令第502号)"对个人取得的教育储蓄存款利息所得以及国务院财政部门确定的其他专项储蓄存款或者储蓄性专项基金存款的利息所得,免征个人所得税"的规定,对按照国家或省级地方政府规定的比例缴付的下列专项基金或资金存入银行个人账户所取得的利息收入免征个人所得税①:

①住房公积金;

②医疗保险金;

③基本养老保险金;

④失业保险基金。

8.8.12.7 个人从供销社、农村信用社取得利息、股息、红利所得的优惠政策

对个人从基层供销社、农村信用社取得的利息、股息、红利收入是否征收个人所得税,由各省、自治区、直辖市税务局报请政府确定,报财政部、国

---

① 《财政部 国家税务总局关于住房公积金 医疗保险金 基本养老保险金 失业保险基金个人账户存款利息所得免征个人所得税的通知》(财税字[1999]267号,1999年10月8日)。

家税务总局备案①。

8.8.13　个人房屋转让、出租、拆迁等所得的优惠政策

8.8.13.1　个人住房转让与出租的优惠政策

（1）个人出售自有住房后 1 年内重新购房的税收优惠

2010 年 10 月 1 日前，对个人出售自有住房并拟在现住房出售后 1 年内按市场价重新购房的纳税人，其出售现住房所应缴纳的个人所得税，视其重新购房的价值可全部或部分予以免税。具体办法为②：

Ⅰ 个人出售现住房所应缴纳的个人所得税款，应在办理产权过户手续前，以纳税保证金形式向当地主管税务机关缴纳。税务机关在收取纳税保证金时，应向纳税人正式开具"中华人民共和国纳税保证金收据"，并纳入专户存储。

Ⅱ 个人出售现住房后 1 年内重新购房的，按照购房金额大小相应退还纳税保证金。购房金额大于或等于原住房销售额（原住房为已购公有住房的，原住房销售额应扣除已按规定向财政或原产权单位缴纳的所得收益）的，全部退还纳税保证金；购房金额小于原住房销售额的，按照购房金额占原住房销售额的比例退还纳税保证金，余额作为个人所得税缴入国库。

个人出售现住房后 1 年内未重新购房的，所缴纳的纳税保证金全部作为个人所得税缴入国库。

Ⅲ 个人现自有住房房产证登记的产权人为 1 人，在出售后 1 年内又以产权人配偶名义或产权人夫妻双方名义按市场价重新购房的，产权人出售住房所得应缴纳的个人所得税，可以按照上述规定，全部或部分予以免税；以其他人名义按市场价重新购房的，产权人出售住房所得应缴纳的个人所得税，不予免税③。

Ⅳ 个人在申请退还纳税保证金时，应向主管总务机关提供合法、有效的售房、购房合同和主管税务机关要求提供的其他有关证明材料，经主管税务机关审核确认后方可办理纳税保证金退还手续。

Ⅴ 跨行政区域售、购住房又符合退还纳税保证金条件的个人，应向纳税保证金缴纳地主管税务机关申请退还纳税保证金。

各级税务机关应根据上述规定，按照《国家税务总局 财政部 中国人民银行关于印发〈税务代保管资金账户管理办法〉的通知》（国税发[2005]181 号）要求，建立个人所得税纳税保证金专户，并为缴纳纳税保证金的纳税人建立档案，对纳税保证金信息的采集、比对、审核；向纳税人宣传解释纳税保证金的征收、退还政策及程序；做好纳税保证金退还事宜，符合条件的确保及时办理④。

自 2010 年 10 月 1 日起，对出售自有住房并在 1 年内重新购房的纳税人不再减免个人所得税⑤。

（2）个人转让自用 5 年以上住房的税收优惠

对个人转让自用 5 年以上，并且是家庭唯一生活用房取得的所得，免征个人所得税⑥。

①所称"自用 5 年以上"，是指个人购房至转让房屋的时间达 5 年以上⑦：

Ⅰ 个人购房日期的确定。个人按照国家房改政策购买的公有住房，以其购房合同的生效时间、房款收据开具日期或房屋产权证上注明的时间，依

---

① 《财政部 国家税务总局关于个人所得税若干政策问题的通知》（财税[1994]20 号，1994 年 5 月 13 日）。
② 本部分未做专门注释的内容，均出自《财政部 国家税务总局 建设部关于个人出售住房所得征收个人所得税有关问题的通知》（财税[1999]278 号，1999 年 12 月 2 日）。
③ 《财政部 国家税务总局关于非产权人重新购房征免个人所得税问题的批复》（财税[2003]123 号，2003 年 5 月 8 日）。
④ 《国家税务总局关于个人住房转让所得征收个人所得税有关问题的通知》（国税发[2006]108 号，2006 年 7 月 21 日）。
⑤ 《财政部 国家税务总局 住房和城乡建设部关于调整房地产交易环节契税 个人所得税优惠政策的通知》（财税[2010]94 号，2010 年 9 月 29 日）。
⑥ 《财政部 国家税务总局关于个人所得税若干政策问题的通知》（财税[1994]20 号，1994 年 5 月 13 日）。《财政部 国家税务总局 建设部关于个人出售住房所得征收个人所得税有关问题的通知》（财税[1999]278 号，1999 年 12 月 2 日）。《国家税务总局关于个人住房转让所得征收个人所得税有关问题的通知》（国税发[2006]108 号，2006 年 7 月 21 日）。
⑦ 《国家税务总局关于个人转让房屋有关税收征管问题的通知》（国税发[2007]33 号，2007 年 3 月 21 日）。

照孰先原则确定;个人购买的其他住房,以其房屋产权证注明日期或契税完税凭证注明日期,按照孰先原则确定。

Ⅱ 个人转让房屋的日期,以销售发票上注明的时间为准。

②所称"家庭唯一生活用房"是指在同一省、自治区、直辖市范围内纳税人(有配偶的为夫妻双方)仅拥有一套住房①。

个人出售商业用房取得的所得,应按规定缴纳个人所得税,不得享受上述1年内换购住房退还保证金和自用5年以上的家庭唯一生活用房免税的政策②。

(3)个人出租房屋的税收优惠

自2001年1月1日起,对个人出租房屋取得的所得减按10%的税率征收个人所得税③。

8.8.13.2 个人取得廉租房与房屋征用拆迁补贴收入的优惠政策

(1)个人取得的廉租住房货币补贴税收优惠④

从2007年8月1日起,对个人按《廉租住房保障办法》(建设部等九部委令第162号)规定取得的廉租住房货币补贴,免征个人所得税;对于所在单位以廉租住房名义发放的不符合规定的补贴,应征收个人所得税。

廉租住房、经济适用住房、廉租住房承租人、经济适用住房购买人以及廉租住房租金、货币补贴标准等须符合国发[2007]24号文件及《廉租住房保障办法》(建设部等九部委令第162号)、《经济适用住房管理办法》(建住房[2007]258号)的规定;廉租住房、经济适用住房经营管理单位为县级以上

人民政府主办或确定的单位。

(2)被征用房屋和城镇房屋拆迁补偿费收入免税优惠

①按照城市发展规划,在旧城改造过程中,个人因住房被征用而取得赔偿费,属补偿性质的收入,无论是现金还是实物(房屋),均免予征收个人所得税⑤。

②对被拆迁人按照国家有关城镇房屋拆迁管理办法规定的标准取得的拆迁补偿款,免征个人所得税⑥。

8.8.13.3 个人以房改成本价购房收益的优惠政策

国家机关、企事业单位及其他组织在住房制度改革期间,按照所在地县级以上人民政府规定的房改成本价格向职工出售公有住房,职工因支付的房改成本价格低于房屋建造成本价格或市场价格而取得的差价收益,免征个人所得税⑦。

8.8.13.4 个人无偿受赠房屋的优惠政策

(1)个人无偿赠与房屋不征收个人所得税的适用范围

以下情形的房屋产权无偿赠与,对当事双方不征收个人所得税⑧:

①房屋产权所有人将房屋产权无偿赠与配偶、父母、子女、祖父母、外祖父母、孙子女、外孙子女、兄弟姐妹;

②房屋产权所有人将房屋产权无偿赠与对其承担直接抚养或者赡养义务的抚养人或者赡养人;

③房屋产权所有人死亡,依法取得房屋产权的

① 《国家税务总局关于个人转让房屋有关税收征管问题的通知》(国税发[2007]33号,2007年3月21日)。
② 《国家税务总局关于个人转让房屋有关税收征管问题的通知》(国税发[2007]33号,2007年3月21日)。
③ 《财政部 国家税务总局关于调整住房租赁市场税收政策的通知》(财税[2000]125号,2000年12月7日)。《财政部 国家税务总局关于廉租住房经济适用住房和住房租赁有关税收政策的通知》(财税[2008]24号,2008年3月3日)。
④ 《财政部 国家税务总局关于廉租住房经济适用住房和住房租赁有关税收政策的通知》(财税[2008]24号,2008年3月3日)。
⑤ 《国家税务总局关于个人取得被征用房屋补偿费收入免征个人所得税的批复》(国税函[1998]428号,1998年7月15日)。
⑥ 《财政部 国家税务总局关于城镇房屋拆迁有关税收政策的通知》(财税[2005]45号,2005年3月22日)。《财政部 国家税务总局关于城市和国有工矿棚户区改造项目有关税收优惠政策的通知》(财税[2010]42号,2010年5月4日)。
⑦ 《财政部 国家税务总局关于单位低价向职工售房有关个人所得税问题的通知》(财税[2007]13号,2007年2月8日)。
⑧ 《财政部 国家税务总局关于个人无偿受赠房屋有关个人所得税问题的通知》(财税[2009]78号,2009年5月25日)。

法定继承人、遗嘱继承人或者受遗赠人。

（2）个人无偿赠与房屋不征收个人所得税的资料审核

房屋赠与双方在办理不征收个人所得税手续时，应向税务机关提交以下资料①：

①属于继承不动产的，继承人应当提交公证机关出具的"继承权公证书"、房产所有权证和《个人无偿赠与不动产登记表》（见国税发〔2006〕144号《国家税务总局关于加强房地产交易个人无偿赠与不动产税收管理有关问题的通知》附件）；

②属于遗嘱人处分不动产的，遗嘱继承人或者受遗赠人须提交公证机关出具的"遗嘱公证书"和"遗嘱继承权公证书"或"接受遗赠公证书"、房产所有权证以及《个人无偿赠与不动产登记表》；

③属于其他情况无偿赠与不动产的，受赠人应当提交房产所有人"赠与公证书"和受赠人"接受赠与公证书"，或持双方共同办理的"赠与合同公证书"，以及房产所有权证和《个人无偿赠与不动产登记表》。

④赠与双方当事人的有效身份证件；

⑤属于前述（1）①项规定情形的，还须提供公证机构出具的赠与人和受赠人亲属关系的公证书。

⑥属于前述（1）②项规定情形的，还须提供公证机构出具的抚养关系或者赡养关系公证书，或者乡镇政府或街道办事处出具的抚养关系或者赡养关系证明。

上述证明材料必须提交原件。税务机关应当认真审核赠与双方提供的上述资料，资料齐全并且

填写正确的，在提交的《个人无偿赠与不动产登记表》上签字盖章后复印留存，原件退还提交人，同时办理个人所得税不征税手续。

8.8.14 应对自然灾害的优惠政策

8.8.14.1 一般规定

因严重自然灾害造成重大损失的，经批准可以减征个人所得税②。

上述减征个人所得税的减征幅度和期限由省、自治区、直辖市人民政府规定③。

8.8.14.2 专项规定

（1）四川汶川地震抗震救灾的个人所得税优惠政策

①因地震灾害造成重大损失的个人，可减征个人所得税。具体减征幅度和期限由受灾地区省、自治区、直辖市人民政府确定④。

②对受灾地区个人取得的抚恤金、救济金，免征个人所得税⑤。

自2008年5月12日起至2010年12月31日，对受灾地区个人接受捐赠的款项、取得的各级政府发放的救灾款项，免征个人所得税⑥。

③个人将其所得向地震灾区的捐赠，按照个人所得税法的有关规定从应纳税所得中扣除⑦。

党员个人通过党组织缴纳的抗震救灾"特殊党费"，属于对公益、救济事业的捐赠。党员个人的该项捐赠额，可以按照个人所得税法及其实施条例的规定，依法在缴纳个人所得税前扣除⑧。

自2008年5月12日起至2010年12月31

---

① 《财政部 国家税务总局关于个人无偿受赠房屋有关个人所得税问题的通知》（财税〔2009〕78号，2009年5月25日）。《国家税务总局关于加强房地产交易个人无偿赠与不动产税收管理有关问题的通知》（国税发〔2006〕144号，2006年9月14日）。

② 《中华人民共和国个人所得税法》（中华人民共和国主席令第85号，2007年12月29日）。

③ 《中华人民共和国个人所得税法实施条例》（中华人民共和国国务院令第519号，2008年2月18日）。

④ 《财政部 国家税务总局关于认真落实抗震救灾及灾后重建税收政策问题的通知》（财税〔2008〕62号，2008年5月19日）。

⑤ 《财政部 国家税务总局关于认真落实抗震救灾及灾后重建税收政策问题的通知》（财税〔2008〕62号，2008年5月19日）。

⑥ 《财政部 海关总署 国家税务总局关于支持汶川地震灾后恢复重建有关税收政策问题的通知》（财税〔2008〕104号，2008年7月30日）。该文件规定政策执行到2008年12月31日，根据《财政部 国家税务总局关于延长部分税收优惠政策执行期限的通知》（财税〔2009〕131号，2009年11月20日），政策执行期限延长至2010年12月31日。

⑦ 《财政部 国家税务总局关于认真落实抗震救灾及灾后重建税收政策问题的通知》（财税〔2008〕62号，2008年5月19日）。

⑧ 《国家税务总局关于中国共产党党员缴纳抗震救灾"特殊党费"在个人所得税前扣除问题的通知》（国税发〔2008〕60号，2008年5月30日）。

日,对个人通过公益性社会团体、县级以上人民政府及其部门向受灾地区的捐赠,允许在当年个人所得税前全额扣除。捐赠行为须符合《中华人民共和国公益事业捐赠法》和《国务院办公厅关于加强汶川地震抗震救灾捐赠款物管理使用的通知》(国办发[2008]39号)的相关规定①。

④自2008年5月12日起至2010年12月31日,对抗震救灾一线人员,按照地方各级政府及其部门规定标准取得的与抗震救灾有关的补贴收入,免征个人所得税②。

⑤自2008年5月12日起至2010年12月31日,受灾严重地区因地震灾害失去工作的城镇职工从事个体经营的(除建筑业、娱乐业以及销售不动产、转让土地使用权、广告业、房屋中介、桑拿、按摩、网吧、氧吧外),按每户每年8000元为限额依次扣减其当年实际应缴纳的营业税、城市维护建设税、教育费附加和个人所得税。纳税人年度应缴纳税款小于上述扣减限额的,以其实际缴纳的税款为限;大于上述扣减限额的,以上述扣减限额为限③。

所称"受灾严重地区"是指极重灾区10个县(市)和重灾区41个县(市、区),"受灾地区"是指极重灾区10个县(市)、重灾区41个县(市、区)和一般灾区186个县(市、区)④。

⑥个人向地震灾区捐赠涉及的个人所得税征管问题⑤

Ⅰ 个人通过扣缴单位统一向灾区的捐赠,由扣缴单位凭政府机关或非营利组织开具的汇总捐赠凭据、扣缴单位记载的个人捐赠明细表等,由扣缴单位在代扣代缴税款时,依法据实扣除。

Ⅱ 个人直接通过政府机关、非营利组织向灾区的捐赠,采取扣缴方式纳税的,捐赠人应及时向扣缴单位出示政府机关、非营利组织开具的捐赠凭据,由扣缴单位在代扣代缴税款时,依法据实扣除;个人自行申报纳税的,税务机关凭政府机关、非营利组织开具的接受捐赠凭据,依法据实扣除。

Ⅲ 扣缴单位在向税务机关进行个人所得税全员全额扣缴申报时,应一并报送由政府机关或非营利组织开具的汇总接受捐赠凭据(复印件)、所在单位每个纳税人的捐赠总额和当期扣除的捐赠额。

(2)青海玉树地震抗震救灾的个人所得税优惠政策⑥

①自2010年4月14日起,对青海玉树地震受灾地区个人接受捐赠的款项、取得的各级政府发放的救灾款项,以及参与抗震救灾的一线人员,按照地方各级政府及其部门规定标准取得的与抗震救灾有关的补贴收入,免征个人所得税。

②自2010年4月14日起,对个人通过公益性社会团体、县级以上人民政府及其部门向受灾地区的捐赠,允许在当年个人所得税前全额扣除。

③受灾地区因地震灾害失去工作后从事个体经营的人员,以及因地震灾害损失严重的个体工商户,按每户每年8000元的限额依次扣减其当年实际应缴纳的增值税、营业税、城市维护建设税、教育

---

① 《财政部 海关总署 国家税务总局关于支持汶川地震灾后恢复重建有关税收政策问题的通知》(财税[2008]104号,2008年7月30日)。该文件规定政策执行到2008年12月31日,根据《财政部 国家税务总局关于延长部分税收优惠政策执行期限的通知》(财税[2009]131号,2009年11月20日),政策执行期限延长至2010年12月31日。

② 《财政部 海关总署 国家税务总局关于支持汶川地震灾后恢复重建有关税收政策问题的通知》(财税[2008]104号,2008年7月30日)。该文件规定政策执行到2008年12月31日,根据《财政部 国家税务总局关于延长部分税收优惠政策执行期限的通知》(财税[2009]131号,2009年11月20日),政策执行期限延长至2010年12月31日。

③ 《财政部 海关总署 国家税务总局关于支持汶川地震灾后恢复重建有关税收政策问题的通知》(财税[2008]104号,2008年7月30日)。该文件规定政策执行到2008年12月31日,根据《财政部 国家税务总局关于延长部分税收优惠政策执行期限的通知》(财税[2009]131号,2009年11月20日),政策执行期限延长至2010年12月31日。

④ 具体名单见《财政部 海关总署 国家税务总局关于支持汶川地震灾后恢复重建有关税收政策问题的通知》(财税[2008]104号,2008年7月30日)附件。

⑤ 《国家税务总局关于个人向地震灾区捐赠有关个人所得税征管问题的通知》(国税发[2008]55号,2008年5月21日)。

⑥ 《国务院关于支持玉树地震灾后恢复重建政策措施的意见》(国发[2010]16号,2010年5月27日)。《财政部 国家税务总局关于支持玉树地震灾后恢复重建有关税收政策问题的通知》(财税[2010]59号,2010年7月23日)。

费附加和个人所得税。纳税人年度应缴纳税款小于上述扣减限额的，以其实际缴纳的税款为限；大于上述扣减限额的，应以上述扣减限额为限。

以上税收优惠政策，凡未注明具体期限的，一律执行至 2012 年 12 月 31 日。所称"受灾地区"是指青海省玉树藏族自治州玉树、称多、治多、杂多、囊谦、曲麻莱县和四川省甘孜藏族自治州石渠县等 7 个县的 27 个乡镇。具体受灾地区范围见《财政部 国家税务总局关于支持玉树地震灾后恢复重建有关税收政策问题的通知》（财税〔2010〕59 号）附件。

（3）甘肃舟曲泥石流灾后重建税收优惠①

①自 2010 年 8 月 8 日起，对灾区个人接受捐赠的款项、取得的各级政府发放的救灾款项，以及参与抢险救灾的一线人员按照地方各级政府及其部门规定标准取得的与抢险救灾有关的补贴收入，免征个人所得税。

②自 2010 年 8 月 8 日起，对个人通过公益性社会团体、县级以上人民政府及其部门向灾区的捐赠，允许在当年个人所得税前全额扣除。

③灾区因灾失去工作后从事个体经营（除建筑业、娱乐业以及销售不动产、转让土地使用权、广告业、房屋中介、桑拿、按摩、网吧、氧吧外）的人员，以及因灾损失严重的个体工商户，按每户每年 8000 元为限额依次扣减其当年实际应缴纳的增值税、营业税、城市维护建设税、教育费附加和个人所得税。

纳税人年度应缴纳税款小于上述扣减限额的，以其实际缴纳的税款为限；大于上述扣减限额的，应以上述扣减限额为限。

8.8.15　重大体育赛事个人所得税优惠政策

8.8.15.1　第 29 届奥运会、第 13 届残奥会及相关体育赛事个人所得税优惠政策

（1）对参赛运动员因奥运会比赛获得的奖金和其他奖赏收入，按现行税收法律法规的有关规定征免应缴纳的个人所得税②。

（2）对个人捐赠第 29 届奥运会、第 13 届残奥会、"好运北京"体育赛事的资金和物资支出可在计算个人应纳税所得额时予以全额扣除。上述税收优惠政策出台之前已征税款予以退还或允许抵扣以后税款③。

8.8.15.2　第 16 届亚洲运动会等国际综合运动会个人所得税优惠政策④

（1）对参赛运动员因亚运会、大运会和大冬会比赛获得的奖金和其他奖赏收入，按现行税收法律法规的有关规定征免应缴纳的个人所得税。

（2）对个人通过公益性社会团体或者县级以上人民政府及其部门捐赠亚运会、大运会和大冬会的资金、物资支出，在计算个人应纳税所得额时按现行税收法律法规的有关规定予以税前扣除。

8.8.16　个人代扣代缴税款手续费及举报、协查违法犯罪行为所获奖金的优惠政策

（1）个人办理代扣代缴税款手续，按规定取得

---

①《国务院关于支持舟曲灾后恢复重建政策措施的意见》（国发〔2010〕34 号，2010 年 10 月 18 日）。《财政部 海关总署 国家税务总局关于支持舟曲灾后恢复重建有关税收政策问题的通知》（财税〔2010〕107 号，2010 年 12 月 29 日）。文件所规定的税收优惠政策，凡未注明具体期限的，一律执行至 2012 年 12 月 31 日。如果纳税人按规定既可享受本通知的税收优惠政策，也可享受国家支持汶川地震灾后恢复重建的税收优惠政策，可由纳税人自主选择适用的政策，但两项政策不得叠加使用。文中所称"灾区"包括甘肃省舟曲县城关镇和江盘乡的 15 个村、2 个社区，灾区具体范围见财税〔2010〕107 号附件。

②《财政部 国家税务总局 海关总署关于第 29 届奥运会税收政策问题的通知》（财税〔2003〕10 号，2003 年 1 月 22 日）。根据《财政部关于公布废止和失效的财政规章和规范性文件目录（第十一批）的决定》（财政部令第 62 号，2011 年 2 月 21 日），该文件已被公布失效。

③《财政部 国家税务总局关于第 29 届奥运会第 13 届残奥会和好运北京体育赛事有关税收政策问题的补充通知》（财税〔2008〕128 号，2008 年 9 月 28 日）。根据《财政部关于公布废止和失效的财政规章和规范性文件目录（第十一批）的决定》（财政部令第 62 号，2011 年 2 月 21 日），该文件已被公布失效。

④《财政部 海关总署 国家税务总局关于第 16 届亚洲运动会等三项国际综合运动会税收政策的通知》（财税〔2009〕94 号，2009 年 8 月 10 日）。

的扣缴手续费,暂免征收个人所得税①。

根据《国务院对储蓄存款利息所得征收个人所得税的实施办法》的规定,储蓄机构代扣代缴利息税,可按所扣税款的2%取得手续费。储蓄机构内从事代扣代缴工作的办税人员取得的扣缴利息税手续费所得免征个人所得税②。

(2)个人举报、协查各种违法、犯罪行为而获得的奖金。

8.8.17 外籍个人取得住房补贴、伙食补贴、搬迁费、洗衣费、探亲费、语言训练费、子女教育费及出差补贴的免税规定

外籍个人取得以下补贴免征个人所得税:

(1)外籍个人以非现金形式或实报实销形式取得的住房补贴、伙食补贴、搬迁费、洗衣费③。

①对外籍个人以非现金形式或实报实销形式取得的合理的住房补贴、伙食补贴和洗衣费免征个人所得税,应由纳税人在初次取得上述补贴或上述补贴数额、支付方式发生变化的月份的次月进行工资薪金所得纳税申报时,向主管税务机关提供上述补贴的有效凭证,由主管税务机关核准确认免税④。

②对外籍个人因到中国任职或离职,以实报实销形式取得的搬迁收入免征个人所得税,应由纳税人提供有效凭证,由主管税务机关审核认定,就其合理的部分免税。外商投资企业和外国企业在中国境内的机构、场所,以搬迁费名义每月或定期向其外籍雇员支付的费用,应计入工资薪金所得征收个人所得税⑤。

(2)外籍个人按合理标准取得的境内、外出差补贴⑥。

对外籍个人按合理标准取得的境内、外出差补贴免征个人所得税,应由纳税人提供出差的交通费、住宿费凭证(复印件)或企业安排出差的有关计划,由主管税务机关确认免税⑦。

(3)外籍个人取得的探亲费、语言训练费、子女教育费等,经当地税务机关审核批准为合理的部分⑧。

①对外籍个人取得的探亲费免征个人所得税,应由纳税人提供探亲的交通支出凭证(复印件),由主管税务机关审核,对其实际用于本人探亲,且每年探亲的次数和支付的标准合理的部分给予免税⑨。

其中:每年探亲的次数和支付的标准合理的部分,仅限于外籍个人在我国的受雇地与其家庭所在地(包括配偶或父母居住地)之间搭乘交通工具且每年不超过2次的费用⑩。

②对外籍个人取得的语言培训费和子女教育费补贴免征个人所得税,应由纳税人提供在中国境

---

① 《财政部 国家税务总局关于个人所得税若干政策问题的通知》(财税[1994]20号,1994年5月13日)。

② 《国家税务总局关于代扣代缴储蓄存款利息所得个人所得税手续费收入征免税问题的通知》(国税发[2001]31号,2001年3月16日)。

③ 《财政部 国家税务总局关于个人所得税若干政策问题的通知》(财税[1994]20号,1994年5月13日)。此前,《国家税务总局关于中外合资企业台湾雇员取得安家费收入征收个人所得税问题的批复》(国税函发[1990]1337号,1990年10月30日)规定,对中外合资公司的雇员从公司领取的补助性质的安家费,属于其每月提供劳务收入的一部分,应并入其工资、薪金所得征收个人所得税。根据《国家税务总局关于公布全文失效废止 部分条款失效废止的税收规范性文件目录的公告》(国家税务总局公告2011年第2号,2011年1月4日),国税函发[1990]1337号现已全文废止。

④ 《国家税务总局关于外籍个人取得有关补贴征免个人所得税执行问题的通知》(国税发[1997]54号,1997年4月9日)。

⑤ 《国家税务总局关于外籍个人取得有关补贴征免个人所得税执行问题的通知》(国税发[1997]54号,1997年4月9日)。

⑥ 《财政部 国家税务总局关于个人所得税若干政策问题的通知》(财税[1994]20号,1994年5月13日)。

⑦ 《国家税务总局关于外籍个人取得有关补贴征免个人所得税执行问题的通知》(国税发[1997]54号,1997年4月9日)。

⑧ 《财政部 国家税务总局关于个人所得税若干政策问题的通知》(财税[1994]20号,1994年5月13日)。

⑨ 《国家税务总局关于外籍个人取得有关补贴征免个人所得税执行问题的通知》(国税发[1997]54号,1997年4月9日)。

⑩ 《国家税务总局关于外籍个人取得的探亲费免征个人所得税有关执行标准问题的通知》(国税函[2001]336号,2001年5月14日)。此前,《财政部海洋石油税务局关于企业在境外租用设备所支付的租金等问题征免税的批复》(财税油政字[1988]第9号,1988年4月1日)规定,外国公司、企业对其职工、雇员在休假期间给予报销的回家探亲交通费可免予征收个人所得税,但要求公司按合同规定实报实销,不宜采取包干的办法。

内接受上述教育的支出凭证和期限证明材料,由主管税务机关审核,对其在中国境内接受语言培训以及子女在中国境内接受教育取得的语言培训费和子女教育费补贴,在合理数额内的部分免予纳税①。

(4)自 2004 年 1 月 1 日起,受雇于我国境内企业的外籍个人(不包括香港、澳门居民个人),因家庭等原因居住在香港、澳门,每个工作日往返于内地与香港、澳门等地区,由此境内企业(包括其关联企业)给予在香港或澳门住房、伙食、洗衣、搬迁等非现金形式或实报实销形式的补贴,凡能提供有效凭证的,经主管税务机关审核确认后,免予征收个人所得税②。

上述外籍个人就其在香港或澳门进行语言培训、子女教育而取得的费用补贴,凡能提供有效支出凭证等材料的,经主管税务机关审核确认为合理的部分,免予征收个人所得税③。

(5)自 2004 年 7 月 1 日起,根据《国务院关于第三批取消和调整行政审批项目的决定》(国发〔2004〕16 号)的规定,有关对外籍个人住房补贴、伙食补贴、洗衣费、搬迁费、出差补贴、探亲费、语言

训练费、子女教育费补贴免征个人所得税审批的行政审批项目已取消。取消核准后,外籍个人取得可享受免税的补贴收入,在申报缴纳或代扣代缴个人所得税时,应按上述规定提供有关有效凭证及证明资料。主管税务机关应就纳税人或代扣代缴义务人申报的有关补贴收入逐项审核。对其中有关凭证及证明资料,不能证明其上述免税补贴的合理性的,主管税务机关应要求纳税人或代扣代缴义务人在限定的时间内,重新提供证明材料。凡未能提供有效凭证及证明资料的补贴收入,主管税务机关有权给予纳税调整④。

(6)外国来华留学生领取的生活津贴费、奖学金,不属于工资、薪金范畴,不征个人所得税⑤。

8.8.18　外籍个人取得股权转让收益和股息、红利所得的免税规定

外籍个人从外商投资企业取得的股息、红利所得,暂免征收个人所得税⑥。

对持有 B 股或海外股(包括 H 股)的外籍个人,从发行该 B 股或海外股的中国境内企业所取得的股息(红利)所得,暂免征收个人所得税⑦。

8.8.19　华侨从海外汇入赡养家属的侨汇、继

---

① 《国家税务总局关于外籍个人取得有关补贴征免个人所得税执行问题的通知》(国税发〔1997〕54 号,1997 年 4 月 9 日)。
② 《财政部 国家税务总局关于外籍个人取得港澳地区住房等补贴征免个人所得税的通知》(财税〔2004〕29 号,2004 年 1 月 29 日)。
③ 《财政部 国家税务总局关于外籍个人取得港澳地区住房等补贴征免个人所得税的通知》(财税〔2004〕29 号,2004 年 1 月 29 日)。
④ 《国家税务总局关于取消及下放外商投资企业和外国企业以及外籍个人若干税务行政审批项目的后续管理问题的通知》(国税发〔2004〕80 号,2004 年 6 月 25 日)。
⑤ 《财政部关于外国来华工作人员缴纳个人所得税问题的通知》(财税字〔1980〕189 号,1980 年 11 月 24 日)。
⑥ 《财政部 国家税务总局关于个人所得税若干政策问题的通知》(财税〔1994〕20 号,1994 年 5 月 13 日)。此外,《国家税务总局关于外商投资企业、外国企业和外籍个人取得股票(股权)转让收益和股息所得税收问题的通知》(国税发〔1993〕45 号,1993 年 7 月 21 日)规定:外籍个人转让所持有的中国境内企业发行的 B 股和海外股所取得的净收益,暂免征收所得税;外籍个人转让其在中国境内外商投资企业的股权取得的超出其出资额的部分的转让收益,依 20% 的税率缴纳个人所得税;外籍个人从中外合资经营企业分得的股息、红利,免征所得税。根据《国家税务总局关于公布全文失效废止 部分条款失效废止的税收规范性文件目录的公告》(国家税务总局公告 2011 年第 2 号,2011 年 1 月 4 日),国税发〔1993〕45 号文件被公布全文废止。
⑦ 《国家税务总局关于外籍个人持有中国境内上市公司股票所取得的股息有关税收问题的函》(国税函发〔1994〕440 号,1994 年 7 月 26 日)。此前,《国家税务总局关于外商投资企业、外国企业和外籍个人取得股票(股权)转让收益和股息所得税收问题的通知》(国税发〔1993〕45 号,1993 年 7 月 21 日)也有同样规定,且国税函发〔1994〕440 号依据国税发〔1993〕45 号做出上述回函,但国税发〔1993〕45 号文件被国家税务总局公告 2011 年第 2 号公布全文废止,而国税函发〔1994〕440 号既未被国家税务总局公告 2010 年第 26 号公布为现行有效文件,也未被国家税务总局公告 2011 年第 2 号公布废止。

承国外遗产及收回境外解冻资金取得的外汇免税规定①

（1）华侨从海外汇入我国境内赡养其家属的侨汇，免征个人所得税。

（2）继承国外遗产从海外调入的外汇，免征个人所得税。

（3）取回解冻在美资金汇入的外汇，免征个人所得税。

8.8.20　境外来华教师和研究人员个人所得税的优惠政策

（1）我国对外签订税收协定中教师和研究人员征免税规定②

除与个别国家的税收协定外，我国对外签订的协定一般设置了对教师和研究人员的免税条款，但不同协定所限定的免税条件也不完全相同，有的限定从缔约国对方教师和研究人员第一次到达之日起停留时间不超过3年（有的为2年）的，对其报酬免予征税；有的规定从其到达之日起停留时间累计不超过3年的，对其报酬免予征税；有的规定自其抵达之日起，3年内免税或对其在第一个3年里从事教学、讲学或研究取得的报酬免予征税。具体按以下规定执行：

①对来自同我国已签订税收协定的国家，并在该协定开始执行前已经在华的外国教师和研究人员，对其停留不超过3年（有的为2年）的日期，应自该协定开始执行之日起计算；如果是在该协定执行后来华的，对其停留不超过3年的日期，应自其第一次到达之日起计算。

②凡在已签订并开始执行的税收协定中规定，对来自对方国家的教师和研究人员，从其第一次到达之日起停留时间不超过3年或累计不超过3年，对其由于教学、讲学或研究取得的报酬免予征税的，该项免税应仅限于在华从事教学、讲学或研究不超过3年的，对在华从事上述活动为期超过3年的，即不应享受税收协定所规定的免税待遇。其中：停留日期累计不超过3年，是指多次应聘来华或一次应聘分期来华，对其多次应聘来华之间或分期来华之间的离华日期，可予扣除。

③在已签订并开始执行的税收协定中规定，对来自对方国家的教师和研究人员，由于教学、讲学或研究取得的报酬，自其抵达之日起3年内免税或第一个3年里免税的，对其从事上述活动为期超过3年的，应从第4年起征税。

④对按照已签订并开始执行的税收协定的规定，停留期超过3年（包括规定为2年的）或累计超过3年，不能享受税收协定所规定的免税待遇的外国教师和研究人员，如果在有关协议或合同中约定或者事先能够预定其在华停留期超过3年，应自其到达之日的月份起，按照我国税法所规定日期申报纳税，如果其在华从事教学、讲学或研究实际没有超过3年，可准许退还其已缴纳的税款；对事先不能预定是否超过3年的，可以待其预计要超过3年或实际超过3年时，再由其申报纳税。

⑤对在华的外国教师和研究人员，凡是属于在1986年9月1日以前，来自同我国已签订税收协定并开始执行的国家，如果按照上述第①条所明确的开始日期进行计算，其停留期超过3年，不能享受税收协定所规定的免税待遇的，对其取得的报酬等项所得进行征税，应自1986年9月1日起执行。

（2）我国对外签订税收协定中教师和研究人员条款适用范围③

在执行我国对外签署的税收协定中，有关教师

①　《财政部关于华侨从海外汇入赡养家属的侨汇等免征个人所得税问题的通知》（财税外字〔1980〕196号，1980年10月28日）。关于华侨身份的界定，参见《国家税务总局关于明确个人所得税若干政策执行问题的通知》（国税发〔2009〕121号，2009年8月17日）。

②　《财政部　税务总局关于对来自同我国签订税收协定国家的教师和研究人员征免个人所得税问题的通知》（财税协字〔1986〕30号，1986年11月26日）。

③　《国家税务总局关于明确我国对外签订税收协定中教师和研究人员条款适用范围的通知》（国税函〔1999〕37号，1999年1月15日）。此外，《外国文教专家到职通知书》和《我国对外签订税收协定教师条款征免税一览表》详见《国家税务总局关于执行税收协定教师条款的通知》（国税发〔1994〕153号，1994年7月7日）。

和研究人员在我国大学、学院、学校或教育机构或科研机构从事教学、讲学或科研活动的范围,按以下规定掌握:

①税收协定条文中提及的大学、学院、学校或有关教育机构,在我国是指经国家外国专家局批准具有聘请外籍教师和研究人员资格,并由教育部承认学历的大专以上全日制高等院校。

②税收协定条文中提及的科研机构,在我国是指国务院部、委、直属机构和省、自治区、直辖市、计划单列市所属专门从事科研开发的机构。

在计算上述单位聘请的外籍教师和研究人员在华停留期及办理有关免税事宜时,应按照第(1)条的规定执行。

8.8.21 联合国组织、世界银行、亚洲银行、国际援助与交流项目、民间科研协定项目来华外籍专家取得工资、薪金所得的免税规定

(1)凡符合下列条件之一的外籍专家取得的工资、薪金所得可免征个人所得税[①]:

①根据世界银行专项贷款协议由世界银行直接派往我国工作的外国专家。

②联合国组织直接派往我国工作的专家。

③为联合国援助项目来华工作的专家。

④援助国派往我国专为该国无偿援助项目工作的专家。

援助国派往我国专为该国无偿援助我国的建设项目服务的工作人员,取得的工资、生活津贴,不论是我方支付或外国支付,均可免征个人所得税[②]。

⑤根据两国政府签订文化交流项目来华工作

两年以内的文教专家,其工资、薪金所得由该国负担的。

⑥根据我国大专院校国际交流项目来华工作两年以内的文教专家,其工资、薪金所得由该国负担的。

外国来华文教专家,在我国服务期间,由我方发工资、薪金,并对其住房、使用汽车、医疗实行免费"三包",可只就工资、薪金所得按照税法规定征收个人所得税;对我方免费提供的住房、使用汽车、医疗,可免予计算纳税[③]。

⑦通过民间科研协定来华工作的专家,其工资、薪金所得由该国政府机构负担的。

(2)世界银行和联合国组织专家工资、薪金所得享受免税的范围

上述世界银行或联合国"直接派往"是指世界银行或联合国组织直接与该专家签订提供技术服务的协议或与该专家的雇主签订技术服务协议,并指定该专家为有关项目提供技术服务,由世界银行或联合国支付该外国专家的工资、薪金报酬。该外国专家办理上述免税时,应提供其与世界银行签订的有关合同和其工资薪金所得由世界银行或联合国组织支付、负担的证明[④]。

联合国组织是指联合国的有关组织,包括联合国开发计划署、联合国人口活动基金、联合国儿童基金会、联合国技术合作部、联合国工业发展组织、联合国粮农组织、世界粮食计划署、世界卫生组织、世界气象组织、联合国科教文组织等[⑤]。

除上述由世界银行或联合国组织直接派往中

① 《财政部 国家税务总局关于个人所得税若干政策问题的通知》(财税[1994]20号,1994年5月13日)。
② 《财政部关于外国来华工作人员缴纳个人所得税问题的通知》(财税字[1980]189号,1980年11月24日)。该文还规定,除援助国派往我国专为该国无偿援助我国的建设项目外,外国来华工作人员,在我国服务而取得的工资、薪金,不论是我方支付、外国支付、我方和外国共同支付,均属于来源于中国的所得,应按规定征收个人所得税。但对在中国境内连续居住不超过90天的,可只就我方支付的工资、薪金部分计算纳税,对外国支付的工资、薪金部分免予征税。但该规定与后来发布的财税[1994]20号文件有所出入。
③ 《财政部关于外国来华工作人员缴纳个人所得税问题的通知》(财税字[1980]189号,1980年11月24日)。
④ 《国家税务总局关于世界银行、联合国直接派遣来华工作的专家享受免征个人所得税有关问题的通知》(国税函[1996]417号,1996年7月3日)。
⑤ 《国家税务总局关于世界银行、联合国直接派遣来华工作的专家享受免征个人所得税有关问题的通知》(国税函[1996]417号,1996年7月3日)。

国工作的外国专家以外,其他外国专家从事与世界银行贷款项目有关的技术服务所取得的工资薪金所得或劳务报酬所得,均应依法征收个人所得税①。

(3)亚洲开发银行雇员和项目专家工资、薪金所得免税规定

《建立亚洲开发银行协定》(简称《协定》)第五十六条第二款规定:"对亚行付给董事、副董事、官员和雇员(包括为亚行执行任务的专家)的薪金和津贴不得征税。除非成员在递交批准书或接受书时,声明对亚行向其本国公民或国民支付的薪金和津贴该成员及其行政部门保留征税的权力"。鉴于我国在加入亚洲开发银行时,未作相关声明,因此,对由亚洲开发银行支付给我国公民或国民(包括为亚行执行任务的专家)的薪金和津贴,凡经亚洲开发银行确认这些人员为亚洲开发银行雇员或执行项目专家的,其取得的符合我国税法规定的有关薪金和津贴等报酬,应依《协定》的约定,免征个人所得税②。

8.8.22 国际公约、协定规定的免税所得及各国驻华使馆、领事馆的外交代表、领事官员及政府官员所得的优惠政策

(1)中国政府参加的国际公约、签订的协议中规定免税的所得,免征个人所得税③。

对上海合作组织设在北京的秘书处,其官员取得来自组织的薪金和其他报酬在中国境内免税。对成员国代表因履行其职责而来到中国开会的期间,不应视为居留期间④。

(2)依照我国有关法律规定应予免税的各国驻华使馆、领事馆的外交代表、领事官员和其他人员的所得,免征个人所得税⑤。

上述"依照我国法律规定应予免税的各国驻华使馆、领事馆的外交代表、领事官员和其他人员的所得",是指依照《中华人民共和国外交特权与豁免条例》和《中华人民共和国领事特权与豁免条例》规定免税的所得⑥。

8.8.23 享受优惠政策的资格审核

实行核定征税的投资者,不能享受个人所得税的优惠政策⑦。

纳税人享受减免个人所得税优惠政策时,是否须经税务机关审核或批准,应按照以下原则执行⑧:

(1)税收法律、行政法规、部门规章和规范性文件中未明确规定纳税人享受减免税必须经税务机关审批的,且纳税人取得的所得完全符合减免税条件的,无须经主管税务机关审批,纳税人可自行享受减免税。

(2)税收法律、行政法规、部门规章和规范性文件中明确规定纳税人享受减免税必须经税务机关审批的,或者纳税人无法准确判断其取得的所得是否应享受个人所得税减免的,必须经主管税务机关按照有关规定审核或批准后,方可减免个人所得税。

---

① 《国家税务总局关于世界银行、联合国直接派遣来华工作的专家享受免征个人所得税有关问题的通知》(国税函[1996]417号,1996年7月3日)。

② 《财政部 国家税务总局关于〈建立亚洲开发银行协定〉有关个人所得税问题的补充通知》(财税[2007]93号,2007年6月25日)。

③ 《中华人民共和国个人所得税法》(中华人民共和国主席令第85号,2007年12月29日)。此外,《国家税务总局关于日本国税厅驻北京代表处有关税收处理问题的通知》(国税函[1998]759号,1998年12月11日)规定,对日本国税厅驻北京代表处不从事我国税收法律、法规规定的应税业务活动,可予以免税,对该代表处日方派遣的工作人员免征个人所得税。根据《国家税务总局关于公布现行有效的税收规范性文件目录的公告》(国家税务总局公告2010年第26号),国税函[1998]759号仍然有效。

④ 《国家税务总局关于上海合作组织秘书处有关税收问题的通知》(国税函[2004]951号,2004年8月4日)。

⑤ 《中华人民共和国个人所得税法》(中华人民共和国主席令第85号,2007年12月29日)。

⑥ 《中华人民共和国个人所得税法实施条例》(中华人民共和国国务院令第519号,2008年2月18日)。

⑦ 《国家税务总局关于〈关于个人独资企业和合伙企业投资者征收个人所得税的规定〉执行口径的通知》(国税函[2001]84号,2001年1月17日)。

⑧ 《国家税务总局关于个人所得税若干政策问题的批复》(国税函[2002]629号,2002年7月12日)。

（3）纳税人有个人所得税法第五条规定情形之一的（即残疾、孤老人员和烈属所得；因严重自然灾害造成重大损失的；其他经国务院财政部门批准减税的项目，如残疾人员投资兴办或参与投资兴办个人独资企业和合伙企业取得的生产经营所得减税等），必须经主管税务机关批准，方可减征个人所得税。

8.9 征收管理

8.9.1 源泉扣缴

8.9.1.1 扣缴义务人

（1）一般规定

个人所得税，以所得人为纳税义务人，以支付所得的单位或者个人为扣缴义务人①。

凡支付个人应纳税所得的企业（公司）、事业单位、机关、社团组织、军队、驻华机构、个体工商户等单位或者个人，为个人所得税的扣缴义务人②。

上述驻华机构，不包括外国驻华使领馆和联合国及其他依法享有外交特权和豁免的国际组织驻华机构③。

扣缴义务人的认定，按照个人所得税法的规定，向个人支付所得的单位和个人为扣缴义务人。难以确定扣缴义务人的，凡税务机关认定对所得的支付对象和支付数额有决定权的单位和个人，即为扣缴义务人④。

扣缴义务人在向个人支付应税款项时，应当依照税法规定代扣税款，按时缴库，并专项记载备查。前款所说的支付，包括现金支付、汇拨支付、转账支付和以有价证券、实物以及其他形式的支付。上述所说支付，包括现金支付、汇拨支付、转账支付、有价证券、实物以及其他形式的支付⑤。

（2）工资、薪金所得的扣缴义务人

工资、薪金所得以支付工资、薪金的单位或者个人为扣缴义务人⑥。

（3）利息、股息、红利的扣缴义务人

利息、股息、红利所得实行源泉扣缴的征收方式，其扣缴义务人应是直接向纳税义务人支付利息、股息、红利的单位⑦。

企业债券利息个人所得税统一由各兑付机构在向持有债券的个人兑付利息时负责代扣代缴，就地入库。各兑付机构应按照个人所得税法的有关规定做好代扣代缴个人所得税工作⑧。

8.9.1.2 应扣缴税款的所得项目

扣缴义务人向个人支付下列所得，应代扣代缴个人所得税⑨：

Ⅰ 工资、薪金所得；

Ⅱ 对企事业单位的承包经营、承租经营所得；

Ⅲ 劳务报酬所得；

Ⅳ 稿酬所得；

Ⅴ 特许权使用费所得；

Ⅵ 利息、股息、红利所得；

Ⅶ 财产租赁所得；

Ⅷ 财产转让所得；

Ⅸ 偶然所得；

Ⅹ 经国务院财政部门确定征税的其他所得。

---

① 《中华人民共和国个人所得税法》（中华人民共和国主席令第85号，2007年12月29日）。

② 《国家税务总局关于印发〈个人所得税代扣代缴暂行办法〉的通知》（国税发[1995]65号，1995年4月6日）。

③ 《国家税务总局关于印发〈个人所得税代扣代缴暂行办法〉的通知》（国税发[1995]65号，1995年4月6日）。

④ 《国家税务总局关于个人所得税偷税案件查处中有关问题的补充通知》（国税发[1996]602号，1996年9月17日）。

⑤ 《中华人民共和国个人所得税法实施条例》（中华人民共和国国务院令第519号，2008年2月18日）。

⑥ 《国家税务总局关于印发〈个人所得税代扣代缴暂行办法〉的通知》（国税发[1995]65号，1995年4月6日）。

⑦ 《国家税务总局关于印发〈征收个人所得税若干问题的规定〉的通知》（国税发[1994]89号，1994年3月31日）。此外，《国家税务总局关于股份制企业分配股息、红利所得征收个人所得税问题的批复》（国税函[1994]665号，1994年12月21日）规定，股息、红利所得的个人所得税扣缴义务人，应是直接向纳税义务人支付股息、红利的单位，亦即是股份制企业。所扣缴的个人所得税款，应就地入库。根据《国家税务总局关于公布全文失效废止 部分条款失效废止的税收规范性文件目录的公告》（国家税务总局公告2011年第2号，2011年1月4日），国税函[1994]665号被公布全文失效或废止。

⑧ 《国家税务总局关于加强企业债券利息个人所得税代扣代缴工作的通知》（国税函[2003]612号，2003年6月6日）。

⑨ 《国家税务总局关于印发〈个人所得税代扣代缴暂行办法〉的通知》（国税发[1995]65号，1995年4月6日）。

8.9.1.3 扣缴义务人的法定义务①

(1)按照税法规定代扣代缴个人所得税是扣缴义务人的法定义务,必须依法履行。扣缴义务人向个人支付应纳税所得(包括现金、实物和有价证券)时,不论纳税人是否属于本单位人员,均应代扣代缴其应纳的个人所得税税款。所说支付,包括现金支付、汇拨支付、转账支付和以有价证券、实物以及其他形式的支付。

(2)扣缴义务人应指定支付应纳税所得的财务会计部门或其他有关部门的人员为办税人员,由办税人员具体办理个人所得税的代扣代缴工作。代扣代缴义务人的有关领导要对代扣代缴工作提供便利,支持办税人员履行义务;确定办税人员或办税人员发生变动时,应将名单及时报告主管税务机关。同一扣缴义务人的不同部门支付应纳税所得时,应报办税人员汇总。

(3)扣缴义务人在代扣税款时,必须向纳税人开具税务机关统一印制的代扣代收税款凭证,并详细注明纳税人姓名、工作单位、家庭住址和居民身份证或护照号码(无上述证件的,可用其他能有效证明身份的证件)等个人情况。对工资、薪金所得和利息、股息、红利所得等,因纳税人数众多、不便一一开具代扣代收税款凭证的,经主管税务机关同意,可不开具代扣代收税款凭证,但应通过一定形式告知纳税人已扣缴税款。纳税人为持有完税依据而向扣缴义务人索取代扣代收税款凭证的,扣缴义务人不得拒绝。扣缴义务人应主动向税务机关申领代扣代收税款凭证,据以向纳税人扣税。非正式扣税凭证,纳税人可以拒收。

(4)扣缴义务人应设立代扣代缴税款账簿,正确反映个人所得税的扣缴情况,并如实填写《扣缴个人所得税报告表》及其他有关资料。扣缴义务人每月所扣的税款,应当在次月7日内缴入国库,并向主管税务机关报送《扣缴个人所得税报告表》、代扣代收税款凭证和包括每一纳税人姓名、单位、职务、收入、税款等内容的支付个人收入明细表以及税务机关要求报送的其他有关资料。扣缴义务人违反上述规定不报送或者报送虚假纳税资料的,一经查实,其未在支付个人收入明细表中反映的向个人支付的款项,在计算扣缴义务人应纳税所得额时不得作为成本费用扣除。扣缴义务人因有特殊困难不能按期报送《扣缴个人所得税报告表》及其他有关资料的,经县级税务机关批准,可以延期申报。

(5)扣缴义务人必须依法接受税务机关检查,如实反映情况,提供有关资料,不得拒绝和隐瞒。

8.9.1.4 代扣代缴的法律责任

2001年5月1日前,对扣缴义务人应扣未扣税款,适用修订前的税收征收管理法,由扣缴义务人缴纳应扣未扣税款;2001年5月1日后,对扣缴义务人应扣未扣税款,适用修订后的税收征管法和《国家税务总局关于贯彻〈中华人民共和国税收征收管理法〉及其实施细则若干具体问题的通知》(国税发[2003]47号),由税务机关责成扣缴义务人向纳税人追缴税款,对扣缴义务人处应扣未扣税款50%以上3倍以下的罚款②。

(1)属于2001年5月1日前发生的应税行为③

扣缴义务人依法履行代扣代缴税款义务时,纳税人不得拒绝。纳税人拒绝的,扣缴义务人应及时报告税务机关处理,并暂时停止支付其应纳税所得。否则,纳税人应缴纳的税款由扣缴义务人负担。

扣缴义务人应扣未扣、应收未收税款的,由扣缴义务人缴纳应扣未扣、应收未收税款以及相应的滞纳金或罚款。其应纳税款按下列公式计算:

应纳税所得额=(支付的收入额-费用扣除标准-速算扣除数)÷(1-税率)

应纳税额=应纳税所得额×适用税率-速算扣

---

① 《国家税务总局关于印发〈个人所得税代扣代缴暂行办法〉的通知》(国税发[1995]65号,1995年4月6日)。

② 《国家税务总局关于行政机关应扣未扣个人所得税问题的批复》(国税函[2004]1199号,2004年11月1日)。

③ 《国家税务总局关于印发〈个人所得税代扣代缴暂行办法〉的通知》(国税发[1995]65号,1995年4月6日)。

除数

扣缴义务人已将纳税人拒绝代扣代缴的情况及时报告税务机关的除外。

(2)属于 2001 年 5 月 1 日后发生的应税行为

扣缴义务人应扣未扣、应收未收税款的,由税务机关向纳税人追缴税款,对扣缴义务人处以应扣未扣、应收未收税款的 50% 以上 3 倍以下罚款;纳税人、扣缴义务人逃避、拒绝或者以其他方式阻挠税务机关检查的,由税务机关责令改正,可以处 1 万元以下的罚款;情节严重的,处 1 万元以上 5 万元以下的罚款[1]。

(3)扣缴义务人的法人代表(或单位主要负责人)、财会部门的负责人及具体办理代扣代缴税款的有关人员,共同对依法履行代扣代缴义务负法律责任[2]。

扣缴义务人为纳税人隐瞒应纳税所得,不扣或少扣缴税款的,按偷税处理。扣缴义务人以暴力、威胁方式拒不履行扣缴义务的,按抗税处理。扣缴义务人违反以上各条规定,或者有偷税、抗税行为的,依照税收征管法和《全国人民代表大会常务委员会关于惩治偷税抗税犯罪的补充规定》的有关规定进行处理[3]。

(4)扣缴义务人同税务机关在纳税上发生争议时,必须先依照税务机关根据法律、行政法规确定的税款解缴税款及滞纳金,然后可以在收到税务机关填发的缴款凭证之日起 60 日内向上一级税务机关申请复议[4]。

(5)扣缴义务人应扣未扣税款,无论适用修订前还是修订后的税收征管法,均不得向纳税人或扣缴义务人加收滞纳金[5]。

8.9.1.5　代扣代缴税款的手续费

对扣缴义务人按照所扣缴的税款,付给 2% 的手续费[6]。

扣缴义务人可将其用于代扣代缴费用开支和奖励代扣代缴工作做得较好的办税人员。但由税务机关查出,扣缴义务人补扣的个人所得税税款,不向扣缴义务人支付手续费[7]。

税务机关按照税法规定付给扣缴义务人手续费时,应当按月填开收入退还书发给扣缴义务人。扣缴义务人持收入退还书向指定的银行办理退库手续[8]。

主管税务机关应对扣缴义务人建档登记,定期联系。对于经常发生代扣代缴义务的扣缴义务人,主管税务机关可以发给扣缴义务人证书。扣缴义务人应主动与税务机关联系[9]。

8.9.1.6　行政机关、事业单位工资发放方式改革后扣缴个人所得税的处理

---

① 《中华人民共和国税收征收管理法》(中华人民共和国主席令第 49 号,2001 年 4 月 28 日)。

② 《国家税务总局关于印发〈个人所得税代扣代缴暂行办法〉的通知》(国税发〔1995〕65 号,1995 年 4 月 6 日)。

③ 《国家税务总局关于印发〈个人所得税代扣代缴暂行办法〉的通知》(国税发〔1995〕65 号,1995 年 4 月 6 日)。现《中华人民共和国税收征收管理法》(中华人民共和国主席令第 49 号,2001 年 4 月 28 日)已规定:扣缴义务人采取该法第六十三条所列手段,不缴或者少缴已扣、已收税款,由税务机关追缴其不缴或者少缴的税款、滞纳金,并处不缴或者少缴的税款百分之五十以上五倍以下的罚款;构成犯罪的,依法追究刑事责任。

④ 《国家税务总局关于印发〈个人所得税代扣代缴暂行办法〉的通知》(国税发〔1995〕65 号,1995 年 4 月 6 日)。现《中华人民共和国税收征收管理法》(中华人民共和国主席令第 49 号,2001 年 4 月 28 日)已规定:纳税人、扣缴义务人、纳税担保人同税务机关在纳税上发生争议时,必须先依照税务机关的纳税决定缴纳或者解缴税款及滞纳金或者提供相应的担保,然后可以依法申请行政复议;对行政复议决定不服的,可以依法向人民法院起诉。当事人对税务机关的处罚决定、强制执行措施或者税收保全措施不服的,可以依法申请行政复议,也可以依法向人民法院起诉。当事人对税务机关的处罚决定逾期不申请行政复议也不向人民法院起诉,又不履行的,作出处罚决定的税务机关可以采取该法第四十条规定的强制执行措施,或者申请人民法院强制执行。

⑤ 《国家税务总局关于行政机关应扣未扣个人所得税问题的批复》(国税函〔2004〕1199 号,2004 年 11 月 1 日)。

⑥ 《中华人民共和国个人所得税法》(中华人民共和国主席令第 85 号,2007 年 12 月 29 日)。《国家税务总局关于印发〈个人所得税代扣代缴暂行办法〉的通知》(国税发〔1995〕65 号,1995 年 4 月 6 日)。

⑦ 《国家税务总局关于印发〈个人所得税代扣代缴暂行办法〉的通知》(国税发〔1995〕65 号,1995 年 4 月 6 日)。

⑧ 《中华人民共和国个人所得税法实施条例》(中华人民共和国个人国务院令第 519 号,2008 年 2 月 18 日)。

⑨ 《国家税务总局关于印发〈个人所得税代扣代缴暂行办法〉的通知》(国税发〔1995〕65 号,1995 年 4 月 6 日)。

根据个人所得税法第八条规定,行政机关是个人所得税的扣缴义务人,其向职工支付工资、奖金、补贴及其他工资薪金性质的收入,应依法代扣代缴个人所得税①。

(1)行政机关、事业单位改革工资发放方式后,随着支付工资所得单位的变化,其扣缴义务人也有所变化。根据个人所得税法第八条,凡是有向个人支付工薪所得行为的财政部门(或机关事务管理、人事等部门)、行政机关、事业单位均为个人所得税的扣缴义务人②。

(2)财政部门(或机关事务管理、人事等部门)向行政机关、事业单位工作人员发放工资时应依法代扣代缴个人所得税。行政机关、事业单位再向个人支付与任职、受雇有关的其他所得时,应将个人的这部分所得与财政部门(或机关事务管理、人事等部门)发放的工资合并计算应纳税所得额和应纳税额,并就应纳税额与财政部门(或机关事务管理、人事等部门)已扣缴税款的差额部分代扣代缴个人所得税③。

8.9.1.7 扣缴义务人全员全额扣缴申报管理

扣缴义务人应当按照国家规定办理全员全额扣缴申报④。

个人所得税全员全额扣缴申报(简称扣缴申报),是指扣缴义务人向个人支付应税所得时,不论其是否属于本单位人员、支付的应税所得是否达到纳税标准,扣缴义务人应当在代扣税款的次月内,向主管税务机关报送其支付应税所得个人(简称个人)的基本信息、支付所得项目和数额、扣缴税款数额以及其他相关涉税信息。扣缴义务人,是

指向个人支付应税所得的单位和个人⑤。

从2006年1月1日起,对扣缴义务人全员全额扣缴申报按以下规定进行管理⑥:

(1)个人所得税全员全额扣缴申报的范围

实行个人所得税全员全额扣缴申报的应税所得包括:

Ⅰ 工资、薪金所得;

Ⅱ 劳务报酬所得;

Ⅲ 稿酬所得;

Ⅳ 特许权使用费所得;

Ⅴ 利息、股息、红利所得;

Ⅵ 财产租赁所得;

Ⅶ 财产转让所得;

Ⅷ 偶然所得;

Ⅸ 经国务院财政部门确定征税的其他所得。

(2)扣缴义务人应报送的信息

①扣缴义务人应向主管税务机关报送个人的以下基础信息:姓名、身份证照类型及号码、职务、户籍所在地、有效联系电话、有效通信地址及邮政编码等。

②对下列个人,扣缴义务人还应加报有关信息:

Ⅰ 非雇员(不含股东、投资者):工作单位名称等;

Ⅱ 股东、投资者:公司股本(投资)总额、个人股本(投资)额等;

Ⅲ 在中国境内无住所的个人(含雇员和非雇员):外文姓名、国籍或地区、出生地(中、外文)、居留许可号码(或台胞证号码、回乡证号码)、劳动就

---

① 《国家税务总局关于行政机关应扣未扣个人所得税问题的批复》(国税函[2004]1199号,2004年11月1日)。

② 《国家税务总局关于行政机关、事业单位工资发放方式改革后扣缴个人所得税问题的通知》(国税发[2001]19号,2001年2月21日)。

③ 《国家税务总局关于行政机关、事业单位工资发放方式改革后扣缴个人所得税问题的通知》(国税发[2001]19号,2001年2月21日)。

④ 《中华人民共和国个人所得税法》(中华人民共和国主席令第85号,2007年12月29日)。

⑤ 《国家税务总局关于印发〈个人所得税全员全额扣缴申报管理暂行办法〉的通知》(国税发[2005]205号,2005年12月23日)。

⑥ 《国家税务总局关于印发〈个人所得税全员全额扣缴申报管理暂行办法〉的通知》(国税发[2005]205号,2005年12月23日)。

业证号码、职业、境内职务、境外职务、入境时间、任职期限、预计在华时间、预计离境时间、境内任职单位名称及税务登记证号码、境内任职单位地址和邮政编码及联系电话、境外派遣单位名称（中、外文）、境外派遣单位地址（中、外文）、支付地（包括境内支付和境外支付）等。

③储蓄机构向储户支付的储蓄存款利息所得、证券兑付机构向企业债券持有人兑付的企业债券利息所得和上市公司向股民支付的股息、红利所得，可暂报送以下信息：姓名、身份证照类型及号码、支付的利息（股息、红利）所得、扣缴税款等。

④扣缴义务人在进行初次扣缴申报时，应报送上述个人基础信息。个人及基础信息发生变化时，扣缴义务人应在次月扣缴申报时，将变更信息报送主管税务机关。

⑤扣缴义务人代扣税款时，纳税人要求扣缴义务人开具代扣税款凭证的，扣缴义务人应当开具。扣缴义务人应在开具代扣税款凭证的次月扣缴申报时，将开具代扣税款凭证的底联一并报送主管税务机关。

（3）扣缴义务人填表要求

①扣缴义务人在扣缴税款时，应按每个人逐栏逐项填写《扣缴个人所得税报告表》、《支付个人收入明细表》。

《扣缴个人所得税报告表》填写实际缴纳了个人所得税的个人情况。《支付个人收入明细表》填写支付了应税所得，但未达到纳税标准的个人情况。

已实行扣缴申报信息化管理的，可以将《支付个人收入明细表》并入《扣缴个人所得税报告表》。

扣缴义务人在税法规定的期限内解缴代扣税款时，应向主管税务机关报送《扣缴个人所得税报告表》、《支付个人收入明细表》和个人基础信息。但同时报送有困难的，应最迟在扣缴税款的次月底前报送。

②扣缴义务人应设立代扣代缴个人所得税款备查簿，正确反映扣缴个人所得税情况。

（4）扣缴申报方式

扣缴义务人可以直接到税务机关办理扣缴申报，也可以按照规定采取邮寄、数据电文或者其他方式办理扣缴申报。

（5）扣缴义务违章处罚办法

①扣缴义务人不能按期报送《扣缴个人所得税报告表》、《支付个人收入明细表》和个人基础信息，需要延期申报的，应按税收征管法的有关规定办理。

②扣缴义务人未按照规定设置、保管代扣代缴税款账簿或者保管代扣代缴税款记账凭证及有关资料的，依照税收征管法第六十一条的规定给予相应处罚。

③扣缴义务人未按照规定的期限向主管税务机关报送《扣缴个人所得税报告表》、《支付个人收入明细表》和个人基础信息等有关情况的，依照税收征管法第六十二条的规定给予相应处罚。

④其他税收违法行为，按照法律、法规的有关规定处理。

（6）税务机关职责

①主管税务机关应按照"一户式"管理的要求，对每个扣缴义务人建立档案，其内容包括：

Ⅰ　扣缴义务人编码、扣缴义务人名称、登记证照类型、税务登记证号码、电话号码、电子邮件地址、行业、经济类型、单位地址、邮政编码、法定代表人（单位负责人）和财务主管人员姓名及联系电话、税务登记机关、税务登记日期、主管税务机关；

Ⅱ　全年的职工人数、纳税人数及汇总的应纳税所得额（按所得项目归类汇总）、免税收入、应纳税额（按所得项目归类汇总）、减免税额、已扣税额、应补（退）税额、滞纳金、罚款等。

②各地税务机关根据扣缴义务需要提供的基础信息和管理工作的要求，制定《个人基础信息登记表》，并要求扣缴义务人填报。

③主管税务机关应以个人身份证照号码或个人纳税编码为标识，归集个人的基础信息、收入及纳税信息，逐人建立个人收入与纳税档案。

④税务机关应于年度终了3个月内，为已经实行扣缴申报后的个人按其全年实际缴纳的个人所

得税额开具《中华人民共和国个人所得税完税证明》。

⑤主管税务机关应严格审核扣缴义务人的扣缴申报资料。对《扣缴个人所得税报告表》和《支付个人收入明细表》没有按每一个人逐栏逐项填写的，或者填写不准确的，应要求扣缴义务人重新填报。

⑥税务机关应根据所掌握的涉税信息，定期对扣缴义务人扣缴申报和个人自行纳税申报的情况进行交叉稽核、分析评估。

⑦税务机关应依法为扣缴义务人和个人的情况保密。对未为扣缴义务人和个人保密的，对直接负责的主管人员和其他直接责任人员，由所在单位或者有关单位依法给予行政处分。

8.9.2 纳税申报

自2006年1月1日起，实行《个人所得税自行纳税申报办法（试行）》（简称《办法》），符合条件的纳税人须按规定在年度终了后自行申报纳税。

自行申报的纳税义务人，在申报纳税时，其在中国境内已扣缴的税款，准予按照规定从应纳税额中扣除①。

8.9.2.1 自行纳税申报的纳税义务人

个人所得超过国务院规定数额的，在两处以上取得工资、薪金所得或者没有扣缴义务人的，以及具有国务院规定的其他情形的，纳税义务人应当按照国家规定办理纳税申报②。

具体包括以下几种情形③：

Ⅰ 年所得12万元以上的；

Ⅱ 从中国境内两处或者两处以上取得工资、薪金所得的；

Ⅲ 从中国境外取得所得的；

Ⅳ 取得应纳税所得，没有扣缴义务人的；

Ⅴ 国务院规定的其他情形。

其中：年所得12万元以上的纳税人，无论取得的各项所得是否已足额缴纳了个人所得税，均应当按规定于纳税年度终了后向主管税务机关办理纳税申报。但不包括在中国境内无住所，且在一个纳税年度中在中国境内居住不满1年的个人④。

第Ⅱ项至第Ⅳ项情形的纳税人，均应当按规定于取得所得后向主管税务机关办理纳税申报。其中从中国境外取得所得的纳税人，是指在中国境内有住所，或者无住所而在一个纳税年度中在中国境内居住满1年的个人⑤。

8.9.2.2 自行纳税申报的实施时间和资料报送⑥

（1）年所得12万元以上个人自行纳税申报，自2006年1月1日起行。纳税人在纳税年度终了后，应当填写《个人所得税纳税申报表（适用于年所得12万元以上的纳税人申报）》，并在办理纳税申报时报送主管税务机关，同时报送个人有效身份证件复印件，以及主管税务机关要求报送的其他有

---

① 《中华人民共和国个人所得税法实施条例》（中华人民共和国国务院令第519号，2008年2月18日）。

② 《中华人民共和国个人所得税法》（中华人民共和国主席令第85号，2007年12月29日）。

③ 《中华人民共和国个人所得税法实施条例》（中华人民共和国国务院令第519号，2008年2月18日）。《国家税务总局关于印发〈个人所得税自行纳税申报办法（试行）〉的通知》（国税发[2006]162号，2006年11月6日）。此前，《国家税务总局关于印发〈个人所得税自行申报纳税暂行办法〉的通知》（国税发[1995]77号，1995年4月28日）规定：纳税人有下列情形之一的，必须自行向税务机关申报所得并缴纳税款：从两处或两处以上取得工资、薪金所得的；取得应纳税所得，没有扣缴义务人的；分笔取得属于一次劳务报酬所得、稿酬所得、特许权使用费所得、财产租赁所得的；取得应纳税所得，扣缴义务人未按规定扣缴税款的；税收主管部门规定必须自行申报纳税的。根据《国家税务总局关于印发〈个人所得税自行纳税申报办法（试行）〉的通知》（国税发[2006]162号），国税发[1995]77号现已失效。

④ 《国家税务总局关于印发〈个人所得税自行纳税申报办法（试行）〉的通知》（国税发[2006]162号，2006年11月6日）。

⑤ 《国家税务总局关于印发〈个人所得税自行纳税申报办法（试行）〉的通知》（国税发[2006]162号，2006年11月6日）。

⑥ 《国家税务总局关于印发〈个人所得税自行纳税申报办法（试行）〉的通知》（国税发[2006]162号，2006年11月6日）。自2008年1月1日起，年所得12万元以上的纳税人，实行修订后的申报表，详见《国家税务总局关于修改年所得12万元以上个人自行纳税申报表的通知》（国税函[2007]1087号，2007年11月2日）；中英文对照版详见《国家税务总局关于印发〈个人所得税纳税申报表（适用于年所得12万元以上的纳税人申报）〉（中英文对照版）的通知》（国税函[2008]227号，2008年3月10日）。

关资料。有效身份证件,包括纳税人的身份证、护照、回乡证、军人身份证件等。

(2)纳税人从中国境内两处或者两处以上取得工资、薪金所得的,或从中国境外取得所得的,或取得应纳税所得没有扣缴义务人的,其自行申报纳税自 2007 年 1 月 1 日起执行。纳税人应当按规定填写并向主管税务机关报送相应的纳税申报表,同时报送主管税务机关要求报送的其他有关资料。

8.9.2.3 年所得 12 万元的范围界定①

(1)年所得 12 万元以上,是指纳税人在一个纳税年度取得以下各项所得的合计数额达到 12 万元:

Ⅰ 工资、薪金所得;

Ⅱ 个体工商户的生产、经营所得;

Ⅲ 对企事业单位的承包经营、承租经营所得;

Ⅳ 劳务报酬所得;

Ⅴ 稿酬所得;

Ⅵ 特许权使用费所得;

Ⅶ 利息、股息、红利所得;

Ⅷ 财产租赁所得;

Ⅸ 财产转让所得;

Ⅹ 偶然所得;

Ⅺ 经国务院财政部门确定征税的其他所得。

(2)上述所得不含以下所得项目:

①个人所得税法第四条第一项至第九项规定的免税所得,即:

Ⅰ 省级人民政府、国务院部委、中国人民解放军军以上单位,以及外国组织、国际组织颁发的科学、教育、技术、文化、卫生、体育、环境保护等方面的奖金;

Ⅱ 国债和国家发行的金融债券利息;

Ⅲ 按照国家统一规定发给的补贴、津贴(即个人所得税法实施条例第十三条规定的按照国务院规定发放的政府特殊津贴、院士津贴、资深院士津贴以及国务院规定免纳个人所得税的其他补贴、津贴);

Ⅳ 福利费、抚恤金、救济金;

Ⅴ 保险赔款;

Ⅵ 军人的转业费、复员费;

Ⅶ 按照国家统一规定发给干部、职工的安家费、退职费、退休工资、离休工资、离休生活补助费;

Ⅷ 依照我国有关法律规定应予免税的各国驻华使馆、领事馆的外交代表、领事官员和其他人员的所得;

Ⅸ 中国政府参加的国际公约、签订的协议中规定免税的所得。

②个人所得税法实施条例第六条规定可以免税的来源于中国境外的所得。

③个人所得税法实施条例第二十五条规定的按照国家规定单位为个人缴付和个人缴付的基本养老保险费、基本医疗保险费、失业保险费、住房公积金。

8.9.2.4 年所得 12 万元的计算口径

上述各项所得的年所得,按照下列方法计算②:

(1)工资、薪金所得,按照未扣除减除费用(每月 2000 元)及附加减除费用(每月 2800 元)的收入额计算③。

(2)个体工商户的生产、经营所得,按照应纳税所得额计算。实行查账征收的,按照每一纳税年度的收入总额减除成本、费用以及损失后的余额计算;实行定期定额征收的,按照纳税人自行申报的年度应纳税所得额计算,或者按照其自行申报的年度应纳税经营额乘以应税所得率计算。

① 《国家税务总局关于印发〈个人所得税自行纳税申报办法(试行)〉的通知》(国税发[2006]162 号,2006 年 11 月 6 日)。

② 《国家税务总局关于印发〈个人所得税自行纳税申报办法(试行)〉的通知》(国税发[2006]162 号,2006 年 11 月 6 日)。《国家税务总局关于明确年所得 12 万元以上自行纳税申报口径的通知》(国税函[2006]1200 号,2006 年 12 月 15 日)。

③ 根据《中华人民共和国个人所得税法》(中华人民共和国主席令第 85 号,2007 年 12 月 29 日)和《中华人民共和国个人所得税法实施条例》(中华人民共和国国务院令第 519 号,2008 年 2 月 18 日),从 2008 年 3 月 1 日起,减除费用提高到 2000 元,附加减除费用减少到 2800 元。

对个体工商户、个人独资企业投资者,按照征收率核定个人所得税的,将征收率换算为应税所得率,据此计算应纳税所得额。合伙企业投资者照此方法确定应纳税所得额后,合伙人应根据合伙协议规定的分配比例确定其应纳税所得额,合伙协议未规定分配比例的,按合伙人数平均分配确定其应纳税所得额。对于同时参与两个以上企业投资的,合伙人应将其投资所有企业的应纳税所得额相加后的总额作为年所得。

(3)对企事业单位的承包经营、承租经营所得,按照每一纳税年度的收入总额计算,即按照承包经营、承租经营者实际取得的经营利润,加上从承包、承租的企事业单位中取得的工资、薪金性质的所得计算。

(4)劳务报酬所得,稿酬所得,特许权使用费所得,按照未扣除减除费用(每次 800 元或者每次收入的 20%)的收入额计算。

劳务报酬所得、特许权使用费所得,不得减除纳税人在提供劳务或让渡特许权使用权过程中缴纳的有关税费。

(5)财产租赁所得,按照未扣除减除费用(每次 800 元或者每次收入的 20%)和修缮费用的收入额计算。不得减除纳税人在出租财产过程中缴纳的有关税费。对于纳税人一次取得跨年度财产租赁所得的,全部视为实际取得所得年度的所得。

(6)财产转让所得,按照应纳税所得额计算,即按照以转让财产的收入额减除财产原值和转让财产过程中缴纳的税金及有关合理费用后的余额计算。

个人转让房屋所得。采取核定征收个人所得税的,按照实际征收率(1%、2%、3%)分别换算为应税所得率(5%、10%、15%),据此计算年所得。

(7)利息、股息、红利所得,偶然所得和其他所得,按照收入额全额计算。

个人储蓄存款利息所得、企业债券利息所得,全部视为纳税人实际取得所得年度的所得。

股票转让所得,以一个纳税年度内,个人股票转让所得与损失盈亏相抵后的正数为申报所得数额,盈亏相抵为负数的,此项所得按零填写。

上述年所得计算口径主要是为了方便纳税人履行自行申报义务,仅适用于个人年所得 12 万元以上的年度自行申报,不适用于个人计算缴纳税款[①]。

8.9.2.5 纳税申报地点[②]

(1)年所得 12 万元以上的纳税人,纳税申报地点分别为:

①在中国境内有任职、受雇单位的,向任职、受雇单位所在地主管税务机关申报。

②在中国境内有两处或者两处以上任职、受雇单位的,选择并固定向其中一处单位所在地主管税务机关申报。

③在中国境内无任职、受雇单位,年所得项目中有个体工商户的生产、经营所得或者对企事业单位的承包经营、承租经营所得(统称生产、经营所得)的,向其中一处实际经营所在地主管税务机关申报。

④在中国境内无任职、受雇单位,年所得项目中无生产、经营所得的,向户籍所在地主管税务机关申报。在中国境内有户籍,但户籍所在地与中国境内经常居住地不一致的,选择并固定向其中一地主管税务机关申报。在中国境内没有户籍的,向中国境内经常居住地主管税务机关申报。

(2)纳税人从中国境内两处或者两处以上取

---

① 《国家税务总局关于明确年所得 12 万元以上自行纳税申报口径的通知》(国税函〔2006〕1200 号,2006 年 12 月 15 日)。

② 《国家税务总局关于印发〈个人所得税自行纳税申报办法(试行)〉的通知》(国税发〔2006〕162 号,2006 年 11 月 6 日)。此前,《国家税务总局关于印发〈个人所得税自行申报纳税暂行办法〉的通知》(国税发〔1995〕77 号,1995 年 4 月 28 日)规定:申报地点一般应为收入来源地的主管税务机关。纳税人从两处或两处以上取得工资、薪金所得的,可选择并固定在其中一地税务机关申报纳税;从境外取得所得的,应向境内户籍所在地或经常居住地税务机关申报纳税。纳税人要求变更申报纳税地点的,须经原主管税务机关批准。根据《国家税务总局关于印发〈个人所得税自行纳税申报办法(试行)〉的通知》(国税发〔2006〕162 号,2006 年 11 月 6 日),国税发〔1995〕77 号现已失效。

得工资、薪金所得的,或从中国境外取得所得的,或取得应纳税所得没有扣缴义务人的,纳税申报地点分别为:

①从两处或者两处以上取得工资、薪金所得的,选择并固定向其中一处单位所在地主管税务机关申报。

②从中国境外取得所得的,向中国境内户籍所在地主管税务机关申报。在中国境内有户籍,但户籍所在地与中国境内经常居住地不一致的,选择并固定向其中一地主管税务机关申报。在中国境内没有户籍的,向中国境内经常居住地主管税务机关申报。

③个体工商户向实际经营所在地主管税务机关申报。

④个人独资、合伙企业投资者兴办两个或两个以上企业的,区分不同情形确定纳税申报地点:

Ⅰ 兴办的企业全部是个人独资性质的,分别向各企业的实际经营管理所在地主管税务机关申报。

Ⅱ 兴办的企业中含有合伙性质的,向经常居住地主管税务机关申报。

Ⅲ 兴办的企业中含有合伙性质,个人投资者经常居住地与其兴办企业的经营管理所在地不一致的,选择并固定向其参与兴办的某一合伙企业的经营管理所在地主管税务机关申报。除特殊情况外,5 年以内不得变更。

⑤除以上情形外,纳税人应当向取得所得所在地主管税务机关申报。纳税人不得随意变更纳税申报地点,因特殊情况变更纳税申报地点的,须报

原主管税务机关备案。

以上所称经常居住地,是指纳税人离开户籍所在地最后连续居住一年以上的地方。

8.9.2.6　纳税申报期限

(1)年所得 12 万元以上的纳税义务人,在年度终了后 3 个月内到主管税务机关办理纳税申报①。

(2)工资、薪金所得应纳的税款,按月计征,由扣缴义务人或者纳税义务人在次月 7 日内缴入国库,并向税务机关报送纳税申报表。特定行业的工资、薪金所得应纳的税款,可以实行按年计算、分月预缴的方式计征②。

(3)个体工商户和个人独资、合伙企业投资者取得的生产、经营所得应纳的税款,分月预缴的,纳税人在每月终了后 7 日内办理纳税申报;分季预缴的,纳税人在每个季度终了后 7 日内办理纳税申报。纳税年度终了后,纳税人在 3 个月内进行汇算清缴,多退少补③。

(4)对企事业单位的承包经营、承租经营所得应纳的税款,按年计算,由纳税义务人在年度终了后 30 日内缴入国库,并向税务机关报送纳税申报表④。

上述由纳税义务人在年度终了后 30 日内将应纳的税款缴入国库,是指纳税人年终一次性取得对企事业单位的承包经营、承租经营所得的,自取得所得之日起 30 日内办理纳税申报并将应纳的税款缴入国库。在 1 个纳税年度内分次取得承包经营、承租经营所得的,在每次取得所得后的次月 7 日内

① 《中华人民共和国个人所得税法实施条例》(中华人民共和国国务院令第 519 号,2008 年 2 月 18 日)。《国家税务总局关于印发〈个人所得税自行纳税申报办法(试行)〉的通知》(国税发[2006]162 号,2006 年 11 月 6 日)。
② 《中华人民共和国个人所得税法》(中华人民共和国主席令第 85 号,2007 年 12 月 29 日)。
③ 《中华人民共和国个人所得税法》(中华人民共和国主席令第 85 号,2007 年 12 月 29 日)。《国家税务总局关于印发〈个人所得税自行纳税申报办法(试行)〉的通知》(国税发[2006]162 号,2006 年 11 月 6 日)。此前,《国家税务总局关于印发〈个人所得税自行申报纳税暂行办法〉的通知》(国税发[1995]77 号,1995 年 4 月 28 日)规定:账册健全的个体工商户的生产、经营所得应纳的税款,按年计算,分月预缴,由纳税人在次月 7 日内申报预缴,年度终了后 3 个月内汇算清缴,多退少补。账册不健全的个体工商户的生产、经营所得应纳的税款,由各地税务机关依据征管法及其实施细则的有关规定,自行确定征收方式。根据《国家税务总局关于印发〈个人所得税自行纳税申报办法(试行)〉的通知》(国税发[2006]162 号,2006 年 11 月 6 日),国税发[1995]77 号现也失效。
④ 《中华人民共和国个人所得税法》(中华人民共和国主席令第 85 号,2007 年 12 月 29 日)。

申报预缴,纳税年度终了后3个月内汇算清缴,多退少补①。

(5)从中国境外取得所得的纳税人,在纳税年度终了后30日内向中国境内主管税务机关办理纳税申报②。

(6)除上述规定的情形外,纳税人取得其他各项所得须申报纳税的,在取得所得的次月7日内向主管税务机关办理纳税申报③。

扣缴义务人每月所扣的税款,自行申报纳税人每月应纳的税款,都应当在次月7日内缴入国库,并向税务机关报送纳税申报表④。

(7)纳税人不能按照规定的期限办理纳税申报,需要延期的,按照税收征管法第二十七条和税收征管法实施细则第三十七条的规定办理⑤。

纳税人因有特殊困难,不能按期缴纳个人所得税款的,经省、自治区、直辖市地方税务局批准,可以延期缴纳税款,但是最长不得超过3个月⑥。

8.9.2.7 纳税申报方式⑦

(1)纳税人可以采取数据电文、邮寄等方式申报,也可以直接到主管税务机关申报,或者采取符合主管税务机关规定的其他方式申报。

纳税人采取数据电文方式申报的,应当按照税务机关规定的期限和要求保存有关纸质资料。

纳税人采取邮寄方式申报的,以邮政部门挂号信函收据作为申报凭据,以寄出的邮戳日期为实际申报日期。

(2)纳税人可以委托有税务代理资质的中介机构或者他人代为办理纳税申报。

年所得12万元以上的纳税人,在自愿委托有税务代理资质的中介机构(简称中介机构)、扣缴义务人或其他个人代为办理自行纳税申报时,应当签订委托办理个人所得税自行纳税申报协议(合同)。同时,纳税人还应将其纳税年度内所有应税所得项目、所得额、税额等,告知受托人,由受托人将其各项所得合并后进行申报,并附报委托协议(合同)⑧。

税务机关受理中介机构、扣缴义务人或其他个人代为办理的自行申报时,应审核纳税人与受托人签订的委托申报协议(合同),凡不能提供委托申

---

① 《中华人民共和国个人所得税法》(中华人民共和国主席令第85号,2007年12月29日)。《中华人民共和国个人所得税法实施条例》(中华人民共和国国务院令第519号,2008年2月18日)。《国家税务总局关于印发〈个人所得税自行纳税申报办法(试行)〉的通知》(国税发[2006]162号,2006年11月6日)。此前,《国家税务总局关于印发〈个人所得税自行申报纳税暂行办法〉的通知》(国税发[1995]77号,1995年4月28日)规定:纳税人年终一次性取得承包经营、承租经营所得的,自取得收入之日起30日内申报纳税;在一年内分次取得承包经营、承租经营所得的,应在取得每次所得后的7日内申报预缴,年度终了后3个月内汇算清缴,多退少补。根据《国家税务总局关于印发〈个人所得税自行纳税申报办法(试行)〉的通知》(国税发[2006]162号,2006年11月6日),国税发[1995]77号现也失效。

② 《国家税务总局关于印发〈个人所得税自行纳税申报办法(试行)〉的通知》(国税发[2006]162号,2006年11月6日)。

③ 《国家税务总局关于印发〈个人所得税自行纳税申报办法(试行)〉的通知》(国税发[2006]162号,2006年11月6日)。

④ 《中华人民共和国个人所得税法》(中华人民共和国主席令第85号,2007年12月29日)。此前,《国家税务总局关于印发〈个人所得税自行申报纳税暂行办法〉的通知》(国税发[1995]77号,1995年4月28日规定:除特殊情况外,纳税人应在取得应纳税所得的次月7日内向主管税务机关申报所得并缴纳税款。根据《国家税务总局关于印发〈个人所得税自行纳税申报办法(试行)〉的通知》(国税发[2006]162号,2006年11月6日),国税发[1995]77号现也失效。

⑤ 《国家税务总局关于印发〈个人所得税自行纳税申报办法(试行)〉的通知》(国税发[2006]162号,2006年11月6日)。

⑥ 《中华人民共和国税收征收管理法》(中华人民共和国主席令第49号,2001年4月28日)。此前,《国家税务总局关于印发〈个人所得税自行申报纳税暂行办法〉的通知》(国税发[1995]77号,1995年4月28日)规定:纳税人因有特殊困难,不能按期缴纳税款的,经县以上税务局(分局)批准,可以延期缴纳税款,但最长不得超过三个月。根据《国家税务总局关于印发〈个人所得税自行纳税申报办法(试行)〉的通知》(国税发[2006]162号,2006年11月6日),国税发[1995]77号现也失效。

⑦ 本部分除单独标注的内容外,均出自《国家税务总局关于印发〈个人所得税自行纳税申报办法(试行)〉的通知》(国税发[2006]162号,2006年11月6日)。此前根据该文件已失效的《国家税务总局关于印发〈个人所得税自行申报纳税暂行办法〉的通知》(国税发[1995]77号,1995年4月28日)规定:纳税人可以由本人或委托他人或采用邮寄方式在规定的申报期限内申报纳税。邮寄申报纳税的,以寄出地的邮戳日期为实际申报日期。

⑧ 《国家税务总局关于明确年所得12万元以上自行纳税申报口径的通知》(国税函[2006]1200号,2006年12月15日)。

报协议（合同）的，不得受理其代为办理的自行申报①。

8.9.2.8　纳税申报管理②

（1）主管税务机关应当将各类申报表，登载到税务机关的网站上，或者摆放到税务机关受理纳税申报的办税服务厅，免费供纳税人随时下载或取用。

（2）主管税务机关应当在每年法定申报期间，通过适当方式，提醒年所得 12 万元以上的纳税人办理自行纳税申报。

（3）受理纳税申报的主管税务机关根据纳税人的申报情况，按照规定办理税款的征、补、退、抵手续。

（4）主管税务机关按照规定为已经办理纳税申报并缴纳税款的纳税人开具完税凭证。

（5）税务机关依法为纳税人的纳税申报信息保密。

（6）纳税人变更纳税申报地点，并报原主管税务机关备案的，原主管税务机关应当及时将纳税人变更纳税申报地点的信息传递给新的主管税务机关。

（7）主管税务机关对已办理纳税申报的纳税人建立纳税档案，实施动态管理。

8.9.3　个人所得税若干专项管理办法③

个人所得税的征收管理，依照税收征收管理法的规定执行④。

自 2005 年 10 月 1 日起，国家税务总局确立了加强和规范个人所得税管理的"四一三"思路，分别是：建立四项制度，即个人收入档案管理制度、代扣代缴明细账制度、纳税人与扣缴义务人向税务机关双向申报制度、与社会各部门配合的协税制度；建设一个系统，即研发应用统一的个人所得税管理信息系统；加强三项管理，即高收入者重点管理、税源源泉管理、全员全额管理。

8.9.3.1　个人收入档案管理制度

个人收入档案管理制度是指，税务机关按照要求对每个纳税人的个人基本信息、收入和纳税信息以及相关信息建立档案，并对其实施动态管理的一项制度。

省以下（含省级）各级税务机关的管理部门按照规定逐步对每个纳税人建立收入和纳税档案，实施"一户式"的动态管理。

省以下（含省级）各级税务机关的管理部门区别不同类型纳税人，并按以下内容建立相应的基础信息档案：

（1）雇员纳税人（不含股东、投资者、外籍人员）的档案内容包括：姓名、身份证照类型、身份证照号码、学历、职业、职务、电子邮箱地址、有效联系电话、有效通信地址、邮政编码、户籍所在地、扣缴义务人编码、是否重点纳税人。

（2）非雇员纳税人（不含股东、投资者）的档案内容包括：姓名、身份证照类型、身份证照号码、电子邮箱地址、有效联系电话、有效通信地址（工作单位或家庭地址）、邮政编码、工作单位名称、扣缴义务人编码、是否重点纳税人。

（3）股东、投资者（不含个人独资、合伙企业投资者）的档案内容包括：姓名、国籍、身份证照类型、身份证照号码、有效通信地址、邮政编码、户籍所在地、有效联系电话、电子邮箱地址、公司股本（投资）总额、个人股本（投资）额、扣缴义务人编码、是否重点纳税人。

（4）个人独资、合伙企业投资者、个体工商户、对企事业单位的承包承租经营人的档案内容包括：姓名、身份证照类型、身份证照号码、个体工商户（或个人独资企业、合伙企业、承包承租企事业单位）名称、经济类型、行业、经营地址、邮政编码、有

---

①　《国家税务总局关于明确年所得 12 万元以上自行纳税申报口径的通知》（国税函〔2006〕1200 号，2006 年 12 月 15 日）。

②　《国家税务总局关于印发〈个人所得税自行纳税申报办法（试行）〉的通知》（国税发〔2006〕162 号，2006 年 11 月 6 日）。

③　本部分除特别标注的内容外，均出自《国家税务总局关于印发〈个人所得税管理办法〉的通知》（国税发〔2005〕120 号，2005 年 7 月 6 日）。

④　《中华人民共和国个人所得税法》（中华人民共和国主席令第 85 号，2007 年 12 月 29 日）

效联系电话、税务登记证号码、电子邮箱地址、所得税征收方式(核定、查账)、主管税务机关、是否重点纳税人。

(5)外籍人员(含雇员和非雇员)的档案内容包括:纳税人编码、姓名(中、英文)、性别、出生地(中、英文)、出生年月、境外地址(中、英文)、国籍或地区、身份证照类型、身份证照号码、居留许可号码(或台胞证号码、回乡证号码)、劳动就业证号码、职业、境内职务、境外职务、入境时间、任职期限、预计在华时间、预计离境时间、境内任职单位名称及税务登记证号码、境内任职单位地址、邮政编码、联系电话、其他任职单位(也应包括地址、电话、联系方式)名称及税务登记证号码、境内受聘或签约单位名称及税务登记证号码、地址、邮政编码、联系电话、境外派遣单位名称(中、英文)、境外派遣单位地址(中、英文)、支付地(包括境内支付还是境外支付)、是否重点纳税人。

(6)纳税人档案的内容来源于:

Ⅰ 纳税人税务登记情况;

Ⅱ 《扣缴个人所得税报告表》和《支付个人收入明细表》;

Ⅲ 代扣代收税款凭证;

Ⅳ 个人所得税纳税申报表;

Ⅴ 社会公共部门提供的有关信息;

Ⅵ 税务机关的纳税检查情况和处罚记录;

Ⅶ 税务机关掌握的其他资料及纳税人提供的其他信息资料。

8.9.3.2 代扣代缴明细账制度

代扣代缴明细账制度是指,税务机关依据个人所得税法和有关规定,要求扣缴义务人按规定报送其支付收入的个人所有的基本信息、支付个人收入和扣缴税款明细信息以及其他相关涉税信息,并对每个扣缴义务人建立档案,为后续实施动态管理打下基础的一项制度。

(1)税务机关应按照税法及相关法律、法规的有关规定,督促扣缴义务人按规定设立代扣代缴税

款账簿,正确反映个人所得税的扣缴情况。

(2)扣缴义务人申报的纳税资料,税务机关应严格审查核实。对《扣缴个人所得税报告表》和《支付个人收入明细表》没有按每一个人逐栏逐项填写的,或者填写内容不全的,主管税务机关应要求扣缴义务人重新填报。已实行信息化管理的,可以将《支付个人收入明细表》并入《扣缴个人所得税报告表》①。

(3)《扣缴个人所得税报告表》填写实际缴纳了个人所得税的纳税人的情况;《支付个人收入明细表》填写支付了应税收入,但未达到纳税标准的纳税人的情况。

(4)税务机关将扣缴义务人报送的支付个人收入情况与其同期财务报表交叉比对,发现不符的,应要求其说明情况,并依法查实处理。

(5)税务机关对每个扣缴义务人建立档案,其内容包括:扣缴义务人编码、扣缴义务人名称、税务(注册)登记证号码、电话号码、电子邮件地址、行业、经济类型、单位地址、邮政编码、法定代表人(单位负责人)和财务主管人员姓名及联系电话、税务登记机关、登记证照类型、发照日期、主管税务机关、应纳税所得额(按所得项目归类汇总)、免税收入、应纳税额(按所得项目归类汇总)、纳税人数、已纳税额、应补(退)税额、减免税额、滞纳金、罚款、完税凭证号等。

扣缴义务人档案的内容来源于:

Ⅰ 扣缴义务人扣缴税款登记情况;

Ⅱ 《扣缴个人所得税报告表》和《支付个人收入明细表》;

Ⅲ 代扣代收税款凭证;

Ⅳ 社会公共部门提供的有关信息;

Ⅴ 税务机关的纳税检查情况和处罚记录;

Ⅵ 税务机关掌握的其他资料。

8.9.3.3 纳税人与扣缴义务人向税务机关双向申报制度

---

① 《国家税务总局关于印发〈个人所得税管理办法〉的通知》(国税发〔2005〕120号,2005年7月6日)。

纳税人与扣缴义务人向税务机关双向申报制度是指,纳税人与扣缴义务人按照法律、行政法规规定和税务机关依法律、行政法规所提出的要求,分别向主管税务机关办理纳税申报,税务机关对纳税人和扣缴义务人提供的收入、纳税信息进行交叉比对、核查的一项制度。

对税法及其实施条例,以及相关法律、法规规定纳税人必须自行申报的,税务机关应要求其自行向主管税务机关进行纳税申报。

税务机关接受纳税人、扣缴义务人的纳税申报时,应对申报的时限、应税项目、适用税率、税款计算及相关资料的完整性和准确性进行初步审核,发现有误的,应及时要求纳税人、扣缴义务人修正申报。

税务机关应对双向申报的内容进行交叉比对和评估分析,从中发现问题并及时依法处理。

8.9.3.4　社会各部门配合的协税制度

与社会各部门配合的协税制度是指,税务机关应建立与个人收入和个人所得税征管有关的各部门的协调与配合的制度,及时掌握税源和与纳税有关的信息,共同制定和实施协税、护税措施,形成社会协税、护税网络。

税务机关重点加强与以下部门的协调配合:公安、检察、法院、工商、银行、文化体育、财政、劳动、房管、交通、审计、外汇管理等部门。

税务机关通过加强与有关部门的协调配合,着重掌握纳税人的相关收入信息:

(1)与公安部门联系,了解中国境内无住所个人出入境情况及在中国境内的居留暂住情况,实施阻止欠税人出境制度,掌握个人购车等情况。

(2)与工商部门联系,了解纳税人登记注册的变化情况和股份制企业股东及股本变化等情况。

(3)与文化体育部门联系,掌握各种演出、比赛获奖等信息,落实演出承办单位和体育单位的代扣代缴义务等情况。

(4)与房管部门联系,了解房屋买卖、出租等情况。

(5)与交通部门联系,了解出租车、货运车以及运营等情况。

(6)与劳动部门联系,了解中国境内无住所个人的劳动就业情况。

8.9.3.5　高收入者个人所得税管理①

(1)重点纳税人范围

下列人员为个人所得税重点纳税人:

①金融、保险、证券、电力、电信、石油、石化、烟草、民航、铁道、房地产、学校、医院、城市供水供气、出版社、公路管理、外商投资企业和外国企业、高新技术企业、中介机构、体育俱乐部等高收入行业人员。

②民营经济投资者、影视明星、歌星、体育明星、模特等高收入个人。

③临时来华演出人员。

(2)重点管理实施范围

税务机关从下列人员中,选择一定数量的个人作为重点纳税人,实施重点管理:

Ⅰ　收入较高者。

Ⅱ　知名度较高者。

Ⅲ　收入来源渠道较多者。

Ⅳ　收入项目较多者。

Ⅴ　无固定单位的自由职业者。

Ⅵ　对税收征管影响较大者。

税务机关对重点纳税人实行滚动动态管理办法,每年都根据本地实际情况,适时增补重点纳税人,不断扩大重点纳税人管理范围,直至实现全员全额管理。

(3)重点纳税人建档管理

税务机关对重点纳税人按人建立专门档案,实

---

① 《国家税务总局关于印发〈个人所得税管理办法〉的通知》(国税发[2005]120号,2005年7月6日)。关于加强对高收入者的征收管理,《国家税务总局关于进一步加强对高收入者个人所得税征收管理的通知》(国税发[2001]57号,2001年6月1日)等文件也多次作出过规定。根据《国家税务总局关于公布全文失效废止 部分条款失效废止的税收规范性文件目录的公告》(国家税务总局公告2011年第2号,2011年1月4日),国税发[2001]57号被公布全文失效废止。

行重点管理,随时跟踪其收入和纳税变化情况。充分利用建档管理掌握的重点纳税人信息,定期对重点纳税人的收入、纳税情况进行比对、评估分析。

省级(含计划单列市)税务机关于每年7月底以前和次年1月底以前,分别将所确定的重点纳税人的半年和全年的基本情况及收入、纳税等情况,填写《个人所得税重点纳税人收入和纳税情况汇总表》报送国家税务总局。

(4)个体工商户、个人独资企业和合伙企业投资者以及独立从事劳务活动个人的个人所得税管理

①积极推行个体工商户、个人独资企业和合伙企业建账工作,规范财务管理,健全财务制度;有条件的地区应使用税控装置加强对纳税人的管理和监控。

②健全和完善核定征收工作,对账证不全、无法实行查账征收的纳税人,按规定实行核定征收,并根据纳税人经营情况及时进行定额调整。

③加强税务系统的协作配合,实现信息共享,建立健全个人所得税情报交流和异地协查制度,互通信息,解决同一个投资者在两处或两处以上投资和取得收入合并缴纳个人所得税的监控难题。

④加强个人投资者从其投资企业借款的管理,对期限超过一年又未用于企业生产经营的借款,严格按照有关规定征税。

⑤严格对个人投资的企业和个体工商户税前扣除的管理,定期进行检查。对个人投资者以企业资金为本人、家庭成员及其相关人员支付的与生产经营无关的消费性、财产性支出,严格按照规定征税。

⑥加强对从事演出、广告、讲课、医疗等人员的劳务报酬所得的征收管理,全面推行预扣预缴办法,从源泉上强化征管。

(5)重点纳税人专项检查

①加强对重点纳税人、独立纳税人的专项检查。严厉打击涉税违法犯罪行为。各地每年应通过有关媒体公开曝光2至3起个人所得税违法犯罪案件。

②加强重点纳税人、独立纳税人的个人所得税日常检查。日常检查由省级以下税务机关的征管和税政部门共同组织实施。实施日常检查应当制订计划,并按规定程序进行,防止多次、重复检查,影响纳税人的生产经营。

8.9.3.6　个人所得税税源管理

(1)强化税务登记管理

严格税务登记管理制度,认真开展漏征漏管户的清理工作,摸清底数。税务机关按照有关要求建立和健全纳税人、扣缴义务人的档案,切实加强个人所得税税源管理。

(2)强化代扣代缴管理

①贯彻落实已有的个人所得税代扣代缴工作制度和办法,并在实践中不断完善提高。

②在对本地区所有行政、企事业单位、社会团体等扣缴义务人进行清理和摸底的基础上,按照纳税档案管理的指标建立扣缴义务人台账或基本账户,对其实行跟踪管理。

③配合全员全额管理,推行扣缴义务人支付个人收入明细申报制度。

④对下列行业应实行重点税源管理:金融、保险、证券、电力、电信、石油、石化、烟草、民航、铁道、房地产、学校、医院、城市供水供气、出版社、公路管理、外商投资企业、高新技术企业、中介机构、体育俱乐部等高收入行业;连续3年(含3年)为零申报的代扣代缴单位(简称长期零申报单位)。

⑤对重点税源管理的行业、单位和长期零申报单位,将其列为每年开展专项检查的重点对象,或对其纳税申报材料进行重点审核。

(3)强化税源信息管理

税务机关充分利用与各部门配合的协作制度,从公安、工商、银行、文化、体育、房管、劳动、外汇管理等社会公共部门获取税源信息。利用从有关部门获取的信息,加强税源管理、进行纳税评估,定期分析税源变化情况,对变动较大等异常情况,及时分析原因,采取相应管理措施。

(4)强化核定征收户管理

税务机关在加强查账征收工作的基础上,对符

合征管法第三十五条规定情形的,采取定期定额征收和核定应税所得率征收,以及采取其他合理的办法核定征收个人所得税。对共管个体工商户的应纳税经营额由国家税务局负责核定。主管税务机关在确定对纳税人的核定征收方式后,选择有代表性的典型户进行调查,在此基础上确定应纳税额。典型调查面不得低于核定征收纳税人的3%。

8.9.3.7　个人所得税全员全额管理①

全员全额管理是指,凡取得应税收入的个人,无论收入额是否达到个人所得税的纳税标准,均应就其取得的全部收入,通过代扣代缴和个人申报,全部纳入税务机关管理。

税务机关本着先扣缴义务人后纳税人,先重点行业、企业和纳税人后一般行业、企业和纳税人等原则,积极稳妥地推进全员全额管理。

(1)尽快建立个人收入档案管理制度、代扣代缴明细账制度、纳税人与扣缴义务人向税务机关双向申报制度、与社会各部门配合的协税制度,为实施全员全额管理打下基础。

(2)积极创造条件,并根据金税工程三期的总体规划和有关要求,依托信息化手段,逐步实现全员全额申报管理,并在此基础上,为每个纳税人开具完税凭证(证明)。

(3)充分利用全员全额管理掌握的纳税人信息、扣缴义务人信息、税源监控信息、有关部门、媒体提供的信息、税收管理人员实地采集的信息等,依据国家有关法律和政策法规的规定,对自行申报纳税人纳税申报情况和扣缴义务人扣缴税情况的真实性、准确性进行分析、判断,开展个人所得税纳税评估,提高全员全额管理的质量。

(4)加强个人所得税纳税评估。

①工资、薪金所得,重点分析工资总额增减率与该项目税款增减率对比情况,人均工资增减率与人均该项目税款增减率对比情况,税款增减率与企

业利润增减率对比分析,同行业、同职务人员的收入和纳税情况对比分析。

②利息、股息、红利所得,重点分析当年该项目税款与上年同期对比情况,该项目税款增减率与企业利润增减率对比情况,企业转增个人股本情况,企业税后利润分配情况。

③个体工商户的生产、经营所得(含个人独资企业和合伙企业),重点分析当年与上年该项目税款对比情况,该项目税款增减率与企业利润增减率对比情况;税前扣除项目是否符合现行政策规定;是否连续多个月零申报;同地区、同行业个体工商户生产、经营所得的税负对比情况。

④对企事业单位的承包经营、承租经营所得,重点分析当年与上年该项目税款对比情况,该项目税款增减率与企业利润增减率对比情况,其行业利润率、上缴税款占利润总额的比重等情况;是否连续多个月零申报;同地区、同行业对企事业单位的承包经营、承租经营所得的税负对比情况。

⑤劳务报酬所得,重点分析纳税人取得的所得与过去对比情况,支付劳务费的合同、协议、项目情况,单位白条列支劳务报酬情况。

⑥其他各项所得,结合个人所得税征管实际,选择有针对性的评估指标进行评估分析。

8.9.4　个人所得税完税证明和税收居民证明开具管理

8.9.4.1　个人所得税完税证明开具管理

从2005年1月1日起,税务机关区别不同情况,试行给纳税人分别开具《中华人民共和国个人所得税完税证明》(简称完税证明)。

(1)完税证明开具范围②

①对实行了扣缴义务人明细申报、信息化程度较好的地区,以及纳入重点管理的纳税人,无论扣缴义务人是否给纳税人开具代扣代收税款凭证,以

---

① 《国家税务总局关于印发〈个人所得税管理办法〉的通知》(国税发[2005]120号,2005年7月6日)。《国家税务总局关于印发〈个人所得税全员全额扣缴申报管理暂行办法〉的通知》(国税发[2005]205号,2005年12月23日)。

② 《国家税务总局关于试行税务机关向扣缴义务人实行明细申报后的纳税人开具个人所得税完税证明的通知》(国税发[2005]8号,2005年1月21日)。

及纳税人是否提出要求,税务机关均根据系统内掌握的扣缴义务人明细申报信息和其他涉税信息,汇总纳税人全年个人所得税纳税情况,经核实后,于年度终了3个月内,为每一个纳税人按其上年实际缴纳的个人所得税额开具一张完税证明①。

纳税人在年度中间因出国、向境外转移财产、对外投资等原因需要完税证明并向税务机关提出要求的,经税务机关核实后,开具其相应期间实际缴纳个人所得税款的完税证明。

②虽实行了扣缴义务人明细申报,但信息化条件暂不具备的地区,纳税人向税务机关提出开具完税证明要求的,须提供合法身份证明和有关已扣(缴)税款凭证,经税务机关核实后,开具其相应期间实际缴纳个人所得税款的完税证明。

(2)完税证明送达方式②

完税证明开具后,税务机关可通过扣缴义务人将其送达纳税人,也可结合本地实际,采取由税务机关直接邮寄、由纳税人自行到税务机关领取、委托第三方送达等多种方式,确保完税证明准确、安全送达纳税人手中。

8.9.4.2 税收居民证明开具管理

(1)中国税收居民身份证明

《中国税收居民身份证明》的开具,按以下规定执行③:

①各地、市、州(含直辖市下辖区)国家税务局、地方税务局国际税收业务部门负责向本局所辖企业所得税和个人所得税的相关企业和个人开具税收居民证明的工作。未设立国际税收业务部门的国家税务局、地方税务局指定部门负责此项工作。

②证明申请人需填写并向具体负责开具证明的部门递交《中国税收居民身份证明》申请表,负责开具证明部门根据申请事项按照企业所得税法、个人所得税法以及税收协定有关居民的规定标准,在确定申请人符合中国税收居民身份条件的情况下,提出处理意见并由局长签发。

③各地税务机关应将开具的《中国税收居民身份证明》复印存档,年终将本年度开出的证明报省税务局备案,省税务局将本省本年度开出的证明报国家税务总局国际税务司备案。各开具单位对本部门开具的证明自行编号。

④外国企业或个人在我国从事经营活动构成我国税收居民并提出开具税收居民身份证明,以及内地居民纳税人享受内地政府与香港特别行政区政府、澳门特别行政区政府税收安排待遇时提出开具税收居民身份证明的,均适用以上规定。

(2)部分国家(地区)税收居民证明④

为便于税收协定的执行和纳税人居民身份的认定,国家税务总局向协定缔约国(地区)税务主管当局征集了对方国家税收居民身份证明样式,并印发了42个国家(地区)的税收居民证明样式,分别是:美国、比利时、德国、挪威、丹麦、新加坡、芬兰、瑞典、泰国、捷克、斯洛伐克、波兰、巴基斯坦、科威特、塞浦路斯、西班牙、罗马尼亚、奥地利、蒙古、马耳他、韩国、毛里求斯、白俄罗斯、斯洛文尼亚、越南、土耳其、冰岛、立陶宛、拉脱维亚、塞尔维亚、马其顿、葡萄牙、爱沙尼亚、摩尔多瓦、古巴、阿曼、巴

---

① 《国家税务总局关于税务机关为纳税人开具个人所得税完税证明有关部门问题的批复》(国税函〔2005〕229号,2005年2月22日)规定,完税证明中税款所属期,是指纳税人应缴税款的纳税义务发生时间或计税期间。本年度征缴入库的往年查补税款或欠税,应分别填写税款所属期或分别开具完税证明。根据《国家税务总局关于公布全文失效废止 部分条款失效废止的税收规范性文件目录的公告》(国家税务总局公告2011年第2号,2011年1月4日),国税函〔2005〕229号被公布失效废止。
② 《国家税务总局关于试行税务机关向扣缴义务人实行明细申报后的纳税人开具个人所得税完税证明的通知》(国税发〔2005〕8号,2005年1月21日)。
③ 《国家税务总局关于做好〈中国税收居民身份证明〉开具工作的通知》(国税函〔2008〕829号,2008年10月9日)。《中国税收居民身份证明》和《中国税收居民身份证明》申请表式样见该文附件,于2008年10月1日起使用。此前,《国家税务总局关于印制、使用〈中国居民身份证明〉的通知》(国税发〔1994〕255号)和《国家税务总局关于向外籍个人和企业提供完税证明和中国居民身份证明的通知》(国税发〔2001〕43号)同时废止。
④ 《国家税务总局关于印发部分国家(地区)税收居民证明样式的通知》(国税函〔2009〕395号,2009年7月24日)。

林、希腊、吉尔吉斯斯坦、文莱、香港、澳门。

日本、荷兰、澳大利亚、瑞士、卢森堡和爱尔兰等国尚无统一的税收居民证明标准格式,但如这些国家的居民有需求,则其所在国税务主管当局可以信函等方式为其提供。

各地执行税收协定时,如遇纳税人提供的证明与印发的证明样式不同或有疑义,或认定无标准格式的国家(地区)的税收居民证明有困难的,可通过国家税务总局向对方国家税务主管当局进行确认。

8.9.5 若干应税所得项目和部分行业从业人员个人所得税征收管理

8.9.5.1 股权转让所得个人所得税征收管理

对自然人股东股权转让所得个人所得税按下列要求加强征收管理①:

(1)股权交易各方在签订股权转让协议并完成股权转让交易以后至企业变更股权登记之前,负有纳税义务或代扣代缴义务的转让方或受让方,应到主管税务机关办理纳税(扣缴)申报,并持税务机关开具的股权转让所得缴纳个人所得税完税凭证或免税、不征税证明,到工商行政管理部门办理股权变更登记手续。

(2)股权交易各方已签订股权转让协议,但未完成股权转让交易的,企业在向工商行政管理部门申请股权变更登记时,应填写《个人股东变动情况报告表》(表格式样和联次由各省地税机关自行设计)并向主管税务机关申报。

(3)个人股东股权转让所得个人所得税以发生股权变更企业所在地地税机关为主管税务机关。纳税人或扣缴义务人应到主管税务机关办理纳税申报和税款入库手续。主管税务机关应按照个人所得税法和税收征管法的规定,获取个人股权转让

信息,对股权转让涉税事项进行管理、评估和检查,并对其中涉及的税收违法行为依法进行处罚。

(4)税务机关应加强对股权转让所得计税依据的评估和审核。对扣缴义务人或纳税人申报的股权转让所得相关资料应认真审核,判断股权转让行为是否符合独立交易原则,是否符合合理性经济行为及实际情况。

8.9.5.2 储蓄存款利息所得个人所得税征收管理

对储蓄存款利息所得开征、减征、停征个人所得税及其具体办法,由国务院规定②。

个人储蓄存款在 1999 年 10 月 31 日前孳生的利息所得,不征收个人所得税;在 2008 年 10 月 9 日后(含 10 月 9 日)孳生的利息所得,暂免征收个人所得税;在此之间的储蓄存款孳生的利息所得,按以下办法征收个人所得税:

(1)征税范围

自 1999 年 11 月 1 日起,从中华人民共和国境内的储蓄机构取得人民币、外币储蓄存款利息所得的个人,应当缴纳个人所得税。对储蓄存款利息所得征收个人所得税的计税依据为纳税人取得的人民币、外币储蓄存款利息③。

部分商业银行及其他储蓄机构为方便个人支付和结算,开办了不同形式的个人专用账户,账户资金可用于支付电话、水、电、煤气等有关费用,或者用于购买股票等方面的投资、生产经营业务往来结算以及其他用途,开户人可按规定取得相应的储蓄存款利息,属于储蓄存款利息所得性质,应依法缴纳个人所得税④。

上述储蓄机构,是指经国务院银行业监督管理机构批准的商业银行、城市信用合作社和农村信用

---

① 《国家税务总局关于加强股权转让所得征收个人所得税管理的通知》(国税函〔2009〕285 号,2009 年 5 月 28 日)。
② 《中华人民共和国个人所得税法》(中华人民共和国主席令第 85 号,2007 年 12 月 29 日)。此前,《中华人民共和国个人所得税法》(中华人民共和国主席令第 44 号,2005 年 10 月 27 日)规定:对储蓄存款利息所得征收个人所得税的开征时间和征收办法由国务院规定。
③ 《对储蓄存款利息所得征收个人所得税的实施办法》(中华人民共和国国务院令第 502 号,2007 年 7 月 20 日)。
④ 《国家税务总局关于个人在储蓄机构开设专门账户取得利息所得征收个人所得税的通知》(国税发〔1999〕220 号,1999 年 11 月 30 日)。

合作社等吸收公众存款的金融机构①。

（2）应纳税额

对储蓄存款利息所得,按照每次取得的利息所得额计征个人所得税②。

（3）纳税义务人

储蓄存款利息所得个人所得税以取得储蓄存款利息所得的个人为纳税义务人③。

（4）扣缴义务人及代扣代缴管理

①扣缴义务人的确定

对储蓄存款利息所得征收个人所得税,以结付利息的储蓄机构为扣缴义务人,实行代扣代缴。扣缴义务人在向储户结付利息时,依法代扣代缴税款④。

所称结付利息,包括储户取款时结付利息、活期存款结息日结付利息和办理储蓄存款自动转存业务时结付利息等。扣缴义务人代扣税款,应当在给储户的利息结付单上注明。扣缴义务人每月所扣的税款,应当在次月7日内缴入中央国库,并向当地主管税务机关报送代扣代缴税款报告表。对扣缴义务人按照所扣缴的税款,付给2%的手续费⑤。

扣缴义务人区分不同情况具体规定如下⑥:

Ⅰ 内资商业银行以支行或相当于支行的储蓄机构为扣缴义务人。经各省、自治区、直辖市和计

划单列市国家税务局批准,扣缴义务人所扣税款或由其上一级机构汇总向其所在地主管税务机关申报缴纳。

Ⅱ 城市信用社和农村信用社以独立核算的单位为扣缴义务人。

Ⅲ 外资银行以设在中国境内的分行为扣缴义务人。

Ⅳ 邮政储蓄机构以县级邮政局为扣缴义务人。

Ⅴ 异地托收储蓄。异地托收不续存的,对个人储户取得的异地托收储蓄存款利息所得,应由原开户行在结付其利息所得时代扣代缴个人所得税。但定期存款未到期,异地托收续存的,应由委托行在结付其利息所得时代扣代缴个人所得税。

Ⅵ 通存通兑储蓄。个人储户取得通存通兑储蓄存款利息所得,应由原开户行在结付其利息所得时代扣代缴个人所得税;代理行在兑付税后利息时,应向储户开具注明已扣税款的利息清单。

根据上述规定难以认定扣缴义务人的,由省、自治区、直辖市和计划单列市国家税务局依据便于扣缴义务人操作和税务机关征收管理、有利于明确扣缴义务人法律责任的原则进行认定。

②代扣代缴一般管理规定

---

① 《对储蓄存款利息所得征收个人所得税的实施办法》(中华人民共和国国务院令第502号,2007年7月20日)。此前,《对储蓄存款利息所得征收个人所得税的实施办法》(中华人民共和国国务院令第272号,1999年9月30日)规定:上述储蓄机构,是指经中国人民银行及其分支机构批准的商业银行、城市信用合作社和农村信用合作社办理储蓄业务的机构以及邮政企业依法办理储蓄业务的机构。

② 《对储蓄存款利息所得征收个人所得税的实施办法》(中华人民共和国国务院令第502号,2007年7月20日)。

③ 《国家税务总局关于印发〈储蓄存款利息所得个人所得税征收管理办法〉的通知》(国税发[1999]179号,1999年10月8日)。

④ 《对储蓄存款利息所得征收个人所得税的实施办法》(中华人民共和国国务院令第502号,2007年7月20日)。《国家税务总局关于印发〈储蓄存款利息所得个人所得税征收管理办法〉的通知》(国税发[1999]179号,1999年10月8日)。国税发[1999]179号还规定,扣缴义务人应扣未扣税款的,由扣缴义务人缴纳应扣未扣税款以及相应的滞纳金。其应纳税所得额=结付的利息额÷(1-税率);应纳税额=应纳税所得额×适用税率。但根据《中华人民共和国税收征收管理法》(中华人民共和国主席令第49号,2001年4月28日)规定:扣缴义务人应扣未扣、应收而不收税款的,由税务机关向纳税人追缴税款,对扣缴义务人处应扣未扣、应收未收税款百分之五十以上三倍以下的罚款。

⑤ 《对储蓄存款利息所得征收个人所得税的实施办法》(中华人民共和国国务院令第502号,2007年7月20日)。此前,《国家税务总局关于印发〈储蓄存款利息所得个人所得税征收管理办法〉的通知》(国税发[1999]179号,1999年10月8日)规定,结付储蓄存款利息,是指向个人储户支付利息,在结息日和办理存款自动转存业务时结息。

⑥ 《国家税务总局关于印发〈储蓄存款利息所得个人所得税征收管理办法〉的通知》(国税发[1999]179号,1999年10月8日)。《国家税务总局关于储蓄存款利息所得征收个人所得税若干业务问题的通知》(国税发[1999]180号,1999年10月8日)。

Ⅰ 代扣代缴登记管理①。

负有代扣代缴储蓄存款利息所得个人所得税义务的储蓄机构,应到当地主管税务机关申报办理扣缴税款登记。1999 年 11 月 1 日后新成立的储蓄机构,凡符合扣缴义务人条件的,应自批准开业之日起 30 日内,到当地主管税务机关申报办理扣缴税款登记。

扣缴义务人发生单位名称、地址、所属储蓄网点变更或增减时,应于上述情况发生变动后 15 日内到主管税务机关进行变更或重新登记。

扣缴义务人发生解散、破产、撤销以及其他情形,依法终止个人所得税代扣代缴义务的,应在向工商行政管理机关申请办理注销登记之前,向原个人所得税代扣代缴登记管理机关申报办理个人所得税代扣代缴注销登记。扣缴义务人在办理注销登记前,还须向税务机关结清应缴税款、滞纳金、罚款并交回有关税务证件。

扣缴义务人申报办理扣缴税款登记时,应当出示以下证件和资料:

ⅰ 营业执照或其他核准执业证件、统一代码证书及其他合法证件;

ⅱ 扣缴义务人的银行账号证明;

ⅲ 省、自治区、直辖市国家税务局要求提供的其他有关证件、资料。

对扣缴义务人填报的代扣代缴税款登记申报表、提供的证件和资料,税务机关应当自受理之日起 30 日内审核完毕。符合规定的,予以登记并发给代扣代缴税款登记表。主管税务机关在进行扣缴登记的同时,还应向扣缴义务人发放《扣缴义务人须知》。《扣缴义务人须知》应包括计算机应扣税款的有关规定、税款缴纳期限和程序、扣缴义务人和主管税务机关的权利、义务和法律责任等内容。

Ⅱ 扣缴义务人应指定财务会计部门或其他有关部门的专门人员,具体负责扣缴税款的纳税申报及有关事宜。人员发生变动时,应将名单及时报告主管税务机关。扣缴义务人在代扣税款时,应当在给储户的利息清单上注明已扣税款的数额。注明已扣税款的利息清单视同完税证明,除另有规定者外,不再开具代扣代收税款凭证②。

Ⅲ 扣缴义务人每月所扣的税款,应当在次月 7 日内缴入中央金库,并向主管税务机关报送《储蓄存款利息所得扣缴个人所得税报告表》和主管税务机关要求报送的其他有关资料③。

从 2002 年 5 月 1 日起,扣缴义务人应报送计算机自动生成、打印的扣缴报告表,主管税务机关可以要求扣缴义务人报送电子报表④。

Ⅵ 税务机关应依法对扣缴义务人的代扣代缴税款情况进行检查,扣缴义务人必须如实反映有关情况,提供有关资料,不得拒绝或隐瞒。税务机关在依法检查中了解的情况,应依照《中华人民共和国商业银行法》的有关规定,为储户保密。主管税务机关应对扣缴义务人登记建档,建立收入统计台账,及时对征收情况进行总结、分析和预测⑤。

自 2002 年 2 月 1 日起,各省、自治区、直辖市和计划单列市国家税务局税务机关应分别于每年 7 月底前和次年 1 月底前将储蓄存款利息所得个

---

① 《国家税务总局关于做好储蓄存款利息所得个人所得税代扣代缴义务人登记工作的紧急通知》(国税发[1999]188 号,1999 年 10 月 8 日)。

② 《国家税务总局关于印发〈储蓄存款利息所得个人所得税征收管理办法〉的通知》(国税发[1999]179 号,1999 年 10 月 8 日)。

③ 《国家税务总局关于印发〈储蓄存款利息所得个人所得税征收管理办法〉的通知》(国税发[1999]179 号,1999 年 10 月 8 日)。根据《国家税务总局 中国人民银行 中国银监会关于储蓄存款利息所得个人所得税税率调整后扣缴报告表有关问题的通知》(国税发[2007]89 号,2007 年 7 月 30 日),现行《储蓄存款利息所得扣缴个人所得税报告表》继续沿用《国家税务总局中国人民银行关于修改储蓄存款利息所得个人所得税扣缴报告表和汇总表的通知》(国税发[2002]7 号,2002 年 1 月 15 日)修改后的表式。

④ 《国家税务总局 中国人民银行关于修改储蓄存款利息所得个人所得税扣缴报告表和汇总表的通知》(国税发[2002]7 号,2002 年 1 月 15 日)。

⑤ 《对储蓄存款利息所得征收个人所得税的实施办法》(中华人民共和国国务院令第 502 号,2007 年 7 月 20 日)。

人所得税扣缴汇总表上报国家税务总局①。

③存本取息定期存款利息个人所得税代扣代缴规定

存本取息定期储蓄存款是一种一次存入本金,存期内分次支取利息,到期归还本金的定期储蓄存款。储户在每次支取利息时,储蓄机构应依法代扣代缴税款。考虑到储户如提前支取本金,其实际分期已取得的利息所得可能大于按储蓄机构有关规定计算应取得的利息所得,故存本取息定期储蓄存款可以在存款到期清户或储户提前支取本金时统一代扣代缴个人所得税税款②。

④活期储蓄存款和银行卡利息个人所得税代扣代缴规定

储蓄机构在对个人活期储蓄和银行卡储蓄存款结息时,应依法代扣代缴个人所得税,储蓄机构在代扣税款时可不开具注明代扣税款的利息结算清单。但当活期存款的储户存取存款时,储蓄机构应在其存折上注明已扣税款的数额;银行卡储蓄结息时,应在对账单上注明已扣税款的数额③。

⑤自动转存储蓄存款利息个人所得税代扣代缴规定

储蓄机构在办理自动转存业务时,必须在每次转存结付利息时代扣代缴储户应缴纳的个人所得税税款。对由于计算机程序修改、调试的原因,储蓄机构在2000年6月1日前办理的自动转存业务,在每次转存结付利息时代扣代缴税款有困难的,可以在个人储蓄户存款到期清户环节统一代扣

代缴其应缴纳的个人所得税税款④。

(5)外币存款

外币储蓄包括外币现钞和外币现汇储蓄。个人取得的外币现钞储蓄和外币现汇储蓄存款利息所得均应依照有关规定计算缴纳或暂免征收个人所得税⑤。

所扣税款为外币的,应当按照缴款上一月最后一日中国人民银行公布的人民币基准汇价折算成人民币,以人民币缴入国库⑥。

扣缴义务人所扣税款为美元、日元和港币以外的其他外币的,应当按照缴款上一月最后一日中国银行公布的人民币外汇汇率中的现钞买入价折算成人民币,以人民币缴入中央金库⑦。

(6)外籍个人储蓄存款利息个人所得税的征收规定

①外籍个人储蓄存款利息所得享受税收协定待遇的规定

外籍个人和港澳台居民个人从中国境内取得储蓄存款的利息所得,其居民国(地区)与我国(内地)签订的税收协定(包括内地与香港特别行政区和澳门特别行政区分别签订的税收安排)规定的税率低于我国法律法规规定的税率的,可以享受协定待遇,但须提交享受税收协定待遇申请表;协定税率高于我国法律法规规定的税率的,按我国法律法规规定的税率执行。其中:外籍个人和港澳台居民个人是指根据个人所得税法第一条第二款和税收协定的规定,仅就从中国境内取得的所得缴纳个

---

① 《国家税务总局 中国人民银行关于修改储蓄存款利息所得个人所得税扣缴报告表和汇总报表的通知》(国税发〔2002〕7号,2002年1月15日)。此前,《国家税务总局关于报送〈储蓄存款利息所得扣缴个人所得税报告表〉的通知》(国税函〔2000〕256号,2000年4月14日)规定,从2000年第二季度起,各地税务机关对《储蓄存款利息所得扣缴个人所得税报告表》按季度汇总,并于每季度终了后15日内报送总局。

② 《国家税务总局关于储蓄存款利息所得征收个人所得税若干业务问题的通知》(国税发〔1999〕180号,1999年10月8日)。

③ 《国家税务总局关于储蓄存款利息所得征收个人所得税若干业务问题的通知》(国税发〔1999〕180号,1999年10月8日)。

④ 《国家税务总局关于储蓄存款利息所得征收个人所得税若干业务问题的通知》(国税发〔1999〕180号,1999年10月8日)。

⑤ 《国家税务总局关于储蓄存款利息所得征收个人所得税若干业务问题的通知》(国税发〔1999〕180号,1999年10月8日)。

⑥ 《对储蓄存款利息所得征收个人所得税的实施办法》(中华人民共和国国务院令第502号,2007年7月20日)。《国家税务总局关于印发〈储蓄存款利息所得个人所得税征收管理办法〉的通知》(国税发〔1999〕179号,1999年10月8日)。

⑦ 《国家税务总局关于储蓄存款利息所得个人所得税外币税款有关问题的通知》(国税函〔1999〕698号,1999年10月25日)。《国家税务总局关于〈储蓄存款利息所得扣缴个人所得税报告表〉中有关问题的通知》(国税函〔1999〕699号,1999年10月25日)。

人所得税的个人①。

我国对外税收协定(含内地与香港、澳门的税收安排)关于利息所得适用税率详见附件二。

外籍个人储蓄存款利息所得享受税收协定待遇的管理办法按照《国家税务总局关于印发〈非居民税收协定待遇管理办法(试行)〉的通知》(国税发[2009]124 号)执行②。

②外籍个人联名存款的征税规定

联名存款的储户分别来自不同国家、适用不同税率的,由存款人区分各自存款的数额,并提供有关证明资料,证明其存款数额的区分合理的,经储蓄机构审核后,按各自适用的税率,代扣税款。不能提供足够证明资料的,储蓄机构应从高税率计算代扣代缴储户的应纳税款③。

③外国驻华使领馆外交官储蓄存款利息所得的征税规定

根据《维也纳外交关系公约》的有关规定,外国驻华使领馆外交官及有相当于外交官身份的人员在中国境内储蓄机构取得的储蓄存款利息所得,不属于该公约规定的免税范围,应征收储蓄存款利息所得个人所得税④。

8.9.5.3　个人独资和合伙企业个人所得税申报期限和纳税地点⑤

(1)申报缴纳期限

①投资者应纳的个人所得税税款,按年计算,分月或者分季预缴,由投资者在每月或者每季度终了后 7 日内预缴,年度终了后 3 个月内汇算清缴,多退少补。

②企业在年度中间合并、分立、终止时,投资者应当在停止生产经营之日起 60 日内,向主管税务机关办理当期个人所得税汇算清缴。

③企业在纳税年度的中间开业,或者由于合并、关闭等原因,使该纳税年度的实际经营期不足 12 个月的,应当以其实际经营期为一个纳税年度。

④投资者在预缴个人所得税时,应向主管税务机关报送《个人独资企业和合伙企业投资者个人所得税申报表》,并附送会计报表。

⑤年度终了后 30 日内,投资者应向主管税务机关报送《个人独资企业和合伙企业投资者个人所得税申报表》,并附送年度会计决算报表和预缴个人所得税纳税凭证。

⑥投资者兴办两个或两个以上企业的,向企业实际经营管理所在地主管税务机关办理年度纳税申报时,应附注从其他企业取得的年度应纳税所得额;其中含有合伙企业的,应报送汇总从所有企业取得的所得情况的《合伙企业投资者个人所得税汇总申报表》,同时附送所有企业的年度会计决算报表和当年度已缴个人所得税纳税凭证。

个人独资企业和合伙企业投资者个人所得税

---

①　《国家税务总局关于外籍个人和港澳台居民个人储蓄存款利息所得适用协定税率有关问题的补充通知》(国税函[2007]872 号,2007 年 8 月 7 日)。此前,《国家税务总局关于储蓄存款利息所得征收个人所得税若干业务问题的通知》(国税发[1999]180 号,1999 年 10 月 8 日)规定:来自税收协定缔约国的居民从中国境内储蓄机构取得的储蓄存款利息所得,应按税收协定规定的税率征收个人所得税。《国家税务总局关于外籍个人和港澳台居民个人储蓄存款利息所得个人所得税有关问题的通知》(国税发[1999]201 号,1999 年 10 月 25 日)规定:对非税收协定缔约国的居民和港澳台居民个人,取得的储蓄存款利息所得,应依照国务院《对储蓄存款利息所得征收个人所得税的实施办法》规定的税率征收税款。

②　此前,外籍个人储蓄存款利息所得享受税收协定待遇按照《国家税务总局关于外籍居民个人在过渡期间储蓄存款利息享受避免双重征税协定待遇有关问题的通知》(国税函[2000]267 号,2000 年 4 月 24 日)和《国家税务总局关于外籍居民个人储蓄存款利息所得享受避免双重征税协定待遇有关问题的通知》(国税函[2000]876 号,2000 年 10 月 30 日)执行。根据《国家税务总局关于公布全文失效废止 部分条款失效废止的税收规范性文件目录的公告》(国家税务总局公告 2011 年第 2 号,2011 年 1 月 4 日),国税函[2000]267 号和国税函[2000]876 号被公布全文失效废止。

③　《国家税务总局关于外籍个人储蓄存款利息所得个人所得税有关问题的通知》(国税发[1999]245 号,1999 年 12 月 24 日)。

④　《国家税务总局关于外籍个人和港澳台居民个人储蓄存款利息所得个人所得税有关问题的通知》(国税发[1999]201 号,1999 年 10 月 25 日)

⑤　本部分未专门注释的内容,均出自《财政部 国家税务总局关于印发〈关于个人独资企业和合伙企业投资者征收个人所得税的规定〉的通知》(财税[2000]91 号,2000 年 9 月 19 日)。

申报表、汇总申报表及填报说明,详见《财政部 国家税务总局关于印发〈关于个人独资企业和合伙企业投资者征收个人所得税的规定〉的通知》(财税[2000]91号,2000年9月19日)。

(2)纳税地点

①投资者应向企业实际经营管理所在地主管税务机关申报缴纳个人所得税。投资者从合伙企业取得的生产经营所得,由合伙企业向企业实际经营管理所在地主管税务机关申报缴纳投资者应纳的个人所得税,并将个人所得税申报表抄送投资者。

②投资者兴办两个或两个以上企业的,应分别向企业实际经营管理所在地主管税务机关预缴税款。年度终了后办理汇算清缴时,区别不同情况分别处理:

Ⅰ 投资者兴办的企业全部是个人独资性质的,分别向各企业的实际经营管理所在地主管税务机关办理年度纳税申报,并依所有企业的经营所得总额确定适用税率,以本企业的经营所得为基础,计算应缴税款,办理汇算清缴;

Ⅱ 投资者兴办的企业中含有合伙性质的,投资者应向经常居住地主管税务机关申报纳税,办理汇算清缴,但经常居住地与其兴办企业的经营管理所在地不一致的,应选定其参与兴办的某一合伙企业的经营管理所在地为办理年度汇算清缴所在地,并在5年内不得变更。

③投资者变更个人所得税汇算清缴地点的条件①:

Ⅰ 在上一次选择汇算清缴地点满5年;

Ⅱ 上一次选择汇算清缴地点未满5年,但汇算清缴地所办企业终止经营或者投资者终止投资;

Ⅲ 投资者在汇算清缴地点变更前5日内,已向原主管税务机关说明汇算清缴地点变更原因、新的汇算清缴地点等变更情况。

8.9.5.4 军队系统及武警部队个人所得税征缴办法及有关预算管理

(1)军队系统个人所得税征缴办法

自2007年1月1日起,军队系统个人所得税的征缴,不再采取由总后勤部向国家税务总局汇缴、再由国家税务总局返还各地入库的办法,改按以下规定执行②:

①总后勤部于每年3月31日前,将上年军队系统个人所得税汇总后,向北京市国家税务局申报缴纳。同时向财政部预算司提供分省(自治区、直辖市、计划单列市)税额明细情况。

②军队系统个人所得税地方分享收入由中央财政通过年终结算返还各地。

③北京市国家税务局根据《财政部 国家税务总局 中国人民银行关于进一步加强代扣代收代征税款手续费管理的通知》(财行[2005]365号)规定,按扣缴税款的2%向总后勤部支付代扣代缴税款手续费。

④军队系统个人所得税的其他具体缴纳事项,由北京市国家税务局商总后勤部、中国人民银行营业管理部确定。

(2)武装警察部队个人所得税征缴办法

武警部队干部的工资薪金收入应纳的个人所得税,由部队各级发放工资部门负责每月代扣代

---

① 《国家税务总局关于取消合伙企业投资者变更个人所得税汇算清缴地点审批后加强后续管理问题的通知》(国税发[2004]81号,2004年6月29日)。该文件取消了对合伙企业投资者变更个人所得税汇算清缴地点的审批,增加了投资者变更个人所得税汇算清缴地点的条件。此前,《财政部 国家税务总局关于印发〈关于个人独资企业和合伙企业投资者征收个人所得税的规定〉的通知》(财税[2000]91号,2000年9月19日)规定,汇算清缴所在地五年后需要变更的,须经原主管税务机关批准。

② 《财政部 国家税务总局 中国人民银行关于调整军队系统个人所得税征缴办法及有关预算管理的通知》(财预[2007]402号,2007年10月8日)。此前,《财政部 国家税务总局关于军队干部工资薪金收入征收个人所得税的通知》(财税字[1996]14号,1996年2月14日)规定:军队干部工资薪金所得个人所得税由部队按规定向个人扣收,尔后逐级上交总后勤部,并于1月7日和7月7日之前,每年两次统一向国家税务总局直属征收局缴纳。同时提供各省(含计划单列市和4个省会城市)的纳税人数和税额,由国家税务总局每年一次返还各地。

缴,就地入库①。

8.9.5.5　律师事务所等中介机构个人所得税的征收规定

(1)律师个人出资兴办的独资和合伙性质的律师事务所年度经营所得,从 2000 年 1 月 1 日起,停止征收企业所得税,作为出资律师的个人经营所得,按照有关规定,比照"个体工商户的生产、经营所得"应税项目征收个人所得税。在计算其经营所得时,出资律师本人的工资、薪金不得扣除②。

(2)合伙制律师事务所应将年度经营所得全额作为基数,按出资比例或者事先约定的比例计算各合伙人应分配的所得,据以征收个人所得税③。

(3)任何地区均不得对律师事务所实行全行业核定征税办法。对具备查账征收条件的律师事务所,实行查账征收个人所得税。对按照税收征管法第三十五条的规定确实无法实行查账征收的律师事务所,经地市级地方税务局批准,应根据《财政部国家税务总局关于印发〈关于个人独资企业和合伙企业投资者征收个人所得税的规定〉的通知》(财税[2000]91 号)中确定的应税所得率来核定其应纳税额。各地税务机关根据其雇员人数、营业规模等情况核定其营业额,并根据当地同行业的

营利水平从高核定其应税所得率,应税所得率不得低于 25%。对实行核定征税的律师事务所,应督促其建账建制,符合查账征税条件后,应尽快转为查账征税④。

(4)律师事务所支付给雇员(包括律师及行政辅助人员,但不包括律师事务所的投资者)的所得,按"工资、薪金所得"应税项目征收个人所得税⑤。

(5)作为律师事务所雇员的律师与律师事务所按规定的比例对收入分成,律师事务所不负担律师办案支出的费用(如交通费、资料费、通讯费及聘请人员等费用),律师当月的分成收入扣除办理案件支出的费用后,余额与律师事务所发给的工资合并,按"工资、薪金所得"应税项目计征个人所得税⑥。

律师从其分成收入中扣除办理案件支出费用的标准,由各省级地方税务局根据当地律师办理案件费用支出的一般情况、律师与律师事务所之间的收入分成比例及其他相关参考因素,在律师当月分成收入的 30% 比例内确定⑦。

对作为律师事务所雇员的律师,其办案费用或其他个人费用在律师事务所报销的,在计算其收入

---

① 《国家税务总局关于做好武装警察部队干部工资薪金收入应纳个人所得税征收管理的通知》(国税发[1996]87 号,1996 年 5 月 23 日)。此前,《财政部 国家税务总局关于军队干部工资薪金收入征收个人所得税的通知》(财税字[1996]14 号,1996 年 2 月 14 日)规定,武警部队干部工资收入缴纳个人所得税的办法,由武警部队后勤部制定。因此,武警部队个人所得税征缴未实行其他军队系统由总后勤部向国家税务总局汇缴、再由国家税务总局返还各地入库的办法。

② 《国家税务总局关于律师事务所从业人员取得收入征收个人所得税有关业务问题的通知》(国税发[2000]149 号,2000 年 8 月 23 日)。

③ 《国家税务总局关于律师事务所从业人员取得收入征收个人所得税有关业务问题的通知》(国税发[2000]149 号,2000 年 8 月 23 日)。

④ 《国家税务总局关于强化律师事务所等中介机构投资者个人所得税查账征收的通知》(国税发[2002]123 号,2002 年 9 月 29 日)。此前,《国家税务总局关于律师事务所从业人员取得收入征收个人所得税有关业务问题的通知》(国税发[2000]149 号,2000 年 8 月 23 日)规定,律师个人出资兴办的律师事务所,凡有税收征管法第二十三条(注:即 2001 年修订后税收征管法第三十五条)所列情形之一的,主管税务机关有权核定出资律师个人的应纳税额。根据《国家税务总局关于公布全文失效废止 部分条款失效废止的税收规范性文件目录的公告》(国家税务总局公告 2011 年第 2 号,2011 年 1 月 4 日),国税发[2000]149 号上述规定废止。

⑤ 《国家税务总局关于律师事务所从业人员取得收入征收个人所得税有关业务问题的通知》(国税发[2000]149 号,2000 年 8 月 23 日)。

⑥ 《国家税务总局关于律师事务所从业人员取得收入征收个人所得税有关业务问题的通知》(国税发[2000]149 号,2000 年 8 月 23 日)。

⑦ 《国家税务总局关于律师事务所从业人员取得收入征收个人所得税有关业务问题的通知》(国税发[2000]149 号,2000 年 8 月 23 日)。

时不得再扣除30%以内的办理案件支出费用①。

（6）兼职律师从律师事务所取得工资、薪金性质的所得，律师事务所在代扣代缴其个人所得税时，不再减除个人所得税法规定的费用扣除标准，以收入全额（取得分成收入的为扣除办理案件支出费用后的余额）直接确定适用税率，计算扣缴个人所得税。兼职律师应于次月7日内自行向主管税务机关申报两处或两处以上取得的工资、薪金所得，合并计算缴纳个人所得税。

兼职律师是指取得律师资格和律师执业证书，不脱离本职工作从事律师职业的人员②。

（7）律师以个人名义再聘请其他人员为其工作而支付的报酬，应由该律师按"劳务报酬所得"应税项目负责代扣代缴个人所得税。税款可由其任职的律师事务所代为缴入国库③。

（8）律师从接受律师事务服务的当事人处取得的律师顾问或其他酬金，均按"劳务报酬所得"应税项目征收个人所得税，税款由支付报酬的单位或个人代扣代缴④。

（9）律师事务所从业人员个人所得税的其他征收管理事宜，按照个人所得税法及其实施条例、税收征管法及其实施细则和《个人所得税代扣代缴暂行办法》、《个人所得税自行申报纳税暂行办法》等有关法律、法规、规章的规定执行⑤。

（10）会计师事务所、税务师事务所、审计师事务所以及其他中介机构的个人所得税征收管理，也应按照上述有关原则进行处理⑥。

8.9.5.6 建筑安装业从业人员个人所得税有关征管规定⑦

从1996年1月1日起，对建筑安装业（包括建筑、安装、修缮、装饰及其他工程作业）个人所得税实行以下管理办法：

（1）从事建筑安装业的工程承包人、个体工商户及其他个人为个人所得税的纳税义务人。其从事建筑安装业取得的所得，应依法缴纳个人所得税。

（2）承包建筑安装业各项工程作业的承包人取得的所得，应区别不同情况计征个人所得税：

①经营成果归承包人个人所有的所得，或按照承包合同（协议）规定，将一部分经营成果留归承包人个人的所得，按对企事业单位的承包经营、承租经营所得项目征税；以其他分配方式取得的所得，按工资、薪金所得项目征税。

②从事建筑安装业的个体工商户和未领取营业执照承揽建筑安装业工程作业的建筑安装队和个人，以及建筑安装企业实行个人承包后工商登记改变为个体经济性质的，其从事建筑安装业取得的收入应依照个体工商户的生产、经营所得项目计征个人所得税。

③从事建筑安装业工程作业的其他人员取得的所得，分别按照工资、薪金所得项目和劳务报酬所得项目计征个人所得税。

（3）从事建筑安装业的单位和个人，应依法办理税务登记。在异地从事建筑安装业的单位和个

---

① 《国家税务总局关于强化律师事务所等中介机构投资者个人所得税查账征收的通知》（国税发〔2002〕123号,2002年9月29日）。

② 《国家税务总局关于律师事务所从业人员取得收入征收个人所得税有关业务问题的通知》（国税发〔2000〕149号,2000年8月23日）。

③ 《国家税务总局关于律师事务所从业人员取得收入征收个人所得税有关业务问题的通知》（国税发〔2000〕149号,2000年8月23日）。

④ 《国家税务总局关于律师事务所从业人员取得收入征收个人所得税有关业务问题的通知》（国税发〔2000〕149号,2000年8月23日）。

⑤ 《国家税务总局关于律师事务所从业人员取得收入征收个人所得税有关业务问题的通知》（国税发〔2000〕149号,2000年8月23日）。

⑥ 《国家税务总局关于强化律师事务所等中介机构投资者个人所得税查账征收的通知》（国税发〔2002〕123号,2002年9月29日）。

⑦ 本部分未专门注释的内容,均出自《国家税务总局关于印发〈建筑安装业个人所得税征收管理暂行办法〉的通知》（国税发〔1996〕127号,1996年7月22日）。

人,必须自工程开工之日前 3 日内,持营业执照、外出经营活动税收管理证明、城建部门批准开工的文件和工程承包合同(协议)、开户银行账号以及主管税务机关要求提供的其他资料向主管税务机关办理有关登记手续。

在异地从事建筑安装业工程作业的单位,应在工程作业所在地扣缴个人所得税。但所得在单位所在地分配,并能向主管税务机关提供完整、准确的会计账簿和核算凭证的,经主管税务机关核准后,可回单位所在地扣缴个人所得税。

(4)对未领取营业执照承揽建筑安装业工程作业的单位和个人,主管税务机关可以根据其工程规模,责令其缴纳一定数额的纳税保证金。在规定的期限内结清税款后,退还纳税保证金;逾期未结清税款的,以纳税保证金抵缴应纳税款和滞纳金。

(5)从事建筑安装业的单位和个人应设置会计账簿,健全财务制度,准确、完整地进行会计核算。对未设立会计账簿,或者不能准确、完整地进行会计核算的单位和个人,主管税务机关可根据其工程规模、工程承包合同(协议)价款和工程完工进度等情况,核定其应纳税所得额或应纳税额,据以征税。具体核定办法由县以上(含县级)税务机关制定。

(6)从事建筑安装业工程作业的单位和个人应按照主管税务机关的规定,购领、填开和保管建筑安装业专用发票或许可使用的其他发票。

(7)建筑安装业的个人所得税,由扣缴义务人代扣代缴和纳税人自行申报缴纳。承揽建筑安装业工程作业的单位和个人是个人所得税的代扣代缴义务人,应在向个人支付收入时依法代扣代缴其应纳的个人所得税。没有扣缴义务人的和扣缴义务人未按规定代扣代缴税款的,纳税人应自行向主管税务机关申报纳税。

上述第(2)条第①款、第②款涉及的纳税人和扣缴义务人应按每月工程完工量预缴、预扣个人所得税,按年结算。一项工程跨年度作业的,应按各年所得预缴、预扣和结算个人所得税。难以划分各年所得的,可以按月预缴、预扣税款,并在工程完工后按各年度工程完工量分摊所得并结算税款。

扣缴义务人每月所扣的税款,自行申报纳税人每月应纳的税款,应当在次月 7 日内缴入国库,并向主管税务机关报送扣缴个人所得税报告表或纳税申报表以及税务机关要求报送的其他资料。

对扣缴义务人按照所扣缴的税款,付给 2% 的手续费。

(8)对异地从事建筑安装业而取得所得的纳税人,原则上在工程作业所在地办理个人所得税事宜。建筑安装业单位所在地税务机关和工程作业所在地税务机关双方可以协商有关个人所得税代扣代缴和征收的具体操作办法,都有权对建筑安装业单位和个人依法进行税收检查,并有权依法处理其违反税收规定的行为。但一方已经处理的,另一方不得重复处理①。

到外地从事建筑安装工程作业的建筑安装企业,已在异地扣缴个人所得税(不管采取何种方法计算)的,机构所在地主管税务机关不得再对在异地从事建筑安装业务而取得收入的人员实行查账或其他方式征收个人所得税。但对不直接在异地从事建筑安装业务而取得收入的企业管理、工程技术等人员,机构所在地主管税务机关应据实征收其个人所得税。建筑安装企业在本地和外地都有工程作业,两地的主管税务机关可根据企业和工程作业的实际情况,各自确定征收方式并按规定征收个人所得税。如按工程价款的一定比例计算扣缴个人所得税,税款在纳税人之间如何分摊由企业决定,在支付个人收入时扣缴,未扣缴的,则认定为企

---

① 《国家税务总局关于印发〈建筑安装业个人所得税征收管理暂行办法〉的通知》(国税发[1996]127 号,1996 年 7 月 22 日)和《国家税务总局关于建筑安装业个人所得税有关问题的批复》(国税函[1997]524 号,1997 年 9 月 19 日)分别对此处内容做出了规定,并且国税函[1997]524 号还规定该内容不受《建筑安装业个人所得税征收管理暂行办法》实施时间(即:1996 年 1 月 1 日)的限制。

业为个人代付税款,应按个人所得税的有关规定计算缴纳企业代付的税款①。

(9)纳税义务人和扣缴义务人违反上述规定的,主管税务机关应按税收征收管理法、《个人所得税代扣代缴暂行办法》、《个人所得税自行申报纳税暂行办法》以及有关法律、行政法规的规定予以处罚,触犯刑律的,移送司法机关处理②。

上述主管税务机关,是指建筑安装业工程作业所在地地方税务局(分局、所)。

8.9.5.7 医疗卫生机构从业人员个人所得税的征收规定

按照《财政部 国家税务总局关于医疗卫生机构有关税收政策的通知》(财税〔2000〕42号)规定,对非营利的医疗机构按照国家规定的价格取得的医疗服务收入免征各项税收,仅指医疗机构自身的各项税收,不包括个人从医疗机构取得所得应纳的个人所得税。个人取得应税所得,应依法缴纳个人所得税③。

(1)个人因在医疗机构(包括营利性医疗机构和非营利性医疗机构)任职而取得的所得,按照"工资、薪金所得"应税项目计征个人所得税④。

乡村卫生室(站)的医务人员取得的所得,也按照"工资、薪金所得"应税项目缴纳个人所得税⑤。

(2)个人投资或个人合伙投资开设医院(诊所)而取得的收入,应依据个人所得税法规定,按照"个体工商户的生产、经营所得"应税项目计征个人所得税⑥。

个人经政府有关部门批准,取得执照,以门诊部、诊所、卫生所(室)、卫生院、医院等医疗机构形式从事疾病诊断、治疗及售药等服务活动,应当以该医疗机构取得的所得,作为个人的应纳税所得,按照"个体工商户的生产、经营所得"应税项目缴纳个人所得税⑦。

个人未经政府有关部门批准,自行连续从事医疗服务活动,不管是否有经营场所,其取得与医疗服务活动相关的所得,按照"个体工商户的生产、经营所得"应税项目缴纳个人所得税⑧。

各省、自治区、直辖市地方税务局可以根据本地实际情况,确定个体工商户业主的费用扣除标准⑨。

(3)对残疾人、转业军人、随军家属和下岗职工等投资开设医院(诊所)而取得的收入,仍按现行相关政策执行⑩。

(4)医生或其他个人承包、承租经营医疗机构,经营成果归承包人所有的,承包人取得的所得,应按照"对企事业单位的承包经营、承租经营所得"应税项目计征个人所得税⑪。

对于由集体、合伙或个人出资的乡村卫生室(站),由医生承包经营,经营成果归医生个人所有,承包人取得的所得,比照"对企事业单位的承

---

① 《国家税务总局关于建筑安装企业扣缴个人所得税有关问题的批复》(国税函〔2001〕505号,2001年6月27日)。
② 本处提到的《国家税务总局关于印发〈个人所得税代扣代缴暂行办法〉的通知》(国税发〔1995〕65号,1995年4月6日)相关法律责任的条款(第十、十一、十六和二十条)在《中华人民共和国税收征收管理法》(中华人民共和国主席令第49号,2001年4月28日)第六十九、七十、八十八和六十三条作出了新的规定。《国家税务总局关于印发〈个人所得税自行申报纳税暂行办法〉的通知》(国税发〔1995〕77号)也在《国家税务总局关于印发〈个人所得税自行纳税申报办法(试行)〉的通知》(国税发〔2006〕162号,2006年11月6日)发布后废止失效。
③ 《财政部 国家税务总局关于医疗机构有关个人所得税政策问题的通知》(财税〔2003〕109号,2003年5月13日)。
④ 《财政部 国家税务总局关于医疗机构有关个人所得税政策问题的通知》(财税〔2003〕109号,2003年5月13日)。
⑤ 《国家税务总局关于个人从事医疗服务活动征收个人所得税问题的通知》(国税发〔1997〕178号,1997年11月25日)。
⑥ 《财政部 国家税务总局关于医疗机构有关个人所得税政策问题的通知》(财税〔2003〕109号,2003年5月13日)。
⑦ 《国家税务总局关于个人从事医疗服务活动征收个人所得税问题的通知》(国税发〔1997〕178号,1997年11月25日)。
⑧ 《国家税务总局关于个人从事医疗服务活动征收个人所得税问题的通知》(国税发〔1997〕178号,1997年11月25日)。
⑨ 《国家税务总局关于个人从事医疗服务活动征收个人所得税问题的通知》(国税发〔1997〕178号,1997年11月25日)。
⑩ 《财政部 国家税务总局关于医疗机构有关个人所得税政策问题的通知》(财税〔2003〕109号,2003年5月13日)。
⑪ 《财政部 国家税务总局关于医疗机构有关个人所得税政策问题的通知》(财税〔2003〕109号,2003年5月13日)。

包经营、承租经营所得"应税项目缴纳个人所得税①。

（5）受医疗机构临时聘请坐堂门诊及售药，由该医疗机构支付报酬，或收入与该医疗机构按比例分成的人员，其取得的所得，按照"劳务报酬所得"应税项目缴纳个人所得税，以一个月内取得的所得为一次，税款由该医疗机构代扣代缴②。

（6）经政府有关部门批准而取得许可证（执照）的个人，应当在领取执照后 30 日内向当地主管税务机关申报办理税务登记。未经政府有关部门批准而自行开业的个人，应当自开始医疗服务活动后 30 日内向当地主管税务机关申报办理税务登记③。

8.9.5.8　广告市场从业人员个人所得税的征管规定

自 1996 年 9 月 1 日起，对广告市场个人所得税征收管理按以下规定执行④：

（1）适用范围

凡在广告中提供名义、形象或在广告设计、制作、发布过程中提供劳务并取得所得的个人以及广告主、广告经营者或受托从事广告制作的单位和广告发布者，均应当依照以下规定办理个人所得税有关事宜。

其中广告主，是指为推销商品或者提供服务，自行或者委托他人设计、制作、发布广告的法人、其他经济组织或者个人。

广告经营者，是指受委托提供广告设计、制作、代理服务的法人、其他经济组织或者个人。

受托从事广告制作的单位，是指受广告主或广告经营者委托而从事广告设计、制作的法人、其他经济组织或者个人。

广告发布者，是指为广告主或者广告主委托的广告经营者发布广告的法人及其他经济组织。

（2）纳税义务人和扣缴义务人

在广告设计、制作、发布过程中提供名义、形象及劳务并取得所得的个人为个人所得税的纳税义务人；直接向上述个人支付所得的广告主、广告经营者、受托从事广告制作的单位和广告发布者为个人所得税的扣缴义务人。

扣缴人应当在每项广告制作前向所在地主管税务机关报告广告中名义、形象及劳务提供者的姓名、身份证号码（护照号码及国籍）、工作单位（户籍所在地）、电话号码以及支付报酬的标准和支付形式等情况。双方订立书面合同（协议）的，应同时将合同（协议）副本报送上述税务机关。

广告发布者应当定期向所在地主管税务机关报送当期发布广告的数量及其广告主、广告经营者的名单。

（3）应税项目

纳税人在广告设计、制作、发布过程中提供名义、形象而取得的所得，应按劳务报酬所得项目计算纳税。

纳税人在广告设计、制作、发布过程中提供其他劳务取得的所得，视其情况分别按照税法规定的劳务报酬所得、稿酬所得、特许权使用费所得等应税项目计算纳税。

扣缴人的本单位人员在广告设计、制作、发布过程中取得的由本单位支付的所得，按工资、薪金所得项目计算纳税。

（4）应纳税所得额

纳税人以现金、实物和有价证券以外的其他形式取得所得，税务机关可以根据其所得的形式和价值，核定其应纳税所得额，据以征税。

对不能准确提供或划分个人在广告设计、制作、发布过程中提供名义、形象及劳务而取得的所得的纳税人，主管税务机关可以根据支付总额等实际情况，参照同类广告活动名义、形象及其他劳务提供者的所得标准，核定其应纳税所得额，据以

---

① 《国家税务总局关于个人从事医疗服务活动征收个人所得税问题的通知》（国税发［1997］178 号，1997 年 11 月 25 日）。
② 《国家税务总局关于个人从事医疗服务活动征收个人所得税问题的通知》（国税发［1997］178 号，1997 年 11 月 25 日）。
③ 《国家税务总局关于个人从事医疗服务活动征收个人所得税问题的通知》（国税发［1997］178 号，1997 年 11 月 25 日）。
④ 《国家税务总局关于印发〈广告市场个人所得税征收管理暂行办法〉的通知》（国税发［1996］148 号，1996 年 8 月 29 日）。

征税。

劳务报酬所得以纳税人每参与一项广告的设计、制作、发布所取得的所得为一次;稿酬所得以在图书、报刊上发布一项广告时使用其作品而取得的所得为一次;特许权使用费所得以提供一项特许权在一项广告的设计、制作、发布过程中使用而取得的所得为一次。上述所得,采取分笔支付的,应合并为一次所得计算纳税。

（5）征收管理

扣缴人向纳税人支付所得的同时,应当依照个人所得税法和《个人所得税代扣代缴暂行办法》的规定代扣代缴税款,并向所在地主管税务机关如实填写和报送《扣缴个人所得税报告表》及主管税务机关要求报送的其他资料。

分笔取得一次所得和扣缴人应扣未扣或少扣税款以及没有扣缴人的纳税人,应当于取得所得的月度终了后7日内,向扣缴人所在地主管税务机关自行申报纳税。

扣缴人和纳税人必须接受税务机关依法进行的税务检查,如实反映情况,提供有关资料,不得拒绝、隐瞒。

扣缴人违反上述第（2）条第二、三款相关规定的,税务机关应令其限期补报,并可处以2000元以下的罚款;逾期仍未补报的,可以处以2000元以上10000元以下的罚款。

扣缴人违反本条第一款规定的,税务机关可区别情况,按照《国家税务总局关于印发〈个人所得税代扣代缴暂行办法〉的通知》(国税发[1995]65

号)第十一条和第十八条的规定处理①。

8.9.5.9 保险等非有形商品推销、代理从业人员个人所得税的征收规定

（1）对雇员的税务处理

雇员为本企业提供非有形商品推销、代理等服务活动取得佣金、奖励和劳务费等名目的收入,无论该收入采用何种计取方法和支付方式,均应计入该雇员的当期工资、薪金所得,按照有关规定计算征收个人所得税,但可适用《中华人民共和国营业税暂行条例实施细则》第三条第一款的规定,不征收营业税②。

（2）对非雇员的税务处理

非本企业雇员为企业提供非有形商品推销、代理等服务活动取得的佣金、奖励和劳务费等名目的收入,无论该收入采用何种计取方法和支付方式,均应计入个人从事服务业应税劳务的营业额,按照《中华人民共和国营业税暂行条例》及其实施细则和其他有关规定计算征收营业税。上述收入扣除已缴纳的营业税税款后,应计入个人的劳务报酬所得,按照有关规定计算征收个人所得税③。

自2006年6月1日起,根据保监会《关于明确保险营销员佣金构成的通知》(保监发[2006]48号)的规定,保险营销员的佣金由展业成本和劳务报酬构成。对佣金中的展业成本,不征收个人所得税;对劳务报酬部分,扣除实际缴纳的营业税金及附加后,依照税法有关规定计算征收个人所得税。根据目前保险营销员展业的实际情况,佣金中展业

① 本处提到的《国家税务总局关于印发〈个人所得税代扣代缴暂行办法〉的通知》(国税发[1995]65号,1995年4月6日)第十一条和第十八条的相关内容,《中华人民共和国税收征收管理法》(中华人民共和国主席令第49号,2001年4月28日)第六十九条和第六十三条分别作出了新的规定。
② 《财政部 国家税务总局关于个人提供非有形商品推销、代理等服务活动取得收入征收营业税和个人所得税有关问题的通知》(财税[1997]103号,1997年7月21日)。
③ 《财政部 国家税务总局关于个人提供非有形商品推销、代理等服务活动取得收入征收营业税和个人所得税有关问题的通知》(财税[1997]103号,1997年7月21日)。

成本的比例暂定为 40%①。

（3）税款征收方式

雇员或非雇员从聘用的企业取得收入的,该企业即为雇员或非雇员应纳税款的扣缴义务人,应按照有关规定按期向主管税务机关申报并代扣代缴上述税款。对雇员或非雇员直接从其服务对象或其他方面取得收入的部分,由其主动向主管税务机关申报缴纳营业税和个人所得税。有关企业和个人拒绝申报纳税或代扣代缴税款,将按税收征管法及其实施细则的有关规定处理②。

保险企业营销员以 1 个月内取得的收入为一次。保险企业是营销员个人所得税的代扣代缴义务人,应按月代扣税款并于次月 7 日内将所扣税款缴入国库③。

8.9.5.10　机动出租汽车行业从业人员个人所得税的征收规定

从 1995 年 4 月 1 日起,对机动出租车驾驶员个人所得税按以下办法进行征收管理④:

（1）纳税义务人和扣缴义务人

各种机动出租车驾驶员为个人所得税的纳税义务人,其从事出租车运营取得的收入,应依法缴纳个人所得税。税务机关可以委托出租汽车经营单位、交通管理部门和运输服务站或者其他有关部门（单位）代收代缴出租车驾驶员应纳的个人所得税。被委托的单位为扣缴义务人,应按期代收代缴

出租车驾驶员应纳的个人所得税。没有扣缴义务人或扣缴义务人未按规定扣缴税款的,出租车驾驶员应自行向单位所在地或准运证发放地的主管税务机关申报纳税。

（2）应税所得项目

出租车驾驶员从事出租车运营取得的收入,适用的个人所得税项目为:

①出租汽车经营单位对出租车驾驶员采取单车承包或承租方式运营,出租车驾驶员从事客货运营取得的收入,按工资、薪金所得项目征税。

②从事个体出租车运营的出租车驾驶员取得的收入,按个体工商户的生产、经营所得项目缴纳个人所得税。

③出租车属个人所有,但挂靠出租汽车经营单位或企事业单位,驾驶员向挂靠单位缴纳管理费的,或出租汽车经营单位将出租车所有权转移给驾驶员的,出租车驾驶员从事客货运营取得的收入,比照个体工商户的生产、经营所得项目征税。

（3）应纳税所得额

县级以下（含县级）税务机关可以根据出租车的不同经营方式、不同车型、收费标准、缴纳的承包承租费等情况,核定出租车驾驶员的营业额并确定征收率或征收额,按月征收出租车驾驶员应纳的个人所得税。出租车驾驶员能够提供有效停运证明的,税务机关应根据其停运期长短,相应核减其停

---

①《国家税务总局关于保险营销员取得佣金收入征免个人所得税问题的通知》（国税函[2006]454 号,2006 年 5 月 15 日）。此前,《国家税务总局关于保险营销员（非雇员）取得的收入计征个人所得税问题的通知》（国税发[1998]13 号）第二条规定:鉴于营销员为取得收入需发生一些营销费用,其收入在扣除实际缴纳的营业税税额后,可按其余额的一定比例扣除营销费用,再按税法所规定的费用扣除标准和适用税率,计算其应纳税额。第三条规定:营销费用的扣除比例为营销员每月收入的 10% 至 15%。各省级地方税务局可根据本地营销员营销费用发生的实际情况,在上述幅度内确定具体扣除比例。《国家税务总局关于保险营销员取得收入征收个人所得税有关问题的通知》（国税发[2002]98 号）规定:保险业营销员每月取得佣金收入扣除实际缴纳的营业税金及附加后,可按其余额扣除不超过 25% 的营销费用,再按照个人所得税法规定的费用扣除标准和适用税率计算缴纳个人所得税。各省、自治区、直辖市和计划单列市地方税务局可根据本地的实际情况,在上述范围内确定具体扣除比例。各地对保险业营销员取得佣金收入一律不得采用核定征税方式计征个人所得税,必须实行查账征收。根据《国家税务总局关于保险营销员取得佣金收入征免个人所得税问题的通知》（国税函[2006]454 号）,国税发[1998]13 号上述规定和国税发[2002]98 号全文则已废止。

②《财政部　国家税务总局关于个人提供非有形商品推销、代理等服务活动取得收入征收营业税和个人所得税有关问题的通知》（财税[1997]103 号,1997 年 7 月 21 日）。

③《国家税务总局关于保险营销员（非雇员）取得的收入计征个人所得税问题的通知》（国税发[1998]13 号,1998 年 1 月 23 日）。

④《国家税务总局关于印发〈机动出租车驾驶员个人所得税征收管理暂行办法〉的通知》（国税发[1995]50 号,1995 年 3 月 14 日）。

运期间应缴纳的个人所得税。

(4)税务登记、税款缴纳及违章处罚

①出租车驾驶员办理了个体出租车营业执照的,应在领取营业执照后 30 日内到当地主管税务机关办理税务登记。

②纳税义务人和扣缴义务人未按规定缴纳、扣缴个人所得税的,主管税务机关应按税收征管法及有关法律、行政法规的规定予以处罚,触犯刑律的移送司法机关处理。

③扣缴义务人每月所扣的税款、自行申报纳税人每月应纳的税款,应当在次月 7 日内缴入国库,并向主管税务机关报送扣缴个人所得税报告表或纳税申报表以及税务机关要求报送的其他资料。

④对扣缴义务人按照所扣缴或代收代缴的税款,付给 2% 的手续费。

8.9.5.11　演出市场个人所得税征收管理①

(1)纳税义务人和扣缴义务人

凡参加演出(包括舞台演出、录音、录像、拍摄影视等)而取得报酬的演职员,是个人所得税的纳税义务人。所取得的所得,为个人所得税的应纳税项目。向演职员支付报酬的单位或个人,是个人所得税的扣缴义务人。扣缴义务人必须在支付演职员报酬的同时,按税收法律,行政法规及税务机关依照法律,行政法规作出的规定扣缴或预扣个人所得税。预扣办法由各省、自治区、直辖市地方税务机关根据有利控管的原则自行确定。

(2)应税所得项目

演职员参加非任职单位组织的演出取得的报酬为劳务报酬所得,按次缴纳个人所得税。演职员参加任职单位组织的演出取得的报酬为工资、薪金所得,按月缴纳个人所得税。上述报酬包括现金、实物和有价证券。

(3)税务登记和演出计划报备管理

演出经纪机构领取《演出经营许可证》,《临时营业演出许可证》或变更以上证件内容的,必须在领证后或变更登记后的 30 日内到机构所在地主管税务机关办理税务登记或变更税务登记。文化行政部门向演出经纪机构或个人发放《演出经营许可证》和《临时营业演出许可证》时,应将演出经纪机构的名称、住所、法人代表等情况抄送当地主管税务机关备案。

演出活动主办单位应在每次演出前两日内,将文化行政部门的演出活动批准件和演出合同,演出计划(时间、地点、场次),报酬分配方案等有关材料报送演出所在地主管税务机关。演出合同和演出计划的内容如有变化,应按规定程序重新向文化行政部门申报审批并向主管税务机关报送新的有关材料。

(4)税款代扣代缴

①参加组台(团)演出的演职员取得的报酬,由主办单位或承办单位通过银行转账支付给演职员所在单位或发放演职员演出许可证的文化行政部门或其授权单位的,经演出所在地主管税务机关确认后,由演职员所在单位或者发放演职员许可证的文化行政部门或其授权单位,按实际支付给演职员个人的报酬代扣个人所得税,并在原单位所在地缴入国库。

组台(团)演出,不按上条所述方式支付演职员报酬,或者虽按上述方式支付但未经演出所在地主管税务机关确认的,由向演职员支付报酬的演出经纪机构或者主办,承办单位扣缴个人所得税,税款在演出所在地缴纳。申报的演职员报酬明显偏低又无正当理由的,主管税务机关可以在查账核实的基础上,依据演出报酬总额、演职员分工、演员演出通常收费额等情况核定演职员的应纳税所得,扣缴义务人据此扣缴税款。

②组台(团)演出,应当建立健全财务会计制度,正确反映演出收支和向演职员支付报酬情况,并接受主管税务机关的监督检查。没有建立财务会计制度,或者未提供完整、准确的纳税资料,主管

---

① 本部分除单独标注的内容外,均出自《国家税务总局 文化部关于印发〈演出市场个人所得税征收管理暂行办法〉的通知》(国税发[1995]171 号;1995 年 11 月 18 日)。

税务机关可以核定其应纳税所得额,据以征税。

③参与录音、录像、拍摄影视和在歌厅、舞厅、卡拉 OK 厅、夜总会、娱乐城等娱乐场所演出的演职员取得的报酬,由向演职员支付报酬的单位或业主扣缴个人所得税。

④扣缴义务人扣缴的税款,应在次月 7 日内缴入国库,同时向主管税务机关报送扣缴个人所得税报告表,支付报酬明细表以及税务机关要求报送的其他资料。

⑤演职员取得报酬后按规定上交给单位和文化行政部门的管理费及收入分成,可以经主管税务机关确认后在计算应纳税所得额时扣除。

⑥演职员取得的报酬为不含税收入的,扣缴义务人所支付的税款应按以下公式计算①:

应纳税所得额=(不含税收入-费用减除标准-速算扣除数)÷(1-税率)

应纳税额=应纳税所得额×适用税率-速算扣除数

(5)自行申报纳税的演职人员范围

有下列情形的,演职员应在取得报酬的次月 7 日内自行到演出所在地或者单位所在地主管税务机关申报纳税:

①在两处或者两处以上取得工资、薪金性质所得的,应将各处取得的工资、薪金性质的所得合并计算纳税;

②分笔取得属于一次报酬的;

③扣缴义务人没有依法扣缴税款的;

④主管税务机关要求其申报纳税的。

(6)处罚规定

税务机关有根据认为从事演出的纳税义务人有逃避纳税义务行为的,可以在规定的纳税期之前,责令其限期缴纳应纳税款;在限期内发现纳税

义务人有明显的转移、隐匿演出收入迹象的,税务机关可以责成纳税义务人提供纳税担保。如果纳税义务人不能提供纳税担保,经县以上(含县级)税务局(分局)局长批准,税务机关可以采取税收保全措施。

扣缴义务人和纳税义务人违反有关规定,主管税务机关可以依照税收征管法及其他有关法律和行政法规的有关规定给以处罚。

演职员偷税情节恶劣或者被第三次查出偷税的,除税务机关对其依法惩处外,文化行政部门可据情节轻重停止其演出活动半年至一年。

主管税务机关可以根据当地实际情况,自行确定对在歌厅、舞厅、卡拉 OK 厅、夜总会、娱乐城等娱乐场所演出的演职员的个人所得税征收管理方式。

8.9.5.12 代开货物运输业发票个人所得税预征管理

按代开票纳税人管理的所有单位和个人(包括外商投资企业、特区企业和其他单位、个人),凡按规定应当征收营业税,在代开货物运输业发票时一律按开票金额 3% 征收营业税,按营业税税款 7% 预征城建税,按营业税税款 3% 征收教育附加费。同时按开票金额 3.3% 预征所得税,预征的所得税年终时进行清算。但代开票纳税人实行核定征收企业所得税办法的,年终不再进行所得税清算。在代开票时已征收的属于法律法规规定的减征或者免征的营业税及城市维护建设税、教育费附加、所得税以及高于法律法规规定的城市维护建设税税率的税款,在下一征期退税。具体退税办法按《国家税务总局 中国人民银行 财政部关于现金退税问题的紧急通知》(国税发〔2004〕47 号)执行②。

---

① 演职员取得的报酬为不含税收入的税款的计算公式在《国家税务总局关于明确单位或个人为纳税义务人的劳务报酬所得代付税款计算公式的通知》(国税发〔1996〕161 号,1996 年 9 月 17 日)和《国家税务总局关于明确单位或个人为纳税义务人的劳务报酬所得代付税款计算公式对应税率表的通知》(国税发〔2000〕192 号,2000 年 11 月 24 日)已做进一步明确。详见表 8-10。

② 《国家税务总局关于货物运输业若干税收问题的通知》(国税发〔2004〕88 号,2004 年 7 月 8 日)。该文件明确代开货物运输业发票个人所得税预征率为 3.3%,但根据《国家税务总局关于代开货物运输业发票个人所得税预征率问题的通知》(国税函〔2008〕977 号),代开货物运输业发票个人所得税预征率调整为 2.5%。

对上述代开货运发票的个人所得税纳税人,统一按开票金额的 2.5% 预征个人所得税。年度终了后,查账征税的代开货运发票个人所得税纳税人,按规定预征的个人所得税可以在汇算清缴时扣除;实行核定征收个人所得税的,按规定预征的个人所得税,不得从已核定税额中扣除①。

8.9.5.13 增值税、营业税起征点提高后个人所得税核定征收方法的调整

纳税人取得的个体工商户的生产、经营所得和对企事业单位的承包经营、承租经营所得,均应依法缴纳个人所得税。对未达到增值税、营业税起征点的纳税人,除税收政策规定的以外,一律不得免征个人所得税②。

增值税、营业税起征点提高后,对采取核定征税办法的纳税人(包括按综合征收率或按应缴纳流转税的一定比例附征个人所得税等方法的纳税人),可依据税收征管法和个人所得税法的有关规定,结合增值税和营业税起征点提高后纳税人所得相应增加的实际情况,本着科学、合理、公开的原则,重新核定纳税人的个人所得税定额③。

对原按照应缴纳流转税的一定比例附征个人所得税的纳税人,增值税、营业税起征点提高后不再缴纳增值税、营业税,而仍须缴纳个人所得税的,应改变原附征方法,重新确定与新情况相适应的个人所得税核定征收方法④。

8.9.6 个人所得税涉税违章处理若干规定⑤

(1)纳税人未按照规定的期限办理纳税申报和报送纳税资料的,依照税收征管法第六十二条的规定处理。

(2)纳税人采取伪造、变造、隐匿、擅自销毁账簿、记账凭证,或者在账簿上多列支出或者不列、少列收入,或者经税务机关通知申报而拒不申报或者进行虚假的纳税申报,不缴或者少缴应纳税款的,依照税收征管法第六十三条的规定处理。

(3)纳税人编造虚假计税依据的,依照税收征管法第六十四条第一款的规定处理。

(4)纳税人有扣缴义务人支付的应税所得,扣缴义务人应扣未扣、应收未收税款的,依照税收征管法第六十九条的规定处理。

(5)税务人员徇私舞弊或者玩忽职守,不征或者少征应征税款的,依照税收征管法第八十二条第一款的规定处理。

(6)税务人员滥用职权,故意刁难纳税人的,依照税收征管法第八十二条第二款的规定处理。

(7)税务机关和税务人员未依法为纳税人保密的,依照税收征管法第八十七条的规定处理。

(8)税务代理人违反税收法律、行政法规,造成纳税人未缴或者少缴税款的,依照税收征管法实施细则第九十八条的规定处理。

(9)其他税收违法行为,依照税收法律、法规的有关规定处理⑥。

---

① 《国家税务总局关于代开货物运输业发票个人所得税预征率问题的通知》(国税函[2008]977 号,2008 年 10 月 30 日)。

② 《国家税务总局关于提高增值税和营业税起征点后加强个人所得税征收管理工作的通知》(国税发[2003]80 号,2003 年 7 月 1 日)。

③ 《国家税务总局关于提高增值税和营业税起征点后加强个人所得税征收管理工作的通知》(国税发[2003]80 号,2003 年 7 月 1 日)。

④ 《国家税务总局关于提高增值税和营业税起征点后加强个人所得税征收管理工作的通知》(国税发[2003]80 号,2003 年 7 月 1 日)。

⑤ 本部分除单独标注的内容,均出自《国家税务总局关于印发〈个人所得税自行纳税申报办法(试行)〉的通知》(国税发[2006]162 号,2006 年 11 月 6 日)。

⑥ 《国家税务总局关于个人所得税偷税案件查处中有关问题的补充通知》(国税函发[1996]602 号,1996 年 9 月 17 日)曾规定,在调查个人所得税偷税案件中,对纳税义务人收入取得地和居住地不在同一省级地区的,以纳税义务人、中介人居住地税务机关为主,案件涉及地区的税务机关应积极配合协助。经查证核实后查补的纳税义务人和中介人的税款、滞纳金和罚款,由其向居住地税务机关缴纳入库,其中 50% 划转给收入取得地的税务机关。但根据《国家税务总局关于公布全文失效废止 部分条款失效废止的税收规范性文件目录的公告》(国家税务总局公告 2011 年第 2 号,2011 年 1 月 4 日),国税函发[1996]602 号上述规定被废止。

税收协定关于非居民纳税人免税
适用条件及境内停留期间标准①

协定条款	条文规定	适用国家
第二款	缔约国一方居民因在缔约国另一方受雇取得的报酬,同时具有以下三个条件的,应仅在该缔约国一方征税: (一)收款人在有关历年中,在该缔约国另一方停留连续或累计不超过 183 天; (二)该项报酬由并非该缔约国另一方居民的雇主或代表该雇主支付; (三)该项报酬不是由雇主设在该缔约国另一方的常设机构或固定基地所负担。	日本、美国、法国、比利时、德国、马来西亚、丹麦、新加坡、芬兰、加拿大、瑞典、意大利、荷兰、原捷克和斯洛伐克、波兰、原南斯拉夫、保加利亚、巴基斯坦、科威特、瑞士、塞浦路斯、西班牙、罗马尼亚、奥地利、巴西、蒙古、匈牙利、马耳他
		"有关历年"表述为"有关会计年度"的国家有:英国
		"有关历年"表述为"有关纳税年度"的国家有:印度
		"有关历年"表述为"在任何 12 个月"的国家有:挪威、新西兰、泰国、澳大利亚、韩国
		"有关历年"表述为"在任何 365 天"的国家:暂无。

注:对于挪威居民,如受雇从事近海海域的自然资源的勘探或开发活动,在任何 12 个月中累计超过 30 天,该居民取得的工资薪金和类似报酬,不论是由谁支付的,都可以在我国征税。

---

① 《国家税务总局关于在中国境内无住所的个人缴纳所得税涉及税收协定若干问题的通知》(国税发[1995]155 号,1995 年 8 月 3 日)

附件二：

我国对外税收协定（安排）关于
利息所得适用税率一览表[①]

序号	国家	协定税率	序号	国家	协定税率
1	日本	10%	23	科威特	5%
2	美国	10%	24	瑞士	10%
3	法国	10%	25	塞浦路斯	10%
4	英国	10%	26	西班牙	10%
5	比利时	10%	27	罗马尼亚	10%
6	德国	10%	28	奥地利	10%
7	马来西亚	10%	29	巴西	15%
8	挪威	10%	30	蒙古	10%
9	丹麦	10%	31	匈牙利	10%
10	新加坡	银行或金融机构7%；其他10%	32	马耳他	10%
11	芬兰	10%	33	阿联酋	7%
12	加拿大	10%	34	卢森堡	10%
13	瑞典	10%	35	韩国	10%
14	新西兰	10%	36	俄罗斯	10%
15	泰国	10%	37	巴新	10%
16	意大利	10%	38	印度	10%
17	荷兰	10%	39	毛里求斯	10%
18	捷克、斯洛伐克	10%	40	克罗地亚	10%
19	波兰	10%	41	白俄罗斯	10%
20	澳大利亚	10%	42	斯洛文尼亚	10%
21	保加利亚	10%	43	以色列	银行或金融机构7%；其他10%
22	巴基斯坦	10%	44	越南	10%

[①] 《国家税务总局关于外籍个人和港澳台居民个人储蓄存款利息所得个人所得税有关问题的通知》（国税发［1999］201号，1999年10月25日）。《国家税务总局关于〈国家税务总局关于外籍个人和港澳台居民个人储蓄存款利息所得个人所得税有关问题的通知〉的补充通知》（国税发［2000］31号，2000年2月17日）。

续表

序号	国家	协定税率	序号	国家	协定税率
45	土耳其	10%	67	古巴	7.5%
46	乌克兰	10%	68	委内瑞拉	银行或金融机构5%；其他10%
47	亚美尼亚	10%	69	哈萨克斯坦	10%
48	牙买加	7.5%	70	印度尼西亚	10%
49	冰岛	10%	71	阿曼	10%
50	立陶宛	10%	72	突尼斯	10%
51	拉脱维亚	10%	73	伊朗	10%
52	乌兹别克斯坦	10%	74	巴林	10%
53	孟加拉	10%	75	希腊	10%
54	南斯拉夫	10%	76	吉尔吉斯斯坦	10%
55	苏丹	10%	77	摩洛哥	10%
56	马其顿	10%	78	斯里兰卡	10%
57	埃及	10%	79	特里尼达和多巴哥	10%
58	葡萄牙	10%	80	阿尔巴尼亚	10%
59	爱沙尼亚	10%	81	文莱	10%
60	老挝	老:5% 中:10%	82	阿塞拜疆	10%
61	塞舌尔	10%	83	格鲁吉亚	10%
62	菲律宾	10%	84	墨西哥	10%
63	爱尔兰	10%	85	沙特阿拉伯	10%
64	南非	10%	86	香港特别行政区	7%
65	巴巴多斯	10%	87	澳门特别行政区	银行或金融机构7%；其他10%
66	摩尔多瓦	10%			

第9章　资源税制度

资源税是国家为调节资源级差收入并体现国有资源有偿使用而对各种应税自然资源课征的一个税种。

1984年10月,我国进行第二步利改税和工商税制改革时,即对原油、天然气和煤炭实行从价依率累进征收资源税。1986年,为简化计征办法改为从量定额征收。1992年,又将铁矿石纳入资源税征收范围。1994年在实施新税制改革时,确定对矿产品全面开征资源税。为此,国务院于1993年12月25日颁布了《中华人民共和国资源税暂行条例》,财政部于1993年12月30日发布《中华人民共和国资源税暂行条例实施细则》,调高了原油、天然气、铁矿石等资源产品的税额,并将盐税并入资源税,形成了我国现行资源税制的基本框架。

9.1　纳税义务人和扣缴义务人

9.1.1　纳税义务人

在中华人民共和国境内开采原油、天然气、煤炭、其他非金属矿原矿、黑色金属矿原矿、有色金属矿原矿或者生产固体盐、液体盐的单位和个人为资源税的纳税义务人(简称纳税人)①。

所称"单位"包括国有企业、集体企业、私有企业、股份制企业、其他企业和行政单位、事业单位、军事单位、社会团体及其他单位。所称"个人"包括个体经营者及其他个人②。

9.1.2　扣缴义务人

收购未税矿产品的单位为资源税的扣缴义务人③。

(1)代扣代缴的适用范围是收购的除原油、天然气、煤炭以外的资源税未税矿产品。未税矿产品是指资源税纳税人在销售其矿产品时不能向扣缴义务人提供"资源税管理证明"的矿产品④。

(2)收购未税矿产品的单位包括独立矿山、联合企业及其他收购未税矿产品的单位⑤。

独立矿山指只有采矿或只有采矿和选矿,独立核算、自负盈亏的单位,其生产的原矿和精矿主要用于对外销售⑥。

联合企业指采矿、选矿、冶炼(或加工)连续生产的企业或采矿、冶炼(或加工)连续生产的企业,其采矿单位,一般是该企业的二级或二级以下核算单位⑦。

其他收购未税矿产品的单位包括收购未税矿

---

① 《中华人民共和国资源税暂行条例》(中华人民共和国国务院令第139号,1993年12月25日)。
② 《中华人民共和国资源税暂行条例实施细则》(财法字[1993]43号,1993年12月30日)。《全国人民代表大会常务委员会关于外商投资企业和外国企业适用增值税、消费税、营业税等税收暂行条例的决定》(中华人民共和国主席令第十八号,1993年12月29日)。
③ 《中华人民共和国资源税暂行条例》(中华人民共和国国务院令第139号,1993年12月25日)。
④ 《中华人民共和国资源税代扣代缴管理办法》(国税发[1998]49号,1998年4月15日)。
⑤ 《中华人民共和国资源税暂行条例实施细则》(财法字[1993]43号,1993年12月30日)。《中华人民共和国资源税代扣代缴管理办法》(国税发[1998]49号,1998年4月15日)。
⑥ 《国家税务总局关于印发〈资源税若干问题的规定〉的通知》(国税发[1994]15号,1994年1月18日)。
⑦ 《国家税务总局关于印发〈资源税若干问题的规定〉的通知》(国税发[1994]15号,1994年1月18日)。

产品的个体户①。

9.2　征税范围

9.2.1　原油

原油,是指开采的天然原油,包括稀油、稠油、高凝油,不包括人造石油②。

稠油,是指在油层温度条件下,原油粘度大于100 毫帕/秒或原油重度大于 0.92 的原油③。

高凝油是指凝固点大于 40°C,含蜡量超过30% 的,用普通开采方式不能正常生产的原油④。

凝析油视同原油,征收资源税⑤。

其他陆上石油开采企业,是指《资源税税目税额明细表》中未列举的陆上石油开采单位以及在石油勘探过程中有油量产出并销售或自用的勘探单位⑥。

海上石油开采企业,是指在中华人民共和国内海、领海、大陆架及其他属于中华人民共和国行使管辖权的海域内依法从事开采海洋石油资源的企业⑦。

9.2.2　天然气

天然气,是指专门开采或与原油同时开采的天然气,暂不包括煤矿生产的天然气⑧。

9.2.3　煤炭

煤炭,是指原煤,不包括洗煤、选煤及其他煤炭制品⑨。

9.2.4　黑色金属矿原矿、有色金属矿原矿

9.2.4.1　一般规定

黑色金属矿原矿、有色金属矿原矿,是指纳税人开采后自用、销售的,用于直接入炉冶炼或作为主产品先入选精矿、制造人工矿,再最终入炉冶炼的金属矿石原矿⑩。

9.2.4.2　金属矿产品自用原矿

金属矿产品自用原矿,系指入选精矿、直接入炉冶炼或制造烧结矿、球团矿等所用原矿⑪。

9.2.4.3　铁矿石直接入炉用的原矿

铁矿石直接入炉用的原矿,系指粉矿、高炉原矿、高炉块矿、平炉块矿等⑫。

9.2.5　其他非金属矿原矿

9.2.5.1　一般规定

其他非金属矿原矿,是指上列产品(原油、天然气、煤炭)和井矿盐以外的非金属矿原矿⑬。

9.2.5.2　铝土矿

铝土矿一般是指包括三水铝石、一水硬铝石、一水软铝石、高岭石、蛋白石等多种矿物的混合体,是用于提炼铝氧的一种矿石,通常呈致密块状、豆状、鲕状等集合体,质地比较坚硬,其铝硅比为 3:12,含铝量(指三氧化二铝)一般在 40%—75%。铝土矿主要用于冶炼金属铝、制造高铝水泥、耐火材料、磨料等。铝土矿税目的征收范围包括高铝粘土在内的所有铝土矿⑭。

9.2.5.3　石英砂

石英砂主要用于玻璃、耐火材料、陶瓷、铸造、

①　《国家税务总局关于认定收购未税矿产品的个体户为资源税扣缴义务人的批复》(国税函[2000]733 号,2000 年 9 月 20日)。

②　《中华人民共和国资源税暂行条例实施细则》(财法字[1993]43 号,1993 年 12 月 30 日)。

③　《国家税务总局关于印发〈资源税若干问题的规定〉的通知》(国税发[1994]15 号,1994 年 1 月 18 日)。

④　《国家税务总局关于印发〈资源税若干问题的规定〉的通知》(国税发[1994]15 号,1994 年 1 月 18 日)。

⑤　《国家税务总局关于印发〈资源税若干问题的规定〉的通知》(国税发[1994]15 号,1994 年 1 月 18 日)。

⑥　《国家税务总局关于印发〈资源税若干问题的规定〉的通知》(国税发[1994]15 号,1994 年 1 月 18 日)。

⑦　《国家税务总局关于印发〈资源税若干问题的规定〉的通知》(国税发[1994]15 号,1994 年 1 月 18 日)。

⑧　《中华人民共和国资源税暂行条例实施细则》(财法字[1993]第 43 号,1993 年 12 月 30 日)。

⑨　《中华人民共和国资源税暂行条例实施细则》(财法字[1993]第 43 号,1993 年 12 月 30 日)。

⑩　《国家税务总局关于印发〈资源税若干问题的规定〉的通知》(国税发[1994]15 号,1994 年 1 月 18 日)。

⑪　《国家税务总局关于印发〈资源税若干问题的规定〉的通知》(国税发[1994]15 号,1994 年 1 月 18 日)。

⑫　《国家税务总局关于印发〈资源税若干问题的规定〉的通知》(国税发[1994]15 号,1994 年 1 月 18 日)。

⑬　《中华人民共和国资源税暂行条例实施细则》(财法字[1993]43 号,1993 年 12 月 30 日)。

⑭　《国家税务总局关于印发〈资源税几个应税产品范围问题的解答〉的通知》(国税发[1997]628 号,1997 年 11 月 21 日)。

石油、化工、环保、研磨等行业。是一种具有矽氧或二氧化矽的化合物，其主要成分是二氧化硅，呈各种颜色，为透明与半透明的晶体，形态各异。本税目的征收范围包括石英砂、石英岩、石英砂岩、脉石英或石英石等①。

9.2.5.4 矿泉水等水气矿产

矿泉水是含有符合国家标准的矿物质元素的一种水气矿产，可供饮用或医用等。此外，水气矿产还包括地下水、二氧化碳气、硫化氢气、氦气、氡气等。矿泉水等水气矿产属"其他非金属矿原矿——未列举名称的其他非金属矿原矿"税目的征收范围②。

9.2.5.5 耐火粘土的征税范围

粘土是土状矿物质。耐火粘土是指耐火度大于1580℃的粘土，矿物成分以高岭土或水白云母—高岭土类为主。耐火粘土呈土状，其铝硅比小于2.6，含铝量（指三氧化二铝）一般大于30%。依其理化性能、矿石特征和用途，在工业上一般分为软质粘土、半软质粘土、硬质粘土和高铝粘土四种。耐火粘土主要用于冶金、机械、轻工、建材等部门。高铝粘土不同于一般的耐火粘土，其有用成分的含量、矿石特征等均与铝土矿相同。高铝粘土既可用于生产耐火材料，又可用于提炼金属铝。本税目的征收范围是除高铝粘土以外的耐火粘土③。

9.2.6 盐

9.2.6.1 固体盐

固体盐是指海盐原盐、湖盐原盐和井矿盐。海盐又分为北方海盐和南方海盐。北方海盐，是指辽宁、河北、天津、山东四省、市所产的海盐。南方海盐，是指浙江、福建、广东、海南、广西、江苏六省、自治区所产的海盐④。

其中，江苏省生产的海盐自1996年1月1日起改按南方海盐征收资源税⑤。

9.2.6.2 液体盐

液体盐俗称卤水，是指氯化钠含量达到一定浓度的溶液，是用于生产碱和其他产品的原料⑥。

9.3 计税依据

9.3.1 一般规定

资源税的计税依据为纳税人销售或自用应税产品的数量⑦：

Ⅰ 纳税人开采或者生产应税产品销售的，以销售数量为课税数量。

Ⅱ 纳税人开采或者生产应税产品自用的，以自用数量为课税数量。

自产自用产品，包括用于生产和非生产两部分⑧。

9.3.2 特殊规定

9.3.2.1 销售数量难以准确提供时课税数量的确定

纳税人如果不能准确提供应税产品销售数量或移送使用数量，以应税产品的产量或主管税务机关确定的折算比换算成的数量为课税数量⑨。

自产自用产品的课税数量资源税纳税人自产自用应税产品，因无法准确提供移送使用量而采取

① 《国家税务总局关于印发〈资源税几个应税产品范围问题的解答〉的通知》（国税函[1997]628号，1997年11月21日）。
② 《国家税务总局关于印发〈资源税几个应税产品范围问题的解答〉的通知》（国税函[1997]628号，1997年11月21日）。
③ 《国家税务总局关于印发〈资源税几个应税产品范围问题的解答〉的通知》（国税函[1997]628号，1997年11月21日）。
④ 《中华人民共和国资源税暂行条例实施细则》（财法字[1993]43号，1993年12月30日）。《国家税务总局关于印发〈资源税若干问题的规定〉的通知》（国税发[1994]15号，1994年1月18日）。
⑤ 《财政部 国家税务总局关于江苏海盐改按南方海盐征收资源税问题的批复》（财税字[1996]24号，1996年2月26日）。此前，《国家税务总局关于印发〈资源税若干问题的规定〉的通知》（国税发[1994]15号，1994年1月18日)将江苏所产海盐列为北方海盐。
⑥ 《中华人民共和国资源税暂行条例实施细则》（财法字[1993]43号，1993年12月30日）。《国家税务总局关于印发〈资源税若干问题的规定〉的通知》（国税发[1994]15号，1994年1月18日）。
⑦ 《中华人民共和国资源税暂行条例》（中华人民共和国国务院令第139号，1993年12月25日）。《中华人民共和国资源税暂行条例实施细则》（财法字[1993]43号，1993年12月30日）。
⑧ 《国家税务总局关于印发〈资源税若干问题的规定〉的通知》（国税发[1994]15号，1994年1月18日）。
⑨ 《中华人民共和国资源税暂行条例实施细则》（财法字[1993]43号，1993年12月30日）。

折算比换算课税数量办法的,具体规定如下:

Ⅰ 煤炭。对于连续加工前无法正确计算原煤移送使用量的,可按加工产品的综合回收率,将加工产品实际销量和自用量折算成原煤数量作为课税数量①。

Ⅱ 金属和非金属矿产品原矿。因无法准确掌握纳税人移送使用原矿数量的,可将其精矿按选矿比折算成原矿数量作为课税数量②。

9.3.2.2 用液体盐加工固体盐课税数量的确定

纳税人以自产的液体盐加工固体盐,按固体盐税额征税(不再按液体盐的自产自用量征收资源税),以加工的固体盐数量为课税数量。纳税人以外购的液体盐加工固体盐,其加工固体盐所耗用液体盐的已纳税额准予抵扣③。

9.3.2.3 稠油、高凝油与稀油划分不清时课税数量的确定

原油中的稠油、高凝油与稀油划分不清或不易划分的,一律按原油的数量课税④。

9.3.2.4 手工收回煤炭课税数量的确定

在废弃的煤矸石中利用简易工具手工回收煤炭对外销售或使用,且这些煤炭属于未纳资源税的原煤,对这种未税原煤,可按其销售和自用数量依法照章征收资源税⑤。

9.4 税率税额

9.4.1 定额税率幅度

资源税的税目、税额幅度,按照下述《资源税税目税额幅度表》执行。税目、税额幅度的调整,由国务院决定⑥。

资源税税目税额幅度表⑦

税目	税额幅度
一、原油	8—30 元/吨⑧
二、天然气	2—15 元/千立方米
三、煤炭	0.3—5 元/吨
四、其他非金属矿原矿	0.5—20 元/吨或者立方米
五、黑色金属矿原矿	2—30 元/吨
六、有色金属矿原矿	0.4—30 元/吨
七、盐	
固体盐	10—60 元/吨
液体盐	2—10 元/吨

9.4.2 具体适用税额

(1)纳税人具体适用的税额,由财政部商国务院有关部门,根据纳税人所开采或者生产应税产品的资源状况,在规定的税额幅度内确定⑨。参见附件一《资源税税目税额明细表》。

未列举名称的其他非金属矿原矿和其他有色

---

① 《国家税务总局关于印发〈资源税若干问题的规定〉的通知》(国税发[1994]15 号,1994 年 1 月 18 日)。
② 《国家税务总局关于印发〈资源税若干问题的规定〉的通知》(国税发[1994]15 号,1994 年 1 月 18 日)。
③ 《国家税务总局关于印发〈资源税若干问题的规定〉的通知》(国税发[1994]15 号,1994 年 1 月 18 日)。
④ 《中华人民共和国资源税暂行条例实施细则》(财法字[1993]43 号,1993 年 12 月 30 日)。
⑤ 《国家税务总局关于手工回收煤炭征收资源税问题的批复》(国税发[1996]605 号,1996 年 10 月 28 日)。
⑥ 《中华人民共和国资源税暂行条例》(中华人民共和国国务院令第 139 号,1993 年 12 月 25 日)。
⑦ 《中华人民共和国资源税暂行条例》(中华人民共和国国务院令第 139 号,1993 年 12 月 25 日)。焦煤税率标准已调整至每吨 8 元。参见《财政部 国家税务总局关于调整焦煤资源税适用税额标准的通知》(财税[2007]15 号,2007 年 1 月 29 日)。
⑧ 根据《国务院关于外商投资企业和外国企业适用增值税、消费税、营业税等税收暂行条例有关问题的通知》(国发[1994]10 号,1994 年 2 月 22 日)规定,海洋石油和中外合作开采陆上石油资源,不纳资源税。
⑨ 《中华人民共和国资源税暂行条例》(中华人民共和国国务院令第 139 号,1993 年 12 月 25 日)。

金属矿原矿,由省级人民政府决定征收或暂缓征收资源税,并报财政部和国家税务总局备案①。

(2)矿产品等级的划分按照附件二《几个主要品种的矿山资源等级表》执行。

对于划分资源等级的应税产品,在《几个主要品种的矿山资源等级表》中未列举名称的纳税人适用的税额,由省级人民政府根据纳税人的资源状况,参照《资源税税目税额明细表》和《几个主要品种的矿山资源等级表》中确定的邻近矿山的税额标准,在浮动30%的幅度内核定,并报财政部和国家税务总局备案②。

9.4.3 适用税额的调整

纳税人具体适用的单位税额,由财政部、国家税务总局根据其资源和开采条件等因素的变化情况进行调整。省级人民政府有权核定的部分纳税人具体适用的单位税额,由省级人民政府根据其资源、开采条件等因素的变化进行调整③。

9.4.3.1 原油、天然气税额标准的调整

自2005年7月1日起,调整油田企业原油、天然气资源税税额标准,调整后的税额见下表④。

---

① 《中华人民共和国资源税暂行条例实施细则》(财法字[1993]第43号,1993年12月30日)。
② 《中华人民共和国资源税暂行条例实施细则》(财法字[1993]第43号,1993年12月30日)。
③ 《中华人民共和国资源税暂行条例实施细则》(财法字[1993]第43号,1993年12月30日)。
④ 《财政部 国家税务总局关于调整原油天然气资源税税额标准的通知》(财税字[2005]115号,2005年7月29日)。此前,根据《财政部 国家税务总局关于原油天然气资源税有关问题的通知》(财税字[1994]78号,1994年11月9日)的规定,自1994年1月1日起,将河南石油管理局生产的原油的资源税税额,由每吨12元暂减为每吨8元;四川石油管理局生产的天然气的资源税税额,由每千立方米15元暂减为每千立方米12元。根据《财政部 国家税务总局关于调整新疆原油资源税税额的通知》(财税字[1997]9号,1997年1月25日)的规定,自1997年1月1日起,新疆石油管理局、塔里木石油会战指挥部和吐哈石油勘探开发会战指挥部开采的原油资源税税额,由每吨12元调整为每吨20元。根据《财政部 国家税务总局关于调整四川石油管理局天然气资源税税额的通知》(财税字[1998]24号,1998年3月6日),自1998年1月1日起,四川石油管理局天然气资源税适用税额由每千立方米12元调至每千立方米13元。根据《财政部 国家税务总局关于调整长庆石油勘探局天然气资源税问题的通知》(财税字[2001]29号,2001年3月2日)的规定,自1998年1月1日起,长庆石油勘探局天然气资源税适用税额由每千立方米2元调至每千立方米6元;1999年1月1日起调整至每千立方米8元;2000年1月1日起,调整至每千立方米10元。根据《财政部 国家税务总局关于调整四川省境内部分天然气产区资源税税额的批复》(财税字[2001]29号,2001年3月1日)的规定,自2001年1月1日起,中国石油天然气股份有限公司西南油气田分公司所属川南、川西南、川西北三家气矿的天然气资源税税额,由每千立方米13元调减为每千立方米10元;四川德阳新场气田开发公司、德阳联益公司和成都龙星公司的天然气资源税税额,由每千立方米2元调增为每千立方米8元。四川省境内其他油气企业适用的天然气资源税税额不变。根据《财政部 国家税务总局关于调整新疆部分油田原油资源税税额的通知》(财税字[2001]102号,2001年6月15日)的规定,自2000年7月1日起,中国石油天然气股份有限公司所属新疆油田分公司、塔里木油田分公司、吐哈油田分公司开采的原油(不含稠油、高凝油,下同)资源税税额由每吨20元调整为每吨24元;中国石化新星公司西北石油局开采的原油资源税税额由每吨8元调整为每吨12元。根据《财政部 国家税务总局关于调整中国石油天然气股份有限公司吉林油田分公司原油资源税税额的通知》(财税字[2001]181号,2001年11月23日)的规定,自2001年7月1日起,中国石油天然气股份有限公司吉林油田分公司及吉林省境内的其他油气田企业开采的原油资源税适用税额由8元/吨调整为12元/吨。根据《国家税务总局关于西南石油局所属川西和川北采输处资源税税额的批复》(国税函[2002]1169号,2002年12月30日)的规定,自2003年1月1日起,中国石化新星公司西南石油局所属川西采输处和川北采输处的天然气资源税税额由每千立方米2元调增为每千立方米8元;对处于同一气田的其他开采企业也比照每千立方米8元的税额标准执行。根据《财政部 国家税务总局关于调整中国石化胜利油田有限公司原油资源税税额标准的通知》(财税字[2002]26号,2001年12月31日)的规定,自2000年7月1日起,中国石化胜利油田有限公司开采的原油资源适用税额由12元/吨调整为14元/吨。根据《财政部 国家税务总局关于调整长庆油田等企业资源税税额的通知》(财税字[2004]19号,2004年4月21日)的规定,自2004年1月1日起,中国石油天然气股份有限公司长庆油田分公司及陕西省延安、榆林两市境内其他石油开采企业原油资源税适用税额由8元/吨调整为12元/吨。根据《财政部 国家税务总局关于恢复河南油田原油资源税税额标准的通知》(财税[2005]62号,2005年4月13日)的规定,自2005年4月1日起,将中国石油化工股份有限公司河南油田分公司原油资源税税额由每吨8元恢复至《中华人民共和国资源税暂行条例实施细则》规定的每吨12元。

原油、天然气资源税税额表

税目	企业(或矿区)名称	税额	课税单位
原油	中国石油天然气股份有限公司新疆油田分公司、中国石油天然气股份有限公司吐哈油田分公司、中国石油天然气股份有限公司塔里木油田分公司、塔里木河南勘探公司、中国石油化工股份有限公司西北分公司、中国石油天然气股份有限公司青海油田分公司、大庆油田有限责任公司	30 元	吨
	中国石油天然气股份有限公司华北油田分公司、中国石油天然气股份有限公司长庆油田分公司、延长油矿管理局	28 元	吨
	中国石油天然气股份有限公司冀东油田分公司、中国石油天然气股份有限公司大港油田分公司、中国石油化工股份有限公司江汉油田分公司、中国石油化工股份有限公司中原油田分公司、中国石化中原油气高新股份有限公司	24 元	吨
	中国石化胜利油田有限公司、中国石油天然气股份有限公司辽河油田分公司、中国石油天然气股份有限公司吉林油田分公司、中国石油化工股份有限公司华东分公司、中国石油化工股份有限公司江苏油田分公司、中国石油化工股份有限公司河南油田分公司	22 元	吨
	中国石油天然气股份有限公司西南油气日分公司、中国石油天然气股份有限公司玉门油田分公司	18 元	吨
	其他石油开采企业	16 元	吨
	各企业的稠油、高凝油	14 元	吨
天然气	中国石油天然气股份有限公司西南油气田分公司	15 元	千立方米
	大庆油田有限责任公司	14 元	千立方米
	中国石化胜利油田有限公司、中国石油天然气股份有限公司辽河油田分公司	13 元	千立方米
	中国石油天然气股份有限公司长庆油田分公司	12 元	千立方米
	中国石油天然气股份有限公司华北油田分公司、中国石油天然气股份有限公司大港油田分公司、中国石油化工股份有限公司中原油田分公司、中国石化中原油气高新股份有限公司、中国石油化工股份有限公司河南油田分公司、中国石油天然气股份有限公司新疆油田分公司、中国石油天然气股份有限公司冀东油田分公司、中国石油天然气股份有限公司吐哈油田分公司、中国石油天然气股份有限公司塔里木油田分公司、中国石油天然气股份有限公司吉林油田分公司	9 元	千立方米
	其他天然气开采企业	7 元	千立方米

9.4.3.2　煤炭税额标准的调整

(1)重庆市煤炭资源税税额标准的调整

自 2005 年 5 月 1 日起,重庆市煤炭资源税适用税额统一提高至每吨 2.5 元①。

明确重庆市非统配煤矿资源税征收税额适用标准为每吨 0.60 元②。

(2)贵州省煤炭资源税税额标准的调整

自 2005 年 5 月 1 日起,贵州省煤炭资源税适用税额统一提高至每吨 2.5 元③。

(3)云南省煤炭资源税税额标准的调整

自 2005 年 5 月 1 日起,云南省曲靖市富源县煤炭资源税适用税额提高至每吨 3 元,省内其他地区煤炭资源税适用税额提高至每吨 2.5 元④。

(4)山东省煤炭资源税税额标准的调整

自 2005 年 5 月 1 日起,山东省煤炭资源税适

---

① 《财政部　国家税务总局关于调整重庆市煤炭资源税税额标准的通知》(财税字[2005]82 号,2005 年 5 月 26 日)。
② 《财政部　国家税务总局关于明确重庆市非统配煤矿资源税税额的通知》(财税字[2004]23 号,2004 年 1 月 16 日)。
③ 《财政部　国家税务总局关于调整贵州省煤炭资源税税额标准的通知》(财税字[2005]83 号,2005 年 5 月 26 日)。
④ 《财政部　国家税务总局关于调整云南省煤炭资源税税额标准的通知》(财税字[2005]84 号,2005 年 5 月 26 日)。

用税额统一提高至每吨3.6元①。

（5）福建省煤炭资源税税额标准的调整

自2005年5月1日起,福建省煤炭资源税适用税额统一提高至每吨2.5元②。

（6）宁夏回族自治区煤炭资源税税额标准的调整

自2005年5月1日起,宁夏回族自治区煤炭资源税适用税额统一提高至每吨2.3元③。

（7）安徽省煤炭资源税税额标准的调整

自2005年5月1日起,安徽省煤炭资源税适用税额统一提高至每吨2元④。

（8）河南省煤炭资源税税额标准的调整

自2005年5月1日起,河南省焦作矿务局、鹤壁矿务局、义马矿务局煤炭资源税适用税额分别提高至每吨3元、3元、2.5元,省内其他煤矿煤炭资源税适用税额统一提高至每吨4元⑤。

（9）山西、青海省、内蒙古自治区等省煤炭资源税税额标准的调整

自2004年7月1日起,山西省境内煤炭资源税税额调整至3.2元/吨,青海省、内蒙古自治区境内煤炭资源税税额调整至2.3元/吨⑥。

（10）陕西省部分地区煤炭企业资源税税额标准的调整

---

① 《财政部 国家税务总局关于调整山东省煤炭资源税税额标准的通知》(财税字[2005]86号,2005年5月26日)。此前,根据《国家税务总局关于调整淄博矿务局所属三处煤矿资源税单位税额的批复》(国税函[2000]459号,2000年6月14日)的规定,自2000年7月1日起,淄博矿务局所属许长煤矿、岱庄煤矿、葛亭煤矿的资源税单位税额由每吨0.5元调整到1.2元。根据《国家税务总局关于临沂等矿务局所属三处煤矿资源税税额的批复》(国税函[2002]846号,2002年9月24日)的规定,自2002年7月1日起,临沂矿务局、肥城矿务局所属新绛、古城、梁宝寺三述煤矿的资源税单位税额核定为每吨1.2元。根据《财政部 国家税务总局关于调整山东省济宁市枣庄市境内部分煤炭企业资源税税额的通知》(财税字[2004]117号,2004年6月30日)的规定,自2004年1月1日起,将枣庄矿业(集团)有限责任公司等4家企业的煤炭资源税单位税额调高至1.8元/吨;将枣庄泉兴矿业有限责任公司等51家企业的煤炭资源税单位税额调高至2.4元/吨。其中煤炭资源税额调高至1.8元/吨的企业包括:枣庄矿业(集团)有限责任公司、枣庄市薛城区陶庄镇六号煤矿、枣庄市台儿庄闫布煤矿、柴里煤矿袁堂井。煤炭资源税额调高至2.4元/吨的企业包括:枣庄泉兴矿业有限责任公司、枣庄市恒瑞煤业有限责任公司、新宏煤业有限公司、张山子煤业有限公司、山东丰源煤电股份公司北徐楼煤矿、滕州市金达煤矿有限责任公司、枣庄市富安煤炭有限公司、山东省武所屯生建煤矿、山东省徐庄生建煤矿、枣庄市市中区官地煤矿官桥井、滕州市官桥煤炭有限公司、山东省滕州曹庄煤炭有限公司、山东丰源煤电股份公司赵坡煤矿、枣庄市留庄煤业有限公司、枣庄王晁煤矿有限公司、滕州市郭庄矿业有限公司、峰城区福兴煤矿、枣庄市南石镇袁庄煤矿、枣庄市薛城区邹坞煤矿、枣庄市薛城区陶庄镇西煤矿、枣庄市薛城区陶庄镇防备煤矿、枣庄市薛城区薛城镇二号煤矿、淄博矿业集团有限责任公司许厂煤矿、山东省田庄煤矿、兖矿集团有限公司杨村煤矿、淄博矿业集团有限责任公司岱庄煤矿、淄博矿业集团有限责任公司葛亭煤矿、山东济宁运河煤矿有限责任公司、山东里能鲁西矿业有限公司、山东东山矿业有限公司古城煤矿、兖州大运矿业有限公司、山东裕隆矿业集团有限公司单家村煤矿、山东宏河矿业集团有限公司、济宁矿业集团太平煤矿、山东里能里彦矿业有限公司、山东济宁市落陵煤矿、兖矿集团有限公司北宿煤矿、兖州煤业股份公司、微山崔庄煤矿有限公司、微山湖矿业集团有限公司、枣庄矿业(集团)有限责任公司付村煤矿、枣庄矿业(集团)有限责任公司高庄煤矿、枣庄矿业(集团)有限责任公司新安煤矿、济宁市菜园生建煤矿、山东省岱庄生建煤矿、山东省三河口生建煤矿、山东省七五生建煤矿、济宁矿业集团鹿洼煤矿、济宁市金桥煤矿、山东里能新河矿业有限公司、山东裕隆矿业集团有限责任公司唐阳煤矿。2004年6月30日后,济宁市、枣庄市境内新建煤炭企业资源税适用税额,由山东省财政厅、地方税务局在每吨煤炭资源税税额1.8元至2.4元的幅度内提出建议,经省人民政府同意后报财政部、国家税务总局确定。在财政部、国家税务总局批复前,对两市境内新建煤炭企业的资源税单位税额暂按1.8元/吨执行。

② 《财政部 国家税务总局关于调整福建省煤炭资源税税额标准的通知》(财税字[2005]85号,2005年5月26日)。

③ 《财政部 国家税务总局关于调整宁夏回族自治区煤炭资源税税额标准的通知》(财税字[2005]81号,2005年5月26日)。

④ 《财政部 国家税务总局关于调整安徽省煤炭资源税税额标准的通知》(财税字[2005]80号,2005年5月26日)。

⑤ 《财政部 国家税务总局关于调整河南省煤炭资源税税额标准的通知》(财税字[2005]79号,2005年5月26日)。

⑥ 《财政部 国家税务总局关于调整山西等省煤炭资源税税额的通知》(财税字[2004]187号,2004年12月13日)。此前,根据《财政部 国家税务总局关于调整内蒙古伊克昭盟煤炭资源税单位税额的通知》(财税字[1997]11号,1997年2月28日)的规定,自1997年3月1日起,内蒙古自治区伊克昭盟境内的煤矿(不分中央煤矿和地方煤矿)资源税单位税额由原来的每吨0.5元调整为每吨1.5元。根据《国家税务总局关于调整内蒙古自治区非统配煤矿资源税税额的批复》(国税函[1999]189号,1999年4月15日)的规定,自1999年6月1日起,内蒙古自治区境内非统配煤矿煤炭资源税税额,在每吨原煤纳税额不超过1.5元的限额内进行适当调整,具体调整额度由内蒙古自治区地方税务局根据纳税人的资源状况及负担能力确定,并报国家税务总局备案。根据《财政部 国家税务总局关于调整山西省大同矿务局资源税税额的通知》(财税字[2000]62号,2000年8月24日)的规定,自2000年9月1日起,山西省大同矿务局开采的煤炭资源税税额由每吨2.4元调整至每吨1.6元。

自 2006 年 4 月 1 日起,将陕西省煤炭资源税适用税额标准统一提高至每吨 3.2 元①。

(11)湖北省煤炭资源税税额标准的调整

自 2006 年 1 月 1 日起,湖北省煤炭资源税适用税额标准统一提高至每吨 3 元②。

(12)湖南省煤炭资源税税额标准的调整

自 2006 年 1 月 1 日起,湖南省煤炭资源税适用税额标准统一提高至每吨 2.5 元③。

(13)广东省煤炭资源税税额标准的调整

自 2006 年 1 月 1 日起,广东省煤炭资源税适用税额标准统一提高至每吨 3.6 元④。

(14)内蒙古自治区煤炭资源税税额标准的调整

自 2006 年 1 月 1 日起,内蒙古自治区煤炭资源税适用税额标准统一提高至每吨 3.2 元⑤。

(15)江苏省煤炭资源税税额标准的调整

自 2006 年 4 月 1 日起,将江苏省煤炭资源税适用税额标准统一提高至每吨 2.5 元。⑥

(16)江西省煤炭资源税税额标准的调整

自 2006 年 4 月 1 日起,将江西省煤炭资源税适用税额标准统一提高至每吨 2.5 元⑦。

(17)黑龙江省煤炭资源税税额标准的调整

自 2006 年 4 月 1 日起,将黑龙江省煤炭资源税适用税额标准统一提高至每吨 2.3 元⑧。

(18)甘肃省煤炭资源税

自 2006 年 7 月 1 日起,将甘肃省煤炭资源税适用税额标准统一提高至每吨 3 元⑨。

(19)辽宁省煤炭资源税税额标准的调整

自 2006 年 9 月 1 日起,将辽宁省煤炭资源税适用税额标准统一提高至每吨 2.8 元。⑩

(20)河北省煤炭资源税税额标准的调整

自 2006 年 9 月 1 日起,将河北省煤炭资源税适用税额标准统一提高至每吨 3 元⑪。

(21)四川省煤炭资源税税额标准的调整

自 2006 年 9 月 1 日起,将四川省煤炭资源税适用税额标准统一提高至每吨 2.5 元⑫。

(22)吉林省煤炭资源税税额标准的调整

自 2006 年 9 月 1 日起,将吉林省煤炭资源税

---

① 《财政部 国家税务总局关于调整陕西省煤炭资源税税额标准的通知》(财税[2006]39 号,2006 年 3 月 29 日)。此前,根据《财政部 国家税务总局关于调整陕西榆林地区煤炭资源税税额的通知》(财税字[1996]36 号,1996 年 6 月 13 日)的规定,自 1996 年 7 月 1 日起,陕西榆林地区境内煤炭(不分中央煤矿和地方煤矿)的资源税税额由原来每吨 0.5 元调整为每吨 1.5 元。根据《财政部 国家税务总局关于调整陕西省黄陵市非统配煤矿煤炭资源税税额的通知》(财税字[1998]2 号,1998 年 3 月 4 日)的规定,自 1998 年 4 月 1 日起,黄陵市境内非统配煤矿煤炭资源税税额由现行的每吨 0.5 元调为每吨 1 元。根据《财政部 国家税务总局关于调整长庆油田等企业资源税税额的通知》(财税字[2004]19 号,2004 年 4 月 21 日)的规定,自 2004 年 1 月 1 日起,将中国石油天然气股份有限公司长庆油田分公司及陕西省延安、榆林两市境内其他石油开采企业原油资源税适用税额由 8 元/吨调整为 12 元/吨。根据《财政部 国家税务总局关于调整陕西省部分地区煤炭资源税税额的通知》(财税字[2004]128 号,2004 年 7 月 26 日)的规定,自 2004 年 1 月 1 日起,陕西省延安、榆林两市境内地方煤炭企业及咸阳彬长、旬东矿区煤炭企业资源税单位税额调整为每吨 2.3 元。根据《财政部关于公布废止和失效的财政规章和规范性文件目录(第十一批)的决定》(财政部令第 62 号,2011 年 2 月 21 日),财税字[1996]第 36 号被公布废止。根据《财政部关于公布废止和失效的财政规章和规范性文件目录(第十批)的决定》(财政部令第 48 号,2008 年 1 月 31 日),财税字[1998]第 2 号被公布废止。

② 《财政部 国家税务总局关于调整湖北省煤炭资源税税额标准的通知》(财税[2005]169 号,2005 年 12 月 12 日)。

③ 《财政部 国家税务总局关于调整湖南省煤炭资源税税额标准的通知》(财税[2005]170 号,2005 年 12 月 12 日)。

④ 《财政部 国家税务总局关于调整广东省煤炭资源税税额标准的通知》(财税[2005]171 号,2005 年 12 月 12 日)。

⑤ 《财政部 国家税务总局关于调整内蒙古自治区煤炭资源税税额标准的通知》(财税[2005]172 号,2005 年 12 月 12 日)。

⑥ 《财政部 国家税务总局关于调整江苏省煤炭资源税税额标准的通知》(财税[2006]38 号,2006 年 3 月 29 日)。

⑦ 《财政部 国家税务总局关于调整江西省煤炭资源税税额标准的通知》(财税[2006]37 号,2006 年 3 月 21 日)。

⑧ 《财政部 国家税务总局关于调整黑龙江省煤炭资源税税额标准的通知》(财税[2006]40 号,2006 年 3 月 29 日)。

⑨ 《财政部 国家税务总局关于调整甘肃省煤炭资源税税额标准的通知》(财税[2006]106 号,2006 年 7 月 31 日)。

⑩ 《财政部 国家税务总局关于调整辽宁省煤炭资源税税额标准的通知》(财税[2006]37 号,2006 年 3 月 21 日)。

⑪ 《财政部 国家税务总局关于调整河北省煤炭资源税适用税额标准的通知》(财税[2006]137 号 2006 年 9 月 15 日)。

⑫ 《财政部 国家税务总局关于调整四川省煤炭资源税适用税额标准的通知》(财税[2006]136 号 2006 年 9 月 15 日)。

适用税额标准统一提高至每吨 2.5 元①。

（23）新疆维吾尔自治区煤炭资源税税额标准的调整

自 2009 年 3 月 1 日起,将新疆维吾尔自治区的煤炭(不含焦煤)资源税适用税额提高为每吨 3 元②。

（24）焦煤的资源税适用税额

自 2007 年 2 月 1 日起,将焦煤的资源税适用税额标准确定为每吨 8 元③。

9.4.3.3 铁矿石资源税税额标准的调整

（1）冶金独立矿山铁矿石资源税税额的调整

自 2006 年 1 月 1 日起,调整对冶金矿山铁矿石资源税减征政策,暂按规定税额标准的 60% 征收④。

（2）攀钢铁矿石资源税政策的调整

自 2004 年 1 月 1 日起,对攀枝花钢铁(集团)公司所属矿山开采铁矿石恢复按原规定税额征收资源税⑤。

（3）鞍钢铁矿石资源税政策的调整

对鞍山钢铁集团公司有限责任公司所属矿山开采的铁矿石对超过 1996 年基数的课税数量,停止比照独立矿山减按规定税额的 40% 征收资源税的政策,恢复按原规定税额征收资源税⑥。

（4）首钢矿业公司大石河铁矿资源税税额的调整

首钢矿业公司大石河铁矿大石河采区在闭坑前,为对资源进行保护性利用,对挂邦延伸储量通过硐采方式回收,采矿方式由露天变为地下,矿石品位亦发生变化,对其地下开采的铁矿石单位税额由原来的重点矿山入选露天三等 15.5 元/吨,调整为重点矿山入选地下矿六等 13 元/吨⑦。

（5）福建潘洛铁矿潘田采区铁矿石资源税税额的调整

---

① 《财政部 国家税务总局关于调整吉林省煤炭资源税适用税额标准的通知》(财税[2006]131 号,2006 年 9 月 15 日)。

② 《财政部 国家税务总局关于调整新疆维吾尔自治区煤炭资源税税额标准的通知》(财税[2009]26 号,2009 年 3 月 12 日)。

③ 《财政部 国家税务总局关于调整焦煤资源税适用税额标准的通知》(财税[2007]15 号,2007 年 1 月 29 日)。

④ 《财政部 国家税务总局关于调整钼矿石等品目资源税政策的通知》(财税[2005]168 号,2005 年 12 月 12 日)。此前,根据《财政部 国家税务总局关于独立矿山铁矿石资源税按法规税额 60% 征收的通知》(财税字[1994]41 号,1994 年 6 月 18 日)的规定,自 1994 年 1 月 1 日起,对独立矿山应纳的铁矿石资源税减征 40%,按规定税额标准的 60% 征收。根据《财政部、国家税务总局关于减征冶金独立矿山铁矿石和有色金属矿资源税的通知》(财税字[1997]82 号,1997 年 1 月 29 日)的规定,自 1996 年 7 月 1 日起,对冶金独立矿山应缴纳的铁矿石资源税在财税字[1994]41 号规定减征 40% 的基础上,再减征 20%,即按规定税额标准的 40% 征收。冶金独立矿山是指 1993 年 12 月 31 日以前存在的冶金独立矿山、财政部和国家税务总局《关于调整六家企业铁矿石资源税适用税额的通知》(财税字[1995]10 号)中列举的六家矿冶企业以及 1994 年 1 月 1 日以后建成投产的冶金独立矿山,对 1993 年 12 月 31 日以后由联合矿山改组为独立矿山的,不得按财税字[1994]41 号及财税字[1997]82 号的规定减征资源税。但后来根据《财政部 国家税务总局关于调整冶金联合企业矿山铁矿石资源税适用税额的通知》(财税字[2002]17 号,2002 年 2 月 9 日)的规定,自 2002 年 4 月 1 日起,对冶金联合企业矿山(含 1993 年 12 月 31 日后从联合企业矿山中独立出来的铁矿山企业)铁矿石资源税,减按规定税额标准的 40% 征收。

⑤ 《财政部 国家税务总局关于减征独立矿山铁矿石资源税后有关财政税收问题的批复》(财税字[1995]21 号,1995 年 2 月 22 日)的规定,攀钢集团矿业公司不能按照独立矿山征收铁矿石资源税,应按照税法规定的税额,全额征收铁矿石资源税。但《财政部 国家税务总局关于攀枝花钢铁(集团)公司增值税、资源税政策问题的通知》(财税字[1997]80 号,1997 年 6 月 28 日)曾规定,1997 年 1 月 1 日至 2000 年 12 月 31 日,对该公司开采铁矿石以 1996 年课税总量为基数,每年基数以内的课税数量按原法规税额征收资源税;对超过基数的课税数量,比照独立矿山减按法规税额的 40% 征收资源税。后来,根据《财政部 国家税务总局关于攀钢资源税政策问题的通知》(财税字[2001]70 号,2001 年 4 月 24 日)的规定,从 2001 年 1 月 1 日至 2003 年 12 月 31 日,对攀枝花钢铁(集团)公司所属矿山开采的铁矿石,继续执行财政部、国家税务总局财税字[1997]80 号文件规定的政策。2004 年 1 月 1 日起,财税字[1997]80 号政策执行到期。

⑥ 《财政部 国家税务总局关于鞍山钢铁集团公司资源税政策问题的通知》(财税字[1997]90 号,1997 年 6 月 28 日)曾规定,1997 年 1 月 1 日至 2000 年 12 月 31 日,对鞍山钢铁集团公司所属的齐大山、眼前山、大孤山、东鞍山四矿山开采铁矿石,以 1996 年课税总量为基数,每年基数以内的课税数量仍按原规定税额征收资源税,对超过基数的课税数量比照独立矿山减按规定税额的 40% 征收资源税。现该政策已执行到期。

⑦ 《国家税务总局关于调整首钢矿业公司大石河铁矿大石河采区地下尾矿开采资源税适用税额的批复》(国税函[2003]992 号,2003 年 9 月 1 日)。

自 2001 年 1 月 1 日起,福建潘洛铁矿潘田采区开采的铁矿石品位在 50% 以下或含硫等有害元素较高、需要经精选后方可冶炼的矿石,按入选露天矿(非重点矿石)六等的税额标准计征资源税,其余铁矿石仍然按照入炉露天矿计征资源税[1]。

9.4.3.4 有色金属矿税额标准的调整

(1)有色金属矿资源税税额的调整

自 2006 年 1 月 1 日起,取消对有色金属矿资源税减征 30% 的优惠政策,恢复按全额征收[2]。

(2)自 2007 年 8 月 1 日起,对铅锌矿石、铜矿石和钨矿石三种矿产品资源税适用税额标准作如下调整[3]:

Ⅰ 铅锌矿石单位税额标准:一等矿山调整为每吨 20 元;二等矿山调整为每吨 18 元;三等矿山调整为每吨 16 元;四等矿山调整为每吨 13 元;五等矿山调整为每吨 10 元。

Ⅱ 铜矿石单位税额标准:一等矿山调整为每吨 7 元;二等矿山调整为每吨 6.5 元;三等矿山调整为每吨 6 元;四等矿山调整为每吨 5.5 元;五等矿山调整为每吨 5 元。

Ⅲ 钨矿石单位税额标准:三等矿山调整为每吨 9 元;四等矿山调整为每吨 8 元;五等矿山调整为每吨 7 元。

(3)钼矿石资源税税额的调整

自 2006 年 1 月 1 日起,调整钼矿石资源税适用税额标准[4]:

一等税额标准为每吨 8 元;二等税额标准为每吨 7 元;三等税额标准为每吨 6 元;四等税额标准为每吨 5 元;五等税额标准为每吨 4 元。

(4)锰矿石资源税税额的调整

自 2006 年 1 月 1 日起,将锰矿石资源税适用税额标准由 2 元/吨调整到 6 元/吨[5]。

(5)钒矿石资源税税额的调整

自 2006 年 9 月 1 日起,钒矿石(含石煤钒)资源税适用税额标准为每吨 12 元[6]。

9.4.3.5 非金属矿税额标准的调整

(1)石灰石、大理石和花岗石资源税适用税额的调整

自 2003 年 7 月 1 日起,石灰石资源税适用税额由每吨 2 元调整为每吨 0.5 元至 3 元;大理石和花岗石资源税适用税额由每立方米 3 元调整为每立方米 3 元至 10 元。各省、自治区、直辖市财政厅(局)、地方税务局可在上述幅度内确定适用税额标准。各地根据本地区的实际情况,制定具体的调整方案,并报财政部、国家税务总局备案[7]。

(2)羊脂玉石矿、石英砂岩资源税税额的调整

鉴于云南省羊脂玉石矿是目前在我国境内首次发现的非金属矿类的一个新品种,储量大、品位优、经济价值高,以及云南省武定县和禄劝县发现并开采的石英砂岩(木纹石),适宜种植低耗、经济价值高的建筑装饰材料,自 2000 年 7 月 1 日起,对云南省开采的羊脂玉石矿按每立方米 20 元征收资源税[8]。

自 2004 年 1 月 1 日起,对云南省武定县和禄

---

[1] 《国家税务总局关于福建潘洛铁矿潘田采区铁矿石资源税税额问题的批复》(国税函[2001]636 号,2001 年 8 月 15 日)。

[2] 《财政部 国家税务总局关于调整钼矿石等品目资源税政策的通知》(财税[2005]168 号,2005 年 12 月 12 日)。此前,根据《财政部 国家税务总局关于减征冶金独立矿山铁矿石和有色金属矿资源税的通知》(财税字[1997]82 号,1997 年 1 月 29 日)的规定,从 1996 年 7 月 1 日起,对有色金属矿的资源税减征 30%,即按规定税额标准的 70% 征收。

[3] 《财政部国家税务总局关于调整铅锌矿石等税目资源税适用税额标准的通知》(财税[2007]100 号,2007 年 7 月 5 日)。

[4] 《财政部 国家税务总局关于调整钼矿石等品目资源税政策的通知》(财税[2005]168 号,2005 年 12 月 12 日)。此前,根据《财政部 国家税务总局关于河南省栾川县钼业公司适用资源等级及资源税税额的通知》(财税字[1996]41 号,1996 年 4 月 20 日)的规定,自 1996 年 1 月 1 日起,河南省栾川县钼业公司生产的钼矿石按照一等钼矿石、单位税额每吨 0.8 元计征资源税。

[5] 《财政部 国家税务总局关于调整钼矿石等品目资源税政策的通知》(财税[2005]168 号,2005 年 12 月 12 日)。

[6] 《财政部 国家税务总局关于钒矿石资源税有关政策的通知》(财税[2006]120 号,2006 年 8 月 30 日)。

[7] 《财政部 国家税务总局关于调整石灰石、大理石和花岗石资源税适用税额的通知》(财税字[2003]119 号,2003 年 6 月 4 日)。

[8] 《国家税务总局关于云南省羊脂玉石矿资源税税额问题的批复》(国税发[2000]653 号,2000 年 8 月 22 日)。

中国税法大典

劝县开采的石英砂岩(木纹石)的资源税税额调整为每吨10元①。

(3)硅藻土、珍珠岩、磷矿石和玉石资源税税额的调整

自2008年10月1日起,硅藻土、玉石等部分矿产品的资源税税额标准调整为:硅藻土、玉石每吨20元,磷矿石每吨15元,膨润土、沸石、珍珠岩每吨10元②。

(4)耐火粘土和萤石资源税税额的调整③

自2010年6月1日起,将耐火粘土中的高铝粘土(包括耐火级矾土、研磨级矾土等)和焦宝石的资源税适用税额标准调整为每吨20元,将其他耐火粘土的资源税适用税额标准调整为每吨6元。

将萤石(也称氟石)的资源税适用税额标准调整为每吨20元。

9.4.3.6 盐资源税税额标准的调整

(1)天津塘沽盐场资源税税额标准的调整

自2006年1月1日起,对利用废水制盐的塘沽盐场暂减按10元/吨征收资源税④。

(2)海盐及液体盐资源税税额标准的调整⑤

自2007年2月1日起,北方海盐资源税暂减按每吨15元征收。

南方海盐、湖盐、井矿盐资源税暂减按每吨10元征收。

液体盐资源税暂减按每吨2元征收。

通过提取地下天然卤水晒制的海盐和生产的井矿盐,其资源税适用税额标准暂维持不变,仍分别按每吨20元和12元征收。

9.5 应纳税额

9.5.1 一般规定

资源税的应纳税额,按照纳税人应税产品的课税数量和规定的单位税额计算。应纳税额的计算公式为:

应纳税额 = 课税数量 × 单位税额⑥

9.5.2 代扣代缴应纳税额

扣缴义务人代扣代缴资源税的计算公式为:

代扣代缴的资源税额 = 收购未税矿产品数量 × 适用的单位税额⑦

扣缴义务人收购纳税人销售的未税矿产品,纳税人的销售数量也就是扣缴义务人的收购数量,扣缴义务人在代扣代缴纳税人应纳税款时应依据收购数量和适用的单位税额计算代扣代缴的资源税。具体分为以下三种情况⑧:

Ⅰ 独立矿山、联合企业收购与本单位矿种相同的未税矿产品,按照本单位相同矿种应税产品的单位税额,依据收购数量代扣代缴资源税。

Ⅱ 独立矿山、联合企业收购与本单位矿种不同的未税矿产品,以及其他收购单位收购的未税矿产品,按照收购地相应矿种规定的单位税额,依据收购数量代扣代缴资源税。

Ⅲ 收购地没有相同品种矿产品的,按收购主管税务机关核定的单位税额,依据收购数量代扣代缴资源税。

9.6 税收优惠及若干特殊征免规定

---

① 《国家税务总局关于调整云南省武定县和禄劝县石英砂岩资源税适用税额的批复》(国税函[2003]1215号,2003年11月6日)。
② 《财政部 国家税务总局关于调整硅藻土、珍珠岩、磷矿石和玉石等资源税税额标准的通知》(财税[2008]91号,2008年9月16日)。
③ 《财政部 国家税务总局关于调整耐火粘土和萤石资源税适用税额标准的通知》(财税[2010]20号,2010年5月11日)。
④ 《财政部 国家税务总局关于调整天津塘沽盐场资源税税额标准的通知》(财税[2005]173号,2005年12月12日)。
⑤ 《财政部 国家税务总局关于调整盐资源税适用税额标准的通知》(财税[2007]5号,2007年1月24日)。此前,《财政部 国家税务总局关于临时调减北方海盐资源税税额的通知》(财税字[1995]96号,1995年1月5日)规定:自1994年1月1日起,北方海盐资源税暂减按每吨20元计征。
⑥ 《中华人民共和国资源税暂行条例》(中华人民共和国国务院令第139号,1993年12月25日)。
⑦ 《中华人民共和国资源税暂行条例》(中华人民共和国国务院令第139号,1993年12月25日)。
⑧ 《中华人民共和国资源税代扣代缴管理办法》(国税发[1998]49号,1998年4月15日)。

9.6.1　加热、修井的原油免税规定

开采原油过程中用于加热、修井的原油，免税①。

9.6.2　铁路工程及铁路系统资源税征免规定

（1）青藏铁路公司资源税征免规定

自 2006 年 7 月 1 日起，对青藏铁路公司及其所属单位自采自用的砂、石等材料免征资源税；对青藏铁路公司及其所属单位自采外销及其他单位和个人开采销售给青藏铁路公司及其所属单位的砂、石等材料照章征收资源税②。

（2）内昆铁路工程资源税征免规定

对内昆铁路建设工程单位自采自用的石料免征资源税。其他单位和个人开采销售给内昆铁路建设工程的石料应照章征收资源税③。

（3）铁路系统资源税征免规定

对于铁路工副业应当自 1994 年 1 月 1 日起，按照资源税暂行条例及其实施细则的规定征收资源税。即：条例和实施细则已经列举的品目，按照条例和实施细则的规定执行；条例和实施细则未列举的品目，按省级人民政府在条例、实施细则授权范围内所做出的规定执行④。

9.6.3　军工系统资源税征免规定

军队、军工系统所属企业开采或者生产资源税应税产品，无论是供军队内部使用还是对外销售，都要按规定征收资源税⑤。

9.6.4　油气资源开采征免规定

（1）中外合作油（气）田

中外合作油（气）田开采海上和陆地的原油、天然气按实物征收增值税（另有规定者除外），征收率为 5%，并按照现行规定征收矿区使用费，暂不征收资源税⑥。

（2）西气东输项目

西气东输项目上游开采天然气中外合作区块缴纳矿区使用费，暂不缴纳资源税⑦。

（3）煤层气抽采

煤层气是指赋存于煤层及其围岩中与煤炭资源伴生的非常规天然气，也称煤矿瓦斯。对地面抽采煤层气暂不征收资源税⑧。

9.6.5　自然灾害损失资源税减免优惠

（1）纳税人在开采或者生产资源税应税产品过程中，因意外事故或者自然灾害等原因遭受重大损失的，由省、自治区、直辖市人民政府酌情决定减税或者免税⑨。

（2）纳税人开采或者生产应税产品过程中，因地震灾害遭受重大损失的，由受灾地区省、自治区、直辖市人民政府决定减征或免征资源税⑩。

9.6.6　东北老工业基地资源税减免优惠

自 2004 年 7 月 1 日起，对衰歇期矿山和低丰度油田，由各省财政厅根据有关油田、矿山的实际情况和财政承受能力，提出对低丰度油田和衰歇期矿山在不超过 30% 的幅度内降低资源税适用税额标准的建议，报省人民政府批准后实施，并报财政部、国家税务总局备案。对因降低资源税税额标准

① 《中华人民共和国资源税暂行条例》（中华人民共和国国务院令第 139 号，1993 年 12 月 25 日）。

② 《财政部 国家税务总局关于青藏铁路公司运营期间有关税收等政策问题的通知》（财税[2007]11 号，2007 年 1 月 11 日）。此前，《财政部 国家税务总局关于青藏铁路建设期间有关税收政策问题的通知》（财税字[2003]128 号，2003 年 6 月 12 日）和《财政部 国家税务总局关于青藏铁路建设期间有关已缴税金退税问题的通知》（财税字[2003]1387 号，2003 年 12 月 26 日）均对青藏铁路建设期间的资源税减免优惠予以了规定，并于 2006 年 7 月 1 日执行到期。

③ 《财政部 国家税务总局关于对内昆铁路征免耕地占用税和资源税问题的通知》（财税字[2000]47 号，2000 年 8 月 2 日）。

④ 《财政部 国家税务总局关于铁路系统征收资源税问题的通知》（财税字[1995]75 号，1995 年 9 月 30 日）。

⑤ 《财政部 国家税务总局关于军队、军工系统征收流转税、资源税问题的通知》（财税字[1994]11 号，1994 年 4 月 22 日）。

⑥ 《国务院关于外商投资企业和外国企业适用增值税、消费税、营业税等税收暂行条例有关问题的通知》（国发[1994]10 号，1994 年 2 月 22 日）。

⑦ 《财政部 国家税务总局关于西气东输项目有关税收政策的通知》（财税字[2002]111 号，2002 年 7 月 31 日）。

⑧ 《财政部国家税务总局关于加快煤层气抽采有关税收政策问题的通知》（财税[2007]16 号，2007 年 2 月 7 日）。

⑨ 《中华人民共和国资源税暂行条例》（中华人民共和国国务院令第 139 号，1993 年 12 月 25 日）。

⑩ 《财政部 国家税务总局关于认真落实抗震救灾及灾后重建税收政策问题的通知》（财税[2008]62 号，2008 年 5 月 19 日）。

而减少的收入,由地方自行消化解决①。

9.6.7 减免税项目单独核算规定

纳税人的减税、免税项目,应当单独核算课税数量;未单独核算或者不能准确提供课税数量的,不予减税或者免税②。

9.7 征收管理

9.7.1 纳税义务发生时间

9.7.1.1 销售应税产品纳税义务发生时间

纳税人销售应税矿产品,纳税义务发生时间为收讫销售款或者取得索取销售款凭据的当天③。

纳税人采取分期收款结算方式的,其纳税义务发生时间,为销售合同规定的收款日期的当天④。

纳税人采取预收货款结算方式的,其纳税义务发生时间,为发出应税产品的当天⑤。

纳税人采取其他结算方式的,其纳税义务发生时间,为收讫销售款或者取得索取销售款凭据的当天⑥。

9.7.1.2 自产自用应税产品的纳税义务发生时间

纳税人自产自用应税产品的纳税义务发生时间,为移送使用应税产品的当天⑦。

9.7.1.3 代扣代缴义务发生时间

扣缴义务人代扣代缴资源税税款义务的发生时间为扣缴义务人支付货款的当天⑧。

支付货款的当天是指支付首笔货款或者首次开具应支付货款凭据的当天⑨。

9.7.2 纳税期限

9.7.2.1 自行申报纳税期限

纳税人的纳税期限为 1 日、3 日、5 日、10 日、15 日或者 1 个月,由主管税务机关根据实际情况具体核定。不能按固定期限计算纳税的,可以按次计算纳税⑩。

纳税人以 1 个月为一期纳税的,自期满之日起 10 日内申报纳税;以 1 日、3 日、5 日、10 日或者 15 日为一期纳税的,自期满之日起 5 日内预缴税款,于次月 1 日起 10 日内申报纳税并结清上月税款⑪。

9.7.2.2 代扣代缴纳税期限

扣缴义务人代扣资源税税款的解缴期限为 1 日、3 日、5 日、10 日、15 日或者 1 个月。具体解缴期限由主管税务机关根据实际情况核定⑫。

扣缴义务人应在主管税务机关规定的时间内解缴其代扣的资源税款,并报送代扣代缴等有关报表⑬。

9.7.3 纳税地点

9.7.3.1 自行申报纳税点

纳税人应纳的资源税,应当向应税产品的开采或者生产所在地主管税务机关缴纳。纳税人在本省、自治区、直辖市范围内开采或者生产应税产品,

---

① 《财政部 国家税务总局关于调整东北老工业基地部分矿山、油田企业资源税税额的通知》(财税[2004]146 号,2004 年 9 月 13 日)。
② 《中华人民共和国资源税暂行条例》(中华人民共和国国务院令第 139 号,1993 年 12 月 25 日)。
③ 《中华人民共和国资源税暂行条例》(中华人民共和国国务院令第 139 号,1993 年 12 月 25 日)。
④ 《中华人民共和国资源税暂行条例实施细则》(财法字[1993]43 号,1993 年 12 月 30 日)。
⑤ 《中华人民共和国资源税暂行条例实施细则》(财法字[1993]43 号,1993 年 12 月 30 日)。
⑥ 《中华人民共和国资源税暂行条例实施细则》(财法字[1993]43 号,1993 年 12 月 30 日)。
⑦ 《中华人民共和国资源税暂行条例》(中华人民共和国国务院令第 139 号,1993 年 12 月 25 日)。《中华人民共和国资源税暂行条例实施细则》(财法字[1993]第 43 号,1993 年 12 月 30 日)。
⑧ 《中华人民共和国资源税暂行条例实施细则》(财法字[1993]43 号,1993 年 12 月 30 日)。
⑨ 《中华人民共和国资源税代扣代缴管理办法》(国税发[1998]49 号,1998 年 4 月 15 日)。《国家税务总局关于明确资源税扣缴义务人发生时间的批复》(国税函[2002]1037 号,2002 年 12 月 10 日)。
⑩ 《中华人民共和国资源税暂行条例》(中华人民共和国国务院令第 139 号,1993 年 12 月 25 日)。
⑪ 《中华人民共和国资源税暂行条例》(中华人民共和国国务院令第 139 号,1993 年 12 月 25 日)。
⑫ 《中华人民共和国资源税代扣代缴管理办法》(国税发[1998]49 号,1998 年 4 月 15 日)。
⑬ 《中华人民共和国资源税代扣代缴管理办法》(国税发[1998]49 号,1998 年 4 月 15 日)。

其纳税地点需要调整的,由省、自治区、直辖市税务机关决定①。

9.7.3.2 跨省开采应税资源品纳税地点

跨省开采资源税应税矿产品的单位,其下属生产单位与核算单位不在同一省、自治区、直辖市的,对其开采的矿产品,一律在开采地纳税,其应纳税款由独立核算、自负盈亏单位,按照开采地的实际销售量或者自用量及适用的单位税额计算划拨②。

9.7.3.3 代扣代缴纳税地点

扣缴义务人代扣代缴的资源税,应当向收购地主管税务机关缴纳③。

收购地是指应税未税矿产品的收购地④。

9.7.4 国家储备盐及新旧税制衔接有关纳税问题的规定

(1)储备盐的纳税地点和纳税环节,按照资源税暂行条例及其实施细则规定执行⑤。

1994 年 1 月 1 日以前储备的盐,1994 年 1 月 1 日以后动用的,在动用时由动用单位按动用量依照资源税暂行条例规定及税额缴纳盐资源税⑥。

1994 年 1 月 1 日以后储备的盐,按资源税暂行条例规定在盐的出场(厂)环节纳税⑦。

1994 年 1 月 1 日以前出场(厂)的未缴纳盐税的盐,到 1994 年 1 月 1 日以后销售的,在运销环节由运销单位按资源税暂行条例规定缴纳盐资源税⑧。

(2)1994 年 1 月 1 日以前签定的销售合同,1994 年 1 月 1 日以后供货的,依照资源税暂行条例规定及税额缴纳资源税⑨。

9.7.5 代扣代缴相关管理规定

(1)自 2004 年 7 月 1 日起,资源税扣缴义务人不再需要向主管税务机关申请办理代扣代缴义务人的资格审批手续。资源税的代扣代缴事宜,一律依照税收征收管理法及实施细则的有关规定办理⑩。

(2)主管税务机关按照规定提取并向扣缴义务人支付手续费⑪。

(3)扣缴义务人代扣代缴资源税时,要建立代扣代缴税款账簿,及时登记资源税代扣、代缴税款报告表。扣缴义务人必须依法接受税务机关检查,如实反映情况,提供有关资料,不得拒绝或隐瞒⑫。

(4)扣缴义务人依法履行代扣税款义务时,纳税人不得拒绝。纳税人拒绝的,扣缴义务人应当及时报告主管税务机关处理。否则,纳税人应缴纳的税款由扣缴义务人负担。有关单位和个人应对扣缴义务人在履行其法定义务予以支持、协助,不得干预、阻挠⑬。

(5)扣缴义务人发生下列行为之一者,按税收征管法及其实施细则处理⑭:

Ⅰ 应代扣而未代扣或少代扣资源税款;

Ⅱ 不缴或少缴已扣税款;

---

① 《中华人民共和国资源税暂行条例》(中华人民共和国国务院令第 139 号,1993 年 12 月 25 日)。
② 《中华人民共和国资源税暂行条例实施细则》(财法字[1993]43 号,1993 年 12 月 30 日)。
③ 《中华人民共和国资源税暂行条例实施细则》(财法字[1993]43 号,1993 年 12 月 30 日)。
④ 《中华人民共和国资源税代扣代缴管理办法》(国税发[1998]49 号,1998 年 4 月 15 日)。
⑤ 《财政部 国家税务总局关于国家储备盐纳税问题的复函》(财税字[1995]14 号,1995 年 2 月 20 日)。
⑥ 《国家税务总局关于印发〈资源税若干问题的规定〉的通知》(国税发[1994]15 号,1994 年 1 月 18 日)。
⑦ 《国家税务总局关于印发〈资源税若干问题的规定〉的通知》(国税发[1994]15 号,1994 年 1 月 18 日)。
⑧ 《国家税务总局关于印发〈资源税若干问题的规定〉的通知》(国税发[1994]15 号,1994 年 1 月 18 日)。
⑨ 《国家税务总局关于印发〈资源税若干问题的规定〉的通知》(国税发[1994]15 号,1994 年 1 月 18 日)。
⑩ 《国家税务总局关于取消资源税扣缴义务人资格审批事项的通知》(国税函[2004]817 号,2004 年 6 月 23 日)。此前,《中华人民共和国资源税代扣代缴管理办法》(国税发[1998]49 号,1998 年 4 月 15 日)规定,资源税代扣代缴义务人的资格须经主管税务机关审批。
⑪ 《中华人民共和国资源税代扣代缴管理办法》(国税发[1998]49 号,1998 年 4 月 15 日)。
⑫ 《中华人民共和国资源税代扣代缴管理办法》(国税发[1998]49 号,1998 年 4 月 15 日)。
⑬ 《中华人民共和国资源税代扣代缴管理办法》(国税发[1998]49 号,1998 年 4 月 15 日)。
⑭ 《中华人民共和国资源税代扣代缴管理办法》(国税发[1998]49 号,1998 年 4 月 15 日)。

Ⅲ 未按规定期限解缴税款；

Ⅳ 未按规定设置、保管有关资源税代扣代缴账簿、凭证、报表及有关资料；

Ⅴ 转借、涂改、损毁、造假、不按照规定使用"资源税管理证明"的行为；

Ⅵ 其他违反税收规定的行为。

9.7.6 《资源税管理证明》相关规定①

(1)《资源税管理证明》是证明销售的矿产品已缴纳资源税或已向当地税务机关办理纳税申报的有效凭证。《资源税管理证明》分为甲、乙两种证明(式样附后)，由当地主管税务机关开具。

资源税管理甲种证明适用生产规模较大、财务制度比较健全、有比较固定的购销关系、能够依法申报缴纳资源税的纳税人，是一次开具在一定期限内多次使用有效的证明。

资源税管理乙种证明适用个体、小型采矿销售企业等零散资源税纳税人，是根据销售数量多次开具一次使用有效的证明。

《资源税管理证明》由国家税务总局统一制定，各省、自治区、直辖市地方税务局印制。

《资源税管理证明》可以跨省、区、市使用。为防止伪造，"资源税管理证明"须与纳税人的税务登记证副本一同使用。

(2)凡开采销售规定范围内的应税矿产品的单位和个人，在销售其矿产品时，应当向当地主管税务机关申请开具《资源税管理证明》，作为销售矿产品已申报纳税免予扣缴税款的依据。购货方(扣缴义务人)在收购矿产品时，应主动向销售方(纳税人)索要《资源税管理证明》，扣缴义务人据此不代扣资源税。

凡销售方不能提供资源税管理甲种证明的或超出资源税管理乙种证明注明的销售数量部分，一律视同未税矿产品，由扣缴义务人依法代扣代缴资源税，并向纳税人开具代扣代缴税款凭证。

扣缴义务人应按主管税务机关的要求妥善整理和保管收取的《资源税管理证明》，以备税务机关核查。纳税人领取的《资源税管理证明》，不得转借他人使用，遗失不补。

9.8 新疆及西部地区原油、天然气资源税改革

自2010年6月1日起，在新疆率先实行原油、天然气资源税改革。对该地区开采原油、天然气的纳税人从价计征资源税②。

自2010年12月1日起，在西部地区(重庆、四川、贵州、云南、陕西、甘肃、宁夏、青海、新疆、内蒙古、广西、湖北恩施)推进实施原油、天然气资源税改革。对上述地区开采原油、天然气的纳税人按以下办法征收资源税③：

(1)计征方式

原油、天然气资源税实行从价计征，税率为5%。应纳税额计算公式为：

应纳税额＝销售额×税率

所称销售额，按照增值税暂行条例及其实施细则的有关规定确定。

(2)征收范围

纳税人开采的原油、天然气，自用于连续生产原油、天然气的，不缴纳资源税；自用于其他方面的，视同销售，依照本规定计算缴纳资源税。

中外合作开采陆上油气的企业在2010年12月1日后签订的新合同依照本规定缴纳资源税，不再缴纳矿区使用费。2010年12月1日前已经签订的合同继续缴纳矿区使用费。

(3)税收减免

①有下列情形之一的，免征或者减征资源税：

Ⅰ 油田范围内运输稠油过程中用于加热的原油、天然气，免征资源税。

---

① 《中华人民共和国资源税代扣代缴管理办法》(国税发[1998]49号,1998年4月15日)。

② 《财政部 国家税务总局关于印发〈新疆原油 天然气资源税改革若干问题的规定〉的通知》(财税[2010]54号,2010年6月1日)。

③ 《财政部 国家税务总局关于印发西部地区原油天然气资源税改革若干问题的规定的通知》(财税[2010]112号,2010年11月24日)。2010年12月1日后,原在新疆开展的改革试点统一按本文件规定执行。

Ⅱ 稠油、高凝油和高含硫天然气资源税减征 40%。

稠油，是指地层原油粘度大于或等于 50 毫帕/秒或原油密度大于或等于 0.92 克/立方厘米的原油。

高凝油，是指凝固点大于 40℃的原油。高含硫天然气，是指硫化氢含量大于或等于 30 克/立方米的天然气。

Ⅲ 三次采油资源税减征 30%。

三次采油，是指二次采油后继续以聚合物驱、三元复合驱、泡沫驱、二氧化碳驱、微生物驱等方式进行采油。

Ⅳ 低丰度油（气）田的原油、天然气资源税暂减征 20%。

低丰度油田，是指每平方公里原油可采储量丰度在 25 万立方米以下的油田。低丰度气田，是指每平方公里天然气可采储量丰度在 2.5 亿立方米以下的气田。

纳税人开采的原油、天然气，同时符合上述第Ⅱ、Ⅲ、Ⅳ款规定减税情形的，纳税人只能选择其中一款执行，不能叠加适用。

上述所列项目的标准或条件如需要调整，由财政部、国家税务总局根据国家有关规定标准及实际情况的变化作出调整。

②对开采稠油、高凝油、高含硫天然气和三次采油的纳税人按以下办法计征资源税：

根据纳税人以前年度符合上述第①项规定的减税条件的油气产品销售额占其全部油气产品总销售额的比例，确定其资源税综合减征率及实际征收率，计算资源税应纳税额。计算公式为：

综合减征率 = $\sum$（减税项目销售额×减征幅度×5%）÷总销售额

实际征收率 = 5% - 综合减征率

应纳税额 = 总销售额×实际征收率

中国石油天然气集团公司和中国石油化工集团公司所属油气田的综合减征率和实际征收率由财政部和国家税务总局确定，并根据原油、天然气产品结构的实际变化情况每年进行调整，具体综合减征率和实际征收率暂按《财政部 国家税务总局关于印发西部地区原油天然气资源税改革若干问题的规定的通知》（财税［2010］112 号）所附《西部地区油气田原油天然气资源税实际征收率表》执行。地方油气企业的综合减征率和实际征收率由资源所在地的省级财政、税务部门比照上述方法确定。

（4）其他征管事项

资源税纳税义务发生时间、纳税地点、纳税期限、征收管理等按照现行资源税暂行条例及其实施细则等有关规定执行。

资源税税目税额明细表[①]

税目		税额	课税数量单位
一、原油	大庆石油管理局	24 元	吨
	胜利石油管理局、辽河石油勘探局、大港石油管理局、河南石油勘探局、新疆石油管理局、塔里木石油会战指挥部、吐哈石油勘探开发会战指挥部	12 元	吨
	华北石油管理局、吉林省油田管理局、中原石油勘探局、江苏石油勘探局、长庆石油勘探局、冀东石油勘探开发公司、江汉石油管理局、玉门石油管理局、青海石油管理局、四川石油管理局、滇黔桂石油勘探局、延长油矿管理局、其他陆上石油开采企业	8 元	吨
	各企业的稠油、高凝油	8 元	吨
	海上石油开采企业	8 元	吨
二、天然气	四川石油管理局	15 元	千立方米
	大庆石油管理局	12 元	千立方米
	胜利石油管理局、辽河石油勘探局	8 元	千立方米
	华北石油管理局、大港石油管理局、中原石油勘探局、河南石油勘探局、新疆石油管理局、冀东石油勘探开发公司、塔里木石油会战指挥部、吐哈石油勘探开发会战指挥部、吉林省油田管理局	4 元	千立方米
	其他开采天然气企业	2 元	千立方米
三、煤炭	统配矿　北京矿务局	0.50 元	吨
	开滦矿务局	0.55 元	吨
	峰峰矿务局	0.50 元	吨
	井陉矿务局	0.40 元	吨
	兴隆矿务局	0.40 元	吨
	邢台矿务局	1.20 元	吨
	邯郸矿务局	0.80 元	吨
	大同矿务局	2.40 元	吨
	阳泉矿务局	0.80 元	吨
	下花园煤矿	0.50 元	吨
	八宝山煤矿	0.50 元	吨

①　《中华人民共和国资源税暂行条例实施细则》(财法字[1993]第43号,1993年12月30日),根据有关规定权限,石油、天然气、煤炭、有色金属等部分资源税税目的税额标准财政部和国家税务总局相继进行了调整,详见本章正文相关部分,本明细表所列税额仅供参考。

续表

税目		税额	课税数量单位
三、煤炭	西山矿务局	0.80 元	吨
	汾西矿务局	1.20 元	吨
	潞安矿务局	2.00 元	吨
	轩岗矿务局	0.50 元	吨
	晋城矿务局	2.00 元	吨
	包头矿务局	0.40 元	吨
	乌达矿务局	0.40 元	吨
	海渤湾煤矿	0.30 元	吨
	宝日希勒煤矿	0.30 元	吨
	平庄矿务局	0.30 元	吨
	扎赉诺尔矿务局	0.30 元	吨
	霍林河煤矿	0.30 元	吨
	伊敏河煤矿	0.30 元	吨
	大雁矿务局	0.30 元	吨
	萍乡矿务局	0.50 元	吨
	丰城矿务局	0.80 元	吨
	英岗岭矿务局	0.60 元	吨
	洛市矿务局	0.30 元	吨
	淄博矿务局	0.50 元	吨
	新汶矿务局	0.90 元	吨
	枣庄矿务局	1.20 元	吨
	肥城矿务局	0.90 元	吨
	兖州矿务局	1.20 元	吨
	坊子煤矿	0.50 元	吨
	龙口矿务局	0.50 元	吨
	临沂矿务局	0.70 元	吨
	澄合矿务局	0.50 元	吨
	崔家沟煤矿	0.60 元	吨
	窑街矿务局	0.40 元	吨
	靖远矿务局	0.30 元	吨
	阿干镇煤矿	0.30 元	吨
	石咀山矿务局	0.40 元	吨
	石炭井矿务局	0.40 元	吨
	淮南矿务局	0.80 元	吨
	淮北矿务局	0.90 元	吨
	哈密矿务局	0.30 元	吨
	乌鲁木齐矿务局	0.30 元	吨
	艾维尔沟煤矿	0.40 元	吨
	抚顺矿务局	0.60 元	吨

税目		税额	课税数量单位
三、煤炭	阜新矿务局	0.40元	吨
	北票矿务局	0.30元	吨
	沈阳矿务局	0.30元	吨
	辽源矿务局	0.50元	吨
	通化矿务局	0.40元	吨
	舒兰矿务局	0.30元	吨
	珲春煤矿	0.30元	吨
	鸡西矿务局	0.50元	吨
	鹤岗矿务局	0.60元	吨
	双鸭山矿务局	0.50元	吨
	平顶山矿务局	1.30元	吨
	焦作矿务局	0.70元	吨
	鹤壁矿务局	0.70元	吨
	义马矿务局	0.60元	吨
	郑州矿务局	0.90元	吨
	大屯煤电公司	1.00元	吨
	徐州矿务局	1.00元	吨
	涟邵矿务局	0.50元	吨
	资兴矿务局	0.30元	吨
	白沙矿务局	0.50元	吨
	广旺矿务局	0.50元	吨
	芙蓉矿务局	0.40元	吨
	攀枝花矿务局	0.70元	吨
	南桐矿务局	0.70元	吨
	天府矿务局	0.50元	吨
	松藻矿务局	0.50元	吨
	中梁山矿务局	0.50元	吨
	永荣矿务局	0.70元	吨
	六枝矿务局	0.40元	吨
	盘江矿务局	0.70元	吨
	水城矿务局	0.60元	吨
	铜川矿务局	0.40元	吨
	蒲白矿务局	0.40元	吨
	七台河矿务局	0.60元	吨
	烟台矿务局	0.40元	吨
	八道壕矿务局	0.40元	吨
	霍县矿务局	1.60元	吨
	东山煤矿	1.60元	吨
	荫营煤矿	1.60元	吨

税目			税额	课税数量单位
三、煤炭		韩城矿务局	0.60元	吨
		苍村煤矿	0.40元	吨
		南庄煤矿	1.60元	吨
		西峪煤矿	1.60元	吨
		南票矿务局	0.30元	吨
		铁法矿务局	0.30元	吨
		固庄煤矿	1.60元	吨
		小峪煤矿	1.60元	吨
	非统配矿	北京市	0.60元	吨
		河北省	0.90元	吨
		山西省	1.60元	吨
		内蒙古自治区	0.50元	吨
		辽宁省	0.60元	吨
		黑龙江省	0.80元	吨
		江苏省	1.00元	吨
		浙江省	0.50元	吨
		安徽省	1.00元	吨
		江西省	0.60元	吨
		福建省	0.50元	吨
		山东省	1.20元	吨
		河南省	1.00元	吨
		湖北省	0.50元	吨
		湖南省	0.50元	吨
		广西壮族自治区	0.50元	吨
		广东省	0.50元	吨
		四川省	0.60元	吨
		云南省	0.60元	吨
		贵州省	0.60元	吨
		陕西省	0.50元	吨
		甘肃省	0.50元	吨
		宁夏回族自治区	0.50元	吨
		青海省	0.50元	吨
		新疆维吾尔自治区	0.50元	吨
		吉林省	0.60元	吨
四、其他非金属矿原矿				
（一）宝石、宝石级金刚石			10.00元	克拉
（二）玉石、膨润土			5.00元	吨

续表

税目			税额	课税数量单位
(三)石墨、石英、萤石、重晶石、毒重石、蛭石、长石、沸石、滑石、白云石、硅灰石、凹凸棒石粘土、高岭土(瓷土)、耐火粘土、云母			3.00元	吨
(四)大理石、花岗石			3.00元	立方米
(五)石灰石、菱镁矿、天然碱、石膏、硅线石			2.00元	吨
(六)工业用金刚石			2.00元	克拉
(七)石棉		一等	2.00元	吨
		二等	1.70元	吨
		三等	1.40元	吨
		四等	1.10元	吨
		五等	0.80元	吨
		六等	0.50元	吨
(八)硫铁矿、自然硫、磷铁矿			1.00元	吨
(九)未列举名称的其他非金属矿原矿			0.50—3.00元	吨或立方米
五、黑色金属矿原矿				吨
(一)铁矿石	入选露天矿(重点矿山)	一等	16.50元	吨
		二等	16.00元	吨
		三等	15.50元	吨
		四等	15.00元	吨
		五等	14.50元	吨
		六等	14.00元	吨
	入选地下矿(重点矿山)	二等	15.00元	吨
		三等	14.50元	吨
		四等	14.00元	吨
		五等	13.50元	吨
		六等	13.00元	吨
	入炉露天矿(重点矿山)	一等	25.00元	吨
		二等	24.00元	吨

续表

税目		税额	课税数量单位
（一）铁矿石	三等	23.00 元	吨
	四等	22.00 元	吨
	入炉地下矿（重点矿山）　二等	23.00 元	吨
	三等	22.00 元	吨
	四等	21.00 元	吨
	入选露天矿（非重点矿山）　二等	16.00 元	吨
	四等	15.00 元	吨
	五等	14.50 元	吨
	六等	14.00 元	吨
	入选地下矿（非重点矿山）　三等	11.50 元	吨
	四等	11.00 元	吨
	五等	10.50 元	吨
	六等	10.00 元	吨
	入炉露天矿（非重点矿山）　二等	23.00 元	吨
	三等	22.00 元	吨
	四等	21.00 元	吨
	入炉地下矿（非重点矿山）　三等	21.00 元	吨
	四等	20.00 元	吨
（二）锰矿石		2.00 元	吨
（三）铬矿石		3.00 元	吨
六、有色金属矿原矿			
（一）铜矿石	一等	1.60 元	吨
	二等	1.50 元	吨
	三等	1.40 元	吨
	四等	1.30 元	吨
	五等	1.20 元	吨
（二）铅锌矿石	一等	4.00 元	吨
	二等	3.50 元	吨
	三等	3.00 元	吨
	四等	2.50 元	吨
	五等	2.00 元	吨
（三）铝土矿石	三等	20.00 元	吨
（四）钨矿石	三等	0.60 元	吨
	四等	0.50 元	吨
	五等	0.50 元	吨
（五）锡矿石	一等	1.00 元	吨
	二等	0.90 元	吨
	三等	0.80 元	吨

税目		税额	课税数量单位
（五）锡矿石	四等	0.70 元	吨
	五等	0.60 元	吨
（六）锑矿石	一等	1.00 元	吨
	二等	0.90 元	吨
	三等	0.80 元	吨
	四等	0.70 元	吨
	五等	0.60 元	吨
（七）钼矿石	三等	0.60 元	吨
	四等	0.50 元	吨
	五等	0.40 元	吨
（八）镍矿石	二等	12.00 元	吨
	三等	11.00 元	吨
四等		10.00 元	吨
	五等	9.00 元	吨
（九）黄金矿石			
1. 岩金矿石①	一等	7.00 元	吨
	二等	6.00 元	吨
	三等	5.00 元	吨
	四等	4.00 元	吨
	五等	3.00 元	吨
	六等	2.00 元	吨
	七等	1.50 元	吨
2. 砂金矿石	一等	2.00 元	50 立方米挖出量
	二等	1.80 元	50 立方米挖出量
	三等	1.60 元	50 立方米挖出量
	四等	1.40 元	50 立方米挖出量
	五等	1.20 元	50 立方米挖出量
（十）其他有色金属矿原矿		0.4—3.00 元	吨
七、盐	北方海盐	25.00 元	吨
	南方海盐、井矿盐、湖盐	12.00 元	吨
	液体盐	3.00 元	吨

---

① 《财政部 国家税务总局关于调整岩金矿资源税有关政策的通知》(财税[2006]69 号,2006 年 5 月 19 日)。

附件二：

几个主要品种的矿山资源等级表[①]

一、铁矿石资源等级表

资源等级	企业（或矿区）名称
1. 入选露天矿（重点矿山）	
一等	1. 本钢南芬露天矿 2. 首钢水厂铁矿 3. 鞍钢弓长岭露天矿
二等	4. 太钢峨口铁矿 5. 鞍钢齐大山铁矿 6. 邯邢矿山村铁矿 7. 包钢公益明铁矿
三等	8. 马钢南山铁矿凹山采场 9. 首钢大石河铁矿裴庄采区 10. 鞍钢眼前山铁矿 11. 马钢南山铁矿东山采场 12. 首钢大石河铁矿柳河峪采区 13. 首钢大石河铁矿羊崖山采区 14. 首钢大石河铁矿大石河采区 15. 唐钢棒磨山铁矿
四等	16. 唐钢石人沟铁矿 17. 重钢太和铁矿 18. 首钢大石河铁矿二马采区 19. 武钢灵乡铁矿 20. 包钢黑脑包铁矿 21. 鞍钢大孤山铁矿 22. 首钢大石河铁矿杏山采区 23. 鞍钢东鞍山铁矿
五等	24. 唐钢庙沟铁矿 25. 武钢大冶铁矿 26. 首钢密云铁矿 27. 攀矿兰尖铁矿 28. 马钢姑山铁矿 29. 本钢歪头山铁矿 30. 包钢白云铁矿主矿区 31. 宣钢近北庄铁矿

---

① 《中华人民共和国资源税暂行条例实施细则》（财法字［1993］43 号,1993 年 12 月 30 日）。

资源等级	企业（或矿区）名称
六等	32. 攀矿朱家包包铁矿 33. 包钢白云铁矿东矿区 34. 海南铁矿北一矿区 35. 海南铁矿南矿区
2. 入选地下矿（重点矿山）	
二等	1. 上海梅山铁矿 2. 酒钢镜铁山矿 3. 邯邢玉泉岭铁矿
三等	4. 鞍钢弓长岭井下矿 5. 邯邢马家瑙铁矿 6. 邯邢符山铁矿 7. 马钢桃冲铁矿 8. 武钢程潮铁矿
四等	9. 邯邢玉石洼铁矿 10. 武钢大冶铁矿
五等	11. 邯邢西石门铁矿 12. 武钢金山店铁矿 13. 水钢观音山铁矿 14. 鲁中小官庄铁矿
六等	15. 宣钢庞家堡铁矿
3. 入炉露天矿（重点矿山）	
一等	1. 海南铁矿北一矿区
二等	2. 海南铁矿枫树下矿区
三等	3. 水钢观音山铁矿
四等	4. 海南铁矿南矿区
4. 入炉地下矿（重点矿山）	
二等	1. 鞍钢弓长岭井下矿 2. 鲁中小官庄矿
三等	3. 马钢桃冲铁矿
四等	4. 水钢观音山铁矿
5. 入选露天矿（非重点矿山）	
二等	1. 江西七宝山铁矿 2. 河南东冶铁矿教场矿区 3. 福建潘洛铁矿洛阳采区 4. 山东莱钢荞麦地东矿区 5. 辽宁凌钢保国铁矿
四等	6. 广西屯秋铁矿龙骨岭矿 7. 浙江闲林埠钼铁矿
五等	8. 安徽钟山铁矿 9. 江西铁坑铁矿 10. 辽宁北台铁矿 11. 湖北鄂钢铁矿 12. 山东韩旺铁矿 13. 江西乌石山铁矿 14. 山西临钢尖兵村矿区

续表

资源等级	企业（或矿区）名称
六等	15. 河北承钢黑山铁矿 16. 安徽马鞍山矿 17. 云南昆钢上厂铁矿 18. 安徽黄梅山铁矿 19. 江西新钢良山矿 20. 云南昆钢罗茨铁矿 21. 湖南湘东铁矿 22. 吉林板石沟铁矿 23. 云南昆钢八街铁矿 24. 新疆雅满苏铁矿
6. 入选地下矿（非重点矿山）	
三等	1. 江西乌石山铁矿株岭坳矿区 2. 山西二峰山铁矿北山角矿区 3. 黑龙江大西林矿区
四等	4. 吉林大栗子铁矿 5. 河南东冶铁矿龙池沟矿区 6. 江西乌石山铁矿乌石山矿区 7. 山西长钢后慢水沟岭矿 8. 河北綦村铁矿 9. 云南昆钢八街铁矿红坡矿区 10. 四川泸沽铁矿大顶山矿区 11. 山东金岭铁矿召口区 12. 山西长钢芦沟矿区
五等	13. 山西长钢北洛峡矿区 14. 河北承钢大庙铁矿 15. 吉林通钢板石沟铁矿 16. 山东莱钢莱芜铁矿 17. 河南安钢李珍铁矿 18. 河南安钢杨家庄铁矿 19. 吉林大栗子铁矿小栗子矿区 20. 山西长钢水沟矿区 21. 山东金岭铁矿山区 22. 山西临钢尖兵村矿区 23. 陕西略钢柳树坪矿区 24. 江西良山铁矿太平矿区 25. 陕西略钢阁老岭铁矿 26. 陕西杨家坝铁矿
六等	27. 吉林通钢七道沟铁矿 28. 浙江漓渚铁矿 29. 江苏利国铁矿 30. 江苏冶山铁矿 31. 江苏韦岗铁矿 32. 江西良山铁矿良山矿区 33. 湖南田湖铁矿 34. 云南昆钢东、西矿区 35. 湖南湘东铁矿 36. 山西临钢塔儿山矿 37. 云南昆钢王家滩矿
7. 入炉露天矿（非重点矿山）	
二等	1. 广东大宝山铁矿
三等	2. 四川泸沽铁矿 3. 福建潘洛铁矿潘田采区 4. 江西七宝山矿区

资源等级	企业(或矿区)名称
四等	5. 云南昆钢八街铁矿 6. 山东黑旺铁矿
8. 入炉地下矿(非重点矿山)	
三等	1. 四川泸沽铁矿 2. 云南昆钢东、西区 3. 吉林通钢大栗子铁矿 4. 云南八街铁矿红坡工区
四等	5. 江西萍钢上珠岭铁矿

二、铜矿石资源等级表

资源等级	企业(或矿区)名称
一等	1. 浙江建德铜矿 2. 内蒙古霍各气铜矿 3. 江西富家坞铜矿 4. 云南个旧市前进矿 5. 江西大茅山铜矿
二等	1. 湖北鸡笼山铜矿 2. 山西四家湾金铜矿 3. 新疆布龙口铜矿 4. 广东玉水铜矿 5. 青海祁连山铜矿 6. 安徽琅琊山铜矿 7. 黑龙江松江铜矿 8. 甘肃白银折腰山铜矿 9. 江西江铜武山铜矿
三等	1. 广西德保铜矿 2. 山东福山铜矿 3. 内蒙古林西县有色公司 4. 湖南麻阳铜矿 5. 浙江平水铜矿 6. 安徽月山铜矿 7. 河南大河铜矿 8. 湖北大冶铜录山铜矿 9. 内蒙古白乃庙铜矿 10. 江西江铜永平铜矿 11. 安徽铜陵安庆铜矿 12. 云南易门狮子山铜矿 13. 安徽铜陵凤凰山铜矿 14. 吉林通化铜镍矿 15. 黑龙江多宝山铜矿 16. 河北涞源铜矿 17. 广东石录铜业公司
四等	1. 湖南七宝山铜矿 2. 湖南雷坪有色矿 3. 浙江诸暨铜矿 4. 四川昭觉铜矿 5. 辽宁万宝铜矿 6. 江西九江铜硫矿 7. 内蒙古莲花山铜矿 8. 陕西八一铜矿

续表

资源等级	企业（或矿区）名称
四等	9. 四川会理大铜矿 10. 四川拉拉铜矿 11. 江西弋阳铜矿 12. 广东大麦山铜矿 13. 湖南车江铜矿 14. 江西江铜德兴铜矿 15. 山西中条山铜矿峪铜矿 16. 安徽铜陵狮子山铜矿 17. 云南东川汤丹铜矿 18. 云南牟定铜矿 19. 山西中条山胡家峪铜矿 20. 湖北大冶丰山铜矿 21. 江西江铜东乡铜矿 22. 云南东川落雪铜矿 23. 云南大姚铜矿 24. 山西中条山篦子沟铜矿
五等	1. 辽宁红透山铜矿 2. 云南东川因民铜矿 3. 云南东川滥泥坪铜矿 4. 湖北大冶铜山口铜矿 5. 安徽铜陵铜官山铜矿 6. 安徽铜陵铜山铜矿 7. 云南易门三家厂铜矿 8. 湖北红卫铜铁矿 9. 江苏谷里铜矿 10. 湖北芳畈铜矿 11. 甘肃肃南铜矿 12. 内蒙古布敦花铜矿 13. 湖北欧阳山铜矿 14. 云南丽江铜矿 15. 甘肃白山堂铜矿 16. 甘肃公婆泉铜矿 17. 福建浦城铜矿 18. 甘肃康县阳坝铜矿 19. 甘肃辉铜山铜矿 20. 湖北石头嘴铜铁矿 21. 河北寿王坟铜矿 22. 云南易门凤山铜矿 23. 云南易门七步朗铜矿

三、铅锌矿石资源等级表

资源等级	企业（或矿区）名称
一等	1. 江苏南京铅锌银矿 2. 云南麒麟铅锌矿业公司 3. 广西拉么锌矿 4. 四川会理铅锌矿 5. 内蒙古白音诺尔铅锌矿 6. 陕西桐木沟锌矿 7. 广西岛坪铅锌矿 8. 广东凡口铅锌矿 9. 云南澜沧铅矿 10. 四川会东铅锌矿

续表

资源等级	企业（或矿区）名称
二等	1. 湖南黄沙坪铅锌矿 2. 青海锡铁山矿务局 3. 甘肃洛坝铅锌矿 4. 甘肃邓家山铅锌矿 5. 陕西祚水银铅矿 6. 广西武宜锰锌矿 7. 云南兰坪铅锌矿 8. 甘肃毕家山铅锌矿 9. 湖南桥口铅锌矿 10. 贵州普安铅矿 11. 浙江龙泉铅锌矿 12. 湖南衡东铅锌矿 13. 浙江黄岩铅锌矿 14. 广西大新铅锌矿 15. 云南个旧新建矿
三等	1. 广东大尖山铅锌矿 2. 甘肃白银公司 3. 广东乐昌铅锌矿 4. 浙江安下铅锌矿 5. 甘肃青羊峡铅锌矿 6. 甘肃尖崖沟铅锌矿 7. 湖南冷水江铅锌矿 8. 福建连城铅锌矿 9. 广西佛子冲铅锌矿 10. 浙江诸暨铅锌矿 11. 吉林浑江铅锌矿 12. 湖南泡金山铅锌矿 13. 广西阳朔铅锌矿 14. 江苏潭山硫铁矿 15. 陕西商州市铅锌矿 16. 湖南清水塘铅锌矿 17. 甘肃花牛山铅锌矿 18. 山东香夼铅锌矿 19. 安徽黄山岭铅锌矿 20. 陕西银母寺铅锌矿 21. 内蒙古孟恩银铅矿
四等	1. 浙江天台银铅锌矿 2. 浙江龙珠山铅锌矿 3. 广西浦北铅锌矿 4. 广西陆川铅锌矿 5. 福建大田硫铁矿 6. 广西都川铅锌矿 7. 湖南邵东铅锌矿 8. 湖南凤凰铅锌矿 9. 广西灵川铅锌矿 10. 云南普雄铅锌矿 11. 云南大洞铅矿 12. 福建政和铅矿 13. 云南勐糯铅矿 14. 湖南高桥铅锌矿 15. 湖南衡山铅矿 16. 湖南江永铅锌矿 17. 四川乌依铅矿 18. 江西七宝山铅锌矿 19. 湖南茶山铅锌矿 20. 黑龙江翠峦铅锌矿（伊春）

续表

资源等级	企业（或矿区）名称
四等	21. 云南昭通地区铅锌矿 22. 浙江青田铅锌矿 23. 四川荣经铅锌矿 24. 云南金沙铅锌矿 25. 湖南铜山岭有色矿 26. 江西焦里银铅矿 27. 广西龙胜铅锌矿 28. 湖南宝山铅锌银矿 29. 黑龙江西林铅锌矿
五等	1. 湖南潘家冲铅锌矿 2. 辽宁青城子铅矿 3. 吉林天宝山矿务局 4. 江西银山铅锌矿 5. 湖南柿竹园有色金属矿 6. 辽宁八家子铅锌矿 7. 湖南桃林铅锌矿 8. 广西泗顶铅锌矿 9. 江苏吴县铜矿 10. 云南石屏铅矿 11. 广西渌井铅锌矿 12. 甘肃小河峪铅锌矿 13. 广西六良铅锌矿 14. 云南北衙铅矿 15. 广西永福铅矿

四、钨矿石资源等级表

资源等级	企业（或矿区）名称
三等	1. 江西于都县钨矿 2. 福建清流钨矿 3. 江西大余县钨矿 4. 江西赣县钨矿
四等	1. 湖南新田岭有色矿 2. 江西茅坪钨矿 3. 内蒙古东乌旗钨矿 4. 江西陶夕坑钨矿 5. 广东云浮钨矿 6. 江西兴国县钨矿 7. 江西宁都钨矿 8. 福建宁化钨矿 9. 江西龙南县钨矿 10. 江西南康县钨矿 11. 湖南桂东青洞钨矿 12. 江西徐山钨矿 13. 湖南临武东山钨矿 14. 内蒙古太八寺钨矿 15. 江西上犹县钨矿 16. 广东锯板坑钨矿 17. 广东棉土窝钨矿 18. 江西岿美山钨矿 19. 江西下垅钨矿 20. 江西荡坪钨矿

资源等级	企业（或矿区）名称
五等	1. 湖南川口钨矿 2. 广东南山钨矿 3. 广西长营岭钨矿 4. 广东莲花山钨矿 5. 江西画眉坳钨矿 6. 江西小龙钨矿 7. 江西西华山钨矿 8. 江西盘古山钨矿 9. 江西铁山垅钨矿 10. 江西浒坑钨矿 11. 湖南湘东钨矿 12. 江西漂塘钨矿 13. 江西大吉山钨矿 14. 广东红岭钨矿 15. 湖南汝城钨矿 16. 广东龙胚钨矿 17. 湖南瑶岗仙钨矿 18. 江西全南县钨矿 19. 湖南汝城大围山钨矿 20. 浙江昌化钨铍矿 21. 福建华安钨矿

五、锡矿石资源等级表

资源等级	企业（或矿区）名称
一等	1. 云南革新矿 2. 云南大理云龙锡矿
二等	1. 广西新洲锡矿（锌） 2. 广西大厂铜坑锡矿 3. 四川会理岔河锡矿
三等	1. 云南云锡竹林锡矿 2. 广西五一锡矿
四等	1. 云南都龙锡矿 2. 云南西盟县西盟锡矿 3. 云南个旧市促进矿 4. 云南梁河县梁河锡矿 5. 云南云锡古山砂锡矿
五等	1. 广西平桂矿务局 2. 广东厚婆坳锡矿 3. 云南云锡马拉格锡矿 4. 湖南香花岭锡矿 5. 云南云锡新冠砂锡矿 6. 云南云锡老厂砂锡矿 7. 云南云锡老厂锡矿 8. 云南云锡黄茅山锡矿 9. 云南云锡松树脚锡矿 10. 广西大厂长坡锡矿 11. 广西栗木锡矿 12. 广东紫金县铁嶂锡矿 13. 广东云浮县金子窝锡矿

六、镍矿石资源等级表

资源等级	企业（或矿区）名称
二等	1. 甘肃金川公司二矿区 2. 甘肃金川公司龙首矿
四等	3. 吉林磐石镍矿
五等	4. 青海化隆有色公司

七、锑矿石资源等级表

资源等级	企业（或矿区）名称
一等	1. 湖南安化渣滓溪锑矿 2. 湖南桃江板溪锑矿
二等	1. 云南水利锑矿 2. 贵州独山锑矿
三等	1. 广西马嵩锑矿 2. 广西茶山锑矿 3. 贵州晴隆锑矿 4. 广西马雄锑矿 5. 湖南曾家溪锑矿 6. 广西五圩锑矿
四等	1. 广东庆云锑矿 2. 广西坡岩锑矿
五等	1. 江西德安锑矿 2. 湖北通山锑矿 3. 湖北崇阳锑矿 4. 湖南东安锑矿 5. 湖南锡矿山矿务局

八、铝土矿石资源等级表

资源等级	企业（或矿区）名称
三等	1. 山东铝厂沣水矿 2. 山东铝厂阳泉矿 3. 贵州铝厂二矿（长冲河） 4. 河南郑州铝厂小关矿 5. 河南郑州铝厂洛阳矿 6. 贵州铝厂一矿（五龙寺） 7. 山西铝厂孝义矿

九、钼矿石资源等级表

资源等级	企业（或矿区）名称
三等	1. 辽宁新华钼矿 2. 陕西金堆城钼业公司 3. 浙江闲林埠钼铁矿
四等	1. 浙江青田钼矿 2. 吉林市钼矿
五等	1. 安徽黄山市钼矿 2. 福建福安钼矿 3. 江苏句容钼铜矿 4. 辽宁杨家杖子矿务局

十、黄金矿石资源等级表
砂金矿石资源等级表

资源等级	企业（或矿区）名称
一等	1. 珲春
二等	2. 偏岭 3. 安康
三等	4. 辛安河 5. 巾汤河 6. 阿尔宾河 7. 邓家 8. 小鱼河 9. 辉发河 10. 青川 11. 淅川 12. 富万里 13. 汉阴 14. 四道沟
四等	15. 姚渡 16. 富克山 17. 余庆上沟 18. 白水 19. 三分处
五等	20. 古里

岩金矿资源等级分类明细表①

资源等级	序号	企业名称	所在省份
一等	1	浙江遂昌金矿	浙江
	2	山东威海金州矿业集团金州矿业公司	山东
	3	何家岩金矿	陕西
	4	灵湖金矿	河南
	5	河南金渠黄金股份有限公司	河南
	6	老鸦岔金矿	河南
	7	蓬莱市黑岚沟金矿	山东
	8	灵宝黄金投资公司秦山金矿	河南
	9	蓬莱大柳行金矿	山东
	10	灵宝金源矿业有限责任公司	河南
	11	招远金岭金矿	山东
	12	元阳县金矿	云南
	13	山东黄金矿业股份有限公司新城金矿	山东
	14	兴隆矿业公司	陕西
	15	招远阜山黄金矿业工程有限责任公司	山东

---

① 《财政部 国家税务总局关于调整岩金矿资源税有关政策的通知》（财税〔2006〕69 号,2006 年 5 月 19 日）。

资源等级	序号	企业名称	所在省份
二等	16	玉石峪金矿	陕西
	17	灵宝黄金投资公司安底金矿	河南
	18	潭头金矿	河南
	19	灵宝黄金投资公司灵宝市金矿	河南
	20	山东省平邑归来庄金矿	山东
	21	灵宝黄金股份有限公司	河南
	22	平度鲁润黄金矿业有限责任公司	山东
	23	辰州矿业公司	湖南
	24	陕西煎茶岭矿业开发有限责任公司	陕西
	25	桦甸市大线沟金矿	吉林
	26	铜陵市朝山金矿	安徽
	27	中海金仓矿业有限公司平里店矿区	山东
	28	干树金矿	河南
	29	嵩县前河矿业	河南
	30	广东高要河台金矿	广东
	31	桦甸市板庙子金矿	吉林
	32	招金矿业	山东
	33	河东金矿	山东
	34	金翅玲金矿	山东
	35	夏甸金矿	山东
三等	36	铜陵县金蟾矿业	安徽
	37	二道沟金矿	辽宁
	38	大湖金矿	河南
	39	贵州金兴黄金矿业有限责任公司	贵州
	40	新疆阿希金矿	新疆
	41	马口金矿	陕西
	42	山东黄金集团平度黄金有限公司鑫汇金矿	山东
	43	临江市浑江金矿	吉林
	44	招远河西金矿	山东
	45	烟台鑫泰黄金矿业有限责任公司	山东
	46	牟平金矿	山东
	47	桐柏县兴业矿业有限责任公司	河南
	48	平度大庄子金矿	山东
	49	灵宝黄金投资公司金山分公司	河南
	50	墨江矿业有限责任公司	云南
	51	洛宁上宫金矿	河南
	52	栖霞市金兴矿业公司	山东
	53	秦岭金矿	河南
	54	云南地矿资源股份有限公司北衙金矿	云南
	55	嵩县金牛有限责任公司	河南

资源等级	序号	企业名称	所在省份
三等	56	山东黄金矿业股份有限公司焦家金矿	山东
	57	庞家河金矿	陕西
	58	金亭岭矿业有限公司	山东
	59	崔香洼金矿	河南
	60	山东恒邦冶炼股份有限公司	山东
	61	五龙金矿	辽宁
	62	黔西南金龙黄金矿业有限公司	贵州
	63	中海金仓矿业有限公司望儿山分矿	山东
	64	招远蚕庄金矿	山东
	65	陕西鑫元科工贸股份有限公司	陕西
四等	66	青岛金星矿业股份有限公司	山东
	67	秦河矿业公司	陕西
	68	栾川县金兴矿业有限责任公司	河南
	69	中海金仓矿业有限公司寺庄矿区	山东
	70	山东黄金集团玲珑金矿	山东
	71	夹皮沟黄金矿业公司	吉林
	72	尹格庄金矿	山东
	73	玲珑黄金企业管理中心	山东
	74	二道甸子金矿	吉林
	75	铧厂沟金矿	陕西
	76	中矿金业股份有限公司	山东
	77	北截金矿	山东
	78	阜山金矿	山东
	79	玲南金矿	山东
	80	罗山金矿	山东
	81	新疆哈密金矿	新疆
	82	潼关中金黄金有限公司	陕西
	83	苏尼特金曦黄金矿业	内蒙古
	84	山东黄金集团三山岛金矿	LU 东
	85	黑龙江乌拉嘎金矿	黑龙江
	86	莱州天承公司金城金矿	山东
	87	招远曹家洼金矿	山东
	88	虎沟金矿	河南
	89	广西横县泰富金矿	广西
	90	风城白云金矿	辽宁

资源等级	序号	企业名称	所在省份
五等	91	辽宁金凤黄金矿业有限责任公司	辽宁
	92	平武泰富黄金矿业开发有限公司	四川
	93	河南桐柏县银洞坡金矿	河南
	94	灵宝双鑫矿业有限公司	河南
	95	山东威海金州矿业集团干岭矿业有限公司	山东
	96	江西金山金矿	江西
	97	海沟黄金矿业有限公司	吉林
	98	紫金矿业集团股份有限公司紫金山金矿	福建
	99	河北三鑫金铜股份有限公司	湖北
	100	招远界河金矿	山东
	101	珲春紫金矿业有限公司	吉林
	102	河南文峪金矿	河南
	103	中金黄金峪耳崖金矿	河北
	104	包头鑫达黄金矿业有限责任公司	内蒙
	105	田林高龙黄金矿业	广西
	106	招远大秦家金矿	山东
	107	张家口金圆黄金有限责任公司	河北
	·108	蚕庄黄金企业管理中心	山东
	109	招远市姜家窑金矿	山东
	110	中海金仓矿业有限公司新立矿区	山东
	111	马鞍桥金矿	陕两
	112	排山楼金矿	辽宁
	113	干河坝金矿	陕西
六等	114	风县四方金矿有限公司	陕西
	115	崤山金矿	河南
	116	陕西太白黄金矿业有限责任公司	陕西
	117	洛南县鑫兴金矿有限公司	河南
	118	云南地矿资源股份有限公司金平长安金矿	云南
	119	灵宝市黄金投资公司金灵分公司	河南
	120	龙头山金矿	广两
	121	河南金源黄金矿业有限责任公司	河南
	122	云南地矿资源股份有限公司楚雄小水井金矿	云南
	123	鸡笼山金矿	湖北
	124	云南地矿资源股份有限公司广南金矿	云南
	125	河北金厂峪金矿	河北
	126	寺耳金矿	陕西

资源等级	序号	企业名称	所在省份
七等	127	山西大同黄金矿业有限责任公司	山西
	128	潞西金矿	云南
	129	湖南新龙矿业有限责任公司	湖南
	130	蛇屋山金矿	湖北
	131	山东宝山矿业有限公司	山东
	132	乳山市大业金矿	山东
	133	铜井金矿	江苏
	134	芜湖市福鑫矿业	安徽
	135	云南黄金有限责任公司镇沅分公司	云南
	136	龙水金矿	广西
	137	山东黄金集团有限公司沂南金矿	山东
	138	富宁县云龙黄金有限责任公司	云南
	139	汪清县新华矿业公司	吉林
	140	元江泰富黄金开发有限公司	五南

十一、石棉矿资源等级表

资源等级	企业（或矿区）名称
一等	1. 祁连石棉矿
二等	2. 阿克塞石棉矿区 3. 安南坝石棉矿区 4. 金州石棉矿
三等	5. 茫崖石棉矿 6. 巴州石棉矿 7. 若羌石棉矿
四等	8. 朝阳新生石棉矿 9. 朝阳县石棉矿 10. 涞源石棉矿
六等	11. 四川石棉矿 12. 新康石棉矿 13. 陕南石棉矿

第10章　城镇土地使用税制度

城镇土地使用税是对在城市、县城、建制镇、工矿区范围内使用土地的单位和个人，按其实际占用的土地面积征收的一个税种。

中华人民共和国成立后，1950年1月政务院颁布《全国税政实施要则》，规定全国统一征收地产税。同年6月调整税收政策，将地产税和房产税合并为房地产税。1951年8月政务院公布了《城市房地产税暂行条例》，并在全国范围内执行。1973年简并税制时，把对国内企业征收的房地产税合并到工商税之中。1982年，《中华人民共和国宪法》明确规定："城市土地属于国家所有。农村和城市郊区的土地，除有法律规定属于国家所有的以外，属于集体所有。"为此，1984年实施国营企业第二步"利改税"和改革工商税制时，决定将原城市房地产税划分为土地使用税和房产税，国务院于1988年9月发布了《中华人民共和国城镇土地使用税暂行条例》，自同年11月1日起开始实施。2006年12月31日，国务院对城镇土地使用税暂行条例进行了修改，在提高税额标准的同时将外商投资企业和外籍个人纳入了征税范围，并从2007年1月1日起执行。

10.1　纳税义务人

在城市、县城、建制镇、工矿区范围内使用土地的单位和个人，为城镇土地使用税的纳税义务人（简称纳税人）①。

所称单位，包括国有企业、集体企业、私营企业、股份制企业、外商投资企业、外国企业以及其他企业和事业单位、社会团体、国家机关、军队以及其他单位；所称个人，包括个体工商户以及其他个人②。

城镇土地使用税的纳税人具体包括③：

（1）由拥有土地使用权的单位或个人缴纳。

（2）拥有土地使用权的单位和个人不在土地所在地的，由代管人或实际使用人纳税。

（3）土地使用权未确定或权属纠纷未解决的，由实际使用人纳税。

（4）土地使用权共有的，由共有各方分别纳税。

（5）在城镇土地使用税征税范围内实际使用应税集体所有建设用地、但未办理土地使用权流转手续的，由实际使用集体土地的单位和个人按规定缴纳城镇土地使用税④。

（6）外商投资企业和外国企业在华机构自

---

① 《中华人民共和国城镇土地使用税暂行条例》（1988年9月27日中华人民共和国国务院令第17号发布，根据2006年12月31日《国务院关于修改〈中华人民共和国城镇土地使用税暂行条例〉的决定》修订，中华人民共和国国务院令第463号）。

② 《中华人民共和国城镇土地使用税暂行条例》（1988年9月27日中华人民共和国国务院令第17号发布，根据2006年12月31日《国务院关于修改〈中华人民共和国城镇土地使用税暂行条例〉的决定》修订，中华人民共和国国务院令第463号）。《国家税务总局关于外商投资企业和外国企业征收城镇土地使用税问题的批复》（国税函〔2007〕596号，2007年6月1日）。

③ 《国家税务局关于检发〈关于土地使用税若干具体问题的解释和暂行规定〉的通知》（国税地〔1988〕15号，1988年10月24日）。

④ 《财政部　国家税务总局关于集体土地城镇土地使用税有关政策的通知》（财税〔2006〕56号，2006年4月30日）。

2007 年 1 月 1 日起,为城镇土地使用税的纳税人①。

10.2 征税范围

城镇土地使用税的征税范围为城市、县城、建制镇和工矿区。凡在上述范围内的土地,不论是属于国家所有还是属于集体所有,都是城镇土地使用税的征税范围②。

凡在城镇土地使用税开征区范围内使用土地的单位和个人,不论通过出让方式还是转让方式取得的土地使用权,不论是否缴纳土地出让金,只要在城镇土地使用税的开征区范围内,都应依法缴纳城镇土地使用税③。

城市是指经国务院批准设立的市;县城是指县人民政府所在地;建制镇是指经省、自治区、直辖市人民政府批准设立的建制镇;工矿区是指工商业比较发达,人口比较集中,符合国务院规定的建制镇标准,但尚未设立镇建制的大中型工矿企业所在地。工矿区须经省、自治区、直辖市人民政府批准④。

城市的征税范围为市区和郊区。县城的征税范围为县人民政府所在的城镇。建制镇的征税范围由各省、自治区、直辖市人民政府确定⑤。城市、县城、建制镇、工矿区的具体征税范围,由各省、自治区、直辖市人民政府划定⑥。

10.3 计税依据

10.3.1 一般规定

城镇土地使用税以纳税人实际占用的土地面积为计税依据,依照规定税额计算征收⑦。

纳税人实际占用的土地面积,是指由省、自治区、直辖市人民政府确定的单位组织测定的土地面积。土地占用面积的组织测量工作,由省、自治区、直辖市人民政府根据实际情况确定。凡已由省、自治区、直辖市人民政府确定的单位组织测定土地面积的,以实际测定的土地面积为计税依据。尚未经由省、自治区、直辖市人民政府确定的单位组织测量,但纳税人持有政府部门核发的土地使用证书的,以土地使用证书确认的土地面积为计税依据⑧。

尚未核发土地使用证书或土地管理部门尚未提供土地权属资料的,暂以纳税人(土地使用者)据实申报的土地面积为计税依据。随着土地使用权申报、登记、发证和地籍测量工作的进展,再作相

---

① 《国务院关于修改〈中华人民共和国城镇土地使用税暂行条例〉的决定》(中华人民共和国国务院令第 483 号,2006 年 12 月 31 日)规定将城镇土地使用税的征收范围扩大到外商投资企业和外国企业。此前,《财政部关于对外商投资企业和外国企业在华机构的用地不征收土地使用税的通知》(财税[1988]260 号,1988 年 11 月 2 日)规定:对外商投资企业和外国企业在华机构不征收城镇土地使用税。根据《财政部关于公布废止和失效的财政规章和规范性文件目录(第十批)的决定》(财政部令第 48 号,2008 年 1 月 31 日),财税[1988]第 260 号被公布废止。

② 《国家税务局关于检发〈关于土地使用税若干具体问题的解释和暂行规定〉的通知》(国税地[1988]15 号,1988 年 10 月 24 日)。

③ 《国家税务局关于受让土地使用权者应征收土地使用税问题的批复》(国税函发[1993]501 号,1993 年 3 月 24 日)。《国家税务总局关于对已缴纳土地使用金的土地使用者应征收城镇土地使用税的批复》(国税函发[1998]669 号,1998 年 11 月 12 日)。

④ 《国家税务局关于检发〈关于土地使用税若干具体问题的解释和暂行规定〉的通知》(国税地[1988]15 号,1988 年 10 月 24 日)。

⑤ 《国家税务总局关于调整房产税和土地使用税具体征税范围解释规定的通知》(国税发[1999]44 号,1999 年 3 月 12 日)。此前,《国家税务局关于印发〈关于土地使用税若干具体问题的解释和暂行规定〉的通知》(国税地[1988]15 号,1988 年 10 月 24 日)第三条规定:建制镇的征税范围为镇人民政府所在地。

⑥ 《国家税务局关于检发〈关于土地使用税若干具体问题的解释和暂行规定〉的通知》(国税地[1988]15 号,1988 年 10 月 24 日)。

⑦ 《中华人民共和国城镇土地使用税暂行条例》(1988 年 9 月 27 日中华人民共和国国务院令第 17 号发布,根据 2006 年 12 月 31 日《国务院关于修改〈中华人民共和国城镇土地使用税暂行条例〉的决定》修订,中华人民共和国国务院令第 463 号)。

⑧ 《中华人民共和国城镇土地使用税暂行条例》(1988 年 9 月 27 日中华人民共和国国务院令第 17 号发布,根据 2006 年 12 月 31 日《国务院关于修改〈中华人民共和国城镇土地使用税暂行条例〉的决定》修订,中华人民共和国国务院令第 463 号)。《国家税务局关于检发〈关于土地使用税若干具体问题的解释和暂行规定〉的通知》(国税地[1988]15 号,1988 年 10 月 24 日)。

应调整①。

10.3.2　特殊规定

10.3.2.1　耕地与非耕地征用的计税依据

征用的耕地与非耕地,以土地管理机关批准征地的文件为依据确定②。

10.3.2.2　共有土地的计税依据

土地使用权共有的各方,应按其实际使用的土地面积占总面积的比例,分别计算缴纳城镇土地使用税③。

纳税单位与免税单位共同使用共有使用权土地上的多层建筑,对纳税单位可按其占用的建筑面积占建筑总面积的比例计征城镇土地使用税④。

10.3.2.3　地下建筑用地的计税依据

对在城镇土地使用税征税范围内单独建造的地下建筑用地,按规定征收城镇土地使用税。其中,已取得地下土地使用权证的,按土地使用权证确认的土地面积计算应征税款;未取得地下土地使用权证或地下土地使用权证上未标明土地面积的,按地下建筑垂直投影面积计算应征税款。对上述地下建筑用地暂按应征税款的 50% 征收城镇土地使用税⑤。

10.4　税率

10.4.1　定额税率标准

城镇土地使用税暂行条例规定城镇土地使用税每平方米年定额税率幅度如下⑥:

(1)大城市 1.5 元至 30 元;

(2)中等城市 1.2 元至 24 元;

(3)小城市 0.9 元至 18 元;

(4)县城、建制镇、工矿区 0.6 元至 12 元。

其中:大、中、小城市以公安部门登记在册的非农业正式户口人数为依据,按照国务院颁布的《城市规划条例》中规定的标准划分⑦。

10.4.2　土地等级与适用税率

城镇土地使用税的地段等级由省、自治区、直辖市人民政府在城镇土地使用税暂行条例所列税额幅度内,根据市政建设状况、经济繁荣程度等条件,确定所辖地区的适用税额幅度⑧。

市、县人民政府应当根据实际情况,将本地区土地划分为若干等级,在省、自治区、直辖市人民政府确定的税额幅度内,制定相应的适用税额标准,报省、自治区、直辖市人民政府批准执行⑨。

经省、自治区、直辖市人民政府批准,经济落后地区城镇土地使用税的适用税额标准可以适当降低,但降低额不得超过城镇土地使用税暂行条例第四条规定最低税额的 30%。经济发达地区城镇土地使用税的适用税额标准可以适当提高,但须报经

---

① 《国家土地管理局　国家税务局关于提供土地使用权属资料问题的通知》(国土[1988]189 号,1988 年 12 月 16 日)。

② 《国家税务局关于检发〈关于土地使用税若干具体问题的解释和暂行规定〉的通知》(国税地[1988]15 号,1988 年 10 月 24 日)。

③ 《国家税务局关于检发〈关于土地使用税若干具体问题的解释和暂行规定〉的通知》(国税地[1988]15 号,1988 年 10 月 24 日)。

④ 《国家税务局关于印发〈关于土地使用税若干具体问题的补充规定〉的通知》(国税地[1989]140 号,1989 年 12 月 21 日)。

⑤ 《财政部　国家税务总局关于房产税、城镇土地使用税有关问题的通知》(财税[2009]128 号,2009 年 11 月 22 日)。

⑥ 《国务院关于修改〈中华人民共和国城镇土地使用税暂行条例〉的决定》(中华人民共和国国务院令第 463 号,2006 年 12 月 31 日),此前《中华人民共和国城镇土地使用税暂行条例》(中华人民共和国国务院令第 17 号,1988 年 9 月 27 日)规定:城镇土地使用税每平方米年税额为:大城市 0.5 元至 10 元;中等城市 0.4 元至 8 元;小城市 0.3 元至 6 元;县城、建制镇、工矿区 0.2 元至 4 元。

⑦ 《国家税务局关于检发〈关于土地使用税若干具体问题的解释和暂行规定〉的通知》(国税地[1988]15 号,1988 年 10 月 24 日)。

⑧ 《中华人民共和国城镇土地使用税暂行条例》(1988 年 9 月 27 日中华人民共和国国务院令第 17 号发布,根据 2006 年 12 月 31 日《国务院关于修改〈中华人民共和国城镇土地使用税暂行条例〉的决定》修订,中华人民共和国国务院令第 463 号)。

⑨ 《中华人民共和国城镇土地使用税暂行条例》(1988 年 9 月 27 日中华人民共和国国务院令第 17 号发布,根据 2006 年 12 月 31 日《国务院关于修改〈中华人民共和国城镇土地使用税暂行条例〉的决定》修订,中华人民共和国国务院令第 463 号)。

财政部批准①。

10.5 应纳税额

城镇土地使用税以纳税人实际占用的土地面积为计税依据,依照规定税额计算征收②。计算的基本公式是:

年应纳税额＝占用土地面积(平方米)×不同等级年适用税额

本期应纳税额＝占用土地面积(平方米)×不同等级年适用税额÷按规定缴纳税款的次数

10.6 若干特定情形用地的税收征免规定

10.6.1 国家机关、人民团体及事业单位用地的征免规定

(1)国家机关、人民团体和由国家财政部门拨付事业经费的单位自用的土地,免征城镇土地使用税③。

国家机关、人民团体自用的土地,是指这些单位本身的办公用地和公务用地。人民团体是指经国务院授权的政府部门批准设立或登记备案并由国家拨付行政事业费的各种社会团体④。

事业单位自用的土地,是指这些单位本身的业务用地。由国家财政部门拨付事业经费的单位,是指由国家财政部门拨付经费、实行全额预算管理或差额预算管理的事业单位。不包括实行自收自支、自负盈亏的事业单位⑤。

(2)对由主管工会拨付或差额补贴工会经费的全额预算或差额预算工会服务型事业单位,可以比照财政部门拨付事业经费的单位,对其自用的土地,免征城镇土地使用税;从事生产、经营活动等非自用的土地,则应按税法有关规定照章纳税⑥。

(3)从2004年1月1日起,对钓鱼台国宾馆免征城镇土地使用税的政策继续执行⑦。

10.6.2 市政公共场所、名胜古迹、宗教寺庙用地的征免规定

(1)市政街道、广场、绿化地带等公共用地,免征城镇土地使用税⑧。

(2)宗教寺庙、公园、名胜古迹自用的土地,免征城镇土地使用税⑨。

宗教寺庙自用的土地,是指举行宗教仪式等的用地和寺庙内的宗教人员生活用地。"宗教寺庙"包括寺、庙、宫、观、教堂等各种宗教活动场所;公园、名胜古迹自用的土地,是指供公共参观游览的用地及其管理单位的办公用地⑩。

公园、名胜古迹中附设的营业单位,如影剧院、饮食部、茶社、照相馆等使用的土地,应征收城镇土地使用税。公园、名胜古迹内的索道公司经营用

---

① 《中华人民共和国城镇土地使用税暂行条例》(1988年9月27日中华人民共和国国务院令第17号发布,根据2006年12月31日《国务院关于修改〈中华人民共和国城镇土地使用税暂行条例〉的决定》修订,中华人民共和国国务院令第463号)。

② 《中华人民共和国城镇土地使用税暂行条例》(1988年9月27日中华人民共和国国务院令第17号发布,根据2006年12月31日《国务院关于修改〈中华人民共和国城镇土地使用税暂行条例〉的决定》修订,中华人民共和国国务院令第463号)。

③ 《中华人民共和国城镇土地使用税暂行条例》(1988年9月27日中华人民共和国国务院令第17号发布,根据2006年12月31日《国务院关于修改〈中华人民共和国城镇土地使用税暂行条例〉的决定》修订,中华人民共和国国务院令第463号)。

④ 《国家税务局关于检发〈关于土地使用税若干具体问题的解释和暂行规定〉的通知》(国税地[1988]15号,1988年10月24日)。

⑤ 《国家税务局关于检发〈关于土地使用税若干具体问题的解释和暂行规定〉的通知》(国税地[1988]15号,1988年10月24日)。

⑥ 《国家税务局关于工会服务型事业单位免征房产税、车船使用税、土地使用税问题的复函》(国税函[1992]1440号,1992年10月10日)。

⑦ 《财政部 国家税务总局关于钓鱼台国宾馆免税问题的通知》(财税[2004]72号,2004年4月27日)。

⑧ 《中华人民共和国城镇土地使用税暂行条例》(1988年9月27日中华人民共和国国务院令第17号发布,根据2006年12月31日《国务院关于修改〈中华人民共和国城镇土地使用税暂行条例〉的决定》修订,中华人民共和国国务院令第463号)。

⑨ 《中华人民共和国城镇土地使用税暂行条例》(1988年9月27日中华人民共和国国务院令第17号发布,根据2006年12月31日《国务院关于修改〈中华人民共和国城镇土地使用税暂行条例〉的决定》修订,中华人民共和国国务院令第463号)。

⑩ 《国家税务局关于检发〈关于土地使用税若干具体问题的解释和暂行规定〉的通知》(国税地[1988]15号,1988年10月24日)和《国家税务局对"关于〈中华人民共和国城镇土地使用税暂行条例〉第六条中'宗教寺庙'适用范围的请示"的复函》(国税地[1988]20号,1988年11月18日)。

地,应按规定缴纳城镇土地使用税①。

10.6.3　农、林、牧、渔业用地的征免规定

10.6.3.1　直接用于农、林、牧、渔业的生产用地

直接用于农、林、牧、渔业的生产用地,免征城镇土地使用税②。

直接用于农、林、牧、渔业的生产用地,是指直接从事于种植、养殖、饲养的专业用地,不包括农副产品加工场地和生活、办公用地③。

水貂场养水貂用地,属于直接用于农、林、牧、渔业的生产用地,免予征收城镇土地使用税④。

10.6.3.2　经营采摘、观光农业用地

自 2007 年 1 月 1 日起,在城镇土地使用税征收范围内经营采摘、观光农业的单位和个人,其直接用于采摘、观光的种植、养殖、饲养的土地,参照直接用于农、林、牧、渔业的生产用地,免征城镇土地使用税⑤。

10.6.3.3　林业系统及天然林保护工程用地

(1)对林区的有林地、运材道、防火道、防火设施用地,免征城镇土地使用税。林业系统的森林公园、自然保护区,可比照公园免征城镇土地使用税。除上述列举免税的土地外,对林业系统的其他生产用地及办公、生活区用地,应照章征收城镇土地使用税⑥。

对利用林场土地兴建度假村等休闲娱乐场所的,其经营、办公和生活用地,应按规定征收城镇土地使用税⑦。

(2)自 2004 年 1 月 1 日至 2010 年 12 月 31 日,对长江上游、黄河中上游地区,东北、内蒙古等国有林区天然林资源保护工程实施企业和单位用于天然林保护工程的土地免征城镇土地使用税。对上述企业和单位用于天然林资源保护工程以外其他生产经营活动的土地仍按规定征收城镇土地使用税;对由于国家实行天然林资源保护工程造成森工企业的土地闲置一年以上不用的,暂免征收城镇土地使用税;闲置房产和土地用于出租或企业重新用于天然林资源保护工程之外的其他生产经营的,应依照规定征收房产税和城镇土地使用税。用于国家天然林资源保护工程的免税土地应单独划分,与其他应税土地划分不清的,应按规定征税⑧。

10.6.4　商贸仓储用地的征免规定

10.6.4.1　集贸市场(农贸市场)用地

城镇内的集贸市场(农贸市场)用地,按规定应征收城镇土地使用税。为促进集贸市场(农贸市场)的发展及照顾各地的不同情况,各省、自治区、直辖市税务局可根据具体情况自行确定对集贸市场(农贸市场)用地征收或者免征城镇土地使用税⑨。

---

①《国家税务局关于检发〈关于土地使用税若干具体问题的解释和暂行规定〉的通知》(国税地[1988]15 号,1988 年 10 月 24 日)和《财政部　国家税务总局关于房产税　城镇土地使用税有关问题的通知》(财税[2008]152 号,2008 年 12 月 18 日)。

②《中华人民共和国城镇土地使用税暂行条例》(1988 年 9 月 27 日中华人民共和国国务院令第 17 号发布,根据 2006 年 12 月 31 日《国务院关于修改〈中华人民共和国城镇土地使用税暂行条例〉的决定》修订,中华人民共和国国务院令第 463 号)。

③《国家税务局关于检发〈关于土地使用税若干具体问题的解释和暂行规定〉的通知》(国税地[1988]15 号,1988 年 10 月 24 日)。

④《国家税务局关于免征金州水貂场土地使用税问题的批复》(国税函发[1990]854 号,1990 年 7 月 20 日)。

⑤《财政部　国家税务总局关于房产税、城镇土地使用税有关政策的通知》(财税[2006]186 号,2006 年 12 月 25 日)。

⑥《国家税务局关于林业系统征免土地使用税问题的通知》(国税函发[1991]1404 号,1991 年 11 月 1 日)。该文件还规定:对林业系统的林区贮木场、水运码头用地,原则上应按税法规定缴纳土地使用税,但在 1991 年 12 月 31 日前,暂免征土地使用税。《国家税务总局关于林业系统的林区贮木场、水运码头用地征免土地使用税的通知》(国税函[1992]733 号,1992 年 5 月 13 日)将此免税优惠延续至 1992 年年底。

⑦《财政部　国家税务总局关于房产税、城镇土地使用税有关政策的通知》(财税[2006]186 号,2006 年 12 月 25 日)。

⑧《财政部　国家税务总局关于天然林保护工程实施企业和单位有关税收政策的通知》(财税[2004]37 号,2004 年 5 月 19 日)。

⑨《国家税务局关于印发〈关于土地使用税若干具体问题的补充规定〉的通知》(国税地[1989]140 号,1989 年 12 月 21 日)。

10.6.4.2 国家和地方商品储备用地①

自 2009 年 1 月 1 日至 2010 年 12 月 31 日,对商品储备管理公司及其直属库承担商品储备业务自用的房产、土地,免征房产税、城镇土地使用税。

所称商品储备管理公司及其直属库,是指接受中央、省、市、县四级政府有关部门委托,承担粮(含大豆)、食用油、棉、糖、肉、盐(限于中央储备)等 6 种商品储备任务,取得财政储备经费或补贴的商品储备企业。

承担中央政府有关部门委托商品储备业务的储备管理公司及其直属库、直属企业名单见《财政部 国家税务总局关于部分国家储备商品有关税收政策的通知》(财税[2009]151 号)附件。省、自治区、直辖市财政、税务部门会同有关部门明确承担省、市、县政府有关部门委托商品储备业务的储备管理公司及其直属库名单或制定具体管理办法,并报省、自治区、直辖市人民政府批准后予以发布。

对中国华粮物流集团公司及其直属企业接受中国储备粮管理总公司、分公司及其直属库委托承担的粮(含大豆)、食用油等商品储备业务,可享受上述税收优惠,具体名单见《财政部 国家税务总局关于部分国家储备商品有关税收政策的通知》(财税[2009]151 号)附件。

10.6.4.3 物资储运系统所属企业和经贸仓库用地

对物资储运企业的仓库库房用地,办公、生活区用地以及其他非直接从事储运业务的生产、经营用地,应按规定征收土地使用税②。

经贸仓库、冷库均属于征税范围,应征收城镇土地使用税③。

10.6.5 福利企业及服务机构用地的征免规定

10.6.5.1 老年服务机构用地④

自 2000 年 10 月 1 日起,对政府部门和企事业单位、社会团体以及个人等社会力量投资兴办的福利性、非营利性的老年服务机构,暂免征收城镇土地使用税。

---

① 《财政部 国家税务总局关于部分国家储备商品有关税收政策的通知》(财税[2009]151 号,2009 年 12 月 22 日)。该文还规定,2009 年 1 月 1 日以后已缴上述应予免税的税款,从企业应缴纳的相应税款中抵扣,2010 年度内抵扣不完的,按有关规定予以退税。此前,《财政部 国家税务总局关于部分国家储备商品有关税收政策的通知》(财税[2006]105 号)、《财政部 国家税务总局关于中国华粮物流集团公司有关税收政策的通知》(财税[2006]157 号)和《财政部 国家税务总局关于地方商品储备有关税收问题的通知》(财税[2008]110 号)自 2009 年 1 月 1 日起废止。《财政部 国家税务总局关于中国储备粮管理总公司有关税收政策的通知》(财税[2004]74 号)、《财政部 国家税务总局关于中国储备棉管理总公司有关税收政策的通知》(财税[2003]115 号)、《财政部 国家税务总局关于华商储备商品管理中心及国家直属储备糖库和肉冷库有关税收政策的通知》(财税[2004]75 号)、《财政部 国家税务总局关于中国盐业总公司直属国家储备盐库有关税收政策的通知》(财税[2004]57 号)自 2006 年 1 月 1 日起废止。《财政部 国家税务总局关于中国储备粮管理总公司有关税收政策的通知》(财税[2001]第 13 号,2001 年 2 月 26 日)还曾规定,对中储粮总公司及其直属粮库经营中央储备粮(油)业务自用的房产、土地、车船,比照国家财政部门拨付事业经费的单位,免征房产税、城镇土地使用税和车船使用税。

② 《国家税务局关于对物资储运系统征收土地使用税问题的复函》(国税地字[1988]第 35 号,1988 年 10 月 24 日)。《国家税务局关于对中国物资储运总公司所属物资储运企业征免土地使用税问题的规定》(国税地字[1989]第 139 号,1989 年 12 月 21 日)。上述文件还规定,对物资储运企业的露天货场、库区道路、铁路专用线等非建筑物用地,企业纳税确有困难的,可由各省、自治区、直辖市税务局审批,在 1990 年 12 月 31 日前,给予减征或免征土地使用税的照顾。《国家税务局关于中国物资储运总公司所属物资储运企业土地使用税问题的通知》(国税函发[1991]第 200 号,1991 年 1 月 19 日)将此减免税审批延续至 1991 年底。《国家税务局关于中国物资储运总公司所属物资储运企业征免土地使用税问题的通知》(国税函发[1992]第 1272 号,1992 年 8 月 17 日)规定,对经营状况差、纳税确有困难的企业,可在授权范围内给予适当减免城镇土地使用税。《国家税务总局关于取消部分地方税行政审批项目的通知》(国税函[2007]629 号,2007 年 6 月 11 日)取消了上述减免税审批并废止了国税地字[1988]第 35 号、国税函发[1992]第 1272 号文件。根据《国家税务总局关于公布全文失效废止 部分条款失效废止的税收规范性文件目录的公告》(国家税务总局公告 2011 年第 2 号,2011 年 1 月 4 日),国税地字[1989]第 139 号也被公布废止。

③ 《国家税务局关于对经贸仓库免缴土地使用税问题的复函》(国税地[1988]32 号,1988 年 12 月 27 日)。该文还规定,对纳税确有困难的企业,可经批准后享受减免税照顾。《国家税务总局关于取消部分地方税行政审批项目的通知》(国税函[2007]629 号,2007 年 6 月 11 日)取消了该文件中所含行政审批项目并废止了该文件。

④ 《财政部 国家税务总局关于对老年服务机构有关税收政策问题的通知》(财税[2000]97 号,2000 年 11 月 24 日)。

老年服务机构,是指专门为老年人提供生活照料、文化、护理、健身等多方面服务的福利性、非营利性的机构,主要包括:老年社会福利院、敬老院(养老院)、老年服务中心、老年公寓(含老年护理院、康复中心、托老所)等。

10.6.5.2　安置残疾人就业企业用地

对在一个纳税年度内月平均实际安置残疾人就业人数占单位在职职工总数的比例高于 25%(含 25%)且实际安置残疾人人数高于 10 人(含 10 人)的单位,可减征或免征该年度城镇土地使用税。具体减免税比例及管理办法由省、自治区、直辖市财税主管部门确定①。

10.6.6　教育机构及其相关实体用地的征免规定

10.6.6.1　各类学校、托儿所、幼儿园用地

对国家拨付事业经费和企业办的各类学校、托儿所、幼儿园自用的土地,免征城镇土地使用税②。

对集体和个人办的各类学校、托儿所、幼儿园用地,由省、自治区、直辖市税务局确定征收或免征城镇土地使用税③。

10.6.6.2　高等学校及其后勤实体用地

(1)对高等学校自用房产和土地免征房产税、城镇土地使用税,即对高等学校用于教学及科研等本身业务用房产和土地,免征房产税和城镇土地使用税。对高等学校举办的校办工厂、商店、招待所等的房产及土地以及出租的房产及用地,均不属于自用房产和土地的范围,应按规定征收房产税、城镇土地使用税④。

(2)2008 年 12 月 31 日以前,对从原高校后勤管理部门剥离出来而成立的进行独立核算并有法人资格的高校后勤经济实体自用的房产、土地,免征房产税和城镇土地使用税。享受优惠政策的纳税人,应对享受优惠政策的经营活动进行单独核算,分别进行纳税申报。不进行单独核算和纳税申报的,不得享受优惠政策⑤。

10.6.7　医疗卫生机构用地的征免规定

10.6.7.1　营利性与非营利性医疗机构用地⑥

对非营利性医疗机构自用的土地免征城镇土地使用税。

对营利性医疗机构取得的收入,直接用于改善医疗卫生条件的,自其取得执业登记之日起,3 年内对其自用的土地免征城镇土地使用税。3 年免税期满后恢复征税。

医疗机构具体包括:各级各类医院、门诊部(所)、社区卫生服务中心(站)、急救中心(站)、城乡卫生院、护理院(所)、疗养院、临床检验中心等。

---

①　《财政部 国家税务总局关于安置残疾人就业单位城镇土地使用税等政策的通知》(财税[2010]121 号,2010 年 12 月 21 日)。本通知自发文之日起执行。此前,《国家税务局关于检发〈关于土地使用税若干具体问题的解释和暂行规定〉的通知》(国税地[1988]第 15 号,1988 年 10 月 24 日)规定,民政部门举办的安置残疾人占一定比例的福利工厂用地,由省、自治区、直辖市税务局确定征免城镇土地使用税。财税[2010]121 号实施后,国税地[1988]第 15 号上述规定同时废止。

②　《财政部 国家税务总局关于教育税收政策的通知》(财税[2004]39 号,2004 年 2 月 5 日)。

③　《国家税务局关于检发〈关于土地使用税若干具体问题的解释和暂行规定〉的通知》(国税地[1988]15 号,1988 年 10 月 24 日)。

④　《国家税务局对〈关于高校征免房产税、土地使用税的请示〉的批复》(国税地便[1989]第 8 号,1989 年 6 月 21 日)。此外,《国家税务局对〈关于中、小学校办企业征免房产税、土地使用税问题的请示〉的批复》(国税地[1989]第 81 号,1989 年 8 月 7 日)规定,中、小学校办企业的土地以及出租的用地,也比照高等学校均不属于自用土地的范围,应按规定征收城镇土地使用税;对非独立核算的校办企业,原则上也应征收土地使用税,纳税确有困难的,可按税收管理权限给予适当的减税或免税。但《国家税务总局关于取消部分地方税行政审批项目的通知》(国税函[2007]629 号,2007 年 6 月 11 日)取消了国税地[1989]第 81 号文件中所含行政审批项目并废止了该文件。

⑤　《财政部 国家税务总局关于经营高校学生公寓及高校后勤社会化改革有关税收政策的通知》(财税[2006]100 号,2006 年 8 月 18 日)。此前,根据《财政部 国家税务总局关于高校后勤社会化改革有关税收政策的通知》(财税[2000]第 25 号,2000 年 2 月 28 日)的规定,自 2000 年 1 月 1 日起,对高校后勤实体,免征城镇土地使用税和房产税。根据《财政部 国家税务总局关于继续执行高校后勤社会化改革有关税收政策的通知》(财税[2003]第 152 号,2003 年 7 月 11 日),《财政部 国家税务总局关于高校后勤社会化改革有关税收政策的通知》(财税字[2000]25 号)规定的有关税收政策,继续执行到 2005 年年底。

⑥　《财政部 国家税务总局关于医疗卫生机构有关税收政策的通知》(财税[2000]42 号,2000 年 7 月 10 日)。

对集体和个人办的各类医院用地,由省、自治区、直辖市税务局确定征免城镇土地使用税①。

10.6.7.2 疾病控制机构和妇幼保健机构用地

对疾病控制机构和妇幼保健机构等卫生机构自用的土地,免征城镇土地使用税。疾病控制、妇幼保健等卫生机构具体包括:各级政府及有关部门举办的卫生防疫站(疾病控制中心)、各种专科疾病防治站(所),各级政府举办的妇幼保健所(站)、母婴保健机构、儿童保健机构等,各级政府举办的血站(血液中心)②。

自1999年11月1日起,对血站自用的土地免征城镇土地使用税。在1999年11月1日之前已征收入库的税款不再退还,未征收入库的税款也不再征缴。血站是指根据《中华人民共和国献血法》的规定,由国务院或省级人民政府卫生行政部门批准的,从事采集、提供临床用血,不以营利为目的的公益性组织③。

10.6.8 科研机构及国家科技园、科技孵化器用地的征免规定

10.6.8.1 非营利性科研机构用地

自2001年1月1日起,非营利性科研机构自用的土地,免征城镇土地使用税。非营利性科研机构要以推动科技进步为宗旨,不以营利为目的,主要从事应用基础研究或向社会提供公共服务。非营利性科研机构的认定标准,由科技部会同财政部、中编办、国家税务总局另行制定。非营利性科

研机构需要书面向科技行政主管部门申明其性质,按规定进行设置审批和登记注册,并由接受其登记注册的科技行政部门核定,在执业登记中注明"非营利性科研机构",对非营利性科研机构实行年度检查制度,凡不符合条件的,应取消其免税资格,并按规定补缴当年已免税款④。

10.6.8.2 转制科研机构用地⑤

对经国务院批准的原国家经贸委管理的10个国家局所属242个科研机构和建设部等11个部门(单位)所属134个科研机构中转为企业的科研机构和进入企业的科研机构,从转制注册之日起5年内免征科研开发自用土地、房产的城镇土地使用税、房产税和企业所得税,政策执行到期后,再延长2年期限。

转制科研院所享受的税收优惠期限,不论是从转制之日起计算,还是从转制注册之日起计算,均据实计算到期满为止。

地方转制科研机构可参照执行上述优惠政策。参照执行的转制科研机构名单,由省级人民政府确定和公布。

10.6.8.3 国家大学科技园及科技企业孵化器用地

(1)国家大学科技园⑥

自2008年1月1日至2010年12月31日,对符合条件的国家大学科技园自用以及无偿或通过出租等方式提供给孵化企业使用的土地,免征城镇

---

① 《国家税务局关于检发〈关于土地使用税若干具体问题的解释和暂行规定〉的通知》(国税地[1988]15号,1988年10月24日)。

② 《财政部 国家税务总局关于医疗卫生机构有关税收政策的通知》(财税[2000]42号,2000年7月10日)。

③ 《财政部 国家税务总局关于血站有关税收问题的通知》(财税[1999]264号,1999年10月13日)。

④ 《财政部 国家税务总局关于非营利性科研机构税收政策的通知》(财税[2001]5号,2001年2月9日)。

⑤ 《财政部 国家税务总局关于延长转制科研机构有关税收政策执行期限的通知》(财税[2005]14号,2005年3月8日)。此前,《财政部 国家税务总局关于转制科研机构有关税收政策问题的通知》(财税[2003]137号,2003年7月8日)规定,自2003年7月8日起,对经国务院批准的原国家经贸委管理的10个国家局所属242个科研机构和建设部等11个部门(单位)所属134个科研机构中转为企业的科研机构和进入企业的科研机构,从转制注册之日起5年内免征科研开发自用土地的城镇土地使用税。此前,根据《国家税务总局关于国家经贸委管理的10个国家局所属科研机构转制后税收征收管理问题的通知》(国税发[1999]第135号,1999年7月20日)的规定,从1999年起至2003年年底止,对转制后国家经贸委管理的10个国家局所属242个科研机构,免征科研开发自用土地的城镇土地使用税。科研机构移交后,应当及时向原主管税务机关缴销发票、办理注销税务登记和其他有关涉税事项,并在重新办理工商登记后,向主管税务机关重新办理税务登记,并按规定办理有关减免税手续。

⑥ 《财政部国家税务总局关于国家大学科技园有关税收政策问题的通知》(财税[2007]120号,2007年8月20日)。

土地使用税。

①享受优惠政策的科技园,应同时符合下列条件:

Ⅰ 科技园的成立和运行符合国务院科技和教育行政主管部门公布的认定和管理办法,经国务院科技和教育行政管理部门认定,并取得国家大学科技园资格;

Ⅱ 科技园应将面向孵化企业出租场地、房屋以及提供孵化服务的业务收入在财务上单独核算;

Ⅲ 科技园内提供给孵化企业使用的场地面积应占科技园可自主支配场地面积的 60% 以上(含 60%),孵化企业数量应占科技园内企业总数量的90% 以上(含 90%)。

国务院科技和教育行政主管部门负责对科技园是否符合上述规定的各项条件进行事前审核确认,并出具相应的证明材料。

②"孵化企业"应当同时符合以下条件:

Ⅰ 企业注册地及工作场所必须在科技园的工作场地内;

Ⅱ 属新注册企业或申请进入科技园前企业成立时间不超过 3 年;

Ⅲ 企业在科技园内孵化的时间不超过 3 年;

Ⅳ 企业注册资金不超过 500 万元;

Ⅴ 属迁入企业的,上年营业收入不超过 200万元;

Ⅵ 企业租用科技园内孵化场地面积不高于1000 平方米;

Ⅶ 企业从事研究、开发、生产的项目或产品应属于科学技术部等部门印发的《中国高新技术产品目录》范围,且《中国高新技术产品目录》范围内项目或产品的研究、开发、生产业务取得的收入应占企业年收入的 50% 以上。

(2)科技企业孵化器①

科技企业孵化器(也称高新技术创业服务中心,简称孵化器)是以促进科技成果转化、培养高新技术企业和企业家为宗旨的科技创业服务机构。

自 2008 年 1 月 1 日至 2010 年 12 月 31 日,对符合条件的孵化器自用以及无偿或通过出租等方式提供给孵化企业使用的土地,免征城镇土地使用税。

①享受优惠政策的孵化器,应同时符合下列条件:

Ⅰ 孵化器的成立和运行符合国务院科技行政主管部门发布的认定和管理办法,经国务院科技行政管理部门认定,并取得国家高新技术创业服务中心资格。

Ⅱ 孵化器应将面向孵化企业出租场地、房屋以及提供孵化服务的业务收入在财务上单独核算。

Ⅲ 孵化器内提供给孵化企业使用的场地面积应占孵化器可自主支配场地面积的 75% 以上(含75%),孵化企业数量应占孵化器内企业总数量的90% 以上(含 90%)。

国务院科技行政主管部门负责对孵化器是否符合上述规定的各项条件进行事前审核确认,并出具相应的证明材料。

②"孵化企业"应当同时符合以下条件:

Ⅰ 企业注册地及办公场所必须在孵化器的孵化场地内;

Ⅱ 属新注册企业或申请进入孵化器前企业成立时间不超过 2 年;

Ⅲ 企业在孵化器内孵化的时间不超过 3 年;

Ⅳ 企业注册资金不超过 200 万元;

Ⅴ 属迁入企业的,上年营业收入不超过 200万元;

Ⅵ 企业租用孵化器内孵化场地面积低于1000 平方米;

Ⅶ 企业从事研究、开发、生产的项目或产品应属于科学技术部等部门颁布的《中国高新技术产品目录》范围,且《中国高新技术产品目录》范围内项目或产品的研究、开发、生产业务取得的收入应占企业年收入的 50% 以上。

10.6.9 文化单位用地的征免规定

---

① 《财政部 国家税务总局关于科技企业孵化器有关税收政策问题的通知》(财税[2007]121 号,2007 年 10 月 23 日)。

10.6.9.1 转制文化单位用地

2004 年 1 月 1 日至 2008 年 12 月 31 日,由财政部门拨付事业经费的文化单位转制为企业,对其自用土地免征城镇土地使用税。转制包括文化事业单位整体转为企业和文化事业单位中经营部分剥离转为企业。此政策适用于文化体制改革试点地区的所有转制文化单位和不在试点地区的转制试点单位。试点地区包括北京市、上海市、重庆市、广东省、浙江省、深圳市、沈阳市、西安市、丽江市。不在试点地区的试点单位名单由中央文化体制改革试点工作领导小组办公室提供,财政部、国家税务总局分批发布①。

10.6.9.2 亏损文化单位用地

2004 年 1 月 1 日至 2008 年 12 月 31 日,对因自然灾害等不可抗力或承担国家指定任务而造成亏损的文化单位,经批准,免征经营用土地的城镇土地使用税。"文化单位"是指从事新闻出版、广播影视和文化艺术的企事业单位。此项规定适用于文化体制改革试点地区的所有文化单位和不在试点地区的试点单位。试点地区包括北京市、上海市、重庆市、广东省、浙江省、深圳市、沈阳市、西安市、丽江市。不在试点地区的试点单位名单由中央文化体制改革试点工作领导小组办公室提供,财政部、国家税务总局分批发布②。

10.6.9.3 宣传文化单位用地

对财政部门拨付事业经费的宣传、文化事业单位自用的土地,免征城镇土地使用税③。

10.6.10 金融机构用地的征免规定

10.6.10.1 人民银行及其分支机构用地

对行使国家行政管理职能的中国人民银行总行(含国家外汇管理局)及所属分支机构自用的土地,免征城镇土地使用税④。

10.6.10.2 金融资产管理公司接收房产用地

(1)经国务院批准成立的中国信达资产管理公司、中国华融资产管理公司、中国长城资产管理公司和中国东方资产管理公司,及其经批准分设于各地的分支机构,回收的房地产在未处置前的闲置期间,免征城镇土地使用税。除另有规定者外,资产公司所属、附属企业,不享受资产管理公司的税收优惠政策⑤。

回收的房地产指已办理过户手续,资产管理公司取得产权证明的房地产。未办理过户手续的房地产,纳税确有困难的,依照城镇土地使用税暂行条例的有关规定办理减免⑥。

金融资产管理公司利用其接受的抵债资产从事经营租赁业务,不属于规定的免税范围,应当依法纳税⑦。

(2)对东方资产管理公司在接收港澳国际(集团)有限公司的房地产,免征应缴纳的城镇土地使用税。对港澳国际(集团)内地公司在清算期间自有的和从债务方接收的房地产,免征应缴纳的城镇

---

① 《财政部 海关总署 国家税务总局关于文化体制改革中经营性文化事业单位转制为企业的若干税收政策问题的通知》(财税[2005]1 号,2005 年 3 月 29 日)。

② 《财政部 海关总署 国家税务总局关于文化体制改革试点中支持文化产业发展若干税收政策问题的通知》(财税[2005]2 号,2005 年 3 月 29 日)。根据《财政部关于公布废止和失效的财政规章和规范性文件目录(第十一批)的决定》(财政部令第 62 号,2011 年 2 月 21 日),财税[2005]1 号被公布失效。

③ 《中华人民共和国城镇土地使用税暂行条例》(1988 年 9 月 27 日中华人民共和国国务院令第 17 号发布,根据 2006 年 12 月 31 日《国务院关于修改〈中华人民共和国城镇土地使用税暂行条例〉的决定》修订,中华人民共和国国务院令第 463 号)。《财政部 国家税务总局关于印发〈关于继续对宣传文化单位实行财税优惠政策的规定〉的通知》(财税[1994]89 号,1994 年 12 月 23 日)。

④ 《国家税务总局关于中国人民银行总行所属分支机构免征房产税城镇土地使用税的通知》(国税函(2001)770 号,2001 年 10 月 22 日)。

⑤ 《财政部 国家税务总局关于中国信达等 4 家金融资产管理公司税收政策问题的通知》(财税[2001]10 号,2001 年 2 月 20 日)。

⑥ 《财政部关于金融资产管理公司接受以物抵债资产过户税费问题的通知》(财金[2001]189 号,2001 年 8 月 3 日)。

⑦ 《国家税务总局关于金融资产管理公司从事经营租赁业务有关税收政策问题的批复》(国税函[2009]190 号,2009 年 3 月 31 日)。

土地使用税。对港澳国际(集团)香港公司在中国境内拥有的和从债务方接收的房地产,在清算期间免征应承担的城镇土地使用税。此项规定,自港澳国际(集团)内地公司、港澳国际(集团)香港公司开始清算之日起执行,此项规定发布前,属免征事项的应纳税款不再追缴,已征税款不予退还①。

10.6.10.3　被撤销金融机构清算期间自有或接收房产用地

(1)经中国人民银行依法决定撤销的金融机构及其分设于各地的分支机构,包括被依法撤销的商业银行、信托投资公司、财务公司、金融租赁公司、城市信用社和农村信用社,清算期间自有的或从债务方接收的房地产,免征城镇土地使用税。除另有规定者外,被撤销的金融机构所属、附属企业,不享受此项规定的被撤销金融机构的税收优惠政策②。

(2)对大连证券在破产清算期间自有的和从债务方接收的房地产免征城镇土地使用税③。

10.6.11　军队、武警、监狱、劳教单位用地的征免规定

10.6.11.1　军队自用土地

军队自用的土地,免征城镇土地使用税④。

军队自用的土地,是指军队自身的办公用地和公务用地⑤。

10.6.11.2　军队非自用或经营性用地

(1)军队无租出借的房产占地,由使用人代缴城镇土地使用税⑥。

(2)军人服务社用地,专为军人和军人家属服务的免征城镇土地使用税,对外营业的应按规定征收城镇土地使用税⑦。

(3)军队实行企业经营的招待所(包括饭店、宾馆),专为军内服务的免征城镇土地使用税;兼有对外营业的,按各占的比例划分征免城镇土地使用税⑧。

10.6.11.3　军办企业及军工企业用地

(1)军办企业(包括军办集体企业)的用地、军队与地方联营或合资的企业用地,均应依照规定征收城镇土地使用税⑨。

(2)军需工厂用地,凡专门生产军品的,免征城镇土地使用税;生产经营民品的,依照规定征收城镇土地使用税;既生产军品又生产经营民品的,可按各占的比例划分征免城镇土地使用税。

从事武器修理的军需工厂,其所需的靶场、试验场、危险品销毁场用地及周围的安全区用地,免予征收城镇土地使用税⑩。

(3)对中国兵器工业集团和中国兵器装备集团公司所属的专门生产枪炮弹、火炸药、引信、火工品的企业,除办公、生活区用地外,其他用地在2006年1月1日至2008年12月31日止,继续免

①　《财政部 国家税务总局关于中国东方资产管理公司处置港澳国际(集团)有限公司有关资产税收政策问题的通知》(财税[2003]212号,2003年11月10日)。
②　《财政部 国家税务总局关于被撤销金融机构有关税收政策问题的通知》(财税[2003]141号,2003年7月3日)。
③　《财政部 国家税务总局关于大连证券破产及财产处置过程中有关税收政策问题的通知》(财税[2003]88号,2003年5月20日)。
④　《中华人民共和国城镇土地使用税暂行条例》(中华人民共和国国务院令17号,1988年9月27日)。
⑤　《国家税务局关于检发〈关于土地使用税若干具体问题的解释和暂行规定〉的通知》(国税地字[1988]15号,1988年10月24日)。
⑥　《国家税务局关于对军队系统用地征免城镇土地使用税的通知》(国税地字[1989]83号,1989年8月14日)。
⑦　《国家税务局关于对军队系统用地征免城镇土地使用税的通知》(国税地字[1989]83号,1989年8月14日)。
⑧　《国家税务局关于对军队系统用地征免城镇土地使用税的通知》(国税地字[1989]83号,1989年8月14日)。此外,该文件还规定,对军队整编期间交由军队房地产经营管理机构管理的营房用地,在1990年底前,暂免征收土地使用税;军队其他部门出租、营业等房产占地,应照规定征收土地使用税。根据《国家税务总局关于发布已失效或废止的税收规范性文件目录的通知》(国税发[2006]62号,2006年5月12日)和《国家税务总局关于公布全文失效废止 部分条款失效废止的税收规范性文件目录的公告》(国家税务总局公告2011年第2号,2011年1月4日),国税地字[1989]第83号上述规定被公布废止。
⑨　《国家税务局关于对军队系统用地征免城镇土地使用税的通知》(国税地字[1989]83号,1989年8月14日)。
⑩　《国家税务局关于对军队系统用地征免城镇土地使用税的通知》(国税地字[1989]83号,1989年8月14日)。

征城镇土地使用税①。

（4）对军品的科研生产专用的厂房、车间、仓库等建筑物用地和周围专属用地，及其相应的供水、供电、供气、供暖、供煤、供油、专用公路、专用铁路等附属设施用地，自1995年1月1日起，免征城镇土地使用税；对满足军工产品性能实验所需的靶场、试验场、危险品销毁场用地，及因防爆等安全要求所需的安全距离用地，免征城镇土地使用税。对科研生产中军品、民品共用无法分清的厂房、车间、仓库等建筑物用地和周围专属用地，及其相应的供水、供电、供气、供暖、供煤、供油、专用公路、专用铁路等附属设施用地，按比例减征城镇土地使用税，具体办法，在应纳土地使用税额内按军品销售额占销售总额的比例，相应减征城镇土地使用税，计算公式为②：

减征税额＝应纳税额×军品销售额/销售总额

上述科研生产企业的军品销售额及城镇土地使用税的减免，由当地税务征收机关商同级财政部门核批。

10.6.11.4 武警部队用地③

（1）武警部队的工厂，凡专门为武警部门内部生产武器、弹药、军训器材、部队装备（指人员装备、军械装具、马装具）的用地，免征城镇土地使用税，生产其他产品的用地，应照章征收城镇土地使用税。

（2）武警部队与其他单位联营或合资办的企业用地，应按规定征收城镇土地使用税。

（3）武警部队出租的房产占地，应征收城镇土地使用税；无租出借的，由使用人代缴城镇土地使用税。

（4）武警部队所办的服务社用地，专为武警内部人员及其家属服务的，免征城镇土地使用税；对外营业的，应征收城镇土地使用税。

（5）武警部队的招待所，专门接待武警内部人员的，免征城镇土地使用税；对外营业的，应征收城镇土地使用税，二者兼有的，按各占比例划分征免城镇土地使用税。

10.6.11.5 监狱、劳教单位用地

（1）对劳改单位及经费实行自收自支的劳教单位的工厂、农场等，凡属于管教或生活用地，例如：办公室、警卫室、职工宿舍、犯人宿舍、储藏室、食堂、礼堂、图书室、阅览室、浴室、理发室、医务室等房屋、建筑物用地及其周围土地，均免征城镇土地使用税④。

（2）监狱的用地，若主要用于关押犯人，只有

---

① 《财政部 国家税务总局关于中国兵器工业集团公司和兵器装备集团公司所属企业城镇土地使用税政策的通知》（财税〔2006〕92号，2006年7月7日）。此前，《财政部 国家税务总局关于中国兵器工业集团公司和兵器装备集团公司所属专门生产枪炮弹等企业继续免征城镇土地使用税的通知》（财税〔2002〕186号，2002年12月13日）规定，对中国兵器工业集团公司和中国兵器装备集团公司所属的专门生产枪炮弹、火炸药、引信、火工品的企业，除办公、生活区用地外，其他用地在2003年1月1日至2005年12月31日期间，继续免征城镇土地使用税。根据《财政部 国家税务总局关于对中国兵器工业集团公司和兵器装备集团公司所属专门生产枪炮弹等企业继续免征城镇土地使用税的通知》（财税〔1999〕309号，1999年12月30日）的规定，对上述企业，除办公、生活区用地外，其他用地在2000年1月1日至2002年12月31日期间，继续免征城镇土地使用税。根据《财政部 国家税务总局关于对中国兵器工业总公司所属专门生产枪炮弹等企业继续免征城镇土地使用税的通知》（财税〔1997〕104号，1997年7月30日）的规定，对上述企业，除办公、生活区用地外，其他用地在1997年1月1日至1999年12月31日期间，继续免征城镇土地使用税。根据《财政部 国家税务总局关于对中国兵器工业总公司所属军工企业免征土地使用税的若干法规的通知》（财税〔1995〕26号，1995年5月29日）的规定，自1995年1月1日起至1996年年底，中国兵器工业集团和中国兵器装备集团公司所属的专门生产枪炮弹、火炸药、引信、火工品的企业免征城镇土地使用税。

② 《财政部 国家税务总局关于对中国兵器工业总公司所属军工企业免征土地使用税的若干法规的通知》（财税〔1995〕26号，1995年5月29日）。《财政部 国家税务总局关于对中国航空、航天、船舶工业总公司所属军工企业免征土地使用税的若干法规的通知》（财税〔1995〕27号，1995年5月29日）。

③ 《国家税务局关于武警部队用地免征城镇土地使用税问题的通知》（国税地字〔1989〕120号，1989年11月10日）。

④ 《国家税务局关于对司法部所属的劳改劳教单位征免土地使用税问题的规定》（国税地〔1989〕119号，1989年11月10日）。

极少部分用于生产经营的,可从宽掌握免征土地使用税①。

(3)对少年犯管教所的用地和由国家财政部门拨付事业经费的劳教单位自用的土地,免征城镇土地使用税②。

10.6.12　交通运输部门及相关单位用地的征免规定③

10.6.12.1　民航机场用地

机场飞行区(包括跑道、滑行道、停机坪、安全带、夜航灯光区)用地,场内外通讯导航设施用地和飞行区四周排水防洪设施用地,免征城镇土地使用税。机场道路,区分为场内、场外道路。场外道路用地免征城镇土地使用税;场内道路用地依照规定征收城镇土地使用税。机场工作区(包括办公、生产和维修用地及候机楼、停车场)用地、生活区

用地、绿化用地,均须依照规定征收城镇土地使用税④。

10.6.12.2　港口用地

对港口的码头(即泊位,包括岸边码头、伸入水中的浮码头、堤岸、堤坝、栈桥等)用地,免征城镇土地使用税。除上述规定外,港口的其他用地,应按规定征收城镇土地使用税⑤。

10.6.12.3　铁路部门及相关单位用地

(1)铁道部所属运输企业

铁道部所属铁路运输企业自用的房产、土地,免征城镇土地使用税⑥。

铁道部所属铁路运输企业的范围包括:铁路局及国有铁路运输控股公司(含广铁〈集团〉公司、青藏铁路公司、大秦铁路股份有限公司、广深铁路股份有限公司等,具体包括客货、编组站、车务、机务、

①《国家税务局关于对司法部所属的劳改劳教单位征免土地使用税问题的规定》(国税地[1989]第119号,1989年11月10日)。该文还规定,劳教单位凡是生产经营用地,例如:厂房、仓库、门市部等房屋、建筑物用地及其周围土地,应征收城镇土地使用税;管教或生活用地与生产经营用地不能划分开的,应照章征收城镇土地使用税。根据《国家税务总局关于公布全文失效废止 部分条款失效废止的税收规范性文件目录的公告》(国家税务总局公告2011年第2号),上述规定被公布废止。此外,根据《财政部 国家税务总局关于继续执行监狱劳教企业有关税收政策的通知》(财税[2006]123号)、《财政部 国家税务总局关于监狱劳教企业有关税收政策的通知》(财税[2004]1号)、《财政部 国家税务总局关于对监狱、劳教企业有关企业所得税城镇土地使用税政策问题的通知》(财税[2001]第56号)、《财政部 国家税务总局关于对监狱、劳教企业继续免征城镇土地使用税、固定资产投资方向调节税的通知》(财税[1998]第37号)、《财政部 国家税务总局关于对监狱、劳教企业继续免征城镇土地使用税、固定资产投资方向调节税的通知》(财税[1996]第64号)、《国家税务局关于司法部所属的劳改劳教单位征免土地使用税问题的通知》(国税函发[1993]第411号)的规定,在2008年底前,对监狱、劳教单位警戒围墙内的生产经营用地,免征城镇土地使用税。根据《国家税务总局关于公布全文失效废止 部分条款失效废止的税收规范性文件目录的公告》(国家税务总局公告2011年第2号),国税函发[1993]第411号被公布全文废止。

②《国家税务局关于对司法部所属的劳改劳教单位征免土地使用税问题的规定》(国税地[1989]119号,1989年11月10日)。

③除本部分下列规定外,《国家税务局关于对城市公共交通公司所属单位用地征免土地使用税问题的通知》(国税地字[1989]第98号,1989年9月23日)规定,在1989年内,对城市公共交通公司所属的汽车公司、电车公司从事市区及郊区运营业务的车站、停车场用地,可由各省、自治区、直辖市税务局审批,暂免征收城镇土地使用税;对城市公共交通公司所属的出租汽车公司、客装总厂等所使用的土地,应按规定征收城镇土地使用税;对城市公共交通公司的其他用地(如汽车维修厂、办公、生活等用地),原则上应照章征收城镇土地使用税,纳税确有困难的,由各省、自治区、直辖市税务局根据企业的具体情况,在1989年内给予适当的减税或免税照顾。根据《国家税务总局关于公布全文失效废止 部分条款失效废止的税收规范性文件目录的公告》(国家税务总局公告2011年第2号,2011年1月4日),国税地字[1989]第98号被公布废止,目前暂没有此方面优惠政策。《财政部 海关总署 国家税务总局关于救助打捞单位税收优惠政策的通知》(财税[2005]第31号,2005年3月7日)规定,2005年1月1日至2007年12月31日,对交通部北海、东海、南海救助局,烟台、上海、广州打捞局自用土地免征城镇土地使用税。现该政策已过期。

④《国家税务局关于对民航机场用地征免土地使用税问题的规定》(国税地字[1989]32号,1989年4月6日)。

⑤《国家税务局关于对交通部门的港口用地征免土地使用税问题的规定》(国税地[1989]第123号,1989年11月13日)。该文还规定,对港口的露天堆货场用地,原则上应征收土地使用税,企业纳税确有困难的,可由省、自治区、直辖市税务局根据其实际情况,给予定期减征或免征土地使用税的照顾。根据《国家税务总局关于取消部分地方税行政审批项目的通知》(国税函[[2007]]629号,2007年6月11日),国税地字[1989]第123号上述规定被取消,并被《国家税务总局关于公布全文失效废止 部分条款失效废止的税收规范性文件目录的公告》(国家税务总局公告2011年第2号,2011年1月4日)公布废止。

⑥《财政部 国家税务总局关于调整铁路系统房产税城镇土地使用税政策的通知》(财税[2003]149号,2003年7月11日)。

工务、电务、水电、供电、列车、客运、车辆段)、铁路办事处、中铁集装箱运输有限责任公司、中铁特货运输有限责任公司、中铁快运股份有限公司①。

(2)铁道部所属其他企业

铁道部所属其他企业、单位的房产、土地,应按税法规定征收城镇土地使用税②。

铁道部第一、二、三、四设计院免征房产税的期限截止到 2005 年 12 月 31 日,自 2006 年 1 月 1 日起恢复征收房产税和城镇土地使用税③。

(3)从铁路系统分离的企业

对铁路运输体制改革后,从铁路系统分离出来并实行独立核算、自负盈亏的企业,包括铁道部所属原执行经济承包方案的工业、供销、建筑施工企业④;中国铁路工程总公司、中国铁道建筑工程总公司、中国土木建筑工程总公司;以及铁道部所属自行解决工交事业费的单位,自 2003 年 1 月 1 日起恢复征收城镇土地使用税⑤。

中国南方机车车辆工业集团公司、中国北方机车车辆工业集团公司免征城镇土地使用税的期限截止到 2003 年 12 月 31 日⑥。

铁道通信信息有限责任公司自用的土地在 2008 年 12 月 31 日前免征城镇土地使用税⑦。

中国铁路物资总公司、中铁建设开发中心免征房产税的期限截止到 2005 年 12 月 31 日,自 2006 年 1 月 1 日起恢复征收房产税和城镇土地使

---

① 《财政部 国家税务总局关于明确免征房产税 城镇土地使用税的铁路运输企业范围的补充通知》(财税[2006]17 号,2006 年 3 月 8 日)。此前,根据《财政部国家税务总局关于明确免征房产税城镇土地使用税的铁路运输企业范围及有关问题的通知》(财税[2004]36 号,2004 年 2 月 27 日)的规定,铁道部所属铁路运输企业的范围包括:铁路局、铁路分局(包括客货站、编组站、车务、机务、工务、电务、水电、车辆、供电、列车、客运段)、中铁集装箱运输有限责任公司、中铁特货运输有限责任公司、中铁行包快递有限责任公司、中铁快运有限公司。

② 《财政部 国家税务总局关于调整铁路系统房产税城镇土地使用税政策的通知》(财税[2003]149 号,2003 年 7 月 11 日)。此前,根据《国家税务总局关于"七五"期间铁道部所属单位征免土地使用税问题》(财税[1989]61 号,1989 年 6 月 23 日)的规定,对不执行铁道部经济承包方案的中国土木工程公司,铁道部直属铁路局及其所属各单位与其他单位合营、联营、合作经营的企业,各铁路局所属国营性质集体经营的企业、集体企业、知青企业等的房产、土地,均应照章征收土地使用税。

③ 《财政部 国家税务总局关于明确免征房产税城镇土地使用税的铁路运输企业范围及有关问题的通知》(财税[2004]36 号,2004 年 2 月 17 日)。《财政部 国家税务总局关于铁路通信信息有限责任公司等单位房产税、城镇土地使用税政策的通知》(财税[2006]90 号,2006 年 7 月 7 日)再次明确自 2006 年 1 月 1 日起对其恢复征税。

④ 《财政部 国家税务总局关于调整铁路系统房产税城镇土地使用税政策的通知》(财税[2003]149 号,2003 年 7 月 11 日)。此前,根据《财政部 国家税务总局关于铁道部所属单位征免房产税城镇土地使用税问题的通知》(财税[1997]8 号,1997 年 5 月 13 日)的规定,对铁道部所属原执行经济承包方案的铁路运输、工业、供销、建筑施工企业,铁道部直属铁路局的工副业企业和由铁道部自行解决工交事业费的单位,其自用的房产、土地,自 1996 年 1 月 1 日起仍暂免征收土地使用税。根据《财政部 国家税务总局关于铁道部"八五"后两年有关财务税收问题的通知》(财税[1994]5 号,1994 年 4 月 7 日)的规定,铁路运输、工业、供销、建筑施工企业免缴土地使用税。根据《国家税务总局关于"七五"期间铁道部所属单位征免房产税和车船使用税的补充通知》(财税[1989]61 号,1989 年 6 月 23 日)的规定,对执行铁道部经济承包方案的铁路运输、工业、供销、建筑施工企业,铁道部直属铁路局的工副业企业,和由铁道部自行解决工交事业费的单位,自 1986 年 10 月 1 日起,到 1990 年 12 月 31 日止,免征土地使用税。

⑤ 《财政部 国家税务总局关于调整铁路系统房产税城镇土地使用税政策的通知》(财税[2003]149 号,2003 年 7 月 11 日)。

⑥ 《国家税务总局关于继续免征中国南方机车车辆工业集团公司房产税和城镇土地使用税的补充通知》(国税函[2003]1111 号,2003 年 9 月 30 日)。《国家税务总局关于继续免征中国北方机车车辆工业集团公司房产税和城镇土地使用税的补充通知》(国税函[2003]1120 号,2003 年 9 月 30 日)。此前,根据《国家税务总局关于继续免征中国北方机车车辆工业集团公司房产税和城镇土地使用税的通知》(国税函[2002]852 号,2002 年 9 月 24 日)的规定,对中国北方机车车辆工业集团公司免征 2003 年房产税和城镇土地使用税。

⑦ 《财政部 国家税务总局关于铁路通信信息有限责任公司等单位房产税、城镇土地使用税政策的通知》(财税[2006]90 号,2006 年 7 月 7 日)。此前《财政部 国家税务总局关于明确免征房产税城镇土地使用税的铁路运输企业范围及有关问题的通知》(财税[2004]36 号,2004 年 2 月 17 日)规定铁道通信信息有限责任公司自用的房产、土地免征房产税和城镇土地使用税截止到 2005 年 12 月 31 日。

用税①。

（4）外单位使用铁道部所属单位的房地产

凡铁道部所属单位的房产出租给铁路系统外的单位使用的，其房屋占地应由出租方（即铁道部所属单位）向土地所在地的税务机关缴纳城镇土地使用税。出租方为铁路系统内非独立核算单位的，则由其所属相对独立核算的站、段、厂以及分局等单位负责缴纳；凡土地使用权属于铁道部所属单位，现在由铁路系统外的单位使用的土地，暂由实际使用人（即铁路系统外的单位）缴纳城镇土地使用税②。

（5）地方铁路运输企业

地方铁路运输企业自用的房产、土地，应缴纳的房产税、城镇土地使用税比照铁道部所属铁路运输企业的政策执行③。

（6）青藏铁路建设单位

青藏铁路建设期间参建单位发生的与青藏铁路建设有关的城镇土地使用税予以免征。凡 2001 年青藏铁路建设开工后，参建单位已经缴纳的符合财税［2003］128 号文应免征的税款应一律退还纳税人④。

在 2006 年 6 月 30 日前，对青藏铁路线路使用的土地以及青藏铁路公司和中标的建设单位在青藏铁路建设期间因施工、生产的需要而使用的土地，免征城镇土地使用税⑤。

自 2006 年 7 月 1 日起对青藏铁路公司及其所属单位自用的土地免征城镇土地使用税；对非自用的土地照章征收城镇土地使用税。《财政部、国家税务总局关于青藏铁路建设期间有关税收政策问题的通知》（财税［2003］128 号）停止执行⑥。

（7）股改及合资铁路⑦

对股改铁路运输企业及合资铁路运输公司自用的房产、土地暂免征收房产税和城镇土地使用税。其中股改铁路运输企业是指铁路运输企业经国务院批准进行股份制改革成立的企业；合资铁路运输公司是指由铁道部及其所属铁路运输企业与地方政府、企业或其他投资者共同出资成立的铁路运输企业。

10.6.13　地质矿产勘探开采及荒山整治、湖海改造用地的征免规定

10.6.13.1　地勘单位用地

对地质矿产勘探单位的城镇土地使用税应按规定征收。即对财政部门拨付事业经费的地勘单位自用的房产、土地，按有关规定免征房产税和城镇土地使用税；从事生产、经营活动等非自用的房产、土地，则应按税法有关规定照章纳税⑧。

10.6.13.2　矿山企业用地

对矿山企业（包括黑色冶金矿和有色金属矿及除煤矿外的其他非金属矿）的采矿场、排土场、尾矿库、炸药库的安全区、采区运矿及运岩公路、尾

---

① 《财政部 国家税务总局关于明确免征房产税城镇土地使用税的铁路运输企业范围及有关问题的通知》（财税［2004］36 号，2004 年 2 月 17 日）。《财政部 国家税务总局关于铁路通信信息有限责任公司等单位房产税、城镇土地使用税政策的通知》（财税［2006］90 号，2006 年 7 月 7 日）再次明确自 2006 年 1 月 1 日起对其恢复征税。

② 《国家税务局关于外单位使用铁道部所属单位的房地缴纳土地使用税问题的通知》（国税函发［1990］924 号，1990 年 7 月 28 日）。

③ 《财政部国家税务总局关于明确免征房产税城镇土地使用税的铁路运输企业范围及有关问题的通知》（财税［2004］36 号，2004 年 2 月 17 日）。

④ 《国家税务总局关于青藏铁路建设期间有关已缴税金退税问题的通知》（国税函［2003］1387 号，2003 年 12 月 26 日）。

⑤ 《财政部 国家税务总局关于青藏铁路建设期间有关税收政策问题的通知》（财税［2003］128 号，2003 年 6 月 12 日）。《财政部 国家税务总局关于青藏铁路公司运营期间有关税收等政策问题的通知》（财税［2007］11 号，2007 年 1 月 11 日）规定此文件执行至 2006 年 6 月 30 日。

⑥ 《财政部 国家税务总局关于青藏铁路公司运营期间有关税收等政策问题的通知》（财税［2007］11 号，2007 年 1 月 11 日）。

⑦ 《财政部 国家税务总局关于股改及合资铁路运输企业房产税、城镇土地使用税有关政策的通知》（财税［2009］132 号，2009 年 11 月 25 日）。

⑧ 《国家税务总局关于地质矿产部所属、地勘单位征税问题的通知》（国税函发［1995］453 号，1995 年 8 月 16 日）；《国家税务总局关于地质矿产部所属地勘单位征税问题的补充通知》（国税函发［1996］656 号，1996 年 11 月 12 日）。

矿输送管道及回水系统用地,免征城镇土地使用税;对矿山企业采掘地下矿造成的塌陷地以及荒山占地,在未利用之前,暂免征收城镇土地使用税;除上述规定外,对矿山企业的其他生产用地及办公、生活区用地,应照章征收城镇土地使用税①。

10.6.13.3 采石场、排土场用地

对石灰厂、水泥厂、大理石厂、沙石厂等企业的采石场、排土场用地,炸药库的安全区用地以及采区运岩公路,可以比照国家税务局国税地字[1989]122号《关于对矿山企业征免城镇土地使用税问题的通知》予以免税;对上述企业的其他用地,应予征税②。

10.6.13.4 盐场、盐矿用地

对盐场、盐矿的生产厂房、办公、生活区用地,应照章征收城镇土地使用税;对盐场的盐滩、盐矿的矿井用地,暂免征收城镇土地使用税;对盐场、盐矿的其他用地,由省、自治区、直辖市税务局根据实际情况,确定征收城镇土地使用税或给予定期减征、免征的照顾③。

10.6.13.5 荒山整治、湖海改造用地

(1)经批准开山填海整治的土地和改造的废弃土地,从使用的月份起免缴城镇土地使用税5年至10年④。

开山填海整治的土地和改造的废弃土地,以土地管理机关出具的证明文件为依据确定;具体免税期限由各省、自治区、直辖市税务局在城镇土地使用税暂行条例规定的期限内自行确定⑤。

享受免税的土地,是指纳税人经有关部门批准后自行填海整治的土地,不包括纳税人通过出让、转让、划拨等方式取得的已填海整治的土地⑥。

(2)自2004年7月1日起,对企业范围内的荒山、林地、湖泊等占地,尚未利用的,可暂免征收城镇土地使用税⑦。

10.6.14 供热企业及水利设施用地的征免规定

10.6.14.1 供热企业用地⑧

对"三北地区"(包括北京、天津、河北、山西、内蒙古、辽宁、大连、吉林、黑龙江、山东、青岛、河南、陕西、甘肃、青海、宁夏、新疆)向居民供热而收取采暖费的供热企业,自2008年1月1日至2011年6月30日,其为居民供热所使用的土地继续免征城镇土地使用税。

上述供热企业是指热力产品生产企业和热力产品经营企业。热力产品生产企业包括专业供热企业、兼营供热企业和自供热单位。

对既向居民供热,又向单位供热或者兼营其他生产经营活动的供热企业,按其向居民供热而取得

---

① 《国家税务局关于对矿山企业征免土地使用税问题的通知》(国税地字[1989]122号,1989年11月10日)。
② 《国家税务局关于建材企业的采石场、排土场等用地征免土地使用税问题的批复》(国税函发[1990]853号,1990年7月20日)。
③ 《国家税务局关于对盐场、盐矿征免城镇土地使用税问题的通知》(国税函发[1989]141号,1989年12月20日)。
④ 《中华人民共和国城镇土地使用税暂行条例》(1988年9月27日中华人民共和国国务院令第17号发布,根据2006年12月31日《国务院关于修改〈中华人民共和国城镇土地使用税暂行条例〉的决定》修订,中华人民共和国国务院令第463号)。
⑤ 《国家税务局关于检发〈关于土地使用税若干具体问题的解释和暂行规定〉的通知》(国税地[1988]15号,1988年10月24日)。
⑥ 《国家税务总局关于填海整治土地免征城镇土地使用税问题的批复》(国税函[2005]968号,2005年10月14日)。
⑦ 《国家税务总局关于城镇土地使用税部分行政审批项目取消后加强后续管理工作的通知》(国税函[2004]939号,2004年8月2日)。此前,《国家税务局关于印发〈关于土地使用税若干具体问题的补充规定〉的通知》(国税地[1989]140号,1989年12月21日)规定,对企业范围内的荒山、林地、湖泊等占地,尚未利用的,经各省、自治区、直辖市税务局审批,可暂免征收城镇土地使用税。根据《国家税务总局关于公布全文失效废止 部分条款失效废止的税收规范性文件目录的公告》(国家税务总局公告2011年第2号,2011年1月4日),上述"经各省、自治区、直辖市税务局审批"的规定被公布失效。
⑧ 《财政部 国家税务总局关于继续执行供热企业增值税 房产税 城镇土地使用税优惠政策的通知》(财税[2009]11号,2009年2月10日)。此前,《财政部 国家税务总局关于继续执行供热企业相关税收优惠政策的通知》(财税[2006]117号,2006年11月27日)规定,自2006年1月1日至2008年12月31日止免税。《财政部 国家税务总局关于供热企业税收问题的通知》(财税[2004]28号,2004年2月5日)文件规定,自2003年起至2005年12月31日止免税。

的采暖费收入占企业总收入的比例划分征免税界限。

10.6.14.2　水利设施用地①

对水利设施及其管护用地(如水库库区、大坝、堤防、灌渠、泵站等用地),免征城镇土地使用税;其他用地,如生产、办公、生活用地,应照章征收城镇土地使用税。

对兼有发电的水利设施用地征免城镇土地使用税问题,比照电力行业征免城镇土地使用税的有关规定办理。

10.6.15　能源生产供应企业用地的征免规定

10.6.15.1　电力生产供应用地

(1)电力行业用地的征免规定

对火电厂厂区围墙内的用地,均应照章征收城镇土地使用税。对厂区围墙外的灰场、输灰管、输油(气)管道、铁路专用线用地,免征城镇土地使用税;厂区围墙外的其他用地,应照章征税;对水电站的发电厂房用地(包括坝内、坝外式厂房)、生产、办公、生活用地,照章征收城镇土地使用税;对其他用地给予免税照顾;对供电部门的输电线路用地、变电站用地,免征城镇土地使用税②。

"生产"用地,是指进行工业、副业等生产经营活动的用地;水库库区用地,属于"其他用地"的范围,免征城镇土地使用税;火电厂厂区围墙外的煤场用地,不属于免税范围,应照章征税;厂区外的水

源用地以及热电厂供热管道用地,可以比照上述第一款的有关规定,免征城镇土地使用税③。

(2)企业内部电厂用电的征免规定

上述第(1)条所称"电力行业",主要是指电力系统所属专业生产电产品的企业,不包括其他各类企业自办自备的电厂。对企业内部自办的电厂,其生产的电主要用于满足本企业内部的电力供应,不是为社会用电服务,且供电距离较近,与专业电力行业有很大不同,不能按上述第(1)条规定享受免税照顾④。

10.6.15.2　煤炭开采生产用地

(1)煤炭企业的矸石山、排土场用地,防排水沟用地,矿区办公、生活区以外的公路、铁路专用线及轻便道和输变电线路用地,火炸药库库房外安全区用地,向社会开放的公园及公共绿化带用地,暂免征收城镇土地使用税⑤。

(2)煤炭企业的荒山,在未利用之前暂缓征收城镇土地使用税⑥。

对位于城镇土地使用税征收范围内的煤炭企业已经取得土地使用权、但未利用的塌陷地,自2006年9月1日起恢复征收城镇土地使用税⑦。

(3)煤炭企业的报废矿井占地,可以暂免征收城镇土地使用税。但利用报废矿井搞工商业生产经营或用于居住的占地,仍应按规定征收⑧。

(4)除上述各条列举免税的土地外,其他在开

---

①　《国家税务局关于水利设施用地征免土地使用税问题的规定》(国税地字[1989]14 号,1989 年 2 月 3 日)。

②　《国家税务局关于电力行业征免土地使用税问题的规定》(国税地字[1989]13 号,1989 年 2 月 2 日)。

③　《国家税务局对〈关于请求再次明确电力行业土地使用税征免范围问题的函〉的复函》(国税地字[1989]第 44 号,1989 年 5 月 21 日)。该文还规定,电力项目建设期间应照章征收土地使用税,纳税有困难的,由省、自治区、直辖市税务局审核后,报国家税务局批准减免。《国家税务总局关于取消部分地方税行政审批项目的通知》(国税函[2007]629 号,2007 年 6 月 11 日)取消了国税地字[1989]44 号上述行政审批项目。

④　《国家税务总局关于企业内部电厂应征城镇土地使用税问题的批复》(国税函[1996]441 号,1996 年 7 月 11 日)。

⑤　《国家税务总局关于对煤炭企业用地征免土地使用税问题的规定》(国税地字[1989]89 号,1989 年 8 月 23 日)。

⑥　《国家税务总局关于对煤炭企业用地征免土地使用税问题的规定》(国税地字[1989]89 号,1989 年 8 月 23 日)。

⑦　《财政部 国家税务总局关于煤炭企业未利用塌陷地城镇土地使用税政策的通知》(财税[2006]74 号,2006 年 8 月 21 日)。此前,《国家税务局关于对煤炭企业用地征免土地使用税问题的规定》(国税地字[1989]89 号,1989 年 8 月 23 日)曾规定,煤炭企业的塌陷地在未利用之前,暂缓征收城镇土地使用税。根据《国家税务总局关于公布全文失效废止 部分条款失效废止的税收规范性文件目录的公告》(国家税务总局公告 2011 年第 2 号),国税地[1989]第 89 号上述规定被公布废止。

⑧　《国家税务总局关于对煤炭企业用地征免土地使用税问题的规定》(国税地字[1989]89 号,1989 年 8 月 23 日)。该文还规定,免征收土地使用税须经当地税务机关审核。《国家税务总局关于取消部分地方税行政审批项目的通知》(国税函[2007]629 号,2007 年 6 月 11 日)对该行政审批项目予以取消。

征范围内的煤炭生产及办公、生活区用地,均应依照规定征收城镇土地使用税。地方煤炭企业城镇土地使用税的征免划分问题,由各省、自治区、直辖市税务局参照上述规定具体确定①。

(5)对煤炭企业直接用于煤炭生产的占地,在1992年内仍按当地适用税额的低限征收城镇土地使用税。从1993年起,对直接用于煤炭生产的占地恢复按当地适用税额征收城镇土地使用税。个别煤炭企业纳税有困难的减免照顾,可按规定报批解决②。

10.6.15.3 石油天然气生产与储备用地

(1)中国石油天然气总公司所属企业、单位用地征免城镇土地使用税范围③:

①下列油气生产建设用地暂免征收城镇土地使用税:

Ⅰ 石油地质勘探、钻井、井下作业、油田地面工程等施工临时用地;

Ⅱ 各种采油(气)井、注水(气)井、水源井用地;

Ⅲ 油田内办公、生活区以外的公路、铁路专用线及输油(气、水)管道用地;

Ⅳ 石油长输管线用地;

Ⅴ 通讯、输变电线路用地。

②在城市、县城、建制镇以外工矿区内的下列油气生产、生活用地,也暂免征收城镇土地使用税:

Ⅰ 与各种采油(气)井相配套的地面设施用地,包括油气采集、计量、接转、储运、装卸、综合处理等各种站的用地;

Ⅱ 与注水(气)井相配套的地面设施用地,包括配水、取水、转水以及供气、配气、压气、气举等各种站的用地;

Ⅲ 供(配)电、供排水、消防、防洪排涝、防风、防沙等设施用地;

Ⅳ 职工和家属居住的简易房屋、活动板房、野营房、帐篷等用地。

除上述列举免税的土地外,其他在开征范围内的油气生产及办公、生活区用地,均应依照规定征收城镇土地使用税。

(2)中国海洋石油公司及其所属公司下列用地,暂免征收城镇土地使用税④:

---

① 《国家税务总局关于对煤炭企业用地征免土地使用税问题的规定》(国税地字[1989]89号,1989年8月23日)。

② 《国家税务总局关于煤炭企业生产用地适用税额问题的通知》(国税函发[1992]1350号,1992年9月11日)。此前,根据《国家税务局关于对煤炭企业用地征免土地使用税问题的规定》(国税地字[1989]89号,1989年8月23日)的规定,对于直接用于煤炭生产的占地,在1990年年底前,暂按当地规定的适用税额的低限征收土地使用税;《国家税务总局关于煤炭企业生产用地土地使用税税额标准问题的通知》(国税函发[1991]484号,1991年4月5日)规定,对于直接用于煤炭生产的占地,在1991年内仍继续执行按当地适用税额的低限征收城镇土地使用税。但根据《国家税务总局关于公布全文失效废止 部分条款失效废止的税收规范性文件目录的公告》(国家税务总局公告2011年第2号,2011年1月4日),国税函发[1992]1350号被公布全文失效废止。

③ 《国家税务总局关于对中国石油天然气总公司所属单位用地征免土地使用税问题的法规》(国税地字[1989]88号,1989年8月19日)。该文件还规定,在1990年底前,对于直接用于石油生产建设的占地,暂按当地法规适用税额的低限征收;对其他用地,按当地规定的适用税额征收;对在工矿区范围内的油气生产、办公、生活用地,其土地使用税的税额标准,应与邻近的县城、建制镇基本一致。根据《国家税务总局关于公布全文失效废止 部分条款失效废止的税收规范性文件目录的公告》(国家税务总局公告2011年第2号,2011年1月4日),国税地字[1989]第88号上述规定被公布废止。此外,《国家税务总局关于石油生产建设用地土地使用税税额标准问题的通知》(国税函[1991]第485号,1992年4月5日)将直接用于石油生产建设占地按低限征收的规定延续至1991年底。《国家税务局关于石油企业生产用地适用税额问题的通知》(国税函发[1992]第1442号,1992年10月10日)将按低限征收的规定延续至1992年底,并规定从1993年起,对直接用于石油生产建设的占地恢复按当地适用税额征收土地使用税,个别石油企业纳税有困难的减免照顾问题,可按税收管理体制的规定报批解决。《国家税务总局关于取消部分地方税行政审批项目的通知》(国税函[2007]629号,2007年6月11日)取消了国税函发[1992]第1442号上述行政审批并废止了该文件。

④ 《国家税务总局关于对中国海洋石油总公司及其所属公司用地征免土地使用税问题的规定》(国税发[1990]3号,1990年2月1日)。此前,根据《国家税务总局关于中国海洋石油总公司及其所属公司缴纳土地使用税问题的通知》(国税油[1989]2号,1989年4月10日)的规定,中国海洋石油总公司及其所属公司应按照《中华人民共和国城镇土地使用税暂行条例》及其有关规定和公司使用的土地所在地省、自治区、直辖市制定的具体规定,缴纳土地使用税;中国海洋石油总公司及其所属公司的土地使用税,由土地所在地税务机关管理征收。使用的土地在海洋石油税务管理局各分局和直接征收单位所在地的,由分局和直接征收单位管理征收,还是由当地市、县税务机关管理征收,由主管分局和直接征收单位与当地市、县税务局协商确定。

Ⅰ 导管架、平台组块等海上结构物建造用地；

Ⅱ 码头用地；输油气管线用地；

Ⅲ 通讯天线用地；

Ⅳ 办公、生活区以外的公路、铁路专用线、机场用地。

除此以外，中海油公司及其所属公司其他在开征范围内的油气生产及办公、生活区用地，均应依照规定征收城镇土地使用税。

（3）大连、黄岛、镇海、舟山4个国家石油储备基地第一期项目建设过程中涉及的城镇土地使用税，予以免征①。

10.6.15.4　核工业生产用地

（1）对核工业总公司所属生产核系列产品的企业，除生活区、办公区用地应依照规定征收城镇土地使用税外，其他用地暂予免征城镇土地使用税；对核工业总公司所属生产核系列产品以外的其他企业，如仪表企业、机械修造企业、建筑安装企业等，应依照规定征收城镇土地使用税②。

（2）对核电站的核岛、常规岛、辅助厂房和通讯设施用地（不包括地下线路用地），生活、办公用地按规定征收城镇土地使用锐，其他用地免征城镇土地使用税。对核电站应税土地在基建期内减半征收城镇土地使用税③。

10.6.16　邮政部门用地的征免规定

根据城镇土地使用税的有关规定，对邮政部门坐落在城市、县城、建制镇、工矿区范围内土地，应当依法征收城镇土地使用税；对坐落在上述范围以外尚在县邮政局内核算的房产、土地，必须在单位财务账中划分清楚，从2001年1月1日起不再征收城镇土地使用税④。

10.6.17　企业内部特殊用途土地的征免规定

10.6.17.1　企业内部铁路专用线、公路等用地

对企业的铁路专用线、公路等用地，除另有规定者外，在企业厂区（包括生产、办公及生活区）以内的，应照章征收城镇土地使用税；在厂区以外、与社会公用地段未加隔离的，暂免征收城镇土地使用税⑤。

10.6.17.2　企业生产安全防范用地

对于各类危险品仓库、厂房所需的防火、防爆、防毒等安全防范用地，可由各省、自治区、直辖市税务局确定，暂免征收土地使用税；对仓库库区、厂房本身用地，应照章征收土地使用税⑥。

10.6.17.3　企业厂区绿化用地

对企业厂区（包括生产、办公及生活区）以内的绿化用地，应照章征收城镇土地使用税；厂区以外的公共绿化用地和向社会开放的公园用地，暂免

① 《财政部 国家税务总局关于国家石油储备基地建设有关税收政策的通知》（财税[2005]23号，2005年3月15日）。

② 《国家税务总局关于对核工业总公司所属企业征免土地使用税问题的若干规定》（国税地字[1989]7号，1989年1月25日）。该文还规定，企业纳税确有困难要求照顾的，可根据《暂行条例》第七条的规定，由企业向所在地的税务机关提出减免税申请，经省、自治区、直辖市税务局审核后，报国家税务总局核批。《国家税务总局关于取消部分地方税行政审批项目的通知》（国税函[2007]629号，2007年6月11日）和《国家税务总局关于发布已失效或废止的税收规范性文件目录的通知》（国税发[2006]62号，2006年5月12日）均规定废止了国税地字[1989]第7号上述行政审批。

③ 《财政部 国家税务总局关于核电站用地征免城镇土地使用税的通知》（财税[2007]124号，2007年9月10日）。

④ 《国家税务总局关于邮政企业征免房产税、土地使用税问题的函》（国税函[2001]379号，2001年6月1日）。此前，《国家税务局关于对邮电部门所属企业征免城镇土地使用税问题的通知》（国税地字[1989]129号，1989年11月29日）规定，邮电部门所属的邮政企业和坐落在城市、县城以外的电信企业自用的土地，1990年暂免征收土地使用税一年。后来《国家税务总局关于对邮电部门所属企业恢复征收城镇土地使用税的通知》（国税函发[1991]209号，1991年1月19日）对其恢复征税。根据《国家税务总局关于公布全文失效废止 部分条款失效废止的税收规范性文件目录的公告》（国家税务总局公告2011年第2号，2011年1月4日），国税地字[1989]第129号被公布废止。

⑤ 《国家税务总局关于印发〈关于土地使用税若干具体问题的补充规定〉的通知》（国税地[1989]140号，1989年12月21日）。

⑥ 《国家税务总局关于印发〈关于土地使用税若干具体问题的补充规定〉的通知》（国税地[1989]140号，1989年12月21日）。

征收城镇土地使用税①。

10.6.17.4 企业在建项目用地

对基建项目在建期间使用的土地和房地产开发公司建造商品房的用地,应照章征收城镇土地使用税②。

10.6.18 个人住房及房管部门用地的征免规定

10.6.18.1 个人居住房用地

(1)个人所有的居住房屋及院落用地,由省、自治区、直辖市税务局确定征免城镇土地使用税③。

(2)免税单位职工家属的宿舍用地,由省、自治区、直辖市税务局确定征免城镇土地使用税④。

(3)对应税单位将职工住宅办理了土地使用权过户手续,可免征城镇土地使用税,对未办理土地使用权过户手续的应按规定征收城镇土地使用税⑤。

10.6.18.2 个人出租住房用地

自2008年3月1日起,对个人出租住房,不区分用途,在3%税率的基础上减半征收营业税,按4%的税率征收房产税,免征城镇土地使用税⑥。

10.6.18.3 廉租住房、经济适用住房和公共租赁住房建设用地

(1)自2007年8月1日起,对廉租住房、经济适用住房建设用地以及廉租住房经营管理单位按照政府规定价格、向规定保障对象出租的廉租住房用地,免征城镇土地使用税。开发商在经济适用住房、商品住房项目中配套建造廉租住房,在商品住房项目中配套建造经济适用住房,如能提供政府部门出具的相关材料,可按廉租住房、经济适用住房建筑面积占总建筑面积的比例免征开发商应缴纳的城镇土地使用税⑦。

(2)对公租房建设期间用地及公租房建成后占地免征城镇土地使用税。在其他住房项目中配套建设公租房,依据政府部门出具的相关材料,可按公租房建筑面积占总建筑面积的比例免征建造、管理公租房涉及的城镇土地使用税⑧。

享受上述税收优惠政策的公租房是指纳入省、自治区、直辖市、计划单列市人民政府及新疆生产建设兵团批准的公租房发展规划和年度计划,以及按照《关于加快发展公共租赁住房的指导意见》(建保[2010]87号)和市、县人民政府制定的具体管理办法进行管理的公租房。不同时符合上述条

---

① 《国家税务总局关于印发〈关于土地使用税若干具体问题的补充规定〉的通知》(国税地[1989]140号,1989年12月21日)。

② 《国家税务总局关于取消部分地方税行政审批项目的通知》(国税函[2007]629号,2007年6月11日)取消了《国家税务局关于印发〈关于土地使用税若干具体问题的补充规定〉的通知》(国税地[1989]140号,1989年12月21日)第四条"对基建项目在建期间使用的土地,原则上应照章征收土地使用税。但对有些基建项目,特别是国家产业政策扶持发展的大型基建项目占地面积大,建设周期长,在建期间又没有经营收入,为照顾其实际情况,对纳税人纳税确有困难的,可由各省、自治区、直辖市税务局根据具体情况予以免征或减征土地使用税;对已经完工或已经使用的建设项目,其用地应照章征收土地使用税"和第六条"房地产开发公司建造商品房的用地,原则上应按规定计征土地使用税。但在商品房出售之前纳税确有困难的,其用地是否给予缓征或减征、免征照顾,可由各省、自治区、直辖市税务局根据从严的原则结合具体情况确定"的规定。《国家税务总局关于公布全文失效废止 部分条款失效废止的税收规范性文件目录的公告》(国家税务总局公告2011年第2号,2011年1月4日)对上述规定也予以公布废止。

③ 《国家税务总局关于检发〈关于土地使用税若干具体问题的解释和暂行规定〉的通知》(国税地[1988]15号,1988年10月24日)。

④ 《国家税务总局关于检发〈关于土地使用税若干具体问题的解释和暂行规定〉的通知》(国税地[1988]15号,1988年10月24日)。

⑤ 《国家税务总局关于房改后房产税城镇土地使用税征免问题的批复》(国税函[2001]659号,2001年8月23日)。

⑥ 《财政部 国家税务总局关于廉租住房经济适用住房和住房租赁有关税收政策的通知》(财税[2008]24号,2008年3月3日)。

⑦ 《财政部 国家税务总局关于廉租住房经济适用住房和住房租赁有关税收政策的通知》(财税[2008]24号,2008年3月3日)。

⑧ 《财政部 国家税务总局关于支持公共租赁住房建设和运营有关税收优惠政策的通知》(财税[2010]88号,2010年9月27日)。该文件自发文之日起执行,执行期限暂定三年,政策到期后将根据公租房建设和运营情况对有关内容加以完善。

件的公租房不得享受上述税收优惠政策。

10.6.18.4　城市和国有工矿棚户区改造安置住房建设用地①

自 2010 年 1 月 1 日起,对城市和国有工矿棚户区改造安置住房建设用地免征城镇土地使用税。在商品住房等开发项目中配套建造安置住房的,依据政府部门出具的相关材料和拆迁安置补偿协议,按改造安置住房建筑面积占总建筑面积的比例免征城镇土地使用税。

以上所称棚户区是指国有土地上集中连片建设的,简易结构房屋较多、建筑密度较大、房屋使用年限较长、使用功能不全、基础设施简陋的区域;棚户区改造是指列入省级人民政府批准的城市和国有工矿棚户区改造规划的建设项目;改造安置住房是指相关部门和单位与棚户区被拆迁人签订的拆迁安置协议中明确用于安置被拆迁人的住房。

10.6.18.5　房管部门经租的房产用地

房管部门经租的公房用地,凡土地使用权属于房管部门的,由房管部门缴纳城镇土地使用税②。

房产管理部门在房租调整改革前经租的居民住房用地,由省、自治区、直辖市税务局确定征免城镇土地使用税。房租调整改革后,房产管理部门经租的居民住房用地(不论是何时经租的),都应照章缴纳城镇土地使用税。房产管理部门按规定缴纳城镇土地使用税还有实际困难的,可按规定报经批准后再给予适当的减征或免征城镇土地使用税的照顾③。

10.6.18.6　房管部门代管私房用地

原房管部门代管的私房,落实政策后,有些私房产权已归还给房主,但由于各种原因,房屋仍由原住户居住,并且住户仍是按照房管部门在房租调整改革之前确定的租金标准向房主交纳租金。对这类房屋用地,房主缴纳城镇土地使用税确有困难的,可由各省、自治区、直辖市税务局根据实际情况,给予定期减征或免征城镇土地使用税的照顾④。

10.6.19　应对自然灾害企业用地的征免规定

10.6.19.1　一般规定

对遭受自然灾害需要减免城镇土地使用税的企业,经当地地方税务局核实,报省、自治区、直辖市地方税务局审批。对受灾情况严重,确实无力缴纳城镇土地使用税的企业,在核实情况后,应尽快予以办理;对受灾情况不太严重的企业,原则上不予减免城镇土地使用税⑤。

城镇土地使用税减免税审批权应集中在省地方税务局,不得层层下放⑥。

10.6.19.2　四川汶川地震灾后重建用地

对由政府为受灾居民组织建设的安居房免征城镇土地使用税,转让时免征土地增值税。经省级人民政府批准,免征损毁房产、土地的房产税、城市

---

① 《财政部　国家税务总局关于城市和国有工矿棚户区改造项目有关税收优惠政策的通知》(财税[2010]42 号,2010 年 5 月 4 日)。该文自 2010 年 1 月 1 日起实施,2010 年 1 月 1 日至文到之日的已征税款可在纳税人以后的应纳相应税款中抵扣,2010 年年度内抵扣不完的,按有关规定予以退税。

② 《国家税务总局关于检发〈关于土地使用税若干具体问题的解释和暂行规定〉的通知》(国税地[1988]15 号,1988 年 10 月 24 日)。

③ 《国家税务总局关于检发〈关于土地使用税若干具体问题的解释和暂行规定〉的通知》(国税地[1988]15 号,1988 年 10 月 24 日)。《国家税务总局关于房产管理部门经租的居民住房用地在房租调整改革后征收土地使用税问题的批复》(国税函发[1991]403 号,1991 年 3 月 9 日)。

④ 《国家税务总局关于印发〈关于土地使用税若干具体问题的补充规定〉的通知》(国税地[1989]140 号,1989 年 12 月 21 日)。

⑤ 《财政部、国家税务总局关于吉林省遭受自然灾害企业减免城镇土地使用税问题的批复》(财税字[1995]54 号,1995 年 6 月 6 日)。

⑥ 《国家税务总局关于下放城镇土地使用税困难减免审批项目管理层级后有关问题的通知》(国税函[2004]940 号,2004 年 8 月 2 日)。此前,《财政部、国家税务总局关于吉林省遭受自然灾害企业减免城镇土地使用税问题的批复》(财税字[1995]54 号,1995 年 6 月 6 日)规定对遭受自然灾害需要减免城镇土地使用税的企业,单位年减免土地使用税税额在 10 万元以下的,经当地财政局、地方税务局核实,报省财政厅(局)、省地方税务局审批;年减免税额在 10 万元以上(含 10 万元)的,经省财政厅(局)、省地方税务局审核后,报财政部、国家税务总局审批。

房地产税和城镇土地使用税①。

纳税人因地震灾害造成严重损失,缴纳确有困难的,可依法申请定期减免城镇土地使用税②。

10.6.19.3 青海玉树地震灾后重建用地③

2012年12月31日前,对政府为青海玉树地震受灾居民组织建设的安居房建设用地,免征城镇土地使用税。

2012年12月31日前,经省级人民政府批准,对经有关部门鉴定因地震灾害损毁的房产、土地,免征城镇土地使用税。对经批准免税的纳税人已缴税款可以从以后年度的应缴税款中抵扣。

所称安居房,按照国务院有关部门确定的标准执行。

毁损的居民住房,是指经县级以上(含县级)人民政府房屋主管部门出具证明,在地震中倒塌或遭受严重破坏而不能居住的居民住房。

受灾地区是指青海省玉树藏族自治州玉树、称多、治多、杂多、囊谦、曲麻莱县和四川省甘孜藏族自治州石渠县等7个县的27个乡镇。具体受灾地区范围见《财政部 国家税务总局关于支持玉树地震灾后恢复重建有关税收政策问题的通知》(财税[2010]59号)附件。

10.6.19.4 甘肃舟曲泥石流灾后重建用地④

(1)对政府为受灾居民组织建设的安居房建设用地,免征城镇土地使用税。

(2)经甘肃省人民政府批准,对经有关部门鉴定因灾损毁的房产、土地,免征城镇土地使用税。对经批准免税的纳税人已缴税款可以在以后年度的应缴税款中抵扣。

所称安居房,按照国务院有关部门确定的标准执行。

所称因灾毁损的居民住房,是指经县级以上(含县级)人民政府房屋主管部门出具证明,在灾害中倒塌或遭受严重破坏而不能居住的居民住房。

10.6.20 纳税单位与免税单位之间无偿使用土地的征免规定

对免税单位无偿使用纳税单位的土地(如公安、海关等单位使用铁路、民航等单位的土地),免征城镇土地使用税;对纳税单位无偿使用免税单位的土地,纳税单位应照章缴纳城镇土地使用税⑤。

10.6.21 企业关闭、搬迁后原有用地的征免规定

自2004年7月1日起,企业关闭、撤销后,无论其占地转让给其他单位使用或企业重新用于生产经营,或未作他用,均应照章征收城镇土地使用税⑥。

企业搬迁后,其原有场地和新场地都使用的,均应照章征收城镇土地使用税;原有场地不使用

---

① 《国务院关于支持汶川地震灾后恢复重建政策措施的意见》(国发[2008]21号,2008年6月29日)。《财政部 海关总署 国家税务总局关于支持汶川地震灾后恢复重建有关税收政策问题的通知》(财税[2008]104号,2008年8月1日)。《财政部 国家税务总局关于延长部分税收优惠政策执行期限的通知》(财税[2009]131号,2009年11月20日)。政策执行至2010年12月31日。

② 《财政部 国家税务总局关于认真落实抗震救灾及灾后重建税收政策问题的通知》(财税[2008]62号,2008年5月20日)。

③ 《国务院关于支持玉树地震灾后恢复重建政策措施的意见》(国发[2010]16号,2010年5月27日)。《财政部 国家税务总局关于支持玉树地震灾后恢复重建有关税收政策问题的通知》(财税[2010]59号,2010年7月23日)。

④ 《国务院关于支持舟曲灾后恢复重建政策措施的意见》(国发[2010]34号,2010年10月18日)。《财政部 海关总署 国家税务总局关于支持舟曲灾后恢复重建有关税收政策问题的通知》(财税[2010]107号,2010年12月29日)。文件所规定的税收优惠政策,凡未注明具体期限的,一律执行至2012年12月31日。如果纳税人按规定既可享受本通知的税收优惠政策,也可享受国家支持汶川地震灾后恢复重建的税收优惠政策,可由纳税人自主选择适用的政策,但两项政策不得叠加使用。文中所称"灾区"包括甘肃省舟曲县城关镇和江盘乡的15个村、2个社区,灾区具体范围见财税[2010]107号附件。

⑤ 《国家税务局关于印发〈关于土地使用税若干具体问题的补充规定〉的通知》(国税地[1989]140号,1989年12月21日)。

⑥ 《财政部 国家税务总局关于调整城镇土地使用税有关减免税政策的通知》(财税[2004]第180号,2004年10月25日)。此前,《国家税务局关于印发〈关于土地使用税若干具体问题的补充规定〉的通知》(国税地[1989]第140号,1989年12月21日)规定,企业关闭、撤消后,其占地未作他用的,经各省、自治区、直辖市税务局批准,可暂免征收土地使用税。根据《国家税务总局关于公布全文失效废止 部分条款失效废止的税收规范性文件目录的公告》(国家税务总局公告2011年第2号,2011年1月4日),国税地字[1989]第140号上述规定被公布废止。

的,可暂免征收城镇土地使用税①。

10.6.22　上海世博会用地的征免规定

在世博会结束前,对世博园区内的土地、房产,免征应缴纳的城镇土地使用税、房产税②。

10.7　征收管理

10.7.1　纳税义务发生时间

(1)征用的耕地,自批准征用之日起满一年时开始缴纳城镇土地使用税③。

(2)征用的非耕地,自批准征用次月起缴纳城镇土地使用税④。

(3)以出让或转让方式有偿取得土地使用权的,应由受让方从合同约定交付土地时间的次月起缴纳城镇土地使用税;合同未约定交付土地时间的,由受让方从合同签订的次月起缴纳城镇土地使用税⑤。

(4)购置新建商品房,自房屋交付使用之次月起计征房产税和城镇土地使用税;购置存量房,自办理房屋权属转移、变更登记手续,房地产权属登记机关签发房屋权属证书之次月起计征房产税和城镇土地使用税;出租、出借房产,自交付出租、出借房产之次月起计征房产税和城镇土地使用税⑥。

(5)纳税人因房产、土地的实物或权利状态发生变化而依法终止房产税、城镇土地使用税纳税义务的,其应纳税款的计算应截止到房产、土地的实物或权利状态发生变化的当月末⑦。

10.7.2　纳税期限

城镇土地使用税按年计算,分期缴纳。缴纳期限由省、自治区、直辖市人民政府确定⑧。

10.7.3　纳税地点

10.7.3.1　一般规定

城镇土地使用税由土地所在地的地方税务机关征收。纳税人应向土地所在地地方税务机关申报纳税⑨。

纳税人使用的土地不属于同一省(自治区、直辖市)管辖范围的,应由纳税人分别向土地所在地的地方税务机关缴纳城镇土地使用税;在同一省(自治区、直辖市)管辖范围内,纳税人跨地区使用的土地,如何确定纳税地点,由各省、自治区、直辖市地方税务局确定⑩。

---

① 《国家税务总局关于城镇土地使用税部分行政审批项目取消后加强后续管理工作的通知》(国税函[2004]939号,2004年8月2日)。此前,《国家税务局关于印发〈关于土地使用税若干具体问题的补充规定〉的通知》(国税地[1989]140号,1989年12月21日)规定,企业搬迁后,原有场地不使用的,经各省、自治区、直辖市税务局审批,可暂免征收城镇土地使用税。根据《国家税务总局关于公布全文失效废止 部分条款失效废止的税收规范性文件目录的公告》(国家税务总局公告2011年第2号,2011年1月4日),上述"经各省、自治区、直辖市税务局审批"的规定被公布失效。

② 《财政部 国家税务总局关于2010年上海世博会有关税收政策的通知》(财税[2005]180号,2005年12月31日)。

③ 《中华人民共和国城镇土地使用税暂行条例》(1988年9月27日中华人民共和国国务院令第17号发布,根据2006年12月31日《国务院关于修改〈中华人民共和国城镇土地使用税暂行条例〉的决定》修订。2006年12月31日,中华人民共和国国务院令第463号)。

④ 《中华人民共和国城镇土地使用税暂行条例》(1988年9月27日中华人民共和国国务院令第17号发布,根据2006年12月31日《国务院关于修改〈中华人民共和国城镇土地使用税暂行条例〉的决定》修订。2006年12月31日,中华人民共和国国务院令第463号)。

⑤ 《财政部 国家税务总局关于房产税、城镇土地使用税有关政策的通知》(财税[2006]186号,2006年12月25日)。此前,《国家税务总局关于房产税、城镇土地使用税有关政策规定的通知》(国税发[2003]89号)有关房地产开发企业自用、出租、出借本企业建造的商品房,自房屋使用或交付之次月起计征房产税和城镇土地使用税的规定同时废止。

⑥ 《国家税务总局关于房产税城镇土地使用税有关政策规定的通知》(国税发[2003]第89号,2003年7月15日)。

⑦ 《财政部 国家税务总局关于房产税 城镇土地使用税有关问题的通知》(财税[2008]152号,2008年12月18日)。

⑧ 《中华人民共和国城镇土地使用税暂行条例》(1988年9月27日中华人民共和国国务院令第17号发布,根据2006年12月31日《国务院关于修改〈中华人民共和国城镇土地使用税暂行条例〉的决定》修订,中华人民共和国国务院令第463号)。

⑨ 《中华人民共和国城镇土地使用税暂行条例》(1988年9月27日中华人民共和国国务院令第17号发布,根据2006年12月31日《国务院关于修改〈中华人民共和国城镇土地使用税暂行条例〉的决定》修订,中华人民共和国国务院令第463号)。

⑩ 《国家税务局关于检发〈关于土地使用税若干具体问题的解释和暂行规定〉的通知》(国税地[1988]15号,1988年10月24日)。

10.7.3.2 特别规定

(1)中国建银投资有限责任公司在全国各地财产所涉及的城镇土地使用税,由该公司的受托代理人向财产所在地主管税务机关申报缴纳①。

(2)中国人寿保险(集团)公司重组改制后,集团公司在全国各地(公司总部所在地除外)的财产所涉及的城镇土地使用税,可由集团公司控股的中国人寿保险股份有限公司代理向财产所在地主管税务机关申报缴纳②。

10.7.4 纳税困难减免管理权限和审批手续③

自2004年7月1日起,纳税人因缴纳城镇土地使用税确有困难(含遭受自然灾害)需要减税免税的,由省级(含计划单列市)地方税务机关审批,不再报国家税务总局审批。

纳税人办理城镇土地使用税困难减免税须提出书面申请并提供相关情况材料,报主管地方税务机关审核后,由省、自治区、直辖市和计划单列市地方税务局审批。城镇土地使用税减免税审批权限应集中在省级(含计划单列市)地方税务机关,不得下放。

各省、自治区、直辖市和计划单列市地方税务部门在办理减免税审批时,应当按照国家的产业政策、土地管理的有关规定和企业的实际情况严格把关。对国家限制发展的行业、占地不合理的企业,一般不予减税免税;对国家不鼓励发展、以及非客观原因发生纳税困难的,原则上也不给予减税免税;其他情况确实需要减税免税的,应当认真核实情况,从严掌握。

---

① 《国家税务总局关于中国建银投资有限责任公司纳税申报地点问题的通知》(国税发[2005]52号,2005年4月4日)。

② 《国家税务总局关于中国人寿保险(集团)公司重组改制后有关税务问题的通知》(国税函[2004]852号,2004年6月11日)。

③ 《国家税务总局关于下放城镇土地使用税困难减免审批项目管理层级后有关问题的通知》(国税函[2004]940号,2004年8月2日)。此前,根据《国家税务总局关于适当下放城镇土地使用税减免税审批权限的通知》(国税地[1992]53号,1992年2月4日)的规定:凡企业、单位年减免土地使用税税额在10万元以下的,可由各省、自治区、直辖市税务局审批;年减免税额在10万元以上(含10万元)的,仍报国家税务局审批;对遭受自然灾害需要减免土地使用税的,由省、自治区、直辖市税务局根据实际情况审批。

第11章　房产税制度

房产税,是以房屋为征税对象,按房产原值减除一定比例后的余值或出租房屋的租金收入为计税依据征收的一种财产税。

中华人民共和国成立后,1950 年 1 月政务院公布《全国税政实施要则》规定全国统一征收房产税。同年 6 月将房产税和地产税合并为房地产税。1951 年 8 月 8 日政务院颁布了《城市房地产税暂行条例》。1973 年简化税制时,对国内试行工商税的企业缴纳的城市房地产税并入了工商税,只对有房产的个人、房地产管理部门继续征收城市房地产税。1984 年 10 月,国务院决定对国营企业实行第二步"利改税"和全面改革工商税制时,确定对企业恢复征收城市房地产税,同时,鉴于中国城市的土地属于国家所有,使用者没有土地产权的实际情况,将城市房地产税分为房产税和土地使用税。1986 年 9 月 15 日,国务院颁布了《中华人民共和国房产税暂行条例》,决定从当年 10 月 1 日起施行,但对在中国有房产的外国侨民、港澳台同胞和外商投资企业、外国企业,仍征收城市房地产税而不征收房产税。2008 年 12 月 31 日,中华人民共和国国务院令第 546 号将《城市房地产税暂行条例》予以废止,并决定自 2009 年 1 月 1 日起,对内外资企业和个人统一征收房产税。

11.1　纳税义务人

(1)房产税由产权所有人缴纳,但下列产权所有人、经营管理单位、承典人、房产代管人或者使用人,均统称为纳税义务人(简称纳税人)①:

①产权属于全民所有的,由经营管理的单位缴纳。

②产权出典的,由承典人缴纳。

③产权所有人、承典人不在房产所在地的,或者产权未确定及租典纠纷未解决的,由房产代管人或者使用人缴纳。

对购买房屋未取得产权的,包括以分期付款方式购买使用商品房,且购销双方均未取得房屋产权证书的,以房屋的实际使用人为纳税人②。

(2)对外籍人员和华侨、香港、澳门、台湾同胞在内地拥有的房产,在 2008 年 12 月 31 日前应按照《城市房地产税暂行条例》的规定征收城市房地产税。自 2009 年 1 月 1 日起应按照《中华人民共和国房产税暂行条例》的规定征收房产税。在我国境内拥有房产的外籍人员和在内地拥有房产的华侨、香港、澳门、台湾同胞,如果不在我国境内或内地居住,可由其代管人或使用人代为报缴房产税③。

11.2　征税范围

房产税在城市、县城、建制镇和工矿区征收④。

---

① 《中华人民共和国房产税暂行条例》(国发[1986]第 90 号,1986 年 9 月 15 日)。

② 《国家税务总局关于房屋产权未确定如何征收房产税问题的批复》(国税函[1998]426 号,1998 年 7 月 15 日)。《国家税务总局关于未取得房屋产权证书期间如何确定房产税纳税人的批复》(国税函[2002]284 号,2002 年 4 月 8 日)。

③ 《中华人民共和国房产税暂行条例》(国发[1986]90 号,1986 年 9 月 15 日)、《财政部 国家税务总局关于对外资企业及外籍个人征收房产税有关问题的通知》(财税[2009]3 号,2009 年 1 月 12 日)和《财政部 国家税务总局关于对外籍人员、华侨、港、澳、台同胞拥有的房产如何征收房产税问题的批复》(财税外[1987]230 号,1987 年 8 月 11 日)。

④ 《中华人民共和国房产税暂行条例》(国发[1986]90 号,1986 年 9 月 15 日)。

不在开征地区范围之内的工厂、仓库，不应征收房产税①。

11.2.1 征税地域范围的界定

（1）城市是指经国务院批准设立的市。城市的征税范围为市区、郊区和市辖县县城。不包括农村②。

（2）县城是指未设立建制镇的县人民政府所在地③。

（3）建制镇是指经省、自治区、直辖市人民政府批准设立的建制镇④。

建制镇具体征税范围，由各省、自治区、直辖市地方税务局提出方案，经省、自治区、直辖市人民政府确定批准后执行，并报国家税务总局备案⑤。

（4）工矿区是指工商业比较发达，人口比较集中，符合国务院规定的建制镇标准，但尚未设立镇建制的大中型工矿企业所在地。开征房产税的工矿区须经省、自治区、直辖市人民政府批准⑥。

11.2.2 征税房产形态的界定

房产是以房屋形态表现的财产。房屋是指有屋面和围护结构（有墙或两边有柱），能够遮风避雨，可供人们在其中生产、工作、学习、娱乐、居住或储藏物资的场所。独立于房屋之外的建筑物，如围墙、烟囱、水塔、变电塔、油池油柜、酒窖菜窖、酒精池、糖蜜池、室外游泳池、玻璃暖房、砖瓦石灰窑以及各种油气罐等，不属于房产⑦。

11.3 计税依据

11.3.1 自用房产的计税依据

房产税依照房产原值一次减除10%至30%后的余值计算缴纳。具体减除幅度，由省、自治区、直辖市人民政府规定。没有房产原值作为依据的，由房产所在地税务机关参考同类房产核定⑧。

11.3.2 出租和出典房产的计税依据

（1）房产出租的，以房产租金收入为房产税的计税依据⑨。

承租人使用房产，以支付修理费抵交房产租金，仍应由房产的产权所有人依照规定缴纳房产税⑩。

对出租房产，租赁双方签订的租赁合同约定有免收租金期限的，免收租金期间由产权所有人按照房产原值缴纳房产税⑪。

（2）产权出典的房产，由承典人依照房产余值缴纳房产税⑫。

---

① 《财政部税务总局关于检发〈关于房产税若干具体问题的解释和暂行规定〉、〈关于车船使用税若干具体问题的解释和暂行规定〉的通知》（财税地字〔1986〕8号，1986年9月25日）。

② 《财政部税务总局关于检发〈关于房产税若干具体问题的解释和暂行规定〉、〈关于车船使用税若干具体问题的解释和暂行规定〉的通知》（财税地字〔1986〕8号，1986年9月25日）。

③ 《财政部税务总局关于检发〈关于房产税若干具体问题的解释和暂行规定〉、〈关于车船使用税若干具体问题的解释和暂行规定〉的通知》（财税地字〔1986〕8号，1986年9月25日）。

④ 《财政部税务总局关于检发〈关于房产税若干具体问题的解释和暂行规定〉、〈关于车船使用税若干具体问题的解释和暂行规定〉的通知》（财税地字〔1986〕8号，1986年9月25日）。

⑤ 《国家税务总局关于调整房产税和土地使用税具体征税范围解释规定的通知》（国税发〔1999〕44号，1999年3月12日）。此前，《财政部税务总局关于检发〈关于房产税若干具体问题的解释和暂行规定〉、〈关于车船使用税若干具体问题的解释和暂行规定〉的通知》（财税地字〔1986〕8号，1986年9月25日）规定：建制镇的征税范围为镇人民政府所在地。不包括所辖的行政村。

⑥ 《财政部税务总局关于检发〈关于房产税若干具体问题的解释和暂行规定〉、〈关于车船使用税若干具体问题的解释和暂行规定〉的通知》（财税地字〔1986〕8号，1986年9月25日）。

⑦ 《财政部税务总局关于房产税和车船使用税几个业务问题的解释与规定》（财税地字〔1987〕3号，1987年3月23日）。

⑧ 《中华人民共和国房产税暂行条例》（国发〔1986〕90号，1986年9月15日）和《国家税务总局关于调整房产税和土地使用税具体征税范围解释规定的通知》（国税发〔1999〕44号，1999年3月12日）。

⑨ 《中华人民共和国房产税暂行条例》（国发〔1986〕90号，1986年9月15日）。

⑩ 《财政部税务总局关于检发〈关于房产税若干具体问题的解释和暂行规定〉、〈关于车船使用税若干具体问题的解释和暂行规定〉的通知》（财税地字〔1986〕8号，1986年9月25日）。

⑪ 《财政部 国家税务总局关于安置残疾人就业单位城镇土地使用税等政策的通知》（财税〔2010〕121号，2010年12月21日）。本通知自发文之日起执行。

⑫ 《财政部 国家税务总局关于房产税城镇土地使用税有关问题的通知》（财税〔2009〕128号，2009年11月22日）。

11.3.3　房产原值的确定

（1）对按照房产原值计税的房产，无论会计上如何核算，房产原值均应包含地价，包括为取得土地使用权支付的价款、开发土地发生的成本费用等。宗地容积率低于 0.5 的，按房产建筑面积的 2 倍计算土地面积并据此确定计入房产原值的地价①。

（2）对国有、集体企业在清产核资工作中进行固定资产价值重估后的新增价值，应按照有关税收法规规定征收房产税。企业在清产核资工作中按照国家规定，对主要固定资产已按价值重估后的价值增提折旧的，应按照重估后的价值征收房产税②。

11.3.4　房屋附属设备的确定

房产原值应包括与房屋不可分割的各种附属设备或一般不单独计算价值的配套设施。主要有：暖气、卫生、通风、照明、煤气等设备；各种管线，如蒸气、压缩空气、石油、给水排水等管道及电力、电讯、电缆导线；电梯、升降机、过道、晒台、中央空调、电气及智能化楼宇设备等，无论在会计核算中是否单独记账与核算，都应计入房产原值。属于房屋附属设备的水管、下水道、暖气管、煤气管等从最近的探视井或三通管算起。电灯网、照明线从进线盒连接管算起③。

对于更换房屋附属设备和配套设施的，在将其价值计入房产原值时，可扣减原来相应设备和设施的价值；对附属设备和配套设施中易损坏、需要经常更换的零配件，更新后不再计入房产原值④。

11.4　税率

房产税的税率分为两类⑤：

（1）依照房产余值计算缴纳的，税率为 1.2%；

（2）依照房产租金收入计算缴纳的，税率为 12%。

11.5　应纳税额

11.5.1　以房产原值为计税依据的应纳税额计算

房产税依照房产原值一次减除 10% 至 30% 后的余值计算缴纳。具体减除幅度由各省、自治区、直辖市人民政府确定⑥。

无租使用其他单位房产的应税单位和个人，依

---

①　《财政部 国家税务总局关于安置残疾人就业单位城镇土地使用税等政策的通知》（财税〔2010〕121 号，2010 年 12 月 21 日）。本通知自发文之日起执行。此前，《财政部税务总局关于检发〈关于房产税若干具体问题的解释和暂行规定〉〈关于车船使用税若干具体问题的解释和暂行规定〉的通知》（财税地字〔1986〕8 号，1986 年 9 月 25 日）规定，房产原值是指纳税人按照会计制度规定，在账簿"固定资产"科目中记载的房屋原价。对纳税人未按会计制度规定记载的，在计征房产税时，应按规定调整房产原值，对房产原值明显不合理的，应重新予以评估。《财政部 国家税务总局关于房产税 城镇土地使用税有关问题的通知》（财税〔2008〕152 号，2008 年 12 月 18 日）规定，对依照房产原值计税的房产，不论是否记载在会计账簿固定资产科目中，均应按照房屋原价计算缴纳房产税。房屋原价应根据国家有关会计制度规定进行核算。对纳税人未按国家会计制度规定核算并记载的，应按规定予以调整或重新评估。根据《国家税务总局关于公布全文失效废止 部分条款失效废止的税收规范性文件目录的公告》（国家税务总局公告 2011 年第 2 号，2011 年 1 月 4 日），财税地〔1986〕第 8 号上述规定现已废止。

②　《财政部 国家税务总局关于清产核资企业有关税收问题的通知》（财税〔1996〕69 号，1996 年 8 月 23 日）和《财政部 国家税务总局关于集体企业清产核资中有关房产税印花税问题的通知》（财税〔1997〕131 号，1997 年 11 月 13 日）。上述文件还分别规定：对资产重估后未能按新增值增提折旧的国有企业，可由同级清产核资机构出具证明，经主管税务机关核实，从 1996 年 1 月 1 日起至 1997 年 12 月 31 日止，对国有企业固定资产重估后新增价值部分免征房产税，从 1997 年 1 月 1 日起至 1998 年 12 月 31 日止，对集体企业固定资产重估后新增价值部分免征房产税。

③　《财政部税务总局关于房产税和车船使用税几个业务问题的解释与规定》（财税地字〔1987〕3 号，1987 年 3 月 23 日）及《国家税务总局关于进一步明确房屋附属设备和配套设施计征房产税有关问题的通知》（国税发〔2005〕173 号，2005 年 10 月 21 日）。

④　《国家税务总局关于进一步明确房屋附属设备和配套设施计征房产税有关问题的通知》（国税发〔2005〕173 号，2005 年 10 月 21 日）。此前，《财政部税务总局总局对房屋中央空调是否计入房产原值等问题的批复》（财税地字〔1987〕28 号，1987 年 11 月 20 日）规定新建房产凡中央空调计入房产原值之中则征税，不计入房产原值则不征税。

⑤　《中华人民共和国房产税暂行条例》（国发〔1986〕90 号，1986 年 9 月 15 日）。

⑥　《中华人民共和国房产税暂行条例》（国发〔1986〕90 号，1986 年 9 月 15 日）。

照房产余值代缴纳房产税①。

其计算公式为：

年应纳税额＝固定资产（房产）账面原值×（1－减除比例）×1.2%

11.5.2 以房产租金收入为计税依据的应纳税额计算

房产出租的，以房产租金收入为房产税的计税依据②。

个人出租的房产，不分用途，均应以租金收入作为计税依据征收房产税③。

其计算公式为：

年度应纳税额＝年租金收入×12%

11.5.3 外币计量应纳税额的折算

以人民币以外的货币为记账本位币的外资企业及外籍个人在缴纳房产税时，均应将其根据记账本位币计算的税款按照缴款上月最后一日的人民币汇率中间价折合成人民币④。

11.6 若干特定情形房产的税收征免规定

11.6.1 国家机关、人民团体及事业单位房产的征免规定

（1）国家机关、人民团体自用的房产，免征房产税⑤。

国家机关、人民团体自用的房产，是指这些单位本身的办公用房和公务用房⑥。

人民团体是指经国务院授权的政府部门批准设立或登记备案并由国家拨付行政事业费的各种社会团体⑦。

（2）由国家财政部门拨付事业经费的单位自用的房产，免征房产税⑧。

事业单位自用的房产，是指这些单位本身的业务用房⑨。

实行差额预算管理的事业单位，虽然有一定的收入，但收入不够本身经费开支的部分，还要由国家财政部门拨付经费补助。因此，对实行差额预算管理的事业单位，也属于是由国家财政部门拨付事业经费的单位，对其本身自用的房产免征房产税⑩。

对由主管工会拨付或差额补贴工会经费的全额预算或差额预算工会服务型事业单位，可以比照财政部门拨付事业经费的单位，对其自用的房产，免征房产税；从事生产、经营活动等非自用的房产，

---

① 《财政部 国家税务总局关于房产税、城镇土地使用税有关问题的通知》（财税〔2009〕128 号，2009 年 11 月 22 日）。此前，《财政部税务总局关于检发〈关于房产税若干具体问题的解释和暂行规定〉、〈关于车船使用税若干具体问题的解释和暂行规定〉的通知》（财税地字〔1986〕8 号，1986 年 9 月 25 日）规定：纳税单位和个人无租使用房产管理部门、免税单位及纳税单位的房产，应由使用人代缴纳房产税。根据《国家税务总局关于公布全文失效废止 部分条款失效废止的税收规范性文件目录的公告》（国家税务总局公告 2011 年第 2 号，2011 年 1 月 4 日），财税地〔1986〕第 8 号上述规定现已废止。

② 《中华人民共和国房产税暂行条例》（国发〔1986〕90 号，1986 年 9 月 15 日）。

③ 《财政部税务总局关于检发〈关于房产税若干具体问题的解释和暂行规定〉、〈关于车船使用税若干具体问题的解释和暂行规定〉的通知》（财税地字〔1986〕8 号，1986 年 9 月 25 日）。

④ 《财政部 国家税务总局关于对外资企业及外籍个人征收房产税有关问题的通知》（财税〔2009〕3 号，2009 年 1 月 12 日）。此前，《国家税务局关于以外币为记账本位币的外商投资企业计算缴纳房产税问题的批复》（国税函发〔1991〕1264 号，1991 年 9 月 23 日）规定，对用外币计算交纳房产税的企业，其每年计算征收的房产税，均应按照填开纳税凭证当日国家外汇管理机关公布的外汇牌价折合成人民币缴纳税款。

⑤ 《中华人民共和国房产税暂行条例》（国发〔1986〕90 号，1986 年 9 月 15 日）。

⑥ 《财政部税务总局关于检发〈关于房产税若干具体问题的解释和暂行规定〉、〈关于车船使用税若干具体问题的解释和暂行规定〉的通知》（财税地字〔1986〕8 号，1986 年 9 月 25 日）。

⑦ 《财政部税务总局关于检发〈关于房产税若干具体问题的解释和暂行规定〉、〈关于车船使用税若干具体问题的解释和暂行规定〉的通知》（财税地字〔1986〕8 号，1986 年 9 月 25 日）。

⑧ 《中华人民共和国房产税暂行条例》（国发〔1986〕90 号，1986 年 9 月 15 日）。

⑨ 《财政部税务总局关于检发〈关于房产税若干具体问题的解释和暂行规定〉、〈关于车船使用税若干具体问题的解释和暂行规定〉的通知》（财税地字〔1986〕8 号，1986 年 9 月 25 日）。

⑩ 《财政部税务总局关于检发〈关于房产税若干具体问题的解释和暂行规定〉、〈关于车船使用税若干具体问题的解释和暂行规定〉的通知》（财税地字〔1986〕8 号，1986 年 9 月 25 日）。

则应按税法有关规定照章纳税①。

对财政部门拨付事业经费的地勘单位自用的房产,按有关规定免征房产税;从事生产、经营活动等非自用的房产,则应按税法有关规定照章纳税②。

自 1990 年 1 月 1 日起,由国家财政部门拨付事业经费的单位,其经费来源实行自收自支后,应照章征收房产税,不再享受三年的免税照顾③。

(3)上述免税单位出租的房产以及非本身业务用的生产、营业用房产不属于免税范围,应征收房产税④。

11.6.2 市政公共场所、名胜古迹、宗教寺庙房产的征免规定

(1)公园、名胜古迹、宗教寺庙自用的房产,免征房产税⑤。

公园、名胜古迹自用的房产,是指供公共参观游览的房屋及其管理单位的办公用房屋;宗教寺庙自用的房产,是指举行宗教仪式等的房屋和宗教人员使用的生活用房屋⑥。

(2)上述免税单位出租的房产以及非本身业务用的生产、营业用房产不属于免税范围,应征收房产税⑦。

公园、名胜古迹中附设的营业单位,如影剧院、饮食部、茶社、照像馆等所使用的房产及出租的房产,应征收房产税⑧。

11.6.3 福利企业或服务机构用房的征免规定

自 2000 年 10 月 1 日起,对政府部门和企事业单位、社会团体以及个人等社会力量投资兴办的福利性、非营利性的老年服务机构,暂免征收其自用房产的房产税。

老年服务机构,是指专门为老年人提供生活照料、文化、护理、健身等多方面服务的福利性、非营利性的机构,主要包括:老年社会福利院、敬老院(养老院)、老年服务中心、老年公寓(含老年护理院、康复中心、托老所)等⑨。

11.6.4 农用房屋的征免规定

(1)对农民居住用房屋,不征收房产税⑩。

(2)自 2004 年 1 月 1 日至 2010 年 12 月 31日,对长江上游、黄河中上游地区,东北、内蒙古等

---

① 《国家税务局关于工会服务型事业单位免征房产税、车船使用税、土地使用税问题的复函》(国税函发[1992]1440 号,1992年 10 月 10 日)。

② 《国家税务总局关于地质矿产部所属地勘单位征税问题的补充通知》(国税函发[1996]656 号,1996 年 11 月 12 日)。此前,根据《国家税务总局关于地质矿产部所属地勘单位征税问题的通知》(国税函发[1995]435 号,1995 年 8 月 16 日)的规定,对地矿部所属的地勘单位的房产税,应按规定征收。

③ 《国家税务总局关于对实行自收自支的事业单位恢复征收房产税和车船使用税的通知》(国税函发[1990]434 号,1990 年 4月 24 日)。此前,《财政部税务总局关于检发〈关于房产税若干具体问题的解释和暂行规定〉、〈关于车船使用税若干具体问题的解释和暂行规定〉的通知》(财税地[1986]第 008 号,1986 年 9 月 25 日)和《财政部税务总局关于房产税和车船使用税几个业务问题的解释与规定》(财税地[1987]第 3 号,1987 年 3 月 23 日)均规定,由国家财政部门拨付事业经费的单位实行自收自支后,从事业单位经费实行自收自支的年度起,免征车船使用税三年,三年后应按规定征税。根据《国家税务总局关于公布全文失效废止 部分条款失效废止的税收规范性文件目录的公告》(国家税务总局公告 2011 年第 2 号,2011 年 1 月 4 日),财税地[1986]第 8 号上述规定现已废止。

④ 《财政部税务总局关于检发〈关于房产税若干具体问题的解释和暂行规定〉、〈关于车船使用税若干具体问题的解释和暂行规定〉的通知》(财税地字[1986]8 号,1986 年 9 月 25 日)。

⑤ 《中华人民共和国房产税暂行条例》(国发[1986]90 号,1986 年 9 月 15 日)。

⑥ 《财政部税务总局关于检发〈关于房产税若干具体问题的解释和暂行规定〉、〈关于车船使用税若干具体问题的解释和暂行规定〉的通知》(财税地字[1986]8 号,1986 年 9 月 25 日)。

⑦ 《财政部税务总局关于检发〈关于房产税若干具体问题的解释和暂行规定〉、〈关于车船使用税若干具体问题的解释和暂行规定〉的通知》(财税地字[1986]8 号,1986 年 9 月 25 日)。

⑧ 《财政部税务总局关于检发〈关于房产税若干具体问题的解释和暂行规定〉、〈关于车船使用税若干具体问题的解释和暂行规定〉的通知》(财税地字[1986]8 号,1986 年 9 月 25 日)。

⑨ 《财政部 国家税务总局关于对老年服务机构有关税收政策问题的通知》(财税[2000]97 号,2000 年 11 月 27 日)。

⑩ 《国家税务总局关于调整房产税和土地使用税具体征税范围解释规定的通知》(国税发[1999]44 号,1999 年 3 月 12 日)。

国有林区天然林资源保护工程实施企业和单位用于天然林保护工程的房产,免征房产税。对上述企业和单位用于天然林资源保护工程以外其他生产经营活动的房产,仍按规定征收房产税。对由于国家实行天然林资源保护工程造成森工企业的房产闲置一年以上不用的,暂免征收房产税;闲置房产用于出租或企业重新用于天然林资源保护工程之外的其他生产经营的,应依照规定征收房产税。用于国家天然林资源保护工程的免税房产应单独划分,与其他应税房产划分不清的,应按规定征税①。

11.6.5 商贸仓储用房产的征免规定

11.6.5.1 集贸市场用房

工商行政管理部门的集贸市场用房,不属于工商部门自用的房产,按规定应征收房产税。但为促进集贸市场的发展,省、自治区、直辖市可根据具体情况暂给予减税或免税照顾②。

11.6.5.2 国家和地方商品储备用房③

自 2009 年 1 月 1 日至 2010 年 12 月 31 日,对商品储备管理公司及其直属库承担商品储备业务自用的房产、土地,免征房产税、城镇土地使用税。

所称商品储备管理公司及其直属库,是指接受中央、省、市、县四级政府有关部门委托,承担粮(含大豆)、食用油、棉、糖、肉、盐(限于中央储备)等 6 种商品储备任务,取得财政储备经费或补贴的商品储备企业。

承担中央政府有关部门委托商品储备业务的储备管理公司及其直属库、直属企业名单见《财政部 国家税务总局关于部分国家储备商品有关税收政策的通知》(财税〔2009〕151 号)附件。省、自治区、直辖市财政、税务部门会同有关部门明确承担省、市、县政府有关部门委托商品储备业务的储备管理公司及其直属库名单或制定具体管理办法,并报省、自治区、直辖市人民政府批准后予以发布。

对中国华粮物流集团公司及其直属企业接受中国储备粮管理总公司、分公司及其直属库委托承担的粮(含大豆)、食用油等商品储备业务,可享受上述税收优惠,具体名单见《财政部 国家税务总局关于部分国家储备商品有关税收政策的通知》(财税〔2009〕151 号)附件。

11.6.6 教育机构及其相关实体用地的征免规定

11.6.6.1 学校、托儿所、幼儿园自用房产

国家拨付事业经费和企业办的各类学校、托儿所、幼儿园自用的房产,可以比照由国家财政部门拨付事业经费的单位自用的房产,免征房产税④。

11.6.6.2 学校经营实体所用房产

(1)高等学校属于由国家财政部门拨付事业经费的单位,对高等学校用于教学及科研等本身业务自用房产免征房产税。对高等学校举办的校办

---

① 《财政部 国家税务总局关于天然林保护工程实施企业和单位有关税收政策的通知》(财税〔2004〕37 号,2004 年 5 月 19 日)。

② 《财政部税务总局关于房产税和车船使用税几个业务问题的解释与规定》(财税地字〔1987〕3 号,1987 年 3 月 23 日)。

③ 《财政部 国家税务总局关于部分国家储备商品有关税收政策的通知》(财税〔2009〕151 号,2009 年 12 月 22 日)。该文还规定,2009 年 1 月 1 日以后已缴上述应予免征的税款,从企业应缴纳的相应税款中抵扣,2010 年度内抵扣不完的,按有关规定予以退税。此前,《财政部 国家税务总局关于部分国家储备商品有关税收政策的通知》(财税〔2006〕105 号)、《财政部 国家税务总局关于中国华粮物流集团公司有关税收政策的通知》(财税〔2006〕157 号)和《财政部 国家税务总局关于地方商品储备有关税收问题的通知》(财税〔2008〕110 号)自 2009 年 1 月 1 日起废止。《财政部 国家税务总局关于中国储备粮管理总公司有关税收政策的通知》(财税〔2004〕74 号)、《财政部 国家税务总局关于中国储备棉管理总公司有关税收政策的通知》(财税〔2003〕115 号)、《财政部 国家税务总局关于华商储备商品管理中心及国家直属储备糖库和肉冷库有关税收政策的通知》(财税〔2004〕75 号)、《财政部 国家税务总局关于中国盐业总公司直属国家储备盐库有关税收政策的通知》(财税〔2004〕57 号)自 2006 年 1 月 1 日起废止。《财政部 国家税务总局关于中国储备粮管理总公司有关税收政策的通知》(财税〔2001〕第 13 号,2001 年 2 月 26 日)还曾规定,对中储粮总公司及其直属粮库经营中央储备粮(油)业务自用的房产、土地、车船,比照国家财政部门拨付事业经费的单位,免征房产税、城镇土地使用税和车船使用税。

④ 《财政部税务总局关于检发〈关于房产税若干具体问题的解释和暂行规定〉、〈关于车船使用税若干具体问题的解释和暂行规定〉的通知》(财税地字〔1986〕8 号,1986 年 9 月 25 日)和《财政部 国家税务总局关于教育税收政策的通知》(财税〔2004〕39 号,2004 年 2 月 5 日)。

工厂、商店、招待所等的房产以及出租的房产,均属于营业用房,不属于自用房产的范围,应按规定征收房产税①。

(2)对从原高校后勤管理部门剥离出来而成立的进行独立核算并有法人资格的高校后勤经济实体自用的房产、土地,在 2008 年 12 月 31 日前免征房产税和城镇土地使用税。享受优惠政策的纳税人,应对享受优惠政策的经营活动进行单独核算,分别进行纳税申报。不进行单独核算和纳税申报的,不得享受优惠政策②。

11.6.6.3　学生公寓用房产③

自 2009 年 1 月 1 日至 2010 年 12 月 31 日,对高校学生公寓免征房产税。

"高校学生公寓",是指为高校学生提供住宿服务,按照国家规定的收费标准收取住宿费的学生公寓。

11.6.7　医疗卫生机构房产的征免规定

11.6.7.1　营利性与非营利型医疗机构房产④

对非营利性医疗机构自用的房产,免征房产税。对营利性医疗机构,取得的收入直接用于改善医疗卫生条件的,自其取得执业登记之日起,3 年内对其自用的房产免征房产税。

医疗机构需要书面向卫生行政主管部门申明其性质,按《医疗机构管理条例》进行设置审批和登记注册,并由接受其登记注册的卫生行政部门核定,在执业登记中注明"非营利性医疗机构"和"营利性医疗机构"。

医疗机构具体包括:各级各类医院、门诊部(所)、社区卫生服务中心(站)、急救中心(站)、城乡卫生院、护理院(所)、疗养院、临床检验中心等。

11.6.7.2　疾病控制机构和妇幼保健机构房产⑤

对疾病控制机构和妇幼保健机构等卫生机构自用的房产免征房产税。

疾病控制、妇幼保健等卫生机构具体包括:各级政府及有关部门举办的卫生防疫站(疾病控制中心)、各种专科疾病防治站(所),各级政府举办的妇幼保健所(站)、母婴保健机构、儿童保健机构等,各级政府举办的血站(血液中心)。

11.6.8　宣传文化单位房产的征免规定

11.6.8.1　转制文化单位房产

2004 年 1 月 1 日至 2008 年 12 月 31 日,由财政部门拨付事业经费的文化单位转制为企业,对其自用房产免征房产税。转制包括文化事业单位整体转为企

---

① 《财政部　国家税务总局关于高等学校的招待所应征收房产税的复函》(财税地字〔1987〕第 14 号,1987 年 7 月 28 日)。《国家税务局对〈关于高校征免房产税、土地使用税的请示〉的批复》(国税地便〔1989〕第 8 号,1989 年 6 月 21 日)。此外,《国家税务局对〈关于中、小学校办企业征免房产税、土地使用税问题的请示〉的批复》(国税地〔1989〕第 81 号,1989 年 8 月 7 日)规定,中、小学校办企业的房屋以及出租的房屋,也比照高等学校均不属于自用房产范围,应按规定征收房产税;对非独立核算的校办企业,原则上也应征收房产税,纳税确有困难的,可按税收管理权限给予适当的减税或免税。但《国家税务总局关于取消部分地方行政审批项目的通知》(国税函〔2007〕629 号,2007 年 6 月 11 日)取消了国税地〔1989〕第 81 号文件中所含行政审批项目并废止了该文件。

② 《财政部　国家税务总局关于经营高校学生公寓及高校后勤社会化改革有关税收政策的通知》(财〔2006〕100 号,2006 年 8 月 18 日)。此前,根据《财政部　国家税务总局关于高校后勤社会化改革有关税收政策的通知》(财税〔2000〕第 25 号,2000 年 2 月 28 日)和《财政部　国家税务总局关于继续执行高校后勤社会化改革有关税收政策的通知》(财税〔2003〕第 152 号,2003 年 7 月 11 日)规定,自 2000 年 1 月 1 日至 2005 年 12 月 31 日,对高校后勤实体,免征城镇土地使用税和房产税。财〔2006〕100 号现已执行到期,被《财政部　国家税务总局关于经营高校学生公寓和食堂有关税收政策的通知》(财税〔2009〕155 号,2009 年 12 月 24 日)和《财政部关于公布废止和失效的财政规章和规范性文件目录(第十一批)的决定》(财政部令第 62 号,2011 年 2 月 21 日)公布废止。

③ 《财政部　国家税务总局关于经营高校学生公寓和食堂有关税收政策的通知》(财税〔2009〕155 号,2009 年 12 月 24 日)。对 2009 年 1 月 1 日至该文到达之日的已征房产税分别在纳税人以后的应纳房产税中抵减或者予以退还。此前,《财政部　国家税务总局关于经营高校学生公寓有关税收政策的通知》(财税〔2002〕第 147 号,2002 年 10 月 8 日)和《财政部　国家税务总局关于经营高校学生公寓及高校后勤社会化改革有关税收政策的通知》(财税〔2006〕100 号,2006 年 8 月 18 日)规定,自 2002 年 10 月 1 日至 2008 年 12 月 31 日,对为高校学生提供住宿服务并按高教系统收费标准收取租金的学生公寓,免征房产税;享受此优惠政策的纳税人,应对享受优惠政策的经营活动进行单独核算,分别进行纳税申报,不进行单独核算和纳税申报的,不得享受此政策。

④ 《财政部　国家税务总局关于医疗卫生机构有关税收政策的通知》(财税〔2000〕42 号,2000 年 7 月 10 日)。

⑤ 《财政部　国家税务总局关于医疗卫生机构有关税收政策的通知》(财税〔2000〕42 号,2000 年 7 月 10 日)。

业和文化事业单位中经营部分剥离转为企业。此政策适用于文化体制改革试点地区的所有转制文化单位和不在试点地区的转制试点单位。试点地区包括北京市、上海市、重庆市、广东省、浙江省、深圳市、沈阳市、西安市、丽江市。不在试点地区的试点单位名单由中央文化体制改革试点工作领导小组办公室提供,财政部、国家税务总局分批发布①。

自 2009 年 1 月 1 日起至 2013 年 12 月 31 日止,由财政部门拨付事业经费的经营性文化事业单位转制为企业,对其自用房产免征房产税。此政策适用于文化体制改革地区的所有转制文化单位和不在文化体制改革地区的转制企业。有关名单由中央文化体制改革工作领导小组办公室提供,财政部、国家税务总局发布②。

11.6.8.2 亏损文化单位房产

2004 年 1 月 1 日至 2008 年 12 月 31 日,对因自然灾害等不可抗力或承担国家指定任务而造成亏损的文化单位,经批准,免征经营用房产的房产税。"文化单位"是指从事新闻出版、广播影视和文化艺术的企事业单位。此项规定适用于文化体制改革试点地区的所有文化单位和不在试点地区的试点单位。试点地区包括北京市、上海市、重庆

市、广东省、浙江省、深圳市、沈阳市、西安市、丽江市。不在试点地区的试点单位名单由中央文化体制改革试点工作领导小组办公室提供,财政部、国家税务总局分批发布③。

11.6.8.3 文化事业单位房产

对财政部门拨付事业经费的宣传、文化事业单位自用的房产,免征房产税④。

11.6.9 科研机构房产的征免规定

11.6.9.1 非营利性科研机构房产⑤

自 2001 年 1 月 1 日起,非营利性科研机构自用的房产,免征房产税。

非营利性科研机构要以推动科技进步为宗旨,不以营利为目的,主要从事应用基础研究或向社会提供公共服务。非营利性科研机构的认定标准,由科技部会同财政部、中编办、国家税务总局另行制定。非营利性科研机构需要书面向科技行政主管部门申明其性质,按规定进行设置审批和登记注册,并由接受其登记注册的科技行政部门核定,在执业登记中注明"非营利性科研机构"。

11.6.9.2 转制科研机构房产⑥

对于经国务院批准的原国家经贸委管理的 10

---

① 《财政部 海关总署 国家税务总局关于文化体制改革中经营性文化事业单位转制为企业的若干税收政策问题的通知》(财税[2005]1 号,2005 年 3 月 29 日)。根据《财政部关于公布废止和失效的财政规章和规范性文件目录(第十一批)的决定》(财政部令第 62 号,2011 年 2 月 21 日),财税[2005]1 号被公布失效。

② 《国务院办公厅关于印发文化体制改革中经营性文化事业单位转制为企业和支持文化企业发展两个规定的通知》(国办发[2008]114 号,2008 年 10 月 12 日)和《财政部国家税务总局关于文化体制改革中经营性文化事业单位转制为企业的若干税收优惠政策的通知》(财税[2009]34 号,2009 年 3 月 26 日)。现已发布的中央所属转制文化企业名单详见《财政部 国家税务总局关于公布学习出版社等中央所属转制文化企业名单的通知》(财税[2010]29 号,2010 年 4 月 23 日)或本书第 2 章增值税部分相关内容。

③ 《财政部 海关总署 国家税务总局关于文化体制改革试点中支持文化产业发展若干税收政策问题的通知》(财税[2005]第 2 号,2005 年 3 月 29 日)。

④ 《中华人民共和国房产税暂行条例》(国发[1986]90 号,1986 年 9 月 15 日)规定:财政部门拨付事业经费的单位自用的房产,免征房产税。《财政部 国家税务总局关于印发〈关于继续对宣传文化单位实行财税优惠政策的规定〉的通知》(财税[1994]89 号,1994 年 12 月 23 日)。

⑤ 《财政部 国家税务总局关于非营利性科研机构税收政策的通知》(财税[2001]5 号,2001 年 2 月 9 日)。

⑥ 《财政部 国家税务总局关于延长转制科研机构有关税收政策执行期限的通知》(财税[2005]14 号,2005 年 3 月 8 日)。此前,《财政部 国家税务总局关于转制科研机构有关税收政策问题的通知》(财税[2003]137 号,2003 年 7 月 8 日)规定:自 2003 年 7 月 8 日起,对经国务院批准的原国家经贸委管理的 10 个国家局所属 242 个科研机构和建设部等 11 个部门(单位)所属 134 个科研机构中转为企业的科研机构和进入企业的科研机构,从转制注册之日起 5 年内免征科研开发自用土地的城镇土地使用税。根据《国家税务总局关于国家经贸委管理的 10 个国家局所属科研机构转制后税收征收管理问题的通知》(国税发[1999]第 135 号,1999 年 7 月 20 日)的规定,从 1999 年起至 2003 年底止,对转制后国家经贸委管理的 10 个国家局所属 242 个科研机构,免征科研开发自用土地的城镇土地使用税。科研机构移交后,应当及时向原主管税务机关缴销发票、办理注销税务登记和其他有关涉税事项,并在重新办理工商登记后,向主管税务机关重新办理税务登记,并按规定办理有关减免税手续。

个国家局所属 242 个科研机构和建设部等 11 个部门(单位)所属 134 个科研机构中转为企业的科研机构和进入企业的科研机构,从转制注册之日起,5 年内免征科研开发自用房产的房产税。政策执行到期后,再延长 2 年期限。

转制科研院所享受的税收优惠期限,不论是从转制之日起计算,还是从转制注册之日起计算,均据实计算到期满为止。

地方转制科研机构可参照执行上述优惠政策。参照执行的转制科研机构名单,由省级人民政府确定和公布。

对进入企业作为非独立企业法人或不能实行独立经济核算的科研机构,其免税的房产应单独计算;确实难以划分清楚的,可由主管税务机关采取分摊比例法或其他合理的方法确定。

经科技部、财政部、中编办审核批准的国务院部门(单位)所属社会公益类科研机构中转为企业或进入企业的科研机构,享受此条规定的优惠政策。享受此条政策的企业自转制注册之日至《财政部 国家税务总局关于延长转制科研机构有关税收政策执行期限的通知》(财税[2005]14 号,2005 年 3 月 8 日)下发之日已征房产税款不再退还。

11.6.9.3　国家大学科技园和科技企业孵化器房产

(1)国家大学科技园①

自 2008 年 1 月 1 日至 2010 年 12 月 31 日,对符合条件的国家大学科技园自用以及无偿或通过出租等方式提供给孵化企业使用的房产,免征房产税。

①享受优惠政策的科技园,应同时符合下列条件:

Ⅰ 科技园的成立和运行符合国务院科技和教育行政主管部门公布的认定和管理办法,经国务院科技和教育行政管理部门认定,并取得国家大学科技园资格;

Ⅱ 科技园应将面向孵化企业出租场地、房屋以及提供孵化服务的业务收入在财务上单独核算;

Ⅲ 科技园内提供给孵化企业使用的场地面积应占科技园可自主支配场地面积的 60% 以上(含 60%),孵化企业数量应占科技园内企业总数量的 90% 以上(含 90%)。

国务院科技和教育行政主管部门负责对科技园是否符合上述规定的各项条件进行事前审核确认,并出具相应的证明材料。

②"孵化企业"应当同时符合以下条件:

Ⅰ 企业注册地及工作场所必须在科技园的工作场地内;

Ⅱ 属新注册企业或申请进入科技园前企业成立时间不超过 3 年;

Ⅲ 企业在科技园内孵化的时间不超过 3 年;

Ⅳ 企业注册资金不超过 500 万元;

Ⅴ 属迁入企业的,上年营业收入不超过 200 万元;

Ⅵ 企业租用科技园内孵化场地面积不高于 1000 平方米;

Ⅶ 企业从事研究、开发、生产的项目或产品应属于科学技术部等部门印发的《中国高新技术产品目录》范围,且《中国高新技术产品目录》范围内项目或产品的研究、开发、生产业务取得的收入应占企业年收入的 50% 以上。

(2)科技企业孵化器②

科技企业孵化器(也称高新技术创业服务中心,简称孵化器)是以促进科技成果转化、培养高新技术企业和企业家为宗旨的科技创业服务机构。自 2008 年 1 月 1 日至 2010 年 12 月 31 日,对符合条件的孵化器自用以及无偿或通过出租等方式提供给孵化企业使用的房产,免征房产税。

①享受优惠政策的孵化器,应同时符合下列条件:

Ⅰ 孵化器的成立和运行符合国务院科技行政

---

① 《财政部 国家税务总局关于国家大学科技园有关税收政策问题的通知》(财税[2007]120 号,2007 年 8 月 20 日)。
② 《财政部 国家税务总局关于科技企业孵化器有关税收政策问题的通知》(财税[2007]121 号,2007 年 10 月 23 日)。

主管部门发布的认定和管理办法,经国务院科技行政管理部门认定,并取得国家高新技术创业服务中心资格。

Ⅱ 孵化器应将面向孵化企业出租场地、房屋以及提供孵化服务的业务收入在财务上单独核算。

Ⅲ 孵化器内提供给孵化企业使用的场地面积应占孵化器可自主支配场地面积的75%以上(含75%),孵化企业数量应占孵化器内企业总数量的90%以上(含90%)。

国务院科技行政主管部门负责对孵化器是否符合上述规定的各项条件进行事前审核确认,并出具相应的证明材料。

②"孵化企业"应当同时符合以下条件:

Ⅰ 企业注册地及办公场所必须在孵化器的孵化场地内。

Ⅱ 属新注册企业或申请进入孵化器前企业成立时间不超过2年。

Ⅲ 企业在孵化器内孵化的时间不超过3年。

Ⅳ 企业注册资金不超过200万元。

Ⅴ 属迁入企业的,上年营业收入不超过200万元。

Ⅵ 企业租用孵化器内孵化场地面积低于1000平方米。

Ⅶ 企业从事研究、开发、生产的项目或产品应属于科学技术部等部门颁布的《中国高新技术产品目录》范围,且《中国高新技术产品目录》范围内项目或产品的研究、开发、生产业务取得的收入应占企业年收入的50%以上。

11.6.10 金融机构房产的征免规定

11.6.10.1 人民银行及其分支机构房产

中国人民银行总行是国家机关,对其自用的房产免征房产税①。

对行使国家行政管理职能的中国人民银行总行(含国家外汇管理局)所属分支机构自用的房产,免征房产税②。

11.6.10.2 商业银行及其他金融机构房产

根据国务院发布的《中华人民共和国银行管理暂行条例》的规定,各专业银行都是独立核算的经济实体,对其房产应征收房产税③。

对其他金融机构(包括信托投资公司、城乡信用合作社,以及经中国人民银行批准设立的其他金融组织)和保险公司的房产,均应按规定征收房产税④。

11.6.10.3 金融资产管理公司接收的房产

(1)经国务院批准成立的中国信达资产管理公司、中国华融资产管理公司、中国长城资产管理公司和中国东方资产管理公司,及其经批准分设于各地的分支机构,回收的房地产在未处置前的闲置期间,免征房产税。除另有规定者外,资产公司所属、附属企业,不享受资产管理公司的税收优惠政策⑤。

回收的房地产指已办理过户手续,资产公司取得产权证明的房地产。未办理过户手续的房地产,纳税确有困难的,依照房产税暂行条例的有关规定办理减免⑥。

金融资产管理公司利用其接受的抵债资产从事经营租赁业务,不属于规定的免税范围,应当依

---

① 《财政部关于对银行、保险系统征免房产税的通知》(财税[1987]36号,1987年3月6日)。

② 《国家税务总局关于中国人民银行总行所属分支机构免征房产税城镇土地使用税的通知》(国税函[2001]770号,2001年10月22日)。此前,根据《财政部关于对银行、保险系统征免房产税的通知》(财税[1987]36号,1987年3月6日)的规定,中国人民银行各省、自治区、直辖市分行及其所属机构的房产,应征收房产税。

③ 《财政部关于对银行、保险系统征免房产税的通知》(财税[1987]36号,1987年3月6日)。

④ 《财政部关于对银行、保险系统征免房产税的通知》(财税[1987]36号,1987年3月6日)。

⑤ 《财政部 国家税务总局关于中国信达等4家金融资产管理公司税收政策问题的通知》(财税[2001]10号,2001年2月20日)。

⑥ 《财政部关于金融资产管理公司接受以物抵债资产过户税费问题的通知》(财金[2001]189号,2001年8月3日)。

法纳税①。

（2）对东方资产管理公司在接收港澳国际（集团）有限公司的房地产，免征应缴纳的房产税。对港澳国际（集团）内地公司在清算期间自有的和从债务方接收的房地产，免征应缴纳的房产税。对港澳国际（集团）香港公司在中国境内拥有的和从债务方接收的房地产，在清算期间免征应承担的城市房地产税②。

11.6.10.4　被撤销金融机构清算期间自有或接收房产

（1）对被撤销金融机构清算期间自有的或从债务方接收的房地产，免征房产税。被撤销金融机构是指经中国人民银行依法决定撤销的金融机构及其分设于各地的分支机构，包括被依法撤销的商业银行、信托投资公司、财务公司、金融租赁公司、城市信用社和农村信用社。除另有规定者外，被撤销的金融机构所属、附属企业，不享受被撤销金融机构的税收优惠政策③。

（2）对大连证券在破产清算期间自有的和从债务方接收的房地产，免征房产税④。

11.6.11　军队、武警、监狱、劳教单位房产的征免规定

军队、武警对外出租房屋、提供有偿服务应使用税务机关统一印制的发票⑤。

11.6.11.1　军队自用房产

军队自用的房产，免征房产税⑥。

军队自用的房产，是指军队自身的办公用房和公务用房⑦。

11.6.11.2　军队非自用或经营性房产

军队出租的房产以及非本身业务用的生产、营业用房产不属于免税范围，应征收房产税⑧。

（1）军队无租出借的房产，由使用人代缴房产税⑨。

（2）军人服务社的房产，专为军人和军人家属服务的免征房产税；对外营业的应按规定征收房产税⑩。

（3）军队实行企业经营的招待所（包括饭店、宾馆），根据财政部和中国人民解放军总后勤部〔1984〕财税字 79 号、财政部〔1984〕字 312 号文件的精神，区别为军内服务和对军外营业各占的比例征免房产税⑪。

（4）自 2004 年 8 月 1 日起，对军队空余房产租赁收入暂免征收房产税；此前已征税款不予退还，未征税款不再补征。暂免征收房产税的军队空余房产，在出租时必须悬挂《军队房地产租赁许可证》，以备查验⑫。

---

① 《国家税务总局关于金融资产管理公司从事经营租赁业务有关税收政策问题的批复》（国税函〔2009〕190 号，2009 年 3 月 31 日）。

② 《财政部 国家税务总局关于中国东方资产管理公司处置港澳国际（集团）有限公司有关资产税收政策问题的通知》（财税〔2003〕212 号，2003 年 11 月 10 日）。

③ 《财政部 国家税务总局关于被撤销金融机构有关税收政策问题的通知》（财税〔2003〕141 号，2003 年 7 月 3 日）。

④ 《财政部 国家税务总局关于大连证券破产及财产处置过程中有关税收政策问题的通知》（财税〔2003〕88 号，2003 年 5 月 20 日）。

⑤ 《国家税务总局关于部队取得应税收入税收征管问题的批复》（国税函〔2000〕466 号，2000 年 6 月 16 日）。

⑥ 《中华人民共和国房产税暂行条例》（国发〔1986〕90 号，1986 年 9 月 15 日）。

⑦ 《财政部税务总局关于检发〈关于房产税若干具体问题的解释和暂行规定〉、〈关于车船使用税若干具体问题的解释和暂行规定〉的通知》（财税地字〔1986〕8 号，1986 年 9 月 25 日）。

⑧ 《财政部税务总局关于检发〈关于房产税若干具体问题的解释和暂行规定〉、〈关于车船使用税若干具体问题的解释和暂行规定〉的通知》（财税地字〔1986〕8 号，1986 年 9 月 25 日）。《国家税务总局关于部队取得应税收入税收征管问题的批复》（国税函〔2000〕466 号，2000 年 6 月 16 日）。

⑨ 《财政部关于对军队房产征免房产税的通知》（财税字〔1987〕32 号，1987 年 3 月 7 日）。

⑩ 《财政部关于对军队房产征免房产税的通知》（财税字〔1987〕32 号，1987 年 3 月 7 日）。

⑪ 《财政部关于对军队房产征免房产税的通知》（财税字〔1987〕32 号，1987 年 3 月 7 日）。

⑫ 《财政部国家税务总局关于暂免征收军队空余房产租赁收入营业税房产税的通知》（财税〔2004〕123 号，2004 年 7 月 21 日）。

11.6.11.3 军办企业及军工企业房产

（1）军办企业（包括军办集体企业）的房产、军队与地方联营或合资企业等的房产，均应依照规定征收房产税①。

（2）军需工厂的房产，凡生产军品的，免征房产税；生产经营民品的，依照规定征收房产税；既生产军品又生产经营民品的，可按各占比例划分征免房产税②。

军品民品的比例划分问题，原则上应按照各自占用房产的比例划分征免，确实无法划分的，可按军品民品产值各占比例作为划分征免的依据③。

11.6.11.4 武警部队房产④

（1）武警部队的工厂，专门为武警部门内部生产武器、弹药、军训器材、部队装备（指人员装备、军械装具、马装具）的，免征房产税。生产其他产品的，均按规定征收房产税。

（2）武警部队与其他单位联营或合资办企业的房产，应征收房产税。

（3）武警部队出租的房产，应征收房产税；无租出借的房产，由使用人代缴。

（4）武警部队所办服务社的房产，专为武警内部人员及其家属服务的，免征房产税，对外营业的应征收房产税。

（5）武警部队的招待所，专门接待武警内部人员的免征房产税；对外营业的，应征收房产税；二者兼有的，按各占比例划分征免税。

11.6.11.5 监狱、劳教单位房产⑤

（1）对少年犯管教所的房产，免征房产税。

（2）对劳改工厂、劳改农场等单位，凡作为管教或生活用房产，例如：办公室、警卫室、职工宿舍、犯人宿舍、储藏室、食堂、礼堂、图书室、阅览室、浴室、理发室、医务室等，均免征房产税；凡作为生产经营用房产，例如：厂房、仓库、门市部等，应征收房产税。

（3）对监狱的房产，若主要用于关押犯人，只有极少部分用于生产经营的，可从宽掌握，免征房产税。但对设在监狱外部的门市部、营业部等生产经营用房产，应征收房产税，对生产规模较大的监狱，可以比照第2条办理。具体由各省、自治区、直辖市税务局根据情况确定。

（4）由国家财政拨付事业经费的劳教单位，免征房产税。

11.6.12 铁路部门及相关单位房产的征免规定

11.6.12.1 铁道部所属企业房产

（1）铁道部所属铁路运输企业自用的房产，继续免征房产税⑥。

铁道部所属铁路运输企业的范围包括：铁路局及国有铁路运输控股公司（含广铁〈集团〉公司、青藏铁路公司、大秦铁路股份有限公司、广深铁路股份有限公司等，具体包括客货、编组站、车务、机务、工务、电务、水电、供电、列车、客运、车辆段）、铁路办事处、中铁集装箱运输有限责任公司、中铁特货

---

① 《财政部关于对军队房产征免房产税的通知》（财税字[1987]32号,1987年3月7日）。
② 《财政部关于对军队房产征免房产税的通知》（财税字[1987]32号,1987年3月7日）。
③ 《国家税务局〈关于军需工厂的房产如何具体划分征免房产税的请示〉的批复》（国税地字[1989]72号,1989年7月12日）。
④ 《财政部税务总局关于对武警部队房产征免房产税的通知》（财税地字[1987]12号,1987年7月22日）。《国家税务总局关于部队取得应税收入税收征管问题的批复》（国税函[2000]466号,2000年6月16日）。
⑤ 《财政部税务总局关于对司法部所属的劳改劳教单位征免房产税问题的通知》（财税地字[1987]21号,1987年9月19日）。《财政部税务总局关于对司法部所属的劳改劳教单位征免房产税问题的补充通知》（财税地字[1987]29号,1987年12月1日）。
⑥ 《财政部 国家税务总局关于调整铁路系统房产税城镇土地使用税政策的通知》（财税[2003]149号,2003年7月11日）。

运输有限责任公司、中铁快运股份有限公司①。

（2）铁道部所属其他企业、单位的房产继续按税法规定征收房产税②。

铁道部第一、二、三、四设计院免征房产税的期限截止到 2005 年 12 月 31 日，自 2006 年 1 月 1 日起恢复征收房产税③。

（3）铁道部所属单位出租给铁路系统外的单位使用的房产，不属于自用的房产，应当按照有关规定，征收房产税④。

11.6.12.2　铁路系统分离企业房产

对铁路运输体制改革后，从铁路系统分离出来并实行独立核算、自负盈亏的企业，包括铁道部所属原执行经济承包方案的工业、供销、建筑施工企业；中国铁路工程总公司、中国铁道建筑工程总公司、中国土木建筑工程总公司、中国南方机车车辆工业集团公司；以及铁道部所属自行解决工交事业费的单位，自 2003 年 1 月 1 日起恢复征收房产税⑤。

中国北方机车车辆工业集团公司免征房产税的期限截止到 2003 年 12 月 31 日⑥。

铁道通信信息有限责任公司自用的房产，在 2008 年 12 月 31 日前免征房产税和城镇土地使用税⑦。

---

① 《财政部 国家税务总局关于明确免征房产税 城镇土地使用税的铁路运输企业范围的补充通知》（财税〔2006〕17 号，2006 年 3 月 8 日）。此前，根据《财政部国家税务总局关于明确免征房产税城镇土地使用税的铁路运输企业范围及有关问题的通知》（财税〔2004〕36 号，2004 年 2 月 27 日）的规定，铁道部所属铁路运输企业的范围包括：铁路局、铁路分局（包括客货站、编组站、车务、机务、工务、电务、水电、车辆、供电、列车、客运段）、中铁集装箱运输有限责任公司、中铁特货运输有限责任公司、中铁行包快递有限责任公司、中铁快运有限公司。

② 《财政部 国家税务总局关于调整铁路系统房产税城镇土地使用税政策的通知》（财税〔2003〕149 号，2003 年 7 月 11 日）。此前，根据《财政部关于"七五"期间铁道部所属单位征免房产税和车船使用税的通知》（财税〔1986〕326 号，1986 年 11 月 14 日）的规定，对不执行铁道部经济承包方案的中国土木工程公司，铁道部直属铁路局及其所属各单位与其他单位合营、联营、合作经营的企业，各铁路局所属国营性质集体经营的企业、集体企业、知青企业等的房产，均应按有关规定就地征收房产税。

③ 《财政部 国家税务总局关于明确免征房产税城镇土地使用税的铁路运输企业范围及有关问题的通知》（财税〔2004〕36 号，2004 年 2 月 27 日）。《财政部 国家税务总局关于铁路通信信息有限责任公司等单位房产税、城镇土地使用税政策的通知》（财税〔2006〕90 号，2006 年 7 月 7 日）再次明确自 2006 年 1 月 1 日起对其恢复征税。

④ 《国家税务局关于铁道部所属单位对外出租房产征收房产税问题的批复》（国税地函发〔1991〕4 号，1991 年 1 月 11 日）。

⑤ 《财政部 国家税务总局关于调整铁路系统房产税城镇土地使用税政策的通知》（财税〔2003〕149 号，2003 年 7 月 11 日）。此前，根据《财政部 国家税务总局关于铁道部所属单位征免房产税城镇土地使用税问题的通知》（财税〔1997〕8 号，1997 年 5 月 13 日）的规定，对铁道部所属原执行经济承包方案的铁路运输、工业、供销、建筑施工企业，铁道部直属铁路局的工副业企业和由铁道部自行解决工交事业费的单位，其自用的房产、土地，自 1996 年 1 月 1 日起仍暂免征收房产税。根据《财政部 国家税务总局关于铁道部"八五"后两年有关财务税收问题的通知》（财税〔1994〕5 号，1994 年 4 月 7 日）的规定，铁路运输、工业、供销、建筑施工企业免缴房产税。根据《财政部关于"七五"期间铁道部所属单位征免房产税和车船使用税的补充通知》（财税〔1986〕340 号，1986 年 12 月 1 日）的规定，对执行铁道部经济承包方案的铁路运输、工业、供销、建筑施工企业，铁道部直属铁路局的工副业企业，和由铁道部自行解决工交事业费的单位，自 1986 年 10 月 1 日起，到 1990 年 12 月 31 日止，免征房产税和车船使用税。根据《财政部关于"七五"期间铁道部所属单位征免房产税和车船使用税的通知》（财税〔1986〕326 号，1986 年 11 月 14 日）的规定，对执行铁道部经济承包方案的铁路运输、工业、供销、建筑施工企业，铁道部直属铁路局的工副业企业，和由铁道部自行解决工交事业费的单位，凡符合房产税、车船使用税暂行条例规定免税条件的，自 1986 年 10 月 1 日起，到 1990 年 12 月 31 日止，免征房产税和车船使用税。根据《财政部税务总局关于如何确定铁道部所属单位征免房产税和车船使用税问题的批复》（财税地〔1987〕20 号，1987 年 9 月 19 日）的规定，铁道部所属的国营运输、工业、供销以及多种经营企业，凡在铁路实行经济承包责任制以前在地方缴纳所得税的，均按规定征收房产税；对铁路实行经济承包责任制以前汇总上缴利润，不在地方缴纳所得税的，可免征房产税。铁道部所属的国营建筑施工企业（不包括中国土木工程公司），免征房产税。对铁路部门所属的集体企业，一律征收房产税。

⑥ 《国家税务总局关于继续免征中国北方机车车辆工业集团公司房产税和城镇土地使用税的补充通知》（国税函〔2003〕1120 号，2003 年 9 月 30 日）。此前，根据《国家税务总局关于继续免征中国北方机车车辆工业集团公司房产税和城镇土地使用税的通知》（国税函〔2002〕852 号，2002 年 9 月 24 日）的规定，对中国北方机车车辆工业集团公司免征 2003 年房产税。

⑦ 《财政部 国家税务总局关于铁路通信信息有限责任公司等单位房产税、城镇土地使用税政策的通知》（财税〔2006〕90 号，2006 年 7 月 7 日）。此前《财政部 国家税务总局关于明确免征房产税城镇土地使用税的铁路运输企业范围及有关问题的通知》（财税〔2004〕36 号，2004 年 2 月 17 日）规定：铁路通信信息有限责任公司自用的房产、土地免征房产税和城镇土地使用税截止到 2005 年 12 月 31 日。

中国铁路物资总公司、中铁建设开发中心免征房产税的期限截止到 2005 年 12 月 31 日,自 2006 年 1 月 1 日起恢复征收房产税①。

11.6.12.3 地方铁路运输企业房产

地方铁路运输企业自用的房产,应缴纳的房产税比照铁道部所属铁路运输企业的政策执行②。

11.6.12.4 股改及合资铁路运输企业房产③

对股改铁路运输企业及合资铁路运输公司自用的房产暂免征收房产税。其中股改铁路运输企业是指铁路运输企业经国务院批准进行股份制改革成立的企业;合资铁路运输公司是指由铁道部及其所属铁路运输企业与地方政府、企业或其他投资者共同出资成立的铁路运输企业。

11.6.12.5 青藏铁路公司及其所属单位房产

自 2006 年 7 月 1 日起对青藏铁路公司及其所属单位自用的房产免征房产税;对非自用的房产、土地照章征收房产税④。

11.6.13 能源、热力开采与供应企业房产的征免规定

11.6.13.1 水电站发电厂房

水电站发电厂房应按规定缴纳房产税。对青龙峡水电站、刘家峡水电站、广西大化水电厂与大坝连体建设的坝后式厂房或坝内式厂房,可对其价值做一定的扣除后再计征房产税。其房产价值和具体扣除比例,由税务主管部门和电力主管部门共同协商确定⑤。

11.6.13.2 煤炭开采防排水抢救站房产

对原煤炭工业部所属防排水抢救站使用的房产,凡产权属于煤炭工业部所有并专门用于抢险救灾工作的,免征房产税;产权属于代管单位或改变房产使用性质的,仍要照章征收房产税。原煤炭工业部所属防排水抢救站包括:开滦防排水抢救站(开滦矿务局代管)、峰峰防排水抢救站(峰峰矿务局代管)、济南防排水抢救站(山东煤炭总公司代管)、郑州防排水抢救站(河南省煤炭厅代管)、江西防排水抢救站(江西省煤炭厅代管)、重庆防排水抢救站(四川省煤炭厅代管)、阜新防排水抢救站(东北煤炭公司阜新矿务局代管)、双鸭山防排水抢救站(东北煤炭公司双鸭山矿务局代管)⑥。

11.6.13.3 石油开采与供应企业房产

(1)从事开采陆上石油资源和煤层气资源的外国企业,在 2008 年 12 月 31 日前,缴纳城市房地产税。自 2009 年 1 月 1 日起,缴纳房产税⑦。

(2)加油站罩棚不属于房产,不征收房产税。

---

① 《财政部 国家税务总局关于明确免征房产税城镇土地使用税的铁路运输企业范围及有关问题的通知》(财税[2004]36号,2004 年 2 月 27 日)。《财政部 国家税务总局关于铁路通信信息有限责任公司等单位房产税、城镇土地使用税政策的通知》(财税[2006]90 号,2006 年 7 月 7 日)再次明确自 2006 年 1 月 1 日起对其恢复征税。

② 《财政部 国家税务总局关于明确免征房产税城镇土地使用税的铁路运输企业范围及有关问题的通知》(财税[2004]36号,2004 年 2 月 27 日)。

③ 《财政部 国家税务总局关于股改及合资铁路运输企业房产税 城镇土地使用税有关政策的通知》(财税[2009]132 号,2009 年 11 月 25 日)。

④ 《财政部 国家税务总局关于青藏铁路公司运营期间有关税收等政策问题的通知》(财税[2007]11 号,2007 年 1 月 11 日)。

⑤ 《国家税务总局关于青海省龙羊峡、刘家峡水电站征收房产税的复函》(国税函[2001]894 号,2001 年 12 月 10 日)。《国家税务总局地方税务司对〈关于广西大化水电厂发电厂房征收房产税问题的函〉的复函》(国税地函[1997]2 号,1997 年 2 月 3 日)。

⑥ 《财政部税务总局关于对煤炭工业部所属防排水抢救站征免房产税、车船使用税的通知》(财税地字[1987]7 号,1987 年 5 月 29 日)。该文件被《国家税务总局关于公布现行有效的税收规范性文件目录的公告》(国家税务总局公告 2010 年第 26 号)列为现行有效文件,被《国家税务总局关于公布全文失效废止 部分条款失效废止的税收规范性文件目录的公告》(国家税务总局公告2011 年第 2 号,2011 年 1 月 4 日)列为部分失效文件,被《财政部关于公布废止和失效的财政规章和规范性文件目录(第十一批)的决定》(财政部令第 62 号,2011 年 2 月 21 日)列为失效文件。

⑦ 《国家税务局关于外国企业在华开采陆上石油资源税收问题的通知》(国税发[1990]20 号,1990 年 2 月 13 日)。《财政部国家税务总局关于外国石油公司参与煤层气开采所适用税收政策问题的通知》(财税[1996]62 号,1996 年 7 月 5 日)。2008 年 12月 31 日国务院颁布中华人民共和国国务院第 546 号令,废止了 1951 年 8 月 8 日前中央人民政府政务院公布的《城市房地产税暂行条例》,规定自 2009 年 1 月 1 日起,外商投资企业、外国企业和组织以及外籍个人,依照《中华人民共和国房产税暂行条例》缴纳房产税。

原已做出征税处理的,不追溯调整①。

11.6.13.4　供热企业房产②

对"三北地区"(包括北京、天津、河北、山西、内蒙古、辽宁、大连、吉林、黑龙江、山东、青岛、河南、陕西、甘肃、青海、宁夏、新疆)向居民供热而收取采暖费的的供热企业,自 2008 年 1 月 1 日至2011 年 6 月 30 日,其为居民供热所使用的厂房继续免征房产税。

上述供热企业是指热力产品生产企业和热力产品经营企业。热力产品生产企业包括专业供热企业、兼营供热企业和自供热单位。

对既向居民供热,又向单位供热或者兼营其他生产经营活动的供热企业,按其向居民供热而取得的采暖费收入占企业总收入的比例划分征免税界限。

11.6.14　个人住房、租房及房地产开发企业商品房的征免规定

11.6.14.1　个人非营业用房产

(1)个人所有非营业用的房产,免纳房产税③。

(2)个人以标准价向单位购买公有住房,以及通过集资、合作建房等形式取得住房,用于自住的,免征该住房个人出资部分的房产税。单位出资部分,以及个人按标准价购买住房不用于自住的,均按规定计征房产税④。

11.6.14.2　个人出租和承租房产

(1)自 2008 年 3 月 1 日起,对个人出租住房,不区分用途,按 4% 的税率征收房产税,免征城镇土地使用税⑤。

(2)自 2008 年 3 月 1 日起,对企事业单位、社会团体以及其他组织按市场价格向个人出租用于居住的住房,减按 4% 的税率征收房产税⑥。

(3)对按政府规定价格出租的公有住房和廉租住房,包括企业和自收自支事业单位向职工出租的单位自有住房;房管部门向居民出租的公有住房;落实私房政策中带户发还产权并以政府规定租金标准向居民出租的私有住房等,暂免征收房产税⑦。

对应税单位以收取抵押金形式出售职工住房使用权,房屋产权未转移的,可比照上款规定暂免征收房产税⑧。

(4)自 2007 年 8 月 1 日起,对廉租住房经营管理单位按照政府规定价格、向规定保障对象出租廉租住房的租金收入,免征房产税。

廉租住房、经济适用住房、廉租住房承租人、经济适用住房购买人以及廉租住房租金、货币补贴标准等须符合国发[2007]24 号文件及《廉租住房保

---

① 《财政部 国家税务总局关于加油站罩棚房产税问题的通知》(财税[2008]123 号,2008 年 9 月 19 日)。

② 《财政部 国家税务总局关于继续执行供热企业增值税 房产税 城镇土地使用税优惠政策的通知》(财税[2009]11 号,2009 年 2 月 10 日)。此前,《财政部 国家税务总局关于继续执行供热企业相关税收优惠政策的通知》(财税[2006]117 号,2006 年11 月 27 日)规定,自 2006 年 1 月 1 日至 2008 年 12 月 31 日止免税。《财政部、国家税务总局关于供热企业税收问题的通知》(财税[2004]28 号,2004 年 2 月 5 日)文件规定,自 2003 年起至 2005 年 12 月 31 日止免税。

③ 《中华人民共和国房产税暂行条例》(国发[1986]90 号,1986 年 9 月 15 日)。

④ 《财政部印发〈关于住房制度改革中财政税收政策的若干规定〉的通知》(财综[1992]106 号,1992 年 6 月 11 日)。

⑤ 《财政部 国家税务总局关于廉租住房经济适用住房和住房租赁有关税收政策的通知》(财税[2008]24 号,2008 年 3 月 3日)。此前,《财政部 国家税务总局关于调整住房租赁市场税收政策的通知》(财税[2000]125 号,2000 年 12 月 7 日)规定,对个人按市场价格出租的居民住房,其应缴纳的房产税暂减按 4% 的税率征收房产税。《国家税务总局关于个人出租商住两用房征税问题的批复》(国税函[2002]74 号,2002 年 1 月 20 日)对适用 4% 税率的范围进行了解释,规定:对个人按市场价格出租的居民住房,用于居住的,其应缴纳的房产税暂按 4% 的税率征收;对于居民住房出租后用于生产经营的,房产税仍按 12% 的税率征收;对个人出租商住两用房的,根据出租后房屋的实际用途确定相应的房产税税率计征房产税。根据《国家税务总局关于公布全文失效废止 部分条款失效废止的税收规范性文件目录的公告》(国家税务总局公告 2011 年第 2 号,2011 年 1 月 4 日),国税函[2002]74 号被公布全文失效废止。

⑥ 《财政部 国家税务总局关于廉租住房经济适用住房和住房租赁有关税收政策的通知》(财税[2008]24 号,2008 年 3 月 3日)。

⑦ 《财政部 国家税务总局关于调整住房租赁市场税收政策的通知》(财税[2000]125 号,2000 年 12 月 7 日)。

⑧ 《国家税务总局关于房改后房产税城镇土地使用税征免问题的批复》(国税函[2001]659 号,2001 年 8 月 23 日)。

障办法》(建设部等 9 部委令第 162 号)、《经济适用住房管理办法》(建住房[2007]258 号)的规定;廉租住房、经济适用住房经营管理单位为县级以上人民政府主办或确定的单位①。

(5)房管部门向居民出租的公有住房暂免征收房产税②。

(6)对经营公租房所取得的租金收入,免征房产税。公租房租金收入与其他住房经营收入应单独核算,未单独核算的,不得享受免税优惠③。

享受上述税收优惠政策的公租房是指纳入省、自治区、直辖市、计划单列市人民政府及新疆生产建设兵团批准的公租房发展规划和年度计划,以及按照《关于加快发展公共租赁住房的指导意见》(建保[2010]87 号)和市、县人民政府制定的具体管理办法进行管理的公租房。不同时符合上述条件的公租房不得享受上述税收优惠政策。

11.6.14.3 应税单位向职工出售住宅

对应税单位依据国家住房制度改革的有关规定,将职工住宅全部产权或部分产权出售给本单位职工,并按规定核销固定资产账务,可免予征收房产税④。

11.6.14.4 居民住宅区内业主共有的经营性房产

对居民住宅区内业主共有的经营性房产,由实际经营(包括自营和出租)的代管人或使用人缴纳房产税。其中自营的,依照房产原值减除 10% 至 30% 后的余值计征,没有房产原值或不能将业主共有房产与其他房产的原值准确划分开的,由房产所在地地方税务机关参照同类房产核定房产原值;出租的,依照租金收入计征⑤。

11.6.14.5 房地产开发企业已建成商品房

对房地产开发企业建造的商品房,在售出前,不征收房产税,但对售出前房地产开发企业已使用或出租、出借的商品房应按规定征收房产税⑥。

11.6.15 邮政电信企业房产的征免规定

对邮政部门坐落在城市、县城、建制镇、工矿区范围内的房产,应当依法征收房产税;对坐落在上述范围以外尚在县邮政局内核算的房产,必须在单位财务账中划分清楚,从 2001 年 1 月 1 日起不再征收房产税⑦。

11.6.16 具备房屋功能地下建筑的征免规定⑧

(1)凡在房产税征收范围内的具备房屋功能的地下建筑,包括与地上房屋相连的地下建筑以及

---

① 《财政部 国家税务总局关于廉租住房经济适用住房和住房租赁有关税收政策的通知》(财税[2008]24 号,2008 年 3 月 3 日)。

② 《财政部 国家税务总局关于调整住房租赁市场税收政策的通知》(财税[2000]125 号,2000 年 12 月 7 日)。此前,《财政部 税务总局关于对房管部门经租的居民住房暂缓征收房产税的通知》(财税地字[1987]30 号,1987 年 12 月 1 日)规定,从 1988 年 1 月 1 日起,对房管部门经租的居民住房,在房租调整改革之前收取租金偏低的,可暂缓征收房产税。

③ 《财政部 国家税务总局关于支持公共租赁住房建设和运营有关税收优惠政策的通知》(财税[2010]88 号,2010 年 9 月 27 日)。该文件自发文之日起执行,执行期限暂定三年,政策到期后将根据公租房建设和运营情况对有关内容加以完善。

④ 《国家税务总局关于房改后房产税城镇土地使用税征免问题的批复》(国税函[2001]659 号,2001 年 8 月 23 日)。

⑤ 《财政部 国家税务总局关于房产税、城镇土地使用税有关政策的通知》(财税[2006]186 号,2006 年 12 月 25 日)。

⑥ 《国家税务总局关于房产税城镇土地使用税有关政策规定的通知》(国税发[2003]89 号,2003 年 7 月 15 日)。

⑦ 《国家税务总局关于邮政企业征免房产税、土地使用税问题的函》(国税函[2001]379 号,2001 年 6 月 1 日)。此前,根据《关于对邮电部门所属企业征免房产税和车船使用税问题的通知》(财税字[1987]55 号,1987 年 4 月 15 日)的规定,邮电部门所属的邮政企业和座落在城市、县城以外的电信企业自用的房产,1990 年年底前,免征房产税。根据《国家税务局关于邮电部门所属企业恢复征收房产税问题的通知》(国税函发[1991]36 号,1991 年 2 月 13 日)规定,从 1991 年起,对邮电部门所属企业一律恢复征收房产税。企业纳税确有困难的,可以向所在地税务机关提出减免税申请,由税务机关根据情况进行审批。《国家税务总局关于取消部分地方税行政审批项目的通知》(国税函[2007]629 号,2007 年 6 月 11 日)取消了国税函发[1991]第 36 号的行政审批项目,并废止了该文件。

⑧ 《财政部 国家税务总局关于具备房屋功能的地下建筑征收房产税的通知》(财税[2005]181 号,2005 年 12 月 23 日)。此前,根据《财政部税务总局关于检发〈关于房产税若干具体问题的解释和暂行规定〉、〈关于车船使用税若干具体问题的解释和暂行规定〉的通知》(财税地字[1986]8 号,1986 年 9 月 25 日)的规定,为鼓励利用地下人防设施,暂不征收房产税。

完全建在地面以下的建筑、地下人防设施等,均应当依照有关规定征收房产税。

上述具备房屋功能的地下建筑是指有屋面和维护结构,能够遮风避雨,可供人们在其中生产、经营、工作、学习、娱乐、居住或储藏物资的场所。

(2)自用的地下建筑,按以下方式计税:

①工业用途房产,以房屋原价的 50—60% 作为应税房产原值。

应纳房产税的税额 = 应税房产原值×[1 - (10% ~30%)]×1.2%。

②商业和其他用途房产,以房屋原价的 70—80% 作为应税房产原值。

应纳房产税的税额 = 应税房产原值×[1 - (10% ~30%)]×1.2%。

房屋原价折算为应税房产原值的具体比例,由各省、自治区、直辖市和计划单列市财政和地方税务部门在上述幅度内自行确定。

③对于与地上房屋相连的地下建筑,如房屋的地下室、地下停车场、商场的地下部分等,应将地下部分与地上房屋视为一个整体按照地上房屋建筑的有关规定计算征收房产税。

(3)出租的地下建筑,按照出租地上房屋建筑的有关规定计算征收房产税。

11.6.17　投资联营、融资租赁房产的征免规定

(1)对于投资联营的房产,应根据投资联营的具体情况,在计征房产税时予以区别对待。对于以房产投资联营,投资者参与投资利润分红,共担风险的情况,按房产原值作为计税依据计征房产税;对于以房产投资,收取固定收入,不承担联营风险的情况,实际上是以联营名义取得房产的租金,应根据房产税暂行条例的有关规定由出租方按租金收入计缴房产税①。

(2)融资租赁的房产,由承租人自融资租赁合同约定开始日的次月起依照房产余值缴纳房产税。合同未约定开始日的,由承租人自合同签订的次月起依照房产余值缴纳房产税②。

11.6.18　基建临时房屋、大修停用房屋及损毁危险房屋的征免规定

(1)凡是在基建工地为基建工地服务的各种工棚、材料棚、休息棚和办公室、食堂、茶炉房、汽车房等临时性房屋,不论是施工企业自行建造还是由基建单位出资建造交施工企业使用的,在施工期间,一律免征房产税。但是,如果在基建工程结束以后,施工企业将这种临时性房屋交还或者估价转让给基建单位的,应当从基建单位接收的次月起,依照规定征收房产税③。

(2)自 2004 年 7 月 1 日起,纳税人因房屋大修导致连续停用半年以上的,在房屋大修期间免征房产税,免征税额由纳税人在申报缴纳房产税时自行计算扣除,并在申报表附表或备注栏中作相应说明。纳税人房屋大修停用半年以上需要免征房产税的,应在房屋大修前向主管税务机关报送相关的证明材料,包括大修房屋的名称、坐落地点、产权证编号、房产原值、用途、房屋大修的原因、大修合同及大修的起止时间等信息和资料,以备税务机关查验。具体报送材料由各省、自治区、直辖市和计划

---

① 《国家税务总局关于安徽省若干房产税业务问题的批复》(国税函发[1993]368 号,1993 年 11 月 8 日)。

② 《财政部 国家税务总局关于房产税、城镇土地使用税有关问题的通知》(财税[2009]128 号,2009 年 11 月 22 日)。此前,《国家税务总局关于安徽省若干房产税业务问题的批复》(国税函发[1993]368 号,1993 年 11 月 8 日)规定,对于融资租赁房屋的情况,由于租赁费包括购进房屋的价款、手续费、借款利息等,与一般房屋出租的"租金"内涵不同,且租赁期满后,当承担方偿还最后一笔租赁费时,房屋产权要转移到承租方,这实际上是一种变相的分期付款购买固定资产的形式,所以在计征房产税时应以房产余值计算征收。至于租赁期内房产税的纳税人,可根据实际情况确定。

③ 《财政部税务总局关于检发〈关于房产税若干具体问题的解释和暂行规定〉、〈关于车船使用税若干具体问题的解释和暂行规定〉的通知》(财税地字[1986]8 号,1986 年 9 月 25 日)。

单列市地方税务局确定①。

（3）经有关部门鉴定，对毁损不堪居住的房屋和危险房屋，在停止使用后，可免征房产税②。

11.6.19　纳税单位与免税单位共同使用房屋的征免规定

纳税单位与免税单位共同使用的房屋，按各自使用的部分划分，分别征收或免征房产税③。

11.6.20　停产、撤销、微利、亏损及纳税困难企业房产的征免规定

（1）企业停产、撤销后，对其原有的房产闲置不用的，亦应依照规定征收房产税④；如果这些房产转给其他征税单位使用或者企业恢复生产的时候，应依照规定征收房产税⑤。

（2）对微利企业和亏损企业的房产，依照规定应征收房产税⑥。

（3）纳税人纳税确有困难的，可由省、自治区、直辖市人民政府确定，定期减征或者免征房产税⑦。

11.6.21　应对自然灾害恢复重建的房产税免税规定

（1）四川汶川地震灾后重建⑧

对地震受灾房产，经省级人民政府批准，免征损毁房产的房产税。

（2）青海玉树地震灾后重建⑨

2012年12月31日前，经省级人民政府批准，对经有关部门鉴定因地震灾害损毁的房产、土地，免征房产税。对经批准免税的纳税人已缴税款可以从以后年度的应缴税款中抵扣。

所称毁损的居民住房，是指经县级以上（含县级）人民政府房屋主管部门出具证明，在地震中倒

---

①　《国家税务总局关于房产税部分行政审批项目取消后加强后续管理工作的通知》（国税函〔2004〕839号，2004年6月23日）。此前，根据《财政部税务总局关于检发〈关于房产税若干具体问题的解释和暂行规定〉、〈关于车船使用税若干具体问题的解释和暂行规定〉的通知》（财税地字〔1986〕8号，1986年9月25日）的规定，房屋大修停用在半年以上的，经纳税人申请，税务机关审核，在大修期间可免征房产税。根据《国家税务总局关于房产税部分行政审批项目取消后加强后续管理工作的通知》（国税函〔2004〕839号）和《国家税务总局关于公布全文失效废止 部分条款失效废止的税收规范性文件目录的公告》（国家税务总局公告2011年第2号），财税地〔1986〕第8号上述有关"税务机关审核"的规定废止。

②　《财政部税务总局关于检发〈关于房产税若干具体问题的解释和暂行规定〉、〈关于车船使用税若干具体问题的解释和暂行规定〉的通知》（财税地字〔1986〕8号，1986年9月25日）。

③　《财政部税务总局关于检发〈关于房产税若干具体问题的解释和暂行规定〉、〈关于车船使用税若干具体问题的解释和暂行规定〉的通知》（财税地字〔1986〕8号，1986年9月25日）。

④　《财政部 国家税务总局关于调整房产税有关减免税政策的通知》（财税〔2004〕140号，2004年8月19日）废止了"企业停产、撤销后，对他们原有的房产闲置不用的，经省、自治区、直辖市税务局批准可暂不征收房产税"的规定。此前，根据《财政部税务总局关于检发〈关于房产税若干具体问题的解释和暂行规定〉、〈关于车船使用税若干具体问题的解释和暂行规定〉的通知》（财税地字〔1986〕8号，1986年9月25日）的规定，企业停产、撤销后，对他们原有的房产闲置不用的，经省、自治区、直辖市税务局批准可暂不征收房产税。此前《国家税务局关于停工待工企业有关税收优惠政策的通知》（国税发〔1990〕39号，1990年3月17日）也规定："停工待工企业，停产期间，经省、自治区、直辖市税务局批准可暂免征收房产税。如果这些房产转给其他征税单位使用或者企业恢复生产的时候，应依照规定征收房产税"。

⑤　《财政部税务总局关于检发〈关于房产税若干具体问题的解释和暂行规定〉、〈关于车船使用税若干具体问题的解释和暂行规定〉的通知》（财税地字〔1986〕8号，1986年9月25日）。

⑥　《财政部 国家税务总局关于调整房产税有关减免税政策的通知》（财税〔2004〕140号，2004年8月19日）。此前，根据《财政部税务总局关于检发〈关于房产税若干具体问题的解释和暂行规定〉、〈关于车船使用税若干具体问题的解释和暂行规定〉的通知》（财税地字〔1986〕8号，1986年9月25日）的规定，房产税属于财产税性质的税，对微利企业和亏损企业的房产，依照规定应征收房产税，以促进企业改善经营管理，提高经济效益，但为了照顾企业的实际负担能力，可由地方根据实际情况在一定期限内暂免征收房产税。

⑦　《中华人民共和国房产税暂行条例》（国发〔1986〕90号，1986年9月15日）。

⑧　《国务院关于支持汶川地震灾后恢复重建政策措施的意见》（国发〔2008〕21号，2008年6月29日）。《财政部 海关总署 国家税务总局关于支持汶川地震灾后恢复重建有关税收政策问题的通知》（财税〔2008〕104号，2008年8月1日）。《财政部 国家税务总局关于延长部分税收优惠政策执行期限的通知》（财税〔2009〕131号，2009年11月20日）。政策执行至2010年12月31日。

⑨　《国务院关于支持玉树地震灾后恢复重建政策措施的意见》（国发〔2010〕16号，2010年5月27日）。《财政部 国家税务总局关于支持玉树地震灾后恢复重建有关税收政策问题的通知》（财税〔2010〕59号，2010年7月23日）。

塌或遭受严重破坏而不能居住的居民住房。

"受灾地区"是指青海省玉树藏族自治州玉树、称多、治多、杂多、囊谦、曲麻莱县和四川省甘孜藏族自治州石渠县等 7 个县的 27 个乡镇。具体受灾地区范围见《财政部　国家税务总局关于支持玉树地震灾后恢复重建有关税收政策问题的通知》（财税[2010]59 号）附件。

（3）甘肃舟曲泥石流灾后重建①

2012 年 12 月 31 日前，经甘肃省人民政府批准，对经有关部门鉴定因灾损毁的房产、土地，免征房产税。对经批准免税的纳税人已缴税款可以在以后年度的应缴税款中抵扣。

所称因灾毁损的居民住房，是指经县级以上（含县级）人民政府房屋主管部门出具证明，在灾害中倒塌或遭受严重破坏而不能居住的居民住房。

11.6.22　其他特殊情形房产的免税规定

（1）在世博会结束前，对世博园区内的土地、房产，免征应缴纳的城镇土地使用税、房产税②

（2）在 2009 年 12 月 31 日前，对中央电视台自用的房产、土地免征房产税和城镇土地使用税③。

11.7　征收管理规定

房产税由房产所在地的地方税务机关征收④。

11.7.1　纳税义务发生时间

（1）纳税人自建的房屋，自建成之次月起征收房产税。纳税人委托施工企业建设的房屋，从办理验收手续之次月起征收房产税。纳税人在办理验收手续前已使用或出租、出借的新建房屋，应按规定征收房产税⑤。

（2）购置新建商品房，自房屋交付使用之次月起计征房产税和城镇土地使用税。购置存量房，自办理房屋权属转移、变更登记手续，房地产权属登记机关签发房屋权属证书之次月起计征房产税和城镇土地使用税。出租、出借房产，自交付出租、出借房产之次月起计征房产税和城镇土地使用税。房地产开发企业自用、出租、出借本企业建造的商品房，自房屋使用或交付之次月起计征房产税⑥。

（3）纳税人因房产的实物或权利状态发生变化而依法终止房产税纳税义务的，其应纳税款的计算应截止到房产的实物或权利状态发生变化的当月末⑦。

11.7.2　纳税期限

房产税按年征收、分期缴纳。纳税期限由省、自治区、直辖市人民政府规定⑧。

11.7.3　纳税地点

11.7.3.1　一般规定

房产税的纳税地点，为纳税房屋所在地。纳税人有多处房产，且又不在同一地方的，应按房产的坐落地点，分别向房产所在地的地方税务机关缴纳房产税。纳税人在办理房产税纳税手续时，应将房屋的坐落地点、结构、面积、原值和出租收入等情况，据实向当地税务机关办理纳税申报登记，并按照规定计算缴纳房产税。纳税人如果发生地址变更、产权转移，以及新建、扩建、改建和拆除房屋等

---

①　《国务院关于支持舟曲灾后恢复重建政策措施的意见》（国发[2010]34 号,2010 年 10 月 18 日）。《财政部　海关总署　国家税务总局关于支持舟曲灾后恢复重建有关税收政策问题的通知》（财税[2010]107 号,2010 年 12 月 29 日）。财税[2010]107 号文件还规定,如果纳税人按规定既可享受本通知的税收优惠政策,也可享受国家支持汶川地震灾后恢复重建的税收优惠政策,可由纳税人自主选择适用的政策,但两项政策不得叠加使用。文中所称"灾区"包括甘肃省舟曲县城关镇和江盘乡的 15 个村、2 个社区,灾区具体范围见财税[2010]107 号附件。

②　《财政部　国家税务总局关于 2010 年上海世博会有关税收政策的通知》（财税[2005]180 号,2005 年 12 月 31 日）。

③　《财政部　国家税务总局关于中央电视台房产税、城镇土地使用税和车船税政策的通知》（财税[2007]148 号 2007 年 11 月 6 日）。

④　《中华人民共和国房产税暂行条例》（国发[1986]90 号,1986 年 9 月 15 日）。

⑤　《财政部税务总局关于检发〈关于房产税若干具体问题的解释和暂行规定〉、〈关于车船使用税若干具体问题的解释和暂行规定〉的通知》（财税地字[1986]8 号,1986 年 9 月 25 日）。

⑥　《国家税务总局关于房产税城镇土地使用税有关政策规定的通知》（国税发[2003]89 号,2003 年 7 月 15 日）。

⑦　《财政部国家税务总局关于房产税　城镇土地使用税有关问题的通知》（财税[2008]152 号,2008 年 12 月 18 日）。

⑧　《中华人民共和国房产税暂行条例》（国发[1986]90 号,1986 年 9 月 15 日）。

情况,引起房屋原值或租金收入发生变化,应及时向当地税务机关办理变更登记,并按变动后的房产,计算缴纳房产税①。

11.7.3.2 特别规定

(1)中国建银投资公司在全国各地财产所涉及的房产税,由该公司的受托代理人向财产所在地主管地方税务机关申报缴纳②。

(2)中国人寿保险(集团)公司在全国各地拥有房产的,应当按照税务登记管理办法的规定,向房产所在地主管税务机关申报办理税务登记。集团公司在全国各地(公司总部所在地除外)的财产所涉及的房产税,可由集团公司控股的中国人寿保险股份有限公司代理向财产所在地主管税务机关申报缴纳③。

---

① 《财政部税务总局关于检发〈关于房产税若干具体问题的解释和暂行规定〉、〈关于车船使用税若干具体问题的解释和暂行规定〉的通知》(财税地字[1986]8号,1986年9月25日)。

② 《国家税务总局关于中国建银投资有限责任公司纳税申报地点问题的通知》(国税发[2005]52号,2005年4月4日)。

③ 《国家税务总局关于中国人寿保险(集团)公司重组改制后有关税务问题的通知》(国税函[2004]852号,2004年6月11日)。

第 12 章　车船税制度

车船税是对在我国境内依法应办理登记管理的车辆、船舶,根据其种类,按照规定的计税单位和年税额标准计算征收的一种财产税。

新中国成立后,中央人民政府政务院于 1951 年颁布了《车船使用牌照税暂行条例》,对车辆和船舶征收车船使用牌照税。1986 年 9 月实施工商税制改革时,国务院发布了适用于内资企业和个人的《中华人民共和国车船使用税暂行条例》,对外商投资企业和外国企业及外籍个人仍征收车船使用牌照税。

为统一税制,公平税负,国务院于 2006 年 12 月 29 日重新颁布了新的《中华人民共和国车船税暂行条例》,自 2007 年 1 月 1 日起施行,统一适用于内外资企业和个人。原《中华人民共和国车船使用税暂行条例》和《中华人民共和国车船使用牌照税暂行条例》同时废止①。

12.1　纳税义务人和扣缴义务人

12.1.1　纳税义务人

在中华人民共和国境内,车辆、船舶(简称车船)的所有人或者管理人为车船税的纳税人②。

征收车船税的车船,是指依法应当在车船管理部门登记的车船。在机场、港口以及其他企业内部场所行驶或者作业,并在车船管理部门登记的车船,应当缴纳车船税③。

所有人是指在我国境内拥有车船的单位和个人;管理人,是指对车船具有管理使用权,不具有所有权的单位。上述所称的单位包括国有企业、集体企业、私营企业、股份制企业、外商投资企业、外国企业以及其他企业和事业单位、社会团体、国家机关、军队以及其他单位;所称的个人,包括个体工商户以及其他个人④。

车船管理部门,是指公安、交通、农业、渔业、军事等依法具有车船管理职能的部门⑤。

12.1.2　扣缴义务人

从事机动车交通事故责任强制保险业务的保险机构为机动车车船税的扣缴义务人,应当依法代收代缴车船税⑥。

机动车车船税的扣缴义务人依法代收代缴车船税时,纳税人不得拒绝⑦。

12.2　征税范围

车船税的征收范围,包括行驶于中华人民共和国境内的公共道路的机动车辆和航行于中国境内

---

① 2011 年 2 月 25 日第十一届全国人民代表大会常务委员会第十九次会议通过了《中华人民共和国车船税法》。由于该法从 2012 年 1 月 1 日起实施,因此,本章仍以现行《中华人民共和国车船税条例》(中华人民共和国国务院令 482 号,2006 年 12 月 31 日)为基本法律依据。《中华人民共和国车船税法》内容详见本章附件。

② 《中华人民共和国车船税暂行条例》(中华人民共和国国务院令 482 号,2006 年 12 月 31 日)。

③ 《中华人民共和国车船税暂行条例》(中华人民共和国国务院令 482 号,2006 年 12 月 31 日)。《中华人民共和国车船税暂行条例实施细则》(财政部 国家税务总局令第 46 号,2007 年 2 月 1 日)。

④ 《中华人民共和国车船税暂行条例实施细则》(财政部 国家税务总局令第 46 号,2007 年 2 月 1 日)。

⑤ 《中华人民共和国车船税暂行条例实施细则》(财政部 国家税务总局令第 46 号,2007 年 2 月 1 日)。

⑥ 《中华人民共和国车船税暂行条例》(中华人民共和国国务院令 482 号,2006 年 12 月 31 日)。

⑦ 《中华人民共和国车船税暂行条例实施细则》(财政部 国家税总务局令第 46 号,2007 年 2 月 1 日)。

河流、湖泊或领海的船舶两大类。

（1）机动车辆

机动车辆即依靠汽油、柴油、电力等能源作为动力运行的车辆。应税机动车辆包括载客汽车（含电车）、载货汽车、三轮汽车、低速货车、摩托车和专项作业车、轮式专用机械车等。非机动车，是指以人力或者畜力驱动的车辆，以及符合国家有关标准的残疾人机动轮椅车、电动自行车等车辆。非机动车辆免征车船税①。

（2）船舶②

应税船舶包括机动船舶和非机动驳船。机动船舶，即依靠柴油等燃料作为动力航行的船舶，如客货轮船、气垫船、拖轮和机帆船等。

非机动驳船是指在船舶管理部门登记为驳船的非机动船。

非机动船是指自身没有动力装置，依靠外力驱动的船舶。非机动船除驳船外，免征车船税。

12.3 计税依据

12.3.1 以辆为计税依据

载客汽车（包括电车）、摩托车，其计税依据为辆③。

12.3.2 以自重为计税依据

载货汽车、三轮汽车、低速货车、专项作业车、轮式专用机械车等的计税依据为车辆的自重④。

自重，是指机动车的整备质量⑤。

对无法准确获得自重数值或自重数值明显不合理的载货汽车、三轮汽车、低速货车、专项作业车和轮式专用机械车，由主管税务机关根据车辆自身状况并参照同类车辆核定计税依据。对能够获得

总质量和核定载质量的，可按照车辆的总质量和核定载质量的差额作为车辆的自重；无法获得核定载质量的专项作业车和轮式专用机械车，可按照车辆的总质量确定自重⑥。

12.3.3 以净吨位为计税依据

机动船和非机动驳船的计税依据为净吨位⑦。

12.3.4 以马力为计税依据

拖船的计税依据为马力。拖船按照发动机功率每2马力折合净吨位1吨计算。

拖船，是指专门用于拖（推）动运输船舶的专业作业船舶⑧。

12.3.5 计税依据的核定

核定载客人数、自重、净吨位、马力等计税标准，以车船管理部门核发的车船登记证书或者行驶证书相应项目所载数额为准。纳税人未按照规定到车船管理部门办理登记手续的，上述计税标准以车船出厂合格证明或者进口凭证相应项目所载数额为准；不能提供车船出厂合格证明或者进口凭证的，由主管地方税务机关根据车船自身状况并参照同类车船核定⑨。

12.4 税率

12.4.1 定额税率标准的确定

车船的适用税额，由国务院财政部门、税务主管部门根据实际情况，在车船税暂行条例规定的《车船税税目税额表》规定的税目范围和税额幅度内，划分子税目，并明确车辆的子税目税额幅度和船舶的具体适用税额。车辆的具体适用税额由省、自治区、直辖市人民政府在规定的子税目税额幅度内确定。

---

① 《中华人民共和国车船税暂行条例实施细则》（财政部 国家税务总局令第46号，2007年2月1日）。

② 《中华人民共和国车船税暂行条例》（中华人民共和国国务院令482号，2006年12月31日）和《中华人民共和国车船税暂行条例实施细则》（财政部 国家税务总局令第46号，2007年2月1日）。

③ 《中华人民共和国车船税暂行条例》（中华人民共和国国务院令482号，2006年12月31日）。

④ 《中华人民共和国车船税暂行条例》（中华人民共和国国务院令482号，2006年12月31日）。

⑤ 《中华人民共和国车船税暂行条例实施细则》（财政部 国家税务总局令第46号，2007年2月1日）。

⑥ 《国家税务总局关于车船税征管若干问题的通知》（国税发〔2008〕48号，2008年5月8日）。

⑦ 《中华人民共和国车船税条例》（中华人民共和国国务院令482号，2006年12月31日）。

⑧ 《中华人民共和国车船税暂行条例实施细则》（财政部 国家税务总局令第46号，2007年2月1日）。

⑨ 《中华人民共和国车船税暂行条例实施细则》（财政部 国家税务总局令第46号，2007年2月1日）。

12.4.2　定额税率幅度

车船税税目税额表①

税目	计税单位	每年税额	备注
载客汽车	每辆	60 元至 660 元	包括电车
载货汽车	按自重每吨	16 元至 120 元	包括半挂牵引车、挂车
三轮汽车、低速货车	按自重每吨	24 元至 120 元	
摩托车	每辆	36 元至 180 元	
船舶	按净吨位每吨	3 元至 6 元	拖船和非机动驳船按船舶税额的 50% 计算

注:专项作业车、轮式专用机械车的计税单位及每年税额由国务院财政部门、税务主管部门参照本表确定。

车辆税额幅度和船舶税额表②

税目	子税目	计税单位	年税额幅度	备注
车辆	大型客车	每辆	480 元至 660 元	包括电车。
	中型客车	每辆	420 元至 660 元	
	小型客车	每辆	360 元至 660 元	
	微型客车	每辆	60 元至 480 元	微型汽车是指发动机汽缸总排气量小于等于 1 升的汽车。
	载货汽车	按自重每吨	16 元至 120 元	包括半挂牵引车、挂车、客货两用车
	三轮汽车　低速货车	按自重每吨	24 元至 120 元	
	专项作业车	按自重每吨	16 元至 120 元	专项作业车是指装置有专用设备或器具,用于专项作业的汽车。
	轮式专用机械车	按自重每吨	16 元至 120 元	轮式专用机械车是指具有装卸、挖掘、平整设备的轮胎式自行机械。
	摩托车	每辆	36 元至 180 元	
船舶	小于或等于 200 吨	净吨位每吨	3 元	
	201 吨至 2000 吨	净吨位每吨	4 元	
	2001 吨至 10000 吨	净吨位每吨	5 元	
	10001 吨及其以上	净吨位每吨	6 元	

12.4.3　适用不同税率的车船划分标准

(1)载客汽车。按大型客车、中型客车、小型客车和微型客车划分为 4 个子税目。其中,大型客车是指核定载客人数大于或者等于 20 人的载客汽车;中型客车是指核定载客人数大于 9 人且小于 20 人的载客汽车;小型客车是指核定载客人数小于或者等于 9 人的载客汽车;微型客车是指发动机气缸总排气量小于或者等于 1 升的载客汽车③。

凡发动机排气量小于或者等于 1 升的载客汽车,都应按照微型客车的税额标准征收车船税。发动机排气量以如下凭证相应项目所载数额为准④:

---

① 《中华人民共和国车船税暂行条例》(中华人民共和国国务院令 482 号,2006 年 12 月 31 日)。
② 《中华人民共和国车船税暂行条例》(中华人民共和国国务院令 482 号,2006 年 12 月 31 日)和《中华人民共和国车船税暂行条例实施细则》(财政部 国家税务总局令第 46 号,2007 年 2 月 1 日)。
③ 《中华人民共和国车船税暂行条例实施细则》(财政部 国家税务总局令第 46 号,2007 年 2 月 1 日)。
④ 《国家税务总局关于车船税征管若干问题的通知》(国税发[2008]48 号,2008 年 5 月 8 日)。

Ⅰ 车辆登记证书;

Ⅱ 车辆行驶证书;

Ⅲ 车辆出厂合格证明;

Ⅳ 车辆进口凭证。

(2)三轮汽车。指在车辆管理部门登记为三轮汽车或者三轮农用运输车的机动车①。

(3)低速货车。指在车辆管理部门登记为低速货车或者四轮农用运输车的机动车②。

(4)专项作业车。指装置有专用设备或者器具,用于专项作业的机动车。

(5)轮式专用机械车。指具有装卸、挖掘、平整等设备的轮式自行机械。

12.4.4 特殊情形车船适用税额标准的确定

(1)客货两用汽车按照载货汽车的计税单位和税额标准计征车船税③。

(2)车辆自重尾数在0.5吨以下(含0.5吨)的,按照0.5吨计算;超过0.5吨的,按照1吨计算④。

(3)船舶净吨位尾数在0.5吨以下(含0.5吨)的不予计算,超过0.5吨的按照1吨计算⑤。

(4)1吨以下的小型车船,一律按照1吨计算⑥。

12.5 应纳税额

12.5.1 车辆应纳车船税的计算

车辆应纳车船税税额的基本计算公式为:

按车辆自重计算的车辆年应纳税额=车辆自重净吨位×适用的年税额

载客汽车和摩托车应纳税额=应纳税车辆的数量×适用的年税额

12.5.2 船舶应纳车船税的计算

船舶应纳车船税税额的基本计算公式为:

机动船年应纳税额=机动船的净吨位×适用税额

非机动驳船年应纳税额=非机动驳船净吨位×相应船舶适用税额×50%

拖船年应纳税额=拖船的马力数÷2×相应船舶适用税额×50%

12.5.3 购置新车船应纳税额的计算

购置的新车船,购置当年的应纳税额自纳税义务发生的当月起按月计算。计算公式为⑦:

应纳税额=(年应纳税额/12)×应纳税月份数

12.5.4 保险机构代收代缴车船税应纳税款的计算⑧

(1)购买短期"交强险"车辆的应扣缴税款

对境外机动车临时入境、机动车临时上道路行驶、机动车距规定的报废期限不足一年而购买短期"交强险"的车辆,保单中"当年应缴"项目的计算公式为:

当年应缴=计税单位×年单位税额×应纳税月份数÷12

其中,应纳税月份数为"交强险"有效期起始日期的当月至截止日期当月的月份数。

(2)已向税务机关缴税或已批准减免税车辆的应扣缴税款

对已向税务机关缴税或税务机关已经批准免税的车辆,保单中"当年应缴"项目应为0;对税务机关已批准减税的机动车,保单中"当年应缴"项目应根据减税前的应纳税额扣除依据减税证明中注明的减税幅度计算的减税额确定,计算公式为:

① 《中华人民共和国车船税暂行条例实施细则》(财政部 国家税务总局令第46号,2007年2月1日)。
② 《中华人民共和国车船税暂行条例实施细则》(财政部 国家税务总局令第46号,2007年2月1日)。
③ 《中华人民共和国车船税暂行条例实施细则》(财政部 国家税务总局令第46号,2007年2月1日)。
④ 《中华人民共和国车船税暂行条例实施细则》(财政部 国家税务总局令第46号,2007年2月1日)。
⑤ 《中华人民共和国车船税暂行条例实施细则》(财政部 国家税务总局令第46号,2007年2月1日)。
⑥ 《中华人民共和国车船税暂行条例实施细则》(财政部 国家税务总局令第46号,2007年2月1日)。
⑦ 《中华人民共和国车船税暂行条例实施细则》(财政部 国家税务总局令第46号,2007年2月1日)第13条。
⑧ 《国家税务总局 中国保险监督管理委员会关于保险机构代收代缴车船税有关问题的通知》(国税发[2007]98号,2007年8月14日)。

减税车辆应纳税额＝减税前应纳税额×(1−减税幅度)

(3)欠缴车船税车辆的应补缴税款

从 2008 年 7 月 1 日起,保险机构在代收代缴车船税时,应根据纳税人提供的前次保险单,查验纳税人以前年度的完税情况。对于以前年度有欠缴车船税的,保险机构应代收代缴以前年度应纳税款。

①对于 2007 年 1 月 1 日前购置的车辆或者曾经缴纳过车船税的车辆,保单中"往年补缴"项目的计算公式为:

往年补缴＝计税单位×年单位税额×(本次缴税年度−前次缴税年度−1)。

其中,对于 2007 年 1 月 1 日前购置的车辆,纳税人从未缴纳车船税的,前次缴税年度设定为 2006 年。

②对于 2007 年 1 月 1 日以后购置的车辆,纳税人从购置时起一直未缴纳车船税的,保单中"往年补缴"项目的计算公式为:

往年补缴＝购置当年欠缴的税款+购置年度以后欠缴税款

其中,购置当年欠缴的税款＝计税单位×年单位税额×应纳税月份数/12。应纳税月份数为车辆登记日期的当月起至该年度终了的月份数。若车辆尚未到车船管理部门登记,则应纳税月份数为购置日期的当月起至该年度终了的月份数。

购置年度以后欠缴税款＝计税单位×年单位税额×(本次缴税年度−车辆登记年度−1)。

(4)欠缴车船税的滞纳金

对于纳税人在应购买"交强险"截止日期以后购买"交强险"的,或以前年度没有缴纳车船税的,保险机构在代收代缴税款的同时,还应代收代缴欠缴税款的滞纳金。

保单中"滞纳金"项目为各年度欠税应加收滞纳金之和。

每一年度欠税应加收的滞纳金＝欠税金额×滞纳天数×0.5‰。

滞纳天数的计算自应购买"交强险"截止日期的次日起到纳税人购买"交强险"当日止。纳税人连续两年以上欠缴车船税的,应分别计算每一年度欠税应加收的滞纳金。

12.6 税收优惠①

12.6.1 非机动车船税收优惠

非机动车船(不包括非机动驳船)免征车船税②。

非机动车,是指以人力或者畜力驱动的车辆,以及符合国家有关标准的残疾人机动轮椅车、电动自行车等车辆;非机动船是指自身没有动力装置,依靠外力驱动的船舶③。

12.6.2 拖拉机税收优惠

拖拉机免征车船税④。

拖拉机,是指在农业(农业机械)部门登记为拖拉机的车辆⑤。拖拉机以在农业(农业机械)部门登记,并拥有拖拉机登记证书或拖拉机行驶证书作为认定依据⑥。

12.6.3 捕捞、养殖渔船税收优惠

捕捞、养殖渔船免征车船税⑦。

捕捞、养殖渔船,是指在渔业船舶管理部门登记为捕捞船或者养殖船的渔业船舶。不包括在渔业船舶管理部门登记为捕捞船或者养殖船以外类

① 根据《国家税务总局关于停止使用车船使用税标志的通知》(国税发〔2007〕8 号,2007 年 1 月 29 日),车船使用税完税和免税标志从 2007 年 1 月 1 日起停用,车船税不再设立新的完税和免税标志。

② 《中华人民共和国车船税暂行条例》(中华人民共和国国务院令 482 号,2006 年 12 月 31 日)第 3 条。

③ 《中华人民共和国车船税暂行条例实施细则》(财政部 国家税务总局令第 46 号,2007 年 2 月 1 日)第 5 条。

④ 《中华人民共和国车船税暂行条例》(中华人民共和国国务院令 482 号,2006 年 12 月 31 日)第 3 条。

⑤ 《中华人民共和国车船税暂行条例实施细则》(财政部 国家税务总局令第 46 号,2007 年 2 月 1 日)第 6 条。

⑥ 《国家税务总局 中国保险监督管理委员会关于做好车船税代收代缴工作的通知》(国税发〔2007〕55 号,2007 年 4 月 29 日)。

⑦ 《中华人民共和国车船税暂行条例》(中华人民共和国国务院令 482 号,2006 年 12 月 31 日)第 3 条。

型的渔业船舶①。

12.6.4 军队、武警专用及警用车船税收优惠

军队、武警专用及警用车船免征车船税②。

军队、武警专用的车船,是指按照规定在军队、武警车船管理部门登记,并领取军用牌照、武警牌照的车船③。

军队、武警专用车辆以军队、武警车船管理部门核发的军车号牌和武警号牌作为认定依据④。

警用车船,是指公安机关、国家安全机关、监狱、劳动教养管理机关和人民法院、人民检察院领取警用牌照的车辆和执行警务的专用船舶⑤。

警用车辆以公安机关核发的警车号牌(最后一位登记编号为红色的"警"字)作为认定依据⑥。

12.6.5 已缴纳船舶吨税的船舶税收优惠

按照有关规定已经缴纳船舶吨税的船舶免征车船税⑦。

船舶吨税是指在我国缴纳吨税,不包括在国外缴纳的吨税。我国远洋轮在国外缴纳了吨税,在国内仍应按法规征收车船税。

12.6.6 外交使领馆、国际组织驻华机构及其人员使用车船的税收优惠

根据《中华人民共和国外交特权与豁免条例》和《中华人民共和国领事特权与豁免条例》,依照与我国缔结或者参加的国际条约的规定应当予以免税的外国驻华使馆、领事馆和国际组织驻华机构

及其有关人员的车船,免征车船税⑧。

外国驻华使馆、领事馆和国际组织驻华机构及其有关人员在办理免税事项时,应当向主管地方税务机关出具本机构或个人身份的证明文件和车船所有权证明文件,并申明免税的依据和理由⑨。

对于外国驻华使馆、领事馆和国际组织驻华机构及其有关人员办理车船税免税事项的,地方税务机关应审查纳税人提供的本机构或个人身份的证明文件和车辆所有权证明文件,以及国际组织驻华机构及其有关人员提供的相关国际条约。对符合车船税暂行条例免税规定的,地方税务机关应向纳税人开具免税证明,并将免税证明的相关信息传递给保险机构⑩。

纳税人无法提供地方税务机关出具的完税凭证或减免税证明的,各保险机构在销售"交强险"时一律按照保险机构所在地的车船税税额标准代收代缴车船税⑪。

12.6.7 公交车船税收优惠

各省、自治区、直辖市人民政府可以根据当地实际情况,对城市、农村公共交通车船给予定期减税、免税⑫。

可以享受车船税减税、免税优惠政策的城市、农村公共交通车船,是指依法取得运营资格,执行

---

① 《中华人民共和国车船税暂行条例实施细则》(财政部 国家税务总局令第46号,2007年2月1日)第7条。

② 《中华人民共和国车船税暂行条例》(中华人民共和国国务院令482号,2006年12月31日)第3条。

③ 《中华人民共和国车船税暂行条例实施细则》(财政部 国家税务总局令第46号,2007年2月1日)第8条。

④ 《国家税务总局 中国保险监督管理委员会关于做好车船税代收代缴工作的通知》(国税发〔2007〕55号,2007年4月29日)。

⑤ 《中华人民共和国车船税暂行条例实施细则》(财政部 国家税务总局令第46号,2007年2月1日)第9条。

⑥ 《国家税务总局 中国保险监督管理委员会关于做好车船税代收代缴工作的通知》(国税发〔2007〕55号,2007年4月29日)。

⑦ 《中华人民共和国车船税暂行条例》(中华人民共和国国务院令482号,2006年12月31日)第3条。

⑧ 《中华人民共和国车船税暂行条例》(中华人民共和国国务院令482号,2006年12月31日)第3条和《中华人民共和国车船税暂行条例实施细则》(财政部 国家税务总局令第46号,2007年2月1日)第10条、第11条。

⑨ 《中华人民共和国车船税暂行条例实施细则》(财政部 国家税务总局令第46号,2007年2月1日)第11条。

⑩ 《国家税务总局 中国保险监督管理委员会关于做好车船税代收代缴工作的通知》(国税发〔2007〕55号,2007年4月29日)。

⑪ 《国家税务总局 中国保险监督管理委员会关于做好车船税代收代缴工作的通知》(国税发〔2007〕55号,2007年4月29日)。

⑫ 《中华人民共和国车船税暂行条例》(中华人民共和国国务院令482号,2006年12月31日)第4条。

物价部门规定的票价标准,按照规定时间、线路和站点运营,供公众乘用并承担部分社会公益性服务或执行政府指令性任务的车船①。

对符合免税条件的公共交车船,应由地方税务机关出具减免税证明,纳税人无法提供地方税务机关出具的完税凭证或减免税证明的,各保险机构在销售"交强险"时一律按照保险机构所在地的车船税税额标准代收代缴车船税②。

12.6.8　重大国际体育赛事使用车船税收优惠

自 2008 年 1 月 1 日起,对 2009 年哈尔滨第 24 届世界大学生冬季运动会、2010 年广州第 16 届亚洲运动会、2011 年深圳第 26 届世界大学生夏季运动会组委会,免征应缴纳的车船税③。

12.6.9　新车购置减免税手续的办理

对尚未在车辆管理部门办理登记、属于应减免税的新购置车辆,车辆所有人或管理人可提出减免税申请,并提供机构或个人身份证明文件和车辆权属证明文件以及地方税务机关要求的其他相关资料。经税务机关审验符合车船税减免条件的,税务机关可为纳税人出具该纳税年度的减免税证明,以方便纳税人购买机动车交通事故责任强制保险④。

12.7　征收管理

12.7.1　征收机关

（1）一般规定

车船税由地方税务机关负责征收⑤。

凡在交通运输部直属海事管理机构登记管理的应税船舶,其车船税一律由船籍港所在地的税务部门委托当地交通运输部直属海事管理机构代征。在各省、自治区、直辖市地方海事管理机构登记管理的船舶,根据当地实际情况和现有条件,因地制宜地采取委托代征或协助把关等方式⑥。

（2）在内地行驶并登记管理的港澳车辆⑦

对进入内地行驶并在内地车辆管理部门登记的香港机动车,由深圳市地方税务机关直接征收车船税,也可以按照有利于税源控管的原则,在上述车辆进入内地时委托有关部门代征车船税。

进入内地行驶并在内地车辆管理部门登记的澳门机动车,由珠海市地方税务局比照上述规定直接征收或委托有关部门代征车船税。

12.7.2　纳税地点

车船税的纳税地点,由省、自治区、直辖市人民政府根据当地实际情况确定。跨省、自治区、直辖市使用的车船,纳税地点为车船的登记地⑧。

在一个纳税年度内,纳税人在非车辆登记地由保险机构代收代缴机动车车船税,且能够提供合法有效完税证明的,纳税人不再向车辆登记地的地方

---

① 《财政部 国家税务总局关于贯彻落实车船税暂行条例工作有关问题的通知》(财税字[2007]103 号 2007 年 7 月 20 日)。
② 《国家税务总局 中国保险监督管理委员会关于做好车船税代收代缴工作的通知》(国税发[2007]55 号,2007 年 4 月 29 日)。
③ 《财政部 海关总署 国家税务总局关于第 16 届亚洲运动会等三项国际综合运动会税收政策的通知》(财税字[2009]94 号,2009 年 8 月 10 日)。
④ 《国家税务总局关于车船税征管若干问题的通知》(国税发[2008]48 号,2008 年 5 月 8 日)。
⑤ 《中华人民共和国车船税暂行条例》(中华人民共和国国务院令 482 号,2006 年 12 月 31 日)第 5 条。
⑥ 《国家税务总局 交通运输部关于做好船舶车船税征收管理工作的通知》(国税发[2009]46 号,2009 年 3 月 17 日)。
⑦ 《国家税务总局关于在内地车辆管理部门登记的香港和澳门机动车征收车船税有关问题的批复》(国税函[2007]898 号,2007 年 8 月 20 日)。
⑧ 《中华人民共和国车船税暂行条例》(中华人民共和国国务院令 482 号,2006 年 12 月 31 日)第 6 条。此外,一些文件对原车船使用税征收机关和纳税地点做出了个案规定:《国家税务总局关于中国人寿保险(集团)公司重组改制后有关税务问题的通知》(国税函[2004]852 号,2004 年 6 月 11 日)规定,对中国人寿保险(集团)公司在全国各地(公司总部所在地除外)的财产所涉及车船使用税等地方税种,可由集团公司控股的中国人寿保险股份有限公司代理向财产所在地主管税务机关申报缴纳;《国家税务总局关于中国建银投资有限责任公司纳税申报地点问题的通知》(国税发[2005]第 52 号,2005 年 4 月 4 日)规定,中国建银投资公司在全国各地财产所涉及的车船使用税,由该公司的受托代理人向财产所在地主管税务机关申报缴纳。根据《国家税务总局关于公布现行有效的税收规范性文件目录的公告》(国家税务总局公告 2010 年第 26 号),国税函[2004]852 号和国税发[2005]第 52 号文件上述规定仍然有效。

税务机关缴纳机动车车船税①。

除拖拉机、军队和武警专用车辆、警用车辆以外的机动车,纳税人无法提供地方税务机关出具的完税凭证或减免税证明的,各保险机构在销售"交强险"时,一律按照保险机构所在地的车船税税额标准代收代缴车船税②。

12.7.3 纳税义务发生时间

(1)车船税的纳税义务发生时间,为车船管理部门核发的车船登记证书或者行驶证书所记载日期的当月③。

(2)纳税人未按照规定到车船管理部门办理应税车船登记手续的,以车船购置发票所载开具时间的当月作为车船税的纳税义务发生时间④。

(3)对未办理车船登记手续且无法提供车船购置发票的,由主管地方税务机关核定纳税义务发生时间⑤。

(4)由扣缴义务人代收代缴机动车车船税的,纳税人应当在购买机动车交通事故责任强制保险的同时缴纳车船税。纳税人在购买机动车交通事故责任强制保险时缴纳车船税的,不再向地方税务机关申报纳税⑥。

已完税或者按照车船税暂行条例规定减免车船税的车辆,纳税人在购买机动车交通事故责任强制保险时,应当向扣缴义务人提供地方税务机关出具的本年度车船税的完税凭证或者减免税证明。不能提供完税凭证或者减免税证明的,应当在购买保险时按照当地的车船税税额标准计算缴纳车船税⑦。

12.7.4 纳税期限

车船税按年申报缴纳。具体申报纳税期限由省、自治区、直辖市人民政府确定⑧。

12.7.5 退税处理

(1)在一个纳税年度内,已完税的车船被盗抢、报废、灭失的,纳税人可以凭有关管理机关出具的证明和完税证明,向纳税所在地的主管地方税务机关申请退还自被盗抢、报废、灭失月份起至该纳税年度终了期间的税款⑨。

已办理退税的被盗抢车船,失而复得的,纳税人应当从公安机关出具相关证明的当月起计算缴纳车船税⑩。

(2)已完税的车船因地震灾害报废、灭失的,纳税人可申请退还自报废、灭失月份起至本年度终了期间的税款⑪。

(3)新购置应予减免税的车辆所有人或管理人在购买机动车交通事故责任强制保险时已缴纳车船税的,在办理车辆登记手续后可向税务机关提出减免税申请,经税务机关审验符合车船税减免税条件的,税务机关应退还纳税人多缴的税款⑫。

对新购置车辆,因购买"交强险"的日期与纳税义务发生时间不在同一月份,纳税人申请车船税

---

① 《国家税务总局关于车船税征管若干问题的通知》(国税发〔2008〕48号,2008年5月8日)。

② 《国家税务总局 中国保险监督管理委员会关于做好车船税代收代缴工作的通知》(国税发〔2007〕55号,2007年4月29日)。

③ 《中华人民共和国车船税暂行条例》(中华人民共和国国务院令482号,2006年12月31日)第7条。

④ 《中华人民共和国车船税暂行条例实施细则》(财政部 国家税务总局令第46号,2007年2月1日)第12条。

⑤ 《中华人民共和国车船税暂行条例实施细则》(财政部 国家税务总局令第46号,2007年2月1日)第12条。

⑥ 《中华人民共和国车船税暂行条例实施细则》(财政部 国家税务总局令第46号,2007年2月1日)第15条。

⑦ 《中华人民共和国车船税暂行条例实施细则》(财政部 国家税务总局令第46号,2007年2月1日)第15条。

⑧ 《中华人民共和国车船税暂行条例》(中华人民共和国国务院令482号,2006年12月31日)第8条。

⑨ 《中华人民共和国车船税暂行条例实施细则》(财政部 国家税务总局令第46号,2007年2月1日)第14条。

⑩ 《中华人民共和国车船税暂行条例实施细则》(财政部 国家税务总局令第46号,2007年2月1日)第14条。

⑪ 《财政部 国家税务总局关于认真落实抗震救灾及灾后重建税收政策问题的通知》(财税字〔2008〕62号,2008年5月20日)。

⑫ 《国家税务总局 中国保险监督管理委员会关于做好车船税代收代缴工作的通知》(国税发〔2007〕55号,2007年4月29日)。

退税的,由保险机构所在地的地方税务机关退还多缴的税款①。

(4)在一个纳税年度内,已经缴纳车船税的车船变更所有权或管理权的,地方税务机关对原车船所有人或管理人不予办理退税手续,对现车船所有人或管理人也不再征收当年度的税款;未缴纳车船税的车船变更所有权或管理权的,由现车船所有人或管理人缴纳该纳税年度的车船税②。

12.7.6　代收代征管理③

12.7.6.1　代收代缴完税凭证的开具

扣缴义务人在代收车船税时,应当在机动车交通事故责任强制保险的保险单上注明已收税款的信息,作为纳税人完税的证明。除另有规定外,扣缴义务人不再给纳税人开具代扣代收税款凭证。纳税人如有需要,可以持注明已收税款信息的保险单,到主管地方税务机关开具完税凭证④。

纳税人对扣缴义务人代收代缴税款有异议的,可以向纳税所在地的主管地方税务机关提出⑤。

12.7.6.2　代收税款的解缴

扣缴义务人应当及时解缴代收代缴的税款,并向地方税务机关申报。扣缴义务人解缴税款的具体期限,由各省、自治区、直辖市地方税务机关依照法律、行政法规的规定确定⑥。

12.7.6.3　代收手续费

保险机构代收代缴车船税的手续费,由税款解缴地的地方财政、税务部门按照保险机构代收代缴车船税的实际收入予以审核、支付,具体支付标准暂按5%⑦。

12.7.7　征管信息收集与传递

(1)纳税人应当向主管地方税务机关和扣缴义务人提供车船的相关信息。纳税人拒绝向主管地方税务机关和扣缴义务人提供车船的相关信息提供的,按照税收征收管理法有关规定处理⑧。

(2)各级车船管理部门应当在提供车船管理信息等方面,协助地方税务机关加强对车船税的征收管理⑨。

---

① 《国家税务总局 中国保险监督管理委员会关于做好车船税代收代缴工作的通知》(国税发[2007]55号,2007年4月29日)。

② 《国家税务总局关于车船税征管若干问题的通知》(国税发[2008]48号,2008年5月8日)。

③ 《中华人民共和国车船税暂行条例》(中华人民共和国国务院令第482号,2006年12月31日)和《中华人民共和国车船税暂行条例实施细则》(财政部 国家税务总局令第46号,2007年2月1日)。

④ 《中华人民共和国车船税暂行条例实施细则》(财政部 国家税务总局令第46号,2007年2月1日)。

⑤ 《中华人民共和国车船税暂行条例实施细则》(财政部 国家税务总局令第46号,2007年2月1日)。

⑥ 《中华人民共和国车船税暂行条例》(中华人民共和国国务院令第482号,2006年12月31日)和《中华人民共和国车船税暂行条例实施细则》(财政部 国家税务总局令第46号,2007年2月1日)。

⑦ 《财政部 国家税务总局关于明确保险机构代收代缴车船税手续费有关问题的通知》(财行[2007]659号,2007年12月31日)。

⑧ 《中华人民共和国车船税暂行条例实施细则》(财政部 国家税务总局令第46号,2007年2月1日)。

⑨ 《中华人民共和国车船税暂行条例》(中华人民共和国国务院令第482号,2006年12月31日)。

附件：

中华人民共和国车船税法

2011 年 2 月 25 日第十一届全国人民代表大会常务委员会
第十九次会议通过

第一条 在中华人民共和国境内属于本法所附《车船税税目税额表》规定的车辆、船舶（以下简称车船）的所有人或者管理人，为车船税的纳税人，应当依照本法缴纳车船税。

第二条 车船的适用税额依照本法所附《车船税税目税额表》执行。

车辆的具体适用税额由省、自治区、直辖市人民政府依照本法所附《车船税税目税额表》规定的税额幅度和国务院的规定确定。

船舶的具体适用税额由国务院在本法所附《车船税税目税额表》规定的税额幅度内确定。

第三条 下列车船免征车船税：

（一）捕捞、养殖渔船；

（二）军队、武装警察部队专用的车船；

（三）警用车船；

（四）依照法律规定应当予以免税的外国驻华使领馆、国际组织驻华代表机构及其有关人员的车船。

第四条 对节约能源、使用新能源的车船可以减征或者免征车船税；对受严重自然灾害影响纳税困难以及有其他特殊原因确需减税、免税的，可以减征或者免征车船税。具体办法由国务院规定，并报全国人民代表大会常务委员会备案。

第五条 省、自治区、直辖市人民政府根据当地实际情况，可以对公共交通车船，农村居民拥有并主要在农村地区使用的摩托车、三轮汽车和低速载货汽车定期减征或者免征车船税。

第六条 从事机动车第三者责任强制保险业务的保险机构为机动车车船税的扣缴义务人，应当在收取保险费时依法代收车船税，并出具代收税款凭证。

第七条 车船税的纳税地点为车船的登记地或者车船税扣缴义务人所在地。依法不需要办理登记的车船，车船税的纳税地点为车船的所有人或者管理人所在地。

第八条 车船税纳税义务发生时间为取得车船所有权或者管理权的当月。

第九条 车船税按年申报缴纳。具体申报纳税期限由省、自治区、直辖市人民政府规定。

第十条 公安、交通运输、农业、渔业等车船登记管理部门、船舶检验机构和车船税扣缴义务人的行业主管部门应当在提供车船有关信息等方面，协助税务机关加强车船税的征收管理。

车辆所有人或者管理人在申请办理车辆相关登记、定期检验手续时，应当向公安机关交通管理部门提交依法纳税或者免税证明。公安机关交通管理部门核查后办理相关手续。

第十一条 车船税的征收管理，依照本法和《中华人民共和国税收征收管理法》的规定执行。

第十二条 国务院根据本法制定实施条例。

第十三条 本法自 2012 年 1 月 1 日起施行。2006 年 12 月 29 日国务院公布的《中华人民共和国车船税暂行条例》同时废止。

附:

车船税税目税额表

税目		计税单位	年基准税额	备注
乘用车〔按发动机汽缸容量（排气量）分档〕	1.0 升（含）以下的	每辆	60 元至 360 元	核定载客人数 9 人（含）以下
	1.0 升以上至 1.6 升（含）的		300 元至 540 元	
	1.6 升以上至 2.0 升（含）的		360 元至 660 元	
	2.0 升以上至 2.5 升（含）的		660 元至 1200 元	
	2.5 升以上至 3.0 升（含）的		1200 元至 2400 元	
	3.0 升以上至 4.0 升（含）的		2400 元至 3600 元	
	4.0 升以上的		3600 元至 5400 元	
商用车	客车	每辆	480 元至 1440 元	核定载客人数 9 人以上，包括电车
	货车	整备质量每吨	16 元至 120 元	包括半挂牵引车、三轮汽车和低速载货汽车等
挂车		整备质量每吨	按照货车税额的 50% 计算	
其他车辆	专用作业车	整备质量每吨	16 元至 120 元	不包括拖拉机
	轮式专用机械车		16 元至 120 元	
摩托车		每辆	36 元至 180 元	
船舶	机动船舶	净吨位每吨	3 元至 6 元	拖船、非机动驳船分别按照机动船舶税额的 50% 计算
	游艇	艇身长度每米	600 元至 2000 元	

第 13 章　城市维护建设税制度

城市维护建设税是以纳税人实际缴纳的增值税、消费税、营业税税额为依据所征收的一种附加税,是国家为加强城市的维护建设、扩大和稳定城市维护建设资金的来源而开征一种具有特定用途的税收①。

1985 年 2 月 8 日,国务院颁布了《中华人民共和国城市建设维护税暂行条例》,并于同年 1 月 1 日起施行至今。2010 年 12 月 1 日之前,该条例不适用外商投资企业、外国企业及外籍个人。根据《国务院关于统一内外资企业和个人城市维护建设税和教育费附加制度的通知》(国发[2010]35 号),自 2010 年 12 月 1 日起,城市维护建设税暂行条例对所有企业和个人均适用。

13.1　纳税义务人和扣缴义务人

13.1.1　纳税义务人

(1)凡缴纳消费税、增值税、营业税的单位和个人,都是城市维护建设税的纳税义务人(简称纳税人),都应当依照条例的规定缴纳城市维护建设税②。

(2)对纳税人进口产品由海关代征的增值税、消费税,不征收城市维护建设税③。

(3)自 2010 年 12 月 1 日起,对外商投资企业、外国企业及外籍个人征收城市维护建设税和教育费附加④。

对外商投资企业、外国企业及外籍个人 2010

---

① 《中华人民共和国城市维护建设税暂行条例》(国发[1985]19 号,1985 年 2 月 8 日)规定,凡缴纳产品税、增值税、营业税的单位和个人,都是城市维护建设税的纳税义务人。1994 年实施财税体制改革时,产品税改为增值税,并开征消费税。根据《财政部〈关于城建税征收问题的通知〉的明传电报》(财法字[1993]42 号,1993 年 12 月 29 日)的规定,从 1994 年 1 月 1 日起,改按增值税、消费税、营业税三税为依据计算征收。以下正文中将原文件涉及"产品税"的文字均进行了调整,但脚注仍保留原文"产品税"的表述。

② 《财政部〈关于城建税征收问题的通知〉的明传电报》(财法字[1993]42 号,1993 年 12 月 29 日)和《国家税务总局关于城市维护建设税征收问题的通知》(国税发[1994]51 号,1994 年 3 月 12 日)。此前,根据《中华人民共和国城市维护建设税暂行条例》(国发[1985]第 19 号,1985 年 2 月 8 日)的规定,凡缴纳产品税、增值税、营业税的单位和个人,都是城市维护建设税的纳税义务人,都应当依照条例的规定缴纳城市维护建设税。

③ 《财政部〈关于城建税征收问题的通知〉的明传电报》(财法字[1993]42 号,1993 年 12 月 29 日)和《国家税务总局关于城市维护建设税征收问题的通知》(国税发[1994]51 号,1994 年 3 月 12 日)。此前,根据《财政部关于贯彻执行〈中华人民共和国城市维护建设税暂行条例〉几个具体问题的规定》(财税字[1985]69 号,1985 年 3 月 22 日)的规定,海关对进口产品代征的产品税、增值税,不征收城市维护建设税。

④ 《国务院关于统一内外资企业和个人城市维护建设税和教育费附加制度的通知》(国发[2010]35 号,2010 年 10 月 18 日)。该文还规定,1985 年及 1986 年以来国务院及国务院财税主管部门发布的有关城市维护建设税和教育费附加的法规、规章、政策同时适用于外商投资企业、外国企业及外籍个人。此前,《国家税务总局关于外商投资企业和外国企业暂不征收城市维护建设税和教育费附加的通知》(国税发[1994]第 38 号,1994 年 2 月 25 日)规定,对外商投资企业和外国企业不征收城市维护建设税和教育费附加。《财政部关于贯彻执行〈中华人民共和国城市维护建设税暂行条例〉几个具体问题的规定》(财税[1985]第 69 号,1985 年 3 月 22 日)规定,根据全国人大常委会关于授权国务院改革工商税制发布有关税收条例草案试行的决定,国务院发布试行的税收条例草案,不适用于中外合资经营企业和外资企业。因此,对中外合资企业和外资企业不征收城市维护建设税。根据《国家税务总局关于公布全文失效废止 部分条款失效废止的税收规范性文件目录的公告》(国家税务总局公告 2011 年第 2 号,2011 年 1 月 4 日),国税发[1994]第 38 号被公布全文废止。

年 12 月 1 日(含)之后发生纳税义务的增值税、消费税、营业税(简称"三税")征收城市维护建设税和教育费附加;对外资企业 2010 年 12 月 1 日之前发生纳税义务的"三税",不征收城市维护建设税和教育费附加①。

13.1.2　扣缴义务人

增值税、消费税、营业税的代扣代缴、代收代缴义务人同时也是城市维护建设税的代扣代缴、代收代缴义务人②。

城市维护建设税的代扣代缴、代收代缴,一律比照增值税、消费税、营业税的有关规定办理③。

13.2　计税依据

13.2.1　一般规定

城市维护建设税,以纳税人实际缴纳的消费税、增值税、营业税税额为计税依据④。

13.2.2　增值税免抵税款的计税依据

自 2005 年 1 月 1 日起,出口企业经国家税务局正式审核批准的当期免抵的增值税税额应纳入城市维护建设税的计税依据范围,按规定的税率征收城市维护建设税。2005 年 1 月 1 日前,已按免抵的增值税额征收的城市维护建设税不再退还,未征的不再补征⑤。

13.3　税率

13.3.1　一般规定

(1)城市维护建设税实行三档税率⑥:

纳税人所在地在市区的,税率为 7%;

纳税人所在地在县城、镇的,税率为 5%;

纳税人所在地不在市区、县城或镇的,税率为 1%。

上述市区、县城、镇的范围,应按行政区划作为划分标准⑦。

上述"镇"是指"建制镇"⑧。

(2)纳税人缴纳城市维护建设税的适用税率,一律按其纳税所在地的规定税率执行。县政府设在城市市区,其在市区办的企业,按市区的规定税率计算纳税⑨。

纳税人所在地为工矿区的,应根据行政区划分别按照 7%、5%、1% 的税率缴纳城市维护建设税⑩。

13.3.2　特殊规定

城市维护建设税的适用税率,应按纳税人所在地的规定税率执行。但对下列两种情况,可按缴纳"三税"所在地的规定税率就地缴纳城市维护建

---

① 《财政部 国家税务总局关于对外资企业征收城市维护建设税和教育费附加有关问题的通知》(财税[2010]103 号,2010 年 11 月 4 日)。

② 《国家税务总局关于转发国务院办公厅对〈中华人民共和国城市维护建设税暂行条例〉第五条的解释的复函的通知》(国税函[2004]420 号,2004 年 3 月 31 日)。此前,《财政部关于贯彻执行〈中华人民共和国城市维护建设税暂行条例〉几个具体问题的规定》(财税字[1985]69 号,1985 年 3 月 22 日)规定:国营和集体批发企业以及其他批发单位,在批发环节代扣代缴零售环节或临时经营的营业税时,不代扣城市维护建设税,而由纳税单位或个人回到其所在地申报纳税。

③ 《国务院办公厅对〈中华人民共和国城市维护建设税暂行条例〉第五条的解释的复函》(国办函[2004]23 号,2004 年 2 月 27 日)。

④ 《财政部〈关于城建税征收问题的通知〉的明传电报》(财法字[1993]42 号,1993 年 12 月 29 日)。此前,根据《中华人民共和国城市维护建设税暂行条例》(国发[1985]19 号,1985 年 2 月 8 日)的规定,城市维护建设税,以纳税人实际缴纳的产品税、增值税、营业税税额为计税依据,分别与产品税、增值税、营业税同时缴纳。

⑤ 《财政部 国家税务总局关于生产企业出口货物实行免抵退税办法后有关城市维护建设税教育费附加政策的通知》(财税字[2005]25 号,2005 年 2 月 25 日)。

⑥ 《中华人民共和国城市维护建设税暂行条例》(国发[1985]19 号,1985 年 2 月 8 日)。

⑦ 《财政部关于城市维护建设税几个具体业务问题的补充规定》(财税字[1985]143 号,1985 年 6 月 4 日)。

⑧ 《财政部关于〈中华人民共和国城市维护建设税暂行条例〉执行日期等问题的通知》(财税字[1985]55 号,1985 年 2 月 15 日)。

⑨ 《财政部关于贯彻执行〈中华人民共和国城市维护建设税暂行条例〉几个具体问题的规定》(财税字[1985]69 号,1985 年 3 月 22 日)。

⑩ 《财政部关于贯彻执行〈中华人民共和国城市维护建设税暂行条例〉几个具体问题的规定》(财税字[1985]69 号,1985 年 3 月 22 日)。

设税：

①由受托方代征代扣消费税、增值税、营业税的单位和个人①；

②流动经营等无固定纳税地点的单位和个人②。

13.4　应纳税额

城市维护建设税应纳税额的计算公式为：

城市维护建设税应纳税额＝实际缴纳的增值税、营业税、消费税税额×适用税率

13.5　税收减免的一般规定

（1）城市维护建设税是以消费税、增值税、营业税的纳税额作为计税依据并同时征收，一般不应单独予以减免税③。

（2）对增值税、营业税、消费税实行先征后返、先征后退、即征即退办法的，除另有规定外，对随"三税"附征的城市维护建设税和教育费附加，一律不予退（返）还④。

13.6　若干行业、企业的征免规定

13.6.1　铁路行业的征免规定

13.6.1.1　铁道部征税规定

从1985年1月1日起，铁道部应缴纳的城市维护建设税，以铁道部实际集中缴纳的营业税税额作为城市维护建设税的计税依据，在集中缴纳营业税的同时，计算缴纳城市维护建设税。城市维护建设税的税率为5%。城市维护建设税的税款，作为

中央预算收入，上缴中央财政⑤。

13.6.1.2　青藏铁路建设运营免税规定

（1）对青藏铁路建设期间中标的施工企业、监理企业和勘察设计企业从事青藏铁路建设的施工、监理和勘察设计所取得的收入，免征营业税、城市维护建设税和教育费附加；对青藏铁路公司在建设期间取得的临时管理运输收入免征营业税、城市维护建设税和教育费附加。对中标的加工生产企业为青藏铁路建设加工生产的轨枕和水泥预制构件免征增值税、城市维护建设税和教育费附加⑥。

（2）青藏铁路建设运营期间对青藏铁路公司取得的运输收入、其他业务收入免征营业税、城市维护建设税、教育费附加，对青藏铁路公司取得的付费收入不征收营业税⑦。

13.6.2　金融保险行业的征免规定⑧

13.6.2.1　部分银行征税的特殊规定

（1）中国工商银行⑨

中国工商银行缴纳城建税的纳税人为基层独立核算行处。计税依据为营业税税额。纳税时间与营业税缴纳时间相同，即每季度最后月份的下旬。

（2）国家开发银行

国家开发银行从事贷款业务（包括委托其他金融机构发放贷款）应缴纳的城市维护建设税和教育费附加，自2007年1月1日起，由"集中划转，

---

①《财政部〈关于城建税征收问题的通知〉的明传电报》（财法字[1993]42号，1993年12月29日）和《国家税务总局关于城市维护建设税征收问题的通知》（国税发[1994]51号，1994年3月12日）。此前，根据《财政部关于城市维护建设税几个具体业务问题的补充规定》（财税字[1985]143号，1985年6月4日）的规定，由受托方代征代扣产品税、增值税、营业税的单位和个人。

②《财政部关于城市维护建设税几个具体业务问题的补充规定》（财税字[1985]143号，1985年6月4日）。

③《财政部关于城市维护建设税几个具体业务问题的补充通知》（财税字[1985]143号，1985年6月4日）。

④《财政部 国家税务总局关于增值税营业税消费税实行先征后返等办法有关城建税和教育费附加政策的通知》（财税字[2005]72号，2005年5月25日）。此前，《财政部关于城市维护建设税几个具体业务问题的补充规定》（财税字[1985]143号，1985年6月4日）规定，对由于减免产品税、增值税、营业税而发生的退税，同时退还已纳的城建税。

⑤《财政部关于铁道部缴纳城市维护建设税的特案规定》（财税字[1985]159号，1985年6月24日）。

⑥《财政部 国家税务总局关于青藏铁路建设期间有关税收政策问题的通知》（财税字[2003]128号，2003年6月12日）。

⑦《财政部 国家税务总局关于青藏铁路公司运营期间有关税收等政策问题的通知》（财税字[2007]11号，2007年1月11日）。

⑧《国务院关于调整金融保险业税收政策有关问题的通知》（国发[1997]5号，1997年2月19日）曾将金融保险业营业税税率调高至8%，但随同营业税附征的城市维护建设税，仍按营业税原税率5%的部分计征，并由原征收机关征收。目前，有关调高金融保险业营业税税率的规定已经取消，金融保险业城建税计税依据仍是其实际缴纳的营业税税额。

⑨《财政部税务总局关于转发中国工商银行[1985]工银会字第60号文件的通知》（财税地字[1985]3号，1985年6月8日）。

返还各地,各地入库"的缴纳方式改为由国家开发银行各省(区、市)分行直接向各地地方税务局申报缴纳。即由国家开发银行总行于季度终了后的10日内统一计算,通知各分行,各分行向当地地方税务局申报缴纳①。

13.6.2.2 被撤销金融机构免税规定

(1)自《金融机构撤销条例》生效之日起,对被撤销金融机构财产用来清偿债务时,免征被撤销金融机构转让货物、不动产、无形资产、有价证券、票据等应缴纳的增值税、营业税、城市维护建设税、教育费附加和土地增值税。其中享受此税收优惠政策的主体是指经中国人民银行依法决定撤销的金融机构及其分设于各地的分支机构,包括被依法撤销的商业银行、信托投资公司、财务公司、金融租赁公司、城市信用社和农村信用社。除另有规定者外,被撤销的金融机构所属、附属企业,不享受通知规定的被撤销金融机构的税收优惠政策②。

(2)自大连证券破产清算之日起,大连证券破产财产被清算组用来清偿债务时,免征大连证券销售转让货物、不动产、无形资产、有价证券、票据等应缴纳的城市维护建设税③。

13.6.2.3 资产管理公司处置资产的免税规定

对中国东方资产管理公司接收、处置港澳国际(集团)有限公司的资产,实行以下税收优惠④:

(1)享受税收优惠政策的主体

①负责接收和处置港澳国际(集团)有限公司资产的中国东方资产管理公司及其经批准分设于各地的分支机构(简称东方资产管理公司);

②港澳国际(集团)有限公司所属的东北国际投资有限公司、海国投集团有限公司、海南港澳国际信托投资公司(简称港澳国际(集团)内地公司);

③在我国境内(不包括港澳台,下同)拥有资产并负有纳税义务的港澳国际(集团)有限公司集团本部及其香港 8 家子公司(简称港澳国际(集团)香港公司,名单见财税字[2003]212 号《财政部 国家税务总局关于中国东方资产管理公司处置港澳国际(集团)有限公司有关资产税收政策问题的通知》附件)。

(2)税收优惠政策内容

①对东方资产管理公司在接收港澳国际(集团)有限公司的资产包括货物、不动产、有价证券等,免征东方资产管理公司销售转让该货物、不动产、有价证券等资产以及利用该货物、不动产从事融资租赁业务应缴纳的增值税、营业税、城市维护建设税、教育费附加和土地增值税。

②对东方资产管理公司所属的投资咨询类公司,为本公司接收、处置港澳国际(集团)有限公司资产而提供资产、项目评估和审计服务取得的收入免征应缴纳的营业税、城市维护建设税和教育费附加。

③对港澳国际(集团)内地公司的资产,包括货物、不动产、有价证券、股权、债权等,在清理和被

---

① 《国家税务总局关于调整国家开发银行城市维护建设税和教育费附加缴纳办法的通知》(国税函[2007]484 号,2007 年 5 月 8 日)。此前,根据《国家税务总局关于国家开发银行继续集中缴纳城市维护建设税和教育费附加的通知》(国税函[1999]493 号,1999 年 7 月 19 日)、《国家税务总局关于国家开发银行城市维护建设税和教育费附加款项划转办法的补充通知》(国税函[1999]521 号,1999 年 8 月 22 日)、《国家税务总局关于国家开发银行城市维护建设税和教育费附加缴纳办法的通知》(国税函发[1996]694 号,1996 年 11 月 27 日)的规定,自 1997 年 1 月 1 日起,国家开发银行应缴纳的城建税和教育费附加,由国家税务总局直属征收局负责征收,实行由开发银行总行"集中划转、返还各地、各地入库"的办法。根据《国家税务总局关于公布全文失效废止 部分条款失效废止的税收规范性文件目录的公告》(国家税务总局公告 2011 年第 2 号,2011 年 1 月 4 日),国税函发[1996]694 号、国税函[1999]493 号和国税函[1999]521 号被公布全文失效废止。

② 《财政部 国家税务总局关于被撤销金融机构有关税收政策问题的通知》(财税[2003]141 号,2003 年 7 月 3 日)。

③ 《财政部 国家税务总局关于大连证券破产及财产处置过程中有关税收政策问题的通知》(财税[2003]88 号,2003 年 5 月 20 日)。

④ 《财政部 国家税务总局关于中国东方资产管理公司处置港澳国际(集团)有限公司有关资产税收政策问题的通知》(财税[2003]212 号,2003 年 11 月 10 日)。

处置时,免征港澳国际(集团)内地公司销售转让该货物、不动产、有价证券、股权、债权等资产应缴纳的增值税、营业税、城市维护建设税、教育费附加和土地增值税。

13.6.2.4 黄金交易的免税规定

黄金交易所会员单位通过黄金交易所销售标准黄金(持有黄金交易所开具的《黄金交易结算凭证》),未发生实物交割的,免征增值税;发生实物交割的,由税务机关按照实际成交价格代开增值税专用发票,并实行增值税即征即退的政策,同时免征城市维护建设税①。

13.6.3 出口企业的征免规定

13.6.3.1 出口退税产品的征免规定

对出口产品退还消费税、增值税的,不退还已纳的城市维护建设税②。

13.6.3.2 出口产品供货企业的征税规定

自1997年1月1日起,供货企业在向出口企业和市县外贸企业销售出口产品时,以增值税当期销项税额抵扣当期进项税额后的余额为计税依据,计算缴纳城市维护建设税③。

13.6.3.3 援外项目的征免规定④

(1)对中国成套设备公司所属分公司向承建外援项目的单位提供材料、备件等取得的仓储、包装、管理费、运费等收入应依照营业税、城市维护建设税有关税目税率分别征税。

(2)我国政府无偿援助外国的生活用品,因系无偿赠予没有销售行为,因而不征营业税,也不征收城市维护建设税。但承办单位应将有关材料提供给税务机关;对承办单位承担此项取得的手续费收入应当征收营业税、城市维护建设税。

(3)根据企业在国外提供技术服务和劳务取得的收入不征营业税的规定,对承建外援项目取得的收入,不征营业税、城市维护建设税。

13.6.4 石油、核电行业的征免规定

13.6.4.1 海洋石油企业的征税规定

(1)中国海洋石油总公司及其所属地区公司、专业公司从1994年1月1日起以实际缴纳的增值税、消费税和营业税的税额为计税依据,缴纳城市维护建设税⑤。

(2)中国海洋石油总公司海上自营油(气)田按照下述"中外合作油(气)田的征税规定"执行。

13.6.4.2 中外合作油(气)田的征税规定

从2010年12月1日起,对中外合作油(气)田征收城市维护建设税和教育费附加⑥。

(1)中外合作油(气)田开采的原油、天然气,在依据《国务院关于外商投资企业和外国企业适用增值税、消费税、营业税等税收暂行条例有关问题的通知》(国发[1994]10号)和《国家税务总局关于中外合作开采石油资源缴纳增值税有关问题的通知》(国税发[1994]114号),按5%税率缴纳实物增值税后,以合作油(气)田实际缴纳的增值税税额为计税依据,缴纳城市维护建设税和教育费附加。

① 《财政部 国家税务总局关于黄金税收政策问题的通知》(财税[2002]142号,2002年9月12日)。
② 《财政部关于城市维护建设税几个具体业务问题的补充规定》(财税字[1985]143号,1985年6月4日)。
③ 《财政部 国家税务总局关于出口货物征收城市维护建设税 教育费附加有关问题的通知》(财税字[1996]84号,1996年12月27日)。
④ 《国家税务局关于经援项目税收问题的函》(国税函发[1990]884号,1990年7月25日)。
⑤ 《国家税务总局海洋石油税务管理局关于中国海洋石油总公司及其所属公司缴纳城市维护建设税有关问题的通知》(国税油发[1994]7号,1994年8月11日)。此前,根据《国家税务总局海洋石油税务管理局关于中国海洋石油总公司缴纳城市维护建设税和教育费附加的通知》(国税油发[1994]12号,1994年4月27日)的规定,自1994年1月1日起,中国海洋石油总公司及其所属地区公司、专业公司(以下简称中油公司)由原缴纳工商统一税改为缴纳增值税、消费税和营业税后,应按照《中华人民共和国城市维护建设税暂行条例》(国发[1985]19号)及《财政部〈关于城建税征收问题的通知〉的明传电报》(财法字[1993]42号)的规定,以其实际缴纳的增值税、消费税和营业税的税额为计税依据,按条例规定的税率计算缴纳城市维护建设税。
⑥ 《国家税务总局关于中外合作开采石油资源适用城市维护建设税 教育费附加有关事宜的公告》(国家税务总局公告2010年第31号)。此前,《国家税务总局关于海洋石油若干税收政策问题的通知》(国税外函[1998]第20号,1998年2月3日)规定,外国石油公司暂不征收城市维护建设税。

（2）合作油（气）田的城市维护建设税和教育费附加的申报缴纳事宜，由参与中外合作开采石油资源的中国石油公司负责办理。

（3）开采海洋石油资源的中外合作油（气）田所在地在海上，其城市维护建设税适用 1% 的税率。

13.6.4.3　国家石油储备基地的免税规定

对国家石油储备基地第一期项目建设过程中涉及的城市维护建设税予以免征。上述免税范围仅限于应由国家石油储备基地缴纳的税收。国家石油储备基地第一期项目包括大连、黄岛、镇海、舟山 4 个储备基地①。

13.6.4.4　核电企业的免税规定

对广东核电投资有限公司销售给广东电网公司的电力实行增值税先征后退政策，并免征城市维护建设税和教育费附加②。

13.6.5　促进就业和再就业的征免规定

13.6.5.1　2010 年年底以前下岗失业人员再就业的税收优惠

（1）商贸服务型企业吸收下岗失业人员的免税规定

2006 年 1 月 1 日至 2008 年 12 月 31 日，对商贸企业、服务型企业（除广告业、房屋中介、典当、桑拿、按摩、氧吧外）、劳动就业服务企业中的加工型企业和街道社区具有加工性质的小型企业实体，在新增加的岗位中，当年新招用持《再就业优惠证》人员，与其签订 1 年以上期限劳动合同并依法缴纳社会保险费的，按实际招用人数予以定额依次扣减营业税、城市维护建设税、教育费附加和企业所得税优惠。

定额标准为每人每年 4000 元，可上下浮动 20%，由各省、自治区、直辖市人民政府根据本地区实际情况在此幅度内确定具体定额标准，并报财政部和国家税务总局备案。按上述标准计算的税收扣减额应在企业当年实际应缴纳的营业税、城市维护建设税、教育费附加和企业所得税税额中扣减，当年扣减不足的，不得结转下年使用。对 2005 年底前核准享受再就业减免税政策的企业，在剩余期限内仍按原优惠方式继续享受减免税政策至期满③。

2009 年 1 月 1 日至 2010 年 12 月 31 日，上述优惠政策延续适用，《财政部国家税务总局关于下岗失业人员再就业有关税收政策问题的通知》（财税〔2005〕186 号）和《国家税务总局劳动和社会保障部关于下岗失业人员再就业有关税收政策具体实施意见的通知》（国税发〔2006〕8 号）规定的具体操作办法继续执行④。

（2）下岗失业人员从事个体经营的免税规定

2006 年 1 月 1 日至 2008 年 12 月 31 日，对持《再就业优惠证》人员从事个体经营的（除建筑业、娱乐业以及销售不动产、转让土地使用权、广告业、房屋中介、桑拿、按摩、网吧、氧吧外），按每户每年 8000 元为限额依次扣减其当年实际应缴纳的营业税、城市维护建设税、教育费附加和个人所得税。纳税人年度应缴纳税款小于上述扣减限额的以其实际缴纳的税款为限；大于上述扣减限额的应以上述扣减限额为限。对 2005 年底前核准享受再就业减免税优惠的个体经营人员，从 2006 年 1 月 1 日起按上述政策规定执行，原政策优惠规定停止

---

① 《财政部 国家税务总局关于国家石油储备基地建设有关税收政策的通知》（财税〔2005〕23 号，2005 年 3 月 15 日）。

② 《财政部 国家税务总局关于核电行业税收政策有关问题的通知》（财税〔2008〕38 号，2008 年 4 月 3 日）。

③ 《财政部 国家税务总局关于下岗失业人员再就业有关税收政策问题的通知》（财税〔2005〕186 号，2006 年 1 月 23 日）。此前，《财政部 劳动和社会保障部 国家税务总局关于促进下岗失业人员再就业税收优惠及其他相关政策的补充通知》（财税〔2003〕192 号，2003 年 8 月 28 日）规定 2003 年 1 月 1 日至 2005 年 12 月 31 日，对新办的商贸企业（从事批发、批零兼营以及其他非零售业务的商贸企业除外），当年新招用下岗失业人员达到职工总数 30% 以上（含 30%），并与其签订 1 年以上期限劳动合同的，经劳动保障部门认定，税务机关审核，3 年内免征城市维护建设税。根据《财政部关于公布废止和失效的财政规章和规范性文件目录（第十一批）的决定》（财政部令第 62 号，2011 年 2 月 21 日），财税〔2003〕192 号已被公布失效。

④ 《财政部 国家税务总局关于延长下岗失业人员再就业有关税收政策的通知》（财税〔2009〕23 号，2009 年 3 月 3 日）。《财政部 国家税务总局关于延长下岗失业人员再就业有关税收政策审批期限的通知》（财税〔2010〕10 号，2010 年 3 月 4 日）。

执行①。

2009 年 1 月 1 日起,对持《再就业优惠证》人员从事个体经营的,3 年内按每户每年 8000 元为限额依次扣减其当年实际应缴纳的营业税、城市维护建设税、教育费附加和个人所得税。税收优惠政策的审批期限为 2009 年 1 月 1 日至 2010 年 12 月 31 日,具体操作办法继续按照《财政部国家税务总局关于下岗失业人员再就业有关税收政策问题的通知》(财税[2005]186 号)和《国家税务总局劳动和社会保障部关于下岗失业人员再就业有关税收政策具体实施意见的通知》(国税发[2006]8 号)的相关规定执行②。

(3)下岗再就业相关政策口径③

上述所称的下岗失业人员是指:国有企业的下岗失业职工;国有企业关闭破产需要安置的人员;国有企业所办集体企业(即厂办大集体企业)下岗职工;享受最低生活保障并且失业一年以上的城镇其他失业人员。

以上所称的国有企业所办集体企业(即厂办大集体企业)是指 20 世纪 70、80 年代,由国有企业批准或资助兴办的,以安置回城知识青年和国有企业职工子女就业为目的,主要向主办国有企业提供配套产品或劳务服务,在工商行政机关登记注册为集体所有制的企业。厂办大集体企业下岗职工包括在国有企业混岗工作的集体企业下岗职工。对特别困难的厂办大集体企业关闭或依法破产需要安置的人员,有条件的地区也可纳入《再就业优惠证》发放范围,具体办法由省级人民政府制定。

以上所称的服务型企业是指从事现行营业税"服务业"税目规定经营活动的企业。

(4)核定减免税与实际减免税的协调④

①营业税、城市维护建设税、教育费附加和企业所得税均由地方税务局征管的,由主管税务机关在审批时按劳动保障部门认定的企业吸纳人数和签定的劳动合同时间预核定企业减免税总额,在预核定减免税总额内每月依次预减营业税、城市维护建设税、教育费附加。纳税人实际应缴纳的营业税、城市维护建设税、教育费附加小于预核定减免税总额的,以实际应缴纳的营业税、城市维护建设税、教育费附加为限;实际应缴纳的营业税、城市维护建设税、教育费附加大于预核定减免税总额的,以预核定减免税总额为限。

年度终了,如果实际减免的营业税、城市维护建设税、教育费附加小于预核定的减免税总额,在企业所得税汇算清缴时扣减企业所得税。当年扣减不足的,不再结转以后年度扣减。

预核定企业减免税总额,其计算公式为:

企业预核定减免税总额 = Σ 每名下岗失业人员本年度在本企业预定工作月份/12×定额

②营业税、城市维护建设税、教育费附加与企业所得税分属国家税务局和地方税务局征管的,统一由企业所在地主管地方税务局按上述规定的办法预核定企业减免税总额并将核定结果通报当地国家税务局。年度内先由主管地方税务局在核定的减免总额内每月依次预减营业税、城市维护建设税、教育费附加。如果企业实际减免的营业税、城市维护建设税、教育费附加小于核定的减免税总额的,县级地方税务局要在次年 1 月底之前将企业实际减免的营业税、城市维护建设税、教育费附加和剩余额度等信息交换给同级国家税务局,剩余额度

---

① 《财政部 国家税务总局关于下岗失业人员再就业有关税收政策问题的通知》(财税[2005]186 号,2006 年 1 月 23 日)。

② 《财政部 国家税务总局关于延长下岗失业人员再就业有关税收政策的通知》(财税[2009]23 号,2009 年 3 月 3 日)。《财政部 国家税务总局关于延长下岗失业人员再就业有关税收政策审批期限的通知》(财税[2010]10 号,2010 年 3 月 4 日)。

③ 《财政部 国家税务总局关于下岗失业人员再就业有关税收政策问题的通知》(财税[2002]208 号,2002 年 12 月 27 日)以及《财政部 国家税务总局关于下岗失业人员再就业有关税收政策问题的通知》(财税[2005]186 号,2006 年 1 月 23 日)。根据《财政部关于公布废止和失效的财政规章和规范性文件目录(第十一批)的决定》(财政部令第 62 号,2011 年 2 月 21 日),财税[2002]208 号已被公布失效。

④ 《国家税务总局劳动和社会保障部关于下岗失业人员再就业有关税收政策具体实施意见的通知》(国税发[2006]8 号,2006 年 1 月 18 日)。

由主管国家税务局在企业所得税汇算清缴时按企业所得税减免程序扣减企业所得税。当年扣减不足的,不再结转以后年度扣减。

企业年度减免税总额的计算公式为:

企业年度减免税总额 = Σ每名下岗失业人员本年度在本企业实际工作月份/12×定额。

③第二年及以后年度以当年新招用人员、原招用人员及其工作时间按上述程序和办法执行。每名下岗失业人员享受税收政策的期限最长不得超过 3 年。

④企业自吸纳下岗失业人员的次月起享受税收优惠政策。如果企业既适用本通知规定的优惠政策,又适用其他扶持就业的优惠政策,企业可选择适用最优惠的政策,但不能累加执行。

13.6.5.2　2011 年之后促进就业的税收优惠

从 2011 年起,原有下岗失业人员再就业税收优惠政策调整适用于所有符合条件的人员。具体内容详见本书第四章"促进就业再就业营业税优惠"部分。

13.6.5.3　退役士兵自谋职业的税收优惠①

(1)自 2004 年 1 月 1 日起,对为安置自谋职业的城镇退役士兵就业而新办的服务型企业(除广告业、桑拿、按摩、网吧、氧吧外)和商业零售企业,当年新安置自谋职业的城镇退役士兵达到职工总数 30% 以上,并与其签订 1 年以上期限劳动合同的,经县级以上民政部门认定,税务机关审核,3 年内免征城市维护建设税。

所称服务型企业是指从事现行营业税"服务业"税目规定的经营活动的企业。

所称商业零售企业是指设有商品营业场所、柜台,不自产商品、直接面向最终消费者的商业零售企业,包括直接从事综合商品销售的百货商场、超级市场、零售商店等。

(2)自 2004 年 1 月 1 日起,对自谋职业的城镇退役士兵在《国务院办公厅转发民政部等部门关于扶持城镇退役士兵自谋职业优惠政策意见的通知》(国办发[2004]10 号)下发后从事个体经营(除建筑业、娱乐业以及广告业、桑拿、按摩、网吧、氧吧外)的,自领取税务登记证之日起,3 年内免征城市维护建设税。

所称自谋职业的城镇退役士兵是指符合城镇安置条件,并与安置地民政部门签订《退役士兵自谋职业协议书》,领取《城镇退役士兵自谋职业证》的士官和义务兵。

13.6.5.4　集贸市场临时经营的个体商贩征免规定

个体商贩及个人在集市上出售商品,对其征收临时经营营业税或增值税,是否同时按其实缴税额征收城市维护建设税,由各省、自治区、直辖市人民政府根据实际情况确定②。

13.6.6　部分政府性基金项目的征免规定

(1)对三峡工程建设基金,在 2004 年 1 月 1 日到 2009 年 12 月 31 日期间,继续免征城市维护建设税③。

---

①　《财政部 国家税务总局关于扶持城镇退役士兵自谋职业有关税收优惠政策的通知》(财税[2004]93 号,2004 年 6 月 9 日)。此前,根据《国家税务总局关于退役士兵自谋职业享受有关税收优惠政策的通知》(国税发[2001]11 号,2001 年 1 月 20 日)(已失效)的规定,自谋职业享受有关税收优惠政策的退役士兵是指:退出现役后按有关规定符合在城镇安置就业条件的自谋职业的士官和义务兵。自谋职业的退役士兵的享受税收优惠政策,必须持当地人民政府退役士兵安置部门核发的自谋职业证明材料到当地税务机关按规定办理减免税手续。退役士兵享受有关税收优惠政策的相关内容,按照《国家税务总局关于下岗职工从事社区居民服务业享受有关税收优惠政策问题的通知》(国税发[1999]43 号,1999 年 3 月 15 日)第二、三、四条的规定执行。此项政策自 2001 年 1 月 1 日至 2003 年 12 月 31 日有效。

②　《财政部关于贯彻执行〈中华人民共和国城市维护建设税暂行条例〉几个具体问题的规定》(财税[1985]69 号,1985 年 3 月 22 日)。

③　《财政部 国家税务总局关于继续免征三峡工程建设基金的城市维护建设税教育费附加的通知》(财税[2004]79 号,2004 年 5 月 28 日)。此前,根据《财政部 国家税务总局关于继续免征三峡工程建设基金城市维护建设税教育费附加的通知》(财税[1998]93 号,1998 年 6 月 9 日)(现已失效)的规定,对三峡工程建设基金,在 1998 年 1 月 1 日到 2003 年 12 月 31 日期间,继续免征城市维护建设税和教育费附加。

（2）从 1994 年起，原价外征收的电力建设基金应并入价内，由电力企业统一核算，单独反映，并依法缴纳城市维护建设税①。

（3）从 1994 年 1 月 1 日起，民航基础设施建设基金应按规定缴纳城市维护建设税②。

13.6.7 涉农产业的征免规定

（1）中央直属储备粮库需要按规定缴纳城市维护建设税③。

（2）对国营华侨农场从 1990 年 1 月 1 日起恢复征收城市维护建设税④。

（3）从 2010 年 5 月 25 日起，对对国家重大水利工程建设基金免征城市维护建设税和教育费附加⑤。

13.6.8 中央机关后勤保障项目的征免规定

自 2007 年 1 月 1 日起，对中央各部门机关服务中心为机关内部提供的后勤保障服务所取得的收入，恢复征收企业所得税、营业税、城市维护建设税和教育费附加⑥。

13.6.9 应对自然灾害税收优惠规定

（1）四川汶川地震灾后重建税收优惠⑦

①自 2008 年 5 月 12 日起，对单位和个体经营者将自产、委托加工或购买的货物，通过公益性社会团体、县级以上人民政府及其部门捐赠给受灾地区的，免征增值税、城市维护建设税及教育费附加。

②受灾严重地区的商贸企业、服务型企业（除广告业、房屋中介、典当、桑拿、按摩、氧吧外）、劳动就业服务企业中的加工型企业和街道社区具有加工性质的小型企业实体在新增加的就业岗位中，招用当地因地震灾害失去工作的城镇职工，与其签订 1 年以上期限劳动合同并依法缴纳社会保险费的，经县级劳动保障部门认定，按实际招用人数和实际工作时间予以定额依次扣减营业税、城市维护建设税、教育费附加和企业所得税。定额标准为每人每年 4000 元，可上下浮动 20%，由灾区省级人民政府根据本地区实际情况在此幅度内确定具体定额标准，并报财政部和国家税务总局备案。

按上述标准计算的税收扣减额应在企业当年实际应缴纳的营业税、城市维护建设税、教育费附加和企业所得税税额中扣减，当年扣减不足的，不得结转下年使用。

③受灾严重地区因地震灾害失去工作的城镇职工从事个体经营的（除建筑业、娱乐业以及销售不动产、转让土地使用权、广告业、房屋中介、桑拿、按摩、网吧、氧吧外），按每户每年 8000 元为限额依次扣减其当年实际应缴纳的营业税、城市维护建设税、教育费附加和个人所得税。纳税人年度应缴纳

---

① 《财政部 国家税务总局关于电力建设基金实行统一税制后有关问题的通知》（财税〔1994〕7 号，1994 年 3 月 31 日）。
② 《财政部 国家税务总局关于明确民航基础设施建设基金纳税问题的通知》（财税〔1994〕第 6 号，1994 年 4 月 7 日）。
③ 《国家税务总局关于中央直属储备粮库建设有关税费问题的批复》（国税函发〔1998〕第 842 号，1998 年 12 月 30 日）。
④ 《国家税务局关于恢复征收国营华侨农场地方税问题的通知》（国税函发〔1990〕第 1117 号，1990 年 8 月 31 日）。该文还规定，对国营华侨农场恢复征收房产税、车船使用税、土地使用税和印花税，并且国营华侨农场缴纳房产税、车船使用税、土地使用税和城市维护建设税确有困难的，可向所在地税务机关提出减免税申请，由省、自治区、市税务局根据实际情况给予一定期限的减税、免税照顾。《国家税务总局关于取消部分地方税行政审批项目的通知》（国税函〔〔2007〕〕629 号，2007 年 6 月 11 日）对该行政审批项目予以了取消并废止了该文件。
⑤ 《财政部 国家税务总局关于免征国家重大水利工程建设基金的城市维护建设税和教育费附加的通知》（财税〔2010〕44 号，2010 年 5 月 25 日）。
⑥ 《国家税务总局关于中央和国务院各部门机关服务中心恢复征税的通知》（国税发〔2007〕94 号，2007 年 8 月 1 日）。此前，根据《国家税务总局关于中央各部门机关后勤体制改革有关税收政策具体问题的通知》（国税发〔2002〕第 32 号，2002 年 4 月 23 日）和《财政部 国家税务总局关于中央各部门机关服务中心有关税收政策问题的通知》（国税〔2001〕第 122 号，2001 年 7 月 24 日）的规定，自 2001 年 1 月 1 日起，在机关服务中心为机关内部提供的后勤保障服务所取得的收入，在 2005 年 12 月 31 日之前暂免征收城市维护建设税。
⑦ 《国务院关于支持汶川地震灾后恢复重建政策措施的意见》（国发〔2008〕21 号，2008 年 6 月 29 日）。《财政部 海关总署 国家税务总局关于支持汶川地震灾后恢复重建有关税收政策问题的通知》（财税〔2008〕104 号，2008 年 8 月 1 日）。《财政部 国家税务总局关于延长部分税收优惠政策执行期限的通知》（财税〔2009〕131 号，2009 年 11 月 20 日）。政策执行至 2010 年 12 月 31 日。

税款小于上述扣减限额的,以其实际缴纳的税款为限;大于上述扣减限额的,应以上述扣减限额为限。

受灾严重地区和受灾地区具体名单见《财政部 海关总署 国家税务总局关于支持汶川地震灾后恢复重建有关税收政策问题的通知》(财税〔2008〕104 号)附件。

(2)青海玉树地震灾后重建税收优惠①

①自 2010 年 4 月 14 日起,对单位和个体经营者将自产、委托加工或购买的货物通过公益性社会团体、县级以上人民政府及其部门捐赠给受灾地区的,免征增值税、城市维护建设税及教育费附加。

②受灾地区的企业在新增加的就业岗位中,招用当地因地震灾害失去工作的人员,与其签订 1 年以上期限劳动合同并依法缴纳社会保险费的,经县级人力资源社会保障部门认定,按实际招用人数和实际工作时间予以定额依次扣减营业税、城市维护建设税、教育费附加和企业所得税。定额标准为每人每年 4000 元,可上下浮动 20%,由灾区省级人民政府根据本地实际情况具体确定。

按上述标准计算的税收抵扣额应在企业当年实际应缴纳的营业税、城市维护建设税、教育费附加和企业所得税税额中扣减,当年扣减不足的,不得结转下年使用。

③受灾地区因地震灾害失去工作后从事个体经营的人员,以及因地震灾害损失严重的个体工商户,按每户每年 8000 元的限额依次扣减其当年实际应缴纳的增值税、营业税、城市维护建设税、教育费附加和个人所得税。纳税人年度应缴纳税款小于上述扣减限额的,以其实际缴纳的税款为限;大于上述扣减限额的,应以上述扣减限额为限。

以上税收优惠政策,凡未注明具体期限的,一律执行至 2012 年 12 月 31 日。所称"受灾地区"是指青海省玉树藏族自治州玉树、称多、治多、杂多、囊谦、曲麻莱县和四川省甘孜藏族自治州石渠县等 7 个县的 27 个乡镇。具体受灾地区范围见《财政部 国家税务总局关于支持玉树地震灾后恢复重建有关税收政策问题的通知》(财税〔2010〕59 号)附件。

(3)甘肃舟曲泥石流灾后重建税收优惠②

①自 2010 年 8 月 8 日起,对单位和个体经营者将自产、委托加工或购买的货物通过公益性社会团体、县级以上人民政府及其部门捐赠给受灾地区的,免征增值税、城市维护建设税及教育费附加。

②灾区的商贸企业、服务型企业(除广告业、房屋中介、典当、桑拿、按摩、氧吧外)、劳动就业服务企业中的加工型企业和街道社区具有加工性质的小型企业实体在新增加的就业岗位中,招用当地因灾失去工作的人员,与其签订一年以上期限劳动合同并依法缴纳社会保险费的,经县级人力资源社会保障部门认定,按实际招用人数和实际工作时间予以定额依次扣减营业税、城市维护建设税、教育费附加和企业所得税。定额标准为每人每年 4000 元,可上下浮动 20%,由甘肃省人民政府根据本地实际情况具体确定。

按上述标准计算的税收抵扣额应在企业当年实际应缴纳的营业税、城市维护建设税、教育费附加和企业所得税税额中扣减,当年扣减不足的,不得结转下年使用。

③灾区因灾失去工作后从事个体经营(除建筑业、娱乐业以及销售不动产、转让土地使用权、广告业、房屋中介、桑拿、按摩、网吧、氧吧外)的人员,以及因灾损失严重的个体工商户,按每户每年

---

① 《国务院关于支持玉树地震灾后恢复重建政策措施的意见》(国发〔2010〕16 号,2010 年 5 月 27 日)。《财政部 国家税务总局关于支持玉树地震灾后恢复重建有关税收政策问题的通知》(财税〔2010〕59 号,2010 年 7 月 23 日)。

② 《国务院关于支持舟曲灾后恢复重建政策措施的意见》(国发〔2010〕34 号,2010 年 10 月 18 日)。《财政部 海关总署 国家税务总局关于支持舟曲灾后恢复重建有关税收政策问题的通知》(财税〔2010〕107 号,2010 年 12 月 29 日)。文件所规定的税收优惠政策,凡未注明具体期限的,一律执行至 2012 年 12 月 31 日。如果纳税人按规定既可享受本通知的税收优惠政策,也可享受国家支持汶川地震灾后恢复重建的税收优惠政策,可由纳税人自主选择适用的政策,但两项政策不得叠加使用。文中所称"灾区"包括甘肃省舟曲县城关镇和江盘乡的 15 个村、2 个社区,灾区具体范围见财税〔2010〕107 号附件。

8000元为限额依次扣减其当年实际应缴纳的增值税、营业税、城市维护建设税、教育费附加和个人所得税。纳税人年度应缴纳税款小于上述扣减限额的,以其实际缴纳的税款为限;大于上述扣减限额的,应以上述扣减限额为限。

13.7 征收管理

城市维护建设税的征收、管理、纳税环节、奖罚等事项,比照消费税、增值税、营业税的有关规定办理①。

13.7.1 纳税时间和纳税地点

13.7.1.1 一般规定

城市维护建设税与增值税、消费税、营业税的同时缴纳②。

13.7.1.2 铁道部系统、各银行总行和保险总公司纳税地点

人民银行、各专业银行和保险公司应缴纳的城市维护建设税,均由取得业务收入的核算单位在当地缴纳;但铁道部系统、各银行总行和保险总公司应缴纳的城市维护建设税,由铁道部、各银行总行和保险总公司向北京市国家税务局、上海市国家税务局所属征收机关缴纳③。

华夏银行总行营业部经营业务的营业税、城市维护建设税应由北京市国家税务局征收④。

中国建银投资公司直接向北京市有关主管税务机关集中申报缴纳营业税及附征的城市维护建设税、教育费附加,不另向其他各地税务机关申报⑤。

13.7.1.3 跨省油田开采和管道运输的纳税时间与地点⑥

(1)跨省开采的油田,下属生产单位与核算单位不在一个省内的,按照现行税法规定,对其生产的原油,在油井所在地缴纳增值税。应纳的税款,由核算单位按照各油井的产量和规定的税率,计算汇拨。各油井应纳的城市维护建设税,应由核算单位计算,随同增值税一并汇拨油井所在地,由油井在缴纳增值税的同时,一并缴纳城市维护建设税。

(2)对管道输油收入,由取得收入的各管理局在所在地缴纳营业税。因此,其应纳的城市维护建设税,亦由取得收入的各管理局在所在地缴纳,不能按管道局所属单位在各省市的人数向各省市缴纳。

13.7.2 代开发票管理

纳税人销售货物或应税劳务,按规定需由主管国税局为其代开普通发票或增值税专用发票的,主管国税局应当在代开发票并征收增值税(除销售免税货物外)的同时,代地税局征收城市维护建设税。主管国税局为纳税人代开的发票作废或销货退回按现行规定开具红字发票时,由主管国税局退还或在下期抵缴已征收的增值税,由主管地税局退还已征收的城市维护建设税或者委托主管国税局在下期抵缴已征收的城市维护建设税⑦。

13.7.3 补税罚款

纳税人在被查补消费税、增值税、营业税和被处以罚款时,应同时对其偷漏的城市维护建设税进行补税和罚款⑧。

---

① 《中华人民共和国城市维护建设税暂行条例》(国发[1985]19号,1985年2月8日)。
② 《中华人民共和国城市维护建设税暂行条例》(国发[1985]19号,1985年2月8日)。
③ 《国务院关于实行分税制财政管理体制的决定》(国发[1993]85号,1993年12月15日)。此前,根据《财政部 国家税务总局关于缴纳城市维护建设税问题的复函》(财税地字[1986]4号,1986年5月31日)的规定,农业银行营业税缴纳地点由县支行或区办事处缴税。城市维护建设税,在纳税人缴纳营业税同时缴纳。根据《财政部税务总局关于转发中国工商银行(85)工银会字第60号文件的通知》(财税地[1985]3号,1985年6月8日)的规定,中国工商银行缴纳城建税的纳税人为基层独立核算行处。
④ 《国家税务总局关于华夏银行总行营业部缴纳营业税问题的批复》(国税函[2002]269号,2002年4月11日)。
⑤ 《国家税务总局关于中国建银投资有限责任公司纳税申报地点问题的通知》(国税发[2005]52号,2005年4月4日)。
⑥ 《财政部 国家税务总局关于跨省油田和管道局缴纳城市维护建设税问题的答复》(财税地[1985]5号,1985年6月25日)。
⑦ 《国家税务总局关于国家税务局为小规模纳税人代开发票及税款征收有关问题的通知》(国税发[2005]18号,2005年2月28日)。
⑧ 《财政部关于贯彻执行〈中华人民共和国城市维护建设税暂行条例〉几个具体问题的规定》(财税[1985]69号,1985年3月22日)。

第 14 章　耕地占用税制度

耕地占用税是在全国范围内,对占用耕地建房或者从事其他非农业建设的单位和个人,按照规定税额一次性征收的一个税种。

1987 年 4 月 1 日,国务院发布了《中华人民共和国耕地占用税暂行条例》。随着我国经济迅速发展和客观形势的变化,保护耕地资源形势更加严峻,2007 年 12 月 1 日国务院颁布了新的《中华人民共和国耕地占用税暂行条例》,自 2008 年 1 月 1 日起施行。2008 年 2 月 26 日,财政部、国家税务总局公布了《中华人民共和国耕地占用税暂行条例实施细则》。

14.1　纳税义务人

14.1.1　基本规定①

占用耕地建房或者从事非农业建设的单位或者个人,为耕地占用税的纳税人(简称纳税人),应当按照耕地占用税暂行条例规定缴纳耕地占用税。

所称单位,包括国有企业、集体企业、私营企业、股份制企业、外商投资企业、外国企业以及其他企业和事业单位、社会团体、国家机关、部队以及其他单位;所称个人,包括个体工商户以及其他个人。

14.1.2　纳税人的认定②

耕地占用税纳税人应主要依据农用地转用审批文件认定。农用地转用审批文件中标明用地人的,用地人为纳税人;审批文件中未标明用地人的,应要求申请用地人举证实际用地人,实际用地人为纳税人;实际用地人尚未确定的,申请用地人为纳税人,占用耕地尚未经批准的,实际用地人为纳税人。

14.2　征税范围

耕地占用税的征税范围是在我国境内建房或从事其他非农业建设所占用的耕地③。

所称建房,包括建设建筑物和构筑物④。所称耕地,是指用于种植农作物的土地⑤。

占用园地建房或者从事非农业建设的,视同占用耕地征收耕地占用税⑥。

占用林地、牧草地、农田水利用地、养殖水面以及渔业水域滩涂等其他农用地建房或者从事非农业建设的,征收耕地占用税⑦。

所称林地,包括有林地、灌木林地、疏林地、未成林地、迹地、苗圃等,不包括居民点内部的绿化林木用地,铁路、公路征地范围内的林木用地,以及河流、沟渠的护堤林用地⑧。

① 《中华人民共和国耕地占用税暂行条例》(中华人民共和国国务院令第 511 号,2007 年 12 月 1 日)。
② 《中华人民共和国耕地占用税暂行条例实施细则》(财政部 国家税务总局令第 49 号,2008 年 2 月 26 日)和《国家税务总局关于耕地占用税征收管理有关问题的通知》(国税发〔2007〕129 号,2007 年 12 月 14 日)。
③ 《中华人民共和国耕地占用税暂行条例》(中华人民共和国国务院令第 511 号,2007 年 12 月 1 日)。
④ 《中华人民共和国耕地占用税暂行条例实施细则》(财政部 国家税务总局令第 49 号,2008 年 2 月 26 日)。
⑤ 《中华人民共和国耕地占用税暂行条例》(中华人民共和国国务院令第 511 号,2007 年 12 月 1 日)。
⑥ 《中华人民共和国耕地占用税暂行条例实施细则》(财政部 国家税务总局令第 49 号,2008 年 2 月 26 日)。
⑦ 《中华人民共和国耕地占用税暂行条例》(中华人民共和国国务院令第 511 号,2007 年 12 月 1 日)。
⑧ 《中华人民共和国耕地占用税暂行条例实施细则》(财政部 国家税务总局令第 49 号,2008 年 2 月 26 日)。

所称牧草地,包括天然牧草地、人工牧草地①。

所称农田水利用地,包括农田排灌沟渠及相应附属设施用地②。

所称养殖水面,包括人工开挖或者天然形成的用于水产养殖的河流水面、湖泊水面、水库水面、坑塘水面及相应附属设施用地③。

所称渔业水域滩涂,包括专门用于种植或者养殖水生动植物的海水潮浸地带和滩地④。

14.3 计税依据

耕地占用税以纳税人实际占用的耕地面积为计税依据,按照规定的适用税额一次性征收⑤。

耕地占用税计税面积核定的主要依据是农用地转用审批文件,必要时应实地勘测。纳税人实际占地面积(含受托代占地面积)大于批准占地面积的,按实际占地面积计税;实际占地面积小于批准占地面积的,按批准占地面积计税⑥。

14.4 税率

14.4.1 一般规定

耕地占用税实行地区差别定额税率。由国务院规定耕地占用税的税额幅度;由国务院财政、税务主管部门根据人均耕地面积和经济发展情况确定各省、自治区、直辖市的平均税额;由省、自治区、直辖市人民政府在耕地占用税暂行条例及其实施细则规定的税额幅度内,根据本地区情况核定各地适用税额⑦。

耕地占用税暂行条例规定的税额幅度如下⑧:

(1)人均耕地不超过1亩的地区(以县级行政区域为单位,下同),每平方米为10元至50元;

(2)人均耕地超过1亩但不超过2亩的地区,每平方米为8元至40元;

(3)人均耕地超过2亩但不超过3亩的地区,每平方米为6元至30元;

(4)人均耕地超过3亩的地区,每平方米为5元至25元。

根据耕地占用税暂行条例的规定,国务院财政、税务主管部门在其实施细则中规定了各省、自治区、直辖市耕地占用税的平均税额,由省、自治区、直辖市人民政府在规定的税额幅度内,根据本地区情况核定各县区的适用税额。但各省、自治区、直辖市人民政府核定的适用税额的平均水平,不得低于耕地占用税暂行条例实施细则规定的平均税额⑨。

耕地占用税暂行条例实施细则规定的各省、自治区、直辖市每平方米平均税额为⑩:

上海市45元;北京市40元;天津市35元;江苏、浙江、福建、广东4省各30元;辽宁、湖北、湖南3省各25元;河北、安徽、江西、山东、河南、四川、重庆7省市各22.5元;广西、海南、贵州、云南、陕西5省区各20元;山西、吉林、黑龙江3省各17.5元;内蒙古、西藏、甘肃、青海、宁夏、新疆6省区各12.5元。

县级行政区域的适用税额,应按照耕地占用税暂行条例及其实施细则和各省、自治区、直辖市人民政府的规定执行⑪。

14.4.2 经济特区、经济技术开发区适用税额的规定

---

① 《中华人民共和国耕地占用税暂行条例实施细则》(财政部 国家税务总局令第49号,2008年2月26日)。
② 《中华人民共和国耕地占用税暂行条例实施细则》(财政部 国家税务总局令第49号,2008年2月26日)。
③ 《中华人民共和国耕地占用税暂行条例实施细则》(财政部 国家税务总局令第49号,2008年2月26日)。
④ 《中华人民共和国耕地占用税暂行条例实施细则》(财政部 国家税务总局令第49号,2008年2月26日)。
⑤ 《中华人民共和国耕地占用税暂行条例》(中华人民共和国国务院令第511号,2007年12月1日)。
⑥ 《中华人民共和国耕地占用税暂行条例实施细则》(财政部 国家税务总局令第49号,2008年2月26日)。
⑦ 《中华人民共和国耕地占用税暂行条例》(中华人民共和国国务院令第511号,2007年12月1日)。
⑧ 《中华人民共和国耕地占用税暂行条例》(中华人民共和国国务院令第511号,2007年12月1日)。
⑨ 《中华人民共和国耕地占用税暂行条例》(中华人民共和国国务院令第511号,2007年12月1日)。
⑩ 《中华人民共和国耕地占用税暂行条例实施细则》(财政部 国家税务总局令第49号,2008年2月26日)和《财政部 国家税务总局关于耕地占用税平均税额和纳税义务发生时间问题的通知》(财税[2007]176号,2007年12月28日)。
⑪ 《中华人民共和国耕地占用税暂行条例实施细则》(财政部 国家税务总局令第49号,2008年2月26日)。

经济特区、经济技术开发区和经济发达且人均耕地特别少的地区,适用税额可以适当提高,但是提高的部分最高不得超过耕地占用税暂行条例规定的当地适用税额的 50%①。

14.4.3 占用基本农田、农田水利用地、林地、草地、养殖水面、滩涂适用税额的规定

（1）占用基本农田的,适用税额应当在规定的当地适用税额的基础上提高 50%②。

所称基本农田,是指依据《基本农田保护条例》划定的基本农田保护区范围内的耕地③。

（2）占用林地、牧草地、农田水利用地、养殖水面以及渔业水域滩涂等其他农用地建房或者从事非农业建设的,适用税额可以适当低于当地占用耕地的适用税额,具体适用税额按照各省、自治区、直辖市人民政府的规定执行④。

14.4.4 交通用地适用税额的规定

铁路线路、公路线路、飞机场跑道、停机坪、港口、航道占用耕地,减按每平方米 2 元的税额征收耕地占用税⑤。

14.5 应纳税额

耕地占用税应纳税额的计算公式为⑥:

耕地占用税应纳税额＝应税耕地面积×适用单位税额

14.6 若干特定情形耕地占用的税收征免规定

14.6.1 军事设施用地

（1）军事设施占用耕地免征耕地占用税⑦。

（2）免税的军事设施,具体范围包括⑧:

Ⅰ 地上、地下的军事指挥、作战工程;

Ⅱ 军用机场、港口、码头;

Ⅲ 营区、训练场、试验场;

Ⅳ 军用洞库、仓库;

Ⅴ 军用通信、侦察、导航、观测台站和测量、导航、助航标志;

Ⅵ 军用公路、铁路专用线,军用通讯、输电线路,军用输油、输水管道;

Ⅶ 其他直接用于军事用途的设施。

（3）免征或者减征耕地占用税后,纳税人改变原占地用途,不再属于免征或者减征耕地占用税情形的,应当按照当地适用税额补缴耕地占用税⑨。

14.6.2 铁路、公路、机场、港口等交通用地

（1）铁路线路、公路线路、飞机场跑道、停机坪、港口、航道占用耕地,减按每平方米 2 元的税额征收耕地占用税⑩。

根据实际需要,国务院财政、税务主管部门商国务院有关部门并报国务院批准后,可以对前款规定的情形免征或者减征耕地占用税⑪。

（2）减税的铁路线路,具体范围限于铁路路基、桥梁、涵洞、隧道及其按照规定两侧留地⑫。

专用铁路和铁路专用线占用耕地的,应按照当地适用税额缴纳耕地占用税⑬。

减税的公路线路,具体范围限于经批准建设的国道、省道、县道、乡道和属于农村公路的村道的主

---

① 《中华人民共和国耕地占用税暂行条例》(中华人民共和国国务院令第 511 号,2007 年 12 月 1 日)。
② 《中华人民共和国耕地占用税暂行条例》(中华人民共和国国务院令第 511 号,2007 年 12 月 1 日)。
③ 《中华人民共和国耕地占用税暂行条例实施细则》(财政部 国家税务总局令第 49 号,2008 年 2 月 26 日)。
④ 《中华人民共和国耕地占用税暂行条例实施细则》(财政部 国家税务总局令第 49 号,2008 年 2 月 26 日)。
⑤ 《中华人民共和国耕地占用税暂行条例》(中华人民共和国国务院令第 511 号,2007 年 12 月 1 日)。
⑥ 《中华人民共和国耕地占用税暂行条例》(中华人民共和国国务院令第 511 号,2007 年 12 月 1 日)。
⑦ 《中华人民共和国耕地占用税暂行条例》(中华人民共和国国务院令第 511 号,2007 年 12 月 1 日)。
⑧ 《中华人民共和国耕地占用税暂行条例实施细则》(财政部 国家税务总局令第 49 号,2008 年 2 月 26 日)。
⑨ 《中华人民共和国耕地占用税暂行条例》(中华人民共和国国务院令第 511 号,2007 年 12 月 1 日)。
⑩ 《中华人民共和国耕地占用税暂行条例》(中华人民共和国国务院令第 511 号,2007 年 12 月 1 日)。
⑪ 《中华人民共和国耕地占用税暂行条例》(中华人民共和国国务院令第 511 号,2007 年 12 月 1 日)。
⑫ 《中华人民共和国耕地占用税暂行条例实施细则》(财政部 国家税务总局令第 49 号,2008 年 2 月 26 日)。
⑬ 《中华人民共和国耕地占用税暂行条例实施细则》(财政部 国家税务总局令第 49 号,2008 年 2 月 26 日)。

体工程以及两侧边沟或者截水沟①。

专用公路和城区内机动车道占用耕地的,按照当地适用税额缴纳耕地占用税②。

减税的飞机场跑道、停机坪,具体范围限于经批准建设的民用机场专门用于民用航空器起降、滑行、停放的场所③。

按照中国民用航空局公布的《民用机场飞行区技术标准》(MH5001—2006),飞行区包括升降带、跑道端安全区、滑行道、机坪以及机场净空;跑道是指机场飞行区内供飞机起飞和着陆使用的特定场地。因此,跑道、停机坪属于飞行区的一部分。飞机场跑道、停机坪占用耕地减按每平方米2元的税额征收耕地占用税;飞机场内飞行区范围的其他建设用地,按照当地适用税额征收耕地占用税④。

减税的港口,具体范围限于经批准建设的港口内供船舶进出、停靠以及旅客上下、货物装卸的场所⑤。

减税的航道,具体范围限于在江、河、湖泊、港湾等水域内供船舶安全航行的通道⑥。

(3)免征或者减征耕地占用税后,纳税人改变原占地用途,不再属于免征或者减征耕地占用税情形的,应当按照当地适用税额补缴耕地占用税⑦。

14.6.3 学校、幼儿园、养老院、医院用地

(1)学校、幼儿园、养老院、医院占用耕地免征耕地占用税⑧。

(2)免税的学校,具体范围包括县级以上人民政府教育行政部门批准成立的大学、中学、小学、学历性职业教育学校以及特殊教育学校⑨。

学校内经营性场所和教职工住房占用耕地的,按照当地适用税额缴纳耕地占用税⑩。

免税的幼儿园,具体范围限于县级人民政府教育行政部门登记注册或者备案的幼儿园内专门用于幼儿保育、教育的场所⑪。

免税的养老院,具体范围限于经批准设立的养老院内专门为老年人提供生活照顾的场所⑫。

免税的医院,具体范围限于县级以上人民政府卫生行政部门批准设立的医院内专门用于提供医护服务的场所及其配套设施⑬。

医院内职工住房占用耕地的,按照当地适用税额缴纳耕地占用税⑭。

(3)免征或者减征耕地占用税后,纳税人改变原占地用途,不再属于免征或者减征耕地占用税情形的,应当按照当地适用税额补缴耕地占用税⑮。

14.6.4 农业生产服务及农村居民生活用地

(1)建设直接为农业生产服务的生产设施占用林地、牧草地、农田水利用地、养殖水面以及渔业水域滩涂等其他农用地的,不征收耕地占用税⑯。

所称直接为农业生产服务的生产设施,是指直接为农业生产服务而建设的建筑物和构筑物。具体包括:储存农用机具和种子、苗木、木材等农业产

---

① 《中华人民共和国耕地占用税暂行条例实施细则》(财政部 国家税务总局令第49号,2008年2月26日)。
② 《中华人民共和国耕地占用税暂行条例实施细则》(财政部 国家税务总局令第49号,2008年2月26日)。
③ 《中华人民共和国耕地占用税暂行条例实施细则》(财政部 国家税务总局令第49号,2008年2月26日)。
④ 《财政部 国家税务总局关于揭阳潮汕机场减征耕地占用税问题的批复》(财税[2009]126号,2009年10月23日)。
⑤ 《中华人民共和国耕地占用税暂行条例实施细则》(财政部 国家税务总局令第49号,2008年2月26日)。
⑥ 《中华人民共和国耕地占用税暂行条例实施细则》(财政部 国家税务总局令第49号,2008年2月26日)。
⑦ 《中华人民共和国耕地占用税暂行条例》(中华人民共和国国务院令第511号,2007年12月1日)。
⑧ 《中华人民共和国耕地占用税暂行条例》(中华人民共和国国务院令第511号,2007年12月1日)。
⑨ 《中华人民共和国耕地占用税暂行条例实施细则》(财政部 国家税务总局令第49号,2008年2月26日)。
⑩ 《中华人民共和国耕地占用税暂行条例实施细则》(财政部 国家税务总局令第49号,2008年2月26日)。
⑪ 《中华人民共和国耕地占用税暂行条例实施细则》(财政部 国家税务总局令第49号,2008年2月26日)。
⑫ 《中华人民共和国耕地占用税暂行条例实施细则》(财政部 国家税务总局令第49号,2008年2月26日)。
⑬ 《中华人民共和国耕地占用税暂行条例实施细则》(财政部 国家税务总局令第49号,2008年2月26日)。
⑭ 《中华人民共和国耕地占用税暂行条例实施细则》(财政部 国家税务总局令第49号,2008年2月26日)。
⑮ 《中华人民共和国耕地占用税暂行条例》(中华人民共和国国务院令第511号,2007年12月1日)。
⑯ 《中华人民共和国耕地占用税暂行条例》(中华人民共和国国务院令第511号,2007年12月1日)。

品的仓储设施；培育、生产种子、种苗的设施；畜禽养殖设施；木材集材道、运材道；农业科研、试验、示范基地；野生动植物保护、护林、森林病虫害防治、森林防火、木材检疫的设施；专为农业生产服务的灌溉排水、供水、供电、供热、供气、通讯基础设施；农业生产者从事农业生产必需的食宿和管理设施；其他直接为农业生产服务的生产设施①。

（2）农田水利占用耕地的，不征收耕地占用税②。

综合性水利工程占地不属于农田水利用地，对其建设过程中库区、淹没区以及安置移民建房占用的耕地、园地、坡地、林地和牧草地等其他农用地，应按照法定税率全额征收耕地占用税③。

（3）农村居民占用耕地新建住宅，按照当地适用税额减半征收耕地占用税④。

减税的农村居民占用耕地新建住宅，是指农村居民经批准在户口所在地按照规定标准占用耕地建设自用住宅⑤。

农村居民经批准搬迁，原宅基地恢复耕种，凡新建住宅占用耕地不超过原宅基地面积的，不征收耕地占用税；超过原宅基地面积的，对超过部分按照当地适用税额减半征收耕地占用税⑥。

（4）农村烈士家属、残疾军人、鳏寡孤独以及革命老根据地、少数民族聚居区和边远贫困山区生活困难的农村居民，在规定用地标准以内新建住宅缴纳耕地占用税确有困难的，经所在地乡（镇）人民政府审核，报经县级人民政府批准后，可以免征或者减征耕地占用税⑦。

所称农村烈士家属，包括农村烈士的父母、配偶和子女⑧。

所称革命老根据地、少数民族聚居地区和边远贫困山区生活困难的农村居民，其标准按照各省、自治区、直辖市人民政府有关规定执行⑨。

14.6.5 临时占用耕地

纳税人临时占用耕地，应当依照耕地占用税暂行条例的规定缴纳耕地占用税。纳税人在批准临时占用耕地的期限内恢复所占用耕地原状的，全额退还已经缴纳的耕地占用税⑩。

所称临时占用耕地，是指纳税人因建设项目施工、地质勘查等需要，在一般不超过 2 年内临时使用耕地并且没有修建永久性建筑物的行为⑪。

因污染、取土、采矿塌陷等损毁耕地的，比照临时占用耕地的情况，由造成损毁的单位或者个人缴纳耕地占用税。超过 2 年未恢复耕地原状的，已征税款不予退还⑫。

14.6.6 占地改变用途的补税规定

纳税人改变占地用途，不再属于免税或减税情形的，应自改变用途之日起 30 日内按改变用途的实际占用耕地面积和当地适用税额补缴税款⑬。

免征或减征耕地占用税后，纳税人改变原占地用途，不再属于免税或减税情形的，应按办理减免税时依据的适用税额对享受减免税的纳税人补征耕地占用税⑭。

---

① 《中华人民共和国耕地占用税暂行条例实施细则》（财政部 国家税务总局令第 49 号,2008 年 2 月 26 日）。
② 《中华人民共和国耕地占用税暂行条例实施细则》（财政部 国家税务总局令第 49 号,2008 年 2 月 26 日）。
③ 《国家税务总局关于红岭水利枢纽工程占地耕地占用税问题的批复》（国税函[2010]490 号,2010 年 10 月 12 日）。
④ 《中华人民共和国耕地占用税暂行条例》（中华人民共和国国务院令第 511 号,2007 年 12 月 1 日）。
⑤ 《中华人民共和国耕地占用税暂行条例实施细则》（财政部 国家税务总局令第 49 号,2008 年 2 月 26 日）。
⑥ 《中华人民共和国耕地占用税暂行条例实施细则》（财政部 国家税务总局令第 49 号,2008 年 2 月 26 日）。
⑦ 《中华人民共和国耕地占用税暂行条例》（中华人民共和国国务院令第 511 号,2007 年 12 月 1 日）。
⑧ 《中华人民共和国耕地占用税暂行条例实施细则》（财政部 国家税务总局令第 49 号,2008 年 2 月 26 日）。
⑨ 《中华人民共和国耕地占用税暂行条例实施细则》（财政部 国家税务总局令第 49 号,2008 年 2 月 26 日）。
⑩ 《中华人民共和国耕地占用税暂行条例》（中华人民共和国国务院令第 511 号,2007 年 12 月 1 日）。
⑪ 《中华人民共和国耕地占用税暂行条例实施细则》（财政部 国家税务总局令第 49 号,2008 年 2 月 26 日）。
⑫ 《中华人民共和国耕地占用税暂行条例实施细则》（财政部 国家税务总局令第 49 号,2008 年 2 月 26 日）。
⑬ 《中华人民共和国耕地占用税暂行条例实施细则》（财政部 国家税务总局令第 49 号,2008 年 2 月 26 日）。
⑭ 《财政部 国家税务总局 关于耕地占用税减免税补征税款等问题的批复》（财税[2009]19 号,2009 年 2 月 17 日）。

对于未经批准占用耕地但已经缴纳耕地占用税税款的,在补办占地手续时,不再征收耕地占用税①。

14.6.7 应对自然灾害恢复重建用地

(1)对四川汶川地震中住房倒塌的农民重建住房的,在规定标准内的部分免征耕地占用税②。

(2)2012年12月31日前,对青海玉树地震中住房倒塌的农(牧)民重建住房占用耕地的,在规定标准内的部分免征耕地占用税。"受灾地区"是指青海省玉树藏族自治州玉树、称多、治多、杂多、囊谦、曲麻莱县和四川省甘孜藏族自治州石渠县等7个县的27个乡镇③。

(3)2012年12月31日前,对甘肃舟曲泥石流灾区住房倒塌的农(牧)民重建住房占用耕地的,在规定标准内的部分免征耕地占用税④。

14.7 征收管理

耕地占用税的征收管理,依照税收征收管理法和耕地占用税暂行条例有关规定执行⑤。

14.7.1 征收机关

耕地占用税由地方税务机关负责征收⑥。

土地管理部门在通知单位或者个人办理占用耕地手续时,应当同时通知耕地所在地同级地方税务机关⑦。

14.7.2 纳税地点

纳税人占用耕地或其他农用地,应当在耕地或其他农用地所在地申报纳税⑧。

14.7.3 纳税义务发生时间

14.7.3.1 经批准占用耕地的纳税义务发生时间

经批准占用耕地的,耕地占用税纳税义务发生时间为纳税人收到土地管理部门办理占用农用地手续通知的当天。

14.7.3.2 未经批准占用耕地的纳税义务发生时间

未经批准占用耕地的,耕地占用税纳税义务发生时间为实际占用耕地的当天⑨。

发现未经批准占用耕地的,应立即要求纳税人限期缴纳税款。各地要根据国家税务总局有关规定制定本地区耕地占用税举报案件的接报管理办法,明确接报责任人的工作职责和立案查处程序。接报占地面积在30亩(含30亩)以上的案件,应于初步核实后7日内向省级征收机关报告;接报占地面积在100亩(含100亩)以上的案件,应逐级

---

① 《财政部 国家税务总局 关于耕地占用税减免税补征税款等问题的批复》(财税[2009]19号,2009年2月17日)。

② 《国务院关于支持汶川地震灾后恢复重建政策措施的意见》(国发[2008]21号,2008年6月29日)。《财政部 海关总署 国家税务总局关于支持汶川地震灾后恢复重建有关税收政策问题的通知》(财税[2008]104号,2008年8月1日)。《财政部 国家税务总局关于延长部分税收优惠政策执行期限的通知》(财税[2009]131号,2009年11月20日)。政策执行至2010年12月31日。

③ 《国务院关于支持玉树地震灾后恢复重建政策措施的意见》(国发[2010]16号,2010年5月27日)。《财政部 国家税务总局关于支持玉树地震灾后恢复重建有关税收政策问题的通知》(财税[2010]59号,2010年7月23日)。具体受灾地区范围见财税[2010]59号附件。

④ 《国务院关于支持舟曲灾后恢复重建政策措施的意见》(国发[2010]34号,2010年10月18日)。《财政部 海关总署 国家税务总局关于支持舟曲灾后恢复重建有关税收政策问题的通知》(财税[2010]107号,2010年12月29日)。财税[2010]107号文件还规定,如果纳税人按规定既可享受本通知的税收优惠政策,也可享受国家支持汶川地震灾后恢复重建的税收优惠政策,可由纳税人自主选择适用的政策,但两项政策不得叠加使用。文中所称"灾区"包括甘肃省舟曲县城关镇和江盘乡的15个村、2个社区,灾区具体范围见财税[2010]107号附件。

⑤ 《中华人民共和国耕地占用税暂行条例》(中华人民共和国国务院令第511号,2007年12月1日)。此前,根据《国家税务总局关于农业税、牧业税、耕地占用税、契税征收管理暂参照〈中华人民共和国税收征收管理法〉执行的通知》(国税发[2001]110号)规定,自2001年5月1日起,耕地占用税的征收管理参照《中华人民共和国税收征收管理法》的有关规定执行。

⑥ 《中华人民共和国耕地占用税暂行条例》(中华人民共和国国务院令第511号,2007年12月1日)。

⑦ 《中华人民共和国耕地占用税暂行条例》(中华人民共和国国务院令第511号,2007年12月1日)。

⑧ 《中华人民共和国耕地占用税暂行条例实施细则》(财政部 国家税务总局令第49号,2008年2月26日)。

⑨ 《财政部 国家税务总局关于耕地占用税平均税额和纳税义务发生时间问题的通知》(财税[2007]176号,2007年12月28日)。

上报至国家税务总局①。

14.7.4　纳税期限

获准占用耕地的单位或者个人应当在收到土地管理部门的通知之日起 30 日内缴纳耕地占用税。土地管理部门凭耕地占用税完税凭证或者免税凭证和其他有关文件发放建设用地批准书②。

纳税人改变占地用途,不再属于免税或减税情形的,应自改变用途之日起 30 日内按改变用途的实际占用耕地面积和当地适用税额补缴税款③。

14.7.5　减免税管理④

从 2004 年 10 月 1 日起,耕地占用税减免税实行以下管理办法:

14.7.5.1　减免税申报管理

(1)耕地占用税、契税的减免,实行申报管理制度。

申报耕地占用税减免的纳税人应在用地申请获得批准后的 30 日内,向与批准其占用耕地的土地管理机关同级的征收机关提出减免申报。

(2)各省、自治区、直辖市和计划单列市征收机关可以根据本规定制定具体的减免申报管理办法,并向社会公示。

14.7.5.2　减免税申请受理与审核

(1)耕地占用税减免申报应由征收机关受理,其他任何机关、单位和个人都无权受理。

征收机关应指定专人受理、审核减免申报事项。

受理人应要求申报人如实填写减免申报表并提供相关资料,告知申报人若申报不实或虚假申报而应负的法律责任。

受理人一般应在受理当日内将减免申报表和相关资料移交审核人。申报人没有按照规定提供资料或提供的资料不够全面的,受理人应一次性告知申报人应补正的资料。

(2)审核人应对申报人提供的资料进行审核。对于符合减免规定的,审核人应于审核的当日办理减免手续。

对于显然不符合减免规定的,审核人应向申报人说明原因,并核定应纳税额,转入税款征收程序。

情况较为复杂需向上级征收机关请示的,审核人应向申报人说明情况,并在规定时限内办理手续。

14.7.5.3　减免税办理与核实

由国务院或国土资源部批准占用耕地的,由省级征收机关办理减免手续。

办理减免的征收机关应将办理情况,定期逐级通报基层征收机关。

基层征收机关应对减免情况进行核实,并将核实结果逐级上报至办理减免的征收机关。

14.7.5.4　减免税备案管理

耕地占用税的减免管理,实行逐级备案制度。

占用耕地 1000 亩(含 1000 亩)以上的减免,征收机关应在办理减免手续完毕之日起 30 日内报国家税务总局备案。

耕地占用税减免,应向国家税务总局备案用地批准文件和减免申报表。

占用耕地 1000 亩以下的耕地占用税的减免,其备案办法由省级征收机关制定。

省级征收机关应根据备案情况定期组织检查。

14.7.5.5　减免税违章处理

(1)地方各级人民政府、各级人民政府主管部门、单位和个人违反法律、行政法规规定,擅自作出的减税、免税规定无效,征收机关不得执行,并向上级征收机关报告。

(2)征收机关或征管人员,违反规定擅自受理、审核减免申报的,依照有关规定处理。

---

① 《国家税务总局关于耕地占用税征收管理有关问题的通知》(国税发〔2007〕129 号 2007 年 12 月 14 日)。
② 《中华人民共和国耕地占用税暂行条例》(中华人民共和国国务院令第 511 号,2007 年 12 月 1 日)。
③ 《中华人民共和国耕地占用税暂行条例实施细则》(财政部 国家税务总局令第 49 号,2008 年 2 月 26 日)。
④ 《国家税务总局关于印发〈耕地占用税契税减免管理办法〉的通知》(国税发〔2004〕99 号,2004 年 8 月 3 日)。

第15章　印花税制度

印花税是对经济活动和经济交往中书立、领受应税凭证征收的一个税种。它具有征收面广、税负轻、由纳税人自行购买并粘贴印花税票完成纳税义务等特点。

印花税最早于1624年始于荷兰,但印花税票是1854年在奥地利诞生。我国印花税票的印制始于清光绪年间,但印花税未正式施行,1913年北洋政府正式开征印花税。新中国成立后,于1950年曾开征过印花税,在1958年简化税制时,将此税并入工商统一税。党的十一届三中全会后,我国经济得到迅速发展,各种经济活动十分活跃,1988年8月6日国务院发布《中华人民共和国印花税暂行条例》,9月29日财政部发布《中华人民共和国印花税暂行条例施行细则》,从1988年10月1日起印花税恢复征收。随着股票交易市场的建立,国务院决定从1992年1月1日起将股票交易也纳入了印花税的征收范围。

15.1　纳税义务人

15.1.1　基本规定

在中华人民共和国境内书立、领受印花税暂行条例所列举凭证的单位和个人,都是印花税的纳税人,都应当按照条例规定缴纳印花税①。

"在中华人民共和国境内书立、领受印花税暂行条例所列举凭证"是指在中国境内具有法律效

力、受中国法律保护的凭证②。

"单位和个人"是指国内各类企业、事业、机关、团体、部队以及中外合资企业、合作企业、外资企业、外国公司企业和其他经济组织及其在华机构等单位和个人③。

15.1.2　书立合同的纳税义务人

各类合同的纳税人是立合同人,即合同的当事人。也就是对凭证有直接权利义务关系的单位和个人。凡由两个或两个以上的当事人共同办理的合同和书据,其当事人各方都是印花税的纳税人。但担保人、证人、鉴定人,因与合同或书据不具有直接的权利义务关系,不是印花税的纳税人。税目税率表中的立合同人,是指合同的当事人。当事人的代理人,具有代理纳税义务④。

15.1.3　营业账簿的纳税义务人

营业账簿的纳税人是立账簿人,即开立并使用营业账簿的单位和个人。如某企业因生产需要,设立了若干营业账簿,该设立营业账簿的企业,就是印花税的纳税人⑤。

15.1.4　产权转移书据的纳税义务人

产权转移书据的纳税人是立据人,即书立产权转移书据的单位和个人。如果该项凭证是由两方或两方以上单位或个人共同书立的,那么各方都应

---

① 《中华人民共和国印花税暂行条例》(中华人民共和国国务院令第11号,1988年8月6日)第1条。
② 《中华人民共和国印花税暂行条例施行细则》(财税[1988]255号,1988年9月29日)第2条
③ 《中华人民共和国印花税暂行条例施行细则》(财税[1988]255号,1988年9月29日)第2条。
④ 《中华人民共和国印花税暂行条例》(中华人民共和国国务院令第11号,1988年8月6日)税目税率表。《中华人民共和国印花税暂行条例施行细则》(财税[1988]255号,1988年9月29日)第15条。
⑤ 《中华人民共和国印花税暂行条例》(中华人民共和国国务院令第11号,1988年8月6日)税目税率表。

是印花税的纳税人①。

产权转移书据由立据人贴花,如未贴或者少贴印花,书据的持有人应负责补贴印花。所立书据以合同方式签订的,应由持有书据的各方分别按全额贴花②。

15.1.5　权利许可证照的纳税义务人

权利许可证照的纳税人是领受人,即领取并持有该项凭证的单位和个人③。

15.1.6　国外签订国内使用应税合同的纳税义务人

在国外签订的应税合同在国内使用的,使用人为纳税人④。

15.2　征税范围

15.2.1　基本规定

下列凭证为应纳税凭证⑤:

(1)购销、加工承揽、建设工程承包、财产租赁、货物运输、仓储保管、借款、财产保险、技术合同或者具有合同性质的凭证。

(2)产权转移书据。

(3)营业账簿。

(4)权利、许可证照。

(5)经财政部确定征税的其他凭证。

印花税只对税目税率表中列举的凭证和经财政部确定征税的其他凭证征税⑥。

15.2.2　应税合同

应税合同,是指根据《中华人民共和国合同法》和其他有关合同法规订立的合同⑦。

不论合同是否兑现或能否按期兑现,都一律按照规定贴花⑧。

15.2.2.1　购销合同

(1)购销合同,包括供应、预购、采购、购销结合、协作、调剂、补偿贸易和易货等合同⑨。

(2)各类出版单位与发行单位之间订立的图书、报纸、期刊和音像制品的征订凭证(包括订购单、订数单等),也属于购销合同⑩。

15.2.2.2　借款合同

(1)借款合同,仅限于银行及其他金融组织同借款人所签订的借款合同。不包括银行的同业拆借合同以及借款人与上述单位以外的其他贷款人所书立的借款合同⑪。

(2)银行及其金融机构经营的融资租赁业务,是一种以融物方式达到融资目的的业务,实际上属于分期偿还的固定资金借款,所以,融资租赁合同也属于"借款合同"的征税范围⑫。

(3)借款方以财产作抵押,与贷款方签订的抵押借款合同,属于资金信贷业务,也属于"借款合同"的征税范围⑬。

(4)对银行的办事机构办理借贷业务时,只填开借据放贷或先填开借据事后补办借款合同的,凡流动资金借款先签借款合同,并在合同规定借款额度内办理借款借据的,只就对借款合同贴花完税;凡先办理借款借据的,应以借据作为印花税的应纳

---

① 《中华人民共和国印花税暂行条例》(中华人民共和国国务院令第 11 号,1988 年 8 月 6 日)税目税率表。
② 《中华人民共和国印花税暂行条例施行细则》(财税[1988]255 号,1988 年 9 月 29 日)第 16 条。
③ 《中华人民共和国印花税暂行条例》(中华人民共和国国务院令第 11 号,1988 年 8 月 6 日)税目税率表。
④ 《中华人民共和国印花税暂行条例施行细则》(财税[1988]255 号,1988 年 9 月 29 日)第 14 条。
⑤ 《中华人民共和国印花税暂行条例》(中华人民共和国国务院令第 11 号,1988 年 8 月 6 日)第 2 条。
⑥ 《中华人民共和国印花税暂行条例施行细则》(财税[1988]255 号,1988 年 9 月 29 日)第 10 条。
⑦ 《中华人民共和国印花税暂行条例施行细则》(财税[1988]255 号,1988 年 9 月 29 日)第 4 条。《细则》原表述为依据"《中华人民共和国经济合同法》、《中华人民共和国涉外经济合同法》"订立的合同。1999 年 10 月 1 日《中华人民共和国合同法》颁布实施,《中华人民共和国经济合同法》、《中华人民共和国涉外经济合同法》同时废止。
⑧ 《国家税务总局关于印花税若干具体问题的规定》(国税地字[1988]25 号,1988 年 12 月 12 日)。
⑨ 《中华人民共和国印花税暂行条例》(中华人民共和国国务院令第 11 号,1988 年 8 月 6 日)税目税率表。
⑩ 《国家税务局关于图书、报刊等征订凭证征免印花税问题的通知》(国税地字[1989]142 号,1989 年 12 月 31 日)。
⑪ 《中华人民共和国印花税暂行条例》(中华人民共和国国务院令第 11 号,1988 年 8 月 6 日)税目税率表。
⑫ 《国家税务局关于对借款合同贴花问题的具体规定》(国税地字[1988]30 号,1988 年 12 月 12 日)。
⑬ 《国家税务局关于对借款合同贴花问题的具体规定》(国税地字[1988]30 号,1988 年 12 月 12 日)。

税凭证,在书立时即时贴花完税,以后补办的借款合同不再贴花①。

15.2.2.3 技术合同②

(1)技术转让合同

技术转让合同,包括专利申请权转让和非专利技术转让等合同。

技术转让包括:专利权转让、专利申请权转让、专利实施许可和非专利技术转让。为这些不同类型技术转让所书立的凭证,按照印花税税目税率表的规定,分别适用不同的税目、税率。其中,专利申请权转让,非专利技术转让所书立的合同,适用"技术合同"税目;专利权转让、专利实施许可所书立的合同、书据,适用"产权转移书据"税目。

(2)技术咨询合同

技术咨询合同是当事人就有关项目的分析、论证、评价、预测和调查订立的技术合同。均应按照"技术合同"税目的规定计税贴花。有关项目包括:

Ⅰ 有关科学技术与经济、社会协调发展的软科学研究项目;

Ⅱ 促进科技进步和管理现代化,提高经济效益和社会效益的技术项目;

Ⅲ 其他专业项目。

一般的法律、法规、会计、审计等方面的咨询不属于技术咨询,其所立合同不贴印花。

(3)技术服务合同

技术服务合同,包括技术服务、技术培训和技术中介合同。

技术服务合同,是当事人一方委托另一方就解决有关特定技术问题,提出实施方案,进行实施指导所订立的技术合同。这里的特定技术问题,是指改进产品结构、改良工艺流程、提高产品质量、降低产品成本、保护资源环境、实现安全操作和提高经济效益等。

以常规手段,或者为生产经营目的进行的一般加工、修理、修缮、广告、印刷、测绘、标准化测试以及勘察、设计等所书立的合同,则不属于技术服务合同。

(4)技术培训合同

技术培训合同,是当事人一方委托另一方对指定的专业技术人员进行特定项目的技术指导和专业训练所订立的技术合同。

对各种职业培训、文化学习、职工业余教育等订立的合同,不属于技术培训合同,不贴印花。

(5)技术中介合同

技术中介合同,是当事人一方为另一方与他方订立以知识、信息、技术等事项为内容的技术合同进行联系、介绍、组织工业化开发而订立的合同。

15.2.2.4 加工承揽合同

加工承揽合同,包括加工、定做、修缮、修理、印刷、广告、测绘、测试等合同③。

15.2.2.5 财产租赁合同

财产租赁合同,包括因租赁房屋、船舶、飞机、机动车辆、机械、器具和设备等而签订的合同,以及企业和个人因出租门店、柜台等签订的合同④。

在飞机租赁业务中,对采取经营租赁方式签订的租赁合同,按"财产租赁合同"税目税率计税贴花;对采取融资租赁方式签订的租赁合同,暂按租金总额的万分之零点五税率计税贴花⑤。

15.2.2.6 货物运输合同

货物运输合同,包括民用航空、铁路运输、海上

---

① 《国家税务局关于借贷业务应纳印花税凭证问题的批复》(国税函发[1991]1081号,1990年8月5日)。

② 《国家税务局关于对技术合同征收印花税问题的通知》(国税地字[1989]34号,1989年4月12日)。

③ 《中华人民共和国印花税暂行条例》(中华人民共和国国务院令第11号,1988年8月6日)税目税率表。

④ 《中华人民共和国印花税暂行条例》(中华人民共和国国务院令第11号,1988年8月6日)税目税率表。《国家税务局关于印花税若干具体问题的规定》(国税地字[1988]25号,1988年12月12日)。

⑤ 《国家税务局关于飞机租赁合同征收印花税问题的批复》(国税函发[1992]1145号,1992年7月21日)。《国家税务局关于飞机租赁合同征收印花税问题的函》(国税函发[1992]1431号,1992年10月8日)。国税函发[1992]1145号还规定:飞机租赁合同补缴印花税时,一律按补税开出缴款书当日的外汇牌价折合人民币,计算应纳税额。

运输、内河运输、公路运输和联运等合同①。

15.2.2.7　财产保险合同

财产保险合同,包括财产、责任、保证、信用等保险合同②。

保险公司的财产保险分为企业财产保险、机动车辆保险、货物运输保险、家庭财产保险和农牧业保险五大类,除对农林作物、牧业畜类保险合同暂不贴花外,对其他几类财产保险合同均应按规定计税贴花③。

家庭财产两全保险属于家庭财产保险性质,其合同应照章贴花④。

15.2.2.8　仓储、保管合同

仓储保管业务的应税凭证为仓储、保管合同包括各类仓储、保管合同和仓单、栈单等。对有些凭证使用不规范,不便计税的,可就其结算单据作为计税贴花的凭证⑤。

15.2.2.9　建设工程承包合同

建设工程承包合同是指建设工程勘察设计合同和建筑安装工程承包合同。建设工程承包合同包括总包合同、分包合同和转包合同⑥。

建设工程承包合同包括总包合同、分包合同和转包合同。包括境内建设工程承包合同,也适用于在境外签订的建设工程承包合同,以及转包、分包给国内外公司的建设工程承包合同⑦。

15.2.2.10　其他具有合同性质的凭证

(1)具有合同性质的凭证是指当事人之间为明确权利义务关系而设立的具有合同效力的协议、契约、合约、单据、确认书及其他各种名称的凭证⑧。

(2)对货物运输、仓储保管、财产保险、银行借款等,办理一项业务既书立合同,又开立单据的,只就合同贴花;凡没有书立合同,只开立单据,以单据作为合同使用的,应按照规定贴花⑨。

(3)对企业集团内具有平等法律地位的主体之间自愿订立、明确双方购销关系、据以供货和结算、具有合同性质的凭证,应按规定征收印花税⑩。

(4)商业企业开具的要货成交单据,是当事人之间建立供需关系,以明确供需各方责任的常用业务凭证,属于具有合同性质的凭证,应按规定贴花⑪。

供需双方当事人(包括外商投资企业)在供需业务活动中由单方签署开具的只标有数量、规格、交货日期、结算方式等内容的订单、要货单,虽然形式不够规范,条款不够完备,手续不够健全。但因双方当事人不再签订购销合同而以订单、要货单等作为当事人之间建立供需关系、明确供需双方责任

---

①　《中华人民共和国印花税暂行条例》(中华人民共和国国务院令第 11 号,1988 年 8 月 6 日)税目税率表。

②　《中华人民共和国印花税暂行条例》(中华人民共和国国务院令第 11 号,1988 年 8 月 6 日)税目税率表。

③　《国家税务局关于对保险公司征收印花税有关问题的通知》(国税地字[1988]37 号,1988 年 12 月 31 日)。此外,《国家税务局关于船舶保险合同印花税征免问题的批复》(国税函[1993]674 号,1993 年 5 月 7 日)规定,船舶保险合同属于财产保险合同范围,对于涉外保险业务中的远洋船舶保险合同,按照《国家税务局关于涉外保险业务凭证征免印花税的通知》(国税发[1990]104 号,1990 年 1 月 31 日)和《国家税务局关于部分涉外经济凭证继续免征印花税的通知》(国税发[1991]6 号,1991 年 1 月 9 日)对中国人民保险公司涉外保险业务中的远洋船舶保险合同(或保险单据)以及与外国保险公司之间的再保险业务凭证在 1993 年底前免征印花税的规定,进行印花税征免处理。国税函发[1990]104 号和国税发[1991]6 号已于 1993 年底执行到期,根据《国家税务总局关于公布全文失效废止 部分条款失效废止的税收规范性文件目录的公告》(国家税务总局公告 2011 年第 2 号,2011 年 1 月 4 日),国税函[1993]674 号被公布全文失效。

④　《国家税务局关于家庭财产两全保险合同征收印花税问题的批复》(国税地字[1989]77 号,1989 年 7 月 15 日)。

⑤　《国家税务局关于印花税若干具体问题的解释和规定的通知》(国税发[1991]155 号,1991 年 9 月 18 日)。

⑥　《中华人民共和国印花税暂行条例施行细则》(财税[1988]255 号,1988 年 9 月 29 日)第 3 条。

⑦　《中华人民共和国印花税暂行条例施行细则》(财税[1988]255 号,1988 年 9 月 29 日)第 3 条。《财政部 国家税务总局关于中国石油工程建设公司有关印花税缴纳问题申复报告的复函》(财税[1995]17 号,1995 年 3 月 1 号)。

⑧　《中华人民共和国印花税暂行条例施行细则》(财税[1988]255 号,1988 年 9 月 29 日)第 4 条。

⑨　《国家税务局关于印花税若干具体问题的规定》(国税地字[1988]25 号,1988 年 12 月 12 日)。

⑩　《国家税务局关于企业集团内部使用的有关凭证征收印花税问题的通知》(国税函[2009]9 号,2009 年 1 月 5 日)。

⑪　《国家税务局关于各种要货单据征收印花税问题的批复》(国税函[1990]994 号,1990 年 8 月 13 日)。

的业务凭证,所以这类订单、要货单等属于具有合同性质的凭证,应按规定贴花①。

外贸企业开具的各种要货单据,是按照有关部门的供需计划,以对外贸易合同为依据,与供货单位订立的购销合约。外贸企业开具的各种名称、各种形式的要货单据,均应按规定贴花②。

外商投资企业与境外的母公司或子公司相互之间开出的订单、要货单、要货生产指令单等,均应按规定贴花③。

(5)对纳税人以电子形式签订的各类应税凭证按规定征收印花税④。

15.2.2.11 若干不属于征税范围的合同单据

(1)代理单位与委托单位之间签订的委托代理合同,仅明确代理事项、权限和责任的,不属于应税凭证,不征收印花税⑤。

(2)企业与主管部门等签订的租赁承包经营合同,不属于财产租赁合同,不征收印花税⑥。

(3)一般的法律、法规、会计、审计等方面的咨询不属于技术咨询,其所立合同不贴印花⑦。

(4)对商店、门市部的零星加工修理业务开具的修理单,不贴印花⑧。

(5)对于企业集团内部执行计划使用的、不具有合同性质的凭证,不征收印花税⑨。

对工业、商业、物资、外贸等部门调拨商品物资,作为内部执行计划使用的调拨单,不作为结算凭证,不属于合同性质的凭证,不征收印花税⑩。

15.2.3 产权转移书据

产权转移书据,是指单位和个人产权的买卖、继承、赠与、交换、分割等所立的书据⑪。

产权转移书据包括财产所有权、版权、商标专用权、专利权和专有技术使用权等转移所书立的转移书据⑫。

财产所有权转移书据指的是,经政府管理机关登记注册的动产、不动产的所有权转移所立的书据,以及企业股权转让所立的书据⑬。

土地使用权出让、转让书据(合同),按产权转移书据征收印花税⑭。

对商品房销售合同按照产权转移书据征收印

---

① 《国家税务总局关于外商投资企业的订单要货单据征收印花税问题的批复》(国税函[1997]505号,1997年9月5日)。
② 《国家税务总局关于各种要货单据征收印花税问题的批复》(国税函[1990]994号,1990年8月13日)。此前,《国家税务局关于印发国务院关于对外贸合同暂缓征收印花税的批复的通知》(国税地字[1989]第102号,1989年10月5日)规定,外贸企业或其他有外经营权的单位与境外法人签订的进出口商品购销合同和对外签订的进出口技术合同,1989年和1990年免征印花税,1991年起恢复征税;其他涉外经济合同以及外贸公司、企业为组织商品进出口与国内企业签订的经济合同,按印花税暂行条例的规定征收印花税。
③ 《国家税务总局关于外商投资企业的订单要货单据征收印花税问题的批复》(国税函[1997]505号,1997年9月5日)。
④ 《财政部 国家税务总局关于印花税若干政策的通知》(财税[2006]162号,2006年11月27日)。此前,《国家税务总局关于外商投资企业的订单要货单据征收印花税问题的批复》(国税函[1997]505号,1997年9月5日)规定,对在供需经济活动中使用电话、计算机联网订货,没有开具书面凭证的,暂不贴花。根据《国家税务总局关于公布全文失效废止 部分条款失效废止的税收规范性文件目录的公告》(国家税务总局公告2011年第2号,2011年1月4日),国税函[1997]505号上述规定已被财税[2006]162号所废止。
⑤ 《国家税务局关于印花税若干具体问题的解释和规定的通知》(国税发[1991]155号,1991年9月18日)。
⑥ 《国家税务局关于印花税若干具体问题的规定》(国税地字[1988]25号,1988年12月12日)。
⑦ 《国家税务局关于对技术合同征收印花税问题的通知》(国税地字[1989]34号,1989年4月12日)。
⑧ 《国家税务局关于印花税若干具体问题的规定》(国税地字[1988]25号,1988年12月12日)。
⑨ 《国家税务总局关于企业集团内部使用的有关凭证征收印花税问题的通知》(国税函[2009]9号,2009年1月5日)。
⑩ 《国家税务局关于印花税若干具体问题的解释和规定的通知》(国税发[1991]155号,1991年9月18日)。
⑪ 《中华人民共和国印花税暂行条例施行细则》(财税[1988]255号,1988年9月29日)第5条。
⑫ 《中华人民共和国印花税暂行条例》(中华人民共和国国务院令第11号,1988年8月6日)税目税率表。
⑬ 《国家税务局关于印花税若干具体问题的解释和规定的通知》(国税发[1991]155号,1991年9月18日)。
⑭ 《财政部 国家税务总局关于印花税若干政策的通知》(财税[2006]162号,2006年11月27日)。此前,《国家税务局关于印花税若干具体问题的解释和规定的通知》(国税发[1991]155号,1991年9月18日)规定,土地使用权出让、转让书据(合同),不属于印花税列举征税的凭证,不贴印花。

花税①。

因借款方无力偿还借款而依法发生财产转移的,应就双方书立的产权转移书据,按"产权转移书据"计税贴花②。

15.2.4　营业账簿

(1)营业账簿是指单位或者个人记载生产经营活动的财务会计核算账簿③。

车间、门市部、仓库设置的不属于会计核算范围或虽属会计核算范围,但不记载金额的登记薄、统计薄、台账等,不贴印花④。

营业账簿范围包括生产经营的账册。营业账簿按其反映内容的不同,可分为记载资金的账簿和其他营业账簿⑤。

(2)记载资金的账簿,是指载有实收资本和资本公积的总分类账簿,或者专门设置的记载实收资本和资本公积的账簿⑥。

(3)其他营业账簿,是反映除资金以外的其他生产经营活动内容的账簿,包括日记账簿和各明细分类账簿⑦。

(4)对采用一级核算形式的,只就财会部门设置的账簿贴花;采用分级核算形式的,除财会部门的账簿应贴花外,财会部门设置在其他部门和车间的明细分类账,亦应按规定贴花⑧。

15.2.5　权利许可证照

权利许可证照包括政府部门发给的房屋产权证、工商营业执照、商标注册证、专利证、土地使用证等证照。其他各种权利许可证照均不贴花⑨。

对于各种原因更换营业执照正本和商标注册证的,均视为新领营业执照正本和商标注册证,应按规定重新纳税⑩。

15.3　计税依据

15.3.1　应税合同计税依据的一般规定

15.3.1.1　以合同所载金额为计税依据⑪

(1)应税合同所载金额不分内资或外资,均应按规定作为印花税的计税依据⑫。

(2)凡修改合同增加金额的,应就增加部分补贴印花。对印花税开征前签订的合同,开征后修改合同增加金额的,亦应按增加金额补贴印花⑬。

(3)按金额比例贴花的应税凭证,未标明金额的,应按照凭证所载数量及国家牌价计算金额;没有国家牌价的,按市场价格计算金额,按规定税率计算应纳税额⑭。

(4)应纳税凭证所载金额为外国货币的,纳税人应按照凭证书立当日的中华人民共和国国家外汇管理局公布的外汇牌价折合人民币,计算应纳

---

① 《财政部　国家税务总局关于印花税若干政策的通知》(财税[2006]162号,2006年11月27日)。
② 《国家税务局关于对借款合同贴花问题的具体规定》(国税地字[1988]30号,1988年12月12日)。
③ 《中华人民共和国印花税暂行条例施行细则》(财税[1988]255号,1988年9月29日)第6条。
④ 《国家税务局关于印花税若干具体问题的规定》(国税地字[1988]25号,1988年12月12日)。
⑤ 《中华人民共和国印花税暂行条例》(中华人民共和国国务院令第11号,1988年8月6日)税目税率表。《中华人民共和国印花税暂行条例施行细则》(财税[1988]255号,1988年9月29日)第7条。
⑥ 《国家税务局关于资金账簿印花税问题的通知》(国税发[1994]25号,1994年2月5日)。此前,《中华人民共和国印花税暂行条例施行细则》(财税[1988]255号,1988年9月29日)第7条规定,记载资金的账簿,是指载有固定资产原值和自有流动资金的总分类账簿,或者专门设置的记载固定资产原值和自有流动资金的账簿。1994年新会计制度实施后,记载资金的账簿的计税依据已改按实收资本和资本公积合计。
⑦ 《中华人民共和国印花税暂行条例施行细则》(财税[1988]255号,1988年9月29日)第7条。
⑧ 《国家税务局关于印花税若干具体问题的规定》(国税地字[1988]25号,1988年12月12日)。
⑨ 《国家税务局地方税管理司关于对权利许可证照如何贴花问题的复函》(国税地函发[1991]2号,1991年1月8日)。
⑩ 《国家税务局　国家工商行政管理局关于营业执照、商标注册证粘贴印花税票问题的通知》(国税地[1989]113号,1989年11月7日)。
⑪ 《国家税务局关于印花税若干具体问题的规定》(国税地字[1988]25号,1988年12月12日)。
⑫ 《国家税务局关于天广输变电工程项目有关合同缴纳印花税问题的复函》(国税地函[1990]14号,1990年7月9日)。
⑬ 《国家税务局关于印花税若干具体问题的规定》(国税地字[1988]25号,1988年12月12日)。
⑭ 《中华人民共和国印花税暂行条例施行细则》(财税[1988]255号,1988年9月29日)第18条。

税额①。

15.3.1.2 合同金额难以确定情形下的计税依据

合同在签订时无法确定计税金额,如:技术转让合同中的转让收入,是按销售收入的一定比例收取或是按实现利润分成的,财产租赁合同,只是规定了月(天)租金标准而无租赁期限的,对这类合同,可在签订时先按定额5元贴花,以后结算时再按实际金额计税,补贴印花②。

15.3.1.3 实际结算金额与合同所载金额不一致的计税依据

对于某些合同履行后,实际结算金额与合同所载金额不一致的情况,纳税人应在合同签订时按合同所载金额计税贴花。对已履行并贴花的合同,发现实际结算金额与合同所载金额不一致的,一般不再补贴印花③。

15.3.2 购销合同的计税依据

购销合同的计税依据为购销金额④。

(1)易货合同

采用以货换货方式进行商品交易签订的合同,是反映既购又销双重经济行为的合同。应按合同所载的购、销合计金额计税贴花。合同未列明金额的,应按合同所载购、销数量依照国家牌价或市场价格计算应纳税金额⑤。

(2)出版征订凭证

对各类出版单位与发行单位之间订立的征订凭证,其计税金额按订购数量和发行单位的进货价格计算⑥。

15.3.3 借款合同的计税依据

借款合同,以借款金额作为计税依据⑦。

(1)融资租赁合同

银行及其金融机构经营的融资租赁业务,是一种以融物方式达到融资目的的业务,实际上是分期偿还的固定资金借款。因此,对融资租赁合同,可据合同所载的租金总额暂按"借款合同"计税贴花⑧。

(2)流动资金周转性借款合同

借贷双方签订的流动资金周转性借款合同,一般按年(期)签订,规定最高限额,借款人在规定的期限和最高限额内随借随还。在签订流动资金周转借款合同时,应按合同规定的最高借款限额计税贴花。只要在限额内随借随还,不再签新合同的,就不另贴印花⑨。

(3)以借据作为借款凭证

凡一项信贷业务既签订借款合同又一次或分次填开借据的,只就借款合同按所载借款金额计税贴花;凡只填开借据并作为合同使用的,应按照借据所载借款金额计税,在借据上贴花⑩。

(4)应税金额与免税金额"混合"的借款合同

借款合同借款总额中既有应免税的金额,也有应纳税的金额。对这类"混合"借款合同,凡合同中能划分免税金额与应税金额的,只就应税金额计税贴花;不能划分清楚的,应按借款总金额计税贴花⑪。

(5)借款方与银团"多头"签订的借款合同

在信贷业务中,贷方是由若干银行组成的银

---

① 《中华人民共和国印花税暂行条例施行细则》(财税[1988]255号,1988年9月29日)第19条。
② 《国家税务局关于印花税若干具体问题的规定》(国税地字[1988]25号,1988年12月12日)。
③ 《国家税务局关于印花税若干具体问题的规定》(国税地字[1988]25号,1988年12月12日)。但通过电报、传真等形式增加合同数量和金额的,均应补贴印花。
④ 《中华人民共和国印花税暂行条例》(中华人民共和国国务院令第11号,1988年8月6日)税目税率表。
⑤ 《国家税务局关于印花税若干具体问题的解释和规定的通知》(国税发[1991]155号,1991年9月18日)。
⑥ 《国家税务局关于印花税若干具体问题的解释和规定的通知》(国税发[1991]155号,1991年9月18日)。
⑦ 《国家税务局关于对借款合同贴花问题的具体规定》(国税地字[1988]30号,1988年12月12日)。
⑧ 《国家税务局关于对借款合同贴花问题的具体规定》(国税地字[1988]30号,1988年12月12日)。
⑨ 《国家税务局关于对借款合同贴花问题的具体规定》(国税地字[1988]30号,1988年12月12日)。
⑩ 《国家税务局关于对借款合同贴花问题的具体规定》(国税地字[1988]30号,1988年12月12日)。
⑪ 《国家税务局关于对借款合同贴花问题的具体规定》(国税地字[1988]30号,1988年12月12日)。

团,银团各方均承担一定的贷款数额,借款合同由借款方与银团各方共同书立,各执一份合同正本。对这类借款合同,借款方与贷款银团各方应分别在所执合同正本上按各自的借贷金额计税贴花①。

（6）基建借款中总分合同

基本建设贷款,先按年度用款计划分年签订借款分合同,在最后一年按总概算签订借款总合同,总合同的借款金额中包括各分合同的借款金额。对这类基建借款合同,应按分合同分别贴花,最后签订的总合同,只就借款总额扣除分合同借款金额后的余额计税贴花②。

15.3.4　技术合同的计税依据

对各类技术合同,只就合同所载价款、报酬、使用费的金额依率计税,对研究开发经费不作为计税依据。但对合同约定按研究开发经费一定比例作为报酬的,应根据该比例支付的报酬金额计税贴花③。

15.3.5　加工承揽合同的计税依据

加工承揽合同的计税依据,是加工或承揽收入的金额。由受托方提供原材料的加工、定做合同,凡在合同中分别记载加工费金额与原材料金额的,应分别按"加工承揽合同"、"购销合同"计税,两项税额相加数,即为合同应贴印花;合同中不划分加工资金额与原材料金额的,应按全部金额,依照"加工承揽合同"计税贴花④。

15.3.6　财产租赁合同的计税依据

财产租赁合同,以租赁金额作为计税依据⑤。

15.3.7　货物运输合同的计税依据

货物运输合同的计税依据是运输费用金额,不包括装卸费⑥。

（1）国内货物联运合同

对国内各种形式的货物联运,凡在起运地统一结算全程运费的,应以全程运费作为计税依据,由起运地运费结算双方缴纳印花税;凡分程结算运费的,应以分程的运费作为计税依据,分别由办理运费结算的各方缴纳印花税⑦。

（2）国际货运合同⑧

由我国运输企业运输的,不论在我国境内、境外起运或中转分程运输,我国运输企业所持的一份运输结算凭证,均按本程运费计算应纳税额;托运方所持的一份运费结算凭证,按全程运费计算应纳税额。

15.3.8　财产保险合同的计税依据

财产保险合同,以承保方的保险费收入为计税依据。签订保险合同的投保方和承保方对各自所持的保险合同,均应按其保险费金额计税贴花⑨。

家庭财产保险由单位集体办理的,可分别按个人投保的保费金额计税⑩。

---

① 《国家税务局关于对借款合同贴花问题的具体规定》（国税地字〔1988〕30 号,1988 年 12 月 12 日）。
② 《国家税务局关于对借款合同贴花问题的具体规定》（国税地字〔1988〕30 号,1988 年 12 月 12 日）。
③ 《国家税务局关于对技术合同征收印花税问题的通知》（国税地字〔1989〕34 号,1989 年 4 月 12 日）。
④ 《国家税务局关于印花税若干具体问题的规定》（国税地字〔1988〕25 号,1988 年 12 月 12 日）。
⑤ 《中华人民共和国印花税暂行条例》（中华人民共和国国务院令第 11 号,1988 年 8 月 6 日）税目税率表。
⑥ 《国家税务局关于货运凭证征收印花税几个具体问题的通知》（国税发〔1990〕173 号,1990 年 10 月 12 日）。
⑦ 《国家税务局关于货运凭证征收印花税几个具体问题的通知》（国税发〔1990〕173 号,1990 年 10 月 12 日）。
⑧ 《国家税务局关于货运凭证征收印花税几个具体问题的通知》（国税发〔1990〕173 号,1990 年 10 月 12 日）。
⑨ 《中华人民共和国印花税暂行条例》（中华人民共和国国务院令第 11 号,1988 年 8 月 6 日）税目税率表,规定财产保险合同按投保金额计税,但《国家税务局关于改变保险合同印花税计税办法的通知》（国税函〔1990〕428 号,1990 年 5 月 3 日）对印花税暂行条例中列举征税的各类保险合同,其计税依据由投保金额改为保险费收入。根据《国家税务局地方管理司关于改变保险合同计税依据适用范围的批复》（国税地函发〔1990〕20 号,1990 年 8 月 29 日）的规定,保险合同的应税金额由按投保方的"投保金额"计算改为按承保方的"保险费收入"计算,并不改变其纳税人和缴纳方法。因此,签订保险合同的投保方和承保方对各自所持的保险合同,均应按其保险费金额计税贴花。
⑩ 《国家税务局关于改变保险合同印花税计税办法的通知》（国税函〔1990〕428 号,1990 年 5 月 3 日）的规定,对印花税暂行条例中列举征税的各类保险合同,其计税依据由投保金额改为保险费收入。此前,《国家税务局关于对保险公司征收印花税有关问题的通知》（国税地字〔1988〕37 号,1988 年 12 月 31 日）规定家庭财产保险由单位集体办理的,均按确定的个人投保金额计税。

15.3.9　建筑安装工程承包合同的计税依据

建筑安装工程承包合同的计税依据为承包金额①。

建设工程勘察设计合同,以收取的费用为计税依据②。

15.3.10　营业账簿的计税依据

(1)资金账簿

①记载资金的账簿的计税依据为实收资本和资本公积的总额③。

记载资金的账簿按资金总额贴花后,以后年度资金总额比已贴花资金总额增加的,增加部分应按规定贴花。凡是记载资金的账簿,启用新账时,资金未增加的,不再按件定额贴花④。

②对上级单位核拨资金的分支机构,其记载资金的账簿按核拨的账面资金数额计税贴花;对上级单位不核拨资金的分支机构,只就其他账簿按定额贴花。为避免对同一资金重复计税贴花,上级单位记载资金的账簿,应按扣除拨给下属机构资金数额后的其余部分计税贴花⑤。

③根据《中华人民共和国外资金融机构管理条例》的有关规定,外国银行在我国境内设立的分行,其境外总行需拨付规定数额的"营运资金",分行在账户设置上不设"实收资本"和"资本公积"账户。外国银行分行记载由其境外总行拨付的"营运资金"账簿,应按核拨的账面资金数额计税贴花⑥。

④从2007年6月11日起,对特种储备资金恢复征收印花税⑦。

(2)其他营业账簿

其他营业账簿按件计税贴花⑧。

对日常用单页表式记载资金活动情况,以表代账的,在未形成账簿(册)前,暂不贴花,待装订成册时,按册贴花⑨。

(3)有经营收入的事业单位使用的账簿

对有经营收入的事业单位,凡属由国家财政部门拨付事业经费、实行差额预算管理的单位,其记载经营业务的账簿,按其他账簿定额贴花,不记载经营业务的账簿不贴花;凡属经费来源实行自收自支的单位,其营业账簿,应对记载资金的账簿和其他账簿分别按规定贴花⑩。

(4)跨地区经营的分支机构的营业账簿

跨地区经营的分支机构使用的营业账簿,应由各分支机构在其所在地缴纳印花税。对上级单位核拨资金的分支机构,其记载资金的账簿按核拨的账面资金数额计税贴花,其他账簿按定额贴花;对上级单位不核拨资金的分支机构,只就其他账簿按

---

①　《中华人民共和国印花税暂行条例》(中华人民共和国国务院令第11号,1988年8月6日)税目税率表。

②　《中华人民共和国印花税暂行条例》(中华人民共和国国务院令第11号,1988年8月6日)税目税率表。

③　《国家税务总局关于资金账簿印花税问题的通知》(国税发〔1994〕25号,1994年2月5日)。此前,《中华人民共和国印花税暂行条例》(中华人民共和国国务院令第11号,1988年8月6日)税目税率表曾规定,资金账簿的计税依据为固定资产原值和自有流动资金总额。《国家税务局关于对印花税暂行条例施行前书立、领受的凭证贴花问题的规定》(国税地字〔1988〕13号,1988年10月12日)规定,记载资金的账簿按1988年10月1日的固定资产原值与自有流动资金合计金额计税贴花,以后年度均以年初固定资产与自有流动资金合计金额计算,就增加部分贴花。根据《国家税务总局关于资金账簿印花税问题的通知》(国税发〔1994〕25号)和《国家税务总局关于公布全文失效废止 部分条款失效废止的税收规范性文件目录的公告》(国家税务总局公告2011年第2号),上述规定已失效。

④　《中华人民共和国印花税暂行条例施行细则》(财税〔1988〕255号,1988年9月29日)第8条。《国家税务局关于印花税若干具体问题的规定》(国税地字〔1988〕25号,1988年12月12日)。

⑤　《国家税务局关于印花税若干具体问题的规定》(国税地字〔1988〕25号,1988年12月12日)。

⑥　《国家税务总局关于外国银行分行营运资金缴纳印花税问题的批复》(国税函〔2002〕104号,2002年1月28日)。

⑦　《国家税务总局关于取消部分地方税行政审批项目的通知》(国税函〔2007〕629号,2007年6月11日)。此前,《国家税务局关于对特种储备资金不征印花税问题的通知》(国税地字〔1989〕18号,1989年2月27日)规定,对特种储备资金不计征印花税。

⑧　《中华人民共和国印花税暂行条例》(中华人民共和国国务院令第11号,1988年8月6日)税目税率表。

⑨　《国家税务局关于印花税若干具体问题的规定》(国税地字〔1988〕25号,1988年12月12日)。

⑩　《国家税务局关于印花税若干具体问题的规定》(国税地字〔1988〕25号,1988年12月12日)。

定额贴花①。

15.3.11　权利许可证照的计税依据

权利许可证照按件贴花②。

纳税人已缴纳印花税凭证的正本遗失或毁损，而以副本替代的，即将副本视同正本使用，应另贴印花③。

15.3.12　产权转移书据的计税依据

产权转移书据按合同所载金额为计税依据④。

从 1992 年 1 月 1 日起，对买卖、继承、赠与所书立的股权转让书据，均依照书立时证券市场当日实际成交价格计算的金额为计税依据。

15.3.13　核定印花税计税依据

纳税人有下列情形的，地方税务机关可以核定纳税人印花税计税依据⑤：

（1）未按规定建立印花税应税凭证登记簿，或未如实登记和完整保存应税凭证的；

（2）拒不提供应税凭证或不如实提供应税凭证致使计税依据明显偏低的；

（3）采用按期汇总缴纳办法的，未按地方税务机关规定的期限报送汇总缴纳印花税情况报告，经地方税务机关责令限期报告，逾期仍不报告的或者地方税务机关在检查中发现纳税人有未按规定汇总缴纳印花税情况的。

地方税务机关核定征收印花税，应向纳税人发放核定征收印花税通知书，注明核定征收的计税依据和规定的税款缴纳期限。

地方税务机关核定征收印花税，应根据纳税人的实际生产经营收入，参考纳税人各期印花税纳税情况及同行业合同签订情况，确定科学合理的数额或比例作为纳税人印花税计税依据。

15.4　税率

印花税具体税率、税额的确定，依照印花税暂行条例所附《印花税税目税率表》执行⑥。

具体税目税率（税额）为：

（1）借款合同，税率为 0.05‰⑦；

（2）购销合同、建筑安装工程承包合同和技术合同税率为 0.3‰⑧；

（3）加工承揽合同、建设工程勘察设计合同、货物运输合同、产权转移书据及营业账簿税目中记载资金的账簿，税率为 0.5‰⑨；

（4）财产租赁合同、仓储保管合同的税率为 1‰⑩；

（5）财产保险合同计税依据由投保金额改为保险费收入后，适用税率为 1‰⑪。

对责任保险、保证保险和信用保险合同，暂按定额 5 元贴花⑫。

（6）从 2008 年 9 月 19 日起，对买卖、继承、赠与所书立的 A 股、B 股股权转让书据，由出让方按

---

① 《国家税务局关于印花税若干具体问题的规定》（国税地字[1988]25 号,1988 年 12 月 12 日）。
② 《中华人民共和国印花税暂行条例》（中华人民共和国国务院令第 11 号,1988 年 8 月 6 日）税目税率表。
③ 《中华人民共和国印花税暂行条例施行细则》（财税[1988]255 号,1988 年 9 月 29 日）第 11 条。
④ 《中华人民共和国印花税暂行条例》（中华人民共和国国务院令第 11 号,1988 年 8 月 6 日）税目税率表。
⑤ 《国家税务总局关于进一步加强印花税征收管理有关问题的通知》（国税函[2004]150 号,2004 年 1 月 30 日）。
⑥ 《中华人民共和国印花税暂行条例》（中华人民共和国国务院令第 11 号,1988 年 8 月 6 日）第 3 条。
⑦ 《中华人民共和国印花税暂行条例》（中华人民共和国国务院令第 11 号,1988 年 8 月 6 日）税目税率表。
⑧ 《中华人民共和国印花税暂行条例》（中华人民共和国国务院令第 11 号,1988 年 8 月 6 日）税目税率表。
⑨ 《中华人民共和国印花税暂行条例》（中华人民共和国国务院令第 11 号,1988 年 8 月 6 日）税目税率表。
⑩ 《中华人民共和国印花税暂行条例》（中华人民共和国国务院令第 11 号,1988 年 8 月 6 日）税目税率表。
⑪ 《国家税务局关于改变保险合同印花税计税办法的通知》（国税函[1990]428 号,1990 年 5 月 3 日）。此前,《中华人民共和国印花税暂行条例》（中华人民共和国国务院令第 11 号,1988 年 8 月 6 日）税目税率表规定财产保险合同的税率为 0.03‰。
⑫ 《国家税务局关于对保险公司征收印花税有关问题的通知》（国税地字[1988]37 号,1988 年 12 月 31 日）.

1‰的税率缴纳证券交易印花税，受让方不再征收①。

基金（开放式证券投资基金）管理人运用基金卖出股票应当按照1‰的税率缴纳证券（股票）交易印花税②。

（7）权利许可证照和营业账簿税目中的其他账簿为按件定额贴花5元③。

（8）同一凭证，因载有两个或者两个以上经济事项而适用不同税目税率，如分别记载金额的，应分别计算应纳税额，相加后按合计税额贴花；如未分别记载金额的，按税率高的计税贴花④。

15.5 应纳税额

纳税人根据应纳税凭证的性质，分别按比例税率或者按件定额计算应纳税额。应纳税额不足一角的，免征印花税。应纳税额在一角以上的，其税额尾数不满五分的不计，满五分的按一角计算缴纳⑤。

实行印花税按期汇总缴纳的单位，对征税凭证和应纳税额不足一角的免税凭证汇总时，凡分别汇总的，按本期征税凭证的汇总金额计算缴纳印花税；凡不能分别汇总的，应按本期全部凭证的实际汇总金额计算缴纳印花税⑥。

15.6 若干行业、企业的征免规定

15.6.1 涉农行业印花税征免规定

15.6.1.1 农民专业合作社征免规定

自2008年7月1日起，对农民专业合作社与本社成员签订的农业产品和农业生产资料购销合同，免征印花税。农民专业合作社，是指依照《中华人民共和国农民专业合作社法》规定设立和登记的农民专业合作社⑦。

15.6.1.2 农副产品收购合同征免规定

国家指定的收购部门与村委会、农民个人书立的农副产品收购合同免征印花税⑧。

"收购部门"和"农副产品"的范围由省、自治区、直辖市地方税务局根据当地实际情况具体划定⑨。

15.6.1.3 集体土地建设用地使用权登记证征免规定

集体土地建设用地使用权登记证属于地方政府制定并发放的过渡性的土地使用权证，具有地方性和临时性。对其是否贴花，可由各省、自治区、直辖市自行确定⑩。

15.6.1.4 涉农金融业务征免规定

（1）农业保险合同

农林作物、牧业畜类保险合同，免征印花税⑪。

---

① 我国证券交易印花税税率历经几次变革，从1992年1月1日起，对买卖、继承、赠与所书立的股权转让书据，均依照书立时证券市场当日实际成交价格计算的金额，由立据双方当事人分别按3‰的税率缴纳证券（股票）交易印花税。从1997年5月10日起，国务院将3‰的税率调高为5‰。从1998年6月12日起，国务院将5‰的税率调整为4‰。从1999年6月1日起，国务院将B股税率调为3‰。从2001年11月16日起，将A股、B股的税率调整为2‰。从2005年1月24日起，税率由2‰调整为1‰。从2007年5月30日起，税率调整为3‰。2008年4月24日起，税率调整为1‰。从2008年9月19日起，对买卖、继承、赠与所书立的A股、B股股权转让书据，由立据双方当事人分别按1‰的税率缴纳证券（股票）交易印花税改为由出让方按1‰的税率缴纳股票交易印花税，对受让方不再征收。此前《财政部 国家税务总局关于调整证券（股票）交易印花税税率的通知》（财税[2007]84号，2007年5月30日）被《财政部关于公布废止和失效的财政规章和规范性文件目录（第十一批）的决定》（财政部令第62号，2011年2月21日）公布废止。

② 根据证券交易印花税从2008年9月19日起仅对出让方按1‰税率征收而对受让方不再征收的规定，对基金管理人也仅就其运用基金卖出股票按照1‰的税率征收印花税。此前，《财政部 国家税务总局关于开放式证券投资基金有关税收问题的通知》财税[2002]128号，2002年8月22日）规定，基金管理人运用基金买卖股票按照2‰的税率征收印花税。

③ 《中华人民共和国印花税暂行条例》（中华人民共和国国务院令第11号，1988年8月6日）税目税率表。

④ 《中华人民共和国印花税暂行条例施行细则》（财税[1988]255号，1988年9月29日）第17条。

⑤ 《中华人民共和国印花税暂行条例》（中华人民共和国国务院令第11号，1988年8月6日）第3条。

⑥ 《国家税务局关于汇总缴纳印花税税额计算问题的通知》（国税函[1990]443号，1990年4月25日）。

⑦ 《财政部 国家税务总局关于农民专业合作社有关税收政策的通知》（财税[2008]81号，2008年6月24日）。

⑧ 《中华人民共和国印花税暂行条例施行细则》（财税[1988]255号，1988年9月29日）第13条。

⑨ 《国家税务局关于印花税若干具体问题的解释和规定的通知》（国税发[1991]155号，1991年9月18日）。

⑩ 《国家税务局关于集体土地建设用地使用权登记证贴花问题的批复》（国税函[1991]1268号，1991年9月24日）。

⑪ 《国家税务局关于对保险公司征收印花税有关问题的通知》（国税地字[1988]37号，1988年12月31日）。

（2）涉农信贷

对农业发展银行办理的农副产品收购贷款、储备贷款及农业综合开发和扶贫贷款等财政贴息贷款合同免征印花税①。

（3）农村信用社

对于农村信用社在清理整顿过程中，接收农村合作基金会的房屋、土地使用权等财产所发生的权属转移免时所办理的产权转移书据免征印花税②。

15.6.2　铁路部门印花税征免规定

15.6.2.1　铁道部所属企业征免规定

（1）对铁道部所属原执行经济承包方案的铁路运输、工业、供销、建筑施工企业，以及铁道部直属铁路局所办的工副业企业的营业账簿，自 1996 年 7 月 1 日起恢复征收印花税（是指自 1996 年 7 月 1 日起按资金账簿账面记载的"实收资本"与"资本公积'两项合计金额计税贴花，并非指按 1996 年 7 月 1 日以后新增加的资金贴花）③。

铁道部所属企业、单位记载资金的账簿，也应一次贴足印花④。

（2）对铁道部所属原执行经济承包方案的上述单位之间签订的各种应纳印花税的经济合同，自 1996 年 7 月 1 日起，恢复征收印花税⑤。

（3）铁道部层层下达的基建计划，不属应税合同，不应纳税；铁道部所属各建设单位与施工企业之间签订的建筑安装工程承包合同属于应税合同，应按规定纳税；但企业内部签订的有关铁路生产经营设施基建、更新改造、大修、维修的协议或责任书，不在征收范围之内⑥。

（4）铁道部所属各企业之间签订的购销合同或作为合同使用的调拨单，应按规定贴花；属于企业内部的物资调拨单，不应贴花。凡在铁路内部无偿调拨的固定资产，其调拨单据不属于产权转移书据，不应贴花⑦。

（5）由铁道部全额拨付事业经费的单位，暂视同由财政部门拨付事业经费的单位，其营业账簿不贴花⑧。

对由铁道部自行解决工交事业费的单位，应比照其他事业单位的规定缴纳印花税。即：对无经营收入的事业单位使用的账簿不贴印花。对有经营收入的事业单位，凡属由铁道部拨付部分经费的，只对其记载经营业务的账簿，按其他账簿定额贴花；凡属经费实行自收自支制度的，应对其记载资金的账簿和其他账簿分别按规定贴花⑨。

15.6.2.2　青藏铁路公司征免规定

在青藏铁路公司运营期间对青藏铁路公司及其所属单位营业账簿免征印花税；对青藏铁路公司签订的货物运输合同免征印花税，对合同其他各方

①《财政部 国家税务总局关于农业发展银行缴纳印花税问题的复函》（财税〔1996〕55 号，1996 年 8 月 12 日）。

②《中国人民银行 农业部 国家发展计划委员会 财政部 国家税务总局关于免缴农村信用社接收农村合作基金会财产产权过户税费的通知》（银发〔2000〕21 号，2000 年 1 月 17 日）。

③《财政部 国家税务总局关于铁道部所属单位恢复征收印花税问题的通知》（财税〔1997〕56 号，1997 年 5 月 13 日）。《财政部 国家税务总局关于铁道部所属单位恢复征收印花税问题的补充通知》（财税〔1997〕182 号，1997 年 12 月 22 日）。

④《国家税务总局关于取消部分地方税行政审批项目的通知》（国税函〔2007〕629 号，2007 年 6 月 11 日）废止了《国家税务总局关于印花税若干具体问题的规定》（国税地字〔1988〕25 号，1988 年 12 月 12 日）中第 20 条："对微利、亏损企业记载资金的账簿，第一次贴花数额较大，难以承担的，经当地税务机关批准，可允许在三年内分次贴足印花"的规定。此前，《财政部、国家税务总局关于铁道部所属单位恢复征收印花税问题的通知》（财税〔1997〕56 号，1997 年 5 月 13 日）规定"企业记载资金的账簿一次贴花数额较大的，经主管税务部门批准，可在三年内分次贴足印花。"

⑤《财政部 国家税务总局关于铁道部所属单位恢复征收印花税问题的通知》（财税〔1997〕56 号，1997 年 5 月 13 日）。

⑥《财政部 国家税务总局关于铁道部所属单位恢复征收印花税问题的补充通知》（财税〔1997〕182 号，1997 年 12 月 22 日）。

⑦《财政部 国家税务总局关于铁道部所属单位恢复征收印花税问题的补充通知》（财税〔1997〕182 号，1997 年 12 月 22 日）。

⑧《财政部 国家税务总局关于铁道部所属单位恢复征收印花税问题的补充通知》（财税〔1997〕182 号，1997 年 12 月 22 日）。

⑨《国家税务局关于由铁道部自行解决工交事业费的单位贴花问题的批复》（国税地〔1989〕76 号，1989 年 7 月 13 日）。

当事人应缴纳的印花税照章征收①。

15.6.3 货物运输业务印花税征免规定

15.6.3.1 一般货运业务征税规定

（1）纳税人。在货运业务中，凡直接办理承、托运运费结算凭证的双方，均为货运凭证印花税的纳税人。代办承、托运业务的单位负有代理纳税的义务；代办方与委托方之间办理的运费清算单据，不缴纳印花税②。

（2）应税凭证。在货运业务中，凡是明确承、托运双方业务关系的运输单据均属于合同性质的凭证。为便于征管，以运费结算凭证作为各类货运的应税凭证③。

15.6.3.2 铁路货运业务征税规定

从 2006 年 8 月 1 日起，铁路货物运输凭证征收印花税按以下规定处理④：

（1）纳税人。铁路货运业务中运费结算凭证载明的承、托运双方，均为货运凭证印花税的纳税人。代办托运业务的代办方在向铁路运输企业交运货物并取得运费结算凭证时，应当代托运方缴纳印花税。代办方与托运方之间办理的运费结算清单，不缴纳印花税。

（2）应纳税凭证。铁路货运运费结算凭证为印花税应税凭证，包括：货票（发站发送货物时使用）；运费杂费收据（到站收取货物运费时使用）；合资、地方铁路货运运费结算凭证（合资铁路公司、地方铁路单独计算核收本单位管内运费时使用）。

（3）计税依据。上述应纳凭证中所列运费为印花税的计税依据，包括统一运价运费、特价或加价运费、合资和地方铁路运费、新路均摊费、电力附加费。对分段计费一次核收运费的，以结算凭证所记载的全程运费为计税依据；对分段计费分别核收运费的，以分别核收运费的结算凭证所记载的运费为计税依据。

（4）应纳税额和税款代征。按运费金额按万分之五的税率分别计算承、托运双方的应纳税额。税额不足一角的免税，超过一角的四舍五入计算到角。铁路运输企业在收取货物运杂费的同时必须代征托运方应纳的印花税，并记入运费结算凭证的"印花税"项目内，运费结算凭证不再加盖"印花税代扣专用章"。

（5）税款缴纳。铁路运输企业代征的托运方应纳的印花税与铁路运输企业应纳的印花税统一由各铁路运输企业汇总后按下列方式缴入国库：

①铁路局（含广铁集团、青藏铁路公司）应纳印花税，依照铁路体制改革前所属原汇总缴纳印花税单位 2004 年印花税款占铁路局印花税的比例计算，按季向原汇总缴纳单位所在地的地方税务机关缴纳。对采用异地汇款方式缴纳税款的，原汇总缴纳单位所在地的地方税务机关应通知铁路局将税款直接汇入税务机关在国库开设的"待缴库税款"专户。

②集装箱和特货公司货运业务应纳的印花税向总机构所在地税务机关缴纳。

③合资铁路公司、地方铁路货运业务应纳的印花税向机构所在地税务机关缴纳。

（6）地方税务机关根据国家有关规定，按代征印花税税款金额的 5% 付给铁路部门代征手续费。手续费由税务机关按规定及时给付，铁路部门不得

---

① 《财政部 国家税务总局关于青藏铁路公司运营期间有关税收等政策问题的通知》（财税[2007]11 号，2007 年 1 月 11 日）。此前，《财政部 国家税务总局关于青藏铁路建设期间有关税收政策问题的通知》（财税[2003]128 号，2003 年 6 月 12 日）规定，对青藏铁路公司的营业账簿免征印花税；对青藏铁路公司与中标的建设单位所签订的加工承揽合同、建设工程勘察设计合同、建筑安装工程承包合同，免征签订合同双方应缴纳的印花税。该文件后被财税[2007]11 号文件废止。

② 《国家税务局关于货运凭证征收印花税几个具体问题的通知》（国税发[1990]173 号，1990 年 10 月 12 日）。

③ 《国家税务局关于货运凭证征收印花税几个具体问题的通知》（国税发[1990]173 号，1990 年 10 月 12 日）。

④ 《国家税务总局 铁道部关于铁路货运凭证印花税若干问题的通知》（国税发[2006]101 号，2006 年 07 月 12 日）。此前，国家税务总局、铁道部联合下发了《关于铁路货运凭证汇总缴纳印花税问题的联合通知》（国税地字[1989]94 号）和《国家税务局关于改变铁路国际货运凭证印花税缴纳办法的通知》（国税函发[1991]1401 号）规定：对铁路货运凭证由铁路分局汇总缴纳；计税依据为统一运价收入；税款尾数计算到分；国际货运凭证不实行代扣代缴。上述两文件均被国税发[2006]101 号废止。

从代征税款中直接扣除。

15.6.3.3　若干特殊货运凭证的免税规定

（1）军事物资运输。凡附有军事运输命令或使用专用的军事物资运费结算凭证，免纳印花税①。

（2）抢险救灾物资运输。凡附有县级以上（含县级）人民政府抢险救灾物资运输证明文件的运费结算凭证，免纳印花税②。

（3）新建铁路的工程临管线运输。为新建铁路运输施工所需物料，使用工程临管线专用运费结算凭证，免纳印花税③。

（4）由外国运输企业运输进出口货物的，外国运输企业所持的一份运费结算凭证，免纳印花税。托运方所持的一份运费结算凭证应缴纳印花税④。

（5）对铁路、公路、航运、水路承运快件行李、包裹开具的托运单据，暂免贴花⑤。

15.6.4　金融保险业印花税征免规定

15.6.4.1　银行系统营业账簿征免规定

（1）凡银行用以反映资金存贷经营活动、记载经营资金增减变化、核算经营成果的账簿，如各种日记账、明细账和总账都属于营业账簿，应按照规定征收印花税。银行根据业务管理需要设置的各种登记簿，如空白重要凭证登记簿、有价单证登记簿、现金收付登记簿等，其记载的内容与资金活动无关，仅用于内容备查，属于非营业账簿，均不贴花⑥。

（2）银行的账簿应在启用时贴花。对资金总账，按实收资本和资本公积总额的 0.5‰计税贴花。以后每年更换新账时，应按账面结转资金总额比已贴花资金总额增加的部分计税贴花。对其他账簿，按件定额贴花 5 元。对银行使用的日常单页记载而按月、按季或按年装订成册的活页账簿，如分户账等，可在装订成册时，按册贴花 5 元⑦。

（3）对银行、城乡信用社开展储蓄业务设置的储蓄分户卡账，暂免贴印花；对其他账簿应按照规定贴花⑧。

（4）银行使用计算机记账，按照电子计算机会计核算的账务组织和账簿设置要求输入计算机的核算资料（包括综合、明细核算资料），需要输出打印账页、装订成册，具有账簿的作用。对通过计算机输出打印账页，装订成册的，应按照规定贴花⑨。

（5）人民银行各级机构经理国库业务及委托各专业银行各级机构代理国库业务设置的账簿，免征印花税⑩。

（6）外国银行在我国境内设立的分行，其境外总行需拨付规定数额的"营运资金"，分行在账户设置上不设"实收资本"和"资本公积"账户。外国银行分行记载由其境外总行拨付的"营运资金"账簿，应按核拨的账面资金数额计税贴花⑪。

外国银行分行改制为外商独资银行（或其分行）后，其在外国银行分行已经贴花的资金账簿、应税合同，在改制后的外商独资银行（或其分行）不再重新贴花⑫。

① 《国家税务局关于货运凭证征收印花税几个具体问题的通知》（国税发〔1990〕173 号,1990 年 10 月 12 日）。
② 《国家税务局关于货运凭证征收印花税几个具体问题的通知》（国税发〔1990〕173 号,1990 年 10 月 12 日）。
③ 《国家税务局关于货运凭证征收印花税几个具体问题的通知》（国税发〔1990〕173 号,1990 年 10 月 12 日）。
④ 《国家税务局关于货运凭证征收印花税几个具体问题的通知》（国税发〔1990〕173 号,1990 年 10 月 12 日）。
⑤ 《国家税务局关于印花税若干具体问题的规定》（国税地字〔1988〕25 号,1988 年 12 月 12 日）。
⑥ 《国家税务局关于对金融系统营业账簿贴花问题的具体规定》（国税地字〔1988〕28 号,1988 年 12 月 12 日）。
⑦ 《国家税务局关于对金融系统营业账簿贴花问题的具体规定》（国税地字〔1988〕28 号,1988 年 12 月 12 日）。
⑧ 《国家税务局关于对金融系统营业账簿贴花问题的具体规定》（国税地字〔1988〕28 号,1988 年 12 月 12 日）。
⑨ 《国家税务局关于对金融系统营业账簿贴花问题的具体规定》（国税地字〔1988〕28 号,1988 年 12 月 12 日）。
⑩ 《国家税务局关于印花税若干具体问题的解释和规定的通知》（国税发〔1991〕155 号,1991 年 9 月 18 日）。
⑪ 《国家税务总局关于外国银行分行营运资金缴纳印花税问题的批复》（国税函〔2002〕104 号,2002 年 1 月 28 日）。
⑫ 《财政部 国家税务总局关于外国银行分行改制为外商独资银行有关税收问题的通知》（财税〔2007〕45 号,2007 年 3 月 26 日）。

15.6.4.2　金融借款合同征免规定

(1)同业拆借合同①

银行同业拆借,是指按国家信贷制度规定,银行、非银行金融机构之间相互融通短期资金的行为。同业拆借合同不属于列举征税的凭证,不贴印花。

确定同业拆借合同的依据,应以中国人民银行银发(1990)62号《关于印发〈同业拆借管理试行办法〉的通知》为准。凡按照规定的同业拆借期限和利率签订的同业拆借合同,不贴印花;凡不符合规定的,应按借款合同贴花。

(2)借款展期合同

对办理借款展期业务使用借款展期合同或其他凭证,按规定仅载明延期还款事项的,可暂不贴花②。

(3)拨改贷合同

对财政部门的拨款改贷款签订的借款合同,凡直接与使用单位签订的,暂不贴花,但凡委托金融单位贷款,金融单位与使用单位签订的借款合同,应按规定贴花③。

(4)无息、贴息贷款合同

无息、贴息贷款合同免征印花税④。

(5)外国政府及国际金融组织优惠贷款

外国政府或者国际金融组织向中国政府及国家金融机构提供优惠贷款所书立的合同免征印花税⑤。

15.6.4.3　金融资产管理公司征免规定

(1)资产管理公司收购、承接、处置不良资产可享受以下税收优惠政策⑥:

①对资产公司成立时设立的资金账簿免征印花税。

②对资产公司收购、承接和处置不良资产,免征购销合同和产权转移书据应缴纳的印花税。

③对涉及资产公司资产管理范围内的上市公司国有股权持有人变更的事项,免征印花税参照《国家税务总局关于办理上市公司国有股权无偿转让暂不征收证券(股票)交易印花税有关审批事项的通知》(国税函〔2004〕941号)的有关规定执行⑦。

享受税收优惠政策的主体为经国务院批准成立的中国信达资产管理公司、中国华融资产管理公司、中国长城资产管理公司和中国东方资产管理公司,及其经批准分设于各地的分支机构。除另有规定者外,资产公司所属、附属企业,不享受资产公司的税收优惠政策。

收购、承接不良资产是指资产公司按照国务院规定的范围和额度,对相关国有银行不良资产,以账面价值进行收购,同时继承债权、行使债权主体权利。具体包括资产公司承接、收购相关国有银行的逾期、呆滞、呆账贷款及其相应的抵押品;处置不良资产是指资产公司按照有关法律、法规,为使不良资产的价值得到实现而采取的债权转移的措施。具体包括运用出售、置换、资产重组、债转股、证券化等方法对贷款及其抵押品进行处置。

资产公司除收购、承接、处置不良资产业务外,从事其他经营业务或发生财税〔2001〕10号文件未规定免税的应税行为,应一律依法纳税。

金融资产管理公司利用其接受的抵债资产从

① 《国家税务局关于印花税若干具体问题的解释和规定的通知》(国税发〔1991〕155号,1991年9月18日)。
② 《国家税务局关于印花税若干具体问题的解释和规定的通知》(国税发〔1991〕155号,1991年9月18日)。
③ 《国家税务局关于印花税若干具体问题的解释和规定的通知》(国税发〔1991〕155号,1991年9月18日)。
④ 《中华人民共和国印花税暂行条例施行细则》(财税〔1988〕255号,1988年9月29日)第13条。
⑤ 《中华人民共和国印花税暂行条例施行细则》(财税〔1988〕255号,1988年9月29日)第13条。
⑥ 《财政部 国家税务总局关于中国信达等4家金融资产管理公司税收政策问题的通知》(财税〔2001〕10号,2001年2月20日)。
⑦ 《财政部 国家税务总局关于中国信达等4家金融资产管理公司税收政策问题的通知》(财税〔2001〕10号)规定参照《国家税务总局关于上市公司国有股权无偿转让征收证券(股票)交易印花税问题的通知》(国税发〔1999〕124号)文件执行。但2004年7月1日起,《国家税务总局关于办理上市公司国有股权无偿转让暂不征收证券(股票)交易印花税有关审批事项的通知》(国税函〔2004〕941号,2004年8月2日)开始执行并对国税发〔1999〕124号文件予以了废止。

事经营租赁业务,也不属于规定的免税范围,应当依法纳税①。

(2)金融资产管理公司依据财税[2001]10号文件规定,在其收购、承接和处置的国有银行不良资产范围内的上市公司股权受让或者出让行为,可以报请审核免征证券(股票)交易印花税。对不属于此范围的股权受让或出让行为,仍应按规定征收证券(股票)交易印花税②。

办理股权受让或者出让免税事项,由资产公司提交申请报告和所应附的证明文件和材料送国家税务总局审核,经国家税务总局核准下文,由上海市国家税务局、深圳市国家税务局送达当地证券登记结算公司执行。

资产公司应当在报告中说明从银行不良债权到现有资产形态的形成过程和受让或出让股票的数量、价值金额,并附下列证明文件和材料:

Ⅰ 股权受让方、出让方的《企业法人营业执照》副本复印件;

Ⅱ 财政部关于股权转让的批复或其它生效的法律文书;

Ⅲ 受让方和出让方签订的股权转让协议;

Ⅳ 国家税务总局要求提供的其他证明股权资产属于其收购、承接和处置的银行不良资产范围内的相关材料。

(3)财政部从中国建设银行、中国工商银行、中国农业银行、中国银行(简称国有商业银行)无偿划转了部分资产(包括现金、投资、固定资产及随投资实体划转的贷款)给中国信达资产管理公司、中国华融资产管理公司、中国长城资产管理公司和中国东方资产管理公司(简称金融资产管理公司),作为其组建时的资本金。在这四家金融资产管理公司接收资本金项下的资产在办理过户时,应按照下述方法办理③:

①金融资产管理公司按财政部核定的资本金数额,接收国有商业银行的资产,在办理过户手续时,免征契税、印花税。

②国有商业银行按财政部核定的数额,划转给金融资产管理公司的资产,在办理过户手续时,免征营业税、增值税、印花税。

(4)东方资产管理公司处置港澳国际(集团)有限公司有关资产税收政策:

对中国东方资产管理公司及其分支机构在接收、处置港澳国际(集团)有限公司资产过程中签订的产权转移书据,免征印花税。对港澳国际(集团)所属内地公司在催收债权、清偿债务中签订的产权转移书据,以及港澳国际(集团)有限公司本部及其香港8家子公司在中国境内催收债权、清偿债务中签订的产权转移书据,免征印花税(其中港澳国际(集团)有限公司在香港的8家子公司名单是新港澳有限公司、煌天投资有限公司、海佳发展有限公司、港澳国际置业有限公司、金富运发展有限公司、港澳国际财务有限公司、恒琪发展有限公司、集富置业有限公司)④。

15.6.4.4　资本市场业务征免规定

(1)证券投资基金

对投资者申购和赎回基金单位(开放式),暂不征收证券(股票)交易印花税⑤

对投资者(包括个人和机构)买卖封闭式证券

---

① 《国家税务总局关于金融资产管理公司从事经营租赁业务有关税收政策问题的批复》(国税函[2009]190号,2009年3月31日)。

② 《国家税务总局关于中国信达等四家金融资产管理公司受让或出让上市公司股权免征证券(股票)交易印花税有关问题的通知》(国税发[2002]94号,2002年7月23日)。

③ 《财政部 国家税务总局关于4家资产管理公司接收资本金项下的资产在办理过户时有关税收政策问题的通知》(财税[2003]21号,2003年2月21日)。

④ 《财政部 国家税务总局关于中国东方资产管理公司处置港澳国际(集团)有限公司有关资产税收政策问题的通知》(财税[2003]212号,2003年212号)。

⑤ 《财政部 国家税务总局关于开放式证券投资基金有关税收问题的通知》(财税[2002]128号,2002年8月22日)规定,对投资者申购和赎回基金单位,暂不征收印花税。此前,《财政部 国家税务总局关于证券投资基金税收问题的通知》(财税字[1998]55号,1998年8月6日)规定,对投资者(包括个人和企业)买卖基金单位,在1999年底前暂不征收印花税。

投资基金免征印花税①。

（2）股权分置改革试点

股权分置试点改革过程中因非流通股股东向流通股股东支付对价而发生的股权转让,暂免征收印花税②。

（3）社保基金证券买卖业务

从2003年1月1日起,对全国社会保障基金理事会委托社会保障基金投资管理人运用社会保障基金买卖证券应缴纳的印花税,实行先征后返;对社保基金持有的证券,在社保基金证券账户之间的划拨过户,不属于印花税的征税范围,不征收印花税③。

（4）国有股转持充实社保基金

对有关国有股东按照《境内证券市场转持部分国有股充实全国社会保障基金实施办法》（财企〔2009〕94号）向全国社会保障基金理事会转持国有股,免征证券（股票）交易印花税④。

（5）证券投资者保护基金⑤

①对保护基金公司新设立的资金账簿免征印花税。

②对保护基金公司与中国人民银行签订的再贷款合同、与证券公司行政清算机构签订的借款合同,免征印花税。

③对保护基金公司接收被处置证券公司财产签订的产权转移书据,免征印花税。

④对保护基金公司以保护基金自有财产和接收的受偿资产与保险公司签订的财产保险合同,免征印花税。

⑤对与保护基金公司签订上述应税合同或产权转移书据的其他当事人照章征收印花税。

（6）信贷资产证券化⑥

①信贷资产证券化的发起机构（指通过设立特定目的信托项目转让信贷资产的金融机构）将实施资产证券化的信贷资产信托予受托机构（指因承诺信托而负责管理信托项目财产并发售资产支持证券的机构）时,双方签订的信托合同暂不征收印花税。

②受托机构委托贷款服务机构（指接受受托机构的委托,负责管理贷款的机构）管理信贷资产时,双方签订的委托管理合同暂不征收印花税。

③发起机构、受托机构在信贷资产证券化过程中,与资金保管机构（指接受受托机构委托,负责保管信托项目财产账户资金的机构）、证券登记托管机构（指中央国债登记结算有限责任公司）以及其他为证券化交易提供服务的机构签订的其他应税合同,暂免征收发起机构、受托机构应缴纳的印花税。

④受托机构发售信贷资产支持证券以及投资者买卖信贷资产支持证券暂免征收印花税。

⑤发起机构、受托机构因开展信贷资产证券化业务而专门设立的资金账簿暂免征收印花税。

15.6.4.5　金融机构撤销清算征免规定

（1）对被撤销金融机构及其分支机构（不包括所属企业）接收债权、清偿债务过程中签订的产权转移书据,免征印花税⑦。

（2）对大连证券在清算期间接收债权、清偿债

---

①《财政部 国家税务总局关于对买卖封闭式证券投资基金继续予以免征印花税的通知》（财税〔2004〕173号,2004年11月5日）。此前,根据《财政部 国家税务总局关于买卖证券投资基金单位印花税问题的复函》（财税〔2000〕8号,2000年1月30日）规定,2000年底之前免税。后又根据《财政部 国家税务总局关于证券投资基金税收问题的通知》（财税〔2001〕61号,2001年4月11日）将原来优惠时限延长至2002年年底。

②《财政部 国家税务总局关于股权分置试点改革有关税收政策问题的通知》（财税〔2005〕103号,2005年6月13日）。

③《财政部 国家税务总局关于全国社会保障基金有关印花税政策的通知》（财税〔2003〕134号,2003年7月11日）。

④《财政部 国家税务总局关于境内证券市场转持部分国有股充实全国社会保障基金有关证券（股票）交易印花税政策的通知》（财税〔2009〕103号,2009年8月10日）。

⑤《财政部 国家税务总局关于证券投资者保护基金有关印花税政策的通知》（财税〔2006〕104号,2006年07月27日）。

⑥《财政部 国家税务总局关于信贷资产证券化有关税收政策问题的通知》（财税〔2006〕5号,2006年02月20日）。

⑦《财政部 国家税务总局关于被撤销金融机构有关税收政策问题的通知》（财税〔2003〕141号,2003年7月3日）。

务过程中签订的产权转移书据,免征印花税①。

15.6.4.6　若干金融机构专项征免规定

(1)中国人民银行②

中国人民银行各级机构向专业银行发放的各种期限的贷款不属于银行同业拆借,所签订的合同或者借据应缴纳印花税。

对上述贷款中的日拆性贷款(专指 20 天的贷款),由于其期限短,利息低,并且贷放和使用均有较强的政策性。以此类贷款所签的合同或借据,暂免征收印花税。

(2)中国银行

①中国银行与国内用款单位签订的转贷合同与“三贷”合同(政府贷款、买方信贷、混合贷款)所依据的法律文件不同,签订合同的当事人不同,在借贷经济业务中形成了新的权利义务关系,不是同一签约行为,而是两类不同的合同。因此,中国银行的混合贷款、买方信贷合同与转贷合同均应按印花税的有关规定缴纳印花税③。

②对中国银行在香港中银集团重组前已贴花的资金及重组过程中因资产转移所签订的产权转移书据,免征印花税④。

(3)国家开发银行

①国家开发银行各分行启用的营业账簿应缴纳的印花税,在其机构所在地缴纳。其记载资金的账簿,按国家开发银行总行核拨的账面资金数额(含资本公积)计税贴花;其他账簿按件定额贴花;国家开发银行总行的资金账簿按扣除拨给国家开发银行各分行资金数额后的其余部分计税贴花⑤。

②国家开发银行各分行签订的贷款合同实行按年汇总缴纳印花税的办法。即年度终了后 1 个月内,国家开发银行各分行向当地地方税务局申报缴纳印花税。同时向税务机关提供财政部《关于核定××××年度基本建设政策性财政贴息预算拨款的通知》和全年贷款合同明细表,经地方税务局对照核实后,对财政贴息的项目贷款合同免征印花税,其余非贴息贷款合同按规定缴纳印花税,如资本金贷款合同,不属于免税凭证范围,应按规定缴纳印花税⑥。

对国家开发银行记载资金的账簿,一次贴花数额较大的,也应一次贴足印花⑦。

(4)中国农业发展银行⑧

对中国农业发展银行办理的农副产品收购贷款、储备贷款及农业综合开发和扶贫贷款等财政贴息贷款合同免征印花税,其他贷款合同照章征收印花税。

对中国农业发展银行资本金、公积金等一律按规定缴纳印花税。

(5)中央汇金和中国投资公司

对中央汇金投资有限责任公司资金账簿记载

①　《财政部 国家税务总局关于大连证券破产及财产处置过程中有关税收政策问题的通知》(财税[2003]88 号,2003 年 5 月 20 日)。

②　《国家税务局关于中国人民银行向专业银行发放贷款所签合同征免印花税问题的批复》(国税函[1993]705 号,1993 年 5 月 14 日)。

③　《国家税务局关于中国银行为“三贷”业务申请免征印花税问题的复函》(国税地函发[1992]16 号,1992 年 6 月 14 日)。

④　《财政部 国家税务总局关于香港中银集团重组上市有关税收问题的通知》(财税[2003]126 号,2003 年 9 月 9 日)。

⑤　《国家税务总局关于明确国家开发银行分行营业账簿和贷款合同印花税缴纳方式的通知》(国税函[2000]1060 号,2000 年 12 月 20 日)。

⑥　《国家税务总局关于明确国家开发银行分行营业账簿和贷款合同印花税缴纳方式的通知》(国税函[2000]1060 号,2000 年 12 月 20 日)。

⑦　《国家税务总局关于取消部分地方税行政审批项目的通知》(国税函[2007]629 号,2007 年 6 月 11 日)废止了《国家税务局关于印花税若干具体问题的规定》(国税地字[1988]25 号,1988 年 12 月 12 日)中第 20 条:“对微利、亏损企业记载资金的账簿,第一次贴花数额较大,难以承担的,经当地税务机关批准,可允许在三年内分次贴足印花”的规定,银行也应照此办理。此前,《财政部 国家税务总局关于国家开发银行缴纳印花税问题的复函》(财税[1995]47 号,1995 年 12 月 22 日)规定“记载资金的账簿一次贴花数额较大的,经主管税务部门批准,可在三年内分次贴足印花。”

⑧　《财政部 国家税务总局关于农业发展银行缴纳印花税问题的复函》(财税[1996]55 号,1996 年 8 月 12 日)。

的注册资金免征印花税①。

对中国投资有限责任公司资金账簿记载的注册资金免征印花税②。

(6)中国人民保险公司

原中国人民保险公司独家发起设立中国人民财产股份有限公司,原中国人民保险公司变更注册为中国人保控股公司,并由中国人保控股公司独家发起设立中国人保资产管理公司,其中相关印花税问题按以下规定执行③:

①中国人保控股公司新启用的资金账簿记载的资金,凡原已贴花的部分可不再贴花,未贴花的部分和以后新增加的资金按规定贴花。其在改制中经评估增加的资金按规定贴花。

②中国人民财产保险股份有限公司和中国人保资产管理公司新成立时设立的资金账簿记载的资金免征印花税,以后新增的资金按规定贴花。

③原中国人民保险公司改制前签订但尚未履行完的各类应税合同,改制后需要变更执行主体的,对仅改变执行主体,其余条款未作变动,同时改制前已贴花的合同,可不再贴花。

④上述企业因改制签订的产权转移书据免征印花税。

(7)中国人寿保险重组

原中国人寿保险公司变更为中国人寿保险(集团)公司(简称集团公司),并独家发起设立了中国人寿保险股份有限公司(简称股份公司),同时,集团公司又与股份公司共同发起设立了中国人寿资产管理有限公司(简称资产管理公司)。对集团公司、股份公司、资产管理公司在重组过程中,其新启用的资金账簿记载的资金或因企业建立资本纽带关系而增加的资金,凡原已贴花的部分可不再贴花,未贴花的部分和以后新增加的资金按规定贴花,企业因改制签订的产权转移书据免予贴花④。

(8)中国保险保障基金公司

对中国保险保障基金有限责任公司下列应税凭证,免征印花税⑤:

①新设立的资金账簿;

②对保险公司风险处置和在破产救助过程中签订的产权转移书据;

③在风险处置过程中与中国人民银行签订的再贷款合同;

④以保险保障基金自有财产和接收的受偿资产与保险公司签订的财产保险合同;

⑤对与保险保障基金公司签订上述应税合同或产权转移书据的其他当事人照章征收印花税。

15.6.5 邮政通信业印花税征免规定

15.6.5.1 邮政业征免规定

对国家邮政局及所属各级邮政企业新设立的资金账簿,凡属在邮电管理局分营前已贴花的资金免征印花税,1999年1月1日以后增加的资金按规定贴花⑥。

15.6.5.2 电信业征免规定

(1)中国移动通信集团公司⑦

①对中国移动通信集团公司及各省(自治区、直辖市)移动通信公司设立的资金账簿,凡属于从

① 《财政部 国家税务总局关于免征中央汇金投资有限责任公司资金账簿印花税的通知》(财税〔2005〕16号,2005年2月16日)。
② 《财政部 国家税务总局关于免征中国投资有限责任公司有关资金账簿印花税的通知》(财税〔2009〕73号,2009年5月8日)。
③ 《国家税务总局关于中国人民保险公司重组改制过程中有关印花税和契税问题的通知》(国税函〔2003〕1027号,2003年9月9日)。
④ 《国家税务总局关于中国人寿保险(集团)公司重组过程中印花税问题的通知》(国税函〔2004〕315号,2004年3月1日)。
⑤ 《财政部 国家税务总局关于保险保障基金有关税收问题的通知》(财税〔2010〕77号,2010年9月6日)。
⑥ 《国家税务总局关于国家邮政局及所属各级邮政企业资金账簿征收印花税问题的通知》(国税函〔2001〕361号,2001年5月23日)。
⑦ 《国家税务总局关于中国移动通信集团公司及部分子公司征收印花税有关问题的通知》(国税函〔2001〕766号,2001年10月19日)。《国家税务总局关于中国移动通信集团公司及其子公司征收印花税有关问题的通知》(国税函〔2000〕236,2000年4月10日)。

原中国邮电电信总局剥离资产前已贴花的资金免征印花税。

②对福建、河南、海南、北京、天津、上海、辽宁、广西、河北、山东省（自治区、直辖市）移动通信公司因重组上市和"存续公司"北京、天津、上海、广西、河北、山东省（自治区、直辖市）通信服务公司、辽宁移动通信服务有限责任公司因建立资本纽带关系而上划中国移动通信集团公司的资金免征印花税。

③对新成立的福建、河南、海南、安徽、江西、四川、重庆、湖南、湖北、山西、陕西、北京、天津、上海、辽宁、广西、河北、山东省（区、市）移动通信有限公司和北京、天津、上海、福建、河南、海南、辽宁、安徽、江西、四川、重庆、湖南、湖北、山西、陕西、广西、河北、山东省（自治区、直辖市）移动通信服务有限责任公司在设立资金账簿时记载的资金免征印花税。

上述免税资金在重组改制过程中经评估发生的资产增值部分及今后新增加的资金应按有关规定贴花。

（2）中国联合通信有限公司

①中国联合通讯有限公司（老联通）重组设立中国联通有限公司（新联通）中资金账册印花税征免规定①

新联通是从老联通分立设立的外商投资企业，其记载从老联通转移来的资金账册，已在老联通贴花的，可不再贴花。

②中国联合通信股份有限公司重组上市过程中印花税征免规定②

Ⅰ　中国联合通信股份有限公司（以下简称联通股份）发行前新设立的资金账簿免征印花税。

Ⅱ　联通股份公开发行 A 股募集的资金按规定贴花。

Ⅲ　联通集团将境外募集资金调回境内中国联通有限公司，中国联通有限公司因此而增加的资本金免征印花税。

Ⅳ　因联通股份溢价发行而使联通集团按持股比例增加的资本金免征印花税。

Ⅴ　联通股份募集资金转回联通集团再投入联通新时空时，免征联通新时空新增加资本金的印花税。

Ⅵ　上述公司在重组上市过程中签订的产权转移书据免征印花税。

（3）中国电信集团公司

①对中国电信集团公司、各省（自治区、直辖市）电信公司的资金账簿，因建立资本纽带关系而逐层上移的资金，凡在改制前已贴花的，不再贴花；对各实业公司及其子公司新成立时设立的账簿免征印花税。

对中国电信集团公司因广东、浙江、江苏及福建 4 省农话资产划入而增加的资本公积金，免征印花税。

对中国电信股份有限公司及其下属的上海、广东、浙江及江苏 4 个省级子公司新设立的资金账簿，免征印花税。

上述公司在重组改制中经评估发生的资产增值部分及今后新增加的资金应按有关规定贴花。因重组改制而签订的产权转移书据免征印花税③。

②中国电信集团公司将福建、安徽、江西、广西、重庆、四川电信公司进行重组改制，新成立的电信有限公司（简称 6 省电信有限公司），其启用的资金账簿记载的资金，凡重组前已贴花的，免征印花税。集团公司将上述 6 省电信公司的资产和负债注入到新成立的电信有限公司所签订的产权转移书据，中国电信股份有限公司购买 6 省电信有限公司资产和负债及购买集团公司总部部分资产所

---

① 《国家税务总局关于中国联通有限公司有关税收问题的通知》（国税函〔2001〕762 号，2001 年 10 月 18 日）。
② 《国家税务总局关于中国联合通信有限公司重组上市过程中有关印花税问题的通知》（国税函〔2003〕91 号，2003 年 1 月 23 号）。
③ 《国家税务总局关于中国电信集团公司及其子公司有关印花税问题的通知》（国税函〔2001〕227 号，2001 年 3 月 28 日）。
《国家税务总局关于中国电信集团公司重组上市过程中有关印花税问题的通知》（国税函〔2002〕941 号，2002 年 11 月 4 日）。

签订的产权转移书据免征印花税。上述 6 省电信公司在改制前签订但尚未履行完的各类已贴花合同,在改制后仅变更执行主体的,不再贴花①。

③中国电信 2005 年对其所属湖北、湖南、海南、贵州、云南、陕西、甘肃、青海、宁夏和新疆等 6 省(区)电信公司业务和资产(以下称"6 省区公司")进行了重组,其过程中,集团公司在 6 省区设立的目标公司新启用的资金账簿记载的资金,凡重组前已贴花的,免征印花税;集团公司将 6 省区公司拟上市资产、负债注入到目标公司和股份公司向集团公司收购 6 省区目标公司资产、负债所签订的产权转移书据,免征印花税;6 省区公司在改制前签订但尚未履行完的各类应税合同,在改制后仅变更执行主体且改制前已贴花的,不再贴花②。

④中国电信集团为建立资本纽带关系,对财政返还的市话初装费、邮电附加费增加的实收资本,仍由各省电信公司就地缴纳印花税;中国电信集团公司不再贴花③。

(4)铁道通信信息有限责任公司

对铁道通信信息有限责任公司新成立时设立的资金账簿免征印花税。以后新增加的资金按规定贴花。对铁通公司在组建过程中签订的产权转移书据,免征印花税④。

(5)中国网络通信集团有限公司⑤

①集团公司及原北方 10 省电信公司更名为通信公司后新设立的资金账簿记载的资金,免征印花税。

②集团公司及各子公司因吉通公司并入而增加的资金免征印花税。

③国际通信公司、北方通信公司、南方通信公司新设立的资金账簿记载的资金,免征印花税。

15.6.6 石油化工行业印花税征免规定

(1)中国石油天然气集团公司⑥

①对中国石油天然气股份有限公司、大庆油田有限责任公司新成立时设立的资金贴簿免征印花税。以后新增加的资金按规定贴花。

②中国石油天然气集团公司及其子公司在重组过程中向中国石油天然气股份有限公司转移资产所签订的产权转移书据免征印花税。

(2)中国石油化工集团公司

对中国石油化工股份有限公司、中国石化胜利油田有限公司、中国石化国际事业公司和中国石化销售公司新成立时设立的资金账簿免征印花税,以后新增加的资金按规定贴花⑦。

对 2004 年国家开发银行、中国信达资产管理公司分别向中国石油化工集团转让中国石化国有股权和 2005 年开行、信达公司分别向石化集团转让中国石化国有股权,免征中国石油化工集团、国家开发银行、中国信达资产管理公司应缴纳的证券(股票)交易印花税⑧。

(3)石油石化两大集团"成品油配置计划表"

对中国石油天然气集团和中国石油化工集团(简称"两大集团")之间、两大集团内部各子公司之间、中国石油天然气股份公司的各子公司之间、中国石油化工股份公司的各子公司之间、中国石油天然气股份公司的分公司与子公司之间、中国石油化工股份公司的分公司与子公司之间互供石油和

① 《国家税务总局关于中国电信集团公司重组改制过程中印花税问题的通知》(国税函[2004]432 号,2004 年 4 月 5 日)。
② 《国家税务总局关于中国电信集团公司湖北等十省(区)电信资产重组改制过程中印花税问题的通知》(国税函[2005]489 号,2005 年 5 月 20 日)。
③ 《国家税务总局关于中国电信集团"两费"返还资金有关印花税问题的通知》(国税函[2002]164 号,2002 年 2 月 21 日)。
④ 《国家税务总局关于铁道通信信息有限责任公司印花税问题的通知》(国税函[2001]228 号,2001 年 3 月 28 日)。
⑤ 《国家税务总局关于中国网络通信集团公司印花税问题的通知》(国税函[2004]429 号,2004 年 4 月 5 日)。
⑥ 《国家税务总局关于中国石油天然气股份有限公司征免印花税问题的通知》(国税函[2000]162 号,2000 年 3 月 6 日)。
⑦ 《国家税务总局关于中国石油化工集团公司改制后有关资金账簿印花税问题的通知》(国税函[2000]394 号,2000 年 5 月 29 日)。
⑧ 《财政部 国家税务总局关于中国石油化工集团公司受让部分国有股权有关证券(股票)交易印花税政策的通知》(财税[2006]31 号,2006 年 3 月 24 日)。

石油制品所使用的成品油配置计划表"(或其他名称的表、证、单、书),暂不征收印花税①。

(4)中国海洋石油总公司

中国海洋石油总公司通过资产重组后,分立设立的中海石油(中国)有限公司属外商投资企业,对其设立时的资金账簿,已在中国海洋石油总公司贴花的,可不再贴花;对中国海洋石油总公司向中海石油(中国)有限公司转移资产所订立的产权转移书据,也不再贴花。中海石油(中国)有限公司以后新增的资金,应按规定贴花②。

(5)国家石油储备基地建设

对国家石油储备基地第一期项目建设过程中涉及的印花税予以免征。免税范围仅限于应由国家石油储备基地缴纳的税收。国家石油储备基地第一期项目包括大连、黄岛、镇海、舟山4个储备基地③。

15.6.7　电力行业印花税征免规定

(1)电力合同

对发电厂与电网之间、电网与电网之间(国家电网公司系统、南方电网公司系统内部各级电网互供电量除外)签订的购售电合同按购销合同征收印花税。电网与用户之间签订的供用电合同不属于印花税列举征税的凭证,不征收印花税④。

(2)国家电力公司及其分公司⑤

①国家电力公司、电力集团公司、独立的省电力公司以及电力集团公司内的省电力公司的资金账簿应当按规定缴纳印花税。

②对上述公司的资金账簿在改制前已贴花的资金,因改制和建立资本纽带关系而层层上移国家电力公司、再由国家电力公司作为其对子公司长期投资的,不再贴花。改制前未贴花的资金及改制后新增加的资金,应按规定贴花。

③国家电力公司的分公司、电力集团公司的分公司、独立省电力公司的分公司以及电力集团公司内的省电力公司的分公司的资金账簿按规定在其机构所在地贴花。

④国家电力公司、电力集团公司、独立省电力公司以及电力集团公司内的省电力公司按扣除拨给分公司资金数额后的其余部分计税贴花。

(3)华能集团公司

①华能集团各成员公司应各按其拨入资金和原有资金的总额计税贴花。集团公司本部应按扣除拨付给各成员公司资金数额后的其余部分计税贴花。增加新的成员公司,由集团公司拨付的已贴花资金,仍应由成员公司贴花。由此发生的集团公司本部贴花资金数额超过实有资金数额的,可在以后年度增加资金时,只就实有资金超过已贴花资金数额的部分补贴印花,如果实有资金未达到已贴花资金数额,则不再贴花。对华能集团公司及各成员公司所属的生产经营单位的资金账簿亦应按上述

---

① 《国家税务总局关于中国石油天然气集团和中国石油化工集团使用的"成品油配置计划表"有关印花税问题的通知》(国税函〔2002〕424号,2002年5月20日)。

② 《国家税务总局关于中海石油(中国)有限公司税收问题的通知》(国税函〔2001〕220号,2001年3月23号)。此外,关于海洋石油印花税问题,《国家税务总局关于海洋石油若干税收政策问题的通知》(国税外函〔1998〕20号,1998年2月3号)规定,对海洋石油总公司的地区公司下属二级公司之间签订合同,暂不征收印花税。《国家税务总局海洋石油税务管理局关于中国海洋石油总公司缴纳印花税问题的通知》(国税油函〔1994〕13号,1994年4月27日)规定,中国海洋石油总公司及其所属地区公司、专业公司应按规定缴纳印花税;中海油公司记载资金的账簿,1994年1月1日以后实收资本和资本公积增加的,就其增加部分贴花,对启用的新账簿,实收资本和资本公积未增加的,免贴印花;自1994年1月1日起施行,国税油政字〔1989〕第31号文和国税油政字〔1989〕第50号对中油公司免征印花税的规定同时废止。根据《国家税务总局关于公布全文失效废止 部分条款失效废止的税收规范性文件目录的公告》(国家税务总局公告2011年第2号,2011年1月4日),国税油函〔1994〕13号和国税外函〔1998〕20号被公布全文失效或废止。

③ 《财政部 国家税务总局关于国家石油储备基地建设有关税收政策的通知》(财税〔2005〕23号,2005年3月15日)。

④ 《财政部 国家税务总局关于印花税若干政策的通知》(财税〔2006〕162号,2006年11月27日)。此前,供电合同未列举属于征税合同。

⑤ 《国家税务总局关于国家电力公司及其子公司资金账簿征收印花税有关问题的通知》(国税函〔2000〕106号,2000年2月2日)。

办法计税贴花①。

②按照国务院的要求,中国华能集团公司进行了内部重组,由中国华能集团内的华能国际电力股份有限公司以吸收合并的方式并购山东华能发电股份有限公司。对华能国际电力股份有限公司与山东华能发电股份有限公司在并购过程中签订的产权转移书据免征印花税②。

(4)三峡总公司

对中国长江三峡工程开发总公司向中国长江电力股份有限公司出让有关发电资产过程中应缴纳的印花税予以免征③。

15.6.8 商贸仓储业印花税征免规定

15.6.8.1 商品储备业务征免规定④

自2009年1月1日起至2010年12月31日,对商品储备管理公司及其直属库资金账簿免征印花税,对其承担商品储备业务过程中书立的购销合同免征印花税,对合同其他各方当事人应缴纳的印花税照章征收。

所称商品储备管理公司及其直属库,是指接受中央、省、市、县四级政府有关部门委托,承担粮(含大豆)、食用油、棉、糖、肉、盐(限于中央储备)等6种商品储备任务,取得财政储备经费或补贴的商品储备企业。

承担中央政府有关部门委托商品储备业务的储备管理公司及其直属库、直属企业名单见《财政部 国家税务总局关于部分国家储备商品有关税收政策的通知》(财税〔2009〕151号)附件。省、自治区、直辖市财政、税务部门会同有关部门明确承担省、市、县政府有关部门委托商品储备业务的储备管理公司及其直属库名单或制定具体管理办法,并报省、自治区、直辖市人民政府批准后予以发布。

对中国华粮物流集团公司及其直属企业接受中国储备粮管理总公司、分公司及其直属库委托承担的粮(含大豆)、食用油等商品储备业务,可享受上述税收优惠,具体名单见《财政部 国家税务总局关于部分国家储备商品有关税收政策的通知》(财税〔2009〕151号)附件。

15.6.8.2 市场调节粮代购、代销协议征免规定

对"代购国务院市场调节粮协议书"免征印花税。与此相关的代购国务院市场调节粮专项贷款合同,因在借(还)本付息等借贷手续上与正常借款合同并无区别,应照章纳税⑤。

15.6.8.3 批发市场及交易合同征免规定

对在批发及交易市场上签订的购销合同,应当按规定征收印花税。对在一些省、市建立并在本地区范围内进行交易的各类批发及交易市场上签订的购销合同,亦应按照统一规定征收印花税,但对其属于区域内的特殊情况,可由省、自治区、直辖市及计划单列市地方税务局酌情处理并制定具体征

---

① 《国家税务局关于华能集团公司资金账簿贴花问题的复函》(国税地字〔1989〕41号,1989年5月3日)。

② 《国家税务总局关于华能国际电力股份有限公司印花税问题的通知》(国税函〔2002〕245号,2002年4月2日)。

③ 《财政部 国家税务总局关于明确三峡发电资产有关印花税问题的通知》(财税〔2004〕183号,2004年11月29日)。

④ 《财政部 国家税务总局关于部分国家储备商品有关税收政策的通知》(财税〔2009〕151号,2009年12月22日)。该文还规定,2009年1月1日以后已缴上述应予免税的税款,从企业应缴纳的相应税款中抵扣,2010年度内抵扣不完的,按有关规定予以退税。此前,《财政部 国家税务总局关于部分国家储备商品有关税收政策的通知》(财税〔2006〕105号)、《财政部 国家税务总局关于中国华粮物流集团公司有关税收政策的通知》(财税〔2006〕157号)和《财政部 国家税务总局关于地方商品储备有关税收问题的通知》(财税〔2008〕110号)自2009年1月1日起废止。《财政部 国家税务总局关于中国储备粮管理总公司有关税收政策的通知》(财税〔2004〕74号)、《财政部 国家税务总局关于中国储备棉管理总公司有关税收政策的通知》(财税〔2003〕115号)、《财政部 国家税务总局关于华商储备商品管理中心及国家直属储备糖库和肉冷库有关税收政策的通知》(财税〔2004〕75号)、《财政部 国家税务总局关于中国盐业总公司直属国家储备盐库有关税收政策的通知》(财税〔2004〕57号)自2006年1月1日起废止。

⑤ 《国家税务局关于代购、代销"国务院市场调节粮"协议书征免印花税事宜的函》(国税函〔1990〕508号,1990年5月17日)。

收办法,严格加强管理①。

15.6.9　军队企业印花税征免规定

(1)军队企业化管理工厂与军队系统外各单位发生经济往来所书立的凭证,应按照规定贴花②。

(2)军队企业化管理工厂的营业账簿应按照规定贴花。对记载资金的账簿,一次贴花数额较大的,也应一次贴足印花③。

(3)军队企业化管理工厂向军队系统内各单位(不包括军办企业)和武警部队调拨军用物资和提供加工、修理、装配、试验、租赁、仓储等签订的军队企业专用合同,暂免贴花④。

(4)自1991年1月1日起,国防科工委管辖的军工企业和科研单位,与军队、武警部队、公安、国家安全部门,为研制和供应军火武器(包括指挥、侦察、通讯装备)所签订的合同免征印花税⑤。

(5)国防科工委管辖的军工系统内各单位之间,为研制军火武器所签订的合同免征印花税⑥。

15.6.10　教育及图书、报刊出版发行印花税征免规定

15.6.10.1　教育系统征免规定

(1)2004年1月1日起,对国家拨付事业经费和企业办的各类学校、托儿所、幼儿园,当财产所有人将财产赠给学校所立的书据,免征印花税⑦。

(2)自2009年1月1日至2010年12月31日,对与高校学生签订的学生公寓租赁合同,免征印花税⑧。

"高校学生公寓",是指为高校学生提供住宿服务,按照国家规定的收费标准收取住宿费的学生公寓。

15.6.10.2　图书、报刊出版发行征免规定

(1)征订凭证⑨

①各类出版单位与发行单位之间订立的图书、报纸、期刊以及音像制品的征订凭证(包括订购单、订数单等),应由持证双方按规定纳税。

②各类发行单位之间,以及发行单位与订阅单位或个人之间书立的征订凭证,暂免征印花税。

③征订凭证适用印花税"购销合同"税目;计税金额按订购数量及发行单位的进货价格计算。

④征订凭证发生次数频繁,为简化纳税手续,可由出版发行单位采取按期汇总方式,计算缴纳印花税。实行汇总缴纳以后,购销双方个别订立的协

---

① 《国家税务局关于批发市场交易合同征收印花税问题的通知》(国税函[1992]1640号,1992年11月16日)。另根据《国家税务局关于中国郑州粮食批发市场粮食交易合同免征印花税问题的批复》(国税函[1990]1573号,1990年12月7日)和《国家税务局关于郑州粮食批发市场交易合同继续免征印花税的通知》(国税函[1991]2101号,1991年12月29日)规定,中国郑州粮食批发市场内进行粮食交易所签订的粮油交易合同,在1993年12月31日前免征印花税。根据《国家税务局关于威海花生批发市场交易合同免征印花税问题的批复》(国税函[1991]991号,1991年7月5日)规定,对威海花生批发市场进行花生及其制品交易所签订的合同,在1992年6月30日以前暂免征收印花税。

② 《国家税务局关于对军队企业化管理工厂征免印花税等问题的通知》(国税地字[1989]99号,1989年9月26日)。

③ 《国家税务总局关于取消部分地方税行政审批项目的通知》(国税函[2007]629号,2007年6月11日)废止了《国家税务局关于印花税若干具体问题的规定》(国税地字[1988]25号,1988年12月12日)中第20条:"对微利、亏损企业记载资金的账簿,第一次贴花数额较大,难以承担的,经当地税务机关批准,可允许在三年内分次贴足印花"的规定,军队企业也应按此办理。此前,《国家税务局关于对军队企业化管理工厂征免印花税等问题的通知》(国税地字[1989]99号,1989年9月26日)规定"记载资金的账簿一次贴花数额较大,纳税确有困难的,经主管税务部门批准,可在三年内分次贴足印花。"

④ 《国家税务局关于对军队企业化管理工厂征免印花税等问题的通知》(国税地字[1989]99号,1989年9月26日)。

⑤ 《国家税务局关于军火武器合同免征印花税问题的通知》(国税发[1990]200号,1990年11月27日)。

⑥ 《国家税务局关于军火武器合同免征印花税问题的通知》(国税发[1990]200号,1990年11月27日)。

⑦ 《财政部 国家税务总局关于教育税收政策的通知》(财税[2004]39号,2004年2月5日)。

⑧ 《财政部 国家税务总局关于经营高校学生公寓和食堂有关税收政策的通知》(财税[2009]155号,2009年12月24日)。对2009年1月1日至该文到达之日的已征印花税,分别在纳税人以后的应纳印花税中抵减或者予以退税。此前,《财政部 国家税务总局关于经营高校学生公寓及高校后勤社会化改革有关税收政策的通知》(财税[2006]100号,2006年8月18日)、《财政部 国家税务总局关于经营高校学生公寓有关税收政策的通知》(财税[2002]147号,2002年10月8日)规定,自2002年10月1日起至2005年12月31日止,对与高校学生签订的学生公寓租赁合同,免征印花税。

⑨ 《国家税务局关于图书、报刊等征订凭证征免印花税问题的通知》(国税地字[1989]142号,1989年12月31日)。

议均不再重复计税贴花。

（2）出版合同

出版合同不属于印花税列举征税的凭证，不征印花税①。

15.6.11 住房交易印花税征免规定

（1）对商品房销售合同按照产权转移书据征收印花税②。

（2）对房地产管理部门与个人订立的租房合同，凡用于生活居住的，暂免贴花；用于生产经营的，按规定贴花③。

（3）2007年8月1日起，对廉租住房、经济适用住房经营管理单位与廉租住房、经济适用住房相关的印花税以及廉租住房承租人、经济适用住房购买人涉及的印花税免予征税④。

2007年8月1日起，开发商在经济适用住房、商品住房项目中配套建造廉租住房，在商品住房项目中配套建造经济适用住房，如能提供政府部门出具的相关材料，可按廉租住房、经济适用住房建筑面积占总建筑面积的比例免征开发商应缴纳的印花税⑤。

上述廉租住房、经济适用住房、廉租住房承租人、经济适用住房购买人以及廉租住房租金、货币补贴标准等须符合国发〔2007〕24号文件及《廉租住房保障办法》（建设部等9部委令第162号）、《经济适用住房管理办法》（建住房〔2007〕258号）的规定；廉租住房、经济适用住房经营管理单位为县级以上人民政府主办或确定的单位。

（4）对公租房经营管理单位建造公租房涉及的印花税予以免征。在其他住房项目中配套建设公租房，依据政府部门出具的相关材料，可按公租房建筑面积占总建筑面积的比例免征建造、管理公租房涉及的印花税。对公租房经营管理单位购买住房作为公租房，免征印花税。对公租房租赁双方签订租赁协议涉及的印花税予以免征⑥。

享受上述税收优惠政策的公租房是指纳入省、自治区、直辖市、计划单列市人民政府及新疆生产建设兵团批准的公租房发展规划和年度计划，以及按照《关于加快发展公共租赁住房的指导意见》（建保〔2010〕87号）和市、县人民政府制定的具体管理办法进行管理的公租房。不同时符合上述条件的公租房不得享受上述税收优惠政策。

（5）自2008年3月1日起，对个人出租、承租住房签订的租赁合同，免征印花税⑦。

（6）自2008年11月1日起，对个人销售或购买住房暂免征收印花税⑧。

（7）自2010年1月1日起，对城市和国有工矿棚户区改造安置住房经营管理单位、开发商与改造安置住房相关的印花税以及购买安置住房的个人涉及的印花税予以免征。

在商品住房等开发项目中配套建造安置住房的，依据政府部门出具的相关材料和拆迁安置补偿协议，按改造安置住房建筑面积占总建筑面积的比例免征印花税。

以上所称棚户区是指国有土地上集中连片建

---

① 《国家税务局关于印花税若干具体问题的解释和规定的通知》（国税发〔1991〕155号，1991年9月18日）。

② 《财政部 国家税务总局关于印花税若干政策的通知》（财税〔2006〕162号，2006年11月27日）。此前，国家税务总局未作出明确规定，各省掌握情况不一，有的按购销合同征税，有的按产权转移书据征收。

③ 《国家税务局关于印花税若干具体问题的规定》（国税地字〔1988〕25号，1988年12月12日）。

④ 《财政部 国家税务总局关于廉租住房经济适用住房和住房租赁有关税收政策的通知》（财税〔2008〕24号，2008年3月3日）。

⑤ 《财政部 国家税务总局关于廉租住房经济适用住房和住房租赁有关税收政策的通知》（财税〔2008〕24号，2008年3月3日）。

⑥ 《财政部 国家税务总局关于支持公共租赁住房建设和运营有关税收优惠政策的通知》（财税〔2010〕88号，2010年9月27日）。该文件自发文之日起执行，执行期限暂定三年，政策到期后将根据公租房建设和运营情况对有关内容加以完善。

⑦ 《财政部 国家税务总局关于廉租住房经济适用住房和住房租赁有关税收政策的通知》（财税〔2008〕24号，2008年3月3日）。

⑧ 《财政部 国家税务总局关于调整房地产交易环节税收政策的通知》（财税〔2008〕137号，2008年10月22日）。

设的、简易结构房屋较多、建筑密度较大、房屋使用年限较长、使用功能不全、基础设施简陋的区域;棚户区改造是指列入省级人民政府批准的城市和国有工矿棚户区改造规划的建设项目;改造安置住房是指相关部门和单位与棚户区被拆迁人签订的拆迁安置协议中明确用于安置被拆迁人的住房①。

15.6.12　企业改组改制印花税征免规定

15.6.12.1　企业改组改制印花税征免的一般规定②

（1）资金账簿的印花税

①实行公司制改造的企业在改制过程中成立的新企业（重新办理法人登记的），其新启用的资金账簿记载的资金或因企业建立资本纽带关系而增加的资金，凡原已贴花的部分可不再贴花，未贴花的部分和以后新增加的资金按规定贴花。

公司制改造包括国有企业依《公司法》整体改造成国有独资有限责任公司;企业通过增资扩股或者转让部分产权，实现他人对企业的参股，将企业改造成有限责任公司或股份有限公司;企业以其部分财产和相应债务与他人组建新公司;企业将债务留在原企业，而以其优质财产与他人组建的新公司。

②以合并或分立方式成立的新企业，其新启用的资金账簿记载的资金，凡原已贴花的部分可不再贴花，未贴花的部分和以后新增加的资金按规定贴花。合并包括吸收合并和新设合并。分立包括存续分立和新设分立③。

③企业债权转股权新增加的资金按规定贴花。

④企业改制中经评估增加的资金按规定贴花。

⑤企业其他会计科目记载的资金转为实收资本或资本公积的资金按规定贴花。

（2）各类应税合同的印花税

企业改制前签订但尚未履行完的各类应税合同，改制后需要变更执行主体的，对仅改变执行主体、其余条款未作变动且改制前已贴花的，不再贴花。

（3）产权转移书据的印花税

企业因改制签订的产权转移书据免予贴花。

15.6.12.2　国有集体企业清产核资的征免规定

（1）国有企业

对按照国务院统一部署，完成清产核资的国有企业，其清产核资后有关税收问题按以下规定办理④:

①对国有企业固定资产重估后的新增价值，应按规定征收印花税。

②对国有企业列入"资本公积"科目的土地资产，暂不征收印花。

（2）集体企业

对集体企业在清产核资工作中进行固定资产

---

① 《财政部 国家税务总局关于城市和国有工矿棚户区改造项目有关税收优惠政策的通知》（财税[2010]42号,2010年5月4日）。该文自2010年1月1日起实施,2010年1月1日至文到之日已征税款可在纳税人以后的应纳相应税款中抵扣,2010年度内抵扣不完的,按有关规定予以退税。

② 《财政部 国家税务总局关于企业改制过程中有关印花税政策的通知》（财税[2003]183号,2003年12月8日）。

③ 《财政部 国家税务总局关于企业改制过程中有关印花税政策的通知》（财税[2003]183号）发布前,《国家税务局关于印花税若干具体问题的规定》（国税地字[1988]25号,1988年12月12日）规定,对企业兼并的并入资金,凡已按资金总额贴花的,接收单位对并入的资金,不再补贴印花。《国家税务局关于印花税若干具体问题的解释和规定的通知》（国税发[1991]155号,1991年9月18日）规定,企业发生分立、合并和联营等变更后,凡依照有关法规办理法人登记的新企业所设立的资金账簿,应于启用时按规定计税贴花;凡毋需重新进行法人登记的企业原有的资金账簿,已贴印花继续有效。

④ 《财政部 国家税务总局关于清产核资企业有关税收问题的通知》（财税[1996]69号,1996年8月23日）。同时,该文件还规定为照顾部分清产核资企业的实际困难,对固定资产重估后新增价值已增提折旧的国有企业,应按重估后的价值征收房产税和印花税;对资产重估后未能按新增价值增提折旧的国有企业,可同级清产核资机构出具证明,经主管税务机关核实从1996年1月1日起至1997年12月31日止,对其固定资产重估后新增价值部分免征房产税和缓征印花税。

价值重估后的新增价值,应按规定征收印花税①。

15.6.12.3 国有股权无偿转让和国有资产划转的征免规定

(1)国有股无偿转让印花税一般规定

2004年7月1日后,国有股无偿转让印花税政策按以下规定执行②:

①对经国务院和省级人民政府决定或批准进行的国有(含国有控股)企业改组改制而发生的上市公司国有股权无偿转让行为,暂不征收证券(股票)交易印花税。对不属于上述情况的上市公司国有股权无偿转让行为,仍应征收证券(股票)交易印花税。

②凡符合暂不征收证券(股票)交易印花税条件的上市公司国有股权无偿转让行为,由转让方或受让方按《国家税务总局关于办理上市公司国有股权无偿转让暂不征收证券(股票)交易印花税有关审批事项的通知》(国税函[2004]941号)附件《关于上市公司国有股权无偿转让暂不征收证券(股票)交易印花税申报文件的规定》的要求,报上市公司挂牌交易所所在地的国家税务局审批。

③上市公司挂牌交易所所在地的国家税务局按规定审批后,应按月将审批文件报国家税务总局备案。在办理上述审批过程中,遇有新情况、发现新问题应及时向国家税务总局报告。

(2)历年若干国有股权无偿转让行为的征免规定

——"深深房"和"深物业"两家上市公司国家股股权从深圳市投资管理公司无偿划转给深圳建设投资控股公司的做法,不征收证券(股票)交易印花税③。

——乐山资产经营有限公司将"川投控股"上市公司的国有股权无偿转让给四川川投峨嵋铁合金(集团)有限责任公司的行为,双方不征收证券(股票)交易印花税④。

——原中国航天工业总公司将持有的"航天科技"国家股股权无偿划转给航天机电集团公司的行为,双方暂不征收证券(股票)交易印花税⑤。

——中国石油天然气集团公司所属单位持有的辽河金马油田股份公司等5家上市公司的国有法人股股权转由中国石油天然气股份有限公司持有的行为,双方暂不征收证券(股票)交易印花税⑥。

——山东铝业公司将持有的山东铝业国有股权无偿划转给中国铝业股份有限公司,双方暂不征收证券(股票)交易印花税⑦。

——国营黄河机器制造厂将持有的黄河机电国有法人股划转给陕西省广播电视信息网络有限

---

① 《财政部 国家税务总局关于集体企业清产核资中有关房产税印花税问题的通知》(财税[1997]131号,1997年11月13日)。同时,该文件还规定集体企业在清产核资工作中按照国家规定,对主要固定资产已按重估后的价值增提折旧的,应按照重估后的价值征收房产税和印花税;对资产重估后未能按新增价值增提折旧的集体企业,可由同级清产核资机构出具证明,经主管税务机关核实,从1997年1月1日起至1998年12月31日止,对其固定资产重估后新增价值部分免征房产税和缓征印花税。

② 《国家税务总局关于办理上市公司国有股权无偿转让暂不征收证券(股票)交易印花税有关审批事项的通知》(国税函[2004]941号,2004年8月2日),该规定自2004年7月1日起执行。《国家税务总局关于上市公司国有股权无偿转让征收证券(股票)交易印花税问题的通知》(国税发[1999]124号)同时废止。

③ 《国家税务总局关于"深深房"、"深物业"国家股行政划拨行为不征收证券交易印花税问题的批复》(国税函[1999]83号,1999年2月12日)。

④ 《国家税务总局关于"川投控股"上市公司国有股权无偿转让暂不征收证券(股票)交易印花税的通知》(国税函[1999]535号,1999年8月9日)。

⑤ 《国家税务总局关于哈尔滨航天风华科技股份有限公司国家股股权无偿划转暂不征收证券(股票)交易印花税问题的通知》(国税函[1999]892号,1999年12月21日)。

⑥ 《国家税务总局关于辽河金马油田股份有限公司等5家上市公司国有股权无偿转让暂不征收证券(股票)交易印花税问题的通知》(国税函[2000]164号,2000年3月6日)。

⑦ 《国家税务总局关于山东铝业股份有限公司国有股权划转行为征收证券(股票)交易印花税问题的批复》(国税函[2001]806号,2001年11月5日)。

责任公司的行为,双方暂不征收证券(股票)交易印花税①。

——北京牛栏山酒厂将持有的燕京啤酒国有股权无偿转让给北京市泰丰现代农业发展中心的行为,双方暂不征收证券(股票)交易印花税②。

——中国华润总公司将持有的万科企业股份有限公司国有股无偿转让给华润股份有限公司的行为,双方暂不征收证券(股票)交易印花税③。

——中国东方资产管理公司受让上海轻工控股(集团)公司持有的上工股份有限公司国有股股权的行为,对该项股权的受让方中国东方资产管理公司免征证券(股票)交易印花税。出让方上海轻工控股(集团)公司应依法缴纳证券(股票)交易印花税④。

——山东省淄博市国有资产管理办公室将持有的四砂股份有限公司国家股无偿转让给山东省鲁信投资控股有限公司的行为,双方暂不征收证券(股票)交易印花税⑤。

——秦皇岛华联商厦集团有限公司将持有的秦皇岛渤海物流控股股份有限公司国有股权无偿转让给秦皇岛市人民政府国有资产监督管理委员

会的行为,双方暂不征收证券(股票)交易印花税⑥。

——西安惠安化学工业有限公司将持有的北方国际合作股份有限公司国有股权无偿转让给西安北方惠安化学工业有限公司的行为,双方暂不征收证券(股票)交易印花税⑦。

——南钢集团将南京钢铁股份有限公司国有股股权划转给南钢联合而发生的股权过户,不属于证券(股票)交易印花税的征税范围,不征收证券(股票)交易印花税⑧。

——东风汽车公司将持有的东风汽车、东风科技国有股权划转给东风汽车有限公司的行为,涉及的转让方与受让方暂不征收证券(股票)交易印花税⑨。

(3)若干具体企业国有资产划转免税规定

——对中国普天信息产业集团公司因西安邮电通信设备厂等19家企业的国有资产无偿划归其所有而增加的实收资本免征印花税⑩。

——对中国冶金建设集团公司因中国第一冶金建设公司等28家企业的国有资产无偿划归其所有而增加的实收资本免征印花税⑪。

---

① 《国家税务总局关于黄河机电股份有限公司国有法人股权无偿划转行为征收证券(股票)交易印花税问题的批复》(国税函[2002]687号,2002年7月26日)。

② 《国家税务总局关于北京燕京啤酒股份有限公司国有股权划转行为征收证券(股票)交易印花税问题的通知》(国税函发[2001]286号,2001年4月17日)。

③ 《国家税务总局关于万科企业股份有限公司国有股权无偿划转行为征收证券(股票)交易印花税问题的批复》(国税函[2003]954号,2003年8月15日)。

④ 《国家税务总局关于中国东方资产管理公司受让上工股份有限公司国有股权征收证券(股票)交易印花税问题的通知》(国税函[2004]1207号)。

⑤ 《国家税务总局关于四砂股份有限公司国有股权无偿划转行为免征证券(股票)交易印花税的批复》(国税函[2004]843号,2004年6月25日)。

⑥ 《国家税务总局关于秦皇岛渤海物流控股股份有限公司国有股权无偿划转行为免征证券(股票)交易印花税问题的批复》(国税函[2004]902号,2004年7月19日)。

⑦ 《国家税务总局关于北方国际合作股份有限公司国有股权无偿划转行为免征证券(股票)交易印花税的批复》(国税函[2004]903号,2004年3月2日)。

⑧ 《国家税务总局关于南京钢铁联合有限公司股权过户有关证券(股票)交易印花税问题的批复》(国税函[2004]1254号,2004年11月7日)。

⑨ 《国家税务总局关于东风汽车股份有限公司、东风电子科技股份有限公司国有股权划转行为征收证券(股票)交易印花税问题的批复》(国税函[2002]850号,2002年9月24日)。

⑩ 《国家税务总局关于中国普天信息产业集团公司因国有资产无偿划转而增加的资金免征印花税问题的通知》(国税函[2000]213号,2000年3月28日)。

⑪ 《国家税务总局关于中国冶金建设集团公司因国有资产无偿划转而增加的资金免征印花税问题的通知》(国税函[2001]359号,2001年5月23日)。

——对北京市金正资产投资经营公司因金源投资管理公司等22家企业的国有资产无偿划归其所有而增加的实收资本和资本公积免征印花税①。

——对中国牧工商(集团)总公司因山丹军马场等7家企业的国有资产无偿划转其所有而增加的资本金,凡已按资金总额贴花的,不再征收印花税②。

——对中国建筑工程总公司因中国对外建设总公司等8家企业的国有资产无偿划归其所有而增加的实收资本免征印花税。各工程局的子公司、中建建筑承包公司、中国建筑装饰工程公司由历年百元产值工资含量包干结余转增的国家资本金(包括因建立资本纽带关系划转到中国建筑工程总公司和各工程局的历年百元产值工资含量包干结余转增国家资本金部分)按规定贴花。对因建立资本纽带关系而划转到中国建筑工程总公司和各工程局的资金不再征收印花税③。

对中国建筑工程总公司因中国建筑一局(集团)有限责任公司等21家企业的国有资产无偿划归其所有而增加的实收资本免征印花税④。

15.6.12.4 若干具体企业重组、改制过程中的征免规定

(1)中国对外贸易运输(集团)总公司⑤

①对中外运集团重组改制中因财产的无偿划转所签订的产权转移书据,免征印花税。

②对中外运集团重组改制中经评估发生的资产增值部分应按有关规定贴花。

③对中外运集团重组改制中新设立企业的资金账簿记载的资金,其中:改制前已贴花的资金免征印花税;改制前未贴花的资金以及改制后新增加的资金应按税法有关规定贴花。

④中外运集团重组改制前签订但尚未履行完的合同,由于成立中国外运股份有限公司,需要将上市公司改为执行主体。对仅改变执行主体,其余条款未作变动、同时改制前已贴花的合同,可不再征收印花税。

(2)中国航空集团公司⑥。

对以中国国际航空公司为主体,联合中国航空总公司和中国西南航空公司等企业组建中国航空集团公司(简称集团公司),实行下列印花税免税政策:

①集团公司新设立的资金账簿记载的资金,凡重组前已贴花的,免征印花税。

②中国国际航空公司因重组而增加的资金免征印花税。

③集团公司所属各辅业子公司新设立的资金账簿免征印花税。

(3)中国航空科技工业股份有限公司⑦

对中国航空工业第二集团公司(简称集团公司)与中国华融、中国信达、中国东方三家资产管理公司发起设立了由集团公司控股的中国航空科技工业股份有限公司(简称股份公司)。股份公司及其子公司新设立的资金账簿记载的资金,凡重组前已贴花的,免征印花税。

---

① 《国家税务总局关于北京市金正资产投资经营公司因国有资产无偿划转而增加的资金免征印花税问题的批复》(国税函[2001]1020号,2001年12月30日)。

② 《国家税务总局关于中国牧工商(集团)总公司接收山丹军马场等7家企业增加的资金有关印花税问题的通知》(国税函[2003]58号,2003年1月21日)。

③ 《国家税务总局关于中国建筑工程总公司资金账簿印花税问题的通知》(国税函[2002]913号,2002年10月18日)。

④ 《国家税务总局关于中国建筑工程总公司因国有资产无偿划转而增加的资金免征印花税问题的通知》(国税函[2001]226号,2001年3月28日)。

⑤ 《财政部 国家税务总局关于中国对外贸易运输(集团)总公司有关印花税政策的通知》(财税[2003]7号,2003年1月23日)。

⑥ 《国家税务总局关于中国航空集团公司重组过程中印花税问题的通知》(国税函[2004]272号,2004年2月19日)。

⑦ 《国家税务总局关于中国航空工业第二集团公司重组改制过程中印花税问题的通知》(国税函[2004]399号,2004年3月25日)。

（4）中国电子产业工程公司①

对中国电子信息产业集团公司集中上海华虹等 11 家子公司的资产，将其注入到中国电子产业工程公司，对中国电子产业工程公司在重组过程中涉及的资金账簿、产权转移书据的印花税，以及尚未履行完的合同变更合同主体后的印花税，根据《财政部　国家税务总局关于企业改制过程中有关印花税政策的通知》（财税〔2003〕183 号）的有关规定办理征免税事宜。

（5）中国铝业公司②

①按照有关规定，纳税人新设立的资金账簿在启用时应计税贴花。但对中国铝业公司及其子公司重组改制中的资金账簿，按以下办法处理：

Ⅰ 中国铝业公司及其"存续公司"——山东铝业公司、位城铝业公司、贵州铝厂、山西铝厂、平果铝业公司、中国长城铝业中州铝厂、青海铝业有限责任公司、山西碳素厂、中国有色金同工业第六冶金建设公司、中色第十二冶金建设公司和洛阳有色金属加工设计研究院等设立、变更的资金账簿，凡属于重组改制前已贴花的资金免征印花税。重组过程中经评估发生的资产增值部分按规定贴花。

Ⅱ 新成立的中国铝业股份有限公司在设立资金账簿时记载的资金免征印花税。

②今后新增加的资金按有关规定贴花。

③中国铝业公司、中国铝业股份有限公司因重组改制签订的产权转移书据免征印花税。

（6）中国华润总公司

对因华润（集团）有限公司、香港康贸发展有限公司并入中国华润总公司而增加的实收资本、资本公积应纳印花税给予免征的优惠照顾③。

对中国华润总公司在重组前已贴花的资金及重组过程中因资产转移所签订的产权转移书据免征印花税④。

（7）中国科学院国有资产经营有限责任公司⑤

对中科院资产经营公司在改制过程中涉及的资金账簿印花税，根据《财政部、国家税务总局关于企业改制过程中有关印花税政策的通知》（财税〔2003〕183 号）的有关规定，办理征免税事宜。

（8）中国铁道建筑总公司

中国铁道建筑总公司（简称总公司）将其所属的有关企业改制为有限责任公司，其中包括原各工程局和各工程局的子公司，总公司、各工程局由于建立资本纽带关系而增加的资本金免征印花税；各工程局、各工程局的子公司结余转增国家资本金部分、以职工集体股和配股形式增加资本金部分按规定贴花；上述公司今后新增加的资本金按规定贴花⑥。

中铁建股份制改革过程中的印花税问题，按照《财政部　国家税务总局关于企业改制过程中有关印花税政策的通知》（财税〔2003〕183 号）的规定执行⑦。

（9）中国烟草总公司

中国烟草总公司在资产管理体制改革过程中，对中国烟草总公司下属单位原列为"实收资本"和"资本公积"科目，改制时计入中国烟草总公司和省级公司"资本公积"科目的资金，原已贴花的部分不再贴花；对中国烟草总公司下属单位原列为"盈余公积"和"未分配利润"科目，改制时计入中

---

① 《国家税务总局关于中国电子产业工程公司重组过程中印花税问题的通知》（国税函〔2004〕411 号，2004 年 3 月 26 日）。

② 《国家税务总局关于中国铝业公司重组改制有关印花税问题的通知》（国税函〔2001〕1022 号，2001 年 12 月 30 日）。

③ 《财政部　国家税务总局关于免征中国华润总公司有关新增实收资本资本公积印花税的通知》（财税〔2001〕155 号，2001 年 9 月 4 日）。

④ 《财政部　国家税务总局关于中国华润总公司资产评估增值有关企业所得税和印花税政策的通知》（财税〔2003〕214 号，2003 年 10 月 23 日）。

⑤ 《国家税务总局关于中国科学院国有资产经营有限责任公司印花税问题的通知》（国税函〔2004〕913 号，2004 年 7 月 21 日）。

⑥ 《国家税务总局关于中国铁道建筑总公司重组改制有关印花税问题的通知》（国税函〔2002〕183 号，2002 年 3 月 4 日）。

⑦ 《国家税务总局关于中国铁道建筑总公司股份制改革过程中有关税收问题的通知》（国税函〔2008〕679 号，2008 年 7 月 16 日）。

国烟草总公司和省级公司"资本公积"科目的资金涉及的资金账簿印花税予以免征①。

（10）北京京煤集团②

北京京煤集团有限责任公司新设立的资金账簿所记载的资金,凡在改制前已贴花的,不再贴花。以后新增加的资金按规定贴花。

（11）其他

金融机构、邮政通信企业、石油化工行业、电力行业重组改制印花税征免问题,详见本节相关部分。

15.6.13 重大国际体育赛事印花税征免规定

（1）第29届奥运会。自2003年1月22日起,对第29届奥运会组委会使用的营业账簿和签订的各类合同等应税凭证,免征印花税。对国际奥委会、中国奥委会签订的与第29届奥运会有关的各类合同,免征国际奥委会和中国奥委会的印花税。对财产所有人将财产（物品）捐赠给奥委会所书立的产权转移书据免征应缴纳的印花税③。

（2）世界大冬会、大运会和亚运会。自2008年1月1日起,对2009年哈尔滨第24届世界大学生冬季运动会（简称大冬会）、2010年广州第16届亚洲运动会（简称亚运会）、2011年深圳第26届世界大学生夏季运动会（简称大运会）组委会使用的营业账簿和签订的各类合同等应税凭证,免征组委会应缴纳的印花税④。

对财产所有人将财产（物品）捐赠给亚运会、大运会和大冬会组委会所书立的产权转移书据免征应缴纳的印花税⑤。

15.6.14 应对自然灾害恢复重建免税规定

（1）四川汶川地震灾后恢复重建印花税免税规定⑥

由政府组织建设的安居房,所签订的建筑安装、销售、租赁合同,免征印花税。

财产所有人将财产（物品）捐赠给受灾地区所书立的产权转移书据,免征应缴纳的印花税。

（2）青海玉树地震灾后恢复重建印花税免税规定⑦

2012年12月31日前,对在青海玉树地震后由政府组织建设安居房所签订的建筑工程勘察设计合同、建筑安装工程承包合同、产权转移书据、房屋租赁合同,免征印花税。

2012年12月31日前,对财产所有人将财产（物品）直接捐赠或通过公益性社会团体、县级以上人民政府及其部门,捐赠给受灾地区或受灾居民所书立的产权转移书据,免征印花税。

所称安居房,按照国务院有关部门确定的标准执行。

受灾地区是指青海省玉树藏族自治州玉树、称多、治多、杂多、囊谦、曲麻莱县和四川省甘孜藏族自治州石渠县等7个县的27个乡镇。具体受灾地

---

① 《财政部 国家税务总局关于中国烟草总公司理顺资产管理体制过程中有关印花税问题的通知》（财税[2009]127号,2009年10月20日）。

② 《国家税务总局关于北京京煤集团有限责任公司资金账簿征收印花税问题的批复》（国税函发[2001]677号,2001年9月4日）。

③ 《财政部 国家税务总局 海关总署关于第29届奥运会税收政策问题的通知》（财税[2003]10号,2003年1月22日）。根据《财政部关于公布废止和失效的财政规章和规范性文件目录（第十一批）的决定》（财政部令第62号,2011年2月21日）,财税[2003]10号已被公布失效。

④ 《财政部 海关总署 国家税务总局关于第16届亚洲运动会等三项国际综合运动会税收政策的通知》（财税[2009]94号,2009年8月10日）。

⑤ 《财政部 海关总署 国家税务总局关于第16届亚洲运动会等三项国际综合运动会税收政策的通知》（财税[2009]94号,2009年8月10日）。

⑥ 《国务院关于支持汶川地震灾后恢复重建政策措施的意见》（国发[2008]21号,2008年6月29日）。《财政部 海关总署 国家税务总局关于支持汶川地震灾后恢复重建有关税收政策问题的通知》（财税[2008]104号,2008年8月1日）。《财政部 国家税务总局关于延长部分税收优惠政策执行期限的通知》（财税[2009]131号,2009年11月20日）。政策执行至2010年12月31日。

⑦ 《国务院关于支持玉树地震灾后恢复重建政策措施的意见》（国发[2010]16号,2010年5月27日）。《财政部 国家税务总局关于支持玉树地震灾后恢复重建有关税收政策问题的通知》（财税[2010]59号,2010年7月23日）。

区范围见《财政部　国家税务总局关于支持玉树地震灾后恢复重建有关税收政策问题的通知》(财税[2010]59 号)附件。

(3)甘肃舟曲泥石流灾后重建印花税免税规定①

2012 年 12 月 31 日前,由政府组织建设的安居房,所签订的建筑工程勘察设计合同、建筑安装工程承包合同、产权转移书据、房屋租赁合同,免征印花税。安居房按照国务院有关部门确定的标准执行。

2012 年 12 月 31 日前,对财产所有人将财产(物品)直接捐赠或通过公益性社会团体、县级以上人民政府及其部门捐赠给灾区或受灾居民所书立的产权转移书据,免征印花税。

15.6.15　外资企业新老应税凭证的征免规定

从 1994 年 1 月 1 日起,对外国企业、外商投资企业和其他经济组织及其在华机构应按照印花税暂行条例及其施行细则的规定缴纳印花税②。

(1)企业在 1993 年 12 月 31 日以前书立、领受的各种应税凭证,包括合同、产权转移书据、营业账簿、权利许可证照等,不征印花税。

(2)企业 1993 年 12 月 31 日以前签订的应税合同,在 1994 年 1 月 1 日以后修改合同增加金额或原合同到期续签合同的,按规定贴花。

(3)记载资金的账簿,1994 年 1 月 1 日以后实收资本和资本公积增加的,就其增加部分贴花;对启用的新账,实收资本和资本公积未增加的,免贴印花;对 1994 年 1 月 1 日以后启用的其他账簿按

规定贴花。

(4)1993 年 12 月 31 日以前企业取得的产权转移书据和权利许可证照在 1994 年 1 月 1 日以后有更改、换证、换照、转让行为的,按规定贴花。

(5)企业记载资金的账簿一次贴花数额较大,经主管税务机关批准,可允许 3 年内分次贴足印花;经营期已不足 3 年的企业,应在经营期内贴足印花③。

(6)其他征免事宜,均按照印花税现行规定执行。

15.6.16　其他若干特殊征免规定

15.6.16.1　已税凭证的副本或抄本的免税规定

已缴纳印花税的凭证的副本或者抄本免征印花税④。

具体是指凭证的正式签署本已按规定缴纳了印花税,其副本或者抄本对外不发生权利义务关系,仅备存查的免贴印花。以副本或者抄本视同正本使用的,应另贴印花⑤。

15.6.16.2　无偿赠与财产书据的征免规定

(1)免税规定

财产所有人将财产赠给政府、社会福利单位、学校所立的书据免征印花税⑥。

社会福利单位,是指抚养孤老伤残的社会福利单位⑦。

(2)对其他需要缴纳印花税的个人无偿赠与不动产行为,在缴纳印花税时,纳税人须提交经税务机关审核并签字盖章的《个人无偿赠与不动产

①　《国务院关于支持舟曲灾后恢复重建政策措施的意见》(国发[2010]34 号,2010 年 10 月 18 日)。《财政部　海关总署　国家税务总局关于支持舟曲灾后恢复重建有关税收政策问题的通知》(财税[2010]107 号,2010 年 12 月 29 日)。财税[2010]107 号文件还规定,如果纳税人按规定既可享受本通知的税收优惠政策,也可享受国家支持汶川地震灾后恢复重建的税收优惠政策,可由纳税人自主选择适用的政策,但两项政策不得叠加使用。文中所称"灾区"包括甘肃省舟曲县城关镇和江盘乡的 15 个村、2 个社区,灾区具体范围见财税[2010]107 号附件。

②　《国家税务总局关于外商投资企业和外国企业征收印花税有关问题的通知》(国税发[1994]95 号,1994 年 4 月 7 日)。

③　《国家税务总局关于取消部分地方税行政审批项目的通知》(国税函[2007]629 号,2007 年 6 月 11 日)废止了"记载资金的账簿可允许在三年内分次贴足印花"的规定。

④　《中华人民共和国印花税暂行条例》(中华人民共和国国务院令第 11 号,1988 年 8 月 6 日)第 4 条。

⑤　《中华人民共和国印花税暂行条例施行细则》(财税[1988]255 号,1988 年 9 月 29 日)第 11 条。

⑥　《中华人民共和国印花税暂行条例》(中华人民共和国国务院令第 11 号,1988 年 8 月 6 日)第 4 条。

⑦　《中华人民共和国印花税暂行条例施行细则》(财税[1988]255 号,1988 年 9 月 29 日)第 12 条。

登记表》,税务机关(或其他征收机关)应在纳税人的印花税完税凭证上加盖"个人无偿赠与"印章,在《个人无偿赠与不动产登记表》中签字并将该表格留存①。

15.6.16.3 微利亏损企业征免规定

自 2007 年 6 月起,取消对微利、亏损企业不能减免印花税以及一次纳税难度较大,经当地税务机关批准,可允许在三年内分次贴足印花的规定②。

15.6.16.4 国际经援项目免税规定

对与国内承办单位签订的各种应税合同,应按规定征税;对与受援国签订的经援项目合同,暂免征税③。

15.6.16.5 水库水工建筑物账簿征免规定

对作为固定资产核算管理的水库水工建筑物(包括大坝、溢洪道和输水工程设施),应区分单位不同情况,对以收抵支有盈余,实行"盈余定额上交,超收留用"办法的单位,应对其水工建筑物连同其他固定资产按账簿所载原值一并计征印花税;对支大于收,实行"定额补贴,超亏不补,限期扭亏"办法的单位,其资金账簿不征印花税④。

15.6.16.6 主管单位代签物资订货合同的征免规定

由主管单位代需方签订的计划物资订货合同,由办理收货并结算货款的需方在接到合同文本时缴纳印花税⑤。

15.6.16.7 地勘单位征免规定

对原地矿部所属的地勘单位的房产税、车船使用税、城镇土地使用税、印花税和城市维护建设税、教育费附加等,应按规定征收⑥。

15.6.16.8 专卖店、经销商购销业务征免规定

对安利(中国)日用品公司向专卖店调拨产品及经销商购销业务印花税按以下规定执行⑦:

Ⅰ 安利公司的生产基地(广州总部)向其各地专卖店铺调拨产品的供货环节,由于没有发生购销业务,不予征收印花税。

Ⅱ 对于安利公司的经销商购进安利公司产品再向顾客销售的销售形式,由于经销商向安利公司买断产品再自行销售给顾客,并直接对客户开具发票,安利公司和经销商之间形成了购销关系。由安利公司与经销商按照签订的购销合同或者具有合同性质的凭证,在安利公司各专卖店铺及经销商所在地计算缴纳印花税。

Ⅲ 经销商、销售代表为安利公司提供代理销售服务,由于安利公司与经销商及销售代表之间只存在代理服务关系而不存在购销关系,不按购销合同征收印花税。

Ⅳ 各专卖店铺直接向顾客进行销售,无须签订购销合同,没有发生印花税应税行为,不按照购销金额或将交易单据视为购销合同征收印花税。

15.7 征收管理

15.7.1 纳税义务发生时间

---

① 《国家税务总局关于加强房地产交易个人无偿赠与不动产税收管理有关问题的通知》(国税发[2006]144 号,2006 年 9 月 14 日)。

② 《国家税务总局关于取消部分地方税行政审批项目的通知》(国税函[2007]629 号,2007 年 6 月 11 日),此前,《国家税务局关于印花税若干具体问题的规定》(国税地字[1988]25 号,1988 年 12 月 12 日)第 20 条规定,对微利、亏损企业不能减免印花税。对微利、亏损企业记载资金的账簿,第一次贴花数额较大,难以承担的,经当地税务机关批准,可允许在三年内分次贴足印花。根据《国家税务总局关于公布全文失效废止 部分条款失效废止的税收规范性文件目录的公告》(国家税务总局公告 2011 年第 2 号),国税地字[1988]25 号上述规定被公布废止。

③ 《国家税务局关于经援项目税收问题的函》(国函发[1990]884 号,1990 年 7 月 25 日)。

④ 《国家税务局关于对水库水工建筑物原值征收印花税问题的批复》(国税地字[1989]97 号,1989 年 9 月 23 日)。该文件中"鉴于目前水库经营的实际情况,为照顾其困难,促进水利事业的发展,对纳税数额较大的,可允许在一定的期限内分次缴纳"的规定已经废止。

⑤ 《国家税务局关于物资订货合同印花税确定纳税人问题的批复》(国税函[1991]1415 号,1991 年 11 月 1 日)。

⑥ 《国家税务总局关于地质矿产部所属地勘单位征税问题的通知》(国税函[1995]第 435 号,1995 年 8 月 16 日)。

⑦ 《国家税务总局关于安利(中国)日用品有限公司征收印花税有关问题的通知》(国税函[2006]749 号,2006 年 8 月 7 日)。

15.7.1.1　一般规定

应纳税凭证应当于书立或者领受时贴花,即在合同的签订时、书据的立据时、账簿的启用时、证照的领受时贴花①。

凡从 1988 年 10 月 1 日起书立、领受印花税暂行条例所列举的凭证均应按规定贴花;在此以前书立、领受条例所列举的凭证,除继续使用的营业账簿和权利、许可证照按规定贴花外,其凭证无论是否继续使用,均不贴花②。

15.7.1.2　国外签订合同国内使用纳税义务发生时间

在国外签订的合同,应在国内使用时贴花,即合同在国外签订时,不便按规定贴花,在带入境内时办理贴花完税手续③。

国际货运运费结算凭证在国外办理的,应在凭证转回我国境内时按规定缴纳印花税④。

15.7.1.3　企业分立、合并和联营所设立资金账簿纳税义务发生时间

企业发生分立、合并和联营等变更后,凡依照有关法规办理法人登记的新企业所设立的资金账簿,应于启用时按规定计税贴花;凡毋需重新进行法人登记的企业原有的资金账簿,已贴印花继续有效⑤。

15.7.2　纳税地点

15.7.2.1　跨地区经营分支机构营业账簿印花税纳税地点

跨地区经营的,其分支机构使用的营业账簿的印花税,由各分支机构在其所在地缴纳⑥。

15.7.2.2　商品订货会所签合同印花税纳税地点

在全国性商品物资订货会(包括展销会、交易会等)上所签合同应当缴纳的印花税,由纳税人回其所在地后即时办理贴花完税手续。对此类合同的贴花完税情况,各地地方税务机关要加强监督检查,并相应建立必要的纳税管理办法。对地方主办、不涉及省际关系的订货会、展销会上所签合同的印花税纳税地点,由各省、自治区、直辖市地方税务局自行确定⑦。

15.7.2.3　银行系统营业账簿印花税纳税地点

银行所用营业账簿的印花税,由各级独立核算的行、处在其所在地缴纳。对记载资金的账簿,由各级行、处按其账面记载的资金数额计税贴花;对附属核算的处、所使用的其他账簿,由独立核算的行、处负责贴花⑧。

投资银行各分行"营运资金"的印花税,均应在分行所在地缴纳。投资银行系统所设的"调拨资金"科目,反映的资金,既有自有资金也有借入资金,在各分行计税时不易划清,可统一在总行所在地就自有资金部分计算缴纳印花税。专门记载外汇资金的账簿,其印花税缴纳办法亦应比照上述原则办理⑨。

15.7.2.4　保险公司财产所涉及印花税纳税地点

对中国人寿保险(集团)公司重组改制后在全国各地(公司总部所在地除外)的财产所涉及印花

---

① 《中华人民共和国印花税暂行条例》(中华人民共和国国务院令第 11 号,1988 年 8 月 6 日)第 7 条。《中华人民共和国印花税暂行条例施行细则》(财税[1988]255 号,1988 年 9 月 29 日)第 14 条。
② 《国家税务局关于对印花税暂行条例施行前书立、领受的凭证贴花问题的规定》(国税地字[1988]13 号,1988 年 10 月 12 日)。
③ 《中华人民共和国印花税暂行条例施行细则》(财税[1988]255 号,1988 年 9 月 29 日)第 14 条。《国家税务局关于印花税若干具体问题的解释和规定的通知》(国税发[1991]155 号,1991 年 9 月 18 日)。
④ 《国家税务局关于货运凭证征收印花税几个具体问题的通知》(国税发[1990]173 号,1990 年 10 月 12 日)。
⑤ 《国家税务局关于印花税若干具体问题的解释和规定的通知》(国税发[1991]155 号,1991 年 9 月 18 日)。
⑥ 《国家税务局关于印花税若干具体问题的规定》(国税地字[1988]25 号,1988 年 12 月 12 日)。
⑦ 《国家税务局关于订货会所签合同印花税缴纳地点问题的通知》(国税函[1991]1187 号,1991 年 9 月 3 日)。
⑧ 《国家税务局关于对金融系统营业账簿贴花问题的具体规定》(国税地字[1988]28 号,1988 年 12 月 12 日)。
⑨ 《国家税务总局关于投资银行系统资金账簿缴纳印花税问题的复函》(国税函[1993]8 号,1993 年 1 月 3 日)。

税等地方税种,可由集团公司控股的中国人寿保险股份有限公司代理向财产所在地主管税务机关申报缴纳①。

15.7.2.5 铁路部门印花税纳税地点

铁道部系统印花税税款分别在铁道部、铁路局和铁路分局三级核算单位交纳。路局、分局所属跨地区的直属单位,其印花税应由直属单位在机构所在地就地缴纳②。

15.7.3 纳税方法

15.7.3.1 自行计算贴花

印花税实行由纳税人根据规定自行计算应纳税额,购买并一次贴足印花税票(简称贴花)的缴纳办法③。

凡多贴印花税票者,不得申请退税或者抵用④。

在营业账簿上贴印花税票,须在账簿首页右上角粘贴,不准粘贴在账夹上⑤。

15.7.3.2 以缴款书代替贴花

一份凭证应纳税额超过500元的,应向当地主管地方税务机关申请填写缴款书或者完税证,将其中一联粘贴在凭证上或者由主管地方税务机关在凭证上加注完税标记代替贴花⑥。

15.7.3.3 按期汇总缴纳

同一种类应纳税凭证,需频繁贴花的,纳税人可以根据实际情况自行决定是否采用按期汇总缴纳印花税的方式。汇总缴纳的期限为一个月。采用按期汇总缴纳方式的纳税人应事先告知主管税务机关。缴纳方式一经选定,一年内不得改变⑦。

凡汇总缴纳印花税的凭证,应加注主管地方税务机关指定的汇缴戳记、编号并装订成册后,将已贴印花或者缴款书的一联粘附册后,盖章注销,保存备查⑧。

实行印花税按期汇总缴纳的单位,对征税凭证和免税凭证汇总时,凡分别汇总的,按本期征税凭证的汇总金额计算缴纳印花税;凡确属不能分别汇总的,应按本期全部凭证的实际汇总金额计算缴纳印花税⑨。

15.7.3.4 代征、代扣、代缴印花税的规定

(1)专利证书印花税代征规定

对各种专利证书可以委托中国专利局在核发时统一代征印花税⑩。

(2)货运凭证印花税代扣规定

---

① 《国家税务总局关于中国人寿保险(集团)公司重组改制后有关税务问题的通知》(国税函[2004]852号,2004年6月11日)。

② 《财政部 国家税务总局关于铁道部所属单位恢复征收印花税问题的通知》(财税[1997]56号,1997年5月13日)。《财政部 国家税务总局关于铁道部所属单位恢复征收印花税问题的补充通知》(财税[1997]182号,1997年12月22日)。

③ 《中华人民共和国印花税暂行条例》(中华人民共和国国务院令第11号,1988年8月6日)第5条。

④ 《中华人民共和国印花税暂行条例施行细则》(财税[1988]255号,1988年9月29日)第24条。

⑤ 《国家税务局关于印花税若干具体问题的规定》(国税地字[1988]25号,1988年12月12日)。

⑥ 《中华人民共和国印花税暂行条例施行细则》(财税[1988]255号,1988年9月29日)第21条。

⑦ 《财政部 国家税务总局关于改变印花税按期汇总缴纳管理办法的通知》(财税[2004]170号,2004年11月5日)规定,将《中华人民共和国印花税暂行条例施行细则》第二十二条"同一种类应纳税凭证,需频繁贴花的,应向当地税务机关申请按期汇总缴纳印花税。税务机关对核准汇总缴纳印花税的单位,应发给汇缴许可证。汇总缴纳的期限限额由当地税务机关确定,但最长期限不得超过一个月"的规定,修改为"同一种类应纳税凭证,需频繁贴花的,纳税人可以根据实际情况自行决定是否采用按期汇总缴纳印花税的方式。汇总缴纳的期限为一个月。采用按期汇总缴纳方式的纳税人应事先告知主管税务机关。缴纳方式一经选定,一年内不得改变"。此外,《国家税务总局关于进一步加强印花税征收管理有关问题的通知》(国税函[2004]150号,2004年1月30日)规定,税务机关应加强对按期汇总缴纳印花税单位的纳税管理,对核准实行汇总缴纳的单位,应发给汇缴许可证,核定汇总缴纳的限期,并要求纳税人定期报送汇总缴纳印花税情况报告,定期对纳税人汇总缴纳印花税情况进行检查。根据《国家税务总局关于公布全文失效废止 部分条款失效废止的税收规范性文件目录的公告》(国家税务总局公告2011年第2号,2011年1月4日),对国税函[2004]150号上述规定公布废止。

⑧ 《中华人民共和国印花税暂行条例施行细则》(财税[1988]255号,1988年9月29日)第23条。

⑨ 《国家税务局关于汇总缴纳印花税税额计算问题的通知》(国税函[1990]443号,1990年4月25日)。

⑩ 《国家税务局关于专利证书印花税代征办法的批复》(国税函发[1991]1405号,1991年11月1日)。

①运费结算付方应缴纳的印花税,应由运费结算收方或其代理方实行代扣汇总缴纳①。

②运费结算凭证由交通运输管理机关或其指定的单位填开或审核的,当地税务机关应委托凭证填开或审核单位,对运费结算双方应缴纳的印花税,实行代扣汇总缴纳②。

③在运费结算凭证费别栏目中应增列一项"印花税",将应缴纳的印花税款填入"印花税"项目中③。

每份运费结算凭证应纳税额不足一角的免税,超过一角的按实计缴,计算到角④。

④代扣印花税时,当地税务机关或代扣单位在运费结算凭证上不再加盖"印花税代扣专用章"⑤。

⑤对铁路国际货运凭证付款方应缴纳的印花税,从 2006 年 8 月 1 日起重新恢复实行代扣汇总缴纳的办法⑥。

⑥外轮代理公司代办远洋运输业务,负有代理国内远洋运输企业和托运人双方缴纳货运凭证印花税的义务。承、托人以外币结算运费的,外轮代理公司应按照货运凭证书立当日的外汇牌价折合人民币计算应纳税。

(3)证券(股票)交易印花税代征规定

凡是在上海、深圳证券登记公司集中托管的股票,在办理法人协议转让和个人继承、赠与等非交易转让时,其证券交易印花税统一由上海、深圳证券登记公司代扣代缴⑦。

(4)保险业务印花税代征规定

保险公司委托其他单位或者个人代办的保险业务,在与投保方签订保险合同时,应由代办单位或者个人负责代保险公司办理计税贴花手续⑧。

15.7.3.5　应税凭证征免税的鉴别

纳税人对凭证不能确定是否应当纳税的,应及时携带凭证,到当地税务机关鉴别。纳税人同税务机关对凭证的性质发生争议的,应检附该凭证报请上一级税务机关核定⑨。

15.7.4　违章处罚

15.7.4.1　处罚规定

《中华人民共和国税收征收管理法》、《中华人民共和国税收征收管理法实施细则》重新修订颁布后,印花税暂行条例第十三条及其施行细则第三十九条、第四十条、第四十一条的部分内容已不适用。根据新税收征管法及其实施细则的有关规定,印花税纳税人有下列行为之一的,由税务机关根据情节轻重予以处罚⑩:

(1)在应纳税凭证上未贴或者少贴印花税票的或者已粘贴在应税凭证上的印花税票未注销或

①《国家税务局关于货运凭证征收印花税几个具体问题的通知》(国税发[1990]173 号,1990 年 10 月 12 日)。
②《国家税务局关于货运凭证征收印花税几个具体问题的通知》(国税发[1990]173 号,1990 年 10 月 12 日)。
③《国家税务局关于货运凭证征收印花税几个具体问题的通知》(国税发[1990]173 号,1990 年 10 月 12 日)。
④《国家税务总局、铁道部关于铁路货运凭证印花税若干问题的通知》(国税发[2006]101 号,2006 年 07 月 12 日)。此前,《国家税务局关于货运凭证征收印花税几个具体问题的通知》(国税发[1990]173 号,1990 年 10 月 12 日)规定计算到分。
⑤《国家税务总局　铁道部关于铁路货运凭证印花税若干问题的通知》(国税发[2006]101 号,2006 年 07 月 12 日)。此前,《国家税务局关于货运凭证征收印花税几个具体问题的通知》(国税发[1990]173 号,1990 年 10 月 12 日)规定,应加盖"印花税代扣专用章",专用章由县级以上税务机关统一刻制。
⑥《国家税务总局　铁道部关于铁路货运凭证印花税若干问题的通知》(国税发[2006]101 号,2006 年 07 月 12 日)。此前,《国家税务局关于改变铁路国际货运凭证印花税缴纳办法的通知》(国税函[1991]1401 号,1991 年 10 月 30 日)规定,从 1991 年起不再实行代扣代缴,由付款方自行缴纳。
⑦《国家税务总局关于加强证券交易印花税征收管理工作的通知》(国税发[1997]129 号,1997 年 8 月 7 日)。关于代征手续费,《财政部　国家税务总局关于调整证券交易印花税代征手续费比例的通知》(财税[1999]18 号,1999 年 2 月 13 日)规定,自 1999 年 1 月 1 日起,证券交易印花税代征手续费比例从 5% 调整为 2%。《财政部　国家税务总局关于调整证券交易印花税代征手续费提取比例的通知》(财税[2000]85 号,2000 年 9 月 21 日)规定,自 2001 年 1 月 1 日起,由 2% 调整至 1%。根据《财政部关于公布废止和失效的财政规章和规范性文件目录(第十批)的决定》(财政部令 48 号),财税[2000]85 号被公布废止。
⑧《国家税务局关于对保险公司征收印花税有关问题的通知》(国税地字[1988]37 号,1988 年 12 月 31 日)。
⑨《中华人民共和国印花税暂行条例施行细则》(财税[1988]255 号,1988 年 9 月 29 日)第 26 条。
⑩《国家税务总局关于印花税违章处罚有关问题的通知》(国税发[2004]15 号,2004 年 1 月 29 日)。

者未画销的,适用税收征管法第六十四条的处罚规定①。

(2)已贴用的印花税票揭下重用造成未缴或少缴印花税的,适用税收征管法第六十三条的处罚规定②。

(3)伪造印花税票的,适用税收征管法实施细则第九十一条的处罚规定③。

(4)按期汇总缴纳印花税的纳税人,超过税务机关核定的纳税期限,未缴或少缴印花税款的,视其违章性质,适用税收征管法第六十三条或第六十四条的处罚规定,情节严重的,同时撤销其汇缴权利④。

(5)纳税人违反以下规定的,适用税收征管法第六十条的处罚规定⑤:

①违反印花税暂行条例第二十三条的规定:"凡汇总缴纳印花税的凭证,应加注税务机关指定的汇缴戳记、编号并装订成册,将已贴印花或者缴款书的一联粘附册后,盖章注销,保存备查";

②违反印花税暂行条例施行细则第二十五条的规定:"纳税人对纳税凭证应妥善保存。凭证的保存期限,凡国家已有明确规定的,按规定办;没有明确规定的其余凭证均应在履行完毕后保存十年"⑥。

15.7.4.2　处罚权限⑦

(1)对在应纳税凭证上未贴或者少贴印花税票,以及虽已贴但未注销或画销的违章行为,由基层税务征收单位处理。

(2)对将已贴用的印花税票揭下重用的违章行为,由基层税务征收单位报经县(市)税务机关批准后处理。

(3)对伪造印花税票的,由县(市)以上(含县、市)地方税务机关提请司法机关追究刑事责任。

(4)违章处理的立案程序、处罚标准及处理手续,由省、自治区、直辖市地方税务局和计划单列市

---

① 新《税收征管法》第六十四条规定为:纳税人、扣缴义务人编造虚假计税依据的,由税务机关责令限期改正,并处五万元以下的罚款。纳税人不进行纳税申报,不缴或者少缴应纳税款的,由税务机关追缴其不缴或者少缴的税款、滞纳金,并处不缴或者少缴的税款百分之五十以上五倍以下的罚款。

② 新《税收征管法》第六十三条规定:纳税人伪造、变造、隐匿、擅自销毁账簿、记账凭证,或者在账簿上多列支出或者不列、少列收入,或者经税务机关通知申报而拒不申报或者进行虚假的纳税申报,不缴或者少缴应纳税款的,是偷税。对纳税人偷税的,由税务机关追缴其不缴或者少缴的税款、滞纳金,并处不缴或者少缴的税款百分之五十以上五倍以下的罚款;构成犯罪的,依法追究刑事责任。扣缴义务人采取前款所列手段,不缴或者少缴已扣、已收税款,由税务机关追缴其不缴或者少缴的税款、滞纳金,并处不缴或者少缴的税款百分之五十以上五倍以下的罚款;构成犯罪的,依法追究刑事责任。

③ 新《税收征管法》实施细则第九十一条规定:非法印制、转借、倒卖、变造或者伪造完税凭证的,由税务机关责令改正,处2000元以上1万元以下的罚款;情节严重的,处1万元以上5万元以下的罚款;构成犯罪的,依法追究刑事责任。

④ 根据《财政部 国家税务总局关于改变印花税按期汇总缴纳管理办法的通知》(财税[2004]170号,2004年11月5日)规定,已取消了汇缴许可证,改为"同一种类应纳税凭证,需频繁贴花的,纳税人可以根据实际情况自行决定是否采用按期汇总缴纳印花税的方式。汇总缴纳的期限为一个月。采用按期汇总缴纳方式的纳税人应事先告知主管税务机关。缴纳方式一经选定,一年内不得改变"。此前,《中华人民共和国印花税暂行条例施行细则》第二十二条规定"同一种类应纳税凭证,需频繁贴花的,应向当地税务机关申请按期汇总缴纳印花税。税务机关对核准汇总缴纳印花税的单位,应发给汇缴许可证。

⑤ 新《税收征管法》第六十条规定:纳税人有下列行为之一的,由税务机关责令限期改正,可以处二千元以下的罚款;情节严重的,处二千元以上一万元以下的罚款:未按照规定的期限申报办理税务登记、变更或者注销登记;未按照规定设置、保管账簿或者保管记账凭证和有关资料;未按照规定将财务、会计制度或者财务、会计处理办法和会计核算软件报送税务机关备查的;未按照规定将其全部银行账号向税务机关报告;未按照规定安装、使用税控装置,或者损毁或者擅自改动税控装置的。纳税人不办理税务登记的,由税务机关责令限期改正;逾期不改正的,经税务机关提请,由工商行政管理机关吊销其营业执照。纳税人未按照规定使用税务登记证件,或者转借、涂改、损毁、买卖、伪造税务登记证件的,处二千元以上一万元以下的罚款;情节严重的,处一万元以上五万元以下的罚款。

⑥ 《国家税务总局关于进一步加强印花税征收管理有关问题的通知》(国税函[2004]150号,2004年1月30日)规定:印花税应税凭证应按照税收征管法实施细则的规定保存十年。此前,《中华人民共和国印花税暂行条例施行细则》(财税[1988]255号,1988年9月29日)第25条和《国家税务总局关于印花税违章处理有关问题的通知》(国税发[2004]15号,2004年1月29日)规定:纳税人对纳税凭证应妥善保存。凭证的保存期限,凡国家已有明确规定的,按规定办;其余凭证均应在履行完毕后保存一年。

⑦ 《国家税务局关于印花税违章处罚权限问题的通知》(国税发[1990]201号,1990年12月1日)。

地方税务局,根据全国的统一规定,制定具体办法。

15.7.5　印花税票管理

15.7.5.1　印花税票的注销方法

印花税票应当粘贴在应纳税凭证上,并由纳税人在每枚税票的骑缝处盖戳注销或者画销①。

应纳税凭证粘贴印花税票后应即注销。纳税人有印章的,加盖印章注销;纳税人没有印章的,可用钢笔(圆珠笔)画几条横线注销。注销标记应与骑缝处相交。骑缝处是指粘贴的印花税票与凭证及印花税票之间的交接处②。

15.7.5.2　纳税凭证的保管期

纳税人按规定应统一设置印花税应税凭证登记簿,保证各类应税凭证及时、准确、完整地进行登记;应税凭证数量多或内部多个部门对外签订应税凭证的单位,要求其制定符合本单位实际的应税凭证登记管理办法。有条件的纳税人应指定专门部门、专人负责应税凭证的管理。印花税应税凭证应按照税收征管法实施细则的规定保存十年③。

15.7.5.3　印花税票的监制、发售及纳税监督④

(1)监制。印花税票由国家税务总局监制。票面金额以人民币为单位。分为壹角、贰角、伍角、壹元、伍元、拾元、伍拾元、壹佰元九种。

印花税票为有价证券,各地地方税务机关应按照国家税务总局制定的管理办法严格管理。

(2)发售。印花税票可以委托单位或个人代售,并由税务机关付给代售金额5%的手续费。

凡代售印花税票者,应先向当地主管地方税务机关提出代售申请,必要时须提供保证人。主管地方税务机关调查核准后,应与代售户签订代售合同,发给代售许可证。

代售户所售印花税票取得的税款,须专户存储,并按照规定的期限向当地税务机关结报,或者填开专用缴款书直接向银行缴纳。不得逾期不缴或者挪作他用。

代售户领存的印花税票及所售印花税票的税款如有损失,应负责赔偿。

代售户所领印花税票,除合同另有规定者外,不得转托他人代售或者转至其他地区销售。

(3)监督。发放或者办理应纳税凭证的单位,负有监督纳税人依法纳税的义务。对代售户代售印花税票的工作,主管地方税务机关应经常进行指导、检查和监督。代售户须详细提供领售印花税票的情况,不得拒绝。

负有监督纳税人依法纳税的义务,是指发放或者办理应纳税凭证的单位应对以下纳税事项监督:

Ⅰ　应纳税凭证是否已粘贴印花;

Ⅱ　粘贴的印花是否足额;

Ⅲ　粘贴的印花是否按规定注销。

对未完成以上纳税手续的,应督促纳税人当场贴花。

---

① 《中华人民共和国印花税暂行条例》(中华人民共和国国务院令第11号,1988年8月6日)第6条。
② 《中华人民共和国印花税暂行条例施行细则》(财税[1988]255号,1988年9月29日)第20条。
③ 《国家税务总局关于进一步加强印花税征收管理有关问题的通知》(国税函[2004]150号,2004年1月30日)。此前,《中华人民共和国印花税暂行条例施行细则》(财税[1988]255号,1988年9月29日)第25条规定:凭证的保存期限,凡国家已有明确规定的,按规定办;其余凭证均应在履行完毕后保存一年。
④ 《中华人民共和国印花税暂行条例》(中华人民共和国国务院令第11号,1988年8月6日)第11至12条。《中华人民共和国印花税暂行条例施行细则》(财税[1988]255号,1988年9月29日)第28至36条。

第 16 章 契税制度

契税是以所有权发生转移变动的不动产为征税对象,向产权承受人征收的一种税收。

契税是一个古老的税种,早从东晋时期的"古税"开始,契税就已经出现,距今已经有 1600 多年的历史。新中国成立以后颁布的第一个税收法规就是《契税暂行条例》。这个条例对旧中国的契税进行了改革。其基本内容是:凡土地、房屋之买卖、典当、赠与和交换,均应凭土地、房屋的产权证明,在当事人双方订立契约时,由产权承受人缴纳契税。

1997 年 7 月 7 日,国务院重新颁布了《中华人民共和国契税暂行条例》。同年 10 月 28 日,财政部颁布了《中华人民共和国契税暂行条例细则》①。

16.1 纳税义务人

在中华人民共和国境内转移土地、房屋权属时,承受的单位和个人为契税的纳税人②。

土地、房屋权属是指土地使用权和房屋所有权③。

承受,是指以受让、购买、受赠、交换等方式取得土地、房屋权属的行为④。

单位指企业单位、事业单位、国家机关、军事单位和社会团体以及其他组织。包括外商投资企业、外国企业、外国驻华机构。个人,是指个体经营者及其他个人。包括华侨以及香港同胞、澳门和台湾同胞和外国公民等⑤。

16.2 征税范围

承受中华人民共和国境内转移土地、房屋权属的行为属于契税的征收范围。

转移土地、房屋权属是指下列行为⑥:

Ⅰ 国有土地使用权出让;

Ⅱ 土地使用权转让,包括出售、赠与和交换,但不包括农村集体土地承包经营权的转移;

Ⅲ 房屋买卖;

Ⅳ 房屋赠与;

Ⅴ 房屋交换。

16.2.1 国有土地使用权出让

国有土地使用权出让,是指土地使用者向国家交付土地使用权出让费用,国家将国有土地使用权在一定年限内让予土地使用者的行为⑦。

对承受国有土地使用权不得因减免土地出让金,而减免契税。如果政府以零地价方式出让国有土地使用权,也要对承受国有土地使用权所应支付

---

① 《中华人民共和国契税暂行条例》(中华人民共和国国务院令 224 号,1997 年 7 月 7 日)自 1997 年 10 月 1 日起施行。1950 年 4 月 3 日中央人民政府政务院发布的《契税暂行条例》同时废止。《中华人民共和国契税暂行条例细则》(财法字[1997]52 号,1997 年 10 月 28 日)自 1997 年 10 月 1 日起施行,此前财政部关于契税的各项规定同时废止。

② 《中华人民共和国契税暂行条例》(中华人民共和国国务院令第 224 号,1997 年 7 月 7 日)第 1 条。

③ 《中华人民共和国契税暂行条例细则》(财法字[1997]52 号,1997 年 10 月 28 日)第 2 条。

④ 《中华人民共和国契税暂行条例细则》(财法字[1997]52 号,1997 年 10 月 28 日)第 3 条。

⑤ 《中华人民共和国契税暂行条例细则》(财法字[1997]52 号,1997 年 10 月 28 日)第 4 条。

⑥ 《中华人民共和国契税暂行条例》(中华人民共和国国务院令第 224 号,1997 年 7 月 7 日)第 2 条。

⑦ 《中华人民共和国契税暂行条例细则》(财法字[1997]52 号,1997 年 10 月 28 日)第 5 条。

的土地出让金,计征契税①。

在旧城改造中,改造商承受拆迁范围内的土地使用权进行商用或住宅用房地产开发的,其土地权属转移性质为国有土地使用权出让,应照章缴纳契税②。

16.2.2 土地使用权转让

土地使用权转让,是指土地使用者以出售、赠与、交换或者其他方式将土地使用权转移给其他单位和个人的行为③。

土地使用权转让不包括农村集体土地承包经营权的转移④。

土地使用权出售,是指土地使用者以土地使用权作为交易条件,取得货币、实物、无形资产或者其他经济利益的行为⑤。

土地使用权赠与,是指土地使用者将其土地使用权无偿转让给受赠者的行为⑥。

土地使用权交换,是指土地使用者之间相互交换土地使用权的行为⑦。

土地使用者转让、抵押或置换土地,无论其是否取得了该土地的使用权属证书,无论其在转让、抵押或置换土地过程中是否与对方当事人办理了土地使用权属证书变更登记手续,只要土地使用者享有占有、使用、收益或处分该土地的权利,且有合同等证据表明其实质转让、抵押或置换了土地并取得了相应的经济利益,土地使用者及其对方当事人应当依照税法规定缴纳营业税、土地增值税和契税

等相关税收⑧。

16.2.3 房屋及其附属设置买卖、赠与、交换

(1)房屋买卖,是指房屋所有者将其房屋出售,由承受者交付货币、实物、无形资产或者其他经济利益的行为⑨。

以补偿征地款方式取得的房产,即以土地与房地产公司合建商品房,并在商品房建成后,将其中一部分商品房产权以补偿征地款方式转移给出让土地者,实质上是一种以征地款购买房产的行为,应依法缴纳契税⑩。

(2)房屋赠与,是指房屋所有者将其房屋无偿转让给受赠者的行为⑪。

居民个人根据国家房改政策购买的公有住房,并取得房改房产权证后,将名下的房屋产权转移给其子女,属于契税法规规定的赠与行为,应依照规定征收契税⑫。

(3)房屋交换,是指房屋所有者之间相互交换房屋的行为⑬。

(4)对于承受与房屋相关的附属设施(包括停车位、汽车库、自行车库、顶层阁楼以及储藏室,下同)所有权或土地使用权的行为,按照契税法律、法规的规定征收契税;对于不涉及土地使用权和房屋所有权转移变动的,不征收契税⑭。

16.2.4 土地、房产视同转让、买卖或赠与的情形

土地、房屋权属以下列方式转移的,视同土地

---

① 《国家税务总局关于免征土地出让金出让国有土地使用权征收契税的批复》(国税函[2005]436 号,2005 年 5 月 11 日)。
② 《财政部 国家税务总局关于旧城改造中改造商办理土地使用权证征免契税的批复》(财税[2004]50 号,2004 年 3 月 8 日)。
③ 《中华人民共和国契税暂行条例细则》(财法字[1997]52 号,1997 年 10 月 28 日)第 6 条。
④ 《中华人民共和国契税暂行条例》(中华人民共和国国务院令第 224 号,1997 年 7 月 7 日)第 2 条。
⑤ 《中华人民共和国契税暂行条例细则》(财法字[1997]52 号,1997 年 10 月 28 日)第 6 条。
⑥ 《中华人民共和国契税暂行条例细则》(财法字[1997]52 号,1997 年 10 月 28 日)第 6 条。
⑦ 《中华人民共和国契税暂行条例细则》(财法字[1997]52 号,1997 年 10 月 28 日)第 6 条。
⑧ 《国家税务总局关于未办理土地使用权证转让土地有关税收问题的批复》(国税函[2007]645 号,2007 年 6 月 14 日)。
⑨ 《中华人民共和国契税暂行条例细则》(财法字[1997]52 号,1997 年 10 月 28 日)第 7 条。
⑩ 《国家税务总局关于以补偿征地款方式取得的房产征收契税的批复》(国税函[1999]737 号,1999 年 11 月 11 日)。
⑪ 《中华人民共和国契税暂行条例细则》(财法字[1997]52 号,1997 年 10 月 28 日)第 7 条。
⑫ 《国家税务总局关于经法院调解的房屋权属转移征收契税的批复》(国税函[2008]718 号,2008 年 8 月 6 日)。
⑬ 《中华人民共和国契税暂行条例细则》(财法字[1997]52 号,1997 年 10 月 28 日)第 7 条。
⑭ 《财政部 国家税务总局关于房屋附属设施有关契税政策的批复》(财税[2004]126 号,2004 年 7 月 23 日)。

使用权转让、房屋买卖或者房屋赠与征税①：

Ⅰ 以土地、房屋权属作价投资、入股；

以土地换资金、土地换项目方式承受土地使用权，土地使用权受让人通过完成土地使用权转让方约定的投资额度或投资特定项目，以此获取低价转让或无偿赠与的土地使用权，属于契税征收范围②。

对以国家作价出资（入股）方式转移国有土地使用权的行为，应视同土地使用权转让，由土地使用权的承受方按规定缴纳契税③。

Ⅱ 以土地、房屋权属抵债；

Ⅲ 以获奖方式承受土地、房屋权属；

Ⅳ 以预购方式或者预付集资建房款方式承受土地、房屋权属。

个人或居民通过与房屋开发商签订"双包代建"合同，由开发商承办规划许可证、准建证、土地使用证等手续，并由委托方按地价与房价之和向开发商付款的方式取得房屋所有权，实质上是一种以预付款方式购买商品房的行为，应照章征收契税④。

16.2.5 不属于征税范围的情形

（1）出售或租赁房屋使用权，属于房屋使用权的转移行为，但不属于契税征收范围，不应征收契税⑤。

（2）土地租赁行为不属于契税征收范围⑥。

（3）因夫妻财产分割而将原共有房屋产权归

属一方，是房产共有权的变动而不是现行契税政策规定征税的房屋产权转移行为。对离婚后原共有房屋产权的归属人不征收契税⑦。

（4）对《中华人民共和国继承法》规定的法定继承人（包括配偶、子女、父母、兄弟姐妹、祖父母、外祖父母）继承土地、房屋权属，不征契税。非法定继承人根据遗嘱承受死者生前的土地、房屋权属，属于赠与行为，应征收契税⑧。

（5）在事业单位撤并过程中，所发生的房地产权属转移属于政府主管部门对国有资产进行的行政性调整和划转的，不征收契税⑨。

（6）对经法院判决的无效产权转移行为不征收契税。法院判决撤销房屋所有权证后，已纳契税款应予退还⑩。

16.3 计税依据

16.3.1 一般规定

（1）国有土地使用权出让、土地使用权出售、房屋买卖，计税依据为成交价格⑪。

（2）成交价格是指土地、房屋权属转移合同确定的价格。包括承受者应交付的货币、实物、无形资产或者其他经济利益⑫。

合同确定的成交价格中包含的所有价款都属于计税依据范围。土地使用权出让、土地使用权转让、房屋买卖的成交价格中所包含的行政事业性收费，属于成交价格的组成部分，不应从中剔除，纳税

---

① 《中华人民共和国契税暂行条例细则》（财法字［1997］52 号，1997 年 10 月 28 日）第 8 条。
② 《国家税务总局关于以项目换土地等方式承受土地使用权有关契税问题的批复》（国税函［2002］1094 号，2002 年 12 月 18 日）。
③ 《财政部 国家税务总局关于企业改制过程中以国家作价出资（入股）方式转移国有土地使用权有关契税问题的通知》（财税［2008］129 号，2008 年 10 月 22 日）。
④ 《国家税务总局关于城镇居民委托代建房屋契税征免问题的批复》（国税函［1998］829 号，1998 年 12 月 28 日）。
⑤ 《国家税务总局关于出售或租赁房屋使用权是否征契税问题的批复》（国税函［1999］465 号，1999 年 7 月 8 日）。
⑥ 《国家税务总局关于以土地、房屋作价出资及租赁使用土地有关契税问题的批复》（国税函［2004］322 号，2004 年 3 月 2 日）。
⑦ 《国家税务总局关于离婚后房屋权属变化是否征收契税的批复》（国税函［1999］391 号，1999 年 6 月 3 日）。
⑧ 《国家税务总局关于继承土地、房屋权属有关契税问题的批复》（国税函［2004］1036 号，2004 年 9 月 2 日）。
⑨ 《国家税务总局事业单位合并中有关契税问题的批复》（国税函［2003］1272 号，2003 年 11 月 25 日）。
⑩ 《国家税务总局关于无效产权转移征收契税的批复》（国税函［2008］438 号，2008 年 5 月 20 日）。
⑪ 《中华人民共和国契税暂行条例》（中华人民共和国国务院令第 224 号，1997 年 7 月 7 日）第 4 条。
⑫ 《中华人民共和国契税暂行条例细则》（财法字［1997］52 号，1997 年 10 月 28 日）第 9 条。

人应按合同确定的成交价格全额计算缴纳契税①。

房屋买卖的契税计税价格为房屋买卖合同的总价款,买卖装修的房屋,装修费用应包括在内②。

(3)成交价格明显低于市场价格并且无正当理由的,或者所交换土地使用权、房屋的价格的差额明显不合理并且无正当理由的,由征收机关参照市场价格核定③。对于需要按评估价格计征契税的,应当委托具备土地评估资格的评估机构进行有关的评估,以规范房地产市场交易行为,确保国家税收不受损失④。

16.3.2　国有土地使用权出让的计税依据

(1)出让国有土地使用权的,其契税计税价格为承受人为取得该土地使用权而支付的全部经济利益。对协议方式出让和竞价方式出让的,分别按以下办法处理⑤:

①以协议方式出让的,其契税计税价格为成交价格。成交价格包括土地出让金、土地补偿费、安置补助费、地上附着物和青苗补偿费、拆迁补偿费、市政建设配套费等承受者应支付的货币、实物、无形资产及其他经济利益。

没有成交价格或者成交价格明显偏低的,征收机关可依次按下列两种方式确定:

Ⅰ 评估价格:由政府批准设立的房地产评估机构根据相同地段、同类房地产进行综合评定,并经当地税务机关确认的价格。

Ⅱ 土地基准地价:由县以上人民政府公示的土地基准地价。

②以竞价方式出让的,其契税计税价格,一般

应确定为竞价的成交价格,土地出让金、市政建设配套费以及各种补偿费用应包括在内。

(2)先以划拨方式取得土地使用权,后经批准改为出让方式取得该土地使用权的,应依法缴纳契税,其计税依据为应补缴的土地出让金和其他出让费用⑥。

(3)对通过"招、拍、挂"程序承受国有土地使用权的,应按照土地成交总价款计征契税,其中土地前期开发成本不得扣除⑦。

16.3.3　房屋、土地使用权赠与和交换的计税依据

(1)土地使用权赠与、房屋赠与,参照土地使用权出售、房屋买卖的市场价格核定计税依据⑧。

(2)土地使用权交换、房屋交换,计税依据为所交换的土地使用权、房屋的价格的差额⑨。

土地使用权交换、房屋交换,以及土地使用权与房屋所有权之间相互交换,交换价格不相等的,由多交付货币、实物、无形资产或者其他经济利益的一方缴纳税款,交换价格相等的,不征收契税⑩。

土地换资金、以土地换项目方式承受土地使用权,土地使用权受让人通过完成土地使用权转让方约定的投资额度或投资特定项目,以此获取低价转让或无偿赠与的土地使用权,其计税价格由征收机关参照纳税义务发生时当地的市场价格核定⑪。

16.3.4　房屋、土地附属物的计税依据

土地使用者将土地使用权及所附建筑物、构筑物等(包括在建的房屋、其他建筑物、构筑物和其

---

① 《财政部 国家税务总局关于契税征收中几个问题的批复》(财税[1998]96 号,1998 年 5 月 29 日)。
② 《国家税务总局关于承受装修房屋契税计税价格问题的批复》(国税函[2007]606 号,2007 年 6 月 1 日)。
③ 《中华人民共和国契税暂行条例》(中华人民共和国国务院令第 224 号,1997 年 7 月 7 日)第 4 条。
④ 《国家税务总局、国家土地管理局关于契税征收管理有关问题的通知》(国税发[1998]31 号,1998 年 3 月 9 日)。
⑤ 《财政部 国家税务总局关于国有土地使用权出让等有关契税问题的通知》(财税[2004]134 号,2004 年 8 月 3 日)。《国家税务总局关于改制企业承受土地使用权契税计税依据的批复》(国税函[2006]157 号,2006 年 2 月 15 日)。
⑥ 《财政部 国家税务总局关于国有土地使用权出让等有关契税问题的通知》(财税[2004]134 号,2004 年 8 月 3 日)。
⑦ 《国家税务总局关于明确国有土地使用权出让契税计税依据的批复》(国税函[2009]603 号,2009 年 10 月 27 日)。
⑧ 《中华人民共和国契税暂行条例》(中华人民共和国国务院令第 224 号,1997 年 7 月 7 日)第 4 条。
⑨ 《中华人民共和国契税暂行条例》(中华人民共和国国务院令第 224 号,1997 年 7 月 7 日)第 4 条。
⑩ 《中华人民共和国契税暂行条例细则》(财法字[1997]52 号,1997 年 10 月 28 日)第 10 条。
⑪ 《国家税务总局关于以项目换土地等方式承受土地使用权有关契税问题的批复》(国税函[2002]1094 号,2002 年 12 月 18 日)。

他附着物)转让给他人的,应按照转让的总价款计征契税①。

采取分期付款方式购买房屋附属设施土地使用权、房屋所有权的,应按合同规定的总价款计征契税②。

16.4 税率

16.4.1 一般规定

契税税率为 3～5%。契税的适用税率,由省、自治区、直辖市人民政府在规定的幅度内按照本地区的实际情况确定,并报财政部和国家税务总局备案③。

16.4.2 房屋附属物的适用税率

承受的房屋附属设施权属如为单独计价的,按照当地确定的适用税率征收契税;如与房屋统一计价的,适用与房屋相同的契税税率④。

16.5 应纳税额

契税应纳税额,依照税率和计税依据计算征收。应纳税额计算公式⑤:

应纳税额＝计税依据×税率

应纳税额以人民币计算。转移土地、房屋权属以外汇结算的,按照纳税义务发生之日中国人民银行公布的人民币市场汇率中间价折合成人民币计算⑥。

16.6 税收优惠及若干特殊征免规定

16.6.1 国家机关、事业单位、社会团体契税征免规定

16.6.1.1 一般规定

国家机关、事业单位、社会团体承受土地、房屋用于办公、教学、医疗、科研和军事设施的,免征

契税⑦。

具体免税范围是⑧:

用于办公的,是指办公室(楼)以及其他直接用于办公的土地、房屋。

用于教学的,是指教室(教学楼)以及其他直接用于教学的土地、房屋。

用于医疗的,是指门诊部以及其他直接用于医疗的土地、房屋。

用于科研的,是指科学试验的场所以及其他直接用于科研的土地、房屋。

其他直接用于办公、教学、医疗、科研的土地、房屋的具体范围,由省、自治区、直辖市人民政府确定⑨。

16.6.1.2 事业单位承受土地、房屋的具体征免规定

对事业单位承受土地、房屋免征契税应同时符合两个条件⑩:

Ⅰ 纳税人必须是按《事业单位财务规则》进行财务核算的事业单位;

Ⅱ 所承受的土地、房屋必须用于办公、教学、医疗、科研项目。

凡不符合上述两个条件的,一律照章征收契税。对按《事业单位财务规则》规定,应执行《企业财务通则》和同行业或相近行业企业财务制度的事业单位或者事业单位的特定项目,其承受的土地、房屋要照章征收契税⑪。

16.6.1.3 社会力量办学的具体征免规定

自 2001 年 10 月 1 日起,由企业事业组织、社会团体及其他社会组织和公民个人利用非国家财

---

① 《财政部 国家税务总局关于土地使用权转让契税计税依据的批复》(财税[2007]162 号,2007 年 12 月 11 日)。
② 《财政部 国家税务总局关于房屋附属设施有关契税政策的批复》(财税[2004]126 号,2004 年 7 月 23 日)。
③ 《中华人民共和国契税暂行条例》(中华人民共和国国务院令第 224 号,1997 年 7 月 7 日)第 3 条。
④ 《财政部 国家税务总局关于房屋附属设施有关契税政策的批复》(财税[2004]126 号,2004 年 7 月 23 日)。
⑤ 《中华人民共和国契税暂行条例》(中华人民共和国国务院令第 224 号,1997 年 7 月 7 日)第 5 条。
⑥ 《中华人民共和国契税暂行条例》(中华人民共和国国务院令第 224 号,1997 年 7 月 7 日)第 5 条。
⑦ 《中华人民共和国契税暂行条例》(中华人民共和国国务院令第 224 号,1997 年 7 月 7 日)第 6,7 条。
⑧ 《中华人民共和国契税暂行条例细则》(财法字[1997]52 号,1997 年 10 月 28 日)第 12 条。
⑨ 《中华人民共和国契税暂行条例细则》(财法字[1997]52 号,1997 年 10 月 28 日)第 12 条。
⑩ 《财政部 国家税务总局关于契税征收中几个问题的批复》(财税[1998]96 号,1998 年 5 月 29 日)。
⑪ 《财政部 国家税务总局关于契税征收中几个问题的批复》(财税[1998]96 号,1998 年 5 月 29 日)。

政性教育经费面向社会举办的教育机构,其承受的土地、房屋权属用于教学的免征契税①。

16.6.1.4　社保征收机构的具体征免规定

对社会保险费(基本养老保险、基本医疗保险、失业保险)征收机构承受用以抵缴社会保险费的土地、房屋权属免征契税②。

16.6.2　涉农产业契税征免规定

16.6.2.1　农用荒山荒地使用权转让的征免规定

纳税人承受荒山、荒沟、荒丘、荒滩土地使用权,用于农、林、牧、渔业生产的,免征契税③。

16.6.2.2　农村金融业务的征免规定

对于农村信用社在清理整顿过程中,接收农村合作基金会的房屋、土地使用权等财产所发生的权属转移免征契税④。

16.6.3　金融机构契税征免规定

16.6.3.1　金融资产管理公司的征免规定

(1)对中国信达资产管理公司、中国华融资产管理公司、中国长城资产管理公司和中国东方资产管理公司,及其经批准分设于各地的分支机构接受相关国有银行的不良债权,借款方以土地使用权、房屋所有权抵充贷款本息的,免征承受土地使用权、房屋所有权应缴纳的契税⑤。

金融资产管理公司利用其接受的抵债资产从事经营租赁业务,不属于规定的免税范围,应当依法纳税⑥。

(2)对财政部从中国建设银行、中国工商银行、中国农业银行、中国银行无偿划转部分资产(包括现金、投资、固定资产及随投资实体划转的贷款)给中国信达资产管理公司、中国华融资产管理公司、中国长城资产管理公司和中国东方资产管理公司,作为其组建时的资本金。这四家金融资产管理公司按财政部核定的资本金数额,接收国有商业银行的资产时,免征契税⑦。

(3)中国华融资产管理公司、中国长城资产管理公司和中国东方资产管理公司在收购、承接中国工商银行、中国农业银行、中国银行的不良资产以及三家公司在债务追偿、资产置换、债务重组、企业重组、债权转股权等处置不良资产过程中应缴纳的契税免征。对三家公司不属于上述范围的房地产产权转移行为,应照章征收契税⑧。

对中国东方资产管理公司接收港澳国际(集团)有限公司的房地产以抵偿债务的,免征承受房屋所有权、土地使用权应缴纳的契税。对港澳国际(集团)公司本部以及所属香港公司和内地公司在清算期间催收债权时,免征接收房屋所有权、土地使用权应缴纳的契税⑨。

① 《财政部 国家税务总局关于社会力量办学契税政策问题的通知》(财税[2001]156号,2001年9月8日)。
② 《国家税务总局关于以土地、房屋权属抵缴社会保险费免征契税的批复》(国税函[2001]483号,2001年6月21日)。
③ 《中华人民共和国契税暂行条例细则》(财法字[1997]52号,1997年10月28日)第15条。
④ 《中国人民银行 农业部 国家发展计划委员会 财政部 国家税务总局关于免缴农村信用社接收农村合作基金会财产产权过户税费的通知》(银发[2000]21号,2000年1月17日)。此前,为支持涉农金融发展,《财政部 国家税务总局关于对中国农业发展银行契税征免政策的通知》(财税[1998]123号,1998年8月10日)规定,自1998年8月1日起到2000年底对于农业发展银行各级机构购买房屋用于办公的免征契税。根据《财政部 国家税务总局关于对中国农业发展银行各级机构购买办公房屋恢复征收契税的通知》(财税[2001]63号,2001年4月16日)规定,从2001年1月1日起恢复征税。
⑤ 《财政部 国家税务总局关于中国信达等4家金融资产管理公司税收政策问题的通知》(财税[2001]10号,2001年2月22日)。
⑥ 《国家税务总局关于金融资产管理公司从事经营租赁业务有关税收政策问题的批复》(国税函[2009]190号,2009年3月31日)。
⑦ 《财政部 国家税务总局关于4家资产管理公司接收资本金项下的资产在办理过户时有关税收政策问题的通知》(财税[2003]21号,2003年2月21日)。
⑧ 《国家税务总局关于明确对中国华融资产管理公司等在收购处置不良资产中免征契税的通知》(国税函[1999]545号,1999年8月10日)。
⑨ 《财政部 国家税务总局关于中国东方资产管理公司处置港澳国际(集团)有限公司有关资产税收政策问题的通知》(财税[2003]212号,2003年11月10日)。

16.6.3.2 保险公司分业经营改革有关征免规定

综合性保险公司及其子公司需将其所拥有的不动产划转到新设立的财产保险公司和人寿保险公司。由于上述这种不动产所有权转移过户过程中,并未发生有偿销售不动产行为,也不具备其他形式的交易性质,因此,对保险分业经营改革过程中,综合性保险公司及其子公司将其所拥有的不动产所有权划转过户到因分业而新设立的财产保险公司和人寿保险公司的行为,不征收契税①。

16.6.3.3 被撤销金融机构的征免规定

(1)一般规定

对被撤销的金融机构在财产清理中取得土地、房屋权属所涉及的契税,予以免征②。

(2)若干具体规定

①大连证券在清算过程中催收债权时,免征接收土地使用权、房屋所有权应缴纳的契税③。

②云南金旅信托投资有限公司在依法被撤销后的财产清理阶段,取得以抵债方式转让的房产,免征契税④。

16.6.4 军队、武警、监狱机构契税征免规定

16.6.4.1 军事单位的征免规定

军事单位承受土地、房屋用于办公、教学、医疗、科研和军事设施的,免征契税⑤。

用于军事设施的,是指⑥:

Ⅰ 地上和地下的军事指挥作战工程;

Ⅱ 军用的机场、港口、码头;

Ⅲ 军用的库房、营区、训练场、试验场;

Ⅳ 军用的通信、导航、观测台站;

Ⅴ 其他直接用于军事设施的土地、房屋。

中国人民解放军预备役部队是中国人民解放军的组成部分,其承受国有土地使用权用于军事设施属现行契税政策规定的免税范围⑦。

其他直接用于军事设施的土地、房屋的具体范围,由省、自治区、直辖市人民政府确定⑧。

16.6.4.2 军队、武警等政法部门所办企业及离退休干部住房的征免规定

(1)对军队、武警部队和政法机关所办企业脱钩移交过程中所涉及的契税予以免征⑨。

(2)军建离退休干部住房及附属用房移交地方政府管理所涉及的契税免予征收⑩。

军队离退休人员购买经济适用住房,应依法缴纳契税⑪。

16.6.4.3 监狱单位的征免规定

对监狱管理部门承受土地、房屋直接用于监狱建设,视同国家机关的办公用房建设,免征

---

① 《国家税务总局关于保险公司分业经营改革中不动产转移过户有关税收政策的通知》(国税发[2002]69号,2002年6月11日)。根据《国家税务总局关于公布全文失效废止 部分条款失效废止的税收规范性文件目录的公告》(国家税务总局公告2011年第2号,2011年1月4日),该文已被公布全文失效废止。

② 《财政部 国家税务总局关于被撤销金融机构有关税收政策问题的通知》(财税[2003]141号,2003年7月3日)。

③ 《财政部 国家税务总局关于大连证券破产及财产处置过程中有关税收政策问题的通知》(财税[2003]88号,2003年5月20日)。

④ 《国家税务总局关于免征被撤销金融机构在财产清理中取得土地房屋权属所涉契税的批复》(国税函[2002]777号,2002年8月26日)。

⑤ 《中华人民共和国契税暂行条例》(中华人民共和国国务院令第224号,1997年7月7日)第6、7条。

⑥ 《中华人民共和国契税暂行条例细则》(财法字[1997]52号,1997年10月28日)第12条。

⑦ 《国家税务总局关于免征预备役部队营房建设所涉耕地占用税、契税的批复》(国税函[2002]956号,2002年11月8日)。

⑧ 《中华人民共和国契税暂行条例细则》(财法字[1997]52号,1997年10月28日)第12条。

⑨ 《国家税务总局关于免征军队武警部队政法机关所办企业脱钩移交过程中所涉契税的批复》(国税函[2000]468号,2000年6月19日)。

⑩ 《国家税务总局关于免征军建离退休干部住房移交地方政府管理所涉及契税的通知》(财税[2000]176号,2000年6月7日)。

⑪ 《国家税务总局关于军队离退休干部购买经济适用房征收契税问题的批复》(国税函[2005]835号,2005年8月29日)。

契税①。

16.6.5　企事业单位改组改制契税征免规定

16.6.5.1　企业公司制改造的相关征免规定

自 2003 年 10 月 1 日起至 2011 年 12 月 31 日止，非公司制企业按照《中华人民共和国公司法》的规定，整体改建为有限责任公司（含国有独资公司）或股份有限公司，或者有限责任公司整体改建为股份有限公司的，对改建后的公司承受原企业土地、房屋权属，免征契税。"整体改建"，是指改建后的企业不改变原企业的投资主体，并承继原企业全部权利和义务的改制行为②。

自 2003 年 10 月 1 日起至 2011 年 12 月 31 日止，非公司制国有独资企业或国有独资有限责任公司以其部分资产与他人组建新公司，且该国有独资企业（公司）在新设公司中所占股份超过 50% 的，对新设公司承受该国有独资企业（公司）的土地、房屋权属，免征契税③。

自 2009 年 1 月 1 日起至 2011 年 12 月 31 日止，国有控股公司以部分资产投资组建新公司，且该国有控股公司占新公司股份 85% 以上的，对新公司承受该国有控股公司土地、房屋权属免征契税。上述所称国有控股公司，是指国家出资额占有限责任公司资本总额 50% 以上，或国有股份占股份有限公司股本总额 50% 以上的国有控股公司④。

16.6.5.2　企业股权转让的相关征免规定

自 2003 年 10 月 1 日起至 2011 年 12 月 31 日止，在股权转让中，单位、个人承受企业股权，企业土地、房屋权属不发生转移，不征收契税。其中："企业"，是指公司制企业，包括股份有限公司和有限责任公司⑤。

股权转让仅包括股权转让后企业法人存续的情况，不包括企业法人注销的情况。在执行中，应根据工商管理部门对企业进行的登记认定，即企业不需办理变更和新设登记，或仅办理变更登记的，适用该条；企业办理新设登记的，不适用该条，对新设企业承受原企业的土地、房屋权属应征收契税⑥。

自 2003 年 10 月 1 日起至 2008 年 12 月 31 日止，国有、集体企业实施"企业股份合作制改造"，由职工买断企业产权，或向其职工转让部分产权，或者通过其职工投资增资扩股，将原企业改造为股份合作制企业的，对改造后的股份合作制企业承受原企业的土地、房屋权属，免征契税⑦。

16.6.5.3　企业合并、分立的相关征免规定

（1）企业合并。自 2003 年 10 月 1 日起至 2011 年 12 月 31 日止，两个或两个以上的企业，依据法律规定、合同约定，合并改建为一个企业，对其

---

① 《国家税务总局关于对监狱管理部门承受土地房屋直接用于监狱建设免征契税的批复》（国税函[1999]572 号，1999 年 8 月 23 日）。

② 《财政部　国家税务总局关于企业改制重组若干税政策的通知》（财税[2008]175 号，2008 年 12 月 29 日）。此前，根据《财政部　国家税务总局关于延长企业改制重组若干契税政策执行期限的通知》（财税[2006]41 号，2006 年 3 月 29 日）、《财政部　国家税务总局关于企业改制重组若干契税政策的通知》（财税[2003]184 号，2003 年 8 月 20 日）、《财政部　国家税务总局关于企业改革中有关契税政策的通知》（财税[2001]161 号，2001 年 10 月 31 日）规定：在企业公司制改造中，对不改变投资主体和出资比例改建成的公司制企业承受原企业土地、房屋权属的，不征契税；对独家发起、募集设立的股份有限公司承受发起人土地、房屋权属的，免征契税；对国有、集体企业经批准改建成全体职工持股的有限责任公司或股份有限公司承受原企业土地、房屋权属的，免征契税；对其余涉及土地，房屋权属转移的，征收契税。根据《财政部关于公布废止和失效的财政规章和规范性文件目录（第十一批）的决定》（财政部令第 62 号，2011 年 2 月 21 日），财税[2006]41 号、财税[2003]184 号被公布失效。

③ 《财政部　国家税务总局关于企业改制重组若干契税政策的通知》（财税[2008]175 号，2008 年 12 月 29 日）。

④ 《财政部　国家税务总局关于企业改制重组若干契税政策的通知》（财税[2008]175 号，2008 年 12 月 29 日）。

⑤ 《财政部　国家税务总局关于企业改制重组若干契税政策的通知》（财税[2008]175 号，2008 年 12 月 29 日）。《国家税务总局关于企业改制重组契税政策若干执行问题的通知》（国税发[2009]89 号，2009 年 4 月 28 日）。

⑥ 《国家税务总局关于企业改制重组契税政策若干执行问题的通知》（国税发[2009]89 号，2009 年 4 月 28 日）。

⑦ 《财政部　国家税务总局关于企业改制重组若干契税政策的通知》（财税[2003]184 号，2003 年 8 月 20 日）。但《财政部　国家税务总局关于企业改制重组若干契税政策的通知》（财税[2008]175 号，2008 年 12 月 29 日）取消了此项政策。

合并后的企业承受原合并各方的土地、房屋权属,免征契税①。

(2)企业分立。自2003年10月1日起至2011年12月31日止,企业依照法律规定、合同约定分设为两个或两个以上投资主体相同的企业,对派生方、新设方承受原企业土地、房屋权属,不征收契税②。

其中:企业是指公司制企业,包括股份有限公司和有限责任公司③。

16.6.5.4 企业出售、注销、破产的相关征免规定

(1)企业出售。自2003年10月1日起至2011年12月31日止,国有、集体企业出售,被出售企业法人予以注销,并且买受人按照《劳动法》等国家有关法律法规政策妥善安置原企业全部职工,其中与原企业30%以上职工签订服务年限不少于三年的劳动用工合同的,对其承受所购企业的土地、房屋权属,减半征收契税;与原企业全部职工签订服务年限不少于三年的劳动用工合同的,免征契税④。

(2)企业注销、破产。自2003年10月1日起至2011年12月31日止,企业依照有关法律、法规的规定实施注销、破产后,债权人(包括注销、破产企业职工)承受注销、破产企业土地、房屋权属以抵偿债务的,免征契税;对非债权人承受注销、破产企业土地、房屋权属,凡按照《劳动法》等国家有关

法律法规政策妥善安置原企业全部职工,其中与原企业30%以上职工签订服务年限不少于三年的劳动用工合同的,对其承受所购企业的土地、房屋权属,减半征收契税;与原企业全部职工签订服务年限不少于三年的劳动用工合同的,免征契税⑤。

16.6.5.5 企业债转股的相关征免规定

自2003年10月1日起至2011年12月31日止,经国务院批准实施债权转股权的企业,对债权转股权后新设立的公司承受原企业的土地、房屋权属,免征契税⑥。

16.6.5.6 企业国有资产行政调整和划拨的相关征免规定

自2003年10月1日起至2011年12月31日止,政府主管部门对国有资产进行行政性调整和划转过程中发生的土地、房屋权属转移,不征收契税。行政性调整和划转是指县级以上人民政府或国有资产管理部门批准的资产划转⑦。

以出让方式或国家作价出资(入股)方式承受原改制重组企业划拨用地的,不属于规定的免税范围,对承受方应征收契税⑧。

16.6.5.7 同一投资主体内部所属企业之间土地、房屋权属无偿划转的相关征免规定

自2003年10月1日起至2011年12月31日止,企业改制重组过程中,同一投资主体内部所属企业之间土地、房屋权属的无偿划转,包括母公司与其全资子公司之间,同一公司所属全资子公司之

---

① 《财政部 国家税务总局关于企业改制重组若干契税政策的通知》(财税[2008]175号,2008年12月29日)。
② 《财政部 国家税务总局关于企业改制重组若干契税政策的通知》(财税[2008]175号,2008年12月29日)。
③ 《国家税务总局关于企业改制重组契税政策若干执行问题的通知》(国税发[2009]89号,2009年4月28日)。
④ 《财政部 国家税务总局关于企业改制重组若干契税政策的通知》(财税[2008]175号,2008年12月29日)。此前,《财政部、国家税务总局关于企业改制重组若干契税政策的通知》(财税[2003]184号,2003年8月20日)规定,国有、集体企业出售,被出售企业法人予以注销,并且买受人妥善安置原企业30%以上职工的,对其承受所购企业的土地、房屋权属,减半征收契税;全部安置原企业职工的,免征契税。
⑤ 《财政部 国家税务总局关于企业改制重组若干契税政策的通知》(财税[2008]175号,2008年12月29日)。此前,《财政部、国家税务总局关于企业改制重组若干契税政策的通知》(财税[2003]184号,2003年8月20日)规定,企业依照有关法律、法规的规定实施关闭、破产后,债权人(包括关闭、破产企业职工)承受关闭、破产企业土地、房屋权属以抵偿债务的,免征契税;对非债权人承受关闭、破产企业土地、房屋权属,凡妥善安置原企业30%以上职工的,减半征收契税;全部安置原企业职工的,免征契税。
⑥ 《财政部 国家税务总局关于企业改制重组若干契税政策的通知》(财税[2008]175号,2008年12月29日)。
⑦ 《财政部 国家税务总局关于企业改制重组若干契税政策的通知》(财税[2008]175号,2008年12月29日)。《国家税务总局关于企业改制重组契税政策若干执行问题的通知》(国税发[2009]89号,2009年4月28日)。
⑧ 《国家税务总局关于企业改制重组契税政策若干执行问题的通知》(国税发[2009]89号,2009年4月28日)。

间,同一自然人与其设立的个人独资企业、一人有限公司之间土地、房屋权属的无偿划转,不征收契税①。

16.6.5.8　事业单位改制的相关征免规定②

(1)事业单位按照国家有关规定改制为企业的过程中,投资主体没有发生变化的,对改制后的企业承受原事业单位土地、房屋权属,免征契税。

(2)投资主体发生变化的,改制后的企业按照《中华人民共和国劳动法》等有关法律法规妥善安置原事业单位全部职工,其中与原事业单位全部职工签订服务年限不少于三年劳动用工合同的,对其承受原事业单位的土地、房屋权属,免征契税;与原事业单位30%以上职工签订服务年限不少于三年劳动用工合同的,对其承受原事业单位的土地、房屋权属,减半征收契税。

(3)事业单位改制过程中,改制后的企业以出让或国家作价出资(入股)方式取得原国有划拨土地使用权的,不属于上述契税减免税范围,应按规定缴纳契税。

16.6.5.9　若干行业或企业改组改制的征免规定

(1)金融机构改组改制

①银行业改组改制

I　对中国银行在香港中银集团重组上市过程中的契税予以免征③。

II　中信集团公司由其直属全资子公司中信实业银行对泰越公司(为中信集团公司下设的四级全资子公司)实行吸收合并,将泰越公司资产、负债等清理后并入中信实业银行,泰越公司依法注销。对中信实业银行在上述合并过程中,承受泰越公司的土地、房屋权属,免征契税④。

III　对中国农业银行整体改制为中国农业银行股份有限公司中,中国农业银行股份有限公司承受原中国农业银行的土地、房屋权属,免征契税。对中国农业银行股份有限公司以国家作价出资方式承受原中国农业银行划拨用地,不征契税⑤。

IV　外国银行分行改制前拥有的房产产权,转让至改制后设立的外商独资银行(或其分行)时,可免征契税。但如其资产不按账面价值转让的,应按现行税法有关规定征税⑥。

②保险业改组改制

I　原中国人民保险公司独家发起设立中国人民财产股份有限公司,原中国人民保险公司变更注册为中国人保控股公司,并由中国人保控股公司独家发起设立中国人保资产管理公司。原中国人民保险公司重组改制中为完善产权登记手续而办理的土地、房屋权属确认登记,因其不发生权属转移,不属于契税征收范围,不征收契税。对重组改制后设立的中国人保控股公司、中国人民财产保险股份有限公司和中国人保资产管理公司承受原中国人民保险公司土地、房屋权属应缴纳的契税,予以免

---

①　《财政部　国家税务总局关于企业改制重组若干契税政策的通知》(财税[2008]175 号,2008 年 12 月 29 日)。此前,《国家税务总局关于全资子公司承受母公司资产有关契税政策的通知》(国税函[2008]514 号,2008 年 5 月 26 日)规定,根据《财政部　国家税务总局关于企业改制重组若干契税政策的通知》(财税[2003]184 号)和《国家税务总局关于企业改制重组契税政策有关问题解释的通知》(国税函[2006]844 号),公司制企业在重组过程中,以名下土地、房屋权属对其全资子公司进行增资,属同一投资主体内部资产划转,对全资子公司承受母公司土地、房屋权属的行为,不征收契税。根据《国家税务总局关于企业改制重组契税政策若干执行问题的通知》(国税发[2009]89 号,2009 年 4 月 28 日)规定,上述财税[2003]184 号于 2008 年 12 月 31 日执行期满;自 2009 年 1 月 1 日起,国税函[2006]844 号相应停止执行。根据《国家税务总局关于公布全文失效废止　部分条款失效废止的税收规范性文件目录的公告》(国家税务总局公告 2011 年第 2 号,2011 年 1 月 4 日),国税函[2008]514 号已被公布全文失效废止。

②　《财政部　国家税务总局关于事业单位改制有关契税政策的通知》(财税[2010]22 号,2010 年 3 月 24 日)。

③　《财政部　国家税务总局关于香港中银集团重组上市有关税收问题的通知》(财税[2003]126 号,2003 年 9 月 9 日)。

④　《国家税务总局关于中信实业银行吸收合并泰越房地产(上海)有限公司过程中有关契税问题的通知》(国税函[2004]1277 号,2004 年 11 月 11 日)。

⑤　《国家税务总局关于明确中国农业银行改制有关契税政策的通知》(国税函[2009]618 号,2009 年 11 月 5 日)。

⑥　《财政部　国家税务总局关于外国银行分行改制为外商独资银行有关税收问题的通知》(财税[2007]45 号,2007 年 3 月 26 日)。

征。对原中国人民保险公司重组过程中因划拨土地使用权改出让土地使用权所涉及的契税,应照章予以征收①。

Ⅱ 原中国人寿保险公司重组改制为中国人寿保险(集团)公司,并在此基础上独家发起设立中国人寿保险股份有限公司。对股份公司承受集团公司作为投资转让的土地、房屋权属,免征契税。对集团公司与股份公司之间进行资产置换而涉及到的土地、房屋权属变化,在股份公司上市前,属于股份公司与集团公司未划分清楚的遗留资产,免征契税;其他应照章征收契税。改制过程中,对原中国人寿保险公司名下的土地、房屋权属办理更名登记至集团公司名下,免征契税②。

③信托业改组改制

Ⅰ 对中国民族国际信托投资公司、中国科技国际信托投资有限责任公司分别整体转制为中国民族证券有限责任公司和中国科技证券有限责任公司过程中,中国民族证券有限责任公司、中国科技证券有限责任公司分别承受原中国民族国际信托投资公司、中国科技国际信托投资有限责任公司土地使用权、房屋所有权所涉及的契税,予以免征③。

Ⅱ 对航空信托投资公司整体改制为航空证券有限责任公司过程中,航空证券有限责任公司承受原航空信托投资公司土地使用权、房屋所有权所涉及的契约,予以免征④。

(2)石油化工行业改组改制

①中国石油化工集团公司独家发起设立中国石油化工股份有限公司。全额免征中国石油化工股份有限公司组建过程中承受的中国石油化工集团公司土地使用权、房屋所有权应缴纳的契税⑤。

②由中国石油天然气集团公司独家发起设立中国石油天然气股份有限公司。全额免征中国石油天然气股份有限公司组建过程中承受集团公司土地使用权和房屋产权应缴纳的契税⑥。

③由于中国石油天然气集团公司发起设立了中国石油天然气股份有限公司,已在国际资本市场上市融资,按照该重组方案的分步实施计划,中国石油天然气集团公司将所属部分省(自治区、直辖市)的市、县级油品销售企业的法人主体资格全部撤消后并入中国石油天然气股份有限公司,同时将市、县级油品销售企业的少量剥离资产上划至省级油品销售企业(保留法人主体资格)统一管理。对中国石油天然气股份有限公司按照上述重组方案承受中国石油天然气集团公司所属市、县级油品销售企业土地、房屋权属应缴纳的契税予以免征。对其市、县级油品销售企业剥离的少量土地、房产划归省级油品销售企业管理,因不属于契税征收范围,不征收契税⑦。

(3)电信行业改组改制

①中国联合通信有限公司以境内 12 个省(市)的移动电话资产、国信寻呼资产和全国的长途数据资产设立中国联通有限公司。中国联合通

① 《国家税务总局关于中国人民保险公司重组改制过程中有关印花税和契税问题的通知》(国税函[2003]1027 号,2003 年 9 月 9 日)。

② 《财政部 国家税务总局关于中国人寿保险(集团)公司重组改制过程中有关契税政策的通知》(财税[2004]10 号,2004 年 1 月 20 日)。

③ 《财政部 国家税务总局关于中国民族国际信托投资公司等转制为证券公司有关契税问题的通知》(财税[2002]151 号,2002 年 9 月 29 日)。

④ 《财政部 国家税务总局关于航空信托投资公司转制为航空证券公司有关契税问题的通知》(财税[2004]122 号,2004 年 7 月 23 日)。

⑤ 《财政部 国家税务总局关于免征中国石油化工股份有限公司组建过程中有关契税的通知》(财税[2000]55 号,2000 年 7 月 28 日)。根据《财政部关于公布废止和失效的财政规章和规范性文件目录(第十批)的决定》(财政部令第 48 号,2008 年 1 月 31 日),财税[2002]55 号被公布失效。

⑥ 《国家税务总局关于免征中国石油天然气股份有限公司契税的通知》(国税函[2000]56 号,2000 年 1 月 17 日)。

⑦ 《国家税务总局关于中国石油天然气集团公司油品销售企业重组有关契税问题的通知》(国税函[2002]923 号,2002 年 10 月 21 日)。

信有限公司将其持有的中国联通有限公司全部股权转让给中国联通股份有限公司。中国联通有限公司在组建过程中,承受中国联合通信有限公司以无偿划转方式转让的部分土地、房屋权属,不属于契税征税范围①。

根据《国务院深化电信体制改革的方案》(国函[2008]28 号),2009 年 1 月,国务院国资委批准中国联合通信有限公司吸收合并中国网络通信集团公司,并更名为中国联合网络通信集团有限公司;商务部批准中国联合网络通信有限公司吸收合并中国网通(集团)有限公司。对中国联合网络通信集团有限公司及其所属子公司承受原中国联合通信有限公司、原中国网络通信集团公司、联通新国信通信有限公司、联通新时空移动通信有限公司的土地、房屋权属,中国联合网络通信有限公司承受原中国网通(集团)有限公司的土地、房屋权属,不征收契税。对中国联合网络通信集团有限公司及其所属子公司、中国联合网络通信有限公司以出让方式或国家作价出资(入股)方式承受原国有划拨用地的,应照章征收契税②。

②中国移动通信集团公司采取将下属各省(区、市)移动通信公司中与移动通信业务有直接关系的权益整体上划至总公司,并将其注入中国移动(香港)集团有限公司,再由中国移动(香港)有限公司收购的方式实现重组。中国移动(香港)有限公司是在香港注册的企业,各省(区、市)移动通信公司被其收购后即变更为外商投资企业,应按照有关规定办理相应的工商变更登记和土地、房屋权属人名称变更登记,由于不发生土地、房屋权属转移,因此,不征契税③。

中国移动通信集团公司对集团公司总部(含北京培训中心)、中京邮电通信设计院(集团公司全资资产)以及内蒙古、吉林、黑龙江、贵州、云南、甘肃、青海、宁夏、新疆和西藏等十省(区)全资子公司进行资产重组。中国移动通信集团公司将所属中京邮电通信设计院以及内蒙古等十省(区)全资子公司的土地、房屋资产上划至集团公司,属于相同投资主体内部的资产划转,不征收契税;中国移动通信集团公司将土地、房屋资产由集团公司划转至中国移动通信有限公司、京移通信设计院有限公司以及内蒙古等十省(区)移动有限责任公司,属于相同投资主体内部的资产划转,不征收契税;中国移动(香港)有限公司对中国移动通信有限公司、京移通信设计院有限公司以及内蒙古等十省(区)移动有限责任公司进行整体收购,属于股权转让,不发生土地、房屋权属转移,不征收契税④。

③中国电信集团公司将上海、江苏、浙江、广东四省(市)全资子公司的电信业务类资产(包括上述四省和福建省的地方国有农话资产)上划至集团公司,并以此作为出资(不含福建农话资产)独家发起设立了中国电信股份有限公司。对中国电信集团公司上划其下属全资子公司资产(包括划转地方国有农话资产)和中国电信股份有限公司投资设立全资省级子公司所发生的土地、房屋权属转移行为,不征契税。对中国电信股份有限公司设立过程中承受中国电信集团公司土地、房屋权属所涉及的契税,予以免征。对中国电信集团公司重组过程中因划拨土地使用权改出让土地使用权所涉及的契税,照章予以征收⑤。

中国电信集团公司对所属的湖北、湖南、海南、

---

①《国家税务总局关于中国联通有限公司重组过程中办理土地、房屋权属变更登记不征契税的批复》(国税函[2001]689 号,2001 年 9 月 7 日)。

②《财政部 国家税务总局关于中国联合网络通信集团有限公司重组过程中有关契税政策的通知》(财税[2010]87 号,2010年 10 月 12 日)。

③《国家税务总局关于中国移动通信集团公司重组过程中办理土地房屋权属变更登记不征契税的通知》(国税函[2002]201号,2002 年 3 月 13 日)。

④《国家税务总局关于中国移动通信集团公司重组上市过程中有关契税问题的通知》(国税发[2004]98 号,2004 年 7 月 26日)。

⑤《国家税务总局关于中国电信集团公司重组过程中有关契税问题的通知》(国税函[2003]123 号,2003 年 2 月 12 日)。

贵州、云南、陕西、甘肃、青海、宁夏和新疆等十省(区)的电信业务资产进行重组改制,对于中国电信集团公司在湖北等十省(区)设立的全资子公司承受集团公司划转的土地、房屋权属,免征契税;中国电信股份有限公司整体收购中国电信集团公司的全资子公司,属于股权转让行为,不予征收契税①。

中国电信集团公司对所属安徽、福建、江西、广西、重庆、四川六省(区、市)电信资产进行重组。对中国电信集团公司在安徽、福建、江西、广西、重庆、四川等六省(区、市)设立的全资子公司(目标公司)承受中国电信集团公司及其所属上述六省(区、市)电信企业划转的土地、房屋权属,不征收契税。中国电信股份有限公司购买目标公司权益,不发生土地、房屋权属转移,不征收契税。对上述六省(区、市)电信企业资产重组过程中因划拨土地使用权改出让土地使用权所涉及的契税,照章予以征收②。

对中国电信集团公司收购 CDMA 网络资产和中国电信股份有限公司收购 CDMA 网络业务过程中涉及的土地、房屋权属转移的契税予以免征③。

④对中国网络通信集团公司将北京、天津、河北、辽宁、山东、河南、上海、广东 8 省(市)的拟上市电信资产(含土地和房屋)整体上划过程中发生的土地、房屋权属转移,不征收契税。对中国网络通信(集团)有限公司及其分公司,以及中国网络通信集团公司 8 省(市)存续的子公司承受的中国网络通信集团公司土地、房屋权属,免征契税。在上述重组过程中,原国有划拨土地转为出让使用

的,应照章征收契税④。

(4)电力行业改组改制

①原国家电力公司管理的电网资产将实行重组,在原国家电力公司部分企事业单位基础上组建国家电网公司,其所涉及成员单位的有关国有资产均实行无偿划转。对上述国家电网公司及其下属子公司、分公司、代表处等分支机构因承受原国家电力公司及其下属企业、单位土地、房屋权属所办理的权属人名称变更登记,不征契税⑤。

②中国国电集团公司是在原国家电力公司部分企事业单位基础上组建的大型国有企业,中国国电集团公司组建过程中所涉及成员单位的相关国有资产均实行无偿划转,对中国国电集团公司及其依法设立的子公司、分公司、代表处等分支机构因承受原国家电力公司及其下属企事业单位土地、房屋权属所办理的权属变更登记,不征契税⑥。

③中国大唐集团公司是在原国家电力公司部分企事业单位基础上组建的大型发电企业,其组建过程中所涉及成员单位的相关国有资产均实行无偿划转。组建后的中国大唐集团公司按国有独资形式设置,并依法设立子公司、分公司、代表处等分支机构,原国家电力公司及其部分下属企业、单位的土地、房屋权属划转后需办理权属变更登记。对上述中国大唐集团公司及其下属子公司、分公司、代表处等分支机构因承受原国家电力公司及其下属企业、单位土地、房屋权属所办理的权属人名称变更登记,不征契税⑦。

(5)航空行业改组改制

① 《国家税务总局关于中国电信集团公司湖北等省(区)电信资产重组改制有关契税政策的通知》(国税函[2004]898号,2004年7月8日)。

② 《国家税务总局关于中国电信集团公司重组安徽等六省(区、市)电信资产有关契税问题的通知》(国税函[2003]1143号,2003年10月9号)。

③ 《财政部 国家税务总局关于中国电信集团公司和中国电信股份有限公司收购 CDMA 网络资产和业务有关契税政策的通知》(财税[2009]42号,2009年3月27日)。

④ 《国家税务总局关于中国网络通信集团公司重组上市过程中有关契税政策的通知》(国税发[2004]165号,2004年12月22日)。

⑤ 《国家税务总局关于国家电网公司组建中有关契税问题的通知》(国税函[2003]627号,2003年6月6日)。

⑥ 《国家税务总局关于中国国电集团公司组建中有关契税问题的通知》(国税函[2003]978号,2003年8月25日)。

⑦ 《国家税务总局关于中国大唐集团公司组建中有关契税问题的通知》(国税函[2003]946号,2003年8月12日)。

①中国国际航空公司联合中国航空总公司、中国西南航空公司等企业组建了中国航空集团公司(简称中航集团)。原属中国国际航空公司、中国西南航空公司、中国航空总公司、中国民航实业开发总公司的部分土地、房屋权属将分别划转并过户到中航集团及其下属的中国航空旅业公司、中航集团建设开发公司。对上述中航集团及其下属于公司组建过程中承受划转的土地使用权、房屋所有权,不征契税①。

中航集团将其下属的全资子公司中国国际航空公司(简称国航有限)重组改制为中国国际航空股份有限公司(简称国航股份)。对中航集团经授权而经营管理原国航有限使用的国有划拨土地的行为,不征收契税。对国航股份承受中航集团以作价出资方式投入的国有土地使用权,免征契税②。

②中国航空工业第二集团公司与中国华融资产管理公司、中国信达资产管理公司、中国东方资产管理公司共同发起设立了中国航空科技工业股份有限公司。对中国航空工业第二集团公司下属的哈尔滨东安发动机集团有限公司、哈尔滨飞机工业集团有限责任公司、江西洪都航空工业集团有限责任公司、昌河飞机工业集团有限责任公司和中国直升机设计研究所分立后新设的公司承受原单位土地、房屋权属,不征收契税。对中国航空科技工业股份有限公司承受中国航空工业第二集团公司的土地、房屋权属,免征契税。对中国航空工业第二集团公司原划拨土地变更为出让土地使用权,按现行契税政策规定照章征收契税③。

(6)粮油进出口行业改组改制

中国粮油食品进出口(集团)有限公司(简称中粮公司)在对下属部分企业进行重组改制过程中:如果将部分下属企业进行吸收合并,即被吸收企业不再保留法人地位,合并各方均为中粮公司的全资子公司,不征契税,其余征收契税;如果将部分境内下属企业的股权划转至该公司在香港注册的全资子公司,被划转企业性质将变更为中外合资或外商独资,企业名称相应变更,由于股权划转不影响企业法人的存续,其土地、房屋权属不发生转移,不征契税④。

(7)铁路建筑行业改组改制

对中国铁道建筑总公司股份制改革过程中,对股份公司承受中铁建投入的土地、房屋权属,免征契税。对锦鲤资产管理中心无偿承受中铁建所剥离其他全资子公司的土地、房屋权属,免征契税⑤。

(8)兵器装备业改组改制

对中国兵器装备集团公司对其下属汽车整车及零部件企业进行重组过程中,中国兵器装备集团公司在上划其下属全资子公司资产过程中所承受的土地、房屋权属,不征收契税;中国南方工业汽车股份有限公司承受中国兵器装备集团公司作价投资的土地、房屋权属,免征契税⑥。

16.6.6　住房买卖和转让的契税征免规定

16.6.6.1　个人购买普通住宅的征免规定

(1)自 2010 年 10 月 1 日起,对个人购买普通住房,且该住房属于家庭(成员范围包括购房人、配偶以及未成年子女)唯一住房的,减半征收契税。对个人购买 90 平方米及以下普通住房,且该

---

① 《国家税务总局关于中国航空集团公司重组过程中有关契税问题的通知》(国税函[2003]524 号,2003 年 5 月 16 日)。

② 《国家税务总局关于中国航空集团公司改制有关契税问题的通知》(国税函[2005]969 号,2005 年 10 月 14 日)。

③ 《国家税务总局关于中国航空工业第二集团公司重组中有关契税问题的通知》(国税函[2003]1253 号,2003 年 11 月 19 号)。

④ 《国家税务总局关于中国粮油食品进出口(集团)有限公司重组改制有关契税问题的通知》(国税函[2001]843 号,2001 年 11 月 16 日)。

⑤ 《国家税务总局关于中国铁道建筑总公司股份制改革过程中有关税收问题的通知》(国税函[2008]679 号,2008 年 7 月 16 日)。

⑥ 《国家税务总局关于明确中国兵器装备集团公司重组改制过程中有关契税政策的通知》(国税函[2006]798 号,2006 年 8 月 14 日)。

住房属于家庭唯一住房的,减按 1% 税率征收契税①。

征收机关应查询纳税人契税纳税记录,无记录或有记录但有疑义的,根据纳税人的申请或授权,由房地产主管部门通过房屋登记信息系统查询纳税人家庭住房登记记录,并出具书面查询结果。如因当地暂不具备查询条件而不能提供家庭住房登记查询结果的,纳税人应向征收机关提交家庭住房实有套数书面诚信保证。诚信保证不实的,属于虚假纳税申报,按照税收征收管理法的有关规定处理。具体操作办法由各省、自治区、直辖市财政、税务、房地产主管部门共同制定②。

(2)个人购买的普通住房,凡不符合上述规定的,不得享受上述优惠政策。对两个或两个以上个人共同购买 90 平方米及以下普通住房,其中一人或多人已有购房记录的,该套房产的共同购买人均不适用首次购买普通住房的契税优惠政策③。

(3)享受优惠政策的住房原则上应同时满足以下条件:住宅小区建筑容积率在 1.0 以上、单套建筑面积在 120 平方米以下、实际成交价格低于同级别土地上住房平均交易价格 1.2 倍以下。各省、自治区、直辖市要根据实际情况,制定本地区享受优惠政策普通住房的具体标准。允许单套建筑面积和价格标准适当浮动,但向上浮动的比例不得超过上述标准的 20%。各直辖市和省会城市的具体标准要报建设部、财政部、税务总局备案后公布④。

其中,上述的住房平均交易价格,是指报告期内同级别土地上住房交易的平均价格,经加权平均后形成的住房综合平均价格。由市、县房地产管理部门会同有关部门测算,报当地人民政府确定,每半年公布一次⑤。

16.6.6.2 个人购买经济适用住房的征免规定

对个人购买经济适用住房,在法定税率基础上减半征收契税。对廉租住房经营管理单位购买住房作为廉租住房、经济适用住房,经营管理单位回购经济适用住房继续作为经济适用住房房源的,免征契税⑥。

16.6.6.3 城镇房屋拆迁重新购置住房的征免规定

对拆迁居民因拆迁重新购置住房的,对购房成交价格中相当于拆迁补偿款的部分免征契税,成交价格超过拆迁补偿款的,对超过部分征收契税⑦。

上述城镇房屋拆迁优惠政策适用对象应为被拆迁房屋的所有权人或共有权人,以及领取拆迁补

---

① 《财政部 国家税务总局 住房和城乡建设部关于调整房地产交易环节契税 个人所得税优惠政策的通知》(财税〔2010〕94号,2010年9月29日)。此前,《财政部 国家税务总局关于调整房地产市场若干税收政策的通知》(财税〔1999〕210号,1999年7月29日)规定,自1999年8月1日起,个人购买自用普通住宅,暂减半征收契税;《财政部国家税务总局关于调整房地产交易环节税收政策的通知》(财税〔2008〕137号,2008年10月22日)规定,自2008年11月1日起,对个人首次购买90平方米及以下普通住房的,契税税率暂统一下调到1%。财税〔2010〕94号实施后,财税〔1999〕210号和财税〔2008〕137号上述规定同时废止。此外,财税〔1999〕210号还规定,自1999年8月1日起,对积压空置的商品住房销售时应缴纳的营业税、契税在2000年底前予以免税优惠。《财政部 国家税务总局关于对消化空置商品房有关费政策的通知》(财税〔2001〕44号,2001年4月19日)规定,将空置商品房优惠延期执行两年,即延长至2002年12月31日止,但对纳税人销售1998年6月30日以前建成的别墅、度假村等高消费性的空置商品房,应自2001年1月1日起恢复征收营业税、契税。上述空置商品房优惠政策现已执行到期。

② 《财政部 国家税务总局 住房和城乡建设部关于调整房地产交易环节契税 个人所得税优惠政策的通知》(财税〔2010〕94号,2010年9月29日)。

③ 《财政税 国家税务总局关于首次购买普通住房有关契税政策的通知》(财税〔2010〕13号,2010年3月9日)。《财政部 国家税务总局 住房和城乡建设部关于调整房地产交易环节契税 个人所得税优惠政策的通知》(财税〔2010〕94号,2010年9月29日)。

④ 《国务院办公厅转发建设部等部门关于做好稳定住房价格工作意见的通知》(国办发〔2005〕26号,2005年5月9日)。《国家税务总局 财政部 建设部关于加强房地产税收管理的通知》(国税发〔2005〕89号,2005年5月27日)。

⑤ 《国家税务总局 财政部 建设部关于加强房地产税收管理的通知》(国税发〔2005〕89号,2005年5月27日)。

⑥ 《财政部 国家税务总局关于廉租住房经济适用住房和住房租赁有关税收政策的通知》(财税〔2008〕24号,2008年3月3日)。

⑦ 《财政部 国家税务总局关于城镇房屋拆迁有关税收政策的通知》(财税〔2005〕45号,2005年3月22日)。

偿款的被拆迁公有住房的承租人①。

16.6.6.4 城镇职工首次购买公有住房的征免规定

（1）城镇职工按规定第一次购买公有住房的，免征契税②。

（2）对各类公有制单位为解决职工住房而采取集资建房方式建成的普通住房或由单位购买的普通商品住房，经当地县以上人民政府房改部门批准、按照国家房改政策出售给本单位职工的，如属职工首次购买住房，均比照城镇职工按规定第一次购买公有住房，免征契税③。

已购公有住房经补缴土地出让金和其他出让费用成为完全产权住房的，免征土地权属转移的契税④。

（3）城镇职工按规定第一次购买公有住房的，是指经县以上人民政府批准，在国家规定标准面积以内购买的公有住房。城镇职工享受免征契税，仅限于第一次购买的公有住房。超过国家规定标准面积的部分，仍应按照规定缴纳契税⑤。

16.6.6.5 城市和国有工矿棚户区改造安置住房的免税规定⑥

对经营管理单位回购已分配的城市和国有工矿棚户区改造安置住房继续作为改造安置房源的，免征契税。

个人首次购买 90 平方米以下改造安置住房，可按 1% 的税率计征契税；购买超过 90 平方米，但符合普通住房标准的改造安置住房，按法定税率减半计征契税。

个人取得的拆迁补偿款及因拆迁重新购置安置住房，可按有关规定享受契税减免。

以上所称棚户区是指国有土地上集中连片建设的，简易结构房屋较多、建筑密度较大、房屋使用年限较长、使用功能不全、基础设施简陋的区域；棚户区改造是指列入省级人民政府批准的城市和国有工矿棚户区改造规划的建设项目；改造安置住房是指相关部门和单位与棚户区被拆迁人签订的拆迁安置协议中明确用于安置被拆迁人的住房。

16.6.6.6 购买住房用作公租房的免税规定

对公租房经营管理单位购买住房作为公租房，免征契税⑦。

享受上述税收优惠政策的公租房是指纳入省、自治区、直辖市、计划单列市人民政府及新疆生产建设兵团批准的公租房发展规划和年度计划，以及按照《关于加快发展公共租赁住房的指导意见》（建保〔2010〕87 号）和市、县人民政府制定的具体管理办法进行管理的公租房。不同时符合上述条件的公租房不得享受上述税收优惠政策。

16.6.6.7 应对自然灾害的征免规定

（1）一般规定

（1）因不可抗力灭失住房而重新购买住房的，酌情准予减征或者免征契税⑧。

不可抗力，是指自然灾害、战争等不能预见、不能避免、并不能克服的客观情况⑨。

（2）四川汶川地震灾后恢复重建税收优惠

对在地震恢复重建的契税优惠。对在地震中

① 《国家税务总局关于城镇房屋拆迁契税优惠政策适用对象的批复》（国税函〔2005〕903 号，2005 年 9 月 16 日）。
② 《中华人民共和国契税暂行条例》（中华人民共和国国务院令第 224 号，1997 年 7 月 7 日）第 6、7 条。
③ 《财政部 国家税务总局关于公有制单位职工首次购买住房免征契税的通知》（财税〔2000〕130 号，2000 年 11 月 29 日）。
④ 《财政部 国家税务总局关于国有土地使用权出让等有关契税问题的通知》（财税〔2004〕134 号，2004 年 8 月 3 日）。
⑤ 《中华人民共和国契税暂行条例细则》（财法字〔1997〕52 号，1997 年 10 月 28 日）第 13 条。
⑥ 《财政部 国家税务总局关于城市和国有工矿棚户区改造项目有关税收优惠政策的通知》（财税〔2010〕42 号，2010 年 5 月 4 日）。该文自 2010 年 1 月 1 日起实施，2010 年 1 月 1 日至文到之日已征税款可在纳税人以后的应纳相应税款中抵扣，2010 年度内抵扣不完的，按有关规定予以退税。
⑦ 《财政部 国家税务总局关于支持公共租赁住房建设和运营有关税收优惠政策的通知》（财税〔2010〕88 号，2010 年 9 月 27 日）。该文件自发文之日起执行，执行期限暂定三年，政策到期后将根据公租房建设和运营情况对有关内容加以完善。
⑧ 《中华人民共和国契税暂行条例》（中华人民共和国国务院令第 224 号，1997 年 7 月 7 日）第 6、7 条。
⑨ 《中华人民共和国契税暂行条例细则》（财法字〔1997〕52 号，1997 年 10 月 28 日）第 14 条。

损毁的应缴而未缴契税的居民住房,不再征收契税;对受灾居民购买安居房,按法定税率减半征收契税①。

因地震灾害灭失住房而重新购买住房的,准予减征或者免征契税,具体的减免办法由受灾地区省级人民政府制定②。

(3)青海玉树地震灾后恢复重建税收优惠③

对在地震中损毁的应缴而未缴契税的居民住房,不再征收契税。2012 年 12 月 31 日前,对受灾居民购买安居房,免征契税。

所称安居房,按照国务院有关部门确定的标准执行。

毁损的居民住房,是指经县级以上(含县级)人民政府房屋主管部门出具证明,在地震中倒塌或遭受严重破坏而不能居住的居民住房。

受灾地区是指青海省玉树藏族自治州玉树、称多、治多、杂多、囊谦、曲麻莱县和四川省甘孜藏族自治州石渠县等 7 个县的 27 个乡镇。具体受灾地区范围见《财政部 国家税务总局关于支持玉树地震灾后恢复重建有关税收政策问题的通知》(财税[2010]59 号)附件。

(4)甘肃舟曲泥石流灾后重建税收优惠④

对因灾损毁的应缴而未缴契税的居民住房,不再征收契税。2012 年 12 月 31 日前,对受灾居民购买安居房,免征契税。

所称安居房,按照国务院有关部门确定的标准执行。

所称因灾毁损的居民住房,是指经县级以上(含县级)人民政府房屋主管部门出具证明,在灾害中倒塌或遭受严重破坏而不能居住的居民住房。

16.6.7 国家若干重点工程的契税征免规定

16.6.7.1 国家石油储备基地建设有关征免规定

对国家石油储备基地第一期项目建设过程中涉及的契税予以免征。免税范围仅限于应由国家石油储备基地缴纳的税收。国家石油储备基地第一期项目包括大连、黄岛、镇海、舟山 4 个储备基地⑤。

16.6.7.2 青藏铁路公司有关征免规定

对青藏铁路公司及其所属单位承受土地、房屋权属用于办公及运输主业的,免征契税;对于因其他用途承受的土地、房屋权属,应照章征收契税⑥。

16.6.8 政府征用土地、房屋后重新承受土地、房屋权属的契税征免规定

土地、房屋被县级以上人民政府征用、占用后,重新承受土地、房屋权属的,是否减征或者免征契税,由省、自治区、直辖市人民政府确定⑦。

16.6.9 国际协定相关的契税征免规定

(1)依照我国有关法律规定以及我国缔结或参加的双边和多边条约或协定的规定应当予以免税的外国驻华使馆、领事馆、联合国驻华机构及其外交代表、领事官员和其他外交人员承受土地、房

---

① 《国务院关于支持汶川地震灾后恢复重建政策措施的意见》(国发[2008]21 号,2008 年 6 月 29 日)。《财政部 海关总署 国家税务总局关于支持汶川地震灾后恢复重建有关税收政策问题的通知》(财税[2008]104 号,2008 年 8 月 1 日)。《财政部 国家税务总局关于延长部分税收优惠政策执行期限的通知》(财税[2009]131 号,2009 年 11 月 20 日)。政策执行至 2010 年 12 月 31 日。

② 《财政部 国家税务总局关于认真落实抗震救灾及灾后重建税收政策问题的通知》(财税[2008]62 号,2008 年 5 月 20 日)。

③ 《国务院关于支持玉树地震灾后恢复重建政策措施的意见》(国发[2010]16 号,2010 年 5 月 27 日)。《财政部 国家税务总局关于支持玉树地震灾后恢复重建有关税收政策问题的通知》(财税[2010]59 号,2010 年 7 月 23 日)。

④ 《国务院关于支持舟曲灾后恢复重建政策措施的意见》(国发[2010]34 号,2010 年 10 月 18 日)。《财政部 海关总署 国家税务总局关于支持舟曲灾后恢复重建有关税收政策问题的通知》(财税[2010]107 号,2010 年 12 月 29 日)。财税[2010]107 号文件还规定,如果纳税人按规定既可享受本通知的税收优惠政策,也可享受国家支持汶川地震灾后恢复重建的税收优惠政策,可由纳税人自主选择适用的政策,但两项政策不得叠加使用。文中所称"灾区"包括甘肃省舟曲县城关镇和江盘乡的 15 个村、2 个社区,灾区具体范围见财税[2010]107 号附件。

⑤ 《财政部 国家税务总局关于国家石油储备基地建设有关税收政策的通知》(财税[2005]23 号,2005 年 3 月 15 日)。

⑥ 《财政部 国家税务总局关于青藏铁路公司运营期间有关税收等政策问题的通知》(财税[2007]11 号,2007 年 1 月 11 日)。

⑦ 《中华人民共和国契税暂行条例细则》(财法字[1997]52 号,1997 年 10 月 28 日)第 15 条。

屋权属的,经外交部确认,可以免征契税①。

(2)根据国务院批准的中朝水力发电公司章程第六条"根据中朝两国政府协定,中朝双方免征有关公司经营的一切税款"的规定,对太平湾发电厂承受我国境内的出让土地,免征契税②。

(3)定学院(中国)购置房产涉及根据《中华人民共和国政府和德意志联邦共和国政府文化合作协定附件》的免税互惠条款,对北京德国文化中心·歌德学院(中国)购置房产涉及的契税和印花税予以免征③。

16.6.10　改变土地用途的契税征免规定

(1)经批准减征、免征契税的纳税人改变有关土地、房屋的用途,不再属于上述规定的减征、免征契税范围的,应当补缴已经减征、免征的税款④。

(2)对纳税人因改变土地用途而签订土地使用权出让合同变更协议或者重新签订土地使用权出让合同的,应征收契税。计税依据为因改变土地用途应补缴的土地收益金及应补缴政府的其他费用⑤。

16.6.11　减免税管理

自 2004 年 10 月 1 日起,契税减免税管理按以下办法实行⑥:

(1)申报

契税的减免,实行申报管理制度。

契税纳税人应在土地、房屋权属转移合同生效的 10 日内,向征收机关提出减免申报。计税金额在 10000 万元(含 10000 万元)以上的,由省级征收机关办理减免手续⑦。

(2)受理

契税减免申报应由征收机关受理,其他任何机关、单位和个人都无权受理。

征收机关应指定专人受理、审核减免申报事项。

受理人应要求申报人如实填写减免申报表并提供相关资料,告知申报人若申报不实或虚假申报而应负的法律责任。

受理人一般应在受理当日内将减免申报表和相关资料移交审核人。申报人没有按照规定提供资料或提供的资料不够全面的,受理人应一次性告知申报人应补正的资料。

(3)审核

审核人应对申报人提供的资料进行审核。

对于符合减免规定的,审核人应于审核的当日办理减免手续。

对于显然不符合减免规定的,审核人应向申报人说明原因,并核定应纳税额,转入税款征收程序。

情况较为复杂需向上级征收机关请示的,审核人应向申报人说明情况,并在规定时限内办理手续。

(4)备案

契税的减免管理,实行逐级备案制度。

契税的计税金额在 10000 万元(含 10000 万元)以上的减免,征收机关应在办理减免手续完毕之日起 30 日内报国家税务总局备案。

契税减免,应向国家税务总局备案减免申报表。

(5)检查核实

省级征收机关应根据备案情况定期组织检查。

办理减免的征收机关应将办理情况,定期逐级通报基层征收机关。

---

① 《中华人民共和国契税暂行条例细则》(财法字[1997]52 号,1997 年 10 月 28 日)第 15 条。
② 《国家税务总局关于太平湾发电厂有关契税问题的批复》(国税函[2008]1083 号,2008 年 12 月 31 日)。
③ 《财政部　国家税务总局关于北京德国文化中心·歌德学院(中国)在华房产有关契税和印花税问题的通知》(财税[2009]159 号,2009 年 12 月 19 日)。
④ 《中华人民共和国契税暂行条例》(中华人民共和国国务院令第 224 号,1997 年 7 月 7 日)第 7 条。
⑤ 《国家税务总局关于改变国有土地使用权出让方式征收契税的批复》(国税函[2008]662 号,2008 年 7 月 11 日)。
⑥ 《国家税务总局关于印发〈耕地占用税契税减免管理办法〉的通知》(国税发[2004]99 号,2004 年 8 月 3 日)。
⑦ 此前,《中华人民共和国契税暂行条例细则》(财法字[1997]52 号,1997 年 10 月 28 日)第 16 条规定:纳税人符合减征或者免征契税规定的,应当在签订土地、房屋权属转移合同后 10 日内,向土地、房屋所在地的契税征收机关办理减征或者免征契税手续。

基层征收机关应对减免情况进行核实,并将核实结果逐级上报至办理减免的征收机关。

(6)违章处理

地方各级人民政府、各级人民政府主管部门、单位和个人违反法律、行政法规规定,擅自作出的减税、免税规定无效,征收机关不得执行,并向上级征收机关报告。

征收机关或征管人员,违反规定擅自受理、审核减免申报的,依照有关规定处理。

(7)其他

各省、自治区、直辖市和计划单列市征收机关可以根据本规定制定具体的减免申报管理办法,并向社会公示。

16.7 征收管理

根据《国家税务总局关于农业税、牧业税、耕地占用税、契税征收管理暂参照〈中华人民共和国税收征收管理法〉执行的通知》(国税发[2001]110号)的规定,自2001年5月1日起,契税的征收管理暂参照税收征管法的有关规定执行。

16.7.1 征收机关

(1)一般规定

契税征收机关为土地、房屋所在地的财政机关或者地方税务机关。具体征收机关由省、自治区、直辖市人民政府确定①。

契税征收应当以征收机关自征为主。自征确有困难的地区,经上一级征收机关批准,可以委托当地房屋管理部门、土地管理部门或者其他有关单位代征②。

(2)特别规定

①对中国人寿保险(集团)公司在全国各地(公司总部所在地除外)的财产所涉及契税等地方税种,可由集团公司控股的中国人寿保险股份有限公司代理向财产所在地主管税务机关申报缴纳③。

②中国建银投资公司在全国各地财产所涉及的契税,由该公司的受托代理人向财产所在地主管税务机关申报缴纳④。

16.7.2 纳税义务发生时间和纳税期限

16.7.2.1 一般规定

(1)契税的纳税义务发生时间,为纳税人签订土地、房屋权属转移合同的当天,或者纳税人取得其他具有土地、房屋权属转移合同性质凭证的当天⑤。

其他具有土地、房屋权属转移合同性质凭证,是指具有合同效力的契约、协议、合约、单据、确认书以及由省、自治区、直辖市人民政府确定的其他凭证⑥。

(2)纳税人应当自纳税义务发生之日起10日内,向土地、房屋所在地的契税征收机关办理纳税申报,并在契税征收机关核定的期限内缴纳税款⑦。

16.7.2.2 改变土地、房屋用途补缴税款时间

纳税人因改变土地、房屋用途应当补缴已经减征、免征契税的,其纳税义务发生时间为改变有关土地、房屋用途的当天⑧。

16.7.2.3 房屋买卖纳税义务发生时间及期房退房应退税款时间

购房者应在签订房屋买卖合同后、办理房屋所

① 《中华人民共和国契税暂行条例》(中华人民共和国国务院令第224号,1997年7月7日)第12条。

② 《国家税务总局关于契税征收管理若干具体事项的通知》(国税发[1997]176号,1997年11月25日)。

③ 《国家税务总局关于中国人寿保险(集团)公司重组改制后有关税务问题的通知》(国税函[2004]852号,2004年6月11日)。

④ 《国家税务总局关于中国建银投资有限责任公司纳税申报地点问题的通知》(国税发[2005]第52号,2005年4月4日)。

⑤ 《中华人民共和国契税暂行条例》(中华人民共和国国务院令第224号,1997年7月7日)第8条。

⑥ 《中华人民共和国契税暂行条例细则》(财法字[1997]52号,1997年10月28日)第18条。

⑦ 《中华人民共和国契税暂行条例》(中华人民共和国国务院令第224号,1997年7月7日)第9条。契税纳税申报表式样见《国家税务总局关于调整契税纳税申报表式样的通知》(国税函[2006]329号,2006年4月5日)。

⑧ 《中华人民共和国契税暂行条例细则》(财法字[1997]52号,1997年10月28日)第17条。

有权变更登记之前缴纳契税。对交易双方已签订房屋买卖合同,但由于各种原因最终未能完成交易的,如购房者已按规定缴纳契税,在办理期房退房手续后,对其已纳契税款应予以退还①。

16.7.2.4　抵押贷款购买商品房纳税义务发生时间

抵押贷款购买商品房,即购房人以按揭、抵押贷款方式购买房屋,当其从银行取得抵押凭证时,购房人与原产权人之间的房屋产权转移已经完成,契税纳税义务已经发生,应依法缴纳契税②。

16.7.3　纳税凭证及产权变更登记管理

(1)纳税人办理纳税事宜后,契税征收机关应当向纳税人开具契税完税凭证。

(2)纳税人应当持契税完税凭证和其他规定的文件材料,依法向土地管理部门、房产管理部门办理有关土地、房屋的权属变更登记手续。纳税人未出具契税完税凭证的,土地管理部门、房产管理部门不予办理有关土地、房屋的权属变更登记手续③。

(3)土地管理部门、房产管理部门应当向契税征收机关提供有关资料,并协助契税征收机关依法征收契税④。

对土地证书年检中发现的土地使用权擅自转让行为,土地行政主管部门要按国土资源部《关于开展 1999 年土地证书年检工作的通知》的有关规定进行处理,对其中法律规定土地使用权可以转让,且转让时间在 1997 年 10 月 1 日以后的,土地行政主管部门在办理变更土地登记时,应查验土地使用人的契税完税凭证或免税证明,对不能出具完税凭证或免税证明的,土地行政主管部门不予办理变更土地登记手续,并将有关情况及时通报税收征收机关⑤。

(4)对于个人无偿赠与不动产行为,应对受赠人全额征收契税,在缴纳契税时,纳税人须提交经税务机关审核并签字盖章的《个人无偿赠与不动产登记表》,税务机关(或其他征收机关)应在纳税人的契税完税凭证上加盖"个人无偿赠与"印章,在《个人无偿赠与不动产登记表》中签字并将该表格留存。税务机关积极与房管部门沟通协调,争取房管部门对持有加盖"个人无偿赠与"印章契税完税凭证的个人,办理赠与产权转移登记手续,对未持有加盖"个人无偿赠与"印章契税完税凭证的个人,不予办理赠与产权转移登记手续⑥。

(5)契税的纳税申报表、完税证格式全国统一契税的纳税申报表、完税证格式全国统一;征收中需要的其他有关票证由省、自治区、直辖市征收机关统一制定格式和组织印制⑦。

---

① 《国家税务总局关于办理期房退房手续后应退还已征契税的批复》(国税函〔2002〕622 号,2002 年 7 月 10 日)。

② 《国家税务总局关于抵押贷款购买商品房征收契税的批复》(国税函〔1999〕613 号,1999 年 9 月 16 日)。

③ 《中华人民共和国契税暂行条例》(中华人民共和国国务院令第 224 号,1997 年 7 月 7 日)第 11 条。

④ 《中华人民共和国契税暂行条例》(中华人民共和国国务院令第 224 号,1997 年 7 月 7 日)第 12 条。

⑤ 《国家税务总局　国土资源部关于在土地证书年检中协作做好契税等有关土地税收征收工作的通知》(国税发〔1999〕111 号,1999 年 6 月 4 日)。

⑥ 《国家税务总局关于加强房地产交易个人无偿赠与不动产税收管理有关问题的通知》(国税发〔2006〕144 号,2006 年 9 月 14 日)。

⑦ 《国家税务总局关于契税征收管理若干具体事项的通知》(国税发〔1997〕176 号,1997 年 11 月 25 日)。

第17章 土地增值税制度

土地增值税是以纳税人转让国有土地使用权、地上建筑物及其附着物(以下简称转让房地产)所取得的增值额为征税对象,所征收的一个税种。

现行土地增值税制度自1994年1月1日起实施,基本法规是《中华人民共和国土地增值税暂行条例》和《中华人民共和国土地增值税暂行条例实施细则》。

17.1 纳税义务人

转让国有土地使用权、地上的建筑物及其附着物并取得收入的单位和个人,为土地增值税的纳税义务人①。

单位是指各类企业单位、事业单位、国家机关和社会团体及其他组织。个人包括个体经营者②。

17.2 征税范围

17.2.1 一般规定

(1)土地增值税对出售或者以其他方式有偿转让国有土地使用权、地上的建筑物及其附着物(简称转让房地产)并取得收入的行为征收③。

其中:

①国有土地是指按国家法律规定属于国家所有的土地④。

②地上建筑物是指建于土地上的一切建筑物,包括地上地下的各种附属设施⑤。

对转让码头泊位、机场跑道等基础设施性质的建筑物行为,应属于土地增值税征收范围⑥。

③附着物是指附着于土地上的不能移动,一经移动即遭损坏的物品⑦。

④收入包括转让房地产的全部价款及有关的经济收益⑧。

(2)土地使用者转让、抵押或置换土地,无论其是否取得了该土地的使用权属证书,无论其在转让、抵押或置换土地过程中是否与对方当事人办理了土地使用权属证书变更登记手续,只要土地使用者享有占有、使用、收益或处分该土地的权利,且有合同等证据表明其实质转让、抵押或置换了土地并取得了相应的经济利益,土地使用者及其对方当事人应当依照税法规定缴纳土地增值税等相关税收⑨。

17.2.2 不属于征收范围的情形

以赠与、继承方式无偿转让房地产的行为,不征收土地增值税⑩。

---

① 《中华人民共和国土地增值税暂行条例》(中华人民共和国国务院令第138号,1993年12月13日)第2条。
② 《中华人民共和国土地增值税暂行条例实施细则》(财法字[1995]6号,1995年1月27日)第6条。
③ 《中华人民共和国土地增值税暂行条例》(中华人民共和国国务院令第138号,1993年12月13日)第2条。《中华人民共和国土地增值税暂行条例实施细则》(财法字[1995]6号,1995年1月27日)第2条。
④ 《中华人民共和国土地增值税暂行条例实施细则》(财法字[1995]6号,1995年1月27日)第3条。
⑤ 《中华人民共和国土地增值税暂行条例实施细则》(财法字[1995]6号,1995年1月27日)第4条。
⑥ 《国家税务总局关于转让地上建筑物土地增值税征收问题的批复》(国税函[2010]347号,2010年7月26日)。
⑦ 《中华人民共和国土地增值税暂行条例实施细则》(财法字[1995]6号,1995年1月27日)第4条。
⑧ 《中华人民共和国土地增值税暂行条例实施细则》(财法字[1995]6号,1995年1月27日)第5条。
⑨ 《国家税务总局关于未办理土地使用权证转让土地有关税收问题的批复》(国税函[2007]645号,2007年6月14日)。
⑩ 《中华人民共和国土地增值税暂行条例实施细则》(财法字[1995]6号,1995年1月27日)第2条。

赠与是指如下情形①:

房产所有人、土地使用权所有人将房屋产权、土地使用权赠与直系亲属或承担直接赡养义务人的。

房产所有人、土地使用权所有人通过中国境内非营利的社会团体、国家机关将房屋产权、土地使用权赠与教育、民政和其他社会福利公益事业的。

社会团体是指中国青少年发展基金会、希望工程基金会、宋庆龄基金会、减灾委员会、中国红十字会、中国残疾人联合会、全国老年基金会、老区促进会以及经民政部门批准成立的其他非营利的公益组织。

17.3　税率

土地增值税实行四级超率累进税率②:

Ⅰ　增值额未超过扣除项目金额50%的部分,税率为30%。

Ⅱ　增值额超过扣除项目金额50%、未超过扣除项目金额100%的部分,税率为40%。

Ⅲ　增值额超过扣除项目金额100%、未超过扣除项目金额200%的部分,税率为50%。

Ⅳ　增值额超过扣除项目金额200%的部分,税率为60%。

上述所列四级超率累进税率,每级"增值额未超过扣除项目金额"的比例,均包括本比例数③。超率累进税率见表如下:

土地增值税四级超率累进税率表④

级数	增值额与扣除项目金额的比率	税率	速算扣除系数
1	不超过50%的部分	30%	0
2	超过50%—100%的部分	40%	5%
3	超过100%—200%的部分	50%	15%
4	超过200%的部分	60%	35%

17.4　计税依据

土地增值税的计税依据是转让房地产所取得的增值额。纳税人转让房地产所取得的收入减除规定扣除项目金额后的余额,为增值额⑤。

17.4.1　房地产转让收入的确定

(1)纳税人转让房地产所取得的收入,是指转让房地产的全部价款及有关的经济收益,包括货币收入、实物收入和其他收入⑥。

(2)纳税人有下列情形之一的,按照房地产评估价格计算征收。房地产评估价格,是指由政府批准设立的房地产评估机构根据相同地段、同类房地产进行综合评定的价格。评估价格须经当地税务机关确认⑦。

Ⅰ　隐瞒、虚报房地产成交价格的。隐瞒、虚报房地产成交价格,是指纳税人不报或有意低报转让

---

① 《财政部　国家税务总局关于土地增值税一些具体问题规定的通知》(财税字[1995]48号,1995年5月25日)。
② 《中华人民共和国土地增值税暂行条例》(中华人民共和国国务院令第138号,1993年12月13日)第7条。
③ 《中华人民共和国土地增值税暂行条例实施细则》(财法字[1995]6号,1995年1月27日)第10条。
④ 《中华人民共和国土地增值税暂行条例》(中华人民共和国国务院令第138号,1993年12月13日)第7条。《中华人民共和国土地增值税暂行条例实施细则》(财法字[1995]6号,1995年1月27日)第10条。
⑤ 《中华人民共和国土地增值税暂行条例》(中华人民共和国国务院令第138号,1993年12月13日)第4条。
⑥ 《中华人民共和国土地增值税暂行条例》(中华人民共和国国务院令第138号,1993年12月13日)第5条。《中华人民共和国土地增值税暂行条例实施细则》(财法字[1995]6号,1995年1月27日)第5条。
⑦ 《中华人民共和国土地增值税暂行条例》(中华人民共和国国务院令第138号,1993年12月13日)第9条。《中华人民共和国土地增值税暂行条例实施细则》(财法字[1995]6号,1995年1月27日)第13条。

土地使用权、地上建筑物及其附着物价款的行为①。

Ⅱ 提供扣除项目金额不实的。扣除项目金额不实的,是指纳税人在纳税申报时不据实提供扣除项目金额的行为②。

Ⅲ 转让房地产的成交价格低于房地产评估价格,又无正当理由的。指纳税人申报的转让房地产的实际成交价低于房地产评估机构评定的交易价,纳税人又不能提供凭据或无正当理由的行为③。

17.4.2 转让房地产外币收入折算

土地增值税以人民币为计算单位。转让房地产所取得的收入为外国货币的,以取得收入的当天或当月1日国家公布的市场汇价折合成人民币,据以计算应纳土地增值税税额④。

对于以分期收款形式取得的外币收入,也应该按实际收款日或收款当月一日国家公布的市场汇价折合成人民币⑤。

17.4.3 扣除项目的确定

17.4.3.1 一般规定

(1)在计算土地增值额时,下列成本、费用项目准予扣除⑥:

Ⅰ 取得土地使用权所支付的金额;

Ⅱ 开发土地的成本、费用;

Ⅲ 新建房及配套设施的成本、费用,或者旧房及建筑物的评估价格;

Ⅳ 与转让房地产有关的税金;

Ⅴ 财政部规定的其他扣除项目。

(2)准予扣除的项目,具体是指:

①取得土地使用权所支付的金额,是指纳税人为取得土地使用权所支付的地价款和按国家统一规定交纳的有关费用⑦。

纳税人取得土地使用权时未支付地价款或不能提供已支付的地价款凭据的,不允许扣除取得土地使用权所支付的金额⑧。

②开发土地和新建房及配套设施(简称房地产开发)的成本,是指纳税人房地产开发项目实际发生的成本(简称房地产开发成本),包括土地征用及拆迁补偿费、前期工程费、建筑安装工程费、基础设施费、公共配套设施费、开发间接费用。其中⑨:

土地征用及拆迁补偿费,包括土地征用费、耕地占用税、劳动力安置费及有关地上、地下附着物拆迁补偿的净支出、安置动迁用房支出等。

Ⅰ 前期工程费,包括规划、设计、项目可行性研究和水文、地质、勘察、测绘"三通一平"等支出。

Ⅱ 建筑安装工程费,是指以出包方式支付给承包单位的建筑安装工程费,以自营方式发生的建筑安装工程费。

Ⅲ 基础设施费,包括开发小区内道路、供水、供电、供气、排污、排洪、通讯、照明、环卫、绿化等工程发生的支出。

Ⅳ 公共配套设施费,包括不能有偿转让的开发小区内公共配套设施发生的支出。

Ⅴ 开发间接费用,是指直接组织、管理开发项目发生的费用,包括工资、职工福利费、折旧费、修理费、办公费、水电费、劳动保护费、周转房摊销等。

---

① 《中华人民共和国土地增值税暂行条例》(中华人民共和国国务院令第138号,1993年12月13日)第9条。《中华人民共和国土地增值税暂行条例实施细则》(财法字〔1995〕6号,1995年1月27日)第14条。

② 《中华人民共和国土地增值税暂行条例》(中华人民共和国国务院令第138号,1993年12月13日)第9条。《中华人民共和国土地增值税暂行条例实施细则》(财法字〔1995〕6号,1995年1月27日)第14条。

③ 《中华人民共和国土地增值税暂行条例》(中华人民共和国国务院令第138号,1993年12月13日)第9条。《中华人民共和国土地增值税暂行条例实施细则》(财法字〔1995〕6号,1995年1月27日)第14条。

④ 《中华人民共和国土地增值税暂行条例实施细则》(财法字〔1995〕6号,1995年1月27日)第20条。

⑤ 《财政部 国家税务总局关于土地增值税一些具体问题规定的通知》(财税字〔1995〕48号,1995年5月25日)。

⑥ 《中华人民共和国土地增值税暂行条例》(国务院令第138号,1993年12月13日)第6条。

⑦ 《中华人民共和国土地增值税暂行条例实施细则》(财法字〔1995〕6号,1995年1月27日)第7条。

⑧ 《财政部 国家税务总局关于土地增值税一些具体问题规定的通知》(财税字〔1995〕48号,1995年5月25日)。

⑨ 《中华人民共和国土地增值税暂行条例实施细则》(财法字〔1995〕6号,1995年1月27日)第7条。

③开发土地和新建房及配套设施的费用(简称房地产开发费用),是指与房地产开发项目有关的销售费用、管理费用、财务费用①。

Ⅰ 财务费用中的利息支出,凡能够按转让房地产项目计算分摊并提供金融机构证明的,允许据实扣除,但最高不能超过按商业银行同类同期贷款利率计算的金额。其他房地产开发费用,按上述①、②项规定计算的金额之和的百分之五以内计算扣除②。

利息的上浮幅度按国家有关规定执行,超过上浮幅度的部分不允许扣除;对于超过贷款期限的利息部分和加罚的利息不允许扣除③。

Ⅱ 凡不能按转让房地产项目计算分摊利息支出或不能提供金融机构证明的,房地产开发费用按上述①、②项规定计算的金额之和的百分之十以内计算扣除④。

上述计算扣除的具体比例,由各省、自治区、直辖市人民政府规定。

④旧房及建筑物的评估价格,是指在转让已使用的房屋及建筑物时,由政府批准设立的房地产评估机构评定的重置成本价乘以成新度折扣率后的价格。评估价格须经当地税务机关确认⑤。

⑤与转让房地产有关的税金,是指在转让房地产时缴纳的营业税、城市维护建设税、印花税。因转让房地产交纳的教育费附加,也可视同税金予以扣除⑥。

其中:允许扣除的印花税,是指在转让房地产时缴纳的印花税。房地产开发企业按照《施工、房地产开发企业财务制度》的有关规定,其缴纳的印花税列入管理费用,已相应予以扣除。其他的土地增值税纳税义务人在计算土地增值税时允许扣除在转让时缴纳的印花税⑦。

在转让环节缴纳的税金,含印花税,但不包括契税⑧。

⑥对从事房地产开发的纳税人可按上述①、②项规定计算的金额之和,加计百分之二十的扣除。

17.4.3.2 转让旧房扣除项目

(1)新建房与旧房的界定

新建房是指建成后未使用的房产。凡是已使用一定时间或达到一定磨损程度的房产均属旧房。使用时间和磨损程度标准可由各省、自治区、直辖市财政厅(局)和地方税务局具体规定⑨。

(2)转让旧房准予扣除项目

转让旧房的,应按房屋及建筑物的评估价格、取得土地使用权所支付的地价款和按国家统一规定交纳的有关费用以及在转让环节缴纳的税金作为扣除项目金额计征土地增值税⑩。

①纳税人转让旧房及建筑物,凡不能取得评估价格,但能提供购房发票的,经当地税务部门确认,其取得土地使用权所支付的金额及新建房及配套设施的成本、费用,或者旧房及建筑物的评估价格金额,可按发票所载金额并从购买年度起至转让年度止每年加计5%计算⑪。

上述"每年"按购房发票所载日期起至售房发票开具之日止,每满 12 个月计一年;超过一年,未满 12 个月但超过 6 个月的,可以视同为一年⑫。

① 《中华人民共和国土地增值税暂行条例实施细则》(财法字[1995]6 号,1995 年 1 月 27 日)第 7 条。
② 《中华人民共和国土地增值税暂行条例实施细则》(财法字[1995]6 号,1995 年 1 月 27 日)第 7 条。
③ 《财政部 国家税务总局关于土地增值税一些具体问题规定的通知》(财税字[1995]48 号,1995 年 5 月 25 日)。
④ 《中华人民共和国土地增值税暂行条例实施细则》(财法字[1995]6 号,1995 年 1 月 27 日)第 7 条。
⑤ 《中华人民共和国土地增值税暂行条例实施细则》(财法字[1995]6 号,1995 年 1 月 27 日)第 7 条。
⑥ 《中华人民共和国土地增值税暂行条例实施细则》(财法字[1995]6 号,1995 年 1 月 27 日)第 7 条。
⑦ 《财政部 国家税务总局关于土地增值税一些具体问题规定的通知》(财税字[1995]48 号,1995 年 5 月 25 日)。
⑧ 《财政部 国家税务总局关于土地增值税一些具体问题规定的通知》(财税字[1995]48 号,1995 年 5 月 25 日)。
⑨ 《财政部 国家税务总局关于土地增值税一些具体问题规定的通知》(财税字[1995]48 号,1995 年 5 月 25 日)。
⑩ 《财政部 国家税务总局关于土地增值税一些具体问题规定的通知》(财税字[1995]48 号,1995 年 5 月 25 日)。
⑪ 《财政部 国家税务总局关于土地增值税若干问题的通知》(财税[2006]21 号,2006 年 3 月 2 日)。
⑫ 《国家税务总局关于土地增值税清算有关问题的通知》(国税函[2010]220 号,2010 年 5 月 19 日)。

对纳税人购房时缴纳的契税,凡能提供契税完税凭证的,准予作为"与转让房地产有关的税金"予以扣除,但不作为加计5%的基数。对于个人购入房地产再转让的,其购入时已缴纳的契税,在旧房及建筑物的评估价中如已包括了此项因素,在计征土地增值税时,不另作为"与转让房地产有关的税金"予以扣除①。

对于转让旧房及建筑物,既没有评估价格,又不能提供购房发票的,地方税务机关可以根据税收征管法第三十五条的规定,实行核定征收②。

②旧房评估费用。纳税人转让旧房及建筑物时因计算纳税的需要而对房地产进行评估,其支付的评估费用允许在计算增值额时予以扣除。对纳税人隐瞒、虚报房地产成交价格等情形而按房地产评估价格计算征收土地增值税所发生的评估费用,不允许在计算土地增值税时予以扣除③。

17.4.3.3 成片受让、分期分批开发转让扣除项目的确定

纳税人成片受让土地使用权后,分期分批开发、转让房地产的,其扣除项目金额的确认,可按转让土地使用权的面积占总面积的比例计算分摊,或按建筑面积计算分摊,也可按税务机关确认的其他方式计算分摊④。

17.4.3.4 代收费用的处理及其扣除规定

县级及县级以上人民政府要求房地产开发企业在售房时代收的各项费用,如果代收费用是计入房价中向购买方一并收取的,可作为转让房地产所取得的收入计税;如果代收费用未计入房价中,而是在房价之外单独收取的,可以不作为转让房地产的收入⑤。

代收费用作为转让收入计税的,在计算扣除项目金额时,可予以扣除,但不允许作为加计20%扣除的基数;对于代收费用未作为转让房地产的收入计税的,在计算增值额时不允许扣除代收费用⑥。

17.5 应纳税额

17.5.1 计税单位的确定

土地增值税以纳税人房地产成本核算的最基本的核算项目或核算对象为单位计算⑦。

17.5.2 应纳税额的计算方法

17.5.2.1 分级计算法

分级逐级距计算应纳土地增值税税额,然后各级距应纳税额相加之和,就是应纳土地增值税税额。

第一步,先计算增值额

增值额=转让收入额-扣除项目金额

第二步,再计算增值额与扣除项目金额之比

公式为:增值额÷扣除项目金额

第三步,分别计算各级次土地增值税税额,如下表:

1. 增值额未超过扣除项目金额50%的部分,适用30%的税率。	该部分应纳税额=扣除项目金额×50%×30% 如果整个增值额不超过扣除项目的50%,则应纳税额=增值额×30%

---

① 《财政部 国家税务总局关于土地增值税若干问题的通知》(财税[2006]21号,2006年3月2日)。《财政部 国家税务总局关于土地增值税一些具体问题规定的通知》(财税字[1995]48号,1995年5月25日)。

② 《财政部 国家税务总局关于土地增值税若干问题的通知》(财税[2006]21号,2006年3月2日)。

③ 《财政部 国家税务总局关于土地增值税一些具体问题规定的通知》(财税字[1995]48号,1995年5月25日)。

④ 《中华人民共和国土地增值税暂行条例实施细则》(财法字[1995]6号,1995年1月27日)第9条。

⑤ 《财政部 国家税务总局关于土地增值税一些具体问题规定的通知》(财税字[1995]48号,1995年5月25日)。

⑥ 《财政部 国家税务总局关于土地增值税一些具体问题规定的通知》(财税字[1995]48号,1995年5月25日)。

⑦ 《中华人民共和国土地增值税暂行条例实施细则》(财法字[1995]6号,1995年1月27日)第8条。

续表

2. 增值额超过扣除项目金额 50%,未超过扣除项目金额 100% 的部分,适用 40% 的税率。	该部分应纳税额 = 扣除项目金额×(100% −50%)×40% 如果整个增值额超过扣除项目金额的 50%,但不超过 100%,则该部分应纳税额 = (增值额 − 扣除项目金额× 50%)×40%
3. 增值额超过扣除项目金额 100%,未超过扣除项目金额 200% 的部分,适用 50% 的税率。	该部分应纳税额 = 扣除项目金额×(200% −100%)×50% 如果整个增值额超过扣除项目金额 100%,但不超过 200%,则该部分应纳税额 = (增值额 − 扣除项目金额× 100%)×50%
4. 增值额超过扣除项目金额 200% 的部分,适用 60% 的税率。	该部分应纳税额 = (增值额 − 扣除项目金额×200%)×60%

第四步,将各级的税额相加,得出全部应纳税额。

17.5.2.2　查表计算法

按增值额乘以适用的税率减去扣除项目金额乘以速算扣除系数的简便方法计算,每级"增值额未超过扣除项目金额"的比例,均包括本比例数。具体公式如下[①]:

第一、二步与分级计算方法相同

第三步:计算土地增值税税额

Ⅰ　增值额未超过扣除项目金额 50%

土地增值税税额 = 增值额×30%

Ⅱ　增值额超过扣除项目金额 50%,未超过 100% 的

土地增值税税额 = 增值额×40% − 扣除项目金额×5%

Ⅲ　增值额超过扣除项目金额 100%,未超过 200%

土地增值税税额 = 增值额×50% − 扣除项目金额×15%

Ⅳ　增值额超过扣除项目金额 200%

土地增值税税额 = 增值额×60% − 扣除项目金额×35%

公式中的 5%、15%、35% 为速算扣除系数。

17.6　税收优惠及若干特殊征免规定

17.6.1　普通标准住宅免税规定

纳税人建造普通标准住宅出售,增值额未超过扣除项目金额 20% 的,免征土地增值税[②]。

普通标准住宅,是指按所在地一般民用住宅标准建造的居住用住宅。高级公寓、别墅、度假村等不属于普通标准住宅。普通标准住宅的具体划分界限应当同时满足下列条件:住宅小区建筑容积率在 1.0 以上,单套建筑面积在 120 平方米以下,实际成交价格低于同级别土地上住房平均交易价格 1.2 倍以下,各地可以对单套建筑面积和价格标准在 20% 以内向上浮动,具体标准由各省、自治区、直辖市人民政府规定[③]。

对纳税人既从事普通标准住宅开发建造,又搞其他房地产开发建设的,在计算增值额时,如果能够准确区分建造普通标准住宅与开发其他房地产的收入额和扣除项目金额的,应分别计算,确定其征免土地增值税;如果不能准确区分建造普通标准住宅与开发其他房地产的收入额和扣除项目金额

---

① 《中华人民共和国土地增值税暂行条例实施细则》(财法字[1995]6 号,1995 年 1 月 27 日)第 10 条。

② 《中华人民共和国土地增值税暂行条例》(中华人民共和国国务院令第 138 号,1993 年 12 月 13 日)第 8 条。

③ 《财政部　国家税务总局关于土地增值税普通标准住宅有关政策的通知》(财税[2006]141 号,2006 年 10 月 20 日)规定:"普通住宅"的认定,一律按各省、自治区、直辖市人民政府根据《国务院办公厅转发建设部等部门关于做好稳定住房价格工作意见的通知》(国办发[2005]26 号)制定的"普通住房标准"的范围内从严掌握。此前,《中华人民共和国土地增值税暂行条例实施细则》(财法字[1995]6 号,1995 年 1 月 27 日)第 11 条规定普通标准住宅,是指按所在地一般民用住宅标准建造的居住用住宅。高级公寓、别墅、度假村等不属于普通标准住宅。普通标准住宅与其他住宅的具体划分界限由各省、自治区、直辖市人民政府规定。

的,则不能按有关规定享受减税免税的政策优惠①。

17.6.2 依法征用、收回房地产的免税规定

因国家建设需要依法征用、收回的房地产免征土地增值税②。

因国家建设需要依法征用、收回的房地产,是指因城市实施规划、国家建设的需要而被政府批准征用的房产或收回的土地使用权。因城市实施规划、国家建设的需要而搬迁,由纳税人自行转让原房地产的,比照本规定免征土地增值税③。

因"国家建设的需要"而搬迁,是指因实施国务院、省级人民政府、国务院有关部委批准的建设项目而进行搬迁的情况;因"城市实施规划"而搬迁,是指因旧城改造或因企业污染、扰民(指产生过量废气、废水、废渣和噪音,使城市居民生活受到一定危害),而由政府或政府有关主管部门根据已审批通过的城市规划确定进行搬迁的情况④。

符合上述免税规定的单位和个人,须向房地产所在地税务机关提出免税申请,经税务机关审核后,免予征收土地增值税⑤。

17.6.3 个人住房转让的免税规定

(1)对个人之间互换自有居住用房地产的,经当地税务机关核实,可以免征土地增值税⑥。

(2)自 2008 年 11 月 1 日起,对个人销售住房暂免征收土地增值税⑦。

17.6.4 转让旧房用于改造城市和国有工矿棚户区改造安置住房的免税规定⑧

自 2010 年 1 月 1 日起,企事业单位、社会团体以及其他组织转让旧房作为改造安置住房房源且增值额未超过扣除项目金额 20% 的,免征土地增值税。

以上所称棚户区是指国有土地上集中连片建设的,简易结构房屋较多、建筑密度较大、房屋使用年限较长、使用功能不全、基础设施简陋的区域;棚户区改造是指列入省级人民政府批准的城市和国有工矿棚户区改造规划的建设项目;改造安置住房是指相关部门和单位与棚户区被拆迁人签订的拆迁安置协议中明确用于安置被拆迁人的住房。

17.6.5 转让旧房用作公租房的征免规定

对企事业单位、社会团体以及其他组织转让旧房作为公租房房源,且增值额未超过扣除项目金额 20% 的,免征土地增值税⑨。

享受上述税收优惠政策的公租房是指纳入省、自治区、直辖市、计划单列市人民政府及新疆生产建设兵团批准的公租房发展规划和年度计划,以及按照《关于加快发展公共租赁住房的指导意见》(建保[2010]87 号)和市、县人民政府制定的具体管理办法进行管理的公租房。不同时符合上述条件的公租房不得享受上述税收优惠政策。

---

① 《财政部 国家税务总局关于土地增值税若干问题的通知》(财税[2006]21 号,2006 年 3 月 2 日)和《财政部 国家税务总局关于土地增值税一些具体问题规定的通知》(财税字[1995]48 号,1995 年 5 月 25 日)。

② 《中华人民共和国土地增值税暂行条例》(中华人民共和国国务院令第 138 号,1993 年 12 月 13 日)第 8 条。

③ 《中华人民共和国土地增值税暂行条例实施细则》(财法字[1995]6 号,1995 年 1 月 27 日)第 11 条。

④ 《财政部 国家税务总局关于土地增值税若干问题的通知》(财税[2006]21 号,2006 年 03 月 2 日)。

⑤ 《中华人民共和国土地增值税暂行条例实施细则》(财法字[1995]6 号,1995 年 1 月 27 日)第 11 条。

⑥ 《财政部 国家税务总局关于土地增值税一些具体问题规定的通知》(财税[1995]48 号,1995 年 5 月 25 日)。

⑦ 《财政部国家税务总局关于调整房地产交易环节税收政策的通知》(财税[2008]137 号,2008 年 10 月 22 日)。此前,根据《财政部 国家税务总局关于调整房地产市场若干税收政策的通知》(财税[1999]210 号,1999 年 7 月 29 日)规定:对居民个人拥有的普通住宅,在其转让时暂免征收土地增值税。根据《中华人民共和国土地增值税暂行条例实施细则》(财法字[1995]6 号,1995 年 1 月 27 日)第 12 条规定,居住满 5 年或 5 年以上的,免征土地增值税,居住满 3 年不满 5 年减半征收土地增值税,居住不满 3 年按规定征税。

⑧ 《财政部 国家税务总局关于城市和国有工矿棚户区改造项目有关税收优惠政策的通知》(财税[2010]42 号,2010 年 5 月 4 日)。该文自 2010 年 1 月 1 日起实施,2010 年 1 月 1 日至文到之日的已征税款可在纳税人以后的应纳相应税款中抵扣,2010 年年度内抵扣不完的,按有关规定予以退款。

⑨ 《财政部 国家税务总局关于支持公共租赁住房建设和运营有关税收优惠政策的通知》(财税[2010]88 号,2010 年 9 月 27 日)。该文件自发文之日起执行,执行期限暂定三年,政策到期后将根据公租房建设和运营情况对有关内容加以完善。

17.6.6　企业兼并及房地产对外投资、联营的征免规定

（1）在企业兼并中,对被兼并企业将房地产转让到兼并企业中的,暂免征收土地增值税①。

（2）对于以房地产进行投资、联营的,投资、联营的一方以土地（房地产）作价入股进行投资或作为联营条件,将房地产转让到所投资、联营的企业中时,暂免征收土地增值税。对投资、联营企业将上述房地产再转让的,应征收土地增值税②。

对于以土地（房地产）作价入股进行投资或联营的,凡所投资、联营的企业从事房地产开发的,或者房地产开发企业以其建造的商品房进行投资和联营的,均不适用上述暂免征收土地增值税的规定③。

17.6.7　合作建房的征免规定

对于一方出地,一方出资金,双方合作建房,建成后按比例分房自用的,暂免征收土地增值税;建成后转让的,应征收土地增值税④。

17.6.8　金融机构转让房地产的征免规定

（1）资产管理公司

①对中国信达、华融、长城和东方 4 家资产管理公司及其分支机构,自成立之日起,公司处置不良资产,转让房地产取得的收入,免征土地增值税⑤。

金融资产管理公司利用其接受的抵债资产从事经营租赁业务,不属于规定的免税范围,应当依法纳税⑥。

②对中国东方资产管理公司接收、处置港澳国际（集团）有限公司的资产以及利用该资产从事融资租赁业务免征应缴纳的土地增值税。对港澳国际（集团）有限公司及其内地公司和香港 8 家子公司在中国境内的资产,在清理和被处置时,免征应缴纳的土地增值税⑦。

（2）被撤销金融机构

从《金融机构撤销条例》生效之日起,对被撤销的金融机构及其分支机构（不包括所属企业）财产用于清偿债务时,免征其转让不动产应缴纳的土地增值税。其中享受此税收优惠政策的主体是指经中国人民银行依法决定撤销的金融机构及其分设于各地的分支机构,包括被依法撤销的商业银行、信托投资公司、财务公司、金融租赁公司、城市信用社和农村信用社。除另有规定者外,被撤销的金融机构所属、附属企业,不享受通知规定的被撤销金融机构的税收优惠政策⑧。

17.6.9　重大国际体育赛事转让房地产的征免规定

（1）第 29 届奥运会。对第 29 届奥运会组委会再销售所获捐赠的物品和赛后出让资产所取得的收入,免征土地增值税⑨。

（2）世界大冬会、大运会和亚运会。自 2008 年 1 月 1 日起,对 2009 年哈尔滨第 24 届世界大学生冬季运动会（简称大冬会）、2010 年广州第 16 届亚洲运动会（简称亚运会）、2011 年深圳第 26 届世

---

① 《财政部 国家税务总局关于土地增值税一些具体问题规定的通知》（财税字［1995］48 号,1995 年 5 月 25 日）。

② 《财政部 国家税务总局关于土地增值税一些具体问题规定的通知》（财税字［1995］48 号,1995 年 5 月 25 日）。

③ 《财政部 国家税务总局关于土地增值税若干问题的通知》（财税［2006］21 号,2006 年 3 月 2 日）。

④ 《财政部 国家税务总局关于土地增值税一些具体问题规定的通知》（财税字［1995］48 号,1995 年 5 月 25 日）。

⑤ 《财政部 国家税务总局关于中国信达等 4 家金融资产管理公司税收政策问题的通知》（财税字［2001］10 号,2001 年 2 月 22 日）。

⑥ 《国家税务总局关于金融资产管理公司从事经营租赁业务有关税收政策问题的批复》（国税函［2009］190 号,2009 年 3 月 31 日）。

⑦ 《财政部 国家税务总局关于中国东方资产管理公司处置港澳国际（集团）有限公司有关资产税收政策问题的通知》（财税字［2003］212 号,2003 年 11 月 10 日）。

⑧ 《财政部 国家税务总局关于被撤销金融机构有关税收政策问题的通知》（财税字［2003］141 号,2003 年 7 月 3 日）。

⑨ 《财政部 国家税务总局 海关总署关于第 29 届奥运会税收政策问题的通知》（财税字［2003］10 号,2003 年 1 月 22 日）。根据《财政部关于公布废止和失效的财政规章和规范性文件目录（第十一批）的决定》（财政部令第 62 号,2011 年 2 月 21 日）,该文已被公布失效。

界大学生夏季运动会(简称大运会)组委会赛后出让资产取得的收入,免征应缴纳的土地增值税①。

17.6.10 应对自然灾害恢复重建的免税规定

(1)四川汶川地震灾后恢复重建的免税规定

由政府为受灾居民组织建设的安居房,转让时免征土地增值税②。

(2)青海玉树地震灾害恢复重建的免税规定③

2012年12月31日前,对政府为青海玉树地震受灾居民组织建设的安居房建设用地,转让时免征土地增值税。

所称安居房按照国务院有关部门确定的标准执行。

受灾地区是指青海省玉树藏族自治州玉树、称多、治多、杂多、囊谦、曲麻莱县和四川省甘孜藏族自治州石渠县等7个县的27个乡镇。具体受灾地区范围见《财政部 国家税务总局关于支持玉树地震灾后恢复重建有关税收政策问题的通知》(财税[2010]59号)附件。

(3)甘肃舟曲泥石流灾后重建的免税规定④

2012年12月31日前,对政府为甘肃舟曲地区受灾居民组织建设的安居房建设用地,转让时免征土地增值税。

所称安居房,按照国务院有关部门确定的标准执行。

17.6.11 老旧合同房地产转让项目征免规定

(1)1994年1月1日以前已签订的房地产转让合同,不论其房地产在何时转让,均免征土地增值税⑤。

(2)对在1994年1月1日以前已签订房地产开发合同或立项并已按规定投入资金进行开发,其首次转让房地产免征土地增值税的税收优惠政策于2000年底已到期,应按规定恢复征税⑥。

17.7 征收管理

17.7.1 纳税期限

纳税人应当自转让房地产合同签订之日起7日内向房地产所在地主管地方税务机关办理纳税申报,并在主管地方税务机关核定的期限内缴纳土地增值税⑦。

主管地方税务机关核定的纳税期限,应在纳税人签订房地产转让合同之后、办理房地产权属转让

---

① 《财政部 海关总署 国家税务总局关于第16届亚洲运动会等三项国际综合运动会税收政策的通知》(财税[2009]94号,2009年8月10日)。

② 《国务院关于支持汶川地震灾后恢复重建政策措施的意见》(国发[2008]21号,2008年6月29日)。《财政部 海关总署 国家税务总局关于支持汶川地震灾后恢复重建有关税收政策问题的通知》(财税[2008]104号,2008年8月1日)。《财政部 国家税务总局关于延长部分税收优惠政策执行期限的通知》(财税[2009]131号,2009年11月20日)。政策执行至2010年12月31日。

③ 《国务院关于支持玉树地震灾后恢复重建政策措施的意见》(国发[2010]16号,2010年5月27日)。《财政部 国家税务总局关于支持玉树地震灾后恢复重建有关税收政策问题的通知》(财税[2010]59号,2010年7月23日)。

④ 《国务院关于支持舟曲灾后恢复重建政策措施的意见》(国发[2010]34号,2010年10月18日)。《财政部 海关总署 国家税务总局关于支持舟曲灾后恢复重建有关税收政策问题的通知》(财税[2010]107号,2010年12月29日)。财税[2010]107号文件还规定,如果纳税人按规定既可享受本通知的税收优惠政策,也可享受国家支持汶川地震灾后恢复重建的税收优惠政策,可由纳税人自主选择适用的政策,但两项政策不得叠加使用。文中所称"灾区"包括甘肃省舟曲县城关镇和江盘乡的15个村、2个社区,灾区具体范围见财税[2010]107号附件。

⑤ 《财政部关于对1994年1月1日前签订开发及转让合同的房地产征免土地增值税的通知》(财法字[1995]7号,1995年1月27日)。

⑥ 《国家税务总局关于认真做好土地增值税征收管理工作的通知》(国税函[2002]615号,2002年7月10日)。此前,根据《财政部关于对1994年1月1日前签订开发及转让合同的房地产征免土地增值税的通知》(财法字[1995]7号,1995年1月27日)的规定,1994年1月1日以前签订房地产开发合同或已立项,并已按规定投入资金进行开发,其在1999年底之前首次转让该房地产的免征土地增值税。后根据《财政部 国家税务总局关于土地增值税优惠政策延期的通知》(财税字[1999]293号,1999年12月24日)规定,为配合国家的宏观调控政策,启动投资和消费,促进房地产业发展,此项免征土地增值税政策的期限延长至2000年底。但《财政部 国家税务总局关于延长宁波市大榭岛土地成片开发项目土地增值税免税期限的通知》(财税字[2004]192号,2004年12月22日)和《财政部 国家税务总局关于延长海南省三亚亚龙湾土地成片开发项目土地增值税免税期限的通知》(财税字[2004]225号,2004年12月22日)规定,对上述两个项目在2008年底前首次转让免征土地增值税。

⑦ 《中华人民共和国土地增值税暂行条例》(中华人民共和国国务院令第138号,1993年12月13日)第10条。

（即过户及登记）手续之前①。

17.7.2　纳税地点

纳税人应向房地产所在地主管地方税务机关办理纳税申报②。

房地产所在地，是指房地产的坐落地。纳税人转让房地产坐落在两个或两个以上地区的，应按房地产所在地分别申报纳税③。

17.7.3　申报缴纳

（1）纳税人应在转让房地产合同签订后的 7 日内，到房地产所在地主管税务机关办理纳税申报，并向税务机关提交房屋及建筑物产权、土地使用权证书，土地转让、房产买卖合同，房地产评估报告及其他与转让房地产有关的资料④。

①从事房地产开发的纳税人，应在取得土地使用权并获得房地产开发项目开工许可后，根据税务机关确定的时间，向主管税务机关报送《土地增值税项目登记表》，并在每次转让（预售）房地产时，依次填报表中规定栏目的内容；纳税人转让（预售）其开发的房地产并取得收入的，应根据税务机关确定的时间，定期向主管税务机关报送《土地增值税纳税申报表（一）》。非从事房地产开发的纳税人应在签订房地产转让合同后的 7 日内，向主管税务机关填报《土地增值税纳税申报表（二）》⑤。

②纳税人因经常发生房地产转让而难以在每次转让后申报（指房地产开发企业开发建造的房地产、因分次转让而频繁发生纳税义务、难以在每次转让后申报纳税的情况），土地增值税可按月或按各省、自治区、直辖市和计划单列市地方税务局

规定的期限申报缴纳。纳税人选择定期申报方式的，应向纳税所在地的地方税务机关备案。定期申报方式确定后，一年之内不得变更⑥。

（2）纳税人按照主管地方税务机关核定的税额及规定的期限缴纳土地增值税⑦。

纳税人未按照土地增值税暂行条例缴纳土地增值税的，土地管理部门、房产管理部门不得办理有关的权属变更手续⑧。

17.7.4　征收机关

土地增值税由税务机关征收。土地管理部门、房产管理部门应当向税务机关提供有关资料，并协助税务机关依法征收土地增值税⑨。

土地管理部门、房产管理部门应当向税务机关提供有关资料，是指向房地产所在地主管税务机关提供有关房屋及建筑物产权、土地使用权、土地出让金数额、土地基准地价、房地产市场交易价格及权属变更等方面的资料⑩。

17.7.5　税款预征

17.7.5.1　预征规定

（1）纳税人在项目全部竣工结算前转让房地产取得的收入，由于涉及成本确定或其他原因，而无法据以计算土地增值税的，可以预征土地增值税，待该项目全部竣工、办理结算后再进行清算，多退少补。具体办法由各省、自治区、直辖市地方税务局根据当地情况制定⑪。

（2）对纳税人预售房地产所取得的收入，当地税务机关规定预征土地增值税的，纳税人应当到主

①　《财政部 国家税务总局关于土地增值税一些具体问题规定的通知》（财税字［1995］48 号，1995 年 5 月 25 日）。
②　《中华人民共和国土地增值税暂行条例》（中华人民共和国国务院令第 138 号，1993 年 12 月 13 日）第 10 条。
③　《中华人民共和国土地增值税暂行条例实施细则》（财法字［1995］6 号，1995 年 1 月 27 日）第 17 条。
④　《中华人民共和国土地增值税暂行条例实施细则》（财法字［1995］6 号，1995 年 1 月 27 日）第 15 条。
⑤　《国家税务总局关于印发〈土地增值税纳税申报表〉的通知》（国税发［1995］90 号，1995 年 5 月 17 日）。
⑥　《国家税务总局关于加强土地增值税管理工作的通知》（国税函［2004］938 号，2004 年 8 月 2 日）。此前，《中华人民共和国土地增值税暂行条例实施细则》第 15 条关于土地增值税纳税人因经常发生房地产转让而难以在每次转让后申报的，定期进行纳税申报须经税务机关审核同意的规定，被国税函［2004］第 938 号所取消。
⑦　《中华人民共和国土地增值税暂行条例实施细则》（财法字［1995］6 号，1995 年 1 月 27 日）第 15 条。
⑧　《中华人民共和国土地增值税暂行条例》（中华人民共和国国务院令第 138 号，1993 年 12 月 13 日）第 12 条。
⑨　《中华人民共和国土地增值税暂行条例》（中华人民共和国国务院令第 138 号，1993 年 12 月 13 日）第 11 条。
⑩　《中华人民共和国土地增值税暂行条例实施细则》（财法字［1995］6 号，1995 年 1 月 27 日）第 18 条。
⑪　《中华人民共和国土地增值税暂行条例实施细则》（财法字［1995］6 号，1995 年 1 月 27 日）第 16 条。

管地方税务机关办理纳税申报,并按规定比例预交,待办理决算后,多退少补;当地地方税务机关规定不预征土地增值税的,也应在取得收入时先到主管地方税务机关登记或备案①。

(3)各地应根据本地区房地产业增值水平和市场发展情况,区别普通住房、非普通住房和商用房等不同类型,科学合理地确定预征率,并适时调整②。

除保障性住房外,东部地区省份预征率不得低于2%,中部和东北地区省份不得低于1.5%,西部地区省份不得低于1%,各地要根据不同类型房地产确定适当的预征率(地区的划分按照国务院有关文件的规定执行)③。

17.7.5.2 预征滞纳金规定

对未按预征规定期限预缴税款的,应根据税收征管法及其实施细则的有关规定,从限定的缴纳税款期限届满的次日起,加收滞纳金④。

17.7.6 税款清算

17.7.6.1 清算项目单位

土地增值税以国家有关部门审批的房地产开发项目为单位进行清算,对于分期开发的项目,以分期项目为单位清算。开发项目中同时包含普通住宅和非普通住宅的,应分别计算增值额⑤。

17.7.6.2 清算项目范围

(1)符合下列情形之一的,纳税人应进行土地增值税的清算⑥:

①房地产开发项目全部竣工、完成销售的;

②整体转让未竣工决算房地产开发项目的;

③直接转让土地使用权的。

(2)符合下列情形之一的,主管税务机关可要求纳税人进行土地增值税清算⑦:

①已竣工验收的房地产开发项目,已转让的房地产建筑面积占整个项目可售建筑面积的比例在85%以上,或该比例虽未超过85%,但剩余的可售建筑面积已经出租或自用的;

②取得销售(预售)许可证满三年仍未销售完毕的;

③纳税人申请注销税务登记但未办理土地增值税清算手续的,应在办理注销登记前进行土地增值税清算;

④省税务机关规定的其他情况。

(3)具体清算办法由各省、自治区、直辖市和计划单列市地方税务局规定⑧。

自2007年2月1日起,各省税务机关可依据《国家税务总局关于房地产开发企业土地增值税清算管理有关问题的通知》(国税发〔2006〕187号)规定并结合当地实际情况制定具体清算管理办法⑨。

17.7.6.3 清算时收入的确定

(1)直接销售情形下收入的确定

土地增值税清算时,已全额开具商品房销售发票的,按照发票所载金额确认收入;未开具发票或未全额开具发票的,以交易双方签订的销售合同所载的售房金额及其他收益确认收入。销售合同所载商品房面积与有关部门实际测量面积不一致,在清算前已发生补、退房款的,应在计算土地增值税

---

① 《财政部 国家税务总局关于土地增值税一些具体问题规定的通知》(财税字〔1995〕48号,1995年5月25日)。

② 《财政部 国家税务总局关于土地增值税若干问题的通知》(财税〔2006〕21号,2006年3月2日)。

③ 《国家税务总局关于加强土地增值税征管工作的通知》(国税发〔2010〕53号,2010年5月25日)。

④ 《财政部 国家税务总局关于土地增值税若干问题的通知》(财税〔2006〕21号,2006年3月2日)。

⑤ 《国家税务总局关于房地产开发企业土地增值税清算管理有关问题的通知》(国税发〔2006〕187号,2006年12月28日)。

⑥ 《国家税务总局关于房地产开发企业土地增值税清算管理有关问题的通知》(国税发〔2006〕187号,2006年12月28日)和《国家税务总局关于印发〈土地增值税清算管理规程〉的通知》(国税发〔2009〕91号,2009年5月12日)。

⑦ 《国家税务总局关于房地产开发企业土地增值税清算管理有关问题的通知》(国税发〔2006〕187号,2006年12月28日)和《国家税务总局关于印发〈土地增值税清算管理规程〉的通知》(国税发〔2009〕91号,2009年5月12日)。

⑧ 《财政部 国家税务总局关于土地增值税若干问题的通知》(财税〔2006〕21号,2006年3月2日)。

⑨ 《国家税务总局关于房地产开发企业土地增值税清算管理有关问题的通知》(国税发〔2006〕187号,2006年12月28日)。

时予以调整①。

（2）视同销售情形下收入的确定

房地产开发企业将开发产品用于职工福利、奖励、对外投资、分配给股东或投资人、抵偿债务、换取其他单位和个人的非货币性资产等，发生所有权转移时应视同销售房地产，其收入按下列方法和顺序确认②：

①按本企业在同一地区、同一年度销售的同类房地产的平均价格确定；

②由主管税务机关参照当地当年、同类房地产的市场价格或评估价值确定。

（3）自用房地产收入的确定

房地产开发企业将开发的部分房地产转为企业自用或用于出租等商业用途时，如果产权未发生转移，不征收土地增值税，在税款清算时不列收入，不扣除相应的成本和费用③。

17.7.6.4 清算中扣除项目的确定

（1）房地产开发企业办理土地增值税清算时计算与清算项目有关的扣除项目金额，应根据土地增值税暂行条例及其实施细则的规定执行。除另有规定外，扣除取得土地使用权所支付的金额、房地产开发成本、费用及与转让房地产有关税金，须提供合法有效凭证；不能提供合法有效凭证的，不予扣除④。

（2）房地产开发利息支出及其他开发费用，按以下规定扣除⑤：

①房地产开发财务费用中的利息支出，凡能够按转让房地产项目计算分摊并提供金融机构证明的，允许据实扣除，但最高不能超过按商业银行同类同期贷款利率计算的金额。其他房地产开发费用，在按照"取得土地使用权所支付的金额"与"房地产开发成本"金额之和的5%以内计算扣除。

②凡不能按转让房地产项目计算分摊利息支出或不能提供金融机构证明的，房地产开发费用在按"取得土地使用权所支付的金额"与"房地产开发成本"金额之和的10%以内计算扣除。

③全部使用自有资金，没有利息支出的，按照以上方法扣除。上述具体适用的比例按省级人民政府规定的比例执行。

④房地产开发企业既向金融机构借款，又有其他借款的，其房地产开发费用计算扣除时不能同时适用上述第①、②项所述两种办法。

⑤土地增值税清算时，已经计入房地产开发成本的利息支出，应调整至财务费用中计算扣除。

（3）房地产开发企业为取得土地使用权所支付的契税，应视同"按国家统一规定交纳的有关费用"，计入"取得土地使用权所支付的金额"中扣除⑥。

（4）房地产开发企业办理土地增值税清算所附送的前期工程费、建筑安装工程费、基础设施费、开发间接费用的凭证或资料不符合清算要求或不实的，地方税务机关可参照当地建设工程造价管理部门公布的建安造价定额资料，结合房屋结构、用途、区位等因素，核定上述四项开发成本的单位面积金额标准，并据以计算扣除。具体核定方法由省税务机关确定⑦。

（5）房地产开发企业开发建造的与清算项目配套的居委会和派出所用房、会所、停车场（库）、物业管理场所、变电站、热力站、水厂、文体场馆、学校、幼儿园、托儿所、医院、邮电通讯等公共设施，按

① 《国家税务总局关于土地增值税清算有关问题的通知》（国税函[2010]220号,2010年5月19日）。
② 《国家税务总局关于房地产开发企业土地增值税清算管理有关问题的通知》（国税发[2006]187号,2006年12月28日）和《国家税务总局关于印发〈土地增值税清算管理规程〉的通知》（国税发[2009]91号,2009年5月12日）。
③ 《国家税务总局关于房地产开发企业土地增值税清算管理有关问题的通知》（国税发[2006]187号,2006年12月28日）和《国家税务总局关于印发〈土地增值税清算管理规程〉的通知》（国税发[2009]91号,2009年5月12日）。
④ 《国家税务总局关于房地产开发企业土地增值税清算管理有关问题的通知》（国税发[2006]187号,2006年12月28日）。
⑤ 《国家税务总局关于土地增值税清算有关问题的通知》（国税函[2010]220号,2010年5月19日）。
⑥ 《国家税务总局关于土地增值税清算有关问题的通知》（国税函[2010]220号,2010年5月19日）。
⑦ 《国家税务总局关于房地产开发企业土地增值税清算管理有关问题的通知》（国税发[2006]187号,2006年12月28日）。

以下原则处理①：

①建成后产权属于全体业主所有的，其成本、费用可以扣除；

②建成后无偿移交给政府、公用事业单位用于非营利性社会公共事业的，其成本、费用可以扣除；

③建成后有偿转让的，应计算收入，并准予扣除成本、费用。

（6）房地产开发企业销售已装修的房屋，其装修费用可以计入房地产开发成本。房地产开发企业的预提费用，除另有规定外，不得扣除②。

（7）房地产开发企业在工程竣工验收后，根据合同约定，扣留建筑安装施工企业一定比例的工程款，作为开发项目的质量保证金，在计算土地增值税时，建筑安装施工企业就质量保证金对房地产开发企业开具发票的，按发票所载金额予以扣除；未开具发票的，扣留的质保金不得计算扣除③。

（8）房地产开发企业逾期开发缴纳的土地闲置费不得扣除④。

（9）属于多个房地产项目共同的成本费用，应按清算项目可售建筑面积占多个项目可售总建筑面积的比例或其他合理的方法，计算确定清算项目的扣除金额⑤。

17.7.6.5　拆迁安置土地增值税计算⑥

（1）房地产企业用建造的本项目房地产安置回迁户的，安置用房视同销售处理，按上述视同销售情形确认收入，同时将此确认为房地产开发项目的拆迁补偿费。房地产开发企业支付给回迁户的补差价款，计入拆迁补偿费；回迁户支付给房地产开发企业的补差价款，应抵减本项目拆迁补偿费。

（2）开发企业采取异地安置，异地安置的房屋属于自行开发建造的，房屋价值按上述视同销售情形的规定计算，计入本项目的拆迁补偿费；异地安置的房屋属于购入的，以实际支付的购房支出计入拆迁补偿费。

（3）货币安置拆迁的，房地产开发企业凭合法有效凭据计入拆迁补偿费。

17.7.6.6　清算应报送的资料⑦

符合17.7.6.2第（1）项规定的纳税人，须在满足清算条件之日起90日内到主管税务机关办理清算手续；符合17.7.6.2第（2）项规定的纳税人，须在主管税务机关限定的期限内办理清算手续。

纳税人办理土地增值税清算应报送以下资料：

（1）房地产开发企业清算土地增值税书面申请、土地增值税纳税申报表；

（2）项目竣工决算报表、取得土地使用权所支付的地价款凭证、国有土地使用权出让合同、银行贷款利息结算通知单、项目工程合同结算单、商品房购销合同统计表等与转让房地产的收入、成本和费用有关的证明资料；

（3）主管税务机关要求报送的其他与土地增值税清算有关的证明资料等。

纳税人委托税务中介机构审核鉴证的清算项目，还应报送中介机构出具的《土地增值税清算税款鉴证报告》。

17.7.6.7　清算项目的审核鉴证⑧

税务中介机构受托对清算项目审核鉴证时，应按税务机关规定的格式对审核鉴证情况出具鉴证报告。对符合要求的鉴证报告，税务机关可以采信。

税务机关要对从事土地增值税清算鉴证工作

① 《国家税务总局关于房地产开发企业土地增值税清算管理有关问题的通知》（国税发[2006]187号，2006年12月28日）。
② 《国家税务总局关于房地产开发企业土地增值税清算管理有关问题的通知》（国税发[2006]187号，2006年12月28日）。
③ 《国家税务总局关于土地增值税清算有关问题的通知》（国税函[2010]220号，2010年5月19日）。
④ 《国家税务总局关于土地增值税清算有关问题的通知》（国税函[2010]220号，2010年5月19日）。
⑤ 《国家税务总局关于房地产开发企业土地增值税清算管理有关问题的通知》（国税发[2006]187号，2006年12月28日）。
⑥ 《国家税务总局关于土地增值税清算有关问题的通知》（国税函[2010]220号，2010年5月19日）。
⑦ 《国家税务总局关于房地产开发企业土地增值税清算管理有关问题的通知》（国税发[2006]187号，2006年12月28日）和《国家税务总局关于印发〈土地增值税清算管理规程〉的通知》（国税发[2009]91号，2009年5月12日）。
⑧ 《国家税务总局关于房地产开发企业土地增值税清算管理有关问题的通知》（国税发[2006]187号，2006年12月28日）。

的税务中介机构在准入条件、工作程序、鉴证内容、法律责任等方面提出明确要求,并做好必要的指导和管理工作。

17.7.6.8　清算后再转让房地产的处理①

在土地增值税清算时未转让的房地产,清算后销售或有偿转让的,纳税人应按规定进行土地增值税的纳税申报,扣除项目金额按清算时的单位建筑面积成本费用乘以销售或转让面积计算。

单位建筑面积成本费用＝清算时的扣除项目总金额÷清算的总建筑面积

17.7.6.9　清算后税款补缴与滞纳金②

纳税人按规定预缴土地增值税后,清算补缴的土地增值税,在主管税务机关规定的期限内补缴的,不加收滞纳金。

17.7.7　房地产企业核定征收

(1)房地产开发企业有下列情形之一的,税务机关可以参照与其开发规模和收入水平相近的当地企业的土地增值税税负情况,按不低于预征率的征收率核定征收土地增值税③:

①依照法律、行政法规的规定应当设置但未设置账簿的;

②擅自销毁账簿或者拒不提供纳税资料的;

③虽设置账簿,但账目混乱或者成本资料、收入凭证、费用凭证残缺不全,难以确定转让收入或扣除项目金额的;

④符合土地增值税清算条件,未按照规定的期限办理清算手续,经税务机关责令限期清算,逾期仍不清算的;

⑤申报的计税依据明显偏低,又无正当理由的。

(2)符合核定征收条件的,由主管税务机关发出核定征收的税务事项告知书后,税务人员对房地产项目开展土地增值税核定征收核查,经主管税务机关审核合议,通知纳税人申报缴纳应补缴税款或办理退税④。

(3)核定征收必须严格依照税收法律法规定的条件进行,任何单位和个人不得擅自扩大核定征收范围。对确需核定征收的,核定征收率原则上不得低于5%。各省级税务机关结合本地实际,区分不同房地产类型制定核定征收率⑤。

---

① 《国家税务总局关于房地产开发企业土地增值税清算管理有关问题的通知》(国税发[2006]187 号,2006 年 12 月 28 日)。

② 《国家税务总局关于土地增值税清算有关问题的通知》(国税函[2010]220 号,2010 年 5 月 19 日)。

③ 《国家税务总局关于房地产开发企业土地增值税清算管理有关问题的通知》(国税发[2006]187 号,2006 年 12 月 28 日)。

④ 《国家税务总局关于印发〈土地增值税清算管理规程〉的通知》(国税发[2009]91 号,2009 年 5 月 12 日)。

⑤ 《国家税务总局关于加强土地增值税征管工作的通知》(国税发[2010]53 号,2010 年 5 月 25 日)。

第18章　烟叶税制度

烟叶税是以纳税人收购烟叶的收购金额为计税依据征收的一种税。1958年我国颁布实施《中华人民共和国农业税条例》(简称《农业税条例》),对种植烟叶征收农业税。1984年第二步利改税时,对烟叶开始征收产品税和工商统一税。1994年我国进行财税体制改革时,取消产品税和工商统一税后,将原农林特产农业税与原产品税和工商统一税中的农林牧水产品税目合并,改为统一征收农业特产农业税,并于同年1月30日发布《国务院关于对农业特产收入征收农业税的规定》(中华人民共和国国务院令143号)。其中规定对烟叶在收购环节征收,税率为31%。1999年,将烟叶特产农业税的税率下调为20%。

2004年6月,根据《中共中央 国务院关于促进农民增加收入若干政策的意见》(中发〔2004〕1号),财政部、国家税务总局下发了《关于取消除烟叶外的农业特产农业税有关问题的通知》(财税〔2004〕120号),规定从2004年起,除对烟叶暂保留征收农业特产农业税外,取消对其它农业特产品征收的农业特产农业税。2005年12月29日十届全国人大常委会第十九次会议决定,《农业税条例》自2006年1月1日起废止。至此,对烟叶征收农业特产农业税失去了法律依据。2006年4月28日,国务院公布了《中华人民共和国烟叶税暂行条例》,并自公布之日起施行。至此,烟叶税成为了一个独立的地方税种。

18.1　纳税义务人

在中华人民共和国境内收购烟叶的单位为烟叶税的纳税人[1]。

所称"收购烟叶的单位",是指依照《中华人民共和国烟草专卖法》的规定有权收购烟叶的烟草公司或者受其委托收购烟叶的单位[2]。

依照《中华人民共和国烟草专卖法》查处没收的违法收购的烟叶,由收购罚没烟叶的单位缴纳烟叶税[3]。

18.2　征税范围

在中华人民共和国境内收购的烟叶,为烟叶税的征税对象。所称烟叶,是指晾晒烟叶、烤烟叶[4]。

所称"晾晒烟叶",包括列入名晾晒烟名录的晾晒烟叶和未列入名晾晒烟名录的其他晾晒烟叶[5]。

18.3　计税依据

烟叶税的计税依据为纳税人收购烟叶的收购金额[6]。

所称"收购金额",包括纳税人支付给烟叶销售者的烟叶收购价款和价外补贴。对价外补贴统一暂按烟叶收购价款的10%计入收购金额征税。

---

① 《中华人民共和国烟叶税暂行条例》(中华人民共和国国务院令第464号,2006年4月28日)。
② 《财政部 国家税务总局印发〈关于烟叶税若干具体问题的规定〉的通知》(财税〔2006〕64号,2006年5月18日)。
③ 《财政部 国家税务总局印发〈关于烟叶税若干具体问题的规定〉的通知》(财税〔2006〕64号,2006年5月18日)。
④ 《中华人民共和国烟叶税暂行条例》(中华人民共和国国务院令第464号,2006年4月28日)。
⑤ 《财政部 国家税务总局印发〈关于烟叶税若干具体问题的规定〉的通知》(财税〔2006〕64号,2006年5月18日)。
⑥ 《中华人民共和国烟叶税暂行条例》(中华人民共和国国务院令第464号,2006年4月28日)。

收购金额计算公式如下①：

收购金额＝收购价款×（1+10%）

依照《中华人民共和国烟草专卖法》查处没收的违法收购的烟叶,由收购罚没烟叶的单位按照购买金额计算缴纳烟叶税②。

18.4　税率

烟叶税实行比例税率,税率为 20%。税率的调整,由国务院决定③。

18.5　税额计算

应纳税额的计算公式为④：

应纳税额＝烟叶收购金额×税率

应纳税额以人民币计算。

18.6　征收管理

18.6.1　征收机关

烟叶税由地方税务机关征收⑤。

18.6.2　纳税地点

纳税人收购烟叶,应当向烟叶收购地的主管税务机关申报纳税⑥。

所称"烟叶收购地的主管税务机关",是指烟叶收购地的县级地方税务局或者其所指定的税务分局、所⑦。

18.6.3　纳税义务发生时间

烟叶税的纳税义务发生时间为纳税人收购烟叶的当天⑧。

所称"收购烟叶的当天",是指纳税人向烟叶销售者付讫收购烟叶款项或者开具收购烟叶凭据的当天⑨。

18.6.4　纳税期限

纳税人应当自纳税义务发生之日起 30 日内申报纳税。具体纳税期限由主管税务机关核定⑩。

18.6.5　烟叶税的征收管理

烟叶税的征收管理,依照税收征收管理法及烟叶税暂行条例的有关规定执行⑪。

---

① 《财政部　国家税务总局印发〈关于烟叶税若干具体问题的规定〉的通知》（财税［2006］64 号,2006 年 5 月 18 日）。
② 《财政部　国家税务总局印发〈关于烟叶税若干具体问题的规定〉的通知》（财税［2006］64 号,2006 年 5 月 18 日）。
③ 《中华人民共和国烟叶税暂行条例》（中华人民共和国国务院令第 464 号,2006 年 4 月 28 日）。
④ 《中华人民共和国烟叶税暂行条例》（中华人民共和国国务院令第 464 号,2006 年 4 月 28 日）。
⑤ 《中华人民共和国烟叶税暂行条例》（中华人民共和国国务院令第 464 号,2006 年 4 月 28 日）。
⑥ 《中华人民共和国烟叶税暂行条例》（中华人民共和国国务院令第 464 号,2006 年 4 月 28 日）。
⑦ 《财政部　国家税务总局印发〈关于烟叶税若干具体问题的规定〉的通知》（财税［2006］64 号,2006 年 5 月 18 日）。
⑧ 《中华人民共和国烟叶税暂行条例》（中华人民共和国国务院令第 464 号,2006 年 4 月 28 日）。
⑨ 《财政部　国家税务总局印发〈关于烟叶税若干具体问题的规定〉的通知》（财税［2006］64 号,2006 年 5 月 18 日）。
⑩ 《中华人民共和国烟叶税暂行条例》（中华人民共和国国务院令第 464 号,2006 年 4 月 28 日）。烟叶税纳税申报表式样见《国家税务总局关于印发烟叶税纳税申报表式样的通知》（国税发［2006］77 号,2006 年 6 月 2 日）。
⑪ 《中华人民共和国烟叶税暂行条例》（中华人民共和国国务院令第 464 号,2006 年 4 月 28 日）。